Volume 1

ABB – BAR

ENCICLOPEDIA UNIVERSALE DELLA BATTUTA

a cura di **Gino&Michele**

con la collaborazione di Matteo Molinari

Gut Edizioni spa, Milano
Prima edizione maggio 2009
www.gutedizioni.com

A

ABBAGLIO
vedi anche **Errore**

Barack Obama ha parlato in Germania davanti a 200.000 persone. C'erano così tanti tedeschi che urlavano e gridavano, che la Francia si è arresa per evitare problemi.
CRAIG FERGUSON

Bono, cantante degli U2, si è incontrato con Bush alla Casa Bianca. Bono ha invitato il Presidente ad aiutare i poveri, Bush ha chiesto a Bono di tornare con Cher.
TINA FEY

Una bellissima ex concorrente del *Grande Fratello*, in odore di Parlamento Europeo, ha rotto la sua relazione con Berlusconi la prima volta che l'ha visto nudo. Ha dichiarato che era stato un abbaglio, che le faceva schifo così senza portafoglio.
GINO&MICHELE

Secondo me Veltroni sostiene il presidenzialismo alla francese per un abbaglio: non è che chi vince si tromba automaticamente Carla Bruni.
FRANCO KAPPA

Ho una teoria: che Osama Bin Laden si stia nascondendo in Nebraska, e che dovremmo bombardare lì. Del resto, se abbiamo preso un abbaglio, cosa perdiamo?
JACKIE KASHIAN

AIG, che l'anno scorso ha ricevuto 170 miliardi di dollari di contributi dal governo, quest'anno ha pagato ai propri manager 165 milioni di dollari in bonus. Non si è trattato di un abbaglio: dicono che i bonus erano giustificati dal fatto che la società l'anno scorso aveva guadagnato 170 miliardi di dollari in più.

JAY LENO

Cripztak: «Petrektek, ricordi la prima volta nel fienile?»
Petrektek: «Certo che mi ricordo: urlavi di piacere in continuazione.»
Cripztak: «Non era piacere. È che ero sopra al forcone.»

LEONARDO MANERA E CLAUDIA PENONI CON MARCO VICARI

«Si può anche dare il rossetto a un maiale, ma resta pur sempre un maiale»

BARACK OBAMA, DAVANTI A 2.400 PERSONE IN VIRGINIA RIFERENDOSI ALLA PALIN

Ho creduto in Marx e mi sono sbagliato; ho creduto in Lenin e mi sono sbagliato. Ora, con tutta la buona volontà, come faccio a credere in Franceschini?

PAOLO ROSSI

Ci siamo! Abbiamo finalmente la prova, la pistola fumante. Le armi di distruzioni di massa che erano il pretesto per invadere l'Iraq sono state trovate. C'è solo un problema. Sono in Corea del Nord.

JON STEWART

ABBRACCIO

Oggi al ristorante, a un tavolo vicino, c'era un tizio che mi sembrava di conoscere. Anche lui guardava verso di me accennando un sorriso. Alla fine, benché non ci vedessimo da tanti anni, mi sono ricordato di lui! Era uno spermatozoo che abitava con me nella palla sinistra di mio padre. Ci siamo fatti un sacco di feste. «Ma guarda che sorpresa!» ha esclamato abbracciandomi. «Fatti vedere! Ma sai che ti trovo bene? E me, mi trovi cambiato?» «Beh, sai... così a prima vista, col pizzo e gli occhiali... E poi senza coda...». Si guarda dietro le spalle con un'ombra di rimpianto: «Eh, mi è spiaciuto per la coda... E te, come va? Ti piace sempre la fica?».

ROMANO BERTOLA

Questa è la logica: hai la scelta di passare quindici anni sposato a una donna, una donna nera o una donna bianca. Quindici anni di abbracci, di baci e dormite l'uno vicinissimo all'altra in notti infuocate di passione. Con una donna nera nera, o una donna bianca bianca. La donna bianca è Kate Smith. E la donna nera è Lena Home. Be', non te ne frega più niente di nero e bianco, no? Quello che ti frega è quanto è bella l'una e quanto è carina quell'altra. Allora, andiamo al sodo e perseguitiamo i brutti!

LENNY BRUCE

Un sacco di gente non ama i pesci rossi. Non puoi abbracciarli. Non puoi metter loro un guinzaglio e portarli a fare quattro passi. Non hanno senso dell'umorismo, e tutto quello che fanno è mangiare e dormire. Hey, un momento! Ho appena descritto me!

GARFIELD

«Stringimi più forte... Ancora di più... Di più... Di più...» «Cara se stringo ancora un po' passo dall'altra parte!»

GROUCHO MARX

Abbracciati da sola che c'ho d'anda' via.

PAOLO MIGONE

Sequoia.
Nei testi di botanica
è scritto da sempre
che per abbracciare
una sequoia
ci vogliono dieci uomini!
Mi meraviglio
che ancora non li abbiano trovati.

GINO PATRONI

Quando ke ciò l'insonnia mi sento abbracciata, giro per la stanza e mi viene l'ansa, non so a ki riamare. Il telefono amico? Se tando è amico perké non telefona lui?

SCONSOLATA (ANNA MARIA BARBERA)

Niente abbracci, tesoro. Sono inglese. Noi dimostriamo affetto solo verso cani e cavalli.

UNA RAGAZZA E IL SUO SOGNO

I bar a La Spezia chiudono alle 22.00, massimo 22.30; gli spezzini sono così poco abituati alla vita notturna che una sera in un locale che ha chiuso per sbaglio alle 23.00 ci siamo abbracciati e stappando le bottiglie abbiamo gridato: «Buon anno!».

DARIO VERGASSOLA

ABBRONZATURA

Comunque, una cosa Marta Marzotto l'ha dimostrata alla faccia di tutti: che nella vita, posando nuda per un grande pittore, ci si può anche abbronzare.

GINO&MICHELE

A undici anni Marta Marzotto, poverissima, fu costretta per mantenersi a fare la mondariso, ma venne subito licenziata perché, anziché raccogliere i chicchi, si abbronzava.

GINO&MICHELE

Incidenti a Civitavecchia per un improvviso sciopero dei marinai in servizio sui traghetti per la Sardegna. Una crema Nivea, lanciata da un turista esasperato, ha colpito in pieno viso un vice questore che si è accasciato al suolo abbronzandosi sul colpo.

GINO&MICHELE

Giro il mondo. Sono stato ai Caraibi, in Jamaica, in Messico... La gente è splendida, le spiagge sono splendide, ci si abbronza e, lasciate che vi dica, quella diarrea non la puoi prendere, qui a casa tua. Quella non è una diarrea comune. Quello è un germe che ti risale il culo con un sombrero e un paio di colt a sei colpi.

RICHARD JENI

Gli uomini, in realtà, non sanno come appaiono. Non se lo immaginano neanche. Andate su una spiaggia e vedrete stesi ad abbronzarsi alcuni dei più grossi mammiferi di terra del Nord America con indosso solo uno Speedo. Un tizio che dovrebbe vestire un poncho in spiaggia, un uomo con più difetti genetici di una trota del fiume Hudson, lo vedrete indossare un costume da bagno creato per competizioni Olimpiche. In che cavolo di specchio stava guardando quando ha preso questa decisione? «Questo è il costume da bagno per me! Attira davvero l'attenzione sul mio molliccio pancione squarciato da un arpione, in maniera tale che farà impazzire le pupe. Ehi, negoziante, non è che avete qualcosa di più piccolo? Perché non credo che si vedano tutti i miei peli della schiena, e non vorrei privare nes-

suno di questo spettacolo unico al mondo!»

RICHARD JENI

Il sole si rimpicciolisce di un metro e mezzo ogni ora. Un giorno sarà bruciato tutto, e vi sentirete dei cretini ad aver comperato, per non scottarvi, tutte quelle creme a filtri solari.

DAVID LETTERMAN

Non mi piace abbronzarmi. Sono di carnagione chiara. Sembra che mi abbiano trapiantato la pelle di un morto. L'ultima volta che sono andato al mare e mi sono svestito, un medico ha insistito per farmi un'autopsia.

MATTEO MOLINARI

Capsula: «Ikkia, Nucleo, cos'hai mangiato, una lampada Uva?»
Nucleo: «Perché?»
Capsula: «Hai l'alito che abbronza!»

PALI E DISPARI

«Dodici morti bruciati in Sardegna!»
«Ma usavano la crema solare?»

PAT

Si capiva subito che era una colonia di bambini poveri: anche se prendevamo il sole a torso nudo ci rimaneva ugualmente il segno della canottiera.

VALERIO PERETTI CUCCHI

lo sono pallido perché il sole, quale io sono, abbronza ma non si abbronza.

VITTORIO SGARBI

Certo che la Florida ha un tempo tutto suo. Freddo? Ho dovuto mettere l'antigelo nella mia lozione abbronzante.

HENNY YOUNGMAN

ABITUDINE

Consiglio del giorno: ricordatevi che c'è una bella differenza tra l'abitudine e la dipendenza. Per esempio, se vostra moglie compera un tavolo di cristallo per il salotto e voi continuate a metterci i piedi sopra, è un'abitudine. Se continuate a metterci il naso, è dipendenza.

RICH HALL

Il modo migliore di perdere una cattiva abitudine è di sostituirla con una peggiore.
JACK NICHOLSON

Sono un abitudinario, sono un abitudinario, sono un abitudinario...
SIMONE "TEX"

Io le brutte abitudini le prendo subito.
ALBERTO SORDI

ABOLIRE
vedi **Proibire**

ABORTO

«Dice che in Sicilia si muore d'aborto!» «Sì, ma ci vuole un culo pazzesco!»
ALLEGRA

Perché, quando si tratta di noi, è un aborto, e, quando si tratta di un pollo, è un'omelette?
GORGE CARLIN

I cattolici sono contro l'aborto e contro gli omosessuali. Ma chi fa meno aborti degli omosessuali?
GORGE CARLIN

Quando avevo trent'anni mia madre stava ancora cercando di abortire.
PHYLLIS DILLER

Si sa come son fatte le donne! Prima si divertono e poi alla prima centrale nucleare che esplode vogliono abortire!
ELLEKAPPA

Ho visto donne manifestare in piazza contro l'aborto... e poi avere un figlio paninaro!
GINO&MICHELE-PAOLO ROSSI

Un gruppo di gente Pro-Vita stava protestando davanti alla mia clinica e ci ho messo un'ora a posteggiare. Non dovevo abortire, ma l'ho fatto solo per farli incazzare. Non che mi dia fastidio che protestino, almeno non stanno a casa a riprodursi.
LEAH KRINSKY

Mai mangiare in un ristorante cinese che pratica aborti.
DANIELE LUTTAZZI

Due settimane dopo la mia nascita, mia madre cercò di abortire. Tutto ciò che mi toccava sentire nella mia infanzia era: «Ma perché non sei come tua cugina Sheila? Perché non sei come tua cugina Sheila?». La cugina Sheila era morta subito dopo la nascita.

JOAN RIVERS

Anch'io ero contrario all'aborto, ma poi l'ho sposato.

MAURIZIO SANGALLI

Sono contrario all'aborto. Uccidere un essere umano prima che nasca è inammissibile. È una dimostrazione di impazienza.

ROLAND TOPOR

Quando la mia ragazza è rimasta incinta il padre all'inizio era contrario all'aborto. Poi mi ha visto ed è diventato favorevole.

DARIO VERGASSOLA

ACCOLTELLARE

vedi **Coltello**

ACCUSARE

Non potete dare la colpa di tutto sempre a vostra moglie. Io per esempio non le rinfaccio più la seconda guerra mondiale.

MAURIZIO AVANZI

Il lavoro di équipe è essenziale. Ti permette di dare la colpa a qualcun altro.

ARTHUR BLOCH, *OTTAVA REGOLA DI FINAGLE*

Ognuno ha bisogno di una moglie al suo fianco perché c'è una caterva di cose che vanno male e per le quali non si può dare colpa al governo.

JACOB M. BRAUDE

Giornalista: «Perderete la prossima partita?»
Sacchi: «Se perdiamo 1 a 0, è colpa del portiere; se perdiamo 2 a 0, è colpa della difesa; se perdiamo 3 a 0, è colpa del centrocampo; se perdiamo 4 a 0, è colpa dell'attacco; se perdiamo 5 a 0, è colpa dell'arbitro; se perdiamo 6 a 0, è colpa del pubblico e se perdiamo 7 a 0... be', bisogna essere onesti e avere il coraggio di dire che è colpa di Matarrese.»

ANTONIO CORNACCHIONE

Povero George Washington! È l'unico che non ha potuto scaricare i propri problemi sulle precedenti amministrazioni.

ROBERT ORBEN

ACETO

vedi **Olio**

ACQUA

Un albergo è un posto dove, nell'esatto minuto in cui la tua doccia ha raggiunto la temperatura che vuoi, qualcuno fa dei segni al tizio che sta nella camera accanto di tirare lo scarico della sua toilette così che l'acqua, diventata bollente, ti spella vivo.

SHELLEY BERMAN

I cigni mettono continuamente la testa sott'acqua per l'ossessione di avere le scarpe slacciate.

ROMANO BERTOLA

L'acqua ha memoria, ma i capelli di De Michelis non se li ricorda.

FABIO DI IORIO

Ogni sera sto sotto la doccia cinque minuti, e una sera la settimana apro anche l'acqua.

LEOPOLD FETCHNER

L'acqua viene usata più per fare gli oceani che per qualsiasi altra cosa.

LEOPOLD FETCHNER

«Mi raccomando caro amico, curi di più la sua toilette.» «Ma io faccio il bagno tutti i giorni...» «Allora cambi l'acqua»

GEORGES FEYDEAU

«È vero, Moishele, che l'acqua bolle a cento gradi?» «Sì, è vero.» «Ma dimmi Moishele, come sa, l'acqua, di essere a cento gradi?»

STORIELLE EBRAICHE, A CURA DI FERRUCCIO FÖLKEL

Preferirei avere del sangue sulle mani piuttosto che dell'acqua come Ponzio Pilato.

GRAHAM GREEN

La più grande invenzione dell'umanità è la doccia. Non mi piace fare il bagno. Non mi piace lavare la mia faccia con l'acqua in cui mi siedo.
LEWIS GRIZZARD

Risparmiate l'acqua, diluitela.
MAX HODES

Gli esseri umani sono costituiti per il 70% d'acqua. E, in certi casi, il resto è collagene.
MARTIN MULL

Bagnata, era una star.
JOE PASTERNACK, parlando di ESTHER WILLIAMS

Yuri: «Pronto? Perché è comparso l'uomo sulla terra?»
Quelo: «Perché se l'uomo compare sull'acqua affogava... sennò che poteva anche nuotare però se appena compariva che ancora nessuno gli aveva insegnato di nuotare veramente bbéne... se era comparso prima sulla terra un istruttore di nuoto poi compariva l'uomo sull'acqua allora quello gli insegnava a nuotare e allora potevi riandare nell'acqua che ti sentivi veramente bbéne...»
QUELO (CORRADO GUZZANTI)

Con un solo pomodoro noi genovesi sappiamo condire la pasta per venti persone. Ci aggiungiamo di tutto: sale, acqua, sale, acqua, sale, acqua, sale...
EMILIO RAZZETTI

Come mai quando mescoli acqua e farina ottieni colla e quando aggiungi anche uova e zucchero fai un dolce? Dove va a finire la colla?
RITA RUDNER

Ho fatto la doccia col mio ragazzo. Signore, se fate la doccia abbracciate al vostro ragazzo, quando finalmente uscite, le vostre tette saranno veramente pulite e scintillanti.
SARAH SILVERMAN

Risparmiate l'acqua, fate la doccia con un amico.
MAE WEST

Ho comperato dell'acqua in polvere, ma non so che cosa aggiungerci.
STEVEN WRIGHT

Dopo aver mangiato, gli anfibi devono aspettare un'ora prima di uscire dall'acqua?
STEVEN WRIGHT

ACQUA DA BERE

Ho scoperto che bevendo una certa acqua si diventa puliti dentro e belli fuori. Allora ho bevuto dodici litri di quell'acqua lì, sono diventato bellissimo, sono uscito con una ragazza bellissima... e mi sono pisciato addosso tutta la sera.
FABRIZIO CANCIANI

Questo mi ricorda di un safari in Africa. Qualcuno s'era dimenticato il cavatappi e per diversi giorni abbiamo dovuto sopravvivere solo di cibo e acqua.
W.C. FIELDS

Devo essere un idiota: ho appena speso otto dollari per sei bottiglie d'acqua. Ci stavo pensando proprio poco fa, l'acqua non è quella cosa che cade gratis dal cielo? Adesso quasi quasi vado a comperarmi sei lattine di vento.
HOLLYWOOD IMPROV

Mi chiama la maestra della scuola di mio figlio: «Signor Milani, suo figlio beve diciannove, venti litri di acqua al giorno». Io: «Sì, è un mio consiglio». Lei: «Certo, ma prima il bambino si limitava a fare il suo bell'imbarazzo d'acqua e via, adesso si corica come un toro con la pancia nuda a contatto del pavimento freddo e mi dà l'impressione di cercare apposta la congestione per vantarsi di essere moderno». lo: «Grazie». Alla sera ho ragionato e parlato serenamente con mio figlio per una buona mezz'ora, poi, dopo aver chiarito ogni cosa, gli ho dato un calcio nel culo.
MAURIZIO MILANI

A Beverly Hills, quando una signora dà alla luce un bambino, le si rompono le Perrier.
NEW YORK ROASTS

In un paese sottosviluppato, non bere l'acqua. In un paese sviluppato, non respirare l'aria.
JONATHAN RABAN

L'acqua, presa con moderazione, non può far male a nessuno.
MARK TWAIN

Mischio io la mia acqua. Due parti di H, una di O. Non mi fido di nessuno.
STEVEN WRIGHT

ACQUARIO

Mettete nel vostro acquario una conchiglia perché i pesci possano almeno sentire il rumore del mare.
GUIDO CLERICETTI

Nell'acquario ho messo dei pesci che ho preso a Rimini. Ogni tanto ci piscio dentro per farli sentire a casa.
SERGIO COSENTINO

«Non prenderei mai degli uccellini in gabbia, mi fanno una pena...»
«Beh, meglio che in un acquario.»
RENATO RAZZANO

Vi si caca nell'acquario.
STRISCIONE VIOLA IN GENOA-FIORENTINA

Se avessi voluto avrei potuto anche avere un acquario rotondo, però in quel caso l'angolo non sarebbe stato ben riempito.
KARL VALENTIN

ADAMO ED EVA

Adamo: «Posso farti una domanda?»
Dio: «Dimmi pure, figliolo.»
Adamo: «Perché hai fatto Eva così bella?»
Dio: «Perché tu la potessi amare.»
Adamo: «E allora perché l'hai fatta così stupida?»
Dio: «Perché lei amasse te.»
ANONIMO

Chissà quante foglie di fico Eva avrà provato prima di dire: «Prendo questa!».
ANONIMO

Era un mondo di uomini veri.
Poi arrivò Eva.
RICHARD ARMOUR

Adamo ha avuto i suoi bei problemi a comperare a suo padre il regalo

per il giorno del papà. Che cosa si compera a uno che ha tutto?
MILTON BERLE

La cosa che faceva più indispettire Eva era quando Adamo le diceva: «Eppure tu mi ricordi qualcuno!».
ROMANO BERTOLA

Perché Adamo non è morto con tutte le sue costole in corpo?
BOUGINGAULT

È autunno e cadono le foglie. Per Adamo ed Eva inizia la stagione degli amori.
CAMILLO CANOVI

Adamo è lì nel paradiso terrestre con tutti i comfort possibili ma sente che gli manca qualcosa a cui non riesce dare un nome. Riesce però ad accostare un colore, un rosa pallido... Dio se ne accorge e crea la donna. E pecca di presunzione perché Adamo, quella che voleva al suo fianco era semplicemente la *Gazzetta dello Sport*.
LELLA COSTA

E nacque Caino, e Adamo lo guardò e disse: «Com'è piccolo! Io appena nato non ero così piccolo...».
GIOBBE COVATTA

Dio prese del fango, ci sputò su e nacque Adamo. E Adamo, asciugandosi il viso, disse: «Cominciamo bene...».
GIOBBE COVATTA

E il Signore disse: «Donna, tu partorirai con gran dolore. Uomo, tu lavorerai con gran sudore, ammesso che troverai lavoro. E la terra produrrà spine e sofferenze». E Adamo disse: «Ma santo Dio, tutto questo per una mela? Domani te ne porto un chilo.».
GIOBBE COVATTA

Sin da Adamo i cretini sono stati in maggioranza.
CASIMIR DELAVIGNE

Adamo passeggiava nel paradiso terrestre. Si sentiva molto solo. Allora Dio gli chiese: «Adamo, cosa c'è che non va? Ti vedo molto giù». E Adamo gli disse che non aveva nessuno con cui chiacchierare.

Mosso a compassione, Dio gli promise che gli avrebbe dato compagnia, una donna! «Questa persona ti procurerà cibo, cucinerà per te, quando ti toglierai i pantaloni, li laverà per te e quando diventerai un impiegato ti stirerà tutte le camicie senza lamentarsi. Non discuterà mai le tue decisioni, anzi, sempre le condividerà. Avrà cura dei tuoi figli e non ti chiederà nel cuore della notte di andare a vedere come stanno. Non ti contraddirà e sarà sempre la prima ad ammettere di aver torto. Non avrà mai il mal di testa e ti darà sempre amore e passione quando ne avrai voglia...». Adamo, a bocca aperta, chiese a Dio: «Ma quanto costa una donna così?» «Un braccio e una gamba.» «Senti... e cosa mi daresti per una costola?»

CITATA DA ARTURO DI NACCIO

Adamo è stato il primo paranoico: era terrorizzato dalle corna.

PACO GENOVESE

Nella fede cristiana, Dio creò Adamo a sua immagine e somiglianza. Ma sessantacinque milioni di anni prima, Dio creò i dinosauri a immagine e somiglianza di suo cugino Ted. Ted non era la pecora nera della famiglia, Ted era il grande mostro schifoso della famiglia.

EDDIE IZZARD

E Dio creò l'uomo a sua immagine e somiglianza. Poi creò la donna, ma un po' più stronza.

FRANCESCO MICCIO

La gente è ossessionata dalla moda fin dai tempi del Paradiso Terrestre. Quando Eva ha guardato Adamo e gli ha detto: «Adamo, quella foglia di fico è così della scorsa stagione!»

DENNIS MILLER

Supposta di saggezza: qual è stato il primo piatto che Eva ha preparato per Adamo? La mela! Vedi che già allora non aveva voglia di lavorare?

OMEN (RAUL CREMONA)

Sam: «Il mio papà ha una spada di Washington e un cappello di Lincoln.»
Billy: «Il mio papà ha il pomo di Adamo.»

BOB PHILLIPS

Adamo avrà avuto i suoi problemi, ma certamente non doveva sentire Eva parlare degli uomini che aveva sposato prima.

Bob Phillips

Mio marito è così vecchio che si ricorda quando Eva era ancora costola.

Bob Phillips

Mio figlio mi ha detto che è normale essere gay. Beh, proprio normale no... se fosse stato normale Dio avrebbe creato Adamo e Michele. Se ha fatto Eva ci sarà un motivo, non è che l'ha creata solo per fare le pulizie!

Viviana Porro

E Dio dopo aver scoperto Adamo e Eva disse loro: «Continuate pure, fate come se io non ci fossi!».

Jacques Prévert

Adamo ed Eva ebbero molti vantaggi, ma il principale è che sfuggirono alla dentizione.

Mark Twain

ADDIO

vedi ***Saluti***

AEREO *(Aeroporto - Elicottero)*

I passeggeri hanno sentito questo messaggio attraverso l'interfono subito dopo il decollo: «Sedetevi e rilassatevi. Questo aereo è interamente automatico. Pilota automatico, assistenza in volo automatica, e carrelli d'atterraggio automatici. Siete perfettamente al sicuro. Godetevi il viaggio. Niente può andare storto... Niente può andare storto... Niente può andare storto...».

Joey Adams

Quando finalmente il mio treno arriverà, con la fortuna che ho io sarò all'aeroporto.

John Adey

L'Alitalia comunica che a causa di una improvvisa giornata di lavoro proclamata dai piloti Anpac il volo delle

21.30 per Parigi partirà effettivamente alle 21.30, e proprio per Parigi.
AMURRI & VERDE

«Sai che differenza c'è tra un aereo dell'Alitalia e uno dell'Alisarda? Che quello dell'Alitalia non ha i peli sotto le ali!»
ANONIMO

Un elicottero si è schiantato sopra un cimitero. I carabinieri hanno finora estratto circa trecento cadaveri.
ANONIMO

Tanto fumare, tanto parlare, tanto bucarsi per risultati così scarsi? Se nel mondo del rock bisogna farsi tanto e prendere tanta roba per arrivare a canzoni come quelle di Jimi Hendrix e di Janis Joplin, Wagner e Brahms che cosa avrebbero dovuto fare? Mettersi un DC-10 nel didietro?
ALBERTO ARBASINO

La prossima volta che volate portatevi dietro Poket Pal. Poket Pal è un complesso di microchip in grado di prevedere una collisione con il vostro aereo con ben dieci secondi d'anticipo. Forse Poket Pal non vi salverà la vita, ma in caso di collisione voi sarete i primi a saperlo.
DAN AYKROYD

Sono appena tornato da un viaggio di piacere. Ho accompagnato mia suocera all'aeroporto.
MILTON BERLE

Non viaggio mai in aereo. Il viaggio verso l'aeroporto mi fa venire il mal d'auto.
MILTON BERLE

Un tale di St. Louis diretto a Dallas, domandò alla ragazza del check-in: «Può far passare il mio bagaglio da Honolulu, Passaic e New Jersey, prima di mandarlo a destinazione?». Quando la ragazza rispose che era impossibile, lui commentò: «Strano. La settimana scorsa ha fatto proprio quel percorso...».
ERMA BOMBECK

Ero in aeroporto, quando un mio collega, in fila per il check-in, mi ha detto: «Ah, vorrei tanto avere il mio piano qui con me» «Perché?»

gli ho chiesto. «Perché ci ho lasciato sopra i biglietti.»
Victor Borge

Tg Del Futuro. A cinquant'anni dal disastro di Ustica finalmente una certezza: il DC9 dell'Itavia, caduto la sera del 27 giugno 1980, poco prima di precipitare volava.
Beppe Braida

Il dottor Rudolf von Rudder ci spiega come un aereo riesce a volare: «È una teoria semplice. La faccenda è questa: vedete, i motori spingono il velivolo in avanti e creano una corrente, e questa colpisce il terreno e ritorna verso l'aereo; i motori vanno più veloci e tutto l'apparecchio vibra, quindi, quando c'è sufficiente corrente e un vuoto d'aria si è creato, l'aereo si solleva in cielo. Da qui in poi è un miracolo. Non ho mai capito cosa li tenga su».
Mel Brooks

Aeroplano. Un tale è seduto addormentato, con la patta aperta e gli si vede tutto. Dall'altra parte del corridoio è seduto un altro tipo che guarda e lo nota. Chiama la hostess e le chiede una penna e un pezzo di carta. Scrive: "Caro signore, sono seduto dall'altra parte rispetto a lei e la sua cerniera è aperta e le si vede tutto. So che questa nota le eviterà qualsiasi imbarazzo. Cordialmente suo, Frank Martin. Ps: Ti amo".
Lenny Bruce

Non si parla più da un po' di tempo degli aerei invisibili al radar, inconveniente che non si verifica più da quando la difettosa partita di radar è stata sostituita.
Massimo Bucchi

«Su un aereo ci sono Berlusconi, Bossi e Fini. A un certo punto l'aereo cade. Chi si salva secondo te?» «L'Italia.»
Carlo Bugliarello

E che dire di quando l'aereo atterra, e come inizia a rullare verso il terminal, l'hostess di bordo dice: «Benvenuti all'O'Hare International Airport». Beh, come è possibile che una che è appena arrivata dia il benvenuto a me in un posto in cui lei non c'è ancora? Questo non viola qualche legge di fisica

fondamentale? Siamo a terra da un secondo e lei salta su come se fosse la fottuta moglie del sindaco!
GEORGE CARLIN

Mai sentito quando sull'aereo vi dicono: «Nel caso di improvviso calo di pressione nella cabina, cioè se il tetto dell'aereo si scardina, una maschera d'ossigeno scenderà automaticamente davanti a voi. Indossate la maschera e respirate normalmente». Beh, io non ho problemi. Io respiro normalmente tutte le volte che mi trovo in un aereo senza controllo in caduta verticale a seicento miglia all'ora. Inoltre, mi cago addosso normalmente.
GEORGE CARLIN

Qualche mese fa sono stato in Inghilterra. Il volo è stato piuttosto strano perché una delle hostess a un certo punto si è arrabbiata con me. Non avevo mangiato tutta la cena e così lei mi ha rimproverato: «Signore, non dovrebbe sprecare tutto quel cibo. C'è gente che soffre la fame sugli aerei della Air India».
TIM CAVANAGH

Ci sono questi terroristi musulmani che rubano un aereo che vale milioni di dollari, lo fanno esplodere, e danno la colpa alla loro religione. Ora chi è questo tipo, Allah, e cos'ha contro gli aerei?
LENNY CLARK

Penso di aver messo in imbarazzo la signora seduta vicino a me sull'aereo. Era uno di quei voli dove si dorme. E io dormo nudo.
JOHNNY DARK

I passeggeri di Top-Class periti in incidenti aerei attenderanno il giudizio universale in una saletta riservata.
FABIO DI IORIO

Volare è utile, atterrare è necessario.
EROS DRUSIANI

Esiste un'arma segreta: l'aereo invisibile. Che cosa può fare un aereo invisibile? Il nemico guarda lo schermo del suo radar e dice: «Bene, niente aerei. Però ci sono due omini seduti a 15.000 metri di altezza!».
WILL DURST

«L'unico che può decidere quando si deve morire è lassù.» «In quel B-52?»
ELLEKAPPA

Mettiamo che una notte mi venga voglia di mangiare una mozzarella ma mi accorgo che è scaduta ieri. Se prendo un aereo e cambio fuso orario posso ancora mangiarla?
FABIO FAZIO

Il giorno prima della gita. Prof: «... E quando arriviamo in albergo non mettetevi tutte a chiamare la mamma, che tanto se crolla l'aereo lo vengono a sapere subito».
FRANCESCA-*SBS*

Ieri ho visto una nuvola che mi ricordava il tuo volto. Sono rimasto su un prato a vedere il vento giocare coi tuoi capelli... i tuoi occhi aprirsi e lasciar passare il sole... poi un 747 ti è volato in mezzo al naso.
GARFIELD

Michael Jordan ha un'elevazione straordinaria: 1 metro e 50 da fermo, 2 metri in corsa e 12.000 metri in aereo.
GIALAPPA'S BAND

A Milano 3 ci sono delle zanzare così grosse che quando c'è la nebbia le fanno atterrare alla Malpensa.
GINO&MICHELE-GENE GNOCCHI

Se un aereo precipita in mare, il tuo sedile galleggia. Ma da New York ad Atlanta non c'è mare, per cui se vogliono che mi allacci la cintura di sicurezza, prima devono mostrarmi un sedile che rimbalza sulle montagne.
JAMES GREGORY

Penso che sia meraviglioso che siate intervenuti al quarantatreesimo anniversario del mio trentanovesimo compleanno. Abbiamo deciso di non mettere le candeline sulla torta, quest'anno. Avevamo paura che un aereo della Pan Am le scambiasse per una pista di atterraggio.
BOB HOPE, PER IL SUO OTTANTADUESIMO COMPLEANNO

Certe volte i presentimenti sono stupefacenti. Pensate che una volta

mio zio doveva andare a Chicago da Los Angeles e ha avuto il presentimento che l'aereo che avrebbe dovuto prendere si sarebbe guastato. Così ha preso il treno e... pensate un po'? L'aereo è precipitato. Sul treno.
I Jefferson

Ci sono due cose che non tollero: i pregiudizi razziali, e i tizi con un turbante sul mio stesso aereo.
Richard Jeni

Non sopporto il fatto che certa gente ti debba sbattere in faccia la loro religione ovunque vada. Quello che chiedo è semplicemente: riesce uno a restare le tre ore della durata del mio volo senza il turbante? Voglio dire, io sono cristiano, eppure non mi vedrete mai entrare in un aereo legato a un crocifisso di legno. Anche se ne avrei titolo. Ma non lo faccio perché faticherebbe a passare tra i sedili.
Richard Jeni

Bush ha fatto di tutto per esprimere la sua simpatia ai sudamericani. Ha persino cambiato il nome dell'aereo presidenziale: Air Force Juan!
Jay Leno

Ho il terrore di morire in un incidente aereo. Non sopporto il pensiero che le noccioline possano essere il mio ultimo pasto.
Tanya Luckerath

Se l'aereo che dovrebbe portarvi su un altro continente ha le ali incrostate da alghe marine, scendete.
Daniele Luttazzi

Se le tariffe aeree continuano a diminuire, potrò finalmente visitare alcune delle città nelle quali è andato a finire il mio bagaglio.
Boris Makaresko

Ho capito che era un volo veramente economico quando l'hostes mi ha chiesto di allacciare il nastro adesivo.
Boris Makaresko

Sì, ho cinquant'anni. Ma se togliete tutto il tempo che ho aspettato i bagagli all'aeroporto...
Groucho Marx

La vecchiaia è come un aereo che punta in una tempesta. Una volta che sei a bordo non puoi più fare niente.
GOLDA MEIR

È impensabile una vita senza problemi: c'è quello per cui non riesci ad aprire il tonno perché ti si è rotta la chiavetta, e c'è quello che sei su un aereo che sta precipitando. Ma il segreto è uno solo: pensare sempre in positivo. Per esempio che, nell'impatto dell'aereo al suolo, si apra il tonno.
GIORGIO MELAZZI

Io non mi fido delle compagnie low cost. Ho visto una pubblicità che recitava così: «Toccatimaroni Air Line, Roma-Barcellona andata e buona parte del ritorno 15 euro».
ALFREDO MINUTOLI

Ho un amico idiota che ha fatto il militare in aviazione. Ha collaudato l'aereo invisibile, poi si è dimenticato dove l'ha posteggiato e ora si sta facendo tutto l'aeroporto a tentoni.
MATTEO MOLINARI

Credo che i piloti di voli commerciali se la siano legata al dito la storia che non si fa più loro l'applauso all'atterraggio. Nell'ultimo volo che ho fatto, il comandante ci ha detto all'interfono: «Las Vegas a quest'ora della sera è splendida... lo strip tutto illuminato, i colori, gli hotel: davvero mozzafiato. Ci siamo passati sopra tre minuti fa. Se non guardavate dal finestrino, pazienza».
MATTEO MOLINARI

Se volare è così sicuro, perché chiamano l'aeroporto il "terminale"?
NETSCAPE ONE-LINERS

Quando volo, cerco sempre di volare Delta. E non prendo un centesimo da loro, per dirlo. Il motivo per cui viaggio Delta è che paga i piloti più di ogni altra compagnia negli Stati Uniti. E quando volo, voglio gente felice sull'aereo su cui viaggio.
BOB NEWHART

Le compagnie aeree americane sono così disperate per i loro affari che oggi ne ho chiamata una: «Quant'è un biglietto per Los Angeles?». L'impiegato mi ha detto: «150 dollari». Ho detto: «No, è troppo». Mi ha risposto: «Parliamone...».

ROBERT ORBEN

«Stiamo precipitando!»
«Spiegatevi meglio.»

COLLOQUIO TRA LA TORRE DI CONTROLLO DEL JFK DI NEW YORK E UN AEREO DELLE LINEE COLOMBIANE NEL FEBBRAIO DEL 1990, CITATA DA ALESSANDRO PARODI

Il volo che ho fatto è stato così turbolento che l'hostess ha servito la cena versandola direttamente nei sacchetti per il vomito.

BOB PHILLIPS

Passeggero di aereo: «So che questa è la classe economica, tuttavia mi sembra che proiettarci i filmini del picnic del co-pilota sia davvero un po' troppo».

BOB PHILLIPS

Quando sono in aereo e sento: «In caso di emergenza le uscite di sicurezza sono collocate due in coda, due sulle ali e due in testa» io chiedo sempre: «Scusi, se l'aereo precipitasse e si spaccasse in due, potremmo usare anche quella uscita o infrangeremmo qualche legge federale?».

PAUL PROVENZA

Oggi in aereo si vedono le facce che una volta si vedevano sul tram.

DINO RISI

Non giocare a cucù con un bambino durante un lungo tragitto in aereo. È un gioco che non finisce più. Alla fine ho preso il piccolo per il bavaglino e gli ho detto: «Senti, ma non lo capisci che sono sempre io?».

RITA RUDNER

La teoria scientifica che mi piace di più è quella che vuole gli anelli di Saturno costituiti interamente da bagagli smarriti dalle linee aeree.

MARK RUSSELL

Niente attrae le donne come un paio di jet privati.

DONALD TRUMP

Ma perché con il materiale della scatola nera non ci fanno tutto l'aeroplano?

STEVEN WRIGHT

Non puoi considerarti un vero Paese a meno che tu non abbia una birra e una linea aerea. Aiuta avere un qualche tipo di squadra di football, o qualche arma nucleare, ma il minimo indispensabile è una birra.

FRANK ZAPPA

Ustica, 27 giugno 1980. «Oh, un aereo che cade...» «Comandante esprima un desiderio.»

ZICHE&MINOGGIO

Conversazione su un aereo prima del decollo. «Sono molto nervoso.» «È la prima volta?» «Oh no, sono stato nervoso molte altre volte.»

ZUCKER-ABRAHAMS-ZUCKER

AEROPORTO

vedi ***Aereo***

AFFARI *(Business man)*

Non investite mai dei soldi in nessuna impresa in cui uno dei soci è soprannominato "Il Marsigliese".

WOODY ALLEN

Silvio è un vero affarista. Hanno fotografato sua figlia Barbara e lui ha comprato le immagini per 20 mila euro. Poi le ha vendute a *Chi* per 50 mila, a Vespa per 100 mila, quindi ne ha guadagnati 130 mila. E tutte le sere le dice: «Non esci? Che ci fai a casa? Vai a divertirti, ubriacati!».

ROBERTO BENIGNI

Fare business senza fare pubblicità è come far l'occhiolino a una ragazza al buio. Voi sapete cosa state facendo, ma nessun altro lo sa.

STEWART H. BRITT

Non spendete due dollari per portare una camicia in tintoria. Donatela all'Esercito della salvezza, invece. Loro la lavano, la stirano, la mettono su un ometto e voi la ricomperate il giorno dopo per settantacinque cent.

BILLIAM CORONEL

Agnelli ha sempre avuto il pallino degli affari. A sedici anni il nonno gli regalò 1000 lire con le quali Gianni comprò tre mele che rivendette a 1300 lire. Quindi investì questo nuovo capitale per comperare cinque mele che rivendette a 2000 lire subito reinvestite in sei mele che gli fruttarono 3000 lire. A questo punto quando stava per acquistare dodici mele per ricavarne 5700 lire, improvvisamente, grazie a una congiuntura favorevole del mercato, morì suo padre lasciandogli in eredità 100 mila miliardi.

GINO&MICHELE

Perché un uomo d'affari passa dalla sua casa con l'aria condizionata alla palestra e caccia fuori 50 dollari per sudare?

BOB PHILLIPS

AFFETTO

Ciao, scusami per il brutto scherzo che ti ho fatto, stavolta credo di aver esagerato. Mi perdoni? Con affetto. *La natura.*

ARTURO DI NACCIO E CLAUDIA GIOVANNELLI

Ricordo ancora adesso con affetto tutti i momenti in cui non l'ho incontrata.

OSCAR LEVANT

Lo schiavo si affeziona.
L'impiegato no.

MARCELLO MARCHESI

Due persone e un cane camminano nella neve. Lei si sfila uno dei suoi guantini, e mette la sua mano in quella di lui. Lui le carezza la guancia. «Prima o poi», pensa il cane, «uno dei due si dimentica e molla il guinzaglio.»

SNOOPY

Niente abbracci, tesoro. Sono inglese. Noi dimostriamo affetto solo verso cani e cavalli.

UNA RAGAZZA E IL SUO SOGNO

Sapete cosa significa rientrare in casa e trovare una donna che vi dà un po' d'amore, un po' di affetto e un po' di tenerezza? Che siete entrati nella casa sbagliata, ecco che significa!

HENNY YOUNGMAN

AFFITTO

Gli olandesi hanno le spese mediche pagate, hanno i costi della previdenza sociale pagati, hanno sussidi per gli affitti; devono preoccuparsi di così poche cose che se perdono le chiavi della macchina corrono a suicidarsi.

GODFREY CAMBRIDGE

È vero, abito in una casa di un ente e pago un affitto bassissimo. Ma tenete presente che sto a casa molto poco.

FABIO DI IORIO

Sto da Dio. Ma l'affitto mi mette in croce.

ROBERTO GUIDARINI

A Peretola c'è pieno di zanzare: io sto in un tre vani e spendo due milioni al mese: un milione di affitto, l'altro di zampironi. Ormai vengono e ti pinzano all'americana: due ti tengono e l'altra ti mena!

CRISTIANO MILITELLO

Scelgo subito i bei film [da interpretare], e se quelli non si concretizzano, scelgo quelli mediocri, e se quelli non si concretizzano, scelgo quelli che mi bastano per pagare l'affitto.

SUE MURPHY

Se io possedessi il Texas e l'inferno, affitterei il Texas e vivrei all'inferno.

GENERALE PHIL SHERIDAN

Un nevrastenico è uno che costruisce castelli in aria, un pazzo è chi ci abita, lo psichiatra è quello che riscuote l'affitto.

JACQUES TATI

AFGHANISTAN

Quelli come Bush in Afghanistan diventerebbero bersagli per le esercitazioni terroristiche. Quelli come Bin Laden negli Stati Uniti

diventerebbero presidenti della Repubblica.
FRANCESCO BARTUCCI

Testa di cane ha da poco finito di scontare quindici anni di galera. Quindici anni fa aveva rubato la macchina al suocero per andare a rapinare una banca, con i soldi della rapina doveva andare in Russia a comprare dei mitragliatori da barattare in Afghanistan con dell'hashish, successivamente portare l'hashish in Albania e darlo alla malavita locale in cambio di alcune ragazze da fare prostituire in Italia. Con i soldi ricavati dalla prostituzione doveva aprire delle bische clandestine e infine ripulire il denaro sporco in Svizzera importando dei Rolex di contrabbando. Lo hanno arrestato al terzo incrocio dopo il furto della macchina. Il suocero conoscendolo ha pure ritirato la denuncia, ma i carabinieri gli hanno trovato in tasca un promemoria di tutti i passaggi che doveva fare ed è rimasto in galera quindici anni.
GIOVANNI CACIOPPO

Figlio: «Papà, perché l'America ha bombardato l'Afghanistan?»
Padre: «Ha iniziato in ordine alfabetico.»
PACO GENOVESE

Secondo me in Afghanistan ci odiano per l'architettura: ogni volta che mostrano un'immagine di là, si tratta delle ultime quattro mura rimaste in piedi di tutto il paese. Simili modo, loro vedono i nostri muri. E ogni muro che abbiamo ha un bancomat, dentro. I nostri muri letteralmente cagano soldi.
TENNIS MILLER

Le donne afghane saranno costrette a coprirsi, ma noi occidentali siamo altrettanto costrette: a scoprirci.
LIDIA RAVERA

In Afghanistan finalmente anche le donne potranno guidare. Ora mancano solo le strade.
JON STEWARD

In Afghanistan i contadini vanno nei campi a raccogliere mine antiuomo che poi rivendono sul mercato nero. Quelle che valgono di meno

sono quelle fabbricate dalla Fiat perché per riuscire a farle esplodere bisogna spingerle, o collegarle con i cavi a un'altra mina.
MIRCO ZILIO

AFORISMI
vedi ***Massime***

AFRICA

Quando un leone scappa da un circo in Africa, come fanno a sapere che hanno ricatturato quello giusto?
GEORGE CARLIN

È un bel mestiere fare il marinaio: un giorno a New York e il giorno dopo a Saigon o nel cuore dell'Africa.
JEAN CHARLES

Livingstone: «Mi chiamo Livingstone: appena sono arrivato in Africa ho guardato quel continente e ho detto commosso: "La mia Africa". Ho sentito una mano forte nella mia.»
Mobutu: «Mi chiamo Mobutu: appena sono arrivato in Italia ho guardato quel continente e ho detto commosso: "La mia Italia". Ho sentito una mano forte qua dietro sul collo.»
GIOBBE COVATTA

Paola: «Come al solito non trovo mai una moneta per prendere il carrello.»
Pauline: «Se io metto una moneta nel carrello, poi non posso più fare la spesa.»
GIOBBE COVATTA

Olivia: «Nel giardino della nostra scuola c'è un albero che fa una bellissima ombra.»
Amria: «L'ombra di un bellissimo albero è la nostra scuola.»
GIOBBE COVATTA

Olivia: «Lo zainetto con i libri e i quaderni è molto pesante, la mamma dice che può far venire la scoliosi.»
Amria: «Lo zainetto con i libri non lo tengo, però grazie a Dio tengo la

scoliosi per via del fatto che porto l'acqua sulla testa tutti i giorni.»
GIOBBE COVATTA

Per gli automobilisti africani non c'è la sinistra né la destra, c'è l'ombra.
FERNANDEL

Questo mi ricorda di un safari in Africa. Qualcuno s'era dimenticato il cavatappi e per diversi giorni abbiamo dovuto sopravvivere solo di cibo e acqua.
W.C. FIELDS

Emilio Fede: «... Migliaia di fax di solidarietà al nostro Presidente del Consiglio Silvio Berlusconi hanno intasato la redazione del nostro telegiornale. Venivano da ogni angolo d'Italia, alcuni da tutta Europa, uno da tutta l'Africa. Sì, perché c'è qualcuno anche ad Hammamet che ci vuole bene, e non importa il colore della sua pelle...»
GINO&MICHELE

Per dieci anni, ogni volta che scartavo il bianco del prosciutto, mia madre mi diceva che in Africa c'erano dei bambini che morivano di fame. Aveva ragione. Stamattina sono uscito e ho spedito uno scatolone per l'Africa. Conteneva venti chili di bianco del prosciutto.
GIANLUCA IRTI

Il gioco degli scacchi in Africa non decolla. La colpa è di Gino Strada che non gli fa imparare le regole. Si giustifica così verso la comunità internazionale: «Non per essere razzista, ma è un gioco troppo complicato. Prima devono imparare a giocare a dama, poi tra qualche anno ne riparliamo».
MAURIZIO MILANI

Voi avete l'orologio, noi abbiamo il tempo.
PROVERBIO AFRICANO

Quando gli elefanti combattono è sempre l'erba a rimanere schiacciata.
PROVERBIO AFRICANO

A Milano fervono i preparativi per le Olimpiadi. La Lega Lombarda prepara festosamente migliaia di bandiere con i quattro cerchi. Gli atleti africani avranno comunque il permesso del Comune di portare il quinto cerchio al naso.

MICHELE SERRA

Il deserto del Sahara è in Africa, su questo non ci piove.

SALVATORE SULSENTI

Quando i bianchi arrivarono per la prima volta in Africa noi neri avevamo la terra e loro la Bibbia. Adesso loro hanno la terra e noi la Bibbia.

MIKE TYSON

E quando i neri si saranno tutti ammucchiati qui da straccioni, noi andremo in Africa a vivere da signori.

VIP

AGENTE

vedi ***Talent Scout***

AGNELLI GIOVANNI

vedi anche ***Fiat***

Oggi ho telefonato all'Agnelli e gli ho detto: «Il mio posto di lavoro non si tocca!». Lui m'ha risposto: «E chi lo tocca? Anzi mi fa schifo solo a guardarlo».

ANGESE

Agnelli ha lanciato mode tremende. Quando andava con l'orologio di fuori dalla camicia e tutti con l'orologio di fuori dalla camicia, la cravatta fuori dalla giacca e tutti la cravatta fuori dalla giacca, ora speriamo che non vada in giro con il pisello fuori dai pantaloni perché sennò l'italiano andrà in giro in questa maniera! Agnelli è tremendo!

ROBERTO BENIGNI

Agnelli va in paradiso di sicuro con questi comandamenti: "Onora il padre e la madre"; per forza, con tutti i soldi che gli hanno lasciato! "Non desiderare la roba d'altri"; come fa? È tutto suo!

ROBERTO BENIGNI

Quando parla della Juventus Gianni Agnelli, come tutti i miliardari, ha le fette di salmone sugli occhi.

GINO&MICHELE

Agnelli ha sempre avuto il pallino degli affari. A sedici anni il nonno gli regalò 1000 lire con le quali Gianni comprò tre mele che rivendette a 1300 lire. Quindi investì questo nuovo capitale per comperare cinque mele che rivendette a 2000 lire subito reinvestite in sei mele che gli fruttarono 3000 lire. A questo punto quando stava per acquistare dodici mele per ricavarne 5700 lire, improvvisamente, grazie a una congiuntura favorevole del mercato, morì suo padre lasciandogli in eredità 100 mila miliardi.
GINO&MICHELE

Cesare Romiti è un duro. Se l'avvocato Agnelli porta l'orologio sopra al polsino, Romiti fa di più: porta le palle sopra ai boxer.
GINO&MICHELE

Marella Agnelli, la moglie dell'Avvocato, ha il collo così lungo che, quando le viene il mal di gola, la Valda raddoppia il fatturato.
GINO&MICHELE

Ormai l'Avvocato è così onnipotente, così venerato (non solo dagli ortopedici) che sul cruscotto della sua auto ha messo una calamita con la foto di Gesù Cristo che lo guarda e la scritta: "Papà, non correre".
GINO&MICHELE

Gianni Agnelli non è bello ma è un tipo. Susanna Agnelli non è bella ma è una Tipo.
DIEGO PARASSOLE

«Agnelli ormai ha fatto il suo tempo.» «Mio marito ha già rimesso l'orologio sotto il polsino.»
PAT

Gianni Agnelli è una persona per lo più umile, nonostante la continua vicinanza del fratello Umberto che farebbe venire il complesso di superiorità anche a Tonino Carino da Ascoli.
ANTONIO RICCI

Agnelli si è reso conto di essersi comportato con molta grettezza nei confronti della Juventus, la sua Vecchia Signora. Nello scorso campionato non le ha comprato nemmeno una partita.
ANTONIO RICCI

Non volendo favorirlo in modo smaccato, Agnelli assume Luca Cordero di Montezemolo nel gruppo Fiat attraverso un regolare e severo concorso, al quale partecipano, oltre a Luca, due pesci rossi. La prova d'esame consiste in una sola domanda: «Preferiresti lavorare alle presse o fare il direttore sportivo alla Ferrari?». Con molto equilibrio Luca risponde che preferirebbe fare il direttore sportivo alle presse.

MICHELE SERRA

AGO

Se uno vuole farsi una pera deve spararsela su per un braccio. È una cosa mica da ridere: non è per niente facile far passare una pera attraverso un ago. Su *Famiglia Cristiana* ho letto che è più facile farci passare un cammello.

ENZO BRASCHI

È più facile per un cammello passare per la cruna di un ago se questa è lievemente oliata.

ALBRAM KEHLOG

La cosa più irritante dei cammelli è che riescono a guardarti con aria di sufficienza anche se li fissi con un ago in mano.

SANDRO MONTALTO

In verità, in verità vi dico che è più facile che un cammello passi dalla cruna di un ago che un operaio della Fiat, con un cappotto di cammello, porti a cena Claudia Schiffer.

PAOLO ROSSI

Certo che se ti sdrai su un pagliaio e ti buchi il culo con un ago...

STEFANO ZACCARELLA

AGOPUNTURA

Smettere di fumare. È un problema che per qualche minuto si posero anche Giovanna D'Arco e Giordano Bruno. Oggi è facilissimo. Si va da un agopuntore, che inserisce un ago lungo quaranta, quarantacinque centimetri nel lobo dell'orecchio destro, poi lo spinge fino a incontrare il lobo dell'orecchio sinistro. Qualche volta, perché centri esattamente il bersaglio, sono

necessari diversi tentativi. Il risultato è assicurato. E con una sola spesa si smette di fare molte altre cose.
MASSIMO BUCCHI

L'agopuntura è una cosa ottima. Avete mai visto un porcospino ammalato?
BORIS MAKARESKO

L'agopuntura funziona grazie al principio della distrazione. Tu non senti l'artrite al ginocchio se qualcuno ti pianta un ago entomologico da farfalle nel collo. È la stessa ragione per cui il naso non ti prude mai quando hai la caviglia incastrata in una tagliola per orsi.
DENNIS MILLER

Personalmente, non potrei sottopormi all'agopuntura. Sono un fifone. Ho bisogno dell'anestesia solo per aggiustarmi gli occhiali.
ROBERT ORBEN

Ho un amico che studia agopuntura vudù. Non devi neanche andare da lui. Ti basta camminare per strada, e... aaaaaahhh, sì, ora va meglio.
STEVEN WRIGHT

AIDS

Maurizio era di quelli che anticipano tutto: gli raccontavi una barzelletta, lui ti anticipava il finale. Sbagliato. E tu non potevi dirgli niente perché era Maurizio. Era in anticipo, comunque. Anche in campo sanitario. Vent'anni prima dell'Aids, all'epoca in cui io nello stesso periodo uscivo con quattro ragazze diverse, lui usciva con quattro ragazze uguali. Diceva che era più sicuro.
CLAUDIO BISIO

Aids. L'importante è mettersi il preservativo prima di scambiarsi la siringa.
PAOLO CANANZI

Le mogli non danno l'Aids, le mogli non danno l'infarto, le mogli non danno niente.
GUIDO CERONETTI

«Signora è vero che non mi volete all'asilo perché mio papà ha l'Aids?» «Smettila di dire sciocchezze tesoruccio, ma soprattutto togli quelle manacce contagiose dal mio vestito!»
Ellekappa

Ho visto gente mettersi i preservativi alle dita dei piedi per paura di prendersi l'Adidas!
Gino&Michele-Paolo Rossi

Quando a Woodstock dicevano: «Fate l'amore, non fate la guerra», non immaginavano certo che uno sarebbe diventato pericoloso quanto l'altra.
Jay Leno

«Se non mi dai la catenina ti buco con la siringa infetta.» «Pungimi pure tanto ho il preservativo in tasca.»
Marisa Miritello

Ho visto gente che per paura dell'Aids si faceva presentare il nuovo partner solo se aveva un sano certificato di costituzione fisica, e se non ce l'aveva doveva venire all'appuntamento con il vecchio partner che facesse da garante e padrino della nuova situazione; però il vecchio partner doveva venire con il nuovo e il vecchio partner, e il nuovo e il vecchio partner dovevano venire con il nuovo e con il vecchio... così fino alla quarta generazione: li ho visti che non scopavano più! Però conoscevano un casino di gente...
Paolo Rossi

Ho fatto un sogno all'incontrario in cui l'Aids si prendeva quando non si scopava. E i padri erano preoccupatissimi e dicevano alle figlie: «Ma come, a 15 anni sei ancora vergine? Vuoi ammalarti?». E ai figli dicevano: «Ma come, sono le undici e mezzo e torni già a casa? Riesci! Dai, riesci! Riesci ancora un paio d'ore, ti do la mia macchina coi sedili ribaltabili...» «Ma papà, devo fare i compiti...» «Prima ciuli e poi fai i compiti!»
Paolo Rossi

La salute, ringraziando il Cielo, l'aidiesse angora non me lò preso, anghe perké "seloconosciloeviti", e io vado solo con quelli ke non conosco.
Sconsolata (Anna Maria Barbera)

AIUTARE

Mi piace fare cose per aiutare la gente. La gente non mette più le cinture di sicurezza? Allora farò vestiti adesivi e poi rivestirò i sedili di velcro.
ANDY ANDREWS

Sì, Dio mi avrà aiutato di sicuro. Però a sudare su quella bicicletta c'ero io.
FRANCO CHIOCCIOLI

C'è il figlio del benzinaio che si droga. Lo vogliamo aiutare? Vogliamo dargli della droga?
ALEX DRASTICO (ANTONIO ALBANESE)

«Oh dottore! Temevo che non riuscisse ad arrivare e che io sarei dovuto morire senza il suo aiuto.»
LEOPOLD FETCHNER

Il miglior modo per aiutare i poveri è non diventare uno di loro.
LAING HANCOCK

Dove ero quando avevo più bisogno di me?
MAX HODES

L'industria del porno ha chiesto aiuto al governo americano in tempi di crisi. Forse Obama ha trovato un posto nel suo governo anche per Bill Clinton.
JAY LENO

Aiutatemi a capire ciò che dico e ve lo formulerò meglio.
ANTONIO MACHADO

Se aiuti qualcuno che è nei guai, si ricorderà di te. La prossima volta che è nei guai.
HERBERT V. PROCHNOW & HERBERT V. PROCHNOW JR

Se celchi una mano disposta a aiutalti la tlovi alla fine del tuo blaccio.
SHAOLIN SOCCER

Una donna di 84 anni mi ha chiesto di aiutarla ad attraversare la strada. Io l'ho aiutata, però a quell'età dovrebbe iniziare a cavarsela da sola.
STEFANO ZACCARELLA

ALBA
vedi **Tramonto**

ALBANESE

Ieri sono entrati i ladri in casa mia. Una mia vicina sostiene che erano albanesi. Io credo invece che fossero filippini: sono spariti duecento euro, ma c'erano tutte le camicie stirate.
FEDERICO BASSO

Gli albanesi sono così poveri che lavano i vetri delle auto ai marocchini. Solo che, siccome in Albania non ci sono semafori, gli corrono dietro fino in Jugoslavia.
GENE GNOCCHI

L'Italia è una penisola bagnata dagli albanesi.
MATTEO MODER

In Albania sciopero generale di protesta. Gli albanesi perciò si asterranno dalla disoccupazione.
STRISCIA LA NOTIZIA

«Aiuto mi hanno stuprata!» «Negri? Marocchini? Albanesi?» «Italiani!» «Allora non si preoccupi, è stata solo una ragazzata!»
VAURO

ALBERGO *(Hotel - Motel)*

Primo cinese: «Lo sai che gli svizzeri ci hanno dichiarato guerra?» Secondo cinese «Ah sì? E in che albergo stanno?»
ANONIMO

È primavera: nella serra, in ogni fiore c'è un'orgia. Chi riuscisse a inventare un motel per insetti farebbe i milioni.
STEFANO BENNI

Abito in un posto molto modesto. Ho una stanza con vista sullo splendido Claridge's Hotel. Ho pensato che fosse meglio che pagare i prezzi del Claridge's ed avere una vista sulla catapecchia in cui vivo.
JACK BENNY

Un albergo è un posto dove, nell'esatto minuto in cui la tua doccia ha raggiunto la temperatura che vuoi, qualcuno fa dei segni al tizio che sta nella camera accanto di tirare lo scarico della sua toilette così che l'acqua, diventata bollente, ti spella vivo.

SHELLEY BERMAN

L'albergo è davvero deprimente. Tetro. La sera non si sa cosa fare. Ci sono solo delle vecchie. Una di queste, stasera, guardando il cielo, mi ha chiesto: «Secondo lei c'è vita in qualche altra parte dell'Universo?» «Be' spero di sì, per dio! Il fatto che non ci sia qui non deve farlo escludere in assoluto».

ROMANO BERTOLA

Quando sono arrivato a Roma sono rimasto molto impressionato da due cose: dal Colosseo e dalla cameriera della mia stanza d'albergo. Tutt'e due avevano una struttura incredibile.

MEL BROOKS

Per un eiaculatore precoce andare in un albergo a ore è pura presunzione?

PAOLO CANANZI

A Rimini ci sono talmente tanti alberghi che ormai l'unica vista che si possa godere dall'Hotel Bellavista è l'Hotel Belvedere e viceversa.

PAOLO CANANZI

Quest'anno abbiamo deliberato di mettere la maciullagine anche nelle piscine degli alberghi per un coso di par condiscion.

PALMIRO CANGINI (PAOLO CEVOLI)

È l'unico albergo dove le cameriere rubano gli asciugamani ai clienti.

WILMA DE ANGELIS

Dalla mia camera d'albergo
vedo i tetti delle case sul mare
e una ragazza bionda
che sta facendo l'amore.
Dalla mia camera d'albergo
vedo i tetti delle case sul mare
e una ragazza bruna
che si spoglia senza pudore.
Dalla mia camera d'albergo
vedo i tetti delle case sul mare
e una ragazza rossa
che tutta nuda
si sta facendo toccare.

Ecco perché da dieci anni
vado in vacanza
nello stesso albergo.
Leonardo Manera

La tappezzeria nell'albergo a una stella fa da muro divisorio.
Mario Muraro

Sono stato in un albergo pessimo, venendo via ho lasciato lì i miei asciugamani.
Furio Ombri

Arrivai in questo paesino chiamato Weedpatch. Mi registrai all'Hotel Weedpatch e mi diedero una di quelle pubblicazioni con tutti gli avvenimenti che si registrano in città. La aprii: c'era una fotografia di me che mi registravo all'hotel Weedpatch.
Monica Piper

Andare in giro a fare serate è una vita dura, sempre in giro dove capita, dormire in posti schifosi citati sulla *Guida del Touring* sotto la voce "paludi da bonificare". Una volta siamo andati in un motel che avevano chiamato "Ferrovie dello Stato" per poter usare saponette e asciugamani che rubavano sui treni.
Francesco Salvi

La mia camera d'albergo è così piccola che, quando muoio, non ci sarà bisogno di mettermi in una bara. Basterà che mettano i manici alla mia camera.
Herb Shriner

La mia donna è talmente porca che quando giochiamo a Monopoli al posto degli alberghi mette direttamente i motel.
Carlo Turati

Gentiluomo è colui che tiene aperta la porta dell'albergo affinché sua moglie possa portar dentro i bagagli.
Peter Ustinov

Quei fattorini d'albergo che a Miami vanno a caccia di mance! Una volta ho ordinato un mazzo di carte da gioco e il fattorino ha fatto cinquantadue viaggi nella mia stanza.
Henny Youngman

Quell'albergo aveva le stanze così piccole che quando mi è venuto il mal di testa è stato il mio vicino a prendere l'aspirina.
HENNY YOUNGMAN

ALBERO *(Pianta)*

Gli alberi sono esseri che si ammalano come tutti gli altri, ma avendo radici fisse al suolo non possono recarsi dal medico. Per questo vivono a lungo.
ANONIMO

Fa caldo. C'è siccità. Ho visto un albero correre dietro a un cane per farsi pisciare addosso.
GIANCARLO BARBARA

Mia moglie ha fatto una dieta a base di banane. Non è servita a niente, però adesso si sa arrampicare sugli alberi.
MILTON BERLE

Mai andare da un dottore le cui piante d'ufficio sono morte.
ERMA BOMBECK

Salva gli alberi, mangia un castoro.
BUMPER STICKER

Quando l'ultimo albero sarà abbattuto, l'ultimo fiume avvelenato, l'ultimo pesce pescato, vi accorgerete che non si può mangiare il denaro.
CORVO ROSSO

Recentemente ho compiuto 50 anni, che è un'età giovane per un albero, media per un elefante, e avanzata per un jogger il cui figlio dice: «Papà, non vengo più a correre con te a meno che non mi porti qualcosa da leggere!».
BILL COSBY

Olivia: «Nel giardino della nostra scuola c'è un albero che fa una bellissima ombra.»
Amria: «L'ombra di un bellissimo albero è la nostra scuola.»
GIOBBE COVATTA

Il quinto libro di Harry Potter, in vendita a giugno, avrà una tiratura record di otto milioni e mezzo di copie. Il che spiega perché il sesto libro si intitolerà: *Harry Potter e la fine degli alberi.*

JIMMY FALLON

Mi hanno regalato una pianta da salotto, l'ho messa in cucina. Mi farà causa?

FABIO FAZIO

Perché un frutto dignitoso come la fragola non ha avuto diritto a un albero come tutti gli altri?

FABIO FAZIO

Los Angeles è l'unica città al mondo in cui ci si può svegliare al mattino e sentire gli uccellini tossire sugli alberi.

JOE FRISCO

Si sta come d'autunno
sotto gli alberi
le siringhe.

CLAUDIO GASPARINI

Ho visto un ragazzo con la testa rapata che somigliava a un naziskin uscire da una discoteca, ubriaco, alle quattro di mattina. L'ho visto salire su una macchina, sgommare e schiantarsi a 180 all'ora contro un albero. E ho pianto... Ho pianto perché era un albero bellissimo. Un tiglio.

GINO&MICHELE-PAOLO ROSSI

Il vento che sfiora le foglie dei pioppi produce un suono particolare che i pescatori del Po chiamano ancora "Suono particolare del vento che sfiora le foglie dei pioppi", in attesa di un nome che renda l'idea.

GENE GNOCCHI

Ogni ghianda può pensare di diventare quercia. Ma nella realtà il 999 per mille delle ghiande serve di pasto ai maiali.

ANTONIO GRAMSCI

Ti accorgi di essere diventato vecchio quando la frase «Mi fai morire» non te la dicono più le tue donne, ma le tue piante.

TEO GUADALUPI

Se Cristoforo Colombo fu così felice di vedere degli alberi dopo tanto navigare, figuratevi il suo cane.

BORIS MAKARESCO-ROBERTO TRANI

Se il denaro crescesse sugli alberi a me capiterebbe un bonsai.

BORIS MAKARESKO

Sequoia.
Nei testi di botanica
è scritto da sempre
che per abbracciare
una sequoia
ci vogliono
dieci uomini!
Mi meraviglio
che ancora
non li abbiano trovati.

GINO PATRONI

Che differenza passa tra una scimmia e uno spazzolino da denti? La scimmia può arrampicarsi sugli alberi, e lo spazzolino da denti... no.

ETTORE PETROLINI

Ci sono degli scienziati, quelli seri, non quei drogati consulenti di Seattle, che hanno spiegato che non sono le industrie che inquinano, sono gli alberi che da cinquant'anni a questa parte lavorano meno, perché la natura, siccome è verde, è comunista, e gli alberi non c'hanno più voglia di fare un cazzo.

PAOLO ROSSI

Mio padre una volta mi disse alcune parole di estrema saggezza, alle quali io mi sono sempre attenuto. Disse: «Non dare mai un pugno a una sequoia»..

TOM SELLECK

Le rape non andrebbero mai colte, ciò le danneggia. È molto meglio mandar su un ragazzo e fargli scuotere l'albero.

MARK TWAIN

ALBERO DI NATALE

Un cane guardando un albero di Natale acceso pensa: «Finalmente hanno messo la luce nel cesso».

ROMANO BERTOLA

Giallo in un minuto.
Era una notte buia e tempestosa,
il semaforo nella via lampeggiava,
la freccia di un'auto lampeggiava,
la scritta di un hotel lampeggiava,
l'albero di Natale lampeggiava...
Lui vide il cadavere, poi non lo vide,
poi vide il cadavere, poi non lo vide,
poi vide il cadavere...

FABRIZIO CANCIANI

Alberi di Natale: ce ne sono in commercio alcuni finti fantastici. Uno per esempio "l'alberostronzo": ha già attaccate tutte le palline, e quando si avvicina un parente maldestro ne fa cascare una.

MARCO VICARI

ALCOL

Sono a casa, seduto davanti alla tv, quando il telefono suona e una voce dall'altra parte dice: «Le piacerebbe essere l'uomo vodka di quest'anno?». E io dico: «No, sono un artista e non faccio pubblicità, non sono un ruffiano, non bevo vodka e se lo facessi non berrei la vostra!». E lui: «Peccato, paghiamo cinque milioni di dollari». E io dico: «Attenda in linea prego, le passo il signor Allen».

WOODY ALLEN

Il mio fisico non tollera la roba, l'alcol. Veramente! Ho bevuto due Martini la vigilia dell'ultimo dell'anno e ho tentato di dirottare un ascensore su Cuba!

WOODY ALLEN

Il cattolicesimo? Che dire di una religione che fa del sesso un'azione peccaminosa e santifica l'atto di bere alcol?

ANONIMO

Guadagnavo cinquanta dollari la settimana. Un terzo lo spendevo per bere e un altro terzo per andare a donne... Il resto lo spendevo in modo stupido.

ANONIMO

Il vino è nemico dell'uomo. Chi fugge davanti al nemico è un vigliacco.

ANONIMO VENETO

La gente viene qui da noi per annegare i propri guai. Ma il problema è che i guai sanno nuotare.

UN BARISTA DI NEW YORK

Sapete perché hanno alzato l'età minima per il consumo di alcolici a trentadue anni in Tennessee? Perché vogliono tenere l'alcol fuori dai licei.

BARZELLETTA AMERICANA DI UMORISMO ANTISUDISTA

Anch'io fino a un anno fa bevevo molto. Sopportavo l'alcol benissimo, ma è vero che, quando smetti, la vita ti sembra diversa. lo, per esempio, non avevo il minimo sospetto di essere sposato da quindici anni.

ROMANO BERTOLA

Tutti i più grandi musicisti hanno dei problemi. Elvis era alcolizzato, Jim Morrison era drogato, Eminem è violento e a Max Pezzali si è rotta la playstation.

LORENZO BOSIO

Al termine di un pranzo di nozze mi hanno dato un amaro alle erbe talmente schifoso che perfino sull'etichetta c'era un frate che vomitava.

BEPPE BRAIDA

Giannini e io aderivamo alle due regole chiave per viaggiare nel terzo mondo: 1) Mai rimanere senza whisky. 2) Mai rimanere senza whisky.

BILL BRYSON

In effetti, mi basta un solo bicchierino per ubriacarmi. Il problema è che non mi ricordo se è il trentesimo o il quarantesimo.

GEORGE BURNS

Ci sono cose che non si sentono spesso, tipo: «Papà, dovresti bere di più».

GEORGE CARLIN

Il prezzo dei regali di Natale è inaudito. Ricordo un Natale di tanti anni fa quando mio figlio era piccolo. Gli ho comprato un carro armato giocattolo. Costava circa cento dollari, una bella cifra per l'epoca. Era un tipo di carro armato in cui si poteva entrare e che si poteva guidare. Lui invece giocò con la scatola della confezione. Mi ha insegnato una lezione molto importante. L'anno successivo, lui si beccò la scatola e io un whisky da cento dollari.

JOHNNY CARSON

In discoteca mi hanno offerto una pasticca strana, l'ho presa mandandola giù con del whisky. La mattina dopo i buttafuori mi hanno trovato svenuto sul soffitto.

GIOVANNI CELLINI

Non c'è nulla di male nell'essere sobri con moderazione.

JOHN CIARDI

Il cervello umano può operare solo alla velocità delle cellule cerebrali più lente. Un eccessivo apporto di alcol, come sappiamo, uccide le cellule cerebrali. Ma naturalmente attacca prima le cellule più lente e più deboli. In questo modo, un consumo regolare di birra elimina le cellule cerebrali più deboli, rendendo il cervello una macchina più veloce ed efficiente. Ecco perché ci si sente più furbi dopo qualche birra.

CHEERS

Sai di essere un alcolizzato quando il barista ti conosce per nome, e tu non sei mai stato in quel bar.

COMEDY CENTRAL

Mia madre era sempre così ubriaca che quando ci siamo decisi di farle fare un controllo medico hanno trovato il 2% di sangue nel suo alcol!

ROBERT DE NIRO

I liquori ti uccidono lentamente. Ma chi ha fretta?

LEOPOLD FETCHNER

Niente fa apparire una donna più carina che tre cocktail dentro un uomo.

LEOPOLD FETCHNER

È stata una donna a portarmi all'alcolismo, e io non ho mai avuto la cortesia di ringraziarla.

W.C. FIELDS

Questo mi ricorda di un safari in Africa. Qualcuno s'era dimenticato il cavatappi e per diversi giorni abbiamo dovuto sopravvivere solo di cibo e acqua.

W.C. FIELDS

A volte sono così sobrio che vedo dimezzato.

ROBERTO GAVELLI

Quell'uomo beveva così tanto alcol che quando faceva gli esami del sangue il prelievo, anziché con la siringa, glielo facevano alla spina.

GIALAPPA'S BAND

Bere un goccetto fa sparire i foruncoli e i punti neri, ma non dalla mia faccia, da quella delle persone con cui parlo.
MEL GIBSON

Cogito ergo rhum.
GIULIANO

Un produttore di cibo e liquore danese ha introdotto sul mercato un gelato all'alcol. Finalmente un prodotto che ti distrugge il fegato e ti alza il colesterolo allo stesso tempo.
JAY LENO

Sapete come chiamano la vigilia di Capodanno gli alcolizzati? La serata del dilettante.
ELMORE LEONARD

Solo l'Irish coffee ci dà in un unico bicchiere i quattro elementi essenziali della nutrizione: alcol, caffeina, zucchero e grassi.
ALEX LEVINE

Mi sono messo a dieta: basta con l'alcol, niente abbuffate, e in quattordici giorni ho già perduto due settimane.
JOE E. LEWIS

Il mio medico dice che se continuo a bere così non arriverò alla vecchiaia. Ma io al mio caro dottore non credo. Perché ogni notte vedo più vecchi ubriaconi che vecchi dottori.
JOE E. LEWIS

In un anno l'Inghilterra beve certo il doppio di vino di Porto di quanto se ne produce in tutto il Portogallo.
GEORG CHRISTOPH LICHTENBERG

Mio nonno beveva mezzo litro di alcol al giorno ed è arrivato fino a cento anni senza alcun problema. In effetti qualche problema c'è stato al momento della cremazione: non si spegneva più.
CITATA DA PAOLO LIMITI

Il tizio davanti a me sull'autobus comincia ad avere convulsioni, a ingoiare la lingua, a tremare, a vomitare. Il suo amico dice: «Oh, ragazzi, sono cinquantacinque giorni di seguito che beve. Dobbiamo tirarlo giù da quest'autobus». Così ci fermiamo e lo facciamo scendere, e io son lì che penso: «Ok, ma adesso chi è che guiderà l'autobus?».

KATHLEEN MADIGAN

Il comune di Sesto Lodigiano ha ceduto gli uffici dell'anagrafe alla Lottomatica, che è la concessionaria del ministero delle Finanze per il gioco del lotto. Gli impiegati del comune sono obbligati, oltre a dare i certificati, a prendere anche le giocate del superenalotto. I sindacati di categoria si sono offesi e hanno smesso di bere... tutto d'un colpo non va bene, infatti certi sono stati male.

MAURIZIO MILANI

Vantarsi, bere liquori,
illudere la donna.

MAURIZIO MILANI

Come sarebbe, non sei alcolizzato?! In quel locale ci sei stato più a lungo tu che il bancone del bar!

MATTEO MOLINARI

Lui invita lei a salire per un drink e dice: «Vuoi un whisky?». Lei: «Un dito grazie!» Lui: «Non vuoi prima bere?!!»

BATTUTA GIRATA VIA SMS SEGNALATA DA FEDERICA NARDON

Tutti, che lo vogliano o no, dovrebbero bere whisky o gin in abbondanza. Emanando un forte odore di liquore, si potrà far credere di essere alcolizzati invece che stupidi.

P.J. O'ROURKE

Trovo davvero entusiasmante essere sobrio. Puoi renderti conto di quello che stai facendo.

PETER O'TOOLE

La mi' sorella è talmente brutta che l'abbiamo messa a lavorare al bar e le consumazioni sono aumentate del 50%, perché la gente la vede e beve per dimenticarsela.

GIORGIO PANARIELLO

Drammatico. Beve champagne per errore manovale disoccupato.

GINO PATRONI

Un computer ti permette di fare errori più rapidamente di qualsiasi al-

tra invenzione umana, eccetto forse le pistole e la tequila.
MITCH RATLIFFE

«Perché mi hai finito la grappa?» «Be', sai... è uno sporco lavoro ma qualcuno doveva pur farlo.»
JOHN RITTER

Per quelli che sono nati nel posto dove sono nata io, le alternative sono: l'alcol, la droga, il furto e la prostituzione. Siccome ero portata un po' per tutto e non sapevo cosa scegliere, ho deciso di fare l'attrice comica, che è il riassunto di tutte e quattro le cose.
MARIA ROSSI

«Preparami un eufemismo, fratello.» «Un che?», chiese il barista. «Un Cubalibre.»
LUIS SEPÙLVEDA

Ma dottore io mangio un sacco di frutta: metto sempre tre ciliege in ogni Martini!
MARTIN SHORT

Mi dispiace per la gente che non beve. Quando si svegliano al mattino, si sentono soltanto come si sentiranno per il resto della giornata.
FRANK SINATRA

Un alcolizzato è qualcuno che non vi piace che beve quanto voi.
DYLAN THOMAS

«Doppia grappa corretta caffè!»
LINO TOFFOLO

C'è gente che tiene il vino benissimo: non si ubriaca nemmeno se l'imbottigli.
BEPPE VIOLA

Non ho mai avuto problemi con l'alcol, almeno fino a quando non cominciava a scarseggiare.
TOM WAITS

Mi piace ubriacarmi. Mi diverto sempre fino a quando non è ora di vomitare. E allora non mi piace più. Ed è lì che dico delle cose davvero sceme, tipo: «Non avrei dovuto bere quell'ultimo drink». Come se fosse quello che mi ha sconvolto. I primi centosettantuno non contano, vero? Solo l'ultimo mi ha steso.
MARSHA WARFIELD

Da giovane bevevo molto. Ci se ne accorgeva perché camminavo come Elephant Man in un autolavaggio... Ho smesso quando mi sono ritrovato in autostrada, nudo e con le chiavi dell'auto nel culo.
ROBIN WILLIAMS

La moda della roulette russa è ovunque, persino gli Alcolisti Anonimi ne hanno una: si passano sei bicchieri di succo di pomodoro, ma uno è un Bloody Mary!
HENNY YOUNGMAN

Se bevi mentre stai guidando, bada che l'autoradio sia a volume massimo. Questo per non sentire il crash!
HENNY YOUNGMAN

ALFABETO

*vedi **Italiano***

ALIBI

Come? Nessun alibi? Allora dev'essere innocente!
EMILE GABORIAU

Essere innocenti è pericoloso perché non si hanno alibi.
BORIS MAKARESKO

Nell'anno in cui sono nato io, sono morti Magritte, Totò, Che Guevara e Otis Redding. Ma ho un alibi di ferro.
FRANCO MERAFINO

Aveva una moglie talmente insopportabile, ma talmente insopportabile, che gli amici per il suo compleanno gli regalarono un alibi.
FABRIZIO RIGHES

Per vivere ci vuole un alibi.
ETTORE SOTTSASS

ALIMENTAZIONE

Non mangio mai ostriche. Il cibo mi piace morto. Non malato, né ferito, morto.
WOODY ALLEN

Perché non c'è un alimento per gatti al gusto di topo?
ANONIMO

«Ha pane di ieri?» «Certo...» «Bravo stronzo: poteva farne di meno!»

ANONIMO

«Che lusso: avete anche il caviale...» «Veramente è una fettina di torta... ma cosa vuole, con tutte queste mosche...»

ANONIMO

La prima volta che si trovò di fronte a un piatto di spaghetti li scambiò per una versione impegnativa dello Shangai.

ALESSANDRO BERGONZONI

Eva mi raccontava stasera che quando da piccola faceva la pipì nel letto sua madre la riempiva di botte. Che donna crudele! Mia madre invece sapeva che tutto dipende da quello che si mangia la sera. Il segreto è tutto lì. Innanzi tutto niente cavoli, niente carote, niente latte, niente riso, niente carne. Insomma io non pisciavo ma non stavo in piedi.

ROMANO BERTOLA

Una cravatta pulita attrae la zuppa del giorno.

ARTHUR BLOCH

La dieta del cardiologo: se ha un buon sapore, sputalo.

PAULINA BORSOOK

Non c'è alcun rapporto tra gli asparagi e l'immortalità dell'anima. Gli asparagi si mangiano, l'immortalità dell'anima no.

ACHILLE CAMPANILE

Perché, quando si tratta di noi, è un aborto, e, quando si tratta di un pollo, è un'omelette?

GORGE CARLIN

Le donne sono come le salsicce, pelle fuori e maiale dentro.

TEDDI CASADEY (PAOLO CEVOLI)

Le mie figlie hanno sposato due salumieri. Ho due generi alimentari.

COMIX

Lasciate che vi dica, più s'invecchia più il cibo diventa un sostituto del sesso. L'altro giorno ho installato uno specchio sopra il tavolo da pranzo.

RODNEY DANGERFIELD

Il primo maggio a Londra un gruppo di anticapitalisti per protesta ha tirato giù i due archi d'oro di un Mc Donald's. Poi li hanno rimessi su perché si sono resi conto che quello era il cibo migliore d'Inghilterra.
JON STEWART

«Signora lei vuole vedere il bollito? Così, davanti a tutti?»
TOTÒ

La cosa più sorprendente di mia madre è che per trent'anni ci ha solo servito avanzi. Il pasto originale non è mai stato trovato.
CALVIN TRILLIN

È un errore condannare la gastronomia. La cultura dipende dalla gastronomia. L'unico tipo di immortalità che desidero per me sta nell'inventare una nuova salsa.
OSCAR WILDE

ALITALIA

L'Alitalia comunica che a causa di una improvvisa giornata di lavoro proclamata dai piloti Anpac il volo delle 21.30 per Parigi partirà effettivamente alle 21.30, e proprio per Parigi.
AMURRI & VERDE

«Sai che differenza c'è tra un aereo dell'Alitalia e uno dell'Alisarda? Che quello dell'Alitalia non ha i peli sotto le ali!»
ANONIMO

Berlusconi ha provato a vendere l'Alitalia a tutti, anche ai suoi figli che gli han detto: «Babbo, dai, perché ci vuoi inculare anche a noi?». E lui ha risposto: «Bambini, lo sapete: è più forte di me tirare dei bidoni».
PALMIRO CANGINI (PAOLO CEVOLI)

Ho capito che l'Alitalia era in crisi quando su un volo per New York hanno proiettato un film di Pupi Avati.
DANIELE LUTTAZZI

ALITO

Mai sposare una ragazza in grado di aprire le buste con il suo alito.
MILTON BERLE

Hai l'alito che sa di fiato.
LORENZO BOSIO

Se dovete uscire con una ragazza, la prima cosa da farsi è la prova-alito, che si fa con la mano a cucchiaietto. Occhio, però, perché tante volte non è l'alito che puzza, ma la mano!
ENZO BRASCHI

Bere un goccetto fa sparire i foruncoli e i punti neri, ma non dalla mia faccia, da quella delle persone con cui parlo.
MEL GIBSON

«Pensa, ogni volta che respiro muore un uomo.» «Hai provato a fare qualcosa per l'alito?»
GIGI E ANDREA

Il suo alito era davvero puzzolente. Dopo sei mesi di una massiccia cura a base di sciroppi e sciacqui al gusto di pino silvestre tornò al lavoro. Appena aprì bocca sembrò come se qualcuno avesse fatto una enorme cagata in mezzo alla pineta.
ORAZIO LEOTTA

La signora Colgate va a cambiarsi d'alito e torna subito.
MARCELLO MARCHESI

Capsula: «Ikkia, Nucleo, cos'hai mangiato, dei pantaloni a zampa?»
Nucleo: «Perché?»
Capsula: «Hai l'alito anni settanta!»
PALI E DISPARI

Capsula: «Ikkia, Nucleo, cos'hai mangiato, una lampada Uva?»
Nucleo: «Perché?»
Capsula: «Hai l'alito che abbronza!»
PALI E DISPARI

Capsula: «Ikkia, Nucleo, cosa hai mangiato la Cgil?»
Nucleo: «Perché?»
Capsula: «Hai l'alito in rivolta!»
PALI E DISPARI

Aveva un alito così schifoso che il suo dentista l'operava attraverso le orecchie.
BOB PHILLIPS

Ha l'alito talmente pesante che quando sale in macchina all'arbre magique cascano le foglie.

SKIZZO

Diffidare di chi, entrando in un luogo affollato, invece di dire: «Permesso», urla: «Allah è grande!».

ALBERTO PATRUCCO

ALLAH

Tutti quegli altri dei si chiamano Buddha, Allah, Giove, non so... lui Dio! E che è? Se si chiamava con un nome più modesto era pure più simpatico... dice: «Sono Guido...»... non so: «Non avrai altro Guido all'infuori di me...», toh! Aiutati che Guido ti aiuta o... piove che Guido la manda!

ROBERTO BENIGNI

Ci sono questi terroristi musulmani che rubano un aereo che vale milioni di dollari, lo fanno esplodere, e danno la colpa alla loro religione. Ora chi è questo tipo, Allah, e cos'ha contro gli aerei?

LENNY CLARK

Ci sono due cose che non tollero: i pregiudizi razziali, e i tizi con un turbante sul mio stesso aereo.

RICHARD JENI

ALLEGRIA

Ma secondo voi il Viagra è blu? No perché mi sono sempre chiesto: cosa avranno da essere sempre così allegri quei cazzo di puffi?

BEPPE BRAIDA

E in un momento di allegria, quando tu possa fare bella mostra del tuo eterno e idiota sogghigno mettendoti in risalto con una risata crepuscolare ti venga un raschio in gola talmente potente che a forza di tossire ti si scolli il velopendulo e in caduta libera lungo l'esofago ti vada a tappare nell'ordine: polmoni, bocca dello stomaco e buco del culo.

ALEX DRASTICO (ANTONIO ALBANESE)

Sono terrorizzato dalle uova, anzi, peggio: le trovo rivoltanti. Quella cosetta bianca e tonda senza neanche un buco... Avete mai visto niente di più disgustoso di un tuorlo d'uovo rompersi e lasciar sprizzare il suo liquido giallo? Il sangue è allegro, rosso. Ma il tuorlo d'uovo è giallo, rivoltante. Non l'ho mai assaggiato.

ALFRED HITCHCOCK

ALLENATORE

Ficarra: «Ma che succede? Perché ti stai leggendo 'sto giornale così attentamente?»
Picone: «Eh, caro mio, ci sono novità e voglio vederci chiaro. A quanto pare il Palermo Calcio se lo sta comprando un imprenditore del Nord!»
Ficarra: «Veramente? E questo che intenzioni ha?»
Picone: «Sta portando dieci giocatori nuovi, un nuovo preparatore atletico, un centravanti che segna venticinque gol a campionato e un allenatore che è considerato tra i migliori!»
Ficarra: «Ma com'è pazzo! Non lo capisce che così rischiamo di andare in serie A?»
Picone: «Rischiamo? Ha dichiarato senza inibizioni che vuole andare in serie A!»
Ficarra: «Questo viene dal Nord e parla di serie A? Ma chi gliel'ha chiesta? Se ci volevamo andare, che aspettavamo a lui? Come se noi non ci sapessimo andare da soli! Dopo trent'anni di onorata serie B, perché dovremmo salire in serie A? Per giocare con l'Inter? Con la Juve? Con il Milan? Se ci tengono scendono loro!»

FICARRA E PICONE

Ancelotti ha tracciato il profilo del futuro allenatore del Milan: sarà aziendalista, grassottello e un po' stempiato. Lo stesso degli ultimi anni. Quindi sulla panchina rossonera rimane Berlusconi.

GENE GNOCCHI

L'allenatore è uno che si guadagna il pane quotidiano con il sudore della fronte altrui.

MARTIN LANER

Se sei un campione dello sport, sei un campione dello sport. Se non ce la fai, cerca di fare l'allenatore. Se non riesci ad allenare, diventa giornalista. Se non sai scrivere correttamente allora non ti resta che presentare un programma sportivo in tv il lunedì sera.

DESMOND LYNAM

L'allenatore al suo pugile: «Abbiamo pagato l'arbitro perché ti dichiari vincitore. Abbiamo pagato il tuo avversario perché ti lasci vincere. Il resto dipende da te».

GROUCHO MARX

Il mio allenatore Tom Landry? È un perfezionista. Se si fosse sposato con Raquel Welch, si sarebbe aspettato che cucinasse.

DON MEREDITH

Sono grasso ma anche permaloso. L'altro giorno in palestra il mio allenatore si è tirato su la canotta e mostrando gli addominali mi ha detto: «Vista la tartaruga?» Allora io ho alzato la mia maglia larga: «Ce l'ho anch'io, ma ora è girata. Si vede che dorme!».

DANIELE RACO

Durante una trasferta del Milan in Francia. «Bonjour Monsieur Rocco, mon amì.» «Mona a mì? Mona a ti e anca testa de gran casso!»

NEREO ROCCO

Il pugile: «Come vado?»
L'allenatore: «Se l'ammazzi fai pari.»

BEPPE VIOLA

ALLERGIA

Un gatto perde i peli soltanto in presenza di gente allergica.

GARFIELD

Mio papà è ben strano. È allergico al cotone. Avrebbe anche delle pillole da prendere, ma non le può tirare fuori dal flacone.

BRIAN KILEY

C'è una nuova crisi medica. I dottori dicono che molti uomini sono allergici al lattice dei preservativi, e l'allergia può causare seri rigonfiamenti. E allora qual è il problema?

JAY LENO

È la stagione delle allergie. La situazione è così grave e diffusa che

qui a New York gli spacciatori di crack hanno iniziato a vendere antistaminici.
DAVID LETTERMAN

La mia vita è tutta rose e fiori, ma io sono allergico.
MATTEO MOLINARI

ALLUVIONE
vedi ***Uragano***

ALTEZZA

Altro: «Provi ad avvicinarsi alla contessa e io la faccio a pezzi!»
Allen: «Se un uomo mi dicesse quello che lei mi ha detto, lo ucciderei!»
Altro: «Ma io sono un uomo!»
Allen: «Be', intendevo un uomo un po' meno alto...»
WOODY ALLEN

Il ministero della Pubblica Istruzione ha deciso: stipendi più alti ai professori più alti.
GLAUCO DELLA SCIUCCA

Non è vero che sono grasso: sono sotto la mia altezza forma!
GARFIELD

Michael Jordan ha un'elevazione straordinaria: un metro e cinquanta da fermo, 2 metri in corsa e 12.000 metri in aereo.
GIALAPPA'S BAND

Frequentavo una stangona di un metro e novanta, ventun centimetri più di me. Mi piaceva da impazzire, soprattutto quando facevamo l'amore in piedi. Pendevo dalle sue labbra!
FRANCO KAPPA

Se ho visto così lontano è perché sono salito sulle spalle dei giganti.
ISAAC NEWTON

Era un bambino altissimo, tanto che il suo primo dente gli cadde a sei anni, ma raggiunse terra solo quando lui ne aveva otto.
FURIO OMBRI

Mia sorella nella vita ha conosciuto alti e bassi... e se li è sempre fatti tutti.

VALERIO PERETTI CUCCHI

«Allora, ti hanno assunto alla radio?» «N-n-no, hanno d-d-d-etto c-che s-s-s-ono t-t-roppo alto!»

BOB PHILLIPS

Se fossi lungo come sei bischero berresti alle grondaie.

PROVERBIO TOSCANO

Vai a vedere il balletto e vedi le ragazze danzare sulle punte. Ma perché non assumono ragazze più alte?

GREG RAY

AMANTE

vedi ***Amore***

AMBASCIATORE

vedi ***Diplomazia***

AMBIZIONE

Quando avevo sei anni volevo essere un cuoco. Quando ne avevo sette volevo essere Napoleone. E la mia ambizione da allora è cresciuta in maniera costante.

SALAVADOR DALÌ

Già da bambino non avevo grandi ambizioni. Giocavo al piccolo disoccupato.

DIEGO PARASSOLE

Quando non sai fare niente, bisogna almeno essere ambiziosi.

GEORGES WOLINSKI

AMBULANZA

Quando sento la sirena di un'autoambulanza mi si stringe il cuore pensando a quel disgraziato che attraversa la città indifferente e lui lì, a guidare, per giunta con un rompiballe dietro che si lamenta.

ROMANO BERTOLA

Sciare? Io non pratico nessuno sport con delle ambulanze ai piedi della collina.

ERMA BOMBECK

Nessuno ha rispetto per me. L'ultima volta che mi sono fatto male, durante il viaggio verso l'ospedale, l'autista dell'ambulanza s'è fermato a fare benzina.

RODNEY DANGERFIELD

«Coi soldi della liquidazione mi sono comprato un'autoambulanza e mi sono messo in proprio.» «E che te ne fai dei feriti che raccogli?» «Vado in giro per ospedali e, se non mi pagano quanto chiedo, glieli lascio.»

GIULIANO

Con le donne sono sempre stato un disastro, fin da bambino. Quando si giocava al dottore a me facevano guidare l'autoambulanza.

BORIS MAKARESKO

Comincio a dubitare del mio dottore. Ieri ha mandato sei pazienti all'ospedale con l'ambulanza. Poi ha scoperto di avere lo stetoscopio rotto.

ROBERT ORBEN

Nella nostra organizzazione civile e sociale viene prima l'uomo, poi viene la macchina. Quindi l'ambulanza.

HERBERT V. PROCHNOW & HERBERT V. PROCHNOW JR.

L'altro giorno ero davanti a un'ambulanza, e ho notato che la parola "Ambulanza" era stampata speculare sul cofano. Ho pensato: «Be', se non è intelligente!» perché nello specchietto retrovisore posso leggere la parola "Ambulanza" dietro di me. Naturalmente, mentre leggi non vedi dove vai, fai un incidente, e hai bisogno di un'ambulanza. Credo che abbiano fatto tutto questo solo per ramazzare un po' di lavoro extra quando ritornano da pranzo.

JERRY SEINFELD

AMERICA *(Usa)*

Il mio primo film era così brutto, che in sette stati americani aveva sostituito la pena di morte.

WOODY ALLEN

I miei film sono molto più apprezzati in Francia che in America. Devono avere dei sottotitoli fantastici.

WOODY ALLEN

La differenza tra i Repubblicani e i Democratici americani? I primi corrono dietro ai tuoi soldi. I secondi a tua sorella.

ANONIMO

Che peccato che quando Cristoforo Colombo ha scoperto l'America lo abbia detto in giro.

MARGOT ASQUITH

Quelli come Bush in Afghanistan diventerebbero bersagli per le esercitazioni terroristiche. Quelli come Bin Laden negli Stati Uniti diventerebbero presidenti della Repubblica.

FRANCESCO BARTUCCI

Il giorno dell'insediamento alla Casa Bianca, Bush ha solennemente giurato fedeltà all'America. Il vice-Presidente Quayle ha giurato sulla Bibbia. Bush invece ha giurato su sua moglie: quella è molto più vecchia.

LORENZO BECCATI

Che effetto fa sfondare in America? Come fallire in Danimarca. Sono due sensazioni molto violente.

ROBERTO BENIGNI

Il cinema Usa ha successo perché loro fanno bene i film. Noi facciamo bene la pizza.

ROBERTO BENIGNI

Ho inventato uno yo-yo con una corda lunga seicento metri. Da usare quando si va a visitare il Grand Canyon.

GEORGE CARLIN

New York è in ritardo sull'ora di Greenwich perché l'America è stata scoperta molto tempo dopo.

JEAN CHARLES

La crescente motorizzazione negli Stati Uniti ha un'enorme influenza

positiva sulla moralità della popolazione: i furti dei cavalli sono notevolmente diminuiti.
GARY COOPER

Ormai siamo all'internazionalizzazione della notizia. Sono le regole del villaggio globale. Se eleggono Clinton in America, stappano lo champagne in Italia. Se in Italia eleggiamo Scalfaro, in America... non gliene frega niente a nessuno.
ANTONIO CORNACCHIONE-MARCO POSANI

Colombo fece l'uovo e inventò l'America e a giudicare dal risultato li fece uscire tutti e due dallo stesso posto.
GIOBBE COVATTA

Dicono che l'Italia sia una colonia degli Stati Uniti. Mah... secondo me non è neanche un deodorante...
MARCO DEL CONTE

Povero Messico, così lontano da Dio e così vicino agli Stati Uniti!
PORFIRIO DIAZ

«E non sai neanche che fu Colombo a trovare l'America?» «Io non sapevo neanche che qualcuno l'avesse persa!»
LEOPOLD FETCHNER

Che cosa c'è di così incredibile nel fatto che Colombo abbia scoperto l'America? È così grossa, come avrebbe fatto a mancarla?
LEOPOLD FETCHNER

Figlio: «Papà, perché l'America ha bombardato l'Afghanistan?» Padre: «Ha iniziato in ordine alfabetico.»
PACO GENOVESE

Che ci crediate o no, la morte è ancora il peggior flagello degli Stati Uniti.
HENRY GIBSON

Durante la guerra, Mike Bongiorno lasciò l'America e venne in Italia con una testa contenente lo stretto necessario, ma una valigia piena di idee.
GINO&MICHELE

Se Cristoforo Colombo al posto di approdare in America fosse approdato davvero in India, i western sarebbero stati noiosissimi. Invece che in battaglia gli indiani sarebbero morti di fame.

GINO&MICHELE

Giovanissimo Silvio Berlusconi visita gli Stati Uniti e vede più città che può. Visita New York, Los Angeles, San Diego, Dallas, Dinasty, Miami Vice...

GINO&MICHELE

L'America è uno dei migliori paesi che qualcuno abbia mai rubato.

BOBCAT GOLDTHWAIT

Un bombardamento può far finire la guerra: bombardate il Pentagono adesso!

GRAFFITO A NEW YORK

Comunque è uno che si era perso.

GRAFFITO COMPARSO SULLA STATUA DI CRISTOFORO COLOMBO A NEW YORK

L'America è il solo Paese dove un povero bambino negro, crescendo, può diventare una ricca signora bianca.

INSULTI AMERICANI, RIFERITO A MICHAEL JACKSON

Tremo per il mio paese quando penso che Dio è giusto.

THOMAS JEFFERSON

Solo in America un tizio poteva inventare il crack. Solo in America ci può essere una persona per cui la cocaina non era abbastanza, sapete?

DENIS LEARY

Molti immigrati illegali vengono negli Usa per svolgere lavori che gli americani si rifiutano di fare. Oggi, per esempio, un tizio del Guatemala ha sposato Liza Minnelli.

JAY LENO

L'industria del porno ha chiesto aiuto al governo americano in tempi di crisi. Forse Obama ha trovato un posto nel suo governo anche per Bill Clinton.

JAY LENO

Ecco alcuni dati interessanti delle elezioni americane: undici stati hanno votato contro i matrimoni gay; tre stati hanno votato contro il pattinaggio artistico maschile.

DAVID LETTERMAN

L'America: il risultato di un errore di navigazione!

BARRY LEVINSON

In America sei colpevole fino a quando non viene accertata la tua ricchezza.

BILL MAHER

Io penso che Reagan riporterà l'America come era una volta: una regione artica ricoperta di ghiaccio.

STEVE MARTIN, ALL'EPOCA DELL'ELEZIONE DI RONALD REAGAN

In America puoi apparire in televisione e prendere in giro i politici. E i politici possono apparire in televisione e prendere in giro te.

GROUCHO MARX

Negli Stati Uniti d'America ci sono oltre venticinquemila numeri di telefono "sexy" per uomini. Sapete quanti ce ne sono per le donne? Tre. Se abbiamo voglia di sentire qualcuno parlar male o dire oscenità, ci tocca andare in ufficio.

FELICIA MICHAELS

Ogni mattina leggo su *Forbes* la lista delle cento persone più ricche d'America. Se non vedo il mio nome, esco e vado a lavorare.

PAT MORRIS

Quando volo, cerco sempre di volare Delta. E non prendo un centesimo da loro, per dirlo. Il motivo per cui viaggio Delta è che paga i piloti più di ogni altra compagnia negli Stati Uniti. E quando volo, voglio gente felice sull'aereo su cui viaggio.

BOB NEWHART

L'America è un Paese che è passato dalla barbarie alla decadenza senza toccare la civilizzazione.

JOHN O'HARA

I Democratici sono il partito che dice che il governo ti farà più intelligente, più alto, più ricco, e che toglierà le ortiche dal tuo giardino. I Repubblicani sono il partito che dice che il governo non funziona, si fanno eleggere e lo dimostrano.

P.J. O'ROURKE

L'America non verrà mai invasa: i nostri delinquenti sono troppo ben armati.
BOB PHILLIPS

Negli Stati Uniti i ragazzi si travestivano per non andare in Vietnam. Io mi travesto per andare da Costanzo.
PLATINETTE

Negli Stati Uniti si mangia veramente male. In certi ristoranti, con il conto ti portano anche la prognosi. Ho capito perché gli americani incominciano il pranzo dal dolce, poi passano alla frutta, al secondo e al primo. C'è una logica precisa: dopo vomitano tutto in ordine.
ANTONIO RICCI

L'America è il più grande paese del mondo perché è questo grande amalgama di razze. Voglio dire, in quale altro stato se non l'America una ragazza messicana può uscire con un ragazzo bianco, guidare un'auto giapponese fino a un ristorante cinese, e sulla via di ritorno venire arrestata da un poliziotto nero?
PAUL RODRIGUEZ

È così ricco che ha novantadue carte di credito nel portafogli. Il giorno che gli succede qualcosa, l'America fallisce.
NEIL SIMON

Ammiro Bill Bradley, grande giocatore e senatore degli Stati Uniti. Ha trovato le uniche due professioni dove bisogna lavorare al massimo un paio di ore al giorno.
FRANK SINATRA

Lo sposo si incamminò all'altare con la stessa sicurezza con cui gli americani andarono in Vietnam.
JOHN TOWERS

Sergente: «Da dove vieni ragazzo?» Allievo ufficiale: «Dall'Arizona, Signore!» Sergente: «Due sole cose vengono dall'Arizona: i tori e le checche. Non vedo le corna, quindi devi essere una checca.»
UFFICIALE E GENTILUOMO

Naturalmente, prima di Colombo, l'America era stata già scoperta molte altre volte, ma era stata sempre tenuta nascosta.
OSCAR WILDE

Adesso la Francia colpirà l'America con la sua bomba Michelin: distruggerà tutti i ristoranti con meno di quattro stelle.
ROBIN WILLIAMS

Qui in America tutti sono armati: la gente e la polizia. Se commetti un crimine senti: «Fermo o sparo!» e non sai chi l'ha detto. Ma pensate all'Inghilterra: la polizia non ha armi, e neanche la gente, così capita di sentire: «Stop! Oppure dico di nuovo stop!».
ROBIN WILLIAMS

Negli Usa il nostro Presidente fa il lavoro di due uomini: Stanlio & Ollio.
HENNY YOUNGMAN

Certo che la Florida ha un tempo tutto suo. Freddo? Ho dovuto mettere l'antigelo nella mia lozione abbronzante.
HENNY YOUNGMAN

AMERICANI

Gli americani non gettano mai via i loro rifiuti. Li trasformano in show televisivi!
WOODY ALLEN - MARSHALL BRICKMAN

«Bisogna alzare la voce con gli americani.» «Devono capire chi è che ubbidisce qui.»
ALTAN

Nessuno è mai andato fallito per aver sottovalutato l'intelligenza del popolo americano.
ANONIMO

Il mondo è impazzito: il miglior rapper è un bianco, il miglior giocatore di golf un nero, i migliori velisti sono svizzeri, i francesi accusano gli americani di arroganza e i tedeschi sono contrari alla guerra.
ANONIMO

Gli americani sono stati generosi perché ci hanno portato la democrazia! Anzi sono stati talmente generosi che per darla a noi loro sono rimasti senza!
ASSUNDAM (ROSALIA PORCARO)

Gli studenti americani sono molto ignoranti. Pensate che più del 70% non è in grado di trovare il Pakistan sulla cartina degli Stati Uniti.

Richard Belzer

Per gli americani dare mance è diventato un gesto automatico... Abbiamo elargito mance a un cameriere che tolse un gatto dal tavolo su cui stavamo pranzando, a un tassista che per poco non rese orfani i nostri figli, a un facchino che custodì gelosamente i nostri bagagli sul suo carrello mentre il nostro aereo decollava.

Erma Bombeck

E io dico: aiutiamo gli inglesi. Se non fosse stato per loro, magari adesso noi americani avremmo parlato una lingua che non avremmo capito.

Bo Brown

Che cosa distingue George Washington, Richard Nixon e Ronald Reagan? Washington non sapeva dire bugie, Nixon non sapeva dire verità e Reagan non sa dire la differenza.

Art Buchwald

«Un americano si vergognerebbe di vivere alle spalle di sua moglie!»
«Sì ma io sono inglese e non ci sono questi pregiudizi nelle civiltà più antiche e progredite.»

Il Caro Estinto

Il Canada avrebbe potuto prendere il governo dagli inglesi, la cultura dai francesi e il knowhow dagli americani. Invece si ritrova con il knowhow degli inglesi, il governo francese e la cultura americana.

John Robert Colombo

Gli americani hanno fatto la guerra del Golfo per il bene degli iracheni. Per le vie di Baghdad hanno messo i cartelli: "Scusate i disagi, stiamo bombardando per voi".

Marco Del Conte

Gli americani, come europei, non sono granché.

Barbara Hershey

Abbiamo un'epidemia di obesi, in America. Oggi un americano su tre pesa come gli altri due.

Richard Jeni

Sono canadese: è come essere americano, ma senza una pistola.
The Kids in the Hall

Il Congresso dice che la metà degli americani usa Internet. L'altra metà fa sesso con partner reali.
Jay Leno

Sono Chicano, che vuol dire sono un Americano di discendenza Messicana. Ispanico? Dico io, perché associarci con una parola che ha "panico" dentro?
George Lopez

Durante la Grande Depressione del '22 in Central Park i piccioni portavano le briciole di pane ai passanti.
Groucho Marx

Il sogno americano è fare soldi e riuscire; il sogno italiano è nascere con un padre ricco.
Matteo Molinari

Gli americani hanno bisogno del telefono, noi no. Abbiamo fattorini in abbondanza.
William Prece, direttore delle Poste britanniche nel 1876

Gli americani hanno la *Famiglia Addams*, noi le sorelle Carlucci. Ma loro hanno scelto prima.
Riccardo Rossi

Per un certo periodo, ogni volta che i russi mettevano in prigione un americano, la Commissione per le attività non americane, per rappresaglia, metteva anche lei in prigione un americano.
Mort Sahl

I texani sono la prova vivente che gli indiani si accoppiavano con i bufali.
Scritta su un muro

Gli americani e gli inglesi sono due popoli divisi dalla stessa lingua.
George Bernard Shaw

L'americano al 100% è un idiota al 99%!
George Bernard Shaw

Gli americani mi adorano e continueranno ad adorarmi fino a che non dirò qualcosa di bello su di loro.
George Bernard Shaw

Se a te non piace il tuo lavoro, non scioperi: ti presenti ogni giorno puntuale e lo fai da vera schiappa! È questo il modello americano!

HOMER SIMPSON

Se parli tre lingue sei trilingue, se parli due lingue sei bilingue, se parli una lingua sei americano.

SONNY SPOON

Per l'amore del cielo, mettete lo stesso il mare sullo sfondo: non possiamo certo preoccuparci di una manciata di americani che sa davvero com'è Parigi.

IRVING THALBERG, PRODUTTORE CINEMATOGRAFICO SUL SET DI UN FILM

Probabilmente si potrebbe dimostrare con i fatti e le cifre alla mano che non esiste una classe criminale genuinamente americana, tranne il Congresso.

MARK TWAIN

Un cittadino americano attraversa un oceano per combattere per la sua patria, ma non attraversa la strada per andare a votare.

BILL VAUGHAN

Si dice che gli americani buoni quando muoiono vanno a Parigi mentre quelli cattivi quando muoiono rimangono in America.

OSCAR WILDE

AMICIZIA

Se c'è una cosa che non sopporto sono gli indecisi. La mia amica Marina non sa ancora cosa vuole fare da grande. L'altro giorno gliel'ho detto: «Tesoro, le vie del Signore sono infinite. Imboccane una e vai affanculo!».

BRUNELLA ANDREOLI

Gli amici delle nostre amiche sono i nostri amanti.

NATALIE BARNEY

Conoscente: una persona che conosciamo quanto basta per chiederle soldi in prestito, ma non tanto da prestargliene. Indica un grado di amicizia definito superficiale quando l'oggetto è povero od oscuro, e intimo quando è ricco o famoso.

AMBROSE BIERCE

Io ho un amico così pigro, così pigro, ma così pigro che ha sposato una donna incinta.
GINO BRAMIERI

L'età di una donna si calcola sommando l'età che lei dice di avere a quella che la sua amica dice che abbia, e poi dividendo per due il risultato.
LEO CAMPION

Hai provato a chiamarlo? E non lo hai trovato? Perché non provi a chiamarlo alle tre di notte? Almeno sei sicura di trovarlo in casa. Io faccio sempre così con i miei amici e li trovo sempre. È anche vero che non ho più amici.
WALTER CHIARI

Non dimentichiamoci, per carità, che il cane più furbo è il volpino e che il vero amico dell'uomo è l'idraulico.
COCHI E RENATO

Chi trova un amico
gli tromba la moglie.
CONTE UGUCCIONE (BEBO STORTI)

Dai nemici mi guardi Iddio che alle mogli degli amici ci penso io.
CONTE UGUCCIONE (BEBO STORTI)

Sono rientrato in casa e ho trovato Frank, il mio migliore amico, a letto con mia moglie. Gli ho detto: «Frank, io devo! Ma tu?».
BILLY CRYSTAL

«Nessun uomo può essere amico di una donna che trova attraente: vuole sempre portarsela a letto.» «Allora stai dicendo che un uomo riesce a essere amico solo di una donna che non è attraente?» «No, di norma vuole farsi anche quella.»
BILLY CRYSTAL - MEG RYAN

Ho un amico che quando si dà per malato in ufficio, telefona e legge parola per parola il retro della bottiglia del Vicks Formula 44D. «Cosa c'è che non va, Buddy?» «Ho sintomi dovuti a raffreddore, febbre, tosse, uh, posso causare sonnolenza e, uh, devo essere tenuto lontano dalla portata dei bambini.»
MARK CURRY

Chi trova un amico...
ha una sorella carina.
PACO D'ALCATRAZ

Caro amico ti scrivo così mi distraggo un po'. Ma siccome sei molto lontano più forte ti scriverò.
LUCIO DALLA

Mia moglie mi ha lasciato per il mio migliore amico. Adesso non ho più il cane.
RODNEY DANGERFIELD

Chi trova un amico trova un tesoro. Chi trova un tesoro se ne fotte dell'amico.
IVAN DELLA MEA

Fare l'amore con dieci donne è fantastico, soprattutto perché ti presentano un sacco di amiche.
FABIO DI IORIO

Non ho mai capito dove trovasse tutto quel tempo per tradirmi, occupata com'era a scoparsi tutti i miei amici.
DIMUNNO E TAMBORRINO

Non mollare, amico mio, non mollare! La troverai, una donna. Sono sicuro che da qualche parte c'è una ragazza meravigliosa con una sorella orrenda che sarebbe felice di accontentarsi di te.
THE DREW CAREY SHOW

Certe donne amano talmente il proprio marito che per non sciuparlo prendono quello delle loro amiche.
ALEXANDRE DUMAS FIGLIO

Il mio migliore amico è fuggito con mia moglie e, lasciamelo dire, mi manca tanto. Lui.
LEOPOLD FETCHNER

Un mio amico ha un ottimo cane da guardia. A ogni rumore sospetto, lui sveglia il cane e il cane comincia ad abbaiare.
LEOPOLD FETCHNER

«Harry devo dirti una cosa: ho fatto l'amore con tua moglie.» «Quale: Ester o Anne?» «Tutt'e due!» «Allora hai superato anche me.»
LOWELL GANZ E BABALOO MANDEL

Non si è ancora riusciti a stabilire con esattezza se gli spermatozoi tra di loro sono amici.
GENE GNOCCHI

Non bisogna mai andare a letto con la donna di un amico. Sì, ma allora con chi?
SACHA GUITRY

Il cane è il miglior amico dell'uomo e il padrone ci soffre.
CORRADO GUZZANTI

Un amico è uno che sa tutto di te e nonostante questo gli piaci.
ELBERT HUBBARD

Ho un amico talmente scaramantico che, quando pesta una cacca, non solo è contento, ma se ne mette sempre un po' dietro le orecchie.
GIANLUCA IRTI

Persino gli amici più inseparabili non possono partecipare l'uno ai funerali dell'altro.
ALBRAM KEHLOG

Tatiana è l'amica mia, grassa, tarmente grassa che l'ascensore je sta attillato!
KRUSKA (GABRIELE CIRILLI)

Recentemente, quando sono da solo, cerco di farla finita con la masturbazione. Chiedo a me stesso: ma perché non mi posso essere soltanto amico?
RICHARD LEWIS

Non mi drogo perché ho visto gli effetti devastanti sui miei amici, nel senso che io mi facevo una canna e loro mi apparivano lunghi, distorti e mostruosi.
WENDY LIEBMAN

Il mio migliore amico d'infanzia si chiamava Sapo. Il migliore amico del mondo, però bruttissimo. Quando lui nacque, il medico schiaffeggiò sua madre. Lei aveva nausee mattutine dopo che lui era nato. Quando era piccolo i suoi lo portavano dappertutto così non gli dovevano dare il bacio di saluto.
GEORGE "GOOBER" LINDSEY

Chi trova un amico chiede un prestito.

Marcello Marchesi

È sbagliato giudicare un uomo dalle persone che frequenta. Giuda, per esempio, aveva degli amici irreprensibili.

Marcello Marchesi

All'infuori del cane, il libro è il miglior amico dell'uomo. Dentro al cane è troppo scuro per leggere.

Groucho Marx

Un amico serve quando hai torto. Quando hai ragione non ti serve a niente.

Un mercoledì da leoni

Ho un amico, metà ebreo, metà italiano. Se non può comperare qualcosa all'ingrosso, lo ruba.

Jackie Mason

Voglio che sogni, figliolo. Voglio che pensi al futuro. Perché il futuro è un campo di girasoli: dove troverai il tuo miglior amico in camporella con la tua ragazza.

Giorgio Melazzi

Ho un amico idiota che ha fatto il militare in aviazione. Ha collaudato l'aereo invisibile, poi si è dimenticato dove l'ha posteggiato e ora si sta facendo tutto l'aeroporto a tentoni.

Matteo Molinari

Giovedì scorso mia moglie è scappata col mio miglior amico. Anche se lui, a onor del vero, fino a giovedì era un amico come tanti.

Furio Ombri

Quando una donna dice: «Siamo amici e non possiamo fare l'amore insieme: rovineremmo la nostra amicizia» chiedile: «Perché, lo fai così male?».

Diego Parassole

Quando con gli amici formammo il primo complesso musicale io proposi di chiamarlo "Il complesso di inferiorità", ma fui messo immediatamente in minoranza.

Franco Pennasilico

Agli scrittori sono più utili i nemici degli amici, perché gli amici si fanno regalare una copia del loro libro

per dirne bene, mentre i nemici, per dirne male, la comprano.
PITIGRILLI

Il mio miglior amico ha sposato mia sorella. Adesso mi odia come un fratello!
TONY RANDALL

Dicono che il cane sia il miglior amico dell'uomo. Secondo me non è vero. Quanti dei vostri amici avete fatto castrare, recentemente?
LARRY REEB

Ho un amico davvero scemo. L'altro giorno è entrato con un thermos in un caffè e ha chiesto alla commessa: «Secondo lei, quanti caffè ci stanno qua dentro?». Lei ha risposto: «Cinque o sei». E lui: «Allora mi dia due decaffeinati, due macchiati e uno senza zucchero».
SAL RICHARDS

Aveva una moglie talmente insopportabile, ma talmente insopportabile, che gli amici per il suo compleanno gli regalarono un alibi.
FABRIZIO RIGHES

Un mio amico è un idiota. Fuma tre pacchetti di sigarette al giorno. E non accenna a smettere. La sua scusa è: «Perché smettere? Qualunque cosa può uccidermi. Magari sono lì che attraverso la strada, e un autobus mi piomba addosso». Gli ho detto: «Sì, ma se fumassi di meno, potresti attraversare quella strada molto più in fretta».
GREGG ROGELL

Un mio amico è talmente bugiardo che quando lo vedo non ci credo.
ROBERTO SERAFINI

Un mio amico jogger corre dieci miglia al giorno. Se mai mi vedeste correre per dieci miglia, dite al conducente dell'autobus che il mio braccio è rimasto imprigionato nella porta.
JEFF SHAW

Faccio un sacco di esercizio a portare le bare dei miei amici che facevano esercizi.
RED SKELTON

Sono stato in una fattoria. Il fattore mi ha fatto uno scherzo. Mi ha lasciato mungere il toro. Ho

scoperto una cosa, quel giorno: mungi quell'animale una volta, e hai un amico per la vita.
YAKOV SMIRNOFF

Mi piace avere amici rispettabili, mi piace essere il peggiore della compagnia.
JONATHAN SWIFT

Non capisco perché le ragazze si mettono a parlare d'amicizia quando vogliono rifiutarmi: non è che se le metto la lingua in bocca diventiamo nemici, anzi mi starà anche più simpatica.
RICCARDO TOMMASELLI

A volte basta poco per far felici gli amici. Per esempio sabato son rimasto a casa.
RENATO TRINCA

L'unico sport che ho praticato nella mia vita è andare ai funerali dei miei amici sportivi.
MARK TWAIN

Risparmiate l'acqua, fate la doccia con un amico.
MAE WEST

Ho un amico che studia agopuntura vudù. Non devi neanche andare da lui. Ti basta camminare per strada, e... aaaaaahhh, sì, ora va meglio.
STEVEN WRIGHT

AMMIRATORE
vedi **Fan**

AMORE *(Amante)*

Il sesso senza amore è un'esperienza vuota. Ma tra le esperienze vuote è una delle migliori.
WOODY ALLEN

Le più belle parole non sono "Ti amo" ma "È benigno".
WOODY ALLEN

Quando un uomo dice: «Ti amerò per sempre» penso: «Cos'è una minaccia?».
BRUNELLA ANDREOLI

Era un tipo talmente avaro che, quando si innamorò, alla sua

ragazza che desiderava una collana di perle, regalò un'ostrica e un quadrifoglio.
Anonimo

Il giorno che conoscerai la donna dei tuoi sogni conoscerai anche suo marito.
Anonimo

Certo che ti amo! La bellezza e l'intelligenza non sono tutto, a questo mondo!
Anonimo

Gesù ti ama, ma tutti gli altri pensano che tu sia un idiota.
Anonimo

Toccatevi, perché l'amore è cieco!
Roberto "Freak" Antoni

Che ho sempre sentìo dir
fin da ragazzo
Che amor senza chiavar
non val un cazzo.
Giorgio Baffo

Gli amici delle nostre amiche sono i nostri amanti.
Natalie Barney

Amare le donne intelligenti è un piacere da pederasta.
Charles Baudelaire

Mi ricordo ancora il mio primo terremoto in California: ero a letto con la mia futura ex moglie quando il letto ha cominciato a tremare. Il mio primo pensiero è stato: «Ragazzi questa troietta me la sposo subito!». Poi la stanza ha cominciato a tremare, allora ho pensato: «Ragazzi, questa sarà mia moglie per taaaaanto tempo!».
Richard Belzer

Io ti amo
e se non ti basta
anche le nuvole catturerò
e te le porterò domate
e su te piover dovranno
quando d'estate
per il caldo non dormi.
E se non ti basta
perché il tempo si fermi
fermerò i pianeti in volo
e se non ti basta
vaffanculo.
Stefano Benni

La giraffa ha il cuore
lontano dai pensieri,
si è innamorata ieri
e ancora non lo sa.

STEFANO BENNI

Ti amo, ti ho sempre amata, ti amo da generazioni. Mio padre ti amava prima di me, mio nonno prima di lui.

ALESSANDRO BERGONZONI

I cavalieri antichi, per amore di una damigella, erano disposti a uccidere un drago. Io al massimo potrei tirare un calcio a un tacchino, ma per quella tizia dovrei aver perso la testa.

ROMANO BERTOLA

È brutta come una caduta dalle scale. Ma è intelligente, spiritosa. Forse in un altra circostanza avrei potuto innamorarmi di lei. Per esempio se fossi nato scemo.

ROMANO BERTOLA

Riuscivo a eccitarmi soltanto guardando la radiografia di una prostata. Ma, credetemi, non ero felice. La radiografia di una prostata non può sostituire l'amore vero... No, neanche se è nitida.

CLAUDIO BISIO-ROCCO TANICA

Non sono vegetariano perché amo gli animali. Sono vegetariano perché odio le piante.

A.W. BROWN

Aeroplano. Un tale è seduto addormentato, con la patta aperta e gli si vede tutto. Dall'altra parte del corridoio è seduto un altro tipo che guarda e lo nota. Chiama la hostess e le chiede una penna e un pezzo di carta. Scrive: "Caro signore, sono seduto dall'altra parte rispetto a lei e la sua cerniera è aperta e le si vede tutto. So che questa nota le eviterà qualsiasi imbarazzo. Cordialmente suo, Frank Martin. Ps: Ti amo".

LENNY BRUCE

Non vedo perché sia legittimo amare insieme Cimarosa, Bach e Stravinskij e sia da fedifraghi amare a un tempo Carolina, Claudia e Maria.

GESUALDO BUFALINO

Credete che se Laura fosse stata sua moglie Petrarca le avrebbe scritto sonetti tutta la vita?

George Gordon Byron

Ho sempre cercato di fare l'amore solo con le ragazze di cui ero innamorato. Siccome sono dieci anni che non mi innamoro, allora per un periodo ho cercato di fare all'amore anche con le ragazze di cui non ero innamorato. Ma, di solito, in questo caso erano loro ad innamorarsi di un altro. Cercavo delle ragazze di cui non ero innamorato e che non fossero innamorate di un altro, ma in questo caso se ci fossimo innamorati? Avremmo perso del tempo innamorandoci senza amarci... Insomma, alla fine ho preso venti euro e sono andato a puttane!

Antonio Cornacchione

Quando si è innamorati ci si entusiasma perfino di un ristorante cinese.

Lella Costa

Amore: un fiammifero usato che galleggia in un pisciatoio.

Hart Crane

Ho chiesto a mia moglie: «In una scala da uno a dieci, come mi consideri come amante?». Mi ha detto: «Oh, caro, lo sai che non sono brava con le frazioni!».

Rodney Dangerfield

Ama il prossimo, non questo, il prossimo.

D'Artagnan

Io amo Topolino più di qualsiasi altra donna io conosca.

Walt Disney

«Ce n'è sempre uno dei due che ama più dell'altro, ed è quest'ultimo che soffre.» «Sì, ma è l'altro che si annoia!»

Maurice Donnay

Io vi amo! Vi amo tutti!... Se ne ho il tempo.

Jango Edwards

«Vedi cara, l'amore è una cosa, il sesso un'altra.» «E la roba che facciamo noi come si chiama?»

Ellekappa

In amore ci vuole fortuna e comunque anche un bel culo non guasta.
Fabio Fazio

In amore il sesso non è tutto, quindi dammela e tieniti il resto.
Fabio Fazio

L'amore è la cosa più bella della vita. Come la figa.
Fabio Fazio

In amore un piccolo gesto può far perdonare tante cose: dai, slacciati le mutande.
Fabio Fazio

Tutte le cose belle finiscono presto; il nostro amore non finisce mai.
Fabio Fazio

La amo per quello che è. Ricca.
Leopold Fetchner

In amore bisogna essere senza scrupoli, non rispettare nessuno. All'occorrenza essere perfino capaci di andare a letto con la propria moglie.
Ennio Flaiano

Amore? Forse col tempo, conoscendoci peggio.
Ennio Flaiano

L'amore è una clessidra. Poi piano, col passare del tempo, il cuore si svuota e le palle si riempiono.
Mister Forest (Michele Foresta)

Facendone un peccato, il cristianesimo ha fatto molto per l'amore.
Anatole France

Amore è stare svegli tutta la notte con un bambino ammalato. O con un adulto molto in salute.
David Frost

È stato amore a prima vista. Poi ho dato una seconda occhiata.
Garfield

Quando una donna ama un uomo non è proprio lui che essa ama; ma è proprio lui che un bel giorno essa non ama più.
Paul Geraldy

L'amore più grande è quello che ti sveglia la mattina con un bacio e

ti dice: «Hai scoreggiato di meno stanotte».
NANNI GRECO

Le grandi storie d'amore si dividono in due categorie: quelle sfortunate e quelle infelici.
MAX GREGGIO

In amore m'illudo facilmente. Mi basta che una donna mi sorrida e già penso che mi voglia fare lo sconto.
TEO GUADALUPI

Mi sono innamorato della cassiera di un negozio di animali. Per farmi notare ho comprato così tante scatolette di biscotti per cani che il mio cane a un certo punto mi fa: «Bau! Ma quando cazzo le chiedi di uscire che mi sta venendo il diabete?».
MARINO GUIDI-SKIZZO

Vi sono tre tipi di donne di fronte all'amore: quelle che si sposano, quelle che si amano e quelle che si pagano. Può anche trattarsi della stessa donna. Si comincia col pagarla, la si ama, si finisce per sposarla.
SACHA GUITRY

L'amore è come il morbillo: più tardi arriva e più è pericoloso.
DOUGLAS WILLIAM JERROLD

L'odio deve rendere produttivi, altrimenti è più intelligente amare.
KARL KRAUS

L'amore è donare quello che non si ha a qualcuno che non lo vuole.
JACQUES LACAN

Molti uomini innamorati di una fossetta sulla guancia commettono l'errore di sposare l'intera ragazza.
STEPHEN LEACOCK

Quando uno è innamorato, beh quelli sono i più fantastici due giorni e mezzo della sua vita.
RICHARD LEWIS

Il dottore si era innamorato di una delle sue pazienti. Poco male, il fatto è che era veterinario.
BORIS MAKARESKO-ROBERTO TRANI

L'amore ha diritto di essere disonesto e bugiardo. Se è sincero.
Marcello Marchesi

Nessuno si è mai ammazzato perché non riusciva ad amare il prossimo suo come se stesso.
Marcello Marchesi

Vi amo, volete sposarmi? Se rispondete di sì non mi rivedrete mai più.
Groucho Marx

«Emily non posso più nasconderlo: ti amo. È la solita vecchia storia: un uomo e una donna... Romeo e Giulietta... Biancaneve e i sette nani...»
Groucho Marx

Amore non è altro che un boogie-woogie degli ormoni.
Henry Miller

C'è solo un amore che dura fino alla morte: l'ultimo.
Jacinto Miquelarena

Alcune delle più incredibili storie d'amore che io conosca hanno avuto un protagonista solo.
Wilson Mizner

La vera felicità è sposare una ragazza per amore e poi scoprire che è ricca.
Bob Monkhouse

Amore, ogni giorno penso con un po' di rammarico che le cose belle durano poco e tu... hai quasi quarant'anni.
Carlo Negri

Se i fiori sono il linguaggio dell'amore, con quello che costano non posso permettermi neanche una stretta di mano.
Robert Orben

Noi amanti perduti nella tempesta.
Noi amanti battuti dal vento.
Noi amanti frustati dall'uragano.
Amore... vaffanculo te e il picnic!
Flavio Oreglio

Quando c'è l'amore c'è tutto. Quando c'è tutto chi se ne frega dell'amore.
Gianni Palladino

Lui sposa lei perché lo ama. Lei ama lui perché la sposa.
JEAN PAUL

Nessuna donna si sposa per denaro: sono tutte tanto astute, prima di sposare un milionario, da innamorarsene.
CESARE PAVESE

«Mi ami?» «Sì.» «Davvero?» «Sì.» «Davvero davvero?» «Sì.» «Davvero, davvero davvero?» «Non lo so.»
PEANUTS

Se i pesci non abboccano all'amo, provate con "la stimo profondamente".
VALERIO PERETTI CUCCHI-MARIO ZUCCA

Sai qual è la più bella storia d'amore del cinema mondiale? Quella che raccontano Stanlio & Ollio, quando Oliver Hardy guarda Stan Laurel e gli chiede: «Stanlio, ma tu preferisci me o la torta di mele?». E Laurel guarda Hardy, poi il pubblico, poi ancora Hardy e il pubblico... e gli viene da piangere.
MICHEL PICCOLI

L'amore? Un bacio, due baci, tre baci, quattro baci, tre baci, due baci, un bacio, zero baci.
PITIGRILLI

C'è un tale bisogno d'amore nel mondo, che certe donne amano persino il loro marito.
PITIGRILLI

Le donne non dicono mai un no secco. Lo giustificano, a volte sono incredibili. Una mi ha detto: «Ti amo ma sono di Alfa Centauri e la mia astronave parte tra cinque minuti!».
DANIELE RACO

«Roger tesoro voglio che tu sappia che ti amo. Ti ho amato più di quanto una donna abbia mai amato un coniglio.»
JESSICA RABBIT

Se un genovese ha un'amante, la lascia prima di Natale, così non deve farle il regalo.
EMILIO RAZZETTI

Bisogna essere sincere in amore, vere. È l'unico modo per rimanere veramente... sole!
Maria Rossi

In una notte di luna piena ho detto a Paolo: «Guarda, amore, che bella luna!». E lui: «Perché, devi imbottigliare?».
Maria Rossi

«Non posso comprarti una casa lussuosa come farebbe Norman Jewison; non posso comprarti un'auto sportiva come farebbe Norman Jewison; non posso nemmeno comprarti uno yacht come farebbe Norman Jewison... Ma ti amo.» «Ti amo anch'io, tesoro, ma ora dimmi di più di questo Norman Jewison.»
Rowan & Martin's Laugh-In

Oggi Tury mi ha detto: «Minchia, Sabbry, ti amo come è vero che faccio i 18 con un litro!».
Sabbry (Luciana Littizzetto)

Io amo mia mamma. Be', potete farlo anche voi, per dodici dollari!
Bob Saget

Amare significa poco dolci.
Maurizio Sangalli

Amore e odio spesso coincidono, infatti io l'amante di mia moglie lo odio.
Maurizio Sangalli

Tutta l'opera di Petrarca si potrebbe riassumere nel verso di Sergio Endrigo: "Dite a Laura che l'amo".
Vittorio Sgarbi

Un sacco di gente si chiede come si possa sapere quando si è veramente innamorati. Ponetevi soltanto una domanda: «Mi dispiacerebbe essere distrutto finanziariamente da questa persona?».
Ronnie Snakes

L'amore ti fa fare cose pazze. Io per esempio mi sono sposato.
Buddy Sorrel

Essere innamorati è bellissimo. È bellissimo quando lei ti dice: «Io non ti tradirò mai per l'eternità». È brutto quando lei ti dice: «Sai che ieri ho capito che è un'eternità che stiamo insieme?».
Dado Tedeschi

Il paese in cui abito è così piccolo! Pensa che io sono l'amante di mio marito.

THINKER, DI *AENIGMATICA*

Per amore si può far tutto ma per soldi molto di più.

LINO TOFFOLO

L'amore consiste nell'essere cretini insieme.

PAUL VALÉRY

E alla fine, quando troverò l'amore della mia vita, come la convincerò a non cercare il suo?

FRANCESCO VARCHETTA

Temo che la mia ragazza non mi ami più. Ieri si è iscritta a un corso per imparare a russare.

FRANCESCO VESPA

L'amore è un piccolo dolce segreto tra te e la persona a cui stai mentendo.

FRANCESCO VESPA

«Lei è mai stato innamorato?» «No, ho sempre fatto il benzinaio.»

BEPPE VIOLA

Amare significa non dover mai sentire: «Sono incinta!».

WELCOME BACK, KOTTER

Ti amo troppo per sopportare che tu viva con un lurido fallocrate come me, che ti lascia carognamente lavare i piatti. Addio, sii felice, lo meriti!

GEORGES WOLINSKI

Le chiesi: «Lucinda, mi amerai sempre?». Mi ha risposto: «Ne dubito, non ti amo nemmeno adesso».

STEVEN WRIGHT

Per un settantenne è facile amare il prossimo. Meno facile amare la prossima.

DIMITRI YORDANOV

Sapete cosa significa rientrare in casa e trovare una donna che vi dà un po' d'amore, un po' di affetto e un po' di tenerezza? Che siete entrati nella casa sbagliata, ecco che significa!

HENNY YOUNGMAN

Sono innamorata dello stesso uomo da vent'anni. Se mio marito lo scopre mi ammazza.

HENNY YOUNGMAN

Viva l'amore! Abbasso i sedili!

CHECCO ZALONE (LUCA MEDICI)

ANALFABETISMO

Se tutte le volte che ho fatto sesso avessi letto un libro a quest'ora sarei un analfabeta.

LORENZO BOSIO

Potessi tornare indietro farei l'analfabeta. Avrei donne e successo politico.

ORESTE DEL BUONO

Quello che legge in tivù le estrazioni del lotto ci impiega così tanto perché è analfabeta o perché pensa che lo siamo noi?

FABIO FAZIO

Se un uomo che non sa contare trova un quadrifoglio, ha diritto alla fortuna?

STANISLAW JERZY LEC

Analfabeta: «Devo scrivere una lettera di carta...»
Totò (che per campare scrive lettere su dettatura): «Lei è ignorante?»
Analfabeta: «Sì.»
Totò: «Bravo! Viva l'ignoranza! Tutti così dovreste essere! E se ha dei figlioli non li mandi a scuola per carità! Li faccia sguazzare nell'ignoranza!»
Analfabeta: «Io tengo un nipote... Devo scrivere una lettera a lui!»
Totò: «Quanti anni ha questo compare?»
Analfabeta: «Quarantacinque...»
Totò: «Quarantacinque? (tira fuori una lettera già scritta) Questa va benissimo... Vede, noi le lettere le scriviamo prima, di modo che quando arriva una persona guadagnamo tempo... Lui ha quarantacinque anni?»
Analfabeta: «Sì!»
Totò: «Perfetto! Questa lettera io l'ho scritta tre anni fa per un signore che ne aveva quarantadue...»

TOTÒ

La sola cosa che trattiene certi musicisti rock dall'analfabetismo è la

necessità di leggere il manuale d'istruzioni della loro Mercedes.
GARRY B. TRUDEAU

Venerdì ero in una libreria con questa ragazza di origini francesi... Lei era un'analfabeta bilingue, in grado di non saper leggere in due lingue diverse.
STEVEN WRIGHT

Buona parte del giornalismo rock è gente che non sa scrivere che intervista gente che non sa parlare per gente che non sa leggere.
FRANK ZAPPA

ANALISI MEDICHE
(Radiografia)

Il mio medico è unico. Se non posso permettermi l'operazione, ritocca le radiografie.
JOEY BISHOP

Riuscivo a eccitarmi soltanto guardando la radiografia di una prostata. Ma, credetemi, non ero felice. La radiografia di una prostata non può sostituire l'amore vero... No, neanche se è nitida.
CLAUDIO BISIO-ROCCO TANICA

La sanità mi fa paura. Ieri dovevo portare gli esiti delle analisi al mio medico della mutua. Mi sono sbagliato e ho preso le spese di condominio. Lui le ha guardate e ha detto: «Ahi, ahi, ahi: abbiamo il gasolio altino...».
ANTONIO CORNACCHIONE

Bevo troppo. L'ultima volta che ho fatto l'esame delle urine c'era un'oliva dentro.
RODNEY DANGERFIELD

Mia madre era sempre così ubriaca che quando ci siamo decisi di farle fare un controllo medico hanno trovato il 2% di sangue nel suo alcol!
ROBERT DE NIRO

C'è più nessuno che crede che la salute sia più importante del denaro? Non si vedono tante ragazze dire: «Mi faccio Bill che ha una Porsche nuova, o Chuck che ha il colesterolo basso?».
NICK DIPAOLO

Quell'uomo beveva così tanto alcol che quando doveva fare gli esami del sangue il prelievo, anziché con la siringa, glielo facevano alla spina.

GIALAPPA'S BAND

Un nuovo caso di malasanità in Italia: Ronaldo ha passato le visite mediche al Milan.

GENE GNOCCHI

Un produttore di cibo e liquore danese ha introdotto sul mercato un gelato all'alcol. Finalmente un prodotto che ti distrugge il fegato e ti alza il colesterolo allo stesso tempo.

JAY LENO

Arturo, spaventato da un mezzo infarto, si sottopose a un minuzioso check-up che gli costò un occhio della testa e dal quale risultò che era pederasta.

MARCELLO MARCHESI

Annuncio apparso su un quotidiano napoletano. Apparecchiatura per tomografia assiale computerizzata, identica a quella rubata all'Ospedale Santa Maria Pietosa degli Orfanelli Ciechi, vendesi a clinica privata. No perditempo.

GIANFRANCO MARZIANO

ANATRA

Questa sera, per la nostra romantica cena, ti ho preparato anatra à l'orange. Solo che ho usato polpettone al posto dell'anatra, e ketchup al posto de l'orange.

DREW CAREY

Il ranocchio si è trasformato in principe, il brutto anatroccolo in uno splendido cigno, il bruco in farfalla, ma tu... quando cazzo ti trasformi?

ARTURO DI NACCIO E CLAUDIA GIOVANNELLI

Ditsey Baummortal andò a caccia di anatre con lo zio George Terwillinger. Uno stormo di anatre si levò in volo e lo zio George sparò nel mucchio e una si abbatté sulla spiaggia, morta. Ditsey si avvicinò e la guardò. «Ehi, zio George», disse «è stato uno spreco di muni-

zioni. La caduta stessa l'avrebbe uccisa.»
"SENATOR" ED FORD

Dopo la creazione, Dio saltò su e disse: «No, è tutto brutto, non va bene, manderò un'inondazione, ucciderò tutti e ricominceremo daccapo. Manderò un'inondazione, quaranta giorni e quaranta notti. Ma salverò due esemplari di ogni specie». Così Noè iniziò ad accogliere animali da tutto il mondo. «Due cani, due pecore, due gatti, due anatre...». E le anatre: «Noi non veniamo». E Noè: «Beh, ci sarà un'inondazione tremenda». E le anatre: «E allora?».
EDDIE IZZARD

Fare l'amore con la propria moglie è come sparare a un'anatra morta.
GROUCHO MARX

ANDARE IN BIANCO
vedi **Astinenza**

ANDREOTTI GIULIO

Andreotti lo sono, andreottiano mai stato.
GIULIO ANDREOTTI

«Pronto? Parlo con Giulio Andreotti?» «Dipende»
STEFANO BENNI

«Signor Andreotti, come fa ad avere la coscienza sempre pulita?» «Non la uso mai!»
ALFREDO CHIAPPORI

Da una improbabile intervista ad Andreotti: «Quanto del suo successo politico si deve a De Gasperi e quanto a lei?» «Il 90% a De Gasperi e il 90% a me.» «Dicendo che lei è un perfetto democristiano, ho detto tutto?» «Sì. Ha detto tutto dei democristiani.»
UMBERTO DOMINA

«Andreotti è Andreotti.» «Basterebbe questo a inchiodarlo.»
ELLEKAPPA

Agli inizi della carriera Giulio Andreotti fece un po' di tutto:

sottosegretario al Bilancio, all'Industria, agli Esteri, i lavori più umili insomma, dei quali tuttavia ancor oggi non si vergogna.

GINO&MICHELE

È ormai appurato che Renato Guttuso, grazie ai buoni uffici di Andreotti, ottenne il perdono della Chiesa pronunciando diecimila "Sia lodato Gesù Cristo" e dodicimila "Se l'arcivescovo di Costantinopoli si disarcivescovocostantinopolizzasse".

GINO&MICHELE

«Sentito sor ma è? Sotto Roma nostra bella c'avemo ventuno milioni de topi.» «Dipendesse pure quello da Andreotti sarebbero altri ventuno milioni di voti.»

MARCO SCALIA

18 novembre 1992. Come aveva promesso, Tommaso Buscetta ha rivelato oggi ai magistrati i nomi dei politici mafiosi: Giulio, Cirino, Calogero, Ciriaco... I cognomi, invece, rimangono avvolti nel mistero.

STRISCIA LA NOTIZIA

ANGELA PIERO *(Quark)*

Ho visto a *Quark* un documentario sulla vita di un vecchio pescatore che ha passato tutta la vita sull'oceano, molto commovente. L'uomo aveva raggiunto una tale confidenza coi pescecani che era arrivato a parlargli, infatti il documentario si chiamava "L'uomo che parlava ai pescecani e gli diceva: «Molla il braccio! Ahia, mollami il braccio!»".

ANTONIO CORNACCHIONE

Io la guardo la tivù: ad esempio l'altro giorno ho visto una puntata di *Quark*, in cui Ramses II presentava un documentario su Piero Angela!

ANTONIO DE LUCA

Era dai tempi di *Quark* che non mi commuovevo così. Ti ricordi quel bel documentario sul figlio di Romina Power, metà uomo e metà Al Bano?

GINO&MICHELE-GENE GNOCCHI

Una cosa che volevo sempre chiedere a Piero Angela: ma i dinosauri, quando si sono estinti, l'hanno fatto dalla sera alla mattina o hanno cominciato a tossire due anni prima?

MAURIZIO MILANI

ANGOSCIA

vedi **Paura**

ANGUILLA

In quella casa c'era un po' d'umidità: i mobili erano rosicchiati dalle anguille.

ANTONIO RICCI

Oggi Tury mi ha detto: «Minchia, Sabbry, ma ci hai sempre le mani sudate! Quando ci camminiamo mano nella mano mi sembra di portare a spasso un capitone!».

SABBRY (LUCIANA LITTIZZETTO)

ANIMA

Non c'è alcun rapporto tra gli asparagi e l'immortalità dell'anima. Gli asparagi si mangiano, l'immortalità dell'anima no.

ACHILLE CAMPANILE

Io amo i poveri, e soffrirei in un mondo senza poveri; i poveri sono le brioche dell'anima.

GIORGIO MANGANELLI

Signore, se c'è un Signore, salvate la mia anima, se ho un'anima.

ERNEST RENAN

ANIMALI IN GENERALE

Cartello per ecologi militanti: non datevi da mangiare agli animali.

STEFANO BENNI

Non sono un vegetariano perché amo gli animali, lo sono perché odio le piante.

BUMPER STICKER

Chi fuma può causare degli incendi nei boschi. Ecco perché non vedrete mai un animale fumare.

BILL COSBY

Se non esistessero i giardini zoologici gli animali non avrebbero la possibilità di osservare da vicino certe ferocissime specie di uomini.
ENZO COSTA

Nella sua arroganza l'uomo attribuisce la propria origine a un piano divino. Io credo più umile e verosimile vederci creati dagli animali.
CHARLES DARWIN

Asia Argento ama molto gli animali. Per prima cosa, quando torna a casa, dà il becchime al pipistrello.
PIERO DEGLI ANTONI

Gli animali non sono stupidi come si crede: non hanno né dottori, né avvocati.
L. DOQUIER

Il mio animale preferito è la bistecca.
FRAN LEBOWIZ

Quanti di quegli animali spiaccicati che si vedono sulle autostrade sono suicidi?
DENNIS MILLER

Le bestie non sono così bestie come si pensa.
MOLIÈRE

Gli animali hanno due funzioni nella società odierna: di essere deliziosi e di starci bene addosso.
GREG PROOPS

Sono un Volvovegetariano. Mangio animali solo se uccisi accidentalmente da una macchina in corsa.
RON SMITH

Il mio professore di linguistica sosteneva che è l'abilità dell'uomo a utilizzare il proprio linguaggio a farne la specie dominante. Può essere. Ma io credo ci sia anche un'altra cosa a separarci dagli animali: noi non siamo terrorizzati dai battitappeto.
JEFF STILSON

L'uomo è l'unico animale che arrossisce, ma è anche l'unico ad averne motivo.
MARK TWAIN

Dicono che avere un animale ti prepari ad avere dei figli. Ho tenuto un pesce rosso per cinque mesi, quindi credo di essere pronta per i bambini. Solo che mi serve una vasca più grande.

JAYNE WARREN

«Oh mio Dio, lei ha una magnifica pelliccia! Davvero una splendida pelliccia... E magari da qualche parte c'è un branco di animali che si sta dicendo: "Cazzo, che freddo!"».

ROBIN WILLIAMS

Dopo aver mangiato, gli anfibi devono aspettare un'ora prima di uscire dall'acqua?

STEVEN WRIGHT

ANIMALI VARI

Qual è la differenza tra un rinoceronte ferito e un soprano? I gioielli.

ANONIMO

Il camaleonte ha il colore del camaleonte solo quando si posa su un altro camaleonte.

ANONIMO

Ti rende sempre un po' nervoso aprire una scatola di sardine e vedere cinquanta occhi che ti osservano.

MILTON BERLE

Ogni mattina mangia un rospo vivo come prima cosa e durante il giorno non ti potrà accadere niente di peggio.

ARTHUR BLOCH

«Questa è la prima e unica volta che mi tiro una sega!» disse il granchio.

PAOLO BURINI

Il cricket, bel gioco! Si prende a mazzate una pallina. Io giocavo a una variante del cricket, il cricet... al posto della pallina si usa un criceto.

GIOVANNI CELLINI

Non potrete dire di aver vissuto se non avete mai partecipato a una caccia al procione, e dopo averlo fatto non vorrete più vivere.

CHEVY CHASE

Le zebre, quando attraversano la strada, camminano sui pedoni?

CICCHELLO & COLOMBO

«Non c'è animale più stupido della marmotta» disse l'etologo «sta ferma ore e ore a contemplare il sole.» «Non c'è animale più stupido dell'etologo» disse la marmotta «sta fermo ore e ore a contemplare me.»

Enzo Costa

Ho aperto un negozio di animali di seconda scelta: ho un coniglio impotente, un pipistrello con dieci decimi e un leone gay che si sente la regina della giungla.

Phyllis Diller

Il cane è il miglior amico dell'uomo, ma perché, l'opossum che vi ha fatto?

Dose e Presta

In Valtellina le foto di gruppo del matrimonio non si riesce mai a farle perché c'è sempre uno che vede uno scoiattolo e allora tutti si girano a guardare e vengono presi di schiena.

Gene Gnocchi

La faraona, per quanti sforzi abbia fatto, non è mai stata inserita in nessuna fiaba.

Gene Gnocchi

La grassona: «Secondo te come mi starebbe un bikini?»
Il mago: «Come due elastici su un uovo di struzzo!»

Johnny Hart

L'archeopterix è un animale estinto da milioni di anni che stava a metà strada tra un alligatore e un'aquila. Poi uno dei due se l'è mangiato.

Gianluca Irti

L'alano è il nome scientifico del cuculo?

Gianluca Irti

Le foche sono eccezionali con le palle, e non c'è logica in questo. Non esistono palle nell'Artico, né nell'Antartide. Palleggiano per ore, sono davvero fenomenali! Magari potrebbero esistere altri animali in grado di fare altrettante cose insospettabili. Tipo le tigri, potrebbero essere bravissime a suonare il banjo.

Eddie Izzard

Un uomo aveva una tigre da duecento chili nel suo studio-appartamento di New York. E una volta che hai una tigre, cosa c'è di meglio se non accompagnarla con un alligatore? Dunque questo tale aveva una tigre e un alligatore nel suo appartamento, e la polizia ha ricevuto una soffiata dal pappagallo. La tigre viveva di tonno in scatola, e di qualche occasionale fattorino dell'UPS.

David Letterman

Secondo uno studio fatto in Australia, i koala hanno delle impronte digitali talmente simili a quelle umane che potrebbero essere facilmente confuse dalla polizia sulla scena di un delitto. Va notato, inoltre, che lo studio è stato finanziato da O.J. Simpson.

Norm MacDonald

Sos in Antartide, dove si stanno registrando improvvisi aumenti di temperatura. A causa del caldo eccessivo, i pinguini rischiano di perdere il bastoncino di legno.

I Maceta (Luca e Siro Mantovani)

Una cosa che volevo sempre chiedere a Piero Angela: ma i dinosauri, quando si sono estinti, l'hanno fatto dalla sera alla mattina o hanno cominciato a tossire due anni prima?

Maurizio Milani

Guardo un passero che becchetta in una merda fresca. Straordinario come è facile campare per un passero.

Henry Miller

Che differenza c'è tra una puzzola arrotata da un'auto sulla strada e un avvocato che ha fatto la stessa fine? Per la puzzola c'è una traccia di frenata.

Michael Rafferty

Non incontrerai mai la persona perfetta. Il tempismo è sempre sballato. Tu sei sposato, lei è single. Tu sei ebreo, lei è palestinese. Uno è un messicano, uno è un procione. Uno è un uomo di colore, uno è una donna di colore. Insomma, c'è sempre qualcosa.

Chris Rock

Anche i grilli bestemmiano,
solo che balbettano.

MAURIZIO SANGALLI

Ho letto su *Focus* che i maschi dei bonobo per cementare il proprio rapporto di coppia cercano di fare all'amore almeno trenta volte al giorno. Ma la cosa più incredibile è che gli scienziati hanno scoperto che tra le femmine dei bonobo è diffusissimo il Moment.

CARLO TURATI

ANNI CINQUANTA
(Sessanta – Settanta – Ottanta – Novanta – Duemila - Era)

Negli anni Cinquanta, chi aveva la radio nell'automobile furoreggiava con le ragazze. Mio cugino Ignazio faceva strage di cuori invitandole sulla sua Topolino, dove, dopo essersi fermato in un angolino appartato, accendeva la radio e le avvolgeva in una magia di romantiche canzoni... In realtà, Ignazio non aveva nessuna radio, ma quando le ragazze scoprivano che Ignazio era solo uno sporco ventriloquo, lui le aveva già scopate. Adesso che ci penso, Ignazio non aveva neanche la Topolino. Ma oltre a essere un ventriloquo, era anche un ipnotizzatore, e così le ragazze credevano di viaggiare su un'auto lussuosa mentre in realtà se ne stavano issate sul tubo di una vecchia bicicletta scassata! A volte ho dei dubbi che Ignazio avesse davvero la bicicletta...

ROMANO BERTOLA

«Io colleziono preservativi. Ne ho uno originale degli anni Settanta.» «E com'è fatto?» «A zampa d'elefante, il problema è che quando lo inserisci fa le orecchie da cocker.»

LA CAROVANA

Sai di vivere negli anni 2000 quando in quattro anni sei rimasto seduto alla stessa scrivania e hai lavorato per tre aziende diverse.

DALL'E-MAIL *YOU KNOW YOU'RE LIVING IN 2000 WHEN...*

Sai di vivere negli anni 2000 quando hai una lista di quindici numeri di telefono per raggiungere la tua famiglia di tre persone.

DALL'E-MAIL *YOU KNOW YOU'RE LIVING IN 2000 WHEN...*

Da un'intervista a Le Vibrazioni. «Voi mi fate rivivere l'atmosfera degli anni Settanta: sapete che vi prenderei a molotov e sampietrini?»

DIMUNNO E TAMBORRINO

L'anno prossimo è il 2002. È un anno palindromo, lo puoi leggere sia da un lato che dall'altro. È una cosa rarissima, secondo i miei calcoli non capitava dal 1936.

NORMAN DRABBLE

Lavorare nello spettacolo nella Milano degli anni Novanta e non avere rapporti con Berlusconi è facile come lavorare al controllo delle nascite nella Nazareth degli anni Zero e non avere rapporti con Erode.

WALTER FONTANA

Mi sono svegliato nel Duemila e ho avuto paura perché Berlusconi aveva comprato tutto. Perfino la Costituzione aveva fatto riscrivere. Da Mike Bongiorno. Il primo articolo diceva: "L'Italia è una Repubblica fondata sul lavoro? Avete venti secondi perrispondere. Via al cronometro...".

GINO&MICHELE-PAOLO ROSSI

Alcuni dividono il mondo in prima del telegrafo e dopo il telegrafo. Altri non se la sentono.

GENE GNOCCHI

Se ti ricordi degli anni Sessanta vuol dire che non c'eri.

GEORGE HARRISON

Capsula: «Ikkia, Nucleo, cos'hai mangiato, dei pantaloni a zampa?»
Nucleo: «Perché?»
Capsula: «Hai l'alito anni Settanta!»

PALI E DISPARI

Negli anni Settanta ero contro lo Stato. Poi negli anni Ottanta ho cominciato a pensare che lo Stato non ci fosse più. Oggi penso che lo Stato ci sia e si sia ormai insediato come un cancro nel corpo sano della mafia.

PAOLO ROSSI

Gli uomini della mia generazione sono i più coerenti e i più affidabili con le donne. Ci piacciono adesso le stesse che ci piacevano nel 1960. Cioè le ventenni.

MARIO VIBERTI

ANNI DI PIOMBO

vedi ***Terrorismo***

ANNIVERSARIO

vedi ***Festa***

ANNUNCIO

Agricoltore trentottenne desidera conoscere nubile trentenne, proprietaria trattore, scopo matrimonio. Pregasi inviare foto trattore.

ANNUNCIO ECONOMICO PUBBLICATO SU UN GIORNALE FRANCESE DI PROVINCIA

Non sono mai stato il preferito di mia mamma, e sono figlio unico. Un giorno le ho chiesto: «Mamma, sono stato adottato?». Mi ha risposto: «Non ancora, ma abbiamo messo un annuncio».

ALDO COLOMBINI

Cedesi parruccheria completa di arredamento e due brave estetiste con retro avviatissimo.

CITATO DA ANTONIO DI STEFANO E PIPPO FRANCO

Vendo una macchina da scrivere e una già scritta.

NINO FRASSICA

Cedo avviata attività di lavavetri, in zona centrale e molto trafficata. Contatto in loco tra un giallo e un verde.

PACO GENOVESE

«Pronto? Scusi, è lei che vende la moto?» «Sì» «Per quanto?» «Per sempre.»

LUCA KLOBAS

Annuncio apparso su un quotidiano napoletano: apparecchiatura per tomografia assiale computerizzata, identica a quella rubata all'Ospedale Santa Maria Pietosa degli Orfanelli

Ciechi, vendesi a clinica privata. No perditempo.
GIANFRANCO MARZIANO

Annuncio apparso su un quotidiano napoletano: porto d'armi vendo o scambio con patente per motoscafo.
GIANFRANCO MARZIANO

Annuncio apparso su un quotidiano napoletano: automobile con la scritta "Polizia" vendesi. Identica a una vera: affarone!
GIANFRANCO MARZIANO

Annuncio apparso su un quotidiano napoletano: Dj Pino Catramaro offresi per feste private, anche delinquenti.
GIANFRANCO MARZIANO

Annuncio apparso su un quotidiano napoletano: greco, latino, italiano, storia, geografia, collaboratrice domestica impartisce lezioni a prezzi convenienti. Non si accettano buoni pasto.
GIANFRANCO MARZIANO

Cartello sull'auto al parcheggio: "Non ho autoradio!". Il mattino dopo, cartello al posto dell'auto: "Grazie, la mettiamo noi!".
VALERIO MINTOTI

Annuncio pubblicitario: vendo chitarra e intera collezione cd rock di mio figlio. Se risponde un ragazzo riattaccare e richiamare.
LUCA MOGGIAN BARBAN

Signore molto laido (alito pesante, denti cariati, vistosi peli superflui, ascelle maleodoranti, forfora di tre specie, petecchie e piedi marci) sposerebbe fanciulla bellissima per avere figli normali.
TANGO

L'altro giorno ho perso il cane a caccia. Mia moglie mi ha detto: «Metti un annuncio sul giornale». Il lunedì sono andato a *Il Messaggero* e c'ho fatto scrivere: "Bobby, qua!" Il martedì, visto che non arrivava, c'ho fatto riscrivere: "Subito!".
STEFANO VIGILANTE

ANONIMATO

Non si può essere più sicuri di nulla. Giulio, che per tutta la vita ha sempre pensato di aver sposato una troia, ha ricevuto una lettera anonima con le prove che sua moglie è una santa donna. Adesso per lo choc sono tre notti che non dorme.
ROMANO BERTOLA

Modestia: l'omicida desidera restare anonimo.
SERGEJ DOVLATOV

La mia portinaia aveva il vizio di leggermi la posta, allora io mi sono spedito una lettera: "Che cazzo leggi, stronza!". Il giorno dopo mi è arrivata una lettera anonima: "Stronza lo dici a tua sorella!".
TEO GUADALUPI

Un attore fa di tutto per diventare celebre e poi, quando ci riesce, si mette un paio di occhiali scuri per non farsi riconoscere.
MARCELLO MASTROIANNI

ANORESSIA
vedi ***Magri***

ANTENATO

Può darsi che anticamente l'omo avesse più organi sessuali: tre piselli, da cui la famosa frase: «Che cazzo vuoi?».
ROBERTO BENIGNI

Ti amo, ti ho sempre amata, ti amo da generazioni. Mio padre ti amava prima di me, mio nonno prima di lui.
ALESSANDRO BERGONZONI

Le credenze degli antichi erano di legno.
PACO D'ALCATRAZ

L'ho detto a Bossi quanto è grande la differenza tra sudisti e nordisti. Quando i suoi antenati celtici erano ancora barbari aggrappati ai rami, i miei antenati erano già froci.
LUCIANO DE CRESCENZO

I messicani discendono dagli aztechi, i peruviani dagli inca. Noi argentini dalle navi.
PROVERBIO ARGENTINO

Nei tempi antichi non esistevano le statistiche, si rendeva quindi necessario ripiegare sulle menzogne.
STEPHEN LEACOCK

ANTICONCEZIONALE

(Contraccettivo - Fecondazione artificiale) vedi anche Preservativo

Due settimane fa sono stato coinvolto in un buon esempio di contraccezione orale. Ho chiesto a una ragazza di venire a letto con me e lei mi ha detto di no.
WOODY ALLEN

Fermate l'esplosione demografica! Diventate omosessuali!
ANONIMO

Nella coppia l'educazione più importante è quella della contraccezione. Fra l'altro rende tanto più semplice l'educazione dei figli.
PIERO BARGAGLI

C'è una nuova pillola contraccettiva per le donne. La metti tra le ginocchia e la tieni lì.
BILL BARNER

Il culo è l'anticoncezionale per eccellenza. Il culo è laico!
TINTO BRASS

Ho scoperto un nuovo metodo anticoncezionale infallibile: si tratta di andare nella camera da letto e guardare mia moglie mentre si toglie il trucco!
ART BUCHWALD

I bambini prodigio sono la più efficace pubblicità progresso per il controllo delle nascite.
ENZO COSTA

Il figlio in provetta.
Dopo anni di tentativi vani
ebbero un figlio,
un figlio in provetta.
Lo accarezzavan
con gli occhi e le mani
e ripetevano: «Bella pugnetta!».
EROS DRUSIANI

Lavorare nello spettacolo nella Milano degli anni Novanta e non avere rapporti con Berlusconi è facile come lavorare al controllo delle nascite nella Nazareth degli anni Zero e non avere rapporti con Erode.

WALTER FONTANA

La mia sfiga in amore? Non ne parliamo proprio. Io sono stato a letto una sola volta nella mia vita e tengo un figlio. Quella sera c'era lo sciopero delle farmacie, allora le dissi: «Cara, che dobbiamo fare? Facciamolo con il metodo del coitus interruptus». Quella sera a Napoli venne il terremoto. Direte: «E che c'entra?». Provate voi ad uscire in tempo con il settimo grado della scala Mercalli!

GINO&MICHELE-SILVIO ORLANDO

Non prendo la pillola, ma marco i giorni della settimana sui Tic Tac. Mi fa sentire di avere una relazione.

CATHY LADMAN

È ormai ammesso alle donne cattoliche evitare una gravidanza ricorrendo alla matematica, ma non è loro ancora concesso di ricorrere alla fisica o alla chimica.

HENRY LOUIS MENCKEN

Hanno inventato la pillola del giorno dopo. Qual è il problema? Riuscire a trombare il giorno prima.

DIEGO PARASSOLE

Non prendetevela con Me se la Terra è sovrappopolata, la colpa è vostra: dovreste darvi una regolata con la procreazione. Se Io Mi sono accontentato di un Figlio solo, dovrebbe essere più che sufficiente anche per voi.

DIO, PER PENNA DI JEREMY PASCALL!

«Sai qual è il miglior metodo al mondo per il controllo delle nascite?» «No.» «Ah, lo sai.»

BOB PHILLIPS

Se torni a casa e lui sta usando il tuo diaframma come portacenere, è finita.

CAROL SISKIND

25 ottobre 1991. Da un'indagine Istat risulta che in Italia nascono pochi bambini. Se andrà avanti così, tra

vent'anni in Italia ci saranno solo anziani. Si teme perciò un aumento degli incidenti del sabato sera. Sì, all'uscita dalla messa.
STRISCIA LA NOTIZIA

ANTIPATIA
vedi **Simpatia**

APE *(Miele)*

L'altro giorno ho raccontato a mio figlio delle api e dei fiori. Lui mi ha risposto con la storia di mia moglie e del macellaio.
RODNEY DANGERFIELD

Ci sono delle api che come secondo lavoro fanno le punture agli anziani.
GENE GNOCCHI

Assaggereste l'escremento di un insetto elaborato nell'intestino di un altro insetto? Sicuri che non volete un po' di miele?
GIANLUCA IRTI

Guarda questa ape piccola e brutta. Fa il miele. Io sono una persona di aspetto gradevole e tutto quello che so fare è un po' di cerume nelle orecchie.
MILT KAMEN

Una donna di settantasette anni a Las Vegas è stata attaccata da uno sciame di api assassine. C'è voluto un idrante per levarle le api di dosso, e un piede di porco per liberarle la mano dalla leva della slot machine.
BILL MAHER

Lo fanno gli uccelli, lo fanno le api, facciamolo anche noi: andiamo a dormire.
VASCO MIRANDOLA

Secondo le teorie dell'aerodinamica e attraverso esperienze effettuate nella galleria del vento, è dimostrato che l'ape non può volare. Questo perché il suo peso, la sua massa e la forma del suo corpo, in rapporto all'apertura alare, ne rendono il volo impossibile. Tuttavia l'ape, ignara di queste cognizioni scientifiche e essendo dotata di notevole risolutezza, non solo vola... fa anche il miele!

MARCO ERCOLE POLIZZA

APOSTOLI

"Tu sei Pietro e su questa pietra fonderò la mia Chiesa". Gioco di parole indubbiamente sublime, però, come dire? Un po' fortunoso. Resta il sospetto che, se si chiamava Michele, avrebbe fondato la Michelin.

ROMANO BERTOLA

«La taglia su Cheyenne è 5000 dollari, giusto?» «Giuda si è accontentato di 4970 dollari in meno.» «Non c'erano i dollari allora.» «Già, ma i figli di puttana sì.»

C'ERA UNA VOLTA IL WEST

«Dodici? Sono troppi!
Non si può fare sei?»

LEW GRADE, PRODUTTORE DI *GESÙ DI NAZARETH*

Dicono ai bambini che Gesù era bianco, così come gli apostoli e gli angeli. Il posto in cui vive il Presidente si chiama Casa Bianca. Perfino Tarzan è bianco. Ma come? Bianco uno nato e cresciuto nella jungla?

MUHAMMAD ALÌ (CASSIUS CLAY)

Giuda: «Un bacio è un apostolo roso fra le parole "ti" e "tradisco"»

SANDRO MONTALTO

APPARECCHIO ACUSTICO

vedi **Sordo**

APPARTAMENTO

vedi **Casa**

APPELLO

vedi **Avvertenza**

APPUNTAMENTO

«Ho un appuntamento con il dentista.» «Mi dispiace, ma non c'è.»

«Ah. E sa dirmi la prossima volta che non ci sarà?»
JACOB M. BRAUDE

Per far sì che sia come la prima volta, non incontratevi mai una seconda.
ALDO BUSI

Avevo un appuntamento con lei alle quattro, la incontrai alle tre e per un'ora non ho saputo che dirle.
ENNIO FLAIANO

Odio gli appuntamenti al buio, ma un amico mi ha offerto di organizzarne uno, allora ho accettato. Ma avreste dovuto vederla, quella ragazza. Era come se non avesse fatto il bagno per un mese. Era così sporca che qualcuno le aveva scritto "lavami" sulla fronte.
BOB ZANY

ARAGOSTA

Chissà se le aragoste sono consapevoli del loro valore?
FABIO FAZIO

Un chilo di segatura pesa più di tre etti di aragosta, ma non costa 25 euro!
ALBRAN KELHOG

ARANCIA *(Limone)*

La California è un bel posto per viverci, se sei un arancio.
FRED ALLEN

I ragazzini sono dei duri. Una volta ho visto un ragazzino e gli ho regalato un'arancia. Sua madre lo ha ripreso: «Cosa si dice al signore?». Il ragazzino mi ha guardato e ha detto: «Sbucciala».
BILL BARNER

Ciao sono Epifanio, un buongiorno a voi e un buongiorno a me. Ciao, miao, bao, Mi è stato detto che gli innamorati, i veri innamorati, inventano con lo sguardo le loro verità. Forse, ma fooorse, ma fooorse... Così ho folgorato la mia donna. Era un giorno nel parco, un parco bellissimo. Un parco di una grande città. Tanta gente, bambini, giovanotti, vecchiettini e tutti parlavano

tra di loro. E parlavano anche con me. Uno mi ha chiesto un cucchiaino, uno cento lire, uno una spada e uno un limone. E io gli ho detto: «Ma simpaticissimo, cosa te ne fai di un limone?» «Eh devo farmi una pera.» E io gli ho detto: «Ma cosa sei, un mago?». Ciao, miao, bao.
EPIFANIO (ANTONIO ALBANESE)

Fin da ragazzo, mi ha sempre colpito una cosa. Come dicono? Sì: «Non disperdere il seme». Non c'entra con l'agricoltura, eh! Mi rendo conto che siamo dentro ad argomentini un po' delicati, per carità. Ma mi son sempre chiesto: come è possibile, con tutto quello che si butta via nel mondo, spreco di risorse, arance distrutte, pomodori al macero... che se la prendono tanto per uno schizzettino? Che sarà mai? Sarebbe come se uno starnutisse: «Etcì!» «Fermo non disperdere lo starnuto!». Più o meno.
PAOLO HENDEL

Perché fanno bottiglie di succo di limone con ingredienti artificiali, e prodotti per pulire i pavimenti con vero succo di limone? Adesso io bevo il mio tè con una spruzzata di Spic&Span.
BOBBY KELTON

Pensare ke mio marito Savvatore quando ke lò conosciuto, era kosì maschio... Spezzo un'arancia in favore di mio marito. Già la presenza fisica, l'altezza... Eh? È alto un metro e un kazzo? Ke centra, tu ai visto solo il metro!
SCONSOLATA (ANNA MARIA BARBERA)

Ieri sono andato al casinò e ho inserito un gettone in una slot machine, ho tirato la leva e sono venute fuori tre arance. Ho vinto una spremuta.
SALVO SPOTO

ARBITRO

Ecco i dieci eventi storici nei quali è stato lecito usare la parola "cazzo":
1) "Sta torre col cazzo che casca!" (Babele, 5000 a.C.).
2) "Piogge a tratti un cazzo!" (Noè, 4314 a.C.).

3) "Santità, lo vuole davvero su quel cazzo di soffitto?" (Michelangelo, 1566).
4) "Da dove cazzo sbucano tutti questi indiani?" (Generale Custer, 1877).
5) "Cazzo! Ti somiglia un casino!" (Picasso, 1926).
6) "E quella cosa cazzo è?" (Sindaco di Hiroshima, 1945).
7) "Eddaì! Chi cazzo vuoi che lo venga a sapere?" (Bill Clinton, 1999).
8) "Cazzo, non credevo si arrabbiassero così tanto!" (Osama Bin Laden, 2001).
9) "La vuoi o no quella cazzo di macchina?" (Il presidente della Fifa all'arbitro Moreno, giugno 2002).
10) "Ma chi cazzo ho comprato?" (Berlusconi a Galliani, dopo la campagna del 2008).

Anonimo Internet

Giornalista: «Perderete la prossima partita?»
Sacchi: «Se perdiamo 1 a 0, è colpa del portiere; se perdiamo 2 a 0, è colpa della difesa; se perdiamo 3 a 0, è colpa del centrocampo; se perdiamo 4 a 0, è colpa dell'attacco; se perdiamo 5 a 0, è colpa dell'arbitro; se perdiamo 6 a 0, è colpa del pubblico e se perdiamo 7 a 0... be', bisogna essere onesti e avere il coraggio di dire che è colpa di Matarrese.»

Antonio Cornacchione

«Come mai la tua squadra ha perso? Ha giocato male?» «No, è stata colpa degli ebrei, dei meridionali e di quella troia della moglie dell'arbitro!»

Ellekappa

L'allenatore al suo pugile: «Abbiamo pagato l'arbitro perché ti dichiari vincitore. Abbiamo pagato il tuo avversario perché ti lasci vincere. Il resto dipende da te».

Groucho Marx

Io non credo alla malafede degli arbitri: io credo che loro siano realmente juventini.

Giorgio Melazzi

Ora che le donne sono diventate fantini, arbitri di baseball, scienziati nucleari e dirigenti commerciali, forse un giorno impareranno a parcheggiare a pettine.

Bill Vaughan

ARCHEOLOGIA
vedi **Monumento**

ARCHITETTO *(Arredatore)*

Per mia esperienza, se devi tenere chiusa la porta del bagno appoggiandoci contro la gamba sinistra, è architettura moderna.

NANCY BANKS-SMITH

Scrivere a proposito di musica è come danzare a proposito di architettura.

ELVIS COSTELLO

Siete in un tunnel? Volete un consiglio? Arredatelo!

GEPPI CUCCIARI

L'arte del decoratore consiste nel fare nelle case altrui quello che non si sognerebbe mai di fare nella propria.

LE CORBUSIER

Un medico può seppellire i propri errori, ma un architetto può solo consigliare al cliente di piantare rampicanti.

FRANK LLOYD WRIGHT

Secondo me in Afghanistan ci odiano per l'architettura: ogni volta che mostrano un'immagine di là, si tratta delle ultime quattro mura rimaste in piedi di tutto il paese. Simili modo, loro vedono i nostri muri. E ogni muro che abbiamo ha un bancomat, dentro. I nostri muri letteralmente cagano soldi.

TENNIS MILLER

Il palazzo dove abitavo era tutto in calcestruzzo, chiamato così perché gli architetti che lo usano per costruire palazzi come il mio dopo passano la vita con la testa sotto la sabbia per la vergogna di aver fatto una schifezza simile.

VALERIO PERETTI CUCCHI

ARCOBALENO

Ragazza: una persona di giovane età del cosiddetto gentil sesso con un'inclinazione a un atteggiamento e opinioni imperscrutabili che possono far infuriare fino al delitto. La specie è geograficamente piuttosto diffusa; dovunque la si cerca, la si trova, e dovunque la si trova, uno se ne pente. In linea di principio la ragazza non dispiace all'occhio e (senza il suo pianoforte e le sue opinioni) non è insopportabile all'orecchio. Anche se non può competere con la bellezza dell'arcobaleno e la sua componente udibile viene superata dal canarino che, oltre tutto, è anche più facilmente trasportabile.

AMBROSE BIERCE

Dal dentista a un certo punto ti dicono: «Sciacqui e sputi». Io sputo, ma non posso mai tornare seduto perché c'è questo filo che va dal bordo del lavello al tuo labbro. E tu agiti la testa e quello niente, non si stacca. Allora mi butto indietro di colpo, sperando che si spezzi... Così c'è questo lungo filo che va dal lavello al tuo labbro. Tu sei imbarazzato... Il dentista lo guarda e dice: «Oh, l'arcobaleno!».

BILL COSBY

Pensa che quand'ero piccolo ero talmente povero che anche l'arcobaleno lo vedevo in bianco e nero.

SILVIO ORLANDO

ARIA

Datemi le mie mazze da golf, un po' d'aria fresca e una bella ragazza e potete anche tenervi le mazze e l'aria fresca.

JACK BENNY

È dura per me seguire tutti questi cambiamenti di usi e costumi. Mi ricordo ancora di quando l'aria era pulita e il sesso era sporco!

GEORGE BURNS

A New York un signore che si dava tante arie è morto avvelenato.

CASTELLACCI E PINGITORE

Devo essere un idiota: ho appena speso otto dollari per sei bottiglie d'acqua. Ci stavo pensando proprio poco fa, l'acqua non è quella cosa che cade gratis dal cielo? Adesso

quasi quasi vado a comperarmi sei lattine di vento.
HOLLYWOOD IMPROV

Le città dovrebbero essere costruite in campagna. L'aria lì è più pura.
HENRI MONNIER

In un paese sottosviluppato, non bere l'acqua. In un paese sviluppato, non respirare l'aria.
JONATHAN RABAN

Eravamo conciati malissimo: prima di respirare l'aria, ci toccava bollirla!
FRANCESCO SALVI

Perché non facciamo tutti quanti una colletta e non comperiamo un'altra finestra? L'aria qui è irrespirabile!
NEIL SIMON

L'inquinamento è così avanzato che quando ho gonfiato le ruote della mia auto, due di loro sono morte.
LEE TULLY

ARMI *(Fucile - Pistola)*

I miei studenti sono intelligentissimi. Dovresti vedere che metodi creativi hanno per far passare le armi attraverso i metal detector.
WOODY ALLEN

Due cacciatori sono in un bosco quando uno dei due crolla a terra: sembra che non respiri e ha gli occhi sbarrati. L'altro cacciatore estrae un telefono e chiama soccorso: «Il mio amico è morto! Cosa posso fare?». L'operatore, con voce calma, risponde: «Si calmi. La posso aiutare. Per prima cosa, dobbiamo essere sicuri che il suo amico è davvero morto». Segue un istante di silenzio, poi una fucilata. Il cacciatore riprende il telefono: «Ok, e poi cosa?».
GIUDICATA "LA BARZELLETTA PIÙ DIVERTENTE DEL MONDO"

Non era nessuno: si uccise con una pistola caricata a salve.
ROMANO BERTOLA

Dove siamo arrivati. Ieri due teppisti hanno scippato con la Vespa una vecchietta trascinandola al suolo.

Per fortuna un passante ha estratto la sua Magnum e li ha uccisi.
MASSIMO BUCCHI

Il Buono: «Uno, due, tre, quattro, cinque, sei. Il numero perfetto»
Il Cattivo: «Non è tre il numero perfetto?»
Il Buono: «Sì, ma io ho sei colpi»
IL BUONO, IL BRUTTO, IL CATTIVO

Testa di cane ha da poco finito di scontare quindici anni di galera. Quindici anni fa aveva rubato la macchina al suocero per andare a rapinare una banca, con i soldi della rapina doveva andare in Russia a comprare dei mitragliatori da barattare in Afghanistan con dell'hashish, successivamente portare l'hashish in Albania e darlo alla malavita locale in cambio di alcune ragazze da fare prostituire in Italia. Con i soldi ricavati dalla prostituzione doveva aprire delle bische clandestine e infine ripulire il denaro sporco in Svizzera importando dei Rolex di contrabbando. Lo hanno arrestato al terzo incrocio dopo il furto della macchina. Il suocero conoscendolo ha pure ritirato la denuncia, ma i carabinieri gli hanno trovato in tasca un promemoria di tutti i passaggi che doveva fare ed è rimasto in galera quindici anni.
GIOVANNI CACIOPPO

Puoi fare molta più strada con una parola gentile e una pistola, che con una parola gentile e basta.
AL CAPONE

È diventato davvero semplice comperarsi una pistola. Una volta si diceva: «Ho una pistola, dammi i soldi». Adesso si dice: «Ho i soldi, dammi una pistola».
GEORGE CARLIN

Questo sasso è la prima arma del nostro esercito. Veniva chiamato "pistola". Funzionava in maniera semplice: si afferrava, si gettava al nemico e si urlava: «Bang!». Qualche tempo dopo crearono il silenziatore. Funzionava allo stesso modo, solo che non si urlava «Bang!».
TIM CONWAY

Esiste un'arma segreta: l'aereo invisibile. Che cosa può fare un aereo invisibile? Il nemico guarda lo schermo del suo radar e dice: «Bene, niente aerei. Però ci sono due omini seduti a 15.000 metri di altezza!».

WILL DURST

Il mondo si divide in due categorie: chi ha la pistola carica e chi scava. Tu scavi.

CLINT EASTWOOD

La caccia al cervo sarebbe un autentico sport, se solo il cervo avesse il fucile.

WILLIAM GILBERT

«Un momento, commissario, un momento... Lei ha il coraggio di chiedermi come mai i neri usano tanto il coltello? Ma è perché le pistole non ce le volete vendere!»

DICK GREGORY

Quando ho perso il mio fucile, l'esercito mi ha fatto pagare 85 dollari. Ecco perché nella Marina il capitano affonda con tutta la nave.

DICK GREGORY

Credo che arco e frecce siano un'arma incredibilmente sottovalutata. Esteticamente, è molto più attraente di un revolver e può essere ugualmente efficace, senza il noioso problema delle bruciature dovute alla polvere da sparo. Non c'è pericolo che la vittima muoia per avvelenamento da piombo, e non necessita di silenziatore. Infatti, se usata in maniera acconcia, l'intera arma può essere considerata un silenziatore. Naturalmente, uno deve fare attenzione. Arco e frecce possono diventare molto pericolosi nelle mani sbagliate. Cupido, per esempio...

ALFRED HITCHCOCK

Sono canadese: è come essere americano, ma senza una pistola.

THE KIDS IN THE HALL

La mia famiglia era così povera che ogni Natale mio padre usciva di casa e sparava qualche colpo di pistola. Poi rientrava e a noi ragazzi diceva che Babbo Natale si era suicidato.

JAKE LA MOTTA

Stiamo cercando di allevare i figli nel migliore dei modi. Non li sculacciamo. Abbiamo scoperto che non dobbiamo sculacciarli. Il solo fatto che mostriamo le pistole il

più delle volte ottiene il risultato voluto.
DENIS LEARY

Ho sempre avuto paura dei fucili scarichi. Li usavano per rompere le teste.
STANISLAW JERZY LEC

Ecco una strana storia: in Messico, un ragazzo di ventidue anni è stato colpito da una fucilata dal suo cane. Il cane ha preso l'arma in bocca per portarla al padrone, il fucile ha lasciato partire un colpo e il ragazzo è stato impallinato. Ma questa è la parte peggiore: il cane ha subito messo l'arma nelle zampe del gatto e si è eclissato.
JAY LENO

Faceva così caldo oggi a New York che sono andato al bancomat solo per provare il piacere di sentire la fresca canna di una pistola contro il collo.
DAVID LETTERMAN

«Perché canti?» «Per ammazzare il tempo.» «Certo che possiedi un'arma micidiale!»
FRATELLI MARX

In Calabria, la domenica delle Palme, invece dei ramoscelli d'ulivo, si scambiano le pistole.
FRANCO NERI

Nella nostra scuola ci perquisivano all'ingresso, per controllare se avevamo con noi coltelli o pistole e, se non ne trovavano, ce li davano.
EMO PHILIPS

Un avvocato con una valigia può rubare più di mille uomini con delle armi.
MARIO PUZO

Un computer ti permette di fare errori più rapidamente di qualsiasi altra invenzione umana, eccetto forse le pistole e la tequila.
MITCH RATLIFFE

Quando ho tenuto quella pistola in mano, ho sentito un'ondata di potere... La stessa che deve provare Dio ogni volta che impugna una pistola.
HOMER SIMPSON

Cosa nascondi in tasca, una pistola o semplicemente sei felice di vedermi?

Mae West

Qui in America tutti sono armati: la gente e la polizia. Se commetti un crimine senti: «Fermo o sparo!» e non sai chi l'ha detto. Ma pensate all'Inghilterra... la polizia non ha armi, e neanche la gente, così capita di sentire: «Stop! Oppure dico di nuovo stop!».

Robin Williams

Se si spara a un mimo, si deve usare il silenziatore?

Steven Wright

ARMI NUCLEARI

(Atomica - Radiazioni nucleari)

Ho incontrato un tale di Chernobyl, un tecnico. Gli ho chiesto se il problema fosse grave. Mi ha risposto: «Woof woof... meow».

Billy Crystal

Basta con i test atomici, boicottiamo la Francia. Non compriamo più le loro armi nucleari.

Fabio Di Iorio

Si sa come son fatte le donne! Prima si divertono e poi alla prima centrale nucleare che esplode vogliono abortire!

Ellekappa

Perché quando vedo Zichichi vorrei che scoppiasse la guerra atomica?

Fabio Fazio

Finalmente una buona notizia: l'atomica non causa il cancro!

Marcello Marchesi

Quante brave persone stanno lavorando a un missile che, in caso di crisi, risolverà tutti i nostri problemi facendo scoppiare il mondo.

Herman Munster

Non puoi considerarti un vero Paese a meno che tu non abbia una birra e una linea aerea. Aiuta avere un qualche tipo di squadra di football, o qualche arma nucle-

are, ma il minimo indispensabile è una birra.
FRANK ZAPPA

ARRABBIARSI
vedi **Incazzarsi**

ARREDATORE
vedi **Architetto**

ARRESTARE

New York! Grande città! Venite a visitarla: vi arresteranno!
MICHAEL KEATON

Un'insegnante è stata arrestata per avere fatto sesso con due allievi tredicenni. La cauzione è di un milione di dollari. I due ragazzini stanno raccogliendo la somma.
JAY LENO

Un vero bastardo è uno che ti pugnala alle spalle, poi ti fa arrestare per porto abusivo d'arma.
JEFF ROVIN

Sono stato arrestato perché camminavo nel sonno di qualcun altro.
STEVEN WRIGHT

ARROGANZA

Il mondo è impazzito: il miglior rapper è un bianco, il miglior giocatore di golf un nero, i migliori velisti sono svizzeri, i francesi accusano gli americani di arroganza e i tedeschi sono contrari alla guerra.
ANONIMO

Era una bambina così ricca e arrogante che a scuola parlava solo col suo compagno di bancomat.
MAURIZIO AVANZI

Nella sua arroganza l'uomo attribuisce la propria origine a un piano divino. Io credo più umile e verosimile vederci creati dagli animali.
CHARLES DARWIN

Cesare Romiti è uno che quando si guarda allo specchio si fissa con una tale sicurezza che, alla fine, è lo specchio che è costretto ad abbassare gli occhi.
Gino&Michele

Mio nonno era talmente aggressivo e arrogante che sulla sua tomba, sotto la foto, c'era scritto: "Cazzo guardi?".
Daniele Luttazzi

ARROSSIRE
vedi **Vergogna**

ARTE
(Mostra – Museo - Opera d'arte)

Creatività è lasciare che uno commetta degli errori. Arte è sapere quali errori tenere.
Scott Adams

È assolutamente evidente che l'arte del cinema si ispira alla vita mentre la vita si ispira alla tv.
Woody Allen

Il sogno della Regione genera Mostre.
Andrea Angiolillo

Dio, dicono, ha i suoi disegni. E allora perché non fa una mostra?
Pino Caruso

Quando Michelangelo finì di dipingere la Cappella Sistina, passò il resto della sua vita a tentare di togliersi la vernice che gli era colata nella manica.
Cavanna

L'arte è finita da quando gli artisti non hanno più malattie veneree.
Guido Ceronetti

Parigi. Un vandalo irrompe nel Louvre e attacca due braccia alla *Venere di Milo.*
Chevy Chase

Ho portato mia suocera a vedere la stanza degli orrori al Museo delle cere e uno degli inservienti mi ha avvertito: «Signore, la faccia camminare continuamente: stiamo facendo l'inventario».
Les Dawson

La cosa che sente più stupidaggini al mondo è probabilmente un quadro in un museo.
Edmond e Jules de Goncourt

Il grande nemico dell'arte è il buon gusto.
Marcel Duchamp

I capolavori oggi hanno i minuti contati.
Ennio Flaiano

L'arte del decoratore consiste nel fare nelle case altrui quello che non si sognerebbe mai di fare nella propria.
Le Corbusier

A New York hanno aperto il Museo del sesso. I bambini sotto i tredici anni devono essere accompagnati da un prete cattolico.
Daniele Luttazzi

Dipinge solo arte moderna perché la sua modella ha il singhiozzo.
Boris Makaresko

C'è una cosa da dire sui grandi maestri della pittura del XX secolo, cioè su Mondrian, Pollock, Matisse, Rothko, Vasarely, Fontana, Man Ray, Bacon, Matta, Dubuffet, Duchamp, Stella, Kandinskij, Morandi, Picasso, Miró, De Kooning, Chagall, Manzù, Ernst, Klee, Picabia, Giacometti, Moore, Dalì... ed è che forse ci sono troppi grandi maestri della pittura nel XX secolo.
Pericoli e Pirella

L'arte di recitare consiste nell'impedire alla gente di tossire.
Ralph Richardson

Un famoso collezionista d'arte sta attraversando il Greenwich Village quando, di fronte a un negozio, vede un gatto spelacchiato leccare avidamente del latte da un piattino. L'uomo sa che quel piattino è molto antico e ha molto valore. Quindi entra con aria disinteressata nel negozio e offre di comprare il gatto. Ma il padrone del negozio dice: «Mi spiace ma il gatto non è in vendita». E il collezionista: «Per favore, ho bisogno di un gatto affamato in giro per casa per prendere i topi. Le do dieci dollari» «Venduto!» dice il proprietario del negozio e prende i dieci dollari. E allora il collezionista

dice: «Ascolti, mi chiedevo se per dieci dollari non potrebbe darmi anche quel vecchio piattino. Il gatto sembra essercisi abituato. Mi farebbe risparmiare uno dei miei piatti». E il proprietario dice: «Mi spiace amico. Quel piattino mi porta fortuna: questa settimana ho già venduto 68 gatti!».
SALES SOUPY

Quale dipinto salverei se alla National Gallery scoppiasse un incendio? Be', ovviamente il più vicino alla porta.
GEORGE BERNARD SHAW

Se non si rischiasse nella vita, Michelangelo avrebbe dipinto il pavimento della Cappella Sistina.
NEIL SIMON

Roma è l'esempio di ciò che accade quando i monumenti di una città durano troppo a lungo.
ANDY WARHOL

Adoro la televisione perché spesso si diceva che il cinema era una forma d'arte inferiore. Adesso c'è qualcosa che anche noi possiamo guardare dall'alto in basso.
BILLY WILDER

Quella del sesso è un'arte che non credo di possedere. Ieri una prostituta con cui ero già stato un paio di volte mi ha tirato fuori la scusa del mal di testa.
MIRCO ZILIO

ARTISTA

Pittore moderno è chi scaglia i colori sulla tela, li asciuga con un panno e poi vende il panno.
ANONIMO

Critici si nasce, artisti si diventa, pubblico si muore.
ACHILLE BONITO OLIVA

Quando un artista o uno scrittore si vantano di guadagnare, ci avvertono senza saperlo di aver cambiato mestiere.
ABEL BONNARD

Grazie. È bello per un artista esibirsi davanti a un pubblico di un

certo livello... E spero che prima o poi mi capiti.
PAOLO CANANZI

L'arte è finita da quando gli artisti non hanno più malattie veneree.
GUIDO CERONETTI

Io sono l'unico artista copiato dalla Natura.
SALVADOR DALÌ

Quando avevo sei anni volevo essere un cuoco. Quando ne avevo sette volevo essere Napoleone. E la mia ambizione da allora è cresciuta in maniera costante.
SALVADOR DALÌ

Ogni mattina, quando mi sveglio, sperimento un incredibile piacere: quello di essere Salvador Dalì.
SALVADOR DALÌ

Io credo che un artista non si debba mai prostituite se non per denaro.
BEPPE GRILLO

Noi artisti lavoriamo una sera qua e una sera là... praticamente due sere l'anno.
ANTONIO GUIDETTI

Un artista decente è destinato a essere infelice nella vita. Ogni volta che ha fame e apre il suo sacco, ci trova dentro solo perle!
HERMANN HESSE

Chiunque veda e dipinga un cielo verde e un pascolo azzurro dovrebbe essere sterilizzato.
ADOLF HITLER

C'è una cosa da dire sui grandi maestri della pittura del XX secolo, cioè su Mondrian, Pollock, Matisse, Rothko, Vasarely, Fontana, Man Ray, Bacon, Matta, Dubuffet, Duchamp, Stella, Kandinskij, Morandi, Picasso, Miró, De Kooning, Chagall, Manzù, Ernst, Klee, Picabia, Giacometti, Moore, Dalì... ed è che forse ci sono troppi grandi maestri della pittura nel XX secolo.
PERICOLI E PIRELLA

La cosa più bella di Tokio è Mc Donald's. La cosa più bella di Stoccolma è Mc Donald's. La cosa più bella di Firenze è Mc Donald's. Pechino e Mosca non hanno ancora nulla di bello.
ANDY WARHOL

ASCELLA

Non si lavava da tempo immemorabile: sotto le ascelle aveva ancora tracce di placenta.
PAOLO CANANZI

Per le strade di Bombay per avere aria pulita gli europei respirano sotto le ascelle.
MARIO MURARO

Capsula: «Tu sei l'unico in tutta la scuola che ha avuto il coraggio di uscire con quel canotto di Ascella.»
Nucleo: «Uscire? Magari! Avevamo un appuntamento sotto casa sua a mezzanotte. Sono arrivato con dieci minuti di ritardo e lei non c'era.»
Capsula: «È chiaro, prima di te è arrivato il camion dell'immondizia e se l'è portata via!»
PALI E DISPARI

I deodoranti sono pericolosi. Avete mai letto sui flaconi: "Attenzione contiene materia infiammabile. Potrebbe esplodere"? Non so voi, ma io non voglio niente sotto le ascelle che possa esplodere da un momento all'altro.
RICHARD PRYOR

Noi ci battiamo per la differenziazione fra vernici spray e deodoranti spray: si assomigliano troppo! L'altro giorno ho profumato il muro di una fabbrica e mi sono fatto un murale sotto le ascelle!
FRANCESCO SALVI

Signore molto laido (alito pesante, denti cariati, vistosi peli superflui, ascelle maleodoranti, forfora di tre specie, petecchie e piedi marci) sposerebbe fanciulla bellissima per avere figli normali.
TANGO

ASCENSORE

Il mio fisico non tollera la roba, l'alcol. Veramente! Ho bevuto due Martini la vigilia dell'ultimo dell'anno e ho tentato di dirottare un ascensore su Cuba!
WOODY ALLEN

Ero in ascensore, quando è salito un tale. «Di' un po'», mi fa, «te l'ha mai detto nessuno che assomigli a George W. Bush?» «Sì», ho detto, «in parecchi.» «Wow, immagino che ti farà girare le scatole non poco.»
GEORGE W. BUSH

Tatiana è l'amica mia, grassa, tarmente grassa che l'ascensore je sta attillato!
KRUSKA (GABRIELE CIRILLI)

Considero gli ascensori delle bare legate a dei fili. Sono sull'abisso. Dei sarcofaghi yo-yo. Vi ricordate quell'aereo che si è schiantato sulle Ande? E i sopravvissuti hanno dovuto mangiare i morti? Io non sono fiera di questo, ma ogni volta che prendo l'ascensore mi porto dietro un coltello e una forchetta, e prego di trovare passeggeri grassi.
CAROLYNE MAY

Nonostante fosse un condominio povero, ci tenevamo a mantenere le apparenze, tanto che per salire in ascensore ci si doveva presentare al portinaio almeno un'ora prima per il check-in.
VALERIO PERETTI CUCCHI-MARIO ZUCCA

ASINO *(Somaro - Mulo)*

Discutendo la scena di Sansone e Dalila in cui l'eroe deve usare la mascella dell'asino: «La mascella di un asino? Mai! Questo è un film di De Mille e noi useremo tutto l'asino!».
L'ASSISTENTE DI CECIL B. DE MILLE

Da piccolo mordevo continuamente il ciuccio, poi ho messo su i dentini e il ciuccio è scappato ragliando.
ANATOLJ BALASZ (NATALINO BALASSO)

Diffida del bue davanti, della mula dietro, del monaco da tutte le parti.
MIGUEL DE CERVANTES

Una donna ha bisogno di quattro animali nella sua vita: una Jaguar in garage, una tigre a letto, un visone sulla pelle e un asino che paghi.
ZSA ZSA GABOR

Ancora scolaretto Silvio Berlusconi dà prova delle sue straordinarie qualità vendendo i "pensierini" ai compagni meno dotati. Comincia insomma a manifestarsi in lui quella particolare attenzione verso i più

somari che sarà in seguito origine del suo successo.
GINO&MICHELE

La democrazia è una forma di religione. È l'adorazione degli sciacalli da parte dei somari.
H.L. MENCKEN

ASPETTO

Sono un mirabile incrocio fra Tarzan e Giacomo Leopardi. In me convivono tutte le doti intellettuali di Tarzan e tutta la prestanza fisica di Giacomo Leopardi.
AMBROGIO BORSANI

Una donna deve avere un aspetto così intelligente che la sua stupidità si presenti poi come una piacevole sorpresa.
KARL KRAUS

Quando sono in mutande sul divano, guardando la tv, penso: «Non sto guardando un bello spettacolo». Per onestà intellettuale devo ammettere però che anche il mio televisore può dire la stessa cosa.
FLAVIO OREGLIO

Il mio medico dice che ho l'aspetto di un milione di dollari: verde e grinzoso.
RED SKELTON

Mia moglie mi ha guardato e mi ha chiesto: «Pensi che il mio aspetto cambierà quando sarò vecchia?». Ho detto: «Se sei fortunata».
BOB THOMAS

Lo so che non sembro uno psicologo... se è per questo neanche la mia ex ragazza sembrava una zoccola.
RENATO TRINCA

Ho deciso di fare qualcosa per il mio aspetto fisico: frequenterò più ciccioni.
FRANCESCO VESPA

Quelle piccole linee attorno alla bocca, quelle zampe di gallina che ti sono spuntate attorno agli occhi, i millimetri di pappagorgia che ti sono cresciuti sul mento sono tutti modi che ha la vita per dirti che ti

rimangono solo più nove buche da giocare. E allora esci e divertiti.
BRUCE WILLIS

quest'uomo è che non ha ancora trovato una vittima.
GIOVANNI CELLINI

ASSASSINO
*vedi anche **Omicidio***

Hanno appena catturato la prima donna serial killer in Florida. Otto uomini. Ma non li ha uccisi lei. Lei è semplicemente riuscita a entrare nelle loro case, ha nascosto il telecomando, e loro si sono suicidati.
ELAYNE BOOSLER

Abbiamo sviluppato questa pillola che ti fa diventare un serial killer, ma non è ancora in commercio perché come effetto collaterale ti fa venire il mal di testa.
DREW CAREY

Notizie: abbiamo una straordinaria intervista col mostro di Silvi, un serial killer che uccide solo donne bionde minorenni, dello scorpione, con la "r" moscia, che parlano tre lingue straniere. Il dramma di

ASSEGNO
*vedi **Banca***

ASSICURAZIONE

Ero sopraffatto dal disgusto di me stesso e ho considerato di nuovo l'idea di uccidermi, questa volta aspirando forte col naso in prossimità di un agente di assicurazioni.
WOODY ALLEN

Non voglio rivelarvi per quanto sono assicurato con la Prudential, ma vi dico solo questo: quando io tiro le cuoia, lo faranno anche loro.
JACK BENNY

L'insistenza degli assicuratori ha reso la vita delle vedove molto comoda.
WILLIAM FEATHER

Un'assicurazione sulla vita è qualcosa che rende un povero uomo povero per tutta la vita, così può morire ricco.
LEOPOLD FETCHNER

I rappresentanti di automobili vendono automobili; i rappresentanti di polizze assicurative, assicurazioni. E i rappresentanti del popolo?
STANISLAW JERZY LEC

Ho una polizza assicurativa che mi sembra un po' strana: se mai perdessi un braccio o una gamba, la mia compagnia d'assicurazione s'impegna a cercarli.
DICK LORD

«Cosa fa tuo figlio?» «L'assicuratore, e ne sono fiero!» «Anche il mio ruba, però in famiglia non siamo mica tanto contenti!»
DIEGO PARASSOLE-RICCARDO PIFERI-CARLO TURATI

L'assicurazione sulla vita HAAA ti dà una doppia indennità. Se muori per incidente ti seppelliscono due volte.
TONY RANDALL

ASSUNZIONE
(Ricerca personale)

È meglio assumere un sottosegretario che una responsabilità.
LEO LONGANESI

«Quello che mi serve è una persona veloce, scattante e con molta voglia di lavorare.» «Bene, se mi assume le darò una mano a cercarla!»
DUDLEY MOORE

Non volendo favorirlo in modo smaccato, Agnelli assume Luca Cordero di Montezemolo nel gruppo Fiat attraverso un regolare e severo concorso, al quale partecipano, oltre a Luca, due pesci rossi. La prova d'esame consiste in una sola domanda: «Preferiresti lavorare alle presse o fare il direttore sportivo alla Ferrari?». Con molto equilibrio Luca risponde che preferirebbe fare il direttore sportivo alle presse.
MICHELE SERRA

ASTINENZA

Mi trovo in quella fase della vita in cui se una ragazza mi dice «Di no», io le sono profondamente grato.
WOODY ALLEN

È vero, avrei potuto essere una moglie migliore e fare l'amore con te un po' più spesso, almeno una volta.
AMORE E GUERRA

L'astinenza è una buona cosa ma dovrebbe sempre essere praticata con moderazione.
ANONIMO

Io con le donne non ho mai avuto problemi. Sono vent'anni che scopo e mi sono trovato bene tutte e due le volte.
ANONIMO

Ogni volta che faccio l'amore, dopo un po' mi sveglio.
ROCCO BARBARO

Il mito più grande è che, invecchiando, si perda gradualmente la voglia di fare sesso. Probabilmente, questo mito venne a crearsi perché le persone più giovani sembrano voler fare sesso a ogni occasione, semafori inclusi, mentre le persone anziane sono più inclini a riservare le loro attività sessuali a occasioni speciali, tipo l'insediamento di un nuovo Papa.
DAVE BARRY

Hai meno speranze di trombare tu che un panda!
BASTARDIDENTRO

La mia vita sessuale è talmente scarsa che sto partecipando ai campionati mondiali di astinenza. Nelle semifinali incontrerò il Papa.
GUY BELLAMY

Il sesso? Fino a quando non lo vedo, non ci credo.
PAOLO BELLON

Quando vedo un bambino piccolo penso: «Quel bambino farà sesso prima di me!».
LORENZO BOSIO

Se tu parli quindici lingue e non ti sei fatto ancora una donna, credo che il problema non sia dovuto alla scarsa conoscenza delle lingue.
ANTONELLO BREGGIA

L'ecologista dice che a causa dell'effetto serra il panda non si riproduce. Ascolta: tutto questo casino per il panda che non si riproduce? Ne parlano i giornali, le tv, i documentari... E quando non trombavo io non gliene fregava niente a nessuno, nemmeno un articolo nella cronaca di Pisa!
MARCO CACINI

Sono due anni che non ho rapporti sessuali. Immagino che, una volta che passi i due anni, automaticamente ritorni vergine. Devi ricominciare da capo, e io sono pronta. Non so che cosa ci sia di storto in me. Non capisco. Dovrò ricorrere a dei sotterfugi, per fare sesso. Stavo pensando di coprirmi di foglie e sperare che qualcuno mi cada sopra.
MARGARET CHO

Mi masturbo da così tanti anni che ormai riesco a farlo con una mano sola e a occhi chiusi.
EZIO CIUSPIONT

Io da quando sono single vivo da dio. Faccio quello che voglio: se ho fame mangio, se ho sete bevo, se ho sonno dormo, se ho voglia di fare l'amore faccio la doccia.
ANTONIO CORNACCHIONE

Lei A: «Non batto chiodo con un uomo da così tanto tempo che mi si sono formate le ragnatele.»
Lei B: «E ti lamenti? Io sono già alle stalattiti!»
CARLO D'ADDATO

Mia moglie vorrebbe il Sesso Olimpico: una volta ogni quattro anni.
RODNEY DANGERFIELD

Lasciate che ve lo dica, il sesso sta diventando difficile. Io e mia moglie abbiamo cercato di fare sesso per sei ore, l'altra notte, poi abbiamo lasciato perdere. Le ho chiesto: «Cos'è? Neanche tu riesci a pensare a nessuno?».
RODNEY DANGERFIELD

Il Papa esorta: «Quest'estate siate casti». Beh, allora cambia tutto: ero uno sfigato, sarò un devoto.
MATTIA FELTRI

Faccio l'amore tutti i santi giorni: Natale e Pasqua.
ROBERTO GAVELLI

Lo chiamavano "Cesareo" perché di lui si diceva che la passera non l'avesse vista neanche quando era nato.
GINO&MICHELE

Da anni il rapporto più intimo che aveva con i suoi genitali era quando gli stirava le mutande.
CARLA LASORTE

Avete presente quello sguardo che le donne inviano agli uomini quando vogliono fare sesso? Be', neanch'io.
STEVE MARTIN

Ho sempre con me dei preservativi. Ogni tanto li spolvero.
FRANCO MERAFINO

Mi chiamo Matteo. "Matteo" è un'antica parola italiana che significa "Colui che non scopa mai".
MATTEO MOLINARI

Non c'è una sola donna che abbia saputo resistermi. Direi tutte.
FURIO OMBRI

È stato un attimo: ci siamo guardati e dopo mezz'ora eravamo già a letto. Io nel mio, lei nel suo.
FLAVIO OREGLIO

Per anni ho avuto problemi con le donne: non parlavo neanche più di astinenza, ma direttamente di carestia!
DIEGO PARASSOLE

È moltissimo che non faccio sesso, ma mi hanno detto che è come andare in bici, una volta imparato non si dimentica. Così ho preso la bici e sono andato a puttane.
DANIELE RACO

«Quando inviti una ragazza a casa tua, prepara sempre una bottiglia di champagne in frigo, una canna pronta e un compact sul piatto.» «E con queste cose la ragazza ci sta?» «A volte sì, a volte no. Però se non ci sta, hai lo champagne, hai la canna, hai la musica, ma che cazzo te ne frega?».
DADO TEDESCHI

Io sono stato rifiutato da donne talmente diverse che ho capito il concetto di "rifiuto differenziato" molto prima della nettezza urbana.
DADO TEDESCHI

Lo Stato del Vaticano è sul Guinness dei primati, non perché sia il più piccolo del mondo, ma perché è l'unico dove, ufficialmente, non si scopa mai.
FRANCESCO VARCHETTA

Quante sigarette fumo tra una scopata e l'altra? Sei o sette stecche.
DARIO VERGASSOLA

Noi preti non possiamo andare a donne: facciamo una telefonata e vengono loro da noi.
MARIO ZUCCA

ASTRONAUTA

Il Programma spaziale americano prevede a breve l'invio di tre astronauti in un razzo. Ma c'è ancora disaccordo su chi deve sedere vicino al finestrino.
JOEY ADAMS

Quando avevo vent'anni "lui" era come l'Apollo 10: perforava ogni atmosfera! Adesso è come l'Apollo 13: quando esce si sente: «Houston... abbiamo un problema...».
GIUSEPPE GIACOBAZZI

Non so cosa si potrebbe dire di un giorno nel quale si sono viste quattro splendide albe.
JOHN GLENN, PRIMO ASTRONAUTA AMERICANO AD AVERE COMPIUTO UN'ORBITA ATTORNO ALLA TERRA NEL 1962

C'è stato un periodo che delle bande di venusiani lanciavano degli asteroidi sul parabrezza delle astronavi che andavano in vacanza.
GENE GNOCCHI

Mettiamo che io getti un gatto vivo nell'acido. Il gatto si scioglie e io cosa sono? Uno stronzo, d'accordo. Ma se prendo un cucchiaino di yogurt, lo ingerisco, distruggo con i succhi gastrici milioni di fermenti vivi. Lo sapete che i fermenti vivi al microscopio assomigliano a dei minuscoli gattini? Allora cosa sono? Sono un igienista. Ma che cazzo dite? Dovete dimostrarmi che quando strappate un ciuffo

d'insalata non soffre. Ha il Dna come il gatto e i fermenti. Solo un astronauta che mangia pillole estratte dal petrolio mi può fare il culo e dirmi che sono uno stronzo. Ma voi no!
Beppe Grillo

Le donne non dicono mai un no secco. Lo giustificano, a volte sono incredibili. Una mi ha detto: «Ti amo ma sono di Alfa Centauri e la mia astronave parte tra cinque minuti!».
Daniele Raco

Quando ero piccolo tutti mi chiedevano cosa vuoi fare da grande. Gli altri rispondevano il dottore, il tranviere, l'astronauta... Io dicevo: la testa di cazzo. Sono l'unico che ce l'ha fatta.
Paolo Rossi

Mio padre era sempre fissato con lo sbarco sulla Luna, tant'è vero che io avevo una sorellina e mio padre l'ha chiamata Luna. Poi a otto anni ha perso un braccio in un incidente e adesso la chiamano "Luna meno un quarto".
Dado Tedeschi

ATEO

La più grossa sconfitta per un ateo è di finire in Paradiso.
Allegra

In quel periodo uscivo con una ragazza e dovevamo sposarci, ma c'era un conflitto religioso. Lei era atea e io agnostico. Non sapevamo senza quale religione educare i figli.
Woody Allen

Sono ateo teologico esistenziale. Credo nell'esistenza dell'universo con l'eccezione di qualche cantone svizzero.
Woody Allen

Mio nonno me lo diceva sempre: «Ateo, la testa è la cosa più importante che c'abbiamo. Non sforzarla».
Paolo Cevoli

L'ateo non dovrebbe possedere l'osso sacro.
Ramón Gómez de la Serna

Sono messo malissimo: come megalomane mi credo Dio, ma in

quanto ateo ho pochissima fiducia in me stesso.
MAX GREGGIO

Nessuno è ateo in trincea.
MARCELLO MARCHESI

Sapete cosa si ottiene incrociando un testimone di Geova con un ateo? Un tizio che bussa alla vostra porta apparentemente per nessuna ragione.
GUY OWEN

Papà era ateo, mamma cattolica. Così mentre lei mi obbligava a dire le preghiere prima di cena, lui mi obbligava a bestemmiare dopo la frutta.
VALERIO PERETTI CUCCHI

Vista sulla lapide di un ateo: "Qui giace un ateo vestito di tutto punto e senza un posto dove andare!".
BOB PHILLIPS

Non sono cattolico, ma sono contento che Dio esista: visto che è onnipresente ho sempre la certezza che ci sia almeno uno spettatore ai miei spettacoli.
RICCARDO PIFERI

ATLETICA

Mio fratello è sempre stato un tipo impegnato. Mentre io praticavo l'atletica leggera, lui faceva dell'atletica sinfonica.
ALBERT

Non sono un atleta. Ho cattivi riflessi. Una volta sono stato investito da un'automobile spinta da due tizi.
WOODY ALLEN

Non sono un atleta. Ho cattivi riflessi: quando corro, per prendermi i tempi non serve il cronometro. Mi ci vuole il calendario.
BALOO, DI *AENIGMATICA*

Non sono un atleta. Ho cattivi riflessi: il gioco delle tre carte me lo fanno con due.
BRIAN THE BRAIN, DI *AENIGMATICA*

«Io faccio atletica.» «E che fai?» «Lancio del martello.» «A che distanza?» «Quaranta metri.» «Quaranta metri? E riesci a beccare il chiodo?»
GIOVANNI CELLINI

Non sono un atleta. Ho cattivi riflessi: di solito mi dicono «Salute!» e poi starnutisco.
Cristina Colombo, di *Aenigmatica*

Sono uno dei pochi ad aver lanciato il giavellotto a 180 metri di distanza. Be', veramente l'ho lanciato solo a 90 metri, ma l'uomo che ho colpito se l'è portato dietro, strisciando, per gli altri 90 metri.
Bill Dana

Era un cavallerizzo sfortunatissimo: tutte le volte che arrivava sull'ostacolo il suo cavallo saltava col metodo Fosbury.
Gene Gnocchi

Ho vissuto due anni con un campione di lancio del martello. Avevamo la casa a pezzi.
Diego Parassole

ATOMICA
vedi ***Armi nucleari***

ATTORI

Il bambino sta bene. L'unico problema è che assomiglia a Edward G. Robinson.
Woody Allen

Ti masturbi? Io lo preferisco a fare sesso. Ieri sera mi sono messo su una cosetta a tre: io, Marilyn Monroe e Sophia Loren. Credo, tra l'altro, che fosse la prima volta che le due grandi attrici apparissero insieme.
Woody Allen

Ho comprato qualche disco per Sophia Loren perché a lei piace il jazz e volevo portarla su qualcosa d'interessante. Che so, sul divano per esempio.
Woody Allen

Se rinasco, voglio essere le mani di Warren Beatty.
Woody Allen

Il mio sogno proibito? Avere un padre come Jack Nicholson, una madre come Ava Gardner, una sorella come Diane Lane e un fratello

come Matt Dillon. E andare a letto con tutti.
PEDRO ALMODÓVAR

Fabio Testi, l'attore italiano noto ai meno, parteciperà alla commedia di Pirandello Uno, Nessuno, Centomila. Testi farà la seconda parola del titolo.
AMURRI & VERDE

Milly Carlucci non parteciperà al prossimo film di Stanley Kubrick perché nessuno gliel'ha chiesto.
AMURRI & VERDE

Le Maschere d'argento sono andate a Mariangela Melato, premiata come attrice non protagonista, e a Marina Suma, premiata come protagonista non attrice.
AMURRI & VERDE

Quando una attrice si ostina a non rivelare per anni il nome del padre di suo figlio è proprio perché non lo sa.
ANTONIO AMURRI

Nell'immagine classica della mia infanzia ci sono io che chiedo: «Saremo sempre come Audrey Hepburn, mamma?».
ANONIMO

Ci sono cinque fasi nella carriera di un'attrice:
1) Chi è Mary Astor?
2) Scritturate Mary Astor!
3) Cercate una tipo Mary Astor!
4) Trovate una Mary Astor giovane!
5) Chi è Mary Astor?
MARY ASTOR

Un gentiluomo è uno capace di descrivere Sophia Loren senza fare gesti.
MICHEL AUDIARD

Lei: «In *9 Settimane e Mezzo* Mickey Rourke lanciava ciliegie in bocca a Kim Basinger...»
Lui: «Se vuoi posso schizzarti la buccia di mandarino negli occhi.»
GIANNI AUDISIO

È un brutto colpo scoprire all'età di cinque o sei anni che in un mondo di Gary Cooper, tu sei l'indiano.
JAMES BALDWIN

Ma quelle attrici che nei film fanno le prostitute sono attrici o vengono prese dalla strada?
ROCCO BARBARO

Quando un attore è bravo può fare anche un altro lavoro.
ROCCO BARBARO

Il cinema italiano è pieno di bravi attori che non hanno mai fatto cinema.
ROCCO BARBARO .

Baciare Mickey Rourke è come leccare un posacenere.
KIM BASINGER

Tom Hanks è il mio attore preferito perché ha fatto quel film meraviglioso in cui da piccolo diventa improvvisamente grande, fa l'avvocato sieropositivo e viene spedito su un'isola deserta nello spazio dove su una panchina incontra Meg Ryan e le dice: «Houston, abbiamo un problema!».
FEDERICO BASSO

E quando lei: «Ma teeee... se trovi la Bellucci nuda nel letto cosa fai?» «Chiamo la polizia. Sarà morta».
STEFANO BELLANI

Il piacere del successo per un attore è niente in confronto a quello che gli procura l'insuccesso di un collega.
JEAN PAUL BELMONDO

Non sarò una grande attrice, ma nessuno mi batte nei cineorgasmi! Ansimo per dieci secondi, giro la testa di qua e di là, simulo un leggero attacco d'asma e poi muoio un po'.
CANDICE BERGEN

A teatro ho visto una commedia così brutta, che da una poltrona si è alzato un dottore che ha gridato: «C'è un attore in sala?».
MILTON BERLE

A Barbra Streisand basta dire ogni tanto: «Tieni fuori quelle tette, sono belle» e lei sta buona per altri dieci minuti.
PETER BOGDANOVICH

Un attore è un tizio che se non parli di lui non ascolta.
MARLON BRANDO

Una volta Gary Cooper ha fatto una scena di fronte a un negozio di pipe, con l'indiano di legno in vetrina. L'indiano lo ha seppellito con la sua mimica.
GEORGE BURNS

Io a Jane Fonda dicevo: «Guarda che luna» e lei mi rispondeva: «Ma ti rendi conto di che donna hai al fianco, di quante cose importanti ho fatto io in confronto a te?».
LORENZO CACCIALANZA

Robin Williams in questo film è il passo falso di casting cinematografico più disastroso dai tempi di Julia Roberts nel ruolo di Campanellino, Tommy Lee Jones in quello di Due-Facce, e Kevin Costner in quasi tutti i suoi ruoli.
KEVIN CARR

Un fan club è un gruppo di persone che dicono a un attore di non essere l'unico a pensarla in un certo modo su se stesso.
JACK CARSON

Gli attori si dividono in due categorie: incisivi e canini.
PINO CARUSO

L'attore più brutto? Sonny Bono. Peccato che non sappia recitare.
CHER

Non so ripararmi la macchina, anche se ho interpretato dei personaggi che lo sanno fare.
KEVIN COSTNER

Sono un attore multimediale, nel senso che ho fatto le medie molte volte.
RAUL CREMONA

Tom Cruise è così sexy che quando si masturba, la ragazza a cui sta pensando gode.
RODNEY DANGERFIELD

Quanto segue deve trovarsi nella suite di Joan Crawford: secchielli con cubetti di ghiaccio; ferro a vapore e asse da stiro; una stecca di sigarette Alpine; una scatola di mentine Life Savers; rose rosse e gialle; un cartone di Pepsi-Cola, Ginger Ale e soda; i seguenti liquori: vodka Smirnoff; bourbon

Old Forrester; scotch Chivas Regal; gin Beefeathers; due bottiglie di champagne Moét & Chandon. Miss Crawford troverà all'aeroporto una Cadillac appena lavata e con autista. In quanto coproduttrice del film miss Crawford non gradirà inutili sprechi di denaro.

DALLE ISTRUZIONI PER IL TOUR PUBBLICITARIO DEL FILM *STRAIT RACKET*

Mi hanno offerto un ruolo in un film: è la storia di un gruppo di amici che ha dei seri problemi con le donne, ma alla fine li risolve uccidendo Riccardo Scamarcio!

ANTONIO DE LUCA

La nazionale dei tossicomani e quella degli orfanelli si affronteranno in una partita il cui incasso sarà devoluto all'associazione dei cantanti che vogliono fare gli attori.

FABIO DI IORIO

L'aeromodellismo è uno svago, ma anche Kelly LeBrock nuda che si dimena nella marmellata gridandoti: «Ti prego, fammi tua» può essere una cosa simpatica.

DOSE E PRESTA

Kevin Spacey e Alan Parker sono uomini onorevoli. Perché hanno fatto un film così stupido? L'ultima scena mi ha fatto venire voglia di tirare qualcosa contro lo schermo, tipo Spacey e Parker.

ROGER EBERT, RIFERENDOSI AL FILM *THE LIFE OF DAVID GALE*

Quando giro un film mi prendono le misure un giorno sì e uno no.

SABRINA FERILLI

Mai lasciare un bambino attore vivere più del necessario.

W.C. FIELDS

Il mio ultimo spettacolo ha avuto talmente tanto successo che la gente faceva a pugni per uscire.

WALTER FONTANA

Gli attori recitano per scopare, le attrici scopano per recitare.

DANIELE FORMICA

Il democristiano Oscar Luigi Scalfaro, vicepresidente della Camera, un uomo la cui frivolezza è proverbiale e al cui confronto

il vescovo Lefebvre pare Brigitte Bardot.
FORTEBRACCIO

Dopo Lassie e Rintintin, Piero Chiambretti è l'unico attore che conosco che non si sia montato la testa.
ROMANO FRASSA

Non dimenticate che nel mestiere di attore solo i primi trent'anni sono duri.
CLARK GABLE

Ah, ho sempre saputo che Frank avrebbe voluto andare a letto con un uomo.
AVA GARDNER, COMMENTANDO IL MATRIMONIO DEL SUO EX MARITO CON MIA FARROW

La sera tiro un sospiro di sollievo quando non trovo una ragazza sotto il mio letto.
RICHARD GERE

Se nella seconda scena ho ancora le mutande addosso, penso subito che mi abbiano mandato il copione sbagliato.
MEL GIBSON

C'è stato un momento nella vita in cui io e Marlon Brando avevamo scopato lo stesso numero di donne. È quando avevamo tre anni.
GINO&MICHELE

Una volta, a un distributore di New York, un tizio mi guarda e mi fa: «Ehi, ma lo sa che lei è spiccicato a Hugh Grant? Senza offesa naturalmente».
HUGH GRANT

Qualche anno fa mi mettevo una t-shirt bianca, mi guardavo allo specchio e cercavo di assomigliare a Brad Pitt. Poi sono passato a una bella polo stirata e mi atteggiavo a George Clooney. Adesso se metto una camicia nera sbottonata, allo specchio vedo Briatore... comincio a pensare all'eutanasia.
MASSIMO MARIA GRIGGI

Gabriele Lavia è un vero maschilista. Una volta, in viaggio da Trieste a Roma, non riuscendo a disappannare i vetri, mi ha detto: «Respiri troppo».
MONICA GUERRITORE

Tutti gli uomini sono commedianti. Salvo, forse, qualche attore.
SACHA GUITRY

«Lo sai che nel Guinness dei primati ci sono Cary Grant, Sammy Davis Jr, Marlon Brando, Gary Cooper e Fred Astaire?» «E come mai?» «Prima squadra cacciata al concorso: "Cinque persone che si somigliano come gocce d'acqua".»
JOHNNY HART, *B.C.*

Hanno chiesto a Jack Benny se voleva fare qualcosa per l'Orfanotrofio degli Attori. Così lui ha sparato ai suoi genitori e ci è andato.
BOB HOPE

«Non ballare! Un uomo non balla. Pensa a Schwarzenegger: cammina a stento.»
IN&OUT

La cosa importante nella recitazione è il saper piangere e ridere. Quando devo piangere penso alla mia vita sessuale. Quando devo ridere penso alla mia vita sessuale.
GLENDA JACKSON

Arnold Schwarzenegger sembra un preservativo pieno di noci.
CLIVE JAMES

Ashton Kutcher, lo odio. Mi ha rubato tutte le idee. Andare a letto con Demi Moore? È mia quell'idea.
JAMIE KENNEDY

Quando Romolo Valli partecipò a *Novecento* di Bertolucci, avendo notato che il regista spesso imitava apertamente lo stile dei vari maestri, continuava a ripetergli: «Ma questo è Lang... questo è Eisenstein... questo è Renoir...». Al che Bertolucci tranquillo rispondeva: «Ma sì, è un hommage». Finché un giorno l'attore gli ribatté: «Attento Bernardo: tre hommage sono un plage!».
TULLIO KEZICH

Hanno dato a Sylvester Stallone 20 milioni di dollari per essere il protagonista di un film ancora da stabilire. 20 milioni, e l'unica cosa da stabilire è quale numero romano va dopo la parola "Rocky"!
DAVID LETTERMAN

Il governatore della California Arnold Schwarzenegger ogni mercoledì dedica un'ora ai californiani, aiutandoli coi barattoli che non riescono ad aprire da soli.
DAVID LETTERMAN

Alberto Sordi incontra nel cortile della Ponti-De Laurentiis uno sceneggiatore: «Che stai a ffa'?» «Lavoro. Scrivo un copione.». Alberto: «Comico?». L'altro: «No, drammatico». Alberto: «Allora te stai a riposa'».
CITATA DA NANNI LOY

Ho fatto un film unico nel suo genere. Di che genere sia, però, non lo so.
VALERIA MARINI

Quando ti chiamano latin lover sei nei guai. Le donne a letto si aspettano da te una performance da Oscar.
MARCELLO MASTROIANNI

Un attore fa di tutto per diventare celebre e poi, quando ci riesce, si mette un paio di occhiali scuri per non farsi riconoscere.
MARCELLO MASTROIANNI

Come attore nessuno poteva toccarlo. Come essere umano nessuno voleva toccarlo.
WALTER MATTHAU

Non sono un attore e ho all'attivo sessantaquattro film per dimostrarlo.
VICTOR MATURE

Osservando Spencer Tracy sul set di *Dr. Jekyll e Mr. Hyde*: «Quale dei due sta interpretando adesso?».
WILLIAM SOMERSET MAUGHAM

Non ho mai capito perché a Jessica Lange il postino suona sempre due volte e a me invece è già tanto se mi lascia giù le bollette.
FRANCESCA MAZZANTINI

Raquel Welch è una delle poche attrici che sembra più animata in fotografia che nei film.
HARRY E MICHAEL MEDVED

Mia madre ha guardato lo spot in cui George Clooney non viene fatto entrare a un party perché non ha il Martini. È stata un po' in silenzio e poi ha detto: «Io, uno come

Clooney, lo farei entrare anche col chinotto».

CRISTIANO MILITELLO

Ho visto il nuovo James Bond, *Muori e Vivi Ieri e Domani Due Volte*... Mi è piaciuto di più del precedente, Nato Ieri per Uccidere Domani Per Sempre...

DENNIS MILLER

Quando ho incontrato Sean Penn mi sono trovato di fronte a un'interessante dicotomia: voleva spaccarmi il culo perché avevo insinuato che non fosse pacifista.

DENNIS MILLER

Sono una speranza per tutti. La gente mi vede sullo schermo e dice: «Se ce l'ha fatta quel coso lì ce la posso fare anch'io».

ROBERT MITCHUM

«Ma al cinema ci va mai?» «Ma come si fa? Non si trova mai parcheggio!»

ROBERT MITCHUM, DURANTE UN'INTERVISTA

Gli attori, quando li vesti da soldati, sono sempre bravi, perfetti. Come le attrici quando le vesti da puttane.

MARIO MONICELLI

«Voglio andare a Bombay a fare l'attore!» «Ma per fare l'attore devi andare a Hollywood...» «Ah, be', ma quella è la via più facile!»

THE MUPPET SHOW

Scelgo subito i bei film [da interpretare], e se quelli non si concretizzano, scelgo quelli mediocri, e se quelli non si concretizzano, scelgo quelli che mi bastano per pagare l'affitto.

SUE MURPHY

Sono certo che si fa stirare anche le stringhe delle scarpe.

DAVID NIVEN, PARLANDO DI CARY GRANT

A trovare un'altra moglie si fa presto. Ma una cavalla come quella io non la trovo più.

OMBRE ROSSE

Sabrina Ferilli? Se Mosè l'avesse vista, certo oggi non esisterebbe il sesto comandamento.

GIANNI PALLADINO

La donna giusta per un uomo? Una via di mezzo tra madre Teresa di Calcutta e Sharon Stone... praticamente una santa che porta il saio ma senza le mutande sotto!
Diego Parassole

Quando un'attrice di quarant'anni deve rappresentare una donna di quarant'anni si trucca da ottantenne e recita come una bambina.
Franco Parenti

Sono un attore felice perché sono conteso tra la Rai e Canale 5. Nel senso che la Rai vuole che vada a Canale 5 e Canale 5 vuole che vada alla Rai.
Pongo

L'ultima volta che ho fatto un film di successo Joan Collins era vergine.
Burt Reynolds

Elizabeth Taylor è così grassa che mette la maionese sulle aspirine.
Joan Rivers

Per quelli che sono nati nel posto dove sono nata io, le alternative sono: l'alcol, la droga, il furto e la prostituzione. Siccome ero portata un po' per tutto e non sapevo cosa scegliere, ho deciso di fare l'attrice comica, che è il riassunto di tutte e quattro le cose.
Maria Rossi

Il mestiere che richiede maggior inclinazione è quello dell'attrice.
Maurizio Sangalli

Ci sono talmente tanti reality tv show che adesso, quando vedo una pubblicità, penso: «Grazie a Dio! Degli attori professionisti e una storia!».
Garry Shandling

Non voglio che attori e attrici capiscano le mie opere. Non è necessario. Se solo loro si limitano a fare i suoni richiesti, posso garantire il risultato.
George Bernard Shaw

Un'attrice è qualcuna priva di talento che siede in attesa degli alimenti.
Jackie Stallone

Essere intelligente, per una donna nel cinema, è uno svantaggio. Se, oltre alla vagina, hai pure le idee, la

miscela è mortale. Non hai scampo a Hollywood.
SHARON STONE

Il direttore del casting mi disse: «Vedi, per questo ruolo cerchiamo qualcuno che abbia l'aspetto del ragazzo della porta accanto. Tu non hai proprio l'aria di uno che sia mai vissuto accanto a qualcun altro!»
DONALD SUTHERLAND

Claudio Bisio è un attore che definire calvo è riduttivo.
ROCCO TANICA

In ognuno di noi c'è un attore. In me si nasconde che è una bellezza.
I TEANDRIA

Gli attori non dimenticano mai la loro età... una volta che stabiliscono qual è.
TODAY'S CHUCKLE

Voi siete un attore e io vi ammiro, come uomo e come cane, ma voi non potete essere stato una spalla, voi non avete mai fatto nemmeno il ginocchio!
TOTÒ

C'era un attore che aveva cento paia di scarpe: tante gliene avevano tirate.
TOTÒ

Il giorno del funerale di un celebre attore, quando all'uscita della chiesa la bara viene accolta da un applauso, bisogna riportarla dentro e riuscire per l'ultimo bis.
DINO VERDE

«Asia Argento, parliamo della sua carriera di attrice. Lei, tra i giovani, è considerata un'icona. Non si saranno dimenticati una "f"?»
DARIO VERGASSOLA

Adesso perfino a Genova, dove per anni mi hanno considerato un coglione, se mi vedono allo stadio mi applaudono. Anche i critici mi amano. Vuol dire che la morte si sta avvicinando.
PAOLO VILLAGGIO

A chi diavolo vuoi che interessi sentir parlare gli attori?
H.M. WARNER, PRODUTTORE WARNER BROS, 1929

L'Italia conta oltre cinquanta milioni di attori. I peggiori stanno sul palcoscenico.
ORSON WELLES

È meglio farsi guardare tutta che non essere vista per niente.
MAE WEST

I maschietti non dovrebbero mai dimenticare che Ginger Rogers faceva tutto quello che faceva Fred Astaire, ma all'indietro e sui tacchi alti.
FAITH WHITTLESEY

Non è necessario che un regista sappia scrivere ma, se sa leggere, aiuta.
BILLY WILDER

Dovevo andare a trovare questo tale, molto importante, nel suo ufficio e tutti mi dicevano: «Stai attenta, Shelley. Non appena sarai entrata nel suo ufficio, ti strapperà il vestito di dosso!» «Me lo ricorderò», ho detto, «indosserò un vecchio vestito.».
SHELLEY WINTERS

AUDIENCE
vedi ***Programma televisivo***

AUSTRALIA

In Australia, quando arriva la primavera, ritornano i boomerang?
GIANLUCA IRTI

Secondo uno studio fatto in Australia, i koala hanno delle impronte digitali talmente simili a quelle umane che potrebbero essere facilmente confuse dalla polizia sulla scena di un delitto. Va notato, inoltre, che lo studio è stato finanziato da O.J. Simpson.
NORM MACDONALD

Si potrebbe sdrammatizzare il suo naso con qualcosa di più ampio... l'Australia, per esempio.
STEVE MARTIN

Non preoccuparti del fatto che il mondo possa cessare di esistere oggi. È già domani in Australia.
CHARLES M. SCHULZ

AUTOBUS
vedi ***Tram***

AUTOMOBILE *(Automobilista)*

Sulla Williams di Mansell l'unica cosa intelligente sono le sospensioni.
MICHELE ALBORETO

Gin: «Ieri mi è successa una cosa strana. Ero in macchina e un cane mi ha pisciato sulla ruota».
Fizz: «E cosa c'è di strano?»
Gin: «Andavo a 130!»
ALE E FRANZ

Mio cugino è il re dei tamarri. Si è fatto la Golf con gli esterni in pelle.
DARIO ALESANI

Non sono un atleta. Ho cattivi riflessi. Una volta sono stato investito da un'automobile spinta da due tizi.
WOODY ALLEN

Los Angeles è una città il cui unico contributo alla civiltà moderna consiste nel permesso continuo di svolta a sinistra.
WOODY ALLEN

Un automobilista pericoloso è uno che vi sorpassa nonostante tutti i vostri sforzi per impedirglielo.
WOODY ALLEN

Ho preso a mia nonna un cane per ciechi, ma è un po' sadico. Fa delle imitazioni di auto che inchiodano.
LARRY AMOROS

Bisognerebbe sequestrare la patente a quegli incoscienti che, sulla corsia di sorpasso dell'autostrada, giusto davanti a me, mi stanno così pericolosamente vicini!
ANONIMO

Conosco una signora che afferma di avere servo-freno e servo-sterzo entrambi di colore.
ANATOLJ BALASZ (NATALINO BALASSO)

A parte le zanzare, gli animali più pericolosi sono gli uomini,

siano essi banditi o guidatori di automobile.
MANUALE PER IL MESSICO E L'AMERICA CENTRALE, AA. VV.

Per la notte di San Lorenzo, la notte delle stelle cadenti, io metto la macchina in garage.
ROCCO BARBARO

Ho comprato una Fiat perché in omaggio c'era la fabbrica.
ROCCO BARBARO

La prima volta che ho dato l'esame per la patente mi hanno bocciato per colpa di un ciclista... buonanima.
FEDERICO BASSO

Mi hanno rubato la macchina. Ed è la peggiore sensazione del mondo, perché quel che succede è che ti rifiuti di accettare che la macchina sparita sia la tua. Sono stato due giorni in quel posteggio a dirmi: «Nah, adesso ritorna...».
BILL BELLAMY

Quando pensi che a nessuno al mondo importi se sei vivo, prova a non pagare per due mesi la rata della macchina.
JOHN BELUSHI

La mia auto è molto vecchia. Le mie luci di posizione hanno la cataratta!
MILTON BERLE

Non viaggio mai in aereo. Il viaggio verso l'aeroporto mi fa venire il mal d'auto.
MILTON BERLE

Negli anni Cinquanta, chi aveva la radio nell'automobile furoreggiava con le ragazze. Mio cugino Ignazio faceva strage di cuori invitandole sulla sua Topolino, dove, dopo essersi fermato in un angolino appartato, accendeva la radio e le avvolgeva in una magia di romantiche canzoni... In realtà, Ignazio non aveva nessuna radio, ma quando le ragazze scoprivano che Ignazio era solo uno sporco ventriloquo, lui le aveva già scopate. Adesso che ci penso, Ignazio non aveva neanche la Topolino. Ma oltre a essere un ventriloquo, era anche un ipnotizzatore, e così le ragazze credevano di viaggiare su un'auto

lussuosa mentre in realtà se ne stavano issate sul tubo di una vecchia bicicletta scassata! A volte ho dei dubbi che Ignazio avesse davvero la bicicletta...
ROMANO BERTOLA

Durante le liti per un sorpasso o altre cose del genere, non bisogna assolutamente lasciarsi trasportare dall'ira. Altrimenti la mira ne risente.
ROMANO BERTOLA

Un'automobile e un camion che viaggiano in direzioni opposte lungo una strada altrimenti deserta si incontreranno sul ponticello.
ARTHUR BLOCH, *LEGGE DI QUIGLEY*

Mai prestare la tua auto a qualcuno che hai messo al mondo.
ERMA BOMBECK

Va da sé che non si dovrebbero avere più figli che finestrini della macchina.
ERMA BOMBECK

Solo dopo aver visto i guidatori in Indonesia si capisce perché la religione abbia un ruolo così fondamentale nella loro vita.
ERMA BOMBECK

Prima di venire in California, non avevo mai visto una stazione di servizio self service. Sapete quanto sono rimasta ad aspettare in macchina?
ELAYNE BOOSLER

Uno dei grandi misteri della vita: cosa ne fa un nudista delle chiavi dopo che ha chiuso la macchina?
JACOB M. BRAUDE

Lo puoi dire con i fiori, lo puoi dire con il vino, ma se la vuoi fare schifosamente sentimentale, diglielo con una Lincoln Continental.
ROBERT BRYNE

Bambini nei sedili dietro causano incidenti; incidenti nei sedili dietro causano bambini.
BUMPER STICKER

Non avete mai pensato, mentre guidate, di salire sul marciapiede e falciare trenta persone? Non dico di farlo, ma ci avete mai pensato? Tipo: «Sono qui che guido tranquillo, nessuno sa chi sono... Ma se sposto la mano che regge il volante di due gradi sarò sulla copertina di *Newsweek* e tutti parleranno di me.».

Bill Burr

Si ricorda di quella notte in cui ha perso la sua innocenza sul sedile posteriore dell'auto di famiglia? Se non fosse stato da solo sarebbe stato ancora più memorabile.

Red Buttons

Ai gatti neri porta sfortuna essere attraversati da un'auto?

Paolo Cananzi

La motorizzazione vuole che uno porti una tessera di donatore di organi con la patente. E voi credete davvero che il dottore del pronto soccorso che la trova, quando arriva sulla scena dell'incidente, cercherà di salvarvi la vita? Col cazzo! Lui cerca le parti usate!

George Carlin

La prima cosa che t'insegnano a scuola guida è dove mettere le mani sul volante: a ore 10.00 e a ore 2.00. Io metto le mie a 9.45 e a 2.17, mi dà quell'extra di mezz'ora per arrivare con più calma dove voglio.

George Carlin

La mia vecchia cagnolina, Tippy, era piccola. Anche prima che passasse il camion. Il camion l'ha resa più piccola. Più larga, ma più piccola.

George Carlin

Il terrorista: «Cercammo di far esplodere un'autobomba a Napoli, ma cinque minuti dopo ruppero il vetro e si fregarono la bomba. Da allora nelle autobomba per Napoli usiamo bombe col frontalino estraibile.»

Giovanni Cellini

Oggi i funerali si fanno in automobile per non interrompere il ritmo della vita moderna.

Jean Charles

Mentre guidavo, ho fatto un incidente con un mago. Non è stata colpa mia. Il tizio è spuntato fuori dal nulla.

Auggie Cook

Abito in un quartiere di teppisti incredibili. Per dirne una: ieri ho preso la macchina, ho parcheggiato, l'ho lasciata aperta, ma giusto tre minuti, il tempo di bere un caffè. Sono uscito dal bar e l'ho trovata chiusa!

ANTONIO CORNACCHIONE

Non so ripararmi la macchina, anche se ho interpretato dei personaggi che lo sanno fare.

KEVIN COSTNER

Il giorno del mio sedicesimo compleanno i miei genitori hanno cercato di farmi una sorpresa con un'auto, ma mi hanno mancato.

TOM COTTER

Se l'automobile avesse seguito lo stesso ciclo di sviluppo del computer, oggi una Rolls Royce costerebbe mille dollari, farebbe un milione di miglia al gallone, e una volta l'anno esploderebbe, uccidendo tutti quelli che ci sono dentro.

ROBERT X. CRINGELY

Ho visto un test per la sicurezza in cui hanno legato un manichino dentro un'auto e poi l'hanno lanciata a tutta velocità contro un muro. Il manichino è andato distrutto, l'industria automobilistica è subito corsa ai ripari, è scattata in azione e ha messo a punto un progetto che porterà alla costruzione di manichini più robusti.

NORM CROSBY

Oggigiorno ai ragazzi non importa più di niente. Ho visto due, in auto, baciarsi mentre andavano a ottanta miglia all'ora. Ed erano in due auto diverse. E andavano in direzioni opposte.

NORM CROSBY

Certe notti la macchina è calda e dove ti porta lo decide lei certi giorni vai dal concessionario je dici: «Sta macchina fa come cazzo glie pare...».

DADO

Il proprietario della macchina targata "New York L758367458999999 4736288474565789541259636577784", è pregato di spostarla. La sua targa sta bloccando il traffico.

BILL DANA

Il mio cane è pigro: non insegue le auto, ma sta sul marciapiede e si annota le targhe.

RODNEY DANGERFIELD

Per legge, è obbligatorio accendere i fari quando piove in Florida. Ok, ma chi è che mi fa sapere quando piove in Florida?

STRANGE DE JIM

C'è più nessuno che crede che la salute sia più importante del denaro? Non si vedono tante ragazze dire: «Mi faccio Bill che ha una Porsche nuova, o Chuck che ha il colesterolo basso?».

NICK DIPAOLO

È assai frequente che l'esistenza del gommista venga scoperta in età avanzata. In altri termini i guidatori giovani si disinteressano dello stato di salute nei pneumatici, non sanno cosa sia l'equilibratura e provano stupore se qualcuno spiega loro che "Tubeless" vuol dire "senza camera d'aria". Generalmente l'equivoco nasce così: il gommista esamina lo pneumatico e dice: «Ah, è senza camera d'aria». Ed essi rispondono: «Che ci vuole fare, nella mia zona rubano tutto».

GIOELE DIX

Ho conosciuto un tizio così ricco, ma così ricco che il suo autista ha un maggiordomo che gli apre la portiera della macchina.

ERONDO, DI *AENIGMATICA*

La mia ragazza è brutta. Una volta che stava giocando si è tagliata un dito, allora l'ho portata dal medico condotto e gli ho gridato: «Presto che la mia ragazza ha avuto un incidente!», e lui, come ha aperto la porta e l'ha vista in faccia, ha detto: «Chissà la macchina...».

GIORGIO FALETTI

La mia macchina è una vecchia carretta. Non mi prendo cura di lei, non cambio l'olio. L'altro giorno sul cruscotto si è accesa una luce che diceva: "Dobbiamo parlare".

KEN FERGUSON

Per gli automobilisti africani non c'è la sinistra né la destra, c'è l'ombra.

FERNANDEL

Limite di velocità di 55 miglia all'ora, eh? In California, se uno va a 55 miglia all'ora, è l'ultimo ad arrivare dove deve andare. I casi in cui un californiano guida a 55 miglia all'ora sono due: quando ha una macchina della polizia dietro, o quando fa retromarcia per uscire dal vialetto di casa.
Russ Fisher

Scusate, ma adesso devo proprio andare. Ho lasciato la mia ragazza in macchina coi preliminari già fatti.
Mister Forest (Michele Foresta)

L'auto si fermò. Si spalancò la portiera e non scese nessuno. Era Nicolazzi.
Fortebraccio

Una donna ha bisogno di quattro animali nella sua vita: una Jaguar in garage, una tigre a letto, un visone sulla pelle e un asino che paghi.
Zsa Zsa Gabor

Conoscevo un cane così stupido che erano le macchine a corrergli dietro.
Garfield

Io non giudico mai un uomo dal suo denaro, ma dal colore delle sue Rolls-Royce.
Paul Getty

Mio zio in auto non metteva mai la freccia: non voleva far sapere agli altri dove andava.
Giuseppe Giacobazzi

I lombardi purosangue sono scarni, essenziali, precisi. Lavoratori miti ma indefessi. Gente dura, gente che, piuttosto che pagare una lira di tasse a Roma, si compra una Porsche Carrera.
Gino&Michele

Gli albanesi sono così poveri che lavano i vetri delle auto ai marocchini. Solo che, siccome in Albania non ci sono semafori, gli corrono dietro fino in Jugoslavia.
Gene Gnocchi

Noi siamo qui a ridere e scherzare e intanto fuori c'è gente che non ha neanche i soldi per comprarsi una Range Rover.
Gene Gnocchi

Gabriele Lavia è un vero maschilista. Una volta, in viaggio da Trieste a Roma, non riuscendo a disappannare i vetri, mi ha detto: «Respiri troppo».
MONICA GUERRITORE

Noleggio un sacco di auto, e spesso non so bene come funzionano, per cui mi capita di guidare magari dieci miglia con il freno a mano tirato. Il che la dice lunga sul freno a mano: non è affatto un freno a mano, è una leva che fa odorare la macchina in modo strano.
MITCH HEDBERG

So un sacco di cose sulle auto. Per esempio posso guardare i fari di un'auto e dirvi subito da che parte sta arrivando.
MITCH HEDBERG

Un giorno ho visto un'auto posteggiata che veniva urtata da un furgone Ups, e ho lasciato una nota che diceva: "Siete stati urtati da un furgone Ups, ma non eravate in auto. Questo furgone tornerà di nuovo domani alla stessa ora. Se non sarete in auto dopo il terzo incidente, potrete ritirare il vostro specchietto retrovisore destro al locale ufficio Ups".
STEVE HOFSTETTER

Mia madre era solita dirmi: «Se uno sconosciuto ti si avvicina, e ti offre delle caramelle, e ti dice di salire sulla sua auto... vai!».
LAURA KIGHTLINGER

Quei bumper sticker, sapete quelle stronzate tipo "Bimbo a bordo", non vi fanno venire voglia di tamponare la macchina ancora più forte?
SUE KOLINSKY

Mi rifiuto categoricamente di rivelare la mia età. Cosa sono, un'auto?
CINDY LAUPER

I rappresentanti di automobili vendono automobili; i rappresentanti di polizze assicurative, assicurazioni. E i rappresentanti del popolo?
STANISLAW JERZY LEC

Sto imparando a guidare col servosterzo. Ho girato il volante quel che pensavo fosse sufficiente e mi sono

trovata in una direzione sbagliata che era nella direzione opposta.
DAI VERBALI DI ASSICURAZIONI INGLESI RACCOLTI DA RICHARD LEDERER

Quando le auto appaiono grosse come le formiche, è un buon momento per aprire il paracadute. Se le formiche appaiono grosse come le auto, avete aspettato troppo.
ERNST LUPOSCHAINSKY III

Girare con le targhe alterne non è giusto perché chi ha la targa alterna gira, chi non ce l'ha no.
LEONARDO MANERA

Oggi un'automobile mi è venuta addosso. Mi sono salvato con un salto. Mentre ero ancora col piede in aria, mi è arrivato l'urlo dell'automobilista inferocito: «Ma va' in macchina, cretino!».
MARCELLO MARCHESI

Un'auto è inutile a New York, ed è essenziale in ogni altro posto. Esattamente come le buone maniere.
MIGNON MCLAUGHLIN

Ho visto una donna in Sud America che ha appena dato alla luce il ventitreesimo figlio. Dio santo, signora! È una vagina, non l'auto da cui escono i clown al circo.
DENNIS MILLER

Cartello sull'auto al parcheggio: "Non ho autoradio!". Il mattino dopo, cartello al posto dell'auto: "Grazie, la mettiamo noi!".
VALERIO MINTOTI

Ho speso mille euro per un navigatore satellitare. Ho digitato l'indirizzo di casa mia: "Milano, piazza Zavattari, indirizzo inesistente". Avrei dovuto digitare "piazza Fratelli Zavattari". Per arrivare a destinazione devo sapere se Zavattari aveva dei fratelli o delle sorelle? Ma per mille euro il navigatore deve farmi vedere tutto il suo albero genealogico!
ALFREDO MINUTOLI

Sulla macchina di mio padre non posso dimenticare la foto con calamita, la Madonna con il bambino in braccio, solo che ogni volta che mio padre frenava, alla Madonna gli cadeva il bambino dalle braccia. Che quando ci fermavano i vigili a mio padre facevano la multa perché il Bambin Gesù era davanti e senza seggiolino e la Madonna era senza cintura!

Franco Neri

Avevamo una macchina vecchia, ma talmente vecchia che l'unica cosa di valore era l'antifurto, così l'antifurto lo mettevamo in garage e la macchina la lasciavamo in strada.

Franco Neri

Una compagnia di giocattoli sta per lanciare una versione musulmana di Barbie. La nuova Barbie musulmana avrà anche un'auto che non le è permesso guidare.

Conan O'Brien

Più si resta sulla strada e più aumentano le occasioni di incidenti. La prudenza consiglia quindi di avere un'auto veloce e di circolare alla massima velocità.

Lucie Olbrechts-Tyteca

La donna è convinta che l'olio nella macchina si rigeneri da solo, è convinta che nel motore ci sia un albero di olive, che poi si spremano. Per lei questo è il famoso albero motore.

Omen (Raul Cremona)

Una cosa bella delle utilitarie è che, se riempi troppo il serbatoio di carburante, la puoi sempre prendere in braccio e farle fare il ruttino.

Robert Orben

Ho visto un fiore e l'ho preso, ho visto una farfalla e l'ho presa, c'era lì anche un'Alfa33 e c'era su uno stereo, ho preso anche quello.

Mago Oronzo (Raul Cremona)

Fanno macchine sempre più ricche, radica ovunque. Se hai un incidente è come morire in una pipa.

Giorgio Panariello

Io in macchina, contro quelli che mi lampeggiano, ho montato dei fari speciali. L'altra sera ho portato la mia ragazza a fare una gita romantica a Ostia. A un certo punto le ho detto: «Jolanda vuoi vedere la Sardegna?» E tac: da Cagliari a Sassari l'ho illuminata tutta!

Cecconi Bruno (Paolo Panelli)

Gianni Agnelli non è bello ma è un tipo. Susanna Agnelli non è bella ma è una Tipo.
DIEGO PARASSOLE

Se proprio dobbiamo avere il telefono in macchina, penso che dovremmo procurarci delle segreterie telefoniche da auto. «Mi spiace ma in questo momento sono in casa. Ti richiamerò appena esco».
TOM PARKS

Una ragazza mi ha fatto una scenata perché non le ho aperto la portiera della macchina. Che esagerazione! Comunque è vero, ammetto di aver nuotato da solo fino alla superficie.
EMO PHILIPS

Il turista è una persona che viaggia mille miglia per farsi una foto accanto alla sua macchina.
BOB PHILLIPS

Tu dici: «Ma». E allora io metto il dito su tutto il problema. Tu sei un "ma man". Non dire più "ma". Quella piccola parola, "ma", è la differenza tra il successo e il fallimento. Henry Ford una volta disse: «E adesso invento l'automobile» e Arthur T. Flanken disse: «Ma...». Ora noi vediamo le Ford per le strade, ok? Hai mai visto una Arthur T. Flanken in giro? Eh?
THE *PHIL SILVERS SHOW*

Vi ricordate Claudio Baglioni: aveva una Due Cavalli e la chiamava Camilla. Era così popolare che tutti quelli che avevano una Due Cavalli finirono per chiamarla Camilla. Io invece avevo un'amica che si chiamava Camilla e tutti finirono per chiamarla Due Cavalli.
PONGO

Il problema del traffico a Napoli sta tutto nel fatto che in alcune zone non si trova un posto dove parcheggiare la macchina, in altre non si trova più la macchina parcheggiata in un posto.
ANTONIO PORTOLANO

Il Bar dello Sport di Baranzate di Bollate è stato il primo fast food del pianeta Terra. Fast food nel senso che, se non fai alla svelta, fuori ti fregano la macchina.
POTATO (ALESSANDRO BRUNELLO)

La tua donna la chiamo Smart perché è piccola ma due dentro ci stanno comodi.

Pozzoli e De Angelis

Nella nostra organizzazione civile e sociale prima viene l'uomo, poi viene la macchina. Quindi l'ambulanza.

Herbert V. Prochnow & Herbert V. Prochnow jr.

Non hai idea di quanti pezzi sia fatta una macchina fino a quando non ti scontri con un Tir.

Herbert V. Prochnow & Herbert V. Prochnow jr.

Che differenza c'è tra una puzzola arrotata da un'auto sulla strada e un avvocato che ha fatto la stessa fine? Per la puzzola c'è una traccia di frenata.

Michael Rafferty

Sono molto appassionato di cinema, solo che lo guardo sul plasma che ho fatto montare sul Cayenne. Ovviamente sto molto attento: cerco di non distrarmi e di non fare due cose contemporaneamente. Se sto guardando un film e sono anche alla guida, mi concentro solo sul film, altrimenti c'è il pericolo di perdere il filo della trama.

Il Marco Ranzani di Cantù (Albertino e Digei Angelo)

Credete che i verdi vadano in bicicletta per tenere pulita la città? Vi sbagliate: vanno in bicicletta per tenere pulita l'auto!

Gabriella Ruisi

La prima cosa che penso quando conosco qualcuno è che probabilmente l'ho già mandato a fare in culo dal volante della mia auto.

Gabriele Scorzoni

È così nervoso che ai drive-in mette la cintura di sicurezza.

Neil Simon

Sono un Volvovegetariano. Mangio animali solo se uccisi accidentalmente da macchina in corsa.

Ron Smith

Ho avuto seri dubbi sulla qualità della mia auto quando ho visto uno scarabeo stercorario che mi voleva aiutare a spingerla.

Salvo Spoto

Sai perché gli uragani hanno nomi di donna? Perché sono come loro. Prima vengono come delle furie, tutte bagnate. Poi se ne vanno portandosi via la tua auto e la tua casa.
TRAFFIC

Giuro, non volevo mettere sotto mia suocera, quando me la son vista davanti ho cercato di avvertirla, ma aveva il cellulare spento.
RENATO TRINCA

Come arriviamo all'auto l'autista ci chiede dove vogliamo andare. Allora non abbiamo preso l'auto perché quel tipo era troppo curioso, e poi non ci conveniva neanche tanto andare in auto perché abitiamo proprio di fronte al teatro.
KARL VALENTIN

Poi è venuta la marijuana. Quando fumi la marijuana poi vuoi correre in macchina. Il vento ti scompiglia i capelli, e il finestrino non è neanche aperto! E quando ti ferma un poliziotto, tu mangi tutto quello che c'è nel posacenere, poi ripassi la frase da dire: «C'è qualche problema, agente? C'è qualche problema, agente?». E quando lui ti si avvicina, gli dici: «Da wagga yagababa gagana waka waka?».
ROBIN WILLIAMS

Andare in chiesa non fa di te un cristiano più di quanto stare in un garage faccia di te una macchina.
WORDS TO THE WISE

La gente non è che voglia una macchina a poco prezzo. La gente vuole una macchina carissima che costi meno.
STEVEN WRIGHT

L'automobile del futuro sarà più veloce del suono. Così il guidatore sarà all'ospedale prima di accendere il motore.
HENNY YOUNGMAN

Le cose vanno sempre peggio. Ho visto un uomo a terra, immobile. Sono sceso dal marciapiede e gli ho chiesto: «Sta male?». E lui: «No, è che ho trovato un parcheggio, così ho mandato mia moglie a comprare una macchina».
HENNY YOUNGMAN

Un polacco aveva chiuso la macchina con le chiavi dentro. Gli ci sono

volute un paio di ore per riuscire a tirar fuori la moglie.
HENNY YOUNGMAN

Se bevi mentre stai guidando, bada che l'autoradio sia a volume massimo. Questo per non sentire il crash!
HENNY YOUNGMAN

Viva l'amore! Abbasso i sedili!
CHECCO ZALONE

AUTOMOBILISTA
vedi **Automobile**

AUTOPSIA

Prego i miei eredi di far procedere alla mia autopsia e di sottoporre il mio corpo a tutte le analisi, perché ci tengo assolutamente a conoscere la causa della mia morte.
JEAN CHARLES

Dicono che i dirigenti politici italiani sono malati, sono infettati. Secondo me, per essere sicuri, si deve fare subito l'autopsia.
DOMENICO CIRUZZI

La sanità è malata e io ne so qualcosa. Il mese scorso ho portato mia figlia in ospedale e al termine dell'intervento ho chiesto al professore: «Come è andata l'operazione?». Lui allora mi ha guardato e mi ha detto: «Operazione? Ma come, non era un'autopsia?».
DANIELE LUTTAZZI

Non mi piace abbronzarmi. Sono di carnagione chiara. Sembra che mi abbiano trapiantato la pelle di un morto. L'ultima volta che sono andato al mare e mi sono svestito, un medico ha insistito per farmi un'autopsia.
MATTEO MOLINARI

AUTOSTIMA
vedi **fiducia**

AUTOVELOX

A Milano, a causa del traffico, la circolazione è talmente lenta che la gente in tangenziale fa le foto agli autovelox e poi manda le multe al Comune!
BRUCE KETTA

In sei chilometri mi hanno scattato tre autovelox e me le hanno mandate a casa. Nella prima foto si vede che accanto ho una mia collega. Nella seconda si vede che la mia collega mi mette una mano sulla spalla. Ma quella che ha fatto arrabbiare di più la mia fidanzata è la terza, in cui la mia collega non si vede.
DIMUNNO E TAMBORRINO

Tatiana è l'amica mia grassa, tarmente grassa che quanno je fanno l'autovelox ce vogliono tre scatti!
KRUSKA (GABRIELE CIRILLI)

AUTUNNO

Il mio palazzo è molto degradato: in inverno si muore di freddo, in estate si muore di caldo e in autunno cadono i balconi.
ALESSANDRO BRUNELLO

È autunno e cadono le foglie. Per Adamo ed Eva inizia la stagione degli amori.
CAMILLO CANOVI

Si sta come d'autunno
sotto gli alberi
le siringhe.
CLAUDIO GASPARINI

Quando ero bambino, nella radura di un bosco fitto e profumato d'autunno, mi addormentai e sognai una fata. Lei si librava senza pensieri sui fili d'erba, sfiorando petali di fiori sino a farli sbocciare nel buio; di vesti leggere vestita, candide, azzurre, diafane, di pelle dai riflessi di luna sull'argento di un lago. Il viso come una fiammella d'un roseo tepore, dita sottili come steli, e lente movenze, dolci di nettare. Rapito da attimi d'eternità s'avvicinò, destandomi con un sorriso fatto da un'anima all'altra, una promessa; con uno sguardo disegnò i suoi occhi nel mio cuore, curvò le labbra come in un bacio, soffiò, risvegliandomi tra le braccia di mio padre che mi riportava a casa cullandomi. Non ho dimenticato la strada che conduce a quel bosco, al tempo felice, in quella radura, verso la foce della gaiezza. Ogni giorno l'ho ripercorsa nei sogni, in cerca di quel soffio da ricambiare. E ora, ora che mi sveglio e tu sei di fronte a me, rivedo quella scena e tutto è reale, ha sapore, ogni cosa ha il suo battito e la sua linfa e quella fata il tuo nome: Ubaldo.

FRANCESCO VARCHETTA

AVARIZIA

Era così avaro che quando mandava il vestito in tintoria nascondeva due paia di calzini nelle tasche.

ANONIMO

Era un tipo talmente avaro che, quando si innamorò, alla sua ragazza che desiderava una collana di perle, regalò un'ostrica e un quadrifoglio.

ANONIMO

È talmente tirchio che fa la punta alle matite sul caminetto, così non spreca il legno.

JACK BENNY

Un impiegato va dal principale per chiedere un aumento, dicendogli: «Io qui faccio il lavoro di tre uomini!». E il capo replica: «Dammi il nome degli altri due. Li licenzio!».

MILTON BERLE

L'altra sera è venuta la vedova Canagli (un nome una garanzia) che suo marito faceva il strozzino ed era talmente avaro che a San Valentino piuttosto che mandarci i fiori alla moglie la festeggiava rifacendo la strage.

VITO CATOZZO (GIORGIO FALETTI)

È talmente avaro che il giorno di Natale augura a tutti: «Buon 25 dicembre!».

ENNIO CAVALLI

Paul Newman: «Tieni il resto.»
Barista: «Non c'è resto.»
Paul Newman:«Tienilo lo stesso.»

DETECTIVES' STORY

È difficile scrivere un telegramma di condoglianze, se si mettono anche le preposizioni articolate si ha l'aria di voler commuovere e se non si mettono di voler risparmiare.
ENNIO FLAIANO

Sono così tirchio che quando faccio un regalo, invece di cancellare il prezzo, lo sottolineo.
ROBERTO GAVELLI

La mia fidanzata mi ha detto di usare il metro comune su quanto devo spendere per un anello di fidanzamento: due mesi di stipendio. Così mi sono trasferito ad Haiti per un paio di mesi, ho guadagnato un dollaro e ottanta. Ho comprato un bel legno compensato, senza nemmeno un nodo. L'ho cartavetrato io stesso.
BRIAN KENNEDY

Mia madre aveva il senso dell'economia sviluppato fino alla genialità: figuratevi, io mi chiamo Gastone. Ebbene, lei mi chiamava semplicemente Tone... per risparmiare il gas...
ETTORE PETROLINI

Impiegato: «Signore, sono in questa azienda da 27 anni e non ho mai avuto un aumento.»
Boss: «Ecco perché sei in questa azienda da 27 anni!»
BOB PHILLIPS

Mio marito è tirchio da far ribrezzo. L'ultima volta gli ho chiesto se andavamo a prendere un gelatino e lui mi ha risposto: «Metti le mani nel freezer e ciucciati le dita che si risparmia!».
VIVIANA PORRO

Tra due amici genovesi: «Cos'altro posso regalare alla mia donna? I fiori mi dispiace un po', appassiscono subito. Ho provato coi fiori di plastica ma lei mi ha detto che ero poco romantico.» «Regalale un bel diamante. Un diamante è per sempre. Un diamante è per tutta la vita.» «È vero: non finisci più di pagarlo, trentaseimila rate!» «Allora un bel profumo, magari un dopobarba, cosi se poi litigate, te lo usi tu!»
EMILIO RAZZETTI

Con un solo pomodoro noi genovesi sappiamo condire la pasta per

venti persone. Ci aggiungiamo di tutto: sale, acqua, sale, acqua, sale, acqua, sale...
EMILIO RAZZETTI

Sono ebrea e non faccio ginnastica. Se Dio avesse voluto che ci piegassimo, avrebbe sparpagliato diamanti sul pavimento.
JOAN RIVERS

AVVERTENZA
(Appello - Diffida - Manuale d'istruzioni - Segnale)

Avviso ai lettori: "In questo libro non troverete soltanto cazzate, c'è anche qualche stronzata".
ROBERTO "FREAK" ANTONI

Per favore non dite a mia madre che faccio il giudice nel Tribunale di Roma... Lei mi crede un killer della 'ndrangheta in missione di morte nella capitale.
ENZO CAMOZZA

Ho smesso di fumare per via delle inquietanti scritte sui pacchetti di sigarette: "Nuoce gravemente alla salute, provoca il cancro, Monopoli di Stato...".
FABRIZIO CANCIANI

Attenzione: se fumate a letto la cenere che cadrà potreste essere voi.
CARTELLO IN UN ALBERGO FRANCESE

Diffida del bue davanti, della mula dietro, del monaco da tutte le parti.
MIGUEL DE CERVANTES

Gli americani hanno fatto la guerra del Golfo per il bene degli iracheni. Per le vie di Baghdad hanno messo i cartelli: "Scusate i disagi, stiamo bombardando per voi".
MARCO DEL CONTE

Non calpestate le aiuole, si fanno male tutte le vocali.
ELLEKAPPA

Come cuoca era davvero micidiale. Pensa che sui suoi piatti c'era appiccicata una targhetta con la scritta: "Tenere lontano dalla portata dei bambini".
MASSIMO GUGLIELMELLI

Un giorno ho visto un'auto posteggiata che veniva urtata da un furgone Ups, e ho lasciato una nota nota che diceva: "Siete stati urtati da un furgone Ups ma non eravate in auto. Questo furgone tornerà di nuovo domani alla stessa ora. Se non sarete in auto dopo il terzo incidente, potrete ritirare il vostro specchietto retrovisore destro al locale ufficio Ups".
STEVE HOFSTETTER

Guardati dall'uomo che sa cucinare. Ti lascerà la cucina piena di pentole unte.
ERICA JONG

Certi segnali di malessere sociale, che paiono configurare prospettive di nuove povertà e una violenta divisione tra ricchi e poveri, tra padroni e schiavi, tra Nord e Sud del mondo, non vanno sottovalutati: è tutta gente che prima o poi ti arriverà sotto casa a Montecarlo e ti romperà i coglioni.
GIORGIO MELAZZI

Il governo federale sta considerando una proposta per cambiare le avvertenze delle etichette su birra e altre bevande alcoliche. Per esempio, una delle nuove avvertenze sarà: "Attenzione: l'eccessivo bere può causare karaoke".
CONAN O'BRIEN

Quando sono in aereo e sento: «In caso di emergenza le uscite di sicurezza sono collocate due in coda, due sulle ali e due in testa» io chiedo sempre: «Scusi, se l'aereo precipitasse e si spaccasse in due, potremmo usare anche quella uscita o infrangeremmo qualche legge federale?».
PAUL PROVENZA

In un paese sottosviluppato, non bere l'acqua. In un paese sviluppato, non respirare l'aria.
JONATHAN RABAN

Attenti alla donna che accetta le avances che non le avete fatto.
LOUIS SCUTENAIRE

Un'avvertenza: non guardate i tromboni, li incoraggereste.
RICHARD STRAUSS

In fondo la politica non è altro che un certo modo di agitare il popolo prima dell'uso.
TALLEYRAND

La sola cosa che trattiene certi musicisti rock dall'analfabetismo è la necessità di leggere il manuale d'istruzioni della loro Mercedes.
GARRY B. TRUDEAU

AVVOCATO

Domattina alle 6.00 sarò giustiziato per un crimine che non ho commesso. Dovevo essere giustiziato alle 5.00 ma ho un avvocato in gamba.
WOODY ALLEN

Gli avvocati sono le uniche persone la cui ignoranza della legge non venga punita.
JEREMY BENTHAM

Avete mai sentito della figlia dell'avvocato che ha detto al suo fidanzato: «Fermati e/o ti do un ceffone!»?
JACOB M. BRAUD

Un gruppo di sudafricani bianchi ha ucciso un avvocato nero solo perché era nero. Questo è sbagliato. Avrebbero dovuto ucciderlo perché era un avvocato.
WHITNEY BROWN

Gli animali non sono stupidi come si crede: non hanno né dottori, né avvocati.
L. DOQUIER

«Servirebbero maggiori indizi di colpevolezza per attaccare Saddam.» «Tipo che lo difendesse Taormina?»
FRANCESCA FORNARIO

Una giuria consiste di dodici persone scelte per decidere chi abbia il miglior avvocato.
ROBERT FROST

La mia definizione di "spreco assoluto" è un autobus pieno di avvocati che finisce in un precipizio con tre posti vuoti.
LAMAR HUNT

Credo che la ragione per cui la giustizia è cieca sia perché gli avvocati passano il tempo a farsi le seghe.
DENNIS MILLER

Il diritto di saldare la parcella all'avvocato è un diritto fondamentale e antichissimo dell'uomo, ed è l'essenza di quella che noi chiamiamo democrazia.
FLANN O'BRIEN

Un avvocato con una valigia può rubare più che mille uomini con delle armi.
MARIO PUZO

Che differenza c'è tra una puzzola arrotata da un'auto sulla strada e un avvocato che ha fatto la stessa fine? Per la puzzola c'è una traccia di frenata.
MICHAEL RAFFERTY

Come mai dei pesci piranha hanno rinunciato ad aggredire un avvocato caduto in acqua? Si è trattato di un gesto di cortesia tra colleghi.
MICHAEL RAFFERTY

Di che cosa avete bisogno quando vedete tre avvocati immersi fino al collo in una colata di cemento? Di altro cemento.
MICHAEL RAFFERTY

«Scusi, avvocato, a quanto ammonta la sua parcella per una consultazione?» «Cinquanta dollari ogni tre domande...» «Non le sembra una tariffa molto cara?» «Sì. Ora mi faccia pure l'ultima domanda.»
MICHAEL RAFFERTY

Soltanto gli avvocati e i cerebrolesi sono automaticamente esclusi dall'essere membri di una giuria. Ci sarà un motivo?
GEORGE BERNARD SHAW

Mi hai profondamente deluso! Non ho più ideali, non crederò mai più a qualcosa in vita mia. Mi iscriverò a Giurisprudenza!
I SIMPSON

E Dio disse: «Che sia Satana, così la gente non darà la colpa di tutto a me. E che siano gli avvocati, così la gente non darà la colpa di tutto a Satana».
JOHN WING

AVVOLTOIO *(Sciacallo)*

Mangio come un avvoltoio. Purtroppo la somiglianza non si ferma qui.

GROUCHO MARX

La democrazia è una forma di religione. È l'adorazione degli sciacalli da parte dei somari.

H.L. MENCKEN

AZIENDA *(Società - Socio - Spa)*

Non investite mai dei soldi in nessuna impresa in cui uno dei soci è soprannominato "Il Marsigliese".

WOODY ALLEN

La psicanalisi è un mito tenuto in vita dall'industria dei divani.

WOODY ALLEN

Papa: l'unico vice di una società che non vede mai il proprio capo, neanche a Natale.

ANONIMO

La Microsoft di Bill Gates ha respinto l'accusa di essere un'azienda monopolista senza cuore. Lo stesso Bill Gates ha annunciato: «Per dimostrare che noi pensiamo anche alla natura abbiamo lanciato una nuova campagna: "Compra una copia di Windows 98 e salva gli orsi bruni". La cosa funzionerà così: per ogni copia di Windows rimasta invenduta abbatteremo un orso bruno. Se amate questi animali vi conviene comprare i nostri prodotti».

GIOVANNI CELLINI

Sai di vivere negli anni 2000 quando in quattro anni sei rimasto seduto alla stessa scrivania e hai lavorato per tre aziende diverse.

DALL'E-MAIL *YOU KNOW YOU'RE LIVING IN 2000 WHEN...*

«Cos'è una *joint-venture?*» «Una società a capitale misto. Per esempio noi mettiamo il gas e gli iracheni mettono gli iraniani.»

ELLEKAPPA

La Telecom ci vorrebbe, oltre che coglioni, anche balbuzienti.

PACO GENOVESE

Un'azienda giapponese offre un traduttore che ti può far sapere cosa sta

dicendo il tuo gatto. Posso già dirvi io che sono solo due cose: «Dammi da mangiare» e «Vattene».
JAY LENO

AIG, che l'anno scorso ha ricevuto 170 miliardi di dollari di contributi dal governo, quest'anno ha pagato ai propri manager 165 milioni di dollari in bonus. Non si è trattato di un abbaglio: dicono che i bonus erano giustificati dal fatto che la società l'anno scorso aveva guadagnato 170 miliardi di dollari in più.
JAY LENO

Nel giorno del cinquantesimo anniversario del V-J Day, la vittoria sul Giappone, New York ha organizzato un'importante celebrazione a Times Square. Ci saranno state diecimila persone, tra il gigantesco billboard della Mitsubishi e il jumbo schermo Sonytron.
DAVID LETTERMAN

La Microsoft è stata accusata di aver tentato di monopolizzare l'accesso a Internet, e si è richiesto a una corte federale di multare la compagnia di un milione di dollari al giorno. Degli analisti hanno calcolato che, a questo ritmo, il capo della Microsoft Bill Gates sarà senza un penny più o meno dieci anni dopo che la terra si schianterà contro il sole.
NORM MACDONALD

AT&T ha licenziato quarantamila impiegati questa settimana. Un portavoce di AT&T ha dichiarato: «Conoscete nessuno che abbia bisogno di un buon portavoce?».
NORM MACDONALD

"Insider trading" è quando chi ha notizie riservate su una società ne trae vantaggio speculando. Per esempio, tutte le maestre elementari sanno che i bambini grandi obesi fanno innamorare dieci volte di più le bambine rispetto agli altri bambini di peso giusto. Questi, nel vedere che il bambino grande obeso ha più successo con le donne, dicono: «Divento anch'io sui 30 chili fuori peso» e cominciano un consumo scriteriato di calorie. Se la loro maestra va in banca e acquista azioni della Kinder Division fa "insider trading".
MAURIZIO MILANI

Ho comprato azioni della Mediolanum ma, visto come sono

andate giù, ho l'impressione che la prima parte dell'azione me l'abbiano messa nella seconda.
MARIO MURARO

C'era una riunione di dirigenti d'azienda: il product manager, durante una lecturing ha parlato di briefing e ha proposto uno story boarding. Sono arrivato io, ho fatto un rutting e ho messo tutti d'according!
MAGO ORONZO (RAUL CREMONA)

Vengo da un ambiente dove, se si vede un serpente, lo si uccide. Alla General Motors, se vedi un serpente, per prima cosa assumi un consulente sui serpenti.
H. ROSS PEROT

Visitatore: «Quante persone lavorano qui nella sua azienda?»
Manager: «Oh, circa una su dieci!»
BOB PHILLIPS

Impiegato: «Signore, sono in questa azienda da 27 anni e non ho mai avuto un aumento.»
Boss: «Ecco perché sei in questa azienda da 27 anni!»
BOB PHILLIPS

Il consulente è un tizio qualunque che abita a più di settanta chilometri da casa tua.
ERIC SEVAREID

B

BABBO NATALE

Sono nata in una famiglia povera. Nel Natale del '68 avevo chiesto a Babbo Natale un Cicciobello. Sotto l'albero, quella mattina, c'era un pacco col mio nome. L'ho aperto, ma il Cicciobello non c'era. Dentro c'erano delle batterie e un biglietto

con scritto: "I giocattoli non sono inclusi".
BRUNELLA ANDREOLI

Perché Natale è come un giorno in ufficio? Perché tu fai tutto il lavoro, e il ciccione col vestito si prende tutto il merito.
JOE CLARO

La mia famiglia era così povera che ogni Natale mio padre usciva di casa e sparava qualche colpo di pistola. Poi rientrava e a noi ragazzi diceva che Babbo Natale si era suicidato.
JAKE LA MOTTA

Bill Gates è così ricco che quando Babbo Natale va a casa sua gli porta via i regali.
JAY LENO

Le belle ragazze che da bambine hanno ricevuto i regali da Babbo Natale quando sono grandi si mettono con Briatore. Perché? Perché hanno nostalgia di un tizio grasso, vestito ridicolo, che le copre di doni.
FLAVIO OREGLIO

Ho trovato una letterina a Babbo Natale che ho scritto quando ero bambino e mia mamma ha conservato... Ve la voglio leggere perché penso sia carina: "Caro Babbo Natale, quest'anno non ti scrivo questa lettera per chiederti un dono. Lo so che tu non me ne porterai nessuno perché io sono un ebreo. La tua apparente mancanza di considerazione per la comunità ebraica è solo un'emanazione della tua politica razzista di non riconoscimento dello stato di Israele... Spero che la tua slitta venga tranciata da un DC-10, che tu ti schianti sulle Ande, e che debba mangiare le tue renne per sopravvivere, grasso bastardo nazista".
GREGG ROGELL

Ho smesso di credere a Babbo Natale quando avevo sei anni. Mamma mi portò a vederlo ai grandi magazzini e lui mi chiese l'autografo.
SHIRLEY TEMPLE

Quand'ero piccolo, Natale faceva schifo. Credevo in Babbo Natale. Sfortunatamente, ci credevano an-

che i miei. Non ho mai ricevuto un tubo.
CHARLIE VIRACOLA

BABYSITTER

Fin da piccolo Mike Tyson rivela un carattere piuttosto rissoso, al punto che quando uscivano, i genitori, anziché chiamare la babysitter, chiamavano lo sparring partner.
GIALAPPA'S BAND

Sono davvero desolato di non poter partecipare alla vostra cena. Purtroppo è la serata libera del bimbo e io devo restare a casa con la babysitter.
RING LARDNER

BACIO

«Baci da Dio!» «Be', sì... Lui ha preso tante cose da me!»
WOODY ALLEN

È veramente un onore fare qualcosa per questi bambini baciati in fronte dalla sfortuna.
ALESSANDRO ALTOBELLI

L'uomo comune calpesta la terra e bacia la folla. Il Papa fa il contrario: bacia la terra e calpesta la folla.
ANONIMO

Il mio psichiatra mi ha detto che ho dei problemi, e viene da credergli a giudicare da come bacia la mia ragazza.
MAURIZIO AVANZI

Baciare Mickey Rourke è come leccare un posacenere.
KIM BASINGER

Roba che se uno fosse costretto a sposarsela preferirebbe, al termine della cerimonia, baciare appassionatamente il prete.
LORENZO BECCATI

A me non dispiacciono gli uomini che ti baciano e poi vanno a raccontarlo in giro. Ho bisogno di tutta la pubblicità possibile.
RUTH BUZZI

Che bello il primo bacio, che ricordi... giovedì scorso c'era pure il sole!
GABRIELE CIRILLI

Oggigiorno ai ragazzi non importa più di niente. Ho visto due, in auto, baciarsi mentre andavano a ottanta miglia all'ora. Ed erano in due auto diverse. E andavano in direzioni opposte.
NORM CROSBY

«Ma come hai imparato a baciare così?» «Vendendo baci per il soccorso invernale.»
TONY CURTIS E MARILYN MONROE

Woody Allen: «Jerry Bender ha una cotta per te!»
Helena Bonham Carter: «Che cosa?»
Woody: «Ti continua a fissare, ti spoglia col pensiero...»
Melena: «È il suo sguardo normale!»
Woody: «Non è il suo sguardo normale! Se guardasse me così gli tirerei un mattone... o gli darei un bacio in bocca!»
LA DEA DELL'AMORE

Stavo baciando una in un vicolo cieco, si è acceso il lampione e mi sono accorto che era uno. Ho continuato perché era davvero bravo!
FICHI D'INDIA

Non puoi avere dei problemi con i nonni. Tutto quello che devi fare è baciarli quando entrano in casa, dir loro che ti sono mancati, lasciarti comperare della robaccia da loro, ed è fatta!
MICHAEL J. FOX

«Ci sono due posti dove, soprattutto, amo essere baciata.» «Quali?» «Venezia e Sorrento.»
GINO&MICHELE

Ormai i prezzi degli scoop fotografici sono inimmaginabili. Quest'estate *Chi* ha pagato duecento mila euro per una foto della Belen che non baciava nessuno.
GINO&MICHELE

L'amore più grande è quello che ti sveglia la mattina con un bacio e ti dice: «Hai scoreggiato di meno stanotte».
NANNI GRECO

Il mio migliore amico d'infanzia si chiamava Sapo. Il migliore

amico del mondo, però bruttissimo. Quando lui nacque, il medico schiaffeggiò sua madre. Lei aveva nausee mattutine dopo che lui era nato. Quando era piccolo i suoi lo portavano dappertutto così non gli dovevano dare il bacio di saluto.
GEORGE "GOOBER" LINDSEY

Se i denti ostacolano il bacio, toglitelí.
MINO MACCARI

Quando le donne si baciano vengono sempre in mente i lottatori professionisti che si stringono la mano.
H.L. MENCKEN

I baci non durano; saper cucinare sì.
GEORGE MEREDITH

Un bacio sulla mano può farti sentire meglio, ma una tiara di diamanti è per sempre.
MARILYN MONROE

Giuda: «Un bacio è un apostolo roso fra le parole "ti" e "tradisco".»
SANDRO MONTALTO

«A volte ho l'impressione che tu non mi stimi...» «Ma, cara, cosa dici? Dai, esci dalla pattumiera e dammi un bacio sulle scarpe.»
EGIDIO MORRETTI

L'amore? Un bacio, due baci, tre baci, quattro baci, tre baci, due baci, un bacio, zero baci.
PITIGRILLI

Capisco il bacio al lebbroso, ma non accetto la stretta di mano al cretino.
PITIGRILLI

Eravamo cosi poveri che non ci potevamo permettere i film porno. Cosi andavamo alla stazione a vedere i partenti che si baciavano.
SANDORR

Non capisco perché le ragazze si mettono a parlare d'amicizia quando vogliono rifiutarmi: non è che se le metto la lingua in bocca diventiamo nemici, anzi mi starà anche più simpatica.
RICCARDO TOMMASELLI

Da giovane lo stesso giorno baciai la mia prima ragazza e fumai la mia

prima sigaretta. Da allora non ho più perso tempo col fumo.
ARTURO TOSCANINI

«Potremmo fare due passi e potresti baciarmi sulla veranda...» «Meglio sulle labbra.»
I TRE AMIGOS

Un giorno portai alla maestra una mela e lei mi diede un bacio. Il giorno dopo le portai un'anguria e lei non capì.
MARIO ZUCCA

BAFFI

Perché i carabinieri hanno i baffi? Perché sulla lametta c'è scritto "da barba".
ANONIMO

«Voi che li conoscete come sono Gino e Michele?» «Quello di sinistra, alto con i baffi, è Michele. Quello di sinistra, basso con la barba, è Gino.»
PAOLO BELDÌ

Lei aveva qualcosa che un sacco di uomini vogliono: un paio di baffi!
MILTON BERLE

Un giorno il mio agente mi ha mandato sul set di un film. Cercavano una che facesse la fidanzata di Zorro. Il regista appena mi ha visto è impazzito: «Lei è talmente brava, talmente bella, che le do la parte del protagonista, di Zorro». Al che io gli ho detto: «Ma scusi, per i baffi come faccio?» «No, li tenga, caso mai li spuntiamo!».
GEPPI CUCCIARI

Chico: «C'è un uomo qui fuori con dei grossi baffi neri.»
Groucho : «Digli che ne ho già un paio.»
FRATELLI MARX

A Baranzate di Bollate siamo tutti meridionali: la bussola segna sempre sud, i bambini nascono direttamente coi baffi e nei campi le melanzane crescono già sott'olio.
POTATO (ALESSANDRO BRUNELLO)

BAGAGLIO

Un tale di St. Louis diretto a Dallas, domandò alla ragazza del check-in: «Può far passare il mio bagaglio da Honolulu, Passaic e New Jersey, prima di mandarlo a destinazione?». Quando la ragazza rispose che era impossibile, lui commentò: «Strano. La settimana scorsa ha fatto proprio quel percorso....».
ERMA BOMBECK

Se le tariffe aeree continuano a diminuire, potrò finalmente visitare alcune delle città nelle quali è andato a finire il mio bagaglio.
BORIS MAKARESKO

Sì, ho cinquant'anni. Ma se togliete tutto il tempo che ho aspettato i bagagli all'aeroporto...
GROUCHO MARX

La teoria scientifica che mi piace di più è quella che vuole gli anelli di Saturno costituiti interamente da bagagli smarriti dalle linee aeree.
MARK RUSSELL

Scrivere è viaggiare senza la seccatura dei bagagli.
EMILIO SALGARI

BAGNINO

Ha preso una medaglia al valore sulla spiaggia. Ha salvato una ragazza da un bagnino.
JOHNNY CARSON

La via dove abito ha delle buche talmente enormi che quando piove, fuori da ogni pozzanghera c'è un bagnino.
MARCO DEL CONTE

Ho lavorato come bagnina in una piscina. Una volta una ragazza stava affogando, ma io avevo appena mangiato. Se fosse rimasta a galla per un'ora, l'avrei salvata tranquillamente.
HOLLYWOOD IMPROV

BAGNO
(Fare il bagno - Vasca da bagno)

«Penso che farò un bagno!» «Vado ad avvisare i giornali!»
ARTURO

La prima vasca da bagno venne inventata nel 1850. Il telefono non fu inventato fino al 1875. E così c'era questo fortunello che ha potuto farsi 25 anni di bagni senza che gli squillasse il telefono nel bel mezzo!
MILTON BERLE

Mi avevano detto che lei adorava la Jacuzzi, sapete quelle vasche con le bollicine, gli idromassaggi... Allora ho sparso la voce che ce l'avevo. Ma non era vero. Però con questa scusa sono riuscito a invitarla a casa mia. Io speravo che fosse una scusa anche per lei. Invece no. Era venuta col costume da bagno, voleva proprio la Jacuzzi. Allora ho messo due dozzine di Alka Seltzer nella vasca da bagno. Una figura di merda!
CLAUDIO BISIO

È pericoloso fare il bagno prima che siano trascorse tre ore dall'aver mangiato dei funghi velenosi.
CAVANNA

«Mi raccomando caro amico, curi di più la sua toilette.» «Ma io faccio il bagno tutti i giorni...» «Allora cambi l'acqua»
GEORGES FEYDEAU

Due ebrei discutono di bagni. «Io faccio due bagni all'anno, che ne abbia bisogno o no.»
SIGMUND FREUD

La più grande invenzione dell'umanità è la doccia. Non mi piace fare il bagno. Non mi piace lavare la mia faccia con l'acqua in cui mi siedo.
LEWIS GRIZZARD

Sai di essere grassa quando ti siedi nella vasca da bagno, e l'acqua nella toilette sale.
ETTA MAY

Come sapete eravamo nove fratelli. Il sabato si faceva il bagno nel mastello, non avevamo il bagno in casa, si scaldava l'acqua sul fuoco e si versava in questo enorme

recipiente; poi il nonno ci lavava uno dietro l'altro: gli ultimi due facevano la lotta nel fango.
NICO (ALDO, GIOVANNI E GIACOMO)

Son diventato così ipocondriaco che dopo aver fatto il bagno aspetto tre ore prima di mangiare.
ANTONELLO TAURINO

BAGNO

vedi ***Toilette***

BALBUZIE

Non potevo prendere un cane perché era troppo caro. Finalmente hanno aperto nel mio quartiere, a Flatbush, un negozio di animali difettosi. Potevi prenderti un micio omosessuale, un cammello piatto. Io avevo preso un cane che balbettava: i gatti lo facevano impazzire e lui ab-bb-aiava.
WOODY ALLEN

Come esistono oratori balbuzienti, umoristi tristi, parrucchieri calvi, potrebbero esistere benissimo anche dei politici onesti.
DARIO FO

La Telecom ci vorrebbe, oltre che coglioni, anche balbuzienti.
PACO GENOVESE

Silvio Berlusconi non solo non conosce Tabucchi, ma è anche convinto che Gogol sia un centravanti balbuziente.
GINO&MICHELE

«Sc... sc... scusi, pp... pp... pper favore, saprebbe indicarmi la sc... la sc... la sc... uuu... ola pe... pe... peeeer i ba... ba... ba... baaalbuzienti?» «Ma guardi che lei è già bravissimo!»
CARLO PASTORI

«Allora, ti hanno assunto alla radio?» «N-n-no, hanno d-d-d-etto c-che s-s-s-ono t-t-roppo alto!»
BOB PHILLIPS

Anche i grilli bestemmiano,
solo che balbettano.
MAURIZIO SANGALLI

BALLO *(Danza)*

Non so ballare... Non hai visto come si muove il mio corpo? Sembra una stampatrice.
WOODY ALLEN

Una volta la Mafia prese possesso del New York Ballet. Così, durante una rappresentazione de *Il Lago dei Cigni*, vennero puntati molti soldi perché il cigno vivesse.
WOODY ALLEN

So aver cura di me stesso. In caso di pericolo io ho questo serramanico che mi porto sempre dietro. In caso di vero pericolo schiaccio il pulsante e si trasforma in un bastone da tip tap, così posso fare simpatia.
WOODY ALLEN

Era sincero come il sorriso di un ballerino di tip tap.
MOREY AMSTERDAM

Bisognerebbe decidersi a provare tutto almeno una volta nella vita, a eccezione dell'incesto e dei balli folkloristici.
ANONIMO

La sala da ballo era così affollata che la donna quando svenne dovette fare ancora tre lenti prima di cadere.
ANONIMO

Un millepiedi dice al figlio che va a scuola di samba: «Non ti impegni abbastanza: la prendi sottogamba, sottogamba, sottogamba, sottogamba, sottogamba, sottogamba, sottogamba...».
FRANCESCO BARTOLI

Cenerentola ballò tutta la notte col principe, volteggiò instancabile, rapita dalla musica, per le grandi sale della reggia, riflettendosi nelle alte specchiere come una farfalla azzurra. A mezzanotte era sudata come una cavalla.
ROMANO BERTOLA

Sulla mia scrivania c'è la foto di una fanciulla in tutù. Era una grande stella della danza. Poi in un incidente ferroviario perse entrambe le gambe. Ma non si è persa d'animo e, talvolta, balla ancora. Quando c'è il terremoto.
ROMANO BERTOLA

Vi voglio raccontare una piccola storia per tirare su il morale, la storia di una principessa molto bella: il papà e la mamma volevano farla sposare a un principe bellissimo, invece lei amava la danza, non ne voleva sapere. E ballava, ballava, ballava, ballava, ballava, ballava... Poi è morta!

Franco Cardellino

Non me ne intendo di balletto. Tutto quello che so è che nell'intervallo le ballerine puzzano come cavalli.

Anton Cechov

Scrivere a proposito di musica è come danzare a proposito di architettura.

Elvis Costello

Non aveva nemmeno i soldi per comprarsi le scarpette da ballo: si faceva la punta direttamente sui piedi con il temperino.

Gianfranco D'Angelo

C'è gente triste sotto la gamba di Heather Parisi...

Giorgio Faletti

Ho comprato un libro sulla storia del liscio. L'ho infilato sotto il piede del tavolo e adesso non balla più.

Fabrizio Ferri

Pensate che persino l'onorevole Emilio Colombo, caduto da Presidente del Consiglio, pur di farlo qualche cosa, lo hanno rifatto ministro del Tesoro, una cosa che lo riguarda come alla Fracci il sollevamento pesi.

Fortebraccio

Per me la boxe è come un balletto, solo che non c'è musica, non c'è coreografia e i ballerini si prendono a pugni l'un l'altro.

Jack Handey

Il problema di ballare nudi è che non tutto si ferma insieme alla musica.

Robert Helpmann

L'ecstasy è una droga così potente che fa pensare ai bianchi di saper ballare.

Lenny Henry

Eravamo sette fratelli. Ecco come ho imparato a ballare, aspettando il

mio turno al bagno. Eravamo l'unica famiglia del vicinato ad avere il bagno con la porta girevole.
BOB HOPE

«Non ballare! Un uomo non balla. Pensa a Schwarzenegger: cammina a stento.»
IN&OUT

Amore non è altro che un boogie-woogie degli ormoni.
HENRY MILLER

Non apprezzano la cultura in questa città. L'ho capito il momento in cui ho ballato il tip tap sulla Quinta di Beethoven.
ROBERT ORBEN

Vai a vedere il balletto e vedi le ragazze danzare sulle punte. Ma perché non assumono ragazze più alte?
GREG RAY

Dopo il successo ha deciso di vivere alla grande. Si è fatto dare il bianco in cucina da Salvador Dalí, ha assunto un famoso commercialista che conti le pecore al suo posto per addormentarsi e tiene in giardino un ballerino di flamenco che gli schiaccia le formiche.
ANTONIO RICCI

Le ballerine sono coraggiosissime! Quante donne conoscete in grado di gettarsi tra le braccia di un omosessuale sperando che lui le afferri?
RITA RUDNER

Mi ricordo che una volta per sbaglio abbiamo suonato anche in un bel dancing, un gran bel locale, molto fine. Aveva due orchestre: una che suonava per chi voleva ballare e una che non suonava per chi non voleva ballare... Noi eravamo in quest'ultima.
FRANCESCO SALVI

Uno psichiatra è un uomo che va alle Folies Bergères e guarda il pubblico.
MERVIN STOCKWOOD

[La ragazza] si chiama Malpensa perché ai tempi del twist di lei dicevano: «Varda un po' quella lì: balla senza alzare i piedi da terra, sembra che voli».
BEPPE VIOLA

I maschietti non dovrebbero mai dimenticare che Ginger Rogers faceva tutto quello che faceva Fred Astaire, ma all'indietro e sui tacchi alti.
FAITH WHITTLESEY

BAMBINO

Quando ero piccolo i miei genitori mi volevano talmente bene che mi misero nella culla un orsacchiotto vivo.
WOODY ALLEN

Il bambino sta bene. L'unico problema è che assomiglia a Edward G. Robinson.
WOODY ALLEN

L'Fbi circonda la casa: «Buttate fuori il bambino, consegnateci le armi e uscite a mani in alto». I rapitori rispondono: «Buttiamo fuori il bambino, ma lasciateci tenere le armi e andare alla nostra macchina». L'Fbi replica: «Buttate fuori il bambino, vi lasciamo andare alla macchina, ma consegnateci le armi». I rapitori allora dicono: «Buttiamo fuori il bambino, ma lasciateci le armi, non abbiamo bisogno di andare alla macchina». L'Fbi propone: «Tenetevi il bambino...».
Un momento, ho fatto casino...
WOODY ALLEN

«Ancora violenze su donne e bambini.» «E con chi dovrebbero sfogarsi, coi panda e le foche monache?»
ALTAN

Bambino: «Giochiamo a chi sputa più lontano?»
Bambina: «Su chi?»
ALTAN

È veramente un onore fare qualcosa per questi bambini baciati in fronte dalla sfortuna.
ALESSANDRO ALTOBELLI

Ho cominciato a essere indipendente da piccola. A sette anni mi sono comprata una bicicletta coi miei soldi. Li avevo risparmiati smettendo di fumare.
BRUNELLA ANDREOLI

Erano una coppia talmente progressista che tentarono di adottare un bambino gay.
ANONIMO

C'è un solo bambino bello al mondo, e ogni mamma ce l'ha.
ANONIMO INGLESE

I bambini sono grandiosi. Io adoro i bambini! Avete presente quello sguardo negli occhi di un bambino quando lo fate uscire dal bagagliaio?
DAVE ATTELL

Era una bambina così ricca e arrogante che a scuola parlava solo col suo compagno di bancomat.
MAURIZIO AVANZI

Da piccolo mordevo continuamente il ciuccio, poi ho messo su i dentini e il ciuccio è scappato ragliando.
ANATOLJ BALASZ (NATALINO BALASSO)

I bambini ormai vivono davanti alla playstation, ai video giochi. Un giorno ho preso il mio nipotino, l'ho caricato in macchina e l'ho portato a vedere il mare. Siamo arrivati a Ostia, siamo scesi sulla spiaggia, lui ha guardato e poi mi ha detto: «Zio, che brutta grafica ha 'sto mare!».
GIANLUCA BELARDI

Una bambina ricchissima corre lungo un prato tirandosi dietro un lungo filo cui è attaccato un jet.
ROMANO BERTOLA

Io sono molto precoce. Pensate che io ho imparato a scrivere molto prima di imparare a leggere. Difatti scrivevo e mi chiedevo: «Ma che cazzo ho scritto?».
CLAUDIO BISIO

Non esistono gioia e dolcezza maggiori del sentirsi coccolato dall'amata sposa, di sentirsi chiamare "Amore mio", "Gioia mia"; di vedersi crescere attorno per casa, sotto il governo amabile di una madre gentile, uno stormo di mocciosi, di cui si presume d'essere il padre.
NICOLAS BOILEAU

Bambini? Preferisco cominciarne cento che finirne uno.
PAOLINA BONAPARTE

È vero, Maradona sniffa: ma lo fa per i bambini poveri.
MASSIMO BRAMATI

Vi ricordate quant'era difficile prendere un biscotto quando eravate bambini? Erano sempre in fondo alla credenza, a meno che vostra madre non fosse davvero cattiva: allora stavano sopra al frigorifero. Su un pacco di biscotti non c'è scritto da nessuna parte: "Tenere fuori della portata dei bambini". E dov'era l'Idraulico Liquido? Sotto al lavandino, assieme agli altri veleni.
MIKE BULLARD

Bambini nei sedili dietro causano incidenti; incidenti nei sedili dietro causano bambini.
BUMPER STICKER

È l'anno buono per mandare i vostri auguri ai bambini vietnamiti. Ne abbiamo lasciati vivi così pochi che risparmierete il 50%.
CA'BALÀ, NEL PERIODO DELLA GUERRA IN VIETNAM

«Caro, perché non giochi mai a pallone coi ragazzi?» «Perché non rimbalzano bene.»
LIA CELI

Prima di sposarmi avevo sei teorie su come allevare i bambini. Ora ho sei bambini e nessuna teoria.
JEAN CHARLES

Voglio torna' bambino! Perché era troppo bello quando veniva il momento di giocare a tombola! Si compravano le cartelle e si coprivano i numeri coi fagioli... Adesso è cambiato tutto: i numeri si coprono con la soia geneticamente modificata!
GABRIELE CIRILLI

Vorrei che mia madre non mi trattasse più come un bambino... che l'ultima volta gli ho detto: «Mamma, ho trentasette anni moglie e figlio». E lei: «Sì, vabbè, ma poi rimetti tutto a posto».
GABRIELE CIRILLI

È arrivato questo tornado che ha sradicato l'albero nel nostro giardino, e ha sfondato la casa dei vicini. Mio papà è andato alla porta, ha

guardato fuori, ha detto: «Maledetti bambini!» e ha chiuso la porta.
TIM CONWAY

I bambini hanno la totale incapacità di assimilare nozioni da qualsiasi cosa che non sia alimentato da corrente elettrica.
BILL COSBY

Ero un bambino molto brutto. Così brutto che mia madre mi allattava al seno con una cannuccia.
RODNEY DANGERFIELD

Le cose non mi vanno molto bene ultimamente: ieri ho trovato un portafoglio e dentro c'erano le foto dei miei due bambini.
RODNEY DANGERFIELD

Da bambino era dura. A Natale mi regalavano delle batterie, con la scritta "giocattolo non incluso".
RODNEY DANGERFIELD

Niente è più bello di un bimbo in mezzo a un prato fiorito che coglie una violetta: il sole lo bacia e ride, la mamma lo guarda e intenerisce, la violetta lo guarda e muore.
IVAN DELLA MEA

Ho incontrato mia moglie in un bar. Che bella sorpresa. Pensavo fosse a casa a badare ai bambini.
RON DENTINGER

Una giovane coppia ha venduto il suo bambino, ma ne ha devoluto il ricavato in beneficenza.
FABIO DI IORIO

Michael Jackson e sua moglie sono in crisi perché hanno gusti troppo diversi. Entrambi vorrebbero avere dei bambini.
FABIO DI IORIO

Dopo la nascita di mio figlio per un mese continuavo a dire a tutti che figlio perfetto che avevo, che non piangeva mai. Poi ho scoperto che in quelle radioline per bebè bisogna mettere le pile.
FRANCES DILORINZO

Honolulu ha tutto: la sabbia per i bambini, il sole per tua moglie, gli squali per tua suocera.
KEN DODD

Da bambino ero in grado, bendato, di giocare quattro partite a scacchi

contemporaneamente. Le perdevo tutte.
A. DRAKE E F. MARION

La felpa è quel capo d'abbigliamento che un bambino indossa quando sua madre ha freddo.
LEOPOLD FETCHNER

Da piccolo io ero il tipo di bambino con il quale mia madre mi diceva di non giocare mai.
LEOPOLD FETCHNER

Mai lasciare un bambino attore vivere più del necessario.
W.C. FIELDS

Uno che detesta i cani e i bambini non può essere del tutto cattivo.
W.C. FIELDS

Eravamo poveri. Se non fossi stato un maschietto, non avrei avuto niente con cui giocare.
REDD FOXX

Amore è stare svegli tutta la notte con un bambino ammalato. O con un adulto molto in salute.
DAVID FROST

Ma che bello! Judy, la cugina di Jon, è venuta a trovarci e ci ha portato i suoi tesori, Tammy e Stevie. Immagino che fondamentalmente sono due bambini adorabili... per i licantropi.
GARFIELD

Ho appena avuto il mio secondo figlio, il mese scorso. Il primo, che ha due anni e mezzo, era preoccupatissimo. Continuava a dire: «No voio fratellino, no voio fratellino». Allora per calmarlo gli ho detto: «Vedi? Se avessi imparato a parlare meglio, non avremmo dovuto sostituirti!».
GREG GERALDO

In Russia sta proprio cambiando tutto. Ho visto dei bambini che mangiavano i comunisti.
GINO&MICHELE

La cosa più bella nei bambini è il ricordo della notte in cui li abbiamo fatti.
JOHANN WOLFGANG GOETHE

I bambini prima li abbiamo in braccio, poi per un giorno tra le mani, infine per tutta la vita sul gobbo.
SACHA GUITRY

Non è una bella cosa far avvicinare un bambino a un contenitore con un teschio e due ossa sopra, perché potrebbe contenere un costume da scheletro e il bambino, indossandolo, potrebbe farti prendere un bello spavento.
JACK HANDEY

Il bambino alla finestra: «Mamma! O è passato Superman, o il babbo è volato giù dal tetto!».
HERMAN

Per diventare un lanciatore di coltelli al circo, probabilmente non ti fanno iniziare a lanciare coltelli a una donna vera. Iniziano con una bambina piccola.
INTERNET ONE-LINERS

Per dieci anni, ogni volta che scartavo il bianco del prosciutto, mia madre mi diceva che in Africa c'erano dei bambini che morivano di fame. Aveva ragione. Stamattina sono uscito e ho spedito uno scatolone per l'Africa. Conteneva venti chili di bianco del prosciutto.
GIANLUCA IRTI

Quei bumper sticker, sapete quelle stronzate tipo "Bimbo a bordo", non vi fanno venire voglia di tamponare la macchina ancora più forte?
SUE KOLINSKY

Un bimbo di cinque anni entra in bagno e trova il padre che si sta infilando un preservativo. Il bimbo dice: «Papà, cosa stai facendo?». E il padre: «Uh, sto cercando di catturare un topo». E il bimbo: «Cosa fai quando l'hai preso, te lo inculi?».
ARTIE LANG

I poeti sono come i bambini: quando siedono a una scrivania, non toccano terra coi piedi.
STANISLAW JERZY LEC

Il Natale scorso, mentre ero ai grandi magazzini per le compere, ho ascoltato un bambino sui cinque anni parlare con sua madre mentre insieme scendevano con la scala mobile. Ha detto: «Mammina, cosa faranno quando il piano di sotto sarà tutto pieno di scalini?».

HAL LINDEN

Queste regole sono semplicissime! Le capirebbe un bambino di quattro anni. Chico, vammi a trovare un bambino di quattro anni, perché io non ci capisco niente!

GROUCHO MARX

Ogni bambino somiglia al parente che possiede più denaro.

LUKE MCLUKE

Non dovrebbe esserci una proporzione tra quanto mangia un bambino piccolo, e quanto esce dall'altra estremità? È come al circo, quando arriva quella piccola automobile, ma i clown continuano a uscire e uscire e uscire... Alla fine impari a trattenere il fiato come le pescatrici di perle di Hokkaido.

DENNIS MILLER

L'unico momento della nostra vita in cui ci fa piacere che gli anni aumentino è quando siamo bambini. Se hai meno di 10 anni sei così eccitato dall'idea di crescere che pensi in frazioni: «Quanti anni hai?» «6 e mezzo!». Non avrai mai 36 anni e mezzo. «Ho 4 e mezzo, vado per i 5...». Vai per... Il giorno più bello della tua vita diventi ventunenne. Poi ne hai 30 passati. Suona come latte scaduto. Poi ti avvicini ai 40. Ti avvicini, ma tutto ti sfugge. Poi arrivi ai 50. «Che fine hanno fatto i miei sogni?». Compi vent'anni, passi i 30, ti avvicini ai 40, raggiungi i 50 e ce la fai ad arrivare ai 60. Poi, avendo nel frattempo accumulato velocità, rasenti i 70. E dopo? Dopo diventa una storia giorno per giorno. Raggiungi mercoledì. Quando ti ritrovi ottantenne, raggiungi l'ora di pranzo. Mia nonna, per esempio, non comprava mai banane acerbe. Ma non finisce lì. Dai 90 in poi cominci ad andare a ritroso. «Avevo soltanto 92 anni...». Poi succede un fatto strano. Se ce la fai a superare i 100, torni bambino: «Ho 104 anni e mezzo...».

LARRY MILLER

L'altro giorno avevo nella borsetta un pacchetto di condom vicino ad un altro di bubble gum. Un bambino mi ha chiesto una cicca e gli ho

dato un Settebello. È ancora lì che cerca di fare i palloncini.
MARISA MIRITELLO

Adoro i bambini. Specialmente quando piangono, perché a quel punto qualcuno li porta via.
NANCY MITFORD

Bambini: dolci, teneri, cuccioli d'uomo che non fanno altro che rompere i coglioni.
MAURO MONTANARI

Era un bambino altissimo, tanto che il suo primo dente gli cadde a sei anni, ma raggiunse terra solo quando lui ne aveva otto.
FURIO OMBRI

Già da bambino non avevo grandi ambizioni. Giocavo al piccolo disoccupato.
DIEGO PARASSOLE

Se i bambini si mettono il pollice in bocca si può sempre farli smettere inchiodando il dito colpevole al seggiolone. Se non c'è un chiodo in giro, basterà un colpo di martello sulle dita, a meno di non ricorrere al metodo del nonno, che infilava una bomba a mano al pollice del neonato. Quando il monellaccio incominciava a tirare il cordino della miccia, il nonno si infilava le dita nelle orecchie e scappava a tutta velocità.
SIDNEY JOSEPH PERELMAN

Ero un bambino così povero che io e i miei amici non potevamo neanche permetterciun pallone, così ce lo immaginavamo. Giocavamo due minuti e poi stavamo due ore a discutere se era gol!
VALERIO PERETTI CUCCHI

Si capiva subito che era una colonia di bambini poveri: anche se prendevamo il sole a torso nudo ci rimaneva ugualmente il segno della canottiera.
VALERIO PERETTI CUCCHI

Quando ero piccolo, mamma mi metteva l'aglio nel biberon per trovarmi anche al buio.
VALERIO PERETTI CUCCHI-MARIO ZUCCA

Per divertimento vado spesso ai giardinetti a guardare i bambini saltare

su e giù e strillare, perché non sanno che uso cartucce a salve.
EMO PHILIPS

Il mio amico Testina è sempre stato il bambino più brutto del quartiere. Quando è nato, suo padre è corso allo zoo per prendere a sassate la gabbia della cicogna!
POTATO (ALESSANDRO BRUNELLO)

Bambino: una creatura che sta a metà strada tra un adulto e un televisore.
HERBERT V. PROCHNOW & HERBERT V. PROCHNOW JR.

Mia moglie insiste nel coinvolgermi come padre. L'altro giorno mi ha detto: «Il bambino ha fatto la cacca, bisogna cambiarlo». Esagerata, basta pulirlo.
DANIELE RACO

State guardando la più brutta bambina che sia mai nata a Larchmont, New York. Il dottore mi ha guardata, ha detto: «No, non è ancora pronta», e mi ha rinfilata dentro.
JOAN RIVERS

Se un bambino non sa leggere, è colpa della mamma. Se un bambino non sa leggere perché non c'è luce in casa, è colpa del papà.
CHRIS ROCK

Non giocare a cucù con un bambino durante un lungo tragitto in aereo. È un gioco che non finisce più. Alla fine ho preso il piccolo per il bavaglino e gli ho detto: «Senti, ma non lo capisci che sono sempre io?».
RITA RUDNER

Non si sa mai cosa ti toccherà, ma i bambini da subito hanno le loro personalità. Stavo guardando dei bambini su una giostra. Alcuni saltavano sui cavalli, altri avevano paura dei cavalli, altri ancora scommettevano sui cavalli.
RITA RUDNER

Avere un bambino di due anni è come avere un frullatore, però senza coperchio.
JERRY SEINFELD

Mio padre faceva il barbiere. Ogni tanto tagliava i capelli anche a me, ma se entrava un cliente dovevo alzarmi e trasferirmi su una panca.

Non immaginate cosa significa aspettare su una panca con i capelli tagliati a metà.
CHARLES M. SCHULZ

Sapevo benissimo di essere un brutto bambino. C'è sempre un motivo quando la gente ti chiama Dumbo.
DONALD SUTHERLAND

Quando ero piccino, vidi mia madre mentre si faceva la doccia. Incuriosito, le chiesi: «Mammina, cos'è quella cosa nera tra le tue gambe?». Lei, un po' imbarazzata, mi rispose: «Beh... tesorino... questa è... una macchia». E io replicai: «Ah, proprio sopra la figa?».
DIEGO TELATIN

L'Fbi ha oltre cento milioni di impronte digitali. Esattamente come una casa con due o più bambini dentro.
TODAY'S CHUCKLE

La mia insicurezza la devo a un trauma infantile: un giorno mia zia mi strappò il ciuccio e lo gettò dalla finestra. Una violenza inaudita su un bambino di soli dodici anni.
RENATO TRINCA

Io sono comunista, ma talmente comunista che quando ero bambino cercavo di mangiarmi da solo.
DARIO VERGASSOLA

Quando ero bambino, ho tenuto un diario. Recentemente lo stavo rileggendo. "Giorno uno: Ancora stanco per il trasloco. Giorno due: Tutti mi parlano come se fossi un idiota".
STEVEN WRIGHT

Ho inventato un giocattolo che mi renderà una fortuna. Ogni volta che i bambini hanno finito di giocare, si mette via da solo!
HENNY YOUNGMAN

Da piccolo i miei mi mandavano in una colonia di bambini così poveri che sulla spiaggia, invece dei castelli, facevamo le case popolari di sabbia.
MARIO ZUCCA

«Papà, come si chiamano i maiali da piccoli?» «Salvadanai.»
MARIO ZUCCA

BAMBINO PRODIGIO

I bambini prodigio sono la più efficace pubblicità progresso per il controllo delle nascite.
ENZO COSTA

Sono cresciuto in una scuola materna per bambini prodigio. Quando ci davano un gelato era per calcolare l'area del cono.
GINO&MICHELE

Ricordo ancora oggi le mie prime parole. Ho guardato mio padre e mia madre e ho detto: «Papi, Mami...». E mio padre mi ha detto: «Figliolo, è ora di ampliare il tuo vocabolario: hai ventiquattro anni!».
BOB SAGET

BAMBOLA *(Barbie - Gonfiabili)*

Era così carina! La guardavo dormire, la notte, chino su di lei. Certe volte si svegliava... mi guardava imbambolata... e poi cacciava un urlo.
WOODY ALLEN

Gente, che notte che ho passato! La mia bambola gonfiabile è scappata con il mio materasso ad aria.
DREW CAREY

E voi uomini che senza vergogna andate in questi sexy shop e comperate queste bambole gonfiabili che sono così uguali a una donna che dopo devi anche regalargli la pelliccia! Per punizione passerete l'eternità sposati a un canotto.
GIORGIO FALETTI

Si sono inventati una bambola cameriera: tu la carichi, e lei guarda da un'altra parte.
LEOPOLD FETCHNER

Una compagnia di giocattoli sta per lanciare una versione musulmana di Barbie. La nuova Barbie musulmana avrà anche un'auto che non le è permesso guidare.
CONAN O'BRIEN

Ieri, nel West Virginia, un uomo è stato arrestato per aver rubato numerose bambole gonfiabili. Stando ai rapporti, la polizia non ha avuto nessun problema ad acciuffare

l'uomo, perché era completamente senza fiato.
CONAN O'BRIEN

Prendiamo la Barbie. Una bambola che nuda costerà sulle ventimila lire. Però la Barbie vuole il vestito da sposa, la Barbie vuole i trucchi, vuole la roulotte e il camper, vuole la piscina... il problema non è comprarla, è mantenerla!
GIORGIO PANARIELLO

Barbie ha cinquant'anni, dunque adesso la Mattel dovrà venirsene fuori con la Barbie Divorziata, la Barbie in Crisi di Mezza Età. Gli accessori di Barbie saranno la casa di Ken, l'auto di Ken, e la barca di Ken.
GRACE WHITE

BANANA

In uno zoo ho visto una scimmia che sparava coriandoli con una scoreggia. Il guardiano mi ha detto che la colpa era dei visitatori che le davano le banane senza prima togliere il bollino della Chiquita.
MASSIMO BASSI

Mia moglie ha fatto una dieta a base di banane. Non è servita a niente, però adesso si sa arrampicare sugli alberi.
MILTON BERLE

Stamattina in piazza Venezia gli artificieri hanno fatto scoppiare una risata rimasta inesplosa dal 1943, quando il Duce in divisa scivolò su una buccia di banana.
ROMANO BERTOLA

Meglio suonare *Chiquita Banana* e avere la piscina che suonare Bach e morire di fame.
XAVIER CUGAT

È una ragazza selvaggia. Quanto selvaggia? Beh, quando mangia una banana, questa diventa più grossa.
RODNEY DANGERFIELD

Da un anno c'è in commercio l'apribanane, ma è un articolo che non ha sfondato.
GENE GNOCCHI

Mia madre era solita dire: «Più anziana diventi, meglio diventi. A meno che tu non sia una banana».
THE GOLDEN GIRLS

L'unico momento della nostra vita in cui ci fa piacere che gli anni aumentino è quando siamo bambini. Se hai meno di 10 anni sei così eccitato dall'idea di crescere che pensi in frazioni: «Quanti anni hai?» «6 e mezzo!». Non avrai mai 36 anni e mezzo. «Ho 4 e mezzo, vado per i 5...». Vai per... Il giorno più bello della tua vita diventi ventunenne. Poi ne hai 30 passati. Suona come latte scaduto. Poi ti avvicini ai 40. Ti avvicini, ma tutto ti sfugge. Poi arrivi ai 50. «Che fine hanno fatto i miei sogni?». Compi vent'anni, passi i 30, ti avvicini ai 40, raggiungi i 50 e ce la fai ad arrivare ai 60. Poi, avendo nel frattempo accumulato velocità, rasenti i 70. E dopo? Dopo diventa una storia giorno per giorno. Raggiungi mercoledì. Quando ti ritrovi ottantenne, raggiungi l'ora di pranzo. Mia nonna, per esempio, non comprava mai banane acerbe. Ma non finisce lì. Dai 90 in poi cominci ad andare a ritroso. «Avevo soltanto 92 anni...». Poi succede un fatto strano. Se ce la fai a superare i 100, torni bambino: «Ho 104 anni e mezzo...».
LARRY MILLER

È incredibile il male che si può fare a una banana mangiandola.
FRANCESCO VANDETTA

BANCA
(Assegno - Bancomat - Conto corrente)

Provo per New York quello che può provare un bambino verso il padre che fa il ladro di banche: non è perfetta, ma le voglio bene ugualmente.
WOODY ALLEN

Era una bambina così ricca e arrogante che a scuola parlava solo col suo compagno di bancomat.
MAURIZIO AVANZI

Sono stato incarcerato per un reato d'opinione: io ero dell'opinione che emettere assegni a vuoto si potesse, la banca no.
ANATOLJ BALASZ (NATALINO BALASSO)

Cos'è rapinare una banca a paragone del fondare una banca?
BERTOLT BRECHT

A Ginevra, quando uno si stanca di passeggiare davanti alle banche e agli orologi, non gli resta altro che gettarsi nel lago.
GÉRARD DE VILLIERS

Non è che mi faccio troppe seghe, è che lavoro come bancomat alla Banca del Seme.
DIMUNNO E TAMBORRINO

Tiziana Parenti? Non distingue un numero del telefono da un conto bancario.
PRIMO GREGANTI, NEL PERIODO DI MANIPULITE

Una banca è un posto che ti presta dei soldi, se tu puoi dimostrare che non ne hai bisogno.
BOB HOPE

Faceva così caldo oggi a New York che sono andato al bancomat solo per provare il piacere di sentire la fresca canna di una pistola contro il collo.
DAVID LETTERMAN

Benvenuti a New York, dove ogni turista è un bancomat ambulante.
DAVID LETTERMAN

Pio Bove era un papa? Santo Spirito era un banchiere?
MARCELLO MARCHESI

Secondo me in Afghanistan ci odiano per l'architettura: ogni volta che mostrano un'immagine di là, si tratta delle ultime quattro mura rimaste in piedi di tutto il paese. Simili modo, loro vedono i nostri muri. E ogni muro che abbiamo ha un bancomat, dentro. I nostri muri letteralmente cagano soldi.
TENNIS MILLER

C'è una banca di Beverly Hills che è davvero esclusiva. Sapete che molte banche prendono la foto dei loro rapinatori? Questa prende un dipinto a olio!
ROBERT ORBEN

Faccio magia con qualsiasi oggetto: l'altro anno ho messo in testa un collant di nylon e in una banca sono apparsi 100 milioni!
MAGO ORONZO (RAUL CREMONA)

In banca. «Avrei bisogno di un prestito.»«Ci dia delle garanzie.» «Vi garantisco che ho bisogno di un prestito.»
EMILIO RAZZETTI

Di solito nella mia banca ci sono due cassieri. Tranne quando è molto affollata, nel qual caso ce n'è uno solo.
RITA RUDNER

Di quello lì non son coperti neanche i contanti.
FRANCESCO SALVI

La Chiesa è una sposa sbandata che in mezzo alla piazza scopa con banchieri e diplomatici avvelenando al tempo stesso la vita ai ragazzini che si fanno una sega.
VLADIMIR SENAKOVSKY

Sono stato in banca per dare un'occhiata ai miei risparmi. Ho scoperto di avere tutto il denaro che mi serve. Se muoio domani.
HENNY YOUNGMAN

È meglio avere donne che avere banche: le banche il sabato e la domenica chiudono.
ZUZZURRO E GASPARE

BANCOMAT
vedi **Banca**

BAR *(Barista)*

Il movimento è così scarso in certi café inglesi che i camerieri devono uscire in strada per insultare la gente.
FRED ALLEN

La gente viene qui da noi per annegare i propri guai. Ma il problema è che i guai sanno nuotare.
UN BARISTA DI NEW YORK

Al pub, dopo il primo allenamento di rugby della mia vita, ho ordinato una birra. «Piccola...» ho gridato al barman. Si sono bloccati tutti, in un silenzio improvviso. Sino a quel momento mi avevano accolto benissimo.
CLAUDIO BISIO

Al bar dell'Ikea prendo sempre una coppetta di fragole con la panna, che è l'unica cosa già montata.
CAMILLO CANOVI

Sai di essere un alcolizzato quando il barista ti conosce per nome, e tu non sei mai stato in quel bar.
Comedy Central

Ho incontrato mia moglie in un bar. Che bella sorpresa. Pensavo fosse a casa a badare ai bambini.
Ron Dentinger

Paul Newman: «Tieni il resto.»
Barista: «Non c'è resto.»
Paul Newman:«Tienilo lo stesso.»
Detectives' Story

Il lavoro del padre di Giulianello consisteva che apriva i gelati, toglieva la carta, li scartava, li leccava e diceva: «Questo gelato è buono può andare» oppure: «Questo non è buono non può andare». Poi li richiudeva, li rincartava e li incassettava e venivano spediti nei bars...
Nino Frassica

Del Borneo tutti parlano ma nessuno sa dov'è. Dei miei amici hanno detto che per aprire un bar in Borneo non ci vuole nessuna licenza.
Gene Gnocchi

Voi milanesi vivete davvero male, siete tristi: ai bar avete i tavoli da uno.
Beppe Grillo

Due uova al burro e del bacon entrano in un bar. Il barista dice: «Mi spiace, ma non serviamo colazioni, qui».
Internet One-Liners

Due amici. Il primo ordina un tè. Il secondo: «Prendo un tè anch'io, ma mi raccomando, che la tazza sia pulita». Passa qualche istante e il cameriere torna con l'ordinazione: «Ecco i tè. Chi dei due ha ordinato la tazza pulita?».
Citata da Elena Loewenthal

Come sarebbe, non sei alcolizzato?! In quel locale ci sei stato più a lungo tu che il bancone del bar!
Matteo Molinari

La mi' sorella è talmente brutta che l'abbiamo messa a lavorare al bar e le consumazioni sono aumentate del 50%, perché la gente la vede e beve per dimenticarsela.
Giorgio Panariello

Il Bar dello Sport di Baranzate di Bollate è stato il primo fast food del pianeta Terra. Fast food nel senso che, se non fai alla svelta, fuori ti fregano la macchina.

Potato (Alessandro Brunello)

Al barista che ha servito una tazzina di caffè sporca di rossetto: «Se mi ci mette anche due ciglia finte me la porto a ballare!».

Antonio Ricci

Ho un amico davvero scemo. L'altro giorno è entrato con un thermos in un caffè e ha chiesto alla commessa: «Secondo lei, quanti caffè ci stanno qua dentro?». Lei ha risposto: «Cinque o sei». E lui: «Allora mi dia due decaffeinati, due macchiati e uno senza zucchero».

Sal Richards

A un happy hour a Milano tutti ordinavano cose esotiche che finivano per "ito". Io per fare la cittadina ho detto: «Porti pure anche a me un Moschito». Il barman mi ha guardato con aria di compatimento, allora per uscire da quella situazione imbarazzante ho detto: «Mi porti pure un bianchito!».

Maria Rossi

«Preparami un eufemismo, fratello.» «Un che?», chiese il barista. «Un Cubalibre.»

Luis Sepùlveda

I bar a La Spezia chiudono alle 22.00, massimo 22.30; gli spezzini sono così poco abituati alla vita notturna che una sera in un locale che ha chiuso per sbaglio alle 23.00 ci siamo abbracciati e stappando le bottiglie abbiamo gridato: «Buon anno!».

Dario Vergassola

Una litigata col primario! Gliel'ho detto: «Tu sarai professore, ma io sono quindici anni che lavoro in questo ospedale e qualcosa la saprò. Se te dico che il bar il giovedì è chiuso, fìdate!».

Stefano Vigilante

La mia ragazza fa il caffè come al bar: un euro.

Lucio Wilson

BARACK OBAMA

Barack Obama ha parlato in Germania davanti a 200.000 persone. C'erano così tanti tedeschi che urlavano e gridavano, che la Francia si è arresa per evitare problemi.
CRAIG FERGUSON

L'industria del porno ha chiesto aiuto al governo americano in tempi di crisi. Forse Obama ha trovato un posto nel suo governo anche per Bill Clinton.
JAY LENO

Obama aveva promesso alle figlie un cagnolino. Bene, ora è finalmente arrivato Bo. Mi piace l'idea che ci sia un cane alla Casa Bianca. Nessuno leccava più il Presidente da sotto una scrivania dai tempi di...
DAVID LETTERMAN

Gli Oscar sono un momento particolare a Hollywood. È il momento in cui le celebrità si prendono una pausa dall'adorare Barack Obama e trovano il tempo per adorare loro stessi.
BILL MAHER

«Si può anche dare il rossetto a un maiale, ma resta pur sempre un maiale»
BARACK OBAMA, DAVANTI A 2.400 PERSONE IN VIRGINIA RIFERENDOSI ALLA PALIN

È una corsa alla nomination storica per i democratici. Hillary Clinton contro Barack Obama. Di solito quando vedi un nero o una donna battersi per la presidenza della stanza uniti, nella scena successiva un asteroide sta per abbattersi sulla Statua della Libertà.
JOHN STEWART

BARBA

Chiunque non morirà di spada o di carestia morirà di peste e allora perché preoccuparsi di farsi la barba?
WOODY ALLEN

Perché i carabinieri hanno i baffi? Perché sulla lametta c'è scritto "da barba".
ANONIMO

«Voi che li conoscete come sono Gino e Michele?» «Quello di sinistra, alto coi baffi, è Michele. Quello di sinistra, basso con la barba, è Gino.»
PAOLO BELDÌ

Raramente è possibile portare la torcia della verità attraverso una folla senza incendiare la barba di qualcuno.
JOSHUA BRUYN

Non sono molte le donne che sembrerebbero più belle con la barba, ma Filomena era una di quelle.
NELSON DEMILLE

Dio, nella sua divina previdenza, non ha dato la barba alle donne perché esse non sarebbero state capaci di tacere mentre venivano rasate.
ALEXANDRE DUMAS PADRE

Un'insegnante di quinta dell'Avana ammonisce i suoi allievi mostrando una foto di Clinton: «A causa di quest'uomo, noi siamo a corto di cibi e di medicinali; a causa di quest'uomo, noi non abbiamo abbastanza carburante per le nostre fabbriche, i nostri treni, i nostri autobus; a causa di quest'uomo, noi siamo a corto di tutto». Dopo aver studiato la foto attentamente, Pepito alza la mano. «Sì, Pepito», dice lei. «Sa una cosa signora? Quando è senza barba, rasato di fresco, sembra tutt'un altro uomo!»
JOSÉ LATOUR

Quando penso che una mia coetanea deve aver avuto, come minimo, più di trecento volte le mestruazioni, sono contento di dovermi fare la barba.
JOHN TOWERS

La tua donna la chiamo Barba perché me la faccio tutte le mattine.
POZZOLI E DE ANGELIS

BARBIE
vedi **Bambola**

BARBIERE *(Parrucchiere)*

Sono andato a cena dal mio barbiere. Ha voluto sdebitarsi per l'idea pubblicitaria che gli ho dato. Si tratta di una boccia di vetro. Dentro

c'è un piccolo negozio di barbiere, col cliente seduto sulla minuscola poltrona. Capovolgendola, si riempie di forfora.
ROMANO BERTOLA

Una anziana signora si rivolge a un'altra: «Ehi, ma chi ti ha pettinato i capelli? Dio mio, i tuoi capelli sembrano una parrucca». E quella: «Ma è una parrucca». E la prima: «Davvero? Chi l'avrebbe mai detto...».
LARRY BEST

È un vero peccato che tutte le persone che sanno come far funzionare il Paese siano troppo occupate a guidare taxi o a tagliare capelli.
GEORGE BURNS

Annuncio. Cedesi parrucchCeria completa di arredamento e due brave estetiste con retro avviatissimo.
CITATO DA ANTONIO DI STEFANO E PIPPO FRANCO

Dio, nella sua divina previdenza, non ha dato la barba alle donne perché esse non sarebbero state capaci di tacere mentre venivano rasate.
ALEXANDRE DUMAS PADRE

Come esistono oratori balbuzienti, umoristi tristi, parrucchieri calvi, potrebbero esistere benissimo anche dei politici onesti.
DARIO FO

Le conversazioni dal parrucchiere sono la prova inconfutabile che le teste sono fatte per i capelli.
KARL KRAUS

Mio padre aveva i denti così bianchi e sani che, quando andava dal dentista, gli tagliava i capelli.
LEONARDO MANERA

Non potevo più sopportare i capelli lunghi di mio figlio, così l'ho trascinato dal barbiere e ho detto: «Rasatelo!». Il barbiere ha obbedito, e io ho scoperto di avere vissuto per almeno due anni col figlio di qualcun altro.
BOB PHILLIPS

Bill Gates ha pagato trenta milioni di dollari per un dipinto di Winslow Homer. E, comunque, continua a

pagare quattro dollari per un taglio di capelli.
COLIN QUINN

Mio padre faceva il barbiere. Ogni tanto tagliava i capelli anche a me, ma se entrava un cliente dovevo alzarmi e trasferirmi su una panca. Non immaginate cosa significa aspettare su una panca con i capelli tagliati a metà.
CHARLES SCHULZ

BARBONE *(Homeless)*

E il vento gelido spalancò le finestre e il pensiero di tutti corse ai poveri fuori all'addiaccio, poi subito ricorse dentro vicino al camino.
STEFANO BENNI

Se il 95% degli incidenti capita in casa, dove vanno gli homeless ad avere il 95% dei loro incidenti?
STRANGE DE JIM

L'altro giorno ho visto un barbone in metropolitana, aveva un cartello con su scritto: "Sono povero, invalido, non ho un lavoro, ho fame, due figli da mantenere e l'Ulivo non ha una vera leadership".
ANTONIO DE LUCA

Quando ho visto il vecchio barbone spingere il carrello del supermarket lungo la via, dapprima mi sono sentito triste per lui. Ma quando ho guardato cosa c'era nel carrello, ho pensato: be', non c'è da meravigliarsi che tu sia un barbone, guarda le scemate che hai comperato.
JACK HANDEY

Le ragazze che ci stanno sono barbone. Le ragazze che non ci stanno sono signore. Comunque, questa è un'accezione piuttosto arcaica del termine. Se uno di voi ragazzi dovesse incontrare una ragazza che non ci sta, non salti alla conclusione di aver trovato una signora. Probabilmente ha trovato una lesbica.
FRAN LEBOWITZ

Il principe Carlo ha riconosciuto in un ospizio per barboni un suo vecchio compagno di classe delle elementari. Com'è crudele il destino. Due bambini sono in classe insieme, e dopo quarantadue anni nessuno dei due ha ancora un lavoro!

DANIELE LUTTAZZI

Stavo camminando col sindaco Tom Bradley, e lui mi ha chiesto: «Judy, non è che abbiamo troppi homeless?». E io: «Oh, no, sindaco: è perfettamente normale che un marciapiede sia così soffice!».

JUDY TENUTA

Guardiamo i lati positivi della cosa: chi l'anno scorso si era vestito da barbone per carnevale, con lo stesso vestito quest'anno può vestirsi da ceto medio.

MARCO VICARI

BARCA *(Nave - Yacht)*

L'ultima volta che sono stato al mare è stato con Mrs Allen, mia moglie. Durante la luna di miele. Ero favoloso. Mi avreste adorato. Stavo sciando sull'acqua, nudo fino alla cintola, scivolavo veloce sulla cresta dell'onda. I muscoli luccicanti d'olio, mi tenevo con una mano sola. Lo sci d'acqua è una meraviglia. Mia moglie, nella barca davanti a me, vogava con foga.

WOODY ALLEN

Perché esistono pesci enormi? Per staccarsi dall'amo un attimo prima di arrivare in barca.

ANONIMO

Il mondo è impazzito: il miglior rapper è un bianco, il miglior giocatore di golf un nero, i migliori velisti sono svizzeri, i francesi accusano gli americani di arroganza e i tedeschi sono contrari alla guerra.

ANONIMO

Mah, per la noia della fica bastava già Moravia. E la letteratura del culo è solo settoriale, come i libri sulle barche, sul Molise, sui funghi.

ALBERTO ARBASINO

«Perché le nuove navi dell'esercito italiano hanno il fondo di vetro?» «Così possono vedere le vecchie navi dell'esercito italiano.»

MILTON BERLE

Ricorda sempre: i dilettanti hanno costruito l'Arca, i professionisti il Titanic.

CITATA DA SIMONE CAGNONI

Canada: «Attenzione, siete in rotta di collisione con noi, per favore deviare la rotta di 10 gradi a nord, passo.»
Com Usa: «Negativo, deviate voi di 10 gradi dalla rotta, passo.»
Canada: «Negativo, ripeto, dovete deviare la rotta di 10 gradi a nord.»
Com Usa: «Questa è la USS Nimitz, siamo in esercitazione con dodici incrociatori e due sommergibili. Deviate subito dalla vostra rotta o verranno presi provvedimenti!»
Canada: «Siamo un faro, decidete voi...»

REALE (SI DICE) COMUNICAZIONE INTERCORSA TRA UN FARO CANADESE E IL COMANDANTE DI UNA PORTAEREI STATUNITENSE, CITATA DA STEFANO DECORSO

Saggezza orientale: se qualcuno ti odia, non fare niente contro di lui, ma siediti pazientemente sulla riva di un fiume. Un bel giorno vedrai passare il tuo nemico in yacht.

MAX GREGGIO

Quando ho perso il mio fucile, l'esercito mi ha fatto pagare 85 dollari. Ecco perché nella Marina il capitano affonda con tutta la nave.

DICK GREGORY

L'America: il risultato di un errore di navigazione!

BARRY LEVINSON

Gli intellettuali sono i primi ad abbandonare una nave che affonda, subito dopo i topi, ma molto prima delle puttane.

MAJAKOVSKIJ

Se Cristoforo Colombo fu così felice di vedere degli alberi dopo tanto navigare, figuratevi il suo cane.

BORIS MAKARESCO-ROBERTO TRANI

«Quando ho la sensazione che in fabbrica ci sia un po' di disordine», mi diceva un giovane industriale, «quando vedo che si profila uno sciopero, io prendo il mio yacht. Me ne vado. In crociera. Alle Bahamas. E mi porto dietro un po' di operai.» «Come viaggio premio?» «No, come ostaggi!»

MARCELLO MARCHESI

Hollywood è un viaggio dentro una fogna in una barca col fondo trasparente.
WILSON MIZNER

Le buone maniere sostituiscono anche la morale. Per esempio, se per caso ci si dovesse trovare sul ponte di una nave che sta per affondare e se le scialuppe di salvataggio fossero insufficienti, sarà bene calarne una in mare allontanandosi senza farsi notare. Ci sarà di certo una grande eccitazione tra i passeggeri ed è una grossa maleducazione stare ad ascoltare le discussioni che non ci riguardano.
P.J. O'ROURKE

Siamo tutti sulla stessa barca e in pochi sullo stesso yacht.
GIANNI PALLADINO

I messicani discendono dagli aztechi, i peruviani dagli inca. Noi argentini dalle navi.
PROVERBIO ARGENTINO

«Non posso comprarti una casa lussuosa come farebbe Norman Jewison; non posso comprarti un'auto sportiva come farebbe Norman Jewison; non posso nemmeno comprarti uno yacht come farebbe Norman Jewison... Ma ti amo.» «Ti amo anch'io, tesoro, ma ora dimmi di più di questo Norman Jewison.»
ROWAN & MARTIN'S LAUGH-IN

«Marge! Guarda che roba fantastica ho trovato giù al porto. Era lì, messa sulla barca di qualcuno!»
HOMER SIMPSON

Se una nave capotta ed è piena di gente di cui a nessuno frega niente, importa se qualcuno ce la fa a salvarsi? Permettetemi di rispondere a questa domanda retorica... No.
JOHN VENABLE, PARLANDO DI *POSEIDON*

«Mi volevo arrola' un popò in Marina!» «In Marina? Ma sai nota'?» «Perché, 'un c'è più navi?»
IL VERNACOLIERE

BARISTA

vedi **Bar**

BARZELLETTA

Le barzellette sui carabinieri sono solo due. Tutte le altre sono fatti realmente accaduti.

PIERFRANCO AMATI

Esame di fisica. Si presenta il primo studente. Il professore: «Sei in treno, in uno scompartimento. Fa caldo. Che fai?» «Mah, apro il finestrino.» «Bravo. Ora calcola la variazione di entropia.» «Mi servirebbe qualche dato in più...» «No!... Lo sai?... No? Va bene, vai.» E il primo viene sbattuto fuori. Arriva il secondo, poi il terzo, il quarto e il professore fa la medesima domanda con lo stesso risultato. Arriva l'ultimo studente: «Sei in treno, in uno scompartimento. Fa caldo. Che fai?» «Mi tolgo la giacca.» «Sì, ma fa ancora caldo, che fai?» «Mi allento la cravatta.» «Ma fa ancora caldo...» «Mi sbottono la camicia». Incazzandosi: «Sì, ma fa ancora tanto caldo, che fai?» «Senta professore, può fare quanto caldo vuole. Ma io quel cazzo di finestrino non lo apro!»

ANONIMO

Due cacciatori sono in un bosco quando uno dei due crolla a terra: sembra che non respiri e ha gli occhi sbarrati. L'altro cacciatore estrae un telefono e chiama soccorso: «Il mio amico è morto! Cosa posso fare?». L'operatore, con voce calma, risponde: «Si calmi. La posso aiutare. Per prima cosa, dobbiamo essere sicuri che il suo amico è davvero morto». Segue un istante di silenzio, poi una fucilata. Il cacciatore riprende il telefono: «Ok, e poi cosa?».

GIUDICATA "LA BARZELLETTA PIÙ DIVERTENTE DEL MONDO"

Un uomo entra in un'agenzia di vaudeville e dice: «Ragazzi, ho un atto unico per voi! Ascoltate: io e mia moglie entriamo in scena, ci spogliamo, caghiamo sul palco, poi entrano i miei due figli e ci si tuffano dentro!». L'agente, allibito, chiede: «E come si chiamerebbe un atto del genere?». E il tizio: «Gli aristocratici!».

LA STORICA BARZELLETTA *THE ARISTOCRATS*

Nella giungla, due cannibali, padre e figlio, avvistano una stupenda esploratrice bionda. «Papà, la

mangiamo?» «No! La portiamo a casa e ci mangiamo tua madre!»
ANDREA BATTAGLINO

Va bene, non venga pure alle mie lezioni di matematica, mister Morris, ma si ricordi che quando, tra vent'anni, lei sarà a una festa e i suoi amici racconteranno una barzelletta su un logaritmo, lei non avrà alcuna idea di cosa ci sia da ridere.
BAYSIDE SCHOOL

Maurizio era di quelli che anticipano tutto: gli raccontavi una barzelletta, lui ti anticipava il finale. Sbagliato. E tu non potevi dirgli niente perché era Maurizio. Era in anticipo, comunque. Anche in campo sanitario. Vent'anni prima dell'Aids, all'epoca in cui io nello stesso periodo uscivo con quattro ragazze diverse, lui usciva con quattro ragazze uguali. Diceva che era più sicuro.
CLAUDIO BISIO

Il problema di raccontare una bella barzelletta è che inevitabilmente ne fa venire in mente una orribile a chi l'ascolta.
GINO BRAMIERI

«Su un aereo ci sono Berlusconi, Bossi e Fini. A un certo punto l'aereo cade. Chi si salva secondo te?» «L'Italia.»
CARLO BUGLIARELLO

A Milano tutti vogliono sapere che lavoro fai, è la prima cosa che ti chiedono: «Che lavoro fai?» «Faccio il cabarettista...» «Ah, bello, allora adesso ti racconto una barzelletta così poi la ricicli.» «E tu che lavoro fai, l'idraulico? Aspetta che ti smonto il lavandino così poi lo rimonti.»
FABRIZIO CANCIANI

Due tizi stanno parlando e uno dice all'altro: «Cosa faresti se la fine del mondo fosse tra tre minuti?». L'altro dice: «Mi fotterei tutto quello che si muove. Tu invece che faresti?». E il primo: «Me ne starei immobile».
BILLY CONNOLLY

Un tizio va da un medico che gli dice che gli rimangono tre minuti di vita. L'uomo implora: «La prego dottore, mi dia qualcosa!». Il medico gli risponde: «Un uovo alla coque?».

Tommy Cooper

Adamo passeggiava nel paradiso terrestre. Si sentiva molto solo. Allora Dio gli chiese: «Adamo, cosa c'è che non va? Ti vedo molto giù». E Adamo gli disse che non aveva nessuno con cui chiacchierare. Mosso a compassione, Dio gli promise che gli avrebbe dato compagnia, una donna! «Questa persona ti procurerà cibo, cucinerà per te, quando ti toglierai i pantaloni, li laverà per te e quando diventerai un impiegato ti stirerà tutte le camicie senza lamentarsi. Non discuterà mai le tue decisioni, anzi, sempre le condividerà. Avrà cura dei tuoi figli e non ti chiederà nel cuore della notte di andare a vedere come stanno. Non ti contraddirà e sarà sempre la prima ad ammettere di aver torto. Non avrà mai il mal di testa e ti darà sempre amore e passione quando ne avrai voglia...». Adamo, a bocca aperta, chiese a Dio: «Ma quanto costa una donna così?» «Un braccio e una gamba.» «Senti... e cosa mi daresti per una costola?»

Citata da Arturo Di Naccio

Congresso europeo di trapiantologia. Relatore inglese: «Annunciamo una grande scoperta: abbiamo preso un uomo senza reni, lo abbiamo sottoposto a un trapianto una settimana fa e oggi, grazie ai progressi della scienza medica inglese, è già fuori a cercare un lavoro!». Relatore francese: «In Francia abbiamo fatto di meglio: abbiamo preso un paziente senza un polmone e, sottoposto a trapianto, dopo tre giorni è già fuori a cercare un lavoro!». Relatore tedesco: «Noi abbiamo preso due pazienti senza cuore, vi abbiamo trapiantato metà di cuore funzionante per uno e dopo due giorni sono già tutti e due fuori a cercare un lavoro!». Relatore italiano: «Non potete competere. In Italia abbiamo preso un tale completamente senza cervello, lo abbiamo messo a capo del Governo e dopo nemmeno un anno, mezza Italia è già fuori a cercare lavoro!».

Arturo Di Naccio

Attenzione, ho pensato di mettervi in guardia cosicché possiate evitare di rimanere vittime di un'incresciosa truffa. Non so quanti di voi fanno la spesa all'Ikea, comunque funziona così: due bellissime ragazze sui 18 o 20 anni si avvicinano alla macchina mentre stai infilando nel baule gli acquisti. Iniziano a pulirti il parabrezza con delle spugne facendo quasi balzar fuori i seni dalle loro camicette strettissime. Quando alla fine le ringrazi e offri loro una mancia, rifiutano e chiedono invece un passaggio verso l'Ikea dall'altra parte della città. Se accetti, salgono sul sedile posteriore e, mentre guidi, cominciano a lesbicare tra loro. Quando finalmente arrivi al parcheggio dell'altra Ikea, una di loro sale sul sedile anteriore e ti fa un pompino micidiale, mentre l'altra, a tua insaputa, ti ruba il portafoglio. Con questo biasimevole sistema, mi hanno rubato il portafoglio martedì, mercoledì, due volte giovedì, sabato, ieri e, probabilmente, di nuovo stasera.

CITATA DA GIORGIO GHERARDUCCI

Un tizio va dalla moglie e le dà due aspirine e un bicchier d'acqua. La moglie dice: «E perché? Non ho mica il mal di testa». E il marito le fa: «Bene, trombiamo».

GILBERT GOTTFRIED

Un tizio riceve la notizia che la moglie è rimasta coinvolta in un incidente automobilistico. Corre all'ospedale e il medico gli dice: «Guardi ho delle brutte notizie. Sua moglie è completamente paralizzata dal collo in giù. Lei dovrà darle da mangiare, lavarla, pulirle ogni orifizio perché non ha controllo della vescica né dell'intestino...». Il tizio comincia a piangere, allora il dottore gli dice: «Su coraggio, la sto solo pigliando per il culo: è morta!».

GILBERT GOTTFRIED

Un tale va dal medico che gli dice: «Ho brutte notizie per lei. Ha un male incurabile». E lui: «Quanto tempo mi resta?». E il medico: «Be', sei ore». Lui corre a casa e sua moglie gli chiede: «Com'è andata?» «Malissimo. Non vivrò a lungo. Tutto ciò che mi resta è sei ore di vita». E lei: «Cosa vuoi fare in queste sei ore?» «Non so... Ti andrebbe di fare l'amore?» «Certo!». Lo fecero. Due ore. Alla fine erano lì distesi e lei gli chiese: «Cosa vuoi fare adesso? Quanto tempo hai ancora?». E lui: «Quattro ore.» «Vuoi fare di nuovo l'amore?». E lui disse di sì. Fecero l'amore per altre tre ore.

Alla fine lei chiese ancora: «Amore, quanto tempo hai ancora?». E lui: «Non mi resta che un'ora. Cosa vuoi fare? Vuoi fare ancora l'amore?» «No!» rispose lei. E lui: «E perché no?». E lei: «Be', domattina io devo alzarmi. Tu no».

Lewis Grizzard

Un tizio va dal dottore. «Qual è il problema?» chiede il dottore. «È che... uhm... be'... ho cinque peni» dice l'uomo. «Cielo!» esclama il dottore. «E come le stanno i pantaloni?» «Come un guanto.»

Internet One-Liners

Due uova al burro e del bacon entrano in un bar. Il barista dice: «Mi spiace, ma non serviamo colazioni, qui».

Internet One-Liners

Un bimbo di cinque anni entra in bagno e trova il padre che si sta infilando un preservativo. Il bimbo dice: «Papà, cosa stai facendo?». E il padre: «Uh, sto cercando di catturare un topo». E il bimbo: «Cosa fai quando l'hai preso, te lo inculi?».

Artie Lang

Una vecchia cammina per strada con una gallina. Incontra un ragazzo che dice: «Che bella! Me la darebbe per cinque euro?» «Sì, basta che mi reggi la gallina!».

Donatella Lottici

C'è un'auto con dentro un messicano, un nero e un portoricano. Chi guida? Un poliziotto.

Muhammad Alì (Cassius Clay)

Mio cugino non ha senso dell'umorismo. Una barzelletta non basta che gliela spieghi, devi anche dargliela da studiare a casa.

Furio Ombri

Stavo attraversando un ponte, un giorno, quando ho visto un uomo sull'orlo del parapetto, pronto a saltar giù. Così sono corso da lui e ho detto: «Fermo! Non farlo! Ci sono un sacco di cose per cui val la pena vivere!». Mi ha chiesto: «Per esempio?». Gli ho detto: «Sei religioso o ateo?». «Religioso.» «Anch'io! Cristiano o buddista?» «Cristiano.» «Anch'io! Cattolico o protestante?» «Protestante.» «Anch'io! Episcopale o battista?» «Battista.» «Wow! Anch'io! Battista della Chiesa di Dio o Battista della Chiesa del Signore?»

«Battista della Chiesa di Dio.» «Anch'io! Battista della Chiesa di Dio Originale o Battista della Chiesa di Dio Riformata?» «Battista della Chiesa di Dio Riformata». Ho detto: «Anch'io! Battista della Chiesa di Dio Riformata con la Riforma del 1879, o Battista della Chiesa di Dio Riformata con la Riforma del 1915?». Mi ha detto: «Battista della Chiesa di Dio Riformata con la Riforma del 1915». Ho detto: «Muori, schifoso eretico!» e l'ho spinto giù.

EMO PHILIPS

«La sai quella della finestra che non ci potevi vedere attraverso?» «No.» «Be', fa niente... è troppo sporca comunque!»

BOB PHILLIPS

Un camionista viene fermato alla frontiera olandese. Il doganiere gli chiede: «Trasporta materiale pornografico?» «No.» «Trasporta esplosivi?» «No.» «Trasporta droga, ecstasy o allucinogeni?» «Certo che no!» «Ne vuole un po'?»

UMBERTO PROIA

La tua ragazza mi ha raccontato una barzelletta così divertente che per poco non cadevo dal letto!

PIETRO PROVENZANO

Un anziano ebreo viene investito da un'auto, arriva subito un prete che si inginocchia su di lui per somministrargli l'estrema unzione: «Credi in Dio Padre, Figlio e Spirito Santo?». Il vecchio salta su e urla: «Io sono qui che sto morendo e questo mi fa gli indovinelli?».

CITATA DA LEO ROSTEN

Ieri la nonna mi ha portato ai giardini e c'erano due cani. Uno stava sotto e quell'altro stava sopra. Allora la mi' nonna ha detto che quello che stava sotto portava quell'altro sopra perché s'era fatto male a una gamba. È proprio vero che a fare un favore a un amico si piglia sempre in culo!

SIMONE (GIORGIO PANARIELLO)

Una coppia di conigli è inseguita da un branco di coyote. I due si nascondono in un fienile, e uno dice all'altra: «Vuoi continuare a correre, o restare qui e puntare sulla superiorità numerica?».

RED SKELTON

L'altra notte una donna ha dato un calcio al marito. «Perché l'hai fatto?» ha chiesto lui. E lei: «Perché sei un pessimo amante». Lui ci ha pensato un po' su e le ha dato un calcio a sua volta. Lei gli ha domandato: «Perché l'hai fatto?». E lui: «Perché sai la differenza!».

TOMMY SLEDGE

Ero in campagna, e c'era uno di quei cessi all'aperto, in una baracca di legno. Un tizio stava uscendo, e, mentre si sistemava i calzoni, gli sono caduti trentacinque cents nel buco. Allora ha tirato fuori un biglietto da venti e l'ha buttato nel buco. Io gli ho detto: «Perché ha fatto una cosa del genere?». E lui: «Beh, non penserà che mi cali là sotto per trentacinque cents?».

JACKIE VERNON

La realizzazione di questa Opera è stata possibile anche grazie alle progettazioni informatiche di Tecne', con il contributo in prima persona di Pieranna Massari e Piergiorgio Veneziani; e con il certosino coordinamento di Elena De Luca, nostra storica collaboratrice.
Il lavoro redazionale è stato curato con la solita vivace competenza da Alessia Gemma, con l'assistenza della solare Linda Ferrari.
Il progetto e l'impostazione grafica sono invece frutto dell'esperienza e della creatività di Zetalab, in particolare nelle persone di Lucio Luzo Lazzara e Walter Uolts Molteni. Grazie anche, per la complice collaborazione dagli Stati Uniti di Paolo Borraccetti.

Gino&Michele, Gut edizioni e Bananas devolvono parte del ricavato dell'*Enciclopedia Universale della Battuta* per acquistare il parco macchine (sei automezzi) di *Presenza Amica*, un'associazione di volontari impegnata nell'assistenza domiciliare ai malati inguaribili in fase terminale.

Per chi volesse conoscere nel dettaglio l'attività di "Presenza Amica Onlus - Volontari per l'aiuto ai sofferenti" di Garbagnate Milanese (Milano), diamo il telefono: 02 99021087, e l'indirizzo internet: www.presenzamica.it.

L'Enciclopedia Universale della Battuta si avvale dell'alto Patrocinio della *Premiata Bocciofila Cosimo Trombetta per la salvaguardia del Comico*[1]

(1) La Premiata Bocciofila Cosimo Trombetta per la salvaguardia del Comico, *è un'Associazione Culturale che ha come scopo la salvaguardia del Comico, inteso come genere. È stata fondata nel 2005 da Gino&Michele, Maurizio Costanzo, Enrico Vaime, Giancarlo Bozzo, Roberto Bosatra.*
Nello statuto della "Cosimo Trombetta", alla voce Scopi dell'Associazione si può leggere:
"Conservazione e divulgazione della memoria storica del teatro, con particolare attenzione al teatro comico, brillante e al varietà; valorizzazione, raccolta e sviluppo della letteratura e delle presenze televisive legate al Comico come genere, alla satira e all'intrattenimento; sviluppo di iniziative culturali quali la pubblicazione di libri, riviste, siti internet, materiale multimediale, dvd e quant'altro attinente agli scopi sociali; costituzione di archivi storici e raccolta di materiale attinente allo scopo sociale; realizzazione di convegni e/o seminari ed attuazione di forme di collaborazione con enti pubblici e/o privati e/o associazioni e/o organismi di istruzione."
Per eventuali contatti: c/o Teatro Parioli, via Giosuè Borsi, 20, Roma; oppure c/o Zelig, viale Monza 140, Milano.

Volume 2

BAS

CIE

ENCICLOPEDIA UNIVERSALE DELLA BATTUTA

a cura di **Gino&Michele**

con la collaborazione di Matteo Molinari

Gut Edizioni spa, Milano
Prima edizione maggio 2009
www.gutedizioni.com

BASEBALL

Nel baseball il 90% è impegno mentale, l'altra metà è sforzo fisico.
YOGI BERRA, GIOCATORE DI BASEBALL

Rispetto il baseball,
ma il sesso è meglio.
SANDRA BULLOCK

Quella palla da baseball è filata via come un razzo. Un affare che vola così alto dovrebbe avere delle hostess a bordo.
KEVIN COSTNER

Lucy: «Ecco un libro sul baseball che si chiama Vincere e altre dieci possibilità.»
Charlie Brown: «E quali sarebbero?»
Lucy: «Pareggiare, perdere, perdere, perdere, perdere, perdere...»
CHARLES M. SCHULZ

Stare con una donna tutta la notte non fa mai male a un professionista del baseball. È cercare una donna per tutta la notte che fa male.
CASEY STENGEL

I tifosi della squadra di baseball di Filadelfia sono cattivissimi. A Pasqua, quando i giocatori avevano organizzato una caccia al tesoro con le uova di Pasqua per i loro bambini, fischiavano i figli dei giocatori che non trovavano le uova.
BOB UECKER

Ora che le donne sono diventate fantini, arbitri di baseball, scienziati nucleari e dirigenti commerciali, forse un giorno impareranno a parcheggiare a pettine.
BILL VAUGHAN

BASKET

Marine bianco: «Ehi Joe, sai come si fa a fermare 5 negri che stanno sfondando una bianca? Gli tiri una palla da basket».
FULL METAL JACKET

Caratteristica del Simmethal Milano furono le scarpette rosse, studiate in modo tale che, quando i giocatori a fine gara se le sfilavano, si diffondeva per lo stadio e tra i tifosi l'accattivante odore della carne in scatola.
GINO&MICHELE

Sono stufo di sentire sempre soldi, soldi, soldi. Voglio solo giocare una partita e bere Pepsi e indossare Reebok.

Shaquille O'Neal

Mi piacerebbe confutare la tesi che la pallacanestro sia una questione di vita o di morte. Penso, al contrario, che sia una cosa molto più importante.

Lee Rose

Ammiro Bill Bradley, grande giocatore e senatore degli Stati Uniti. Ha trovato le uniche due professioni dove bisogna lavorare al massimo un paio di ore al giorno.

Frank Sinatra

BASSEZZA

A scuola mi esclusero dalla squadra di scacchi a causa della mia statura.

Woody Allen

È così basso che quando piove lui è l'ultimo a saperlo.

Milton Berle

Sono uno degli uomini più belli del mondo. Essere basso non mi ha mai disturbato un momento. Tutti gli altri momenti volevo suicidarmi.

Mel Brooks

Nella mia stanza da letto ho voluto un armadio piccolissimo, così se mia moglie vorrà tradirmi, sarà costretta a farlo con una mezzasega.

Sergio Cosentino

Mia nonna era così piccola che faceva la mondina con le bombole.

Marco Del Conte

Non sono basso. Sono lontano.

Dentiblù Matteo Molinari

L'uomo più piccolo che ho mai conosciuto metteva i popcorn nelle sue frittelle così si giravano da sole.

W.C. Fields

È così basso che non getta le cicche per terra, le posa.

Gianni e Betty

La mia fortuna è cambiata per merito della mia mogliettina. Ho fatto il mio primo milione di dollari e li devo tutti alla mia piccola. Era

alta sei centimetri. L'ho venduta a un circo e mi sono fatto il milione di dollari.
DAVE KETCHUM

È così piccolo che mi dà le vertigini.
MOGLIE DI TRISTAN BERNARD, PARLANDO DI TOULOUSE LAUTREC

La media di altezza in Italia è 1,75 m per l'uomo e 1,65 m per la donna. Questo per me è un problema: anche come donna sono basso.
DIEGO PARASSOLE

Mia sorella nella vita ha conosciuto alti e bassi... e se li è sempre fatti tutti.
VALERIO PERETTI CUCCHI

Era un uomo così piccolo che i capelli gli puzzavano di piedi.
RICCARDO PIFERI

Conosco uno così basso che i tarli non li caccia con l'insetticida: li segue nei buchi e li pugnala!
PROSPERO, DI *AENIGMATICA*

Vai a vedere il balletto e vedi le ragazze danzare sulle punte. Ma perché non assumono ragazze più alte?
GREG RAY

Ho conosciuto una spogliarellista talmente bassa che agli addii al celibato la fanno uscire da una crostata.
RENATO RAZZANO

Pensare ke mio marito Savvatore quando ke lò conosciuto, era kosì maschio! Spezzo un'arancia in favore di mio marito. Già la presenza fisica, l'altezza... Eh? È alto un metro e un kazzo? Ke centra, tu ai visto solo il metro!
SCONSOLATA (ANNA MARIA BARBERA)

Quando i piccoli uomini proiettano ombre lunghe il sole sta per tramontare.
MICHAEL SEYMOUR

No, non sono in sovrappeso, è che ho diciotto centimetri in meno di altezza.
SHELLEY WINTERS

Un bolzanino di un metro e cinquanta che altoatesino è?
ZAP

BASTARDO
vedi **Stronzo**

BATTESIMO

Totti, titolo di studio: battesimo.
STRISCIONE LAZIALE

Chissà se i mosconi non battezzati quando muoiono vanno nel limbo, oppure restano nei portacenere.
MARIO ZUCCA

BATTUTA

L'unico modo per evitare il plagio è scrivere battute che non fanno ridere.
PAOLO CANANZI

Ehi ragazze, ho battute che fan cader le tette... Ma vedo che le sapete già!
CAMILLO CANOVI

Sapete cosa fa in estate l'Omino Bianco? Va in vacanza in candeggio... Beh, anche se questa non dovesse farvi ridere, non potrete mai dire che è sporca...
MARCO DEL CONTE

BEATLES

Quel batterista potrebbe aspirare a diventare l'erede di Ringo Starr, brutto com'è.
PAOLO BURINI

Il libro sui Beatles che sto leggendo mi ha quasi convinto a farmi un acido: credo che non leggerò mai libri sui Queen.
EZIO CIUSPIONT

Reporter: «Quando fate una nuova canzone, come decidete chi la canterà?»

John: «Ci mettiamo assieme e quello che sa più strofe diventa il solista.»
CONFERENZA STAMPA DEI BEATLES, ANNI SESSANTA

Reporter: «Ringo, come spieghi che tu ricevi più lettere dagli ammiratori di chiunque altro nel gruppo?»
Ringo: «Non saprei. Suppongo che sia perché scrivono di più a me.»
CONFERENZA STAMPA DEI BEATLES, ANNI SESSANTA

Reporter: «Come vi influenza l'adulazione delle teenager?»
John: «Quando inizio a montarmi la testa, guardo Ringo e mi rendo perfettamente conto che non siamo dei superman.»
CONFERENZA STAMPA DEI BEATLES, ANNI SESSANTA

Incontrare la donna della propria vita e scoprire che è già sposata è come se a Paul McCartney qualcuno gli avesse fatto ascoltare per la prima volta *Yesterday*.
MASSIMO GUGLIELMELLI

Per quanto mi riguarda, i Beatles non si riuniranno finché John Lennon rimarrà morto.
GEORGE HARRISON

Se ti ricordi degli anni Sessanta vuol dire che non c'eri.
GEORGE HARRISON

Dopo che uno ha fatto una brutta caduta. «Parlami! Per carità parlami! Quanti erano i Beatles?» «Tre... più Ringo.»
CAROL HEIKKINEN

Se credete che dalla droga non sia mai venuto niente di buono, andate a casa e bruciate tutti gli album e le cassette perché tutti quegli artisti erano belli fatti quando li hanno incisi. Pensate un po' che i Beatles erano così sconvolti che hanno perfino lasciato cantare a Ringo un paio di canzoni.
BILL HICKS

Esibizione dei Beatles il 4 novembre 1963 al Teatro Princes of Wales davanti ai Reali inglesi: «Per la prossima canzone abbiamo bisogno del vostro aiuto. Quelli nei posti economici sono pregati di battere le mani. Gli altri possono limitarsi a far tintinnare i loro gioielli.»

John Lennon

Il mondo non è perfetto. In un mondo perfetto Mark Chapman avrebbe ucciso Yoko Ono.

Daniele Luttazzi

Hanno detto di noi: «Ma i Beatles non erano materialisti». Balle. Io e John dicevamo sempre, mentre ci sedevamo a tavolino a comporre una nuova canzone: «Scriviamo i soldi per un'altra piscina, ok?».

Paul McCartney

Mio padre non mi picchiava mai senza un buon motivo: metteva su un pezzo dei Beatles e mi faceva un culo così!

Furio Ombri

Vi ricordate quando tutti analizzavano le canzoni dei Beatles? Mi ricordo che spesso non capivo quello che dicevano che avevamo voluto dire.

Ringo Starr

Credevo di essere Dio, un Dio vivente. E ognuno degli altri tre mi guardava e mi diceva: «Scusa sai, ma Dio sono io».

Ringo Starr

BELLEZZA

Era così carina! La guardavo dormire, la notte, chino su di lei. Certe volte si svegliava... mi guardava imbambolata... e poi cacciava un urlo.

Woody Allen

Oggi sono più conosciuto: faccio cilecca con donne più belle.

Woody Allen

Adamo: «Posso farti una domanda?»
Dio: «Dimmi pure, figliolo.»
Adamo: «Perché hai fatto Eva così bella?»
Dio: «Perché tu la potessi amare.»
Adamo: «E allora perché l'hai fatta così stupida?»
Dio: «Perché lei amasse te.»

Anonimo

Certo che ti amo! La bellezza e l'intelligenza non sono tutto, a questo mondo!
Anonimo

C'è un solo bambino bello al mondo, e ogni mamma ce l'ha.
Anonimo inglese

Cos'è che rende gli uomini
così belli? Il buio.
Bastardidentro

Se fossi stato anche bello, non avreste mai sentito parlare di Pelè.
George Best

Ieri sera ho conosciuto una ragazza talmente bella che mi ha mandato a cagare.
Lorenzo Bosio

Ieri al cinema c'era una ragazza talmente bella che non hanno nemmeno spento le luci.
Lorenzo Bosio

Sono uno degli uomini più belli del mondo. Essere basso non mi ha mai disturbato un momento. Tutti gli altri momenti volevo suicidarmi.
Mel Brooks

Sei stupida, sei ignorante, sei snob, sei anoressica e sei cocainomane. Se fossi anche bella potresti fare la modella.
Paolo Burini

Ho scoperto che bevendo una certa acqua si diventa puliti dentro e belli fuori. Allora ho bevuto dodici litri di quell'acqua lì, sono diventato bellissimo, sono uscito con una ragazza bellissima... e mi sono pisciato addosso tutta la sera.
Fabrizio Canciani

Sono così bello che ho dovuto ricorrere a un istituto di bruttezza.
Adriano Celentano

Il problema dell'essere belli è che è un po' come nascere ricchi e morire poveri.
Joan Collins

Avevo due cani husky, uno bello e uno brutto. Praticamente un husky bello e una schifezza.
Sergio Cosentino

So che può sembrare bizzarro, ma io ve lo garantisco, sono stata bella. Poi ho abusato di Nutella. E la

Nutella, si sa, non perdona: sta tre minuti in bocca e tre anni nel culo.
Geppi Cucciari

Chi trova un amico... ha una sorella carina.
Paco D'Alcatraz

Non serve a nulla esser giovane se non si è bella, né esser bella se non si è giovane.
François de La Rochefoucauld

Niente fa apparire una donna più carina che tre cocktail dentro un uomo.
Leopold Fetchner

«Ci dica signorina, lei è sempre stata così bella anche da ragazza?» «Oh no, da ragazza ero piuttosto bruttina, tanto che i miei decisero di farmi studiare... finché a sedici anni migliorai fisicamente.» «E questo le permise di abbandonare gli studi e darsi alla prostituzione?» «Sì, infatti.»
Ennio Flaiano

«Itztig, perché hai preso una moglie così brutta?» «Interiormente è bellissima» «Allora rivoltala.»
Ferruccio Fölkel

«Specchio delle mie brame, chi è la più bella del reame?» «Nel regno delle scimmie tu sicuramente.»
Claudio Gasparini

Di solito una donna preferisce essere bella anziché intelligente perché in genere l'uomo medio ha la vista più sviluppata del cervello.
Bill Lawrence

La bellezza è soltanto epidermica. La bruttezza arriva fino all'osso!
Legge di Parker

Le maschere di fango non fanno bene alla carnagione. Hai mai visto un maiale carino?
Jack E. Leonard

Avevo un bel cane: un bastardo addestrato a rimorchiare tutte le cagnette al guinzaglio di donne bellissime. Dovetti abbandonarlo! Era talmente bastardo che lasciava a me le cagnette!
Massimiliano

Se la bellezza è soggettiva, perché faccio schifo a tutti?
FRANCO MERAFINO

Era bella come la moglie di un altro.
PAUL MORAND

Non credo di essere bello. Ma che valore ha la mia umile opinione contro quella che invece dichiara lo specchio?
MUHAMMAD ALÌ (CASSIUS CLAY)

La bruttezza ha un vantaggio sulla bellezza: dura.
DANIEL MUSSY

«Lei è bellissima! Mi vuole sposare?» «Dipende. Lei russa?» «No, ma potrei imparare.»
DENNIS O'NEIL

La mia donna si è guardata allo specchio e non si piaceva più. Diceva di avere troppe rughe sul viso, le gambe rovinate, il culo enorme... Io allora per consolarla le ho detto: «Però hai ancora una vista ottima!».
FLAVIO OREGLIO

Ai belli si perdona assolutamente tutto e con ragione: se non fosse per loro, la masturbazione sarebbe molto noiosa per tutti.
P.J. O'ROURKE

L'uomo invisibile è bellissimo ma nessuno lo sa.
DIEGO PARASSOLE

Gianni Agnelli non è bello ma è un tipo. Susanna Agnelli non è bella ma è una Tipo.
DIEGO PARASSOLE

Con questo dentifricio sarai bello... diventerai felice... avrai successo... E per lavarmi i denti cosa dovrò fare?
PERICOLI E PIRELLA

Quando le candele sono spente, tutte le donne sono belle.
PLUTARCO

Io dico no al mito della donna bella e stupida! Io voglio essere solo stupida!
VIVIANA PORRO

È una di quelle donne che sogni un giorno si siedano sulla tua faccia.
PRODUTTORE DI HOLLYWOOD

Lasciamo le belle donne agli uomini senza fantasia.
MARCEL PROUST

Quando un uomo non è né cieco né zoppo è già fin troppo bello.
PROVERBIO

C'è una ragazza che s'aggira per l'Europa. Dire interessante è dire poco. Dire ideale è riduttivo. Dire fantastica significa voler abbassare a un'espressione banale un concetto di esagerata elevatezza. Dire bella è dire troppo.
FRANCESCO SALVI

Rosy Bindi è più bella che intelligente.
VITTORIO SGARBI

Signore molto laido (alito pesante, denti cariati, vistosi peli superflui, ascelle maleodoranti, forfora di tre specie, petecchie e piedi marci) sposerebbe fanciulla bellissima per avere figli normali.
TANGO

Nella vita la bellezza non è tutto però io sono uno che si accontenta.
CARLO TURATI

Le buone maniere sono soprattutto un bisogno di chi è brutto. I belli possono permettersi qualsiasi cosa.
EVELYN WAUGH

L'unico modo di comportarsi con una donna è di fare l'amore con lei se è bella, e con un'altra se è brutta.
OSCAR WILDE

Vi dico un segreto, una cosa che so solo io: sono un uomo bellissimo!
STEFANO ZACCARELLA

BENEFICENZA *(Solidarietà)*

Le mogli dei politici fanno tutte beneficenza. Per forza! Hanno il senso di colpa per quello che rubano i mariti.
ROBERTO BENIGNI

L'Inter è l'unica società Onlus della serie A. Mantiene trentadue giocatori senza pretendere assolutamente niente in cambio.
CAMILLO CANOVI

Date un significato sociale al vostro tempo libero: prendetevi un

cane randagio dal canile e un vecchio senza famiglia come nonno. Passerete il vostro tempo ad accompagnarli a pisciare.
GIANNI CARINO

La nazionale dei tossicomani e quella degli orfanelli si affronteranno in una partita il cui incasso sarà devoluto all'associazione dei cantanti che vogliono fare gli attori.
FABIO DI IORIO

Una giovane coppia ha venduto il suo bambino, ma ne ha devoluto il ricavato in beneficenza.
FABIO DI IORIO

La beneficenza? Solo soldi dei poveri dei paesi ricchi che finiscono ai ricchi dei paesi poveri.
DINO RISI

La settimana prossima il rapper Ice-T farà un concerto di beneficenza per il vescovo Desmond Tutu. Si chiamerà: "T for Tutu".
JEFFREY ROSS

BENZINA
vedi **Petrolio**

BENZINAIO

Prima di venire in California, non avevo mai visto una stazione di servizio self service. Sapete quanto sono rimasta ad aspettare in macchina?
ELAYNE BOOSLER

Sono stato da un benzinaio che mi ha confidato di essere un ex attore porno. E infatti mi stava facendo il pieno, ma all'ultimo momento ha tirato fuori la pompa dal serbatoio e ha spruzzato tutto il cofano.
BILL BURT

Bush: «Via dall'Iraq solo quando ce lo chiederà il benzinaio.»
MARCO VICARI

«Lei è mai stato innamorato?» «No, ho sempre fatto il benzinaio.»
BEPPE VIOLA

BERE

Guadagnavo cinquanta dollari la settimana. Un terzo lo spendevo per bere e un altro terzo per andare a donne... Il resto lo spendevo in modo stupido.

ANONIMO

Ci sono cose che non si sentono spesso, tipo: «Papà, dovresti bere di più».

GEORGE CARLIN

«Vuoi salire a bere qualcosa?» «No, dai, scopiamo qui.»

FABIO FAZIO

Non bevo mai a meno che io non sia da solo o in compagnia.

LEOPOLD FETCHNER

Se decidi di smettere di bere, fumare e fare l'amore, non è che vivi più a lungo: la vita ti sembra solo più lunga.

CLEMENT FREUD

In un anno l'Inghilterra beve certo il doppio di vino di Porto di quanto se ne produce in tutto il Portogallo.

GEORG CHRISTOPH LICHTENBERG

Vantarsi, bere liquori,
illudere la donna.

MAURIZIO MILANI

Mi chiama la maestra della scuola di mio figlio: «Signor Milani, suo figlio beve diciannove, venti litri di acqua al giorno». Io: «Sì, è un mio consiglio». Lei: «Certo, ma prima il bambino si limitava a fare il suo bell'imbarazzo d'acqua e via, adesso si corica come un toro con la pancia nuda a contatto del pavimento freddo e mi dà l'impressione di cercare apposta la congestione per vantarsi di essere moderno». lo: «Grazie». Alla sera ho ragionato e parlato serenamente con mio figlio per una buona mezz'ora, poi, dopo aver chiarito ogni cosa, gli ho dato un calcio nel culo.

MAURIZIO MILANI

Se fossi lungo come sei bischero berresti alle grondaie.

PROVERBIO TOSCANO

Quando mangio, bevo e trombo, un mi chiama' perché 'un rispondo.

PROVERBIO TOSCANO

A un happy hour a Milano tutti ordinavano cose esotiche che finivano per "ito". Io per fare la cittadina ho detto: «Porti pure anche a me un Moschito». Il barman mi ha guardato con aria di compatimento, allora per uscire da quella situazione imbarazzante ho detto: «Mi porti pure un bianchito!».
MARIA ROSSI

Chi fu la prima persona a bere latte, e cosa gli passava per la testa? «Ooooh, non vedo l'ora che quei vitelli abbiano finito, così mi faccio un bel bicchiere di quella roba.»
JERRY SEINFELD

«Gradisci del succo marrone o verde?» «Che differenza c'è?» «Due settimane.»
LA STRANA COPPIA

Un alcolizzato è qualcuno che non vi piace che beve quanto voi.
DYLAN THOMAS

La differenza tra un cammello e un uomo? Il cammello può lavorare una settimana senza bere, l'uomo può bere una settimana senza lavorare.
JULIAN TUWIN

L'unico modo di restare in salute è mangiare quello che non si vuole, bere quel che non piace e fare quello che si preferirebbe evitare.
MARK TWAIN

BERLUSCONI SILVIO

Avendogli prescritto il medico di sudare molto per curarsi dai reumatismi, Silvio Berlusconi si compra l'equatore.
AMURRI & VERDE

Governo Berlusconi: a tutti gli anziani verrà data una tessera con 400 euro da spendere alla Mondadori.
MARIO ANGIONI

A Silvio Berlusconi ogni tanto capita di infilarsi in una qualche verità, ma riesce sempre a tirarsi subito fuori e a tirare diritto come se niente fosse.
ANONIMO

Berlusconi è un uomo molto fortunato. Così proverbialmente fortunato che qualche tempo fa la Repubblica di San Marino decise di emettere dei francobolli che raffiguravano il suo sedere. Ma ha dovuto subito ritirarli perché Emilio Fede li leccava dal lato sbagliato.
ANONIMO

Sono contento, non sono razzista, non sono leninista o uno dei burattini di Berlusconi. Fa niente se sono stronzo?
CLAUDIO BARBIERI

Berlusconi nella sua vita ha avuto una decina di mogli, di cui due sue.
ROBERTO BENIGNI

Berlusconi riceve un avviso di garanzia praticamente ogni mese, ma continua a giurare sulla testa dei figli di essere innocente. Non può essere un padre così snaturato da giurare il falso sui suoi figli! Sorge quindi spontanea una domanda: di chi sono veramente i suoi figli?
ROBERTO BENIGNI

Berlusconi fin da piccolo disse: «O divento Presidente del Consiglio o niente». È riuscito a diventare tutt'e due.
ROBERTO BENIGNI

Silvio è un vero affarista. Hanno fotografato sua figlia Barbara e lui ha comprato le immagini per 20 mila euro. Poi le ha vendute a Chi per 50 mila, a Vespa per 100 mila, quindi ne ha guadagnati 130 mila. E tutte le sere le dice: «Non esci? Che ci fai a casa? Vai a divertirti, ubriacati!».
ROBERTO BENIGNI

Silvio Berlusconi Presidente del Consiglio? Pensate se fosse successo davvero!
ROBERTO BENIGNI

Cara Santità, mi lasci dire che Lei assomiglia al mio Milan. Infatti, Lei, come noi, è spesso all'estero, cioè in trasferta, a portare in giro per il mondo un'idea vincente. Che è l'idea di Dio.
SILVIO BERLUSCONI

Quando Bossi parla di "peronismo" io credo che si riferisca alla birra

Peroni che è l'unico "peronismo" che conosce.
SILVIO BERLUSCONI

Alla presidenza della Repubblica non potevamo votare la Rosa Russo Jervolino: come dice il proverbio, anche l'orecchio vuole la sua parte.
SILVIO BERLUSCONI

Bertinotti dice di amare tanto i poveri: li ama così tanto che li vuole raddoppiare.
SILVIO BERLUSCONI

Con Silvio al governo, nel 2004 si son persi i Mondiali di calcio in Usa ai rigori col Brasile. Con Silvio al governo nel 2008 si son persi gli Europei con la Spagna ai quarti. Con Prodi al governo nel 2006 campioni del mondo! Beh, i campionati del 2010 in Sudafrica si avvicinano, che si fa?
ENRICO BERTOLINO

Se Berlusconi avesse le tette farebbe anche l'annunciatrice!
ENZO BIAGI

Non è vero che se Berlusconi avesse le tette farebbe l'annunciatrice. È vero invece che se l'annunciatrice avesse le tette se la farebbe Berlusconi.
GINO&MICHELE

Silvio Berlusconi è da sempre convinto di essere il secondo, solo dietro Dio. Sarà perché non crede in Dio.
GIORGIO BOCCA

«Su un aereo ci sono Berlusconi, Bossi e Fini. A un certo punto l'aereo cade. Chi si salva secondo te?» «L'Italia.»
CARLO BUGLIARELLO

Berlusconi o Rutelli? Era come scegliere tra la vaselina e il burro. E il culo, comunque, era il mio.
DIEGO CAJELLI

Berlusconi ha provato a vendere l'Alitalia a tutti, anche ai suoi figli che gli han detto: «Babbo, dai, perché ci vuoi inculare anche a noi?». E lui ha risposto: «Bambini, lo sapete: è più forte di me tirare dei bidoni».
PALMIRO CANGINI (PAOLO CEVOLI)

Berlusconi odia i comunisti, ma sotto sotto anche il suo cuore batte a sinistra.
CAMILLO CANOVI

Berlusconi è la prova vivente che le bugie hanno le gambe corte.
CAMILLO CANOVI

Titolo di un articolo apparso sulla rivista *Uomini&Business*: "Come si diventa Berlusconi in tre mesi". È obbligatorio?
LA CAROVANA

Quando nel '94 Berlusconi vinse le elezioni mi ripromisi che non mi sarei più interessato di un popolo che aveva votato un personaggio simile. Ma non avrei mai immaginato che proprio Berlusconi mi avrebbe rubato l'idea.
NICO CORDOLA

Povero Silvio... Nessuno capisce il dramma di quest'uomo... Arriva il suo compleanno e nessuno sa cosa regalargli: libri... ha già sette case editrici. Televisioni... ne ha tre. Videocassette... tutti i cinema sono suoi... Abbonamento allo stadio... il Milan è suo! Quest'anno gli faccio una busta con i soldi e ci pensa lui... Altrimenti cosa gli regalo?
ANTONIO CORNACCHIONE

Povero Silvio... Perché lui ha un cuore grande così, è generoso con tutti. Alla mattina, appena sveglio, il cameriere gli porta la colazione e lui gli dà la mancia. Poi arriva il barbiere e lui gli dà la mancia. Arriva il fiorista e lui gli dà la mancia, arriva l'autista e lui gli dà la mancia, arriva la Guardia di Finanza...
ANTONIO CORNACCHIONE

Povero Silvio... Ma lo sapete che lavora diciotto ore al giorno? Non mangia più a orari regolari, salta i pasti. Gli è venuto l'intestino pigro... Certe volte lui si sveglia alle sei e l'intestino resta ancora due ore a letto. Altre volte succede il contrario, Silvio si alza alle sei e l'intestino è già in giro da due ore che parla coi sindacati. È chiaro che poi gli capita di sparare stronzate. Ma non è lui che parla, è il suo intestino!
ANTONIO CORNACCHIONE

Povero Silvio... Molti mi chiedono quanti anni ha... io non lo so, comunque ne dimostra meno!
Antonio Cornacchione

Povero Silvio... Sono tutti invidiosi, vogliono diventare ricchi come lui. Ma solo lavorando duramente si può sperare di arrivare dove è arrivato lui. Pensate che un imprenditore che lo imitava, lavorando sodo, in sole due settimane è riuscito a farsi processare per falso in bilancio. Incredibile, Silvio per arrivare a questi risultati ci ha messo dieci anni!
Antonio Cornacchione

Ho sentito Berlusconi dire: «Non lascio la leadership perché non vedo nessun De Gasperi in giro». Poi ho sognato De Gasperi, vivo, che pensa: «Non lascio la leadership perché mi è sembrato di vedere in giro Berlusconi».
Antonio De Luca

Berlusconi afferma che certi giudici sono più vicini ai delinquenti che alle istituzioni. E non è contento?
Glauco Della Sciucca

Congresso europeo di trapiantologia. Relatore inglese: «Annunciamo una grande scoperta: abbiamo preso un uomo senza reni, lo abbiamo sottoposto a un trapianto una settimana fa e oggi, grazie ai progressi della scienza medica inglese, è già fuori a cercare un lavoro!». Relatore francese: «In Francia abbiamo fatto di meglio: abbiamo preso un paziente senza un polmone e, sottoposto a trapianto, dopo tre giorni è già fuori a cercare un lavoro!». Relatore tedesco: «Noi abbiamo preso due pazienti senza cuore, vi abbiamo trapiantato metà di cuore funzionante per uno e dopo due giorni sono già tutti e due fuori a cercare un lavoro!». Relatore italiano: «Non potete competere. In Italia abbiamo preso un tale completamente senza cervello, lo abbiamo messo a capo del Governo e dopo nemmeno un anno, mezza Italia è già fuori a cercare lavoro!».
Arturo Di Naccio

Come cominciare bene la giornata: accendere il computer e creare un file qualsiasi chiamarlo "Berlusconi" buttarlo nel cestino cliccare su "Svuota cestino".

Compare la schermata di "conferma eliminazione file" che chiede: "Eliminare Berlusconi?". E uno può finalmente rispondere: "Sì". Non serve a niente ma fa iniziare bene la giornata.
Arturo Di Naccio

Il Monumento.
Vorrei si costruisse un monumento
al cavaliere Silvio Berlusconi
per vederlo sorridere contento
mentre gli cagano in testa i piccioni.
Eros Drusiani

Il governo Berlusconi ha promesso che farà rifiorire l'Italia. Intanto stanno concimando.
Fire

Lavorare nello spettacolo nella Milano degli anni Novanta e non avere rapporti con Berlusconi è facile come lavorare al controllo delle nascite nella Nazareth degli anni Zero e non avere rapporti con Erode.
Walter Fontana

Non temo Berlusconi in sé, temo Berlusconi in me.
Giorgio Gaber

Come ha dichiarato Silvio Berlusconi: «Il mio viaggio in Israele e nei Territori Occupati è stato coronato da grande successo: sono tornato indietro».
Gino&Michele

Berlusconi significa non dover mai dire mi dispiace.
Gino&Michele

Giovanissimo Silvio Berlusconi visita gli Stati Uniti e vede più città che può. Visita New York, Los Angeles, San Diego, Dallas, Dinasty, Miami Vice.
Gino&Michele

Berlusconi è così ricco perché, ogni volta che qualcuno della Casa delle Libertà dice una bugia, la Siae gli paga i diritti d'autore.
Gino&Michele

I magistrati del tribunale di Milano hanno dichiarato che, se Berlusconi la finirà di dire falsità sul loro conto,

loro sono disposti a smettere di dire la verità su di lui.
GINO&MICHELE

Quando Berlusconi salì per la seconda volta alla guida del governo molti italiani si convinsero che le sorti del paese fossero in mano a un serial premier.
GINO&MICHELE

Berlusconi, nella sua vita, non è mai scappato davanti a niente, perché il suo motto è: «L'uomo che fugge ha qualcosa da nascondere. L'uomo che non fugge ha più tempo per nasconderlo».
GINO&MICHELE

Silvio Berlusconi non solo non conosce Tabucchi, ma è anche convinto che Gogol sia un centravanti balbuziente.
GINO&MICHELE

Quando era giovane e inesperto Silvio Berlusconi era convinto che il denaro e il potere lo avrebbero reso felice. Aveva ragione.
GINO&MICHELE

Quella di Piersilvio Berlusconi è la più classica delle storie italiane. Era bravo, intelligente, si applicava un sacco. Poi un bel mattino suo padre ha cominciato a prenderlo in simpatia.
GINO&MICHELE

Sappiamo che è difficile da credere ma la vita di Berlusconi è basata su una storia vera.
GINO&MICHELE

Emilio Fede: «... Migliaia di fax di solidarietà al nostro Presidente del Consiglio Silvio Berlusconi hanno intasato la redazione del nostro telegiornale. Venivano da ogni angolo d'Italia, alcuni da tutta Europa, uno da tutta l'Africa. Sì, perché c'è qualcuno anche ad Hammamet che ci vuole bene, e non importa il colore della sua pelle...»
GINO&MICHELE

Ancora scolaretto Silvio Berlusconi dà prova delle sue straordinarie qualità vendendo i "pensierini" ai compagni meno dotati. Comincia insomma a manifestarsi in lui quella particolare attenzione verso i più

somari che sarà in seguito origine del suo successo.
GINO&MICHELE

Berlusconi è così convinto che coi soldi si può tutto che, quando va a pescare, come esca usa l'American Express.
GINO&MICHELE

Una bellissima ex concorrente del *Grande Fratello*, in odore di Parlamento Europeo, ha rotto la sua relazione con Berlusconi la prima volta che l'ha visto nudo. Ha dichiarato che era stato un abbaglio, che le faceva schifo così senza portafoglio.
GINO&MICHELE

L'ego di Berlusconi è così grosso che sogna che il Ministero delle Poste gli dedichi un francobollo. Giuliano Ferrara invece è così grosso che sogna che il Ministero delle Poste gli dedichi un c.a.p.
GINO&MICHELE

La grandezza politica di Berlusconi sta nella sua capacità di anticipare: lui dice le cose almeno due anni prima che i fatti le smentiscano.
GINO&MICHELE

Mi sono svegliato nel Duemila e ho avuto paura perché Berlusconi aveva comprato tutto. Perfino la Costituzione aveva fatto riscrivere. Da Mike Bongiorno. Il primo articolo diceva: "L'Italia è una Repubblica fondata sul lavoro? Avete venti secondi per rispondere. Via al cronometro".
GINO&MICHELE-PAOLO ROSSI

Ancelotti ha tracciato il profilo del futuro allenatore del Milan: sarà aziendalista, grassottello e un po' stempiato. Lo stesso degli ultimi anni. Quindi sulla panchina rossonera rimane Berlusconi.
GENE GNOCCHI

Berlusconi mi fa pena: è un nanetto che ride. È talmente piccolo che in Cina lo metterebbero in giardino.
BEPPE GRILLO

Un'indagine statistica, recentemente tacciata di eccessivo pessimismo,

ha stabilito che, su sessanta milioni di italiani, uno è Berlusconi.
FRANCO KAPPA

Come sarebbe bello scoprire un giorno che Berlusconi è solo un format della Endemol.
FRANCO KAPPA

Ieri Veronica ha chiesto a Berlusconi le pubbliche scuse. E oggi Berlusconi le ha accettate.
DANIELE LUTTAZZI

Un giorno Berlusconi disse. E non aggiunse altro.
LUCA MARTINELLI

Berlusconi ogni dieci stronzate dice una cosa che ha un senso. La puoi riconoscere perché è quella che smentirà il giorno dopo.
FURIO OMBRI

L'Antitrust non interviene nel conflitto d'interessi di Berlusconi solo perché Berlusconi stesso ne possiede il 51%.
FURIO OMBRI

Partendo dall'Auditel, oggi tutto va in percentuale. Berlusconi fa il 30% di quello che dice. Tremonti capisce il 10% di quello che dice Berlusconi.
GIORGIO PANARIELLO

Berlusconi? L'unico capace di cavare un ragno dal buco, rivendere il ragno e subaffittare il buco!
DIEGO PARASSOLE

Silvio Berlusconi sta a Bush come Monica Lewinsky stava a Clinton.
ALBERTO PATRUCCO

Berlusconi sta alla diplomazia come Platinette sta alla gnocca.
ALBERTO PATRUCCO

Si lascia la Falchi. Si lascia la moglie di Fini. Si lascia la Moric. Si lascia la Royale. È il momento di riscendere in piazza con Berlusconi per il Second Family Day.
PERICOLI E PIRELLA

Berlusconi ha trovato il modo per risolvere il conflitto di interessi: intesterà Palazzo Chigi ai figli.
ALESSANDRO ROBECCHI

Berlusconi, se per ogni cazzata ti nascesse un capello, saresti Cocciante.

SCRITTA SU UN MURO DI LIVORNO

Come disse Berlusconi alla sua dattilografa: «Io sono sempre stato contro tutte le dettature, sia di destra che di sinistra».

MICHELE SERRA

Veltroni ha chiesto pubblicamente ai mafiosi di non votare per il Partito Democratico e ha sfidato Berlusconi a fare altrettanto. Berlusconi ha raccolto la sfida e anche lui ha chiesto pubblicamente ai mafiosi di non votare Partito Democratico.

SANDRO SIMONE

Volere è potere. Guarda Berlusconi: ha cominciato suonando il piano sulle navi da crociera e adesso scrive le canzoni per Apicella.

CLAUDIO STERPONE

Un giorno su un colle Silvio Berlusconi incontrò Gesù. Si guardarono a lungo, poi Gesù disse: «Figliolo, tu sai chi sono io?». E Berlusconi rispose: «Stavo per farti la stessa domanda...».

SUOR LETIZIA (GIORGIO ZANETTI)

Dopo il terremoto in Abruzzo.
Lei: «Berlusconi si è precipitato subito su tutti i luoghi del disastro.»
Lui: «Da Sky a *Matrix*, da *Matrix* a *Porta a Porta*.»

VAURO

Il Pil? Cresce solo sulla testa di Berlusconi.

DARIO VERGASSOLA

Berlusconi ha garantito sulla democraticità della Mussolini. La Mussolini che, infatti, più di una volta ha salvato numerosi ebrei da un destino tragico. Li ha portati fuori dalla sala prima che iniziasse un suo film.

MARCO VICARI

Berlusconi ha un solo modo per risolvere il problema della giustizia in Italia: costituirsi.

LUCIO WILSON

BESTEMMIA *(Blasfemo)*

Un giorno Dio inventò la superbia. Ma chi c'è più superbo di lui che si è fatto chiamare Dio? Metti caso che si fosse chiamato Guido, insomma, fosse stato un po' più umile sarebbe andata diversamente.
ROBERTO BENIGNI

Ho un cane bassotto. Quando abbaia lancia certe madonne! Perché? Be', lo fareste anche voi se vi doveste trascinare le palle per tutto il marciapiede.
BILLY CONNOLLY

È incredibile come la tecnologia ti cambi la vita. Io per esempio prima non bestemmiavo.
TEO GUADALUPI

Dio tassista, senza apostrofo, è una bestemmia?
MARCELLO MARCHESI

Papà era ateo, mamma cattolica. Così mentre lei mi obbligava a dire le preghiere prima di cena, lui mi obbligava a bestemmiare dopo la frutta.
VALERIO PERETTI CUCCHI

Le bestemmie degli alpini non si alzano da terra.
PROVERBIO VENETO

Io non nomino mai Dio invano, lo faccio sempre con uno scopo preciso.
MAURIZIO SANGALLI

Anche i grilli bestemmiano, solo che balbettano.
MAURIZIO SANGALLI

Non si può concepire un'Intelligenza perfetta che non eccella anche in autoironia. Secondo me Dio bestemmia.
ZIO SCRIBA (NICOLA PEZZOLI)

BESTIALITÀ *(Selvaggio)*

Lou è un animale. Nella sua famiglia lui fa parte solo della seconda generazione che sta ritta in piedi!
A SCUOLA CON PAPÀ

Ritengo sia da selvaggi
fare l'amore nudi.
KIM BASINGER

Era un tipaccio: si tagliava le unghie chiudendole di scatto in un cassetto del tavolo.

Lorenzo Beccati

Il rugby è uno sport bestiale giocato da gentiluomini. Il calcio è uno sport da gentiluomini giocato da bestie. Il football americano è uno sport bestiale giocato da bestie.

Henry Blaha

L'intelligenza è per gli uomini ciò che la bestialità è per le bestie.

Jean Charles

BEVERLY HILLS

vedi ***Los Angeles***

BIANCHI

«Siamo poveri, babbo.» «E bianchi. È veramente assurdo.»

Altan

Il mondo è impazzito: il miglior rapper è un bianco, il miglior giocatore di golf un nero, i migliori velisti sono svizzeri, i francesi accusano gli americani di arroganza e i tedeschi sono contrari alla guerra.

Anonimo

Quanti Wasp (bianchi anglosassoni protestanti, *n.d.c.*) ci vogliono per cambiare una lampadina? Due. Uno per preparare il Martini e uno per chiamare l'elettricista.

Anonimo americano

Un gruppo di sudafricani bianchi ha ucciso un avvocato nero solo perché era nero. Questo è sbagliato. Avrebbero dovuto ucciderlo perché era un avvocato.

A. Whitney Brown

Questa è la logica: hai la scelta di passare quindici anni sposato a una donna, una donna nera o una donna bianca. Quindici anni di abbracci, di baci e dormite l'uno vicinissimo all'altra in notti infuocate di passione. Con una donna nera nera, o una donna bianca bianca. La donna bianca è Kate Smith. E la donna nera è Lena Home. Be', non te ne frega più niente di nero e bianco, no? Quello che ti frega è quanto è bella l'una e quanto è carina quell'altra.

Allora, andiamo al sodo e perseguitiamo i brutti!
LENNY BRUCE

I preservativi si vendono in confezioni da sei, otto e dodici. La scatola da sei è per gli ispanici, che fanno sesso lunedì, martedì, mercoledì, giovedì, venerdì, sabato, e si riposano la domenica. Quella da otto è per i neri, che fanno sesso lunedì, martedì, mercoledì, giovedì, venerdì, sabato, e due volte la domenica. Quella da dodici è per noi bianchi, che facciamo sesso gennaio, febbraio, marzo...
MICHAEL COLYAR

Lo dico per l'ultima volta a tutto il teatro: io resto nero e voi restate bianchi. E, per i fratelli e le sorelle messicani in sala, imparate l'inglese, teste di cazzo!
JEFF DUNHAM

Giudice: «Io non faccio differenza tra bianchi e neri. Ho liberato i quattro ragazzi bianchi che hanno ucciso un negro e avrei fatto lo stesso se quattro ragazzi negri fossero stati uccisi da un ragazzo bianco!»
ELLEKAPPA

Meno è intelligente il bianco, più gli sembra che sia stupido il negro.
ANDRÉ GIDE

C'è una cosa da dire della razza bianca: che la sua presunzione non ha limiti. Chi altri infatti potrebbe andare in un isolotto del Pacifico dove non esistono né miseria, né delitti, né disoccupazione, né preoccupazioni, né guerra, e definire quella una società primitiva?
DICK GREGORY

Amo il football americano... Il football è leale con la mia gente. È il solo sport al mondo in cui un negro possa dar la caccia a un bianco mentre quattrocentomila persone si alzano in piedi e lo acclamano.
DICK GREGORY

L'ecstasy è una droga così potente che fa pensare ai bianchi di saper ballare.
LENNY HENRY

I neri non hanno mai fatto sommosse. Sono i bianchi che credono che i neri siano impegnati in una sommossa quando bruciano i negozi.
JULIUS LESTER

Dicono ai bambini che Gesù era bianco, così come gli apostoli e gli angeli. Il posto in cui vive il Presidente si chiama Casa Bianca. Perfino Tarzan è bianco. Ma come? Bianco uno nato e cresciuto nella jungla?

MUHAMMAD ALÌ (CASSIUS CLAY)

Vado fuori di testa per le donne bianche. Questo dà fastidio a molta gente. Soprattutto alle donne nere.

DANNY RODMAN

Quando i bianchi arrivarono per la prima volta in Africa noi neri avevamo la terra e loro la Bibbia. Adesso loro hanno la terra e noi la Bibbia.

MIKE TYSON

Volete sapere tutto quello che so sulla boxe? Beh, mai scommettere sul pugile bianco.

UNA PALLOTTOLA SPUNTATA

Il golf è l'unico sport dove i bianchi si possono vestire come i neri e non sembrano neanche ridicoli.

ROBIN WILLIAMS

BIBBIA *(Vangelo)*

Recentemente ho letto la Bibbia. Non male, ma il personaggio centrale è poco credibile.

WOODY ALLEN

Una volta un prete mi tirò una Bibbia sul cuore. Per fortuna avevo una pallottola d'oro che mi aveva regalato mia madre che mi salvò la vita!

WOODY ALLEN

È vero che Dio ha detto: «Andate e moltiplicatevi», ma è un'esortazione che risale a quando la terra era abitata da solo due persone.

ANONIMO

L'Apocalisse?
Me l'aspettavo più alta.

MAURIZIO AVANZI

Il giorno dell'insediamento alla Casa Bianca, Bush ha solennemente giurato fedeltà all'America. Il vicePresidente Quayle ha giurato sulla Bibbia. Bush invece ha giurato su sua moglie: quella è molto più vecchia.

LORENZO BECCATI

Nella Bibbia, l'autore del libro è anche l'autore dei lettori.
ROBERTO BENIGNI

«Guarda, per avere successo nella professione è anche importante che lo studio sorga in un posto adatto, frequentato dalla gente che conta», mi dice il dottor D., ginecologo a Betlemme.
ROMANO BERTOLA

"Tu sei Pietro e su questa pietra fonderò la mia Chiesa". Gioco di parole indubbiamente sublime, però, come dire? Un po' fortunoso. Resta il sospetto che, se si chiamava Michele, avrebbe fondato la Michelin.
ROMANO BERTOLA

Il dubbio più serio mai gettato sull'autenticità dei miracoli biblici è il fatto che la maggioranza dei loro testimoni erano pescatori.
ARTHUR BINSTEAD

La Bibbia, un gran bel libro, un best seller di tutti i tempi, è piena di esagerazioni. Conoscevo il principale scrittore, Shem. Viveva a due caverne da me. Un uomo adorabile, pieno di talento, che lavorava con un piccolo staff. Prendevano le storie del giorno e le pepavano un po'. Quello che Shem ha fatto con l'Arca di Noè è un capolavoro. In base a quel che ha scritto, ha piovuto quaranta giorni e quaranta notti. Non credeteci. Ha piovuto quattro giorni e quattro notti. È stato un temporalone, non la fine del mondo.
Ma Shem sapeva come attrarre l'attenzione della gente, e tenerla viva. Lasciate che vi chieda: siete davanti a due cinema, uno dà il film *Tifone*, e l'altro dà *Spioviggina*. Quale andate a vedere?
MEL BROOKS-CARL REINER

Il Nuovo Testamento non è più così nuovo, ha migliaia di anni. È tempo di chiamarlo il "Meno Vecchio Testamento".
GEORGE CARLIN

«La taglia su Cheyenne è 5000 dollari, giusto?» «Giuda si è accontentato di 4970 dollari in meno.» «Non c'erano i dollari allora.» «Già, ma i figli di puttana sì.»
C'ERA UNA VOLTA IL WEST

Il più famoso degli ebrei si chiamava Mosè e viveva nella prima parte della Bibbia. Fu lui a ricevere il catalogo sul monte Sinai.
Jean Charles

Non perdonerò mai a Noè di aver imbarcato anche una coppia di zanzare.
Enzo Costa

Dio prese del fango, ci sputò su e nacque Adamo. E Adamo, asciugandosi il viso, disse: «Cominciamo bene...».
Giobbe Covatta

In quel tempo il Signore aveva deciso di distruggere Sodoma, città di sodomiti in cui nessuno si affacciava al davanzale perché anche in famiglia ci si fidava poco...
Giobbe Covatta

E nacque Caino, e Adamo lo guardò e disse: «Com'è piccolo! Io appena nato non ero così piccolo...».
Giobbe Covatta

Se il figliol prodigo avesse preannunciato il suo arrivo, il vitello grasso avrebbe mangiato meno.
Fabio Di Iorio

Ho messo la Bibbia sul balcone, ma la parabola non prende.
Fichi d'India

Lavorare nello spettacolo nella Milano degli anni Novanta e non avere rapporti con Berlusconi è facile come lavorare al controllo delle nascite nella Nazareth degli anni Zero e non avere rapporti con Erode.
Walter Fontana

È uscita una nuova Bibbia scritta in inglese moderno. L'hanno fatta per stare al passo coi tempi. Non so, mi sembra che perda un po' di misticismo... "E Gesù camminò sulle acque, e Giuda disse: 'Figo!'".
Bill Hicks

Abramo disse a suo figlio di costruire un mulino. Poi andava da lui a prendere la farina e a tutti diceva: «È farina del mio Isacco».
Antonio Laneve

Era così cretino che cercava nella Bibbia l'indirizzo di un buon albergo in Palestina.
Leo Longanesi

È sbagliato giudicare un uomo dalle persone che frequenta. Giuda, per esempio, aveva degli amici irreprensibili.
MARCELLO MARCHESI

La cosa più irritante dei cammelli è che riescono a guardarti con aria di sufficienza anche se li fissi con un ago in mano.
SANDRO MONTALTO

Genesi: in principio erano tre uova, poi una si schiuse e nacque... l'uccello.
ROBERTO "ROBYM" MORO

Mosè cercava il popolo eletto. Si rivolse agli Ebrei dicendo: «Vi piacerebbe essere il popolo eletto?» «Certo sarebbe bellissimo.» «Però dovete accettare un comandamento.» «Quanto costa?» «Niente.» «Allora daccene dieci.»
PLAYBOY

Quando i bianchi arrivarono per la prima volta in Africa noi neri avevamo la terra e loro la Bibbia. Adesso loro hanno la terra e noi la Bibbia.
MIKE TYSON

BIBERON *(Ciuccio)*

Ho avuto un incubo la scorsa notte: ho sognato che Valeria Marini era mia madre e io avevo un biberon.
ANONIMO

Da piccolo mordevo continuamente il ciuccio, poi ho messo su i dentini e il ciuccio è scappato ragliando.
ANATOLJ BALASZ (NATALINO BALASSO)

Quando ero piccolo, mamma mi metteva l'aglio nel biberon per trovarmi anche al buio.
VALERIO PERETTI CUCCHI-MARIO ZUCCA

Sono stato con una donna, una maniaca. Voleva che le facessi il bambino... le dovevo parlare così: «Tao, signolina, come tai?». E più si toglieva i vestiti più io ringiovanivo... Quando si è sfilata gli slip, io ero sul pavimento e facevo: «Da, da, da da da...». Mi ha dato un biberon e se ne è andata!
RICHARD PRYOR

La mia insicurezza la devo a un trauma infantile: un giorno mia zia mi strappò il ciuccio e lo gettò dalla finestra. Una violenza inaudita su un bambino di soli dodici anni.

RENATO TRINCA

BIBLIOTECA
vedi **Libro**

BICICLETTA *(Ciclista)*

Ho cominciato a essere indipendente da piccola. A sette anni mi sono comprata una bicicletta coi miei soldi. Li avevo risparmiati smettendo di fumare.

BRUNELLA ANDREOLI

La prima volta che ho dato l'esame per la patente mi hanno bocciato per colpa di un ciclista... buonanima.

FEDERICO BASSO

Cyclettes con il contachilometri... Che da quello che le usiamo potrebbero avere solo il contaspanne: sarebbe già troppo! Alla cyclette facciamo fare più strada portandola in spalla che pedalando. Dalla camera da letto alla cantina e infine nel solaio: il cimitero delle cyclettes!

LORENZO BECCATI

Era un ciclista così potente che a volte doveva frenare in salita per non finire fuori strada.

STEFANO BENNI

Negli anni Cinquanta, chi aveva la radio nell'automobile furoreggiava con le ragazze. Mio cugino Ignazio faceva strage di cuori invitandole sulla sua Topolino, dove, dopo essersi fermato in un angolino appartato, accendeva la radio e le avvolgeva in una magia di romantiche canzoni... In realtà, Ignazio non aveva nessuna radio, ma quando le ragazze scoprivano che Ignazio era solo uno sporco ventriloquo, lui le aveva già scopate. Adesso che ci penso, Ignazio non aveva neanche la Topolino. Ma oltre a essere un ventriloquo, era anche un ipnotizzatore, e così le ragazze credevano di viaggiare su un'auto lussuosa mentre in realtà se ne stavano issate sul tubo di una vecchia bicicletta scassata! A volte ho dei dubbi che Ignazio avesse davvero la bicicletta...

ROMANO BERTOLA

Se in Olanda, all'improvviso, scendessero tutti insieme dalle biciclette, credo che il Paese sprofonderebbe.

GINO BRAMIERI

Esortazione per insicuri: «Hai voluto la bicicletta? Adesso montaci le rotelline!».

PAOLO CANANZI

«So che viaggia spesso con la mountain bike.» «Ho una Graziellina, è più comoda, c'è la vite in mezzo, si piega in due e sta nello zaino.» «Ma è pesante?» «58 kg.» «E quanti rapporti ha la sua Graziellina?» «Sono affari suoi, a me non interessa. Può andare anche con un motorino.»

LA CAROVANA

Sì, Dio mi avrà aiutato di sicuro. Però a sudare su quella bicicletta c'ero io.

FRANCO "COPPINO" CHIOCCIOLI

«Me brusa el cu'.»

LUIGI GANNA, DOPO AVER TRIONFATO IN UNA TAPPA DEL GIRO D'ITALIA NEL 1909, CONVINTO A FATICA A RILASCIARE UNA DICHIARAZIONE

Conosco un ciclista di Rovigo così sfortunato che quando stava per battere il record dell'ora di Moser è scattata l'ora legale.

GENE GNOCCHI

Ah, la mountain bike! Arrampicarsi sui sentieri più ripidi, sudare per raggiungere la vetta, faticare lungo le mulattiere... Un giorno o l'altro dovrò proprio decidermi a comprarne una.

ROBERTO GUIDARINI

Quand'ero ragazzo pregavo ogni notte per avere una bicicletta nuova. Poi ho capito che con il Signore le cose non funzionano in questo modo. Così ho rubato una bici e poi gli ho chiesto perdono.

EMO PHILIPS

È moltissimo che non faccio sesso, ma mi hanno detto che è come andare in bici, una volta imparato non

si dimentica. Così ho preso la bici e sono andato a puttane.
DANIELE RACO

Credete che i verdi vadano in bicicletta per tenere pulita la città? Vi sbagliate: vanno in bicicletta per tenere pulita l'auto!
GABRIELLA RUISI

Il mio rapporto con la bicicletta è sempre stato di parità: non uno sopra e l'altro sotto, ma tutti e due sopra o tutti e due sotto, dipende da chi cadeva per primo.
FRANCESCO SALVI

Tenete duro:
in cima c'è pieno di figa.
SCRITTA SULL'ASFALTO DI UNA SALITA AL GIRO D'ITALIA

Una donna ha bisogno di un uomo come un pesce di una bicicletta.
SLOGAN FEMMINISTA, ANNI SETTANTA

La Svizzera si è sempre contraddistinta per la sua temibile, crudele neutralità. Il fatto che adesso la Svizzera stia smantellando le sue truppe in bicicletta arriva come una sorpresa per tutti quelli che ignoravano che la Svizzera avesse un esercito. Sono rimaste solo poche truppe in bicicletta, ma sembrano molte di più se mettono le carte nei raggi. E le truppe in bicicletta sono efficaci il doppio di quelle su monopattino.
JON STEWART

BIDÈ
vedi ***Toilette***

BIGAMIA

La bigamia è avere un marito di troppo, la monogamia lo stesso.
ERICA JONG

La bigamia è più bella della tua.
MAURIZIO SANGALLI

BILANCIO

Generalmente, quando un uomo fa un bilancio della propria vita, resta abbacinato dal gran numero di

errori commessi. Ma io sono abbastanza soddisfatto di me. Se si eccettua la volta che ho pagato due milioni un krapfen, grossi sbagli non ne ho commessi.
ROMANO BERTOLA

Povero Silvio... Sono tutti invidiosi, vogliono diventare ricchi come lui. Ma solo lavorando duramente si può sperare di arrivare dove è arrivato lui. Pensate che un imprenditore che lo imitava, lavorando sodo, in sole due settimane è riuscito a farsi processare per falso in bilancio. Incredibile, Silvio per arrivare a questi risultati ci ha messo dieci anni!
ANTONIO CORNACCHIONE

MIB 30. È il nostro indice della Borsa di Milano, sono le trenta maggiori società italiane. Per essere accettati in questo club è d'obbligo fare i bilanci falsi. Non una volta, sempre, tutti gli anni... una volta sono capaci tutti. Queste società hanno il vizio di lasciare a casa i dipendenti per dare un maggior dividendo agli azionisti. A volte gli regalano un operaio.
MAURIZIO MILANI

Se penso che hanno approvato una legge che si limita a depenalizzare il falso in bilancio, mi sento più tranquillo. Sulle prime temevo che lo rendessero obbligatorio.
CARLO TURATI

BIN LADEN OSAMA

Ecco i dieci eventi storici nei quali è stato lecito usare la parola "cazzo":
1) "Sta torre col cazzo che casca!" (Babele, 5000 a.C.).
2) "Piogge a tratti un cazzo!" (Noè, 4314 a.C.).
3) "Santità, lo vuole davvero su quel cazzo di soffitto?" (Michelangelo, 1566).
4) "Da dove cazzo sbucano tutti questi indiani?" (Generale Custer, 1877).
5) "Cazzo! Ti somiglia un casino!" (Picasso, 1926).
6) "E quella cosa cazzo è?" (Sindaco di Hiroshima, 1945).
7) "Eddaì! Chi cazzo vuoi che lo venga a sapere?" (Bill Clinton, 1999).

8) "Cazzo, non credevo si arrabbiassero così tanto!" (Osama Bin Laden, 2001).
9) "La vuoi o no quella cazzo di macchina?" (Il presidente della Fifa all'arbitro Moreno, giugno 2002).
10) "Ma chi cazzo hai comprato?" (Berlusconi a Galliani, dopo la campagna acquisti del 2008 del Milan).

Anonimo Internet

Mio figlio Abdul ha trovato un amichetto americano, William. Giocano sempre insieme a nascondino: William fa la parte di Bush e Abdul la parte di Bin Laden. Solo che va sempre a finire che Abdul si mette a piangere e dice: «Mamma, ma come è possibile? William prima mi fa nascondere e poi non mi pensa proprio e non mi viene neanche a cercare!».

Assundam (Rosalia Porcaro)

Quelli come Bush in Afghanistan diventerebbero bersagli per le esercitazioni terroristiche. Quelli come Bin Laden negli Stati Uniti diventerebbero presidenti della Repubblica.

Francesco Bartucci

Parlando di Mina che aveva mandato la sigla di *Sanremo*: «Sono rimasti in due che mandano filmati: Mina e Bin Laden!»

Roberto Benigni, *Sanremo* 2009

Ho una teoria: che Osama Bin Laden si stia nascondendo in Nebraska, e che dovremmo bombardare lì. Del resto, se abbiamo preso un abbaglio, cosa perdiamo?

Jackie Kashian

Bin Laden? Chi, quel miliardario che vive in una caverna? Ma chi si crede di essere, Batman?

David Letterman

C'è Bush che bombarda l'Iraq e dice di aver parlato con Dio. C'è Bin Laden che tira giù torri giurando di essere stato ispirato da Dio. Ci sono i Talebani e gli Hezbollah, pronti a obbedire agli ordini di Dio... Ma non è che lassù hanno aperto un call center?

Carlo Negri

BINDI ROSY

Sono vergine ma non casta.
ROSY BINDI

Hanno mandato l'uomo sulla luna, ma non riescono a farne salire uno sulla Rosy Bindi.
GIANNI PALLADINO

Rosy Bindi è più bella che intelligente.
VITTORIO SGARBI

BIRRA

Quando ho scaldato la mia casa col gasolio, ho usato una media di ottocento galloni l'anno. Ho scoperto che posso restare confortevolmente al caldo per un intero inverno con circa metà di quella quantità in birra.
DAVE BARRY

Prese una birra dal frigo e la buttò giù di colpo. Poi, ne prese un'altra ma questa volta la aprì, aveva più gusto.
LORENZO BECCATI

Quando Bossi parla di "peronismo" io credo che si riferisca alla birra Peroni che è l'unico "peronismo" che conosce.
SILVIO BERLUSCONI

Al pub, dopo il primo allenamento di rugby della mia vita, ho ordinato una birra. «Piccola...» ho gridato al barman. Si sono bloccati tutti, in un silenzio improvviso. Sino a quel momento mi avevano accolto benissimo.
CLAUDIO BISIO

Il cervello umano può operare solo alla velocità delle cellule cerebrali più lente. Un eccessivo apporto di alcol, come sappiamo, uccide le cellule cerebrali. Ma naturalmente attacca prima le cellule più lente e più deboli. In questo modo, un consumo regolare di birra elimina le cellule cerebrali più deboli, rendendo il cervello una macchina più veloce ed efficiente. Ecco perché ci si sente più furbi dopo qualche birra.
CHEERS

Andare in Brasile con la fidanzata è come andare all'Oktober Fest con una birretta.
Stefano Nosei

Il governo federale sta considerando una proposta per cambiare le avvertenze delle etichette su birra e altre bevande alcoliche. Per esempio, una delle nuove avvertenze sarà: "Attenzione: l'eccessivo bere può causare karaoke".
Conan O'Brien

Tutti noi abbiamo bisogno di credere in qualcosa. Io credo che tra un attimo mi farò un'altra birra.
Vista su una T-shirt

Non puoi considerarti un vero Paese a meno che tu non abbia una birra e una linea aerea. Aiuta avere un qualche tipo di squadra di football, o qualche arma nucleare, ma il minimo indispensabile è una birra.
Frank Zappa

BIS

Ho visto in un teatro di Palermo il recital di un cantante d'opera penoso. Eppure il pubblico si è alzato in piedi e ha gridato: «Bis! Bis!». E lui ha cantato di nuovo. Peggio di prima. Ma alla fine il pubblico di nuovo in piedi a gridare: «Bravo! Cantala di nuovo!». E il cantante: «Siete un pubblico meraviglioso, mi piacerebbe cantare ancora per voi, ma non posso cantare la stessa aria tre volte...». Un vecchietto in loggione si è alzato e ha urlato: «E no! Adesso tu la canti finché non la impari!».
Monica Corbett

Il giorno del funerale di un celebre attore, quando all'uscita della chiesa la bara viene accolta da un applauso, bisogna riportarla dentro e riuscire per l'ultimo bis.
Dino Verde

BLASFEMIA
vedi **Bestemmia**

BOCCA

Se sei muto ridi con gli occhi, se sei cieco ridi con la bocca. Se sei muto e cieco c'è ben poco da ridere.
ROBERTO "FREAK" ANTONI

Aveva una bocca stupenda ma piccola e un culo bruttissimo. Volevo scrivere una poesia sulla sua bocca, ma ho preferito scrivergliela sul culo perché c'era più spazio.
PINO CARCIOTTO

L'ultimo intervento alle labbra non venne benissimo. Ogni volta che si metteva in bocca una matita le faceva la punta.
PIERO DEGLI ANTONI

Giorgio Strehler, l'uomo che riuscì a trasformare una bocca in Milva.
ELLEKAPPA

«Nonna, che bocca grande che hai!» «E non hai visto il pistolino del nonno!»
GIANLUCA IRTI

Lui apre bocca solo quando non ha niente da dire.
SPIKE MILLIGAN

Non mi piace andare dal dentista. Non mi piace avere nessuna parte di un uomo nella mia bocca per così tanto tempo.
MARTIN MULL

La donna. Se le racconti qualcosa le entra da un orecchio e le esce dalla bocca!
OMEN (RAUL CREMONA)

Una donna in un quartiere popolare chiama ad alta voce, da una finestra, sua figlia. «Nora... Noraaa...». Una comare dalla finestra accanto le strilla: «Sora Tuta, giacché ci avete la bocca aperta, volete chiamare pure la mia?».
ETTORE PETROLINI

Avete mai pensato a quanto strambi sarebbero i telefoni se non avessimo la bocca vicina alle orecchie?
STEVEN WRIGHT

BOMBA *(Esplosione)*

Diverse tonnellate di dinamite sono state usate in questo film. Nessuna sotto le persone giuste.

JAMES AGEE, NELLA SUA CRITICA A *TYCOON*

Frank Sinatra è rimasto vittima di un attentato dinamitardo. Nella sua macchina è stata messa una bomba. Povero Frank, c'erano pezzi dappertutto, pezzi qua, pezzi là... Come lo so? Eh, si è sparsa la Voce...

IL CABARETTISTA MASCHERATO (GIORGIO FALETTI)

Un'implosione è tutto il contrario di un'esplosione, per cui l'esatto termine scientifico per definirla è: moob!

ANTONELLO COMMISSO

Gli americani hanno fatto la guerra del Golfo per il bene degli iracheni. Per le vie di Baghdad hanno messo i cartelli: "Scusate i disagi, stiamo bombardando per voi".

MARCO DEL CONTE

Figlio: «Papà, perché l'America ha bombardato l'Afghanistan?»
Padre: «Ha iniziato in ordine alfabetico.»

PACO GENOVESE

Ho una teoria: che Osama Bin Laden si stia nascondendo in Nebraska, e che dovremmo bombardare lì. Del resto, se abbiamo preso un abbaglio, cosa perdiamo?

JACKIE KASHIAN

La forfora unita alla nitroglicerina dà un ottimo esplosivo.

MINO MACCARI

Se i bambini si mettono il pollice in bocca si può sempre farli smettere inchiodando il dito colpevole al seggiolone. Se non c'è un chiodo in giro, basterà un colpo di martello sulle dita, a meno di non ricorrere al metodo del nonno, che infilava una bomba a mano al pollice del neonato. Quando il monellaccio incominciava a tirare il cordino della miccia, il nonno si infilava le dita nelle orecchie e scappava a tutta velocità.

SIDNEY JOSEPH PERELMAN

Terrorismo. Kamikaze ar mare ciannо l'esprosivo nelli slippe. Appello der governo: se vedete l'uccelli troppo gonfi chiamate la polizzia: ci mettano le mani loro.

Il Vernacoliere

Perché l'Esercito ha bisogno di nuovi, costosi bombardieri? Cos'è, la gente su cui abbiamo bombardato nel corso degli anni s'è lamentata?

George Wallace

In Afghanistan i contadini vanno nei campi a raccogliere mine antiuomo che poi rivendono sul mercato nero. Quelle che valgono di meno sono quelle fabbricate dalla Fiat perché per riuscire a farle esplodere bisogna spingerle, o collegarle con i cavi a un'altra mina.

Mirco Zilio

BONGIORNO MIKE

Invitato a leggere il Nuovo Testamento, Mike Bongiorno ha chiesto: «Perché, sono compreso tra gli eredi?».

Amurri & Verde

Mike Bongiorno quando morirà si farà chiudere in tre colombaie e ci farà scrivere come epitaffio: "Indovinate dove sono? Nella uno, nella due o nella tre?".

Beppe Braida

Mike Bongiorno è ghiotto di mais dolce Bonduelle. A me il mais dolce Bonduelle fa schifo anche se non l'ho mai mangiato. Perché?

Fabio Fazio

Bongiorno sposa Daniela Zuccoli che aveva conosciuto, nuda, sulla copertina di Novella 2000, e ha da lei tre figli che chiama: Quiz, Quoz, Quaz.

Gino&Michele

Durante la guerra, Mike Bongiorno lasciò l'America e venne in Italia con una testa contenente lo stretto necessario, ma una valigia piena di idee.

Gino&Michele

Mi sono svegliato nel Duemila e ho avuto paura perché Berlusconi aveva comprato tutto. Perfino la Costituzione aveva fatto riscrivere. Da Mike Bongiorno. Il primo articolo diceva: "L'Italia è una

Repubblica fondata sul lavoro? Avete venti secondi per rispondere. Via al cronometro".
GINO&MICHELE-PAOLO ROSSI

A inizio carriera Mike Bongiorno presentava il *Quadrato della Fortuna* perché non avevano ancora inventato la ruota.
GIANLUCA IRTI

Mike Bongiorno è come un salame: ovunque lo affetti ha sempre lo stesso sapore.
VITTORIO SGARBI

BONTÀ *(Buona Azione)* vedi anche **Aiutare**

Non ci sono buoni e cattivi, ma solo cattivi e peggiori: è questo il fascino delle persone.
PEDRO ALMODÓVAR

I buoni muoiono giovani perché capiscono che non ha senso vivere se devi essere buono.
JOHN BARRYMORE

Nessuno può essere buono a lungo se non c'è richiesta di bontà.
BERTOLT BRECHT

Un uomo buono può essere stupido e tuttavia rimanere buono. Ma un uomo cattivo non può assolutamente fare a meno di essere intelligente.
MAKSIM GOR'KIJ

Se Dio è così buono come dicono, perché per aiutarti si fa tanto pregare?
VALERIO PERETTI CUCCHI

Quando sono buona sono buona, quando sono cattiva sono meglio.
MAE WEST

Tutti possono essere buoni
in campagna.
OSCAR WILDE

Si dice che gli americani buoni quando muoiono vanno a Parigi mentre quelli cattivi quando muoiono rimangono in America.
OSCAR WILDE

Una donna di 84 anni mi ha chiesto di aiutarla ad attraversare la strada.

Io l'ho aiutata, però a quell'età dovrebbe iniziare a cavarsela da sola.
STEFANO ZACCARELLA

BORDELLO
vedi **Casino**

BORGHESIA

Il sogno della democrazia è di innalzare il proletariato al livello di stupidità che ha già raggiunto la borghesia.
GUSTAVE FLAUBERT

In Italia la borghesia è illuminata solo quando qualcun altro paga la luce.
VALENTINO PARLATO

BORSA

È vero che oggi il mondo, grazie alla telematica, ha abbattuto le barriere spazio-tempo, ma nel caso di Clinton si è superato ogni limite. Pensate che un atto d'amore improprio consumato a Washington, due ore dopo, alla riapertura dei mercati ha generato un -8% in piazza Affari, cioè una perdita secca, per il medio risparmiatore, di circa 20 milioni! E allora, nella mia ingenuità e senza alcuna malizia, ho pensato: «Se devo perdere 20 milioni per un pompino, almeno fatelo a me!».
ENRICO BERTOLINO

Durante la Grande Depressione del '22 in Central Park i piccioni portavano le briciole di pane ai passanti.
GROUCHO MARX

MIB 30. È il nostro indice della Borsa di Milano, sono le trenta maggiori società italiane. Per essere accettati in questo club è d'obbligo fare i bilanci falsi. Non una volta, sempre, tutti gli anni... una volta sono capaci tutti. Queste società hanno il vizio di lasciare a casa i dipendenti per dare un maggior dividendo agli azionisti. A volte gli regalano un operaio.
MAURIZIO MILANI

Ho comprato azioni della Mediolanum ma, visto come sono andate giù, ho l'impressione che la prima parte dell'azione me l'abbiano messa nella seconda.

Mario Muraro

Vi sono due casi in cui l'uomo non deve speculare in borsa. 1) Quando non ha soldi. 2) Quando ha i soldi.

Mark Twain

BORSA ACCESSORIO

Frugare nella borsetta di una donna è borseggio, frugare nelle tasche di un uomo è matrimonio.

Anonimo

Salimmo a esaminare l'interno della roulotte. «La cucina sembra piuttosto piccola», osservai. «Dov'è il frigorifero?» «È nascosto dietro la sua borsetta. Per aprire lo sportello è necessario che tutti scendano a terra. Tranne lei, è chiaro. Lei salterà nel lavello.»

Erma Bombeck

Ieri avevo un appuntamento importante per un colloquio di lavoro e quindi mi sono vestito per l'occasione: giacca blu, cravatta e camicia bianca. Completava il mio abbigliamento un'utile cartella di cuoio modello dirigente con scomparti a fisarmonica, per sistemare i vari documenti che avevo con me: un biglietto del tram e *La Gazzetta dello Sport*.

Antonio Cornacchione

L'altro giorno avevo nella borsetta un pacchetto di condom vicino ad un altro di bubble gum. Un bambino mi ha chiesto una cicca e gli ho dato un Settebello. È ancora lì che cerca di fare i palloncini.

Marisa Miritello

BOSCO

(Giungla - Pineta - Foresta)

Se ti perdi in un bosco, inizia a fare un solitario con le carte. Sicuro che salta fuori qualcuno che ti dirà di mettere il fante rosso sulla regina nera.

Anonimo

Due cacciatori sono in un bosco quando uno dei due crolla a terra: sembra che non respiri e ha gli occhi sbarrati. L'altro cacciatore estrae un telefono e chiama soccorso: «Il mio amico è morto! Cosa posso fare?». L'operatore, con voce calma, risponde: «Si calmi. La posso aiutare. Per prima cosa, dobbiamo essere sicuri che il suo amico è davvero morto». Segue un istante di silenzio, poi una fucilata. Il cacciatore riprende il telefono: «Ok, e poi cosa?».

GIUDICATA "LA BARZELLETTA PIÙ DIVERTENTE DEL MONDO"

Chi fuma può causare degli incendi nei boschi. Ecco perché non vedrete mai un animale fumare.

BILL COSBY

I panda giganti vivono in piccoli boschi di bambù e si nutrono di germogli di bambù. Sono sopravvissuti solo trentasei panda giganti. La ragione per cui sono sopravvissuti solo trentasei panda giganti è dovuta alla scarsità di germogli di bambù, che i nativi del luogo mangiano in gran quantità, specialmente come contorno di panda giganti al forno.

JACK DOUGLAS

Il suo alito era davvero puzzolente. Dopo sei mesi di una massiccia cura a base di sciroppi e sciacqui al gusto di pino silvestre tornò al lavoro. Appena aprì bocca sembrò come se qualcuno avesse fatto una enorme cagata in mezzo alla pineta.

ORAZIO LEOTTA

Gli ambientalisti vogliono che le foreste rimangano dove sono, così possono coltivare marijuana senza essere sorpresi.

RUSH LIMBAUGH

Dicono ai bambini che Gesù era bianco, così come gli apostoli e gli angeli. Il posto in cui vive il Presidente si chiama Casa Bianca. Perfino Tarzan è bianco. Ma come? Bianco uno nato e cresciuto nella jungla?

MUHAMMAD ALÌ (CASSIUS CLAY)

Noi democristiani siamo come la foresta amazzonica: più ne tagli e ne bruci, più cresce rigogliosa.

MARIANO RUMOR

Si inoltrò nella jungla, dove la mano dell'uomo non aveva mai messo piede.

EMILIO SALGARI

L'ultima volta che ero in un bosco ho visto un coniglio davanti a una candela che faceva ombre di persone contro un albero.

STEVEN WRIGHT

Mio padre era un gran bastardo. A Natale ci portava in un bosco e ci diceva: «Bambini, i regali sono sotto l'albero. Indovinate voi quale!».

MARIO ZUCCA

BOSSI UMBERTO

Quando Bossi parla di "peronismo" io credo che si riferisca alla birra Peroni che è l'unico "peronismo" che conosce.

SILVIO BERLUSCONI

«Su un aereo ci sono Berlusconi, Bossi e Fini. A un certo punto l'aereo cade. Chi si salva secondo te?»
«L'Italia.»

CARLO BUGLIARELLO

L'ho detto a Bossi quanto è grande la differenza tra sudisti e nordisti: quando i suoi antenati celtici erano ancora barbari aggrappati ai rami, i miei antenati erano già froci.

LUCIANO DE CRESCENZO

Il linguaggio di Umberto Bossi mi ricorda quello di un impotente che si eccita solo al telefono con le chatline.

GIANFRANCO FINI

Umberto Bossi è l'unico italiano i cui vestiti sono stati rifiutati dalla Missione Arcobaleno.

GINO&MICHELE

Quando Umberto Bossi studiava Medicina a Pavia elaborò una teoria rivoluzionaria che divideva il corpo umano in tre zone: il Nord, il Centro e il Sud. Il Nord andava dal cervello al cuore. Il Centro dall'intestino agli organi genitali e il Sud dal sedere ai piedi. Cioè il Nord pensava e pulsava. Il Centro digeriva e trombava. E il Sud faceva cagare e basta.

GINO&MICHELE

I leghisti hanno sempre sostenuto di avercelo duro, enorme. C'è una

leggenda, avvalorata da Bossi, che sostiene che le compagne dei leghisti siano le uniche donne al mondo che i figli preferiscono di gran lunga partorirli che concepirli.
GINO&MICHELE

Umberto Bossi ha la voce così roca a causa di una curiosa malformazione: in gola, al posto del pomo d'Adamo, ha i testicoli.
GINO&MICHELE

BOTTE *(Picchiare)*

Gin: «Ho saputo che ieri ti hanno picchiato.»
Fizz: «Bastardi... Erano in metà di mille.»
Gin: «Li conosci?»
Fizz: «480 sì, ma 20 non li avevo mai visti.»
ALE E FRANZ

Leonard Zelig veniva spesso picchiato dai genitori. La famiglia Zelig abitava sopra ad un bowling, ma erano spesso gli avventori del bowling a protestare per il troppo rumore!
WOODY ALLEN

Penso sempre che per il mio compleanno mi facciano una festa con una torta enorme da cui esce una donna nuda e gigantesca. Mi picchia e torna nella torta.
WOODY ALLEN

Conto fino a tre: se a due non te ne sei andato a uno ti meno!
ANONIMO ROMANO

«Ma non puoi risolvere tutti i problemi della vita a cazzotti!» «Certo, potevo sparargli...»
ARMA LETALE 3

I nostri genitori, quando eravamo ragazzi, erano molto severi: se rientravamo tardi la sera erano botte. Anche alle due di notte li trovavamo in piedi ad aspettarci per prenderci a schiaffoni. Visto che non ottenevano risultati, dopo un po' si sono stufati. Hanno cominciato a picchiarci prima che noi uscissimo di casa, così non dovevano stare alzati tutta la notte ad aspettarci.
GEMELLI BAROLO

Le altre mamme per far addormentare i loro bambini, gli davano i cartoni animati. E mia madre: «Ma quali animati! Bastano i cartoni. Secchi!». E così faceva. Ancora oggi, per addormentarmi do due testate contro il muro. Per un fatto di imprinting, immagino.

Claudio Bisio-Rocco Tanica

Non alzare mai le mani sui tuoi figli. Lasceresti il tuo inguine senza protezione.

Red Buttons

Quando ero piccolo mio padre mi educava col bastone e la carota: prima mi bastonava, poi si mangiava la carota.

Gabriele Cirilli

Dopo che ti ho menato io il telefonino da Family ti diventa Orfany!

Gabriele Cirilli

Fin da piccolo Mike Tyson rivela un carattere piuttosto rissoso, al punto che quando uscivano, i genitori, anziché chiamare la babysitter, chiamavano lo sparring partner.

Gialappa's Band

Vorrei tanto darti un calcio nei denti, ma perché poi devo migliorarti il look?

Insulti americani

Gianfranco Fini ha la faccia di uno che è stato picchiato da piccolo, ma non abbastanza.

Daniele Luttazzi

Storace una volta mi ha salvato la vita. Una volta dei teppisti mi stavano picchiando a sangue e lui disse: «Ragazzi, può bastare».

Daniele Luttazzi

Me te metto 'n tasca e te meno quanno ciò tempo.

Citata da Marco Navigli

Mio padre non mi picchiava mai senza un buon motivo: metteva su un pezzo dei Beatles e mi faceva un culo così!

Furio Ombri

Mia madre non mi ha mai picchiato. Di solito assoldava qualcuno.

Furio Ombri

Mai fare a botte con i brutti. Non hanno niente da perdere.

ROBIN WILLIAMS

BOWLING

Leonard Zelig veniva spesso picchiato dai genitori. La famiglia Zelig abitava sopra ad un bowling, ma erano spesso gli avventori del bowling a protestare per il troppo rumore!

WOODY ALLEN

Uno dei vantaggi del bowling rispetto al golf è che raramente si perdono le bocce.

DON CARTER

Mi preoccupo sempre dei germi nei buchi delle palle da bowling. Nessuno mai li pulisce, quei buchi. Ci sono residui di dita da pizza, dita da tacos, dita da pollo, lì dentro. Mi stupisco che quelle palle abbiano ancora dei buchi! Avete mai annusato i buchi di una palla da bowling? Credete che la palla abbatta i birilli? Sbagliato. Svengono per il fetore.

CAROLYNE MAY

Avere una famiglia è come avere una pista da bowling installata nel tuo cervello.

MARTIN MULL

Urla come una matta... Hai questo mito di poter condividere con lei l'esperienza del parto. A meno che non stai espellendo dal tuo corpo una palla da bowling, io non ci credo. A meno che non ti fai una circoncisione con una motosega, io non ci credo. A meno che non ti apri un ombrello nel culo, io non ci credo.

ROBIN WILLIAMS

BOXE

vedi ***Pugilato***

BOY-SCOUT

La cosa più intelligente che c'era sul mio *Manuale delle Giovani Marmotte* era: "Come distinguere il Nord dal Sud: prendi la bussola e guarda, dove c'è il muschio quello è il Nord".

Claudio Bisio

Adesso vorrei parlarvi dei boy-scout. La parola trae origine dall'inglese antico, dove "boy" vuol dire "teste" e "scout" "di cazzo".

Paolo Migone

Ero nel programma per giovani ufficiali forestali. Mi ricordo che una sera ero lì che camminavo per il campus, quando il mio istruttore, un tipo grande e grosso, mi afferra e mi urla: «Sarà sei settimane che non ti vedo al corso di mimetismo!». E io gli ho risposto: «Sto diventando bravo!».

Emo Philips

BR

vedi ***Terrorismo***

BRACCIO

Se Dio ci avesse creato con l'intenzione di non farci masturbare, ci avrebbe fatto con le braccia più corte.

George Carlin

C'era un uomo con i capelli rossi che non aveva né occhi né orecchie. Non aveva neppure capelli, per cui dicevano che aveva capelli rossi tanto per dire. Non poteva parlare, perché non aveva la bocca. Non aveva neanche il naso. Non aveva addirittura né braccia né gambe. Non aveva neanche la pancia, non aveva la schiena, non aveva la spina dorsale, non aveva le interiora. Non aveva niente! Per cui non si capisce di chi si stia parlando. Meglio allora non parlarne più.

Daniil Charms

Da giovane avevo quattro parti flessibili e una rigida. Ora invece ne ho quattro dure e soltanto una flessibile.

Henri Due D'Aumale

Mia madre è sempre lì a farti la predica. Anche se non ti conosce.

Un giorno eravamo sull'autobus e c'era un ragazzino che aveva il braccio fuori dal finestrino. Mia madre non lo conosceva, ma si è sentita in diritto di dirgli: «Giovanotto, quello è un buon modo per perdere un braccio». E il ragazzino, sarcastico: «Grazie. Può dirci qualcuno degli altri?».

GEORGE MILLER

Mio padre era sempre fissato con lo sbarco sulla Luna, tant'è vero che io avevo una sorellina e mio padre l'ha chiamata Luna. Poi a otto anni ha perso un braccio in un incidente e adesso la chiamano "Luna meno un quarto".

DADO TEDESCHI

A che serve a un elefante avere un castello se non ha le braccia per misurarlo?

ROLAND TOPOR

Mi faceva male il braccio. Sono andato dal dottore. Mi ha chiesto: «Ha già avuto quel dolore, prima?» «Sì.» «Beh, ce l'ha di nuovo.»

HENNY YOUNGMAN

BRANDO MARLON

Sono sempre stato fortunato con le donne. Ce ne sono state così tante nella mia vita che non ho trascorso più di due minuti con ognuna di loro.

MARLON BRANDO

Come disse Marlon Brando in *Via col vento*: «Cazzo ci faccio in questo film?».

PAOLO CANANZI

C'è stato un momento nella vita in cui io e Marlon Brando avevamo scopato lo stesso numero di donne. È quando avevamo tre anni.

GINO&MICHELE

«Lo sai che nel Guinness dei primati ci sono Cary Grant, Sammy Davis Jr, Marlon Brando, Gary Cooper e Fred Astaire?» «E come mai?» «Prima squadra cacciata al concorso: "Cinque persone che si somigliano come gocce d'acqua".»

JOHNNY HART

BRASILE

Che naso! Dev'essere stupendo la mattina svegliarsi e sentire il profumo del caffè. In Brasile.

STEVE MARTIN

La ginnastica alla mia età, è semplice mantenimento... sto solo cercando di impedire al mio culo di raggiungere il Brasile senza di me.

SUE MURPHY

Andare in Brasile con la fidanzata è come andare all'Oktober Fest con una birretta.

STEFANO NOSEI

BRAVA RAGAZZA

vedi **Ragazza per bene**

BRETELLE

vedi **Cintura**

BRODO

Mangiare la pastina in brodo con la bocca chiusa senza un po' di risucchio è come farsi la doccia nel lavandino.

ROCCO BARBARO

Penso spesso alla quantità di manzo che occorrerebbe per fare un brodo con il lago di Ginevra.

PIERRE DAC

Vedere il tuo romanzo trasformato in un film è come vedere i tuoi buoi trasformati in dadi da brodo.

JOHN LE CARRÉ

Quando ero piccolo mia nonna mi portò a mangiare in una trattoria all'aperto. Cominciò a piovere. Ci misi tre ore a finire il brodo.

MARIO ZUCCA

BRUCIARE

vedi **Fuoco**

BRUFOLO

*vedi **Foruncolo***

BRUTTEZZA

Il corpo di Nunzia. Il coppo di Nunzia, una valanga di pappamolla, escrescenza dilagante, sburudulante co' tutte zuave de panza e zuave de panza, come un'enorme mantipola di una bestia mai esistita. Io quanno mi getto addosso pe' fa'... non è che c'è solo sesso. Ci è anche l'imprevisto. Tu alzi una zuave de panza: una volta esce Pippo Baudo, un gettone d'oro... non so, Little Tony. I denti di Nunzia! Sette... otto... ma non munotoni: dal beggi al nero opaco, tutti i tunalamenti. Non tutti urdinati, gettati in bocca un po' ddu capita, a caso... una bocca casual!

DIEGO ABATANTUONO

Il bambino sta bene. L'unico problema è che assomiglia a Edward G. Robinson.

WOODY ALLEN

Il mio primo film era così brutto, che in sette stati americani aveva sostituito la pena di morte.

WOODY ALLEN

Era veramente brutto. Una volta mandò una sua foto a Cuori solitari. Gliela rimandarono indietro. Sopra c'era scritto: "Non siamo così solitari".

ANONIMO

Mio padre ha sposato una donna sfatta: a vederla nuda non si capiva se aveva il doppio mento o il triplo seno!

ANATOLJ BALASZ (NATALINO BALASSO)

Roba che se uno fosse costretto a sposarsela preferirebbe, al termine della cerimonia, baciare appassionatamente il prete.

LORENZO BECCATI

E quando lei: «Ma teeee... perché invece di uscire con me e tutte le mie amiche preferisci andare alla bocciofila?» «Perché c'è più figa».

STEFANO BELLANI

È così brutta che le sue Polaroid non vogliono uscire dalla macchina.
MILTON BERLE

Hanno detto di lei che era brutta come il peccato. E il peccato li ha querelati!
MILTON BERLE

C'era un gay così brutto che era costretto a uscire con le ragazze!
MILTON BERLE

È brutta come una caduta dalle scale. Ma è intelligente, spiritosa. Forse in un altra circostanza avrei potuto innamorarmi di lei. Per esempio se fossi nato scemo.
ROMANO BERTOLA

Conosco tipi che sarebbero brutti anche in Corea.
ENZO BIAGI

Mia zia era così brutta che quando portava il cane al parco, la gente si fermava e accarezzava lei.
ARTURO BRACHETTI

Nella società occidentale generalmente per avere belle donne bisogna avere molti soldi. La società sovietica era indubbiamente più giusta. I leader sovietici avevano delle mogli così brutte che sembravano voler dire: «Vedete come siamo poveri anche noi!».
ANTONELLO BREGGIA

Quel batterista potrebbe aspirare a diventare l'erede di Ringo Starr, brutto com'è.
PAOLO BURINI

Non mollare, amico mio, non mollare! La troverai, una donna. Sono sicuro che da qualche parte c'è una ragazza meravigliosa con una sorella orrenda che sarebbe felice di accontentarsi di te.
DREW CAREY

Era così brutta che non me la sarei scopata neanche avessi avuto con me un cazzo rubato.
GEORGE CARLIN

Sono così bello che ho dovuto ricorrere a un istituto di bruttezza.
ADRIANO CELENTANO

L'attore più brutto? Sonny Bono. Peccato che non sappia recitare.
CHER

L'altro giorno stavo pulendo la soffitta con mia moglie. Disgustosa, sporca, coperta di ragnatele... ma è così brava coi bambini.
TOMMY COOPER

Avevo due cani husky, uno bello e uno brutto. Praticamente un husky bello e una schifezza.
SERGIO COSENTINO

Ma sei così brutto de natura o usi 'na crema?
CITATA DA FLAMINIA DALLA CHIESA

Ero un bambino molto brutto. Così brutto che mia madre mi allattava al seno con una cannuccia.
RODNEY DANGERFIELD

Una ragazza molto brutta. È la classica "due sacchetti". Cioè le metti un sacchetto sulla testa e te ne metti uno sulla tua, nel caso il suo si rompesse.
RODNEY DANGERFIELD

Ehi, fai qualcosa per abbellire il quartiere. Resta a casa.
RODNEY DANGERFIELD

Era una ragazza molto brutta. L'ho portata in spiaggia, mi hanno chiesto cosa avevo usato come esca.
RODNEY DANGERFIELD

Quando sono nato, il dottore mi ha guardato un po', poi mi ha capovolto e ha detto: «Guardate: sono gemelli!».
RODNEY DANGERFIELD

Sei mai stato in uno zoo? Voglio dire... come spettatore?
TONY DANZA

Ho portato mia suocera a vedere la stanza degli orrori al Museo delle cere e uno degli inservienti mi ha avvertito: «Signore, la faccia camminare continuamente: stiamo facendo l'inventario».
LES DAWSON

Non sono molte le donne che sembrerebbero più belle con la barba, ma Filomena era una di quelle.
NELSON DEMILLE

Ho capito di non essere una gran bellezza quando, entrando nell'ufficio del mio psicanalista, lui mi ha detto: «Si metta sotto il divano. Grazie!».

PHYLLIS DILLER

Il mio chirurgo plastico mi ha detto che ho la faccia che sembra un bouquet di gomiti.

PHYLLÌS DILLER

Ciao, scusami per il brutto scherzo che ti ho fatto, stavolta credo di aver esagerato. Mi perdoni? Con affetto. La Natura.

ARTURO DI NACCIO E CLAUDIA GIOVANNELLI

Era talmente brutto che quando si fermava da una prostituta per strada, quella gli diceva che stava venendo a prenderla suo marito.

MARINO FABBRI

La mia ragazza è brutta. Una volta che stava giocando si è tagliata un dito, allora l'ho portata dal medico condotto e gli ho gridato: «Presto che la mia ragazza ha avuto un incidente!». E lui, come ha aperto la porta e l'ha vista in faccia, ha detto: «Chissà la macchina...».

GIORGIO FALETTI

Pesaro è talmente brutta che sulla cartolina souvenir c'è un tratto dell'autostrada.

GIANNI FANTONI

Ero in discoteca con la mia ragazza e a un certo punto mi si è avvicinato un tizio che mi ha chiesto se, oltre alla mia ragazza, c'era un altro cesso nel locale.

FICHI D'INDIA

«Ci dica signorina, lei è sempre stata così bella anche da ragazza?» «Oh no, da ragazza ero piuttosto bruttina, tanto che i miei decisero di farmi studiare... finché a sedici anni migliorai fisicamente.» «E questo le permise di abbandonare gli studi e darsi alla prostituzione?» «Sì, infatti.»

ENNIO FLAIANO

«Itztig, perché hai preso una moglie così brutta?» «Interiormente è bellissima.» «Allora rivoltala.»

FERRUCCIO FÖLKEL

Conoscevo una ragazza che aveva un corpo stupendo ma un viso or-

ripilante. Lavorava come indossatrice di passamontagna.
GIALAPPA'S BAND

Mia moglie è talmente brutta che quando passa davanti al computer scatta l'antivirus.
MARINO GUIDI-SKIZZO

Dini è bruttissimo. Dice, sì ma si veste bene. Porca puttana, brutto com'è ci mancherebbe altro che si vestisse male.
PAOLO HENDEL

La bellezza è soltanto epidermica. La bruttezza arriva fino all'osso!
LEGGE DI PARKER

Una donna brutta non è mai del tutto nuda.
TEODORO LIBERTO

Il mio migliore amico d'infanzia si chiamava Sapo. Il migliore amico del mondo, però bruttissimo. Quando lui nacque, il medico schiaffeggiò sua madre. Lei aveva nausee mattutine dopo che lui era nato. Quando era piccolo i suoi lo portavano dappertutto così non gli dovevano dare il bacio di saluto.
GEORGE "GOOBER" LINDSEY

È talmente brutta che il suo ragazzo preferisce portarsela sempre dietro piuttosto che darle un bacio al momento del commiato.
BORIS MAKARESCO

Brutto? Avete mai visto una zanzara pungere a occhi chiusi?
BORIS MAKARESCO-ROBERTO TRANI

Era così brutto che sua madre non spingeva la carrozzina. La tirava.
BORIS MAKARESKO

Ogni donna ha diritto a essere brutta, ma lei esagera. Ha le borse sopra gli occhi.
BORIS MAKARESKO

Non dico che tu sia brutto, ma ho visto cacche più attraenti sulla suola di una scarpa.
COLIN MOCHRIE

Io sono molto brutto. La mia bruttezza l'ho ereditata da mio papà. Sono uno scorfano di padre.
MATTEO MOLINARI

Era talmente brutta che a un concorso per truccatori dell'horror il suo truccatore vinse il primo premio. Bastò un filo di rimmel.
Egidio Morretti

La bruttezza ha un vantaggio sulla bellezza: dura.
Daniel Mussy

Era talmente brutta che tutti quelli che le chiedevano di uscire era perché l'avevano vista entrare.
Furio Ombri

Capsula: «Tu sei l'unico in tutta la scuola che ha avuto il coraggio di uscire con quel canotto di Ascella.»
Nucleo: «Uscire? Magari! Avevamo un appuntamento sotto casa sua a mezzanotte. Sono arrivato con dieci minuti di ritardo e lei non c'era.»
Capsula: «È chiaro, prima di te è arrivato il camion dell'immondizia e se l'è portata via!»
Pali e Dispari

La mi' sorella è talmente brutta che l'abbiamo messa a lavorare al bar e le consumazioni sono aumentate del 50%, perché la gente la vede e beve per dimenticarsela.
Giorgio Panariello

Quando sono nato ero così brutto che mia sorella chiese a mia madre: «Ma perché non abbiamo tenuto la cicogna?».
Diego Parassole

Certe cose ti segnano. Già dalla nascita, magari col parto subacqueo, perché dall'ecografia si vedeva che eri uno scorfano.
Max Pisu

Leslie Nielsen: «Dica, è sua moglie quella vicino a lei, o le hanno vomitato sulla sedia?»
Police Squad

Il mio amico Testina è sempre stato il bambino più brutto del quartiere. Quando è nato, suo padre è corso allo zoo per prendere a sassate la gabbia della cicogna!
Potato (Alessandro Brunello)

Al liceo stavo con una tizia bruttissima. La prima volta che mi ha fatto sesso orale ho provato la stessa sensazione di quando sono salito in

cima alla Tour Eiffel: lì per lì non riuscivo a guardare sotto.
DANIELE RACO

Quando sono nata mia mamma mi ha guardato, ha guardato la placenta, e ha gridato: «Gemelli!».
JOAN RIVERS

State guardando la più brutta bambina che sia mai nata a Larchmont, New York. Il dottore mi ha guardata, ha detto: «No, non è ancora pronta», e mi ha rinfilata dentro.
JOAN RIVERS

In montagna sono caratteristici i "Brutti di Bosco", che sono gente bruttissima che si nutre di lamponi, more e mirtilli.
FRANCESCO SALVI

«Ti sto parlando: amore, voltati! Perché mi volti le spalle? Sei già voltata? Ma va'?! Eri meglio di nuca, rivoltati per pietà!»
FRANCESCO SALVI

Sono talmente modesto che anche le donne che mi faccio in sogno sono brutte.
ROBERTO SERAFINI

Rosy Bindi è più bella
che intelligente.
VITTORIO SGARBI

Se un quadro piace a più del 10% della popolazione, dovrebbe venir bruciato, perché non può non essere brutto.
GEORGE BERNARD SHAW

È una faccia che va in tre direzioni contemporaneamente: il naso è sempre in procinto di diventare una proboscide, la bocca gonfia cede alla forza di gravità e il mento fa del suo meglio per sparire nel collo.
JOHN SIMON

Prima di tutto Galliani
sei il più brutto.
STRISCIONE ROMANISTA

Sapevo benissimo di essere un brutto bambino. C'è sempre un motivo quando la gente ti chiama Dumbo.
DONALD SUTHERLAND

Signore molto laido (alito pesante, denti cariati, vistosi peli superflui, ascelle maleodoranti, forfora di tre specie, petecchie e piedi marci)

sposerebbe fanciulla bellissima per avere figli normali.
TANGO

Non sono brutto ma mi arrangio.
TOTÒ

Le buone maniere sono soprattutto un bisogno di chi è brutto. I belli possono permettersi qualsiasi cosa.
EVELYN WAUGH

Tu sei la ragione per cui i nostri figli sono brutti.
L.E. WHITE & LOLA JEAN DILLON, TITOLO DI UNA CANZONE

L'unico modo di comportarsi con una donna è di fare l'amore con lei se è bella, e con un'altra se è brutta.
OSCAR WILDE

Mai fare a botte con i brutti. Non hanno niente da perdere.
ROBIN WILLIAMS

Sei tarmente brutto che se te vede Dario Argento ce fa 'na trilogia!
WWW.TURBOZAURA.IT

Ma è la tu' ragazza o hai truccato er pit bull?
WWW.TURBOZAURA.IT

So' venticinque anni che sei brutto! Nun te sei rotto li cojoni?
WWW.TURBOZAURA.IT

È talmente brutta che l'ultima volta che l'ho portata al ristorante, il cameriere ha dato la mancia a me.
ZANZARA, DI *AENIGMATICA*

Mia sorella era così brutta che una volta si perse e quando denunciammo la scomparsa e la descrivemmo ai carabinieri non ci volevano credere.
MARIO ZUCCA

Era talmente brutta che davanti alla finestra c'era un guardone che dormiva.
MARIO ZUCCA

BUCO DELLA SERRATURA

Melomane è un tizio che sentendo cantare una bella ragazza in bagno,

avvicina al buco della serratura l'orecchio.
PIERRE DORIS

L'imbarazzo degli imbarazzi: l'incontro di due occhi attraverso lo stesso buco della serratura.
CHARLES GRODIN

BUDDAH

Tutti quegli altri dei si chiamano Buddha, Allah, Giove, non so... lui Dio! E che è? Se si chiamava con un nome più modesto era pure più simpatico... dice: «Sono Guido...»... non so: «Non avrai altro Guido all'infuori di me...», toh! Aiutati che Guido ti aiuta o... piove che Guido la manda!
ROBERTO BENIGNI

Ho il corpo di un dio! Purtroppo per me è Buddha.
MIRKO COLOCCINI

Fantozzi raggiunge in paradiso la sua nuvoletta da impiegato. Qui incontra Buddha che lo spinge a reincarnarsi. «Posso scegliere io chi essere nella nuova vita?», chiede Fantozzi. «Nemmeno per sogno, vada alla *Ruota della Fortuna*.»
FANTOZZI

BUE
vedi **Mucca**

BUFALO
vedi **Mucca**

BUGIA
(Falsità - Mentire - Menzogna)

«Mio Dio, credi che farmi fare un pompino da una tettona ventiseienne sia stato un piacere per me?»
WOODY ALLEN

Jerry Calà è stato eletto comico dell'anno da un'apposita giuria di bugiardi.
AMURRI & VERDE

Il segreto per restare giovani è vivere onestamente, mangiare lentamente e mentire sull'età.

Lucille Ball

Le balle sono bugie che stanno nelle mutande.

Alessandro Bergonzoni

Mai parlare. Mai, se ami tua moglie... Anzi, se la tua vecchia ti becca in flagrante, nega. Già, inventati tutto, e quella ci crederà. Dille: «Senti un po', questa pollastra è scesa giù con un cartello intorno al collo: "Sdraiati sopra di me o muoio!". Capisci, non sapevo cosa fare...».

Lenny Bruce

Che cosa distingue George Washington, Richard Nixon e Ronald Reagan? Washington non sapeva dire bugie, Nixon non sapeva dire verità e Reagan non sa dire la differenza.

Art Buchwald

Clinton ha mentito. Un uomo può dimenticare dove ha parcheggiato la macchina o dove vive, ma non può mai dimenticare il sesso orale, non ha importanza quanto sia brutto.

Barbara Bush

Berlusconi è la prova vivente che le bugie hanno le gambe corte.

Camillo Canovi

Le donne sono la ragione numero uno per cui io non sono gay, oggi. D'accordo, ho fatto un pompino a un tale, ma davvero mi serviva un passaggio, quella volta. Ok, lo ammetto, non è vero. Non mi serviva un passaggio.

Lenny Clark

La grandezza politica di Berlusconi sta nella sua capacità di anticipare: lui dice le cose almeno due anni prima che i fatti le smentiscano.

Gino&Michele

I magistrati del tribunale di Milano hanno dichiarato che, se Berlusconi la finirà di dire falsità sul loro conto, loro sono disposti a smettere di dire la verità su di lui.

Gino&Michele

Berlusconi è così ricco perché, ogni volta che qualcuno della Casa delle

Libertà dice una bugia, la Siae gli paga i diritti d'autore.
GINO&MICHELE

Le masse sono abbagliate più facilmente da una grande bugia che da un piccola.
ADOLF HITLER

Non usate la parola straniera "ideali", abbiamo nella nostra lingua l'eccellente termine "bugie".
HENRIK IBSEN

Nei tempi antichi non esistevano le statistiche, si rendeva quindi necessario ripiegare sulle menzogne.
STEPHEN LEACOCK

Si può ingannare una parte del popolo sempre, tutto il popolo per un certo periodo di tempo, ma non si può ingannare tutto il popolo sempre.
ABRAMO LINCOLN

Sono contento di essere povero. Ma sono anche bugiardo.
TEODORO LOBERTO

L'amore ha diritto di essere disonesto e bugiardo. Se è sincero.
MARCELLO MARCHESI

Non so mai quanto di quello che dico sia vero.
BETTE MIDLER

Dicono che io abbia collusioni con la mafia. È assolutamente falso. Semmai è vero il contrario.
EGIDIO MORRETTI

Una menzogna è una menzogna finché la si esprime con timidezza; rimane una menzogna se si ripete cento volte; ma diviene una verità quando si ripete mille volte.
BENITO MUSSOLINI

Non ho mentito. Ho detto delle cose che in seguito si sono rivelate non vere.
RICHARD NIXON

Berlusconi ogni dieci stronzate dice una cosa che ha un senso. La puoi riconoscere perché è quella che smentirà il giorno dopo.
FURIO OMBRI

Non lo chiamerei un bugiardo. Preferirei definirlo uno che vive dall'altro lato dei fatti.

ROBERT ORBEN

I giornali inventano la metà di quello che dicono... se poi ci aggiungi che non scrivono la metà di quel che succede, ne consegue che i giornali non esistono!

QUINO

Odio i primi appuntamenti. Ho commesso l'errore di dire una bugia alla ragazza con cui sono uscito, e lei mi ha sgamato. Non pensavo che avrebbe voluto davvero vedere la bat caverna.

ALEX REED

Non è difficile farsi amare da un uomo per tanto tempo. È sufficiente dirgli: «Come fai l'amore tu non lo fa nessuno!», possibilmente cercando di rimanere serie.

MARIA ROSSI

Un mio amico è talmente bugiardo che quando lo vedo non ci credo.

ROBERTO SERAFINI

Homer: «Marge, bisogna essere in due per mentire. Uno mente ed uno ascolta.»

I SIMPSON

La metà delle bugie che dicono su di me sono vere.

RAYMOND SMULLYAN

Camminavo cantando a squarciagola lungo i muri ammuffiti del convento delle Carmelitane Scalze, quando una scarpa mi raggiunse alla nuca. «Bugiarde!» gridai.

NANNI SVAMPA

Nove persone su dieci amano il cioccolato. La decima persona mente sempre.

JOHN Q. TULLIUS

Una bugia fa in tempo a viaggiare per mezzo mondo mentre la verità si sta ancora mettendo le scarpe.

MARK TWAIN

L'amore è un piccolo dolce segreto tra te e la persona a cui stai mentendo.

FRANCESCO VESPA

Sono in rete le foto in cui si vede Kate Moss che sniffa. Lei si è detta profondamente pentita, ha lasciato il fidanzato, si è scusata con l'opinione pubblica e si è subito fatta ricoverare in una clinica per bugiardi.
Marco Vicari

BUIO

Cos'è che rende gli uomini così belli? Il buio.
Bastardidentro

«Quando mamma Peg ti chiedeva dell'olio per la sua lampada e tu la mandavi al diavolo, lo sapevi benissimo allora quel che succedeva, no? Lo sai di che cosa è morta la mamma, Peg? Di oscurità.»
Samuel Beckett

Quando vedo un uomo piangere nel buio della sua stanza mi domando cosa lo spinga a non accendere la luce.
Alessandro Bergonzoni

Lo stinco di una gamba è un aggeggio per trovare i mobili quando c'è buio.
Colin Bowles

Fare business senza fare pubblicità è come far l'occhiolino a una ragazza al buio. Voi sapete cosa state facendo, ma nessun altro lo sa.
Stewart H. Britt

Come diceva René Clair: «Amo il cinema. La gente ha un disperato bisogno di immagini. Nessuno pagherebbe il biglietto per sedersi due ore nel buio più completo».
Massimo Bucchi

Ormai s'è fatto buio pure a Lucerna.
Dimunno e Tamborrino

Stavo baciando una in un vicolo cieco, si è acceso il lampione e mi sono accorto che era uno. Ho continuato perché era davvero bravo!
Fichi d'India

Svegliarsi alle cinque con il buio per andare a sciare è dura. Svegliarsi alle cinque con il buio per andare a lavorare è durissima.
Kristian Ghedina

Avevamo deciso il massimo risparmio di energia elettrica. Siamo stati al buio, non abbiamo guardato la televisione, abbiamo spento il frigorifero tenendo le provviste sul balcone. Alla fine siamo riusciti a pagare ottanta lire di bolletta. E non avremmo pagato nulla se l'Enel, per sapere cosa c'era che non andava, non avesse suonato il campanello.
BORIS MAKARESCO

Nel vivere del nostro buio quotidiano, ogni tanto incontri un raggio di luce: spesso è una moto che ti sta investendo.
GIORGIO MELAZZI

Quando ero piccolo, mamma mi metteva l'aglio nel biberon per trovarmi anche al buio.
VALERIO PERETTI CUCCHI-MARIO ZUCCA

Quando le candele sono spente, tutte le donne sono belle.
PLUTARCO

È difficile riconoscere un gatto nero in una stanza buia soprattutto quando il gatto non c'è.
PROVERBIO CINESE

Io so perché il sole non tramonta mai sull'Impero britannico: Dio non si fida di un inglese al buio.
DUNCAN SPAETH

Nessuno arrossisce al buio.
BENJAMIN WHICHCOTE

BUON UMORE
vedi ***Riso***

BUONARROTI MICHELANGELO

Ecco i dieci eventi storici nei quali è stato lecito usare la parola "cazzo":
1) "Sta torre col cazzo che casca!" (Babele, 5000 a.C.).
2) "Piogge a tratti un cazzo!" (Noè, 4314 a.C.).
3) "Santità, lo vuole davvero su quel cazzo di soffitto?" (Michelangelo, 1566).
4) "Da dove cazzo sbucano tutti questi indiani?" (Generale Custer, 1877).
5) "Cazzo! Ti somiglia un casino!" (Picasso, 1926).

6) "E quella cosa cazzo è?" (Sindaco di Hiroshima, 1945).
7) "Eddaì! Chi cazzo vuoi che lo venga a sapere?" (Bill Clinton, 1999).
8) "Cazzo, non credevo si arrabbiassero così tanto!" (Osama Bin Laden, 2001).
9) "La vuoi o no quella cazzo di macchina?" (Il presidente della Fifa all'arbitro Moreno, giugno 2002).
10) "Ma chi cazzo hai comprato?" (Berlusconi a Galliani, dopo la campagna acquisti del 2008 del Milan).

ANONIMO INTERNET

Quando Michelangelo finì di dipingere la Cappella Sistina, passò il resto della sua vita a tentare di togliersi la vernice che gli era colata nella manica.

CAVANNA

Anche Michelangelo ha fatto le sue cappelle.

MARIO E PIPPO SANTONASTASO

Se non si rischiasse nella vita, Michelangelo avrebbe dipinto il pavimento della Cappella Sistina.

NEIL SIMON

BUONA AZIONE

vedi **Bontà**

BUONE MANIERE

(Educazione)

Nella coppia l'educazione più importante è quella della contraccezione. Fra l'altro rende tanto più semplice l'educazione dei figli.

PIERO BARGAGLI

Vicino a casa mia abita un corteo. Un bestione lungo mezzo chilometro. Però buono, educato... Ogni volta che passa mi saluta.

ROMANO BERTOLA

Per essere ambasciatore non basta essere sciocco, bisogna anche essere ben educato.

ARISTIDE BRIAND

La guerra civile si distingue da quella incivile per l'educazione dei modi. Per esempio: «Scusi, le dovrei sparare, come preferisce che le spari: di faccia o di profilo?» «Di faccia, grazie; di profilo non muoio mai bene».

PINO CARUSO

Avevo una ragazza talmente seria e bene educata che tutte le volte mi diceva: «Scusa le spalle».

COMIX

Passiamo i primi dodici mesi della vita dei nostri figli a insegnargli a camminare e a parlare, e i seguenti dodici anni a pregarli di sedere e di tacere.

PHYLLIS DILLER

Stiamo cercando di allevare i figli nel migliore dei modi. Non li sculacciamo. Abbiamo scoperto che non dobbiamo sculacciarli. Il solo fatto che mostriamo le pistole il più delle volte ottiene il risultato voluto.

DENIS LEARY

Un'auto è inutile a New York, ed è essenziale in ogni altro posto. Esattamente come le buone maniere.

MIGNON MCLAUGHLIN

Le buone maniere sostituiscono anche la morale. Per esempio, se per caso ci si dovesse trovare sul ponte di una nave che sta per affondare e se le scialuppe di salvataggio fossero insufficienti, sarà bene calarne una in mare allontanandosi senza farsi notare. Ci sarà di certo una grande eccitazione tra i passeggeri ed è una grossa maleducazione stare ad ascoltare le discussioni che non ci riguardano.

P.J. O'ROURKE

Una ragazza di buona famiglia si assicura di essere a letto per le dieci di sera, se vuole essere a casa entro mezzanotte.

CITATA DA *MONI OVADIA*

Le buone maniere sono soprattutto un bisogno di chi è brutto. I belli possono permettersi qualsiasi cosa.

EVELYN WAUGH

BUSH GEORGE W.

Mio figlio Abdul ha trovato un amichetto americano, William.

Giocano sempre insieme a nascondino: William fa la parte di Bush e Abdul la parte di Bin Laden. Solo che va sempre a finire che Abdul si mette a piangere e dice: «Mamma, ma come è possibile? William prima mi fa nascondere e poi non mi pensa proprio e non mi viene neanche a cercare!».

Assundam (Rosalia Porcaro)

Quelli come Bush in Afghanistan diventerebbero bersagli per le esercitazioni terroristiche. Quelli come Bin Laden negli Stati Uniti diventerebbero presidenti della Repubblica.

Francesco Bartucci

Il giorno dell'insediamento alla Casa Bianca, Bush ha solennemente giurato fedeltà all'America. Il vice-Presidente Quayle ha giurato sulla Bibbia. Bush invece ha giurato su sua moglie: quella è molto più vecchia.

Lorenzo Beccati

Ero in ascensore, quando è salito un tale. «Di' un po'» mi fa, «te l'ha mai detto nessuno che assomigli a George W. Bush?» «Sì» ho detto «in parecchi.» «Wow, immagino che ti farà girare le scatole non poco.»

George W. Bush

Una delle cose favolose dei libri è che a volte ci sono delle immagini bellissime.

George W. Bush,
***U.S. News & World Report*, 3.1.2000**

Quindici verticale: "Il nome della figlia di Bush"... BUSCETTA.

Capocenere (Claudio Batta)

Bono, cantante degli U2, si è incontrato con Bush alla Casa Bianca. Bono ha invitato il Presidente ad aiutare i poveri, Bush ha chiesto a Bono di tornare con Cher.

Tina Fey

George W. Bush continua a sbagliare il nome del paese che bombarda... Lo chiama "Àiraq". Fossi in Saddam Hussein, sarei incavolato. «Hey, George: non è Àiraq, è Iràq. Non è che io sono in lotta con l'Umerica, no? Io sarò anche cattivo, ma tu sei stupido.»

Maz Jobrani

Bush ha fatto di tutto per esprimere la sua simpatia ai sudamericani. Ha persino cambiato il nome dell'aereo presidenziale: Air Force Juan!
Jay Leno

George Bush è in Messico. C'è stato un certo imbarazzo quando lo hanno portato a vedere le rovine maya. Vedendole, ha detto al Presidente Vicente Fox: «Prenderemo le canaglie che hanno causato tutto questo».
Jay Leno

Ieri, a Washington, era la Giornata della Consapevolezza della Malaria. Ed ecco la nota triste: oggi un confuso Presidente Bush ha mandato 20 mila marines in Malaria.
David Letterman

Il Dalai Lama ha visitato la Casa Bianca e si è offerto di insegnare al Presidente come raggiungere un più alto livello di coscienza. Poi, dopo aver parlato con Bush qualche minuto, ha detto: «Anzi, sa una cosa? Andiamo a pranzo, va'».
Bill Maher

Penso che i graffiti siano una forma di letteratura passionale. "Bush fa schifo!" "Gli U2 sono fantastici!". Io invece vorrei scrivere dei graffiti indifferenti, tipo: "*Toy Story* 2 era mica male".
Demetri Martin

C'è Bush che bombarda l'Iraq e dice di aver parlato con Dio. C'è Bin Laden che tira giù torri giurando di essere stato ispirato da Dio. Ci sono i Talebani e gli Hezbollah, pronti a obbedire agli ordini di Dio... Ma non è che lassù hanno aperto un call center?
Carlo Negri

Silvio Berlusconi sta a Bush come Monica Lewinsky stava a Clinton.
Alberto Patrucco

Bush: «Via dall'Iraq solo quando ce lo chiederà il benzinaio.»
Marco Vicari

BUSINESS MAN
vedi ***Affari***

CABARET

vedi ***Comici generici***

CACCIA *(Cacciatore)*

Tre statistici vanno a caccia; il primo spara ma manca la lepre di 50 cm a destra. Il secondo spara ma manca la lepre di 50 cm a sinistra, il terzo urla: «L'abbiamo presa!».

ANONIMO

Due cacciatori sono in un bosco quando uno dei due crolla a terra: sembra che non respiri e ha gli occhi sbarrati. L'altro cacciatore estrae un telefono e chiama soccorso: «Il mio amico è morto! Cosa posso fare?». L'operatore, con voce calma, risponde: «Si calmi. La posso aiutare. Per prima cosa, dobbiamo essere sicuri che il suo amico è davvero morto». Segue un istante di silenzio, poi una fucilata. Il cacciatore riprende il telefono: «Ok, e poi cosa?».

GIUDICATA "LA BARZELLETTA PIÙ DIVERTENTE DEL MONDO"

Io vado a caccia solo per autodifesa. Che cosa fareste voi se un coniglio vi puntasse un coltello alle spalle?

JOHNNY CARSON

Non potrete dire di aver vissuto se non avete mai partecipato a una caccia al procione, e dopo averlo fatto non vorrete più vivere.

CHEVY CHASE

Non sono mai piaciuto a mio padre. Una volta mi ha portato a caccia e mi ha dato un vantaggio di tre minuti. Sulla strada per casa ha legato me sul paraurti e ha messo il cervo in auto.

RODNEY DANGERFIELD

C'è chi tiene in casa appesa al muro una testa di cervo. Quando chiedo il perché, mi rispondono sempre: «Perché è un bellissimo animale». Ecco qua. Anch'io penso che mia mamma sia attraente, ma ho delle foto, di lei.

Ellen DeGeneres

Ditsey Baummortal andò a caccia di anatre con lo zio George Terwillinger. Uno stormo di anatre si levò in volo e lo zio George sparò nel mucchio e una si abbatté sulla spiaggia, morta. Ditsey si avvicinò e la guardò. «Ehi, zio George» disse «è stato uno spreco di munizioni. La caduta stessa l'avrebbe uccisa.»

"Senator" Ed Ford

Mio padre era un gran cacciatore. Però vegetariano. Così andava nei boschi e sparava ai funghi.

Bruno Gambarotta

La caccia al cervo sarebbe un autentico sport, se solo il cervo avesse il fucile.

William Schwenck Gilbert

Hanno organizzato il campionato mondiale di tiro al piattello a San Siro. C'erano 100.000 persone... 99.999... 99.998...

Gino&Michele

L'hepplewhite è un uccello che vola capovolto, così quando gli spari cade verso l'alto.

John P. Medbury

CACCIA AL TESORO

I tifosi della squadra di baseball di Filadelfia sono cattivissimi. A Pasqua, quando i giocatori avevano organizzato una caccia al tesoro con le uova di Pasqua per i loro bambini, fischiavano i figli dei giocatori che non trovavano le uova.

Bob Uecker

La prima volta che mi sono spogliato nudo davanti a una donna lei mi ha detto: «Cos'è, una caccia al tesoro?».

Dario Vergassola

CACCIATORE

vedi **Caccia**

CADAVERE *(Salma)*

Ho incontrato la mia ex moglie in un ristorante e siccome sono un libertino mi sono avvicinato a lei fluttuando e le ho chiesto esitando: «Che ne dici di tornare a casa e fare l'amore ancora una volta?». E lei mi ha risposto: «Sul mio cadavere!». Io allora ho replicato: «Perché no, è come lo abbiamo sempre fatto».
WOODY ALLEN

La salma è la virtù dei morti.
ALESSANDRO BERGONZONI

Giallo in un minuto. Era una notte buia e tempestosa, il semaforo nella via lampeggiava, la freccia di un'auto lampeggiava, la scritta di un hotel lampeggiava, l'albero di Natale lampeggiava... Lui vide il cadavere, poi non lo vide, poi vide il cadavere, poi non lo vide, poi vide il cadavere...
FABRIZIO CANCIANI

«Pensa se Fester tornasse mezzo morto, una carcassa in decomposizione.» «Non eccitarmi...»
LA FAMIGLIA ADDAMS

Ho il corpo di una diciottenne. Lo tengo in frigo.
SPIKE MILLIGAN

CADERE

La fiducia è semplicemente quella sensazione calma, rassicurante che si ha prima di cadere a faccia in giù.
ANONIMO

È brutta come una caduta dalle scale. Ma è intelligente, spiritosa. Forse in un altra circostanza avrei potuto innamorarmi di lei. Per esempio se fossi nato scemo.
ROMANO BERTOLA

L'unica cosa che arresta la caduta dei capelli è il pavimento.
MAURIZIO COSTANZO

Ero così ubriaco che l'altra notte sono caduto dal letto e ho mancato il pavimento.
HARRY CRANE

Sciare? Perché rompermi una gamba a venti gradi sotto zero quando

posso comodamente cadere dalle scale di casa?

COREY FORD

Ditsey Baummortal andò a caccia di anatre con lo zio George Terwillinger. Uno stormo di anatre si levò in volo e lo zio George sparò nel mucchio e una si abbatté sulla spiaggia, morta. Ditsey si avvicinò e la guardò. «Ehi, zio George», disse, «è stato uno spreco di munizioni. La caduta stessa l'avrebbe uccisa.»

"SENATOR" ED FORD

Il bambino alla finestra: «Mamma! O è passato Superman, o il babbo è volato giù dal tetto!».

HERMAN

«Sei in ritardo di mezz'ora!» «Sono caduto dalle scale.» «E ti ci è voluta mezz'ora?»

GROUCHO E CHICO MARX

Il mio rapporto con la bicicletta è sempre stato di parità: non uno sopra e l'altro sotto, ma tutti e due sopra o tutti e due sotto, dipende da chi cadeva per primo.

FRANCESCO SALVI

Il bue quando cade è felice perché si fa la bua.

TIZIANO SCLAVI

CAFFÈ

«Sai perché i kosovari non prendono mai il caffè? Perché passano direttamente dalla Macedonia al Montenegro.»

ANONIMO

Bevo talmente tanti caffè che nell'appartamento dove abito non ho la camera da letto.

LORENZO BOSIO

Nei fondi di caffè shakerati si legge il futuro dei terremotati.

PAOLO CANANZI

Se i cervelli fossero soldi tu avresti bisogno di un prestito per comprarti una tazzina di caffè!

DON CHAMBERS

In Inghilterra il caffè ha sempre il gusto di un esperimento chimico.

AGATHA CHRISTIE

Se i tuoi occhi ti fanno male dopo aver bevuto il caffè, tira fuori il cucchiaino dalla tazza.
NORM CROSBY

Il miglior modo per eliminare una macchia di caffè da una giacca di seta è con un paio di forbici.
LEOPOLD FETCHNER

Ho chiamato mio figlio "Caffè" perché ci tiene svegli tutta la notte.
LEOPOLD FETCHNER

Lui è il tipo di persona che rende nervoso il caffè.
LEOPOLD FETCHNER

Il crimine a New York è al minimo storico, in questi giorni. Peccato, perché mi manca il caffè gratis che mi davano quando guardavo quei libroni di foto segnaletiche.
DAVID LETTERMAN

Solo l'Irish coffee ci dà in un unico bicchiere i quattro elementi essenziali della nutrizione: alcol, caffeina, zucchero e grassi.
ALEX LEVINE

Se questo è caffè, vi prego di portarmi un po' di tè; ma se questo è tè, vi prego di portarmi un po' di caffè.
ABRAHAM LINCOLN

Che naso! Dev'essere stupendo la mattina svegliarsi e sentire il profumo del caffè. In Brasile.
STEVE MARTIN

Paura è essere bloccati nel traffico dopo aver appena bevuto due tazze di caffè con dei biscotti alla crusca.
JOHN MENDOZA

In Arkansas un uomo si è svegliato da un coma di diciannove anni, e ha chiesto una Coca. «Solo un bicchierino», ha detto, «la caffeina mi fa star sveglio».
CONAN O'BRIEN

Al barista che ha servito una tazzina di caffè sporca di rossetto: «Se mi ci mette anche due ciglia finte me la porto a ballare!».
ANTONIO RICCI

Ho un amico davvero scemo. L'altro giorno è entrato con un thermos in un caffè e ha chiesto alla commessa:

«Secondo lei, quanti caffè ci stanno qua dentro?». Lei ha risposto: «Cinque o sei». E lui: «Allora mi dia due decaffeinati, due macchiati e uno senza zucchero».
SAL RICHARDS

«Doppia grappa corretta caffè!»
LINO TOFFOLO

La mia ragazza fa il caffè come al bar: un euro.
LUCIO WILSON

Una pillola di caffeina equivale a quindici caffè: il difficile è buttare giù le quindici bustine di zucchero con lo stesso bicchiere d'acqua.
ZUZZURRO E GASPARE

CAGARE *(Dissenteria)*

Da quando faccio l'attore famoso, non vado più di corpo. Non è fine.
ROCCO BARBARO

Un uomo entra in un'agenzia di vaudeville e dice: «Ragazzi, ho un atto unico per voi! Ascoltate: io e mia moglie entriamo in scena, ci spogliamo, caghiamo sul palco, poi entrano i miei due figli e ci si tuffano dentro!». L'agente, allibito, chiede: «E come si chiamerebbe un atto del genere?». E il tizio: «Gli aristocratici!».
LA STORICA BARZELLETTA *THE ARISTOCRATS*

Mai sentito quando sull'aereo vi dicono: «Nel caso di improvviso calo di pressione nella cabina, cioè se il tetto dell'aereo si scardina, una maschera d'ossigeno scenderà automaticamente davanti a voi. Indossate la maschera e respirate normalmente». Beh, io non ho problemi. Io respiro normalmente tutte le volte che mi trovo in un aereo senza controllo in caduta verticale a seicento miglia l'ora. Inoltre, mi cago addosso normalmente.
GEORGE CARLIN

Ho mangiato in posti che voialtre non ci caghereste neanche!
FRANCESCO CASARINI

Il Monumento.
Vorrei si costruisse un monumento al cavaliere Silvio Berlusconi per ve-

derlo sorridere contento mentre gli cagano in testa i piccioni.
EROS DRUSIANI

Sono sfigato. Persino i piccioni hanno smesso di cacarmi addosso. Non vogliono illudermi.
GIANLUCA IRTI

Per tutti arriva sempre il momento in cui si deve decidere se cagare o uscire dal cesso.
JOHN LE CARRÉ

Chi di noi almeno una volta non ha guardato pensierosamente e pazientemente un quadro di Jackson Pollock e ha pensato: «Ma non è una cagata?».
ROB LONG

Super-Supergnomo fa il bucato bianco, ma così bianco, ma così bianco che la neve si vergogna e il giglio va a cagare.
MARCELLO MARCHESI

Paura è essere bloccati nel traffico dopo aver appena bevuto due tazze di caffè con dei biscotti alla crusca.
JOHN MENDOZA

Soffro di dissenteria. Quando inizio qualcosa non riesco mai a fin...
FRANCO MERAFINO

Secondo me in Afghanistan ci odiano per l'archi tettura: ogni volta che mostrano un'immagine di là, si tratta delle ultime quattro mura rimaste in piedi di tutto il paese. Simili modo, loro vedono i nostri muri. E ogni muro che abbiamo ha un bancomat, dentro. I nostri muri letteralmente cagano soldi.
TENNIS MILLER

Come si fa a non avere mosche in cucina? Basta andare a cagare nel soggiorno.
MARIO MURARO

Ho perso l'apparato digerente e allora mi succede che la roba che mangio va a finirmi subito nelle mutande senza subire quel trattamento che la rende marrone, per cui è ancora commestibile, così la metto in freezer che viene buona ancora. È un anno che mangio la stessa braciola di maiale! Fa schifo, però si mettono via dei bei soldi.
RUBES

Mia nonna si è suicidata mangiando quaranta pastiglie di lassativo. Le sue ultime parole sono state: «Occupato!».

DADO TEDESCHI

Mi ricordo quando con la mia ragazza facevamo i piccioncini... andavamo sui tetti e cagavamo in testa alla gente.

DADO TEDESCHI

CALABRIA

Calabria, Sicilia, Campania: quanto piombo! Non si potrebbero almeno usare delle lupare catalitiche?

ALBERT

È stata sospesa la progettazione del famoso ponte sullo stretto di Messina. Si è infatti scoperto che, grazie alla deriva dei continenti che avvicina lentamente l'Italia alle proprie isole, per il giorno della fine dei lavori, Calabria e Sicilia si saranno unite da sole.

AMURRI & VERDE

Tragedia in bassa Italia. Suicida si sdraia sui binari della linea Milano-Reggio Calabria e muore con 9 ore di ritardo.

MASSIMO BOLDI

Ieri mattina abbiamo fatto una riunione in posta per smaltire la corrispondenza arretrata. A un certo punto ha preso la parola un mio collega, Pino il calabrese, che ha detto: «Ma perché na iattamu nt'u Navigliu?». Poi ha preso la parola un mio collega siciliano che ha detto: «Ma quale Naviglio e Naviglio! Minchia bruciamola! Tanto che differenza c'è tra posta celere e posta cenere?». Poi ha preso il microfono Walter, un mio collega milanese da nove generazioni, che ha suggerito: «Si potrebbe provare a consegnarla...». Walter lascia la moglie e due figli.

BRUCE KETTA-MARCO DEL CONTE

Vendosi tre villette a schiera, una a Trieste, una a Urbino, una a Reggio Calabria. Particolarità: ingresso unico.

FICHI D'INDIA

Come tutti i miliardari, De Benedetti gioca. L'altro giorno

voleva comprare l'Olivetti, ma gli hanno detto che è già sua. O porca miseria. De Benedetti è uno che è uscito di casa e ha detto alla moglie: «Vado a comprare il Belgio». Ma comprati la Calabria che è in liquidazione! Sei mesi fa è uscito, ha detto: «Compro *la Repubblica*» ed è tornato a casa con Scalfari. Magari adesso esce per prendere un caffè e torna con Nino Manfredi. È gente fatta così.
BEPPE GRILLO

In Calabria, la domenica delle Palme, invece dei ramoscelli d'ulivo, si scambiano le pistole.
FRANCO NERI

La mamma calabrese non ti invita a pranzo, ti sfida, perché la sua più grande soddisfazione è vedere quanto resisti prima di crollare al suolo. Verso le sei, sei e mezza del pomeriggio, mentre stavamo finendo il secondo, sentiamo bussare. E mia madre: «Franco, oh Franco! E che è, la porta di casa? Manca qualcuno?» «No, mamma, è la porta del forno!». Quando l'ho aperta il coniglio ci fa: «Scusa un minuto tu, o mi togli la pelliccia o abbassi il riscaldamento che qua dentro dal caldo mi sto cocendo!».
FRANCO NERI

Il ragazzo calabrese, quando vuole abbordare una bella ragazza, non le si avvicina, no. La chiama con un fischio e poi appena lei lo nota le grida una frase del tipo: «Ciao come ti intitoli? Vorrei toglierti i vestiti, come i petali di una rosa, come le foglie di un carciofo calabrese, come lo stereo di un'auto incustodita e nel mentre vorrei dirti solo una frase: ci stai o non ci stai?».
FRANCO NERI

Come da usanza ognuno aveva portato qualcosa. Zio Caratozzolo a un certo punto apre il cofano e tira fuori un pintone di vino Cirò, forte, ma così forte che se dopo pranzo ci fermavano i vigili, la prova del palloncino ce la dovevano fare col palloncino di cuoio!
FRANCO NERI

CALAMBOUR
(Gioco di parole - Paradosso)

Fizz: «E Larry?»
Gin: «Larry è morto. È morto mangiando delle scaloppine avvelenate.»
Fizz: «È proprio vero che a volte basta un secondo...»
ALE E FRANZ

Fizz: «C'è stato un periodo della mia vita nel quale ho avuto due donne»
Gin: «E poi?»
Fizz: «Ho cambiato tre carte e mi è entrato un full!»
ALE E FRANZ

Ho chiesto un foglio a un mio compagno di classe grasso. Non me lo ha dato, il foglio di puttona.
DARIO ALESANI

Intervistatrice: «Ma lei non ha paura a mangiare alla Sparks Steak House di New York, dove venne ucciso Paul Castellano?»
Allen: «No, seggo nel settore non-sparatori.»
WOODY ALLEN

Il sonno della Regione genera Mostre.
ANDREA ANGIOLILLO

Cosa fatta Capo Horn.
ANONIMO

Ho visto un uomo con un occhio pesto e uno ragù.
ANONIMO

Ridiamo credito alle istituzioni, ridiamo valore alle religioni, ridiamo fiducia all'autorità! Sì, ridiamo!
ANONIMO

Lui: «Cara, mangiamo un po' di torrone?»
Lei: «Ma è duro!»
Lui: «Sì, ma prima mangiamo un po' di torrone...»
ANONIMO

«Sai perché i kosovari non prendono mai il caffè? Perché passano direttamente dalla Macedonia al Montenegro.»
ANONIMO

Cosa diventa il formaggio dopo un mese? Forgiugno.
ANONIMO

«Lo sai come hanno fatto la prima clonazione?»
«Con le fette biscottate!»
«La prima clonazione l'hanno fatta in Scozia con la pecora!»
«E non è pesante di prima mattina la pecora?»
ANTONIO E MICHELE

Amare significa dove buttare una donna.
MAURIZIO AVANZI

Tutte le volte che Biancaneve diceva: «Vado di là a farmi un pisolo», Brontolo s'incazzava, il gelosone!
ANATOLJ BALASZ (NATALINO BALASSO)

Se esiste il lessico amoroso vuol dire che mio marito è anoressico visto che parla col culo!
ANNA MARIA BARBERA

Il codice fiscale migliora la funzionalità del fisco. Il codice postale migliora la funzionalità della posta. Io studio il codice penale. Non si sa mai...
FRANCO BARDI

Uno scampo andò al cocktail. Non lo vide più nessuno.
FRANCESCO BARTOLI

Un millepiedi dice al figlio che va a scuola di samba: «Non ti impegni abbastanza: la prendi sottogamba, sottogamba, sottogamba, sottogamba, sottogamba, sottogamba, sottogamba...».
FRANCESCO BARTOLI

Donna: il buco che si lamenta intorno.
DONNIE BARZO

Gay Pride: perché i gay sono persone orgogliose, checche se ne dica.
MASSIMO BASSI

Faccio il rappresentante di compassi per arrotondare lo stipendio. L'unico inconveniente è che c'è da girare.
MASSIMO BASSI

Errare è umano, muggire bovino.
BATHROOM READER

Il formaggio con le pere
è femmina?
ALESSANDRO BERGONZONI

Mi sono iscritto a un concorso di colpa, ma non ho vinto nulla perché non c'entravo.

Alessandro Bergonzoni

La salma è la virtù dei morti.

Alessandro Bergonzoni

So soltanto che Cristoforo Colombo partì da Vigevano (dove c'erano certe leggi che adesso non ci sono più).

Alessandro Bergonzoni

Chi va con lo zip impara ad aprire le cerniere.

Alessandro Bergonzoni

È vero o non è vero che fa diesis è la somma di cinques più cinques?

Alessandro Bergonzoni

Il figlio del giocatore di poker professionista era davvero molto precoce. A soli due anni sapeva già contare da uno al re.

Milton Berle

"Tu sei Pietro e su questa pietra fonderò la mia Chiesa". Gioco di parole indubbiamente sublime, però, come dire? Un po' fortunoso. Resta il sospetto che, se si chiamava Michele, avrebbe fondato la Michelin.

Romano Bertola

Non sono grassa. Sono un'esploratrice di cibo.

Erma Bombeck

Carducci aveva dodici figli: «Sei nella terra fredda, sei nella terra negra».

Maria Luisa Bottani

Chi giace acconsente.

Maurizio Bottoni

Che verbo è "non sarebbe dovuto nascere"? Preservativo imperfetto.

Gino Bramieri

Il mio quartiere è così depresso che i bambini vanno a scuola con il diario del pover ranger.

Alessandro Brunello

Sì, ho corrotto, ma sono disposto a pagare.

Massimo Bucchi

Come ha detto recentemente il Presidente del Consiglio: «È ora

che ognuno si assuma le nostre responsabilità».
Massimo Bucchi

Pony Express, City Cross, Easy Rider: cose che recapitano.
Massimo Bucchi

Dislessici di tutto il mondo... UTINEVI!!
Bumper Sticker

Qualche volta si affacciava il medico alla porta della camera. Cerimonioso, timido, col cappello in mano: «Disturbo?» «Gastrico!».
Achille Campanile

Dinorah: «Canterei volentieri la canzone intitolata *Signora*, ma temo che Nora, che dovrebbe accompagnarmi al piano, non la conosca. Qui non sapete se la conosce?» Cora: «Parola di Cora, signora Dinorah: sinora di Nora s'ignora se ignora Signora.»
Achille Campanile

Sono stato a sciare in Piemonte. In un giorno solo ho fatto per tre volte tutte le piste del comprensorio della Via Lattea. La sera ero parzialmente stremato.
Camillo Canovi

Io e il mio membro abbiamo un rapporto bellissimo, anche se nella sua educazione uso ancora metodi antichi: se fa i capricci, lo meno.
Camillo Canovi

La linea più diritta tra una breve distanza è due punti.
George Carlin

«So che viaggia spesso con la mountain bike.» «Ho una Graziellina, è più comoda, c'è la vite in mezzo, si piega in due e sta nello zaino.» «Ma è pesante?» «58 kg.» «E quanti rapporti ha la sua Graziellina?» «Sono affari suoi, a me non interessa. Può andare anche con un motorino.»
La Carovana

Naziskin: odio di scemi vari.
Ennio Cavalli

La vita s'è tutta un bidòn. Beati gli affamati di giustizia perché saranno giustiziati.
Angelo Cecchelin

Insulti complessi: io a biliardo sono forte, ma un mio amico è più forte e infatti mi batte sempre. Anche il marciapiede è forte, ma tua madre è più forte e infatti batte sempre il marciapiede.
Giovanni Cellini

Se i bidelli sono definiti "personale non docente", gli impiegati negli uffici della nettezza urbana si possono definire "personale non scopante"?
Mimmo Ciulla

È meglio soffrire
che essere soffritti!
Mimmo Ciulla

Nell'università italiana vige il criterio meritocratico: chi merita, fuori dai coglioni.
Barbara Civitelli

Merda volant, furbi schivant.
Barbara Civitelli

Le mie figlie hanno sposato due salumieri. Ho due generi alimentari.
Comix

La monade non è altro che un gran pezzo di ragazzade.
Antonello Commisso

Avevo due cani husky, uno bello e uno brutto. Praticamente un husky bello e una schifezza.
Sergio Cosentino

La letteratura è una questione di famiglia; anche Agatha Christie aveva una sorella che scriveva storie sentimentali. Si chiamava Lacrima Christie.
Mauro Cotone

Sai dov'è il Camerun? È tra la cucinam e il bagnum!
Raul Cremona

Sapete come si chiama la moglie di Zeman? Zewoman.
Cuore

Io sono l'unico artista copiato dalla Natura.
Salvador Dalí

C'è chi tiene in casa appesa al muro una testa di cervo. Quando chiedo il perché, mi rispondono sempre: «Perché è un bellissimo animale».

Ecco qua. Anch'io penso che mia mamma sia attraente, ma ho delle foto, di lei.
ELLEN DEGENERES

Questa mattina ho incontrato un tale con un occhio di vetro. Non me lo ha detto, è saltato fuori durante la conversazione.
JERRY DENNIS

L'unione fa la folla.
DENTIBLÙ

Per un romano il congiuntivo è una malattia dell'occhio!
ALESSANDRO DI CARLO

Ormai s'è fatto buio pure a Lucerna.
DIMUNNO E TAMBORRINO

Mio figlio è talmente gay che cinque anni fa il governo italiano ci ha mandato a casa l'eteroconvertitore.
GIOVANNA DONINI

Non calpestate le aiuole, si fanno male tutte le vocali.
ELLEKAPPA

Ho messo la Bibbia sul balcone, ma la parabola non prende.
FICHI D'INDIA

Io muoio alla giornata.
ENNIO FLAIANO

Amore? Forse col tempo, conoscendoci peggio.
ENNIO FLAIANO

Ciccio: «Basta! È mezz'ora che ne stiamo parlando: sistemo la bacheca.»
Franco: «La ba che?»
Ciccio: «Ca!»
Franco: «Ah!»
FRANCO FRANCHI E CICCIO INGRASSIA

Alberto Sordi ha interpretato molti film di vario genere: di genere comico, di genere drammatico, di genere ermetico. E uno dei film di genere ermetico era: *Er metico della mutua.*
NINO FRASSICA

«Lo sai che c'hai un bel sito? Te c'hanno mai cliccato sopra?»
GALLO CEDRONE

Era l'anno in cui la moglie di Francesco Baracca piantò lui e i suoi burattini.
I Gatti di Vicolo Miracoli

La ragazza non impiegò molto a diventare letterina. Attese il produttore sotto casa e, appena lo vide, gli gettò le gambe intorno al collo.
Gino&Michele

Quando Berlusconi salì per la seconda volta alla guida del governo molti italiani si convinsero che le sorti del paese fossero in mano a un serial premier.
Gino&Michele

Ho visto gente mettersi i preservativi alle dita dei piedi per paura di prendersi l'Adidas!
Gino&Michele-Paolo Rossi

Cogito ergo rhum.
Giuliano

Come diceva John Belushi: «Quando il gioco si fa duro, Recoba chiede di uscire».
Gene Gnocchi

Un bombardamento può far finire la guerra: bombardate il Pentagono adesso!
Graffito a New York

Il nulla nulleggia.
Martin Heidegger

Gli americani, come europei, non sono granché.
Barbara Hershey

Van Gogh avrebbe venduto più di un quadro se solo ci avesse messo delle tigri.
Tom Hobbes

Lei gli diceva: «Se tu m'amassi...».
Poi gli scriveva: "Se tu m'amassi...".
Gli sussurrava: «Se tu m'amassi...».
Lui le rispose: «Ma no che non t'amasso!».
Enzo Iacchetti

Ragazza che soffre (senza apostrofo).
Enzo Iacchetti

Ti prego di non parlare mentre ti sto interrompendo.
Insulti americani

Va male! Ma se andasse bene, andrebbe bene?
Mojmir Jezek

Par condicio, invece no.
Franco Kappa

Non vado in quel bagno perché lì c'è la carta igienica alla camomilla. Io ho già l'intestino pigro, se mi si addormenta il culo è finita.
Paolo Labati

Abramo disse a suo figlio di costruire un mulino. Poi andava da lui a prendere la farina e a tutti diceva: «È farina del mio Isacco».
Antonio Laneve

Bush ha fatto di tutto per esprimere la sua simpatia ai sudamericani. Ha persino cambiato il nome dell'aereo presidenziale: Air Force Juan!
Jay Leno

«Lei quante volte si masturba in media?» «In media? Due o tre giorni all'ora.»
Daniele Luttazzi

Non c'è due senza te.
Mino Maccari

Ci sono cose che un uomo non può capire. Io sono una di queste.
Mago Oronzo (Raul Cremona)

La calma è la virtù dei morti.
Boris Makaresko

Le donne sorde non fanno l'amore perché non se la sentono.
Graziano Marani

Dio tassista, senza apostrofo, è una bestemmia?
Marcello Marchesi

In Brianza ci sono ancora dei paesetti all'antica che si danno del voi: Usmate, Carnate, Vimercate.
Marcello Marchesi

Chissà quante mamme mongole piangono perché hanno un figlio europoide.
Marcello Marchesi

Si era talmente applicato agli studi sessuali che vinse una borsa di stupro.
Marcello Marchesi

Mi sento sotto la cresta dell'onda.
Marcello Marchesi

Tutto è perduto fuorché l'ospite d'onore.

MARCELLO MARCHESI

L'anno scorso ho consegnato una sceneggiatura. Non hanno cambiato una parola. La parola che non hanno cambiato era a pagina 87.

STEVE MARTIN

Di certo sapete tutti benissimo cos'è un gattopardo: tra le fiere è la fiera più fiera, quella con maggior fierezza. Per chi fa la caccia grossa è una preda ambita: il gattopardo si occulta nella vegetazione, e per stanarlo serve un canepardo.

GROUCHO MARX

All'infuori del cane, il libro è il miglior amico dell'uomo. Dentro al cane è troppo scuro per leggere.

GROUCHO MARX

La coppia aperta funziona benissimo purché l'ultimo chiuda la porta.

FRANCESCA MAZZANTINI

Carpe diem
Trote gnam.

VASCO MIRANDOLA

La pancia vien mangiando.

SANDRO MONTALTO

Giuda: «Un bacio è un apostolo roso fra le parole "ti" e "tradisco"».

SANDRO MONTALTO

Abbiamo un debole per i capi di Stato che dicono quello che pensano. Solo, vorremmo che ogni tanto pensassero a quello che dicono.

INDRO MONTANELLI

Il coccolino concentrato è il più meditabondo dei coccolini.

EGIDIO MORRETTI

Vendo divano letto, riletto e anche un po' sottolineato.

MARIO MURARO

Pelosetta e colorita
non più larga di due dita
fa rizzar la pelle umana e il suo nome finisce in ...ica.
È superfluo che ti dica che si tratta dell'ortica!

BATTUTA GIRATA VIA SMS SEGNALATA DA FEDERICA NARDON

Lo sapete cosa fa l'otorinolaringoiatra alla fine del turno di lavoro?

Prende, si sveste, saluta, mette in moto il suo motorinolaringoiatra e va a casa.
GIANLUCA NARDUZZI

Sai come si chiama il figlio di Peron? Porompompero Peron!
NIKE

Mio padre non mi picchiava mai senza un buon motivo: metteva su un pezzo dei Beatles e mi faceva un culo così!
FURIO OMBRI

Si dice che la prostituzione sia il mestiere più antico del mondo. Non è vero. Il mestiere più antico del mondo è il dentista. Solamente dopo alcune donne hanno cominciato a prostituirsi per riuscire a pagare la parcella. Anzi, all'origine il proverbio era: "La donna batte quando il dente duole".
FLAVIO OREGLIO

Era un infingardo ma non trovava una finga neanche a pagarla a peso d'oro.
FLAVIO OREGLIO

Correre incontro al pericolo è una forma di vigliaccheria.
ALDO PALAZZESCHI

Tema: "L'otto marzo". Svolgimento: "L'otto marzo, l'otto un quarto faccio colazione, l'otto e mezzo sono a scuola".
GIORGIO PANARIELLO

Era un ribelle ma con le idee nella maggioranza.
FRANCO PARENTI

L'ignavo, sa di essevlo?
FRANCO PENNASILICO

Se i pesci non abboccano all'amo, provate con "la stimo profondamente".
VALERIO PERETTI CUCCHI-MARIO ZUCCA

Vengo da un ambiente dove, se si vede un serpente, lo si uccide. Alla General Motors, se vedi un serpente, per prima cosa assumi un consulente sui serpenti.
H. ROSS PEROT

«Cesare, il popolo chiede sesterzi!»
«No, vado dritto.»
SAVERIO PESAPANE

La gallina va a confessarsi: «Padre mi perdoni perché ho beccato!».
PONGO

Avete il pollice verde?
Allora lavatevelo!
GIORGIO PORCARO

Il Bar dello Sport di Baranzate di Bollate è stato il primo fast food del pianeta Terra. Fast food nel senso che, se non fai alla svelta, fuori ti fregano la macchina.
POTATO (ALESSANDRO BRUNELLO)

La matematica non è un pignone, come diceva Coppi...
RENATO POZZETTO

Noi liguri siamo diffidenti e guardiamo con sospetto alle novità. Pensate che per secoli abbiamo continuato a masticare separatamente aglio, basilico, pecorino e pinoli... uno alla volta. Poi, quando una donna ha mischiato e pestato gli ingredienti nel mortaio, l'abbiamo accusata di stregoneria, bollita come una patata e condita col suo stesso intruglio. Siccome era una donna giovane e avvenente, fu ricordata come la prima "gnocca al pesto".
EMILIO RAZZETTI

Nella mia città ci sono tre istituti tecnici: il Galileo Galilei, il Galileo Galilui e il Galileo Galigay.
EMILIO RAZZETTI

La settimana prossima il rapper Ice-T farà un concerto di beneficenza per il vescovo Desmond Tutu. Si chiamerà: "T for Tutu".
JEFFREY ROSS

Quando il porcino non scopa diventa velenoso.
PAOLO ROSSI

«Essere o non essere, questo è il problema...» sussurra William. Chiede la moglie: «Caro, perché dici queste parole arcane?». Ribatte lui: «Arcane? E chi se lo incula er cane?».
CITATA DA PATRIZIO ROVERSI

Di notte sono sonnambula, di giorno sono giornambula. (Minchia, troppo simpatica.)
SABBRY (LUCIANA LITTIZZETTO)

Io sono sardo, mia moglie russa. Ma anch'io non scherzo.
LUCIO SALIS

Chi si ferma... è venuto!
FEDERICO SALVATORE

In montagna sono caratteristici i "Brutti di Bosco", che sono gente bruttissima che si nutre di lamponi, more e mirtilli.
FRANCESCO SALVI

E ricordati di abbassare i vicini che disturbi il volume, d'accordo?
FRANCESCO SALVI

Sono in un periodo di inattività frenetica.
FRANCESCO SALVI

Amare significa poco dolci.
MAURIZIO SANGALLI

L'ozio è il padre dei miei cùgini.
MAURIZIO SANGALLI

Da quando so che il mio pene è una metafora faccio l'amore con più allegoria.
MAURIZIO SANGALLI

A Cuba non solo gliene importa niente, ma non gliene esporta neanche un cazzo.
MAURIZIO SANGALLI

«Signori, non vengo da Lodi per lodarvi, da Piacenza per piacervi e nemmeno da Chiavari...»
SAPONAZZI (RAUL CREMONA)

«Harry siamo a Panama: nessuna buona azione resta impunita!»
IL SARTO DI PANAMA

Il bue quando cade è felice perché si fa la bua.
TIZIANO SCLAVI

Sapete dove abita lo strappo alla regola? In via del tutto eccezionale!
TIZIANO SCLAVI

Io, alla distanza, vengo sempre fuori e di questo le donne mi sono molto grate.
ROBERTO SERAFINI

Se la museruola si mette sul muso, dove si mette la cazzuola?
CITATA DA NICOLA SEVERIN

Mi sono detto tra me e me (che tra l'altro ci sono pochissimi centimetri)...

I SOLITI IGNOTI

Non fatevi con le siringhe infette. Fatevi con siringhe intere.

I SOLITI IGNOTI

Armani sarto subito.

STRISCIONE IN OCCASIONE DI LOTTOMATICA ROMA-ARMANI JEANS MILANO

Il deserto del Sahara è in Africa, su questo non ci piove.

SALVATORE SULSENTI

Un tale fa un numero e chiede: «Pronto, chi parla?» «Calzaturificio di Varese.» «Ho sbagliato numero.» «Le porti qui che gliele cambiamo.»

CITATA DA NANNI SVAMPA

Mio padre era sempre fissato con lo sbarco sulla Luna, tant'è vero che io avevo una sorellina e mio padre l'ha chiamata Luna. Poi a otto anni ha perso un braccio in un incidente e adesso la chiamano "Luna meno un quarto".

DADO TEDESCHI

Ho fatto l'amore con Control. Domani provo con Alt Canc.

ALE TONICA

Elena di Troia... Troia... Troia: questo nome non mi è nuovo.

TOTÒ

In pompa magna no!
Io non pompo e non magno!

TOTÒ

Io sono turco dalla testa ai piedi! Ho persino gli occhi turchini!

TOTÒ

Visto che ho un corpo ho bisogno di una corpa.

TOTÒ

«Signora lei vuole vedere il bollito? Così, davanti a tutti?»

TOTÒ

Quel che ho detto ho detto!
E qui lo nego.

TOTÒ

Nella vita ci sono le cose vere e le cose supposte. Le cose vere per il momento le mettiamo da parte,

ma le supposte... dove mettiamo le supposte?
TOTÒ

Sono integro e puro, non ho commesso peccati, né di carne né di pesce.
TOTÒ

Parli come badi!
TOTÒ

Signori si nasce. E io, modestamente, lo nacqui.
TOTÒ

Ognuno ha la faccia che ha, ma qualche volta si esagera.
TOTÒ

Mi piace un soprabito inventato dagli americani, il cocomero, quello che si aggancia con i calamari.
TOTÒ

«È capacino...»
TOTÒ, LA PRIMA VOLTA CHE VIDE ALBERTO SORDI

Desto o son sogno?
TOTÒ

Un libro senza indice può mettersi le dita nel naso?
CARLO TURATI

La nuvola chiese alla pioggerellina: «E tu, cosa farai da grandine?».
DINO VERDE

«Asia Argento, parliamo della sua carriera di attrice. Lei, tra i giovani, è considerata un'icona. Non si saranno dimenticati una "f"?»
DARIO VERGASSOLA

«Lei Kris è di Toronto. Verrebbe in campeggio con me per farle vedere come monto una canadese?»
DARIO VERGASSOLA

«Mi chiamo Gino Colluccello. M'è scaduta la carta d'identità, la devo rifa'.» «Bene, firmi qui per esteso.» «Come firmo, Colluccello?» «Mah, se le scrive...»
IL VERNACOLIERE

Mi è impossibile accettare il vostro invito a causa di un impegno susseguente.
OSCAR WILDE

Cosa dare a un uomo che ha tutto? Penicillina.

HENNY YOUNGMAN

Le insegnanti non credano che per essere sempre pulite debbano farsi tutte le mattine il bidéllo.

ZAP & IDA

Errori storici: a scuola ci hanno sempre detto che Astianatte era l'unico figlio di Ettore. In realtà era il diciottesimo e si chiamava: Ostianàlter!

ZIO SCRIBA (NICOLA PEZZOLI)

Se un gatto a quattro zampe si mette a gattoni e un cane si mette a cagnoni, secondo te, come si metterà un coyote?

ZUZZURRO E GASPARE

CALCIO

Quando ero piccolo trovai il portafoglio di mio nonno. Lo aprii e vidi le foto ingiallite di Gianni Rivera e Padre Pio, che io non conoscevo, non sapevo chi fossero. Lo chiesi e mio nonno mi spiegò: «Uno fa i miracoli, l'altro è un popolare frate pugliese».

DIEGO ABATANTUONO

Io sto al calcio come Formigoni al kamasutra.

ANTONIO ALBANESE

Prima di giocare a calcio alla Playstation, Moggi chiamava a casa il signor Sony.

DARIO ALESANI

Questo deprecabile razzismo da stadio sta rovinando l'immagine di milioni di razzisti per bene.

ALTAN

Questa Inter va come un carro a vele spiegate.

ALESSANDRO "SPILLO" ALTOBELLI

È sempre meglio far correre la palla. La palla non suda.

ROBERTO BAGGIO

Dite che con Pancev bisogna avere pazienza perché è macedone? Sarà... ma io sono della Bovisa e non sono mica un pirla.

OSVALDO BAGNOLI

È meglio giocare con una sedia che con Hansi Müller, perché con la sedia, quando gli tiri la palla addosso, ti torna indietro.
Evaristo Beccalossi, Campionato 82/83

Con Silvio al governo, nel 2004 si son persi i Mondiali di calcio in Usa ai rigori col Brasile. Con Silvio al governo nel 2008 si son persi gli Europei con la Spagna ai quarti. Con Prodi al governo nel 2006 campioni del mondo! Beh, i campionati del 2010 in Sudafrica si avvicinano, che si fa?
Enrico Bertolino

Se fossi stato anche bello, non avreste mai sentito parlare di Pelè.
George Best

Il rugby è uno sport bestiale giocato da gentiluomini. Il calcio è uno sport da gentiluomini giocato da bestie. Il football americano è uno sport bestiale giocato da bestie.
Henry Blaha

Se un uomo guarda tre partite di calcio di fila dovrebbe essere dichiarato legalmente morto.
Erma Bombeck

Sulla carta Roma e Lazio sono fortissime, ma un complotto le costringe a giocare sull'erba.
Massimo Bucchi

L'Inter è l'unica società Onlus della serie A. Mantiene trentadue giocatori senza pretendere assolutamente niente in cambio.
Camillo Canovi

Ho un modo infallibile di calciare i rigori: li metto dentro.
Eric Cantona

Ma come hai fatto a sbagliare? Ti ho fatto un cross che era una pennellata! Sembrava un quadro di Pirandello!
Franco Causio

Siamo giunti al minuto che intercorre tra il 16° e il 18°.
Sandro Ciotti

Sacchi: «Per vincere occorre che il portiere pari, i difensori difendano, gli attaccanti attacchino e i centrocampisti... centrocampastino!»
Antonio Cornacchione

Giornalista: «Perderete la prossima partita?»
Sacchi: «Se perdiamo 1 a 0, è colpa del portiere; se perdiamo 2 a 0, è colpa della difesa; se perdiamo 3 a 0, è colpa del centrocampo; se perdiamo 4 a 0, è colpa dell'attacco; se perdiamo 5 a 0, è colpa dell'arbitro; se perdiamo 6 a 0 è colpa del pubblico e se perdiamo 7 a 0... be', bisogna essere onesti e avere il coraggio di dire che è colpa di Matarrese.»
Antonio Cornacchione

Sapete come si chiama la moglie di Zeman? Zewoman.
Cuore

In una squadra esistono nove ruoli e due professioni: il portiere e il centravanti.
Dadà

La nazionale dei tossicomani e quella degli orfanelli si affronteranno in una partita il cui incasso sarà devoluto all'associazione dei cantanti che vogliono fare gli attori.
Fabio Di Iorio

Io non ho ancora capito se l'eritropoietina si inietta o si prende in pillole e qual è il valore normale di ematocrito. Ma adesso basta parlare della Juve...
Dimunno e Tamborrino

«Come mai la tua squadra ha perso? Ha giocato male?» «No, è stata colpa degli ebrei, dei meridionali e di quella troia della moglie dell'arbitro!»
Ellekappa

Ficarra: «Ma che succede? Perché ti stai leggendo 'sto giornale così attentamente?»
Picone: « Eh, caro mio, ci sono novità e voglio vederci chiaro. A quanto pare il Palermo Calcio se lo sta comprando un imprenditore del Nord!»
Ficarra: «Veramente? E questo che intenzioni ha?»
Picone: «Sta portando dieci giocatori nuovi, un nuovo preparatore atletico, un centravanti che segna venticinque gol a campionato e un allenatore che è considerato tra i migliori!»
Ficarra: «Ma com'è pazzo! Non lo capisce che così rischiamo di andare in serie A?»

Picone: «Rischiamo? Ha dichiarato senza inibizioni che vuole andare in serie A!»
Ficarra: «Questo viene dal Nord e parla di serie A? Ma chi gliel'ha chiesta? Se ci volevamo andare, che aspettavamo a lui? Come se noi non ci sapessimo andare da soli! Dopo trent'anni di onorata serie B, perché dovremmo salire in serie A? Per giocare con l'Inter? Con la Juve? Con il Milan? Se ci tengono scendono loro!»
FICARRA E PICONE

Pare che Arrigo Sacchi sia così maniaco della zona che quando fa l'amore con sua moglie ha sempre dietro di sé Franco Baresi pronto a coprirgli le spalle.
GIALAPPA'S BAND-GENE GNOCCHI

Silvio Berlusconi non solo non conosce Tabucchi, ma è anche convinto che Gogol sia un centravanti balbuziente.
GINO&MICHELE

E quello è il fiore all'occhiello della squadra: è un centravanti francese, Martinitt. Un centravanti orfanello, che nasconde un terribile segreto: la sua mamma era una puttana... e il suo papà era una puttana anche lui... un figlio di puttana al quadrato! E calcia la palla così veloce, ma così veloce... ma così veloce... ma così veloce... che la palla quando entra in porta cambia fuso orario. E così Martinitt spesso segna prima che inizi la partita.
GINO&MICHELE-PAOLO ROSSI

La mamma di Emanuele Filiberto di Savoia si chiama Marina Doria. Marina Doria, ma che nome è Marina Doria? Ma pensa a suo figlio quando tornava a casa e diceva: «Dov'è la mamma? Dov'è la mia mamma?». Marina Doria, ma che cazzo di nome è Marina Doria? «Dov'è Marina Doria?». E il papà gli diceva: «È fuori casa» «E cosa sta facendo?» «Sta pareggiando con la Salernitana.»
GINO&MICHELE-PAOLO ROSSI

Come diceva John Belushi: «Quando il gioco si fa duro, Recoba chiede di uscire».
GENE GNOCCHI

Il manager di Adriano: «Resterà in Brasile. Il Carnevale di Rio disposto a proporgli un biennale».

GENE GNOCCHI

Quando a scuola la maestra dava una punizione a Roberto Baggio, lui chiedeva sempre se era di prima o di seconda.

GENE GNOCCHI-MARCO POSANI

Quelli che quando perde il Milan dicono che in fondo è una partita di calcio e poi vanno a casa e picchiano i figli.

ENZO JANNACCI-BEPPE VIOLA

Ronaldo si è messo con una dentista. È come se Calderoli si mettesse con un chirurgo plastico.

LUCA E PAOLO

Appena giunto alla presidenza di Telecom, Guido Rossi ha preso un'importante decisione. La Tim è stata retrocessa in serie B.

I MACETA (SIRO E LUCA MANTOVANI)

È un po' nervosa, stasera, la Polonia.

NANDO MARTELLINI

Non c'è niente di più umiliante di vedersi parare un rigore da un portiere così cretino da non capire la finta.

GIUSEPPE "PEPPINO" MEAZZA

Secondo una statistica gli uomini trascorrono due ore al giorno parlando di calcio. E questo è preoccupante perché significa che possono parlare per ventidue ore al giorno di cose delle quali non sanno un tubo.

FURIO OMBRI

Scandalo intercettazioni. Vieri è stato pedinato per anni nei luoghi che frequentava. Hanno smesso di seguirlo quando si sono resi conto che i detective stavano per diventare alcolizzati. Prodi invece, pur essendo un vip, non ha mai avuto una vita trasgressiva. Si sono accorti che lo stavano intercettando perché hanno sentito uno che sbadigliava in sottofondo.

FLAVIO OREGLIO

Girati e tira! Non come domenica scorsa che prima hai tirato e poi ti sei girato... ottanta metri di autogol!

GIANNI PALLADINO

Un tifoso al poco noto giocatore romanista Cesar Gomez: «A' Gomez, ce l'hai un fojio che te faccio n'autografo?».

CITATA DA ALESSANDRO PARODI

Lui non è come gli altri giocatori: una volta l'ho visto leggere un libro senza figure.

MAX PATKIN

Totti ha perso la testa per una letterina. Se niente niente questo mi legge un libro impazzisce.

ALBERTO PATRUCCO

Ero un bambino così povero che io e i miei amici non potevamo neanche permetterci un pallone, così ce lo immaginavamo. Giocavamo due minuti e poi stavamo due ore a discutere se era gol!

VALERIO PERETTI CUCCHI

Unirsi a una donna significa sentirsi dire: «Preferisci il football a me», senza poterle rispondere di sì.

PITIGRILLI

In tanti aspetti, a cominciare dal modo unico in cui sa segnare, Ronaldo mi ricorda Meazza, il quale commise un solo errore: accettare il trasferimento al Milan. Sono sicuro che Ronaldo mai potrebbe essere indotto in una simile tentazione. Uno grande come lui può indossare una sola maglia: quella nerazzurra.

PEPPINO PRISCO

Una volta eri come l'oro. Adesso sei come loro.

STRISCIONE INTERISTA, RIFERITO AL PASSAGGIO DI RONALDO AL MILAN

Non sapere niente di calcio in Italia è come vivere in una tribù di cannibali e non mangiarsi nemmeno le unghie.

FRANCESCO SALVI

Quando un giocatore mi confessa che può giocare sia a destra che a sinistra, io lo mando in tribuna.

FRANCO SCOGLIO

Tutto mi sarei aspettato dalla vita tranne che di vedere Comunardo Niccolai via satellite.

MANLIO SCOPIGNO

19 ottobre 1990. Napoli... ristrutturando un muro dello stadio è

stato rinvenuto un altro figlio di Maradona.
Striscia la notizia

Gattuso tranquillo non è aviaria, c'hai il morbillo.
Striscione interista

Totti, titolo di studio: battesimo.
Striscione laziale in Lazio-Roma

Nuovo anno stessi valori: Viva la fica e la Fiorentina.
Striscione viola

Renato Dall'Ara, indimenticato presidente del Bologna, aveva un debole per il latino. «E si ricordi», disse un giorno, «che per ogni evenienza *sine qua non*, siamo qui noi!» A un dirigente che voleva assumere un'iniziativa, disse decisamente: «*Fiat lux*, faccia lui!».
Beppe Viola

Il calcio è un ottimo sport per le ragazzine toste, ma non per i ragazzi delicati.
Oscar Wilde

CALDO

Esame di fisica. Si presenta il primo studente. Il professore: «Sei in treno, in uno scompartimento. Fa caldo. Che fai?» «Mah, apro il finestrino.» «Bravo. Ora calcola la variazione di entropia.» «Mi servirebbe qualche dato in più...» «No!... Lo sai?... No? Va bene, vai.» E il primo viene sbattuto fuori. Arriva il secondo, poi il terzo, il quarto e il professore fa la medesima domanda con lo stesso risultato. Arriva l'ultimo studente: «Sei in treno, in uno scompartimento. Fa caldo. Che fai?» «Mi tolgo la giacca.» «Sì, ma fa ancora caldo, che fai?» «Mi allento la cravatta.» «Ma fa ancora caldo...» «Mi sbottono la camicia.» Incazzandosi: «Sì, ma fa ancora tanto caldo, che fai?» «Senta professore, può fare quanto caldo vuole. Ma io quel cazzo di finestrino non lo apro!»
Anonimo

Fa caldo. C'è siccità. Ho visto un albero correre dietro a un cane per farsi pisciare addosso.
Giancarlo Barbara

Il mio palazzo è molto degradato: in inverno si muore di freddo, in estate si muore di caldo e in autunno cadono i balconi.
ALESSANDRO BRUNELLO

Mi sono sempre chiesto di che cosa parlino i grandi scienzati quando si ritrovano assieme. Si può immaginare il dottor Fahrenheit e il dottor Celsius parlare tra loro. Il dottor Fahrenheit direbbe: «Uh, che caldo che fa qui dentro». E il dottor Celsius: «Non fa poi così caldo».
DAN FRENCH

Ci saranno sempre degli eschimesi pronti a dettare le norme su come devono comportarsi gli abitanti del Congo durante la calura.
STANISLAW JERZY LEC

È il giorno più caldo dell'anno. Si suda come Michael Jackson quando guarda le foto di Harry Potter.
JAY LENO

Faceva così caldo oggi a New York che sono andato al bancomat solo per provare il piacere di sentire la fresca canna di una pistola contro il collo.
DAVID LETTERMAN

Sos in Antartide, dove si stanno registrando improvvisi aumenti di temperatura. A causa del caldo eccessivo, i pinguini rischiano di perdere il bastoncino di legno.
I MACETA (LUCA E SIRO MANTOVANI)

Per dormire al fresco dovete stare in ambienti ventilati. Se la stanza dove dormite di lati ne ha meno, allora tenetevi il caldo!
MATTEO MOLINARI

Ogni estate mi rendo sempre più conto che stiamo trasformando questo pianeta in un forno. Ormai uso un deodorante al rosmarino.
ALESSIO PARENTI

«Come vuoi la termocoperta questa notte, cara? Al sangue, media o ben cotta?»
BOB PHILLIPS

Faceva così caldo che abbiamo dovuto dare da mangiare dei cubetti di ghiaccio alle galline per evitare che ci deponessero uova sode.

TONY RANDALL

L'estate nella bassa padana è terribile. Ho visto polli che giravano su se stessi convinti di essere nel girarrosto!

MARIA ROSSI

Mai dar calci agli stronzi freschi in una giornata torrida.

HARRY S. TRUMAN

L'altro giorno ho montato il condizionatore al contrario ed è venuto freddo fuori. Il meteorologo ha detto: «Non capisco. Oggi avrebbero dovuto esserci 27 gradi». E io ho pensato: «Oops!».

STEVEN WRIGHT

CALENDARIO

Cristo! Siamo già in dicembre! Natale è alle porte e io devo ancora comprarmi un calendario porno!

PAOLO BURINI

I santi sono individui che hanno fatto di tutto pur di finire sui calendari.

ENZO COSTA

Playboy ha deciso di fare un calendario di ragazze completamente vestite. Sarà destinato ai club di nudisti.

PIERO DEGLI ANTONI

Rocco Siffredi ha dei problemi col calendario del 2006. Specialmente col mese di febbraio. È noto infatti che febbraio ne ha 28, Siffredi ne ha 33 e gliene avanza 5 nel mese di marzo.

CRISTIANO MILITELLO

Prima c'era il calendario con Frate Indovino, poi sono arrivate le donne nude, poi gli uomini nudi... il prossimo anno il massimo della trasgressione: Frate Indovino nudo!

CRISTIANO MILITELLO

Mi è capitato spesso di finire su un calendario. Ma mai per una data precisa.

MARILYN MONROE

La mia prima storia fu con una ragazza bellissima. Durò un anno. Era un calendario.
ALESSIO PARENTI

CALIFORNIA

La California è un bel posto per viverci, se sei un arancio.
FRED ALLEN

In California non gettano la spazzatura, la trasformano in show televisivi.
WOODY ALLEN

Mi ricordo ancora il mio primo terremoto in California: ero a letto con la mia futura ex moglie quando il letto ha cominciato a tremare. Il mio primo pensiero è stato: «Ragazzi questa troietta me la sposo subito!». Poi la stanza ha cominciato a tremare, allora ho pensato: «Ragazzi, questa sarà mia moglie per taaaaanto tempo!».
RICHARD BELZER

Prima di venire in California, non avevo mai visto una stazione di servizio self service. Sapete quanto sono rimasta ad aspettare in macchina?
ELAYNE BOOSLER

In California tutti o vanno da un terapista o sono terapisti, oppure sono terapisti che vanno da un terapista.
TRUMAN CAPOTE

Limite di velocità di 55 miglia all'ora, eh? In California, se uno va a 55 miglia all'ora, è l'ultimo ad arrivare dove deve andare. I casi in cui un californiano guida a 55 miglia all'ora sono due: quando ha una macchina della polizia dietro, o quando fa retromarcia per uscire dal vialetto di casa.
RUSS FISHER

In California ho scoperto tutto della droga. Prima non ne sapevo niente, non avendo frequentato il college.
RUSS FISHER

Una volta ho attraversato la California in macchina in sei giorni. Mi ci sono voluti quattro giorni per guidare e due per ripiegare le cartine.

Buddy Hackett

Lasciate che vi spieghi com'è scrivere per il cinema. Finisci il tuo libro, guidi fino al confine della California, e racconti la tua idea. No, un momento, a ripensarci, prima consenti loro di tirarti addosso dei soldi.

Ernest Hemingway

A noi in California non ce ne frega niente di niente. Siamo riusciti ad aprire un Sea World a San Diego. San Diego è sul mare! Potremmo tutti risparmiare i cinquanta dollari del biglietto semplicemente andando fin lì e guardando a sinistra.

Hollywood Improv

Due agricoltori stavano parlando con vanità competitiva sul vento più forte che avessero mai visto. «Qui in California», disse uno dei due, «ho visto il vento più violento della mia vita. Hai presente le sequoie giganti? Be', il vento era così forte che le ha abbattute d'un colpo.» «Questo è niente», disse l'altro, «nella mia fattoria dello Iowa, un giorno abbiamo avuto un vento che soffiava a 100 miglia all'ora. Fu così terribile che una delle mie galline si ritrovò con il sedere girato contro il vento e depositò lo stesso uovo per sei volte!»

Joe Laurie jr.

Il governatore della California Arnold Schwarzenegger ogni mercoledì dedica un'ora ai californiani, aiutandoli coi barattoli che non riescono ad aprire da soli.

David Letterman

Visitate la California prima che la California visiti noi.

Daniel Ortega

La California ha dato alla nazione Richard Nixon e Ronald Reagan. Possano i suoi vigneti marcire tutti.

Mike Royko

Vivere in California aggiunge dieci anni alla vita di un uomo. E questi dieci anni mi piacerebbe passarli a New York.

Harry Ruby

Non puoi dire di aver vissuto finché non sei morto in California.
MORT SAHL

CALMA

La fiducia è semplicemente quella sensazione calma, rassicurante che si ha prima di cadere a faccia in giù.
ANONIMO

Due cacciatori sono in un bosco quando uno dei due crolla a terra: sembra che non respiri e ha gli occhi sbarrati. L'altro cacciatore estrae un telefono e chiama soccorso: «Il mio amico è morto! Cosa posso fare?». L'operatore, con voce calma, risponde: «Si calmi. La posso aiutare. Per prima cosa, dobbiamo essere sicuri che il suo amico è davvero morto». Segue un istante di silenzio, poi una fucilata. Il cacciatore riprende il telefono: «Ok, e poi cosa?».
GIUDICATA "LA BARZELLETTA PIÙ DIVERTENTE DEL MONDO"

La prima cosa che t'insegnano a scuola guida è dove mettere le mani sul volante: a ore 10.00 e a ore 2.00. Io metto le mie a 9.45 e a 2.17, mi dà quell'extra di mezz'ora per arrivare con più calma dove voglio.
GEORGE CARLIN

Ho appena avuto il mio secondo figlio, il mese scorso. Il primo, che ha due anni e mezzo, era preoccupatissimo. Continuava a dire: «No voio fratellino, no voio fratellino». Allora per calmarlo gli ho detto: «Vedi? Se avessi imparato a parlare meglio, non avremmo dovuto sostituirti!».
GREG GERALDO

La calma è la virtù dei morti.
BORIS MAKARESKO

Sono otto anni e mezzo che faccio la dieta Valium. Se prendi abbastanza Valium, ti aiuta a perdere peso. Non ti calma veramente l'appetito, ma la gran parte del cibo ti cade sul pavimento.
GEORGE MILLER

Quando si andava a letto era una festa. Solo per mettersi la paddana

(tipo pigiama, ma nudi) ci volevano due ore sarde (pari a un'ora e 58 minuti vostra); per disporsi nei letti altre due ore; per far silenzio, quattro minuti esatti perché al terzo minuto arrivava il babbo e con una tisana di cazzotti ristabiliva la calma.
Nico (Aldo, Giovanni e Giacomo)

CALVIZIE

La maggior parte dei conflitti che ci angustiano fa pensare alla lotta tra due calvi per un pettine.
Jorge Luis Borges

Mia madre è una maniaca del pulito. Ha passato il battitappeto talmente tanto, che il vicino del piano di sotto è diventato calvo.
Steve Bridges

Meglio calvi che biondi.
Paolo Cananzi

Intervistatrice: «Dicono che un uomo di sessant'anni, calvo, sia molto sexy.»
Sean Connery: «Non saprei, non sono mai andato a letto con un sessantenne calvo!»
Sean Connery

Quello che più apprezzo della calvizie è che uno può sentire i fiocchi di neve.
R. G. Daniels

Come esistono oratori balbuzienti, umoristi tristi, parrucchieri calvi, potrebbero esistere benissimo anche dei politici onesti.
Dario Fo

Ho visto un ragazzo con la testa rapata che somigliava a un naziskin uscire da una discoteca, ubriaco, alle quattro di mattina. L'ho visto salire su una macchina, sgommare e schiantarsi a 180 all'ora contro un albero. E ho pianto... Ho pianto perché era un albero bellissimo. Un tiglio.
Gino&Michele-Paolo Rossi

Credo che io stia diventando calvo. Ci metto sempre più tempo per lavarmi la faccia.
Harry Hill

Non sono calvo. Ho i capelli color carne.

Boris Makaresko

Pasquale Squitieri, anni fa, si è dimenticato gli occhiali sulla pelata e da allora non legge un libro.

Curzio Maltese

Ehi! Non trovo nessun capello sui tuoi vestiti. Tu mi tradisci con una donna calva!

Tiziano Sclavi

Claudio Bisio è un attore che definire calvo è riduttivo.

Rocco Tanica

Il Pil? Cresce solo sulla testa di Berlusconi.

Dario Vergassola

Ho bisogno di te come il Tenente Kojak ha bisogno dello Shampoo Clear.

Henny Youngman

CALZE

Era così avaro che quando mandava il vestito in tintoria nascondeva due paia di calzini nelle tasche.

Anonimo

Brava? Quella quando ti succhia ti tira su anche i calzini!

Anonimo

Il cavallo è un animale povero, va in giro con gli zoccoli e senza calze; se gli salti addosso ti porta; se lo metti davanti a una carrozza esso la tira; se lo lasci in un posto sta lì, ed ecco che dorme in piedi.

Cochi e Renato

E cos'è questa mania dell'incenso? Puzza come se qualcuno avesse dato fuoco al cesto della roba sporca. Calzini da ginnastica e ciclamino. Abbiamo davvero bisogno di quel tanfo? L'odore dell'incenso mi fa pensare a come sarebbe se i fiori potessero scoreggiare.

Billiam Coronel

Posso immaginare facilmente il *Pinocchio* di Benigni diventare un sempreverde natalizio. Il carbone

non è più così facile da trovare come un tempo e questo film può essere un ottimo sostituto da mettere nella calza dei bambini cattivi.
KEN HANKE

New Orleans è così violenta che se vai a comprare un paio di calze di nylon ti chiedono la misura della tua testa.
BILLY HOLLIDAY

Fare l'amore coi "gommini" è come lavarsi i piedi coi calzini.
GIANNI MAGNI

«Da quando l'ho vista, signora, ho invano cercato di stare lontano da lei, ma qualcosa in me echeggiava ininterrottamente, come un tam tam nella giungla. C'è qualcosa che vorrei chiederle, signora: mi può lavare un paio di calzini?»
GROUCHO MARX

CAMERA DA LETTO

vedi ***Letto***

CAMERIERE

(Donna di servizio - Maggiordomo - Governante)

Il movimento è così scarso in certi café inglesi che i camerieri devono uscire in strada per insultare la gente.
FRED ALLEN

Una volta ho incrociato un cameriere con una tigre. Non so cosa mi sia venuto fuori, però gli ho lasciato una grooossa mancia!
MILTON BERLE

Cameriere: «Abbiamo praticamente di tutto sul nostro menu.»
Cliente: «Vedo. Adesso me ne può portare uno pulito?»
JACOB M. BRAUDE

Dio è come un cameriere ebreo: ha troppi tavoli.
MEL BROOKS

Oggi le donne o tornano a fare le serve, o non le vuole più nessuno.
ALDO BUSI

È l'unico albergo dove le cameriere rubano gli asciugamani ai clienti.
WILMA DE ANGELIS

Ho conosciuto un tizio così ricco, ma così ricco che il suo autista ha un maggiordomo che gli apre la portiera della macchina.
ERONDO, DI *AENIGMATICA*

Si sono inventati una bambola cameriere: tu la carichi, e lei guarda da un'altra parte.
LEOPOLD FETCHNER

Durante un discorso sui figli. «Ah, il rumore di piccoli passettini in giro per la casa... Non c'è niente come avere un nano per maggiordomo!».
W.C. FIELDS

Il miglior numero di persone per una cena è due, io e un capo cameriere dannatamente bravo.
NUBAR GULBENKIAN

Sono un democratico. Non ho mai avuto difficoltà a usare il bagno di servizio. Non sono come mio cugino che sposò la governante e andò a fare il viaggio di nozze a Parigi. Da solo.
MARCELLO MARCHESI

Nella mia vita io ho una donna di servizio che è un uomo, è un cingalese. Sì, è del Cingal, anche se non so dov'è.
PAOLO ROSSI

Certo, cameriere, questa spigola sarà pure arrivata oggi... ma quando è partita?
LUCIO SALIS

Vanno ai tavoli e dicono ai clienti: «Salve, sono la vostra cameriera. Come siete messi oggi? Energici? Bene, la nostra specialità è il Gestalt Sushi: vi diamo il pesce vivo, a voi la responsabilità di ucciderlo».
ROBIN WILLIAMS

È talmente brutta che l'ultima volta che l'ho portata al ristorante, il cameriere ha dato la mancia a me.
ZANZARA, DI *AENIGMATICA*

CAMICIA

Ieri sono entrati i ladri in casa mia. Una mia vicina sostiene che erano albanesi. Io credo invece che fossero filippini: sono spariti duecento euro, ma c'erano tutte le camicie stirate.
FEDERICO BASSO

Ieri avevo un appuntamento importante per un colloquio di lavoro e quindi mi sono vestito per l'occasione: giacca blu, cravatta e camicia bianca. Completava il mio abbigliamento un'utile cartella di cuoio modello dirigente con scomparti a fisarmonica, per sistemare i vari documenti che avevo con me: un biglietto del tram e *La Gazzetta dello Sport*.
ANTONIO CORNACCHIONE

Non spendete due dollari per portare una camicia in tintoria. Donatela all'Esercito della salvezza, invece. Loro la lavano, la stirano, la mettono su un ometto e voi la ricomperate il giorno dopo per settantacinque cent.
BILLIAM CORONEL

Attività fisica? Certamente. Ogni giorno tolgo i gemelli dai polsini di una camicia e li attacco a un'altra.
RING LARDNER

Credo che mio marito abbia una storia con la segretaria. Gli ho trovato sulla camicia delle macchie di rossetto coperte con il bianchetto.
WENDY LIEBMAN

Sapete quanti poliesteri sono morti per fare questa camicia?
STEVE MARTIN

Sono molto distratto... Questa camicia, per esempio... Ho perso un'asola.
STEVEN WRIGHT

CAMINO

«Cara, tu, io, un camino...» «L'idea di darti fuoco mi alletta, in effetti.»
BASTARDIDENTRO

E il vento gelido spalancò le finestre e il pensiero di tutti corse ai poveri

fuori all'addiaccio, poi subito ricorse dentro vicino al camino.
Stefano Benni

È talmente tirchio che fa la punta alle matite sul caminetto, così non spreca il legno.
Jack Benny

Ho un caminetto a microonde. Può fare il caldo per una sera in otto minuti.
Steven Wright

CAMION
(Camionista - Tir)

Un'automobile e un camion che viaggiano in direzioni opposte lungo una strada altrimenti deserta si incontreranno sul ponticello.
Arthur Bloch, *Legge di Quigley*

Non mi dimenticherò mai le ultime parole di mio nonno: «Merda. Un camion!».
Aldo Colombini

Con tutte le cose che vanno storte, proprio quel Tir doveva andare dritto!
Paco D'Alcatraz

Davanti alla mia scuola si è ribaltato un camion carico di maiali. L'autista era mio zio, quello che ha il vizio di bere; egli, non volendo responsabilità, era scappato nei campi dopo l'incidente... sì, poi di notte aveva telefonato a Radio Popolare per vedere se almeno metà della colpa se la prendevano loro.
Maurizio Milani

Non hai idea di quanti pezzi sia fatta una macchina fino a quando non ti scontri con un Tir.
Herbert V. Prochnow & Herbert V. Prochnow jr.

Un camionista viene fermato alla frontiera olandese. Il doganiere gli chiede: «Trasporta materiale pornografico?» «No.» «Trasporta esplosivi?» «No.» «Trasporta droga, ecstasy o allucinogeni?» «Certo che no!» «Ne vuole un po'?»
Umberto Proia

Va sempre in giro con il suo secondo, il Comitiva, che per motivi religiosi parla di se stesso in terza persona plurale. Dice: «Sono dei bei camionisti» «Ma chi?» «Essi! Domani sera vengono a cena da te». Tu prepari per diciotto, arriva lui e dice: «Sono arrivati!» «Ma chi?» «Essi!». E mangia tutto lui. «E adesso chi paga?» «Loro!», perché il Comitiva non è mica scemo!

FRANCESCO SALVI

Al Grattùgia gli hanno fregato il camion col carro attrezzi mentre dormiva. Strano perché il suo camion non dorme mai. Si vede che gli han messo dentro qualcosa nel gasolio.

FRANCESCO SALVI

Sono il più grande camionista del mondo. Praticamente sono nato con un volante in mano... È stato un parto difficile!

FRANCESCO SALVI

Ieri trasportavo due cisterne, una piena di cacao in polvere e nell'altra c'era lt. "Lt": latte condensato! Ho tirato una frenata e si sono mischiati: ho consegnato un cappuccino da tre tonnellate!

FRANCESCO SALVI

CAMIONISTA

vedi **Camion**

CAMMELLO *(Dromedario)*

Non potevo prendere un cane perché era troppo caro. Finalmente hanno aperto nel mio quartiere, a Flatbush, un negozio di animali difettosi. Potevi prenderti un micio omosessuale, un cammello piatto. Io avevo preso un cane che balbettava: i gatti lo facevano impazzire e lui ab-bb-aiava.

WOODY ALLEN

Se uno vuole farsi una pera deve spararsela su per un braccio. È una cosa mica da ridere: non è per niente facile far passare una pera attraverso un ago. Su *Famiglia Cristiana* ho letto che è più facile farci passare un cammello.

ENZO BRASCHI

Non mi fido dei cammelli, come di chiunque possa stare un'intera settimana senza bere.
Joe E. Brown

Giraffa: vocabolo educato per non dare a una donna del cammello.
Gustave Flaubert

È più facile per un cammello passare per la cruna di un ago se questa è lievemente oliata.
Albram Kehlog

La cosa più irritante dei cammelli è che riescono a guardarti con aria di sufficienza anche se li fissi con un ago in mano.
Sandro Montalto

Se il cammello potesse parlare darebbe del gobbo al dromedario.
Pitigrilli

In verità, in verità vi dico che è più facile che un cammello passi dalla cruna di un ago che un operaio della Fiat, con un cappotto di cammello, porti a cena Claudia Schiffer.
Paolo Rossi

La differenza tra un cammello e un uomo? Il cammello può lavorare una settimana senza bere, l'uomo può bere una settimana senza lavorare.
Julian Tuwin

CAMMINARE *(Passeggiare)*

Mi piacciono le lunghe passeggiate, soprattutto quando le fanno le persone che mi annoiano.
Fred Allen

«Ti va di fare due passi?» «Sì.» «Va', t'aspetto.»
Rocco Barbaro

La gente mi chiede: «George, hai 87 anni, come fai? Fai film, fai televisione, dai concerti, registri dischi, fumi i sigari, bevi Martini, esci con belle donne, come fai?». È molto semplice. Per esempio, un Martini: riempi il bicchiere di ghiaccio, aggiungi il gin e uno spruzzo di vermouth, un'oliva e ti sei fatto un Martini. Inoltre faccio esercizi e cammino molto. E camminare è più facile che farsi un Martini: prendo un piede e lo metto davanti a un altro, poi prendo l'altro piede e lo metto davanti al primo e prima di rendermene conto sto camminando. E non serve neanche l'oliva!

George Burns

Quella camminata strana pure in mezzo a chissà che l'avrei riconosciuta ti sei comprata il tanga di lana e mo' te la pigli con me se il culo ti suda...

Dado

Mio nonno iniziò a fare cinque chilometri al giorno quando aveva sessant'anni. Ora ne ha ottantacinque e non ho la più pallida idea di dove sia.

Ellen DeGeneres

Passiamo i primi dodici mesi della vita dei nostri figli a insegnargli a camminare e a parlare, e i seguenti dodici anni a pregarli di sedere e di tacere.

Phyllis Diller

«Non ballare! Un uomo non balla. Pensa a Schwarzenegger: cammina a stento.»

In&Out

Più lontani si va e meno si apprende. Per questo l'uomo saggio non cammina e arriva.

Lao Tse

A uno ho detto: «Tu camminerai», e dopo due giorni... gli hanno fregato la macchina!

Mago Oronzo (Raul Cremona)

Una donna ha dato alla luce un bambino di sette chili e due etti. Accidenti! Quel bambino camminerà prima della madre.

Conan O'Brien

Se mi piace camminare? Mi piace tantissimo: io adoro camminare. Certo non a piedi.

Furio Ombri

Tesoro, un consiglio: quando torni a casa non dimenticarti di camminare in mezzo al traffico!

Omen (Raul Cremona)

Se fai l'amore come cammini, vengo a piedi con te.

Marcello Pieri

Non c'è senso a farsi otto chilometri a piedi per pescare quando si può essere altrettanto sfortunati sotto casa.
MARK TWAIN

CAMPAGNA

Campagna: un posto umido dove uccelli d'ogni genere svolazzano qua e là crudi.
ANONIMO

Mi sono accorto del '68 nel '69. Venivo dalla campagna. Se mi dicevano che era il '66 per me era uguale.
ROBERTO BENIGNI

La televisione è come il matrimonio: va bene in campagna ma in città fa ridere.
ENNIO FLAIANO

Le città dovrebbero essere costruite in campagna. L'aria lì è più pura.
HENRI MONNIER

Tutti possono essere buoni in campagna.
OSCAR WILDE

CAMPER *(Camping - Roulotte)*

Salimmo a esaminare l'interno della roulotte. «La cucina sembra piuttosto piccola», osservai. «Dov'è il frigorifero?» «È nascosto dietro la sua borsetta. Per aprire lo sportello è necessario che tutti scendano a terra. Tranne lei, è chiaro. Lei salterà nel lavello.»
ERMA BOMBECK

Se riesci a leggere questo, vuol dire che ho perso la mia roulotte.
BUMPER STICKER

Siamo stati in vacanza in Turchia in roulotte. C'è stato un terremoto e ci hanno messo provvisoriamente in una casa.
GINO&MICHELE

Lettera dal campeggio: "Carissimo papà, mi $to divertendo un $acco, ma avrei bi$ogno di qualco$a. $e ti viene in mente co$a, $pedi$cimela pre$to, grazie. $aluti$$imi, Jay".
La risposta: "Carissimo Jay, soNO contento che tu ti diverta. NOn hai idea di quanto NOi siamo orgogliosi di un figlio così saNO e robusto. Se fai caNOa o giochi a nascondiNO,

divertiti un po' per NOi. Ti saluta-NO tutti, Papà".
Bob Phillips

Abitiamo in un camper. Ha i suoi vantaggi vivere in un camper, sapete? Una volta ha preso fuoco, e abbiamo incontrato i pompieri a metà strada.
Ronnie Shakes

«Lei Kris è di Toronto. Verrebbe in campeggio con me per farle vedere come monto una canadese?»
Dario Vergassola

CAMPING
vedi **Camper**

CANADA

Il Canada avrebbe potuto prendere il governo dagli inglesi, la cultura dai francesi e il knowhow dagli americani. Invece si ritrova con il knowhow degli inglesi, il governo francese e la cultura americana.
John Robert Colombo

Canada: «Attenzione, siete in rotta di collisione con noi, per favore deviare la rotta di 10 gradi a nord, passo.»
Com Usa: «Negativo, deviate voi di 10 gradi dalla rotta, passo.»
Canada: «Negativo, ripeto, dovete deviare la rotta di 10 gradi a nord.»
Com Usa: «Questa è la USS Nimitz, siamo in esercitazione con dodici incrociatori e due sommergibili. Deviate subito dalla vostra rotta o verranno presi provvedimenti!»
Canada: «Siamo un faro, decidete voi...»
Reale (si dice) comunicazione intercorsa tra un faro canadese e il comandante di una portaerei statunitense, citata da Stefano Decorso

Il Canada è utile solo perché mi fornisce le pellicce.
Madame de Pompadour

Sono canadese: è come essere americano, ma senza una pistola.
The Kids in the Hall

Toronto: una coppia di lesbiche ha chiesto il divorzio. È il primo caso al mondo. I deputati conservatori sono insorti perché la vicenda può

mettere in discussione la santità del divorzio.
Daniele Luttazzi

Il Canada è un paese che non ha 'sto granché di storia. In compenso ha molta geografia.
Daniele Turozzi

CANCELLERIA *(Matita)*

Avevo il peggior metodo di studio. I voti più bassi... Fino a che non mi sono accorto del mio errore. Per i passaggi importanti usavo un evidenziatore nero.
Jeff Altman

È talmente tirchio che fa la punta alle matite sul caminetto, così non spreca il legno.
Jack Benny

Si è messa due matite sulle tette, e sono cadute a terra. Poi sono cadute anche le matite.
Milton Berle

L'ultimo intervento alle labbra non venne benissimo. Ogni volta che si metteva in bocca una matita le faceva la punta.
Piero Degli Antoni

Mio cugino ha aperto una fabbrica di lampostil. Non ha avuto fortuna, nonostante avesse inventato gli evidenziatori neri.
Gene Gnocchi

CANDELA

«Sì, mi ricordo le candele... mi ricordo che feci all'amore, ma chissà perché non mi ricordo di te... A meno che tu non fossi quella sotto di me.»
Woody Allen

Uno che fa il mangiafuoco come fa a spegnere le candeline?
Fabio Fazio

Vivo in un paesino vicino a Ravenna, in un monoloculo... di fianco al cimitero. Di sera dalle finestre guardi fuori con tutti i lumini accesi e ti sembra di vedere New York.
Giuseppe Giacobazzi

Se vendessi candele il sole non tramonterebbe mai.
Proverbio yiddish

L'ultima volta che ero in un bosco ho visto un coniglio davanti a una candela che faceva ombre di persone contro un albero.
Steven Wright

CANGURO

Gli zoologi stimano che entro il 2025 i canguri avranno una seconda tasca per l'iPod.
David Letterman

Prendo la palla al balzo, come diceva quello che castrava i canguri.
Mario e Pippo Santonastaso

CANE

«Che bel cane. Che razza è?» «È un incrocio tra uno spinone e un segugio.» «Ah, allora è uno "spinugio"!» «No, è un "segone".»
Aldo, Giovanni e Giacomo

Gin: «Ieri mi è successa una cosa strana. Ero in macchina e un cane mi ha pisciato sulla ruota».
Fizz: «E cosa c'è di strano?»
Gin: «Andavo a 130!»
Ale e Franz

Non potevo prendere un cane perché era troppo caro. Finalmente hanno aperto nel mio quartiere, a Flatbush, un negozio di animali difettosi. Potevi prenderti un micio omosessuale, un cammello piatto. Io avevo preso un cane che balbettava: i gatti lo facevano impazzire e lui ab-bb-aiava.
Woody Allen

Ho preso a mia nonna un cane per ciechi, ma è un po' sadico. Fa delle imitazioni di auto che inchiodano.
Larry Amoros

Il puritano odiava i combattimenti di cani e di orsi, non perché procuravano dolore agli orsi ma perché davano piacere agli spettatori.
Thomas Babington Macaulay

Fa caldo. C'è siccità. Ho visto un albero correre dietro a un cane per farsi pisciare addosso.
GIANCARLO BARBARA

Un cane guardando un albero di Natale acceso pensa: «Finalmente hanno messo la luce nel cesso».
ROMANO BERTOLA

Chiedere a uno scrittore che cosa pensa dei critici è come chiedere a un lampione che cosa pensa dei cani.
NICOLAS BOILEAU

Mia zia era così brutta che quando portava il cane al parco, la gente si fermava e accarezzava lei.
ARTURO BRACHETTI

Sto cercando di insegnare al mio gatto a capire il significato della parola "no". Il che equivale più o meno a insegnare il latino a un cane.
JUDY BROWN

Gli uomini sono come i cani. Continuano a tornare indietro. Le donne invece sono come i gatti. Chiama un gatto una volta. È già andato.
LENNY BRUCE

Mio cognato fa lavori stagionali, d'estate lavora in spiaggia a Rimini, dove fa il reggi-ombrellone; il lavoro gli piace, l'unico inconveniente è che si abbronza solo le gambe. D'inverno invece va a Cortina ad addestrare i cani da valanga. Lo mandano sotto il ghiacciaio con un petardo napoletano in mano, quando arriva nel punto esatto gli fanno un segnale con un faro, lui fa esplodere il petardo e provoca la valanga su di sé, poi i cani vanno a cercarlo. Fino a oggi lo hanno sempre ritrovato.
GIOVANNI CACIOPPO

Otto verticale: "Si schiaccia in poltrona"... CHIHUAHUA.
CAPOCENERE (CLAUDIO BATTA)

Date un significato sociale al vostro tempo libero: prendetevi un cane randagio dal canile e un vecchio senza famiglia come nonno. Passerete il vostro tempo ad accompagnarli a pisciare.
GIANNI CARINO

La mia vecchia cagnolina, Tippy, era piccola. Anche prima che passasse

il camion. Il camion l'ha resa più piccola. Più larga, ma più piccola.
George Carlin

Ho una cagna veramente formidabile: metà labrador, metà bulldog. Una buona combinazione. Be', certo, magari mi stacca la gamba con un morso, però poi me la riporta.
Jimi Celeste

Ho appena comperato un chihuahua. È un cane per gente pigra. Non è necessario fargli fare la passeggiata. Basta metterlo fuori dalla finestra e stringerlo.
Anthony Clark

Non dimentichiamoci, per carità, che il cane più furbo è il volpino e che il vero amico dell'uomo è l'idraulico.
Cochi e Renato

Ho un cane bassotto. Quando abbaia lancia certe madonne! Perché? Be', lo fareste anche voi se vi doveste trascinare le palle per tutto il marciapiede.
Billy Connolly

Mi piacciono gli yorkshire terrier. Sono perfetti per lavare la macchina. Entrano perfettamente nel secchio, il che è perfetto. «Tieni il fiato!» swoosh! Poi uno prende un phone, gli infila un bastone nel sedere, e spolvera i mobili.
Billiam Coronel

Ho accompagnato mia moglie al combattimento tra cani. Era la prima volta che ce la portavo. Oh, ha vinto lei!
Enzo Cortese

Avevo due cani husky, uno bello e uno brutto. Praticamente un husky bello e una schifezza.
Sergio Cosentino

Mia moglie mi ha lasciato per il mio migliore amico. Adesso non ho più il cane.
Rodney Dangerfield

Il mio cane è pigro: non insegue le auto, ma sta sul marciapiede e si annota le targhe.
Rodney Dangerfield

Il cane è il miglior amico dell'uomo, ma perché, l'opossum che vi ha fatto?
DOSE E PRESTA

Sono stato negli Stati Uniti, ma mangiano che è una schifezza. Mio cugino mi ha portato in uno di questi ristoranti; dice: «Qui fanno gli hot dog, i cani caldi, sentirai che buoni». Entriamo, ordiniamo due hot dog, due cani caldi, e mio cugino si mette a mangiare il suo di gusto. Io no, non ce la facevo. Mi fa: «Ma come, Alex, non mangi il tuo hot dog?». Gli ho risposto: «Cugino, ma di tutto il cane, a mia proprio la minchia mi doveva capitare?».
ALEX DRASTICO (ANTONIO ALBANESE)

Un mio amico ha un ottimo cane da guardia. A ogni rumore sospetto, lui sveglia il cane e il cane comincia ad abbaiare.
LEOPOLD FETCHNER

Non ho ancora capito se il mio cane è maschio o femmina perché, quando fa la pipì, si chiude in bagno.
FICHI D'INDIA

Uno che detesta i cani e i bambini non può essere del tutto cattivo.
W.C. FIELDS

Un fan dei Red Hot Chili Peppers ha regalato al gruppo un bellissimo cane che però, dopo una settimana, si è dileguato mettendo in ansia tutti. In realtà il cane era solo andato alla polizia a chiedere di essere arruolato nell'unità cinofila antidroga per avere a che fare con sostanze un po' più leggere.
MISTER FOREST (MICHELE FORESTA)

Dopo Lassie e Rintintin, Piero Chiambretti è l'unico attore che conosco che non si sia montato la testa.
ROMANO FRASSA

Conoscevo un cane così stupido che erano le macchine a corrergli dietro.
GARFIELD

La circolazione in Artide avviene solo con slitte. Un cane da slitta con un filetto fa quindici chilometri.
GENE GNOCCHI

Mi sono innamorato della cassiera di un negozio di animali. Per farmi notare ho comprato così tante scatolette di biscotti per cani che il mio cane a un certo punto mi fa: «Bau! Ma quando cazzo le chiedi di uscire che mi sta venendo il diabete?».

Marino Guidi-Skizzo

Il cane è il miglior amico dell'uomo e il padrone ci soffre.

Corrado Guzzanti

Se mai un giorno i cani prendessero il potere e scegliessero un loro re, spero che non lo scelgano basandosi sulla taglia, perché scommetto che alcuni chihuahua hanno delle buone idee.

Jack Handey

Credo che se stessi morendo di fame potrei mangiare un cane. Ma non un collie, perché non mi piace il sapore dei collie.

Jack Handey

Ecco una strana storia: in Messico, un ragazzo di ventidue anni è stato colpito da una fucilata dal suo cane. Il cane ha preso l'arma in bocca per portarla al padrone, il fucile ha lasciato partire un colpo e il ragazzo è stato impallinato. Ma questa è la parte peggiore: il cane ha subito messo l'arma nelle zampe del gatto e si è eclissato.

Jay Leno

C'erano oltre tremila cani al concorso canino di Westminster. Ma la sicurezza è stata raddoppiata dopo che è arrivata la seguente telefonata minatoria: «Miao, miao, miao, miao».

Jay Leno

Bisogna vivere come i gigli dei campi. E così voglio fare: baciata dal sole, lambita dal vento e pisciata dai dobermann.

Luciana Littizzetto

Ho preso un bassotto, perché voglio un cane che se impazzisce, posso picchiare senza timore. Un bassotto non ti può squarciare la gola. A meno che uno non sia sdraiato a terra. Addormentato.

Norm MacDonald

Non volevo un pitbull... Volevo un cane che mi facesse cosette... tipo prendermi le pantofole. Se dici a un pitbull: «Ehi, pitbull, vammi a prendere le pantofole!» questo ti guarda e dice: «Potrei ammazzarti,

caro. Sono un pitbull. Non leggi i giornali? lo non vado a prendere le pantofole, ma la gente, ok? Posso andarti a prendere qualcuno, è il massimo che posso fare. Magari indossa delle pantofole».
NORM MACDONALD

Se Cristoforo Colombo fu così felice di vedere degli alberi dopo tanto navigare, figuratevi il suo cane.
BORIS MAKARESCO-ROBERTO TRANI

All'infuori del cane, il libro è il miglior amico dell'uomo. Dentro al cane è troppo scuro per leggere.
GROUCHO MARX

Avevo un bel cane: un bastardo addestrato a rimorchiare tutte le cagnette al guinzaglio di donne bellissime. Dovetti abbandonarlo! Era talmente bastardo che lasciava a me le cagnette!
MASSIMILIANO

Dura la vita. Dura da combattere e dura da mandar giù. Ci hai provato e lo sai: come alzi la testa piovono cazzi e martelli. È un Vietnam a ogni angolo, la fogna nel cervello, tutti contro tutti. Basta. Non è una vita: è un inferno per dobermann! Detto questo, sempre meglio di un paradiso per cocker.
GIORGIO MELAZZI

Penso alla mia vicina. Per quanto mi sprema le meningi non trovo la maniera idonea di abbordarla. Bussare alla sua porta e invitarla a cena non mi sembra prudente né opportuno. Forse l'invito dovrebbe essere preceduto da un omaggio. In nessun caso devo mandarle denaro, ma se nonostante tutto decidessi di mandargliene, meglio in banconote che in monete. I gioielli presuppongono un rapporto più formale. Un profumo è un regalo delicato, ma molto personale; si corre il rischio di non indovinare i gusti della persona che si vuole omaggiare. Lassativi, emulsivi, cerotti, vermicidi, antireumatici e altri prodotti farmaceutici esclusi. È molto probabile che le piacciano i fiori e gli animali domestici. Potrei mandarle una rosa e due dozzine di dobermann.
EDUARDO MENDOZA

Maurizio Costanzo che fa la pubblicità alle camicie è come un ele-

fante che fa pubblicità ai collari per cani.
Egidio Morretti

Avevo un pastore tedesco che a furia di masturbarsi è diventato un cane per i ciechi.
Furio Ombri

Un profumo nell'aria... Un vestito per terra... Una coppa di champagne sul tavolo... E nel mio letto tu... cane di merda.
Flavio Oreglio

I gatti non servono a nulla. I cani ti possono proteggere, annusano in giro e sostituiscono i tuoi occhi se sei cieco. Ve lo immaginate un gatto per non vedenti? La prima persona che entra nella stanza con una stringa slacciata, sei finito.
Christine O'Rourke

Com'è che non c'è un cibo per gatti al sapore di topo? E com'è che non c'è un cibo per cani al sapore di gatto?
Gene Pompa

Ogni giorno vado in giro con Gerardo, il mio barboncino nano bastardo. Non perché sia meticcio, ma perché è uno stronzo!
Viviana Porro

Il mio cane è così intelligente che quest'estate mi ha abbandonato all'autogrill di Piacenza.
Prospero, di *Aenigmatica*

Dicono che il cane sia il miglior amico dell'uomo. Secondo me non è vero. Quanti dei vostri amici avete fatto castrare, recentemente?
Larry Reeb

«Essere o non essere, questo è il problema...» sussurra William. Chiede la moglie: «Caro, perché dici queste parole arcane?». Ribatte lui: «Arcane? E chi se lo incula er cane?».
Citata da Patrizio Roversi

Ero a New York, mi è capitato un tassista piuttosto particolare. Durante la corsa ha ucciso un cane. Ma non con la macchina: è sceso e lo ha pugnalato.
Adam Sandler

A casa ho un enorme rottweiler. Non ho nessun problema con i

ladri, ma è anche un anno e mezzo che non ricevo posta.
PETER SASSO

Una volta avevo un cane che sapeva dire il suo nome. Si chiamava Bau.
TIZIANO SCLAVI

Se la museruola si mette sul muso, dove si mette la cazzuola?
CITATA DA NICOLA SEVERIN

Ieri la nonna mi ha portato ai giardini e c'erano due cani. Uno stava sotto e quell'altro stava sopra. Allora la mi' nonna ha detto che quello che stava sotto portava quell'altro sopra perché s'era fatto male a una gamba. È proprio vero che a fare un favore a un amico si piglia sempre in culo!
SIMONE (GIORGIO PANARIELLO)

Storia del Mondo. I vulcani eruttarono. Gli oceani ribollirono. L'universo era in tumulto. Poi venne il cane.
SNOOPY

Due persone e un cane camminano nella neve. Lei si sfila uno dei suoi guantini, e mette la sua mano in quella di lui. Lui le carezza la guancia. «Prima o poi», pensa il cane, «uno dei due si dimentica e molla il guinzaglio.»
SNOOPY

È come il cane de Mustafà: quello che ce l'aveva ner culo e diceva che stava a scopà!
SQUADRA ANTITRUFFA

Mi hanno ingaggiato per il *Dottor House*. È una storia intricata, c'è un portantino che ruba gli occhi ai cadaveri. Sembra cattivo, ma alla fine si scopre che, mettendo da parte un chilo di cornee, riesce a regalare un cane a un cieco.
CARLO TURATI

Se prendi un cane che muore di fame e lo ingrassi, non ti morderà. È questa la differenza principale tra un cane e un uomo.
MARK TWAIN

Niente abbracci, tesoro. Sono inglese. Noi dimostriamo affetto solo verso cani e cavalli.
UNA RAGAZZA E IL SUO SOGNO

I gatti sono più furbi dei cani. Non c'è verso di convincere otto gatti a tirare una slitta nella neve.
JEFF VALD

L'altro giorno ho perso il cane a caccia. Mia moglie mi ha detto: «Metti un annuncio sul giornale». Il lunedì sono andato a *Il Messaggero* e c'ho fatto scrivere: "Bobby, qua!". Il martedì, visto che non arrivava, c'ho fatto riscrivere: "Subito!".
STEFANO VIGILANTE

State guidando su di una stretta strada di montagna quando all'improvviso un cane balza davanti alla vostra auto. Non c'è tempo per frenare e, se sterzate per evitarlo, quasi certamente finireste nella scarpata. Che cosa usate per togliere il sangue dal paraurti?
TOM WELLER

Il primo film sarà molto semplice. Mi servono solo 10 milioni di dollari. Sarà la storia di un ragazzo, il suo cane e il suo budget.
ROBIN WILLIAMS

Ho comperato un cane. L'ho chiamato Fermo. È divertente chiamarlo: «Vieni qui, Fermo! Vieni qui, Fermo!». È diventato matto.
STEVEN WRIGHT

Ma è la tu' ragazza o hai truccato er pit bull?
WWW.TURBOZAURA.IT

Di mestiere vendeva levrieri ai ciechi che hanno fretta.
MARIO ZUCCA

Se un gatto a quattro zampe si mette a gattoni e un cane si mette a cagnoni, secondo te, come si metterà un coyote?
ZUZZURRO E GASPARE

CANNIBALE

Il conte Ugolino passò alla storia per essersi mangiato i figli. Li guardò in faccia: Anselmo il primo, Gaddo il secondo, Marco come contorno e se li mangiò.
ANATOLJ BALASZ (NATALINO BALASSO)

Nella giungla, due cannibali, padre e figlio, avvistano una stupenda esploratrice bionda. «Papà, la

mangiamo?» «No! La portiamo a casa e ci mangiamo tua madre!»
ANDREA BATTAGLINO

Un cannibale è uno che va al ristorante e ordina il cameriere.
JACK BENNY

Quando vedete degli insegnanti che gironzolano annoiati per le strade, simili a cannibali durante una carestia di missionari, allora sapete che è estate.
ROBERT DAVIES

È vero che i cannibali ti mostrano delle riviste porno prima di mangiarti, così c'è più carne?
RICKY GERVAIS

Ero seduto lì un giorno a pensare al cannibalismo, perché questo è quello che fa la gente come me... E mi sono chiesto, supponiamo che un uomo naufraghi su un'isola rocciosa, quanto di se stesso potrebbe mangiare?
STEPHEN KING

È progresso se un cannibale usa la forchetta?
STANISLAW JERZY LEC

Primo cannibale: «Cosa hai mangiato oggi?»
Secondo cannibale: «Non mi ricordo, sono così poco fisionomista.»
CITATA DA SANDRO LOPEZ NUFIES

Sceneggiatori, registi, attori... Se per caso questa sera rimaniamo imprigionati qui dentro e finiamo il cibo, questo è l'ordine con cui mangeremo la gente.
STEVE MARTIN, NOTTE DEGLI OSCAR 2003

Considero gli ascensori delle bare legate a dei fili. Sono sull'abisso. Dei sarcofaghi yo-yo. Vi ricordate quell'aereo che si è schiantato sulle Ande? E i sopravvissuti hanno dovuto mangiare i morti? Io non sono fiera di questo, ma ogni volta che prendo l'ascensore mi porto dietro un coltello e una forchetta, e prego di trovare passeggeri grassi.
CAROLYNE MAY

Si dice che i cannibali il venerdì mangino soltanto pescatori.
GIAN PAOLO ORMEZZANO

Non sapere niente di calcio in Italia è come vivere in una tribù di cannibali e non mangiarsi nemmeno le unghie.

Francesco Salvi

CANTANTE

Il mondo è impazzito: il miglior rapper è un bianco, il miglior giocatore di golf un nero, i migliori velisti sono svizzeri, i francesi accusano gli americani di arroganza e i tedeschi sono contrari alla guerra.

Anonimo

Il futuro? Ho già pronto il mio terzo album, ma non uscirà mai perché è brutto. Il prossimo dunque sarà direttamente il quarto.

Francesco Baccini

Robin Hood rubava ai ricchi per dare ai poveri, poi rubava ai poveri per dare ai ricchi, infine rubava ai ricchi e poveri per dare ai matia bazar.

Anatolj Balasz (Natalino Balasso)

Parlando di Mina che aveva mandato la sigla di *Sanremo*: «Sono rimasti in due che mandano filmati: Mina e Bin Laden!».

Roberto Benigni, Sanremo 2009

Il buco nell'ozono? La colpa è di Totò Cutugno: usa talmente tanta lacca che ogni volta che si dà un colpo di spazzola si stacca un pezzo di Antartide.

Stefano Benni

Tutti i più grandi musicisti hanno dei problemi. Elvis era alcolizzato, Jim Morrison era drogato, Eminem è violento e a Max Pezzali si è rotta la playstation.

Lorenzo Bosio

44 orizzontale: "Il Masini cantante"... ROMPICOGLIONI.

Capocenere (Claudio Batta)

Si muove come una parodia tra una majorette e Fred Astaire.

Truman Capote, parlando di Mick Jagger

A mia moglie Derelitta ci ho fatto sette figli in sei anni... e prendeva la pillola! Sei figlie femmine mi ha dato prima di avere il maschio: Crocefissa, Derelitta jr, Addolorata,

Immacolata, Selvaggia e Deborah, tutte come la madre... e poi è nato Oronzo, che io, mondo cano, l'ho chiamato Oronzo Adriano Celentano Catozzo, non per spregio a Little Tony, ma Adriano è sempre dentro il cuore, mondo cano!
VITO CATOZZO (GIORGIO FALETTI)

«I Pink Floyd non mi piacciono!» «Ma la cosa è reciproca... non ho mai sentito i Pink Floyd parlar bene di te.»
GIOVANNI CELLINI

Il libro sui Beatles che sto leggendo mi ha quasi convinto a farmi un acido: credo che non leggerò mai libri sui Queen.
EZIO CIUSPIONT

I cigni cantano prima di morire. Non sarebbe mica male se certa gente morisse prima di cantare.
SAMUEL TAYLOR COLERIDGE

I Pooh vanno d'accordo da trent'anni perché tutto quello che hanno lo dividono in quattro, anche i capelli.
SERGIO COSENTINO

Nessuno ringrazia più Dio. Solo pugili e rapper. Rapper che cantano: «Picchia la puttana, ammazza il poliziotto». Poi: «Ringrazio il Signore per questo premio...» .
ELLEN DEGENERES

In fatto di donne non sono molto selettivo, gli amici mi chiamano "il Ray Charles del materasso".
MARCO DEL CONTE

Melomane è un tizio che sentendo cantare una bella ragazza in bagno, avvicina al buco della serratura l'orecchio.
PIERRE DORIS

Sapendo che Mina è diventata cittadina svizzera, trovare quanti abitanti fa.
EGLANTINE

Mia moglie ha cantato in chiesa domenica, e almeno duecento persone hanno cambiato religione.
LEOPOLD FETCHNER

Bono, cantante degli U2, si è incontrato con Bush alla Casa Bianca. Bono ha invitato il Presidente ad aiutare i poveri, Bush ha chiesto a Bono di tornare con Cher.
TINA FEY

Per noi rocker andare a Manchester è fondamentale. È come per un musulmano andare a La Mecca, è come per un cattolico andare a Cattolica.

GINO&MICHELE-GENE GNOCCHI

Era dai tempi di *Quark* che non mi commuovevo così. Ti ricordi quel bel documentario sul figlio di Romina Power, metà uomo e metà Al Bano?

GINO&MICHELE-GENE GNOCCHI

Ma come fa Albano ad amare la natura con tutto quello che gli ha fatto?

GINO&MICHELE-BEPPE GRILLO

Alla periferia di Napoli hanno riportato alla luce una statua greca raffigurante un mostro metà uomo e metà Peppino Di Capri.

GENE GNOCCHI

Io sono un cantante che ha spaccato a metà la critica: quelli che mi volevano bene dicevano che ero il Ray Charles bianco, mentre quelli che mi volevano male dicevano che ero il Totò Cutugno nero.

GENE GNOCCHI

Cosa si ottiene se incrociate Sir Elton John e una tigre dai denti a sciabola? Non lo so nemmeno io, ma qualunque cosa sia è meglio che ve la teniate lontano dal culo.

NEIL HAMBURGER

Sono contento che Gesù sia morto quando è morto. Perché se fosse vissuto fino ai quarant'anni, sarebbe diventato come Elvis. Oh, sì. Andiamo, con quell'entourage di dodici persone che facevano tutto quello che voleva? Era famoso. Se fosse vissuto fino ai quarant'anni, se ne sarebbe andato in giro per Gerusalemme con una pancia da birra e grosse basette a dire: «Ehi, amico, sono il figlio di Dio, dammi un cheeseburger e delle patatine, subito. Ti trasformo in un lebbroso, dammi quel cazzo di cheeseburger». Ora che ci penso, andrò all'inferno, per questa ultima battuta. E sapete cosa? Voi tutti verrete con me.

DENIS LEARY

Molti immigrati illegali vengono negli Usa per svolgere lavori che gli americani si rifiutano di fare. Oggi, per esempio, un tizio del Guatemala ha sposato Liza Minnelli.

Jay Leno

In Germania, durante un'esibizione di Mariah Carey, i seni della star sono scivolati fuori dal vestito. Sono rimaste coinvolte le prime tre file.

Jay Leno

Vincere a *Sanremo* è molto utile. Per due settimane hai una buona risposta se qualcuno ti chiede: «Novità?».

Daniele Luttazzi

«Si dice che Warren Beatty sia sessualmente insaziabile...» «lo direi che è saziabile...»

Madonna, parlando del suo compagno dell'epoca

Penso che i graffiti siano una forma di letteratura passionale. "Bush fa schifo!" "Gli U2 sono fantastici!". Io invece vorrei scrivere dei graffiti indifferenti, tipo: "*Toy Story* 2 era mica male".

Demetri Martin

«Perché canti?» «Tanto per ammazzare il tempo.» «Certo possiedi un'arma micidiale!»

Fratelli Marx

Hanno detto di noi: «Ma i Beatles non erano materialisti». Balle. Io e John dicevamo sempre, mentre ci sedevamo a tavolino a comporre una nuova canzone: «Scriviamo i soldi per un'altra piscina, ok?».

Paul McCartney

Ho visto in un teatro di Palermo il recital di un cantante d'opera penoso. Eppure il pubblico si è alzato in piedi e ha gridato: «Bis! Bis!» E lui ha cantato di nuovo. Peggio di prima. Ma alla fine il pubblico di nuovo in piedi a gridare: «Bravo! Cantala di nuovo!» E il cantante: «Siete un pubblico meraviglioso, mi piacerebbe cantare ancora per voi, ma non posso cantare la stessa aria tre volte...». Un vecchietto in loggione si è alzato e ha urlato: «E no! Adesso tu la canti finché non la impari!».

Corbett Monica

Secondo il settimanale *Times* Boy George è stato eletto uomo e donna dell'anno.

Not Necessarily the News

Al terzo figlio Al Bano e Romina smisero di farne perché qualcuno gli aveva detto che, nel mondo, ogni quattro bambini che nascono uno è cinese.

Gianni Palladino

Chi sa fare la musica la fa, chi la sa fare meno la insegna, chi la sa fare ancora meno la organizza, chi la sa fare così così la critica.

Luciano Pavarotti

Non mi interessa chi porta i pantaloni in casa mia, io o Madonna. In ogni caso, sono io che li tolgo.

Sean Penn

Povera nonna, il suo grande sogno era di diventare una cantante lirica. Per questo da giovane aveva iniziato a studiare da soprano, ma per colpa della guerra dovette interrompere gli studi a metà così diventò mezzo soprano.

Valerio Peretti Cucchi

Vi ricordate Claudio Baglioni: aveva una Due Cavalli e la chiamava Camilla. Era così popolare che tutti quelli che avevano una Due Cavalli finirono per chiamarla Camilla. lo invece avevo un'amica che si chiamava Camilla e tutti finirono per chiamarla Due Cavalli.

Pongo

I Pooh sono l'unico complesso al mondo che vende dischi postumi da vivi.

Pongo

La settimana prossima il rapper Ice-T farà un concerto di beneficenza per il vescovo Desmond Tutu. Si chiamerà: "T for Tutu".

Jeffrey Ross

Un cantante country è un tizio che usa un equipaggiamento da due milioni di dollari per cantarti della vita semplice.

Jeff Rovin

Io ho sempre cantato, fin da piccolo: quando mi mettevo a cantare, mio papà e mia mamma uscivano subito

sul balcone, per far vedere ai vicini che non mi stavano torturando.
FRANCESCO SALVI

È un criminale talmente pericoloso che Bob Dylan ha scritto una canzone per non farlo uscire di prigione.
I SIMPSON

I cantanti non sono quasi mai antipatici perché quasi sempre sono ridicoli.
MARIO SOLDATI

Dio è un'illusione, Vasco una realtà.
STRISCIONE A UN CONCERTO DI VASCO ROSSI A TORINO

Una pasticca di acido costa cinque dollari e ci consente di ascoltare la *Sinfonia Universale* con Dio che canta un assolo e lo Spirito Santo che suona la batteria.
HUNTER STOCKTON THOMPSON

Che canzoni canta Gigi D'Alessio? No, chiedo a voi, perché quando si nomina Gigi D'Alessio la chitarra inizia a nitrire e si tocca i coglioni.
CARLO TURATI

Perché i cantautori dicono sempre: «Questa canzone fa più o meno così...». La sai o non la sai?
SERGIO VIGLIANESE

CANZONE

Tanto fumare, tanto parlare, tanto bucarsi per risultati così scarsi? Se nel mondo del rock bisogna farsi tanto e prendere tanta roba per arrivare a canzoni come quelle di Jimi Hendrix e di Janis Joplin, Wagner e Brahms che cosa avrebbero dovuto fare? Mettersi un DC 10 nel didietro?
ALBERTO ARBASINO

Marco me l'ha messo e se n'è andato via... ecco i risultati dell'ecografia!
DADO

Certe notti la macchina è calda e dove ti porta lo decide lei certi giorni vai dal concessionario je dici 'sta macchina fa come cazzo glie pare...
DADO

Dorme sepolta in un campo di grano non è la rosa non è il tulipano e grazie al cazzo è un campo de grano...

Dado

Inseguendo una libellula in un prato nun te posso di' su che so' scivolato...

Dado

Quella camminata strana pure in mezzo a chissà che l'avrei riconosciuta ti sei comprata il tanga di lana e mo' te la pigli con me se il culo ti suda...

Dado

Ascoltando *Perché lo fai*, canzone dedicata al dramma delle tossicodipendenze, il 70% degli intervistati ha dichiarato di avere cominciato a drogarsi all'uscita del primo disco di Masini, il 20% di avere cominciato all'uscita del secondo e solo il 10% ha ammesso di aver abbandonato le droghe pesanti e di essersi convertito all'uso dei dischi di Masini, notizia che ha provocato vivo allarme in tutte le comunità di recupero.

Dario Durium

Gli ci sono voluti sei mesi per cantare *Night and Day*. Era un eschimese.

Leopold Fetchner

Conosco solo due motivi. Uno è *Yankee Doodlee* l'altro no.

Ulysses S. Grant

Incontrare la donna della propria vita e scoprire che è già sposata è come se a Paul McCartney qualcuno gli avesse fatto ascoltare per la prima volta *Yesterday*.

Massimo Guglielmelli

C'è stato un terremoto del grado 4.5 in Alabama, una tragedia. Causerà almeno diecimila canzoni country e western.

Craig Kilborn

Il governo federale sta considerando una proposta per cambiare le avvertenze delle etichette su birra e altre bevande alcoliche. Per esempio, una delle nuove avvertenze sarà: “Attenzione: l'eccessivo bere può causare karaoke”.

Conan O'Brien

Tutta l'opera di Petrarca si potrebbe riassumere nel verso di Sergio Endrigo: "Dite a Laura che l'amo".
VITTORIO SGARBI

C'è una piaga nell'industria musicale che dev'essere fermata. Parlo del fatto di spendere i vostri sudati soldi per andare a vedere la vostra band preferita in concerto. E loro hanno il coraggio di non suonare le loro più grandi hit. A volte questi vecchi rocker, come i Rolling Stones, vi strimpellano un medley di pezzetti, cinque accordi di *Brown Sugar*, per far posto a tutte le canzoni del nuovo album. Così, quando la band dice: «Ecco un pezzo dal nostro nuovo album», perché invece non dicono semplicemente: «Ora voialtri, tutti quanti alzatevi e andate in bagno».
DAVIDE SPADE

Vi ricordate quando tutti analizzavano le canzoni dei Beatles? Mi ricordo che spesso non capivo quello che dicevano che avevamo voluto dire.
RINGO STARR

Volere è potere. Guarda Berlusconi: ha cominciato suonando il piano sulle navi da crociera e adesso scrive le canzoni per Apicella.
CLAUDIO STERPONE

Grazie alle mie canzoni ho portato a letto tantissime donne. Piuttosto che ascoltarle me la danno subito.
RENATO TRINCA

Che canzoni canta Gigi D'Alessio? No, chiedo a voi, perché quando si nomina Gigi D'Alessio la chitarra inizia a nitrire e si tocca i coglioni.
CARLO TURATI

Ho scritto una canzone ma siccome non so leggere la musica non so di cosa parla. Ogni tanto accendo la radio e penso: «Magari l'ho scritta io!».
STEVEN WRIGHT

CAPELLI

Il buco nell'ozono? La colpa è di Totò Cutugno: usa talmente tanta lacca che ogni volta che si dà un colpo di spazzola si stacca un pezzo di Antartide.

Stefano Benni

Una anziana signora si rivolge a un'altra: «Ehi, ma chi ti ha pettinato i capelli? Dio mio, i tuoi capelli sembrano una parrucca». E quella: «Ma è una parrucca». E la prima: «Davvero? Chi l'avrebbe mai detto...».

Larry Best

Chi se ne frega dei capelli in testa, sono i peli sul petto che sono importanti.

Humphrey Bogart

L'altra sera ero a cena al ristorante e dentro alla pasta ho trovato un capello. Era cosi lungo che era ancora attaccato alla testa del cuoco che stava in cucina.

Lorenzo Bosio

È un vero peccato che tutte le persone che sanno come far funzionare il Paese siano troppo occupate a guidare taxi o a tagliare capelli.

George Burns

Meglio calvi che biondi.

Paolo Cananzi

Lasciami passare le mani nei tuoi capelli... Non ci sono asciugamani in bagno.

Eddie Cantor

A una punk con i capelli blu: «Ehi stai invecchiando, ti si vedono già i primi capelli celesti».

Giovanni Cellini

C'era un uomo con i capelli rossi che non aveva né occhi né orecchie. Non aveva neppure capelli, per cui dicevano che aveva capelli rossi tanto per dire. Non poteva parlare, perché non aveva la bocca. Non aveva neanche il naso. Non aveva addirittura né braccia né gambe. Non aveva neanche la pancia, non aveva la schiena, non aveva la spina dorsale, non aveva le interiora. Non aveva niente! Per cui non si capisce di chi si stia parlando. Meglio allora non parlarne più.

Daniil Charms

I Pooh vanno d'accordo da trent'anni perché tutto quello che hanno lo dividono in quattro, anche i capelli.
SERGIO COSENTINO

L'unica cosa che arresta la caduta dei capelli è il pavimento.
MAURIZIO COSTANZO

Aveva i capelli così grassi che credevo che la sua doccia perdesse olio.
RAUL CREMONA

L'acqua ha memoria, ma i capelli di De Michelis non se li ricorda.
FABIO DI IORIO

Anche i capelli di Paolo Liguori cercano di allontanarsene il più possibile.
FABIO DI IORIO

Sarà il tuo sguardo magnetico, sarà la tua chioma dorata... ma io quando ti vedo i capezzoli impazzisco.
DIMUNNO E TAMBORRINO

Ma le suore, ce li hanno i capelli?
FABIO FAZIO

No, Ronald Reagan non si tinge i capelli: è solo diventato prematuramente arancione.
GERALD FORD

Se non usi Clear tieni la tua testa lontano dalla cornetta telefonica: vorrei trovare un messaggio sulla segreteria, non della forfora...
GIORGIO E MASSIMO

Che c'è di peggio di vedere lui che dopo cena mi strappa un capello e lo usa come filo interdentale, a tavola?
HARRY TI PRESENTO SALLY

Le conversazioni dal parrucchiere sono la prova inconfutabile che le teste sono fatte per i capelli.
KARL KRAUS

Ma quei capelli lì sono tuoi o li tingi col Minestrone del Casale?
LUCIANA LITTIZZETTO

Mangiano sterco, poi protestano quando vi trovano un capello.
LEO LONGANESI

Non sono calvo.
Ho i capelli color carne.
BORIS MAKARESKO

Mio padre aveva i denti così bianchi e sani che, quando andava dal dentista, gli tagliava i capelli.
Leonardo Manera

Una celebrità è una qualsiasi star della televisione o del cinema che trascorre più di due ore al giorno a sistemarsi i capelli.
Steve Martin

Non potevo più sopportare i capelli lunghi di mio figlio, così l'ho trascinato dal barbiere e ho detto: «Rasatelo!». Il barbiere ha obbedito, e io ho scoperto di avere vissuto per almeno due anni col figlio di qualcun altro.
Bob Phillips

Era un uomo così piccolo che i capelli gli puzzavano di piedi.
Riccardo Piferi

Mia figlia si è tagliata i capelli per non somigliare a Ornella Muti.
Grazia Gabriella Pivetti, madre di Irene

A Palermo il casco lo usano solo i parrucchieri. A Milano lo mettono pure per andare in moto... Minchia se ci tengono ai capelli...
Francesco Rizzuto

Alla fine si è fatto il trapianto di capelli, ma era ancora un po' a disagio. Quando si è comprato il pettine, ha chiesto se gli davano anche un libretto di istruzioni.
Joseph Rossenbloom

Oggi Tury mi ha detto: «Minchia, Sabbry, sei troppo in tutto! Anche nelle doppie punte che nei tuoi capelli sono quadruple!».
Sabbry (Luciana Littizzetto)

Mio padre faceva il barbiere. Ogni tanto tagliava i capelli anche a me, ma se entrava un cliente dovevo alzarmi e trasferirmi su una panca. Non immaginate cosa significa aspettare su una panca con i capelli tagliati a metà.
Charles Schulz

Ehi! Non trovo nessun capello sui tuoi vestiti. Tu mi tradisci con una donna calva!
Tiziano Sclavi

Berlusconi, se per ogni cazzata ti nascesse un capello, saresti Cocciante.
SCRITTA SU UN MURO DI LIVORNO

Ti è mai capitata una di quelle sere in cui non avresti voglia di uscire... ma i tuoi capelli sono pettinati troppo bene per restare a casa?
JACK SIMMONS

La scorsa notte ho trovato sulla giacca di Kevin un lungo capello grigio. Se è di un'altra donna, lo ammazzo. Se è mio, mi ammazzo io.
NEIL SIMON

Zitta! Sennò non riesco a sentire il rumore dei tuoi capelli che crescono!
NEIL SIMON

Il Pil? Cresce solo sulla testa di Berlusconi.
DARIO VERGASSOLA

La gioventù di oggi è mostruosa! Non ha nessun rispetto per i capelli tinti.
OSCAR WILDE

CAPITALISMO

(Imprenditore - Industriale - Padrone)

«Secondo te Juri, qual è la differenza tra Capitalismo e Socialismo?» «Il Capitalismo è lo sfruttamento dell'uomo sull'uomo, mentre il Socialismo è il contrario!»
CITATA DA DANILO ACQUISTI

Il capitalismo è una ingiusta ripartizione della ricchezza. Il comunismo è una giusta distribuzione della miseria.
ANONIMO RUSSO

Il capitalismo? Libera volpe in libero pollaio.
ERNESTO CHE GUEVARA

Mostratemi un capitalista e io vi mostrerò un vampiro.
MALCOLM X

Noi nella mia famiglia lavoriamo tutti. Da generazioni. Mio nonno ha fatto il capannone piccolo, mio padre il capannone grande, io il capannone grandissimo. Mio figlio si droga.
PEREGO (ANTONIO ALBANESE)

CAPO
vedi ***Leader***

CAPO D'IMPUTAZIONE
vedi ***Imputato***

CAPPELLO

I cappellini di mia moglie non passeranno mai di moda. Saranno sempre buffi.

Jack Klugman

Sembra che il Papa venga a New York. La città sta già facendo dei test per essere certi che il suo cappello passi sotto al Midtown Tunnel.

David Letterman

Yasser Arafat e sua moglie hanno avuto un figlio, ieri. Penso che lui sarà un buon padre, visto che ha passato anni e anni di pratica, cambiando ogni giorno il pannolino alla sua testa.

David Letterman

Ha più rughe di una fisarmonica, specialmente sulla fronte. Per togliersi il cappello se lo deve svitare.

Boris Makaresko

Ieri ho visto un film così imbarazzante che ho chiesto alla signora che avevo davanti di rimettersi il cappello.

Robert Orben

Ogni tanto adoro essere un po' bastardo. Per esempio adoro andare al cinema col sombrero.

Diego Parassole

Mettere incinta una donna e poi sposarla è come pisciare in un cappello e poi metterselo in testa.

Samuel Pepys

Una donna impiega un'ora per comperare un cappello che si può fare in cinque minuti.

Tony Randall

Ci sono tre cose che una donna è capace di fare con niente: un cappello, un'insalata e una scenata.

Mark Twain

La cosa peggiore che si possa fare a una donna è chiuderla in una stanza con mille cappelli e neanche uno specchio.

Henny Youngman

CAPRA

vedi **Pecora**

CARABINIERI

Le barzellette sui carabinieri sono solo due. Tutte le altre sono fatti realmente accaduti.

Pierfranco Amati

Perché i carabinieri hanno i baffi? Perché sulla lametta c'è scritto "da barba".

Anonimo

Un elicottero si è schiantato sopra un cimitero. I carabinieri hanno finora estratto circa trecento cadaveri.

Anonimo

Nel mondo ne nasce 10.000 al secondo! Bestia della miseria, ho detto, 10.000 al secondo! Questo vuol dire che minimo minimo, ora, in questo secondo qui, ce n'è 10.000, anzi 20.000, perché sono in due vero? Che sono lì... onzipapparàtataretatatà... minimo... Poi con tutti gli attrezzi che c'è oggi per non restare incinte e quelli che non vogliono figli: quanti staranno facendo l'amore in questo momento... Secondo me siamo gli unici imbecilli che invece di far l'amore siamo qui a vedere il Benigni! Io sarei per tuffarmi: "Grande ammucchiata al Teatro Tenda! Mai vista un'orgia simile dai tempi di Lucullo! Anche le forze dell'ordine coinvolte: nati 20 carabinieri in mezz'ora!".

Roberto Benigni

Col nome che porto, coi carabinieri è sempre un problema grave per me, perché quando dico: «Paolo Rossi..» loro mi fanno: «Paolo Rossi? Ma è il fratello?». Per loro è perfettamente normale che uno abbia dodici figli e li chiami tutti Paolo. Una volta mi hanno fermato in piazza Barberini a Roma, ero a piedi, non stavo andando neanche tanto forte, mi hanno detto: «Cosa fa lei qui a Roma?» «Sono un attore, sto lavorando col teatro stabile di Trieste...» «Ma se il teatro di Trieste è stabile, come mai lei è qui a Roma?». C'è qualche carabiniere in sala? Non ci sono problemi, gliela spiego dopo.

Paolo Rossi

Come si fa a far impazzire un carabiniere? Gli si dice: «Vieni qua, va' là».

Ernest Thole

Mia sorella era così brutta che una volta si perse e, quando denunciammo la scomparsa e la descrivemmo ai carabinieri, non ci volevano credere.

Mario Zucca

CARAMELLA
vedi ***Dolci***

CARATTERE *(Personalità)*

Ai tedeschi piace molto l'organizzazione e l'ordine, ma non riescono ad averlo perché c'hanno un carattere che non lo riescono a ottenere.

Emma Coriandoli (Maurizio Ferrini)

Hai una personalità così schifosa, che se lanci un boomerang questo non torna indietro.

Bob Phillips

Non sai mai cosa ti toccherà, e i bambini hanno già una loro personalità. L'altro giorno guardavo dei bambini sulla giostra: alcuni saltavano sui cavalli, altri erano spaventati dai cavalli, altri ancora scommettevano sui cavalli.

Rita Rudner

CARDINALE *(Vescovo)*
vedi anche ***Chiesa***

È ormai appurato che Renato Guttuso, grazie ai buoni uffici di Andreotti, ottenne il perdono della Chiesa pronunciando diecimila "Sia lodato Gesù Cristo", e dodicimila "Se

l'arcivescovo di Costantinopoli si disarcivescovocostantinopolizzasse".
GINO&MICHELE

In tutta franchezza: cosa ne sa la Chiesa di embrioni, di cellule staminali, di omo e etero-zigoti? Qual è lo spessore scientifico, non morale, della Chiesa? Quando sono stato operato di ernia inguinale, in sala operatoria c'era un chirurgo, non un parroco! La Chiesa sa di cose di Chiesa. Perché deve mettere becco, intervenire, suggerire alternative anche su queste complicatissime cose di scienza? È come se Dulbecco, uno scienziato, si presentasse a un concilio di cardinali e dicesse: «La Via Crucis non si fa come la fate voi. Non si parte dalla prima stazione. È sbagliato! Si parte dalla terza, si passa alla nona e, con la decima, si chiude. La Via Crucis è così!».
ALBERTO PATRUCCO

La settimana prossima il rapper Ice-T farà un concerto di beneficenza per il vescovo Desmond Tutu. Si chiamerà: "T for Tutu".
JEFFREY ROSS

Il cardinale Joseph Ratzinger, neoeletto Papa Benedetto XVI, ha aperto la finestra e si è affacciato su Piazza San Pietro. Di fronte alla folla lì raccolta ha pensato: «Dio mio, dev'essere così che si sente Bono».
JON STEWARD

CARNE

Basta con i piaceri della carne! Facciamo godere anche le verdure.
BAGATTO

Vado al ristorante, chiedo un filetto e mi portano una fetta di carne cruda... ma non la definirei neanche cruda, un bravo veterinario sarebbe riuscito ancora a salvarla!
ALESSANDRO BRUNELLO

La carne di cavallo fa bene perché contiene ferro, specialmente se mangi lo zoccolo.
FABRIZIO CANCIANI

È vero che i cannibali ti mostrano delle riviste porno prima di mangiarti, così c'è più carne?
RICKY GERVAIS

Se i carnivori mangiano la carne e gli erbivori l'erba, gli onnivori dove cazzo se li procurano gli onni?

GINO&MICHELE

Caratteristica del Simmethal Milano furono le scarpette rosse, studiate in modo tale che, quando i giocatori a fine gara se le sfilavano, si diffondeva per lo stadio e tra i tifosi l'accattivante odore della carne in scatola.

GINO&MICHELE

Il mio animale preferito è la bistecca.

FRAN LEBOWIZ

La carne rossa non è dannosa per te. Quella bluverde, quella sì che ti fa male.

TOMMY SMOTHERS

Sono integro e puro, non ho commesso peccati, né di carne né di pesce.

TOTÒ

CARRÀ RAFFAELLA

«Carrà, bella Carrà... ma cosa c'hai lì? Cosa ci avete voi donne lì, come mai attira tanto l'omo quell'azienda là? Carrà fammela vedere, cosa c'è in quella zona? Un trattore, un treno, la galleria del Monte Bianco?»

ROBERTO BENIGNI

Hanno affidato la conduzione di *Fantastico* a Johnny Dorelli e Raffaella Carrà, che nel campo dello spettacolo sono sinonimi di garanzia, eleganza e qualità. Da ben quattro secoli.

GIANFRANCO D'ANGELO, RIFERENDOSI A *FANTASTICO* 1991

Raffaella Carrà debuttò in teatro nella commedia: *Del vento tra i rami del sassofrasso*. Nonostante la parte non fosse delle più facili (il sassofrasso è un albero a largo tronco e le cosce della giovanissima Carrà non erano ancora quelle belle sequoie sulle quali in seguito tanti innamorati scolpiranno cuoricini) Raffaella se la cavò dignitosamente. Molti registi la notarono e l'Associazione Italia Nostra proclamò la sua regione pelvico femorale: "Zona di alto interesse ecologico". Cominciarono così le escursioni

guidate (la visiteranno tra gli altri Frank Sinatra e Japino).
GINO&MICHELE

Sono indecisa per il futuro di mio figlio, o dottore o ospite della Carrà.
NANNI GRECO

Quest'anno *Fantastico* avrà due sponsor: una carta igienica e un surgelato. La Carrà e Dorelli.
MIRABELLA E GARRANTI, RIFERENDOSI A *FANTASTICO* 1991

CARRIERA

Dovrei sposare W.? No, se non mi dirà le altre lettere del suo nome. E la sua carriera? Come posso chiedere a un essere così gentile di rinunciare al campionato di lotta libera nel fango?
WOODY ALLEN

La carriera dello scrittore italiano ha tre tempi: brillante promessa, solito stronzo, venerato maestro.
ALBERTO ARBASINO

Ci sono cinque fasi nella carriera di un'attrice:
1) Chi è Mary Astor?
2) Scritturate Mary Astor!
3) Cercate una tipo Mary Astor!
4) Trovate una Mary Astor giovane!
5) Chi è Mary Astor?
MARY ASTOR

«Mia sorella ha fatto molta carriera nel mondo del cinema...» «Che faceva, la diva?» «No, la dava!...»
GIAMPIERO CASONI

Massimo Giuliani era l'eccellente doppiatore di John Belushi. Quando si dice la sfiga: una carriera stroncata dagli eccessi di un altro.
LELLA COSTA

Gegia ha fatto carriera grazie al sesso: ha minacciato di darla via.
GIANNI FANTONI

Agli inizi della carriera Giulio Andreotti fece un po' di tutto: sottosegretario al Bilancio, all'Industria, agli Esteri, i lavori più umili insomma, dei quali tuttavia ancor oggi non si vergogna.
GINO&MICHELE

A inizio carriera Mike Bongiorno presentava *Il Quadrato della Fortuna* perché non avevano ancora inventato la ruota.
Gianluca Irti

Da single, all'inizio, sei ottimista. Tipo: «Voglio incontrare un uomo che sia veramente in gamba, veramente dolce, veramente bello, con una buona carriera...». Sei mesi dopo, invece, dici: «O Signore, qualsiasi mammifero con un lavoro diurno».
Carol Leifer

Un bel culo non basta a far carriera se non c'è qualcuno che te lo spinge avanti.
Paprika

Dio si nasce, non si diventa. Neanche se fai una bella carriera.
Diego Parassole

«Asia Argento, parliamo della sua carriera di attrice. Lei, tra i giovani, è considerata un'icona. Non si saranno dimenticati una "f"?»
Dario Vergassola

La mia maestra cominciò la carriera insegnando in un nido. Dovette smettere per le vertigini.
Mario Zucca

CARTA IGIENICA

Se tutti gli uomini della terra si dessero la mano, nessuno potrebbe più pulirsi il sedere.
Romano Bertola

Non vado in quel bagno perché lì c'è la carta igienica alla camomilla. Io ho già l'intestino pigro, se mi si addormenta il culo è finita.
Paolo Labati

Non era difficile dedurre che eravamo dei poveracci quando vedevi la carta igienica stesa ad asciugare sullo stendino.
George "Goober" Lindsey

L'umanità si divide in due grandi categorie: coloro che prima di sedersi controllano se c'è il rotolo e coloro che si accorgono che manca quando ormai è troppo tardi.
Franco Merafino

Quest'anno *Fantastico* avrà due sponsor: una carta igienica e un surgelato. La Carrà e Dorelli.

MIRABELLA E GARRANTI, RIFERENDOSI A *FANTASTICO* 1991

CARTE DA GIOCO

(Giochi di carte)

Al gioco sono sfortunatissimo. Sono l'unico al mondo cui capita una mano di poker con cinque carte senza che ce ne siano due dello stesso seme.

WOODY ALLEN

Il sesso è come giocare a bridge. Se non hai un buon partner, spera almeno in una buona mano.

WOODY ALLEN

Se ti perdi in un bosco, inizia a fare un solitario con le carte. Sicuro che salta fuori qualcuno che ti dirà di mettere il fante rosso sulla regina nera.

ANONIMO

Non sono un atleta. Ho cattivi riflessi: il gioco delle tre carte me lo fanno con due.

BRIAN THE BRAIN, DI *AENIGMATICA*

Insegnante: «Fammi sentire fino a quanto sai contare.»
Studente: «Uno, due, tre, quattro, cinque, sei, sette, otto, nove, dieci, Fante, Donna, Re.»

LEWIS & FAYE COPELAND

Presto ci saranno soltanto cinque re nel mondo: il Re d'Inghilterra, quello di Cuori, quello di Picche, quello di Fiori e quello di Denari.

RE FARUK D'EGITTO

Il famoso Mago René Lavand aveva un braccio solo e faceva con le carte cose stupefacenti. Una volta al Mago Raul ha detto: «Guarda che si può fare anche con due mani!».

MISTER FOREST (MICHELE FORESTA)

Vuoi un buon motivo per comprare questo libro? All'interno troverete una carta da ritagliare. Voi siete certamente dei furbacchioni, quindi avrete già capito che compran-

do 54 libri potrete comporvi un bel mazzo di carte gratis.
MICHELE FORESTA-NINO FRASSICA

Emilio Fede le donne le ha sempre amate così e così. Un po' più dei jack, certo, ma molto meno dei re.
GINO&MICHELE

Ho sognato di fare il mio migliore trucco con le carte a Dio e Lui ha detto: «So come hai fatto».
TONY INVERGO

È il Papa a decidere chi diventa santo. Bisogna aver fatto tre miracoli, per diventare santi. E dev'essere pieno di persone straordinarie con soli due miracoli che si stanno sbattendo per cercare quell'ultima azione miracolosa. Tipo: «Vostra Papità, ho qui per voi un grande miracolo, fantastico. Pescate una carta, e non fatemela vedere...».
EDDIE IZZARD

Un nuovo virus ha bloccato migliaia di computer, facendo sì che gli impiegati negli uffici di tutto il paese giocassero a solitario con delle vere carte.
CRAIG KILBORN

Il mio padrone di casa è talmente pezzo di merda che, se pesta una merda per strada, fa scopa!
POTATO (ALESSANDRO BRUNELLO)

Succede una disgrazia a casa Blumenfeld. Si gioca a poker in cinque, quando il vecchio Cohen ha un infarto e muore senza aver ripreso conoscenza. Dice Blumenfeld a Weiss: «E adesso che cosa facciamo?» «Togliamo i sei» risponde Weiss.
STORIELLE EBRAICHE, A CURA DI FERRUCCIO FÖLKEL

Quei fattorini d'albergo che a Miami vanno a caccia di mance! Una volta ho ordinato un mazzo di carte da gioco e il fattorino ha fatto cinquantadue viaggi nella mia stanza.
HENNY YOUNGMAN

CARTA DI CREDITO

Veni, Vidi, Visa: sono venuto, ho guardato, ho fatto un po' di shopping.
BUMPER STICKER

Mia moglie voleva un intervento di chirurgia plastica. Così le ho tagliato le carte di credito.
Rodney Dangerfield

Avete visto la pubblicità dell'American Express? «Salve, sono Valentino e sono felice con la mia carta di credito.» Grazie al cazzo, anche noi saremmo felici con la tua carta di credito!
Alessandro Di Carlo

Mi hanno clonato tutte le carte di credito. Adesso, da qualche parte, c'è un truffatore sommerso di debiti.
Roberto Gavelli

Berlusconi è così convinto che coi soldi si può tutto che, quando va a pescare, come esca usa l'American Express.
Gino&Michele

Mia moglie ha perso la mia carta di credito. Io non ho fatto la denuncia perché ho scoperto che il ladro spende meno.
Omen (Raul Cremona)

Il mio ultimo estratto della carta di credito era così grosso che prima di aprirlo ho sentito un rullo di tamburi.
Rita Rudner

A molta gente piace fare vacanze avventurose, piene di pericoli. La mia idea di vacanze avventurose e piene di pericoli è andare a Beverly Hills senza carte di credito!
Bob Saget

È così ricco che ha novantadue carte di credito nel portafogli. Il giorno che gli succede qualcosa, l'America fallisce.
Neil Simon

CARTOMANTE
vedi ***Indovino***

CARTONI ANIMATI
vedi ***Fumetto***

CASA BIANCA

(Presidenti Usa)

A chiunque sia in grado di farsi eleggere Presidente, non dovrebbe essere consentito in alcun modo di fare quel lavoro.

DOUGLAS ADAMS

Grazie a Dio solo uno dei due può vincere.

ADESIVO DA PARAURTI DEL PERIODO ELETTORALE NIXON/KENNEDY

«Non sei andata a letto con Bill Clinton? Veramente? Neanch'io. Ma come è piccolo il mondo, vero?»

MARTY ALLEN

Nixon era un bravo Presidente, però quando usciva dalla Casa Bianca il servizio d'ordine contava l'argenteria.

WOODY ALLEN

Nancy Reagan ha sempre questo incubo tutte le notti: essere rapita, portata in un grande magazzino e obbligata a scegliere i suoi vestiti tra quelli in esposizione.

ANONIMO

Quelli come Bush in Afghanistan diventerebbero bersagli per le esercitazioni terroristiche. Quelli come Bin Laden negli Stati Uniti diventerebbero presidenti della Repubblica.

FRANCESCO BARTUCCI

Il giorno dell'insediamento alla Casa Bianca, Bush ha solennemente giurato fedeltà all'America. Il vice-Presidente Quayle ha giurato sulla Bibbia. Bush invece ha giurato su sua moglie: quella è molto più vecchia.

LORENZO BECCATI

Mi piace come Reagan risolve i problemi. Per esempio: «Sei una ragazza madre? La prossima volta ciuccialo e basta!».

RICHARD BELZER

È vero che oggi il mondo, grazie alla telematica, ha abbattuto le barriere spazio-tempo, ma nel caso di Clinton si è superato ogni limite. Pensate che un atto d'amore improprio consumato a Washington, due ore dopo, alla riapertura dei mercati ha generato un -8% in piazza Affari, cioè una perdita secca, per il medio

risparmiatore, di circa 20 milioni! E allora, nella mia ingenuità e senza alcuna malizia, ho pensato: «Se devo perdere 20 milioni per un pompino, almeno fatemelo a me!».
ENRICO BERTOLINO

Quando chiesi a Eleanor Roosevelt cosa ricordava di Pearl Harbour, rispose: «Quella sera mio marito cenò più tardi del solito».
ENZO BIAGI

Se i Presidenti non lo fanno alle loro mogli, lo fanno al Paese!
MEL BROOKS

Che cosa distingue George Washington, Richard Nixon e Ronald Reagan? Washington non sapeva dire bugie, Nixon non sapeva dire verità e Reagan non sa dire la differenza.
ART BUCHWALD

Clinton ha mentito. Un uomo può dimenticare dove ha parcheggiato la macchina o dove vive, ma non può mai dimenticare il sesso orale, non ha importanza quanto sia brutto.
BARBARA BUSH

È sorprendente il numero delle persone che mi ha battuto a golf da quando non sono più Presidente.
GEORGE BUSH SR.

Una delle cose favolose dei libri è che a volte ci sono delle immagini bellissime.
GEORGE W. BUSH, *U.S. NEWS & WORLD REPORT*, 3.1.2000

Fare il Presidente è come amministrare un cimitero. Hai un sacco di gente sotto di te, ma nessuno ti sta a sentire.
BILL CLINTON

Ormai siamo all'internazionalizzazione della notizia. Sono le regole del villaggio globale. Se eleggono Clinton in America, stappano lo champagne in Italia. Se in Italia eleggiamo Scalfaro, in America... non gliene frega niente a nessuno.
ANTONIO CORNACCHIONE-MARCO POSANI

Jesse Jackson sarebbe un magnifico Presidente degli Stati Uniti se soltanto non si ostinasse a voler essere negro.
UN DELEGATO DEL MISSISSIPPI

Tyson condannato, Kennedy assolto. Il confine tra stupro e atto consensuale a volte è chiaro, a volte è negro.
ELLEKAPPA

Barack Obama ha parlato in Germania davanti a 200.000 persone. C'erano così tanti tedeschi che urlavano e gridavano, che la Francia si è arresa per evitare problemi.
CRAIG FERGUSON

Bono, cantante degli U2, si è incontrato con Bush alla Casa Bianca. Bono ha invitato il Presidente ad aiutare i poveri, Bush ha chiesto a Bono di tornare con Cher.
TINA FEY

No, Ronald Reagan non si tinge i capelli: è solo diventato prematuramente arancione.
GERALD FORD

Emily è fantastica. Quando le ho chiesto dov'era quando hanno sparato a Kennedy, ha detto: «Ted Kennedy è morto?».
HARRY TI PRESENTO SALLY

Il dollaro è stato talmente stiracchiato che, sulle banconote, adesso George Washington ha una fessura tra i denti.
BOB HOPE

Tremo per il mio paese quando penso che Dio è giusto.
THOMAS JEFFERSON, NOTE SULLA VIRGINIA

Se George Washington fosse vivo oggi sarebbe notato soprattutto per la sua incredibile età!
JACK KLUGMAN

Si dice che Lincoln abbia scritto un suo compito su un badile. Mi domando come sia riuscito a infilarlo nella macchina da scrivere.
JACK KLUGMAN

Se avessero ucciso me al posto di Kennedy, la differenza principale per la storia del mondo sarebbe stata che Onassis non avrebbe mai sposato la signora Krusciov.
NIKITA KRUSCIOV

Un'insegnante di quinta dell'Avana ammonisce i suoi allievi mostrando una foto di Clinton: «A causa di quest'uomo, noi siamo a corto di cibi e di medicinali; a causa di quest'uomo, noi non abbiamo

abbastanza carburante per le nostre fabbriche, i nostri treni, i nostri autobus; a causa di quest'uomo, noi siamo a corto di tutto». Dopo aver studiato la foto attentamente, Pepito alza la mano. «Sì, Pepito», dice lei. «Sa una cosa signora? Quando è senza barba, rasato di fresco, sembra tutt'un altro uomo!»
José Latour

Un ristorante di Roma minaccia di far causa a Clinton che non si è presentato dopo aver prenotato per diciotto persone. Cosa dovrebbe dire allora la povera ragazza che aspettava Bill sotto il tavolo?
Jay Leno

L'industria del porno ha chiesto aiuto al governo americano in tempi di crisi. Forse Obama ha trovato un posto nel suo governo anche per Bill Clinton.
Jay Leno

Letterman su Obama.
Ieri, a Washington, era la Giornata della Consapevolezza della Malaria. Ed ecco la nota triste: oggi un confuso Presidente Bush ha mandato 20 mila marines in Malaria.
David Letterman

Bill Clinton ha partecipato al summit sul Riscaldamento Globale. L'ex Presidente si è dichiarato molto preoccupato per il Riscaldamento Globale. Infatti, questa settimana, un altro pezzo di ghiaccio si è staccato da sua moglie Hillary.
David Letterman

Si può ingannare una parte del popolo sempre, tutto il popolo per un certo periodo di tempo, ma non si può ingannare tutto il popolo sempre.
Abramo Lincoln

Clinton per difendersi ha detto che il sesso orale non è sesso. Ma se è vero, c'è una nigeriana sui viali che mi deve ridare un sacco di soldi.
Daniele Luttazzi

A New York è stato ritrovato in uno scantinato della NBC un film inedito di Woody Allen, si tratta di una satira contro Richard Nixon che non venne mai trasmessa per motivi di censura. L'NBC adesso vorrebbe trasmetterla, ma Allen si oppone. Nel film, Nixon viene descritto come un uomo senza scrupoli che non esiterebbe a portarsi a letto la figlia adottiva di sua moglie.

Daniele Luttazzi

Meglio un Presidente che fotte le donne di uno che fotte il paese.

Shirley MacLaine, riferendosi a John F. Kennedy

Il Dalai Lama ha visitato la Casa Bianca e si è offerto di insegnare al Presidente come raggiungere un più alto livello di coscienza. Poi, dopo aver parlato con Bush qualche minuto, ha detto: "Anzi, sa una cosa? Andiamo a pranzo, va' ".

Bill Maher

Gli Oscars sono un momento particolare a Hollywood. È il momento in cui le celebrità si prendono una pausa dall'adorare Barack Obama e trovano il tempo per adorare loro stessi.

Bill Maher

Penso che Reagan riporterà l'America come era una volta. Una regione artica ricoperta di ghiaccio.

Steve Martin, all'epoca dell'elezione di Ronald Reagan

Dicono ai bambini che Gesù era bianco, così come gli apostoli e gli angeli. Il posto in cui vive il Presidente si chiama Casa Bianca. Perfino Tarzan è bianco. Ma come? Bianco uno nato e cresciuto nella jungla?

Muhammad Alì (Cassius Clay)

Non ho mentito. Ho detto delle cose che in seguito si sono rivelate non vere.

Richard Nixon

«Si può anche dare il rossetto a un maiale, ma resta pur sempre un maiale»

Barack Obama, davanti a 2.400 persone in Virginia riferendosi alla Palin

Povero George Washington! È l'unico che non ha potuto scaricare i propri problemi sulle precedenti amministrazioni.

Robert Orben

Silvio Berlusconi sta a Bush come Monica Lewinsky stava a Clinton.

Alberto Patrucco

Il quartiere in cui vivevamo era così violento che a casa nostra le foto di papa Giovanni e di Kennedy, appese al muro, invece di sorridersi bonariamente si mandavano a fare in culo!

Valerio Peretti Cucchi-Mario Zucca

Sam: «Il mio papà ha una spada di Washington e un cappello di Lincoln.»
Billy: «Il mio papà ha il pomo di Adamo.»

Bob Phillips

Sapete, dicono che ci sono solo due posti dove il comunismo funzioni: in cielo, dove non ne hanno bisogno, e all'inferno dove già ce l'hanno.

Ronald Reagan

«Generale, raduni un reparto e faccia invadere l'Europa.»

Il Presidente Roosevelt al generale Eisenhower

La California ha dato alla nazione Richard Nixon e Ronald Reagan. Possano i suoi vigneti marcire tutti.

Mike Royko

È una corsa alla nomination storica per i Democratici. Hillary Clinton contro Barack Obama. Di solito quando vedi un nero o una donna battersi per la presidenza della stanza uniti, nella scena successiva un asteroide sta per abbattersi sulla Statua della Libertà.

John Stewart

Il Presidente è ancora Roosevelt?

Marcel Tabuteau, mentre usciva dalla buca dell'orchestra dopo una rappresentazione di *Parsifal* particolarmente lunga

Sì ma Clinton doveva immaginarlo che la Lewinsky non avrebbe tenuto la bocca chiusa!

Renato Trinca

Sono tre anni che non ricevo notizie dal nostro ambasciatore in Spagna. Se non si fa vivo entro il prossimo anno, finirò per scrivergli.

George Washington

Reagan non è stato un Presidente, è stata l'ultima volontà di Walt Disney.
Robin Williams

La migliore era la polizia di Nixon... Agenti piccoli, furbi... Avevano gli occhiali a specchio con gli specchi all'interno!
Robin Williams

La satira è viva, sta bene e vive alla Casa Bianca.
Robin Williams

Negli Usa il nostro Presidente fa il lavoro di due uomini: Stanlio e Ollio.
Henny Youngman

CASA DELLE LIBERTÀ

vedi **Forza Italia**

CASA

(Appartamento - Condominio)

Senti cara, se pensi che ti abbia portato a casa mia per scoparti ti sbagli. Andiamo a casa tua.
Rocco Barbaro

Abito in un posto molto modesto. Ho una stanza con vista sullo splendido Claridge's Hotel. Ho pensato che fosse meglio che pagare i prezzi del Claridge's ed avere una vista sulla catapecchia in cui vivo.
Jack Benny

Casa Dolce Casa, è solo un proverbio oppure è una rivista di Arredamento Pasticceria Arredamento?
Alessandro Bergonzoni

Nel mio condominio c'è un signore iperattivo che passa la vita a fare bricolage, cominciando a martellare alle otto e un quarto. Ho cercato in tutti i modi di farlo smettere: ho parlato alla portinaia, ho appeso un tazebao nell'androne. Niente. Alla fine ho adottato una contromisura estrema: una scatola di tappi di cera. Gliel'ho infilata nel culo e lui ha smesso.
Claudio Bisio-Rocco Tanica

Bevo talmente tanti caffè che nell'appartamento dove abito non ho la camera da letto.
LORENZO BOSIO

Da piccoli avevamo una casa così magra che al posto dell'asse del water c'era una caramella Polo. Scomodi, ma freeeschi...
ANDREA BRAMBILLA

Il mio palazzo è molto degradato: in inverno si muore di freddo, in estate si muore di caldo e in autunno cadono i balconi.
ALESSANDRO BRUNELLO

Casa mia casa mia per piccina che tu sia sarai sempre una tenda.
COCHI E RENATO

A fianco del mio condominio c'è un giardinetto che purtroppo è diventato una discarica abusiva. La gente viene lì e butta di tutto: divani sfondati, frigoriferi, materassi, liquami industriali. Allora ci siamo indignati e abbiamo informato il Comune che è prontamente intervenuto autorizzando la discarica!
ANTONIO CORNACCHIONE

Se il 95% degli incidenti capita in casa, dove vanno gli homeless ad avere il 95% dei loro incidenti?
STRANGE DE JIM

È vero, abito in una casa di un ente e pago un affitto bassissimo. Ma tenete presente che sto a casa molto poco.
FABIO DI IORIO

Pulire la casa mentre i figli stanno ancora crescendo è come spalare il marciapiede prima che smetta di nevicare.
PHYLLIS DILLER

Voglio che i miei figli abbiano tutto quello che io non ho avuto. Poi voglio traslocare nella loro casa.
PHYLLIS DILLER

Ficarra: «Non si può vivere più in città. Beato te che c'hai la casa al mare!»
Picone: «Eh sì! La casa al mare è un'altra cosa, mi sono sistemato. Sai che è bello la mattina quando

ti alzi... apri la finestra e c'hai la spiaggia alle spalle!»
Ficarra: «Certo! Perché, tu hai costruito proprio sul mare?»
Picone: «Una palafitta ho fatto!»
Ficarra: «Però, pure tu potevi costruire sulla spiaggia?»
Picone: «No! Sulla spiaggia non si può costruire più!»
Ficarra: «Certo, perché è demanio pubblico?»
Picone: «No! È pieno pieno!»
Ficarra:«Eh, caro mio, il vero problema dell'abusivismo è che non c'è più spazio!»
FICARRA E PICONE

Vendosi tre villette a schiera, una a Trieste, una a Urbino, una a Reggio Calabria. Particolarità: ingresso unico.
FICHI D'INDIA

La televisione è un'invenzione che vi permette di farvi divertire nel vostro soggiorno da gente che non vorreste mai avere in casa.
DAVID FROST

Io sono una meravigliosa padrona di casa: ogni volta che lascio un uomo mi tengo la casa.
ZSA ZSA GABOR

Noi promettiamo una casa a tutti. Purché ce la facciate a entrare tutti.
GIULIANO

«Questo è il mio appartamento. Ti piace? È arredato in stile invernale.» «E com'è d'estate?» «Con le finestre aperte»
JUDD HIRSH

Chi possiede una casa sta sempre uscendo dai negozi di ferramenta.
KIN HUBBARD

Abitavo in un palazzo di gente anziana. Per essere precisi, l'età media degli inquilini era "deceduto".
GABE KAPLAN

L'arte del decoratore consiste nel fare nelle case altrui quello che non si sognerebbe mai di fare nella propria.
LE CORBUSIER

Abito in una casa così piccola che una volta ho schiacciato un mozzicone di sigaretta e la

nonna ha gridato: «Chi ha spento il riscaldamento?».
Boris Makaresko

Aveva una casa così grande che solo nel suo ingresso ci avrei potuto parcheggiare la mia.
Steve Martin

Avevo stima di quella persona: ricca, colta, intelligente. Possedeva una casa stupenda con mobili antichi e quadri d'autore alle pareti, e moquette multicolori in tutte le stanze, anche in bagno e in cucina. Poi scoprii che la sua igiene era molto, ma molto scarsa. E scoprii anche che non aveva la moquette in casa.
Maurizio Mazzitelli

Il palazzo dove abitavo era tutto in calcestruzzo, chiamato così perché gli architetti che lo usano per costruire palazzi come il mio dopo passano la vita con la testa sotto la sabbia per la vergogna di aver fatto una schifezza simile.
Valerio Peretti Cucchi

Nonostante fosse un condominio povero, ci tenevamo a mantenere le apparenze, tanto che per salire in ascensore ci si doveva presentare al portinaio almeno un'ora prima per il check-in.
Valerio Peretti Cucchi-Mario Zucca

Ci siamo trasferiti nella casa dei nostri sogni. Infatti costa il doppio di quello che sognavamo.
Bob Phillips

In quella casa c'era un po' d'umidità: i mobili erano rosicchiati dalle anguille.
Antonio Ricci

Hanno fatto Milano 2, Milano 3, fra qualche anno arriveranno a fare Milano 15: un'oasi di verde a soli cinque minuti dal centro di Pescara.
Paolo Rossi

Il Bestia abitava in una casetta piccolissima e stava stretto. Poi ha avuto un colpo di fortuna: ha vinto alla lotteria e ha comprato una casa di 200 metri quadri. Allora ha detto alla moglie: «Adesso possiamo fare un figlio». Gli è nato un figlio di 200 metri quadri ed è stretto ancora adesso!
Francesco Salvi

Perché non facciamo tutti quanti una colletta e non compeniamo un'altra finestra? L'aria qui è irrespirabile!
Neil Simon

Abitavo in un monolocale così piccolo che quando entrava il sole uscivamo noi.
Salvo Spoto

Sai perché gli uragani hanno nomi di donna? Perché sono come loro. Prima vengono come delle furie, tutte bagnate. Poi se ne vanno portandosi via la tua auto e la tua casa.
Traffic

Quando ho iniziato a lavorare non avevo un soldo: dormivo sul pavimento, non avevo nessun mobile, e l'appartamento era vuoto. Una sera ho portato a casa un ragazzo, ero così imbarazzata; così, appena ho aperto la porta, ho gridato: «Nooo! Mi hanno svaligiato la casa!».
Grace White

Lui: «Mi chiedo se sia meglio rompersi le palle in un bell'appartamento o in una lurida baracca...»
Lei: «Io penso che sia importante rompersi le palle tra persone che si stimano e si comprendono.»
Georges Wolinski

Quando sono a casa di altri e non c'è nessuno in cucina, mi piace scrivere sulla loro lista "Cose da Fare". Tipo: "memorizzare le distanze di tutti i pianeti", oppure: "adottare bambini per venderli al mercato nero".
Steven Wright

Una puttana mi ha detto che mi avrebbe fatto qualsiasi cosa per cinquanta dollari. Così glieli ho dati e le ho detto: «Dipingimi la casa!».
Henny Youngman

Sapete cosa significa rientrare in casa e trovare una donna che vi dà un po' d'amore, un po' di affetto e un po' di tenerezza? Che siete entrati nella casa sbagliata, ecco che significa!
Henny Youngman

Ho una casa fantastica. A soli venti minuti dal centro. Col telefono.
HENNY YOUNGMAN

L'altro giorno guardavo una lumaca e ho pensato: «Che fortunate le lumache, nascono già con una casa». Questa cosa mi ha fatto venire in mente la teoria dell'evoluzione della specie, e mi è venuto un dubbio. Se questa storia dell'evoluzione della specie fosse vera, dovrebbero esistere anche le lumache a schiera.
MIRCO ZILIO

Quella ragazza mi ha detto: «Vieni a casa mia, non c'è nessuno». Sono andato a casa sua e non c'era nessuno.
MARIO ZUCCA

CASINO *(Bordello)*

Una cosa che piace ai bambini sono gli scherzi. Per esempio, dovevo portare mio nipote a Disneyland, e invece l'ho portato davanti a un vecchio bordello bruciato. «Oh no!» dissi. «Disneyland è andata a fuoco!». Mio nipote ha pianto e ha strillato, ma penso che sotto sotto abbia pensato che come scherzo era proprio bello. Ci siamo diretti allora verso la vera Disneyland, ma ormai si era fatto tardi.
JACK HANDEY

Quella ragazza ha un sacco di talento e di personalità. Dammi due anni e te la trasformo in una puttana da bordello.
JOHN OSBORNE

Da piccolo volevo fare o il suonatore di piano in un bordello, oppure il politico. E ora posso dirvi la verità: non c'è una gran differenza.
HARRY S. TRUMAN

CASINO
vedi **Rumore**

CASINÒ
vedi **Roulette**

CASTELLO

Un nevrastenico è uno che costruisce castelli in aria, un pazzo è chi ci abita, lo psichiatra è quello che riscuote l'affitto.
JACQUES TATI

A che serve a un elefante avere un castello se non ha le braccia per misurarlo?
ROLAND TOPOR

«Il mare è pieno di mucillagine.» «Che mi frega, tanto io sto sulla spiaggia a fare castelli di merda!»
VAURO

Da piccolo i miei mi mandavano in una colonia di bambini così poveri che sulla spiaggia, invece dei castelli, facevamo le case popolari di sabbia.
MARIO ZUCCA

CASTITÀ
vedi **Verginità**

CASTORO

Salva gli alberi, mangia un castoro.
BUMPER STICKER

Il castoro è molto operoso, però è sempre un castoro.
WILL CUPPY

CASTRARE *(Eunuco)*

I critici sono come gli eunuchi: sanno perfettamente come si fa, ma non possono.
ANONIMO

C'è della gente che possiede una biblioteca come gli eunuchi hanno un harem.
VICTOR HUGO

Dicono che il cane sia il miglior amico dell'uomo. Secondo me non è vero. Quanti dei vostri amici avete fatto castrare, recentemente?
LARRY REEB

CATASTROFE *(Sciagura)*

Il buco nell'ozono? La colpa è di Totò Cutugno: usa talmente tanta lacca che ogni volta che si dà un colpo di spazzola si stacca un pezzo di Antartide.

STEFANO BENNI

Più lontano accade una catastrofe o un incidente, più alto deve essere il numero dei morti e feriti perché faccia notizia.

ARTHUR BLOCH, *LEGGE DI FULLER SUL GIORNALISMO*

Se non ci fossero le sciagure che ne sarebbe di Rai Tre?

FABIO FAZIO

La mia sfiga in amore? Non ne parliamo proprio. Io sono stato a letto una sola volta nella mia vita e tengo un figlio. Quella sera c'era lo sciopero delle farmacie, allora le dissi: «Cara, che dobbiamo fare? Facciamolo con il metodo del coitus interruptus...». Quella sera a Napoli venne il terremoto. Direte: «E che c'entra?». Provate voi ad uscire in tempo con il settimo grado della scala Mercalli!

GINO&MICHELE - SILVIO ORLANDO

Con *La vita è bella*, Benigni ha trasformato un evento catastrofico (l'Olocausto) in una fiaba. Con *Pinocchio*, Benigni ha trasformato una fiaba in un evento catastrofico.

NANCY MILLER

Ti dò un consiglio: mai sputare in un tornado!

ROBIN WILLIAMS

CATTIVERIA
(Cinismo - Crudeltà)

Ma non posso ucciderlo, è un essere umano, macchierà tutto il tappeto.

WOODY ALLEN

Anche a me i gatti piacciono tantissimo. Scambiamoci le ricette.

ANONIMO

I bambini sono grandiosi. Io adoro i bambini! Avete presente quello sguardo negli occhi di un bambino quando lo fate uscire dal bagagliaio?

DAVE ATTELL

Per la notte di San Lorenzo, la notte delle stelle cadenti, io metto la macchina in garage.

ROCCO BARBARO

E quando lei: «Ma teeee... perché invece di passare le giornate all'ippodromo non mi paghi l'estetista?» «Perché con i cavalli un minimo di speranza ce l'hai».

STEFANO BELLANI

E quando lei: «Ma teeee... se vado da un chirurgo cosa gli dico di ritoccare: labbra, seno o qualcos'altro?» «Mah, puoi anda' anche a caso».

STEFANO BELLANI

Quando dovevo fare la Prima Comunione mio zio Ercole mi regalò un pezzo di stoffa per farmi il vestito nuovo. Ma mia madre lo portò dalla sua sarta e si fece una gonna per sé. Ci rimasi un po' male. «Trovi che mi stia bene?» mi chiese guardandosi allo specchio. «Io credevo che una mamma si sacrificasse sempre per suo figlio.» «Ma dove hai letto 'sta cazzata?»

ROMANO BERTOLA

Sulla mia scrivania c'è la foto di una fanciulla in tutù. Era una grande stella della danza. Poi in un incidente ferroviario perse entrambe le gambe. Ma non si è persa d'animo e, talvolta, balla ancora. Quando c'è il terremoto.

ROMANO BERTOLA

La moglie di Maniglia stasera gli diceva: «Tu dici di amarmi, ma se morissi, tempo sei mesi andresti con un'altra» «E per sei mesi cosa mi faccio, le seghe?» ha risposto lui.

ROMANO BERTOLA

Quando eravamo ragazzi, per me e mio fratello era una festa inenarrabile ogni volta che andavamo a trovare zio Tullio! La notte precedente il giorno stabilito non dormivamo per l'eccitazione: domani andiamo da zio Tullio! Domani andiamo da zio Tullio! Finalmente, l'indomani, di primo pomeriggio, salivamo con nostra madre sul tram numero 18 e, dopo un viaggio reso interminabile dall'impazienza, scendevamo al capolinea. Qui, in una via solitaria al primo piano, in un vasto appartamento pieno di echi e di armadi, abitava zio Tullio. Appena entrati, zio Tullio spalancava davanti ai nostri occhi un grande atlante colorato e ci mostrava uno per uno tutti i fiumi e le montagne dell'Asia; poi, con l'aiuto di una candela e di un asciugamano, metteva in scena un delizioso spettacolo di ombre cinesi; poi tirava fuori la scacchiera e ci sfidava in interminabili partite a dama. Alla fine imbracciava il mandolino e si esibiva in un focoso repertorio di marce militari. Se Dio vuole, oggi di stronzi così non ce ne sono più.

Romano Bertola

Non esistono gioia e dolcezza maggiori del sentirsi coccolato dall'amata sposa, di sentirsi chiamare "Amore mio", "Gioia mia"; di vedersi crescere attorno per casa, sotto il governo amabile di una madre gentile, uno stormo di mocciosi, di cui si presume d'essere il padre.

Nicolas Boileau

Mi piacciono gli yorkshire terrier. Sono perfetti per lavare la macchina. Entrano perfettamente nel secchio, il che è perfetto. «Tieni il fiato!» swoosh! Poi uno prende un phone, gli infila un bastone nel sedere, e spolvera i mobili.

Billiam Coronel

Tutti i nostri professori erano contrari al lavoro minorile: volevano la schiavitù, e ci avrebbero venduto volentieri ai Tuareg. Ci avrebbero fatto cucire i palloni, ma non come si fa adesso, nel Terzo Mondo: ce li avrebbero fatti cucire dall'interno, in modo da rimanerci chiusi dentro!

Giobbe Covatta

Mio figlio è cattivo. Blocca con lo scotch i vermi sul marciapiede e poi guarda gli uccellini farsi venire l'ernia.

Rodney Dangerfield

Non sono mai piaciuto a mio padre. Una volta mi ha portato a caccia e mi ha dato un vantaggio di tre minuti. Sulla strada per casa ha legato

me sul paraurti e ha messo il cervo in auto.
RODNEY DANGERFIELD

Uno che detesta i cani e i bambini non può essere del tutto cattivo.
W.C. FIELDS

Il grande direttore d'orchestra Cinico Angelini era soprannominato "Mario" a causa della sua totale mancanza di sensibilità.
GINO&MICHELE

Un uomo buono può essere stupido e tuttavia rimanere buono. Ma un uomo cattivo non può assolutamente fare a meno di essere intelligente.
MAKSIM GOR'KIJ

A volerla dire tutta Strehler non è morto, si è levato dalle palle.
MASSIMO MARIA GRIGGI

Non è una bella cosa far avvicinare un bambino a un contenitore con un teschio e due ossa sopra, perché potrebbe contenere un costume da scheletro e il bambino, indossandolo, potrebbe farti prendere un bello spavento.
JACK HANDEY

Una cosa che piace ai bambini sono gli scherzi. Per esempio, dovevo portare mio nipote a Disneyland, e invece l'ho portato davanti a un vecchio bordello bruciato. «Oh no!» dissi «Disneyland è andata a fuoco!». Mio nipote ha pianto e ha strillato, ma penso che sotto sotto abbia pensato che come scherzo era proprio bello. Ci siamo diretti allora verso la vera Disneyland, ma ormai si era fatto tardi.
JACK HANDEY

Ho comperato una mangiatoia per gli uccellini. Mi è costata cara, ma ho immaginato che nel tempo mi farà risparmiare un sacco in cibo per gatti.
LINDA HERSKOVIC

Come madre detesto sentirmi chiedere: «Mamma, a chi vuoi più bene?», perché così devo rispondere: «Sai, tesoro, la mamma non ha mai voluto figli».
LAURA KIGHTLINGER

Stiamo cercando di allevare i figli nel migliore dei modi. Non li sculacciamo. Abbiamo scoperto che non dobbiamo sculacciarli. Il solo fatto che mostriamo le pistole il più delle volte ottiene il risultato voluto.
Denis Leary

Gli ho scritto: "Grazie di esistere!". E lui mi ha risposto: "Prego".
Luciana Littizzetto

Il cucciolo di tricheco che era stato abbandonato su una spiaggia dell'Alaska sta ricevendo le cure necessarie per tornare in buona salute. Il Wwf ha dichiarato che il piccolo tricheco dovrebbe rimettersi in forma giusto in tempo perché i nativi dell'Alaska possano ucciderlo a mazzate e scioglierlo per farne sapone.
Michael Loomis

Previti non smentisce la sua fama di cattivo. Quando è andato a vedere *Titanic*, tifava per l'iceberg.
Daniele Luttazzi

Un cinico è uno che quando annusa i fiori cerca intorno la bara.
Russel Lynes

Per strada ho visto una signora avere un malore; non c'era nessuno. Io per non avere la responsabilità di soccorrerla mi sono fatto venire un malore anch'io.
Maurizio Milani

Ho visto questo tizio che correva per entrare in un negozio, senza accorgersi che la porta era chiusa, e BAM!! Una facciata incredibile. Ho riso come un matto. Davvero, ha tirato una facciata paurosa. La faccia sembrava di gomma, tanto s'è appiattita. E poi è tonfato a terra, e io ridevo. E il sangue ha iniziato a colargli dal naso, stava piangendo... E io ridevo, non potevo farci niente. Ma poi ho chiamato un'ambulanza. Sì, l'ho chiamata. Ho dovuto: non riuscivo più a respirare dal ridere, temevo di svenire.
Bob Nelson

Tesoro, un consiglio: quando torni a casa non dimenticarti di camminare in mezzo al traffico!
Omen (Raul Cremona)

Se i bambini si mettono il pollice in bocca si può sempre farli smettere inchiodando il dito colpevole al seggiolone. Se non c'è un chiodo in giro, basterà un colpo di martello sulle dita, a meno di non ricorrere al metodo del nonno, che infilava una bomba a mano al pollice del neonato. Quando il monellaccio incominciava a tirare il cordino della miccia, il nonno si infilava le dita nelle orecchie e scappava a tutta velocità.

Sidney Joseph Perelman

Per divertimento vado spesso ai giardinetti a guardare i bambini saltare su e giù e strillare, perché non sanno che uso cartucce a salve.

Emo Philips

Divertente come i cinesi volino meglio nei film, tipo *La Tigre e il Dragone*, che nella vita reale. Mi spiego. Avete presente quando andate dal dentista per la pulizia dei denti e cercate di rimandare il più possibile il pasto successivo, per non rovinare il lavoro appena fatto? Beh, avevo appena fatto rifare i freni della mia auto, e stavo guidando per Chinatown...

Emo Philips

L'Unione Sovietica è un insieme di cattiveria e incompetenza. Un po' come le Poste, ma coi carri armati.

Emo Philips

Mio nipote era sull'altalena, e mi ha detto: «Spingimi, zio». E così ho fatto, e lui mi ha detto: «Spingimi più forte, femminuccia!». Così ho preso una rincorsa di venti metri e l'ho spinto. E lui: «Spingimi più forte, donnicciola!». Così ho fatto retromarcia con la Buick...

Emo Philips

Io non sono cattiva, è che mi disegnano così.

Jessica Rabbit

Uno o due giorni prima di cambiare casa, metti la boccia con il pesce rosso in freezer. Quando arriverà il momento del trasloco vedrai che il pesce può essere trasportato senza pericolo di versare nemmeno una goccia d'acqua.

D.A. Roberts

Mi hanno ingaggiato per il *Dottor House*. È una storia intricata, c'è un portantino che ruba gli occhi ai cadaveri. Sembra cattivo, ma alla fine

si scopre che, mettendo da parte un chilo di cornee, riesce a regalare un cane a un cieco.
CARLO TURATI

Forse voi vi chiederete il perché di tanta crudeltà. Ma è semplice. Perché io sono crudele.
IL GENERALE PETER USTINOV, AL TERMINE DI UN'ESTENUANTE MARCIA NEL DESERTO

«Sa che lei dovrebbe fare un monumento a sua moglie?» «Ma gliel'ho fatto. Solo che lei è guarita.»
RAIMONDO VIANELLO, DIALOGANDO CON VERONICA PIVETTI

Se siete d'accordo vorrei abbattere la Bonaccorti con una fucilata.
PAOLO VILLAGGIO

Quando sono buona sono buona, quando sono cattiva sono meglio.
MAE WEST

Si dice che gli americani buoni quando muoiono vanno a Parigi mentre quelli cattivi quando muoiono rimangono in America.
OSCAR WILDE

Mi piace prendere la macchina, andare in periferia, trovare un parcheggio e mettermici senza scendere dall'auto, e poi contare quanta gente arriva e mi chiede se me ne sto per andare.
STEVEN WRIGHT

La cosa peggiore che si possa fare a una donna è chiuderla in una stanza con mille cappelli e neanche uno specchio.
HENNY YOUNGMAN

CATTIVO GUSTO
vedi **Gusto**

CATTOLICO *(Cristiano)*
vedi anche **Chiesa**

Io sono un tipo all'antica. Non credo alle relazioni extraconiugali. Credo che ci si dovrebbe accoppiare a vita come i piccioni e i cattolici.
WOODY ALLEN

Il cattolicesimo? Che dire di una religione che fa del sesso un'azione

peccaminosa e santifica l'atto di bere alcol?
Anonimo

Io in quanto uomo e soprattutto cattolico aborro l'uso dei preservativi, poiché possono creare profondi problemi di coscienza. Per esempio a me fanno bruciare il culo.
Lorenzo Beccati

Perché si chiama Democrazia cristiana? Perché vogliono fare i furbi. Democrazia va bene, ma cristiana. Perché? Come se io, per prendere i voti degli elettricisti, mi chiamassi Democrazia elettrica...
Roberto Benigni

II successo del cristianesimo è anche dovuto a un fatto grafico. Se Cristo, per esempio, l'avessero impiccato, non avrebbe funzionato altrettanto. Pensa un po' che i fedeli, invece che farsi il segno della croce, avrebbero dovuto farsi il segno della forca.
Romano Bertola

La Chiesa cattolica è strepitosa: è riuscita a convincerci che esiste un Dio caritatevole, misericordioso, che ha creato il cielo e la terra, che ci ama, ci vuole vicini a lui, è onnipotente, e ha bisogno di soldi!
George Carlin

I cattolici sono contro l'aborto e contro gli omosessuali. Ma chi fa meno aborti degli omosessuali?
Gorge Carlin

Soppressi i combattimenti dei gladiatori, i cristiani istituirono la vita coniugale.
Guido Ceronetti

Niente mi toglie dalla testa che la diffusione del cristianesimo in Italia è dovuta alla nostra esterofilia: volete mettere se Gesù, invece che a Betlemme, fosse nato a Cesenatico?
Enzo Costa

Meno male che il Papa mi ha detto di votare secondo la mia coscienza di buon cattolico... se no avrei votato Dc.
Stefano Disegni

Tutte le religioni hanno lo stesso scopo: andare in paradiso. Tutte hanno il loro modo per arrivarci.

Credo che in qualche modo si possa risolvere la questione. Cioè se sei cattolico e vuoi andare in paradiso, non devi fare del sesso, a meno che tu non sia sposato. Se sei ebreo e vuoi andare in paradiso, non devi mangiare carne di maiale. E allora, se proprio devi fare una scelta...
Bob Dubac

Facendone un peccato, il cristianesimo ha fatto molto per l'amore.
Anatole France

Per noi rocker andare a Manchester è fondamentale. È come per un musulmano andare a La Mecca, è come per un cattolico andare a Cattolica.
Gino&Michele-Gene Gnocchi

Mi definisco un cattolico agnostico. Cos'è per me la religione? Penso che si tratti di un mistero... un mistero che non può essere distrutto. Nemmeno dalla Chiesa.
Graham Greene

Nella fede cristiana, Dio creò Adamo a sua immagine e somiglianza. Ma sessantacinque milioni di anni prima, Dio creò i dinosauri a immagine e somiglianza di suo cugino Ted. Ted non era la pecora nera della famiglia, Ted era il grande mostro schifoso della famiglia.
Eddie Izzard

Non sopporto il fatto che certa gente ti debba sbattere in faccia la sua religione ovunque vada. Quello che chiedo è semplicemente: riesce uno a restare le tre ore della durata del mio volo senza il turbante? Voglio dire, io sono cristiano, eppure non mi vedrete mai entrare in un aereo legato a un crocifisso di legno. Anche se ne avrei titolo. Ma non lo faccio perché faticherebbe a passare tra i sedili.
Richard Jeni

I cristiani possono sposare una sola donna. La si chiama monotonia.
Robert Lembke

La riproduzione dell'uomo è un miracolo e un mistero. Se Dio mi avesse chiesto un parere, gli avrei consigliato di proseguire a modellare gli uomini con l'argilla.
Martin Lutero

È ormai ammesso alle donne cattoliche evitare una gravidanza ricorrendo alla matematica, ma non è loro ancora concesso di ricorrere alla fisica o alla chimica.
Henry Louis Mencken

Il 66% dei cattolici fa sesso una volta a settimana. Il numero sarebbe stato più basso, ma hanno contato anche i preti.
Dennis Miller

Ho ricevuto un'educazione cattolica. L'altro giorno sono andato a confessarmi e ho detto al prete: «Prima tu».
Dennis Miller

Per i cattolici la probabilità che Dio esista è l'otto per mille?
I Papu

In tutta franchezza: cosa ne sa la Chiesa di embrioni, di cellule staminali, di omo e etero-zigoti? Qual è lo spessore scientifico, non morale, della Chiesa? Quando sono stato operato di ernia inguinale, in sala operatoria c'era un chirurgo, non un parroco! La Chiesa sa di cose di Chiesa. Perché deve mettere becco, intervenire, suggerire alternative anche su queste complicatissime cose di scienza? È come se Dulbecco, uno scienziato, si presentasse a un concilio di cardinali e dicesse: «La Via Crucis non si fa come la fate voi. Non si parte dalla prima stazione. È sbagliato! Si parte dalla terza, si passa alla nona e, con la decima, si chiude. La Via Crucis è così!».
Alberto Patrucco

Papà era ateo, mamma cattolica. Così mentre lei mi obbligava a dire le preghiere prima di cena, lui mi obbligava a bestemmiare dopo la frutta.
Valerio Peretti Cucchi

Il nostro problema è che nell'infanzia ci hanno inoculato il cristianesimo in dosi minime e adesso non riusciamo più a beccarci quello vero.
Bob Phillips

Sacra Rota. Donna: «Padre, sono disposta anche a spendere cento euro: mio marito la notte russa e vorrei annullare il matrimonio.»
Prete: «Per così poco? Niente da fare...»

Donna: «Come poco? Non posso dormire!»
Prete: «No, no... dicevo che sono pochi cento euro!...»
Furio Scarpelli

Non ho mai visto, sentito, né letto che il clero sia amato in nessuno dei Paesi dove il cristianesimo è la religione ufficiale. Nulla può rendere i sacerdoti tanto popolari quanto un po' di persecuzioni.
Jonathan Swift

La mia religione è episcopale, cioè "cattolicesimo light". È la stessa religione, ma con metà senso di colpa.
Robin Williams

Andare in chiesa non fa di te un cristiano più di quanto stare in un garage faccia di te una macchina.
Words to the Wise

CAVALLO

È stata una partita a scacchi lunghissima: i cavalli sono morti di vecchiaia.
Federico Basso

Cenerentola ballò tutta la notte col principe, volteggiò instancabile, rapita dalla musica, per le grandi sale della reggia, riflettendosi nelle alte specchiere come una farfalla azzurra. A mezzanotte era sudata come una cavalla.
Romano Bertola

Il cavallo è il più antico mezzo di locomozione. Il cavallo ha quattro zoccoli e questo aiuta gli zoologi a distinguerlo dagli olandesi che ne hanno solo due. Il cavallo va al galoppo e al trotto. Ma questo lo sanno fare anche i trentatré trentini.
Massimo Bucchi

La carne di cavallo fa bene perché contiene ferro, specialmente se mangi lo zoccolo.
Fabrizio Canciani

Sette verticale: "È famoso quello di Troia"... FIGLIO.
CAPOCENERE (CLAUDIO BATTA)

Non me ne intendo di balletto. Tutto quello che so è che nell'intervallo le ballerine puzzano come cavalli.
ANTON CECHOV

Il cavallo è un animale povero, va in giro con gli zoccoli e senza calze; se gli salti addosso ti porta; se lo metti davanti a una carrozza esso la tira; se lo lasci in un posto sta lì, ed ecco che dorme in piedi.
COCHI E RENATO

La crescente motorizzazione negli Stati Uniti ha un'enorme influenza positiva sulla moralità della popolazione: i furti dei cavalli sono notevolmente diminuiti.
GARY COOPER

Questa terra un tempo era proprietà del pellerossa, che non la mollò se non dopo una lunga guerra sanguinaria. Non sarebbe tempo adesso che noi colonizzatori si scenda dai nostri cavalli e si dica: «Ti perdoniamo»?
DAVID CROSS E BOB ODENKIRK

«Tua sorella va a cavallo nuda e fa il purè perché si schiaccia la patata.»
FICHI D'INDIA

I cavalli davanti mordono, dietro scalciano e nel mezzo sono scomodi.
IAN FLEMING

Era un cavallerizzo sfortunatissimo: tutte le volte che arrivava sull'ostacolo il suo cavallo saltava col metodo Fosbury.
GENE GNOCCHI

«Spostate quei diecimila cavalli un pochino più a destra!»
DAVID WARK GRIFFITH, SUL SET DEL FILM *NASCITA DI UNA NAZIONE*

All'università dell'Illinois pensano di essere riusciti a sviluppare una nuova fonte energetica. Pensano di poter ricavare carburante dal letame di cavallo. Sto dicendo la verità. L'ho letto oggi sul giornale. Ora, non so se questo consentirà alla tua macchina di fare 50 chilometri con

quattro litri, ma di sicuro impedirà che qualcuno ti freghi il carburante aspirandolo con la bocca.
Billy Holliday

Ecco una delle più grosse truffe che va avanti da secoli. Il fabbro dice: «È suo, quel cavallo?» «Sì?» «Meglio inchiodargli un pezzo di metallo semicircolare sotto ogni zoccolo.» «No, grazie, il mio cavallo ha già gli zoccoli.» «Le ripeto: meglio inchiodargli un pezzo di metallo semicircolare sotto ogni zoccolo. Le è mai scoppiato uno zoccolo mentre andava a settanta?»
Eddie Izzard

Mia moglie voleva una grossa festa per il primo compleanno di nostro figlio, ma secondo me la mia idea era migliore: volevo portarlo alla fiera locale, metterlo su un pony, e scattargli una foto. Poi volevo nascondere quella foto in un cassetto. E tra otto o nove anni, quando mio figlio troverà quella foto, e mi verrà a chiedere: «Papà, e questa cos'è?» io potrò dirgli: «Vedi, era il tuo primo compleanno ed io ti ho comperato un pony, poi una volta sono dovuto andare via per lavoro, tua madre non si è presa cura di lui ed è morto».
Jeff Jena

Se nel 1872 fossero esistiti i computer avrebbero previsto che oggi i carri trainati dai cavalli avrebbero raggiunto una tale diffusione da ricoprire l'intera superficie terrestre con tre metri di sterco equino.
Karl Kapp

Il modo in cui il suo cavallo correva si può riassumere in una sola parola. Lento. Una volta ha avuto un cavallo che ha terminato il Kentucky Derby del 1942 davanti al vincitore. Sfortunatamente il cavallo aveva iniziato a correre nel Kentucky Derby del 1941.
Groucho Marx

Se mi sposi non guarderò mai più un altro cavallo.
Groucho Marx

A trovare un'altra moglie si fa presto. Ma una cavalla come quella io non la trovo più.
Ombre Rosse

Non sai mai cosa ti toccherà, e i bambini hanno già una loro personalità. L'altro giorno guardavo dei bambini sulla giostra: alcuni saltavano sui cavalli, altri erano spaventati dai cavalli, altri ancora scommettevano sui cavalli.

Rita Rudner

Il cow-boy stava cavalcando nel tramonto quando gridò: «Vai, Bronco!» e sputò un polmone.

Francesco Salvi

«Sono in moto. Sa cos'è una moto?»
«Cazzate. Roba da finocchi. Gli uomini viaggiano a cavallo.»

Luis Sepùlveda

Se due persone sono in groppa a un cavallo, uno dei due deve andare di dietro.

William Shakespeare

Per ogni paio di ferri di cavallo che gli uomini usano come portafortuna, c'è, da qualche parte del mondo, un cavallo a piedi scalzi.

Allan Sherman

La professione di scrivere libri fa apparire le corse dei cavalli un'attività solida, stabile.

John Steinbeck

È la differenza di opinioni che rende possibili le corse dei cavalli.

Mark Twain

Niente abbracci, tesoro. Sono inglese. Noi dimostriamo affetto solo verso cani e cavalli.

Una ragazza e il suo sogno

CAVIA

La cavia è un animale che, ucciso in quantità sufficiente e in condizioni accuratamente controllate, produce una tesi di laurea.

Anonimo

Mio figlio è laureato in biologia. Ha trovato un posto da cavia.

Massimo Bucchi

Un medicinale è una sostanza che quando viene iniettata in una cavia produce un articolo scientifico.

The Wit of Medicine

CAZZATA

Mi piacerebbe sapere chi è il mandante di tutte le cazzate che faccio.
ALTAN

«Sono in moto. Sa cos'è una moto?» «Cazzate. Roba da finocchi. Gli uomini viaggiano a cavallo.»
LUIS SEPÙLVEDA

CAZZO (Pisello - Pene)

Lei: «Lo sai che cos'è l'invidia del pene?»
Lui: «Se lo so? Io? Io sono uno dei pochi maschi che ne soffre...»
WOODY ALLEN

«Mi domando a cosa ti serva possedere il famoso pene.» «Non so, Luisa. Ce lo tramandiamo di padre in figlio.»
ALTAN

Perché le donne non hanno il cazzo? Ma perché pensano con il cervello.
ANONIMA

Vuoi un consiglio? Mai fottere con la testa e ragionare con la minchia.
ANONIMO

Esame di medicina. «Mi parli dell'apparato genitale maschile» «Sì, dunque, è composto da un osso...» «Le sarà sembrato, signorina...»
ANONIMO

Esame di anatomia. «Signorina, qual è l'organo che può dilatarsi fino a venti volte rispetto alla misura a riposo?». La studentessa, tutta rossa: «Il pene...». Il professore: «No, è l'iride, comunque complimenti al suo ragazzo».
ANONIMO

Lei: «Caro, non credevo che tu potessi avere un organo così piccolo!»
Lui: «Cara, non credevo di dover suonare in una cattedrale!».
ANONIMO

Non viene da un posto di grossi geni. Al suo paese lo chiamavano "il Computer umano" perché sapeva contare fino a 20. Nudo fino a 21.
ANONIMO

Ecco i dieci eventi storici nei quali è stato lecito usare la parola "cazzo":

1) "Sta torre col cazzo che casca!" (Babele, 5000 a.C.).

2) "Piogge a tratti un cazzo!" (Noè, 4314 a.C.).

3) "Santità, lo vuole davvero su quel cazzo di soffitto?" (Michelangelo, 1566).

4) "Da dove cazzo sbucano tutti questi indiani?" (Generale Custer, 1877).

5) "Cazzo! Ti somiglia un casino!" (Picasso, 1926).

6) "E quella cosa cazzo è?" (Sindaco di Hiroshima, 1945).

7) "Eddaì! Chi cazzo vuoi che lo venga a sapere?" (Bill Clinton, 1999).

8) "Cazzo, non credevo si arrabbiassero così tanto!" (Osama Bin Laden, 2001).

9) "La vuoi o no quella cazzo di macchina?" (Il presidente della Fifa all'arbitro Moreno, giugno 2002).

10) "Ma chi cazzo hai comprato?" (Berlusconi a Galliani, dopo la campagna acquisti del 2008 del Milan).

Anonimo Internet

Il codice fiscale migliora la funzionalità del fisco. Il codice postale migliora la funzionalità della posta. Io studio il codice penale. Non si sa mai...

Franco Bardi

La donna fiuta un fallo eretto quando dista ancora dieci chilometri e si domanda: come ha fatto a vedermi?

Samuel Beckett

Può darsi che anticamente l'omo avesse più organi sessuali: tre piselli, da cui la famosa frase: «Che cazzo vuoi?».

Roberto Benigni

Ricordo con indicibile vergogna la volta che mio padre mi sorprese a masturbarmi. «Cos'hai lì in mano?» tuonò. «Niente, pa'», balbettai, «ho preso un topo.» «Un topo? Balle!». Ma la nonna prese le mie parti: «L'ho sempre detto che in questa stamberga ci sono più topi che cazzi!».

Romano Bertola

Difficile capire un Paese, scrisse un libellista, dove la stessa cosa è

chiamata al Nord uccello e al Sud pesce.
ENZO BIAGI

Ieri stavo camminando per strada quando una ragazza si gira e mi dice: «La vuole smettere di seguirmi, brutto maniaco?». Io le faccio: «Ma signorina, non sono un maniaco, stiamo solo fa cendo la stessa strada!». E lei: «E allora almeno si rimetta l'uccello nei pantaloni!».
LORENZO BOSIO

Può un andrologo guadagnare più di un dentista? Certo, se l'uomo avesse un dente e trentadue cazzi!
BRUCE KETTA

Se ce l'ho grosso? Io di fianco al bidé non ho l'asciugamano intimo, ho l'accappatoio intimo.
PAOLO BURINI

Io e il mio membro abbiamo un rapporto bellissimo, anche se nella sua educazione uso ancora metodi antichi: se fa i capricci, lo meno.
CAMILLO CANOVI

Era così brutta che non me la sarei scopata neanche avessi avuto con me un cazzo rubato.
GEORGE CARLIN

Era una donna molto sensuale. "Uccello" lo scriveva sempre con due zeta.
GIAMPIERO CASONI

Sono stata in un sexy shop e ho incontrato questo ragazzo di colore, era splendido. Era enorme! Il suo uccello aveva un uccello!
MARGARET CHO

Non importa. L'uccello morto non abbandona il nido.
WINSTON CHURCHILL, DOPO CHE GLI AVEVANO FATTO NOTARE CHE AVEVA LA PATTA APERTA

Il sesso talvolta ti fa ridimensionare bruscamente l'opinione che hai del tuo partner: lei, per esempio, che mi chiamava Batuffolone; dopo la prima volta prese a chiamarmi Cotton Fioc.
CARLO D'ADDATO

Da giovane avevo quattro parti flessibili e una rigida. Ora invece

ne ho quattro dure e soltanto una flessibile.
HENRI DUE D'AUMALE

Sono stato negli Stati Uniti, ma mangiano che è una schifezza. Mio cugino mi ha portato in uno di questi ristoranti; dice: «Qui fanno gli hot dog, i cani caldi, sentirai che buoni». Entriamo, ordiniamo due hot dog, due cani caldi, e mio cugino si mette a mangiare il suo di gusto. Io no, non ce la facevo. Mi fa: «Ma come, Alex, non mangi il tuo hot dog?». Gli ho risposto: «Cugino, ma di tutto il cane, a mia proprio la minchia mi doveva capitare?».
ALEX DRASTICO (ANTONIO ALBANESE)

Mandrake: «A' Mafà, c'ho certi cazzi che manco te che sei esperta li hai visti mai...»
FEBBRE DA CAVALLO

Gli uomini ce l'hanno di tre calibri: piccolo, medio e "Oh, mio Dio!".
ALLAN FOLSOM

Ma parità dei sessi vuol dire che dobbiamo avercelo lungo tutti uguale?
MISTER FOREST (MICHELE FORESTA)

Una volta la mia ragazza mi ha sorpreso mentre, sotto la doccia, mi stavo masturbando. «Non ti vergogni?» mi ha detto. E io: «Perché? Adesso uno non è più neanche libero di lavarsi l'uccello alla velocità che vuole?».
CITATA DA MISTER FOREST (MICHELE FORESTA)

Eravamo poveri. Se non fossi stato un maschietto, non avrei avuto niente con cui giocare.
REDD FOXX

Ce l'ho così sottile che il preservativo mi sta su con l'elastico.
PACO GENOVESE

Purtroppo non ho i peli lunghi: è proprio l'uccello che è corto.
PACO GENOVESE

Quando avevo vent'anni "lui" era come l'Apollo 10: perforava ogni atmosfera! Adesso è comel'Apollo 13: quando esce si sente: «Houston... abbiamo un problema...».
GIUSEPPE GIACOBAZZI

I leghisti hanno sempre sostenuto di avercelo duro, enorme. C'è una

leggenda, avvalorata da Bossi, che sostiene che le compagne dei leghisti siano le uniche donne al mondo che i figli preferiscono di gran lunga partorirli che concepirli.
GINO&MICHELE

Nessun cazzo è duro come la vita.
JOHN GIORNO

Rispetto al sesso degli uomini c'è un livello di sicurezza. Al di sotto è solo disturbo.
SERENA GRANDI

La sua virilità era talmente esigua che, se fosse vissuto nel paradiso terrestre, al posto della foglia di fico, avrebbe usato un ago di pino.
MAX GREGGIO

Il problema di ballare nudi è che non tutto si ferma insieme alla musica.
ROBERT HELPMANN

Il pisello è fatto male, non c'è niente da fare. Sì lo so, c'è sempre quello che dice: «Sarà fatto male il tuo, imbecille! li mio è parecchio bellino!» E la moglie accanto: «Vero, vero. Oddio, n'ho visti di meglio, ma insomma, nel suo piccolo s'arrangicchia anche lui, pover uomo».
PAOLO HENDEL

Cercano di bandire la pornografia e tutto quello che causa "pensieri sessuali". Bisogna bandire tutto quello che causa pensieri sessuali! *Playboy*, pornografia, va bandito. *Penthouse*, pornografia, va bandito. Vi dico io cos'è che causa pensieri sessuali: avere un uccello. Fine della storia. Nel corso di una giornata, qualsiasi cosa può causare pensieri sessuali. Uno è sul tram, c'è un po' di brezza, il movimento avanti e indietro, pantaloni appena attillati... Oh, mio Dio! Ce l'ho duro! Cos'è, adesso, bandiamo i trasporti pubblici?
BILL HICKS

Ce l'ho meno lungo di una Cadillac ma più di una cornetta del telefono.
JOHN HOLMES

Un tizio va dal dottore. «Qual è il problema?» chiede il dottore. «È che... uhm... be'... ho cinque peni» dice l'uomo. «Cielo!» escla-

ma il dottore. «E come le stanno i pantaloni?» «Come un guanto.»
INTERNET ONE-LINERS

«Nonna, che bocca grande che hai!» «E non hai visto il pistolino del nonno!»
GIANLUCA IRTI

Mae West: «Quanto sei alto?»
Cary Grant: «Un metro e settantanove signora.»
Mae West: «Lascia stare i metri, parliamo dei centimetri!»
LADY LOU - LA DONNA FATALE

Non per fare il solito paranoico, ma ultimamente ho l'impressione che al telegiornale ogni notizia alluda al fatto che ho il cazzo piccolo.
MAD E. MAT

"Il cazzo c'inquina!", slogan femminista a cui un'arguta mano aggiunse sotto: "E la topa tombola!".
MAURIZIO MAZZITELLI

La verginità è come una briciola di pane: arriva un uccello e se la porta via.
MONELLA

Genesi: in principio erano tre uova, poi una si schiuse e nacque... l'uccello.
ROBERTO "ROBYM" MORO

Per una donna non è importante la lunghezza del pene. Per tutte le altre invece è fondamentale.
FURIO OMBRI

Non usate mai preservativi neri: il nero snellisce un casino!
GIANNI PALLADINO

Si sta facendo più casino adesso per queste pastiglie erotiche di quanto se n'è fatto a suo tempo per un signor farmaco come la penicillina. Tutto questo entusiasmo non è un po' eccessivo? C'è farmaco e farmaco. La penicillina ha salvato e salva l'umanità. La penicillina rimette in piedi un uomo. Viagra e apomorfina, cosa rimettono in piedi? Un cazzo!
ALBERTO PATRUCCO

Una volta mi è caduto il ferro da stiro sul pene. Da quel giorno non riesco più a fare l'amore con una ragazza. La spatolo!
POTATO (ALESSANDRO BRUNELLO)

La tua donna la chiamo Pellicola perché quando glielo faccio vedere si impressiona.

POZZOLI E DE ANGELIS

È facile con l'uccello degli altri battere sull'ortica.

PROVERBIO LIGURE

Chi nasce puveriello e sfortunato ci piovono cazzi in culo pure se sta assettato!

PROVERBIO NAPOLETANO

Non è il cazzo che m'annoia, ma quello che c'è attaccato.

CITATA DA JOHN RIDLEY

Adesso devo vendere un po' di terra per fare soldi per il nonno, che vuol cambiare sesso. Non nel senso che vuole diventare donna, nel senso che ne vuole uno nuovo!

LUCIO SALIS

Nessuno mi toglie dalla testa che la Principessa sul pisello non sia stata del tutto scomoda.

ROBERTO SERAFINI

Se la museruola si mette sul muso, dove si mette la cazzuola?

CITATA DA NICOLA SEVERIN

Terrorismo. Kamikaze ar mare cianno l'esprosivo nelli slippe. Appello der governo: se vedete l'uccelli troppo gonfi chiamate la polizzia: ci mettano le mani loro.

IL VERNACOLIERE

Non è bello quando un maschio serve solo da piedistallo al suo cazzo!

JULIJA VOZNESENSKAJA

Dio è nella mia mente e il diavolo nei miei pantaloni.

JONATHAN WINTERS

Lui: «Signorina, se le dicessi: sono squattrinato, non ho l'automobile, parlo male e sono maleducato, sono fallocrate, schizofrenico, nevrastenico, asmatico. Mi spilucco le caccole dal naso. Ho la forfora, le piattole, i vermi, lo scolo, una moglie, otto figli, le mutande sporche, il collo lercio, polsini luridi, le scarpe bucate, fedina penale sporca, vari tic, crisi, mi rotolo per terra, bevo, sbavo, sputacchio, sniffo la colla, l'etere, i tubi di scappamento,

russo, mi scrocchio le dita, mi rosicchio i colletti delle camicie, sono lunatico, mi pulisco le gengive con l'indice, ho il cazzo piccolo, non mi piace Sartre, detesto la musica, mi fa schifo ballare, sono cannibale, faccio errori di ortografia, ho le mani umidicce, il naso gocciolante, vorrei che venisse la guerra per fare il traditore, sono sfaticato, ladro, scatologico, ho la pancia molliccia, il fiato fetido, pensieri torbidi, sguardo sornione, gesti brutali, stacco le ali alle mosche, foro gli occhi dei gatti, racconto agli amici i dettagli dei miei rapporti sessuali, accetterebbe di uscire con me?»
Lei: «Vada via! Che orrore!»
Lui: «Ecco, lo sapevo che non dovevo dirle che ho il cazzo piccolo.»

GEORGES WOLINSKI

CECCHI GORI VITTORIO

Perché non sembra, ma Cecchi Gori è intelligente. La colpa non è tutta la sua. Siccome lui ha la testa quadrata le idee fanno fatica a girargli bene nella testa, si fermano nei spigoli.

TEDDI CASADEY (PAOLO CEVOLI)

Io la Fiorentina non la vendo, piuttosto la disintegro con le mie mani. Il fatto è che io muoio di crediti, non di debiti.

VITTORIO CECCHI GORI

Ti lascio, che tra cinque minuti manca un quarto alle sette e mezza.

VITTORIO CECCHI GORI

Bobo: «[Fiorentini]... avete avuto l'alluvione, Zeffirelli, la Fallaci, Cecchi Gori... e vi impaurite di un Social Forum?».

SERGIO STAINO

CELIBATO

vedi ***Single***

CELLULARE

vedi ***Telefonino***

CENA
vedi **Pranzo**

CENTIMETRO
vedi **Metro**

CENTRO

Ho fatto un sogno all'incontrario dove non c'era più l'estrema destra e l'estrema sinistra, ma c'era solo l'estremo centro. I pericoli per la democrazia venivano da lì. Le liti, le risse, gli schiaffi, le bombe, venivano dal centro... Cioè non era cambiato niente perché anche un sogno all'incontrario ha rispetto per la Storia.

GINO&MICHELE-PAOLO ROSSI

Un uomo per mostrarsi di sinistra deve alzare il braccio sinistro e stringere il pugno, mentre per mostrarsi di destra deve alzare il braccio destro e tendere la mano. Ma se un uomo vuole sentirsi di centro, deve per forza eccitarsi?

MASSIMILIANO

Ho una casa fantastica. A soli venti minuti dal centro. Col telefono.

HENNY YOUNGMAN

CERETTA
vedi **Estetica**

CEROTTO

Ci sono due tipi di cerotti: quelli che non attaccano e quelli che non vengono più via.

ARTHUR BLOCH, *TERZA LEGGE DI TELESCO*

Dice: «Come mai hai un cerotto sul collo?». Perché ho usato un rasoio trilama... sul serio! Dunque: la prima lama tira fuori il pelo, la seconda lo taglia, la terza non c'ha niente da fa', e mi ha tagliato!

FIORELLO

Penso alla mia vicina. Per quanto mi sprema le meningi non trovo la maniera idonea di abbordarla. Bussare alla sua porta e invitarla a cena non mi sembra prudente né opportuno. Forse l'invito dovrebbe essere preceduto da un omaggio. In nessun caso devo mandarle denaro, ma se nonostante tutto decidessi di mandargliene, meglio in banconote che in monete. I gioielli presuppongono un rapporto più formale. Un profumo è un regalo delicato, ma molto personale; si corre il rischio di non indovinare i gusti della persona che si vuole omaggiare. Lassativi, emulsivi, cerotti, vermicidi, antireumatici e altri prodotti farmaceutici esclusi. È molto probabile che le piacciano i fiori e gli animali domestici. Potrei mandarle una rosa e due dozzine di dobermann.

EDUARDO MENDOZA

CERTIFICATO DI NASCITA

vedi **Nascere**

CERVELLO *(Mente)*

Che cosa hai nella mente, se permetti l'esagerazione?

FRED ALLEN

Perché le donne non hanno il cazzo? Ma perché pensano con il cervello.

ANONIMA

Ha un cervello così piccolo che quando si incontrano due pensieri devono fare manovra!

ANONIMO

Chissà perché tutte le malattie mentali cominciano per Psi: psicopatico, psicotico...

ROBERTO BENIGNI

Nel baseball il 90% è impegno mentale, l'altra metà è sforzo fisico.

YOGI BERRA, GIOCATORE DI BASEBALL

Ma il cuore di certa gente non si domanda mai se valga la pena di fare tanta fatica per pompare sangue fino al cervello?

PAOLO CANANZI

Se i cervelli fossero soldi tu avresti bisogno di un prestito per comprarti una tazzina di caffè!

DON CHAMBERS

Nulla deve impedire ai cervelli dei nostri figli di sedere sui banchi dell'università!

JEAN CHARLES

Il cervello umano può operare solo alla velocità delle cellule cerebrali più lente. Un eccessivo apporto di alcol, come sappiamo, uccide le cellule cerebrali. Ma naturalmente attacca prima le cellule più lente e più deboli. In questo modo, un consumo regolare di birra elimina le cellule cerebrali più deboli, rendendo il cervello una macchina più veloce ed efficiente. Ecco perché ci si sente più furbi dopo qualche birra.

CHEERS

La Parietti ha la mente aperta. Da parte a parte.

ROBERTO D'AGOSTINO

Dicono che usiamo solo il 10% del nostro cervello. Il 10% del nostro cervello! Pensate cosa potremmo fare se usassimo il restante 60%!

ELLEN DEGENERES

È quanto meno strano come, pur vivendo nello stesso corpo, io e il mio cervello non ci siamo mai incontrati.

MISTER FOREST (MICHELE FORESTA)

Non occupate sedie con il culo, occupatele con il cervello.

CARLA FRACCI

Il cervello è un organo favoloso. Comincia a lavorare dal momento in cui ti svegli la mattina e non smette fino a quando entri in ufficio.

ROBERT FROST

Perché non scrivi un bel libro? Potresti intitolarlo: *Io e la mia lobotomia.*

GENE HACKMAN

La vera fonte della giovinezza è avere una mente porca.

JERRY HALL

Se un uccello avesse il tuo cervello, volerebbe all'indietro!

INSULTI AMERICANI

Il cervello umano comincia a lavorare quando si nasce e non si ferma mai, a meno che ci si alzi per parlare in pubblico.

SIR GEORGE JESSEL

Quando Dio stava distribuendo i cervelli ti deve aver scambiato per un cactus.

Laverne & Shirley

Di solito una donna preferisce essere bella anziché intelligente perché in genere l'uomo medio ha la vista più sviluppata del cervello.

Bill Lawrence

Questa edizione del telegiornale andrà in onda in forma ridotta per venire incontro alle vostre capacità mentali.

Daniele Luttazzi

Avere una famiglia è come avere una pista da bowling installata nel tuo cervello.

Martin Mull

I concorrenti dei reality sono stati reclutati dalla Nasa per una missione su Marte, visto che sono già abituati all'assenza di ossigeno nel cervello.

Flavio Oreglio

Se un giorno dovessi fare un trapianto di cervello vorrei quello di un giornalista sportivo. Perché so che non è mai stato usato.

Joe Paterno

«Quanto a lungo può vivere una persona senza cervello? Non saprei. Quanti anni hai tu?»

Bob Phillips

Studente 1: «Dicono che il pesce faccia bene al cervello.»
Studente 2: «È vero. Io lo mangio tutti i giorni.»
Studente 1: «Ecco che se ne va un'altra teoria!»

Bob Phillips

La fuga dei cervelli. Sapete quale è stato il primo caso di fuga di cervello all'estero? È stato il cervello di Buttiglione. Non c'è niente da ridere, perché il cervello è fuggito all'estero, ma il corpo è rimasto qui in Italia!

Paolo Rossi

Ho il cervello più piccolo della media, così mi avanza dello spazio nella scatola cranica che, dice il medico, devo assolutamente riempire con della roba per evitare che la materia grigia vada di qua e di là.

Allora ho pensato che d'ora in poi la roba che ho nel naso la tiro su.
RUBES

Io non faccio ginnastica. Dovresti offrirmi più della mia vita per avermi su uno di quegli attrezzi a grugnire per due ore. lo considero il mio corpo un modo per portare la mia testa da un posto all'altro.
DAVE THOMAS

Io una volta vorrei entrare nella tua testa per provare la sensazione del vuoto assoluto.
I TRETTRÈ

Prima di parlare accertarsi che il cervello sia collegato.
VISTO SU UN CARTELLO

Dio è nella mia mente e il diavolo nei miei pantaloni.
JONATHAN WINTERS

CERVO *(Stambecco)*

Non sono mai piaciuto a mio padre. Una volta mi ha portato a caccia e mi ha dato un vantaggio di tre minuti. Sulla strada per casa ha legato me sul paraurti e ha messo il cervo in auto.
RODNEY DANGERFIELD

C'è chi tiene in casa appesa al muro una testa di cervo. Quando chiedo il perché, mi rispondono sempre: «Perché è un bellissimo animale». Ecco qua. Anch'io penso che mia mamma sia attraente, ma ho delle foto, di lei.
ELLEN DEGENERES

La caccia al cervo sarebbe un autentico sport, se solo il cervo avesse il fucile.
WILLIAM SCHWENCK GILBERT

Io me ne strabatto dello stambecco del Gargano! Che scompaia. Ma qui sta rischiando di scomparire anche il falegname di Viterbo. Ho il terrore di incrociare un panda con una mia foto sulla maglietta!
BEPPE GRILLO

CESSO
vedi ***Toilette***

CHAMPAGNE

Reggio Emilia è la città delle tre "esse": Suini, Sesso e Siampagn.

CAMILLA CEDERNA

Ormai siamo all'internazionalizzazione della notizia. Sono le regole del villaggio globale. Se eleggono Clinton in America, stappano lo champagne in Italia. Se in Italia eleggiamo Scalfaro, in America... non gliene frega niente a nessuno.

ANTONIO CORNACCHIONE-MARCO POSANI

«Va bene che le tette devono stare in due coppe di champagne ma tu esageri: le tue stanno in due bicchierini della vodka.»

DUO DI PICCHE

La misura ideale delle tette è a coppa di champagne. Le mie sono a tappo di champagne.

LUCIANA LITTIZZETTO

Un profumo nell'aria... Un vestito per terra... Una coppa di champagne sul tavolo... E nel mio letto tu... cane di merda.

FLAVIO OREGLIO

Drammatico. Beve champagne per errore manovale disoccupato.

GINO PATRONI

«Quando inviti una ragazza a casa tua, falle sempre trovare una bottiglia di champagne in frigo, una canna pronta e un compact sul piatto.» «E con queste cose la ragazza ci sta?» «A volte sì, a volte no. Però se non ci sta, hai lo champagne, hai la canna, hai la musica, ma che cazzo te ne frega?»

DADO TEDESCHI

La mia donna ideale deve avere il capezzolo che sta in una coppa di champagne.

CHECCO ZALONE (LUCA MEDICI)

CHECCA

vedi **Gay**

CHEWING GUM

La televisione è la gomma da masticare degli occhi.

FRANK LLOYD WRIGHT

L'altro giorno avevo nella borsetta un pacchetto di condom vicino ad un altro di bubble gum. Un bambino mi ha chiesto una cicca e gli ho dato un Settebello. È ancora lì che cerca di fare i palloncini.
MARISA MIRITELLO

CHIACCHIERARE

(Chiacchierone - Conversazione - Parlare - Parola)

Gin: «Ora vado Fizz. Voglio stare un po' con mio fratello. Sai, sono preoccupato per lui.»
Fizz: «Perché?»
Gin: «Da quando fa il conducente d'autobus non gli parla più nessuno.»
ALE E FRANZ

Quando sono nata, ero così sorpresa che non sono riuscita a parlare per un anno e mezzo.
GRACIE ALLEN

Le più belle parole non sono "ti amo", ma "è benigno".
WOODY ALLEN

Che peccato che quando Cristoforo Colombo ha scoperto l'America, lo abbia detto in giro.
MARGOT ASQUITH

Se esiste il lessico amoroso vuol dire che mio marito è anoressico visto che parla col culo!
ANNA MARIA BARBERA

Se solo i nostri grandi pensatori imparassero a parlare e i nostri grandi parlatori imparassero a pensare!
ASHLEIGH BRILLIANT

Sono cresciuto con Forlani. Potrei parlare per ore senza dire niente.
PIER FERDINANDO CASINI

Passiamo i primi dodici mesi della vita dei nostri figli a insegnargli a camminare e a parlare, e i seguenti dodici anni a pregarli di sedere e di tacere.
PHYLLIS DILLER

Non ho parlato con mia suocera per diciotto mesi. Non volevo interromperla.
KEN DODD

Pensavo di essere povero. Ma mi hanno detto che era troppo autodistruttivo considerarmi un "bisognoso". Ero uno "svantaggiato". Poi mi hanno detto che "derelitto" era un termine abusato, così divenni un "emarginato". Insomma continuo a non avere un soldo, in compenso ho un vocabolario eccezionale.
JULES FEIFFER

Detesto la guerra: rovina la conversazione.
FONTENELLE

Ho appena avuto il mio secondo figlio, il mese scorso. Il primo, che ha due anni e mezzo, era preoccupatissimo. Continuava a dire: «No voio fratellino, no voio fratellino». Allora per calmarlo gli ho detto: «Vedi? Se avessi imparato a parlare meglio, non avremmo dovuto sostituirti!».
GREG GERALDO

Le più belle parole di tutto il vocabolario sono "non colpevole".
MAKSIM GOR'KIJ

Nella mia prossima vita, spero di reincarnarmi in un pappagallo, perché conosco già un sacco di parole.
JACK HANDEY

«Taci! Tu sei un mago con le parole, se no come avresti fatto a convincermi a farti un pompino al funerale di mio padre?»
HARRY A PEZZI

Ti prego di non parlare mentre ti sto interrompendo.
INSULTI AMERICANI

Il cervello umano comincia a lavorare quando si nasce e non si ferma mai, a meno che ci si alzi per parlare in pubblico.
SIR GEORGE JESSEL

State parlando tutti assieme e io non capisco niente. Ora parlate tutti assieme ma ordinatamente.
DANNY KAYE

Le conversazioni dal parrucchiere sono la prova inconfutabile che le teste sono fatte per i capelli.
KARL KRAUS

Molti desiderano ammazzarmi. Molti desiderano fare un'oretta di

conversazione con me. Dai primi mi difende la legge.
KARL KRAUS

Dopo la scopata il primo che parla dice una stronzata.
MARCELLO MARCHESI

Guarda, ti do un consiglio spassionato: ogni tanto, quando parli, fai qualche pausa. Saranno le parti più interessanti del discorso.
STEVE MARTIN

«Davvero lei sta facendo un corso di conversazione?» «Sì.»
STEVE MARTIN

Ma sa che lei non ha ancora smesso di parlare? Deve essere stata vaccinata con una puntina di grammofono.
FRATELLI MARX

Quando parlano di me ho l'angoscia, quasi come quando non parlano di me.
BETTE MIDLER

Lui apre bocca solo quando non ha niente da dire.
SPIKE MILLIGAN

Apritevi pure, ma senza squartarvi.
NANNI MORETTI

Se il cammello potesse parlare darebbe del gobbo al dromedario.
PITIGRILLI

L'uomo comune ragiona. Il saggio tace. Il fesso discute.
PITIGRILLI

Non parlare se quello che ti viene da dire non è meglio del silenzio.
PROVERBIO ARABO

Ricordo ancor oggi le prime parole, ho guardato mio padre e mia madre e ho detto: «Papi Mami...». E mio padre mi ha detto: «Figliolo, è ora di ampliare il tuo vocabolario: hai ventiquattro anni!».
BOB SAGET

Lo chiamano Alluvione. Quando parla sputa. A volte sputa anche quando non parla. A volte sputa anche quando pensa.
FRANCESCO SALVI

C'è qualcosa che vorrei dirvi prima di cominciare a parlare.
RAYMOND SMULLYAN

Parli come badi!
TOTÒ

Signor giudice, mia moglie parlava, parlava, parlava... Io ho preso un bastone e gliel'ho tirato dietro. Che ne sapevo io che dall'altra parte c'era l'accetta!
STEFANO VIGILANTE

Odio le discussioni di ogni tipo. Sono sempre volgari e spesso convincenti.
OSCAR WILDE

Spesso sostengo lunghe conversazioni con me stesso e sono così intelligente che a volte non capisco nemmeno una parola di quello che dico.
OSCAR WILDE

Parlo da solo. I vicini spesso si lamentano perché uso un megafono.
STEVEN WRIGHT

Lo squalo mi ha ricordato mia moglie. Una volta infatti è riuscita a non farsi mordere da uno squalo. Ha aperto la bocca per prima.
HENNY YOUNGMAN

Ai pranzi di lavoro si parla e si mangia, si mangia e si parla: alla fine non sai né cosa hai mangiato, né cosa hai detto.
ZUZZURRO E GASPARE

CHIACCHIERONE
vedi **Chiacchierare**

CHIASSO
vedi **Rumore**

CHIESA
vedi anche **Cattolico**

Compie un passo avanti la Chiesa nel consentire i rapporti tra due partner non sposati. D'ora in avanti sarà sufficiente che sia sposato uno dei due.
MASSIMO BASSI

"Tu sei Pietro e su questa pietra fonderò la mia Chiesa." Gioco di parole indubbiamente sublime, però, come dire? Un po' fortunoso.

Resta il sospetto che, se si chiamava Michele, avrebbe fondato la Michelin.
ROMANO BERTOLA

Sono d'accordo a far dire le preghiere a scuola, purché venga trovato un posto per l'algebra in chiesa.
DYLAN BRODY

La Chiesa cattolica è strepitosa: è riuscita a convincerci che esiste un Dio caritatevole, misericordioso, che ha creato il cielo e la terra, che ci ama, ci vuole vicini a lui, è onnipotente, e ha bisogno di soldi!
GEORGE CARLIN

Se accendo uno zampirone in una moschea, muoiono tutti?
CICCHELLO E COLOMBO

E cos'è questa mania dell'incenso? Puzza come se qualcuno avesse dato fuoco al cesto della roba sporca. Calzini da ginnastica e ciclamino. Abbiamo davvero bisogno di quel tanfo? L'odore dell'incenso mi fa pensare a come sarebbe se i fiori potessero scoreggiare.
BILLIAM CORONEL

Per la Chiesa se non sei sposato non puoi fare l'amore. Invece se sei sposato lo puoi fare. Però controvoglia.
DENTIBLÙ

Per la Chiesa, devi fare quello che non vuoi fare, non devi fare quello che vuoi fare e, comunque vada, non ti meriti il Paradiso.
DENTIBLÙ

Mia moglie ha cantato in chiesa domenica, e almeno duecento persone hanno cambiato religione.
LEOPOLD FETCHNER

È ormai appurato che Renato Guttuso, grazie ai buoni uffici di Andreotti, ottenne il perdono della Chiesa pronunciando diecimila "Sia lodato Gesù Cristo", e dodicimila "Se l'arcivescovo di Costantinopoli si disarcivescovocostantinopolizzasse".
GINO&MICHELE

Mi definisco un cattolico agnostico. Cos'è per me la religione? Penso che si tratti di un mistero... un mistero che non può essere distrutto. Nemmeno dalla Chiesa.

GRAHAM GREENE

Fin da ragazzo, mi ha sempre colpito una cosa. Come dicono? Sì: «Non disperdere il seme». Non c'entra con l'agricoltura, eh! Mi rendo conto che siamo dentro ad argomentini un po' delicati, per carità. Ma mi son sempre chiesto: come è possibile, con tutto quello che si butta via nel mondo, spreco di risorse, arance distrutte, pomodori al macero... che se la prendono tanto per uno schizzettino? Che sarà mai? Sarebbe come se uno starnutisse: «Etcì!» «Fermo non disperdere lo starnuto!». Più o meno.

PAOLO HENDEL

Svizzera: quando tacciono le campane delle chiese, suonano quelle delle mucche. Tutte e due sono di piacevole ascolto. Le prime ricordano la beatitudine celeste, le seconde il formaggio terreno.

GEORG KAISER

Ragazzo: «Vuole comperare un biglietto della lotteria per la chiesa a cinquanta cent?»
Jackie Gleason: «E cosa me ne faccio di una chiesa, se ne vinco una?»

PAPA'S DELICATE CONDITION

In tutta franchezza: cosa ne sa la Chiesa di embrioni, di cellule staminali, di omo e etero-zigoti? Qual è lo spessore scientifico, non morale, della Chiesa? Quando sono stato operato di ernia inguinale, in sala operatoria c'era un chirurgo, non un parroco! La Chiesa sa di cose di Chiesa. Perché deve mettere becco, intervenire, suggerire alternative anche su queste complicatissime cose di scienza? È come se Dulbecco, uno scienziato, si presentasse a un concilio di cardinali e dicesse: «La Via Crucis non si fa come la fate voi. Non si parte dalla prima stazione. È sbagliato! Si parte dalla terza, si passa alla nona e, con la decima, si chiude. La Via Crucis è così!».

ALBERTO PATRUCCO

Le persone che tossiscono continuamente non vanno mai dal dot-

tore, vanno solo ai banchetti, ai concerti e in chiesa.
BOB PHILLIPS

Per il mio matrimonio nella chiesa a forma di trullo non ci stavano tutti gli invitati, così abbiamo dovuto ripetere la cerimonia otto volte. Alla settima ho anche detto "No", così per simpatia...
VIVIANA PORRO

La Chiesa è una sposa sbandata che in mezzo alla piazza scopa con banchieri e diplomatici avvelenando al tempo stesso la vita ai ragazzini che si fanno una sega.
VLADIMIR SENAKOVSKY

È una ragazza casa e chiesa. Sì, ma nel tragitto cosa fa?
TOTÒ

Il giorno del funerale di un celebre attore, quando all'uscita della chiesa la bara viene accolta da un applauso, bisogna riportarla dentro e riuscire per l'ultimo bis.
DINO VERDE

Andare in chiesa non fa di te un cristiano più di quanto stare in un garage faccia di te una macchina.
WORDS TO THE WISE

CHIMICA

La formula del latte è Vacca 2 O.
ALESSANDRO BERGONZONI

In Inghilterra il caffè ha sempre il gusto di un esperimento chimico.
AGATHA CHRISTIE

Prof: «Chi sa cos'è l'H2So4?»
Studente: «Io lo so è... è... ce l'ho sulla punta della lingua...»
Prof: «E allora, imbecille, sputalo che è acido solforico!»
GIULIA, *SBS*

È ormai ammesso alle donne cattoliche evitare una gravidanza ricorrendo alla matematica, ma non è loro ancora concesso di ricorrere alla fisica o alla chimica.
HENRY LOUIS MENCKEN

Mischio io la mia acqua. Due parti di H, una di O. Non mi fido di nessuno.
STEVEN WRIGHT

CHIROMANTE
vedi **Indovino**

CHIRURGIA PLASTICA
(Lifting)

E quando lei: «Ma teeee... se vado da un chirurgo cosa gli dico di ritoccare: labbra, seno o qualcos'altro?» «Mah, puoi anda' anche a caso...».
STEFANO BELLANI

Le hanno fatto talmente tanti lifting facciali che adesso è fuori fuoco!
MILTON BERLE

Sono l'equivalente femminile di una banconota da venti dollari contraffatta. Metà di quello che vedete è un'eccellente riproduzione, il resto è una frode...
CHER

Mia moglie voleva un intervento di chirurgia plastica. Così le ho tagliato le carte di credito.
RODNEY DANGERFIELD

L'ultimo intervento alle labbra non venne benissimo. Ogni volta che si metteva in bocca una matita le faceva la punta.
PIERO DEGLI ANTONI

Il mio chirurgo plastico mi ha detto che ho la faccia che sembra un bouquet di gomiti.
PHYLLIS DILLER

«Lo sai che mi son fatta gonfiare le labbra?» «Sì ma se non ti fai sgonfiare il resto della faccia mica si vede!»
DUO DI PICCHE

Perché a Niki Lauda, già che c'erano, non hanno finito di aggiustargli le orecchie?
FABIO FAZIO

Seni finti: le donne dicono sempre, delle altre donne: «Lo sai che non sono vere, no? Se l'è comperate»... Sapete, non m'importa niente se non sono vere. Ne voglio comperare un po' anch'io. Così, per la casa, per

metterle in varie stanze. E un paio per il cruscotto, quando guido.
ARSENIO HALL

Phyllis Diller s'è fatta talmente tanti lifting alla faccia che non le è rimasto più niente nelle scarpe.
BOB HOPE

Preferisco avere il mio piede destro piuttosto che un bel viso.
NIKI LAUDA

Non ho mai subìto interventi di chirurgia plastica. Ho ancora i miei veri seni. Lo so perché quando mi sdraio sulla schiena mi rotolano sotto le braccia e sembro uno squalo martello.
LORA LEMAIRE

La Gioconda si sta deteriorando. Si sta raggrinzendo e inarcuando. Ma non temete, un team di restauratori la sistemerà. È la stessa gente che ha lavorato su Cher.
DAVID LETTERMAN

Per l'imene ci vorrebbero degli abbonamenti, perché quando ti rifai le tette un po' di tempo dura, mentre quello lì, alla prima volta... anzi, perché non rifare l'imene come le porte dei saloon?
LUCIANA LITTIZZETTO

Il re della droga Amado Carillo Fuentes è morto in seguito a un intervento di liposuzione e chirurgia plastica durato nove ore. O, come si dice comunemente qui a Beverly Hills, per "cause naturali".
BILL MAHER

Gli esseri umani sono costituiti per il 70% d'acqua. E, in certi casi, il resto è collagene.
MARTIN MULI

Non ho in programma di invecchiare bene. Prevedo di farmi fare dei lifting finché le orecchie non si toccheranno.
RITA RUDNER

Questa ragazza che ho visto su *Playboy* era incredibile. Non penso che avesse addosso silicone; credo avesse elio. Erano così grosse che non sono riuscita a chiudere la rivista.
RITA RUDNER

Liz Taylor si è risposata. L'età non conta quando uno decide di rifarsi una vita. E i fianchi, la faccia...
GABRIELLA RUISI

Adesso devo vendere un po' di terra per fare soldi per il nonno, che vuol cambiare sesso. Non nel senso che vuole diventare donna, nel senso che ne vuole uno nuovo!
LUCIO SALIS

A New York, quando qualcuno ti mette un coltello al petto, gli dai i soldi. A Las Angeles, quando qualcuno ti mette un coltello al petto, gli dai i soldi, gli dici: «Grazie, dottore» e ti comperi un reggiseno più grande.
DEIDRE SULLIVAN

Vecchia io? Ma se alcune parti di me tre settimane fa non erano ancora state inventate!
WILL & GRACE

Le tette finte sono come i nazisti: non ridono, non danzano, sono sempre solo dure e sull'attenti.
ROBIN WILLIAMS

CHITARRA

Mia nipote un giorno è andata da sua mamma e le ha detto: «Mamma ho deciso cosa farò da grande: da grande voglio fare la bagascia!» E sai cosa le ha risposto sua mamma? «Sì, va a finire come il corso di chitarra, che ti abbiamo regalato lo strumento ed è ancora lì in un angolo!»
GAIA (SIMONA GUARINO)

Le foche sono eccezionali con le palle, e non c'è logica in questo. Non esistono palle nell'Artico, né nell'Antartide. Palleggiano per ore, sono davvero fenomenali! Magari potrebbero esistere altri animali in grado di fare altrettante cose insospettabili. Tipo le tigri, potrebbero essere bravissime a suonare il banjo.
EDDIE IZZARD

Annuncio pubblicitario: "Vendo chitarra e intera collezione cd rock di mio figlio. Se risponde un ragazzo riattaccare e richiamare".
LUCA MOGGIAN BARBAN

Alla fine tutto quello che serve sono cinque corde, tre note, due dita e uno stronzo che suona.
KEITH RICHARDS

Nella mia vita ho avuto solo tre mogli e tre chitarre, anche se ho flirtato con altre.
ANDRÉS SEGOVIA

Che canzoni canta Gigi D'Alessio? No, chiedo a voi, perché quando si nomina Gigi D'Alessio la chitarra inizia a nitrire e si tocca i coglioni.
CARLO TURATI

Il Pepe con la sua chitarra sapeva far piangere chiunque senza bisogno di rompergliela sul braccio.
BEPPE VIOLA

C.I.A.
vedi ***F.B.I***

CIBO IN SCATOLA

Ti rende sempre un po' nervoso aprire una scatola di sardine e vedere cinquanta occhi che ti osservano.
MILTON BERLE

Caratteristica del Simmethal Milano furono le scarpette rosse, studiate in modo tale che, quando i giocatori a fine gara se le sfilavano, si diffondeva per lo stadio e tra i tifosi l'accattivante odore della carne in scatola.
GINO&MICHELE

Sulle prime al mio gatto non piacevano le scatolette. Poi ho cominciato ad aprirgliele. Ora ne è ghiotto.
ROBERTO GUIDARINI

È impensabile una vita senza problemi: c'è quello per cui non riesci ad aprire il tonno perché ti si è rotta la chiavetta, e c'è quello che sei su un aereo che sta precipitando. Ma il segreto è uno solo: pensare sempre in positivo. Per esempio che, nell'impatto dell'aereo al suolo, si apra il tonno.
GIORGIO MELAZZI

Passi bruciare una bistecca. Passi bruciare un hamburger. Passi bruciare l'arrosto. Ma la Simmenthal!
ROBERT ORBEN

L'altra settimana, alle undici di sera, ho aperto il frigo e ho scoperto di avere cinque yogurt, una scatola di tonno e due vasetti di sottaceti che mi scadevano di lì a un'ora. Ho fatto una corsa, ma li ho finiti! Proprio sulla Dead Line!
BOB SAGET

CIBO NATURALE
vedi ***Vegetariano***

CICLISTA
vedi ***Bicicletta***

CICOGNA

Bebè: «Da chi mi porti?»
Cicogna: «Che te ne frega, tanto sono tutti stronzi uguale!»
ALTAN

Dove torna la cicogna dopo che ha portato il bambino? Nelle mutande.
GIOBBE COVATTA

Quando sono nato ero cosi brutto che mia sorella chiese a mia madre: «Ma perché non abbiamo tenuto la cicogna?».
DIEGO PARASSOLE

Era una ragazza molto ingenua. Figuratevi che dopo aver eseguito un corso di educazione sessuale, passò mesi e mesi a chiedersi da che parte uscisse la cicogna.
VALERIO PERETTI CUCCHI-MARIO ZUCCA

Il mio amico Testina è sempre stato il bambino più brutto del quartiere. Quando è nato, suo padre è corso allo zoo per prendere a sassate la gabbia della cicogna!
POTATO (ALESSANDRO BRUNELLO)

CIECO *(Cecità)*

Ho preso a mia nonna un cane per ciechi, ma è un po' sadico. Fa delle imitazioni di auto che inchiodano.
LARRY AMOROS

Se sei muto ridi con gli occhi, se sei cieco ridi con la bocca. Se sei muto e cieco c'è ben poco da ridere.
ROBERTO "FREAK" ANTONI

Toccatevi, perché l'amore è cieco!
ROBERTO "FREAK" ANTONI

La fortuna è cieca, ma la sfiga ci vede benissimo.
ROBERTO "FREAK" ANTONI

Mio padre mi diceva: «Mike, se ti masturbi diventi cieco». E io: «Papà... sono qui».
MIKE BINDER

Da piccolo avevo un sacco di brufoli. Un giorno, in biblioteca, mi sono addormentato. Al mio risveglio un cieco mi stava leggendo la faccia.
RODNEY DANGERFIELD

In fatto di donne non sono molto selettivo, gli amici mi chiamano "il Ray Charles del materasso".
MARCO DEL CONTE

In più prego madre natura di farti sordo, muto, cieco ma non per sempre, minchia, cieco ma non per sempre. Che la vista ti venga sporadicamente per pochi secondi proprio nel momento in cui ti trovi davanti a uno specchio, cosicché tu sia costretto a vedere quella gran faccia di culo che ti ritrovi!
ALEX DRASTICO (ANTONIO ALBANESE)

Quando son stato a questo pranzo di gala con Nelson Mandela... ero così emozionato, così nervoso, che mi sono trovato a fare ciao con la mano a Stevie Wonder.
DANNY GLOVER

Credo che la ragione per cui la giustizia è cieca sia perché gli avvocati passano il tempo a farsi le seghe.
DENNIS MILLER

I gatti non servono a nulla. I cani ti possono proteggere, annusano in giro e sostituiscono i tuoi occhi se sei cieco. Ve lo immaginate un gatto per non vedenti? La prima persona che entra nella stanza con una stringa slacciata, sei finito.
CHRISTINE O'ROURKE

Avevo un pastore tedesco che a furia di masturbarsi è diventato un cane per i ciechi.
FURIO OMBRI

Alle elementari andavo in una scuola diversa ogni giorno perché mi accompagnava mio nonno che è cieco. Ma la cosa più triste era, rincasando, aprire la porta della cucina e trovare mio nonno che dava la merenda ogni giorno a un bambino diverso.

Potato (Alessandro Brunello)

Quando un uomo non è né cieco né zoppo è già fin troppo bello.

Proverbio

Se i ciechi mettono gli occhiali da sole, perché i sordi non mettono i paraorecchi?

Spanky (Steve Mc Farlin)

Mi hanno ingaggiato per il *Dottor House*. È una storia intricata, c'è un portantino che ruba gli occhi ai cadaveri. Sembra cattivo, ma alla fine si scopre che, mettendo da parte un chilo di cornee, riesce a regalare un cane a un cieco.

Carlo Turati

Di mestiere vendeva levrieri ai ciechi che hanno fretta.

Mario Zucca

La realizzazione di questa Opera è stata possibile anche grazie alle progettazioni informatiche di Tecne', con il contributo in prima persona di Pieranna Massari e Piergiorgio Veneziani; e con il certosino coordinamento di Elena De Luca, nostra storica collaboratrice.
Il lavoro redazionale è stato curato con la solita vivace competenza da Alessia Gemma, con l'assistenza della solare Linda Ferrari.
Il progetto e l'impostazione grafica sono invece frutto dell'esperienza e della creatività di Zetalab, in particolare nelle persone di Lucio Luzo Lazzara e Walter Uolts Molteni. Grazie anche, per la complice collaborazione dagli Stati Uniti di Paolo Borraccetti.

Gino&Michele, Gut edizioni e Bananas devolvono parte del ricavato dell'*Enciclopedia Universale della Battuta* per acquistare il parco macchine (sei automezzi) di *Presenza Amica*, un'associazione di volontari impegnata nell'assistenza domiciliare ai malati inguaribili in fase terminale.

Per chi volesse conoscere nel dettaglio l'attività di "Presenza Amica Onlus - Volontari per l'aiuto ai sofferenti" di Garbagnate Milanese (Milano), diamo il telefono: 02 99021087, e l'indirizzo internet: www.presenzamica.it.

L'Enciclopedia Universale della Battuta si avvale dell'alto Patrocinio della *Premiata Bocciofila Cosimo Trombetta per la salvaguardia del Comico* (1)

(1) La Premiata Bocciofila Cosimo Trombetta per la salvaguardia del Comico, *è un'Associazione Culturale che ha come scopo la salvaguardia del Comico, inteso come genere. È stata fondata nel 2005 da Gino&Michele, Maurizio Costanzo, Enrico Vaime, Giancarlo Bozzo, Roberto Bosatra.*
Nello statuto della "Cosimo Trombetta", alla voce Scopi dell'Associazione si può leggere:
"Conservazione e divulgazione della memoria storica del teatro, con particolare attenzione al teatro comico, brillante e al varietà; valorizzazione, raccolta e sviluppo della letteratura e delle presenze televisive legate al Comico come genere, alla satira e all'intrattenimento; sviluppo di iniziative culturali quali la pubblicazione di libri, riviste, siti internet, materiale multimediale, dvd e quant'altro attinente agli scopi sociali; costituzione di archivi storici e raccolta di materiale attinente allo scopo sociale; realizzazione di convegni e/o seminari ed attuazione di forme di collaborazione con enti pubblici e/o privati e/o associazioni e/o organismi di istruzione."
Per eventuali contatti: c/o Teatro Parioli, via Giosuè Borsi, 20, Roma; oppure c/o Zelig, viale Monza 140, Milano.

Volume 3

CIE — DOL

ENCICLOPEDIA UNIVERSALE DELLA BATTUTA

a cura di **Gino&Michele**

con la collaborazione di Matteo Molinari

Gut Edizioni spa, Milano
Prima edizione maggio 2009
www.gutedizioni.com

CIELO

«Mia madre è in cielo», disse il bambino triste. «Non rompere, bambino! Sappiamo tutti che tua madre fa la hostess, scopa, gira il mondo e si diverte!»
ROMANO BERTOLA

Qui giace L. M., pilota aviatore che, precipitando a terra, saliva al cielo.
ACHILLE CAMPANILE

Non dire che le stelle sono morte soltanto perché il cielo si è rannuvolato.
PAULO COELHO

Maria fu assunta in cielo perché piena di grazia e madre di uno dei soci di maggioranza.
COMIX

Amore, alza gli occhi e guarda il cielo, solo lui è più grande di te; amore, osserva il sole, solo lui è più maestoso di te; amore, guarda quella mongolfiera, in questo caso vinci tu!
MARZIO GOBBI

Se l'ignoranza è una benedizione del cielo, quello è l'uomo più felice del mondo.
DEAN R. KOONTZ

Era pieno di sé e io, esasperato da tanta presunzione, un giorno gli chiesi: «Nonno, ma chi ti credi di essere! Dio in terra?» «No!», mi rispose, «è lui che si crede me in cielo!».
VALERIO PERETTI CUCCHI-MARIO ZUCCA

Se alzi gli occhi e vedi il sole vuol dire che non pioverà. Se alzi gli occhi e vedi le nuvole vuol dire che pioverà. Se alzi gli occhi e non vedi niente, vuol dire che sta piovendo.
PROVERBIO INGLESE

Coricati sotto un cielo stellato, chiesi al mio ragazzo: «Guarda quel gruppo di stelle lì, secondo te che stelle sono?». E lui: «Non lo so... non sono mica di questa zona».
MARIA ROSSI

CIGNO

I cigni mettono continuamente la testa sott'acqua per l'ossessione di avere le scarpe slacciate.
ROMANO BERTOLA

I cigni cantano prima di morire. Non sarebbe mica male se certa gente morisse prima di cantare.
SAMUEL TAYLOR COLERIDGE

Quando i tacchini fanno l'amore pensano ai cigni.
JOHNNY

CIMITERO
(Cremazione - Lapide - Tomba - Seppellire)

Preferisco la cremazione al seppellimento e tutte e due a un week-end con mia moglie.
WOODY ALLEN

Mi piace il giorno dei morti: vado al cimitero e mi sento qualcuno.
ALTAN

Un elicottero si è schiantato sopra un cimitero. I carabinieri hanno finora estratto circa trecento cadaveri.
ANONIMO

«A volte, durante la cremazione, qualche corpo scoppia», mi spiega un funzionario. «Sempre agli uomini accade. Alle donne no. Loro hanno il taglietto come le castagne.»
ROMANO BERTOLA

Mia moglie è sconvolta. Ha scoperto che nella tomba, sulla quale tante volte si è raccolta in preghiera, non è sepolto suo padre, ma il faraone Cheope. «Adesso si spiega», dice tra i singhiozzi, «la continua presenza di tutti quei turisti.»
ROMANO BERTOLA

Mike Bongiorno quando morirà si farà chiudere in tre colombaie e ci farà scrivere come epitaffio: "Indovinate dove sono? Nella uno, nella due o nella tre?".
BEPPE BRAIDA

Qui giace L. M., pilota aviatore che, precipitando a terra, saliva al cielo.
ACHILLE CAMPANILE

Qui giace Piero D'Avenza, cittadino integerrimo, lavoratore indefesso, sposo e padre esemplare, figlio amorosissimo, fratello discreto, cugino soddisfacente, cognato passabile, genero detestabile, prozio tenerissimo, biscugino senza particolare rilievo, nipote insignificante, pronipote modello, suocero insuperabile, amico pignolo, debitore insolvibile, vicino di casa poco rumoroso, nonno futuro, antenato impareggiabile, morto esigente. Una prece! A lui i posteri diranno un giorno: Grazie, Arcavolo!
ACHILLE CAMPANILE

C'era ancora una lapide: "Qui giace E. F. che odiò le pompe". «Un uomo modesto?» domandò Marcantonio. «No. Un pompiere.»
ACHILLE CAMPANILE

Per risparmiare ho deciso di farmi seppellire con il braccio fuori, così mi cambio i fiori, mi pulisco il marmo e poi faccio gli scherzi: scambio le foto delle lapidi.
LA CAROVANA

Fare il Presidente è come amministrare un cimitero. Hai un sacco di gente sotto di te, ma nessuno ti sta a sentire.
BILL CLINTON

Berna è grande il doppio del cimitero di Vienna, ma ci si diverte solo la metà.
LUCIANO DE CRESCENZO

I miei genitori mi mandano spesso a trascorrere l'estate coi nonni. Ma io detesto i cimiteri.
CHRIS FONSECA

Il mese scorso mia zia è mancata. L'abbiamo cremata. Pensiamo che quella sia stata la causa.
JONATHAN KATZ

Fu un buon cittadino, un uomo integerrimo, un ardente patriota. Purtroppo non aveva grandi conoscenze in materia di seghe circolari.
STEPHEN LEACOCK

Mio nonno beveva mezzo litro di alcol al giorno ed è arrivato fino a cento anni senza alcun problema. In effetti qualche problema c'è stato al momento della cremazione: non si spegneva più.
Citata da Paolo Limiti

Mio nonno era talmente aggressivo e arrogante che sulla sua tomba, sotto la foto, c'era scritto: "Cazzo guardi?".
Daniele Luttazzi

Er giorno che me vedrete dentro 'na Mercedes, so' due i casi: o ho svortato de brutto, oppure me stanno a portà ar cimitero.
Alberto Marozzi

Vista sulla lapide di un ateo: "Qui giace un ateo vestito di tutto punto e senza un posto dove andare!".
Bob Phillips

Faccio un sacco di esercizio a portare le bare dei miei amici che facevano esercizi.
Red Skelton

Terra ai contadini, ferrovie ai ferrovieri, cimiteri ai morti.
Totò

Lapide-quiz: "Qui giace John Carter, 1911-1991. Morì: a Boston, a Stoccarda, a Castellammare di Stabia? Leggere la risposta dietro la lapide".
Dino Verde

Io sono uno statale e come tutti gli statali lavoro pochissimo. Quando morirò sulla mia lapide scriveranno: "Qui riposa, per la seconda volta, Dario Vergassola".
Dario Vergassola

Sembri il talent scout di un cimitero!
Henny Youngman

CINA
vedi anche **Cinese - Cinesi**

Se ha quattro gambe e non è una sedia, se ha due ali e non è un aereo, se va sott'acqua e non è un sommer-

gibile i cantonesi lo mangeranno di sicuro.
FILIPPO DI EDIMBURGO

Berlusconi mi fa pena: è un nanetto che ride. È talmente piccolo che in Cina lo metterebbero in giardino.
BEPPE GRILLO

Recita un antico proverbio cinese: è vero che chi semina raccoglie, ma è anche vero che chi raccoglie si china e a chinarsi lo si prende facilmente nel culo.
PAOLO HENDEL

Sabato i Rolling Stones erano in concerto in Cina. Non è la prima volta: erano già stati invitati ai tempi della dinastia Ming.
JAY LENO

Prima delusione a Hong Kong. Mi aspettavo una città inglese. Seconda delusione a Hong Kong. Mi aspettavo una città cinese.
BERNARD-HENRY LÉVY

Mai mangiare in un ristorante cinese che pratica aborti.
DANIELE LUTTAZZI

Attira le ragazze in casa con la scusa delle stampe cinesi, poi cerca di vendergliene un paio.
BORIS MAKARESCO

C'è un solo posto dove si mangia peggio che al ristorante cinese: alla mensa universitaria. Mi chiedo come sopravvivano gli studenti di Pechino.
NAPOLEONE & CARDOPATRI

La cosa più bella di Tokio è McDonald's. La cosa più bella di Stoccolma è McDonald's. La cosa più bella di Firenze è McDonald's. Pechino e Mosca non hanno ancora nulla di bello.
ANDY WARHOL

CINEMA

È assolutamente evidente che l'arte del cinema si ispira alla vita mentre la vita si ispira alla tv.
WOODY ALLEN

Immaginate la deliziosa sorpresa quando ho letto loro la sceneggiatura di *Amore e Guerra*, il cui plot

andava dalla guerra all'assassinio politico, e terminava con la morte dell'eroe grazie a un crudele scherzo di Dio. Mai visti otto esecutivi andare in arresto cardiaco contemporaneamente; ero piuttosto contento.
Woody Allen

Los Angeles. La Paramount ha acquistato a scatola chiusa un soggetto cinematografico di Castellano & Pipolo, con la clausola che la scatola non venga mai aperta.
Amurri & Verde

Al cinema preferisco la televisione. È più vicina alla toilette.
Anonimo

Rovinano le tue storie. Massacrano le tue idee. Prostituiscono la tua arte. Calpestano il tuo orgoglio. E tu cosa ricevi in cambio? Una fortuna.
Anonimo sceneggiatore

«La mascella di un asino? Mai! Questo è un film di De Mille e noi useremo tutto l'asino!».
L'assistente di Cecil B. De Mille, discutendo la scena di *Sansone e Dalila* in cui l'eroe deve usare la mascella dell'asino

Il cinema italiano è pieno di bravi attori che non hanno mai fatto cinema.
Rocco Barbaro

I miei genitori non vedevano di buon occhio il cinema né tutto il resto fino al giorno in cui mio nonno batté il pugno sul tavolo dicendo: «Se vuol fare la puttana, la farà con o senza il cinema!».
Brigitte Bardot

Il cinema Usa ha successo perché loro fanno bene i film. Noi facciamo bene la pizza.
Roberto Benigni

Come diceva René Clair: «Amo il cinema. La gente ha un disperato bisogno di immagini. Nessuno pagherebbe il biglietto per sedersi due ore nel buio più completo».
Massimo Bucchi

Sono andato a vedere l'ultimo film di Bo Derek dove lei interpreta una schizofrenica. Si intitola 20!
John Carfi & Cliff Carie, riferendosi al film *10*

«Mia sorella ha fatto molta carriera nel mondo del cinema...» «Che faceva, la diva?» «No, la dava!...»
GIAMPIERO CASONI

Se i miei libri fossero stati peggiori non sarei stato invitato a Hollywood, e se fossero stati migliori non ci sarei mai andato.
RAYMOND CHANDLER

Credo che non vincerei un Oscar neanche se ci fosse la categoria "Miglior colonna sonora scritta da Danny Elfman".
DANNY ELFMAN

Il cinema è l'unica forma d'arte nella quale le opere si muovono e lo spettatore rimane immobile.
ENNIO FLAIANO

Alberto Sordi ha interpretato molti film di vario genere: di genere comico, di genere drammatico, di genere ermetico. E uno dei film di genere ermetico era: *Er metico della mutua.*
NINO FRASSICA

Voglio dire, è una grande storia. C'è qualcosa di grande in questa storia. Voglio dire, c'è qualcosa come otto morti violente.
MEL GIBSON, PARLANDO DI *AMLETO*

Perché il cinema è la vita e non si sa mai cosa succede: se è dentro o fuori dal cinema. Una volta sono andato a vedere *Morte a Venezia* e poi sono uscito e mi sono innamorato di mio cugino. E ho visto *Anni di piombo*, sono uscito e ho detto ai miei amici: «Da questo momento sono clandestino, non chiamatemi a casa... chiamatemi in ufficio». Ho visto *Il Laureato* sette volte e via via mi sono sempre più convinto che la madre scopava molto meglio della figlia. Poi un giorno ho visto *Manhattan* a Rovigo e ho pianto...
GINO&MICHELE-PAOLO ROSSI

«Spostate quei diecimila cavalli un pochino più a destra!»
DAVID WARK GRIFFITH, SUL SET DEL FILM *NASCITA DI UNA NAZIONE*

Lasciate che vi spieghi com'è scrivere per il cinema. Finisci il tuo libro, guidi fino al confine della California, e racconti la tua idea. No, un momento, a ripensarci, prima consenti loro di tirarti addosso dei soldi.

ERNEST HEMINGWAY

Un Oscar, il sesso, un gelato e una pizza... Se avessi questo ogni giorno per il resto della mia vita sarei felice.

DUSTIN HOFFMAN

I giudizi dei critici cinematografici vanno interpretati. Per esempio quattro stelle significa che un film è piuttosto bello. Non il massimo ma per conto mio val la pena di andarlo a vedere. Tre stelle invece è decisamente il massimo: correte a vederlo, non ne fanno di meglio. Due stelle è il peggio, non sprecate soldi, è veramente il fondo del barile. Invece una stella è di nuovo piuttosto bello.

VICTORIA JACKSON

Ashton Kutcher, lo odio. Mi ha rubato tutte le idee. Andare a letto con Demi Moore? È mia, quell'idea.

JAMIE KENNEDY

Quando Romolo Valli partecipò a *Novecento* di Bertolucci, avendo notato che il regista spesso imitava apertamente lo stile dei vari maestri, continuava a ripetergli: «Ma questo è Lang... questo è Eisenstein... questo è Renoir...». Al che Bertolucci tranquillo rispondeva: «Ma sì, è un hommage». Finché un giorno l'attore gli ribatté: «Attento Bernardo: tre hommage sono un plage!».

TULLIO KEZICH

Una celebrità è una qualsiasi star della televisione o del cinema che trascorre più di due ore al giorno a sistemarsi i capelli.

STEVE MARTIN

L'anno scorso ho consegnato una sceneggiatura. Non hanno cambiato una parola. La parola che non hanno cambiato era a pagina 87.

STEVE MARTIN

Sceneggiatori, registi, attori... Se per caso questa sera rimaniamo imprigionati qui dentro e finiamo il cibo, questo è l'ordine con cui mangeremo la gente.

STEVE MARTIN, NOTTE DEGLI OSCAR 2003

Sai qual è la più bella storia d'amore del cinema mondiale? Quella che raccontano Stanlio e Ollio, quando

Oliver Hardy guarda Stan Laurel e gli chiede: «Stanlio, ma tu preferisci me o la torta di mele?». E Laurel guarda Hardy, poi il pubblico, poi ancora Hardy e il pubblico... e gli viene da piangere.
MICHEL PICCOLI

Lei pensa che abbia tempo da perdere con una donna vestita?
PRODUTTORE DI HOLLYWOOD

Sono molto appassionato di cinema, solo che lo guardo sul plasma che ho fatto montare sul Cayenne. Ovviamente sto molto attento: cerco di non distrarmi e di non fare due cose contemporaneamente. Se sto guardando un film e sono anche alla guida, mi concentro solo sul film, altrimenti c'è il pericolo di perdere il filo della trama.
IL MARCO RANZANI DI CANTÙ (ALBERTINO E DIGEI ANGELO)

Il direttore del casting mi disse: «Vedi, per questo ruolo cerchiamo qualcuno che abbia l'aspetto del ragazzo della porta accanto. Tu non hai proprio l'aria di uno che sia mai vissuto accanto a qualcun altro!».
DONALD SUTHERLAND

Per l'amore del cielo, mettete lo stesso il mare sullo sfondo: non possiamo certo preoccuparci di una manciata di americani che sa davvero com'è Parigi.
IRVING THALBERG, PRODUTTORE CINEMATOGRAFICO SUL SET DI UN FILM

Al cinema il sesso c'è sempre stato. Solo che adesso è anche sullo schermo.
DANNY THOMAS

I critici non mi rimproverano la volgarità della mia arte, ma la mancanza di arte della mia volgarità. Mi hanno perseguitato per anni con questa parola: "Volgarità". Stanno al cinema, si tengono la pancia dal ridere e all'uscita dicono: «Volgare!».
BILLY WILDER

«Gira alcune scene fuori fuoco. Voglio vincere l'Oscar come miglior film straniero.»
BILLY WILDER, RIVOLTO A UN CAMERAMAN

Adoro la televisione perché spesso si diceva che il cinema era una forma d'arte inferiore. Adesso c'è qualcosa che anche noi possiamo guardare dall'alto in basso.
BILLY WILDER

CINEMA SALA

C'è un egoismo in giro che fa paura! Avete presente quelli che al cinema appoggiano la giacca sul sedile di fianco, per tenere il posto agli amici? Una volta in un cinema ho seguito una pista di vestiti: giacca, camicia, cravatta, pantaloni, mutande, orologio, bancomat... E alla fine c'era uno completamente nudo che mi ha detto: «Stanno arrivando, siamo un gruppo di dodici!».
BRUNELLA ANDREOLI

«Benigni, che cos'è per te il cinema popolare?» «Non mi interessa, preferisco popolare i cinema.»
ROBERTO BENIGNI

Adoro i film. Gran parte del mio tempo lo passo al cinema. Quando esco la cassiera mi chiede: «Dove vai?».
LORENZO BOSIO

Ieri al cinema c'era una ragazza talmente bella che non hanno nemmeno spento le luci.
LORENZO BOSIO

Un giorno o l'altro mi piacerebbe fare un film che faccia ridere la gente e faccia piangere la gente, e poi la faccia uscire dal cinema in maniera rapida e ordinata cosicché altra gente possa entrare.
JACK HANDEY

Certe ragazze, al cinema, devono spostarsi anche tre volte prima che vengano molestate.
ROBERT LEMBKE

LioneI Rinocerate è spirato all'età di 75 anni. Il signor Rinocerate era proprietario di una catena di cinema qui a New York. Il funerale avrà luogo giovedì, alle ore 15.00, 17.30, 20.10, 22.30.
DAVID LETTERMAN

«Ma al cinema ci va mai?» «Ma come si fa? Non si trova mai parcheggio!»
ROBERT MITCHUM, DURANTE UN'INTERVISTA

Ho trascorso parecchi anni a Hollywood, e sono ancora convinto che gli eroi dei film sono quelli seduti nel cinema.
WILSON MIZNER

Ogni tanto adoro essere un po' bastardo. Per esempio adoro andare al cinema col sombrero.
DIEGO PARASSOLE

Le sale cinematografiche hanno creato una nuova razza di topi giganti mangia-popcorn.
VINCENT PRICE

È così nervoso che ai drive-in mette la cintura di sicurezza.
NEIL SIMON

Al cinema il sesso c'è sempre stato. Solo che adesso è anche sullo schermo.
DANNY THOMAS

Io del giornale leggo sempre i necrologi e i cinema. Se è morto qualcuno che conosco vado al funerale. Se no vado al cinema.
WALTER VALDI

CINESE LINGUA

vedi anche **Cina - Cinesi**

Il mio grado di istruzione è la causa per cui la mia fidanzata cinese mi ha lasciato. Ripeteva sempre: «Tloppo colto! Tloppo colto!».
ROBERTO BASSO

Io so leggere il cinese. Purché naturalmente sia scritto in inglese.
DA UN LIBRO DI JOKES

«Lei parla cinese?» «Se parlo cinese... Saraievo-Nicosia.» «E che vuol dire?» «Lei parla cinese?» «Io no.» «E allora che glielo dico a fare se non lo capisce!»
TOTÒ

CINESI
vedi anche **Cina - Cinese lingua**

Primo Cinese: «Lo sai che gli svizzeri ci hanno dichiarato guerra?» Secondo Cinese: «Ah sì? E in che albergo stanno?»
ANONIMO

Adoro la cucina cinese. Il mio piatto preferito è il 27.
CLEMENT ATLEE

Sai come fanno i cinesi a scegliere il nome da dare a un figlio appena nato? Buttano giù per le scale una scatola di chiodi, sentono il rumore e lo chiamano così.
GIANCARLO BOZZO

Ieri notte sono stato con una prostituta cinese. Un'esperienza esotica. Mi ha fatto una sega con le bacchette.
PAOLO BURINI

«Metti sulla tv cinese, che c'è un giallo!»
EZIO CIUSPIONT

Solo perché ho del riso sul vestito non significa che sono stata a un matrimonio. Un cinese mi ha vomitato addosso.
PHYLLIS DILLER

Se ha quattro gambe e non è una sedia, se ha due ali e non è un aereo, se va sott'acqua e non è un sommergibile i cantonesi lo mangeranno di sicuro.
FILIPPO DI EDIMBURGO

A quanto pare, nel mondo una persona su cinque è cinese. E ci sono cinque persone nella mia famiglia, per cui una di loro deve essere cinese. O è mia mamma o mio papà... O forse il mio fratellone Colin. O il mio fratellino Ho-Cha Chu. Ma sono quasi sicuro che sia Colin.
INTERNET ONE-LINERS

Mao è un imbecille. Con il suo estremismo egualitario finirà per mettere persone perfettamente uguali tra loro di fronte a piatti ugualmente vuoti.
NIKITA SERGEEVIC KRUSCEV

Se non hai riso per una settimana la tua vita comincia a perdere di significato. Soprattutto se sei cinese.
Mario Muraro

C'è un solo posto dove si mangia peggio che al ristorante cinese: alla mensa universitaria. Mi chiedo come sopravvivano gli studenti di Pechino.
Napoleone & Cardopatri

Divertente come i cinesi volino meglio nei film, tipo *La Tigre e il Dragone*, che nella vita reale. Mi spiego. Avete presente quando andate dal dentista per la pulizia dei denti e cercate di rimandare il più possibile il pasto successivo, per non rovinare il lavoro appena fatto? Beh, avevo appena fatto rifare i freni della mia auto, e stavo guidando per Chinatown...
Emo Philips

Degli hacker cinesi sono penetrati nel sistema di sicurezza militare e hanno spento un satellite. Un lavoro del genere può essere solo opera di un genio matematico. Le autorità cinesi, dopo le investigazioni, hanno ridotto il campo a seicento milioni di sospetti.
Colin Quinn

«Quale crede siano stati gli effetti della Rivoluzione Francese?» «È ancora prematuro parlarne.»
Da un'intervista a Mao Zedong

CINGHIALE

Il cinghiale incontrando il maiale: «E, a parte la chemio, come va?».
Anonimo

L'avete mai visto un cinghiale quando mangia? Un maiale!
Bruno

Era un cinghiale extraparlamentare del collettivo "Maremma maiala" e si è perso. L'han trovato, povera bestia, prima a un festival de *l'Unità* che chiedeva informazioni a delle salsicce, poi sulle Dolomiti che chiedeva informazioni a Gustavo Thoeni, ma Gustavo Thoeni non capiva cosa diceva il cinghiale. Allora ha chiesto aiuto a una guida alpina.

Ma la guida alpina non capiva cosa gli diceva Gustavo Thoeni. E ha detto: «Mi faccia parlare col cinghiale che faccio prima!».

PAOLO ROSSI

CINISMO

vedi ***Cattiveria***

CINTURA *(Bretelle)*

Guarda che è dura nascere in una famiglia dove si tira la cinghia. Oltre tutto mio padre tirava anche quella vera! È che eravamo in troppi. Ricordo una volta, tornando da scuola, mio padre appena mi ha vista ha detto: «Cazzo, è tornata anche oggi!».

BRUNELLA ANDREOLI

«Come si fa a fidarsi di uno che porta insieme cinta e bretelle, di uno che non si fida nemmeno dei suoi pantaloni?»

C'ERA UNA VOLTA IL WEST

CIOCCOLATO

Mia madre per il mio compleanno mi ha regalato una gigantesca torta con panna, cioccolato e cozze. Ancora adesso mi chiedo che c'entrava la panna con il cioccolato.

BRUCE KETTA

C'è gente che il torrone se lo va a comprare all'Ikea: ti danno le nocciole, il cioccolato e ti fanno: «Tie', montatelo!».

GABRIELE CIRILLI

Una sera il predicatore della Chiesa battista era in ospedale a visitare la zia Peto. Lei gli spiegava che i suoi sedici denti le erano caduti contemporaneamente. Insomma era completamente sdentata. Mentre ascoltava, il predicatore sgranocchiava alcune noccioline che erano in una ciotola sul comodino. Al termine della visita si è alzato e ha detto: «Torno domani per un'altra visita, signora Ledbetter. E le porto delle altre noccioline». Lei gli ha risposto: «No! No, non posso masticarle. Non me le porti finché non mi metterò dei denti nuovi. Le mie

gengive, per il momento, sono troppo delicate. Adesso tutto quello che posso fare è succhiare la cioccolata esterna e rimettere le noccioline nella ciotola qui davanti».
JERRY CLOWER

S. Valentino è il protettore della Perugina.
EGIDIO MORRETTI

Hanno inventato la cioccolata che non fa ingrassare. È quella che non si mangia.
FURIO OMBRI

Ogni volta che dico la parolaccia "ginnastica" mi sciacquo la bocca con lo sciroppo al cioccolato.
T-SHIRT AMERICANE

Nove persone su dieci amano il cioccolato. La decima persona mente sempre.
JOHN Q. TULLIUS

Io sto alla figa come un diabetico alla Sacher torte.
DARIO VERGASSOLA

CIRCO

Quattro orizzontale: "È stata disegnata da Pininfarina"... MOIRA ORFEI.
CAPOCENERE (CLAUDIO BATTA)

Quando un leone scappa da un circo in Africa, come fanno a sapere che hanno ricatturato quello giusto?
GEORGE CARLIN

Uno che fa il mangiafuoco come fa a spegnere le candeline?
FABIO FAZIO

Quando avevo dodici anni sono scappato col circo, ma la Polizia poi me lo ha fatto riportare.
LEOPOLD FETCHNER

Sapete quale sarebbe una bella storia? Quella di un clown che fa divertire la gente, ma che dentro è molto triste. E che inoltre ha la diarrea.
JACK HANDEY

Per diventare un lanciatore di coltelli al circo, probabilmente non ti fanno iniziare a lanciare coltelli a una donna vera. Iniziano con una bambina piccola.

Internet One-Liners

Un uomo dall'aria depressa è seduto al ristorante. «Cosa c'è che non va?» gli chiede il cameriere. «Il mio lavoro. Io sono quello che spala via la merda degli elefanti al circo. Tonnellate di merda ogni giorno, non lo sopporto!» «Ma perché non se ne va?» «Bravo, e lasciare così il mondo dello spettacolo?»

Goldie Ivener

Le foche sono eccezionali con le palle, e non c'è logica in questo. Non esistono palle nell'Artico, né nell'Antartide. Palleggiano per ore, sono davvero fenomenali! Magari potrebbero esistere altri animali in grado di fare altrettante cose insospettabili. Tipo le tigri, potrebbero essere bravissime a suonare il banjo.

Eddie Izzard

La mia fortuna è cambiata per merito della mia mogliettina. Ho fatto il mio primo milione di dollari e li devo tutti alla mia piccola. Era alta sei centimetri. L'ho venduta a un circo e mi son fatto il milione di dollari.

Dave Ketchum

Infine c'era l'Adriana Arienti, la contorsionista che lavorava nel circo di mio padre. Adriana, la contorsionista con l'utero tatuato. Era così snodata! Aveva un controllo completo di tutti i muscoli del suo corpo: volontari e involontari. Ad esempio aveva un controllo completo della sua peristalsi gastrica. È l'unica donna che conosco che riesca a inghiottire un cubo di Rubik e a vomitartelo risolto. Era talmente snodata che a volte facendo l'amore finivamo per trovarci faccia a faccia.

Daniele Luttazzi

È arrivato in Italia il famoso domatore di leoni Rodan, noto per essere il più forte domatore del mondo. Infatti non tiene in mano una sedia, ma un divano.

Boris Makaresco

Non dovrebbe esserci una proporzione tra quanto mangia un bambino piccolo, e quanto esce dall'altra estremità? È come al circo, quando

arriva quella piccola automobile, ma i clown continuano a uscire e uscire e uscire... Alla fine impari a trattenere il fiato come le pescatrici di perle di Hokkaido.
DENNIS MILLER

È una città così povera che la Donna Cannone del circo pesa 50 chili.
ROBERT ORBEN

Conobbi anche una ragazza e capii subito che faceva la contorsionista perché aveva delle macchie di nicotina sulle dita dei piedi!
VALERIO PERETTI CUCCHI-MARIO ZUCCA

Una sera mi capitò persino di vedere un tipo che da un trampolino alto venti metri si tuffava in un bicchiere d'acqua. «Ma non è pericoloso?», gli chiesi. «No!...l'acqua è bassa, si tocca!», mi rispose.
VALERIO PERETTI CUCCHI-MARIO ZUCCA

Quando al circo muore il trapezista, entrano i clown.
MICHEL PLATINI

E ho fatto anche il domatore di zanzare tigre. In una mano la sedia, nell'altra lo zampirone.
SANDORR

Volevo andare al circo. Mi hanno detto: «Se vogliono vederti vengono loro qui!».
MARIO ZUCCA

CITTÀ *(Metropoli)*

La città nella quale Fantozzi lavora è una cittadina di media grandezza, ma di dimensioni provinciali, con questa sinistra caratteristica: non si scopa mai!
FANTOZZI

La televisione è come il matrimonio: va bene in campagna ma in città fa ridere.
ENNIO FLAIANO

Ah, potersi ritirare in campagna soli, con un chilo di cocaina, lontani da queste sozzure.
ENNIO FLAIANO

La città aveva una struttura concentrica. C'erano cioè cinque circonvallazioni che si stringevano a mano a mano che si avvicinavano al centro. In più le strade principali tagliavano gli anelli delle circonvallazioni dalla periferia verso il centro trasformando Milano in una specie di torta suddivisa in tante fette. Fette di torta... Già questo chiarisce molte cose sul nostro destino.

GINO&MICHELE-PAOLO ROSSI

Rumori che ci perdiamo in città: il tac di una pera che cade, il "porco Giuda" del contadino colpito dalla pera.

MARCELLO MARCHESI

Le città dovrebbero essere costruite in campagna. L'aria lì è più pura.

HENRI MONNIER

Il traffico in questa città è così terribile, che i semafori hanno tre segnali: Alt, Avanti e Cuccato!

ROBERT ORBEN

Non apprezzano la cultura in questa città. L'ho capito il momento in cui ho ballato il tip tap sulla *Quinta di Beethoven.*

ROBERT ORBEN

Il crimine urbano ha avuto una tale drammatica escalation, che adesso invece di consegnare le chiavi della città, danno direttamente un grimaldello.

TODAY'S CHUCKLE

CITTÀ ESOTICHE

Honolulu ha tutto: la sabbia per i bambini, il sole per tua moglie, gli squali per tua suocera.

KEN DODD

Giro il mondo. Sono stato ai Caraibi, in Jamaica, in Messico... La gente è splendida, le spiagge sono splendide, ci si abbronza e, lasciate che vi dica, quella diarrea non la puoi prendere, qui a casa tua. Quella non è una diarrea comune. Quello è un germe che ti risale il culo con un sombrero e un paio di colt a sei colpi.

RICHARD JENI

La mia fidanzata mi ha detto di usare il metro comune su quanto devo spendere per un anello di fidanzamento: due mesi di stipendio. Così mi sono trasferito ad Haiti per un paio di mesi, ho guadagnato un dollaro e ottanta. Ho comprato un bel legno compensato, senza nemmeno un nodo. L'ho cartavetrato io stesso.
BRIAN KENNEDY

A Pepeete c'è un mare... Un mare come lo terrebbero gli svizzeri, se lo avessero.
MARCELLO MARCHESI

Al largo di Pago-Pago ho raccolto un naufrago che mi ha detto: «Graziegrazie».
GINO PATRONI

CITTÀ EUROPEE

I fratelli Beamish erano due fratelli mezzi scemi che tentarono di andare da Belfast alla Scozia spedendosi l'un l'altro per posta.
WOODY ALLEN

Liegi. Città nota per la pronuncia dei suoi abitanti. La C dolce viene infatti comunemente chiamata la "C liegina".
MASSIMO BUCCHI

Ho incontrato un tale di Chernobyl, un tecnico. Gli ho chiesto se il problema fosse grave. Mi ha risposto: «Woof woof... meow».
BILLY CRYSTAL

Penso spesso alla quantità di manzo che occorrerebbe per fare un brodo con lago di Ginevra.
PIERRE DAC

A Ginevra, quando uno si stanca di passeggiare davanti alle banche e agli orologi, non gli resta altro che gettarsi nel lago.
GÉRARD DE VILLIERS

Ho visto *Il nemico alle porte*, sulla disfatta nazista nell'assedio di Stalingrado. Sentivo il bisogno di vedere un film in cui vincevamo noi.
OLIVIERO DILIBERTO

Per noi rocker andare a Manchester è fondamentale. È come per un musulmano andare a La Mecca, è come per un cattolico andare a Cattolica.

GINO&MICHELE-GENE GNOCCHI

Abbiamo un computer qui a Cambridge, ce n'è uno a Manchester e uno al laboratorio nazionale di fisica. Immagino che sarebbe giusto averne uno anche in Scozia, ma non di più.

DOUGLAS HARTREE, FISICO INGLESE 1949

È un'ingiustizia parlare male di Vienna sempre per i suoi difetti, quando vale la pena di parlarne male anche per i suoi pregi.

KARL KRAUS

Certi segnali di malessere sociale, che paiono configurare prospettive di nuove povertà e una violenta divisione tra ricchi e poveri, tra padroni e schiavi, tra Nord e Sud del mondo, non vanno sottovalutati: è tutta gente che prima o poi ti arriverà sotto casa a Montecarlo e ti romperà i coglioni.

GIORGIO MELAZZI

Si dice che se vivi troppo tempo a Stoccarda rischi di trasformarti in una Mercedes, il che non è niente paragonato a quello che rischiano i torinesi.

ROBYM

Lo sapevate che ci sono più irlandesi a Dublino che in tutta la Bulgaria?

ROWAN & MARTIN'S LAUGH-IN

L'autore del romanzo e tutti i personaggi menzionati sono immaginari. Non esiste una città di nome Manchester.

HOWARD SPRING

Elena di Troia... Troia... Troia: questo nome non mi è nuovo.

TOTÒ

Da giovane inseguivo le gonne in tutto il mondo. Finché non sono arrivato in Scozia. Ah, gente, se sono rimasto sorpreso!

WALTER, IL VETERANO DEL VIETNAM (JEFF DUNHAM)

CITTÀ ITALIANE

A Siena c'è questa strana abitudine: che se non vinci il palio, lo perdi.
ACETO

A Livorno non si avrà nulla, ma però siamo tanto ignoranti!
ANONIMO

So soltanto che Cristoforo Colombo partì da Vigevano (dove c'erano certe leggi che adesso non ci sono più).
ALESSANDRO BERGONZONI

Fumo talmente tanto che ogni volta che a Milano c'è un blocco del traffico vengono a casa mia due vigili e mi portano a dormire a Brescia.
BRUCE KETTA-MARCO DEL CONTE

A Baranzate di Bollate le pantegane sono mutate geneticamente e la sera si prostituiscono.
ALESSANDRO BRUNELLO

L'ecologista dice che a causa dell'effetto serra il panda non si riproduce. Ascolta: tutto questo casino per il panda che non si riproduce? Ne parlano i giornali, le tv, i documentari... E quando non trombavo io non gliene fregava niente a nessuno, nemmeno un articolo nella cronaca di Pisa!
MARCO CACINI

A Rimini ci sono talmente tanti alberghi che ormai l'unica vista che si possa godere dall'Hotel Bellavista è l'Hotel Belvedere e viceversa.
PAOLO CANANZI

35 verticale: "Apparve alla Maddalena"... TRAGHETTO.
CAPOCENERE (CLAUDIO BATTA)

Compagni, alle elezioni provinciali di Caserta il Psdi è passato da due a tre consiglieri: la socialdemocrazia avanza e conquista il mondo.
FILIPPO CARIA, PRESIDENTE DEPUTATI PSDI

Reggio Emilia è la città delle tre "esse": Suini, Sesso e Siampagn.
CAMILLA CEDERNA

Nell'acquario ho messo dei pesci che ho preso a Rimini. Ogni tanto ci piscio dentro per farli sentire a casa.
SERGIO COSENTINO

Niente mi toglie dalla testa che la diffusione del cristianesimo in Italia è dovuta alla nostra esterofilia: volete mettere se Gesù, invece che a Betlemme, fosse nato a Cesenatico?
ENZO COSTA

Pesaro è talmente brutta che sulla cartolina souvenir c'è un tratto dell'autostrada.
GIANNI FANTONI

Vendosi tre villette a schiera, una a Trieste, una a Urbino, una a Reggio Calabria. Particolarità: ingresso unico.
FICHI D'INDIA

Dite: «Com'è triste Venezia»? Si vede che non avete mai visto Monfalcone.
DARIO FO, REGALATA A PAOLO ROSSI

Vivo in un paesino vicino a Ravenna, in un monoloculo... di fianco al cimitero. Di sera dalle finestre guardi fuori con tutti i lumini accesi e ti sembra di vedere New York.
GIUSEPPE GIACOBAZZI

Anonimo Riminese.
Lottare lottare
non smetter di lottare
calpestando i bagnanti
per raggiungere il mare.
GINO&MICHELE

A Milano 3 ci sono delle zanzare così grosse che quando c'è la nebbia le fanno atterrare alla Malpensa.
GINO&MICHELE-GENE GNOCCHI

Conosco un ciclista di Rovigo così sfortunato che quando stava per battere il record dell'ora di Moser è scattata l'ora legale.
GENE GNOCCHI

Gabriele Lavia è un vero maschilista. Una volta, in viaggio da Trieste a Roma, non riuscendo a disappannare i vetri, mi ha detto: «Respiri troppo».
MONICA GUERRITORE

In Brianza ci sono ancora dei paesetti all'antica che si danno del voi: Usmate, Carnate, Vimercate.
MARCELLO MARCHESI

Non si può avere tutto dalla vita. Io per esempio non sono mai stato a Pompei.
MAURIZIO MICHELI

Il comune di Sesto Lodigiano ha ceduto gli uffici dell'anagrafe alla Lottomatica, che è la concessionaria del ministero delle Finanze per il gioco del lotto. Gli impiegati del comune sono obbligati, oltre a dare i certificati, a prendere anche le giocate del superenalotto. I sindacati di categoria si sono offesi e hanno smesso di bere... tutto d'un colpo non va bene, infatti certi sono stati male.
MAURIZIO MILANI

A Peretola c'è pieno di zanzare: io sto in un tre vani e spendo due milioni al mese: un milione di affitto, l'altro di zampironi. Ormai vengono e ti pinzano all'americana. Due ti tengono e l'altra ti mena!
CRISTIANO MILITELLO

Mia nonna era di Pisa. Usavo sempre rimproverarla sui toscanismi: non si dice "autobusse" ma autobus, non si dice "barre" ma bar. Beh, una mattina, dopo qualche tempo, mi diede una lista della spesa, sopra c'era scritto "comprami mezzo litro di lat".
CRISTIANO MILITELLO

Io nel '68 ebbi una sfiga. Mi innamorai di una di Trieste.
ANDREA PAZIENZA

Il Bar dello Sport di Baranzate di Bollate è stato il primo fast food del pianeta Terra. Fast food nel senso che, se non fai alla svelta, fuori ti fregano la macchina.
POTATO (ALESSANDRO BRUNELLO)

A Baranzate di Bollate siamo tutti meridionali: la bussola segna sempre sud, i bambini nascono direttamente coi baffi e nei campi le melanzane crescono già sott'olio.
POTATO (ALESSANDRO BRUNELLO)

Il mio cane è così intelligente che quest'estate mi ha abbandonato all'autogrill di Piacenza.
PROSPERO, DI *AENIGMATICA*

L'estate nella bassa padana è terribile. Ho visto polli che giravano

su se stessi convinti di essere nel girarrosto!
MARIA ROSSI

Hanno fatto Milano 2, Milano 3, fra qualche anno arriveranno a fare Milano 15: un'oasi di verde a soli cinque minuti dal centro di Pescara.
PAOLO ROSSI

Ma toglietemi una curiosità, è vero che qui in continente ci mettete la panna sopra le fragole? Perché noi a Santa Giusta se non ci mettiamo il letame col cavolo che crescono.
LUCIO SALIS

Lo sai come si chiamano gli abitanti di Santa Giusta? Gavino Marroccu, Anna Pirastu, Bachisio Mureddu...
LUCIO SALIS

Ci scrive un Maiale da Parma: "Sono tutto rosa, tenero e con un filo di grasso e mi guardo tutto il giorno allo speck. Ora mi viene un dubbio. Non starò mica diventando un culatello?".
FRANCESCO SALVI

«Signori, non vengo da Lodi per lodarvi, da Piacenza per piacervi e nemmeno da Chiavari...»
SAPONAZZI (RAUL CREMONA)

Bari è una città circondata dall'acqua. Ma non si è ancora arresa.
ENZO SARCINA

Sei un pisano. Te ne rendi conto?
SCRITTA SU UN MURO DI LIVORNO

A Venezia per i vostri bisogni servitevi delle toilette pubbliche. Ce ne sono ben due: una a Mestre e una sull'autostrada per Padova, dove, tra l'altro, potrete ammirare il fenomeno dell'acqua alta in pieno autogrill.
MICHELE SERRA

Quando ero ragazzo, le tedesche che venivano a Follonica erano diverse da quelle che andavano a Rimini. Quelle di Rimini, ridevano, bevevano e te la davano. Quelle di Follonica, ridevano, bevevano e poi andavano a Rimini...
SERGIO SGRILLI-CARLO TURATI

Prof: «Qui Dante incontra i sodomiti. Nella Bibbia i sodomiti sono gli abitanti di Sodoma. Ricordate Sodoma e Gomorra?» Studente: «Tipo Massa e Carrara?»
SMEMORANDA BROTHERS&SISTERS

Io sono un uomo di mondo! Ho fatto tre anni di militare a Cuneo!
TOTÒ

La torre di Pisa... E se avesse ragione lei?
WALTER VALDI

La Spezia è una città triste, ma così triste che Isernia al confronto sembra Las Vegas.
DARIO VERGASSOLA

I bar a La Spezia chiudono alle 22.00, massimo 22.30; gli spezzini sono così poco abituati alla vita notturna che una sera in un locale che ha chiuso per sbaglio alle 23.00 ci siamo abbracciati e stappando le bottiglie abbiamo gridato: «Buon anno!».
DARIO VERGASSOLA

CITTÀ - PAESI MEDIO ORIENTALI

Gli studenti americani sono molto ignoranti. Pensate che più del 70% non è in grado di trovare il Pakistan sulla cartina degli Stati Uniti.
RICHARD BELZER

«Guarda, per avere successo nella professione è anche importante che lo studio sorga in un posto adatto, frequentato dalla gente che conta», mi dice il dottor D., ginecologo a Betlemme.
ROMANO BERTOLA

Per noi rocker andare a Manchester è fondamentale. È come per un musulmano andare a La Mecca, è come per un cattolico andare a Cattolica.
GINO&MICHELE-GENE GNOCCHI

Era così cretino che cercava nella Bibbia l'indirizzo di un buon albergo in Palestina.
LEO LONGANESI

Ralph Lauren sta per lanciare una linea di maglioni cashmere per bambino da 350 dollari l'uno, così la gente nel Medioriente può ricordarsi perché ci odia.

CONAN O'BRIEN

Visto che lei vede solo a un palmo di naso, potrebbe dirmi come sta mio cognato a Pechino?

STEVE MARTIN, PARLANDO DI UN NASO ENORME

CITTÀ - PAESI ORIENTALI

Conosco tipi che sarebbero brutti anche in Corea.

ENZO BIAGI

Solo dopo aver visto i guidatori in Indonesia si capisce perché la religione abbia un ruolo così fondamentale nella loro vita.

ERMA BOMBECK

Prima delusione a Hong Kong. Mi aspettavo una città inglese. Seconda delusione a Hong Kong. Mi aspettavo una città cinese.

BERNARD-HENRY LÉVY

Tokyo è una delle città più densamente popolate del mondo, ma non lo sarà per molto. Non con quei tassisti.

DANIELE LUTTAZZI

«Voglio andare a Bombay a fare l'attore!» «Ma per fare l'attore devi andare a Hollywood...» «Ah, be', ma quella è la via più facile!»

THE MUPPET SHOW

Per le strade di Bombay per avere aria pulita gli europei respirano sotto le ascelle.

MARIO MURARO

La cosa più bella di Tokio è McDonald's. La cosa più bella di Stoccolma è McDonald's. La cosa più bella di Firenze è McDonald's. Pechino e Mosca non hanno ancora nulla di bello.

ANDY WARHOL

CITTÀ - PAESI - STATI AMERICANI

Il timore della separazione. È un interessante fenomeno psicologico. Una volta, da sposato, dovetti partire per Washington, e benché fossi io, che partivo, mi sentii male. Invece, quando tornai diede di stomaco mia moglie.
WOODY ALLEN

Sapete perché hanno alzato l'età minima per il consumo di alcolici a trentadue anni in Tennessee? Perché vogliono tenere l'alcol fuori dai licei.
BARZELLETTA AMERICANA DI UMORISMO ANTISUDISTA

Avrebbero dovuto prevederlo, questo uragano. Se avessero guardato il barometro, avrebbero visto che la lancetta piccola era sulle otto, e quella grossa era sulla Louisiana!
MILTON BERLE

Un tale di St. Louis diretto a Dallas, domandò alla ragazza del check-in: «Può far passare il mio bagaglio da Honolulu, Passaic e New Jersey, prima di mandarlo a destinazione?». Quando la ragazza rispose che era impossibile, lui commentò: «Strano. La settimana scorsa ha fatto proprio quel percorso...».
ERMA BOMBECK

Questa è la breve e triste storia di un prestigiatore e della sua valletta: facevano lo spettacolo insieme e lui la segava in tre pezzi. Poi hanno litigato, lei lo ha lasciato e ora vive a Detroit, San Diego e Miami!
DAVID COPPERFIELD

Per legge, è obbligatorio accendere i fari quando piove in Florida. Ok, ma chi è che mi fa sapere quando piove in Florida?
STRANGE DE JIM

L'altro giorno il mio pappagallo mi ha dato una beccata che quasi mi staccava un dito. Ma mi sono vendicata. Ho preso l'attaccatutto e gli ho incollato le zampe al trespolo. Poi ho gridato: «Al fuoco!». L'ultima volta che hanno visto quella gabbia era su Cleveland.
PHYLLIS DILLER

Insegnante: «Fammi lo spelling di Mississippi.»
Studente: «Il fiume o lo stato?»
LEOPOLD FETCHNER

Dieci anni fa stavo in un bar in Alabama e due stronzi hanno cominciato a darmi addosso: è stato il loro primo sbaglio. Tirarono fuori i coltelli ed è stato il secondo sbaglio. Non sapevano neanche usarli e questo è l'ultimo sbaglio che hanno fatto.
FUGA DA ALCATRAZ

Giovanissimo Silvio Berlusconi visita gli Stati Uniti e vede più città che può. Visita New York, Los Angeles, San Diego, Dallas, Dinasty, Miami Vice.
GINO&MICHELE

New Orleans è così violenta che se vai a comprare un paio di calze di nylon ti chiedono la misura della tua testa.
BILLY HOLLIDAY

Credo che Chicago sia nata quando un gruppo di newyorchesi ha detto: «Hmm... qui ci piace il crimine e ci piace la povertà, ma non è ancora freddo abbastanza. Andiamo a Ovest».
RICHARD JENI

C'è stato un terremoto del grado 4.5 in Alabama, una tragedia. Causerà almeno diecimila canzoni country e western.
CRAIG KILBORN

Carlo e Camilla hanno visitato New Orleans devastata dall'uragano Katrina. Al termine della visita, la città ha donato a Carlo tre milioni di dollari per rimettere a nuovo Camilla.
JAY LENO

Molti immigrati illegali vengono negli Usa per svolgere lavori che gli americani si rifiutano di fare. Oggi, per esempio, un tizio del Guatemala ha sposato Liza Minnelli.
JAY LENO

Ieri, a Washington, era la Giornata della Consapevolezza della Malaria. Ed ecco la nota triste: oggi un confuso Presidente Bush ha mandato 20 mila marines in Malaria.
DAVID LETTERMAN

Toronto: una coppia di lesbiche ha chiesto il divorzio. È il primo caso al mondo. I deputati conservatori sono insorti perché la vicenda può mettere in discussione la santità del divorzio.
DANIELE LUTTAZZI

Ho visto una donna in Sud America che ha appena dato alla luce il ventitreesimo figlio. Dio santo, signora! È una vagina, non l'auto da cui escono i clown al circo.
DENNIS MILLER

In Arkansas un uomo si è svegliato da un coma di diciannove anni, e ha chiesto una Coca. «Solo un bicchierino», ha detto, «la caffeina mi fa star sveglio».
CONAN O'BRIEN

Ieri, nel West Virginia, un uomo è stato arrestato per aver rubato numerose bambole gonfiabili. Stando ai rapporti, la polizia non ha avuto nessun problema ad acciuffare l'uomo, perché era completamente senza fiato.
CONAN O'BRIEN

John Gotti ha subito un intervento chirurgico. I dottori gli hanno asportato una massa tumorale vicino alle tonsille. Poi hanno preso il tumore, l'hanno portato in auto nel New Jersey, e gli hanno sparato nella testa dieci volte.
CHRIS ROCK

Il pilota dell'aereo è sempre eccitato, arriva all'altoparlante e dice: «Sì, ora saliamo fino a circa diecimila metri, poi giriamo a sinistra sopra Pittsburgh, e poi a destra sopra Chicago. Poi scendiamo a seimila metri». Ti dice tutto il percorso, tutte le sue mosse. E noi siamo lì a pensare: «Ma falla finita! Atterra solo dove dice il biglietto e non rompere le palle!».
JERRY SEINFELD

Se io possedessi il Texas e l'inferno, affitterei il Texas e vivrei all'inferno.
GENERALE PHIL SHERIDAN

«È andata a letto con lui a New York?» «Mi rifiuto di rispondere.» «È andata a letto con lui a Chicago?»

«Mi rifuto di rispondere.» «È andata a letto con lui a Miami?» «No.»

STRALCIO DEL VERBALE DI UN PROCESSO TENUTOSI NEGLI STATI UNITI

Lapide-quiz: "Qui giace John Carter, 1911-1991. Morì: a Boston, a Stoccarda, a Castellammare di Stabia? Leggere la risposta dietro la lapide".

DINO VERDE

«Lei Kris è di Toronto. Verrebbe in campeggio con me per farle vedere come monto una canadese?»

DARIO VERGASSOLA

Certo che la Florida ha un tempo tutto suo. Freddo? Ho dovuto mettere l'antigelo nella mia lozione abbronzante.

HENNY YOUNGMAN

Quei fattorini d'albergo che a Miami vanno a caccia di mance! Una volta ho ordinato un mazzo di carte da gioco e il fattorino ha fatto cinquantadue viaggi nella mia stanza.

HENNY YOUNGMAN

CITTÀ - PAESI - STATI VARI

Il buco nell'ozono? La colpa è di Totò Cutugno: usa talmente tanta lacca che ogni volta che si dà un colpo di spazzola si stacca un pezzo di Antartide.

STEFANO BENNI

Emilio Fede: «... Migliaia di fax di solidarietà al nostro Presidente del Consiglio Silvio Berlusconi hanno intasato la redazione del nostro telegiornale. Venivano da ogni angolo d'Italia, alcuni da tutta Europa, uno da tutta l'Africa. Sì, perché c'è qualcuno anche ad Hammamet che ci vuole bene, e non importa il colore della sua pelle...»

GINO&MICHELE

Si potrebbe sdrammatizzare il naso con qualcosa di più ampio... l'Australia, per esempio.

STEVE MARTIN, PARLANDO DI UN NASO GROSSO

La Nuova Zelanda ha 55 milioni di pecore e circa 3 milioni di abitanti, il che fa 18 pecore per abitante. L'Italia viceversa ha 6 milioni di pecore e 55 milioni di abitanti, cioè 9 abitanti per pecora. Potremmo scambiare in compensazione, italiani contro pecore.

INDRO MONTANELLI

CIUCCIO

vedi **Biberon**

CIVILTÀ *(Persona civile)*

Los Angeles è una città il cui unico contributo alla civiltà moderna consiste nel permesso continuo di svolta a sinistra.

WOODY ALLEN

«Un americano si vergognerebbe di vivere alle spalle di sua moglie!» «Sì ma io sono inglese e non ci sono questi pregiudizi nelle civiltà più antiche e progredite.»

IL CARO ESTINTO

La guerra civile si distingue da quella incivile per l'educazione dei modi. Per esempio: «Scusi, le dovrei sparare, come preferisce che le spari: di faccia o di profilo?» «Di faccia, grazie; di profilo non muoio mai bene».

PINO CARUSO

Che cosa penso della civiltà occidentale? Ritengo che sarebbe un'ottima idea.

MAHATMA GANDHI

Con un abito da sera e una cravatta bianca chiunque, persino un agente di cambio, può far credere di essere una persona civile.

OSCAR WILDE

CLASSE

(Finezza-Stile-Signorilità)

Da quando faccio l'attore famoso, non vado più di corpo. Non è fine.

ROCCO BARBARO

Mia sorella è una laureata di Vassar. Supersofisticata. Aveva l'abitu-

dine di guidare con le gambe accavallate.
ED BLUESTONE

Se uno ha stile o meno, lo si riconosce subito. Il tappeto deve essere sempre intonato alle palpebre.
SALVADOR DALÍ

Una vera signora è colei che non mostra mai la propria biancheria intima senza volerlo.
LILLIAN DAY

Basta, sono stanco di questo mondo di cafoni, di questo gergo di "aò, abbella", di questi balli porconi. È per questo che, per cambiare questo stato di degrado dei rapporti tra i due sessi, l'altra sera in un locale mi sono avvicinato a una ragazza e con fare galante le ho domandato: «Signorina, mi concederebbe l'onore di un pompino?».
NAPOLEONE & CARDOPATRI

Sono certo che si fa stirare anche le stringhe delle scarpe.
DAVID NIVEN, PARLANDO DI CARY GRANT

Il fine giustifica i mezzi, il rozzo se ne sbatte i coglioni.
MAURIZIO SANGALLI

Signori si nasce. E io, modestamente, lo nacqui.
TOTÒ

CLASSE SOCIALE

Il sogno della democrazia è di innalzare il proletariato al livello di stupidità che ha già raggiunto la borghesia.
GUSTAVE FLAUBERT

Come era solito dire mio padre: «se il Signore avesse avuto più rispetto per il denaro l'avrebbe dato a una diversa classe sociale».
BRET MAVERICK

Probabilmente si potrebbe dimostrare con i fatti e le cifre alla mano che non esiste una classe criminale genuinamente americana, tranne il Congresso.
MARK TWAIN

Se le classi inferiori non ci danno il buon esempio, cosa ci stanno a fare?
OSCAR WILDE

CLAY CASSIUS
(Muhammad Alì)

È solo un lavoro. L'erba cresce, gli uccelli volano, le onde s'infrangono sulla spiaggia. Io picchio la gente.
MUHAMMAD ALÌ (CASSIUS CLAY)

Ero così veloce che avrei potuto alzarmi dal letto, attraversare la stanza, girare l'interruttore e tornare a letto sotto le coperte prima che la luce si fosse spenta.
MUHAMMAD ALÌ (CASSIUS CLAY)

Non credo di essere bello. Ma che valore ha la mia umile opinione contro quella che invece dichiara lo specchio?
MUHAMMAD ALÌ (CASSIUS CLAY)

CLIMA
vedi ***Temperatura***

CLINTON BILL

«Non sei andata a letto con Bill Clinton? Veramente? Neanch'io. Ma come è piccolo il mondo, vero?»
MARTY ALLEN

Ecco i dieci eventi storici nei quali è stato lecito usare la parola "cazzo":
1) "Sta torre col cazzo che casca!" (Babele, 5000 a.C.).
2) "Piogge a tratti un cazzo!" (Noè, 4314 a.C.).
3) "Santità, lo vuole davvero su quel cazzo di soffitto?" (Michelangelo, 1566).
4) "Da dove cazzo sbucano tutti questi indiani?" (Generale Custer, 1877).
5) "Cazzo! Ti somiglia un casino!" (Picasso, 1926).6) "E quella cosa cazzo è?" (Sindaco di Hiroshima, 1945).
7) "Eddaì! Chi cazzo vuoi che lo venga a sapere?" (Bill Clinton, 1999).
8) "Cazzo, non credevo si arrabbiassero così tanto!" (Osama Bin Laden, 2001).
9) "La vuoi o no quella cazzo di macchina?" (Il presidente della Fifa all'arbitro Moreno, giugno 2002).

10) "Ma chi cazzo hai comprato?" (Berlusconi a Galliani, dopo la campagna acquisti del 2008 del Milan).

Anonimo Internet

È vero che oggi il mondo, grazie alla telematica, ha abbattuto le barriere spazio-tempo, ma nel caso di Clinton si è superato ogni limite. Pensate che un atto d'amore improprio consumato a Washington, due ore dopo, alla riapertura dei mercati ha generato un -8% in piazza Affari, cioè una perdita secca, per il medio risparmiatore, di circa 20 milioni! E allora, nella mia ingenuità e senza alcuna malizia, ho pensato: «Se devo perdere 20 milioni per un pompino, almeno fatemelo a me!».

Enrico Bertolino

Clinton ha mentito. Un uomo può dimenticare dove ha parcheggiato la macchina o dove vive, ma non può mai dimenticare il sesso orale, non ha importanza quanto sia brutto.

Barbara Bush

Ormai siamo all'internazionalizzazione della notizia. Sono le regole del villaggio globale. Se eleggono Clinton in America, stappano lo champagne in Italia. Se in Italia eleggiamo Scalfaro, in America... non gliene frega niente a nessuno.

Antonio Cornacchione-Marco Posani

Un'insegnante di quinta dell'Avana ammonisce i suoi allievi mostrando una foto di Clinton: «A causa di quest'uomo, noi siamo a corto di cibi e di medicinali; a causa di quest'uomo, noi non abbiamo abbastanza carburante per le nostre fabbriche, i nostri treni, i nostri autobus; a causa di quest'uomo, noi siamo a corto di tutto». Dopo aver studiato la foto attentamente, Pepito alza la mano. «Sì, Pepito», dice lei. «Sa una cosa signora? Quando è senza barba, rasato di fresco, sembra tutt'un altro uomo!»

José Latour

Un ristorante di Roma minaccia di far causa a Clinton che non si è presentato dopo aver prenotato per diciotto persone. Cosa dovrebbe dire allora la povera ragazza che aspettava Bill sotto il tavolo?

Jay Leno

L'industria del porno ha chiesto aiuto al governo americano in tempi di crisi. Forse Obama ha trovato un posto nel suo governo anche per Bill Clinton.
JAY LENO

Obama aveva promesso alle figlie un cagnolino. Bene, ora è finalmente arrivato Bo. Mi piace l'idea che ci sia un cane alla Casa Bianca. Nessuno leccava più il presidente da sotto una scrivania dai tempi di...
DAVID LETTERMAN

Bill Clinton ha partecipato al summit sul Riscaldamento Globale. L'ex Presidente si è dichiarato molto preoccupato per il Riscaldamento Globale. Infatti, questa settimana, un altro pezzo di ghiaccio si è staccato da sua moglie Hillary.
DAVID LETTERMAN

Clinton per difendersi ha detto che il sesso orale non è sesso. Ma se è vero, c'è una nigeriana sui viali che mi deve ridare un sacco di soldi.
DANIELE LUTTAZZI

Silvio Berlusconi sta a Bush come Monica Lewinsky stava a Clinton.
ALBERTO PATRUCCO

Sì ma Clinton doveva immaginarlo che la Lewinsky non avrebbe tenuto la bocca chiusa!
RENATO TRINCA

CLOWN

Forse qualcuno dovrebbe dirglielo ai clown che non piacciono a nessuno.
PAOLO BURINI

Sapete quale sarebbe una bella storia? Quella di un clown che fa divertire la gente, ma che dentro è molto triste. E che inoltre ha la diarrea.
JACK HANDEY

Ogni volta che un comico ride, dentro di lui c'è un piccolo clown che piange. Questo lo sanno tutti. Non tutti sanno però che dentro questo piccolo clown che piange c'è un clown ancora più piccolo che vomita. E dentro di lui ce n'è un altro, minuscolo, che scoreggia. E dentro questo, c'è un microscopico clown bianco che si piscia e si caga addosso e si trascina a fatica, sciancato da un enorme scroto flaccido e puzzolente. E dentro questo enorme scroto rancido c'è un topolino di campagna che sanguina copiosamente dalle orecchie. E il topolino è orfano. Per questo i comici sono profondamente tristi.

Daniele Luttazzi

Non dovrebbe esserci una proporzione tra quanto mangia un bambino piccolo, e quanto esce dall'altra estremità? È come al circo, quando arriva quella piccola automobile, ma i clown continuano a uscire e uscire e uscire... Alla fine impari a trattenere il fiato come le pescatrici di perle di Hokkaido.

Dennis Miller

Ho visto una donna in Sud America che ha appena dato alla luce il ventitreesimo figlio. Dio santo, signora! È una vagina, non l'auto da cui escono i clown al circo.

Dennis Miller

Quando al circo muore il trapezista, entrano i clown.

Michel Platini

CLUB

Mio fratello Steve mi ha sempre battuto in tutto. Persino quando avevo dieci anni, avevo fondato il Drew Carey Club e per farne parte l'unico requisito era essere Drew Carey. Be', in qualche modo lui è stato ammesso, è diventato Presidente, e mi ha cacciato fuori.

Drew Carey

Un fan club è un gruppo di persone che dicono a un attore di non essere l'unico a pensarla in un certo modo su se stesso.

Jack Carson

Playboy ha deciso di fare un calendario di ragazze completamente vestite. Sarà destinato ai club di nudisti.

Piero Degli Antoni

Un inglese è un lord, due inglesi un team, tre inglesi un club. Un francese è uno chansonnier, due francesi un'équipe, tre francesi una coppia. Uno svizzero è una testa di cazzo, due svizzeri due teste di cazzo, tre svizzeri tre teste di cazzo, gli unici che sono sempre la stessa cosa.

BEPPE GRILLO

Non vorrei mai far parte di un club che accettasse tra i suoi soci uno come me.

GROUCHO MARX

MIB 30. È il nostro indice della Borsa di Milano, sono le trenta maggiori società italiane. Per essere accettati in questo club è d'obbligo fare i bilanci falsi. Non una volta; sempre, tutti gli anni... una volta sono capaci tutti. Queste società hanno il vizio di lasciare a casa i dipendenti per dare un maggior dividendo agli azionisti. A volte gli regalano un operaio.

MAURIZIO MILANI

COCA-COLA

Il giorno in cui la Coca-Cola chiuderà, tutti i paesi del mondo proclameranno una giornata di rutto nazionale.

MASSIMO MARIA GRIGGI

Vi siete mai chiesti perché la Coca-Cola Light ha una sola caloria? Se riescono a togliere tutte le altre calorie, com'è che non riescono a tirar via proprio quella lì? Poi, come fanno a sapere che sia lì dentro? Magari in una confezione da sei c'è una lattina che le ha tutte lei. Forse ci sono milioni di lattine senza calorie, ed una grassa lattina enorme ed assassina che va in giro a terrorizzare gli assetati.

RICHARD JENI

Mi ricordo ancora adesso la mia prima performance come comedian... Sono andato in questo locale dove facevano audizioni, ho aspettato il mio turno, ho fatto il mio monologo tutto d'un fiato, poi mi sono messo in un angolo ad aspettare che il proprietario del locale venisse a dirmi qualcosa. Finalmente è arrivato e con un sorriso mi ha detto: «Hey, ragazzo! Hai pagato quella Coca che hai bevuto?».

GABE KAPLAN

«Pronto, è la Coca-Cola?» «Sì.» «Sono l'autista di una vostra autobotte: ho ribaltato il carico in un canale; c'è una moria di pesci da far paura.» «Vieni via e fai finta di niente.» «Bravo, sono il direttore della Coke Corporation, volevo vedere come ti comportavi sotto stress.»

MAURIZIO MILANI

In Arkansas un uomo si è svegliato da un coma di diciannove anni, e ha chiesto una Coca.«Solo un bicchierino», ha detto, «la caffeina mi fa star sveglio».

CONAN O'BRIEN

Sono stufo di sentire sempre soldi, soldi, soldi. Voglio solo giocare una partita e bere Pepsi e indossare Reebok.

SHAQUILLE O'NEAL

Casinò: dove perdi cento dollari a una slot machine e scuoti le spalle, poi ti fregano un dollaro alla macchinetta della Coca-Cola e pianti su un casino che la metà basta.

JEFF SHAW

Certo che bevo Coca-Cola. Anzi, beviamocela tutti, così finisce più in fretta.

SUB COMANDANTE MARCOS

Dio può tutto, anche trasformare la Coca in Pepsi.

QUENTIN TARANTINO

COCAINA

La cocaina non genera dipendenza, assolutamente. Lo so bene io che ne sono schiava da anni.

TALULLAH BANKHEAD

È vero, Maradona sniffa: ma lo fa per i bambini poveri.

MASSIMO BRAMBATI

Mi sono avvicinato a un drogato e gli ho chiesto: «Cosa c'è di così speciale nella cocaina che la fa diventare così meravigliosa?». E lui mi ha detto: «Intensifica la tua personalità».

Allora gli ho risposto: «Sì, ma se sei uno stronzo?».
BILL COSBY

Ah, potersi ritirare in campagna soli, con un chilo di cocaina, lontani da queste sozzure.
ENNIO FLAIANO

Consiglio del giorno: ricordatevi che c'è una bella differenza tra l'abitudine e la dipendenza. Per esempio, se vostra moglie compera un tavolo di cristallo per il salotto e voi continuate a metterci i piedi sopra, è un'abitudine. Se continuate a metterci il naso, è dipendenza.
RICH HALL

Solo in America un tizio poteva inventare il crack. Solo in America ci può essere una persona per cui la cocaina non era abbastanza, sapete?
DENIS LEARY

La cocaina io? Per carità... Mi piace l'odore e basta.
TONY RUCCO

Quando ci troviamo davanti io e la cocaina, è lei che si eccita.
VITTORIO SGARBI

La cocaina è il modo che usa Dio per dirti che stai facendo troppi soldi.
ROBIN WILLIAMS

Non acquistate mai un elefante cocainomane.
MIRCO ZILIO

CODA

Oggi al ristorante, a un tavolo vicino, c'era un tizio che mi sembrava di conoscere. Anche lui guardava verso di me accennando un sorriso. Alla fine, benché non ci vedessimo da tanti anni, mi sono ricordato di lui! Era uno spermatozoo che abitava con me nella palla sinistra di mio padre. Ci siamo fatti un sacco di feste. «Ma guarda che sorpresa!» ha esclamato abbracciandomi. «Fatti vedere! Ma sai che ti trovo bene? E me, mi trovi cambiato?» «Beh, sai... così a prima vista, col pizzo e gli occhiali... E poi senza coda...». Si guarda dietro le spalle con un'ombra di rimpianto: «Eh, mi è spiaciuto per la coda... E te, come va? Ti piace sempre la fica?».

ROMANO BERTOLA

Apprezzatemi adesso, eviterete la coda.

ASHLEIGH BRILLIANT

Ogni anno per le vacanze il capofamiglia si alza e fa: «Quest'anno partiamo a un'ora che non parte nessuno!». Quelli che dicono così trovano la coda già sul pianerottolo!

CARLO PISTARINO

CODICE FISCALE

Il codice fiscale migliora la funzionalità del fisco. Il codice postale migliora la funzionalità della posta. Io studio il codice penale. Non si sa mai...

FRANCO BARDI

Jas Gawronski è l'unico al mondo il cui nome già corrisponde al suo codice fiscale.

ANTONIO RICCI

COERENZA

Sono a casa, seduto davanti alla tv, quando il telefono suona e una voce dall'altra parte dice: «Le piacerebbe essere l'uomo vodka di quest'anno?». E io dico: «No, sono un artista e non faccio pubblicità, non sono un ruffiano, non bevo vodka e se lo facessi non berrei la vostra!». E lui: «Peccato, paghiamo cinque milioni di dollari». E io dico: «Attenda in linea prego, le passo il signor Allen».

WOODY ALLEN

Questo Paese è così coerente che, un giorno sì e uno no, riescono ad aver ragione anche gli stronzi.

ALTAN

«Non devi prendertela se non la penso come te. Se ti può tranquillizzare non la penso neanche come me.»

ANONIMO

Le cose cambiano, il tempo passa e mi sono fatto una nuova famiglia. Vi ricordate mio figlio Alcatraz, il condor? Ormai è sistemato, ha seguito le orme del padre: non fa un cazzo. Con la mia nuova famiglia ho tre figli: Thomas, Nicholas e Giuseppes, per coerenza.
Alex Drastico (Antonio Albanese)

Gli uomini della mia generazione sono i più coerenti e i più affidabili con le donne. Ci piacciono adesso le stesse che ci piacevano nel 1960. Cioè le ventenni.
Mario Viberti

COGLIONI *(Palle)*

I nani non possono andare sulla spiaggia perché, se gli girano le balle, gli va la sabbia negli occhi.
Anonimo

Le balle sono bugie che stanno nelle mutande.
Alessandro Bergonzoni

Non è vero che il *Festival di Sanremo* è noioso. Io ho scoperto che guardando il festival riesco a lavare i pavimenti anche utilizzando i coglioni.
Beppe Braida

Chi ha la mania di guardare le coppiette lo chiamano "guardone". Sono preoccupato: come chiameranno mio figlio che ha la mania di cogliere fiori?
Gianpiero Casoni

Un coglione può sbagliarsi, cinquanta milioni di coglioni no.
Cavanna

Be', sì, ogni tanto mio padre me le suonava. E mentre lo faceva parlava. Picchiava e urlava: «Ne hai avute abbastanza?». Avute abbastanza? Ma che razza di domanda è? Cosa voleva che rispondessi: «Ehi, papà, un altro calcio nelle palle non è proprio possibile?».
Billy Connolly

Ho un cane bassotto. Quando abbaia lancia certe madonne! Perché? Be', lo fareste anche voi se vi doveste trascinare le palle per tutto il marciapiede.

BILLY CONNOLLY

Il suo parrucchino lo faceva sembrare venti anni più scemo.

BILL DANA

E infine, stronzone, le maledizioni si attaccheranno all'ultima sigaretta del mio pacchetto, che tu fumerai una notte prima di addormentarti, ma il sonno ti coglierà all'improvviso e ti assopirai con la cicca accesa tra le dita, allora l'istinto umano ti farà portare la mano ai coglioni e le mutande si incendieranno e così le lenzuola e tutto il letto. E tra le fiamme potrai constatare quanto sia vero ciò che dice Alex Drastico, e cioè che il fumo fa male, ma il fuoco ancora di più!

ALEX DRASTICO (ANTONIO ALBANESE)

I coglioni sono molto più di due.

EROS DRUSIANI

Le opinioni sono come le palle: ognuno ha le sue.

CLINT EASTWOOD

Io ho dei coglioni così grossi che dentro non ho gli spermatozoi, ho i salmoni!

FICHI D'INDIA

L'amore è una clessidra. Poi piano, col passare del tempo, il cuore si svuota e le palle si riempiono.

MISTER FOREST (MICHELE FORESTA)

Cesare Romiti è un duro. Se l'avvocato Agnelli porta l'orologio sopra al polsino, Romiti fa di più: porta le palle sopra ai boxer.

GINO&MICHELE

Umberto Bossi ha la voce così roca a causa di una curiosa malformazione: in gola, al posto del pomo d'Adamo, ha i testicoli.

GINO&MICHELE

Ho visto Gigi Marzullo alla televisione chiedere a centinaia di invitati: «Che cos'è per lei la notte?». E ognuno di questi cento dare una risposta diversa. Ma se a ognuno di questi cento noi avessimo chiesto: «Che cos'è per lei Marzullo?»,

avrebbero dato tutti l'identica risposta: «Un coglione!».
GINO&MICHELE-PAOLO ROSSI

Certi segnali di malessere sociale, che paiono configurare prospettive di nuove povertà e una violenta divisione tra ricchi e poveri, tra padroni e schiavi, tra Nord e Sud del mondo, non vanno sottovalutati: è tutta gente che prima o poi ti arriverà sotto casa a Montecarlo e ti romperà i coglioni.
GIORGIO MELAZZI

Grazie! Grazie! Grazie! Forse non ci hai ancora pensato, ma sono proprio i tuoi acquisti, anche quelli più semplici, che fanno girare l'economia. È quando arrivi alla cassa che ti si ferma l'economia e cominciano a girarti i coglioni.
GIORGIO MELAZZI

Qualsiasi idiota è capace di prendere una tigre per i coglioni, ma ci vuole un eroe per continuare a stringere.
GEOMETRA MENEGHETTI (ENRICO BERTOLINO)

Proverbio taoista: "Se domani, dopo la vittoria di stanotte, contemplandoti nudo allo specchio scoprirai un secondo paio di testicoli, che il tuo cuore non si gonfi di orgoglio, figlio mio, vuol semplicemente dire che ti stanno inculando".
DANIEL PENNAC

La tua donna la chiamo Luna Park perché ogni volta che mi tira le palline io poi le regalo il pesciolino.
POZZOLI E DE ANGELIS

Prendo la palla al balzo, come diceva quello che castrava i canguri.
MARIO E PIPPO SANTONASTASO

Anche gli uomini migliori, quando credono di farti un complimento, ti dicono: «Sei una donna coi coglioni».
GIANNA SCHELOTTO

Lei ha detto che stare con me è stata una botta di vita. Anche per me è stata la stessa cosa, con la differenza che la botta era appena sotto la vita.
ROBERTO SERAFINI

Adesso perfino a Genova, dove per anni mi hanno considerato un coglione, se mi vedono allo stadio mi applaudono. Anche i critici mi amano. Vuol dire che la morte si sta avvicinando.

PAOLO VILLAGGIO

Ah, sì, "divorzio": dal latino "Strappare i genitali di un uomo attraverso il suo portafogli".

ROBIN WILLIAMS

Sei un coglione! Ce ne vogliono due come te per fare una testa di cazzo!

ROBIN WILLIAMS

Per mio padre io non ero un coglione. Ero l'altro.

MARIO ZUCCA

COGNATI

Mio cognato fa lavori stagionali, d'estate lavora in spiaggia a Rimini, dove fa il reggi-ombrellone; il lavoro gli piace, l'unico inconveniente è che si abbronza solo le gambe. D'inverno invece va a Cortina ad addestrare i cani da valanga. Lo mandano sotto il ghiacciaio con un petardo napoletano in mano, quando arriva nel punto esatto gli fanno un segnale con un faro, lui fa esplodere il petardo e provoca la valanga su di sé, poi i cani vanno a cercarlo. Fino a oggi lo hanno sempre ritrovato.

GIOVANNI CACIOPPO

Mia cognata ha tre figli. Tre bravi ragazzi. Quello che dà un po' di preoccupazioni è l'ultimo. Mànolo. Nonnò, Non Manòlo. Mànolo. Per via della mano. Ha un tic. Appena mette i piedi sotto un tavolo, comincia a muovere il braccino su e giù. Così. Mangia e muove il braccino. Gioca a Monopoli e muove il braccino. Vede la tv e muove il braccino. Mia nipote si infila sotto il tavolo... E finalmente sta fermo!

GAIA (SIMONA GUARINO)

Visto che lei vede solo a un palmo di naso, potrebbe dirmi come sta mio cognato a Pechino?

STEVE MARTIN, PARLANDO DI UN NASO ENORME

Uno dei miei cognati è un genio. Quando a New York c'è stato lo sciopero dei netturbini, sapete come si è sbarazzato della spazzatura? L'ha impacchettata con la carta da regalo, l'ha lasciata in macchina, e glielʼhanno rubata.
HENNY YOUNGMAN

Ho già dato due cugini alla guerra e ora sono pronto a sacrificare il fratello di mia moglie.
ARTEMUS WARD

COLAZIONE
vedi **Pranzo**

COLLANT *(Reggicalze)*

Ho sognato di essere il collant di Ursula Andress.
WOODY ALLEN

Faccio magia con qualsiasi oggetto: l'anno scorso ho messo in testa un collant di nylon e in una banca sono apparsi 100 milioni!
MAGO ORONZO (RAUL CREMONA)

L'unica cosa che mi consola di essere donna è che non ne sposerò mai una.
SCHLEGEL

La vera porcellina il reggicalze non l'ha sulla coscia, ma sulla testa.
ZUZZURRO E GASPARE

COLLEGE

La prossima settimana devo fare il test attitudinale per il college. Sono preoccupato: nel mio liceo non ci hanno mai insegnato attìtudinalità!
TONY DANZA

In California ho scoperto tutto della droga. Prima non ne sapevo niente, non avendo frequentato il college.
RUSS FISHER

Mio figlio va in uno di quei campi estivi dove sono davvero duri. Hanno la tv in bianco e nero.
ROBERT ORBEN

«Vuoi mandare nostro figlio in un collegio svizzero? Ma sai quanti ragazzi escono da quei posti con tendenze omosessuali?» «Beh, mio fratello dopo le medie ha studiato elettromeccanica in un istituto tecnico ed è gay...» «Sì, ma almeno sa cambiare una lampadina!»
MIRCO ZILIO

COLLEZIONE

Franz: «Cosa ha fatto ieri?»
Ale : «Sono andato allo zoo.»
Franz: « A vedere gli animali?»
Ale: «No, a vedere le gabbie! Io vado pazzo per le gabbie. Sono un grande appassionato di gabbie e lucchetti. A casa ho una collezione di Yale e Cisa del '64. Anzi, mi danno fastidio gli animali perché si muovono e mi distraggono dall'acciaio!»
ALE E FRANZ

«Io colleziono preservativi. Ne ho uno originale degli anni '70.» «E com'è fatto?» «A zampa d'elefante, il problema è che quando lo inserisci fa le orecchie da cocker.»
LA CAROVANA

Lasciate che vi parli del mio lunedì. Sembrava perfetto. Pensavo che sarebbe stato il primo lunedì da non odiare della mia vita. Mi sono alzato di notte e ho mangiato qualche torroncino... Poi quando mi sono svegliato mi sono accorto che la mia collezione di marmi colorati era sparita!
GARFIELD

Annuncio pubblicitario: "Vendo chitarra e intera collezione cd rock di mio figlio. Se risponde un ragazzo riattaccare e richiamare".
LUCA MOGGIAN BARBAN

Un famoso collezionista d'arte sta attraversando il Greenwich Village quando, di fronte a un negozio, vede un gatto spelacchiato leccare avidamente del latte da un piattino. L'uomo sa che quel piattino è molto antico e ha molto valore. Quindi

entra con aria disinteressata nel negozio e offre di comprare il gatto. Ma il padrone del negozio dice: «Mi spiace ma il gatto non è in vendita». E il collezionista: «Per favore, ho bisogno di un gatto affamato in giro per casa per prendere i topi. Le do dieci dollari» «Venduto», dice il proprietario del negozio e prende i dieci dollari. E allora il collezionista dice: «Ascolti, mi chiedevo se per dieci dollari non potrebbe darmi anche quel vecchio piattino. Il gatto sembra essercisi abituato. Mi farebbe risparmiare uno dei miei piatti». E il proprietario dice: «Mi spiace amico. Quel piattino mi porta fortuna: questa settimana ho già venduto 68 gatti!».
SALES SOUPY

Ho una vasta collezione di conchiglie, che tengo sparse per le spiagge di tutto il mondo.
STEVEN WRIGHT

COLLO

Un uomo senza donna è come un collo senza torcicollo.
ANONIMO

Dice: «Come mai hai un cerotto sul collo?». Perché ho usato un rasoio trilama... sul serio! Dunque: la prima lama tira fuori il pelo, la seconda lo taglia, la terza non c'ha niente da fa', e mi ha tagliato!
FIORELLO

Se un moscerino si tuffasse nel tuo lago di sapienza, si romperebbe il collo.
FUGGIAMO INSIEME

Marella Agnelli, la moglie dell'Avvocato, ha il collo così lungo che, quando le viene il mal di gola, la Valda raddoppia il fatturato.
GINO&MICHELE

Mi piace una donna con la testa sulle spalle. Detesto i colli.
STEVE MARTIN

Quando prendete il Viagra buttatelo giù in fretta. C'è il rischio che vi diventi duro il collo.
Lesley Stahl

Indicando il segno di un succhiotto sul collo: «Lì cosa hai fatto?» «Niente, mi sono morso radendomi.»
Laura Zigman

COLOMBO CRISTOFORO

Che peccato che quando Cristoforo Colombo ha scoperto l'America, lo abbia detto in giro.
Margot Asquith

So soltanto che Cristoforo Colombo partì da Vigevano (dove c'erano certe leggi che adesso non ci sono più).
Alessandro Bergonzoni

I socialisti sono come Cristoforo Colombo: partono senza sapere dove vanno. Quando arrivano non sanno dove sono. Tutto questo con i soldi degli altri.
Winston Churchill

Colombo fece l'uovo e inventò l'America e a giudicare dal risultato li fece uscire tutti e due dallo stesso posto.
Giobbe Covatta

Che cosa c'è di così incredibile nel fatto che Colombo abbia scoperto l'America? È così grossa, come avrebbe fatto a mancarla?
Leopold Fetchner

«E non sai neanche che fu Colombo a scoprire l'America?» «Io non sapevo neanche che qualcuno l'avesse persa!»
Leopold Fetchner

Se Cristoforo Colombo al posto di approdare in America fosse approdato davvero in India, i western sarebbero stati noiosissimi. Invece che in battaglia gli indiani sarebbero morti di fame.
Gino&Michele

Se Colombo avesse avuto un comitato di consulenti, probabilmente sarebbe ancora attraccato al molo.
Arthur Goldberg

Comunque è uno che si era perso.
GRAFFITO COMPARSO SULLA STATUA DI CRISTOFORO COLOMBO A NEW YORK

Se Cristoforo Colombo fu così felice di vedere degli alberi dopo tanto navigare, figuratevi il suo cane.
BORIS MAKARESCO-ROBERTO TRANI

Naturalmente, prima di Colombo, l'America era stata già scoperta molte altre volte, ma era stata sempre tenuta nascosta.
OSCAR WILDE

COLPEVOLEZZA

vedi ***Innocenza***

COLPO DI FULMINE

È stato amore a prima vista. Poi ho dato una seconda occhiata.
GARFIELD

È stato un attimo: ci siamo guardati e dopo mezz'ora eravamo già a letto. Io nel mio, lei nel suo.
FLAVIO OREGLIO

COLTELLO *(Accoltellare)*

So aver cura di me stesso. In caso di pericolo io ho questo serramanico che mi porto sempre dietro. In caso di vero pericolo schiaccio il pulsante e si trasforma in un bastone da tip tap, così posso fare simpatia.
WOODY ALLEN

Ieri alla facoltà di parapsicologia ho incontrato un fachiro indiano. Neanche lui è felice. Mi ha raccontato di suo fratello che gliene fa passare di tutti i colori, lo angustia in mille modi... «Ma tu non puoi reagire?» gli chiedo. «E come faccio? È lui che tiene il coltello dalla parte della lama!»
ROMANO BERTOLA

Dieci anni fa stavo in un bar in Alabama e due stronzi hanno cominciato a darmi addosso: è stato il loro primo sbaglio. Tirarono fuori i coltelli ed è stato il secondo sbaglio. Non sapevano neanche usarli e questo è l'ultimo sbaglio che hanno fatto.

FUGA DA ALCATRAZ

«Un momento, commissario, un momento... Lei ha il coraggio di chiedermi come mai i neri usano tanto il coltello? Ma è perché le pistole non ce le volete vendere!»

DICK GREGORY

In ogni storia cerchiamo di insegnarvi una piccola lezione o di indicarvi una morale, cose come quelle che diceva la mamma: «Cammina piano e portati sempre dietro un pugnale»; «Prima spara, poi chiedi», cose di questo tipo.

ALFRED HITCHCOCK

Ho una cura perfetta per una gola arrossata. Tagliarla!

ALFRED HITCHCOCK

Per diventare un lanciatore di coltelli al circo, probabilmente non ti fanno iniziare a lanciare coltelli a una donna vera. Iniziano con una bambina piccola.

INTERNET ONE-LINERS

I film di Hitchcock mi terrorizzano. *Psyco*, quella scena nella doccia! Avevo dieci anni quando l'ho vista per la prima volta, e ancora oggi mi fa paura, accoltellare una donna nella doccia.

DANIELE LUTTAZZI

Nella nostra scuola ci perquisivano all'ingresso, per controllare se avevamo con noi coltelli o pistole e, se non ne trovavano, ce li davano.

EMO PHILIPS

Un vero bastardo è uno che ti pugnala alle spalle, poi ti fa arrestare per porto abusivo d'arma.

JEFF ROVIN

A New York, quando qualcuno ti mette un coltello al petto, gli dai i soldi. A Las Angeles, quando qualcuno ti mette un coltello al petto, gli dai i soldi, gli dici: «Grazie, dottore» e ti comperi un reggiseno più grande.

DEIDRE SULLIVAN

COMANDAMENTI

La religione, in effetti, ha convinto la gente che esiste un essere invisibile che vive su in cielo, e che ha una lista speciale di dieci cose che non vuole che tu faccia. E se fai una qualsiasi di queste dieci cose ti manda in un posto pieno di fiamme, e fumo, e tu andrai a fuoco e verrai torturato per sempre fino alla fine dei tempi... ma ti ama. E ha bisogno di soldi.
GEORGE CARLIN

I dieci comandamenti sono stati formulati in modo così semplice, conciso e comprensibile, perché elaborati senza una commissione.
CHARLES DE GAULLE

Dite quello che volete dei dieci comandamenti, alla fin fine si deve sempre tornare al gradevole fatto che sono soltanto dieci.
H.L. MENCKEN

Sono contenta che Dio abbia dato i comandamenti a un uomo. Del resto non aveva scelta. Li avesse ricevuti una donna, avrebbe detto subito: «Lo so che questo è quello che ha detto, ma sono convinta che non è quello che intendeva».
DIANE NICHOLS

Sabrina Ferilli? Se Mosè l'avesse vista, certo oggi non esisterebbe il sesto comandamento.
GIANNI PALLADINO

Non fare agli altri ciò che non vorresti fosse fatto a te stesso. D'accordo, ma se a te piace prenderlo nel culo?
DIEGO PARASSOLE-CARLO TURATI

Finché non sarete capaci di scopare bene, commetterete atti impuri.
MAURIZIO SANGALLI

Ma io non desidero la donna d'altri, io voglio solo la figa.
MAURIZIO SANGALLI

COMEDIANS

vedi ***Comici generici***

COMICI
(Cabaret - Comedians - Entertainers - Umoristi)

Jerry Calà è stato eletto comico dell'anno da un'apposita giuria di bugiardi.

AMURRI & VERDE

A volte qualche cabarettista, per far ridere, racconta di disavventure occorsegli con il pubblico: inseguimenti, lanci di oggetti, eccetera. A noi con il pubblico è sempre andata abbastanza bene. Tranne in una occasione, per motivi genetici: recitavamo davanti ai Testimoni di Geova. Loro detestano i gemelli. Secondo la loro dottrina infatti sono obbligati a fare l'amore solo a scopo procreativo e quando una coppia di Testimoni di Geova mette al mondo due gemelli, questi pensano subito: «Qui ci siamo persi una scopata».

GEMELLI BAROLO

Vorrei ringraziare i miei genitori per aver reso questa serata possibile. E i miei figli per averla resa necessaria.

VICTOR BORGE

Ogni tanto il mondo ha bisogno di rilassarsi con intrattenimento puro. È perché io ho bisogno di soldi.

MEL BROOKS

Non ho mai pensato di suicidarmi, mai. Però, se lo facessi, vorrei essere originale. Titolo: "Comico pazzo muore, inghiotte 650 capsule di Dexamina. È stato ucciso dai vicini perché parlava troppo".

LENNY BRUCE

L'unico modo per evitare il plagio è scrivere battute che non fanno ridere.

PAOLO CANANZI

A Milano tutti vogliono sapere che lavoro fai, è la prima cosa che ti chiedono: «Che lavoro fai?» «Faccio il cabarettista...» «Ah, bello, allora adesso ti racconto una barzelletta così poi la ricicli.» «E tu che lavoro fai, l'idraulico? Aspetta che ti smonto il lavandino così poi lo rimonti.»

FABRIZIO CANCIANI

Chevy Chase è uno che non riuscirebbe neppure a improvvisare una

scoreggia dopo una cena a base di fagioli in umido.
JOHNNY CARSON

Dicono che quando il bambino piange per farlo smettere bisogna farlo ridere. Per me è facile, in genere gli faccio: «Mattia, chi è Tatiana? Tatiana è l'amica mia talmente grassa che il sangue le circola con la metropolitana!». Sicché Mattia smette, mi guarda: «Papà, è vecchia!»... e ritorna a piangere!
GABRIELE CIRILLI

Stanlio e Ollio, questi comici che non fanno ridere nessuno, tranne il pubblico.
RENÉ CLAIR

«Per voi uomini è diverso: Charlie Chaplin ha avuto figli fino a 73 anni.» «Sì, ma non riusciva a tenerli in braccio!»
BILLY CRYSTAL-MEG RYAN

E allora faccio il cabaret, o almeno ci provo. Certo, chi mi ha visto per la prima volta in questa veste mi ha chiesto: «Fai lo scemo perché ti pagano, o sei uno scemo senza fini di lucro?». Invece non so dirvi cosa pensa chi mi vede per la seconda volta, visto che in genere non torna a vedermi nessuno.
DIMUNNO E TAMBORRINO

«E adesso vi lascio. Questa sera volevo solo regalarvi qualche sorriso. Dunque saluto quei pirla che hanno pagato.»
DIMUNNO E TAMBORRINO

Ricerche scientifiche recenti ci dimostrano che una percentuale altissima di uomini durante il rapporto sessuale dura al massimo tre minuti. Anche un pezzo comico televisivo dura in media tre minuti. In entrambi i casi è quasi certa la risata.
GIOVANNA DONINI

Vorrei essere un Totò con le tette.
SABRINA FERILLI

Come esistono oratori balbuzienti, umoristi tristi, parrucchieri calvi, potrebbero esistere benissimo anche dei politici onesti.
DARIO FO

Preferisco avere un cachet basso, così quando mi saltano le serate ci rimango meno male.
MISTER FOREST (MICHELE FORESTA)

«Grazie... Mi fa sempre piacere vedere tanta gente che ride, che scherza e si diverte... Però, scusate se sono retorico, non dobbiamo mai dimenticare che mentre noi siamo qui a ridere, scherzare e divertirci, ci sono persone nel mondo che... ridono, scherzano e si divertono molto più di noi!».
MISTER FOREST (MICHELE FORESTA)

Scusate, ma adesso devo proprio andare. Ho lasciato la mia ragazza in macchina coi preliminari già fatti.
MISTER FOREST (MICHELE FORESTA)

Grazie... grazie, ma ora vi saluto perché domani mattina mi devo alzare presto per fare colazione.
MAGO FORREST (MICHELE FORESTA)

Il comico è il tragico visto di spalle.
GÉRARD GENETTE

Di tutti i comici coi quali abbiamo lavorato, Paolo Rossi è certamente il più colto. Parla quattro lingue. Purtroppo tutte contemporaneamente.
GINO&MICHELE

Noi siamo qui a ridere e scherzare e intanto fuori c'è gente che non ha neanche i soldi per comprarsi una Range Rover.
GENE GNOCCHI

Mi sono appena lasciata col mio fidanzato. Era un comico. Sono contenta che ci siamo lasciati prima di sposarci, perché vi immaginate la battaglia legale per la custodia tra due comici che divorziano? Sarebbe qualcosa del tipo: «Va bene, io mi tengo le battute sulla casa, e tu hai le battute sulla macchina» «E i bambini?» «Ahh, prendili pure. Non sono poi così divertenti.»
LYNN HARRIS

Mi ricordo ancora adesso la mia prima performance come comedian... Sono andato in questo locale dove facevano audizioni, ho aspettato il mio turno, ho fatto il mio monologo tutto d'un fiato, poi mi sono messo in un angolo ad aspettare che il

proprietario del locale venisse a dirmi qualcosa. Finalmente è arrivato e con un sorriso mi ha detto: «Hey, ragazzo! Hai pagato quella Coca che hai bevuto?».
GABE KAPLAN

Ssst! Ssst, giullare! Abbottona la casacca, si vede la pelle nuda del filosofo!
STANISLAW JERZY LEC

Alberto Sordi incontra nel cortile della Ponti-De Laurentiis uno sceneggiatore: «Che stai a ffa?» «Lavoro. Scrivo un copione.» Alberto: «Comico?» L'altro: «No, drammatico». Alberto: «Allora te stai a riposa'».
CITATA DA NANNI LOY

Ogni volta che un comico ride, dentro di lui c'è un piccolo clown che piange. Questo lo sanno tutti. Non tutti sanno però che dentro questo piccolo clown che piange c'è un clown ancora più piccolo che vomita. E dentro di lui ce n'è un altro, minuscolo, che scoreggia. E dentro questo, c'è un microscopico clown bianco che si piscia e si caga addosso e si trascina a fatica, sciancato da un enorme scroto flaccido e puzzolente. E dentro questo enorme scroto rancido c'è un topolino di campagna che sanguina copiosamente dalle orecchie. E il topolino è orfano. Per questo i comici sono profondamente tristi.
DANIELE LUTTAZZI

Per il principiante, la cosa più divertente al mondo è un uomo vestito da vecchietta che precipita giù lungo una discesa su una sedia a rotelle e si schianta contro un muro in fondo alla discesa. Ma, per far ridere un professionista, deve essere una vera vecchietta.
GROUCHO MARX

Quando un uomo fa il comico di professione la gente si aspetta da lui che sia comico in ogni circostanza. Un violinista può lasciare il suo strumento a casa, un pianista può dimenticare di portare lo spartito, ma un comico non ha scuse. Se non è eccezionalmente divertente, viene considerato persona assai stolida e deludente.
GROUCHO MARX

Da Stan Laurel in giù, fingersi un cretino è sempre stata la via più breve per diventare un comico di successo. Ma da qualche tempo la televisione ha scoperto una strada ancora più breve e più sicura: prendono al volo i cretini veri.
GIORGIO MELAZZI

Immaginate il Creatore come un comico di bassa lega, e all'improvviso il mondo diventa comprensibile.
HENRY LOUIS MENCKEN

Davvero, siete un pubblico stupendo. Anzi, ditemi dove siete domani sera che vi vengo a vedere!
LAURENCE OLIVIER

Il mio primo impresario non mi vendeva, mi dava di resto.
GIORGIO PANARIELLO

Mio padre si vergogna del fatto che faccio cabaret. Per dire, se gli amici gli chiedono perché torno a casa tardi la sera, preferisce dire che batto.
DIEGO PARASSOLE

Sai qual è la più bella storia d'amore del cinema mondiale? Quella che raccontano Stanlio e Ollio, quando Oliver Hardy guarda Stan Laurel e gli chiede: «Stanlio, ma tu preferisci me o la torta di mele?». E Laurel guarda Hardy, poi il pubblico, poi ancora Hardy e il pubblico... e gli viene da piangere.
MICHEL PICCOLI

Ho sempre creduto che comici e preti si nasca: dipende se sei illuminato dalla Santissima Trinità o dalla santissima bischeraggine.
LEONARDO PIERACCIONI

Sì, vado spesso a teatro. Non mi sono perso un solo spettacolo dei Fichi d'India.
IL MARCO RANZANI DI CANTÙ (ALBERTINO E DIGEI ANGELO)

A chi mi chiede come mai mi sono rimesso a fare cabaret dopo venticinque anni di riflessione, rispondo che per noi genovesi è normale: non facciamo mai cose avventate, abbiamo bisogno di tempi lunghi. Niccolò Paganini compose il suo brano più celebre nel 1799 e ha

venduto il primo disco nel 1922... Centoventitré anni di gavetta!
EMILIO RAZZETTI

Non è difficile fare l'umorista quando tutto il governo si dà da fare per te.
WILL ROGERS

Per quelli che sono nati nel posto dove sono nata io, le alternative sono: l'alcol, la droga, il furto e la prostituzione. Siccome ero portata un po' per tutto e non sapevo cosa scegliere, ho deciso di fare l'attrice comica, che è il riassunto di tutte e quattro le cose.
MARIA ROSSI

Andare in giro a fare serate è una vita dura, sempre in giro dove capita, dormire in posti schifosi citati sulla Guida del Touring sotto la voce "paludi da bonificare". Una volta siamo andati in un motel che avevano chiamato "Ferrovie dello Stato" per poter usare saponette e asciugamani che rubavano sui treni.
FRANCESCO SALVI

Claudio Bisio è un attore che definire calvo è riduttivo.
ROCCO TANICA

Un romagnolo triste può, comunque, sempre, diventare un ottimo comico svizzero.
JOHN TOWERS

Il mondo ha sempre riso delle proprie tragedie ed è questo l'unico modo in cui è riuscito a sopportarle; di conseguenza tutto ciò che il mondo ha trattato in maniera seria appartiene al lato comico delle cose.
OSCAR WILDE

Negli Usa il nostro Presidente fa il lavoro di due uomini: Stanlio e Ollio.
HENNY YOUNGMAN

COMIZIO

vedi ***Conferenza***

COMMERCIALISTA

Vengo da una famiglia di zingari, ma quando avevo cinque mesi sono stato rapito da una famiglia di commercialisti ebrei.

DICK LORD

Ho portato i miei libri contabili da un ragioniere. Lui li ha guardati e ha detto: «Qui la prima cosa da fare è dire alla finanza che si è spaccato un tubo della fogna in cantina e sono andati persi».

MAURIZIO MILANI

Se vostra suocera e un commercialista stessero affogando e voi aveste la possibilità di salvare solo uno di essi, andate al ristorante o andate al cinema?

TOM WELLER

COMMERCIANTE

I commercianti... Gente che pur di non pagare le tasse venderebbe l'anima al diavolo senza rilasciare lo scontrino fiscale.

ELLEKAPPA

Jean Pierre l'ortolano... 5 euro una susina... Allora l'eroina cosa costa? Meno di un kiwi? Guarda, guarda... C'è anche un vigilantes fuori... L'ortolano c'ha i vigilantes fuori... Se fanno una rapina e gli rubano un mazzetto di rosmarino o una piantina di cerfoglio... Costano più di una parure di Bulgari... Senta, vorrei un'anguria... Gliela incarto, o faccio un leasing?

GINO&MICHELE-PAOLO ROSSI

Commerciante spara a rapinatore. Ma come? Tra colleghi...

RICCARDO ROSSI

Un famoso collezionista d'arte sta attraversando il Greenwich Village quando, di fronte a un negozio, vede un gatto spelacchiato leccare avidamente del latte da un piattino. L'uomo sa che quel piattino è molto antico e ha molto valore. Quindi entra con aria disinteressata nel negozio e offre di comprare il gatto. Ma il padrone del negozio dice: «Mi spiace ma il gatto non è in vendita». E il collezionista: «Per favore, ho bisogno di un gatto affamato in giro per casa per prendere i topi. Le do dieci dollari» «Venduto», dice il proprietario del negozio e prende i dieci dollari. E allora il collezionista dice: «Ascolti, mi chiedevo se per dieci dollari non potrebbe darmi anche quel vecchio piattino. Il gatto sembra essercisi abituato. Mi farebbe risparmiare uno dei miei piatti». E il proprietario dice: «Mi spiace amico. Quel piattino mi porta fortuna: questa settimana ho già venduto 68 gatti!».

SALES SOUPY

COMMOZIONE

Ho visto a *Quark* un documentario sulla vita di un vecchio pescatore che ha passato tutta la vita sull'oceano, molto commovente. L'uomo aveva raggiunto una tale confidenza coi pescecani che era arrivato a parlargli, infatti il documentario si chiamava "L'uomo che parlava ai pescecani e gli diceva: «Molla il braccio! Ahia, mollami il braccio!»".

ANTONIO CORNACCHIONE

Livingstone: «Mi chiamo Livingstone: appena sono arrivato in Africa ho guardato quel continente e ho detto commosso: "La mia Africa". Ho sentito una mano forte nella mia.»
Mobutu: «Mi chiamo Mobutu: appena sono arrivato in Italia ho guardato quel continente e ho detto commosso: "La mia Italia". Ho sentito una mano forte qua dietro sul collo.»

GIOBBE COVATTA

Era dai tempi di *Quark* che non mi commuovevo così. Ti ricordi quel bel documentario sul figlio di Romina Power, metà uomo e metà Al Bano?

GINO&MICHELE-GENE GNOCCHI

Che scena straziante! Non mi commuovevo più così dal giorno in cui vidi al *Maurizio Costanzo Show* Corinna, la piccola infelice nata senza saper né leggere né scrivere.

GINO&MICHELE-GENE GNOCCHI

Il Pepe con la sua chitarra sapeva far piangere chiunque senza bisogno di rompergliela sul braccio.
BEPPE VIOLA

COMPAGNO
vedi **Comunismo**

COMPITI
vedi **Scuola**

COMPLEANNO
vedi **Festa**

COMPLIMENTO

Allen: «Che bella pelle che hai!»
Keaton: «Sì, ne ho in tutto il corpo»
AMORE E GUERRA

Esame di anatomia. «Signorina, qual è l'organo che può dilatarsi fino a venti volte rispetto alla misura a riposo?». La studentessa, tutta rossa: «Il pene...». Il professore: «No, è l'iride, comunque complimenti al suo ragazzo».
ANONIMO

Agente 99: «Oh Max! Sei così eroico, così in gamba, così meraviglioso!»
Maxwell Smart: «Grazie 99. È così anche per me.»
Agente 99: «Oh Max, dillo, dillo!»
Maxwell Smart: «Sono così eroico, così in gamba, così meraviglioso!»
GET SMART

Come dicevano i sapienti: «Se ti servono i favori, inizia a fare i complimenti».
MAX GIUSTI, NELL'IMITAZIONE DEL PRESIDENTE DELLA LAZIO LOTITO

Anche gli uomini migliori, quando credono di farti un complimento, ti dicono: «Sei una donna coi coglioni».
GIANNA SCHELOTTO

Mi astengo dal dire che è un cretino, perché non voglio passare per un adulatore.
DINO VERDE

COMPUTER *(Hacker - Virus)*

Non viene da un posto di grossi geni. Al suo paese lo chiamavano "il Computer umano" perché sapeva contare fino a 20. Nudo fino a 21.
ANONIMO

Il mio computer è talmente veloce che per accenderlo devo aspettare che si fermi.
FRANCESCO BARTUCCI

Finalmente è uscito un supercomputer per l'ufficio. Se commette un errore, dà la colpa a un altro computer.
MILTON BERLE

La Microsoft di Bill Gates ha respinto l'accusa di essere un'azienda monopolista senza cuore. Lo stesso Bill Gates ha annunciato: «Per dimostrare che noi pensiamo anche alla natura abbiamo lanciato una nuova campagna: "Compra una copia di Windows 98 e salva gli orsi bruni". La cosa funzionerà così: per ogni copia di Windows rimasta invenduta abbatteremo un orso bruno. Se amate questi animali vi conviene comprare i nostri prodotti».
GIOVANNI CELLINI

Il computer è l'esatto opposto dell'uomo, infatti prima prende il virus e poi va a puttane.
EZIO CIUSPIONT

Se l'automobile avesse seguito lo stesso ciclo di sviluppo del computer, oggi una Rolls Royce costerebbe mille dollari, farebbe un milione di miglia al gallone, e una volta l'anno esploderebbe, uccidendo tutti quelli che ci sono dentro.
ROBERT X. CRINGELY

Scaricare musica è illegale, lo so, ma se hanno assolto gli imputati per la strage di Piazza Fontana vuoi che rompano le balle proprio a me?
ANTONIO DE LUCA

Come cominciare bene la giornata: accendere il computer e creare un file qualsiasi chiamarlo "Berlusconi" buttarlo nel cestino cliccare su "Svuota cestino". Compare la schermata di conferma eliminazione file che chiede: "Eliminare Berlusconi?".

E uno può finalmente rispondere: "Sì". Non serve a niente ma fa iniziare bene la giornata.
ARTURO DI NACCIO

Sono terrorizzata dal mio computer. Ho fatto venire un esperto a casa a rimuovere tutte le opzioni. Adesso ho solo ON, OFF, SALVA e STAMPA. Se vedo un'altra opzione saltar fuori, mi metto a piangere.
MIA FARROW

La Apple ha appena tirato fuori iPhone, che è una combinazione di un'iPod e un telefono. La Microsoft cerca sempre di raggiungere la Apple, ma non ce la fa. Per contrastare, per esempio, iPhone, la Microsoft ha tirato fuori questa combinazine tra telefono e ferro da stiro, ma non funziona: «Pronto? Ahhhhh!! Come stai? Ahhhhh!! Aspetta, ho un'altra chiamata. Ahhhhh!».
CRAIG FERGUSON

Un nuovo virus sta infettando i computer di tutto il mondo, aprendo un sito pornografico sullo schermo delle vittime. Le autorità hanno detto che prenderanno l'hacker responsabile del virus non appena qualcuno protesterà.
TINA FEY

I bambini di adesso vogliono tutto, dal computer al motorino; noi, cinquant'anni fa, ci divertivamo con niente. Eravamo sfollati in campagna e i grandi ci dicevano: «Se state bravi, stasera per premio vi portiamo in collina a veder bombardare Torino». A noi bastava che bombardassero Torino tutte le sere ed eravamo contenti.
BRUNO GAMBAROTTA

Mia moglie è talmente brutta che quando passa davanti al computer scatta l'antivirus.
MARINO GUIDI-SKIZZO

Abbiamo un computer qui a Cambridge, ce n'è uno a Manchester e uno al laboratorio nazionale di fisica. Immagino che sarebbe giusto averne uno anche in Scozia, ma non di più.
DOUGLAS HARTREE, FISICO INGLESE 1949

Se nel 1872 fossero esistiti i computer avrebbero previsto che oggi i carri trainati dai cavalli avrebbero raggiunto una tale diffusione da ricoprire l'intera superficie terrestre con tre metri di sterco equino.
KARL KAPP

Un nuovo virus ha bloccato migliaia di computer, facendo sì che gli impiegati negli uffici di tutto il paese giocassero a solitario con delle vere carte.
CRAIG KILBORN

Il Senato ha votato per 97 a 0 una legge antispam, per eliminare quelle noiosissime e-mail. I senatori sono stati molto chiari. Hanno detto: «Quando inizi a ingannare gli americani prendendo i loro soldi in cambio di false promesse, invadi il nostro territorio, amico».
JAY LENO

La Microsoft è stata accusata di aver tentato di monopolizzare l'accesso a Internet, e si è richiesto a una corte federale di multare la compagnia di un milione di dollari al giorno. Degli analisti hanno calcolato che, a questo ritmo, il capo della Microsoft Bill Gates sarà senza un penny più o meno dieci anni dopo che la terra si schianterà contro il sole.
NORM MACDONALD

Non so niente di computer. Non so nemmeno ogni quanto bisogna cambiare l'olio.
BUZZ NUTLEY

Una unità di calcolo sull'ENIAC è dotata di diciottomila tubi elettronici a vuoto e pesa trenta tonnellate, ma può darsi che in futuro i computer abbiano solo mille tubi e pesino soltanto una tonnellata e mezza.
POPULAR MECHANICS, 1949

Degli hacker cinesi sono penetrati nel sistema di sicurezza militare e hanno spento un satellite. Un lavoro del genere può essere solo opera di un genio matematico. Le autorità cinesi, dopo le investigazioni, hanno ridotto il campo a seicento milioni di sospetti.
COLIN QUINN

Un computer ti permette di fare errori più rapidamente di qualsiasi

altra invenzione umana, eccetto forse le pistole e la tequila.
MITCH RATLIFFE

Ho fatto l'amore con Control. Domani provo con Alt Canc.
ALE TONICA

Sono entusiasta della tecnologia. Ieri ho chiesto a una ragazza: «Me la dai?». E lei: «Non posso, sono fidanzata. Però se vuoi te la masterizzo!»
LUCIO WILSON

Mi hanno installato una vecchia versione di Word, Word 68. Ha un solo difetto, si fa le canne.
LUCIO WILSON

COMUNISMO *(Compagno)*

Il solito viaggetto di Armando Cossutta in Urss: Partito Comunista Italiano, Tornato Comunista Russo.
ANGESE

Il capitalismo è una ingiusta ripartizione della ricchezza. Il comunismo è una giusta distribuzione della miseria.
ANONIMO RUSSO

Nella società occidentale generalmente per avere belle donne bisogna avere molti soldi. La società sovietica era indubbiamente più giusta. I leader sovietici avevano delle mogli così brutte che sembravano voler dire: «Vedete come siamo poveri anche noi!».
ANTONELLO BREGGIA

Berlusconi odia i comunisti, ma sotto sotto anche il suo cuore batte a sinistra.
CAMILLO CANOVI

Ma sempre io devo essere compagno, voi no?
C'ERAVAMO TANTO AMATI

«Ti ricordi i vecchi compagni che piangevano quando è morto Berlinguer? Adesso piangono perché è vivo D'Alema!»
GIOBBE COVATTA

Ho cominciato a dubitare del comunismo quando ho visto che i giapponesi non lo fotografavano.
IVAN DELLA MEA

«Su quale linea vi siete collocati?» «L'unica possibile, compa'! Er proletariatogiovanilemasseinlottaciavemolibisognicomunismosubitoncazzaticontrolarepressioneemarginatiPicciboia.»
STEFANO DISEGNI

Io non sono comunista. Non me lo posso permettere.
ENNIO FLAIANO

In Russia sta proprio cambiando tutto. Ho visto dei bambini che mangiavano i comunisti.
GINO&MICHELE

Ho visto dei bravi compagni finire nei cellulari della polizia tanto tempo fa, e adesso ho visto gli stessi compagni passare ai telefoni cellulari... E poi dai telefoni cellulari li ho visti tornare ai cellulari.
GINO&MICHELE-PAOLO ROSSI

Mao è un imbecille. Con il suo estremismo egualitario finirà per mettere persone perfettamente uguali tra loro di fronte a piatti ugualmente vuoti.
NIKITA SERGEEVIC KRUSCEV

Comunista è chi legge Marx e Lenin. Anticomunista è qualcuno che li capisce.
RONALD REAGAN

Sapete, dicono che ci sono solo due posti dove il comunismo funzioni: in cielo, dove non ne hanno bisogno, e all'inferno dove già ce l'hanno.
RONALD REAGAN

Ho creduto in Marx e mi sono sbagliato; ho creduto in Lenin e mi sono sbagliato. Ora, con tutta la buona volontà, come faccio a credere in Franceschini?
PAOLO ROSSI

Ci sono degli scienziati, quelli seri, non quei drogati consulenti di Seattle, che hanno spiegato che non sono le industrie che inquinano, sono gli alberi che da cinquant'anni a questa parte lavorano meno,

perché la natura, siccome è verde, è comunista, e gli alberi non c'hanno più voglia di fare un cazzo.
PAOLO ROSSI

Io sono comunista, ma talmente comunista che quando ero bambino cercavo di mangiarmi da solo.
DARIO VERGASSOLA

Se dentro il Pci facessero delle elezioni libere, il 45% voterebbe Democrazia cristiana come in Ungheria.
VINCINO

CONCEPIMENTO

I leghisti hanno sempre sostenuto di avercelo duro, enorme. C'è una leggenda, avvalorata da Bossi, che sostiene che le compagne dei leghisti siano le uniche donne al mondo che i figli preferiscono di gran lunga partorirli che concepirli.
GINO&MICHELE

La cosa più bella nei bambini è il ricordo della notte in cui li abbiamo fatti.
JOHANN WOLFGANG GOETHE

I miei amici vogliono mostrarmi il video della nascita del figlio. No, grazie. Ma guardo volentieri il video del concepimento, se ne avete uno.
GARRY SHANDLING

CONCHIGLIA
vedi **Spiaggia**

CONCIME
vedi **Merda**

CONDANNA
vedi **Sentenza**

CONDOGLIANZE
vedi **Funerale**

CONDOMINIO

vedi **Casa**

CONFERENZA

(Comizio - Congresso - Dibattito - Meeting)

Una conferenza è una riunione di persone importanti che singolarmente non possono fare nulla ma assieme possono decidere che non si può fare nulla.

FRED ALLEN

A un congresso della Lega, dopo aver sentito dai discorsi che ce l'avevano duro, ho capito perché sedevano tutti una fila sì e una no.

ENRICO BERTOLINO

Sono andato a un meeting di eiaculatori precoci. Me ne sono andato prima della fine.

RED BUTTONS

Una Conferenza Internazionale è una riunione per decidere quando si terrà un'altra riunione.

HENRY GINSBERG

L'importante nella vita, Jeeves, se si vuole vivere prosperi e felici, è perdere quanti più dibattiti politici possibile.

PELHAM GRENVILLE WODEHOUSE

Il cervello umano comincia a lavorare quando si nasce e non si ferma mai, a meno che ci si alzi per parlare in pubblico.

SIR GEORGE JESSEL

Ricorda sempre la prima regola del comiziante: sii breve, non ha importanza quanto tempo ti ci voglia per esserlo!

ROBERT ORBEN

CONFESSIONE

Al confessionale: «Padre sono un gay...» «Osservante o praticante?»

ALBERT

«Ho rubato, corrotto, concusso e mentito.» «La pianti di vantarsi e venga al dunque.»

GINO BRAMIERI

Durante la mia adolescenza, mia madre voleva che io mi facessi prete, un lavoro che mi sembra veramente duro. Riuscite a immaginare di lasciar perdere la vostra vita sessuale e poi, una volta la settimana, ascoltare le persone che vengono a raccontarvi tutti i dettagli della loro?

TOM DREESEN

Ho ricevuto un'educazione cattolica. L'altro giorno sono andato a confessarmi e ho detto al prete: «Prima tu».

DENNIS MILLER

La gallina va a confessarsi: «Padre mi perdoni perché ho beccato!».

PONGO

«Figliolo, quanto tempo è che non ti confessi?» «Saranno dieci anni...» «Ah, sei venuto a costituirti...»

PAOLO ROSSI

Furio Scartezzini io ti maledico! Che tutte le volte che vai allo stadio tu ti possa sedere vicino a un teppista e mentre le telecamere lo inquadrano che lancia un sasso, tu ti metta le dita nel naso. E tutta l'Italia la sera ti veda alla *Domenica Sportiva* mentre ti stai scaccolando!

PAOLO ROSSI

Bella cosa la religione! Ieri sono andato a confessarmi. Sto meglio, ma ora il prete pretende duecento euro per tenere la bocca chiusa.

FRANCESCO VESPA

CONFLITTO
vedi ***Guerra***

CONFUSIONE
vedi ***Rumore***

CONGRESSO
vedi ***Conferenza***

CONIGLIO *(Lepre)*

Io vado a caccia solo per autodifesa. Che cosa fareste voi se un coniglio vi puntasse un coltello alle spalle?
JOHNNY CARSON

Quand'ero piccolo facevo confusione fra il manuale di illusionismo e il kamasutra. Infatti tiravo fuori il coniglio dal cilindro in 59 posizioni diverse.
RAUL CREMONA

Ho aperto un negozio di animali di seconda scelta: ho un coniglio impotente, un pipistrello con dieci decimi e un leone gay che si sente la regina della giungla.
PHYLLIS DILLER

La mamma calabrese non ti invita a pranzo, ti sfida, perché la sua più grande soddisfazione è vedere quanto resisti prima di crollare al suolo. Verso le sei, sei e mezza del pomeriggio, mentre stavamo finendo il secondo, sentiamo bussare. E mia madre: «Franco, oh Franco! E che è, la porta di casa? Manca qualcuno?» «No, mamma, è la porta del forno!». Quando l'ho aperta il coniglio ci fa: «Scusa un minuto tu, o mi togli la pelliccia o abbassi il riscaldamento che qua dentro dal caldo mi sto cocendo!».
FRANCO NERI

Come diceva Dostoevskij: «Per fare il sugo di lepre ci vuole la lepre.»
LORENZO PAOLO

Lamento di coniglio.
Ho avuto un solo figlio.
GINO PATRONI

«Roger tesoro voglio che tu sappia che ti amo. Ti ho amato più di quanto una donna abbia mai amato un coniglio.»
JESSICA RABBIT

Una coppia di conigli è inseguita da un branco di coyote. I due si nascondono in un fienile, e uno dice all'altra: «Vuoi continuare a correre, o restare qui e puntare sulla superiorità numerica?».
RED SKELTON

L'ultima volta che ero in un bosco ho visto un coniglio davanti a una

candela che faceva ombre di persone contro un albero.
STEVEN WRIGHT

CONOSCENZA *(sapienza)*

Conoscente: una persona che conosciamo quanto basta per chiederle soldi in prestito, ma non tanto da prestargliene. Indica un grado di amicizia definito superficiale quando l'oggetto è povero od oscuro, e intimo quando è ricco o famoso.
AMBROSE BIERCE

Io conosco una donna nuda.
COCHI E RENATO

Non conosco la Bretagna ma le credo.
ENNIO FLAIANO

Se i popoli si conoscessero meglio, si odierebbero di più.
ENNIO FLAIANO

Amore? Forse col tempo, conoscendoci peggio.
ENNIO FLAIANO

Conosci te stesso
(e non rompere il cazzo a me).
CORRADO GUZZANTI

Non saluto la gente anche se non la conosco.
KARL KRAUS

Più lontani si va e meno si apprende. Per questo l'uomo saggio non cammina e arriva.
LAO TSE

Non puoi dire di conoscere veramente una donna finché non la incontri in tribunale.
NORMAN MAILER

Non pensate di sapere tutto. Ricordate che anche una foglia di lattuga sa una cosa più di voi. Sa se la luce si spegne davvero ogni volta che chiudete il frigo!
ROBERT ORBEN

Non prendertela se ti considerano mezzo scemo. Si vede che ti conoscono solo a metà.
TIZIANO SCLAVI

CONSERVATORE
(Repubblicano)

La differenza tra i Repubblicani e i Democratici americani? I primi corrono dietro ai tuoi soldi. I secondi a tua sorella.
Anonimo

Conservatore: uno statista innamorato dei mali già esistenti. Si contrappone al liberale che vuole sostituirli con altri.
Ambrose Bierce

I Democratici sono il partito che dice che il governo ti farà più intelligente, più alto, più ricco, e che toglierà le ortiche dal tuo giardino. I Repubblicani sono il partito che dice che il governo non funziona, si fanno eleggere e lo dimostrano.
P.J. O'Rourke

I liberali si sentono indegni di tutto quello che hanno. I conservatori sentono di meritarsi tutto quello che hanno rubato.
Mort Sahi

CONSIGLIO

Vuoi un consiglio? Mai fottere con la testa e ragionare con la minchia.
Anonimo

Mio padre mi diceva sempre: «Rocco, tu vai fino alle scuole medie, poi da lì chiedi».
Rocco Barbaro

L'aria di Milano è davvero peggiorata. Il mio dottore mi ha consigliato di iniziare a fumare.
Federico Basso

Ci sono un sacco di ragazzi in ascolto proprio adesso, che comprano i nostri album, imparano a memoria i testi delle nostre canzoni e le prendono come modelli di vita. Quindi so che ogni cosa che dico è molto, molto importante. E riguardo alla droga vorrei dire questo: mi sono fatto ogni tipo di droga. Ho provato tutto. Parte della mia musica è ispirata dalla droga. Se devo essere sincero, la droga è legata ad alcuni dei migliori momenti della mia vita.

Ma ciò non significa che voi ragazzi dobbiate drogarvi.

ERIC BOGOSIAN, IN UN MONOLOGO IN CUI INTERPRETAVA UNA ROCKSTAR INTERVISTATA DALLA TV

Un consiglio da uomo a uomo: accorciatevi i peli, sembrerà più lungo.

CAMILLO CANOVI

Ci sono cose che non si sentono spesso, tipo: «Papà, dovresti bere di più».

GEORGE CARLIN

Mio nonno me lo diceva sempre: «Ateo, la testa è la cosa più importante che c'abbiamo. Non sforzarla».

PAOLO CEVOLI

Siete in un tunnel? Volete un consiglio? Arredatelo!

GEPPI CUCCIARI

«Itztig, perché hai preso una moglie così brutta?» «Interiormente è bellissima!» «Allora rivoltala.»

FERRUCCIO FÖLKEL

Mio nonno una volta mi disse che esistono due tipi di persone: quelli che fanno il lavoro e quelli che si prendono i meriti. Mi consigliò di provare a far parte del primo gruppo perché c'era molta meno competizione.

INDIRA GANDHI

Guardati da coloro che prima ti danno consigli e poi parlano male di te, cornuto!

CORRADO GUZZANTI

Secondo mia madre non è difficile tenersi un uomo: basta essere una serva in salotto, una cuoca in cucina e una puttana a letto. Io ho assunto le altre due e mi sono riservata la parte del letto.

JERRY HALL

Il modo più sicuro per sprecare il fiato, oltre a suonare il sassofono, è consigliare un figlio.

KIN HUBBARD

Mia madre era solita dirmi: «Se uno sconosciuto ti si avvicina, e ti offre

delle caramelle, e ti dice di salire sulla sua auto... vai».
LAURA KIGHTLINGER

Ci saranno sempre degli eschimesi pronti a dettare le norme su come devono comportarsi gli abitanti del Congo durante la calura.
STANISLAW JERZY LEC

Come mai Dio ha creato prima l'uomo e poi la donna? Che domanda, perché non aveva nessuna voglia di stare a sentire consigli su come doveva fare l'uomo.
CITATA DA ELENA LOEWENTHAL

Quando le auto appaiono grosse come le formiche, è un buon momento per aprire il paracadute. Se le formiche appaiono grosse come le auto, avete aspettato troppo.
ERNST LUPOSCHAINSKY III

Il miglior consiglio che mi sia mai stato dato? Al mio ventunesimo compleanno, mio padre mi disse: «Figliolo, questo è un milione di dollari. Non perderlo».
LARRY NIVEN

Tesoro, un consiglio: quando torni a casa non dimenticarti di camminare in mezzo al traffico!
OMEN (RAUL CREMONA)

Mio nonno è un po' smemorato, però gli piace darmi consigli. Un giorno mi ha chiamato in disparte e mi ha piantato lì.
RON RICHARDS

Ho bisogno di un consiglio: per il mio impianto mi serve un equalizzatore hi fi Hertz 9000 midi micro joystick 4-66 stereo 220 v Ibm compatibile megabass dolby 300 AB matrice digitale THX surround ultra stereo quadrifonico 7/4500 DDD a modulazione di frequenza AM/FM noise filter laser disc player AV /aux tuner MPX filter naturalmente VHS. Il consiglio non è dove trovarlo, ma vorrei che mi indicaste un negozio che non chiuda prima che finisca di dire quello che mi serve.
FRANCESCO SALVI

Ecco un consiglio da un esperto viaggiatore come me: le wake-up call degli alberghi sono il peggior modo di svegliarsi. Il telefono squilla, è forte, e non puoi abbassare il volume. Io lascio sempre il numero di telefono della camera accanto, e quando suona, è al livello giusto, e poi sento: «Perché cacchio mi avete chiamato a quest'ora?!». Così mi alzo e faccio la doccia. È splendido.

GANY SHANDLING

Se davvero vuoi ottenere qualcosa, in questa vita, devi lavorare duro per ottenerla. Ora, zitto! Stanno per annunciare i numeri del lotto!

HOMER SIMPSON

Bambini, avete provato al meglio delle vostre possibilità, ed avete fallito miseramente. La lezione è: non provate mai.

HOMER SIMPSON

Mio padre mi diceva: «Andrea, con le donne devi dire soltanto: "Togliti le mutande che ti devo parlare!"». Io l'ho fatto. Sono andato dalla ragazza più bella che conoscevo e gliel'ho detto. Non ci crederete: si è tolta le mutande! E io le ho parlato!

ANDREA VASUMI

CONSULENTE

vedi ***Esperto***

CONTADINO

Agricoltore trentottenne desidera conoscere nubile trentenne, proprietaria trattore, scopo matrimonio. Pregasi inviare foto trattore.

ANNUNCIO ECONOMICO PUBBLICATO SU UN GIORNALE FRANCESE DI PROVINCIA

Nella riproduzione bovina si usa un toro e venticinque mucche, a meno che non siano proprio vacche. Invece nella riproduzione suina servono quattro maschi perché alla maiala piace così. Addirittura nella riproduzione ovina in alcuni casi il contadino deve far vedere ai maschi come si fa.

GIANLUCA IRTI

«Hai sentito che i socialisti vogliono dare l'eroina gratis ai tossicomani?» «Uff, quelli! Figurati che ai miei tempi volevano dare la terra gratis ai contadini.»

GIOVANNI KAREN

Due agricoltori stavano parlando con vanità competitiva sul vento più forte che avessero mai visto. «Qui in California», disse uno dei due, «ho visto il vento più violento della mia vita. Hai presente le sequoie giganti? Be', il vento era così forte che le ha abbattute d'un colpo.» «Questo è niente», disse l'altro, «nella mia fattoria dello Iowa, un giorno abbiamo avuto un vento che soffiava a 100 miglia all'ora. Fu così terribile che una delle mie galline si ritrovò con il sedere girato contro il vento e depositò lo stesso uovo per sei volte!»

JOE LAURIE JR.

Rumori che ci perdiamo in città: il tac di una pera che cade, il "porco Giuda" del contadino colpito dalla pera.

MARCELLO MARCHESI

Sono stato in una fattoria. Il fattore mi ha fatto uno scherzo. Mi ha lasciato mungere il toro. Ho scoperto una cosa, quel giorno: mungi quell'animale una volta, e hai un amico per la vita.

YAKOV SMIRNOFF

Terra ai contadini, ferrovie ai ferrovieri, cimiteri ai morti.

TOTÒ

CONTO CORRENTE

vedi ***Banca***

CONTRACCETTIVO

vedi ***Anticoncezionale***

CONTRADDIZIONE

Difficile capire un Paese, scrisse un libellista, dove la stessa cosa è chiamata al Nord uccello e al Sud pesce.

ENZO BIAGI

Non bisogna mai contraddire una donna. Basta aspettare: lo farà da sola!

HUMPHREY BOGART

CONVERSAZIONE

vedi ***Chiacchierare***

COPPIA *(Crisi di coppia)*

Io sono un tipo all'antica. Non credo alle relazioni extraconiugali. Credo che ci si dovrebbe accoppiare a vita come i piccioni e i cattolici.

WOODY ALLEN

Nell'ultima storia che ho avuto, be', io le sono sempre stato vicino e lei mi ha piantato. Gliel'ho rinfacciato. Ho detto: «Ricordi quando è morta tua nonna? Io ero lì, per te. E quando fosti bocciata a scuola? Io ero lì, per te. Ricordi quando hai perso il lavoro? Io ero lì, per te!». E lei: «Lo so. Porti sfiga!».

TOM ARNOLD

Frequentavo quella ragazza da due anni ed ecco che cominciarono le pretese: «Voglio sapere come ti chiami».

MIKE BINDER

Mi sento così affranto quando non ci sei, più o meno come quando sei qui.

STEPHEN BISHOP

Ricordo la prima volta che sono andato a prendere una ragazza a casa sua. Suo padre mi disse: «Fai in modo di riaccompagnare mia figlia a casa prima di mezzanotte.» «Non si preoccupi», dissi io, «se mi accorgo che non batto chiodo la riaccompagno a casa per le dieci.»

STEVIE RAY FROMSTEIN

C'è una cosa per cui romperei con la mia ragazza. È se lei mi sorprendesse con un'altra donna. Quello proprio non lo sopporterei.

STEVE MARTIN

La coppia aperta funziona benissimo purché l'ultimo chiuda la porta.

FRANCESCA MAZZANTINI

Una notte ero a letto con il mio ragazzo Ernie, quando lui mi ha chiesto: «Come mai non mi dici mai che stai avendo un orgasmo?». E io gli ho detto: «Ernie, perché tu non sei mai lì quando succede».

BETTE MIDLER

Sì, lo so
tra noi è finita
ma non potremmo riempire questo vuoto
mangiando qualcosa?
VASCO MIRANDOLA

Allora io l'ho lasciato. Ma lui no. Lui continuava a venirmi a prendere, mi portava fuori a cena... Io volevo pagare la mia parte, perché ormai non eravamo più fidanzati, lui invece insisteva, insisteva e alla fine pagavo tutto io come prima.
MARISA MIRITELLO

Un giorno non ce l'ho fatta più, ho preso la mia ragazza e le ho detto: «Cara, io sto con te perché mi accontento», e lei mi ha risposto: «Io invece non mi accontento: sto anche con un altro».
DIEGO PARASSOLE

Unirsi a una donna significa sentirsi dire: «Preferisci il football a me», senza poterle rispondere di sì.
PITIGRILLI

La coppia è un insieme di tre persone di cui una è temporaneamente assente.
DAVID RIONDINO

Cerca di essere uomo, reagisci! La tua ragazza ti ha lasciato? E lasciala anche tu!
TIZIANO SCLAVI

Lei ha detto che stare con me è stata una botta di vita. Anche per me è stata la stessa cosa, con la differenza che la botta era appena sotto la vita.
ROBERTO SERAFINI

Se torni a casa e lui sta usando il tuo diaframma come portacenere, è finita.
CAROL SISKIND

CORAGGIO

Il coraggio non mi manca. È la paura che mi frega.
ANTONIO ALBANESE

Dottore: «Lei ha bisogno di un multitrapianto: fegato, pancreas, rene e intestino. Coraggio, ci vuole fortuna.»
Paziente: «Allora è meglio che mi cambiate anche il culo.»
Albert

«La legge di gravità dice che tutti i corpi si attraggono a causa di una forza!» «Tutti i corpi?» «Non proprio tutti, se prendi il corpo di tua sorella che pesa centottanta chili, per esserne attratti più che la forza ci vuole il coraggio!»
Antonio e Michele

Coraggio, il meglio è passato.
Ennio Flaiano

Ci sono delle persone che sono state considerate coraggiose perché avevano troppa paura per scappare.
Thomas Fuller

Molti sarebbero vigliacchi se ne avessero il coraggio.
Thomas Fuller

Le ballerine sono coraggiosissime! Quante donne conoscete in grado di gettarsi tra le braccia di un omosessuale sperando che lui le afferri?
Rita Rudner

CORNUTO

Non andava mai a trovare la sua fidanzata la domenica: c'era troppo traffico. Fuori e dentro di lei.
Maurizio Avanzi

Il mio psichiatra mi ha detto che ho dei problemi, e viene da credergli a giudicare da come bacia la mia ragazza.
Maurizio Avanzi

Una mia amica è rosa dal sospetto che il marito sia cornuto.
Giovanni Cellini

Sono rientrato in casa e ho trovato Frank, il mio migliore amico, a letto con mia moglie. Gli ho detto: «Frank, io devo! Ma tu?».
Billy Crystal

Adamo è stato il primo paranoico: era terrorizzato dalle corna.
PACO GENOVESE

Era una donna virtuosa, ma il caso volle che sposasse un cornuto.
SACHA GUITRY

Guardati da coloro che prima ti danno consigli e poi parlano male di te, cornuto!
CORRADO GUZZANTI

La tua donna la chiamo Antitetanica perché è obbligatorio farsela.
POZZOLI E DE ANGELIS

La tua donna la chiamo Ikea perché me la porto a casa e me la monto.
POZZOLI E DE ANGELIS

La tua donna la chiamo Pellicola perché quando glielo faccio vedere si impressiona.
POZZOLI E DE ANGELIS

La tua donna la chiamo Barba perché me la faccio tutte le mattine.
POZZOLI E DE ANGELIS

Il diavolo si è arrabbiato perché gli ho rotto le corna? Ma non si deve preoccupare, tanto, se è sposato, gli ricrescono.
TOTÒ

CORPO, PARTI VARIE DEL

Cosa guardo di una donna? Gli occhi. La bocca. I seni. Le gambe... Insomma, tutto. Il particolare è ingannevole, meglio una panoramica generale.
WOODY ALLEN

Mio padre ha sposato una donna sfatta; a vederla nuda non si capiva se aveva il doppio mento o il triplo seno!
ANATOLJ BALASZ (NATALINO BALASSO)

Era un tipaccio: si tagliava le unghie chiudendole di scatto in un cassetto del tavolo.
LORENZO BECCATI

Chi se ne frega dei capelli in testa, sono i peli sul petto che sono importanti.
Humphrey Bogart

Sarò più che lieto di ascoltare i tuoi problemi non appena mi togli le mani da attorno al collo.
Ashleigh Brilliant

Quella ragazza è talmente modesta che sui fianchi si è fatta tatuare delle smagliature.
Paolo Burini

Lo stinco di una gamba è un aggeggio per trovare i mobili quando c'è buio.
Colin Bowles

Povero Silvio... Ma lo sapete che lavora diciotto ore al giorno? Non mangia più a orari regolari, salta i pasti. Gli è venuto l'intestino pigro... Certe volte lui si sveglia alle sei e l'intestino resta ancora due ore a letto. Altre volte succede il contrario, Silvio si alza alle sei e l'intestino è già in giro da due ore che parla coi sindacati. È chiaro che poi gli capita di sparare stronzate. Ma non è lui che parla, è il suo intestino!
Antonio Cornacchione

La menopausa è quando ci prende il desiderio di afferrare una di quelle ragazzine così graziose dal corpo ancora sodo e gridarle: «Ascolta, carina, l'Impero romano si è disfatto e questo un giorno succederà anche a te».
Arturo Di Naccio

È quanto meno strano come, pur vivendo nello stesso corpo, io e il mio cervello non ci siamo mai incontrati.
Mister Forest (Michele Foresta)

Alla mostra fotografica di un fotografo nano c'erano solo foto di ginocchia.
Gene Gnocchi

Non vado in quel bagno perché lì c'è la carta igienica alla camomilla. Io ho già l'intestino pigro, se mi si addormenta il culo è finita.
Paolo Labati

È andata a letto con talmente tanti uomini che ora ha i calli sulle scapole.
BORIS MAKARESKO

Ho il ventre piatto perché non sono mai rimasta incinta.
PAOLO POLI

È una faccia che va in tre direzioni contemporaneamente: il naso è sempre in procinto di diventare una proboscide, la bocca gonfia cede alla forza di gravità e il mento fa del suo meglio per sparire nel collo.
JOHN SIMON

Io non faccio ginnastica. Dovresti offrirmi più della mia vita per avermi su uno di quegli attrezzi a grugnire per due ore. Io considero il mio corpo un modo per portare la mia testa da un posto all'altro.
DAVE THOMAS

Visto che ho un corpo ho bisogno di una corpa.
TOTÒ

«Le manca un polmone? Un altro se ne sta andando? E lasciamolo andare, mo' ci mettiamo a correre dietro a un polmone! Piuttosto, mi tolga una curiosità: lei è vivo?»
TOTÒ

Un libro senza indice può mettersi le dita nel naso?
CARLO TURATI

CORRERE
vedi ***Corsa***

CORRUZIONE *(Tangente)*

Sì, ho corrotto, ma sono disposto a pagare.
MASSIMO BUCCHI

Povero Silvio... Perché lui ha un cuore grande così, è generoso con tutti. Alla mattina, appena sveglio, il cameriere gli porta la colazione e lui gli dà la mancia. Poi arriva il barbiere e lui gli dà la mancia. Arriva il fiorista e lui gli dà la mancia, arriva l'autista e lui gli dà la mancia, arriva la Guardia di Finanza...
ANTONIO CORNACCHIONE

Riusciranno i socialisti a Palermo a far fuori la piovra? Sì, se gli si dà fiducia e l'appalto per l'acquario.
ELLEKAPPA

«Possibile che non esistano giornalisti incorruttibili?» «Sì, ma quelli costano di più.»
ELLEKAPPA

Un democristiano e un socialista si iscrivono alle Olimpiadi della corruzione: chi vince? Nessuno, perché i professionisti alle Olimpiadi non partecipano.
PIPPO FRANCO

Tra il dire e il fare c'è una busta da dare.
MARCELLO MARCHESI

Il Milan è finito in B due volte. La prima pagando, l'altra gratis.
PEPPINO PRISCO

La mia seconda moglie era talmente corrotta che chiunque nel mondo fosse corrotto doveva pagarle una royalty.
SERATA D'ONORE

CORSA
(Correre - Jogging - Maratona)

Sono convinto che ogni essere umano abbia un numero finito di battiti cardiaci. Non intendo sprecare i miei correndo in giro a fare esercizi.
NEIL ARMSTRONG

Non sono un atleta. Ho cattivi riflessi: quando corro, per prendermi i tempi non serve il cronometro. Mi ci vuole il calendario.
BALOO, DI *AENIGMATICA*

Andare a correre? E perché, per poi venire colpito da un meteorite?
ROBERT BENCHLEY

Durante la Maratona di New York mi sono stirato un muscolo. Dopo un'ora circa dall'inizio della corsa, son saltato giù dal divano.
DAVID LETTERMAN

Correre incontro al pericolo è una forma di vigliaccheria.
ALDO PALAZZESCHI

Non è vecchio. Nonostante le apparenze, ha trentacinque anni. Per

tenersi in forma fa molto sport. Tutte le mattina fa dieci chilometri di jogging. Però li fa correndo all'indietro, quindi anziché mantenerlo giovane lo invecchia.
ALESSIO PARENTI

Di solito si diceva: «Ho fatto una corsa per prendere il treno!». Oggi, se uno fa una corsa, lo supera, il treno!
JEFF ROVIN

I maratoneti? È contro natura per la gente correre per le strade cittadine, a meno che non siano ladri o vittime.
MIKE ROYKO

L'altra settimana, alle undici di sera, ho aperto il frigo e ho scoperto di avere cinque yogurt, una scatola di tonno e due vasetti di sottaceti che mi scadevano di lì a un'ora. Ho fatto una corsa, ma li ho finiti! Proprio sulla Dead Line!
BOB SAGET

Un mio amico jogger corre dieci miglia al giorno. Se mai mi vedeste correre per dieci miglia, dite al conducente dell'autobus che il mio braccio è rimasto imprigionato nella porta.
JEFF SHAW

Faccio un sacco di esercizio a portare le bare dei miei amici che facevano esercizi.
RED SKELTON

Mi sono iscritto a una palestra esclusiva di Beverly Hills. Così esclusiva che puoi pagare gente che faccia jogging per te.
MARC SUMMERS

Il guaio della corsa dei topi, è che anche se vinci, sempre un topo sei!
LILY TOMLIN

CORTEGGIARE

(Dichiarazione - Starci)

Le ragazze in discoteca hanno sempre dei modi delicati per scoraggiarti. Ho chiesto a una tipa l'altra sera: «Vorresti ballare con me?». E

lei: «Oh, no, sto aspettando che me lo chieda qualcuno di umano».
FRANKLYN AJAYE

Torno a casa con una ragazza che ho portato fuori e sei isolati prima di casa sua tira fuori le chiavi. Allora la porto sui gradini e le metto le braccia intorno alla vita e lei fa: «No, no, ti prego. Domani mattina mi odierò». E io le dico: «Basta che ti svegli al pomeriggio».
WOODY ALLEN

Ho comprato qualche disco per Sophia Loren perché a lei piace il jazz e volevo portarla su qualcosa d'interessante. Che so, sul divano per esempio.
WOODY ALLEN

Due settimane fa sono stato coinvolto in un buon esempio di contraccezione orale. Ho chiesto a una ragazza di venire a letto con me e lei mi ha detto di no.
WOODY ALLEN

Allen: «Hmm... Bello quel quadro di Frank Kline, eh?»
Ragazza: «Sì, bello.»
Allen: «A te... cosa ti dice?»
Ragazza: «Riafferma la negatività dell'universo. L'atroce solitudine e il vuoto dell'esistenza, il nulla, la condanna dell'uomo, costretto a vivere in una brulla eternità senza Dio, come una fiammella che vacilla in un immenso vuoto, senza nulla intorno che desolazione, orrore e degradazione... stretto in un'inutile, squallida camicia di forza in un cosmo tenebroso, assurdo.
Allen: «Cosa fai sabato sera?»
Ragazza: «Mi suicido.»
WOODY ALLEN

Lui: «Se ti tocco che fai?»
Lei: «Chiamo il nonno».
Lui: «Se ti bacio che fai?»
Lei: «Chiamo il nonno».
Lui: «Se ti spoglio che fai?»
Lei: «Chiamo il nonno».
Lui: «E perché proprio il nonno?»
Lei: «Perché è sordo»
ANONIMO

Senti cara, se pensi che ti abbia portato a casa mia per scoparti ti sbagli. Andiamo a casa tua.
ROCCO BARBARO

«Andiamo da te o da me?» «Tutt'e due. Io vado da me e tu vai da te.»
BASTARDIDENTRO

Sono due anni che esco con questa ragazza, ed ecco che già comincia a seccarmi con domande idiote, tipo: «Come ti chiami?».
MIKE BINDER

Io pratico da sempre il sesso sicuro: cioè esco con una solo se ho la certezza di farmela.
CLAUDIO BISIO-ROCCO TANICA

Lui: «All'ombra dei cipressi o dentro all'urne confortate dal pianto è forse il sonno della morte men duro?»
Lei: «Cosa c'entra il Foscolo, adesso?»
Lui: «No, è solo per farti capire che l'unica è scopare.»
BORETOR

Se dovete uscire con una ragazza, la prima cosa da farsi è la prova-alito, che si fa con la mano a cucchiaietto. Occhio, però, perché tante volte non è l'alito che puzza, ma la mano!
ENZO BRASCHI

Lo puoi dire con i fiori, lo puoi dire con il vino, ma se la vuoi fare schifosamente sentimentale, diglielo con una Lincoln Continental.
ROBERT BRYNE

«Quante calorie si consumano facendo l'amore?» «Circa trecento.» «Io ieri sera ne ho consumate duemila!» «E quante volte l'hai fatto?» «Una...» «E le altre millesettecento?» «Per convincerla!»
PAOLO CAIAZZO

La mia passione era la magia e conquistare le donne. La mia parola magica era: Abracadammela!
RAUL CREMONA

Signora, è vero che in metropolitana uno le si è appoggiato da dietro, tipo Raul Bova con la bava, e poi le ha chiesto scusa e lei ha risposto:

«Se volevo essere lasciata in pace venivo in macchina!».
GEPPI CUCCIARI

La femmina non sceglie il maschio più attraente, ma il meno repellente.
CHARLES DARWIN

«Vuoi salire a bere qualcosa?» «No, dai, scopiamo qui.»
FABIO FAZIO

Approccio. «Mi scusi signorina. Sto scrivendo un elenco del telefono: posso avere il suo numero?»
LEOPOLD FETCHNER

Ricordo la prima volta che sono andato a prendere una ragazza a casa sua. Suo padre mi disse: «Fai in modo di riaccompagnare mia figlia a casa prima di mezzanotte.» «Non si preoccupi», dissi io, «se mi accorgo che non batto chiodo la riaccompagno a casa per le dieci.»
STEVIE RAY FROMSTEIN

Che poi noi donne ci vuole così poco per farci contente: un gesto, uno spintone, un vaffanculo ogni tanto. Io sono donna, signora; e non mi vergogno a dire che, quando ti senti così trascurata, sei in balia del primo "va' a cagare" che passa. Ti basta un niente per farti sognare!
GAIA (SIMONA GUARINO)

Mi sono innamorato della cassiera di un negozio di animali. Per farmi notare ho comprato così tante scatolette di biscotti per cani che il mio cane a un certo punto mi fa: «Bau! Ma quando cazzo le chiedi di uscire che mi sta venendo il diabete?».
MARINO GUIDI-SKIZZO

«Nessun uomo può essere amico di una donna che trova attraente: vuole sempre portarsela a letto.» «Allora stai dicendo che un uomo riesce a essere amico solo di una donna che non è attraente...» «No, di norma vuole farsi anche quella.»
HARRY TI PRESENTO SALLY

Mia madre era solita dirmi: «Se uno sconosciuto ti si avvicina, e ti offre delle caramelle, e ti dice di salire sulla sua auto... vai».
LAURA KIGHTLINGER

Le ragazze che ci stanno sono barbone. Le ragazze che non ci stanno sono signore. Comunque, questa è un'accezione piuttosto arcaica del termine. Se uno di voi ragazzi dovesse incontrare una ragazza che non ci sta, non salti alla conclusione di aver trovato una signora. Probabilmente ha trovato una lesbica.
FRAN LEBOWITZ

Non so mai quando fare la prima mossa. In genere aspettavo che la facesse lei. Ieri sera ad una festa una ragazza bellissima mi ha offerto da bere, e poi mi ha invitato a casa sua. Mi fa: «Scusa un attimo». Quando ritorna è completamente nuda. Si siede sulle mie ginocchia, comincia ad accarezzarmi, a baciarmi dappertutto, e allora ho pensato: «Daniele, questa occasione non fartela scappare!». E così mi sono fatto dare il suo numero di telefono.
DANIELE LUTTAZZI

Attira le ragazze in casa con la scusa delle stampe cinesi, poi cerca di vendergliene un paio.
BORIS MAKARESCO

«Da quando l'ho vista, signora, ho invano cercato di stare lontano da lei, ma qualcosa in me echeggiava ininterrottamente, come un tam tam nella giungla. C'è qualcosa che vorrei chiederle, signora: mi può lavare un paio di calzini?»
GROUCHO MARX

Vi amo, volete sposarmi? Se rispondete di sì non mi rivedrete mai più.
GROUCHO MARX

Se mi sposi non guarderò mai più un altro cavallo.
GROUCHO MARX

Penso alla mia vicina. Per quanto mi sprema le meningi non trovo la maniera idonea di abbordarla. Bussare alla sua porta e invitarla a cena non mi sembra prudente né opportuno. Forse l'invito dovrebbe essere preceduto da un omaggio. In nessun caso devo mandarle denaro, ma se nonostante tutto decidessi di mandargliene, meglio in banconote che in monete. I gioielli presuppongono un rapporto più formale. Un profumo è un regalo delicato, ma molto personale; si corre il rischio di non indovinare i gusti della persona che si vuole omaggiare. Lassativi, emulsivi, cerotti, vermicidi, antireumatici e altri prodotti farmaceutici esclusi. È molto probabile che le piacciano i fiori e gli animali domestici. Potrei mandarle una rosa e due dozzine di dobermann.

Eduardo Mendoza

Con le donne la mia fortuna è altalenante: la nonna di un mio coetaneo mi ha concesso un appuntamento a cena, la Parietti mi ha mandato affanculo.

Egidio Morretti

Lui invita lei a salire per un drink e dice: «Vuoi un whisky?»
Lei: «Un dito grazie!»
Lui: «Non vuoi prima bere?!!»

Battuta girata via SMS segnalata da Federica Nardon

Sono vent'anni che per sedurre le donne uso sempre la medesima, identica tattica. Evidentemente è sbagliata.

Furio Ombri

Per dire a una ragazza tedesca che mi piaceva, che avrei voluto passeggiare nel bosco con lei, ho dovuto chiamare l'interprete. Cosa lui le abbia detto non so, l'ho vista arrossire, sorridere, abbassare gli occhi, ridere e andarsene con lui sottobraccio.

Franco Parenti

Lei pensa che abbia tempo da perdere con una donna vestita?

Produttore di Hollywood

Marito: «Sei sveglia tesoro?»
Moglie: «Certo... Sono sempre sveglia alle 5.00 del mattino!»
Marito: «Senti qualcosa?... Dai, ti terrà sveglia.»
Moglie: «Solo se me lo metti in un occhio.»

I ragazzi del coro

Per noi liguri l'arrivo dei turisti è un'occasione per prendere anche un po' di "mussa". Perché, direte voi, le donne liguri non ve la danno? Ma non te la prestano neanche! Tutt'al più te la raccontano. E te la raccontano così bene che dopo ti accendi anche la sigaretta!

Emilio Razzetti

Odio i primi appuntamenti. Ho commesso l'errore di dire una bugia alla ragazza con cui sono uscito, e lei mi ha sgamato. Non pensavo che avrebbe voluto davvero vedere la bat caverna.

ALEX REED

Se non vuoi mai più vedere un uomo, digli: «Ti amo, voglio sposarti, voglio avere dei figli da te». Lasciano i segni per terra, sgommando.

RITA RUDNER

Che razza di profumi si mettono addosso gli uomini? Perché pensano che alle donne piaccia l'odore di sella, oppure di resina di pino? Se un uomo vuole che io lo segua per strada, dovrebbe mettersi addosso qualcosa chiamato "Biscotto Zuccherino" o meglio ancora "Croissant".

RITA RUDNER

Oggi Tury mi ha detto: «Minchia, Sabbry, mi piaci perché sei dura come i cerchioni della mia Alfa Sud!».

SABBRY (LUCIANA LITTIZZETTO)

Attenti alla donna che accetta le avances che non le avete fatto.

LOUIS SCUTENAIRE

«Quando inviti una ragazza a casa tua, falle sempre trovare una bottiglia di champagne in frigo, una canna pronta e un compact sul piatto.» «E con queste cose la ragazza ci sta?» «A volte sì, a volte no. Però se non ci sta, hai lo champagne, hai la canna, hai la musica, ma che cazzo te ne frega?»

DADO TEDESCHI

Ieri per conquistare una ragazza le ho detto: «Vuoi sentire una mia canzone?». Mi ha risposto: «Guarda, piuttosto te la do subito!».

RENATO TRINCA

Sono cinque mesi che nessun uomo mi caga. Voglio dire: cinque mesi non sono niente nell'arco di una vita, ma cinque mesi nell'arco di cinque mesi...

LUCIA VASINI

«Signorina non mi fraintenda, non voglio farle la corte. Voglio farmi lei.»

Lando Viti

Da giovane inseguivo le gonne in tutto il mondo. Finché non sono arrivato in Scozia. Ah, gente, se sono rimasto sorpreso!

Walter, il veterano del Vietnam (Jeff Dunham)

Sono entusiasta della tecnologia. Ieri ho chiesto a una ragazza: «Me la dai?». E lei: «Non posso, sono fidanzata. Però se vuoi te la masterizzo!»

Lucio Wilson

Lui: «Signorina, se le dicessi: sono squattrinato, non ho l'automobile, parlo male e sono maleducato, sono fallocrate, schizofrenico, nevrastenico, asmatico. Mi spilucco le caccole dal naso. Ho la forfora, le piattole, i vermi, lo scolo, una moglie, otto figli, le mutande sporche, il collo lercio, polsini luridi, le scarpe bucate, fedina penale sporca, vari tic, crisi, mi rotolo per terra, bevo, sbavo, sputacchio, sniffo la colla, l'etere, i tubi di scappamento, russo, mi scrocchio le dita, mi rosicchio i colletti delle camicie, sono lunatico, mi pulisco le gengive con l'indice, ho il cazzo piccolo, non mi piace Sartre, detesto la musica, mi fa schifo ballare, sono cannibale, faccio errori di ortografia, ho le mani umidicce, il naso gocciolante, vorrei che venisse la guerra per fare il traditore, sono sfaticato, ladro, scatologico, ho la pancia molliccia, il fiato fetido, pensieri torbidi, sguardo sornione, gesti brutali, stacco le ali alle mosche, foro gli occhi dei gatti, racconto agli amici i dettagli dei miei rapporti sessuali, accetterebbe di uscire con me?»
Lei: «Vada via! Che orrore!»
Lui: «Ecco, lo sapevo che non dovevo dirle che ho il cazzo piccolo.»

Georges Wolinski

Mi piaci, io non ho nessun gusto, ma mi piaci.

Henny Youngman

«Lo sa, lei è bellissima. Vuole fare sesso con me?» «Devo mettermi a urlare?» «Ho appena chiuso un contratto che mi ha fatto guadagnare

sei milioni di euro.» «Devo mettermi a urlare? O vogliamo continuare questa conversazione in un posto meno rumoroso?»
MIRCO ZILIO

Un giorno portai alla maestra una mela e lei mi diede un bacio. Il giorno dopo le portai un'anguria e lei non capì.
MARIO ZUCCA

COSCIENZA

Io in quanto uomo e soprattutto cattolico aborro l'uso dei preservativi, poiché possono creare profondi problemi di coscienza. Per esempio a me fanno bruciare il culo.
LORENZO BECCATI

«Signor Andreotti, come fa ad avere la coscienza sempre pulita?» «Non la uso mai!»
ALFREDO CHIAPPORI

Meno male che il Papa mi ha detto di votare secondo la mia coscienza di buon cattolico... se no avrei votato Dc.
STEFANO DISEGNI

Il Dalai Lama ha visitato la Casa Bianca e si è offerto di insegnare al Presidente come raggiungere un più alto livello di coscienza. Poi, dopo aver parlato con Bush qualche minuto, ha detto: «Anzi, sa una cosa? Andiamo a pranzo, va'».
BILL MAHER

La coscienza è la voce che ti dice che non avresti dovuto fare una cosa dopo che l'hai fatta.
TONY RANDALL

La coscienza è la voce interiore che ci avverte che qualcuno potrebbe vederci.
MARK TWAIN

COSTANZO MAURIZIO

L'unica cosa che arresta la caduta dei capelli è il pavimento.
MAURIZIO COSTANZO

Che scena straziante! Non mi commuovevo più così dal giorno in cui vidi al *Maurizio Costanzo Show* Corinna, la piccola infelice nata senza saper né leggere né scrivere.
GINO&MICHELE-GENE GNOCCHI

Maurizio Costanzo è incredibile! Ero con lui a cena l'altra sera: sudava così tanto che a un certo punto si è tolto la giacca e quella ha continuato a sudare da sola!
BEPPE GRILLO

Maurizio Costanzo che fa la pubblicità alle camicie è come un elefante che fa pubblicità ai collari per cani.
EGIDIO MORRETTI

Negli Stati Uniti i ragazzi si travestivano per non andare in Vietnam. Io mi travesto per andare da Costanzo.
PLATINETTE

«Ho rifatto completamente il guardaroba a Maria De Filippi. Dietro a ogni abito ho messo una targhetta con scritto Maurizio Costanzo.» «Scusi, perché non ha scritto Franco Tamburino?» «Tesoro non posso: in Italia per legge dietro le raccomandate bisogna mettere il nome del mittente!»
FRANCO TAMBURINO (GIORGIO FALETTI)

COSTO DELLA VITA

Stare al mondo può essere caro, ma c'è incluso nel prezzo un viaggio attorno al sole gratis ogni anno!
ASHLEIGH BRILLIANT

«Mi dà un cono gelato da 1 euro e 50 euro... Grazie, quant'è?... Come 2,00 euro, se ieri costava 1 euro! »
ANTONIO CORNACCHIONE

Picone: «Caro mio, troppe spese! Ne parlavo l'altro giorno col mio vicino di casa: il signor Merendino, il pensionato. Mi ha fatto vedere le bollette di casa sua: un'enormità! E dire che abitano in due: lui e la moglie. Luce, acqua, gas, telefono... pagano milioni e milioni!»
Ficarra: «Tutti così siamo combinati! Tu quanto paghi?»
Picone: «No, io niente perché sono allacciato dal signor Merendino!»

Ficarra: «Ma lui lo sa?»
Picone: «Non gliel'ho detto per delicatezza, i rapporti di vicinato sono delicati!»
FICARRA E PICONE

Jean Pierre l'ortolano... 5 euro una susina... Allora l'eroina cosa costa? Meno di un kiwi? Guarda, guarda... C'è anche un vigilantes fuori... L'ortolano c'ha i vigilantes fuori... Se fanno una rapina e gli rubano un mazzetto di rosmarino o una piantina di cerfoglio... Costano più di una parure di Bulgari... Senta, vorrei un'anguria... Gliela incarto, o faccio un leasing?
GINO&MICHELE-PAOLO ROSSI

Se i fiori sono il linguaggio dell'amore, con quello che costano non posso permettermi neanche una stretta di mano.
ROBERT ORBEN

Ci siamo trasferiti nella casa dei nostri sogni. Infatti costa il doppio di quello che sognavamo.
BOB PHILLIPS

COSTUME

Mi avevano detto che lei adorava la Jacuzzi, sapete quelle vasche con le bollicine, gli idromassaggi... Allora ho sparso la voce che ce l'avevo. Ma non era vero. Però con questa scusa sono riuscito a invitarla a casa mia. Io speravo che fosse una scusa anche per lei. Invece no. Era venuta col costume da bagno, voleva proprio la Jacuzzi. Allora ho messo due dozzine di Alka Seltzer nella vasca da bagno. Una figura di merda!
CLAUDIO BISIO

Sto girando un altro film in costume, ma stavolta più che metterlo lo tolgo.
GRETA SCACCHI

Non voglio dire che il suo costume da bagno fosse ridotto, dico solo che ho visto più cotone in cima a un flacone di medicinali.
HENNY YOUNGMAN

COW-BOY (Western)

È un brutto colpo scoprire all'età di cinque o sei anni che in un mondo di Gary Cooper, tu sei l'indiano.
JAMES BALDWIN

Mi hanno detto che anche Dio è svelto, ma non ne sono sicuro finché non lo incontro.
BILLY THE KID

Il Buono: «Uno, due, tre, quattro, cinque, sei. Il numero perfetto.»
Il Cattivo: «Non è tre il numero perfetto?»
Il Buono: «Sì, ma io ho sei colpi».
IL BUONO, IL BRUTTO, IL CATTIVO

«Ehi Armonica, una città se la fai vicino a una stazione è una fabbrica di soldi, eh? Centinaia di migliaia di dollari, eh, anche di più: migliaia di migliaia...» «Li chiamano milioni.»
C'ERA UNA VOLTA IL WEST

«Come si fa a fidarsi di uno che porta insieme cinta e bretelle, di uno che non si fida nemmeno dei suoi pantaloni?»
C'ERA UNA VOLTA IL WEST

Se Cristoforo Colombo al posto di approdare in America fosse approdato davvero in India, i western sarebbero stati noiosissimi. Invece che in battaglia gli indiani sarebbero morti di fame.
GINO&MICHELE

Il cow-boy stava cavalcando nel tramonto quando gridò: «Vai, Bronco!», e sputò un polmone.
FRANCESCO SALVI

A trovare un'altra moglie si fa presto. Ma una cavalla come quella io non la trovo più.
OMBRE ROSSE

CRAVATTA

«Presto avremo un bambino.» «Scherzi?» «No, avrò proprio un bambino me l'ha detto il dottore...

sarà il mio regalo per Natale!» «Ma a me bastava una cravatta!»
WOODY ALLEN

Una cravatta pulita attrae la zuppa del giorno.
ARTHUR BLOCH

Ieri avevo un appuntamento importante per un colloquio di lavoro e quindi mi sono vestito per l'occasione: giacca blu, cravatta e camicia bianca. Completava il mio abbigliamento un'utile cartella di cuoio modello dirigente con scomparti a fisarmonica, per sistemare i vari documenti che avevo con me: un biglietto del tram e *La Gazzetta dello Sport*.
ANTONIO CORNACCHIONE

Sto passeggiando per Madison Avenue e vedo una bellissima cravatta esposta in una vetrina. Allora entro nel negozio. Prima che apra bocca, il proprietario dice: «Oh, Tony Randall! Nel mio negozio! Per favore, un minuto solo, aspetti devo chiamare mia moglie, non ci crederà mai!». Allora chiama la moglie e mi dice: «Ecco, per favore, saluti, le dica qualcosa, qualsiasi cosa. Le parli! Qualsiasi cosa!». Mi adula così tanto che alla fine compro la cravatta. Non ho abbastanza contanti e così gli chiedo: «Accetterebbe un assegno?». E lui: «Avrebbe mica un documento di identificazione?».
TONY RANDALL

Era una ragazza molto strana: continuava a dire che avevo una bella cravatta... Ed ero nudo!
FRANCESCO SALVI

Con un abito da sera e una cravatta bianca chiunque, persino un agente di cambio, può far credere di essere una persona civile.
OSCAR WILDE

CRAXI BETTINO

Craxi e Berlusconi sono come re Mida: tutto quello che toccano diventa loro.
ALTAN

Martelli: «Capo: mi scappa la pipì!» Craxi:«Vai a farla fuori: non voglio autoironia all'interno del Psi.»
ANGESE

«Sai come chiamerebbero Craxi se lo facessero Papa?» «No.» «Pio tutto!»
ANONIMO

Sposerò Stefania Craxi. Perché se Bettino ha fatto sindaco il marito di sua sorella, a me che sposerò la figlia mi farà arcivescovo.
ROBERTO BENIGNI

Craxi adesso ha deciso che vanno bene solo i partiti sopra il 5%. La prossima volta deciderà che vanno bene solo i partiti che hanno un segretario sopra i cento chili, calvo e con il cognato che fa il sindaco di Milano.
ROBERTO BENIGNI

San Giuseppe: «Un giorno nostro figlio sarà molto importante.» Madonna: «Perché, credi che sposerà la sorella di Craxi?»
ELLEKAPPA

«Craxi è solo con se stesso.» «Quell'uomo continua a circondarsi delle persone sbagliate.»
ELLEKAPPA

«Non capisco perché tanto astio verso Craxi.» «Un tipo così discreto che negli ultimi sedici anni si è sempre fatto gli affari suoi.»
ELLEKAPPA

Emilio Fede: «... Migliaia di fax di solidarietà al nostro Presidente del Consiglio Silvio Berlusconi hanno intasato la redazione del nostro telegiornale. Venivano da ogni angolo d'Italia, alcuni da tutta Europa, uno da tutta l'Africa. Sì, perché c'è qualcuno anche ad Hammamet che ci vuole bene, e non importa il colore della sua pelle...»
GINO&MICHELE

A Craxi, quando vede un socialista magro, prende un groppo alla gola e si domanda: «Dove ho sbagliato?».
GINO&MICHELE

Avete presente Minoli? Quello che fa i sondaggi a Mixer, tipo: «Alla

domanda, "Le piace Craxi?", il 20% degli italiani ha risposto sì, l'80% ha dato una risposta sbagliata».
Beppe Grillo

Craxi: «I franchi tiratori? Anonimi vigliacchi! Gente che non ha il coraggio delle mie idee!»
Enzo Lunari

A Hammamet hanno il terrore di Craxi perché è talmente gasato che quando si tuffa in mare l'acqua diventa Schweppes e le spigole si ossigenano, escono e vanno in discoteca.
Antonio Ricci

Sul pianeta Craxon la polizia è bellissima: son tutti modelli di Armani che sembrano giovani nazisti. Ma, a ben guardare, non sono poi così giovani.
Paolo Rossi

Craxi ai somali!
Scritta su un muro di Milano

«Ma i delfini sono animali intelligenti?» «Da giovani... Poi diventano un po' troppo filocraxiani.»
Sergio Staino

CREAZIONE

Ok, Dio ha creato il cielo e la terra. Ma cos'ha fatto di recente?
Bumper Sticker

Adamo è lì nel paradiso terrestre con tutti i comfort possibili ma sente che gli manca qualcosa a cui non riesce dare un nome. Riesce però ad accostare un colore, un rosa pallido... Dio se ne accorge e crea la donna. E pecca di presunzione perché Adamo, quella che voleva al suo fianco era semplicemente la *Gazzetta dello Sport*.
Lella Costa

Nella sua arroganza l'uomo attribuisce la propria origine a un piano divino. Io credo più umile e verosimile vederci creati dagli animali.
Charles Darwin

Dio creò l'uomo e disse: «Non ci siamo!». Creò la donna e disse: «Non ci siamo ancora! ». Creò te e disse: «Ma vaffanculo non è proprio giornata!».
ARTURO DI NACCIO E CLAUDIA GIOVANNELLI

Dio ha creato il gatto per dare all'uomo il piacere di accarezzare la tigre.
M. FERNAND

Pallanuoto.
Il primo giorno Dio creò la palla
e il secondo il mare
perché da sola si tenesse a galla.
GAIO FRATINI

Nella fede cristiana, Dio creò Adamo a sua immagine e somiglianza. Ma sessantacinque milioni di anni prima, Dio creò i dinosauri a immagine e somiglianza di suo cugino Ted. Ted non era la pecora nera della famiglia, Ted era il grande mostro schifoso della famiglia.
EDDIE IZZARD

Credo nel Dio che ha creato gli uomini, non nel Dio che gli uomini hanno creato.
ALPHONSE KARR

Come mai Dio ha creato prima l'uomo e poi la donna? Che domanda, perché non aveva nessuna voglia di stare a sentire consigli su come doveva fare l'uomo.
CITATA DA ELENA LOEWENTHAL

E il sesto giorno Dio fece il camaleonte, ma stava già pensando al week end e lo creò contro voglia, senza un'idea precisa.
MARCO MELLONI

Milioni di anni fa (o più) la terra si formò grazie a orrendi cataclismi: gli oceani infuriati frantumavano le coste e seppellivano isole, mentre gigantesche catene di montagne crollavano e vulcani in eruzione generavano nuovi monti; i terremoti spostavano i continenti. Per commemorare questi fenomeni, il Municipio manda in giro ogni notte speciali apparecchi, chiamati camion della nettezza urbana, che riproducono sotto le finestre dei cittadini quei fragori tellurici.
EDUARDO MENDOZA

E Dio creò l'uomo a sua immagine e somiglianza. Poi creò la donna, ma un po' più stronza.
FRANCESCO MICCIO

Genesi: in principio erano tre uova, poi una si schiuse e nacque... l'uccello.
ROBERTO "ROBYM" MORO

E Dio creò la luce visto che le prime foto erano venute scure.
EGIDIO MORRETTI

Dio nella sua immensa saggezza fece la mosca, e poi si dimenticò di dirci perché.
OGDEN NASH

La donna è stato il secondo errore di Dio.
FRIEDRICH NIETZSCHE

Yuri: «Pronto? Perché è comparso l'uomo sulla terra?»
Quelo: «Perché se l'uomo compare sull'acqua affogava... sennò che poteva anche nuotare però se appena compariva che ancora nessuno gli aveva insegnato di nuotare veramente bbéne... se era comparso prima sulla terra un istruttore di nuoto poi compariva l'uomo sull'acqua allora quello gli insegnava a nuotare e allora potevi riandare nell'acqua che ti sentivi veramente bbéne...»
QUELO (CORRADO GUZZANTI)

Dio creò la Padania, poi si accorse dell'errore e creò la nebbia.
SCRITTA SU UN MURO DI NAPOLI

Storia del Mondo. I vulcani eruttarono. Gli oceani ribollirono. L'universo era in tumulto. Poi venne il cane.
SNOOPY

Dio ha creato ogni cosa dal nulla. Ma il nulla si vede ancora in trasparenza.
PAUL VALERY

CREDERE
vedi **Fede**

CREMAZIONE
vedi **Cimitero**

CREMA
vedi **Estetista**

CRIMINE
(Furto - Fregare - Rubare)

Si è notato da tempo che le giurie sono spietate con i ladri e piene di indulgenza con gli infanticidi. Una questione di interesse, mio caro signore! La giuria ha paura di essere derubata e ha già superato l'età in cui potrebbe essere vittima di un infanticidio.
Edmond About

Giovanni: «Unoppi, unoppi, unoppi… attenti! Allora statemi bene a sentire… esercitazione… Dexter, mi hanno telefonato che c'è una rapina in corso, ci sono dei delinquenti esageratissimi che tengono in ostaggio i clienti e sono asserragliati all'interno del Credito Bergamasco. Dexter, come agiamo?»
Aldo: «La prima cosa che dobbiamo fare è quella di consultare scrupolosamente il manuale, dopodiché dobbiamo porci la domanda più importante: è pericoloso?»
Giovanni: «Certo che è pericoloso, è pericolosissimo!»
Aldo: «Allora mi prendo un giorno di ferie!»
Aldo, Giovanni e Giacomo

Gin: «Come è andata la rapina al supermercato?»
Fizz: «Bene, in cassa c'erano solo due milioni ma c'era un'offerta e ce ne hanno dati tre».
Ale e Franz

Gin: «Ora vado, devo sistemare Vincent: quella questione dei soldi falsi non mi è andata giù!»
Fizz: «Ehi, Gin, sei sicuro che i soldi fossero veramente falsi?»
Gin: «Sì. Sulle centomila Caravaggio era di spalle!»
Ale e Franz

L'Fbi circonda la casa: «Buttate fuori il bambino, consegnateci le armi e

uscite a mani in alto». I rapitori rispondono: «Buttiamo fuori il bambino, ma lasciateci tenere le armi e andare alla nostra macchina». L'Fbi replica: «Buttate fuori il bambino, vi lasciamo andare alla macchina, ma consegnateci le armi». I rapitori allora dicono: «Buttiamo fuori il bambino, ma lasciateci le armi, non abbiamo bisogno di andare alla macchina». L'Fbi propone: «Tenetevi il bambino...».
Un momento, ho fatto casino...
WOODY ALLEN

Nixon era un bravo Presidente, però quando usciva dalla Casa Bianca il servizio d'ordine contava l'argenteria.
WOODY ALLEN

«Dice Baudo che non è satira chiamare basso uno che è basso.» «Sarebbe come chiamare ladro uno che ruba.»
ALTAN

«I ladri sono ladri!» «Lei non può criminalizzare così un'intera categoria!»
ALTAN

I grandi dubbi.
Rubare ai socialisti è reato?
ANGESE

Miracolo a Montecitorio. «Al miracolo! Al miracolo!» «Che c'è? È apparsa la Madonna?» «No. Mi era caduto il portafogli tra i banchi democristiani; sono sceso e l'ho ritrovato intatto.»
ARTIOLI, 1946

Robin Hood rubava ai ricchi per dare ai poveri, poi rubava ai poveri per dare ai ricchi, infine rubava ai ricchi e poveri per dare ai matia bazar.
ANATOLJ BALASZ (NATALINO BALASSO)

Mi hanno rubato la macchina. Ed è la peggiore sensazione del mondo, perché quel che succede è che ti rifiuti di accettare che la macchina sparita sia la tua. Sono stato due giorni in quel posteggio a dirmi: «Nah, adesso ritorna».
BILL BELLAMY

Una vergine è come una zona per parcheggiare. Non ce ne sono molte in giro, e appena ne avvisti una, un

furbastro te la frega proprio sotto gli occhi!
Milton Berle

Gazza: uccello la cui tendenza ai furti ha fatto pensare a qualcuno che si potesse insegnargli a parlare.
Ambrose Bierce

Detesto parlare alla gente che non conosco. Per esempio, ai grandi magazzini, dove la commessa ti si avvicina, ti saluta, ti segue e non riesci a rubare niente.
Elayne Boosler

Mio papà ha inventato il primo antifurto, ma purtroppo gliel'hanno rubato.
Victor Borge

Cos'è rapinare una banca a paragone del fondare una banca?
Bertolt Brecht

È dura la vita del postino. Ieri ho citofonato a un'anziana signora e le ho detto: «Buongiorno signora, sono il postino. Mi fa salire?». E lei: «Ma non è che poi sale e mi ruba la pensione?» «Signora, io già rubo lo stipendio...»
Bruce Ketta-Marco Del Conte

Dove siamo arrivati. Ieri due teppisti hanno scippato con la Vespa una vecchietta trascinandola al suolo. Per fortuna un passante ha estratto la sua Magnum e li ha uccisi.
Massimo Bucchi

Mio fratello fa un lavoro insolito: trova le cose prima che gli altri le perdano.
Frank Carson

Il terrorista: «Cercammo di far esplodere un'autobomba a Napoli, ma cinque minuti dopo ruppero il vetro e si fregarono la bomba. Da allora nelle autobomba per Napoli usiamo bombe col frontalino estraibile».
Giovanni Cellini

Ero talmente tanto fatto di crack una volta, che sono entrato in casa mia per svaligiarla. Ero quasi arrivato alla porta col televisore in braccio quando mi sono accorto che lì era dove vivevo. E sì che ho fatto da

palo fuori della casa per un po' di sere e continuavo a dirmi: «Ragazzi, questo imbecille qui non è mai a casa!».
MICHAEL COLYAR

La crescente motorizzazione negli Stati Uniti ha un'enorme influenza positiva sulla moralità della popolazione: i furti dei cavalli sono notevolmente diminuiti.
GARY COOPER

Abito in un quartiere di teppisti incredibili. Per dirne una: ieri ho preso la macchina, ho parcheggiato, l'ho lasciata aperta, ma giusto tre minuti, il tempo di bere un caffè. Sono uscito dal bar e l'ho trovata chiusa!
ANTONIO CORNACCHIONE

Ah, è bello tornare a New York... Non c'è posto come la propria casa... e da nessuna parte al mondo senti i suoni della tua infanzia, tipo: «Hey, pompinaro succhiacazzi! Dammi l'autoradio o ti braso il culo!».
BILLY CRYSTAL

È l'unico albergo dove le cameriere rubano gli asciugamani ai clienti.
WILMA DE ANGELIS

È assai frequente che l'esistenza del gommista venga scoperta in età avanzata. In altri termini i guidatori giovani si disinteressano dello stato di salute degli pneumatici, non sanno cosa sia l'equilibratura e provano stupore se qualcuno spiega loro che "Tubeless" vuol dire "senza camera d'aria". Generalmente l'equivoco nasce così: il gommista esamina lo pneumatico e dice: «Ah, è senza camera d'aria». Ed essi rispondono: «Che ci vuole fare, nella mia zona si rubano tutto».
GIOELE DIX

Ficarra: «Ma che hai? Ti vedo provato!»
Picone: «(Piangendo) C'è la tipografia di mio figlio che va male!»
Ficarra: «Ma anzi, da quando vi siete messi a stampare euro le cose si erano sistemate!»
Picone: «Lo so! Il problema è che da quando abbiamo l'euro i prezzi si sono raddoppiati. Io prima una ban-

conota da diecimila lire con tremila lire di spese la stampavo!»
Ficarra: «E ti rimaneva un bel guadagno.»
Picone: «Oggi, invece, è raddoppiato il prezzo dell'inchiostro, della carta, della filigrana. Ho calcolato che su una banconota di dieci euro c'ho un guadagno di dieci centesimi! Che vuole lo stato, che me ne vado a rubare?»
FICARRA E PICONE

Ficarra: «Caro mio, con questo euro non si campa più, è rincarato tutto. Io lo vedo, per esempio, nel mio campo. Nella musica. I cd sono aumentati.»
Picone: «La gente non li compra.»
Ficarra: «E si alimenta il mercato dei cd originali!»
FICARRA E PICONE

Picone: «Ma che fai?»
Ficarra: «Fammene andare che è tardi!»
Picone: «Ma tutta questa premura, perché?»
Ficarra: «Domani mi devo alzare presto che devo andare a ritirare la pensione di mio suocero!»
Picone: «Ma tuo suocero sono tre anni che è morto!»
Ficarra: «Lo so! Ma è un modo come un altro per sentircelo ancora vicino!»
FICARRA E PICONE

L'omicidio è un crimine. Scriverne, no. Il sesso non è un crimine, ma scriverne sì. Perché?
LARRY FLYNT

Attenzione, ho pensato di mettervi in guardia cosicché possiate evitare di rimanere vittime di un'incresciosa truffa. Non so quanti di voi fanno la spesa all'Ikea, comunque funziona così: due bellissime ragazze sui 18 o 20 anni si avvicinano alla macchina mentre stai infilando nel baule gli acquisti. Iniziano a pulirti il parabrezza con delle spugne facendo quasi balzar fuori i seni dalle loro camicette strettissime. Quando alla fine le ringrazi e offri loro una mancia, rifiutano e chiedono invece un passaggio verso l'Ikea dall'altra parte della città. Se accetti, salgono

sul sedile posteriore e, mentre guidi, cominciano a lesbicare tra loro. Quando finalmente arrivi al parcheggio dell'altra Ikea, una di loro sale sul sedile anteriore e ti fa un pompino micidiale, mentre l'altra, a tua insaputa, ti ruba il portafoglio. Con questo biasimevole sistema, mi hanno rubato il portafoglio martedì, mercoledì, due volte giovedì, sabato, ieri e, probabilmente, di nuovo stasera.
CITATA DA GIORGIO GHERARDUCCI

I ragazzi dell'85 sono strani. Ne ho visti alcuni rubare la droga per comprarsi un'autoradio.
GINO&MICHELE

È bene diffidare dei marocchini che propongono l'acquisto di un sonar perché sicuramente è stato rubato da un tossicodipendente a un sommergibile.
GENE GNOCCHI

L'America è uno dei migliori paesi che qualcuno abbia mai rubato.
BOBCAT GOLDTHWAIT

Prometto di non dire mai più che i socialisti rubano. In cambio i socialisti potrebbero smettere di rubare.
PAOLO HENDEL

Ashton Kutcher, lo odio. Mi ha rubato tutte le idee. Andare a letto con Demi Moore? È mia, quell'idea.
JAMIE KENNEDY

Il crimine a New York è al minimo storico, in questi giorni. Peccato, perché mi manca il caffè gratis che mi davano quando guardavo quei libroni di foto segnaletiche.
DAVID LETTERMAN

La ragione per cui c'è poca criminalità in Germania è perché è contro la legge.
ALEX LEVINE

Ho visto un fiore e l'ho preso, ho visto una farfalla e l'ho presa, c'era lì anche un'Alfa33 e c'era su uno stereo, ho preso anche quello.
MAGO ORONZO (RAUL CREMONA)

A uno ho detto: «Tu camminerai», e dopo due giorni... gli hanno fregato la macchina!
MAGO ORONZO (RAUL CREMONA)

Faccio magia con qualsiasi oggetto: l'anno scorso ho messo in testa un collant di nylon e in una banca sono apparsi 100 milioni!
MAGO ORONZO (RAUL CREMONA)

«Quando ho la sensazione che in fabbrica ci sia un po' di disordine», mi diceva un giovane industriale, «quando vedo che si profila uno sciopero, io prendo il mio yacht. Me ne vado. In crociera. Alle Bahamas. E mi porto dietro un po' di operai.» «Come viaggio premio?» «No, come ostaggi!»
MARCELLO MARCHESI

Annuncio apparso su un quotidiano napoletano. Apparecchiatura per tomografia assiale computerizzata, identica a quella rubata all'Ospedale Santa Maria Pietosa degli Orfanelli Ciechi, vendesi a clinica privata. No perditempo.
GIANFRANCO MARZIANO

Il Psi cambia nome? Non importa: li riconosceranno dalle impronte digitali.
MAURO MELLINI

Sì, ho sempre rubato in casa e mi sono sempre trovato bene. Lo faccio perché ci tengo a dare un dispiacere ai miei genitori che non mi hanno mai fatto mancare niente.
MAURIZIO MILANI

«Se non mi dai la catenina ti buco con la siringa infetta.» «Pungimi pure tanto ho il preservativo in tasca.»
MARISA MIRITELLO

È difficile che qualcuno rubi il Portogallo.
SANDRO MONTALTO

Questo pomeriggio c'è stata una rapina. Hanno rapinato una corriera di turisti giapponesi. Ma, grazie a Dio, sono disponibili oltre due milioni di fotografie dei rapinatori.
JAN MURRAY

Oggigiorno il crimine perfetto è l'essere preso e vendere la tua storia alla TV.
ALFRED E. NEWMAN

Ieri, nel West Virginia, un uomo è stato arrestato per aver rubato numerose bambole gonfiabili. Stando ai rapporti, la polizia non ha avuto nessun problema ad acciuffare l'uomo, perché era completamente senza fiato.
CONAN O'BRIEN

«Cosa fa tuo figlio?» «L'assicuratore, e ne sono fiero!» «Anche il mio ruba, però in famiglia non siamo mica tanto contenti!»
DIEGO PARASSOLE-RICCARDO PIFERI-CARLO TURATI

Il problema del traffico a Napoli sta tutto nel fatto che in alcune zone non si trova un posto dove parcheggiare la macchina, in altre non si trova più la macchina parcheggiata in un posto.
ANTONIO PORTOLANO

Il Bar dello Sport di Baranzate di Bollate è stato il primo fast food del pianeta Terra. Fast food nel senso che, se non fai alla svelta, fuori ti fregano la macchina.
POTATO (ALESSANDRO BRUNELLO)

Un avvocato con una valigia può rubare più di mille uomini con delle armi.
MARIO PUZO

Lasciatemi dare un consiglio ai turisti. Se volete andare a New York, portatevi la macchina fotografica, perché vedrete cose che non rivedrete mai più. La prima cosa che non rivedrete mai più sarà la vostra macchina fotografica.
MIKE REYNOLDS

Ho fatto un sogno all'incontrario in cui a Milano c'era una giunta di sinistra vera. Gli assessori facevano gli assessori, i geometri facevano i geometri e i ladri facevano i ladri. Non come adesso in cui gli assessori fanno i ladri, i geometri fanno i ladri e i ladri che non sanno più che cazzo fare perché fanno tutto i geometri e gli assessori!
PAOLO ROSSI

Ormai l'Italia convive con il crimine. Dopo tanti anni non è escluso che si arrivi al matrimonio.
GABRIELLA RUISI

Rapine! Esportazione di valuta! Traffico di droga! Associazione a delinquere! Rapimenti! Eversioni! Ricatti! Perché subirli? Fateli da voi!
SACCHI E RUSTICHELLI

Ho venduto il Colosseo. Credo che mi abbiano fregato: mi hanno dato solo 200 euro.
SANDORR

Il ladrone in croce: «Dimmi Gesù, quanto è grande il tuo regno?» «Così.»
MAURIZIO SANGALLI

«Marge! Guarda che roba fantastica ho trovato giù al porto. Era lì, messa sulla barca di qualcuno!»
HOMER SIMPSON

È un criminale talmente pericoloso che Bob Dylan ha scritto una canzone per non farlo uscire di prigione.
I SIMPSON

Tu pensi che New York sia pericolosa? Dovresti andare a Detroit. Potresti andare avanti per dieci isolati e non abbandonare mai la scena del crimine.
RED SKELTON

Capannelle: «Conoscete uno che si chiama Mario che abita qua nei dintorni?» Bambino: «Ma qua ce ne sono cento di Mario»
Capannelle: «Sì ma questo è uno che ruba...»
Bambino: «E sempre cento so'!»
I SOLITI IGNOTI

Un buon compositore non imita. Ruba.
IGOR STRAVINSKIJ

Il crimine urbano ha avuto una tale drammatica escalation, che adesso invece di consegnare le chiavi della città, danno direttamente un grimaldello.
TODAY'S CHUCKLE

Mi hanno ingaggiato per il *Dottor House*. È una storia intricata, c'è un portantino che ruba gli occhi ai cadaveri. Sembra cattivo, ma alla fine

si scopre che, mettendo da parte un chilo di cornee, riesce a regalare un cane a un cieco.
CARLO TURATI

Probabilmente si potrebbe dimostrare con i fatti e le cifre alla mano che non esiste una classe criminale genuinamente americana, tranne il Congresso.
MARK TWAIN

Una volta ho rubato un'anguria da un carretto quando il proprietario non stava guardando. Sono andato nel mio posto segreto, mi sono seduto e stavo per addentare l'anguria quando mi sono reso conto che non avrei potuto farlo. Non era giusto. Così ho riportato indietro l'anguria, l'ho rimessa sul carretto, e ne ho presa una matura.
MARK TWAIN

Quelli che Fellini gli ha rubato l'idea.
BEPPE VIOLA

Quando ho iniziato a lavorare non avevo un soldo: dormivo sul pavimento, non avevo nessun mobile, e l'appartamento era vuoto. Una sera ho portato a casa un ragazzo, ero così imbarazzata; così, appena ho aperto la porta, ho gridato: «Nooo! Mi hanno svaligiato la casa!».
GRACE WHITE

Mi ricordo che quando ero un feto sgattaiolavo fuori da mia madre, quando lei dormiva. Ricordo che pensavo: «Questo è un buon momento per rubare. Finché non ho ancora le impronte digitali».
STEVEN WRIGHT

Uno dei miei cognati è un genio. Quando a New York c'è stato lo sciopero dei netturbini, sapete come si è sbarazzato della spazzatura? L'ha impacchettata con la carta da regalo, l'ha lasciata in macchina, e gliel'hanno rubata.
HENNY YOUNGMAN

CRISI DI COPPIA
vedi **Coppia**

CRISTIANO
vedi **Cattolico**

CRITICA *(Critico)*

Ho avuto la critica più breve che sia mai stata pubblicata. Diceva: "Ieri sera al teatro è stato rappresentato Domino. Perché?".
MARCEL ACHARD

Diverse tonnellate di dinamite sono state usate in questo film. Nessuna sotto le persone giuste.
JAMES AGEE, NELLA SUA CRITICA A *TYCOON*

Sono molto avvilito perché il mio romanzo, *Fiero emetico*, ha ricevuto fredde accoglienze dalla critica. L'unica recensione favorevole, sul *Times*, è viziata però dalla frase finale che definisce il libro "un miasmatico marasma di asinini luoghi comuni che non trova l'uguale nella letteratura occidentale". Willie mi dice che, sebbene la frase potrebbe variamente interpretarsi, è opportuno non servirsene a scopi pubblicitari.
WOODY ALLEN

Il film l'ho finito. Adesso speriamo che prima o poi la critica lo rivaluti.
ALTAN

I critici sono come gli eunuchi: sanno perfettamente come si fa, ma non possono.
ANONIMO

Chiedere a uno scrittore che cosa pensa dei critici è come chiedere a un lampione che cosa pensa dei cani.
NICOLAS BOILEAU

Critici si nasce, artisti si diventa, pubblico si muore.
ACHILLE BONITO OLIVA

I libri che recensiva li leggeva soltanto in seguito. Così sapeva già quello che ne pensava.
ELIAS CANETTI

Robin Williams in questo film è il passo falso di casting cinematografico più disastroso dai tempi di Julia Roberts nel ruolo di Campanellino,

Tommy Lee Jones in quello di Due-Facce, e Kevin Costner in quasi tutti i suoi ruoli.
Kevin Carr

Scrivere a proposito di musica è come danzare a proposito di architettura.
Elvis Costello

Inizierò questa recensione con un'affermazione positiva: guardare questo film è una fruibile alternativa al guardare il sole ininterrottamente per cinque ore.
Dr. Cyclops, nella recensione del film *Python II*

Questo film non raschia il fondo del barile. Questo film non è il fondo del barile. Questo film non è il pavimento sotto al fondo del barile. Questo film non merita di essere menzionato nella stessa frase con un barile.
Roger Ebert, riferendosi al film *Freddy Got Fingered*

Kevin Spacey e Alan Parker sono uomini onorevoli. Perché hanno fatto un film così stupido? L'ultima scena mi ha fatto venire voglia di tirare qualcosa contro lo schermo, tipo Spacey e Parker.
Roger Ebert, riferendosi al film *The Life of David Gale*

Ogni imbecille ha il diritto di criticare e la maggior parte lo fa.
Cyril Garbett

È una splendida storia ambientata in Sardegna. Un maiale viene rapito vicino a Orgosolo e i genitori sospettano che non sia più vivo perché nella lettera di richiesta di riscatto i rapitori hanno messo tre fette di mortadella.
Gene Gnocchi-Marco Posani

Posso immaginare facilmente il *Pinocchio* di Benigni diventare un sempreverde natalizio. Il carbone non è più così facile da trovare come un tempo e questo film può essere un ottimo sostituto da mettere nella calza dei bambini cattivi.
Ken Hanke

Una buona recensione è solo un altro rinvio dell'esecuzione.
Dustin Hoffman

Sei un critico o una donna?
William Holden

I giudizi dei critici cinematografici vanno interpretati. Per esempio quattro stelle significa che un film è piuttosto bello. Non il massimo ma per conto mio val la pena di andarlo a vedere. Tre stelle invece è decisamente il massimo: correte a vederlo, non ne fanno di meglio. Due stelle è il peggio, non sprecate soldi, è veramente il fondo del barile. Invece una stella è di nuovo piuttosto bello.
Victoria Jackson

Un giorno farò un film per i critici, quando avrò soldi da buttare.
Claude Lelouch

Chi sa fare la musica la fa, chi la sa fare meno la insegna, chi la sa fare ancora meno la organizza, chi la sa fare così così la critica.
Luciano Pavarotti

Il critico è un soldato che spara sulle sue truppe.
Jules Renard

Vi ricordate quando tutti analizzavano le canzoni dei Beatles? Mi ricordo che spesso non capivo quello che dicevano che avevamo voluto dire.
Ringo Starr

Il mio spettacolo era talmente brutto che hanno preteso il rimborso del biglietto pure i parenti entrati con l'omaggio. La recensione più benevola diceva: "Un vociare sul palco disturbava lo squillo dei cellulari in sala".
Antonello Taurino

Se una nave capotta ed è piena di gente di cui a nessuno frega niente, importa se qualcuno ce la fa a salvarsi? Permettetemi di rispondere a questa domanda retorica... No.
John Venable, parlando di *Poseidon*

Adesso perfino a Genova, dove per anni mi hanno considerato un coglione, se mi vedono allo stadio mi applaudono. Anche i critici mi amano. Vuol dire che la morte si sta avvicinando.
Paolo Villaggio

I critici non mi rimproverano la volgarità della mia arte, ma la mancanza di arte della mia volgarità. Mi hanno perseguitato per anni con questa parola: : "Volgarità". Stanno al cinema, si tengono la pancia dal ridere e all'uscita dicono: «Volgare!».
BILLY WILDER

CRITICO
vedi **Critica**

CROCE *(Crocefisso)*

I padreterni fanno i figli crocifissi.
GIUSEPPE GIOACCHINO BELLI

Il successo del cristianesimo è anche dovuto a un fatto grafico. Se Cristo, per esempio, l'avessero impiccato, non avrebbe funzionato altrettanto. Pensa un po' che i fedeli, invece che farsi il segno della croce, avrebbero dovuto farsi il segno della forca.
ROMANO BERTOLA

Per i Battisti Colpevolisti se uno finisce sulla croce qualcosa, sotto sotto, l'ha fatto.
ENZO COSTA

Sto da Dio.
Ma l'affitto mi mette in croce.
ROBERTO GUIDARINI

Vorrei avere un crocefisso di kryptonite, così terrei lontani sia Dracula che Superman.
JACK HANDEY

Non sopporto il fatto che certa gente ti debba sbattere in faccia la loro religione ovunque vada. Quello che chiedo è semplicemente: riesce uno a restare le tre ore della durata del mio volo senza il turbante? Voglio dire, io sono cristiano, eppure non mi vedrete mai entrare in un aereo legato a un crocifisso di legno. Anche se ne avrei titolo. Ma non lo faccio perché faticherebbe a passare tra i sedili.
RICHARD JENI

Il ladrone in croce: «Dimmi Gesù, quanto è grande il tuo regno?» «Così.»
MAURIZIO SANGALLI

Gesù Cristo prima di essere crocefisso si chiamava solo Gesù.
MAURIZIO SANGALLI

CROCEFISSO
vedi **Croce**

CROCIERA
vedi **Viaggio**

CRUDELTÀ
vedi **Cattiveria**

CUBA *(Fidel Castro)*

Il mio fisico non tollera la roba, l'alcol. Veramente! Ho bevuto due Martini la vigilia dell'ultimo dell'anno e ho tentato di dirottare un ascensore su Cuba!
WOODY ALLEN

Non faccio solo il conduttore televisivo... Ad esempio tengo dei corsi in cui insegno alle donne come prolungare il piacere sessuale approfittando della presenza in città della nazionale cubana di pallavolo.
ANTONIO DE LUCA

Era un'organizzazione terroristica di fanatici anticastristi chiamata "Movimento del Sette di Luglio". Il gruppo si era così battezzato in onore della data in cui, nel 1972, i suoi fondatori avevano sferrato uno sfortunato attacco ai danni di una cannoniera cubana al largo dell'Isola dei Pini. Qualche anno più tardi il Movimento era stato lacerato da un'ampia disputa interna: alcuni membri sostenevano che l'attacco all'Isola dei Pini fosse stato sferrato il sei di luglio e chiedevano che il nome venisse cambiato. Era stato raggiunto un compromesso e i terroristi si erano ribattezzati "Movimento del Primo Weekend di Luglio".
CARL HIAASEN

Un'insegnante di quinta dell'Avana ammonisce i suoi allievi mostrando una foto di Clinton: «A causa di quest'uomo, noi siamo a corto di cibi e di medicinali; a causa di quest'uomo, noi non abbiamo abbastanza carburante per le nostre fabbriche, i nostri treni, i nostri autobus; a causa di quest'uomo, noi siamo a corto di tutto». Dopo aver studiato la foto attentamente, Pepito alza la mano. «Sì, Pepito», dice lei. «Sa una cosa signora? Quando è senza barba, rasato di fresco, sembra tutt'un altro uomo!»
JOSÉ LATOUR

Sopporto quelli che fumano il sigaro solo se, dopo, muoiono in Bolivia.
RICCARDO PIFERI

A Cuba non solo gliene importa niente, ma non gliene esporta neanche un cazzo.
MAURIZIO SANGALLI

CUCINARE *(Gastronomia)*

Mmm che profumino! Che avete cucinato oggi, polpette di medda?
DIEGO ABATANTUONO

Mia madre era troppo impegnata a togliere qualsiasi parvenza di sapore al pollo lesso per pensare a suicidarsi.
WOODY ALLEN

Linda: «Ma tu ti cuoci solo cibi surgelati?»
Allen: «Cuocerli? E chi li cuoce? Io neanche li scongelo. Li succhio come se fossero ghiaccioli!»
WOODY ALLEN

Lo sviluppo della mia filosofia ebbe origine nel seguente modo: mia moglie invitandomi ad assaggiare il suo primo soufflé, me ne fece accidentalmente cadere una cucchiaiata sul piede provocandomi la rottura di alcune falangi.
WOODY ALLEN

Anche a me i gatti piacciono tantissimo. Scambiamoci le ricette.
ANONIMO

Adoro la cucina cinese. Il mio piatto preferito è il 27.
CLEMENT ATLEE

Perdonami amore! No! No! Non è vero che non eri brava in cucina. Ultimamente gli spaghetti al burro freddi erano sempre freddi al punto giusto!
ROCCO BARBARO

Il budino di crema è una disgustosa sostanza risultante da una malevola congiunzione della gallina, della mucca e del cuoco.
AMBROSE BIERCE

Nonna Papera a volte invita gli ospiti e gli dà da mangiare il tacchino. Il tacchino! È come se Minnie desse i criceti ai suoi ospiti. Come se mia madre mi cucinasse il timballo di mio cugino! Che se lo meriterebbe anche, ma non è questo il discorso.
CLAUDIO BISIO

Il miglior modo per cucinare il riso senza che questo si attacchi è quello di cucinare un chicco separato dall'altro.
ASHLEIGHT BRILLIANT

Agli intenditori consigliamo la "Frittura temporanea", realizzata con pesci svenuti. Va mangiata in fretta altrimenti i pesci si svegliano e se ne vanno urlando pesanti improperi.
FELICE CACCAMO

Eravamo una famiglia molto povera. Da piccoli mia madre cucinava sempre con il dado. Mangiavamo solo se usciva il sei.
FABRIZIO FERRI

Ogni ragazza che sa cucinare può trovare un uomo che sa mangiare.
ARSENIO HALL

«C'è qualcosa della mia cucina che non le piace?» «Sì, mangiarla.»
SHERMAN HEMSLEY

Guardati dall'uomo che sa cucinare. Ti lascerà la cucina piena di pentole unte.
ERICA JONG

"Nouvelle cuisine", tradotto, significa più o meno: "Non posso credere di aver speso 96 dollari e di avere ancora fame".
MIKE KALIN

I piatti che mi prepara mia moglie si sciolgono in bocca. Mi piacerebbe che imparasse a scongelarli, prima.
JACK KLUGMAN

Non le piacque la cucina greca. «Roba del genere dovrebbe uscire dal mio corpo, non entrarci», disse.
DANIELE LUTTAZZI

Andrea si sedette. «Scommetto che lei è una buona cuoca», disse in tono ammirativo. «No, non lo sono affatto... Non so fare nessuna pietanza complicata», disse Cinzia versando i maccheroni nella teiera.
DANIELE LUTTAZZI

La mia mamma cucinava così male che, quando portavo buoni voti da scuola, mio padre, come premio, mi mandava a letto senza cena.
BORIS MAKARESKO

Il mio allenatore Tom Landry? È un perfezionista. Se si fosse sposato con Raquel Welch, si sarebbe aspettato che cucinasse.
DON MEREDITH

I baci non durano; saper cucinare sì.
GEORGE MEREDITH

Come si fa a non avere mosche in cucina? Basta andare a cagare nel soggiorno.
MARIO MURARO

Supposta di saggezza: qual è stato il primo piatto che Eva ha preparato per Adamo? La mela! Vedi che già allora non aveva voglia di lavorare?
OMEN (RAUL CREMONA)

Un giorno ho chiesto a mia moglie: «Cara dove vuoi andare per il tuo compleanno?». E lei: «In un posto dove non sono mai stata» «Allora prova in cucina.»
QUEI BRAVI RAGAZZI

Con un solo pomodoro noi genovesi sappiamo condire la pasta per venti persone. Ci aggiungiamo di

tutto: sale, acqua, sale, acqua, sale, acqua, sale...
EMILIO RAZZETTI

È l'unica ragazza al mondo capace di dare alle fiamme un fornello... Mangiare la roba che cucina lei è come giocare alla roulette russa. Non so mai quale cibo mi ucciderà.
HARVEY STONE

"Cucina, rassetta e vince il premio Nobel."
TITOLO DI UN GIORNALE DEL 1977 SUL PREMIO NOBEL PER LA MEDICINA A UNA DONNA

Novità nella cucina moderna: dopo la mucca pazza, il pollo al cesio, tiri la linguetta e si cuoce da solo.
FRANCESCO VANDETTA

È un errore condannare la gastronomia. La cultura dipende dalla gastronomia. L'unico tipo di immortalità che desidero per me sta nell'inventare una nuova salsa.
OSCAR WILDE

Bisogna migliorare la condizione femminile. Le cucine sono troppo piccole, i lavandini sono troppo bassi. E i manici delle pentole sono isolati male.
GEORGES WOLINSKI

Mamma a Natale faceva il tacchino. Un'imitazione di merda.
MARIO ZUCCA

Mia madre cucinava così male che la nostra pattumiera aveva l'ulcera.
MARIO ZUCCA

CUGINO

Mio cugino è il re dei tamarri. Si è fatto la Golf con gli esterni in pelle.
DARIO ALESANI

Ho già dato due cugini alla guerra e ora sono pronto a sacrificare il fratello di mia moglie.
ARTEMUS WARD

Oggi, dopo tanti anni, ho incontrato mia cugina Lilli. Mi ha fatto piacere vederla coperta di gioielli. Significa che avevo visto giusto fin dall'inizio, io. Cioè quel giorno

che, avremo avuto sei anni, ci mostrammo l'un l'altra nudi per vedere come eravamo fatti e io notai che quella fessura che aveva in mezzo alle gambe era identica a quella del mio salvadanaio.
ROMANO BERTOLA

Nonna Papera a volte invita gli ospiti e gli dà da mangiare il tacchino. Il tacchino! È come se Minnie desse i criceti ai suoi ospiti. Come se mia madre mi cucinasse il timballo di mio cugino! Che se lo meriterebbe anche, ma non è questo il discorso.
CLAUDIO BISIO

Mio cugino, be', credo che non fosse molto intelligente. I polli lo prendevano in giro.
BRETT BRENNER

«Sai, finalmente mio cugino ha trovato lavoro: è riuscito a entrare nell'orchestra della Rai.» «Ma è diventato musicista?» «No, è diventato socialista.»
BRUNO D'ALFONSO

Sono stato negli Stati Uniti, ma mangiano che è una schifezza. Mio cugino mi ha portato in uno di questi ristoranti; dice: «Qui fanno gli hot dog, i cani caldi, sentirai che buoni». Entriamo, ordiniamo due hot dog, due cani caldi, e mio cugino si mette a mangiare il suo di gusto. Io no, non ce la facevo. Mi fa: «Ma come, Alex, non mangi il tuo hot dog?». Gli ho risposto: «Cugino, ma di tutto il cane, a mia proprio la minchia mi doveva capitare?».
ALEX DRASTICO (ANTONIO ALBANESE)

Ma che bello! Judy, la cugina di Jon, è venuta a trovarci e ci ha portato i suoi tesori, Tammy e Stevie. Immagino che fondamentalmente sono due bambini adorabili... per i licantropi.
GARFIELD

Mio cugino ha aperto una fabbrica di lampostil. Non ha avuto fortuna, nonostante avesse inventato gli evidenziatori neri.
GENE GNOCCHI

La nostra regina è scialba. Tutte le regine lo sono. Perché è una brutta idea quella di sposarsi tra cugini.
EDDIE IZZARD

Ho una cugina molto sexy. A volte alle riunioni di famiglia mi ritrovo a guardarla e a pensare: «Quanto ritardati potrebbero essere i nostri bambini? Voglio dire, e anche se uno nascesse con tre lobi delle orecchie?».
JAMIE KENNEDY

Sono un democratico. Non ho mai avuto difficoltà a usare il bagno di servizio. Non sono come mio cugino che sposò la governante e andò a fare il viaggio di nozze a Parigi. Da solo.
MARCELLO MARCHESI

Mio cugino non ha senso dell'umorismo. Una barzelletta non basta che gliela spieghi, devi anche dargliela da studiare a casa.
FURIO OMBRI

«Io e lei potremmo essere parenti, chessò, cugini... Avevo uno zio che andava spesso a prostitute."
FURIO OMBRI

Due settimane dopo la mia nascita, mia madre cercò di abortire. Tutto ciò che mi toccava sentire nella mia infanzia era: «Ma perché non sei come tua cugina Sheila? Perché non sei come tua cugina Sheila?». La cugina Sheila era morta subito dopo la nascita.
JOAN RIVERS

L'ozio è il padre dei miei cùgini.
MAURIZIO SANGALLI

Trenta dì conta gennaio e febbraio, marzo e aprile. Di ventotto ce n'è uno, tranne mio cugino che ha sei mesi.
PETER SELLERS

Ma se i francesi sono nostri cugini, allora la Francia è mia zia?
DADO TEDESCHI

CULO

Dottore: «Lei ha bisogno di un multitrapianto: fegato, pancreas, rene e intestino. Coraggio, ci vuole fortuna.»
Paziente: «Allora è meglio che mi cambiate anche il culo.»
ALBERT

Chi è stata la prima persona che ha detto: «Vedi quel pollo lì... Adesso mangio la prima cosa che gli esce dal sedere?».
ANONIME INTERNET ONE

È meglio avere il culo gelato che un gelato nel culo.
ANONIMO

Mah, per la noia della fica bastava già Moravia. E la letteratura del culo è solo settoriale, come i libri sulle barche, sul Molise, sui funghi.
ALBERTO ARBASINO

Se esiste il lessico amoroso vuol dire che mio marito è anoressico visto che parla col culo!
ANNA MARIA BARBERA

È una condanna. In strada gli uomini mi riconoscono dalla schiena.
BRIGITTE BARDOT

Io in quanto uomo e soprattutto cattolico aborro l'uso dei preservativi, poiché possono creare profondi problemi di coscienza. Per esempio a me fanno bruciare il culo.
LORENZO BECCATI

Come è difficile parlare della luna! È così scema la luna. Dev'essere proprio il culo quello che ci fa sempre vedere.
SAMUEL BECKETT

Se tutti gli uomini della terra si dessero la mano, nessuno potrebbe più pulirsi il sedere.
ROMANO BERTOLA

Se qualcuno ti dice che sei un'oca non ti preoccupare. Ma se sono in dieci a dirtelo... be, io un'occhiatina al culo per vedere se son spuntate le penne la darei.
GIANCARLO BOZZO

Berlusconi o Rutelli? Era come scegliere tra la vaselina e il burro. E il culo, comunque, era il mio.
DIEGO CAJELLI

Sei più vicino all'ignorantezza te che una mutanda al culo!
PALMIRO CANGINI (PAOLO CEVOLI)

Desidero tanto un culo nuovo perché il mio ha un buco.
CAMILLO CANOVI

Aveva una bocca stupenda ma piccola e un culo bruttissimo. Volevo scrivere una poesia sulla sua bocca, ma ho preferito scrivergliela sul culo perché c'era più spazio.
PINO CARCIOTTO

Ho provato una crema antirughe talmente forte che mi ha cancellato la riga del culo!
GIORGIO CENTAMORE

Quella ragazza aveva un culo così bello che meritava di stare davanti.
CÉSAR

Oggi mi sento inutile. Inutile come un culo senza il buco.
PAOLO CEVOLI

Mi piacciono gli yorkshire terrier. Sono perfetti per lavare la macchina. Entrano perfettamente nel secchio, il che è perfetto. «Tieni il fiato!» swoosh! Poi uno prende un phone, gli infila un bastone nel sedere, e spolvera i mobili.
BILLIAM CORONEL

So che può sembrare bizzarro, ma io ve lo garantisco, sono stata bella. Poi ho abusato di Nutella. E la Nutella, si sa, non perdona: sta tre minuti in bocca e tre anni nel culo.
GEPPI CUCCIARI

Quella camminata strana pure in mezzo a chissà che l'avrei riconosciuta ti sei comprata il tanga di lana e mo' te la pigli con me se il culo ti suda...
DADO

Una donna senza culo è come un uomo senza... culo.
PACO D'ALCATRAZ

Se hai culo, la sfiga è lì che te lo guarda.
PACO D'ALCATRAZ

Cedesi parruccheria completa di arredamento e due brave estetiste con retro avviatissimo.
ANNUNCIO, CITATO DA ANTONIO DI STEFANO E PIPPO FRANCO

Ma come fa un fumatore a godersi la sua sigarettina dopo aver letto simili crudeltà: "Il fumo nuoce gravemente alla salute, provoca il cancro, il fumo fa più morti degli incidenti stradali". Ma come si fa? Sarebbe come scrivere sulle mutande di lana: "Queste mutande irritano e vi gratterete il culo tutta la vita!".
ALEX DRASTICO (ANTONIO ALBANESE)

In amore ci vuole fortuna e comunque anche un bel culo non guasta.
FABIO FAZIO

Se sapesse che idee mi frullano per il culo.
ENNIO FLAIANO

Non occupate sedie con il culo, occupatele con il cervello.
CARLA FRACCI

«Lo sai che c'hai un bel sito?
Te c'hanno mai cliccato sopra?»
GALLO CEDRONE

«Me brusa el cu'.»
LUIGI GANNA, DOPO AVER TRIONFATO IN UNA TAPPA DEL GIRO D'ITALIA NEL 1909, CONVINTO A FATICA A RILASCIARE UNA DICHIARAZIONE.

Chi va a dormire col culo che prude si sveglia col dito che puzza.
GRAFFITO NEI BAGNI DEL POLITECNICO DI TORINO

Cosa si ottiene se incrociate Sir Elton John e una tigre dai denti a sciabola? Non lo so nemmeno io, ma qualunque cosa sia è meglio che ve la teniate lontano dal culo.
NEIL HAMBURGER

Mio marito deve avere ogni attrezzo possibile. «Guarda! È un compressore d'aria, spara fuori aria!». Lo fa anche il tuo sedere, usa quello!
MARYELLEN HOOPER

Perché si chiama "asteroide" se è fuori dell'emisfero ed "emorroide" se è dentro al tuo culo?
Internet One-Liners

Dicono tanto di Kevorkian, che aiuta i malati terminali a morire, che è strambo. Per me è strambo uno che sceglie una specializzazione per diventare proctologo. Come la prendi una decisione del genere? «Dunque, questo è il modello del corpo umano: dove voglio passare il tempo? Vediamo... testa, petto, ginocchia. No, sul davanti non c'è niente. Cos'abbiamo sul retro? Oh, nuca, schiena, reni... Ehiiii... guarda guarda»
Richard Jeni

Giro il mondo. Sono stato ai Caraibi, in Jamaica, in Messico... La gente è splendida, le spiagge sono splendide, ci si abbronza e, lasciate che vi dica, quella diarrea non la puoi prendere, qui a casa tua. Quella non è una diarrea comune. Quello è un germe che ti risale il culo con un sombrero e un paio di colt a sei colpi.
Richard Jeni

Non vado in quel bagno perché lì c'è la carta igienica alla camomilla. Io ho già l'intestino pigro, se mi si addormenta il culo è finita.
Paolo Labati

Tutti noi sappiamo che le donne sono abitualmente stitiche, ma rappresentarle nei romanzi come del tutto prive di un orifizio posteriore mi sembra realmente un eccesso di cavalleria.
William Somerset Maugham

Anche sul trono più elevato del mondo si è pur sempre seduti sul proprio culo.
Montaigne

Sulla ginnastica: a questo punto, alla mia età, è semplice mantenimento... Sto solo cercando di impedire al mio culo di raggiungere il Brasile senza di me.
Sue Murphy

Madame Colette: «Un bel culo non basta a far carriera se non c'è qualcuno che te lo spinge avanti.»
Paprika

È una di quelle donne che sogni un giorno si siedano sulla tua faccia.
PRODUTTORE DI HOLLYWOOD

Aveva un culo così grosso che se scoreggiava in un sacco di farina non ne restava che per fare due frittelle.
PROVERBIO LIGURE

Nella vita è tutta questione di culo: o ce l'hai o te lo fanno.
FRANCESCA REGGIANI

Il corno del caprone fuggito dal gregge si pianta nel culo del fesso che legge.
SCRITTA SUL MURO DI UN CINEMA DI VIAREGGIO

Non riuscirei mai a farmi la ceretta al culo. La cosa più vicina che ho fatto è stato fargli dei ciuffetti, ma i bigodini mi hanno ucciso.
SARAH SILVERMAN

Poi è arrivata Moira 19 anni, detta "Fino a oggi l'abbiam sempre chiamato culo, ma da domani bisogna ristampare tutti i vocabolari"!
VITO

In Giappone ora vengono costruiti dei nipponici che non hanno più la macchina fotografica penzolante sulla pancia, ma già incorporata. Quando fanno l'occhiolino, clic, una foto. Ogni sera si tirano la pellicola dal culo per vedere com'è stata la giornata.
URS WIDMER

Da giovane bevevo molto. Si vedeva perché camminavo come Elephant Man in un autolavaggio... Ho smesso quando mi sono ritrovato in autostrada, nudo e con le chiavi dell'auto nel culo.
ROBIN WILLIAMS

Certo che se ti sdrai su un pagliaio e ti buchi il culo con un ago...
STEFANO ZACCARELLA

È meglio il seno? È meglio il sedere? Perché discutere: in fondo le chiappe sono tette senza capezzoli.
ZUZZURRO E GASPARE

CULTURA

Sei di un'ignoranza ripugnante? Ma vuoi coniugare cultura e progresso? Vuoi coniugare impegno e risultati? Vuoi coniugare affermazione contenuti? Non puoi: sono tutti sostantivi! Non ti sei accorto che non c'era un verbo a pagarlo oro, zuccone? Ma da oggi non è più un problema col Seminario enciclopedico postale "La Vocazione". Sarai prete in 12 comode dispense e poi... coniughi chi cazzo ti pare!
CLAUDIO BISIO

Il Canada avrebbe potuto prendere il governo dagli inglesi, la cultura dai francesi e il knowhow dagli americani. Invece si ritrova con il knowhow degli inglesi, il governo francese e la cultura americana.
JOHN ROBERT COLOMBO

Non apprezzano la cultura in questa città. L'ho capito il momento in cui ho ballato il tip tap sulla *Quinta di Beethoven*.
ROBERT ORBEN

Moglie: «Potevi venire con noi, però... Almeno quest'anno!»
Marito: «Sai che non posso, devo finire il mio libro. Sono anni che ci sono dietro: *Storia della Cultura Mondiale, di tutti i tempi e paesi, da prima della preistoria a dopo settimana prossima!*»
Moglie: «Ma Matteo sono anni che stai fermo a pagina 12!»
Marito: «... Perché scrivo piccolo!»
FRANCESCO SALVI

Per portarsi a letto Robert Redford basta dirgli che è colto.
BARBRA STREISAND

Tra me e lui, copriamo tutto il sapere; lui sa tutto quello che si può sapere, ed io so il resto.
MARK TWAIN, PARLANDO DI RUDYARD KIPLING

CUOCO

Perdonami amore! No! No! Non è vero che non eri brava in cucina. Ultimamente gli spaghetti al burro

freddi erano sempre freddi al punto giusto!
ROCCO BARBARO

Il budino di crema è una disgustosa sostanza risultante da una malevola congiunzione della gallina, della mucca e del cuoco.
AMBROSE BIERCE

L'altra sera ero a cena al ristorante e dentro alla pasta ho trovato un capello. Era cosi lungo che era ancora attaccato alla testa del cuoco che stava in cucina.
LORENZO BOSIO

Quando avevo sei anni volevo essere un cuoco. Quando ne avevo sette volevo essere Napoleone. E la mia ambizione da allora è cresciuta in maniera costante.
SALVADOR DALÍ

Spesso la donna italiana è cuoca in salotto, puttana in cucina e signora a letto.
ENNIO FLAIANO

Come cuoca era davvero micidiale. Pensa che sui suoi piatti c'era appiccicata una targhetta con la scritta: "Tenere lontano dalla portata dei bambini".
MASSIMO GUGLIELMELLI

Secondo mia madre non è difficile tenersi un uomo: basta essere una serva in salotto, una cuoca in cucina e una puttana a letto. Io ho assunto le altre due e mi sono riservata la parte del letto.
JERRY HALL

Pensavo che mia madre fosse una pessima cuoca, ma, per lo meno, il suo sugo si muoveva.
TONY HANCOCK

Un bravo cuoco è un individuo bravo abbastanza a dare alla sua zuppa un nome diverso ogni giorno.
JACK KLUGMAN

Che cosa disgustosa uno scrittore che legge! Sarebbe come un cuoco che mangia.
KARL KRAUS

Andrea si sedette. «Scommetto che lei è una buona cuoca», disse in tono ammirativo. «No, non lo sono

affatto... Non so fare nessuna pietanza complicata», disse Cinzia versando i maccheroni nella teiera.
DANIELE LUTTAZZI

Mia madre vive in cucina, ovviamente è un'ottima cuoca e ne va molto fiera. Io da piccolo ero convinto di chiamarmi "Assaggia".
DANIELE RACO

CUORE

Una volta un prete mi tirò una Bibbia sul cuore. Per fortuna avevo una pallottola d'oro che mi aveva regalato mia madre che mi salvò la vita!
WOODY ALLEN

Sono convinto che ogni essere umano abbia un numero finito di battiti cardiaci. Non intendo sprecare i miei correndo in giro a fare esercizi.
NEIL ARMSTRONG

Il cuore è come una puttana: quando smette di battere è finita.
ANATOLJ BALASZ (NATALINO BALASSO)

La giraffa ha il cuore
lontano dai pensieri
si è innamorata ieri
e ancora non lo sa.
STEFANO BENNI

Quando il seno è piatto si è più vicini al cuore.
LOUIS BOUILHET

Nobel per la Medicina a Judson Carradine, primo chirurgo al mondo ad aver compiuto un'operazione al polpaccio sinistro a cuore aperto, e a essere riuscito a vincere la causa con i parenti dell'interessato.
MASSIMO BUCCHI

Berlusconi odia i comunisti, ma sotto sotto anche il suo cuore batte a sinistra.
CAMILLO CANOVI

L'amore è una clessidra. Poi piano, col passare del tempo, il cuore si svuota e le palle si riempiono.
MISTER FOREST (MICHELE FORESTA)

Tu sei senza cuore... Eppure batti!
FLAVIO OREGLIO

Hanno diagnosticato che il mio cuore, da muscolo involontario, è diventato muscolo volontario, per cui se mi distraggo un attimo o mi addormento, sono un uomo morto...
RUBES

Egli aveva un cuore di pietra. Dopo aver perduto la vita in un incidente, il suo cuore fu trapiantato su una statua.
FRANCESCO VERRINA

CUPIDO
vedi **Fidanzato**

CURA
vedi **Terapia**

CURIOSITÀ *(Ficcanaso)*

Frugare nella borsetta di una donna è borseggio, frugare nelle tasche di un uomo è matrimonio.
ANONIMO

Mia moglie dice che sono troppo ficcanaso. Questo almeno è quello che scrive sui suoi diari.
DRAKE SATHER

Mi piace conoscere popoli stranieri, capire nuove culture, imparare nuove lingue, ma non ho tempo per viaggiare. Quindi vado a puttane.
DADO TEDESCHI

«Toglimi una curiosità,
tuo zio è sempre morto?»
TOTÒ

CURVE *(Forme)*

Quando giro un film mi prendono le misure un giorno sì e uno no.
SABRINA FERILLI

Maria Grazia Cucinotta: 90-60-90/18. Sabrina Ferilli: 90-60-90/20. Monica Bellucci: 90-60-90/22.
Sono, rispettivamente, le misure delle attrici e del sarto che le ha misurate.
PACO GENOVESE

La curva è la più deliziosa distanza tra due punti.
Mae West

D

D'ALEMA MASSIMO

«Ti ricordi i vecchi compagni che piangevano quando è morto Berlinguer? Adesso piangono perché è vivo D'Alema!»
Giobbe Covatta

Massimo D'Alema mi piace per quella vaga aria da "ma vattela a pià 'n der culo!".
Sabrina Ferilli

Ansa. Il portavoce del governo Prodi, Silvio Sircana, è stato nuovamente fotografato lungo la via Salaria mentre in auto si accostava al marciapiede a parlare con un transessuale: «Ebbene sì», ha dichiarato ai giornalisti, «dopo una giornata intera passata a parlare di politica con Prodi, Mastella, D'Alema, Fassino, Rutelli, Di Pietro, Pecoraro Scanio e Diliberto, sento proprio il bisogno di fermarmi lungo la strada a far quattro chiacchiere con una persona normale!»
Paolo Hendel

DALÍ SALVADOR

Salvador Dalí ha sedotto molte donne, soprattutto americane. Ma tali seduzioni consistevano generalmente nel denudarle nel suo appartamento, friggere un paio d'uova, porle sulle loro spalle e,

senza proferire parola alcuna, indicare loro la porta.
LUIS BUÑUEL

Se uno ha stile o meno, lo si riconosce subito. Il tappeto deve essere sempre intonato alle palpebre.
SALVADOR DALÍ

Io sono l'unico artista copiato dalla Natura.
SALVADOR DALÍ

Ogni mattina, quando mi sveglio, sperimento un incredibile piacere: quello di essere Salvador Dalí.
SALVADOR DALÍ

Quando avevo sei anni volevo essere un cuoco. Quando ne avevo sette volevo essere Napoleone. E la mia ambizione da allora è cresciuta in maniera costante.
SALVADOR DALÍ

L'unica differenza tra me e un folle è che io non sono folle.
SALVADOR DALÍ

I modelli dovrebbero sforzarsi di rassomigliare ai loro ritratti.
SALVADOR DALÍ

Se giochi a fare il genio, lo diventi!
SALVADOR DALÍ

Il meno che si possa chiedere a una scultura è che stia ferma.
SALVADOR DALÍ

Io sono praticante ma non credente.
SALVADOR DALÍ

Ho dato inizio a un happening a New York dichiarando davanti a tremila spettatori che Cézanne era di una catastrofica inesperienza, un pittore di decrepite strutture del passato. Sono stato applaudito, soprattutto perché nessuno sapeva chi era Cézanne.
SALVADOR DALÍ

DAMA

vedi ***Scacchi***

DANTE ALIGHIERI
(Divina Commedia)

Lui: «Magari tutti gli uomini fossero come Dante e Picasso»
Lei: «Morti?»
ALTAN

Il conte Ugolino passò alla storia per essersi mangiato i figli. Li guardò in faccia: Anselmo il primo, Gaddo il secondo, Marco come contorno e se li mangiò.
ANATOLJ BALASZ (NATALINO BALASSO)

Scrivevo un po' di tutto, in particolare poesie. Vorrei citarvene almeno una: "Nel mezzo del cammin di nostra vita/ Mi ritrovai per una selva oscura...". Poi va avanti. È lunghissima. L'ho letta a un mio amico che mi ha detto: «Ma questa è la Divina Commedia!». lo mi sono schermito: «... Divina... Diciamo carina...».
CLAUDIO BISIO-ANTONIO CATANIA

Se Leopardi e Dante fossero riusciti a scopare, quante rotture di palle ci sarebbero state evitate!
GIORGIO GALLINO

Prof: «Parlami di Beatrice.»
Studente: «Beatrice muore nel 1290.»
Prof: «E già la fai morire? Chi è 'sta Beatrice?»
Studente: «Una figura femminile...»
Prof: «Chi sennò, una figura maschile?»
SMEMORANDA BROTHERS & SISTERS

Prof: «Qui Dante incontra i sodomiti. Nella Bibbia i sodomiti sono gli abitanti di Sodoma. Ricordate Sodoma e Gomorra?»
Studente: «Tipo Massa e Carrara?»
SMEMORANDA BROTHERS&SISTERS

DANZA
vedi **Ballo**

DARLA VIA *(Non darla via)*

«Mamma, il papa ribadisce: no ai rapporti prematrimoniali.» «E tu dagliela a un uomo sposato.»
ALTAN

Quando il mio ex fidanzato mi ha lasciata, il giorno dopo ho ricevuto un biglietto. Diceva: "Non te la prendere. Perché per uno per cui te la prendi, c'è sempre un altro a cui gliela dai!".
BRUNELLA ANDREOLI

La chiamavano Loretta perché era il tempo che ci voleva per agganciarla e per farsela.
MAURIZIO AVANZI

Ha insistito tanto che alla fine gli ho detto no.
ROMANO BERTOLA

Le donne? Non vorrei generalizzare ma non me la danno.
LORENZO BOSIO

«Mia sorella ha fatto molta carriera nel mondo del cinema...» «Che faceva, la diva?» «No, la dava!»
GIAMPIERO CASONI

Era così pudica che, invece di dargliela, preferì fargliela avere.
COMIX

Gegia ha fatto carriera grazie al sesso: ha minacciato di darla via.
GIANNI FANTONI

In amore il sesso non è tutto; quindi dammela e tieniti il resto.
FABIO FAZIO

Il papa ha detto che la verginità è un dono. Bene, donatela più spesso!
ANDREA FRIGNANI & SEBASTIANO SALI

Chi la dà, m'aspetti.
IL GEMMA

Le donne si dividono in tre categorie: le puttane, le stronze e le rompiballe. La puttana la dà a tutti. La stronza la dà a tutti meno che a te. La rompiballe la dà a te, solo a te, sempre a te.
BLANCHE KNOTT

Una vecchia cammina per strada con una gallina. Incontra un ragazzo che dice: «Che bella! Me la darebbe per cinque euro?» «Sì, basta che mi reggi la gallina!».
DONATELLA LOTTICI

La gnocca è come la precedenza: nel dubbio meglio darla!
BATTUTA GIRATA VIA SMS SEGNALATA DA FEDERICA NARDON

Per noi liguri l'arrivo dei turisti è un'occasione per prendere anche un po' di "mussa". Perché, direte voi, le donne liguri non ve la danno? Ma non te la prestano neanche! Tutt'al più te la raccontano. E te la raccontano così bene che dopo ti accendi anche la sigaretta!
EMILIO RAZZETTI

Il mestiere che richiede maggior inclinazione è quello dell'attrice.
MAURIZIO SANGALLI

W l'Italia W l'Europa W le bimbe che ci danno la topa.
SCRITTA SU UN MURO DI LIVORNO

Quando ero ragazzo, le tedesche che venivano a Follonica erano diverse da quelle che andavano a Rimini. Quelle di Rimini, ridevano, bevevano e te la davano. Quelle di Follonica, ridevano, bevevano e poi andavano a Rimini...
SERGIO SGRILLI-CARLO TURATI

Ieri per conquistare una ragazza le ho detto: «Vuoi sentire una mia canzone?». Mi ha risposto: «Guarda, piuttosto te la do subito!».
RENATO TRINCA

Ogni donna è una poesia da saper leggere, un dipinto di cui interpretare le forme, uno spirito cui attribuire un cielo, oppure un'altra stronza che non te la dà.
FRANCESCO VARCHETTA

DARE LA MANO
*vedi **Mano***

DC *(Democristiani)*

Miracolo a Montecitorio. «Al miracolo! Al miracolo!» «Che c'è? È apparsa la Madonna?» «No. Mi era caduto il portafogli tra i banchi democristiani; sono sceso e l'ho ritrovato intatto.»
ARTIOLI, 1946

Sono cresciuto con Forlani. Potrei parlare per ore senza dire niente.
PIER FERDINANDO CASINI

Ho sentito Berlusconi dire: «Non lascio la leadership perché non vedo nessun De Gasperi in giro». Poi ho sognato De Gasperi, vivo, che pensa: «Non lascio la leadership perché mi è sembrato di vedere in giro Berlusconi».
ANTONIO DE LUCA

Meno male che il Papa mi ha detto di votare secondo la mia coscienza di buon cattolico... se no avrei votato Dc.
STEFANO DISEGNI

Da una improbabile intervista ad Andreotti: «Quanto del suo successo politico si deve a De Gasperi e quanto a lei?» «Il 90% a De Gasperi e il 90% a me.» «Dicendo che lei è un perfetto democristiano, ho detto tutto?» «Sì. Ha detto tutto dei democristiani.»
UMBERTO DOMINA

«Il regime democristiano sta morendo.» «Non vorrei che al funerale, con la scusa del lutto, qualcuno si presenti con la camicia nera.»
ELLEKAPPA

Così il mondo va avanti lo stesso, anche senza il permesso dell'onorevole Arnaud, luogotenente di Forlani, che è torinese (come Gobetti) unicamente perché di qualche posto bisogna pur essere.
FORTEBRACCIO

Tanto più che la Dc in fatto di ministri non ha molto da scegliere: essa si muove soltanto tra i capi storici e i capi d'imputazione. In qualche caso c'è il cumulo.
FORTEBRACCIO

Un democristiano e un socialista si iscrivono alle Olimpiadi della corruzione: chi vince? Nessuno, perché i professionisti alle Olimpiadi non partecipano.
PIPPO FRANCO

Non sono andato a votare e mi vergogno. L'ho fatto per protesta. Ma poi ho scoperto che si dividono anche i voti degli assenti e anche le nulle, sì quelle schede su cui

scrivono "vaffanculo". Si sono divisi anche "l'affanculo": 30% alla Dc, 17% al Pds eccetera.
BEPPE GRILLO

«Perché i democristiani non si liberano dei socialisti?» «Perché hanno paura di rimanere soli coi democristiani»
GIOVANNI MOSCA

De Mita: «Voto Dc, ma potrei anche votare Dc perché sono un sincero fautore dell'alternanza.»
DANIELE PANEBARCO

Noi democristiani siamo come la foresta amazzonica: più ne tagli e ne bruci, più cresce rigogliosa.
MARIANO RUMOR

18 novembre 1992. Come aveva promesso, Tommaso Buscetta ha rivelato oggi ai magistrati i nomi dei politici mafiosi: Giulio, Cirino, Calogero, Ciriaco... I cognomi, invece, rimangono avvolti nel mistero.
STRISCIA LA NOTIZIA

Se dentro il Pci facessero delle elezioni libere, il 45% voterebbe Democrazia cristiana come in Ungheria.
VINCINO

DEBITO

Quando pensi che a nessuno al mondo importi se sei vivo, prova a non pagare per due mesi la rata della macchina.
JOHN BELUSHI

Qui giace Piero D'Avenza, cittadino integerrimo, lavoratore indefesso, sposo e padre esemplare, figlio amorosissimo, fratello discreto, cugino soddisfacente, cognato passabile, genero detestabile, prozio tenerissimo, biscugino senza particolare rilievo, nipote insignificante, pronipote modello, suocero insuperabile, amico pignolo, debitore insolvibile, vicino di casa poco rumoroso, nonno futuro, antenato impareggiabile, morto esigente. Una prece! A lui i posteri diranno un giorno: Grazie, Arcavolo!
ACHILLE CAMPANILE

Io la Fiorentina non la vendo, piuttosto la disintegro con le mie mani. Il fatto è che io muoio di crediti, non di debiti.
VITTORIO CECCHI GORI

Avevo contratto debiti di gioco. Praticamente mi ero rovinato a "Palla avvelenata"... poi certi tipacci mi avevano tirato dentro in un giro di "Strega comanda color...".
CLAUDIO BISIO-ROCCO TANICA

Mi hanno clonato tutte le carte di credito. Adesso, da qualche parte, c'è un truffatore sommerso di debiti.
ROBERTO GAVELLI

Benedetti siano i figli, perché loro erediteranno il debito nazionale.
HERBERT HOOVER

DEBOLE

Io sono un uomo che non deve chiedere mai. Di solito imploro.
COMIX

Il cervello umano può operare solo alla velocità delle cellule cerebrali più lente. Un eccessivo apporto di alcol, come sappiamo, uccide le cellule cerebrali. Ma naturalmente attacca prima le cellule più lente e più deboli. In questo modo, un consumo regolare di birra elimina le cellule cerebrali più deboli, rendendo il cervello una macchina più veloce ed efficiente. Ecco perché ci si sente più furbi dopo qualche birra.
CHEERS

Non riesco a indossare un maglione a collo alto; è come se venissi strangolato da una persona molto debole. Tutto il giorno.
MITCH HEDBERG

La storia delle donne è la storia della peggiore tirannia che il mondo abbia mai conosciuto: la tirannia del debole sul forte. È l'unica tirannia che duri.
OSCAR WILDE

DEI
vedi ***Dio***

DELFINO

Che la montagna sia meno inquinata del mare lo dimostra il fatto che sui ghiacciai è difficilissimo trovare delfini morti.
VALERIA PERETTI CUCCHI

«Ma i delfini sono animali intelligenti?» «Da giovani... Poi diventano un po' troppo filocraxiani.»
SERGIO STAINO

DELINQUENTE
vedi ***Ladro***

DELUSIONE *(Frustrazione)*

Questi giovani d'oggi non credono a niente: noi, alla loro età, eravamo pieni di delusioni.
ALTAN

Venezia: la seconda delusione della sposa durante il viaggio di nozze.
ANONIMO

Il giorno che conoscerai la donna dei tuoi sogni conoscerai anche suo marito.
ANONIMO

Per favore non dite a mia madre che faccio il giudice nel Tribunale di Roma... Lei mi crede un killer della 'ndrangheta in missione di morte nella capitale.
ENZO CAPOZZA

Preferisco avere un cachet basso, così quando mi saltano le serate ci rimango meno male.
MISTER FOREST (MICHELE FORESTA)

Mia nipote un giorno è andata da sua mamma e le ha detto: «Mamma ho deciso cosa farò da grande: da grande voglio fare la bagascia!». E sai cosa le ha risposto sua mamma? «Sì, va a finire come il corso di chitarra, che ti abbiamo regalato lo strumento ed è ancora lì in un angolo!»
GAIA (SIMONA GUARINO)

Incontrare la donna della propria vita e scoprire che è già sposata è come se a Paul McCartney qualcuno gli avesse fatto ascoltare per la prima volta *Yesterday*.
MASSIMO GUGLIELMELLI

Non siamo mai traditi da quelle che vorremmo.
SACHA GUITRY

Ho sposato tua madre perché volevo un figlio. Immaginati come ci sono rimasto male quando sei nato tu.
HORSE FEATHERS

Mi ricordo ancora adesso la mia prima performance come comedian... Sono andato in questo locale dove facevano audizioni, ho aspettato il mio turno, ho fatto il mio monologo tutto d'un fiato, poi mi sono messo in un angolo ad aspettare che il proprietario del locale venisse a dirmi qualcosa. Finalmente è arrivato e con un sorriso mi ha detto: «Hey, ragazzo! Hai pagato quella Coca che hai bevuto?».
GABE KAPLAN

Prima delusione a Hong Kong. Mi aspettavo una città inglese. Seconda delusione a Hong Kong. Mi aspettavo una città cinese.
BERNARD-HENRY LÉVY

Mio padre quando ero giovane aveva paura che non mi piacessero le donne. È stata l'unica cosa in cui non l'ho deluso.
DIEGO PARASSOLE

Mi hai profondamente deluso! Non ho più ideali, non crederò mai più a qualcosa in vita mia. Mi iscriverò a Giurisprudenza!
I SIMPSON

Ho provato con le donne ma non sono una vera alternativa... manca sempre qualcosa.
SHARON STONE

DEMOCRATICI

vedi **Democrazia**

DEMOCRAZIA (Democratici)

Erano una coppia talmente progressista che tentarono di adottare un bambino gay.
ANONIMO

La differenza tra i Repubblicani e i Democratici americani? I primi corrono dietro ai tuoi soldi. I secondi a tua sorella.
ANONIMO

Gli americani sono stati generosi perché ci hanno portato la democrazia! Anzi sono stati talmente generosi che per darla a noi loro sono rimasti senza!
ASSUNDAM (ROSALIA PORCARO)

La differenza fra una democrazia e una dittatura è che in una democrazia prima voti e poi prendi ordini; in una dittatura non devi perdere tempo a votare.
CHARLES BUKOWSKI

Democrazia è dove gente di ogni razza, credo e colore lavora duramente così che possa trasferirsi lontano da gente di ogni razza, credo e colore.
JOHNNY CARSON

La democrazia è l'arte di dire: «Bel cagnolino», finché non hai trovato un sasso.
WYNN CATLIN

Dopo la caduta dei totalitarismi, la democrazia gode di ottima salute, anche se è da un po' che non si fa vedere.
GLAUCO DELLA SCIUCCA

I Democratici sono solo cicale che cinguettano.
ANTONIO DI PIETRO

Il sogno della democrazia è di innalzare il proletariato al livello di stupidità che ha già raggiunto la borghesia.
GUSTAVE FLAUBERT

Ho fatto un sogno all'incontrario dove non c'era più l'estrema destra e l'estrema sinistra, ma c'era solo l'estremo centro. I pericoli per la democrazia venivano da lì. Le liti, le risse, gli schiaffi, le bombe,

venivano dal centro... Cioè non era cambiato niente perché anche un sogno all'incontrario ha rispetto per la Storia.
GINO&MICHELE-PAOLO ROSSI

Sono un democratico. Non ho mai avuto difficoltà a usare il bagno di servizio. Non sono come mio cugino che sposò la governante e andò a fare il viaggio di nozze a Parigi. Da solo.
MARCELLO MARCHESI

La democrazia è una forma di religione. È l'adorazione degli sciacalli da parte dei somari.
H.L. MENCKEN

Il diritto di saldare la parcella all'avvocato è un diritto fondamentale e antichissimo dell'uomo, ed è l'essenza di quella che noi chiamiamo democrazia.
FLANN O'BRIEN

I Democratici sono il partito che dice che il governo ti farà più intelligente, più alto, più ricco, e che toglierà le ortiche dal tuo giardino. I Repubblicani sono il partito che dice che il governo non funziona, si fanno eleggere e lo dimostrano.
P.J. O'ROURKE

Berlusconi ha garantito sulla democraticità della Mussolini. La Mussolini che, infatti, più di una volta ha salvato numerosi ebrei da un destino tragico. Li ha portati fuori dalla sala prima che iniziasse un suo film.
MARCO VICARI

DEMOCRISTIANO
vedi ***DC***

DENARO
vedi ***Soldi***

DENTE

Da piccolo mordevo continuamente il ciuccio, poi ho messo su i dentini e il ciuccio è scappato ragliando.
ANATOLJ BALASZ (NATALINO BALASSO)

Ho messo un dentino sotto il cuscino con la speranza di ottenere un quarto di dollaro. Mi sveglio nel bel mezzo della notte, e sopra al mio letto c'è papà con una mano sotto al cuscino. Ma io credevo ancora nella fata dei dentini. Pensavo che lei fosse già passata, e che mio papà volesse fregarla. Così gli ho dato un morso. Quella stessa notte avevo altri due dentini da mettere sotto il cuscino.
Whitney Brown

Può un andrologo guadagnare più di un dentista? Certo, se l'uomo avesse un dente e trentadue cazzi!
Bruce Ketta

Ha i denti così gialli che ogni volta che sorride le macchine rallentano.
Cedric the Entertainer

Porta sfortuna versare nella tazza lo zucchero prima del latte, non trovi? Ha dei tremendi effetti sulla tua vita... Mia zia Dolly un giorno mise lo zucchero prima del latte e nei successivi quarant'anni ha perso tutti i denti!
Dud & Pete

Che tu perda tutti i denti! Soltanto uno te ne rimanga: per il mal di denti.
citata da Ferruccio Fölkel

Non sto dicendo che sei vecchio, ma chi altri ha le rughe sui denti?
Garfield

Che c'è di peggio di vedere lui che dopo cena mi strappa un capello e lo usa come filo interdentale, a tavola?
Harry ti presento Sally

Il dollaro è stato talmente stiracchiato che, sulle banconote, adesso George Washington ha una fessura tra i denti.
Bob Hope

Vorrei tanto darti un calcio nei denti, ma perché poi devo migliorarti il look?
Insulti americani

Se i denti ostacolano il bacio, toglieteli.
MINO MACCARI

«Ma via... per due denti... cosa vuole che siano?» disse il dentista. «Tutto per me!» rispose il tricheco.
LEONARDO MANERA

Mio padre aveva i denti così bianchi e sani che, quando andava dal dentista, gli tagliava i capelli.
LEONARDO MANERA

«Com'è Adriana?» «Ha i capelli neri, gli occhi neri, anche i denti un po' neri, perché li lava con un dentifricio senza FLUORO, una sottomarca, la Pasta del Sottotenente: la comprava in un discount estremo, dove per fare la spesa non solo bisogna prendere la roba dagli scatoloni, ma prima bisogna scaricare gli scatoloni dal camion.»
LEONARDO MANERA

Che cos'è che ti ci lavi i denti e ti ci siedi sopra? Uno spazzolino e una sedia.
CHICO MARX

Era un bambino altissimo, tanto che il suo primo dente gli cadde a sei anni, ma raggiunse terra solo quando lui ne aveva otto.
FURIO OMBRI

La miglior cosa da mettere in una torta di mele sono i vostri denti.
TONY RANDALL

A sette anni avevo già tutti i denti, messi però in ordine sparso. A scuola mi dissero che dovevo mettere l'apparecchio perché, con i denti davanti, disturbavo i miei compagni di banco.
MARIA ROSSI

Mia moglie ha tante di quelle carie nei denti che parla con l'eco.
LOUISE A. SAFIAN

Mi vorrei combrare una casa ma devo angora finire di pagare il dentista a Carmelo. Minchia 'stu apparekkio quando ke mà detto il prezzo 'u dottore, ciò kiesto: «Ma vola? Come un arioplano mi costa!».
SCONSOLATA (ANNA MARIA BARBERA)

Da ragazzo volevo essere "uno di quelli giusti". Non era semplice. Così mi iscrissi in una scuola di soli negri, e riuscii a far pubblicare sull'annuario scolastico il negativo di una mia foto. Penso che i denti neri mi abbiano fatto scoprire.
RONNIE SHAKES

Dopo aver ascoltato per una mezz'ora una ragazza suonare il pianoforte, niente mi rilassa di più che farmi trapanare qualche dente dal mio dentista.
GEORGE BERNARD SHAW

Adamo ed Eva ebbero molti vantaggi, ma il principale è che sfuggirono alla dentizione.
MARK TWAIN

DENTIFRICIO *(Spazzolino)*

Tutto finisce. Anche il dentifricio.
PAOLO FORNARA

Di cosa è fatto uno spazzolino da denti? Di plastica. Da cosa si ricava la plastica? Dal petrolio. È rosso perché lo abbiamo colorato e ci abbiamo aggiunto un po' di cloruro. Ogni tre mesi il tuo dentista di fiducia ti dice, devi cambiare lo spazzolino. Quanti ce ne saranno in Italia in questo momento? Venti milioni? Ogni tre mesi venti milioni vanno nell'immondizia, finiscono in un forno, vengono bruciati. I cloruri diventano diossina, vanno nell'aria. Piove, la diossina va nel mare, viene assorbita dal plancton, il pesce mangia il plancton, tu esci, vai al ristorante, mangi il pesce (80 mila lire al chilo) e ti sei mangiato il tuo spazzolino.
BEPPE GRILLO

Con questo dentifricio sarai bello... diventerai felice... avrai successo... E per lavarmi i denti cosa dovrò fare?
PERICOLI E PIRELLA

Che differenza passa tra una scimmia e uno spazzolino da denti? La scimmia può arrampicarsi sugli alberi, e lo spazzolino da denti... no.
ETTORE PETROLINI

DENTISTA

«Ho un appuntamento con il dentista.» «Mi dispiace, ma non c'è.» «Ah. E sa dirmi la prossima volta che non ci sarà?»
JACOB M. BRAUDE

Può un andrologo guadagnare più di un dentista? Certo, se l'uomo avesse un dente e trentadue cazzi!
BRUCE KETTA

Dal dentista a un certo punto ti dicono: «Sciacqui e sputi». Io sputo ma... Non posso mai tornare seduto perché c'è questo filo che va dal bordo del lavello al tuo labbro. E tu agiti la testa e quello niente, non si stacca. Allora mi butto indietro di colpo, sperando che si spezzi... Così c'è questo lungo filo che va dal lavello al tuo labbro. Tu sei imbarazzato... Il dentista lo guarda e dice: «Oh, l'arcobaleno!».
BILL COSBY

Sono stato dal dentista, mi ha fatto un'iniezione di anestetico... Dopo poco la parte destra della mia faccia stava colando dal teschio. «Cos'ha tra le scarpe?» mi ha chiesto il dentista. «È il mio labbro inferiore, idiota!»
BILL COSBY

Faccio il dentista. Mi sono fatto la villa con le protesi. Certo non è bella a vedersi.
ANTONIO DEL GIUDIZIO

Di cosa è fatto uno spazzolino da denti? Di plastica. Da cosa si ricava la plastica? Dal petrolio. È rosso perché lo abbiamo colorato e ci abbiamo aggiunto un po' di cloruro. Ogni tre mesi il tuo dentista di fiducia ti dice, devi cambiare lo spazzolino. Quanti ce ne saranno in Italia in questo momento? Venti milioni? Ogni tre mesi venti milioni vanno nell'immondizia, finiscono in un forno, vengono bruciati. I cloruri diventano diossina, vanno nell'aria. Piove, la diossina va nel mare, viene assorbita dal plancton, il pesce mangia il plancton, tu esci, vai al ristorante, mangi il pesce (80 mila lire al chilo) e ti sei mangiato il tuo spazzolino.
BEPPE GRILLO

Ma dove va il dentista quando ci lascia soli?

Gianluca Irti

Ho detto al mio dentista che dieci dollari per togliere un dente erano tanti. Dopotutto sono solo cinque secondi di lavoro. Così mi ha tolto il dente lentamente.

Jack Klugman

Ronaldo si è messo con una dentista. È come se Calderoli si mettesse con un chirurgo plastico.

Luca e Paolo

Al mio dentista il caval donato gli fa schifo.

Boris Makaresko

Mio padre aveva i denti così bianchi e sani che, quando andava dal dentista, gli tagliava i capelli.

Leonardo Manera

Non mi piace andare dai dentista. Non mi piace avere nessuna parte di un uomo nella mia bocca per così tanto tempo.

Martin Mull

Si dice che la prostituzione sia il mestiere più antico del mondo. Non è vero. Il mestiere più antico del mondo è il dentista. Solamente dopo alcune donne hanno cominciato a prostituirsi per riuscire a pagare la parcella. Anzi, all'origine il proverbio era: "La donna batte quando il dente duole".

Flavio Oreglio

Aveva un alito così schifoso che il suo dentista l'operava attraverso le orecchie.

Bob Phillips

Mi vorrei combrare una casa ma devo angora finire di pagare il dentista a Carmelo. Minchia 'stu apparekkio quando ke mà detto il prezzo 'u dottore, ciò kiesto: «Ma vola? Come un arioplano mi costa!».

Sconsolata (Anna Maria Barbera)

Dopo aver ascoltato per una mezz'ora una ragazza suonare il pianoforte, niente mi rilassa di più che farmi trapanare qualche dente dal mio dentista.

George Bernard Shaw

DENUNCIARE *(Fare causa)*

Molti mi domandano quale regalo mi piacerebbe avere per il mio ottantacinquesimo compleanno. Bene ve lo dirò: vorrei che una donna mi facesse causa per riconoscimento della paternità.
GEORGE BURNS

Mi hanno regalato una pianta da salotto, l'ho messa in cucina. Mi farà causa?
FABIO FAZIO

Ancora guai per Michael Jackson: anche il bambino che è in lui lo ha denunciato!
JAY LENO

Un'impiegata di Tiffany ha querelato i suoi capi per abuso e umiliazione. Praticamente la trattavano come uno dei loro clienti.
DAVID LETTERMAN

Il nuovo film di Harry Potter ha incassato cento milioni di dollari in un weekend. Credo sia la cifra più alta incassata da un adolescente senza far causa a Michael Jackson.
DAVID LETTERMAN

Ho un amico che si è fatto ricco lavorando come sosia di Michael Jackson. Ora, purtroppo, il sosia di un bambino gli ha fatto causa e gli sta portando via un sacco di soldi.
LUCIO WILSON

Sto scrivendo un'autobiografia non autorizzata. Quando esce mi querelo.
STEVEN WRIGHT

DEODORANTE

vedi **Profumo**

DEPILAZIONE

vedi **Peli**

DEPRESSIONE

Quando le donne sono depresse, o mangiano o vanno a fare shopping. Gli uomini invece invadono un altro stato. È un modo di pensare completamente differente.
ELAYNE BOOSLER

Il mio quartiere è così depresso che i bambini vanno a scuola con il diario del pover ranger.
ALESSANDRO BRUNELLO

Esiste un legame tra depressione e cancro? È scientificamente dimostrato: su 100 persone che vengono a sapere di avere un cancro, 95 smettono di ridere.
LIA CELI

Ha completamente capovolto la sua vita. Prima era depresso e miserabile. Adesso è miserabile e depresso.
DAVID FROST

Un uomo dall'aria depressa è seduto al ristorante. «Cosa c'è che non va?» gli chiede il cameriere. «Il mio lavoro. lo sono quello che spala via la merda degli elefanti al circo. Tonnellate di merda ogni giorno, non lo sopporto!» «Ma perché non se ne va?» «Bravo, e lasciare così il mondo dello spettacolo?»
GOLDIE IVENER

Io non attraverso mai periodi di depressione. Mi ci fermo dentro.
ROBERTO SERAFINI

È recessione quando il tuo vicino perde il lavoro. È depressione quando tu perdi il tuo.
HARRY TRUMAN

DESERTO

Abbiamo dei politici che gli dai sei mesi da amministrare il Sahara e, dopo, la sabbia ti tocca andarla a comprare a Taiwan!
DIEGO PARASSOLE

«Aò, 'ndo stà er mare?... Ammazza che spiagge che c'avete!»
ALBERTO SORDI, RIVOLTO A UN BEDUINO NEL MEZZO DEL DESERTO

Il deserto del Sahara è in Africa, su questo non ci piove.
SALVATORE SULSENTI

Forse voi vi chiederete il perché di tanta crudeltà. Ma è semplice. Perché io sono crudele.
IL GENERALE PETER USTINOV, AL TERMINE DI UN'ESTENUANTE MARCIA NEL DESERTO

Vi ricordate la dolce Michelle? Era la mia fidanzata al liceo... Era divertente e sempre profumata. L'ho portata al ballo del ritorno a casa, quindi l'ho legata a una sedia e le ho rasato via i capelli e l'ho lasciata in mezzo al deserto tutta sola. Be', talvolta nei miei sogni sento ancora quelle urla. Chissà se sarà riuscita a tornare a casa? Be', quelli erano bei tempi...
WEIRD AL YANKOVIC, DALLA CANZONE *GOOD OLD DAYS*

DESIDERIO

Per la notte di San Lorenzo, la notte delle stelle cadenti, io metto la macchina in garage.
ROCCO BARBARO

Vorrei trovare uno stufato che mi desse acidità di stomaco immediatamente, e non alle tre del mattino.
JOHN BARRYMORE

Ero in aeroporto, quando un mio collega, in fila per il check-in, mi ha detto: «Ah, vorrei tanto avere il mio piano qui con me.» «Perché?» gli ho chiesto. «Perché ci ho lasciato sopra i biglietti.»
VICTOR BORGE

A volte vorrei entrare nella testa delle donne, ma non è possibile. Allora cerco di entrargli in qualche altro posto.
LORENZO BOSIO

Desidero tanto un culo nuovo perché il mio ha un buco.
CAMILLO CANOVI

Voglio che i miei figli abbiano tutto quello che io non ho avuto. Poi voglio traslocare nella loro casa.
Phyllis Diller

La felicità è desiderare ciò che si possiede.
Ennio Flaiano

Voglio soltanto un uomo che sia dolce e comprensivo. È forse chiedere troppo a un miliardario?
Zsa Zsa Gabor

Vorrei una religione dove il divorzio fosse un sacramento.
Gino&Michele

Ah, la mountain bike! Arrampicarsi sui sentieri più ripidi, sudare per raggiungere la vetta, faticare lungo le mulattiere... Un giorno o l'altro dovrò proprio decidermi a comprarne una.
Roberto Guidarini

Chissà se le stelle per esprimere un desiderio devono aspettare che cada la terra?
Enzo Iacchetti

Vorrei tanto darti un calcio nei denti, ma perché poi devo migliorarti il look?
Insulti americani

Il matrimonio è il coronamento del sogno di un uomo e di una donna. I genitori della sposa.
Furio Ombri

Mi piacerebbe scrivere come Shakespeare. Se non altro saprei l'inglese.
Furio Ombri

E il desiderio? Vogliamo parlare del desiderio? Il desiderio è modesto. Analisi logica: il desiderio: soggetto; modesto: predicato inguinale; è: copula. Togli la copula e la frase non sta in piedi. Se non sta in piedi la frase, figuriamoci il bigolo che la rende operativa!
Alberto Patrucco

Povera nonna, il suo grande sogno era di diventare una cantante lirica. Per questo da giovane aveva iniziato a studiare da soprano, ma per colpa della guerra dovette interrompere

gli studi a metà così diventò mezzo soprano.
VALERIO PERETTI CUCCHI

Quando ero piccolo tutti mi chiedevano cosa vuoi fare da grande. Gli altri rispondevano il dottore, il tranviere, l'astronauta... Io dicevo: la testa di cazzo. Sono l'unico che ce l'ha fatta.
PAOLO ROSSI

E poi ci sono i desideri. Vorrei anche fare un film, avere la nomination e vincere l'Oscar. O anche vincere l'Oscar, avere la nomination e poi finalmente spero che mi facciano fare il film. Su queste cose sono molto elastico.
PAOLO ROSSI

Ma io non desidero la donna d'altri, io voglio solo la figa.
MAURIZIO SANGALLI

Quando cresco voglio fare ancora il regista.
STEVEN SPIELBERG

La nostra paura del peggio è più forte del nostro desiderio del meglio.
ELIO VITTORINI

Ci sono due tragedie nella vita: non riuscire a soddisfare un desiderio e soddisfarlo.
OSCAR WILDE

Mi piacerebbe lasciare un messaggio prima del beep.
STEVEN WRIGHT

DESTINO

La città aveva una struttura concentrica. C'erano cioè cinque circonvallazioni che si stringevano a mano a mano che si avvicinavano al centro. In più le strade principali tagliavano gli anelli delle circonvallazioni dalla periferia verso il centro trasformando Milano in una specie di torta suddivisa in tante fette. Fette di torta... Già questo chiarisce molte cose sul nostro destino.
GINO&MICHELE-PAOLO ROSSI

Un artista decente è destinato a essere infelice nella vita. Ogni volta che ha fame e apre il suo sacco, ci trova dentro solo perle!
HERMANN HESSE

Il principe Carlo ha riconosciuto in un ospizio per barboni un suo vecchio compagno di classe delle elementari. Com'è crudele il destino. Due bambini sono in classe insieme, e dopo quarantadue anni nessuno dei due ha ancora un lavoro!
DANIELE LUTTAZZI

Ma chi è l'uomo medio? È colui che ha negato per secoli che la terra girasse, che ha gettato nel rogo le streghe e ha bruciato i pazzi; che ha massacrato Pisacane e gli eroi del Risorgimento. È colui che è destinato a essere smentito dalla storia, dalla vita e dalla scienza mentre la Società si evolve e si trasforma! Vuoi vedere che l'uomo medio sono io?
MARCELLO MARCHESI

Oroscopo cinese. Bue: domani trovate per terra un portafoglio con cinquemila euro, esso appartiene a un altro del Bue. Voi siete contento, chi l'ha perso no! È strano un destino così diverso tra due persone dello stesso segno... va' a capire lo Zodiaco.
MAURIZIO MILANI

A ciascuno di noi il fato ha destinato una donna, se riusciamo a sfuggirle siamo salvi.
CITATO DAL *NEW YORK TIMES*

Berlusconi ha garantito sulla democraticità della Mussolini. La Mussolini che, infatti, più di una volta ha salvato numerosi ebrei da un destino tragico. Li ha portati fuori dalla sala prima che iniziasse un suo film.
MARCO VICARI

DESTRA

La doccia è di sinistra e la vasca da bagno di destra? I leghisti si lavano sotto il rubinetto. Lo slip è di sinistra e il boxer di destra? Il leghista sotto non mette niente perché ce l'ha duro. La sinistra sogna Alba Parietti e la destra Valeria Marini?

Il leghista è più pratico, si butta sulla segretaria.
ERMINIO BOSO

La destra: e se avesse ragione lei?
IVAN DELLA MEA

Non voterò mai a destra. Guardi certa gente e capisci che la destra per poter far studiare Fini ha dovuto sacrificare La Russa.
DIEGO PARASSOLE-RICCARDO PIFERI-CARLO TURATI

«L'Italia sta andando a destra.» «Sì, e a sinistra siamo sempre meno.» «Sarà per quello che stiamo così bene?»
GINO&MICHELE

Un uomo per mostrarsi di sinistra deve alzare il braccio sinistro e stringere il pugno, mentre per mostrarsi di destra deve alzare il braccio destro e tendere la mano. Ma se un uomo vuole sentirsi di centro, deve per forza eccitarsi?
MASSIMILIANO

Ho fatto un sogno all'incontrario dove non c'era più l'estrema destra e l'estrema sinistra, ma c'era solo l'estremo centro. I pericoli per la democrazia venivano da lì. Le liti, le risse, gli schiaffi, le bombe, venivano dal centro... Cioè non era cambiato niente perché anche un sogno all'incontrario ha rispetto per la Storia.
GINO&MICHELE-PAOLO ROSSI

S'ode a destra...
strapazzate a sinistra.
ANTONIO SILVA

DETERSIVO

Caro tiario, siamo in montagna a fare la settimana bianca per due persone che Derelitta ha vinto il concorso promosso dal detersivo "Minchia che bianco!" che è un concorso che io non sapevo che era stato promosso dato che manco sapevo che andava a scuola.
VITO CATOZZO (GIORGIO FALETTI)

Sapete cosa fa in estate l'Omino Bianco? Va in vacanza in candeggio... Beh, anche se questa non dovesse farvi ridere, non potrete mai dire che è sporca...

MARCO DEL CONTE

Perché fanno bottiglie di succo di limone con ingredienti artificiali, e prodotti per pulire i pavimenti con vero succo di limone? Adesso io bevo il mio tè con una spruzzata di Spic & Span.

BOBBY KELTON

DIAGNOSI

Un uomo è andato da un dottore che gli ha dato sei mesi di vita. Ma l'uomo non era in grado di pagare, così il medico gli ha dato altri sei mesi.

MILTON BERLE

Un tale va dal medico che gli dice: «Ho brutte notizie per lei. Ha un male incurabile». E lui: «Quanto tempo mi resta?». E il medico: «Be', sei ore». Lui corre a casa e sua moglie gli chiede: «Com'è andata?» «Malissimo. Non vivrò a lungo. Tutto ciò che mi resta è sei ore di vita». E lei: «Cosa vuoi fare in queste sei ore?» «Non so... Ti andrebbe di fare l'amore?» «Certo!» Lo fecero. Due ore. Alla fine erano lì distesi e lei gli chiese: «Cosa vuoi fare adesso? Quanto tempo hai ancora?». E lui: «Quattro ore.» «Vuoi fare di nuovo l'amore?». E lui disse di sì. Fecero l'amore per altre tre ore. Alla fine lei chiese ancora: «Amore, quanto tempo hai ancora?». E lui: «Non mi resta che un'ora. Cosa vuoi fare? Vuoi fare ancora l'amore?» «No!» rispose lei. E lui: «E perché no?». E lei: «Be', domattina io devo alzarmi. Tu no».

LEWIS GRIZZARD

Hanno diagnosticato che il mio cuore, da muscolo involontario, è diventato muscolo volontario, per cui se mi distraggo un attimo o mi addormento, sono un uomo morto...

RUBES

DIALETTO

vedi **Lingua**

DIALOGO

Il dialogo di due deficienti è uguale al monologo di due semideficienti.
STANISLAW JERZY LEC

Di mio padre mi rimase la nostalgia di quando andavamo a pescare. I lunghi silenzi. I brevi dialoghi. «Papà, vuoi i vermi?» «No, mi basta la merda.»
MARCELLO MARCHESI

Bill Cosby: «Credi nella vita dopo la morte?»
Groucho: «Da come sta andando quest'intervista, dubito della vita prima della morte.»
GROUCHO MARX, DURANTE UN INCONTRO CON BILL COSBY. GROUCHO AVEVA 82 ANNI

Canada: «Attenzione, siete in rotta di collisione con noi, per favore deviare la rotta di 10 gradi a nord, passo.»
Com Usa: «Negativo, deviate voi di 10 gradi dalla rotta, passo.»
Canada: «Negativo, ripeto, dovete deviare la rotta di 10 gradi a nord.»
Com Usa: «Questa è la USS Nimitz, siamo in esercitazione con dodici incrociatori e due sommergibili. Deviate subito dalla vostra rotta o verranno presi provvedimenti!»
Canada: «Siamo un faro, decidete voi...»
REALE (SI DICE) COMUNICAZIONE INTERCORSA TRA UN FARO CANADESE E IL COMANDANTE DI UNA PORTAEREI STATUNITENSE, CITATA DA STEFANO DECORSO

DIAMANTE

Non ho mai odiato abbastanza un uomo da rendergli i suoi diamanti.
ZSA ZSA GABOR

È così teso che se gli infili un pezzo di carbone nel culo, dopo due giorni ottieni un diamante.
JOHN HUGHES

Un bacio sulla mano può farti sentire meglio, ma una tiara di diamanti è per sempre.
MARILYN MONROE

Lui: «Dio che bei diamanti!»
Mae West: «Dio non c'entra proprio niente, tesoro.»
NIGHT AFTER NIGHT

L'oro non è tutto.
Ci sono anche i diamanti.
PAPERON DE' PAPERONI

Tra due amici genovesi: «Cos'altro posso regalare alla mia donna? I fiori mi dispiace un po', appassiscono subito. Ho provato coi fiori di plastica ma lei mi ha detto che ero poco romantico» «Regalale un bel diamante. Un diamante è per sempre. Un diamante è per tutta la vita.» «È vero: non finisci più di pagarlo: trentaseimila rate!» «Allora un bel profumo, magari un dopobarba, cosi se poi litigate, te lo usi tu!»
EMILIO RAZZETTI

Sono ebrea e non faccio ginnastica. Se Dio avesse voluto che ci piegassimo, avrebbe sparpagliato diamanti sul pavimento.
JOAN RIVERS

DIARIO

Ci sono delle persone così ignoranti che non leggono il *Diario di Anna Frank* perché si vogliono fare i cazzi loro!
RAFFAELE BRUNO

Caro tiario, siamo in montagna a fare la settimana bianca per due persone che Derelitta ha vinto il concorso promosso dal detersivo "Minchia che bianco!" che è un concorso che io non sapevo che era stato promosso dato che manco sapevo che andava a scuola.
VITO CATOZZO (GIORGIO FALETTI)

Mia moglie dice che sono troppo ficcanaso. Questo almeno è quello che scrive sui suoi diari.
DRAKE SATHER

Quando ero bambino, ho tenuto un diario. Recentemente lo stavo rileggendo. "Giorno uno: Ancora stanco per il trasloco. Giorno due: Tutti mi parlano come se fossi un idiota".
STEVEN WRIGHT

I miei genitori erano talmente poveri che quando andavo a scuola non solo mi compravano i libri usati, ma addirittura i diari usati. Il primo giorno avevo già compiti per tutto l'anno.
MARIO ZUCCA

DIARREA

Sapete quale sarebbe una bella storia? Quella di un clown che fa divertire la gente, ma che dentro è molto triste. E che inoltre ha la diarrea.
JACK HANDEY

Giro il mondo. Sono stato ai Caraibi, in Jamaica, in Messico... La gente è splendida, le spiagge sono splendide, ci si abbronza e, lasciate che vi dica, quella diarrea non la puoi prendere, qui a casa tua. Quella non è una diarrea comune. Quello è un germe che ti risale il culo con un sombrero e un paio di colt a sei colpi.
RICHARD JENI

Libera la tua mente! Libera il tuo corpo! Io lo faccio due volte al giorno.
MAGO ORONZO (RAUL CREMONA)

Usate "Falacacca Beghelli". Se ti scappa e non te ne accorgi si mette a suonare. Praticamente ti manda a cagare!
ZIO SCRIBA (NICOLA PEZZOLI)

DIAVOLO

Ho fatto un patto col diavolo: io divento famoso, lui può scoparsi mia sorella.
GEORGE CARLIN

I commercianti... Gente che pur di non pagare le tasse venderebbe l'anima al diavolo senza rilasciare lo scontrino fiscale.
ELLEKAPPA

«Diavolo, vado bene di qui per l'Inferno?» «Sì, sempre storto.»
ENNIO FLAIANO

Stephen King ha scritto una lettera ai suoi fan dicendo che siccome si ripete troppo, si ritirerà dall'attività di scrittore di romanzi. La lettera è di cinquecento pagine, e termina con un secchio di sangue tirato addosso a un'automobile posseduta dal demonio.

CRAIG KILBORN

Mio zio è un prete in pensione e quando ha visto il Gabibbo ha detto: «Certo che il diavolo si è proprio lasciato andare...»

FLAVIO OREGLIO

Il diavolo si è arrabbiato perché gli ho rotto le corna? Ma non si deve preoccupare, tanto, se è sposato, gli ricrescono.

TOTÒ

E Dio disse: «Che sia Satana, così la gente non darà la colpa di tutto a me. E che siano gli avvocati, così la gente non darà la colpa di tutto a Satana».

JOHN WING

Dio è nella mia mente e il diavolo nei miei pantaloni.

JONATHAN WINTERS

DIBATTITO

vedi ***Conferenza***

DICHIARAZIONE

vedi ***Corteggiare***

DIETA *(Dimagrire)*

Se vostra moglie vi chiama "grosso stronzo", forse non è sufficiente mettersi a dieta.

MAURIZIO AVANZI

Ho messo a dieta un quadro di Botero. Ora è di Magritte.

DONNIE BARZO

Il sedano ha un conto calorico negativo. Ci vuole più energia a masticarlo di quella che il sedano contiene. Stavo pensando, dunque: se uno mangiasse trenta libbre di sedano in una settimana, sparisce. Al settimo giorno è lì che mastica, diventa trasparente, poi un alone verdastro e poi Puf!.

TIM BEDORE

Mia moglie ha fatto una dieta a base di banane. Non è servita a niente, però adesso si sa arrampicare sugli alberi.
MILTON BERLE

In dietetica nulla è preferibile alla Dieta Mediterranea, la più completa. Infatti ci trovi la pasta, la carne, la verdura, il formaggio, la frutta, dolce, caffè, ammazzacaffè... sigarettina dopo pranzo, i più fortunati anche una ciulatina: tutto! Nella Dieta Mediterranea in realtà c'è tutto. Ma allora "gli altri", gli Anglosassoni, cosa cavolo gli rimane a loro da mangiare, le bacche?
FEDERICO BIANCO

Sono a dieta permanente da almenovent'anni. Ho perduto in totale 345 chili. In teoria dovrei essere appesa a un braccialetto.
ERMA BOMBECK

Oh Dio, se non puoi farmi dimagrire, fa' almeno che i miei amici ingrassino.
ERMA BOMBECK

La dieta del cardiologo: se ha un buon sapore, sputalo.
PAULINA BORSOOK

Sto provando una nuova dieta, Viagra e succo di prugna. Lasciate che vi dica, non so più se vado o vengo.
RODNEY DANGERFIELD

Perché io so' Vito Catozzo, un vero macchio! Io tratto le donne come tratto i delinquenti! Ci ho mia moglie Derelitta che ha un rapporto peso-potenza 1:1. 140 chili, 1 metro e 40... Pure la dieta mi va a fare, mondo cano: mi diventa 110 chili... Ci ho detto: «Derelitta, se volevo un'indossatrice la sposavo, maiala la mandria con tutti i mandriani!»
GIORGIO FALETTI

A proposito di diete, un mio amico ha perso più di sessanta chili in una settimana. Sua moglie lo ha lasciato.
LEOPOLD FETCHNER

Stai attento: se entri nel tunnel della soia non ne esci più... al mattino mica ti svegli, germogli.
I FOBICI

Ho conosciuto un uomo senza convinzioni, ma che le difendeva con passione.
FORAIN

Ecco un'interessante novità per chi è a dieta: una torta tagliata in fettine sottili ha meno calorie di una torta intera.
GARFIELD

Io tutti gli anni vado in beauty farm da Chenot. Poi torno in redazione alla Rai e guardando i miei colleghi chiedo orgoglioso: «Non notate niente?» «No, che c'è Giampie'.» «So stato da Chenot!» «E che t'o sei magnato?"
GIAMPIERO GALEAZZI (NICOLA SAVINO)

Il secondo giorno di una dieta è sempre più facile del primo. Il secondo giorno l'hai già smessa.
JACKIE GLEASON

Ho letto che fare sesso fa dimagrire. Tremo all'idea che Fassino trombi molto più di me.
TEO GUADALUPI

La mendicante alla signora grassa e ricca: «Per favore, non mangio da tre giorni». L'altra: «Avessi io la tua forza di volontà».
BOB HOPE

Vi siete mai chiesti perché la Coca Cola Light ha una sola caloria? Se riescono a togliere tutte le altre calorie, com'è che non riescono a tirar via proprio quella lì? Poi, come fanno a sapere che sia lì dentro? Magari in una confezione da sei c'è una lattina che le ha tutte lei. Forse ci sono milioni di lattine senza calorie, ed una grassa lattina enorme ed assassina che va in giro a terrorizzare gli assetati.
RICHARD JENI

Da oggi sono a dieta: basta con le droghe pesanti!
LARSEN (MARCO DELLA NOCE)

Ci avete mai fatto caso che non prendono mai ostaggi grassi? Sempre gli smilzi. Non prendono mai quei ciccioni che potrebbero utilizzare il tempo in cattività. Mai sentito diun tale dire: «Sono stato tenuto in ostaggio sette mesi ma ho perso

ottanta chili. Sono molto più presentabile, mi sento bene e ho imparato l'autodisciplina». Se Elvis fosse stato preso in ostaggio, sarebbe ancora vivo oggi.
DENIS LEARY

Mi sono messo a dieta: basta con l'alcol, niente abbuffate, e in quattordici giorni ho già perduto due settimane.
JOE E. LEWIS

Paolo Rossi: «Ho perso un chilo!»
Gialappa's: «Sei dimagrito?»
Paolo Rossi: «No, mi han scoperto la roba!»
MAI DIRE GOL

Mia moglie è andata da un celebre dietologo. In due mesi ha perso trecentomila lire.
BORIS MAKARESKO

Mi sono messo a dieta. Ho dovuto seguire due diete contemporaneamente, perché la prima non mi nutriva abbastanza.
BARRY MARDER

Mia madre è maniaca delle diete. Ci tiene così a stecchetto a casa che sono convinto che una volta sepolto sarò io ad andare a cercare i vermi.
MATTEO MOLINARI

Buone notizie: l'Amministrazione Farmaceutica ha approvato una pillola che vi aiuta a perdere peso dandovi l'impressione di sentirvi sazi. La dose raccomandata è di cinquemila pillole al giorno.
CONAN O'BRIEN

Era talmente grassa che quando rimase incinta dimagrì.
FURIO OMBRI

Hanno inventato la cioccolata che non fa ingrassare. È quella che non si mangia.
FURIO OMBRI

Odio le donne magre, perché non ha importanza quanto siano sottili, sono sempre a dieta. La mia amica Cynthia è un metro e settantacinque, pesa cinquantasette chili, e vive a Slim Fast. Un tempo diceva: «Questi pantaloni mi fanno sembrare grassa?». Adesso dice: «Riesci

ancora a vedermi? Sono ancora visibile a occhio nudo?».
RON RICHARDS

Sapete perché i pesci sono così magri? Perché mangiano pesce.
JERRY SEINFELD

Anche se mi è costato un sacco di soldi, adesso sono felice. Pensate, in un mese ho perso sessanta chili: mia moglie.
SERGIO VIGLIANESE

DIFETTO

Fino all'anno scorso avevo un solo difetto. Ero presuntuoso.
WOODY ALLEN

I difetti li ho tutti, ma li uso uno alla volta.
PINO CARUSO

Ho una cugina molto sexy. A volte alle riunioni di famiglia mi ritrovo a guardarla e a pensare: «Quanto ritardati potranno essere i nostri bambini? Voglio dire, e anche se uno nascesse con tre lobi delle orecchie?».
JAMIE KENNEDY

Per essere perfetta le mancava solo un difetto.
KARL KRAUS

È un'ingiustizia parlare male di Vienna sempre per i suoi difetti, quando vale la pena di parlare male anche per i suoi pregi.
KARL KRAUS

Il mio difetto è che sono troppo sincero, cara la mia zucca pelata!
LA SETTIMANA ENIGMISTICA

DIFFERENZA

L'insegnante di musica veniva due volte alla settimana per colmare il divario tra Dorothy e Chopin.
GEORGE ADE

La morte è come il sonno ma con questa differenza: se sei morto e qualcuno grida: «In piedi, è giorno

fatto!», ti riesce difficile trovare le pantofole.
WOODY ALLEN

La differenza tra un genio e uno stupido è che un genio ha i suoi limiti.
ANONIMO

Qual è la differenza tra un rinoceronte ferito e un soprano? I gioielli.
ANONIMO

La differenza tra un violino e una viola è che la viola è fatta di un legno che brucia più a lungo.
VICTOR BORGE

La differenza tra un romanzo e la realtà? Un romanzo deve avere senso.
TOM CLANCY

Ci sono più diversità all'interno dei due sessi che tra uno e l'altro.
IVY COMPTON-BURNETT

L'unica differenza tra me e un folle è che io non sono folle.
SALVADOR DALÍ

Come diceva sempre mio nonno: donne e buoi sono due cose diverse.
GIUSEPPE GIACOBAZZI

Se non sai la differenza tra un cucchiaio e un mestolo, allora sei grasso.
DEMETRI MARTIN

La differenza tra i buoni del tesoro e gli uomini è che i buoni del tesoro maturano.
DEBBIE PARRY

Che differenza passa tra una scimmia e uno spazzolino da denti? La scimmia può arrampicarsi sugli alberi, e lo spazzolino da denti... no.
ETTORE PETROLINI

Non incontrerai mai la persona perfetta. Il tempismo è sempre sballato. Tu sei sposato, lei è single. Tu sei ebreo, lei è palestinese. Uno è un messicano, uno è un procione. Uno è un uomo di colore, uno è una donna di colore. Insomma, c'è sempre qualcosa.
CHRIS ROCK

L'altra notte una donna ha dato un calcio al marito. «Perché l'hai fatto?» ha chiesto lui. E lei: «Perché sei un pessimo amante». Lui ci ha pensato un po' su e le ha dato un calcio a sua volta. Lei gli ha domandato: «Perché l'hai fatto?». E lui: «Perché sai la differenza!».
TOMMY SLEDGE

«Gradisci del succo marrone o verde?» «Che differenza c'è?» «Due settimane.»
LA STRANA COPPIA

Che differenza c'è tra una donna e un gay? Per far piacere a una donna devi trovare il punto G, per far felice un gay il punto D&G.
LUCIO WILSON

DIFFIDA
vedi **Avvertenza**

DIFFIDENZA
vedi **Fiducia**

DIGERIRE
vedi **Rutto**

DILETTANTE *(Professionista)*

Il figlio del giocatore di poker professionista era davvero molto precoce. A soli due anni sapeva già contare da uno al re.
MILTON BERLE

Ricorda sempre: i dilettanti hanno costruito l'Arca, i professionisti il Titanic.
CITATA DA SIMONE CARGNONI

Era un mondo adulto. Si sbagliava da professionisti.
PAOLO CONTE

Il sesso è l'unica attività umana in cui il professionista ha uno status inferiore a quello del dilettante.
MURRAY DAVIS

Mike Tyson ha dichiarato che si ritirerà dalla boxe professionistica e

che tornerà al suo primo amore: picchiare la gente gratis.
CRAIG KILBORN

In Urss non esistono prostitute professioniste, ci sono solo delle dilettanti di talento.
NIKITA KRUSCEV

Sapete come chiamano la vigilia di Capodanno gli alcolizzati? La serata del dilettante.
ELMORE LEONARD

Per il principiante, la cosa più divertente al mondo è un uomo vestito da vecchietta che precipita giù lungo una discesa su una sedia a rotelle e si schianta contro un muro in fondo alla discesa. Ma, per far ridere un professionista, deve essere una vera vecchietta.
GROUCHO MARX

Quando le donne si baciano vengono sempre in mente i lottatori professionisti che si stringono la mano.
H.L. MENCKEN

Ci sono talmente tanti reality tv show che adesso, quando vedo una pubblicità, penso: «Grazie a Dio! Degli attori professionisti e una storia!».
GARRY SHANDLING

Stare con una donna tutta la notte non fa mai male a un professionista del baseball. È cercare una donna per tutta la notte che fa male.
CASEY STENGEL

DIMAGRIRE
vedi ***Dieta***

DIO *(Dei)*

Pare che certa gente abbia fatto la fila per tre volte quando il buon Dio ha distribuito la stupidità.
KONRAD ADENAUER

Il papa, quando è in aereo, può ancora dirsi il rappresentante di Dio in terra?
GIULIANO AGOSTINETTI

Non solo Dio non esiste, ma provate a trovare un idraulico la domenica!
WOODY ALLEN

«Baci da Dio!» «Be', sì... Lui ha preso tante cose da me!»
WOODY ALLEN

Dio non è morto. Sta solo cercando un posteggio.
WOODY ALLEN

Recentemente ho letto la Bibbia. Non male, ma il personaggio centrale è poco credibile.
WOODY ALLEN

Dio tace. Ah, se adesso si riuscisse a far chiudere il becco all'uomo.
WOODY ALLEN

«Tu mi dai fastidio perché ti credi tanto un Dio!» «Be', dovrò pur prendere un modello a cui ispirarmi, no?»
WOODY ALLEN

Se volete far ridere Dio, ditegli i vostri piani per il futuro.
WOODY ALLEN

Adamo: «Posso farti una domanda?»
Dio: «Dimmi pure, figliolo.»
Adamo: «Perché hai fatto Eva così bella?»
Dio: «Perché tu la potessi amare.»
Adamo: «E allora perché l'hai fatta così stupida?»
Dio: «Perché lei amasse te.»
ANONIMO

È vero che Dio ha detto: «Andate e moltiplicatevi», ma è un'esortazione che risale a quando la terra era abitata da solo due persone.
ANONIMO

Se le mogli fossero buone, Dio ne avrebbe una.
ANONIMO GEORGIANO

Tutti pensano che Dio sia dalla loro parte. I ricchi e i potenti sanno che è così.
JEAN ANOUILH

Dio c'è ma ci odia.
ROBERTO "FREAK" ANTONI

Se volete sapere che cosa Dio pensi dei soldi, basta che guardiate a chi li dà.
MAURICE BARING

Dio è l'unico essere che, per regnare, non ha neppure bisogno di esistere.
CHARLES BAUDELAIRE

I padreterni fanno i figli crocifissi.
GIUSEPPE GIOACCHINO BELLI

Tutti quegli altri dei si chiamano Buddha, Allah, Giove, non so... lui Dio! E che è? Se si chiamava con un nome più modesto era pure più simpatico... dice: «Sono Guido...»... non so: «Non avrai altro Guido all'infuori di me...», toh! Aiutati che Guido ti aiuta o... piove che Guido la manda!
ROBERTO BENIGNI

Nella Bibbia, l'autore del libro è anche l'autore dei lettori.
ROBERTO BENIGNI

Io non so se Dio esiste, ma se non esiste ci fa una figura migliore.
STEFANO BENNI

Se credo in Dio? Dipende da cosa mi dice...
STEFANO BENNI

Adamo ha avuto i suoi bei problemi a comperare a suo padre il regalo per il giorno del papà. Che cosa si compera a uno che ha tutto?
MILTON BERLE

«Cara Santità, mi lasci dire che Lei assomiglia al mio Milan. Infatti, Lei, come noi, è spesso all'estero, cioè in trasferta, a portare in giro per il mondo un'idea vincente. Che è l'idea di Dio.»
SILVIO BERLUSCONI

Mi hanno detto che anche Dio è svelto, ma non ne sono sicuro finché non lo incontro.
BILLY THE KID

Silvio Berlusconi è da sempre convinto di essere il secondo, solo dietro Dio. Sarà perché non crede in Dio.
GIORGIO BOCCA

Oh Dio, se non puoi farmi dimagrire, fa' almeno che i miei amici ingrassino.
ERMA BOMBECK

Credo che ci siano due Dio e ognuno pensa che l'altro si stia prendendo cura di me.
ASHLEIGH BRILLIANT

Cosa mai potrò fare con questa mancanza di talento donatami da Dio?
ASHLEIGH BRILLIANT

Se Dio avesse voluto che l'uomo volasse l'avrebbe fatto nascere con un biglietto.
MEL BROOKS

Dio è come un cameriere ebreo: ha troppi tavoli.
MEL BROOKS

Diffidate degli ottimisti, sono la claque di Dio.
GESUALDO BUFALINO

Ok, Dio ha creato il cielo e la terra. Ma cos'ha fatto di recente?
BUMPER STICKER

Dio non fa errori. È per questo che è diventato Dio.
ARCHIE BUNKER

Per i compilatori dei dizionari, "Dio" è semplicemente la parola che segue "dintorno".
SAMUEL BUTLER

La Chiesa cattolica è strepitosa: è riuscita a convincerci che esiste un Dio caritatevole, misericordioso, che ha creato il cielo e la terra, che ci ama, ci vuole vicini a lui, è onnipotente, e ha bisogno di soldi!
GEORGE CARLIN

Se Dio ci avesse creato con l'intenzione di non farci masturbare, ci avrebbe fatto con le braccia più corte.
GEORGE CARLIN

Credere in Dio è come accusare qualcuno senza prove.
PINO CARUSO

Se il papa morendo scoprisse che Dio "di là" non c'è, convincerebbe i morti che sta di qua?
PINO CARUSO

Dio, dicono, ha i suoi disegni. E allora perché non fa una mostra?
PINO CARUSO

Quando si è onnipotenti, ubiqui, onniscienti è facile montarsi la testa.
PINO CARUSO

Dio inventò l'atomo, l'energia di fusione, il Dna, la fotosintesi clorifilliana, la forza gravitazionale... E ancora aspetta il premio Nobel!
ENNIO CAVALLI

Sì, Dio mi avrà aiutato di sicuro. Però a sudare su quella bicicletta c'ero io.
FRANCO «COPPINO» CHIOCCIOLI

Se c'è qualcuno che deve tutto
a Bach è proprio Dio.
EMILE CIORAN

Sono contento di sentire che il mio avversario si definisce un uomo fatto da sé. Questo certamente solleva Dio da una responsabilità agghiacciante.
JOE CLARO

Dai nemici mi guardi Iddio che alle mogli degli amici ci penso io.
CONTE UGUCCIONE (BEBO STORTI)

I Conformisti della Fede credono fermamente in Dio. In fatto di religione, spiegano loro, rimane di gran lunga il personaggio più popolare.
ENZO COSTA

Adamo è lì nel paradiso terrestre con tutti i comfort possibili ma sente che gli manca qualcosa a cui non riesce dare un nome. Riesce però ad accostare un colore, un rosa pallido... Dio se ne accorge e crea la donna. E pecca di presunzione perché Adamo, quella che voleva al suo fianco era semplicemente la *Gazzetta dello Sport*.
LELLA COSTA

Dio prese del fango, ci sputò su e nacque Adamo. E Adamo, asciugandosi il viso, disse: «Cominciamo bene...»
GIOBBE COVATTA

E il Signore distrusse Sodoma e Gomorra ricoprendole di zolfo e di fuoco. E gli angeli in coro dissero:

«Signore, passi per Sodoma, città di sodomiti, ma... perché hai distrutto anche Gomorra?». E il Signore rispose: «Mah... Gomorra, città di gomorroidi... mi faceva un po' schifo!».
GIOBBE COVATTA

E il Signore disse: «Donna, tu partorirai con gran dolore. Uomo, tu lavorerai con gran sudore, ammesso che troverai lavoro. E la terra produrrà spine e sofferenze». E Adamo disse: «Ma santo Dio, tutto questo per una mela? Domani te ne porto un chilo...».
GIOBBE COVATTA

Nella sua arroganza l'uomo attribuisce la propria origine a un piano divino. Io credo più umile e verosimile vederci creati dagli animali.
CHARLES DARWIN

Soltanto l'inutilità del primo diluvio trattiene Dio dal mandarne un secondo.
NICOLAS DE CHAMFORT

Nessuno ringrazia più Dio. Solo pugili e rapper. Rapper che cantano: «Picchia la puttana, ammazza il poliziotto». Poi: «Ringrazio il Signore per questo premio...» .
ELLEN DEGENERES

Il Giudizio Universale è il giorno in cui Dio verrà a giustificarsi.
ALFRED DE VIGNY

Povero Messico, così lontano da Dio e così vicino agli Stati Uniti!
PORFIRIO DIAZ

Dio creò l'uomo e disse: «Non ci siamo!». Creò la donna e disse: «Non ci siamo ancora! ». Creò te e disse: «Ma vaffanculo non è proprio giornata!».
ARTURO DI NACCIO E CLAUDIA GIOVANNELLI

Adamo passeggiava nel paradiso terrestre. Si sentiva molto solo. Allora Dio gli chiese: «Adamo, cosa c'è che non va? Ti vedo molto giù». E Adamo gli disse che non aveva nessuno con cui chiacchierare. Mosso a compassione, Dio gli promise che gli avrebbe dato compagnia, una donna! «Questa persona ti procurerà cibo, cucinerà per te, quando ti toglierai i pantaloni, li laverà per te

e quando diventerai un impiegato ti stirerà tutte le camicie senza lamentarsi. Non discuterà mai le tue decisioni, anzi, sempre le condividerà. Avrà cura dei tuoi figli e non ti chiederà nel cuore della notte di andare a vedere come stanno. Non ti contraddirà e sarà sempre la prima ad ammettere di aver torto. Non avrà mai il mal di testa e ti darà sempre amore e passione quando ne avrai voglia...». Adamo, a bocca aperta, chiese a Dio: «Ma quanto costa una donna così?» «Un braccio e una gamba.» «Senti... e cosa mi daresti per una costola?»
CITATA DA ARTURO DI NACCIO

Non prendetevela con Me se la Terra è sovrappopolata, la colpa è vostra: dovreste darvi una regolata con il procreamento. Se Io Mi sono accontentato di un Figlio solo, dovrebbe essere più che sufficiente anche per voi.
DIO, PER PENNA DI JEREMY PASCALL!

Dio, nella sua divina previdenza, non ha dato la barba alle donne perché esse non sarebbero state capaci di tacere mentre venivano rasate.
ALEXANDRE DUMAS PADRE

«L'unico che può decidere quando si deve morire è lassù.» «In quel B-52?»
ELLEKAPPA

Dio ha creato il gatto per dare all'uomo il piacere di accarezzare la tigre.
M. FERNAND

Era un bambino presuntuoso e saccente. Quando la maestra di prima elementare gli chiese: «Ma tu credi in Dio?», lui rispose: «Be', credere è una parola grossa. Diciamo che lo stimo».
WALTER FONTANA

"Caso" è forse lo pseudonimo di Dio quando non voleva firmare.
ANATOLE FRANCE

Non è Dio che è morto, è questo Papa che è vivo.
RAFFAELLO FRANCHINI

Pallanuoto.
Il primo giorno Dio creò la palla
e il secondo il mare perché da sola
si tenesse a galla.
GAIO FRATINI

«Mamma ho scelto di stare vicino a Dio.» «Per te c'è stato sempre qualcuno più importante di tua madre.»
FUORI DAL MONDO

Si parla di miracolo quando Dio batte i suoi record.
JEAN GIRAUDOUX

Le mie idee religiose si limitano a questa assurda convinzione che Dio abbia creato l'uomo e viceversa.
ANDRÉ GLUCKSMANN

Dio è vivo. Solo che non vuole essere coinvolto.
GRAFFITO, 1975

Dio è morto. Ma non preoccupatevi: la Vergine Maria è di nuovo incinta.
GRAFFITO, LOS ANGELES 1981

Da quando pratico l'autostima ho cominciato a credere in Dio.
MASSIMO GUGLIELMELLI

Sto da Dio. Ma l'affitto mi mette in croce.
ROBERTO GUIDARINI

Inferno cristiano: fuoco. Inferno pagano: fuoco. Inferno maomettano: fuoco. Inferno indù: fiamme. A credere alle religioni, Dio è un rosticciere.
VICTOR HUGO

Non so come Dio ce l'abbia fatta. Per me è durissima.
JOHN HUSTON

Ho sognato di fare il mio migliore trucco con le carte a Dio e Lui ha detto: «So come hai fatto».
TONY INVERGO

Nella fede cristiana, Dio creò Adamo a sua immagine e somiglianza. Ma sessantacinque milioni di anni prima, Dio creò i dinosauri a immagine e somiglianza di suo cugino Ted. Ted non era la pecora nera della famiglia, Ted era il grande mostro schifoso della famiglia.
EDDIE IZZARD

Dopo la creazione, Dio saltò su e disse: «No, è tutto brutto, non va bene, manderò un'inondazione, ucciderò tutti e ricominceremo daccapo. Manderò un'inondazione, quaranta

giorni e quaranta notti. Ma salverò due esemplari di ogni specie». Così Noè iniziò ad accogliere animali da tutto il mondo. «Due cani, due pecore, due gatti, due anatre...». E le anatre: «Noi non veniamo». E Noè: «Beh, ci sarà un'inondazione tremenda». E le anatre: «E allora?».
EDDIE IZZARD

Credo nel Dio che ha creato gli uomini, non nel Dio che gli uomini hanno creato.
ALPHONSE KARR

Tremo per il mio paese quando penso che Dio è giusto.
THOMAS JEFFERSON, *NOTE SULLA VIRGINIA*

Quando Dio stava distribuendo i cervelli ti deve aver scambiato per un cactus.
LAVERNE & SHIRLEY

Se Dio non distrugge Hollywood Boulevard, deve almeno delle scuse a Sodoma e Gomorra.
JAY LENO

Uno dei segni che Paris Hilton ha trovato Dio: ora, ogni volta che si mette in ginocchio, è per pregare.
DAVID LETTERMAN

Come mai Dio ha creato prima l'uomo e poi la donna? Che domanda, perché non aveva nessuna voglia di stare a sentire consigli su come doveva fare l'uomo.
CITATA DA ELENA LOEWENTHAL

Dio ha dunque dimenticato quel che ho fatto per lui?
LUIGI XIV

La riproduzione dell'uomo è un miracolo e un mistero. Se Dio mi avesse chiesto un parere, gli avrei consigliato di proseguire a modellare gli uomini con l'argilla.
MARTIN LUTERO

Il suicidio è il modo che l'uomo ha per dire a Dio: «Non puoi licenziarmi. Me ne vado io!».
BILL MAHER

Dio tassista, senza apostrofo, è una bestemmia?
MARCELLO MARCHESI

Che Dio ci perdoni. E ci perdonerà. È il suo mestiere.
MARCELLO MARCHESI

Se c'è un Dio che mi dia un segno!... Visto? Ve l'avevo detto che il knlupt smflrt glpptnrr...
STEVE MARTIN

Come era solito dire mio padre: «se il Signore avesse avuto più rispetto per il denaro l'avrebbe dato a una diversa classe sociale».
BRET MAVERICK

E il sesto giorno Dio fece il camaleonte, ma stava già pensando al week end e lo creò contro voglia, senza un'idea precisa.
MARCO MELLONI

Immaginate il Creatore come un comico di bassa lega, e all'improvviso il mondo diventa comprensibile.
HENRY LOUIS MENCKEN

E Dio creò l'uomo a sua immagine e somiglianza. Poi creò la donna, ma un po' più stronza.
FRANCESCO MICCIO

Ogni volta che mi guardo allo specchio mi convinco sempre più che Dio ha un ottimo senso dell'umorismo.
MATTEO MOLINARI

Perché Dio non si fa vedere? Ha forse fatto qualcosa di cui si vergogna?
MAURO MONTANARI

Morendo, non siamo noi a dover dare una spiegazione a Dio ma, se c'è un Dio, lui a noi.
INDRO MONTANELLI

E Dio creò la luce visto che le prime foto erano venute scure.
EGIDIO MORRETTI

Dio nella sua immensa saggezza fece la mosca, e poi si dimenticò di dirci perché.
OGDEN NASH

C'è Bush che bombarda l'Iraq e dice di aver parlato con Dio. C'è Bin Laden che tira giù torri giurando di essere stato ispirato da Dio. Ci sono i Talebani e gli Hezbollah, pronti a

obbedire agli ordini di Dio... Ma non è che lassù hanno aperto un call center?
CARLO NEGRI

Sono contenta che Dio abbia dato i comandamenti a un uomo. Del resto non aveva scelta. Li avesse ricevuti una donna, avrebbe detto subito: «Lo so che questo è quello che ha detto, ma sono convinta che non è quello che intendeva».
DIANE NICHOLS

La donna è stato il secondo errore di Dio.
FRIEDRICH NIETZSCHE

L'uomo è soltanto un errore di Dio? Oppure Dio è soltanto un errore dell'uomo?
FRIEDRICH W. NIETZSCHE

Lui: «Dio che bei diamanti!»
Mae West: «Dio non c'entra proprio niente, tesoro.»
NIGHT AFTER NIGHT

Bisogna credere in Dio per farsi suora?
ROSIE O'DONNELL

Come la maggior parte dei miei compatrioti ho la ferma convinzione che Dio sia un inglese e che molto probabilmente Gesù Cristo abbia studiato a Oxford.
LAURENCE OLIVIER

Per i cattolici la probabilità che Dio esista è l'otto per mille?
I PAPU

Dio si nasce, non si diventa. Neanche se fai una bella carriera.
DIEGO PARASSOLE

Era pieno di sé e io, esasperato da tanta presunzione, un giorno gli chiesi: «Nonno, ma chi ti credi di essere! Dio in terra?» «No!», mi rispose, «è lui che si crede me in cielo!»
VALERIO PERETTI CUCCHI-MARIO ZUCCA

Se Dio è così buono come dicono, perché per aiutarti si fa tanto pregare?
VALERIO PERETTI CUCCHI

Quand'ero ragazzo pregavo ogni notte per avere una bicicletta nuova. Poi ho capito che con il Signore

le cose non funzionano in questo modo. Così ho rubato una bici e poi gli ho chiesto perdono.
Emo Philips

Il piccolo Billy: «Caro Dio se tu riesci a trovare il modo di mettere le vitamine nelle caramelle e nei gelati, invece che negli spinaci e nell'olio di fegato di merluzzo, io te ne sarei molto grato. Amen».
Bob Phillips

Credo di sapere cosa si prova a essere Dio.
Pablo Picasso

Non sono cattolico, ma sono contento che Dio esista: visto che è onnipresente ho sempre la certezza che ci sia almeno uno spettatore ai miei spettacoli.
Riccardo Piferi

Dio ha fatto la femmina, i sarti hanno fatto la donna.
Pitigrilli

Mio figlio mi ha detto che è normale essere gai. Beh, proprio normale no... se fosse stato normale Dio avrebbe creato Adamo e Michele. Se ha fatto Eva ci sarà un motivo, non è che l'ha creata solo per fare le pulizie!
Viviana Porro

E Dio dopo aver scoperto Adamo e Eva disse loro: «Continuate pure, fate come se io non ci fossi!».
Jacques Prévert

Signore, se c'è un Signore, salvate la mia anima, se ho un'anima.
Emest Renan

Sono ebrea e non faccio ginnastica. Se Dio avesse voluto che ci piegassimo, avrebbe sparpagliato diamanti sul pavimento.
Joan Rivers

A volte penso che la guerra sia il modo che ha Dio per insegnarci la geografia.
Paul Rodriguez

Uccidi un uomo e sei un assassino. Uccidine milioni e sei un conquistatore. Uccidili tutti e sei Dio.
Jean Rostand

Caro Dio, perdonaci e ti perdoneremo.
LEO ROSTEN

Io non nomino mai Dio invano, lo faccio sempre con uno scopo preciso.
MAURIZIO SANGALLI

Dio creò la Padania, poi si accorse dell'errore e creò la nebbia.
SCRITTA SU UN MURO DI NAPOLI

Quando gli dei odiano un uomo in modo particolare, lo spingono a diventare insegnante.
SENECA

Caro Dio: gli dei sono stati benevoli con me. Per la prima volta nella mia vita, ogni cosa è assolutamente perfetta. In gratitudine, io ti offro questi biscotti e questo latte. Se vuoi che li mangi per te, non darmi nessun segno... Grazie, sarà fatto.
HOMER SIMPSON

Quando ho tenuto quella pistola in mano, ho sentito un'ondata di potere... La stessa che deve provare Dio ogni volta che impugna una pistola.
HOMER SIMPSON

In Louisiana si verifica una grande alluvione. E c'è un tale immerso nell'acqua fin sopra il ginocchio. Arrivano a bordo di un canotto e gli dicono: «Vieni su!». E lui: «No, il Signore provvederà per me». Qualche minuto dopo è sulla veranda e l'acqua gli ha raggiunto il bacino. Arriva un altro canotto e gli dicono: «Dai, salta su!». E lui: «No, il Signore provvederà per me». Adesso è sul tetto, l'acqua gli ha raggiunto il collo. Arriva un elicottero e lui: «No, il Signore provvederà per me». Muore affogato. Giunto in paradiso, incontra il Signore e gli chiede: «Ma cosa è successo?». E il Signore: «Ah, non lo so mica cosa è successo. lo ti avevo mandato due canotti e un elicottero!».
RED SKELTON

Io so perché il sole non tramonta mai sull'Impero britannico: Dio non si fida di un inglese al buio.
DUNCAN SPAETH

Credevo di essere Dio, un Dio vivente. E ognuno degli altri tre mi guar-

dava e mi diceva: «Scusa sai, ma Dio sono io».
RINGO STARR

L'unica scusa di Dio è che non esiste.
STENDHAL

Dio è un'illusione,
Vasco una realtà.
STRISCIONE A UN CONCERTO DI VASCO ROSSI A TORINO

Le vie del Signore sono infinite. Toccafondi prendine una e levati dai coglioni.
STRISCIONE DEI TIFOSI PRATESI CONTRO IL LORO PRESIDENTE

Dio può tutto, anche trasformare la Coca in Pepsi.
QUENTIN TARANTINO

Una pasticca di acido costa cinque dollari e ci consente di ascoltare la Sinfonia Universale con Dio che canta un assolo e lo Spirito Santo che suona la batteria.
HUNTER STOCKTON THOMPSON

«Cos'è per lei il Paradiso?» «Poter stringere la mano a Dio.»
MONSIGNOR TONINI

In via eccezionale, non si potrebbe sapere che intenzioni ha Nostro Signore?
TOTÒ

Dio ha creato ogni cosa dal nulla. Ma il nulla si vede ancora in trasparenza.
PAUL VALERY

Non bisogna giudicare il buon Dio da questo mondo perché è uno schizzo che gli è venuto male.
VINCENT VAN GOGH

Dio non ha ancora finito con me.
BILLY WILDER

La cocaina è il modo che usa Dio per dirti che stai facendo troppi soldi.
ROBIN WILLIAMS

E Dio disse: «Che sia Satana, così la gente non darà la colpa di tutto a me. E che siano gli avvocati, così la gente non darà la colpa di tutto a Satana».

JOHN WING

Dio è nella mia mente e il diavolo nei miei pantaloni.

JONATHAN WINTERS

C'è chi dice che Dio esiste e chi è convinto che non esista. La verità, come sempre, sarà nel mezzo.

W.B. YEATS

Ho sognato che Dio starnutiva e io non sapevo cosa dirgli.

HENNY YOUNGMAN

Ho dormito da Dio ieri notte. Mi aveva invitato già una settimana fa...

ALBERTO ZANCHETTA

Non si può concepire un'Intelligenza Perfetta che non eccella anche in autoironia. Secondo me Dio bestemmia.

ZIO SCRIBA (NICOLA PEZZOLI)

DIPLOMAZIA *(Ambasciatore)*

Un diplomatico che dice sì, intende dire: può darsi. Un diplomatico che dice può darsi, vuol dire no. Un diplomatico che dice no, non è un diplomatico.

ANONIMO

Un ambasciatore è un individuo che, non riuscendo a ottenere una carica dagli elettori, la riceve dal governo, a patto che lasci il Paese.

AMBROSE BIERCE

Per essere ambasciatore non basta essere sciocco, bisogna anche essere ben educato.

ARISTIDE BRIAND

La diplomazia è l'arte di permettere a qualcun altro di fare a modo tuo.

DAVID FROST

Berlusconi sta alla diplomazia come Platinette sta alla gnocca.

ALBERTO PATRUCCO

La Chiesa è una sposa sbandata che in mezzo alla piazza scopa con banchieri e diplomatici avvelenando al tempo stesso la vita ai ragazzini che si fanno una sega.

VLADIMIR SENAKOVSKY

Sono tre anni che non ricevo notizie dal nostro ambasciatore in Spagna. Se non si fa vivo entro il prossimo anno, finirò per scrivergli.

GEORGE WASHINGTON

DIPLOMA

vedi **Università**

DIRETTORE

vedi **Manager**

DIRITTO *(Dovere)*

Miss Dimple: «Buongiorno...»
Groucho: «Buongiorno? Cosa ci trova di buono? La pioggia è passata da un buco nel soffitto, il padrone di casa è passato dalla porta, mia moglie è passata dal mio portafogli e io sono passato attraverso le suole delle mie scarpe. E lei lo chiama un buon giorno? A proposito, Miss Dimple: lei era di nuovo in ritardo. Cosa ha fatto ieri notte?»
Miss Dimple: «Ieri notte? Be', ero con lei!»
Groucho: «Con me, eh? Miss Dimple gliel'ho detto un sacco di volte di non mischiare il dovere col piacere!»

GROUCHO MARX

Tutti nella vita hanno la stessa quantità di ghiaccio. Però il ricco d'estate, il povero d'inverno.

BAT MASTERSON

Di questi tempi, quando si parla di diritti e doveri, per diritti si intendono quelli televisivi, per doveri si intende "andò stavi?".

GIANNI MURA

Il diritto di saldare la parcella all'avvocato è un diritto fondamentale e antichissimo dell'uomo, ed è l'essenza di quella che noi chiamiamo democrazia.

FLANN O'BRIEN

DISACCORDO
vedi **Litigio**

DISC JOCKEY
(Discoteca - Disco)

Le ragazze in discoteca hanno sempre dei modi delicati per scoraggiarti. Ho chiesto a una tipa l'altra sera: «Vorresti ballare con me?». E lei: «Oh, no, sto aspettando che me lo chieda qualcuno di umano».
FRANKLYN AJAYE

Se l'ignoranza fosse musica Boso sarebbe una discoteca.
ROBERTO BENIGNI

In discoteca mi hanno offerto una pasticca strana, l'ho presa mandandola giù con del whisky. La mattina dopo i buttafuori mi hanno trovato svenuto sul soffitto.
GIOVANNI CELLINI

Lei era fidanzata con un Dj. Ogni volta che facevano l'amore, lui voleva sempre provare anche il lato B.
PIERO DEGLI ANTONI

Nessun disc jockey è mai scomparso prematuramente.
ENRICO FAMEDI

Ero in discoteca con la mia ragazza e a un certo punto mi si è avvicinato un tizio che mi ha chiesto se, oltre alla mia ragazza, c'era un altro cesso nel locale.
FICHI D'INDIA

Fatemi capire bene questa storia: ragazzi che sono fan dell'heavy metal comperano dischi di heavy metal, li portano a casa, li ascoltano, e poi si sparano un colpo in testa. E dove sarebbe il problema?
DENIS LEARY

Annuncio apparso su un quotidiano napoletano. Dj Pino Catramaro offresi per feste private, anche delinquenti.
GIANFRANCO MARZIANO

E wow! Ecco ancora la vostra pazza-pazza-Patrizia che aritorna co' voi e co' tutti gli amichi sintonizzati sulla bella frequenza de Radio Tore Tozza. Lei è sempre Matilde che ce canta Uomini, dedicata da

Cinzia a Stefano co' un messaggio: «Piantala da chiamamme o facile che er mi' ragazzo te passa sopra cor millecento!».

PATRIZIA (SABINA GUZZANTI)

DISCO

*vedi **Disc Jockey***

DISCOTECA

*vedi **Disc Jockey***

DISGUSTO

*vedi **Schifo***

DISISTIMA

*vedi **Stima***

DISNEYLAND

*vedi **Parco giochi***

DISOCCUPAZIONE

«Babbo che ne sarà di me?» «Per intanto sei giovine. Poi farai l'emarginato, il soldato e il disoccupato. Poi scegli: o meridionale o donna.»

ALTAN

Con la crescita zero il Paese invecchia. Tra un po' avremo un pensionato a carico di ogni disoccupato.

ALTAN

Era un periodo che ero disoccupato così ho accettato di lavorare da un mio amico che aveva un campo di girasoli pigri, cioè costavano meno però bisognava girarli a mano.

GIOVANNI CACIOPPO

Siccome ero disoccupato fin da piccolo mi sono comprato un motorino usato che faceva così cagare che, quando andavo in giro, i moscerini, invece di spiaccicarsi sugli occhiali, mi tamponavano!

GIOVANNI CACIOPPO

Certi Verdi, invece di battersi per l'ambiente, lottano contro la disoccupazione. La propria.
ADRIANO CICCIONI

Maria fu assunta in cielo perché non trovava lavoro in terra.
COMIX

Noi artisti lavoriamo una sera qua e una sera là... praticamente due sere l'anno.
ANTONIO GUIDETTI

Sono un pianista da concerto. È solo un modo elegante e pretenzioso per dire che al momento sono disoccupato.
OSCAR LEVANT

Il principe Carlo ha riconosciuto in un ospizio per barboni un suo vecchio compagno di classe delle elementari. Com'è crudele il destino. Due bambini sono in classe insieme, e dopo quarantadue anni nessuno dei due ha ancora un lavoro!
DANIELE LUTTAZZI

Già da bambino non avevo grandi ambizioni. Giocavo al piccolo disoccupato.
DIEGO PARASSOLE

Drammatico. Beve champagne per errore manovale disoccupato.
GINO PATRONI

In Albania sciopero generale di protesta. Gli albanesi perciò si asterranno dalla disoccupazione.
STRISCIA LA NOTIZIA

DISONESTÀ
vedi **Onestà**

DISONORE
vedi **Onore**

DISORDINE
vedi **Ordine**

DISPIACERE
vedi **Dolore**

DISSENTERIA
vedi **Cagare**

DISTANZA *(Lontananza)*

Caro amico ti scrivo così mi distraggo un po'. Ma siccome sei molto lontano più forte ti scriverò.
LUCIO DALLA

Non sono basso. Sono lontano.
DENTIBLÙ-MATTEO MOLINARI

Viaggerei,
se non fosse tanto lontano.
COREY FORD

Più lontani si va e meno si apprende. Per questo l'uomo saggio non cammina e arriva.
LAO TSE

Le cose potrebbero andare peggio. Tu potresti essere qui di persona.
BOB PHILLIPS

Si possono misurare le distanze in tempo. «Quanto è lontano?» «Oh, circa venti minuti». Non funziona però al contrario. «Quando smonti dal lavoro?» «Verso tre miglia.»
JERRY SEINFELD

Ho una casa fantastica. A soli venti minuti dal centro. Col telefono.
HENNY YOUNGMAN

DISTRAZIONE

Sono così distratto che marinavo la scuola di domenica.
STEVE ALLEN

Mio padre era talmente distratto che, quando andai da lui per dirgli che ero incinta, mi rispose: «Sei sicura che sia tuo?».
ANONIMO

Ero in aeroporto, quando un mio collega, in fila per il check-in, mi

ha detto: «Ah, vorrei tanto avere il mio piano qui con me.» «Perché?» gli ho chiesto. «Perché ci ho lasciato sopra i biglietti.»
VICTOR BORGE

Automobili, clacson, suonerie di televisioni, cellulari, bambini che piangono, cani che abbaiano, al giorno d'oggi è difficile trovare un posto tranquillo. Ieri, per esempio, sono andato in campagna per leggere un libro. Non ci sono riuscito. Avevo dimenticato il libro.
LORENZO BOSIO

Aeroplano. Un tale è seduto addormentato, con la patta aperta e gli si vede tutto. Dall'altra parte del corridoio è seduto un altro tipo che guarda e lo nota. Chiama la hostess e le chiede una penna e un pezzo di carta. Scrive: "Caro signore, sono seduto dall'altra parte rispetto a lei e la sua cerniera è aperta e le si vede tutto. So che questa nota le eviterà qualsiasi imbarazzo. Cordialmente suo, Frank Martin. Ps: Ti amo".
LENNY BRUCE

Dopo la nascita di mio figlio per un mese continuavo a dire a tutti che figlio perfetto che avevo, che non piangeva mai. Poi ho scoperto che in quelle radioline per bebè bisogna mettere le pile.
FRANCES DILORINZO

Mio zio era così sbadato che un giorno, volendo sterminare la famiglia per poi uccidersi, si confuse e si sparò per primo.
ROBERTO SERAFINI

La perdita di un genitore si può considerare una disgrazia. La perdita di entrambi rasenta invece la sbadataggine.
OSCAR WILDE

Per farmi addormentare mio padre mi lanciava in aria. Purtroppo non era mai lì quando tornavo giù.
ROBIN WILLIAMS

Sono molto distratto... Questa camicia, per esempio... Ho perso un'asola.
STEVEN WRIGHT

DITO (Pollice)

Le mie zie erano solite venirmi vicino durante i matrimoni, mi davano una ditata nei fianchi e, ridendo, mi dicevano: «Il prossimo sei tu». Hanno smesso di farlo da quando lo dico io a loro durante i funerali.
ANONIMO

Pochi sanno cos'è un troglodita. Il troglodita è uno che ha le dita a troglo.
GIAMPIERO ASARA

Una delle cose che non ti dicono a proposito di allevare i figli è che tutti si aspettano da te, per il resto della tua vita, che a ogni schiocco di dita tu ti ricordi il nome dei tuoi figli e quanti anni hanno.
ERMA BOMBECK

Sono magazziniere. Col muletto sono il più bravo. Muovo le forche come le dita della mia mano. Riesco a slacciare un reggiseno solo sfiorando la pelle di una ragazza. Con le mutandine ho qualche difficoltà. Le spacco le gambe.
LORENZO BOSIO

Adoro le ragazze coi pollici opponibili.
PAOLO BURINI

Ho visto gente mettersi i preservativi alle dita dei piedi per paura di prendersi l'Adidas!
GINO&MICHELE-PAOLO ROSSI

Chi va a dormire col culo che prude si sveglia col dito che puzza.
GRAFFITO NEI BAGNI DEL POLITECNICO DI TORINO

Mi preoccupo sempre dei germi nei buchi delle palle da bowling. Nessuno mai li pulisce, quei buchi. Ci sono residui di dita da pizza, dita da tacos, dita da pollo, lì dentro. Mi stupisco che quelle palle abbiano ancora dei buchi! Avete mai annusato i buchi di una palla da bowling? Credete che la palla abbatta i birilli? Sbagliato. Svengono per il fetore.
CAROLYNE MAY

Pelosetta e colorita
non più larga di due dita
fa rizzar la pelle umana e il suo
nome finisce in ...ica.
È superfluo che ti dica
che si tratta dell'ortica!

Battuta girata via SMS segnalata da Federica Nardon

Se i bambini si mettono il pollice in bocca si può sempre farli smettere inchiodando il dito colpevole al seggiolone. Se non c'è un chiodo in giro, basterà un colpo di martello sulle dita, a meno di non ricorrere al metodo del nonno, che infilava una bomba a mano al pollice del neonato. Quando il monellaccio incominciava a tirare il cordino della miccia, il nonno si infilava le dita nelle orecchie e scappava a tutta velocità.

Sidney Joseph Perelman

Conobbi anche una ragazza e capii subito che faceva la contorsionista perché aveva delle macchie di nicotina sulle dita dei piedi!

Valerio Peretti Cucchi-Mario Zucca

Avete il pollice verde?
Allora lavatevelo!

Giorgio Porcaro

A Genova i ristoranti dove si possa mangiare del buon pesce fresco a un prezzo abbordabile si contano sulla punta delle dita della mano di un falegname disattento.

Emilio Razzetti

Alla fine tutto quello che serve sono cinque corde, tre note, due dita e uno stronzo che suona.

Keith Richards

Furio Scartezzini io ti maledico! Che tutte le volte che vai allo stadio tu ti possa sedere vicino a un teppista e mentre le telecamere lo inquadrano che lancia un sasso, tu ti metta le dita nel naso. E tutta l'Italia la sera ti veda alla *Domenica Sportiva* mentre ti stai scaccolando!

Paolo Rossi

Un libro senza indice può mettersi le dita nel naso?

Carlo Turati

I personaggi dei cartoni animati sono scesi in sciopero: «Prima di tutto, vogliamo più dita».
Robin Williams

DITTATURA *(Tirannia)*

La differenza fra una democrazia e una dittatura è che in una democrazia prima voti e poi prendi ordini; in una dittatura non devi perdere tempo a votare.
Charles Bukowski

Dopo la caduta dei totalitarismi, la democrazia gode di ottima salute, anche se è da un po' che non si fa vedere.
Glauco Della Sciucca

Visto che non posso avere la maggioranza, mi accontenterò dell'unanimità.
Stalin

La storia delle donne è la storia della peggiore tirannia che il mondo abbia mai conosciuto: la tirannia del debole sul forte. È l'unica tirannia che duri.
Oscar Wilde

DIVERTIMENTO

Nella mia vita ho sofferto così tanto che ormai il dolore mi diverte da impazzire.
Claudio Barbieri

È divertentissimo sposare un uomo.
Brigitte Bardot

Lavorare è meno noioso che divertirsi.
Charles Baudelaire

«Mia madre è in cielo», disse il bambino triste. «Non rompere, bambino! Sappiamo tutti che tua madre fa la hostess, scopa, gira il mondo e si diverte!»
Romano Bertola

Berna è grande il doppio del cimitero di Vienna, ma ci si diverte solo la metà.
Luciano De Crescenzo

Stasera ho proprio voglia di andarmi a veder un bel film di denuncia. Guarda un po' se ci sono film di denuncia in giro. No? Peccato, dovrò andare a vedere un film per divertirmi e basta. Uffa!
MARCELLO MARCHESI

Il nuoto è uno strano sport: a volte lo fai per divertimento, a volte lo fai per non morire.
DEMETRI MARTIN

Avevano lo sguardo triste e solenne degli inglesi che si divertono.
WILLIAM SOMERSET MAUGHAM

Il 90% del mio ingaggio lo spenderei in divertimenti, donne e whisky irlandese. L'altro 10% probabilmente lo sprecherei.
TUG MCGRAW

Quelle piccole linee attorno alla bocca, quelle zampe di gallina che ti sono spuntate attorno agli occhi, i millimetri di pappagorgia che ti sono cresciuti sul mento sono tutti modi che ha la vita per dirti che ti rimangono solo più nove buche da giocare. E allora esci e divertiti.
BRUCE WILLIS

DIVIETO
vedi ***Proibire***

DIVINA COMMEDIA
vedi ***Dante Alighieri***

DIVORZIO *(Separazione)*

Il timore della separazione. È un interessante fenomeno psicologico. Una volta, da sposato, dovetti partire per Washington, e benché fossi io, che partivo, mi sentii male. Invece, quando tornai diede di stomaco mia moglie.
WOODY ALLEN

Marito: «Basta con l'egoismo e il disincanto: ho ritrovato la grande tensione ideale!»
Moglie: «Chi è la sgualdrinella?»
ALTAN

Quando il mio ex fidanzato mi ha lasciata, il giorno dopo ho ricevuto un biglietto. Diceva: "Non te la prendere. Perché per uno per cui te la prendi, c'è sempre un altro a cui gliela dai!".
BRUNELLA ANDREOLI

«Ieri ho scaricato il mio fidanzato.»
«Ah sì? Da che sito?»
ANONIMO

«Tesoro, ho vinto un miliardo al totòcalcio! Presto, prepara la valigia!» «Fantastico! E cosa devo metterci, roba d'estate o d'inverno?» «Mettici tutto che vai fuori dalle balle!!!»
ANONIMO

Fai bene ad andartene. Anch'io, se potessi mi lascerei.
ROBERTO "FREAK" ANTONI

Non sono arrabbiata per il divorzio da Tom Arnold. Mi dispiace solo di non essere vedova.
ROSEANNE BARR

Non ti sei mai reso conto di quanto sia breve un mese fino a quando non devi pagare gli alimenti.
JOHN BARRYMORE

Mia suocera è stata la causa del mio divorzio. Una volta mia moglie è tornata a casa e mi ha trovato a letto con lei.
LENNY BRUCE

La mia ragazza mi ha lasciato perché abbiamo litigato. Ha detto che, quando si tratta di fare l'amore, sono troppo avido. No, non ha detto proprio così. Ha detto: «Perfino le uova ci mettono tre minuti!».
ALAN BURSKY

«Un matrimonio non finisce mai solo per un'infedeltà. Quello è un sintomo che qualcos' altro non va.»
«Ah sì? Be', quel sintomo si scopa mia moglie.»
BILLY CRYSTAL

Se lei vi ha detto: «Toglimiti da davanti, inutile ammasso di guano», forse non è il caso di impegnarsi con quel mutuo prima casa.
DOSE E PRESTA

A proposito di diete, un mio amico ha perso più di sessanta chili in una settimana. Sua moglie lo ha lasciato.
LEOPOLD FETCHNER

Io sono una meravigliosa padrona di casa: ogni volta che lascio un uomo mi tengo la casa.
ZSA ZSA GABOR

Vorrei una religione dove il divorzio fosse un sacramento.
GINO&MICHELE

Mi sono appena lasciata col mio fidanzato. Era un comico. Sono contenta che ci siamo lasciati prima di sposarci, perché vi immaginate la battaglia legale per la custodia tra due comici che divorziano? Sarebbe qualcosa del tipo: «Va bene, io mi tengo le battute sulla casa, e tu hai le battute sulla macchina» «E i bambini?» «Ahh, prendili pure. Non sono poi così divertenti.»
LYNN HARRIS

Mia mamma mi ha sempre detto: non sposarti per soldi. Divorzia per soldi.
WENDY LIEBMAN

Volevo divorziare da mio marito perché gli puzzavano troppo i piedi. Nel frattempo lui ha avuto un incidente e gli hanno dovuto amputare metà delle gambe. Cazzo, non gli hanno mica riattaccato i piedi appena sotto le ginocchia!
ROBERTO LISSONI

Toronto: una coppia di lesbiche ha chiesto il divorzio. È il primo caso al mondo. I deputati conservatori sono insorti perché la vicenda può mettere in discussione la santità del divorzio.
DANIELE LUTTAZZI

La ragazza è come una scoreggia: se non ce l'hai non la puoi mollare.
GRAZIANO MARANI

C'è un solo motivo per il quale manderei a monte il mio matrimonio, cioè se mia moglie mi sorprendesse a letto con un'altra donna. Non riuscirei a sopportarlo.
STEVE MARTIN

Ho rotto con la mia fidanzata, e lei mi ha detto: «Non troverai più una come me!». E son lì che penso: «Spero di no!». Se non voglio te, perché dovrei volere un'altra proprio come te? C'è qualcuno al mondo che chiude una relazione dicendo: «A proposito, non è che hai una gemella?».
LARRY MILLER

Allora io l'ho lasciato. Ma lui no. Lui continuava a venirmi a prendere, mi portava fuori a cena... Io volevo pagare la mia parte, perché ormai non eravamo più fidanzati, lui invece insisteva, insisteva e alla fine pagavo tutto io come prima.
MARISA MIRITELLO

Amore, ogni giorno penso con un po' di rammarico che le cose belle durano poco e tu... hai quasi quarant'anni.
CARLO NEGRI

La mia ragazza mi ha lasciato perché non le piaceva fare l'amore in tre. Quando scopava non mi chiamava mai.
DIEGO PARASSOLE

Ho lasciato la mia donna. Ma come mai quando una donna viene lasciata, dopo poco vive una seconda giovinezza, sta meglio, se le va di lusso dimagrisce pure... L'uomo no. L'uomo quando è lasciato deperisce, peggiora, se gli va di lusso viene travolto da un camion...
RICHARD PRYOR

Pensando al matrimonio, non è il legarsi a una donna che l'uomo teme: è il separarsi da tutte le altre.
HELEN ROWLAND

Lui a lei: «Scherza tu, scherza pure. Ma sappi che il giorno che te ne andrai io aprirò il gas. E anche l'acqua. E poi una scatola di pelati, e poi un pacco di pennette...»
ENZO RUOCCO

Sacra Rota. Donna: «Padre, sono disposta anche a spendere centomila lire: mio marito la notte russa e vorrei annullare il matrimonio.»
Prete: «Per così poco? Niente da fare...»
Donna: «Come poco? Non posso dormire!»
Prete: «No, no... dicevo che sono poche centomila lire!...»
FURIO SCARPELLI

Mia moglie e io abbiamo divorziato in maniera amichevole. Nei weekend mi lascia vedere la mia roba. La settimana scorsa, ho portato le mie felpe a Disneyland.
CRAIG SHOEMAKER

Sai perché gli uragani hanno nomi di donna? Perché sono come loro. Prima vengono come delle furie, tutte bagnate. Poi se ne vanno portandosi via la tua auto e la tua casa.
TRAFFIC

Questa volta il foro competente della mia seconda separazione è... di quella zoccola della segretaria di mio marito!
SILVIA TRAVAGLINI

Gesù disse una frase meravigliosa: «La verità vi renderà liberi». Infatti io ho detto la verità a mia moglie e adesso sono libero.
SERGIO VIGLIANESE

Anche se mi è costato un sacco di soldi, adesso sono felice. Pensate, in un mese ho perso sessanta chili: mia moglie.
SERGIO VIGLIANESE

Il divorzio e il matrimonio hanno probabilmente all'incirca la stessa età. Credo però che il matrimonio abbia qualche settimana di più.
VOLTAIRE

Ah, sì, "divorzio": dal latino "Strappare i genitali di un uomo attraverso il suo portafogli".
ROBIN WILLIAMS

Una parola che non sentirete mai in casa mia è divorzio. Assassinio sì, ma divorzio no.
HENNY YOUNGMAN

DIZIONARIO
(Enciclopedia - Vocabolario)

Non fatevi sfuggire la *Tu Noi Voi Essi*, la grande guida ai pronomi personali.
GIAMPIERO ASARA

Agostini-Larousse è orgogliosa di presentare un'iniziativa editoriale senza precedenti: il *Nuovo Dizionario Italiano-Francese Sbagliato*. Oltre 100.000 voci errate, 2200 illustrazioni incomprensibili, appendice di neologismi a casaccio. *Dizionario Italiano-Francese Sbagliato*. Il piacere di chiedere l'ora e vedersi consegnare due etti di bresaola.
CLAUDIO BISIO

Per i compilatori dei dizionari, "Dio" è semplicemente la parola che segue "dintorno".
SAMUEL BUTLER

Pensavo di essere povero. Ma mi hanno detto che era troppo autodistruttivo considerarmi un "bisognoso". Ero uno "svantaggiato". Poi mi hanno detto che "derelitto" era un termine abusato, così divenni un "emarginato". Insomma continuo a non avere un soldo, in compenso ho un vocabolario eccezionale.
JULES FEIFFER

Io riesco a trovare ogni parola sul dizionario molto più velocemente da quando ho scoperto che sono in ordine alfabetico.
LEOPOLD FETCHNER

Le più belle parole di tutto il vocabolario sono "non colpevole".
MAKSIM GOR'KIJ

Oggi ai semafori si può acquistare di tutto dagli ambulanti. Ci sono anche zingarelli che vendono dizionari.
PONGO

Ricordo ancor oggi le prime parole, ho guardato mio padre e mia madre e ho detto: «Papi Mami...». E mio padre mi ha detto: «Figliolo, è ora di ampliare il tuo vocabolario: hai ventiquattro anni!».
BOB SAGET

Hai sentito del nuovo dizionario per masochisti? Ha tutte le parole, ma non in ordine alfabetico.
FRANK TYGER

Poi è arrivata Moira 19 anni, detta "Fino a oggi l'abbiam sempre chiamato culo, ma da domani bisogna ristampare tutti i vocabolari"!
VITO

DOCCIA

Mangiare la pastina in brodo con la bocca chiusa senza un po' di risucchio è come farsi la doccia nel lavandino.
ROCCO BARBARO

Un albergo è un posto dove, nell'esatto minuto in cui la tua doccia ha raggiunto la temperatura che vuoi, qualcuno fa dei segni al tizio che sta nella camera accanto di tirare lo scarico della sua toilette così che l'acqua, diventata bollente, ti spella vivo.
SHELLEY BERMAN

La doccia è di sinistra e la vasca da bagno di destra? I leghisti si lavano sotto il rubinetto. Lo slip è di sinistra e il boxer di destra? Il leghista sotto non mette niente perché ce l'ha duro. La sinistra sogna Alba Parietti e la destra Valeria Marini? Il leghista è più pratico, si butta sulla segretaria.
ERMINIO BOSO

Una delle cose che mi piace del vivere da solo è che quella lanugine che trovi nello scarico della doccia è tua.
DREW CAREY

La mattina è il momento peggiore della giornata: mi guardo allo specchio... barba incolta, rivolo di saliva calcificato, spesso lo specchio mi dice: «Gabriele ti prego, fatti prima una bella doccia calda, così mi appanno e non ti vedo!».
GABRIELE CIRILLI

Aveva i capelli così grassi che credevo che la sua doccia perdesse olio.
RAUL CREMONA

Ogni sera sto sotto la doccia cinque minuti, e una sera la settimana apro anche l'acqua.
LEOPOLD FETCHNER

Una volta la mia ragazza mi ha sorpreso mentre, sotto la doccia, mi stavo masturbando. «Non ti vergogni?» mi ha detto. E io: «Perché? Adesso uno non è più neanche libero di lavarsi l'uccello alla velocità che vuole?».
CITATA DA MISTER FOREST (MICHELE FORESTA)

Conosco un masochista che adora farsi una doccia fredda ogni mattina. Così se ne fa una calda.
DAVID FROST

La più grande invenzione dell'umanità è la doccia. Non mi piace fare il bagno. Non mi piace lavare la mia faccia con l'acqua in cui mi siedo.
LEWIS GRIZZARD

I film di Hitchcock mi terrorizzano. Psyco, quella scena nella doccia! Avevo dieci anni quando l'ho vista per la prima volta, e ancora oggi mi fa paura, accoltellare una donna nella doccia.
DANIELE LUTTAZZI

Mia madre è sempre stata una maniaca dell'igiene. Pensate che quando ero piccolo, dopo ogni partita che facevo, lei prima mi obbligava a fare la doccia, poi lavava i miei vestiti a novanta gradi. E giocavo a dama.
FURIO OMBRI

Non ho mai fatto l'amore sotto la doccia... Però neanche sopra.
FLAVIO OREGLIO

La vita è come la doccia: un giro sbagliato e sei nell'acqua bollente.
MARTIN SHORT

Ho fatto la doccia col mio ragazzo. Signore, se fate la doccia abbracciate al vostro ragazzo, quando finalmente uscite, le vostre tette saranno veramente pulite e scintillanti.
SARAH SILVERMAN

Quando ero piccino, vidi mia madre mentre si faceva la doccia. Incuriosito, le chiesi: «Mammina, cos'è quella cosa nera tra le tue

gambe?». Lei, un po' imbarazzata, mi rispose: «Beh... tesorino... questa è... una macchia». E io replicai: «Ah, proprio sopra la figa?».
DIEGO TELATIN

Risparmiate l'acqua,
fate la doccia con un amico.
MAE WEST

DOLCI *(Caramella - Pasticceria)*

Lui: «Cara, mangiamo un po' di torrone?»
Lei: «Ma è duro!»
Lui: «Sì, ma prima mangiamo un po' di torrone...»
ANONIMO

Casa Dolce Casa, è solo un proverbio oppure è una rivista di Arredamento Pasticceria Arredamento?
ALESSANDRO BERGONZONI

Da piccoli avevamo una casa così magra che al posto dell'asse del water c'era una caramella Polo. Scomodi, ma freeeschi...
ANDREA BRAMBILLA

Mia madre per il mio compleanno mi ha regalato una gigantesca torta con panna, cioccolato e cozze. Ancora adesso mi chiedo che c'entrava la panna con il cioccolato.
BRUCE KETTA

Vi ricordate quant'era difficile prendere un biscotto quando eravate bambini? Erano sempre in fondo alla credenza, a meno che vostra madre non fosse davvero cattiva: allora stavano sopra al frigorifero. Su un pacco di biscotti non c'è scritto da nessuna parte: "Tenere fuori della portata dei bambini". E dov'era l'Idraulico Liquido? Sotto al lavandino, assieme agli altri veleni.
MIKE BULLARD

Al bar dell'Ikea prendo sempre una coppetta di fragole con la panna, che è l'unica cosa già montata.
CAMILLO CANOVI

Lo vedi questo bastone? Tocca un'altra delle mie cose e scoprirai come si sente un lecca-lecca.
DREW CAREY

So che può sembrare bizzarro, ma io ve lo garantisco, sono stata bella. Poi ho abusato di Nutella. E la Nutella, si sa, non perdona: sta tre minuti in bocca e tre anni nel culo.

Geppi Cucciari

Quelli che fanno il torrone in casa, se non viene bene, lo usano come fermaporte.

Gene Gnocchi

Non mi sono ancora imbattuto in una torta che non avrei mai mangiato.

Buddy Hackett

Penso che sia meraviglioso che siate intervenuti al quarantatreesimo anniversario del mio trentanovesimo compleanno. Abbiamo deciso di non mettere le candeline sulla torta, quest'anno. Avevamo paura che un aereo della Pan Am le scambiasse per una pista di atterraggio.

Bob Hope, per il suo ottantaduesimo compleanno

Mia madre era solita dirmi: «Se uno sconosciuto ti si avvicina, e ti offre delle caramelle, e ti dice di salire sulla sua auto... vai».

Laura Kightlinger

Non prendo la pillola, ma marco i giorni della settimana sui Tic Tac. Mi fa sentire di avere una relazione.

Cathy Ladman

Vivevo in un quartiere talmente povero che i negozi vendevano i Kinder senza sorpresa.

Boris Makaresko

Io amo i poveri, e soffrirei in un mondo senza poveri; i poveri sono le brioche dell'anima.

Giorgio Manganelli

Mi stanno intercettando. È sicuro perché, mentre mia madre mi dava la ricetta dei cannoli, ho sentito una voce che diceva: «Quanto zucchero?».

Teresa Mannino

Non è vero che la vita passa senza un perché: "Anche quest'anno continua l'impegno di Golia Bianca per difendere la natura". Ciucci una menta e salvi un orso polare. Sentirsi utili e buoni, basta poco per dare un senso alla vita. È quando lecchi un francobollo che non sei sicuro di salvare uno statale.

GIORGIO MELAZZI

Paura è essere bloccati nel traffico dopo aver appena bevuto due tazze di caffè con dei biscotti alla crusca.

JOHN MENDOZA

L'insider trading si configura quando chi ha notizie riservate su una società ne trae vantaggio speculando. Per esempio, tutte le maestre elementari sanno che i bambini grandi obesi fanno innamorare dieci volte di più le bambine rispetto agli altri bambini di peso giusto. Questi, nel vedere che il bambino grande obeso ha più successo con le donne, dicono: «Divento anch'io sui 30 chili fuori peso» e cominciano un consumo scriteriato di calorie. Se la loro maestra va in banca e acquista azioni della Kinder Division fa insider trading.

MAURIZIO MILANI

Aveva deciso di lasciarsi morire per assideramento: ingurgitò trenta compresse di Mentafredda.

EGIDIO MORRETTI

Quell'uomo è così gay che se si siede su un lecca lecca ne indovina il gusto.

NEW YORK ROASTS

Non tutte le ciambelle riescono col buco, ma è altrettanto vero che non attorno a tutti i buchi c'è una ciambella.

FLAVIO OREGLIO

II piccolo Billy: «Caro Dio se tu riesci a trovare il modo di mettere le vitamine nelle caramelle e nei gelati, invece che negli spinaci e nell'olio di fegato di merluzzo, io te ne sarei molto grato. Amen».

BOB PHILLIPS

Il mio piatto forte è la torta capitone e pinoli. La bravura del cuoco sta nel convincere il capitone a entrare nella torta, perché deve rimanere vivo fino all'ingresso nel forno, così non perde le vitamine e la verve tipica del capitone.

VIVIANA PORRO

Come mai quando mescoli acqua e farina ottieni colla e quando aggiungi anche uova e zucchero fai un dolce? Dove va a finire la colla?
RITA RUDNER

"Wafer", una delle poche parole dolci che cominciano per "vaf".
FRANCESCO SALVI

Amare significa poco dolci.
MAURIZIO SANGALLI

Caro Dio: gli dei sono stati benevoli con me. Per la prima volta nella mia vita, ogni cosa è assolutamente perfetta. In gratitudine, io ti offro questi biscotti e questo latte. Se vuoi che li mangi per te, non darmi nessun segno... Grazie, sarà fatto.
HOMER SIMPSON

Vi ricordate la storia di Golia
e del gigante?
GIOVANNI TRAPATTONI

Dal droghiere: «Ho solo 5 cent. Mi dia un grosso morso di quella brioche!».
JIM UNGER

Una volta a Milano sono stato aggredito da una baby-gang. Ho capito che era una baby-gang perché il coltello che mi hanno puntato contro era sporco di Nutella.
ANDREA VASUMI

Se una fetta di toast cade a terra sempre dalla parte imburrata e i gatti toccano terra invariabilmente sulle zampe, che cosa accadrebbe se legassimo un toast sulla schiena del gatto e poi lo lasciassimo cadere?
STEVEN WRIGHT

Tutti gli dicevano: «Non prendere caramelle dagli sconosciuti!». Allora lui le prendeva solo da quelli conosciuti. Un giorno ha preso una caramella da Mick Jagger ed è morto.
STEFANO ZACCARELLA

DOLLARO

Sono a casa, seduto davanti alla tv, quando il telefono suona e una voce dall'altra parte dice: «Le piacerebbe essere l'uomo vodka di quest'anno?». E io dico: «No, sono un artista

e non faccio pubblicità, non sono un ruffiano, non bevo vodka e se lo facessi non berrei la vostra!». E lui: «Peccato, paghiamo cinque milioni di dollari». E io dico: «Attenda in linea prego, le passo il signor Allen».
WOODY ALLEN

Un uomo pagherà due dollari per qualcosa che vale un dollaro e di cui lui ha bisogno. Una donna pagherà un dollaro per un qualcosa che ne vale due e di cui non ha alcun bisogno.
ANONIMO

«Ehi Armonica, una città se la fai vicino a una stazione è una fabbrica di soldi, eh? Centinaia di migliaia di dollari, eh, anche di più: migliaia di migliaia...» «Li chiamano milioni.»
C'ERA UNA VOLTA IL WEST

«La taglia su Cheyenne è 5000 dollari, giusto?» «Giuda si è accontentato di 4970 dollari in meno.» «Non c'erano i dollari allora.» «Già, ma i figli di puttana sì.»
C'ERA UNA VOLTA IL WEST

Sono l'equivalente femminile di una banconota da venti dollari contraffatta. Metà di quello che vedete è un'eccellente riproduzione, il resto è una frode...
CHER

Non spendete due dollari per portare una camicia in tintoria. Donatela all'Esercito della salvezza, invece. Loro la lavano, la stirano, la mettono su un ometto e voi la ricomperate il giorno dopo per settantacinque cent.
BILLIAM CORONEL

Il dollaro è stato talmente stiracchiato che, sulle banconote, adesso George Washington ha una fessura tra i denti.
BOB HOPE

Il nuovo film di Harry Potter ha incassato cento milioni di dollari in un weekend. Credo sia la cifra più alta incassata da un adolescente senza far causa a Michael Jackson.
DAVID LETTERMAN

Hanno dato a Sylvester Stallone venti milioni di dollari per essere il protagonista di un film ancora da

stabilire. 20 milioni, e l'unica cosa da stabilire è quale numero romano va dopo la parola "Rocky"!
DAVID LETTERMAN

Ufficiale: «Soldato, hai un dollaro da cambiare?»
Soldato: «Certo, amico!»
Ufficiale: «Non ci si rivolge così a un ufficiale. Riproviamo. Soldato, hai un dollaro da cambiare?»
Soldato: «No, signore!»
BOB PHILLIPS

Lettera dal campeggio: "Carissimo papà, mi $to divertendo un $acco, ma avrei bi$ogno di qualco$a. $e ti viene in mente co$a, $pedi$cimela pre$to, grazie. $aluti$$imi, Jay".
La risposta: "Carissimo Jay, soNO contento che tu ti diverta. NOn hai idea di quanto NOi siamo orgogliosi di un figlio così saNO e robusto. Se fai caNOa o giochi a nascondiNO, divertiti un po' per NOi. Ti salutaNO tutti, Papà".
BOB PHILLIPS

Ho circa diciassettemila dollari nel mio materasso. Voi direte, sapere di avere quella cifra mi farà dormire meglio, la notte. Non è affatto vero: sono tutti in monetine.
ROWAN & MARTIN'S LAUGH-IN

Il mio medico dice che ho l'aspetto di un milione di dollari: verde e grinzoso.
RED SKELTON

Il primo film sarà molto semplice. Mi servono solo dieci milioni di dollari. Sarà la storia di un ragazzo, il suo cane e il suo budget.
ROBIN WILLIAMS

La realizzazione di questa Opera è stata possibile anche grazie alle progettazioni informatiche di Tecne', con il contributo in prima persona di Pieranna Massari e Piergiorgio Veneziani; e con il certosino coordinamento di Elena De Luca, nostra storica collaboratrice.
Il lavoro redazionale è stato curato con la solita vivace competenza da Alessia Gemma, con l'assistenza della solare Linda Ferrari.
Il progetto e l'impostazione grafica sono invece frutto dell'esperienza e della creatività di Zetalab, in particolare nelle persone di Lucio Luzo Lazzara e Walter Uolts Molteni. Grazie anche, per la complice collaborazione dagli Stati Uniti di Paolo Borraccetti.

Gino&Michele, Gut edizioni e Bananas devolvono parte del ricavato dell'*Enciclopedia Universale della Battuta* per acquistare il parco macchine (sei automezzi) di *Presenza Amica*, un'associazione di volontari impegnata nell'assistenza domiciliare ai malati inguaribili in fase terminale.

Per chi volesse conoscere nel dettaglio l'attività di "Presenza Amica Onlus - Volontari per l'aiuto ai sofferenti" di Garbagnate Milanese (Milano), diamo il telefono: 02 99021087, e l'indirizzo internet: www.presenzamica.it.

L'Enciclopedia Universale della Battuta si avvale dell'alto Patrocinio della *Premiata Bocciofila Cosimo Trombetta per la salvaguardia del Comico*[1].

(1) La Premiata Bocciofila Cosimo Trombetta per la salvaguardia del Comico, è *un'Associazione Culturale che ha come scopo la salvaguardia del Comico, inteso come genere. È stata fondata nel 2005 da Gino&Michele, Maurizio Costanzo, Enrico Vaime, Giancarlo Bozzo, Roberto Bosatra.*
Nello statuto della "Cosimo Trombetta", alla voce Scopi dell'Associazione si può leggere:
"Conservazione e divulgazione della memoria storica del teatro, con particolare attenzione al teatro comico, brillante e al varietà; valorizzazione, raccolta e sviluppo della letteratura e delle presenze televisive legate al Comico come genere, alla satira e all'intrattenimento; sviluppo di iniziative culturali quali la pubblicazione di libri, riviste, siti internet, materiale multimediale, dvd e quant'altro attinente agli scopi sociali; costituzione di archivi storici e raccolta di materiale attinente allo scopo sociale; realizzazione di convegni e/o seminari ed attuazione di forme di collaborazione con enti pubblici e/o privati e/o associazioni e/o organismi di istruzione."
Per eventuali contatti: c/o Teatro Parioli, via Giosuè Borsi, 20, Roma; oppure c/o Zelig, viale Monza 140, Milano.

Volume 4

DOL

FIG

ENCICLOPEDIA UNIVERSALE DELLA BATTUTA

a cura di **Gino&Michele**

con la collaborazione di Matteo Molinari

Gut Edizioni spa, Milano
Prima edizione maggio 2009
www.gutedizioni.com

DOLORE *(Dispiacere)*

Il puritano odiava i combattimenti di cani e di orsi, non perché procuravano dolore agli orsi ma perché davano piacere agli spettatori.
THOMAS BABINGTON MACAULAY

Nella mia vita ho sofferto così tanto che ormai il dolore mi diverte da impazzire.
CLAUDIO BARBIERI

Qual è il dispiacere più grande che un figlio di cinque anni potrebbe darmi? Violentare una compagna d'asilo o volersi iscrivere al Piccolo Coro dell'Antoniano?
FABIO FAZIO

Ci tenevo a darti un dispiacere.
MAURIZIO MILANI

Per depilarsi, le donne si mettono delle cose sulle cosce, si strappano i peli e non sentono niente. Niente! Roba che noi uomini per un pelo nella cerniera andiamo in coma!
CARLO PISTARINO

DOMANDA

Mi rifiuto di rispondere a quella domanda avvalendomi della facoltà del fatto che non so la risposta.
DOUGLAS ADAMS

Il Papa, quando è in aereo, può ancora dirsi il rappresentante di Dio in terra?
GIULIANO AGOSTINETTI

Che cos'hai nella mente, se permetti l'esagerazione?
FRED ALLEN

Non sei andata a letto con Bill Clinton? Veramente? Neanche io. Ma com'è piccolo il mondo, vero?
MARTY ALLEN

Ci vedo pochissimo. Quando vado dall'oculista, il dottore mi indica le lettere, dà la risposta, e mi chiede: «Vero o falso?».
WOODY ALLEN

«Babbo che ne sarà di me?» «Per intanto sei giovine. Poi farai l'emarginato, il soldato e il disoccupato. Poi scegli: o meridionale o donna».
ALTAN

Perché le donne non hanno il cazzo? Ma perché pensano con il cervello.
Anonima

Nell'immagine classica della mia infanzia ci sono io che chiedo: «Saremo sempre come Audrey Hepburn, mamma?»
Anonimo

Rocco Buttiglione è la risposta politica a una domanda che nessuno ha fatto.
Anonimo

Quest'uomo è del tutto inadatto a fare il politico. Da giovane scriveva poesie e chi ci garantisce che ora non lo faccia più?
Anonimo

«Mamma, ma non senti che puzza di morto... Mamma? .. Mamma?»
Anonimo

Il cinghiale incontrando il maiale: «E, a parte la chemio, come va?».
Anonimo

Perché non c'è un alimento per gatti al gusto di topo?
Anonimo

Se chi va con lo zoppo impara a zoppicare, chi va con Claudio impara a claudicare?
Anonimo

Se Superman è così furbo, perché si mette gli slip sopra i pantaloni?
Anonimo

Il cattolicesimo? Che dire di una religione che fa del sesso un'azione peccaminosa e santifica l'atto di bere alcool?
Anonimo

Chi è stata la prima persona che ha detto: «Vedi quel pollo lì... Adesso mangio la prima cosa che gli esce dal sedere».
Anonime Internet One

Noi dobbiamo chiederci: chi siamo? Dove andiamo? A che ora torniamo?
Giampiero Asara

Ma quelle attrici che nei film fanno le prostitute sono attrici o vengono prese dalla strada?
Rocco Barbaro

«Ti va di fare due passi?»
«Sì» «Va', t'aspetto»
ROCCO BARBARO

A cosa servono le donne da quando hanno inventato i piatti di plastica?
ROCCO BARBARO

Sapete perché hanno alzato l'età minima per il consumo di alcolici a trentadue anni in Tennessee? Perché vogliono tenere l'alcool fuori dai licei.
BARZELLETTA AMERICANA DI UMORISMO ANTISUDISTA

«Cos'è che rende gli uomini così belli? Il buio.»
BASTARDIDENTRO

Belle gambe... a che ora aprono?
BASTARDIDENTRO

Sai perché la figa è sempre di gran moda? Perché ha un taglio classico!
DONATO BAZZANINI

La donna fiuta un fallo eretto quando dista ancora dieci chilometri e si domanda: come ha fatto a vedermi?
SAMUEL BECKETT

«Benigni, che cos'è per te il cinema popolare?» «Non mi interessa, preferisco popolare i cinema».
ROBERTO BENIGNI

È vero o non è vero che fa diesis è la somma di cinques più cinques?
ALESSANDRO BERGONZONI

Perché festeggiamo quest'uomo? Abbiamo finito gli esseri umani?
MILTON BERLE

Ma i vegetariani si reincarnano?
ROMANO BERTOLA

Sei di un'ignoranza ripugnante? Ma vuoi coniugare cultura e progresso? Vuoi coniugare impegno e risultati? Vuoi coniugare affermazione contenuti? Non puoi: sono tutti sostantivi! Non ti sei accorto che non c'era un verbo a pagarlo oro, zuccone? Ma da oggi non è più un problema col Seminario enciclopedico postale *La Vocazione*. Sarai prete in 12 comode dispense e poi... coniughi chi cazzo ti pare!
CLAUDIO BISIO

Sono gli uomini che sbagliano o siamo noi donne nel giusto?
Syusy Blady

Non ho mai capito perché se una ha vent'anni, è alta, bella, con un fisico da modella, nei film di James Bond fa il fisico nucleare.
Paolo Borraccetti

Perché Adamo non è morto con tutte le sue costole in corpo?
Bougingault

Di una donna mi colpiscono subito le mani. Mi domando sempre: saprà dove metterle?
Giancarlo Bozzo

Ma secondo voi il Viagra è blu? No perché mi sono sempre chiesto: cosa avranno da essere sempre così allegri quei cazzo di puffi?
Beppe Braida

Che verbo è "non sarebbe dovuto nascere"? Preservativo imperfetto.
Gino Bramieri

«Ho un appuntamento con il dentista.» «Mi dispiace, ma non c'è.» «Ah. E sa dirmi la prossima volta che non ci sarà?»
Jacob M. Braude

Cosa mai potrò fare con questa mancanza di talento donatami da Dio?
Ashleigh Brilliant

Può essere che il tuo scopo nella vita sia darmi dei problemi?
Ashleigh Brilliant

A volte di notte non riesco a dormire e mi chiedo: «Perché io?». E una voce mi dice: «Niente di personale, è solo che è venuto fuori il tuo nome».
Charlie Brown

Può un andrologo guadagnare più di un dentista? Certo, se l'uomo avesse un dente e trentadue cazzi!
Bruce Ketta

L'avete mai visto un cinghiale quando mangia? Un maiale!
Bruno

Credete che se Laura fosse stata sua moglie, Petrarca le avrebbe scritto sonetti tutta la vita?
GEORGE GORDON BYRON

Mi domando se Gesù fosse consapevole che sarebbe diventato un musical.
ANDREA CALISTRI

Ma il cuore di certa gente non si domanda mai se valga la pena di fare tanta fatica per pompare sangue fino al cervello?
PAOLO CANANZI

Come disse Marlon Brando in *Via col vento*: «Cazzo ci faccio in questo film?».
PAOLO CANANZI

Per quanti varrà ancora la pena di vivere quando non si morirà più?
ELIAS CANETTI

Quando un leone scappa da un circo in Africa, come fanno a sapere che hanno ricatturato quello giusto?
GEORGE CARLIN

Perché, quando si tratta di noi, è un aborto e quando si tratta di un pollo, è un'omelette?
GEORGE CARLIN

I cattolici sono contro l'aborto e contro gli omosessuali. Ma chi fa meno aborti degli omosessuali?
GEORGE CARLIN

Uscendo dallo studio dell'analista. «Ti ha tenuto dentro due minuti di più, troia, cos'hai di più grave di me?»
IVANO CASAMONTI

«Come si fa a fidarsi di uno che porta insieme cinta e bretelle, di uno che non si fida nemmeno dei suoi pantaloni?»
C'ERA UNA VOLTA IL WEST

Ma sempre io devo essere compagno, voi no?
C'ERAVAMO TANTO AMATI

«Mamma, se diventi sorda devo dirti lo stesso "per favore"?»
JEAN CHARLES

Se i bidelli sono definiti "personale non docente", gli impiegati negli uffici della nettezza urbana si

possono definire "personale non scopante"?
MIMMO CIULLA

Insegnante: «Johnny, quanti anni ha una persona nata nel 1902?»
Studente: «Uomo o donna?»
LEWIS & FAYE COPELAND

Se Dio è così buono come dicono, perché per aiutarti si fa tanto pregare?
VALERIO PERETTI CUCCHI

Siete in un tunnel? Volete un consiglio? Arredatelo!
GEPPI CUCCIARI

«Ma come hai imparato a baciare così?» «Vendendo baci per il soccorso invernale.»
TONY CURTIS - MARILYN MONROE

«Ma sei così brutto de natura o usi 'na crema?»
CITATA DA FLAMINIA DALLA CHIESA

Se gli omosessuali non si riproducono, com'è che ce n'è così tanti?
JIM DAVID

Ci sono certe cose che devono essere dette, e io sono qui per dirle: per esempio, abbiamo ancora bisogno di istruzioni sul retro dei flaconi di shampoo?
ELLEN DEGENERES

Se il 95% degli incidenti capita in casa, dove vanno gli homeless ad avere il 95% dei loro incidenti?
STRANGE DE JIM

Per legge, è obbligatorio accendere i fari quando piove in Florida. Ok, ma chi è che mi fa sapere quando piove in Florida?
STRANGE DE JIM

Scaricare musica è illegale, lo so, ma se hanno assolto gli imputati per la strage di Piazza Fontana vuoi che rompano le balle proprio a me?
ANTONIO DE LUCA

Sapete cosa fa in estate l'Omino Bianco? Va in vacanza in candeggio... Beh, anche se questa non dovesse farvi ridere, non potrete mai dire che è sporca...
MARCO DEL CONTE

Com'è che mi prendo sempre la colpa di tutto quello che faccio?
DENNIS THE MENACE

Dove sarebbe oggi la cristianità se a Gesù avessero dato da otto a quindici anni con una riduzione per buona condotta?
JAMES DONOVAN

Il cane è il miglior amico dell'uomo, ma perché, l'opossum che vi ha fatto?
DOSE E PRESTA

Sto cercando disperatamente di capire perché i piloti kamikaze si mettevano i caschi in testa.
DAVE EDISON

Scusa, mi presteresti la tua faccia che devo fare una figura di merda?
ALESSANDRA FAIELLA - MARINA MASSIRONI

Se uno che si chiama Massimiliano lo chiamate Max, perché allora uno che si chiama Fabrizio non lo chiamate Fax?
FABIO FAZIO

Perché un frutto dignitoso come la fragola non ha avuto diritto a un albero come tutti gli altri?
FABIO FAZIO

Uno che fa il mangiafuoco come fa a spegnere le candeline?
FABIO FAZIO

Quanto potrà puzzare un direttore d'orchestra a fine concerto?
FABIO FAZIO

Chissà se le aragoste sono consapevoli del loro valore?
FABIO FAZIO

Mettiamo che una notte mi venga voglia di mangiare una mozzarella ma mi accorgo che è scaduta ieri. Se prendo un aereo e cambio fuso orario posso ancora mangiarla?
FABIO FAZIO

Lo sapevate che fare il pierre è considerato un lavoro?
FABIO FAZIO

Ma le suore, ce li hanno i capelli?
FABIO FAZIO

E se un ragno soffrisse di vertigini?
FABIO FAZIO

Le viti godono quando entrano nel legno?

FABIO FAZIO

Perché le pozzanghere parcheggiano sempre dove parcheggio io?

FABIO FAZIO

Mia figlia mi ha chiesto dove si trovavano gli Appennini tosco-emiliani, le ho risposto di chiedere alla mamma perché è lei che mette via la roba.

FICHI D'INDIA

I grandi amori si annunciano in modo preciso, appena la vedi dici: «Chi è questa stronza?».

ENNIO FLAIANO

«Diavolo, vado bene di qui per l'Inferno?» «Sì, sempre storto.»

ENNIO FLAIANO

«Ci dica signorina, lei è sempre stata così bella anche da ragazza?» «Oh no, da ragazza ero piuttosto bruttina, tanto che i miei decisero di farmi studiare... finché a sedici anni migliorai fisicamente» «E questo le permise di abbandonare gli studi e darsi alla prostituzione?» «Sì, infatti»

ENNIO FLAIANO

Ma parità dei sessi vuol dire che dobbiamo avercelo lungo tutti uguale?

MISTER FOREST (MICHELE FORESTA)

Cosa faccio dopo aver fatto l'amore? Saltiamo domanda e risposta.

ROBERTO FORMIGONI

Voglio soltanto un uomo che sia dolce e comprensivo. È forse chiedere troppo a un miliardario?

ZSA ZSA GABOR

Che cosa penso della civiltà occidentale? Ritengo che sarebbe un'ottima idea.

MAHATMA GANDHI

Non sto dicendo che sei vecchio, ma chi altri conosceva Alessandro il Grande quando era soltanto mediocre?

GARFIELD

Ma se la polstrada vigila sul traffico, i vigili cosa fanno, polstradano?

GINO&MICHELE

Ho visto Gigi Marzullo alla televisione chiedere a centinaia di invitati: «Che cos'è per lei la notte?». E ognuno di questi cento dare una risposta diversa. Ma se a ognuno di questi cento noi avessimo chiesto: «Che cos'è per lei Marzullo?», avrebbero dato tutti l'identica risposta: «Un coglione!».
GINO&MICHELE-PAOLO ROSSI

Se i carnivori mangiano la carne e gli erbivori l'erba, gli onnivori dove cazzo se li procurano gli onni?
GINO&MICHELE

Hai mai provato la sensazione che tutto il mondo è in smoking e tu sei un paio di scarpe marroni?
GEORGE GOBEL

Sapete perché il quartiere genovese di San Fruttuoso si chiama così? Perché a Genova tutto quello che frutta viene santificato.
BEPPE GRILLO

C'è stato un periodo in cui pensavo in esperanto. Solo che io non lo sapevo l'esperanto. Per forza non trovavo le risposte, non capivo le domande!
SIMONETTA GUARINO

Ma come si fa a violentare le donne? Già si fatica quando una è d'accordo!
ANTONIO GUIDETTI

Internet: se io ho questo nuovo media, la possibilità cioè di veicolare un numero enorme di informazioni in un microsecondo, mettiamo caso a un aborigeno dalla parte opposta del pianeta... Ma il problema è: «Aborigeno, ma io e te che cazzo se dovemo di'?».
CORRADO GUZZANTI

Cosa si ottiene se incrociate Sir Elton John e una tigre dai denti a sciabola? Non lo so nemmeno io, ma qualunque cosa sia è meglio che ve la teniate lontano dal culo.
NEIL HAMBURGER

Certe volte penso che il mondo sia diventato completamente pazzo. E poi penso: «Be', chi se ne frega?». E poi ancora: «Hey, che c'è per cena?».
JACK HANDEY

Emily è fantastica. Quando le ho chiesto dov'era quando hanno sparato a Kennedy, ha detto: «Ted Kennedy è morto?».

HARRY TI PRESENTO SALLY

Mi domando: ma dov'è che le farfalle tiravano le testate, prima che inventassero le lampadine?

BILL HICKS

Devo essere un idiota: ho appena speso otto dollari per sei bottiglie d'acqua. Ci stavo pensando proprio poco fa, l'acqua non è quella cosa che cade gratis dal cielo? Adesso, quasi quasi, vado a comperarmi sei lattine di vento.

HOLLYWOOD IMPROV

L'unica cosa che chiedo a una donna è quando rientra suo marito.

HUD IL SELVAGGIO

Perché si chiama asteroide se è fuori dell'emisfero ed emorroide se è dentro al tuo culo?

INTERNET ONE-LINERS

Viaggiatore: «Quando parte 'sto cesso di treno?»
Controllore: «Appena si riempie di stronzi. Salga.»

GIANNI IPPOLITO

Ma dove va il dentista quando ci lascia soli?

GIANLUCA IRTI

Assaggereste l'escremento di un insetto elaborato nell'intestino di un altro insetto? Sicuri che non volete un po' di miele?

GIANLUCA IRTI

L'alano è il nome scientifico del cuculo?

GIANLUCA IRTI

In Australia, quando arriva la primavera, ritornano i boomerang?

GIANLUCA IRTI

Vi siete mai chiesti perché la Coca-Cola Light ha una sola caloria? Se riescono a togliere tutte le altre calorie, com'è che non riescono a tirar via proprio quella lì? Poi, come fanno a sapere che sia lì dentro? Magari in una confezione da sei c'è una lattina che le ha tutte lei. Forse

ci sono milioni di lattine senza calorie e una grassa lattina enorme e assassina che va in giro a terrorizzare gli assetati.
RICHARD JENI

Va male! Ma se andasse bene, andrebbe bene?
MOJMIR JEZEK

Ma se Giuliano Ferrara è il direttore de *Il Foglio*, quanto cazzo peserà il direttore de *Il Giornale*?
FRANCO KAPPA

Se qualcosa dev'essere per forza pieno di calorie e di colesterolo, perché non possono esserlo i broccoli, invece del gelato?
DOUG LARSON

Sapete come chiamano la vigilia di Capodanno gli alcolizzati? La serata del dilettante.
ELMORE LEONARD

Se avessi due facce, pensate che userei questa qui?
ABRAHAM LINCOLN

Ma quei capelli lì sono tuoi o li tingi col Minestrone del Casale?
LUCIANA LITTIZZETTO

Vi siete mai svegliati insieme a una donna di cui non ricordate il nome? O dove l'avete rimorchiata la sera prima? O perché è morta?
DANIELE LUTTAZZI

«Lei quante volte si masturba in media?» «In media? Due o tre giorni all'ora.»
DANIELE LUTTAZZI

Il tizio davanti a me sull'autobus comincia ad avere convulsioni, a ingoiare la lingua, a tremare, a vomitare. Il suo amico dice: «Oh, ragazzi, sono cinquantacinque giorni di seguito che beve. Dobbiamo tirarlo giù da quest'autobus». Così ci fermiamo e lo facciamo scendere, e io son lì che penso: «Ok, ma adesso chi è che guiderà l'autobus?».
KATHLEEN MADIGAN

«Quale crede siano stati gli effetti della Rivoluzione Francese?» «È ancora prematuro parlarne.»
DA UN'INTERVISTA A MAO ZEDONG

Te l'immagini avere Israele al posto della Svizzera?
MARCELLO MARCHESI

Perché denunciare il reddito dopo il bene che vi ha fatto?
MARCELLO MARCHESI

Dio tassista, senza apostrofo, è una bestemmia?
MARCELLO MARCHESI

Quelli che muoiono in un bombardamento al napalm vanno lo stesso all'inferno?
MARCELLO MARCHESI

Avete presente quello sguardo che le donne inviano agli uomini quando vogliono fare sesso? Beh, neanch'io.
STEVE MARTIN

Scusi, quello è un naso o ha un pullman parcheggiato in faccia?
STEVE MARTIN

Sapete quanti poliesteri sono morti per fare questa camicia?
STEVE MARTIN

«Perché canti?» «Tanto per ammazzare il tempo.» «Certo, possiedi un'arma micidiale!»
FRATELLI MARX

Cosa spinge i moscerini a prendere sempre l'autostrada contromano?
MARCO MELLONI

Una cosa che volevo sempre chiedere a Piero Angela: ma i dinosauri, quando si sono estinti, l'hanno fatto dalla sera alla mattina o hanno cominciato a tossire due anni prima?
MAURIZIO MILANI

Ma Don Mazzi nella su' parrocchia quando ci sta?
CRISTIANO MILITELLO

Chissà perché la natura ha fatto sì che tutti i grandi fiumi attraversino delle grandi città.
HENRI MONNIER

Perché Dio non si fa vedere? Ha forse fatto qualcosa di cui si vergogna?
MAURO MONTANARI

Come si può essere persiani?
MONTESQUIEU

Cos'è la prima cosa che guardi in una donna? La figa, rispose il ginecologo.
EGIDIO MORRETTI

C'è un'auto con dentro un messicano, un nero e un portoricano. Chi guida? Un poliziotto.
MUHAMMAD ALÌ (CASSIUS CLAY)

Come si fa a non avere mosche in cucina? Basta andare a cagare nel soggiorno.
MARIO MURARO

C'è un solo posto dove si mangia peggio che al ristorante cinese: alla mensa universitaria. Mi chiedo come sopravvivano gli studenti di Pechino.
NAPOLEONE & CARDOPATRI

Lo sapete cosa fa l'otorinolaringoiatra alla fine del turno di lavoro? Prende, si sveste, saluta, mette in moto il suo motorinolaringoiatra e va a casa.
GIANLUCA NARDUZZI

«Lo sai quanti poveri animali hanno dovuto uccidere per fare questa pelliccia?» «E tu lo sai quanti ricchi animali mi sono dovuta scopare per comprarmela?»
NEI PANNI DI UNA BIONDA

Sai come si chiama il figlio di Peron? Porompompero Peron!
NIKE

L'uomo è soltanto un errore di Dio? Oppure Dio è soltanto un errore dell'uomo?
FRIEDRICH W. NIETZSCHE

Bisogna credere in Dio per farsi suora?
ROSIE O'DONNELL

Qual è il colore della donna? Tra marrone chiaro e marrone scuro. Praticamente tra i due marroni.
OMEN (RAUL CREMONA)

Se gli scienziati spaziali sono così intelligenti, perché contano sempre all'indietro?
ROBERT ORBEN

Sapete cosa si ottiene incrociando un testimone di Geova con un ateo? Un

tizio che bussa alla vostra porta apparentemente per nessuna ragione.
GUY OWEN

Tenente Frank Drebin: «Volete sapere tutto quello che so sulla boxe? Beh, mai scommettere sul pugile bianco.»
UNA PALLOTTOLA SPUNTATA

Per i cattolici la probabilità che Dio esista è l'otto per mille?
I PAPU

«Questo è uno dei tuoi soliti stupidi dipinti astratti?» «No, quello è uno specchio!»
BOB PHILLIPS

Quanto a lungo può vivere una persona senza cervello? Non saprei. Quanti anni hai tu?
BOB PHILLIPS

«Come vuoi la termocoperta questa notte, cara? Al sangue, media o ben cotta?»
BOB PHILLIPS

Com'è che non c'è un cibo per gatti al sapore di topo? E com'è che non c'è un cibo per cani al sapore di gatto?
GENE POMPA

Come può essere successo? Sono stato così attento. Ho scelto la commedia sbagliata, il regista sbagliato, il cast sbagliato. Cos'ho fatto di giusto?
THE PRODUCERS

Hai mai visto come fa l'amore un marocchino? No? Allora la sera torna a casa prima!
UMBERTO PROIA

Per un giorno riesci, non dico a non essere stronzo, ma almeno a restare nella media?
RADIOFRECCIA

Qual è la domanda più frequente quando si è incinta? «Cosa preferisci? Maschio o femmina?». Qual è la risposta? «Purché sia sano!». "Sano!" Maschile! Perché se è femmina non abbiamo dubbi, se è maschio potrebbe avere dei problemi e ci affidiamo alla provvidenza!
GIULIA RICCIARDI

C'è troppa droga in giro, ma è perché i poliziotti sono incapaci... Continuano a dire: «Cerchiamo la droga. Ma è difficile trovarla». Se i poliziotti non riescono a trovare la droga, ma uno studente quattordicenne non ha problemi, cosa vi dice tutto questo?
Chris Rock

Vi rendete conto che siamo nel 2007 e ci sono ancora donne che non fanno pompini? Quando trovo una donna così, la guardo come se avessi di fronte un registratore Betamax: «Vi producono ancora?».
Chris Rock

Oggi, l'unica domanda lavorativa che ti fanno in ufficio è: «Sono già le cinque?».
Jeff Rovin

Lo sapevate che ci sono più irlandesi a Dublino che in tutta la Bulgaria?
Rowan & Martin's Laugh-In

Come mai quando mescoli acqua e farina ottieni colla e quando aggiungi anche uova e zucchero fai un dolce? Dove va a finire la colla?
Rita Rudner

Stavo chiedendo a questa mia amica che ha figli: «E se io avessi un bambino e dedicassi la mia vita a lui e lui crescesse odiandomi e se desse la colpa di tutto quello che non va nella sua vita a me?» E lei mi ha detto: «Cosa vuoi dire, "se"?»
Rita Rudner

Certo, cameriere, questa spigola sarà pure arrivata oggi... ma quando è partita?
Lucio Salis

Hai la forfora o sono i pidocchi che giocano a palle di neve?
Enzo Salvi

Esistono i mammiferi volanti?
Sì, le hostess.
Francesco Salvi

Domanda: «Come ti poni nei confronti del gorilla di montagna del Ruanda?». Risposta: «Preferibilmente non di spalle».
Francesco Salvi

«Qual è stato il giorno più bello della tua vita?» «Il giorno del mio matrimonio.» «E il più brutto?»

«Da allora tutti gli altri, nessuno escluso.»
SCAPPO DALLA CITTÀ

Gesù spezzò il pane e disse: «Battaglia di mollichine, ragazzi?».
GABRIELE SCORZONI

C'hai la coca?
No cucina la mi mamma.
SCRITTA SU UN MURO DI PONTEDERA

Ancora non capisco come una donna possa prendere della cera bollente, mettersela sulle cosce, strappare i peli dalle radici ed essere ancora spaventata da un ragno.
JERRY SEINFELD

Chi fu la prima persona a bere latte, e cosa gli passava per la testa? «Ooooh, non vedo l'ora che quei vitelli abbiano finito, così mi faccio un bel bicchiere di quella roba.»
JERRY SEINFELD

Sapete perché i pesci sono così magri? Perché mangiano pesce.
JERRY SEINFELD

Se la museruola si mette sul muso, dove si mette la cazzuola?
CITATA DA NICOLA SEVERIN

Studente: «Prof, posso uscire?»
Prof: «Sì, grazie!»
SMEMORANDA BROTHERS & SISTERS

Un sacco di gente si chiede come si possa sapere quando si è veramente innamorati. Ponetevi soltanto una domanda: «Mi dispiacerebbe essere distrutto finanziariamente da questa persona?».
RONNIE SNAKES

Se i ciechi mettono gli occhiali da sole, perché i sordi non mettono i paraorecchi?
SPANKY (STEVE MC FARLIN)

Una domanda classica. Lei è sulla torre con Pippo Franco, Lino Banfi e Massimo Boldi. Non si vergogna?
SIMONE STENTI

«È andata a letto con lui a New York?» «Mi rifiuto di rispondere.» «È andata a letto con lui a Chicago?»

«Mi rifuto di rispondere.» «È andata a letto con lui a Miami?» «No.»
STRALCIO DEL VERBALE DI UN PROCESSO TENUTOSI NEGLI STATI UNITI

Il Presidente è ancora Roosevelt?
MARCEL TABUTEAU, MENTRE USCIVA DALLA BUCA DELL'ORCHESTRA DOPO UNA RAPPRESENTAZIONE DEL *PARSIFAL*, PARTICOLARMENTE LUNGA

Ma se i francesi sono nostri cugini, allora la Francia è mia zia?
DADO TEDESCHI

Quando ero piccino, vidi mia madre mentre si faceva la doccia. Incuriosito, le chiesi: «Mammina, cos'è quella cosa nera tra le tue gambe?» Lei, un po' imbarazzata, mi rispose: «Beh... tesorino... questa è... una macchia». E io replicai: «Ah, proprio sopra la figa?»
DIEGO TELATIN

Chi siamo noi nella totalità dell'essere? E qual è il motivo per cui siamo qui?... Non lo sapete? Va bene, passiamo alla domanda di geografia: dove si trova il Canale di Suez?
JOHN TORK

In via eccezionale, non si potrebbe sapere che intenzioni ha Nostro Signore?
TOTÒ

È una ragazza casa e chiesa.
Sì, ma nel tragitto cosa fa?
TOTÒ

«Signora lei vuole vedere il bollito? Così, davanti a tutti?»
TOTÒ

A proposito di politica, ci sarebbe qualcosa da mangiare?
TOTÒ

Nella vita ci sono le cose vere e le cose supposte. Le cose vere per il momento le mettiamo da parte, ma le supposte... dove mettiamo le supposte?
TOTÒ

«Sai qual è il segreto della vita? Riuscire a farsi capire dal prossimo.» «In che senso?»
RENATO TRINCA

Perché ostinarsi a rendere infelice una sola donna quando se ne possono far felici cento?
FRANÇOIS TRUFFAUT

Specchio, specchio delle mie brame, che cazzo è successo?
T-SHIRT AMERICANE

Un libro senza indice può mettersi le dita nel naso?
CARLO TURATI

Quando muore un fagiolo lo seppelliscono in una tombola?
CARLO TURATI

Che accessori c'ha 'sto telefonino... l'aratro?
WWW.TURBOZAURA.IT

Ma è la tu' ragazza o hai truccato er pit bull?
WWW.TURBOZAURA.IT

Una ragazza virtuosa non corre dietro ai giovanotti: qualcuno ha forse mai visto una trappola inseguire i topi?
JULIAN TUWIN

Pitagora, morì di calcoli?
WALTER VALDI

«Come è andato il test "Vero o Falso"» «Male, ho falsato dove avrei dovuto verare.»
LINUS VAN PELT

Ci sono delle serate in cui indugio a riflettere: «Esco con Anna? Vado da Elena? Cosa farà Virginia? Quasi quasi chiamo Geltrude». Poi mi soffermo a pensare: «Ehi, chi cazzo la conosce tutta questa gente?!».
FRANCESCO VARCHETTA

E alla fine, quando troverò l'amore della mia vita, come la convincerò a non cercare il suo?
FRANCESCO VARCHETTA

E allora amiche pensiamoci: perché il nostro problema principale deve essere quello di rientrare nei jeans perché devo proteggere gli slip? Cosa c'è di così prezioso nei miei slip che io non so! Perché tutto quello che la scienza sta facendo per la donna lo sta facendo sugli assorbenti?
LUCIA VASINI

Se una nave capotta ed è piena di gente di cui a nessuno frega niente, importa se qualcuno ce la fa a salvarsi? Permettetemi di rispondere a questa domanda retorica... No.
JOHN VENABLE, PARLANDO DI *POSEIDON*

I giovani d'oggi! L'altro giorno mio figlio mi ha chiesto: «Papà, che cos'è un orgasmo?». Ero imbarazzato... gli ho detto: «Chiedilo alla mamma...». E lei è arrivata di corsa e mi ha chiesto: «Dario, che cos'è un orgasmo?».
DARIO VERGASSOLA

«Elenoire Casalegno, senta, i nostri telespettatori si domandano: ma Sgarbi, a letto, rompeva i coglioni come in televisione?»
DARIO VERGASSOLA

In un'intervista a Samantha De Grenet: «Cosa le piace in un uomo? Si esprima pure in euro».
DARIO VERGASSOLA

«Alessia Mancini, sappiamo pochissimo della sua vita privata. Possibile che lei trombi solo in pubblico?»
DARIO VERGASSOLA

«Ambra Angiolini, lei ha ormai raggiunto la maturità artistica. Potendo tornare indietro, non le sarebbe stato più utile un diploma da geometra?»
DARIO VERGASSOLA

Perché i cantautori dicono sempre: «Questa canzone fa più o meno così...». La sai o non la sai?
SERGIO VIGLIANESE

Che cos'è questa storia del fare un passo per volta? Avete mai visto qualcuno farne due?
ANNE WILSON SCHAEF

C'è una vita dopo la morte? Chi se ne frega, a me basta che c'è la figa!
LUCIO WILSON

Dopo aver mangiato, gli anfibi devono aspettare un'ora prima di uscire dall'acqua?
STEVEN WRIGHT

Se una fetta di toast cade a terra sempre dalla parte imburrata e i gatti toccano terra invariabilmente sulle zampe, che cosa accadrebbe se

legassimo un toast sulla schiena del gatto e poi lo lasciassimo cadere?
STEVEN WRIGHT

Se si spara a un mimo, si deve usare il silenziatore?
STEVEN WRIGHT

Perché le foto sono quadrate se l'obiettivo è rotondo?
STEVEN WRIGHT

Le spugne crescono nel mare. Mi chiedo quanto più profondo sarebbe il mare se questo non accadesse.
STEVEN WRIGHT

Perché l'alfabeto è in quell'ordine?
STEVEN WRIGHT

Se mi si addormenta un piede di giorno, vuol dire che starà su tutta la notte?
STEVEN WRIGHT

Avete mai pensato a quanto strambi sarebbero i telefoni se non avessimo la bocca vicina alle orecchie?
STEVEN WRIGHT

Le chiesi: «Lucinda, mi amerai sempre?». Mi ha risposto: «Ne dubito, non ti amo nemmeno adesso».
STEVEN WRIGHT

Cosa dare a un uomo che ha tutto? Penicillina.
HENNY YOUNGMAN

Volete fare impazzire qualcuno? Mandategli un telegramma con su scritto "Ignora il primo telegramma".
HENNY YOUNGMAN

«La tua famiglia è felice? Oppure la sera tu rincasi?»
HENNY YOUNGMAN

Se nella tua famiglia non c'è mai stato un suicida, perché non spezzi la monotonia?
HENNY YOUNGMAN

Perché Giletti cerca di far piangere la gente a casa e nessuno va in televisione a far piangere Giletti?
HENRY ZAFFA

Un bolzanino di un metro e cinquanta che altoatesino è?
ZAP

«Papà, come si chiamano i maiali da piccoli?» «Salvadanai.»
MARIO ZUCCA

Sapete come mio padre ha tenuto in piedi la famiglia? Semplice, ha venduto le sedie.
MARIO ZUCCA

È meglio il seno? È meglio il sedere? Perché discutere: in fondo le chiappe sono tette senza capezzoli.
ZUZZURRO E GASPARE

DOMANI
vedi ***Futuro***

DONATORE DI ORGANI

La motorizzazione vuole che uno porti una tessera di donatore di organi con la patente. E voi credete davvero che il dottore del pronto soccorso che la trova, quando arriva sulla scena dell'incidente, cercherà di salvarvi la vita? Col cazzo! Lui cerca le parti usate!
GEORGE CARLIN

Ha fumato Gouloise senza filtro per cinquant'anni. Poi è morto e ha donato gli organi: con i suoi polmoni hanno asfaltato due chilometri di strada.
MARIO MURARO

La ragione per la quale non ho firmato la parte riguardante i donatori di organi sulla mia patente è che riesco a immaginarmi un incidente in cui sono conciato parecchio male e un poliziotto enorme che sta sopra di me e suo zio che ha bisogno di un rene.
LOU SCHNEIDER

DONNA *(Ragazza)*

È raro che gli uomini che nutrono il massimo rispetto per le donne godano di qualche popolarità tra loro.
JOSEPH ADDISON

Le ragazze in discoteca hanno sempre dei modi delicati per scoraggiarti. Ho chiesto a una tipa l'altra sera: «Vorresti ballare con me?». E lei: «Oh, no, sto aspettando che me lo chieda qualcuno di umano».
FRANKLYN AJAYE

Dovrei sposare W.? No, se non mi dirà le altre lettere del suo nome. E la sua carriera? Come posso chiedere a un essere così gentile di rinunciare al campionato di lotta libera nel fango?
WOODY ALLEN

«Babbo che ne sarà di me?» «Per intanto sei giovine. Poi farai l'emarginato, il soldato e il disoccupato. Poi scegli: o meridionale o donna.»
ALTAN

«Ancora violenze su donne e bambini.» «E con chi dovrebbero sfogarsi, coi panda e le foche monache?»
ALTAN

Perché le donne non hanno il cazzo? Ma perché pensano con il cervello.
ANONIMA

Guadagnavo cinquanta dollari la settimana. Un terzo lo spendevo per bere e un altro terzo per andare a donne... Il resto lo spendevo in modo stupido.
ANONIMO

Il matrimonio è il prezzo che gli uomini pagano per il sesso; il sesso è il prezzo che le donne pagano per il matrimonio.
ANONIMO

I dieci migliori anni di una donna? Quelli tra i 25 e i 26.
ANONIMO

Intuizione: quello strano istinto che dice a una donna che ha ragione. Sia che ce l'abbia o no.
ANONIMO

Frugare nella borsetta di una donna è borseggio, frugare nelle tasche di un uomo è matrimonio.
ANONIMO

Un uomo senza donna è come un collo senza torcicollo.
ANONIMO

Un uomo pagherà due dollari per qualcosa che vale un dollaro e di cui lui ha bisogno. Una donna pagherà un dollaro per un qualcosa che ne vale due e di cui non ha alcun bisogno.
ANONIMO

Fred: «Perché qualcuno non inventa qualcosa da sposare diverso da una donna?»
GLI ANTENATI

Diceva il grande studioso Carl Never, appassionato estimatore dell'universo femminile: «Le donne sono come gli insetti: girano sempre per la casa e danno fastidio».
GIAMPIERO ASARA

A cosa servono le donne da quando hanno inventato i piatti di plastica?
ROCCO BARBARO

Amare le donne intelligenti è un piacere da pederasta.
CHARLES BAUDELAIRE

Donna: il buco che si lamenta intorno.
DONNIE BARZO

Non sopporto vedere una donna piangere, soprattutto senza che ne sia io la causa.
LORENZO BECCATI

La donna fiuta un fallo eretto quando dista ancora dieci chilometri e si domanda: «Come ha fatto a vedermi?».
SAMUEL BECKETT

La donna, fijo, è come la castagna: bella de fora e drento ha la magagna.
GIUSEPPE GIOACHINO BELLI

Le donne possono fare all'amore solo se sono già incinte e non c'è pericolo, ma per rimanere incinte bisogna che facciano all'amore senza essere incinte, ma allora hanno paura di rimanere incinte... 'un lo potranno fare mai!
ROBERTO BENIGNI

Datemi le mie mazze da golf, un po' d'aria fresca e una bella ragazza

e potete anche tenervi le mazze e l'aria fresca.
Jack Benny

Lei aveva qualcosa che un sacco di uomini vogliono: un paio di baffi!
Milton Berle

La donna sarebbe più affascinante se si potesse cadere tra le sue braccia senza cadere nelle sue mani.
Ambrose Bierce

Ragazza: una persona di giovane età del cosiddetto gentil sesso con un'inclinazione a un atteggiamento e opinioni imperscrutabili che possono far infuriare fino al delitto. La specie è geograficamente piuttosto diffusa; dovunque la si cerca, la si trova, e dovunque la si trova, uno se ne pente. In linea di principio la ragazza non dispiace all'occhio e (senza il suo pianoforte e le sue opinioni) non è insopportabile all'orecchio. Anche se non può competere con la bellezza dell'arcobaleno e la sua componente udibile viene superata dal canarino che, oltre tutto, è anche più facilmente trasportabile.
Ambrose Bierce

Sono gli uomini che sbagliano o siamo noi donne nel giusto?
Syusy Blady

Non bisogna mai contraddire una donna. Basta aspettare: lo farà da sola!
Humphrey Bogart

Quando le donne sono depresse, o mangiano o vanno a fare shopping. Gli uomini, invece, invadono un altro stato. È un modo di pensare completamente differente.
Elayne Boosler

A volte vorrei entrare nella testa delle donne, ma non è possibile. Allora cerco di entrargli in qualche altro posto.
Lorenzo Bosio

Le donne? Non vorrei generalizzare ma non me la danno.
Lorenzo Bosio

Di una donna mi colpiscono subito le mani. Mi domando sempre: saprà dove metterle?
GIANCARLO BOZZO

Nel futuro le donne partoriranno con l'inseminazione artificiale e noi maschietti daremo il nostro contributo seminale con la masturbazione. Quindi, per te maschietto che leggi non cambierà nulla... Contento?
BEPPE BRAIDA

Sono sempre stato fortunato con le donne. Ce ne sono state così tante nella mia vita che non ho trascorso più di due minuti con ognuna di loro.
MARLON BRANDO

Gli uomini sono come i cani. Continuano a tornare indietro. Le donne, invece, sono come i gatti. Chiama un gatto una volta. È già andato.
LENNY BRUCE

Adoro le ragazze coi pollici opponibili.
PAOLO BURINI

Ci sarà sempre battaglia tra i sessi perché gli uomini e le donne vogliono cose diverse. Gli uomini vogliono le donne e le donne vogliono gli uomini.
GEORGE BURNS

Oggi le donne o tornano a fare le serve, o non le vuole più nessuno.
ALDO BUSI

Il segreto per andare d'accordo con le donne è avere torto.
ACHILLE CAMPANILE

L'età delle donne si calcola sommando quella che dicono di avere a quella che dà la loro amica e poi dividendo per due.
LEO CAMPION

Ci sono donne che preferiscono non far soffrire molti uomini contemporaneamente e che preferiscono concentrarsi su uno solo: sono le donne fedeli.
ALFRED CAPUS

Stavo discutendo di politica con una signora che mi ha detto: «Se le donne gestissero il mondo, non

ci sarebbero guerre». Che marea di vaccate. Certo, nessuno inizierebbe una guerra per nessun motivo, se le donne gestissero il mondo. «Salve, sono l'Inghilterra. Com'è che sono invasa?» «Oh, penso che tu lo sappia. Ti ho visto come guardavi la Francia!»
DREW CAREY

Quando uno guarda i dipinti di Picasso, viene naturale chiedersi che tipo di donne immaginasse quando si masturbava.
GEORGE CARLIN

La donna crea il bambino, l'uomo si accontenta della Gioconda.
ALDO CAROTENUTO

I problemi degli uomini hanno tre cause: le donne, i soldi ed entrambi.
JOHNNY CARSON

Sono certo che se fossi nato con gli occhi azzurri avrei avuto molte più donne. Almeno una, sicuro.
CALOGERO CARUANA

Le donne sono come le salsicce, pelle fuori e maiale dentro.
TEDDI CASADEY (PAOLO CEVOLI)

Pensavo che tutte le donne fossero uguali, ma ce n'erano di peggio.
GIANPIERO CASONI

Ci guardammo a lungo in silenzio. A un certo punto, il silenzio si era fatto palpabile. La ragazza, purtroppo, no.
GIAMPIERO CASONI

Lui, lei e la posta elettronica. Istruzioni per gli uomini su come usare la posta elettronica: andare in Outlook e fare clic su "Nuovo messaggio". Scrivere il testo. Fare clic sulla casella "A" e selezionare il destinatario. Fare clic su "Invia". Istruzioni per le donne su come usare la posta elettronica: chiedere alla collega com'è fatta l'icona di Outlook. Trovare la stessa icona sul desktop e fare doppio clic. Rifare doppio clic, stavolta più veloce. Selezionare "Nuovo messaggio". In alto a sinistra... un po' più a sinistra... un po' più in alto... Bastava un clic solo, stavolta. Chiudere pure il secondo messaggio. Scrivere il testo del messaggio. È come una macchina da scrivere. Adesso riscriverlo tutto, ma anziché nella casella dell'oggetto in quella grande sottostante. Mettere un oggetto significativo. No: "messaggio" non va bene, qualcosa di più significativo. Adesso fare clic sul pulsante con la "A". No, non era il pulsante con la "X" in alto a destra, quello chiude il messaggio. Ripartire dal punto 4. Scegliere con molta attenzione i nomi dei destinatari (ecc.). Fare clic su "Invia". Se si ha un modem, è ora di accenderlo; emetterà dei suoni strani: non spegnerlo e non cercare di sintonizzarlo meglio! Quando il messaggio è stato inviato, controllare i nomi dei destinatari e mandare una e-mail di scuse a tutti quelli ai quali non si sarebbe dovuto mandarlo.

PAOLO CEVOLI

Quando Gesù Cristo resuscitò si fece vedere prima dalle donne perché la notizia si spargesse più presto.

JEAN CHARLES

Una ragazza può aspettare che arrivi l'uomo giusto, nel frattempo ciò non esclude che possa trascorrere un sacco di ottimi momenti con quelli sbagliati.

CHER

Il problema di molte donne è che si emozionano per un nonnulla. E poi lo sposano.

CHER

Io conosco una donna nuda.

COCHI E RENATO

È che io ho dei problemi con le donne... Conosco solo due tipi di donne, quelle sensibili che non escono con me perché hanno paura di illudermi e le altre, per fortuna, quelle che non escono con me perché gli faccio schifo!

ANTONIO CORNACCHIONE

Perché regalare orologi alle donne? Quello del forno gli basta e avanza.

ENZO CORTESE

Adamo è lì nel paradiso terrestre con tutti i comfort possibili, ma sente che gli manca qualcosa a cui non riesce dare un nome. Riesce,

però, ad accostare un colore, un rosa pallido... Dio se ne accorge e crea la donna. E pecca di presunzione perché Adamo, quella che voleva al suo fianco era semplicemente la *Gazzetta dello Sport*.
Lella Costa

E il Signore disse: «Donna, tu partorirai con gran dolore. Uomo, tu lavorerai con gran sudore, ammesso che troverai lavoro. E la terra produrrà spine e sofferenze».
E Adamo disse: «Ma santo Dio, tutto questo per una mela? Domani te ne porto un chilo...»
Giobbe Covatta

Le donne hanno bisogno di un motivo per fare sesso. Agli uomini basta un posto.
Billy Crystal

Per capire una donna ci vuole una donna. Per capire un uomo ci vuole un maiale.
Geppi Cucciari

Quando una donna nella corsa della vita vi bussa alle spalle non è perché è rimasta indietro, è perché vi ha doppiato.
Geppi Cucciari

Una donna senza culo è come un uomo senza... culo.
Paco D'Alcatraz

Non si nasce donna: si diventa.
Simone de Beauvoir

Mi hanno offerto un ruolo in un film: è la storia di un gruppo di amici che ha dei seri problemi con le donne, ma alla fine li risolve uccidendo Riccardo Scamarcio!
Antonio De Luca

In fatto di donne non sono molto selettivo, gli amici mi chiamano "il Ray Charles del materasso".
Marco Del Conte

Come diceva mio padre: «Le donne posseggono il 70% della ricchezza di questo Paese e il 100% della fica».
Nelson De Mille

Una bella ragazza deve solo pensare a scopare, mai a procreare.
Donatien-Alphonse-François de Sade

Sono contenta di non essere un uomo, perché così non sono costretta a sposare una donna.
MADAME DE STAËL

La prima cosa che Zeffirelli nota in una donna è suo marito.
FABIO DI IORIO

La menopausa è quando ci prende il desiderio di afferrare una di quelle ragazzine così graziose dal corpo ancora sodo e gridarle: «Ascolta, carina, l'Impero romano si è disfatto e questo un giorno succederà anche a te».
ARTURO DI NACCIO

Lei è una ragazza incredibile: aspira la sigaretta ed emette anelli di fumo. Tutti quelli che conoscevo finora, lo facevano con la bocca.
DIMUNNO E TAMBORRINO

Io amo Topolino più di qualsiasi altra donna io conosca.
WALT DISNEY

Ogni donna, e nessun uomo, dovrebbe sposarsi.
BENJAMIN DISRAELI

Dio, nella sua divina previdenza, non ha dato la barba alle donne perché esse non sarebbero state capaci di tacere mentre venivano rasate.
ALEXANDRE DUMAS (PADRE)

Certo che gli uomini sono superiori alle donne! Innanzitutto possono fare la pipì da una macchina in corsa.
WILL DURST

Si sa come son fatte le donne! Prima si divertono e poi alla prima centrale nucleare che esplode vogliono abortire!
ELLEKAPPA

A me piacciono tanto le donne nude perché c'hanno l'esterno tutto in pelle! Chissà se dentro sono metallizzate?
GIORGIO FALETTI

Niente fa apparire una donna più carina che tre cocktail dentro un uomo.
LEOPOLD FETCHNER

Spesso la donna italiana è cuoca in salotto, puttana in cucina e signora a letto.

ENNIO FLAIANO

Giraffa: vocabolo educato per non dare a una donna del cammello.

GUSTAVE FLAUBERT

Nei servizi segreti americani per la prima volta è diventata vicedirettore una donna... Appena nominata ha detto: «Wow, sono vicedirettore dei servizi segreti, non vedo l'ora di dirlo a tutte le mie amiche!».

MISTER FOREST (MICHELE FORESTA)

Che donna! Per una donna così darei un anno della mia vita... L'81, che ho fatto il militare.

MISTER FOREST (MICHELE FORESTA)

Una donna ha bisogno di quattro animali nella sua vita: una Jaguar in garage, una tigre a letto, un visone sulla pelle e un asino che paghi.

ZSA ZSA GABOR

Riuscire a indurre un uomo ad andare in giardino e a restarvi fino al prossimo pasto è il sogno di ogni donna.

VIRGINIA GAHAM

Che poi noi donne ci vuole così poco per farci contente: un gesto, uno spintone, un vaffanculo ogni tanto. Io sono donna, signora; e non mi vergogno a dire che, quando ti senti così trascurata, sei in balia del primo "va' a cagare" che passa. Ti basta un niente per farti sognare!

GAIA (SIMONA GUARINO)

Quella ragazza ha degli occhi così belli che glielo butterei in culo.

IL GEMMA

Quando una donna ama un uomo non è proprio lui che essa ama; ma è proprio lui che un bel giorno essa non ama più.

PAUL GERALDY

La sera tiro un sospiro di sollievo quando non trovo una ragazza sotto il mio letto.

RICHARD GERE

Come diceva sempre mio nonno: donne e buoi sono due cose diverse.
GIUSEPPE GIACOBAZZI

Le donne per fare sesso hanno bisogno di un buon motivo. Gli uomini anche senza musica.
GINO&MICHELE

Ho visto donne manifestare in piazza contro l'aborto... e poi avere un figlio paninaro!
GINO&MICHELE-PAOLO ROSSI

Lui, delle donne, guarda gli occhi e le mani... È come comprare *Playboy* e leggere l'articolo di fondo.
GINO&MICHELE-PATRIZIO ROVERSI

Le lacrime delle donne sono solo sudore degli occhi.
GIOVENALE

Un uomo senza una donna è come un fianco senza spina.
GRAFFITO A LOS ANGELES

Ti accorgi di essere diventato vecchio quando la frase «mi fai morire» non te la dicono più le tue donne, ma le tue piante.
TEO GUADALUPI

Vi sono tre tipi di donne di fronte all'amore: quelle che si sposano, quelle che si amano e quelle che si pagano. Può anche trattarsi della stessa donna. Si comincia col pagarla, la si ama, si finisce per sposarla.
SACHA GUITRY

Le donne oneste non riescono a consolarsi degli errori che non hanno commesso.
SACHA GUITRY

Ogni ragazza che sa cucinare può trovare un uomo che sa mangiare.
ARSENIO HALL

In confronto a questa cosa bella, artistica, morbida, poetica, che è l'orgasmo femminile, l'orgasmo maschile è una roba bestiale e ridicola. Vediamolo insieme con tanto di diagramma. Pronti? Via, partito. Per un bel po', niente, diagramma piatto... Non sale né scende. Striscia. Senza emozioni. Uno fa in tempo ad annoiarsi. Poi, all'improvviso, s'impenna: «Aaahhh!!!» E subito dopo, giù di schianto! Morto. Finito. Quando va bene. A volte finisce prima ancora di cominciare. Una schifezza. Poi si dice che c'è incomprensione tra uomo e donna! Ma ringraziamo il cielo che non ci si spara addosso appena ci si vede da lontano!

Paolo Hendel

Questa donna starnutisce trecento volte, poi dice: «Dev'esserci qualcosa nell'aria». Le ho detto: «Sì. I tuoi germi.»

Linda Herskovic

Sei un critico o una donna?

William Holden

«Sono notti come questa che spingono uomini come me verso donne come te per notti come questa.»

Bob Hope

L'unica cosa che chiedo a una donna è quando rientra suo marito.

Hud il selvaggio

Qualche donna abusa della facoltà che si concede alle donne di essere ignoranti.

Immanuel Kant

Vi sono creature che, chiuse in un busto, in un paio di scarpe, in un paio di guanti, hanno la forma di una donna, come l'acqua ha la forma della bottiglia che la contiene. Ma levate busto, scarpe e guanti: le succederà come all'acqua se rompete la bottiglia.

Alphonse Karr

Se una donna di ventiquattro anni non ha ancora trovato l'Uomo Giusto, forse è solo fortunata.

Deborah Kerr

Una donna è solo una donna. Un sigaro è una bella fumata.

Rudyard Kipling

Le donne si dividono in tre categorie: le puttane, le stronze e le rompiballe. La puttana la dà a tutti. La stronza la dà a tutti meno che a te. La rompiballe la dà a te, solo a te, sempre a te.

Blanche Knott

Una donna deve avere un aspetto così intelligente che la sua stupidità si presenti poi come una piacevole sorpresa.
Karl Kraus

A volte la donna è un eccellente surrogato della masturbazione. Certo occorre un sacco di fantasia.
Karl Kraus

Perché la psicanalisi funziona sempre molto più rapidamente su un uomo che su una donna? Perché bisogna regredire allo stato infantile... e l'uomo di solito si trova già lì.
Martha J. Kielek

Di solito una donna preferisce essere bella anziché intelligente perché in genere l'uomo medio ha la vista più sviluppata del cervello.
Bill Lawrence

Molti uomini innamorati di una fossetta sulla guancia commettono l'errore di sposare l'intera ragazza.
Stephen Leacock

Essere una donna riveste un interesse particolare solo per i maschi aspiranti transessuali. Per le vere donne è solo una scusa per non giocare a football.
Fran Lebowitz

Una donna brutta non è mai del tutto nuda.
Teodoro Loberto

Il vestito di una donna dovrebbe essere come un reticolato: serve allo scopo ma non ostruisce la visuale.
Sophia Loren

Una donna è una donna fino al giorno in cui muore. Ma un uomo è un uomo solo finché ci riesce.
Moms Mabley

Non puoi dire di conoscere veramente una donna finché non la incontri in tribunale.
Norman Mailer

Se non è un uomo è una donna che gli somiglia molto.
Boris Makaresco

Con le donne sono sempre stato un disastro, fin da bambino. Quando si giocava al dottore a me facevano guidare l'autoambulanza.
Boris Makaresko

Avete presente quello sguardo che le donne inviano agli uomini quando vogliono fare sesso? Beh, neanch'io.
STEVE MARTIN

Non potrei mai essere donna. Starei tutto il giorno a toccarmi le tette.
STEVE MARTIN

Dietro ogni uomo di successo c'è una donna e, dietro di lei, sua moglie.
GROUCHO MARX

Tutti noi sappiamo che le donne sono abitualmente stitiche, ma rappresentarle nei romanzi come del tutto prive di un orifizio posteriore mi sembra realmente un eccesso di cavalleria.
WILLIAM SOMERSET MAUGHAM

Una ninfomane è una donna ossessionata dal sesso come lo è qualsiasi uomo.
MIGNON MCLAUGHLIN

È ormai ammesso alle donne cattoliche evitare una gravidanza ricorrendo alla matematica, ma non è loro ancora concesso di ricorrere alla fisica o alla chimica.
HENRY LOUIS MENCKEN

Su un argomento, almeno, uomini e donne concordano: entrambi non si fidano delle donne.
HENRY LOUIS MENCKEN

Quando le donne si baciano vengono sempre in mente i lottatori professionisti che si stringono la mano.
HENRY LOUIS MENCKEN

Molti hanno paura di quella donna: ha mandato più uomini in bianco del colesterolo.
FRANCO MERAFINO

E Dio creò l'uomo a sua immagine e somiglianza. Poi creò la donna, ma un po' più stronza.
FRANCESCO MICCIO

Negli Stati Uniti d'America ci sono oltre venticinquemila numeri di telefono "sexy" per uomini. Sapete quanti ce ne sono per le donne? Tre. Se abbiamo voglia di sentire qualcuno parlar male o dire oscenità, ci tocca andare in ufficio.
FELICIA MICHAELS

Vantarsi, bere liquori, illudere la donna.
MAURIZIO MILANI

Sono stato con una ragazza a dir poco imbarazzante: non aveva peli sulla lingua, in compenso però aveva lingue sui peli, e vi assicuro che era davvero rivoltante.
MATTEO MOLINARI

Sessualmente parlando, la donna è palindroma.
ALESSANDRO MUNTONI

A ciascuno di noi il fato ha destinato una donna, se riusciamo a sfuggirle siamo salvi.
CITATO DAL *NEW YORK TIMES*

Sono contenta che Dio abbia dato i comandamenti a un uomo. Del resto, non aveva scelta. Li avesse ricevuti una donna, avrebbe detto subito: «Lo so che questo è quello che ha detto, ma sono convinta che non è quello che intendeva».
DIANE NICHOLS

La donna è stato il secondo errore di Dio.
FRIEDRICH NIETZSCHE

L'uomo deve essere addestrato alla guerra. La donna al riposo del guerriero. Tutto il resto è stupidità.
FRIEDRICH NIETZSCHE

Io sono un uomo così sfortunato che, se organizzassero una lotteria di donne, vincerei mia suocera!
MARCO NOCERA

Il matrimonio è il coronamento del sogno di un uomo e di una donna. I genitori della sposa.
FURIO OMBRI

Le donne asseriscono che noi pensiamo sempre a quella cosa lì. "Sempre", nel mio caso, è riduttivo.
FURIO OMBRI

Ci sono ancora delle ragazze che arrivano vergini al matrimonio. Magari non è il loro, ma ci arrivano.
FURIO OMBRI

La donna è convinta che l'olio nella macchina si rigeneri da solo, è convinta che nel motore ci sia un albero di olive, che poi si spremano. Per lei questo è il famoso albero motore.
OMEN (RAUL CREMONA)

Qual è il colore della donna? Tra marrone chiaro e marrone scuro. Praticamente tra i due marroni.

Omen (Raul Cremona)

La donna. Se le racconti qualcosa le entra da un orecchio e le esce dalla bocca!

Omen (Raul Cremona)

C'è qualcosa in lui che attrae le donne verso gli altri uomini.

Robert Orben

Gli uragani fanno un sacco di rumore; fanno un sacco di danni; inoltre l'uomo non ha ancora trovato il modo di controllarli. Non c'è da meravigliarsi che diano loro nomi di donne.

Robert Orben

La felicità di una donna si misura col metro dell'abbondanza. L'infelicità di un uomo con un righello.

Flavio Oreglio

La mia donna si è guardata allo specchio e non si piaceva più. Diceva di avere troppe rughe sul viso, le gambe rovinate, il culo enorme... Io allora per consolarla le ho detto: «Però hai ancora una vista ottima!».

Flavio Oreglio

Le belle ragazze che da bambine hanno ricevuto i regali da Babbo Natale quando sono grandi si mettono con Briatore. Perché? Perché hanno nostalgia di un tizio grasso, vestito ridicolo, che le copre di doni.

Flavio Oreglio

Esiste una quantità di oggetti meccanici che aumentano gli stimoli sessuali, specialmente delle donne. Primo fra questi è la Mercedes Benz 380SL Cabriolet.

P.J. O'Rourke

Era il tipo di donna che si incontra una sola volta nella vita. Se sei proprio sfigato, due.

Daniele Panebarco

Da giovani praticavamo l'amore libero, nel senso che noi volevamo fare l'amore e le ragazze erano libere di dirci di no.

Diego Parassole

Hanno chiuso *Le Ore*, dicono che non vende più. Una volta c'erano i giornali porno, poi i film, poi Internet... Prima o poi, per fare l'amore si tornerà alla donna.
DIEGO PARASSOLE

La donna giusta per un uomo? Una via di mezzo tra madre Teresa di Calcutta e Sharon Stone... praticamente una santa che porta il saio ma senza le mutande sotto!
DIEGO PARASSOLE

La media di altezza in Italia è 1 metro e 75 per l'uomo e 1 metro e 65 per la donna. Questo per me è un problema: anche come donna sono basso.
DIEGO PARASSOLE

Lui sposa lei perché lo ama. Lei ama lui perché la sposa.
JEAN PAUL

Nessuna donna si sposa per denaro: sono tutte tanto astute, prima di sposare un milionario, da innamorarsene.
CESARE PAVESE

C'è un tale bisogno d'amore nel mondo, che certe donne amano persino il loro marito.
PITIGRILLI

Dio ha fatto la femmina, i sarti hanno fatto la donna.
PITIGRILLI

Unirsi a una donna significa sentirsi dire: «Preferisci il football a me», senza poterle rispondere di sì.
PITIGRILLI

Quando le candele sono spente, tutte le donne sono belle.
PLUTARCO

Io dico no al mito della donna bella e stupida! Io voglio essere solo stupida!
VIVIANA PORRO

La tua donna la chiamo Luna Park, perché ogni volta che mi tira le palline io poi le regalo il pesciolino.
POZZOLI E DE ANGELIS

La tua donna la chiamo Smart, perché è piccola ma due dentro ci stanno comodi.
POZZOLI E DE ANGELIS

La tua donna la chiamo Maionese, perché se smetto di sbatterla impazzisce.
POZZOLI E DE ANGELIS

La tua donna la chiamo Bassa Marea, perché con lei si tocca sempre.
POZZOLI E DE ANGELIS

La tua donna la chiamo Colosseo, perché dentro ci hanno lottato un sacco di cristiani.
POZZOLI E DE ANGELIS

Le sette età di una donna sono: neonata, bambina, signorina, giovane donna, giovane donna, giovane donna e giovane donna.
HERBERT V. PROCHNOW & HERBERT V. PROCHNOW JR.

Le donne non sanno di essere sedute sulla loro fortuna.
PRODUTTORE DI HOLLYWOOD

Lasciamo le belle donne agli uomini senza fantasia.
MARCEL PROUST

Troie ce ne san tante, ma come le donne!
PROVERBIO TOSCANO

Ho lasciato la mia donna. Ma come mai quando una donna viene lasciata, dopo poco vive una seconda giovinezza, sta meglio, se le va di lusso dimagrisce pure... L'uomo no. L'uomo quando è lasciato deperisce, peggiora, se gli va di lusso viene travolto da un camion...
RICHARD PRYOR

«Roger tesoro voglio che tu sappia che ti amo. Ti ho amato più di quanto una donna abbia mai amato un coniglio.»
JESSICA RABBIT

Le donne non dicono mai un no secco. Lo giustificano, a volte sono incredibili. Una mi ha detto: «Ti amo ma sono di Alfa Centauri e la mia astronave parte tra cinque minuti!»
DANIELE RACO

Ho scoperto qualcosa che fa il lavoro di dieci uomini. Dieci donne!
TONY RANDALL

Una donna impiega un'ora per comperare un cappello che si può fare in cinque minuti.
TONY RANDALL

Le donne afgane saranno costrette a coprirsi, ma noi occidentali siamo altrettanto costrette: a scoprirci.
LIDIA RAVERA

C'è qualcosa di peggio di una donna che vive da sola: una donna che dice che le piace vivere da sola.
THELMA RITTER

Un uomo può saltare da un letto a un altro e nessuno dice niente. Ma se una donna fa 19 o 20 errori, diventa subito una baldracca.
JOAN RIVERS

Vado fuori di testa per le donne bianche. Questo dà fastidio a molta gente. Soprattutto alle donne nere.
DANNY RODMAN

Ci vogliono vent'anni a una donna per fare del proprio figlio un uomo completo e venti minuti a un'altra donna per farne un perfetto idiota.
GENA ROWLANDS

Quando vedi cosa sposano certe ragazze, ti rendi conto di quanto debbano odiare la necessità di lavorare per mantenersi.
HELEN ROWLAND

Che razza di profumi si mettono addosso gli uomini? Perché pensano che alle donne piaccia l'odore di sella, oppure di resina di pino? Se un uomo vuole che io lo segua per strada, dovrebbe mettersi addosso qualcosa chiamato "Biscotto Zuccherino" o meglio ancora "Croissant".
RITA RUDNER

Ascoltando le donne in confessione i preti sono contenti di non essere sposati.
ARMAND SALACROU

Le donne, con l'età, sono una roba incredibile, è qualcosa di innato. Ieri ho visto una bambina di tre mesi, le ho chiesto quanti anni aveva e mi ha risposto: «Due settimane».
FRANCESCO SALVI

Io amo la figa. Peccato che ce l'abbiano le donne.
MAURIZIO SANGALLI

Ma io non desidero la donna d'altri, io voglio solo la figa.
MAURIZIO SANGALLI

Anche gli uomini migliori, quando credono di farti un complimento, ti dicono: «Sei una donna coi coglioni».
GIANNA SCHELOTTO

L'unica cosa che mi consola di essere donna è che non ne sposerò mai una.
SCHLEGEL

Io, ca tritu, passu, cucino... Savvatore, se va bene, rutta per esprimermi l'endusiasmo.
SCONSOLATA (ANNA MARIA BARBERA)

'Nvece, la donna della pubblicità, tutto diverso è. Tu à vidisti "Pezzamore"? Ecco, lei si butta nell'acqua, ritorna sciutta, ci apre 'u sacchettu, ci mette 'a tovaglia e già stanga è... E si pigghia 'u merluzzo d' Santuzzo!
SCONSOLATA (ANNA MARIA BARBERA)

Ancora non capisco come una donna possa prendere della cera bollente, mettersela sulle cosce, strappare i peli dalle radici ed essere ancora spaventata da un ragno.
JERRY SEINFELD

Una donna ha bisogno di un uomo come un pesce di una bicicletta.
SLOGAN FEMMINISTA, ANNI SETTANTA

Infermiera: «Ma perché vuole farsi operare per cambiare sesso?»
Paziente: «Ho sentito che le donne vivono più a lungo.»
SOAP

Le donne qualche volta stanno zitte... Ma mai quando non hanno niente da dire.
PAUL SOUDAY

Stare con una donna tutta la notte non fa mai male a un professionista del baseball. È cercare una donna per tutta la notte che fa male.
CASEY STENGEL

In Afghanistan finalmente anche le donne potranno guidare. Ora mancano solo le strade.
JON STEWARD

Dietro ogni uomo di successo c'è una donna che non ha mai niente da indossare!
JAMES STEWART

Le donne possono simulare un orgasmo. Ma gli uomini possono simulare intere relazioni.
Sharon Stone

Come ogni idiota vorrebbe essere saggio, così ogni donna vorrebbe essere uomo.
Torquato Tasso

Ed eccola lì, demoralizzata, disperata e ubriaca. Tutto quello che posso sperare in una donna.
Taxi

Mai mettere una donna sul piano sentimentale, sempre sul piano orizzontale.
Ugo Tognazzi

Non capisco perché le ragazze si mettono a parlare d'amicizia quando vogliono rifiutarmi: non è che se le metto la lingua in bocca diventiamo nemici, anzi mi starà anche più simpatica.
Riccardo Tommaselli

È una ragazza casa e chiesa. Sì, ma nel tragitto cosa fa?
Totò

Sai perché gli uragani hanno nomi di donna? Perché sono come loro. Prima vengono come delle furie, tutte bagnate. Poi se ne vanno portandosi via la tua auto e la tua casa.
Traffic

«Ieri mio marito mi ha portato un gran mazzo di mimose.» «Per la festa della donna?» «No, per andare a venderle!»
Renato Trinca

Io non è che sia contrario al matrimonio, però mi pare che un uomo e una donna siano le persone meno adatte a sposarsi.
Massimo Troisi

Perché ostinarsi a rendere infelice una sola donna quando se ne possono far felici cento?
François Truffaut

Niente attrae le donne come un paio di jet privati.
Donald Trump

La mia donna è talmente porca che quando giochiamo a Monopoli

al posto degli alberghi mette direttamente i motel.
CARLO TURATI

Ci sono tre cose che una donna è capace di fare con niente: un cappello, un'insalata e una scenata.
MARK TWAIN

Ogni donna è una poesia da saper leggere, un dipinto di cui interpretare le forme, uno spirito cui attribuire un cielo, oppure un'altra stronza che non te la dà.
FRANCESCO VARCHETTA

E la pubblicità? Perché in televisione si fa un processo solo alla puzza della donna? Perché ci bombardano di deodoranti, di profumi, di lacche, di saponi intimi, di controllori d'alito! Mentre l'uomo col gorgonzola piace!
LUCIA VASINI

E allora amiche pensiamoci: perché il nostro problema principale deve essere quello di rientrare nei jeans perché devo proteggere gli slip? Cosa c'è di così prezioso nei miei slip che io non so! Perché tutto quello che la scienza sta facendo per la donna lo sta facendo sugli assorbenti?
LUCIA VASINI

«Lei Kris è di Toronto. Verrebbe in campeggio con me per farle vedere come monto una canadese?»
DARIO VERGASSOLA

Dicono che le donne invecchino come il buon vino. Mia moglie invecchia come il latte.
WALTER, IL VETERANO DEL VIETNAM (JEFF DUNHAM)

Da giovane inseguivo le gonne in tutto il mondo. Finché non sono arrivato in Scozia. Ah, gente, se sono rimasto sorpreso!
WALTER, IL VETERANO DEL VIETNAM (JEFF DUNHAM)

Non lasciare mai che un uomo metta qualcosa sopra di te... se non, forse, il suo ombrello.
MAE WEST

Le donne devono fare qualunque cosa due volte meglio degli uomini

per essere giudicate brave la metà. Per fortuna non è difficile.
CHARLOTTE WHITTON

L'unico modo di comportarsi con una donna è di fare l'amore con lei se è bella, e con un'altra se è brutta.
OSCAR WILDE

Le donne non hanno mai niente da dire. Ma lo sanno dire così bene.
OSCAR WILDE

La storia delle donne è la storia della peggiore tirannia che il mondo abbia mai conosciuto: la tirannia del debole sul forte. È l'unica tirannia che duri.
OSCAR WILDE

Che differenza c'è tra una donna e un gay? Per far piacere a una donna devi trovare il punto G, per far felice un gay il punto D&G.
LUCIO WILSON

Gli uomini giudicano le donne dal modo in cui sono fatte. Molti uomini pensano che più grossi sono i seni di una donna, minore sia la sua intelligenza. Non penso che funzioni in questo modo. Al contrario, penso che più grossi siano i seni di una donna, minore diventa l'intelligenza degli uomini.
ANITA WISE

L'uomo che sa leggere le donne come un libro aperto di solito adora leggere a letto.
HENNY YOUNGMAN

La cosa peggiore che si possa fare a una donna è chiuderla in una stanza con mille cappelli e neanche uno specchio.
HENNY YOUNGMAN

Gli uomini o sono stronzi o sono polli. Le donne o sono stronze o sono stronze. Il più delle volte anche entrambe le cose.
CLAUDIO ZULIAN

È meglio avere donne che avere banche: le banche il sabato e la domenica chiudono.
ZUZZURRO E GASPARE

DONNA DI SERVIZIO
vedi **Cameriere**

DOPING
vedi **Droga**

DORMIRE
(Insonnia - Pisolino - Sbadigliare - Sonnambulo - Sonno)

A volte dorme più lo sveglio del dormiente.
ALDO, GIOVANNI E GIACOMO

Il leone e il vitello giaceranno insieme, ma il vitello dormirà ben poco.
WOODY ALLEN

La morte è come il sonno, ma con questa differenza: se sei morto e qualcuno grida: «In piedi, è giorno fatto!», ti riesce difficile trovare le pantofole.
WOODY ALLEN

Era così carina! La guardavo dormire, la notte, chino su di lei. Certe volte si svegliava... Mi guardava imbambolata... E poi cacciava un urlo.
WOODY ALLEN

Intervistatrice: «Senza fare nomi, c'è qualcuno nel mondo del teatro che l'ha ferita tanto da meditare vendetta?»
Allen: «Una signora del Queens seduta accanto a me durante *Cats* che mi svegliò prima che lo show fosse finito»
WOODY ALLEN

Voglio morire nel sonno tranquillamente, come mio nonno. E non morire gridando terrorizzato come tutti i suoi passeggeri.
BARZELLETTA SCOZZESE

Che tristezza... dormire con i sonniferi! Pensare che una volta, mia nonna, nella nostra casetta nel bosco, per farmi addormentare, mi faceva un'iniezione di morfina.
ROMANO BERTOLA

A volte di notte non riesco a dormire e mi chiedo: «Perché io?». E una voce mi dice: «Niente di personale, è solo che è venuto fuori il tuo nome».

CHARLIE BROWN

Ho degli amici che non riescono ad addormentarsi se prima non vedono tre o quattro film pornografici. Dicono che devono contare le pecore.

RAFFAELE BRUNO

Morire.
Non fosse che per fregare l'insonnia.

GESUALDO BUFALINO

Siccome non riuscivo a dormire mi sono messo a contare le pecorelle. Ma non c'è stato niente da fare. Allora ho provato a contare le tapparelle. Una. E mi sono addormentato.

PAOLO CANANZI

Non credo che esista una persona più iellata di me: pensate, di notte, invece di entrare nella fase Rem, entro nella fase Cugini di Campagna.

CRISTINA COLOMBO, DI *AENIGMATICA*

Dormiamo in camere separate, ognuno cena per i fatti suoi, facciamo vacanze ognuno per conto suo: insomma facciamo di tutto per tenere unito il matrimonio.

RODNEY DANGERFIELD

Non ottengo rispetto. L'altra notte mi sono addormentato con una sigaretta in mano. Mia moglie me l'ha accesa.

RODNEY DANGERFIELD

Penso di aver messo in imbarazzo la signora seduta vicino a me sull'aereo. Era uno di quei voli dove si dorme. E io dormo nudo.

JOHNNY DARK

D'accordo, non dormo a lungo, ma in fretta.

ALBERT EINSTEIN

La legge, nella sua maestosa equanimità, proibisce sia ai ricchi che ai poveri di dormire sotto i ponti.

ANATOLE FRANCE

Devo andare dal veterinario. Ho dei problemi a dormire. Mi sembra di essere appena andato a letto quando, BOOM! Dodici o tredici ore dopo eccomi già sveglio!

GARFIELD

Un sacco di gente non ama i pesci rossi. Non puoi abbracciarli. Non puoi metter loro un guinzaglio e portarli a fare quattro passi. Non hanno senso dell'umorismo e tutto quello che fanno è mangiare e dormire. Hey, un momento! Ho appena descritto me!

Garfield

Mi accade spesso di svegliarmi di notte e cominciare a pensare a una serie di gravi problemi e decidere di parlarne col Papa. Poi mi sveglio completamente e mi ricordo che Io sono il Papa!

Giovanni XXIII

Mai dormire in tre in un letto, o ci si sveglierà in tre in un letto.

Günter Grass

Uh, se ho sonno. Non ne faccio un segreto. Sono stanco. Ho bisogno delle mie otto ore di sonno al giorno. E almeno dieci ore a notte.

Bill Hicks

Non mi sento vecchio. Non sento niente prima di mezzogiorno. E a quel punto è il momento del mio sonnellino.

Bob Hope

Quando di notte soffro d'insonnia prendo dei lassativi, così non dormo lo stesso, però almeno ho qualcosa da fare.

Leonardo Manera

Fare ogni giorno due cose che non mi piacciono è un principio che ho sempre seguito scrupolosamente: ogni giorno mi sono alzato e sono andato a letto.

W. Somerset Maugham

Lo fanno gli uccelli, lo fanno le api, facciamolo anche noi: andiamo a dormire.

Vasco Mirandola

Per dormire al fresco dovete stare in ambienti ventilati. Se la stanza dove dormite di lati ne ha meno, allora tenetevi il caldo!

Matteo Molinari

Quando si andava a letto era una festa. Solo per mettersi la paddana (tipo pigiama, ma nudi) ci volevano

due ore sarde (pari a un'ora e 58 minuti vostra); per disporsi nei letti altre due ore; per far silenzio, quattro minuti esatti perché al terzo minuto arrivava il babbo e con una tisana di cazzotti ristabiliva la calma.
NICO (ALDO, GIOVANNI E GIACOMO)

Se c'è una cosa che mi piace al mattino è alzarmi presto. Al canto del gallo. Gli sparo e torno a dormire.
FURIO OMBRI

Quest'anno per le ferie ho scelto la partenza intelligente: sono partito alle sei del mattino quando mia moglie e i miei figli ancora dormivano.
FURIO OMBRI

Certo che ti sto ascoltando, non mi hai visto sbadigliare?
BOB PHILLIPS

L'altro giorno non riuscivo a capire se sbadigliavo per il sonno o per la fame. E così, nel dubbio, mi son mangiato un cuscino.
ANTONIO RICCI

Non dite ai vostri figli che avete avuto per loro un parto facile, altrimenti non vi rispetteranno. Per anni andavo a svegliare mia figlia e le dicevo: «Melissa, mi hai fatto a pezzi. Ora torna a dormire».
JOAN RIVERS

In conclusione, è meglio dormire su qualcosa che non si è fatta, piuttosto che farla male e restare sveglio a preoccuparsi.
JEFF ROVIN

Ho circa 17 mila dollari nel mio materasso. Voi direte, sapere di avere quella cifra mi farà dormire meglio, la notte. Non è affatto vero: sono tutti in monetine.
ROWAN & MARTIN'S LAUGH-IN

Prima del matrimonio, un uomo giace sveglio a ripensare a qualcosa che tu hai detto; dopo, crolla addormentato prima che tu finisca di dirlo.
HELEN ROWLAND

Hanno diagnosticato che il mio cuore, da muscolo involontario, è diventato muscolo volontario, per cui se mi distraggo un attimo o mi addormento, sono un uomo morto...
RUBES

Di notte sono sonnambula, di giorno sono giornambula. (Minchia, troppo simpatica.)
Sabbry (Luciana Littizzetto)

Al Grattùgia gli hanno fregato il camion col carro attrezzi mentre dormiva. Strano, perché il suo camion non dorme mai. Si vede che gli han messo dentro qualcosa nel gasolio.
Francesco Salvi

Se la tua ragazza è una nana, non approfittartene quando sbadiglia.
Enzo Sarcina

Quando ke ciò l'insonnia mi sento abbracciata, giro per la stanza e mi viene l'ansa, non so a ki riamare. Il telefono amico? Se tando è amico perké non telefona lui?
Sconsolata (Anna Maria Barbera)

Quando non ho una relazione in corso, mi depilo sempre una gamba, così la notte mi sembra di dormire con una donna.
Garry Shandling

Ce l'ho con mia mamma perché, anche se ho trent'anni, mi obbliga ad andare a letto alle nove e mezzo. Io gliel'ho detto: «Mamma, ma perché devo andare a letto alle nove e mezzo se a me mi vien sonno alle otto?».
Tarcisio (Max Pisu)

Quando vado a letto sono così rilassato che sono le pecore a contare me.
Daniele Turozzi

Io sul posto di lavoro sono per la mobilità perché quando dormo mi rigiro spesso.
Danilo Vizzini

Per farmi addormentare mio padre mi lanciava in aria. Purtroppo non era mai lì quando tornavo giù.
Robin Williams

Devo andare a dormire entro l'una perché i miei sogni iniziano, che io mi sia addormentato o no.
Steven Wright

Sono stato arrestato perché camminavo nel sonno di qualcun altro.
Steven Wright

Oggi ho saltato il mio pisolino dopo pranzo. Dormivo ancora.
HENNY YOUNGMAN

Ho dormito da Dio ieri notte. Mi aveva invitato già una settimana fa...
ALBERTO ZANCHETTA

Il sesso canonico aveva cominciato ad annoiarmi a morte, così ho avuto la pessima idea di partecipare a un'orgia: non solo mi sono annoiato, ma quando mi è venuto da sbadigliare non sono stato abbastanza pronto a portare una mano alla bocca.
MIRCO ZILIO

Era talmente brutta che davanti alla finestra c'era un guardone che dormiva.
MARIO ZUCCA

DOVERE
vedi **Diritto**

DRACULA
vedi **Vampiro**

DROGA *(Doping)*

Tanto fumare, tanto parlare, tanto bucarsi per risultati così scarsi? Se nel mondo del rock bisogna farsi tanto e prendere tanta roba per arrivare a canzoni come quelle di Jimi Hendrix e di Janis Joplin, Wagner e Brahms che cosa avrebbero dovuto fare? Mettersi un DC-10 nel didietro?
ALBERTO ARBASINO

La cocaina non genera dipendenza, assolutamente. Lo so bene io che ne sono schiava da anni.
TALULLAH BANKHEAD

Si capisce che lei fuma un sacco di marijuana. Il suo divano ha le cinture di sicurezza.
MILTON BERLE

Quel ragazzo è un drogato. Fuma così tanta erba che una volta al mese deve farsi falciare lo stomaco.
MILTON BERLE

Che tristezza... dormire con i sonniferi! Pensare che una volta, mia nonna, nella nostra casetta nel bosco, per farmi addormentare, mi faceva un'iniezione di morfina.

Romano Bertola

Ci sono un sacco di ragazzi in ascolto proprio adesso, che comprano i nostri album, imparano a memoria i testi delle nostre canzoni e le prendono come modelli di vita. Quindi, so che ogni cosa che dico è molto, molto importante. E riguardo alla droga vorrei dire questo: mi sono fatto ogni tipo di droga. Ho provato tutto. Parte della mia musica è ispirata dalla droga. Se devo essere sincero, la droga è legata ad alcuni dei migliori momenti della mia vita. Ma ciò non significa che voi ragazzi dobbiate drogarvi.

Eric Bogosian, in un monologo in cui interpretava una rockstar intervistata dalla TV

Tutti i più grandi musicisti hanno dei problemi. Elvis era alcolizzato, Jim Morrison era drogato, Eminem è violento e a Max Pezzali si è rotta la playstation.

Lorenzo Bosio

È vero, Maradona sniffa: ma lo fa per i bambini poveri.

Massimo Brambati

Se uno vuole farsi una pera deve spararsela su per un braccio. È una cosa mica da ridere: non è per niente facile far passare una pera attraverso un ago. Su *Famiglia Cristiana* ho letto che è più facile farci passare un cammello.

Enzo Braschi

Ai miei tempi, le principali preoccupazioni degli studenti universitari erano sesso, fumare erba, fare rivolte e imparare. Imparare era qualcosa che si faceva quando le altre tre cose non erano disponibili.

Bill Bryson

Sei stupida, sei ignorante, sei snob, sei anoressica e sei cocainomane. Se fossi anche bella potresti fare la modella.

Paolo Burini

C'è il figlio del benzinaio che si droga. Lo vogliamo aiutare? Vogliamo dargli della droga?

Alex Drastico (Antonio Albanese)

Aids. L'importante è mettersi il preservativo prima di scambiarsi la siringa.
PAOLO CANANZI

In discoteca mi hanno offerto una pasticca strana, l'ho presa mandandola giù con del whisky. La mattina dopo i buttafuori mi hanno trovato svenuto sul soffitto.
GIOVANNI CELLINI

Il libro sui Beatles che sto leggendo mi ha quasi convinto a farmi un acido: credo che non leggerò mai libri sui Queen.
EZIO CIUSPIONT

Mi sono avvicinato a un drogato e gli ho chiesto: «Cosa c'è di così speciale nella cocaina che la fa diventare così meravigliosa?».
E lui mi ha detto: «Intensifica la tua personalità». Allora gli ho risposto: «Sì, ma se sei uno stronzo?».
BILL COSBY

Massimo Giuliani era l'eccellente doppiatore di John Belushi. Quando si dice la sfiga: una carriera stroncata dagli eccessi di un altro.
LELLA COSTA

Prima di diventare un tossicodipendente avevo un sacco di problemi. Adesso ne ho solo uno: la droga. La droga ha messo la mia intera vita in prospettiva.
CECIL B. DEMENTED

La nazionale dei tossicomani e quella degli orfanelli si affronteranno in una partita il cui incasso sarà devoluto all'associazione dei cantanti che vogliono fare gli attori.
FABIO DI IORIO

Io non ho ancora capito se l'eritropoietina s'inietta o si prende in pillole e qual è il valore normale di ematocrito. Ma adesso basta parlare della Juve...
DIMUNNO E TAMBORRINO

Ascoltando *Perché lo fai*, canzone dedicata al dramma delle tossicodipendenze, il 70% degli intervistati ha dichiarato di avere cominciato a drogarsi all'uscita del primo disco di Masini, il 20% di avere cominciato all'uscita del secondo e solo il 10% ha ammesso di aver abbandonato le droghe pesanti e di essersi convertito all'uso dei dischi di Masini, notizia che ha provocato vivo allarme in tutte le comunità di recupero.

Dario Durium

Ciao sono Epifanio, un buongiorno a voi e un buongiorno a me. Ciao, miao, bao. Mi è stato detto che gli innamorati, i veri innamorati, inventano con lo sguardo le loro verità. Forse, ma fooorse, ma fooorse... Così ho folgorato la mia donna. Era un giorno nel parco, un parco bellissimo. Un parco di una grande città. Tanta gente, bambini, giovanotti, vecchiettini e tutti parlavano tra di loro. E parlavano anche con me. Uno mi ha chiesto un cucchiaino, uno cento lire, uno una spada e uno un limone. E io gli ho detto: «Ma simpaticissimo, cosa te ne fai di un limone?» «Eh, devo farmi una pera». E io gli ho detto: «Ma cosa sei, un mago?». Ciao, miao, bao.

Epifanio (Antonio Albanese)

In California ho scoperto tutto della droga. Prima non ne sapevo niente, non avendo frequentato il college.

Russ Fisher

L'altro giorno stavo sentendo un cd di Jimi Hendrix e mi ritrovo a pensare: «L'audio su questo cd è così pulito che puoi davvero sentire l'ago entrargli nelle vene».

Shang Forbes

Un fan dei Red Hot Chili Peppers ha regalato al gruppo un bellissimo cane che però, dopo una settimana, si è dileguato mettendo in ansia tutti. In realtà il cane era solo andato alla polizia a chiedere di essere arruolato nell'unità cinofila antidroga per avere a che fare con sostanze un po' più leggere.

Mister Forest (Michele Foresta)

Si sta come d'autunno
sotto gli alberi
le siringhe.

Claudio Gasparini

I ragazzi dell'85 sono strani. Ne ho visti alcuni rubare la droga per comprarsi un'autoradio.

Gino&Michele

È bene diffidare dei marocchini che propongono l'acquisto di un sonar perché sicuramente è stato

rubato da un tossicodipendente a un sommergibile.
GENE GNOCCHI

Di' no alla droga. Così i prezzi si abbassano.
GEECHY GUY

L'ecstasy è una droga così potente che fa pensare ai bianchi di saper ballare.
LENNY HENRY

Se credete che dalla droga non sia mai venuto niente di buono, andate a casa e bruciate tutti gli album e le cassette perché tutti quegli artisti erano belli fatti quando li hanno incisi. Pensate un po' che i Beatles erano così sconvolti che hanno perfino lasciato cantare a Ringo un paio di canzoni.
BILL HICKS

«Hai sentito che i socialisti vogliono dare l'eroina gratis ai tossicomani?» «Uff, quelli! Figurati che ai miei tempi volevano dare la terra gratis ai contadini».
GIOVANNI KAREN

Da oggi sono a dieta: basta con le droghe pesanti!
LARSEN (MARCO DELLA NOCE)

«L'erba del vicino è sempre più verde.» «Si vede che l'ha essiccata male».
LARSEN (MARCO DELLA NOCE)

Ho letto un'intervista a Keith Richards, in cui diceva che i ragazzini non dovrebbero farsi. «Keith, non possiamo, perché te la sei fatta tutta tu! Dobbiamo aspettare che tu muoia e fumarci le tue ceneri.»
DENIS LEARY

Solo in America un tizio poteva inventare il crack. Solo in America ci può essere una persona per cui la cocaina non era abbastanza, sapete?
DENIS LEARY

È la stagione delle allergie. La situazione è così grave e diffusa che qui a New York gli spacciatori di crack hanno iniziato a vendere antistaminici.
DAVID LETTERMAN

Non mi drogo perché ho visto gli effetti devastanti sui miei amici... Nel senso che io mi facevo una canna e loro mi apparivano lunghi, distorti e mostruosi.

Wendy Liebman

Gli ambientalisti vogliono che le foreste rimangano dove sono, così possono coltivare marijuana senza essere sorpresi.

Rush Limbaugh

Il re della droga Amado Carillo Fuentes è morto in seguito a un intervento di liposuzione e chirurgia plastica durato nove ore. O, come si dice comunemente qui a Beverly Hills, per "cause naturali".

Bill Maher

Paolo Rossi: «Ho perso un chilo!»
Gialappa's: «Sei dimagrito?»
Paolo Rossi: «No, mi han scoperto la roba!»

Mai dire gol

Sarà intensificata la vigilanza davanti alle scuole per impedire che venga regalata droga ai bambini. Se un bambino vuole la droga, che la compri.

Boris Makaresko

«Se non mi dai la catenina ti buco con la siringa infetta.» «Pungimi pure tanto ho il preservativo in tasca.»

Marisa Miritello

È notte.
Un gufo mi guarda.
La luna sorride.
Le stelle mi parlano
e le nuvole creano
disegni di ogni tipo...
Devo smettere di farmi le canne.

Flavio Oreglio

Noi nella mia famiglia lavoriamo tutti. Da generazioni. Mio nonno ha fatto il capannone piccolo, mio padre il capannone grande, io il capannone grandissimo.
Mio figlio si droga.

Perego (Antonio Albanese)

Sono contrario alla liberalizzazione delle droghe: odio dividere le mie cose con altri!

Riccardo Piferi

Un camionista viene fermato alla frontiera olandese. Il doganiere gli chiede: «Trasporta materiale pornografico?» «No.» «Trasporta

esplosivi?» «No.» «Trasporta droga, ecstasy o allucinogeni?» «Certo che no!» «Ne vuole un po'?.»
UMBERTO PROIA

L'unico insegnamento che possiamo trasmettere noi vecchi alle nuove generazioni riguarda gli errori che abbiamo commesso. Perciò vi dico: ragazzi, lasciate perdere le droghe, vi faranno perdere un sacco di tempo che potreste dedicare più proficuamente al sesso. Io nella mia vita mi sono fatto tre canne e non mi sono mai perdonato quelle cinque ore tolte così insulsamente all'autoerotismo.
PIETRO RICCARDI

C'è troppa droga in giro, ma è perché i poliziotti sono incapaci... Continuano a dire: «Cerchiamo la droga. Ma è difficile trovarla». Se i poliziotti non riescono a trovare la droga ma uno studente quattordicenne non ha problemi, cosa vi dice tutto questo?
CHRIS ROCK

Per quelli che sono nati nel posto dove sono nata io, le alternative sono: l'alcool, la droga, il furto e la prostituzione. Siccome ero portata un po' per tutto e non sapevo cosa scegliere, ho deciso di fare l'attrice comica, che è il riassunto di tutte e quattro le cose.
MARIA ROSSI

Oh Italia! Italia! Ti ricordi, una volta si diceva: «O si fa l'Italia o si muore»? Oggi muore solo chi si fa.
PAOLO ROSSI

Io e il mio gruppo siamo molto sensibilizzati al problema della droga... Troppo poca e troppo cara!
FRANCESCO SALVI

Titolo di un giornale: "Drogata, stuprata e costretta a tenere all'Inter".
FRANCESCO SALVI

Spaccio fuori dalle scuole perché dentro c'è un ambiente che non mi piace.
MAURIZIO SANGALLI

Ci siamo ribellati, abbiamo sognato, e siamo stati sconfitti. Qualcuno di noi è diventato tossicodipendente, qualcuno terrorista, qualcuno è

morto. Io sono andato via per fare il giornalista.
MICHELE SANTORO

C'hai la coca?
No cucina la mi mamma.
SCRITTA SU UN MURO DI PONTEDERA

Quando ci troviamo davanti, io e la cocaina, è lei che si eccita.
VITTORIO SGARBI

Droga. Posso sia prenderla che non prenderla. Mi fa molto più effetto se la prendo.
RONNIE SHAKES

Non fatevi con le siringhe infette. Fatevi con siringhe intere.
I SOLITI IGNOTI

Il vizio più costoso nel mondo non è l'eroina ma la celluloide, e io ho bisogno di una dose ogni due anni.
STEVEN SPIELBERG

Una pasticca di acido costa cinque dollari e ci consente di ascoltare la *Sinfonia Universale* con Dio che canta un assolo e lo Spirito Santo che suona la batteria.
HUNTER STOCKTON THOMPSON

«Quando inviti una ragazza a casa tua, falle sempre trovare una bottiglia di champagne in frigo, una canna pronta e un compact sul piatto.» «E con queste cose la ragazza ci sta?» «A volte sì, a volte no. Però se non ci sta, hai lo champagne, hai la canna, hai la musica, ma che cazzo te ne frega?»
DADO TEDESCHI

Sono in rete le foto in cui si vede Kate Moss che sniffa. Lei si è detta profondamente pentita, ha lasciato il fidanzato, si è scusata con l'opinione pubblica e si è subito fatta ricoverare in una clinica per bugiardi.
MARCO VICARI

Ho sempre pensato che la realtà sia fatta per quel genere di persone che non sanno affrontare le droghe.
TOM WAITS

La cocaina è il modo che usa Dio per dirti che stai facendo troppi soldi.
ROBIN WILLIAMS

Poi è venuta la marijuana. Quando fumi la marijuana poi vuoi correre

in macchina. Il vento ti scompiglia i capelli e il finestrino non è neanche aperto! E quando ti ferma un poliziotto, tu mangi tutto quello che c'è nel posacenere, poi ripassi la frase da dire: «C'è qualche problema, agente? C'è qualche problema, agente?». E quando lui ti si avvicina, gli dici: «Da wagga yagababa gagana waka waka?».
ROBIN WILLIAMS

Mi hanno installato una vecchia versione di Word, Word 68. Ha un solo difetto, si fa le canne.
LUCIO WILSON

I sollevatori di pesi adesso prendono steroidi e il testosterone, l'ormone maschile. Un tizio si era imbottito di così tanto ormone maschile che ha dovuto essere registrato come una tedesca dell'Est.
CARI WOLFSON

Tutti gli dicevano: «Non prendere caramelle dagli sconosciuti!». Allora lui le prendeva solo da quelli conosciuti. Un giorno ha preso una caramella da Mick Jagger ed è morto.
STEFANO ZACCARELLA

DROMEDARIO
vedi ***Cammello***

DUBBIO

I grandi dubbi.
Rubare ai socialisti è reato?
ANGESE

«Ci ho riflettuto a lungo ma alla fine la mia decisione è presa. Alla vostra proposta rispondo con un "forse" definitivo.»
ANONIMO

Mio padre era talmente distratto che, quando andai da lui per dirgli che ero incinta, mi rispose: «Sei sicura che sia tuo?».
ANONIMO

Se vostra moglie vi chiama «grosso stronzo», forse non è sufficiente mettersi a dieta.
MAURIZIO AVANZI

Il dubbio più serio mai gettato sull'autenticità dei miracoli biblici

è il fatto che la maggioranza dei loro testimoni erano pescatori.
ARTHUR BINSTEAD

Ho inventato uno spray per gli scarafaggi. Non li uccide, ma fa venire loro dei dubbi sul fatto se sono nella casa giusta.
GEORGE CARLIN

Ho cominciato a dubitare del comunismo quando ho visto che i giapponesi non lo fotografavano.
IVAN DELLA MEA

La destra: e se avesse ragione lei?
IVAN DELLA MEA

Le nostre idee non moriranno quasi mai.
ELLEKAPPA

Bill Cosby: «Credi nella vita dopo la morte?»
Groucho: «Da come sta andando quest'intervista, dubito della vita prima della morte».
GROUCHO MARX, DURANTE UN INCONTRO CON BILL COSBY. GROUCHO AVEVA 82 ANNI.

Quel chirurgo non mi convince. Va bene togliermi in un solo intervento tonsille e appendicite. Ma dalla stessa incisione no, per favore!
BORIS MAKARESKO

Chissà perché la natura ha fatto sì che tutti i grandi fiumi attraversino delle grandi città.
HENRI MONNIER

«Mi ami?» «Sì.» «Davvero?» «Sì.» «Davvero davvero?» «Sì.» «Davvero, davvero davvero?» «Non lo so.»
PEANUTS

Signore, se c'è un Signore, salvate la mia anima, se ho un'anima.
EMEST RENAN

L'altro giorno non riuscivo a capire se sbadigliavo per il sonno o per la fame. E così, nel dubbio, mi son mangiato un cuscino.
ANTONIO RICCI

Ho sempre avuto dei dubbi sull'amore di gruppo... Cosa dicono alla fine? «Scusate, è stato bello per qualcuno?»
RITA RUDNER

Ci scrive un maiale da Parma: «Sono tutto rosa, tenero e con un filo di grasso e mi guardo tutto il giorno allo speck. Ora mi viene un dubbio. Non starò mica diventando un culatello!».

FRANCESCO SALVI

Ho avuto seri dubbi sulla qualità della mia auto quando ho visto uno scarabeo stercorario che mi voleva aiutare a spingerla.

SALVO SPOTO

«Sei un maschio insicuro.» «No, è che non sono sicuro di essere un maschio!»

FRANCESCO VANDETTA

L'altro giorno guardavo una lumaca e ho pensato: «Che fortunate le lumache, nascono già con una casa». Questa cosa mi ha fatto venire in mente la teoria dell'evoluzione della specie e mi è venuto un dubbio. Se questa storia dell'evoluzione della specie fosse vera, dovrebbero esistere anche le lumache a schiera.

MIRCO ZILIO

DUE DI PICCHE

Le ragazze in discoteca hanno sempre dei modi delicati per scoraggiarti. Ho chiesto a una tipa l'altra sera: «Vorresti ballare con me?». E lei: «Oh, no, sto aspettando che me lo chieda qualcuno di umano».

FRANKLYN AJAYE

«Andiamo da te o da me?» «Tutte e due. Io vado da me e tu vai da te.»

BASTARDIDENTRO

Nucleo: «Anche per me con le tipe è un momentaccio.»
Capsula: «Cosa ti è successo?»
Nucleo: «Gina la Fionda mi ha rifilato l'ennesimo sei di picche!»
Capsula: «Sopracciglio tagliato male, al massimo è il due di picche.»
Nucleo: «Ho capito, ma lei è la terza volta che mi rimbalza e a casa mia due per tre fa sei!»

PALI E DISPARI

Era talmente brutto che quando si fermava da una prostituta per strada, quella gli diceva che stava venendo a prenderla suo marito.

MARINO FABBRI

Con le donne la mia fortuna è altalenante: la nonna di un mio coetaneo mi ha concesso un appuntamento a cena, la Parietti mi ha mandato affanculo.
EGIDIO MORRETTI

Io sono stato rifiutato da donne talmente diverse che ho capito il concetto di "rifiuto differenziato" molto prima della nettezza urbana.
DADO TEDESCHI

DUEMILA
vedi **Anni**

E

EBREO

Quali sono i cinque libri più corti del mondo? *Deontologia commerciale ebrea*, *Eroi di guerra italiani*, *Storia completa dell'umorismo tedesco*, *Grandi amatori inglesi*, *Who's Who a Portorico*.
ANONIMO

Dio è come un cameriere ebreo: ha troppi tavoli.
MEL BROOKS

Il più famoso degli ebrei si chiamava Mosè e viveva nella prima par-

te della Bibbia. Fu lui a ricevere il catalogo sul monte Sinai.
JEAN CHARLES

Tutte le religioni hanno lo stesso scopo: andare in paradiso. Tutte hanno il loro modo per arrivarci. Credo che in qualche modo si possa risolvere la questione. Cioè se sei cattolico e vuoi andare in paradiso, non devi fare del sesso, a meno che tu non sia sposato. Se sei ebreo e vuoi andare in paradiso, non devi mangiare carne di maiale. E allora, se proprio devi fare una scelta...
BOB DUBAC

«Come mai la tua squadra ha perso? Ha giocato male?» «No, è stata colpa degli ebrei, dei meridionali e di quella troia della moglie dell'arbitro!»
ELLEKAPPA

«È morto il rabbino Finklestein, che il Signore lo abbia in gloria. Tu vai ai suoi funerali?» «Non lo so ancora. Ma lui verrà ai miei?»
FERRUCCIO FÖLKEL

Psichiatra origine ebraica, ironico, laconico, dicotomico, rare manifestazioni sadomasochiste, cerca anima gemella con cui discutere filatelia et sesso orale. Respinte offerte da nazioni blocco sovietico.
FERRUCCIO FÖLKEL

Succede una disgrazia a casa Blumenfeld. Si gioca a poker in cinque, quando il vecchio Cohen ha un infarto e muore senza aver ripreso conoscenza. Dice Blumenfeld a Weiss: «E adesso che cosa facciamo?» «Togliamo i sei» risponde Weiss.
FERRUCCIO FÖLKEL

Due ebrei discutono di bagni. «Io faccio due bagni all'anno», dice uno, «che ne abbia bisogno o no.»
SIGMUND FREUD

L'Irlanda è l'unico Paese che non ha mai perseguitato gli ebrei perché non li ha mai fatti entrare.
JAMES JOYCE

Quel ragazzo aveva dei pantaloni così stretti che non solo si distingueva il sesso, ma anche la religione.
BRUNO LAUZI

New York. Un funerale ebraico nel Lower East Side. Lo sparuto e silente corteo funebre passa sotto le finestre dell'ultimo quotidiano yiddish che esce ancora nella Grande Mela. Uno dei tre giornalisti che compongono la redazione osserva la scena, e poi, appena il feretro è svoltato dietro l'angolo, si gira verso il tipografo e dice: «Ehi, Mottel, stampane uno in meno!».

Citata da Elena Loewenthal

Vengo da una famiglia di zingari, ma quando avevo cinque mesi sono stato rapito da una famiglia di commercialisti ebrei.

Dick Lord

Ho un altro amico, mezzo polacco e mezzo ebreo: è un lavascale, ma possiede il palazzo.

Jackie Mason

Ho un amico, metà ebreo, metà italiano. Se non può comperare qualcosa all'ingrosso, lo ruba.

Jackie Mason

Mosè cercava il popolo eletto. Si rivolse agli Ebrei dicendo: «Vi piacerebbe essere il popolo eletto?» «Certo sarebbe bellissimo.» «Però, dovete accettare un comandamento.» «Quanto costa?» «Niente.» «Allora daccene dieci.»

Playboy

Max: «Ho speso tutta la mia vita nel teatro. Ero un protégé del grande Boris Tomaschevski. Mi ha insegnato tutto quello che so. Non mi dimenticherò mai, sul letto di morte s'è girato verso di me e mi ha detto: «Maxella, alle meschen muss zu machen, jeden tug a gantzen kachen!»
Suora: «Cosa significa?»
Max: «E chi lo sa? Non parlo yiddish. E stranamente, nemmeno lui.»

The Producers

Il nostro rabbino è così povero che, se non digiunasse al lunedì e al giovedì, morirebbe di fame.

Proverbio ebraico

Sono ebrea e non faccio ginnastica. Se Dio avesse voluto che ci piegassimo, avrebbe sparpagliato diamanti sul pavimento.

Joan Rivers

Non incontrerai mai la persona perfetta. Il tempismo è sempre sballato. Tu sei sposato, lei è single. Tu sei ebreo, lei è palestinese. Uno è un messicano, uno è un procione. Uno è un uomo di colore, uno è una donna di colore. Insomma, c'è sempre qualcosa.

Chris Rock

Ho trovato una letterina a Babbo Natale che ho scritto quando ero bambino e mia mamma ha conservato... Ve la voglio leggere perché penso sia carina: "Caro Babbo Natale, quest'anno non ti scrivo questa lettera per chiederti un dono. Lo so che tu non me ne porterai nessuno perché io sono un ebreo. La tua apparente mancanza di considerazione per la comunità ebraica è solo un'emanazione della tua politica razzista di non riconoscimento dello stato di Israele... Spero che la tua slitta venga tranciata da un DC-10, che tu ti schianti sulle Ande e che debba mangiare le tue renne per sopravvivere, grasso bastardo nazista".

Gregg Rogell

Un anziano ebreo viene investito da un'auto, arriva subito un prete che si inginocchia su di lui per somministrargli l'estrema unzione: «Credi in Dio Padre, Figlio e Spirito Santo?». Il vecchio salta su e urla: «Io sono qui che sto morendo e questo mi fa gli indovinelli».

Citata da Leo Rosten

Non riuscirò mai a capire perché i soldi siano tanto attaccati agli ebrei.

Francesco Vespa

Berlusconi ha garantito sulla democraticità della Mussolini. La Mussolini, che infatti, più di una volta ha salvato numerosi ebrei da un destino tragico. Li ha portati fuori dalla sala prima che iniziasse un suo film.

Marco Vicari

Freud era austriaco e anche ebreo. Infatti si odiava da solo.

Lucio Wilson

ECCITAZIONE

Riuscivo a eccitarmi soltanto guardando la radiografia di una prostata. Ma, credetemi, non ero felice. La radiografia di una prostata non può sostituire l'amore vero... No, neanche se è nitida.

CLAUDIO BISIO-ROCCO TANICA

Noi non possiamo neppure immaginarci un mondo senza porno. Eppure, una volta era diverso. Mio nonno, per esempio, mi diceva che lui per eccitarsi doveva andare a sdraiarsi in un prato e aspettare che arrivasse una nuvola a forma di tetta.

ADAM CAROLLA

«Pensa se Fester tornasse mezzo morto, una carcassa in decomposizione.» «Non eccitarmi...»

LA FAMIGLIA ADDAMS

In preda alla passione volevamo far l'amore sulla neve. Subito le tolgo le scarpe e le butto giù dal burrone; le sue calze me le mangio per l'eccitazione; le sfilo il collant, le strappo il reggicalze, le strappo la giarrettiera, le strappo le mutande... Poi le ho tolto anche il giubbotto sennò sembrava un Mottarello.

POTATO (ALESSANDRO BRUNELLO)

Il punto G non esiste! L'abbiamo inventato noi per trattenerli, hai visto mai che arrivano a dieci minuti?

GIULIA RICCIARDI

ECOLOGIA *(Verdi - WWF)*

Cartello per ecologi militanti: "Non datevi da mangiare agli animali".

STEFANO BENNI

Ho smesso di comperare cibo naturale quando ho scoperto che l'80% della popolazione muore di cause naturali.

MILTON BERLE

Salva gli alberi, mangia un castoro.

BUMPER STICKER

L'ecologista dice che a causa dell'effetto serra il panda non si riproduce. Ascolta: tutto questo casino per il panda che non si riproduce? Ne parlano i giornali, le tv, i documentari...

E quando non trombavo io non gliene fregava niente a nessuno, nemmeno un articolo nella cronaca di Pisa!
MARCO CACINI

L'ecologista dice: «Tu sei incosciente! Non pensi che a causa dell'effetto serra sta scomparendo il cormorano dell'Antartide!». E allora? L'hai mai mangiato il cormorano? È stopposo. Se spariva il pollo era peggio, quando vai al mercato cosa dici: «Mi dia un cormorano con due patatine fritte?».
MARCO CACINI

La Microsoft di Bill Gates ha respinto l'accusa di essere un'azienda monopolista senza cuore. Lo stesso Bill Gates ha annunciato: «Per dimostrare che noi pensiamo anche alla natura abbiamo lanciato una nuova campagna: "Compra una copia di Windows 98 e salva gli orsi bruni". La cosa funzionerà così: per ogni copia di Windows rimasta invenduta abbatteremo un orso bruno. Se amate questi animali vi conviene comprare i nostri prodotti.»
GIOVANNI CELLINI

Certi Verdi, invece di battersi per l'ambiente, lottano contro la disoccupazione.
La propria.
ADRIANO CICCIONI

Raffaella Carrà debuttò in teatro nella commedia: *Del vento tra i rami del sassofrasso*. Nonostante la parte non fosse delle più facili (il sassofrasso è un albero a largo tronco e le cosce della giovanissima Carrà non erano ancora quelle belle sequoie sulle quali in seguito tanti innamorati scolpiranno cuoricini) Raffaella se la cavò dignitosamente. Molti registi la notarono e l'Associazione Italia Nostra proclamò la sua regione pelvico femorale: "Zona di alto interesse ecologico". Cominciarono così le escursioni guidate (la visiteranno tra gli altri Frank Sinatra e Japino).
GINO&MICHELE

È vero che per diventare presidente di un'associazione ambientalista bisogna avere un nome in via d'estinzione, tipo Fulco, Ermete?
GIANLUCA IRTI

Stavo camminando per strada quando una signora mi si è avvicinata e, indicando la mia giacca in pelle, mi ha detto: «Lo sa che per fare quella giacca è stata uccisa una mucca?». Le ho risposto: «Cavoli, non sapevo ci fossero dei testimoni. Vuol dire che adesso dovrò uccidere anche lei».

JAKE JOHANNSEN

Gli ambientalisti vogliono che le foreste rimangano dove sono, così possono coltivare marijuana senza essere sorpresi.

RUSH LIMBAUGH

Il cucciolo di tricheco che era stato abbandonato su una spiaggia dell'Alaska sta ricevendo le cure necessarie per tornare in buona salute. Il Wwf ha dichiarato che il piccolo tricheco dovrebbe rimettersi in forma giusto in tempo perché i nativi dell'Alaska possano ucciderlo a mazzate e scioglierlo per farne sapone.

MICHAEL LOOMIS

Sapete quanti poliesteri sono morti per fare questa camicia?

STEVE MARTIN

Sono grasso, non mi posso sdraiare sul bagnasciuga a prendere il sole, ogni volta che lo faccio ci sono due pirla di Greenpeace che mi vogliono ributtare in acqua!

DANIELE RACO

Ci sono degli scienziati, quelli seri, non quei drogati consulenti di Seattle, che hanno spiegato che non sono le industrie che inquinano, sono gli alberi che da cinquant'anni a questa parte lavorano meno, perché la natura, siccome è verde, è comunista e gli alberi non c'hanno più voglia di fare un cazzo.

PAOLO ROSSI

Credete che i verdi vadano in bicicletta per tenere pulita la città? Vi sbagliate: vanno in bicicletta per tenere pulita l'auto!

GABRIELLA RUISI

ECONOMIA

«Cos'è una joint-venture?» «Una società a capitale misto. Per esempio

noi mettiamo il gas e gli iracheni mettono gli iraniani»
ELLEKAPPA

Grazie! Grazie! Grazie! Forse non ci hai ancora pensato, ma sono proprio i tuoi acquisti, anche quelli più semplici, che fanno girare l'economia. È quando arrivi alla cassa che ti si ferma l'economia e cominciano a girarti i coglioni.
GIORGIO MELAZZI

Mia madre aveva il senso dell'economia sviluppato fino alla genialità: figuratevi, io mi chiamo Gastone. Ebbene, lei mi chiamava semplicemente Tone... per risparmiare il gas...
ETTORE PETROLINI

Da quando è entrato in vigore l'euro c'è talmente tanta crisi che la mafia ha dovuto licenziare tre politici.
FRANCESCO RIZZUTO

Se tutti gli economisti del mondo si sdraiassero uno in fila all'altro, non raggiungerebbero una conclusione.
GEORGE BERNARD SHAW

Il Pil?
Cresce solo sulla testa di Berlusconi.
DARIO VERGASSOLA

EDITORE *(Editoria)*

Agostini-Larousse è orgogliosa di presentare un'iniziativa editoriale senza precedenti: il *Nuovo Dizionario Italiano-Francese Sbagliato*. Oltre 100.000 voci errate, 2.200 illustrazioni incomprensibili, appendice di neologismi a casaccio. *Nuovo Dizionario Italiano-Francese Sbagliato*. Il piacere di chiedere l'ora e vedersi consegnare due etti di bresaola.
CLAUDIO BISIO

Lei è già un classico. Noi pubblichiamo autori contemporanei.
VALENTINO BOMPIANI, LETTERA DI RIFIUTO EDITORIALE

Editoria. Da guerre intestine, giornali di merda.
MASSIMO BUCCHI

Molti editori sono scrittori falliti.
THOMAS S. ELIOT

La Fratelli Fabbri Editore ha iniziato a pubblicare un corso a dispense per poter potenziare la memoria; con il primo fascicolo ti regalano il secondo. Io li ho comprati, li ho studiati e mi sono dimenticato di comprare il terzo.

Bruno Gambarotta

L'editore è una persona impiegata in un giornale, il cui lavoro è separare la crema dal fango e far stampare il fango.

Bob Phillips

Editore: colui che separa il grano dalle sterpaglie e stampa le sterpaglie.

Adlai Stevenson

EDITORIA

vedi ***Editore***

EDUCAZIONE

vedi ***Buone maniere***

EDUCAZIONE SESSUALE

Era una ragazza molto ingenua. Figuratevi che dopo aver eseguito un corso di educazione sessuale, passò mesi e mesi a chiedersi da che parte uscisse la cicogna.

Valerio Peretti Cucchi - Mario Zucca

Reputo mia madre responsabile della mia scarsa attività sessuale. Tutto quello che mi disse da ragazza era: «L'uomo sopra e la donna sotto». Per tre anni io e mio marito abbiamo dormito in un letto a castello!

Joan Rivers

Credevo che l'educazione sessuale consistesse nel dire «grazie» al ginecologo.

Slogan dello Jàgermeister

EGITTO

(Faraone – Piramide - Mummia)

Mia moglie è sconvolta. Ha scoperto che nella tomba, sulla quale tante volte si è raccolta in preghiera, non è sepolto suo padre, ma il faraone

Cheope. «Adesso si spiega», dice tra i singhiozzi, «la continua presenza di tutti quei turisti.»
ROMANO BERTOLA

Io la guardo la tivù: ad esempio, l'altro giorno ho visto una puntata di *Quark*, in cui Ramses II presentava un documentario su Piero Angela!
ANTONIO DE LUCA

Ma lo shock più grande c'è stato quando mia madre ha visto per la prima volta una mummia. Ha detto: «Franco, oh Franco, che brutto incidente ha avuto per avere tutte quelle garze! Scommetto che viaggiava in moto!» «Mamma, ma questa è morta duemila anni fa!». E lei: «E già c'erano le moto?».
FRANCO NERI

La forma appuntita delle piramidi sta inequivocabilmente a dimostrare che, ieri come oggi, man mano che il tempo passava, gli operai tendevano a lavorare sempre meno.
GIANNI PALLADINO

EGOCENTRICO
vedi **Presuntuoso**

EGOISMO

C'è un egoismo in giro che fa paura! Avete presente quelli che al cinema appoggiano la giacca sul sedile di fianco, per tenere il posto agli amici? Una volta in un cinema ho seguito una pista di vestiti: giacca, camicia, cravatta, pantaloni, mutande, orologio, bancomat... E alla fine c'era uno completamente nudo che mi ha detto: «Stanno arrivando, siamo un gruppo di dodici!».
BRUNELLA ANDREOLI

Quando la scienza scoprirà il centro dell'universo, un sacco di gente sarà delusa nell'apprendere che non si tratta di loro.
BERNARD BAILEY

Non arriverà mai in cima. È troppo occupato a non far salire chi gli sta sotto.
DINO BASILI

Il miglior numero di persone per una cena è due, io e un capo cameriere dannatamente bravo.
Nubar Gulbenkian

EIACULAZIONE

La mia ragazza mi ha lasciato perché abbiamo litigato. Ha detto che, quando si tratta di fare l'amore, sono troppo avido. No, non ha detto proprio così. Ha detto: «Perfino le uova ci mettono tre minuti!».
Alan Bursky

Sono andato a un meeting di eiaculatori precoci. Me ne sono andato prima della fine.
Red Buttons

Per un eiaculatore precoce andare in un albergo "a ore" è pura presunzione?
Paolo Cananzi

Ricerche scientifiche recenti ci dimostrano che una percentuale altissima di uomini durante il rapporto sessuale dura al massimo tre minuti. Anche un pezzo comico televisivo dura in media tre minuti. In entrambi i casi è quasi certa la risata.
Giovanna Donini

Sono un eiaculatore precoce, molto precoce. Una volta, dopo che mi ero scopato una tipa in treno, il controllore mi ha fatto pagare il supplemento rapido.
Furio Ombri

Venne il momento del sesso vero e delle tecniche sempre più raffinate per farlo durare il tempo giusto. All'inizio usavo le tabelline, quella del due, del quattro, dell'otto. Più avanti la formazione della grande Inter. Sulla dirittura d'arrivo, quando sentivo che il mio tempo stava per scadere, cominciavo a sgranare i nomi: Sarti, Burgnich, Facchetti, Bedin... Riuscivo a prolungare di un po', poi, però, arrivato a Jair, quasi sempre succedeva l'irreparabile.
Paolo Rossi

Chi si ferma... è venuto!
Federico Salvatore

Col mio primo marito, era come un'edizione straordinaria del telegiornale, breve, inaspettata e, in generale, un disastro.
SOAP

ELEFANTE

Recentemente ho compiuto 50 anni, che è un'età giovane per un albero, media per un elefante e avanzata per un jogger il cui figlio dice: «Papà, non vengo più a correre con te a meno che non mi porti qualcosa da leggere!».
BILL COSBY

Io posso sollevare un elefante con una mano sola. Ma dove lo trovo un elefante con una mano sola?
LEOPOLD FETCHNER

Le donne per me sono come gli elefanti: belle da guardare, ma non ne vorrei mai una mia!
W.C. FIELDS

Contrariamente a certe credenze popolari, l'animale più pericoloso non è il leone, la tigre o l'elefante. L'animale più pericoloso è lo squalo che cavalca un elefante, perché calpesta e mangia tutto quello che vede.
JACK HANDEY

Un uomo dall'aria depressa è seduto al ristorante. «Cosa c'è che non va?» gli chiede il cameriere. «Il mio lavoro. Io sono quello che spala via la merda degli elefanti al circo. Tonnellate di merda, ogni giorno, non lo sopporto!» «Ma perché non se ne va?» «Bravo, e lasciare così il mondo dello spettacolo?»
GOLDIE IVENER

È tardi, è tardi. Poi manca sempre la pentola per bollire l'elefante.
MARCELLO MARCHESI

Maurizio Costanzo che fa la pubblicità alle camicie è come un elefante che fa pubblicità ai collari per cani.
EGIDIO MORRETTI

Quando gli elefanti combattono è sempre l'erba a rimanere schiacciata.
PROVERBIO AFRICANO

A che serve a un elefante avere un castello se non ha le braccia per misurarlo?
Roland Topor

Non acquistate mai un elefante cocainomane.
Mirco Zilio

ELEGANZA

«Tota, mettiti elegante che ti porto fuori.» «Ma no, non fa niente, ci guardiamo la televisione in casa.» «Tota, oggi è il tuo compleanno e ti voglio portare fuori.» «Va bene, Rocco.» «E perciò, tu prendi la prolunga che il televisore lo porto io sul balcone.»
Rocco Barbaro

Non capisco più la moda. L'altro weekend ho visto il figlio del mio vicino salire in macchina con addosso una camicia macramé, una bandana in testa, una felpa e un paio di stivali con gli speroni. Mi ha detto: «Vado a un matrimonio.» Gli ho risposto: «E vai a un matrimonio vestito così?». E lui: «Devo. È molto formale».
Norm Crosby

Niente ti sta meglio di niente.
Maurice Donnay

Dini è bruttissimo. Dice, sì ma si veste bene. Porca puttana, brutto com'è ci mancherebbe altro che si vestisse male.
Paolo Hendel

Lo stilista Giorgio Armani ha confessato la settimana scorsa di aver dato mazzette alla Finanza Italiana. La condanna è stata di sei mesi, nei quali deve indossare scarpe marroni con un vestito blu.
Norm MacDonald

Se non puoi essere elegante sii almeno stravagante.
Moschino

Sono certo che si fa stirare anche le stringhe delle scarpe.
David Niven, parlando di Cary Grant

ELETTORE

vedi ***Elezioni***

ELETTRICITÀ
vedi ***Luce***

ELETTRODOMESTICI
(Elettronica)

Il Super Bass-O-Matic trita, frulla, affetta, impasta, sminuzza, taglia, amalgama, mescola, spezzetta più veloce di quanto voi riusciate a dirlo.
DAN AYKROYD

Ho comperato un nuovo tostapane. Ho aperto la scatola e sono saltate fuori le istruzioni per fare i toast. La mia idea è che se non sai come fare un toast, non dovresti fare nulla con l'elettricità. Dovresti solo mettere una fetta di pane su una roccia e pregare per una giornata di sole.
EILEEN BUDD

Ho bisogno di un consiglio: per il mio impianto mi serve un equalizzatore hi fi Hertz 9000 midi micro joystick 4-66 stereo 220 v Ibm compatibile megabass dolby 300 AB matrice digitale THX surround ultra stereo quadrifonico 7/4500 DDD a modulazione di frequenza AM/FM noise filter laser disc player AV /aux tuner MPX filter naturalmente VHS. Il consiglio non è dove trovarlo, ma vorrei che mi indicaste un negozio che non chiuda prima che finisca di dire quello che mi serve.
FRANCESCO SALVI

Avere un bambino di due anni è come avere un frullatore, però senza coperchio.
JERRY SEINFELD

Ho un caminetto a microonde. Può fare il caldo per una sera in otto minuti.
STEVEN WRIGHT

ELETTRONICA
vedi ***Elettrodomestici***

ELEZIONI
(Elettore - Referendum)

A chiunque sia in grado di farsi eleggere Presidente, non dovrebbe

essere consentito in alcun modo di fare quel lavoro.
DOUGLAS ADAMS

Io ho votato la Lega per protesta: non sopporto di essere meridionale.
ALBERT

Adoro i referendum: si vota ma non si elegge nessuno.
ALTAN

In politica c'è così tanta confusione che ci sono candidati che non sanno per chi votare.
GIANNI AUDISIO

La differenza fra una democrazia e una dittatura è che in una democrazia prima voti e poi prendi ordini; in una dittatura non devi perdere tempo a votare.
CHARLES BUKOWSKI

Compagni, alle elezioni provinciali di Caserta il Psdi è passato da due a tre consiglieri: la socialdemocrazia avanza e conquista il mondo.
FILIPPO CARIA, PRESIDENTE DEPUTATI PSDI

Ti voterò ma solo se vincerai.
RAFFAELLO FRANCHINI

Emilio Fede quando si è presentato alle elezioni per il Psdi ha preso cinque voti. In famiglia sono in sei: sta ancora cercando il franco tiratore.
BEPPE GRILLO

Non sono andato a votare e mi vergogno. L'ho fatto per protesta. Ma poi ho scoperto che si dividono anche i voti degli assenti e anche le nulle, sì quelle schede su cui scrivono "vaffanculo". Si sono divisi anche "l'affanculo": 30% alla Dc, 17% al Pds eccetera.
BEPPE GRILLO

I referendum abrogativi. Dove per dire sì devi votare no. E per dire no devi votare sì. Come uno che va a sposarsi e il prete dice: «La vuoi mandare a cagare?» «No». «Allora vi dichiaro marito e moglie».
BEPPE GRILLO

Se i partiti non rappresentano più gli elettori, cambiamoli questi benedetti elettori.
CORRADO GUZZANTI

Ecco alcuni dati interessanti delle elezioni americane: undici stati hanno votato contro i matrimoni gay; tre stati hanno votato contro il pattinaggio artistico maschile.

DAVID LETTERMAN

... Era un periodo in cui al Tg1 dovevamo iniziare con una notizia di politica e mi ricordo che, pur di farlo, una volta abbiamo aperto con le elezioni nella Corea del Nord. Ma a chi volete che interessassero le elezioni in Corea del Nord? Nemmeno al Tg della Corea ci hanno aperto con quella notizia!

ENRICO MENTANA

Ieri sono andato al carcere di Brindisi e ho dichiarato: «Sono quell'italiano evaso due anni fa dal carcere di San Vittore». Loro hanno accertato che non era vero e mi hanno arrestato. Il Partito dei pensionati mi ha messo in lista per le Europee.

MAURIZIO MILANI

I Democratici sono il partito che dice che il governo ti farà più intelligente, più alto, più ricco e che toglierà le ortiche dal tuo giardino. I Repubblicani sono il partito che dice che il governo non funziona, si fanno eleggere e lo dimostrano.

P.J. O'ROURKE

Per la mia campagna elettorale ho speso 400 milioni per poster, 330 milioni di spot in Tv, 150 in dépliant, 150 per cene e omaggi vari. Se non vengo eletto sono rovinato. Se invece vengo eletto siete rovinati voi.

PASSEPARTOUT

"Il fumo uccide". Questa scritta è presente su tutti i pacchetti di sigarette. Per lo stesso criterio su tutte le schede elettorali, d'ora in avanti, sarà scritto: "Il governo ti incula".

ALBERTO PATRUCCO

Date il voto alle donne e, tempo cinque anni, ci ritroveremo una tassa sugli scapoli.

GEORGE BERNARD SHAW

Io ho fatto l'amore ovunque. Nell'ascensore, nella toilette di un treno, in macchina, in aereo, perfino in funivia. Ho davvero fatto l'amore ovunque, tranne che in una cabina elettorale. Lì l'ho sempre preso nel culo.

BEBO STORTI

Un cittadino americano attraversa un oceano per combattere per la sua patria, ma non attraversa la strada per andare a votare in un'elezione nazionale.

BILL VAUGHAN

ELICOTTERO

vedi ***Aereo***

EMAIL

vedi ***Posta***

EMOZIONE

I ricchi non conoscono una delle più grandi emozioni dell'intera vita, ossia quella che consiste nel pagare l'ultima rata.

ANONIMO

Ai tempi di Mani Pulite ho conosciuto Antonio Di Pietro. Ero così emozionato che non riuscivo a parlare. Neanche lui riusciva a parlare e non era neanche emozionato.

BEPPE BRAIDA

Il problema di molte donne è che si emozionano per un nonnulla. E poi lo sposano.

CHER

Quando sono stato a questo pranzo di gala con Nelson Mandela... ero così emozionato, così nervoso, che mi sono trovato a fare ciao con la mano a Stevie Wonder.

DANNY GLOVER

In confronto a questa cosa bella, artistica, morbida, poetica, che è l'orgasmo femminile, l'orgasmo maschile è una roba bestiale e ridicola. Vediamolo insieme con tanto di diagramma. Pronti? Via, partito. Per un bel po', niente, diagramma piatto... Non sale né scende. Striscia. Senza emozioni. Uno fa in tempo ad annoiarsi. Poi, all'improvviso, s'impenna: «Aaahhh!!!». E subito dopo, giù di schianto! Morto. Finito. Quando va bene. A volte finisce prima ancora di cominciare. Una schifezza. Poi si dice che c'è

incomprensione tra uomo e donna! Ma ringraziamo il cielo che non ci si spara addosso appena ci si vede da lontano!
PAOLO HENDEL

Per partecipare ai funerali del Papa, venerdì a Roma, il Principe Carlo d'Inghilterra ha rinviato le nozze con Camilla Parker Bowles a sabato. Per Carlo sarà emozionante. La rara occasione di toccare due salme nello stesso weekend.
JOEL MCHALE

ENCICLOPEDIA
vedi ***Dizionario***

ENIGMISTICA
(Parole Crociate)

28 orizzontale: "Più forte di Golia"... FISHERMAN.
CAPOCENERE (CLAUDIO BATTA)

35 verticale: "Apparve alla Maddalena"... TRAGHETTO.
CAPOCENERE (CLAUDIO BATTA)

37 verticale: "Non più giovani"... LE CARLUCCI.
CAPOCENERE (CLAUDIO BATTA)

44 orizzontale: "Il Masini cantante"... ROMPICOGLIONI.
CAPOCENERE (CLAUDIO BATTA)

15 verticale: "Il nome della figlia di Bush"... BUSCETTA.
CAPOCENERE (CLAUDIO BATTA)

9 verticale: "Simile a una monovolume."... PLATINETTE.
CAPOCENERE (CLAUDIO BATTA)

1 orizzontale: "Il mitico Che"... POSTAPERTE.
CAPOCENERE (CLAUDIO BATTA)

7 verticale: "È famoso quello di Troia"... FIGLIO.
CAPOCENERE (CLAUDIO BATTA)

4 orizzontale: "È stata disegnata da Pininfarina"... MOIRA ORFEI.
CAPOCENERE (CLAUDIO BATTA)

8 verticale: "Si schiaccia in poltrona"... CHIHUAHUA.
CAPOCENERE (CLAUDIO BATTA)

26 orizzontale: "Si mette nell'orecchio per attirare l'attenzione"... LINGUA.
CAPOCENERE (CLAUDIO BATTA)

ENTERTAINERS
vedi **Comici**

EPOCA

Viviamo in un'epoca in cui le cose giuste risuonano sulle bocche sbagliate.
BOBI BAZLEN

Verso la fine dell'Età della Pietra, scommetto che c'era la sensazione che il metallo fosse dietro l'angolo.
JACK HANDEY

Sono fin troppo consapevole del fatto che si vive in un'epoca in cui solo gli ottusi sono presi sul serio, e io vivo nel terrore di non essere frainteso.
OSCAR WILDE

EQUIVOCO
vedi **Errore**

ERBA *(Erbivoro - Pascolo)*

Se i carnivori mangiano la carne e gli erbivori l'erba, gli onnivori dove cazzo se li procurano gli onni?
GINO&MICHELE

Chiunque veda e dipinga un cielo verde e un pascolo azzurro dovrebbe essere sterilizzato.
ADOLF HITLER

Odio quelle che mangiano l'insalata, quelle che se ne stanno in silenzio. Sapete, quel tipo di donna che portate a cena e le dite: «Cosa vuoi mangiare, tesoro?» «Solo dell'insalata, grazie!» e sentite il suo stomaco che fa waggr, oggrr, oggrr. «Non so perché il mio stomaco fa questo rumore». Perché hai fame, stupida!
EDDIE MURPHY

«Lei gioca a golf?» «No, sfortunatamente credo di mancare del temperamento necessario per dare la

caccia a una pallina su acri e acri di quel che dovrebbe essere pascolo per bovini».
THE PAPER CHASE

Perché esistono gli uomini? Perché i vibratori non falciano l'erba!
OCCHI DI SERPENTE

Quando gli elefanti combattono è sempre l'erba a rimanere schiacciata.
PROVERBIO AFRICANO

La gente fa cose strane quando è annoiata. L'altro giorno ero a casa con niente da fare, così ho guardato i gatti e ho detto: «Insegno ai gatti il wrestling». Uno non dovrebbe mai insegnare ai gatti il wrestling, ma nel caso volesse, ecco come fare: prendete due gatti. Massaggiate energicamente ovunque il gatto numero uno con dell'erba gatta. Mettetelo vicino al gatto numero due. Il resto succede più o meno da solo.
BASIL WHITE

ERBIVORO
vedi ***Erba***

ERA
vedi ***Anni Cinquanta***

EREDITÀ

«Mi domando a cosa ti serva possedere il famoso pene.» «Non so, Luisa. Ce lo tramandiamo di padre in figlio».
ALTAN

Prego i miei eredi di far procedere alla mia autopsia e di sottoporre il mio corpo a tutte le analisi, perché ci tengo assolutamente a conoscere la causa della mia morte.
JEAN CHARLES

Ho ereditato un dipinto e un violino che si sono rivelati essere un Rembrandt e uno Stradivarius. Sfortunatamente, Rembrandt faceva pessimi violini e Stradivarius era un pittore atroce.
TOMMY COOPER

Se trovassi un uomo con 15 milioni di dollari firmerei un contratto prima del matrimonio nel quale mi garantisse di morire entro un anno.
BETTE DAVIS

Agnelli ha sempre avuto il pallino degli affari. A sedici anni il nonno gli regalò 1000 lire con le quali Gianni comprò tre mele che rivendette a 1300 lire. Quindi, investì questo nuovo capitale per comperare cinque mele che rivendette a 2000 lire subito reinvestite in sei mele che gli fruttarono 3000 lire. A questo punto, quando stava per acquistare dodici mele per ricavarne 5700 lire, improvvisamente, grazie a una congiuntura favorevole del mercato, morì suo padre lasciandogli in eredità 100 mila miliardi.
GINO&MICHELE

Benedetti siano i figli, perché loro erediteranno il debito nazionale.
HERBERT HOOVER

Io sono molto brutto. La mia bruttezza l'ho ereditata da mio papà. Sono uno scorfano di padre.
MATTEO MOLINARI

Berlusconi ha trovato il modo per risolvere il conflitto d'interessi: intesterà Palazzo Chigi ai figli.
ALESSANDRO ROBECCHI

Reagan non è stato un Presidente, è stata l'ultima volontà di Walt Disney.
ROBIN WILLIAMS

EREDITARIETÀ
(Somiglianza - Sosia)

«Lo scienziato Mendel dimostrò che l'uomo somiglia ai genitori e lo dimostrò con un esperimento: incrociò due piante di piselli, una verde e una bianca e si accorse che i piselli che nascevano erano un po' bianchi e un po' verdi. Questo ti fa capire che tu hai gli occhi marroni perché tuo padre ha gli occhi marroni!» «Non è vero, mio padre ha gli occhi verdi!» «Evidentemente tua madre ha sbagliato pisello!»
ANTONIO E MICHELE

Ero in ascensore, quando è salito un tale. «Di' un po'», mi fa, «te l'ha

mai detto nessuno che assomigli a George W. Bush?» «Sì», ho detto, «In parecchi.» «Wow, immagino che ti farà girare le scatole non poco.»
GEORGE W. BUSH

Tutti gli uomini moderni discendono da creature simili a vermi, ma in qualcuno si vede di più.
WILL CUPPY

Una volta, a un distributore di New York, un tizio mi guarda e mi fa: «Ehi, ma lo sa che lei è spiccicato a Hugh Grant? Senza offesa naturalmente».
HUGH GRANT

Mangio come un avvoltoio. Purtroppo la somiglianza non si ferma qui.
GROUCHO MARX

Ogni bambino somiglia al parente che possiede più denaro.
LUKE MCLUKE

Io sono molto brutto. La mia bruttezza l'ho ereditata da mio papà. Sono uno scorfano di padre.
MATTEO MOLINARI

Se non è un uomo è una donna che gli somiglia molto.
BORIS MAKARESCO

Ho un amico che si è fatto ricco lavorando come sosia di Michael Jackson. Ora, purtroppo, il sosia di un bambino gli ha fatto causa e gli sta portando via un sacco di soldi.
LUCIO WILSON

EREZIONE

Lui: «Cara, mangiamo un po' di torrone?»
Lei: «Ma è duro!»
Lui: «Sì, ma prima mangiamo un po' di torrone...»
ANONIMO

L'oscenità è tutto quello che dà un'erezione a un giudice.
ANONIMO AVVOCATO AMERICANO

Oggi pomeriggio, mentre passeggiavo con Maniglia, incrociamo una bellissima donna, la classica bionda scandinava, un po' fredda, riservata. «E pensare», dice Maniglia,

«che ieri avrei potuto scoparla.» «Perché, la conosci?» «No, ma ce l'avevo duro.»
Romano Bertola

Come tutti i bambini, anch'io ero divorato dalla curiosità di sapere come erano fatte le bambine. Finalmente un giorno, una mia compagna di scuola si disse disposta ad accontentarmi. Però, la piccola imbrogliona, per farsi gioco della mia abissale ignoranza, si appiccicò sulla sua cosina una carta geografica del Belgio. «E allora, ti piace?», disse lei, «guarda i Vosgi! Che belli, eh? E Liegi! Ti piace Liegi? Va là, che è eccitante! Ma non dire niente alle mie amiche, sennò chissà cosa penseranno di me!». Di quella remota bambinata non è rimasta in me nessuna traccia se si eccettua il fatto che ancora oggi, quando passo davanti al Consolato belga, mi viene duro.
Romano Bertola

A un congresso della Lega, dopo aver sentito dai discorsi che ce l'avevano duro, ho capito perché sedevano tutti una fila sì e una no.
Enrico Bertolino

«Mi dispiace cara, non mi era mai successo... è colpa dello stress, sai... la stanchezza...» «Non importa caro. Succede anche ai migliori. Figuriamoci a te.»
Paolo Burini

Quando avevo vent'anni "lui" era come l'Apollo 10: perforava ogni atmosfera! Adesso, è come l'Apollo 13: quando esce si sente: «Houston... abbiamo un problema...».
Giuseppe Giacobazzi

Mi hanno detto che per rivitalizzare "lui" bastava andare nell'acqua fredda al mare, la mattina presto e appena sentiva l'acqua... Dang... granitico. Ho provato... l'acqua sale... Piuttosto si affoga, ma la testa la tiene bassa!
Giuseppe Giacobazzi

Tenere il cellulare sempre acceso fa male, ne ho la prova perché il Winnie the Pooh che c'ho attaccato al cellulare in una settimana è ingrassato quattro chili e mezzo! Mi fanno morire quelli che sanno che il cellulare fa male allora usano l'auricolare. Però poi, quando guidano se

lo mettono in mezzo alle gambe... beh, però in effetti se funziona con Winnie the Pooh!
TERESA MANNINO

Un uomo per mostrarsi di sinistra deve alzare il braccio sinistro e stringere il pugno, mentre per mostrarsi di destra deve alzare il braccio destro e tendere la mano. Ma se un uomo vuole sentirsi di centro, deve per forza eccitarsi?
MASSIMILIANO

E il desiderio? Vogliamo parlare del desiderio? Il desiderio è modesto. Analisi logica: il desiderio = soggetto; modesto = predicato inguinale; è = copula. Togli la copula e la frase non sta in piedi. Se non sta in piedi la frase, figuriamoci il bigolo che la rende operativa!
ALBERTO PATRUCCO

Cosa nascondi in tasca, una pistola o semplicemente sei felice di vedermi?
MAE WEST

EROE
*vedi **Mito***

ERRORE (Sbagliare-Equivoco)
*vedi anche **Abbaglio***

Creatività è lasciare che uno commetta degli errori. Arte è sapere quali errori tenere.
SCOTT ADAMS

Berlusconi è un uomo molto fortunato. Così proverbialmente fortunato che qualche tempo fa la Repubblica di San Marino decise di emettere dei francobolli che raffiguravano il suo sedere. Ma ha dovuto subito ritirarli perché Emilio Fede li leccava dal lato sbagliato.
ANONIMO

L'unica cosa che detesto del mio passato è che è lunghissimo. Se dovessi vivere un'altra volta rifarei gli stessi errori, però prima.
TALLULAH BANKHEAD

Viviamo in un'epoca in cui le cose giuste risuonano sulle bocche sbagliate.
Bobi Bazlen

Finalmente è uscito un supercomputer per l'ufficio. Se commette un errore, dà la colpa a un altro computer.
Milton Berle

Generalmente, quando un uomo fa un bilancio della propria vita, resta abbacinato dal gran numero di errori commessi. Ma io sono abbastanza soddisfatto di me. Se si eccettua la volta che ho pagato due milioni un krapfen, grossi sbagli non ne ho commessi.
Romano Bertola

Sono gli uomini che sbagliano o siamo noi donne nel giusto?
Syusy Blady

È un errore far capire a un oggetto meccanico che hai fretta.
Arthur Bloch

Dio non fa errori. È per questo che è diventato Dio.
Archie Bunker

Ma come hai fatto a sbagliare? Ti ho fatto un cross che era una pennellata! Sembrava un quadro di Pirandello!
Franco Causio

Un coglione può sbagliarsi, cinquanta milioni di coglioni no.
Capanna

Al giorno d'oggi i televisorini d'automobile stanno diventando molto comuni. Mio zio ne ha uno nella sua auto, ma questo gli ha procurato qualche guaio. Mentre sua moglie guidava a 90 all'ora, lui era lì, seduto in macchina a guardare la tv. Poi, a un certo punto, hanno mandato la pubblicità e mio zio è uscito per andare in bagno.
Jackie Clark

Era un mondo adulto. Si sbagliava da professionisti.
Paolo Conte

Come potrei dimenticarmi della mia professoressa d'italiano? Era ignorante come una zappa: si chiamava Marina Sefarei. Teneva un errore di grammatica pure nel nome!
Giobbe Covatta

Quanto si potrà incazzare una tartaruga che dopo due chilometri si accorgesse di aver sbagliato strada?
FABIO FAZIO

Devo comperare una nuova macchina da scrivere. Questa che ho fa troppi errori!
LEOPOLD FETCHNER

Stavo baciando una in un vicolo cieco, si è acceso il lampione e mi sono accorto che era uno. Ho continuato perché era davvero bravo!
FICHI D'INDIA

Errare humanum est.
Perseverare è a ovest.
FICHI D'INDIA

Uccide la suocera scambiandola per la moglie.
ENNIO FLAIANO

Errare è umano, muggire bovino.
BATHROOM READER

Dieci anni fa stavo in un bar in Alabama e due stronzi hanno cominciato a darmi addosso: è stato il loro primo sbaglio. Tirarono fuori i coltelli ed è stato il secondo sbaglio. Non sapevano neanche usarli e questo è l'ultimo sbaglio che hanno fatto.
FUGA DA ALCATRAZ

Ci sono delle persone che sono state considerate coraggiose perché avevano troppa paura per scappare.
THOMAS FULLER

Se nella seconda scena ho ancora le mutande addosso, penso subito che mi abbiano mandato il copione sbagliato.
MEL GIBSON

Ho creduto in Marx e mi sono sbagliato; ho creduto in Lenin e mi sono sbagliato. Ora, con tutta la buona volontà, come faccio a credere in Franceschini?
GINO&MICHELE-PAOLO ROSSI

La minima cosa lo infastidiva, sul green. Aveva sbagliato delle buche facilissime a causa del frastuono delle farfalle nei prati adiacenti.
PELHAM GRENVILLE WODEHOUSE

Le donne oneste non riescono a consolarsi degli errori che non hanno commesso.
SACHA GUITRY

Essere uomini è uno sbaglio.
KARL KRAUS

Molti uomini innamorati di una fossetta sulla guancia commettono l'errore di sposare l'intera ragazza.
STEPHEN LEACOCK

Ci sono molti libri con lo stesso errore di stampa: è stato un errore stamparli.
ROBERT LEMBKE

Com'è che chi sbaglia numero non ci crede mai? Ti rispondono sempre come se fosse colpa tua. Gli dici che hanno sbagliato numero e loro: «È sicuro?» «Senta, le ho mai mentito?» «Vabbè. C'è Roberta?». Ed è troppo lungo spiegargli che non c'è nessuna Roberta e che ha sbagliato numero. Per cui in questi casi dico sempre: «Sì, c'è, ma è di là che si buca e non può venire a rispondere.»
DANIELE LUTTAZZI

È sbagliato giudicare un uomo dalle persone che frequenta. Giuda, per esempio, aveva degli amici irreprensibili.
MARCELLO MARCHESI

L'uomo è soltanto un errore di Dio? Oppure Dio è soltanto un errore dell'uomo?
FRIEDRICH W. NIETZSCHE

La donna è stato il secondo errore di Dio.
FRIEDRICH NIETZSCHE

Comincio a dubitare del mio dottore. Ieri ha mandato sei pazienti all'ospedale con l'ambulanza. Poi ha scoperto di avere lo stetoscopio rotto.
ROBERT ORBEN

La mia famiglia è talmente povera che mandiamo i bambini in una scuola in cui gli insegnano a scrivere, ma con qualche errore.
RAGUSANO, DI *AENIGMATICA*

Non potrei mai morire per quel che credo perché potrei essermi sbagliato.
BERTRAND RUSSELL

Ci sono tre tipi di persone a questo mondo: quelli che sono bravi in matematica, e quelli che non lo sono.
T-SHIRT AMERICANE

L'omicidio è sempre un errore: non si deve mai fare niente di cui non si possa poi parlare dopo una cena.
OSCAR WILDE

Un celibe è un uomo che non fa mai lo stesso errore una volta.
ED WINN

Un medico può seppellire i propri errori, ma un architetto può solo consigliare al cliente di piantare rampicanti.
FRANK LLOYD WRIGHT

ESAGERAZIONE

Gin: «Ieri mi è successa una cosa strana. Ero in macchina e un cane mi ha pisciato sulla ruota.»
Fizz: «E cosa c'è di strano?»
Gin: «Andavo a 130!»
ALE E FRANZ

Ale: «Ha fatto proprio bene a vestirsi di nero: il nero lo slancia.»
Franz: «Sì, se si vestiva di bianco confinava con l'Austria.»
ALE E FRANZ

Che cosa hai nella mente, se permetti l'esagerazione?
FRED ALLEN

Tutto questo non lo faccio per vivere... Avrei potuto benissimo arricchirmi organizzando visite guidate sul mento di Kirk Douglas.
WOODY ALLEN

Devi smetterla di essere così duro con te stesso; un sacco di gente famosa ha avuto degli inizi difficili. Per esempio Hitler è stato bocciato all'artistico.
WOODY ALLEN

Erano una coppia talmente progressista che tentarono di adottare un bambino gay.
ANONIMO

Ha un cervello così piccolo che quando si incontrano due pensieri devono fare manovra!
ANONIMO

Faceva così freddo che i lupi mangiavano le pecore solo per la lana.
Anonimo

È stata una partita a scacchi lunghissima: i cavalli sono morti di vecchiaia.
Federico Basso

Era così sfigato che trovava i bifogli.
Paolo Bellon

Andare a correre? E perché, per poi venire colpito da un meteorite?
Robert Benchley

Non voglio rivelarvi per quanto sono assicurato con la Prudential, ma vi dico solo questo: quando io tiro le cuoia, lo faranno anche loro.
Jack Benny

È così vecchio che il suo certificato di nascita è scolpito nella pietra.
Jack Benny

È talmente tirchio che fa la punta alle matite sul caminetto, così non spreca il legno.
Jack Benny

La mia auto è molto vecchia. Le mie luci di posizione hanno la cataratta!
Milton Berle

C'era un gay così brutto che era costretto a uscire con le ragazze!
Milton Berle

È così stupido che vuole un trapianto di ernia.
Milton Berle

Le hanno fatto talmente tanti lifting facciali che adesso è fuori fuoco!
Milton Berle

È così basso che quando piove lui è l'ultimo a saperlo.
Milton Berle

A teatro ho visto una commedia così brutta, che da una poltrona si è alzato un dottore che ha gridato: «C'è un attore in sala?».
Milton Berle

Mia moglie è così magra che le zanzare la mancano!
Milton Berle

È così vecchio che, quando ordina un uovo à la coque, gli chiedono di pagare in anticipo.
MILTON BERLE

Conosco un uomo che era così povero che si è sposato solo per il riso!
MILTON BERLE

Aveva un naso talmente grosso che per baciargli tutte e due le guance si faceva prima a passargli da dietro.
TRISTAN BERNARD

È così basso che non getta le cicche per terra, le posa.
GIANNI E BETTY

Salimmo a esaminare l'interno della roulotte. «La cucina sembra piuttosto piccola», osservai, «dov'è il frigorifero?» «È nascosto dietro la sua borsetta. Per aprire lo sportello è necessario che tutti scendano a terra. Tranne lei, è chiaro. Lei salterà nel lavello.»
ERMA BOMBECK

Da piccoli avevamo una casa così magra che al posto dell'asse del water c'era una caramella Polo. Scomodi, ma freeeschi...
ANDREA BRAMBILLA

Sto cercando di insegnare al mio gatto a capire il significato della parola "no". Il che equivale più o meno a insegnare il latino a un cane.
JUDY BROWN

Fumo talmente tanto che ogni volta che a Milano c'è un blocco del traffico vengono a casa mia due vigili e mi portano a dormire a Brescia.
BRUCE KETTA-MARCO DEL CONTE

A Milano, a causa del traffico, la circolazione è talmente lenta che la gente in tangenziale fa le foto agli autovelox e poi manda le multe al Comune!
BRUCE KETTA

Aveva una vagina così stretta che poteva funzionare anche come lettore dvd.
PAOLO BURINI

Se sono superdotato? La mia ragazza è miope e quando facciamo l'amore mi vede sfocato.
PAOLO BURINI

Ho capito di essere invecchiato quando al mio compleanno tutti gli

invitati si sono messi intorno alla torta per scaldarsi le mani.
GEORGE BURNS

Era così brutta che non me la sarei scopata neanche avessi avuto con me un cazzo rubato.
GEORGE CARLIN

Per risparmiare ho deciso di farmi seppellire con il braccio fuori, così mi cambio i fiori, mi pulisco il marmo e poi faccio gli scherzi: scambio le foto delle lapidi.
LA CAROVANA

Dopo amo andati alla scuola di sci e quando l'hanno vista a mia moglie Derelitta hanno detto: «Qui non ci vuole un maestro di sci ci vuole un domatore di sci!»,
VITO CATOZZO (GIORGIO FALETTI)

In discoteca mi hanno offerto una pasticca strana, l'ho presa mandandola giù con del whisky. La mattina dopo i buttafuori mi hanno trovato svenuto sul soffitto.
GIOVANNI CELLINI

Quella donna era così vecchia che nella sua camera aveva un'immagine della Madonna autografata.
DANIELE CEVA

Tua madre è così povera che l'ho vista che prendeva a calci un barattolo e le ho chiesto: «Cosa sta facendo?» «Sto traslocando».
CHI NON SALTA BIANCO È

Dicono che quando il bambino piange per farlo smettere bisogna farlo ridere. Per me è facile, in genere gli faccio: «Mattia, chi è Tatiana? Tatiana è l'amica mia talmente grassa che il sangue le circola con la metropolitana!». Sicché Mattia smette, mi guarda... «Papà, è vecchia!»... e ritorna a piangere!
GABRIELE CIRILLI

Porta sfortuna versare nella tazza lo zucchero prima del latte, non trovi? Ha dei tremendi effetti sulla tua vita... Mia zia Dolly, un giorno, mise lo zucchero prima del latte e nei successivi quarant'anni ha perso tutti i denti!
PETER COOK & DUDLEY MOORE

In una giornata limpida non è possibile vedere il Lussemburgo: un Laber lo nasconde alla vista.
ALAN COREN

Golia era così grosso che al confronto Schwarzenegger sembrava Don Lurio... Davide era così piccolo che al confronto Don Lurio sembrava Schwarzenegger...
GIOBBE COVATTA

Giuliano Ferrara è l'unico al mondo che tiene il bidé con lo specchietto retrovisore.
GIOBBE COVATTA

Tutti i nostri professori erano contrari al lavoro minorile: volevano la schiavitù, e ci avrebbero venduto volentieri ai Tuareg. Ci avrebbero fatto cucire i palloni, ma non come si fa adesso, nel Terzo Mondo: ce li avrebbero fatti cucire dall'interno, in modo da rimanerci chiusi dentro!
GIOBBE COVATTA

Ero così ubriaco che l'altra notte sono caduto dal letto e ho mancato il pavimento.
HARRY CRANE

Oggigiorno ai ragazzi non importa più di niente. Ho visto due, in auto, baciarsi mentre andavano a ottanta miglia all'ora. Ed erano in due auto diverse. E andavano in direzioni opposte.
NORM CROSBY

Hai notato che più invecchi, più giovani sono le ragazze con cui esci? Di questo passo presto uscirai con uno spermatozoo!
BILLY CRYSTAL

Il proprietario della macchina targata «New Y orkBL758367458999999 4736288474565789541259636577784», è pregato di spostarla. La sua targa sta bloccando il traffico.
BILL DANA

È una ragazza molto brutta. È la classica "due sacchetti". Cioè, le metti un sacchetto sulla testa e te ne metti uno sulla tua, nel caso il suo si rompesse.
RODNEY DANGERFIELD

Ero un bambino molto brutto. Così brutto che mia madre mi allattava al seno con una cannuccia.
RODNEY DANGERFIELD

Quando sono nato, il dottore mi ha guardato un po', poi mi ha capovolto e ha detto: «Guardate: sono gemelli!».

Rodney Dangerfield

Era una ragazza molto brutta. L'ho portata in spiaggia, mi hanno chiesto cos'avevo usato come esca.

Rodney Dangerfield

L'aria di Milano è così inquinata che la gente respira a morsi.

Davide Dassani

La via dove abito ha delle buche talmente enormi che quando piove, fuori da ogni pozzanghera c'è un bagnino.

Marco Del Conte

Come si fa a trovare la moglie dopo vent'anni di matrimonio? Basta seguire le vene varicose.

Marco Del Conte

Capsula: «Nucleo, ma ci sei tu dietro a quel naso?»
Nucleo: «C'è sempre qualcuno dietro a un naso!»
Capsula: «Sì, ma a te ti s'intravede appena!»

Pali e Dispari

Queste mutandine mi danno un fastidio incredibile. Me le ha prestate un mio amico di Milano, un creativo. Sono di Eternit perlinato. Io le ho coinbentate, per non disperdere fonti di calore. Naturalmente le ho personalizzate, fanno parte della mia lingerie. Davanti c'è scritto: "I have a dream" e di dietro: "Mission impossible".

Alex Drastico (Antonio Albanese)

Ho conosciuto un tizio così ricco, ma così ricco che il suo autista ha un maggiordomo che gli apre la portiera della macchina.

Erondo, di *Aenigmatica*

Era talmente brutto che quando si fermava da una prostituta per strada, quella gli diceva che stava venendo a prenderla suo marito.

Marino Fabbri

Al liceo avevo una professoressa di latino molto anziana. Pensa che era madrelingua.
FABRIZIO FERRI

Non dico che l'autobus fosse affollato, ma anche il guidatore stava in piedi.
LEOPOLD FETCHNER

Io ho dei coglioni così grossi che dentro non ho gli spermatozoi, ho i salmoni!
FICHI D'INDIA

L'uomo più piccolo che ho mai conosciuto metteva i popcorn nelle sue frittelle così si giravano da sole.
W.C. FIELDS

Fumare dopo aver fatto l'amore ha tutto un altro sapore. Pensa che a volte io faccio l'amore solo per potermi gustare la sigaretta.
MISTER FOREST (MICHELE FORESTA)

Los Angeles è l'unica città al mondo in cui ci si può svegliare al mattino e sentire gli uccellini tossire sugli alberi.
JOE FRISCO

Mio marito a letto con me è talmente una bomba che le mutande gli vengono via da sole per lo spostamento d'aria.
ANDREA GALEAZZI

Nel tempo che un russo impiega a presentarsi con nome e patronimico, Michail Serghieievic, Michail Ivanovic, Boris Nikolajevic, i giapponesi fabbricano un'altra automobile.
BRUNO GAMBAROTTA

La mia famiglia era poverissima. Avete presente quelli che comprano le mezze angurie? Ecco, noi lo facevamo coi pinoli.
LUCIO GARDIN

Non sto dicendo che sei vecchio, ma chi altri conosceva Alessandro il Grande quando era soltanto mediocre?
GARFIELD

Non sto dicendo che sei vecchio, ma chi altri ha le rughe sui denti?
GARFIELD

Sono così tirchio che quando faccio un regalo, invece di cancellare il prezzo, lo sottolineo.
ROBERTO GAVELLI

A volte sono così sobrio che vedo dimezzato.
ROBERTO GAVELLI

Purtroppo non ho i peli lunghi: è proprio l'uccello che è corto.
PACO GENOVESE

Michael Jordan ha un'elevazione straordinaria: 1 metro e 50 da fermo, 2 metri in corsa e 12.000 metri in aereo.
GIALAPPA'S BAND

Zeman è l'unica persona al mondo che fuma una stecca di sigarette al giorno, oltretutto senza neanche aprirla.
GIALAPPA'S BAND

I leghisti hanno sempre sostenuto di avercelo duro, enorme. C'è una leggenda, avvalorata da Bossi, che sostiene che le compagne dei leghisti siano le uniche donne al mondo che i figli preferiscono di gran lunga partorirli che concepirli.
GINO&MICHELE

Amore, alza gli occhi e guarda il cielo, solo lui è più grande di te; amore, osserva il sole, solo lui è più maestoso di te; amore, guarda quella mongolfiera, in questo caso vinci tu!
MARZIO GOBBI

Sarebbe stato più economico abbassare l'Atlantico.
SIR LEW GRADE, A PROPOSITO DELLA SUA PRODUZIONE *RECUPERATE IL TITANIC*

La minima cosa lo infastidiva, sul green. Aveva sbagliato delle buche facilissime a causa del frastuono delle farfalle nei prati adiacenti.
PELHAM GRENVILLE WODEHOUSE

Come tutti i miliardari, De Benedetti gioca. L'altro giorno voleva comprare l'Olivetti, ma gli hanno detto che è già sua. O porca miseria. De Benedetti è uno che è uscito di casa e ha detto alla moglie: «Vado a comprare il Belgio». Ma comprati la Calabria che è in liquidazione! Sei mesi fa è uscito, ha detto: «Compro

la Repubblica» ed è tornato a casa con Scalfari. Magari adesso esce per prendere un caffé e torna con Nino Manfredi. È gente fatta così.
BEPPE GRILLO

Mia moglie è talmente brutta che quando passa davanti al computer scatta l'antivirus.
MARINO GUIDI-SKIZZO

Era un paese così piccolo che non avevamo neanche lo scemo del villaggio. Dovevamo fare a turno.
BILLY HOLLIDAY

Il dollaro è stato talmente stiracchiato che, sulle banconote, adesso George Washington ha una fessura tra i denti.
BOB HOPE

Avevo con me così tanti pacchi e pacchetti che dopo averli raccolti quasi tutti, ne erano rimasti a terra più della metà.
BOHUMIL HRABAL

Il mio motorino a due tempi è così lento che tra un tempo e l'altro passa quello che vende i pop corn.
GIANLUCA IRTI

Sono sfigato. Persino i piccioni hanno smesso di cacarmi addosso. Non vogliono illudermi.
GIANLUCA IRTI

A scuola eri così lento! Mi ricordo quella volta quando leggevi la poesia e l'*Infinito* di Leopardi ti disse: «Basta! Hai vinto tu!».
PEPPE IODICE

Abitavo in un palazzo di gente anziana. Per essere precisi, l'età media degli inquilini era "deceduto".
GABE KAPLAN

Mio nonno è così duro d'udito che deve leggere le labbra. A me non dà fastidio, solo che usa uno di quegli evidenziatori gialli.
BRIAN KILEY

Tatiana è l'amica mia grassa, tarmente grassa che si se veste de verde e se mette sopra un marciapiede con la bocca aperta ci infilano dentro le bottiglie!
KRUSKA (GABRIELE CIRILLI)

Tatiana è l'amica mia grassa, tarmente grassa che quanno je fanno l'autovelox ce vogliono tre scatti!

KRUSKA (GABRIELE CIRILLI)

Tatiana è l'amica mia grassa, tarmente grassa che come cotton fioc usa lo zucchero filato!

KRUSKA (GABRIELE CIRILLI)

Chi è Tatiana? Tatiana è l'amica mia grassa, talmente grassa che, dovunque me giro, già sta là!

KRUSKA (GABRIELE CIRILLI)

Chi è Tatiana? Tatiana è l'amica mia grassa, talmente grassa che l'altro giorno s'è comprata un reggiseno a balconcino: ha speso due milioni de' gerani!

KRUSKA (GABRIELE CIRILLI)

In Germania, durante un'esibizione di Mariah Carey, i seni della star sono scivolati fuori dal vestito. Sono rimaste coinvolte le prime tre file.

JAY LENO

Bill Gates è così ricco che quando Babbo Natale va a casa sua gli porta via i regali.

JAY LENO

Era un cane talmente magro che le zecche gli si appiccicavano non per succhiargli il sangue ma per darglielo.

ORAZIO LEOTTA

Il mondo degli scrittori è sempre più popolato. Viene fatto di pensare che tra poco ci saranno più scrittori che lettori, e sarà lo scrittore a chiedere l'autografo al lettore.

SHANE LESLIE

Mia nonna è sempre stata una persona riservata e indipendente, aveva la sua camera, non sapevamo neanche di averla in casa. È morta nell'89, domani facciamo i funerali.

ROBERTO LISSONI

Sono talmente solo che lo specchio non mi riflette più.

LEO LONGANESI

«Lei quante volte si masturba in media?» «In media? Due o tre giorni all'ora.»

DANIELE LUTTAZZI

La tv è così poco pedagogica! L'altra sera l'ho accesa: sesso e violenza,

sesso e violenza. Ed erano solo le previsioni del tempo!
DANIELE LUTTAZZI

Se i denti ostacolano il bacio, toglieteli.
MINO MACCARI

È talmente magra che per fare ombra deve passare due volte nello stesso posto.
BORIS MAKARESKO

Ha più rughe di una fisarmonica, specialmente sulla fronte. Per togliersi il cappello se lo deve svitare.
BORIS MAKARESKO

Il mondo è diventato così pericoloso che quando uno se ne va, ringrazia il cielo per esserne uscito vivo.
BORIS MAKARESKO

Abito in una casa così piccola che una volta ho schiacciato un mozzicone di sigaretta e la nonna ha gridato: «Chi ha spento il riscaldamento?».
BORIS MAKARESKO

È andata a letto con talmente tanti uomini che ora ha i calli sulle scapole.
BORIS MAKARESKO

Vivevo in un quartiere talmente povero che i negozi vendevano i Kinder senza sorpresa.
BORIS MAKARESKO

Eravamo così poveri che mia madre per allattarci usava il contagocce.
BORIS MAKARESKO

Mio padre aveva i denti così bianchi e sani che, quando andava dal dentista, gli tagliava i capelli.
LEONARDO MANERA

«Beh, è che io finalmente ebbi l'orgasmo e il mio medico mi disse che era di tipo sbagliato.» «Di tipo sbagliato, sì? Io, mai avuti di tipo sbagliato, mai: coi peggiori faccio crollare il lampadario.»
MANHATTAN

Scusi, quello è un naso o ha un pullman parcheggiato in faccia?
STEVE MARTIN

Che naso! Dev'essere stupendo la mattina svegliarsi e sentire il profumo del caffé. In Brasile.

Steve Martin

Sì, digerisco forte in pubblico, ma senza farlo pesare a chi è meno fortunato nella vita.

Maurizio Milani

Non dico che tu sia brutto, ma ho visto cacche più attraenti sulla suola di una scarpa.

Colin Mochrie

Ha i piedi talmente maleodoranti che per provare le scarpe deve andare in paesi che non riconoscono la convenzione di Ginevra.

Egidio Morretti

Era talmente brutta che a un concorso per truccatori dell'horror il suo truccatore vinse il primo premio. Bastò un filo di rimmel.

Egidio Morretti

«C'hai er naso così lungo che nun te se chiude la carta d'identità.»

Citata da Marco Navigli

Come da usanza ognuno aveva portato qualcosa. Zio Caratozzolo a un certo punto apre il cofano e tira fuori un pintone di vino Cirò, forte, ma così forte che se dopo pranzo ci fermavano i vigili, la prova del palloncino ce la dovevano fare col palloncino di cuoio!

Franco Neri

Abitavamo in una casa talmente fredda che mio padre per scaldarsi le mani aspettava che mi venisse la febbre a quarantuno.

Franco Neri

Avevamo una macchina vecchia, ma talmente vecchia che l'unica cosa di valore era l'antifurto, così l'antifurto lo mettevamo in garage e la macchina la lasciavamo in strada.

Franco Neri

Io sono un uomo così sfortunato che, se organizzassero una lotteria di donne, vincerei mia suocera!

Marco Nocera

Era talmente brutta che tutti quelli che le chiedevano di uscire era perché l'avevano vista entrare.

Furio Ombri

Era talmente grassa che quando rimase incinta dimagrì.
FURIO OMBRI

Sono stato in un albergo pessimo, venendo via ho lasciato lì i miei asciugamani.
FURIO OMBRI

Era un bambino altissimo, tanto che il suo primo dente gli cadde a sei anni, ma raggiunse terra solo quando lui ne aveva otto.
FURIO OMBRI

C'è una banca di Beverly Hills che è davvero esclusiva. Sapete che molte banche prendono la foto dei loro rapinatori? Questa prende un dipinto a olio!
ROBERT ORBEN

Il paese in cui abito è così piccolo! Pensa che se accendo il condizionatore cambia stagione.
ORORO, DI *AENIGMATICA*

Io non sono mai stato il preferito dei miei genitori. Ed ero figlio unico.
GIANNI PALLADINO

Benchley e io avevamo un ufficio così minuscolo che se fosse stato un centimetro più piccolo sarebbe stato adulterio.
DOROTHY PARKER

Si capiva subito che era una colonia di bambini poveri: anche se prendevamo il sole a torso nudo ci rimaneva ugualmente il segno della canottiera.
VALERIO PERETTI CUCCHI

Ero un bambino così povero che io e i miei amici non potevamo neanche permetterci un pallone, così ce lo immaginavamo. Giocavamo due minuti e poi stavamo due ore a discutere se era gol!
VALERIO PERETTI CUCCHI

Mio marito è cosi vecchio che si ricorda quando Eva era ancora una costola.
BOB PHILIPS

Hai una personalità così schifosa, che se lanci un boomerang questo non torna indietro.
BOB PHILLIPS

Conosco uno così basso che i tarli non li caccia con l'insetticida: li segue nei buchi e li pugnala!

PROSPERO, DI *AENIGMATICA*

Prima ero solo grasso, adesso che sono anche famoso tutti mi cercano. Anche il sindaco della mia città cerca di coinvolgermi in tutte le iniziative. Quest'anno ho preso parte al presepe vivente. Facevo la Palestina.

DANIELE RACO

La mia famiglia è talmente povera che mandiamo i bambini in una scuola in cui gli insegnano a scrivere, ma con qualche errore.

RAGUSANO, DI *AENIGMATICA*

Ho conosciuto una spogliarellista talmente bassa che agli addii al celibato la fanno uscire da una crostata.

RENATO RAZZANO

Se stai troppo a lungo a Beverly Hills diventi una Mercedes.

ROBERT REDFORD

Elizabeth Taylor è così grassa che mette la maionese sulle aspirine.

JOAN RIVERS

Non ho mai detto di essere brava a letto. Ma mio marito esagera, ogni volta, dopo che facciamo l'amore, prende un pezzo di gesso e contorna il mio corpo.

JOAN RIVERS

La mia famiglia è talmente povera che quando in inverno fa freddo ospitiamo in casa i bambini del quartiere che hanno la febbre.

FRANCESCO RIZZUTO

Vivo in un quartiere così malfamato che possono spararti mentre stai sparando a qualcuno.

CHRIS ROCK

A sette anni avevo già tutti i denti, messi però in ordine sparso. A scuola mi dissero che dovevo mettere l'apparecchio perché, con i denti davanti, disturbavo i miei compagni di banco.

MARIA ROSSI

Così, per seguire la vocazione del rock, ho dovuto fare delle cose incredibili: per un certo periodo ho anche... devo ammetterlo... ho anche lavorato! È stato un periodo

pazzesco, durissimo. Non dimenticherò mai quei venti minuti!
FRANCESCO SALVI

È un figo: fa la pallanuoto di dorso per non farsi andare l'acqua negli occhi.
FRANCESCO SALVI

La mia fidanzata è così piatta che potrei spedirla per fax.
FRANCESCO SALVI

Eravamo cosi poveri che non ci potevamo permettere i film porno. Cosi andavamo alla stazione a vedere i partenti che si baciavano.
SANDORR

Il problema è che una donna sola per me è troppo.
VITTORIO SGARBI

Bob Lanier ha il 56 di piedi. Lui, le scarpe, non le pulisce. Le manda al lavaggio per auto.
LYNN SHACKLEFORD

La mia camera d'albergo è così piccola che, quando muoio, non ci sarà bisogno di mettermi in una bara. Basterà che mettano i manici alla mia camera.
HERB SHRINER

Ha l'alito talmente pesante che quando sale in macchina all'arbre magique cascano le foglie.
SKIZZO

Il principe di Monaco ha riconosciuto un altro figlio. Se va avanti così avrà più figli che sudditi.
SKIZZO

Il paese dove abito è così piccolo che alla sera ci ritroviamo in casa e parliamo male di noi stessi.
SOLINAS

Ho avuto seri dubbi sulla qualità della mia auto quando ho visto uno scarabeo stercorario che mi voleva aiutare a spingerla.
SALVO SPOTO

Son diventato così ipocondriaco che dopo aver fatto il bagno aspetto tre ore prima di mangiare.
ANTONELLO TAURINO

Ognuno ha la faccia che ha, ma c'è gente che esagera!
Totò

Ho le mani di ferro: ogni volta che mi tocco, mi faccio male, lividi... Una volta per ricordarmi dove stavo di casa ho fatto un nodo a un lampione.
Totò

È una ragazza casa e chiesa. Sì, ma nel tragitto cosa fa?
Totò

Ci sono stati dei periodi in cui il fondo dei miei pantaloni era così sottile che potevo sedermi su un nichelino e sapere se era testa o croce.
Spencer Tracy

L'inquinamento è così avanzato che quando ho gonfiato le ruote della mia auto, due di loro sono morte.
Lee Tully

La mia donna è talmente porca che quando giochiamo a Monopoli al posto degli alberghi mette direttamente i motel.
Carlo Turati

Quando vado a letto sono così rilassato che sono le pecore a contare me.
Daniele Turozzi

«Il mare è pieno di mucillagine.» «Che mi frega, tanto io sto sulla spiaggia a fare castelli di merda!»
Vauro

I bar a La Spezia chiudono alle 22.00, massimo 22.30; gli spezzini sono così poco abituati alla vita notturna che una sera in un locale che ha chiuso per sbaglio alle 23.00 ci siamo abbracciati e stappando le bottiglie abbiamo gridato: «Buon anno!».
Dario Vergassola

Io sono comunista, ma talmente comunista che quando ero bambino cercavo di mangiarmi da solo.
Dario Vergassola

La Spezia è una città triste, ma così triste che Isernia al confronto sembra Las Vegas.
Dario Vergassola

Sono Ermanno, il vigile detto "Il Richiamo": quando fischio io le

automobili si fermano e i pedoni tirano i rigori!
VITO (STEFANO BICOCCHI)

È così vecchio che a giocare a dama gli viene il fiato corto.
ED WINN

Sei tarmente brutto che se te vede Dario Argento ce fa 'na trilogia!
WWW.TURBOZAURA.IT

Zsa Zsa Gabor si è sposata così tante volte che ha i segni dei chicchi di riso sulla faccia.
HENNY YOUNGMAN

Faceva così freddo che ho visto un politico con le mani nelle sue tasche.
HENNY YOUNGMAN

Certo che la Florida ha un tempo tutto suo. Freddo? Ho dovuto mettere l'antigelo nella mia lozione abbronzante.
HENNY YOUNGMAN

Mio padre era conosciuto come l'ubriacone della città. Voglio dire, nella maggioranza dei casi non è così terribile, ma noi abitavamo a New York!
HENNY YOUNGMAN

Ho una casa fantastica. A soli venti minuti dal centro. Col telefono.
HENNY YOUNGMAN

Lo squalo mi ha ricordato mia moglie. Una volta, infatti, è riuscita a non farsi mordere da uno squalo. Ha aperto la bocca per prima.
HENNY YOUNGMAN

La mia donna ideale deve avere il capezzolo che sta in una coppa di champagne.
CHECCO ZALONE (LUCA MEDICI)

Ho sposato un uomo talmente peloso che la mattina, quando si sveglia, è coperto di rugiada.
GIORGIO ZANETTI

È talmente brutta che l'ultima volta che l'ho portata al ristorante, il cameriere ha dato la mancia a me.
ZANZARA, DI *AENIGMATICA*

Era talmente brutta che davanti alla finestra c'era un guardone che dormiva.

MARIO ZUCCA

ESAME

Esame di medicina. «Mi parli dell'apparato genitale maschile» «Sì, dunque, è composto da un osso...» «Le sarà sembrato, signorina...»

ANONIMO

Esame di anatomia. «Signorina, qual è l'organo che può dilatarsi fino a venti volte rispetto alla misura a riposo?». La studentessa, tutta rossa: «Il pene...». Il professore: «No, è l'iride, comunque complimenti al suo ragazzo».

ANONIMO

Esame di fisica. Si presenta il primo studente. Il professore: «Sei in treno, in uno scompartimento. Fa caldo. Che fai?» «Mah, apro il finestrino.» «Bravo. Ora calcola la variazione di entropia.» «Mi servirebbe qualche dato in più...» «No!... Lo sai?... No? Va bene, vai». E il primo viene sbattuto fuori. Arriva il secondo, poi il terzo, il quarto e il professore fa la medesima domanda con lo stesso risultato. Arriva l'ultimo studente: «Sei in treno, in uno scompartimento. Fa caldo. Che fai?» «Mi tolgo la giacca.» «Sì, ma fa ancora caldo, che fai?» «Mi allento la cravatta.» «Ma fa ancora caldo...» «Mi sbottono la camicia». Incazzandosi: «Sì, ma fa ancora tanto caldo, che fai?» «Senta professore, può fare quanto caldo vuole. Ma io quel cazzo di finestrino non lo apro!»

ANONIMO

La prima volta che ho dato l'esame per la patente mi hanno bocciato per colpa di un ciclista... buonanima.

FEDERICO BASSO

«Guarda me: anch'io ho gli esami, eppure vedi come sono tranquillo?» «Che c'entra! Lei è professore...»

BRUNO D'ALFONSO

Il mio paese è così piccolo che quando accendo l'aria condizionata tutti sono convinti che sia cambiata la stagione.

MARIA ROSSI

ESECUZIONE
vedi ***Pena di morte***

ESERCITO
vedi ***Militare***

ESIBIZIONISTA

Ieri stavo camminando per strada quando una ragazza si gira e mi dice: «La vuole smettere di seguirmi, brutto maniaco?». Io le faccio: «Ma signorina, non sono un maniaco, stiamo solo fa cendo la stessa strada!». E lei: «E allora almeno si rimetta l'uccello nei pantaloni!».
LORENZO BOSIO

Ti prego Barbara non qui!
Non ci vede nessuno!
DANIELE LUTTAZZI

ESPERTO *(Consulente)*

Un esperto è una persona che sa sempre di più su sempre di meno, fino ad arrivare a sapere tutto di nulla.
ARTHUR BLOCH

Era un grande esperto di tè, capace fin dal primo sorso di dirti se il tè era caldo o freddo.
GIOVANNI CELLINI

Se Colombo avesse avuto un comitato di consulenti, probabilmente sarebbe ancora attraccato al molo.
ARTHUR GOLDBERG

Un esperto è un uomo che ha smesso di pensare. Perché dovrebbe pensare? È un esperto.
FRANK LLOYD WRIGHT

Vengo da un ambiente dove, se si vede un serpente, lo si uccide. Alla General Motors, se vedi un serpente, per prima cosa assumi un consulente sui serpenti.
H. ROSS PEROT

Il consulente è un tizio qualunque che abita a più di settanta chilometri da casa tua.
ERIC SEVAREID

ESPLOSIVO
vedi **Bomba**

ESSERE UMANO
vedi **Uomo**

EST *(Ovest)*

«Ah, sei ucraina. E cosa facevi in Ucraina?» «Insegnavo ucraino.» «Perché, lì non lo sanno?»
ALE E FRANZ

Spiace vedere tante ragazze dell'Est che vengono in Italia col miraggio della prostituzione e poi finiscono col fare le veline.
DIMUNNO E TAMBORRINO-MISTER FOREST

Errare humanum est.
Perseverare è a ovest.
FICHI D'INDIA

«Dunque: il sole tramonta a est, giusto?» «No! Il sole tramonta a ovest!» «Quello se tu sei a est! Ma noi siamo nel far west, cioè a ovest, quindi oltre l'ovest del tramonto!» «Già, e io sono a sud di un cretino!»
SCAPPO DALLA CITTÀ 2

ESTATE

«Ma dottor Scalfari, cosa fa così imbacuccato?» «L'estate mi ha deluso. Quest'anno appoggio l'inverno.»
ALTAN

«Tesoro, ho vinto un miliardo al tòcalcio! Presto, prepara la valigia!» «Fantastico! E cosa devo metterci, roba d'estate o d'inverno?» «Mettici tutto che vai fuori dalle balle!!!»
ANONIMO

Il mio palazzo è molto degradato: in inverno si muore di freddo, in esta-

te si muore di caldo e in autunno cadono i balconi.
ALESSANDRO BRUNELLO

Quando vedete degli insegnanti che gironzolano annoiati per le strade, simili a cannibali durante una carestia di missionari, allora sapete che è estate.
ROBERT DAVIES

I miei genitori mi mandano spesso a trascorrere l'estate coi nonni. Ma io detesto i cimiteri.
CHRIS FONSECA

«Questo è il mio appartamento. Ti piace? È arredato in stile invernale.» «E com'è d'estate?» «Con le finestre aperte.»
JUDD HIRSH

Tutti nella vita hanno la stessa quantità di ghiaccio. Però il ricco d'estate, il povero d'inverno.
BAT MASTERSON

Ogni estate mi rendo sempre più conto che stiamo trasformando questo pianeta in un forno. Ormai uso un deodorante al rosmarino.
ALESSIO PARENTI

L'inverno è realtà,
l'estate è illusione.
TOIVO PEKKANEN

L'estate nella bassa padana è terribile. Ho visto polli che giravano su se stessi convinti di essere nel girarrosto!
MARIA ROSSI

Luglio, mese in cui non si riesce ad aprire quel finestrino del tram che non si riesce a chiudere in dicembre.
JULIAN TUWIN

L'inverno più freddo che abbia mai trascorso è stata un'estate a San Francisco.
MARK TWAIN

ESTETICA

(Ceretta - Crema - Spa)

E quando lei: «Ma teeee... perché invece di passare le giornate all'ippodromo non mi paghi l'estetista?» «Perché con i cavalli un minimo di speranza ce l'hai.»
STEFANO BELLANI

Ho provato una crema antirughe talmente forte che mi ha cancellato la riga del culo!
GIORGIO CENTAMORE

«Ma sei così brutto de natura o usi 'na crema?»
CITATA DA FLAMINIA DALLA CHIESA

Al mio paese hanno aperto un centro estetico. Si chiama "Highlander". Non perché prometta vita eterna, ma perché ti depilano con uno spadone urlando: «Ne resterà solo uno!».
GIUSEPPE GIACOBAZZI

Sì, è vero. Dopo l'incidente avevo perso la sensibilità alla gamba. Ma sai che figata quando mi facevo la ceretta?
CARLA LA SORTE

Il sole si rimpicciolisce di un metro e mezzo ogni ora. Un giorno sarà bruciato tutto, e vi sentirete dei cretini ad aver comperato, per non scottarvi, tutte quelle creme a filtri solari.
DAVID LETTERMAN

Credo che l'industria della cosmetica dovrebbe essere onesta. Le istruzioni su una crema idratante dovrebbero essere: "Massaggiare delicatamente sul collo e sul viso, e accettare che siete vecchi".
PENELOPE LOMBARD

Sono in una discreta forma se consideriamo la forma dentro la quale sono.
MICKEY ROONEY

Non riuscirei mai a farmi la ceretta al culo. La cosa più vicina che ho fatto è stato fargli dei ciuffetti, ma i bigodini mi hanno ucciso.
SARAH SILVERMAN

Certo che la Florida ha un tempo tutto suo. Freddo? Ho dovuto mettere l'antigelo nella mia lozione abbronzante.
HENNY YOUNGMAN

ESTINZIONE
vedi ***Fine del mondo***

ETÀ

Mi è impossibile dirvi la mia età: cambia tutti i giorni...
ALPHONSE ALLAIS

Mi trovo in quella fase della vita in cui se una ragazza mi dice di no, io le sono profondamente grato.
WOODY ALLEN

I dieci migliori anni di una donna? Quelli tra i 25 e i 26.
ANONIMO

Se penso che Mozart morì a trentacinque anni, mi vergogno di essere ancora vivo.
ANONIMO

Il segreto per restare giovani è vivere onestamente, mangiare lentamente e mentire sull'età.
LUCILLE BALL

L'altro giorno mia moglie ha incontrato un tale che lei conosceva quando avevano la sua stessa età.
MILTON BERLE

Provengo da una famiglia longeva. Mia mamma è morta a 102 anni, e soltanto perché si era distratta un attimo.
PAOLA BORBONI

L'età delle donne si calcola sommando quella che dicono di avere a quella che dà la loro amica e poi dividendo per due.
LEO CAMPION

Il "carbonio 14" è un metodo di datazione scientifica estremamente comodo e preciso. Per esempio si può conoscere l'esatto anno di morte di Aristippo di Cirene esaminandone i resti della colonna vertebrale senza prendersi la briga di consultare un manuale.
ANTONELLO COMMISSO

Intervistatrice: «Dicono che un uomo di sessant'anni, calvo, sia molto sexy.»
Sean Connery: «Non saprei, non sono mai andato a letto con un sessantenne calvo!»
SEAN CONNERY

Insegnante: «Johnny, quanti anni ha una persona nata nel 1902?»
Studente: «Uomo o donna?»
LEWIS & FAYE COPELAND

Povero Silvio... Molti mi chiedono quanti anni ha... io non lo so, comunque ne dimostra meno!
ANTONIO CORNACCHIONE

Recentemente ho compiuto 50 anni, che è un'età giovane per un albero, media per un elefante, e avanzata per un jogger il cui figlio dice: «Papà, non vengo più a correre con te a meno che non mi porti qualcosa da leggere!».
BILL COSBY

«Per voi uomini è diverso: Charlie Chaplin ha avuto figli fino a 73 anni.» «Sì, ma non riusciva a tenerli in braccio!»
BILLY CRYSTAL-MEG RYAN

Nonno: «Quanti anni hai?»
Nipote: «Dieci anni.»
Nonno: «Dieci anni? Io alla tua età ne avevo almeno dodici!»
GIORGIO DELUCA

Penso che sia meraviglioso che siate intervenuti al quarantatreesimo anniversario del mio trentanovesimo compleanno. Abbiamo deciso di non mettere le candeline sulla torta, quest'anno. Avevamo paura che un aereo della Pan Am le scambiasse per una pista di atterraggio.
BOB HOPE, PER IL SUO OTTANTADUESIMO COMPLEANNO

Zsa Zsa Gabor è magnifica. Ha scoperto il segreto dell'eterna mezza età più qualche annetto.
GENE KELLY

Se George Washington fosse vivo oggi sarebbe notato soprattutto per la sua incredibile età!
JACK KLUGMAN

Mi rifiuto categoricamente di rivelare la mia età. Cosa sono, un'auto?
CINDY LAUPER

Sì, ho cinquant'anni. Ma se togliete tutto il tempo che ho aspettato i bagagli all'aeroporto...
GROUCHO MARX

L'unico momento della nostra vita in cui ci fa piacere che gli anni aumentino è quando siamo bambini. Se hai meno di 10 anni sei così eccitato dall'idea di crescere che pensi in frazioni: «Quanti anni hai?» «6 e mezzo!» Non avrai mai 36 anni e mezzo. «Ho 4 e mezzo, vado per i 5...». Vai per... Il giorno più bello della tua vita diventi ventunenne. Poi ne hai 30 passati. Suona come latte scaduto. Poi ti avvicini ai 40. Ti avvicini, ma tutto ti sfugge. Poi arrivi ai 50. «Che fine hanno fatto i miei sogni?». Compi vent'anni, passi i 30, ti avvicini ai 40, raggiungi i 50 e ce la fai ad arrivare ai 60. Poi, avendo nel frattempo accumulato velocità, rasenti i 70.
E dopo? Dopo diventa una storia giorno per giorno. Raggiungi mercoledì. Quando ti ritrovi ottantenne, raggiungi l'ora di pranzo. Mia nonna, per esempio, non comprava mai banane acerbe. Ma non finisce lì. Dai 90 in poi cominci ad andare a ritroso. «Avevo soltanto 92 anni...». Poi succede un fatto strano. Se ce la fai a superare i 100, torni bambino: «Ho 104 anni e mezzo...».
LARRY MILLER

Amore, ogni giorno penso con un po' di rammarico che le cose belle durano poco e tu... hai quasi quarant'anni.
CARLO NEGRI

Non è vecchio. Nonostante le apparenze, ha trentacinque anni. Per tenersi in forma fa molto sport. Tutte le mattina fa dieci chilometri di jogging. Però li fa correndo all'indietro, quindi anziché mantenerlo giovane lo invecchia.
ALESSIO PARENTI

Mia nonna aveva novantaquattro anni, ma non li dimostrava affatto. Sembrava mooolto più vecchia!
VALERIO PERETTI CUCCHI-MARIO ZUCCA

Quanti anni ho? È evidente che un uomo, alla mia età, non può averne di più.
ETTORE PETROLINI

Oggi è il quinto anniversario del trentanovesimo compleanno di mia moglie.
BOB PHILLIPS

I 40 anni sono quell'età in cui ci si sente finalmente giovani. Ma è troppo tardi.
Picasso

«Ho sette anni. Ne compirò otto tra due settimane.» «Non contarci troppo.»
Piccola peste

All'uomo reso imbecille dagli anni non credo: era già imbecille da adolescente.
Pitigrilli

Cinquant'anni!... La vecchiaia per i giovani, la giovinezza per i vecchi!
William Powell

Le sette età di una donna sono: neonata, bambina, signorina, giovane donna, giovane donna, giovane donna e giovane donna.
Herbert V. Prochnow & Herbert V. Prochnow jr.

Viviamo anni difficili. Gli anni Settanta erano gli anni di piombo, si viveva male e sembrava di aver toccato il fondo; poi sono arrivati gli anni Ottanta e sono stati veramente di merda. Ma adesso è peggio, molto peggio: anche la merda sta prendendo le distanze dagli anni Novanta.
Paolo Rossi

Le donne, con l'età, sono una roba incredibile, è qualcosa di innato. Ieri ho visto una bambina di tre mesi, le ho chiesto quanti anni aveva e mi ha risposto: «Due settimane».
Francesco Salvi

Avrete sentito parlare delle tre età dell'uomo: la giovinezza, la maturità e la "ma stai benissimo!".
Cardinale Spellman

Gli attori non dimenticano mai la loro età... una volta che stabiliscono qual è.
Today's Chuckle

Analfabeta: «Devo scrivere una lettera di carta...»
Totò (che per campare scrive lettere su dettatura): «Lei è ignorante?»
Analfabeta: «Sì.»
Totò: «Bravo! Viva l'ignoranza! Tutti così dovreste essere! E se ha dei figlioli non li mandi a scuo-

la per carità! Li faccia sguazzare nell'ignoranza!»
Analfabeta: «Io tengo un nipote... Devo scrivere una lettera a lui!»
Totò: «Quanti anni ha questo compare?»
Analfabeta: «Quarantacinque...»
Totò: «Quarantacinque? (tira fuori una lettera già scritta) Questa va benissimo... Vede, noi le lettere le scriviamo prima, di modo che quando arriva una persona guadagnamo tempo... Lui ha quarantacinque anni?»
Analfabeta: «Sì!»
Totò: «Perfetto! Questa lettera io l'ho scritta tre anni fa per un signore che ne aveva quarantadue...»
Totò

La vita sarebbe infinitamente più felice se noi nascessimo a ottant'anni e gradualmente ci avvicinassimo ai diciotto.
Mark Twain

Quanti anni ho? Ventiquattro, come il numero omonimo.
Francesco Vespa

ETERNITÀ
vedi ***Immortalità***

ETICA
vedi ***Moralità***

EUNUCO
vedi ***Castrare***

EURO

Maroni ha detto che sarebbe bello tornare indietro nel tempo, quando non c'era ancora l'euro... A molti piacerebbe tornare ancora più indietro, quando non c'era nemmeno Maroni.
Antonio De Luca

Ficarra: «Caro mio, con questo euro non si campa più, è rincarato tutto. Io lo vedo, per esempio, nel

mio campo. Nella musica. I cd sono aumentati.»
Picone: «La gente non li compra.»
Ficarra: «E si alimenta il mercato dei cd originali!»
Ficarra e Picone

Il passaggio dalla lira all'euro giustifica l'aumento dei prezzi, come il passaggio dal miglio al chilometro quello degli incidenti stradali.
Pietro Riccardi

Da quando è entrato in vigore l'euro c'è talmente tanta crisi che la mafia ha dovuto licenziare tre politici.
Francesco Rizzuto

EUROPA

Gli americani, come europei, non sono granché.
Barbara Hershey

L'Europa ha costruito un impero... rubando paesi. Ecco come si costruisce un impero: si rubano paesi con l'astuto utilizzo di una bandiera. Giri per il mondo e pianti una bandiera: «Dichiaro l'India un territorio inglese.». E gli indiani: «Come sarebbe, noi ci viviamo! Siamo cinquecento milioni!» «Avete una bandiera?»
Eddie Izzard

Chissà quante mamme mongole piangono perché hanno un figlio europoide.
Marcello Marchesi

Le fogne di Milano sono le più sane d'Europa. Ci puoi buttare dentro di tutto; per esempio i cotton fioc, che nelle altre città d'Europa sono vietati perché spaccano i depuratori; a Milano lo puoi fare perché manca il depuratore... infatti vengono qui a scaricarli camion da tutta Europa.
Maurizio Milani

Per le strade di Bombay per avere aria pulita gli europei respirano sotto le ascelle.
Mario Muraro

«Generale, raduni un reparto e faccia invadere l'Europa.»
Il Presidente Roosevelt al generale Eisenhower

C'è una ragazza che s'aggira per l'Europa. Dire interessante è dire poco. Dire ideale è riduttivo. Dire fantastica significa voler abbassare a un'espressione banale un concetto di esagerata elevatezza. Dire bella è dire troppo.
Francesco Salvi

Sono il più grande teorico della figa in Italia e il più grande pratico della sfiga in Europa.
Dario Vergassola

EVIDENZIATORE
vedi **Penna**

EVOLUZIONE
(Darwin Charles - Evoluzionismo)

A Baranzate di Bollate le pantegane sono mutate geneticamente e la sera si prostituiscono.
Alessandro Brunello

Nella sua arroganza l'uomo attribuisce la propria origine a un piano divino. Io credo più umile e verosimile vederci creati dagli animali.
Charles Darwin

La femmina non sceglie il maschio più attraente, ma il meno repellente.
Charles Darwin

Se ogni volta che ci si incarna si evolve, che cos'era nella vita precedente Gigi Marzullo?
Fabio Fazio

Ma chi è l'uomo medio? È colui che ha negato per secoli che la terra girasse, che ha gettato nel rogo le streghe e ha bruciato i pazzi; che ha massacrato Pisacane e gli eroi del Risorgimento. È colui che è destinato a essere smentito dalla storia, dalla vita e dalla scienza mentre la Società si evolve e si trasforma! Vuoi vedere che l'uomo medio sono io?
Marcello Marchesi

L'altro giorno guardavo una lumaca e ho pensato: «Che fortunate le lumache, nascono già con una casa». Questa cosa mi ha fatto venire in mente la teoria dell'evoluzione della

specie, e mi è venuto un dubbio. Se questa storia dell'evoluzione della specie fosse vera, dovrebbero esistere anche le lumache a schiera.
MIRCO ZILIO

EVOLUZIONISMO
vedi **Evoluzione**

EX

Ho incontrato la mia ex moglie in un ristorante e siccome sono un libertino mi sono avvicinato a lei fluttuando e le ho chiesto esitando: «Che ne dici di tornare a casa e fare l'amore ancora una volta?». E lei mi ha risposto: «Sul mio cadavere!». Io allora ho replicato: «Perché no, è come lo abbiamo sempre fatto».
WOODY ALLEN

Quando il mio ex fidanzato mi ha lasciata, il giorno dopo ho ricevuto un biglietto. Diceva: "Non te la prendere. Perché per uno per cui te la prendi, c'è sempre un altro a cui gliela dai!".
BRUNELLA ANDREOLI

Mi ricordo ancora il mio primo terremoto in California: ero a letto con la mia futura ex moglie quando il letto ha cominciato a tremare. Il mio primo pensiero è stato: «Ragazzi questa troietta me la sposo subito!». Poi la stanza ha cominciato a tremare, allora ho pensato: «Ragazzi, questa sarà mia moglie per taaaaanto tempo!».
RICHARD BELZER

Il suo ex si era ucciso lanciandosi contro una sega circolare. La tv era sul posto e riprese l'avvenimento. Il filmato fu mandato in onda a spezzoni.
DANIELE LUTTAZZI

Adamo avrà avuto i suoi problemi, ma certamente non doveva sentire Eva parlare degli uomini che aveva sposato prima!
BOB PHILLIPS

La mia ex era così cretina che i dieci mesi che sono stato con lei me li hanno considerati come servizio civile.
ANTONELLO TAURINO

Lo so che non sembro uno psicologo... se è per questo neanche la mia ex ragazza sembrava una zoccola.
RENATO TRINCA

EXTRACOMUNITARIO
(Immigrato)

Ieri sono entrati i ladri in casa mia. Una mia vicina sostiene che erano albanesi. Io credo invece che fossero filippini: sono spariti duecento euro, ma c'erano tutte le camicie stirate.
FEDERICO BASSO

Croato, sloveno o bosniaco poco importa. Basta che il parabrezza lo pulisca come Dio comanda.
DAVIDE CECCON

È bene diffidare dei marocchini che propongono l'acquisto di un sonar perché sicuramente è stato rubato da un tossicodipendente a un sommergibile.
GENE GNOCCHI

Molti immigrati illegali vengono negli Usa per svolgere lavori che gli americani si rifiutano di fare. Oggi, per esempio, un tizio del Guatemala ha sposato Liza Minnelli.
JAY LENO

Hai mai visto come fa l'amore un marocchino? No? Allora la sera torna a casa prima!
UMBERTO PROIA

Italia ha tropi stranieri. Ogni volta che me fermo a semaforo, c'è uno che me vuole lavare vetro: «Che cazijo lavi vetro, no vedi che machina è rubata?».
RATKO (LUCA KIOBAS)

Io è stanco, che ogni volta che va con mia dona a ristorante e siede in angolino per stare tranquillo, arriva uomo de India o Pakistan con mazzo de fiori: «Prego signore compra rosa per tua dona...» «No volio fiori, non vedi che è ancora viva!».
RATKO (LUCA KLOBAS)

Io ve amo Italia, perché io è arrivato qva, voi me avete accolto come stella de Hollywood: come sono

arrivato me avete preso impronte de mani e piedi!
RATKO (LUCA KLOBAS)

Furio Scartezzini! Che mentre tu sei bello e tranquillo al bar che leggi un articolo sul morbo del legionario e pensi: «A me che cazzo me frega, io vivo in Italia», in quella passa un marocchino che vende accendini e che inciampando finisca con un suo dito nella tua bocca e a te ti viene un dubbio...
PAOLO ROSSI

L'altro giorno al mare ho fatto un tuffo e sott'acqua ho trovato un marocchino che voleva lavarmi il vetro della maschera.
TEO TEOCOLI

«Papà, da oggi vado a pestare i negri.» «Siamo in un Paese civile, figliolo, si dice extracomunitari!»
VAURO

F

FABBRICA
vedi **Operaio**

FACCIA

Le hanno fatto talmente tanti lifting facciali che adesso è fuori fuoco!
MILTON BERLE

Sì lo so: sono quello che si può definire il classico "volto nuovo"... Però pure voi, a guardarvi bene in faccia, ma chi vi ha visto mai!
FEDERICO BIANCO

La guerra civile si distingue da quella incivile per l'educazione dei modi. Per esempio: «Scusi, le dovrei sparare, come preferisce che le spari: di faccia o di profilo?» «Di faccia, grazie; di profilo non muoio mai bene».
PINO CARUSO

Da piccolo avevo un sacco di brufoli. Un giorno, in biblioteca, mi sono addormentato. Al mio risveglio un cieco mi stava leggendo la faccia.
RODNEY DANGERFIELD

Il mio chirurgo plastico mi ha detto che ho la faccia che sembra un bouquet di gomiti.
PHYLLIS DILLER

«Lo sai che mi son fatta gonfiare le labbra?» «Sì ma se non ti fai sgonfiare il resto della faccia mica si vede!»
DUO DI PICCHE

Scusa, mi presteresti la tua faccia che devo fare una figura di merda?
ALESSANDRA FAIELLA-MARINA MASSIRONI

Non mi ricordo mai una faccia, in compenso però dimentico i nomi.
LEOPOLD FETCHNER

Credo che io stia diventando calvo. Ci metto sempre più tempo per lavarmi la faccia.
HARRY HILL

Phyllis Diller s'è fatta talmente tanti lifting alla faccia che non le è rimasto più niente nelle scarpe.
BOB HOPE

Preferisco avere il mio piede destro piuttosto che un bel viso.
NIKI LAUDA

Se avessi due facce, pensate che userei questa qui?
ABRAHAM LINCOLN

Scusi, quello è un naso o ha un pullman parcheggiato in faccia?
STEVE MARTIN

Non dimentico mai una faccia, ma nel vostro caso farò un'eccezione.
GROUCHO MARX

«La sua faccia non mi è nuova. Posso averla vista da qualche altra parte?» «Non credo, è sempre stata in mezzo alle mie orecchie.»
Pat Morris

Oggi in aereo si vedono le facce che una volta si vedevano sul tram.
Dino Risi

Non ho in programma di invecchiare bene. Prevedo di farmi fare dei lifting finché le orecchie non si toccheranno.
Rita Rudner

Liz Taylor si è risposata. L'età non conta quando uno decide di rifarsi una vita. E i fianchi, la faccia...
Gabriella Ruisi

È una faccia che va in tre direzioni contemporaneamente: il naso è sempre in procinto di diventare una proboscide, la bocca gonfia cede alla forza di gravità e il mento fa del suo meglio per sparire nel collo.
John Simon

Ognuno ha la faccia che ha,
ma qualche volta si esagera.
Totò

Lady Alice Chapman aveva una di quelle caratteristiche facce inglesi che, viste una volta, non si ricordano più.
Oscar Wilde

FAI DA TE

Sono contento di sentire che il mio avversario si definisce un uomo fatto da sé. Questo certamente solleva Dio da una responsabilità agghiacciante.
Joe Claro

Abbracciati da sola
che c'ho d'anda' via.
Paolo Migone

Io mi sono fatta da sola.
Platinette

FALLIMENTO
vedi ***Successo***

FALSITÀ
vedi **Bugia**

FAMA *(Famoso)*

Non occorre essere ricchi e famosi per essere felici. Basta essere ricchi.
ALAN ALDA

Oggi sono più conosciuto: faccio cilecca con donne più belle.
WOODY ALLEN

Mi ci sono voluti quindici anni per scoprire che non avevo alcun talento come scrittore, ma non potevo smettere perché a quel punto ero troppo famoso.
CAROL CHANNING

ll tennista Roger Federer è l'unico svizzero a essere diventato famoso in tutto il mondo senza fare tic-tac.
GINO&MICHELE

Milano è famosa in tutto il mondo perché ha due grandi squadre di calcio: l'Inter e le riserve dell'Inter.
GINO&MICHELE

La cosa bella dell'essere famosi è che, quando annoi le persone, queste pensano che sia colpa loro.
HENRY KISSINGER

Un attore fa di tutto per diventare celebre e poi, quando ci riesce, si mette un paio di occhiali scuri per non farsi riconoscere.
MARCELLO MASTROIANNI

Un tifoso al poco noto giocatore romanista Cesar Gomez: «A' Gomez, ce l'hai un fojio che te faccio n'autografo?».
CITATA DA ALESSANDRO PARODI

Prima ero solo grasso, adesso che sono anche famoso tutti mi cercano. Anche il sindaco della mia città cerca di coinvolgermi in tutte le iniziative. Quest'anno ho preso parte al presepe vivente. Facevo la Palestina.
DANIELE RACO

Martirio... L'unico modo in cui un uomo senza alcuna abilità può diventare famoso.
GEORGE BERNARD SHAW

Cosa cambia quando diventi famoso? Beh, resti stronzo esattamente quanto prima, ma ora lo sanno molte più persone.
ANTONELLO TAURINO

Nel futuro ognuno sarà famoso per quindici minuti.
ANDY WARHOL

FAME

Quegli scolari facevano temi così belli che il loro maestro morì di fame.
FEDERICO BINI

Quando hai fame pensa a chi ne ha più di te e mangia anche per lui.
IVAN DELLA MEA

Se Cristoforo Colombo al posto di approdare in America fosse approdato davvero in India, i western sarebbero stati noiosissimi. Invece che in battaglia gli indiani sarebbero morti di fame.
GINO&MICHELE

Credo che se stessi morendo di fame potrei mangiare un cane. Ma non un collie, perché non mi piace il sapore dei collie.
JACK HANDEY

Un artista decente è destinato a essere infelice nella vita. Ogni volta che ha fame e apre il suo sacco, ci trova dentro solo perle!
HERMANN HESSE

La mendicante alla signora grassa e ricca: «Per favore, non mangio da tre giorni». L'altra: «Avessi io la tua forza di volontà».
BOB HOPE

Per dieci anni, ogni volta che scartavo il bianco del prosciutto, mia madre mi diceva che in Africa c'erano dei bambini che morivano di fame. Aveva ragione. Stamattina sono uscito e ho spedito uno scatolone per l'Africa. Conteneva venti chili di bianco del prosciutto.
GIANLUCA IRTI

Fame. Quando eravamo più magri stavamo più vicini.
GEORG KAISER

"Nouvelle cuisine", tradotto, significa più o meno: "Non posso credere di aver speso 96 dollari e di avere ancora fame".
MIKE KALIN

Mao è un imbecille. Con il suo estremismo egualitario finirà per mettere persone perfettamente uguali tra loro di fronte a piatti ugualmente vuoti.
NIKITA SERGEEVIC KRUSCEV

Durante la guerra avevamo una tale fame che quando aprivamo la credenza c'erano dentro i topi che piangevano.
GIANNI MAGNI

Odio quelle che mangiano l'insalata, quelle che se ne stanno in silenzio. Sapete, quel tipo di donna che portate a cena e le dite: «Cosa vuoi mangiare, tesoro?» «Solo dell'insalata, grazie!» e sentite il suo stomaco che fa waggr, oggrr, oggrr. «Non so perché il mio stomaco fa questo rumore». Perché hai fame, stupida!
EDDIE MURPHY

Mamma: «Mangia gli spinaci. Pensa a quelle migliaia di bambini che stanno morendo di fame e adorerebbero un po' di spinaci come questi.
Billy: «Nominamene due.»
BOB PHILLIPS

Il nostro rabbino è così povero che, se non digiunasse al lunedì ed al giovedì, morirebbe di fame.
PROVERBIO EBRAICO

L'altro giorno non riuscivo a capire se sbadigliavo per il sonno o per la fame. E così, nel dubbio, mi son mangiato un cuscino.
ANTONIO RICCI

Appartengo a una famiglia affamata, mia mamma era solita contarci dopo ogni cena.
BOB SHAW

Non potevo dormire, così mi sono alzato. Avevo fame, ma siccome non c'era niente in casa sono andato in un ristorante aperto 24 ore. Arrivato lì un tale stava abbassando la saracinesca: «Siamo chiusi» mi ha detto. «Come sarebbe a dire? C'è scrit-

to "Aperto 24 ore"!» «Sì, ma non di seguito.»
STEVEN WRIGHT

FAMIGLIA

Mio papà ha sposato mia mamma, mio zio ha sposato mia zia, mio nonno ha sposato mia nonna... Per quale motivo io dovrei sposare una sconosciuta?
STEVE ALLEN

Lou è un animale. Nella sua famiglia lui fa parte solo della seconda generazione che sta ritta in piedi!
A SCUOLA CON PAPÀ

Felicità è avere una grande, deliziosa, confortante, unita famiglia in un'altra città.
GEORGE BURNS

«Hai mai pensato di iscriverti al Partito Socialista.» «No grazie, sono ricco di famiglia.»
ATTRIBUITA A MASSIMO CACCIARI IN UN DIALOGO CON GIANNI DE MICHELIS

Amo arrivati al paese con la macchina, io e Derelitta davanti, Oronzo dietro e le ragazze tutte e tre su un carrello al traino perché se entrano loro più Derelitta per il peso alla macchina si piegano le ruote sotto che sembra una lucidatrice. L'ultima volta che amo fatto il viaggio così per arrivare ci amo messo trentasei ore però indietro di noi la sfalto era lucida come se ci avevano dato la cera.
VITO CATOZZO (GIORGIO FALETTI)

Io sono sposato da 18 anni. Dopo 18 anni la moglie diventa come uno di famiglia e a me non va di fare sesso con un parente.
STEFANO CHIODAROLI

Sai di vivere negli anni 2000 quando... hai una lista di quindici numeri di telefono per raggiungere la tua famiglia di tre persone.
DALL'E-MAIL *YOU KNOW YOU'RE LIVING IN 2000 WHEN...*

Le cose cambiano, il tempo passa e mi sono fatto una nuova famiglia. Vi ricordate mio figlio Alcatraz, il condor? Ormai è sistemato, ha seguito

le orme del padre: non fa un cazzo. Con la mia nuova famiglia ho tre figli: Thomas, Nicholas e Giuseppes, per coerenza.
Alex Drastico (Antonio Albanese)

Uno che arriva ad affacciarsi alla finestra tutte le domeniche all'ora di pranzo per gridare a una folla di turisti in difesa della famiglia e dei figli, ma perché non si sposa lui?
Fabio Fazio

Eravamo una famiglia molto povera. Da piccoli mia madre cucinava sempre con il dado. Mangiavamo solo se usciva il sei.
Fabrizio Ferri

Mio papà picchiava la mamma più per tradizione che per necessità. E quando il papà la picchiava, la mamma rideva. Lo faceva per non farci preoccupare. Non come le donne di adesso che vanno subito a sporgere denuncia dopo le prime tre o quattro coltellate. Che poi i figli si drogano e le famiglie si sfasciano.
Gaia (Simona Guarino)

«Mia madre è morta quando avevo sei anni. Mio padre mi ha violentata che ne avevo dodici» «Allora hai passato sei anni relativamente tranquilli!»
Stuart Gordon

La mia famiglia viveva in una tale miseria che quando finalmente siamo diventati poveri abbiamo fatto una festa.
Max Greggio

Emilio Fede quando si è presentato alle elezioni per il Psdi ha preso cinque voti. In famiglia sono in sei: sta ancora cercando il franco tiratore.
Beppe Grillo

A quanto pare, nel mondo una persona su cinque è cinese. E ci sono cinque persone nella mia famiglia, per cui una di loro deve essere cinese. O è mia mamma o mio papà... O forse il mio fratellone Colin. O il mio fratellino Ho-Cha Chu. Ma sono quasi sicuro che sia Colin.
Internet One-Liners

Non è bizzarro quando vostra nonna chiama vostro nonno: "Nonno"? E

tu sei lì: «È pure tuo nonno? Dunque tu sei mia sorella? E sei pure la mamma di mio papà? Cosa cazzo è successo, in questa famiglia?!».
EDDIE IZZARD

La mia famiglia era così povera che ogni Natale mio padre usciva di casa e sparava qualche colpo di pistola. Poi rientrava e a noi ragazzi diceva che Babbo Natale si era suicidato.
JAKE LA MOTTA

Ho una famiglia da farmi mantenere.
MINO MACCARI

Avere una famiglia è come avere una pista da bowling installata nel tuo cervello.
MARTIN MULL

Noi nella mia famiglia lavoriamo tutti. Da generazioni. Mio nonno ha fatto il capannone piccolo, mio padre il capannone grande, io il capannone grandissimo. Mio figlio si droga.
PEREGO (ANTONIO ALBANESE)

La mia famiglia è talmente povera che quando in inverno fa freddo ospitiamo in casa i bambini del quartiere che hanno la febbre.
FRANCESCO RIZZUTO

Appartengo a una famiglia affamata, mia mamma era solita contarci dopo ogni cena.
BOB SHAW

Se nella tua famiglia non c'è mai stato un suicida, perché non spezzi la monotonia.
HENNY YOUNGMAN

«La tua famiglia è felice? Oppure la sera tu rincasi?»
HENNY YOUNGMAN

FAMOSO
vedi ***Fama***

FANNULLONE *(Fare nulla)*

La cosa più deliziosa non è non aver nulla da fare: è aver qualcosa da fare, e non farla!
MARCEL ACHARD

Una conferenza è una riunione di persone importanti che singolarmente non possono fare nulla ma assieme possono decidere che non si può fare nulla.
FRED ALLEN

«Cosa fai per vivere caro?» «Più o meno l'uomo politico.» «Anche a me non piace lavorare.»
EDWARD ARNOLD-MAE WEST

Penso, quindi sono.
E non faccio un cazzo.
ALTAN

La fede nel progresso è una dottrina per i fannulloni e per i belgi.
CHARLES BAUDELAIRE

Lavorare è meno noioso
che divertirsi.
CHARLES BAUDELAIRE

Oggi il mio caporeparto mi ha detto: «Questa settimana è la quinta volta che arrivi in ritardo! Cosa devo pensare?» «Che è venerdì!».
BRUCE KETTA

Stamattina il mio caporeparto mi ha chiesto come mai sono arrivato in ufficio con due ore di ritardo. Gli ho risposto: «Scusi, me lo ha detto lei ieri che il giornale me lo devo leggere a casa!».
BRUCE KETTA

Ieri mattina abbiamo fatto una riunione in posta per smaltire la corrispondenza arretrata. A un certo punto ha preso la parola un mio collega, Pino il calabrese, che ha detto: «Ma perché na iattamu nt'u Navigliu?». Poi ha preso la parola un mio collega siciliano che ha detto: «Ma quale Naviglio e Naviglio! Minchia bruciamola! Tanto che differenza c'è tra posta celere e posta cenere?». Poi ha preso il microfono Walter, un mio collega milanese da nove generazioni, che ha suggerito: «Si potrebbe provare a consegnarla...». Walter lascia la moglie e due figli.
BRUCE KETTA-MARCO DEL CONTE

Le cose cambiano, il tempo passa e mi sono fatto una nuova famiglia. Vi ricordate mio figlio Alcatraz, il condor? Ormai è sistemato, ha seguito le orme del padre: non fa un

cazzo. Con la mia nuova famiglia ho tre figli: Thomas, Nicholas e Giuseppes, per coerenza.
ALEX DRASTICO (ANTONIO ALBANESE)

Sono il campione mondiale dei paraculi: lavoro duro per fare il meno possibile.
FIORELLO

Decise di cambiar vita, di approfittare delle ore del mattino. Si levò alle sei, fece la doccia, si rase, si vestì, gustò la colazione, fumò un paio di sigarette, si mise al tavolo di lavoro e si svegliò a mezzogiorno.
ENNIO FLAIANO

I ricchi trovano tanto straordinario lavorare anche dopo morti: «Dopo una vita dedicata al lavoro...». A chi doveva dedicarla quel pelandrone, ai canarini?
FORTEBRACCIO

Il lavoro mi piace, mi affascina. Potrei starmene seduto per ore a guardarlo.
JEROME K. JEROME

Diffidate dell'uomo che inneggia all'emancipazione della donna: sta meditando di lasciare il lavoro.
ERICA JONG

Un nuovo virus ha bloccato migliaia di computer, facendo sì che gli impiegati negli uffici di tutto il paese giocassero a solitario con delle vere carte.
CRAIG KILBORN

Ho una famiglia da farmi mantenere.
MINO MACCARI

Molti insegnanti dicono che ci sono tre valide ragioni per continuare a lavorare nella scuola: luglio, agosto e Natale.
BORIS MAKARESKO

Eravamo in tre e lavoravamo come un sol uomo. Cioè due di noi poltrivano sempre.
GROUCHO MARX

Sono stato all'ufficio postale, l'altro giorno, e mi sono accorto che è oltre l'essere lento. È inerte. Quando un impiegato si trascina sul retro,

svanisce. Sono convinto che sia un varco temporale.
DENNIS MILLER

La forma appuntita delle piramidi sta inequivocabilmente a dimostrare che, ieri come oggi, man mano che il tempo passava, gli operai tendevano a lavorare sempre meno.
GIANNI PALLADINO

In conclusione, è meglio dormire su qualcosa che non si è fatta, piuttosto che farla male e restare sveglio a preoccuparsi.
JEFF ROVIN

Una volta ho lavorato part time, ma sono stato licenziato. Era un lavoro full time.
ROWAN & MARTIN'S LAUGH-IN

Quando vedi cosa sposano certe ragazze, ti rendi conto di quanto debbono odiare la necessità di lavorare per mantenersi.
HELEN ROWLAND

Ho deciso che da grande mi voglio fare un lavoro di concetto. Di concetto di non fare un cazzo.
SABBRY (LUCIANA LITTIZZETTO)

Sono in un periodo di inattività frenetica.
FRANCESCO SALVI

Se a te non piace il tuo lavoro, non scioperi: ti presenti ogni giorno puntuale e lo fai da vera schiappa! È questo il modello americano!
HOMER SIMPSON

Io sono uno statale e come tutti gli statali lavoro pochissimo. Quando morirò sulla mia lapide scriveranno: "Qui riposa, per la seconda volta, Dario Vergassola".
DARIO VERGASSOLA

Una litigata col primario! Gliel'ho detto: «Tu sarai professore, ma io sono quindici anni che lavoro in questo ospedale e qualcosa la saprò. Se te dico che il bar il giovedì è chiuso, fìdate!».
STEFANO VIGILANTE

FAN *(Ammiratore)*

Ho talmente pochi ammiratori che ogni volta che ne incontro uno mi faccio fare un autografo.
PAOLO CANANZI

Un fan club è un gruppo di persone che dicono a un attore di non essere l'unico a pensarla in un certo modo su se stesso.
JACK CARSON

Reporter: «Come vi influenza l'adulazione delle teenager?»
John: «Quando inizio a montarmi la testa, guardo Ringo e mi rendo perfettamente conto che non siamo dei superman.»
CONFERENZA STAMPA DEI BEATLES, ANNI SESSANTA

Reporter: «Ringo, come spieghi che tu ricevi più lettere dagli ammiratori di chiunque altro nel gruppo?»
Ringo: «Non saprei. Suppongo che sia perché scrivono di più a me.»
CONFERENZA STAMPA DEI BEATLES, ANNI SESSANTA

Io sono un sostenitore del... come si chiama... rock.
GIOVANNI PAOLO II

Sono felice di conoscerla. Ma lo sa che lei è sempre stato un mio grande ammiratore?
COCHI PONZONI

FANTASCIENZA *(Marziani)*

Sono un appassionato di *Star Trek*. Ho comprato tutti i dvd esistenti in commercio della saga. Per fare questo ho venduto la macchina, la casa e ho fatto ciulare la mia donna a un amico. Mi manca ancora "L'insurrezione", cofanetto da dieci dvd e "La nemesi", cofanetto da venticinque dvd. Il numero di cellulare di mia moglie è 337352297.
DIGEI ANGELO

C'è stato un periodo che delle bande di venusiani lanciavano degli asteroidi sul parabrezza delle astronavi che andavano in vacanza.
GENE GNOCCHI

Danno ancora uno stupido film di fantascienza inglese. Si capisce che è inglese perché tutti i marziani hanno l'ombrello.
HENNY YOUNGMAN

FANTASIA

Ti masturbi? Io lo preferisco a fare sesso. Ieri sera mi sono messo su una cosetta a tre: io, Marilyn Monroe e Sophia Loren. Credo, tra l'altro, che fosse la prima volta che le due grandi attrici apparissero insieme.
WOODY ALLEN

Silvio Berlusconi Presidente del Consiglio? Pensate se fosse successo davvero!
ROBERTO BENIGNI

I lettori sono personaggi immaginari creati dalla fantasia degli scrittori.
ACHILLE CAMPANILE

Quando i tacchini fanno l'amore pensano ai cigni.
JOHNNY CARSON

Lasciate che ve lo dica, il sesso sta diventando difficile. Io e mia moglie abbiamo cercato di fare sesso per sei ore, l'altra notte, poi abbiamo lasciato perdere. Le ho chiesto: «Cos'è? Neanche tu riesci a pensare a nessuno?».
RODNEY DANGERFIELD

A volte la donna è un eccellente surrogato della masturbazione. Certo occorre un sacco di fantasia.
KARL KRAUS

Durante il sesso, io fantastico di essere un altro.
RICHARD LEWIS

Lasciamo le belle donne agli uomini senza fantasia.
MARCEL PROUST

L'autore del romanzo e tutti i personaggi menzionati sono immaginari. Non esiste una città di nome Manchester.
HOWARD SPRING

FARAONE
vedi **Egitto**

FARE CAUSA
vedi **Denunciare**

FARE CILECCA
vedi **Impotenza**

FARE L'AMORE
(Scopare)

Non mi stupirei se il mio prossimo paziente mi chiedesse: «Professore, cosa devo provare quando faccio l'amore?». L'uomo è allo sbando.
GIORGIO ABRAHAM

L'ultima volta che sono entrato in una donna è quando ho visitato la Statua della Libertà.
WOODY ALLEN

Ho incontrato la mia ex moglie in un ristorante e siccome sono un libertino mi sono avvicinato a lei fluttuando e le ho chiesto esitando: «Che ne dici di tornare a casa e fare l'amore ancora una volta?». E lei mi ha risposto: «Sul mio cadavere!». Io allora ho replicato: «Perché no, è come lo abbiamo sempre fatto».
WOODY ALLEN

Durante la mia prima notte di nozze mia moglie, sul più bello, si è alzata in piedi per un'ovazione.
WOODY ALLEN

Una volta mentre facevamo all'amore, si è verificata una stranissima illusione ottica: sembrava quasi che lei si fosse mossa.
WOODY ALLEN

Ho capito che qualcosa cominciava a non andar bene tra me e mia moglie quando una volta, mentre facevamo l'amore, lei mi disse: «Caro, penso che sia arrivato il momento di dare un'imbiancata al soffitto e alle pareti».
WOODY ALLEN

«Sì, mi ricordo le candele... mi ricordo che feci all'amore, ma chissà

perché non mi ricordo di te... A meno che tu non fossi quella sotto di me.»
WOODY ALLEN

Il mio sogno proibito? Avere un padre come Jack Nicholson, una madre come Ava Gardner, una sorella come Diane Lane e un fratello come Matt Dillon. E andare a letto con tutti.
PEDRO ALMODÓVAR

«Mamma, il papa ribadisce: no ai rapporti prematrimoniali.» «E tu dagliela a un uomo sposato.»
ALTAN

«Lei scopa?» «Ci ho provato, come tutti, nel '68. Ma poi ne sono uscito.»
ALTAN

È vero, avrei potuto essere una moglie migliore e fare l'amore con te un po' più spesso, almeno una volta.
AMORE E GUERRA

Vuoi un consiglio? Mai fottere con la testa e ragionare con la minchia.
ANONIMO

Io con le donne non ho mai avuto problemi. Sono vent'anni che scopo e mi sono trovato bene tutte e due le volte.
ANONIMO

Lui: «Domani sera se mi porti a casa tua ti faccio passare una serata di musica e magia.»
Lei: «Cioè?»
Lui: «Prima ti trombo e poi sparisco!»
ANONIMO

Che ho sempre sentìo
dir fin da ragazzo
Che amor senza chiavar
non val un cazzo.
GIORGIO BAFFO

Il panda fa fatica a riprodursi? Per forza! Con tutti gli ecologisti che lo stanno a guardare... Provate voi ad affrontare un coito con quaranta panda intorno al letto che urlano: «Forse ce la fa! Forse ce la fa!».
ANATOLJ BALASZ (NATALINO BALASSO)

Senti cara, se pensi che ti abbia portato a casa mia per scoparti ti sbagli. Andiamo a casa tua.
ROCCO BARBARO

Ogni volta che faccio l'amore, dopo un po' mi sveglio.
Rocco Barbaro

A volte qualche cabarettista, per far ridere, racconta di disavventure occorsegli con il pubblico: inseguimenti, lanci di oggetti, eccetera. A noi con il pubblico è sempre andata abbastanza bene. Tranne in una occasione, per motivi genetici: recitavamo davanti ai Testimoni di Geova. Loro detestano i gemelli. Secondo la loro dottrina infatti sono obbligati a fare l'amore solo a scopo procreativo e quando una coppia di Testimoni di Geova mette al mondo due gemelli, questi pensano subito: «Qui ci siamo persi una scopata».
Gemelli Barolo

Ritengo sia da selvaggi fare l'amore nudi.
Kim Basinger

Lei. Le cinque cose da non dire mai dopo:
1) Falle una foto perché questa è l'ultima volta che la vedi.
2) Almeno fossi ricco...
3) Sicuro di non avere tendenze omosessuali?
4) Un consiglio per il futuro: depilati, almeno sembra più lungo.
5) Non hai decisamente preso da tuo padre.
Bastardidentro

Lui. Le cinque cose da non dire mai dopo:
1) Ok, quanto ti devo?
2) Lo sai amore? Tu sei la prima donna che porto a letto e non devo gonfiare.
3) No, non posso vederti piangere! Girati!
4) Va bene simulare, ma farlo in playback è troppo!
5) Ma 'ste tette le avevi anche ieri sera o eri un'altra?
Bastardidentro

Belle gambe... a che ora aprono?
Bastardidentro

E quando lei: «Ma teeee... preferiresti fare l'amore con me pensando a un'altra, o fare l'amore con un un'altra pensando a me?» «Posso far da solo?».
Stefano Bellani

Mi ricordo ancora il mio primo terremoto in California: ero a letto con la mia futura ex moglie quando il letto ha cominciato a tremare. Il mio primo pensiero è stato: «Ragazzi questa troietta me la sposo subito!». Poi la stanza ha cominciato a tremare, allora ho pensato: «Ragazzi, questa sarà mia moglie per taaaaanto tempo!».

RICHARD BELZER

Le donne possono fare all'amore solo se sono già incinte e non c'è pericolo, ma per rimanere incinte bisogna che facciano all'amore senza essere incinte, ma allora hanno paura di rimanere incinte... 'un lo potranno fare mai!

ROBERTO BENIGNI

Nel mondo ne nasce 10.000 al secondo! Bestia della miseria, ho detto, 10.000 al secondo! Questo vuol dire che minimo minimo, ora, in questo secondo qui, ce n'è 10.000, anzi 20.000, perché sono in due vero? Che sono lì... onzipapparàtataretatatà... minimo... Poi con tutti gli attrezzi che c'è oggi per non restare incinte e quelli che non vogliono figli: quanti staranno facendo l'amore in questo momento... Secondo me siamo gli unici imbecilli che invece di far l'amore siamo qui a vedere il Benigni! Io sarei per tuffarmi: "Grande ammucchiata al Teatro Tenda! Mai vista un'orgia simile dai tempi di Lucullo! Anche le forze dell'ordine coinvolte: nati 20 carabinieri in mezz'ora!".

ROBERTO BENIGNI

«Mia madre è in cielo», disse il bambino triste. «Non rompere, bambino! Sappiamo tutti che tua madre fa la hostess, scopa, gira il mondo e si diverte!»

ROMANO BERTOLA

Non riuscirò mai ad abituarmi alla spregiudicatezza dei nuovi tempi. Oggi, per esempio, ho sentito una signora che diceva a un'amica: «Io da mio figlio mi faccio vedere nuda!». Sono rimasto sgomento. Ricordo che ai miei tempi scopavamo la mamma rigorosamente al buio.

ROMANO BERTOLA

Domenica quel vecchio puttaniere di Maniglia ha voluto conoscere il ragazzo con cui sua figlia esce da qualche tempo. «Allora, giovanotto, che intenzioni avete con mia figlia?» «Be', veramente vorrei scoparla e poi dileguarmi facendo perdere le mie tracce.» «Bravo! Fa bene al cuore vedere che ci sono ancora dei giovani come si deve!»

Romano Bertola

Negli anni Cinquanta, chi aveva la radio nell'automobile furoreggiava con le ragazze. Mio cugino Ignazio faceva strage di cuori invitandole sulla sua Topolino, dove, dopo essersi fermato in un angolino appartato, accendeva la radio e le avvolgeva in una magia di romantiche canzoni... In realtà, Ignazio non aveva nessuna radio, ma quando le ragazze scoprivano che Ignazio era solo uno sporco ventriloquo, lui le aveva già scopate. Adesso che ci penso, Ignazio non aveva neanche la Topolino. Ma oltre a essere un ventriloquo, era anche un ipnotizzatore, e così le ragazze credevano di viaggiare su un'auto lussuosa mentre in realtà se ne stavano issate sul tubo di una vecchia bicicletta scassata! A volte ho dei dubbi che Ignazio avesse davvero la bicicletta...

Romano Bertola

Oggi pomeriggio, mentre passeggiavo con Maniglia, incrociamo una bellissima donna, la classica bionda scandinava, un po' fredda, riservata. «E pensare», dice Maniglia, «che ieri avrei potuto scoparla.» «Perché, la conosci?» «No, ma ce l'avevo duro.»

Romano Bertola

Io pratico da sempre il sesso sicuro: cioè esco con una solo se ho la certezza di farmela.

Claudio Bisio-Rocco Tanica

Bambini? Preferisco cominciarne cento che finirne uno.

Paolina Bonaparte

Lui: «All'ombra dei cipressi o dentro all'urne confortate dal pianto è forse il sonno della morte men duro?»
Lei: «Cosa c'entra il Foscolo, adesso?»
Lui: «No, è solo per farti capire che l'unica è scopare.»

Boretor

«Io faccio l'amore col preservativo.» «E come ti trovi?» «Be', con le donne era meglio.»

Giancarlo Bozzo-Carlo Turati

Se sono superdotato? La mia ragazza è miope e quando facciamo l'amore mi vede sfocato.
Paolo Burini

Dopo che eravamo sposati da 17 anni, Gracie mi sveglia alle tre di notte e mi dice: «George, non riesco a dormire. Dai, fammi ridere». Allora ho fatto l'amore con lei e lei ha riso.
George Burns

«Quante calorie si consumano facendo l'amore?» «Circa trecento.» «Io ieri sera ne ho consumate duemila!» «E quante volte l'hai fatto?» «Una...» «E le altre millesettecento?» «Per convincerla!»
Paolo Caiazzo

Voleva fare l'amore su uno specchio, con un letto appeso al soffitto.
Paolo Cananzi

Era così brutta che non me la sarei scopata neanche avessi avuto con me un cazzo rubato.
George Carlin

Ho fatto un patto col diavolo: io divento famoso, lui può scoparsi mia sorella.
George Carlin

Quando i tacchini fanno l'amore pensano ai cigni.
Johnny Carson

Era sempre stata un po' donna, un po' puttana, il suo scopo era lavorare, il suo lavoro era scopare.
Riccardo Cassini

«Quando facciamo l'amore il mio ragazzo mi dice un sacco di parolacce, che devo fare?» «Fai l'amore un po' meglio!»
Giovanni Cellini

Avevo una ragazza talmente seria e bene educata che tutte le volte mi diceva: «Scusa le spalle».
Comix

Intervistatrice: «Dicono che un uomo di sessant'anni, calvo, sia molto sexy.»
Sean Connery: «Non saprei, non sono mai andato a letto con un sessantenne calvo!»
Sean Connery

Gallina vecchia... 'un sia detto 'un la si trombi.

CONTE UGUCCIONE (BEBO STORTI)

Ho sempre cercato di fare l'amore solo con le ragazze di cui ero innamorato. Siccome sono dieci anni che non mi innamoro, allora per un periodo ho cercato di fare all'amore anche con le ragazze di cui non ero innamorato. Ma, di solito, in questo caso erano loro ad innamorarsi di un altro. Cercavo delle ragazze di cui non ero innamorato e che non fossero innamorate di un altro, ma in questo caso se ci fossimo innamorati? Avremmo perso del tempo innamorandoci senza amarci... Insomma, alla fine ho preso ventimila lire e sono andato a puttane!

ANTONIO CORNACCHIONE

Io sarei per il ritorno dell'ipocrisia in camera da letto, al falso gemito di piacere, al mugolio recitato! Ne frequentavo una che si dimenava come una pazza, sembrava Sgarbi alla commissione cultura della Camera: «Ah!...Basta!... Sì! Sì!...», solo che io ero andato a bere un bicchier d'acqua in cucina... probabilmente lei non s'era accorta della differenza: «Scusa se ti interrompo, ma sono cinque minuti che manco dall'amplesso!».

ANTONIO CORNACCHIONE

«Un matrimonio non finisce mai solo per un'infedeltà. Quello è un sintomo che qualcos'altro non va.» «Ah sì? Be', quel sintomo si scopa mia moglie.»

BILLY CRYSTAL

Fare l'amore il sabato sera è un'abitudine perfettamente ridicola, perché se la domenica piove non si sa più che cosa fare.

ANDRÉ DAHL

Lei era fidanzata con un dj. Ogni volta che facevano l'amore, lui voleva sempre provare anche il lato B.

PIERO DEGLI ANTONI

Ho scoperto la masturbazione tardi, a 25 anni. Fino a quel momento mi ero fatto un sacco di scopate.

GIORGIO DELUCA

Per la Chiesa se non sei sposato non puoi fare l'amore. Invece

se sei sposato lo puoi fare. Però controvoglia.
DENTIBLÙ

Una bella ragazza deve solo pensare a scopare, mai a procreare.
DONATIEN-ALPHONSE-FRANÇOIS DE SADE

Fare l'amore con dieci donne è fantastico, soprattutto perché ti presentano un sacco di amiche.
FABIO DI IORIO

Non ho mai capito dove trovasse tutto quel tempo per tradirmi, occupata com'era a scoparsi tutti i miei amici.
DIMUNNO E TAMBORRINO

La città nella quale Fantozzi lavora è una cittadina di media grandezza, ma di dimensioni provinciali, con questa sinistra caratteristica: non si scopa mai!
FANTOZZI

«Vuoi salire a bere qualcosa?» «No, dai, scopiamo qui.»
FABIO FAZIO

Fumare dopo aver fatto l'amore ha tutto un altro sapore. Pensa che a volte io faccio l'amore solo per potermi gustare la sigaretta.
MISTER FOREST (MICHELE FORESTA)

Per fare l'amore bisogna essere in due, e non è la stessa cosa che farlo due volte da solo.
MISTER FOREST (MICHELE FORESTA)

Gli attori recitano per scopare, le attrici scopano per recitare.
DANIELE FORMICA

Cosa faccio dopo aver fatto l'amore? Saltiamo domanda e risposta.
ROBERTO FORMIGONI

Se decidi di smettere di bere, fumare e fare l'amore, non è che vivi più a lungo: la vita ti sembra solo più lunga.
CLEMENT FREUD

Se Leopardi e Dante fossero riusciti a scopare, quante rotture di palle ci sarebbero state evitate!
GIORGIO GALLINO

«Harry devo dirti una cosa: ho fatto l'amore con tua moglie.» «Quale:

Ester o Anne?» «Tutt'e due!» «Allora hai superato anche me.»
Lowell Ganz-Babaloo Mandel

A letto eravamo perfetti. Però cominciavamo a litigare già mentre andavamo al bidet.
Ava Gardner

Faccio l'amore tutti i santi giorni: Natale e Pasqua.
Roberto Gavelli

Pare che Arrigo Sacchi sia così maniaco della zona che quando fa l'amore con sua moglie ha sempre dietro di sé Franco Baresi pronto a coprirgli le spalle.
Gialappa's Band-Gene Gnocchi

C'è stato un momento nella vita in cui io e Marlon Brando avevamo scopato lo stesso numero di donne. È quando avevamo tre anni.
Gino&Michele

Alla domanda: «Andreste a letto con Vittorio Sgarbi?» 50 donne italiane su 100 hanno risposto «Sì», mentre le altre 50 hanno risposto: «Un'altra volta?».
Gino&Michele

Certo che mi ricordo la prima volta che ho fatto l'amore. Un uomo può dimenticarsi tutto, tranne la prima e l'ultima volta che ha fatto l'amore. Quando poi coincidono...
Gino&Michele-Silvio Orlando

Il senatore Miglio, l'ideologo della Lega... Come sarà andato la prima volta che ha fatto l'amore? Avrà chiesto alla sua partner «come si fa?» e lei avrà risposto «è facile: ti metti qui e vai su e giù, su e giù...» «Ah no, mi dispiace ma io giù non vado! Solo su...»
Gino&Michele-Paolo Rossi

La cosa più bella nei bambini è il ricordo della notte in cui li abbiamo fatti.
Johann Wolfgang Goethe

Un tizio va dalla moglie e le dà due aspirine e un bicchier d'acqua. La moglie dice: «E perché? Non ho mica il mal di testa». E il marito le fa: «Bene, trombiamo».
Gilbert Gottfried

Un tale va dal medico che gli dice: «Ho brutte notizie per lei. Ha un

male incurabile». E lui: «Quanto tempo mi resta?». E il medico: «Be', sei ore». Lui corre a casa e sua moglie gli chiede: «Com'è andata?» «Malissimo. Non vivrò a lungo. Tutto ciò che mi resta è sei ore di vita». E lei: «Cosa vuoi fare in queste sei ore?» «Non so... Ti andrebbe di fare l'amore?» «Certo!» Lo fecero. Due ore. Alla fine erano lì distesi e lei gli chiese: «Cosa vuoi fare adesso? Quanto tempo hai ancora?». E lui: «Quattro ore.» «Vuoi fare di nuovo l'amore?». E lui disse di sì. Fecero l'amore per altre tre ore. Alla fine lei chiese ancora: «Amore, quanto tempo hai ancora?». E lui: «Non mi resta che un'ora. Cosa vuoi fare? Vuoi fare ancora l'amore?» «No!» rispose lei. E lui: «E perché no?». E lei: «Be', domattina io devo alzarmi. Tu no».
LEWIS GRIZZARD

Mi sono comprato i profilattici. Io sono uno che scopa ogni morte di papa e, secondo me...
TEO GUADALUPI

Non bisogna mai andare a letto con la donna di un amico. Sì, ma allora con chi?
SACHA GUITRY

Frequentavo una stangona di un metro e novanta, ventun centimetri più di me. Mi piaceva da impazzire, soprattutto quando facevamo l'amore in piedi. Pendevo dalle sue labbra!
FRANCO KAPPA

Sono stufa, ogni volta che faccio l'amore, di vedere il nome di mio padre stampato sulle mutande del mio partner.
MARCI KLEIN, FIGLIA DI CALVIN KLEIN

Il sesso sicuro è molto importante. Ecco perché ho deciso di non fare più l'amore sulle impalcature.
JENNY JONES

Quando a Woodstock dicevano: «Fate l'amore, non fate la guerra», non immaginavano certo che uno sarebbe diventato pericoloso quanto l'altra.
JAY LENO

Una volta ho fatto l'amore per un'ora e quindici secondi filati. Ma era quando abbiamo spostato gli orologi per l'ora legale.
PAOLO LIMITI

Infine c'era l'Adriana Arienti, la contorsionista che lavorava nel circo di mio padre. Adriana, la contorsionista con l'utero tatuato. Era così snodata! Aveva un controllo completo di tutti i muscoli del suo corpo: volontari e involontari. Ad esempio aveva un controllo completo della sua peristalsi gastrica. È l'unica donna che conosco che riesca a inghiottire un cubo di Rubik e a vomitartelo risolto. Era talmente snodata che a volte facendo l'amore finivamo per trovarci faccia a faccia.
DANIELE LUTTAZZI

Meglio un Presidente che fotte le donne di uno che fotte il paese.
SHIRLEY MACLAINE, RIFERENDOSI A JOHN F. KENNEDY

Fare l'amore coi "gommini" è come lavarsi i piedi coi calzini.
GIANNI MAGNI

È andata a letto con talmente tanti uomini che ora ha i calli sulle scapole.
BORIS MAKARESKO

Le donne sorde non fanno l'amore perché non se la sentono.
GRAZIANO MARANI

Dopo la scopata il primo che parla dice una stronzata.
MARCELLO MARCHESI

Avete presente quello sguardo che le donne inviano agli uomini quando vogliono fare sesso? Be', neanch'io.
STEVE MARTIN

Fare l'amore con la propria moglie è come sparare a un'anatra morta.
GROUCHO MARX

Le nuove generazioni sembrano sveglie ma non lo sono. Mio figlio a quattordici anni ha già fatto sesso, e tutto spavaldo mi fa: «Pa', scommetto che tu alla mia età non sapevi neanche com'era fatta una donna! Anzi, pa', detto tra me e te, ma tu hai mai trombato?».
MAD E. MAT

Con le donne ho un rapporto strano, infatti quando sono a letto con una donna dico: «Ho un rapporto, strano!».
FRANCO MERAFINO

Dopo aver fatto l'amore fisso il soffitto. «A che pensi, caro?» «Ci sarà vita in soffitta?»
SANDRO MONTALTO

I moscerini di sesso maschile hanno una vista acutissima. Gli è indispensabile per fare all'amore.
GASPARE MORGIONE

«Lo sai quanti poveri animali hanno dovuto uccidere per fare questa pelliccia?» «E tu lo sai quanti ricchi animali mi sono dovuta scopare per comprarmela?»
NEI PANNI DI UNA BIONDA

Sono un eiaculatore precoce, molto precoce. Una volta, dopo che mi ero scopato una tipa in treno, il controllore mi ha fatto pagare il supplemento rapido.
FURIO OMBRI

È stato un attimo: ci siamo guardati e dopo mezz'ora eravamo già a letto. Io nel mio, lei nel suo.
FLAVIO OREGLIO

Mentre piove
noi stiamo qui
e ci teniamo per mano.
Mentre fa freddo
noi stiamo qui
e ci parliamo.
Mentre nevica
noi stiamo qui
e ci scaldiamo.
Cosa deve succedere
per una scopatina?
FLAVIO OREGLIO

Non ho mai fatto l'amore sotto la doccia... Però neanche sopra.
FLAVIO OREGLIO

Una ragazza di buona famiglia si assicura di essere a letto per le dieci di sera, se vuole essere a casa entro mezzanotte.
CITATA DA MONI OVADIA

Nucleo: «Capsula, sai che stanotte ho fatto l'amore con la mia ragazza per cinque ore di fila?»
Capsula: «Ci credo. Anch'io una volta ho fatto cinque ore di fila per fare l'amore con la tua ragazza!»
Pali e Dispari

Hanno inventato la pillola del giorno dopo. Qual è il problema? Riuscire a trombare il giorno prima.
Diego Parassole

Quando una donna dice: «Siamo amici e non possiamo fare l'amore insieme: rovineremmo la nostra amicizia» chiedile: «Perché, lo fai così male?».
Diego Parassole

Hanno chiuso *Le Ore*, dicono che non vende più. Una volta c'erano i giornali porno, poi i film, poi Internet... Prima o poi per fare l'amore si tornerà alla donna.
Diego Parassole

La mia ragazza mi ha lasciato perché non le piaceva fare l'amore in tre. Quando scopava non mi chiamava mai.
Diego Parassole

Anziani! Ci sono buone notizie: tra tutte le facoltà come la memoria e l'udito, l'ultima a lasciarci è il desiderio sessuale e insieme a questo la capacità di fare l'amore. Questo significa che molto tempo dopo aver messo gli occhiali bifocali o l'apparecchio auricolare, faremo ancora l'amore. Ma non sapremo con chi.
Jack Parr

Mia sorella nella vita ha conosciuto alti e bassi... E se li è sempre fatti tutti.
Valerio Peretti Cucchi

La mia fidanzata ride sempre, quando facciamo sesso; non ha importanza cosa stia leggendo.
Emo Philips

Se fai l'amore come cammini, vengo a piedi con te.
Marcello Pieri

Una volta mi è caduto il ferro da stiro sul pene. Da quel giorno non riesco più a fare l'amore con una ragazza. La spatolo!
Potato (Alessandro Brunello)

In preda alla passione volevamo far l'amore sulla neve. Subito le tolgo le scarpe e le butto giù dal burrone; le sue calze me le mangio per l'eccitazione; le sfilo il collant, le strappo il reggicalze, le strappo la giarrettiera, le strappo le mutande... Poi le ho tolto anche il giubbotto se no sembrava un Mottarello.
POTATO (ALESSANDRO BRUNELLO)

Ogni ragazzo riesce a Capodanno a farsela dare. Ogni ragazzo riesce a convincere la propria ragazza a essere usata a guisa di fodero. Allora a Capodanno la porto fuori a cena. La porto al ristorante etiope, così finiamo in fretta, poi a casa mia. Le dico: «Spogliati, girati e stringi la carta d'identità tra i denti per il riconoscimento». Poi la metto sul divano... troppo basso. Sul lavandino... ma scivola. Sulla libreria... ma non entra. Non stavo facendo sesso, stavo giocando a Tetris col suo corpo.
POTATO (ALESSANDRO BRUNELLO)

La tua donna la chiamo Ikea perché me la porto a casa e me la monto.
POZZOLI E DE ANGELIS

Quando mangio, bevo e trombo, 'un mi chiamà perché 'un rispondo.
PROVERBIO TOSCANO

Hai mai visto come fa l'amore un marocchino? No? Allora la sera torna a casa prima!
UMBERTO PROIA

Sono contrario ai rapporti prima del matrimonio perché fanno arrivare tardi alla cerimonia.
ANTONIO RICCI

Non ho mai detto di essere brava a letto, ma mio marito esagera, ogni volta, dopo che facciamo l'amore, prende un pezzo di gesso e contorna il mio corpo.
JOAN RIVERS

Non è difficile farsi amare da un uomo per tanto tempo. È sufficiente dirgli: «Come fai l'amore tu non lo fa nessuno!», possibilmente cercando di rimanere serie.
MARIA ROSSI

Ho fatto un sogno all'incontrario in cui l'Aids si prendeva quando non si scopava. E i padri erano

preoccupatissimi e dicevano alle figlie: «Ma come, a 15 anni sei ancora vergine? Vuoi ammalarti?». E ai figli dicevano: «Ma come, sono le undici e mezzo e torni già a casa? Riesci! Dai, riesci! Riesci ancora un paio d'ore, ti do la mia macchina coi sedili ribaltabili...» «Ma papà, devo fare i compiti...» «Prima ciuli e poi fai i compiti!»
Paolo Rossi

Quando il porcino non scopa diventa velenoso.
Paolo Rossi

Ho sempre avuto dei dubbi sull'amore di gruppo... Cosa dicono alla fine? «Scusate, è stato bello per qualcuno?»
Rita Rudner

Da quando so che il mio pene è una metafora faccio l'amore con più allegoria.
Maurizio Sangalli

Finché non sarete capaci di scopare bene, commetterete atti impuri.
Maurizio Sangalli

Avvolte una donna ci sentiamo sole dopo l'amore... Io mi sento sola durante!
Sconsolata (Anna Maria Barbera)

Combattere per la pace è come fottere per la verginità.
Scritta sul muro di un gabinetto

La Chiesa è una sposa sbandata che in mezzo alla piazza scopa con banchieri e diplomatici avvelenando al tempo stesso la vita ai ragazzini che si fanno una sega.
Vladimir Senakovsky

Io, alla distanza, vengo sempre fuori e di questo le donne mi sono molto grate.
Roberto Serafini

È come il cane de Mustafà: quello che ce l'aveva ner culo e diceva che stava a scopà!
Squadra antitruffa

Io ho fatto l'amore ovunque. Nell'ascensore, nella toilette di un treno, in macchina, in aereo, perfino in funivia. Ho davvero fatto l'amore ovunque, tranne che in

una cabina elettorale. Lì l'ho sempre preso nel culo.
BEBO STORTI

«È andata a letto con lui a New York?» «Mi rifiuto di rispondere.» «È andata a letto con lui a Chicago?» «Mi rifuto di rispondere.» «È andata a letto con lui a Miami?» «No.»
STRALCIO DEL VERBALE DI UN PROCESSO TENUTOSI NEGLI STATI UNITI

Ho fatto l'amore con Control. Domani provo con Alt Canc.
ALE TONICA

Ho letto su *Focus* che i maschi dei bonobo per cementare il proprio rapporto di coppia cercano di fare all'amore almeno 30 volte al giorno. Ma la cosa più incredibile è che gli scienziati hanno scoperto che tra le femmine dei bonobo è diffusissimo il Moment.
CARLO TURATI

Quante sigarette fumo tra una scopata e l'altra? Sei o sette stecche.
DARIO VERGASSOLA

«Lei Kris è di Toronto. Verrebbe in campeggio con me per farle vedere come monto una canadese?»
DARIO VERGASSOLA

«Alessia Mancini, sappiamo pochissimo della sua vita privata. Possibile che lei trombi solo in pubblico?»
DARIO VERGASSOLA

Quando sento i suoi passi avvicinarsi alla mia stanza, mi stendo sul letto, chiudo gli occhi, apro le gambe e penso all'Inghilterra.
REGINA VITTORIA

L'unico modo di comportarsi con una donna è di fare l'amore con lei se è bella, e con un'altra se è brutta.
OSCAR WILDE

La vita può offrire soltanto qualche buona scopata e poi moriamo.
JOHN WILKES

Ho smesso di avere rapporti sessuali con le donne. Han detto che ormai posso cavarmela da solo.
STEFANO ZACCARELLA

Un uomo a una donna dopo aver fatto l'amore: «Ti sei mai chiesta com'è farlo per un uomo?» «E tu?».
AVNER ZIV

Noi preti non possiamo andare a donne: facciamo una telefonata e vengono loro da noi.
MARIO ZUCCA

FARE NULLA
vedi **Fannullone**

FARFALLA

Noi farfalle si vive un giorno solo e quando son le sei di sera si han già le palle piene.
ALTAN

Quello che il bruco chiama la fine del mondo, il Maestro lo chiama farfalla.
RICHARD BACH

Il ranocchio si è trasformato in principe, il brutto anatroccolo in uno splendido cigno, il bruco in farfalla, ma tu... quando cazzo ti trasformi?
ARTURO DI NACCIO E CLAUDIA GIOVANNELLI

Molte donne si fanno tatuare. Non farlo. È una roba folle. Le farfalle stanno benissimo sul tuo seno quando hai venti o trenta anni, ma quando ne hai settanta, ottanta si dilatano fino a trasformarsi in condor.
BILLY ELMER

La minima cosa lo infastidiva, sul green. Aveva sbagliato delle buche facilissime a causa del frastuono delle farfalle nei prati adiacenti.
PELHAM GRENVILLE WODEHOUSE

Mi domando: ma dov'è che le farfalle tiravano le testate, prima che inventassero le lampadine?
BILL HICKS

FARMACIA

Il mio farmacista prima era tabaccaio. «Mi dà un pacco di supposte?» «Dure o morbide?»
GIORGIO DELUCA

Venerdì me ne entro in farmacia e chiedo al farmacista: «Tu, bello bello, dammi dodici dozzine di preservativi, sbrigati!». Ma mi ha fregato! Allora il lunedì successivo mi presento nuovamente in farmacia e gli dico: «Senti a me, bello bello, in quella confezione da dodici dozzine c'erano solo 143 preservativi! Mi hai rovinato il week end, cornuto!».
ALEX DRASTICO (ANTONIO ALBANESE)

La mia sfiga in amore? Non ne parliamo proprio. Io sono stato a letto una sola volta nella mia vita e tengo un figlio. Quella sera c'era lo sciopero delle farmacie, allora le dissi: «Cara, che dobbiamo fare? Facciamolo con il metodo del coitus interruptus...». Quella sera a Napoli venne il terremoto. Direte: «E che c'entra?». Provate voi ad uscire in tempo con il settimo grado della scala Mercalli!
GINO&MICHELE-SILVIO ORLANDO

Se per farmaci intendete porcherie di farmacia, io sono di avverso parere. L'ultima volta che andai dal dottore mi diede tante medicine che, dopo guarito, stetti male per un mese intero.
GROUCHO MARX

Buone notizie: l'Amministrazione Farmaceutica ha approvato una pillola che vi aiuta a perdere peso dandovi l'impressione di sentirvi sazi. La dose raccomandata è di cinquemila pillole al giorno.
CONAN O'BRIEN

FASCINO

La donna sarebbe più affascinante se si potesse cadere tra le sue braccia senza cadere nelle sue mani.
AMBROSE BIERCE

Qualunque ragazza può essere affascinante: basta restare ferme e assumere un'aria da stupide.
HEDY LAMARR

C'è qualcosa in lui che attrae le donne verso gli altri uomini.
ROBERT ORBEN

FASCISMO

Stamattina, in piazza Venezia, gli artificieri hanno fatto scoppiare una risata rimasta inesplosa dal 1943, quando il Duce in divisa scivolò su una buccia di banana.
ROMANO BERTOLA

«Il regime democristiano sta morendo.» «Non vorrei che al funerale, con la scusa del lutto, qualcuno si presenti con la camicia nera.»
ELLEKAPPA

Ai tempi del fascismo non sapevo di vivere ai tempi del fascismo.
HANS MAGNUS ENZENSBERGER

Ci sono più socialisti in galera oggi che durante il fascismo.
RICCARDO LOMBARDI

I fascisti in Italia sono una trascurabile maggioranza.
LEO LONGANESI

I laghi sono un compromesso tra i fiumi e il mare: e io non amo i compromessi.
BENITO MUSSOLINI

Una menzogna è una menzogna finché la si esprime con timidezza; rimane una menzogna se si ripete cento volte; ma diviene una verità quando si ripete mille volte.
BENITO MUSSOLINI

FATA
vedi **Strega**

FAVOLA *(Fiaba)*

Tutte le volte che Biancaneve diceva: «Vado di là a farmi un pisolo», Brontolo s'incazzava, il gelosone!
ANATOLJ BALASZ (NATALINO BALASSO)

Vivere nel paese dei Campanelli è un vero supplizio per chi ama bussare.
ALESSANDRO BERGONZONI

Cenerentola ballò tutta la notte col principe, volteggiò instancabile, rapita dalla musica, per le grandi sale della reggia, riflettendosi nelle alte specchiere come una farfalla azzur-

ra. A mezzanotte era sudata come una cavalla.
ROMANO BERTOLA

Vi voglio raccontare una piccola storia per tirare su il morale... la storia di una principessa molto bella. Il papà e la mamma volevano farla sposare a un principe bellissimo, invece lei amava la danza, non ne voleva sapere. E ballava, ballava, ballava, ballava, ballava, ballava... Poi è morta!
FRANCO CARDELLINO

Anche i nomi scelti per i vari tipi di profilattico sono quantomeno bizzarri: "Sentilo", "Mettilo", "Chiappalo", "Prendilo", "Mammolo" e "Cucciolo" per i più piccini.
GIOBBE COVATTA

«Specchio delle mie brame, chi è la più bella del reame?» «Nel regno delle scimmie tu sicuramente.»
CLAUDIO GASPARINI

La faraona, per quanti sforzi abbia fatto, non è mai stata inserita in nessuna fiaba.
GENE GNOCCHI

Se girassi *Cenerentola* il pubblico si aspetterebbe un cadavere nella carrozza.
ALFRED HITCHCOCK

«Mammina, raccontami la favola di Cappuccetto Rosso che va nel bosco con il cestino della merenda per la nonna poi incontra il lupo che va a mangiare la nonna e così quando Cappuccetto Rosso arriva trova nel letto il lupo travestito da nonna e gli dice: "Che orecchie grandi hai!". E lui risponde: "È per sentirti meglio"... E poi: "Che occhi grandi"... Ma allora mi racconti la storia o no?»
GIULIANA MALDINI

«Emily non posso più nasconderlo: ti amo. È la solita vecchia storia: un uomo e una donna... Romeo e Giulietta... Biancaneve e i sette nani»
GROUCHO MARX

Con *La vita è bella*, Benigni ha trasformato un evento catastrofico (l'Olocausto) in una fiaba. Con *Pinocchio*, Benigni ha trasformato una fiaba in un evento catastrofico.
NANCY MILLER

Avevo in mente questa storia: una giovane ragazza commerciava in zucche, ma è andata in fallimento perché, passata mezzanotte, si è trovata un banchetto pieno di carrozze. Ma poi ho lasciato perdere.
Matteo Molinari

La fata turchina si è finalmente decisa ad andare dal dermatologo.
Egidio Morretti

«Cara, dolce, buona Fatina», esordì l'omino, «sono povero in canna, non posseggo più nulla, il mio campicello mi è stato tolto, non so più come sfamare i miei figli: piangono e mi chiedono cibo! Quando vedo le loro lacrimucce mi viene un nodo alla gola che mi rende disperato...» allora la Fatina sorrise con infinita dolcezza e con una vocina incantevole, flebile flebile sussurrò nella sua infinita dolcezza: «E chi se ne frega!».
Paolo Panelli

Lascia che ti conti una storiella chiamata "Il Mollusco Orrendo": c'era una volta un mollusco davvero orrendo. Era così orrendo che morirono tutti. Fine.
Patrick

Nessuno mi toglie dalla testa che la Principessa sul pisello non sia stata del tutto scomoda.
Roberto Serafini

Se eri er Principe Azzurro, Cenerentola se n'annava a casa alle dieci!
www.turbozaura.it

F.B.I. *(C.I.A.)*

L'Fbi circonda la casa: «Buttate fuori il bambino, consegnateci le armi e uscite a mani in alto». I rapitori rispondono: «Buttiamo fuori il bambino, ma lasciateci tenere le armi e andare alla nostra macchina». L'Fbi replica: «Buttate fuori il bambino, vi lasciamo andare alla macchina, ma consegnateci le armi». I rapitori allora dicono: «Buttiamo fuori il bambino, ma lasciateci le armi, non abbiamo bisogno di andare alla macchina». L'Fbi propone: «Tenetevi il bambino...».
Un momento, ho fatto casino...
Woody Allen

Nei servizi segreti americani per la prima volta è diventata vicedirettore una donna... Appena nominata ha detto: «Wow, sono vicedirettore dei servizi segreti, non vedo l'ora di dirlo a tutte le mie amiche!»
MISTER FOREST (MICHELE FORESTA)

L'Fbi ha oltre cento milioni di impronte digitali. Esattamente come una casa con due o più bambini dentro.
TODAY'S CHUCKLE

A volte mi sembra di aver conosciuto così tanti uomini che l'Fbi dovrebbe venire da me quando ha bisogno di impronte digitali.
MAE WEST

FEBBRE

Ho un amico che quando si dà per malato in ufficio, telefona e legge parola per parola il retro della bottiglia del Vicks Formula 44D. «Cosa c'è che non va, Buddy?» «Ho sintomi dovuti a raffreddore, febbre, tosse, uh, posso causare sonnolenza e, uh, devo essere tenuto lontano dalla portata dei bambini.»
MARK CURRY

Se le sue labbra sono infuocate e lei trema tra le tue braccia, scordatela. Ha la malaria.
JACKIE KANNON

Abitavamo in una casa talmente fredda che mio padre per scaldarsi le mani aspettava che mi venisse la febbre a quarantuno.
FRANCO NERI

Febbre suina. Il governo rassicura: «Il Presidente del Consiglio sta benissimo».
VAURO

La mia famiglia è talmente povera che quando in inverno fa freddo ospitiamo in casa i bambini del quartiere che hanno la febbre.
FRANCESCO RIZZUTO

Sarei disposto ad avere 37 e 2 tutta la vita in cambio della seconda palla di servizio di McEnroe.
BEPPE VIOLA

FECONDAZIONE ARTIFICIALE
vedi ***Anticoncezionale***

FEDE *(Credere - Non Credere)*

Se credo in Dio?
Dipende da cosa mi dice...
STEFANO BENNI

Credo nella vita prima della morte.
MAURIZIO BOTTONI

Credere in Dio è come accusare qualcuno senza prove.
PINO CARUSO

Se il papa morendo scoprisse che Dio "di là" non c'è, convincerebbe i morti che sta di qua?
PINO CARUSO

I Conformisti della Fede credono fermamente in Dio. In fatto di religione, spiegano loro, rimane di gran lunga il personaggio più popolare.
ENZO COSTA

Le credenze degli antichi erano di legno.
PACO D'ALCATRAZ

Io sono praticante ma non credente.
SALVADOR DALÍ

I miti sono necessari: i giovani devono avere delle t-shirt in cui credere.
ELLEKAPPA

Non conosco la Bretagna ma le credo.
ENNIO FLAIANO

Era un bambino presuntuoso e saccente. Quando la maestra di prima elementare gli chiese: «Ma tu credi in Dio?», lui rispose: «Be', credere è una parola grossa. Diciamo che lo stimo».
WALTER FONTANA

Credo nel Dio che ha creato gli uomini, non nel Dio che gli uomini hanno creato.
ALPHONSE KARR

«Penso che la maggior parte della gente non creda a ciò che gli si dice.»
«No, non credo che sia vero.»
THE MUPPET SHOW

È religione anche non credere a niente.
Cesare Pavese

La gente crede a qualunque cosa, se gliela si bisbiglia.
Herbert V. Prochnow & Herbert V. Prochnow jr.

Non potrei mai morire per quel che credo perché potrei essermi sbagliato.
Bertrand Russell

Mi hai profondamente deluso! Non ho più ideali, non crederò mai più a qualcosa in vita mia. Mi iscriverò a Giurisprudenza!
I Simpson

Tutti stavano muti mentre il comandante assicurava: «Ora si alza, ora si alza, lo giuro, dovrebbe!...». Quando al tredicesimo chilometro in piena campagna l'aereo si alzò, il pilota urlò: «Non lo avrei mai creduto!».
Paolo Villaggio

Mia sorella era così brutta che una volta si perse e, quando denunciammo la scomparsa e la descrivemmo ai carabinieri, non ci volevano credere.
Mario Zucca

FEDE EMILIO

Berlusconi è un uomo molto fortunato. Così proverbialmente fortunato che qualche tempo fa la Repubblica di San Marino decise di emettere dei francobolli che raffiguravano il suo sedere. Ma ha dovuto subito ritirarli perché Emilio Fede li leccava dal lato sbagliato.
Anonimo

Emilio Fede le donne le ha sempre amate così e così. Un po' più dei jack, certo, ma molto meno dei re.
Gino&Michele

Emilio Fede: «... Migliaia di fax di solidarietà al nostro Presidente del Consiglio Silvio Berlusconi hanno intasato la redazione del nostro telegiornale. Venivano da ogni angolo d'Italia, alcuni da tutta Europa, uno da tutta l'Africa. Sì, perché c'è

qualcuno anche ad Hammamet che ci vuole bene, e non importa il colore della sua pelle...»
GINO&MICHELE

Marta Marzotto è madre di quattro figli (erano cinque ma uno purtroppo l'ha perduto sposandolo alla figlia di Emilio Fede).
GINO&MICHELE

Emilio Fede quando si è presentato alle elezioni per il Psdi ha preso cinque voti. In famiglia sono in sei: sta ancora cercando il franco tiratore.
BEPPE GRILLO

11 ottobre 1991. Onore al merito. L'Aeronautica militare italiana ha conferito una medaglia d'oro al maggiore Bellini perché è rimasto in ostaggio degli iracheni. Invece niente medaglia per il capitano Cocciolone, perché rimasto per mesi in ostaggio di Emilio Fede!
STRISCIA LA NOTIZIA

FEDELTÀ *(Infedeltà)*

Non andava mai a trovare la sua fidanzata la domenica: c'era troppo traffico. Fuori e dentro di lei.
MAURIZIO AVANZI

Ci sono donne che preferiscono non far soffrire molti uomini contemporaneamente e che preferiscono concentrarsi su uno solo: sono le donne fedeli.
ALFRED CAPUS

«Un matrimonio non finisce mai solo per un'infedeltà. Quello è un sintomo che qualcos'altro non va.»
«Ah sì? Be', quel sintomo si scopa mia moglie.»
BILLY CRYSTAL

Mia moglie ha avuto le doglie per ventidue ore e io le sono rimasto fedele per tutto il tempo.
JONATHAN KATZ

C'è poco da fidarsi di una donna che si fa cogliere in flagrante fedeltà. Oggi fedele a te, domani a un altro.
KARL KRAUS

Penso che un uomo possa avere due, tre relazioni extraconiugali quando è sposato. Ma il massimo è tre. Dopo diventa infedeltà.
YVES MONTAND

Essere innamorati è bellissimo. È bellissimo quando lei ti dice: «Io non ti tradirò mai per l'eternità». È brutto quando lei ti dice: «Sai che ieri ho capito che è un'eternità che stiamo insieme?».
DADO TEDESCHI

FEDIFRAGO
vedi **Tradimento**

FELICITÀ *(Infelicità)*

Non occorre essere ricchi e famosi per essere felici. Basta essere ricchi.
ALAN ALDA

«Ho tutto, eppure sono infelice, Luisa.» «È la vita: c'è gente che non ha niente eppure è infelice uguale.»
ALTAN

Felicità è avere una grande, deliziosa, confortante, unita famiglia in un'altra città.
GEORGE BURNS

Mia moglie e io siamo stati felici per vent'anni. Poi ci siamo incontrati.
RODNEY DANGERFIELD

Avete visto la pubblicità dell'American Express? «Salve, sono Valentino e sono felice con la mia carta di credito.» Grazie al cazzo, anche noi saremmo felici con la tua carta di credito!
ALESSANDRO DI CARLO

I ricchi ci assicurano che la ricchezza non dà la felicità. Bisogna sforzarci di credergli. Altrimenti è probabile che ci regalerebbero un po' della loro.
GEORGE FEYDEAU

La felicità è desiderare ciò che si possiede.
ENNIO FLAIANO

Lo scapolo è un uomo che ha perso l'occasione di rendere infelice una donna.
JEAN GALLARD POLLARD

I bambini di adesso vogliono tutto, dal computer al motorino; noi, cinquant'anni fa, ci divertivamo con niente. Eravamo sfollati in campagna e i grandi ci dicevano: «Se state bravi, stasera per premio vi portiamo in collina a veder bombardare Torino». A noi bastava che bombardassero Torino tutte le sere ed eravamo contenti.
Bruno Gambarotta

Le grandi storie d'amore si dividono in due categorie: quelle sfortunate e quelle infelici.
Max Greggio

I soldi non fanno la felicità, dicono. Senza dubbio stanno parlando dei soldi degli altri.
Sacha Guitry

Un artista decente è destinato a essere infelice nella vita. Ogni volta che ha fame e apre il suo sacco, ci trova dentro solo perle!
Hermann Hesse

Un Oscar, il sesso, un gelato e una pizza... Se avessi questo ogni giorno per il resto della mia vita sarei felice.
Dustin Hoffman

La felicità non esiste. Di conseguenza non ci resta che provare a essere felici senza.
Jerry Lewis

Vissero infelici perché costava meno.
Leo Longanesi

A volte mi chiedo cosa sia la felicità, e non sempre so darmi una risposta. Credo comunque che non abbiamo il diritto di lamentarci troppo, perché esistono al mondo esseri viventi molto più sfortunati di noi. Voglio dire. I pesci. I pesci sono gli esseri più sfortunati che esistano sulla faccia della terra. Ci avete mai pensato? Perché un pesce, un pesce non può far finta di niente, quando scorreggia.
Daniele Luttazzi

Felice l'uomo con una moglie che gli dica che cosa fare e una segretaria che lo faccia.
Lord Mancroft

Chi è felice è stupido.
Non è vero ma consola.
Marcello Marchesi

Le ho chiesto di sposarmi e lei ha detto no. Da allora viviamo felici e contenti.
SPIKE MILLIGAN

La vera felicità è sposare una ragazza per amore e poi scoprire che è ricca.
BOB MONKHOUSE

Se la felicità è dietro l'angolo allora la mia vita è un cerchio.
MARIO MURARO

Quando volo, cerco sempre di volare Delta. E non prendo un centesimo da loro, per dirlo. Il motivo per cui viaggio Delta è che paga i piloti più di ogni altra compagnia negli Stati Uniti. E quando volo, voglio gente felice sull'aereo su cui viaggio.
BOB NEWHART

La felicità di una donna si misura col metro dell'abbondanza. L'infelicità di un uomo con un righello.
FLAVIO OREGLIO

Sono un attore felice perché sono conteso tra la Rai e Canale 5. Nel senso che la Rai vuole che vada a Canale 5 e Canale 5 vuole che vada alla Rai.
PONGO

Voglio essere povero per non essere infelice.
ROBESPIERRE

Sposati: se trovi una buona moglie sarai felice; se ne trovi una cattiva, diventerai filosofo.
SOCRATE

Come è difficile fare ammettere a un inglese che è felice!
WILLIAM M. THACKERAY

A volte basta poco per far felici gli amici. Per esempio sabato son rimasto a casa.
RENATO TRINCA

Perché ostinarsi a rendere infelice una sola donna quando se ne possono far felici cento?
FRANÇOIS TRUFFAUT

Cosa nascondi in tasca, una pistola o semplicemente sei felice di vedermi?
MAE WEST

«La tua famiglia è felice? Oppure la sera tu rincasi?»
HENNY YOUNGMAN

FEMMINA

Mi dicono che Amanda Lear è stata iscritta all'anagrafe come donna per insufficienza di prove.
Antonio Amurri

Il formaggio con le pere è femmina?
Alessandro Bergonzoni

Ci sono più diversità all'interno dei due sessi che tra uno e l'altro.
Ivy Compton-Burnett

Noi ragazze da bambine abbiamo letto tutte *Piccole Donne* e *Piccole Donne Crescono* mentre i maschi leggevano *Zagor*, *Capitan Miki*, *Blek Macigno* eccetera. Pare invece che i maschi che da piccoli hanno letto *Piccole Donne* siano poi da grandi diventati stilisti.
Lella Costa

La femmina non sceglie il maschio più attraente, ma il meno repellente.
Charles Darwin

Non ho ancora capito se il mio cane è maschio o femmina perché, quando fa la pipì, si chiude in bagno.
Fichi d'India

Ora si può scegliere il sesso dei figli. Davvero? Allora vorrei un maschietto subito, l'anno venturo una femminuccia e in seguito due frocetti. Sono tanto intelligenti.
Marcello Marchesi

Ci siamo ribellate ai "lavori femminili" e ci siamo gettate a capofitto nei "lavori maschili". E così adesso ci tocca fare entrambi e faticare il doppio.
Anne Wilson Schaef

C'è una cosa che mi fa impazzire sui moduli di accettazione agli ospedali: "Sesso: Maschio o Femmina?". E secondo voi io voglio andare in un ospedale dove non sono in grado di capire la differenza?
Ronnie Shakes

I maschietti non dovrebbero mai dimenticare che Ginger Rogers faceva tutto quello che faceva Fred Astaire, ma all'indietro e sui tacchi alti.
Faith Whittlesey

FEMMINILITÀ

La mamma è la parte più femminile dei genitori.
ROBERTO BENIGNI

Da piccolo mi dicevano sempre che in tutti gli uomini c'è una parte femminile. Non ci ho messo molto per capire che la mia parte femminile era la mano!
ROBERTO DE MARCHI

In spiaggia se non potete rinunciare alla vostra femminilità evitate almeno di mettere le pinne coi tacchi.
VALERIO PERETTI CUCCHI

FEMMINISMO

Definire l'uomo una bestia significa adularlo: il maschio in realtà è solo un vibratore ambulante.
ANONIMA

Il movimento delle donne non ha minimamente cambiato la mia vita sessuale. Non oserebbe mai!
ZSA ZSA GABOR

Diffidate dell'uomo che inneggia all'emancipazione della donna: sta meditando di lasciare il lavoro.
ERICA JONG

La bigamia è avere un marito di troppo, la monogamia lo stesso.
ERICA JONG

Essere uomini è uno sbaglio.
KARL KRAUS

Adoro il movimento femminile, specie quando ci cammino dietro.
RUSH LIMBAUGH

La prima femminista del mondo a bruciare il reggipetto è stata Giovanna D'Arco.
BORIS MAKARESKO-ROBERTO TRANI

"Il cazzo c'inquina!", slogan femminista a cui un'arguta mano aggiunse sotto: "E la topa tombola!".
MAURIZIO MAZZITELLI

Perché esistono gli uomini? Perché i vibratori non falciano l'erba!
OCCHI DI SERPENTE

Femminista è la donna che non avendo avuto successo come donna cerca di averne come uomo.
PITIGRILLI

Qual è la domanda più frequente quando si è incinta? «Cosa preferisci? Maschio o femmina?». Qual è la risposta? «Purché sia sano!». "Sano!", maschile! Perché se è femmina non abbiamo dubbi, se è maschio potrebbe avere dei problemi e ci affidiamo alla provvidenza!
GIULIA RICCIARDI

Non è il cazzo che m'annoia, ma quello che c'è attaccato.
CITATA DA JOHN RIDLEY

Ci siamo ribellate ai "lavori femminili" e ci siamo gettate a capofitto nei "lavori maschili". E così adesso ci tocca fare entrambi e faticare il doppio.
ANNE WILSON SCHAEF

Maschio, maschio, maschio, non stare lì a guardare, a casa ci sono i piatti da lavare!
SLOGAN FEMMINISTA

Una donna ha bisogno di un uomo come Van Gogh di uno stereo.
SLOGAN FEMMINISTA

Se prendi un uomo ributtalo dentro.
SLOGAN FEMMINISTA

I maschietti non dovrebbero mai dimenticare che Ginger Rogers faceva tutto quello che faceva Fred Astaire, ma all'indietro e sui tacchi alti.
FAITH WHITTLESEY

Le donne devono fare qualunque cosa due volte meglio degli uomini per essere giudicate brave la metà. Per fortuna non è difficile.
CHARLOTTE WHITTON

FERIE
vedi **Vacanza**

FERRARA GIULIANO

"E il grosso è fatto», come disse la madre di Ferrara mentre partoriva.
ROBERTO BENIGNI

Giuliano Ferrara è l'unico al mondo che tiene il bidè con lo specchietto retrovisore.
GIOBBE COVATTA

La radice quadrata di Giuliano Ferrara è Vittorio Sgarbi. La radice quadrata di Vittorio Sgarbi è Gigi Marzullo. La radice quadrata di Gigi Marzullo è un numero N con esponente nullo.
IVAN DELLA MEA

Giuliano Ferrara è così grosso che fa capoluogo di provincia.
GINO&MICHELE

A dieci anni Giuliano Ferrara era già così grasso che al suo sarto, per fargli una giacca, era sufficiente prendere la misura dall'ombelico al pomo d'Adamo, elevarla al quadrato e poi moltiplicarla per 3 e 14.
GINO&MICHELE

Il portavoce del governo Giuliano Ferrara ha dichiarato che la riforma tributaria accoglierà le richieste dei cittadini di maggiore comprensibilità dei moduli. Il nuovo modello 740 sarà semplicissimo, riassunto in soli quattro punti: 1) Quanto avete guadagnato? 2) Quanto avete speso? 3) Quanto vi è rimasto? 4) Datecelo!
GINO&MICHELE

L'ego di Berlusconi è così grosso che sogna che il Ministero delle Poste gli dedichi un francobollo. Giuliano Ferrara invece è così grosso che sogna che il Ministero delle Poste gli dedichi un c.a.p.
GINO&MICHELE

Ma se Giuliano Ferrara è il direttore de *Il Foglio*, quanto cazzo peserà il direttore de *Il Giornale*?
FRANCO KAPPA

FERRARI

Fizz: «Julian? L'avete preso?»
Gin: «Sì. Ieri sera io e Joe l'abbiamo visto che scendeva da una Ferrari e saliva sulla macchina della polizia.»
Fizz: «Voi dove eravate?»
Gin: «Sulla jeep.»
Fizz: «E poi cosa è successo?»

Gin: «Julian è sceso dalla macchina ed è salito su un elicottero.»
Fizz: «E come avete fatto a prenderlo?»
Gin: «Abbiamo aspettato che si fermasse la giostra.»
ALE E FRANZ

Perché a Niki Lauda, già che c'erano, non hanno finito di aggiustargli le orecchie?
FABIO FAZIO

Vi voglio raccontare uno scherzo che abbiamo fatto a Socmacher. Siccome lui è un appassionato di sport, ad esempio, lui ci ha la villa a Saint Moritz e è uno appassionato di sci. Una sera cosa abbiamo fatto noi meccanici? Siamo andati di nascosto dove c'era lo ski-lift, gli abbiamo tolto il motorino dello ski-lift, e gli abbiamo messo su al posto il motore della Ferrari 399. La mattina ha voluto fare lo sborone: «Vado io per primo sullo ski-lift...». Ha messo il biroccino dello ski-lift tra le gambe e ha detto: «Accendo io lo ski-lifttttt...». Lui è rimasto lì e i maroni li hanno trovati due valli dopo. Uno spetacolo!
ORIANO FERRARI (MARCO DELLA NOCE)

Preferisco avere il mio piede destro piuttosto che un bel viso.
NIKI LAUDA

Non volendo favorirlo in modo smaccato, Agnelli assume Luca Cordero di Montezemolo nel gruppo Fiat attraverso un regolare e severo concorso, al quale partecipano, oltre a Luca, due pesci rossi. La prova d'esame consiste in una sola domanda: «Preferiresti lavorare alle presse o fare il direttore sportivo alla Ferrari?». Con molto equilibrio Luca risponde che preferirebbe fare il direttore sportivo alle presse.
MICHELE SERRA

FERROVIE

vedi **Treno**

FESTA

(Anniversario - Compleanno - Galà - Ricevimento)

Sono andato a un party in maschera indossando solo i boxer. Siccome

ho delle terribili vene varicose, sono andato come cartina stradale.
WOODY ALLEN

Penso sempre che per il mio compleanno mi facciano una festa con una torta enorme da cui esce una donna nuda e gigantesca. Mi picchia e torna nella torta.
WOODY ALLEN

Ieri ricorreva il trentennale della frase: «La trasmissione sarà ripresa il più presto possibile». Oggi ricorre purtroppo il trentennale della frase: «Riprendiamo la trasmissione interrotta».
AMURRI & VERDE

«Tota, mettiti elegante che ti porto fuori» «Ma no, non fa niente, ci guardiamo la televisione In casa.» «Tota, oggi è il tuo compleanno e ti voglio portare fuori.» «Va bene, Rocco.» «E perciò, tu prendi la prolunga che il televisore lo porto io sul balcone.»
ROCCO BARBARO

Uno scampo andò al cocktail. Non lo vide più nessuno.
FRANCESCO BARTOLI

Perché festeggiamo quest'uomo? Abbiamo finito gli esseri umani?
MILTON BERLE

Mia moglie guida talmente male che alla festa annuale dei carrozzieri lei è l'ospite d'onore.
BIZET47, DI *AENIGMATICA*

Molti mi domandano quale regalo mi piacerebbe avere per il mio ottantacinquesimo compleanno. Bene ve lo dirò: vorrei che una donna mi facesse causa per riconoscimento della paternità.
GEORGE BURNS

Ho capito di essere invecchiato quando al mio compleanno tutti gli invitati si sono messi intorno alla torta per scaldarsi le mani.
GEORGE BURNS

Venticinquesimo di matrimonio: venticinque anni di arresti domiciliari. L'ho portata alle Maldive per le nozze d'argento. Mi hanno detto: «E per i cinquant'anni cosa fai?» «La vado a riprendere!».
PINO CAMPAGNA

Mio fratello gemello è un deficiente. Continua a dimenticarsi il mio compleanno.
RODNEY DANGERFIELD

Sono stato a un party selvaggio, dove abbiamo giocato a una versione moderna della roulette russa: eravamo circondati da sei ragazze e una aveva una malattia venerea.
RODNEY DANGERFIELD

Io mi ricordo sempre il compleanno di mia moglie: cade sempre il giorno dopo di quando lei me lo ricorda.
LEOPOLD FETCHNER

Recentemente a un gala ho avuto occasione di conoscere Meryl Streep, Glenn Close e una non meglio identificata signorina Carrie Otis. Come aveva ragione mia madre! Stiratrici si nasce.
ZSA ZSA GABOR

Penso che sia meraviglioso che siate intervenuti al quarantatreesimo anniversario del mio trentanovesimo compleanno. Abbiamo deciso di non mettere le candeline sulla torta, quest'anno. Avevamo paura che un aereo della Pan Am le scambiasse per una pista di atterraggio.
BOB HOPE, PER IL SUO OTTANTADUESIMO COMPLEANNO

Mia moglie voleva una grossa festa per il primo compleanno di nostro figlio, ma secondo me la mia idea era migliore: volevo portarlo alla fiera locale, metterlo su un pony, e scattargli una foto. Poi volevo nascondere quella foto in un cassetto. E tra otto o nove anni, quando mio figlio troverà quella foto, e mi verrà a chiedere: «Papà, e questa cos'è?» io potrò dirgli: «Vedi, era il tuo primo compleanno ed io ti ho comperato un pony, poi una volta sono dovuto andare via per lavoro, tua madre non si è presa cura di lui ed è morto».
JEFF JENA

La cosa bella dell'essere famosi è che adesso quando annoio la gente ai party, pensano che sia colpa loro.
HENRY KISSINGER

Sapete come chiamano la vigilia di Capodanno gli alcolizzati? La serata del dilettante.
ELMORE LEONARD

Annuncio apparso su un quotidiano napoletano. Dj Pino Catramaro offresi per feste private, anche delinquenti.
Gianfranco Marziano

Molti insegnanti dicono che ci sono tre valide ragioni per continuare a lavorare nella scuola: luglio, agosto e Natale.
Boris Makaresko

In agosto, mio marito Morris e io abbiamo celebrato il trentottesimo anniversario di matrimonio. E sapete cosa ho finalmente realizzato? Che se lo avessi ucciso la prima volta che m'è passato per la mente, adesso sarei già fuori di galera.
Anita Milner

Il miglior consiglio che mi sia mai stato dato? Al mio ventunesimo compleanno, mio padre mi disse: «Figliolo, questo è un milione di dollari. Non perderlo».
Larry Niven

Andare in Brasile con la fidanzata è come andare all'Oktober Fest con una birretta.
Stefano Nosei

Alla consegna del Telegatto: «Questa è la serata più bella della mia vita. Figuratevi le altre...».
Silvio Orlando

Dovevo lasciare la mia famiglia per andare all'università. Eh sì, i miei genitori organizzarono una gran festa d'addio per me. Secondo quel che dice la lettera.
Emo Philips

Oggi è il quinto anniversario del trentanovesimo compleanno di mia moglie.
Bob Phillips

Un giorno ho chiesto a mia moglie: «Cara dove vuoi andare per il tuo compleanno?». E lei: «In un posto dove non sono mai stata» «Allora prova in cucina.»
Quei bravi ragazzi

Una madre indegna taglia suo figlio a fettine con il coltello elettrico che le aveva regalato per la Festa della Mamma.
Reiser

Aveva una moglie talmente insopportabile, ma talmente insopportabile, che gli amici per il suo compleanno gli regalarono un alibi.
FABRIZIO RIGHES

Un mio amico ha fatto una festa a sorpresa per il compleanno di sua figlia. Compiva un anno. Ci siamo tutti nascosti attorno alla culla e poi siamo saltati su, urlando: «Sorpresa!!». Adesso è in terapia.
RITA RUDNER

Oggi Tury mi ha detto: «Minchia, Sabbry, quando facciamo una settimana che stiamo insieme ti regalo una stecca di torrone e sette portachiavi a scarpa da ginnastica!».
SABBRY (LUCIANA LITTIZZETTO)

Dev'essere veramente una bella festa, con un sacco di bella gente, non c'è dubbio. Altrimenti mi avrebbero invitato.
FRANCESCO SALVI

Tema: "La Festa del papà". Svolgimento: "La Festa del papà è quando non c'è la mi' mamma".
SIMONE (GIORGIO PANARIELLO)

Andrei all'inaugurazione di qualsiasi cosa. Anche di una toilette.
ANDY WARHOL

FESTIVAL

Parlando di Mina che aveva mandato la sigla di *Sanremo*: «Sono rimasti in due che mandano filmati: Mina e Bin Laden!».
ROBERTO BENIGNI, *SANREMO* 2009

Non è vero che il Festival di Sanremo è noioso. Io ho scoperto che guardando il festival riesco a lavare i pavimenti anche utilizzando i coglioni.
BEPPE BRAIDA

Vincere a Sanremo è molto utile. Per due settimane hai una buona risposta se qualcuno ti chiede: «Novità?».
DANIELE LUTTAZZI

FIABA
vedi **Favola**

FIAT
vedi anche **Agnelli Giovanni**

Ho comprato una Fiat perché in omaggio c'era la fabbrica.
ROCCO BARBARO

La nuova Fiat del Papa non ha nessuna immaginetta religiosa sul cruscotto. Solo un piccolo specchio.
JAY LENO

Si dice che se vivi troppo tempo a Stoccarda rischi di trasformarti in una Mercedes, il che non è niente paragonato a quello che rischiano i torinesi.
ROBYM

In verità, in verità vi dico che è più facile che un cammello passi dalla cruna di un ago che un operaio della Fiat, con un cappotto di cammello, porti a cena Claudia Schiffer.
PAOLO ROSSI

Non volendo favorirlo in modo smaccato, Agnelli assume Luca Cordero di Montezemolo nel gruppo Fiat attraverso un regolare e severo concorso, al quale partecipano, oltre a Luca, due pesci rossi. La prova d'esame consiste in una sola domanda: «Preferiresti lavorare alle presse o fare il direttore sportivo alla Ferrari?». Con molto equilibrio Luca risponde che preferirebbe fare il direttore sportivo alle presse.
MICHELE SERRA

In Afghanistan i contadini vanno nei campi a raccogliere mine antiuomo che poi rivendono sul mercato nero. Quelle che valgono di meno sono quelle fabbricate dalla Fiat perché per riuscire a farle esplodere bisogna spingerle, o collegarle con i cavi a un'altra mina.
MIRCO ZILIO

FICCANASO
vedi **Curiosità**

FIDANZATI *(Cupido)*

Quando il mio ex fidanzato mi ha lasciata, il giorno dopo ho ricevuto un biglietto. Diceva: "Non te la prendere. Perché per uno per cui te la prendi, c'è sempre un altro a cui gliela dai!".

BRUNELLA ANDREOLI

«Ieri ho scaricato il mio fidanzato.» «Ah sì? Da che sito?»

ANONIMO

«L'anima gemella è come una chiave che entra perfettamente in una serratura e se la chiave non è quella giusta la serratura la devi forzare!» «Ma io e la mia fidanzata ci incastravamo perfettamente! Nessuno l'ha mai forzata!» «Sì, ma la chiave la tenevano tutti!»

ANTONIO E MICHELE

Il matrimonio cambia gli uomini. Da fidanzati mi apriva lo sportello per farmi entrare nell'auto. Adesso è già tanto se tira giù il finestrino quando scoreggia!

GIANNI AUDISIO

Non andava mai a trovare la sua fidanzata la domenica: c'era troppo traffico. Fuori e dentro di lei.

MAURIZIO AVANZI

«Quando facciamo l'amore il mio ragazzo mi dice un sacco di parolacce, che devo fare?» «Fai l'amore un po' meglio!»

GIOVANNI CELLINI

Lei era fidanzata con un dj. Ogni volta che facevano l'amore, lui voleva sempre provare anche il lato B.

PIERO DEGLI ANTONI

In sei chilometri mi hanno scattato tre autovelox e me le hanno mandate a casa. Nella prima foto si vede che accanto ho una mia collega. Nella seconda si vede che la mia collega mi mette una mano sulla spalla. Ma quella che ha fatto arrabbiare di più la mia fidanzata è la terza, in cui la mia collega non si vede.

DIMUNNO E TAMBORRINO

Ho avuto fortuna nell'amore. Come ho conosciuto la mia ragazza? Niente, per caso: stavo andando a puttane.

GIANNI FANTONI

Amici, guardate questo girocollo: otto centimetri di diametro! Va bene se siete fidanzati con uno

struzzo! Valore commerciale un miliardo e ottocento milioni, noi ve lo vendiamo a settecentomila lire... e non ci perdiamo nulla!
Fichi d'India

Non sono misogino. La fidanzata, avessi il giardino, la terrei.
Walter Fontana

Scusate, ma adesso devo proprio andare. Ho lasciato la mia ragazza in macchina coi preliminari già fatti.
Mister Forest (Michele Foresta)

Una bellissima ex concorrente del Grande Fratello, in odore di Parlamento Europeo, ha rotto la sua relazione con Berlusconi la prima volta che l'ha visto nudo. Ha dichiarato che era stato un abbaglio, che le faceva schifo così senza portafoglio.
Gino&Michele

Ho perso il lavoro. No, in realtà non ho perso il lavoro. So benissimo dov'è. È che quando vado lì, c'è un altro che lo fa... Ho perso la mia fidanzata. No, in realtà non ho perso la mia fidanzata, so benissimo dov'è. È che quando vado da lei, c'è un altro che se la fa.
Bobcat Goldthwait

Mi sono appena lasciata col mio fidanzato. Era un comico. Sono contenta che ci siamo lasciati prima di sposarci, perché vi immaginate la battaglia legale per la custodia tra due comici che divorziano? Sarebbe qualcosa del tipo: «Va bene, io mi tengo le battute sulla casa, e tu hai le battute sulla macchina» «E i bambini?» «Ahh, prendili pure. Non sono poi così divertenti.»
Lynn Harris

Credo che arco e frecce siano un'arma incredibilmente sottovalutata. Esteticamente, è molto più attraente di un revolver e può essere ugualmente efficace, senza il noioso problema delle bruciature dovute alla polvere da sparo. Non c'è pericolo che la vittima muoia per avvelenamento da piombo, e non necessita di silenziatore. Infatti, se usata in maniera acconcia, l'intera arma può essere considerata un silenziatore. Naturalmente, uno deve fare attenzione. Arco e frecce

possono diventare molto pericolosi nelle mani sbagliate. Cupido, per esempio...
Alfred Hitchcock

Sono sposata a un inglese. Un tipico inglese. È molto riservato. Infatti, è stato solo dopo esserci sposati che ho saputo che voleva fidanzarsi con me.
Kit Hollerbach

La mia fidanzata mi ha detto di usare il metro comune su quanto devo spendere per un anello di fidanzamento: due mesi di stipendio. Così mi sono trasferito ad Haiti per un paio di mesi, ho guadagnato un dollaro e ottanta. Ho comprato un bel legno compensato, senza nemmeno un nodo. L'ho cartavetrato io stesso.
Brian Kennedy

La ragazza è come una scoreggia: se non ce l'hai non la puoi mollare.
Graziano Marani

Ieri ho ragionato così bene, ma così bene che la mia morosa si è offesa.
Maurizio Milani

Ho rotto con la mia fidanzata, e lei mi ha detto: «Non troverai più una come me!». E son lì che penso: «Spero di no!». Se non voglio te, perché dovrei volere un'altra proprio come te? C'è qualcuno al mondo che chiude una relazione dicendo: «A proposito, non è che hai una gemella?».
Larry Miller

I miei occhi
non smetteranno di guardarti
le mie orecchie
di sentirti
la mia bocca
di baciarti
le mie mani
di toccarti
il tuo fidanzato
di menarmi.
Vasco Mirandola

Il San Valentino è triste se non sei fidanzato. È un po' come il giorno dei morti se sei vivo.
Roberto "Robym" Moro

S. Valentino è il protettore della Perugina.
Egidio Morretti

Andare in Brasile con la fidanzata è come andare all'Oktober Fest con una birretta.
STEFANO NOSEI

La mia ragazza mi ha lasciato perché non le piaceva fare l'amore in tre. Quando scopava non mi chiamava mai.
DIEGO PARASSOLE

La mia fidanzata ride sempre, quando facciamo sesso; non ha importanza cosa stia leggendo.
EMO PHILIPS

Il padre arrabbiato: «Figliolo: sbaglio o ho sentito l'orologio suonare le quattro quando hai riportato a casa mia figlia, ieri?»
Il fidanzato: «È vero. Stava per suonare le undici, ma io son corso ad acchiappare il gong così non l'abbiamo disturbata.»
Il padre arrabbiato: «Porco cane! Perché non l'ho pensata io quando portavo in giro le ragazze.»
BOB PHILLIPS

La tua donna la chiamo Antitetanica perché è obbligatorio farsela.
POZZOLI E DE ANGELIS

La tua donna la chiamo Ikea perché me la porto a casa e me la monto.
POZZOLI E DE ANGELIS

La tua donna la chiamo Barba perché me la faccio tutte le mattine.
POZZOLI E DE ANGELIS

La tua donna la chiamo Luna Park perché ogni volta che mi tira le palline io poi le regalo il pesciolino.
POZZOLI E DE ANGELIS

La tua donna la chiamo Pellicola perché quando glielo faccio vedere si impressiona.
POZZOLI E DE ANGELIS

La tua donna la chiamo Bassa Marea perché con lei si tocca sempre.
POZZOLI E DE ANGELIS

La tua donna la chiamo Colosseo, perché dentro ci hanno lottato un sacco di cristiani.
POZZOLI E DE ANGELIS

La tua donna la chiamo Maionese perché se smetto di sbatterla impazzisce.
POZZOLI E DE ANGELIS

Prima che ci fidanzassimo non aveva mai scoreggiato. Adesso è come una seconda lingua.
CAROLINE RHEA

Oggi Tury mi ha detto: «Minchia, Sabbry, sei troppo in tutto! Anche nelle doppie punte che nei tuoi capelli sono quadruple!».
SABBRY (LUCIANA LITTIZZETTO)

Oggi Tury mi ha detto: «Minchia, Sabbry, mi piaci perché sei dura come i cerchioni della mia Alfa Sud!».
SABBRY (LUCIANA LITTIZZETTO)

Oggi Tury mi ha detto: «Minchia, Sabbry, ti amo come è vero che faccio i 18 con un litro!».
SABBRY (LUCIANA LITTIZZETTO)

Oggi Tury mi ha detto: «Minchia, Sabbry, dopo la moto, il calcetto e il totònero sei la prima nei miei pensieri!».
SABBRY (LUCIANA LITTIZZETTO)

Oggi Tury mi ha detto: «Minchia, Sabbry, ma ci hai sempre le mani sudate! Quando ci camminiamo mano nella mano mi sembra di portare a spasso un capitone!».
SABBRY (LUCIANA LITTIZZETTO)

Oggi Tury mi ha detto: «Minchia, Sabbry? I tuoi occhi sono due fari luminosi che risplendono il cammino. Mi ricordano tanto gli antinebbia di Alfio... sai...quel giallo intenso... Sabbry? Tu l'hai fatta l'epatite?».
SABBRY (LUCIANA LITTIZZETTO)

Oggi Tury mi ha detto: «Minchia, Sabbry, quando facciamo una settimana che stiamo insieme ti regalo una stecca di torrone e sette portachiavi a scarpa da ginnastica!».
SABBRY (LUCIANA LITTIZZETTO)

La mia fidanzata è così piatta che potrei spedirla per fax.
FRANCESCO SALVI

Ho una fidanzata carina. È anoressica. La vedo sempre meno.
ADAM SANDLER

La mia fidanzata non si limita a fingere gli orgasmi. Si porta un registratore e li fa in playback.
RONNIE SHAKES

Due persone e un cane camminano nella neve. Lei si sfila uno dei suoi guantini, e mette la sua mano in quella di lui. Lui le carezza la guancia. «Prima o poi» pensa il cane «uno dei due si dimentica e molla il guinzaglio.»
SNOOPY

Mi ricordo quando con la mia ragazza facevamo i piccioncini... andavamo sui tetti e cagavamo in testa alla gente.
DADO TEDESCHI

Domani è San Valentino. Ho già pensato a tutto: cena a lume di candela, *Notturno* di Chopin in sottofondo e a mezzanotte via, a puttane!
RENATO TRINCA

«La cosa peggiore se scopri di essere gay è doverlo dire alla tua fidanzata.» «No, la cosa peggiore se scopri di essere gay è che la tua fidanzata lo abbia già detto agli altri.»
FRANCESCO VARCHETTA

Mi sono fidanzato con una ragazza del nord, appena mio nonno ha saputo che stavo con una trentina mi ha detto: «Eh, beato te che fai ancora le ammucchiate!».
DANILO VIZZINI

Vi ricordate la dolce Michelle?
Era la mia fidanzata al liceo...
Era divertente e sempre profumata.
L'ho portata al ballo del ritorno a casa, quindi l'ho legata a una sedia
e le ho rasato via i capelli
e l'ho lasciata in mezzo al deserto tutta sola.
Be', talvolta nei miei sogni sento ancora quelle urla.
Chissà se sarà riuscita a tornare a casa?
Be', quelli erano bei tempi...
WEIRD AL YANKOVIC, DALLA CANZONE *GOOD OLD DAYS*

La mia ragazza fa il caffè come al bar: un euro.
LUCIO WILSON

FIDEL CASTRO
vedi **Cuba**

FIDUCIA

(Autostima - Diffidenza - Sfiducia)

La fiducia è semplicemente quella sensazione calma, rassicurante che si ha prima di cadere a faccia in giù.
ANONIMO

La fede nel progresso è una dottrina per i fannulloni e per i belgi.
CHARLES BAUDELAIRE

Mai prestare la tua auto a qualcuno che hai messo al mondo.
ERMA BOMBECK

Non mi fido dei cammelli, come di chiunque possa stare un'intera settimana senza bere.
JOE E. BROWN

«Come si fa a fidarsi di uno che porta insieme cinta e bretelle, di uno che non si fida nemmeno dei suoi pantaloni?»
C'ERA UNA VOLTA IL WEST

Ammetto di essere onesto. Ma se si sparge la voce, sono rovinato: nessuno si fiderà più di me.
PINO CARUSO

Non ho autostima. Quando una ragazza mi diceva di sì, le chiedevo sempre di ripensarci.
RODNEY DANGERFIELD

Senta, non bisogna fidarsi di nessuno. Prenda me. Sono tre mesi che mi faccio pedinare da un detective privato.
GLAUCO DELLA SCIUCCA

Come dice sempre mio marito Gino: «Delle donne non c'è da fidarsi, soprattutto se sanno leggere e scrivere».
GAIA (SIMONA GUARINO)

Aveva talmente poca fiducia in se stesso che si fece sparare per suicidarsi.
PACO GENOVESE

Sono messo malissimo: come megalomane mi credo Dio, ma in quanto ateo ho pochissima fiducia in me stesso.
MAX GREGGIO

Abbiate fiducia nel progresso che ha sempre ragione anche quando ha torto.
FILIPPO TOMMASO MARINETTI

Su un argomento, almeno, uomini e donne concordano: entrambi non si fidano delle donne.
HENRY LOUIS MENCKEN

Ho conosciuto un rapitore che faceva i rapimenti di persona perché degli altri non si fidava.
MAURIZIO PISTIS

Sto passeggiando per Madison Avenue e vedo una bellissima cravatta esposta in una vetrina. Allora entro nel negozio. Prima che apra bocca, il proprietario dice: «Oh, Tony Randall! Nel mio negozio! Per favore, un minuto solo, aspetti devo chiamare mia moglie, non ci crederà mai!». Allora chiama la moglie e mi dice: «Ecco, per favore, saluti, le dica qualcosa, qualsiasi cosa. Le parli! Qualsiasi cosa!». Mi adula così tanto che alla fine compro la cravatta. Non ho abbastanza contanti e così gli chiedo: «Accetterebbe un assegno?». E lui: «Avrebbe mica un documento di identificazione?».
TONY RANDALL

Io so perché il sole non tramonta mai sull'Impero britannico: Dio non si fida di un inglese al buio.
DUNCAN SPAETH

Mischio io la mia acqua. Due parti di H, una di O. Non mi fido di nessuno.
STEVEN WRIGHT

FICA (UTERO)

Provo un intenso desiderio di tornare nell'utero... Di chiunque.
WOODY ALLEN

Nano scrive sul muro:
"Abbasso la figa!".
ANONIMO

Lei: «Caro, non credevo che tu potessi avere un organo così piccolo!»
Lui: «Cara, non credevo di dover suonare in una cattedrale!».
ANONIMO

Mah, per la noia della fica bastava già Moravia. E la letteratura del culo

è solo settoriale, come i libri sulle barche, sul Molise, sui funghi.
Alberto Arbasino

Donna: il buco che si lamenta intorno.
Donnie Barzo

Sai perché la figa è sempre di gran moda? Perché ha un taglio classico!
Donato Bazzanini

Madame, avete tra le gambe uno strumento che può offrire piacere a migliaia di persone e tutto quello che sapete fare è grattarlo.
Sir Thomas Beecham, a una violoncellista

E quando lei: «Ma teeee... perché invece di uscire con me e tutte le mie amiche preferisci andare alla bocciofila?» «Perché c'è più figa».
Stefano Bellani

«Carrà, bella Carrà... ma cosa c'hai lì? Cosa ci avete voi donne lì, come mai attira tanto l'omo quell'azienda là? Carrà fammela vedere, cosa c'è in quella zona? Un trattore, un treno, la galleria del Monte Bianco?»
Roberto Benigni

Vado a trovare Ernesto, che è a casa convalescente, dopo aver passato tre mesi in ospedale tra la vita e la morte. «Tu non ci crederai», mi dice passandosi una mano sul volto diventato stranamente ascetico, «ma sono esperienze che cambiano profondamente un uomo... Tutte le cose che prima rincorrevo, per cui mi arrabattavo, ora mi fanno solo sorridere... In questi lunghi, drammatici mesi, ho capito che le uniche cose veramente importanti nella vita sono i soldi e la fica.»
Romano Bertola

«A volte, durante la cremazione, qualche corpo scoppia», mi spiega un funzionario. «Sempre agli uomini accade. Alle donne no. Loro hanno il taglietto come le castagne.»
Romano Bertola

Quando mio nonno, tenente di cavalleria, fu ferito durante la Prima guerra mondiale, ricevette in ospedale la visita di una giovane crocerossina.

Era graziosissima e tutta fremente di aneliti dannunziani. Ella si avvicinò al letto del ferito e, guardando rapita la benda insanguinata che cingeva la sua fronte, gli chiese: «Come vi chiamate?» «Tenente Ferruccio Ercolani!», rispose il nonno, «e voi?». Lei abbassò gli occhi «Io... io mi chiamo come... come quella cosa cui voi eroici soldati pensate sempre nell'ardore della battaglia...» «Bernarda!» «No... Vittoria.»

ROMANO BERTOLA

Oggi al ristorante, a un tavolo vicino, c'era un tizio che mi sembrava di conoscere. Anche lui guardava verso di me accennando un sorriso. Alla fine, benché non ci vedessimo da tanti anni, mi sono ricordato di lui! Era uno spermatozoo che abitava con me nella palla sinistra di mio padre. Ci siamo fatti un sacco di feste. «Ma guarda che sorpresa!» ha esclamato abbracciandomi. «Fatti vedere! Ma sai che ti trovo bene? E me, mi trovi cambiato?» «Beh, sai... così a prima vista, col pizzo e gli occhiali... E poi senza coda...». Si guarda dietro le spalle con un'ombra di rimpianto: «Eh, mi è spiaciuto per la coda... E te, come va? Ti piace sempre la fica?».

ROMANO BERTOLA

Come tutti i bambini, anch'io ero divorato dalla curiosità di sapere come erano fatte le bambine. Finalmente un giorno, una mia compagna di scuola si disse disposta ad accontentarmi. Però la piccola imbrogliona, per farsi gioco della mia abissale ignoranza, si appiccicò sulla sua cosina una carta geografica del Belgio. «E allora, ti piace?», disse lei, «guarda i Vosgi! Che belli, eh? E Liegi! Ti piace Liegi? Va là, che è eccitante! Ma non dire niente alle mie amiche, se no chissà cosa penseranno di me!». Di quella remota bambinata non è rimasta in me nessuna traccia se si eccettua il fatto che ancora oggi quando passo davanti al Consolato belga mi viene duro.

ROMANO BERTOLA

Oggi, dopo tanti anni, ho incontrato mia cugina Lilli. Mi ha fatto piacere vederla coperta di gioielli. Significa che avevo visto giusto fin dall'inizio, io. Cioè quel giorno che, avremo avuto sei anni, ci mostrammo l'un l'altra nudi per vedere come eravamo fatti e io notai che quella fessura che aveva in mezzo alle gambe era identica a quella del mio salvadanaio.

ROMANO BERTOLA

Dopo ore di discussione accanita, veti incrociati, coltellate reciproche, un comunicato ufficiale del gotha della sinistra italiana ha delineato finalmente l'identikit del candidato ideale: deve essere miliardario come Moratti, sarcastico come Moretti, simpatico come Benigni, Nobel come Fo, milanista come Rivera, ribelle come Cofferati, e possibilmente anche una gran figa.

CLAUDIO BISIO-MICHELE SERRA

Aveva una vagina così stretta che poteva funzionare anche come lettore dvd.

PAOLO BURINI

Lei, signora, ama la napoletanità, solo quella di Eduardo. Come dire che a me piace la figa, solo quella di Marilyn.

GIANNI CARINO

Perché nel corpo femminile ci sono sei labbra? Due per dire cazzate e altre quattro per farsele perdonare.

DARIO CASSINI

L'utero, come la ruota, è un'invenzione molto semplice e non povera di conseguenze.

GUIDO CERONETTI

La monade non è altro che un gran pezzo di ragazzade.

ANTONELLO COMMISSO

Lei è una ragazza incredibile: aspira la sigaretta ed emette anelli di fumo. Tutti quelli che conoscevo finora, lo facevano con la bocca.

DIMUNNO E TAMBORRINO

Come diceva mio padre: «Le donne posseggono il 70% della ricchezza di questo Paese e il 100% della fica».

NELSON DEMILLE

L'amore è la cosa più bella della vita. Come la figa.

FABIO FAZIO

«Tua sorella va a cavallo nuda e fa il purè perché si schiaccia la patata.»

FICHI D'INDIA

Sa come diceva quella prostituta? La fica non la vuole più nessuno, i pompini li fanno anche le mogli, gli dai il culo sembra che gli dai la merda!
ENNIO FLAIANO

Lo chiamavano "Cesareo" perché di lui si diceva che la passera non l'avesse vista neanche quando era nato.
GINO&MICHELE

Ho visto quelli che fanno i fichi, e dicono la "c" al posto della "g", perché fa molto più fico, soprattutto a Milano. E dicono: ma che ficata, ma che cacata, e poi si sbagliano e dicono gazzo, goggodrillo, gaimano...
GINO&MICHELE-PAOLO ROSSI

Nasciamo tutti con la stessa passione, ma solo chi si applica diventa ginecologo.
MARZIO GOBBI

Per l'imene ci vorrebbero degli abbonamenti, perché quando ti rifai le tette un po' di tempo dura, mentre quello lì, alla prima volta... anzi, perché non rifare l'imene come le porte dei saloon?
LUCIANA LITTIZZETTO

Pudica, aveva un eufemismo per dire che aveva le mestruazioni. Diceva: «Oggi ho la vagina sanguinante».
DANIELE LUTTAZZI

Aveva una voce soffice e calda. E non solo la voce.
DANIELE LUTTAZZI

"Il cazzo c'inquina!", slogan femminista a cui un'arguta mano aggiunse sotto: "E la topa tombola!".
MAURIZIO MAZZITELLI

Mi piace tutto di te
dall'A alla Z
soprattutto
all'incirca! verso la Q.
VASCO MIRANDOLA

Gli uomini hanno soltanto due cose per la testa. Il denaro è l'altra.
JEANNE MOREAU

Cos'è la prima cosa che guardi in una donna? La figa, rispose il ginecologo.
EGIDIO MORRETTI

Pelosetta e colorita
non più larga di due dita
fa rizzar la pelle umana e il suo nome finisce in ...ica.
È superfluo che ti dica che si tratta dell'ortica!

Battuta girata via sms segnalata da Federica Nardon

La gnocca è come la precedenza: nel dubbio meglio darla!

Battuta girata via sms segnalata da Federica Nardon

In un'ipotetica scala di valori per me il sesso è solo al terzo posto. Dopo le tette e la figa.

Furio Ombri

Era un infingardo ma non trovava una finga neanche a pagarla a peso d'oro.

Flavio Oreglio

Le cose per cui vale la pena vivere? La figa, Parigi... la figa, la figa, la figa... però anche Parigi non è male, con tutta la figa che c'è.

Diego Parassole

Ci sono due cose al mondo che mi piacciono veramente. La seconda è girare un film...

Roman Polanski

Io amo la figa. Peccato che ce l'abbiano le donne.

Maurizio Sangalli

Ma io non desidero la donna d'altri, io voglio solo la figa.

Maurizio Sangalli

La vita e la morte sono due dettagli di quell'immenso universo che, al centro, è chiamato figa.

Gabriele Scorzoni

Tenete duro: in cima c'è pieno di figa.

Scritta sull'asfalto di una salita al Giro d'Italia

Amo molto parlare della zona dalla quale provengo. La figa.

Roberto Serafini

Essere intelligente, per una donna nel cinema, è uno svantaggio. Se, oltre alla vagina, hai pure le idee, la miscela è mortale. Non hai scampo a Hollywood.

Sharon Stone

Nuovo anno stessi valori: Viva la fica e la Fiorentina.
STRISCIONE VIOLA

L'ultima volta che il medico mi ha fatto il paptest ha dovuto usare il coltello per le ostriche.
TUTTI PAZZI PER MARY

Questa volta il foro competente della mia seconda separazione è... di quella zoccola della segretaria di mio marito!
SILVIA TRAVAGLINI

Quando ero piccino, vidi mia madre mentre si faceva la doccia. Incuriosito, le chiesi: «Mammina, cos'è quella cosa nera tra le tue gambe?». Lei, un po' imbarazzata, mi rispose: «Beh... tesorino... questa è... una macchia». E io replicai: «Ah, proprio sopra la figa?».
DIEGO TELATIN

Sono il più grande teorico della figa in Italia e il più grande pratico della sfiga in Europa.
DARIO VERGASSOLA

Io sto alla figa come un diabetico alla Sacher torte.
DARIO VERGASSOLA

La topa della Lega 'un sa d'una sega. La topa toscana è saporita e sana.
IL VERNACOLIERE

C'è una vita dopo la morte? Chi se ne frega, a me basta che c'è la figa!
LUCIO WILSON

FIGLI

Una signora è venuta a chiedere al dottore se è il caso che una donna abbia figli oltre i 35. Ho risposto che 35 figli è abbastanza per qualsiasi donna.
GRACIE ALLEN

«Suo figlio è ancora all'università?» «Temo di no. È stato espulso la settimana scorsa per comportamento immorale. È stata una sorpresa per noi. Lo hanno colto mentre tentava di immergere una nana nella salsa tartara. È una cosa che non sop-

portano in un'università dell'Ivy League.»
WOODY ALLEN

«Mi sento una merda mamma!» «E stai sul tappeto persiano!»
ALTAN

«Non son degno di te, babbo.» «Allora sei proprio l'ultima delle merde.»
ALTAN

Alberto Sordi a uno spettatore che gli aveva fatto una pernacchia: «Ormai hai ventun anni, è tempo che tu sappia di chi sei figlio».
UN AMERICANO A ROMA

Quando una attrice si ostina a non rivelare per anni il nome del padre di suo figlio è proprio perché non lo sa.
ANTONIO AMURRI

Guarda che è dura nascere in una famiglia dove si tira la cinghia. Oltre tutto mio padre tirava anche quella vera! È che eravamo in troppi. Ricordo una volta, tornando da scuola, mio padre appena mi ha vista ha detto: «Cazzo, è tornata anche oggi!».
BRUNELLA ANDREOLI

I nipoti sono la tua ricompensa per non aver ucciso i tuoi figli.
***COSE CHE HO IMPARATO DAI MIEI FIGLI*, DI ANONIMA MAMMA DI AUSTIN, TEXAS**

Picchiate vostro figlio tutti i giorni. Forse voi non saprete perché, ma lui lo sa.
ANONIMO

Solo a Hollywood capita di ascoltare dialoghi familiari di questo tipo: «Caro, i miei figli e i tuoi figli hanno picchiato i nostri figli!».
ANONIMO

«Mamma, ma non senti che puzza di morto... Mamma?... Mamma?»
ANONIMO

Il conte Ugolino passò alla storia per essersi mangiato i figli. Li guardò in faccia: Anselmo il primo, Gaddo il secondo, Marco come contorno e se li mangiò.
ANATOLJ BALASZ (NATALINO BALASSO)

Nella coppia l'educazione più importante è quella della contraccezione. Fra l'altro rende tanto più semplice l'educazione dei figli.
Piero Bargagli

I ragazzini sono dei duri. Una volta ho visto un ragazzino e gli ho regalato un'arancia. Sua madre lo ha ripreso: «Cosa si dice al signore?». Il ragazzino mi ha guardato e ha detto: «Sbucciala».
Bill Barner

Un uomo entra in un'agenzia di vaudeville e dice: «Ragazzi, ho un atto unico per voi! Ascoltate: io e mia moglie entriamo in scena, ci spogliamo, caghiamo sul palco, poi entrano i miei due figli e ci si tuffano dentro!». L'agente, allibito, chiede: «E come si chiamerebbe un atto del genere?». E il tizio: «Gli aristocratici!».
La storica barzelletta *The Aristocrats*

Nella giungla, due cannibali, padre e figlio, avvistano una stupenda esploratrice bionda. «Papà, la mangiamo?» «No! La portiamo a casa e ci mangiamo tua madre!»
Andrea Battaglino

I padreterni fanno i figli crocifissi.
Giuseppe Gioacchino Belli

Berlusconi riceve un avviso di garanzia praticamente ogni mese, ma continua a giurare sulla testa dei figli di essere innocente. Non può essere un padre così snaturato da giurare il falso sui suoi figli! Sorge quindi spontanea una domanda: di chi sono veramente i suoi figli?
Roberto Benigni

Silvio è un vero affarista. Hanno fotografato sua figlia Barbara e lui ha comprato le immagini per 20 mila euro . Poi le ha vendute a *Chi* per 50 mila, a Vespa per 100 mila, quindi ne ha guadagnati 130 mila. E tutte le sere le dice: «Non esci? Che ci fai a casa? Vai a divertirti, ubriacati!».
Roberto Benigni

Mio figlio è stato a casa da scuola tre giorni, la settimana scorsa. Il suo insegnante mi ha mandato una nota di ringraziamento.
Milton Berle

Domenica quel vecchio puttaniere di Maniglia ha voluto conoscere il

ragazzo con cui sua figlia esce da qualche tempo. «Allora, giovanotto, che intenzioni avete con mia figlia?» «Be', veramente vorrei scoparla e poi dileguarmi facendo perdere le mie tracce.» «Bravo! Fa bene al cuore vedere che ci sono ancora dei giovani come si deve!»
ROMANO BERTOLA

«Io gliel'avevo detto a mio figlio di non sposare Miss Svezia, ma lui niente, non ha voluto darmi ascolto. E così adesso abbiamo la croce di questo povero nipote alto, biondo, con gli occhi azzurri», mi dice la mamma del gobbo.
ROMANO BERTOLA

Guardare tua figlia che se ne va con quel tizio ti fa sentire come se avessi appena consegnato uno Stradivari a un gorilla.
JIM BISHOP

Le altre mamme per far addormentare i loro bambini, gli davano i cartoni animati. E mia madre: «Ma quali animati! Bastano i cartoni. Secchi!». E così faceva. Ancora oggi, per addormentarmi dò due testate contro il muro. Per un fatto di imprinting, immagino.
CLAUDIO BISIO-ROCCO TANICA

Una delle cose che non ti dicono a proposito di allevare i figli è che tutti si aspettano da te, per il resto della tua vita, che a ogni schiocco di dita tu ti ricordi il nome dei tuoi figli e quanti anni hanno.
ERMA BOMBECK

Va da sé che non si dovrebbero avere più figli che finestrini della macchina.
ERMA BOMBECK

Per anni io e mio marito siamo stati a favore delle vacanze separate, ma i nostri figli sono sempre riusciti a trovarci.
ERMA BOMBECK

Mai prestare la tua auto a qualcuno che hai messo al mondo.
ERMA BOMBECK

Vorrei ringraziare i miei genitori per aver reso questa serata possibile. E i miei figli per averla resa necessaria.
VICTOR BORGE

Carducci aveva dodici figli: «Sei nella terra fredda, sei nella terra negra».
MARIA LUISA BOTTANI

Avete mai sentito della figlia dell'avvocato che ha detto al suo fidanzato: «Fermati e/o ti do un ceffone!»?
JACOB M. BRAUD

Mio figlio è laureato in biologia. Ha trovato un posto da cavia.
MASSIMO BUCCHI

Non alzare mai le mani sui tuoi figli. Lasceresti il tuo inguine senza protezione.
RED BUTTONS

Ieri viene mia figlia Raffy e mi fa: «Papy, casano' è tutta in off.» «Cosa che cosa?» «Papy... lo stereo è un casi e la tele è out, il compiu' non funzio'...» «Mah...», dico, «Nunzio? Chi è 'sto Nunzio?» «Papy, ci sei? Ce la fai? Sei connesso? Ma che Nunzio? Non funzio!... Non funziona! Papy, ti avviso: sei un fornello, mi rosoli la vita, mi scuoci il self-control!». E io: «Raffy, le vedi 'ste mani: la destra è l'olio e la sinistra l'aceto... come vuoi essere condita? Con una bella salsa alla "ti crepo di mazzate?"»
PINO CAMPAGNA

È vergognoso che alcuni abbiano figli muti e altri addirittura poliglotti.
PAOLO CANANZI

Ci sono cose che non si sentono spesso, tipo: «Papà, dovresti bere di più».
GEORGE CARLIN

Il prezzo dei regali di Natale è inaudito. Ricordo un Natale di tanti anni fa quando mio figlio era piccolo. Gli ho comprato un carro armato giocattolo. Costava circa cento dollari, una bella cifra per l'epoca. Era un tipo di carro armato in cui si poteva entrare e che si poteva guidare. Lui invece giocò con la scatola della confezione. Mi ha insegnato una lezione molto importante. L'anno successivo, lui si beccò la scatola e io un whisky da cento dollari.
JOHNNY CARSON

Quand'ero figlio io comandavano i padri. Ora che sono padre, comandano i figli. La mia è una generazione che non ha mai contato nulla.
Pino Caruso

Un papà e una mamma hanno trovato un giornale sadomaso sotto al letto del loro figlio di dieci anni. Il papà ha detto: «Be', adesso certo non possiamo sculacciarlo».
Dana Carvey

I nostri figli non sono violenti. Non ci odiano mica. Se ogni tanto ci picchiano è solo per il nostro bene.
Lia Celi

Tutti questi giovani che ammazzano i genitori. Pazzesco. Con tutti i soldi che gli diamo non potrebbero pagarsi un killer?
Lia Celi

Nulla deve impedire ai cervelli dei nostri figli di sedere sui banchi dell'università!
Jean Charles

Poiché nessuno sa di chi son figli Qui, Quo, Qua, probabilmente non avevano la mamma papera ma maiala.
Cicchello e Colombo

Vorrei che mia madre non mi trattasse più come un bambino... che l'ultima volta gli ho detto: «Mamma, ho trentasette anni moglie e figlio». E lei: «Sì, vabbè, ma poi rimetti tutto a posto».
Gabriele Cirilli

Quando ero piccolo mio padre mi educava col bastone e la carota: prima mi bastonava, poi si mangiava la carota.
Gabriele Cirilli

Le mie figlie hanno sposato due salumieri. Ho due generi alimentari.
Comix

Il ragazzo più sfortunato al mondo fu Gesù: essendo allo stesso tempo se stesso e suo padre, fu l'unico a doversi comprare il motorino con i propri soldi.
Comix

Mia figlia ha undici anni e gira tutto il giorno in casa col muso, in attesa che le crescano le tette.

Bill Cosby

Recentemente ho compiuto 50 anni, che è un'età giovane per un albero, media per un elefante, e avanzata per un jogger il cui figlio dice: «Papà, non vengo più a correre con te a meno che non mi porti qualcosa da leggere!».

Bill Cosby

Mia figlia non è una cima: ogni mattina appena sveglia, mi viene a dire, «Papà, ho mal di testa!» e io le rispondo sempre: «Tesoro, quando ti alzi dal letto, prima i piedi!».

Billy Crystal

«Per voi uomini è diverso: Charlie Chaplin ha avuto figli fino a 73 anni.» «Sì, ma non riusciva a tenerli in braccio!»

Billy Crystal-Meg Ryan

Mio figlio è cattivo. Blocca con lo scotch i vermi sul marciapiede e poi guarda gli uccellini farsi venire l'ernia.

Rodney Dangerfield

Non ottengo rispetto. L'altra settimana casa mia è andata a fuoco. Mia moglie ha detto ai ragazzi: «Fate piano, se no svegliate papà».

Rodney Dangerfield

I miei figli non mi sono di gran conforto. Ieri ho detto a mio figlio: «Un giorno avrai dei bambini tuoi». Mi ha risposto: «Anche tu».

Rodney Dangerfield

L'altro giorno ho raccontato a mio figlio delle api e dei fiori. Lui mi ha risposto con la storia di mia moglie e del macellaio.

Rodney Dangerfield

Non sono mai piaciuto a mio padre. Una volta mi ha portato a caccia e mi ha dato un vantaggio di tre minuti. Sulla strada per casa ha legato me sul paraurti e ha messo il cervo in auto.

Rodney Dangerfield

Se i tuoi genitori non hanno avuto figli ci sono buone possibilità che non ne avrai neanche tu.

Clarence Day

Se il figliol prodigo avesse preannunciato il suo arrivo, il vitello grasso avrebbe mangiato meno.
FABIO DI IORIO

Pulire la casa mentre i figli stanno ancora crescendo è come spalare il marciapiede prima che smetta di nevicare.
PHYLLIS DILLER

Passiamo i primi dodici mesi della vita dei nostri figli a insegnargli a camminare e a parlare, e i seguenti dodici anni a pregarli di sedere e di tacere.
PHYLLIS DILLER

Voglio che i miei figli abbiano tutto quello che io non ho avuto. Poi voglio traslocare nella loro casa.
PHYLLIS DILLER

Mio figlio è talmente gay che cinque anni fa il governo italiano ci ha mandato a casa l'eteroconvertitore.
GIOVANNA DONINI

I miei figli non hanno mai avuto il vantaggio che ho avuto io. Io sono nato povero.
KIRK DOUGLAS

Le cose cambiano, il tempo passa e mi sono fatto una nuova famiglia. Vi ricordate mio figlio Alcatraz, il Condor? Ormai è sistemato, ha seguito le orme del padre: non fa un cazzo. Con la mia nuova famiglia ho tre figli: Thomas, Nicholas e Giuseppes, per coerenza.
ALEX DRASTICO (ANTONIO ALBANESE)

Il figlio in provetta.
Dopo anni di tentativi vani
ebbero un figlio,
un figlio in provetta.
Lo accarezzavan con gli occhi e le mani
e ripetevano: «Bella pugnetta!».
EROS DRUSIANI

È naturale che le prostitute abbiano figli: da dove credi che provengano i vigili urbani?
DAVE DUTTON

Che se io saprei che mio figlio mi diventerebbe un orecchione, vivo glielo faccio mangiare il ritratto di Dorian Gray!
GIORGIO FALETTI

Un bimbo ha chiesto alla mamma: «Mamma, perché ci sono uomini

che si vestono da donne?» «Ehi, cosa sono queste parole? Lo saprai quando sarai grande! E poi te l'ho detto mille volte: io non sono la mamma, sono il papà!»
Giorgio Faletti

Qual è il dispiacere più grande che un figlio di cinque anni potrebbe darmi? Violentare una compagna d'asilo o volersi iscrivere al Piccolo Coro dell'Antoniano?
Fabio Fazio

Uno che arriva ad affacciarsi alla finestra tutte le domeniche all'ora di pranzo per gridare a una folla di turisti in difesa della famiglia e dei figli, ma perché non si sposa lui?
Fabio Fazio

Ho sposato tua madre perché volevo un figlio. Immaginati come ci sono rimasto male quando sei nato tu.
Horse Feathers

Ho chiamato mio figlio "Caffè" perché ci tiene svegli tutta la notte.
Leopold Fetchner

«Ecco la mia pagella papà. Ed eccone una tua che ho trovato in soffitta.»
Leopold Fetchner

Mio figlio ha deciso che d'ora in poi non studierà più la storia. Dice che la fanno più velocemente di quanto lui possa impararla.
Leopold Fetchner

Picone: «Ma che hai? Oggi ti vedo euforico!»
Ficarra: «Sono contento per mio figlio... gli sto avviando una nuova attività!»
Picone: «E che attività?»
Ficarra: «Gli sto aprendo un casello autostradale privato!»
Picone: «Bello!»
Ficarra: «Li metto un chilometro prima di quelli che già ci sono e faccio prezzi concorrenziali...d'altronde la gente va dove c'è la convenienza!»
Ficarra e Picone

Durante un discorso sui figli. «Ah, il rumore di piccoli passettini in giro per la casa... Non c'è niente come avere un nano per maggiordomo!»
W.C. Fields

«Ma lei darebbe sua figlia per moglie a un negro?» «Mia figlia no, ma mia moglie subito. Sono mica razzista.»

Ennio Flaiano

Mia cognata ha tre figli. Tre bravi ragazzi. Quello che dà un po' di preoccupazioni è l'ultimo. Mànolo. Nonnò, Non Manòlo. Mànolo. Per via della mano. Ha un tic. Appena mette i piedi sotto un tavolo, comincia a muovere il braccino su e giù. Così. Mangia e muove il braccino. Gioca a Monopoli e muove il braccino. Vede la tv e muove il braccino. Mia nipote si infila sotto il tavolo... E finalmente sta fermo!

Gaia (Simona Guarino)

Mia nipote un giorno è andata da sua mamma e le ha detto: «Mamma ho deciso cosa farò da grande: da grande voglio fare la bagascia!». E sai cosa le ha risposto sua mamma? «Sì, va a finire come il corso di chitarra, che ti abbiamo regalato lo strumento ed è ancora lì in un angolo!»

Gaia (Simona Guarino)

Lei: «Mio figlio assomiglia tutto al padre.»
L'amica: «Un pochino però anche a tuo marito.»

Claudio Gasparini

Ho appena avuto il mio secondo figlio, il mese scorso. Il primo, che ha due anni e mezzo, era preoccupatissimo. Continuava a dire: «No voio fratellino, no voio fratellino». Allora per calmarlo gli ho detto: «Vedi? Se avessi imparato a parlare meglio, non avremmo dovuto sostituirti!».

Greg Geraldo

Marta Marzotto è madre di quattro figli (erano cinque ma uno purtroppo l'ha perduto sposandolo alla figlia di Emilio Fede).

Gino&Michele

Era dai tempi di Quark che non mi commuovevo così. Ti ricordi quel bel documentario sul figlio di Romina Power, metà uomo e metà Al Bano?

Gino&Michele-Gene Gnocchi

Ho visto donne manifestare in piazza contro l'aborto... e poi avere un figlio paninaro!

GINO&MICHELE-PAOLO ROSSI

Parlando del proprio figlio inetto: «L'ho detto prima e lo ripeto adesso: è assolutamente impossibile che tu sia mio figlio. Adesso vado a casa e piglio a schiaffi tua madre».

JACKEY GLEASON

Sono indecisa per il futuro di mio figlio, o dottore o ospite della Carrà.

NANNI GRECO

Non sono mai andato d'accordo con mio padre. Gli altri bambini venivano da me e mi dicevano: «Il mio papà prenderà a pugni il tuo papà!». E io: «Davvero? Quando?».

BILL HICKS

Benedetti siano i figli, perché loro erediteranno il debito nazionale.

HERBERT HOOVER

Il modo più sicuro per sprecare il fiato, oltre a suonare il sassofono, è consigliare un figlio.

KIN HUBBARD

Quelli che quando perde il Milan dicono che in fondo è una partita di calcio e poi vanno a casa e picchiano i figli.

ENZO JANNACCI-BEPPE VIOLA

Mia moglie voleva una grossa festa per il primo compleanno di nostro figlio, ma secondo me la mia idea era migliore: volevo portarlo alla fiera locale, metterlo su un pony, e scattargli una foto. Poi volevo nascondere quella foto in un cassetto. E tra otto o nove anni, quando mio figlio troverà quella foto, e mi verrà a chiedere: «Papà, e questa cos'è?» io potrò dirgli: «Vedi, era il tuo primo compleanno ed io ti ho comperato un pony, poi una volta sono dovuto andare via per lavoro, tua madre non si è presa cura di lui ed è morto».

JEFF JENA

Ho una cugina molto sexy. A volte alle riunioni di famiglia mi ritrovo a guardarla e a pensare: «Quanto ritardati potranno essere i nostri bambini? Voglio dire, e anche se uno nascesse con tre lobi delle orecchie?».

JAMIE KENNEDY

Come madre detesto sentirmi chiedere: «Mamma, a chi vuoi più bene?», perché così devo rispondere: «Sai, tesoro, la mamma non ha mai voluto figli».

LAURA KIGHTLINGER

Mia moglie mi ha dato una bellissima notizia: sarò padre per la prima volta. L'unica cosa che mi lascia perplesso è che abbiamo già due figli.

BRIAN KILEY

Un bimbo di cinque anni entra in bagno e trova il padre che si sta infilando un preservativo. Il bimbo dice: «Papà, cosa stai facendo?». E il padre: «Uh, sto cercando di catturare un topo». E il bimbo: «Cosa fai quando l'hai preso, te lo inculi?»

ARTIE LANG

Mio figlio è molto intelligente. Da quando gli hanno detto che "scuola" si scrive senza "q" scrive sempre "suola".

MICHELE LEONI

Nonostante abbia già compiuto 14 anni mia madre mi impedisce di mettermi il reggiseno. Continua a dirmi: «No! Ho di detto di no Osvaldo!».

ORAZIO LEOTTA

Yasser Arafat e sua moglie hanno avuto un figlio, ieri. Penso che lui sarà un buon padre, visto che ha passato anni e anni di pratica, cambiando ogni giorno il pannolino alla sua testa.

DAVID LETTERMAN

A New York è stato ritrovato in uno scantinato della NBC un film inedito di Woody Allen, si tratta di una satira contro Richard Nixon che non venne mai trasmessa per motivi di censura. L'NBC adesso vorrebbe trasmetterla, ma Allen si oppone. Nel film, Nixon viene descritto come un uomo senza scrupoli che non esiterebbe a portarsi a letto la figlia adottiva di sua moglie.

DANIELE LUTTAZZI

Le nuove generazioni sembrano sveglie ma non lo sono. Mio figlio a quattordici anni ha già fatto sesso, e tutto spavaldo mi fa: «Pa', scommetto che tu alla mia età non sapevi neanche com'era fatta una donna!

Anzi, pa', detto tra me e te, ma tu hai mai trombato?».

MAD E. MAT

Come puoi decidere di fare un figlio se non fanno altro che dire che fra vent'anni finisce l'acqua, fra trentacinque arriva l'asteroide e tra mille si spegne il sole. A questo lo lascio senza luce, acqua e gas?

TERESA MANNINO

Chissà quante mamme mongole piangono perché hanno un figlio europoide.

MARCELLO MARCHESI

Ora si può scegliere il sesso dei figli. Davvero? Allora vorrei un maschietto subito, l'anno venturo una femminuccia e in seguito due frocetti. Sono tanto intelligenti.

MARCELLO MARCHESI

Avrò avuto sì e no sei anni quando un giorno mio padre venne da me e mi disse: «Maurizio, parliamo di sesso». E io gli risposi: «Ok, papà. Avanti, cosa non hai capito?».

MAURI

Mi chiama la maestra della scuola di mio figlio: «Signor Milani, suo figlio beve diciannove, venti litri di acqua al giorno». Io: «Sì, è un mio consiglio». Lei: «Certo, ma prima il bambino si limitava a fare il suo bell'imbarazzo d'acqua e via, adesso si corica come un toro con la pancia nuda a contatto del pavimento freddo e mi dà l'impressione di cercare apposta la congestione per vantarsi di essere moderno». Io: «Grazie». Alla sera ho ragionato e parlato serenamente con mio figlio per una buona mezz'ora, poi, dopo aver chiarito ogni cosa, gli ho dato un calcio nel culo.

MAURIZIO MILANI

Ho visto una donna in Sud America che ha appena dato alla luce il ventitreesimo figlio. Dio santo, signora! È una vagina, non l'auto da cui escono i clown al circo.

DENNIS MILLER

Annuncio pubblicitario: "Vendo chitarra e intera collezione cd rock di mio figlio. Se risponde un ragazzo riattaccare e richiamare".

LUCA MOGGIAN BARBAN

Mio figlio è così intelligente che tutti i mercoledì, dalle 17.00 alle 18.00, riceve i genitori dei suoi insegnanti.
Furio Ombri

Quest'anno per le ferie ho scelto la partenza intelligente: sono partito alle sei del mattino quando mia moglie e i miei figli ancora dormivano.
Furio Ombri

Mio figlio va in uno di quei campi estivi dove sono davvero duri. Hanno la tv in bianco e nero.
Robert Orben

Io non sono mai stato il preferito dei miei genitori. E ero figlio unico.
Gianni Palladino

Al terzo figlio Al Bano e Romina smisero di farne perché qualcuno gli aveva detto che, nel mondo, ogni quattro bambini che nascono uno è cinese.
Gianni Palladino

«Cosa fa tuo figlio?» «L'assicuratore, e ne sono fiero!» «Anche il mio ruba, però in famiglia non siamo mica tanto contenti!»
Diego Parassole-Riccardo Piferi-Carlo Turati

Non prendetevela con Me se la Terra è sovrappopolata, la colpa è vostra: dovreste darvi una regolata con il procreamento. Se Io Mi sono accontentato di un Figlio solo, dovrebbe essere più che sufficiente anche per voi.
Dio, per penna di Jeremy Pascall!

Confessione di padre.
Mio figlio
è il primo della classe,
entrando.
Gino Patroni

Lamento di coniglio.
Ho avuto un solo figlio.
Gino Patroni

Noi nella mia famiglia lavoriamo tutti. Da generazioni. Mio nonno ha fatto il capannone piccolo, mio padre il capannone grande, io il capannone grandissimo. Mio figlio si droga.
Perego (Antonio Albanese)

Non potevo più sopportare i capelli lunghi di mio figlio, così l'ho trascinato dal barbiere e ho detto: «Rasatelo!». Il barbiere ha obbedito, e io ho scoperto di avere vissuto per almeno due anni col figlio di qualcun altro.
Bob Phillips

Lettera dal campeggio: "Carissimo papà, mi $to divertendo un $acco, ma avrei bi$ogno di qualco$a. $e ti viene in mente co$a, $pedi$cimela pre$to, grazie. $aluti$$imi, Jay".
La risposta: "Carissimo Jay, soNO contento che tu ti diverta. NOn hai idea di quanto NOi siamo orgogliosi di un figlio così saNO e robusto. Se fai caNOa o giochi a nascondiNO, divertiti un po' per NOi. Ti salutaNO tutti, Papà".
Bob Phillips

Mio figlio ha scoperto di essere "bisesso". E io: «Ma sei sicuro? quando ti cambiavo che eri bambino ne avevi uno solo... L'altro quando ti è cresciuto?». E lui: «Tu non capisci niente! Bisesso vuol dire che, oltre che con le donne, mi corico con gli uomini» «E basta che ti riposi, tesoro della mamma! Che sei sempre tanto stanco a mamma tua...»
Viviana Porro

Comunque sono tanto orgogliosa di mio figlio gaio e voglio dire alle altre mamme: «Se vostro figlio è tanto sensibile siate contente: sempre meglio un figlio ricchione... che due!».
Viviana Porro

Non dite ai vostri figli che avete avuto per loro un parto facile, altrimenti non vi rispetteranno. Per anni andavo a svegliare mia figlia e le dicevo: «Melissa, mi hai fatto a pezzi. Ora torna a dormire».
Joan Rivers

Ho fatto un sogno all'incontrario in cui l'Aids si prendeva quando non si scopava. E i padri erano preoccupatissimi e dicevano alle figlie: «Ma come, a 15 anni sei ancora vergine? Vuoi ammalarti?». E ai figli dicevano: «Ma come, sono le undici e mezzo e torni già a casa? Riesci! Dai, riesci! Riesci ancora un paio d'ore, ti do la mia macchina coi sedili ribaltabili...» «Ma papà, devo fare i compiti...» «Prima ciuli e poi fai i compiti!»

PAOLO ROSSI

Ci vogliono vent'anni a una donna per fare del proprio figlio un uomo completo e venti minuti a un'altra donna per farne un perfetto idiota.

GENA ROWLANDS

Stavo chiedendo a questa mia amica che ha figli: «E se io avessi un bambino e dedicassi la mia vita a lui e lui crescesse odiandomi, e se desse la colpa di tutto quello che non va nella sua vita a me?». E lei mi ha detto: «Cosa vuoi dire, "se"?».

RITA RUDNER

Un mio amico ha fatto una festa a sorpresa per il compleanno di sua figlia. Compiva un anno. Ci siamo tutti nascosti attorno alla culla e poi siamo saltati su, urlando: «Sorpresa!!». Adesso è in terapia.

RITA RUDNER

Mio figlio è così anemico che ha bisogno di una trasfusione quando deve sanguinare.

LOUIS A. SAFIAN

Il Bestia abitava in una casetta piccolissima e stava stretto. Poi ha avuto un colpo di fortuna: ha vinto alla lotteria e ha comprato una casa di 200 metri quadri. Allora ha detto alla moglie: «Adesso possiamo fare un figlio». Gli è nato un figlio di 200 metri quadri ed è stretto ancora adesso!

FRANCESCO SALVI

I miei amici vogliono mostrarmi il video della nascita del figlio. No, grazie. Ma guardo volentieri il video del concepimento, se ne avete uno.

GARRY SHANDLING

Cosa pensa mia figlia di me? Me l'ha detto: per lei sono una stronza. Però ha detto che mi vuole bene. Ma non le piaccio. Ha paura di me. La intimidisco. Dice che mi rispetta, ma non vorrebbe mai diventare come me. Insomma abbiamo un normalissimo rapporto madre-figlia...

NEIL SIMON

Il principe di Monaco ha riconosciuto un altro figlio. Se va avanti così avrà più figli che sudditi.

SKIZZO

Signore molto laido (alito pesante, denti cariati, vistosi peli superflui, ascelle maleodoranti, forfora di tre specie, petecchie e piedi marci) sposerebbe fanciulla bellissima per avere figli normali.
TANGO

Ce l'ho con mia mamma perché, anche se ho trent'anni , mi obbliga ad andare a letto alle nove e mezzo. lo gliel'ho detto: «Mamma, ma perché devo andare a letto alle nove e mezzo se a me mi vien sonno alle otto?».
TARCISIO (MAX PISU)

«Papà, da oggi vado a pestare i negri.» «Siamo in un Paese civile, figliolo, si dice extracomunitari!»
VAURO

Ho chiesto l'aumento al mio donatore di lavoro, gli ho detto: «Masto, io appartengo al secondo livello, devo avere più soldi di quelli che stanno al primo livello!». Lui mi ha risposto: «Veronica, voi per me siete come figli e per un padre i figli stanno tutti allo stesso livello!».
VERONICA (ROSALIA PORCARO)

È solo dopo un ictus che si capisce l'importanza di dare nomi brevi alle proprie figlie.
FRANCESCO VESPA

Quando ero piccolo i miei genitori litigavano in continuazione, dalla mattina alla sera. Fino a 7 anni sono stato convinto di chiamarmi "Tuo figlio"!
SERGIO VIGLIANESE

Alessandro Manzoni ebbe tanti figli, ma neanche uno intelligente.
TEMA DI MATURITÀ, CITATO DA MITÌ VIGLIERO LAMI

Quelli che scrivono i libri perché hanno dei figli da mantenere.
BEPPE VIOLA

Dicono che avere un animale ti prepari ad avere dei figli. Ho tenuto un pesce rosso per cinque mesi, quindi credo di essere pronta per i bambini. Solo che mi serve una vasca più grande.
JAYNE WARREN

Quando è nata mia figlia, abbiamo filmato la nascita. Adesso, quando

mi fa arrabbiare, pigio rewind e la rimetto dentro.
GRACE WHITE

Tu sei la ragione per cui i nostri figli sono brutti.
TITOLO DI CANZONE COUNTRY DI L.E. WHITE & LOLA JEAN DILLON

Mio figlio è un dottore nato: riesce a scrivere cose che nessuno riesce a leggere.
HENNY YOUNGMAN

FIGLI DI PUTTANA

Ho chiesto un foglio a un mio compagno di classe grasso. Non me lo ha dato, il foglio di puttona.
DARIO ALESANI

Oroscopi. Il libro dice che i nati in gennaio sono gentili. Quelli di febbraio sono onesti. I nati di marzo sono sinceri. I nati di aprile sono affidabili eccetera eccetera. Ora, quello che non capisco è: ma da dove vengono tutti i figli di puttana?
LOU ALEXANDER

Stamattina alle sette un vertiginoso silenzio mi ha svegliato. Mi sono girato verso mia moglie. Non c'era. Non era neppure in cucina né in nessuna altra stanza. Anche Camillo non c'era. Sono uscito sul balcone: strada deserta. Solo un giornale spinto dal vento. Con l'auto ho attraversato la città. Vie e piazze spopolate. I tram fermi o vuoti. In ufficio nessuno. Anche da Maniglia e da mio cognato Augusto non c'è nessuno. Gli appartamenti abbandonati. Ho puntato verso l'aeroporto. Un jet sulla pista. Fortuna di avere il brevetto di pilota. Mi sono levato in volo. Parigi. Atene. Tokyo. New York. Non un'anima. Vuoto. Deserto. Sul banco di un bar di Adelaide trovo una fotografia. Ci sono tutti. Cinque miliardi di persone che mi fanno ciao con la mano... Sotto, una scritta: "Addio testa di cazzo!". D'accordo, d'accordo... Però andarsene così... Senza dire niente... Che figli di puttana.
ROMANO BERTOLA

«La taglia su Cheyenne è 5000 dollari, giusto?» «Giuda si è accontentato di 4970 dollari in meno.» «Non

c'erano i dollari allora.» «Già, ma i figli di puttana sì.»
C'ERA UNA VOLTA IL WEST

Sette verticale: "È famoso quello di Troia"... FIGLIO.
CAPOCENERE (CLAUDIO BATTA)

E quello è il fiore all'occhiello della squadra: è un centravanti francese, Martinitt. Un centravanti orfanello, che nasconde un terribile segreto: la sua mamma era una puttana... e il suo papà era una puttana anche lui... un figlio di puttana al quadrato! E calcia la palla così veloce, ma così veloce... ma così veloce... ma così veloce... che la palla quando entra in porta cambia fuso orario. E così Martinitt spesso segna prima che inizi la partita.
GINO&MICHELE-PAOLO ROSSI

Ho scritto un nuovo libro che sta per uscire. È uno di quei manuali per il fai da te psicologico. Si chiama: *Come andar d'accordo con tutti*. L'ho scritto in coppia con un figlio di puttana.
STEVE MARTIN

«Io e lei potremmo essere parenti, chessò, cugini...Avevo uno zio che andava spesso a prostitute»
FURIO OMBRI

FIGURACCIA

Io non so se Dio esiste, ma se non esiste ci fa una figura migliore.
STEFANO BENNI

Mi avevano detto che lei adorava la Jacuzzi, sapete quelle vasche con le bollicine, gli idromassaggi... Allora ho sparso la voce che ce l'avevo. Ma non era vero. Però con questa scusa sono riuscito a invitarla a casa mia. Io speravo che fosse una scusa anche per lei. Invece no. Era venuta col costume da bagno, voleva proprio la Jacuzzi. Allora ho messo due dozzine di Alka Seltzer nella vasca da bagno. Una figura di merda!
CLAUDIO BISIO

«Mi dispiace cara, non mi era mai successo... è colpa dello stress, sai... la stanchezza...» «Non impor-

ta caro. Succede anche ai migliori. Figuriamoci a te.»
Paolo Burini

Scusa, mi presteresti la tua faccia che devo fare una figura di merda?
Alessandra Faiella-Marina Massironi

In televisione bisogna imparare a recitare in maniera cagnesca molto bene. Se, dopo aver fatto un provino, quando vai via hai la sensazione di aver fatto la figura di una vera idiota, con ogni probabilità la parte è tua.
Michelle Pfeiffer

Se sei grasso, uno dei momenti peggiori è il Carnevale. Se vuoi mascherarti da qualcosa di diverso da un pomodoro, rischi di fare delle figure penose. Un anno col costume di Zorro tutti mi chiamavano sergente Garcia; un anno vestito da cavaliere mi hanno ribattezzato "il Cavaliere rotondo della tavola". Ma il peggio è stato quando mi sono messo il costume di Superman con tutta la "esse" tirata sul davanti; mi hanno guardato e poi in coro: «Minchia l'Esselunga!».
Daniele Raco

La realizzazione di questa Opera è stata possibile anche grazie alle progettazioni informatiche di Tecne', con il contributo in prima persona di Pieranna Massari e Piergiorgio Veneziani; e con il certosino coordinamento di Elena De Luca, nostra storica collaboratrice.
Il lavoro redazionale è stato curato con la solita vivace competenza da Alessia Gemma, con l'assistenza della solare Linda Ferrari.
Il progetto e l'impostazione grafica sono invece frutto dell'esperienza e della creatività di Zetalab, in particolare nelle persone di Lucio Luzo Lazzara e Walter Uolts Molteni. Grazie anche, per la complice collaborazione dagli Stati Uniti di Paolo Borraccetti.

Gino&Michele, Gut edizioni e Bananas devolvono parte del ricavato dell'*Enciclopedia Universale della Battuta* per acquistare il parco macchine (sei automezzi) di *Presenza Amica*, un'associazione di volontari impegnata nell'assistenza domiciliare ai malati inguaribili in fase terminale.

Per chi volesse conoscere nel dettaglio l'attività di "Presenza Amica Onlus - Volontari per l'aiuto ai sofferenti" di Garbagnate Milanese (Milano), diamo il telefono: 02 99021087,
e l'indirizzo internet: www.presenzamica.it.

L'Enciclopedia Universale della Battuta si avvale dell'alto Patrocinio della *Premiata Bocciofila Cosimo Trombetta per la salvaguardia del Comico*[1].

(1) La Premiata Bocciofila Cosimo Trombetta per la salvaguardia del Comico, è *un'Associazione Culturale che ha come scopo la salvaguardia del Comico, inteso come genere. È stata fondata nel 2005 da Gino&Michele, Maurizio Costanzo, Enrico Vaime, Giancarlo Bozzo, Roberto Bosatra.*
Nello statuto della "Cosimo Trombetta", alla voce Scopi dell'Associazione si può leggere:
"Conservazione e divulgazione della memoria storica del teatro, con particolare attenzione al teatro comico, brillante e al varietà; valorizzazione, raccolta e sviluppo della letteratura e delle presenze televisive legate al Comico come genere, alla satira e all'intrattenimento; svilupp o di iniziative culturaliq uali lap ubblicazione di libri, riviste, siti internet, materiale multimediale, dvd e quant'altro attinente agli scopi sociali; costituzione di archivi storici e raccolta di materiale attinente allo scopo sociale; realizzazione di convegni e/o seminari ed attuazione di forme di collaborazione con enti pubblici e/o privati e/o associazioni e/o organismi di istruzione."
Per eventuali contatti: c/o Teatro Parioli, via Giosuè Borsi, 20, Roma; oppure c/o Zelig, viale Monza 140, Milano.

Volume 5

FIL — IMP

ENCICLOPEDIA UNIVERSALE DELLA BATTUTA

a cura di **Gino&Michele**

con la collaborazione di Matteo Molinari

Gut Edizioni spa, Milano
Prima edizione maggio 2009
www.gutedizioni.com

FILM

Quanto segue deve trovarsi nella suite di Joan Crawford: secchielli con cubetti di ghiaccio; ferro a vapore e asse da stiro; una stecca di sigarette Alpine; una scatola di mentine Life Savers; rose rosse e gialle; un cartone di Pepsi-Cola, Ginger Ale e soda; i seguenti liquori: vodka Smirnoff; bourbon Old Forrester; scotch Chivas Regal; gin Beefeathers; due bottiglie di champagne Moét & Chandon. Miss Crawford troverà all'aeroporto una Cadillac appena lavata e con autista. In quanto coproduttrice del film miss Crawford non gradirà inutili sprechi di denaro.

DALLE ISTRUZIONI PER IL TOUR PUBBLICITARIO DEL FILM *STRAIT JACKET*

Diverse tonnellate di dinamite sono state usate in questo film. Nessuna sotto le persone giuste.

JAMES AGEE, NELLA SUA CRITICA A *TYCOON*

I miei film sono molto più apprezzati in Francia che in America. Devono avere dei sottotitoli fantastici.

WOODY ALLEN

Immaginate la deliziosa sorpresa quando ho letto loro la sceneggiatura di *Amore e Guerra*, il cui plot andava dalla guerra all'assassinio politico, e terminava con la morte dell'eroe grazie a un crudele scherzo di Dio. Mai visti otto esecutivi andare in arresto cardiaco contemporaneamente; ero piuttosto contento.

WOODY ALLEN

Milly Carlucci non parteciperà al prossimo film di Stanley Kubrick perché nessuno gliel'ha chiesto.

AMURRI & VERDE

«Ricordati: sono io la primadonna!»

JULIE ANDREWS A ROCK HUDSON, SUL SET DI *DARLING LILI*

Lei: «In *9 Settimane e Mezzo* Mickey Rourke lanciava ciliegie in bocca a Kim Basinger...»
Lui: «Se vuoi posso schizzarti la buccia di mandarino negli occhi...»

GIANNI AUDISIO

L'esercito è come un film vietato ai minori di 14 anni: troppa violenza e poco sesso.

BEETLE BAILEY

Il karate è una disciplina delle arti marziali in cui persone che hanno anni e anni di allenamento, usando solo le mani e i piedi, possono fare alcuni dei più brutti film della storia del mondo.

Dave Bany

Ma quelle attrici che nei film fanno le prostitute sono attrici o vengono prese dalla strada?

Rocco Barbaro

Ieri ho visto *Natale in India*, il film con Boldi e De Sica: divertente, anche se, come al solito, è molto meglio il libro del film.

Federico Basso

Tom Hanks è il mio attore preferito perché ha fatto quel film meraviglioso in cui da piccolo diventa improvvisamente grande, fa l'avvocato sieropositivo e viene spedito su un'isola deserta nello spazio dove su una panchina incontra Meg Ryan e le dice: «Houston, abbiamo un problema!».

Federico Basso

Sono andato a vedere uno di quei film porno, l'altra sera, e non potevo credere ai miei occhi. Così sono rimasto a vederlo una seconda volta.

Jack Benny

A volte, portando a Lourdes un film muto, si mette a parlare.

Romano Bertola

Non ho mai capito perché se una ha vent'anni, è alta, bella, con un fisico da modella, nei film di James Bond fa il fisico nucleare.

Paolo Borraccetti

Adoro i film. Gran parte del mio tempo lo passo al cinema. Quando esco la cassiera mi chiede: «Dove vai?».

Lorenzo Bosio

Come disse Marlon Brando in *Via col vento*: «Cazzo ci faccio in questo film?».

Paolo Cananzi

Sono andato a vedere l'ultimo film di Bo Derek dove lei interpreta una schizofrenica. Si intitola *20*!

John Carfi & Cliff Carie, riferendosi al film *10*

Un giorno il mio agente mi ha mandato sul set di un film. Cercavano una che facesse la fidanzata di Zorro. Il regista appena mi ha visto è impazzito: «Lei è talmente brava, talmente bella, che le do la parte del protagonista, di Zorro». Al che io gli ho detto: «Ma scusi, per i baffi come faccio?» «No, li tenga, caso mai li spuntiamo!».

Geppi Cucciari

Ho visto *Il Nemico alle porte*, sulla disfatta nazista nell'assedio di Stalingrado. Sentivo il bisogno di vedere un film in cui vincevamo noi.

Oliviero Diliberto

Intervista a Claudio Amendola: «Complimenti, ho visto tutti i suoi film. Ce l'ha 283 euro da ridarmi?».

Dimunno e Tamborrino

Inizierò questa recensione con un'affermazione positiva: guardare questo film è una fruibile alternativa al guardare il sole ininterrottamente per cinque ore.

Dr. Cyclops, nella recensione del film *Python II*

Questo film non raschia il fondo del barile. Questo film non è il fondo del barile. Questo film non è il pavimento sotto al fondo del barile. Questo film non merita di essere menzionato nella stessa frase con un barile.

Roger Ebert, riferendosi al film *Freddy Got Fingered*

Kevin Spacey e Alan Parker sono uomini onorevoli. Perché hanno fatto un film così stupido? L'ultima scena mi ha fatto venire voglia di tirare qualcosa contro lo schermo, tipo Spacey e Parker.

Roger Ebert, riferendosi al film *The Life of David Gale*

Oggi sono usciti due film importanti, il cartone animato *Ratatouille* e il documentario di Michael Moore *Sicko*. Due film molto diversi: uno è la storia di un grosso ratto schifoso interessato solo al cibo che finisce sempre in mezzo ai guai. L'altro è un cartone animato.

Craig Ferguson

Quando giro un film mi prendono le misure un giorno sì e uno no.

Sabrina Ferilli

Per essere considerato un classico un film deve riuscire a far sbadigliare almeno tre generazioni di spettatori.

MARCO FERRERI

Se nella seconda scena ho ancora le mutande addosso, penso subito che mi abbiano mandato il copione sbagliato.

MEL GIBSON

Perché il cinema è la vita e non si sa mai cosa succede: se è dentro o fuori dal cinema. Una volta sono andato a vedere *Morte a Venezia* e poi sono uscito e mi sono innamorato di mio cugino. E ho visto *Anni di Piombo*, sono uscito e ho detto ai miei amici: «Da questo momento sono clandestino, non chiamatemi a casa... chiamatemi in ufficio». Ho visto *Il Laureato* sette volte e via via mi sono sempre più convinto che la madre scopava molto meglio della figlia. Poi un giorno ho visto *Manhattan* a Rovigo e ho pianto...

GINO&MICHELE-PAOLO ROSSI

«Dodici? Sono troppi! Non si può fare sei?»

SIR LEW GRADE, PRODUTTORE DI *GESÙ DI NAZARETH*

«Spostate quei diecimila cavalli un pochino più a destra!»

DAVID WARK GRIFFITH, SUL SET DEL FILM *NASCITA DI UNA NAZIONE*

Un giorno o l'altro mi piacerebbe fare un film che faccia ridere la gente e faccia piangere la gente, e poi la faccia uscire dal cinema in maniera rapida e ordinata cosicché altra gente possa entrare.

JACK HANDEY

Posso immaginare facilmente il *Pinocchio* di Benigni diventare un sempreverde natalizio. Il carbone non è più così facile da trovare come un tempo e questo film può essere un ottimo sostituto da mettere nella calza dei bambini cattivi.

KEN HANKE

La lunghezza di un film dovrebbe essere direttamente proporzionale al carico di tolleranza della vescica umana.

ALFRED HITCHCOCK

I giudizi dei critici cinematografici vanno interpretati. Per esempio quattro stelle significa che un film è piuttosto bello. Non il massimo ma per conto mio val la pena di andarlo a vedere. Tre stelle invece è decisamente il massimo: correte a vederlo, non ne fanno di meglio. Due stelle è il peggio, non sprecate soldi, è veramente il fondo del barile. Invece una stella è di nuovo piuttosto bello.

VICTORIA JACKSON

Un film porno non ti deluderà mai. Non puoi dire: «Però non mi aspettavo che finisse così».

RICHARD JENI

L'intero cast di *Slumdog Millionaire* era presente agli Oscar. Ha vinto come miglior film, come tutti si aspettavano. Era il grande favorito. Dicevano che avrebbe perso solo se avesse scelto Sarah Palin come vice.

JIMMY KIMMEL

«La mascella di un asino? Mai! Questo è un film di De Mille e noi useremo tutto l'asino!»

L'ASSISTENTE DI CECIL B. DE MILLE, DISCUTENDO LA SCENA DI *SANSONE E DALILA* IN CUI L'EROE DEVE USARE LA MASCELLA DELL'ASINO

Vedere il tuo romanzo trasformato in un film è come vedere i tuoi buoi trasformati in dadi da brodo.

JOHN LE CARRÉ

Un giorno farò un film per i critici, quando avrò soldi da buttare.

CLAUDE LELOUCH

Il nuovo film di Harry Potter ha incassato cento milioni di dollari in un weekend. Credo sia la cifra più alta incassata da un adolescente senza far causa a Michael Jackson.

DAVID LETTERMAN

Hanno dato a Sylvester Stallone 20 milioni di dollari per essere il protagonista di un film ancora da stabilire. 20 milioni, e l'unica cosa da stabilire è quale numero romano va dopo la parola "Rocky"!

DAVID LETTERMAN

Libri: le cose da cui si ricava un film per la televisione.

LEONARD L. LEVINSON

I film di Hitchcock mi terrorizzano. *Psyco*, quella scena nella doccia! Avevo dieci anni quando l'ho vista per la prima volta, e ancora oggi mi fa paura, accoltellare una donna nella doccia.

DANIELE LUTTAZZI

Stasera ho proprio voglia di andarmi a veder un bel film di denuncia. Guarda un po' se ci sono film di denuncia in giro. No? Peccato, dovrò andare a vedere un film per divertirmi e basta. Uffa!

MARCELLO MARCHESI

Ho fatto un film unico nel suo genere. Di che genere sia, però, non lo so.

VALERIA MARINI

Non sono un attore e ho all'attivo sessantaquattro film per dimostrarlo.

VICTOR MATURE

Raquel Welch è una delle poche attrici che sembra più animata in fotografia che nei film.

HARRY E MICHAEL MEDVED

Ho visto il nuovo James Bond, *Muori e Vivi Ieri e Domani Due Volte*... Mi è piaciuto di più del precedente, *Nato Ieri per Uccidere Domani per Sempre*...

DENNIS MILLER

Con *La vita è bella*, Benigni ha trasformato un evento catastrofico (l'Olocausto) in una fiaba. Con *Pinocchio*, Benigni ha trasformato una fiaba in un evento catastrofico.

NANCY MILLER

Ho trascorso parecchi anni a Hollywood, e sono ancora convinto che gli eroi dei film sono quelli seduti nel cinema.

WILSON MIZNER

Non faccio per vantarmi, ma quando avevo cinque anni mi bastava guardare un film una volta sola e alla fine potevo dirvi se era a colori o in bianco e nero.

MATTEO MOLINARI

Scelgo subito i bei film [da interpretare], e se quelli non si concretizzano, scelgo quelli mediocri, e se quelli non si concretizzano, scelgo quelli che mi bastano per pagare l'affitto.

SUE MURPHY

Ieri ho visto un film così imbarazzante che ho chiesto alla signora che avevo davanti di rimettersi il cappello.

ROBERT ORBEN

Divertente come i cinesi volino meglio nei film, tipo *La Tigre e il Dragone*, che nella vita reale. Mi spiego. Avete presente quando andate dal dentista per la pulizia dei denti e cercate di rimandare il più possibile il pasto successivo, per non rovinare il lavoro appena fatto? Beh, avevo appena fatto rifare i freni della mia auto, e stavo guidando per Chinatown...

EMO PHILIPS

Nei sexy shop si possono comperare le videocassette dei film porno. Sono a colori ma se togliessero il rosa sarebbero in bianco e nero.

CARLO PISTARINO

Ci sono due cose al mondo che mi piacciono veramente. La seconda è girare un film...

ROMAN POLANSKI

Sono molto appassionato di cinema, solo che lo guardo sul plasma che ho fatto montare sul Cayenne. Ovviamente sto molto attento: cerco di non distrarmi e di non fare due cose contemporaneamente. Se sto guardando un film e sono anche alla guida, mi concentro solo sul film, altrimenti c'è il pericolo di perdere il filo della trama.

IL MARCO RANZANI DI CANTÙ (ALBERTINO E DIGEI ANGELO)

L'ultima volta che ho fatto un film di successo Joan Collins era vergine.

BURT REYNOLDS

E poi ci sono i desideri. Vorrei anche fare un film, avere la nomination e vincere l'Oscar. O anche vincere l'Oscar, avere la nomination e poi finalmente spero che mi facciano fare il film. Su queste cose sono molto elastico.

PAOLO ROSSI

Sto girando un altro film in costume, ma stavolta più che metterlo lo tolgo.
Greta Scacchi

Tutta la mia vita è un film. Solo che non ci sono le dissolvenze. Sono costretto a vivere ogni singola scena. La mia vita ha bisogno di montaggio.
Mort Sahl

Io ho fatto sedici film, John Ford ne ha fatti centoventi. Sarà meglio che alzi le chiappe e mi dia una mossa.
Steven Spielberg

Il vizio più costoso nel mondo non è l'eroina ma la celluloide, e io ho bisogno di una dose ogni due anni.
Steven Spielberg

Se una nave capotta ed è piena di gente di cui a nessuno frega niente, importa se qualcuno ce la fa a salvarsi? Permettetemi di rispondere a questa domanda retorica... No.
John Venable, parlando di *Poseidon*

Berlusconi ha garantito sulla democraticità della Mussolini. La Mussolini che, infatti, più di una volta ha salvato numerosi ebrei da un destino tragico. Li ha portati fuori dalla sala prima che iniziasse un suo film.
Marco Vicari

«Gira alcune scene fuori fuoco. Voglio vincere l'Oscar come miglior film straniero.»
Billy Wilder, rivolto a un cameraman

Il primo film sarà molto semplice. Mi servono solo 10 milioni di dollari. Sarà la storia di un ragazzo, il suo cane e il suo budget.
Robin Williams

Un inverno ho girato un film in Inghilterra. Faceva così freddo che mi sono quasi sposata.
Shelley Winters

Danno ancora uno stupido film di fantascienza inglese. Si capisce che è inglese perché tutti i marziani hanno l'ombrello.
Henny Youngman

Lo Squalo mi ha ricordato mia moglie. Una volta infatti è riuscita a

non farsi mordere da uno squalo. Ha aperto la bocca per prima.
HENNY YOUNGMAN

FILM, BATTUTE TRATTE DA

Duff: «Prima di cominciare, però, promettiamo di non dire più brutte cose l'uno all'altra come al solito.»
Melanie: «Io non ho mai detto brutte cose sul tuo conto.»
Duff: «Troia bugiarda!»
110 E LODE

Alberto Sordi a uno spettatore che gli aveva fatto una pernacchia: «Ormai hai ventun anni, è tempo che tu sappia di chi sei figlio».
UN AMERICANO A ROMA

In un'aula di tribunale vince chi racconta la storia migliore.
AMISTAD

Allen: «Che bella pelle che hai!»
Keaton: «Sì, ne ho in tutto il corpo».
AMORE E GUERRA

È vero, avrei potuto essere una moglie migliore e fare l'amore con te un po' più spesso, almeno una volta.
AMORE E GUERRA

«Ma non puoi risolvere tutti i problemi della vita a cazzotti!» «Certo, potevo spararg li...»
ARMA LETALE 3

«Penso che farò un bagno!» «Vado ad avvisare i giornali!»
ARTURO

Lou è un animale. Nella sua famiglia lui fa parte solo della seconda generazione che sta ritta in piedi!
A SCUOLA CON PAPÀ

La moglie: «Non ho nulla da mettermi, stasera!»
Il marito: «Hai sei armadi pieni di "nulla da metterti!"»
La moglie: «Stai dicendo forse che spendo troppi soldi?»
Il marito: «Tu spendi troppi soldi? No! Non sei l'unica che va in Svizzera a farsi aggiustare l'orologio!»
A SCUOLA CON PAPÀ

A un pescatore su una spiaggia toscana: «Che fa, pesca?» «No, sto facendo tiro alla fune con uno che sta all'Elba.»
BAGNOMARIA

Scusate. Ho mal di testa in tutto il corpo.
BASTANO TRE PER FARE UNA COPPIA

Va bene, non venga pure alle mie lezioni di matematica, mister Morris, ma si ricordi che quando, tra vent'anni, lei sarà a una festa e i suoi amici racconteranno una barzelletta su un logaritmo, lei non avrà alcuna idea di cosa ci sia da ridere.
BAYSIDE SCHOOL

Mi hanno detto che anche Dio è svelto, ma non ne sono sicuro finché non lo incontro.
BILLY THE KID

«Sì, sì! Ci sposeremo, presto o tardi!» «Gioia, dopo quattordici anni è già troppo tardi per essere presto, e, se tardiamo, presto sarà tardi anche per essere tardi!»
BULLI E PUPE

Il Buono: «Uno, due, tre, quattro, cinque, sei. Il numero perfetto»
Il Cattivo: «Non è tre il numero perfetto?»
Il Buono: «Sì, ma io ho sei colpi»
IL BUONO, IL BRUTTO, IL CATTIVO

Il mondo si divide in due categorie chi ha la pistola carica e chi scava. Tu scavi.
IL BUONO, IL BRUTTO, IL CATTIVO

«Sono pulito, Charlie.» «Può darsi, ma stai spingendo un secchio pieno di merda con un bastone corto, ti avverto.»
CANDIDATO ALL'OBITORIO

«Un americano si vergognerebbe di vivere alle spalle di sua moglie!» «Sì ma io sono inglese e non ci sono questi pregiudizi nelle civiltà più antiche e progredite.»
IL CARO ESTINTO

Oggi il sindaco di una grande città come Milano può essere chiunque. E infatti lo è!
IL CARTONE

Il mio corpo appartiene a mio marito, ma quello che faccio dal collo in su è tutta un'altra storia.
CELEBRITY

Come si fa a fidarsi di uno che porta insieme cinta e bretelle, di uno che non si fida nemmeno dei suoi pantaloni?
C'ERA UNA VOLTA IL WEST

«La taglia su Cheyenne è 5000 dollari, giusto?» «Giuda si è accontentato di 4970 dollari in meno.» «Non c'erano i dollari allora.» «Già, ma i figli di puttana sì.»
C'ERA UNA VOLTA IL WEST

«Ehi Armonica, una città se la fai vicino a una stazione è una fabbrica di soldi, eh? Centinaia di migliaia di dollari, eh, anche di più: migliaia di migliaia...» «Li chiamano milioni.»
C'ERA UNA VOLTA IL WEST

Ma sempre io devo essere compagno, voi no?
C'ERAVAMO TANTO AMATI

Giacomo: «Immagino che lei abbia già avuto altre esperienze di teatro.»
Candidata attrice: «Be' sì... ho lavorato con Albertazzi.»
Aldo: «Però, Albertazzi...il grande Albertazzi...il grande irreprensibile Albertazzi! Non sapevo che facesse anche teatro...»
CHIEDIMI SE SONO FELICE

Qui la legge si ferma e comincio io, stronzo.
COBRA

Woody Allen: «E Jerry Bender ha una cotta per te!»
Helena Bonham Carter: «Che cosa?»
Woody: «Ti continua a fissare, ti spoglia col pensiero...»
Helena: «È il suo sguardo normale!»
Woody: «Non è il suo sguardo normale! Se guardasse me così gli tirerei un mattone... o gli darei un bacio in bocca!»
LA DEA DELL'AMORE

«Allora... che mestiere fai? Oh no, aspetta, fammi indovinare: io ho un sesto senso per indovinare i mestieri... Vendi tappeti?» «Quasi, faccio il giornalista sportivo.»
LA DEA DELL'AMORE

«Allora... che mestiere fai? Oh no, aspetta, fammi indovinare: io ho un sesto senso per indovinare i mestieri... Vendi tappeti?» «Quasi, faccio il giornalista sportivo.»

LA DEA DELL'AMORE

Siamo più fottuti noi di una puttana all'ora di chiusura.

DEAD MAN

Paul Newman: «Tieni il resto.»
Barista: «Non c'è resto.»
Paul Newman:«Tienilo lo stesso.»

DETECTIVES' STORY

Non capisci? Lui è un prete! È fatto per soffrire! Tra di loro, quello che soffre di più viene promosso!

DON'T DRINK THE WATER

Devi smetterla di essere così duro con te stesso; un sacco di gente famosa ha avuto degli inizi difficili. Per esempio Hitler è stato bocciato all'artistico.

DON'T DRINK THE WATER

Bill ha trentadue anni. E dimostra trentadue anni. Li dimostrava cinque anni fa. E li dimostrerà tra vent'anni. Odio gli uomini.

EVA CONTRO EVA

Fantozzi raggiunge in paradiso la sua nuvoletta da impiegato. Qui incontra Buddha che lo spinge a reincarnarsi. «Posso scegliere io chi essere nella nuova vita?», chiede Fantozzi. «Nemmeno per sogno, vada alla *Ruota della Fortuna*.»

FANTOZZI

La città nella quale Fantozzi lavora è una cittadina di media grandezza, ma di dimensioni provinciali, con questa sinistra caratteristica: non si scopa mai!

FANTOZZI

«Lo sono solo, è una scelta di vita.»
«Sì delle donne.»

FIGLI DI ANNIBALE

Dieci anni fa stavo in un bar in Alabama e due stronzi hanno cominciato a darmi addosso: è stato il loro primo sbaglio. Tirarono fuori i coltelli ed è stato il secondo sbaglio. Non sa-

pevano neanche usarli e questo è l'ultimo sbaglio che hanno fatto.
Fuga da Alcatraz

Se un moscerino si tuffasse nel tuo lago di sapienza, si romperebbe il collo.
Fuggiamo insieme

Marine bianco: «Ehi Joe, sai come si fa a fermare 5 negri che stanno sfondando una bianca? Gli tiri una palla da basket.»
Full Metal Jacket

«Mamma ho scelto di stare vicino a Dio.» «Per te c'è stato sempre qualcuno più importante di tua madre.»
Fuori dal mondo

«Lo sai che c'hai un bel sito? Te c'hanno mai cliccato sopra?»
Gallo Cedrone

Una volta ho chiesto al mio agente letterario quali scritti pagano meglio, e lui mi ha detto: le richieste di riscatto.
Get Shorty

Ho detto loro la verità e se la sono bevuta.
Giudice di notte

Non indossare mai mutande in poliestere se hai in programma di venir colpito da un fulmine.
Giudice di notte

O sono sposati o checche. E se non sono checche, hanno appena rotto con la donna più bella del mondo, o hanno appena rotto con una che era una puttana e che somigliava tutta a te. Ma in fase transitoria, dopo una relazione monogama, hanno bisogno di spazio; o sono stanchi di spazio ma non si vogliono impegnare; o vogliono l'impegno ma temono di avvicinarsi; o si avvicinano e tu non li vuoi tra i piedi...
Il Grande Freddo

«Sei pronto?» «Io sono nato pronto.»
Grosso guaio a Chinatown

«Taci! Tu sei un mago con le parole, se no come avresti fatto a convincermi a farti un pompino al funerale di mio padre?»
Harry a pezzi

«Mio Dio, credi che farmi fare un pompino da una tettona ventiseienne sia stato un piacere per me?»
HARRY A PEZZI

Emily è fantastica. Quando le ho chiesto dov'era quando hanno sparato a Kennedy, ha detto: «Ted Kennedy è morto?».
HARRY TI PRESENTO SALLY

Che c'è di peggio di vedere lui che dopo cena mi strappa un capello e lo usa come filo interdentale, a tavola?
HARRY TI PRESENTO SALLY

Harry: «Un uomo senza faccia che ti strappa i vestiti è l'unico sogno erotico che hai da quando avevi quindici anni?»
Sally: «Beh, ogni tanto lo vario un pochino...»
Harry: «Come?»
Sally: «Cambio i vestiti...»
HARRY TI PRESENTO SALLY

«Nessun uomo può essere amico di una donna che trova attraente: vuole sempre portarsela a letto.» «Allora stai dicendo che un uomo riesce a essere amico solo di una donna che non è attraente...» «No, di norma vuole farsi anche quella.»
HARRY TI PRESENTO SALLY

L'unica cosa che chiedo a una donna è quando rientra suo marito.
HUD IL SELVAGGIO

«Non ballare! Un uomo non balla. Pensa a Schwarzenegger: cammina a stento.»
IN&OUT

Mangiare pollo fritto del Kentucky è come far parte di un complotto contro se stessi.
IPOTESI DI COMPLOTTO

Sono canadese: è come essere americano, ma senza una pistola.
THE KIDS IN THE HALL

Mae West: «Quanto sei alto?»
Cary Grant: «Un metro e settantanove signora.»
Mae West: «Lascia stare i metri, parliamo dei centimetri!»
LADY LOU - LA DONNA FATALE

«Quanto vuoi?» «50.000 più la camera.» «E in cucina?»
LUCIGNOLO

«Be', è che io finalmente ebbi l'orgasmo e il mio medico mi disse che era di tipo sbagliato.» «Di tipo sbagliato, sì? Io, mai avuti di tipo sbagliato, mai: coi peggiori faccio crollare il lampadario.»
MANHATTAN

Io so' io, voi nun siete un cazzo!
IL MARCHESE DEL GRILLO

La verginità è come una briciola di pane: arriva un uccello e se la porta via.
MONELLA

Sono notti come questa che spingono uomini come me verso donne come te per notti come questa."
MY FAVOURITE SPY

«Lo sai quanti poveri animali hanno dovuto uccidere per fare questa pelliccia?» «E tu lo sai quanti ricchi animali mi sono dovuta scopare per comprarmela?»
NEI PANNI DI UNA BIONDA

Lui: «Dio che bei diamanti!»
Mae West: «Dio non c'entra proprio niente, tesoro.»
NIGHT AFTER NIGHT

Perché esistono gli uomini? Perché i vibratori non falciano l'erba!
OCCHI DI SERPENTE

A trovare un'altra moglie si fa presto. Ma una cavalla come quella io non la trovo più.
OMBRE ROSSE

Un pompino è un pompino, se te lo fanno. Certo, se devi farlo tu è più dura, ma comunque vale sempre la regola numero uno del sesso: se ti tappi il naso puoi fare qualsiasi cosa per dieci minuti.
THE OPPOSITE OF SEX

«Un congiuntivo in più e venivi bollato per sempre come finocchio.»
OVOSODO

A che serve essere vecchi se non si può essere un po' sporcaccioni?
PERSONAL SERVICES

«Ho sette anni. Ne compirò otto tra due settimane.» «Non contarci troppo.»

Piccola peste

Un giorno ho chiesto a mia moglie: «Cara dove vuoi andare per il tuo compleanno?». E lei: «In un posto dove non sono mai stata» «Allora prova in cucina.»

Quei bravi ragazzi

«Roger tesoro voglio che tu sappia che ti amo. Ti ho amato più di quanto una donna abbia mai amato un coniglio.»

Rabbit

«Per un giorno riesci, non dico a non essere stronzo, ma almeno a restare nella media?»

Radiofreccia

Come attore nessuno poteva toccarlo. Come essere umano nessuno voleva toccarlo.

I ragazzi irresistibili

Marito: «Sei sveglia tesoro?»
Moglie: «Certo... Sono sempre sveglia alle 5 del mattino!»
Marito: «Senti qualcosa?... Dai, ti terrà sveglia.»
Moglie: «Solo se me lo metti in un occhio.»

I ragazzi del coro

«Giuda avrà avuto una ragione per fare una cosa del genere no?» «Eh no! Per soldi!» «Eh, per soldi! Non è una ragione scusa? Bastava che lo facevano nascere ricco e già si evitava tutto... 'sta cosa, l'uccisione, u tradimento,... cioè pecché quando uno non conosce la gente nun me piace giudicà, capito?... Pecché mette che tu n'ha bisogno proprio. A un certo punto, 'sti trenta denari quanto potevano essere? Mettiamo due trecentomilalire quattrocento ca ne so, però quello avrà messo a posto le cose sue pecché mette per esempio che va a casa e'a mugliera ogni volta... Giuda tu devi andare a lavorare, Giuda 'u padrone di casa, a luce, l'acqua - per dire - 'u telefono... A un certo punto quello, tutte 'ste cose! [...] S'è visto 'sti trenta denari in mano e ha detto: "ma

chemmene importa... mo' metto a posto 'a famiglia".»
RICOMINCIO DA TRE

«Harry siamo a Panama: nessuna buona azione resta impunita!»
IL SARTO DI PANAMA

«Anche lei è gay?» «No, io sono frocio.» «Ah, si figuri, pensavo fosse la stessa cosa...» «Sì, ma io sono un uomo all'antica.»
SATURNO CONTRO

«Qual è stato il giorno più bello della tua vita?» «Il giorno del mio matrimonio.» «E il più brutto?» «Da allora tutti gli altri, nessuno escluso.»
SCAPPO DALLA CITTÀ

«Dunque: il sole tramonta a est, giusto?» «No! Il sole tramonta a ovest!» «Quello se tu sei a est! Ma noi siamo nel far west, cioè a ovest, quindi oltre l'ovest del tramonto!» «Già, e io sono a sud di un cretino!»
SCAPPO DALLA CITTÀ 2

Capannelle: «Conoscete uno che si chiama Mario che abita qua nei dintorni?»
Bambino: «Ma qua ce ne sono cento di Mario»
Capannelle: «Sì ma questo è uno che ruba...»
Bambino: «E sempre cento so'!»
I SOLITI IGNOTI

Mi sono detto tra me e me (che tra l'altro ci sono pochissimi centimetri)...
I SOLITI IGNOTI

«Se uno di voi ha una sigaretta e non me la offre, che venga un colpo ai suoi genitori!... (silenzio)... Tutti orfani eh?»
I SOLITI IGNOTI

È come il cane de Mustafà: quello che ce l'aveva ner culo e diceva che stava a scopà!
SQUADRA ANTITRUFFA

Se hai perso la memoria cerca di non pensarci.
TODAY'S CHUCKLE

Sai perché gli uragani hanno nomi di donna? Perché sono come loro. Prima vengono come delle furie, tutte bagnate. Poi se ne vanno portandosi via la tua auto e la tua casa.

TRAFFIC

«Potremmo fare due passi e potresti baciarmi sulla veranda...» «Meglio sulle labbra.»

I TRE AMIGOS

A volte dorme più lo sveglio del dormiente.

TRE UOMINI E UNA GAMBA

L'ultima volta che il medico mi ha fatto il paptest ha dovuto usare il coltello per le ostriche.

TUTTI PAZZI PER MARY

Sergente: «Da dove vieni ragazzo?» Allievo ufficiale: «Dall'Arizona, Signore!» Sergente: «Due sole cose vengono dall'Arizona: i tori e le checche. Non vedo le corna, quindi devi essere una checca.»

UFFICIALE E GENTILUOMO

Un amico serve quando hai torto. Quando hai ragione non ti serve a niente.

UN MERCOLEDÌ DA LEONI

Volete sapere tutto quello che so sulla boxe? Beh, mai scommettere sul pugile bianco.

UNA PALLOTTOLA SPUNTATA

Niente abbracci, tesoro. Sono inglese. Noi dimostriamo affetto solo verso cani e cavalli.

UNA RAGAZZA E IL SUO SOGNO

Un medicinale è una sostanza che quando viene iniettata in una cavia produce un articolo scientifico.

THE WIT OF MEDICINE

FILOSOFO *(Filosofia)*

Lo sviluppo della mia filosofia ebbe origine nel seguente modo: mia moglie invitandomi ad assaggiare il suo primo soufflé, me ne fece accidentalmente cadere una cucchiaiata sul piede provocandomi la rottura di alcune falangi.

WOODY ALLEN

Penso, quindi sono. E non faccio un cazzo.

ALTAN

Lo "sfigato" subisce passivamente la sfiga. Lo "scazzato" no: la erge a filosofia di vita.

ALESSANDRA APPIANO

Ho provato. Ho fallito. Non importa. Riproverò. Fallirò meglio.

SAMUEL BECKETT

Tema di storia: "L'antica Grecia". Svolgimento: "L'antica Grecia era avanti rispetto ai suoi tempi e anche rispetto ai nostri tempi. Non c'era la tv, ma avevano un sacco di filosofi. Io, personalmente, non vorrei passare la serata a guardare un filosofo".

SALLY BROWN

Per quanti varrà ancora la pena di vivere quando non si morirà più?

ELIAS CANETTI

Non c'è niente di così ridicolo che non sia stato detto da qualche filosofo.

CICERONE

Prendi Eraclito. Tornò a casa da sua moglie Elena e le disse: «Il tempo è come un fiume che scorre senza fine attraverso l'universo e non ci si può immergere due volte nello stesso fiume, cara Elena». E lei: «Che cosa vuoi dire Eraclito, spiegati» «Voglio dire che se, per esempio, tu vai al fiume Mississipi e ci entri e poi ne esci e poi entri di nuovo, il fiume in cui sei entrata si è spostato a valle, capisci? È evidente. Se qualcuno fosse proprio sulla superficie dell'acqua, per esempio un insetto, sarebbe portato a valle. A meno che, naturalmente, non nuotasse verso l'origine del fiume. Nel qual caso, nel frattempo, sarebbe invecchiato e quindi sarebbe un insetto diverso». E lei: «Eraclito, non dire stronzate: puoi calpestare lo stesso fiume due volte se solo cammini verso valle...». Lui ne fu molto colpito. I due si fecero qualche bicchierino e poi andarono al fiume e nel fiume buttarono un pezzettino di legno, solo per provare quanto il fiume fosse veloce. E così Eraclito vide a quale rapidità andava il pezzo di legno, così entrò nel fiume e corse e rientrò e corse e rientrò e corse e alla fine corse nell'Egeo e lì morì affogato. E in questo modo chiuse con il tempo.

SEVERN DARDEN

Non c'è dubbio che quest'idea di meditare prima di esporre il proprio pensiero, mentre sarebbe così comodo esporlo senza aver meditato, ha rovinato il carattere di molta gente: ne seppero qualcosa Schopenhauer e Leopardi, mentre guardate come è sempre lieto il ministro Tanassi.

FORTEBRACCIO

Se Aristotele fosse vivo non so cosa penserebbe, ma certo non sarebbe bello a vedersi.

SANDRO MONTALTO

La filosofia è come la Russia: piena di paludi e spesso invasa dai tedeschi.

ROGER NIMIER

Povera e nuda vai, Filosofia.

FRANCESCO PETRARCA

Sposati: se trovi una buona moglie sarai felice; se ne trovi una cattiva, diventerai filosofo.

SOCRATE

Chi siamo noi nella totalità dell'essere? E qual è il motivo per cui siamo qui? Non lo sapete? Va bene, passiamo alla domanda di geografia: dove si trova il Canale di Suez?

JOHN TORK

Quando colui che ascolta non capisce colui che parla e colui che parla non sa cosa stia dicendo: questa è filosofia.

VOLTAIRE

Penso, dunque sono single.

LIZZ WINSTEAD

FILOSOFIA
vedi ***Filosofo***

FINE DEL MONDO
(Estinzione - Giudizio Universale)

I Testimoni di Geova sono convinti che il mondo sta per finire. Io no, ma quando loro bussano alla mia porta arrivo ad augurarmelo.
Allegra

Più di ogni altra occasione nella storia, l'umanità si trova di fronte a un bivio. Un sentiero conduce alla disperazione e alla completa impotenza. L'altro, all'estinzione totale. Preghiamo di avere la saggezza di compiere la scelta corretta.
Woody Allen

Quello che il bruco chiama "la fine del mondo", il Maestro lo chiama "farfalla".
Richard Bach

Cosa si dovrebbe fare quando si vede un animale in via d'estinzione che mangia una pianta in via d'estinzione?
George Carlin

Due tizi stanno parlando e uno dice all'altro: «Cosa faresti se la fine del mondo fosse tra tre minuti?». L'altro dice: «Mi fotterei tutto quello che si muove. Tu invece che faresti?». E il primo: «Me ne starei immobile».
Billy Connolly

Il Giudizio Universale è il giorno in cui Dio verrà a giustificarsi.
Alfred de Vigny

I passeggeri di Top-Class periti in incidenti aerei attenderanno il Giudizio Universale in una saletta riservata.
Fabio Di Iorio

Io me ne strabatto dello stambecco del Gargano! Che scompaia. Ma qui sta rischiando di scomparire anche il falegname di Viterbo. Ho il terrore di incrociare un panda con una mia foto sulla maglietta!
Beppe Grillo

L'archeopterix è un animale estinto da milioni di anni che stava a metà strada tra un alligatore e un'aquila. Poi uno dei due se l'è mangiato.
Gianluca Irti

È vero che per diventare presidente di un'associazione ambientalista bisogna avere un nome in via d'estinzione, tipo Fulco, Ermete?

Gianluca Irti

Una cosa che volevo sempre chiedere a Piero Angela: ma i dinosauri, quando si sono estinti, l'han fatto dalla sera alla mattina o hanno cominciato a tossire due anni prima?

Maurizio Milani

Non preoccuparti del fatto che il mondo possa cessare di esistere oggi. È già domani in Australia.

Charles M. Schulz

FINEZZA

vedi **Classe**

FINIRE

Tutte le cose belle finiscono presto; il nostro amore non finisce mai.

Fabio Fazio

Dio non ha ancora finito con me.

Billy Wilder

FIORE

La pioggia è qualcosa che fa crescere i fiori e sparire i taxi.

Anonimo

Mia moglie non è più romantica come un tempo. Ieri sera, al chiaro di luna, le ho regalato una rosa rossa. Poi lei ha rifiutato di fare una gara di scoregge.

Maurizio Avanzi

Una sera tornavo a casa da lei con i fiori, un bel regalo, mi sembrava anche una cosa carina. Caso vuole che mi cada l'occhio su *Io donna* con lo speciale: "Quando lui ti tradisce". Apro, sfoglio e leggo: "Quando lui ti tradisce, per via del senso di colpa, spesso torna a casa con fiori e regali". Cazzo, è vero, mi son detto. Sai da quella volta cosa faccio? Tradisco, torno a casa e la offendo.

Così lei non sospetta niente. «Caro, ben tornato» «Fottiti, stronza!».
CLAUDIO BISIO-ROCCO TANICA

Lo puoi dire con i fiori, lo puoi dire con il vino, ma se la vuoi fare schifosamente sentimentale, diglielo con una Lincoln Continental.
ROBERT BRYNE

Il fiorellino: «Che bella cosa essere nato vicino a te. Così tu mi ripari dalla pioggia. Ma dimmi: sei un vero ombrello o fungi da ombrello?»
Il fungo: «Fungo.»
ACHILLE CAMPANILE

I fiori sono una di quelle cose che comperiamo, portiamo a casa, guardiamo morire e non chiediamo i soldi indietro.
GEORGE CARLIN

Chi ha la mania di guardare le coppiette lo chiamano "guardone". Sono preoccupato: come chiameranno mio figlio che ha la mania di cogliere fiori?
GIANPIERO CASONI

Le rose sono rosse
le viole sono blu
io sono uno schizofrenico
e lo sono anch'io.
BILLY CONNOLLY

E cos'è questa mania dell'incenso? Puzza come se qualcuno avesse dato fuoco al cesto della roba sporca. Calzini da ginnastica e ciclamino. Abbiamo davvero bisogno di quel tanfo? L'odore dell'incenso mi fa pensare a come sarebbe se i fiori potessero scoreggiare.
BILLIAM CORONEL

Dorme sepolta in un campo di grano non è la rosa non è il tulipano e grazie al cazzo è un campo de grano...
DADO

Niente è più bello di un bimbo in mezzo a un prato fiorito che coglie una violetta: il sole lo bacia e ride, la mamma lo guarda e intenerisce, la violetta lo guarda e muore.
IVAN DELLA MEA

È un perdente nato: gli sono morti i fiori di plastica.
LEOPOLD FETCHNER

Le rose profumano per mestiere.
STANISLAW JERZY LEC

Bisogna vivere come i gigli dei campi. E così voglio fare: baciata dal sole, lambita dal vento e pisciata dai dobermann.
LUCIANA LITTIZZETTO

Un cinico è uno che quando annusa i fiori cerca intorno la bara.
RUSSEL LYNES

Ho visto un fiore e l'ho preso, ho visto una farfalla e l'ho presa, c'era lì anche un'Alfa33 e c'era su uno stereo, ho preso anche quello.
MAGO ORONZO (RAUL CREMONA)

Super-Supergnomo fa il bucato bianco, ma così bianco, ma così bianco che la neve si vergogna e il giglio va a cagare.
MARCELLO MARCHESI

Dal mio fioraio le corone da morto le fa la nonna, così si abitua all'idea.
MARCELLO MARCHESI

Quando un uomo porta dei fiori a sua moglie senza motivo, un motivo c'è.
MOLLY MCGEE

Voglio che sogni, figliolo. Voglio che pensi al futuro. Perché il futuro è un campo di girasoli: dove troverai il tuo miglior amico in camporella con la tua ragazza.
GIORGIO MELAZZI

Un idealista è uno che, scoprendo che una rosa ha un profumo migliore di un cavolo, conclude che farà anche un brodo migliore.
H.L. MENCKEN

Penso alla mia vicina. Per quanto mi sprema le meningi non trovo la maniera idonea di abbordarla. Bussare alla sua porta e invitarla a cena non mi sembra prudente né opportuno. Forse l'invito dovrebbe essere preceduto da un omaggio. In nessun caso devo mandarle denaro, ma se nonostante tutto decidessi di mandargliene, meglio in banconote che in monete. I gioielli presuppongono un rapporto più formale. Un profumo è un regalo delicato, ma molto

personale; si corre il rischio di non indovinare i gusti della persona che si vuole omaggiare. Lassativi, emulsivi, cerotti, vermicidi, antireumatici e altri prodotti farmaceutici esclusi. È molto probabile che le piacciano i fiori e gli animali domestici. Potrei mandarle una rosa e due dozzine di dobermann.
EDUARDO MENDOZA

La mia vita è tutta rosa e fiori ma io sono allergico.
MATTEO MOLINARI

Se i fiori sono il linguaggio dell'amore, con quello che costano non posso permettermi neanche una stretta di mano.
ROBERT ORBEN

A un ragazzo che, dopo averla compromessa, non voleva più sposare la fidanzata: «Giuvinò, debbo spendere centomila lire per voi. Le volete in contanti come regalo di nozze, o in fiori sul carro da morto?».
PASCALONE 'E NOLA

Io è stanco, che ogni volta che va con mia dona a ristorante e siede in angolino per stare tranquillo, arriva uomo de India o Pakistan con mazzo de fiori: «Prego signore compra rosa per tua dona...» «No volio fiori, non vedi che è ancora viva!».
RATKO (LUCA KLOBAS)

Nella vita tutto, tranne la coltura delle orchidee, deve avere uno scopo.
REX STOUT

«Ieri mio marito mi ha portato un gran mazzo di mimose.» «Per la festa della donna?» «No, per andare a venderle!»
RENATO TRINCA

FIORENTINA
vedi ***Firenze***

FIRENZE

Cosa sarebbe l'Italia senza la Toscana? L'Emilia Romagna sbatterebbe nell'Umbria. La Liguria scivolerebbe nel Lazio. Ci sarebbe un capovolgimento totale. E cosa

sarebbe la Toscana senza Firenze? Come fa uno da Arezzo ad andare a Bologna?
ROBERTO BENIGNI

A Firenze chi ha cattivo gusto è un genio.
PINO CARUSO

Io la Fiorentina non la vendo, piuttosto la disintegro con le mie mani. Il fatto è che io muoio di crediti, non di debiti.
VITTORIO CECCHI GORI

Firenze la più dannata città italiana dove non c'è posto per sedersi, stare in piedi o camminare.
EZRA POUND

Bobo: «[Fiorentini]... avete avuto l'alluvione, Zeffirelli, la Fallaci, Cecchi Gori... e vi impaurite di un Social Forum?»
SERGIO STAINO

Nuovo anno stessi valori: Viva la fica e la Fiorentina.
STRISCIONE VIOLA

La cosa più bella di Tokio è McDonald's. La cosa più bella di Stoccolma è McDonald's. La cosa più bella di Firenze è McDonald's. Pechino e Mosca non hanno ancora nulla di bello.
ANDY WARHOL

FISICA
vedi ***Scienza***

FITNESS
vedi ***Ginnastica***

FIUME

Insegnante: «Fammi lo spelling di Mississipi.»
Studente: «Uh... il fiume o lo stato?»
JOE CLARO

Prendi Eraclito. Tornò a casa da sua moglie Elena e le disse: «Il tempo è come un fiume che scorre senza fine attraverso l'universo e non ci si può immergere due volte nello stesso fiume, cara Elena». E lei: «Che cosa vuoi dire Eraclito, spiegati» «Voglio dire che se, per esempio, tu vai al fiume Mississippi e ci entri e poi ne esci e poi entri di nuovo, il fiume in cui sei entrata si è spostato a valle, capisci? È evidente. Se qualcuno fosse proprio sulla superficie dell'acqua, per esempio un insetto, sarebbe portato a valle. A meno che, naturalmente, non nuotasse verso l'origine del fiume. Nel qual caso, nel frattempo, sarebbe invecchiato e quindi sarebbe un insetto diverso». E lei: «Eraclito, non dire stronzate: puoi calpestare lo stesso fiume due volte se solo cammini verso valle...». Lui ne fu molto colpito. I due si fecero qualche bicchierino e poi andarono al fiume e nel fiume buttarono un pezzettino di legno, solo per provare quanto il fiume fosse veloce. E così Eraclito vide a quale rapidità andava il pezzo di legno, così entrò nel fiume e corse e rientrò e corse e rientrò e corse e alla fine corse nell'Egeo e lì morì affogato. E in questo modo chiuse con il tempo.

Severn Darden

Il Po quando nasce dal Monviso pesa tre litri e otto.

Gene Gnocchi

Saggezza orientale: se qualcuno ti odia, non fare niente contro di lui, ma siediti pazientemente sulla riva di un fiume. Un bel giorno vedrai passare il tuo nemico in yacht.

Max Greggio

Mi ha sempre stupito quali giri assurdi devono fare i fiumi per passare sotto tutti quei ponti.

Beppe Grillo

Gli uomini politici sono uguali in tutto il mondo: promettono di costruire ponti anche dove non ci sono fiumi.

Nikita Krushev

Chissà perché la natura ha fatto sì che tutti i grandi fiumi attraversino delle grandi città.

Henri Monnier

I laghi sono un compromesso tra i fiumi e il mare: e io non amo i compromessi.

Benito Mussolini

Quando l'ultimo albero sarà abbattuto, l'ultimo fiume avvelenato, l'ultimo pesce pescato, vi accorgerete che non si può mangiare il denaro.

Corvo Rosso

Era così affollato da Macy's che quando ho appoggiato il gomito sul bancone, qualcuno lo ha venduto per 1,98 dollari!

Henny Youngman

FOGNA

vedi ***Merda***

FOLLA

L'unione fa la folla.

Dentiblù

L'ultima volta che sono stato a Las Vegas era così affollata che sono dovuto andare da uno psichiatra per trovare un posto dove potermi sdraiare e dormire.

Leopold Fetchner

Firenze, la più dannata città italiana dove non c'è posto per sedersi, stare in piedi o camminare.

Ezra Pound

FOOTBALL AMERICANO

Il rugby è uno sport bestiale giocato da gentiluomini. Il calcio è uno sport da gentiluomini giocato da bestie. Il football americano è uno sport bestiale giocato da bestie.

Henry Blaha

Come ho fatto a smettere di fumare? Semplice. Fumare abbrevia la vita di circa otto anni. Io amo guardare le partite di football alla televisione. Se fumassi ne perderei almeno trecentocinquanta.

Tony Curtis

Le squadre di football americano hanno sempre nomi che incutono terrore: le Tigri di Philadelphia, gli Spaccaossa di Cincinnati, gli Strangolatori di Boston, i Socialdemocratici di Phoenix...

Gialappa's Band

Amo il football americano... Il football è leale con la mia gente. È il solo sport al mondo in cui un negro possa dar la caccia a un bianco mentre quattrocentomila persone si alzano in piedi e lo acclamano.

DICK GREGORY

Non puoi considerarti un vero Paese a meno che tu non abbia una birra e una linea aerea. Aiuta avere un qualche tipo di squadra di football, o qualche arma nucleare, ma il minimo indispensabile è una birra.

FRANK ZAPPA

FORESTA

vedi **Bosco**

FORFORA

Sono andato a cena dal mio barbiere. Ha voluto sdebitarsi per l'idea pubblicitaria che gli ho dato. Si tratta di una boccia di vetro. Dentro c'è un piccolo negozio di barbiere, col cliente seduto sulla minuscola poltrona. Capovolgendola, si riempie di forfora.

ROMANO BERTOLA

Sono l'inventore del Forfor-Shamping-Camaleontic-Color. Si tratta di uno shampoo (non ancora in commercio) che fa venire la forfora del colore uguale alla giacca che indossi.

MISTER FOREST (MICHELE FORESTA)

Se non usi Clear tieni la tua testa lontano dalla cornetta telefonica: vorrei trovare un messaggio sulla segreteria, non della forfora...

GIORGIO E MASSIMO

Quando arriva la primavera, io semplicemente scrivo una lettera al mio sarto, gli invio un campione della mia forfora e gli chiedo di farmi esattamente un vestito in tinta.

OLIVER HERFORD

Non gli usciva dalla testa che una fitta forfora di aggettivi.

LEO LONGANESI

La forfora unita alla nitroglicerina dà un ottimo esplosivo.
MINO MACCARI

«Hai la forfora o sono i pidocchi che giocano a palle di neve?»
ENZO SALVI

FORMA FISICA
vedi **Ginnastica**

FORMAGGIO

Cosa diventa il formaggio dopo un mese? Forgiugno.
ANONIMO

Il formaggio con le pere è femmina?
ALESSANDRO BERGONZONI

In dietetica nulla è preferibile alla dieta mediterranea, la più completa. Infatti, ci trovi la pasta, la carne, la verdura, il formaggio, la frutta, dolce, caffé, ammazzacaffé... sigarettina dopo pranzo, i più fortunati anche una ciulatina: tutto! Nella dieta mediterranea in realtà c'è tutto. Ma allora "gli altri", gli Anglosassoni, cosa cavolo gli rimane a loro da mangiare, le bacche?
FEDERICO BIANCO

La vecchiaia non ha alcuna importanza eccetto per chi è un formaggio.
BILLIE BURKE

I poeti hanno sempre tenuto un misterioso silenzio sul soggetto "formaggio".
GILBERT K. CHESTERTON

Formaggio... la corsa del latte verso l'immortalità.
CLIFTON FADIMAN

Svizzera: quando tacciono le campane delle chiese, suonano quelle delle mucche. Tutte e due sono di piacevole ascolto. Le prime ricordano la beatitudine celeste, le seconde il formaggio terreno.
GEORG KAISER

Ho sandwich marroni e sandwich verdi. Sono di formaggio molto fresco o di carne molto vecchia.
WALTER MATTHAU - NEIL SIMON

FORME

vedi **Curve**

FORMICA

Le formiche possono portare un carico pari a venti volte il peso del loro corpo. Utile informazione se stai traslocando e hai bisogno di trasportare una patatina dall'altra parte della città.

RON DARIAN

Quando le auto appaiono grosse come le formiche, è un buon momento per aprire il paracadute. Se le formiche appaiono grosse come le auto, avete aspettato troppo.

ERNST LUPOSCHAINSKY III

Anche le formiche nel loro piccolo si incazzano.

MARCELLO MARCHESI

A giudicare dalla quantità di formiche che invadono sempre il mio pic-nic, penso che ce ne dovessero essere più di due sull'arca.

HERBERT V. PROCHNOW & HERBERT V. PROCHNOW JR.

Dopo il successo ha deciso di vivere alla grande. Si è fatto dare il bianco in cucina da Salvador Dalí, ha assunto un famoso commercialista che conti le pecore al suo posto per addormentarsi e tiene in giardino un ballerino di flamenco che gli schiaccia le formiche.

ANTONIO RICCI

FORMIGONI ROBERTO

Io sto al calcio come Formigoni al kamasutra.

ANTONIO ALBANESE

«Cosa faccio dopo aver fatto l'amore? Saltiamo domanda e risposta.»

ROBERTO FORMIGONI

Formigoni lotta contro i preservativi perché ha paura di soffocare.

PAOLO HENDEL

FORTUNA

Quando finalmente il mio treno arriverà, con la fortuna che ho io sarò all'aeroporto.
JOHN ADEY

Dottore: «Lei ha bisogno di un multitrapianto: fegato, pancreas, rene e intestino. Coraggio, ci vuole fortuna.»
Paziente: «Allora è meglio che mi cambiate anche il culo.»
ALBERT

«Dice che in Sicilia si muore d'aborto!» «Sì, ma ci vuole un culo pazzesco!»
ALLEGRA

La fortuna è cieca, ma la sfiga ci vede benissimo.
ROBERTO "FREAK" ANTONI

Sono sempre stato fortunato con le donne. Ce ne sono state così tante nella mia vita che non ho trascorso più di due minuti con ognuna di loro.
MARLON BRANDO

Ho avuto fortuna nell'amore. Come ho conosciuto la mia ragazza? Niente, per caso: stavo andando a puttane.
GIANNI FANTONI

Fantozzi raggiunge in paradiso la sua nuvoletta da impiegato. Qui incontra Buddha che lo spinge a reincarnarsi. «Posso scegliere io chi essere nella nuova vita?», chiede Fantozzi. «Nemmeno per sogno, vada alla *Ruota della Fortuna*.»
FANTOZZI

In amore ci vuole fortuna e, comunque, anche un bel culo non guasta.
FABIO FAZIO

Ho un amico talmente scaramantico che, quando pesta una cacca, non solo è contento, ma se ne mette sempre un po' dietro le orecchie.
GIANLUCA IRTI

Se un uomo che non sa contare trova un quadrifoglio, ha diritto alla fortuna?
STANISLAW JERZY LEC

Se una donna di ventiquattro anni non ha ancora trovato l'Uomo Giusto, forse è solo fortunata.
DEBORAH KERR

La mia fortuna è cambiata per merito della mia mogliettina. Ho fatto il mio primo milione di dollari e li devo tutti alla mia piccola. Era alta sei centimetri. L'ho venduta a un circo e mi son fatto il milione di dollari.
DAVE KETCHUM

È buffa la fortuna. Magari non ne vedi neanche l'ombra per anni e poi, quando meno te l'aspetti, si presenta al tuo vicino di casa.
FRANCO MERAFINO

Sì, digerisco forte in pubblico, ma senza farlo pesare a chi è meno fortunato nella vita.
MAURIZIO MILANI

Con le donne la mia fortuna è altalenante: la nonna di un mio coetaneo mi ha concesso un appuntamento a cena, la Parietti mi ha mandato affanculo.
EGIDIO MORRETTI

Le donne non sanno di essere sedute sulla loro fortuna.
PRODUTTORE DI HOLLYWOOD

Nella vita è tutta questione di culo: o ce l'hai o te lo fanno.
FRANCESCA REGGIANI

Mia moglie mi ha guardato e mi ha chiesto: «Pensi che il mio aspetto cambierà quando sarò vecchia?». Ho detto: «Se sei fortunata».
BOB THOMAS

FORUNCOLO *(Brufolo)*

Andare in pensione a sessantacinque anni è ridicolo. A sessantacinque anni, avevo ancora i brufoli.
GEORGE BURNS

Da piccolo avevo un sacco di brufoli. Un giorno, in biblioteca, mi sono addormentato. Al mio risveglio un cieco mi stava leggendo la faccia.
RODNEY DANGERFIELD

Bere un goccetto fa sparire i foruncoli e i punti neri, ma non da me: dalla faccia di quelli con cui parlo.

MEL GIBSON

Ho avuto un'eruzione cutanea così devastante che sarò sul prossimo numero di *Focus*.

MARZIO GOBBI

FORZA FISICA

Io posso sollevare un elefante con una mano sola. Ma dove lo trovo un elefante con una mano sola?

LEOPOLD FETCHNER

Il governatore della California Arnold Schwarzenegger ogni mercoledì dedica un'ora ai californiani, aiutandoli coi barattoli che non riescono ad aprire da soli.

DAVID LETTERMAN

Ho le mani di ferro: ogni volta che mi tocco, mi faccio male, lividi... Una volta per ricordarmi dove stavo di casa ho fatto un nodo a un lampione.

TOTÒ

FORZA ITALIA

(Casa delle Libertà - Polo)

Scontro Lega-Polo. Ditemi che ci sono dei morti.

BASTARDIDENTRO

Il Polo è fatto di falchi e colombe, ma il denominatore comune restano gli uccelli.

PIERFERDINANDO CASINI

Berlusconi è così ricco perché, ogni volta che qualcuno della Casa delle Libertà dice una bugia, la Siae gli paga i diritti d'autore.

GINO&MICHELE

Il Partito Repubblicano si divide. "La" rimane nel Centrosinistra, "Malfa" passa al Polo.

FRANCO KAPPA

FOTO

(Fotografo - Macchina fotografica)

Quando ero piccolo trovai il portafoglio di mio nonno. Lo aprii e vidi le foto ingiallite di Gianni Rivera e Padre Pio, che io non conoscevo, non sapevo chi fossero. Lo chiesi e mio nonno mi spiegò: «Uno fa i miracoli, l'altro è un popolare frate pugliese».

DIEGO ABATANTUONO

Agricoltore trentottenne desidera conoscere nubile trentenne, proprietaria trattore, scopo matrimonio. Pregasi inviare foto trattore.

ANNUNCIO ECONOMICO PUBBLICATO SU UN GIORNALE FRANCESE DI PROVINCIA

Era veramente brutto. Una volta mandò una sua foto a *Cuori Solitari*. Gliela rimandarono indietro. Sopra c'era scritto: "Non siamo così solitari".

ANONIMO

È così brutta che le sue Polaroid non vogliono uscire dalla macchina.

MILTON BERLE

A Milano, a causa del traffico, la circolazione è talmente lenta che la gente in tangenziale fa le foto agli autovelox e poi manda le multe al Comune!

BRUCE KETTA

Per risparmiare ho deciso di farmi seppellire con il braccio fuori, così mi cambio i fiori, mi pulisco il marmo e poi faccio gli scherzi: scambio le foto delle lapidi.

LA CAROVANA

Le cose non mi vanno molto bene ultimamente: ieri ho trovato un portafoglio e dentro c'erano le foto dei miei due bambini.

RODNEY DANGERFIELD

C'è chi tiene in casa appesa al muro una testa di cervo. Quando chiedo il perché, mi rispondono sempre: «Perché è un bellissimo animale». Ecco qua. Anch'io penso che mia mamma sia attraente, ma ho delle foto, di lei.

ELLEN DEGENERES

Ho cominciato a dubitare del comunismo quando ho visto che i giapponesi non lo fotografavano.

Ivan Della Mea

Un giorno ho sorpreso mia moglie a letto nuda, accanto a un vietnamita e a un uomo di colore. Ho scattato una foto e l'ho mandata a Benetton. Non si sa mai.

Franck Dubosc

Recenti studi dimostrano che le donne preferiscono sempre di più le ginecologhe. Anch'io sto pensando di passare a una ginecologa perché penso che il mio ginecologo mi stia mentendo sul fatto di essere un dottore. Per esempio, la settimana scorsa ho scoperto che lavorava da Foot Locker. Cosa che, se fosse un vero dottore, non penso farebbe. Ma i suoi modi accanto al lettino sono così dolci, e mi dà il vino, e tiene il suo furgone davvero pulito. Ad ogni modo, non lo licenzio ancora. Voglio prima vedere come sono venute le foto che mi ha fatto.

Tina Fey

Ormai i prezzi degli scoop fotografici sono inimmaginabili. Quest'estate *Chi* ha pagato duecento mila euro per una foto della Belen che non baciava nessuno.

Gino&Michele

In Valtellina le foto di gruppo del matrimonio non si riesce mai a farle perché c'è sempre uno che vede uno scoiattolo e allora tutti si girano a guardare e vengono presi di schiena.

Gene Gnocchi

Alla mostra fotografica di un fotografo nano c'erano solo foto di ginocchia.

Gene Gnocchi

La fotocopiatrice ha raggiunto il suo assetto attuale nel 1913, quando il fotografo nano Bilek è morto soffocato perché nell'ufficio dove lavorava sono andati via tutti dimenticandosi di tirarlo fuori. La cosa fece così scalpore che in fretta e furia fu studiato un sistema per lasciare dentro solo la macchina fotografica.

Gene Gnocchi

Mia moglie voleva una grossa festa per il primo compleanno di nostro figlio, ma secondo me la mia idea era migliore: volevo portarlo alla fiera locale, metterlo su un pony, e scattargli una foto. Poi volevo nascondere quella foto in un cassetto. E tra otto o nove anni, quando mio figlio troverà quella foto, e mi verrà a chiedere: «Papà, e questa cos'è?» io potrò dirgli: «Vedi, era il tuo primo compleanno e io ti ho comperato un pony, poi una volta sono dovuto andare via per lavoro, tua madre non si è presa cura di lui ed è morto».

JEFF JENA

Il crimine a New York è al minimo storico, in questi giorni. Peccato, perché mi manca il caffé gratis

che mi davano quando guardavo quei libroni di foto segnaletiche.

DAVID LETTERMAN

Raquel Welch è una delle poche attrici che sembra più animata in fotografia che nei film.

HARRY E MICHAEL MEDVED

E Dio creò la luce visto che le prime foto erano venute scure.

EGIDIO MORRETTI

Questo pomeriggio c'è stata una rapina. Hanno rapinato una corriera di turisti giapponesi. Ma, grazie a Dio, sono disponibili oltre due milioni di fotografie dei rapinatori.

JAN MURRAY

Porto sempre delle catene nel baule della mia auto perché non sai mai quando ti potrebbero servire. Sai, magari sei per le strade di Parigi e improvvisamente ti viene voglia d'incatenare una modella a una cancellata.

HELMUT NEWTON

«Ma chi ti ha insegnato a fare le foto?» «Newton.» «Helmut, il grande fotografo? E che t'ha detto?» «Non Helmut, ma Isaac, il grande scienziato, quello della forza di gravità... mi ha detto: "Quando scatti, reggila bene la macchina fotografica, perché se ti casca, ti casca in terra!"»

FURIO OMBRI

C'è una banca di Beverly Hills che è davvero esclusiva. Sapete che molte banche prendono la foto dei loro rapinatori? Questa prende un dipinto a olio!

Robert Orben

Il turista è una persona che viaggia mille miglia per farsi una foto accanto alla sua macchina.

Bob Phillips

«Sei così zoccola che le foto della prima comunione te le ha fatte Corona!»

Riccardo Piferi

La tua donna la chiamo Pellicola perché quando glielo faccio vedere s'impressiona.

Pozzoli e De Angelis

Lasciatemi dare un consiglio ai turisti. Se volete andare a New York, portatevi la macchina fotografica, perché vedrete cose che non rivedrete mai più. La prima cosa che non rivedrete mai più sarà la vostra macchina fotografica.

Mike Reynolds

Da ragazzo volevo essere "uno di quelli giusti". Non era semplice. Così mi iscrissi in una scuola di soli negri e riuscii a far pubblicare sull'annuario scolastico il negativo di una mia foto. Penso che i denti neri mi abbiano fatto scoprire.

Ronnie Shakes

Nessun fotografo vale quanto una buona macchina fotografica.

Edward Steichen

Sono in rete le foto in cui si vede Kate Moss che sniffa. Lei si è detta profondamente pentita, ha lasciato il fidanzato, si è scusata con l'opinione pubblica e si è subito fatta ricoverare in una clinica per bugiardi.

Marco Vicari

In Giappone ora vengono costruiti dei nipponici che non hanno più la macchina fotografica penzolante sulla pancia, ma già incorporata. Quando fanno l'occhiolino, clic, una foto. Ogni sera si tirano la pellicola dal culo per vedere com'è stata la giornata.

Urs Widmer

Perché le foto sono quadrate se l'obiettivo è rotondo?
STEVEN WRIGHT

Ho una foto molto rara di Harry Houdini chiuso fuori casa...
STEVEN WRIGHT

FOTOGRAFO
*vedi **Foto***

FRANCESE LINGUA

Agostini-Larousse è orgogliosa di presentare un'iniziativa editoriale senza precedenti: il *Nuovo Dizionario Italiano-Francese Sbagliato*. Oltre 100.000 voci errate, 2200 illustrazioni incomprensibili, appendice di neologismi a casaccio. *Nuovo Dizionario Italiano-Francese Sbagliato*. Il piacere di chiedere l'ora e vedersi consegnare due etti di bresaola.
CLAUDIO BISIO

«Vorrei una stonza.»
ISPETTORE CLOUSEAU

Che tipi, i francesi. Hanno una parola diversa per tutto!
STEVE MARTIN

Sono contento di non essere nato in Francia perché non so una parola di francese.
TONY RANDALL

Durante una trasferta del Milan in Francia. «Bonjour Monsieur Rocco, mon amì.» «Mona a mì? Mona a ti e anca testa de gran casso!»
NEREO ROCCO

A Parigi, quando parlavo francese, rimanevano semplicemente a bocca aperta; non sono mai riuscito a far capire a quegli idioti la loro lingua.
MARK TWAIN

FRANCESI

Il mondo è impazzito: il miglior rapper è un bianco, il miglior giocatore di golf un nero, i migliori velisti sono svizzeri, i francesi accusano gli americani di arroganza e i tedeschi sono contrari alla guerra.

ANONIMO

È una condanna. In strada gli uomini mi riconoscono dalla schiena.

BRIGITTE BARDOT

Il Canada avrebbe potuto prendere il governo dagli inglesi, la cultura dai francesi e il knowhow dagli americani. Invece, si ritrova con il knowhow degli inglesi, il governo francese e la cultura americana.

JOHN ROBERT COLOMBO

I francesi non parlano quasi mai delle loro mogli, perché hanno paura di parlarne davanti ad altri che le conoscono molto meglio di loro.

CHARLES LOUIS DE MONTESQUIEU

Com'è il Paradiso? C'è il meglio di tutto: cibi deliziosi, vini di gran classe, clima dolcissimo e una vista superba da tutti i punti cardinali. Un po' come la Francia, ma senza i francesi.

DIO, PER PENNA DI JEREMY PASCALL!

Il Paradiso è un poliziotto inglese, un cuoco francese, un tecnico tedesco, un amante italiano: il tutto organizzato dagli svizzeri. L'inferno è un cuoco inglese, un tecnico francese, un poliziotto tedesco, un amante svizzero e l'organizzazione affidata agli italiani.

JOHN ELLIOT

Per un francese è impensabile arrivare a cinquant'anni senza aver avuto la sifilide e la Legion d'onore.

ANDRÉ GIDE

E quello è il fiore all'occhiello della squadra: è un centravanti francese, Martinitt. Un centravanti orfanello, che nasconde un terribile segreto: la sua mamma era una puttana... e il suo papà era una puttana anche lui... un figlio di puttana al quadrato! E calcia la palla così veloce, ma così veloce... ma così veloce... ma così veloce... che la palla quando entra in porta cambia fuso orario. E così Martinitt spesso segna prima che inizi la partita.

GINO&MICHELE-PAOLO ROSSI

Un inglese è un lord, due inglesi un team, tre inglesi un club. Un francese è uno chansonnier, due francesi un'équipe, tre francesi una coppia. Uno svizzero è una testa di cazzo, due svizzeri due teste di cazzo, tre svizzeri tre teste di cazzo, gli unici che sono sempre la stessa cosa.
Beppe Grillo

Che tipi, i francesi. Hanno una parola diversa per tutto!
Steve Martin

Quelli che hanno quattromilaottocentodieci metri di Monte Bianco, trecento di Tour Eiffel, venticinque centimetri di petto e ne sono fieri...
Jacques Prévert

Ma se i francesi sono nostri cugini, allora la Francia è mia zia?
Dado Tedeschi

FRANCIA

I miei film sono molto più apprezzati in Francia che in America. Devono avere dei sottotitoli fantastici.
Woody Allen

Stavo discutendo di politica con una signora che mi ha detto: «Se le donne gestissero il mondo, non ci sarebbero guerre». Che marea di vaccate. Certo, nessuno inizierebbe una guerra per nessun motivo, se le donne gestissero il mondo. «Salve, sono l'Inghilterra. Com'è che sono invasa?» «Oh, penso che tu lo sappia. Ti ho visto come guardavi la Francia!»
Drew Carey

Quando voglio sapere che cosa pensa la Francia lo chiedo a me stesso.
Charles De Gaulle

Basta con i test atomici, boicottiamo la Francia. Non compriamo più le loro armi nucleari.
Fabio Di Iorio

Com'è il Paradiso? C'è il meglio di tutto: cibi deliziosi, vini di gran classe, clima dolcissimo e una vista superba da tutti i punti cardinali. Un po' come la Francia, ma senza i francesi.

DIO, PER PENNA DI JEREMY PASCALL!

EuroDisney ha già ospitato un milione di tedeschi e un milione di inglesi, e avere una quantità simile di gente in Francia senza che ci sia una guerra in corso è davvero stupefacente.

MICHAEL EISNER

Barack Obama ha parlato in Germania davanti a 200.000 persone. C'erano così tanti tedeschi che urlavano e gridavano, che la Francia si è arresa per evitare problemi.

CRAIG FERGUSON

Che razza di Paese [la Francia]! Oppone più resistenza a Disney di quanto abbia fatto coi nazisti!

CONAN O'BRIEN

Sono contento di non essere nato in Francia perché non so una parola di francese.

TONY RANDALL

Il Presidente de Gaulle è partito oggi per un giro del mondo in Francia.

ROWAN & MARTIN'S LAUGH-IN

Ma se i francesi sono nostri cugini, allora la Francia è mia zia?

DADO TEDESCHI

Adesso la Francia colpirà l'America con la sua bomba Michelin: distruggerà tutti i ristoranti con meno di quattro stelle.

ROBIN WILLIAMS

FRANCOBOLLO

Berlusconi è un uomo molto fortunato. Così proverbialmente fortunato che qualche tempo fa la Repubblica di San Marino decise di emettere dei francobolli che raffiguravano il suo sedere. Ma ha dovuto subito ritirarli perché Emilio Fede li leccava dal lato sbagliato.

ANONIMO

È stato presentato un francobollo commemorativo della prostituzione. Costa 25 cent, ma se lo si lecca ne costa 50!

CHEVY CHASE

L'ego di Berlusconi è così grosso che sogna che il Ministero delle Poste gli dedichi un francobollo. Giuliano Ferrara, invece, è così grosso che sogna che il Ministero delle Poste gli dedichi un c.a.p..

GINO&MICHELE

Si aggiunga l'otturazione delle papille gustative da quando, marinando la scuola, andavo da mio zio in Posta e lo aiutavo a leccare i francobolli, per cui per me un piatto di risotto allo zafferano e uno di merda, non fosse per il colore, sono la stessa cosa.

RUBES

FRATELLO *(Sorella - Gemelli)*

Mio fratello è sempre stato un tipo impegnato. Mentre io praticavo l'atletica leggera, lui faceva dell'atletica sinfonica.

ALBERT

I fratelli Beamish erano due fratelli mezzi scemi che tentarono di andare da Belfast alla Scozia spedendosi l'un l'altro per posta.

WOODY ALLEN

Il mio sogno proibito? Avere un padre come Jack Nicholson, una madre come Ava Gardner, una sorella come Diane Lane e un fratello come Matt Dillon. E andare a letto con tutti.

PEDRO ALMODÓVAR

La differenza tra i Repubblicani e i Democratici americani? I primi corrono dietro ai tuoi soldi. I secondi a tua sorella.

ANONIMO

«La legge di gravità dice che tutti i corpi si attraggono a causa di una forza!» «Tutti i corpi?» «Non proprio tutti, se prendi il corpo di tua sorella che pesa centottanta chili, per esserne attratti più che la forza ci vuole il coraggio!»

ANTONIO E MICHELE

Quando sei un bambino, è così facile divertirsi. Cosa ti basta? Una scatola di fiammiferi, qualche straccio bisunto, un fratellino piccolo...

Dave Attell

A volte qualche cabarettista, per far ridere, racconta di disavventure occorsegli con il pubblico: inseguimenti, lanci di oggetti, eccetera. A noi con il pubblico è sempre andata abbastanza bene. Tranne in una occasione, per motivi genetici: recitavamo davanti ai Testimoni di Geova. Loro detestano i gemelli. Secondo la loro dottrina, infatti, sono obbligati a fare l'amore solo a scopo procreativo e quando una coppia di Testimoni di Geova mette al mondo due gemelli, questi pensano subito: «Qui ci siamo persi una scopata».

Gemelli Barolo

Non è poi così brutto avere due gemelli. Quando uno piange, non si riesce a sentire l'altro.

Milton Berle

Ieri alla facoltà di parapsicologia ho incontrato un fachiro indiano. Neanche lui è felice. Mi ha raccontato di suo fratello che gliene fa passare di tutti i colori, lo angustia in mille modi... «Ma tu non puoi reagire?» gli chiedo. «E come faccio? È lui che tiene il coltello dalla parte della lama!»

Romano Bertola

Mia sorella è una laureata di Vassar. Supersofisticata. Aveva l'abitudine di guidare con le gambe accavallate.

Ed Bluestone

Mio fratello è gay e ai miei genitori non importa. Basta che sposi un medico.

Elayne Boosler

Mia madre fumava tre pacchetti di sigarette al giorno. A Natale la Philip Morris ci mandava a casa un pandoro. Io e i miei fratelli abbiamo un ricordo vago dei nostri genitori... c'era troppo fumo in quella cazzo di casa!

Alessandro Brunello

Mio fratello Ralph è così cretino che morirebbe assiderato davanti a un

bordello aspettando che la luce da rossa diventi verde per passare!
AL CAPONE

Mio fratello Steve mi ha sempre battuto in tutto. Persino quando avevo dieci anni, avevo fondato il Drew Carey Club e per farne parte l'unico requisito era essere Drew Carey. Be', in qualche modo lui è stato ammesso, è diventato presidente, e mi ha cacciato fuori.
DREW CAREY

Non mollare, amico mio, non mollare! La troverai, una donna. Sono sicuro che da qualche parte c'è una ragazza meravigliosa con una sorella orrenda che sarebbe felice di accontentarsi di te.
DREW CAREY

Ho fatto un patto col diavolo: io divento famoso, lui può scoparsi mia sorella.
GEORGE CARLIN

«Non so come dirtelo... ma ieri sera ho visto tua sorella che prendeva cinquanta euro da uno sconosciuto...» «Cosa vuoi, le prime volte non puoi chiedere di più».
GIANPIERO CASONI

«Mia sorella ha fatto molta carriera nel mondo del cinema...» «Che faceva, la diva?» «No, la dava!»
GIAMPIERO CASONI

Al contrario di mia sorella, il mio cellulare non prende un cazzo.
EZIO CIUSPIONT

Per Natale ho regalato a mio fratello una combinazione, fax-distruggi documenti. O l'abbiamo montato sbagliato, o un sacco di gente gli faxa dei coriandoli.
ANTHONY CLARK

La letteratura è una questione di famiglia; anche Agatha Christie aveva una sorella che scriveva storie sentimentali. Si chiamava Lacrima Christie.
MAURO COTONE

Chi trova un amico... ha una sorella carina.
PACO D'ALCATRAZ

Quando sono nato, il dottore mi ha guardato un po', poi mi ha capovolto e ha detto: «Guardate: sono gemelli!».
RODNEY DANGERFIELD

Mio fratello gemello è un deficiente. Continua a dimenticarsi il mio compleanno.
RODNEY DANGERFIELD

«Tua sorella va a cavallo nuda e fa il purè perché si schiaccia la patata.»
FICHI D'INDIA

Ho appena avuto il mio secondo figlio, il mese scorso. Il primo, che ha due anni e mezzo, era preoccupatissimo. Continuava a dire: «No voio fratellino, no voio fratellino». Allora per calmarlo gli ho detto: «Vedi? Se avessi imparato a parlare meglio, non avremmo dovuto sostituirti!».
GREG GERALDO

Il peggio viene sempre dagli stilisti. Prima c'erano le sorelle Fendi, adesso ci sono anche i fratelli Armani: Giorgio ed Emporio.
BEPPE GRILLO

Eravamo sette fratelli. Ecco come ho imparato a ballare, aspettando il mio turno al bagno. Eravamo l'unica famiglia del vicinato ad avere il bagno con la porta girevole.
BOB HOPE

Con cinque fratelli più grandi, ho indossato vestiti smessi da loro tutta la vita. Quando, finalmente, mi arrivavano dei pantaloni, erano così lisi che se mi sedevo su una monetina potevo dirvi se era testa o croce. Quando arrivavano al mio fratellino, poteva farlo sedendosi su un biglietto da un dollaro.
BOB HOPE

A quanto pare, nel mondo una persona su cinque è cinese. E ci sono cinque persone nella mia famiglia, per cui una di loro deve essere cinese. O è mia mamma o mio papà... O forse il mio fratellone Colin o il mio fratellino Ho-Cha Chu. Ma sono quasi sicuro che sia Colin.
INTERNET ONE-LINERS

Cosa sarebbe il mondo se non fossimo tutti fratelli? Cosa sarebbero le Carlucci se non fossero tutte sorelle?

BEPPE JANNICELLI

Il mio punto di vista sul controllo delle nascite è leggermente distorto dal fatto di essere il settimo di nove fratelli.

ROBERT KENNEDY

Vedendo mio fratello che si sposa, ripenso alla nostra infanzia e a mia madre che ha sempre preferito lui fin da quando eravamo piccoli: quando è nato lui, mia madre ha detto: «È un dono di Dio», quando sono nato io: «È un errore della Madonna!».

LEONARDO MANERA

Mia sorella soffre d'asma. Nel bel mezzo di un attacco un giorno ha ricevuto la telefonata oscena di un maniaco. Dopo un po', il tizio ha detto: «Scusa, ma ti ho chiamata io o mi hai chiamato tu?».

JOHN MENDOZA

Ho rotto con la mia fidanzata, e lei mi ha detto: «Non troverai più una come me!». E son lì che penso: «Spero di no!». Se non voglio te, perché dovrei volere un'altra proprio come te? C'è qualcuno al mondo che chiude una relazione dicendo: «A proposito, non è che hai una gemella?».

LARRY MILLER

Ho speso mille euro per un navigatore satellitare. Ho digitato l'indirizzo di casa mia: «Milano, Piazza Zavattari, indirizzo inesistente». Avrei dovuto digitare Piazza Fratelli Zavattari. Per arrivare a destinazione devo sapere se Zavattari aveva dei fratelli o delle sorelle? Ma per mille euro il navigatore deve farmi vedere tutto il suo albero genealogico!

ALFREDO MINUTOLI

Come sapete eravamo nove fratelli. Il sabato si faceva il bagno nel mastello, non avevamo il bagno in casa, si scaldava l'acqua sul fuoco e si versava in quest'enorme recipiente; poi il nonno ci lavava uno dietro l'altro: gli ultimi due facevano la lotta nel fango.

NICO (ALDO, GIOVANNI E GIACOMO)

La mi' sorella è talmente brutta che l'abbiamo messa a lavorare al bar e

le consumazioni sono aumentate del 50%, perché la gente la vede e beve per dimenticarsela.
GIORGIO PANARIELLO

Quando sono nato ero cosi brutto che mia sorella chiese a mia madre: «Ma perché non abbiamo tenuto la cicogna?».
DIEGO PARASSOLE

Mia sorella nella vita ha conosciuto alti e bassi... E se li è sempre fatti tutti.
VALERIO PERETTI CUCCHI

Mia sorella andava a scuola. benissimo. È tornando a casa che si perdeva sempre.
VALERIO PERETTI CUCCHI

Il mio miglior amico ha sposato mia sorella. Adesso mi odia come un fratello!
TONY RANDALL

Quando sono nata mia mamma mi ha guardato, ha guardato la placenta, e ha gridato: «Gemelli!».
JOAN RIVERS

Mia madre è andata dal ginecologo che le ha detto che aveva la vaginite perché faceva troppo l'amore con mio padre. Adesso sono un po' preoccupato perché mia sorella ha l'otite... però ho pensato: era peggio se aveva la tonsillite!
TARCISIO (MAX PISU)

Mio padre era sempre fissato con lo sbarco sulla Luna, tant'è vero che io avevo una sorellina e mio padre l'ha chiamata Luna. Poi a otto anni ha perso un braccio in un incidente e adesso la chiamano "Luna meno un quarto".
DADO TEDESCHI

Straordinari questi gemelli! Come si somigliano! Soprattutto questo!
JULIAN TUWIN

È inutile come la scoperta della quarta sorella Carlucci.
DINO VERDE

Grazie a Dio, Gesù era figlio unico. Pensateci, chi avrebbe voluto essere Jerry, il fratello di Gesù?
ROBIN WILLIAMS

«Vuoi mandare nostro figlio in un collegio svizzero? Ma sai quanti ragazzi escono da quei posti con tendenze omosessuali?» «Beh, mio fratello dopo le medie ha studiato elettromeccanica in un istituto tecnico ed è gay...» «Sì, ma almeno sa cambiare una lampadina!»
Mirco Zilio

Mia sorella era così brutta che una volta si perse e, quando denunciammo la scomparsa e la descrivemmo ai carabinieri, non ci volevano credere.
Mario Zucca

FRATE *(Monaco)*

Al termine di un pranzo di nozze mi hanno dato un amaro alle erbe talmente schifoso che perfino sull'etichetta c'era un frate che vomitava.
Beppe Braida

Diffida del bue davanti, della mula dietro, del monaco da tutte le parti.
Miguel de Cervantes

Il kiwi, un frutto marrone e peloso che si distingue dai frati perché non porta i sandali.
Valerio Peretti Cucchi - Mario Zucca

FRATTURA *(Trauma)*

Lo sviluppo della mia filosofia ebbe origine nel seguente modo: mia moglie invitandomi ad assaggiare il suo primo soufflé, me ne fece accidentalmente cadere una cucchiaiata sul piede provocandomi la rottura di alcune falangi.
Woody Allen

Sono magazziniere. Col muletto sono il più bravo. Muovo le forche come le dita della mia mano. Riesco a slacciare un reggiseno solo sfiorando la pelle di una ragazza. Con le mutandine ho qualche difficoltà. Le spacco le gambe.
Lorenzo Bosio

Sciare? Perché rompermi una gamba a venti gradi sotto zero quando

posso comodamente cadere dalle scale di casa?
COREY FORD

Dopo che uno ha fatto una brutta caduta. «Parlami! Per carità parlami! Quanti erano i Beatles?» «Tre... più Ringo.»
CAROL HEIKKINEN

Rompersi una gamba col volley è come avere un infarto a Disneyland.
BEPPE VIOLA

FREDDO

Faceva così freddo che i lupi mangiavano le pecore solo per la lana.
ANONIMO

Quando ho scaldato la mia casa col gasolio, ho usato una media di ottocento galloni l'anno. Ho scoperto che posso restare confortevolmente al caldo per un intero inverno con circa metà di quella quantità di birra.
DAVE BARRY

E il vento gelido spalancò le finestre e il pensiero di tutti corse ai poveri fuori all'addiaccio, poi subito ricorse dentro vicino al camino.
STEFANO BENNI

Le cose cambiano, una volta sposati. Appena mi sono sposata, andavo in giro per casa senza vestiti addosso. Mio marito diceva sempre: «Baby, sei stupenda. Vieni qui». E non poteva levarmi le mani di dosso. Adesso, quando giro per casa senza vestiti, lui mi dice: «Non hai freddo?».
ROZ BROWNE

Il mio palazzo è molto degradato: in inverno si muore di freddo, in estate si muore di caldo e in autunno cadono i balconi.
ALESSANDRO BRUNELLO

La felpa è quel capo d'abbigliamento che un bambino indossa quando sua madre ha freddo.
LEOPOLD FETCHNER

Sciare? Perché rompermi una gamba a venti gradi sotto zero quando

posso comodamente cadere dalle scale di casa?
COREY FORD

Credo che Chicago sia nata quando un gruppo di newyorchesi ha detto: «Hmm... qui ci piace il crimine e ci piace la povertà, ma non è ancora freddo abbastanza. Andiamo a Ovest».
RICHARD JENI

Io penso che Reagan riporterà l'America come era una volta. Una regione artica ricoperta di ghiaccio.
STEVE MARTIN, ALL'EPOCA DELL'ELEZIONE DI RONALD REAGAN

Abitavamo in una casa talmente fredda che mio padre per scaldarsi le mani aspettava che mi venisse la febbre a quarantuno.
FRANCO NERI

La mia famiglia è talmente povera che quando in inverno fa freddo ospitiamo in casa i bambini del quartiere che hanno la febbre.
FRANCESCO RIZZUTO

L'inverno più freddo che abbia mai trascorso è stata un'estate a San Francisco.
MARK TWAIN

Faceva talmente freddo che se il termometro fosse stato più lungo di due centimetri saremmo morti congelati.
MARK TWAIN

«Oh mio Dio, lei ha una magnifica pelliccia! Davvero una splendida pelliccia... E magari da qualche parte c'è un branco di animali che si sta dicendo: «Cazzo, che freddo!».
ROBIN WILLIAMS

Un inverno ho girato un film in Inghilterra. Faceva così freddo che mi sono quasi sposata.
SHELLEY WINTERS

Quand'ero alle elementari avevo un'insegnante di settant'anni che era praticamente sorda, per questo abbassava il termostato a -5, in modo tale che se qualcuno parlava poteva vedere la condensa del fiato.
STEVEN WRIGHT

Certo che la Florida ha un tempo tutto suo. Freddo? Ho dovuto mettere l'antigelo nella mia lozione abbronzante.
HENNY YOUNGMAN

Faceva così freddo che ho visto un politico con le mani nelle sue tasche.
HENNY YOUNGMAN

FREEZER
vedi ***Frigorifero***

FREGARE
vedi ***Crimine***

FRETTA

È un errore far capire a un oggetto meccanico che hai fretta.
ARTHUR BLOCH

Agli intenditori consigliamo la «Frittura temporanea», realizzata con pesci svenuti. Va mangiata in fretta altrimenti i pesci si svegliano e se ne vanno urlando pesanti improperi.
FELICE CACCAMO

D'accordo, non dormo a lungo, ma in fretta.
ALBERT EINSTEIN

I liquori ti uccidono lentamente. Ma chi ha fretta?
LEOPOLD FETCHNER

La fotocopiatrice ha raggiunto il suo assetto attuale nel 1913, quando il fotografo nano Bilek è morto soffocato perché nell'ufficio dove lavorava sono andati via tutti dimenticandosi di tirarlo fuori. La cosa fece così scalpore che in fretta e furia fu studiato un sistema per lasciare dentro solo la macchina fotografica.
GENE GNOCCHI

Ogni ragazzo riesce a Capodanno a farsela dare. Ogni ragazzo riesce a convincere la propria ragazza a essere usata a guisa di fodero. Allora a Capodanno la porto fuori a cena. La porto al ristorante etiope, così

finiamo in fretta, poi a casa mia. Le dico: «Spogliati, girati e stringi la carta d'identità tra i denti per il riconoscimento». Poi la metto sul divano... troppo basso. Sul lavandino... ma scivola. Sulla libreria... ma non entra. Non stavo facendo sesso, stavo giocando a Tetris col suo corpo.
POTATO (ALESSANDRO BRUNELLO)

Un mio amico è un idiota. Fuma tre pacchetti di sigarette al giorno. E non accenna a smettere. La sua scusa è: «Perché smettere? Qualunque cosa può uccidermi. Magari sono lì che attraverso la strada, e un autobus mi piomba addosso». Gli ho detto: «Sì, ma se fumassi di meno, potresti attraversare quella strada molto più in fretta».
GREGG ROGELL

Quando prendete il Viagra buttatelo giù in fretta. C'è il rischio che vi diventi duro il collo.
LESLEY STAHL

Di mestiere vendeva levrieri ai ciechi che hanno fretta.
MARIO ZUCCA

FRIGIDITÀ

Una volta mentre facevamo l'amore, si è verificata una stranissima illusione ottica: sembrava quasi che lei si fosse mossa.
WOODY ALLEN

Ho capito che qualcosa cominciava a non andar bene tra me e mia moglie quando una volta, mentre facevamo l'amore, lei mi disse: «Caro, penso che sia arrivato il momento di dare un'imbiancata al soffitto e alle pareti».
WOODY ALLEN

FRIGORIFERO *(Freezer)*

Prese una birra dal frigo e la buttò giù di colpo. Poi, ne prese un'altra, ma questa volta la aprì, aveva più gusto.
LORENZO BECCATI

Mia moglie è attaccata a una macchina che la tiene in vita: il frigorifero.
RODNEY DANGERFIELD

Ho fatto per tanti anni radio e televisione, poi mi hanno passato al reparto frigoriferi.
PACO GENOVESE

Una notte mi alzo per andare in bagno, apro la porta e la luce si accende da sola, senza toccare l'interruttore; entro, faccio i miei bisogni, esco, chiudo la porta e la luce si spegne da sola senza che io tocchi l'interruttore. Torno a letto e mi dico fra me e me: «Magia? Chiaroveggenza? O forse ho pisciato nel frigorifero?».
MAGO ORONZO (RAUL CREMONA)

Ho il corpo di una diciottenne. Lo tengo in frigo.
SPIKE MILLIGAN

Avevamo il frigo senza luce. Un giorno mio padre mi ha detto: «Franco, oooh, Franco, tanto non c'è niente da guardare!».
FRANCO NERI

Non pensate di sapere tutto. Ricordate che anche una foglia di lattuga sa una cosa più di voi. Sa se la luce si spegne davvero ogni volta che chiudete il frigo!
ROBERT ORBEN

Mio marito è tirchio da far ribrezzo. L'ultima volta gli ho chiesto se andavamo a prendere un gelatino e lui mi ha risposto: «Metti le mani nel freezer e ciucciati le dita che si risparmia!».
VIVIANA PORRO

Uno o due giorni prima di cambiare casa, metti la boccia con il pesce rosso in freezer. Quando arriverà il momento del trasloco vedrai che il pesce può essere trasportato senza pericolo di versare nemmeno una goccia d'acqua.
D.A. ROBERTS

L'altra settimana, alle undici di sera, ho aperto il frigo e ho scoperto di avere cinque yogurt, una scatola di tonno e due vasetti di sottaceti che mi scadevano di lì a un'ora. Ho fatto una corsa, ma li ho finiti! Proprio sulla Dead Line!
BOB SAGET

Sono più di due settimane che il suo frigo non funziona. Ci ho visto dentro del latte che sta su da solo senza la bottiglia.
Neil Simon

FROCIO
vedi **Gay**

FRUSTRAZIONE
vedi **Delusione**

FRUTTA *(Fruttivendolo)*

La California è un bel posto per viverci, se sei un arancio.
Fred Allen

Secondo le statistiche l'uomo mangia una prugna ogni venti secondi. Non so chi sia questo tizio, ma so dove trovarlo.
Morey Amsterdam

Lei: «In *9 Settimane e Mezzo* Mickey Rourke lanciava ciliegie in bocca a Kim Basinger...»
Lui: «Se vuoi posso schizzarti la buccia di mandarino negli occhi...»
Gianni Audisio

Una mela al giorno toglie il medico di torno, ma un buon due chili e mezzo di aglio e cipolla ti tolgono di torno anche i parenti.
Anatolj Balasz (Natalino Balasso)

I ragazzini sono dei duri. Una volta ho visto un ragazzino e gli ho regalato un'arancia. Sua madre lo ha ripreso: «Cosa si dice al signore?». Il ragazzino mi ha guardato e ha detto: «Sbucciala».
Bill Barner

La donna, fijo, è come la castagna: bella de fora e drento ha la magagna.
Giuseppe Gioachino Belli

Il formaggio con le pere è femmina?
Alessandro Bergonzoni

«A volte, durante la cremazione, qualche corpo scoppia», mi spiega un funzionario. «Sempre agli uomini accade. Alle donne no. Loro hanno il taglietto come le castagne.»

Romano Bertola

Liegi. Città nota per la pronuncia dei suoi abitanti. La C dolce viene, infatti, comunemente chiamata la "C liegina".

Massimo Bucchi

Al bar dell'Ikea prendo sempre una coppetta di fragole con la panna, che è l'unica cosa già montata.

Camillo Canovi

Sapete cosa c'è di più disgustoso che mordere una mela e trovarci un verme? Mordere una mela e trovarci mezzo verme.

Pino Caruso

E il Signore disse: «Donna, tu partorirai con gran dolore. Uomo, tu lavorerai con gran sudore, ammesso che troverai lavoro. E la terra produrrà spine e sofferenze». E Adamo disse: «Ma santo Dio, tutto questo per una mela? Domani te ne porto un chilo...».

Giobbe Covatta

Ho paura che il vero padre di mio figlio sia il fruttivendolo perché la prima parola che ha detto è stata: "Papaia".

Marco Del Conte

Perché un frutto dignitoso come la fragola non ha avuto diritto a un albero come tutti gli altri?

Fabio Fazio

La mia famiglia era poverissima. Avete presente quelli che comprano le mezze angurie? Ecco, noi lo facevamo coi pinoli.

Lucio Gardin

Da un anno c'è in commercio l'apribanane, ma è un articolo che non ha sfondato.

Gene Gnocchi

Jean Pierre l'ortolano... 5 euro una susina... Allora l'eroina cosa costa? Meno di un kiwi? Guarda, guarda... C'è anche un vigilantes fuori... L'ortolano c'ha i vigilantes fuori... Se fanno una rapina e gli rubano un mazzetto di rosmarino o una piantina di cerfoglio... Costano più di una parure di Bulgari... Senta, vorrei

un'anguria... Gliela incarto, o faccio un leasing?
GINO&MICHELE-PAOLO ROSSI

Mia madre era solita dire: «Più anziana diventi, meglio diventi. A meno che tu non sia una banana».
THE GOLDEN GIRLS

Le pere possono andarsene affanculo. Sono mature solo per mezz'ora. O sono dure come un sasso o sono marce. Le compri, le metti in un piatto e loro stanno lì e ti guardano, e si dicono: «Nooo... Nooo... Non maturiamo ancora... Aspettiamo che esca dalla stanza... Ecco ora, ora, ora!! PLLLLLLLLLLL...» andate.
EDDIE IZZARD

Non sottostimare mai il potere di un frutto. Se non fosse stato per l'uva, il vino non sarebbe mai stato scoperto e l'Impero Romano sarebbe durato per altri tre anni.
ALBRAM KEHLOG

E come disse Isaac Newton subito dopo che una mela gli cadde sulla testa: «Strano, io sono seduto sotto un pero!».
LAUGH-IN

Rumori che ci perdiamo in città: il "tac" di una pera che cade, il "porco Giuda" del contadino colpito dalla pera.
MARCELLO MARCHESI

Si prevedono imminenti sconvolgimenti nell'alimentazione: arriverà la frutta transgenica! Che non è tanto il "genica" quanto il "trans" che un po' m'inquieta... Andrai dal fruttivendolo e chiederai quanto costa un chilo di mele transgeniche? «Trenta euro al chilo se la mangi in macchina, cinquanta in camera!».
CRISTIANO MILITELLO

Un frutto è una verdura con il look e i soldi. Inoltre, se lasciate marcire la frutta, diventa vino, cosa che i cavolini di Bruxelles non fanno mai.
P.J. O'ROURKE

Papà era ateo, mamma cattolica. Così mentre lei mi obbligava a dire le pre-

ghiere prima di cena, lui mi obbligava a bestemmiare dopo la frutta.
Valerio Peretti Cucchi

Il frutto che l'affascinava di più era il kiwi, un frutto marrone e peloso che si distingue dai frati perché non porta i sandali.
Valerio Peretti Cucchi

Mi fan ridere i sommellier con quel pentolino che si bagnano solo le labbra e poi dicono: «Ha un retrogusto fruttato». Eh certo, l'uva è frutta, neh? Per forza è fruttato. È come se il Cynar lo assaggi e dici che è verdurato, perché sa di carciofo!
Viviana Porro

La signora Newton: «Tesoro, è caduta un'altra mela dall'albero. Perché non vieni a guardarla? Magari scopri qualcos'altro».
Herbert V. Prochnow & Herbert V. Prochnow jr,

Se ti mangi due mele al giorno, levi due medici di torno?
Herbert V. Prochnow & Herbert V. Prochnow jr.

Ma toglietemi una curiosità, è vero che qui in continente ci mettete la panna sopra le fragole? Perché noi a Santa Giusta se non ci mettiamo il letame, col cavolo che crescono.
Lucio Salis

In montagna sono caratteristici i "Brutti di Bosco", che sono gente bruttissima che si nutre di lamponi, more e mirtilli.
Francesco Salvi

Ma dottore io mangio un sacco di frutta: metto sempre tre ciliege in ogni Martini!
Martin Short

Una volta ho rubato un'anguria da un carretto quando il proprietario non stava guardando. Sono andato nel mio posto segreto, mi sono seduto e stavo per addentare l'anguria quando mi sono reso conto che non avrei potuto farlo. Non era giusto. Così ho riportato indietro l'anguria, l'ho rimessa sul carretto, e ne ho presa una matura.
Mark Twain

Un giorno portai alla maestra una mela e lei mi diede un bacio. Il giorno dopo le portai un'anguria e lei non capì.
MARIO ZUCCA

FRUTTIVENDOLO
vedi ***Frutta***

FUCILE
vedi ***Armi***

FUGA *(Scappare)*

Non fosse per i regali di nozze, sarebbe preferibile scappare con l'amante.
GEORGE ADE

Cosa non darei per fuggire all'ovest di me stesso.
ALTAN

Il vino è nemico dell'uomo. Chi fugge davanti al nemico è un vigliacco.
ANONIMO VENETO

Gente, che notte che ho passato! La mia bambola gonfiabile è scappata con il mio materasso ad aria.
DREW CAREY

Democrazia è dove gente di ogni razza, credo e colore lavora duramente così che possa trasferirsi lontano da gente di ogni razza, credo e colore.
JOHNNY CARSON

Quando avevo dodici anni sono scappato col circo, ma la Polizia poi me lo ha fatto riportare.
LEOPOLD FETCHNER

Berlusconi, nella sua vita, non è mai scappato davanti a niente, perché il suo motto è: «L'uomo che fugge ha qualcosa da nascondere. L'uomo che non fugge ha più tempo per nasconderlo».
GINO&MICHELE

Fai agli altri quello che non vorresti fosse fatto a te, poi scappa.
Benny Hill

Fa caldo in fabbrica? Le ore sono lunghe? Quindici dollari al giorno non bastano? Be', la fuga è molto semplice. Piantate il lavoro, sputatevi sulle mani e scrivete un altro best seller.
H.L. Mencken

Quando non riesco ad affrontare un problema vorrei scappare lontano. Poi resto. Non so se là c'è la televisione.
Franco Merafino

Era ribelle di natura. Quello di sua madre non fu un parto: era lui che scappava di casa la prima volta.
Furio Ombri

Giovedì scorso mia moglie è scappata col mio miglior amico. Anche se lui, a onor del vero, fino a giovedì era un amico come tanti.
Furio Ombri

Soffro di gelosia fin da quando ero piccolo... Quando scoprii che mia mamma era fuggita con un altro bambino.
Valerio Peretti Cucchi

Se non vuoi mai più vedere un uomo, digli: «Ti amo, voglio sposarti, voglio avere dei figli da te». Lasciano i segni per terra, sgommando.
Rita Rudner

FUMARE

(Sigaretta - Sigaro - Pipa)

Ragazza: «Lei si è appena messo in bocca la parte accesa della sigaretta!»
Maxwell Smart: «Sì, lo so, è che mi dà fastidio la cenere sul tappeto.»
Don Adams

Ho smesso di fumare. Vivrò una settimana di più e in quella settimana pioverà a dirotto.
Woody Allen

E se nel 2315 ci svegliassimo per sentirci raccontare che il fumo non aveva mai fatto male a nessuno?
Woody Allen

Lo sapete che se metteste tutti i fumatori uno accanto all'altro attorno all'equatore, più del 67% annegherebbe?
STEVE ALTMAN

Ho cominciato a essere indipendente da piccola. A sette anni mi sono comprata una bicicletta coi miei soldi. Li avevo risparmiati smettendo di fumare.
BRUNELLA ANDREOLI

Ho letto nel *Reader's Digest* che le sigarette fanno male. Così ho subito smesso di leggere il *Reader's Digest*.
ANONIMO

Baciare Mickey Rourke è come leccare un posacenere.
KIM BASINGER

Mio zio è un fumatore accanito. Quanto fuma al giorno? Due accendini.
FEDERICO BASSO

L'aria di Milano è davvero peggiorata. Il mio dottore mi ha consigliato di iniziare a fumare.
FEDERICO BASSO

Si capisce che lei fuma un sacco di marijuana. Il suo divano ha le cinture di sicurezza.
MILTON BERLE

Quel ragazzo è un drogato. Fuma così tanta erba che una volta al mese deve farsi falciare lo stomaco.
MILTON BERLE

Fumo talmente tanto che ogni volta che a Milano c'è un blocco del traffico vengono a casa mia due vigili e mi portano a dormire a Brescia.
BRUCE KETTA-MARCO DEL CONTE

Mia madre fumava tre pacchetti di sigarette al giorno. A Natale la Philip Morris ci mandava a casa un pandoro. Io e i miei fratelli abbiamo un ricordo vago dei nostri genitori... c'era troppo fumo in quella cazzo di casa!
ALESSANDRO BRUNELLO

Smettere di fumare. È un problema che per qualche minuto si posero anche Giovanna D'Arco e Giordano Bruno. Oggi è facilissimo. Si va da un agopuntore che inserisce un ago lungo quaranta, quarantacinque centimetri nel lobo dell'orecchio destro, poi lo spinge fino a incontrare il lobo dell'orecchio sinistro. Qualche volta, perché centri esattamente il bersaglio, sono necessari diversi tentativi. Il risultato è assicurato. E con una sola spesa si smette di fare molte altre cose.

Massimo Bucchi

Riflettevo sull'idea di scrivere su di un pacchetto di sigarette "Il fumo nuoce alle persone che vi circondano"; secondo me, invece di funzionare come deterrente, stimola nelle persone il desiderio di fumare. Credo che scrivendo "Il fumo danneggia gravemente il tuo cellulare" si otterrebbero risultati migliori.

Enrico Bussola

Ho smesso di fumare per via delle inquietanti scritte sui pacchetti di sigarette: "Nuoce gravemente alla salute, provoca il cancro, Monopoli di Stato...".

Fabrizio Canciani

Gigi Marzullo è l'unico che dice alla moglie: «Scendo un attimo a comprare le sigarette» e dopo dieci minuti torna a casa.

Fabrizio Canciani

A un certo punto della mia vita ho deciso di migliorare me stesso, solo che ho mescolato i numeri di telefono del Centro Shock per il Controllo Antifumo e la Scuola di Lettura Veloce Evelyn Woods. Come risultato, adesso posso fumare trecento sigarette al minuto, ma ho smesso di leggere.

George Carlin

Attenzione: se fumate a letto la cenere che cadrà potreste essere voi.

Cartello in un albergo francese

Mi sono iscritto a un'associazione per smettere di fumare, Smoke Quitters. Mi è costato cinquecento dollari, ma ne è valsa la pena. Usano un sistema psicologico. Ogni volta che uno si accende una sigaretta, gli pugnalano la madre. Ho smesso dopo due pacchetti.

Marty Cohen

Chi fuma può causare degli incendi nei boschi. Ecco perché non vedrete mai un animale fumare.
BILL COSBY

Come ho fatto a smettere di fumare? Semplice. Fumare abbrevia la vita di circa otto anni. Io amo guardare le partite di football alla televisione. Se fumassi ne perderei almeno trecentocinquanta.
TONY CURTIS

Non ottengo rispetto. L'altra notte mi sono addormentato con una sigaretta in mano. Mia moglie me l'ha accesa.
RODNEY DANGERFIELD

Sale il costo della benzina, del gasolio, delle sigarette: farsi un cancro diventa un lusso.
IVAN DELLA MEA

Lei è una ragazza incredibile: aspira la sigaretta ed emette anelli di fumo. Tutti quelli che conoscevo finora, lo facevano con la bocca.
DIMUNNO E TAMBORRINO

E infine, stronzone, le maledizioni si attaccheranno all'ultima sigaretta del mio pacchetto, che tu fumerai una notte prima di addormentarti, ma il sonno ti coglierà all'improvviso e ti assopirai con la cicca accesa tra le dita, allora l'istinto umano ti farà portare la mano ai coglioni e le mutande si incendieranno e così le lenzuola e tutto il letto. E tra le fiamme potrai constatare quanto sia vero ciò che dice Alex Drastico, e cioè che il fumo fa male, ma il fuoco ancora di più!
ALEX DRASTICO (ANTONIO ALBANESE)

Ma come fa un fumatore a godersi la sua sigarettina dopo aver letto simili crudeltà: "Il fumo nuoce gravemente alla salute, provoca il cancro, il fumo fa più morti degli incidenti stradali". Ma come si fa? Sarebbe come scrivere sulle mutande di lana: "Queste mutande irritano e vi gratterete il culo tutta la vita!".
ALEX DRASTICO (ANTONIO ALBANESE)

Fumare dopo aver fatto l'amore ha tutto un altro sapore. Pensa che a

volte io faccio l'amore solo per potermi gustare la sigaretta.
MISTER FOREST (MICHELE FORESTA)

Se decidi di smettere di bere, fumare e fare l'amore, non è che vivi più a lungo: la vita ti sembra solo più lunga.
CLEMENT FREUD

Zeman è l'unica persona al mondo che fuma una stecca di sigarette al giorno, oltretutto senza neanche aprirla.
GIALAPPA'S BAND

È così basso che non getta le cicche per terra, le posa.
GIANNI E BETTY

Quello di salvare a ogni costo l'Italia è sempre stato il principale vizio degli italiani di ogni tempo, sicché sarebbe opportuno aggiornare i cartelli affissi nei luoghi pubblici: "È proibito fumare e salvare l'Italia".
GIOVANNI GUARESCHI

Vedere in tutti dapprima i lati positivi e partire da essi: Hitler era un non fumatore.
TOBIAS INDERBITZIN

Una donna è solo una donna. Un sigaro è una bella fumata.
RUDYARD KIPLING

Il fumo è una delle principali cause delle statistiche.
FLETCHER KNEBEL

Alcuni scienziati dicono che la nicotina potrebbe curare l'Alzheimer: muori prima di diventare abbastanza vecchio da ammalarti.
JAY LENO

Abito in una casa così piccola che una volta ho schiacciato un mozzicone di sigaretta e la nonna ha gridato: «Chi ha spento il riscaldamento?».
BORIS MAKARESKO

Strano paese il nostro. Colpisce i venditori di sigarette, ma premia i venditori di fumo.
INDRO MONTANELLI

Ha fumato Gouloise senza filtro per cinquant'anni. Poi è morto e ha donato gli organi: con i suoi polmoni hanno asfaltato due chilometri di strada.
MARIO MURARO

"Il fumo uccide". Questa scritta è presente su tutti i pacchetti di sigarette. Per lo stesso criterio su tutte le schede elettorali, d'ora in avanti, sarà scritto: "Il governo ti incula".
ALBERTO PATRUCCO

Provò anche a vendere gli accendini ai semafori, ma non riuscì mai a trovare un semaforo col vizio del fumo.
VALERIO PERETTI CUCCHI

Conobbi anche una ragazza e capii subito che faceva la contorsionista perché aveva delle macchie di nicotina sulle dita dei piedi!
VALERIO PERETTI CUCCHI - MARIO ZUCCA

Dai fumatori si può imparare la tolleranza. Mai un fumatore si è lamentato di un non fumatore.
SANDRO PERTINI

Ho chiesto a un tizio di spegnere la sigaretta e lui mi ha risposto: «No». Allora gliel'ho presa e l'ho buttata in terra. Mi ha detto: «Raccoglila». Ho detto: «No». E lui: «Raccoglila o pulirò il pavimento con la tua faccia». E io: «Beh, peggio per te. Non riuscirai a pulire bene negli angoli».
EMO PHILIPS

Sopporto quelli che fumano il sigaro solo se, dopo, muoiono in Bolivia.
RICCARDO PIFERI

Per noi liguri l'arrivo dei turisti è un'occasione per prendere anche un po' di "mussa". Perché, direte voi, le donne liguri non ve la danno? Ma non te la prestano neanche! Tutt'al più te la raccontano. E te la raccontano così bene che dopo ti accendi anche la sigaretta!
EMILIO RAZZETTI

Un mio amico è un idiota. Fuma tre pacchetti di sigarette al giorno. E non accenna a smettere. La sua scusa è: «Perché smettere? Qualunque cosa può uccidermi. Magari sono lì che attraverso la strada, e un autobus mi piomba addosso». Gli ho

detto: «Sì, ma se fumassi di meno, potresti attraversare quella strada molto più in fretta».
GREGG ROGELL

«Se uno di voi ha una sigaretta e non me la offre, che venga un colpo ai suoi genitori! (silenzio)... Tutti orfani eh?»
I SOLITI IGNOTI

Da giovane lo stesso giorno baciai la mia prima ragazza e fumai la mia prima sigaretta. Da allora non ho più perso tempo col fumo.
ARTURO TOSCANINI

Quante sigarette fumo tra una scopata e l'altra? Sei o sette stecche.
DARIO VERGASSOLA

FUMETTO *(Cartone animato)*

«Adesso capisco perché Superman lavora sempre da solo!»
BATMAN, RIFERENDOSI ROBIN

Sono molto contento di essere qui, come dice uno dei nipotini di Paperone.
ALESSANDRO BERGONZONI

Nonna Papera a volte invita gli ospiti e gli dà da mangiare il tacchino. Il tacchino! È come se Minni desse i criceti ai suoi ospiti. Come se mia madre mi cucinasse il timballo di mio cugino! Che se lo meriterebbe anche, ma non è questo il discorso.
CLAUDIO BISIO

Le altre mamme per far addormentare i loro bambini, gli davano i cartoni animati. E mia madre: «Ma quali animati! Bastano i cartoni. Secchi!». E così faceva. Ancora oggi, per addormentarmi do due testate contro il muro. Per un fatto di imprinting, immagino.
CLAUDIO BISIO-ROCCO TANICA

Sono un mirabile incrocio fra Tarzan e Giacomo Leopardi. In me convivono tutte le doti intellettuali di Tarzan e tutta la prestanza fisica di Giacomo Leopardi.
AMBROGIO BORSANI

Una donna mi ha detto: «Sessualmente parlando mi ricordi uno dei supereroi: Flash». Un'altra mi ha visto nudo e mi ha detto di andare a *Chi l'ha visto*. Poi mi ha consigliato di fare il piercing lì, così almeno si trova con la calamita.
MARCO CATTANI

Poiché nessuno sa di chi son figli Qui, Quo, Qua, probabilmente non avevano la mamma papera ma maiala.
CICCHELLO E COLOMBO

Io amo Topolino più di qualsiasi altra donna io conosca.
WALT DISNEY

Oggi sono usciti due film importanti, il cartone animato *Ratatouille* e il documentario di Michael Moore *Sicko*. Due film molto diversi: uno è la storia di un grosso ratto schifoso interessato solo al cibo che finisce sempre in mezzo ai guai. L'altro è un cartone animato.
CRAIG FERGUSON

«Salve colazione!»
GATTO SILVESTRO, SVEGLIANDOSI AL MATTINO E SALUTANDO L'UCCELLINO TITTI

Tendiamo a sottovalutarci. A volte pensiamo che, se noi due fossimo Tarzan e Jane, Cita sarebbe la mente del trio.
GINO&MICHELE

Vorrei avere un crocefisso di kryptonite, così terrei lontani sia Dracula che Superman.
JACK HANDEY

Bin Laden? Chi, quel miliardario che vive in una caverna? Ma chi si crede di essere, Batman?
DAVID LETTERMAN

I ricchi non sono mai generosi. Se fossero generosi non sarebbero ricchi.
PAPERON DE' PAPERONI

Io non sono cattiva, è che mi disegnano così.
JESSICA RABBIT

«Roger tesoro voglio che tu sappia che ti amo. Ti ho amato più di quanto una donna abbia mai amato un coniglio.»
JESSICA RABBIT

Odio i primi appuntamenti. Ho commesso l'errore di dire una bugia alla ragazza con cui sono uscito, e lei mi ha sgamato. Non pensavo che avrebbe voluto davvero vedere la bat caverna.
Alex Reed

Ma Minnie Minoprio è la fidanzata di Topolino Minoprio?
Silver

Grattachecca e Fichetto: «No, Homer. Sono pochi i cartoni animati che sono trasmessi in diretta. È uno sforzo troppo grande per il polso degli animatori.»
I Simpson

Reagan non è stato un presidente, è stata l'ultima volontà di Walt Disney.
Robin Williams

I personaggi dei cartoni animati sono scesi in sciopero: «Prima di tutto, vogliamo più dita».
Robin Williams

FUNERALE *(Condoglianze)*

Fizz: «Cos'hai, Gin, ti vedo triste.»
Gin: «Sai, oggi sono stato al funerale del nonno del bisnonno del nonno di mio nonno.»
Fizz: «E di cosa è morto?»
Gin: «Di peste!»
Fizz: «Anch'io ho una brutta notizia: Vincent ha scoperto che gli abbiamo messo dei microfoni in casa.»
Gin: «Perché dici così?»
Fizz: «Perché quando entra in casa dice sempre: uno, due, tre, prova... Sì... Sì... Prova...»
Ale e Franz

Mio nonno era un uomo molto insignificante. Al suo funerale il carro funebre seguiva le altre auto.
Woody Allen

Le mie zie erano solite venirmi vicino durante i matrimoni, mi davano una ditata nei fianchi e, ridendo, mi dicevano: «Il prossimo sei tu». Hanno smesso di farlo da quando lo dico io a loro durante i funerali.
Anonimo

Se non andate ai funerali degli altri, loro non verranno al vostro.
Yogi Berra

Oggi i funerali si fanno in automobile per non interrompere il ritmo della vita moderna.
Jean Charles

In una giornata plumbea passa un feretro scalcinato su una carrozza cigolante e impolverata, tirata da un ronzino e seguita da quattro parenti laceri, coi tacchi consumati. Dal marciapiede una signora dice al marito: «Quella sì è vera miseria! Scommetto che non c'è neanche il morto!».
Carlo Dapporto

Il golf non è un funerale, anche se entrambe possono essere occasioni molto tristi.
Bernard Darwin

«Il regime democristiano sta morendo.» «Non vorrei che al funerale, con la scusa del lutto, qualcuno si presenti con la camicia nera.»
Ellekappa

È difficile scrivere un telegramma di condoglianze, se si mettono anche le preposizioni articolate si ha l'aria di voler commuovere e se non si mettono di voler risparmiare.
Ennio Flaiano

«È morto il rabbino Finklestein, che il Signore lo abbia in gloria. Tu vai ai suoi funerali?» «Non lo so ancora. Ma lui verrà ai miei?»
Ferruccio Fölkel

Dovevo andare a un funerale e fu un vero casino. Era la terza volta che lo rinviavano. La prima volta mancava la bara. La seconda volta pioveva. La terza non poteva lui.
Gene Gnocchi

«Taci! Tu sei un mago con le parole, se no come avresti fatto a convincermi a farti un pompino al funerale di mio padre?»
Harry a pezzi

Persino gli amici più inseparabili non possono partecipare l'uno ai funerali dell'altro.
Albram Kehlog

LioneI Rinocerate è spirato all'età di 75 anni. Il signor Rinocerate era proprietario di una catena di cinema qui a New York. Il funerale avrà luogo giovedì, alle ore 15.00, 17.30, 20.10, 22.30.
DAVID LETTERMAN

Mia nonna è sempre stata una persona riservata e indipendente, aveva la sua camera, non sapevamo neanche di averla in casa. È morta nell'89, domani facciamo i funerali.
ROBERTO LISSONI

New York. Un funerale ebraico nel Lower East Side. Lo sparuto e silente corteo funebre passa sotto le finestre dell'ultimo quotidiano yiddish che esce ancora nella Grande Mela. Uno dei tre giornalisti che compongono la redazione osserva la scena, e poi, appena il feretro è svoltato dietro l'angolo, si gira verso il tipografo e dice: «Ehi, Mottel, stampane uno in meno!».
CITATA DA ELENA LOEWENTHAL

Malaparte è così egocentrico che se va a un matrimonio vorrebbe essere la sposa, a un funerale il morto.
LEO LONGANESI

Per partecipare ai funerali del Papa, venerdì a Roma, il Principe Carlo d'Inghilterra ha rinviato le nozze con Camilla Parker Bowles a sabato. Per Carlo sarà emozionante. La rara occasione di toccare due salme nello stesso weekend.
JOEL MCHALE

A un ragazzo che, dopo averla compromessa, non voleva più sposare la fidanzata: «Giuvinò, debbo spendere centomila lire per voi. Le volete in contanti come regalo di nozze, o in fiori sul carro da morto?».
PASCALONE 'E NOLA

La mia camera d'albergo è così piccola che, quando muoio, non ci sarà bisogno di mettermi in una bara. Basterà che mettano i manici alla mia camera.
HERB SHRINER

Puoi cercare tutta la vita di essere popolare, ma alla fine della fiera,

al tuo funerale, le dimensioni della folla saranno dettate in larga parte da che tempo farà.
FRANK SKINNER

Non ho partecipato al suo funerale, ma ho scritto una bella lettera dicendo che approvavo ciò che era successo.
MARK TWAIN

L'unico sport che ho praticato nella mia vita è andare ai funerali dei miei amici sportivi.
MARK TWAIN

Io del giornale leggo sempre i necrologi e i cinema. Se è morto qualcuno che conosco vado al funerale. Se no vado al cinema.
WALTER VALDI

Il giorno del funerale di un celebre attore, quando all'uscita della chiesa la bara viene accolta da un applauso, bisogna riportarla dentro e riuscire per l'ultimo bis.
DINO VERDE

FUNGO

Mah, per la noia della fica bastava già Moravia. E la letteratura del culo è solo settoriale, come i libri sulle barche, sul Molise, sui funghi.
ALBERTO ARBASINO

Il fiorellino: «Che bella cosa essere nato vicino a te. Così tu mi ripari dalla pioggia. Ma dimmi: sei un vero ombrello o fungi da ombrello?»
Il fungo: «Fungo.»
ACHILLE CAMPANILE

È pericoloso fare il bagno prima che siano trascorse tre ore dall'aver mangiato dei funghi velenosi.
CAVANNA

Mio zio ha vissuto fino a cento anni e lo deve tutto ai funghi. Non ne ha mai mangiati.
LEOPOLD FETCHNER

Mio padre era un gran cacciatore. Però vegetariano. Così andava nei boschi e sparava ai funghi.
BRUNO GAMBAROTTA

Quando il porcino non scopa diventa velenoso.

Paolo Rossi

FUOCO *(Bruciare - Incendio)*

Ho comperato un barbecue e l'ho montato, ma alla fine mi era rimasto un sacchetto di roba che sembrava importante. Allora mi sono detto che bisogna pensare prima di tutto alla sicurezza. «Tesoro, perché non provi il grill prima tu?». Avreste dovuto vedere le fiamme. «Tesoro, smettila di correre avanti e indietro così. Non fai altro che attizzare le fiamme sulla testa»

Tim Allen

Quando sei un bambino, è così facile divertirsi. Cosa ti basta? Una scatola di fiammiferi, qualche straccio bisunto, un fratellino piccolo...

Dave Attell

«Cara, tu, io, un camino... L'idea di darti fuoco mi alletta, in effetti.»

Bastardidentro

La differenza tra un violino e una viola è che la viola è fatta di un legno che brucia più a lungo.

Victor Borge

Chi fuma può causare degli incendi nei boschi. Ecco perché non vedrete mai un animale fumare.

Bill Cosby

Non ottengo rispetto. L'altra settimana casa mia è andata a fuoco. Mia moglie ha detto ai ragazzi: «Fate piano, se no svegliate papà».

Rodney Dangerfield

L'altro giorno il mio pappagallo mi ha dato una beccata che quasi mi staccava un dito. Ma mi sono vendicata. Ho preso l'attaccatutto e gli ho incollato le zampe al trespolo. Poi ho gridato: «Al fuoco!». L'ultima volta che hanno visto quella gabbia era su Cleveland.

Phyllis Diller

Nelle scuole elementari, in caso d'incendio gli studenti si devono allineare in una fila unica, dal più bas-

so al più alto. Qual è la logica? Quelli alti bruciano più lentamente?
WARREN HUTCHERSON

I neri non hanno mai fatto sommosse. Sono i bianchi che credono che i neri siano impegnati in una sommossa quando bruciano i negozi.
JULIUS LESTER

Ieri mattina il Pirellone, grattacielo sede della Regione Lombardia, è stato improvvisamente evacuato per un'esercitazione antincendio. C'è stato qualche momento di confusione. Poi, purtroppo, assessori e impiegati sono tornati al loro posto.
INDRO MONTANELLI

Passi bruciare una bistecca. Passi bruciare un hamburger. Passi bruciare l'arrosto. Ma la Simmenthal!
ROBERT ORBEN

«Dodici morti bruciati in Sardegna!»
«Ma usavano la crema solare?»
PAT

Abitiamo in un camper. Ha i suoi vantaggi vivere in un camper, sapete? Una volta ha preso fuoco e abbiamo incontrato i pompieri a metà strada.
RONNIE SHAKES

Quale dipinto salverei se alla National Gallery scoppiasse un incendio? Be', ovviamente il più vicino alla porta.
GEORGE BERNARD SHAW

È l'unica ragazza al mondo capace di dare alle fiamme un fornello... Mangiare la roba che cucina lei è come giocare alla roulette russa. Non so mai quale cibo mi ucciderà.
HARVEY STONE

Mia mamma è l'angelo del focolare... al chilometro 5 sulla statale.
RENATO TRINCA

Le streghe hanno smesso di esistere quando noi abbiamo smesso di bruciarle.
VOLTAIRE

Sono anche diventato impiegato del mese dopo aver spento quel fuoco nella friggitrice usando la faccia.
WEIRD AL YANKOVIC

Non assumere mai un elettricista con le sopracciglia abbrustolite.
MASON WILDER

FURBO *(Furbizia)*

Merda volant, furbi schivant.
BARBARA CIVITELLI

A Roma, per il Giubileo, hanno messo un sacco di corsie preferenziali per gli autobus. Solo che i romani, quando vedono scritto corsia preferenziale, pensano tutti la stessa cosa: «Preferisco andarci!».
ALESSANDRO DI CARLO

Sono il campione mondiale dei paraculi: lavoro duro per fare il meno possibile.
FIORELLO

Una donna ha bisogno di quattro animali nella sua vita: una Jaguar in garage, una tigre a letto, un visone sulla pelle e un asino che paghi.
ZSA ZSA GABOR

L'Italia è il Paese dei più furbi. Ieri ero a Roma, sono salito su un autobus e ho timbrato il biglietto: tlic-tlac. Il guidatore si è girato di scatto e ha detto: «Cosa cazzo è questo rumore?».
BEPPE GRILLO

Un metodo infallibile quando si deve calcolare il volume della semisfera e ci si trova in difficoltà è agire nottetempo e trasformare la semisfera in un parallelepipedo.
SANDRO MONTALTO

Il padre arrabbiato: «Figliolo: sbaglio o ho sentito l'orologio suonare le quattro quando hai riportato a casa mia figlia, ieri?»
Il fidanzato: «È vero. Stava per suonare le undici, ma io son corso ad acchiappare il gong così non l'abbiamo disturbata.»
Il padre arrabbiato: «Porco cane! Perché non l'ho pensata io quando portavo in giro le ragazze.»
BOB PHILLIPS

Cent'anni fa eravamo molto più furbi: allora si viveva fino a quando non

si moriva e non fino a che qualcuno non ti investiva con la sua auto.
WILL ROGERS

Non sono brava in matematica. Non lo sono mai stata. Ho imparato a farmene una ragione fin dalla giovinezza. Quando il mio prof mi consegnava gli esercizi del compito in classe, mi limitavo a scriverci: «Sposerò qualcuno in grado di risolverlo».
RITA RUDNER

I gatti sono più furbi dei cani. Non c'è verso di convincere otto gatti a tirare una slitta nella neve.
JEFF VALD

La migliore era la polizia di Nixon... Agenti piccoli, furbi... Avevano gli occhiali a specchio con gli specchi all'interno!
ROBIN WILLIAMS

FURTO
vedi **Crimine**

FUTURO *(Domani)*

Neanche il futuro è più quello di una volta.
HERMANN JOSEF ABS

E se nel 2315 ci svegliassimo per sentirci raccontare che il fumo non aveva mai fatto male a nessuno?
WOODY ALLEN

Se volete far ridere Dio, ditegli i vostri piani per il futuro.
WOODY ALLEN

«Babbo che ne sarà di me?» «Per intanto sei giovine. Poi farai l'emarginato, il soldato e il disoccupato. Poi scegli: o meridionale o donna.»
ALTAN

Non rimandare a domani quello che puoi fare dopodomani.
ANONIMO

Il futuro? Ho già pronto il mio terzo album, ma non uscirà mai perché è brutto. Il prossimo dunque sarà direttamente il quarto.
FRANCESCO BACCINI

La politica del Psi ha per sé il presente, ha per sé il futuro, ha per sé l'eterno!
GIANNI BAGET BOZZO

Non preoccupatevi per il futuro: se la caverà benissimo anche senza di voi.
BERTOLOTTI E DE PIRRO

Nel futuro le donne partoriranno con l'inseminazione artificiale e noi maschietti daremo il nostro contributo seminale con la masturbazione. Quindi, per te maschietto che leggi non cambierà nulla... Contento?
BEPPE BRAIDA

Tg Del Futuro. A cinquant'anni dal disastro di Ustica finalmente una certezza: il DC9 dell'Itavia, caduto la sera del 27 giugno 1980, poco prima di precipitare volava.
BEPPE BRAIDA

Nei fondi di caffé shakerati si legge il futuro dei terremotati.
PAOLO CANANZI

Il teatro d'avanguardia è il teatro di domani. Il guaio è che te lo fanno vedere oggi.
PINO CARUSO

Smettiamola di lamentarci della televisione d'oggi. È migliore di quella di domani.
PIERO CHIAMBRETTI

Il mondo è ingiusto: si vedono un sacco di incapaci raggiungere il successo. Questo mi fa ben sperare per il mio avvenire.
DENTIBLÙ

«... bisogna che il manager di domani si adatti alle più diverse condizioni dettate dal mercato, che sappia fare un po' di tutto. Ora mi scusi ma devo far partorire una vacca in sala riunioni.»
WALTER FONTANA

Lascia dormire il futuro come merita. Se si sveglia prima del tempo, si ottiene un presente assonnato.
FRANZ KAFKA

La Nasa sta lavorando come una matta per arrivare nel 2014 ad andare

su Marte dove non c'è acqua, vita vegetale o atmosfera. Ma non basterebbe andare a Los Angeles?
JAY LENO

Gli zoologi stimano che entro il 2025 i canguri avranno una seconda tasca per l'iPod.
DAVID LETTERMAN

Come puoi decidere di fare un figlio se non fanno altro che dire che fra vent'anni finisce l'acqua, fra trentacinque arriva l'asteroide e tra mille si spegne il sole. A questo lo lascio senza luce, acqua e gas?
TERESA MANNINO

Voglio che sogni, figliolo. Voglio che pensi al futuro. Perché il futuro è un campo di girasoli: dove troverai il tuo miglior amico in camporella con la tua ragazza.
GIORGIO MELAZZI

Il futuro m'interessa perché è là che penso di vivere i prossimi anni.
MARIO MURARO

Ho deciso che da grande voglio fare un lavoro di concetto. Di concetto di non fare un cazzo.
SABBRY (LUCIANA LITTIZZETTO)

Nel futuro ognuno sarà famoso per quindici minuti.
ANDY WARHOL

L'automobile del futuro sarà più veloce del suono. Così il guidatore sarà all'ospedale prima di accendere il motore.
HENNY YOUNGMAN

G

GAFFE
vedi **Incomprensione**

GALÀ
vedi **Festa**

GALERA
vedi **Prigione**

GALLO
vedi **Gallina**

GALLINA *(Gallo-Pollo)*

Chi è stata la prima persona che ha detto: «Vedi quel pollo lì... Adesso mangio la prima cosa che gli esce dal sedere?».

ANONIME INTERNET ONE

Come ci faceva divertire mio nonno con niente! Mettendo una gallina o una pecora davanti a una lampadina, riusciva a proiettare sul muro meravigliose ombre di mani.

ROMANO BERTOLA

Il budino di crema è una disgustosa sostanza risultante da una malevola congiunzione della gallina, della mucca e del cuoco.

AMBROSE BIERCE

Mio cugino, be', credo che non fosse molto intelligente. I polli lo prendevano in giro.

BRETT BRENNER

L'ecologista dice: «Tu sei incosciente! Non pensi che a causa dell'effetto serra sta scomparendo il cormorano dell'Antartide!». E allora? L'hai mai mangiato il cormorano? È stopposo.

Se spariva il pollo era peggio, quando vai al mercato cosa dici: «Mi dia un cormorano con due patatine fritte?».
Marco Cacini

Il pollo è un secondo, sessanta polli sono un minuto, un minuto sono centoventi ali. Ecco perché si dice che il tempo vola.
Marco Cacini

«Se sono mattiniero?», fece, «ah, ah! Lei deve sapere che io, al primo chicchirichì del gallo, balzo dal letto, corro a spalancar la finestra, getto una scarpa contro l'insopportabile bestia, richiudo la finestra e mi rimetto a dormire.»
Achille Campanile

Perché, quando si tratta di noi, è un aborto, e, quando si tratta di un pollo, è un'omelette?
George Carlin

Gallina vecchia... 'un sia detto 'un la si trombi.
Conte Uguccione (Bebo Storti)

«Con i nostri mangimi i suoi animali possono arrivare a produrre anche due litri di latte al giorno.» «Ma le mie mucche ne fanno già venti, cinquanta...» «Ma che mucche! Io mi riferivo alle galline.»
Bruno D'Alfonso

Il pollo è l'unico animale che si può mangiare prima che nasca e dopo che è morto.
Leopold Fetchner

Mangiare pollo fritto del Kentucky è come far parte di un complotto contro se stessi.
Ipotesi di complotto

Due agricoltori stavano parlando con vanità competitiva sul vento più forte che avessero mai visto. «Qui in California», disse uno dei due, «ho visto il vento più violento della mia vita. Hai presente le sequoie giganti? Be', il vento era così forte che le ha abbattute d'un colpo.» «Questo è niente», disse l'altro, «nella mia fattoria dello Iowa, un giorno abbiamo avuto un vento che soffiava a 100 miglia all'ora. Fu così terribile che una delle mie

galline si ritrovò con il sedere girato contro il vento e depositò lo stesso uovo per sei volte!»
Joe Laurie jr.

Una vecchia cammina per strada con una gallina. Incontra un ragazzo che dice: «Che bella! Me la darebbe per cinque euro?» «Si, basta che mi reggi la gallina!».
Donatella Lottici

Il pollo può essere meridionale o settentrionale: pollo nord o pollo sud.
Boris Makaresko

Se c'è una cosa che mi piace al mattino è alzarmi presto. Al canto del gallo. Gli sparo e torno a dormire.
Furio Ombri

La gallina va a confessarsi: «Padre mi perdoni perché ho beccato!».
Pongo

Mick Jagger ha delle labbra davvero grosse! L'ho visto succhiare un uovo fuori da una gallina. Potrebbe suonare una tuba da tutte e due le parti.
Joan Rivers

L'estate nella bassa padana è terribile. Ho visto polli che giravano su se stessi convinti di essere nel girarrosto!
Maria Rossi

Faceva così caldo che abbiamo dovuto dare da mangiare dei cubetti di ghiaccio alle galline per evitare che ci deponessero uova sode.
Tony Randall

Una penna per me è come un becco per una gallina.
John Ronald Renel Tolkien

Il rumore non dimostra alcunché. Una gallina che ha deposto un semplice uovo spesso lancia tali e tanti coccodè come se avesse deposto un asteroide.
Mark Twain

Novità nella cucina moderna: dopo la mucca pazza, il pollo al cesio, tiri la linguetta e si cuoce da solo.
Francesco Vandetta

Sapete qual è la differenza tra il partecipare e l'essere coinvolti? È la stessa che c'è in un tramezzino

uova e prosciutto. In un tramezzino uova e prosciutto la gallina partecipa, il maiale è coinvolto!
SERGIO VIGLIANESE

GAMBE

«Conosco un tale con una gamba di legno che si chiama Smith.» «Ah sì? E come si chiama l'altra gamba?»
ANONIMO

Belle gambe... a che ora aprono?
BASTARDIDENTRO

Se ne sta distesa, a gambe larghe, sul letto... Non parla. Mi domando cosa vuole da me.
ROMANO BERTOLA

Mia sorella è una laureata di Vassar. Supersofisticata. Aveva l'abitudine di guidare con le gambe accavallate.
ED BLUESTONE

Sono magazziniere. Col muletto sono il più bravo. Muovo le forche come le dita della mia mano. Riesco a slacciare un reggiseno solo sfiorando la pelle di una ragazza. Con le mutandine ho qualche difficoltà. Le spacco le gambe.
LORENZO BOSIO

Berlusconi è la prova vivente che le bugie hanno le gambe corte.
CAMILLO CANOVI

Ho una cagna veramente formidabile: metà labrador, metà bulldog. Una buona combinazione. Be', certo, magari mi stacca la gamba con un morso, però poi me la riporta.
JIMI CELESTE

C'era un uomo con i capelli rossi che non aveva né occhi né orecchie. Non aveva neppure capelli, per cui dicevano che aveva capelli rossi tanto per dire. Non poteva parlare, perché non aveva la bocca. Non aveva neanche il naso. Non aveva addirittura né braccia né gambe. Non aveva neanche la pancia, non aveva la schiena, non aveva la spina dorsale, non aveva le interiora. Non aveva niente! Per cui non si capisce di chi

si stia parlando. Meglio allora non parlarne più.
Daniil Charms

Da giovane avevo quattro parti flessibili e una rigida. Ora invece ne ho quattro dure e soltanto una flessibile.
Henri Due D'Aumale

C'è gente triste sotto la gamba di Heather Parisi...
Giorgio Faletti

Sì, è vero. Dopo l'incidente avevo perso la sensibilità alla gamba. Ma sai che figata quando mi facevo la ceretta?
Carla Lasorte

Gli uomini sono delle creature con due gambe e otto mani.
Jane Mansfield

Cos'è che ha cento gambe e non può camminare? Cinquanta paia di pantaloni.
The Muppet Show

Fare jogging è molto benefico. Fa bene alle gambe e ai piedi. Ed è anche utile al suolo. Lo fa sentire necessario.
Snoopy

Gli sport di squadra sono stati inventati per dare un senso alle gambe degli inglesi.
Francesco Vespa

Rompersi una gamba col volley è come avere un infarto a Disneyland.
Beppe Viola

GASTRONOMIA
vedi ***Cucinare***

GATES BILL

La Microsoft di Bill Gates ha respinto l'accusa di essere un'azienda monopolista senza cuore. Lo stesso Bill Gates ha annunciato: «Per dimostrare che noi pensiamo anche alla natura abbiamo lanciato una nuova campagna: "Compra una copia di Windows 98 e salva gli orsi bruni". La cosa funzionerà così: per ogni

copia di Windows rimasta invenduta abbatteremo un orso bruno. Se amate questi animali vi conviene comprare i nostri prodotti».
GIOVANNI CELLINI

La Apple ha appena tirato fuori iPhone, che è una combinazione di un'iPod e un telefono. La Microsoft cerca sempre di raggiungere la Apple, ma non ce la fa. Per contrastare, per esempio, iPhone, la Microsoft ha tirato fuori questa combinazine tra telefono e ferro da stiro, ma non funziona: «Pronto? Ahhhhh!! Come stai? Ahhhhh!! Aspetta, ho un'altra chiamata. Ahhhhhh!».
CRAIG FERGUSON

Bill Gates è così ricco che quando Babbo Natale va a casa sua gli porta via i regali.
JAY LENO

La Microsoft è stata accusata di aver tentato di monopolizzare l'accesso a Internet, e si è richiesto a una corte federale di multare la compagnia di un milione di dollari al giorno. Degli analisti hanno calcolato che, a questo ritmo, il capo della Microsoft Bill Gates sarà senza un penny più o meno dieci anni dopo che la terra si schianterà contro il sole.
NORM MACDONALD

Bill Gates è andato in India per quattro giorni. Perché a volte gli va di sentirsi ancora più ricco.
CONAN O'BRIEN

Bill Gates quando morirà se sarà stato cattivo andrà all'Infernet.
SIMONE QUARRATA

Bill Gates ha pagato trenta milioni di dollari per un dipinto di Winslow Homer. E, comunque, continua a pagare quattro dollari per un taglio di capelli.
COLIN QUINN

GATTO

Franz: «Io a casa ho una coppia di canarini...»
Ale: «Io ho un full di gatti.»
ALE E FRANZ

Non potevo prendere un cane perché era troppo caro. Finalmente hanno aperto nel mio quartiere, a Flatbush, un negozio di animali difettosi. Potevi prenderti un micio omosessuale, un cammello piatto. Io avevo preso un cane che balbettava: i gatti lo facevano impazzire e lui ab-bb-aiava.

Woody Allen

Anche a me i gatti piacciono tantissimo. Scambiamoci le ricette.

Anonimo

Un gatto si trova sempre dal lato sbagliato della porta.

Anonimo

Sto cercando di insegnare al mio gatto a capire il significato della parola "no". Il che equivale più o meno a insegnare il latino a un cane.

Judy Brown

Gli uomini sono come i cani. Continuano a tornare indietro. Le donne invece sono come i gatti. Chiama un gatto una volta. È già andato.

Lenny Bruce

Ai gatti neri porta sfortuna essere attraversati da un'auto?

Paolo Cananzi

«I tuoi gattini sono maschi o femmine?» «Maschi. Non vedi che hanno i baffi?»

Jean Charles

Dio ha creato il gatto per dare all'uomo il piacere di accarezzare la tigre.

Méry Fernand

Il gatto ha 4 zampe: 2 davanti per andare e 2 dietro per frenare.

Fichi d'India

I gatti istintivamente sanno quando il loro padrone si sveglierà, così lo possono svegliare dieci minuti prima.

Garfield

Un gatto perde i peli soltanto in presenza di gente allergica.

Garfield

La gatta del mio fornaio fa i fusilli.

Paco Genovese

Mettiamo che io getti un gatto vivo nell'acido. Il gatto si scioglie e io cosa sono? Uno stronzo, d'accordo. Ma se prendo un cucchiaino di yogurt, lo ingerisco, distruggo con i succhi gastrici milioni di fermenti vivi. Lo sapete che i fermenti vivi al microscopio assomigliano a dei minuscoli gattini? Allora cosa sono? Sono un igienista. Ma che cazzo dite? Dovete dimostrarmi che quando strappate un ciuffo d'insalata non soffre. Ha il Dna come il gatto e i fermenti. Solo un astronauta che mangia pillole estratte dal petrolio mi può fare il culo e dirmi che sono uno stronzo. Ma voi no!

Beppe Grillo

Sulle prime al mio gatto non piacevano le scatolette. Poi ho cominciato ad aprirgliele. Ora ne è ghiotto.

Roberto Guidarini

Ho comperato una mangiatoia per gli uccellini. Mi è costata cara, ma ho immaginato che nel tempo mi farà risparmiare un sacco in cibo per gatti.

Linda Herskovic

Dopo la creazione, Dio saltò su e disse: «No, è tutto brutto, non va bene, manderò un'inondazione, ucciderò tutti e ricominceremo daccapo. Manderò un'inondazione, quaranta giorni e quaranta notti. Ma salverò due esemplari di ogni specie». Così Noè iniziò ad accogliere animali da tutto il mondo. «Due cani, due pecore, due gatti, due anatre...». E le anatre: «Noi non veniamo». E Noè: «Beh, ci sarà un'inondazione tremenda». E le anatre: «E allora?».

Eddie Izzard

I gatti sono stati destinati a insegnarci che in natura non tutto ha uno scopo.

Garrison Keillor

Ecco una strana storia: in Messico, un ragazzo di ventidue anni è stato colpito da una fucilata dal suo cane. Il cane ha preso l'arma in bocca per portarla al padrone, il fucile ha lasciato partire un colpo e il ragazzo è stato impallinato. Ma questa è la parte peggiore: il cane ha subito messo l'arma nelle zampe del gatto e si è eclissato.

Jay Leno

Un'azienda giapponese offre un traduttore che ti può far sapere cosa sta dicendo il tuo gatto. Posso già dirvi io che sono solo due cose: «Dammi da mangiare» e «Vattene».
JAY LENO

C'erano oltre tremila cani al concorso canino di Westminster. Ma la sicurezza è stata raddoppiata dopo che è arrivata la seguente telefonata minatoria: «Miao, miao, miao, miao».
JAY LENO

L'altro giorno ho lavato il mio gatto. I gatti amano lavarsi. Si è seduto, si è divertito, mi sono divertito anch'io. Il suo pelo mi si è attaccato alla lingua, ma a parte questo...
STEVE MARTIN

Di certo sapete tutti benissimo cos'è un gattopardo: tra le fiere è la fiera più fiera, quella con maggior fierezza. Per chi fa la caccia grossa è una preda ambita: il gattopardo si occulta nella vegetazione, e per stanarlo serve un canepardo.
GROUCHO MARX

I gatti non servono a nulla. I cani ti possono proteggere, annusano in giro e sostituiscono i tuoi occhi se sei cieco. Ve lo immaginate un gatto per non vedenti? La prima persona che entra nella stanza con una stringa slacciata, sei finito.
CHRISTINE O'ROURKE

Guardaroba femminile: non indossate mai niente che getti nel panico il vostro gatto.
P.J. O'ROURKE

Com'è che non c'è un cibo per gatti al sapore di topo? E com'è che non c'è un cibo per cani al sapore di gatto?
GENE POMPA

È difficile riconoscere un gatto nero in una stanza buia soprattutto quando il gatto non c'è.
PROVERBIO CINESE

Abbiamo due gatti: Misha e Alex. Sono di mia moglie. Ci puoi giurare che sia una donna a dare questi nomi ai suoi gatti. Le donne scelgono sempre nomi teneri: Muffy, Fluffy, Buffy. Gli uomini invece chiamano i gatti Alitoditonno,

Facciadipelliccia, Testadimiao. I nostri sono dei bravi gatti. Sono stati castrati e privati degli artigli. Così sono come cuscini che mangiano.
LARRY REEB

I gatti sono uno spreco di pelo.
RITA RUDNER

Un famoso collezionista d'arte sta attraversando il Greenwich Village quando, di fronte a un negozio, vede un gatto spelacchiato leccare avidamente del latte da un piattino. L'uomo sa che quel piattino è molto antico e ha molto valore. Quindi entra con aria disinteressata nel negozio e offre di comprare il gatto. Ma il padrone del negozio dice: «Mi spiace ma il gatto non è in vendita». E il collezionista: «Per favore, ho bisogno di un gatto affamato in giro per casa per prendere i topi. Le do dieci dollari» «Venduto», dice il proprietario del negozio e prende i dieci dollari. E allora il collezionista dice: «Ascolti, mi chiedevo se per dieci dollari non potrebbe darmi anche quel vecchio piattino. Il gatto sembra essercisi abituato. Mi farebbe risparmiare uno dei miei piatti». E il proprietario dice: «Mi spiace amico. Quel piattino mi porta fortuna: questa settimana ho già venduto 68 gatti!».
SALES SOUPY

I gatti sono più furbi dei cani. Non c'è verso di convincere otto gatti a tirare una slitta nella neve.
JEFF VALD

La gente fa cose strane quando è annoiata. L'altro giorno ero a casa con niente da fare, così ho guardato i gatti ed ho detto: «Insegno ai gatti il wrestling». Uno non dovrebbe mai insegnare ai gatti il wrestling, ma nel caso volesse, ecco come fare: prendete due gatti. Massaggiate energicamente ovunque il gatto numero uno con dell'erba gatta. Mettetelo vicino al gatto numero due. Il resto succede più o meno da solo.
BASIL WHITE

Se una fetta di toast cade a terra sempre dalla parte imburrata e i gatti toccano terra invariabilmente sulle zampe, che cosa accadrebbe se

legassimo un toast sulla schiena del gatto e poi lo lasciassimo cadere?
STEVEN WRIGHT

Se un gatto a quattro zampe si mette a gattoni e un cane si mette a cagnoni, secondo te, come si metterà un coyote?
ZUZZURRO E GASPARE

GAY
(Checca - Frocio - Lesbica - Omosessuale)

Al confessionale: «Padre sono un gay...» «Osservante o praticante?»
ALBERT

Il mio sogno proibito? Avere un padre come Jack Nicholson, una madre come Ava Gardner, una sorella come Diane Lane e un fratello come Matt Dillon. E andare a letto con tutti.
PEDRO ALMODÓVAR

Fermate l'esplosione demografica! Diventate omosessuali!
ANONIMO

Erano una coppia talmente progressista che tentarono di adottare un bambino gay.
ANONIMO

Quanti gay ci vogliono per cambiare una lampadina? Sette. Uno per cambiarla e sei per strillare: favoloso!
ANONIMO AMERICANO

Gay Pride: perché i gay sono persone orgogliose, checche se ne dica.
MASSIMO BASSI

Amare le donne intelligenti è un piacere da pederasta.
CHARLES BAUDELAIRE

C'era un gay così brutto che era costretto a uscire con le ragazze!
MILTON BERLE

Mio fratello è gay e ai miei genitori non importa. Basta che sposi un medico.
ELAYNE BOOSLER

I cattolici sono contro l'aborto e contro gli omosessuali. Ma chi fa meno aborti degli omosessuali?
GEORGE CARLIN

Proust spiega troppo per i miei gusti: trecento pagine per farti sapere che Tizio incula Tizio è troppo.
LOUIS-FERDINAND CÉLINE

Le donne sono la ragione numero uno per cui io non sono gay, oggi. D'accordo, ho fatto un pompino a un tale, ma davvero mi serviva un passaggio, quella volta. Ok, lo ammetto, non è vero. Non mi serviva un passaggio.
LENNY CLARK

«Vorrei essere gay per farmi accarezzare da questa volée».
GIANNI CLERICI, DOPO UN DOLCISSIMO COLPO AL VOLO DI JOHN MCENROE

Sono nato a Oakland. Mia madre è entrata in travaglio a San Francisco, ma mio padre l'ha messa in macchina e l'ha subito portata dall'altra parte del ponte, così non sarei diventato gay.
MARTY COHEN

Se gli omosessuali non si riproducono, com'è che ce n'è così tanti?
JIM DAVID

L'ho detto a Bossi quanto è grande la differenza tra sudisti e nordisti. Quando i suoi antenati celtici erano ancora barbari aggrappati ai rami, i miei antenati erano già froci.
LUCIANO DE CRESCENZO

La prima cosa che Zeffirelli nota in una donna è suo marito.
FABIO DI IORIO

Ho aperto un negozio di animali di seconda scelta: ho un coniglio impotente, un pipistrello con dieci decimi e un leone gay che si sente la regina della giungla.
PHYLLIS DILLER

Mio figlio è talmente gay che cinque anni fa il governo italiano ci ha mandato a casa l'eteroconvertitore.
GIOVANNA DONINI

Non ci sono molti uomini a disposizione a Hollywood. Sapete com'è: o sono già sposati, o stanno divorziando, o vogliono in prestito le tue ciglia finte.
DORYS DAY

Che se io saprei che mio figlio mi diventerebbe un orecchione, vivo glielo faccio mangiare il ritratto di Dorian Gray!

GIORGIO FALETTI

Un solo fatto può cambiare completamente il vostro punto di vista sulle cose. Per esempio, lo sapevate che King Kong era una lesbica?

DAVID GERROLD

Il giardino è un orto effeminato.

GINO&MICHELE

I froci sono tutti finocchi.

GRAFFITO A GENOVA

Cosa si ottiene se incrociate Sir Elton John e una tigre dai denti a sciabola? Non lo so nemmeno io, ma qualunque cosa sia è meglio che ve la teniate lontano dal culo.

NEIL HAMBURGER

Come chiami un uomo che sposa un altro uomo? Parroco.

BENNY HILL

Le ragazze che ci stanno sono barbone. Le ragazze che non ci stanno sono signore. Comunque, questa è un'accezione piuttosto arcaica del termine. Se uno di voi ragazzi dovesse incontrare una ragazza che non ci sta, non salti alla conclusione di aver trovato una signora. Probabilmente ha trovato una lesbica.

FRAN LEBOWITZ

Toronto: una coppia di lesbiche ha chiesto il divorzio. È il primo caso al mondo. I deputati conservatori sono insorti perché la vicenda può mettere in discussione la santità del divorzio.

DANIELE LUTTAZZI

Ora si può scegliere il sesso dei figli. Davvero? Allora vorrei un maschietto subito, l'anno venturo una femminuccia e in seguito due frocetti. Sono tanto intelligenti.

MARCELLO MARCHESI

Arturo, spaventato da un mezzo infarto, si sottopose a un minuzioso check-up che gli costò un occhio della testa e dal quale risultò che era pederasta.

MARCELLO MARCHESI

I primi pederasti di Milano si sono visti nel '53. I primi veri pederasti. Prima c'era qualcosa ma niente di serio. Dal '53 si è cominciato ad avere paura di diventare anche noi così.
MAURIZIO MILANI

Quell'uomo è così gay che se si siede su un lecca lecca ne indovina il gusto.
NEW YORK ROASTS

Un congiuntivo in più e venivi bollato per sempre come finocchio.
OVOSODO

Non ringraziare mai un gay. Uno di questi giorni potrebbe mettertelo nel culo.
GIUSEPPE PALUMBO

Preferirei essere negro piuttosto che gay, perché se sei negro non lo devi dire a tua madre!
CHARLES PIERCE

Ho il ventre piatto perché non sono mai rimasta incinta.
PAOLO POLI

Noi ragazze non capiamo un bel niente di politica.
PAOLO POLI

Mio figlio ha scoperto di essere "bisesso". E io: «Ma sei sicuro? quando ti cambiavo che eri bambino ne avevi uno solo... L'altro quando ti è cresciuto?». E lui: «Tu non capisci niente! Bisesso vuol dire che, oltre che con le donne, mi corico con gli uomini» «E basta che ti riposi, tesoro della mamma! Che sei sempre tanto stanco a mamma tua...»
VIVIANA PORRO

Comunque sono tanto orgogliosa di mio figlio gaio e voglio dire alle altre mamme: «Se vostro figlio è tanto sensibile siate contente: sempre meglio un figlio ricchione... che due!».
VIVIANA PORRO

Mio figlio ha voluto presentarci quello che sta con lui, il concubino, il concusso, il coinculino. Appena l'ho visto ho pensato che volesse menarci! Uno grande e grosso pieno di tatuaggi, con dei baffi a ferro di cavallo e nelle orecchie un sacco di viti e bulloni che sembrava

un ferramenta! Mi è venuto incontro e mi ha detto: «Piacere signora, sono Felice» «E pensa se ti giravano i coglioni!».
Viviana Porro

Mio figlio mi ha detto che è normale essere gay. Beh, proprio normale no... se fosse stato normale Dio avrebbe creato Adamo e Michele. Se ha fatto Eva ci sarà un motivo, non è che l'ha creata solo per fare le pulizie!
Viviana Porro

Nella mia città ci sono tre istituti tecnici: il Galileo Galilei, il Galileo Galilui e il Galileo Galigay.
Emilio Razzetti

Non ha senso odiare qualcuno, né essere razzista o sessista, non ha senso davvero. Perché chiunque odiate finirà per entrare nella vostra famiglia. Odiate i gay? Avrete un figlio gay! Odiate i portoricani? Vostra figlia arriverà a casa cantando *Livin' la vida loca*!
Chris Rock

La vita in provincia è terribile: il parroco ha saputo che una mia amica è omosessuale ed è andato a maledirle la casa.
Maria Rossi

Bastardo! Ti sei trovato un'altra donna. E allora, per ripicca, me la son trovata anch'io.
Maria Rossi

Le ballerine sono coraggiosissime! Quante donne conoscete in grado di gettarsi tra le braccia di un omosessuale sperando che lui le afferri?
Rita Rudner

«Non c'è niente da fare: le donne non mi piacciono più.» «Va be', non è mica necessario essere lesbica.»
Maurizio Sangalli

«Anche lei è gay?» «No, io sono frocio.» «Ah, si figuri, pensavo fosse la stessa cosa...» «Sì, ma io sono un uomo all'antica.»
Saturno Contro

Girardengo era finocchio.
Scritta su un muro di Livorno

«Sono in moto. Sa cos'è una moto?»
«Cazzate. Roba da finocchi. Gli uomini viaggiano a cavallo.»
LUIS SEPÙLVEDA

Ricordo di quando ho imparato a guidare, seduto in grembo a mio padre. Sapete come si fa, no? Lui controlla i pedali, io il volante. Poi sono andato a dare l'esame della patente, e mi sono seduto in grembo all'istruttore. Mi ha bocciato. Ma continua a scrivermi. Quella è la parte più bella.
GARRY SHANDLING

Non è stato semplice annunciare alla mia famiglia che ero gay. Ho orchestrato con cura il mio annuncio durante la cena del Ringraziamento. Con flemma ho detto: «Mamma, puoi passare l'insalata a un omosessuale?». Mia mamma ha subito dato il piatto a mio papà. Ne è seguita una scena orribile.
BOB SMITH

Mia zia Lorraine mi ha detto: «Bob, sei gay. Hai preso un appuntamento con uno psichiatra?». Le ho risposto: «No, ho già un appuntamento con un tenente della Marina».
BOB SMITH

Ansa 25.5.2005: Grande successo ieri sera in piazza Duomo per il Gay Pride. Ventimila milanisti si sono abbracciati e baciati per cinque minuti, poi finalmente lo hanno preso nel culo.
SMS CIRCOLATO DOPO MILAN-LIVERPOOL, FINITA AI RIGORI 5 A 6

Ho provato con le donne ma non sono una vera alternativa... manca sempre qualcosa.
SHARON STONE

Sergente: «Da dove vieni ragazzo?»
Allievo ufficiale: «Dall'Arizona, Signore!»
Sergente: «Due sole cose vengono dall'Arizona: i tori e le checche. Non vedo le corna, quindi devi essere una checca.»
UFFICIALE E GENTILUOMO

Quando ero bambino, nella radura di un bosco fitto e profumato d'autunno, mi addormentai e sognai una fata. Lei si librava senza

pensieri sui fili d'erba, sfiorando petali di fiori sino a farli sbocciare nel buio; di vesti leggere vestita, candide, azzurre, diafane, di pelle dai riflessi di luna sull'argento di un lago. Il viso come una fiammella d'un roseo tepore, dita sottili come steli, e lente movenze, dolci di nettare. Rapito da attimi d'eternità s'avvicinò, destandomi con un sorriso fatto da un'anima all'altra, una promessa; con uno sguardo disegnò i suoi occhi nel mio cuore, curvò le labbra come in un bacio, soffiò, risvegliandomi tra le braccia di mio padre che mi riportava a casa cullandomi. Non ho dimenticato la strada che conduce a quel bosco, al tempo felice, in quella radura, verso la foce della gaiezza. Ogni giorno l'ho ripercorsa nei sogni, in cerca di quel soffio da ricambiare. E ora, ora che mi sveglio e tu sei di fronte a me, rivedo quella scena e tutto è reale, ha sapore, ogni cosa ha il suo battito e la sua linfa e quella fata il tuo nome: Ubaldo.
FRANCESCO VARCHETTA

«La cosa peggiore se scopri di essere gay è doverlo dire alla tua fidanzata.»
«No, la cosa peggiore se scopri di essere gay è che la tua fidanzata lo abbia già detto agli altri.»
FRANCESCO VARCHETTA

La donna è quel che si è trovato di meglio per sostituire l'uomo quando si ha la sfortuna di non essere pederasti.
BORIS VIAN

Il calcio è un ottimo sport per le ragazzine toste, ma non per i ragazzi delicati.
OSCAR WILDE

C'è una mafia gay, il cui padrino dice: «Che dite, questa pistola mi fa il sedere grosso?».
ROBIN WILLIAMS

Frocio io? Ma scherzi? Piuttosto lo prendo nel culo!
LUCIO WILSON

Che differenza c'è tra una donna e un gay? Per far piacere a una donna devi trovare il punto G, per far felice un gay il punto D&G.
LUCIO WILSON

«Vuoi mandare nostro figlio in un collegio svizzero? Ma sai quanti ragazzi escono da quei posti con tendenze omosessuali?» «Beh, mio fratello dopo le medie ha studiato elettromeccanica in un istituto tecnico ed è gay...» «Sì, ma almeno sa cambiare una lampadina!»
MIRCO ZILIO

GELATO

È meglio avere il culo gelato che un gelato nel culo.
ANONIMO

Una ragazza passeggia con il gelato in mano, quando un ragazzo la ferma e le dice: «Che me fai da' 'na leccata?» «No!» «E ar gelato?».
CITATA DA NICOLA SEVERIN

«Mi dà un cono gelato da 1,50 euro... Grazie, quant'è?... Come 2,00 euro, se ieri costava 1 euro!»
ANTONIO CORNACCHIONE

Il lavoro del padre di Giulianello consisteva che apriva i gelati, toglieva la carta, li scartava, li leccava e diceva: «Questo gelato è buono può andare» oppure «Questo non è buono non può andare». Poi li richiudeva, li rincartava e li incassettava e venivano spediti nei bars...
NINO FRASSICA

Sono cresciuto in una scuola materna per bambini prodigio. Quando ci davano un gelato era per calcolare l'area del cono.
GINO&MICHELE

Un Oscar, il sesso, un gelato e una pizza... Se avessi questo ogni giorno per il resto della mia vita sarei felice.
DUSTIN HOFFMAN

Se qualcosa deve essere per forza pieno di calorie e di colesterolo, perché non possono esserlo i broccoli, invece del gelato?
DOUG LARSON

Un produttore di cibo e liquore danese ha introdotto sul mercato un gelato all'alcol. Finalmente un prodotto

che ti distrugge il fegato e ti alza il colesterolo allo stesso tempo.
JAY LENO

Sos in Antartide, dove si stanno registrando improvvisi aumenti di temperatura. A causa del caldo eccessivo, i pinguini rischiano di perdere il bastoncino di legno.
I MACETA (LUCA E SIRO MANTOVANI)

In preda alla passione volevamo far l'amore sulla neve. Subito le tolgo le scarpe e le butto giù dal burrone; le sue calze me le mangio per l'eccitazione; le sfilo il collant, le strappo il reggicalze, le strappo la giarrettiera, le strappo le mutande... Poi le ho tolto anche il giubbotto se no sembrava un Mottarello.
POTATO (ALESSANDRO BRUNELLO)

Linus: «Tu capisci se mi precipito fuori subito, vero?»
Charlie Brown: «Certo che ti capisco... corri! È importante! Anch'io mi precipiterei se mi ricordassi di aver lasciato un cono gelato nel cassetto del cruscotto della macchina di mio padre!»
CHARLES M. SCHULZ

Il gelato è squisito. Strano che non sia illegale.
VOLTAIRE

GELOSIA

Tutte le volte che Biancaneve diceva: «Vado di là a farmi un pisolo», Brontolo s'incazzava, il gelosone!
ANATOLJ BALASZ (NATALINO BALASSO)

Geloso per geloso tanto vale dargli un motivo.
FRANCESCA MAZZANTINI

I miei occhi
non smetteranno di guardarti
le mie orecchie
di sentirti
la mia bocca
di baciarti
le mie mani
di toccarti
il tuo fidanzato
di menarmi.
VASCO MIRANDOLA

Soffro di gelosia fin da quando ero piccolo... Quando scoprii che mia mamma era fuggita con un altro bambino.

VALERIO PERETTI CUCCHI

GEMELLI

vedi **Fratello**

GENERAZIONE

Lou è un animale. Nella sua famiglia lui fa parte solo della seconda generazione che sta ritta in piedi!

A SCUOLA CON PAPÀ

Quand'ero figlio io comandavano i padri. Ora che sono padre, comandano i figli. La mia è una generazione che non ha mai contato nulla.

PINO CARUSO

E se i giovani fossero tutti fessi? Può capitare, ogni tanto, una generazione di fessi.

MARCELLO MARCHESI

Noi nella mia famiglia lavoriamo tutti. Da generazioni. Mio nonno ha fatto il capannone piccolo, mio padre il capannone grande, io il capannone grandissimo. Mio figlio si droga.

PEREGO (ANTONIO ALBANESE)

Gli uomini della mia generazione sono i più coerenti e i più affidabili con le donne. Ci piacciono adesso le stesse che ci piacevano nel 1960. Cioè le ventenni.

MARIO VIBERTI

GENEROSITÀ

C'è chi è generoso nel dare e chi è generoso nel ricevere.

WALTER CHIARI

I ricchi non sono mai generosi. Se fossero generosi non sarebbero ricchi.

PAPERON DE' PAPERONI

È molto meglio dare che ricevere. E poi è deducibile.

JACOB M. BRAUDE

Il povero non sa che la sua funzione nella vita è permetterei l'esercizio della generosità.

Jean-Paul Sartre

Una volta ho incrociato un cameriere con una tigre. Non so cosa mi sia venuto fuori, però gli ho lasciato una grooossa mancia!

Milton Berle

GENETICA

Voglio torna' bambino! Perché era troppo bello quando veniva il momento di giocare a tombola! Si compravano le cartelle e si coprivano i numeri coi fagioli... Adesso è cambiato tutto: i numeri si coprono con la soia geneticamente modificata!

Gabriele Cirilli

Bruno Vespa. Sì, Vespa, un insetto geneticamente modificato che, invece di pungere, lecca.

Alberto Patrucco

I texani sono la prova vivente che gli indiani si accoppiavano con i bufali.

Scritta su un muro

In Canada ci sono degli ingegneri genetici che fanno degli esperimenti mostruosi. Per esempio hanno incrociato i geni di un testimone di Geova con quelli di un ateo. È venuto fuori un uomo che la domenica mattina suonava i citofoni ma non sapeva perché.

Dado Tedeschi

Una volta hanno incrociato un pappagallo con una tigre. Non sanno cosa sia diventato, ma quando parla tutti lo ascoltano.

Henny Youngman

GENIO

La differenza tra un genio e uno stupido è che un genio ha i suoi limiti.

Anonimo

Non è certo un genio. Quando la corrente è saltata, è rimasto bloccato sulle scale mobili per due ore.
MILTON BERLE

Quello che ha inventato la ruota era un idiota. È quello che ha inventato le altre tre che era un genio.
SID CAESAR

A Firenze chi ha cattivo gusto è un genio.
PINO CARUSO

Gli uomini si dividono in due categorie: i geni e quelli che dicono di esserlo. Io sono un genio.
ENZO COSTA

Se giochi a fare il genio, lo diventi!
SALVADOR DALÍ

I test d'intelligenza cui venne sottoposto diedero risultati sorprendenti: messo davanti a un cubo di Rubik impiegò solo dieci secondi a inghiottirlo.
GINO&MICHELE

La stagione ha prodotto molti geni. Speriamo che ce ne sia qualcuno dotato.
STANISLAW JERZY LEC

Ciò di cui il mondo ha bisogno è di avere più geni e, direi, molto umili. Siamo rimasti talmente in pochi...
OSCAR LEVANT

Non sono un genio, ma preferisco non dirlo.
MATTEO MOLINARI

Degli hacker cinesi sono penetrati nel sistema di sicurezza militare e hanno spento un satellite. Un lavoro del genere può essere solo opera di un genio matematico. Le autorità cinesi, dopo le investigazioni, hanno ridotto il campo a seicento milioni di sospetti.
COLIN QUINN

Sua madre gli aveva detto che era un genio. Da quel giorno lui cercò di entrare in tutte le lampade che trovava.
ANTONIO RICCI

Era uno che per sembrare un genio avrebbe dovuto essere completamente diverso.
BEPPE VIOLA

GENITORI

Quando ero piccolo i miei genitori mi volevano talmente bene che mi misero nella culla un orsacchiotto vivo.
WOODY ALLEN

Leonard Zelig veniva spesso picchiato dai genitori. La famiglia Zelig abitava sopra ad un bowling, ma erano spesso gli avventori del bowling a protestare per il troppo rumore!
WOODY ALLEN

Quando fui rapito i miei genitori si diedero subito da fare. Affittarono la mia stanza.
WOODY ALLEN

I miei genitori non vedevano di buon occhio il cinema né tutto il resto fino al giorno in cui mio nonno batté il pugno sul tavolo dicendo: «Se vuol fare la puttana, la farà con o senza il cinema!».
BRIGITTE BARDOT

I nostri genitori, quando eravamo ragazzi, erano molto severi: se rientravamo tardi la sera erano botte. Anche alle due di notte li trovavamo in piedi ad aspettarci per prenderei a schiaffoni. Visto che non ottenevano risultati, dopo un po' si sono stufati. Hanno cominciato a picchiarci prima che noi uscissimo di casa, così non dovevano stare alzati tutti la notte ad aspettarci.
GEMELLI BAROLO

I nostri genitori hanno traslocato parecchie volte: solo durante la nostra infanzia avranno cambiato casa sei o sette volte. Ma noi siamo sempre riusciti a trovarli.
GEMELLI BAROLO

Una delle cose che non ti dicono a proposito di allevare i figli è che tutti si aspettano da te, per il resto della tua vita, che a ogni schiocco di dita tu ti ricordi il nome dei tuoi figli e quanti anni hanno.
ERMA BOMBECK

Mio fratello è gay e ai miei genitori non importa. Basta che sposi un medico.

ELAYNE BOOSLER

Vorrei ringraziare i miei genitori per aver reso questa serata possibile. E i miei figli per averla resa necessaria.

VICTOR BORGE

Per aver successo nella vita non servono i genitori ricchi. A volte basta aver ricchi i nonni.

GIANCARLO BOZZO

Conviene, a chi nasce, molta oculatezza nella scelta del luogo, dell'anno e dei genitori.

GESUALDO BUFALINA

Tutti questi giovani che ammazzano i genitori. Pazzesco. Con tutti i soldi che gli diamo non potrebbero pagarsi un killer?

LIA CELI

I risparmi sono una cosa molto buona soprattutto se i tuoi genitori li hanno fatti per te.

WINSTON CHURCHILL

Bambini assenti e presenti, scrivete: compito a casa, problema. "Il vostro maestro spende ogni mese lire 13 .000 per l'affitto di casa, lire 8.500 spese vitto, (il vostro maestro pesa 32 chilogrammi). Poi lire 165.000 per spese varie, vizi e divertimenti. Sapendo che il vostro maestro guadagna lire 35.000 cadauno il mese, si domanda: come si può fare per essere promossi?". Fatevi aiutare dai vostri genitori.

COCHI E RENATO

Il giorno del mio sedicesimo compleanno i miei genitori hanno cercato di farmi una sorpresa con un'auto, ma mi hanno mancato.

TOM COTTER

Se i tuoi genitori non hanno avuto figli ci sono buone possibilità che non ne avrai neanche tu.

CLARENCE DAY

Mi domando, ma i genitori dei sette nani erano ubriachi quando han scelto quei nomi lì ai loro figli?

FABIO FAZIO

I miei genitori si sono sempre vergognati di me. Pensate che alle udienze con i professori, davano false generalità e chiedevano del profitto di altri alunni.

Paco Genovese

Io voglio bene ai miei genitori, compreso il babbo.

Giovanni Guareschi

Hanno chiesto a Jack Benny se voleva fare qualcosa per l'Orfanotrofio degli Attori. Così lui ha sparato ai suoi genitori e ci è andato.

Bob Hope

La ragione perché nonni e nipoti vanno così d'accordo è che hanno un nemico comune.

Sam Levenson

Sì, ho sempre rubato in casa e mi sono sempre trovato bene. Lo faccio perché ci tengo a dare un dispiacere ai miei genitori che non mi hanno mai fatto mancare niente.

Maurizio Milani

Quando avevo tredici anni pensavo di chiamarmi: "Zitto tu!".

Joe Namath

Il matrimonio è il coronamento del sogno di un uomo e di una donna. I genitori della sposa.

Furio Ombri

Io non sono mai stato il preferito dei miei genitori. Ed ero figlio unico.

Gianni Palladino

Dovevo lasciare la mia famiglia per andare all'università. Eh sì, i miei genitori organizzarono una gran festa d'addio per me. Secondo quel che dice la lettera.

Emo Philips

Io ho sempre cantato, fin da piccolo: quando mi mettevo a cantare, mio papà e mia mamma uscivano subito sul balcone, per far vedere ai vicini che non mi stavano torturando.

Francesco Salvi

«Se uno di voi ha una sigaretta e non me la offre, che venga un colpo ai suoi genitori!... (silenzio)... Tutti orfani eh?»

I Soliti Ignoti

Quando ero piccolo i miei genitori litigavano in continuazione, dalla mattina alla sera. Fino a 7 anni sono stato convinto di chiamarmi "Tuo figlio"!

Sergio Viglianese

La perdita di un genitore si può considerare una disgrazia. La perdita di entrambi rasenta invece la sbadataggine.

Oscar Wilde

Se va a finire che hai una vita noiosa e miserabile perché hai ascoltato tua mamma, tuo papà, il tuo insegnante, il tuo prete, o qualche tizio in televisione che ti dicevano come fare le tue cose, allora te lo meriti.

Frank Zappa

I miei genitori erano talmente poveri che quando andavo a scuola non solo mi compravano i libri usati, ma addirittura i diari usati. Il primo giorno avevo già compiti per tutto l'anno.

Mario Zucca

GENOVA

Sapete perché il quartiere genovese di San Fruttuoso si chiama così? Perché a Genova tutto quello che frutta viene santificato.

Beppe Grillo

A chi mi chiede come mai mi sono rimesso a fare cabaret dopo venticinque anni di riflessione, rispondo che per noi genovesi è normale: non facciamo mai cose avventate, abbiamo bisogno di tempi lunghi. Niccolò Paganini compose il suo brano più celebre nel 1799 e ha venduto il primo disco nel 1922... Centoventitré anni di gavetta!

Emilio Razzetti

Se un genovese ha un'amante, la lascia prima di Natale, così non deve farle il regalo.

Emilio Razzetti

A Genova i ristoranti dove si possa mangiare del buon pesce fresco a un prezzo abbordabile si contano sulla punta delle dita della mano di un falegname disattento.

Emilio Razzetti

Per noi liguri l'arrivo dei turisti è un'occasione per prendere anche un po' di "mussa". Perché, direte voi, le donne liguri non ve la danno? Ma non te la prestano neanche! Tutt'al più te la raccontano. E te la raccontano così bene che dopo ti accendi anche la sigaretta!

EMILIO RAZZETTI

Con un solo pomodoro noi genovesi sappiamo condire la pasta per venti persone. Ci aggiungiamo di tutto: sale, acqua, sale, acqua, sale, acqua, sale...

EMILIO RAZZETTI

Noi liguri siamo diffidenti e guardiamo con sospetto alle novità. Pensate che per secoli abbiamo continuato a masticare separatamente aglio, basilico, pecorino e pinoli... uno alla volta. Poi, quando una donna ha mischiato e pestato gli ingredienti nel mortaio, l'abbiamo accusata di stregoneria, bollita come una patata e condita col suo stesso intruglio. Siccome era una donna giovane e avvenente, fu ricordata come la prima "gnocca al pesto".

EMILIO RAZZETTI

Tra due amici genovesi: «Cos'altro posso regalare alla mia donna? I fiori mi dispiace un po', appassiscono subito. Ho provato coi fiori di plastica ma lei mi ha detto che ero poco romantico» «Regalale un bel diamante. Un diamante è per sempre. Un diamante è per tutta la vita.» «È vero: non finisci più di pagarlo: trentaseimila rate!» «Allora un bel profumo, magari un dopobarba, cosi se poi litigate, lo usi tu!»

EMILIO RAZZETTI

GENTE *(Popolo)*

Cos'è un culto? Troppa poca gente per fare una minoranza.

ROBERT ALTMAN

Democrazia è dove gente di ogni razza, credo e colore lavora duramente così che possa trasferirsi lontano da gente di ogni razza, credo e colore.

JOHNNY CARSON

Non equivochiamo! È alla gente comune che io mi rivolgo. Ma non si

deve confondere la gente comune con la gente ordinaria, la gente comune con la gente grossolana. La gente comune è rara!
ALFREDO CHIAPPORI

Non so che cos'abbia la gente contro il governo: non ha fatto niente.
BOB HOPE

Si può ingannare una parte del popolo sempre, tutto il popolo per un certo periodo di tempo, ma non si può ingannare tutto il popolo sempre.
ABRAMO LINCOLN

La gente crede a qualunque cosa, se gliela si bisbiglia.
HERBERT V. PROCHNOW & HERBERT V. PROCHNOW JR.

A molta gente piace fare vacanze avventurose, piene di pericoli. La mia idea di vacanze avventurose e piene di pericoli è andare a Beverly Hills senza carte di credito!
BOB SAGET

In fondo la politica non è altro che un certo modo di agitare il popolo prima dell'uso.
TALLEYRAND

GENTILEZZA *(Gentleman)*

Un gentiluomo è uno capace di descrivere Sophia Loren senza fare gesti.
MICHEL AUDIARD

Il rugby è uno sport bestiale giocato da gentiluomini. Il calcio è uno sport da gentiluomini giocato da bestie. Il football americano è uno sport bestiale giocato da bestie.
HENRY BLAHA

Puoi fare molta più strada con una parola gentile e una pistola, che con una parola gentile e basta.
AL CAPONE

Sii gentile con le persone che incontri salendo, perché sono le stesse che incontrerai scendendo.
JIMMY DURANTE

Se un uomo apre la porta dell'auto alla moglie, o è nuova l'auto o è nuova la moglie.

FILIPPO D'EDIMBURGO

Ero una bambina gentile. Ero l'unica che giocava con la grassona. Io salivo da una parte dell'altalena, e lei saliva dall'altra. Poi i pompieri mi tiravano giù dall'albero.

RITA RUDNER

Se sul tram vedo una donna incinta, mi alzo. Se poi l'ho messa incinta io, scompaio letteralmente.

MAURIZIO SANGALLI

Gli anni con me sono stati gentili... Invece i mesi e i giorni sono stati un po' villani.

CHARLES M. SCHULZ

La cosa più gentile che una donna mi abbia mai detto è stata: «Caro, siamo insieme da sei anni ed è come era il primo giorno: mi stai sempre sui coglioni!».

RENATO TRINCA

Gentiluomo è colui che tiene aperta la porta dell'albergo affinché sua moglie possa portar dentro i bagagli.

PETER USTINOV

GENTLEMAN

vedi ***Gentilezza***

GEOGRAFIA

Gli studenti americani sono molto ignoranti. Pensate che più del 70% non è in grado di trovare il Pakistan sulla cartina degli Stati Uniti.

RICHARD BELZER

Noi della Lega Lombarda cambieremo la geografia e la storia. Perché, per esempio, è ora di finirla di dire che l'Italia l'han fatta i Garibaldi, i Mazzini, i Cavour e quegli altri brigatisti. Ma quando mai? Le prove sono sotto gli occhi di tutti: l'Italia ha la forma di uno stivale perché l'ha fatta il Calzaturificio di Varese!

GINO&MICHELE-PAOLO ROSSI

A volte penso che la guerra sia il modo che ha Dio per insegnarci la geografia.
PAUL RODRIGUEZ

Chi siamo noi nella totalità dell'essere? E qual è il motivo per cui siamo qui?... Non lo sapete? Va bene, passiamo alla domanda di geografia: dove si trova il Canale di Suez?
JOHN TORK

Il Canada è un paese che non ha 'sto granché di storia. In compenso ha molta geografia.
DANIELE TUROZZI

GERMANIA

Barack Obama ha parlato in Germania davanti a 200.000 persone. C'erano così tanti tedeschi che urlavano e gridavano, che la Francia si è arresa per evitare problemi.
CRAIG FERGUSON

In Germania, durante un'esibizione di Mariah Carey, i seni della star sono scivolati fuori dal vestito. Sono rimaste coinvolte le prime tre file.
JAY LENO

La ragione per cui c'è poca criminalità in Germania è perché è contro la legge.
ALEX LEVINE

In Germania non può scoppiare una rivoluzione perché per farla bisognerebbe calpestare i prati.
JOSIF STALIN

GESÙ *(Messia)*

Gesù ti ama, ma tutti gli altri pensano che tu sia un idiota.
ANONIMO

E Gesù prese il pane, lo spezzò, e disse: «È di ieri!».
ROCCO BARBARO

La mamma del Babau per farlo star buono gli diceva: «Guarda che se non obbedisci viene Gesù Bambino a prenderti!».
ROMANO BERTOLA

Il successo del cristianesimo è anche dovuto a un fatto grafico. Se Cristo, per esempio, l'avessero impiccato, non avrebbe funzionato altrettanto. Pensa un po' che i fedeli, invece che farsi il segno della croce, avrebbero dovuto farsi il segno della forca.

ROMANO BERTOLA

Mi domando se Gesù fosse consapevole che sarebbe diventato un musical.

ANDREA CALISTRI

35 verticale: "Apparve alla Maddalena"... TRAGHEITO.

CAPOCENERE (CLAUDIO BATTA)

Quando Gesù Cristo resuscitò si fece vedere prima dalle donne perché la notizia si spargesse più presto.

JEAN CHARLES

Dopo duemila anni Gesù si vendica su di noi di non essere morto su un divano.

CIORAN

Il ragazzo più sfortunato al mondo fu Gesù: essendo allo stesso tempo se stesso e suo padre, fu l'unico a doversi comprare il motorino con i propri soldi.

COMIX

Niente mi toglie dalla testa che la diffusione del cristianesimo in Italia è dovuta alla nostra esterofilia: volete mettere se Gesù, invece che a Betlemme, fosse nato a Cesenatico?

ENZO COSTA

Per i Battisti Colpevolisti se uno finisce sulla croce qualcosa, sotto sotto, l'ha fatto.

ENZO COSTA

Negli anni 5,4,3,2 e 1 avanti Cristo si intuiva che stava per succedere qualcosa.

FABIO DI IORIO

Non prendetevela con Me se la Terra è sovrappopolata, la colpa è vostra: dovreste darvi una regolata con il procreamento. Se Io Mi sono accontentato di un Figlio solo, dovrebbe essere più che sufficiente anche per voi.

DIO, PER PENNA DI JEREMY PASCALL!

Dove sarebbe oggi la cristianità se a Gesù avessero dato da otto a quindici anni con una riduzione per buona condotta?

JAMES DONOVAN

Giuseppe: «E pensare che vivrà solo 33 anni...»
Maria: «Be', per essere un palestinese è già tanto.»

ELLEKAPPA

Cristo è morto per i nostri peccati. Abbiamo il coraggio di rendere inutile il suo martirio non commettendone?

JULES FEIFFER

«Gesù posso seguirti?» «No, sei troppo ricco.» «Allora cosa debbo fare?» «Dai tutte le tue sostanze a un povero.» «Ma allora quello diventa ricco e si danna!» «E a te che cazzo te ne frega?»

GIULIANO

È uscita una nuova Bibbia scritta in inglese moderno. L'hanno fatta per stare al passo coi tempi. Non so, mi sembra che perda un po' di misticismo... "E Gesù camminò sulle acque, e Giuda disse: «Figo!»".

BILL HICKS

Sono contento che Gesù sia morto quando è morto. Perché se fosse vissuto fino ai quarant'anni, sarebbe diventato come Elvis. Oh, sì. Andiamo, con quell'entourage di dodici persone che facevano tutto quello che voleva? Era famoso. Se fosse vissuto fino ai quarant'anni, se ne sarebbe andato in giro per Gerusalemme con una pancia da birra e grosse basette a dire: «Ehi, amico, sono il figlio di Dio, dammi un cheeseburger e delle patatine, subito. Ti trasformo in un lebbroso, dammi quel cazzo di cheeseburger». Ora che ci penso, andrò all'inferno, per questa ultima battuta. E sapete cosa? Voi tutti verrete con me.

DENIS LEARY

Anche i Messia attendono impazienti il loro arrivo.

STANISLAW JERZY LEC

Sai cosa disse Gesù alla Maddalena? «Bella, la Sardegna!»

LEONARDO MANERA

Quando Gesù diffondeva al popolo le parabole, Pietro distribuiva i decoder.

Francesco Miccia

Dicono ai bambini che Gesù era bianco, così come gli apostoli e gli angeli. Il posto in cui vive il presidente si chiama Casa Bianca. Perfino Tarzan è bianco. Ma come? Bianco uno nato e cresciuto nella jungla?

Muhammad Alì (Cassius Clay)

Sulla macchina di mio padre non posso dimenticare la foto con calamita, la Madonna con il bambino in braccio, solo che ogni volta che mio padre frenava, alla Madonna gli cadeva il bambino dalle braccia. Che quando ci fermavano i vigili a mio padre facevano la multa perché il Bambin Gesù era davanti e senza seggiolino e la Madonna era senza cintura!

Franco Neri

Come la maggior parte dei miei compatrioti ho la ferma convinzione che Dio sia un inglese e che molto probabilmente Gesù Cristo abbia studiato a Oxford.

Laurence Olivier

Vera: «Per esempio... se Cristo suonasse oggi alla sua porta lei lo riconoscerebbe?»
Quelo: «Certo...»
Vera: «Come può esserne così sicuro?»
Quelo: «Il citofono è rotto da due anni.»

Quelo (Corrado Guzzanti)

Se Gesù fosse stato una brava persona sarebbe morto di vecchiaia.

Don Gino Rigoldi

Il ladrone in croce: «Dimmi Gesù, quanto è grande il tuo regno?» «Così.»

Maurizio Sangalli

Gesù Cristo prima di essere crocefisso si chiamava solo Gesù.

Maurizio Sangalli

Gesù spezzò il pane e disse: «Battaglia di mollichine, ragazzi?»

Gabriele Scorzoni

Un giorno su un colle Silvio Berlusconi incontrò Gesù. Si guardarono a lungo, poi Gesù disse: «Figliolo, tu sai chi sono io?». E Berlusconi rispose: «Stavo per farti la stessa domanda...».

Suor Letizia (Giorgio Zanetti)

Gesù disse una frase meravigliosa: «La verità vi renderà liberi». Infatti io ho detto la verità a mia moglie e adesso sono libero.

Sergio Viglianese

Grazie a Dio, Gesù era figlio unico. Pensateci, chi avrebbe voluto essere Jerry, il fratello di Gesù?

Robin Williams

Eravamo cattolici scettici. Sì, abbiamo creduto che Gesù camminasse sulle acque. Ma abbiamo anche pensato che forse era inverno.

John Wing

GHIACCIO

Linda: «Ma tu ti cuoci solo cibi surgelati?»
Allen: «Cuocerli? E chi li cuoce? Io neanche li scongelo. Li succhio come se fossero ghiaccioli!»

Woody Allen

La gente mi chiede: «George, hai 87 anni, come fai? Fai film, fai televisione, dai concerti, registri dischi, fumi i sigari, bevi Martini, esci con belle donne, come fai?». È molto semplice. Per esempio, un Martini: riempi il bicchiere di ghiaccio, aggiungi il gin e uno spruzzo di vermouth, un'oliva e ti sei fatto un Martini. Inoltre faccio esercizi e cammino molto. E camminare è più facile che farsi un Martini: prendoun piede e lo metto davanti a un altro, poi prendo l'altro piede e lo metto davanti al primo e prima di rendermene conto sto camminando. E non serve neanche l'oliva!

George Burns

Il complemento di materia indica la materia, la sostanza, l'elemento di cui è formato un certo oggetto.

Esempi: un vaso di alabastro, una camicia di cotone. A volte il complemento può suonare figurato: un cuore d'oro, un sonno di piombo, un uomo di ghiaccio. A questo punto sono costretta a convenire che, sì, anche una testa di cazzo è un complemento di materia.

GIOVANNA DONINI

Bill Clinton ha partecipato al summit sul Riscaldamento Globale. L'ex presidente si è dichiarato molto preoccupato per il Riscaldamento Globale. Infatti, questa settimana, un altro pezzo di ghiaccio si è staccato da sua moglie Hillary.

DAVID LETTERMAN

Polvere siamo, e polvere ritorneremo. E gli eschimesi granite.

BORIS MAKARESKO

Io penso che Reagan riporterà l'America come era una volta. Una regione artica ricoperta di ghiaccio.

STEVE MARTIN, ALL'EPOCA DELL'ELEZIONE DI RONALD REAGAN

Tutti nella vita hanno la stessa quantità di ghiaccio. Però il ricco d'estate, il povero d'inverno.

BAT MASTERSON

Mio marito è tirchio da far ribrezzo. L'ultima volta gli ho chiesto se andavamo a prendere un gelatino e lui mi ha risposto: «Metti le mani nel freezer e ciucciati le dita che si risparmia!».

VIVIANA PORRO

Faceva così caldo che abbiamo dovuto dare da mangiare dei cubetti di ghiaccio alle galline per evitare che ci deponessero uova sode.

TONY RANDALL

Mi piace pattinare sull'altro lato del ghiaccio.

STEVEN WRIGHT

GIACCA

vedi **Pantaloni**

GIALLI *(Horror)*

Taxi scomparso. È un giallo.

DARIO ALESANI

L'oscenità è tutto quello che dà un'erezione a un giudice.

ANONIMO AVVOCATO AMERICANO

Giallo in un minuto.
Era una notte buia e tempestosa quando la figlia del dottore rincasò tardi come al solito. Suo padre non approvava la sua attuale relazione amorosa e giurò che l'avrebbe ostacolata in tutti i modi. Il giorno dopo trovarono tre civette sgozzate sul comò.

FABRIZIO CANCIANI

Giallo in un minuto.
Era una notte buia e tempestosa, il semaforo nella via lampeggiava, la freccia di un'auto lampeggiava, la scritta di un hotel lampeggiava, l'albero di Natale lampeggiava... Lui vide il cadavere, poi non lo vide, poi vide il cadavere, poi non lo vide, poi vide il cadavere...

FABRIZIO CANCIANI

«Metti sulla tv cinese, che c'è un giallo!»

EZIO CIUSPIONT

Rimango talmente impressionato dalla lettura di un libro giallo, che quando lo poso cancello le mie impronte digitali.

CARLO DAPPORTO

Sto leggendo un libro giallo molto strano. Sembra che l'assassinato sia stato ucciso da un uomo di un altro libro.

LEOPOLD FETCHNER

I film di Hitchcock mi terrorizzano. *Psyco*, quella scena nella doccia! Avevo dieci anni quando l'ho vista per la prima volta, e ancora oggi mi fa paura, accoltellare una donna nella doccia.

DANIELE LUTTAZZI

Sei tarmente brutto che se te vede Dario Argento ce fa 'na trilogia!

WWW.TURBOZAURA.IT

GIAPPONE

La più importante conclusione alla quale sono giunto dopo aver girato in lungo e in largo il Giappone, contando anche le ore in cui ho letto, studiato e analizzato questa cultura affascinante, è che uno dovrebbe sempre chiudere bene il tappo del flacone di shampoo prima di metterlo in valigia.
DAVE BARRY

Il mio violino è un vero Stradivari, sapete? Se non lo è, ho buttato via centodieci dollari. La ragione per cui l'ho avuto così a poco è perché è uno dei pochi Stradivari fatti in Giappone.
JACK BENNY

Nel giorno del cinquantesimo anniversario del V-J Day, la vittoria sul Giappone, New York ha organizzato un'importante celebrazione a Times Square. Ci saranno state diecimila persone, tra il gigantesco billboard della Mitsubishi e il jumbo schermo Sonytron.
DAVID LETTERMAN

Tokyo è una delle città più densamente popolate del mondo, ma non lo sarà per molto. Non con quei tassisti.
DANIELE LUTTAZZI

In Giappone hanno un tipo di senape molto piccante che chiamano Wasabi, ma che qui in America noi chiamiamo WaaaAAAAAAAAAAAAAAAAH!
BOB SAGET

In Giappone ora vengono costruiti dei nipponici che non hanno più la macchina fotografica penzolante sulla pancia, ma già incorporata. Quando fanno l'occhiolino, clic, una foto. Ogni sera si tirano la pellicola dal culo per vedere com'è stata la giornata.
URS WIDMER

GIAPPONESI

Ho cominciato a dubitare del comunismo quando ho visto che i giapponesi non lo fotografavano.
IVAN DELLA MEA

Nel tempo che un russo impiega a presentarsi con nome e patronimico, Michail Serghieievic, Michail Ivanovic, Boris Nikolajevic, i giapponesi fabbricano un'altra automobile.

BRUNO GAMBAROTTA

Un'azienda giapponese offre un traduttore che ti può far sapere cosa sta dicendo il tuo gatto. Posso già dirvi io che sono solo due cose: «Dammi da mangiare» e «Vattene».

JAY LENO

Questo pomeriggio c'è stata una rapina. Hanno rapinato una corriera di turisti giapponesi. Ma, grazie a Dio, sono disponibili oltre due milioni di fotografie dei rapinatori.

JAN MURRAY

In Giappone ora vengono costruiti dei nipponici che non hanno più la macchina fotografica penzolante sulla pancia, ma già incorporata. Quando fanno l'occhiolino, clic, una foto. Ogni sera si tirano la pellicola dal culo per vedere com'è stata la giornata.

URS WIDMER

GIARDINO *(Orto)*

In un giardino vedo una donna incinta di sei mesi. Primo pensiero: tenerezza. Secondo: magari il tizio che porta in grembo tra vent'anni travolgerà con la moto un vecchietto: me. Nascerà tra tre mesi: un lieto evento per tutti. Per me l'evasione di un pericoloso assassino.

ROMANO BERTOLA

È arrivato questo tornado che ha sradicato l'albero nel nostro giardino, e ha sfondato la casa dei vicini. Mio papà è andato alla porta, ha guardato fuori, ha detto: «Maledetti bambini!» e ha chiuso la porta.

TIM CONWAY

A fianco del mio condominio c'è un giardinetto che purtroppo è diventato una discarica abusiva. La gente viene lì e butta di tutto: divani sfondati, frigoriferi, materassi, liquami industriali. Allora ci siamo indignati e abbiamo informato il Comune che è prontamente intervenuto autorizzando la discarica!

ANTONIO CORNACCHIONE

Olivia: «Nel giardino della nostra scuola c'è un albero che fa una bellissima ombra.»
Amria: «L'ombra di un bellissimo albero è la nostra scuola.»
GIOBBE COVATTA

Non calpestate le aiuole, si fanno male tutte le vocali.
ELLEKAPPA

Non sono misogino. La fidanzata, avessi il giardino, la terrei.
WALTER FONTANA

Riuscire a indurre un uomo ad andare in giardino e a restarvi fino al prossimo pasto è il sogno di ogni donna.
VIRGINIA GAHAM

Il giardino è un orto effeminato.
GINO&MICHELE

Berlusconi mi fa pena: è un nanetto che ride. È talmente piccolo che in Cina lo metterebbero in giardino.
BEPPE GRILLO

I Democratici sono il partito che dice che il governo ti farà più intelligente, più alto, più ricco, e che toglierà le ortiche dal tuo giardino. I Repubblicani sono il partito che dice che il governo non funziona, si fanno eleggere e lo dimostrano.
P.J. O'ROURKE

Per divertimento vado spesso ai giardinetti a guardare i bambini saltare su e giù e strillare, perché non sanno che uso cartucce a salve.
EMO PHILIPS

Dopo il successo ha deciso di vivere alla grande. Si è fatto dare il bianco in cucina da Salvador Dalí, ha assunto un famoso commercialista che conti le pecore al suo posto per addormentarsi e tiene in giardino un ballerino di flamenco che gli schiaccia le formiche.
ANTONIO RICCI

Ieri la nonna mi ha portato ai giardini e c'erano due cani. Uno stava sotto e quell'altro stava sopra. Allora la mi' nonna ha detto che quello che stava sotto portava quell'altro sopra perché s'era fatto male a una gamba. È proprio vero che a fare un favore a un amico si piglia sempre in culo!
SIMONE (GIORGIO PANARIELLO)

Ho trovato un serpente in giardino, ho preso una vanga e l'ho massacrato di colpi. Poi sono rimasto senza tv via cavo per una settimana.

CHARLIE VIRACOLA

GINECOLOGO

Recenti studi dimostrano che le donne preferiscono sempre di più le ginecologhe. Anch'io sto pensando di passare a una ginecologa perché penso che il mio ginecologo mi stia mentendo sul fatto di essere un dottore. Per esempio la settimana scorsa ho scoperto che lavorava da Foot Locker. Cosa che, se fosse un vero dottore, non penso farebbe. Ma i suoi modi accanto al lettino sono così dolci, e mi dà il vino, e tiene il suo furgone davvero pulito. Ad ogni modo, non lo licenzio ancora. Voglio prima vedere come sono venute le foto che mi ha fatto.

TINA FEY

Cos'è la prima cosa che guardi in una donna? La figa, rispose il ginecologo.

EGIDIO MORRETTI

Credevo che l'educazione sessuale consistesse nel dire grazie al ginecologo.

SLOGAN DELLO JÀGERMEISTER

Mia madre è andata dal ginecologo che le ha detto che aveva la vaginite perché faceva troppo l'amore con mio padre. Adesso sono un po' preoccupato perché mia sorella ha l' otite... però ho pensato: era peggio se aveva la tonsillite!

TARCISIO (MAX PISU)

L'ultima volta che il medico mi ha fatto il paptest ha dovuto usare il coltello per le ostriche.

TUTTI PAZZI PER MARY

GINNASTICA

(Fitness - Forma fisica)

Non sono un atleta. Ho cattivi riflessi. Una volta sono stato investito da un'automobile spinta da due tizi.

Woody Allen

«È importante la ginnastica... fa meraviglie. La ginnastica ha cambiato la mia vita!» «Io preferisco l'atrofia!»

Woody Allen

Chi non sa far niente insegna e chi non sa insegnare diventa professore di ginnastica. Quelli che non arrivano neanche alla ginnastica, credo li destinassero alla nostra scuola.

Woody Allen

Sono convinto che ogni essere umano abbia un numero finito di battiti cardiaci. Non intendo sprecare i miei correndo in giro a fare esercizi.

Neil Armstrong

Cyclettes con il contachilometri... Che da quello che le usiamo potrebbero avere solo il contaspanne: sarebbe anche già troppo! Alla cyclette facciamo fare più strada portandola in spalla che pedalando. Dalla camera da letto alla cantina e infine nel solaio: il cimitero delle cyclettes!

Lorenzo Beccati

Andare a correre? E perché, per poi venire colpito da un meteorite?

Robert Benchley

So perfettamente il giorno in cui ho smesso di fare jogging. È sul mio certificato di nascita.

Milton Berle

Mi piace fare jogging, eccetto la parte che viene dopo che ti sei messo le scarpe.

Milton Berle

La sola ragione per cui comincerei a fare jogging è che così almeno posso sentire di nuovo un respiro affannoso.

Erma Bombeck

Recentemente ho compiuto 50 anni, che è un'età giovane per un albero, media per un elefante, e avanzata per un jogger il cui figlio dice:

«Papà, non vengo più a correre con te a meno che non mi porti qualcosa da leggere!».
BILL COSBY

Mio nonno iniziò a fare cinque chilometri al giorno quando aveva sessant'anni. Ora ne ha ottantacinque e non ho la più pallida idea di dove sia.
ELLEN DEGENERES

Gli uomini che vedete in copertina su *Men's Health* non esistono: hanno muscoli in posti che io non ho neanche i posti!
GIUSEPPE GIACOBAZZI

Ogni mattina mi sveglio e tocco duecento volte le punte delle mie scarpe. Poi mi alzo dal letto e me le infilo.
MAX GREGGIO

Attività fisica? Certamente. Ogni giorno tolgo i gemelli dai polsini di una camicia e li attacco a un'altra.
RING LARDNER

Sulla ginnastica: a questo punto, alla mia età, è semplice mantenimento... Sto solo cercando di impedire al mio culo di raggiungere il Brasile senza di me.
SUE MURPHY

Perché un uomo d'affari passa dalla sua casa con l'aria condizionata alla palestra e caccia fuori 50 dollari per sudare?
BOB PHILLIPS

Sono grasso ma anche permaloso. L'altro giorno in palestra il mio allenatore si è tirato su la canotta e mostrando gli addominali mi ha detto: «Vista la tartaruga?». Allora io ho alzato la mia maglia larga: «Ce l'ho anch'io, ma ora è girata. Si vede che dorme!».
DANIELE RACO

Sono ebrea e non faccio ginnastica. Se Dio avesse voluto che ci piegassimo, avrebbe sparpagliato diamanti sul pavimento.
JOAN RIVERS

Sono in una discreta forma se consideriamo la forma dentro la quale sono.
MICKEY ROONEY

Come esercizio fisico ho assiduamente sollevato le gambe per quindici anni. L'unica cosa che si è assottigliata è il tappeto su cui mi esercitavo.
RITA RUDNER

Il termine "aerobica" è stato inventato quando un gruppo di istruttori si è riunito e ha detto: «Se ci facciamo pagare dieci dollari l'ora, non possiamo chiamarlo Saltar Su e Giù».
RITA RUDNER

Dicono che la migliore ginnastica si faccia nella camera da letto. Io ci credo, perché è lì che incontro la resistenza maggiore.
JEFF SHAW

Una lezione di aerobica non la si salta: la si scampa!
SNOOPY

Farei di tutto per essere uguale a questo attraente ragazzo, tranne naturalmente che fare ginnastica e mangiare sano.
STEVE MARTIN, NOTTE DEGLI OSCAR 2003

Mi sono iscritto a una palestra esclusiva di Beverly Hills. Così esclusiva che puoi pagare gente che faccia jogging per te.
MARC SUMMERS

Io non faccio ginnastica. Dovresti offrirmi più della mia vita per avermi su uno di quegli attrezzi a grugnire per due ore. lo considero il mio corpo un modo per portare la mia testa da un posto all'altro.
DAVE THOMAS

Ogni volta che dico la parolaccia "ginnastica" mi sciacquo la bocca con lo sciroppo al cioccolato.
T-SHIRT AMERICANE

L'unico sport che ho praticato nella mia vita è andare ai funerali dei miei amici sportivi.
MARK TWAIN

GIOCARE *(Gioco)*

La prima volta che si trovò di fronte a un piatto di spaghetti li scambiò per una versione impegnativa dello Shangai.
ALESSANDRO BERGONZONI

Bambino: «Giochiamo a chi sputa più lontano?»
Bambina: «Su chi?»
ALTAN

Quando sei un bambino, è così facile divertirsi. Cosa ti basta? Una scatola di fiammiferi, qualche straccio bisunto, un fratellino piccolo...
DAVE ATTELL

Un vero saggio non gioca mai alla cavallina con un unicorno.
BANACECK

Da piccoli giocavamo al dottore e all'infermiera. Poi siamo cresciuti e siamo diventati più maturi e consapevoli. Adesso giochiamo al primario e alla caposala.
LORENZO BECCATI

Come ci faceva divertire mio nonno con niente! Mettendo una gallina o una pecora davanti a una lampadina, riusciva a proiettare sul muro meravigliose ombre di mani.
ROMANO BERTOLA

Avevo contratto debiti di gioco. Praticamente mi ero rovinato a "Palla avvelenata"... poi certi tipacci mi avevano tirato dentro in un giro di "Strega comanda color...".
CLAUDIO BISIO-ROCCO TANICA

Sono sempre stato molto precoce. Una volta ho terminato un puzzle in meno di quattro giorni. E pensare che sulla scatola c'era scritto "dai 2 ai 5 anni".
CLAUDIO BISIO-ROCCO TANICA

Tutti i più grandi musicisti hanno dei problemi. Elvis era alcolizzato, Jim Morrison era drogato, Eminem è violento e a Max Pezzali si è rotta la playstation.
LORENZO BOSIO

Ho inventato uno yo-yo con una corda lunga seicento metri. Da usare quando si va a visitare il Grand Canyon.
GEORGE CARLIN

A mio avviso il golf è un modo costoso di giocare alle biglie.
GILBERT K. CHESTERTON

Voglio torna' bambino! Perché era troppo bello quando veniva il

momento di giocare a tombola! Si compravano le cartelle e si coprivano i numeri coi fagioli... Adesso è cambiato tutto: i numeri si coprono con la soia geneticamente modificata!
Gabriele Cirilli

Se giochi a fare il genio, lo diventi!
Salvador Dalí

Sono stato a un party selvaggio, dove abbiamo giocato a una versione moderna della roulette russa: eravamo circondati da sei ragazze e una aveva una malattia venerea.
Rodney Dangerfield

Da piccolo io ero il tipo di bambino con il quale mia madre mi diceva di non giocare mai.
Leopold Fetchner

Se mi avessero dato un miliardo per ogni volta che ho presentato questo gioco in pubblico a quest'ora sarei miliardario.
Mister Forest (Michele Foresta)

Eravamo poveri. Se non fossi stato un maschietto, non avrei avuto niente con cui giocare.
Redd Foxx

Come diceva John Belushi: «Quando il gioco si fa duro, Recoba chiede di uscire».
Gene Gnocchi

È un pubblico di gente davvero dura. Sono soliti legare i loro pomodori a degli yo-yo, così te li possono tirare due volte.
Bob Hope

Con le donne sono sempre stato un disastro, fin da bambino. Quando si giocava al dottore a me facevano guidare l'autoambulanza.
Boris Makaresko

La vita è solo un puzzle, da comporre giorno per giorno, tassello dopo tassello. È pescarli in quel metro di merda che la rende difficile.
Giorgio Melazzi

Già da bambino non avevo grandi ambizioni. Giocavo al piccolo disoccupato.

DIEGO PARASSOLE

Mio nipote era sull'altalena, e mi ha detto: «Spingimi, zio». E così ho fatto, e lui mi ha detto: «Spingimi più forte, femminuccia!». Così ho preso una rincorsa di venti metri e l'ho spinto. E lui: «Spingimi più forte, donnicciola!». Così ho fatto retromarcia con la Buick...

EMO PHILIPS

Non giocare a cucù con un bambino durante un lungo tragitto in aereo. È un gioco che non finisce più. Alla fine ho preso il piccolo per il bavaglino e gli ho detto: «Senti, ma non lo capisci che sono sempre io?».

RITA RUDNER

Quando muore un fagiolo lo seppelliscono in una tombola?

CARLO TURATI

La mia donna è talmente porca che quando giochiamo a Monopoli al posto degli alberghi mette direttamente i motel.

CARLO TURATI

La moda della roulette russa è ovunque, persino gli Alcolisti Anonimi ne hanno una: si passano sei bicchieri di succo di pomodoro, ma uno è un Bloody Mary!

HENNY YOUNGMAN

GIOCATTOLO

Sono nata in una famiglia povera. Nel Natale del '68 avevo chiesto a Babbo Natale un Cicciobello. Sotto l'albero, quella mattina, c'era un pacco col mio nome. L'ho aperto, ma il Cicciobello non c'era. Dentro c'erano delle batterie e un biglietto con scritto: "I giocattoli non sono inclusi".

BRUNELLA ANDREOLI

Una bambina ricchissima corre lungo un prato tirandosi dietro un lungo filo cui è attaccato un jet.

ROMANO BERTOLA

Nuovi giochi per fanciulli poveri: incipriate una merda. Sembrerà un paesino di montagna sotto la neve.
MARCELLO MARCHESI

Barbie ha cinquant'anni, dunque adesso la Mattel dovrà venirsene fuori con la Barbie Divorziata, la Barbie in Crisi di Mezza Età. Gli accessori di Barbie saranno la casa di Ken, l'auto di Ken, e la barca di Ken.
GRACE WHITE

Ho inventato un giocattolo che mi renderà una fortuna. Ogni volta che i bambini hanno finito di giocare, si mette via da solo!
HENNY YOUNGMAN

GIOCHI DI PAROLE
vedi **Calambour**

GIOCO
vedi **Giocare**

GIOIELLI

Era un tipo talmente avaro che, quando si innamorò, alla sua ragazza che desiderava una collana di perle, regalò un'ostrica e un quadrifoglio.
ANONIMO

Qual è la differenza tra un rinoceronte ferito e un soprano? I gioielli.
ANONIMO

Oggi, dopo tanti anni, ho incontrato mia cugina Lilli. Mi ha fatto piacere vederla coperta di gioielli. Significa che avevo visto giusto fin dall'inizio, io. Cioè quel giorno che, avremo avuto sei anni, ci mostrammo l'un l'altra nudi per vedere come eravamo fatti e io notai che quella fessura che aveva in mezzo alle gambe era identica a quella del mio salvadanaio.
ROMANO BERTOLA

Amici, guardate questo girocollo: otto centimetri di diametro! Va bene se siete fidanzati con uno struzzo! Valore commerciale un miliardo e ottocento milioni, noi ve lo vendiamo a settecentomila lire... e non ci perdiamo nulla!

FICHI D'INDIA

Non ho mai odiato abbastanza un uomo da rendergli i suoi diamanti.

ZSA ZSA GABOR

Jean Pierre l'ortolano... 5 euro una susina... Allora l'eroina cosa costa? Meno di un kiwi? Guarda, guarda... C'è anche un vigilantes fuori... L'ortolano c'ha i vigilantes fuori... Se fanno una rapina e gli rubano un mazzetto di rosmarino o una piantina di cerfoglio... Costano più di una parure di Bulgari... Senta, vorrei un'anguria... Gliela incarto, o faccio un leasing?

GINO&MICHELE-PAOLO ROSSI

Un artista decente è destinato a essere infelice nella vita. Ogni volta che ha fame e apre il suo sacco, ci trova dentro solo perle!

HERMANN HESSE

«Per la prossima canzone abbiamo bisogno del vostro aiuto. Quelli nei posti economici sono pregati di battere le mani. Gli altri possono limitarsi a far tintinnare i loro gioielli.»

JOHN LENNON, DURANTE L'ESIBIZIONE DEI BEATLES IL 4 NOVEMBRE 1963 AL TEATRO PRINCES OF WALES DAVANTI AI REALI INGLESI

Un'impiegata di Tiffany ha querelato i suoi capi per abuso e umiliazione. Praticamente la trattavano come uno dei loro clienti.

DAVID LETTERMAN

Gli uomini che portano l'orecchino sono i migliori candidati per il matrimonio. Hanno provato il dolore e comperato gioielli.

RITA RUDNER

GIORNALE *(Rivista)*

Sono molto avvilito perché il mio romanzo, *Fiero emetico*, ha ricevuto fredde accoglienze dalla critica. L'unica recensione favorevole, sul *Times*, è viziata però dalla frase finale che definisce il libro "un miasmatico marasma di asinini luoghi comuni che non trova l'uguale nella letteratura occidentale". Willie mi dice che, sebbene la frase potrebbe variamente interpretarsi, è opportuno non servirsene a scopi pubblicitari.

Woody Allen

Ho letto nel *Reader's Digest* che le sigarette fanno male. Così ho subito smesso di leggere il *Reader's Digest*.

Anonimo

I funzionari statali sono tra i mariti più desiderabili: quando la sera tornano a casa non sono mai troppo stanchi e hanno già letto il giornale.

Anonimo

«Penso che farò un bagno!» «Vado ad avvisare i giornali!»

Arturo

Non riesco a capire come un uomo d'onore possa prendere in mano un giornale senza un brivido di disgusto.

Charles Baudelaire

Casa Dolce Casa, è solo un proverbio oppure è una rivista di Arredamento Pasticceria Arredamento?

Alessandro Bergonzoni

Stamattina il mio caporeparto mi ha chiesto come mai sono arrivato in ufficio con due ore di ritardo. Gli ho risposto: «Scusi, me lo ha detto lei ieri che il giornale me lo devo leggere a casa!».

Bruce Ketta

Editoria. Da guerre intestine, giornali di merda.

Massimo Bucchi

Leggerei *Play Boy* più spesso, ma i miei occhiali continuano ad appannarsi.

George Burns

Non avete mai pensato, mentre guidate, di salire sul marciapiede e falciare trenta persone? Non dico di farlo, ma ci avete mai pensato? Tipo: «Sono qui che guido tranquillo, nessuno sa chi sono... Ma se sposto la mano che regge il volante di due gra-

di sarò sulla copertina di *Newsweek* e tutti parleranno di me».
BILL BURR

Titolo di un articolo apparso sulla rivista *Uomini&Business*: "Come si diventa Berlusconi in tre mesi". È obbligatorio?
LA CAROVANA

Ieri avevo un appuntamento importante per un colloquio di lavoro e quindi mi sono vestito per l'occasione: giacca blu, cravatta e camicia bianca. Completava il mio abbigliamento un'utile cartella di cuoio modello dirigente con scomparti a fisarmonica, per sistemare i vari documenti che avevo con me: un biglietto del tram e *La Gazzetta dello Sport*.
ANTONIO CORNACCHIONE

Adamo è lì nel paradiso terrestre con tutti i comfort possibili ma sente che gli manca qualcosa a cui non riesce dare un nome. Riesce però ad accostare un colore, un rosa pallido... Dio se ne accorge e crea la donna. E pecca di presunzione perché Adamo, quella che voleva al suo fianco era semplicemente *La Gazzetta dello Sport*.
LELLA COSTA

Playboy ha deciso di fare un calendario di ragazze completamente vestite. Sarà destinato ai club di nudisti.
PIERO DEGLI ANTONI

«Mamma, cosa fanno i maniaci sessuali?» «Ultimamente le copertine dell'*Espresso*, dell'*Europeo* e di *Panorama*.»
ELLEKAPPA

Ficarra: «Ma che succede? Perché ti stai leggendo 'sto giornale così attentamente?»
Picone: «Eh, caro mio, ci sono novità e voglio vederci chiaro. A quanto pare il Palermo Calcio se lo sta comprando un imprenditore del Nord!»
Ficarra: «Veramente? E questo che intenzioni ha?»
Picone: «Sta portando dieci giocatori nuovi, un nuovo preparatore atletico, un centravanti che segna venticinque

gol a campionato e un allenatore che è considerato tra i migliori!»
Ficarra: «Ma com'è pazzo! Non lo capisce che così rischiamo di andare in serie A?»
Picone: «Rischiamo? Ha dichiarato senza inibizioni che vuole andare in serie A!»
Ficarra: «Questo viene dal Nord e parla di serie A? Ma chi gliel'ha chiesta? Se ci volevamo andare, che aspettavamo a lui? Come se noi non ci sapessimo andare da soli! Dopo trent'anni di onorata serie B, perché dovremmo salire in serie A? Per giocare con l'Inter? Con la Juve? Con il Milan? Se ci tengono scendono loro!»

FICARRA E PICONE

È vero che i cannibali ti mostrano delle riviste porno prima di mangiarti, così c'è più carne?

RICKY GERVAIS

Gli uomini che vedete in copertina su *Men's Health* non esistono: hanno muscoli in posti che io non ho neanche i posti!

GIUSEPPE GIACOBAZZI

Ormai i prezzi degli scoop fotografici sono inimmaginabili. Quest'estate *Chi* ha pagato duecento mila euro per una foto della Belen che non baciava nessuno.

GINO&MICHELE

Lui, delle donne, guarda gli occhi e le mani... È come comprare *Playboy* e leggere l'articolo di fondo.

GINO&MICHELE-PATRIZIO ROVERSI

Legge *Playboy* come potrebbe leggere *National Geographic*: per vedere luoghi che non potrà mai visitare.

JACKIE GLEASON, RIFERENDOSI AL VECCHIO COMICO GEORGE BURNS

Ho avuto un'eruzione cutanea così devastante che sarò sul prossimo numero di *Focus*.

MARZIO GOBBI

Come tutti i miliardari, De Benedetti gioca. L'altro giorno voleva comprare l'Olivetti, ma gli hanno detto che è già sua. O porca miseria. De Benedetti è uno che è uscito di casa e ha detto alla moglie: «Vado a comprare il Belgio». Ma comprati la Calabria che è in liquidazione! Sei mesi fa è uscito, ha detto: «Compro *la Repubblica*» ed è tornato a casa con Scalfari. Magari adesso esce per prendere un caffè e torna con Nino Manfredi. È gente fatta così.

BEPPE GRILLO

Ma se Giuliano Ferrara è il direttore de *Il Foglio*, quanto cazzo peserà il direttore de *Il Giornale*?

FRANCO KAPPA

Playboy sta per pubblicare una rivista per soli uomini sposati: ogni mese, lo stesso paginone centrale.

CRAIG KILBOM

Secondo un sondaggio della rivista *Men's Health*, l'85% degli uomini ha ammesso che quando naviga su Internet indossa soltanto la biancheria intima. Il 63% ha rivelato che ha perso così l'ultimo lavoro.

JAY LENO

Uno dei segni che il tuo giornale è nei guai è che tutte le notizie che riporta sono avvenute nel raggio di un isolato dall'ufficio del giornale.

DAVID LETTERMAN

Ogni mattina leggo su *Forbes* la lista delle cento persone più ricche d'America. Se non vedo il mio nome, esco e vado a lavorare.

PAT MORRIS

Secondo il settimanale *Times* Boy George è stato eletto uomo e donna dell'anno.

NOT NECESSARILY THE NEWS

Hanno chiuso *Le Ore*, dicono che non vende più. Una volta c'erano i giornali porno, poi i film, poi Internet... Prima o poi per fare l'amore si tornerà alla donna.

DIEGO PARASSOLE

Incidente sul lavoro. Piegatore di giornali morsicato da un inserto.

GINO PATRONI

Ci sono tutti i giornali porno esistenti. Ho visto un habitué entrare e gridare: «*Le Ore*, *Extasi blu*, e *Tonsille vertiginose*!» E poi pianissimo, per vergogna: «*L'Espresso*». L'ha messo in mezzo a *Tonsille vertiginose* ed è uscito...

CARLO PISTARINO

I giornali inventano la metà di quello che dicono... se poi ci aggiungi che non scrivono la metà di quel che succede, ne consegue che i giornali non esistono!

QUINO

Mio zio Pat legge gli annunci mortuari ogni mattina sul giornale. E non riesce a capire come mai la gente muoia sempre in ordine alfabetico.

HAL ROACH

Questa ragazza che ho visto su *Playboy* era incredibile. Non penso che avesse addosso silicone; credo avesse elio. Erano così grosse che non sono riuscita a chiudere la rivista.

RITA RUDNER

Titolo di un giornale: "Drogata, stuprata e costretta a tenere all'Inter".

FRANCESCO SALVI

Non leggo mai un giornale della mia opinione: la troverei deformata.

ERIK SATIE

Non mi piacerebbe per niente essere un bambino appena nato nel mondo d'oggi. Ci sono problemi dappertutto. Se fossi un bebè, non credo che potrei sopportare di sapere cosa mi aspetta. Ecco perché per i primi due anni di vita non ti fanno vedere i giornali.

CHARLES M. SCHULZ

È incredibile che l'ammontare di fatti che accadono nel mondo ogni giorno calzi sempre perfettamente con le misure di un giornale.

JERRY SEINFELD

Settimana dopo settimana il *Corriere* ci propone la rubrica di Alberoni: l'unico articolo, nella storia del giornalismo, che abbia già incartato l'insalata prima ancora di essere dato alle stampe.

MICHELE SERRA

Bobo: «Mi dia *Tango* per favore.»
Giornalaio: «Guardi che è insieme a *L'Unità*...»
Bobo: «Be', pazienza...»

SERGIO STAINO

"Cucina, rassetta e vince il premio Nobel."

TITOLO DI UN GIORNALE DEL 1977 SUL PREMIO NOBEL PER LA MEDICINA A UNA DONNA

I giornali parlano per metà di disgrazie e per metà di politici, che anche loro, in quanto a disgrazie, non scherzano mica.

Lino Toffolo

L'altro giorno ho perso il cane a caccia. Mia moglie mi ha detto: «Metti un annuncio sul giornale». Il lunedì sono andato a *Il Messaggero* e c'ho fatto scrivere: "Bobby, qua!". Il martedì, visto che non arrivava, c'ho fatto riscrivere: "Subito!".

Stefano Vigilante

In realtà ogni autore desidera veder stampate le proprie lettere sui giornali. Incapace di arrivare a tanto, scende di un gradino e scrive romanzi.

Pelham Grenville Wodehouse

Direttore: «Perché si parli del mio settimanale corrotto e reazionario ho deciso di dare una pagina a un giornalista progressista e non corrotto. Su questa collaborazione imposterò una campagna pubblicitaria.»
Giornalista: «Non teme di indisporre i suoi lettori?»
Direttore: «Certamente sì. Perciò ho dato disposizione perché il contesto reazionario sia rafforzato.»

Georges Wolinski

GIORNALISMO
(Informazione - News - Tg)

«Lei è un coglione?» «Maledizione, un'altra fuga di notizie.»

Altan

Si capisce al volo che è un leader. Più del discorso cura il riassunto per la stampa.

Dino Basili

Più lontano accade una catastrofe o un incidente, più alto deve essere il numero dei morti e feriti perché faccia notizia.

Arthur Bloch, *Legge di Fuller sul giornalismo*

Buonasera dal Tg3. Aumenta il malessere degli italiani: 4 persone su 5 ai limiti della sopravvivenza. Buonasera dal Tg5. Aumenta il be-

nessere degli italiani: 1 persona su 5 ha un reddito superiore.
Buonasera dal Tg4. Aumenta il narcisismo degli italiani: 4 persone su 5 scelgono il digiuno per mantenersi in forma.

Beppe Braida

Tg del futuro. A cinquant'anni dal disastro di Ustica finalmente una certezza: il DC9 dell'Itavia, caduto la sera del 27 giugno 1980, poco prima di precipitare volava.

Beppe Braida

Un tempo il giornalismo toglieva uomini alle lettere; oggi, il che è più grave, ne dà.

Achille Campanile

Ormai siamo all'internazionalizzazione della notizia. Sono le regole del villaggio globale. Se eleggono Clinton in America, stappano lo champagne in Italia. Se in Italia eleggiamo Scalfaro, in America... non gliene frega niente a nessuno.

Antonio Cornacchione -Marco Posani

Esistono due mestieri che si possono fare con poca esperienza. Uno è la prostituzione, l'altro il giornalismo sportivo. Troppo spesso diventano la stessa cosa.

Howard Cosell

Perché al telegiornale, quando danno la notizia di una rapina, dicono sempre cosa indossava il rapinatore? A meno che non sia un Puffo, oppure il mio insegnante di matematica di prima liceo, ci sono serie possibilità che quell'uomo si cambi d'abito ogni giorno!

Lori Giarnella

Se sei un campione dello sport, sei un campione dello sport. Se non ce la fai, cerca di fare l'allenatore. Se non riesci ad allenare, diventa giornalista. Se non sai scrivere correttamente allora non ti resta che presentare un programma sportivo in tv il lunedì sera.

Desmond Lynam

Questa edizione del telegiornale andrà in onda in forma ridotta per venire incontro alle vostre capacità mentali.

Daniele Luttazzi

Non per fare il solito paranoico, ma ultimamente ho l'impressione che al telegiornale ogni notizia alluda al fatto che ho il cazzo piccolo.
Mad E. Mat

... Era un periodo in cui al Tg1 dovevamo iniziare con una notizia di politica, e mi ricordo che pur di farlo una volta abbiamo aperto con le elezioni nella Corea del Nord. Ma a chi volete che interessassero le elezioni in Corea del Nord? Nemmeno al Tg della Corea ci hanno aperto con quella notizia!
Enrico Mentana

«La stampa trascura le mie poesie. È una vera congiura del silenzio. Che cosa devo fare, Oscar?» «Unirti alla congiura.»
Sir Lewis Morris e Oscar Wilde

A New York c'è una violenza pazzesca. Sul giornale di oggi c'era la notizia di un leone che si è liberato dallo zoo di Central Park ed è stato seriamente malmenato.
Bob Newhart

Domani black out di radio e televisione: non vengono trasmessi i notiziari. Finalmente si fa qualcosa per la diffusione corretta delle notizie.
Gabriella Ruisi

Settimana dopo settimana il *Corriere* ci propone la rubrica di Alberoni: l'unico articolo, nella storia del giornalismo, che abbia già incartato l'insalata prima ancora di essere dato alle stampe.
Michele Serra

Col mio primo marito, era come un'edizione straordinaria del telegiornale, breve, inaspettata, e in generale un disastro.
Soap

La cosa bella della televisione è che se accade qualcosa di importante in qualsiasi parte del mondo, giorno o notte che sia, tu puoi sempre cambiare canale.
Taxi

La differenza tra la letteratura e il giornalismo? Il giornalismo è illeggibile e la letteratura non è letta.
Oscar Wilde

Buona parte del giornalismo rock è gente che non sa scrivere che intervista gente che non sa parlare per gente che non sa leggere.
Frank Zappa

GIORNALISTA

«Ma dottor Scalfari, cosa fa così imbacuccato?» «L'estate mi ha deluso. Quest'anno appoggio l'inverno.»
Altan

Redattore: «Non è successo un tubo.» Caporedattore: «Mandiamo tre inviati e titoliamo: "Tragico vuoto".»
Altan

Dimmi chi è il tuo direttore e ti dirò ciò che mi dirai.
Beppe Braida

Finalmente sono giornalista anch'io adesso e i fatti non mi interessano più.
Pat Buchanan

«Allora... che mestiere fai? Oh no, aspetta, fammi indovinare: io ho un sesto senso per indovinare i mestieri... Vendi tappeti?» «Quasi, faccio il giornalista sportivo.»
La Dea dell'amore

Anche i capelli di Paolo Liguori cercano di allontanarsene il più possibile.
Fabio Di Iorio

«Possibile che non esistano giornalisti incorruttibili?» «Sì, ma quelli costano di più.»
Ellekappa

Emilio Fede quando si è presentato alle elezioni per il Psdi ha preso cinque voti. In famiglia sono in sei: sta ancora cercando il franco tiratore.
Beppe Grillo

Non avere un pensiero e saperlo esprimere: è questo che fa di uno un giornalista.
Karl Kraus

Sono a disagio coi giornalisti perché quando vedo un gruppo di persone, tutte con lo sguardo in una direzione e in quella direzione ci sono io,

mi viene addosso una vaga paura di essere linciato.
ROBERT MITCHUM

Biscardi è l'unico giornalista al mondo che si fa lo sciampo col Crodino.
ENRICO MONTESANO

Se un giorno dovessi fare un trapianto di cervello vorrei quello di un giornalista sportivo. Perché so che non è mai stato usato.
JOE PATERNO

Ci siamo ribellati, abbiamo sognato, e siamo stati sconfitti. Qualcuno di noi è diventato tossicodipendente, qualcuno terrorista, qualcuno è morto. Io sono andato via per fare il giornalista.
MICHELE SANTORO

Non c'è nulla di più spregevole dei giornalisti che amano il loro mestiere.
ARNO SCHMIDT

MICHELE SERRA

Direttore: «Perché si parli del mio settimanale corrotto e reazionario ho deciso di dare una pagina a un giornalista progressista e non corrotto. Su questa collaborazione imposterò una campagna pubblicitaria.
Giornalista: «Non teme di indisporre i suoi lettori?»
Direttore: «Certamente sì. Perciò ho dato disposizione perché il contesto reazionario sia rafforzato.»
GEORGES WOLINSKI

GIOSTRA

vedi ***Parco giochi***

GIOVENTÙ

«Babbo che ne sarà di me?» «Per intanto sei giovine. Poi farai l'emarginato, il soldato e il disoccupato. Poi scegli: o meridionale o donna.»
ALTAN

Questi giovani d'oggi non credono a niente: noi, alla loro età, eravamo pieni di delusioni.
ALTAN

Giovane è colui che non sa ancora di essere stato cretino.

Anonimo

Tra due mali scelgo sempre quella più giovane e carina.

Anonimo

I ragazzini sono dei duri. Una volta ho visto un ragazzino e gli ho regalato un'arancia. Sua madre lo ha ripreso: «Cosa si dice al signore?». Il ragazzino mi ha guardato e ha detto: «Sbucciala».

Bill Barner

Il mito più grande è che, invecchiando, si perda gradualmente la voglia di fare sesso. Probabilmente, questo mito venne a crearsi perché le persone più giovani sembrano voler fare sesso a ogni occasione, semafori inclusi, mentre le persone anziane sono più inclini a riservare le loro attività sessuali a occasioni speciali, tipo l'insediamento di un nuovo Papa.

Dave Barry

I buoni muoiono giovani perché capiscono che non ha senso vivere se devi essere buono.

John Barrymore

Ieri viene mia figlia Raffy e mi fa: «Papy, casano' è tutta in off». «Cosa che cosa?» «Papy... lo stereo è un casi e la tele è out, il compiù non funzio'...» «Mah...» dico «Nunzio? Chi è 'sto Nunzio?» «Papy, ci sei? Ce la fai? Sei connesso? Ma che Nunzio? Non funzio!... Non funziona! Papy, ti avviso: sei un fornello, mi rosoli la vita, mi scuoci il self-control!». E io: «Raffy, le vedi 'ste mani: la destra è l'olio e la sinistra l'aceto... come vuoi essere condita? Con una bella salsa alla "ti crepo di mazzate?"»

Pino Campagna

Oggigiorno ai ragazzi non importa più di niente. Ho visto due, in auto, baciarsi mentre andavano a ottanta miglia all'ora. Ed erano in due auto diverse. E andavano in direzioni opposte.

Norm Crosby

Hai notato che più invecchi, più giovani sono le ragazze con cui esci?

Di questo passo presto uscirai con uno spermatozoo!

BILLY CRYSTAL

Non serve a nulla esser giovane se non si è bella, né esser bella se non si è giovane.

FRANÇOIS DE LA ROCHEFOUCAULD

Se la gioventù sapesse, se la vecchiaia potesse.

HENRI ESTIENNE

Il Rock' n Roll ti mantiene giovane e ti uccide presto.

ROBERT FRIPP

I bambini di adesso vogliono tutto, dal computer al motorino; noi, cinquant'anni fa, ci divertivamo con niente. Eravamo sfollati in campagna e i grandi ci dicevano: «Se state bravi, stasera per premio vi portiamo in collina a veder bombardare Torino». A noi bastava che bombardassero Torino tutte le sere ed eravamo contenti.

BRUNO GAMBAROTTA

La vera fonte della giovinezza è avere una mente porca.

JERRY HALL

Da giovane avevo quattro parti flessibili e una rigida. Ora invece ne ho quattro dure e soltanto una flessibile.

HENRI DUE D'AUMALE

Quando sei giovane dici: «Se divento un vegetale, staccate la spina». Poi, più invecchi, più ti ammorbidisci: «Se divento una rapa, uccidetemi. Se divento un vegetale più di moda, tipo il radicchio, innaffiatemi un paio di volte al giorno e tagliate le foglie gialle».

DANIEL LIEBERT

I giovani a letto non sanno quel che fanno. Ma lo fanno tutta la notte.

MADONNA

E se i giovani fossero tutti fessi? Può capitare, ogni tanto, una generazione di fessi.

MARCELLO MARCHESI

Giovane si schianta contro un lampione. Spenti entrambi.

Marcello Marchesi

Le nuove generazioni sembrano sveglie ma non lo sono. Mio figlio a quattordici anni ha già fatto sesso, e tutto spavaldo mi fa: «Pa', scommetto che tu alla mia età non sapevi neanche com'era fatta una donna! Anzi, pa', detto tra me e te, ma tu hai mai trombato?».

Mad E. Mat

Quando ero giovane avevo tante idee e pochi soldi. Oggi che ho i soldi delle idee non me ne frega più un cazzo.

Geometra Meneghetti (Enrico Bertolino)

Da giovani praticavamo l'amore libero, nel senso che noi volevamo fare l'amore e le ragazze erano libere di dirci di no.

Diego Parassole

Non è vecchio. Nonostante le apparenze, ha trentacinque anni. Per tenersi in forma fa molto sport. Tutte le mattina fa dieci chilometri di jogging. Però li fa correndo all'indietro, quindi anziché mantenerlo giovane lo invecchia.

Alessio Parenti

I teen-agers si lamentano che non c'è mai niente da fare, poi passano tutta la notte a farlo.

Bob Phillips

I 40 anni sono quell'età in cui ci si sente finalmente giovani. Ma è troppo tardi.

Picasso

Ci si mette molto tempo per diventare giovani.

Picasso

Negli Stati Uniti i ragazzi si travestivano per non andare in Vietnam. Io mi travesto per andare da Costanzo.

Platinette

Cinquant'anni!... La vecchiaia per i giovani, la giovinezza per i vecchi!

William Powell

Ho deciso che da grande mi voglio fare un lavoro di concetto. Di concetto di non fare un cazzo.
SABBRY (LUCIANA LITTIZZETTO)

E i ragazzi al giorno d'oggi si lamentano perché vanno a scuola la mattina. Quando ero piccolo si andava dalla mattina alla sera anche la domenica. E il lunedì due volte. Però ci hanno insegnato tutto della vita: l'ettolitro e il decametro. Io non ho mai visto sull'autostrada un cartello con scritto: "Autogrill a 10 decametri".
FRANCESCO SALVI

Non mi piacerebbe per niente essere un bambino appena nato nel mondo d'oggi. Ci sono problemi dappertutto. Se fossi un bebè, non credo che potrei sopportare di sapere cosa mi aspetta. Ecco perché per i primi due anni di vita non ti fanno vedere i giornali.
CHARLES M. SCHULZ

La Chiesa è una sposa sbandata che in mezzo alla piazza scopa con banchieri e diplomatici avvelenando al tempo stesso la vita ai ragazzini che si fanno una sega.
VLADIMIR SENAKOVSKY

Avrete sentito parlare delle tre età dell'uomo: la giovinezza, la maturità e la "ma stai benissimo!".
CARDINALE SPELLMAN

Ho sposato un uomo più giovane di me. Cinque anni più giovane. Perché mi sono detta, se non puoi trovare l'uomo giusto, allevane uno.
WANDA SKYES-HALL

Da giovane lo stesso giorno baciai la mia prima ragazza e fumai la mia prima sigaretta. Da allora non ho più perso tempo col fumo.
ARTURO TOSCANINI

Una ragazza virtuosa non corre dietro ai giovanotti: qualcuno ha forse mai visto una trappola inseguire i topi?
JULIAN TUWIN

La vita sarebbe infinitamente più felice se noi nascessimo a ottant'anni e gradualmente ci avvicinassimo ai diciotto.
MARK TWAIN

Un consiglio ai mariti anziani delle mogli giovani e belle: state lontani da casa più possibile, perché alle vostre mogli la voglia di tradirvi viene quando vi vedono.

ENRICO VANZINA

«I giovani d'oggi! L'altro giorno mio figlio mi ha chiesto: "Papà, che cos'è un orgasmo?"» «E tu?» «Ero imbarazzato... gli ho detto: "Chiedilo alla mamma..."» «E lei?» «È arrivata di corsa e mi ha chiesto: "Dario, che cos'è un orgasmo?"»

DARIO VERGASSOLA

Il problema dei giovani scrittori è che hanno tutti sui sessant'anni.

W. SOMERSET MAUGHAM

Datemi uno che ha sedici anni e ve lo restituirò quando ne avrà ventuno.

MAE WEST

La gioventù di oggi è mostruosa! Non ha nessun rispetto per i capelli tinti.

OSCAR WILDE

Da giovane bevevo molto. Si vedeva perché camminavo come Elephant Man in un autolavaggio... Ho smesso quando mi sono ritrovato in autostrada, nudo e con le chiavi dell'auto nel culo.

ROBIN WILLIAMS

GIRAFFA

La giraffa ha il cuore
lontano dai pensieri
si è innamorata ieri
e ancora non lo sa.

STEFANO BENNI

Giraffa: vocabolo educato per non dare a una donna del cammello.

GUSTAVE FLAUBERT

GIUDA

«La taglia su Cheyenne è 5000 dollari, giusto?» «Giuda si è accontentato di 4970 dollari in meno.» «Non c'erano i dollari allora.» «Già, ma i figli di puttana sì.»

C'ERA UNA VOLTA IL WEST

Per i Battisti Ultragarantisti Giuda va considerato innocente fino a sentenza definitiva.

ENZO COSTA

È uscita una nuova Bibbia scritta in inglese moderno. L'hanno fatta per stare al passo coi tempi. Non so, mi sembra che perda un po' di misticismo... "E Gesù camminò sulle acque, e Giuda disse: 'Figo!'".

BILL HICKS

È sbagliato giudicare un uomo dalle persone che frequenta. Giuda, per esempio, aveva degli amici irreprensibili.

MARCELLO MARCHESI

Giuda: «Un bacio è un apostolo roso fra le parole "ti" e "tradisco"».

SANDRO MONTALTO

«Giuda avrà avuto una ragione per fare una cosa del genere no?» «Eh no! Per soldi!» «Eh, per soldi! Non è una ragione scusa? Bastava che lo facevano nascere ricco e già si evitava tutto... 'sta cosa, l'uccisione, u tradimento,... cioè pecché quando uno non conosce la gente nun me piace giudicà, capito?... Pecché mette che tu n'ha bisogno proprio. A un certo punto, 'sti trenta denari quanto potevano essere? Mettiamo due trecentomilalire quattrocento ca ne so, però quello avrà messo a posto le cose sue pecché mette per esempio che va a casa e'a mugliera ogni volta... Giuda tu devi andare a lavorare, Giuda 'u padrone di casa, a luce, l'acqua - per dire - 'u telefono... A un certo punto quello, tutte 'ste cose! [...] S'è visto 'sti trenta denari in mano e ha detto: "ma chemmene importa... mo' metto a posto 'a famiglia".»

MASSIMO TROISI

GIUDICARE

Io non giudico mai un uomo dal suo denaro, ma dal colore delle sue Rolls-Royce.

PAUL GETTY

È sbagliato giudicare un uomo dalle persone che frequenta. Giuda, per esempio, aveva degli amici irreprensibili.

MARCELLO MARCHESI

Siamo cauti nei giudizi. Prima di dire che uno è stronzo bisogna leccarlo.

MARCELLO MARCHESI

Non si può giudicare il Lohengrin al primo ascolto. E certamente non intendo ascoltarlo una seconda volta.

GIOACHINO ROSSINI

Non bisogna giudicare il buon Dio da questo mondo perché è uno schizzo che gli è venuto male.

VINCENT VAN GOGH

Sono una persona profondamente superficiale.

ANDY WARHOL

GIUDICE

(Magistrato - Pubblico ministero)

L'oscenità è tutto quello che dà un'erezione a un giudice.

ANONIMO AVVOCATO AMERICANO

Basta con questo Sostituto Procuratore della Repubblica! li titolare dov'è?

ROBERTO BENIGNI

L'inizio di Mani Pulite si deve a un'azione creativa di Di Pietro, che sul terzo avviso di garanzia spedito a Mario Chiesa, che aveva ignorato gli altri due, fece aggiungere una postilla: "E si ricordi che questa lettera potrebbe portarle sfortuna", innescando così la catena di Sant'Antonio Di Pietro. Inoltre, sempre Di Pietro, aggiunse sui successivi avvisi di garanzia la seguente dicitura: "Il signor Mario Chiesa ha ricevuto questa lettera e l'ha ignorata, venendo arrestato pochi mesi dopo. Se non volete che vi capiti ciò che accadde al signor Chiesa, fate venti fotocopie e mandatele agli amici". E così Mani Pulite si propagò senza neanche la spesa di un francobollo.

ENRICO BERTOLINO

Ai tempi di Mani Pulite ho conosciuto Antonio Di Pietro. Ero così emozionato che non riuscivo a parlare. Neanche lui riusciva a parlare e non era neanche emozionato.

Beppe Braida

«Ma allora signor giudice anche lei è mafioso?» «Sì, ma non ne ho le prove.»

Calligaro

Per favore non dite a mia madre che faccio il giudice nel Tribunale di Roma... Lei mi crede un killer della 'ndrangheta in missione di morte nella capitale.

Enzo Capozza

Berlusconi afferma che certi giudici sono più vicini ai delinquenti che alle istituzioni. E non è contento?

Glauco Della Sciucca

Il giudice Carnevale è sempre pronto ad accorrere là ovunque si annidi una giustizia.

Gino&Michele

I magistrati del tribunale di Milano hanno dichiarato che, se Berlusconi la finirà di dire falsità sul loro conto, loro sono disposti a smettere di dire la verità su di lui.

Gino&Michele

Tiziana Parenti? Non distingue un numero del telefono da un conto bancario.

Primo Greganti, nel periodo di Manipulite

Oh tartaruga
mai che ti gratti un seno
o che almeno
ti appoggi sul pancino
il tuo tartarughino
mai che ti possa abbronzare
mai che tu possa scappare
chiusa lì dentro
in quello stato
povera figliola!
Ti senti sola!
Quasi come un magistrato.

Enzo Iacchetti

18 novembre 1992. Come aveva promesso, Tommaso Buscetta ha rivelato oggi ai magistrati i nomi dei politici mafiosi: Giulio, Cirino, Calogero, Ciriaco... I cognomi, invece, rimangono avvolti nel mistero.

Striscia la notizia

GIUDIZIO UNIVERSALE
vedi ***Fine del mondo***

GIUNGLA
vedi ***Bosco***

GIURIA

Si è notato da tempo che le giurie sono spietate con i ladri e piene di indulgenza con gli infanticidi. Una questione di interesse, mio caro signore! La giuria ha paura di essere derubata e ha già superato l'età in cui potrebbe essere vittima di un infanticidio.

EDMOND ABOUT

Jerry Calà è stato eletto comico dell'anno da un'apposita giuria di bugiardi.

AMURRI & VERDE

È praticamente impossibile ottenere una condanna per sodomia da una giuria inglese, giacché la metà di essa non crede che sia fisicamente possibile, mentre l'altra metà la pratica abitualmente.

WINSTON CHURCHILL

Una giuria consiste di dodici persone scelte per decidere chi abbia il miglior avvocato.

ROBERT FROST

Soltanto gli avvocati e i cerebrolesi sono automaticamente esclusi dall'essere membri di una giuria. Ci sarà un motivo?

GEORGE BERNARD SHAW

GIUSTIZIA *(Ingiustizia)*

La vita s'è tutta un bidòn. Beati gli affamati di giustizia perché saranno giustiziati.

ANGELO CECCHELIN

La giustizia militare sta alla giustizia come la musica militare sta alla musica.

GEORGE CLEMENCEAU

Il mondo è ingiusto: si vedono un sacco di incapaci raggiungere il

successo. Questo mi fa ben sperare per il mio avvenire.
DENTIBLÙ

Ogni ingiustizia ci offende quando non ci procuri direttamente alcun profitto.
LUC DE VAUVENARGUES

Giudice: «Io non faccio differenza tra bianchi e neri. Ho liberato i quattro ragazzi bianchi che hanno ucciso un negro e avrei fatto lo stesso se quattro ragazzi negri fossero stati uccisi da un ragazzo bianco!»
ELLEKAPPA

Tyson condannato, Kennedy assolto. Il confine tra stupro e atto consensuale a volte è chiaro, a volte è negro.
ELLEKAPPA

La legge, nella sua maestosa equanimità, proibisce sia ai ricchi che ai poveri di dormire sotto i ponti.
ANATOLE FRANCE

Masturbarsi è giusto e questa sera ho intenzione di farmi giustizia da solo.
ROBERTO GAVELLI

Il giudice Carnevale è sempre pronto ad accorrere là ovunque si annidi una giustizia.
GINO&MICHELE

Non è giusto che *Domenica in* duri cinque ore e un orgasmo solo quattro secondi.
GIULIANO

È un'ingiustizia parlare male di Vienna sempre per i suoi difetti, quando vale la pena di parlare male anche dei suoi pregi.
KARL KRAUS

Tremo per il mio paese quando penso che Dio è giusto.
THOMAS JEFFERSON, *NOTE SULLA VIRGINIA*

La classica ricetta per eliminare le ingiustizie: dai a tutti le stesse possibilità di partenza, specialmente l'educazione scolastica, e intanto tieni i negri lontani dal tuo portico.
CHRISTOPHER LASCH

Il mondo non è perfetto. In un mondo perfetto Mark Chapman avrebbe ucciso Yoko Ono.

Daniele Luttazzi

Credo che la ragione per cui la giustizia è cieca sia perché gli avvocati passano il tempo a farsi le seghe.

Dennis Miller

"Giustizia!" stava scritto sul portone, e ci credette u' minchione!

Proverbio siciliano

La caccia al cervo sarebbe un autentico sport, se solo il cervo avesse il fucile.

William Schwenck Gilbert

Secondo il sistema giudiziario inglese si è sempre innocenti fino al momento in cui non viene provato che si è irlandesi.

Ted Whitehead

Berlusconi ha un solo modo per risolvere il problema della giustizia in Italia: costituirsi.

Lucio Wilson

GODERE

vedi **Orgasmo**

GOLF

Il mondo è impazzito: il miglior rapper è un bianco, il miglior giocatore di golf un nero, i migliori velisti sono svizzeri, i francesi accusano gli americani di arroganza e i tedeschi sono contrari alla guerra.

Anonimo

Datemi le mie mazze da golf, un po' d'aria fresca e una bella ragazza e potete anche tenervi le mazze e l'aria fresca.

Jack Benny

Spesso il sabato pomeriggio qualcuno mi invita a giocare a golf. Ma non ci vado. Lo trovo uno sport da smidollati. Preferisco restare a casa a provarmi i vestiti di mia moglie.

Romano Bertola

È sorprendente il numero delle persone che mi ha battuto a golf da quando non sono più presidente.
GEORGE BUSH SR

Uno dei vantaggi del bowling rispetto al golf è che raramente si perdono le bocce.
DON CARTER

A mio avviso il golf è un modo costoso di giocare alle biglie.
GILBERT K. CHESTERTON

Il golf non è un funerale, anche se entrambe possono essere occasioni molto tristi.
BERNARD DARWIN

Era troppo povero per giocare a golf. Giocava a felpa.
GINO&MICHELE

La minima cosa lo infastidiva, sul green. Aveva sbagliato delle buche facilissime a causa del frastuono delle farfalle nei prati adiacenti.
PELHAM GRENVILLE WODEHOUSE

Smetterei di giocare a golf se non avessi tanti maglioni.
BOB HOPE

Se volete fare delle lunghe passeggiate, fate lunghe passeggiate. Se volete colpire le cose con un bastone, colpite le cose con un bastone. Ma non ci sono scusanti per combinare le due cose e mettere il risultato in tv. Il golf più che uno sport è un insulto ai giardini.
NATIONAL LAMPOON'S

«Lei gioca a golf?» «No, sfortunatamente credo di mancare del temperamento necessario per dare la caccia a una pallina su acri e acri di quel che dovrebbe essere pascolo per bovini.»
THE PAPER CHASE

Per giocare a golf non è necessario essere stupidi. Però aiuta.
GEORGE BERNARD SHAW

È una buona regola non raccogliere le palline da golf perdute quando stanno ancora rotolando.
MARK TWAIN

Il golf è l'unico sport dove i bianchi si possono vestire come i neri e non sembrano neanche ridicoli.

ROBIN WILLIAMS

Quelle piccole linee attorno alla bocca, quelle zampe di gallina che ti sono spuntate attorno agli occhi, i millimetri di pappagorgia che ti sono cresciuti sul mento sono tutti modi che ha la vita per dirti che ti rimangono solo più nove buche da giocare. E allora esci e divertiti.

BRUCE WILLIS

GORILLA

*vedi **Scimmia***

GOVERNANTI

*vedi **Cameriere***

GOVERNO

*vedi **Stato***

GRAMMATICA

*vedi **Italiano***

GRANDI MAGAZZINI

(Supermercato)

Gin: «Come è andata la rapina al supermercato?»
Fizz: «Bene, in cassa c'erano solo due milioni ma c'era un'offerta e ce ne hanno dati tre».

ALE E FRANZ

Nancy Reagan ha sempre questo incubo tutte le notti: essere rapita, portata in un grande magazzino e obbligata a scegliere i suoi vestiti tra quelli in esposizione.

ANONIMO

Detesto parlare alla gente che non conosco. Per esempio, ai grandi magazzini, dove la commessa ti si avvicina, ti saluta, ti segue e non riesci a rubare niente.

ELAYNE BOOSLER

Paola: «Come al solito non trovo mai una moneta per prendere il carrello.»
Pauline: «Se io metto una moneta nel carrello, poi non posso più fare la spesa.»
GIOBBE COVATTA

Se i mini-market sono aperti trecentosessantacinque giorni l'anno, ventiquattro ore al giorno, sette giorni su sette, perché hanno serrature alle porte?
GALLAGHER

Quando ho visto il vecchio barbone spingere il carrello del supermarket lungo la via, dapprima mi sono sentito triste per lui. Ma quando ho guardato cosa c'era nel carrello, ho pensato: be', non c'è da meravigliarsi che tu sia un barbone, guarda le scemate che hai comperato.
JACK HANDEY

Quando la cassiera non riesce a far leggere il codice a barre alla sua macchina, le prova tutte, e alla fine dice al lettore ottico: «Va bene, te lo leggo io: barra grossa, barra sottile, barra grossa, barra sottile, barra grossa, barra grossa...».
EDDIE IZZARD

Il Natale scorso, mentre ero ai grandi magazzini per le compere, ho ascoltato un bambino sui cinque anni parlare con sua madre mentre insieme scendevano con la scala mobile. Ha detto: «Mammina, cosa faranno quando il piano di sotto sarà tutto pieno di scalini?»
HAL LINDEN

«Com'è Adriana?» «Ha i capelli neri, gli occhi neri, anche i denti un po' neri, perché li lava con un dentifricio senza FLUORO, una sottomarca, la Pasta del Sottotenente: la comprava in un discount estremo, dove per fare la spesa non solo bisogna prendere la roba dagli scatoloni, ma prima bisogna scaricare gli scatoloni dal camion.»
LEONARDO MANERA

Un buon giorno: quando le ruote del carrello al supermarket vanno tutte nella stessa direzione.
HERBERT V. PROCHNOW & HERBERT V. PROCHNOW JR.

Se sei grasso, uno dei momenti peggiori è il Carnevale. Se vuoi mascherarti da qualcosa di diverso da un pomodoro, rischi di fare delle figure penose. Un anno col costume di Zorro tutti mi chiamavano sergente Garcia; un anno vestito da cavaliere mi hanno ribattezzato "il Cavaliere rotondo della tavola". Ma il peggio è stato quando mi sono messo il costume di Superman con tutta la "esse" tirata sul davanti; mi hanno guardato e poi in coro: «Minchia l'Esselunga!».

DANIELE RACO

Ho incontrato la donna che poi divenne mia moglie ai grandi magazzini. Ho pensato, beh, se poi le cose non funzionano, posso sempre riportarla indietro.

ROWAN & MARTIN'S LAUGH-IN

Ho smesso di credere a Babbo Natale quando avevo sei anni. Mamma mi portò a vederlo ai grandi magazzini e lui mi chiese l'autografo.

SHIRLEY TEMPLE

La commessa m'ha spiegato che "3x2" significa ne prendi tre e ne paghi due. E il terzo? È gratis, fa lei. Allora mi dia solo quello!

STEFANO VIGILANTE

Era così affollato da Macy's che quando ho appoggiato il gomito sul bancone, qualcuno lo ha venduto per 1.98 dollari!

HENNY YOUNGMAN

GRASSO *(Obeso)*

Il corpo di Nunzia.
Il coppo di Nunzia, una valanga di pappamolla, escrescenza dilagante, sburudulante co' tutte zuave de panza e zuave de panza, come un'enorme mantipola di una bestia mai esistita. lo quanno mi getto addosso pe' fa'... non è che c'è solo sesso. Ci è anche l'imprevisto. Tu alzi una zuave de panza: una volta esce Pippo Baudo, un gettone d'oro... non so, Little Tony. I denti di Nunzia! Sette... otto... ma non munotoni: dal beggi al nero opaco, tutti i tunalamenti. Non tutti urdinati,

gettati in bocca un po' ddu capita, a caso... una bocca casual!

DIEGO ABATANTUONO

Ale: «Ha fatto proprio bene a vestirsi di nero: il nero lo slancia.»
Franz: «Sì, se si vestiva di bianco confinava con l'Austria.»

ALE E FRANZ

Sono grasso, lo so, ma non riesco a entrare nel lifestyle californiano. L'altro giorno ero in spiaggia, e ogni volta che mi mettevo giù, subito cercavano di spingermi verso il mare gridando: «Presto, sta morendo!».

LOUIE ANDERSON

Mio padre ha sposato una donna sfatta; a vederla nuda non si capiva se aveva il doppio mento o il triplo seno!

ANATOLJ BALASZ (NATALINO BALASSO)

«La legge di gravità dice che tutti i corpi si attraggono a causa di una forza!» «Tutti i corpi?» «Non proprio tutti, se prendi il corpo di tua sorella che pesa centottanta chili, per esserne attratti più che la forza ci vuole il coraggio!»

ANTONIO E MICHELE

Il sergente è stato un bambino molto grasso. Ha stabilito anche un record: non so quanto pesasse, ma il suo compleanno cade in settembre. Il 4, il 5 e il 6.

BEETLE BAILEY

«E il grosso è fatto», come disse la madre di Ferrara mentre partoriva.»

ROBERTO BENIGNI

Oh Dio, se non puoi farmi dimagrire, fa' almeno che i miei amici ingrassino.

ERMA BOMBECK

Non sono grassa. Sono un'esploratrice di cibo.

ERMA BOMBECK

Nove verticale: "Simile a una monovolume."... PLATINETTE.

CAPOCENERE (CLAUDIO BATTA)

Amo arrivati al paese con la macchina, io e Derelitta davanti, Oronzo dietro e le ragazze tutte e tre su un carrello al traino perché se entrano loro più Derelitta per il peso alla macchina si piegano le ruote sotto che sembra una lucidatrice. L'ultima volta che amo fatto il viaggio così per arrivare ci amo messo trentasei ore però indietro di noi la sfalto era lucida come se ci avevano dato la cera.

Vito Catozzo (Giorgio Faletti)

Dicono che quando il bambino piange per farlo smettere bisogna farlo ridere. Per me è facile, in genere gli faccio: «Mattia, chi è Tatiana? Tatiana è l'amica mia talmente grassa che il sangue le circola con la metropolitana!». Sicché Mattia smette, mi guarda: «Papà, è vecchia!»... e ritorna a piangere!

Gabriele Cirilli

Ho il corpo di un dio! Purtroppo per me è Buddha.

Mirko Coloccini

Giuliano Ferrara è l'unico al mondo che tiene il bidè con lo specchietto retrovisore.

Giobbe Covatta

So che può sembrare bizzarro, ma io ve lo garantisco, sono stata bella. Poi ho abusato di Nutella. E la Nutella, si sa, non perdona: sta tre minuti in bocca e tre anni nel culo.

Geppi Cucciari

Io sono la tipica bellezza sarda. Ho le stesse misure di un nuraghe.

Geppi Cucciari

Sapendo che Mina è diventata cittadina svizzera, trovare quanti abitanti fa.

Eglantine

Perché io so' Vito Catozzo, un vero macchio! Io tratto le donne come tratto i delinquenti! Ci ho mia moglie Derelitta che ha un rapporto peso-potenza 1:1. 140 chili, 1 metro e 40... Pure la dieta mi va a fare, mondo cano: mi diventa 110 chili... Ci ho detto: «Derelitta, se volevo un'indossatrice la sposavo, maiala la mandria con tutti i mandriani!».

Giorgio Faletti

Non è vero che sono grasso: sono sotto la mia altezza forma!

Garfield

Ancelotti ha tracciato il profilo del futuro allenatore del Milan: «Sarà aziendalista, grassottello e un po' stempiato. Lo stesso degli ultimi anni. Quindi sulla panchina rossonera rimane Berlusconi.»

GENE GNOCCHI

Giuliano Ferrara è così grosso che fa capoluogo di provincia.

GINO&MICHELE

Amore, alza gli occhi e guarda il cielo, solo lui è più grande di te; amore, osserva il sole, solo lui è più maestoso di te; amore, guarda quella mongolfiera, in questo caso vinci tu!

MARZIO GOBBI

Sembrava che fosse stata versata direttamente nel suo vestito e che si fosse dimenticata di dire: «Basta così!»

PELHAM GRENVILLE WODEHOUSE

Il medico al paziente grasso: «Prenda due di queste pillole a ogni pasto, ma non più di trenta al giorno!».

HERMAN

La grassona: «Secondo te come mi starebbe un bikini?»
Il mago: «Come due elastici su un uovo di struzzo!»

JOHNNY HART

Vi sono creature che, chiuse in un busto, in un paio di scarpe, in un paio di guanti, hanno la forma di una donna, come l'acqua ha la forma della bottiglia che la contiene. Ma levate busto, scarpe e guanti: le succederà come all'acqua se rompete la bottiglia.

ALPHONSE KARR

Mi piace essere grasso, mi piace il mio grasso! Mi tiene caldo, mi tiene compagnia, mi tiene i pantaloni su!

JACK KLUGMAN

Abbiamo un'epidemia di obesi, in America. Oggi un americano su tre pesa come gli altri due.

RICHARD JENI

Gli uomini, in realtà, non sanno come appaiono. Non se lo immaginano neanche. Andate su una spiaggia e vedrete stesi ad abbronzarsi alcuni dei più grossi mammiferi di terra del

Nord America con indosso solo uno Speedo. Un tizio che dovrebbe vestire un poncho in spiaggia, un uomo con più difetti genetici di una trota del fiume Hudson, lo vedrete indossare un costume da bagno creato per competizioni Olimpiche. In che cavolo di specchio stava guardando quando ha preso questa decisione? «Questo è il costume da bagno per me! Attira davvero l'attenzione sul mio molliccio pancione squarciato da un arpione, in maniera tale che farà impazzire le pupe. Ehi, negoziante, non è che avete qualcosa di più piccolo? Perché non credo che si vedano tutti i miei peli della schiena, e non vorrei privare nessuno di questo spettacolo unico al mondo!».

RICHARD JENI

Chi è Tatiana? Tatiana è l'amica mia grassa, talmente grassa che, dovunque me giro, già sta là!

KRUSKA (GABRIELE CIRILLI)

Chi è Tatiana? Tatiana è l'amica mia grassa, talmente grassa che l'altro giorno s'è comprata un reggiseno a balconcino: ha speso due milioni de' gerani!

KRUSKA (GABRIELE CIRILLI)

Tatiana è l'amica mia grassa, tarmente grassa che come cotton fioc usa lo zucchero filato!

KRUSKA (GABRIELE CIRILLI)

Tatiana è l'amica mia grassa, tarmente grassa che si se veste de verde e se mette sopra un marciapiede con la bocca aperta ci infilano dentro le bottiglie!

KRUSKA (GABRIELE CIRILLI)

Tatiana è l'amica mia, grassa, tarmente grassa che l'ascensore je sta attillato!

KRUSKA (GABRIELE CIRILLI)

Tatiana è l'amica mia grassa, tarmente grassa che quanno je fanno l'autovelox ce vogliono tre scatti!

KRUSKA (GABRIELE CIRILLI)

Ci avete mai fatto caso che non prendono mai ostaggi grassi? Sempre gli smilzi. Non prendono mai quei ciccioni che potrebbero utilizzare il tempo in cattività. Mai sentito di un tale dire: «Sono stato tenuto in ostaggio sette mesi ma ho perso ottanta Chili. Sono molto più presentabile, mi sento bene e ho imparato l'autodisciplina». Se Elvis fosse stato preso in ostaggio, sarebbe ancora vivo oggi.

DENIS LEARY

Conosco un tipo così grasso che per mettersi la sciarpa usa il boomerang.

BORIS MAKARESKO

Se non sai la differenza tra un cucchiaio e un mestolo, allora sei grasso.

DEMETRI MARTIN

Considero gli ascensori delle bare legate a dei fili. Sono sull'abisso. Dei sarcofaghi yo-yo. Vi ricordate quell'aereo che si è schiantato sulle Ande? E i sopravvissuti hanno dovuto mangiare i morti? Io non sono fiera di questo, ma ogni volta che prendo l'ascensore mi porto dietro un coltello e una forchetta, e prego di trovare passeggeri grassi.

CAROLYNE MAY

Sai di essere grassa quando ti siedi nella vasca da bagno, e l'acqua nella toilette sale.

ETTA MAY

Ero così grasso che quando fui investito da una Volkswagen son dovuto andare al pronto soccorso per farmela estrarre.

PAT MCCORMICK

L'insider trading si configura quando chi ha notizie riservate su una società ne trae vantaggio speculando. Per esempio, tutte le maestre elementari sanno che i bambini grandi obesi fanno innamorare dieci volte di più le bambine rispetto agli altri bambini di peso giusto. Questi, nel vedere che il bambino grande obeso ha più successo con le donne, dicono: «Divento anch'io sui 30 chili fuori peso» e cominciano un consumo scriteriato di calorie. Se la loro maestra va in banca e acquista azioni della Kinder Division fa insider trading.

MAURIZIO MILANI

Era talmente grassa che quando rimase incinta dimagrì.

FURIO OMBRI

Una donna ha dato alla luce un bambino di sette chili e due etti. Accidenti! Quel bambino camminerà prima della madre.

CONAN O'BRIEN

Sono grasso ma anche permaloso. L'altro giorno in palestra il mio allenatore si è tirato su la canotta e mostrando gli addominali mi ha detto: «Vista la tartaruga?» Allora io ho alzato la mia maglia larga: «Ce l'ho anch'io, ma ora è girata. Si vede che dorme!».

DANIELE RACO

Se sei grasso, uno dei momenti peggiori è il Carnevale. Se vuoi mascherarti da qualcosa di diverso da un pomodoro, rischi di fare delle figure penose. Un anno col costume di Zorro tutti mi chiamavano sergente Garcia; un anno vestito da cavaliere mi hanno ribattezzato "il Cavaliere rotondo della tavola". Ma il peggio è stato quando mi sono messo il costume di Superman con tutta la "esse" tirata sul davanti; mi hanno guardato e poi in coro: «Minchia l'Esselunga!».

DANIELE RACO

Prima ero solo grasso, adesso che sono anche famoso tutti mi cercano. Anche il sindaco della mia città cerca di coinvolgermi in tutte le iniziative. Quest'anno ho preso parte al presepe vivente. Facevo la Palestina.

DANIELE RACO

Elizabeth Taylor è così grassa che mette la maionese sulle aspirine.

JOAN RIVERS

Ero una bambina gentile. Ero l'unica che giocava con la grassona. Io salivo da una parte dell'altalena, e lei saliva dall'altra.
Poi i pompieri mi tiravano giù dall'albero.

RITA RUDNER

Anche questo fatto che insistono di bruciare i grassi... io brucerei i magri!

SCONSOLATA (ANNA MARIA BARBERA)

Ho deciso di fare qualcosa per il mio aspetto fisico: frequenterò più ciccioni.
FRANCESCO VESPA

Il dottore mi ha detto di smetterla con le mie cenette intime per quattro. A meno che gli altri tre non si presentino davvero.
ORSON WELLES

No, non sono in sovrappeso, è che ho diciotto centimetri in meno di altezza.
SHELLEY WINTERS

Siamo tutti appesi a un filo. E io sono anche sovrappeso.
FRANCO ZUIN

GRATITUDINE *(Riconoscenza)*

Mi trovo in quella fase della vita in cui se una ragazza mi dice di no, io le sono profondamente grato.
WOODY ALLEN

Anche i masochisti confessano se torturati. Lo fanno per riconoscenza.
STANISLAW JERZY LEC

Gli ho scritto: «Grazie di esistere!». E lui mi ha risposto: «Prego».
LUCIANA LITTIZZETTO

Fammi un favore e simmene grato.
UGO OJETTI

GRAVIDANZA *(Partorire)*

«Presto avremo un bambino.» «Scherzi?» «No, avrò proprio un bambino me l'ha detto il dottore... sarà il mio regalo per Natale!» «Ma a me bastava una cravatta!»
WOODY ALLEN

«Sono nata col parto indolore mamma?» «Sì. Ne approfitto per ricordarti che è l'unica soddisfazione che mi hai dato, a tutt'oggi.»
ALTAN

Mio padre era talmente distratto che, quando andai da lui per dirgli

che ero incinta, mi rispose: «Sei sicura che sia tuo?».
ANONIMO

Due donne stanno parlando di un recente parto quintuplo. Una delle due dice: «Lo sapevi che succede solo una volta ogni quattro milioni?». E l'altra: «Oddio, ma quando lo trovava il tempo per le pulizie?»
BILL BARNER

Le donne possono fare all'amore solo se sono già incinte e non c'è pericolo, ma per rimanere incinte bisogna che facciano all'amore senza essere incinte, ma allora hanno paura di rimanere incinte... 'un lo potranno fare mai!
ROBERTO BENIGNI

«E il grosso è fatto», come disse la madre di Ferrara mentre partoriva.
ROBERTO BENIGNI

Nel mondo ne nasce 10.000 al secondo! Bestia della miseria, ho detto, 10.000 al secondo! Questo vuol dire che minimo minimo, ora, in questo secondo qui, ce n'è 10.000, anzi 20.000, perché sono in due vero? Che sono lì... onzipapparàtataretatatà... minimo... Poi con tutti gli attrezzi che c'è oggi per non restare incinte e quelli che non vogliono figli: quanti staranno facendo l'amore in questo momento... Secondo me siamo gli unici imbecilli che invece di far l'amore siamo qui a vedere il Benigni! Io sarei per tuffarmi: "Grande ammucchiata al Teatro Tenda! Mai vista un'orgia simile dai tempi di Lucullo! Anche le forze dell'ordine coinvolte: nati 20 carabinieri in mezz'ora!".
ROBERTO BENIGNI

Una donna inglese ha avuto un parto quadruplo. Tre bambini sono nati alle due del pomeriggio. Il quarto ha dovuto aspettare che finisse l'ora del té.
MILTON BERLE

In un giardino vedo una donna incinta di sei mesi. Primo pensiero: tenerezza. Secondo: magari il tizio che porta in grembo tra vent'anni travolgerà con la moto un vecchietto: me. Nascerà tra tre mesi: un lieto evento per tutti. Per me l'evasione di un pericoloso assassino.

ROMANO BERTOLA

La primavera è in ritardo. Si pensa che sia rimasta incinta.

MASSIMO BOLDI

Adesso un sacco di gente fa nascere i bambini sott'acqua. Dicono che sia meno traumatico per il bambino, perché è nell'acqua. Ma certo è più traumatico per gli altri che sono in piscina.

ELAYNE BOOSLER

Nel futuro le donne partoriranno con l'inseminazione artificiale e noi maschietti daremo il nostro contributo seminale con la masturbazione. Quindi per te maschietto che leggi non cambierà nulla... Contento?

BEPPE BRAIDA

Io ho un amico così pigro, così pigro, ma così pigro che ha sposato una donna incinta.

GINO BRAMIERI

Nascere è umano, perseverare è diabolico.

GESUALDO BUFALINO

E il Signore disse: «Donna, tu partorirai con gran dolore. Uomo, tu lavorerai con gran sudore, ammesso che troverai lavoro. E la terra produrrà spine e sofferenze». E Adamo disse: «Ma santo Dio, tutto questo per una mela? Domani te ne porto un chilo...».

GIOBBE COVATTA

Quando sono nato, il dottore mi ha guardato un po', poi mi ha capovolto e ha detto: «Guardate: sono gemelli!».

RODNEY DANGERFIELD

Sono sempre stata contentissima di non essere inquadrata al di sotto del collo. Poi ho acquistato sicurezza e sono rimasta incinta.

GAIA DE LAURENTIIS

«La ragazza mi piace. È bella, ricca, giovane, colta. Nell'annuncio accennavate a un piccolo difetto fisico. Di

che si tratta?» «È incinta. Oh, ma pochissimo.»
Ennio Flaiano

Lo chiamavano "Cesareo" perché di lui si diceva che la passera non l'avesse vista neanche quando era nato.
Gino&Michele

I leghisti hanno sempre sostenuto di avercelo duro, enorme. C'è una leggenda, avvalorata da Bossi, che sostiene che le compagne dei leghisti siano le uniche donne al mondo che i figli preferiscono di gran lunga partorirli che concepirli.
Gino&Michele

Dio è morto. Ma non preoccupatevi: la Vergine Maria è di nuovo incinta.
Graffito su muro di Los Angeles

Mia moglie ha avuto le doglie per ventidue ore e io le sono rimasto fedele per tutto il tempo.
Jonathan Katz

Ai nostri giorni le donne possono avere figli per altre donne attraverso la maternità sostitutiva. È questo il non plus ultra dei favori o cosa? Io mi ritengo una buona amica. Ti posso aiutare a traslocare se vuoi. Ma qualsiasi cosa venga fuori da me dopo nove mesi, be', me la tengo. E non mi importa se è una scarpa.
Sue Kolinsky

Mio marito mi ha costretta al matrimonio con l'inganno. Mi ha detto che ero incinta.
Carol Leifer

Io mi autogestivo anche nella pancia di mia madre: non era lei a essere incinta, ero io che occupavo!
Elisa Lepore

A Beverly Hills, quando una signora dà alla luce un bambino, le si rompono le Perrier.
New York Roasts

Ecco una notizia davvero interessante. Una donna ha recentemente dato alla luce un bambino da un embrione rimasto congelato per sette anni. Ha dichiarato: «Non sapevo se avrei dato alla luce un maschietto,

una femminuccia, o un bastoncino di pesce.»
CONAN O'BRIEN

Una donna ha dato alla luce un bambino di sette chili e due etti. Accidenti! Quel bambino camminerà prima della madre.
CONAN O'BRIEN

Era talmente grassa che quando rimase incinta dimagrì.
FURIO OMBRI

Era ribelle di natura. Quello di sua madre non fu un parto: era lui che scappava di casa la prima volta.
FURIO OMBRI

Mettere incinta una donna e poi sposarla è come pisciare in un cappello e poi metterselo in testa.
SAMUEL PEPYS

Certe cose ti segnano. Già dalla nascita, magari col parto subacqueo, perché dall'ecografia si vedeva che eri uno scorfano.
MAX PISU

Ho il ventre piatto perché non sono mai rimasta incinta.
PAOLO POLI

Non dite ai vostri figli che avete avuto per loro un parto facile, altrimenti non vi rispetteranno. Per anni andavo a svegliare mia figlia e le dicevo: «Melissa, mi hai fatto a pezzi. Ora torna a dormire».
JOAN RIVERS

State guardando la più brutta bambina che sia mai nata a Larchmont, New York. Il dottore mi ha guardata, ha detto: «No, non è ancora pronta», e mi ha rinfilata dentro.
JOAN RIVERS

Voglio avere bambini, ma le mie amiche mi spaventano. Una di loro mi ha detto di aver avuto un travaglio di 36 ore. Io non voglio neanche fare qualcosa di piacevole per 36 ore!
RITA RUDNER

Sono il più grande camionista del mondo. Praticamente sono nato con

un volante in mano... È stato un parto difficile!
FRANCESCO SALVI

Se sul tram vedo una donna incinta, mi alzo. Se poi l'ho messa incinta io, scompaio letteralmente.
MAURIZIO SANGALLI

Quando la mia ragazza è rimasta incinta il padre all'inizio era contrario all'aborto. Poi mi ha visto ed è diventato favorevole.
DARIO VERGASSOLA

Amare significa non dover mai sentire: «Sono incinta!».
WELCOME BACK, KOTTER

Quando è nata mia figlia, abbiamo filmato la nascita. Adesso, quando mi fa arrabbiare, pigio rewind e la rimetto dentro.
GRACE WHITE

Noi uomini, da una parte non sperimenteremo mai il dare alla luce i bambini. Dall'altra possiamo aprire da soli tutti i nostri barattoli.
BRUCE WILLIS

Urla come una matta... Hai questo mito di poter condividere con lei l'esperienza del parto. A meno che non stai espellendo dal tuo corpo una palla da bowling, io non ci credo. A meno che non ti fai una circoncisione con una motosega, io non ci credo. A meno che non ti apri un ombrello nel culo, io non ci credo.
ROBIN WILLIAMS

Le statistiche dicono che una donna dà alla luce un bambino ogni quattro secondi. Il nostro problema è trovare quella donna e fermarla.
HENNY YOUNGMAN

GRECIA

«Chissà quanta gente avrai trovato, che bordello di turisti», tu negavi e affermavi: «No no no no no no no no no no no no no no no no no no no no, eravamo solamente io e Giovanna sopra un'isola deserta tipo ci hai presente due chilometri di spiaggia vuota, dormivamo in un capanno in riva al mare e alla sera i pescatori ci portavano del pesce, facevamo le grigliate sulla spiaggia e cantavamo a squarciagola le canzoni di Battisti fino all'alba, tanto l'isola è deserta», tu dicevi e io pensavo: «Ma che cazzo, tutti quelli che ritornan dalla Grecia sono stati sopra un'isola deserta tipo ci ho presente due chilometri di spiaggia vuota col capanno e i pescatori, ma contando tutti quelli che mi dicono 'sta cosa io mi chiedo quante cazzo di isolacce deve averci questa merda di una Grecia, poi 'sti pescatori greci non potrebbero pescare in alto mare e impiccarsi con le reti senza andare a importunare le ragazze come te che normalmente sono brave ma travolte dagli eventi non disdegnano di fare la puttana?»

Claudio Bisio

Tema di storia: "L'antica Grecia". Svolgimento: "L'antica Grecia era avanti rispetto ai suoi tempi e anche rispetto ai nostri tempi. Non c'era la tv, ma avevano un sacco di filosofi. Io, personalmente, non vorrei passare la serata a guardare un filosofo".

Sally Brown

Alla periferia di Napoli hanno riportato alla luce una statua greca raffigurante un mostro metà uomo e metà Peppino Di Capri.

Gene Gnocchi

In generale un uomo è più contento di avere in tavola una buona cena che una moglie che parla il greco.

Samuel Johnson

Non le piacque la cucina greca. «Roba del genere dovrebbe uscire dal mio corpo, non entrarci», disse.

Daniele Luttazzi

Studente guardando un testo in greco: «Pensa a quelli che vanno al classico, che devono leggere questi geroglifici. Almeno il latino è scritto in italiano!»

Smemoranda Brothers & Sisters

GRECO
vedi ***Latino***

GUARDAROBA
vedi **Vestito**

GUARDONE
vedi **Maniaco sessuale**

GUERRA (Conflitti)

Se non ci fosse stata la guerra il risultato sarebbe stato più alto.

AGOSTINO SACCÀ, A PROPOSITO DELLO SHARE DELLA PRIMA PUNTATA DI UNO SHOW DI GIORGIO PANARIELLO

Il mio grado nell'esercito? Ostaggio, in caso di guerra.

WOODY ALLEN

Primo Cinese: «Lo sai che gli svizzeri ci hanno dichiarato guerra?» Secondo Cinese: «Ah sì? E in che albergo stanno?»

ANONIMO

Il mondo è impazzito: il miglior rapper è un bianco, il miglior giocatore di golf un nero, i migliori velisti sono svizzeri, i francesi accusano gli americani di arroganza e i tedeschi sono contrari alla guerra.

ANONIMO

Non potete dare la colpa di tutto sempre a vostra moglie. Io per esempio non le rinfaccio più la Seconda guerra mondiale.

MAURIZIO AVANZI

Quando mio nonno, tenente di cavalleria, fu ferito durante la Prima guerra mondiale, ricevette in ospedale la visita di una giovane crocerossina. Era graziosissima e tutta fremente di aneliti dannunziani. Ella si avvicinò al letto del ferito e, guardando rapita la benda insanguinata che cingeva la sua fronte, gli chiese: «Come vi chiamate?» «Tenente Ferruccio Ercolani!», rispose il nonno, «e voi?». Lei abbassò gli occhi «Io... io mi chiamo come... come quella cosa cui voi eroici soldati pensate sempre nell'ardore della battaglia...» «Bernarda!» «No... Vittoria.»

ROMANO BERTOLA

Quando chiesi a Eleanor Roosevelt cosa ricordava di Pearl Harbour, rispose: «Quella sera mio marito cenò più tardi del solito».

Enzo Biagi

La maggior parte dei conflitti che ci angustiano fa pensare alla lotta tra due calvi per un pettine.

Jorge Luis Borges

Di solito quando parecchia gente si raduna negli stessi posti si tratta di guerra.

Mel Brooks

Bombardando direttamente i civili i danni collaterali ricadrebbero sui militari e i civili sarebbero salvi.

Renzo Butazzi

È l'anno buono per mandare i vostri auguri ai bambini vietnamiti. Ne abbiamo lasciati vivi così pochi che risparmierete il 50%.

Ca'Balà, nel periodo della guerra in Vietnam

Stavo discutendo di politica con una signora che mi ha detto: «Se le donne gestissero il mondo, non ci sarebbero guerre». Che marea di vaccate. Certo, nessuno inizierebbe una guerra per nessun motivo, se le donne gestissero il mondo. «Salve, sono l'Inghilterra. Com'è che sono invasa?» «Oh, penso che tu lo sappia. Ti ho visto come guardavi la Francia!»

Drew Carey

La guerra civile si distingue da quella incivile per l'educazione dei modi. Per esempio: «Scusi, le dovrei sparare, come preferisce che le spari: di faccia o di profilo?» «Di faccia, grazie; di profilo non muoio mai bene».

Pino Caruso

Questa terra un tempo era proprietà del pellerossa, che non la mollò se non dopo una lunga guerra sanguinaria. Non sarebbe tempo adesso che noi colonizzatori si scenda dai nostri cavalli e si dica: "Ti perdoniamo"?

David Cross e Bob Odenkirk

Gli americani hanno fatto la guerra del Golfo per il bene degli iracheni. Per le vie di Baghdad hanno messo i cartelli: "Scusate i disagi, stiamo bombardando per voi".

Marco Del Conte

EuroDisney ha già ospitato un milione di tedeschi e un milione di inglesi, e avere una quantità simile di gente in Francia senza che ci sia una guerra in corso è davvero stupefacente.

MICHAEL EISNER

Perché quando vedo Zichichi vorrei che scoppiasse la guerra atomica?

FABIO FAZIO

Detesto la guerra: rovina la conversazione.

FONTENELLE

Prof.:«La prima guerra di Macedonia...»
Alunno: «Mmmm... quella contro i frutti di bosco?»

ANDREA FRIGNANI & SEBASTIANO SALI

I bambini di adesso vogliono tutto, dal computer al motorino; noi, cinquant'anni fa, ci divertivamo con niente. Eravamo sfollati in campagna e i grandi ci dicevano: «Se state bravi, stasera per premio vi portiamo in collina a veder bombardare Torino». A noi bastava che bombardassero Torino tutte le sere ed eravamo contenti.

BRUNO GAMBAROTTA

Figlio: «Papà, perché l'America ha bombardato l'Afghanistan?»
Padre: «Ha iniziato in ordine alfabetico.»

PACO GENOVESE

Durante la guerra, Mike Bongiorno lasciò l'America e venne in Italia con una testa contenente lo stretto necessario, ma una valigia piena di idee.

GINO&MICHELE

Un bombardamento può far finire la guerra: bombardate il Pentagono adesso!

GRAFFITO A NEW YORK

George Bush è in Messico. C'è stato un certo imbarazzo quando lo hanno portato a vedere le rovine maya. Vedendole, ha detto al presidente Vicente Fox: «Prenderemo le canaglie che hanno causato tutto questo».

JAY LENO

Quando a Woodstock dicevano: «Fate l'amore, non fate la guerra», non immaginavano certo che uno sarebbe diventato pericoloso quanto l'altra.
JAY LENO

Hanno chiamato la guerra Operation Iraqi Freedom. Inizialmente doveva essere Operation Iraqi Liberation, ma poi si sono accorti che la sigla era OIL.
JAY LENO

Nel giorno del cinquantesimo anniversario del V-J Day, la vittoria sul Giappone, New York ha organizzato un'importante celebrazione a Times Square. Ci saranno state diecimila persone, tra il gigantesco billboard della Mitsubishi e il jumbo schermo Sonytron.
DAVID LETTERMAN

Ieri, a Washington, era la Giornata della Consapevolezza della Malaria. Ed ecco la nota triste: oggi un confuso presidente Bush ha mandato 20 mila marines in Malaria.
DAVID LETTERMAN

Durante la guerra avevamo una tale fame che quando aprivamo la credenza c'erano dentro i topi che piangevano.
GIANNI MAGNI

Quelli che muoiono in un bombardamento al napalm vanno lo stesso all'inferno?
MARCELLO MARCHESI

Te l'immagini avere Israele al posto della Svizzera?
MARCELLO MARCHESI

Nessuno è ateo in trincea.
MARCELLO MARCHESI

I Sex Pistols fanno per la musica ciò che la Seconda guerra mondiale ha fatto per la pace: non molto.
MELODY MAKER

L'uomo deve essere addestrato alla guerra. La donna al riposo del guerriero. Tutto il resto è stupidità.
FRIEDRICH NIETZSCHE

Povera nonna, il suo grande sogno era di diventare una cantante lirica. Per questo da giovane aveva iniziato

a studiare da soprano, ma per colpa della guerra dovette interrompere gli studi a metà così diventò mezzo soprano.
VALERIO PERETTI CUCCHI

A volte penso che la guerra sia il modo che ha Dio per insegnarci la geografia.
PAUL RODRIGUEZ

La guerra dei Cent'anni fu terribile. Più della metà dei soldati morì di vecchiaia.
MAURIZIO SANGALLI

Lo sposo si incamminò all'altare con la stessa sicurezza con cui gli americani andarono in Vietnam.
JOHN TOWERS

Ho già dato due cugini alla guerra e ora sono pronto a sacrificare il fratello di mia moglie.
ARTEMUS WARD

GUIDARE

«Stai attenta! Ma come guidi?» «Sono un po' miope, ma gli occhiali non li metto mai perché invecchiano da morire...» «Pensa che anch'io ho un amico zoppo che preferisce attraversare la strada strisciando piuttosto che portare il bastone...»
DIEGO ABATANTUONO

A volte, quando guido in autostrada, chiudo gli occhi e penso a tutta quella gente che ogni giorno muore in modo così assurdo.
VITTORIO AVELLA

Quando sento la sirena di un'autoambulanza mi si stringe il cuore pensando a quel disgraziato che attraversa la città indifferente e lui lì, a guidare, per giunta con un rompiballe dietro che si lamenta.
ROMANO BERTOLA

Mia moglie guida talmente male che alla festa annuale dei carrozzieri lei è l'ospite d'onore.
BIZET47, DI *AENIGMATICA*

Mia sorella è una laureata di Vassar. Supersofisticata. Aveva l'abitudine di guidare con le gambe accavallate.

ED BLUESTONE

Vi siete mai accorti di una cosa strana? Chiunque guidi più lentamente di voi è un coglione e chiunque vada più velocemente è un imbecille.

GEORGE CARLIN

Per un napoletano non è difficile guidare la macchina a Londra. Gli inglesi tengono la sinistra, come lui.

UMBERTO DOMINA

Per gli automobilisti africani non c'è la sinistra né la destra, c'è l'ombra.

FERNANDEL

Mettono i rilevatori d'inquinamento ad altezza uno e ottanta. Così i bambini e i sardi ce l'han nel culo. Eppure basterebbe dire alla gente: volete inquinare di meno? Guidate come un tassista genovese che parte in quinta.

BEPPE GRILLO

Una volta ho attraversato la California in macchina in sei giorni. Mi ci sono voluti quattro giorni per guidare e due per ripiegare le cartine.

BUDDY HACKETT

Il tizio davanti a me sull'autobus comincia ad avere convulsioni, a ingoiare la lingua, a tremare, a vomitare. Il suo amico dice: «Oh, ragazzi, sono cinquantacinque giorni di seguito che beve. Dobbiamo tirarlo giù da quest'autobus». Così ci fermiamo e lo facciamo scendere, e io son lì che penso: «Ok, ma adesso chi è che guiderà l'autobus?».

KATHLEEN MADIGAN

Mio marito guida talmente male che da piccolo quando lo vedevano chiudevano l'autoscontro.

MAPI, DI *AENIGMATICA*

Chi va piano va sano e viene tamponato poco lontano.

MARCELLO MARCHESI

Quando raggiunsi il diciottesimo anno di età mio padre mi diede le chiavi della macchina. Se mi avesse

dato anche le chiavi del garage per uscire...
Bob Saget

Ricordo di quando ho imparato a guidare, seduto in grembo a mio padre. Sapete come si fa, no? Lui controlla i pedali, io il volante. Poi sono andato a dare l'esame della patente, e mi sono seduto in grembo all'istruttore. Mi ha bocciato. Ma continua a scrivermi. Quella è la parte più bella.
Garry Shandling

Tenete la morte lontana dalle strade. Guidate sul marciapiede.
Scritta sul muro di un gabinetto

In Afghanistan finalmente anche le donne potranno guidare. Ora mancano solo le strade.
Jon Steward

Se non ti piace il modo con cui guido, scendi dal marciapiede.
Lotus Weinstock

State guidando su di una stretta strada di montagna quando all'improvviso un cane balza davanti alla vostra auto. Non c'è tempo per frenare e, se sterzate per evitarlo, quasi certamente finireste nella scarpata. Che cosa usate per togliere il sangue dal paraurti?
Tom Weller

Se bevi mentre stai guidando, bada che l'autoradio sia a volume massimo. Questo per non sentire il crash!
Henny Youngman

Mia moglie sta imparando a guidare. Quando lei sterza in corrispondenza di una curva, è una coincidenza.
Henny Youngman

GUINNESS *(Record)*

Il sergente è stato un bambino molto grasso. Ha stabilito anche un record: non so quanto pesasse, ma il suo compleanno cade in settembre. Il 4, il 5 e il 6.
Beetle Bailey

Il quinto libro di Harry Potter, in vendita a giugno, avrà una tiratura

record di otto milioni e mezzo di copie. Il che spiega perché il sesto libro si intitolerà: *Harry Potter e la fine degli alberi*.
JIMMY FALLON

Si parla di miracolo quando Dio batte i suoi record.
JEAN GIRAUDOUX

Conosco un ciclista di Rovigo così sfortunato che quando stava per battere il record dell'ora di Moser è scattata l'ora legale.
GENE GNOCCHI

«Lo sai che nel Guinness dei primati ci sono Cary Grant, Sammy Davis Jr, Marlon Brando, Gary Cooper e Fred Astaire?» «E come mai?» «Prima squadra cacciata al concorso: «Cinque persone che si somigliano come gocce d'acqua».
JOHNNY HART

Lo Stato del Vaticano è sul Guinness dei primati, non perché sia il più piccolo del mondo, ma perché è l'unico dove, ufficialmente, non si scopa mai.
FRANCESCO VARCHETTA

GUSTO *(Cattivo gusto)*

Mio cugino è il re dei tamarri. Si è fatto la Golf con gli esterni in pelle.
DARIO ALESANI

A Firenze chi ha cattivo gusto è un genio.
PINO CARUSO

Michael Jackson e sua moglie sono in crisi perché hanno gusti troppo diversi. Entrambi vorrebbero avere dei bambini.
FABIO DI IORIO

Il grande nemico dell'arte è il buon gusto.
MARCEL DUCHAMP

Vado fuori di testa per le donne bianche. Questo dà fastidio a molta gente. Soprattutto alle donne nere.
DANNY RODMAN

Mi piaci, io non ho nessun gusto, ma mi piaci.
HENNY YOUNGMAN

H

HALLOWEEN

Ho scoperto una cosa interessante: i testimoni di Geova non festeggiano Halloween. Immagino che a loro non piaccia avere degli sconosciuti alla porta a seccarli.

BRUCE CLARK

Non ottengo rispetto. A Halloween mia moglie fa uscire i bambini vestiti come me.

RODNEY DANGERFIELD

HANDICAP

«Stai attenta! Ma come guidi?» «Sono un po' miope, ma gli occhiali non li metto mai perché invecchiano da morire...» «Pensa che anch'io ho un amico zoppo che preferisce attraversare la strada strisciando piuttosto che portare il bastone...»

DIEGO ABATANTUONO

Non potevo prendere un cane perché era troppo caro. Finalmente hanno aperto nel mio quartiere, a Flatbush, un negozio di animali difettosi. Potevi prenderti un micio omosessuale, un cammello piatto. Io avevo preso un cane che balbettava: i gatti lo facevano impazzire e lui ab-bb-aiava.

WOODY ALLEN

Tutto questo non lo faccio per vivere... Avrei potuto benissimo arricchirmi organizzando visite guidate sul mento di Kirk Douglas.

WOODY ALLEN

Dislessici di tutto il mondo... UTINEVI!!

BUMPER STICKER

Si mise al pianoforte ed eseguì *Per Elisa* ma, mancandogli un dito, gli venne fuori solo *Per Elsa*.

PAOLO CANANZI

Beethoven era talmente sordo che, per tutta la vita, ha creduto di essere un pittore.

CAVANNA

Una donna senza culo è come un uomo senza... culo.

PACO D'ALCATRAZ

Se vi serve una scorciatoia, chiedete a un uomo con una gamba sola: lui saprà senz'altro dov'è.

DAVE ATTEL

«La ragazza mi piace. È bella, ricca, giovane, colta. Nell'annuncio accennavate a un piccolo difetto fisico. Di che si tratta?» «È incinta. Oh, ma pochissimo.»

ENNIO FLAIANO

Questa mattina ho incontrato un tale con un occhio di vetro. Non me lo ha detto, è saltato fuori durante la conversazione.

JERRY DENNIS

Dislessia significa non dovere mai dire: «mi ecaips».

NETSCAPE ONE-LINERS

Qual è la domanda più frequente quando si è incinta? «Cosa preferisci? Maschio o femmina?». Qual è la risposta? «Purché sia sano!». "Sano!", maschile! Perché se è femmina non abbiamo dubbi, se è maschio potrebbe avere dei problemi e ci affidiamo alla provvidenza!

GIULIA RICCIARDI

Prima ero sordo, adesso... cammino!

FRANCESCO SALVI

«Salve, Agente Stowe, come state?» disse Jack con la sua caratteristica R moscia.

TRADUZIONE DI UN ROMANZO INGLESE DEGLI ANNI '30

Chi va con lo zoppo impara a zoppicare, chi va con la zoppa impara ad accontentarsi.

FRANCESCO VARCHETTA

L'altro giorno non trovavo parcheggio vicino al negozio, quando arriva un tizio con una Mercedes e posteggia nel posto per gli handicappati. Scende dall'auto e vedo che non ha niente di strano. Non ti dà fastidio, una cosa del genere? Allora l'ho investito. L'ho reso un uomo onesto. E l'altro passeggero dell'auto mi ha lanciato addosso le sue stampelle.

Walter, il veterano del Vietnam (Jeff Dunham)

HACKER

vedi ***Computer***

HARRY POTTER

vedi ***Potter***

HILTON PARIS

Uno dei segni che Paris Hilton ha trovato Dio: ora, ogni volta che si mette in ginocchio, è per pregare.

David Letterman

Paris Hilton deve andare in carcere. Ma, Paris, non è poi così brutto, essere in carcere: ti darà un sacco di tempo per leggere, ti darà un sacco di tempo per scrivere... Oh, no, sei nei guai, Paris.

David Letterman

Terzo giorno di Paris Hilton in gattabuia. E sapete qual è il problema di andare in galera? È circondata da stupratori, spacciatori, delinquenti. Proprio come quand'era fuori.

David Letterman

Pare che il sesso orale causi il cancro. Come se le cose non fossero già dure per Paris Hilton.

David Letterman

HITLER ADOLF

Devi smetterla di essere così duro con te stesso; un sacco di gente famosa ha avuto degli inizi difficili. Per esempio Hitler è stato bocciato all'artistico.

Don't Drink the Water

Chiunque veda e dipinga un cielo verde e un pascolo azzurro dovrebbe essere sterilizzato.
ADOLF HITLER

Vedere in tutti dapprima i lati positivi e partire da essi: Hitler era non fumatore.
TOBIAS INDERBITZIN

HOLLYWOOD

Solo a Hollywood capita di ascoltare dialoghi familiari di questo tipo: «Caro, i miei figli e i tuoi figli hanno picchiato i nostri figli!».
ANONIMO

Hollywood, il luogo in cui le bisnonne non sopportano l'idea di invecchiare.
PHYLLIS BATELLI

A Hollywood ci si sposa sempre la mattina presto, così se non funziona non hai sprecato la giornata.
MILTON BERLE

Se i miei libri fossero stati peggiori non sarei stato invitato a Hollywood, e se fossero stati migliori non ci sarei mai andato.
RAYMOND CHANDLER

Se a Hollywood non avesse funzionato, ero pronta a diventare la miglior segretaria del mondo.
BETTE DAVIS

Non ci sono molti uomini a disposizione a Hollywood. Sapete com'è: o sono già sposati, o stanno divorziando, o vogliono in prestito le tue ciglia finte.
DORYS DAY

Gli Oscar sono un momento particolare a Hollywood. È il momento in cui le celebrità si prendono una pausa dall'adorare Barack Obama e trovano il tempo per adorare loro stessi.
BILL MAHER

Le mogli di Hollywood tengono il bouquet e gettano il marito.
GROUCHO MARX

Ho trascorso parecchi anni a Hollywood, e sono ancora convinto che gli eroi dei film sono quelli seduti nel cinema.

WILSON MIZNER

Hollywood è un viaggio dentro una fogna in una barca col fondo trasparente.

WILSON MIZNER

Io ve amo Italia, perché io è arrivato qva, voi me avete accolto come stella de Hollywood: come sono arrivato me avete preso impronte de mani e piedi!

RATKO (LUCA KLOBAS)

Essere intelligente, per una donna nel cinema, è uno svantaggio. Se, oltre alla vagina, hai pure le idee, la miscela è mortale. Non hai scampo a Hollywood.

SHARON STONE

HOMELESS

vedi ***Barbone***

HORROR

vedi ***Gialli***

HOSTESS

«Mia madre è in cielo», disse il bambino triste. «Non rompere, bambino! Sappiamo tutti che tua madre fa la hostess, scopa, gira il mondo e si diverte!»

ROMANO BERTOLA

E che dire di quando l'aereo atterra, e come inizia a rullare verso il terminal, l'hostess di bordo dice: «Benvenuti all'O'Hare International Airport». Beh, come è possibile che una che è appena arrivata dia il benvenuto a me in un posto in cui lei non c'è ancora? Questo non viola qualche legge di fisica fondamentale? Siamo a terra da un secondo e lei salta su come se fosse la fottuta moglie del sindaco!

GEORGE CARLIN

Qualche mese fa sono stato in Inghilterra. Il volo è stato piuttosto strano perché una delle hostess a un certo punto si è arrabbiata con me. Non avevo mangiato tutta la cena e così lei mi ha rimproverato: «Signore, non dovrebbe sprecare tutto quel cibo. C'è gente che soffre la fame sugli aerei della Air India».

TIM CAVANAGH

Quella palla da baseball è filata via come un razzo. Un affare che vola così alto dovrebbe avere delle hostess a bordo.

KEVIN COSTNER

Ho capito che era un volo veramente economico quando l'hostess mi ha chiesto di allacciare il nastro adesivo.

BORIS MAKARESKO

Il volo che ho fatto è stato così turbolento che l'hostess ha servito la cena versandola direttamente nei sacchetti per il vomito.

BOB PHILLIPS

Esistono i mammiferi volanti? Sì, le hostess.

FRANCESCO SALVI

HOTEL

vedi ***Albergo***

HUMOR

Quali sono i cinque libri più corti del mondo? *Deontologia commerciale ebrea*, *Eroi di guerra italiani*, *Storia completa dell'umorismo tedesco*, *Grandi amatori inglesi*, *Who's Who a Portorico*.

ANONIMO

Un sacco di gente non ama i pesci rossi. Non puoi abbracciarli. Non puoi metter loro un guinzaglio e portarli a fare quattro passi. Non hanno senso dell'umorismo, e tutto quello che fanno è mangiare e dormire. Hey, un momento! Ho appena descritto me!

GARFIELD

Ogni volta che mi guardo allo specchio mi convinco sempre più che Dio ha un ottimo senso dell'umorismo.

MATTEO MOLINARI

Mio cugino non ha senso dell'umorismo. Una barzelletta non basta che gliela spieghi, devi anche dargliela da studiare a casa.

FURIO OMBRI

Quando l'umorismo non c'è lo si chiama "fine umorismo".
PITIGRILLI

Non è difficile fare l'umorista quando tutto il governo si dà da fare per te.
WILL ROGERS

I

IDEA *(Ideali-Idealista)*

Marito: «Basta con l'egoismo e il disincanto: ho ritrovato la grande tensione ideale!»
Moglie «Chi è la sgualdrinella?»
ALTAN

Questi giovani d'oggi non credono a niente: noi, alla loro età, eravamo pieni di delusioni.
ALTAN

Se io ho una moneta e tu hai una moneta e ce le scambiamo, ciascuno ha una moneta. Se io ho un'idea e tu hai un'idea e ce le scambiamo, ciascuno ha due idee.
ANONIMO

Le idee sono come le tette, se non sono abbastanza grandi si possono gonfiare.
STEFANO BENNI

Aveva così poche idee, che non le diceva a nessuno per paura di rimanere senza.
RENZO BURAZZI

Se le vostre idee sono poco originali è meglio che non le divulghiate. Se invece non sono originali per niente raccoglietele in un'enciclica.
ENZO COSTA

Le idee sulla religione sono infiammabili. Pensate a quante poche guerre ci sono state sulla teoria della relatività.

QUENTIN CRISP

È difficile credere ancora negli ideali, ma per un compenso adeguato si può fare.

FABIO DI IORIO

Le nostre idee non moriranno quasi mai.

ELLEKAPPA

Se sapesse che idee mi frullano per il culo.

ENNIO FLAIANO

Durante la guerra, Mike Bongiorno lasciò l'America e venne in Italia con una testa contenente lo stretto necessario, ma una valigia piena di idee.

GINO&MICHELE

Un idealista è uno che, scoprendo che una rosa ha un profumo migliore di un cavolo, conclude che farà anche un brodo migliore.

H.L. MENCKEN

Quando ero giovane avevo tante idee e pochi soldi. Oggi che ho i soldi delle idee non me ne frega più un cazzo.

GEOMETRA MENEGHETTI (ENRICO BERTOLINO)

Non usate la parola straniera "ideali". Abbiamo nella nostra lingua l'eccellente termine "bugie".

HENRIK IBSEN

Un'idea che non trova posto a sedere è capace di fare la rivoluzione.

LEO LONGANESI

Non si ha idea delle idee della gente senza idee.

LEO LONGANESI

E il sesto giorno Dio fece il camaleonte, ma stava già pensando al week end e lo creò contro voglia, senza un'idea precisa.

MARCO MELLONI

Quelli che Fellini gli ha rubato l'idea.

BEPPE VIOLA

«Non si può perseguitare uno per le sue idee.» «Ma quelli si son fatti beccare mentre le attuavano.»

ZICHE&MINOGGIO

IDEALI
vedi ***Idea***

IDEALISTA
vedi ***Idea***

IDIOMA
vedi ***Lingua***

IDRAULICO

Non solo Dio non esiste, ma provate a trovare un idraulico la domenica!

WOODY ALLEN

A Milano tutti vogliono sapere che lavoro fai, è la prima cosa che ti chiedono: «Che lavoro fai?» «Faccio il cabarettista...» «Ah, bello, allora adesso ti racconto una barzelletta così poi la ricicli.» «E tu che lavoro fai, l'idraulico? Aspetta che ti smonto il lavandino così poi lo rimonti.»

FABRIZIO CANCIANI

Non dimentichiamoci, per carità, che il cane più furbo è il volpino e che il vero amico dell'uomo è l'idraulico.

COCHI E RENATO

Bocciate. Bocciate un po' di figli del popolo. Che rimanga qualche idraulico.

MARCELLO MARCHESI

IELLA
vedi ***Sfortuna***

IERI
vedi ***Passato***

IGIENE
(Igienista - Lavarsi - Prodotti igienici)

«Penso che farò un bagno!» «Vado ad avvisare i giornali!»

ARTURO

In quanto a igiene lasciava molto a desiderare. Pensa che gli offrirono di reinterpretare *Quella sporca dozzina*. Da solo!

Amurri & Verde

Appena alzato mi stiro molto e mi lavo poco.

Anonimo

Mia madre è una maniaca del pulito. Ha passato il battitappeto talmente tanto, che il vicino del piano di sotto è diventato calvo.

Steve Bridges

Non si lavava da tempo immemorabile: sotto le ascelle aveva ancora tracce di placenta.

Paolo Cananzi

Mi masturbo così tanto e mi lavo così poco che ho una canotta antiproiettile.

Ernesto Cattaneo

Le mestruazioni si arginano con i tampax, sorta di tamponi che si applicano ed esce solo un filo bianco. E voi ingenuotti vi chiederete certo: se si tira il filo si muovono le braccine?

Giobbe Covatta

Ogni sera sto sotto la doccia cinque minuti, e una sera la settimana apro anche l'acqua.

Leopold Fetchner

«Mi raccomando caro amico, curi di più la sua toilette.» «Ma io faccio il bagno tutti i giorni...» «Allora cambi l'acqua...»

Georges Feydeau

Mettiamo che io getti un gatto vivo nell'acido. Il gatto si scioglie e io cosa sono? Uno stronzo, d'accordo. Ma se prendo un cucchiaino di yogurt, lo ingerisco, distruggo con i succhi gastrici milioni di fermenti vivi. Lo sapete che i fermenti vivi al microscopio assomigliano a dei minuscoli gattini? Allora cosa sono? Sono un igienista. Ma che cazzo dite? Dovete dimostrarmi che quando strappate un ciuffo d'insalata non soffre. Ha il Dna come il gatto e i fermenti. Solo un astronauta che mangia pillole estratte dal petrolio mi può fare il culo e dirmi che sono uno stronzo. Ma voi no!

BEPPE GRILLO

Gli inglesi sono sporchi, non si lavano! Quando vengono in Italia e vedono il bidé gridano: «Guarda: un lavandino per il violino!».

BEPPE GRILLO

Due amici. Il primo ordina un tè. Il secondo: «Prendo un tè anch'io, ma mi raccomando, che la tazza sia pulita». Passa qualche istante e il cameriere torna con l'ordinazione. «Ecco i tè. Chi dei due ha ordinato la tazza pulita?»

CITATA DA ELENA LOEWENTHAL

Mi preoccupo sempre dei germi nei buchi delle palle da bowling. Nessuno mai li pulisce, quei buchi. Ci sono residui di dita da pizza, dita da tacos, dita da pollo, lì dentro. Mi stupisco che quelle palle abbiano ancora dei buchi! Avete mai annusato i buchi di una palla da bowling? Credete che la palla abbatta i birilli? Sbagliato. Svengono per il fetore.

CAROLYNE MAY

Avevo stima in quella persona: ricca, colta, intelligente. Possedeva una casa stupenda con mobili antichi e quadri d'autore alle pareti, e moquette multicolori in tutte le stanze, anche in bagno e in cucina. Poi scoprii che la sua igiene era molto, ma molto scarsa. E scoprii anche che non aveva la moquette in casa.

MAURIZIO MAZZITELLI

Mia madre è sempre stata una maniaca dell'igiene. Pensate che quando ero piccolo, dopo ogni partita che facevo, lei prima mi obbligava a fare la doccia, poi lavava i miei vestiti a novanta gradi. E giocavo a dama.

FURIO OMBRI

Abbiamo visto un fachiro entrare in una vasca piena d'acqua per dieci lunghissimi minuti e uscirne miracolosamente sporco come ci era entrato.

VALERIO PERETTI CUCCHI-MARIO ZUCCA

Per depilarsi, le donne si mettono delle cose sulle cosce, si strappano i peli e non sentono niente. Niente! Roba che noi uomini per un pelo nella cerniera andiamo in coma!

CARLO PISTARINO

Estremità: nome che danno ai piedi coloro che non se li lavano.
PITIGRILLI

I deodoranti sono pericolosi. Avete mai letto sui flaconi: "Attenzione contiene materia infiammabile. Potrebbe esplodere"? Non so voi, ma io non voglio niente sotto le ascelle che possa esplodere da un momento all'altro.
RICHARD PRYOR

Noi ci battiamo per la differenziazione fra vernici spray e deodoranti spray: si assomigliano troppo! L'altro giorno ho profumato il muro di una fabbrica e mi sono fatto un murale sotto le ascelle!
FRANCESCO SALVI

Nella mia scuola c'erano dei servizi igienici così sporchi che nelle docce le verruche camminavano con le ciabatte.
I SOLITI IGNOTI

E la pubblicità? Perché in televisione si fa un processo solo alla puzza della donna? Perché ci bombardano di deodoranti, di profumi, di lacche, di saponi intimi, di controllori d'alito! Mentre l'uomo col gorgonzola piace!
LUCIA VASINI

E allora amiche pensiamoci: perché il nostro problema principale deve essere quello di rientrare nei jeans perché devo proteggere gli slip? Cosa c'è di così prezioso nei miei slip che io non so! Perché tutto quello che la scienza sta facendo per la donna lo sta facendo sugli assorbenti?
LUCIA VASINI

Odio gli appuntamenti al buio, ma un amico mi ha offerto di organizzarne uno, allora ho accettato. Ma avreste dovuto vederla, quella ragazza. Era come se non avesse fatto il bagno per un mese. Era così sporca che qualcuno le aveva scritto "lavami" sulla fronte.
BOB ZANY

IGIENISTA
vedi **Igiene**

IGNAVIA
vedi ***Pigrizia***

IGNORANZA *(Incompetenza)*

Mi rifiuto di rispondere a quella domanda avvalendomi della facoltà del fatto che non so la risposta.

DOUGLAS ADAMS

«Lei è un ignorante!» «Come si permette?» «Ignorante nel senso che ignora...» «Allora lei è un imbecille nel senso che imbelle!»

ALDO, GIOVANNI E GIACOMO

Prof: «Come partono Agnese e Lucia nell'addio ai monti?»
Stud: «Padre Cristoforo aveva prenotato una nave.»

ALE '79, *SBS*

Invitato a leggere il *Nuovo Testamento*, Mike Bongiorno ha chiesto: «Perché, sono compreso tra gli eredi?»

AMURRI & VERDE

Prof.: «La prima guerra di Macedonia...»
Alunno: «Mmmm... quella contro i frutti di bosco?»

ANDREA FRIGNANI & SEBASTIANO SALI

A Livorno non si avrà nulla, ma però siamo tanto ignoranti!

ANONIMO

Prof di inglese: «E secondo te questo è giusto?»
Stud: «I don't know, I made a tentativ!»

ANTONIO, *SBS*

Gli studenti americani sono molto ignoranti. Pensate che più del 70% non è in grado di trovare il Pakistan sulla cartina degli Stati Uniti.

RICHARD BELZER

Se l'ignoranza fosse musica Boso sarebbe una discoteca.

ROBERTO BENIGNI

Gli avvocati sono le uniche persone la cui ignoranza della legge non venga punita.

JEREMY BENTHAM

Era così ignorante che credeva che la Cedrata fosse un'opera minore del Tassoni.

Enzo Biagi

Una delle cose favolose dei libri è che a volte ci sono delle immagini bellissime.

George W. Bush, *U.S. News & World Report*, 3.1.2000

Sei di un'ignoranza ripugnante? Ma vuoi coniugare cultura e progresso? Vuoi coniugare impegno e risultati? Vuoi coniugare affermazione contenuti? Non puoi: sono tutti sostantivi! Non ti sei accorto che non c'era un verbo a pagarlo oro, zuccone? Ma da oggi non è più un problema col Seminario enciclopedico postale "La vocazione". Sarai prete in 12 comode dispense e poi... coniughi chi cazzo ti pare!

Claudio Bisio

Ci sono delle persone così ignoranti che non leggono il *Diario di Anna Frank* perché si vogliono fare i cazzi loro!

Raffaele Bruno

Sei stupida, sei ignorante, sei snob, sei anoressica e sei cocainomane. Se fossi anche bella potresti fare la modella.

Paolo Burini

Sei più vicino all'ignorantezza te che una mutanda al culo!

Palmiro Cangini (Paolo Cevoli)

Caro tiario, siamo in montagna a fare la settimana bianca per due persone che Derelitta ha vinto il concorso promosso dal detersivo "Minchia che bianco!" che è un concorso che io non sapevo che era stato promosso dato che manco sapevo che andava a scuola.

Vito Catozzo (Giorgio Faletti)

Ma come hai fatto a sbagliare? Ti ho fatto un cross che era una pennellata! Sembrava un quadro di Pirandello!

Franco Causio

Da qualche tempo si notano delle lacune nella sua ignoranza.

Jean Charles

Emily è fantastica. Quando le ho chiesto dov'era quando hanno sparato a Kennedy, ha detto: «Ted Kennedy è morto?».

HARRY TI PRESENTO SALLY

Giacomo: «Immagino che lei abbia già avuto altre esperienze di teatro». Candidata attrice: «Be' sì... ho lavorato con Albertazzi.»
Aldo: «Però, Albertazzi... il grande Albertazzi...il grande irreprensibile Albertazzi! Non sapevo che facesse anche teatro...»

CHIEDIMI SE SONO FELICE

Mia mamma mi cambiava il pannolino una volta al mese perché sulla confezione aveva letto: "Fino a 15 chili".

ENZO CORTESE

Come potrei dimenticarmi della mia professoressa d'italiano? Era ignorante come una zappa: si chiamava Marina Sefarei. Teneva un errore di grammatica pure nel nome!

GIOBBE COVATTA

Sono un attore multimediale, nel senso che ho fatto le medie molte volte.

RAUL CREMONA

Ho dato inizio a un happening a New York dichiarando davanti a tremila spettatori che Cézanne era di una catastrofica inesperienza, un pittore di decrepite strutture del passato. Sono stato applaudito, soprattutto perché nessuno sapeva chi era Cézanne.

SALVADOR DALÍ

La prossima settimana devo fare il test attitudinale per il college. Sono preoccupato: nel mio liceo non ci hanno mai insegnato attìtudinalità!

TONY DANZA

Se esiste una causa per il diffondersi dell'ignoranza di massa è il fatto che tutti sanno leggere e scrivere.

PETER DE VRIES

È assai frequente che l'esistenza del gommista venga scoperta in età avanzata. In altri termini i guidatori giovani si disinteressano dello stato di salute degli pneumatici, non sanno cosa sia l'equilibratura e provano stupore se qualcuno spiega loro che "Tubeless" vuol dire "senza camera d'aria". Generalmente l'equivoco nasce così: il gommista esamina lo pneumatico e dice: «Ah, è senza camera d'aria». Ed essi rispondono: «Che ci vuole fare, nella mia zona si rubano tutto».

GIOELE DIX

Insegnante: «Fammi lo spelling di Mississippi.»
Studente: «Il fiume o lo stato?»

LEOPOLD FETCHNER

Mio figlio ha deciso che d'ora in poi non studierà più la storia. Dice che la fanno più velocemente di quanto lui possa impararla.

LEOPOLD FETCHNER

«E non sai neanche che fu Colombo a scoprire l'America?» «Io non sapevo neanche che qualcuno l'avesse persa!»

LEOPOLD FETCHNER

Mia figlia mi ha chiesto dove si trovavano gli Appennini tosco-emiliani, le ho risposto di chiedere alla mamma perché è lei che mette via la roba.

FICHI D'INDIA

Siamo andati a vedere quella commedia di un russo, che ha il titolo di uno stabilimento balneare. Il miraggio, L'oasi, La conchiglia, no, Il gabbiano.

ENNIO FLAIANO

Mia moglie fa una cura contro le vene vanitose.

ENNIO FLAIANO

Ditsey Baummortal andò a caccia di anatre con lo zio George Terwillinger. Uno stormo di anatre si levò in volo e lo zio George sparò nel mucchio e una si abbatté sulla spiaggia, morta. Ditsey si avvicinò e la guardò. «Ehi, zio George», disse, «è stato uno spreco di munizioni. La caduta stessa l'avrebbe uccisa.»

"SENATOR" ED FORD

Ciccio: «Basta! È mezz'ora che ne stiamo parlando: sistemo la bacheca.»
Franco: «La ba che?»
Ciccio: «Ca!»
Franco: «Ah!»

Franco Franchi e Ciccio Ingrassia

Per Maroni, tastierista della Lega, la Corte dei Conti è un cortile pieno di nobili.

Bruno Gambarotta

Silvio Berlusconi non solo non conosce Tabucchi, ma è anche convinto che Gogol sia un centravanti balbuziente.

Gino&Michele

Ignorante è chi pensa che Patroni Griffi sia un incontro di boxe. Stupido è chi ci crede. Ma irrimediabilmente cretino è colui che si ricorda perfino quale pugile finì al tappeto.

Roberto Guidarini

Il poco che so lo devo alla mia ignoranza.

Sacha Guitry

Qualche donna abusa della facoltà che si concede alle donne di essere ignoranti.

Immanuel Kant

George W. Bush continua a sbagliare il nome del paese che bombarda... Lo chiama "Àiraq". Fossi in Saddam Hussein, sarei incavolato. «Hey, George: non è Àiraq, è Iràq. Non è che io sono in lotta con l'Umerica, no? Io sarò anche cattivo, ma tu sei stupido.»

Maz Jobrani

Candidata a Miss Italia: «Buonasera a tutti, mi chiamo Katia con la K ma siccome sono una ragazza semplice mi faccio chiamare Catia con la C, ed è una cosa che chi impara a conoscermi apprezza tantissimo. Parlo l'inglese scritto e parlato, invece il francese lo parlo solo scritto, e sono laureanda in psicologia criminale. Infatti un giorno spero di poter diventare una brava criminale. Mi piacerebbe tanto rappresentare l'Italia, anche perché seguirei le orme di mio padre che è anche lui rappresentante».

Katia & Valeria-Fabrizio Testini

Candidata a Miss Italia: «Ciao a tutti, mi chiamo Valeria, ma gli amici mi chiamano Antonella. Vengo da 'Cos te voret' un piccolo paesino nella provincia valdostana, e per questo mi ritengo una ragazza fresca, genuina e ricca di fermenti lattici vivi. Mi piace studiare e non me ne devo vergognare infatti sono iscritta alla facoltà di economiaecommercio però ultimamente ho poco tempo, quindi mi dedico solo al commercio. Mi piacerebbe un giorno entrare nel mondo dello spettacolo e poter fare cinema, televisione... ma anche divudì e videocassette non mi dispiacerebbero. Per concludere aggiungo che come segni particolari ho un'unghia incarnita... ma non posso dirvi dove!»

KATIA & VALERIA-FABRIZIO TESTINI

Se l'ignoranza è una benedizione del cielo, quello è l'uomo più felice del mondo.

DEAN R. KOONTZ

George Bush è in Messico. C'è stato un certo imbarazzo quando lo hanno portato a vedere le rovine maya. Vedendole, ha detto al presidente Vicente Fox: «Prenderemo le canaglie che hanno causato tutto questo».

JAY LENO

Mio figlio è molto intelligente. Da quando gli hanno detto che "scuola" si scrive senza "q" scrive sempre "suola".

MICHELE LEONI

Ieri, a Washington, era la Giornata della Consapevolezza della Malaria. Ed ecco la nota triste: oggi un confuso presidente Bush ha mandato 20 mila marines in Malaria.

DAVID LETTERMAN

Quando se n'è arrivata la prof di Mate già mi stavo incazzata come un cobra! Quella mi fa: «Sabbrina facciamo i logaritmi!». Ma io ci ho detto: «Ohhhhh... i logaritmi me li faccio a casa col Tantum Verde, quando ci ho le placche!».

SABBRY (LUCIANA LITTIZZETTO)

Se vuoi diventare ricco scrivendo, scrivi il tipo di cose che vengono let-

te dalle persone che quando leggono muovono le labbra.
Don Marquis

Questa la chiamano musica classica, vero? L'ho capito perché non cantano.
Marilyn Monroe

Non so niente di computer. Non so nemmeno ogni quanto bisogna cambiare l'olio.
Buzz Nutley

Secondo una statistica gli uomini trascorrono due ore al giorno parlando di calcio. E questo è preoccupante perché significa che possono parlare per ventidue ore al giorno di cose delle quali non sanno un tubo.
Furio Ombri

Non sono molto intelligente ma mi salva la mia grande ignoranza.
Flavio Oreglio

«Per caso hai mai letto Garcia Lorca?» «No, chi l'ha scritto?»
Gianni Palladino

Totti ha perso la testa per una letterina. Se niente niente questo mi legge un libro impazzisce.
Alberto Patrucco

L'Unione Sovietica è un insieme di cattiveria e incompetenza. Un po' come le Poste, ma coi carri armati.
Emo Philips

A scuola capivo che era venuto il momento di mettermi a studiare davvero quando mettevano in castigo i miei compagni dietro la lavagna con il mio cappello!
Ramaya, di *Aenigmatica*

Sì, vado spesso a teatro. Non mi sono perso un solo spettacolo dei Fichi d'India.
Il Marco Ranzani di Cantù (Albertino e Digei Angelo)

Nella mia vita io ho una donna di servizio che è un uomo, è un cingalese. Sì, è del Cingal, anche se non so dov'è.
Paolo Rossi

Lo chiamiamo il Laureato, perché è... ignoraaaante! Ha un'ignoranza

enciclopedica: non sa niente di tutto! Di cose di cui io non ne ho la minima idea, lui ne sa ancora meno!
FRANCESCO SALVI

Se mi chiedi di essere me stesso, non so cosa fare. Non so chi o cosa io sia.
PETER SELLERS

Era una che, quando le dicevano «Van Gogh», rispondeva: «Ci vada lei».
MICHELE SERRA

Sono così ingenua sulle cose finanziarie. Una volta mia madre disse una cifra e io mi resi conto di non aver capito, così lei mi dovette spiegare: «È come tre Mercedes». Allora capii.
BROOKE SHIELDS

Credevo che l'educazione sessuale consistesse nel dire grazie al ginecologo.
SLOGAN DELLO JÄGERMEISTER

Prof: «Da Pasteur deriva il nome di latte pastorizzato.»
Studente: «E scremato da Scremeur?»
SMEMORANDA BROTHERS & SISTERS

Totti, titolo di studio: battesimo.
STRISCIONE LAZIALE IN LAZIO-ROMA

Per l'amore del cielo, mettete lo stesso il mare sullo sfondo: non possiamo certo preoccuparci di una manciata di americani che sa davvero com'è Parigi.
IRVING THALBERG, PRODUTTORE CINEMATOGRAFICO SUL SET DI UN FILM

Totò: «È morto Diocleziano?»
Altro: «Ma sì!»
Totò: «E quando è successo?»
Altro: «Mah, duemila anni fa.»
Totò: «Come passa il tempo...»
TOTÒ

Analfabeta: «Devo scrivere una lettera di carta...»
Totò (che per campare scrive lettere su dettatura): «Lei è ignorante?»
Analfabeta: «Sì.»
Totò: «Bravo! Viva l'ignoranza! Tutti così dovreste essere! E se ha dei figlioli non li mandi a scuola per carità! Li faccia sguazzare nell'ignoranza!»
Analfabeta: «Io tengo un nipote... Devo scrivere una lettera a lui!»
Totò: «Quanti anni ha questo compare?»

Analfabeta: «Quarantacinque...»
Totò: «Quarantacinque? (tira fuori una lettera già scritta) Questa va benissimo... Vede, noi le lettere le scriviamo prima, di modo che quando arriva una persona guadagnamo tempo... Lui ha quarantacinque anni?»
Analfabeta: «Sì!»
Totò: «Perfetto! Questa lettera io l'ho scritta tre anni fa per un signore che ne aveva quarantadue...»
Totò

Sono una frana. Mi hanno bocciato un'altra volta all'esame per la carta d'identità.
Francesco Vespa

Silvio Orlando: «Nei licei, secondo un'indagine demoskopica, l'80% degli studenti non sa chi era Che Guevara, mentre il 90% sa chi è Gargamella».
Teo Teocoli: «Chi è Gargamella?»
Silvio Orlando: «Oh meno male, non saperlo ti fa onore. Gargamella è il cattivo dei Puffi».
Teo Teocoli: «Che Guevara invece è il buono?»
Vicini di casa

Renato Dall'Ara, indimenticato presidente del Bologna, aveva un debole per il latino. «E si ricordi» disse un giorno, «che per ogni evenienza *sine qua non*, siamo qui noi!» A un dirigente che voleva assumere un'iniziativa, disse decisamente: «*Fiat lux*, faccia lui!»
Beppe Viola

A certa gente quello che la frega è la mancanza d'ignoranza!
Beppe Viola

Venerdì ero in una libreria con questa ragazza di origini francesi... Lei era un'analfabeta bilingue, in grado di non saper leggere in due lingue diverse.
Steven Wright

D'agrande farò il scritore.
Zio Scriba (Nicola Pezzoli)

IKEA

Oggi sono andato all'Ikea per comperarmi una mensola. Non l'ho trovata e sono uscito con un salmone. Sono tornato a casa, l'ho aperto e, vaffanculo, era da montare!

CLAUDIO BATTA

Al bar dell'Ikea prendo sempre una coppetta di fragole con la panna, che è l'unica cosa già montata.

CAMILLO CANOVI

C'è gente che il torrone se lo va a comprare all'Ikea: ti danno le nocciole, il cioccolato e ti fanno: «Tie', montatelo!»

GABRIELE CIRILLI

Attenzione, ho pensato di mettervi in guardia cosicché possiate evitare di rimanere vittime di un'incresciosa truffa. Non so quanti di voi fanno la spesa all'Ikea, comunque funziona così: due bellissime ragazze sui 18 o 20 anni si avvicinano alla macchina mentre stai infilando nel baule gli acquisti. Iniziano a pulirti il parabrezza con delle spugne facendo quasi balzar fuori i seni dalle loro camicette strettissime. Quando alla fine le ringrazi e offri loro una mancia, rifiutano e chiedono invece un passaggio verso l'Ikea dall'altra parte della città. Se accetti, salgono sul sedile posteriore e, mentre guidi, cominciano a lesbicare tra loro. Quando finalmente arrivi al parcheggio dell'altra Ikea, una di loro sale sul sedile anteriore e ti fa un pompino micidiale, mentre l'altra, a tua insaputa, ti ruba il portafoglio. Con questo biasimevole sistema, mi hanno rubato il portafoglio martedì, mercoledì, due volte giovedì, sabato, ieri e, probabilmente, di nuovo stasera.

CITATA DA GIORGIO GHERARDUCCI

Secondo la Bbc un europeo su dieci è stato concepito su un letto Ikea. Gli altri nove sul pavimento, perché i genitori non sono riusciti a montarlo, quello stupido letto.

JAY LENO

La tua donna la chiamo Ikea perché me la porto a casa e me la monto.

POZZOLI E DE ANGELIS

Basta con il fai da te targato Ikea. L'altro giorno volevo due lampadine e mi hanno venduto un kit per soffiare il vetro.

DANIELE RACO

Questo scatolone? Niente, è uno sgabello. L'ho comprato all'Ikea, la commessa mi ha detto: «È facile, si monta da solo». Sono tre mesi che sta così.

STEFANO VIGILANTE

IMBARAZZO

Aeroplano. Un tale è seduto addormentato, con la patta aperta e gli si vede tutto. Dall'altra parte del corridoio è seduto un altro tipo che guarda e lo nota. Chiama la hostess e le chiede una penna e un pezzo di carta. Scrive: "Caro signore, sono seduto dall'altra parte rispetto a lei e la sua cerniera è aperta e le si vede tutto. So che questa nota le eviterà qualsiasi imbarazzo. Cordialmente suo, Frank Martin. Ps: Ti amo".

LENNY BRUCE

«Non so come dirtelo... ma ieri sera ho visto tua sorella che prendeva cinquanta euro da uno sconosciuto...» «Cosa vuoi, le prime volte non puoi chiedere di più».

GIANPIERO CASONI

Penso di aver messo in imbarazzo la signora seduta vicino a me sull'aereo. Era uno di quei voli dove si dorme. E io dormo nudo.

JOHNNY DARK

L'imbarazzo degli imbarazzi: l'incontro di due occhi attraverso lo stesso buco della serratura.

CHARLES GRODIN

Mio padre faceva il barbiere. Ogni tanto tagliava i capelli anche a me, ma se entrava un cliente dovevo alzarmi e trasferirmi su una panca. Non immaginate cosa significa aspettare su una panca con i capelli tagliati a metà.

CHARLES SCHULZ

IMBIANCHINO *(vernice)*

Ho capito che qualcosa cominciava a non andar bene tra me e mia moglie quando una volta, mentre facevamo l'amore, lei mi disse: «Caro, penso che sia arrivato il momento di dare un'imbiancata al soffitto e alle pareti».

WOODY ALLEN

Ho fatto l'imbianchino per cinque anni. Cinque anni. Non pensavo che l'avrei mai finita quella dannata casa.

MICHAEL J. FOX

Finalmente ho trovato un imbianchino come si deve: preciso, onesto, coscienzioso... e fa anche servizio a domicilio.

GINO&MICHELE

Una puttana mi ha detto che mi avrebbe fatto qualsiasi cosa per cinquanta dollari. Così glieli ho dati e le ho detto: «Dipingimi la casa!».

HENNY YOUNGMAN

IMMIGRATO

vedi **Extracomunitario**

IMMONDIZIA

(Pattumiera - Rifiuti - Spazzatura)

In California non gettano la spazzatura, la trasformano in show televisivi.

WOODY ALLEN

Mia madre non mi ha mai viziato. Quando le ho detto: «Basta! Me ne vado di casa!», lei mi ha risposto: «Già che esci, butta l'immondizia...».

FEDERICO BASSO

Nel mio quartiere il camion dei rifiuti viene due volte la settimana. Per fare le consegne!

MILTON BERLE

Se i bidelli sono definiti "personale non docente", gli impiegati negli uffici della nettezza urbana si possono definire "personale non scopante"?

MIMMO CIULLA

A fianco del mio condominio c'è un giardinetto che purtroppo è diventato una discarica abusiva. La gente viene lì e butta di tutto: divani sfondati, frigoriferi, materassi, liquami industriali. Allora ci siamo indignati e abbiamo informato il Comune che è prontamente intervenuto autorizzando la discarica!

ANTONIO CORNACCHIONE

Guarda qua che cosa mi è arrivato da pagare: cinquecento mila lire all'anno di immondizia! E l'immondizia ce la metto io, se ce la mettevano loro quanto dovevo pagare?

FICARRA E PICONE

Quando per strada uno mi passa un volantino penso che voglia dirmi: «Tieni. Buttalo via tu».

MITCH HEDBERG

Chico: «Fuori c'è l'uomo dell'immondizia».
Groucho : «Digli che non ne vogliamo.»

FRATELLI MARX

Milioni di anni fa (o più) la terra si formò grazie a orrendi cataclismi: gli oceani infuriati frantumavano le coste e seppellivano isole, mentre gigantesche catene di montagne crollavano e vulcani in eruzione generavano nuovi monti; i terremoti spostavano i continenti. Per commemorare questi fenomeni, il Municipio manda in giro ogni notte speciali apparecchi, chiamati camion della nettezza urbana, che riproducono sotto le finestre dei cittadini quei fragori tellurici.

EDUARDO MENDOZA

Tipico della cucina del single è il sacchetto della spazzatura legato alla maniglia della portafinestra. È da tempo che è lì, tanto tempo... gonfio, gonfio, gonfio, ogni giorno più gonfio. Una volta ho trovato un single che, pur di non riaprire il sacchetto, stava cercando di avvitarci dentro un fusillo con un cacciavite!

PAOLO MIGONE

«A volte ho l'impressione che tu non mi stimi...» «Ma, cara, cosa dici? Dai, esci dalla pattumiera e dammi un bacio sulle scarpe.»

EGIDIO MORRETTI

Capsula: «Tu sei l'unico in tutta la scuola che ha avuto il coraggio di uscire con quel canotto di Ascella.»
Nucleo: «Uscire? Magari! Avevamo un appuntamento sotto casa sua a mezzanotte. Sono arrivato con dieci minuti di ritardo e lei non c'era.»
Capsula: «È chiaro, prima di te è arrivato il camion dell'immondizia e se l'è portata via!»
PALI E DISPARI

Si è visto in televisione: mucchi di spazzatura che sembrano grattacieli. La telecamera zooma su questo ben di dio di sudiciume e, al volo, colgo un particolare. Vedo, circondato dall'immondizia, un contenitore, vuoto, con su scritto: "Gettate la carta nell'apposito cestino". Penso: ma che mira di merda!
ALBERTO PATRUCCO

Tenete l'Italia pulita. Gettate i rifiuti in Svizzera.
FRANCESCO SALVI

Io sono stato rifiutato da donne talmente diverse che ho capito il concetto di "rifiuto differenziato" molto prima della nettezza urbana.
DADO TEDESCHI

Uno dei miei cognati è un genio. Quando a New York c'è stato lo sciopero dei netturbini, sapete come si è sbarazzato della spazzatura? L'ha impacchettata con la carta da regalo, l'ha lasciata in macchina, e gliel'hanno rubata.
HENNY YOUNGMAN

Mia madre cucinava così male che la nostra pattumiera aveva l'ulcera.
MARIO ZUCCA

IMMORALITÀ
vedi ***Moralità***

IMMORTALITÀ *(Eternità)*

Non c'è alcun rapporto tra gli asparagi e l'immortalità dell'anima. Gli asparagi si mangiano, l'immortalità dell'anima no.
ACHILLE CAMPANILE

Formaggio... la corsa del latte verso l'immortalità.
Clifton Fadiman

Io sto morendo, ma quella puttana di Emma Bovary vivrà per sempre.
Gustave Flaubert

Per contribuire alla mia immortalità la signora mi consigliò di togliere una virgola al mio libro. Era la sola cosa che sarebbe passato ai posteri.
Leo Longanesi

Essere immortale non mi interessa. Mi piace invecchiare.
Mina

Essere innamorati è bellissimo. È bellissimo quando lei ti dice: «Io non ti tradirò mai per l'eternità». È brutto quando lei ti dice: «Sai che ieri ho capito che è un'eternità che stiamo insieme?».
Dado Tedeschi

È un errore condannare la gastronomia. La cultura dipende dalla gastronomia. L'unico tipo di immortalità che desidero per me sta nell'inventare una nuova salsa.
Oscar Wilde

Voglio vivere in eterno. Finora tutto bene.
Steven Wright

IMPAZIENZA
vedi ***Pazienza***

IMPERATORE
vedi ***Re***

IMPIEGATO *(Ufficio)*

I funzionari statali sono tra i mariti più desiderabili: quando la sera tornano a casa non sono mai troppo stanchi e hanno già letto il giornale.
Anonimo

Finalmente è uscito un supercomputer per l'ufficio. Se commette

un errore, dà la colpa a un altro computer.
MILTON BERLE

Un impiegato va dal principale per chiedere un aumento, dicendogli: «Io qui faccio il lavoro di tre uomini!». E il capo replica: «Dammi il nome degli altri due. Li licenzio!»
MILTON BERLE

Perché Natale è come un giorno in ufficio? Perché tu fai tutto il lavoro, e il ciccione col vestito si prende tutto il merito.
JOE CLARO

Gli uffici pubblici sono quei luoghi dove gli impiegati che arrivano in ritardo incontrano gli impiegati che escono in anticipo.
GEORGES COURTELINE

Sai di vivere negli anni 2000 quando in quattro anni sei rimasto seduto alla stessa scrivania e hai lavorato per tre aziende diverse.
DALL'E-MAIL "YOU KNOW YOU'RE LIVING IN 2000 WHEN... "

Il direttore a un impiegato: «E si ricordi che la mia porta è sempre aperta» «E allora prenda un fottutissimo cacciavite e la aggiusti!»
BENNY HILL

Un nuovo virus ha bloccato migliaia di computer, facendo sì che gli impiegati negli uffici di tutto il paese giocassero a solitario con delle vere carte.
CRAIG KILBORN

Un'impiegata di Tiffany ha querelato i suoi capi per abuso e umiliazione. Praticamente la trattavano come uno dei loro clienti.
DAVID LETTERMAN

AT&T ha licenziato quarantamila impiegati, questa settimana. Un portavoce di AT&T ha dichiarato: «Conoscete nessuno che abbia bisogno di un buon portavoce?».
NORM MACDONALD

Lo schiavo si affeziona. L'impiegato no.
MARCELLO MARCHESI

Negli Stati Uniti d'America ci sono oltre venticinquemila numeri di telefono "sexy" per uomini. Sapete quanti ce ne sono per le donne? Tre. Se abbiamo voglia di sentire qualcuno parlar male o dire oscenità, ci tocca andare in ufficio.

Felicia Michaels

Il comune di Sesto Lodigiano ha ceduto gli uffici dell'anagrafe alla Lottomatica, che è la concessionaria del ministero delle Finanze per il gioco del lotto. Gli impiegati del comune sono obbligati, oltre a dare i certificati, a prendere anche le giocate del superenalotto. I sindacati di categoria si sono offesi e hanno smesso di bere... tutto d'un colpo non va bene, infatti certi sono stati male.

Maurizio Milani

Impiegato: «Signore, sono in questa azienda da 27 anni e non ho mai avuto un aumento.»
Boss: «Ecco perché sei in questa azienda da 27 anni!»

Bob Phillips

Il tuo boss è l'unico a essere al lavoro presto se tu sei in ritardo e in ritardo se tu ci sei presto.

Bob Phillips

Oggi, l'unica domanda lavorativa che ti fanno in ufficio è: «Sono già le cinque?».

Jeff Rovin

Di solito nella mia banca ci sono due cassieri. Tranne quando è molto affollata, nel qual caso ce n'è uno solo.

Rita Rudner

Fantozzi raggiunge in paradiso la sua nuvoletta da impiegato. Qui incontra Buddha che lo spinge a reincarnarsi. «Posso scegliere io chi essere nella nuova vita?», chiede Fantozzi. «Nemmeno per sogno, vada alla *Ruota della Fortuna.*»

Fantozzi

Sono anche diventato impiegato del mese dopo aver spento quel fuoco nella friggitrice usando la faccia.

Weird Al Yankovic (Albuquerque)

Dovevo andare a trovare questo tale, molto importante, nel suo ufficio e tutti mi dicevano: «Stai attenta, Shelley. Non appena sarai entrata nel suo ufficio, ti strapperà il vestito di dosso!» «Me lo ricorderò», ho detto, «indosserò un vecchio vestito.»

SHELLEY WINTERS

IMPLOSIONE

vedi ***Bomba***

IMPOSTA

vedi ***Tassa***

IMPOTENZA *(Fare cilecca)*

La scienza ha sconfitto molte malattie, ha decifrato il codice genetico e ha perfino mandato l'uomo sulla luna, ma se un ottantenne viene lasciato solo in una stanza con due conigliette diciottenni non succede niente di niente. Perché i veri problemi non cambiano mai.

WOODY ALLEN

Oggi sono più conosciuto: faccio cilecca con donne più belle.

WOODY ALLEN

«Suo marito è già impotente?» «E chi lo sa?»

ALTAN

Il linguaggio di Umberto Bossi mi ricorda quello di un impotente che si eccita solo al telefono con le chat-line.

GIANFRANCO FINI

Mi hanno detto che per rivitalizzare "lui" bastava andare nell'acqua fredda al mare, la mattina presto, e appena sentiva l'acqua... Dang... granitico. Ho provato... l'acqua sale... Piuttosto si affoga, ma la testa la tiene bassa!

GIUSEPPE GIACOBAZZI

Quando avevo vent'anni "lui" era come l'Apollo 10: perforava ogni atmosfera! Adesso è comel'Apollo

13: quando esce si sente: «Houston... abbiamo un problema...».
GIUSEPPE GIACOBAZZI

Per avere successo con l'altro sesso, dite che siete impotenti. Lei non aspetta altro che smentirvi!
CARY GRANT

Non ho mai fatto cilecca con una donna. Non ho nemmeno mai perso alle Olimpiadi.
DAVIDE PESARESI

Per un settantenne è facile amare il prossimo. Meno facile amare la prossima.
DIMITRI YORDANOV

La realizzazione di questa Opera è stata possibile anche grazie alle progettazioni informatiche di Tecne', con il contributo in prima persona di Pieranna Massari e Piergiorgio Veneziani; e con il certosino coordinamento di Elena De Luca, nostra storica collaboratrice.
Il lavoro redazionale è stato curato con la solita vivace competenza da Alessia Gemma, con l'assistenza della solare Linda Ferrari.
Il progetto e l'impostazione grafica sono invece frutto dell'esperienza e della creatività di Zetalab, in particolare nelle persone di Lucio Luzo Lazzara e Walter Uolts Molteni. Grazie anche, per la complice collaborazione dagli Stati Uniti di Paolo Borraccetti.

Gino&Michele, Gut edizioni e Bananas devolvono parte del ricavato dell'*Enciclopedia Universale della Battuta* per acquistare il parco macchine (sei automezzi) di *Presenza Amica*, un'associazione di volontari impegnata nell'assistenza domiciliare ai malati inguaribili in fase terminale.

Per chi volesse conoscere nel dettaglio l'attività di "Presenza Amica Onlus – Volontari per l'aiuto ai sofferenti" di Garbagnate Milanese (Milano), diamo il telefono: 02 99021087, e l'indirizzo internet: www.presenzamica.it.

L'Enciclopedia Universale della Battuta si avvale dell'alto Patrocinio della *Premiata Bocciofila Cosimo Trombetta per la salvaguardia del Comico* (1).

(1) *La* Premiata Bocciofila Cosimo Trombetta per la salvaguardia del Comico, *è un'Associazione Culturale che ha come scopo la salvaguardia del Comico, inteso come genere. È stata fondata nel 2005 da Gino&Michele, Maurizio Costanzo, Enrico Vaime, Giancarlo Bozzo, Roberto Bosatra.*
Nello statuto della "Cosimo Trombetta", alla voce Scopi dell'Associazione si può leggere:
"Conservazione e divulgazione della memoria storica del teatro, con particolare attenzione al teatro comico, brillante e al varietà; valorizzazione, raccolta e sviluppo della letteratura e delle presenze televisive legate al Comico come genere, alla satira e all'intrattenimento; sviluppo di iniziative culturali quali la pubblicazione di libri, riviste, siti internet, materiale multimediale, dvd e quant'altro attinente agli scopi sociali; costituzione di archivi storici e raccolta di materiale attinente allo scopo sociale; realizzazione di convegni e/o seminari ed attuazione di forme di collaborazione con enti pubblici e/o privati e/o associazioni e/o organismi di istruzione."
Per eventuali contatti: c/o Teatro Parioli, via Giosuè Borsi, 20, Roma; oppure c/o Zelig, viale Monza 140, Milano.

Volume 6

IMP – MAR

ENCICLOPEDIA UNIVERSALE DELLA BATTUTA

a cura di **Gino&Michele**

con la collaborazione di Matteo Molinari

Gut Edizioni spa, Milano
Prima edizione maggio 2009
www.gutedizioni.com

IMPRENDITORE *(Padrone)*
vedi anche **Capitalismo**

Povero Silvio... Sono tutti invidiosi, vogliono diventare ricchi come lui. Ma solo lavorando duramente si può sperare di arrivare dove è arrivato lui. Pensate che un imprenditore che lo imitava, lavorando sodo, in sole due settimane è riuscito a farsi processare per falso in bilancio. Incredibile, Silvio per arrivare a questi risultati ci ha messo dieci anni!

ANTONIO CORNACCHIONE

Ficarra: «Ma che succede? Perché ti stai leggendo 'sto giornale così attentamente?»
Picone: «Eh, caro mio, ci sono novità e voglio vederci chiaro. A quanto pare il Palermo Calcio se lo sta comprando un imprenditore del Nord!»
Ficarra: «Veramente? E questo che intenzioni ha?»
Picone: «Sta portando dieci giocatori nuovi, un nuovo preparatore atletico, un centravanti che segna venticinque gol a campionato e un allenatore che è considerato tra i migliori!»
Ficarra: «Ma com'è pazzo! Non lo capisce che così rischiamo di andare in serie A?»
Picone: «Rischiamo? Ha dichiarato senza inibizioni che vuole andare in serie A!»
Ficarra: «Questo viene dal Nord e parla di serie A? Ma chi gliel'ha chiesta? Se ci volevamo andare, che aspettavamo a lui? Come se noi non ci sapessimo andare da soli! Dopo trent'anni di onorata serie B, perché dovremmo salire in serie A? Per giocare con l'Inter? Con la Juve? Con il Milan? Se ci tengono scendono loro!»

FICARRA E PICONE

Certi segnali di malessere sociale, che paiono configurare prospettive di nuove povertà e una violenta divisione tra ricchi e poveri, tra padroni e schiavi, tra Nord e Sud del mondo, non vanno sottovalutati: è tutta gente che prima o poi ti arriverà sotto casa a Montecarlo e ti romperà i coglioni.

GIORGIO MELAZZI

Noi nella mia famiglia lavoriamo tutti. Da generazioni. Mio nonno ha fatto il capannone piccolo, mio padre il capannone grande, io il capannone grandissimo. Mio figlio si droga.

PEREGO (ANTONIO ALBANESE)

Ho chiesto l'aumento al mio donatore di lavoro, gli ho detto: «Masto, io appartengo al secondo livello, devo avere più soldi di quelli che stanno al primo livello!». Lui mi ha risposto: «Veronica, voi per me siete come figli e per un padre i figli stanno tutti allo stesso livello!».

VERONICA (ROSALIA PORCARO)

IMPRONTE DIGITALI

Rimango talmente impressionato dalla lettura di un libro giallo, che quando lo poso cancello le mie impronte digitali.

CARLO DAPPORTO

Secondo uno studio fatto in Australia, i koala hanno delle impronte digitali talmente simili a quelle umane che potrebbero essere facilmente confuse dalla polizia sulla scena di un delitto. Va notato, inoltre, che lo studio è stato finanziato da O.J. Simpson.

NORM MACDONALD

Il Psi cambia nome? Non importa: li riconosceranno dalle impronte digitali.

MAURO MELLINI

Io ve amo Italia, perché io è arrivato qva, voi me avete accolto come stella de Hollywood: come sono arrivato me avete preso impronte de mani e piedi!

RATKO (LUCA KLOBAS)

L'Fbi ha oltre cento milioni di impronte digitali. Esattamente come una casa con due o più bambini dentro.

TODAY'S CHUCKLE

A volte mi sembra di aver conosciuto così tanti uomini che l'Fbi dovrebbe venire da me quando ha bisogno di impronte digitali.

MAE WEST

Mi ricordo che quando ero un feto sgattaiolavo fuori da mia madre, quando lei dormiva. Ricordo che

pensavo: «Questo è un buon momento per rubare. Finché non ho ancora le impronte digitali».
STEVEN WRIGHT

IMPUNITÀ
vedi **Punizioni**

IMPUTATO
(Capo d'imputazione)

Scaricare musica è illegale, lo so, ma se hanno assolto gli imputati per la strage di Piazza Fontana vuoi che rompano le balle proprio a me?
ANTONIO DE LUCA

Io ho partecipato a quattro matrimoni. Tre come testimone e uno come imputato.
GIANNI FANTONI

Tanto più che la Dc in fatto di ministri non ha molto da scegliere: essa si muove soltanto tra i capi storici e i capi d'imputazione. In qualche caso c'è il cumulo.
FORTEBRACCIO

Ci sono dei momenti in cui non si dovrebbe limonare. Quando si è malati. Quando si è con dei bambini. Quando si è sul banco degli imputati.
JOICE JILLSON

INCAZZARSI *(Arrabbiarsi)*

Non me la prendo con quelli che guardano l'orologio mentre parlo. Ma mi arrabbio davvero quando iniziano a scuoterlo per essere sicuri che funzioni ancora.
LORD BIRKETT

Il cavallo per appoggiare i piedi ha le staffe, quando le perde si arrabbia molto.
COCHI E RENATO

Quanto si potrà incazzare una tartaruga che dopo due chilometri si accorgesse di aver sbagliato strada?
FABIO FAZIO

Quando è nata mia figlia, abbiamo filmato la nascita. Adesso, quando mi fa arrabbiare, pigio rewind e la rimetto dentro.

GRACE WHITE

INCENDIO

vedi **Fuoco**

INCERTEZZA

(Indeciso - Inconcludente)

Se c'è una cosa che non sopporto sono gli indecisi. La mia amica Marina non sa ancora cosa vuole fare da grande. L'altro giorno gliel'ho detto: «Tesoro, le vie del Signore sono infinite. Imboccane una e vai affanculo!».

BRUNELLA ANDREOLI

«Lei dice che io sono un indeciso? Si sbaglia! Io sono sempre decisissimo!... Aspetti, ritiro quel che ho detto... Dunque, ci sono delle volte in cui ho leggermente tentennato... qualche volta sono deciso, ma non sempre... anzi, ora che ci penso...»

BEETLE BAILEY

Esortazione per insicuri. «Hai voluto la bicicletta? Adesso montaci le rotelline!».

PAOLO CANANZI

Ho sempre cercato di fare l'amore solo con le ragazze di cui ero innamorato. Siccome sono dieci anni che non mi innamoro, allora per un periodo ho cercato di fare all'amore anche con le ragazze di cui non ero innamorato. Ma, di solito, in questo caso erano loro ad innamorarsi di un altro. Cercavo delle ragazze di cui non ero innamorato e che non fossero innamorate di un altro, ma in questo caso se ci fossimo innamorati? Avremmo perso del tempo innamorandoci senza amarci... Insomma, alla fine ho preso 50 euro e sono andato a puttane!

ANTONIO CORNACCHIONE

... Sono stufo di non portare mai a termine le cose che inizio. Mi analizzo e mi chiedo: «Ma è mai possibile che...».

FRANCO PENNASILICO

Siamo tutti appesi a un filo. E io sono anche sovrappeso.

FRANCO ZUIN

INCHIOSTRO

Quanti puntini ci sono dentro a un bottiglino d'inchiostro? 5246! Oppure uno solo, grosso come una pizza!

GIORGIO FALETTI

Ficarra: «Ma che hai? Ti vedo provato!»
Picone: «(Piangendo) C'è la tipografia di mio figlio che va male!»
Ficarra: «Ma anzi, da quando vi siete messi a stampare euro le cose si erano sistemate!»
Picone: «Lo so! Il problema è che da quando abbiamo l'euro i prezzi si sono raddoppiati. Io prima una banconota da diecimila lire con tremila lire di spese la stampavo!»
Ficarra: «E ti rimaneva un bel guadagno.»
Picone: «Oggi, invece, è raddoppiato il prezzo dell'inchiostro, della carta, della filigrana. Ho calcolato che su una banconota di dieci euro c'ho un guadagno di dieci centesimi! Che vuole lo stato, che me ne vado a rubare?»

FICARRA E PICONE

Legge di Bic: se l'inchiostro può finir.

FRANCESCO VARCHETTA

INCIDENTE

A volte, quando guido in autostrada, chiudo gli occhi e penso a tutta quella gente che ogni giorno muore in modo così assurdo.

VITTORIO AVELLA

Sulla mia scrivania c'è la foto di una fanciulla in tutù. Era una grande stella della danza. Poi in un incidente ferroviario perse entrambe le gambe. Ma non si è persa d'animo e, talvolta, balla ancora. Quando c'è il terremoto.

ROMANO BERTOLA

Mia moglie guida talmente male che alla festa annuale dei carrozzieri lei è l'ospite d'onore.

BIZET47, *DI AENIGMATICA*

Bambini nei sedili dietro causano incidenti; incidenti nei sedili dietro causano bambini.

BUMPER STICKER

Non avete mai pensato, mentre guidate, di salire sul marciapiede e falciare trenta persone? Non dico di farlo, ma ci avete mai pensato? Tipo: «Sono qui che guido tranquillo, nessuno sa chi sono... Ma se sposto la mano che regge il volante di due gradi sarò sulla copertina di *Newsweek* e tutti parleranno di me.»

BILL BURR

A New York c'è un pedone investito ogni tre minuti. Poveraccio, non fa nemmeno in tempo a rialzarsi.

ACHILLE CAMPANILE

La motorizzazione vuole che uno porti una tessera di donatore di organi con la patente. E voi credete davvero che il dottore del pronto soccorso che la trova, quando arriva sulla scena dell'incidente, cercherà di salvarvi la vita? Col cazzo! Lui cerca le parti usate!

GEORGE CARLIN

La mia vecchia cagnolina, Tippy, era piccola. Anche prima che passasse il camion. Il camion l'ha resa più piccola. Più larga, ma più piccola.

GEORGE CARLIN

Mentre guidavo, ho fatto un incidente con un mago. Non è stata colpa mia. Il tizio è spuntato fuori dal nulla.

AUGGIE COOK

Per la nebbia, sulle autostrade hanno messo dei cerchi e dei cartelli con scritto: "Se vedi un cerchio vai a 70, se vedi tre cerchi vai a 90, se vedi quattro cerchi hai inculato un'Audi".

SERGIO COSENTINO

Con tutte le cose che vanno storte, proprio quel Tir doveva andare dritto!

PACO D'ALCATRAZ

Sapete una cosa? A noi neri non ci fanno più sedere in fondo agli autobus: si sono accorti che la maggior parte degli incidenti accade davanti.

SAMMY DAVIS JR

Se il 95 % degli incidenti capita in casa, dove vanno gli homeless ad avere il 95 % dei loro incidenti?

STRANGE DE JIM

La mia ragazza è brutta. Una volta che stava giocando si è tagliata un dito, allora l'ho portata dal medico e gli ho gridato: «Presto che la mia ragazza ha avuto un incidente!» e lui, come ha aperto la porta e l'ha vista in faccia, ha detto: «Chissà la macchina...».

GIORGIO FALETTI

Perché a Niki Lauda, già che c'erano, non hanno finito di aggiustargli le orecchie?

FABIO FAZIO

Ho visto un ragazzo con la testa rapata che somigliava a un naziskin uscire da una discoteca, ubriaco, alle quattro di mattina. L'ho visto salire su una macchina, sgommare e schiantarsi a 180 all'ora contro un albero. E ho pianto... Ho pianto perché era un albero bellissimo. Un tiglio.

GINO&MICHELE-PAOLO ROSSI

Un tizio riceve la notizia che la moglie è rimasta coinvolta in un incidente automobilistico. Corre all'ospedale e il medico gli dice: «Guardi ho delle brutte notizie. Sua moglie è completamente paralizzata dal collo in giù. Lei dovrà darle da mangiare, lavarla, pulirle ogni orifizio perché non ha controllo della vescica né dell'intestino...». Il tizio comincia a piangere, allora il dottore gli dice: «Su coraggio, la sto solo pigliando per il culo: è morta!».

GILBERT GOTTFRIED

Un giorno ho visto un'auto posteggiata che veniva urtata da un furgone Ups, e ho lasciato una nota che diceva: "Siete stati urtati da un furgone Ups, ma non eravate in auto. Questo

furgone tornerà di nuovo domani alla stessa ora. Se non sarete in auto dopo il terzo incidente, potrete ritirare il vostro specchietto retrovisore destro al locale ufficio Ups".
Steve Hofstetter

Certe volte i presentimenti sono stupefacenti. Pensate che una volta mio zio doveva andare a Chicago da Los Angeles e ha avuto il presentimento che l'aereo che avrebbe dovuto prendere si sarebbe guastato. Così ha preso il treno e... pensate un po'? L'aereo è precipitato. Sul treno.
I Jefferson

Quei bumper sticker, sapete quelle stronzate tipo "Bimbo a bordo", non vi fanno venire voglia di tamponare la macchina ancora più forte?
Sue Kolinsky

Sì, è vero. Dopo l'incidente avevo perso la sensibilità alla gamba. Ma sai che figata quando mi facevo la ceretta?
Carla Lasorte

Ho il terrore di morire in un incidente aereo. Non sopporto il pensiero che le noccioline possano essere il mio ultimo pasto.
Tanya Luckerath

Oggi un'automobile mi è venuta addosso. Mi sono salvato con un salto. Mentre ero ancora col piede in aria, mi è arrivato l'urlo dell'automobilista inferocito: «Ma va' in macchina, cretino!».
Marcello Marchesi

Frank Sinatra ha avuto un terribile incidente. Stava facendo una passeggiata quando è stato travolto da un motoscafo.
Dean Martin

A Los Angeles per incontrare qualcuno bisogna investirlo.
Steve Martin

Nel vivere del nostro buio quotidiano, ogni tanto incontri un raggio di luce: spesso è una moto che ti sta investendo.
Giorgio Melazzi

Ero così grasso che quando fui investito da una Volkswagen son dovuto andare al pronto soccorso per farmela estrarre.

PAT MCCORMICK

Più si resta sulla strada e più aumentano le occasioni di incidenti. La prudenza consiglia quindi di avere un'auto veloce e di circolare alla massima velocità.

LUCIE OLBRECHTS-TYTECA

Incidente sul lavoro. Piegatore di giornali morsicato da un inserto.

GINO PATRONI

Una ragazza mi ha fatto una scenata perché non le ho aperto la portiera della macchina. Che esagerazione! Comunque è vero, ammetto di aver nuotato da solo fino alla superficie.

EMO PHILIPS

Una volta mi è caduto il ferro da stiro sul pene. Da quel giorno non riesco più a fare l'amore con una ragazza. La spatolo!

POTATO (ALESSANDRO BRUNELLO)

Non hai idea di quanti pezzi sia fatta una macchina fino a quando non ti scontri con un Tir.

HERBERT V. PROCHNOW & HERBERT V. PROCHNOW JR.

Cent'anni fa eravamo molto più furbi: allora si viveva fino a quando non si moriva e non fino a che qualcuno non ti investiva con la sua auto.

WILL ROGERS

«Ho fatto un incidente con la macchina che mi hai prestato.» «Si è rovinata molto?» «Quello col carro attrezzi ha detto: "Meno male che si è salvato il portacenere, altrimenti non sapevamo dove mettere la macchina!"».

FRANCESCO SALVI

La ragione per la quale non ho firmato la parte riguardante i donatori di organi sulla mia patente è che riesco a immaginarmi un incidente in cui sono conciato parecchio male e un poliziotto enorme che sta sopra di me e il cui zio ha bisogno di un rene.

LOU SCHNEIDER

L'altro giorno ero davanti a un'ambulanza, e ho notato che la parola

"Ambulanza" era stampata speculare sul cofano. Ho pensato: «Be', se non è intelligente» perché nello specchietto retrovisore posso leggere la parola "Ambulanza" dietro di me. Naturalmente, mentre leggi non vedi dove vai, fai un incidente, e hai bisogno di un'ambulanza. Credo che abbiano fatto tutto questo solo per ramazzare un po' di lavoro extra quando ritornano da pranzo.

Jerry Seinfeld

Studente: «Oggi la bidella mi stava tirando sotto!»
Prof: «Signora è vero?»
Bidella: «Sì».
Prof: «E perché non l'ha fatto?»

Smemoranda Brothers & Sisters

Ho indossato un collare ortopedico per un anno. Non per un incidente o simili. Mi ero solo stancata di tenere su la testa.

Margareth Smith

Giuro, non volevo mettere sotto mia suocera, quando me la son vista davanti ho cercato di avvertirla, ma aveva il cellulare spento.

Renato Trinca

Egli aveva un cuore di pietra. Dopo aver perduto la vita in un incidente, il suo cuore fu trapiantato su una statua.

Francesco Verrina

L'altro giorno non trovavo parcheggio vicino al negozio, quando arriva un tizio con una Mercedes e posteggia nel posto per gli handicappati. Scende dall'auto e vedo che non ha niente di strano. Non ti dà fastidio, una cosa del genere? Allora l'ho investito. L'ho reso un uomo onesto. E l'altro passeggero dell'auto mi ha lanciato addosso le sue stampelle.

Walter, il veterano del Vietnam (Jeff Dunham)

Se bevi mentre stai guidando, bada che l'autoradio sia a volume massimo. Questo per non sentire il crash!

Henny Youngman

INCOMPETENZA

vedi ***Ignoranza***

INCOMPRENSIONE *(Gaffe)*

Lei. Le cinque cose da non dirgli mai dopo:
1) Falle una foto perché questa è l'ultima volta che la vedi.
2)Almeno fossi ricco...
3)Sicuro di non avere tendenze omosessuali?
4)Un consiglio per il futuro: depilati, almeno sembra più lungo.
5)Non hai decisamente preso da tuo padre.

BASTARDIDENTRO

Lui. Le cinque cose da non dirle mai dopo.
1)Ok, quanto ti devo?
2)Lo sai amore? Tu sei la prima donna che porto a letto e non devo gonfiare.
3) No, non posso vederti piangere! Girati!
4)Va bene simulare, ma farlo in playback è troppo!
5)Ma 'ste tette le avevi anche ieri sera o eri un'altra?

BASTARDIDENTRO

Viene un momento che tra due persone ci si accorge di non avere più niente da dirsi: a me succede al momento delle presentazioni.

ROMANO BERTOLA

Agente 99: «Oh Max! Sei così eroico, così in gamba, così meraviglioso!»
Maxwell Smart: «Grazie 99. È così anche per me.»
Agente 99: «Oh Max, dillo, dillo!»
Maxwell Smart: «Sono così eroico, così in gamba, così meraviglioso!»

GET SMART

Se lei si spiega con un esempio, non capisco più niente.

ENNIO FLAIANO

Avevo un appuntamento con lei alle quattro, la incontrai alle tre e per un'ora non ho saputo che dirle.

ENNIO FLAIANO

Una volta, a un distributore di New York, un tizio mi guarda e mi fa: «Ehi, ma lo sa che lei è spiccicato a Hugh Grant?... Senza offesa naturalmente».

HUGH GRANT

«Devo dire che, a leggerlo, il suo libro acquista.»

La madrina di un premio letterario a un finalista, citata da Giuseppe Pontiggia

È troppo tempo che noi due non parliamo più, Adalgisa. Ti chiami Adalgisa, vero?

Lucio Salis

Era una che, quando le dicevano «Van Gogh», rispondeva: «Ci vada lei».

Michele Serra

INCONCLUDENTE

vedi **Incertezza**

INCUBO

vedi **Sogno**

INDAGINE DI MERCATO

vedi **Statistica**

INDECISO

vedi **Incertezza**

INDIA

Ieri ho visto *Natale in India*, il film con Boldi e De Sica: divertente, anche se, come al solito, è molto meglio il libro del film.

Federico Basso

Qualche mese fa sono stato in Inghilterra. Il volo è stato piuttosto strano perché una delle hostess a un certo punto si è arrabbiata con me. Non avevo mangiato tutta la cena e così lei mi ha rimproverato: «Signore, non dovrebbe sprecare tutto quel cibo. C'è gente che soffre la fame sugli aerei della Air India».

Tim Cavanagh

In India non c'è un solo politico abbastanza temerario da cercare di spiegare alle masse che le mucche si possono mangiare.

Indira Gandhi

Se Cristoforo Colombo al posto di approdare in America fosse approdato davvero in India, i western sarebbero stati noiosissimi. Invece che in battaglia gli indiani sarebbero morti di fame.

GINO&MICHELE

Le mucche sacre fanno gli hamburger più saporiti.

ABBIE HOFFMAN

L'Europa ha costruito un impero... rubando paesi. Ecco come si costruisce un impero: si rubano paesi con l'astuto utilizzo di una bandiera. Giri per il mondo e pianti una bandiera: «Dichiaro l'India un territorio inglese». E gli indiani: «Come sarebbe, noi ci viviamo! Siamo cinquecento milioni! » «Avete una bandiera?».

EDDIE IZZARD

Per le strade di Bombay per avere aria pulita gli europei respirano sotto le ascelle.

MARIO MURARO

Bill Gates è andato in India per quattro giorni. Perché a volte gli va di sentirsi ancora più ricco.

CONAN O'BRIEN

INDIANO

È un brutto colpo scoprire all'età di cinque o sei anni che in un mondo di Gary Cooper, tu sei l'indiano.

JAMES BALDWIN

Gary Cooper, una volta, ha fatto una scena di fronte a un negozio di pipe, con l'indiano di legno in vetrina. L'indiano lo ha seppellito con la sua mimica.

GEORGE BURNS

Quando l'ultimo albero sarà abbattuto, l'ultimo fiume avvelenato, l'ultimo pesce pescato, vi accorgerete che non si può mangiare il denaro.

CORVO ROSSO

Questa terra un tempo era proprietà del pellerossa, che non la mollò se non dopo una lunga guerra sanguinaria. Non sarebbe tempo adesso che noi colonizzatori si scenda dai nostri cavalli e si dica: «Ti perdoniamo»?

DAVID CROSS E BOB ODENKIRK

Se Cristoforo Colombo al posto di approdare in America fosse approdato davvero in India, i western sarebbero stati noiosissimi. Invece che in battaglia gli indiani sarebbero morti di fame.

GINO&MICHELE

San Francisco: oggi è stato reso noto che gli Indiani d'America hanno fatto richieste territoriali, basandosi su un antico patto, che stabiliva che tutte le terre di proprietà federale che non venissero usate appieno, sarebbero ritornate agli Indiani. Per cui hanno richiesto l'isola di Alcatraz, il Deserto del Mojave ed entrambe le camere del Parlamento.

ROWAN & MARTIN'S LAUGH-IN

I texani sono la prova vivente che gli indiani si accoppiavano con i bufali.

SCRITTA SU UN MURO

INDIPENDENZA

vedi **Libertà**

INDOVINELLO (Quiz)

Sai perché i kosovari non prendono mai il caffè? Perché passano direttamente dalla Macedonia al Montenegro.

ANONIMO

Sai che differenza c'è tra un aereo dell'Alitalia e uno dell'Alisarda? Quello dell'Alitalia non ha i peli sotto le ali!

ANONIMO

Ieri sono uscito con una sommelier. Non ho dovuto neppure dirle il mio anno di nascita: lo ha indovinato da sola.

FEDERICO BASSO

Perché le nuove navi dell'esercito italiano hanno il fondo di vetro? Così possono vedere le vecchie navi dell'esercito italiano.

MILTON BERLE

Se ne sta distesa, a gambe larghe, sul letto... Non parla. Mi domando cosa vuole da me.

ROMANO BERTOLA

Mike Bongiorno quando morirà si farà chiudere in tre colombaie e ci farà scrivere come epitaffio: "Indovinate dove sono? Nella uno, nella due o nella tre?".

BEPPE BRAIDA

«Su un aereo ci sono Berlusconi, Bossi e Fini. A un certo punto l'aereo cade. Chi si salva secondo te?» «L'Italia.»

CARLO BUGLIARELLO

Dove torna la cicogna dopo che ha portato il bambino? Nelle mutande.

GIOBBE COVATTA

Come si fa a trovare la moglie dopo vent'anni di matrimonio?
Basta seguire le vene varicose.

MARCO DEL CONTE

Un democristiano e un socialista si iscrivono alle Olimpiadi della corruzione: chi vince? Nessuno, perché i professionisti alle Olimpiadi non partecipano.

PIPPO FRANCO

Marine bianco: «Ehi Joe, sai come si fa a fermare 5 negri che stanno sfondando una bianca? Gli tiri una palla da basket».

FULL METAL JACKET

Il portavoce del governo Giuliano Ferrara ha dichiarato che la riforma tributaria accoglierà le richieste dei cittadini di maggiore comprensibilità dei moduli. Il nuovo modello 740 sarà semplicissimo, riassunto in soli quattro punti: 1) Quanto avete guadagnato? 2) Quanto avete speso? 3) Quanto vi è rimasto? 4) Datecelo!

GINO&MICHELE

Mi sono svegliato nel Duemila e ho avuto paura perché Berlusconi aveva comprato tutto. Perfino la Costituzione aveva fatto riscrivere. Da Mike Bongiorno. Il primo articolo diceva: "L'Italia è una Repubblica fondata sul lavoro? Avete venti secondi per rispondere. Via al cronometro".

GINO&MICHELE-PAOLO ROSSI

Come chiami un uomo che sposa un altro uomo? Parroco.

BENNY HILL

Cos'è che ha cento gambe e non può camminare?
Cinquanta paia di pantaloni.

THE MUPPET SHOW

Pio Bove era un papa? Santo Spirito era un banchiere?

MARCELLO MARCHESI

Che cos'è che ti ci lavi i denti e ti ci siedi sopra?
Uno spazzolino e una sedia.

CHICO MARX

Ma l'ottovolante ha otto clacson?

SANDRO MONTALTO

Perché esistono gli uomini?
Perché i vibratori non falciano l'erba!

OCCHI DI SERPENTE

Chi è che vive più a lungo?
Un parente ricco.

ROBERT ORBEN

Sai come si fa a tenere un idiota sulle spine? Te lo dico domani.

BOB PHILLIPS

Se mangi due mele al giorno, levi due medici di torno?

HERBERT V. PROCHNOW & HERBERT V. PROCHNOW JR.

Un anziano ebreo viene investito da un'auto, arriva subito un prete che si inginocchia su di lui per somministrargli l'estrema unzione: «Credi in Dio Padre, Figlio e Spirito Santo?». Il vecchio salta su e urla: «Io sono qui che sto morendo e questo mi fa gli indovinelli».

CITATA DA LEO ROSTEN

Non volendo favorirlo in modo smaccato, Agnelli assume Luca Cordero di Montezemolo nel gruppo Fiat attraverso un regolare e severo concorso, al quale partecipano, oltre a Luca, due pesci rossi. La prova d'esame consiste in una sola domanda: «Preferiresti lavorare alle presse o fare il direttore sportivo alla Ferrari?». Con molto equilibrio

Luca risponde che preferirebbe fare il direttore sportivo alle presse.
MICHELE SERRA

Lapide-quiz: "Qui giace John Carter, 1911-1991. Morì: a Boston, a Stoccarda, a Castellammare di Stabia? Leggere la risposta dietro la lapide".
DINO VERDE

State guidando su di una stretta strada di montagna quando all'improvviso un cane balza davanti alla vostra auto. Non c'è tempo per frenare e, se sterzate per evitarlo, quasi certamente finireste nella scarpata. Che cosa usate per togliere il sangue dal paraurti?
TOM WELLER

INDOVINO

(Cartomante - Chiromante)

Davanti alla porta dell'indovino: «Toc, toc...» «Chi è?» «Ah, cominiciarno bene...».
ANONIMO

Ieri sono uscito con una sommelier. Non ho dovuto neppure dirle il mio anno di nascita: lo ha indovinato da sola.
FEDERICO BASSO

«Allora... che mestiere fai? Oh no, aspetta, fammi indovinare: io ho un sesto senso per indovinare i mestieri... Vendi tappeti?» «Quasi, faccio il giornalista sportivo.»
LA DEA DELL'AMORE

A uno ho detto: «Tu camminerai», e dopo due giorni... gli hanno fregato la macchina!
MAGO ORONZO (RAUL CREMONA)

Annuncio apparso su un quotidiano napoletano: "Astrochiromante diplomata con corso di formazione della Regione Campania predice futuro o effettua pulizie delle scale e finestroni dei palazzi a prezzi interessanti".
GIANFRANCO MARZIANO

Carola: «Le ipotesi sulla morte di Lady Diana mi hanno molto turbato... ho sentito parlare di complotto, ma chi mai può avere interesse a eliminare una regina?» Quelo: «Forse l'alfiere».

Quelo (Corrado Guzzanti)

Yuri: «Pronto? Perché è comparso l'uomo sulla terra?»
Quelo: «Perché se l'uomo compare sull'acqua affogava... sennò che poteva anche nuotare però se appena compariva che ancora nessuno gli aveva insegnato di nuotare veramente bbéne... se era comparso prima sulla terra un istruttore di nuoto poi compariva l'uomo sull'acqua allora quello gli insegnava a nuotare e allora potevi riandare nell'acqua che ti sentivi veramente bbéne...»

Quelo (Corrado Guzzanti)

«Sì, ma un miracolo di Quelo c'è o no?»
Quelo: «Tu come lo vedi?»
«Non lo so, ha moltiplicato i pani e i pesci?»
Quelo: «La seconda che hai detto».
«Ha moltiplicato i pesci? Cioè? Come ha fatto?»
Quelo: «Mah, per esempio te ci avevi tre pesci e moltiplica per esempio per tre e fai nove pesci... oppure ci hai tre pesci moltiplico per quattro uguale sedici pesci...»
«Tre per quattro non fa sedici, fa dodici!»
Quelo: «Quello per questo è un miracolo! Altre telefonate?»

Quelo (Corrado Guzzanti)

Vera: «Per esempio... se Cristo suonasse oggi alla sua porta lei lo riconoscerebbe?» Quelo: «Certo...»
Vera: «Come può esserne così sicuro?»
Quelo: «Il citofono è rotto da due anni.»

Quelo (Corrado Guzzanti)

INDUSTRIALE
vedi ***Capitalismo***

INFANZIA
vedi anche ***Bambino***

Nell'immagine classica della mia infanzia ci sono io che chiedo:

«Saremo sempre come Audrey Hepburn, mamma?».
ANONIMO

Perché la psicanalisi funziona sempre molto più rapidamente su un uomo che su una donna? Perché bisogna regredire allo stato infantile... e l'uomo di solito si trova già lì.
MARTHA J. KIELEK

Due settimane dopo la mia nascita, mia madre cercò di abortire. Tutto ciò che mi toccava sentire nella mia infanzia era: «Ma perché non sei come tua cugina Sheila? Perché non sei come tua cugina Sheila?». La cugina Sheila era morta subito dopo la nascita.
JOAN RIVERS

C'è un canale televisivo via cavo dedicato al tempo: ventiquattr'ore di osservazioni meteorologiche. Avevamo qualcosa di simile anche nella mia infanzia: si chiamava finestra.
DAN SPENCER

INFEDELTÀ
vedi ***Fedeltà***

INFELICITÀ
vedi ***Felicità***

INFERIORITÀ
vedi ***Superiorità***

INFERMIERE

Da piccoli giocavamo al dottore e all'infermiera. Poi siamo cresciuti e siamo diventati più maturi e consapevoli. Adesso giochiamo al primario e alla caposala.
LORENZO BECCATI

Quando mio nonno, tenente di cavalleria, fu ferito durante la Prima guerra mondiale, ricevette in ospedale la visita di una giovane crocerossina. Era graziosissima e tutta fremente di aneliti dannunziani. Ella si avvicinò al letto del ferito e, guardando rapita la benda insanguinata che cingeva la sua fronte, gli chiese: «Come vi chiamate?». «Tenente Ferruccio Ercolani!», rispose il nonno, «e voi?». Lei abbassò gli occhi «Io... io mi chiamo come... come quella cosa cui voi eroici soldati pensate sempre nell'ardore della battaglia...» «Bernarda!» «No... Vittoria.»

ROMANO BERTOLA

Hai visto il paziente che stava al 27? È morto! E che c'aveva, niente. I dottori dicono che non aveva niente. È proprio vero che a volte basta un niente...

FELICETTO, L'INFERMIERE (STEFANO VIGILANTE)

Ogni ora un infermiere viene a prendermi la temperatura. E me ne porta un'altra.

ERIK SATIE

Infermiera: «Ma perché vuole farsi operare per cambiare sesso?»
Paziente: «Ho sentito che le donne vivono più a lungo.»

SOAP

INFERMITÀ MENTALE

(Pazzia)

Il mondo è impazzito: il miglior rapper è un bianco, il miglior giocatore di golf un nero, i migliori velisti sono svizzeri, i francesi accusano gli americani di arroganza e i tedeschi sono contrari alla guerra.

ANONIMO

Il mare è mio! La gente non lo sa. Vanno nell'acqua, ci fanno il bagno, ci sputano, ci pisciano, ci cagano, io li lascio fare. Per adesso non dico niente, glielo lascio, tanto non so dove tenerlo, a casa non ho spazio. Un giorno, forse, mi rifarò vivo per riprendere ciò che è mio e nessuno potrà farci niente. Dovranno solo prendersi le loro ciabattine di merda e andarsene fuori dai coglioni.

LORENZO BOSIO

Non ho mai pensato di suicidarmi, mai. Però, se lo facessi, vorrei essere originale. Titolo: "Comico pazzo muore, inghiotte 650 capsule di Dexamina. È stato ucciso dai vicini perché parlava troppo".

LENNY BRUCE

L'unica differenza tra me e un folle è che io non sono folle.
SALVADOR DALÍ

In questo mondo devi essere matto. Altrimenti impazzisci.
LEOPOLD FETCHNER

Certe volte penso che il mondo sia diventato completamente pazzo. E poi penso: «Be', chi se ne frega?». E poi ancora: «Hey, che c'è per cena?».
JACK HANDEY

Non credo alla temporanea infermità mentale come difesa per un omicida. Perché gli uomini si uccidono tra loro, è istinto animale. Io penso che irrompere nella casa di qualcuno, e stirargli tutte le camicie, sia temporanea infermità mentale.
SUE KOLINSKY

Totti ha perso la testa per una letterina. Se niente niente questo mi legge un libro impazzisce.
ALBERTO PATRUCCO

La tua donna la chiamo Maionese perché se smetto di sbatterla impazzisce.
POZZOLI E DE ANGELIS

L'amore ti fa fare cose pazze. Io per esempio mi sono sposato.
BUDDY SORREL

La mia vicina di casa pazza ieri è venuta a chiedere in prestito un'ascia, una sega, alcuni attrezzi chirurgici, dei sacchetti per rifiuti e, questa è la cosa strana, una tazzina di zucchero.
RYAN STILES

Un nevrastenico è uno che costruisce castelli in aria, un pazzo è chi ci abita, lo psichiatra è quello che riscuote l'affitto.
JACQUES TATI

Come si fa a far impazzire un carabiniere? Gli si dice: «Vieni qua, va' là».
ERNEST THOLE

Volete fare impazzire qualcuno? Mandategli un telegramma

con su scritto "Ignora il primo telegramma".

Henny Youngman

INFERNO

Non credo nella vita dopo la morte, dunque non devo passare la vita a temere l'inferno, od ancor più temere il paradiso. Perché quale che siano le torture dell'inferno, penso che la noia del paradiso sarebbe anche peggio.

Isaac Asimov

La religione, in effetti, ha convinto la gente che esiste un essere invisibile che vive su in cielo, e che ha una lista speciale di dieci cose che non vuole che tu faccia. E se fai una qualsiasi di queste dieci cose ti manda in un posto pieno di fiamme, e fumo, e tu andrai a fuoco e verrai torturato per sempre fino alla fine dei tempi... ma ti ama. E ha bisogno di soldi.

George Carlin

Il paradiso è un poliziotto inglese, un cuoco francese, un tecnico tedesco, un amante italiano: il tutto organizzato dagli svizzeri. L'inferno è un cuoco inglese, un tecnico francese, un poliziotto tedesco, un amante svizzero e l'organizzazione affidata agli italiani.

John Elliot

«Diavolo, vado bene di qui per l'inferno?» «Sì, sempre storto»

Ennio Flaiano

Inferno cristiano: fuoco. Inferno pagano: fuoco. Inferno maomettano: fuoco. Inferno indù: fiamme. A credere alle religioni, Dio è un rosticciere.

Victor Hugo

Forse questo mondo è l'inferno di un altro pianeta.

Aldous Huxley

Sono contento che Gesù sia morto quando è morto. Perché se fosse vissuto fino ai quarant'anni, sarebbe diventato come Elvis. Oh, sì. Andiamo, con quell'entourage di dodici persone che facevano tutto quello che voleva? Era famoso. Se fosse vissuto fino ai quarant'anni, se ne sarebbe andato in giro per

Gerusalemme con una pancia da birra e grosse basette a dire: «Ehi, amico, sono il figlio di Dio, dammi un cheeseburger e delle patatine, subito. Ti trasformo in un lebbroso, dammi quel cazzo di cheeseburger». Ora che ci penso, andrò all'inferno, per questa ultima battuta. E sapete cosa? Voi tutti verrete con me.
DENIS LEARY

Quelli che muoiono in un bombardamento al napalm vanno lo stesso all'inferno?
MARCELLO MARCHESI

Dura la vita. Dura da combattere e dura da mandar giù. Ci hai provato e lo sai: come alzi la testa piovono cazzi e martelli. È un Vietnam a ogni angolo, la fogna nel cervello, tutti contro tutti. Basta. Non è una vita: è un inferno per dobermann! Detto questo, sempre meglio di un paradiso per cocker.
GIORGIO MELAZZI

Bill Gates quando morirà se sarà stato cattivo andrà all'Infernet.
SIMONE QUARRATA

Sapete, dicono che ci sono solo due posti dove il comunismo funzioni: in cielo, dove non ne hanno bisogno, e all'inferno dove già ce l'hanno.
RONALD REAGAN

Se io possedessi il Texas e l'inferno, affitterei il Texas e vivrei all'inferno.
GENERALE PHIL SHERIDAN

Il paradiso lo preferisco per il clima, l'inferno per la compagnia.
MARK TWAIN

Si dice che gli americani buoni quando muoiono vanno a Parigi mentre quelli cattivi quando muoiono rimangono in America.
OSCAR WILDE

INFINITO

Di questo potrei parlare all'infinito, ma odio Leopardi e tutti i poeti da pelliccia.
ALESSANDRO BERGONZONI

Solo due cose sono infinite: l'universo e la stupidità umana, e non sono sicuro della prima.

ALBERT EINSTEIN

A scuola eri così lento! Mi ricordo quella volta quando leggevi la poesia e l'*Infinito* di Leopardi ti disse: «Basta! Hai vinto tu!».

PEPPE IODICE

Lo sguardo malinconico di Piero Fassino, quel gentiluomo triste con quell'espressione fissa che sembra dirti all'infinito: «Mi è morta la salvia sul balcone».

GIORGIO MELAZZI

Chuck Norris ha contato fino all'infinito due volte.

CITATA DA ALBERTO ZANCHETTA

INFORMAZIONE

vedi ***Giornalismo***

INGEGNERE

Gli ingegneri non vivono, funzionano.

FRANCESCO BARTUCCI

In Canada ci sono degli ingegneri genetici che fanno degli esperimenti mostruosi. Per esempio hanno incrociato i geni di un testimone di Geova con quelli di un ateo. È venuto fuori un uomo che la domenica mattina suonava i citofoni ma non sapeva perché.

DADO TEDESCHI

INGENUITÀ

vedi ***Innocenza***

INGHILTERRA

Il movimento è così scarso in certi café inglesi che i camerieri devono uscire in strada per insultare la gente.

FRED ALLEN

Il principe Carlo d'Inghilterra resta l'unico al mondo ad aver pigliato una Camilla scaduta senza neanche ricevere il Coccio dal Mulino Bianco!

ENRICO BERTOLINO

Stavo discutendo di politica con una signora che mi ha detto: «Se le donne gestissero il mondo, non ci sarebbero guerre». Che marea di vaccate. Certo, nessuno inizierebbe una guerra per nessun motivo, se le donne gestissero il mondo. «Salve, sono l'Inghilterra. Com'è che sono invasa?» «Oh, penso che tu lo sappia. Ti ho visto come guardavi la Francia!»

DREW CAREY

Qualche mese fa sono stato in Inghilterra. Il volo è stato piuttosto strano perché una delle hostess a un certo punto si è arrabbiata con me. Non avevo mangiato tutta la cena e così lei mi ha rimproverato: «Signore, non dovrebbe sprecare tutto quel cibo. C'è gente che soffre la fame sugli aerei della Air India».

TIM CAVANAGH

In Inghilterra il caffè ha sempre il gusto di un esperimento chimico.

AGATHA CHRISTIE

L'Inghilterra è un'isola. Non è colpa sua. Ma neanche colpa mia.

CHARLES DE GAULLE

In Inghilterra è primavera. L'anno scorso l'ho mancata. Ero in bagno.

MICHAEL FLANDERS

L'Europa ha costruito un impero... rubando paesi. Ecco come si costruisce un impero: si rubano paesi con l'astuto utilizzo di una bandiera. Giri per il mondo e pianti una bandiera: «Dichiaro l'India un territorio inglese». E gli indiani: «Come sarebbe, noi ci viviamo! Siamo cinquecento milioni! » «Avete una bandiera?».

EDDIE IZZARD

In Inghilterra non vinciamo medaglie d'oro alle Olimpiadi, ma perché abbiamo scelto così. È un proclama politico. Noi odiamo il nostro inno nazionale: *Dio salvi la Regina*. Ora, la Regina vive in una casa grande, con filo spinato e guardie armate. Quella è una Regina fottutamente salva, lasciate che ve lo dica.

EDDIE IZZARD

In un anno l'Inghilterra beve certo il doppio di vino di Porto di quanto se ne produce in tutto il Portogallo.

GEORG CHRISTOPH LICHTENBERG

Qualche anno fa nel Regno Unito la punizione per aver amoreggiato con la principessa Diana era la pena di morte. Invece la punizione per aver amoreggiato con la principessa Sara era amoreggiare con la principessa Sara.

NORM MCDONALD

Nebbia sulla Manica. Il Continente è isolato.

PROVERBIO INGLESE

Io so perché il sole non tramonta mai sull'Impero britannico: Dio non si fida di un inglese al buio.

DUNCAN SPAETH

Il primo maggio a Londra un gruppo di anticapitalisti per protesta ha tirato giù i due archi d'oro di un McDonald's. Poi li hanno rimessi su perché si sono resi conto che quello era il cibo migliore d'Inghilterra.

JON STEWART

Mi piacerebbe vivere in Inghilterra, a Manchester. Il passaggio da Manchester alla morte sarebbe inavvertibile.

MARK TWAIN

Quando sento i suoi passi avvicinarsi alla mia stanza, mi stendo sul letto, chiudo gli occhi, apro le gambe e penso all'Inghilterra.

REGINA VITTORIA

Qui in America tutti sono armati: la gente e la polizia. Se commetti un crimine senti: «Fermo o sparo!» e non sai chi l'ha detto. Ma pensate all'Inghilterra... La polizia non ha armi, e neanche la gente, così capita di sentire: «Stop! Oppure dico di nuovo stop!».

ROBIN WILLIAMS

Un inverno ho girato un film in Inghilterra. Faceva così freddo che mi sono quasi sposata.

SHELLEY WINTERS

INGIUSTIZIA
vedi ***Giustizia***

INGLESE LINGUA

Prof di inglese: «E secondo te questo è giusto?»
Stud: «I don't know, I made a tentativ!»

ANTONIO, *SBS*

E io dico: aiutiamo gli inglesi. Se non fosse stato per loro, magari adesso noi americani avremmo parlato una lingua che non avremmo capito.

BO BROWN

Io so leggere il cinese. Purché naturalmente sia scritto in inglese.

DA UN LIBRO DI JOKES

È uscita una nuova Bibbia scritta in inglese moderno. L'hanno fatta per stare al passo coi tempi. Non so, mi sembra che perda un po' di misticismo... "E Gesù camminò sulle acque, e Giuda disse: 'Figo!'".

BILL HICKS

Prof di inglese: «Bene, adesso dimmi come si traduce asciugare»
Studente: «To phon.»

IV LICEO SCIENTIFICO BRESSANONE, *SBS*

George W. Bush continua a sbagliare il nome del paese che bombarda... Lo chiama "Àiraq". Fossi in Saddam Hussein, sarei incavolato. «Hey, George: non è "Àiraq", è "Iràq". Non è che io sono in lotta con "l'Umerica", no? Io sarò anche cattivo, ma tu sei stupido.»

MAZ JOBRANI

Il prete dell'oratorio era un tormento, continuava a dirci: «Non fare questo, non fare quest'altro, stai fermo...». Lo chiamavamo Don Do It!

ANTONIO LANEVE

C'era una riunione di dirigenti d'azienda: il product manager, durante una lecturing ha parlato di briefing e ha proposto uno story boarding. Sono arrivato io, ho fatto un rutting e ho messo tutti d'according!

MAGO ORONZO (RAUL CREMONA)

Adesso vorrei parlarvi dei boy-scout. La parola trae origine dall'inglese antico, dove "boy" vuol dire "teste" e "scout" "di cazzo".

PAOLO MIGONE

Mi piacerebbe scrivere come Shakespeare. Se non altro saprei l'inglese.

FURIO OMBRI

Dopo dodici anni, il mio terapista mi ha detto una cosa che mi ha fatto venire le lacrime agli occhi: «No hablo inglés».

RONNIE SHAKES

Gli americani e gli inglesi sono due popoli divisi dalla stessa lingua.

GEORGE BERNARD SHAW

Lo dico per l'ultima volta a tutto il teatro: io resto nero e voi restate bianchi. E, per i fratelli e le sorelle messicani in sala, imparate l'inglese, teste di cazzo!

SWEET DADDY DEE, IL MANAGER (JEFF DUNHAM)

INGLESI *(Britannici)*

Quali sono i cinque libri più corti del mondo? Deontologia commerciale ebrea Eroi di guerra italiani Storia completa dell'umorismo tedesco Grandi amatori inglesi Who's Who a Portorico.

ANONIMO

Non sono britannico. Anzi.

SAMUEL BECKETT

Guardate cosa hanno fatto al Galles questi, inglesi bastardi. Hanno preso il nostro acciaio, la nostra acqua, il nostro ferro. Comprano i nostri cavalli per divertirsi quattro giorni ogni dodici mesi. Che cosa ci hanno dato in cambio? Assolutamente nulla. Siamo stati espropriati, derubati, controllati e puniti dagli inglesi. E noi giochiamo contro di loro questo pomeriggio.

PHIL BENNETT, EX CAPITANO DELLA NAZIONALE GALLESE DI RUGBY, AI SUOI COMPAGNI PRIMA DI ENTRARE IN CAMPO

Una donna inglese ha avuto un parto quadruplo. Tre bambini sono nati alle due del pomeriggio. Il quarto ha dovuto aspettare che finisse l'ora del té.

MILTON BERLE

Il principe Carlo d'Inghilterra resta l'unico al mondo ad aver pigliato una Camilla scaduta senza neanche ricevere il Coccio dal Mulino Bianco!

ENRICO BERTOLINO

E io dico: aiutiamo gli inglesi. Se non fosse stato per loro, magari adesso noi americani avremmo parlato una lingua che non avremmo capito.

BO BROWN

«Un americano si vergognerebbe di vivere alle spalle di sua moglie!» «Sì ma io sono inglese e non ci sono questi pregiudizi nelle civiltà più antiche e progredite.»

IL CARO ESTINTO

È praticamente impossibile ottenere una condanna per sodomia da una giuria inglese, giacché la metà di essa non crede che sia fisicamente possibile, mentre l'altra metà la pratica abitualmente.

WINSTON CHURCHILL

Il Canada avrebbe potuto prendere il governo dagli inglesi, la cultura dai francesi e il knowhow dagli americani. Invece si ritrova con il knowhow degli inglesi, il governo francese e la cultura americana.

JOHN ROBERT COLOMBO

Per un napoletano non è difficile guidare la macchina a Londra. Gli inglesi tengono la sinistra, come lui.

UMBERTO DOMINA

EuroDisney ha già ospitato un milione di tedeschi e un milione di inglesi, e avere una quantità simile di gente in Francia senza che ci sia una guerra in corso è davvero stupefacente.

MICHAEL EISNER

Il paradiso è un poliziotto inglese, un cuoco francese, un tecnico tedesco, un amante italiano: il tutto organizzato dagli svizzeri. L'inferno è un cuoco inglese, un tecnico francese, un poliziotto tedesco, un amante svizzero e l'organizzazione affidata agli italiani.

JOHN ELLIOT

La Thatcher dice che Giovanni Senza Terra è stato il primo socialista della storia. Non è esatto: un vero socialista si sarebbe chiamato "Giovanni Due Tre Ettari".

Beppe Grillo

Un inglese è un lord, due inglesi un team, tre inglesi un club. Un francese è uno chansonnier, due francesi un'équipe, tre francesi una coppia. Uno svizzero è una testa di cazzo, due svizzeri due teste di cazzo, tre svizzeri tre teste di cazzo, gli unici che sono sempre la stessa cosa.

Beppe Grillo

Gli inglesi sono sporchi, non si lavano! Quando vengono in Italia e vedono il bidé gridano: «Guarda: un lavandino per il violino!».

Beppe Grillo

Sono sposata a un inglese. Un tipico inglese. È molto riservato. Infatti, è stato solo dopo esserci sposati che ho saputo che voleva fidanzarsi con me.

Kit Hollerbach

Prima delusione a Hong Kong. Mi aspettavo una città inglese. Seconda delusione a Hong Kong. Mi aspettavo una città cinese.

Bernard-Henry Lévy

Un inglese, anche se è solo, forma ordinatamente una fila di una persona.

George Mikes

Come la maggior parte dei miei compatrioti ho la ferma convinzione che Dio sia un inglese e che molto probabilmente Gesù Cristo abbia studiato a Oxford.

Laurence Olivier

Gli americani hanno bisogno del telefono, noi no. Abbiamo fattorini in abbondanza.

Sir William Prece, direttore delle Poste britanniche nel 1876

Carola: «Le ipotesi sulla morte di Lady Diana mi hanno molto turbato... ho sentito parlare di complotto, ma chi mai può avere interesse a eliminare una regina?»
Quelo: «Forse l'alfiere.»

Quelo (Corrado Guzzanti)

Niente abbracci, tesoro. Sono inglese. Noi dimostriamo affetto solo verso cani e cavalli.

UNA RAGAZZA E IL SUO SOGNO

Gli americani e gli inglesi sono due popoli divisi dalla stessa lingua.

GEORGE BERNARD SHAW

Avevano lo sguardo triste e solenne degli inglesi che si divertono.

WILLIAM SOMERSET MAUGHAM

Io so perché il sole non tramonta mai sull'Impero britannico: Dio non si fida di un inglese al buio.

DUNCAN SPAETH

Come è difficile fare ammettere a un inglese che è felice!

WILLIAM M. THACKERAY

Gli sport di squadra sono stati inventati per dare un senso alle gambe degli inglesi.

FRANCESCO VESPA

Quando sento i suoi passi avvicinarsi alla mia stanza, mi stendo sul letto, chiudo gli occhi, apro le gambe e penso all'Inghilterra.

REGINA VITTORIA

Secondo il sistema giudiziario inglese si è sempre innocenti fino al momento in cui non viene provato che si è irlandesi.

TED WHITEHEAD

Lady Alice Chapman aveva una di quelle caratteristiche facce inglesi che, viste una volta, non si ricordano più.

OSCAR WILDE

Danno ancora uno stupido film di fantascienza inglese. Si capisce che è inglese perché tutti i marziani hanno l'ombrello.

HENNY YOUNGMAN

INNOCENZA

(Colpevolezza - Ingenuità)

Berlusconi riceve un avviso di garanzia praticamente ogni mese, ma continua a giurare sulla testa dei figli di essere innocente. Non può essere un padre così snaturato da giurare il falso sui suoi figli! Sorge quindi spontanea una domanda: di chi sono veramente i suoi figli?

Roberto Benigni

Ebbe la sfiga di finire i suoi giorni in galera. Ma per fortuna era completamente innocente.

Paco D'Alcatraz

Ciao sono Epifanio, un buongiorno a voi e un buongiorno a me. Ciao, miao, bao, Mi è stato detto che gli innamorati, i veri innamorati, inventano con lo sguardo le loro verità. Forse, ma fooorse, ma fooorse... Così ho folgorato la mia donna. Era un giorno nel parco, un parco bellissimo. Un parco di una grande città. Tanta gente, bambini, giovanotti, vecchiettini e tutti parlavano tra di loro. E parlavano anche con me. Uno mi ha chiesto un cucchiaino, uno cento lire, uno una spada e uno un limone. E io gli ho detto: «Ma simpaticissimo, cosa te ne fai di un limone?» «Eh devo farmi una pera». E io gli ho detto: «Ma cosa sei, un mago?». Ciao, miao, bao.

Epifanio (Antonio Albanese)

Come? Nessun alibi? Allora dev'essere innocente!

Emile Gaboriau

Le più belle parole di tutto il vocabolario sono "non colpevole".

Maksim Gor'kij

In America sei colpevole fino a quando non viene accertata la tua ricchezza.

Bill Maher

Essere innocenti è pericoloso perché non si hanno alibi.

Boris Makaresko

Un giudice ha dichiarato ieri che al boss della mafia John Gotti possono essere rivelati i nomi dei giurati del suo prossimo processo per aggressione, ma non i loro indirizzi di lavoro o residenza. Il giurato John Smith ha detto che non è affatto preoccupato. Invece il giurato Laika Jardel Rapsanick ha detto: «In effetti, sono un po' preoccupata, ma, uhm... sono anche abbastanza sicura che non sia colpevole».

Dennis Miller

Era una ragazza molto ingenua. Figuratevi che dopo aver eseguito un corso di educazione sessuale, passò mesi e mesi a chiedersi da che parte uscisse la cicogna.
VALERIO PERETTI CUCCHI-MARIO ZUCCA

Sono così ingenua sulle cose finanziarie. Una volta mia madre disse una cifra e io mi resi conto di non aver capito, così lei mi dovette spiegare: «È come tre Mercedes». Allora capii.
BROOKE SHIELDS

Secondo il sistema giudiziario inglese si è sempre innocenti fino al momento in cui non viene provato che si è irlandesi.
TED WHITEHEAD

INQUINAMENTO

Quest'anno abbiamo deliberato di mettere la maciullagine anche nelle piscine degli alberghi per un coso di par condiscion.
PALMIRO CANGINI (PAOLO CEVOLI)

A New York un signore che si dava tante arie è morto avvelenato.
CASTELLACCI & PINGITORE

Nell'acquario ho messo dei pesci che ho preso a Rimini. Ogni tanto ci piscio dentro per farli sentire a casa.
SERGIO COSENTINO

«Cosa ne pensi del mare inquinato pieno di chiazze di catrame?» «Ma il mare è così perché non l'hanno ancora finito. Quando l'avranno asfaltato tutto si potrà andare a Cagliari direttamente in macchina.»
BRUNO D'ALFONSO

L'aria di Milano è così inquinata che la gente respira a morsi.
DAVIDE DASSANI

Los Angeles è l'unica città al mondo in cui ci si può svegliare al mattino e sentire gli uccellini tossire sugli alberi.
JOE FRISCO

Il mare romagnolo è un po' inquinato, lo devo ammettere. Ad agosto, a riva, ho dato un calcio a un pesce... e si è messo in moto!

GIUSEPPE GIACOBAZZI

Mettono i rilevatori d'inquinamento ad altezza uno e ottanta. Così i bambini e i sardi ce l'han nel culo. Eppure basterebbe dire alla gente: volete inquinare di meno? Guidate come un tassista genovese che parte in quinta.

BEPPE GRILLO

Los Angeles è una splendida città, anche se io la critico di quando in quando. Ma la adoro. E se abbassassero le tasse e riducessero lo smog e sistemassero la piaga del traffico, sono convinto che mi ci trasferirei fino al prossimo terremoto.

GROUCHO MARX

In un paese sottosviluppato, non bere l'acqua. In un paese sviluppato, non respirare l'aria.

JONATHAN RABAN

Ci sono degli scienziati, quelli seri, non quei drogati consulenti di Seattle, che hanno spiegato che non sono le industrie che inquinano, sono gli alberi che da cinquant'anni a questa parte lavorano meno, perché la natura, siccome è verde, è comunista, e gli alberi non c'hanno più voglia di fare un cazzo.

PAOLO ROSSI

Eravamo conciati malissimo: prima di respirare l'aria, ci toccava bollirla!

FRANCESCO SALVI

L'inquinamento è così avanzato che quando ho gonfiato le ruote della mia auto, due di loro sono morte.

LEE TULLY

«Il mare è pieno di mucillagine.» «Che mi frega, tanto io sto sulla spiaggia a fare castelli di merda!»

VAURO

INSEGNANTE *(Maestro)*

«Ah, sei ucraina. E cosa facevi in Ucraina?» «Insegnavo ucraino.» «Perché, lì non lo sanno?»

ALE E FRANZ

La carriera dello scrittore italiano ha tre tempi: brillante promessa, solito stronzo, venerato maestro.
ALBERTO ARBASINO

Il tempo è un grande maestro. Peccato che uccida tutti i suoi allievi.
HECTOR BERLIOZ

Durante i miei nove anni alle scuole superiori non sono riuscito a insegnare niente ai miei professori.
BERTOLT BRECHT

Come potrei dimenticarmi della mia professoressa d'italiano? Era ignorante come una zappa: si chiamava Marina Sefarei. Teneva un errore di grammatica pure nel nome!
GIOBBE COVATTA

Quando a scuola la maestra dava una punizione a Roberto Baggio, lui chiedeva sempre se era di prima o di seconda.
GENE GNOCCHI -MARCO POSANI

Quelli che possono, fanno. Quelli che non possono, insegnano.
JOHN LE CARRÉ

Un'insegnante è stata arrestata per avere fatto sesso con due allievi tredicenni. La cauzione è di un milione di dollari. I due ragazzini stanno raccogliendo la somma.
JAY LENO

Annuncio apparso su un quotidiano napoletano: "Greco, latino, italiano, storia, geografia, collaboratrice domestica impartisce lezioni a prezzi convenienti. Non si accettano buoni pasto".
GIANFRANCO MARZIANO

Max: «Ho speso tutta la mia vita nel teatro. Ero un protégé del grande Boris Tomaschevski. Mi ha insegnato tutto quello che so. Non mi dimenticherò mai, sul letto di morte s'è girato verso di me e mi ha detto: "Maxella, alle meschen muss zu machen, jeden tug a gantzen kachen!"»
Suora: «Cosa significa?»
Max: «E chi lo sa? Non parlo yiddish. E stranamente, nemmeno lui.»
THE PRODUCERS

Quando gli dei odiano un uomo in modo particolare, lo spingono a diventare insegnante.

SENECA

Le insegnanti non credano che per essere sempre pulite debbano farsi tutte le mattine il bidéllo.

ZAP & IDA

INSETTO

Diceva il grande studioso Carl Never, appassionato estimatore dell'universo femminile: «Le donne sono come gli insetti: girano sempre per la casa e danno fastidio».

GIAMPIERO ASARA

È primavera: nella serra, in ogni fiore c'è un'orgia. Chi riuscisse a inventare un motel per insetti farebbe i milioni.

STEFANO BENNI

Ho inventato uno spray per gli scarafaggi. Non li uccide, ma fa venire loro dei dubbi sul fatto se sono nella casa giusta.

GEORGE CARLIN

Inseguendo una libellula in un prato nun te posso di' su che so' scivolato...

DADO

Assaggereste l'escremento di un insetto elaborato nell'intestino di un altro insetto? Sicuri che non volete un po' di miele?

GIANLUCA IRTI

Bruno Vespa. Sì, Vespa, un insetto geneticamente modificato che, invece di pungere, lecca.

ALBERTO PATRUCCO

Ho avuto seri dubbi sulla qualità della mia auto quando ho visto uno scarabeo stercorario che mi voleva aiutare a spingerla.

SALVO SPOTO

Speriamo che, quando gli insetti prenderanno possesso del mondo, si ricorderanno con gratitudine di quando li abbiamo portati con noi a tutti i nostri pic nic.

BILL VAUGHAN

INSONNIA

vedi **Dormire**

INSUCCESSO

vedi **Successo**

INSULTI *(Invettive - Offese)*

«Lei è un ignorante!» «Come si permette?» «Ignorante nel senso che ignora...» «Allora lei è un imbecille nel senso che imbelle!»

ALDO, GIOVANNI E GIACOMO

Alberto Sordi a uno spettatore che gli aveva fatto una pernacchia: «Ormai hai ventun anni, è tempo che tu sappia di chi sei figlio».

UN AMERICANO A ROMA

Il movimento è così scarso in certi café inglesi che i camerieri devono uscire in strada per insultare la gente.

FRED ALLEN

Se c'è una cosa che non sopporto sono gli indecisi. La mia amica Marina non sa ancora cosa vuole fare da grande. L'altro giorno gliel'ho detto: «Tesoro, le vie del Signore sono infinite. Imboccane una e vai affanculo!».

BRUNELLA ANDREOLI

Se vostra moglie vi chiama "grosso stronzo", forse non è sufficiente mettersi a dieta.

MAURIZIO AVANZI

Io ti amo
e se non ti basta
anche le nuvole catturerò
e te le porterò domate
e su te piover dovranno
quando d'estate
per il caldo non dormi.

E se non ti basta
perché il tempo si fermi
fermerò i pianeti in volo
e se non ti basta
vaffanculo.

STEFANO BENNI

Una sera tornavo a casa da lei con i fiori, un bel regalo, mi sembrava anche una cosa carina. Caso vuole che mi cada l'occhio su Io donna con lo speciale: "Quando lui ti tradisce". Apro, sfoglio e leggo: "Quando lui ti tradisce, per via del senso di colpa, spesso torna a casa con fiori e regali". Cazzo, è vero, mi son detto. Sai da quella volta cosa faccio? Tradisco, torno a casa e la offendo. Così lei non sospetta niente. «Caro, ben tornato» «Fottiti, stronza!».

CLAUDIO BISIO-ROCCO TANICA

«Posso darti del tu?» «Sì.» «Ma vaffanculo!»

GINO BRAMIERI

Mi iscrissi al "Luis Vinicio" che, come tutti i licei marittimi, è situato in riva al mare. Il corso durava cinque anni e uscivi che sapevi fare la zuppa di pesce: la globale, la parziale e la temporanea. La temporanea è quella che o te la mangi mo' o va a male subito. Nella temporanea sono previsti pesci che si riprendono nel giro di quattro ore. Si fa con pesci storditi o svenuti, se non li mangi subito, quelli si riprendono, si alzano e se ne vanno sbattendo la porta e imprecando: «Affanculo chi t'è muorto!».

FELICE CACCAMO (TEO TEOCOLI)

Vi siete mai accorti di una cosa strana? Chiunque guidi più lentamente di voi è un coglione e chiunque vada più velocemente è un imbecille.

GEORGE CARLIN

Uscendo dallo studio dell'analista. «Ti ha tenuto dentro due minuti di più, troia, cos'hai di più grave di me?»

IVANO CASAMONTI

Insulti complessi: io a biliardo sono forte, ma un mio amico è più forte e infatti mi batte sempre. Anche il marciapiede è forte, ma tua madre è più forte e infatti batte sempre il marciapiede.

GIOVANNI CELLINI

«Quando facciamo l'amore il mio ragazzo mi dice un sacco di parolacce, che devo fare?» «Fai l'amore un po' meglio!»
GIOVANNI CELLINI

Sono un fallito, una schifezza, un codardo, un inetto, un vigliacco, una cacca che non merita neanche di essere schiacciata. Sono anche permaloso. Se qualcuno mi dice sciocchino mi offendo!
ANTONIO CORNACCHIONE

Essere una star ha reso possibile che io venissi insultato in posti dove un comune negro non potrebbe nemmeno sperare di venire importunato.
SAMMY DAVIS JR

E infine, stronzone, le maledizioni si attaccheranno all'ultima sigaretta del mio pacchetto, che tu fumerai una notte prima di addormentarti, ma il sonno ti coglierà all'improvviso e ti assopirai con la cicca accesa tra le dita, allora l'istinto umano ti farà portare la mano ai coglioni e le mutande si incendieranno e così le lenzuola e tutto il letto. E tra le fiamme potrai constatare quanto sia vero ciò che dice Alex Drastico, e cioè che il fumo fa male, ma il fuoco ancora di più!
ALEX DRASTICO (ANTONIO ALBANESE)

Venerdì me ne entro in farmacia e chiedo al farmacista: «Tu, bello bello, dammi dodici dozzine di preservativi, sbrigati!». Ma mi ha fregato! Allora il lunedì successivo mi presento nuovamente in farmacia e gli dico: «Senti a me, bello bello, in quella confezione da dodici dozzine c'erano solo 143 preservativi! Mi hai rovinato il week end, cornuto!».
ALEX DRASTICO (ANTONIO ALBANESE)

In più prego madre natura di farti sordo, muto, cieco ma non per sempre, minchia, cieco ma non per sempre. Che la vista ti venga sporadicamente per pochi secondi proprio nel momento in cui ti trovi davanti a uno specchio, cosicché tu sia costretto a vedere quella gran faccia di culo che ti ritrovi!
ALEX DRASTICO (ANTONIO ALBANESE)

In più prego madre natura di infradiciarti di emorroidi, di darti emicranie continue e nausea dirompente, di farti sordo, muto ma non per sempre, minchia, muto ma non per sempre. Che la voce ti venga sporadicamente per pochi secondi nei quali tu spari delle cazzate immani!

ALEX DRASTICO (ANTONIO ALBANESE)

... E in un momento di allegria, quando tu possa fare bella mostra del tuo eterno e idiota sogghigno mettendoti in risalto con una risata crepuscolare ti venga un «raschio» in gola talmente potente che a forza di tossire ti si scolli il velopendulo e in caduta libera lungo l'esofago ti vada a tappare nell'ordine: polmoni, bocca dello stomaco e buco del culo.

ALEX DRASTICO (ANTONIO ALBANESE)

«Come mai la tua squadra ha perso? Ha giocato male?» «No, è stata colpa degli ebrei, dei meridionali e di quella troia della moglie dell'arbitro!»

ELLEKAPPA

Che tu perda tutti i denti! Soltanto uno te ne rimanga: per il mal di denti.

CITATA DA FERRUCCIO FÖLKEL

Che poi noi donne ci vuole così poco per farci contente: un gesto, uno spintone, un vaffanculo ogni tanto. Io sono donna, signora; e non mi vergogno a dire che, quando ti senti così trascurata, sei in balia del primo "va' a cagare" che passa. Ti basta un niente per farti sognare!

GAIA (SIMONA GUARINO)

Ho visto Gigi Marzullo alla televisione chiedere a centinaia di invitati: «Che cos'è per lei la notte?». E ognuno di questi cento dare una risposta diversa. Ma se a ognuno di questi cento noi avessimo chiesto: «Che cos'è per lei Marzullo?», avrebbero dato tutti l'identica risposta: «Un coglione!».

GINO&MICHELE-PAOLO ROSSI

La mia portinaia aveva il vizio di leggermi la posta, allora io mi sono spedito una lettera: "Che cazzo leggi, stronza!". Il giorno dopo mi è arrivata una lettera anonima: "Stronza lo dici a tua sorella!".

TEO GUADALUPI

Guardati da coloro che prima ti danno consigli e poi parlano male di te, cornuto!

CORRADO GUZZANTI

Se un uccello avesse il tuo cervello, volerebbe all'indietro!

INSULTI AMERICANI

«Ti dispiace se dò il tuo nome a mio figlio? "Pezzo di merda" mi piace molto!»

VAL KILMER

Collaborazione.
Io l'insulto.
Tu lo tieni.
Lui gli mena.
Noi aiutiamo
e voi guardate
se essi arrivano.

MARCELLO MARCHESI

Mi piace una donna con la testa sulle spalle. Detesto i colli.

STEVE MARTIN

Non ho paura di Frank Sinatra. Gli ho detto: «Crepa, sei un verme bastardo e non significhi nulla per me». Grazie a Dio non c'era quando l'ho detto.

JACKIE MASON

Mai parlare di corda in casa dell'impiccato. Non usate mai le parole «elettrizzante» e «galvanizzato» in casa del condannato alla sedia elettrica. Non citate mai la rivoluzione francese in casa del ghigliottinato. Non dite mai «cazzo!» in casa dell'evirato. Ma soprattutto non dite mai «stronzo!» a Mike Tyson.

EGIDIO MORRETTI

«Tu sei così suscettibile...» «Suscettibile a me? Ma vaffanculo, testa di cazzo!»

EGIDIO MORRETTI

Aveva una parola per tutti: "Vaffanculo!".

FLAVIO OREGLIO

Il quartiere in cui vivevamo era così violento che a casa nostra le foto di papa Giovanni e di Kennedy, appese al muro, invece di sorridersi bonariamente si mandavano a fare in culo!

VALERIO PERETTI CUCCHI-MARIO ZUCCA

Il mio padrone di casa è talmente pezzo di merda che, se pesta una merda per strada, fa scopa!

POTATO (ALESSANDRO BRUNELLO)

Se fossi lungo come sei bischero berresti alle grondaie.

PROVERBIO TOSCANO

A' Frattacchiò, sei sempre su a strada mia, nun ce passi mai pe' vaffanculo?

QUEL GRAN PEZZO DELL'UBALDA TUTTA NUDA E TUTTA CALDA

Durante una trasferta del Milan in Francia. «Bonjour Monsieur Rocco, mon amì.» «Mona a mì? Mona a ti e anca testa de gran casso!»

NEREO ROCCO

Bastardo! Ti sei trovato un'altra donna. E allora, per ripicca, me la son trovata anch'io.

MARIA ROSSI

Furio Scartezzini! Che mentre tu sei bello e tranquillo al bar che leggi un articolo sul morbo del legionario e pensi: «A me che cazzo me frega, io vivo in Italia», in quella passa un marocchino che vende accendini e che inciampando finisca con un suo dito nella tua bocca e a te ti viene un dubbio...

PAOLO ROSSI

Furio Scartezzini io ti maledico! Che tutte le volte che vai allo stadio tu ti possa sedere vicino a un teppista e mentre le telecamere lo inquadrano che lancia un sasso, tu ti metta le dita nel naso. E tutta l'Italia la sera ti veda alla Domenica Sportiva mentre ti stai scaccolando!

PAOLO ROSSI

"Wafer", una delle poche parole dolci che cominciano per "vaf".

FRANCESCO SALVI

La prima cosa che penso quando conosco qualcuno è che probabilmente l'ho già mandato a fare in culo dal volante della mia auto.

GABRIELE SCORZONI

«Qui la legge si ferma e comincio io, stronzo.»

SYLVESTER STALLONE

Se ciò che dici non offende nessuno vuol dire che non hai detto niente.
TERENCE TRENT DARBY

Caro tranviere, mi hai chiuso le porte in faccia mentre stavo salendo e te ne sei andato. Io però non mi sono arrabbiato. Ho pensato che potevi essere nervoso per motivi seri; un figlio malato, una moglie in coma... o per lo meno questo è quello che ti auguro, stronzo!
STEFANO ZACCARELLA

INTEGRAZIONE
vedi ***Razzismo***

INTELLETTUALE

Mio fratello è sempre stato un tipo impegnato. Mentre io praticavo l'atletica leggera, lui faceva dell'atletica sinfonica.
ALBERT

Ho comprato qualche disco per Sophia Loren perché a lei piace il jazz e volevo portarla su qualcosa d'interessante. Che so, sul divano per esempio.
WOODY ALLEN

Allen: «Hmm... Bello quel quadro di Frank Kline, eh?»
Ragazza: «Sì, bello.»
Allen: «A te... cosa ti dice?»
Ragazza: «Riafferma la negatività dell'universo. L'atroce solitudine e il vuoto dell'esistenza, il nulla, la condanna dell'uomo, costretto a vivere in una brulla eternità senza Dio, come una fiammella che vacilla in un immenso vuoto, senza nulla intorno che desolazione, orrore e degradazione... stretto in un'inutile, squallida camicia di forza in un cosmo tenebroso, assurdo.»
Allen: «Cosa fai sabato sera?»
Ragazza: «Mi suicido.»
WOODY ALLEN

Gli intellettuali sono come la mafia. Si uccidono solo tra loro.
WOODY ALLEN

Se vuoi mandare un messaggio spedisci un telegramma, non fare un film.
SAMUEL GOLDWIN

Gli intellettuali sono i primi ad abbandonare una nave che affonda, subito dopo i topi, ma molto prima delle puttane.

VLADIMIR MAJAKOVSKIJ

La differenza tra un intellettuale e un operaio? L'operaio si lava le mani prima di pisciare e l'intellettuale dopo.

JACQUES PRÉVERT

Ezra Pound, un divulgatore da villaggio. Se siete un villaggio va bene, se non lo siete no.

GERTRUDE STEIN

Tra me e lui, copriamo tutto il sapere; lui sa tutto quello che si può sapere, e io so il resto.

MARK TWAIN, RIFERENDOSI A RUDYARD KIPLING

INTELLIGENZA

È difficile fare delle vacanze intelligenti dopo undici mesi di lavoro cretino.

ALBERT

Sulla Williams di Mansell l'unica cosa intelligente sono le sospensioni.

MICHELE ALBORETO

I miei studenti sono intelligentissimi. Dovresti vedere che metodi creativi hanno per far passare le armi attraverso i metal detector.

WOODY ALLEN

Nessuno è mai andato fallito per aver sottovalutato l'intelligenza del popolo americano.

ANONIMO

Certo che ti amo! La bellezza e l'intelligenza non sono tutto, a questo mondo!

ANONIMO

Il segreto di un candidato politico è di sembrare stupido come chi lo ascolta, così che gli ascoltatori si sentano intelligenti come lui.

FRED BARNES

Amare le donne intelligenti è un piacere da pederasta.

CHARLES BAUDELAIRE

Mi hanno detto: «Mangia il pesce, ché contiene fosforo» «Allora divento intelligente?» «No, ti si vede la notte!»
ENRICO BERUSCHI

Sono un mirabile incrocio fra Tarzan e Giacomo Leopardi. In me convivono tutte le doti intellettuali di Tarzan e tutta la prestanza fisica di Giacomo Leopardi.
AMBROGIO BORSANI

Mio cugino, be', credo che non fosse molto intelligente. I polli lo prendevano in giro.
BRETT BRENNER

Se sono intelligente, l'ho nascosto molto bene.
PINO CARUSO

Perché non sembra, ma Cecchi Gori è intelligente. La colpa non è tutta la sua. Siccome lui ha la testa quadrata le idee fanno fatica a girargli bene nella testa, si fermano nei spigoli.
TEDDI CASADEY (PAOLO CEVOLI)

L'intelligenza è per gli uomini ciò che la bestialità è per le bestie.
JEAN CHARLES

Tendo a considerare molto intelligente chi mi dà ragione.
MASSIMO D'ALEMA

Non mangerei nulla che avesse intelligenza, ma sarei lieto di mangiarmi un produttore televisivo o un uomo politico.
MARTY FELDMAN

Meno è intelligente il bianco, più gli sembra che sia stupido il negro.
ANDRÉ GIDE

I test d'intelligenza cui venne sottoposto diedero risultati sorprendenti: messo davanti a un cubo di Rubik impiegò solo dieci secondi a inghiottirlo.
GINO&MICHELE

Un uomo buono può essere stupido e tuttavia rimanere buono. Ma un uomo cattivo non può assolutamente fare a meno di essere intelligente.
MAKSIM GOR'KIJ

Una donna deve avere un aspetto così intelligente che la sua stupidità si presenti poi come una piacevole sorpresa.

KARL KRAUS

Di solito una donna preferisce essere bella anziché intelligente perché in genere l'uomo medio ha la vista più sviluppata del cervello.

BILL LAWRENCE

La pubblicità si può descrivere come la scienza di fermare l'intelligenza umana per il tempo necessario a spillarle quattrini.

STEPHEN LEACOCK

Mio figlio è molto intelligente. Da quando gli hanno detto che "scuola" si scrive senza "q" scrive sempre "suola".

MICHELE LEONI

Quell'uomo aveva tanta intelligenza che nel mondo non lo si poteva utilizzare in niente.

GEORG CRISTOPH LICHTENBERG

Vi sono degli stati sociali in cui governano i più intelligenti: è il caso dei babbuini.

KONRAD LORENZ

Le scimmie non sono molto intelligenti. Ne conosco una che studia astrofisica, però è fuoricorso.

EGIDIO MORRETTI

Quest'anno per le ferie ho scelto la partenza intelligente: sono partito alle sei del mattino quando mia moglie e i miei figli ancora dormivano.

FURIO OMBRI

Mio figlio è così intelligente che tutti i mercoledì, dalle 17.00 alle 18.00, riceve i genitori dei suoi insegnanti.

FURIO OMBRI

Se gli scienziati spaziali sono così intelligenti, perché contano sempre all'indietro?

ROBERT ORBEN

Non sono molto intelligente ma mi salva la mia grande ignoranza.

FLAVIO OREGLIO

Il mio cane è così intelligente che quest'estate mi ha abbandonato all'autogrill di Piacenza.
PROSPERO, DI *AENIGMATICA*

Rosy Bindi è più bella che intelligente.
VITTORIO SGARBI

La natura, non contenta di avergli negato l'arte del pensiero, gli concesse il dono della scrittura.
GEORGE BERNARD SHAW

Essere intelligente, per una donna nel cinema, è uno svantaggio. Se, oltre alla vagina, hai pure le idee, la miscela è mortale. Non hai scampo a Hollywood.
SHARON STONE

Alessandro Manzoni ebbe tanti figli, ma neanche uno intelligente.
TEMA DI MATURITÀ, CITATO DA MITÌ VIGLIERO LAMI

La più certa prova dell'esistenza di intelligenza da qualche altra parte nell'universo sta nel fatto che non ha mai provato a contattarci.
BILL WATTERSON

Spesso sostengo lunghe conversazioni con me stesso e sono così intelligente che a volte non capisco nemmeno una parola di quello che dico.
OSCAR WILDE

Gli uomini giudicano le donne dal modo in cui sono fatte. Molti uomini pensano che più grossi sono i seni di una donna, minore sia la sua intelligenza. Non penso che funzioni in questo modo. Al contrario, penso che più grossi siano i seni di una donna, minore diventa l'intelligenza degli uomini.
ANITA WISE

INTER

Questa Inter va come un carro a vele spiegate.
ALESSANDRO "SPILLO" ALTOBELLI

Un minuto prima di morire divento milanista. Così almeno schiatta uno di loro.
ANONIMO INTERISTA

Quando l'Inter vinse la sua ultima Coppa dei Campioni, dalla contentezza Romolo e Remo decisero di fondare una nuova città.

Antonello Breggia

L'Inter è l'unica società Onlus della serie A. Mantiene trentadue giocatori senza pretendere assolutamente niente in cambio.

Camillo Canovi

Ficarra: «Ma che succede? Perché ti stai leggendo 'sto giornale così attentamente?»
Picone: «Eh, caro mio, ci sono novità e voglio vederci chiaro. A quanto pare il Palermo Calcio se lo sta comprando un imprenditore del Nord!»
Ficarra: «Veramente? E questo che intenzioni ha?»
Picone: «Sta portando dieci giocatori nuovi, un nuovo preparatore atletico, un centravanti che segna venticinque gol a campionato e un allenatore che è considerato tra i migliori!»
Ficarra: «Ma com'è pazzo! Non lo capisce che così rischiamo di andare in serie A?» Picone: «Rischiamo? Ha dichiarato senza inibizioni che vuole andare in serie A!»
Ficarra: «Questo viene dal Nord e parla di serie A? Ma chi gliel'ha chiesta? Se ci volevamo andare, che aspettavamo a lui? Come se noi non ci sapessimo andare da soli! Dopo trent'anni di onorata serie B, perché dovremmo salire in serie A? Per giocare con l'Inter? Con la Juve? Con il Milan? Se ci tengono scendono loro!»

Ficarra e Picone

Milano è famosa in tutto il mondo perché ha due grandi squadre di calcio: l'Inter e le riserve dell'Inter.

Gino&Michele

In tanti aspetti, a cominciare dal modo unico in cui sa segnare, Ronaldo mi ricorda Meazza, il quale commise un solo errore: accettare il trasferimento al Milan. Sono sicuro che Ronaldo mai potrebbe essere indotto in una simile tentazione. Uno grande come lui può indossare una sola maglia: quella nerazzurra.

Peppino Prisco

È vero che noi interisti discendiamo da una costola del Milan. D'altro

canto non abbiamo mai nascosto le nostre umili origini.
PEPPINO PRISCO

Ha fatto scalpore il ritrovamento in un ghiacciaio altoatesino dell'Uomo di Similaun, mummia di uomo primitivo che l'ibernazione ha perfettamente conservato in ogni parte, compresa la sciarpa con la scritta "Inter campione d'Europa" che l'ominide portava al collo.
RENATO RAZZANO

Venne il momento del sesso vero e delle tecniche sempre più raffinate per farlo durare il tempo giusto. All'inizio usavo le tabelline, quella del due, del quattro, dell'otto. Più avanti la formazione della grande Inter. Sulla dirittura d'arrivo, quando sentivo che il mio tempo stava per scadere, cominciavo a sgranare i nomi: Sarti, Burgnich, Facchetti, Bedin... Riuscivo a prolungare di un po', poi, però, arrivato a Jair, quasi sempre succedeva l'irreparabile.
PAOLO ROSSI

Titolo di un giornale: "Drogata, stuprata e costretta a tenere all'Inter".
FRANCESCO SALVI

Se l'Inter ha vinto lo scudetto la pace è possibile.
STRISCIONE ALLA MARCIA DELLA PACE, ROMA 2007

Papi vieni alla nostra festa.
STRISCIONE INTERISTA ALLA CONQUISTA DEL 17° SCUDETTO, RIVOLTO A BERLUSCONI

Una volta eri come l'oro. Adesso sei come loro.
STRISCIONE INTERISTA, RIFERITO AL PASSAGGIO DI RONALDO AL MILAN

INTERESSE

Non so chi fosse mio nonno. Sono molto più interessato a sapere chi sia suo nipote.
ALDO COLOMBINI

Se trovassi un uomo con 15 milioni di dollari firmerei un contratto prima del matrimonio nel quale mi garantisse di morire entro un anno.

BETTE DAVIS

Alla notizia che le regioni avranno più denaro, Anna Falchi ha annunciato di essersi fidanzata col Molise.

GENE GNOCCHI

Nessuna donna si sposa per denaro: sono tutte tanto astute, prima di sposare un milionario, da innamorarsene.

CESARE PAVESE

«Non posso comprarti una casa lussuosa come farebbe Norman Jewison; non posso comprarti un'auto sportiva come farebbe Norman Jewison; non posso nemmeno comprarti uno yacht come farebbe Norman Jewison... Ma ti amo.» «Ti amo anch'io, tesoro, ma ora dimmi di più di questo Norman Jewison.»

ROWAN & MARTIN'S LAUGH-IN

INTERNET *(Rete - Sito)*

«Dove vai?» «A orinare. Puoi trovarmi al sito www.cesso.it»

ALTAN

«Ieri ho scaricato il mio fidanzato.» «Ah sì? Da che sito?»

ANONIMO

Lui, lei e la posta elettronica. Istruzioni per gli uomini su come usare la posta elettronica: Andare in Outlook e fare clic su "Nuovo messaggio". Scrivere il testo. Fare clic sulla casella "A" e selezionare il destinatario. Fare clic su "Invia". Istruzioni per le donne su come usare la posta elettronica: Chiedere alla collega come è fatta l'icona di Outlook. Trovare la stessa icona sul desktop e fare doppio clic. Rifare doppio clic, stavolta più veloce. Selezionare "Nuovo messaggio". In alto a sinistra... un po' più a sinistra... un po' più in alto... Bastava un clic solo, stavolta. Chiudere pure il secondo messaggio. Scrivere il testo del messaggio. È come una macchina da scrivere. Adesso riscriverlo tutto, ma anziché nella casella dell'oggetto in quella grande sottostante. Mettere un oggetto significativo. No: "messaggio" non va bene, qualcosa di più significativo. Adesso fare clic sul pulsante con la "A". No, non era il pulsante con la "X" in alto a destra, quello chiude il messaggio. Ripartire dal punto 4. Scegliere con molta attenzione i nomi dei destinatari (ecc.). Fare clic su "Invia". Se si ha un modem, è ora di accenderlo; emetterà dei suoni strani: non spegnerlo e non cercare di sintonizzarlo meglio! Quando il messaggio è stato inviato, controllare i nomi dei destinatari e mandare una e-mail di scuse a tutti quelli ai quali non si sarebbe dovuto mandarlo.

PAOLO CEVOLI

Un nuovo virus sta infettando i computer di tutto il mondo, aprendo un sito pornografico sullo schermo delle vittime. Le autorità hanno detto che prenderanno l'hacker responsabile del virus non appena qualcuno protesterà.

TINA FEY

«Lo sai che c'hai un bel sito? Te c'hanno mai cliccato sopra?»

GALLO CEDRONE

Internet: se io ho questo nuovo media, la possibilità cioè di veicolare un numero enorme di informazioni in un microsecondo, mettiamo caso a un aborigeno dalla parte opposta del pianeta... Ma il problema è: «Aborigeno, ma io e te che cazzo se dovemo dì?».

CORRADO GUZZANTI

Secondo un sondaggio della rivista *Men's Health*, l'85% degli uomini ha ammesso che quando naviga su Internet indossa soltanto la biancheria intima. Il 63% ha rivelato che ha perso così l'ultimo lavoro.

JAY LENO

Il Congresso dice che la metà degli americani usa Internet. L'altra metà fa sesso con partner reali.

JAY LENO

La Microsoft è stata accusata di aver tentato di monopolizzare l'accesso a Internet, e si è richiesto a una corte federale di multare la compagnia di un milione di dollari al giorno. Degli analisti hanno calcolato che, a questo ritmo, il capo della Microsoft Bill Gates sarà senza un penny più o meno dieci anni dopo che la terra si schianterà contro il sole.

NORM MACDONALD

Per venderti la linea Adsl ti telefonano a casa tutte le sere. Mia nonna, ottantanove anni, ha messo fastweb. Non ha idea di cosa serva, ma con novantanove euro al mese adesso può mangiare tranquillamente senza rotture di coglioni.

ALFREDO MINUTOLI

Hanno chiuso *Le Ore*, dicono che non vende più. Una volta c'erano i giornali porno, poi i film, poi Internet... Prima o poi per fare l'amore si tornerà alla donna.

DIEGO PARASSOLE

Bill Gates quando morirà se sarà stato cattivo andrà all'Infernet.

SIMONE QUARRATA

INUTILE

vedi **Utile**

INVENZIONE

Thomas Alva Edison alla signora Edison: «Buone notizie: ho appena inventato la lampadina! Cattive notizie: non riesco a farla suonare».

STEVE ALLEN

Mi piace fare cose per aiutare la gente. La gente non mette più le cinture di sicurezza? Allora farò vestiti adesivi e poi rivestirò i sedili di velcro.

ANDY ANDREWS

Chi ha inventato lo scopino che si mette accanto al water? Quel coso fa male!

ANDY ANDREWS

La prima vasca da bagno venne inventata nel 1850. Il telefono non fu inventato fino al 1875. E così c'era questo fortunello che ha potuto farsi 25 anni di bagni senza che gli squillasse il telefono nel bel mezzo!

MILTON BERLE

Mio papà ha inventato il primo antifurto, ma purtroppo gliel'hanno rubato.

VICTOR BORGE

Quello che ha inventato la ruota era un idiota. È quello che ha inventato le altre tre che era un genio.
SID CAESAR

Ho inventato uno yo-yo con una corda lunga seicento metri. Da usare quando si va a visitare il Grand Canyon.
GEORGE CARLIN

Nonostante la televisione, la scrittura rimane la più sorprendente invenzione dell'uomo. Se va via la luce, il libro non si spegne.
PINO CARUSO

L'utero, come la ruota, è un'invenzione molto semplice e non povera di conseguenze.
GUIDO CERONETTI

Si sono inventati una bambola cameriere: tu la carichi, e lei guarda da un'altra parte.
LEOPOLD FETCHNER

Sono l'inventore del Forfor-Shamping-Camaleontic-Color. Si tratta di uno shampoo (non ancora in commercio) che fa venire la forfora del colore uguale alla giacca che indossi.
MISTER FOREST (MICHELE FORESTA)

Mio cugino ha aperto una fabbrica di lampostil. Non ha avuto fortuna, nonostante avesse inventato gli evidenziatori neri.
GENE GNOCCHI

Da un anno c'è in commercio l'apribanane, ma è un articolo che non ha sfondato.
GENE GNOCCHI

La più grande invenzione dell'umanità è la doccia. Non mi piace fare il bagno. Non mi piace lavare la mia faccia con l'acqua in cui mi siedo.
LEWIS GRIZZARD

Mi domando: ma dov'è che le farfalle tiravano le testate, prima che inventassero le lampadine?
BILL HICKS

A inizio carriera Mike Bongiorno presentava *Il Quadrato della Fortuna* perché non avevano ancora inventato la ruota.
GIANLUCA IRTI

Solo in America un tizio poteva inventare il crack. Solo in America ci può essere una persona per cui la cocaina non era abbastanza, sapete?
Denis Leary

Un tale ha inventato il bidè portatile. E a voi che davano fastidio quelli coi cellulari!
Jay Leno

Un produttore di cibo e liquore danese ha introdotto sul mercato un gelato all'alcol. Finalmente un prodotto che ti distrugge il fegato e ti alza il colesterolo allo stesso tempo.
Jay Leno

Hanno inventato la cioccolata che non fa ingrassare. È quella che non si mangia.
Furio Ombri

Tu dici: «Ma». E allora io metto il dito su tutto il problema. Tu sei un "ma man". Non dire più "ma". Quella piccola parola, "ma", è la differenza tra il successo e il fallimento. Henry Ford una volta disse: «E adesso invento l'automobile» e Arthur T. Flanken disse: «Ma...». Ora noi vediamo le Ford per le strade, ok? Hai mai visto una Arthur T. Flanken in giro? Eh?
The Phil Silvers Show

Ho inventato sale che sembra pepe e pepe che sembra sale, così se qualcuno prende quello sbagliato, va sempre bene.
Colonel Lemuel Stoopnagle

Novità nella cucina moderna: dopo la mucca pazza, il pollo al cesio, tiri la linguetta e si cuoce da solo.
Francesco Vandetta

Ho inventato la prolunga elettrica senza fili.
Steven Wright

Ho inventato un giocattolo che mi renderà una fortuna. Ogni volta che i bambini hanno finito di giocare, si mette via da solo!
Henny Youngman

INVERNO

«Ma dottor Scalfari, cosa fa così imbacuccato?» «L'estate mi ha deluso. Quest'anno appoggio l'inverno.»
ALTAN

«Tesoro, ho vinto un miliardo al tòcalcio! Presto, prepara la valigia!» «Fantastico! E cosa devo metterci, roba d'estate o d'inverno?» «Mettici tutto che vai fuori dalle balle!!!»
ANONIMO

Il mio palazzo è molto degradato: in inverno si muore di freddo, in estate si muore di caldo e in autunno cadono i balconi.
ALESSANDRO BRUNELLO

Tutti nella vita hanno la stessa quantità di ghiaccio. Però il ricco d'estate, il povero d'inverno.
BAT MASTERSON

Il mio sport olimpico preferito è quello in cui l'atleta avanza in mezzo alla neve, si ferma, spara a un bersaglio con un fucile e poi va avanti. In tutto il mondo è conosciuto come biathlon, ma a New York lo chiamano inverno.
CONAN O'BRIEN

L'inverno è realtà, l'estate è illusione.
TOIVO PEKKANEN

La mia famiglia è talmente povera che quando in inverno fa freddo ospitiamo in casa i bambini del quartiere che hanno la febbre.
FRANCESCO RIZZUTO

Luglio, mese in cui non si riesce ad aprire quel finestrino del tram che non si riesce a chiudere in dicembre.
JULIAN TUWIN

L'inverno più freddo che abbia mai trascorso è stata un'estate a San Francisco.
MARK TWAIN

Eravamo cattolici scettici. Sì, abbiamo creduto che Gesù camminasse sulle acque. Ma abbiamo anche pensato che forse era inverno.
JOHN WING

Un inverno ho girato un film in Inghilterra. Faceva così freddo che mi sono quasi sposata.

SHELLEY WINTERS

La differenza tra i buoni del tesoro e gli uomini è che i buoni del tesoro maturano.

DEBBIE PARRY

INVESTIMENTI FINANZIARI

Non investite mai dei soldi in nessuna impresa in cui uno dei soci è soprannominato "Il Marsigliese".

WOODY ALLEN

Agnelli ha sempre avuto il pallino degli affari. A sedici anni il nonno gli regalò 1000 lire con le quali Gianni comprò tre mele che rivendette a 1300 lire. Quindi investì questo nuovo capitale per comperare cinque mele che rivendette a 2000 lire subito reinvestite in sei mele che gli fruttarono 3000 lire. A questo punto quando stava per acquistare dodici mele per ricavarne 5700 lire, improvvisamente, grazie a una congiuntura favorevole del mercato, morì suo padre lasciandogli in eredità 100 mila miliardi.

GINO&MICHELE

INVETTIVE

*vedi **Insulti***

INVIDIA

Lei: «Lo sai che cos'è l'invidia del pene?»
Lui: «Se lo so? Io? Io sono uno dei pochi maschi che ne soffre...»

WOODY ALLEN

La menopausa è quando ci prende il desiderio di afferrare una di quelle ragazzine così graziose dal corpo ancora sodo e gridarle: «Ascolta, carina, l'Impero romano si è disfatto e questo un giorno succederà anche a te».

ARTURO DI NACCIO

Invidiavo Walt Disney quando faceva i cartoni animati. Se non

gli piaceva un attore, lo poteva semplicemente cancellare.
ALFRED HITCHCOCK

INVISIBILE

Sono un super eroe con un super potere: le donne non mi vedono.
LORENZO BOSIO

Non si parla più da un po' di tempo degli aerei invisibili al radar, inconveniente che non si verifica più da quando la difettosa partita di radar è stata sostituita.
MASSIMO BUCCHI

È morto nella sua casa di Lugo di Romagna lo scultore Giuseppe Sbrindellini. Inventore della scultura invisibile, l'artista aveva esposto le sue opere praticamente in tutto il mondo. Diceva lui.
GINO&MICHELE

Ho un amico idiota che ha fatto il militare in aviazione. Ha collaudato l'aereo invisibile, poi si è dimenticato dove l'ha posteggiato e ora si sta facendo tutto l'aeroporto a tentoni.
MATTEO MOLINARI

L'uomo invisibile è bellissimo ma nessuno lo sa.
DIEGO PARASSOLE

Ho sempre sognato di essere invisibile, peccato esserci riuscito solo con le donne.
RENATO TRINCA

È meglio farsi guardare tutta che non essere vista per niente.
MAE WEST

INVITO

Allen: «Hmm... Bello quel quadro di Frank Kline, eh?»
Ragazza: «Sì, bello.»
Allen: «A te... cosa ti dice?»
Ragazza: «Riafferma la negatività dell'universo. L'atroce solitudine e il vuoto dell'esistenza, il nulla, la condanna dell'uomo, costretto a vivere in una brulla eternità senza Dio, come una fiammella che vacilla

in un immenso vuoto, senza nulla intorno che desolazione, orrore e degradazione... stretto in un'inutile, squallida camicia di forza in un cosmo tenebroso, assurdo.»
Allen: «Cosa fai sabato sera?»
Ragazza: «Mi suicido.»

Woody Allen

C'è un autobus che parte alle tre. Vedi di esserci sotto.

Garfield

Dev'essere veramente una bella festa, con un sacco di bella gente, non c'è dubbio. Altrimenti mi avrebbero invitato.

Francesco Salvi

Quella ragazza mi ha detto: «Vieni a casa mia, non c'è nessuno». Sono andato a casa sua e non c'era nessuno.

Mario Zucca

IPNOTIZZATORE

*vedi **Maghi***

IPOCRISIA

Rovinano le tue storie. Massacrano le tue idee. Prostituiscono la tua arte. Calpestano il tuo orgoglio. E tu cosa ricevi in cambio? Una fortuna.

Anonimo sceneggiatore

Lo uccisi perché era idiota, perfido, scemo, tardo, stupido, mentecatto, ipocrita, ignorante, burino, buffone, gesuita, a scelta. Una così si accetta, due no.

Max Aub

Io sarei per il ritorno dell'ipocrisia in camera da letto, al falso gemito di piacere, al mugolio recitato! Ne frequentavo una che si dimenava come una pazza, sembrava Sgarbi alla commissione cultura della Camera: «Ah!...Basta!... Sì! Sì!...», solo che io ero andato a bere un bicchier d'acqua in cucina... probabilmente lei non s'era accorta della differenza: «Scusa se ti interrompo, ma sono cinque minuti che manco dall'amplesso!».

Antonio Cornacchione

Un ipocrita è una persona che... Ma poi chi non lo è?
DON MARQUIS

I-POD

Oggi hanno messo in vendita l'iPhone, e della gente si è accampata davanti ai negozi per giorni. Questa gente è patetica, davvero. Voglio dire, ragazzi, crescete un po'. Specie quelli che erano in fila dietro di me, erano davvero noiosi.
CRAIG FERGUSON

Gli zoologi stimano che entro il 2025 i canguri avranno una seconda tasca per l'iPod.
DAVID LETTERMAN

IRACHENO *(Iraniano)*

Gli americani hanno fatto la guerra del Golfo per il bene degli iracheni. Per le vie di Baghdad hanno messo i cartelli: "Scusate i disagi, stiamo bombardando per voi".
MARCO DEL CONTE

Le persiane per loro natura sono portate ad aprirsi verso l'esterno. Sono gli iraniani che spesso non glielo permettono.
EROS DRUSIANI

«Cos'è una joint-venture?» «Una società a capitale misto. Per esempio noi mettiamo il gas e gli iracheni mettono gli iraniani.»
ELLEKAPPA

Un iraniano moderato è uno convinto che il plotone d'esecuzione dovrebbe essere eletto democraticamente.
HENRY KISSINGER

Come si può essere persiani?
MONTESQUIEU

11 ottobre 1991. Onore al merito. L'Aeronautica militare italiana ha conferito una medaglia d'oro al maggiore Bellini perché è rimasto in ostaggio degli iracheni. Invece niente medaglia per il capitano

Cocciolone, perché rimasto per mesi in ostaggio di Emilio Fede!

STRISCIA LA NOTIZIA

IRANIANO

vedi **Iracheno**

IRAQ

Gli americani sono stati generosi perché ci hanno portato la democrazia! Anzi sono stati talmente generosi che per darla a noi loro sono rimasti senza!

ASSUNDAM (ROSALIA PORCARO)

Ho fatto anche delle proteste solitarie. Durante la Guerra del golfo mi sono incatenato al cancello di una fabbrica di armi. Solo che era un cancello automatico, con l'apertura a distanza. Oltretutto c'era nebbia e nessuno mi vedeva. Per due giorni sono andato avanti e indietro inseguendo il cancello che si apriva e si chiudeva...

FABRIZIO CANCIANI

George W. Bush continua a sbagliare il nome del paese che bombarda... Lo chiama "Àiraq". Fossi in Saddam Hussein, sarei incavolato. «Hey, George: non è "Àiraq", è "Iràq". Non è che io sono in lotta con "l'Umerica", no? Io sarò anche cattivo, ma tu sei stupido.»

MAZ JOBRANI

Hanno chiamato la guerra Operation Iraqi Freedom. Inizialmente doveva essere Operation Iraqi Liberation, ma poi si sono accorti che la sigla era OIL.

JAY LENO

Madonna ha chiesto il ritiro delle truppe americane dall'Iraq. Come cambiano i tempi! Una volta bisognava costringere le truppe ad allontanarsi da Madonna.

JAY LENO

C'è Bush che bombarda l'Iraq e dice di aver parlato con Dio. C'è Bin Laden che tira giù torri giurando di essere stato ispirato da Dio. Ci sono i Talebani e gli Hezbollah, pronti a

obbedire agli ordini di Dio... Ma non è che lassù hanno aperto un call center?
CARLO NEGRI

Bush: «Via dall'Iraq solo quando ce lo chiederà il benzinaio».
MARCO VICARI

I rapitori avevano perfino girato un video con le due Simone. Il classico video di Al Jazira con le poverette costrette a dire: «Siamo ostaggi». Ma ne avevano fatto anche uno per le tv italiane, con le due poverette costrette a dire: «Italia Uno!».
MARCO VICARI

IRLANDA *(Irlandesi)*

In Irlanda, quando le previsioni meteorologiche sono brutte, corrispondono invariabilmente alla verità; quando sono belle, invece, si rivelano invariabilmente sbagliate.
TONY BUTLER

L'Irlanda è l'unico Paese che non ha mai perseguitato gli ebrei perché non li ha mai fatti entrare.
JAMES JOYCE

Il 90% del mio ingaggio lo spenderei in divertimenti, donne e whisky irlandese. L'altro 10% probabilmente lo sprecherei.
TUG MCGRAW

Lo sapevate che ci sono più irlandesi a Dublino che in tutta la Bulgaria?
ROWAN & MARTIN'S LAUGH-IN

Secondo il sistema giudiziario inglese si è sempre innocenti fino al momento in cui non viene provato che si è irlandesi.
TED WHITEHEAD

IRLANDESI
vedi **Irlanda**

IRONIA *(Prendere in giro)*

«Non sei andata a letto con Bill Clinton? Veramente? Neanch'io. Ma come è piccolo il mondo, vero?»
MARTY ALLEN

A Silvio Berlusconi ogni tanto capita di infilarsi in una qualche verità, ma riesce sempre a tirarsi subito fuori e a tirare diritto come se niente fosse.
ANONIMO

«Certo che ti amo! La bellezza e l'intelligenza non sono tutto, a questo mondo!»
ANONIMO

La moglie: «Non ho nulla da mettermi, stasera!»
Il marito: «Hai sei armadi pieni di "nulla da metterti"»!
La moglie: «Stai dicendo forse che spendo troppi soldi?»
Il marito: «Tu spendi troppi soldi? No! Non sei l'unica che va in Svizzera a farsi aggiustare l'orologio »
A SCUOLA CON PAPÀ

A un pescatore su una spiaggia toscana: «Che fa, pesca?» «No, sto facendo tiro alla fune con uno che sta all'Elba.»
BAGNOMARIA

«La sua opera mi è piaciuta davvero. Sto pensando addirittura di metterla in musica.»
LUDWIG VAN BEETHOVEN

Non mi merito questo premio, ma ho l'artrite e non mi merito nemmeno quella.
JACK BENNY

Un tale di St. Louis diretto a Dallas, domandò alla ragazza del check-in: «Può far passare il mio bagaglio da Honolulu, Passaic e New Jersey, prima di mandarlo a destinazione?». Quando la ragazza rispose che era impossibile, lui commentò: «Strano. La settimana scorsa ha fatto proprio quel percorso...».
ERMA BOMBECK

«Ho un appuntamento con il dentista.» «Mi dispiace, ma non c'è.»

«Ah. E sa dirmi la prossima volta che non ci sarà?»
JACOB M. BRAUDE

«Mi dispiace cara, non mi era mai successo... è colpa dello stress, sai... la stanchezza...» «Non importa caro. Succede anche ai migliori. Figuriamoci a te».
PAOLO BURINI

Grazie. È bello per un artista esibirsi davanti a un pubblico di un certo livello... E spero che prima o poi mi capiti.
PAOLO CANANZI

Perché non sembra, ma Cecchi Gori è intelligente. La colpa non è tutta la sua. Siccome lui ha la testa quadrata le idee fanno fatica a girargli bene nella testa, si fermano nei spigoli.
TEDDI CASADEY (PAOLO CEVOLI)

Intervista a Claudio Amendola: «Complimenti, ho visto tutti i suoi film. Ce l'ha 283 euro da ridarmi?»
DIMUNNO E TAMBORRINO

Dove sarebbe oggi la cristianità se a Gesù avessero dato da otto a quindici anni con una riduzione per buona condotta?
JAMES DONOVAN

Inizierò questa recensione con un'affermazione positiva: guardare questo film è una fruibile alternativa al guardare il sole ininterrottamente per cinque ore.
DR. CYCLOPS, NELLA RECENSIONE DEL FILM *PYTHON II*

«Ho letto il tuo nuovo libro. Chi te lo ha scritto?» «E a te chi lo ha letto?»
LEOPOLD FETCHNER

Se l'essere ebete fosse un delitto, l'onorevole Colombo, cosi come lo vedete e lo sentite, sarebbe un delitto perfetto.
FORTEBRACCIO

Pensate che persino l'onorevole Emilio Colombo, caduto da presidente del Consiglio, pur di farlo qualche cosa, lo hanno rifatto ministro del Tesoro, una cosa che lo riguarda come alla Fracci il sollevamento pesi.
FORTEBRACCIO

Ma che bello! Judy, la cugina di Jon, è venuta a trovarci e ci ha portato i suoi tesori, Tammy e Stevie. Immagino che fondamentalmente sono due bambini adorabili... per i licantropi.
GARFIELD

Il capitalismo? Libera volpe in libero pollaio.
ERNESTO CHE GUEVARA

Un nuovo caso di malasanità in Italia: Ronaldo ha passato le visite mediche al Milan.
GENE GNOCCHI

Torno tra un minuto... Godot.
GRAFFITO

Ah, la mountain bike! Arrampicarsi sui sentieri più ripidi, sudare per raggiungere la vetta, faticare lungo le mulattiere... Un giorno o l'altro dovrò proprio decidermi a comprarne una.
ROBERTO GUIDARINI

La Nasa sta lavorando come una matta per arrivare nel 2014 ad andare su Marte dove non c'è acqua, vita vegetale o atmosfera. Ma non basterebbe andare a Los Angeles?
JAY LENO

Mi ricordo con affetto ancora adesso tutti i momenti in cui non l'ho incontrata.
OSCAR LEVANT

Non male quell'abitino: fa bene a portarlo, prima o poi tornerà di moda.
CITATA DA PAOLO LIMITI

Storace una volta mi ha salvato la vita. Una volta dei teppisti mi stavano picchiando a sangue e lui disse: «Ragazzi, può bastare».
DANIELE LUTTAZZI

Perché denunciare il reddito dopo il bene che vi ha fatto?
MARCELLO MARCHESI

Stasera ho proprio voglia di andarmi a veder un bel film di denuncia. Guarda un po' se ci sono film di denuncia in giro. No? Peccato, dovrò andare a vedere un film per divertirmi e basta. Uffa!
MARCELLO MARCHESI

L'altro giorno ho lavato il mio gatto. I gatti amano lavarsi. Si è seduto, si è divertito, mi sono divertito anch'io. Il suo pelo mi si è attaccato alla lingua, ma a parte questo...

STEVE MARTIN

«Perché canti?» «Tanto per ammazzare il tempo.» «Certo possiedi un'arma micidiale!»

FRATELLI MARX

La mia poesia preferita è *Trenta dì conta novembre*... perché trovo che davvero comunichi qualcosa.

GROUCHO MARX

In America puoi apparire in televisione e prendere in giro i politici. E i politici possono apparire in televisione e prendere in giro te.

GROUCHO MARX

Mia madre è sempre lì a farti la predica. Anche se non ti conosce. Un giorno eravamo sull'autobus e c'era un ragazzino che aveva il braccio fuori dal finestrino. Mia madre non lo conosceva, ma si è sentita in diritto di dirgli: «Giovanotto, quello è un buon modo per perdere un braccio». E il ragazzino, sarcastico: «Grazie. Può dirci qualcuno degli altri?».

GEORGE MILLER

«Lei gioca a golf?» «No, sfortunatamente credo di mancare del temperamento necessario per dare la caccia a una pallina su acri e acri di quel che dovrebbe essere pascolo per bovini.»

THE PAPER CHASE

Quel tipo ha delle doti nascoste. In qualcun altro.

DAVIDE PESARESI

L'editore è una persona impiegata in un giornale, il cui lavoro è separare la crema dal fango e far stampare il fango.

BOB PHILLIPS

Ultimamente ho scelto la qualità della vita: lavoro part time... mezza giornata. Cioè dodici ore lavoro e dodici faccio il cazzo che voglio.

ERMINIO PISTOLAZZI (DIEGO PARASSOLE)

È vero che noi interisti discendiamo da una costola del Milan. D'altro

canto non abbiamo mai nascosto le nostre umili origini.

PEPPINO PRISCO

Un giorno ho chiesto a mia moglie: «Cara dove vuoi andare per il tuo compleanno?». E lei: «In un posto dove non sono mai stata» «Allora prova in cucina.»

QUEI BRAVI RAGAZZI

L'ultima volta che ho fatto un film di successo Joan Collins era vergine.

BURT REYNOLDS

Non è difficile farsi amare da un uomo per tanto tempo. È sufficiente dirgli: «Come fai l'amore tu non lo fa nessuno!», possibilmente cercando di rimanere serie.

MARIA ROSSI

Certo, cameriere, questa spigola sarà pure arrivata oggi... ma quando è partita?

LUCIO SALIS

Non è uno stratega, e non è nemmeno preparato sulle operazioni di guerra, non è un tattico, non è un generale e non è un soldato. A parte questo, è un grande militare.

NORMAN SCHWARTZKOPF

Mi piacerebbe vivere in Inghilterra, a Manchester. Il passaggio da Manchester alla morte sarebbe inavvertibile.

MARK TWAIN

Ricorderò sempre le parole di mio padre quando sono partito per Milano: «Andrea, la vita è una merda... E tu sei così pieno di vita!».

ANDREA VASUMI

È stato un deputato di un partito di cui non faccio il nome, sennò dicono sempre che me la prendo con i socialisti.

WALTER VELTRONI

Mi astengo dal dire che è un cretino, perché non voglio passare per un adulatore.

DINO VERDE

La prima volta che mi sono spogliato nudo davanti a una donna

lei mi ha detto: «Cos'è, una caccia al tesoro?».
DARIO VERGASSOLA

«Ambra Angiolini, lei ha ormai raggiunto la maturità artistica. Potendo tornare indietro, non le sarebbe stato più utile un diploma da geometra?»
DARIO VERGASSOLA

Non è necessario che un regista sappia scrivere ma, se sa leggere, aiuta.
BILLY WILDER

Bella serata. Non vedo l'ora di tornare a casa per dimenticarmela.
LUCIO WILSON

No, non sono in sovrappeso, è che ho diciotto centimetri in meno di altezza.
SHELLEY WINTERS

Che accessori c'ha 'sto telefonino... l'aratro?
WWW.TURBOZAURA.IT

Negli Usa il nostro Presidente fa il lavoro di due uomini: Stanlio e Ollio.
HENNY YOUNGMAN

Ho bisogno di te come il Tenente Kojak ha bisogno dello Shampoo Clear.
HENNY YOUNGMAN

Non si può concepire un'Intelligenza Perfetta che non eccella anche in autoironia. Secondo me Dio bestemmia.
ZIO SCRIBA (NICOLA PEZZOLI)

ISLAM
vedi ***Musulmano***

ISOLA

È stata sospesa la progettazione del famoso ponte sullo stretto di Messina. Si è infatti scoperto che, grazie alla deriva dei continenti che avvicina lentamente l'Italia alle proprie isole, per il giorno della fine dei lavori, Calabria e Sicilia si saranno unite da sole.

AMURRI & VERDE

«Chissà quanta gente avrai trovato, che bordello di turisti», tu negavi ed affermavi: «No no no no no no no no no no no no no no no no, eravamo solamente io e Giovanna sopra un'isola deserta tipo ci hai presente due chilometri di spiaggia vuota, dormivamo in un capanno in riva al mare e alla sera i pescatori ci portavano del pesce, facevamo le grigliate sulla spiaggia e cantavamo a squarciagola le canzoni di Battisti fino all'alba, tanto l'isola è deserta», tu dicevi e io pensavo: «Ma che cazzo, tutti quelli che ritornan dalla Grecia sono stati sopra un'isola deserta tipo ci ho presente due chilometri di spiaggia vuota col capanno e i pescatori, ma contando tutti quelli che mi dicono 'sta cosa io mi chiedo quante cazzo di isolacce deve averci questa merda di una Grecia, poi 'sti pescatori greci non potrebbero pescare in alto mare e impiccarsi con le reti senza andare a importunare le ragazze come te che normalmente sono brave ma travolte dagli eventi non disdegnano di fare la puttana?»

CLAUDIO BISIO

L'Inghilterra è un'isola. Non è colpa sua. Ma neanche colpa mia.

CHARLES DE GAULLE

C'è una cosa da dire della razza bianca: che la sua presunzione non ha limiti. Chi altri infatti potrebbe andare in un isolotto del Pacifico dove non esistono né miseria, né delitti, né disoccupazione, né preoccupazioni, né guerra, e definire quella una società primitiva?

DICK GREGORY

Ero seduto lì un giorno a pensare al cannibalismo, perché questo è quello che fa la gente come me... E mi sono chiesto: supponiamo che un uomo naufraghi su un'isola rocciosa, quanto di se stesso potrebbe mangiare?

STEPHEN KING

ISRAELE

Come ha dichiarato Silvio Berlusconi: «Il mio viaggio in Israele e nei Territori Occupati è stato coronato da grande successo: sono tornato indietro» .

GINO&MICHELE

Te l'immagini avere Israele al posto della Svizzera?

MARCELLO MARCHESI

Ho trovato una letterina a Babbo Natale che ho scritto quando ero bambino e mia mamma ha conservato... Ve la voglio leggere perché penso sia carina: "Caro Babbo Natale, quest'anno non ti scrivo questa lettera per chiederti un dono. Lo so che tu non me ne porterai nessuno perché io sono un ebreo. La tua apparente mancanza di considerazione per la comunità ebraica è solo un'emanazione della tua politica razzista di non riconoscimento dello stato di Israele... Spero che la tua slitta venga tranciata da un DC-10, che tu ti schianti sulle Ande, e che debba mangiare le tue renne per sopravvivere, grasso bastardo nazista".

GREGG ROGELL

ISTITUZIONE

vedi ***Stato***

ITALIA

Nota statistica. Nei dieci Paesi facenti parte della Comunità Europea, l'Italia non è undicesima a nessuno.

AMURRI & VERDE

È stata sospesa la progettazione del famoso ponte sullo stretto di Messina. Si è infatti scoperto che, grazie alla deriva dei continenti che avvicina lentamente l'Italia alle proprie isole, per il giorno della fine dei lavori, Calabria e Sicilia si saranno unite da sole.

AMURRI & VERDE

Cosa sarebbe l'Italia senza la Toscana? L'Emilia Romagna

sbatterebbe nell'Umbria. La Liguria scivolerebbe nel Lazio. Ci sarebbe un capovolgimento totale. E cosa sarebbe la Toscana senza Firenze? Come fa uno da Arezzo ad andare a Bologna?
ROBERTO BENIGNI

Il cinema Usa ha successo perché loro fanno bene i film. Noi facciamo bene la pizza.
ROBERTO BENIGNI

«Perché le nuove navi dell'esercito italiano hanno il fondo di vetro?» «Così possono vedere le vecchie navi dell'esercito italiano.»
MILTON BERLE

Mio padre era ferroviere e per quarant'anni scorrazzò per l'Italia su merci e diretti. Amava follemente la ferrovia: le partenze all'alba, le gallerie rombanti, le stazioni piene di viaggiatori! L'unico suo dispiacere fu di non potersi mettere in proprio.
ROMANO BERTOLA

Difficile capire un Paese, scrisse un libellista, dove la stessa cosa è chiamata al Nord uccello e al Sud pesce.
ENZO BIAGI

Siamo onesti, il contributo tecnologico italiano all'umanità si è fermato al forno per la pizza.
BILL BRYSON

Tragedia in bassa Italia. Suicida si sdraia sui binari della linea Milano-Reggio Calabria e muore con 9 ore di ritardo.
MASSIMO BOLDI

«Su un aereo ci sono Berlusconi, Bossi e Fini. A un certo punto l'aereo cade. Chi si salva secondo te?» «L'Italia.»
CARLO BUGLIARELLO

Ormai siamo all'internazionalizzazione della notizia. Sono le regole del villaggio globale. Se eleggono Clinton in America, stappano lo champagne in Italia. Se in Italia eleggiamo Scalfaro, in America... non gliene frega niente a nessuno.
ANTONIO CORNACCHIONE-MARCO POSANI

Livingstone: «Mi chiamo Livingstone: appena sono arrivato in Africa ho guardato quel continente e ho detto commosso: "La mia Africa". Ho sentito una mano forte nella mia.»
Mobutu: «Mi chiamo Mobutu: appena sono arrivato in Italia ho guardato quel continente e ho detto commosso: "La mia Italia". Ho sentito una mano forte qua dietro sul collo.»

GIOBBE COVATTA

Dicono che l'Italia sia una colonia degli Stati Uniti. Mah... Secondo me non è neanche un deodorante...

MARCO DEL CONTE

Il neonazismo è così imbecille che potrebbe trovare in Italia il suo habitat naturale.

ELLEKAPPA

Il governo Berlusconi ha promesso che farà rifiorire l'Italia. Intanto stanno concimando.

FIRE

Spesso la donna italiana è cuoca in salotto, puttana in cucina e signora a letto.

ENNIO FLAIANO

L'Udr alle ultime elezioni politiche ha preso l'1,49%. Significa che in Italia c'è un gruppo di elettori, piccolo quanto si vuole, e tuttavia realmente convinto che Mastella esista.

GINO&MICHELE

«L'Italia sta andando a destra.» «Sì, e a sinistra siamo sempre meno.» «Sarà per quello che stiamo così bene?»

GINO&MICHELE

Mi sono svegliato nel Duemila e ho avuto paura perché Berlusconi aveva comprato tutto. Perfino la Costituzione aveva fatto riscrivere. Da Mike Bongiorno. Il primo articolo diceva: "L'Italia è una Repubblica fondata sul lavoro? Avete venti secondi per rispondere. Via al cronometro".

GINO&MICHELE-PAOLO ROSSI

Noi della Lega Lombarda cambieremo la geografia e la storia. Perché, per esempio, è ora di finirla di dire che l'Italia l'han fatta i Garibaldi, i Mazzini, i Cavour e quegli altri brigatisti. Ma quando mai? Le prove sono sotto gli occhi di tutti: l'Italia ha la forma di uno stivale perché l'ha fatta il Calzaturificio di Varese!

GINO&MICHELE-PAOLO ROSSI

Un nuovo caso di malasanità in Italia: Ronaldo ha passato le visite mediche al Milan.

GENE GNOCCHI

L'Italia è il Paese dei più furbi. Ieri ero a Roma, sono salito su un autobus e ho timbrato il biglietto: tlic-tlac. Il guidatore si è girato di scatto e ha detto: «Cosa cazzo è questo rumore?».

BEPPE GRILLO

Quello di salvare a ogni costo l'Italia è sempre stato il principale vizio degli italiani di ogni tempo, sicché sarebbe opportuno aggiornare i cartelli affissi nei luoghi pubblici: "È proibito fumare e salvare l'Italia".

GIOVANNI GUARESCHI

Italiani: un grande popolo costretto a tutt'oggi a vivere in Italia.

CORRADO GUZZANTI

In Italia tutti sono estremisti per prudenza.

LEO LONGANESI

Te l'immagini avere Israele al posto della Svizzera?

MARCELLO MARCHESI

Strano paese il nostro. Colpisce i venditori di sigarette, ma premia i venditori di fumo.

INDRO MONTANELLI

La Nuova Zelanda ha 55 milioni di pecore e circa 3 milioni di abitanti, il che fa 18 pecore per abitante. L'Italia viceversa ha 6 milioni di pecore e 55 milioni di abitanti, cioè 9 abitanti per pecora. Potremmo scambiare in compensazione, italiani contro pecore.

INDRO MONTANELLI

In Italia quando una cosa non è più proibita diventa obbligatoria.

PIETRO NENNI

«L'Italia è il settimo paese industrializzato.» «Guarda un po' Bitonto a che posto sta.»
ANDREA PAZIENZA

Che paese l'Italia: mi sono distratto un attimo e non è successo niente.
PERICOLI E PIRELLA

Italia ha tropi stranieri. Ogni volta che me fermo a semaforo, c'è uno che me vuole lavare vetro: «Che cazijo lavi vetro, no vedi che machina è rubata?».
RATKO (LUCA KIOBAS)

La vita in provincia è terribile: il parroco ha saputo che una mia amica è omosessuale ed è andato a maledirle la casa.
MARIA ROSSI

Il mio Paese è l'Italia. Al Sud ci sono le autobombe; a Est le alghe; a Nord le tangenti; a Ovest gli incendi e al Centro Antonello Venditti.
PAOLO ROSSI

L'Italia, un paese bagnato da tre mari e prosciugato da Tremonti.
PAOLO ROSSI

Oh Italia! Italia! Ti ricordi, una volta si diceva: «O si fa l'Italia o si muore»? Oggi muore solo chi si fa.
PAOLO ROSSI

Ormai l'Italia convive con il crimine. Dopo tanti anni non è escluso che si arrivi al matrimonio.
GABRIELLA RUISI

Tenete l'Italia pulita. Gettate i rifiuti in Svizzera.
FRANCESCO SALVI

Non sapere niente di calcio in Italia è come vivere in una tribù di cannibali e non mangiarsi nemmeno le unghie.
FRANCESCO SALVI

W l'Italia W l'Europa W le bimbe che ci danno la topa.
SCRITTA SU UN MURO DI LIVORNO

Sono il più grande teorico della figa in Italia e il più grande pratico della sfiga in Europa.
DARIO VERGASSOLA

Siccome in Italia non trovavo lavoro, sono andato a fare il metronotte al Polo Nord. Solo che prima che venisse giorno ho dovuto lavorare sei mesi!

CESARE VODANI

In Italia per trecento anni sotto i Borgia ci sono stati guerra, terrore, criminalità, spargimenti di sangue. Ma hanno prodotto Michelangelo, Leonardo, il Rinascimento. In Svizzera vivevano in amore fraterno, avevano cinquecento anni di pace e democrazia. E cosa hanno prodotto? L'orologio a cucù.

ORSON WELLES

L'Italia conta oltre cinquanta milioni di attori. I peggiori stanno sul palcoscenico.

ORSON WELLES

ITALIANI

«Mi vergogno di essere italiano.» «Beato lei: io mi vergogno di essere.»

ALTAN

«Bisogna alzare la voce con gli americani.» «Devono capire chi è che ubbidisce qui."

ALTAN

La carriera dello scrittore italiano ha tre tempi: brillante promessa, solito stronzo, venerato maestro.

ALBERTO ARBASINO

Siamo diventati gente che alterna le vacanze con le ferie.

ENZO BIAGI

Dicono che i dirigenti politici italiani sono malati, sono infettati. Secondo me, per essere sicuri, si deve fare subito l'autopsia.

DOMENICO CIRUZZI

Un'indagine statistica, recentemente tacciata di eccessivo pessimismo, ha stabilito che, su sessanta milioni di italiani, uno è Berlusconi.

FRANCO KAPPA

C'era un tipo in sala. Mi ha detto: «Tu sei italiano! Allora sei un mafioso!». Gli ho risposto: «No, non è giusto pensare che ogni italiano sia un mafioso». Ma lui insisteva,

diceva che ero un mafioso. Così l'ho fatto ammazzare.
DANTE

I terroni non so, ma noi italiani non siamo razzisti.
ELLEKAPPA

Il paradiso è un poliziotto inglese, un cuoco francese, un tecnico tedesco, un amante italiano: il tutto organizzato dagli svizzeri. L'inferno è un cuoco inglese, un tecnico francese, un poliziotto tedesco, un amante svizzero e l'organizzazione affidata agli italiani.
JOHN ELLIOT

Cicciolina è stata l'unico uomo politico a farsi fare quello che gli altri uomini politici hanno fatto agli italiani.
GIORGIO FALETTI

Gli italiani sono sempre pronti a correre in soccorso dei vincitori.
ENNIO FLAIANO

Siamo un popolo di rivoluzionari. Ma vogliamo fare le barricate con i mobili degli altri.
ENNIO FLAIANO

Quando Berlusconi salì per la seconda volta alla guida del governo molti italiani si convinsero che le sorti del paese fossero in mano a un serial premier.
GINO&MICHELE

L'Italia è il Paese dei più furbi. Ieri ero a Roma, sono salito su un autobus e ho timbrato il biglietto: tlic-tlac. Il guidatore si è girato di scatto e ha detto: «Cosa cazzo è questo rumore?».
BEPPE GRILLO

Italiani: un grande popolo costretto a tutt'oggi a vivere in Italia.
CORRADO GUZZANTI

Ho un amico, metà ebreo, metà italiano. Se non può comperare qualcosa all'ingrosso, lo ruba.
JACKIE MASON

Vorrei conoscere questo famoso "italiano su due", no perché sento

dire: un italiano su due ha avuto più di dieci donne nella sua vita, un italiano su due ha avuto il primo rapporto prima di diciotto anni, un italiano su due ha regolarmente rapporti extraconiugali... Io vorrei andare lì, dall'italiano su due e dirgli: «E allora trombale tutte te!». Chissà perché quando sento dire "un italiano su due" io mi sento automaticamente il due! Che poi oggi ho letto: "Entro fine mese un italiano su due a letto con l'influenza" e te credo, è sempre nudo! Dai e dai si è ammalato! Anzi, speriamo che, se esiste un Dio, la donna di quello malato vada a letto con quello sano, così impara a rompere i coglioni a dieci donne altrui...
CRISTIANO MILITELLO

L'Italia è una penisola bagnata dagli albanesi.
MATTEO MODER

Il sogno americano è fare soldi e riuscire; il sogno italiano è nascere con un padre ricco.
MATTEO MOLINARI

Dicono che noi italiani siamo dei grandi amanti. È vero, posso confermarvelo; fino a ora non sono riuscito a trovare un americano in grado di masturbarmi bene come faccio io.
MATTEO MOLINARI

Gli italiani guadagnano netto, ma vivono lordo.
GIUSEPPE SARAGAT

Gli italiani si governano da soli.
ALBERTO SORDI

Noi italiani siamo così indipendenti che certe sere possiamo anche fare tardi senza chiedere ogni volta il permesso a Reagan.
ENRICO VAIME

«Aiuto mi hanno stuprata!» «Negri? Marocchini? Albanesi?» «Italiani!» «Allora non si preoccupi, è stata solo una ragazzata!»
VAURO

In Italia per trecento anni sotto i Borgia ci sono stati guerra, terrore, criminalità, spargimenti di sangue. Ma hanno prodotto Michelangelo,

Leonardo, il Rinascimento. In Svizzera vivevano in amore fraterno, avevano cinquecento anni di pace e democrazia. E cosa hanno prodotto? L'orologio a cucù.
ORSON WELLES

L'Italia conta oltre cinquanta milioni di attori. I peggiori stanno sul palcoscenico.
ORSON WELLES

ITALIANO
(Alfabeto - Grammatica)

Se chi va con lo zoppo impara a zoppicare, chi va con Claudio impara a claudicare?
ANONIMO

Non fatevi sfuggire lo *Tu Noi Voi Essi* , la grande guida ai pronomi personali.
GIAMPIERO ASARA

Che verbo è "non sarebbe dovuto nascere"? Preservativo imperfetto.
GINO BRAMIERI

Punteggiatura.
Sono vivo e vegeto.
Sono vivo. E vegeto.
PAOLO CANANZI

Era una ragazza colta, parlava il russo come l'italiano. Tu le chiedevi: «Come si dice in russo castagna?» e lei: «Castagna».
CLAUDIO BISIO-ROCCO TANICA

Insegnante: «"Io ho andato via" è sbagliato, non è vero?»
Studente: «Sì, è sbagliato.»
Insegnante: «E perché è sbagliato?»
Studente: «Perché lei non ha ancora andato via.»
LEWIS & FAYE COPELAND

Sacchi: «Per vincere occorre che il portiere pari, i difensori difendano, gli attaccanti attacchino e i centrocampisti... centrocampastino!»
ANTONIO CORNACCHIONE

Per un romano il congiuntivo è una malattia dell'occhio!
ALESSANDRO DI CARLO

Il complemento di materia indica la materia, la sostanza, l'elemento di cui è formato un certo oggetto. Esempi: un vaso di alabastro, una camicia di cotone. A volte il complemento può suonare figurato: un cuore d'oro, un sonno di piombo, un uomo di ghiaccio. A questo punto sono costretta a convenire che, sì, anche una testa di cazzo è un complemento di materia.

Giovanna Donini

Non calpestate le aiuole, si fanno male tutte le vocali.

Ellekappa

«Chi batte?» «Batti lei.» «Cosa fa, mi dà del tu?» «No, uso il congiuntivo.»

Fantozzi

Aldo Biscardi è uno che fa errori di grammatica anche quando pensa.

Beppe Grillo

Ragazza che soffre (senza apostrofo).

Enzo Iacchetti

Non gli usciva dalla testa che una fitta forfora di aggettivi.

Leo Longanesi

"Più o meno" è una strana locuzione. Più che altro è un riempitivo. Assume davvero un significato solo dopo alcune frasi, tipo: "Ti amo", oppure: "Lei continuerà a vivere", oppure: "È un maschio!".

Demetri Martin

«Un congiuntivo in più e venivi bollato per sempre come finocchio.»

Ovosodo

E il desiderio? Vogliamo parlare del desiderio? Il desiderio è modesto. Analisi logica: il desiderio: soggetto; modesto: predicato inguinale; è: copula. Togli la copula e la frase non sta in piedi. Se non sta in piedi la frase, figuriamoci il bigolo che la rende operativa!

Alberto Patrucco

Una volta eri come l'oro. Adesso sei come loro.

Striscione interista, riferito al passaggio di Ronaldo al Milan

Non vorrei che enfatizzare troppo certe situazioni da una parte e non dall'altra finisce che si crea una uniformità di idee e non una forma

equivalente generale: noi abbiamo giocato bene.
GIOVANNI TRAPATTONI

Prof.: «Dimmi il passato prossimo di prosciugare...»
Alunno: «Dunque, se asciutto è il passato prossimo di asciugare, quello di prosciugare sarà prosciutto...»
DANIELE TUROZZI

Perché l'alfabeto è in quell'ordine?
STEVEN WRIGHT

D'agrande farò il scritore.
ZIO SCRIBA (NICOLA PEZZOLI)

J

JACKSON MICHAEL

Povero Michael Jackson, tutte quelle insinuazioni sul sesso. Non è già abbastanza imbarazzante che sia un testimone di Geova, ora lo accusano di comportarsi come un prete cattolico!
BILLY CONNOLLY

Michael Jackson e sua moglie sono in crisi perché hanno gusti troppo diversi. Entrambi vorrebbero avere dei bambini.
FABIO DI IORIO

L'America è il solo Paese dove un povero bambino negro, crescendo, può diventare una ricca signora bianca.

INSULTO AMERICANO, RIFERITO A MICHAEL JACKSON

È il giorno più caldo dell'anno. Si suda come Michael Jackson quando guarda le foto di Harry Potter.

JAY LENO

Ancora guai per Michael Jackson: anche il bambino che è in lui lo ha denunciato!

JAY LENO

Il nuovo film di Harry Potter ha incassato cento milioni di dollari in un weekend. Credo sia la cifra più alta incassata da un adolescente senza far causa a Michael Jackson.

DAVID LETTERMAN

Da piccolo mi piaceva molto Michael Jackson. E anche io piacevo a lui.

LUCIO WILSON

Ho un amico che si è fatto ricco lavorando come sosia di Michael Jackson. Ora, purtroppo, il sosia di un bambino gli ha fatto causa e gli sta portando via un sacco di soldi.

LUCIO WILSON

JAGGER MICK

vedi **Rolling Stones**

JOGGING

vedi **Corsa**

JUVENTUS

Non ho ancora capito se l'eritropoietina si inietta o si prende in pillole e qual è il valore normale di ematocrito. Ma adesso basta parlare della Juve...

DIMUNNO E TAMBORRINO

Ficarra: «Ma che succede? Perché ti stai leggendo 'sto giornale così attentamente?»
Picone: «Eh, caro mio, ci sono novità e voglio vederci chiaro. A quanto pare il Palermo Calcio se lo sta

comprando un imprenditore del Nord!»
Ficarra: «Veramente? E questo che intenzioni ha?»
Picone: «Sta portando dieci giocatori nuovi, un nuovo preparatore atletico, un centravanti che segna venticinque gol a campionato e un allenatore che è considerato tra i migliori!» Ficarra: «Ma com'è pazzo! Non lo capisce che così rischiamo di andare in serie A?»
Picone: «Rischiamo? Ha dichiarato senza inibizioni che vuole andare in serie A!»
Ficarra: «Questo viene dal Nord e parla di serie A? Ma chi gliel'ha chiesta? Se ci volevamo andare, che aspettavamo a lui? Come se noi non ci sapessimo andare da soli! Dopo trent'anni di onorata serie B, perché dovremmo salire in serie A? Per giocare con l'Inter? Con la Juve? Con il Milan? Se ci tengono scendono loro!»
FICARRA E PICONE

Quando parla della Juventus Gianni Agnelli, come tutti i miliardari, ha le fette di salmone sugli occhi.
GINO&MICHELE

Juventus: visite mediche per i nuovi acquisti: Cannavaro è risultato positivo al semolino.
GENE GNOCCHI

Spalletti: «Ho un solo modo per convincere la Juve che sono il sostituto ideale di Ranieri. Da qui alla fine non vincere mai»
GENE GNOCCHI

Io non credo alla malafede degli arbitri: io credo che loro siano realmente juventini.
GIORGIO MELAZZI

KILLER
vedi **Omicidio**

KM
vedi **Metro**

KAMASUTRA

Io sto al calcio come Formigoni al kamasutra.

ANTONIO ALBANESE

Quand'ero piccolo facevo confusione fra il manuale di illusionismo e il kamasutra. Infatti tiravo fuori il coniglio dal cilindro in 59 posizioni diverse.

RAUL CREMONA

KAMIKAZE
vedi **Suicidio**

LABBRA

Perché nel corpo femminile ci sono sei labbra? Due per dire cazzate e altre quattro per farsele perdonare.

DARIO CASSINI

Sono stato dal dentista, mi ha fatto un'iniezione di anestetico... Dopo poco la parte destra della mia faccia stava colando dal teschio. «Cos'ha tra le scarpe?» mi ha chiesto il dentista. «È il mio labbro inferiore, idiota!»
BILL COSBY

L'ultimo intervento alle labbra non venne benissimo. Ogni volta che si metteva in bocca una matita le faceva la punta.
PIERO DEGLI ANTONI

«Lo sai che mi son fatta gonfiare le labbra?» «Sì ma se non ti fai sgonfiare il resto della faccia mica si vede!»
DUO DI PICCHE

Alle Olimpiadi ci sarà la Dellera. Ma non in gara: la useranno al posto dei materassini di gomma per gli atleti. Come si rimbalza sopra di lei... Comunque fa un certo effetto vedere quella scritta "Made in Taiwan" sul suo labbro sinistro.
GIGI E ANDREA

Se le sue labbra sono infuocate e lei trema tra le tue braccia, scordatela. Ha la malaria.
JACKIE KANNON

Frequentavo una stangona di un metro e novanta, ventun centimetri più di me. Mi piaceva da impazzire, soprattutto quando facevamo l'amore in piedi. Pendevo dalle sue labbra!
FRANCO KAPPA

Mick Jagger ha delle labbra davvero grosse! L'ho visto succhiare un uovo fuori da una gallina. Potrebbe suonare una tuba da tutte e due le parti.
JOAN RIVERS

Bada a come parli se no ti strappo le labbra e te le appiccico agli occhi, così vedi quello che devi dire!
ROBIN WILLIAMS

LACRIMA

La letteratura è una questione di famiglia; anche Agatha Christie aveva una sorella che scriveva storie sentimentali. Si chiamava Lacrima Christie.

MAURO COTONE

Le lacrime delle donne sono solo sudore degli occhi.

GIOVENALE

«Cara, dolce, buona Fatina», esordì l'omino, «sono povero in canna, non posseggo più nulla, il mio campicello mi è stato tolto, non so più come sfamare i miei figli: piangono e mi chiedono cibo! Quando vedo le loro lacrimucce mi viene un nodo alla gola che mi rende disperato...» allora la Fatina sorrise con infinita dolcezza e con una vocina incantevole, flebile flebile sussurrò nella sua infinita dolcezza: «E chi se ne frega!».

PAOLO PANELLI

E va be', è un po' strabica! Quando piange, le lacrime del suo occhio destro cadono sulla sua guancia sinistra...

LOUISE A. SAFIAN

Dopo dodici anni, il mio terapista mi ha detto una cosa che mi ha fatto venire le lacrime agli occhi: «No hablo inglés».

RONNIE SHAKES

LADRO *(Delinquente)*

A parte le zanzare, gli animali più pericolosi sono gli uomini, siano essi banditi o guidatori di automobile.

MANUALE PER IL MESSICO E L'AMERICA CENTRALE, AA. VV.

Si è notato da tempo che le giurie sono spietate con i ladri e piene di indulgenza con gli infanticidi. Una questione di interesse, mio caro signore! La giuria ha paura di essere derubata e ha già superato l'età in cui potrebbe essere vittima di un infanticidio.

EDMOND ABOUT

Gin: «Come è andata la rapina al supermercato?»
Fizz: «Bene, in cassa c'erano solo due milioni ma c'era un'offerta e ce ne hanno dati tre».

ALE E FRANZ

L'Fbi circonda la casa: «Buttate fuori il bambino, consegnateci le armi e uscite a mani in alto». I rapitori rispondono: «Buttiamo fuori il bambino, ma lasciateci tenere le armi e andare alla nostra macchina». L'Fbi replica: «Buttate fuori il bambino, vi lasciamo andare alla macchina, ma consegnateci le armi». I rapitori allora dicono: «Buttiamo fuori il bambino, ma lasciateci le armi, non abbiamo bisogno di andare alla macchina». L'Fbi propone: «Tenetevi il bambino...».
Un momento, ho fatto casino...

WOODY ALLEN

Provo per New York quello che può provare un bambino verso il padre che fa il ladro di banche: non è perfetta, ma le voglio bene ugualmente.

WOODY ALLEN

«I ladri sono ladri!» «Lei non può criminalizzare così un'intera categoria!»

ALTAN

«Dice Baudo che non è satira chiamare basso uno che è basso.» «Sarebbe come chiamare ladro uno che ruba.»

ALTAN

«Lei è un efferato delinquente.» «Dia tempo al tempo e diventerò una simpatica canaglia.»

ALTAN

Sgominata nel palermitano la gang del superracket. La banda era stata così denominata perché imponeva tangenti alle bande che praticavano il racket.

AMURRI & VERDE

A me l'Occidente piace assai: da noi c'è il fondamentalismo, a chi ruba tagliano una mano. Invece voi siete tutta un'altra cosa: a chi ruba gliela date una mano!

ASSUNDAM (ROSALIA PORCARO)

E quando lei: «Ma teeee... se dei banditi rapissero me e la tu mamma per chi staresti in pena?» «Per i banditi!».

STEFANO BELLANI

Detesto parlare alla gente che non conosco. Per esempio, ai grandi magazzini, dove la commessa ti si avvicina, ti saluta, ti segue e non riesci a rubare niente.

Elayne Boosler

«Ho rubato, corrotto, concusso e mentito.» «La pianti di vantarsi e venga al dunque.»

Gino Bramieri

Testa di cane ha da poco finito di scontare quindici anni di galera. Quindici anni fa aveva rubato la macchina al suocero per andare a rapinare una banca, con i soldi della rapina doveva andare in Russia a comprare dei mitragliatori da barattare in Afghanistan con dell'hashish, successivamente portare l'hashish in Albania e darlo alla malavita locale in cambio di alcune ragazze da fare prostituire in Italia. Con i soldi ricavati dalla prostituzione doveva aprire delle bische clandestine e infine ripulire il denaro sporco in Svizzera importando dei Rolex di contrabbando. Lo hanno arrestato al terzo incrocio dopo il furto della macchina. Il suocero conoscendolo ha pure ritirato la denuncia, ma i carabinieri gli hanno trovato in tasca un promemoria di tutti i passaggi che doveva fare ed è rimasto in galera quindici anni.

Giovanni Cacioppo

Mio fratello fa un lavoro insolito: trova le cose prima che gli altri le perdano.

Frank Carson

Berlusconi afferma che certi giudici sono più vicini ai delinquenti che alle istituzioni. E non è contento?

Glauco Della Sciucca

Picone: «Ma che hai? Oggi ti vedo euforico!»
Ficarra: «Sono contento per mio figlio... gli sto avviando una nuova attività!»
Picone: «E che attività?»
Ficarra: «Gli sto aprendo un casello autostradale privato!»
Picone: «Bello!»
Ficarra: «Li metto un chilometro prima di quelli che già ci sono e faccio prezzi concorrenziali... d'altronde la gente va dove c'è la convenienza!»

Ficarra e Picone

Mi hanno clonato tutte le carte di credito. Adesso, da qualche parte, c'è un truffatore sommerso di debiti.

ROBERTO GAVELLI

Non ti far impressionare da una riduzione delle tasse. È come se un ladro ti desse i soldi per il taxi.

ARNOLD GLASGOW

Il parlamento è un po' come la San Patrignano prima maniera, un luogo di riabilitazione. Una volta prendevi un parlamentare e dopo quello diventava un pregiudicato. Oggi prendi un pregiudicato e, se hai un po' di pazienza, diventa onorevole.

BEPPE GRILLO

Ashton Kutcher, lo odio. Mi ha rubato tutte le idee. Andare a letto con Demi Moore? È mia, quell'idea.

JAMIE KENNEDY

Un ladro ci è entrato in casa, il mese scorso, ma ha solo rubato il telecomando della tv. Adesso passa davanti a casa nostra e ci cambia canale a tradimento.

BRIAN KILEY

Dicono che i newyorchesi non vanno d'accordo. Non è vero. Ieri ho visto due newyorchesi, perfetti sconosciuti, spartirsi un taxi. Uno ha preso le gomme e la radio; l'altro ha preso il motore.

DAVID LETTERMAN

Faccio magia con qualsiasi oggetto: l'anno scorso ho messo in testa un collant di nylon e in una banca sono apparsi 100 milioni!

MAGO ORONZO (RAUL CREMONA)

Ho visto un fiore e l'ho preso, ho visto una farfalla e l'ho presa, c'era lì anche un'Alfa33 e c'era su uno stereo, ho preso anche quello.

MAGO ORONZO (RAUL CREMONA)

Annuncio apparso su un quotidiano napoletano: "Dj Pino Catramaro offresi per feste private, anche delinquenti".

GIANFRANCO MARZIANO

Annuncio apparso su un quotidiano napoletano: "Automobile con la scritta POLIZIA vendesi. Identica a una vera: affarone!".

GIANFRANCO MARZIANO

Ho un amico, metà ebreo, metà italiano. Se non può comperare qualcosa all'ingrosso, lo ruba.

JACKIE MASON

Cartello sull'auto al parcheggio: "Non ho autoradio!". Il mattino dopo, cartello al posto dell'auto: "Grazie, la mettiamo noi!".

VALERIO MINTOTI

Questo pomeriggio c'è stata una rapina. Hanno rapinato una corriera di turisti giapponesi. Ma, grazie a Dio, sono disponibili oltre due milioni di fotografie dei rapinatori.

JAN MURRAY

Mia moglie ha perso la mia carta di credito. Io non ho fatto la denuncia perché ho scoperto che il ladro spende meno.

OMEN (RAUL CREMONA)

A casa ho un enorme rottweiler. Non ho nessun problema con i ladri, ma è anche un anno e mezzo che non ricevo posta.

PETER SASSO

Quand'ero ragazzo pregavo ogni notte per avere una bicicletta nuova. Poi ho capito che con il Signore le cose non funzionano in questo modo. Così ho rubato una bici e poi gli ho chiesto perdono.

EMO PHILIPS

L'America non verrà mai invasa: i nostri delinquenti sono troppo ben armati.

BOB PHILLIPS

Per quelli che sono nati nel posto dove sono nata io, le alternative sono: l'alcol, la droga, il furto e la prostituzione. Siccome ero portata un po' per tutto e non sapevo cosa scegliere, ho deciso di fare l'attrice comica, che è il riassunto di tutte e quattro le cose.

MARIA ROSSI

Ho fatto un sogno all'incontrario in cui a Milano c'era una giunta di sinistra vera. Gli assessori facevano gli assessori, i geometri facevano i geometri e i ladri facevano i ladri. Non come adesso in cui gli assessori fanno i ladri, i geometri fanno i ladri e i ladri che non sanno più che cazzo fare perché fanno tutto i geometri e gli assessori!

PAOLO ROSSI

Il ladrone in croce: «Dimmi Gesù, quanto è grande il tuo regno?» «Così.»

MAURIZIO SANGALLI

I liberali si sentono indegni di tutto quello che hanno. I conservatori sentono di meritarsi tutto quello che hanno rubato.

MORT SAHL

Capannelle: «Conoscete uno che si chiama Mario che abita qua nei dintorni?» Bambino: «Ma qua ce ne sono cento di Mario»
Capannelle: «Sì ma questo è uno che ruba...»
Bambino: «E sempre cento so'!»

I SOLITI IGNOTI

LAGO

Una volta la mafia prese possesso del New York Ballet. Così, durante una rappresentazione de *Il Lago dei Cigni*, vennero puntati molti soldi perché il cigno vivesse.

WOODY ALLEN

Penso spesso alla quantità di manzo che occorrerebbe per fare un brodo con lago di Ginevra.

PIERRE DAC

A Ginevra, quando uno si stanca di passeggiare davanti alle banche e agli orologi, non gli resta altro che gettarsi nel lago.

GÉRARD DE VILLIERS

Se un moscerino si tuffasse nel tuo lago di sapienza, si romperebbe il collo.

FUGGIAMO INSIEME

Un'altra tipica attività finlandese è la pesca nel lago ghiacciato. Si effettua come tutte le altre pesche, escluse le sciroppate.

GIANNI MURA

I laghi sono un compromesso tra i fiumi e il mare: e io non amo i compromessi.

BENITO MUSSOLINI

Quando ero bambino, nella radura di un bosco fitto e profumato d'autunno, mi addormentai e sognai una fata. Lei si librava senza pensieri sui fili d'erba, sfiorando petali di fiori sino a farli sbocciare nel buio; di vesti leggere vestita, candide, azzurre, diafane, di pelle dai riflessi di luna sull'argento di un lago. Il viso come una fiammella d'un roseo tepore, dita sottili come steli, e lente movenze, dolci di nettare. Rapito da attimi d'eternità s'avvicinò, destandomi con un sorriso fatto da un'anima all'altra, una promessa; con uno sguardo disegnò i suoi occhi nel mio cuore, curvò le labbra come in un bacio, soffiò, risvegliandomi tra le braccia di mio padre che mi riportava a casa cullandomi. Non ho dimenticato la strada che conduce a quel bosco, al tempo felice, in quella radura, verso la foce della gaiezza. Ogni giorno l'ho ripercorsa nei sogni, in cerca di quel soffio da ricambiare. E ora, ora che mi sveglio e tu sei di fronte a me, rivedo quella scena e tutto è reale, ha sapore, ogni cosa ha il suo battito e la sua linfa e quella fata il tuo nome: Ubaldo.

Francesco Varchetta

Mi hanno regalato un paio di sci d'acqua, solo che non riesco a trovare nessun lago in discesa.

Zuzzurro e Gaspare

LAMPADINA

vedi **Luce**

LAMPI

vedi **Pioggia**

LANA

Faceva così freddo che i lupi mangiavano le pecore solo per la lana.

Anonimo

Quella camminata strana pure in mezzo a chissà che l'avrei riconosciuta ti sei comprata il tanga di lana e mo' te la pigli con me se il culo ti suda...

Dado

Ma come fa un fumatore a godersi la sua sigarettina dopo aver letto simili crudeltà: "Il fumo nuoce gravemente alla salute, provoca il cancro, il fumo fa più morti degli incidenti stradali". Ma come si fa? Sarebbe come scrivere sulle mutande di lana: "Queste mutande irritano e vi gratterete il culo tutta la vita!".

ALEX DRASTICO (ANTONIO ALBANESE)

LAPIDE

vedi ***Cimitero***

LAS VEGAS

L'ultima volta che sono stato a Las Vegas era così affollata che sono dovuto andare da uno psichiatra per trovare un posto dove potermi sdraiare e dormire.

LEOPOLD FETCHNER

Una donna di settantasette anni a Las Vegas è stata attaccata da uno sciame di api assassine. C'è voluto un idrante per levarle le api di dosso, e un piede di porco per liberarle la mano dalla leva della slot machine.

BILL MAHER

Non ero mai stato a Las Vegas, ma credo che alcuni miei parenti vivessero lì. Lavoravano nelle miniere di paillettes.

DENNIS MILLER

Credo che i piloti di voli commerciali se la siano legata al dito la storia che non si fa più loro l'applauso all'atterraggio. Nell'ultimo volo che ho fatto, il comandante ci ha detto all'interfono: «Las Vegas a quest'ora della sera è splendida... lo strip tutto illuminato, i colori, gli hotel: davvero mozzafiato. Ci siamo passati sopra tre minuti fa. Se non guardavate dal finestrino, pazienza».

MATTEO MOLINARI

La Spezia è una città triste, ma così triste che Isernia al confronto sembra Las Vegas.

DARIO VERGASSOLA

LATIN LOVER
vedi **Playboy**

LATINO *(Greco)*

È meglio stare con i piedi per terra: in vino veritas, in scarpe adidas.
BANDA OSIRIS

Sto cercando di insegnare al mio gatto a capire il significato della parola "no". Il che equivale più o meno a insegnare il latino a un cane.
JUDY BROWN

Veni, Vidi, Visa: sono venuto, ho guardato, ho fatto un po' di shopping.
BUMPER STICKER

Carpe diem prima che diem carpa te!
CITATA DA FLAMINIA DALLA CHIESA

Al liceo avevo una professoressa di latino molto anziana. Pensa che era madrelingua.
FABRIZIO FERRI

Errare humanum est. Perseverare è a ovest.
FICHI D'INDIA

Cogito ergo rhum.
GIULIANO

In generale un uomo è più contento di avere in tavola una buona cena che una moglie che parla il greco.
SAMUEL JOHNSON

Par condicio, invece no.
FRANCO KAPPA

Non si è mai parlato tanto latino come adesso che lo hanno cacciato dalle scuole. Lo incontriamo dappertutto, nell'"audio", nel "video", nel reddito "pro capite", nel giudice "a latere", nella tassa "una tantum" (che vuol dire una volta soltanto, non una volta ogni tanto, come fraintendono i ministri delle Finanze).
CESARE MARCHI

Annuncio apparso su un quotidiano napoletano: "Greco, latino, italiano, storia, geografia, collaboratrice domestica impartisce lezioni a prezzi convenienti. Non si accettano buoni pasto".

GIANFRANCO MARZIANO

Carpe diem
Trote gnam.

VASCO MIRANDOLA

Posso dare lezioni di francese, matematica, latino: metodo assicurato. Ma non voglio.

LUCIE OLBRECHTS-TYTECA

Studente guardando un testo in greco: Pensa a quelli che vanno al classico, che devono leggere questi geroglifici. Almeno il latino è scritto in italiano!

SMEMORANDA BROTHERS & SISTERS

Renato Dall'Ara, indimenticato presidente del Bologna, aveva un debole per il latino. «E si ricordi», disse un giorno, «che per ogni evenienza sine qua non, siamo qui noi!» A un dirigente che voleva assumere un'iniziativa, disse decisamente: «Fiat lux, faccia lui!».

BEPPE VIOLA

Ah, sì, "divorzio": dal latino "Strappare i genitali di un uomo attraverso il suo portafogli".

ROBIN WILLIAMS

LATTE

Il latte materno non solo è il latte più genuino, ma anche quello nella confezione più eccitante.

LUTZ ACKERMANN

Ho avuto un incubo la scorsa notte: ho sognato che Valeria Marini era mia madre e io avevo un biberon.

ANONIMO

La formula del latte è Vacca 2 O.

ALESSANDRO BERGONZONI

Ho visto i Cobas del latte incontrarsi con i Cobas dei corn flakes per una colazione di lavoro.

FABRIZIO CANCIANI

Ero un bambino molto brutto. Così brutto che mia madre mi allattava al seno con una cannuccia.

RODNEY DANGERFIELD

Porta sfortuna versare nella tazza lo zucchero prima del latte, non trovi? Ha dei tremendi effetti sulla tua vita... Mia zia Dolly un giorno mise lo zucchero prima del latte e nei successivi quarant'anni ha perso tutti i denti!

Dud & Pete

Formaggio... la corsa del latte verso l'immortalità.

Clifton Fadiman

Eravamo così poveri che mia madre per allattarci usava il contagocce.

Boris Makaresko

L'altra sera ero sul palco a fare uno show e una donna in prima fila stava allattando un bambino. Riuscite a immaginare: allattare un bambino in prima fila? Il bambino aveva 15 anni! Grazie a Dio non era il suo.

Joan Rivers

Ieri trasportavo due cisterne, una piena di cacao in polvere e nell'altra c'era lt. "Lt", latte condensato! Ho tirato una frenata e si sono mischiati: ho consegnato un cappuccino da tre tonnellate!

Francesco Salvi

Chi fu la prima persona a bere latte, e cosa gli passava per la testa? «Ooooh, non vedo l'ora che quei vitelli abbiano finito, così mi faccio un bel bicchiere di quella roba».

Jerry Seinfeld

Sono più di due settimane che il suo frigo non funziona. Ci ho visto dentro del latte che sta su da solo senza la bottiglia.

Neil Simon

Caro Dio: gli dei sono stati benevoli con me. Per la prima volta nella mia vita, ogni cosa è assolutamente perfetta. In gratitudine, io ti offro questi biscotti e questo latte. Se vuoi che li mangi per te, non darmi nessun segno... Grazie, sarà fatto.

Homer Simpson

Prof: «Da Pasteur deriva il nome di latte pastorizzato».
Studente: «E scremato da Scremeur?»

Smemoranda Brothers & Sisters

Dicono che le donne invecchino come il buon vino. Mia moglie invecchia come il latte.

WALTER, IL VETERANO DEL VIETNAM (JEFF DUNHAM)

LAUREA

vedi ***Università***

LAVARE

vedi ***Lavori domestici***

LAVARSI

vedi ***Igiene***

LAVAVETRI

Croato, sloveno o bosniaco poco importa. Basta che il parabrezza lo pulisca come Dio comanda.

DAVIDE CECCON

Cedo avviata attività di lavavetri, in zona centrale e molto trafficata. Contatto in loco tra un giallo e un verde.

PACO GENOVESE

Gli albanesi sono così poveri che lavano i vetri delle auto ai marocchini. Solo che, siccome in Albania non ci sono semafori, gli corrono dietro fino in Jugoslavia.

GENE GNOCCHI

Italia ha tropi stranieri. Ogni volta che me fermo a semaforo, c'è uno che me vuole lavare vetro: «Che cazijo lavi vetro, no vedi che machina è rubata?».

RATKO (LUCA KLOBAS)

L'altro giorno al mare ho fatto un tuffo e sott'acqua ho trovato un marocchino che voleva lavarmi il vetro della maschera.

TEO TEOCOLI

LAVORATORI

Ho visto i Cobas del latte incontrarsi con i Cobas dei corn flakes per una colazione di lavoro.

FABRIZIO CANCIANI

Pagate alla gente noccioline e avrete scimmie a lavorare.

BETTE DAVIS

Lo sapevate che fare il p.r. è considerato un lavoro?

FABIO FAZIO

Bastava guardare l'onorevole Tanassi per capire che il suo motto è: «Lavoratori di tutto il mondo sedetevi».

FORTEBRACCIO

Eravamo in tre e lavoravamo come un sol uomo. Cioè due di noi poltrivano sempre.

GROUCHO MARX

Ragazzi non possiamo star qui a non far nulla: la gente potrebbe scambiarci per dei lavoratori.

SPIKE MILLIGAN

Noi nella mia famiglia lavoriamo tutti. Da generazioni. Mio nonno ha fatto il capannone piccolo, mio padre il capannone grande, io il capannone grandissimo. Mio figlio si droga.

PEREGO (ANTONIO ALBANESE)

Se tu pagare come dici tu, io lavorare come dico io. Se tu pagare come dico io, io lavorare come dici tu.

PROVERBIO CINESE

Oggi, l'unica domanda lavorativa che ti fanno in ufficio è: «Sono già le cinque?».

JEFF ROVIN

LAVORI DOMESTICI

(Lavare - Stirare - Pulizie)

Mio marito e io abbiamo messo a punto un ottimo sistema riguardo alle faccende di casa: nessuno di noi due le fa.

DOTTIE ARCHIBALD

Il mio secondo lavoro di casa preferito è stirare. Il primo è sbattere

la testa sulla sponda del letto fino a svenire.
ERMA BOMBECK

Mia mamma adora pulire. Continua a dire: «Guardate qui: potreste mangiare sul mio pavimento». Be', potreste mangiare anche sul mio: ci saranno mille cose, sopra.
ELAYNE BOOSLER

Non è vero che il *Festival di Sanremo* è noioso. Io ho scoperto che guardando il festival riesco a lavare i pavimenti anche utilizzando i coglioni.
BEPPE BRAIDA

Mia madre è una maniaca del pulito. Ha passato il battitappeto talmente tanto, che il vicino del piano di sotto è diventato calvo.
STEVE BRIDGES

L'altro giorno stavo pulendo la soffitta con mia moglie. Disgustosa, sporca, coperta di ragnatele... ma è così brava coi bambini.
TOMMY COOPER

Mi piacciono gli yorkshire terrier. Sono perfetti per lavare la macchina. Entrano perfettamente nel secchio, il che è perfetto. «Tieni il fiato!» swoosh! Poi uno prende un phone, gli infila un bastone nel sedere, e spolvera i mobili.
BILLIAM CORONEL

Pulire la casa mentre i figli stanno ancora crescendo è come spalare il marciapiede prima che smetta di nevicare.
PHYLLIS DILLER

Non credo alla temporanea infermità mentale come difesa per un omicida. Perché gli uomini si uccidono tra loro, è istinto animale. Io penso che irrompere nella casa di qualcuno, e stirargli tutte le camicie, sia temporanea infermità mentale.
SUE KOLINSKY

Da anni il rapporto più intimo che aveva con i suoi genitali era quando gli stirava le mutande.
CARLA LASORTE

«Da quando l'ho vista, signora, ho invano cercato di stare lontano da lei, ma qualcosa in me echeggiava ininterrottamente, come un tam tam nella giungla. C'è qualcosa che vorrei chiederle, signora: mi può lavare un paio di calzini?»

GROUCHO MARX

Avevo stima in quella persona: ricca, colta, intelligente. Possedeva una casa stupenda con mobili antichi e quadri d'autore alle pareti, e moquette multicolori in tutte le stanze, anche in bagno e in cucina. Poi scoprii che la sua igiene era molto, ma molto scarsa. E scoprii anche che non aveva la moquette in casa.

MAURIZIO MAZZITELLI

Sono certo che si fa stirare anche le stringhe delle scarpe.

DAVID NIVEN, PARLANDO DI CARY GRANT

Mia madre è sempre stata una maniaca dell'igiene. Pensate che quando ero piccolo, dopo ogni partita che facevo, lei prima mi obbligava a fare la doccia, poi lavava i miei vestiti a novanta gradi. E giocavo a dama.

FURIO OMBRI

Odio i lavori di casa! Fai i letti, lavi i piatti e dopo solo sei mesi devi ricominciare da capo!

JOAN RIVERS

Ho preso il detersivo. Ho deciso di imparare a fare da me. È ridicolo che un uomo non sappia fare il bucato... Uffa! Come faccio a mettere la camicia dentro al bottiglione?

CHARLES M. SCHULZ

Certe volte mi dico: «Dai, la vita è adesso, cogli l'attimo, non essere pessimistica, di doman non v'è certezza, ki vivrà vedrà, cuor contento il ciel l'aiuta, scarpe diem!». E me ne torno a lavare i piatti.

SCONSOLATA (ANNA MARIA BARBERA)

Io, ca tritu, passu, cucino... Savvatore, se va bene, rutta per esprimermi l'endusiasmo.

SCONSOLATA (ANNA MARIA BARBERA)

"Cucina, rassetta e vince il premio Nobel."

TITOLO DI UN GIORNALE DEL 1977 SUL PREMIO NOBEL PER LA MEDICINA A UNA DONNA

A mia madre son sempre piaciuti l'ordine e la pulizia. Per questo non stava mai a casa nostra.
Francesco Varchetta

LAVORO GENERICO
(Mestieri - Posto di lavoro)

A chiunque sia in grado di farsi eleggere Presidente, non dovrebbe essere consentito in alcun modo di fare quel lavoro.
Douglas Adams

È difficile fare delle vacanze intelligenti dopo undici mesi di lavoro cretino.
Albert

Mike: «Hai trovato un lavoro?»
Victor: «Sì, in un locale di strip tease, io aiuto le ragazze a spogliarsi e vestirsi.» Mike: «Simpatico.»
Victor: «Venti franchi a settimana.»
Mike: «Non sono molti.»
Victor: «È quanto posso spendere!»
Woody Allen

Oggi ho telefonato all'Agnelli e gli ho detto: il mio posto di lavoro non si tocca! Lui m'ha risposto: «E chi lo tocca? Anzi mi fa schifo solo a guardarlo».
Angese

Nella vita contano soprattutto due cose: la salute e la voglia di lavorare. Io ho la salute, mia moglie la voglia di lavorare, non abbiamo problemi.
Anonimo

«Cosa fai per vivere caro?» «Più o meno l'uomo politico.» «Anche a me non piace lavorare.»
Edward Arnold-Mae West

Lavorare è meno noioso che divertirsi.
Charles Baudelaire

Un impiegato va dal principale per chiedere un aumento, dicendogli: «Io qui faccio il lavoro di tre uomini!». E il capo replica: «Dammi il nome degli altri due. Li licenzio!».
Milton Berle

«Guarda, per avere successo nella professione è anche importante che lo studio sorga in un posto adatto, frequentato dalla gente che conta», mi dice il dottor D., ginecologo a Betlemme.
ROMANO BERTOLA

Il primo 90% di un lavoro viene svolto nel 10% del tempo. Il restante 10% nel restante 90%.
ARTHUR BLOCH

Il lavoro di équipe è essenziale. Ti permette di dare la colpa a qualcun altro.
ARTHUR BLOCH

La gente è sempre disponibile per i lavori già fatti.
ARTHUR BLOCH

Mio figlio è laureato in biologia. Ha trovato un posto da cavia.
MASSIMO BUCCHI

'O pesce trombetta è estremamente furbo e difficile da catturare; di giorno è introvabile, mentre di notte ogni tanto esce fuori dall'acqua e fa: «PEPPEREPPEPPÈ PEPPEREPPEPÈ», spaventando anche il più astuto dei pescatori. Attenzione, diffidate dei pesci trombetta che suonano musica americana, quasi sicuramente sono surgelati.
FELICE CACCAMO (TEO TEOCOLI)

A Milano tutti vogliono sapere che lavoro fai, è la prima cosa che ti chiedono: «Che lavoro fai?» «Faccio il cabarettista...» «Ah, bello, allora adesso ti racconto una barzelletta così poi la ricicli.» «E tu che lavoro fai, l'idraulico? Aspetta che ti smonto il lavandino così poi lo rimonti.»
FABRIZIO CANCIANI

Democrazia è dove gente di ogni razza, credo e colore lavora duramente così che possa trasferirsi lontano da gente di ogni razza, credo e colore.
JOHNNY CARSON

Era sempre stata un po' donna, un po' puttana, il suo scopo era lavorare, il suo lavoro era scopare.
RICCARDO CASSINI

Maria fu assunta in cielo perché non trovava lavoro in terra.

COMIX

Povero Silvio... Ma lo sapete che lavora diciotto ore al giorno? Non mangia più a orari regolari, salta i pasti. Gli è venuto l'intestino pigro... Certe volte lui si sveglia alle sei e l'intestino resta ancora due ore a letto. Altre volte succede il contrario, Silvio si alza alle sei e l'intestino è già in giro da due ore che parla coi sindacati. È chiaro che poi gli capita di sparare stronzate. Ma non è lui che parla, è il suo intestino!

ANTONIO CORNACCHIONE

Ieri avevo un appuntamento importante per un colloquio di lavoro e quindi mi sono vestito per l'occasione: giacca blu, cravatta e camicia bianca. Completava il mio abbigliamento un'utile cartella di cuoio modello dirigente con scomparti a fisarmonica, per sistemare i vari documenti che avevo con me: un biglietto del tram e *La Gazzetta dello Sport*.

ANTONIO CORNACCHIONE

Esistono due mestieri che si possono fare con poca esperienza. Uno è la prostituzione, l'altro il giornalismo sportivo. Troppo spesso diventano la stessa cosa.

HOWARD COSELL

E il Signore disse: «Donna, tu partorirai con gran dolore. Uomo, tu lavorerai con gran sudore, ammesso che troverai lavoro. E la terra produrrà spine e sofferenze». E Adamo disse: «Ma santo Dio, tutto questo per una mela? Domani te ne porto un chilo...».

GIOBBE COVATTA

«Che lavoro fai Clevis?» «Riempio la pala qui e la svuoto nella carriola laggiù» «Dio! Mi piacerebbe avere un lavoro così specializzato!»

CROCK

«Allora... che mestiere fai? Oh no, aspetta, fammi indovinare: io ho un sesto senso per indovinare i mestieri... Vendi tappeti?» «Quasi, faccio il giornalista sportivo.»

LA DEA DELL'AMORE

Durante la mia adolescenza, mia madre voleva che io mi facessi prete, un lavoro che mi sembra veramente duro. Riuscite a immaginare di lasciar perdere la vostra vita sessuale e poi, una volta la settimana, ascoltare le persone che vengono a raccontarvi tutti i dettagli della loro?
TOM DREESEN

La scienza è una cosa meravigliosa se uno non deve guadagnarcisi da vivere.
ALBERT EINSTEIN

Lo sapevate che fare il p.r. è considerato un lavoro?
FABIO FAZIO

Sono il campione mondiale dei paraculi: lavoro duro per fare il meno possibile.
FIORELLO

Lavorare nello spettacolo nella Milano degli anni Novanta e non avere rapporti con Berlusconi è facile come lavorare al controllo delle nascite nella Nazareth degli anni Zero e non avere rapporti con Erode.
WALTER FONTANA

I ricchi trovano tanto straordinario lavorare anche dopo morti: «Dopo una vita dedicata al lavoro...». A chi doveva dedicarla quel pelandrone, ai canarini?
FORTEBRACCIO

Ho fatto l'imbianchino per cinque anni. Cinque anni. Non pensavo che l'avrei mai finita quella dannata casa.
MICHAEL J. FOX

Il lavoro del padre di Giulianello consisteva che apriva i gelati, toglieva la carta, li scartava, li leccava e diceva: «Questo gelato è buono può andare», oppure: «Questo non è buono non può andare». Poi li richiudeva, li rincartava e li incassettava e venivano spediti nei bars...
NINO FRASSICA

Mio nonno una volta mi disse che esistono due tipi di persone: quelli che fanno il lavoro e quelli che si prendono i meriti. Mi consigliò di provare a far parte del primo gruppo perché c'era molta meno competizione.

INDIRA GANDHI

La mia formula per il successo è: alzarsi presto, lavorare fino a tardi e trovare il petrolio.

PAUL GETTY

Svegliarsi alle cinque con il buio per andare a sciare è dura. Svegliarsi alle cinque con il buio per andare a lavorare è durissima.

KRISTIAN GHEDINA

Mi sono svegliato nel Duemila e ho avuto paura perché Berlusconi aveva comprato tutto. Perfino la Costituzione aveva fatto riscrivere. Da Mike Bongiorno. Il primo articolo diceva: "L'Italia è una Repubblica fondata sul lavoro? Avete venti secondi per rispondere. Via al cronometro".

GINO&MICHELE-PAOLO ROSSI

Quando un uomo sposa la sua amante crea un posto di lavoro.

JAMES GOLDSMITH

Ho perso il lavoro. No, in realtà non ho perso il lavoro. So benissimo dov'è. È che quando vado lì, c'è un altro che lo fa... Ho perso la mia fidanzata. No, in realtà non ho perso la mia fidanzata, so benissimo dov'è. È che quando vado da lei, c'è un altro che se la fa.

BOBCAT GOLDTHWAIT

Noi artisti lavoriamo una sera qua e una sera là... praticamente due sere l'anno.

ANTONIO GUIDETTI

Il lavoro mi piace, mi affascina. Potrei starmene seduto per ore a guardarlo.

JEROME K. JEROME

Le rose profumano per mestiere.

STANISLAW JERZY LEC

Alberto Sordi incontra nel cortile della Ponti-De Laurentiis uno sceneggiatore: «Che stai a ffa?» «Lavoro. Scrivo un copione.» Alberto: «Comico?» L'altro: «No, drammatico». Alberto: «Allora te stai a riposa'».

CITATA DA NANNI LOY

Che Dio ci perdoni. E ci perdonerà. È il suo mestiere.
MARCELLO MARCHESI

Fa caldo in fabbrica? Le ore sono lunghe? Quindici dollari al giorno non bastano? Be', la fuga è molto semplice. Piantate il lavoro, sputatevi sulle mani e scrivete un altro best seller.
H.L. MENCKEN

Non ero mai stato a Las Vegas, ma credo che alcuni miei parenti vivessero lì. Lavoravano nelle miniere di paillettes.
DENNIS MILLER

Chiunque volesse assumermi può farlo telefonandomi ore pasti. Il mio orario pasti è 8.00/24.00, escluso il Ramadan, quando è 24.00/8.00.
EGIDIO MORRETTI

Ogni mattina leggo su *Forbes* la lista delle cento persone più ricche d'America. Se non vedo il mio nome, esco e vado a lavorare.
PAT MORRIS

È solo un lavoro. L'erba cresce, gli uccelli volano, le onde s'infrangono sulla spiaggia. Io picchio la gente.
MUHAMMAD ALÌ (CASSIUS CLAY)

Ultimamente ho scelto la qualità della vita: lavoro part time... mezza giornata. Cioè dodici ore lavoro e dodici faccio il cazzo che voglio.
ERMINIO PISTOLAZZI (DIEGO PARASSOLE)

Ho scoperto qualcosa che fa il lavoro di dieci uomini. Dieci donne!
TONY RANDALL

«Perché mi hai finito la grappa?»
«Be', sai... è uno sporco lavoro ma qualcuno doveva pur farlo.»
JOHN RITTER

Oggi, l'unica domanda lavorativa che ti fanno in ufficio è: «Sono già le cinque?».
JEFF ROVIN

Ho cominciato dai gradini più bassi. Uno dei miei primi incarichi nell'ufficio era pulire le finestre delle buste da lettere.
RITA RUDNER

Così, per seguire la vocazione del rock, ho dovuto fare delle cose incredibili: per un certo periodo ho anche... devo ammetterlo... ho anche lavorato! È stato un periodo pazzesco, durissimo. Non dimenticherò mai quei venti minuti!
FRANCESCO SALVI

Il mestiere che richiede maggior inclinazione è quello dell'attrice.
MAURIZIO SANGALLI

Ci siamo ribellate ai "lavori femminili" e ci siamo gettate a capofitto nei "lavori maschili". E così adesso ci tocca fare entrambi e faticare il doppio.
ANNE WILSON SCHAEF

Se un uomo vi viene a raccontare che è diventato ricco grazie al duro lavoro, dovreste chiedergli: «Di chi?».
GEORGE BERNARD SHAW

Non c'è nulla di più spregevole dei giornalisti che amano il loro mestiere.
ARNO SCHMIDT

Se davvero vuoi ottenere qualcosa, in questa vita, devi lavorare duro per ottenerla. Ora, zitto! Stanno per annunciare i numeri del lotto!
HOMER SIMPSON

Se a te non piace il tuo lavoro, non scioperi: ti presenti ogni giorno puntuale e lo fai da vera schiappa! È questo il modello americano!
HOMER SIMPSON

Ammiro Bill Bradley, grande giocatore e senatore degli Stati Uniti. Ha trovato le uniche due professioni dove bisogna lavorare al massimo un paio di ore al giorno.
FRANK SINATRA

La professione di scrivere libri fa apparire le corse dei cavalli un'attività solida, stabile.
JOHN STEINBECK

Se il lavoro di una donna non è mai finito, be' allora quella donna dovrebbe cominciare prima.
ROBERT STEVENS

È recessione quando il tuo vicino perde il lavoro. È depressione quando tu perdi il tuo.
HARRY TRUMAN

La differenza tra un cammello e un uomo? Il cammello può lavorare una settimana senza bere, l'uomo può bere una settimana senza lavorare.
JULIAN TUWIN

Io sul posto di lavoro sono per la mobilità perché quando dormo mi rigiro spesso.
DANILO VIZZINI

Siccome in Italia non trovavo lavoro, sono andato a fare il metronotte al Polo Nord. Solo che prima che venisse giorno ho dovuto lavorare sei mesi!
CESARE VODANI

Negli Usa il nostro Presidente fa il lavoro di due uomini: Stanlio e Ollio.
HENNY YOUNGMAN

Di mestiere vendeva levrieri ai ciechi che hanno fretta.
MARIO ZUCCA

Ai pranzi di lavoro si parla e si mangia, si mangia e si parla: alla fine non sai né cosa hai mangiato, né cosa hai detto.
ZUZZURRO E GASPARE

LEADER *(Capo)*

Papa: l'unico vice di una società che non vede mai il proprio capo, neanche a Natale.
ANONIMO

Si capisce al volo che è un leader. Più del discorso cura il riassunto per la stampa.
DINO BASILI

Non mi vergogno a riconoscerlo: sono entrato in politica per comandare e nel giro di tre anni intendo arrivare a farlo.
ROCCO BUTTIGLIONE, 1997

L'altro giorno ho visto un barbone in metropolitana, aveva un cartello con su scritto: "Sono povero, invalido, non ho un lavoro, ho fame, due

figli da mantenere e l'Ulivo non ha una vera leadership" .
ANTONIO DE LUCA

Ho sentito Berlusconi dire: «Non lascio la leadership perché non vedo nessun De Gasperi in giro». Poi ho sognato De Gasperi, vivo, che pensa: «Non lascio la leadership perché mi è sembrato di vedere in giro Berlusconi».
ANTONIO DE LUCA

La principale caratteristica che un capo deve avere per ritenersi un buon capo è quella di essere morto.
GABRIELE SCORZONI

LECCARE *(Lecchino)*

Berlusconi è un uomo molto fortunato. Così proverbialmente fortunato che qualche tempo fa la Repubblica di San Marino decise di emettere dei francobolli che raffiguravano il suo sedere. Ma ha dovuto subito ritirarli perché Emilio Fede li leccava dal lato sbagliato.
ANONIMO

Baciare Mickey Rourke è come leccare un posacenere.
KIM BASINGER

È stato presentato un francobollo commemorativo della prostituzione. Costa 25 cent, ma se lo si lecca ne costa 50!
CHEVY CHASE

Povero Silvio... Molti mi chiedono quanti anni ha... io non lo so, comunque ne dimostra meno!
ANTONIO CORNACCHIONE

A furia di leccare, qualcosa sulla lingua rimane sempre.
ENNIO FLAIANO

Emilio Fede: «... Migliaia di fax di solidarietà al nostro Presidente del Consiglio Silvio Berlusconi hanno intasato la redazione del nostro telegiornale. Venivano da ogni angolo d'Italia, alcuni da tutta Europa, uno da tutta l'Africa. Sì, perché c'è qualcuno anche ad Hammamet che ci vuole bene, e non importa il colore della sua pelle...»
GINO&MICHELE

Non mi piace essere circondato da leccaculi. Voglio gente che mi dica la verità, anche se questo gli costerà il posto.
SAMUEL GOLDWIN

Obama aveva promesso alle figlie un cagnolino. Bene, ora è finalmente arrivato Bo. Mi piace l'idea che ci sia un cane alla Casa Bianca. Nessuno leccava più il Presidente da sotto una scrivania dai tempi di...
DAVID LETTERMAN

Siamo cauti nei giudizi. Prima di dire che uno è stronzo bisogna leccarlo.
MARCELLO MARCHESI

Bruno Vespa. Sì, Vespa, un insetto geneticamente modificato che, invece di pungere, lecca.
ALBERTO PATRUCCO

Il gelato è squisito. Strano che non sia illegale.
VOLTAIRE

LECCHINO
vedi **Leccare**

LEGA NORD

Io ho votato la Lega per protesta: non sopporto di essere meridionale.
ALBERT

Scontro Lega-Polo. Ditemi che ci sono dei morti.
BASTARDO DENTRO

A un congresso della Lega, dopo aver sentito dai discorsi che ce l'avevano duro, ho capito perché sedevano tutti una fila sì e una no.
ENRICO BERTOLINO

La doccia è di sinistra e la vasca da bagno di destra? I leghisti si lavano sotto il rubinetto. Lo slip è di sinistra e il boxer di destra? Il leghista sotto non mette niente perché ce l'ha duro. La sinistra sogna Alba Parietti e la destra Valeria Marini? Il leghista è più pratico, si butta sulla segretaria.
ERMINIO BOSO

Per Maroni, tastierista della Lega, la Corte dei Conti è un cortile pieno di nobili.
BRUNO GAMBAROTTA

Quando Umberto Bossi studiava Medicina a Pavia elaborò una teoria rivoluzionaria che divideva il corpo umano in tre zone: il Nord, il Centro e il Sud. Il Nord andava dal cervello al cuore. Il Centro dall'intestino agli organi genitali e il Sud dal sedere ai piedi. Cioè il Nord pensava e pulsava. Il Centro digeriva e trombava. E il Sud faceva cagare e basta.

GINO&MICHELE

I leghisti hanno sempre sostenuto di avercelo duro, enorme. C'è una leggenda, avvalorata da Bossi, che sostiene che le compagne dei leghisti siano le uniche donne al mondo che i figli preferiscono di gran lunga partorirli che concepirli.

GINO&MICHELE

Noi della Lega Lombarda cambieremo la geografia e la storia. Perché, per esempio, è ora di finirla di dire che l'Italia l'han fatta i Garibaldi, i Mazzini, i Cavour e quegli altri brigatisti. Ma quando mai? Le prove sono sotto gli occhi di tutti: l'Italia ha la forma di uno stivale perché l'ha fatta il Calzaturificio di Varese!

GINO&MICHELE-PAOLO ROSSI

Il senatore Miglio, l'ideologo della Lega... Come sarà andato la prima volta che ha fatto l'amore? Avrà chiesto alla sua partner: «Come si fa?» e lei avrà risposto «È facile: ti metti qui e vai su e giù, su e giù...» «Ah no, mi dispiace ma io giù non vado! Solo su...»

GINO&MICHELE-PAOLO ROSSI

Ronaldo si è messo con una dentista. È come se Calderoli si mettesse con un chirurgo plastico.

LUCA E PAOLO

Prima ero della Lega Nord, poi me ne sono andato e ho fondato la Lega Super Nord. Il simbolo era bellissimo: c'era un orso bianco su un igloo che indicava un eschimese dicendogli «Tornatene a casa, terùn!».

CARLO PISTARINO

Dio creò la Padania, poi si accorse dell'errore e creò la nebbia.

SCRITTA SU UN MURO DI NAPOLI

A Milano fervono i preparativi per le Olimpiadi. La Lega Lombarda prepara festosamente migliaia di bandiere con i quattro cerchi. Gli atleti africani avranno comunque il permesso del Comune di portare il quinto cerchio al naso.

MICHELE SERRA

La topa della Lega 'un sa d'una sega. La topa toscana è saporita e sana.

IL VERNACOLIERE

LEGGE

È meglio che tu non sappia mai come le salsicce e le leggi vengono fatte.

ANONIMO

La legge è uguale per tutti.

ANONIMO

Gli avvocati sono le uniche persone la cui ignoranza della legge non venga punita.

JEREMY BENTHAM

Sono sempre stato fissato con la legge. Del resto, sono figlio di un magistrato, e sono cresciuto con mio padre che, quando tornavo da scuola, mi diceva: «Come è andato l'interrogatorio?».

PAOLO BORRACCETTI

Per legge, è obbligatorio accendere i fari quando piove in Florida. Ok, ma chi è che mi fa sapere quando piove in Florida?

STRANGE DE JIM

La legge, nella sua maestosa equanimità, proibisce sia ai ricchi che ai poveri di dormire sotto i ponti.

ANATOLE FRANCE

Molti desiderano ammazzarmi. Molti desiderano fare un'oretta di conversazione con me. Dai primi mi difende la legge.

KARL KRAUS

La ragione per cui c'è poca criminalità in Germania è perché è contro la legge.

ALEX LEVINE

«Qui la legge si ferma e comincio io, stronzo.»

SYLVESTER STALLONE

Se penso che hanno approvato una legge che si limita a depenalizzare il falso in bilancio, mi sento più tranquillo. Sulle prime temevo che lo rendessero obbligatorio.

CARLO TURATI

LEGGENDA

vedi ***Mito***

LEGGERE

Leggo i libri più velocemente di chiunque altro. Prima leggo l'inizio, poi la fine, poi parto dal mezzo e vado verso l'estremità che mi è piaciuta di più.

GRACIE ALLEN

Ho fatto un corso di lettura veloce, ho imparato a leggere a piombo, trasversalmente la pagina, e ho potuto leggere *Guerra e pace* in venti minuti. Parlava della Russia.

WOODY ALLEN

I funzionari statali sono tra i mariti più desiderabili: quando la sera tornano a casa non sono mai troppo stanchi e hanno già letto il giornale.

ANONIMO

Io so leggere il cinese. Purché naturalmente sia scritto in inglese.

ANONIMO

Legge Gasparri. Non ci credo neanche se lo vedo.

BASTARDO DENTRO

Io sono molto precoce. Pensate che io ho imparato a scrivere molto prima di imparare a leggere. Difatti scrivevo e mi chiedevo: ma che cazzo ho scritto?

CLAUDIO BISIO

Se tutte le volte che ho fatto sesso avessi letto un libro a quest'ora sarei un analfabeta.

LORENZO BOSIO

Automobili, clacson, suonerie di televisioni, cellulari, bambini che piangono, cani che abbaiano, al giorno d'oggi è difficile trovare un posto tranquillo. Ieri, per esempio, sono andato in campagna per leggere un libro. Non ci sono riuscito. Avevo dimenticato il libro.

Lorenzo Bosio

Ci sono delle persone così ignoranti che non leggono *Il Diario di Anna Frank* perché si vogliono fare i cazzi loro!

Raffaele Bruno

A un certo punto della mia vita ho deciso di migliorare me stesso, solo che ho mescolato i numeri di telefono del Centro Shick per il Controllo Antifumo e la Scuola di Lettura Veloce Evelyn Woods. Come risultato, adesso posso fumare trecento sigarette al minuto, ma ho smesso di leggere.

George Carlin

Abbiamo letto poco le mani, le rughe, le foglie: abbiamo letto solo dei libri.

Guido Ceronetti

Recentemente ho compiuto 50 anni, che è un'età giovane per un albero, media per un elefante, e avanzata per un jogger il cui figlio dice: «Papà, non vengo più a correre con te a meno che non mi porti qualcosa da leggere!».

Bill Cosby

Le cose stanno andando bene. Ho appena finito il mio primo libro. Adesso ne leggerò un altro.

Rodney Dangerfield

Da piccolo avevo un sacco di brufoli. Un giorno, in biblioteca, mi sono addormentato. Al mio risveglio un cieco mi stava leggendo la faccia.

Rodney Dangerfield

A 50 anni l'ho capito: più importante di qualsiasi cosa abbia scritto è qualsiasi cosa abbia letto.

Ivan Della Mea

Se esiste una causa per il diffondersi dell'ignoranza di massa è il fatto che tutti sanno leggere e scrivere.

Peter De Vries

Leggo sempre l'ultima pagina di un libro per prima, così se dovessi morire so almeno come è andato a finire.

Nora Ephron

«Lei scrive? Che coincidenza. Io leggo.»
LEOPOLD FETCHNER

Leggere è niente, il difficile è dimenticare ciò che si è letto.
ENNIO FLAIANO

Avevo scritto in modo così chiaro che non si leggeva un cazzo!
FRIGNANI & SALI

Come dice sempre mio marito Gino: «Delle donne non c'è da fidarsi, soprattutto se sanno leggere e scrivere».
GAIA (SIMONA GUARINO)

Che scena straziante! Non mi commuovevo più così dal giorno in cui vidi al *Maurizio Costanzo Show* Corinna, la piccola infelice nata senza saper né leggere né scrivere.
GINO&MICHELE-GENE GNOCCHI

Ma dove troverò mai il tempo di non leggere tante cose?
KARL KRAUS

Paris Hilton deve andare in carcere. Ma, Paris, non è poi così brutto, essere in carcere: ti darà un sacco di tempo per leggere, ti darà un sacco di tempo per scrivere... Oh, no, sei nei guai, Paris.
DAVID LETTERMAN

Pasquale Squitieri, anni fa, si è dimenticato gli occhiali sulla pelata e da allora non legge un libro.
CURZIO MALTESE

Se vuoi diventare ricco scrivendo, scrivi il tipo di cose che vengono lette dalle persone che quando leggono muovono le labbra.
DON MARQUIS

Dal momento in cui ho preso in mano il libro fino a quando l'ho rimesso a posto, non ho smesso di ridere per un solo momento. Un giorno ho intenzione di leggerlo.
GROUCHO MARX

«Per caso hai mai letto Garcia Lorca?» «No, chi l'ha scritto?»
GIANNI PALLADINO

Lui non è come gli altri giocatori: una volta l'ho visto leggere un libro senza figure.
MAX PATKIN

La mia fidanzata ride sempre, quando facciamo sesso; non ha importanza cosa stia leggendo.
EMO PHILIPS

«Devo dire che, a leggerlo, il suo libro acquista.»
LA MADRINA DI UN PREMIO LETTERARIO A UN FINALISTA, CITATA DA GIUSEPPE PONTIGGIA

Comunista è chi legge Marx e Lenin. Anticomunista è qualcuno che li capisce.
RONALD REAGAN

Se un bambino non sa leggere, è colpa della mamma. Se un bambino non sa leggere perché non c'è luce in casa, è colpa del papà.
CHRIS ROCK

Non è necessario che un regista sappia scrivere ma, se sa leggere, aiuta.
BILLY WILDER

L'uomo che sa leggere le donne come un libro aperto di solito adora leggere a letto.
HENNY YOUNGMAN

LENIN VLADIMIR
vedi ***Marx Karl***

LENTEZZA

Il segreto per restare giovani è vivere onestamente, mangiare lentamente e mentire sull'età.
LUCILLE BALL

Mio nonno leggeva molti libri ma ci metteva anche molto a leggerli. Era il guardiano del faro.
FEDERICO BASSO

Stiamo progredendo. Le cose peggiorano più lentamente.
ARTHUR BLOCH

Vi siete mai accorti di una cosa strana? Chiunque guidi più lentamente

di voi è un coglione e chiunque vada più velocemente è un imbecille.
GEORGE CARLIN

Sono andato a caccia di lumache. Ne ho viste due ma mi son scappate sotto gli occhi.
GIORGIO FALETTI

Quello che legge in tivù le estrazioni del lotto ci impiega così tanto perché è analfabeta o perché pensa che lo siamo noi?
FABIO FAZIO

Ho fatto l'imbianchino per cinque anni. Cinque anni. Non pensavo che l'avrei mai finita quella dannata casa.
MICHAEL J. FOX

A scuola eri così lento! Mi ricordo quella volta quando leggevi la poesia e l'*Infinito* di Leopardi ti disse: «Basta! Hai vinto tu!».
PEPPE IODICE

Il mio motorino a due tempi è così lento che tra un tempo e l'altro passa quello che vende i pop corn.
GIANLUCA IRTI

Chi va piano va sano e viene tamponato poco lontano.
MARCELLO MARCHESI

Il modo in cui il suo cavallo correva si può riassumere in una sola parola. Lento. Una volta ha avuto un cavallo che ha terminato il Kentucky Derby del 1942 davanti al vincitore. Sfortunatamente il cavallo aveva iniziato a correre nel Kentucky Derby del 1941.
GROUCHO MARX

Sono stato all'ufficio postale, l'altro giorno, e mi sono accorto che è oltre l'essere lento. È inerte. Quando un impiegato si trascina sul retro, svanisce. Sono convinto che sia un varco temporale.
DENNIS MILLER

Ho una digestione lenta... l'altra settimana mi è scaduta una mozzarella nello stomaco.
FURIO OMBRI

Di solito si diceva: «Ho fatto una corsa per prendere il treno!». Oggi, se uno fa una corsa, lo supera, il treno!
JEFF ROVIN

Ammetto di non essere esageratamente dinamico. L'ultima. volta che ho fatto del sesso, il mio orologio, che è uno di quelli che si caricano da sé, si è fermato.

LENNY RUSH

Prof: «Orale non vuol dire che ci devi mettere un'ora a rispondere!»

SMEMORANDA BROTHERS & SISTERS

Sono sorpreso dalla gente che impiega diciotto anni per scrivere qualcosa. Tanto ci ha messo quel tipo per scrivere *Madame Bovary*, ed è mai entrato nella lista dei best-seller?

SYLVESTER STALLONE

LEONE

Il leone e il vitello giaceranno insieme, ma il vitello dormirà ben poco.

WOODY ALLEN

Si dice che Ulisse abbia svegliato un roe (bestia mitologica con la testa di un leone e il corpo di un leone, non necessariamente dello stesso leone) che dormiva da seicento anni, ma questo, assonnato e brontolone, lo implorò di poter rimanere a letto almeno per altri duecento anni.

WOODY ALLEN

Ho aperto un negozio di animali di seconda scelta: ho un coniglio impotente, un pipistrello con dieci decimi e un leone gay che si sente la regina della giungla.

PHYLLIS DILLER

Contrariamente a certe credenze popolari, l'animale più pericoloso non è il leone, la tigre o l'elefante. L'animale più pericoloso è lo squalo che cavalca un elefante, perché calpesta e mangia tutto quello che vede.

JACK HANDEY

È arrivato in Italia il famoso domatore di leoni Rodan, noto per essere il più forte domatore del mondo. Infatti non tiene in mano una sedia, ma un divano.

BORIS MAKARESCO

A New York c'è una violenza pazzesca. Sul giornale di oggi c'era la notizia di un leone che si è liberato dallo zoo di Central Park ed è stato seriamente malmenato.

BOB NEWHART

Ma tra un giorno da leone e cento da pecora non se ne potrebbero fare cinquanta da orsacchiotto?

MASSIMO TROISI

LEPRE

vedi **Coniglio**

LESBICA

vedi **Gay**

LESSICO

vedi **Lingua**

LETTERATURA

Prof: «Come partono Agnese e Lucia nell'addio ai monti?»
Stud: «Padre Cristoforo aveva prenotato una nave.»

ALE '79, *SBS*

Ho fatto un corso di lettura veloce, ho imparato a leggere a piombo, trasversalmente la pagina, e ho potuto leggere *Guerra e pace* in venti minuti. Parlava della Russia.

WOODY ALLEN

La maggior parte dei romanzieri contemporanei dovrebbe prendere come modello lo scrittore francese Balzac, l'autore di *La commedia umana*, il quale da un secolo e mezzo non pubblica più nulla!

ANONIMO

I poemi lunghi sono la risorsa di quegli imbecilli che non ne sanno scrivere di brevi.

CHARLES BAUDELAIRE

Era così ignorante che credeva che la Cedrata fosse un'opera minore del Tassoni.

ENZO BIAGI

Ci sono delle persone così ignoranti che non leggono *Il Diario di Anna Frank* perché si vogliono fare i cazzi loro!

RAFFAELE BRUNO

Perché mai dovrei desiderare di essere Flaubert quando ho la fortuna di essere Aldo Busi?

ALDO BUSI

Credete che se Laura fosse stata sua moglie Petrarca le avrebbe scritto sonetti tutta la vita?

GEORGE GORDON BYRON

Un tempo il giornalismo toglieva uomini alle lettere; oggi, il che è più grave, ne dà.

ACHILLE CAMPANILE

La letteratura è una questione di famiglia; anche Agatha Christie aveva una sorella che scriveva storie sentimentali. Si chiamava Lacrima Christie.

MAURO COTONE

Che se io saprei che mio figlio mi diventerebbe un orecchione, vivo glielo faccio mangiare il ritratto di Dorian Gray!

GIORGIO FALETTI

Io sto morendo, ma quella puttana di Emma Bovary vivrà per sempre.

GUSTAVE FLAUBERT

Silvio Berlusconi non solo non conosce Tabucchi, ma è anche convinto che Gogol sia un centravanti balbuziente.

GINO&MICHELE

Torno tra un minuto... Godot.

GRAFFITO

Per contribuire alla mia immortalità la signora mi consigliò di togliere una virgola al mio libro. Era la sola cosa che sarebbe passata ai posteri.

LEO LONGANESI

Se un terzo degli scrittori e due terzi dei poeti viventi morissero improvvisamente, la perdita per la letteratura sarebbe irrilevante.

CHARLES OSBORNE

«Per caso hai mai letto Garcia Lorca?» «No, chi l'ha scritto?»
GIANNI PALLADINO

«Essere o non essere, questo è il problema...» sussurra William. Chiede la moglie: «Caro, perché dici queste parole arcane?». Ribatte lui: «Arcane? E chi se lo incula er cane?».
CITATA DA PATRIZIO ROVERSI

I premi letterari sono una crudeltà. Soprattutto per chi non li vince.
UMBERTO SABA

Tutta l'opera di Petrarca si potrebbe riassumere nel verso di Sergio Endrigo: "Dite a Laura che l'amo".
VITTORIO SGARBI

Ezra Pound, un divulgatore da villaggio. Se siete un villaggio va bene, se non lo siete no.
GERTRUDE STEIN

Sono sorpreso dalla gente che impiega diciotto anni per scrivere qualcosa. Tanto ci ha messo quel tipo per scrivere *Madame Bovary*, ed è mai entrato nella lista dei best-seller?
SYLVESTER STALLONE

Quando il tedesco che sa di lettere si tuffa in una frase, non lo vedi più finché non emerge dall'altra parte del suo Atlantico con il verbo in bocca.
MARK TWAIN

Forse non lo sapete, ma nella prima versione di *Delitto e castigo* Raskolnikov veniva solo sculacciato forte.
FRANCESCO VESPA

La differenza tra la letteratura e il giornalismo? Il giornalismo è illeggibile e la letteratura non è letta.
OSCAR WILDE

LETTERA
vedi **Posta**

LETTERINA
vedi **Vallette**

LETTO *(Camera da letto)*

Eva mi raccontava stasera che, quando da piccola faceva la pipì nel letto, sua madre la riempiva di botte. Che donna crudele! Mia madre invece sapeva che tutto dipende da quello che si mangia la sera. Il segreto è tutto lì. Innanzi tutto niente cavoli, niente carote, niente latte, niente riso, niente carne. Insomma io non pisciavo ma non stavo in piedi.

ROMANO BERTOLA

Se ne sta distesa, a gambe larghe, sul letto... Non parla. Mi domando cosa vuole da me.

ROMANO BERTOLA

Bevo talmente tanti caffè che nell'appartamento dove abito non ho la camera da letto.

LORENZO BOSIO

Voleva fare l'amore su uno specchio, con un letto appeso al soffitto.

PAOLO CANANZI

Nella mia stanza da letto ho voluto un armadio piccolissimo, così se mia moglie vorrà tradirmi, sarà costretta a farlo con una mezzasega.

SERGIO COSENTINO

Ero così ubriaco che l'altra notte sono caduto dal letto e ho mancato il pavimento.

HARRY CRANE

Mia figlia non è una cima: ogni mattina appena sveglia, mi viene a dire:«Papà, ho mal di testa!» e io le rispondo sempre: «Tesoro, quando ti alzi dal letto, prima i piedi!».

BILLY CRYSTAL

Quella sera sono tornata a casa diversa. Più sicura di me stessa. Quasi, quasi ribelle. Tanto che mi sono detta: cos'è 'sta storia! 'Sta timidezza, questo pudore. Noi donne a letto dobbiamo fare tutto quello che fanno gli uomini. Così sono tornata a casa, mi sono infilata sotto le coperte, ho fissato mio marito (che era già tornato) e ho scoreggiato!

GAIA (SIMONA GUARINO)

Mai dormire in tre in un letto, o ci si sveglierà in tre in un letto.

GÜNTER GRASS

Secondo la Bbc un europeo su dieci è stato concepito su un letto Ikea. Gli altri nove sul pavimento, perché i genitori non sono riusciti a montarlo, quello stupido letto.
JAY LENO

La mia mamma cucinava così male che, quando portavo buoni voti da scuola, mio padre, come premio, mi mandava a letto senza cena.
BORIS MAKARESKO

La tua ragazza mi ha raccontato una barzelletta così divertente che per poco non cadevo dal letto!
PIETRO PROVENZANO

Reputo mia madre responsabile della mia scarsa attività sessuale. Tutto quello che mi disse da ragazza era: «L'uomo sopra e la donna sotto». Per tre anni io e mio marito abbiamo dormito in un letto a castello!
JOAN RIVERS

Ho circa 17 mila dollari nel mio materasso. Voi direte, sapere di avere quella cifra mi farà dormire meglio, la notte. Non è affatto vero: sono tutti in monetine.
ROWAN & MARTIN'S LAUGH-IN

Dicono che la migliore ginnastica si faccia nella camera da letto. Io ci credo, perché è lì che incontro la resistenza maggiore.
JEFF SHAW

Il letto è il posto più pericoloso del mondo: vi muore l'80% della gente.
MARK TWAIN

Quelli che di fianco al vagone letto credono che ci sia il vagone comodino.
BEPPE VIOLA

L'uomo che sa leggere le donne come un libro aperto di solito adora leggere a letto.
HENNY YOUNGMAN

LETTORE

Se sono già tanto cretini coloro ai quali piacciono i miei libri, figurati quanto lo debbano essere coloro ai quali non piacciono.

HERBERT ACHTERNBUSCH

Avviso ai lettori: «In questo libro non troverete soltanto cazzate, c'è anche qualche stronzata».

ROBERTO "FREAK" ANTONI

Nella Bibbia, l'autore del libro è anche l'autore dei lettori.

ROBERTO BENIGNI

I lettori sono personaggi immaginari creati dalla fantasia degli scrittori.

ACHILLE CAMPANILE

Leggo sempre l'ultima pagina di un libro per prima, così se dovessi morire so almeno come è andato a finire.

NORA EPHRON

«Ho letto il tuo nuovo libro. Chi te lo ha scritto?» «E a te chi lo ha letto?»

LEOPOLD FETCHNER

Il mondo degli scrittori è sempre più popolato. Viene fatto di pensare che tra poco ci saranno più scrittori che lettori, e sarà lo scrittore a chiedere l'autografo al lettore.

SHANE LESLIE

Lettore, immagina di essere un idiota. E immagina di essere un membro del Parlamento. Ma odio ripetermi.

MARK TWAIN

LEWINSKY MONICA

Obama aveva promesso alle figlie un cagnolino. Bene, ora è finalmente arrivato Bo. Mi piace l'idea che ci sia un cane alla Casa Bianca. Nessuno leccava più il presidente da sotto una scrivania dai tempi di...

DAVID LETTERMAN

Silvio Berlusconi sta a Bush come Monica Lewinsky stava a Clinton.

ALBERTO PATRUCCO

Sì ma Clinton doveva immaginarlo che la Lewinsky non avrebbe tenuto la bocca chiusa!

RENATO TRINCA

LIBERALI *(Liberalizzazione)*

Conservatore: uno statista innamorato dei mali già esistenti. Si contrappone al liberale che vuole sostituirli con altri.

AMBROSE BIERCE

Sono contrario alla liberalizzazione delle droghe: odio dividere le mie cose con altri!

RICCARDO PIFERI

I liberali si sentono indegni di tutto quello che hanno. I conservatori sentono di meritarsi tutto quello che hanno rubato.

MORT SAHL

LIBERALIZZAZIONE

vedi ***Liberali***

LIBERTÀ *(Indipendenza)*

«Babbo, si può difendere la libertà limitando la libertà?» «Dipende. Chi l'ha detto?»

ALTAN

Io mi autogestivo anche nella pancia di mia madre: non era lei a essere incinta, ero io che occupavo!

ELISA LEPORE

La satira non ha padroni, quindi sta bene sotto ogni padrone.

APRILE

Dire idiozie oggi, quando tutti riflettono profondamente, rimane il solo mezzo per provare la propria libertà e indipendenza di pensiero.

BORIS VIAN

Gesù disse una frase meravigliosa: «La verità vi renderà liberi». Infatti io ho detto la verità a mia moglie e adesso sono libero.

SERGIO VIGLIANESE

LIBRO (Biblioteca)

Se sono già tanto cretini quelli ai quali piacciono i miei libri, figurati quanto lo devono essere coloro ai quali non piacciono.

HERBERT ACHTERNBUSH

Non riesco a capire perché una persona debba impiegare un anno a scrivere un romanzo quando può facilmente comprarne uno per pochi soldi.

FRED ALLEN

Leggo i libri più velocemente di chiunque altro. Prima leggo l'inizio, poi la fine, poi parto dal mezzo e vado verso l'estremità che mi è piaciuta di più.

GRACIE ALLEN

Sono molto avvilito perché il mio romanzo, *Fiero emetico*, ha ricevuto fredde accoglienze dalla critica. L'unica recensione favorevole, sul *Times*, è viziata però dalla frase finale che definisce il libro "un miasmatico marasma di asinini luoghi comuni che non trova l'uguale nella letteratura occidentale". Willie mi dice che, sebbene la frase potrebbe variamente interpretarsi, è opportuno non servirsene a scopi pubblicitari.

WOODY ALLEN

Quali sono i cinque libri più corti del mondo? *Deontologia commerciale ebrea*, *Eroi di guerra italiani*, *Storia completa dell'umorismo tedesco*, *Grandi amatori inglesi*, *Who's Who a Portorico*.

ANONIMO

Avviso ai lettori: "In questo libro non troverete soltanto cazzate, c'è anche qualche stronzata".

ROBERTO "FREAK" ANTONI

Una notte d'amore è un libro letto in meno.

HONORÉ DE BALZAC

Ieri ho visto *Natale in India*, il film con Boldi e De Sica: divertente, anche se, come al solito, è molto meglio il libro del film.

FEDERICO BASSO

Mio nonno leggeva molti libri ma ci metteva anche molto a leggerli. Era il guardiano del faro.

FEDERICO BASSO

Nella Bibbia, l'autore del libro è anche l'autore dei lettori.

ROBERTO BENIGNI

Sono andato in libreria e ho sfogliato alcune nuove uscite. C'era scritto sulla copertina -15% e subito ne ho comprati tre. Peccato, però, che non sono riuscito a leggere come andava a finire.

PAOLO BORRACCETTI

Se tutte le volte che ho fatto sesso avessi letto un libro a quest'ora sarei un analfabeta.

LORENZO BOSIO

Automobili, clacson, suonerie di televisioni, cellulari, bambini che piangono, cani che abbaiano, al giorno d'oggi è difficile trovare un posto tranquillo. Ieri, per esempio, sono andato in campagna per leggere un libro. Non ci sono riuscito. Avevo dimenticato il libro.

LORENZO BOSIO

Una delle cose favolose dei libri è che a volte ci sono delle immagini bellissime.

GEORGE W. BUSH, *U.S. NEWS & WORLD REPORT*, 3.1.2000

I libri che recensiva li leggeva soltanto in seguito. Così sapeva già quello che ne pensava.

ELIAS CANETTI

Nonostante la televisione, la scrittura rimane la più sorprendente invenzione dell'uomo. Se va via la luce, il libro non si spegne.

PINO CARUSO

Il buco nello zoo, un'opera che regge sicuramente il paragone con interi scaffali delle vostre librerie. Certo, se poi sugli scaffali ci sono dei libri, allora il discorso cambia...

RICCARDO CASSINI

Abbiamo letto poco le mani, le rughe, le foglie: abbiamo letto solo dei libri.

GUIDO CERONETTI

Se i miei libri fossero stati peggiori non sarei stato invitato a Hollywood, e se fossero stati migliori non ci sarei mai andato.

RAYMOND CHANDLER

Noi ragazze da bambine abbiamo letto tutte *Piccole Donne* e *Piccole Donne Crescono* mentre i maschi leggevano *Zagor*, *Capitan Miki*, *Blek Macigno* eccetera. Pare invece che i maschi che da piccoli hanno letto *Piccole Donne* siano poi da grandi diventati stilisti.

LELLA COSTA

Questo libro è dedicato a don Ginepro, il prete di quand'ero bambino che, per evitare che ci toccassimo, ci toccava lui. Bontà divina.

GIOBBE COVATTA

Olivia: «Lo zainetto con i libri e i quaderni è molto pesante, la mamma dice che può far venire la scoliosi.»
Amria: «Lo zainetto con i libri non lo tengo, però grazie a Dio tengo la scoliosi per via del fatto che porto l'acqua sulla testa tutti i giorni.»

GIOBBE COVATTA

Le cose stanno andando bene. Ho appena finito il mio primo libro. Adesso ne leggerò un altro.

RODNEY DANGERFIELD

Rimango talmente impressionato dalla lettura di un libro giallo, che quando lo poso cancello le mie impronte digitali.

CARLO DAPPORTO

Leggo sempre l'ultima pagina di un libro per prima, così se dovessi morire so almeno come è andato a finire.

NORA EPHRON

Ho comprato un libro sulla storia del liscio. L'ho infilato sotto il piede del tavolo e adesso non balla più.

FABRIZIO FERRI

Il quinto libro di Harry Potter, in vendita a giugno, avrà una tiratura record di otto milioni e mezzo di copie. Il che spiega perché il sesto libro si intitolerà: *Harry Potter e la fine degli alberi*.

JIMMY FALLON

Molti grandi autori morirono giovanissimi lasciando dei capolavori. Io

ho scritto questo libro, ma in compenso sto benone.
FABIO FAZIO

Sto leggendo un libro giallo molto strano. Sembra che la vittima sia stata uccisa da un uomo di un altro libro.
LEOPOLD FETCHNER

«Ho letto il tuo nuovo libro. Chi te lo ha scritto?» «E a te chi lo ha letto?»
LEOPOLD FETCHNER

Vuoi un buon motivo per comprare questo libro? All'interno troverete una carta da ritagliare. Voi siete certamente dei furbacchioni, quindi avrete già capito che comprando 54 libri potrete comporvi un bel mazzo di carte gratis.
MICHELE FORESTA-NINO FRASSICA

Sarebbe bello vivere in un mondo in cui i best-sellers fossero libri tipo *Io speriamo che me la cavo*. Temi tutti giusti, senza neanche un errore, svolti dai bambini bravi di Arzano.
MICHELE FORESTA-NINO FRASSICA

Sto scrivendo un libro: *I grandi perché della medicina*. Il primo capitolo è: "Perché i piedi puzzano di più delle mani?".
MICHELE FORESTA-NINO FRASSICA

Perché non scrivi un bel libro? Potresti intitolarlo: *Io e la mia lobotomia*.
GENE HACKMAN

C'è della gente che possiede una biblioteca come gli eunuchi hanno un harem.
VICTOR HUGO

Alla fine di ogni libro, mi viene voglia di uccidermi. Pensi che non ne scriverai mai un altro. Poi finisci tutti i soldi dell'anticipo.
ERICA JONG

Vedere il tuo romanzo trasformato in un film è come vedere i tuoi buoi trasformati in dadi da brodo.
JOHN LE CARRÉ

Ci sono molti libri con lo stesso errore di stampa: è stato un errore stamparli.
ROBERT LEMBKE

Non ho mai pensato di aver scritto tali schifezze o tali capolavori da meritarmi il primo posto nelle classifiche di vendita dei libri.

Elmore Leonard

Libri: le cose da cui si ricava un film per la televisione.

Leonard L. Levinson

Pasquale Squitieri, anni fa, si è dimenticato gli occhiali sulla pelata e da allora non legge un libro.

Curzio Maltese

Se vuoi diventare ricco scrivendo, scrivi il tipo di cose che vengono lette dalle persone che quando leggono muovono le labbra.

Don Marquis

Sto scrivendo un libro, adesso. Sono piuttosto eccitato, perché la maggior parte della gente scrive libri in prima persona o
in terza. Il mio lo sto scrivendo in quinta persona. Ogni frase inizia con: "Ho sentito da questo tizio di uno che riferiva di aver detto a qualcuno...". È un libro molto lungo.

Demetri Martin

Ho scritto un nuovo libro che sta per uscire. È uno di quei manuali per il fai da te psicologico. Si chiama: "Come andar d'accordo con tutti". L'ho scritto in coppia con un figlio di puttana.

Steve Martin

Dal momento in cui ho preso in mano il libro fino a quando l'ho rimesso a posto, non ho smesso di ridere per un solo momento. Un giorno ho intenzione di leggerlo.

Groucho Marx

All'infuori del cane, il libro è il miglior amico dell'uomo. Dentro al cane è troppo scuro per leggere.

Groucho Marx

Tutti noi sappiamo che le donne sono abitualmente stitiche, ma rappresentarle nei romanzi come del tutto prive di un orifizio posteriore mi sembra realmente un eccesso di cavalleria.

William Somerset Maugham

Fa caldo in fabbrica? Le ore sono lunghe? Quindici dollari al giorno non bastano? Be', la fuga è molto semplice. Piantate il lavoro, sputatevi sulle mani e scrivete un altro best seller.

H.L. MENCKEN

Grave atto vandalico: spento un rogo dove bruciavano i libri di Alberoni. Gli autori del teppistico spegnimento linciati dalla folla.

EGIDIO MORRETTI

Questo non è un romanzo da mettere da parte con leggerezza. Bisogna scagliarlo via con grande forza.

DOROTHY PARKER

Lui non è come gli altri giocatori: una volta l'ho visto leggere un libro senza figure.

MAX PATKIN

Totti ha perso la testa per una letterina. Se niente niente questo mi legge un libro impazzisce.

ALBERTO PATRUCCO

New York è una città meravigliosa. Anche se oggi, mentre ero in biblioteca, l'impiegato è stato molto sgarbato con me. Gli avevo chiesto: «Vorrei una tessera». Mi ha risposto: «Devi dimostrare che sei un cittadino di New York». Così l'ho pugnalato.

EMO PHILIPS

Agli scrittori sono più utili i nemici degli amici, perché gli amici si fanno regalare una copia del loro libro per dirne bene, mentre i nemici, per dirne male, la comprano.

PITIGRILLI

«Devo dire che, a leggerlo, il suo libro acquista.»

LA MADRINA DI UN PREMIO LETTERARIO A UN FINALISTA, CITATA DA GIUSEPPE PONTIGGIA

Per come studiavo io alle medie, avrebbero potuto nascondere banconote di grosso taglio tra le pagine dei libri di testo... sarebbero ancora lì.

LUCIO SALIS

Moglie: «Potevi venire con noi, però... Almeno quest'anno!»
Marito: «Sai che non posso, devo finire il mio libro. Sono anni che ci sono dietro: *Storia della Cultura Mondiale, di tutti i tempi e paesi, da*

prima della preistoria a dopo settimana prossima!»
Moglie: «Ma Matteo sono anni che stai fermo a pagina 12!»
Marito: «... Perché scrivo piccolo!»
FRANCESCO SALVI

Lucy: «Ecco un libro sul baseball che si chiama Vincere e altre dieci possibilità».
Charlie Brown: «E quali sarebbero?»
Lucy: «Pareggiare, perdere, perdere, perdere, perdere, perdere...»
CHARLES M. SCHULZ

L'autore del romanzo e tutti i personaggi menzionati sono immaginari. Non esiste una città di nome Manchester.
HOWARD SPRING

«Salve, Agente Stowe, come state?» disse Jack con la sua caratteristica R moscia.
TRADUZIONE DI UN ROMANZO INGLESE DEGLI ANNI '30

Un libro senza indice può mettersi le dita nel naso?
CARLO TURATI

Quelli che scrivono i libri perché hanno dei figli da mantenere.
BEPPE VIOLA

Venerdì ero in una libreria con questa ragazza di origini francesi... Lei era un'analfabeta bilingue, in grado di non saper leggere in due lingue diverse.
STEVEN WRIGHT

Sto scrivendo un libro. Ho già tutti i numeri delle pagine.
STEVEN WRIGHT

LICENZIARE

Secondo un sondaggio della rivista *Men's Health*, l'85% degli uomini ha ammesso che quando naviga su Internet indossa soltanto la biancheria intima. Il 63% ha rivelato che ha perso così l'ultimo lavoro.
JAY LENO

AT&T ha licenziato quarantamila impiegati, questa settimana. Un portavoce di AT&T ha dichiarato: «Conoscete nessuno che abbia bisogno di un buon portavoce?».

NORM MACDONALD

Da quando è entrato in vigore l'euro c'è talmente tanta crisi che la mafia ha dovuto licenziare tre politici.

FRANCESCO RIZZUTO

Una volta ho lavorato part time, ma sono stato licenziato. Era un lavoro full time.

ROWAN & MARTIN'S LAUGH-IN

LIFTING
vedi ***Chirurgia plastica***

LIMONE
vedi ***Arancia***

LINGUA

È una donna senza peli sulla lingua. E se li ha... non sono i suoi.

ANONIMO

26 orizzontale: "Si mette nell'orecchio per attirare l'attenzione"... LINGUA.

CAPOCENERE (CLAUDIO BATTA)

Lingua può impiccare uomo più velocemente di corda.

CHARLIE CHAN

«Mi scusi, ho la lingua un po' felpata...»

FANTOZZI

A furia di leccare, qualcosa sulla lingua rimane sempre.

ENNIO FLAIANO

Studente: «Io lo so è... è... ce l'ho sulla punta della lingua...»
Prof: «E allora, imbecille, sputalo che è acido solforico!»

GIULIA, *SBS*

L'altro giorno ho lavato il mio gatto. I gatti amano lavarsi. Si è seduto, si è divertito, mi sono divertito anch'io. Il suo pelo mi si è attaccato alla lingua, ma a parte questo...

STEVE MARTIN

Sono stato con una ragazza a dir poco imbarazzante: non aveva peli sulla lingua, in compenso però aveva lingue sui peli, e vi assicuro che era davvero rivoltante.

Matteo Molinari

Non capisco perché le ragazze si mettono a parlare d'amicizia quando vogliono rifiutarmi: non è che se le metto la lingua in bocca diventiamo nemici, anzi mi starà anche più simpatica.

Riccardo Tommaselli

Le dissi: «Fammi godere con la lingua». Mi lesse delle poesie.

Francesco Vandetta

Sono andato dal dottore. Mi ha detto: «Si tolga i vestiti e tiri fuori la lingua alla finestra» «A che serve?», ho chiesto. E il dottore: «Ce l'ho coi miei vicini».

Henny Youngman

LINGUA

(Dialetto - Idioma – Lessico)

«Ah, sei ucraina. E cosa facevi in Ucraina?» «Insegnavo ucraino.» «Perché, lì non lo sanno?»

Ale e Franz

Io so leggere il cinese. Purché naturalmente sia scritto in inglese.

Anonimo

Era una ragazza poliglotta: parlava 18 lingue ma in nessuna sapeva dire no.

Anonimo

Se esiste il lessico amoroso vuol dire che mio marito è anoressico visto che parla col culo!

Anna Maria Barbera

Era una ragazza colta, parlava il russo come l'italiano. Tu le chiedevi: «Come si dice in russo castagna?» e lei: «Castagna».

Claudio Bisio-Rocco Tanica

Se tu parli quindici lingue e non ti sei fatto ancora una donna, credo che il problema non sia dovuto alla scarsa conoscenza delle lingue.

ANTONELLO BREGGIA

E io dico: aiutiamo gli inglesi. Se non fosse stato per loro, magari adesso noi americani avremmo parlato una lingua che non avremmo capito.

BO BROWN

È vergognoso che alcuni abbiano figli muti e altri addirittura poliglotti.

PAOLO CANANZI

Mi sta sulle scatole l'uso di questo prefisso: "pre". Pre-questo, pre-quello... "Piazzare il tacchino in un forno pre-riscaldato... ". Stronzate. Un forno può essere riscaldato o non riscaldato. "Pre-riscaldato" è un termine senza senso. "Questo programma è stato pre-registrato... ". E ci credo! Cosa vuoi registrarlo, dopo?

GEORGE CARLIN

I tempi cambiano al punto che una delle più popolari esclamazioni bolognesi rischia di trasformarsi in: "Swatch mel!".

COMIX

Il russo e il polacco non si parlano, si starnutiscono.

GUSTAVE FLAUBERT

Di tutti i comici coi quali abbiamo lavorato, Paolo Rossi è certamente il più colto. Parla quattro lingue. Purtroppo tutte contemporaneamente.

GINO&MICHELE

Ho visto quelli che fanno i fichi, e dicono la "c" al posto della "g", perché fa molto più fico, soprattutto a Milano. E dicono: ma che ficata, ma che cacata, e poi si sbagliano e dicono gazzo, goggodrillo, gaimano...

GINO&MICHELE-PAOLO ROSSI

C'è stato un periodo in cui pensavo in esperanto. Solo che io non lo sapevo l'esperanto. Per forza non trovavo le risposte, non capivo le domande!

SIMONETTA GUARINO

Il professore di lingue morte si suicidò per parlare le lingue che sapeva.

LEO LONGANESI

Mia nonna era di Pisa. Usavo sempre rimproverarla sui toscanismi: non si dice "autobusse" ma "autobus", non si dice "barre" ma "bar". Beh, una mattina, dopo qualche tempo, mi diede una lista della spesa, sopra c'era scritto "comprami mezzo litro di lat".

CRISTIANO MILITELLO

La frase più bella di tutte le lingue è: "Si allega assegno".

DOROTHY PARKER

Max: «Ho speso tutta la mia vita nel teatro. Ero un protégé del grande Boris Tomaschevski. Mi ha insegnato tutto quello che so. Non mi dimenticherò mai, sul letto di morte s'è girato verso di me e mi ha detto: "Maxella, alle meschen muss zu machen, jeden tug a gantzen kachen!"»
Suora: «Cosa significa?»
Max: «E chi lo sa? Non parlo yiddish. E stranamente, nemmeno lui.»

THE PRODUCERS

"Buffet" è una parola francese che significa alzati e serviti da solo.

GREG RAY

Prima che ci fidanzassimo non aveva mai scoreggiato. Adesso è come una seconda lingua.

CAROLINE RHEA

Gli americani e gli inglesi sono due popoli divisi dalla stessa lingua.

GEORGE BERNARD SHAW

Dopo dodici anni di terapia il mio psichiatra ha detto qualcosa che mi ha indotto alle lacrime. Mi ha detto: «No hablo inglès».

RONNIE SNAKES

Se parli tre lingue sei trilingue, se parli due lingue sei bilingue, se parli una lingua sei americano.

SONNY SPOON

Il mio professore di linguistica sosteneva che è l'abilità dell'uomo a utilizzare il proprio linguaggio a farne la specie dominante. Può essere. Ma io credo ci sia anche un'altra cosa a separarci dagli animali: noi non siamo terrorizzati dai battitappeto.

JEFF STILSON

«Lei parla cinese?» «Se parlo cinese... Saraievo-Nicosia.» «E che vuol dire?» «Lei parla cinese?» «Io no.» «E allora che glielo dico a fare se non lo capisce!»

TOTÒ

L'olandese non è una lingua ma una malattia della gola.

MARK TWAIN

Quando il tedesco che sa di lettere si tuffa in una frase, non lo vedi più finché non emerge dall'altra parte del suo Atlantico con il verbo in bocca.

MARK TWAIN

A Parigi, quando parlavo francese, rimanevano semplicemente a bocca aperta; non sono mai riuscito a far capire a quegli idioti la loro lingua.

MARK TWAIN

I dépliant dei videoregistratori riportano le istruzioni per l'uso in italiano, inglese, francese, tedesco e spagnolo: così uno può non capirci niente in cinque lingue.

DINO VERDE

Quelli che se ti sentono parlare con uno straniero intervengono con un «cosa vuoi dire»?

BEPPE VIOLA

Venerdì ero in una libreria con questa ragazza di origini francesi... Lei era un'analfabeta bilingue, in grado di non saper leggere in due lingue diverse.

STEVEN WRIGHT

LITIGIO *(Disaccordo)*

Non discutere mai con un idiota, ti trascina al suo livello e ti batte con l'esperienza.

ANONIMO

Durante le liti per un sorpasso o altre cose del genere, non bisogna assolutamente lasciarsi trasportare dall'ira. Altrimenti la mira ne risente.

ROMANO BERTOLA

La moglie: «Un'altra parola e torno a casa!»
Il marito: «Taxi!»
CHEERS

A letto eravamo perfetti. Però cominciavamo a litigare già mentre andavamo al bidet.
AVA GARDNER

Ho litigato con una prostituta del Madagascar. L'ho guardata con disprezzo e le ho detto: «Malgascia!»
EGIDIO MORRETTI

Un giorno Sgarbi è stato a Lourdes e gli è apparsa la Madonna. Dopo trenta secondi ci ha litigato.
EGIDIO MORRETTI

La prima cosa che penso quando conosco qualcuno è che probabilmente l'ho già mandato a fare in culo dal volante della mia auto.
GABRIELE SCORZONI

Non ho mai rincorso le donne degli altri perché non riesco a entrare negli armadi quando i mariti tornano all'improvviso.
BUD SPENCER

Una litigata col primario! Gliel'ho detto: «Tu sarai professore, ma io sono quindici anni che lavoro in questo ospedale e qualcosa la saprò. Se te dico che il bar il giovedì è chiuso, fidate!».
STEFANO VIGILANTE

Quando ero piccolo i miei genitori litigavano in continuazione, dalla mattina alla sera. Fino a 7 anni sono stato convinto di chiamarmi "Tuo figlio"!
SERGIO VIGLIANESE

LOMBRICO
vedi **Verme**

LONDRA

A Londra, tranne il Papa, c'è tutto. A Roma, tranne tutto, c'è il Papa.
PINO CARUSO

Per un napoletano non è difficile guidare la macchina a Londra. Gli inglesi tengono la sinistra, come lui.
UMBERTO DOMINA

Quando a New York sono le tre, a Londra è ancora il 1938.
BETTE MIDLER

Prendete una bella giornata, aggiungete sei giorni di pioggia e nebbia, e avrete Londra.
MODO DI DIRE AMERICANO

Il primo maggio a Londra un gruppo di anticapitalisti per protesta ha tirato giù i due archi d'oro di un McDonald's. Poi li hanno rimessi su perché si sono resi conto che quello era il cibo migliore d'Inghilterra.
JON STEWART

LONGEVITÀ

Gli alberi sono esseri che si ammalano come tutti gli altri, ma avendo radici fisse al suolo non possono recarsi dal medico. Per questo vivono a lungo.
ANONIMO

Provengo da una famiglia longeva. Mia mamma è morta a 102 anni, e soltanto perché si era distratta un attimo.
PAOLA BORBONI

Se vivi fino a 100 anni, è fatta. Pochissime persone muoiono dopo quell'età.
GEORGE BURNS

Che fregatura. Morire a 100 anni quando ormai non ci pensavi più.
GUIDO CERCHIONE

Mio zio ha vissuto fino a 100 anni e lo deve tutto ai funghi. Non ne ha mai mangiati.
LEOPOLD FETCHNER

Penso che sia meraviglioso che siate intervenuti al quarantatreesimo anniversario del mio trentanovesimo compleanno. Abbiamo deciso di non mettere le candeline sulla torta, quest'anno. Avevamo paura che un aereo della Pan Am le scambiasse per una pista di atterraggio.
BOB HOPE, PER IL SUO OTTANTADUESIMO COMPLEANNO

Mio nonno beveva mezzo litro di alcol al giorno ed è arrivato fino a

100 anni senza alcun problema. In effetti qualche problema c'è stato al momento della cremazione: non si spegneva più.

CITATA DA PAOLO LIMITI

«Chi è che vive più a lungo?» «Un parente ricco.»

ROBERT ORBEN

«Quanto a lungo può vivere una persona senza cervello? Non saprei. Quanti anni hai tu?»

BOB PHILLIPS

Infermiera: «Ma perché vuole farsi operare per cambiare sesso?»
Paziente: «Ho sentito che le donne vivono più a lungo.»

SOAP

In Sicilia si vive più a lungo, pensate che in un paese vicino al mio, dove da tre anni non moriva più nessuno, il sindaco per inaugurare il cimitero nuovo ha dovuto farne sparare quattro.

SALVO SPOTO

LONTANANZA

vedi **Distanza**

LOS ANGELES *(Beverly Hills)*

Los Angeles è una città il cui unico contributo alla civiltà moderna consiste nel permesso continuo di svolta a sinistra.

WOODY ALLEN

Los Angeles. La Paramount ha acquistato a scatola chiusa un soggetto cinematografico di Castellano & Pipolo, con la clausola che la scatola non venga mai aperta.

AMURRI & VERDE

Los Angeles: settanta due sobborghi in cerca di una città.

ROBERT BENCHLEY

Un tornado si è abbattuto ieri nei bassifondi di Los Angeles e ha causato dieci milioni di dollari di migliorie.

MILTON BERLE

In realtà si tratta solo di scegliere: la vita, la morte o Los Angeles.
ASHLEIGH BRILLIANT

Los Angeles è l'unica città al mondo in cui ci si può svegliare al mattino e sentire gli uccellini tossire sugli alberi.
JOE FRISCO

Certe volte i presentimenti sono stupefacenti. Pensate che una volta mio zio doveva andare a Chicago da Los Angeles e ha avuto il presentimento che l'aereo che avrebbe dovuto prendere si sarebbe guastato. Così ha preso il treno e... pensate un po'? L'aereo è precipitato. Sul treno.
I JEFFERSON

Se Dio non distrugge Hollywood Boulevard, deve almeno delle scuse a Sodoma e Gomorra.
JAY LENO

La Nasa sta lavorando come una matta per arrivare nel 2014 ad andare su Marte dove non c'è acqua, vita vegetale o atmosfera. Ma non basterebbe andare a Los Angeles?
JAY LENO

Il re della droga Amado Carillo Fuentes è morto in seguito a un intervento di liposuzione e chirurgia plastica durato nove ore. O, come si dice comunemente qui a Beverly Hills, per "cause naturali".
BILL MAHER

A Los Angeles per incontrare qualcuno bisogna investirlo.
STEVE MARTIN

Los Angeles è una splendida città, anche se io la critico di quando in quando. Ma la adoro. E se abbassassero le tasse e riducessero lo smog e sistemassero la piaga del traffico, sono convinto che mi ci trasferirei fino al prossimo terremoto.
GROUCHO MARX

A Beverly Hills, quando una signora dà alla luce un bambino, le si rompono le Perrier.
NEW YORK ROASTS

C'è una banca di Beverly Hills che è davvero esclusiva. Sapete che molte banche prendono la foto dei loro rapinatori? Questa prende un dipinto a olio!

ROBERT ORBEN

Le compagnie aeree americane sono così disperate per i loro affari che oggi ne ho chiamata una: «Quant'è un biglietto per Los Angeles?». L'impiegato mi ha detto: «150 dollari». Ho detto: «No, è troppo». Mi ha risposto: «Parliamone...».

ROBERT ORBEN

Se stai troppo a lungo a Beverly Hills diventi una Mercedes.

ROBERT REDFORD

Trasferirmi da Los Angeles a Petaluma è stata la miglior cosa che io abbia mai fatto. Mi piace avere dei vicini che non hanno scritto una sceneggiatura.

RICK REYNOLDS

A molta gente piace fare vacanze avventurose, piene di pericoli. La mia idea di vacanze avventurose e piene di pericoli è andare a Beverly Hills senza carte di credito!

BOB SAGET

A New York, quando qualcuno ti mette un coltello al petto, gli dai i soldi. A Los Angeles, quando qualcuno ti mette un coltello al petto, gli dai i soldi, gli dici: «Grazie, dottore» e ti comperi un reggiseno più grande.

DEIDRE SULLIVAN

Mi sono iscritto a una palestra esclusiva di Beverly Hills. Così esclusiva che puoi pagare gente che faccia jogging per te.

MARC SUMMERS

Stavo camminando col sindaco Tom Bradley, e lui mi ha chiesto: «Judy, non è che abbiamo troppi homeless?». E io: «Oh, no, sindaco: è perfettamente normale che un marciapiede sia così soffice».

JUDY TENUTA

Ho l'orologio che va avanti di tre ore ma non sono mai riuscito ad aggiustarlo. Così da Los Angeles mi sono trasferito a NewYork.

STEVEN WRIGHT

LOTTA

Dovrei sposare W.? No, se non mi dirà le altre lettere del suo nome. E la sua carriera? Come posso chiedere a un essere così gentile di rinunciare al campionato di lotta libera nel fango?

WOODY ALLEN

La maggior parte dei conflitti che ci angustiano fa pensare alla lotta tra due calvi per un pettine.

JORGE LUIS BORGES

Certi Verdi, invece di battersi per l'ambiente, lottano contro la disoccupazione. La propria.

ADRIANO CICCIONI

«Su quale linea vi siete collocati?» «L'unica possibile, compa'! Er proletariatogiovanilemasseinlottaciavemolibisognicomunismosubitoncazzaticontrolarepressioneemarginatiPicciboia.»

STEFANO DISEGNI

Anonimo Riminese.
Lottare lottare
non smetter di lottare
calpestando i bagnanti
per raggiungere il mare.

GINO&MICHELE

Dice: bisogna lottare per la qualità della vita. Io mi accontenterei di una sottomarca.

MAX GREGGIO

Formigoni lotta contro i preservativi perché ha paura di soffocare.

PAOLO HENDEL

George W. Bush continua a sbagliare il nome del paese che bombarda... Lo chiama "Àiraq". Fossi in Saddam Hussein, sarei incavolato. «Hey, George: non è "Àiraq", è "Iràq". Non è che io sono in lotta con "l'Umerica", no? Io sarò anche cattivo, ma tu sei stupido.»

MAZ JOBRANI

Un giorno ho visto due oche lottare e mi sono detto: «Quella è una lotta di cuscini prima del tempo».

DEMETRI MARTIN

Quando le donne si baciano vengono sempre in mente i lottatori professionisti che si stringono la mano.

H.L. MENCKEN

Come sapete eravamo nove fratelli. Il sabato si faceva il bagno nel mastello, non avevamo il bagno in casa, si scaldava l'acqua sul fuoco e si versava in questo enorme recipiente; poi il nonno ci lavava uno dietro l'altro: gli ultimi due facevano la lotta nel fango.

NICO (ALDO, GIOVANNI E GIACOMO)

La tua donna la chiamo Colosseo, perché dentro ci hanno lottato un sacco di cristiani.

POZZOLI E DE ANGELIS

La gente fa cose strane quando è annoiata. L'altro giorno ero a casa con niente da fare, così ho guardato i gatti ed ho detto: "Insegno ai gatti il wrestling". Uno non dovrebbe mai insegnare ai gatti il wrestling, ma nel caso volesse, ecco come fare: prendete due gatti. Massaggiate energicamente ovunque il gatto numero uno con dell'erba gatta. Mettetelo vicino al gatto numero due. Il resto succede più o meno da solo.

BASIL WHIT

Nella lotta tra te e il mondo, stai dalla parte del mondo.

FRANK ZAPPA

LOTTERIA

Io metterei religione all'ultima ora, abbinata a un bingo.

ALTAN

Le probabilità di vincere la lotteria sono leggermente superiori se compri il biglietto.

ARTHUR BLOCH

Non gioco più al lotto, da quando ho scoperto che se faccio ambo ricevo duecentocinquanta volte la posta. Non mi ci entra nella buca delle lettere.

MAURO COTONE

Quello che legge in tivù le estrazioni del lotto ci impiega così tanto perché è analfabeta o perché pensa che lo siamo noi?

Fabio Fazio

Il comune di Sesto Lodigiano ha ceduto gli uffici dell'anagrafe alla Lottomatica, che è la concessionaria del ministero delle Finanze per il gioco del lotto. Gli impiegati del comune sono obbligati, oltre a dare i certificati, a prendere anche le giocate del superenalotto. I sindacati di categoria si sono offesi e hanno smesso di bere... tutto d'un colpo non va bene, infatti certi sono stati male.

Maurizio Milani

Io sono un uomo così sfortunato che, se organizzassero una lotteria di donne, vincerei mia suocera!

Marco Nocera

Ragazzo: «Vuole comperare un biglietto della lotteria per la chiesa a cinquanta cent?»
Jackie Gleason: «E cosa me ne faccio di una chiesa, se ne vinco una?»

Papa's Delicate Condition

Se davvero vuoi ottenere qualcosa, in questa vita, devi lavorare duro per ottenerla. Ora, zitto! Stanno per annunciare i numeri del lotto!

Homer Simpson

Ho vinto un soggiorno a Parigi, ma non ho un furgone per andare a ritirarlo.

www.silverdolphin.it

LOURDES

A volte, portando a Lourdes un film muto, si mette a parlare.

Romano Bertola

Un giorno Sgarbi è stato a Lourdes e gli è apparsa la Madonna. Dopo trenta secondi ci ha litigato.

Egidio Morretti

LUCE *(Elettricità - Lampadina)*

Thomas Alva Edison alla signora Edison: «Buone notizie: ho appena inventato la lampadina!

Cattive notizie: non riesco a farla suonare».

STEVE ALLEN

Ho un rapporto catastrofico con la tecnologia: se passo sotto un lampadario a gocce si mette a piovere.

WOODY ALLEN

Quanti gay ci vogliono per cambiare una lampadina? Sette. Uno per cambiarla e sei per strillare: favoloso!

ANONIMO AMERICANO

Quanti Wasp [bianchi anglosassoni protestanti, *n.d.c.*] ci vogliono per cambiare una lampadina? Due. Uno per preparare il Martini e uno per chiamare l'elettricista.

ANONIMO AMERICANO

Quando vedo un uomo piangere nel buio della sua stanza mi domando cosa lo spinga a non accendere la luce.

ALESSANDRO BERGONZONI

Dobbiamo molto a Thomas Edison. Se non fosse per lui, adesso guarderemmo la televisione a lume di candela.

MILTON BERLE

Non è certo un genio. Quando la corrente è saltata, è rimasto bloccato sulle scale mobili per due ore.

MILTON BERLE

Un cane guardando un albero di Natale acceso pensa: «Finalmente hanno messo la luce nel cesso».

ROMANO BERTOLA

Nell'universo ci sono pianeti di punizione dove il sole resta acceso tutta la notte.

ROMANO BERTOLA

Ho comperato un nuovo tostapane. Ho aperto la scatola e sono saltate fuori le istruzioni per fare i toast. La mia idea è che se non sai come fare un toast, non dovresti fare nulla con l'elettricità. Dovresti solo mettere una fetta di pane su una roccia e pregare per una giornata di sole.

EILEEN BUDD

Nonostante la televisione, la scrittura rimane la più sorprendente

invenzione dell'uomo. Se va via la luce, il libro non si spegne.
PINO CARUSO

Io in macchina, contro quelli che mi lampeggiano, ho montato dei fari speciali. L'altra sera ho portato la mia ragazza a fare una gita romantica a Ostia. A un certo punto le ho detto: «Jolanda vuoi vedere la Sardegna?» E tac: da Cagliari a Sassari l'ho illuminata tutta!
CECCONI BRUNO (PAOLO PANELLI)

I bambini hanno la totale incapacità di assimilare nozioni da qualsiasi cosa che non sia alimentato da corrente elettrica.
BILL COSBY

Mi domando: ma dov'è che le farfalle tiravano le testate, prima che inventassero le lampadine?
BILL HICKS

Una notte mi alzo per andare in bagno, apro la porta e la luce si accende da sola, senza toccare l'interruttore; entro, faccio i miei bisogni, esco, chiudo la porta e la luce si spegne da sola senza che io tocchi l'interruttore. Torno a letto e mi dico fra me e me: «Magia? Chiaroveggenza? O forse ho pisciato nel frigorifero?».
MAGO ORONZO (RAUL CREMONA)

Avevamo deciso il massimo risparmio di energia elettrica. Siamo stati al buio, non abbiamo guardato la televisione, abbiamo spento il frigorifero tenendo le provviste sul balcone. Alla fine siamo riusciti a pagare ottanta lire di bolletta. E non avremmo pagato nulla se l'Enel, per sapere cosa c'era che non andava, non avesse suonato il campanello.
BORIS MAKARESCO

E Dio creò la luce visto che le prime foto erano venute scure.
EGIDIO MORRETTI

Ero così veloce che avrei potuto alzarmi dal letto, attraversare la stanza, girare l'interruttore e tornare a letto sotto le coperte prima che la luce si fosse spenta.
MUHAMMAD ALÌ (CASSIUS CLAY)

Non pensate di sapere tutto. Ricordate che anche una foglia di lattuga sa una cosa più di voi. Sa se la luce si spegne davvero ogni volta che chiudete il frigo!

ROBERT ORBEN

Basta con il fai da te targato Ikea. L'altro giorno volevo due lampadine e mi hanno venduto un kit per soffiare il vetro.

DANIELE RACO

Quanti psichiatri servono per cambiare una lampadina? Uno solo, però la lampadina deve volere veramente essere cambiata.

ANNE EVE RICKS

Se un bambino non sa leggere, è colpa della mamma. Se un bambino non sa leggere perché non c'è luce in casa, è colpa del papà.

CHRIS ROCK

Non assumere mai un elettricista con le sopracciglia abbrustolite.

MASON WILDER

Ho inventato la prolunga elettrica senza fili.

STEVEN WRIGHT

LUMACA

Sono andato a caccia di lumache. Ne ho viste due ma mi son scappate sotto gli occhi.

GIORGIO FALETTI

L'altro giorno guardavo una lumaca e ho pensato: «Che fortunate le lumache, nascono già con una casa». Questa cosa mi ha fatto venire in mente la teoria dell'evoluzione della specie, e mi è venuto un dubbio. Se questa storia dell'evoluzione della specie fosse vera, dovrebbero esistere anche le lumache a schiera.

MIRCO ZILIO

LUNA

La scienza ha sconfitto molte malattie, ha decifrato il codice genetico e ha perfino mandato l'uomo sulla luna, ma se un ottantenne viene lasciato solo in una stanza con due coniglíette diciottenni non succede niente di niente. Perché i veri problemi non cambiano mai.

WOODY ALLEN

Punta a conquistare la luna. Se non ci riuscirai, avrai vagabondato tra le stelle.
ANONIMO

Mia moglie non è più romantica come un tempo. Ieri sera, al chiaro di luna, le ho regalato una rosa rossa. Poi lei ha rifiutato di fare una gara di scoregge.
MAURIZIO AVANZI

Come è difficile parlare della luna! È così scema la luna. Dev'essere proprio il culo quello che ci fa sempre vedere.
SAMUEL BECKETT

Io a Jane Fonda dicevo: «Guarda che luna», e lei mi rispondeva: «Ma ti rendi conto di che donna hai al fianco, di quante cose importanti ho fatto io in confronto a te?».
LORENZO CACCIALANZA

Un uomo sulla luna non sarà mai interessante quanto una donna sotto il sole.
LEOPOLD FETCHNER

È notte.
Un gufo mi guarda.
La luna sorride.
Le stelle mi parlano
e le nuvole creano
disegni di ogni tipo...
Devo smettere di farmi le canne.
FLAVIO OREGLIO

Hanno mandato l'uomo sulla luna, ma non riescono a farne salire uno sulla Rosy Bindi.
GIANNI PALLADINO

In una notte di luna piena ho detto a Paolo: «Guarda, amore, che bella luna!»
E lui: «Perché, devi imbottigliare?»
MARIA ROSSI

Prof: «Stasera alle otto, tutti col naso in su, verso est per vedere l'eclissi di Luna!»
Studente 1: «Sì, ma stasera c'è la Coppa Uefa!»
Studente 2: «Su che canale è l'eclissi di luna?»
SMEMORANDA BROTHERS & SISTERS

Mio padre era sempre fissato con lo sbarco sulla Luna, tant'è vero che io avevo una sorellina e mio padre l'ha chiamata luna. Poi a otto anni ha perso un braccio in un incidente e adesso la chiamano "Luna meno un quarto".

DADO TEDESCHI

Quando ero bambino, nella radura di un bosco fitto e profumato d'autunno, mi addormentai e sognai una fata. Lei si librava senza pensieri sui fili d'erba, sfiorando petali di fiori sino a farli sbocciare nel buio; di vesti leggere vestita, candide, azzurre, diafane, di pelle dai riflessi di luna sull'argento di un lago. Il viso come una fiammella d'un roseo tepore, dita sottili come steli, e lente movenze, dolci di nettare. Rapito da attimi d'eternità s'avvicinò, destandomi con un sorriso fatto da un'anima all'altra, una promessa; con uno sguardo disegnò i suoi occhi nel mio cuore, curvò le labbra come in un bacio, soffiò, risvegliandomi tra le braccia di mio padre che mi riportava a casa cullandomi. Non ho dimenticato la strada che conduce a quel bosco, al tempo felice, in quella radura, verso la foce della gaiezza. Ogni giorno l'ho ripercorsa nei sogni, in cerca di quel soffio da ricambiare. E ora, ora che mi sveglio e tu sei di fronte a me, rivedo quella scena e tutto è reale, ha sapore, ogni cosa ha il suo battito e la sua linfa e quella fata il tuo nome: Ubaldo.

FRANCESCO VARCHETTA

LUNA DI MIELE

vedi ***Viaggio di nozze***

LUNA PARK

vedi ***Parco giochi***

LUPO

Faceva così freddo che i lupi mangiavano le pecore solo per la lana.

ANONIMO

Quando ti morde un lupo, pazienza. Quel che secca è quando ti morde una pecora.

ARTHUR BLOCH

«Mammina, raccontami la favola di Cappuccetto Rosso che va nel bosco con il cestino della merenda per la nonna poi incontra il lupo che va a mangiare la nonna e così quando Cappuccetto Rosso arriva trova nel letto il lupo travestito da nonna e gli dice: "Che orecchie grandi hai!" E lui risponde: "È per sentirti meglio"... E poi: "Che occhi grandi"... Ma allora mi racconti la storia o no?»

GIULIANA MALDINI

LUSSO

«Che lusso: avete anche il caviale...» «Veramente è una fettina di torta... ma cosa vuole, con tutte queste mosche...»

ANONIMO

Sale il costo della benzina, del gasolio, delle sigarette: farsi un cancro diventa un lusso.

IVAN DELLA MEA

Ho lasciato la mia donna. Ma come mai quando una donna viene lasciata, dopo poco vive una seconda giovinezza, sta meglio, se le va di lusso dimagrisce pure... L'uomo no. L'uomo quando è lasciato deperisce, peggiora, se gli va di lusso viene travolto da un camion...

RICHARD PRYOR

Non sa che cosa sia il lusso: le rare volte che è salito su un taxi lui era quello che guidava.

FRANCESCO SALVI

M

MACCHIE *(Smacchiatore)*

Ma non posso ucciderlo, è un essere umano, macchierà tutto il tappeto.

WOODY ALLEN

Anche il sole ha le sue macchie.

NAPOLEONE BONAPARTE

Il miglior modo per eliminare una macchia di caffè da una giacca di seta è con un paio di forbici.

LEOPOLD FETCHNER

Credo che mio marito abbia una storia con la segretaria. Gli ho trovato sulla camicia delle macchie di rossetto coperte con il bianchetto.

WENDY LIEBMAN

Conobbi anche una ragazza e capii subito che faceva la contorsionista perché aveva delle macchie di nicotina sulle dita dei piedi!

VALERIO PERETTI CUCCHI-MARIO ZUCCA

Quando ero piccino, vidi mia madre mentre si faceva la doccia. Incuriosito, le chiesi: «Mammina, cos'è quella cosa nera tra le tue gambe?». Lei, un po' imbarazzata, mi rispose: «Beh... tesorino... questa è... una macchia». E io replicai: «Ah, proprio sopra la figa?».

DIEGO TELATIN

MACCHINA DEL TEMPO

Quando viaggiate in avanti su una macchina del tempo, evitate di sporgere il gomito dal finestrino, o vi diventerà un fossile.

DANIELE LUTTAZZI

Ho una macchina del tempo a casa. Però va solo in avanti, per giunta in tempo reale. Ok, è una scatola di cartone su cui ho scritto "Macchina del Tempo" con i pennarelli.

DEMETRI MARTIN

MACCHINA DA SCRIVERE

Se il mio dottore mi dicesse che mi rimangono solo sei minuti da vivere, non ci rimuginerei sopra. Batterei a macchina un po' più veloce.

ISAAC ASIMOV

No, quello non è scrivere: è battere a macchina.

TRUMAN CAPOTE

Quando le macchine da scrivere non erano elettriche andavano a carta carbone.

COCHI E RENATO

Devo comperare una nuova macchina da scrivere. Questa che ho fa troppi errori!

LEOPOLD FETCHNER

Devo farmi riparare la macchina da scrivere. La O è capovolta.

LEOPOLD FETCHNER

Vendo una macchina da scrivere e una già scritta.

NINO FRASSICA

MACCHINA FOTOGRAFICA

vedi **Foto**

MACHISMO

vedi **Maschio**

MADONNA *(Maria Vergine)*

Quella donna era così vecchia che nella sua camera aveva una immagine della Madonna autografata.

DANIELE CEVA

Maria fu assunta in cielo perché piena di grazia e madre di uno dei soci di maggioranza.

COMIX

Maria fu assunta in cielo perché non trovava lavoro in terra.

COMIX

Alla vergine Maria molti portano fiori. Ma nessuno la invita a cena.

FABIO DI JORIO

Giuseppe: «E pensare che vivrà solo 33 anni... »
Maria: «Be', per essere un palestinese è già tanto».

ELLEKAPPA

Dio è morto. Ma non preoccupatevi: la Vergine Maria è di nuovo incinta.

GRAFFITO, LOS ANGELES 1981

Un giorno Sgarbi è stato a Lourdes e gli è apparsa la Madonna. Dopo trenta secondi ci ha litigato.

EGIDIO MORRETTI

Sulla macchina di mio padre non posso dimenticare la foto con calamita, la Madonna con il bambino in braccio, solo che ogni volta che mio padre frenava, alla Madonna gli cadeva il bambino dalle braccia. Che quando ci fermavano i vigili a mio padre facevano la multa perché il Bambin Gesù era davanti e senza seggiolino e la Madonna era senza cintura!

FRANCO NERI

Abito in una zona che se mi appare la Madonna o un parcheggio libero, il miracolo è il parcheggio libero. L'unica volta che è apparsa la Madonna m'ha fregato il parcheggio!

ERMINIO PISTOLAZZI (DIEGO PARASSOLE)

MADONNA CICCONE

Madonna ha chiesto il ritiro delle truppe americane dall'Iraq. Come cambiano i tempi! Una volta bisognava costringere le truppe ad allontanarsi da Madonna.

JAY LENO

I giovani a letto non sanno quel che fanno. Ma lo fanno tutta la notte.

MADONNA

«Si dice che Warren Beatty sia sessualmente insaziabile...» «lo direi che è saziabile...»

MADONNA, IN RISPOSTA A UNA DOMANDA SUL SUO COMPAGNO DELL'EPOCA

Non mi interessa chi porta i pantaloni in casa mia, io o Madonna. In ogni caso, sono io che li tolgo.

SEAN PENN

MADRE *(Mamma)*

«È in momenti come questo che mi pento di non aver ascoltato quel che mia madre mi diceva sempre...» «Che cosa ti diceva?» «E che ne so? Non ascoltavo.»

DOUGLAS ADAMS

Ale: «A proposito di tua mamma, sai che va in giro a dire che sei un pirla?»
Franz: «Chi te l'ha detto?»
Ale: «Tua mamma, pirla!»
ALE E FRANZ

Mio papà ha sposato mia mamma, mio zio ha sposato mia zia, mio nonno ha sposato mia nonna... Per quale motivo io dovrei sposare una sconosciuta?
STEVE ALLEN

Mia madre era troppo impegnata a togliere qualsiasi parvenza di sapore al pollo lesso per pensare a suicidarsi.
WOODY ALLEN

Il mio sogno proibito? Avere un padre come Jack Nicholson, una madre come Ava Gardner, una sorella come Diane Lane e un fratello come Matt Dillon. E andare a letto con tutti.
PEDRO ALMODÓVAR

«Mi sento una merda mamma!» «E stai sul tappeto persiano!»
ALTAN

«Sono nata col parto indolore mamma?» «Sì. Ne approfitto per ricordarti che è l'unica soddisfazione che mi hai dato, a tutt'oggi.»
ALTAN

«Mamma, ma non senti che puzza di morto... Mamma?... Mamma?»
ANONIMO

Ho avuto un incubo la scorsa notte: ho sognato che Valeria Marini era mia madre e io avevo un biberon.
ANONIMO

C'è un solo bambino bello al mondo, e ogni mamma ce l'ha.
ANONIMO INGLESE

I ragazzini sono dei duri. Una volta ho visto un ragazzino e gli ho regalato un'arancia. Sua madre lo ha ripreso: «Cosa si dice al signore?». Il ragazzino mi ha guardato e ha detto: «Sbucciala».
BILL BARNER

Mia madre non mi ha mai viziato. Quando le ho detto: «Basta! Me ne vado di casa!», lei mi ha risposto: «Già che esci, butta l'immondizia...».

FEDERICO BASSO

«Quando mamma Peg ti chiedeva dell'olio per la sua lampada e tu la mandavi al diavolo, lo sapevi benissimo allora quel che succedeva, no? Lo sai di che cosa è morta la mamma, Peg? Di oscurità.»

SAMUEL BECKETT

E quando lei: «Ma teeee... se dei banditi rapissero me e la tu mamma per chi staresti in pena?» «Per i banditi!».

STEFANO BELLANI

Mi piace come Reagan risolve i problemi. Per esempio: «Sei una ragazza madre? La prossima volta ciuccialo e basta!».

RICHARD BELZER

La mamma è la parte più femminile dei genitori.

ROBERTO BENIGNI

Non riuscirò mai ad abituarmi alla spregiudicatezza dei nuovi tempi. Oggi, per esempio, ho sentito una signora che diceva a un'amica: «Io da mio figlio mi faccio vedere nuda!». Sono rimasto sgomento. Ricordo che ai miei tempi scopavamo la mamma rigorosamente al buio.

ROMANO BERTOLA

Quando dovevo fare la Prima Comunione mio zio Ercole mi regalò un pezzo di stoffa per farmi il vestito nuovo. Ma mia madre lo portò dalla sua sarta e si fece una gonna per sé. Ci rimasi un po' male. «Trovi che mi stia bene?» mi chiese guardandosi allo specchio. «Io credevo che una mamma si sacrificasse sempre per suo figlio.» «Ma dove hai letto 'sta cazzata?»

ROMANO BERTOLA

«Mia madre è in cielo», disse il bambino triste. «Non rompere, bambino! Sappiamo tutti che tua madre fa la hostess, scopa, gira il mondo e si diverte!»

ROMANO BERTOLA

La mamma del Babau per farlo star buono gli diceva: «Guarda che se non obbedisci viene Gesù Bambino a prenderti!».

Romano Bertola

Nonna Papera a volte invita gli ospiti e gli dà da mangiare il tacchino. Il tacchino! È come se Minni desse i criceti ai suoi ospiti. Come se mia madre mi cucinasse il timballo di mio cugino! Che se lo meriterebbe anche, ma non è questo il discorso.

Claudio Bisio

Le altre mamme per far addormentare i loro bambini, gli davano i cartoni animati. E mia madre: «Ma quali animati! Bastano i cartoni. Secchi!». E così faceva. Ancora oggi, per addormentarmi dò due testate contro il muro. Per un fatto di imprinting, immagino.

Claudio Bisio-Rocco Tanica

Mia mamma, per controllare che non mi facessi le seghe, mi aveva regalato due orologi che si caricavano col movimento del polso. Poi mi prendeva alla sprovvista: «Che ore sono?». E io: «Quattremezza!» «Esatto! Segaiolo di merda!»

Claudio Bisio-Rocco Tanica

Mia mamma adora pulire. Continua a dire: «Guardate qui: potreste mangiare sul mio pavimento». Be', potreste mangiare anche sul mio: ci saranno mille cose, sopra.

Elayne Boosler

Provengo da una famiglia longeva. Mia mamma è morta a 102 anni, e soltanto perché si era distratta un attimo.

Paola Borboni

Mia madre è una maniaca del pulito. Ha passato il battitappeto talmente tanto, che il vicino del piano di sotto è diventato calvo.

Steve Bridges

Eravamo così poveri che mia madre non poteva avermi. Così mi ha avuto la vicina di casa.

Mel Brooks

Mia madre per il mio compleanno mi ha regalato una gigantesca torta con panna, cioccolato e cozze.

Ancora adesso mi chiedo che c'entrava la panna con il cioccolato.

BRUCE KETTA

Mia madre fumava tre pacchetti di sigarette al giorno. A Natale la Philip Morris ci mandava a casa un pandoro. Io e i miei fratelli abbiamo un ricordo vago dei nostri genitori... c'era troppo fumo in quella cazzo di casa!

ALESSANDRO BRUNELLO

Mia madre ci teneva talmente tanto che io fossi il primo della classe, che mi iscrisse alle scuole differenziali.

PAOLO CANANZI

Per favore non dite a mia madre che faccio il giudice nel Tribunale di Roma... Lei mi crede un killer della 'ndrangheta in missione di morte nella capitale.

ENZO CAPOZZA

Insulti complessi: Io a biliardo sono forte, ma un mio amico è più forte e infatti mi batte sempre. Anche il marciapiede è forte, ma tua madre è più forte e infatti batte sempre il marciapiede.

GIOVANNI CELLINI

Mamma, se diventi sorda devo dirti lo stesso "per favore"?

JEAN CHARLES

Tua madre è così povera che l'ho vista che prendeva a calci un barattolo e le ho chiesto: «Cosa sta facendo?» «Sto traslocando.»

CHI NON SALTA BIANCO È

Poiché nessuno sa di chi son figli Qui, Quo, Qua, probabilmente non avevano la mamma papera ma maiala.

CICCHELLO E COLOMBO

Vorrei che mia madre non mi trattasse più come un bambino... che l'ultima volta gli ho detto: «Mamma, ho trentasette anni moglie e figlio». E lei: «Sì, vabbè, ma poi rimetti tutto a posto».

GABRIELE CIRILLI

Mi sono iscritto a un'associazione per smettere di fumare, Smoke Quitters. Mi è costato cinquecento

dollari, ma ne è valsa la pena. Usano un sistema psicologico. Ogni volta che uno si accende una sigaretta, gli pugnalano la madre. Ho smesso dopo due pacchetti.
MARTY COHEN

Non sono mai stato il preferito di mia mamma, e sono figlio unico. Un giorno le ho chiesto: «Mamma, sono stato adottato?». Mi ha risposto: «Non ancora, ma abbiamo messo un annuncio».
ALDO COLOMBINI

Maria fu assunta in cielo perché piena di grazia e madre di uno dei soci di maggioranza.
COMIX

Mia mamma mi cambiava il pannolino una volta al mese perché sulla confezione aveva letto: "Fino a 15 chili".
ENZO CORTESE

Non è facile essere una madre. Se lo fosse, i padri lo sarebbero.
CUORI SENZA ETÀ

Ero un bambino molto brutto. Così brutto che mia madre mi allattava al seno con una cannuccia.
RODNEY DANGERFIELD

Mia madre era sempre così ubriaca che quando ci siamo decisi di farle fare un controllo medico hanno trovato il 2% di sangue nel suo alcol!
ROBERT DE NIRO

C'è chi tiene in casa appesa al muro una testa di cervo. Quando chiedo il perché, mi rispondono sempre: «Perché è un bellissimo animale». Ecco qua. Anch'io penso che mia mamma sia attraente, ma ho delle foto, di lei.
ELLEN DEGENERES

Solitudine: quando sono nato, mia madre non c'era.
IVAN DELLA MEA

Quando avevo trent'anni mia madre stava ancora cercando di abortire.
PHYLLIS DILLER

Un bimbo ha chiesto alla mamma: «Mamma, perché ci sono uomini che si vestono da donne?» «Ehi, cosa sono queste parole? Lo saprai quando sarai grande! E poi te l'ho detto mille volte: io non sono la mamma, sono il papà!»

Giorgio Faletti

Eravamo una famiglia molto povera. Da piccoli mia madre cucinava sempre con il dado. Mangiavamo solo se usciva il sei.

Fabrizio Ferri

La felpa è quel capo d'abbigliamento che un bambino indossa quando sua madre ha freddo.

Leopold Fetchner

Da piccolo io ero il tipo di bambino con il quale mia madre mi diceva di non giocare mai.

Leopold Fetchner

«Mamma ho scelto di stare vicino a Dio.» «Per te c'è stato sempre qualcuno più importante di tua madre.»

Fuori dal mondo

Mia nipote un giorno è andata da sua mamma e le ha detto: «Mamma ho deciso cosa farò da grande: da grande voglio fare la bagascia!». E sai cosa le ha risposto sua mamma? «Sì, va a finire come il corso di chitarra, che ti abbiamo regalato lo strumento ed è ancora lì in un angolo!»

Gaia (Simona Guarino)

Mio papà picchiava la mamma più per tradizione che per necessità. E quando il papà la picchiava, la mamma rideva. Lo faceva per non farci preoccupare. Non come le donne di adesso che vanno subito a sporgere denuncia dopo le prime tre o quattro coltellate. Che poi i figli si drogano e le famiglie si sfasciano.

Gaia (Simona Guarino)

Marta Marzotto è madre di quattro figli (erano cinque ma uno purtroppo l'ha perduto sposandolo alla figlia di Emilio Fede).

Gino&Michele

La mamma di Emanuele Filiberto di Savoia si chiama Marina Doria. Marina Doria, ma che nome è Marina Doria? Ma pensa a suo figlio quando tornava a casa e diceva: «Dov'è la mamma? Dov'è la mia mamma?». Marina Doria, ma che cazzo di nome è Marina Doria? «Dov'è Marina Doria?» E il papà gli diceva: «È fuori casa». «E cosa sta facendo?» «Sta pareggiando con la Salernitana».

GINO&MICHELE-PAOLO ROSSI

Parlando del proprio figlio inetto: «L'ho detto prima e lo ripeto adesso: è assolutamente impossibile che tu sia mio figlio. Adesso vado a casa e piglio a schiaffi tua madre».

JACKEY GLEASON

«Mia madre è morta quando avevo sei anni. Mio padre mi ha violentata che ne avevo dodici» «Allora hai passato sei anni relativamente tranquilli!»

STUART GORDON

Secondo mia madre non è difficile tenersi un uomo: basta essere una serva in salotto, una cuoca in cucina e una puttana a letto. Io ho assunto le altre due e mi sono riservata la parte del letto.

JERRY HALL

Pensavo che mia madre fosse una pessima cuoca, ma, per lo meno, il suo sugo si muoveva.

TONY HANCOCK

In ogni storia cerchiamo di insegnarvi una piccola lezione o di indicarvi una morale, cose come quelle che diceva la mamma: «Cammina piano e portati sempre dietro un pugnale»; «Prima spara, poi chiedi», cose di questo tipo.

ALFRED HITCHCOCK

Mia moglie voleva una grossa festa per il primo compleanno di nostro figlio, ma secondo me la mia idea era migliore: volevo portarlo alla fiera locale, metterlo su un pony, e scattargli una foto. Poi volevo nascondere quella foto in un cassetto. E tra otto o nove anni, quando mio figlio troverà quella foto, e mi verrà a chiedere: «Papà, e questa cos'è?» io potrò dirgli: «Vedi, era il tuo primo compleanno ed io ti ho comperato un pony, poi una volta sono dovuto andare via per lavoro, tua madre non si è presa cura di lui ed è morto».

JEFF JENA

Mia madre era solita dirmi: «Se uno sconosciuto ti si avvicina, e ti offre delle caramelle, e ti dice di salire sulla sua auto... vai».

LAURA KIGHTLINGER

Come madre detesto sentirmi chiedere: «Mamma, a chi vuoi più bene?», perché così devo rispondere: «Sai, tesoro, la mamma non ha mai voluto figli».

LAURA KIGHTLINGER

Nonostante abbia già compiuto 14 anni mia madre mi impedisce di mettermi il reggiseno. Continua a dirmi: «No! Ho di detto di no Osvaldo!».

ORAZIO LEOTTA

Mia mamma mi ha sempre detto: «Non sposarti per soldi. Divorzia per soldi».

WENDY LIEBMAN

La mamma perdona e dimentica, ma non dimentica mai, oh, questo no, di aver perdonato.

CITATA DA ELENA LOEWENTHAL

Era così brutto che sua madre non spingeva la carrozzina. La tirava.

BORIS MAKARESKO

Eravamo così poveri che mia madre per allattarci usava il contagocce.

BORIS MAKARESKO

Gli psicologi affermano che le ragazze tendono a sposare uomini che assomiglino al proprio papà. Questo è il motivo per cui le mamme piangono al matrimonio.

BORIS MAKARESKO

«Mammina, raccontami la favola di Cappuccetto Rosso che va nel bosco con il cestino della merenda per la nonna poi incontra il lupo che va a mangiare la nonna e così quando Cappuccetto Rosso arriva trova nel letto il lupo travestito da nonna e gli dice: "Che orecchie grandi hai!" E lui risponde: "È per sentirti meglio"... E poi: "Che occhi grandi"... Ma allora mi racconti la storia o no?»

GIULIANA MALDINI

Vedendo mio fratello che si sposa, ripenso alla nostra infanzia e a mia madre che ha sempre preferito lui fin da quando eravamo piccoli: quando è nato lui, mia madre ha detto: «È un dono di Dio», quando sono nato io: «È un errore della Madonna!».

LEONARDO MANERA

Chissà quante mamme mongole piangono perché hanno un figlio europoide.

MARCELLO MARCHESI

Mia madre ha guardato lo spot in cui George Clooney non viene fatto entrare a un party perché non ha il Martini. È stata un po' in silenzio e poi ha detto: «Io, uno come Clooney, lo farei entrare anche col chinotto».

CRISTIANO MILITELLO

Mia madre è sempre lì a farti la predica. Anche se non ti conosce. Un giorno eravamo sull'autobus e c'era un ragazzino che aveva il braccio fuori dal finestrino. Mia madre non lo conosceva, ma si è sentita in diritto di dirgli: «Giovanotto, quello è un buon modo per perdere un braccio». E il ragazzino, sarcastico: «Grazie. Può dirci qualcuno degli altri?».

GEORGE MILLER

Mia madre è maniaca delle diete. Ci tiene così a stecchetto a casa che sono convinto che una volta sepolto sarò io ad andare a cercare i vermi.

MATTEO MOLINARI

«Chi ti ha dato nome Gonzo?» «Mia madre. È morta due anni prima che io nascessi.» «E come ha fatto per il nome?» «Ha lasciato un biglietto a mio padre.»

THE MUPPET SHOW

La mamma calabrese non ti invita a pranzo, ti sfida, perché la sua più grande soddisfazione è vedere quanto resisti prima di crollare al suolo. Verso le sei, sei e mezza del pomeriggio, mentre stavamo finendo il secondo, sentiamo bussare. E mia madre: «Franco, oh Franco! E che è, la porta di casa? Manca qualcuno?» «No, mamma, è la porta del forno!». Quando l'ho aperta il coniglio ci fa: «Scusa un minuto tu, o mi togli la pelliccia o abbassi il riscaldamento che qua dentro dal caldo mi sto cocendo!».

FRANCO NERI

Una donna ha dato alla luce un bambino di sette chili e due etti. Accidenti! Quel bambino camminerà prima della madre.

CONAN O'BRIEN

Mia madre è sempre stata una maniaca dell'igiene. Pensate che quando ero piccolo, dopo ogni partita che facevo, lei prima mi obbligava a fare la doccia, poi lavava i miei vestiti a novanta gradi. E giocavo a dama.

FURIO OMBRI

Era il terzo giorno consecutivo che saltavo la scuola e mia mamma mi beccò in centro. Risento ancora le sue parole: «Ricordati che devi andarci a scuola, ricordati che se ti ribecco ti faccio un mazzo così, ma soprattutto ricordati che sei il preside, cazzo!».

FURIO OMBRI

Era ribelle di natura. Quello di sua madre non fu un parto: era lui che scappava di casa la prima volta.

FURIO OMBRI

Mia madre parlava con me solo tramite delle parole d'ordine: «Metti a posto!».

FURIO OMBRI

Mmmmh... che buona torta... Proprio solo come mamma sapeva comprare!

STUART PANKIN

Quando sono nato ero cosi brutto che mia sorella chiese a mia madre: «Ma perché non abbiamo tenuto la cicogna?»

DIEGO PARASSOLE

Soffro di gelosia fin da quando ero piccolo... Quando scoprii che mia mamma era fuggita con un altro bambino.

VALERIO PERETTI CUCCHI

Papà era ateo, mamma cattolica. Così mentre lei mi obbligava a dire le preghiere prima di cena, lui mi obbligava a bestemmiare dopo la frutta.

VALERIO PERETTI CUCCHI

Quando ero piccolo, mamma mi metteva l'aglio nel biberon per trovarmi anche al buio.

VALERIO PERETTI CUCCHI-MARIO ZUCCA

Mia madre aveva il senso dell'economia sviluppato fino alla genialità: figuratevi, io mi chiamo Gastone. Ebbene, lei mi chiamava semplicemente Tone... per risparmiare il gas...

ETTORE PETROLINI

Preferirei essere negro piuttosto che gay, perché se sei negro non lo devi dire a tua madre!

CHARLES PIERCE

Comunque sono tanto orgogliosa di mio figlio gaio e voglio dire alle altre mamme: se vostro figlio è tanto sensibile siate contente: sempre meglio un figlio ricchione... che due!

VIVIANA PORRO

Mio figlio ha scoperto di essere "bisesso". E io: «Ma sei sicuro? quando ti cambiavo che eri bambino ne avevi uno solo... L'altro quando ti è cresciuto?». E lui: «Tu non capisci niente! Bisesso vuol dire che, oltre che con le donne, mi corico con gli uomini» «E basta che ti riposi, tesoro della mamma! Che sei sempre tanto stanco a mamma tua...»

VIVIANA PORRO

Mia madre vive in cucina, ovviamente è un'ottima cuoca e ne va molto fiera. Io da piccolo ero convinto di chiamarmi "Assaggia".

DANIELE RACO

Due psichiatri si incontrano. Uno dice all'altro: «Sono stato a casa per Pasqua e ho avuto un terribile lapsus freudiano». E l'altro: «Che cosa hai detto?» «Be', volevo dire a mia madre: "Per favore passami il sale" e invece le ho detto: "Puttana mi hai rovinato la vita!"»

TONY RANDALL

Una madre indegna taglia suo figlio a fettine con il coltello elettrico che le aveva regalato per la Festa della Mamma.

REISER

Sua madre gli aveva detto che era un genio. Da quel giorno lui cercò di entrare in tutte le lampade che trovava.

ANTONIO RICCI

Reputo mia madre responsabile della mia scarsa attività sessuale. Tutto quello che mi disse da ragazza era: «L'uomo sopra e la donna sotto». Per tre anni io e mio marito abbiamo dormito in un letto a castello!

JOAN RIVERS

Quando sono nata mia mamma mi ha guardato, ha guardato la placenta, e ha gridato: «Gemelli!».

JOAN RIVERS

Se un bambino non sa leggere, è colpa della mamma. Se un bambino non sa leggere perché non c'è luce in casa, è colpa del papà.

CHRIS ROCK

Io amo mia mamma. Be', potete farlo anche voi, per dodici dollari!

BOB SAGET

Ricordo ancor oggi le prime parole, ho guardato mio padre e mia madre e ho detto: «Papi Mami...». E mio padre mi ha detto: «Figliolo, è ora di ampliare il tuo vocabolario: hai ventiquattro anni!».

BOB SAGET

Ero piuttosto insicuro, da bambino. Quando avevo otto anni ho chiesto a mia mamma se ero stato adottato. Lei mi ha detto: «Sì, ma ti hanno riportato indietro».

RONNIE SHAKER

Appartengo a una famiglia affamata, mia mamma era solita contarci dopo ogni cena.

BOB SHAW

Cosa pensa mia figlia di me? Me l'ha detto: per lei sono una stronza. Però ha detto che mi vuole bene. Ma non le piaccio. Ha paura di me. La intimidisco. Dice che mi rispetta, ma non vorrebbe mai diventare come me. Insomma abbiamo un normalissimo rapporto madre-figlia...

NEIL SIMON

Tema: "La Festa del papà". Svolgimento: "La Festa del papà è quando non c'è la mi' mamma".

SIMONE (GIORGIO PANARIELLO)

Non è stato semplice annunciare alla mia famiglia che ero gay. Ho orchestrato con cura il mio annuncio durante la cena del Ringraziamento. Con flemma ho detto: "Mamma, puoi passare l'insalata a un omosessuale?". Mia mamma ha subito dato il piatto a mio papà. Ne è seguita una scena orribile.
BOB SMITH

Ce l'ho con mia mamma perché, anche se ho trent'anni , mi obbliga ad andare a letto alle nove e mezzo. Io gliel'ho detto: «Mamma, ma perché devo andare a letto alle nove e mezzo se a me mi vien sonno alle otto?».
TARCISIO (MAX PISU)

Questo succede quando mia mamma s'arrabbia: «Ragazzi, smettetela o fermo la macchina!» «Mamma, non sei in auto, sei su un'amaca e hai un barattolo da marmellata pieno di scotch». Allora ci pensa un po', poi: «Aspettate che papà torni a casa!» «Mamma, sono otto anni!».
CALVIN TRILLIN

La cosa più sorprendente di mia madre è che per trent'anni ci ha solo servito avanzi. Il pasto originale non è mai stato trovato.
CALVIN TRILLIN

Mia mamma è l'angelo del focolare... al chilometro 5 sulla statale.
RENATO TRINCA

A mia madre son sempre piaciuti l'ordine e la pulizia. Per questo non stava mai a casa nostra.
FRANCESCO VARCHETTA

Ho spiegato a mio nipote cos'è il compromesso: «Se, per le vacanze, tua mamma vuole andare al mare, e tuo papà invece in montagna, il compromesso è che si va al mare, ma il babbo può portarsi gli sci.»
DINO VERDE

«I giovani d'oggi! L'altro giorno mio figlio mi ha chiesto: "Papà, che cos'è un orgasmo?"» «E tu?» «Ero imbarazzato... gli ho detto: "Chiedilo alla mamma..."» «E lei?» «È arrivata di corsa e mi ha chiesto: "Dario, che cos'è un orgasmo?"»
DARIO VERGASSOLA

Mia madre cucinava così male che la nostra pattumiera aveva l'ulcera.
MARIO ZUCCA

Mamma a Natale faceva il tacchino. Un'imitazione di merda.
MARIO ZUCCA

MAESTRO
vedi **Insegnante**

MAFIA *('Ndrangheta)*

Calabria, Sicilia, Campania: quanto piombo! Non si potrebbero almeno usare delle lupare catalitiche?
ALBERT

«Dice che in Sicilia si muore d'aborto!» «Sì, ma ci vuole un culo pazzesco!»
ALLEGRA

Gli intellettuali sono come la mafia. Si uccidono solo tra loro.
WOODY ALLEN

Una volta la mafia prese possesso del New York Ballet. Così, durante una rappresentazione de *Il Lago dei Cigni*, vennero puntati molti soldi perché il cigno vivesse.
WOODY ALLEN

Intervistatrice: «Ma lei non ha paura a mangiare alla Sparks Steak House di New York, dove venne ucciso Paul Castellano?»
Allen: «No, seggo nel settore non-sparatori.»
WOODY ALLEN

La mafia ha un vantaggio: ha pochissime spese di cancelleria.
WOODY ALLEN

Sgominata nel palermitano la gang del superracket. La banda era stata così denominata perché imponeva tangenti alle bande che praticavano il racket.
AMURRI & VERDE

Gava contro la mafia è in pratica il primo esempio politico di cura omeopatica.
STEFANO BENNI

«Ma allora signor giudice anche lei è mafioso?» «Sì, ma non ne ho le prove.»

CALLIGARO

Per favore non dite a mia madre che faccio il giudice nel Tribunale di Roma... Lei mi crede un killer della 'ndrangheta in missione di morte nella capitale.

ENZO CAPOZZA

Palermo. Sulla giunta di Orlando la mafia ha aperto un'inchiesta.

CAVALLO

C'era un tipo in sala. Mi ha detto: «Tu sei italiano! Allora sei un mafioso!». Gli ho risposto: «No, non è giusto pensare che ogni italiano sia un mafioso». Ma lui insisteva, diceva che ero un mafioso. Così l'ho fatto ammazzare.

DANTE

Riusciranno i socialisti a Palermo a far fuori la piovra? Sì, se gli si dà fiducia e l'appalto per l'acquario.

ELLEKAPPA

Lo Stato ha trovato il modo di risolvere il problema della mafia. Privatizzandola.

PIERFRANCESCO LOCHE

È inammissibile che la mafia minacci le istituzioni! Le istituzioni sanno benissimo minacciarsi da sole!

ENZO LUNARI

Non ho paura di Frank Sinatra. Gli ho detto: «Crepa, sei un verme bastardo e non significhi nulla per me». Grazie a Dio non c'era quando l'ho detto.

JACKIE MASON

Un giudice ha dichiarato ieri che al boss della mafia John Gotti possono essere rivelati i nomi dei giurati del suo prossimo processo per aggressione, ma non i loro indirizzi di lavoro o residenza. Il giurato John Smith ha detto che non è affatto preoccupato. Invece il giurato Laika Jardel Rapsanick ha detto: «In effetti, sono un po' preoccupata, ma, uhm... sono anche abbastanza sicura che non sia colpevole».

DENNIS MILLER

Dicono che io abbia collusioni con la mafia. È assolutamente falso. Semmai è vero il contrario.

EGIDIO MORRETTI

Da quando è entrato in vigore l'euro c'è talmente tanta crisi che la mafia ha dovuto licenziare tre politici.

FRANCESCO RIZZUTO

John Gotti ha subito un intervento chirurgico. I dottori gli hanno asportato una massa tumorale vicino alle tonsille. Poi hanno preso il tumore, l'hanno portato in auto nel New Jersey, e gli hanno sparato nella testa dieci volte.

CHRIS ROCK

Negli anni Settanta ero contro lo Stato. Poi negli anni Ottanta ho cominciato a pensare che lo Stato non ci fosse più. Oggi penso che lo Stato ci sia e si sia ormai insediato come un cancro nel corpo sano della mafia.

PAOLO ROSSI

Veltroni ha chiesto pubblicamente ai mafiosi di non votare per il Partito Democratico e ha sfidato Berlusconi a fare altrettanto. Berlusconi ha raccolto la sfida e anche lui ha chiesto pubblicamente ai mafiosi di non votare Partito Democratico.

SANDRO SIMONE

In Sicilia si vive più a lungo, pensate che in un paese vicino al mio, dove da tre anni non moriva più nessuno, il sindaco per inaugurare il cimitero nuovo ha dovuto farne sparare quattro.

SALVO SPOTO

18 novembre 1992. Come aveva promesso, Tommaso Buscetta ha rivelato oggi ai magistrati i nomi dei politici mafiosi: Giulio, Cirino, Calogero, Ciriaco... I cognomi, invece, rimangono avvolti nel mistero.

STRISCIA LA NOTIZIA

C'è una mafia gay, il cui padrino dice: «Che dite, questa pistola mi fa il sedere grosso?».

ROBIN WILLIAMS

MAGGIORANZA *(Minoranza)*

Gesù ti ama, ma tutti gli altri pensano che tu sia un idiota.
ANONIMO

Maria fu assunta in cielo perché piena di grazia e madre di uno dei soci di maggioranza.
COMIX

Non è detto che la maggioranza abbia sempre torto.
IVY COMPTON-BURNETT

Sin da Adamo i cretini sono stati in maggioranza.
CASIMIR DELAVIGNE

I fascisti in Italia sono una trascurabile maggioranza.
LEO LONGANESI

Era un ribelle ma con le idee nella maggioranza.
FRANCO PARENTI

Quando con gli amici formammo il primo complesso musicale io proposi di chiamarlo "Il complesso di inferiorità", ma fui messo immediatamente in minoranza.
FRANCO PENNASILICO

Cos'è un culto? Troppa poca gente per fare una minoranza.
ROBERT ALTMAN

Visto che non posso avere la maggioranza, mi accontenterò dell'unanimità.
STALIN

MAGGIORDOMO

Vedi ***Cameriere***

MAGHI *(Ipnotizzatore - Prestigiatore - Ventriloquo)*

Lui: «Domani sera se mi porti a casa tua ti faccio passare una serata di musica e magia.»
Lei: «Cioè?»
Lui: «Prima ti trombo e poi sparisco!»
ANONIMO

Il numero che anni fa mi diede una certa notorietà era questo: facevo sparire una grossa oca. La mettevo sotto un telo scuro e lei spariva. Nessuno capiva come facessi. Vi dirò la verità: neanche io. Era l'oca che era brava.

Stefano Benni

Negli anni Cinquanta, chi aveva la radio nell'automobile furoreggiava con le ragazze. Mio cugino Ignazio faceva strage di cuori invitandole sulla sua Topolino, dove, dopo essersi fermato in un angolino appartato, accendeva la radio e le avvolgeva in una magia di romantiche canzoni... In realtà, Ignazio non aveva nessuna radio, ma quando le ragazze scoprivano che Ignazio era solo uno sporco ventriloquo, lui le aveva già scopate. Adesso che ci penso, Ignazio non aveva neanche la Topolino. Ma oltre a essere un ventriloquo, era anche un ipnotizzatore, e così le ragazze credevano di viaggiare su un'auto lussuosa mentre in realtà se ne stavano issate sul tubo di una vecchia bicicletta scassata! A volte ho dei dubbi che Ignazio avesse davvero la bicicletta...

Romano Bertola

Mentre guidavo, ho fatto un incidente con un mago. Non è stata colpa mia. Il tizio è spuntato fuori dal nulla.

Auggie Cook

Questa è la breve e triste storia di un prestigiatore e della sua valletta: facevano lo spettacolo insieme e lui la segava in tre pezzi. Poi hanno litigato, lei lo ha lasciato e ora vive a Detroit, San Diego e Miami!

David Copperfield

La mia passione era la magia e conquistare le donne. La mia parola magica era: Abracadammela!

Raul Cremona

Ho visto lo spettacolo di Copperfield. Il parcheggio era pieno di macchine e una voce dentro di me diceva: «Raul, a te sarebbe bastato l'incasso del parcheggio!».

Raul Cremona

Quand'ero piccolo facevo confusione fra il manuale di illusionismo e il kamasutra. Infatti tiravo fuori il coniglio dal cilindro in 59 posizioni diverse.

RAUL CREMONA

Se, guardando un mago, vi siete chiesti: «Ma come fa?», guardando Mister Forest lo capirete.

RAUL CREMONA

Il famoso Mago René Lavand aveva un braccio solo e faceva con le carte cose stupefacenti. Una volta al Mago Raul ha detto: «Guarda che si può fare anche con due mani!».

MISTER FOREST (MICHELE FORESTA)

«Taci! Tu sei un mago con le parole, se no come avresti fatto a convincermi a farti un pompino al funerale di mio padre?»

HARRY A PEZZI

Se solo mi ricordassi di cosa viene dopo "abra" farei sparire l'intero pubblico.

HARRY HOUDINI

Ho sognato di fare il mio migliore trucco con le carte a Dio e Lui ha detto: «So come hai fatto».

TONY INVERGO

È il Papa a decidere chi diventa santo. Bisogna aver fatto tre miracoli, per diventare santi. E dev'essere pieno di persone straordinarie con soli due miracoli che si stanno sbattendo per cercare quell'ultima azione miracolosa. Tipo: «Vostra Papità, ho qui per voi un grande miracolo, fantastico. Pescate una carta, e non fatemela vedere»

EDDIE IZZARD

Ho predetto la fine dell'anno il 31 dicembre.

MAGO ORONZO (RAUL CREMONA)

Una notte mi alzo per andare in bagno, apro la porta e la luce si accende da sola, senza toccare l'interruttore; entro, faccio i miei bisogni, esco, chiudo la porta e la luce si spegne da sola senza che io tocchi l'interruttore. Torno a letto e mi dico fra me e me: «Magia? Chiaroveggenza? O forse ho pisciato nel frigorifero?».

MAGO ORONZO (RAUL CREMONA)

Libera la tua mente! Libera il tuo corpo! Io lo faccio due volte al giorno.

MAGO ORONZO (RAUL CREMONA)

Libera la tua mente! Libera il tuo corpo! Io lo faccio due volte al giorno.

MAGO ORONZO (RAUL CREMONA)

Faccio magia con qualsiasi oggetto: l'anno scorso ho messo in testa un collant di nylon e in una banca sono apparsi 100 milioni!

MAGO ORONZO (RAUL CREMONA)

Solo io sono a conoscenza del sacro mistero della reincarnazione in quanto le mie unghie si sono reincarnate tante di quelle volte!

MAGO ORONZO (RAUL CREMONA)

Abbiamo visto un fachiro entrare in una vasca piena d'acqua per dieci lunghissimi minuti e uscirne miracolosamente sporco come ci era entrato.

VALERIO PERETTI CUCCHI-MARIO ZUCCA

Ho una foto molto rara di Harry Houdini chiuso fuori casa...

STEVEN WRIGHT

MAGISTRATO

vedi **Giudice**

MAGLIONE *(T-shirt)*

La felpa è quel capo d'abbigliamento che un bambino indossa quando sua madre ha freddo.

LEOPOLD FETCHNER

Io me ne strabatto dello stambecco del Gargano! Che scompaia. Ma qui sta rischiando di scomparire anche il falegname di Viterbo. Ho il terrore di incrociare un panda con una mia foto sulla maglietta!

BEPPE GRILLO

Qualche anno fa mi mettevo una t-shirt bianca, mi guardavo allo specchio e cercavo di assomigliare a Brad Pitt. Poi sono passato a una bella polo stirata e mi atteggiavo a George Clooney. Adesso se metto una camicia nera sbottonata, allo specchio vedo Briatore... comincio a pensare all'eutanasia.

MASSIMO MARIA GRIGGI

Non riesco a indossare un maglione a collo alto; è come se venissi strangolato da una persona molto debole. Tutto il giorno.

MITCH HEDBERG

Smetterei di giocare a golf se non avessi tanti maglioni.

BOB HOPE

Capsula: «Nucleo, puoi abbuiartela quanto vuoi, tanto io sono molto più ordinato di te!»
Nucleo: «Ma se quando apri i cassetti le tue magliette si coprono gli occhi perché non hanno mai visto la luce!»

PALI E DISPARI

La nostra squadra giocava così male che lo sponsor voleva che sulle maglie mettessimo il nome della concorrenza.

DIEGO PARASSOLE

In tanti aspetti, a cominciare dal modo unico in cui sa segnare, Ronaldo mi ricorda Meazza, il quale commise un solo errore: accettare il trasferimento al Milan. Sono sicuro che Ronaldo mai potrebbe essere indotto in una simile tentazione. Uno grande come lui può indossare una sola maglia: quella nerazzurra.

PEPPINO PRISCO

Sono grasso ma anche permaloso. L'altro giorno in palestra il mio allenatore si è tirato su la canotta e mostrando gli addominali mi ha detto: «Vista la tartaruga?» Allora io ho alzato la mia maglia larga: «Ce l'ho anch'io, ma ora è girata. Si vede che dorme!».

DANIELE RACO

MAGRI *(Anoressia)*

Nell'immagine classica della mia infanzia ci sono io che chiedo: «Saremo sempre come Audrey Hepburn, mamma?».

ANONIMO

Mia moglie è così magra che le zanzare la mancano!

MILTON BERLE

Sei stupida, sei ignorante, sei snob, sei anoressica e sei cocainomane. Se fossi anche bella potresti fare la modella.

PAOLO BURINI

Ho letto che fare sesso fa dimagrire. Tremo all'idea che Fassino trombi molto più di me.

TEO GUADALUPI

Tutti mi chiedono sempre come faccio a essere così magra. Primo, faccio sempre le scale. Sempre. Secondo, sono anoressica.

HOLLYWOOD IMPROV

Fame. Quando eravamo più magri stavamo più vicini.

GEORG KAISER

Le donne magre sono come i pantaloni senza tasche: non si sa dove mettere le mani.

EUGÈNE LABICHE

Era un cane talmente magro che le zecche gli si appiccicavano non per succhiargli il sangue ma per darglielo.

ORAZIO LEOTTA

È talmente magra che per fare ombra deve passare due volte nello stesso posto.

BORIS MAKARESKO

È una città così povera che la Donna Cannone del circo pesa 50 Chili.

ROBERT ORBEN

Odio le donne magre, perché non ha importanza quanto siano sottili, sono sempre a dieta. La mia amica Cynthia è un metro e settantacinque, pesa cinquantasette chili, e vive a Slim Fast. Un tempo diceva: «Questi pantaloni mi fanno sembrare grassa?». Adesso dice: «Riesci ancora a vedermi? Sono ancora visibile a occhio nudo?».

RON RICHARDS

Ho una fidanzata carina. È anoressica. La vedo sempre meno.

ADAM SANDLER

Anche questo fatto che insistono di bruciare i grassi... io brucerei i magri!

SCONSOLATA (ANNA MARIA BARBERA)

Sapete perché i pesci sono così magri? Perché mangiano pesce.

JERRY SEINFELD

MAIALE

Il cinghiale incontrando il maiale: «E, a parte la chemio, come va?»
ANONIMO

L'avete mai visto un cinghiale quando mangia? Un maiale!
BRUNO

Per capire una donna ci vuole una donna. Per capire un uomo ci vuole un maiale.
GEPPI CUCCIARI

Pensare che non si sa il nome del primo maiale che scoprì un tartufo.
EDMOND E JULES DE GONCOURT

È una splendida storia ambientata in Sardegna. Un maiale viene rapito vicino a Orgosolo e i genitori sospettano che non sia più vivo perché nella lettera di richiesta di riscatto i rapitori hanno messo tre fette di mortadella.
GENE GNOCCHI-MARCO POSANI

Ogni ghianda può pensare di diventare quercia. Ma nella realtà il 999 per mille delle ghiande serve di pasto ai maiali.
ANTONIO GRAMSCI

Nella riproduzione bovina si usa un toro e venticinque mucche, a meno che non siano proprio vacche. Invece nella riproduzione suina servono quattro maschi perché alla maiala piace così. Addirittura nella riproduzione ovina in alcuni casi il contadino deve far vedere ai maschi come si fa.
GIANLUCA IRTI

Le maschere di fango non fanno bene alla carnagione. Hai mai visto un maiale carino?
JACK E. LEONARD

Davanti alla mia scuola si è ribaltato un camion carico di maiali. L'autista era mio zio, quello che ha il vizio di bere; egli, non volendo responsabilità, era scappato nei campi dopo l'incidente... sì, poi di notte aveva telefonato a Radio Popolare per vedere se almeno metà della colpa se la prendevano loro.
MAURIZIO MILANI

«Si può anche dare il rossetto a un maiale, ma resta pur sempre un maiale»

BARACK OBAMA, DAVANTI A 2.400 PERSONE IN VIRGINIA RIFERENDOSI ALLA PALIN

Ci scrive un Maiale da Parma: "Sono tutto rosa, tenero e con un filo di grasso e mi guardo tutto il giorno allo speck. Ora mi viene un dubbio. Non starò mica diventando un culatello!".

FRANCESCO SALVI

Del maiale non si butta via niente. Della maiala si tiene solo il numero di telefono.

NICOLA SEVERIN

Sapete qual è la differenza tra il partecipare e l'essere coinvolti? È la stessa che c'è in un tramezzino uova e prosciutto. In un tramezzino uova e prosciutto la gallina partecipa, il maiale è coinvolto!

SERGIO VIGLIANESE

«Papà, come si chiamano i maiali da piccoli?» «Salvadanai.»

MARIO ZUCCA

MAIALI *(Sporcaccioni)*

Le donne sono come le salsicce, pelle fuori e maiale dentro.

TEDDI CASADEY (PAOLO CEVOLI)

La vera fonte della giovinezza è avere una mente porca.

JERRY HALL

A che serve essere vecchi se non si può essere un po' sporcaccioni?

PERSONAL SERVICES

Del maiale non si butta via niente. Della maiala si tiene solo il numero di telefono.

NICOLA SEVERIN

La mia donna è talmente porca che quando giochiamo a Monopoli al posto degli alberghi mette direttamente i motel.

CARLO TURATI

MALATTIE

Fizz: «Cos'hai, Gin, ti vedo triste.»
Gin: «Sai, oggi sono stato al funerale del nonno del bisnonno del nonno di mio nonno.»
Fizz: «E di cosa è morto?»
Gin: «Di peste!»
Fizz: «Anch'io ho una brutta notizia: Vincent ha scoperto che gli abbiamo messo dei microfoni in casa.
Gin: «Perché dici così?»
Fizz: «Perché quando entra in casa dice sempre: uno, due, tre, prova... Sì... Sì... Prova...»

ALE E FRANZ

Chiunque non morirà di spada o di carestia morirà di peste e allora perché preoccuparsi di farsi la barba?

WOODY ALLEN

Avendogli prescritto il medico di sudare molto per curarsi dai reumatismi, Silvio Berlusconi si compra l'equatore.

AMURRI & VERDE

Ci credereste? Quarant'anni fa, mentre faceva un bagno di sole nel suo giardino, la signora Betty Lomax di Pugh Street, Ponders End, perse il suo anello di fidanzamento. Ieri, mentre zappava proprio in quel giardino, suo figlio Wilfred si è preso l'ernia.

ANONIMO

Raffreddore: malattia che se curata dal medico, dura una settimana, e senza, sette giorni.

ANONIMO

Se il mio dottore mi dicesse che mi rimangono solo sei minuti da vivere, non ci rimuginerei sopra. Batterei a macchina un po' più veloce.

ISAAC ASIMOV

Scusate. Ho mal di testa in tutto il corpo.

BASTANO TRE PER FARE UNA COPPIA

Il giorno in cui un giovane scrittore corregge la sua prima bozza prova lo stesso orgoglio di un adolescente che ha appena preso la sifilide.

CHARLES BAUDELAIRE

Chissà perché tutte le malattie mentali cominciano per Psi: psicopatico, psicotico...

Roberto Benigni

Non mi merito questo premio, ma ho l'artrite e non mi merito nemmeno quella.

Jack Benny

Non viaggio mai in aereo. Il viaggio verso l'aeroporto mi fa venire il mal d'auto.

Milton Berle

Quando sento la sirena di un'autoambulanza mi si stringe il cuore pensando a quel disgraziato che attraversa la città indifferente e lui lì, a guidare, per giunta con un rompiballe dietro che si lamenta.

Romano Bertola

Il colera passa, i Gava restano. È dunque vero che se ne vanno sempre i migliori.

Enzo Biagi

Ti accorgi di essere invecchiato quando, chinandoti per allacciarti una scarpa, ti chiedi cos'altro puoi fare già che sei giù.

George Burns

Abbiamo sviluppato questa pillola che ti fa diventare un serial killer, ma non è ancora in commercio perché come effetto collaterale ti fa venire il mal di testa.

Drew Carey

Talvolta in tv si vede un prodotto che è "ottimo per il mal di testa". Non voglio qualcosa che sia ottimo per il mal di testa. Voglio qualcosa che sia pessimo per il mal di testa. E ottimo per me.

George Carlin

Ho avuto malattie che sono durate più a lungo dei miei matrimoni.

Nell Carter

Esiste un legame tra depressione e cancro? È scientificamente dimostrato: su 100 persone che vengono a sapere di avere un cancro, 95 smettono di ridere.

Lia Celi

Le mogli non danno l'Aids, le mogli non danno l'infarto, le mogli non danno niente.
GUIDO CERONETTI

L'arte è finita da quando gli artisti non hanno più malattie veneree.
GUIDO CERONETTI

«Quando si tossisce si mette la mano davanti alla bocca!» «Ho provato, ma si tossisce lo stesso.»
JEAN CHARLES

La medicina antica non potendo curare i malati si accontentava di resuscitare i morti.
JEAN CHARLES

Mia figlia non è una cima: ogni mattina appena sveglia, mi viene a dire, «Papà, ho mal di testa!» e io le rispondo sempre: «Tesoro, quando ti alzi dal letto, prima i piedi!».
BILLY CRYSTAL

Ho un amico che quando si dà per malato in ufficio, telefona e legge parola per parola il retro della bottiglia del Vicks Formula 44D. «Cosa c'è che non va, Buddy?» «Ho sintomi dovuti a raffreddore, febbre, tosse, uh, posso causare sonnolenza e, uh, devo essere tenuto lontano dalla portata dei bambini.»
MARK CURRY

Se la vita ti sorride, ha una paresi.
PACO D'ALCATRAZ

Sono stato a un party selvaggio, dove abbiamo giocato a una versione moderna della roulette russa: eravamo circondati da sei ragazze e una aveva una malattia venerea.
RODNEY DANGERFIELD

Sale il costo della benzina, del gasolio, delle sigarette: farsi un cancro diventa un lusso.
IVAN DELLA MEA

Per un romano il congiuntivo è una malattia dell'occhio!
ALESSANDRO DI CARLO

Il giorno dopo le 120 giornate di Sodoma il Pronto Soccorso si riempì di casi imbarazzanti.
FABIO DI IORIO

Credo nei rimedi di un tempo, quelli della nonna, per capirci, quelli semplici. Ai vecchi tempi, se prendevi la polmonite, bevevi tè caldo, bevevi zuppa di pollo, e poi morivi.

PHYLLIS DILLER

Poliziotto: «Onorevole Scelba, c'è un caso insolito: un operaio è morto solamente di polmonite!»

DON BASILIO, 1950

Hai visto il paziente che stava al 27? È morto! E che c'aveva, niente. I dottori dicono che non aveva niente. È proprio vero che a volte basta un niente...

FELICETTO, L'INFERMIERE (STEFANO VIGILANTE)

Ho preso i reumatismi leggendo Genet, è sempre così umido.

ENNIO FLAIANO

Sergente: «A causa della partenza per le manovre, i malati di domani saranno visitati questa sera.»

RICARDO FLORÉS

Classico episodio di malasanità: un tizio ha vissuto diciotto anni con una pinza nello stomaco. Alla fine niente di così drammatico: fortunatamente il medico che l'aveva operato ne aveva un'altra.

MISTER FOREST (MICHELE FORESTA)

Per un francese è impensabile arrivare a cinquant'anni senza aver avuto la sifilide e la Legion d'onore.

ANDRÉ GIDE

Marella Agnelli, la moglie dell'Avvocato, ha il collo così lungo che, quando le viene il mal di gola, la Valda raddoppia il fatturato.

GINO&MICHELE

Ormai solo i ricchi possono permettersi di ammalarsi. Con quello che costa ora curarsi noi possiamo permetterei solo mali incurabili.

GIULIANO

Due persone su una in questo Paese sono schizofreniche.

GRAFFITO

L'ipocondria è l'unica malattia che non ho.

GRAFFITO, NEW YORK 1978

Mi sono innamorato della cassiera di un negozio di animali. Per farmi notare ho comprato così tante scatolette di biscotti per cani che il mio cane a un certo punto mi fa: «Bau! Ma quando cazzo le chiedi di uscire che mi sta venendo il diabete?».

MARINO GUIDI-SKIZZO

Perché si chiama asteroide se è fuori dell'emisfero ed emorroide se è dentro al tuo culo?

INTERNET ONE-LINERS

L'amore è come il morbillo: più tardi arriva e più è pericoloso.

DOUGLAS WILLIAM JERROLD

Se le sue labbra sono infuocate e lei trema tra le tue braccia, scordatela. Ha la malaria.

JACKIE KANNON

Ci sono dei momenti in cui non si dovrebbe limonare. Quando si è malati. Quando si è con dei bambini. Quando si è sul banco degli imputati.

JOICE JILLSON

Alcuni scienziati dicono che la nicotina potrebbe curare l'Alzheimer: muori prima di diventare abbastanza vecchio da ammalarti.

JAY LENO

Pare che il sesso orale causi il cancro. Come se le cose non fossero già dure per Paris Hilton.

DAVID LETTERMAN

L'agopuntura è una cosa ottima. Avete mai visto un porcospino ammalato?

BORIS MAKARESKO

Finalmente una buona notizia: l'atomica non causa il cancro!

MARCELLO MARCHESI

Per prima cosa lo specialista mi diede la notizia buona: avevo una malattia che avrebbe preso il mio nome.

STEVE MARTIN

Soffro di dissenteria. Quando inizio qualcosa non riesco mai a fin...

FRANCO MERAFINO

Molti hanno paura di quella donna: ha mandato più uomini in bianco del colesterolo.

FRANCO MERAFINO

Per strada ho visto una signora avere un malore; non c'era nessuno. Io per non avere la responsabilità di soccorrerla mi sono fatto venire un malore anch'io.

MAURIZIO MILANI

Mi curerò con la medicina alternativa quando avrò una malattia alternativa.

MICHELE MIRABELLA, CITANDO LA MADRE

Sono molto sfortunato. Avevo il raffreddore, ho preso una medicina che mi aprisse il naso, e mentre questo era aperto ho preso un altro raffreddore.

ROBERT ORBEN

I soldi di carta potranno anche essere coperti di germi, ma oggigiorno li teniamo così poco con noi che è impossibile prendersi qualcosa.

HERBERT V. PROCHNOW & HERBERT V. PROCHNOW JR.

John Gotti ha subito un intervento chirurgico. I dottori gli hanno asportato una massa tumorale vicino alle tonsille. Poi hanno preso il tumore, l'hanno portato in auto nel New Jersey, e gli hanno sparato nella testa dieci volte.

CHRIS ROCK

Furio Scartezzini! Che mentre tu sei bello e tranquillo al bar che leggi un articolo sul morbo del legionario e pensi: «A me che cazzo me frega, io vivo in Italia», in quella passa un marocchino che vende accendini e che inciampando finisca con un suo dito nella tua bocca e a te ti viene un dubbio...

PAOLO ROSSI

Ho uno strano fenomeno di autofecondazione, che se si va poi a vedere non è altro che una gravidanza isterica, dovuta ad abbondante assunzione di (pinte di) luppolo... Per abbondante assunzione intendo a colazione, a pranzo, a cena e, quando sono di buonumore, anche a merenda. E allora mi si viene a creare un'imbarazzante problema per cui la flora intestinale diventa fauna.

RUBES

Hanno diagnosticato che il mio cuore, da muscolo involontario, è diventato muscolo volontario, per cui se mi distraggo un attimo o mi addormento, sono un uomo morto...

RUBES

Oggi Tury mi ha detto: «Minchia, Sabbry? I tuoi occhi sono due fari luminosi che risplendono il cammino. Mi ricordano tanto gli antinebbia di Alfio... sai...quel giallo intenso... Sabbry? Tu l'hai fatta l'epatite?»

SABBRY (LUCIANA LITTIZZETTO)

Mio figlio è così anemico che ha bisogno di una trasfusione quando deve sanguinare.

LOUIS A. SAFIAN

Non sarai mai solo con la schizofrenia.

SPILLA INGLESE, 1983

Gattuso tranquillo non è aviaria, c'hai il morbillo.

STRISCIONE INTERISTA

Mia madre è andata dal ginecologo che le ha detto che aveva la vaginite perché faceva troppo l'amore con mio padre. Adesso sono un po' preoccupato perché mia sorella ha l' otite... però ho pensato: era peggio se aveva la tonsillite!

TARCISIO (MAX PISU)

Un nevrastenico è uno che costruisce castelli in aria, un pazzo è chi ci abita, lo psichiatra è quello che riscuote l'affitto.

JACQUES TATI

Son diventato così ipocondriaco che dopo aver fatto il bagno aspetto tre ore prima di mangiare.

ANTONELLO TAURINO

Sono malato di stanchezza: quando sto in piedi mi stanco e mi devo sedere. Quando sono seduto mi stanco e mi devo alzare...

I TRETTRÈ

In principio furono Trimalcione, Lucullo, Gargantua. Poi venne il colesterolo.

DINO VERDE

Io sto alla figa come un diabetico alla Sachertorte.

DARIO VERGASSOLA

È solo dopo un ictus che si capisce l'importanza di dare nomi brevi alle proprie figlie.

FRANCESCO VESPA

Sarei disposto ad avere 37 e 2 tutta la vita in cambio della seconda palla di servizio di McEnroe.

BEPPE VIOLA

Quell'albergo aveva le stanze così piccole che quando mi è venuto il mal di testa è stato il mio vicino a prendere l'aspirina.

HENNY YOUNGMAN

Mi faceva male il braccio. Sono andato dal dottore. Mi ha chiesto: «Ha già avuto quel dolore, prima?» «Sì.» «Beh, ce l'ha di nuovo.»

HENNY YOUNGMAN

Quella del sesso è un'arte che non credo di possedere. Ieri una prostituta con cui ero già stato un paio di volte mi ha tirato fuori la scusa del mal di testa.

MIRCO ZILIO

MALE *(Far male)*

Tra due mali scelgo sempre quella più giovane e carina.

ANONIMO

Conservatore: uno statista innamorato dei mali già esistenti. Si contrappone al liberale che vuole sostituirli con altri.

AMBROSE BIERCE

Va male! Ma se andasse bene, andrebbe bene?

MOJMIR JEZEK

È così pessimista che, tra due mali, li sceglie entrambi.

LOUIS A. SAFIAN

L'acqua, presa con moderazione, non può far male a nessuno.

MARK TWAIN

Tra due mali scelgo sempre quello che non ho mai provato.

MAE WEST

MALEDUCAZIONE

I ragazzini sono dei duri. Una volta ho visto un ragazzino e gli ho regalato un'arancia. Sua madre lo ha ripreso: «Cosa si dice al signore?». Il ragazzino mi ha guardato e ha detto: «Sbucciala».

BILL BARNER

Quella di venirci a trovare è stata una magnifica idea. Però anche la nostra di non aprirvi non è male.

ROMANO BERTOLA

«Quando si tossisce si mette la mano davanti alla bocca!» «Ho provato, ma si tossisce lo stesso.»

JEAN CHARLES

Che c'è di peggio di vedere lui che dopo cena mi strappa un capello e lo usa come filo interdentale, a tavola?

HARRY TI PRESENTO SALLY

Basta, sono stanco di questo mondo di cafoni, di questo gergo di "aò, abbella", di questi balli porconi. È per questo che, per cambiare questo stato di degrado dei rapporti tra i due sessi, l'altra sera in un locale mi sono avvicinato a una ragazza e con fare galante le ho domandato: «Signorina, mi concederebbe l'onore di un pompino?».

NAPOLEONE & CARDOPATRI

Le buone maniere sostituiscono anche la morale. Per esempio, se per caso ci si dovesse trovare sul ponte di una nave che sta per affondare e se le scialuppe di salvataggio fossero insufficienti, sarà bene calarne una in mare allontanandosi senza farsi notare. Ci sarà di certo una grande eccitazione tra i passeggeri ed è una grossa maleducazione stare ad ascoltare le discussioni che non ci riguardano.

P.J. O'ROURKE

Comincio a rispondere male alle persone. Mi chiedono «Che ore sono?» e io: «Male».

ALESSIO PARENTI

Gli anni con me sono stati gentili... Invece i mesi e i giorni sono stati un po' villani.

CHARLES M. SCHULZ

MAMMA
vedi *Madre*

MAMMIFERI

La vacca è un mammifero che ha le gambe che arrivano fino a terra. La vacca ha un vitello ogni anno, grazie al toro, che è una vacca senza mammelle. Nella fecondazione artificiale il veterinario sostituisce il toro.

JEAN CHARLES

Da single, all'inizio, sei ottimista. Tipo: «Voglio incontrare un uomo che sia veramente in gamba, veramente dolce, veramente bello, con una buona carriera...». Sei mesi dopo, invece, dici: «O Signore, qualsiasi mammifero con un lavoro diurno».

CAROL LEIFER

Esistono i mammiferi volanti? Sì, le hostess.

FRANCESCO SALVI

Come uomo ho ancora molto da imparare dalla vita. Ma come mammifero mi sento realizzato.

MIRCO STEFANON

MANAGER *(Direttore)*

Una conferenza è una riunione di persone importanti che singolarmente non possono fare nulla ma assieme possono decidere che non si può fare nulla.

FRED ALLEN

Un manager col telefonino entrò in una cabina telefonica e pianse di nostalgia.

FEDERICO BINI

Dicono che i dirigenti politici italiani sono malati, sono infettati. Secondo me, per essere sicuri, si deve fare subito l'autopsia.

DOMENICO CIRUZZI

Ieri avevo un appuntamento importante per un colloquio di lavoro e quindi mi sono vestito per l'occasione: giacca blu, cravatta e camicia bianca. Completava il mio abbigliamento un'utile cartella di cuoio modello dirigente con scomparti a fisarmonica, per sistemare i vari documenti che avevo con me: un biglietto del tram e *La Gazzetta dello Sport*.

ANTONIO CORNACCHIONE

«... bisogna che il manager di domani si adatti alle più diverse condizioni dettate dal mercato, che sappia fare un po' di tutto. Ora mi scusi ma devo far partorire una vacca in sala riunioni.»

WALTER FONTANA

Il manager di Adriano: «Resterà in Brasile. Il Carnevale di Rio disposto a proporgli un biennale».

GENE GNOCCHI

Il direttore a un impiegato: «E si ricordi che la mia porta è sempre aperta» «E allora prenda un fottutissimo cacciavite e la aggiusti!»

BENNY HILL

C'era una riunione di dirigenti d'azienda: il product manager, durante una lecturing ha parlato di briefing e ha proposto uno story boarding. Sono arrivato io, ho fatto un rutting e ho messo tutti d'according!

MAGO ORONZO (RAUL CREMONA)

Vengo da un ambiente dove, se si vede un serpente, lo si uccide. Alla General Motors, se vedi un serpente, per prima cosa assumi un consulente sui serpenti.

H. ROSS PEROT

Visitatore: «Quante persone lavorano qui nella sua azienda?»
Manager: «Oh, circa una su dieci!»

Bob Phillips

Ora che le donne sono diventate fantini, arbitri di baseball, scienziati nucleari e dirigenti commerciali, forse un giorno impareranno a parcheggiare a pettine.

Bill Vaughan

Renato Dall'Ara, indimenticato presidente del Bologna, aveva un debole per il latino. «E si ricordi» disse un giorno, «che per ogni evenienza sine qua non, siamo qui noi!» A un dirigente che voleva assumere un'iniziativa, disse decisamente: «Fiat lux, faccia lui!».

Beppe Viola

MANCANZA DI RISPETTO

vedi **Rispetto**

MANCANZA DI TALENTO

vedi **Talento**

MANCIA

Una volta ho incrociato un cameriere con una tigre. Non so cosa mi sia venuto fuori, però gli ho lasciato una grooossa mancia!

Milton Berle

Per gli americani dare mance è diventato un gesto automatico... Abbiamo elargito mance a un cameriere che tolse un gatto dal tavolo su cui stavamo pranzando, a un tassista che per poco non rese orfani i nostri figli, a un facchino che custodì gelosamente i nostri bagagli sul suo carrello mentre il nostro aereo decollava.

Erma Bombeck

Povero Silvio... Perché lui ha un cuore grande così, è generoso con tutti. Alla mattina, appena sveglio, il cameriere gli porta la colazione e lui gli dà la mancia. Poi arriva il barbiere e lui gli dà la mancia. Arriva il fiorista e lui gli dà la mancia, arriva l'autista e lui gli dà la mancia, arriva la Guardia di Finanza...

Antonio Cornacchione

Quei fattorini d'albergo che a Miami vanno a caccia di mance! Una volta ho ordinato un mazzo di carte da gioco e il fattorino ha fatto cinquantadue viaggi nella mia stanza.

HENNY YOUNGMAN

È talmente brutta che l'ultima volta che l'ho portata al ristorante, il cameriere ha dato la mancia a me.

ZANZARA, DI *AENIGMATICA*

MANGIARE

Fizz: «E Larry?»
Gin: «Larry è morto. È morto mangiando delle scaloppine avvelenate.»
Fizz: «È proprio vero che a volte basta un secondo...»

ALE E FRANZ

Ho capito che stavo invecchiando quando un giorno mi sono bloccato davanti a un manifesto: c'era Valeria Marini tutta nuda che cavalcava una mortadella. La cosa terribile è che stavo guardando la mortadella.

ALFREDO ACCATINO

Non mangio mai ostriche. Il cibo mi piace morto. Non malato, né ferito, morto.

WOODY ALLEN

Prima massaia: «Caspita, quanto mangiate!»
Seconda massaia «Sa com'è, abbiamo il water nuovo.»

ALTAN

Mangiate merda: miliardi di mosche non possono essersi tutte sbagliate.

ANONIMO

Il conte Ugolino passò alla storia per essersi mangiato i figli. Li guardò in faccia: Anselmo il primo, Gaddo il secondo, Marco come contorno e se li mangiò.

ANATOLJ BALASZ (NATALINO BALASSO)

Adoro la cucina cinese. Il mio piatto preferito è il 27.

CLEMENT ATLEE

Il segreto per restare giovani è vivere onestamente, mangiare lentamente e mentire sull'età.

LUCILLE BALL

Vorrei trovare uno stufato che mi desse acidità di stomaco immediatamente, e non alle tre del mattino.

JOHN BARRYMORE

Stasera la tavola è imbandita con ogni ben di Dio. Frutta, cacciagione, vino. Ma non mi piace mangiare così. Da solo. Vorrei la presenza di qualcuno... renderebbe tutto più buono. L'ideale sarebbe un'orfanella che guarda da dietro i vetri, mentre cade la neve...

ROMANO BERTOLA

Mi hanno detto: «Mangia il pesce, ché contiene fosforo» «Allora divento intelligente?» «No, ti si vede la notte!»

ENRICO BERUSCHI

Di solito i miei figli rifiutano di mangiare qualsiasi cosa che prima non abbia ballato in televisione.

ERMA BOMBECK

Mia mamma adora pulire. Continua a dire: «Guardate qui: potreste mangiare sul mio pavimento». Be', potreste mangiare anche sul mio: ci saranno mille cose, sopra.

ELAYNE BOOSLER

Non c'è alcun rapporto tra gli asparagi e l'immortalità dell'anima. Gli asparagi si mangiano, l'immortalità dell'anima no.

ACHILLE CAMPANILE

Ho mangiato in posti che voialtre non ci caghereste neanche!

FRANCESCO CASARINI

È pericoloso fare il bagno prima che siano trascorse tre ore dall'aver mangiato dei funghi velenosi.

CAVANNA

Quando l'ultimo albero sarà abbattuto, l'ultimo fiume avvelenato, l'ultimo pesce pescato, vi accorgerete che non si può mangiare il denaro.

CORVO ROSSO

Sono a un'età in cui il cibo ha preso il posto del sesso, nella mia vita.

Infatti, ha fatto mettere uno specchio sulla tavola della cucina.
RODNEY DANGERFIELD

Sono stato negli Stati Uniti, ma mangiano che è una schifezza. Mio cugino mi ha portato in uno di questi ristoranti; dice: «Qui fanno gli hot dog, i cani caldi, sentirai che buoni». Entriamo, ordiniamo due hot dog, due cani caldi, e mio cugino si mette a mangiare il suo di gusto. Io no, non ce la facevo. Mi fa: «Ma come, Alex, non mangi il tuo hot dog?». Gli ho risposto: «Cugino, ma di tutto il cane, a mia proprio la minchia mi doveva capitare?».
ALEX DRASTICO (ANTONIO ALBANESE)

Quando hai fame pensa a chi ne ha più di te e mangia anche per lui.
IVAN DELLA MEA

Se ha quattro gambe e non è una sedia, se ha due ali e non è un aereo, se va sott'acqua e non è un sommergibile i cantonesi lo mangeranno di sicuro.
FILIPPO DI EDIMBURGO

Mettiamo che una notte mi venga voglia di mangiare una mozzarella ma mi accorgo che è scaduta ieri. Se prendo un aereo e cambio fuso orario posso ancora mangiarla?
FABIO FAZIO

Non mangerei nulla che avesse intelligenza, ma sarei lieto di mangiarmi un produttore televisivo o un uomo politico.
MARTY FELDMAN

Mio zio ha vissuto fino a cento anni e lo deve tutto ai funghi. Non ne ha mai mangiati.
LEOPOLD FETCHNER

Un sacco di gente non ama i pesci rossi. Non puoi abbracciarli. Non puoi metter loro un guinzaglio e portarli a fare quattro passi. Non hanno senso dell'umorismo, e tutto quello che fanno è mangiare e dormire. Hey, un momento! Ho appena descritto me!
GARFIELD

Lasciate che vi parli del mio lunedì. Sembrava perfetto. Pensavo che sarebbe stato il primo lunedì da non odiare della mia vita. Mi sono alzato di notte e ho mangiato qualche torroncino... Poi quando mi sono svegliato mi sono accorto che la mia collezione di marmi colorati era sparita!

Garfield

Quand'ero bambino il menu di casa consisteva in sole due scelte: mangialo, o vattene.

Buddy Hackett

Ogni ragazza che sa cucinare può trovare un uomo che sa mangiare.

Arsenio Hall

Credo che se stessi morendo di fame potrei mangiare un cane. Ma non un collie, perché non mi piace il sapore dei collie.

Jack Handey

«C'è qualcosa della mia cucina che non le piace?» «Sì, mangiarla.»

Sherman Hemsley

Mangiare pollo fritto del Kentucky è come far parte di un complotto contro se stessi.

Ipotesi di complotto

Per dieci anni, ogni volta che scartavo il bianco del prosciutto, mia madre mi diceva che in Africa c'erano dei bambini che morivano di fame. Aveva ragione. Stamattina sono uscito e ho spedito uno scatolone per l'Africa. Conteneva venti chili di bianco del prosciutto.

Gianluca Irti

Non mangio mai a stomaco vuoto.

William Johnston

Ero seduto lì un giorno a pensare al cannibalismo, perché questo è quello che fa la gente come me... E mi sono chiesto, supponiamo che un uomo naufraghi su un'isola rocciosa, quanto di se stesso potrebbe mangiare?

Stephen King

Se qualcosa deve essere per forza pieno di calorie e di colesterolo, perché non possono esserlo i broccoli, invece del gelato?

Doug Larson

Un'azienda giapponese offre un traduttore che ti può far sapere cosa sta dicendo il tuo gatto. Posso già dirvi

io che sono solo due cose: «Dammi da mangiare» e «Vattene».
JAY LENO

Mangiano sterco, poi protestano quando vi trovano un capello.
LEO LONGANESI

Mai mangiare in un ristorante cinese che pratica aborti.
DANIELE LUTTAZZI

Non le piacque la cucina greca. «Roba del genere dovrebbe uscire dal mio corpo, non entrarci», disse.
DANIELE LUTTAZZI

Mangia sempre la peperonata, che non gli piace per niente, perché va pazzo per il bicarbonato.
BORIS MAKARESKO

Farei di tutto per essere uguale a questo attraente ragazzo, tranne naturalmente che fare ginnastica e mangiare sano.
STEVE MARTIN, NOTTE DEGLI OSCAR 2003

Mangio come un avvoltoio. Purtroppo la somiglianza non si ferma qui.
GROUCHO MARX

Quando non studiavo papà mi infliggeva sempre la stessa tremenda punizione: a letto senza cena e sveglia a mezzanotte per vedere Marzullo!
FRANCESCO MICCIO

Sì, lo so
tra noi è finita
ma non potremmo riempire questo vuoto
mangiando qualcosa?
VASCO MIRANDOLA

Ostriche: io proprio non riesco a immaginare perché qualcuno voglia mangiare qualcosa di così gommoso per giunta servito in un portacenere!
THE MUPPET SHOW

C'è un solo posto dove si mangia peggio che al ristorante cinese: alla mensa universitaria. Mi chie-

do come sopravvivano gli studenti di Pechino.
NAPOLEONE & CARDOPATRI

Quando mangio, bevo e trombo, 'un mi chiamà perché 'un rispondo.
PROVERBIO TOSCANO

"Buffet" è una parola francese che significa alzati e serviti da solo.
GREG RAY

Negli Stati Uniti si mangia veramente male. In certi ristoranti, con il conto ti portano anche la prognosi. Ho capito perché gli americani incominciano il pranzo dal dolce, poi passano alla frutta, al secondo e al primo. C'è una logica precisa: dopo vomitano tutto in ordine.
ANTONIO RICCI

Uno yuppie è qualcuno che ritiene coraggioso mangiare in un ristorante non ancora recensito.
MORT SAHL

Il primo maggio a Londra un gruppo di anticapitalisti per protesta ha tirato giù i due archi d'oro di un McDonald's. Poi li hanno rimessi su perché si sono resi conto che quello era il cibo migliore d'Inghilterra.
JON STEWART

Non voglio quella roba vegetariana. Nel mio piatto voglio solo cose che hanno sofferto, prima di diventare cibo.
RYAN STILES

È l'unica ragazza al mondo capace di dare alle fiamme un fornello... Mangiare la roba che cucina lei è come giocare alla roulette russa. Non so mai quale cibo mi ucciderà.
HARVEY STONE

Son diventato così ipocondriaco che dopo aver fatto il bagno aspetto tre ore prima di mangiare.
ANTONELLO TAURINO

A proposito di politica, ci sarebbe qualcosa da mangiare?
TOTÒ

La cosa più sorprendente di mia madre è che per trent'anni ci ha

solo servito avanzi. Il pasto originale non è mai stato trovato.
CALVIN TRILLIN

L'unico modo di restare in salute è mangiare quello che non si vuole, bere quel che non piace e fare quello che si preferirebbe evitare.
MARK TWAIN

Dal droghiere: «Ho solo 5 cent. Mi dia un grosso morso di quella brioche!»
JIM UNGER

È incredibile il male che si può fare a una banana mangiandola.
FRANCESCO VANDETTA

Io sono comunista, ma talmente comunista che quando ero bambino cercavo di mangiarmi da solo.
DARIO VERGASSOLA

Dopo aver mangiato, gli anfibi devono aspettare un'ora prima di uscire dall'acqua?
STEVEN WRIGHT

Adoro i cibi crudi, ma cerco di evitarli perché mi dà fastidio mangiare cose che si lamentano.
MIRCO ZILIO

Quando ero piccolo mia nonna mi portò a mangiare in una trattoria all'aperto. Cominciò a piovere. Ci misi tre ore a finire il brodo.
MARIO ZUCCA

Ai pranzi di lavoro si parla e si mangia, si mangia e si parla: alla fine non sai né cosa hai mangiato, né cosa hai detto.
ZUZZURRO E GASPARE

MANO *(Dare la mano)*

Sono stato picchiato, ma mi sono difeso bene. A uno di quelli gli ho rotto la mano: mi ci è voluta tutta la faccia, ma ce l'ho fatta.
WOODY ALLEN

Se rinasco, voglio essere le mani di Warren Beatty.
WOODY ALLEN

Il sesso e il bridge si assomigliano molto: in tutti e due se non hai un buon partner può bastare una buona mano.

ANONIMO

A me l'Occidente piace assai: da noi c'è il fondamentalismo, a chi ruba tagliano una mano. Invece voi siete tutta un'altra cosa: a chi ruba gliela date una mano!

ASSUNDAM (ROSALIA PORCARO)

Se tutti gli uomini della terra si dessero la mano, nessuno potrebbe più pulirsi il sedere.

ROMANO BERTOLA

La donna sarebbe più affascinante se si potesse cadere fra le sue braccia senza cadere nelle sue mani

AMBROSE BIERCE

Questo è un pezzo di Giuseppe Verdi. Joe Green, per voi. Lo suonerò con entrambe le mani, così finirà prima.

VICTOR BORGE

Di una donna mi colpiscono subito le mani. Mi domando sempre: saprà dove metterle?

GIANCARLO BOZZO

Se dovete uscire con una ragazza, la prima cosa da farsi è la prova-alito, che si fa con la mano a cucchiaietto. Occhio, però, perché tante volte non è l'alito che puzza, ma la mano!

ENZO BRASCHI

Lasciami passare le mani nei tuoi capelli... Non ci sono asciugamani in bagno.

EDDIE CANTOR

La prima cosa che t'insegnano a scuola guida è dove mettere le mani sul volante: a ore 10.00 e a ore 2.00. Io metto le mie a 9.45 e a 2.17, mi dà quell'extra di mezz'ora per arrivare con più calma dove voglio.

GEORGE CARLIN

Abbiamo letto poco le mani, le rughe, le foglie: abbiamo letto solo dei libri.

GUIDO CERONETTI

Mi masturbo da così tanti anni che ormai riesco a farlo con una mano sola e a occhi chiusi.
EZIO CIUSPIONT

Da piccolo mi dicevano sempre che in tutti gli uomini c'è una parte femminile. Non ci ho messo molto per capire che la mia parte femminile era la mano!
ROBERTO DE MARCHI

Io posso sollevare un elefante con una mano sola. Ma dove lo trovo un elefante con una mano sola?
LEOPOLD FETCHNER

Sto scrivendo un libro *I grandi perché della medicina*. Il primo capitolo è: "Perché i piedi puzzano di più delle mani?".
MICHELE FORESTA-NINO FRASSICA

Lui, delle donne, guarda gli occhi e le mani... È come comprare *Playboy* e leggere l'articolo di fondo.
GINO&MICHELE-PATRIZIO ROVERSI

Preferirei avere del sangue sulle mani piuttosto che dell'acqua come Ponzio Pilato.
GRAHAM GREEN

Le donne magre sono come i pantaloni senza tasche: non si sa dove mettere le mani.
EUGÈNE LABICHE

Se non puoi chiedere la mano della tua ragazza, usa la tua.
HAIM LAPID

Gli uomini sono delle creature con due gambe e otto mani.
JANE MANSFIELD

Per San Valentino ho offerto una romantica cena alla mia mano destra, e lei non si è presentata!
MATTEO MOLINARI

Un bacio sulla mano può farti sentire meglio, ma una tiara di diamanti è per sempre.
MARILYN MONROE

Vedere le tue mani che si muovono sinuose e poi sentire ancora quel calore non nuovo tra le mie gambe… Porca vacca! Oggi è la seconda volta che mi rovesci il minestrone sui pantaloni!

FLAVIO OREGLIO

Capisco il bacio al lebbroso, ma non accetto la stretta di mano al cretino.

PITIGRILLI

A Genova i ristoranti dove si possa mangiare del buon pesce fresco a un prezzo abbordabile si contano sulla punta delle dita della mano di un falegname disattento.

EMILIO RAZZETTI

Oggi Tury mi ha detto: «Minchia, Sabbry, ma ci hai sempre le mani sudate! Quando ci camminiamo mano nella mano mi sembra di portare a spasso un capitone!».

SABBRY (LUCIANA LITTIZZETTO)

Era un uomo talmente altruista che quando si masturbava cercava di ritardare il tutto per prolungare il piacere della mano.

ROBERTO SERAFINI

Se celchi una mano disposta a aiutalti la tlovi alla fine del tuo blaccio.

SHAOLIN SOCCER

Due persone e un cane camminano nella neve. Lei si sfila uno dei suoi guantini, e mette la sua mano in quella di lui. Lui le carezza la guancia. «Prima o poi» pensa il cane «uno dei due si dimentica e molla il guinzaglio.»

SNOOPY

Ho problemi con il genere femminile in assoluto. L'altro giorno volevo masturbarmi e la mia mano destra mi ha detto: «Oggi no, ho mal di polso».

DADO TEDESCHI

Non mi metto mai il preservativo perché mi fa sudare la mano.

DARIO VERGASSOLA

Dai mano libera a un uomo e te la ritroverai dappertutto.

MAE WEST

Faceva così freddo che ho visto un politico con le mani nelle sue tasche.

HENNY YOUNGMAN

Il mio dottore mi ha consigliato di smettere con la masturbazione, o perlomeno di diminuire. Un sistema che mi ha consigliato è quello di farsi mezza sega. Io ci ho provato ma poi mi lascio sempre prendere la mano.

MIRCO ZILIO

MANIACO SESSUALE

(Guardone)

I politici hanno una loro etica. Tutta loro. Ed è una tacca più sotto di quella di un maniaco sessuale.

WOODY ALLEN

Viene a trovarmi Leda, fotomodella. Ingiustamente io l'ho sempre giudicata solo una bellissima cretina. Invece oggi ho saputo che anche lei ha il suo dramma segreto. Risale a quand'era bambina. Un giorno, approfittando che era sola in casa, un suo zio la fece sedere sul sofà accanto a lui e d'improvviso tirò fuori un libro e le lesse il primo canto della *Gerusalemme liberata*. Uno choc tremendo da cui la bambina non si rimise mai completamente. Dovettero farla rinvenire con un vibratore.

ROMANO BERTOLA

Ieri stavo camminando per strada quando una ragazza si gira e mi dice: «La vuole smettere di seguirmi, brutto maniaco?». Io le faccio: «Ma signorina, non sono un maniaco, stiamo solo fa cendo la stessa strada!». E lei: «E allora almeno si rimetta l'uccello nei pantaloni!».

LORENZO BOSIO

Vivo in un quartiere talmente malfamato che l'altro ieri, in pieno giorno, nella piazza centrale hanno violentato un
maniaco!

BRUCE KETTA-MARCO DEL CONTE

Chi ha la mania di guardare le coppiette lo chiamano "guardone". Sono preoccupato: come chiameranno mio figlio che ha la mania di cogliere fiori?

GIANPIERO CASONI

«Mamma, cosa fanno i maniaci sessuali?» «Ultimamente le copertine dell'*Espresso*, dell'*Europeo* e di *Panorama*.»

ELLEKAPPA

Recenti studi dimostrano che le donne preferiscono sempre di più le ginecologhe. Anch'io sto pensando di passare a una ginecologa perché penso che il mio ginecologo mi stia mentendo sul fatto di essere un dottore. Per esempio la settimana scorsa ho scoperto che lavorava da Foot Locker. Cosa che, se fosse un vero dottore, non penso farebbe. Ma i suoi modi accanto al lettino sono così dolci, e mi dà il vino, e tiene il suo furgone davvero pulito. Ad ogni modo, non lo licenzio ancora. Voglio prima vedere come sono venute le foto che mi ha fatto.

TINA FEY

Il linguaggio di Umberto Bossi mi ricorda quello di un impotente che si eccita solo al telefono con le chat-line.

GIANFRANCO FINI

Dalla mia camera d'albergo
vedo i tetti delle case sul mare
e una ragazza bionda
che sta facendo l'amore.
Dalla mia camera d'albergo
vedo i tetti delle case sul mare
e una ragazza bruna
che si spoglia senza pudore.
Dalla mia camera d'albergo
vedo i tetti delle case sul mare
e una ragazza rossa
che tutta nuda si sta facendo toccare.
Ecco perché da dieci anni
vado in vacanza
nello stesso albergo.

LEONARDO MANERA

Mia sorella soffre d'asma. Nel bel mezzo di un attacco un giorno ha ricevuto la telefonata oscena di un maniaco. Dopo un po', il tizio ha detto: «Scusa, ma ti ho chiamata io o mi hai chiamato tu?».

JOHN MENDOZA

Sono stato con una donna, una maniaca. Voleva che le facessi il bambino... Le dovevo parlare così: «Tao, signolina, come tai?» E più si toglieva i vestiti più io ringiovanivo... Quando si è sfilata gli slip, io ero sul pavimento e facevo: «Da, da, da da da...». Mi ha dato un biberon e se ne è andata!

RICHARD PRYOR

Era talmente brutta che davanti alla finestra c'era un guardone che dormiva.

MARIO ZUCCA

MANIFESTAZIONI
(Protesta)

Ai miei tempi, le principali preoccupazioni degli studenti universitari erano: sesso, fumare erba, fare rivolte e imparare. Imparare era qualcosa che si faceva quando le altre tre cose non erano disponibili.

BILL BRYSON

Ho fatto anche delle proteste solitarie. Durante la Guerra del golfo mi sono incatenato al cancello di una fabbrica di armi. Solo che era un cancello automatico, con l'apertura a distanza. Oltretutto c'era nebbia e nessuno mi vedeva. Per due giorni sono andato avanti e indietro inseguendo il cancello che si apriva e si chiudeva...

FABRIZIO CANCIANI

Ho visto donne manifestare in piazza contro l'aborto... e poi avere un figlio paninaro!

GINO&MICHELE-PAOLO ROSSI

MANUALE D'ISTRUZIONI
*vedi **Avvertenza***

MAOMETTO

Ho sentito alla radio che anche quest'anno il Papa andrà in vacanza in montagna. Ho pensato: Maometto era più fortunato. Lui in montagna ci andava un anno sì e un anno no.

PAOLO ROSSI

Mi domando: ma che faccia avrà fatto Maometto quando la montagna gli ha bussato alla porta?

WALTER VALDI

MARADONA DIEGO ARMANDO

È vero, Maradona sniffa: ma lo fa per i bambini poveri.

MASSIMO BRAMBATI

19 ottobre 1990. Napoli... ristrutturando un muro dello stadio è stato rinvenuto un altro figlio di Maradona.

STRISCIA LA NOTIZIA

MARATONA

vedi **Corsa**

La realizzazione di questa Opera è stata possibile anche grazie alle progettazioni informatiche di Tecne', con il contributo in prima persona di Pieranna Massari e Piergiorgio Veneziani; e con il certosino coordinamento di Elena De Luca, nostra storica collaboratrice.
Il lavoro redazionale è stato curato con la solita vivace competenza da Alessia Gemma, con l'assistenza della solare Linda Ferrari.
Il progetto e l'impostazione grafica sono invece frutto dell'esperienza e della creatività di Zetalab, in particolare nelle persone di Lucio Luzo Lazzara e Walter Uolts Molteni. Grazie anche, per la complice collaborazione dagli Stati Uniti di Paolo Borraccetti.

Gino&Michele, Gut edizioni e Bananas devolvono parte del ricavato dell'*Enciclopedia Universale della Battuta* per acquistare il parco macchine (sei automezzi) di *Presenza Amica*, un'associazione di volontari impegnata nell'assistenza domiciliare ai malati inguaribili in fase terminale.

Per chi volesse conoscere nel dettaglio l'attività di "Presenza Amica Onlus - Volontari per l'aiuto ai sofferenti" di Garbagnate Milanese (Milano), diamo il telefono: 02 99021087,
e l'indirizzo internet: www.presenzamica.it.

L'Enciclopedia Universale della Battuta si avvale dell'alto Patrocinio della *Premiata Bocciofila Cosimo Trombetta per la salvaguardia del Comico* [1].

(1) La Premiata Bocciofila Cosimo Trombetta per la salvaguardia del Comico, *è un'Associazione Culturale che ha come scopo la salvaguardia del Comico, inteso come genere. È stata fondata nel 2005 da Gino&Michele, Maurizio Costanzo, Enrico Vaime, Giancarlo Bozzo, Roberto Bosatra.*
Nello statuto della "Cosimo Trombetta", alla voce Scopi dell'Associazione si può leggere:
"Conservazione e divulgazione della memoria storica del teatro, con particolare attenzione al teatro comico, brillante e al varietà; valorizzazione, raccolta e sviluppo della letteratura e delle presenze televisive legate al Comico come genere, alla satira e all'intrattenimento; sviluppo di iniziative culturali quali la pubblicazione di libri, riviste, siti internet, materiale multimediale, dvd e quant'altro attinente agli scopi sociali; costituzione di archivi storici e raccolta di materiale attinente allo scopo sociale; realizzazione di convegni e/o seminari ed attuazione di forme di collaborazione con enti pubblici e/o privati e/o associazioni e/o organismi di istruzione."
Per eventuali contatti: c/o Teatro Parioli, via Giosuè Borsi, 20, Roma; oppure c/o Zelig, viale Monza 140, Milano.

Volume 7

MAR — NOM

ENCICLOPEDIA UNIVERSALE DELLA BATTUTA

a cura di **Gino&Michele**

con la collaborazione di Matteo Molinari

Gut Edizioni spa, Milano
Prima edizione maggio 2009
www.gutedizioni.com

MARE *(Oceano)*

L'ultima volta che sono stato al mare è stato con Mrs Allen, mia moglie. Durante la luna di miele. Ero favoloso. Mi avreste adorato. Stavo sciando sull'acqua, nudo fino alla cintola, scivolavo veloce sulla cresta dell'onda. I muscoli luccicanti d'olio, mi tenevo con una mano sola. Lo sci d'acqua è una meraviglia. Mia moglie, nella barca davanti a me, vogava con foga.

Woody Allen

Sono grasso, lo so, ma non riesco a entrare nel lifestyle californiano. L'altro giorno ero in spiaggia, e ogni volta che mi mettevo giù, subito cercavano di spingermi verso il mare gridando: «Presto, sta morendo!».

Louie Anderson

Non s'è mai detto che uno stronzo non possa annegare in un mare di merda.

Anonimo

Amare significa dove buttare una donna.

Maurizio Avanzi

I bambini ormai vivono davanti alla playstation, ai video giochi. Un giorno ho preso il mio nipotino, l'ho caricato in macchina e l'ho portato a vedere il mare. Siamo arrivati a Ostia, siamo scesi sulla spiaggia, lui ha guardato e poi mi ha detto: «Zio, che brutta grafica ha 'sto mare!».

Gianluca Belardi

Durante una crociera, la moglie di un uomo è stata travolta da un'ondata. Uno dei membri dell'equipaggio è andato dall'uomo e gli ha detto: «Signore: sua moglie è caduta in mare!». E l'uomo «Oh, grazie a Dio. Ho pensato di essere diventato sordo!».

Milton Berle

Il mare è mio! La gente non lo sa. Vanno nell'acqua, ci fanno il bagno, ci sputano, ci pisciano, ci cagano, io li lascio fare. Per adesso non dico niente, glielo lascio, tanto non so dove tenerlo, a casa non ho spazio. Un giorno, forse, mi rifarò vivo per riprendere ciò che è mio e nessuno potrà farci niente. Dovranno solo prendersi le loro ciabattine di merda e andarsene fuori dai coglioni.

Lorenzo Bosio

Lo struzzo di mare è un animale unico nel suo genere, pensate che vive volando 1,2 millimetri sopra la superficie marina; se per caso tocca una sola goccia di mare, affoga. Solo in quel caso può essere raccolto e adagiato sulla frittura di mare per donarle il suo inconfondibile saporiello.

Felice Caccamo (Teo Teocoli)

Mettete nel vostro acquario una conchiglia perché i pesci possano almeno sentire il rumore del mare.

Guido Clericetti

Nell'acquario ho messo dei pesci che ho preso a Rimini. Ogni tanto ci piscio dentro per farli sentire a casa.

Sergio Cosentino

«Cosa ne pensi del mare inquinato pieno di chiazze di catrame?» «Ma il mare è così perché non l'hanno ancora finito. Quando l'avranno asfaltato tutto si potrà andare a Cagliari direttamente in macchina.»

Bruno D'Alfonso

L'acqua viene usata più per fare gli oceani che per qualsiasi altra cosa.

Leopold Fetchner

Ficarra: «Non si può vivere più in città. Beato te che c'hai la casa al mare!»
Picone: «Eh sì! La casa al mare è un'altra cosa, mi sono sistemato. Sai che è bello la mattina quando ti alzi... apri la finestra e c'hai la spiaggia alle spalle!»
Ficarra: «Certo! Perché, tu hai costruito proprio sul mare?»
Picone: «Una palafitta ho fatto!»
Ficarra: «Però, pure tu potevi costruire sulla spiaggia?»
Picone: «No! Sulla spiaggia non si può costruire più!»
Ficarra: «Certo, perché è demanio pubblico?»
Picone: «No! È pieno pieno!»
Ficarra:«Eh, caro mio, il vero problema dell'abusivismo è che non c'è più spazio!»

Ficarra e Picone

Il primo giorno Dio creò la palla e il secondo il mare perché da sola si tenesse a galla.

Gaio Fratini

Al mare non è più come un tempo. Una volta si andava in spiaggia a vedere cadere le stelle. Oggi in spiaggia non cadono più nemmeno le tette.

GINO&MICHELE

Anonimo Riminese.
Lottare lottare
non smetter di lottare
calpestando i bagnanti
per raggiungere il mare.

GINO&MICHELE

Il mare romagnolo è un po' inquinato, lo devo ammettere. Ad agosto, a riva, ho dato un calcio a un pesce... e si è messo in moto!

GIUSEPPE GIACOBAZZI

Mi hanno detto che per rivitalizzare "lui" bastava andare nell'acqua fredda al mare, la mattina presto, e appena sentiva l'acqua... Dang... granitico. Ho provato... l'acqua sale... Piuttosto si affoga, ma la testa la tiene bassa!

GIUSEPPE GIACOBAZZI

Sarebbe stato più economico abbassare l'Atlantico.

SIR LEW GRADE, A PROPOSITO DELLA SUA PRODUZIONE *RECUPERATE IL TITANIC*

C'è una cosa da dire della razza bianca: che la sua presunzione non ha limiti. Chi altri, infatti, potrebbe andare in un isolotto del Pacifico dove non esistono né miseria, né delitti, né disoccupazione, né preoccupazioni, né guerra, e definire quella una società primitiva?

DICK GREGORY

Se un aereo precipita in mare, il tuo sedile galleggia. Ma da New York ad Atlanta non c'è mare, per cui se vogliono che mi allacci la cintura di sicurezza, prima devono mostrarmi un sedile che rimbalza sulle montagne.

JAMES GREGORY

A noi in California non ce ne frega niente di niente. Siamo riusciti ad aprire un Sea World a San Diego. San Diego è sul mare! Potremmo tutti risparmiare i cinquanta dollari del biglietto semplicemente andando fin lì e guardando a sinistra.

HOLLYWOOD IMPROV

A Pepeete c'è un mare... Un mare come lo terrebbero gli svizzeri, se lo avessero.

MARCELLO MARCHESI

Non mi piace abbronzarmi. Sono di carnagione chiara. Sembra che mi abbiano trapiantato la pelle di un morto. L'ultima volta che sono andato al mare e mi sono svestito, un medico ha insistito per farmi un'autopsia.

MATTEO MOLINARI

I laghi sono un compromesso tra i fiumi e il mare: e io non amo i compromessi.

BENITO MUSSOLINI

Che la montagna sia meno inquinata del mare lo dimostra il fatto che sui ghiacciai è difficilissimo trovare delfini morti.

VALERIO PERETTI CUCCHI

La tua donna la chiamo Bassa Marea perché con lei si tocca sempre.

POZZOLI E DE ANGELIS

L'Italia, un paese bagnato da tre mari e prosciugato da Tremonti.

PAOLO ROSSI

In montagna non ci vado quasi mai perché sono troppo impegnato a non andare al mare.

FRANCESCO SALVI

Bari è una città circondata dall'acqua. Ma non si è ancora arresa.

ENZO SARCINA

L'altro giorno al mare ho fatto un tuffo e sott'acqua ho trovato un marocchino che voleva lavarmi il vetro della maschera.

TEO TEOCOLI

Per l'amore del cielo, mettete lo stesso il mare sullo sfondo: non possiamo certo preoccuparci di una manciata di americani che sa davvero com'è Parigi.

IRVING THALBERG, PRODUTTORE CINEMATOGRAFICO SUL SET DI UN FILM

Quando il tedesco che sa di lettere si tuffa in una frase, non lo vedi più

finché non emerge dall'altra parte del suo Atlantico con il verbo in bocca.
MARK TWAIN

«Il mare è pieno di mucillagine.» «Che mi frega, tanto io sto sulla spiaggia a fare castelli di merda!»
VAURO

Ho spiegato a mio nipote cos'è il compromesso: «Se, per le vacanze, tua mamma vuole andare al mare, e tuo papà invece in montagna, il compromesso è che si va al mare, ma il babbo può portarsi gli sci».
DINO VERDE

Le spugne crescono nel mare. Mi chiedo quanto più profondo sarebbe il mare se questo non accadesse.
STEVEN WRIGHT

MARIA VERGINE
vedi ***Madonna***

MARILYN MONROE

Ti masturbi? Io lo preferisco a fare sesso. Ieri sera mi sono messo su una cosetta a tre: io, Marilyn Monroe e Sophia Loren. Credo, tra l'altro, che fosse la prima volta che le due grandi attrici apparissero insieme.
WOODY ALLEN

Lei, signora, ama la napoletanità, solo quella di Eduardo. Come dire che a me piace la figa, solo quella di Marilyn.
GIANNI CARINO

«Ma come hai imparato a baciare così?» «Vendendo baci per il soccorso invernale.»
TONY CURTIS-MARILYN MONROE

Mi è capitato spesso di finire su un calendario. Ma mai per una data precisa.
MARILYN MONROE

Un bacio sulla mano può farti sentire meglio, ma una tiara di diamanti è per sempre.
MARILYN MONROE

Questa la chiamano musica classica, vero? L'ho capito perché non cantano.

Marilyn Monroe

Doveva solo aprire un cassetto e dire una battuta: la sbagliò 53 volte. Allora feci mettere in ogni cassetto dell'armadio un biglietto, in modo tale che aprendo un cassetto qualunque potesse leggerlo. Sbagliò armadio.

Billy Wilder, su Marilyn Monroe

MARINAIO

È un bel mestiere fare il marinaio: un giorno a New York e il giorno dopo a Saigon o nel cuore dell'Africa.

Jean Charles

Il marinaio spiegò le vele al vento. Il vento non capì.

Comix

Incidenti a Civitavecchia per un improvviso sciopero dei marinai in servizio sui traghetti per la Sardegna. Una crema Nivea, lanciata da un turista esasperato, ha colpito in pieno viso un vice questore che si è accasciato al suolo abbronzandosi sul colpo.

Gino&Michele

«Mi volevo arrolà un popò in Marina!» «In Marina? Ma sai notà?» «Perché, 'un c'è più navi?»

Il Vernacoliere

MARITO

«Suo marito è già impotente?» «E chi lo sa?»

Altan

Il giorno che conoscerai la donna dei tuoi sogni conoscerai anche suo marito.

Anonimo

«Tesoro, ho vinto un miliardo al totocalcio! Presto, prepara la valigia!» «Fantastico! E cosa devo metterci, roba d'estate o d'inverno?» «Mettici tutto che vai fuori dalle balle!!!»

Anonimo

I funzionari statali sono tra i mariti più desiderabili: quando la sera tornano a casa non sono mai troppo stanchi e hanno già letto il giornale.
Anonimo

Dopo quattro Martini, mio marito diventa un mostro disgustoso. E dopo il quinto, svengo di botto.
Anonimo

Mio marito e io abbiamo messo a punto un ottimo sistema riguardo alle faccende di casa: nessuno di noi due le fa.
Dottie Archibald

La moglie: «Non ho nulla da mettermi, stasera!»
Il marito: «Hai sei armadi pieni di "nulla da metterti"!»
La moglie: «Stai dicendo forse che spendo troppi soldi?»
Il marito: «Tu spendi troppi soldi? No! Non sei l'unica che va in Svizzera a farsi aggiustare l'orologio»
A scuola con papà

Se esiste il lessico amoroso vuol dire che mio marito è anoressico visto che parla col culo!
Anna Maria Barbera

E quando lei: «Ma teeee... Se mi trovassi a letto con Raul Bova cosa gli diresti?»
«Eh, che fa tanto il figo e poi...»
Stefano Bellani

Durante una crociera, la moglie di un uomo è stata travolta da un'ondata. Uno dei membri dell'equipaggio è andato dall'uomo e gli ha detto: «Signore: sua moglie è caduta in mare!». E l'uomo: «Oh, grazie a Dio. Ho pensato di essere diventato sordo!».
Milton Berle

I mariti non si rendono mai conto dello sforzo che facciamo noi mogli per spendere i loro stipendi.
Blondie Bloomstead

Non esistono gioia e dolcezza maggiori del sentirsi coccolato dall'amata sposa, di sentirsi chiamare "Amore mio", "Gioia mia"; di vedersi

crescere attorno per casa, sotto il governo amabile di una madre gentile, uno stormo di mocciosi, di cui si presume d'essere il padre.
NICOLAS BOILEAU (SATIRES)

Ci sono due tipi di omicidi: quelli seri e quelli in cui un marito ha soltanto ucciso la moglie.
CAPITANO HATHERILL

Il mio corpo appartiene a mio marito, ma quello che faccio dal collo in su è tutta un'altra storia.
CELEBRITY

Una mia amica è rosa dal sospetto che il marito sia cornuto.
GIOVANNI CELLINI

La moglie: «Un'altra parola e torno a casa!»
Il marito: «Taxi!»
CHEERS

«Caro da 20 anni che siamo sposati non mi hai comprato mai niente!»
«E chi lo sapeva che vendevi la roba?»
GIANFRANCO D'ANGELO

Mia moglie e io siamo stati felici per vent'anni. Poi ci siamo incontrati.
RODNEY DANGERFIELD

La prima cosa che Zeffirelli nota in una donna è suo marito.
FABIO DI IORIO

Certe donne amano talmente il proprio marito che per non sciuparlo prendono quello delle loro amiche.
ALEXANDRE DUMAS FIGLIO

Era talmente brutto che quando si fermava da una prostituta per strada, quella gli diceva che stava venendo a prenderla suo marito.
MARINO FABBRI

Ma parità dei sessi vuol dire che dobbiamo avercelo lungo tutti uguale?
MISTER FOREST (MICHELE FORESTA)

Quanti mariti ho avuto? Miei o delle altre?
ZSA ZSA GABOR

Quella sera sono tornata a casa diversa. Più sicura di me stessa. Quasi, quasi ribelle. Tanto che mi sono

detta: cos'è 'sta storia! 'Sta timidezza, questo pudore. Noi donne a letto dobbiamo fare tutto quello che fanno gli uomini. Così sono tornata a casa, mi sono infilata sotto le coperte, ho fissato mio marito (che era già tornato) e ho scoreggiato!
Gaia (Simona Guarino)

Come dice sempre mio marito Gino: «Delle donne non c'è da fidarsi, soprattutto se sanno leggere e scrivere».
Gaia (Simona Guarino)

«Harry devo dirti una cosa: ho fatto l'amore con tua moglie.» «Quale: Ester o Anne?» «Tutt'e due!» «Allora hai superato anche me.»
Lowell Ganz e Babaloo Mandel

Un tizio va dalla moglie e le dà due aspirine e un bicchier d'acqua. La moglie dice: «E perché? Non ho mica il mal di testa». E il marito le fa: «Bene, trombiamo».
Gilbert Gottfried

Mio marito deve avere ogni attrezzo possibile. «Guarda! È un compressore d'aria, spara fuori aria!». Lo fa anche il tuo sedere, usa quello!
Maryellen Hooper

La bigamia è avere un marito di troppo, la monogamia lo stesso.
Erica Jong

Certo che è possibile un rapporto platonico, ma solo tra marito e moglie.
Ladies Home Journal

Mio marito mi ha costretta al matrimonio con l'inganno. Mi ha detto che ero incinta.
Carol Leifer

Credo che mio marito abbia una storia con la segretaria. Gli ho trovato sulla camicia delle macchie di rossetto coperte con il bianchetto.
Wendy Liebman

Volevo divorziare da mio marito perché gli puzzavano troppo i piedi. Nel frattempo lui ha avuto un incidente e gli hanno dovuto amputare metà delle gambe. Cazzo, non gli hanno mica riattaccato i piedi appena sotto le ginocchia!
Roberto Lissoni

Mio marito guida talmente male che da piccolo quando lo vedevano chiudevano l'autoscontro.

Mapi, di *Aenigmatica*

Tra moglie e marito... preferisco la moglie.

Alberto Marozzi

Le mogli di Hollywood tengono il bouquet e gettano il marito.

Groucho Marx

Il giovane marito, tutto nudo, si contempla con ammirazione nello specchio della camera d'albergo. «Con due centimetri in più», dice fieramente, «sarei un re.» «Sì», ribatte la moglie, «e con due centimetri in meno saresti una regina.»

Groucho Marx

Mio marito è tedesco. Ogni notte io mi vesto da Polonia e lui mi invade.

Bette Midler

Non c'è nulla di meglio di avere un marito, non fosse altro che per sentire uno che ti dice «salute!» quando starnutisci.

Molière

Mio marito è così vecchio che si ricorda quando Eva era ancora una costola.

Bob Philips

C'è un tale bisogno d'amore nel mondo, che certe donne amano persino il loro marito.

Pitigrilli

Mio marito è tirchio da far ribrezzo. L'ultima volta gli ho chiesto se andavamo a prendere un gelatino e lui mi ha risposto: «Metti le mani nel freezer e ciucciati le dita che si risparmia!».

Viviana Porro

Non ho mai detto di essere brava a letto, ma mio marito esagera, ogni volta, dopo che facciamo l'amore, prende un pezzo di gesso e contorna il mio corpo.

Joan Rivers

L'altra notte una donna ha dato un calcio al marito. «Perché l'hai fatto?» ha chiesto lui. E lei: «Perché sei un pessimo amante». Lui ci ha pensato un po' su e le ha dato un calcio a sua volta. Lei gli ha domandato:

«Perché l'hai fatto?». E lui: «Perché sai la differenza!».
Tommy Sledge

Col mio primo marito, era come un'edizione straordinaria del telegiornale, breve, inaspettata e, in generale, un disastro.
Soap

Non ho mai rincorso le donne degli altri perché non riesco a entrare negli armadi quando i mariti tornano all'improvviso.
Bud Spencer

Questa volta il foro competente della mia seconda separazione è... di quella zoccola della segretaria di mio marito!
Silvia Travaglini

«Ieri mio marito mi ha portato un gran mazzo di mimose.» «Per la festa della donna?» «No, per andare a venderle!»
Renato Trinca

Un consiglio ai mariti anziani delle mogli giovani e belle: state lontani da casa più possibile, perché alle vostre mogli la voglia di tradirvi viene quando vi vedono.
Enrico Vanzina

Il marito ideale rimane celibe.
Oscar Wilde

Sono innamorata dello stesso uomo da vent'anni. Se mio marito lo scopre mi ammazza.
Henny Youngman

MARKETING
vedi ***Pubblicità***

MARTINI

Non so se questo sia il posto in cui servano i drink più piccoli in città, ma è l'unico posto che conosca in cui servono il Martini nell'oliva.
Steve Allen

Il mio fisico non tollera la roba, l'alcol. Veramente! Ho bevuto due Martini la vigilia dell'ultimo dell'anno e ho tentato di dirottare un ascensore su Cuba!

Woody Allen

Dopo quattro Martini, mio marito diventa un mostro disgustoso. E dopo il quinto, svengo di botto.

Anonimo

Quanti Wasp (bianchi anglosassoni protestanti, *n.d.c.*) ci vogliono per cambiare una lampadina? Due. Uno per preparare il Martini e uno per chiamare l'elettricista.

Anonimo americano

Quanti gay ci vogliono per cambiare una lampadina? Sette. Uno per cambiarla e sei per strillare: favoloso!

Anonimo americano

La gente mi chiede: «George, hai 87 anni, come fai? Fai film, fai televisione, dai concerti, registri dischi, fumi i sigari, bevi Martini, esci con belle donne, come fai?». È molto semplice. Per esempio, un Martini: riempi il bicchiere di ghiaccio, aggiungi il gin e uno spruzzo di vermouth, un'oliva e ti sei fatto un Martini. Inoltre, faccio esercizi e cammino molto. E camminare è più facile che farsi un Martini: prendo un piede e lo metto davanti a un altro, poi prendo l'altro piede e lo metto davanti al primo e prima di rendermene conto sto camminando. E non serve neanche l'oliva!

George Burns

Bevo troppo. L'ultima volta che ho fatto l'esame delle urine c'era un'oliva dentro.

Rodney Dangerfield

Mia madre ha guardato lo spot in cui George Clooney non viene fatto entrare a un party perché non ha il Martini. È stata un po' in silenzio e poi ha detto: «Io, uno come Clooney, lo farei entrare anche col chinotto».

Cristiano Militello

Ma dottore io mangio un sacco di frutta: metto sempre tre ciliege in ogni Martini!

Martin Short

MARTIRE
vedi ***Mito***

MARX KARL *(Lenin - Stalin)*

Sono contento, non sono razzista, non sono leninista o uno dei burattini di Berlusconi. Fa niente se sono stronzo?

CLAUDIO BARBIERI

Stalin era terribile. Resse l'Unione Sovietica per trent'anni fondando tutto il suo potere sul terrore. A Mosca, per anni e anni a governare fu la paura. Quando, alla fine, Stalin morì, ci vollero giorni prima che qualcuno trovasse il coraggio di andarglielo a dire.

GINO&MICHELE

Ho creduto in Marx e mi sono sbagliato; ho creduto in Lenin e mi sono sbagliato. Ora, con tutta la buona volontà, come faccio a credere in Franceschini?

GINO&MICHELE-PAOLO ROSSI

I fatti hanno la testa dura.

LENIN

Comunista è chi legge Marx e Lenin. Anticomunista è qualcuno che li capisce.

RONALD REAGAN

Visto che non posso avere la maggioranza, mi accontenterò dell'unanimità.

STALIN

In Germania non può scoppiare una rivoluzione perché per farla bisognerebbe calpestare i prati.

JOSIF STALIN

MARZIANI
vedi ***Fantascienza***

MARZULLO GIGI

Gigi Marzullo è l'unico che dice alla moglie: «Scendo un attimo a comprare le sigarette» e dopo dieci minuti torna a casa.

FABRIZIO CANCIANI

La radice quadrata di Giuliano Ferrara è Vittorio Sgarbi. La radice quadrata di Vittorio Sgarbi è Gigi Marzullo. La radice quadrata di Gigi Marzullo è un numero N con esponente nullo.
Ivan Della Mea

Se ogni volta che ci s'incarna si evolve, che cos'era nella vita precedente Gigi Marzullo?
Fabio Fazio

Ho visto Gigi Marzullo alla televisione chiedere a centinaia di invitati: «Che cos'è per lei la notte?». E ognuno di questi cento dare una risposta diversa. Ma se a ognuno di questi cento noi avessimo chiesto: «Che cos'è per lei Marzullo?», avrebbero dato tutti la identica risposta: «Un coglione!».
Gino&Michele-Paolo Rossi

Quando non studiavo papà mi infliggeva sempre la stessa tremenda punizione: a letto senza cena e sveglia a mezzanotte per vedere Marzullo!
Francesco Miccio

MASCHERA DI BELLEZZA
vedi **Estetica**

MASCHIO
(Machismo - Mascolinità)

Lei: «Lo sai che cos'è l'invidia del pene?»
Lui: «Se lo so? Io? Io sono uno dei pochi maschi che ne soffre...»
Woody Allen

Definire l'uomo una bestia significa adularlo: il maschio in realtà è solo un vibratore ambulante.
Anonima

Ci sono più diversità all'interno dei due sessi che tra uno e l'altro.
Ivy Compton-Burnett

Noi ragazze da bambine abbiamo letto tutte *Piccole Donne* e *Piccole Donne Crescono*, mentre i maschi leggevano *Zagor*, *Capitan Miki*, *Blek Macigno* eccetera. Pare, invece, che i maschi che da piccoli hanno letto

Piccole Donne siano poi da grandi diventati stilisti.

LELLA COSTA

La femmina non sceglie il maschio più attraente, ma il meno repellente.

CHARLES DARWIN

Nella vita abbondano i maschi, ma scarseggiano gli uomini.

BETTE DAVIS

Non ci sono molti uomini a disposizione a Hollywood. Sapete com'è: o sono già sposati, o stanno divorziando, o vogliono in prestito le tue ciglia finte.

DORYS DAY

Venerdì me ne entro in farmacia e chiedo al farmacista: «Tu, bello bello, dammi dodici dozzine di preservativi, sbrigati!». Ma mi ha fregato! Allora il lunedì successivo mi presento nuovamente in farmacia e gli dico: «Senti a me, bello bello, in quella confezione da dodici dozzine c'erano solo 143 preservativi! Mi hai rovinato il week end, cornuto!».

ALEX DRASTICO (ANTONIO ALBANESE)

Non ho ancora capito se il mio cane è maschio o femmina perché, quando fa la pipì, si chiude in bagno.

FICHI D'INDIA

Ah, ho sempre saputo che Frank avrebbe voluto andare a letto con un uomo.

AVA GARDNER, COMMENTANDO IL MATRIMONIO DEL SUO EX MARITO CON MIA FARROW

Ora si può scegliere il sesso dei figli. Davvero? Allora vorrei un maschietto subito, l'anno venturo una femminuccia e, in seguito, due frocetti. Sono tanto intelligenti.

MARCELLO MARCHESI

«Stai sanguinando!» «No, non ne ho il tempo.»

PREDATOR

Qual è la domanda più frequente quando si è incinta? «Cosa preferisci? Maschio o femmina?». Qual è la risposta? «Purché sia sano!». "Sano!", maschile! Perché se è femmina non abbiamo dubbi, se è maschio potrebbe avere dei problemi e ci affidiamo alla provvidenza!

Giulia Ricciardi

Tu guarda che scherzi che fa la Natura! Potevate essere normali invece siete maschi!

Giulia Ricciardi

Sono tanto virile che quando sono nato il medico ha detto: «È maschio... forse».

Riccardo Rossi

Pensare ke mio marito Savvatore quando ke lò conosciuto, era kosì maschio!... Spezzo un'arancia in favore di mio marito. Già la presenza fisica, l'altezza... Eh? È alto un metro e un kazzo? Ke centra, tu ai visto solo il metro!

Sconsolata (Anna Maria Barbera)

C'è una cosa che mi fa impazzire sui moduli di accettazione agli ospedali: "Sesso: Maschio o Femmina?". E secondo voi io voglio andare in un ospedale dove non sono in grado di capire la differenza?

Ronnie Shakes

Maschio, maschio, maschio, non stare lì a guardare, a casa ci sono i piatti da lavare!

Slogan femminista

«Sei un maschio insicuro.» «No, è che non sono sicuro di essere un maschio!»

Francesco Vandetta

Sono maschio, ma non esercito.

Dario Vergassola

Non è bello quando un maschio serve solo da piedistallo al suo cazzo!

Julija Voznesenskaja

I maschietti non dovrebbero mai dimenticare che Ginger Rogers faceva tutto quello che faceva Fred Astaire, ma all'indietro e sui tacchi alti.

Faith Whittlesey

Ci siamo ribellate ai "lavori femminili" e ci siamo gettate a capofitto nei "lavori maschili". E così, adesso, ci tocca fare entrambi e faticare il doppio.

Anne Wilson Schaef

MASCHILISMO
vedi ***Misoginia***

MASCOLINITÀ
vedi ***Maschi***

MASOCHISMO

Conosco un masochista che adora farsi una doccia fredda ogni mattina. Così se ne fa una calda.
DAVID FROST

Mangiare pollo fritto del Kentucky è come far parte di un complotto contro se stessi.
IPOTESI DÌ COMPLOTTO

Anche i masochisti confessano se torturati. Lo fanno per riconoscenza.
STANISLAW JERZY LEC

Masochisti, basta con le siringhe indolori! Abbiamo noi delle siringhe che fanno un male della madonna!
GIORGIO PORCARO

Hai sentito del nuovo dizionario per masochisti? Ha tutte le parole, ma non in ordine alfabetico.
FRANK TYGER

MASSIME
(Aforismi – Legge - Proverbio)

Creatività è lasciare che uno commetta degli errori. Arte è sapere quali errori tenere.
SCOTT ADAMS

Fai al prossimo tuo tutto quello che il prossimo tuo fa a se stesso e assumi un'aria simpatica.
GEORGE ADE

Toccato il fondo non puoi che risalire. A me capita d'incominciare a scavare.
BRUNO AGOSTINI

Non c'è peggior sordo di chi è sordo veramente.
ALDO, GIOVANNI E GIACOMO

A volte dorme più lo sveglio del dormiente.
ALDO, GIOVANNI E GIACOMO

Una conferenza è una riunione di persone importanti che singolarmente non possono fare nulla ma assieme possono decidere che non si può fare nulla.

FRED ALLEN

Si vive una sola volta. E qualcuno neanche una.

WOODY ALLEN

Penso, quindi sono. E non faccio un cazzo.

ALTAN

Non fare agli altri quello che vorresti fare a Vittorio Sgarbi.

ANONIMO

Un uomo senza donna è come un collo senza torcicollo.

ANONIMO

Vuoi un consiglio? Mai fottere con la testa e ragionare con la minchia.

ANONIMO

Non s'è mai detto che uno stronzo non possa annegare in un mare di merda.

ANONIMO

Il matrimonio è il prezzo che gli uomini pagano per il sesso; il sesso è il prezzo che le donne pagano per il matrimonio.

ANONIMO

Una cipolla al giorno leva tutti di torno.

ANONIMO

La legge è uguale per tutti.

ANONIMO

Tra due mali scelgo sempre quella più giovane e carina.

ANONIMO

Il perverso usa la piuma, il pervertito tutto il pollo.

ANONIMO

È meglio avere il culo gelato che un gelato nel culo.

ANONIMO

Se chi va con lo zoppo impara a zoppicare, chi va con Claudio impara a claudicare?

ANONIMO

Frugare nella borsetta di una donna è borseggio, frugare nelle tasche di un uomo è matrimonio.
ANONIMO

Le brave ragazze vanno in paradiso. Le cattive ragazze vanno dappertutto.
ANONIMO

Giovane è colui che non sa ancora di essere stato cretino.
ANONIMO

Se avessi tutto non saprei dove metterlo.
ANONIMO

Non rimandare a domani quello che puoi fare dopodomani.
ANONIMO

C'è un solo bambino bello al mondo, e ogni mamma ce l'ha.
ANONIMO INGLESE

La carriera dello scrittore italiano ha tre tempi: brillante promessa, solito stronzo, venerato maestro.
ALBERTO ARBASINO

La volpe sa molte cose, ma il porcospino ne sa una più importante.
ARCHILOCO

Non dire quattro finché sono le tre e mezza.
MIMMO ARTANA

Se vi serve una scorciatoia, chiedete a un uomo con una gamba sola: lui saprà senz'altro dov'è.
DAVE ATTEL

Mangia un rospo vivo come prima cosa ogni mattina e durante il giorno non ti potrà accadere niente di peggio.
ARTHUR BLOCH

Se la prima volta non ti riesce, il paracadutismo non fa per te.
ARTHUR BLOCH

Un idiota e i tuoi soldi fanno presto ad andar d'accordo.
ARTHUR BLOCH

Un'automobile e un camion che viaggiano in direzioni opposte lungo una strada altrimenti deserta si incontreranno sul ponticello.

Arthur Bloch

Che ho sempre sentìo dir fin da ragazzo
Che amor senza chiavar non val un cazzo.

Giorgio Baffo

Una mela al giorno toglie il medico di torno, ma un buon due chili e mezzo di aglio e cipolla ti tolgono di torno anche i parenti.

Anatolj Balasz (Natalino Balasso)

Il cuore è come una puttana: quando smette di battere è finita.

Anatolj Balasz (Natalino Balasso)

Un vero saggio non gioca mai alla cavallina con un unicorno.

Banaceck

Se hai la testa nel cesso, non fare le bolle.

Anne Bancroft

Errare è umano, muggire bovino.

Bathroom Reader

Lavorare è meno noioso che divertirsi.

Charles Baudelaire

Amare le donne intelligenti è un piacere da pederasta.

Charles Baudelaire

Il tempo è un grande maestro. Peccato che uccida tutti i suoi allievi.

Hector Berlioz

Se arrivate a un bivio, imboccatelo.

Yogi Berra

Conservatore: uno statista innamorato dei mali già esistenti. Si contrappone al liberale che vuole sostituirli con altri.

Ambrose Bierce

Non discutere mai con un idiota: la gente potrebbe non notare la differenza.

Arthur Bloch

Preoccupati delle pagliuzze e le travi che si arrangino da sole.

Arthur Bloch

Quando ti morde un lupo, pazienza. Quel che secca è quando ti morde una pecora.
Arthur Bloch

Mai prestare la tua auto a qualcuno che hai messo al mondo.
Erma Bombeck

Mai andare da un dottore le cui piante d'ufficio sono morte.
Erma Bombeck

Bisogna scegliere nella vita tra il guadagnare denaro e lo spenderlo. Non si ha il tempo per fare tutte e due le cose.
Edouard Bourdet

La vecchiaia è bella. Peccato che duri poco.
Gianni Brera

Apprezzatemi adesso, eviterete la coda.
Ashleigh Brilliant

Campioni si diventa. Secondi o terzi si nasce.
Massimo Bucchi

Nascere è umano, perseverare è diabolico.
Gesualdo Bufalino

Il mondo si divide in due categorie chi ha la pistola carica e chi scava. Tu scavi.
Il Buono, il Brutto e il Cattivo

Meglio calvi che biondi.
Paolo Cananzi

Come disse Marlon Brando in Via col vento: «Cazzo ci faccio in questo film?».
Paolo Cananzi

Se i patacca volassero, te non toccheresti mai per terra!
Palmiro Cangini (Paolo Cevoli)

La vita? Meglio di niente.
Pino Caruso

Diffida del bue davanti, della mula dietro, del monaco da tutte le parti.
Miguel de Cervantes

Lingua può impiccare uomo più velocemente di corda.
Charlie Chan

Vorrei tornare a vivere con gli insegnamenti di mia nonna: «Ricordat Gabriè... la femmena che move l'anca o è puttana o poco ce manca!».
GABRIELE CIRILLI

Non dire che le stelle sono morte soltanto perché il cielo si è rannuvolato.
PAULO COELHO

Si nasce e si muore soli. Certo che in mezzo c'è un bel traffico.
PAOLO CONTE

Chi trova un amico gli tromba la moglie.
CONTE UGUCCIONE (BEBO STORTI)

Gallina vecchia... 'un sia detto 'un la si trombi.
CONTE UGUCCIONE (BEBO STORTI)

Dai nemici mi guardi Iddio che alle mogli degli amici ci penso io.
CONTE UGUCCIONE (BEBO STORTI)

Quando l'ultimo albero sarà abbattuto, l'ultimo fiume avvelenato, l'ultimo pesce pescato, vi accorgerete che non si può mangiare il denaro.
CORVO ROSSO

Se la vita ti sorride, ha una paresi.
PACO D'ALCATRAZ

Chi trova un amico... ha una sorella carina.
PACO D'ALCATRAZ

Chi trova un amico trova un tesoro. Chi trova un tesoro se ne fotte dell'amico.
IVAN DELLA MEA

Quando hai fame pensa a chi ne ha più di te e mangia anche per lui.
IVAN DELLA MEA

Non date mai via il culo a chi non lo sa apprezzare.
DETTO POPOLARE

Ogni donna, e nessun uomo, dovrebbe sposarsi.
BENJAMIN DISRAELI

Meglio essere l'ultimo che l'ultimo essere.
EROS DRUSIANI

I coglioni sono molto più di due.
EROS DRUSIANI

Sii gentile con le persone che incontri salendo, perché sono le stesse che incontrerai scendendo.
JIMMY DURANTE

Le opinioni sono come le palle: ognuno ha le sue.
CLINT EASTWOOD

Non tutto ciò che può essere contato conta, non tutto ciò che conta può essere contato.
ALBERT EINSTEIN

Tra il dire e il fare c'è di mezzo "e il".
ELIO E LE STORIE TESE

Non basta avere uno Stradivari per essere un buon sassofonista.
FERNANDO FELLI

Errare humanum est. Perseverare è a ovest.
FICHI D'INDIA

Coraggio, il meglio è passato.
ENNIO FLAIANO

I capolavori oggi hanno i minuti contati.
ENNIO FLAIANO

Commendatori si nasce, cavalieri si diventa.
ENNIO FLAIANO

Eccezione: dite che "conferma la regola", ma non azzardatevi a spiegare come.
GUSTAVE FLAUBERT

Le cose non sono mai così terribili da non poter peggiorare.
ANTONIO FOGAZZARO

La diplomazia è l'arte di permettere a qualcun altro di fare a modo tuo.
DAVID FROST

Non credo nei cantuccini, figuriamoci nel vin santo.
GIOVANNI GABBRIELLINI

L'uomo è nato per soffrire, e ci riesce benissimo.
ROBERTO GERVASO

Come diceva sempre mio nonno: donne e buoi sono due cose diverse.

GIUSEPPE GIACOBAZZI

«Polvere siamo e polvere ritorneremo.» «Sì, e i neri fuliggine.»

GIGI E ANDREA

Berlusconi, nella sua vita, non è mai scappato davanti a niente, perché il suo motto è: «L'uomo che fugge ha qualcosa da nascondere. L'uomo che non fugge ha più tempo per nasconderlo».

GINO&MICHELE

Come dicevano i sapienti: «Se ti servono i favori, inizia a fare i complimenti».

MAX GIUSTI, NELL'IMITAZIONE DEL PRESIDENTE DELLA LAZIO LOTITO

Come diceva John Belushi: «Quando il gioco si fa duro, Recoba chiede di uscire».

GENE GNOCCHI

Un uomo senza una donna è come un fianco senza spina.

GRAFFITO A LOS ANGELES

Ogni ghianda può pensare di diventare quercia. Ma nella realtà il 999 per mille delle ghiande serve di pasto ai maiali.

ANTONIO GRAMSCI

Guardati da coloro che prima ti danno consigli e poi parlano male di te, cornuto!

CORRADO GUZZANTI

Conosci te stesso (e non rompere il cazzo a me).

CORRADO GUZZANTI

Il cane è il miglior amico dell'uomo e il padrone ci soffre.

CORRADO GUZZANTI

Recita un antico proverbio cinese: è vero che chi semina raccoglie, ma è anche vero che chi raccoglie si china e a chinarsi lo si prende facilmente nel culo.

PAOLO HENDEL

Fai agli altri quello che non vorresti fosse fatto a te, poi scappa.

BENNY HILL

Un buon ascoltatore di solito sta pensando a qualcos'altro.
KIN HUBBARD

Chi la dà, m'aspetti.
IL GEMMA

Mia madre era solita dire: «Più anziana diventi, meglio diventi. A meno che tu non sia una banana».
THE GOLDEN GIRLS

L'amore è come il morbillo: più tardi arriva e più è pericoloso.
DOUGLAS WILLIAM JERROLD

Lascia dormire il futuro come merita. Se si sveglia prima del tempo, si ottiene un presente assonnato.
FRANZ KAFKA

È più facile per un cammello passare per la cruna di un ago se questa è lievemente oliata.
ALBRAM KEHLOG

Perdona i tuoi nemici, ma non dimenticarti mai i loro nomi.
JOHN FITZGERALD KENNEDY

L'aforisma non coincide mai con la verità: o è una mezza verità, o è una verità e mezzo.
KARL KRAUS

Non si vive neppure una volta.
KARL KRAUS

Non serve a nulla esser giovane se non si è bella, né esser bella se non si è giovane.
FRANÇOIS DE LA ROCHEFOUCAULD

L'amore è donare quello che non si ha a qualcuno che non lo vuole.
JACQUES LACAN

Più lontani si va e meno si apprende. Per questo l'uomo saggio non cammina e arriva.
LAO TSE

Chi cerca la sua metà trova solo metà di quel che cerca.
BRUNO LAUZI

Anche i Messia attendono impazienti il loro arrivo.
STANISLAW JERZY LEC

Rifletti, prima di pensare.
STANISLAW JERZY LEC

Quando fracassate monumenti, salvate i piedistalli. Tornano sempre utili.
STANISLAW JERZY LEC

Per tutti arriva sempre il momento in cui si deve decidere se cagare o uscire dal cesso.
JOHN LE CARRÉ

Errare è umano. Dare la colpa a un altro ancora di più.
LEGGE DI JACOB

Se qualcosa può andar male, lo farà.
LEGGE DI JACOB

Se non ti occupi di politica, la politica finirà per occuparsi di te.
LEGGE DI MURPHY

Quando a Woodstock dicevano: «Fate l'amore, non fate la guerra», non immaginavano certo che uno sarebbe diventato pericoloso quanto l'altra.
JAY LENO

Una donna brutta non è mai del tutto nuda.
TEODORO LOBERTO

La sincerità è una forma di espressione primitiva.
LEO LONGANESI

Mio nonno era talmente aggressivo e arrogante che sulla sua tomba, sotto la foto, c'era scritto: "Cazzo guardi?".
DANIELE LUTTAZZI

Al mio dentista il caval donato gli fa schifo.
BORIS MAKARESKO

La calma è la virtù dei morti.
BORIS MAKARESKO

Polvere siamo, e polvere ritorneremo. E gli eschimesi granite.
BORIS MAKARESKO

Che Dio ci perdoni. E ci perdonerà. È il suo mestiere.
MARCELLO MARCHESI

Chi trova un amico chiede un prestito.
MARCELLO MARCHESI

Nessuno è ateo in trincea.
MARCELLO MARCHESI

Dimmi con chi vai e ti dirò se vengo anch'io.
MARCELLO MARCHESI

Dopo la scopata il primo che parla dice una stronzata.
MARCELLO MARCHESI

Chi va piano va sano e viene tamponato poco lontano.
MARCELLO MARCHESI

Tra il dire e il fare c'è una busta da dare.
MARCELLO MARCHESI

Chi è felice è stupido. Non è vero ma consola.
MARCELLO MARCHESI

Tra moglie e marito... preferisco la moglie.
ALBERTO MAROZZI

Dietro ogni uomo di successo c' è una donna e, dietro di lei, sua moglie.
GROUCHO MARX

Un idealista è uno che, scoprendo che una rosa ha un profumo migliore di un cavolo, conclude che farà anche un brodo migliore.
H.L. MENCKEN

Qualsiasi idiota è capace di prendere una tigre per i coglioni, ma ci vuole un eroe per continuare a stringere.
GEOMETRA MENEGHETTI (ENRICO BERTOLINO)

O si è i primi, o si è i migliori.
FRANCO MERAFINO

I baci non durano; saper cucinare sì.
GEORGE MEREDITH

Vantarsi, bere liquori, illudere la donna.
MAURIZIO MILANI

Mio nonno è alla buona, parla usando i proverbi, i modi di dire: «Cristiano, ma quella biondina con cui stavi?»

«L'ho lasciata, niente di che, e poi era alta solo un metro e cinquanta...». E lui: «Beh, nelle botti piccole ci sta il vino bono...» «Sì, ma c'aveva i baffi.». E lui: «Donna baffuta sempre piaciuta!» «E pure gli occhi storti.» «Si chiama strabismo di Venere, bischero!» «Ma era una brontolona...». E lui: «Can che abbaia non morde!» «Poi ha quarantotto anni!». E lui: «Gallina vecchia fa buon brodo!» «E allora trombala te!»

Cristiano Militello

Carpe diem. Trote gnam.

Vasco Mirandola

È sempre meglio essere sposati che essere morti.

Jean-Baptiste Molière

La verginità è come una briciola di pane: arriva un uccello e se la porta via.

Monella

Quanno è giornata da pijallo 'n culo er vento t'arza la camicia.

Citata da Marco Navigli

La gente diventa ciò che è. Perfino Beethoven è diventato Beethoven.

Randy Newman

Se ho visto così lontano è perché sono salito sulle spalle dei giganti.

Isaac Newton

Fai agli altri quello che gli altri farebbero a te, ma fallo prima.

Edward Noyes Westcott

Meglio vivere ricchi che morire ricchi.

Robert Orben

Non tutte le ciambelle riescono col buco, ma è altrettanto vero che non attorno a tutti i buchi c'è una ciambella.

Flavio Oreglio

Si dice che la prostituzione sia il mestiere più antico del mondo. Non è vero. Il mestiere più antico del mondo è il dentista. Solamente dopo alcune donne hanno cominciato a prostituirsi per riuscire a pagare la parcella. Anzi, all'origine il proverbio era: «La donna batte quando il dente duole».

Flavio Oreglio

I colpevoli è meglio sceglierli che cercarli.
Marcel Pagnol

Siamo tutti sulla stessa barca e in pochi sullo stesso yacht.
Gianni Palladino

Quando c'è l'amore c'è tutto. Quando c'è tutto chi se ne frega dell'amore.
Gianni Palladino

Come diceva Dostoevskij: «Per fare il sugo di lepre ci vuole la lepre.»
Lorenzo Paolo

Ci si mette molto tempo per diventare giovani.
Picasso

Vivi come se dovessi morire domani e pensa come se non dovessi morire mai.
Moana Pozzi

Se mangi due mele al giorno, levi due medici di torno?
Herbert V. Prochnow & Herbert V. Prochnow jr.

Quando un uomo non è né cieco né zoppo è già fin troppo bello.
Proverbio

Voi avete l'orologio, noi abbiamo il tempo.
Proverbio africano

Quando gli elefanti combattono è sempre l'erba a rimanere schiacciata.
Proverbio africano

Non parlare se quello che ti viene da dire non è meglio del silenzio.
Proverbio arabo

I messicani discendono dagli aztechi, i peruviani dagli inca. Noi argentini dalle navi.
Proverbio argentino

È difficile riconoscere un gatto nero in una stanza buia soprattutto quando il gatto non c'è.
Proverbio cinese

Se alzi gli occhi e vedi il sole vuol dire che non pioverà. Se alzi gli occhi e vedi le nuvole vuol dire che pioverà. Se alzi gli occhi e non vedi niente, vuol dire che sta piovendo.

Proverbio inglese

Quando c'è nebbia mettiti le mani sul culo.

Proverbio ligure

Aveva un culo così grosso che se scoreggiava in un sacco di farina non ne restava che per fare due frittelle.

Proverbio ligure

È facile con l'uccello degli altri battere sull'ortica.

Proverbio ligure

Chi nasce puveriello e sfortunato ci piovono cazzi in culo pure se sta assettato!

Proverbio napoletano

"Giustizia!" stava scritto sul portone, e ci credette u' minchione!

Proverbio siciliano

Troie ce ne san tante, ma come le donne!

Proverbio toscano

Quando mangio, bevo e trombo, 'un mi chiamà perché 'un rispondo.

Proverbio toscano

Se fossi lungo come sei bischero berresti alle grondaie.

Proverbio toscano

Le bestemmie degli alpini non si alzano da terra.

Proverbio veneto

Se vendessi candele il sole non tramonterebbe mai.

Proverbio yiddish

L'ospite è come il pesce: dopo tre giorni nuota.

Pubblicità per *Il Gambero Rosso*

La coscienza è la voce che ti dice che non avresti dovuto fare una cosa dopo che l'hai fatta.

Tony Randall

Ogni piacere si riduce, quando è condiviso.

William Ranger

Nella vita è tutta questione di culo: o ce l'hai o te lo fanno.
Francesca Reggiani

Quando le cose vanno bene non bisogna spaventarsi, tanto passano.
Jules Renard

Voglio essere povero per non essere infelice.
Robespierre

Dimmi come ti chiami e ti dirò chi sei.
Robym

Come diceva Zarathustra, nella vita, che tu cammini e ti muovi, o ti siedi e aspetti, prima o poi uno stronzo lo incontri.
Paolo Rossi

In verità, in verità vi dico che è più facile che un cammello passi dalla cruna di un ago che un operaio della Fiat, con un cappotto di cammello, porti a cena Claudia Schiffer.
Paolo Rossi

Chi si ferma... è venuto!
Federico Salvatore

Braccio, Avambraccio e Venere, riducono l'uomo in cenere.
Francesco Salvi

Il fine giustifica i mezzi, il rozzo se ne sbatte i coglioni.
Maurizio Sangalli

L'ozio è il padre dei miei cùgini.
Maurizio Sangalli

Il fanatismo consiste nel raddoppiare gli sforzi quando si è dimenticato lo scopo.
George Santillana

Gli italiani guadagnano netto, ma vivono lordo.
Giuseppe Saragat

Dai a un uomo un pesce e mangerà per un giorno. Insegnagli a pescare e te lo leverai di torno per tutto il weekend.
Zenna Schaffer

Combattere per la pace è come fottere per la verginità.
Scritta sul muro di un gabinetto

Il corno del caprone fuggito dal gregge si pianta nel culo del fesso che legge.

Scritta sul muro di un cinema di Viareggio

Mio padre una volta mi disse alcune parole di estrema saggezza, alle quali io mi sono sempre attenuto. Disse: «Non dare mai un pugno a una sequoia».

Tom Selleck

Se sei davvero costretto a scegliere tra due cacche, è meglio scegliere la cacca che hai fatto tu.

Michele Serra

A certa gente in culo gli entra, in testa no.

Detto popolare, citato da Nicola Severin

Se due persone sono in groppa a un cavallo, uno dei due deve andare di dietro.

William Shakespeare

È come il cane de Mustafà: quello che ce l'aveva ner culo e diceva che stava a scopà!

Squadra antitruffa

«Qui la legge si ferma e comincio io, stronzo.»

Sylvester Stallone

Al mondo esistono tre categorie di uomini: quelli che pensano giusto, quelli che pensano sbagliato e quelli che pensano come me.

Tenente Colombo

Mai mettere una donna sul piano sentimentale, sempre sul piano orizzontale.

Ugo Tognazzi

«Ma sarà veramente James Tont? Vediamo la parola d'ordine: Chi più ne ha...»
«... Rocco Siffredi!»

James Tont (Fabrizio Fontana)

I parenti sono come le scarpe: più sono stretti più fanno male.

Totò

Io sono un uomo di mondo! Ho fatto tre anni di militare a Cuneo!
Totò

Mai dar calci agli stronzi freschi in una giornata torrida.
Harry S. Truman

Se non puoi convincerli, confondili.
Harry Truman

L'uomo è l'unico animale che arrossisce, ma è anche l'unico ad averne motivo.
Mark Twain

Una bugia fa in tempo a viaggiare per mezzo mondo mentre la verità si sta ancora mettendo le scarpe.
Mark Twain

L'unico modo di restare in salute è mangiare quello che non si vuole, bere quel che non piace e fare quello che si preferirebbe evitare.
Mark Twain

Se prendi un cane che muore di fame e lo ingrassi, non ti morderà. È questa la differenza principale tra un cane e un uomo.
Mark Twain

Mi domando: ma che faccia avrà fatto Maometto quando la montagna gli ha bussato alla porta?
Walter Valdi

L'amore consiste nell'essere cretini insieme.
Paul Valéry

Chi va con lo zoppo impara a zoppicare, chi va con la zoppa impara ad accontentarsi.
Francesco Varchetta

L'amore è un piccolo dolce segreto tra te e la persona a cui stai mentendo.
Francesco Vespa

L'importante è non vincere.
Vincino

Tutti noi abbiamo bisogno di credere in qualcosa. Io credo che tra un attimo mi farò un'altra birra.
Vista su una T-shirt

Le streghe hanno smesso di esistere quando noi abbiamo smesso di bruciarle.
VOLTAIRE

Non importa se tu vinci o perdi; quel che importa è se vinco o perdo io.
DARRIN WEINBERG

Errare è umano. Ma ti fa sentire divino!
MAE WEST

Nessuno arrossisce al buio.
BENJAMIN WHICHCOTE

Il marito ideale rimane celibe.
OSCAR WILDE

Ci sono due tragedie nella vita: non riuscire a soddisfare un desiderio e soddisfarlo.
OSCAR WILDE

Il soffitto di un uomo è il pavimento di un altro uomo.
ROBIN WILLIAMS

Dio è nella mia mente e il diavolo nei miei pantaloni.
JONATHAN WINTERS

Amare significa non dover mai sentire: «Sono incinta!».
WELCOME BACK, KOTTER

MASTURBAZIONE

Non condannate la masturbazione: è fare del sesso con qualcuno che stimate veramente!
WOODY ALLEN

Certo che sono un medico... Anzi devo proprio andare. Sai, tengo un corso sulla masturbazione... Altrimenti cominciano senza di me...
WOODY ALLEN

Ti masturbi? Io lo preferisco a fare sesso. Ieri sera mi sono messo su una cosetta a tre: io, Marilyn Monroe e Sophia Loren. Credo, tra l'altro, che fosse la prima volta che le due grandi attrici apparissero insieme.
WOODY ALLEN

Il sesso è come giocare a bridge. Se non hai un buon partner, spera almeno in una buona mano.
WOODY ALLEN

Il sesso e il bridge si assomigliano molto: in tutti e due se non hai un buon partner può bastare una buona mano.

ANONIMO

Toccatevi, perché l'amore è cieco!

ROBERTO "FREAK" ANTONI

Pipino detto il "Breve" sposò Ermengarda detta la "Delusa" e insieme misero al mondo Pipone detto il "Solitario".

ANATOLJ BALASZ (NATALINO BALASSO)

«Facciamo così: tu vai su e mettiti a letto. E se fra un'ora non sono arrivata, comincia pure senza di me.»

TALULLAH BANKHEAD

E quando lei: «Ma teeee... preferiresti fare l'amore con me pensando a un'altra, o fare l'amore con un un'altra pensando a me?» «Posso far da solo?».

STEFANO BELLANI

La moglie di Maniglia stasera gli diceva: «Tu dici di amarmi, ma se morissi, tempo sei mesi andresti con un'altra» «E per sei mesi cosa mi faccio, le seghe?», ha risposto lui.

ROMANO BERTOLA

Mio padre mi diceva: «Mike, se ti masturbi diventi cieco». E io: «Papà... sono qui».

MIKE BINDER

Mia mamma, per controllare che non mi facessi le seghe, mi aveva regalato due orologi che si caricavano col movimento del polso. Poi mi prendeva alla sprovvista: «Che ore sono?». E io: «Quattremezza!» «Esatto! Segaiolo di merda!».

CLAUDIO BISIO-ROCCO TANICA

Certo che ho una vita sessuale. Non sono mica monco.

LORENZO BOSIO

Nel futuro le donne partoriranno con l'inseminazione artificiale e noi maschietti daremo il nostro contributo seminale con la masturbazione. Quindi, per te maschietto che leggi non cambierà nulla... Contento?

BEPPE BRAIDA

«Questa è la prima e unica volta che mi tiro una sega! disse il granchio.»

Paolo Burini

Ieri notte sono stato con una prostituta cinese. Un'esperienza esotica. Mi ha fatto una sega con le bacchette.

Paolo Burini

Si ricorda di quella notte in cui ha perso la sua innocenza sul sedile posteriore dell'auto di famiglia? Se non fosse stato da solo sarebbe stato ancora più memorabile.

Red Buttons

Io e il mio membro abbiamo un rapporto bellissimo, anche se nella sua educazione uso ancora metodi antichi: se fa i capricci, lo meno.

Camillo Canovi

Se Dio ci avesse creato con l'intenzione di non farci masturbare, ci avrebbe fatto con le braccia più corte.

George Carlin

Quando uno guarda i dipinti di Picasso, viene naturale chiedersi che tipo di donne immaginasse quando si masturbava.

George Carlin

Mi masturbo così tanto e mi lavo così poco che ho una canotta antiproiettile.

Ernesto Cattaneo

Mi masturbo da così tanti anni che ormai riesco a farlo con una mano sola e a occhi chiusi.

Ezio Ciuspiont

Mi sono sposato per la stessa ragione per la quale ho comprato la lavatrice: c'era qualcosa che volevo smettere di fare a mano.

Enzo Cortese

C'è gente che pensa che la masturbazione sia un surrogato del rapporto sessuale. Io no, sono convinto che sia piuttosto un modo per allenarsi in vista degli amplessi veri. Nel mio caso sono pronto per le Olimpiadi.

Carlo D'Addato

Tom Cruise è così sexy che quando si masturba, la ragazza a cui sta pensando gode.

RODNEY DANGERFIELD

Ho scoperto la masturbazione tardi, a 25 anni. Fino a quel momento mi ero fatto un sacco di scopate.

GIORGIO DELUCA

Da piccolo mi dicevano sempre che in tutti gli uomini c'è una parte femminile. Non ci ho messo molto per capire che la mia parte femminile era la mano!

ROBERTO DE MARCHI

Non è che mi faccio troppe seghe, è che lavoro come Bancomat alla Banca del seme.

DIMUNNO E TAMBORRINO

Il figlio in provetta.
Dopo anni di tentativi vani ebbero un figlio, un figlio in provetta. Lo accarezzavan con gli occhi e le mani e ripetevano: «Bella pugnetta!».

EROS DRUSIANI

Una volta la mia ragazza mi ha sorpreso mentre, sotto la doccia, mi stavo masturbando. «Non ti vergogni?» mi ha detto. E io: «Perché? Adesso uno non è più neanche libero di lavarsi l'uccello alla velocità che vuole?».

CITATA DA MISTER FOREST (MICHELE FORESTA)

Per fare l'amore bisogna essere in due, e non è la stessa cosa che farlo due volte da solo.

MISTER FOREST (MICHELE FORESTA)

Mia cognata ha tre figli. Tre bravi ragazzi. Quello che dà un po' di preoccupazioni è l'ultimo. Mànolo. No no, non Manòlo. Mànolo. Per via della mano. Ha un tic. Appena mette i piedi sotto un tavolo, comincia a muovere il braccino su e giù. Così. Mangia e muove il braccino. Gioca a Monopoli e muove il braccino. Vede la tv e muove il braccino. Mia nipote si infila sotto il tavolo... E finalmente sta fermo!

GAIA (SIMONA GUARINO)

Masturbarsi è giusto e questa sera ho intenzione di farmi giustizia da solo.

ROBERTO GAVELLI

A volte la donna è un eccellente surrogato della masturbazione. Certo occorre un sacco di fantasia.

Karl Kraus

Se non puoi chiedere la mano della tua ragazza, usa la tua.

Haim Lapid

Recentemente, quando sono da solo, cerco di farla finita con la masturbazione. Chiedo a me stesso: ma perché non mi posso essere soltanto amico?

Richard Lewis

«Lei quante volte si masturba in media?» «In media? Due o tre giorni all'ora.»

Daniele Luttazzi

Credo che la ragione per cui la giustizia è cieca sia perché gli avvocati passano il tempo a farsi le seghe.

Dennis Miller

Per San Valentino ho offerto una romantica cena alla mia mano destra, e lei non si è presentata!

Matteo Molinari

Dicono che noi italiani siamo dei grandi amanti. È vero, posso confermarvelo; fino a ora non sono riuscito a trovare un americano in grado di masturbarmi bene come faccio io.

Matteo Molinari

È l'unica persona che conosco che finge un orgasmo quando si masturba.

New York Roasts

Avevo un pastore tedesco che a furia di masturbarsi è diventato un cane per i ciechi.

Furio Ombri

Ai belli si perdona assolutamente tutto e con ragione: se non fosse per loro, la masturbazione sarebbe molto noiosa per tutti.

P.J. O'Rourke

La mia prima storia fu con una ragazza bellissima. Durò un anno. Era un calendario.

Alessio Parenti

L'unico insegnamento che possiamo trasmettere noi vecchi alle nuove generazioni riguarda gli errori

che abbiamo commesso. Perciò vi dico: ragazzi, lasciate perdere le droghe, vi faranno perdere un sacco di tempo che potreste dedicare più proficuamente al sesso. Io nella mia vita mi sono fatto tre canne, e non mi sono mai perdonato quelle cinque ore tolte così insulsamente all'autoerotismo.
PIETRO RICCARDI

Tra i 7 e 12 anni ho fatto sesso continuamente, in qualsiasi condizione meteorologica, sotto qualsiasi regime, sempre da solo. Con soddisfazione reciproca, mia e mia.
PAOLO ROSSI

Il pesce sega è sempre da solo, invece il pesce tromba in compagnia.
FRANCESCO SALVI

Braccio, Avambraccio e Venere, riducono l'uomo in cenere.
FRANCESCO SALVI

Finché non sarete capaci di scopare bene, commetterete atti impuri.
MAURIZIO SANGALLI

Quando uno è giovane si fa le seghe, poi va a scuola e comincia a masturbarsi.
MAURIZIO SANGALLI

C'è chi puote e chi non puote e chi non puote se lo scuote.
SCRITTA SU UN MURO DI PISA

La Chiesa è una sposa sbandata che in mezzo alla piazza scopa con banchieri e diplomatici avvelenando al tempo stesso la vita ai ragazzini che si fanno una sega.
VLADIMIR SENAKOVSKY

Era un uomo talmente altruista che quando si masturbava cercava di ritardare il tutto per prolungare il piacere della mano.
ROBERTO SERAFINI

Sono stato in una fattoria. Il fattore mi ha fatto uno scherzo. Mi ha lasciato mungere il toro. Ho scoperto una cosa, quel giorno: mungi quell'animale una volta, e hai un amico per la vita.
YAKOV SMIRNOFF

Ho problemi con il genere femminile in assoluto. L'altro giorno volevo masturbarmi e la mia mano destra mi ha detto: «Oggi no, ho mal di polso».

Dado Tedeschi

Non mi metto mai il preservativo perché mi fa sudare la mano.

Dario Vergassola

Ci pensate cosa succederà quando i bambini in provetta faranno scienze a scuola? Scopriranno tutti che il loro papà si è fatto una sega in un barattolo, e che la loro mamma è un disco di Petri. Va a finire che avremo bambini che avranno un forte desiderio di masturbarsi davanti a bambine che indossano lenti bifocali.

Marsha Warfield

Ho smesso di avere rapporti sessuali con le donne. Han detto che ormai posso cavarmela da solo.

Stefano Zaccarella

Il mio dottore mi ha consigliato di smettere con la masturbazione, o perlomeno di diminuire. Un sistema che mi ha consigliato è quello di farsi mezza sega. Io ci ho provato ma poi mi lascio sempre prendere la mano.

Mirco Zilio

MATEMATICA

Non viene da un posto di grossi geni. Al suo paese lo chiamavano "il Computer umano" perché sapeva contare fino a 20. Nudo fino a 21.

Anonimo

Va bene, non venga pure alle mie lezioni di matematica, mister Morris, ma si ricordi che quando, tra vent'anni, lei sarà a una festa e i suoi amici racconteranno una barzelletta su un logaritmo, lei non avrà alcuna idea di cosa ci sia da ridere.

Bayside School

Sono d'accordo a far dire le preghiere a scuola, purché venga trovato un posto per l'algebra in chiesa.

Dylan Brody

L'età delle donne si calcola sommando quella che dicono di avere a quella che dà la loro amica e poi dividendo per due.

Leo Campion

La linea più diritta tra una breve distanza è due punti.

George Carlin

Bambini assenti e presenti, scrivete: compito a casa, problema. "Il vostro maestro spende ogni mese lire 13.000 per l'affitto di casa, lire 8.500 spese vitto, (il vostro maestro pesa 32 chilogrammi). Poi lire 165.000 per spese varie, vizi e divertimenti. Sapendo che il vostro maestro guadagna lire 35.000 cadauno il mese, si domanda: come si può fare per essere promossi?". Fatevi aiutare dai vostri genitori.

Cochi e Renato

Insegnante: «Fammi sentire fino a quanto sai contare.»
Studente: «Uno, due, tre, quattro, cinque, sei, sette, otto, nove, dieci, Fante, Donna, Re.»

Lewis & Faye Copeland

Ricordate i problemi di matematica del liceo? "Se A taglia un tronco in due ore, e B in un'ora, e C in mezz'ora, perché non far fare tutto il lavoro a C?"

Norm Crosby

La matematica è come la politica: non sappiamo di cosa stiamo parlando né se quello che diciamo è vero, ma è sempre e comunque esatto.

Sergio D'Antoni

Dicono che usiamo solo il 10% del nostro cervello. Il 10% del nostro cervello! Pensate cosa potremmo fare se usassimo il restante 60%!

Ellen DeGeneres

La radice quadrata di Giuliano Ferrara è Vittorio Sgarbi. La radice quadrata di Vittorio Sgarbi è Gigi Marzullo. La radice quadrata di Gigi Marzullo è un numero N con esponente nullo.

Ivan Della Mea

Ma a cosa serve saper calcolare le radici quadrate?

Fabio Fazio

Ieri ho preso un taxi e mi è costato 60.000 lire. Siccome ne avevo solo 54.000 ho chiesto al tassista di fare 6.000 lire di marcia indietro.

FICHI D'INDIA

A dieci anni Giuliano Ferrara era già così grasso che al suo sarto, per fargli una giacca, era sufficiente prendere la misura dall'ombelico al pomo d'Adamo, elevarla al quadrato e poi moltiplicarla per 3 e 14.

GINO&MICHELE

Sono cresciuto in una scuola materna per bambini prodigio. Quando ci davano un gelato era per calcolare l'area del cono.

GINO&MICHELE

La x in matematica l'ha messa per primo il professor Godel per far contenta sua moglie che lo aspettava a letto: «Metti una x e finisci domani».

GENE GNOCCHI

Ursula Andress ha avuto un figlio da 007 e l'ha chiamato Raggio per raggio per 3 e 14.

GENE GNOCCHI

Consiglio del giorno: se trovate difficile o impossibile scrivere una poesia, fate come me. Prendete quel vostro vecchio libro di trigonometria del liceo, scovate qualche teorema e trasformatelo in forma poetica. Suggerimento: ogni volta che trovate la parola "angolo", cambiatelo in "angelo". Esempio: "Io ti complemento, angelo, e ti definisco immensamente. Io sono il tuo angelo adiacente. Tu sei il mio coseno. Io ti definisco fattorialmente. Io sono la curva generata dal movimento del tuo vertice. Oh, Angelo acuto".

RICH HALL

A scuola: «Che gli venisse un accidenti al bottaio che travasa 218 litri di vino in NON MI VIENE QUANTE bottiglie di 75 centilitri cad.!»

MAFALDA

Finché ci sarà l'algebra ci saranno le preghiere a scuola.

LARRY MILLER

Un metodo infallibile quando si deve calcolare il volume della semisfera e ci si trova in difficoltà è

agire nottetempo e trasformare la semisfera in un parallelepipedo.
SANDRO MONTALTO

Posso dare lezioni di francese, matematica, latino: metodo assicurato. Ma non voglio.
LUCIE OLBRECHTS-TYTECA

La matematica non è un pignone, come diceva Coppi...
RENATO POZZETTO

In tutti i tentativi fatti per provare che 2 + 2 = 4, non si è mai tenuto conto della velocità del vento.
RAYMOND QUENEAU

Non sono brava in matematica. Non lo sono mai stata. Ho imparato a farmene una ragione fin dalla giovinezza. Quando il mio prof mi consegnava gli esercizi del compito in classe, mi limitavo a scriverci: "Sposerò qualcuno in grado di risolverlo".
RITA RUDNER

Quando se n'è arrivata la prof di Mate già mi stavo incazzata come un cobra! Quella mi fa: «Sabbrina facciamo i logaritmi!». Ma io ci ho detto: «Ohhhhh... i logaritmi me li faccio a casa col Tantum Verde, quando ci ho le placche!».
SABBRY (LUCIANA LITTIZZETTO)

La retta è la distanza più breve tra due punti, a patto che siano posti esattamente uno di fronte all'altro.
LA SETTIMANA ENIGMISTICA

Ci sono tre tipi di persone a questo mondo: quelli che sono bravi in matematica, e quelli che non lo sono.
T-SHIRT AMERICANE

Mi sono sempre chiesto: ma chi va in giro a costruire quadrati sull'ipotenusa?
WALTER VALDI

Pitagora, morì di calcoli?
WALTER VALDI

La curva è la più deliziosa distanza tra due punti.
MAE WEST

MATITA

vedi ***Cancelleria***

MATRIMONIO *(Sposarsi)*

Non fosse per i regali di nozze, sarebbe preferibile scappare con l'amante.

GEORGE ADE

Mio papà ha sposato mia mamma, mio zio ha sposato mia zia, mio nonno ha sposato mia nonna... Per quale motivo io dovrei sposare una sconosciuta?

STEVE ALLEN

Durante la mia prima notte di nozze mia moglie, sul più bello, si è alzata in piedi per un'ovazione.

WOODY ALLEN

Il mio primo anno di matrimonio aveva preso una brutta piega. Tendevo a mettere mia moglie sotto un piedistallo.

WOODY ALLEN

In quel periodo uscivo con una ragazza e dovevamo sposarci, ma c'era un conflitto religioso. Lei era atea e io agnostico. Non sapevamo senza quale religione educare i figli.

WOODY ALLEN

Dovrei sposare W.? No, se non mi dirà le altre lettere del suo nome. E la sua carriera? Come posso chiedere a un essere così gentile di rinunciare al campionato di lotta libera nel fango?

WOODY ALLEN

Ragazza: «Posso sposare un islamico?»
Prete: «A patto che fai il doppio gioco e ci passi tutte le informazioni.»

ALTAN

Il matrimonio è il prezzo che gli uomini pagano per il sesso; il sesso è il prezzo che le donne pagano per il matrimonio.

ANONIMO

Le mie zie erano solite venirmi vicino durante i matrimoni, mi davano una ditata nei fianchi e, ridendo, mi dicevano: «Il prossimo sei tu». Hanno smesso di farlo da quando lo dico io a loro durante i funerali.

ANONIMO

Perché qualcuno non inventa qualcosa da sposare diverso da una donna?

GLI ANTENATI

Il matrimonio cambia gli uomini. Da fidanzati mi apriva lo sportello per farmi entrare nell'auto. Adesso è già tanto se tira giù il finestrino quando scoreggia!

GIANNI AUDISIO

È divertentissimo sposare un uomo.

BRIGITTE BARDOT

Roba che se uno fosse costretto a sposarsela preferirebbe, al termine della cerimonia, baciare appassionatamente il prete.

LORENZO BECCATI

Ho sposato me stesso, da sempre. E non andiamo quasi mai d'accordo.

CARMELO BENE

Mai sposare una ragazza in grado di aprire le buste con il suo alito.

MILTON BERLE

A Hollywood ci si sposa sempre la mattina presto, così se non funziona non hai sprecato la giornata.

MILTON BERLE

Conosco un uomo che era così povero che si è sposato solo per il riso!

MILTON BERLE

«Mi manca un sacco Al» «Perché?» «Perché ho sposato la sua vedova!»

MILTON BERLE

«Io gliel'avevo detto a mio figlio di non sposare Miss Svezia, ma lui niente, non ha voluto darmi ascolto. E così adesso abbiamo la croce di questo povero nipote alto, biondo, con gli occhi azzurri», mi dice la mamma del gobbo.

ROMANO BERTOLA

Anch'io fino a un anno fa bevevo molto. Sopportavo l'alcol benissimo, ma è vero che, quando smetti, la vita ti sembra diversa. lo, per esempio, non avevo il minimo sospetto di essere sposato da quindici anni.

ROMANO BERTOLA

Matrimonio... una comunità formata da un padrone, una padrona e due schiavi, il che fa in tutto due persone.

AMBROSE BIERCE

Mio fratello è gay e ai miei genitori non importa. Basta che sposi un medico .
ELAYNE BOOSLER

Al termine di un pranzo di nozze mi hanno dato un amaro alle erbe talmente schifoso che perfino sull'etichetta c'era un frate che vomitava.
BEPPE BRAIDA

Le cose cambiano, una volta sposati. Appena mi sono sposata, andavo in giro per casa senza vestiti addosso. Mio marito diceva sempre: «Baby, sei stupenda. Vieni qui». E non poteva levarmi le mani di dosso. Adesso, quando giro per casa senza vestiti, lui mi dice: «Non hai freddo?».
ROZ BROWNE

«Sì, sì! Ci sposeremo, presto o tardi!» «Gioia, dopo quattordici anni è già troppo tardi per essere presto, e, se tardiamo, presto sarà tardi anche per essere tardi!»
BULLI E PUPE

Venticinquesimo di matrimonio: venticinque anni di arresti domiciliari. L'ho portata alle Maldive per le nozze d'argento. Mi hanno detto: «E per i cinquant'anni cosa fai?» «La vado a riprendere!».
PINO CAMPAGNA

Ho avuto malattie che sono durate più a lungo dei miei matrimoni.
NELL CARTER

Se avete paura della solitudine, non sposatevi.
ANTON CECHOV

Soppressi i combattimenti dei gladiatori, i cristiani istituirono la vita coniugale.
GUIDO CERONETTI

Prima di sposarmi avevo sei teorie su come allevare i bambini. Ora ho sei bambini e nessuna teoria.
JEAN CHARLES

Il problema di molte donne è che si emozionano per un nonnulla. E poi lo sposano.
CHER

Io sono sposato da 18 anni. Dopo 18 anni la moglie diventa come uno di

famiglia e a me non va di fare sesso con un parente.
STEFANO CHIODAROLI

Le mie figlie hanno sposato due salumieri. Ho due generi alimentari.
COMIX

Mi sono sposato per la stessa ragione per la quale ho comprato la lavatrice: c'era qualcosa che volevo smettere di fare a mano.
ENZO CORTESE

È stato dimostrato che la gente sposata vive più a lungo dei single. I single muoiono prima. Quindi, se volete una morte lunga e lenta, sposatevi.
NORM CROSBY

Non capisco più la moda. L'altro weekend ho visto il figlio del mio vicino salire in macchina con addosso una camicia macramé, una bandana in testa, una felpa e un paio di stivali con gli speroni. Mi ha detto: «Vado a un matrimonio». Gli ho risposto: «E vai a un matrimonio vestito così?». E lui: «Devo. È molto formale».
NORM CROSBY

Dormiamo in camere separate, ognuno cena per i fatti suoi, facciamo vacanze ognuno per conto suo: insomma facciamo di tutto per tenere unito il matrimonio.
RODNEY DANGERFIELD

Se trovassi un uomo con 15 milioni di dollari firmerei un contratto prima del matrimonio nel quale mi garantisse di morire entro un anno.
BETTE DAVIS

«lo sposarlo? Ti assicuro di no, già basta che mi sposi lui.»
PIERRE C. DE MARIVAUX

Sono contenta di non essere un uomo, perché così non sono costretta a sposare una donna.
MADAME DE STAÉL

Cosa ama sentirsi dire un uomo dalla propria moglie? Appena sposati: «Ti amo!». Dopo cinque anni di matrimonio: «Ti voglio bene!». Dal sesto anno: «È pronto!».
MARCO DEL CONTE

Per la Chiesa se non sei sposato non puoi fare l'amore. Invece se sei sposato lo puoi fare. Però controvoglia.

DENTIBLÙ

Solo perché ho del riso sul vestito non significa che sono stata a un matrimonio. Un cinese mi ha vomitato addosso.

PHYLLIS DILLER

Ogni donna, e nessun uomo, dovrebbe sposarsi.

BENJAMIN DISRAELI

Il matrimonio è una catena così pesante che a portarla bisogna essere almeno in tre.

ALEXANDRE DUMAS PADRE

Io ho partecipato a quattro matrimoni. Tre come testimone e uno come imputato.

GIANNI FANTONI

Sono stato a un matrimonio, e il prete mi sembrava scettico. Avete presente quella parte in cui dice: «Se qualcuno ha qualcosa in contrario all'unione di queste due persone...». Be', lui ha continuato: «Allora, formate una fila dietro al microfono e cercherò di farvi passare tutti prima di pranzo».

MARK FARRELL

Uno che arriva ad affacciarsi alla finestra tutte le domeniche all'ora di pranzo per gridare a una folla di turisti in difesa della famiglia e dei figli, ma perché non si sposa lui?

FABIO FAZIO

Un uomo che non si è ancora sposato è incompleto. Poi è finito.

ZSA ZSA GABOR

Non sono contraria al matrimonio ma mette fine a troppe cose alle quali sono favorevole.

ZSA ZSA GABOR

Quando una donna ama un uomo non è proprio lui che essa ama; ma è proprio lui che un bel giorno essa non ama più.

PAUL GERALDY

Bongiorno sposa Daniela Zuccoli che aveva conosciuto, nuda, sulla copertina di *Novella 2000*, e ha da lei tre figli che chiama: Quiz, Quoz, Quaz.

GINO&MICHELE

Marta Marzotto è madre di quattro figli (erano cinque ma uno purtroppo l'ha perduto sposandolo alla figlia di Emilio Fede).
GINO&MICHELE

In Valtellina le foto di gruppo del matrimonio non si riesce mai a farle perché c'è sempre uno che vede uno scoiattolo e allora tutti si girano a guardare e vengono presi di schiena.
GENE GNOCCHI

Quando un uomo sposa la sua amante crea un posto di lavoro.
JAMES GOLDSMITH

I referendum abrogativi. Dove per dire sì devi votare no. E per dire no devi votare sì. Come uno che va a sposarsi e il prete dice: «La vuoi mandare a cagare?» «No.» «Allora vi dichiaro marito e moglie.»
BEPPE GRILLO

Vi sono tre tipi di donne di fronte all'amore: quelle che si sposano, quelle che si amano e quelle che si pagano. Può anche trattarsi della stessa donna. Si comincia col pagarla, la si ama, si finisce per sposarla.
SACHA GUITRY

Era una donna virtuosa, ma il caso volle che sposasse un cornuto.
SACHA GUITRY

Il periodo critico del matrimonio è la prima colazione.
ALAN PATRICK HERBERT

Come chiami un uomo che sposa un altro uomo? Parroco.
BENNY HILL

Sono sposata a un inglese. Un tipico inglese. È molto riservato. Infatti, è stato solo dopo esserci sposati che ho saputo che voleva fidanzarsi con me.
KIT HOLLERBACH

Ho sposato tua madre perché volevo un figlio. Immaginati come ci sono rimasto male quando sei nato tu.
HORSES FEATHERS

La nostra regina è scialba. Tutte le regine lo sono. Perché è una brutta idea quella di sposarsi tra cugini.
EDDIE IZZARD

Dopo ventisette anni di matrimonio, io e mia moglie abbiamo raggiunto finalmente la compatibilità sessuale. Abbiamo emicranie simultanee.

Clifford Kuhn

Molti uomini innamorati di una fossetta sulla guancia commettono l'errore di sposare l'intera ragazza.

Stephen Leacock

Mio marito mi ha costretta al matrimonio con l'inganno. Mi ha detto che ero incinta.

Carol Leifer

I cristiani possono sposare una sola donna. La si chiama monotonia.

Robert Lembke

Molti immigrati illegali vengono negli Usa per svolgere lavori che gli americani si rifiutano di fare. Oggi, per esempio, un tizio del Guatemala ha sposato Liza Minnelli.

Jay Leno

Mia mamma mi ha sempre detto: non sposarti per soldi. Divorzia per soldi.

Wendy Liebman

Malaparte è così egocentrico che se va a un matrimonio vorrebbe essere la sposa, a un funerale il morto.

Leo Longanesi

Gli psicologi affermano che le ragazze tendono a sposare uomini che assomiglino al proprio papà. Questo è il motivo per cui le mamme piangono al matrimonio.

Boris Makaresko

Le mogli di Hollywood tengono il bouquet e gettano il marito.

Groucho Marx

Vi amo, volete sposarmi? Se rispondete di sì non mi rivedrete mai più.

Groucho Marx

Se mi sposi non guarderò mai più un altro cavallo.

Groucho Marx

Tu credi che ti voglia sposare per i tuoi otto milioni di dollari di dote? Come ti sbagli: se tu ne avessi nove ti sposerei lo stesso!
Groucho Marx

Per partecipare ai funerali del Papa, venerdì a Roma, il Principe Carlo d'Inghilterra ha rinviato le nozze con Camilla Parker Bowles a sabato. Per Carlo sarà emozionante. La rara occasione di toccare due salme nello stesso weekend.
Joel McHale

Se mai mi dovessi sposare, sarebbe d'impulso. Come quando un uomo si spara alla testa.
Henry Louis Mencken

Le ho chiesto di sposarmi e lei ha detto no. Da allora viviamo felici e contenti.
Spike Milligan

In agosto, mio marito Morris e io abbiamo celebrato il trentottesimo anniversario di matrimonio. E sapete cosa ho finalmente realizzato? Che se lo avessi ucciso la prima volta che m'è passato per la mente, adesso sarei già fuori di galera.
Anita Milner

È sempre meglio essere sposati che essere morti.
Jean-Baptiste Molière

La vera felicità è sposare una ragazza per amore e poi scoprire che è ricca.
Bob Monkhouse

In certi Paesi il matrimonio è la punizione per chi ruba nei negozi.
Mike Myers

Ci sono ancora delle ragazze che arrivano vergini al matrimonio. Magari non è il loro, ma ci arrivano.
Furio Ombri

Il matrimonio è il coronamento del sogno di un uomo e di una donna. I genitori della sposa.
Furio Ombri

«Lei è bellissima! Mi vuole sposare?» «Dipende. Lei russa?» «No, ma potrei imparare.»
Dennis O'Neil

Una volta ci si sposava per fare sesso, oggi ci si sposa per fare il mutuo!

I Papu

A un ragazzo che, dopo averla compromessa, non voleva più sposare la fidanzata: «Giuvinò, debbo spendere centomila lire per voi. Le volete in contanti come regalo di nozze, o in fiori sul carro da morto?».

Pascalone 'e Nola

Si ar monno nun ce fosse er matrimonio ma sai sì quanta gente sposerebbe!

Cesare Pascarella

Lui sposa lei perché lo ama. Lei ama lui perché la sposa.

Jean Paul

Nessuna donna si sposa per denaro: sono tutte tanto astute, prima di sposare un milionario, da innamorarsene.

Cesare Pavese

Per il mio matrimonio nella chiesa a forma di trullo non ci stavano tutti gli invitati, così abbiamo dovuto ripetere la cerimonia otto volte. Alla settima ho anche detto: «No», così per simpatia...

Viviana Porro

Il mio miglior amico ha sposato mia sorella. Adesso mi odia come un fratello!

Tony Randall

Sono sposato da un anno e mezzo, e sto imparando le regole. Una di queste è: mai tornare a casa alle quattro del mattino, ubriaco marcio, con un gruppo di amici, entrare in camera da letto e dire: «Ehi, troietta! Facci la colazione!».

Larry Reed

Prima che ci fidanzassimo non aveva mai scoreggiato. Adesso è come una seconda lingua.

Caroline Rhea

Sono contrario ai rapporti prima del matrimonio perché fanno arrivare tardi alla cerimonia.

Antonio Ricci

Il sindaco ha dichiarato che la pratica di vestire poliziotti da donne per attirare borseggiatori si è rivelata un grosso successo: finora il risultato è stato 350 arresti, 200 incarcerazioni, e 27 matrimoni felici.

ROWAN & MARTIN'S LAUGH-IN

Prima del matrimonio, un uomo giace sveglio a ripensare a qualcosa che tu hai detto; dopo, crolla addormentato prima che tu finisca di dirlo.

HELEN ROWLAND

Pensando al matrimonio, non è il legarsi a una donna che l'uomo teme: è il separarsi da tutte le altre.

HELEN ROWLAND

Quando vedi cosa sposano certe ragazze, ti rendi conto di quanto debbono odiare la necessità di lavorare per mantenersi.

HELEN ROWLAND

Gli uomini che portano l'orecchino sono i migliori candidati per il matrimonio. Hanno provato il dolore e comperato gioielli.

RITA RUDNER

Non sono brava in matematica. Non lo sono mai stata. Ho imparato a farmene una ragione fin dalla giovinezza. Quando il mio prof mi consegnava gli esercizi del compito in classe, mi limitavo a scriverci: "Sposerò qualcuno in grado di risolverlo".

RITA RUDNER

Ormai l'Italia convive con il crimine. Dopo tanti anni non è escluso che si arrivi al matrimonio.

GABRIELLA RUISI

Liz Taylor si è risposata. L'età non conta quando uno decide di rifarsi una vita. E i fianchi, la faccia...

GABRIELLA RUISI

Anch'io ero contrario all'aborto, ma poi l'ho sposato.

MAURIZIO SANGALLI

«Qual è stato il giorno più bello della tua vita?» «Il giorno del mio matrimonio.» «E il più brutto?» «Da allora tutti gli altri, nessuno escluso.»

SCAPPO DALLA CITTÀ

Ho sposato un uomo più giovane di me. Cinque anni più giovane. Perché mi sono detta, se non puoi trovare l'uomo giusto, allevane uno.

Wanda Skyes-Hall

Sposati: se trovi una buona moglie sarai felice; se ne trovi una cattiva, diventerai filosofo.

Socrate

L'amore ti fa fare cose pazze. Io per esempio mi sono sposato.

Buddy Sorrel

Sono contrario al matrimonio prima del sesso.

Riccardo Tommaselli

Lo sposo si incamminò all'altare con la stessa sicurezza con cui gli americani andarono in Vietnam.

John Towers

Io non è che sia contrario al matrimonio, però mi pare che un uomo e una donna siano le persone meno adatte a sposarsi.

Massimo Troisi

Se mi guardo indietro non ho pentimenti. Dovessi ricominciare farei esattamente tutto quello che ho fatto. Tutto. Mi risposerei anche. Con un'altra, naturalmente.

Raimondo Vianello

La gente non ne vuol più sapere di sposarsi. Ieri sono andato a un matrimonio, alla fine la sposa ha lanciato il bouquet e c'è stato un fuggi fuggi neanche avesse tirato una granata!

Sergio Viglianese

Il divorzio e il matrimonio hanno probabilmente all'incirca la stessa età. Credo però che il matrimonio abbia qualche settimana di più.

Voltaire

Un inverno ho girato un film in Inghilterra. Faceva così freddo che mi sono quasi sposata.

Shelley Winters

Zsa Zsa Gabor si è sposata così tante volte che ha i segni dei chicchi di riso sulla faccia.

Henny Youngman

Ho sposato un uomo talmente peloso che la mattina quando si sveglia è coperto di rugiada.

Giorgio Zanetti

Mia moglie mi ha sposato per fare un dispetto a un uomo. Dopo un anno ho scoperto che quell'uomo ero io.

Mario Zucca

MCDONALD'S

Il primo maggio a Londra un gruppo di anticapitalisti per protesta ha tirato giù i due archi d'oro di un McDonald's. Poi li hanno rimessi su perché si sono resi conto che quello era il cibo migliore d'Inghilterra.

Jon Stewart

La cosa più bella di Tokio è McDonald's. La cosa più bella di Stoccolma è McDonald's. La cosa più bella di Firenze è McDonald's. Pechino e Mosca non hanno ancora nulla di bello.

Andy Warhol

MEDAGLIA

Il vecchio generale: «In tutta la mia vita ho ricevuto solo due medaglie: una alla memoria l'altra... Cazzo non me lo ricordo più!».

Anonimo

Ha preso una medaglia al valore sulla spiaggia. Ha salvato una ragazza da un bagnino.

Johnny Carson

In Inghilterra non vinciamo medaglie d'oro alle Olimpiadi, ma perché abbiamo scelto così. È un proclama politico. Noi odiamo il nostro inno nazionale: *Dio salvi la Regina*. Ora: la Regina vive in una casa grande, con filo spinato e guardie armate. Quella è una Regina fottutamente salva, lasciate che ve lo dica.

Eddie Izzard

Ci sono medaglie che hanno solo il rovescio.

Luigi Pintor

Ho un problema con la medaglia d'argento. Perché, se vinci l'oro, ti senti da Dio. Se vinci il bronzo, dici: «Beh, almeno ho preso qualcosa». Ma se prendi l'argento, è come: «Congratulazioni, hai quasi vinto. Di tutti i perdenti, sei arrivato primo. Sei il perdente numero uno. Nessuno ha perso davanti a te».

Jerry Seinfeld

MEDICI

Ci vedo pochissimo. Quando vado dall'oculista, il dottore mi indica le lettere, dà la risposta, e mi chiede: «Vero o falso?».

Woody Allen

Certo che sono un medico... Anzi devo proprio andare. Sai, tengo un corso sulla masturbazione... Altrimenti cominciano senza di me...

Woody Allen

Gli alberi sono esseri che si ammalano come tutti gli altri, ma avendo radici fisse al suolo non possono recarsi dal medico. Per questo vivono a lungo.

Anonimo

Raffreddore: malattia che se curata dal medico, dura una settimana, e senza, sette giorni.

Anonimo

Se il mio dottore mi dicesse che mi rimangono solo sei minuti da vivere, non ci rimuginerei sopra. Batterei a macchina un po' più veloce.

Isaac Asimov

Una mela al giorno toglie il medico di torno, ma un buon due chili e mezzo di aglio e cipolla ti tolgono di torno anche i parenti.

Anatolj Balasz (Natalino Balasso)

L'aria di Milano è davvero peggiorata. Il mio dottore mi ha consigliato di iniziare a fumare.

Federico Basso

Da piccoli giocavamo al dottore e all'infermiera. Poi siamo cresciuti e siamo diventati più maturi e consapevoli. Adesso giochiamo al primario e alla caposala.

Lorenzo Beccati

Un uomo è andato da un dottore che gli ha dato sei mesi di vita. Ma l'uomo non era in grado di pagare, così il medico gli ha dato altri sei mesi.

MILTON BERLE

A teatro ho visto una commedia così brutta, che da una poltrona si è alzato un dottore che ha gridato: «C'è un attore in sala?».

MILTON BERLE

Temo che il mio medico sia un po' esaurito. Oggi gli ho chiesto: «Devo fare qualcosa per i miei reumatismi?» «Niente», ha risposto, «cos'hanno fatto loro per lei?».

ROMANO BERTOLA

Generali e medici entrano in paradiso attraverso la porta dei fornitori.

TRISTAN BERNARD

«Guarda, per avere successo nella professione è anche importante che lo studio sorga in un posto adatto, frequentato dalla gente che conta», mi dice il dottor D., ginecologo a Betlemme.

ROMANO BERTOLA

Il mio medico è unico. Se non posso permettermi l'operazione, ritocca le radiografie.

JOEY BISHOP

Mai andare da un dottore le cui piante d'ufficio sono morte.

ERMA BOMBECK

Mio fratello è gay e ai miei genitori non importa. Basta che sposi un medico .

ELAYNE BOOSLER

La dieta del cardiologo: se ha un buon sapore, sputalo.

PAULINA BORSOOK

I dottori hanno fatto tutto quello che hanno potuto, ma nonostante questo sono ancora vivo.

ASHLEIGH BREANT

Devi avere un certo fisico per entrare nell'esercito. Un medico guarda dentro un orecchio, un altro guarda nell'altro orecchio e se non possono vedersi sei arruolato. Se invece riescono a vedersi entri a far parte della polizia militare.

JOHN BROWN

Può un andrologo guadagnare più di un dentista? Certo, se l'uomo avesse un dente e trentadue cazzi!

BRUCE KETTA

Nobel per la Medicina a Judson Carradine, primo chirurgo al mondo ad aver compiuto un'operazione al polpaccio sinistro a cuore aperto e a essere riuscito a vincere la causa con i parenti dell'interessato.

MASSIMO BUCCHI

Qualche volta si affacciava il medico alla porta della camera. Cerimonioso, timido, col cappello in mano: «Disturbo?» «Gastrico!».

ACHILLE CAMPANILE

La motorizzazione vuole che uno porti una tessera di donatore di organi con la patente. E voi credete davvero che il dottore del pronto soccorso che la trova, quando arriva sulla scena dell'incidente, cercherà di salvarvi la vita? Col cazzo! Lui cerca le parti usate!

GEORGE CARLIN

Un tizio va da un medico che gli dice che gli rimangono tre minuti di vita. L'uomo implora: «La prego dottore, mi dia qualcosa!». Il medico gli risponde: «Un uovo alla coque?».

TOMMY COOPER

La sanità mi fa paura. Ieri dovevo portare gli esiti delle analisi al mio medico della mutua. Mi sono sbagliato e ho preso le spese di condominio. Lui le ha guardate e ha detto: «Ahi, ahi, ahi: abbiamo il gasolio altino...».

ANTONIO CORNACCHIONE

Sai che noia terribile sono i neurochirurghi? Se hai due ore da vivere passale con un neurochirurgo. Ti sembreranno due anni.

GEORGE DAWES GREEN

Congresso europeo di trapiantologia. Relatore inglese: «Annunciamo una grande scoperta: abbiamo preso un uomo senza reni, lo abbiamo sottoposto a un trapianto una settimana fa e oggi, grazie ai progressi della scienza medica inglese, è già fuori a cercare un lavoro!». Relatore francese: «In Francia abbiamo fatto di meglio: abbiamo preso un paziente senza un polmone e, sottoposto a trapianto, dopo tre giorni è già fuori a cercare un lavoro!». Relatore tedesco: «Noi abbiamo preso due pazienti senza cuore, vi abbiamo trapiantato metà di cuore funzionante per uno e dopo due giorni sono già tutti e due fuori a cercare un lavoro!». Relatore italiano: «Non potete competere. In Italia abbiamo preso un tale completamente senza cervello, lo abbiamo messo a capo del Governo e dopo nemmeno un anno, mezza Italia è già fuori a cercare lavoro!».

Arturo Di Naccio

Il mio medico è uno specialista in chirurgia a portafogli aperto.

Phyllis Diller

Gli animali non sono stupidi come si crede: non hanno né dottori, né avvocati.

L. Doquier

«Hai visto il paziente che stava al 27? È morto! E che c'aveva, niente. I dottori dicono che non aveva niente. È proprio vero che a volte basta un niente...»

Felicetto, l'infermiere (Stefano Vigilante)

«Oh dottore! Temevo che non riuscisse ad arrivare e che io sarei dovuto morire senza il suo aiuto.»

Leopold Fetchner

Classico episodio di malasanità: un tizio ha vissuto diciotto anni con una pinza nello stomaco. Alla fine niente di così drammatico: fortunatamente il medico che l'aveva operato ne aveva un'altra.

Mister Forest (Michele Foresta)

"Fungo" era il medico ufficiale del centro sociale Leoncavallo. Veramente come diagnosta non era un granché, ma che spettacolo quando scriveva le ricette con la bomboletta spray!

Gino&Michele

Nasciamo tutti con la stessa passione, ma solo chi si applica diventa ginecologo.

Marzio Gobbi

Un tale va dal medico che gli dice: «Ho brutte notizie per lei. Ha un male incurabile». E lui: «Quanto tempo mi resta?». E il medico: «Be', sei ore». Lui corre a casa e sua moglie gli chiede: «Com'è andata?» «Malissimo. Non vivrò a lungo. Tutto ciò che mi resta è sei ore di vita». E lei: «Cosa vuoi fare in queste sei ore?» «Non so... Ti andrebbe di fare l'amore?» «Certo!» Lo fecero. Due ore. Alla fine erano lì distesi e lei gli chiese: «Cosa vuoi fare adesso? Quanto tempo hai ancora?». E lui: «Quattro ore.» «Vuoi fare di nuovo l'amore?». E lui disse di sì. Fecero l'amore per altre tre ore. Alla fine lei chiese ancora: «Amore, quanto tempo hai ancora?». E lui: «Non mi resta che un'ora. Cosa vuoi fare? Vuoi fare ancora l'amore?» «No!» rispose lei. E lui: «E perché no?». E lei: «Be', domattina io devo alzarmi. Tu no».

LEWIS GRIZZARD

Il medico al paziente grasso: «Prenda due di queste pillole a ogni pasto, ma non più di trenta al giorno!».

HERMAN

Un tizio va dal dottore. «Qual è il problema?» chiede il dottore. «È che... uhm... be'... ho cinque peni», dice l'uomo. «Cielo!», esclama il dottore, «E come le stanno i pantaloni?» «Come un guanto».

INTERNET ONE-LINERS

Dicono tanto di Kevorkian, che aiuta i malati terminali a morire, che è strambo. Per me è strambo uno che sceglie una specializzazione per diventare proctologo. Come la prendi una decisione del genere? «Dunque, questo è il modello del corpo umano: dove voglio passare il tempo? Vediamo... testa, petto, ginocchia. No, sul davanti non c'è niente. Cos'abbiamo sul retro? Oh, nuca, schiena, reni... Ehiiii... guarda guarda!»

RICHARD JENI

Il mio medico dice che se continuo a bere così non arriverò alla vecchiaia. Ma io al mio caro dottore non credo. Perché ogni notte vedo più vecchi ubriaconi che vecchi dottori.

JOE E. LEWIS

Sono molto immatura. Questo almeno è quello che dice il mio pediatra.

WENDY LIEBMAN

Una volta il medico era come un cecchino: al massimo ne faceva

fuori uno alla volta. Poi è arrivata la Mutua ed è come se gli avessero messo in mano una mitragliatrice. Una strage!
Oreste Lionello

La sanità è malata e io ne so qualcosa. Il mese scorso ho portato mia figlia in ospedale e al termine dell'intervento ho chiesto al professore: «Come è andata l'operazione?». Lui allora mi ha guardato e mi ha detto: «Operazione? Ma come, non era un'autopsia?».
Daniele Luttazzi

Quel chirurgo non mi convince. Va bene togliermi in un solo intervento tonsille e appendicite. Ma dalla stessa incisione no, per favore!
Boris Makaresko

Con le donne sono sempre stato un disastro, fin da bambino. Quando si giocava al dottore a me facevano guidare l'autoambulanza.
Boris Makaresko

Se per farmaci intendete porcherie di farmacia, io sono di avverso parere. L'ultima volta che andai dal dottore mi diede tante medicine che, dopo guarito, stetti male per un mese intero.
Groucho Marx

Non mi piace abbronzarmi. Sono di carnagione chiara. Sembra che mi abbiano trapiantato la pelle di un morto. L'ultima volta che sono andato al mare e mi sono svestito, un medico ha insistito per farmi un'autopsia.
Matteo Molinari

La fata turchina si è finalmente decisa ad andare dal dermatologo.
Egidio Morretti

Lo sapete cosa fa l'otorinolaringoiatra alla fine del turno di lavoro? Prende, si sveste, saluta, mette in moto il suo motorinolaringoiatra e va a casa.
Gianluca Narduzzi

Comincio a dubitare del mio dottore. Ieri ha mandato sei pazienti all'ospedale con l'ambulanza. Poi ha scoperto di avere lo stetoscopio rotto.
Robert Orben

I medici-senza clienti si chiamano scienziati.

Pitigrilli

Se mangi due mele al giorno, levi due medici di torno?

Herbert V. Prochnow & Herbert V. Prochnow jr.

Il cloroformio ha permesso a qualsiasi incapace di fare il chirurgo.

George Bernard Shaw

Ma dottore io mangio un sacco di frutta: metto sempre tre ciliege in ogni Martini!

Martin Short

Il mio medico dice che ho l'aspetto di un milione di dollari: verde e grinzoso.

Red Skelton

Uno psichiatra è un uomo che va alle Folies Bergères e guarda il pubblico.

Mervin Stockwood

«Dottore, ogni notte mi sogno una porta con una grande targa, ma grande, grande. E spingo e spingo e sudo e sudo e spingo e sudo ma non riesco ad aprirla...» «Ma che c'è scritto sulla targa?» «Tirare...»

I Trettrè

Mi hanno ingaggiato per il *Dottor House*. È una storia intricata, c'è un portantino che ruba gli occhi ai cadaveri. Sembra cattivo, ma alla fine si scopre che, mettendo da parte un chilo di cornee, riesce a regalare un cane a un cieco.

Carlo Turati

Per taluni medici contemporanei, il giuramento di Ippocrate è diventato una vaga promessa.

Dino Verde

Una litigata col primario! Gliel'ho detto: «Tu sarai professore, ma io sono quindici anni che lavoro in questo ospedale e qualcosa la saprò. Se te dico che il bar il giovedì è chiuso, fidate!».

Stefano Vigilante

Un medico può seppellire i propri errori, ma un architetto può solo consigliare al cliente di piantare rampicanti.

FRANK LLOYD WRIGHT

Mio figlio è un dottore nato: riesce a scrivere cose che nessuno riesce a leggere.

HENNY YOUNGMAN

Mi faceva male il braccio. Sono andato dal dottore. Mi ha chiesto: «Ha già avuto quel dolore, prima?» «Sì.» «Beh, ce l'ha di nuovo.»

HENNY YOUNGMAN

Sono andato dal dottore. Mi ha detto: «Si tolga i vestiti e tiri fuori la lingua alla finestra» «A che serve?», ho chiesto. E il dottore: «Ce l'ho coi miei vicini».

HENNY YOUNGMAN

Il mio dottore mi ha consigliato di smettere con la masturbazione, o perlomeno di diminuire. Un sistema che mi ha consigliato è quello di farsi mezza sega. Io ci ho provato ma poi mi lascio sempre prendere la mano.

MIRCO ZILIO

Medico al telefono: «Come sta il paziente?... Capisco. Be' fatemi sapere se ci sono dei cambiamenti nelle prossime ore...». Appende: «È morto!».

ZUKER-ABRAHAMS-ZUKER

MEDICINA ALTERNATIVA

Gava contro la mafia è in pratica il primo esempio politico di cura omeopatica.

STEFANO BENNI

Smettere di fumare. È un problema che per qualche minuto si posero anche Giovanna D'Arco e Giordano Bruno. Oggi è facilissimo. Si va da un agopuntore, che inserisce un ago lungo quaranta, quarantacinque centimetri nel lobo dell'orecchio destro, poi lo spinge fino a incontrare il lobo dell'orecchio sinistro. Qualche volta, perché centri esattamente il bersaglio, sono necessari diversi tentativi. Il risultato è assicurato. E con una sola spesa si smette di fare molte altre cose.

MASSIMO BUCCHI

La medicina antica non potendo curare i malati si accontentava di resuscitare i morti.

JEAN CHARLES

Credo nei rimedi di un tempo, quelli della nonna, per capirci, quelli semplici. Ai vecchi tempi, se prendevi la polmonite, bevevi tè caldo, bevevi zuppa di pollo, e poi morivi.

PHYLLIS DILLER

L'agopuntura è una cosa ottima. Avete mai visto un porcospino ammalato?

BORIS MAKARESKO

L'agopuntura funziona grazie al principio della distrazione. Tu non senti l'artrite al ginocchio se qualcuno ti pianta un ago entomologico da farfalle nel collo. È la stessa ragione per cui il naso non ti prude mai quando hai la caviglia incastrata in una tagliola per orsi.

DENNIS MILLER

Mi curerò con la medicina alternativa quando avrò una malattia alternativa.

MICHELE MIRABELLA, CITANDO LA MADRE

MEDICINALI

«Ai bambini buoni la dolce Euchessina.» «E a quelli cattivi?» «Che spingano!»

ANONIMO

Usava un sacco di vitamine per il fegato. Due giorni dopo che era morto, hanno dovuto strangolarglielo.

MILTON BERLE

Abbiamo sviluppato questa pillola che ti fa diventare un serial killer, ma non è ancora in commercio perché come effetto collaterale ti fa venire il mal di testa.

DREW CAREY

Ho un amico che quando si dà per malato in ufficio, telefona e legge parola per parola il retro della bottiglia del Vicks Formula 44D. «Cosa c'è che non va, Buddy?» «Ho sintomi dovuti a raffreddore, febbre, tosse, uh, posso causare sonnolenza e, uh, devo essere tenuto lontano dalla portata dei bambini.»

MARK CURRY

Un tizio va dalla moglie e le dà due aspirine e un bicchier d'acqua. La moglie dice: «E perché? Non ho mica il mal di testa». E il marito le fa: «Bene, trombiamo».

Gilbert Gottfried

Il medico al paziente grasso: «Prenda due di queste pillole a ogni pasto, ma non più di trenta al giorno!».

Herman

Mio papà è ben strano. È allergico al cotone. Avrebbe anche delle pillole da prendere, ma non le può tirare fuori dal flacone.

Brian Kiley

E poi il nome. Il mio antibiotico si chiama Ritro, e non dà certo l'idea di un qualcosa che ti fa andare verso la guarigione. Ma ci sono anche medicinali con nomi peggiori. C'è la categoria di quelli sospesi: Iodosan, Zerinol, Lasonil, Colbiocin, Simpatol. Ma vi prego. Cosa sono? Tempi di danza? Valzer viennesi? Oppure quelli che nascondono cripticamente nel nome il perché della loro esistenza. Faccio un esempio. Il farmaco che cura la carenza di ormone maschile si chiama Sustanon. Leggetelo al contrario e l'enigma è presto risolto. Ma il massimo, l'apice supremo della follia umana sta racchiuso nel nome di un farmaco per urinare che si chiama (giuro, esiste) Ben Ur. Ma vi rendete conto? Perché allora non chiamare quello contro la diarrea Quo Vadis?

Luciana Littizzetto

Se per farmaci intendete porcherie di farmacia, io sono di avverso parere. L'ultima volta che andai dal dottore mi diede tante medicine che, dopo guarito, stetti male per un mese intero.

Groucho Marx

Sono otto anni e mezzo che faccio la dieta Valium. Se prendi abbastanza Valium, ti aiuta a perdere peso. Non ti calma veramente l'appetito, ma la gran parte del cibo ti cade sul pavimento.

George Miller

Sono molto sfortunato. Avevo il raffreddore, ho preso una medicina che mi aprisse il naso, e mentre questo era aperto ho preso un altro raffreddore.

Robert Orben

Elizabeth Taylor è così grassa che mette la maionese sulle aspirine.

Joan Rivers

Ho preso così tante medicine che ogni volta che tossisco guarisco qualcuno.

La Settimana Enigmistica

Ho letto su *Focus* che i maschi dei bonobo per cementare il proprio rapporto di coppia cercano di fare all'amore almeno 30 volte al giorno. Ma la cosa più incredibile è che gli scienziati hanno scoperto che tra le femmine dei bonobo è diffusissimo il Moment.

Carlo Turati

Un medicinale è una sostanza che quando viene iniettata in una cavia produce un articolo scientifico.

The Wit of Medicine

Cosa dare a un uomo che ha tutto? Penicillina.

Henny Youngman

Quell'albergo aveva le stanze così piccole che quando mi è venuto il mal di testa è stato il mio vicino a prendere l'aspirina.

Henny Youngman

Non voglio dire che il suo costume da bagno fosse ridotto, dico solo che ho visto più cotone in cima a un flacone di medicinali.

Henny Youngman

MEDIO EVO

Ci fu un mescolamento nei Capetingi quando Filippo il Bello sposò Berta il Rospo e nacque Baldovino il Così Così, La dinastia s'interruppe quando il principe longobardo Desiderio sposò la principessa Fulgenzia, detta "Non se ne parla proprio".

Anatolj Balasz (Natalino Balasso)

Le piogge nel medioevo solevano raggiungere una particolare intensità, anche a causa della mancanza di ombrelli.

Achille Campanile

MEDIOCRITÀ
vedi ***Nullità***

MEETING
vedi ***Conferenza***

MEMORIA
(Perdita di memoria - Ricordo)

«Sì, mi ricordo le candele... mi ricordo che feci all'amore, ma chissà perché non mi ricordo di te... A meno che tu non fossi quella sotto di me.»
Woody Allen

Il vecchio generale: «In tutta la mia vita ho ricevuto solo due medaglie: una alla memoria l'altra... Cazzo non me lo ricordo più!».
Anonimo

Io non soffro di amnesie. Se soffrissi di amnesie me ne ricorderei.
Erma Bombeck

Una delle cose che non ti dicono a proposito di allevare i figli è che tutti si aspettano da te, per il resto della tua vita, che a ogni schiocco di dita tu ti ricordi il nome dei tuoi figli e quanti anni hanno.
Erma Bombeck

Il problema di raccontare una bella barzelletta è che inevitabilmente ne fa venire in mente una orribile a chi l'ascolta.
Gino Bramieri

È terribile! Ho scordato perché mi odio!
Ashleigh Brilliant

Quando s'invecchia prima si dimenticano i nomi, poi si scordano le facce. Poi ci si dimentica di tirarsi su lo zip, infine ci si dimentica di tirarlo giù.
George Burns

È dura per me seguire tutti questi cambiamenti di usi e costumi. Mi ricordo ancora di quando l'aria era pulita e il sesso era sporco!
George Burns

In effetti, mi basta un solo bicchierino per ubriacarmi. Il problema è che non mi ricordo se è il trentesimo o il quarantesimo.

GEORGE BURNS

Ragazza: «Salve, probabilmente non ti ricordi di me. Ti sedevo accanto alla lezione di applicazionitecniche.» Oswald: «Oh sì; Naturale che mi ricordo di te! A proposito, ti ricordi quella ragazza che aveva il tuo stesso nome? Com'è che si chiamava?»

DREW CAREY

È una ben povera memoria quella che funziona solo all'indietro.

LEWIS CARROLL

Il mio guaio è che spesso non mi ricordo più come la penso.

PINO CARUSO

Non mi dimenticherò mai le ultime parole di mio nonno: «Merda. Un camion!».

ALDO COLOMBINI

Reporter: «Quando fate una nuova canzone, come decidete chi la canterà?» John: «Ci mettiamo assieme e quello che ricorda più strofe diventa il solista».

CONFERENZA STAMPA DEI BEATLES, DURANTE GLI ANNI SESSANTA

L'acqua ha memoria, ma i capelli di De Michelis non se li ricorda.

FABIO DI IORIO

Io mi ricordo sempre il compleanno di mia moglie: cade sempre il giorno dopo di quando lei me lo ricorda.

LEOPOLD FETCHNER

Non mi ricordo mai una faccia, in compenso però dimentico i nomi.

LEOPOLD FETCHNER

Io mi ricordo sempre il compleanno di mia moglie: cade il giorno dopo di quando lei me lo ricorda.

LEOPOLD FECHTNER

Leggere è niente, il difficile è dimenticare ciò che si è letto.

ENNIO FLAIANO

I giorni indimenticabili della vita di un uomo sono cinque o sei in tutto. Gli altri fanno volume.

ENNIO FLAIANO

La Fratelli Fabbri Editore ha iniziato a pubblicare un corso a dispense per poter potenziare la memoria; con il primo fascicolo ti regalano il secondo. Io li ho comprati, li ho studiati e mi sono dimenticato di comprare il terzo.

BRUNO GAMBAROTTA

Se ti ricordi degli anni Sessanta vuol dire che non c'eri.

GEORGE HARRISON

Ho partecipato a uno show dove alcuni ospiti erano anziani. Mi ricordo di aver salutato la Signora Wilson e lei mi ha risposto: «Oh, salve; salve a lei, davvero salve. Sono molto contenta di essere qui. Dov'è che sono?».

GABE KAPLAN

Perdona i tuoi nemici, ma non dimenticarti mai i loro nomi.

JOHN FITZGERALD KENNEDY

La mamma perdona e dimentica, ma non dimentica mai, oh, questo no, di aver perdonato.

CITATA DA ELENA LOEWENTHAL

«Perché fai il nodo al fazzoletto?» «Per ricordarmi che domattina devo svegliarmi alle sette» «Ma non hai la sveglia?» «Sì, ma non posso mica fare il nodo alla sveglia.»

MACARIO

Pasquale Squitieri, anni fa, si è dimenticato gli occhiali sulla pelata e da allora non legge un libro.

CURZIO MALTESE

Di mio padre mi rimase la nostalgia di quando andavamo a pescare. I lunghi silenzi. I brevi dialoghi. «Papà, vuoi i vermi?» «No, mi basta la merda.»

MARCELLO MARCHESI

Non dimentico mai una faccia, ma nel vostro caso farò un'eccezione.

GROUCHO MARX

Dio nella sua immensa saggezza fece la mosca, e poi si dimenticò di dirci perché.

OGDEN NASH

Avevo un pastore tedesco che a furia di masturbarsi è diventato un cane per i ciechi.
Furio Ombri

Mio nonno è un po' smemorato, però gli piace darmi consigli. Un giorno mi ha chiamato in disparte e mi ha piantato lì.
Ron Richards

È così tanto tempo che non faccio sesso che mi sono dimenticata chi lega chi.
Joan Rivers

Il fanatismo consiste nel raddoppiare gli sforzi quando si è dimenticato lo scopo.
George Santillana

Ci sono tre sintomi della vecchiaia: perdita della memoria... Mi sono dimenticato gli altri due...
Red Skelton

Gli attori non dimenticano mai la loro età... una volta che stabiliscono qual è.
Today's Chuckle

Se hai perso la memoria cerca di non pensarci.
Today's Chuckle

Perché i cantautori dicono sempre: «Questa canzone fa più o meno così...». La sai o non la sai?
Sergio Viglianese

Non muoverti: voglio dimenticarti proprio come sei.
Henny Youngman

MENTE
vedi ***Cervello***

MENTIRE
vedi ***Bugia***

MERCEDES

Er giorno che me vedrete dentro 'na Mercedes, so' due i casi: o ho svortato de brutto, oppure me stanno a porta' ar cimitero.

ALBERTO MAROZZI

Esiste una quantità di oggetti meccanici che aumentano gli stimoli sessuali, specialmente delle donne. Primo fra questi è la Mercedes Benz 380SL Cabriolet.

P.J. O'ROURKE

Se stai troppo a lungo a Beverly Hills diventi una Mercedes.

ROBERT REDFORD

Si dice che se vivi troppo tempo a Stoccarda rischi di trasformarti in una Mercedes, il che non è niente paragonato a quello che rischiano i torinesi.

ROBYM

Sono così ingenua sulle cose finanziarie. Una volta mia madre disse una cifra e io mi resi conto di non aver capito, così lei mi dovette spiegare: «È come tre Mercedes». Allora capii.

BROOKE SHIELDS

La sola cosa che trattiene certi musicisti rock dall'analfabetismo è la necessità di leggere il manuale d'istruzioni della loro Mercedes.

GARRY B. TRUDEAU

L'altro giorno non trovavo parcheggio vicino al negozio, quando arriva un tizio con una Mercedes e posteggia nel posto per gli handicappati. Scende dall'auto e vedo che non ha niente di strano. Non ti dà fastidio, una cosa del genere? Allora l'ho investito. L'ho reso un uomo onesto. E l'altro passeggero dell'auto mi ha lanciato addosso le sue stampelle.

WALTER, IL VETERANO DEL VIETNAM (JEFF DUNHAM)

MERDA *(Concime - Fogna)*

Mmm che profumino! Che avete cucinato oggi, polpette di medda?

DIEGO ABATANTUONO

«Mi sento una merda mamma!» «E stai sul tappeto persiano!»

ALTAN

«Non son degno di te, babbo.» «Allora sei proprio l'ultima delle merde.»
ALTAN

Sono ottimista: un giorno la terra servirà a concimare un pianeta lontano.
ALTAN

Non s'è mai detto che uno stronzo non possa annegare in un mare di merda.
ANONIMO

Guardo il mondo attraverso degli occhiali che hanno lenti color cacca.
ANONIMO

Mangiate merda: miliardi di mosche non possono essersi tutte sbagliate.
ANONIMO

«Sono pulito, Charlie.» «Può darsi, ma stai spingendo un secchio pieno di merda con un bastone corto, ti avverto.»
CANDIDATO ALL'OBITORIO

Merda volant, furbi schivant.
BARBARA CIVITELLI

Mia mamma mi cambiava il pannolino una volta al mese perché sulla confezione aveva letto: «Fino a 15 chili».
ENZO CORTESE

Inseguendo una libellula in un prato nun te posso di' su che so' scivolato...
DADO

La sfiga è un'amante fedele e non ti abbandona neanche quando sei nella merda.
PACO D'ALCATRAZ

Le merde che si incontrano a volte si pestano e a volte si salutano.
EROS DRUSIANI

Il governo Berlusconi ha promesso che farà rifiorire l'Italia. Intanto stanno concimando.
FIRE

Sa come diceva quella prostituta? «La fica non la vuole più nessuno, i pom-

pini li fanno anche le mogli, gli dai il culo sembra che gli dai la merda!»
Ennio Flaiano

Sapete quale sarebbe una bella storia? Quella di un clown che fa divertire la gente, ma che dentro è molto triste. E che inoltre ha la diarrea.
Jack Handey

Ho un amico talmente scaramantico che, quando pesta una cacca, non solo è contento, ma se ne mette sempre un po' dietro le orecchie.
Gianluca Irti

Assaggereste l'escremento di un insetto elaborato nell'intestino di un altro insetto? Sicuri che non volete un po' di miele?
Gianluca Irti

Un uomo dall'aria depressa è seduto al ristorante. «Cosa c'è che non va?» gli chiede il cameriere. «Il mio lavoro. Io sono quello che spala via la merda degli elefanti al circo. Tonnellate di merda ogni giorno, non lo sopporto!» «Ma perché non se ne va?» «Bravo, e lasciare così il mondo dello spettacolo?»
Goldie Ivener

Non ogni merda ha la fortuna di essere elevata nella vecchiaia al rango di concime.
Stanislaw Jerzy Lec

Mangiano sterco, poi protestano quando vi trovano un capello.
Leo Longanesi

Libera la tua mente! Libera il tuo corpo! Io lo faccio due volte al giorno.
Mago Oronzo (Raul Cremona)

Nuovi giochi per fanciulli poveri: incipriate una merda. Sembrerà un paesino di montagna sotto la neve.
Marcello Marchesi

Di mio padre mi rimase la nostalgia di quando andavamo a pescare. I lunghi silenzi. I brevi dialoghi. «Papà, vuoi i vermi?» «No, mi basta la merda.»
Marcello Marchesi

La vita è solo un puzzle, da comporre giorno per giorno, tassello dopo

tassello. È pescarli in quel metro di merda che la rende difficile.
Giorgio Melazzi

Le fogne di Milano sono le più sane d'Europa. Ci puoi buttare dentro di tutto; per esempio i cotton fioc, che nelle altre città d'Europa sono vietati perché spaccano i depuratori; a Milano lo puoi fare perché manca il depuratore... infatti vengono qui a scaricarli camion da tutta Europa.
Maurizio Milani

Non dovrebbe esserci una proporzione tra quanto mangia un bambino piccolo, e quanto esce dall'altra estremità? È come al circo, quando arriva quella piccola automobile, ma i clown continuano a uscire e uscire e uscire... Alla fine impari a trattenere il fiato come le pescatrici di perle di Hokkaido.
Dennis Miller

Guardo un passero che becchetta in una merda fresca. Straordinario come è facile campare per un passero.
Henry Miller

Hollywood è un viaggio dentro una fogna in una barca col fondo trasparente.
Wilson Mizner

Non dico che tu sia brutto, ma ho visto cacche più attraenti sulla suola di una scarpa.
Colin Mochrie

Soffriva di una certa carenza di autostima: un giorno pestò una merda e chiese scusa.
Egidio Morretti

Il mio padrone di casa è talmente pezzo di merda che, se pesta una merda per strada, fa scopa!
Potato (Alessandro Brunello)

Mia moglie insiste nel coinvolgermi come padre. L'altro giorno mi ha detto: «Il bambino ha fatto la cacca, bisogna cambiarlo». Esagerata, basta pulirlo.
Daniele Raco

Viviamo anni difficili. Gli anni Settanta erano gli anni di piombo, si viveva male e sembrava di aver toccato il fondo; poi sono arrivati gli anni

Ottanta e sono stati veramente di merda. Ma adesso è peggio, molto peggio: anche la merda sta prendendo le distanze dagli anni Novanta.
Paolo Rossi

Si aggiunga l'otturazione delle papille gustative da quando, marinando la scuola, andavo da mio zio in Posta e lo aiutavo a leccare i francobolli, per cui per me un piatto di risotto allo zafferano e uno di merda, non fosse per il colore, sono la stessa cosa.
Rubes

E perché l'ateneo nulla ci perda, quel che in saper mi dà, gli rendo in merda.
Scritta nei gabinetti dell'Università di Pisa

Se sei davvero costretto a scegliere tra due cacche, è meglio scegliere la cacca che hai fatto tu.
Michele Serra

Vi si caca nell'acquario.
Striscione viola in Genoa-Fiorentina

Mi considero una merda. Così ho concepito la frase "io feci cacca", l'unica formata da tre sinonimi.
Diego Telatin

Mai dar calci agli stronzi freschi in una giornata torrida.
Harry S. Truman

Ricorderò sempre le parole di mio padre quando sono partito per Milano: «Andrea, la vita è una merda... E tu sei così pieno di vita!».
Andrea Vasumi

«Il mare è pieno di mucillagine.» «Che mi frega, tanto io sto sulla spiaggia a fare castelli di merda!»
Vauro

Ero in campagna, e c'era uno di quei cessi all'aperto, in una baracca di legno. Un tizio stava uscendo, e, mentre si sistemava i calzoni, gli sono caduti trentacinque cents nel buco. Allora ha tirato fuori un biglietto da venti e l'ha buttato nel buco. Io gli ho detto: «Perché ha fatto una cosa del genere?». E lui: «Beh, non pensarà che mi cali là sotto per trentacinque cents?».

JACKIE VERNON

Usate "Falacacca Beghelli". Se ti scappa e non te ne accorgi si mette a suonare. Praticamente ti manda a cagare!

ZIO SCRIBA (NICOLA PEZZOLI)

MERIDIONALI

vedi ***Terroni***

MERLUZZO

Bisogna compatire il presidente del Psdi onorevole Cariglia: l'altro giorno il maggior giornale di Reykjavik, in Islanda, è uscito con questo titolo: «Si estende la guerra del merluzzo: l'onorevole Cariglia seriamente minacciato».

FORTEBRACCIO

'Nvece, la donna della pubblicità, tutto diverso è. Tu à vidisti "Pezzamore"? Ecco, lei si butta nell'acqua, ritorna asciutta, ci apre u' sacchettu, ci mette a tovaglia e già stanga è... E si pigghia u' merluzzo d'Santuzzo!

SCONSOLATA (ANNA MARIA BARBERA)

MESSAGGIO

Prima di salutarvi vorrei tanto lasciarvi un messaggio positivo. Ma non ce l'ho. Sono la stessa cosa due messaggi negativi?

WOODY ALLEN

Una volta ho trovato un messaggio nella bottiglia e, ve lo assicuro, è l'ultima volta che metto piede in quel ristorante.

FEDERICO BASSO

Salve. Qui è Jane. Se telefonate per dei soldi che mi dovete, lasciate un messaggio. Se telefonate per dei soldi che vi devo, lasciate il vostro nome e un numero di telefono sbagliato.

JOHN CARFI & CLIFF CARLE

Lui, lei e la posta elettronica. Istruzioni per gli uomini su come usare la posta elettronica: Andare in Outlook e fare clic su "Nuovo messaggio". Scrivere il testo. Fare clic sulla casella "A" e selezionare il destinatario. Fare clic su "Invia". Istruzioni per le donne su come usare la posta elettronica: Chiedere alla collega come è fatta l'icona di Outlook. Trovare la stessa icona sul desktop e fare doppio clic. Rifare doppio clic, stavolta più veloce. Selezionare "Nuovo messaggio". In alto a sinistra... un po' più a sinistra... un po' più in alto... Bastava un clic solo, stavolta. Chiudere pure il secondo messaggio. Scrivere il testo del messaggio. È come una macchina da scrivere. Adesso riscriverlo tutto, ma anziché nella casella dell'oggetto in quella grande sottostante. Mettere un oggetto significativo. No: "messaggio" non va bene, qualcosa di più significativo. Adesso fare clic sul pulsante con la "A". No, non era il pulsante con la "X" in alto a destra, quello chiude il messaggio. Ripartire dal punto 4. Scegliere con molta attenzione i nomi dei destinatari (ecc.). Fare clic su "Invia". Se si ha un modem, è ora di accenderlo; emetterà dei suoni strani: non spegnerlo e non cercare di sintonizzarlo meglio! Quando il messaggio è stato inviato, controllare i nomi dei destinatari e mandare una e-mail di scuse a tutti quelli ai quali non si sarebbe dovuto mandarlo.

PAOLO CEVOLI

Messaggio per la segreteria telefonica: «Ciao, sono... Giuro che se riesci a lasciare un messaggio con foto divento suora dopo il segnale».

GIORGIO E MASSIMO

Se non usi Clear tieni la tua testa lontano dalla cornetta telefonica: vorrei trovare un messaggio sulla segreteria, non della forfora...

GIORGIO E MASSIMO

Se vuoi mandare un messaggio spedisci un telegramma, non fare un film.

SAMUEL GOLDWIN

E wow! Ecco ancora la vostra pazza-pazza-Patrizia che aritorna co' voi e co' tutti gli amichi sintonizzati sulla bella frequenza de Radio Tore Tozza. Lei è sempre Matilde che ce canta *Uomini*, dedicata da Cinzia a Stefano co' un messaggio: «Piantala da chiamamme o facile che er mi' ragazzo te passa sopra cor millecento!».

PATRIZIA (SABINA GUZZANTI)

Mi piacerebbe lasciare un messaggio prima del beep.

STEVEN WRIGHT

MESSIA

vedi **Gesù**

MESSICANI

A parte le zanzare, gli animali più pericolosi sono gli uomini, siano essi banditi o guidatori di automobile.

***MANUALE PER IL MESSICO E L'AMERICA CENTRALE*, AA. VV.**

I messicani discendono dagli aztechi, i peruviani dagli inca. Noi argentini dalle navi.

PROVERBIO ARGENTINO

Lo dico per l'ultima volta a tutto il teatro: io resto nero e voi restate bianchi. E, per i fratelli e le sorelle messicani in sala, imparate l'inglese, teste di cazzo!

SWEET DADDY DEE, IL MANAGER (JEFF DUNHAM)

Non esistono messicani ricchi. Appena fanno un po' di soldi diventano spagnoli.

LEE TREVINO

MESSICO

Povero Messico, così lontano da Dio e così vicino agli Stati Uniti!

PORFIRIO DIAZ

Giro il mondo. Sono stato ai Caraibi, in Jamaica, in Messico... La gente è splendida, le spiagge sono splendide, ci si abbronza e, lasciate che vi dica, quella diarrea non la puoi prendere,

qui a casa tua. Quella non è una diarrea comune. Quello è un germe che ti risale il culo con un sombrero e un paio di colt a sei colpi.
RICHARD JENI

Proprio al di là della strada cominciava il Messico. Lo guardammo increduli. Con nostro grande stupore, somigliava proprio al Messico.
JACK KEROUAC

George Bush è in Messico. C'è stato un certo imbarazzo quando lo hanno portato a vedere le rovine maya. Vedendole, ha detto al presidente Vicente Fox: «Prenderemo le canaglie che hanno causato tutto questo».
JAY LENO

Ecco una strana storia: in Messico, un ragazzo di ventidue anni è stato colpito da una fucilata dal suo cane. Il cane ha preso l'arma in bocca per portarla al padrone, il fucile ha lasciato partire un colpo e il ragazzo è stato impallinato. Ma questa è la parte peggiore: il cane ha subito messo l'arma nelle zampe del gatto e si è eclissato.
JAY LENO

Sono Chicano, che vuol dire sono un Americano di discendenza Messicana. Ispanico? Dico io, perché associarci con una parola che ha "panico" dentro?
GEORGE LOPEZ

Non incontrerai mai la persona perfetta. Il tempismo è sempre sballato. Tu sei sposato, lei è single. Tu sei ebreo, lei è palestinese. Uno è un messicano, uno è un procione. Uno è un uomo di colore, uno è una donna di colore. Insomma, c'è sempre qualcosa.
CHRIS ROCK

MESTIERI
vedi ***Lavoro generico***

MESTRUAZIONI

Le mestruazioni si arginano con i tampax, sorta di tamponi che si applicano ed esce solo un filo bianco. E voi ingenuotti vi chiederete certo: se si tira il filo si muovono le braccine?
GIOBBE COVATTA

Pudica, aveva un eufemismo per dire che aveva le mestruazioni. Diceva: «Oggi ho la vagina sanguinante».
DANIELE LUTTAZZI

L'uomo vero è sparito. Alla fine, chissà, vuole guardare la sua donna negli occhi e dire: «Amore, ho le mie cose».
GIORGIO PANARIELLO

Quando penso che una mia coetanea deve aver avuto, come minimo, più di trecento volte le mestruazioni, sono contento di dovermi fare la barba.
JOHN TOWERS

METEO
(Previsioni del tempo - Tempo metereologico)

Cliente: «Quanto costa il taxi?»
Tassista: «Be', dipende dal tempo.»
Cliente: «Supponiamo che piova.»
ANONIMO

Avrebbero dovuto prevederlo, questo uragano. Se avessero guardato il barometro, avrebbero visto che la lancetta piccola era sulle otto e quella grossa era sulla Louisiana!
MILTON BERLE

Le previsioni del tempo non ci azzeccano mai, a parte quella volta che ho sentito dire: «Pianura in Val Padana».
ENZO BRASCHI

In Irlanda, quando le previsioni meteorologiche sono brutte, corrispondono invariabilmente alla verità; quando sono belle, invece, si rivelano invariabilmente sbagliate.
TONY BUTLER

La tv è così poco pedagogica! L'altra sera l'ho accesa: sesso e violenza, sesso e violenza. Ed erano solo le previsioni del tempo!
DANIELE LUTTAZZI

Se alzi gli occhi e vedi il sole vuol dire che non pioverà. Se alzi gli occhi e vedi le nuvole vuol dire che pioverà. Se alzi gli occhi e non vedi niente, vuol dire che sta piovendo.

PROVERBIO INGLESE

Puoi cercare tutta la vita di essere popolare, ma alla fine della fiera, al tuo funerale, le dimensioni della folla saranno dettate in larga parte da che tempo farà.

FRANK SKINNER

C'è un canale televisivo via cavo dedicato al tempo: ventiquattr'ore di osservazioni meteorologiche. Avevamo qualcosa di simile anche nella mia infanzia: si chiamava finestra.

DAN SPENCER

La pioggia è provocata da zone di alta pressione, fonti fredde, aria calda e umida e... dai weekend.

PAUL SWEENEY

Secondo i meteorologi la previsione era giusta, era sbagliato il tempo.

HENRI TISOT

Che strano, tutti parlano del tempo ma nessuno fa niente per cambiarlo.

MARK TWAIN

L'altro giorno ho montato il condizionatore al contrario ed è venuto freddo fuori. Il meteorologo ha detto: «Non capisco. Oggi avrebbero dovuto esserci 27 gradi». E io ho pensato: «Oops!».

STEVEN WRIGHT

METRO *(Centimetro - Chilometro - Millimetro)*

«Bella porcina, vuoi trenta centimetri di piacere?» «Magari... ma non in tre volte!»

BASTARDIDENTRO

La donna fiuta un fallo eretto quando dista ancora dieci chilometri e si domanda: «Come ha fatto a vedermi?».

SAMUEL BECKETT

Vicino a casa mia abita un corteo. Un bestione lungo mezzo chilometro. Però buono, educato... Ogni volta che passa mi saluta.

ROMANO BERTOLA

«Chissà quanta gente avrai trovato, che bordello di turisti», tu negavi e affermavi: «No no no no no no no no no no no no no no, eravamo solamente io e Giovanna sopra un'isola deserta tipo ci hai presente due chilometri di spiaggia vuota, dormivamo in un capanno in riva al mare e alla sera i pescatori ci portavano del pesce, facevamo le grigliate sulla spiaggia e cantavamo a squarciagola le canzoni di Battisti fino all'alba, tanto l'isola è deserta», tu dicevi e io pensavo: «Ma che cazzo, tutti quelli che ritornan dalla Grecia sono stati sopra un'isola deserta tipo ci ho presente due chilometri di spiaggia vuota col capanno e i pescatori, ma contando tutti quelli che mi dicono 'sta cosa io mi chiedo quante cazzo di isolacce deve averci questa merda di una Grecia, poi 'sti pescatori greci non potrebbero pescare in alto mare e impiccarsi con le reti senza andare a importunare le ragazze come te che normalmente sono brave ma travolte dagli eventi non disdegnano di fare la puttana?»

Claudio Bisio

Nessuno di noi conosceva i metodi di misurazione attuali. Non avevamo piedi, pollici, metri o centimetri. Facevamo tutto a mano. Per gli uomini, era facile. La maggior parte era alta undici o dodici mani. Per le donne, era più complicato. Non abbiamo mai scoperto quanto fossero alte. Iniziavamo a misurarle da terra, e come raggiungevamo i fianchi, la misurazione si trasformava in palpeggiamento. Abbiamo provato a misurare dall'alto verso il basso, ed era ancora peggio. Come la mano raggiungeva un capezzolo, ci si metteva orizzontali, ed era la fine della misurazione. A tutt'oggi non so quanto fosse alta nessuna delle donne della mia tribù.

Mel Brooks-Carl Reiner

Smettere di fumare. È un problema che per qualche minuto si posero anche Giovanna D'Arco e Giordano Bruno. Oggi è facilissimo. Si va da un agopuntore, che inserisce un ago lungo quaranta, quarantacinque centimetri nel lobo dell'orecchio destro, poi lo spinge fino a incontrare il lobo dell'orecchio sinistro. Qualche volta, perché centri esattamente il bersaglio, sono necessari diversi tentativi. Il risultato è assicurato. E con una sola spesa si smette di fare molte altre cose.

Massimo Bucchi

Lo struzzo di mare è un animale unico nel suo genere, pensate che vive volando 1,2 millimetri sopra la superficie marina; se per caso tocca una sola goccia di mare, affoga. Solo in quel caso può essere raccolto e adagiato sulla frittura di mare per donarle il suo inconfondibile saporiello.

Felice Caccamo (Teo Teocoli)

Ho inventato uno yo-yo con una corda lunga seicento metri. Da usare quando si va a visitare il Grand Canyon.

George Carlin

Vi propongo un test: mettete questa battuta a 20 metri dal muro del salotto. Se riuscite a leggerla da questa distanza, allora vuol dire che avete un salotto enorme.

Giovanni Cellini

«Io faccio atletica.» «E che fai?» «Lancio del martello.» «A che distanza?» «Quaranta metri.» «Quaranta metri? E riesci a beccare il chiodo?»

Giovanni Cellini

Sono uno dei pochi ad aver lanciato il giavellotto a 180 metri di distanza. Be', veramente l'ho lanciato solo a 90 metri, ma l'uomo che ho colpito se l'è portato dietro, strisciando, per gli altri 90 metri.

Bill Dana

Mio nonno iniziò a fare cinque chilometri al giorno quando aveva sessant'anni. Ora ne ha ottantacinque e non ho la più pallida idea di dove sia.

Ellen DeGeneres

Perché io so' Vito Catozzo, un vero macchio! Io tratto le donne come tratto i delinquenti! Ci ho mia moglie Derelitta che ha un rapporto peso-potenza 1:1. 140 chili, 1 metro e 40... Pure la dieta mi va a fare, mondo cano: mi diventa 110 chili... Ci ho detto: «Derelitta, se volevo un'indossatrice la sposavo, maiala la mandria con tutti i mandriani!».

Giorgio Faletti

Quanto si potrà incazzare una tartaruga che dopo due chilometri si accorgesse di aver sbagliato strada?

Fabio Fazio

Picone: «Ma che hai? Oggi ti vedo euforico!»
Ficarra: «Sono contento per mio figlio... gli sto avviando una nuova attività!»
Picone: «E che attività?»
Ficarra: «Gli sto aprendo un casello autostradale privato!»
Picone: «Bello!»
Ficarra: «Li metto un chilometro prima di quelli che già ci sono e faccio prezzi concorrenziali... d'altronde la gente va dove c'è la convenienza!»

Ficarra e Picone

Amici, guardate questo girocollo: otto centimetri di diametro! Va bene se siete fidanzati con uno struzzo! Valore commerciale un miliardo e ottocento milioni, noi ve lo vendiamo a settecentomila lire... e non ci perdiamo nulla!

Fichi d'India

Michael Jordan ha un'elevazione straordinaria: 1 metro e 50 da fermo, 2 metri in corsa e 12.000 metri in aereo.

Gialappa's Band

La circolazione in Artide avviene solo con slitte. Un cane da slitta con un filetto fa quindici chilometri.

Gene Gnocchi

All'università dell'Illinois pensano di essere riusciti a sviluppare una nuova fonte energetica. Pensano di poter ricavare carburante dal letame di cavallo. Sto dicendo la verità. L'ho letto oggi sul giornale. Ora, non so se questo consentirà alla tua macchina di fare 50 chilometri con quattro litri, ma di sicuro impedirà che qualcuno ti freghi il carburante aspirandolo con la bocca.

Billy Holliday

Se nel 1872 fossero esistiti i computer avrebbero previsto che oggi i carri trainati dai cavalli avrebbero raggiunto una tale diffusione da ricoprire l'intera superficie terrestre con tre metri di sterco equino.

Karl Kapp

Frequentavo una stangona di un metro e novanta, ventun centimetri più di me. Mi piaceva da impazzire, soprattutto quando facevamo l'amore in piedi. Pendevo dalle sue labbra!

Franco Kappa

La mia fortuna è cambiata per merito della mia mogliettina. Ho fatto il mio primo milione di dollari e li devo tutti alla mia piccola. Era alta sei centimetri. L'ho venduta a un circo e mi son fatto il milione di dollari.

Dave Ketchum

Mae West: «Quanto sei alto?»
Cary Grant: «Un metro e settantanove signora.»
Mae West: «Lascia stare i metri, parliamo dei centimetri!»

Lady Lou - La donna fatale

Il giovane marito, tutto nudo, si contempla con ammirazione nello specchio della camera d'albergo. «Con due centimetri in più», dice fieramente, «sarei un re.» «Sì», ribatte la moglie, «e con due centimetri in meno saresti una regina.»

Groucho Marx

La vita è solo un puzzle, da comporre giorno per giorno, tassello dopo tassello. È pescarli in quel metro di merda che la rende difficile.

Giorgio Melazzi

Mio nonno è alla buona, parla usando i proverbi, i modi di dire: «Cristiano, ma quella biondina con cui stavi?» «L'ho lasciata, niente di che, e poi era alta solo un metro e cinquanta...». E lui: «Beh, nelle botti piccole ci sta il vino bono...» «Sì, ma c'aveva i baffi.». E lui: «Donna baffuta sempre piaciuta!» «E pure gli occhi storti.» «Si chiama strabismo di Venere, bischero!» «Ma era una brontolona...». E lui: «Can che abbaia non morde!» «Poi ha quarantotto anni!». E lui: «Gallina vecchia fa buon brodo!» «E allora trombala te!»

Cristiano Militello

Ha fumato Gouloise senza filtro per cinquant'anni. Poi è morto e ha donato gli organi: con i suoi polmoni hanno asfaltato due chilometri di strada.

Mario Muraro

La felicità di una donna si misura col metro dell'abbondanza. L'infelicità di un uomo con un righello.

Flavio Oreglio

Girati e tira! Non come domenica scorsa che prima hai tirato e poi ti sei girato... ottanta metri di autogol!

Gianni Palladino

Non è vecchio. Nonostante le apparenze, ha trentacinque anni. Per tenersi in forma fa molto sport. Tutte le mattine fa dieci chilometri di jogging. Però li fa correndo all'indietro, quindi anziché mantenerlo giovane lo invecchia.

Alessio Parenti

Benchley e io avevamo un ufficio così minuscolo che se fosse stato un centimetro più piccolo sarebbe stato adulterio.

Dorothy Parker

Una sera mi capitò persino di vedere un tipo che da un trampolino alto venti metri si tuffava in un bicchiere d'acqua. «Ma non è pericoloso?», gli chiesi. «No!...l'acqua è bassa, si tocca!», mi rispose.

Valerio Peretti Cucchi-Mario Zucca

Mio nipote era sull'altalena, e mi ha detto: «Spingimi, zio». E così ho fatto, e lui mi ha detto: «Spingimi più forte, femminuccia!». Così ho preso una rincorsa di venti metri e l'ho spinto. E lui: «Spingimi più forte, donnicciola!». Così ho fatto retromarcia con la Buick...

Emo Philips

Quelli che hanno quattromilaottocentodieci metri di Monte Bianco, trecento di Tour Eiffel, venticinque centimetri di petto e ne sono fieri...

Jacques Prévert

Il passaggio dalla lira all'euro giustifica l'aumento dei prezzi, come il passaggio dal miglio al chilometro quello degli incidenti stradali.

Pietro Riccardi

Odio le donne magre, perché non ha importanza quanto siano sottili, sono sempre a dieta. La mia amica Cynthia è un metro e settantacinque, pesa cinquantasette chili, e vive a Slim Fast. Un tempo diceva: «Questi pantaloni mi fanno sembrare grassa?». Adesso dice: «Riesci ancora a vedermi? Sono ancora visibile a occhio nudo?».

Ron Richards

E i ragazzi al giorno d'oggi si lamentano perché vanno a scuola la mattina. Quando ero piccolo si andava dalla mattina alla sera anche la domenica. E il lunedì due volte. Però ci hanno insegnato tutto della vita: l'ettolitro e il decametro. lo non ho mai visto sull'autostrada un cartello con scritto: "Autogrill a 10 decametri".

Francesco Salvi

Il Bestia abitava in una casetta piccolissima e stava stretto. Poi ha avuto un colpo di fortuna: ha vinto alla lotteria e ha comprato una casa di 200 metri quadri. Allora ha detto alla moglie: «Adesso possiamo fare un figlio». Gli è nato un figlio di 200 metri quadri ed è stretto ancora adesso!

Francesco Salvi

Pensare ke mio marito Savvatore quando ke lò conosciuto, era kosì maschio!...(Spezzo un'arancia in favore di mio marito.) Già la presenza fisica, l'altezza... Eh? È alto un metro e un kazzo? Ke centra, tu ai visto solo il metro!

Sconsolata (Anna Maria Barbera)

Il pilota dell'aereo è sempre eccitato, arriva all'altoparlante e dice: «Sì, ora saliamo fino a circa diecimila metri, poi giriamo a sinistra sopra Pittsburgh, e poi a destra sopra Chicago. Poi scendiamo a seimila metri». Ti dice tutto il percorso, tutte le sue mosse. E noi siamo lì a pensare: «Ma falla finita! Atterra solo dove dice il biglietto e non rompere le palle!».

Jerry Seinfeld

Il consulente è un tizio qualunque che abita a più di settanta chilometri da casa tua.

Eric Sevareid

Mi sono detto tra me e me (che tra l'altro ci sono pochissimi centimetri)...

I Soliti Ignoti

Non c'è senso a farsi otto chilometri a piedi per pescare quando si può essere altrettanto sfortunati sotto casa.
MARK TWAIN

Quelle piccole linee attorno alla bocca, quelle zampe di gallina che ti sono spuntate attorno agli occhi, i millimetri di pappagorgia che ti sono cresciuti sul mento sono tutti modi che ha la vita per dirti che ti rimangono solo più nove buche da giocare. E allora esci e divertiti.
BRUCE WILLIS

No, non sono in sovrappeso, è che ho diciotto centimetri in meno di altezza.
SHELLEY WINTERS

Un bolzanino di un metro e cinquanta che altoatesino è?
ZAP

METROPOLI
vedi ***Città***

METROPOLITANA
vedi ***Tram***

MICHELANGELO
vedi ***Buonarroti***

MIELE
vedi ***Ape***

MIGLIORE (Peggiore)

O si è i primi, o si è i migliori.
FRANCO MERAFINO

Mi piace avere amici rispettabili, mi piace essere il peggiore della compagnia.
JONATHAN SWIFT

MILAN

Un minuto prima di morire divento milanista. Così almeno schiatta uno di loro.

Anonimo interista

Ecco i dieci eventi storici nei quali è stato lecito usare la parola "cazzo":
1) «Sta torre col cazzo che casca!» (Babele, 5000 a.C.).
2) «Piogge a tratti un cazzo!» (Noè, 4314 a.C.).
3) «Santità, lo vuole davvero su quel cazzo di soffitto?» (Michelangelo, 1566).
4) «Da dove cazzo sbucano tutti questi indiani?» (Generale Custer, 1877).
5) «Cazzo! Ti somiglia un casino!» (Picasso, 1926).
6) «E quella cosa cazzo è?» (Sindaco di Hiroshima, 1945).
7) «Eddai! Chi cazzo vuoi che lo venga a sapere?» (Bill Clinton, 1999).
8) «Cazzo, non credevo si arrabbiassero così tanto!» (Osama Bin Laden, 2001).
9) «La vuoi o no quella cazzo di macchina?» (Il presidente della Fifa all'arbitro Moreno, giugno 2002).
10) «Ma chi cazzo hai comprato?» (Berlusconi a Galliani, dopo la campagna acquisti del 2008 del Milan).

Anonimo Internet

«Cara Santità, mi lasci dire che Lei assomiglia al mio Milan. Infatti, Lei, come noi, è spesso all'estero, cioè in trasferta, a portare in giro per il mondo un'idea vincente. Che è l'idea di Dio.»

Silvio Berlusconi

Povero Silvio... Nessuno capisce il dramma di quest'uomo... Arriva il suo compleanno e nessuno sa cosa regalargli: libri... ha già sette case editrici. Televisioni... ne ha tre. Videocassette... tutti i cinema sono suoi... Abbonamento allo stadio... il Milan è suo! Quest'anno gli faccio una busta con i soldi e ci pensa lui... Altrimenti cosa gli regalo?

Antonio Cornacchione

Ficarra: «Ma che succede? Perché ti stai leggendo 'sto giornale così attentamente?»
Picone: «Eh, caro mio, ci sono novità e voglio vederci chiaro. A quanto pare il Palermo Calcio se lo sta

comprando un imprenditore del Nord!»
Ficarra: «Veramente? E questo che intenzioni ha?»
Picone: «Sta portando dieci giocatori nuovi, un nuovo preparatore atletico, un centravanti che segna venticinque gol a campionato e un allenatore che è considerato tra i migliori!»
Ficarra: «Ma com'è pazzo! Non lo capisce che così rischiamo di andare in serie A?»
Picone: «Rischiamo? Ha dichiarato senza inibizioni che vuole andare in serie A!»
Ficarra: «Questo viene dal Nord e parla di serie A? Ma chi gliel'ha chiesta? Se ci volevamo andare, che aspettavamo a lui? Come se noi non ci sapessimo andare da soli! Dopo trent'anni di onorata serie B, perché dovremmo salire in serie A? Per giocare con l'Inter? Con la Juve? Con il Milan? Se ci tengono scendono loro!»
Ficarra e Picone

Pare che Arrigo Sacchi sia così maniaco della zona che quando fa l'amore con sua moglie ha sempre dietro di sé Franco Baresi pronto a coprirgli le spalle.
Gialappa's Band-Gene Gnocchi

Ancelotti ha tracciato il profilo del futuro allenatore del Milan: «Sarà aziendalista, grassottello e un po' stempiato. Lo stesso degli ultimi anni. Quindi sulla panchina rossonera rimane Berlusconi.»
Gene Gnocchi
Un nuovo caso di malasanità in Italia: Ronaldo ha passato le visite mediche al Milan.
Gene Gnocchi

Quelli che quando perde il Milan dicono che in fondo è una partita di calcio e poi vanno a casa e picchiano i figli.
Enzo Jannacci-Beppe Viola

Il Milan è finito in B due volte. La prima pagando, l'altra gratis.
Peppino Prisco

In tanti aspetti, a cominciare dal modo unico in cui sa segnare, Ronaldo mi ricorda Meazza, il quale commise un solo errore: accettare il trasferimento al Milan. Sono sicuro

che Ronaldo mai potrebbe essere indotto in una simile tentazione. Uno grande come lui può indossare una sola maglia: quella nerazzurra.
PEPPINO PRISCO

È vero che noi interisti discendiamo da una costola del Milan. D'altro canto non abbiamo mai nascosto le nostre umili origini.
PEPPINO PRISCO

Io sono dell'idea che una retrocessione cancelli almeno cinque scudetti conquistati e che la vittoria della Mitropa elimini i residui.
PEPPINO PRISCO

Ansa 25.5.2005: Grande successo ieri sera in piazza Duomo per il Gay Pride. Ventimila milanisti si sono abbracciati e baciati per cinque minuti, poi finalmente lo hanno preso nel culo.
SMS CIRCOLATO DOPO MILAN-LIVERPOOL, FINITA AI RIGORI 5 A 6

Meglio la Bindi come amante che Galliani come dirigente.
STRISCIONE MILANISTA

Una volta eri come l'oro. Adesso sei come loro.
STRISCIONE INTERISTA, RIFERITO AL PASSAGGIO DI RONALDO AL MILAN

Prima di tutto Galliani sei il più brutto.
STRISCIONE ROMANISTA

MILANO

Dite che con Pancev bisogna avere pazienza perché è macedone? Sarà... ma io sono della Bovisa e non sono mica un pirla.
OSVALDO BAGNOLI

L'aria di Milano è davvero peggiorata. Il mio dottore mi ha consigliato di iniziare a fumare.
FEDERICO BASSO

E disse il sindaco in campagna elettorale: «Milano è la città più europea del mondo. Neanche New York è così europea come Milano!».
CLAUDIO BISIO

A Milano, a causa del traffico, la circolazione è talmente lenta che la gente in tangenziale fa le foto agli autovelox e poi manda le multe al Comune!

Bruce Ketta

Fumo talmente tanto che ogni volta che a Milano c'è un blocco del traffico vengono a casa mia due vigili e mi portano a dormire a Brescia.

Bruce Ketta-Marco Del Conte

A Milano tutti vogliono sapere che lavoro fai, è la prima cosa che ti chiedono: «Che lavoro fai?» «Faccio il cabarettista...» «Ah, bello, allora adesso ti racconto una barzelletta così poi la ricicli.» «E tu che lavoro fai, l'idraulico? Aspetta che ti smonto il lavandino così poi lo rimonti.»

Fabrizio Canciani

Se a Milano non hai il telefonino e l'agenda non vali niente, vali meno di uno con una gamba sola a una gara di calci nel culo.

Capocenere (Claudio Batta)

Oggi il sindaco di una grande città come Milano può essere chiunque. E infatti lo è!

Il Cartone

L'aria di Milano è così inquinata che la gente respira a morsi.

Davide Dassani

A Milano sciopero a oltranza dei ferrotramvieri... La loro busta paga è misera. Il lavoro poi è sempre più difficile: guidare un autobus e chiedere l'elemosina!

Arturo Di Naccio

Lavorare nello spettacolo nella Milano degli anni Novanta e non avere rapporti con Berlusconi è facile come lavorare al controllo delle nascite nella Nazareth degli anni Zero e non avere rapporti con Erode.

Walter Fontana

I magistrati del tribunale di Milano hanno dichiarato che, se Berlusconi la finirà di dire falsità sul loro conto, loro sono disposti a smettere di dire la verità su di lui.

Gino&Michele

Milano è famosa in tutto il mondo perché ha due grandi squadre di calcio: l'Inter e le riserve dell'Inter.

GINO&MICHELE

Era un tipo stravagante, pieno di iniziative. Lo incontrammo mentre stava raccogliendo le firme per far passare l'equatore da Milano.

GINO&MICHELE

Caratteristica del Simmenthal Milano furono le scarpette rosse, studiate in modo tale che, quando i giocatori a fine gara se le sfilavano, si diffondeva per lo stadio e tra i tifosi l'accattivante odore della carne in scatola.

GINO&MICHELE

La città aveva una struttura concentrica. C'erano cioè cinque circonvallazioni che si stringevano a mano a mano che si avvicinavano al centro. In più le strade principali tagliavano gli anelli delle circonvallazioni dalla periferia verso il centro trasformando Milano in una specie di torta suddivisa in tante fette. Fette di torta... Già questo chiarisce molte cose sul nostro destino.

GINO&MICHELE-PAOLO ROSSI

Ho visto quelli che fanno i fichi, e dicono la "c" al posto della "g", perché fa molto più fico, soprattutto a Milano. E dicono: ma che ficata, ma che cacata, e poi si sbagliano e dicono gazzo, goggodrillo, gaimano...

GINO&MICHELE-PAOLO ROSSI

Voi milanesi vivete davvero male, siete tristi: ai bar avete i tavoli da uno.

BEPPE GRILLO

I primi pederasti di Milano si sono visti nel '53. I primi veri pederasti. Prima c'era qualcosa ma niente di serio. Dal '53 si è cominciato ad avere paura di diventare anche noi così.

MAURIZIO MILANI

Ieri sono andato al carcere di Brindisi e ho dichiarato: «Sono quell'italiano evaso due anni fa dal carcere di San Vittore». Loro hanno accertato che non era vero e mi hanno arrestato. Il

Partito dei pensionati mi ha messo in lista per le Europee.

Maurizio Milani

Le fogne di Milano sono le più sane d'Europa. Ci puoi buttare dentro di tutto; per esempio i cotton fioc, che nelle altre città d'Europa sono vietati perché spaccano i depuratori; a Milano lo puoi fare perché manca il depuratore... infatti vengono qui a scaricarli camion da tutta Europa.

Maurizio Milani

Ho speso mille euro per un navigatore satellitare. Ho digitato l'indirizzo di casa mia: "Milano, piazza Zavattari, indirizzo inesistente". Avrei dovuto digitare "piazza Fratelli Zavattari". Per arrivare a destinazione devo sapere se Zavattari aveva dei fratelli o delle sorelle? Ma per mille euro il navigatore deve farmi vedere tutto il suo albero genealogico!

Alfredo Minutoli

Ieri mattina il Pirellone, grattacielo sede della Regione Lombardia, è stato improvvisamente evacuato per un'esercitazione antincendio. C'è stato qualche momento di confusione. Poi, purtroppo, assessori e impiegati sono tornati al loro posto.

Indro Montanelli

A Palermo il casco lo usano solo i parrucchieri. A Milano lo mettono pure per andare in moto... Minchia se ci tengono ai capelli...

Francesco Rizzuto

A un happy hour a Milano tutti ordinavano cose esotiche che finivano per "ito". Io per fare la cittadina ho detto: «Porti pure anche a me un Moschito». Il barman mi ha guardato con aria di compatimento, allora per uscire da quella situazione imbarazzante ho detto: «Mi porti pure un bianchito!».

Maria Rossi

Hanno fatto Milano 2, Milano 3, fra qualche anno arriveranno a fare Milano 15: un'oasi di verde a soli cinque minuti dal centro di Pescara.

Paolo Rossi

A Milano i ristoranti hanno prezzi incredibili. L'altra sera due rapinatori hanno fatto irruzione in un ristorante del centro e, invece di una pelliccia, hanno portato via una pietanza!

Lucio Salis

A Milano fervono i preparativi per le Olimpiadi. La Lega Lombarda prepara festosamente migliaia di bandiere con i quattro cerchi. Gli atleti africani avranno, comunque, il permesso del Comune di portare il quinto cerchio al naso.

Michele Serra

Una volta a Milano sono stato aggredito da una baby-gang. Ho capito che era una baby-gang perché il coltello che mi hanno puntato contro era sporco di Nutella.

Andrea Vasumi

MILITARE *(Esercito)*

Il mio grado nell'esercito? Ostaggio, in caso di guerra.

Woody Allen

Sapete perché i generali sono così imbecilli? Perché li scelgono tra i colonnelli.

Anonimo

Il vecchio generale: «In tutta la mia vita ho ricevuto solo due medaglie: una alla memoria l'altra... Cazzo non me lo ricordo più!»

Anonimo

L'esercito è come un film vietato ai minori di 14 anni: troppa violenza e poco sesso.

Beetle Bailey

«Perché le nuove navi dell'esercito italiano hanno il fondo di vetro?» «Così possono vedere le vecchie navi dell'esercito italiano.»

Milton Berle

Generali e medici entrano in paradiso attraverso la porta dei fornitori.

Tristan Bernard

Devi avere un certo fisico per entrare nell'esercito. Un medico guarda dentro un orecchio, un altro guarda nell'altro orecchio e se non possono vedersi sei arruolato. Se, invece,

riescono a vedersi entri a far parte della polizia militare.
John Brown

Bombardando direttamente i civili i danni collaterali ricadrebbero sui militari e i civili sarebbero salvi.
Renzo Butazzi

Weekend Update 1976: "Il tempo va contro il generalissimo Francisco Franco, che trattiene il fiato ormai dal novembre del 1975!".
Chevy Chase

La giustizia militare sta alla giustizia come la musica militare sta alla musica.
George Clemenceau

Sergente: «A causa della partenza per le manovre, i malati di domani saranno visitati questa sera.»
Ricardo Florés

Che donna! Per una donna così darei un anno della mia vita... L'81, che ho fatto il militare.
Mister Forest (Michele Foresta)

Marine bianco: «Ehi Joe, sai come si fa a fermare 5 negri che stanno sfondando una bianca? Gli tiri una palla da basket».
Full Metal Jacket

Quando ho perso il mio fucile, l'esercito mi ha fatto pagare 85 dollari. Ecco perché nella Marina il capitano affonda con tutta la nave.
Dick Gregory

Madonna ha chiesto il ritiro delle truppe americane dall'Iraq. Come cambiano i tempi! Una volta bisognava costringere le truppe ad allontanarsi da Madonna.
Jay Leno

Ho un amico idiota che ha fatto il militare in aviazione. Ha collaudato l'aereo invisibile, poi si è dimenticato dove l'ha posteggiato e ora si sta facendo tutto l'aeroporto a tentoni.
Matteo Molinari

Gli attori, quando li vesti da soldati, sono sempre bravi, perfetti. Come le attrici quando le vesti da puttane.
Mario Monicelli

Ufficiale: «Soldato, hai un dollaro da cambiare?»
Soldato: «Certo, amico!»
Ufficiale: «Non ci si rivolge così a un ufficiale. Riproviamo. Soldato, hai un dollaro da cambiare?»
Soldato: «No, signore!»

Bob Phillips

Negli Stati Uniti i ragazzi si travestivano per non andare in Vietnam. lo mi travesto per andare da Costanzo.

Platinette

Le bestemmie degli alpini non si alzano da terra.

Proverbio veneto

Il critico è un soldato che spara sulle sue truppe.

Jules Renard

«Generale, raduni un reparto e faccia invadere l'Europa.»

Il Presidente Roosevelt al generale Eisenhower

La guerra dei Cent'anni fu terribile. Più della metà dei soldati morì di vecchiaia.

Maurizio Sangalli

Non è uno stratega, e non è nemmeno preparato sulle operazioni di guerra, non è un tattico, non è un generale e non è un soldato. A parte questo, è un grande militare.

Gen. Norman Schwartzkopf

Entra nell'esercito, gira il mondo, incontra gente interessante e uccidila.

Spilla pacifista, 1979

La Svizzera si è sempre contraddistinta per la sua temibile, crudele neutralità. Il fatto che adesso la Svizzera stia smantellando le sue truppe in bicicletta arriva come una sorpresa per tutti quelli che ignoravano che la Svizzera avesse un esercito. Sono rimaste solo poche truppe in bicicletta, ma sembrano molte di più se mettono le carte nei raggi. E le truppe in bicicletta sono efficaci il doppio di quelle su monopattino.

Jon Stewart

La mia ex era così cretina che i dieci mesi che sono stato con lei me li hanno considerati come servizio civile.

Antonello Taurino

Io sono un uomo di mondo! Ho fatto tre anni di militare a Cuneo!

Totò

Sergente: «Da dove vieni ragazzo?»
Allievo ufficiale: «Dall'Arizona, Signore!»
Sergente: «Due sole cose vengono dall'Arizona: i tori e le checche. Non vedo le corna, quindi devi essere una checca.»

Ufficiale e gentiluomo

Forse voi vi chiederete il perché di tanta crudeltà. Ma è semplice. Perché io sono crudele.

Il Generale Peter Ustinov, al termine di un'estenuante marcia nel deserto

«Mi volevo arrolà un popò in Marina!» «In Marina? Ma sai notà?» «Perché, 'un c'è più navi?»

Il Vernacoliere

Perché l'Esercito ha bisogno di nuovi, costosi bombardieri? Cos'è, la gente su cui abbiamo bombardato nel corso degli anni s'è lamentata?

George Wallace

MILLEPIEDI

vedi ***Verme***

MILLIMETRO

vedi ***Metro***

MIMO

Gary Cooper, una volta, ha fatto una scena di fronte a un negozio di pipe, con l'indiano di legno in vetrina. L'indiano lo ha seppellito con la sua mimica.

George Burns

Se si spara a un mimo, si deve usare il silenziatore?

Steven Wright

MINACCIA *(Ricatto)*

Quando un uomo dice: «Ti amerò per sempre», penso: cos'è una minaccia?

BRUNELLA ANDREOLI

Conto fino a tre: se a due non te ne sei andato a uno ti meno!

ANONIMO ROMANO

Va bene, non venga pure alle mie lezioni di matematica, mister Morris, ma si ricordi che quando, tra vent'anni, lei sarà a una festa e i suoi amici racconteranno una barzelletta su un logaritmo, lei non avrà alcuna idea di cosa ci sia da ridere.

BAYSIDE SCHOOL

Sarò più che lieto di ascoltare i tuoi problemi non appena mi togli le mani da attorno al collo.

ASHLEIGH BRILLIANT

Lo vedi questo bastone? Tocca un'altra delle mie cose e scoprirai come si sente un lecca-lecca.

DREW CAREY

«Coi soldi della liquidazione mi sono comprato un'autoambulanza e mi sono messo in proprio.» «E che te ne fai dei feriti che raccogli?» «Vado in giro per ospedali e, se non mi pagano quanto chiedo, glieli lascio.»

GIULIANO

C'erano oltre tremila cani al concorso canino di Westminster. Ma la sicurezza è stata raddoppiata dopo che è arrivata la seguente telefonata minatoria: «Miao, miao, miao, miao».

JAY LENO

È inammissibile che la mafia minacci le istituzioni! Le istituzioni sanno benissimo minacciarsi da sole!

ENZO LUNARI

Collaborazione. Io l'insulto. Tu lo tieni. Lui gli mena. Noi aiutiamo e voi guardate se essi arrivano.

MARCELLO MARCHESI

A un ragazzo che, dopo averla compromessa, non voleva più sposare la fidanzata: «Giuvinò, debbo spendere centomila lire per voi. Le volete in contanti come regalo di nozze, o in fiori sul carro da morto?».

Pascalone 'e Nola

«Ho sette anni. Ne compirò otto tra due settimane.» «Non contarci troppo.»

Piccola peste

Ho chiesto a un tizio di spegnere la sigaretta e lui mi ha risposto: «No». Allora gliel'ho presa e l'ho buttata in terra. Mi ha detto: «Raccoglila». Ho detto: «No». E lui: «Raccoglila o pulirò il pavimento con la tua faccia». E io: «Beh, peggio per te. Non riuscirai a pulire bene negli angoli».

Emo Philips

Non dite ai vostri figli che avete avuto per loro un parto facile, altrimenti non vi rispetteranno. Per anni andavo a svegliare mia figlia e le dicevo: «Melissa, mi hai fatto a pezzi. Ora torna a dormire».

Joan Rivers

«Se uno di voi ha una sigaretta e non me la offre, che venga un colpo ai suoi genitori!... (silenzio)... Tutti orfani eh?»

I Soliti Ignoti

Bella cosa la religione! Ieri sono andato a confessarmi. Sto meglio, ma ora il prete pretende duecento euro per tenere la bocca chiusa.

Francesco Vespa

Bada a come parli se no ti strappo le labbra e te le appiccico agli occhi, così vedi quello che devi dire!

Robin Williams

MINORANZA

*vedi **Maggioranza***

MINUSDOTATI

*vedi **Superdotati***

MIOPIA

«Stai attenta! Ma come guidi?» «Sono un po' miope, ma gli occhiali

non li metto mai perché invecchiano da morire...» «Pensa che anch'io ho un amico zoppo che preferisce attraversare la strada strisciando piuttosto che portare il bastone...»
Diego Abatantuono

Se sono superdotato? La mia ragazza è miope e quando facciamo l'amore mi vede sfocato.
Paolo Burini

È così miope che non vede nemmeno le lenti a contatto.
Boris Makaresko-Roberto Trani

MIRACOLO

Quando ero piccolo trovai il portafoglio di mio nonno. Lo aprii e vidi le foto ingiallite di Gianni Rivera e Padre Pio, che io non conoscevo, non sapevo chi fossero. Lo chiesi e mio nonno mi spiegò: «Uno fa i miracoli, l'altro è un popolare frate pugliese».
Diego Abatantuono

Miracolo a Montecitorio. «Al miracolo! Al miracolo!» «Che c'è? È apparsa la Madonna?» «No. Mi era caduto il portafogli tra i banchi democristiani; sono sceso e l'ho ritrovato intatto.»
Artioli, 1946

A volte, portando a Lourdes un film muto, si mette a parlare.
Romano Bertola

Il dubbio più serio mai gettato sull'autenticità dei miracoli biblici è il fatto che la maggioranza dei loro testimoni erano pescatori.
Arthur Binstead

Il dottor Rudolf von Rudder ci spiega come un aereo riesce a volare: «È una teoria semplice. La faccenda è questa: vedete, i motori spingono il velivolo in avanti e creano una corrente, e questa colpisce il terreno e ritorna verso l'aereo; i motori vanno più veloci e tutto l'apparecchio vibra, quindi, quando c'è sufficiente corrente e un vuoto d'aria si è creato, l'aereo si solleva in cielo. Da qui in poi è un miracolo. Non ho mai capito cosa li tenga su».
Mel Brooks

Hanno scoperto che la sostanza che si scioglie durante il Miracolo di san Gennaro non è sangue ma una miscela di cloruro ferrico e carbonato di calcio. Quindi, secondo alcuni, non è un miracolo ma una bufala. Secondo me, invece, è un miracolo doppio. Ma vi rendete conto? San Gennaro riusciva a vivere con il cloruro ferrico e il carbonato di calcio nelle vene!

Mister Forest (Michele Foresta)

È il Papa a decidere chi diventa santo. Bisogna aver fatto tre miracoli, per diventare santi. E dev'essere pieno di persone straordinarie con soli due miracoli che si stanno sbattendo per cercare quell'ultima azione miracolosa. Tipo: «Vostra Papità, ho qui per voi un grande miracolo, fantastico. Pescate una carta, e non fatemela vedere».

Eddie Izzard

La riproduzione dell'uomo è un miracolo e un mistero. Se Dio mi avesse chiesto un parere, gli avrei consigliato di proseguire a modellare gli uomini con l'argilla.

Martin Lutero

Tury: «Sì, ma un miracolo di Quelo c'è o no?»
Quelo: «Tu come lo vedi?»
Tury: «Non lo so, ha moltiplicato i pani e i pesci?»
Quelo: «La seconda che hai detto.»
Tury: «Ha moltiplicato i pesci? Cioè? Come ha fatto?»
Quelo: «Mah, per esempio te ci avevi tre pesci e moltiplica per esempio per tre e fai nove pesci... oppure ci hai tre pesci moltiplico per quattro uguale sedici pesci...»
Tury: «Tre per quattro non fa sedici, fa dodici!»
Quelo: «Quello per questo è un miracolo! Altre telefonate?»

Quelo (Corrado Guzzanti)

Dio può tutto, anche trasformare la Coca in Pepsi.

Quentin Tarantino

Non credo ai miracoli, ne ho visti troppi.

Oscar Wilde

Eravamo cattolici scettici. Sì, abbiamo creduto che Gesù camminasse sulle acque. Ma abbiamo anche pensato che forse era inverno.

JOHN WING

MISERIA
vedi **Povertà**

MISOGINIA *(Maschilismo)*

Ho comperato un barbecue e l'ho montato, ma alla fine mi è rimasto un sacchetto di roba che sembrava importante. Allora mi sono detto che bisogna pensare prima di tutto alla sicurezza. «Tesoro, perché non provi il grill prima tu?». Avreste dovuto vedere le fiamme. «Tesoro, smettila di correre avanti e indietro così. Non fai altro che attizzare le fiamme sulla testa».

TIM ALLEN

L'ultima volta che sono stato al mare è stato con Mrs Allen, mia moglie. Durante la luna di miele. Ero favoloso. Mi avreste adorato. Stavo sciando sull' acqua, nudo fino alla cintola, scivolavo veloce sulla cresta dell'onda. I muscoli luccicanti d'olio, mi tenevo con una mano sola. Lo sci d'acqua è una meraviglia. Mia moglie, nella barca davanti a me, vogava con foga.

WOODY ALLEN

Il mio primo anno di matrimonio aveva preso una brutta piega. Tendevo a mettere mia moglie sotto un piedistallo.

WOODY ALLEN

Un uomo senza donna è come un collo senza torcicollo.

ANONIMO

La donna è un uomo inferiore.

ARISTOTELE

Era un mondo di uomini veri. Poi arrivò Eva.

RICHARD ARMOUR

Amare significa dove buttare una donna.

MAURIZIO AVANZI

A cosa servono le donne da quando hanno inventato i piatti di plastica?

Rocco Barbaro

La donna fiuta un fallo eretto quando dista ancora dieci chilometri e si domanda: «Come ha fatto a vedermi?».

Samuel Beckett

Perché Adamo non è morto con tutte le sue costole in corpo?

Bougingault

Oggi le donne o tornano a fare le serve, o non le vuole più nessuno.

Aldo Busi

La donna crea il bambino, l'uomo si accontenta della Gioconda.

Aldo Carotenuto

I problemi degli uomini hanno tre cause: le donne, i soldi ed entrambi.

Johnny Carson

Lui, lei e la posta elettronica. Istruzioni per gli uomini su come usare la posta elettronica: Andare in Outlook e fare clic su "Nuovo messaggio". Scrivere il testo. Fare clic sulla casella "A" e selezionare il destinatario. Fare clic su "Invia". Istruzioni per le donne su come usare la posta elettronica: Chiedere alla collega come è fatta l'icona di Outlook. Trovare la stessa icona sul desktop e fare doppio clic. Rifare doppio clic, stavolta più veloce. Selezionare "Nuovo messaggio". In alto a sinistra... un po' più a sinistra... un po' più in alto... Bastava un clic solo, stavolta. Chiudere pure il secondo messaggio. Scrivere il testo del messaggio. È come una macchina da scrivere. Adesso riscriverlo tutto, ma anziché nella casella dell'oggetto in quella grande sottostante. Mettere un oggetto significativo. No: "messaggio" non va bene, qualcosa di più significativo. Adesso fare clic sul pulsante con la "A". No, non era il pulsante con la "X" in alto a destra, quello chiude il messaggio. Ripartire dal punto 4. Scegliere con molta attenzione i nomi dei destinatari (ecc.). Fare clic su "Invia". Se si ha un modem, è ora di accenderlo; emetterà dei suoni strani: non spegnerlo e non cercare di sintonizzarlo meglio! Quando il messaggio è stato inviato, controllare i nomi dei destinatari e mandare una e-mail di scuse a tutti quelli ai quali non si sarebbe dovuto mandarlo.

Paolo Cevoli

Perché regalare orologi alle donne? Quello del forno gli basta e gli avanza.

Enzo Cortese

Certo che gli uomini sono superiori alle donne! Innanzitutto possono fare la pipì da una macchina in corsa.

Will Durst

Non sono misogino. La fidanzata, avessi il giardino, la terrei.

Walter Fontana

Come dice sempre mio marito Gino: «Delle donne non c'è da fidarsi, soprattutto se sanno leggere e scrivere».

Gaia (Simona Guarino)

È bello avere qualcuno al tuo fianco, qualcuno con cui condividere i tuoi momenti di gioia e di dolore, qualcuno che sappia ascoltarti e che non ti chieda nulla in cambio, qualcuno con cui invecchiare. Peccato che i pesci rossi più di tanto non durino.

Teo Guadalupi

Gabriele Lavia è un vero maschilista. Una volta, in viaggio da Trieste a Roma, non riuscendo a disappannare i vetri, mi ha detto: «Respiri troppo».

Monica Guerritore

Qualche donna abusa della facoltà che si concede alle donne di essere ignoranti.

Immanuel Kant

Come mai Dio ha creato prima l'uomo e poi la donna? Che domanda, perché non aveva nessuna voglia di stare a sentire consigli su come doveva fare l'uomo.

Citata da Elena Loewenthal

«A volte ho l'impressione che tu non mi stimi...» «Ma, cara, cosa dici? Dai, esci dalla pattumiera e dammi un bacio sulle scarpe.»

Egidio Morretti

A ciascuno di noi il fato ha destinato una donna, se riusciamo a sfuggirle siamo salvi.

CITATA DAL *NEW YORK TIMES*

L'uomo deve essere addestrato alla guerra. La donna al riposo del guerriero. Tutto il resto è stupidità.

FRIEDRICH NIETZSCHE

A trovare un'altra moglie si fa presto. Ma una cavalla come quella io non la trovo più.

OMBRE ROSSE

Qual è il colore della donna? Tra marrone chiaro e marrone scuro. Praticamente tra i due marroni.

OMEN (RAUL CREMONA)

Supposta di saggezza: qual è stato il primo piatto che Eva ha preparato per Adamo? La mela! Vedi che già allora non aveva voglia di lavorare?

OMEN (RAUL CREMONA)

La donna. Se le racconti qualcosa le entra da un orecchio e le esce dalla bocca!

OMEN (RAUL CREMONA)

Io amo la figa. Peccato che ce l'abbiano le donne.

MAURIZIO SANGALLI

Il problema è che una donna sola per me è troppo.

VITTORIO SGARBI

Date il voto alle donne e, tempo cinque anni ci ritroveremo una tassa sugli scapoli.

GEORGE BERNARD SHAW

Se il lavoro di una donna non è mai finito, be' allora quella donna dovrebbe cominciare prima.

ROBERT STEVENS

Come ogni idiota vorrebbe essere saggio, così ogni donna vorrebbe essere uomo.

TORQUATO TASSO

"Cucina, rassetta e vince il premio Nobel."

TITOLO DI UN GIORNALE DEL 1977 SUL PREMIO NOBEL PER LA MEDICINA A UNA DONNA

Gentiluomo è colui che tiene aperta la porta dell'albergo

affinché sua moglie possa portar dentro i bagagli.
PETER USTINOV

Ora che le donne sono diventate fantini, arbitri di baseball, scienziati nucleari e dirigenti commerciali, forse un giorno impareranno a parcheggiare a pettine.
BILL VAUGHAN

La donna è quel che si è trovato di meglio per sostituire l'uomo quando si ha la sfortuna di non essere pederasti.
BORIS VIAN

Bisogna migliorare la condizione femminile. Le cucine sono troppo piccole, i lavandini sono troppo bassi. E i manici delle pentole sono isolati male.
GEORGES WOLINSKI

Vi ricordate la dolce Michelle?
Era la mia fidanzata al liceo...
Era divertente e sempre profumata.
L'ho portata al ballo del ritorno a casa,
quindi l'ho legata a una sedia
e le ho rasato via i capelli
e l'ho lasciata in mezzo al deserto tutta sola.
Be', talvolta nei miei sogni sento ancora quelle urla.
Chissà se sarà riuscita a tornare a casa?
Be', quelli erano bei tempi...
WEIRD AL YANKOVIC, DALLA CANZONE *GOOD OLD DAYS*

Gli uomini o sono stronzi o sono polli. Le donne o sono stronze o sono stronze. Il più delle volte anche entrambe le cose.
CLAUDIO ZULIAN

MISS
vedi ***Vallette***

MITO *(Eroe - Leggenda - Martire)*

1 orizzontale: "Il mitico 'Che'"... POSTAPERTE.
CAPOCENERE (CLAUDIO BATTA)

I miti sono necessari: i giovani devono avere delle t-shirt in cui credere.

Ellekappa

Ho creduto in Marx e mi sono sbagliato, ho creduto in Lenin e mi sono sbagliato: ora, con tutta la buona volontà, come faccio a credere in Franceschini?

Gino&Michele-Paolo Rossi

Il capitalismo? Libera volpe in libero pollaio.

Ernesto Che Guevara

Bin Laden? Chi, quel miliardario che vive in una caverna? Ma chi si crede di essere, Batman?

David Letterman

Nell'anno in cui sono nato io, sono morti Magritte, Totò, Che Guevara e Otis Redding. Ma ho un alibi di ferro.

Franco Merafino

Qualsiasi idiota è capace di prendere una tigre per i coglioni, ma ci vuole un eroe per continuare a stringere.

Geometra Meneghetti (Enrico Bertolino)

Ho trascorso parecchi anni a Hollywood, e sono ancora convinto che gli eroi dei film sono quelli seduti nel cinema.

Wilson Mizner

Quando parli lasci il segno, quando ridi lasci il segno, con lo sguardo lasci il segno. Caro il mio Zorro, hai rotto i coglioni!

Flavio Oreglio

Sopporto quelli che fumano il sigaro solo se, dopo, muoiono in Bolivia.

Riccardo Piferi

Io dico no al mito della donna bella e stupida! Io voglio essere solo stupida!

Viviana Porro

La parte della leggenda è facile. È la parte del vivente che è dura.

Keith Richards

Martirio: l'unico modo in cui un uomo senza alcuna abilità può diventare famoso.

GEORGE BERNARD SHAW

Silvio Orlando: «Nei licei, secondo un'indagine demoskopica, l'80% degli studenti non sa chi era Che Guevara, mentre il 90% sa chi è Gargamella.»
Teo Teocoli: «Chi è Gargamella?»
Silvio Orlando: «Oh meno male, non saperlo ti fa onore. Gargamella è il cattivo dei Puffi.»
Teo Teocoli: «Che Guevara invece è il buono?»

VICINI DI CASA

MODELLA

Viene a trovarmi Leda, fotomodella. Ingiustamente io l'ho sempre giudicata solo una bellissima cretina. Invece oggi ho saputo che anche lei ha il suo dramma segreto. Risale a quand'era bambina. Un giorno, approfittando che era sola in casa, un suo zio la fece sedere sul sofà accanto a lui e d'improvviso tirò fuori un libro e le lesse il primo canto della *Gerusalemme liberata*. Uno choc tremendo da cui la bambina non si rimise mai completamente. Dovettero farla rinvenire con un vibratore.

ROMANO BERTOLA

Sei stupida, sei ignorante, sei snob, sei anoressica e sei cocainomane. Se fossi anche bella potresti fare la modella.

PAOLO BURINI

I modelli dovrebbero sforzarsi di rassomigliare ai loro ritratti.

SALVADOR DALÍ

Perché io so' Vito Catozzo, un vero macchio! Io tratto le donne come tratto i delinquenti! Ci ho mia moglie Derelitta che ha un rapporto peso-potenza 1:1. 140 chili, 1 metro e 40... Pure la dieta mi va a fare, mondo cano: mi diventa 110 chili... Ci ho detto: «Derelitta, se volevo un'indossatrice la sposavo, maiala la mandria con tutti i mandriani!».

GIORGIO FALETTI

Conoscevo una ragazza che aveva un corpo stupendo ma un viso orripilante. Lavorava come indossatrice di passamontagna.

GIALAPPA'S BAND

Comunque, una cosa Marta Marzotto l'ha dimostrata alla faccia di tutti: che nella vita, posando nuda per un grande pittore, ci si può anche abbronzare.

GINO&MICHELE

Se Claudia Schiffer mi chiedesse di uscire con lei, come prima cosa ne sarei sorpreso.

DANIELE LUTTAZZI

Dipinge solo arte moderna perché la sua modella ha il singhiozzo.

BORIS MAKARESKO

Porto sempre delle catene nel baule della mia auto perché non sai mai quando ti potrebbero servire. Sai, magari sei per le strade di Parigi ed improvvisamente ti viene voglia di incatenare una modella a una cancellata.

HELMUT NEWTON

In verità, in verità vi dico che è più facile che un cammello passi dalla cruna di un ago che un operaio della Fiat, con un cappotto di cammello, porti a cena Claudia Schiffer.

PAOLO ROSSI

Sono in rete le foto in cui si vede Kate Moss che sniffa. Lei si è detta profondamente pentita, ha lasciato il fidanzato, si è scusata con l'opinione pubblica e si è subito fatta ricoverare in una clinica per bugiardi.

MARCO VICARI

MODESTIA

Scrivevo un po' di tutto, in particolare poesie. Vorrei citarvene almeno una: «Nel mezzo del cammin di nostra vita/ Mi ritrovai per una selva oscura...». Poi va avanti. È lunghissima. L'ho letta a un mio amico che mi ha detto: «Ma questa è la Divina Commedia!». Io mi sono schermito: «... Divina... Diciamo carina...».

CLAUDIO BISIO-ANTONIO CATANIA

Quella ragazza è talmente modesta che sui fianchi si è fatta tatuare delle smagliature.
Paolo Burini

Se sono intelligente, l'ho nascosto molto bene.
Pino Caruso

Modestia: l'omicida desidera restare anonimo.
Sergej Dovlatov

Tendiamo a sottovalutarci. A volte pensiamo che, se noi due fossimo Tarzan e Jane, Cita sarebbe la mente del trio.
Gino&Michele

Forse io non sono molto umano. In fondo tutto quello che volevo fare nella vita era dipingere la luce del sole sulla facciata di una casa.
Edward Hopper

Ciò di cui il mondo ha bisogno è di avere più geni e, direi, molto umili. Siamo rimasti talmente in pochi...
Oscar Levant

Soffriva di una certa carenza di autostima: un giorno pestò una merda e chiese scusa.
Egidio Morretti

Il mio maggior pregio è l'ecletticità. Sono mediocre in tutto.
Giuseppe Pollicelli

Sono talmente modesto che anche le donne che mi faccio in sogno sono brutte.
Roberto Serafini

MOGLIE

Ho comperato un barbecue e l'ho montato, ma alla fine mi è rimasto un sacchetto di roba che sembrava importante. Allora mi sono detto che bisogna pensare prima di tutto alla sicurezza. «Tesoro, perché non provi il grill prima tu?». Avreste dovuto vedere le fiamme. «Tesoro, smettila di correre avanti e indietro così. Non fai altro che attizzare le fiamme sulla testa».
Tim Allen

Durante la mia prima notte di nozze mia moglie, sul più bello, si è alzata in piedi per un'ovazione.

Woody Allen

Il mio primo anno di matrimonio aveva preso una brutta piega. Tendevo a mettere mia moglie sotto un piedistallo.

Woody Allen

Ho incontrato la mia ex moglie in un ristorante e siccome sono un libertino mi sono avvicinato a lei fluttuando e le ho chiesto esitando: «Che ne dici di tornare a casa e fare l'amore ancora una volta?». E lei mi ha risposto: «Sul mio cadavere!». Io allora ho replicato: «Perché no, è come lo abbiamo sempre fatto».

Woody Allen

Il timore della separazione. È un interessante fenomeno psicologico. Una volta, da sposato, dovetti partire per Washington, e benché fossi io, che partivo, mi sentii male. Invece, quando tornai diede di stomaco mia moglie.

Woody Allen

Preferisco la cremazione al seppellimento e tutte e due a un week-end con mia moglie.

Woody Allen

Ho capito che qualcosa cominciava a non andar bene tra me e mia moglie quando una volta, mentre facevamo l'amore, lei mi disse: «Caro, penso che sia arrivato il momento di dare un'imbiancata al soffitto e alle pareti».

Woody Allen

È vero, avrei potuto essere una moglie migliore e fare l'amore con te un po' più spesso, almeno una volta.

Amore e guerra

Nella vita contano soprattutto due cose: la salute e la voglia di lavorare. Io ho la salute, mia moglie la voglia di lavorare, non abbiamo problemi.

Anonimo

«Tesoro, ho vinto un miliardo al totocalcio! Presto, prepara la valigia!» «Fantastico! E cosa devo metterci, roba d'estate o d'inverno?» «Mettici tutto che vai fuori dalle balle!!!»

Anonimo

Venezia: la seconda delusione della sposa durante il viaggio di nozze.
ANONIMO

Se le mogli fossero buone, Dio ne avrebbe una.
ANONIMO GEORGIANO

La moglie: «Non ho nulla da mettermi, stasera!»
Il marito: «Hai sei armadi pieni di "nulla da metterti"!»
La moglie: «Stai dicendo forse che spendo troppi soldi?»
Il marito: «Tu spendi troppi soldi? No! Non sei l'unica che va in Svizzera a farsi aggiustare l'orologio»
A SCUOLA CON PAPÀ

Mia moglie non è più romantica come un tempo. Ieri sera, al chiaro di luna, le ho regalato una rosa rossa. Poi lei ha rifiutato di fare una gara di scoregge.
MAURIZIO AVANZI

Non potete dare la colpa di tutto sempre a vostra moglie. Io per esempio non le rinfaccio più la Seconda guerra mondiale.
MAURIZIO AVANZI

Se vostra moglie vi chiama "grosso stronzo", forse non è sufficiente mettersi a dieta.
MAURIZIO AVANZI

Ok, vostra moglie è permalosa. Ma voi, sulla T-shirt che le avete regalato, dovevate proprio farci scrivere: "Cagona!"?
MAURIZIO AVANZI

Più di un uomo deve il suo successo alla sua prima moglie. E la sua seconda moglie al suo successo.
JIM BACKUS

Un uomo entra in un'agenzia di vaudeville e dice: «Ragazzi, ho un atto unico per voi! Ascoltate: io e mia moglie entriamo in scena, ci spogliamo, caghiamo sul palco, poi entrano i miei due figli e ci si tuffano dentro!». L'agente, allibito, chiede: «E come si chiamerebbe un atto del genere?». E il tizio: «Gli Aristocratici!».
LA STORICA BARZELLETTA *THE ARISTOCRATS*

E quando lei: «Ma teeee... perché invece di passare le giornate all'ippodromo non mi paghi l'estetista?»

«Perché con i cavalli un minimo di speranza ce l'hai...».
STEFANO BELLANI

E quando lei: «Ma teeee... se mi trovassi a letto con Raul Bova cosa gli diresti?» «Eh, che fa tanto il figo e poi...».
STEFANO BELLANI

E quando lei: «Ma teeee... se trovi la Bellucci nuda nel letto cosa fai?» «Chiamo la polizia. Sarà morta!».
STEFANO BELLANI

E quando lei...«Ma teeee... se dei banditi rapissero me e la tu mamma per chi staresti in pena?» «Per i banditi!».
STEFANO BELLANI

E quando lei: «Ma teeee... se vado da un chirurgo cosa gli dico di ritoccare: labbra, seno o qualcos'altro?» «Mah, puoi anda' anche a caso...».
STEFANO BELLANI

E quando lei: «Ma teeee... preferiresti fare l'amore con me pensando a un'altra, o fare l'amore con un un'altra pensando a me?» «Posso far da solo?».
STEFANO BELLANI

E quando lei: «Ma teeee... perché invece di uscire con me e tutte le mie amiche preferisci andare alla bocciofila?» «Perché c'è più figa».
STEFANO BELLANI

Berlusconi nella sua vita ha avuto una decina di mogli, di cui due sue.
ROBERTO BENIGNI

Le mogli dei politici fanno tutte beneficenza. Per forza! Hanno il senso di colpa per quello che rubano i mariti.
ROBERTO BENIGNI

Mia moglie ha fatto una dieta a base di banane. Non è servita a niente, però adesso si sa arrampicare sugli alberi.
MILTON BERLE

L'altro giorno mia moglie ha incontrato un tale che lei conosceva quando avevano la sua stessa età.
MILTON BERLE

Mia moglie è così magra che le zanzare la mancano!
MILTON BERLE

Durante una crociera, la moglie di un uomo è stata travolta da un'ondata. Uno dei membri dell'equipaggio è andato dall'uomo e gli ha detto: «Signore: sua moglie è caduta in mare!». E l'uomo: «Oh, grazie a Dio. Ho pensato di essere diventato sordo!».
MILTON BERLE

L'idea di mia moglie circa il doppio parcheggio è posteggiare la sua macchina sopra un'altra.
SHELLEY BERMAN

Non si può essere più sicuri di nulla. Giulio, che per tutta la vita ha sempre pensato di aver sposato una troia, ha ricevuto una lettera anonima con le prove che sua moglie è una santa donna. Adesso per lo choc sono tre notti che non dorme.
ROMANO BERTOLA

Spesso il sabato pomeriggio qualcuno mi invita a giocare a golf. Ma non ci vado. Lo trovo uno sport da smidollati. Preferisco restare a casa a provarmi i vestiti di mia moglie.
ROMANO BERTOLA

La moglie di Maniglia stasera gli diceva: «Tu dici di amarmi, ma se morissi, tempo sei mesi andresti con un'altra» «E per sei mesi cosa mi faccio, le seghe?», ha risposto lui.
ROMANO BERTOLA

Mia moglie è sconvolta. Ha scoperto che nella tomba, sulla quale tante volte si è raccolta in preghiera, non è sepolto suo padre, ma il faraone Cheope. «Adesso si spiega», dice tra i singhiozzi, «la continua presenza di tutti quei turisti.»
ROMANO BERTOLA

Quando chiesi a Eleanor Roosevelt cosa ricordava di Pearl Harbour, rispose: «Quella sera mio marito cenò più tardi del solito».
ENZO BIAGI

I mariti non si rendono mai conto dello sforzo che facciamo noi mogli per spendere i loro stipendi.
BLONDIE BLOOMSTEAD

Ognuno ha bisogno di una moglie al suo fianco perché c'è una caterva di cose che vanno male e per le quali non si può dare colpa al governo.
Jacob M. Braude

Se i Presidenti non lo fanno alle loro mogli, lo fanno al Paese!
Mel Brooks

Com'era romantica mia moglie! Quando la incontrai per la prima volta era solita passeggiare con un materasso legato sulla schiena.
Roy Brown

Mai parlare. Mai, se ami tua moglie... Anzi, se la tua vecchia ti becca in flagrante, nega. Già, inventati tutto, e quella ci crederà. Dille: «Senti un po', questa pollastra è scesa giù con un cartello intorno al collo: "Sdraiati sopra di me o muoio!" Capisci, non sapevo cosa fare...».
Lenny Bruce

Mia suocera è stata la causa del mio divorzio. Una volta mia moglie è tornata a casa e mi ha trovato a letto con lei.
Lenny Bruce

Ho scoperto un nuovo metodo anticoncezionale infallibile: si tratta di andare nella camera da letto e guardare mia moglie mentre si toglie il trucco!
Art Buchwald

Mia moglie si lamenta che non l'ascolto mai... o qualcosa del genere.
Bumper Sticker

Ci sono due tipi di omicidi: quelli seri e quelli in cui un marito ha soltanto ucciso la moglie.
Capitano Hatherill

«Un americano si vergognerebbe di vivere alle spalle di sua moglie!» «Sì ma io sono inglese e non ci sono questi pregiudizi nelle civiltà più antiche e progredite.»
Il Caro Estinto

Se alla fine incontrerò la donna dei miei sogni, cosa ne farò di mia moglie?
Johnny Carson

Dopo amo andati alla scuola di sci e quando l'hanno vista a mia moglie

Derelitta hanno detto qui non ci vuole un maestro di sci ci vuole un domatore di sci!
VITO CATOZZO (GIORGIO FALETTI)

Le mogli non danno l'Aids, le mogli non danno l'infarto, le mogli non danno niente.
GUIDO CERONETTI

La moglie è una suocera al primo stadio.
COMIX

Chi trova un amico gli tromba la moglie.
CONTE UGUCCIONE (BEBO STORTI)

Dentro ognuno di voi c'è un piccolo Conte... Anche dentro le vostre mogli se è per questo...
CONTE UGUCCIONE (BEBO STORTI)

Dai nemici mi guardi Iddio che alle mogli degli amici ci penso io.
CONTE UGUCCIONE (BEBO STORTI)

L'altro giorno stavo pulendo la soffitta con mia moglie. Disgustosa, sporca, coperta di ragnatele... ma è così brava coi bambini.
TOMMY COOPER

Ho accompagnato mia moglie al combattimento tra cani. Era la prima volta che ce la portavo. Oh, ha vinto lei!
ENZO CORTESE

Sono rientrato in casa e ho trovato Frank, il mio migliore amico, a letto con mia moglie. Gli ho detto: «Frank, io devo! Ma tu?».
BILLY CRYSTAL

«Un matrimonio non finisce mai solo per un'infedeltà. Quello è un sintomo che qualcos'altro non va.»
«Ah sì? Be', quel sintomo si scopa mia moglie.»
BILLY CRYSTAL

La moglie: «Un'altra parola e torno a casa!»
Il marito: «Taxi!»
CHEERS

«Caro da 20 anni che siamo sposati non mi hai comprato mai niente!» «E chi lo sapeva che vendevi la roba?»
GIANFRANCO D'ANGELO

Mia moglie è un segno di terra, io sono un segno d'acqua. Insieme facciamo fango.
RODNEY DANGERFIELD

Non ottengo rispetto. L'altra notte mi sono addormentato con una sigaretta in mano. Mia moglie me l'ha accesa.
RODNEY DANGERFIELD

Non ottengo rispetto. A Halloween mia moglie fa uscire i bambini vestiti come me.
RODNEY DANGERFIELD

Non ottengo rispetto. L'altra settimana casa mia è andata a fuoco. Mia moglie ha detto ai ragazzi: «Fate piano, se no svegliate papà».
RODNEY DANGERFIELD

Mia moglie voleva un intervento di chirurgia plastica. Così le ho tagliato le carte di credito.
RODNEY DANGERFIELD

Mia moglie mi ha lasciato per il mio migliore amico. Adesso non ho più il cane.
RODNEY DANGERFIELD

Ho chiesto a mia moglie: «In una scala da uno a dieci, come mi consideri come amante?». Mi ha detto: «Oh, caro, lo sai che non sono brava con le frazioni».
RODNEY DANGERFIELD

Mia moglie e io siamo stati felici per vent'anni. Poi ci siamo incontrati.
RODNEY DANGERFIELD

Mia moglie è attaccata a una macchina che la tiene in vita: il frigorifero.
RODNEY DANGERFIELD

Mia moglie vorrebbe il Sesso Olimpico: una volta ogni quattro anni.
RODNEY DANGERFIELD

Lasciate che ve lo dica, il sesso sta diventando difficile. Io e mia moglie abbiamo cercato di fare sesso per sei ore, l'altra notte, poi abbiamo lasciato perdere. Le ho chiesto:

«Cos'è? Neanche tu riesci a pensare a nessuno?».
RODNEY DANGERFIELD

Cosa ama sentirsi dire un uomo dalla propria moglie? Appena sposati: «Ti amo!». Dopo cinque anni di matrimonio: «Ti voglio bene!». Dal sesto anno: «È pronto!».
MARCO DEL CONTE

Come si fa a trovare la moglie dopo vent'anni di matrimonio? Basta seguire le vene varicose.
MARCO DEL CONTE

Se un uomo apre la porta dell'auto alla moglie, o è nuova l'auto o è nuova la moglie.
FILIPPO D'EDIMBURGO

Ho incontrato mia moglie in un bar. Che bella sorpresa. Pensavo fosse a casa a badare ai bambini.
RON DENTINGER

Sono un appassionato di *Star Trek*. Ho comprato tutti i dvd esistenti in commercio della saga. Per fare questo ho venduto la macchina, la casa e ho fatto ciulare la mia donna a un amico. Mi manca ancora *L'insurrezione*, cofanetto da dieci dvd e *La nemesi*, cofanetto da venticinque dvd. Il numero di cellulare di mia moglie è 337352297.
DIGEI ANGELO

Per me viaggiare è un'esigenza vitale. Mi sentirei soffocare se mia moglie non viaggiasse un po'.
DIMUNNO E TAMBORRINO

Certe donne amano talmente il proprio marito che per non sciuparlo prendono quello delle loro amiche.
ALEXANDRE DUMAS FIGLIO

Io mi ricordo sempre il compleanno di mia moglie: cade sempre il giorno dopo di quando lei me lo ricorda.
LEOPOLD FETCHNER

Il mio migliore amico è fuggito con mia moglie e, lasciamelo dire, mi manca tanto. Lui.
LEOPOLD FETCHNER

Mia moglie ha cantato in chiesa domenica, e almeno duecento persone hanno cambiato religione.
LEOPOLD FETCHNER

A proposito di diete, un mio amico ha perso più di sessanta chili in una settimana. Sua moglie lo ha lasciato.
LEOPOLD FETCHNER

Ragazzi, se ho fatto una bella vacanza! Mia moglie è annegata il primo giorno.
LEOPOLD FETCHNER

In amore bisogna essere senza scrupoli, non rispettare nessuno. All'occorrenza essere perfino capaci di andare a letto con la propria moglie.
ENNIO FLAIANO

Sa come diceva quella prostituta? «La fica non la vuole più nessuno, i pompini li fanno anche le mogli, gli dai il culo sembra che gli dai la merda!»
ENNIO FLAIANO

Uccide la suocera scambiandola per la moglie.
ENNIO FLAIANO

Mia moglie fa una cura contro le vene vanitose.
ENNIO FLAIANO

«Ma lei darebbe sua figlia per moglie a un negro?» «Mia figlia no, ma mia moglie subito. Sono mica razzista.»
ENNIO FLAIANO

«Itztig, perché hai preso una moglie così brutta?» «Interiormente è bellissima!» «Allora rivoltala.»
FERRUCCIO FÖLKEL

A forza di depilarsi le gambe con il rasoio e la schiuma da barba, a mia moglie le sono cresciute le basette alle ginocchia.
PACO GENOVESE

Il vantaggio di andare a letto con la propria moglie è che si trova sempre il tempo per piegare i pantaloni.
ROBERTO GERVASO

La x in matematica l'ha messa per primo il professor Godel per far contenta sua moglie che lo aspet-

tava a letto: «Metti una x e finisci domani».
GENE GNOCCHI

Un tizio va dalla moglie e le dà due aspirine e un bicchier d'acqua. La moglie dice: «E perché? Non ho mica il mal di testa». E il marito le fa: «Bene, trombiamo».
GILBERT GOTTFRIED

Mia moglie è talmente brutta che quando passa davanti al computer scatta l'antivirus.
MARINO GUIDI-SKIZZO

Se ti portano via la moglie la miglior vendetta è lasciargliela.
SACHA GUITRY

Le altre sono state semplicemente mie mogli. Tu, mia cara, sarai la mia vedova.
SACHA GUITRY

Secondo mia madre non è difficile tenersi un uomo: basta essere una serva in salotto, una cuoca in cucina e una puttana a letto. Io ho assunto le altre due e mi sono riservata la parte del letto.
JERRY HALL

In generale un uomo è più contento di avere in tavola una buona cena che una moglie che parla il greco.
SAMUEL JOHNSON

Mia moglie ha avuto le doglie per ventidue ore e io le sono rimasto fedele per tutto il tempo.
JONATHAN KATZ

La mia fortuna è cambiata per merito della mia mogliettina. Ho fatto il mio primo milione di dollari e li devo tutti alla mia piccola. Era alta sei centimetri. L'ho venduta a un circo e mi son fatto il milione di dollari.
DAVE KETCHUM

Mia moglie mi ha dato una bellissima notizia: sarò padre per la prima volta. L'unica cosa che mi lascia perplesso è che abbiamo già due figli.
BRIAN KILEY

Siamo andati in Spagna per la luna di miele. Viaggiamo gratis, gra-

zie al lavoro di mia moglie. È una terrorista.
BRIAN KILEY

I piatti che mi prepara mia moglie si sciolgono in bocca. Mi piacerebbe che imparasse a scongelarli, prima.
JACK KLUGMAN

I cappellini di mia moglie non passeranno mai di moda. Saranno sempre buffi.
JACK KLUGMAN

Certo che è possibile un rapporto platonico, ma solo tra marito e moglie.
LADIES HOME JOURNAL

Bill Clinton ha partecipato al summit sul Riscaldamento Globale. L'ex presidente si è dichiarato molto preoccupato per il Riscaldamento Globale. Infatti, questa settimana, un altro pezzo di ghiaccio si è staccato da sua moglie Hillary.
DAVID LETTERMAN

Mia moglie è andata da un celebre dietologo. In due mesi ha perso trecentomila lire.
BORIS MAKARESKO

Felice l'uomo con una moglie che gli dica che cosa fare e una segretaria che lo faccia.
LORD MANCROFT

Tra moglie e marito... preferisco la moglie.
ALBERTO MAROZZI

Dietro ogni uomo di successo c' è una donna e, dietro di lei, sua moglie.
GROUCHO MARX

Le mogli di Hollywood tengono il bouquet e gettano il marito.
GROUCHO MARX

Fare l'amore con la propria moglie è come sparare a un'anatra morta.
GROUCHO MARX

Il giovane marito, tutto nudo, si contempla con ammirazione nello specchio della camera d'albergo. «Con due centimetri in più», dice fieramente, «sarei un re.» «Sì», ribatte la moglie, «e con due centimetri in meno saresti una regina.»
GROUCHO MARX

Quando un uomo porta dei fiori a sua moglie senza motivo, un motivo c'è.
Molly McGee

I francesi non parlano quasi mai delle loro mogli, perché hanno paura di parlarne davanti ad altri che le conoscono molto meglio di loro.
Charles Louis de Montesquieu

Era bella come la moglie di un altro.
Paul Morand

Ho avuto un incubo: ho sognato che Bo Derek e mia moglie si azzuffavano per me, e mia moglie vinceva.
New York Roasts

A trovare un'altra moglie si fa presto. Ma una cavalla come quella io non la trovo più.
Ombre Rosse

Quest'anno per le ferie ho scelto la partenza intelligente: sono partito alle sei del mattino quando mia moglie e i miei figli ancora dormivano.
Furio Ombri

Giovedì scorso mia moglie è scappata col mio miglior amico. Anche se lui, a onor del vero, fino a giovedì era un amico come tanti.
Furio Ombri

Mia moglie ha perso la mia carta di credito. Io non ho fatto la denuncia perché ho scoperto che il ladro spende meno.
Omen (Raul Cremona)

Mia moglie cerca sempre gli "affaroni". È l'unica in città ad avere una parrucca con le doppie punte.
Robert Orben

Lui sposa lei perché lo ama. Lei ama lui perché la sposa.
Jean Paul

Oggi è il quinto anniversario del trentanovesimo compleanno di mia moglie.
Bob Phillips

C'è un tale bisogno d'amore nel mondo, che certe donne amano persino il loro marito.
Pitigrilli

«Dica, è sua moglie quella vicino a lei, o le hanno vomitato sulla sedia?»
POLICE SQUAD

La signora Newton: «Tesoro, è caduta un'altra mela dall'albero. Perché non vieni a guardarla? Magari scopri qualcos'altro».
HERBERT V. PROCHNOW & HERBERT V. PROCHNOW JR

Abbiamo due gatti: Misha e Alex. Sono di mia moglie. Ci puoi giurare che sia una donna a dare questi nomi ai suoi gatti. Le donne scelgono sempre nomi teneri: Muffy, Fluffy, Buffy. Gli uomini invece chiamano i gatti Alitoditonno, Facciadipelliccia, Testadimiao. I nostri sono dei bravi gatti. Sono stati castrati e privati degli artigli. Così sono come cuscini che mangiano.
LARRY REEB

Aveva una moglie talmente insopportabile, ma talmente insopportabile, che gli amici per il suo compleanno gli regalarono un alibi.
FABRIZIO RIGHES

Ho incontrato la donna che poi divenne mia moglie ai grandi magazzini. Ho pensato, beh, se poi le cose non funzionano, posso sempre riportarla indietro.
ROWAN & MARTIN'S LAUGH-IN

Amore e odio spesso coincidono, infatti io l'amante di mia moglie lo odio.
MAURIZIO SANGALLI

Mia moglie ha tante di quelle carie nei denti che parla con l'eco.
LOUISE A. SAFIAN

Mia moglie dice che sono troppo ficcanaso. Questo almeno è quello che scrive sui suoi diari.
DRAKE SATHER

Nella mia vita ho avuto solo tre mogli e tre chitarre, anche se ho flirtato con altre.
ANDRÉS SEGOVIA

La mia seconda moglie era talmente corrotta che chiunque nel mondo fosse corrotto doveva pagarle una royalty.
SERATA D'ONORE

Mia moglie e io abbiamo divorziato in maniera amichevole. Nei weekend mi lascia vedere la mia roba. La settimana scorsa, ho portato le mie felpe a Disneyland.

Craig Shoemaker

L'altra notte una donna ha dato un calcio al marito. «Perché l'hai fatto?» ha chiesto lui. E lei: «Perché sei un pessimo amante». Lui ci ha pensato un po' su e le ha dato un calcio a sua volta. Lei gli ha domandato: «Perché l'hai fatto?». E lui: «Perché sai la differenza!».

Tommy Sledge

Sposati: se trovi una buona moglie sarai felice; se ne trovi una cattiva, diventerai filosofo.

Socrate

Mia moglie mi ha guardato e mi ha chiesto: «Pensi che il mio aspetto cambierà quando sarò vecchia?». Ho detto: «Se sei fortunata».

Bob Thomas

Gentiluomo è colui che tiene aperta la porta dell'albergo affinché sua moglie possa portar dentro i bagagli.

Peter Ustinov

Un consiglio ai mariti anziani delle mogli giovani e belle: state lontani da casa più possibile, perché alle vostre mogli la voglia di tradirvi viene quando vi vedono.

Enrico Vanzina

Se mi guardo indietro non ho pentimenti. Dovessi ricominciare farei esattamente tutto quello che ho fatto. Tutto. Mi risposerei anche. Con un'altra, naturalmente.

Raimondo Vianello

«Sa che lei dovrebbe fare un monumento a sua moglie?» «Ma gliel'ho fatto. Solo che lei è guarita.»

Raimondo Vianello, dialogando con Veronica Pivetti

Signor giudice, mia moglie parlava, parlava, parlava... Io ho preso un bastone e gliel'ho tirato dietro. Che ne sapevo io che dall'altra parte c'era l'accetta!

Stefano Vigilante

Gesù disse una frase meravigliosa: «La verità vi renderà liberi». Infatti io ho detto la verità a mia moglie e adesso sono libero.

Sergio Viglianese

Lo squalo mi ha ricordato mia moglie. Una volta, infatti, è riuscita a non farsi mordere da uno squalo. Ha aperto la bocca per prima.

Henny Youngman

Un polacco aveva chiuso la macchina con le chiavi dentro. Gli ci sono volute un paio di ore per riuscire a tirar fuori la moglie.

Henny Youngman

Mia moglie sta imparando a guidare. Quando lei sterza in corrispondenza di una curva, è una coincidenza.

Henny Youngman

MONACO

vedi **Frate**

MONDO *(Società - Umanità)*

Più di ogni altra occasione nella storia, l'umanità si trova di fronte a un bivio. Un sentiero conduce alla disperazione e alla completa impotenza. L'altro, all'estinzione totale. Preghiamo di avere la saggezza di compiere la scelta corretta.

Woody Allen

Guardo il mondo attraverso degli occhiali che hanno lenti color cacca.

Anonimo

Il mondo è impazzito: il miglior rapper è un bianco, il miglior giocatore di golf un nero, i migliori velisti sono svizzeri, i francesi accusano gli americani di arroganza e i tedeschi sono contrari alla guerra.

Anonimo

Se tutti gli uomini della terra si dessero la mano, nessuno potrebbe più pulirsi il sedere.

Romano Bertola

Era un mondo adulto. Si sbagliava da professionisti.

Paolo Conte

Se il mondo fa schifo, figuriamoci Bari!
Cuore

Il mondo è ingiusto: si vedono un sacco di incapaci raggiungere il successo. Questo mi fa ben sperare per il mio avvenire.
Dentiblù

In questo mondo devi essere matto. Altrimenti impazzisci.
Leopold Fetchner

Mi disturba la morte, è vero. Credo che sia un errore del Padreterno. Io non mi ritengo per niente indispensabile, ma immaginare il mondo senza di me... che farete da soli?
Vittorio Gassman

Quest'uomo, in quanto cretino, è cittadino del mondo.
Gialappa's Band

Alcuni dividono il mondo in prima del telegrafo e dopo il telegrafo. Altri non se la sentono.
Gene Gnocchi

Certe volte penso che il mondo sia diventato completamente pazzo. E poi penso: «Be', chi se ne frega?». E poi ancora: «Hey, che c'è per cena?».
Jack Handey

Forse questo mondo è l'inferno di un altro pianeta.
Aldous Huxley

A quanto pare, nel mondo una persona su cinque è cinese. E ci sono cinque persone nella mia famiglia, per cui una di loro deve essere cinese. O è mia mamma o mio papà... O forse il mio fratellone Colin. O il mio fratellino Ho-Cha Chu. Ma sono quasi sicuro che sia Colin.
Internet One-Liners

Cosa sarebbe il mondo se non fossimo tutti fratelli? Cosa sarebbero le Carlucci se non fossero tutte sorelle?
Beppe Jannicelli

Il mondo non è perfetto. In un mondo perfetto Mark Chapman avrebbe ucciso Yoko Ono.
Daniele Luttazzi

Il mondo è diventato così pericoloso che quando uno se ne va, ringrazia il cielo per esserne uscito vivo.

Boris Makaresko

L'umanità si divide in due grandi categorie: coloro che prima di sedersi controllano se c'è il rotolo e coloro che si accorgono che manca quando ormai è troppo tardi.

Franco Merafino

Nella nostra organizzazione civile e sociale, l'uomo viene per primo, poi viene la macchina. Quindi l'ambulanza.

Herbert V. Prochnow & Herbert V. Prochnow jr.

Mi batto per un mondo in cui tutti si chiamino Pino.

Francesco Salvi

È incredibile che l'ammontare di fatti che accadono nel mondo ogni giorno calzi sempre perfettamente con le misure di un giornale.

Jerry Seinfeld

La cosa più bella della televisione è che se qualcosa d'importante accade in qualunque parte del mondo, giorno o notte, tu puoi sempre cambiare canale.

Taxi

Non bisogna giudicare il buon Dio da questo mondo perché è uno schizzo che gli è venuto male.

Vincent Van Gogh

Il mondo ha sempre riso delle proprie tragedie ed è questo l'unico modo in cui è riuscito a sopportarle; di conseguenza tutto ciò che il mondo ha trattato in maniera seria appartiene al lato comico delle cose.

Oscar Wilde

Nella lotta tra te e il mondo, stai dalla parte del mondo.

Frank Zappa

MONOGAMIA

La bigamia è avere un marito di troppo, la monogamia lo stesso.

Erica Jong

I cristiani possono sposare una sola donna. La si chiama monotonia.

ROBERT LEMBKE

MONOTONIA
vedi ***Noia***

MONTAGNA

Caro tiario, siamo in montagna a fare la settimana bianca per due persone che Derelitta ha vinto il concorso promosso dal detersivo "Minchia che bianco!" che è un concorso che io non sapevo che era stato promosso dato che manco sapevo che andava a scuola.

VITO CATOZZO (GIORGIO FALETTI)

Alcuni uomini cercano di scalare le montagne, altri danno loro solo un appuntamento.

DANNY DE VITO

Quando non c'erano le Alpi, nelle giornate di sole, si poteva vedere il Belgio e, se uscivano di casa, i Belgi.

GENE GNOCCHI

Se un aereo precipita in mare, il tuo sedile galleggia. Ma da New York ad Atlanta non c'è mare, per cui se vogliono che mi allacci la cintura di sicurezza, prima devono mostrarmi un sedile che rimbalza sulle montagne.

JAMES GREGORY

Che la montagna sia meno inquinata del mare lo dimostra il fatto che sui ghiacciai è difficilissimo trovare delfini morti.

VALERIO PERETTI CUCCHI

In montagna non ci vado quasi mai perché sono troppo impegnato a non andare al mare.

FRANCESCO SALVI

Ho sentito alla radio che anche quest'anno il Papa andrà in vacanza in montagna. Ho pensato: Maometto era più fortunato. Lui in montagna ci andava un anno sì e un anno no.

PAOLO ROSSI

Mi domando: ma che faccia avrà fatto Maometto quando la montagna gli ha bussato alla porta?
WALTER VALDI

Ho spiegato a mio nipote cos'è il compromesso: «Se, per le vacanze, tua mamma vuole andare al mare, e tuo papà invece in montagna, il compromesso è che si va al mare, ma il babbo può portarsi gli sci».
DINO VERDE

MONUMENTO
(Archeologia - Scultura - Statua)

L'ultima volta che sono entrato in una donna è quando ho visitato la statua della Libertà.
WOODY ALLEN

La Torre Eiffel è l'Empire State Building dopo le tasse.
ANONIMO

Quando sono arrivato a Roma sono rimasto molto impressionato da due cose: dal Colosseo e dalla cameriera della mia stanza d'albergo. Tutte e due avevano una struttura incredibile.
MEL BROOKS

Parigi. Un vandalo irrompe nel Louvre e attacca due braccia alla Venere di Milo.
CHEVY CHASE

Il meno che si possa chiedere a una scultura è che stia ferma.
SALVADOR DALÍ

Il Monumento.
Vorrei si costruisse un monumento al cavaliere Silvio Berlusconi per vederlo sorridere contento mentre gli cagano in testa i piccioni.
EROS DRUSIANI

Alla periferia di Napoli hanno riportato alla luce una statua greca raffigurante un mostro metà uomo e metà Peppino Di Capri.
GENE GNOCCHI

Comunque è uno che si era perso.
GRAFFITO COMPARSO SULLA STATUA DI CRISTOFORO COLOMBO A NEW YORK

Quando fracassate monumenti, salvate i piedistalli. Tornano sempre utili.
STANISLAW JERZY LEC

George Bush è in Messico. C'è stato un certo imbarazzo quando lo hanno portato a vedere le rovine maya. Vedendole, ha detto al presidente Vicente Fox: «Prenderemo le canaglie che hanno causato tutto questo».
JAY LENO

Quando sono a Parigi mangio sempre al ristorante della Torre Eiffel perché è l'unico posto in cui evito di vedere quella dannata cosa.
WILLIAM MORRIS

Al liceo stavo con una tizia bruttissima. La prima volta che mi ha fatto sesso orale ho provato la stessa sensazione di quando sono salito in cima alla Tour Eiffel: lì per lì non riuscivo a guardare sotto.
DANIELE RACO

Cavour era una merda come tutti quelli che c'hanno una statua.
SCRITTA SU UN MURO DI LIVORNO

Egli aveva un cuore di pietra. Dopo aver perduto la vita in un incidente, il suo cuore fu trapiantato su una statua.
FRANCESCO VERRINA

«Sa che lei dovrebbe fare un monumento a sua moglie?» «Ma gliel'ho fatto. Solo che lei è guarita».
RAIMONDO VIANELLO, DIALOGANDO CON VERONICA PIVETTI

Roma è l'esempio di ciò che accade quando i monumenti di una città durano troppo a lungo.
ANDY WARHOL

MORALITÀ *(Etica - Immoralità)*

«Suo figlio è ancora all'università?» «Temo di no. È stato espulso la settimana scorsa per comportamento immorale. È stata una sorpresa per noi. Lo hanno colto mentre tentava di immergere una nana nella salsa tartara. È una cosa che non sopportano in un'università dell'Ivy League.»
WOODY ALLEN

I politici hanno una loro etica. Tutta loro. Ed è una tacca più sotto di quella di un maniaco sessuale.

Woody Allen

Vi voglio raccontare una piccola storia per tirare su il morale... la storia di una principessa molto bella. Il papà e la mamma volevano farla sposare a un principe bellissimo, invece lei amava la danza, non ne voleva sapere. E ballava, ballava, ballava, ballava, ballava, ballava... Poi è morta!

Franco Cardellino

«Signor Andreotti, come fa ad avere la coscienza sempre pulita?» «Non la uso mai!»

Alfredo Chiappori

La crescente motorizzazione negli Stati Uniti ha un'enorme influenza positiva sulla moralità della popolazione: i furti dei cavalli sono notevolmente diminuiti.

Gary Cooper

Moralmente non si può permettere che un citrullo si tenga il suo denaro.

W.C. Fields

In ogni storia cerchiamo di insegnarvi una piccola lezione o di indicarvi una morale, cose come quelle che diceva la mamma: «Cammina piano e portati sempre dietro un pugnale»; «Prima spara, poi chiedi», cose di questo tipo.

Alfred Hitchcock

Le buone maniere sostituiscono anche la morale. Per esempio, se per caso ci si dovesse trovare sul ponte di una nave che sta per affondare e se le scialuppe di salvataggio fossero insufficienti, sarà bene calarne una in mare allontanandosi senza farsi notare. Ci sarà di certo una grande eccitazione tra i passeggeri ed è una grossa maleducazione stare ad ascoltare le discussioni che non ci riguardano.

P.J. O'Rourke

MORTE

Fizz: «E Larry?»
Gin: «Larry è morto. È morto mangiando delle scaloppine avvelenate.»
Fizz: «È proprio vero che a volte basta un secondo...»
Ale e Franz

«Dice che in Sicilia si muore d'aborto!» «Sì, ma ci vuole un culo pazzesco!»
Allegra

La morte è come il sonno ma con questa differenza: se sei morto e qualcuno grida: «In piedi, è giorno fatto!», ti riesce difficile trovare le pantofole.
Woody Allen

Chiunque non morirà di spada o di carestia morirà di peste e allora perché preoccuparsi di farsi la barba?
Woody Allen

Non è che ho paura di morire. È che non vorrei essere lì quando questo succede.
Woody Allen

Mi piace il giorno dei morti: vado al cimitero e mi sento qualcuno.
Altan

Lui: «Magari tutti gli uomini fossero come Dante e Picasso»
Lei: «Morti?»
Altan

Se penso che Mozart morì a trentacinque anni, mi vergogno di essere ancora vivo.
Anonimo

«Mamma, ma non senti che puzza di morto... Mamma?... Mamma?»
Anonimo

Un minuto prima di morire divento milanista. Così almeno schiatta uno di loro.
Anonimo interista

Non credo nella vita dopo la morte, dunque non devo passare la vita a temere l'inferno, o ancor più temere il paradiso. Perché quale che siano le torture dell'inferno, penso

che la noia del paradiso sarebbe anche peggio.
ISAAC ASIMOV

A volte, quando guido in autostrada, chiudo gli occhi e penso a tutta quella gente che ogni giorno muore in modo così assurdo.
VITTORIO AVELLA

I buoni muoiono giovani perché capiscono che non ha senso vivere se devi essere buono.
JOHN BARRYMORE

Scontro Lega-Polo. Ditemi che ci sono dei morti.
BASTARDO DENTRO

Voglio morire nel sonno tranquillamente, come mio nonno. E non morire gridando terrorizzato come tutti i suoi passeggeri.
BARZELLETTA SCOZZESE

E quando lei: «Ma teeee... se trovi la Bellucci nuda nel letto cosa fai?» «Chiamo la polizia. Sarà morta.».
STEFANO BELLANI

Non voglio rivelarvi per quanto sono assicurato con la Prudential, ma vi dico solo questo: quando io tiro le cuoia, lo faranno anche loro.
JACK BENNY

La salma è la virtù dei morti.
ALESSANDRO BERGONZONI

Ho smesso di comperare cibo naturale quando ho scoperto che l'80% della popolazione muore di cause naturali.
MILTON BERLE

Usava un sacco di vitamine per il fegato. Due giorni dopo che era morto, hanno dovuto strangolarglielo.
MILTON BERLE

È morto un celebre sordomuto: reverenti osserviamo un minuto di fracasso.
ROMANO BERTOLA

I ricchi quando muoiono vanno in Svizzera.
ROMANO BERTOLA

La moglie di Maniglia stasera gli diceva: «Tu dici di amarmi, ma se

un'altra» «E per sei mesi cosa mi faccio, le seghe?», ha risposto lui.
Romano Bertola

Più lontano accade una catastrofe o un incidente, più alto deve essere il numero dei morti e feriti perché faccia notizia.
Arthur Bloch

Se un uomo guarda tre partite di calcio di fila dovrebbe essere dichiarato legalmente morto.
Erma Bombeck

Provengo da una famiglia longeva. Mia mamma è morta a 102 anni, e soltanto perché si era distratta un attimo.
Paola Borboni

Tra i feriti il morto era il più grave.
Lorenzo Bosio

Credo nella vita prima della morte.
Maurizio Bottoni

In realtà si tratta solo di scegliere: la vita, la morte o Los Angeles.
Ashleigh Brilliant

Morire. Non fosse che per fregare l'insonnia.
Gesualdo Bufalino

Se vivi fino a cent'anni, è fatta. Pochissime persone muoiono dopo quell'età.
George Burns

Per quanti varrà ancora la pena di vivere quando non si morirà più?
Elias Canetti

Vi voglio raccontare una piccola storia per tirare su il morale... la storia di una principessa molto bella. Il papà e la mamma volevano farla sposare a un principe bellissimo, invece lei amava la danza, non ne voleva sapere. E ballava, ballava, ballava, ballava, ballava, ballava... Poi è morta!
Franco Cardellino

Perché il Papa ha tutte quelle guardie del corpo e i cristalli antiproiettile? Ha paura che qualcuno gli spari? Di morire e andare in Paradiso? Il che sarebbe orribile! Se il Papa ha paura di morire, cosa dobbiamo fare noi?

Drew Carey

Se il papa morendo scoprisse che Dio "di là" non c'è, convincerebbe i morti che sta di qua?

Pino Caruso

Che fregatura. Morire a cent'anni quando ormai non ci pensavi più.

Guido Cerchione

Prego i miei eredi di far procedere alla mia autopsia e di sottoporre il mio corpo a tutte le analisi, perché ci tengo assolutamente a conoscere la causa della mia morte.

Jean Charles

La medicina antica non potendo curare i malati si accontentava di resuscitare i morti.

Jean Charles

Weekend Update 1976: "Il tempo va contro il generalissimo Francisco Franco, che trattiene il fiato ormai dal novembre del 1975!".

Chevy Chase

Dopo duemila anni Gesù si vendica su di noi di non essere morto su un divano.

Emile Cioran

Quando è nato mio fratello, per sbaglio, invece del certificato di nascita, ne hanno riempito uno di morte. Adesso che ha 32 anni è andato in Comune con quel certificato e ha detto: «Correggetelo subito e accuratamente». Gli hanno sparato.

Marty Cohen

I cigni cantano prima di morire. Non sarebbe mica male se certa gente morisse prima di cantare.

Samuel Taylor Coleridge

Mia nonna è finalmente mancata. 104 anni! Non ho mai conosciuto nessuno così vecchio! Il suo numero di telefono era 3.

Comedy Central

Si nasce e si muore soli. Certo che in mezzo c'è un bel traffico.

Paolo Conte

Il grande direttore d'orchestra tedesco Hans von Bulow detestava due membri di un'orchestra che si chiamavano Schultz e Schmidt. Una volta gli dissero che Schmidt era morto e Bulow domandò immediatamente: «E Schultz?».

CITATA DA ANDREA CONTI

È stato dimostrato che la gente sposata vive più a lungo dei single. I single muoiono prima. Quindi, se volete una morte lunga e lenta, sposatevi.

NORM CROSBY

In una giornata plumbea passa un feretro scalcinato su una carrozza cigolante e impolverata, tirata da un ronzino e seguita da quattro parenti laceri, coi tacchi consumati. Dal marciapiede una signora dice al marito: «Quella sì è vera miseria! Scommetto che non c'è neanche il morto!».

CARLO DAPPORTO

Se trovassi un uomo con 15 milioni di dollari firmerei un contratto prima del matrimonio nel quale mi garantisse di morire entro un anno.

BETTE DAVIS

Niente è più bello di un bimbo in mezzo a un prato fiorito che coglie una violetta: il sole lo bacia e ride, la mamma lo guarda e intenerisce, la violetta lo guarda e muore.

IVAN DELLA MEA

Necrologio: "Sei scomparsa così all'improvviso che ci sembra quasi tu possa tornare da un momento all'altro. Noi tutti ti preghiamo: riposa in pace nei secoli dei secoli".

ANTONIO DI STEFANO-PIPPO FRANCO

Poliziotto: «Onorevole Scelba, c'è un caso insolito: un operaio è morto solamente di polmonite!»

DON BASILIO, 1950

Le nostre idee non moriranno quasi mai.

ELLEKAPPA

Leggo sempre l'ultima pagina di un libro per prima, così se dovessi morire so almeno come è andato a finire.

NORA EPHRON

Nessun disc jockey è mai scomparso prematuramente.

ENRICO FAMEDI

Cristo è morto per i nostri peccati. Abbiamo il coraggio di rendere inutile il suo martirio non commettendone?
JULES FEIFFER

Hai visto il paziente che stava al 27? È morto! E che c'aveva, niente. I dottori dicono che non aveva niente. È proprio vero che a volte basta un niente...
FELICETTO, L'INFERMIERE (STEFANO VIGILANTE)

La vita è meravigliosa. Senza saresti morto.
LEOPOLD FETCHNER

«Oh dottore! Temevo che non riuscisse ad arrivare e che io sarei dovuto morire senza il suo aiuto.»
LEOPOLD FETCHNER

Io muoio alla giornata.
ENNIO FLAIANO

Io sto morendo, ma quella puttana di Emma Bovary vivrà per sempre.
GUSTAVE FLAUBERT

«Ciccio, sei sicuro che vive qui il morto?»
FRANCO FRANCHI E CICCIO INGRASSIA

Non è Dio che è morto, è questo Papa che è vivo.
RAFFAELLO FRANCHINI

Mi disturba la morte, è vero. Credo che sia un errore del Padreterno. Io non mi ritengo per niente indispensabile, ma immaginare il mondo senza di me... che farete da soli?
VITTORIO GASSMAN

Che ci crediate o no, la morte è ancora il peggior flagello degli Stati Uniti.
HENRY GIBSON

Voglio dire, è una grande storia. C'è qualcosa di grande in questa storia. Voglio dire, c'è qualcosa come otto morti violente.
MEL GIBSON, PARLANDO DI *AMLETO*

«Pensa, ogni volta che respiro muore un uomo.» «Hai provato a fare qualcosa per l'alito?»
GIGI E ANDREA

È morto nella sua casa di Lugo di Romagna lo scultore Giuseppe Sbrindellini. Inventore della scultura invisibile, l'artista aveva esposto le sue opere praticamente in tutto il mondo. Diceva lui.

GINO&MICHELE

Stalin era terribile. Resse l'Unione Sovietica per trent'anni fondando tutto il suo potere sul terrore. A Mosca, per anni e anni a governare fu la paura. Quando, alla fine, Stalin morì, ci vollero giorni prima che qualcuno trovasse il coraggio di andarglielo a dire.

GINO&MICHELE

«Mia madre è morta quando avevo sei anni. Mio padre mi ha violentata che ne avevo dodici» «Allora hai passato sei anni relativamente tranquilli!»

STUART GORDON

Un tizio riceve la notizia che la moglie è rimasta coinvolta in un incidente automobilistico. Corre all'ospedale e il medico gli dice: «Guardi ho delle brutte notizie. Sua moglie è completamente paralizzata dal collo in giù. Lei dovrà darle da mangiare, lavarla, pulirle ogni orifizio perché non ha controllo della vescica né dell'intestino...». Il tizio comincia a piangere, allora il dottore gli dice: «Su coraggio, la sto solo pigliando per il culo: è morta!».

GILBERT GOTTFRIED

A volerla dire tutta Strehler non è morto, si è levato dalle palle.

MASSIMO MARIA GRIGGI

Certe volte penso che sarebbe meglio morire. Ma aspetta. Non io: tu.

JACK HANDEY

Credo che se stessi morendo di fame potrei mangiare un cane. Ma non un collie, perché non mi piace il sapore dei collie.

JACK HANDEY

«Credevo alla reincarnazione fino a cinque minuti fa.» «Poi che è successo?» «Sono morto!»

JOHNNY HART

Il mese scorso mia zia è mancata. L'abbiamo cremata. Pensiamo che quella sia stata la causa.

Jonathan Katz

È incredibile pensare che quando Mozart aveva la mia età era già morto da un anno.

Tom Leherer

Alcuni scienziati dicono che la nicotina potrebbe curare l'Alzheimer: muori prima di diventare abbastanza vecchio da ammalarti.

Jay Leno

Lionel Rinocerate è spirato all'età di 75 anni. Il signor Rinocerate era proprietario di una catena di cinema qui a New York. Il funerale avrà luogo giovedì, alle ore 15.00, 17.30, 20.10, 22.30.

David Letterman

Ho il terrore di morire in un incidente aereo. Non sopporto il pensiero che le noccioline possano essere il mio ultimo pasto.

Tanya Luckerath

Vi siete mai svegliati insieme a una donna di cui non ricordate il nome? O dove l'avete rimorchiata la sera prima? O perché è morta?

Daniele Luttazzi

Una donna è una donna fino al giorno in cui muore. Ma un uomo è un uomo solo finché ci riesce.

Moms Mabley

I vivi sono i morti in vacanza.

Maurice Maeterlinck

Il re della droga Amado Carillo Fuentes è morto in seguito a un intervento di liposuzione e chirurgia plastica durato nove ore. O, come si dice comunemente qui a Beverly Hills, per "cause naturali".

Bill Maher

La calma è la virtù dei morti.

Boris Makaresko

Il mondo è diventato così pericoloso che quando uno se ne va, ringrazia il cielo per esserne uscito vivo.

Boris Makaresko

Dal mio fioraio le corone da morto le fa la nonna, così si abitua all'idea.
MARCELLO MARCHESI

Vorrei morire ucciso dagli agi. Vorrei che di me si dicesse: «Com'è morto? Gli è scoppiato il portafogli».
MARCELLO MARCHESI

Giovane si schianta contro un lampione. Spenti entrambi.
MARCELLO MARCHESI

Quelli che muoiono in un bombardamento al napalm vanno lo stesso all'inferno?
MARCELLO MARCHESI

Ne ho visti morire tanti, e se nessuno torna vuol dire che non ci si trovano male.
GIUSEPPE MAROTTA

Il nuoto è uno strano sport: a volte lo fai per divertimento, a volte lo fai per non morire.
DEMETRI MARTIN

Bill Cosby: «Credi nella vita dopo la morte?»
Groucho: «Da come sta andando quest'intervista, dubito della vita prima della morte.»
GROUCHO MARX, DURANTE UN INCONTRO CON BILL COSBY. GROUCHO AVEVA 82 ANNI

O quest'uomo è morto, o il mio orologio si è fermato!
GROUCHO MARX

Nell'anno in cui sono nato io, sono morti Magritte, Totò, Che Guevara e Otis Redding. Ma ho un alibi di ferro.
FRANCO MERAFINO

C'è solo un amore che dura fino alla morte: l'ultimo.
JACINTO MIQUELARENA

È sempre meglio essere sposati che essere morti.
JEAN-BAPTISTE MOLIÈRE

Morendo, non siamo noi a dover dare una spiegazione a Dio ma, se c'è un Dio, lui a noi.
INDRO MONTANELLI

Il San Valentino è triste se non sei fidanzato. È un po' come il giorno dei morti se sei vivo.

Roberto "Robym" Moro

«Chi ti ha dato nome Gonzo?» «Mia madre. È morta due anni prima che io nascessi.» «E come ha fatto per il nome?» «Ha lasciato un biglietto a mio padre.»

The Muppet Show

Meglio vivere ricchi che morire ricchi.

Robert Orben

Se un terzo degli scrittori e due terzi dei poeti viventi morissero improvvisamente, la perdita per la letteratura sarebbe irrilevante.

Charles Osborne

Fanno macchine sempre più ricche, radica ovunque. Se hai un incidente è come morire in una pipa.

Giorgio Panariello

"Invecchiare, che orrore!», diceva mio padre, «Ma è l'unico modo che ho trovato per non morire giovane.»

Daniel Pennac

Mio nonno non è mai stato una persona di compagnia. Ci siamo accorti che era morto perché russava meno.

Valerio Peretti Cucchi

Sopporto quelli che fumano il sigaro solo se, dopo, muoiono in Bolivia.

Riccardo Piferi

Quando al circo muore il trapezista, entrano i clown.

Michel Platini

Vivi come se dovessi morire domani e pensa come se non dovessi morire mai.

Moana Pozzi

Il nostro rabbino è così povero che, se non digiunasse al lunedì e al giovedì, morirebbe di fame.

Proverbio Ebraico

L'assicurazione sulla vita HAAA ti dà una doppia indennità. Se muori

per incidente ti seppelliscono due volte.
Tony Randall

Salvo complicazioni sta per morire.
Jules Renard

Se Gesù fosse stato una brava persona sarebbe morto di vecchiaia.
Don Gino Rigoldi

Mio zio Pat legge gli annunci mortuari ogni mattina sul giornale. E non riesce a capire come mai la gente muoia sempre in ordine alfabetico.
Hai Roach

Cent'anni fa eravamo molto più furbi: allora si viveva fino a quando non si moriva e non fino a che qualcuno non t'investiva con la sua auto.
Will Rogers

Vi rendete conto che i Rolling Stones hanno più di sessant'anni? Di questo passo, presto avremo delle rockstar che moriranno di cause naturali.
Kevin Rooney

Mi piacerebbe confutare la tesi che la pallacanestro sia una questione di vita o di morte. Penso, al contrario, che sia una cosa molto più importante.
Lee Rose

Un anziano ebreo viene investito da un'auto, arriva subito un prete che si inginocchia su di lui per somministrargli l'estrema unzione: «Credi in Dio Padre, Figlio e Spirito Santo?». Il vecchio salta su e urla: «Io sono qui che sto morendo e questo mi fa gli indovinelli».
Citata da Leo Rosten

Hanno diagnosticato che il mio cuore, da muscolo involontario, è diventato muscolo volontario, per cui se mi distraggo un attimo o mi addormento, sono un uomo morto...
Rubes

Non potrei mai morire per quel che credo perché potrei essermi sbagliato.
Bertrand Russell

Non puoi dire di aver vissuto finché non sei morto in California.

Mort Sahl

La vita e la morte sono due dettagli di quell'immenso universo che, al centro, è chiamato figa.

Gabriele Scorzoni

La principale caratteristica che un capo deve avere per ritenersi un buon capo è quella di essere morto.

Gabriele Scorzoni

Tenete la morte lontana dalle strade. Guidate sul marciapiede.

Scritta sul muro di un gabinetto

La mia camera d'albergo è così piccola che, quando muoio, non ci sarà bisogno di mettermi in una bara. Basterà che mettano i manici alla mia camera.

Herb Shriner

Terra ai contadini, ferrovie ai ferrovieri, cimiteri ai morti.

Totò

«Toglimi una curiosità, tuo zio è sempre morto?»

Totò

Uno statista è un politico che è morto da dieci o quindici anni.

Harry Truman

Quando muore un fagiolo lo seppelliscono in una tombola?

Carlo Turati

Il letto è il posto più pericoloso del mondo: vi muore l'80% della gente.

Mark Twain

Mi piacerebbe vivere in Inghilterra, a Manchester. Il passaggio da Manchester alla morte sarebbe inavvertibile.

Mark Twain

Pitagora, morì di calcoli?

Walter Valdi

Io del giornale leggo sempre i necrologi e i cinema. Se è morto qualcuno che conosco vado al funerale. Se no vado al cinema.

Walter Valdi

Adesso perfino a Genova, dove per anni mi hanno considerato un coglione, se mi vedono allo stadio mi applaudono. Anche i critici mi amano. Vuol dire che la morte si sta avvicinando.
Paolo Villaggio

Mai guidare un'auto se sei morto.
Tom Waits

La vita può offrire soltanto qualche buona scopata e poi moriamo.
John Wilkes

C'è una vita dopo la morte? Chi se ne frega, a me basta che c'è la figa!
Lucio Wilson

Sono stato in banca per dare un'occhiata ai miei risparmi. Ho scoperto di avere tutto il denaro che mi serve. Se muoio domani.
Henny Youngman

Tutti gli dicevano: «Non prendere caramelle dagli sconosciuti!». Allora lui le prendeva solo da quelli conosciuti. Un giorno ha preso una caramella da Mick Jagger ed è morto.
Stefano Zaccarella

Medico al telefono: «Come sta il paziente?... Capisco. Be' fatemi sapere se ci sono dei cambiamenti nelle prossime ore...». Appende: «È morto!».
Zuker-Abrahams-Zuker

MOSCERINO
*vedi **Mosca***

MOSCA *(Moscerino)*

«Che lusso: avete anche il caviale...» «Veramente è una fettina di torta... ma cosa vuole, con tutte queste mosche...»
Anonimo

Mangiate merda: miliardi di mosche non possono essersi tutte sbagliate.
Anonimo

In moto curvava così piegato che, invece dei moscerini in faccia, doveva stare attento ai lombrichi.
Stefano Benni

Siccome ero disoccupato fin da piccolo mi sono comprato un motorino usato che faceva così cagare che, quando andavo in giro, i moscerini, invece di spiaccicarsi sugli occhiali, mi tamponavano!
Giovanni Cacioppo

Se accendo uno zampirone in una moschea, muoiono tutti?
Cicchello e Colombo

Ho proposto il mio numero con la mosca. È questo qui: esco con la mosca dentro una scatolina, subito la libero e lei mi gira due o tre volte intorno alla testa. Finché improvvisamente tiro fuori la lingua e lei si posa sopra. Metto la lingua dentro la bocca, faccio finta di inghiottire, la ritiro fuori... e lei è sempre lì aggrappata. Un successone! Applausi... poi un giorno una signora: «Ma che schifo una mosca sulla lingua!» «Signora, perché non ha visto cosa metto sulla lingua durante gli allenamenti!»
Antonio Cornacchione

Se un moscerino si tuffasse nel tuo lago di sapienza, si romperebbe il collo.
Fuggiamo insieme

Cosa spinge i moscerini a prendere sempre l'autostrada contromano?
Marco Melloni

I moscerini di sesso maschile hanno una vista acutissima. Gli è indispensabile per fare all'amore.
Gaspare Morgione

Come si fa a non avere mosche in cucina? Basta andare a cagare nel soggiorno.
Mario Muraro

Dio nella sua immensa saggezza fece la mosca, e poi si dimenticò di dirci perché.
Ogden Nash

Non ammazzerei neanche una mosca io. Se non per legittima difesa, s'intende.
SULLY-PRUDHOMME

Chissà se i mosconi non battezzati quando muoiono vanno nel limbo, oppure restano nei portacenere.
MARIO ZUCCA

MOSTRA
vedi ***Arte***

MOSTRO

Si dice che Ulisse abbia svegliato un roe (bestia mitologica con la testa di un leone e il corpo di un leone, non necessariamente dello stesso leone) che dormiva da seicento anni, ma questo, assonnato e brontolone, lo implorò di poter rimanere a letto almeno per altri duecento anni.
WOODY ALLEN

Dopo quattro Martini, mio marito diventa un mostro disgustoso. E dopo il quinto, svengo di botto.
ANONIMO

Notizie: abbiamo una straordinaria intervista col mostro di Silvi, un serial killer che uccide solo donne bionde minorenni, dello scorpione, con la "r" moscia, che parlano tre lingue straniere. Il dramma di quest'uomo è che non ha ancora trovato una vittima.
GIOVANNI CELLINI

Alla periferia di Napoli hanno riportato alla luce una statua greca raffigurante un mostro metà uomo e metà Peppino Di Capri.
GENE GNOCCHI

Nella fede cristiana, Dio creò Adamo a sua immagine e somiglianza. Ma sessantacinque milioni di anni prima, Dio creò i dinosauri a immagine e somiglianza di suo cugino Ted. Ted non era la pecora nera della famiglia, Ted era il grande mostro schifoso della famiglia.
EDDIE IZZARD

MOTEL
vedi **Albergo**

MOTO *(Motorino)*

In moto curvava così piegato che, invece dei moscerini in faccia, doveva stare attento ai lombrichi.
STEFANO BENNI

In un giardino vedo una donna incinta di sei mesi. Primo pensiero: tenerezza. Secondo: magari il tizio che porta in grembo tra vent'anni travolgerà con la moto un vecchietto: me. Nascerà tra tre mesi: un lieto evento per tutti. Per me l'evasione di un pericoloso assassino.
ROMANO BERTOLA

Siccome ero disoccupato fin da piccolo mi sono comprato un motorino usato che faceva così cagare che, quando andavo in giro, i moscerini, invece di spiaccicarsi sugli occhiali, mi tamponavano!
GIOVANNI CACIOPPO

Il ragazzo più sfortunato al mondo fu Gesù: essendo allo stesso tempo se stesso e suo padre, fu l'unico a doversi comprare il motorino con i propri soldi.
COMIX

I bambini di adesso vogliono tutto, dal computer al motorino; noi, cinquant'anni fa, ci divertivamo con niente. Eravamo sfollati in campagna e i grandi ci dicevano: «Se state bravi, stasera per premio vi portiamo in collina a veder bombardare Torino». A noi bastava che bombardassero Torino tutte le sere ed eravamo contenti.
BRUNO GAMBAROTTA

Il mio motorino a due tempi è così lento che tra un tempo e l'altro passa quello che vende i pop corn.
GIANLUCA IRTI

«Pronto? Scusi, è lei che vende la moto?» «Sì» «Per quanto?» «Per sempre...»
LUCA KLOBAS

Giovane si schianta contro un lampione. Spenti entrambi.
Marcello Marchesi

Nel vivere del nostro buio quotidiano, ogni tanto incontri un raggio di luce: spesso è una moto che ti sta investendo.
Giorgio Melazzi

Lo sapete cosa fa l'otorinolaringoiatra alla fine del turno di lavoro? Prende, si sveste, saluta, mette in moto il suo motorinolaringoiatra e va a casa.
Gianluca Narduzzi

Ma lo shock più grande c'è stato quando mia madre ha visto per la prima volta una mummia. Ha detto: «Franco, oh Franco, che brutto incidente ha avuto per avere tutte quelle garze! Scommetto che viaggiava in moto!» «Mamma, ma questa è morta duemila anni fa!». E lei: «E già c'erano le moto?».
Franco Neri

Tornavo a casa in motorino quando un vigile mi ferma. «Qui non c'è il faro, sei senza targa, mancano le frecce e mancano gli specchietti. Come la mettiamo?» «Appoggiala al muro che non c'ha neanche il cavalletto!»
Potato (Alessandro Brunello)

A Palermo il casco lo usano solo i parrucchieri. A Milano lo mettono pure per andare in moto... Minchia se ci tengono ai capelli...
Francesco Rizzuto

La mia posizione preferita? Io davanti e Stoner dietro!
Valentino Rossi (con Dario Vergassola)

«Sono in moto. Sa cos'è una moto?» «Cazzate. Roba da finocchi. Gli uomini viaggiano a cavallo.»
Luis Sepùlveda

MOTORINO
vedi ***Moto***

MUCCA *(Bue - Bufalo - Vacca)*

Il budino di crema è una disgustosa sostanza risultante da una malevola congiunzione della gallina, della mucca e del cuoco.

Ambrose Bierce

Nella riproduzione bovina di solito si usano un toro e venticinque mucche. A meno che le mucche non siano notoriamente vacche.

Johnny Carson

Diffida del bue davanti, della mula dietro, del monaco da tutte le parti.

Miguel de Cervantes

La vacca è un mammifero che ha le gambe che arrivano fino a terra. La vacca ha un vitello ogni anno, grazie al toro, che è una vacca senza mammelle. Nella fecondazione artificiale il veterinario sostituisce il toro.

Jean Charles

«Con i nostri mangimi i suoi animali possono arrivare a produrre anche due litri di latte al giorno.» «Ma le mie mucche ne fanno già venti, cinquanta...» «Ma che mucche! Io mi riferivo alle galline.»

Bruno D'Alfonso

«... bisogna che il manager di domani si adatti alle più diverse condizioni dettate dal mercato, che sappia fare un po' di tutto. Ora mi scusi ma devo far partorire una vacca in sala riunioni.»

Walter Fontana

In India non c'è un solo politico abbastanza temerario da cercare di spiegare alle masse che le mucche si possono mangiare.

Indira Gandhi

Come diceva sempre mio nonno: donne e buoi sono due cose diverse.

Giuseppe Giacobazzi

Le mucche sacre fanno gli hamburger più saporiti.

Abbie Hoffman

Nella riproduzione bovina si usa un toro e venticinque mucche, a meno che non siano proprio vacche. Invece nella riproduzione suina servono quattro maschi perché

alla maiala piace così. Addirittura nella riproduzione ovina in alcuni casi il contadino deve far vedere ai maschi come si fa.
GIANLUCA IRTI

Stavo camminando per strada quando una signora mi si è avvicinata e, indicando la mia giacca in pelle, mi ha detto: «Lo sa che per fare quella giacca è stata uccisa una mucca?». Le ho risposto: «Cavoli, non sapevo ci fossero dei testimoni. Vuol dire che adesso dovrò uccidere anche lei».
JAKE JOHANNSEN

Svizzera: quando tacciono le campane delle chiese, suonano quelle delle mucche. Tutte e due sono di piacevole ascolto. Le prime ricordano la beatitudine celeste, le seconde il formaggio terreno.
GEORG KAISER

Vedere il tuo romanzo trasformato in un film è come vedere i tuoi buoi trasformati in dadi da brodo.
JOHN LE CARRÉ

Errare è umano, muggire bovino.
BATHROOM READER

Il bue quando cade è felice perché si fa la bua.
TIZIANO SCLAVI

I texani sono la prova vivente che gli indiani si accoppiavano con i bufali.
SCRITTA SU UN MURO

L'abbiamo fatto tutti, perché siamo così maturi. Vediamo una mucca sul lato della strada, mettiamo la testa fuori dal finestrino e facciamo: «Muuuuuu!», come se ci aspettassimo che la mucca pensasse: «Ehi, un'altra mucca, e sta guidando una macchina. Come se l'è potuta permettere?».
GARRY SHANDLING

Novità nella cucina moderna: dopo la mucca pazza, il pollo al cesio, tiri la linguetta e si cuoce da solo.
FRANCESCO VANDETTA

MULO
vedi ***Asino***

MUMMIA
vedi **Egitto**

MUSEO
vedi **Arte**

MUSICA *(Musicista)*

L'insegnante di musica veniva due volte alla settimana per colmare il divario tra Dorothy e Chopin.

GEORGE ADE

Ale: «Io ho la chitarra di Chopin.»
Franz: «Non dire cagate che Chopin non ha mai usato la chitarra.»
Ale: «Infatti è nuova, è ancora imballata!»

ALE E FRANZ

Io non posso ascoltare troppo Wagner, lo sai; già sento l'impulso di occupare la Polonia!

WOODY ALLEN

Non seccarti se il tuo vicino suona il suo hi-fi alle due del mattino. Chiamalo poi alle quattro per dirgli quanto ti è piaciuto.

ANONIMO

Se penso che Mozart morì a trentacinque anni, mi vergogno di essere ancora vivo.

ANONIMO

Tanto fumare, tanto parlare, tanto bucarsi per risultati così scarsi? Se nel mondo del rock bisogna farsi tanto e prendere tanta roba per arrivare a canzoni come quelle di Jimi Hendrix e di Janis Joplin, Wagner e Brahms che cosa avrebbero dovuto fare? Mettersi un DC-10 nel didietro?

ALBERTO ARBASINO

Se devi chiedere che cos'è il jazz non lo saprai mai.

LOUIS ARMSTRONG

Le ultime opere di Beethoven sono state scritte da un uomo sordo e dovrebbero essere ascoltate solo da uomini sordi.

SIR THOMAS BEECHAM

Madame, avete tra le gambe uno strumento che può offrire piacere a migliaia di persone e tutto quello che sapete fare è grattarlo.
Sir Thomas Beecham, a una violoncellista

«La sua opera mi è piaciuta davvero. Sto pensando addirittura di metterla in musica.»
Ludwig van Beethoven

Se l'ignoranza fosse musica Boso sarebbe una discoteca.
Roberto Benigni

È vero o non è vero che fa diesis è la somma di cinques più cinques?
Alessandro Bergonzoni

L'unica cosa utile che Chopin ha scritto è il Valzer di un Minuto. Ogni mattina prima di colazione spingo il mio piano in cucina, suono il Valzer tre volte, e le mie uova sono cotte.
Victor Borge

Non vedo perché sia legittimo amare insieme Cimarosa, Bach e Stravinskij e sia da fedifraghi amare a un tempo Carolina, Claudia e Maria.
Gesualdo Bufalino

Si mise al pianoforte ed eseguì *Per Elisa* ma, mancandogli un dito, gli venne fuori solo *Per Elsa.*
Paolo Cananzi

Beethoven era talmente sordo che, per tutta la vita, ha creduto di essere un pittore.
Cavanna

Se c'è qualcuno che deve tutto a Bach è proprio Dio.
Emile Cioran

La giustizia militare sta alla giustizia come la musica militare sta alla musica.
George Clemenceau

Non credo che esista una persona più iellata di me: pensate, di notte, invece di entrare nella fase REM, entro nella fase Cugini di Campagna.
Cristina Colombo, di *Aenigmatica*

Il grande direttore d'orchestra tedesco Hans von Bulow detestava due membri di un'orchestra che si chiamavano Schultz e Schmidt. Una volta gli dissero che Schmidt era morto e Bulow domandò immediatamente: «E Schultz?».

Citata da Andrea Conti

Duke Ellington fu fortunato ad aver creato *Take the A Train* nel periodo in cui la compose. Se Duke scrivesse la canzone oggi, dovrebbe suonarla nella metropolitana, con le parole cantate da un coro di capotreni dediti alla break-dance.

Bill Cosby

I Pooh vanno d'accordo da trent'anni perché tutto quello che hanno lo dividono in quattro, anche i capelli.

Sergio Cosentino

Scrivere a proposito di musica è come danzare a proposito di architettura.

Elvis Costello

La musica leggera, secondo me, è una delle poche cose che in questo secolo abbia fatto passi indietro.

Bing Crosby

Meglio suonare *Chiquita Banana* e avere la piscina che suonare Bach e morire di fame.

Xavier Cugat

«Sai, finalmente mio cugino ha trovato lavoro: è riuscito a entrare nell'orchestra della Rai.» «Ma è diventato musicista?» «No, è diventato socialista.»

Bruno D'Alfonso

Scaricare musica è illegale, lo so, ma se hanno assolto gli imputati per la strage di Piazza Fontana vuoi che rompano le balle proprio a me?

Antonio De Luca

Da un'intervista a Le Vibrazioni. «Voi mi fate rivivere l'atmosfera degli anni Settanta: sapete che vi prenderei a molotov e sampietrini?»

Dimunno e Tamborrino

Odio la musica, specie quando la suonano.

Jimmy Durante

La cornamusa è l'anello mancante tra la musica e il rumore.

E.K. Kruge

Quanto potrà puzzare un direttore d'orchestra a fine concerto?
FABIO FAZIO

Non basta avere uno Stradivari per essere un buon sassofonista.
FERNANDO FELLI

Ficarra: «Caro mio, con questo euro non si campa più, è rincarato tutto. Io lo vedo, per esempio, nel mio campo. Nella musica. I cd sono aumentati.»
Picone: «La gente non li compra.»
Ficarra: «E si alimenta il mercato dei cd originali!»
FICARRA E PICONE

Le donne per fare sesso hanno bisogno di un buon motivo. Gli uomini anche senza musica.
GINO&MICHELE

Il grande direttore d'orchestra Cinico Angelini era soprannominato "Mario" a causa della sua totale mancanza di sensibilità.
GINO&MICHELE

Per me la boxe è come un balletto, solo che non c'è musica, non c'è coreografia e i ballerini si prendono a pugni l'un l'altro.
JACK HANDEY

Quando Phyllis Diller iniziò a suonare, Stainway venne giù personalmente per cancellare il suo nome dal pianoforte.
BOB HOPE

Non ho mai capito perché nei teatri d'opera si lascino entrare gli spettatori delle prime tre file con gli strumenti musicali.
ALFRED JARRY

È incredibile pensare che quando Mozart aveva la mia età era già morto da un anno.
TOM LEHERER

Sono un pianista da concerto. È solo un modo elegante e pretenzioso per dire che al momento sono disoccupato.
OSCAR LEVANT

I Sex Pistols fanno per la musica ciò che la seconda guerra mondiale ha fatto per la pace: non molto.
MELODY MAKER

Chico: «Sono professore di mandolino.»
Groucho: «Ah, musicante. E quanto prendi all'ora?»
Chico: «Dieci dollari l'ora per suonare.»
Groucho: «E per non suonare?»
Chico: «Dodici.»
Chico e Groucho Marx

Ho sempre pensato che la musica fosse più importante del sesso. Poi mi sono accorto che, se non ascoltavo una sinfonia per un anno e mezzo, non è che m'importasse più di tanto.
Jackie Mason

Avendo adattato la *IX Sinfonia di Beethoven* per la colonna sonora di *Fantasia*, Walt Disney commentò: «Gesù, questo Beethoven sfonderà!».
Marshall McLuhan

I suonatori di cornamusa suonano pér principio camminando perché i bersagli in movimento sono più difficili da colpire.
George Mikes

Questa la chiamano musica classica, vero? L'ho capito perché non cantano.
Marilyn Monroe

Wagner è il Puccini della musica.
J.B. Morton

La gente diventa ciò che è. Perfino Beethoven è diventato Beethoven.
Randy Newman

Non apprezzano la cultura in questa città. L'ho capito il momento in cui ho ballato il tip tap sulla Quinta di Beethoven.
Robert Orben

Se non studio un giorno, me ne accorgo io. Se non studio due giorni, se ne accorge il pubblico.
Niccolò Paganini

Chi sa fare la musica la fa, chi la sa fare meno la insegna, chi la sa fare ancora meno la organizza, chi la sa fare così così la critica.
Luciano Pavarotti

Quando con gli amici formammo il primo complesso musicale io proposi di chiamarlo "Il complesso di inferiorità", ma fui messo immediatamente in minoranza.

Franco Pennasilico

Ci siamo spesso chiesti se un musicista rock prende più soldi di un martello pneumatico per fare rumore.

Herbert V. Prochnow & Herbert V. Prochnow jr.

Alla fine tutto quello che serve sono cinque corde, tre note, due dita e uno stronzo che suona.

Keith Richards

Il signor Wagner ha dei meravigliosi momenti ma dei brutti quarti d'ora.

Gioacchino Rossini

Mi ricordo che una volta per isbaglio abbiamo suonato anche in un bel dancing, un gran bel locale, molto fine. Aveva due orchestre: una che suonava per chi voleva ballare e una che NON suonava per chi NON voleva ballare... Noi eravamo questi ultimi.

Francesco Salvi

Eravamo in un locale rock di Praga che si chiama "Il prosciutto Omonimo". Dopo lo spettacolo arriva il proprietario, lo stato cecoslovacco in persona, e ci fa: «Ragazzi, vi propongo un'esclusiva, cioè dopo stasera è escluso che lavorate qui!».

Francesco Salvi

Dopo aver ascoltato per una mezz'ora una ragazza suonare il pianoforte, niente mi rilassa di più che farmi trapanare qualche dente dal mio dentista.

George Bernard Shaw

Un buon compositore non imita. Ruba.

Igor Stravinskij

Il presidente è ancora Roosevelt?

Marcel Tabuteau, mentre usciva dalla buca dell'orchestra dopo una rappresentazione di *Parsifal* particolarmente lunga

«Quando inviti una ragazza a casa tua, falle sempre trovare una bottiglia di champagne in frigo, una canna pronta e un compact sul piatto.» «E con queste cose la ragazza ci

sta?» «A volte sì, a volte no. Però se non ci sta, hai lo champagne, hai la canna, hai la musica, ma che cazzo te ne frega?»
Dado Tedeschi

Il Pepe con la sua chitarra sapeva far piangere chiunque senza bisogno di rompergliela sul braccio.
Beppe Viola

Mi piace la musica di Wagner più di ogni altra cosa. È così rumorosa che si può parlare per tutto il tempo senza farsi sentire dagli altri. È un grande vantaggio.
Oscar Wilde

I musicisti sono assurdamente irragionevoli. Pretendono che si sia assolutamente muti nell'esatto momento in cui si arde dal desiderio di essere perfettamente sordi.
Oscar Wilde

Ho scritto una canzone ma siccome non so leggere la musica non so di cosa parla. Ogni tanto accendo la radio e penso: «Magari l'ho scritta io!».
Steven Wright

MUSICAL
vedi **Spettacolo**

MUSICISTA
vedi **Musica**

MUSULMANO *(Islam)*

Ragazza: «Posso sposare un islamico?»
Prete: «A patto che fai il doppio gioco e ci passi tutte le informazioni.»
Altan

Gli americani sono stati generosi perché ci hanno portato la democrazia! Anzi sono stati talmente generosi che per darla a noi loro sono rimasti senza!
Assundam (Rosalia Porcaro)

Ci sono questi terroristi musulmani che rubano un aereo che vale milioni di dollari, lo fanno esplodere, e danno la colpa alla loro religione.

Ora chi è questo tipo, Allah, e cos'ha contro gli aerei?
LENNY CLARK

Per noi rocker andare a Manchester è fondamentale. È come per un musulmano andare a La Mecca, è come per un cattolico andare a Cattolica.
GINO&MICHELE-GENE GNOCCHI

Ci sono due cose che non tollero: i pregiudizi razziali, e i tizi con un turbante sul mio stesso aereo.
RICHARD JENI

Non sopporto il fatto che certa gente ti debba sbattere in faccia la loro religione ovunque vada. Quello che chiedo è semplicemente: riesce uno a restare le tre ore della durata del mio volo senza il turbante? Voglio dire, io sono cristiano, eppure non mi vedrete mai entrare in un aereo legato a un crocifisso di legno. Anche se ne avrei titolo. Ma non lo faccio perché faticherebbe a passare tra i sedili.
RICHARD JENI

Chissà come si comporterebbe un vampiro musulmano di fronte a una croce?
RICHARD MATHELSON

Chiunque volesse assumermi può farlo telefonandomi ore pasti. Il mio orario pasti è 8.00/24.00, escluso il Ramadan, quando è 24.00/8.00.
EGIDIO MORRETTI

Diffidare di chi, entrando in un luogo affollato, invece di dire: «Permesso», urla: «Allah è grande!».
ALBERTO PATRUCCO

MUTANDA *(Slip - Tanga)*

Sono andato a un party in maschera indossando solo i boxer. Siccome ho delle terribili vene varicose, sono andato come cartina stradale.
WOODY ALLEN

È inutile che le chiamiate mutande se poi non ve le cambiate mai.
ANONIMO

Se Superman è così furbo, perché si mette gli slip sopra i pantaloni?
Anonimo

Un po' d'adulterio è il minimo indispensabile per tenersi di buon umore, per non scappare di casa, per far fruttare il capitale speso in mutande fantasia.
Natalia Aspesi

Le balle sono bugie che stanno nelle mutande.
Alessandro Bergonzoni

Sono magazziniere. Col muletto sono il più bravo. Muovo le forche come le dita della mia mano. Riesco a slacciare un reggiseno solo sfiorando la pelle di una ragazza. Con le mutandine ho qualche difficoltà. Le spacco le gambe.
Lorenzo Bosio

Sei più vicino all'ignorantezza te che una mutanda al culo!
Palmiro Cangini (Paolo Cevoli)

Adoro le mutande ripiene.
Gianni Carino

Non ho sogni nel cassetto, preferisco tenerci la biancheria.
Pino Caruso

Dove torna la cicogna dopo che ha portato il bambino? Nelle mutande.
Giobbe Covatta

Si mise un paio di scarponi pesanti come un programma della Laurito, un giubbotto morbido come un torrone Sperlari e un paio di occhiali Ray-ban, così neri che Ray Charles a confronto sembrava portasse le lenti a contatto, si pettinò come gli altri di solito sono pettinati dentro le mutande.
Giobbe Covatta

Quella camminata strana pure in mezzo a chissà che l'avrei riconosciuta ti sei comprata il tanga di lana e mo' te la pigli con me se il culo ti suda...
Dado

Una vera signora è colei che non mostra mai la propria biancheria intima senza volerlo.
Lillian Day

Queste mutandine mi danno un fastidio incredibile. Me le ha prestate un mio amico di Milano, un creativo. Sono di Eternit perlinato. Io le ho coinbentate, per non disperdere fonti di calore. Naturalmente le ho personalizzate, fanno parte della mia lingerie. Davanti c'è scritto: "I have a dream" e di dietro: "Mission impossible".
ALEX DRASTICO (ANTONIO ALBANESE)

Ma come fa un fumatore a godersi la sua sigarettina dopo aver letto simili crudeltà: "Il fumo nuoce gravemente alla salute, provoca il cancro, il fumo fa più morti degli incidenti stradali". Ma come si fa? Sarebbe come scrivere sulle mutande di lana: "Queste mutande irritano e vi gratterete il culo tutta la vita!".
ALEX DRASTICO (ANTONIO ALBANESE)

E infine, stronzone, le maledizioni si attaccheranno all'ultima sigaretta del mio pacchetto, che tu fumerai una notte prima di addormentarti, ma il sonno ti coglierà all'improvviso e ti assopirai con la cicca accesa tra le dita, allora l'istinto umano ti farà portare la mano ai coglioni e le mutande si incendieranno e così le lenzuola e tutto il letto. E tra le fiamme potrai constatare quanto sia vero ciò che dice Alex Drastico, e cioè che il fumo fa male, ma il fuoco ancora di più!
ALEX DRASTICO (ANTONIO ALBANESE)

Mio marito a letto con me è talmente una bomba che le mutande gli vengono via da sole per lo spostamento d'aria.
ANDREA GALEAZZI

Se nella seconda scena ho ancora le mutande addosso, penso subito che mi abbiano mandato il copione sbagliato.
MEL GIBSON

Cesare Romiti è un duro. Se l'avvocato Agnelli porta l'orologio sopra al polsino, Romiti fa di più: porta le palle sopra ai boxer.
GINO&MICHELE

Non indossare mai mutande in poliestere se hai in programma di venir colpito da un fulmine.
GIUDICE DI NOTTE

In amore un piccolo gesto può far perdonare tante cose: dai, slacciati le mutande.
Fabio Fazio

Sono stufa, ogni volta che faccio l'amore, di vedere il nome di mio padre stampato sulle mutande del mio partner.
Marci Klein, figlia di Calvin Klein

Da anni il rapporto più intimo che aveva con i suoi genitali era quando gli stirava le mutande.
Carla Lasorte

Secondo un sondaggio della rivista Men's Health, l'85% degli uomini ha ammesso che quando naviga su Internet indossa soltanto la biancheria intima. Il 63% ha rivelato che ha perso così l'ultimo lavoro.
Jay Leno

Negate, negate sempre, negate anche l'evidenza. Però prima infilatevi almeno gli slip.
Francesca Mazzantini

Una compagnia di giocattoli sta per lanciare una versione musulmana di Barbie. La nuova Barbie musulmana avrà anche un'auto che non le è permesso guidare.
Conan O'Brien

Quando sono in mutande sul divano, guardando la tv, penso: «Non sto guardando un bello spettacolo». Per onestà intellettuale devo ammettere però che anche il mio televisore può dire la stessa cosa.
Flavio Oreglio

La donna giusta per un uomo? Una via di mezzo tra madre Teresa di Calcutta e Sharon Stone... praticamente una santa che porta il saio ma senza le mutande sotto!
Diego Parassole

Ho perso l'apparato digerente e allora mi succede che la roba che mangio va a finirmi subito nelle mutande senza subire quel trattamento che la rende marrone, per cui è ancora commestibile, così la metto in freezer che viene buona ancora. È un anno che mangio la stessa braciola di maiale! Fa schifo, però si mettono via dei bei soldi.
Rubes

E allora amiche pensiamoci: perché il nostro problema principale deve essere quello di rientrare nei jeans perché devo proteggere gli slip? Cosa c'è di così prezioso nei miei slip che io non so! Perché tutto quello che la scienza sta facendo per la donna lo sta facendo sugli assorbenti?
Lucia Vasini

Mio padre mi diceva: «Andrea, con le donne devi dire soltanto: "Togliti le mutande che ti devo parlare!"». Io l'ho fatto. Sono andato dalla ragazza più bella che conoscevo e gliel'ho detto. Non ci crederete: si è tolta le mutande! E io le ho parlato!
Andrea Vasumi

MUTO

Se sei muto ridi con gli occhi, se sei cieco ridi con la bocca. Se sei muto e cieco c'è ben poco da ridere.
Roberto "Freak" Antoni

È morto un celebre sordomuto: reverenti osserviamo un minuto di fracasso.
Romano Bertola

A volte, portando a Lourdes un film muto, si mette a parlare.
Romano Bertola

È vergognoso che alcuni abbiano figli muti e altri addirittura poliglotti.
Paolo Cananzi

In più prego madre natura di farti sordo, muto, cieco ma non per sempre, minchia, cieco ma non per sempre. Che la vista ti venga sporadicamente per pochi secondi proprio nel momento in cui ti trovi davanti a uno specchio, cosicché tu sia costretto a vedere quella gran faccia di culo che ti ritrovi!
Alex Drastico (Antonio Albanese)

Ho voluto lanciare un segnale forte a mia suocera: le ho regalato una muta.
Marzio Gobbi

Ho creduto che mio padre fosse muto fino a quando avevo otto anni. Poi mi ha chiesto il telecomando.

Roberto Serafini

I musicisti sono assurdamente irragionevoli. Pretendono che si sia assolutamente muti nell'esatto momento in cui si arde dal desiderio di essere perfettamente sordi.

Oscar Wilde

MUTUO

Se lei vi ha detto: «Toglimiti da davanti, inutile ammasso di guano», forse non è il caso di impegnarsi con quel mutuo prima casa.

Dose e Presta

Una volta ci si sposava per fare sesso, oggi ci si sposa per fare il mutuo!

I Papu

N

'NDRANGHETA

vedi ***Mafia***

NANO

«Suo figlio è ancora all'università?» «Temo di no. È stato espulso la settimana scorsa per comportamento immorale. È stata una sorpresa per noi. Lo hanno colto mentre tentava di immergere una nana nella salsa tartara. È una cosa che non sopportano in un'università dell'Ivy League.»

Woody Allen

Nano scrive sul muro: "Abbasso la figa!".
ANONIMO

I nani non possono andare sulla spiaggia perché, se gli girano le balle, gli va la sabbia negli occhi.
ANONIMO

Tutte le volte che Biancaneve diceva: «Vado di là a farmi un pisolo», Brontolo s'incazzava, il gelosone!
ANATOLJ BALASZ (NATALINO BALASSO)

Mi domando, ma i genitori dei sette nani erano ubriachi quando han scelto quei nomi lì ai loro figli?
FABIO FAZIO

Durante un discorso sui figli. «Ah, il rumore di piccoli passettini in giro per la casa... Non c'è niente come avere un nano per maggiordomo!»
W.C. FIELDS

Alla mostra fotografica di un fotografo nano c'erano solo foto di ginocchia.
GENE GNOCCHI

La fotocopiatrice ha raggiunto il suo assetto attuale nel 1913, quando il fotografo nano Bilek è morto soffocato perché nell'ufficio dove lavorava sono andati via tutti dimenticandosi di tirarlo fuori. La cosa fece così scalpore che in fretta e furia fu studiato un sistema per lasciare dentro solo la macchina fotografica.
GENE GNOCCHI

Berlusconi mi fa pena: è un nanetto che ride. È talmente piccolo che in Cina lo metterebbero in giardino.
BEPPE GRILLO

L'inchino che si fa ai nani deve essere molto basso.
STANISLAW JERZY LEC

La mia fortuna è cambiata per merito della mia mogliettina. Ho fatto il mio primo milione di dollari e li devo tutti alla mia piccola. Era alta sei centimetri. L'ho venduta a un circo e mi son fatto il milione di dollari.
DAVE KETCHUM

Se la tua ragazza è una nana, non approfittartene quando sbadiglia.
ENZO SARCINA

NAPOLI

Il turzulillo di mare è un pesce di scoglio che ragiona come un topo. Si cattura schiacciandolo con un piede o con una scopa, si butta via la testa (acidognola) e poi si succhia.
FELICE CACCAMO (TEO TEOCOLI)

Lo struzzo di mare è un animale unico nel suo genere, pensate che vive volando 1,2 millimetri sopra la superficie marina; se per caso tocca una sola goccia di mare, affoga. Solo in quel caso può essere raccolto e adagiato sulla frittura di mare per donarle il suo inconfondibile saporiello.
FELICE CACCAMO (TEO TEOCOLI)

'O pesce trombetta è estremamente furbo e difficile da catturare; di giorno è introvabile, mentre di notte ogni tanto esce fuori dall'acqua e fa: «PEPPEREPPEPPÈ PEPPEREPPEPÈ», spaventando anche il più astuto dei pescatori. Attenzione, diffidate dei pesci trombetta che suonano musica americana, quasi sicuramente sono surgelati.
FELICE CACCAMO (TEO TEOCOLI)

Mi iscrissi al "Luis Vinicio" che, come tutti i licei marittimi, è situato in riva al mare. Il corso durava cinque anni e uscivi che sapevi fare la zuppa di pesce: la globale, la parziale e la temporanea. La temporanea è quella che o te la mangi mo' o va a male subito. Nella temporanea sono previsti pesci chc si riprendono nel giro di quattro ore. Si fa con pesci storditi o svenuti, se non li mangi subito, quelli si riprendono, si alzano e se ne vanno sbattendo la porta e imprecando: «Affanculo chi t'è muorto!».
FELICE CACCAMO (TEO TEOCOLI)

Il terrorista: «Cercammo di far esplodere un'autobomba a Napoli, ma cinque minuti dopo ruppero il vetro e si fregarono la bomba. Da allora nelle autobomba per Napoli usiamo bombe col frontalino estraibile.»
GIOVANNI CELLINI

Per un napoletano non è difficile guidare la macchina a Londra. Gli inglesi tengono la sinistra, come lui.
UMBERTO DOMINA

Alla periferia di Napoli hanno riportato alla luce una statua greca raffigurante un mostro metà uomo e metà Peppino Di Capri.
GENE GNOCCHI

Plinio il Giovane scriveva lettere. Una la scrisse nel 79 d.C., vicino al Vesuvio, ed era indirizzata a suo padre: «Caro papà, sono qui al Vesuvio, che sta eruttando mentre ti scrivo. Porca puttana!! Aiuto!! La cima del monte è esplosa!! C'è roba ovunque!! Ahhh!! Manda navi e navi più grosse. Manda papere, e tutto quello che galleggia. A parte questo, è tutto molto bello, e ci stiamo divertendo molto. Baci, Plinio il Giovane.»
EDDIE IZZARD

Annuncio apparso su un quotidiano napoletano: "Apparecchiatura per tomografia assiale computerizzata, identica a quella rubata all'Ospedale Santa Maria Pietosa degli Orfanelli Ciechi, vendesi a clinica privata. No perditempo".
GIANFRANCO MARZIANO

Annuncio apparso su un quotidiano napoletano: "Porto d'armi vendo o scambio con patente per motoscafo".
GIANFRANCO MARZIANO

Annuncio apparso su un quotidiano napoletano: "Astrochiromante diplomata con corso di formazione della Regione Campania predice futuro o effettua pulizie delle scale e finestroni dei palazzi a prezzi interessanti".
GIANFRANCO MARZIANO

Annuncio apparso su un quotidiano napoletano: "Automobile con la scritta POLIZIA vendesi. Identica a una vera: affarone!".
GIANFRANCO MARZIANO

Il problema del traffico a Napoli sta tutto nel fatto che in alcune zone non si trova un posto dove parcheggiare la macchina, in altre

non si trova più la macchina parcheggiata in un posto.
ANTONIO PORTOLANO

Chi nasce puveriello e sfortunato ci piovono cazzi in culo pure se sta assettato!
PROVERBIO NAPOLETANO

19 ottobre 1990. Napoli... ristrutturando un muro dello stadio è stato rinvenuto un altro figlio di Maradona.
STRISCIA LA NOTIZIA

Presepe: è nata la statuina dello psicologo. L'idea è venuta da un venditore napoletano, dopo essersi accorto che ogni tanto qualche pastorello tendeva a suicidarsi buttandosi dal ponte.
MARCO VICARI

NASA
vedi **Spazio**

NASCERE
(Certificato di nascita)

Quando sono nata, ero così sorpresa che non sono riuscita a parlare per un anno e mezzo.
GRACIE ALLEN

Un bel giorno io sono nato. Subito non mi sono accorto di niente. Ma dopo un po' me l'hanno fatto notare.
FELICE ANDREASI

È così vecchio che il suo certificato di nascita è scolpito nella pietra.
JACK BENNY

So perfettamente il giorno in cui ho smesso di fare jogging. È sul mio certificato di nascita.
MILTON BERLE

In un giardino vedo una donna incinta di sei mesi. Primo pensiero: tenerezza. Secondo: magari il tizio che porta in grembo tra vent'anni travolgerà con la moto un vecchietto: me. Nascerà tra tre mesi: un lieto

evento per tutti. Per me l'evasione di un pericoloso assassino.
Romano Bertola

Conviene, a chi nasce, molta oculatezza nella scelta del luogo, dell'anno e dei genitori.
Gesualdo Bufalina

Sono nato a Oakland. Mia madre è entrata in travaglio a San Francisco, ma mio padre l'ha messa in macchina e l'ha subito portata dall'altra parte del ponte, così non sarei diventato gay.
Marty Cohen

Quando è nato mio fratello, per sbaglio, invece del certificato di nascita, ne hanno riempito uno di morte. Adesso che ha 32 anni è andato in Comune con quel certificato e ha detto: «Correggetelo subito e accuratamente». Gli hanno sparato.
Marty Cohen

Il problema dell'essere belli è che è un po' nascere ricchi e morire poveri.
Joan Collins

Si nasce e si muore soli. Certo che in mezzo c'è un bel traffico.
Paolo Conte

Se nasco un'altra volta ci rinuncio.
Ivan Della Mea

Solitudine: quando sono nato, mia madre non c'era.
Ivan Della Mea

È un poeta così cattivo che sette città si rinfacciano il disonore di avergli dato i natali.
Ennio Flaiano

Che scena straziante! Non mi commuovevo più così dal giorno in cui vidi al Maurizio Costanzo Show Corinna, la piccola infelice nata senza saper né leggere né scrivere.
Gino&Michele-Gene Gnocchi

Il cervello umano comincia a lavorare quando si nasce e non si ferma mai, a meno che ci si alzi per parlare in pubblico.
Sir George Jessel

Nell'anno in cui sono nato io, sono morti Magritte, Totò, Che Guevara e Otis Redding. Ma ho un alibi di ferro.

Franco Merafino

Ho visto una donna in Sud America che ha appena dato alla luce il ventitreesimo figlio. Dio santo, signora! È una vagina, non l'auto da cui escono i clown al circo.

Dennis Miller

Il sogno americano è fare soldi e riuscire; il sogno italiano è nascere con un padre ricco.

Matteo Molinari

Quando sono nato ero cosi brutto che mia sorella chiese a mia madre: «Ma perché non abbiamo tenuto la cicogna?».

Diego Parassole

State guardando la più brutta bambina che sia mai nata a Larchmont, New York. Il dottore mi ha guardata, ha detto: «No, non è ancora pronta», e mi ha rinfilata dentro.

Joan Rivers

Due settimane dopo la mia nascita, mia madre cercò di abortire. Tutto ciò che mi toccava sentire nella mia infanzia era: «Ma perché non sei come tua cugina Sheila? Perché non sei come tua cugina Sheila?». La cugina Sheila era morta subito dopo la nascita.

Joan Rivers

Sono tanto virile che quando sono nato il medico ha detto: «È maschio... forse».

Riccardo Rossi

La cosa migliore sarebbe non nascere. Ma chi è così fortunato? A chi succede? Neanche a uno su milioni e milioni di individui.

Brother Theodore

Ho trovato la scadenza sul mio certificato di nascita.

Steven Wright

NASO

Aveva un naso talmente grosso che per baciargli tutte e due le guance si faceva prima a passargli da dietro.

Tristan Bernard

C'era un uomo con i capelli rossi che non aveva né occhi né orecchie. Non aveva neppure capelli, per cui dicevano che aveva capelli rossi tanto per dire. Non poteva parlare, perché non aveva la bocca. Non aveva neanche il naso. Non aveva addirittura né braccia né gambe. Non aveva neanche la pancia, non aveva la schiena, non aveva la spina dorsale, non aveva le interiora. Non aveva niente! Per cui non si capisce di chi si stia parlando. Meglio allora non parlarne più.
Daniil Charms

Il mio naso non è storto: è di profilo.
Dentiblù

Ieri ho visto una nuvola che mi ricordava il tuo volto. Sono rimasto su un prato a vedere il vento giocare coi tuoi capelli... i tuoi occhi aprirsi e lasciar passare il sole... poi un 747 ti è volato in mezzo al naso.
Garfield

«Io devo averla già vista da qualche parte, sa?» «No, non è possibile. Mi avrà scambiato per qualcun altro. Capita spesso. Dev'essere per il naso: molte altre persone ce l'hanno e allora mi confondono.»
George & Mildred

Visto che lei vede solo a un palmo di naso, potrebbe dirmi come sta mio cognato a Pechino?
Steve Martin

Che naso! Dev'essere stupendo la mattina svegliarsi e sentire il profumo del caffé. In Brasile.
Steve Martin

Scusi, quello è un naso o ha un pullman parcheggiato in faccia?
Steve Martin

Sorridi e il mondo riderà con te. Starnutisci e piangerai da solo sulle macerie.
Steve Martin

Si potrebbe sdrammatizzare il naso con qualcosa di più ampio... l'Australia, per esempio.
Steve Martin

«C'hai er naso così lungo che nun te se chiude la carta d'identità.»
Citata da Marco Navigli

Sono molto sfortunato. Avevo il raffreddore, ho preso una medicina che mi aprisse il naso, e mentre questo era aperto ho preso un altro raffreddore.
Robert Orben

Un elefante non dimentica mai, ma che cos'ha da ricordare?
Robert Orben

Capsula: «Nucleo, ma ci sei tu dietro a quel naso?»
Nucleo: «C'è sempre qualcuno dietro a un naso!»
Capsula «Sì, ma a te ti si intravede appena!»
Pali e Dispari

Un libro senza indice può mettersi le dita nel naso?
Carlo Turati

NATALE

Papa: l'unico vice di una società che non vede mai il proprio capo, neanche a Natale.
Anonimo

Cristo! Siamo già in dicembre! Natale è alle porte e io devo ancora comprarmi un calendario porno!
Paolo Burini

Il prezzo dei regali di Natale è inaudito. Ricordo un Natale di tanti anni fa quando mio figlio era piccolo. Gli ho comprato un carro armato giocattolo. Costava circa cento dollari, una bella cifra per l'epoca. Era un tipo di carro armato in cui si poteva entrare e che si poteva guidare. Lui invece giocò con la scatola della confezione. Mi ha insegnato una lezione molto importante. L'anno successivo, lui si beccò la scatola e io un whisky da cento dollari.
Johnny Carson

È talmente avaro che il giorno di Natale augura a tutti: «Buon 25 dicembre!».
Ennio Cavalli

Perché Natale è come un giorno in ufficio? Perché tu fai tutto il lavoro, e il ciccione col vestito si prende tutto il merito.
Joe Claro

Da bambino era dura. A Natale mi regalavano delle batterie, con la scritta "giocattolo non incluso".
Rodney Dangerfield

Faccio l'amore tutti i santi giorni: Natale e Pasqua.
Roberto Gavelli

Da ragazzo non avevo mai un soldo. Mi ricordo che andavo dai parenti a dare il "Buon anno" dai primi di settembre.
Giuseppe Giacobazzi

La mia famiglia era così povera che ogni Natale mio padre usciva di casa e sparava qualche colpo di pistola. Poi rientrava e a noi ragazzi diceva che Babbo Natale si era suicidato.
Jake La Motta

Il Natale scorso, mentre ero ai grandi magazzini per le compere, ho ascoltato un bambino sui cinque anni parlare con sua madre mentre insieme scendevano con la scala mobile. Ha detto: «Mammina, cosa faranno quando il piano di sotto sarà tutto pieno di scalini?»
Hal Linden

Pensate ai regali dei Re Magi. L'oro va bene, ma l'incenso e la mirra? È stato il primo esempio di quello che succede a Natale quando si aspetta l'ultimo minuto per fare un acquisto.
Boris Makaresko

Se un genovese ha un'amante, la lascia prima di Natale, così non deve farle il regalo.
Emilio Razzetti

A Palermo per fare un buon Natale bisogna essere in dodici o più di tredici. Un anno a casa eravamo in tredici, e siccome porta sfiga, mio padre si è alzato... e ne ha ammazzato uno.
Francesco Rizzuto

Alberi di Natale: ce ne sono in commercio alcuni finti fantastici. Uno per esempio "l'alberostronzo": ha già attaccate tutte le palline, e quando si avvicina un parente maldestro ne fa cascare una.
Marco Vicari

Mio padre era un gran bastardo. A Natale ci portava in un bosco e ci diceva: «Bambini, i regali sono sotto l'albero. Indovinate voi quale».

Mario Zucca

Mamma a Natale faceva il tacchino. Un'imitazione di merda.

Mario Zucca

NATURA

La Natura è fantastica. Un miliardo d'anni fa non avrebbe mai sospettato che noi avremmo portato gli occhiali, eppure ci ha fatto le orecchie!

Milton Berle

Cosa si dovrebbe fare quando si vede un animale in via d'estinzione che mangia una pianta in via d'estinzione?

George Carlin

Che bella invenzione è il telecomando! Io per non ungerlo con le mani unte l'ho messo dentro la busta della carne del frizer e per fermarlo l'ho girato tutto intorno con lo scotch rosso, che si vede al buio come i cartelli stradali. In questo modo non si unge mai e lo trovi subito. Una volta senza che io me ne accorgessi s'era fatto un bucanino dentro al sacchetto di plastica ed era entrato una goccina d'olio e me ne sono accorta perché il telecomando era tutto fiorito di muffa. Quello che non è la Natura!

Emma Coriandoli (Maurizio Ferrini)

Io sono l'unico artista copiato dalla Natura.

Salvador Dalí

Niente è più bello di un bimbo in mezzo a un prato fiorito che coglie una violetta: il sole lo bacia e ride, la mamma lo guarda e intenerisce, la violetta lo guarda e muore.

Ivan Della Mea

Ciao, scusami per il brutto scherzo che ti ho fatto, stavolta credo di aver esagerato. Mi perdoni? Con affetto... La Natura.

Arturo Di Naccio e Claudia Giovannelli

Ma come fa Albano ad amare la Natura con tutto quello che gli ha fatto?

Gino&Michele-Beppe Grillo

I gatti sono stati destinati a insegnarci che in natura non tutto ha uno scopo.
GARRISON KEILLOR

Non è vero che la vita passa senza un perché: «Anche quest'anno continua l'impegno di Golia Bianca per difendere la Natura». Ciucci una menta e salvi un orso polare. Sentirsi utili e buoni, basta poco per dare un senso alla vita. È quando lecchi un francobollo che non sei sicuro di salvare uno statale.
GIORGIO MELAZZI

Chissà perché la Natura ha fatto sì che tutti i grandi fiumi attraversassero delle grandi città.
HENRI MONNIER

Tu guarda che scherzi che fa la Natura! Potevate essere normali invece siete maschi!
GIULIA RICCIARDI

La Natura, non contenta di avergli negato l'arte del pensiero, gli concesse il dono della scrittura.
GEORGE BERNARD SHAW

Ho letto su *Focus* che i maschi dei bonobo per cementare il proprio rapporto di coppia cercano di fare all'amore almeno 30 volte al giorno. Ma la cosa più incredibile è che gli scienziati hanno scoperto che tra le femmine dei bonobo è diffusissimo il Moment.
CARLO TURATI

NAVE
vedi **Barca**

NAZISTA

Io non posso ascoltare troppo Wagner, lo sai; già sento l'impulso di occupare la Polonia!
WOODY ALLEN

Naziskin: odio di scemi vari.
ENNIO CAVALLI

Ho visto Il nemico alle porte, sulla disfatta nazista nell'assedio di Stalingrado. Sentivo il bisogno di vedere un film in cui vincevamo noi.

Oliviero Diliberto

Il neonazismo è così imbecille che potrebbe trovare in Italia il suo habitat naturale.

Ellekappa

Ho visto un ragazzo con la testa rapata che somigliava a un naziskin uscire da una discoteca, ubriaco, alle quattro di mattina. L'ho visto salire su una macchina, sgommare e schiantarsi a 180 all'ora contro un albero. E ho pianto... Ho pianto perché era un albero bellissimo. Un tiglio.

Gino&Michele-Paolo Rossi

Il principino Harry è andato a una festa vestito da nazista. Suo padre c'è rimasto molto male. E anche il principe Carlo non l'ha presa benissimo.

Jay Leno

Che razza di Paese! Oppone più resistenza a Disney di quanto abbia fatto coi nazisti!

Conan O'Brien, parlando della Francia

Ho trovato una letterina a Babbo Natale che ho scritto quando ero bambino e mia mamma ha conservato... Ve la voglio leggere perché penso sia carina: "Caro Babbo Natale, quest'anno non ti scrivo questa lettera per chiederti un dono. Lo so che tu non me ne porterai nessuno perché io sono un ebreo. La tua apparente mancanza di considerazione per la comunità ebraica è solo un'emanazione della tua politica razzista di non riconoscimento dello stato di Israele... Spero che la tua slitta venga tranciata da un DC-10, che tu ti schianti sulle Ande, e che debba mangiare le tue renne per sopravvivere, grasso bastardo nazista".

Gregg Rogell

Sul pianeta Craxon la polizia è bellissima: son tutti modelli di Armani che sembrano giovani nazisti. Ma, a ben guardare, non sono poi così giovani.

Paolo Rossi

Le tette finte sono come i nazisti: non ridono, non danzano, sono sempre solo dure e sull'attenti.

Robin Williams

NEBBIA

Non incidete nomi sui banchi di nebbia.
SILVANO AMBROGI

Ho fatto anche delle proteste solitarie. Durante la Guerra del golfo mi sono incatenato al cancello di una fabbrica di armi. Solo che era un cancello automatico, con l'apertura a distanza. Oltretutto c'era nebbia e nessuno mi vedeva. Per due giorni sono andato avanti e indietro inseguendo il cancello che si apriva e si chiudeva...
FABRIZIO CANCIANI

Per la nebbia, sulle autostrade hanno messo dei cerchi e dei cartelli con scritto: "Se vedi un cerchio vai a 70, se vedi tre cerchi vai a 90, se vedi quattro cerchi hai inculato un'Audi".
SERGIO COSENTINO

Nebbia sulla Manica. Il Continente è isolato.
PROVERBIO INGLESE

Quando c'è nebbia mettiti le mani sul culo.
PROVERBIO LIGURE

Dio creò la Padania, poi si accorse dell'errore e creò la nebbia.
SCRITTA SU UN MURO DI NAPOLI

NEGOZIO *(Negoziante)*

Da Sears vendono questi pantaloni, thoughskins, orrendi, di poliestere reversibile. Si consumano le tue ginocchia prima dei pantaloni.
TIM ALLEN

Mi stavo misurando un vestito in un negozio di abbigliamento e ho chiesto alla commessa: «Come sto?». E quella: «È l'accostamento che è sbagliato.» «La giacca col pantalone?» «No i vestiti col suo corpo!»
GABRIELE CIRILLI

Ho aperto un negozio di animali di seconda scelta: ho un coniglio impotente, un pipistrello con dieci decimi e un leone gay che si sente la regina della giungla.

Phyllis Diller

Se i mini-market sono aperti trecentosessantacinque giorni l'anno, ventiquattro ore al giorno, sette giorni su sette, perché hanno serrature alle porte?

Gallagher

Chi possiede una casa sta sempre uscendo dai negozi di ferramenta.

Kin Hubbard

Più lontani si va e meno si apprende. Per questo l'uomo saggio non cammina e arriva.

Lao Tse

Ho bisogno di un consiglio: per il mio impianto mi serve un equalizzatore hi fi Hertz 9000 midi micro joystick 4-66 stereo 220 v Ibm compatibile megabass dolby 300 AB matrice digitale THX surround ultra stereo quadrifonico 7/4500 DDD a modulazione di frequenza AM/FM noise filter laser disc player AV /aux tuner MPX filter naturalmente VHS. Il consiglio non è dove trovarlo, ma vorrei che mi indicaste un negozio che non chiuda prima che finisca di dire quello che mi serve.

Francesco Salvi

La prima volta che sono entrato in un negozio di trofei mi sono guardato intorno e ho pensato: «Questo tizio è davvero in gamba!».

Fred Wolf

NEGOZIANTE

vedi ***Negozio***

NEGRO

Gran brutta malattia il razzismo. Più che altro strana: colpisce i bianchi, ma fa fuori i neri.

Albert

«Siamo poveri, babbo.» «E bianchi. È veramente assurdo.»

Altan

Il mondo è impazzito: il miglior rapper è un bianco, il miglior giocatore di golf un nero, i migliori velisti sono svizzeri, i francesi accusano gli americani di arroganza e i tedeschi sono contrari alla guerra.

ANONIMO

Conosco una signora che afferma di avere servo-freno e servo-sterzo entrambi di colore.

ANATOLJ BALASZ (NATALINO BALASSO)

Un gruppo di sudafricani bianchi ha ucciso un avvocato nero solo perché era nero. Questo è sbagliato. Avrebbero dovuto ucciderlo perché era un avvocato.

A. WHITNEY BROWN

Questa è la logica: hai la scelta di passare quindici anni sposato a una donna, una donna nera o una donna bianca. Quindici anni di abbracci, di baci e dormite l'uno vicinissimo all'altra in notti infuocate di passione. Con una donna nera nera, o una donna bianca bianca. La donna bianca è Kate Smith. E la donna nera è Lena Home. Be', non te ne frega più niente di nero e bianco, no? Quello che ti frega è quanto è bella l'una e quanto è carina quell'altra. Allora, andiamo al sodo e perseguitiamo i brutti!

LENNY BRUCE

Sono stata in un sexy shop e ho incontrato questo ragazzo di colore, era splendido. Era enorme! Il suo uccello aveva un uccello!

MARGARET CHO

I preservativi si vendono in confezioni da sei, otto e dodici. La scatola da sei è per gli ispanici, che fanno sesso lunedì, martedì, mercoledì, giovedì, venerdì, sabato, e si riposano la domenica. Quella da otto è per i neri, che fanno sesso lunedì, martedì, mercoledì, giovedì, venerdì, sabato, e due volte la domenica. Quella da dodici è per noi bianchi, che facciamo sesso gennaio, febbraio, marzo...

MICHAEL COLYAR

Non sono sempre stato nero... Vedete, avevo questa lentiggine, e ha continuato a diventare più grande, e più grande, e più grande.

BILL COSBY

Perché nell'equipaggio del Challenger c'era un solo membro di colore? Perché nessuno sapeva che sarebbe esploso.
DA UN LIBRO DI BARZELLETTE RAZZISTE

Sapete una cosa? A noi neri non ci fanno più sedere in fondo agli autobus: si sono accorti che la maggior parte degli incidenti accade davanti.
SAMMY DAVIS JR

Un giorno ho sorpreso mia moglie a letto nuda, accanto a un vietnamita e a un uomo di colore. Ho scattato una foto e l'ho mandata a Benetton. Non si sa mai.
FRANCK DUBOSC

Giudice: «Io non faccio differenza tra bianchi e neri. Ho liberato i quattro ragazzi bianchi che hanno ucciso un negro e avrei fatto lo stesso se quattro ragazzi negri fossero stati uccisi da un ragazzo bianco!»
ELLEKAPPA

Tyson condannato, Kennedy assolto. Il confine tra stupro e atto consensuale a volte è chiaro, a volte è negro.
ELLEKAPPA

«Ma lei darebbe sua figlia per moglie a un negro?» «Mia figlia no, ma mia moglie subito. Sono mica razzista.»
ENNIO FLAIANO

Marine bianco: «Ehi Joe, sai come si fa a fermare 5 negri che stanno sfondando una bianca? Gli tiri una palla da basket».
FULL METAL JACKET

Meno è intelligente il bianco, più gli sembra che sia stupido il negro.
ANDRÉ GIDE

«Polvere siamo e polvere ritorneremo.» «Sì, e i neri fuliggine.»
GIGI E ANDREA

Amo il football americano... Il football è leale con la mia gente. È il solo sport al mondo in cui un negro possa dar la caccia a un bianco mentre quattrocentomila persone si alzano in piedi e lo acclamano.
DICK GREGORY

Un momento, commissario, un momento... Lei ha il coraggio di chiedermi come mai i neri usano tanto il coltello? Ma è perché le pistole non ce le volete vendere!
DICK GREGORY

«È duro essere negro. Ti è mai capitato di esserlo? A me sì, una volta, quando ero povero.»
LARRY HOLMES

L'America è il solo Paese dove un povero bambino negro, crescendo, può diventare una ricca signora bianca.
INSULTO AMERICANO, RIFERITO A MICHAEL JACKSON

La classica ricetta per eliminare le ingiustizie: dai a tutti le stesse possibilità di partenza, specialmente l'educazione scolastica, e intanto tieni i negri lontani dal tuo portico.
CHRISTOPHER LASCH

I neri non hanno mai fatto sommosse. Sono i bianchi che credono che i neri siano impegnati in una sommossa quando bruciano i negozi.
JULIUS LESTER

Volete sapere tutto quello che so sulla boxe? Beh, mai scommettere sul pugile bianco.
UNA PALLOTTOLA SPUNTATA

Preferirei essere negro piuttosto che gay, perché se sei negro non lo devi dire a tua madre!
CHARLES PIERCE

Non incontrerai mai la persona perfetta. Il tempismo è sempre sballato. Tu sei sposato, lei è single. Tu sei ebreo, lei è palestinese. Uno è un messicano, uno è un procione. Uno è un uomo di colore, uno è una donna di colore. Insomma, c'è sempre qualcosa.
CHRIS ROCK

Vado fuori di testa per le donne bianche. Questo dà fastidio a molta gente. Soprattutto alle donne nere.
DANNY RODMAN

Da ragazzo volevo essere "uno di quelli giusti". Non era semplice.

Così m'iscrissi in una scuola di soli negri, e riuscii a far pubblicare sull'annuario scolastico il negativo di una mia foto. Penso che i denti neri mi abbiano fatto scoprire.

Ronnie Shakes

È una corsa alla nomination storica per i democratici. Hillary Clinton contro Barack Obama. Di solito quando vedi un nero o una donna battersi per la presidenza della stanza uniti, nella scena successiva un asteroide sta per abbattersi sulla statua della libertà.

John Stewart

Lo dico per l'ultima volta a tutto il teatro: io resto nero e voi restate bianchi. E, per i fratelli e le sorelle messicani in sala, imparate l'inglese, teste di cazzo!

Sweet Daddy Dee, il Manager (Jeff Dunham)

Quando i bianchi arrivarono per la prima volta in Africa noi neri avevamo la terra e loro la Bibbia. Adesso loro hanno la terra e noi la Bibbia.

Mike Tyson

Jesse Jackson sarebbe un magnifico presidente degli Stati Uniti se soltanto non si ostinasse a voler essere negro.

Un delegato del Mississippi

«Papà, da oggi vado a pestare i negri.» «Siamo in un Paese civile, figliolo, si dice extracomunitari!»

Vauro

«Aiuto mi hanno stuprata!» «Negri? Marocchini? Albanesi?» «Italiani!» «Allora non si preoccupi, è stata solo una ragazzata!»

Vauro

«Razzista io? Parla lei che è negro?»

Beppe Viola

E quando i neri si saranno tutti ammucchiati qui da straccioni, noi andremo in Africa a vivere da signori.

Vip

Il golf è l'unico sport dove i bianchi si possono vestire come i neri e non sembrano neanche ridicoli.

Robin Williams

NEMICO

Il vino è nemico dell'uomo. Chi fugge davanti al nemico è un vigliacco.

ANONIMO VENETO

Dai nemici mi guardi Iddio che alle mogli degli amici ci penso io.

CONTE UGUCCIONE (BEBO STORTI)

Saggezza orientale: se qualcuno ti odia, non fare niente contro di lui, ma siediti pazientemente sulla riva di un fiume. Un bel giorno vedrai passare il tuo nemico in yacht.

MAX GREGGIO

Ognuno dovrebbe perdonare i propri nemici, ma non prima che questi siano impiccati.

HEINRICH HEINE

Perdona i tuoi nemici, ma non dimenticarti mai i loro nomi.

JOHN FITZGERALD KENNEDY

La ragione perché nonni e nipoti vanno così d'accordo è che hanno un nemico comune.

SAM LEVENSON

Agli scrittori sono più utili i nemici degli amici, perché gli amici si fanno regalare una copia del loro libro per dirne bene, mentre i nemici, per dirne male, la comprano.

PITIGRILLI

Lui non ha un nemico al mondo. Però tutti i suoi amici lo odiano!

TONY RANDALL

NERVOSISMO

Ti rende sempre un po' nervoso aprire una scatola di sardine e vedere cinquanta occhi che ti osservano.

MILTON BERLE

Lui è il tipo di persona che rende nervoso il caffé.

LEOPOLD FETCHNER

È un po' nervosa, stasera, la Polonia.

NANDO MARTELLINI

È così nervoso che ai drive-in mette la cintura di sicurezza.

NEIL SIMON

Conversazione su un aereo prima del decollo. «Sono molto nervoso.» «È la prima volta?» «Oh no, sono stato nervoso molte altre volte.»
Zucker-Abrahams-Zucker

NEVE

Quello che più apprezzo della calvizie è che uno può sentire i fiocchi di neve.
R. G. Daniels

Pulire la casa mentre i figli stanno ancora crescendo è come spalare il marciapiede prima che smetta di nevicare.
Phyllis Diller

Vivere nel mondo di oggi ed essere contro l'uguaglianza tra le razze è come vivere in Alaska ed essere contro la neve.
William Faulkner

Super-Supergnomo fa il bucato bianco, ma così bianco, ma così bianco che la neve si vergogna e il giglio va a cagare.
Marcello Marchesi

In preda alla passione volevamo far l'amore sulla neve. Subito le tolgo le scarpe e le butto giù dal burrone; le sue calze me le mangio per l'eccitazione; le sfilo il collant, le strappo il reggicalze, le strappo la giarrettiera, le strappo le mutande... Poi le ho tolto anche il giubbotto se no sembrava un Mottarello.
Potato (Alessandro Brunello)

Due persone e un cane camminano nella neve. Lei si sfila uno dei suoi guantini, e mette la sua mano in quella di lui. Lui le carezza la guancia. «Prima o poi», pensa il cane, «uno dei due si dimentica e molla il guinzaglio.»
Snoopy

I gatti sono più furbi dei cani. Non c'è verso di convincere otto gatti a tirare una slitta nella neve.
Jeff Vald

NEW YORK

Provo per New York quello che può provare un bambino verso il padre che fa il ladro di banche: non è perfetto, ma gli voglio bene ugualmente.
WOODY ALLEN

Intervistatrice: «Ma lei non ha paura a mangiare alla Sparks Steak House di New York, dove venne ucciso Paul Castellano?»
Allen: «No, seggo nel settore non-sparatori.»
WOODY ALLEN

L'ultima volta che sono entrato in una donna è quando ho visitato la statua della Libertà.
WOODY ALLEN

E disse il sindaco in campagna elettorale: «Milano è la città più europea del mondo. Neanche New York è così europea come Milano!».
CLAUDIO BISIO

A New York c'è un pedone investito ogni tre minuti. Poveraccio, non fa nemmeno in tempo a rialzarsi.
ACHILLE CAMPANILE

A New York un signore che si dava tante arie è morto avvelenato.
CASTELLACCI & PINGITORE

New York è in ritardo sull'ora di Greenwich perché l'America è stata scoperta molto tempo dopo.
JEAN CHARLES

È un bel mestiere fare il marinaio: un giorno a New York e il giorno dopo a Saigon o nel cuore dell'Africa.
JEAN CHARLES

Ah, è bello tornare a New York... Non c'è posto come la propria casa... e da nessuna parte al mondo senti i suoni della tua infanzia, tipo: «Hey, pompinaro succhiacazzi! Dammi la mia autoradio o ti braso il culo!».
BILLY CRYSTAL

Ho dato inizio a un happening a New York dichiarando davanti a tremila spettatori che Cézanne era di una catastrofica inesperienza, un pittore di decrepite strutture del passato. Sono stato applaudito, soprattutto perché nessuno sapeva chi era Cézanne.

SALVADOR DALÍ

Il proprietario della macchina targata «New York BL758367458999999 473628847456578954125963657784», è pregato di spostarla. La sua targa sta bloccando il traffico.

BILL DANA

Vivo in un paesino vicino a Ravenna, in un monoloculo... di fianco al cimitero. Di sera dalle finestre guardi fuori con tutti i lumini accesi e ti sembra di vedere New York.

GIUSEPPE GIACOBAZZI

Una volta, a un distributore di New York, un tizio mi guarda e mi fa: «Ehi, ma lo sa che lei è spiccicato a Hugh Grant?... Senza offesa naturalmente».

HUGH GRANT

Se un aereo precipita in mare, il tuo sedile galleggia. Ma da New York ad Atlanta non c'è mare, per cui se vogliono che mi allacci la cintura di sicurezza, prima devono mostrarmi un sedile che rimbalza sulle montagne.

JAMES GREGORY

Credo che Chicago sia nata quando un gruppo di newyorchesi ha detto: «Hmm... qui ci piace il crimine e ci piace la povertà, ma non è ancora freddo abbastanza. Andiamo a Ovest».

RICHARD JENI

New York! Grande città! Venite a visitarla: vi arresteranno!

MICHAEL KEATON

Nel giorno del cinquantesimo anniversario del V-J Day, la vittoria sul Giappone, New York ha organizzato un'importante celebrazione a Times Square. Ci saranno state diecimila persone, tra il gigantesco billboard della Mitsubishi e il jumbo schermo Sonytron.

DAVID LETTERMAN

Sembra che il Papa venga a New York. La città sta già facendo dei test

per essere certi che il suo cappello passi sotto al Midtown Tunnel.
David Letterman

Il crimine a New York è al minimo storico, in questi giorni. Peccato, perché mi manca il caffé gratis che mi davano quando guardavo quei libroni di foto segnaletiche.
David Letterman

Durante la Maratona di New York mi sono stirato un muscolo. Dopo un'ora circa dall'inizio della corsa, son saltato giù dal divano.
David Letterman

Un uomo aveva una tigre da duecento chili nel suo studio-appartamento di New York. E una volta che hai una tigre, cosa c'è di meglio se non accompagnarla con un alligatore? Dunque, questo tale aveva una tigre e un alligatore nel suo appartamento, e la polizia ha ricevuto una soffiata dal pappagallo. La tigre viveva di tonno in scatola, e di qualche occasionale fattorino dell'UPS.
David Letterman

Faceva così caldo oggi a New York che sono andato al bancomat solo per provare il piacere di sentire la fresca canna di una pistola contro il collo.
David Letterman

Dicono che i newyorchesi non vanno d'accordo. Non è vero. Ieri ho visto due newyorchesi, perfetti sconosciuti, spartirsi un taxi. Uno ha preso le gomme e la radio; l'altro ha preso il motore.
David Letterman

È stato fatto uno studio sulle tre frasi più sentite a New York City. La prima è: «Ehi, taxi!». La seconda è: «Qual è il treno per andare a Bloomingdales?». E la terza è: «Non si preoccupi, è solo una ferita superficiale».
David Letterman

Benvenuti a New York, dove ogni turista è un bancomat ambulante.
David Letterman

Lionel Rinocerate è spirato all'età di 75 anni. Il signor Rinocerate era proprietario di una catena di cinema qui a New York. Il funerale avrà luogo giovedì, alle ore 15.00, 17.30, 20.10, 22.30.

David Letterman

New York City è stata dichiarata la città più sicura d'America. Dev'essere merito della nuova politica del sindaco Bloomberg: oggi, infatti, dopo tre omicidi ti mettono in galera.

David Letterman

È la stagione delle allergie. La situazione è così grave e diffusa che qui a New York gli spacciatori di crack hanno iniziato a vendere antistaminici.

David Letterman

Ursula Everglade, una ragazza di New York, venne brutalmente assassinata mentre 38 vicini guardavano la scena dalla finestra evitando di intervenire. Per fortuna però in casi del genere non tutti restano a guardare senza far nulla. Alcuni non solo inseguono l'assassino, ma arrivano addirittura a ricattarlo.

Daniele Luttazzi

Ho capito che l'Alitalia era in crisi quando su un volo per New York hanno proiettato un film di Pupi Avati.

Daniele Luttazzi

A New York è stato ritrovato in uno scantinato della NBC un film inedito di Woody Allen, si tratta di una satira contro Richard Nixon che non venne mai trasmessa per motivi di censura. L'NBC adesso vorrebbe trasmetterla, ma Allen si oppone. Nel film, Nixon viene descritto come un uomo senza scrupoli che non esiterebbe a portarsi a letto la figlia adottiva di sua moglie.

Daniele Luttazzi

A New York hanno aperto il Museo del sesso. I bambini sotto i tredici anni devono essere accompagnati da un prete cattolico.

Daniele Luttazzi

Durante la Grande Depressione del '22 in Central Park i piccioni portavano le briciole di pane ai passanti.

Groucho Marx

So benissimo che questa strada è Broadway, quel che voglio sapere è il nome della città.
McKay

Un'auto è inutile a New York, ed è essenziale in ogni altro posto. Esattamente come le buone maniere.
Mignon McLaughlin

Quando a New York sono le tre, a Londra è ancora il 1938.
Bette Midler

A New York c'è una violenza pazzesca. Sul giornale di oggi c'era la notizia di un leone che si è liberato dallo zoo di Central Park ed è stato seriamente malmenato.
Bob Newhart

Il mio sport olimpico preferito è quello in cui l'atleta avanza in mezzo alla neve, si ferma, spara a un bersaglio con un fucile e poi va avanti. In tutto il mondo è conosciuto come biathlon, ma a New York lo chiamano inverno.
Conan O'Brien

New York è una città meravigliosa. Anche se oggi, mentre ero in biblioteca, l'impiegato è stato molto sgarbato con me. Gli avevo chiesto: «Vorrei una tessera». Mi ha risposto: «Devi dimostrare che sei un cittadino di New York». Così l'ho pugnalato.
Emo Philips

Sto passeggiando per Madison Avenue e vedo una bellissima cravatta esposta in una vetrina. Allora entro nel negozio. Prima che apra bocca, il proprietario dice: «Oh, Tony Randall! Nel mio negozio! Per favore, un minuto solo, aspetti devo chiamare mia moglie, non ci crederà mai!». Allora chiama la moglie e mi dice: «Ecco, per favore, saluti, le dica qualcosa, qualsiasi cosa. Le parli! Qualsiasi cosa!». Mi adula così tanto che alla fine compro la cravatta. Non ho abbastanza contanti e così gli chiedo: «Accetterebbe un assegno?». E lui: «Avrebbe mica un documento d'identificazione?».
Tony Randall

Lasciatemi dare un consiglio ai turisti. Se volete andare a New York,

portatevi la macchina fotografica, perché vedrete cose che non rivedrete mai più. La prima cosa che non rivedrete mai più sarà la vostra macchina fotografica.
Mike Reynolds

State guardando la più brutta bambina che sia mai nata a Larchmont, New York. Il dottore mi ha guardata, ha detto: «No, non è ancora pronta» e mi ha reinfilata dentro.
Joan Rivers

Vivere in California aggiunge dieci anni alla vita di un uomo. E questi dieci anni mi piacerebbe passarli a New York.
Harry Ruby

Ero a New York, mi è capitato un tassista piuttosto particolare. Durante la corsa ha ucciso un cane. Ma non con la macchina: è sceso e lo ha pugnalato.
Adam Sandler

Tu pensi che New York sia pericolosa? Dovresti andare a Detroit. Potresti andare avanti per dieci isolati e non abbandonare mai la scena del crimine.
Red Skelton

«È andata a letto con lui a New York?» «Mi rifiuto di rispondere.» «È andata a letto con lui a Chicago?» «Mi rifiuto di rispondere.» «È andata a letto con lui a Miami?» «No.»
Stralcio del verbale di un processo tenutosi negli Stati Uniti

A New York, quando qualcuno ti mette un coltello al petto, gli dai i soldi. A Los Angeles, quando qualcuno ti mette un coltello al petto, gli dai i soldi, gli dici: «Grazie, dottore» e ti comperi un reggiseno più grande.
Deidre Sullivan

Ho dovuto trasferirmi a New York per motivi di salute. Sono estremamente paranoica e New York è l'unico posto dove le mie paure sono giustificate.
Anita Wise

Ho l'orologio che va avanti di tre ore ma non sono mai riuscito ad aggiustarlo. Così da Los Angeles mi sono trasferito a NewYork.

STEVEN WRIGHT

Mio padre era conosciuto come l'ubriacone della città. Voglio dire, nella maggioranza dei casi non è così terribile, ma noi abitavamo a New York!

HENNY YOUNGMAN

Uno dei miei cognati è un genio. Quando a New York c'è stato lo sciopero dei netturbini, sapete come si è sbarazzato della spazzatura? L'ha impacchettata con la carta da regalo, l'ha lasciata in macchina, e gliel'hanno rubata.

HENNY YOUNGMAN

NEWS

vedi ***Giornalismo***

NINFOMANE

vedi ***Playboy***

NIPOTE

«Io gliel'avevo detto a mio figlio di non sposare Miss Svezia, ma lui niente, non ha voluto darmi ascolto. E così adesso abbiamo la croce di questo povero nipote alto, biondo, con gli occhi azzurri», mi dice la mamma del gobbo.

ROMANO BERTOLA

I nipoti sono la tua ricompensa per non aver ucciso i tuoi figli.

***COSE CHE HO IMPARATO DAI MIEI FIGLI*, DI ANONIMA MAMMA DI AUSTIN, TEXAS**

Non so chi fosse mio nonno. Sono molto più interessato a sapere chi sia suo nipote.

ALDO COLOMBINI

Mia cognata ha tre figli. Tre bravi ragazzi. Quello che dà un po' di preoccupazioni è l'ultimo. Mànolo. No no, non Manòlo. Mànolo. Per via della mano. Ha un tic. Appena mette i piedi sotto un tavolo, comincia a muovere il braccino su e giù. Così. Mangia e muove il braccino. Gioca a Monopoli e muove il braccino. Vede la tv e muove il braccino. Mia nipote si infila sotto il tavolo... E finalmente sta fermo!

GAIA (SIMONA GUARINO)

Una cosa che piace ai bambini sono gli scherzi. Per esempio, dovevo portare mio nipote a Disneyland, e invece l'ho portato davanti a un vecchio bordello bruciato. «Oh no!, dissi, «Disneyland è andata a fuoco!». Mio nipote ha pianto e ha strillato, ma penso che sotto sotto abbia pensato che come scherzo era proprio bello. Ci siamo diretti allora verso la vera Disneyland, ma ormai si era fatto tardi.

JACK HANDEY

La ragione perché nonni e nipoti vanno così d'accordo è che hanno un nemico comune.

SAM LEVENSON

Mio nipote era sull'altalena, e mi ha detto: «Spingimi, zio». E così ho fatto, e lui mi ha detto: «Spingimi più forte, femminuccia!». Così ho preso una rincorsa di venti metri e l'ho spinto. E lui: «Spingimi più forte, donnicciola!». Così ho fatto retromarcia con la Buick...

EMO PHILIPS

NOBEL

Dopo ore di discussione accanita, veti incrociati, coltellate reciproche, un comunicato ufficiale del gotha della sinistra italiana ha delineato finalmente l'identikit del candidato ideale: deve essere miliardario come Moratti, sarcastico come Moretti, simpatico come Benigni, Nobel come Fo, milanista come Rivera, ribelle come Cofferati, e possibilmente anche una gran figa.

CLAUDIO BISIO-MICHELE SERRA

Nobel per la Medicina a Judson Carradine, primo chirurgo al mondo ad aver compiuto un'operazione al polpaccio sinistro a cuore aperto e a essere riuscito a vincere la causa con i parenti dell'interessato.

MASSIMO BUCCHI

Dio inventò l'atomo, l'energia di fusione, il Dna, la fotosintesi clorofilliana, la forza gravitazionale... E ancora, aspetta, il premio Nobel!

ENNIO CAVALLI

"Cucina, rassetta e vince il premio Nobel."

TITOLO DI UN GIORNALE DEL 1977 SUL PREMIO NOBEL PER LA MEDICINA A UNA DONNA

NOBILTÀ

Un uomo entra in un'agenzia di vaudeville e dice: «Ragazzi, ho un atto unico per voi! Ascoltate: io e mia moglie entriamo in scena, ci spogliamo, caghiamo sul palco, poi entrano i miei due figli e ci si tuffano dentro!». L'agente, allibito, chiede: «E come si chiamerebbe un atto del genere?». E il tizio: «Gli aristocratici!».

LA STORICA BARZELLETTA *THE ARISTOCRATS*

Dentro ognuno di voi c'è un piccolo Conte... Anche dentro le vostre mogli se è per questo...

CONTE UGUCCIONE (BEBO STORTI)

Per Maroni, tastierista della Lega, la Corte dei Conti è un cortile pieno di nobili.

BRUNO GAMBAROTTA

NOÈ

La Bibbia, un gran bel libro, un best seller di tutti i tempi, è piena di esagerazioni. Conoscevo il principale scrittore, Shem. Viveva a due caverne da me. Un uomo adorabile, pieno di talento, che lavorava con un piccolo staff. Prendevano le storie del giorno e le pepavano un po'. Quello che Shem ha fatto con l'Arca di Noè è un capolavoro. In base a quel che ha scritto, ha piovuto quaranta giorni e quaranta notti. Non credeteci. Ha piovuto quattro giorni e quattro notti. È stato un temporalone, non la fine del mondo. Ma Shem sapeva come attrarre l'attenzione della gente, e tenerla viva. Lasciate che vi chieda: siete davanti a due cinema, uno dà il film *Tifone*, e l'altro dà *Spioviggina*. Quale andate a vedere?

MEL BROOKS-CARL REINER

Non perdonerò mai a Noè di aver imbarcato anche una coppia di zanzare.

ENZO COSTA

Dopo la creazione, Dio saltò su e disse: «No, è tutto brutto, non va bene, manderò un'inondazione, ucciderò tutti e ricominceremo daccapo. Manderò un'inondazione, quaranta giorni e quaranta notti. Ma salverò due esemplari di ogni specie». Così Noè iniziò ad accogliere animali da tutto il mondo. «Due cani, due pecore, due gatti, due anatre...». E le anatre: «Noi non veniamo». E Noè: «Beh, ci sarà un'inondazione tremenda». E le anatre: «E allora?».

Eddie Izzard

A giudicare dalla quantità di formiche che invadono sempre il mio pic-nic, penso che ce ne dovessero essere più di due sull'arca.

Herbert V. Prochnow & Herbert V. Prochnow jr.

NOIA *(Monotonia)*

Mi piacciono le lunghe passeggiate, soprattutto quando le fanno le persone che mi annoiano.

Fred Allen

Intervistatrice: «Senza fare nomi, c'è qualcuno nel mondo del teatro che l'ha ferita tanto da meditare vendetta?»
Allen: «Una signora del Queens seduta accanto a me durante *Cats* che mi svegliò prima che lo show fosse finito.»

Woody Allen

Mah, per la noia della fica bastava già Moravia. E la letteratura del culo è solo settoriale, come i libri sulle barche, sul Molise, sui funghi.

Alberto Arbasino

Non credo nella vita dopo la morte, dunque non devo passare la vita a temere l'inferno, o ancor più temere il paradiso. Perché, quale che siano le torture dell'inferno, penso che la noia del paradiso sarebbe anche peggio.

Isaac Asimov

Non me la prendo con quelli che guardano l'orologio mentre parlo. Ma mi arrabbio davvero quando iniziano a scuoterlo per essere sicuri che funzioni ancora.

Lord Birkett

Non è vero che il Festival di Sanremo è noioso. Io ho scoperto che guardando il festival riesco a lavare i pavimenti anche utilizzando i coglioni.
Beppe Braida

Quando vedete degli insegnanti che gironzolano annoiati per le strade, simili a cannibali durante una carestia di missionari, allora sapete che è estate.
Robert Davies

Sai che noia terribile sono i neurochirurghi? Se hai due ore da vivere, passale con un neurochirurgo. Ti sembreranno due anni.
George Dawes Green

«Ce n'è sempre uno dei due che ama più dell'altro, ed è quest'ultimo che soffre.» «Sì, ma è l'altro che si annoia!»
Maurice Donnay

Per essere considerato un classico, un film deve riuscire a far sbadigliare almeno tre generazioni di spettatori.
Marco Ferreri

La cosa bella dell'essere famosi è che, quando annoi le persone, queste pensano che sia colpa loro.
Henry Kissinger

I cristiani possono sposare una sola donna. La si chiama monotonia.
Robert Lembke

Ai belli si perdona assolutamente tutto e con ragione: se non fosse per loro, la masturbazione sarebbe molto noiosa per tutti.
P.J. O'Rourke

La psicoanalisi mi annoia. L'ultima volta l'analista si è arrabbiato solo perché, dopo essermi sdraiato sul lettino, ho puntato la sveglia.
Diego Parassole

Certo che ti sto ascoltando, non mi hai visto sbadigliare?
Bob Phillips

Parsifal è quel genere d'opera che inizia alle 6.00 di sera. Dopo circa tre ore guardi l'orologio che segna le 6.20.
David Randolph

Non è il cazzo che m'annoia, ma quello che c'è attaccato.

Citata da John Ridley

La gente fa cose strane quando è annoiata. L'altro giorno ero a casa con niente da fare, così ho guardato i gatti e ho detto: «Insegno ai gatti il wrestling». Uno non dovrebbe mai insegnare ai gatti il wrestling, ma nel caso volesse, ecco come fare: prendete due gatti. Massaggiate energicamente ovunque il gatto numero uno con dell'erba gatta. Mettetelo vicino al gatto numero due. Il resto succede più o meno da solo.

Basil White

Se va a finire che hai una vita noiosa e miserabile perché hai ascoltato tua mamma, tuo papà, il tuo insegnante, il tuo prete, o qualche tizio in televisione che ti dicevano come fare le tue cose, allora te lo meriti.

Frank Zappa

NOME *(Soprannome)*

Non investite mai dei soldi in nessuna impresa in cui uno dei soci è soprannominato "Il Marsigliese".

Woody Allen

«Conosco un tale con una gamba di legno che si chiama Smith.» «Ah sì? E come si chiama l'altra gamba?»

Anonimo

La chiamavano "Loretta" perché era il tempo che ci voleva per agganciarla e per farsela.

Maurizio Avanzi

Tutti quegli altri dei si chiamano Buddha, Allah, Giove, non so... lui Dio! E che è? Se si chiamava con un nome più modesto era pure più simpatico... dice: «Sono Guido...» non so: «Non avrai altro Guido all'infuori di me...», toh! Aiutati che Guido ti aiuta o... piove che Guido la manda!

Roberto Benigni

«Lei si chiama Pierre Gedempoterahnick?» «No» «E non è contento?»
MILTON BERLE

"Tu sei Pietro e su questa pietra fonderò la mia Chiesa". Gioco di parole indubbiamente sublime, però, come dire? Un po' fortunoso. Resta il sospetto che, se si chiamava Michele, avrebbe fondato la Michelin.
ROMANO BERTOLA

Quando mio nonno, tenente di cavalleria, fu ferito durante la Prima guerra mondiale, ricevette in ospedale la visita di una giovane crocerossina. Era graziosissima e tutta fremente di aneliti dannunziani. Ella si avvicinò al letto del ferito e, guardando rapita la benda insanguinata che cingeva la sua fronte, gli chiese: «Come vi chiamate?». «Tenente Ferruccio Ercolani!», rispose il nonno, «e voi?». Lei abbassò gli occhi: «Io... io mi chiamo come... come quella cosa cui voi eroici soldati pensate sempre nell'ardore della battaglia...» «Bernarda!» «No... Vittoria.»
ROMANO BERTOLA

Sono due anni che esco con questa ragazza ed ecco che già comincia a seccarmi con domande idiote, tipo: «Come ti chiami?».
MIKE BINDER

Una delle cose che non ti dicono a proposito di allevare i figli è che tutti si aspettano da te, per il resto della tua vita, che a ogni schiocco di dita tu ti ricordi il nome dei tuoi figli e quanti anni hanno.
ERMA BOMBECK

Sai come fanno i cinesi a scegliere il nome da dare a un figlio appena nato? Buttano giù per le scale una scatola di chiodi, sentono il rumore e lo chiamano così.
GIANCARLO BOZZO

Ragazza: «Salve, probabilmente non ti ricordi di me. Ti sedevo accanto alla lezione di applicazioni tecniche.»
Oswald: «Oh sì; Naturale che mi ricordo di te! A proposito, ti ricordi quella ragazza che aveva il tuo stesso nome? Com'è che si chiamava?»
DREW CAREY

Sai di essere un alcolizzato quando il barista ti conosce per nome, e tu non sei mai stato in quel bar.

Comedy Central

Come potrei dimenticarmi della mia professoressa d'italiano? Era ignorante come una zappa: si chiamava Marina Sefarei. Teneva un errore di grammatica pure nel nome!

Giobbe Covatta

Anche i nomi scelti per i vari tipi di profilattico sono quantomeno bizzarri: "Sentilo", "Mettilo", "Chiappalo", "Prendilo", "Mammolo" e "Cucciolo" per i più piccini.

Giobbe Covatta

Le cose cambiano, il tempo passa e mi sono fatto una nuova famiglia. Vi ricordate mio figlio Alcatraz, il condor? Ormai è sistemato, ha seguito le orme del padre: non fa un cazzo. Con la mia nuova famiglia ho tre figli: Thomas, Nicholas e Giuseppes, per coerenza.

Alex Drastico (Antonio Albanese)

Se uno che si chiama Massimiliano lo chiamate Max, perché allora uno che si chiama Fabrizio non lo chiamate Fax?

Fabio Fazio

Non mi ricordo mai una faccia, in compenso però dimentico i nomi.

Leopold Fetchner

Ho chiamato mio figlio "Caffé" perché ci tiene svegli tutta la notte.

Leopold Fetchner

Non ho capito bene il suo nome ma non ho difficoltà a crederle.

Ennio Flaiano

La mamma di Emanuele Filiberto di Savoia si chiama Marina Doria. Marina Doria, ma che nome è Marina Doria? Ma pensa a suo figlio quando tornava a casa e diceva: «Dov'è la mamma? Dov'è la mia mamma?». Marina Doria, ma che cazzo di nome è Marina Doria? «Dov'è Marina Doria?». E il papà gli diceva: «È fuori casa». «E cosa sta facendo?» «Sta pareggiando con la Salernitana».

Gino&Michele-Paolo Rossi

È vero che per diventare presidente di un'associazione ambientalista bisogna avere un nome in via d'estinzione, tipo Fulco, Ermete?
Gianluca Irti

Ritenni opportuno cambiarmi cognome. Poche persone si resero conto che Scialiapin, lo pseudonimo da me prescelto, era semplicemente Groucho Marx scritto all'incontrario.
Groucho Marx

Un giudice ha dichiarato ieri che al boss della mafia John Gotti possono essere rivelati i nomi dei giurati del suo prossimo processo per aggressione, ma non i loro indirizzi di lavoro o residenza. Il giurato John Smith ha detto che non è affatto preoccupato. Invece, il giurato Laika Jardel Rapsanick ha detto: «In effetti, sono un po' preoccupata, ma, uhm... sono anche abbastanza sicura che non sia colpevole».
Dennis Miller

Mi chiamo Matteo. "Matteo" è un'antica parola italiana che significa "Colui che non scopa mai".
Matteo Molinari

«Chi ti ha dato nome Gonzo?» «Mia madre. È morta due anni prima che io nascessi.» «E come ha fatto per il nome?» «Ha lasciato un biglietto a mio padre.»
The Muppet Show

Quando avevo tredici anni pensavo di chiamarmi: "Zitto tu!".
Joe Namath

Sai come si chiama il figlio di Peron? Porompompero Peron!
Nike

Gli uragani fanno un sacco di rumore; fanno un sacco di danni; inoltre l'uomo non ha ancora trovato il modo di controllarli. Non c'è da meravigliarsi che diano loro nomi di donne.
Robert Orben

La tua donna la chiamo Luna Park perché ogni volta che mi tira le palline io poi le regalo il pesciolino.
Pozzoli e De Angelis

La tua donna la chiamo Maionese perché se smetto di sbatterla impazzisce.
Pozzoli e De Angelis

La tua donna la chiamo Bassa Marea perché con lei si tocca sempre.

Pozzoli e De Angelis

La tua donna la chiamo Colosseo, perché dentro ci hanno lottato un sacco di cristiani.

Pozzoli e De Angelis

La tua donna la chiamo Smart perché è piccola ma due dentro ci stanno comodi.

Pozzoli e De Angelis

La tua donna la chiamo Antitetanica perché è obbligatorio farsela.

Pozzoli e De Angelis

La tua donna la chiamo Ikea perché me la porto a casa e me la monto.

Pozzoli e De Angelis

La tua donna la chiamo Pellicola perché quando glielo faccio vedere si impressiona.

Pozzoli e De Angelis

La tua donna la chiamo Barba perché me la faccio tutte le mattine.

Pozzoli e De Angelis

Mia madre vive in cucina, ovviamente è un'ottima cuoca e ne va molto fiera. Io da piccolo ero convinto di chiamarmi "Assaggia".

Daniele Raco

Jas Gawronski è l'unico al mondo il cui nome già corrisponde al suo codice fiscale.

Antonio Ricci

Dimmi come ti chiami e ti dirò chi sei.

Robym

Col nome che porto, coi carabinieri è sempre un problema grave per me, perché quando dico: «Paolo Rossi...» loro mi fanno: «Paolo Rossi? Ma è il fratello?». Per loro è perfettamente normale che uno abbia dodici figli e li chiami tutti Paolo. Una volta mi hanno fermato in piazza Barberini a Roma, ero a piedi, non stavo andando neanche tanto forte, mi hanno detto: «Cosa fa lei qui a Roma?» «Sono un attore, sto lavorando col teatro stabile di Trieste...» «Ma se il teatro di Trieste è stabile, come mai lei è qui a Roma?». C'è qualche

carabiniere in sala? Non ci sono problemi, gliela spiego dopo.
PAOLO ROSSI

È troppo tempo che noi due non parliamo più, Adalgisa. Ti chiami Adalgisa, vero?
LUCIO SALIS

Mi batto per un mondo in cui tutti si chiamino Pino.
FRANCESCO SALVI

Lo chiamiamo il Laureato, perché è... ignoraaaante! Ha un'ignoranza enciclopedica: non sa niente di tutto! Di cose di cui io non ne ho la minima idea, lui ne sa ancora meno!
FRANCESCO SALVI

Gesù Cristo prima di essere crocefisso si chiamava solo Gesù.
MAURIZIO SANGALLI

Sapevo benissimo di essere un brutto bambino. C'è sempre un motivo quando la gente ti chiama Dumbo.
DONALD SUTHERLAND

Sai perché gli uragani hanno nomi di donna? Perché sono come loro. Prima vengono come delle furie, tutte bagnate. Poi se ne vanno portandosi via la tua auto e la tua casa.
TRAFFIC

Totò: «Mia bella signora, qual è il vostro nome?»
Signora: «Mi chiamo Donatella Ossobuco...»
Totò: «Ossobuco? Che strano nome... Come si scrive? Con due buchi?»
Signora: «No, con un buco solo.»
TOTÒ

Elena di Troia... Troia... Troia: questo nome non mi è nuovo.
TOTÒ

Ci sono delle serate in cui indugio a riflettere. «Esco con Anna? Vado da Elena? Cosa farà Virginia? Quasi quasi chiamo Geltrude...». Poi mi soffermo a pensare: «Ehi, chi cazzo la conosce tutta questa gente?!».
FRANCESCO VARCHETTA

«Mi chiamo Gino Colluccello. M'è scaduta la carta d'identità, la devo rifà.» «Bene, firmi qui per esteso.» «Come firmo, Colluccello?» «Mah, se le scrive...»
IL VERNACOLIERE

È solo dopo un ictus che si capisce l'importanza di dare nomi brevi alle proprie figlie.

FRANCESCO VESPA

Quando ero piccolo i miei genitori litigavano in continuazione, dalla mattina alla sera. Fino a 7 anni sono stato convinto di chiamarmi "Tuo figlio"!

SERGIO VIGLIANESE

[La ragazza] si chiama Malpensa perché ai tempi del twist di lei dicevano: «Varda un po' quella lì: balla senza alzare i piedi da terra, sembra che voli».

BEPPE VIOLA

La realizzazione di questa Opera è stata possibile anche grazie alle progettazioni informatiche di Tecne', con il contributo in prima persona di Pieranna Massari e Piergiorgio Veneziani; e con il certosino coordinamento di Elena De Luca, nostra storica collaboratrice.
Il lavoro redazionale è stato curato con la solita vivace competenza da Alessia Gemma, con l'assistenza della solare Linda Ferrari.
Il progetto e l'impostazione grafica sono invece frutto dell'esperienza e della creatività di Zetalab, in particolare nelle persone di Lucio Luzo Lazzara e Walter Uolts Molteni. Grazie anche, per la complice collaborazione dagli Stati Uniti di Paolo Borraccetti.

Gino&Michele, Gut edizioni e Bananas devolvono parte del ricavato dell'*Enciclopedia Universale della Battuta* per acquistare il parco macchine (sei automezzi) di *Presenza Amica*, un'associazione di volontari impegnata nell'assistenza domiciliare ai malati inguaribili in fase terminale.

Per chi volesse conoscere nel dettaglio l'attività di "Presenza Amica Onlus – Volontari per l'aiuto ai sofferenti" di Garbagnate Milanese (Milano), diamo il telefono: 02 99021087,
e l'indirizzo internet: www.presenzamica.it.

L'Enciclopedia Universale della Battuta si avvale dell'alto Patrocinio della *Premiata Bocciofila Cosimo Trombetta per la salvaguardia del Comico* (1).

(1) La Premiata Bocciofila Cosimo Trombetta per la salvaguardia del Comico, *è un'Associazione Culturale che ha come scopo la salvaguardia del Comico, inteso come genere. È stata fondata nel 2005 da Gino&Michele, Maurizio Costanzo, Enrico Vaime, Giancarlo Bozzo, Roberto Bosatra.*
Nello statuto della "Cosimo Trombetta", alla voce Scopi dell'Associazione si può leggere:
"Conservazione e divulgazione della memoria storica del teatro, con particolare attenzione al teatro comico, brillante e al varietà; valorizzazione, raccolta e sviluppo della letteratura e delle presenze televisive legate al Comico come genere, alla satira e all'intrattenimento; sviluppo di iniziative culturali quali la pubblicazione di libri, riviste, siti internet, materiale multimediale, dvd e quant'altro attinente agli scopi sociali; costituzione di archivi storici e raccolta di materiale attinente allo scopo sociale; realizzazione di convegni e/o seminari ed attuazione di forme di collaborazione con enti pubblici e/o privati e/o associazioni e/o organismi di istruzione."
Per eventuali contatti: c/o Teatro Parioli, via Giosuè Borsi, 20, Roma; oppure c/o Zelig, viale Monza 140, Milano.

Volume 8
NON PIC

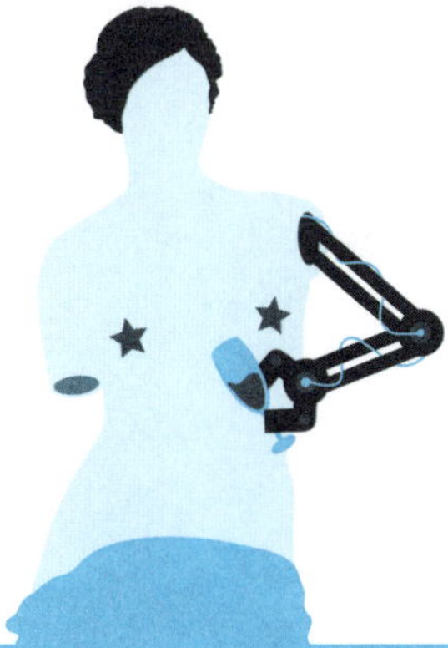

ENCICLOPEDIA UNIVERSALE DELLA BATTUTA

a cura di **Gino&Michele**

con la collaborazione di Matteo Molinari

Gut Edizioni spa, Milano
Prima edizione maggio 2009
www.gutedizioni.com

NON CREDERE
vedi **Fede**

NONNI

Quando ero piccolo trovai il portafoglio di mio nonno. Lo aprii e vidi le foto ingiallite di Gianni Rivera e Padre Pio, che io non conoscevo, non sapevo chi fossero. Lo chiesi e mio nonno mi spiegò: «Uno fa i miracoli, l'altro è un popolare frate pugliese».

DIEGO ABATANTUONO

Fizz: «Cos'hai, Gin, ti vedo triste.»
Gin: «Sai, oggi sono stato al funerale del nonno del bisnonno del nonno di mio nonno.»
Fizz: «E di cosa è morto?»
Gin: «Di peste!»
Fizz: «Anch'io ho una brutta notizia: Vincent ha scoperto che gli abbiamo messo dei microfoni in casa.»
Gin: «Perché dici così?»
Fizz: «Perché quando entra in casa dice sempre: uno, due, tre, prova... Sì... Sì... Prova...»

ALE E FRANZ

Mio papà ha sposato mia mamma, mio zio ha sposato mia zia, mio nonno ha sposato mia nonna... Per quale motivo io dovrei sposare una sconosciuta?

STEVE ALLEN

Mio nonno era un uomo molto insignificante. Al suo funerale il carro funebre seguiva le altre auto.

WOODY ALLEN

Ho preso a mia nonna un cane per ciechi, ma è un po' sadico. Fa delle imitazioni di auto che inchiodano.

LARRY AMOROS

Lui: «Se ti tocco che fai?»
Lei: «Chiamo il nonno.»
Lui: «Se ti bacio che fai?»
Lei: «Chiamo il nonno.»
Lui: «Se ti spoglio che fai?»
Lei: «Chiamo il nonno.»
Lui: «E perché proprio il nonno?»
Lei: «Perché è sordo.»

ANONIMO

Al paese dei nonni una volta se passavi col rosso ti beccavi duecentomila lire di multa. Da quest'anno solo centomila. Il paese è piccolo, forestieri non ce ne sono, nessuno passava con il rosso e così hanno dovuto abbassare i prezzi.

GEMELLI BAROLO

Mio nonno leggeva molti libri ma ci metteva anche molto a leggerli. Era il guardiano del faro.

FEDERICO BASSO

Hollywood, il luogo in cui le bisnonne non sopportano l'idea d'invecchiare.

PHYLLIS BATELLI

«Ti amo, ti ho sempre amata, ti amo da generazioni. Mio padre ti amava prima di me, mio nonno prima di lui.»

ALESSANDRO BERGONZONI

Ricordo con indicibile vergogna la volta che mio padre mi sorprese a masturbarmi. «Cos'hai lì in mano?» tuonò. «Niente, pa'», balbettai, «ho preso un topo.» «Un topo? Balle!». Ma la nonna prese le mie parti: «L'ho sempre detto che in questa stamberga ci sono più topi che cazzi!».

ROMANO BERTOLA

Che tristezza... dormire con i sonniferi! Pensare che una volta, mia nonna, nella nostra casetta nel bosco, per farmi addormentare, mi faceva un'iniezione di morfina.

ROMANO BERTOLA

Come ci faceva divertire mio nonno con niente! Mettendo una gallina o una pecora davanti a una lampadina, riusciva a proiettare sul muro meravigliose ombre di mani.

ROMANO BERTOLA

Per aver successo nella vita non servono i genitori ricchi. A volte basta aver ricchi i nonni.

GIANCARLO BOZZO

Noi non possiamo neppure immaginarci un mondo senza porno. Eppure, una volta era diverso. Mio nonno, per esempio, mi diceva che lui per eccitarsi doveva andare a sdraiarsi in un prato e aspettare che arrivasse una nuvola a forma di tetta.

ADAM CAROLLA

Mio nonno me lo diceva sempre: «Ateo, la testa è la cosa più importante che c'abbiamo. Non sforzarla».

PAOLO CEVOLI

Vorrei tornare a vivere con gli insegnamenti di mia nonna: «Ricordat Gabrie'... la femmena che move l'anca o è puttana o poco ce manca!».

GABRIELE CIRILLI

Non so chi fosse mio nonno. Sono molto più interessato a sapere chi sia suo nipote.

ALDO COLOMBINI

Non mi dimenticherò mai le ultime parole di mio nonno: «Merda. Un camion!».

ALDO COLOMBINI

Mia nonna è finalmente mancata. 104 anni! Non ho mai conosciuto nessuno così vecchio! Il suo numero di telefono era 3.

COMEDY CENTRAL

Mio nonno iniziò a fare cinque chilometri al giorno quando aveva sessant'anni. Ora ne ha ottantacinque e non ho la più pallida idea di dove sia.

ELLEN DEGENERES

Mia nonna era così piccola che faceva la mondina con le bombole.

MARCO DEL CONTE

Nonno: «Quanti anni hai?»
Nipote: «Dieci anni.»
Nonno: «Dieci anni? lo alla tua età ne avevo almeno dodici!»

GIORGIO DELUCA

Credo nei rimedi di un tempo, quelli della nonna, per capirci, quelli semplici. Ai vecchi tempi, se prendevi la polmonite, bevevi tè caldo, bevevi zuppa di pollo, e poi morivi.

PHYLLIS DILLER

I miei genitori mi mandano spesso a trascorrere l'estate coi nonni. Ma io detesto i cimiteri.

CHRIS FONSECA

Non puoi avere dei problemi con i nonni. Tutto quello che devi fare è baciarli quando entrano in casa, dir loro che ti sono mancati, lasciarti comperare della robaccia da loro, ed è fatta!

MICHAEL J. FOX

Mio nonno una volta mi disse che esistono due tipi di persone: quelli che fanno il lavoro e quelli che si prendono i meriti. Mi consigliò di provare a far parte del primo gruppo perché c'era molta meno competizione.

INDIRA GANDHI

Come diceva sempre mio nonno: donne e buoi sono due cose diverse.

GIUSEPPE GIACOBAZZI

Agnelli ha sempre avuto il pallino degli affari. A sedici anni il nonno gli regalò 1000 lire con le quali Gianni comprò tre mele che rivendette a 1300 lire. Quindi investì questo nuovo capitale per comperare cinque mele che rivendette a 2000 lire subito reinvestite in sei mele che gli fruttarono 3000 lire. A questo punto quando stava per acquistare dodici mele per ricavarne 5700 lire, improvvisamente, grazie a una congiuntura favorevole del mercato, morì suo padre lasciandogli in eredità 100 mila miliardi.

GINO&MICHELE

«Nonna, che bocca grande che hai!» «E non hai visto il pistolino del nonno!»

GIANLUCA IRTI

Non è bizzarro quando vostra nonna chiama vostro nonno: «Nonno»? E tu sei lì: «È pure tuo nonno? Dunque tu sei mia sorella? E sei pure la mamma di mio papà? Cosa cazzo è successo, in questa famiglia?!».

EDDIE IZZARD

Mio nonno è così duro d'udito che deve leggere le labbra. A me non dà fastidio, solo che usa uno di quegli evidenziatori gialli.

BRIAN KILEY

La ragione perché nonni e nipoti vanno così d'accordo è che hanno un nemico comune.

SAM LEVENSON

Mio nonno beveva mezzo litro di alcol al giorno ed è arrivato fino a cento anni senza alcun problema. In effetti, qualche problema c'è stato al momento della cremazione: non si spegneva più.

CITATA DA PAOLO LIMITI

Mia nonna è sempre stata una persona riservata e indipendente, aveva la sua camera, non sapevamo neanche di averla in casa. È morta nell'89, domani facciamo i funerali.
ROBERTO LISSONI

Mio nonno era talmente aggressivo e arrogante che sulla sua tomba, sotto la foto, c'era scritto: "Cazzo guardi?".
DANIELE LUTTAZZI

Non c'è due senza te.
MINO MACCARI

Abito in una casa così piccola che una volta ho schiacciato un mozzicone di sigaretta e la nonna ha gridato: «Chi ha spento il riscaldamento?».
BORIS MAKARESKO

Dal mio fioraio le corone da morto le fa la nonna, così si abitua all'idea.
MARCELLO MARCHESI

I miei nonni stanno insieme da cinquantacinque anni. Ormai non si parlano più. L'altra sera lui le ha lasciato un biglietto: "Mi svegli domani alle otto?". La mattina si è svegliato e ha trovato sul suo comodino un biglietto: "Svegliati, sono le otto!".
CRISTIANO MILITELLO

Mio nonno è alla buona, parla usando i proverbi, i modi di dire: «Cristiano, ma quella biondina con cui stavi?» «L'ho lasciata, niente di che, e poi era alta solo un metro e cinquanta...». E lui: «Beh, nelle botti piccole ci sta il vino bono...» «Sì, ma c'aveva i baffi.». E lui: «Donna baffuta sempre piaciuta!» «E pure gli occhi storti.» «Si chiama strabismo di Venere, bischero!» «Ma era una brontolona...». E lui: «Can che abbaia non morde!» «Poi ha quarantotto anni!». E lui: «Gallina vecchia fa buon brodo!» «E allora trombala te!»
CRISTIANO MILITELLO

Per venderti la linea Adsl ti telefonano a casa tutte le sere. Mia nonna, ottantanove anni, ha messo fastweb. Non ha idea di cosa serva, ma con novantanove euro al mese adesso può mangiare tranquillamente senza rotture di coglioni.
ALFREDO MINUTOLI

Con le donne la mia fortuna è altalenante: la nonna di un mio coetaneo mi ha concesso un appuntamento a cena, la Parietti mi ha mandato affanculo.

EGIDIO MORRETTI

Noi nella mia famiglia lavoriamo tutti. Da generazioni. Mio nonno ha fatto il capannone piccolo, mio padre il capannone grande, io il capannone grandissimo. Mio figlio si droga.

PEREGO (ANTONIO ALBANESE)

Se i bambini si mettono il pollice in bocca si può sempre farli smettere inchiodando il dito colpevole al seggiolone. Se non c'è un chiodo in giro, basterà un colpo di martello sulle dita, a meno di non ricorrere al metodo del nonno, che infilava una bomba a mano al pollice del neonato. Quando il monellaccio incominciava a tirare il cordino della miccia, il nonno si infilava le dita nelle orecchie e scappava a tutta velocità.

SIDNEY JOSEPH PERELMAN

Povera nonna, il suo grande sogno era di diventare una cantante lirica. Per questo da giovane aveva iniziato a studiare da soprano, ma per colpa della guerra dovette interrompere gli studi a metà così diventò mezzo soprano.

VALERIO PERETTI CUCCHI

Mio nonno non è mai stato una persona di compagnia. Ci siamo accorti che era morto perché russava meno.

VALERIO PERETTI CUCCHI

Era pieno di sé e io, esasperato da tanta presunzione, un giorno gli chiesi: «Nonno, ma chi ti credi di essere! Dio in terra?» «No!», mi rispose, «è lui che si crede me in cielo!»

VALERIO PERETTI CUCCHI-MARIO ZUCCA

Mia nonna aveva novantaquattro anni, ma non li dimostrava affatto. Sembrava mooolto più vecchia!

VALERIO PERETTI CUCCHI-MARIO ZUCCA

Alle elementari andavo in una scuola diversa ogni giorno perché mi accompagnava mio nonno che è cieco. Ma la cosa più triste era, rincasando, aprire la porta della cucina e trovare mio nonno che dava la merenda ogni giorno a un bambino diverso.

POTATO (ALESSANDRO BRUNELLO)

Mio nonno è un po' smemorato, però gli piace darmi consigli. Un giorno mi ha chiamato in disparte e mi ha piantato lì.

RON RICHARDS

Adesso devo vendere un po' di terra per fare soldi per il nonno, che vuol cambiare sesso. Non nel senso che vuole diventare donna, nel senso che ne vuole uno nuovo!

LUCIO SALIS

Ieri la nonna mi ha portato ai giardini e c'erano due cani. Uno stava sotto e quell'altro stava sopra. Allora la mi' nonna ha detto che quello che stava sotto portava quell'altro sopra perché s'era fatto male a una gamba. È proprio vero che a fare un favore a un amico si piglia sempre in culo!

SIMONE (GIORGIO PANARIELLO)

Mi sono fidanzato con una ragazza del nord, appena mio nonno ha saputo che stavo con una trentina mi ha detto: «Eh, beato te che fai ancora le ammucchiate!».

DANILO VIZZINI

Quando ero piccolo mia nonna mi portò a mangiare in una trattoria all'aperto. Cominciò a piovere. Ci misi tre ore a finire il brodo.

MARIO ZUCCA

NONSENSE

Neanche il futuro è più quello di una volta.

HERMANN JOSEF ABS

Ale: «Io ho la chitarra di Chopin.»
Franz: «Non dire cagate che Chopin non ha mai usato la chitarra.»
Ale: «Infatti è nuova, è ancora imballata!»

ALE E FRANZ

Gin: «Ho saputo che ieri ti hanno picchiato»
Fizz: «Bastardi... Erano in metà di mille»

Gin: «Li conosci?»
Fizz: «480 sì, ma 20 non li avevo mai visti»
ALE E FRANZ

Franz: «Cosa ha fatto ieri?»
Ale : «Sono andato allo zoo.»
Franz: « A vedere gli animali?»
Ale: «No, a vedere le gabbie! Io vado pazzo per le gabbie. Sono un grande appassionato di gabbie e lucchetti. A casa ho una collezione di Yale e Cisa del '64. Anzi, mi danno fastidio gli animali perché si muovono e mi distraggono dall'acciaio!»
ALE E FRANZ

Mio papà ha sposato mia mamma, mio zio ha sposato mia zia, mio nonno ha sposato mia nonna... Per quale motivo io dovrei sposare una sconosciuta?
STEVE ALLEN

Fui buttato fuori dall'università al primo anno. Mi scoprirono mentre copiavo allo scritto di metafisica. Sbirciavo nell'anima del mio vicino.
WOODY ALLEN

Chiunque non morirà di spada e di carestia, morirà di peste e allora perché preoccuparsi di farsi la barba?
WOODY ALLEN

Lo sapete che se metteste tutti i fumatori uno accanto all'altro attorno all'equatore, più del 67% annegherebbe?
STEVE ALTMAN

Allen: «Che bella pelle che hai!»
Keaton: «Sì, ne ho in tutto il corpo.»
AMORE E GUERRA

Chi ha inventato lo scopino che si mette accanto al water? Quel coso fa male!
ANDY ANDREWS

«Conosco un tale con una gamba di legno che si chiama Smith.» «Ah sì? E come si chiama l'altra gamba?»
ANONIMO

Due uova sono nella padella. Il primo dice: «Urca che caldo che fa qui!». L'altro si gira e fa: «Aaahhh! Un uovo che parla!».

ANONIMO

«Ci ho riflettuto a lungo ma alla fine la mia decisione è presa. Alla vostra proposta rispondo con un "forse" definitivo.»

ANONIMO

Ci credereste? Quarant'anni fa, mentre faceva un bagno di sole nel suo giardino, la signora Betty Lomax di Pugh Street, Ponders End, perse il suo anello di fidanzamento. Ieri, mentre zappava proprio in quel giardino, suo figlio Wilfred si è preso l'ernia.

ANONIMO

Pochi sanno cos'è un troglodita. Il troglodita è uno che ha le dita a troglo.

GIAMPIERO ASARA

La più importante conclusione alla quale sono giunto dopo aver girato in lungo e in largo il Giappone, contando anche le ore in cui ho letto, studiato e analizzato questa cultura affascinante, è che uno dovrebbe sempre chiudere bene il tappo del flacone di shampoo prima di metterlo in valigia.

DAVE BARRY

Non faccio per vantarmi ma oggi è una bellissima giornata.

GIUSEPPE GIOACHINO BELLI

Casa Dolce Casa, è solo un proverbio oppure è una rivista di Arredamento Pasticceria Arredamento?

ALESSANDRO BERGONZONI

È vero o non è vero che fa diesis è la somma di cinques più cinques?

ALESSANDRO BERGONZONI

Sono molto contento di essere qui, come dice uno dei nipotini di Paperone.

ALESSANDRO BERGONZONI

«Lei si chiama Pierre Gedempoterahnick?» «No.» «E non è contento?»

MILTON BERLE

Come ci faceva divertire mio nonno con niente! Mettendo una gallina o una pecora davanti a una lampadina, riusciva a proiettare sul muro meravigliose ombre di mani.

ROMANO BERTOLA

G. mi supplica di andarlo a trovare all'ospedale. È malato, senza un soldo. Mi metto in viaggio, ma quando arrivo è troppo tardi! Lo trovo guarito, sposato, ricco.

ROMANO BERTOLA

Vicino a casa mia abita un corteo. Un bestione lungo mezzo chilometro. Però buono, educato... Ogni volta che passa mi saluta.

ROMANO BERTOLA

La mamma del Babau per farlo star buono gli diceva: «Guarda che se non obbedisci viene Gesù Bambino a prenderti!».

ROMANO BERTOLA

Temo che il mio medico sia un po' esaurito. Oggi gli ho chiesto: «Devo fare qualcosa per i miei reumatismi?» «Niente», ha risposto, «cos'hanno fatto loro per lei?».

ROMANO BERTOLA

«Ecco la grotta!» esclamarono i Re Magi. Si inginocchiarono e vennero travolti dal rapido Parigi-Roma che usciva dalla galleria del Frejus.

ROMANO BERTOLA

Ha insistito tanto che alla fine gli ho detto no.

ROMANO BERTOLA

«Io gliel'avevo detto a mio figlio di non sposare Miss Svezia, ma lui niente, non ha voluto darmi ascolto. E così adesso abbiamo la croce di questo povero nipote alto, biondo, con gli occhi azzurri», mi dice la mamma del gobbo.

ROMANO BERTOLA

Sono sempre stato molto precoce. Una volta ho terminato un puzzle in meno di quattro giorni. E pensare che sulla scatola c'era scritto "dai 2 ai 5 anni".

CLAUDIO BISIO-ROCCO TANICA

Riuscivo a eccitarmi soltanto guardando la radiografia di una prostata. Ma, credetemi, non ero felice. La radiografia di una prostata non

può sostituire l'amore vero... No, neanche se è nitida.
CLAUDIO BISIO-ROCCO TANICA

Questo è un pezzo di Giuseppe Verdi. Joe Green, per voi. Lo suonerò con entrambe le mani, così finirà prima.
VICTOR BORGE

Tra i feriti il morto era il più grave.
LORENZO BOSIO

Automobili, clacson, suonerie di televisioni, cellulari, bambini che piangono, cani che abbaiano, al giorno d'oggi è difficile trovare un posto tranquillo. Ieri, per esempio, sono andato in campagna per leggere un libro. Non ci sono riuscito. Avevo dimenticato il libro.
LORENZO BOSIO

«Io faccio l'amore col preservativo.» «E come ti trovi?» «Be', con le donne era meglio.»
GIANCARLO BOZZO-CARLO TURATI

Se uno vuole farsi una pera deve spararsela su per un braccio. È una cosa mica da ridere: non è per niente facile far passare una pera attraverso un ago. Su *Famiglia Cristiana* ho letto che è più facile farci passare un cammello.
ENZO BRASCHI

Sono neutrale. Né con voi né con me.
MASSIMO BUCCHI

Adoro le ragazze coi pollici opponibili.
PAOLO BURINI

Il pollo è un secondo, sessanta polli sono un minuto, un minuto sono centoventi ali. Ecco perché si dice che il tempo vola.
MARCO CACINI

Giallo in un minuto.
Era una notte buia e tempestosa quando la figlia del dottore rincasò tardi come al solito. Suo padre non approvava la sua attuale relazione amorosa e giurò che l'avrebbe ostacolata in tutti i modi. Il giorno dopo trovarono tre civette sgozzate sul comò.
FABRIZIO CANCIANI

La prima cosa che t'insegnano a scuola guida è dove mettere le mani sul volante: a ore 10.00 e a ore 2.00. Io metto le mie a 9.45 e a 2.17, mi dà quell'extra di mezz'ora per arrivare con più calma dove voglio.

GEORGE CARLIN

Vi siete mai accorti di una cosa strana? Chiunque guidi più lentamente di voi è un coglione e chiunque vada più velocemente è un imbecille.

GEORGE CARLIN

Per risparmiare ho deciso di farmi seppellire con il braccio fuori, così mi cambio i fiori, mi pulisco il marmo e poi faccio gli scherzi: scambio le foto delle lapidi.

LA CAROVANA

«So che viaggia spesso con la mountain bike.» «Ho una Graziellina, è più comoda, c'è la vite in mezzo, si piega in due e sta nello zaino.» «Ma è pesante?» «58 chili.» «E quanti rapporti ha la sua Graziellina?» «Sono affari suoi, a me non interessa. Può andare anche con un motorino.»

LA CAROVANA

La guerra civile si distingue da quella incivile per l'educazione dei modi. Per esempio: «Scusi, le dovrei sparare, come preferisce che le spari: di faccia o di profilo?» «Di faccia, grazie; di profilo non muoio mai bene».

PINO CARUSO

Pensavo che tutte le donne fossero uguali, ma ce n'erano di peggio.

GIANPIERO CASONI

Ti lascio, che tra cinque minuti manca un quarto alle sette e mezza.

VITTORIO CECCHI GORI

«Caro, perché non giochi mai a pallone coi ragazzi?» «Perché non rimbalzano bene.»

LIA CELI

Una mia amica è rosa dal sospetto che il marito sia cornuto.

GIOVANNI CELLINI

Vi propongo un test: mettete questa battuta a 20 metri dal muro del salotto. Se riuscite a leggerla da questa

distanza, allora vuol dire che avete un salotto enorme.
GIOVANNI CELLINI

A una punk con i capelli blu: «Ehi stai invecchiando, ti si vedono già i primi capelli celesti».
GIOVANNI CELLINI

«Io faccio atletica.» «E che fai?» «Lancio del martello.» «A che distanza?» «Quaranta metri.» «Quaranta metri? E riesci a beccare il chiodo?»
GIOVANNI CELLINI

Una volta Orlov fece indigestione di piselli tritati e morì. E Krylov lo venne a sapere e morì pure lui. E Spiridonov morì per conto suo. E la moglie di Spiridonov cadde dalla credenza e morì pure lei. E i figli di Spiridonov annegarono nello stagno. E la nonna di Spiridinov cominciò a bere e si diede al vagabondaggio. E Michajlov smise di pettinarsi e gli venne la tigna. E Kruglov disegnò una signora con una frusta in mano e uscì di senno. E Perechrestov ricevette un vaglia telegrafico di quattrocento rubli e cominciò a darsi tante arie che lo licenziarono. Tutta brava gente, e non sanno farsi una posizione.
DANIIL CHARMS

Il cavallo è un animale povero, va in giro con gli zoccoli e senza calze; se gli salti addosso ti porta; se lo metti davanti a una carrozza esso la tira; se lo lasci in un posto sta lì, ed ecco che dorme in piedi.
COCHI E RENATO

Casa mia casa mia per piccina che tu sia sarai sempre una tenda.
COCHI E RENATO

Il marinaio spiegò le vele al vento. Il vento non capì.
COMIX

«Mi dà un cono gelato da 1,50 euro... Grazie, quant'è? Come 2,00 euro, se ieri costava 1 euro!»
ANTONIO CORNACCHIONE

Non sono sempre stato nero... Vedete, avevo questa lentiggine, e ha continuato a diventare più grande, e più grande, e più grande.
BILL COSBY

Non gioco più al lotto, da quando ho scoperto che se faccio ambo ricevo duecentocinquanta volte la posta. Non mi ci entra nella buca delle lettere.

MAURO COTONE

Io sono praticante ma non credente.

SALVADOR DALÍ

Il ministero della Pubblica Istruzione ha deciso: stipendi più alti ai professori più alti.

GLAUCO DELLA SCIUCCA

Nonno: «Quanti anni hai?»
Nipote: «Dieci anni.»
Nonno: «Dieci anni? lo alla tua età ne avevo almeno dodici!»

GIORGIO DELUCA

Com'è che mi prendo sempre la colpa di tutto quello che faccio?

DENNIS THE MENACE

Il mio naso non è storto: è di profilo.

DENTIBLÙ

Paul Newman: «Tieni il resto.»
Barista: «Non c'è resto.»
Paul Newman: «Tienilo lo stesso.»

DETECTIVE'S STORY

Bellissimo lo spettacolo del nuoto sincronizzato. Coreografie strabilianti eseguite da atleti eccezionali. Problemi solo per la squadra della Città del Vaticano: le atlete non riuscivano ad andare sott'acqua.

SILVIO DI GIORGIO

«Sei Lulù vero? Ti ho riconosciuta dall'accento.»

DIMUNNO E TAMBORRINO

L'anno prossimo è il 2002. È un anno palindromo, lo puoi leggere sia da un lato che dall'altro. È una cosa rarissima: secondo i miei calcoli non capitava dal 1936.

NORMAN DRABBLE

Io posso sollevare un elefante con una mano sola. Ma dove lo trovo un elefante con una mano sola?

LEOPOLD FETCHNER

Sto leggendo un libro giallo molto strano. Sembra che la vittima sia stata uccisa da un uomo di un altro libro.

LEOPOLD FETCHNER

Quando avevo dodici anni sono scappato col circo, ma la Polizia poi me lo ha fatto riportare.
LEOPOLD FETCHNER

Devo farmi riparare la macchina da scrivere. La O è capovolta.
LEOPOLD FETCHNER

Vendo villetta a sfera con angolo cottura.
FICHI D'INDIA

Ieri ho preso un taxi e mi è costato 60.000 lire. Siccome ne avevo solo 54.000 ho chiesto al tassista di fare 6.000 lire di marcia indietro.
FICHI D'INDIA

Vendonsi tre villette a schiera, una a Trieste, una a Urbino, una a Reggio Calabria. Particolarità: ingresso unico.
FICHI D'INDIA

C'era un tizio che mi ha chiesto quale fosse il marciapiede di fronte. lo gli ho detto che era quello dall'altra parte della strada. Lui mi ha risposto che era già di là e che lo avevano mandato di qua.
FICHI D'INDIA

Quando sentirai il telefono che non suona, sarò io che non ti chiamo.
FANNIE FLAGG

Una volta il rimorso mi seguiva, ora mi precede.
ENNIO FLAIANO

I capolavori oggi hanno i minuti contati.
ENNIO FLAIANO

È quanto meno strano come, pur vivendo nello stesso corpo, io e il mio cervello non ci siamo mai incontrati.
MISTER FOREST (MICHELE FORESTA)

Se mi avessero dato un miliardo per ogni volta che ho presentato questo gioco in pubblico a quest'ora sarei miliardario.
MISTER FOREST (MICHELE FORESTA)

Sarebbe bello vivere in un mondo in cui i best-sellers fossero libri tipo *Io speriamo che me la cavo.*

Temi tutti giusti, senza neanche un errore, svolti dai bambini bravi di Arzano.

MICHELE FORESTA-NINO FRASSICA

Vuoi un buon motivo per comprare questo libro? All'interno troverete una carta da ritagliare. Voi siete certamente dei furbacchioni, quindi avrete già capito che comprando 54 libri potrete comporvi un bel mazzo di carte gratis.

MICHELE FORESTA-NINO FRASSICA

«Ciccio, sei sicuro che vive qui il morto?»

FRANCO FRANCHI E CICCIO INGRASSIA

Vendo una macchina da scrivere e una già scritta.

NINO FRASSICA

Intervistatore: «Se dovesse fare un viaggio in un'isola deserta, chi butterebbe giù dalla torre?»

NINO FRASSICA

Conoscevo un cane così stupido che erano le macchine a corrergli dietro.

GARFIELD

È morto nella sua casa di Lugo di Romagna lo scultore Giuseppe Sbrindellini. Inventore della scultura invisibile, l'artista aveva esposto le sue opere praticamente in tutto il mondo. Diceva lui.

GINO&MICHELE

Finalmente ho trovato un imbianchino come si deve: preciso, onesto, coscienzioso... e fa anche servizio a domicilio.

GINO&MICHELE

Era troppo povero per giocare a golf. Giocava a felpa.

GINO&MICHELE

Che scena straziante! Non mi commuovevo più così dal giorno in cui vidi al Maurizio Costanzo Show Corinna, la piccola infelice nata senza saper né leggere né scrivere.

GINO&MICHELE-GENE GNOCCHI

Ci sono momenti nella vita in cui devi fare delle cose anche se sono giuste.

GINO&MICHELE

Ci sono delle api che come secondo lavoro fanno le punture agli anziani.
GENE GNOCCHI

Del Borneo tutti parlano ma nessuno sa dov'è. Dei miei amici hanno detto che per aprire un bar in Borneo non ci vuole nessuna licenza.
GENE GNOCCHI

Ursula Andress ha avuto un figlio da 007 e l'ha chiamato Raggio per raggio per 3 e 14.
GENE GNOCCHI

Mio cugino ha aperto una fabbrica di lampostil. Non ha avuto fortuna, nonostante avesse inventato gli evidenziatori neri.
GENE GNOCCHI

Il Po quando nasce dal Monviso pesa tre litri e otto.
GENE GNOCCHI

Quelli che fanno il torrone in casa, se non viene bene, lo usano come fermaporte.
GENE GNOCCHI

C'è stato un periodo che delle bande di venusiani lanciavano degli asteroidi sul parabrezza delle astronavi che andavano in vacanza.
GENE GNOCCHI

Alla notizia che le regioni avranno più denaro, Anna Falchi ha annunciato di essersi fidanzata col Molise.
GENE GNOCCHI

La x in matematica l'ha messa per primo il professor Godel per far contenta sua moglie che lo aspettava a letto: «Metti una x e finisci domani».
GENE GNOCCHI

Il vento che sfiora le foglie dei pioppi produce un suono particolare che i pescatori del Po chiamano ancora "Suono particolare del vento che sfiora le foglie dei pioppi", in attesa di un nome che renda l'idea.
GENE GNOCCHI

La fotocopiatrice ha raggiunto il suo assetto attuale nel 1913, quando il fotografo nano Bilek è morto soffocato perché nell'ufficio dove lavorava sono andati via tutti dimenticandosi di tirarlo fuori. La cosa fece così scalpore che in fretta e furia fu studiato un sistema per lasciare dentro solo la macchina fotografica.

GENE GNOCCHI

Da un anno c'è in commercio l'apribanane, ma è un articolo che non ha sfondato.

GENE GNOCCHI

La circolazione in Artide avviene solo con slitte. Un cane da slitta con un filetto fa quindici chilometri.

GENE GNOCCHI

I primi silos erano orizzontali e la roba si sparpagliava per terra.

GENE GNOCCHI

Alcuni dividono il mondo in prima del telegrafo e dopo il telegrafo. Altri non se la sentono.

GENE GNOCCHI

Il mercato delle palafitte attualmente è fermo.

GENE GNOCCHI

In Valtellina le foto di gruppo del matrimonio non si riesce mai a farle perché c'è sempre uno che vede uno scoiattolo e allora tutti si girano a guardare e vengono presi di schiena.

GENE GNOCCHI

Quando non c'erano le Alpi, nelle giornate di sole, si poteva vedere il Belgio e, se uscivano di casa, i Belgi.

GENE GNOCCHI

Mai dormire in tre in un letto, o ci si sveglierà in tre in un letto.

GÜNTER GRASS

Io voglio bene ai miei genitori, compreso il babbo.

GIOVANNI GUARESCHI

Sto da Dio. Ma l'affitto mi mette in croce.

ROBERTO GUIDARINI

C'è un giorno per seminare e un giorno per raccogliere... Giovedì andrebbe benissimo.

CORRADO GUZZANTI

Semmai vi infilaste in un vecchio tronco cavo e vi addormentaste, e mentre siete lì dentro arrivassero dei tizi e sigillassero le estremità e lo mettessero su un furgone e lo portassero in un'altra città, ragazzi, non so proprio cosa dirvi.
JACK HANDEY

Contrariamente a certe credenze popolari, l'animale più pericoloso non è il leone, la tigre o l'elefante. L'animale più pericoloso è lo squalo che cavalca un elefante, perché calpesta e mangia tutto quello che vede.
JACK HANDEY

«Lo sai che nel Guinness dei primati ci sono Cary Grant, Sammy Davis Jr, Marlon Brando, Gary Cooper e Fred Astaire?» «E come mai?» «Prima squadra cacciata al concorso: "Cinque persone che si somigliano come gocce d'acqua".»
JOHNNY HART

Chico: «C'è un uomo qui fuori con dei grossi baffi neri.»
Groucho: «Digli che ne ho già un paio.»
HORSE FEATHERS

Prendete un circolo, accarezzatelo, diventerà vizioso.
EUGÈNE IONESCO

Da un'indagine è stato definito che nei treni l'ultima vettura è la più pericolosa. La Direzione Generale ha deciso di eliminarla al più presto.
DOMENICO IPPOLITO

In Australia, quando arriva la primavera, ritornano i boomerang?
GIANLUCA IRTI

Non mangio mai a stomaco vuoto.
WILLIAM JOHNSTON

«Pronto? Scusi, è lei che vende la moto?» «Sì» «Per quanto?» «Per sempre...»
LUCA KLOBAS

«Sono davvero desolato di non poter partecipare alla vostra cena. Purtroppo è la serata libera del bimbo e io devo restare a casa con la babysitter.»
RING LARDNER

È incredibile pensare che quando Mozart aveva la mia età era già morto da un anno.
TOM LEHERER

La forfora unita alla nitroglicerina dà un ottimo esplosivo.
MINO MACCARI

Mangia sempre la peperonata, che non gli piace per niente, perché va pazzo per il bicarbonato.
BORIS MAKARESKO

Girare con le targhe alterne non è giusto perché chi ha la targa alterna gira, chi non ce l'ha no.
LEONARDO MANERA

Quanto staremmo bene qui se noi fossimo altrove.
GIORGIO MANGANELLI

Oggi alle 21 sciopero contro il terremoto.
MARCELLO MARCHESI

È tardi, è tardi. Poi manca sempre la pentola per bollire l'elefante.
MARCELLO MARCHESI

C'è un solo motivo per il quale manderei a monte il mio matrimonio, cioè se mia moglie mi sorprendesse a letto con un'altra donna. Non riuscirei a sopportarlo.
STEVE MARTIN

Chico: «Fuori c'è l'uomo dell'immondizia.»
Groucho : «Digli che non ne vogliamo.»
FRATELLI MARX

Groucho: «Dove fu firmata la dichiarazione d'indipendenza?»
Chico: «In fondo al foglio, a destra.»
FRATELLI MARX

Signorina, io vado nel mio ufficio. Se squilla il telefono non risponda. Potrebbero aver sbagliato numero.
GROUCHO MARX

Guardami: sono partito dal nulla e ora sono poverissimo!
GROUCHO MARX

Una volta partorì un figlio illegittimo, ma era piiiiccolo.
FREDERICK MARRYAT

«Ciao», disse, mentendo.

ROBERT MAXWELL

L'hepplewhite è un uccello che vola capovolto, così quando gli spari cade verso l'alto.

JOHN P. MEDBURY

Nell'anno in cui sono nato io, sono morti Magritte, Totò, Che Guevara e Otis Redding. Ma ho un alibi di ferro.

FRANCO MERAFINO

C'è gente per strada che ferma Stefano Gabbana e gli dice: «Mi accorci i jeans che ho appena comprato?». Stefano: «Di che marca sono?». Passante: «Della Diesel». Stefano: «Ok! Non ha importanza, basta che fai lavorare il comparto tessile. Però facciamo alla svelta».

MAURIZIO MILANI

L'insider trading si configura quando chi ha notizie riservate su una società ne trae vantaggio speculando. Per esempio, tutte le maestre elementari sanno che i bambini grandi obesi fanno innamorare dieci volte di più le bambine rispetto agli altri bambini di peso giusto. Questi, nel vedere che il bambino grande obeso ha più successo con le donne, dicono: «Divento anch'io sui 30 chili fuori peso» e cominciano un consumo scriteriato di calorie. Se la loro maestra va in banca e acquista azioni della Kinder Division fa insider trading.

MAURIZIO MILANI

Mio papà guida i treni. Lui dovrebbe tirare i merci, ma a volte senza essere ordinato di servizio va in Stazione Centrale e prende su il Pendolino per Roma, lo lancia in velocità come se fosse suo, poi tra Reggio Emilia e Modena sterza di colpo e lo piega di fianco... il treno per quello tiene, ma gli utenti si spaventano lo stesso.

MAURIZIO MILANI

Ci tenevo a darti un dispiacere.

MAURIZIO MILANI

Per strada ho visto una signora avere un malore; non c'era nessuno. Io per non avere la responsabilità di soccorrerla mi sono fatto venire un malore anch'io.

MAURIZIO MILANI

Il comune di Sesto Lodigiano ha ceduto gli uffici dell'anagrafe alla Lottomatica, che è la concessionaria del ministero delle Finanze per il gioco del lotto. Gli impiegati del comune sono obbligati, oltre a dare i certificati, a prendere anche le giocate del superenalotto. I sindacati di categoria si sono offesi e hanno smesso di bere... tutto d'un colpo non va bene, infatti certi sono stati male.

Maurizio Milani

Mi chiama la maestra della scuola di mio figlio: «Signor Milani, suo figlio beve diciannove, venti litri di acqua al giorno». Io: «Sì, è un mio consiglio». Lei: «Certo, ma prima il bambino si limitava a fare il suo bell'imbarazzo d'acqua e via, adesso si corica come un toro con la pancia nuda a contatto del pavimento freddo e mi dà l'impressione di cercare apposta la congestione per vantarsi di essere moderno». lo: «Grazie». Alla sera ho ragionato e parlato serenamente con mio figlio per una buona mezz'ora, poi, dopo aver chiarito ogni cosa, gli ho dato un calcio nel culo.

Maurizio Milani

Davanti alla mia scuola si è ribaltato un camion carico di maiali. L'autista era mio zio, quello che ha il vizio di bere; egli, non volendo responsabilità, era scappato nei campi dopo l'incidente... sì, poi di notte aveva telefonato a Radio Popolare per vedere se almeno metà della colpa se la prendevano loro.

Maurizio Milani

Ieri ho ragionato così bene, ma così bene che la mia morosa si è offesa.

Maurizio Milani

Ogni tanto la domenica, quando non so cosa fare, vado a vedere delle gare di rutti. Ce ne sono delle belle.

Maurizio Milani

Sono stato con una ragazza a dir poco imbarazzante: non aveva peli sulla lingua, in compenso però aveva lingue sui peli, e vi assicuro che era davvero rivoltante.

Matteo Molinari

Per dormire al fresco dovete stare in ambienti ventilati. Se la stanza dove dormite di lati ne ha meno, allora tenetevi il caldo!
MATTEO MOLINARI

Non faccio per vantarmi, ma quando avevo cinque anni mi bastava guardare un film una volta sola e alla fine potevo dirvi se era a colori o in bianco e nero.
MATTEO MOLINARI

Un metodo infallibile quando si deve calcolare il volume della semisfera e ci si trova in difficoltà è agire nottetempo e trasformare la semisfera in un parallelepipedo.
SANDRO MONTALTO

Ma l'ottovolante ha otto clacson?
SANDRO MONTALTO

Sulla macchina di mio padre non posso dimenticare la foto con calamita, la Madonna con il bambino in braccio, solo che ogni volta che mio padre frenava, alla Madonna gli cadeva il bambino dalle braccia. Che quando ci fermavano i vigili a mio padre facevano la multa perché il Bambin Gesù era davanti e senza seggiolino e la Madonna era senza cintura!
FRANCO NERI

La gente diviene quel che è. Persino Beethoveen è diventato Beethoveen.
RANDY NEWMAN

Fammi un favore e simmene grato.
UGO OJETTI

Se mi piace camminare? Mi piace tantissimo: io adoro camminare. Certo non a piedi.
FURIO OMBRI

Suonai. Lei mi aprì con un sorriso. Non è facile, provate voi.
FLAVIO OREGLIO

Non sono molto intelligente ma mi salva la mia grande ignoranza.
FLAVIO OREGLIO

Non ho mai fatto l'amore sotto la doccia... Però neanche sopra.
FLAVIO OREGLIO

Comincio a rispondere male alle persone. Mi chiedono: «Che ore sono?», e io: «Male».

ALESSIO PARENTI

Otorinolaringoiatria: se ti fischia un orecchio, è male. Ma se ti applaude, è peggio.

GINO PATRONI

Al largo di Pago-Pago ho raccolto un naufrago che mi ha detto: «Grazie-grazie».

GINO PATRONI

Provò anche a vendere gli accendini ai semafori, ma non riuscì mai a trovare un semaforo col vizio del fumo.

VALERIO PERETTI CUCCHI

Mia sorella andava a scuola. Benissimo. È tornando a casa che si perdeva sempre.

VALERIO PERETTI CUCCHI

Una sera mi capitò persino di vedere un tipo che da un trampolino alto venti metri si tuffava in un bicchiere d'acqua. «Ma non è pericoloso?», gli chiesi. «No! L'acqua è bassa, si tocca!» mi rispose.

VALERIO PERETTI CUCCHI-MARIO ZUCCA

Una donna in un quartiere popolare chiama ad alta voce, da una finestra, sua figlia. «Nora... Noraaa...». Una comare dalla finestra accanto le strilla: «Sora Tuta, giacché ci avete la bocca aperta, volete chiamare pure la mia?»

ETTORE PETROLINI

Quanti anni ho? È evidente che un uomo, alla mia età, non può averne di più.

ETTORE PETROLINI

Il nostro problema è che nell'infanzia ci hanno inoculato il cristianesimo in dosi minime e adesso non riusciamo più a beccarci quello vero.

BOB PHILLIPS

«Come vuoi la termocoperta questa notte, cara? Al sangue, media o ben cotta?»

BOB PHILLIPS

Tuffarsi con i piedi o con la testa? Tutti sappiamo che la testa è la parte più pesante del corpo mentre i piedi sono la parte più veloce. Quindi, per la pesca alla cernia, pesce notoriamente pesante, preferiamo il tuffo con i piedi, mentre alla sogliola, preferiamo il filetto alla Voronoff.

COCHI PONZONI

Sono felice di conoscerla. Ma lo sa che lei è sempre stato un mio grande ammiratore?

COCHI PONZONI

Max: «Ho speso tutta la mia vita nel teatro. Ero un protégé del grande Boris Tomaschevski. Mi ha insegnato tutto quello che so. Non mi dimenticherò mai, sul letto di morte s'è girato verso di me e mi ha detto: "Maxella, alle meschen muss zu machen, jeden tug a gantzen kachen!"»
Suora: «Cosa significa?»
Max: «E chi lo sa? Non parlo yiddish. E stranamente, nemmeno lui.»

THE PRODUCERS

Il nostro rabbino è così povero che, se non digiunasse al lunedì e al giovedì, morirebbe di fame.

PROVERBIO EBRAICO

Nebbia sulla Manica. Il Continente è isolato.

PROVERBIO INGLESE

Salvo complicazioni sta per morire.

JULES RENARD

Lo sapevate che ci sono più irlandesi a Dublino che in tutta la Bulgaria?

ROWAN & MARTIN'S LAUGH-IN

Non esistono preservativi completamente sicuri. Un mio amico che ne indossava uno una volta venne investito da un autobus.

BOB RUBIN

Ci scrive un Maiale da Parma: "Sono tutto rosa, tenero e con un filo di grasso e mi guardo tutto il giorno allo speck. Ora mi viene un dubbio. Non starò mica diventando un culatello!".

FRANCESCO SALVI

Se avessi voluto avrei potuto anche avere un acquario rotondo, però in quel caso l'angolo non sarebbe stato ben riempito.
KARL VALENTIN

Egli aveva un cuore di pietra. Dopo aver perduto la vita in un incidente, il suo cuore fu trapiantato su una statua.
FRANCESCO VERRINA

A certa gente quello che la frega è la mancanza d'ignoranza!
BEPPE VIOLA

Quando è nata mia figlia, abbiamo filmato la nascita. Adesso, quando mi fa arrabbiare, pigio rewind e la rimetto dentro.
GRACE WHITE

Tutti possono essere buoni in campagna.
OSCAR WILDE

Non credo ai miracoli, ne ho visti troppi.
OSCAR WILDE

Ho l'orologio che va avanti di tre ore ma non sono mai riuscito ad aggiustarlo. Così da Los Angeles mi sono trasferito a NewYork.
STEVEN WRIGHT

Mi piace pattinare sull'altro lato del ghiaccio.
STEVEN WRIGHT

Se mi si addormenta un piede di giorno, vuol dire che starà su tutta la notte?
STEVEN WRIGHT

Ho una foto molto rara di Harry Houdini chiuso fuori casa...
STEVEN WRIGHT

Sono stato arrestato perché camminavo nel sonno di qualcun altro.
STEVEN WRIGHT

L'altro giorno ho montato il condizionatore al contrario ed è venuto freddo fuori. Il meteorologo ha detto: «Non capisco. Oggi avrebbero dovuto esserci 27 gradi». E io ho pensato: «Oops!».
STEVEN WRIGHT

Devo andare a dormire entro l'una perché i miei sogni iniziano, che io mi sia addormentato o no.
STEVEN WRIGHT

Le statistiche dicono che una donna dà alla luce un bambino ogni quattro secondi. Il nostro problema è trovare quella donna e fermarla.
HENNY YOUNGMAN

Certo che se ti sdrai su un pagliaio e ti buchi il culo con un ago...
STEFANO ZACCARELLA

Un bolzanino di un metro e cinquanta che altoatesino è?
ZAP

Mi hanno regalato un paio di sci d'acqua, solo che non riesco a trovare nessun lago in discesa.
ZUZZURRO E GASPARE

NORD

Difficile capire un Paese, scrisse un libellista, dove la stessa cosa è chiamata al Nord uccello e al Sud pesce.
ENZO BIAGI

La cosa più intelligente che c'era sul mio *Manuale delle Giovani Marmotte* era: "Come distinguere il Nord dal Sud". Diceva: "Prendi la bussola... e guarda: dove c'è il muschio quello è il Nord".
CLAUDIO BISIO

L'ho detto a Bossi quanto è grande la differenza tra sudisti e nordisti. Quando i suoi antenati celtici erano ancora barbari aggrappati ai rami, i miei antenati erano già froci.
LUCIANO DE CRESCENZO

Quando Umberto Bossi studiava Medicina a Pavia elaborò una teoria rivoluzionaria che divideva il corpo umano in tre zone: il Nord, il Centro e il Sud. Il Nord andava dal cervello al cuore. Il Centro dall'intestino agli organi genitali e il Sud dal sedere ai piedi. Cioè il Nord pensava e pulsava. Il Centro digeriva e trombava. E il Sud faceva cagare e basta.
GINO&MICHELE

Il senatore Miglio, l'ideologo della Lega... Come sarà andato la prima volta che ha fatto l'amore? Avrà chiesto alla sua partner: «Come si fa?» e lei avrà risposto: «È facile: ti metti qui e vai su e giù, su e giù...» «Ah no, mi dispiace ma io giù non vado! Solo su...»

GINO&MICHELE-PAOLO ROSSI

E quello è il fiore all'occhiello della squadra: è un centravanti francese, Martinitt. Un centravanti orfanello, che nasconde un terribile segreto: la sua mamà era una puttana... e il suo papà era una puttana anche lui... un figlio di puttana al quadrato! E calcia la palla così veloce, ma così veloce... ma così veloce... ma così veloce... che la palla quando entra in porta cambia fuso orario. E così Martinitt spesso segna prima che inizi la partita.

GINO&MICHELE-PAOLO ROSSI

Il pollo può essere meridionale o settentrionale: pollo nord o pollo sud.

BORIS MAKARESKO

Prima ero della Lega Nord, poi me ne sono andato e ho fondato la Lega Super Nord. Il simbolo era bellissimo: c'era un orso bianco su un igloo che indicava un eschimese dicendogli «Tornatene a casa, terùn!»

CARLO PISTARINO

Il mio Paese è l'Italia. Al Sud ci sono le autobombe; a Est le alghe; a Nord le tangenti; a Ovest gli incendi e al Centro Antonello Venditti.

PAOLO ROSSI

Mi sono fidanzato con una ragazza del nord, appena mio nonno ha saputo che stavo con una trentina mi ha detto: «Eh, beato te che fai ancora le ammucchiate!».

DANILO VIZZINI

NOSTALGIA

«Mi manca un sacco Al» «Perché?» «Perché ho sposato la sua vedova!»

MILTON BERLE

Un manager col telefonino entrò in una cabina telefonica e pianse di nostalgia.

FEDERICO BINI

Il mio migliore amico è fuggito con mia moglie e, lasciamelo dire, mi manca tanto. Lui.

LEOPOLD FETCHNER

Di mio padre mi rimase la nostalgia di quando andavamo a pescare. I lunghi silenzi. I brevi dialoghi. «Papà, vuoi i vermi?» «No, mi basta la merda.»

MARCELLO MARCHESI

Le belle ragazze che da bambine hanno ricevuto i regali da Babbo Natale quando sono grandi si mettono con Briatore. Perché? Perché hanno nostalgia di un tizio grasso, vestito ridicolo, che le copre di doni.

FLAVIO OREGLIO

NOTTE

Non seccarti se il tuo vicino suona il suo hi-fi alle due del mattino. Chiamalo poi alle quattro per dirgli quanto ti è piaciuto.

ANONIMO

Gli schiamazzi avevano raggiunto una tale intensità da potersi definire "notturni".

AUTENTICO VERBALE DI POLIZIA

Una notte d'amore è un libro letto in meno.

HONORÉ DE BALZAC

Siamo stati in Alaska per due mesi, poi abbiamo deciso di fermarci anche la notte.

MILTON BERLE

Nell'universo ci sono pianeti di punizione dove il sole resta acceso tutta la notte.

ROMANO BERTOLA

Mi hanno detto: «Mangia il pesce che contiene fosforo.» «Allora divento intelligente?» «No, ti si vede la notte!»

ENRICO BERUSCHI

Gente, che notte che ho passato! La mia bambola gonfiabile è scappata con il mio materasso ad aria.

DREW CAREY

Hai provato a chiamarlo? E non lo hai trovato? Perché non provi a chiamarlo alle tre di notte? Almeno sei sicura di trovarlo in casa... Io faccio sempre così con i miei amici e li trovo sempre. È anche vero che non ho più amici.

WALTER CHIARI

Gli ci sono voluti sei mesi per cantare *Night and Day*. Era un eschimese.

LEOPOLD FETCHNER

Ho chiamato mio figlio "Caffé" perché ci tiene svegli tutta la notte.

LEOPOLD FETCHNER

Ho visto Gigi Marzullo alla televisione chiedere a centinaia di invitati: «Che cos'è per lei la notte?». E ognuno di questi cento dare una risposta diversa. Ma se a ognuno di questi cento noi avessimo chiesto: «Che cos'è per lei Marzullo?», avrebbero dato tutti l'identica risposta: «Un coglione!».

GINO&MICHELE-PAOLO ROSSI

La cosa più bella nei bambini è il ricordo della notte in cui li abbiamo fatti.

JOHANN WOLFGANG GOETHE

«Sono notti come questa che spingono uomini come me verso donne come te per notti come questa.»

BOB HOPE

I giovani a letto non sanno quel che fanno. Ma lo fanno tutta la notte.

MADONNA

È notte.
Un gufo mi guarda.
La luna sorride.
Le stelle mi parlano
e le nuvole creano disegni di ogni tipo...
Devo smettere di farmi le canne.

FLAVIO OREGLIO

I teen-agers si lamentano che non c'è mai niente da fare, poi passano tutta la notte a farlo.

BOB PHILLIPS

In una notte di luna piena ho detto a Paolo: «Guarda, amore, che bella luna!»
E lui: «Perché, devi imbottigliare?»

MARIA ROSSI

Sapete, sento sempre un gran parlare di tutto questo sesso in televisione che c'è oggigiorno, e mi fa davvero infuriare: continuo a cambiare canale tutta la notte ma non riesco mai a trovarlo!

ROWAN & MARTIN'S LAUGH-IN

Di notte sono sonnambula, di giorno sono giornambula. (Minchia, troppo simpatica.)

SABBRY (LUCIANA LITTIZZETTO)

I bar a La Spezia chiudono alle 22.00, massimo 22.30; gli spezzini sono così poco abituati alla vita notturna che una sera in un locale che ha chiuso per sbaglio alle 23 ci siamo abbracciati e stappando le bottiglie abbiamo gridato: «Buon anno!».

DARIO VERGASSOLA

Siccome in Italia non trovavo lavoro, sono andato a fare il metronotte al Polo Nord. Solo che prima che venisse giorno ho dovuto lavorare sei mesi!

CESARE VODANI

NOVANTA
vedi ***Anni Cinquanta***

NUDISTA
vedi ***Nudo***

NUDO *(Nudista - Spogliarsi)*

C'è un egoismo in giro che fa paura! Avete presente quelli che al cinema appoggiano la giacca sul sedile di fianco, per tenere il posto agli amici? Una volta in un cinema ho seguito una pista di vestiti: giacca, camicia, cravatta, pantaloni, mutande, orologio, bancomat... E alla fine c'era uno completamente nudo che mi ha detto: «Stanno arrivando, siamo un gruppo di dodici!».

BRUNELLA ANDREOLI

Mio padre ha sposato una donna sfatta; a vederla nuda non si capiva se aveva il doppio mento o il triplo seno!

ANATOLJ BALASZ (NATALINO BALASSO)

Ritengo sia da selvaggi fare l'amore nudi.

KIM BASINGER

Se ne sta distesa, a gambe larghe, sul letto... Non parla. Mi domando cosa vuole da me.
ROMANO BERTOLA

Non riuscirò mai ad abituarmi alla spregiudicatezza dei nuovi tempi. Oggi, per esempio, ho sentito una signora che diceva a un'amica: «Io da mio figlio mi faccio vedere nuda!». Sono rimasto sgomento. Ricordo che ai miei tempi scopavamo la mamma rigorosamente al buio.
ROMANO BERTOLA

Uno dei grandi misteri della vita: cosa ne fa un nudista delle chiavi dopo che ha chiuso la macchina?
JACOB M. BRAUDE

Le cose cambiano, una volta sposati. Appena mi sono sposata, andavo in giro per casa senza vestiti addosso. Mio marito diceva sempre: «Baby, sei stupenda. Vieni qui». E non poteva levarmi le mani di dosso. Adesso, quando giro per casa senza vestiti, lui mi dice: «Non hai freddo?».
ROZ BROWNE

Io conosco una donna nuda.
COCHI E RENATO

Gli abiti più belli sono messi per essere tolti.
JEAN COCTEAU

Sono stato in una spiaggia per nudisti, mi hanno detto di posteggiare nell'area handicap.
RODNEY DANGERFIELD

Penso di aver messo in imbarazzo la signora seduta vicino a me sull'aereo. Era uno di quei voli dove si dorme. E io dormo nudo.
JOHNNY DARK

Woody Allen: «E Jerry Bender ha una cotta per te!»
Helena Bonham Carter: «Che cosa?»
Woody: «Ti continua a fissare, ti spoglia col pensiero...»
Helena: «È il suo sguardo normale!»
Woody: «Non è il suo sguardo normale! Se guardasse me così gli tirerei un mattone... o gli darei un bacio in bocca!»
LA DEA DELL'AMORE

Playboy ha deciso di fare un calendario di ragazze completamente vestite. Sarà destinato ai club di nudisti.

PIERO DEGLI ANTONI

Lei era lì, distesa sul letto tutta nuda e io la guardavo. Lei si girava, si toccava, sospirava. Alla fine non ce l'ho più fatta e ho spento la televisione.

GIORGIO DELUCA

Spiaggia per nudisti. Ho conosciuto una ragazza durante un'immersione subacquea e si è subito innamorata, ma quando mi ha visto fuori dall'acqua mi ha lasciato. C'è il problema che la maschera ingrandisce.

DIMUNNO E TAMBORRINO

Niente ti sta meglio di niente.

MAURICE DONNAY

L'aeromodellismo è uno svago, ma anche Kelly LeBrock nuda che si dimena nella marmellata gridandoti: «Ti prego, fammi tua» può essere una cosa simpatica.

DOSE E PRESTA

Un giorno ho sorpreso mia moglie a letto nuda, accanto a un vietnamita e a un uomo di colore. Ho scattato una foto e l'ho mandata a Benetton. Non si sa mai.

FRANCK DUBOSC

«Tua sorella va a cavallo nuda e fa il purè perché si schiaccia la patata.»

FICHI D'INDIA

La bellissima Alba Parietti indossava un tailleurino che le scopriva appena l'ombelico (partendo dal basso).

GINO&MICHELE

Comunque, una cosa Marta Marzotto l'ha dimostrata alla faccia di tutti: che nella vita, posando nuda per un grande pittore, ci si può anche abbronzare.

GINO&MICHELE

Una bellissima ex concorrente del *Grande Fratello*, in odore di Parlamento Europeo, ha rotto la sua relazione con Berlusconi la prima volta che l'ha visto nudo. Ha dichiarato che era stato un abbaglio, che le faceva schifo così senza portafoglio.

GINO&MICHELE

Il problema di ballare nudi è che non tutto si ferma insieme alla musica.

ROBERT HELPMANN

Una donna brutta non è mai del tutto nuda.

TEODORO LOBERTO

Un buon metodo per dimagrire è spogliarsi nudi e mangiare davanti a uno specchio. Funziona sempre perché quasi subito vi sbattono fuori dal ristorante.

BORIS MAKARESKO-ROBERTO TRANI

Chiunque dica che può vedere attraverso una donna si perde parecchio!

GROUCHO MARX

Le donne afghane saranno costrette a coprirsi, ma noi occidentali siamo altrettanto costrette: a scoprirci.

LIDIA RAVERA

Sto girando un altro film in costume, ma stavolta più che metterlo lo tolgo.

GRETA SCACCHI

«Te sei scoperta laziale, ma se vinceva l'Acireale, tu te spogliavi uguale.»

STRISCIONE ROMANISTA RIVOLTO AD ANNA FALCHI CHE FECE LO STRIP ALLA FESTA-SCUDETTO DELLA LAZIO

La prima volta che mi sono spogliato nudo davanti a una donna lei mi ha detto: «Cos'è, una caccia al tesoro?».

DARIO VERGASSOLA

È meglio farsi guardare tutta che non essere vista per niente.

MAE WEST

NULLITÀ *(Mediocrità)*

Mio nonno era un uomo molto insignificante. Al suo funerale il carro funebre seguiva le altre auto.

WOODY ALLEN

Mi piace il giorno dei morti: vado al cimitero e mi sento qualcuno.
ALTAN

Fabio Testi, l'attore italiano noto ai meno, parteciperà alla commedia di Pirandello *Uno, Nessuno, Centomila*. Testi farà la seconda parola del titolo.
AMURRI & VERDE

Ho passato tutta la vita ad autocommiserarmi, ora basta! È tempo di farsi compatire anche dagli altri.
LUIGI BARTOLINI

Non era nessuno: si uccise con una pistola caricata a salve.
ROMANO BERTOLA

C'è gente che nasce mediocre. Dukakis ha dovuto studiare a Harward per diventarlo.
PAT BUCHANAN

Se a Milano non hai il telefonino e l'agenda non vali niente, vali meno di uno con una gamba sola a una gara di calci nel culo.
CAPOCENERE (CLAUDIO BATTA)

Oggi il sindaco di una grande città come Milano può essere chiunque. E infatti lo è!
IL CARTONE

Il problema di molte donne è che si emozionano per un nonnulla. E poi lo sposano.
CHER

Sono un fallito, una schifezza, un codardo, un inetto, un vigliacco, una cacca che non merita neanche di essere schiacciata. Sono anche permaloso. Se qualcuno mi dice sciocchino mi offendo!
ANTONIO CORNACCHIONE

Non ho rispetto da nessuno. La volta che mi son fatto male, sulla strada dell'ospedale l'ambulanza s'è fermata per fare il pieno di benzina.
RODNEY DANGERFIELD

Non ho autostima. Quando una ragazza mi diceva di sì, le chiedevo sempre di ripensarci.
RODNEY DANGERFIELD

L'onorevole Cariglia si vanta, giustamente, di essere venuto su dal nulla e quando parla lo fa per dimostrare che ci è rimasto.

FORTEBRACCIO

L'onorevole Pietro Longo camperà più di cent'anni, così i nostri nipoti vedranno in che tempi ci è toccato vivere. Con questo solo vantaggio, già da noi goduto, che non si dice più, nei momenti di disperazione: «Sono l'ultimo degli uomini», ma si dice: «Sono il penultimo degli uomini», perché, finché c'è il segretario del Psdi, il posto estremo è già occupato.

FORTEBRACCIO

L'auto si fermò. Si spalancò la portiera e non scese nessuno. Era Nicolazzi.

FORTEBRACCIO

L'onorevole Tanassi non è un uomo, è un ideale corteo aperto da un cartello che dice: "Io non c'entro".

FORTEBRACCIO

Noi lo dicevamo spesso tra noi: «Qui finisce che qualcuno un giorno o l'altro prende il posto dell'onorevole Nicolazzi» e siccome si trattava di un posto vuoto è arrivato Di Giesi e ci si è seduto. Ma il posto, naturalmente, è ancora vuoto.

FORTEBRACCIO

Risponde la segreteria telefonica di Giovanni Goria. L'onorevole Goria è momentaneamente presente quindi è come se non ci fosse. Lasciate un messaggio e non sarete richiamati.

GINO&MICHELE

Ma chi è l'uomo medio? È colui che ha negato per secoli che la terra girasse, che ha gettato nel rogo le streghe e ha bruciato i pazzi; che ha massacrato Pisacane e gli eroi del Risorgimento. È colui che è destinato a essere smentito dalla storia, dalla vita e dalla scienza mentre la Società si evolve e si trasforma! Vuoi vedere che l'uomo medio sono io?

MARCELLO MARCHESI

Io sono un nessuno, ma nessuno è perfetto. Dunque, sono perfetto.

MATTEO MOLINARI

Non è uno zero assoluto ma gli va sotto di poco.

DAVIDE PESARESI

Il mio maggior pregio è l'ecletticità. Sono mediocre in tutto.
GIUSEPPE POLLICELLI

Mi considero una merda. Così ho concepito la frase "io feci cacca", l'unica formata da tre sinonimi.
DIEGO TELATIN

La sua presenza colpiva poco. Quando qualcuno diceva: «Erano tre o quattro», "o quattro" era lui.
ENRICO VAIME

Quando non sai fare niente, bisogna almeno essere ambiziosi.
GEORGES WOLINSKI

NUMERI

Gin: «Ho saputo che ieri ti hanno picchiato»
Fizz: «Bastardi... Erano in metà di mille»
Gin: «Li conosci?»
Fizz: «480 sì, ma 20 non li avevo mai visti»
ALE E FRANZ

Non tutto ciò che può essere contato conta, non tutto ciò che conta può essere contato.
ALBERT EINSTEIN

Noi lo chiamiamo il Colorado perché è daltonico. È daltonico perfino coi numeri: non distingue i pari dai dispari!
FRANCESCO SALVI

Sono così ingenua sulle cose finanziarie. Una volta mia madre disse una cifra e io mi resi conto di non aver capito, così lei mi dovette spiegare: «È come tre Mercedes». Allora capii.
BROOKE SHIELDS

Quanti anni ho? Ventiquattro, come il numero omonimo.
FRANCESCO VESPA

Chuck Norris ha contato fino all'infinito due volte.
CITATA DA ALBERTO ZANCHETTA

NUMERO DI TELEFONO
vedi **Telefono**

NUOTO

Sono andato a vedere i Giochi Olimpici, ma ho solo trovato biglietti per il nuoto sincronizzato. Detesto dirlo, ma ho pregato che una di loro si beccasse un crampo perché, se ho capito bene le regole, se una di loro annega, lo devono fare tutte.
ANTHONY CLARK

Bellissimo lo spettacolo del nuoto sincronizzato. Coreografie strabilianti eseguite da atleti eccezionali. Problemi solo per la squadra della Città del Vaticano: le atlete non riuscivano ad andare sott'acqua.
SILVIO DI GIORGIO

Il nuoto è uno strano sport: a volte lo fai per divertimento, a volte lo fai per non morire.
DEMETRI MARTIN

Ci sono alcune competizioni miste che non capisco, tipo il biathlon nelle olimpiadi invernali, che combina lo sci di fondo con il tiro a segno. Quanti alpini cecchini ci sono, là fuori? Sciare e sparare con un'arma? Per me è come combinare il nuoto con lo strangolare qualcuno: perché non facciamo anche quello?
JERRY SEINFELD

«Mi volevo arrolà un popò in Marina!» «In Marina? Ma sai notà?» «Perché, 'un c'è più navi?»
IL VERNACOLIERE

NUVOLE

Io ti amo
e se non ti basta
anche le nuvole catturerò
e te le porterò domate
e su te piover dovranno
quando d'estate
per il caldo non dormi.
E se non ti basta
perché il tempo si fermi
fermerò i pianeti in volo
e se non ti basta
vaffanculo.
STEFANO BENNI

Noi non possiamo neppure immaginarci un mondo senza porno. Eppure, una volta era diverso. Mio nonno, per esempio, mi diceva che lui per eccitarsi doveva andare a sdraiarsi in un prato e aspettare che arrivasse una nuvola a forma di tetta.

ADAM CAROLLA

Non dire che le stelle sono morte soltanto perché il cielo si è rannuvolato.

PAULO COELHO

Ieri ho visto una nuvola che mi ricordava il tuo volto. Sono rimasto su un prato a vedere il vento giocare coi tuoi capelli... i tuoi occhi aprirsi e lasciar passare il sole... poi un 747 ti è volato in mezzo al naso.

GARFIELD

Fantozzi raggiunge in paradiso la sua nuvoletta da impiegato. Qui incontra Buddha che lo spinge a reincarnarsi. «Posso scegliere io chi essere nella nuova vita?», chiede Fantozzi. «Nemmeno per sogno, vada alla *Ruota della Fortuna.*»

FANTOZZI

È notte.
Un gufo mi guarda.
La luna sorride.
Le stelle mi parlano
e le nuvole creano disegni di ogni tipo...
Devo smettere di farmi le canne.

FLAVIO OREGLIO

Se alzi gli occhi e vedi il sole vuol dire che non pioverà. Se alzi gli occhi e vedi le nuvole vuol dire che pioverà. Se alzi gli occhi e non vedi niente, vuol dire che sta piovendo.

PROVERBIO INGLESE

La nuvola chiese alla pioggerellina: «E tu, cosa farai da grandine?».

DINO VERDE

O

OBAMA BARACK
vedi **Barack**

OBESO
vedi **Grasso**

OCCHI

Se sei muto ridi con gli occhi, se sei cieco ridi con la bocca. Se sei muto e cieco c'è ben poco da ridere.
ROBERTO "FREAK" ANTONI

Ho visto un uomo con un occhio pesto e uno ragù.
ANONIMO

I nani non possono andare sulla spiaggia perché, se gli girano le balle, gli va la sabbia negli occhi.
ANONIMO

Era tanto strabica che la pallina nera dall'occhio destro si era spostata nel globo sinistro, e viceversa. Cosicché aveva gli occhi perfettamente normali.
STEFANO BENNI

Sono certo che se fossi nato con gli occhi azzurri avrei avuto molte più donne. Almeno una sicuro.
CALOGERO CARUANA

C'era un uomo con i capelli rossi che non aveva né occhi né orecchie. Non aveva neppure capelli, per cui dicevano che aveva capelli rossi tanto per dire. Non poteva parlare, perché non aveva la bocca. Non aveva neanche il naso. Non aveva addirittura né braccia né gambe. Non aveva neanche la pancia, non aveva la schiena, non aveva la spina dorsale, non aveva le interiora. Non aveva niente! Per cui non si capisce di chi si stia parlando. Meglio allora non parlarne più.

DANIIL CHARMS

Se i tuoi occhi ti fanno male dopo aver bevuto il caffé, tira fuori il cucchiaino dalla tazza.

NORM CROSBY

Questa mattina ho incontrato un tale con un occhio di vetro. Non me l'ha detto, è saltato fuori durante la conversazione.

JERRY DENNIS

Per un romano il congiuntivo è una malattia dell'occhio!

ALESSANDRO DI CARLO

Sarà il tuo sguardo magnetico, sarà la tua chioma dorata... ma io quando ti vedo i capezzoli impazzisco.

DIMUNNO E TAMBORRINO

Quella ragazza ha degli occhi così belli che glielo butterei in culo.

IL GEMMA

Cesare Romiti è uno che quando si guarda allo specchio si fissa con una tale sicurezza che, alla fine, è lo specchio che è costretto ad abbassare gli occhi.

GINO&MICHELE

Lui, delle donne, guarda gli occhi e le mani... È come comprare *Playboy* e leggere l'articolo di fondo.

GINO&MICHELE-PATRIZIO ROVERSI

Le lacrime delle donne sono solo sudore degli occhi.

GIOVENALE

L'imbarazzo degli imbarazzi: l'incontro di due occhi attraverso lo stesso buco della serratura.

CHARLES GRODIN

Brutto? Avete mai visto una zanzara pungere a occhi chiusi?

BORIS MAKARESCO-ROBERTO TRANI

Ha un occhio talmente bello che l'altro si incanta a guardarlo.

BORIS MAKARESKO-ROBERTO TRANI

«Quante volte i miei occhi hanno guardato nei tuoi...» «Quattro!»

LUCIANO MANZALINI

«I tuoi occhi fanno il paio con quelli della Garbo, baby. Magari facessero il paio tra di loro.»
HENRY MORGAN

Se alzi gli occhi e vedi il sole vuol dire che non pioverà. Se alzi gli occhi e vedi le nuvole vuol dire che pioverà. Se alzi gli occhi e non vedi niente, vuol dire che sta piovendo.
PROVERBIO INGLESE

La tv è il cesso degli occhi.
OLIVIERO TOSCANI

Bada a come parli se no ti strappo le labbra e te le appiccico agli occhi, così vedi quello che devi dire!
ROBIN WILLIAMS

La televisione è la gomma da masticare degli occhi.
FRANK LLOYD WRIGHT

OCCHIALI

Guardo il mondo attraverso degli occhiali che hanno lenti color cacca.
ANONIMO

La Natura è fantastica. Un miliardo d'anni fa non avrebbe mai sospettato che noi avremmo portato gli occhiali, eppure ci ha fatto le orecchie!
MILTON BERLE

Leggerei *Playboy* più spesso, ma i miei occhiali continuano ad appannarsi.
GEORGE BURNS

Si mise un paio di scarponi pesanti come un programma della Laurito, un giubbotto morbido come un torrone Sperlari e un paio di occhiali Ray-ban, così neri che Ray Charles a confronto sembrava portasse le lenti a contatto, si pettinò come gli altri di solito sono pettinati dentro le mutande.
GIOBBE COVATTA

Pasquale Squitieri, anni fa, si è dimenticato gli occhiali sulla pelata e da allora non legge un libro.
CURZIO MALTESE

Un attore fa di tutto per diventare celebre e poi, quando ci riesce, si mette un paio di occhiali scuri per non farsi riconoscere.
MARCELLO MASTROIANNI

Personalmente, non potrei sottopormi all'agopuntura. Sono un fifone. Ho bisogno dell'anestesia solo per aggiustarmi gli occhiali.

Robert Orben

Picasso attraversò vari periodi, tra cui quello in cui gli si erano rotti gli occhiali.

Maurizio Sangalli

Se i ciechi mettono gli occhiali da sole, perché i sordi non mettono i paraorecchi?

Spanky (Steve Mc Farlin)

Ci pensate cosa succederà quando i bambini in provetta faranno scienze a scuola? Scopriranno tutti che il loro papà si è fatto una sega in un barattolo, e che la loro mamma è un disco di Petri. Va a finire che avremo bambini che avranno un forte desiderio di masturbarsi davanti a bambine che indossano lenti bifocali.

Marsha Warfield

OCCIDENTE

A me l'Occidente piace assai: da noi c'è il fondamentalismo, a chi ruba tagliano una mano. Invece voi siete tutta un'altra cosa: a chi ruba gliela date una mano!

Assundam (Rosalia Porcaro)

Nella società occidentale generalmente per avere belle donne bisogna avere molti soldi. La società sovietica era indubbiamente più giusta. I leader sovietici avevano delle mogli così brutte che sembravano voler dire: «Vedete come siamo poveri anche noi!».

Antonello Breggia

Che cosa penso della civiltà occidentale? Ritengo che sarebbe un'ottima idea.

Mahatma Gandhi

OCEANO

vedi ***Mare***

OCA *(Papera)*

Il numero che anni fa mi diede una certa notorietà era questo: facevo sparire una grossa oca. La mettevo sotto un telo scuro e lei spariva. Nessuno capiva come facessi. Vi dirò la verità: neanche io. Era l'oca che era brava.

STEFANO BENNI

Ho scoperto che l'opinione che le papere hanno di me è fortemente influenzata dal fatto che io abbia del pane.

MITCH HEDBERG

ODIO

Torno a casa con una ragazza che ho portato fuori e sei isolati prima di casa sua tira fuori le chiavi. Allora la porto sui gradini e le metto le braccia intorno alla vita e lei fa: «No, no, ti prego. Domani mattina mi odierò». E io le dico: «Basta che ti svegli al pomeriggio».

WOODY ALLEN

Dio c'è ma ci odia.

ROBERTO "FREAK" ANTONI

È terribile! Ho scordato perché mi odio!

ASHLEIGH BRILLIANT

Non sono vegetariano perché amo gli animali. Sono vegetariano perché odio le piante.

A.W. BROWN

Non sono un vegetariano perché amo gli animali, lo sono perché odio le piante.

BUMPER STICKER

Naziskin: odio di scemi vari.

ENNIO CAVALLI

I nostri figli non sono violenti. Non ci odiano mica. Se ogni tanto ci picchiano è solo per il nostro bene.

LIA CELI

Noi pescaresi non abbiamo niente contro i chietini, anche perché se avessimo qualcosa contro i chietini che funzionasse la useremmo subito!

GIOVANNI CELLINI

Odio la musica, specie quando la suonano.

JIMMY DURANTE

Bill ha trentadue anni. E dimostra trentadue anni. Li dimostrava cinque anni fa. E li dimostrerà tra vent'anni. Odio gli uomini.

EVA CONTRO EVA

Uno che detesta i cani e i bambini non può essere del tutto cattivo.

W.C. FIELDS

Se i popoli si conoscessero meglio, si odierebbero di più.

ENNIO FLAIANO

Non ho mai odiato abbastanza un uomo da rendergli i suoi diamanti.

ZSA ZSA GABOR

Saggezza orientale: se qualcuno ti odia, non fare niente contro di lui, ma siediti pazientemente sulla riva di un fiume. Un bel giorno vedrai passare il tuo nemico in yacht.

MAX GREGGIO

Non sono mai andato d'accordo con mio padre. Gli altri bambini venivano da me e mi dicevano: «Il mio papà prenderà a pugni il tuo papà!». E io: «Davvero? Quando?».

BILL HICKS

In Inghilterra non vinciamo medaglie d'oro alle Olimpiadi, ma perché abbiamo scelto così. È un proclama politico. Noi odiamo il nostro inno nazionale: *Dio salvi la Regina*. Ora: la Regina vive in una casa grande, con filo spinato e guardie armate. Quella è una Regina fottutamente salva, lasciate che ve lo dica.

EDDIE IZZARD

Ashton Kutcher, lo odio. Mi ha rubato tutte le idee. Andare a letto con Demi Moore? È mia, quell'idea.

JAMIE KENNEDY

L'odio deve rendere produttivi, altrimenti è più intelligente amare.

KARL KRAUS

Ora, io sono sconcertato da questo concetto di pregiudizio razziale. Perché odiare qualcuno semplicemente basandosi sul colore della

pelle quando, se vi prendete il tempo di conoscere queste persone come esseri umani, potete trovare mille altre ragioni per odiarle?
DENNIS MILLER

Secondo me in Afghanistan ci odiano per l'architettura: ogni volta che mostrano un'immagine di là, si tratta delle ultime quattro mura rimaste in piedi di tutto il paese. Simil modo, loro vedono i nostri muri. E ogni muro che abbiamo ha un bancomat, dentro. I nostri muri letteralmente cagano soldi.
DENNIS MILLER

Lei mi odia. Come gli altri.
LA MOGLIE DI FRANKENSTEIN

«... Ti odiano, Sam. I dottori e gli avvocati ti odiano perché guadagni abbastanza da vivere qui. Gli ammogliati ti odiano perché sei scapolo. Le loro mogli ti odiano perché ricordi ai loro mariti che non sono più scapoli. I vecchi ti odiano perché sei giovane, e tutti gli altri ti odiano perché non sei giapponese. Ah, dimenticavo: un tale calvo ti odia perché hai i capelli.»
CHRISTOPHER MOORE

Ralph Lauren sta per lanciare una linea di maglioni cashmere per bambino da 350 dollari l'uno, così la gente nel Medioriente può ricordarsi perché ci odia.
CONAN O'BRIEN

Lucy: «Odio la scuola. Mi fa impazzire. Appena imparo una cosa, vanno avanti con qualcos'altro.»
PEANUTS

Sono contrario alla liberalizzazione delle droghe: odio dividere le mie cose con altri!
RICCARDO PIFERI

Il mio miglior amico ha sposato mia sorella. Adesso mi odia come un fratello!
TONY RANDALL

Lui non ha un nemico al mondo. Però tutti i suoi amici lo odiano!
TONY RANDALL

Odio i lavori di casa! Fai i letti, lavi i piatti e dopo solo sei mesi devi ricominciare da capo!
JOAN RIVERS

Non ha senso odiare qualcuno, né essere razzista o sessista, non ha senso davvero. Perché chiunque odiate finirà per entrare nella vostra famiglia. Odiate i gay? Avrete un figlio gay! Odiate i portoricani? Vostra figlia arriverà a casa cantando *Livin' la vida loca*!
CHRIS ROCK

Quando vedi cosa sposano certe ragazze, ti rendi conto di quanto debbono odiare la necessità di lavorare per mantenersi.
HELEN ROWLAND

Amore e odio spesso coincidono, infatti io l'amante di mia moglie lo odio.
MAURIZIO SANGALLI

Quando gli dei odiano un uomo in modo particolare, lo spingono a diventare insegnante.
SENECA

Sai cos'è che odio del primo giorno di scuola? Che è troppo lontano dall'ultimo giorno di scuola.
WELCOME BACK, KOTTER

Odio le discussioni di ogni tipo. Sono sempre volgari e spesso convincenti.
OSCAR WILDE

Freud era austriaco e anche ebreo, infatti si odiava da solo.
LUCIO WILSON

ODORE
vedi **Puzza**

OFFESE
vedi **Insulti**

O.J. SIMPSON
vedi **Simpson**

OLIMPIADI

Sono andato a vedere una partita di hockey durante le Olimpiadi di Torino. Con quello che ho pagato il biglietto speravo mi facessero giocare almeno gli ultimi cinque minuti della partita.

FEDERICO BASSO

Sono andato a vedere i Giochi Olimpici, ma ho solo trovato biglietti per il nuoto sincronizzato. Detesto dirlo, ma ho pregato che una di loro si beccasse un crampo perché, se ho capito bene le regole, se una di loro annega, lo devono fare tutte.

ANTHONY CLARK

C'è gente che pensa che la masturbazione sia un surrogato del rapporto sessuale. Io no, sono convinto che sia piuttosto un modo per allenarsi in vista degli amplessi veri. Nel mio caso sono pronto per le Olimpiadi.

CARLO D'ADDATO

Mia moglie vorrebbe il Sesso Olimpico: una volta ogni quattro anni.

RODNEY DANGERFIELD

Un democristiano e un socialista si iscrivono alle Olimpiadi della corruzione: chi vince? Nessuno, perché i professionisti alle Olimpiadi non partecipano.

PIPPO FRANCO

Alle Olimpiadi ci sarà la Dellera. Ma non in gara: la useranno al posto dei materassini di gomma per gli atleti. Come si rimbalza sopra di lei... Comunque fa un certo effetto vedere quella scritta "Made in Taiwan" sul suo labbro sinistro.

GIGI E ANDREA

In Inghilterra non vinciamo medaglie d'oro alle Olimpiadi, ma perché abbiamo scelto così. È un proclama politico. Noi odiamo il nostro inno nazionale: Dio salvi la Regina. Ora: la Regina vive in una casa grande, con filo spinato e guardie armate. Quella è una Regina fottutamente salva, lasciate che ve lo dica.

EDDIE IZZARD

Gli uomini, in realtà, non sanno come appaiono. Non se lo immaginano neanche. Andate su una spiaggia e vedrete stesi ad abbronzarsi alcuni dei più grossi mammiferi di terra del Nord America con indosso solo uno Speedo. Un tizio che dovrebbe vestire un poncho in spiaggia, un uomo con più difetti genetici di una trota del fiume Hudson, lo vedrete indossare un costume da bagno creato per competizioni Olimpiche. In che cavolo di specchio stava guardando quando ha preso questa decisione? «Questo è il costume da bagno per me! Attira davvero l'attenzione sul mio molliccio pancione squarciato da un arpione, in maniera tale che farà impazzire le pupe. Ehi, negoziante, non è che avete qualcosa di più piccolo? Perché non credo che si vedano tutti i miei peli della schiena, e non vorrei privare nessuno di questo spettacolo unico al mondo!»

RICHARD JENI

Sei così imbecille che se facessero le Olimpiadi degli imbecilli tu arrivresti secondo. Come perché? Perché sei imbecille!

WALTER MATTHAU

Il mio sport olimpico preferito è quello in cui l'atleta avanza in mezzo alla neve, si ferma, spara a un bersaglio con un fucile e poi va avanti. In tutto il mondo è conosciuto come biathlon, ma a New York lo chiamano inverno.

CONAN O'BRIEN

Non ho mai fatto cilecca con una donna. Non ho nemmeno mai perso alle Olimpiadi.

DAVIDE PESARESI

Ho un problema con la medaglia d'argento. Perché, se vinci l'oro, ti senti da Dio. Se vinci il bronzo, dici: «Beh, almeno ho preso qualcosa». Ma se prendi l'argento, è come: «Congratulazioni, hai quasi vinto. Di tutti i perdenti, sei arrivato primo. Sei il perdente numero uno. Nessuno ha perso davanti a te».

JERRY SEINFELD

Ci sono alcune competizioni miste che non capisco, tipo il biathlon nelle Olimpiadi invernali, che combina lo sci di fondo con il tiro a segno. Quanti alpini cecchini ci sono, là fuori? Sciare e sparare con un'arma? Per me è come combinare il nuoto con lo strangolare qualcuno: perché non facciamo anche quello?

JERRY SEINFELD

A Milano fervono i preparativi per le Olimpiadi. La Lega Lombarda prepara festosamente migliaia di bandiere con i quattro cerchi. Gli atleti africani avranno comunque il permesso del Comune di portare il quinto cerchio al naso.

MICHELE SERRA

OLIO *(Aceto - Oliva - Ulivo)*

Non so se questo sia il posto in cui servano i drink più piccoli in città, ma è l'unico posto che conosca in cui servono il Martini nell'oliva.

STEVE ALLEN

La gente mi chiede: «George, hai 87 anni, come fai? Fai film, fai televisione, dai concerti, registri dischi, fumi i sigari, bevi Martini, esci con belle donne, come fai?». È molto semplice. Per esempio, un Martini: riempi il bicchiere di ghiaccio, aggiungi il gin e uno spruzzo di vermouth, un'oliva e ti sei fatto un Martini. Inoltre, faccio esercizi e cammino molto. E camminare è più facile che farsi un Martini: prendo un piede e lo metto davanti a un altro, poi prendo l'altro piede e lo metto davanti al primo e prima di rendermene conto sto camminando. E non serve neanche l'oliva!

GEORGE BURNS

Aveva i capelli così grassi che credevo che la sua doccia perdesse olio.

RAUL CREMONA

Bevo troppo. L'ultima volta che ho fatto l'esame delle urine c'era un'oliva dentro.

RODNEY DANGERFIELD

In Calabria, la domenica delle Palme, invece dei ramoscelli d'ulivo, si scambiano le pistole.

FRANCO NERI

Non so niente di computer. Non so nemmeno ogni quanto bisogna cambiare l'olio.
BUZZ NUTLEY

La donna è convinta che l'olio nella macchina si rigeneri da solo, è convinta che nel motore ci sia un albero di olive, che poi si spremano. Per lei questo è il famoso albero motore.
OMEN (RAUL CREMONA)

Si riesce a distinguere il vino tedesco dall'aceto solo grazie all'etichetta.
MARK TWAIN

OLIVA
vedi **Olio**

OMBRA

Oggi al ristorante, a un tavolo vicino, c'era un tizio che mi sembrava di conoscere. Anche lui guardava verso di me accennando un sorriso. Alla fine, benché non ci vedessimo da tanti anni, mi sono ricordato di lui! Era uno spermatozoo che abitava con me nella palla sinistra di mio padre. Ci siamo fatti un sacco di feste. «Ma guarda che sorpresa!» ha esclamato abbracciandomi. «Fatti vedere! Ma sai che ti trovo bene? E me, mi trovi cambiato?» «Beh, sai... così a prima vista, col pizzo e gli occhiali... E poi senza coda...». Si guarda dietro le spalle con un'ombra di rimpianto: «Eh, mi è spiaciuto per la coda... E te, come va? Ti piace sempre la fica?».
ROMANO BERTOLA

Quando eravamo ragazzi, per me e mio fratello era una festa inenarrabile ogni volta che andavamo a trovare zio Tullio! La notte precedente il giorno stabilito non dormivamo per l'eccitazione: domani andiamo da zio Tullio! Domani andiamo da zio Tullio! Finalmente, l'indomani, di primo pomeriggio, salivamo con nostra madre sul tram numero 18 e, dopo un viaggio reso interminabile dall'impazienza, scendevamo al capolinea. Qui, in una via solitaria al primo piano, in un vasto appartamento pieno di echi e di armadi, abitava zio Tullio. Appena entrati,

zio Tullio spalancava davanti ai nostri occhi un grande atlante colorato e ci mostrava uno per uno tutti i fiumi e le montagne dell'Asia; poi, con l'aiuto di una candela e di un asciugamano, metteva in scena un delizioso spettacolo di ombre cinesi; poi tirava fuori la scacchiera e ci sfidava in interminabili partite a dama. Alla fine imbracciava il mandolino e si esibiva in un focoso repertorio di marce militari. Se Dio vuole, oggi di stronzi così non ce ne sono più.
ROMANO BERTOLA

Come ci faceva divertire mio nonno con niente! Mettendo una gallina o una pecora davanti a una lampadina, riusciva a proiettare sul muro meravigliose ombre di mani.
ROMANO BERTOLA

Lui: «All'ombra dei cipressi o dentro all'urne confortate dal pianto è forse il sonno della morte men duro?»
Lei: «Cosa c'entra il Foscolo, adesso?»
Lui: «No, è solo per farti capire che l'unica è scopare.»
BORETOR

Olivia: «Nel giardino della nostra scuola c'è un albero che fa una bellissima ombra.»
Amria: «L'ombra di un bellissimo albero è la nostra scuola.»
GIOBBE COVATTA

Per gli automobilisti africani non c'è la sinistra né la destra, c'è l'ombra.
FERNANDEL

È talmente magra che per fare ombra deve passare due volte nello stesso posto.
BORIS MAKARESKO

È buffa la fortuna. Magari non ne vedi neanche l'ombra per anni e poi, quando meno te l'aspetti, si presenta al tuo vicino di casa.
FRANCO MERAFINO

Quando i piccoli uomini proiettano ombre lunghe il sole sta per tramontare.
MICHAEL SEYMOUR

L'ultima volta che ero in un bosco ho visto un coniglio davanti a una candela che faceva ombre di persone contro un albero.

STEVEN WRIGHT

OMBRELLO

Mio cognato fa lavori stagionali, d'estate lavora in spiaggia a Rimini, dove fa il reggi-ombrellone; il lavoro gli piace, l'unico inconveniente è che si abbronza solo le gambe. D'inverno invece va a Cortina ad addestrare i cani da valanga. Lo mandano sotto il ghiacciaio con un petardo napoletano in mano, quando arriva nel punto esatto gli fanno un segnale con un faro, lui fa esplodere il petardo e provoca la valanga su di sé, poi i cani vanno a cercarlo. Fino a oggi lo hanno sempre ritrovato.

GIOVANNI CACIOPPO

Il fiorellino: «Che bella cosa essere nato vicino a te. Così tu mi ripari dalla pioggia. Ma dimmi: sei un vero ombrello o fungi da ombrello?»
Il fungo: «Fungo».

ACHILLE CAMPANILE

Le piogge nel medioevo solevano raggiungere una particolare intensità, anche a causa della mancanza di ombrelli.

ACHILLE CAMPANILE

Non lasciare mai che un uomo metta qualcosa sopra di te... se non, forse, il suo ombrello.

MAE WEST

Urla come una matta... Hai questo mito di poter condividere con lei l'esperienza del parto. A meno che non stai espellendo dal tuo corpo una palla da bowling, io non ci credo. A meno che non ti fai una circoncisione con una motosega, io non ci credo. A meno che non ti apri un ombrello nel culo, io non ci credo.

ROBIN WILLIAMS

Danno ancora uno stupido film di fantascienza inglese. Si capisce che è inglese perché tutti i marziani hanno l'ombrello.

HENNY YOUNGMAN

OMICIDIO *(Killer - Uccidere)*

Ma non posso ucciderlo, è un essere umano, macchierà tutto il tappeto.
WOODY ALLEN

Lo uccisi perché era idiota, perfido, scemo, tardo, stupido, mentecatto, ipocrita, ignorante, burino, buffone, gesuita, a scelta. Una così si accetta, due no.
MAX AUB

Un mattino di buon'ora del giugno 1872 uccisi mio padre: un atto che, a quel tempo, mi fece una profonda impressione.
AMBROISE BIERCE

Hanno appena catturato la prima donna serial killer in Florida. Otto uomini. Ma non li ha uccisi lei. Lei è semplicemente riuscita a entrare nelle loro case, ha nascosto il telecomando, e loro si sono suicidati.
ELAYNE BOOSLER

Per favore non dite a mia madre che faccio il giudice nel Tribunale di Roma... Lei mi crede un killer della 'ndrangheta in missione di morte nella capitale.
ENZO CAPOZZA

Abbiamo sviluppato questa pillola che ti fa diventare un serial killer, ma non è ancora in commercio perché come effetto collaterale ti fa venire il mal di testa.
DREW CAREY

Tutti questi giovani che ammazzano i genitori. Pazzesco. Con tutti i soldi che gli diamo non potrebbero pagarsi un killer?
LIA CELI

Notizie: abbiamo una straordinaria intervista col mostro di Silvi, un serial killer che uccide solo donne bionde minorenni, dello scorpione, con la "r" moscia, che parlano tre lingue straniere. Il dramma di quest'uomo è che non ha ancora trovato una vittima.
GIOVANNI CELLINI

I nipoti sono la tua ricompensa per non aver ucciso i tuoi figli.
COSE CHE HO IMPARATO DAI MIEI FIGLI, DI ANONIMA MAMMA DI AUSTIN, TEXAS

C'era un tipo in sala. Mi ha detto: «Tu sei italiano! Allora sei un mafioso!». Gli ho risposto: «No, non è giusto pensare che ogni italiano sia un mafioso». Ma lui insisteva, diceva che ero un mafioso. Così l'ho fatto ammazzare.
DANTE

Sto leggendo un libro giallo molto strano. Sembra che la vittima sia stata uccisa da un uomo di un altro libro.
LEOPOLD FETCHNER

Uccide la suocera scambiandola per la moglie.
ENNIO FLAIANO

L'omicidio è un crimine. Scriverne, no. Il sesso non è un crimine, ma scriverne sì. Perché?
LARRY FLYNT

Il Rock'n'Roll ti mantiene giovane e ti uccide presto.
ROBERT FRIPP

Ci sono due tipi di omicidi: quelli seri e quelli in cui un marito ha soltanto ucciso la moglie.
CAPITANO HATHERILL

Se girassi *Cenerentola* il pubblico si aspetterebbe un cadavere nella carrozza.
ALFRED HITCHCOCK

Stavo camminando per strada quando una signora mi si è avvicinata e, indicando la mia giacca in pelle, mi ha detto: «Lo sa che per fare quella giacca è stata uccisa una mucca?». Le ho risposto: «Cavoli, non sapevo ci fossero dei testimoni. Vuol dire che adesso dovrò uccidere anche lei».
JAKE JOHANNSEN

Molti desiderano ammazzarmi. Molti desiderano fare un'oretta di conversazione con me. Dai primi mi difende la legge.
KARL KRAUS

Ieri una commissione speciale ha stabilito quanti soldi abbia O.J. Simpson. Credo che abbia soldi ancora per due o tre omicidi al massimo.
JAY LENO

New York City è stata dichiarata la città più sicura d'America. Dev'essere merito della nuova politica del sindaco Bloomberg: oggi, infatti, dopo tre omicidi ti mettono in galera.

DAVID LETTERMAN

Ursula Everglade, una ragazza di New York, venne brutalmente assassinata mentre 38 vicini guardavano la scena dalla finestra evitando di intervenire. Per fortuna però in casi del genere non tutti restano a guardare senza far nulla. Alcuni non solo inseguono l'assassino, ma arrivano addirittura a ricattarlo.

DANIELE LUTTAZZI

In agosto, mio marito Morris e io abbiamo celebrato il trentottesimo anniversario di matrimonio. E sapete cosa ho finalmente realizzato? Che se lo avessi ucciso la prima volta che m'è passato per la mente, adesso sarei già fuori di galera.

ANITA MILNER

Non ammazzerei neanche una mosca io. Se non per legittima difesa, s'intende.

SULLY PRUDHOMME

Entra nell'esercito, gira il mondo, incontra gente interessante e uccidila.

SPILLA PACIFISTA, 1979

È l'unica ragazza al mondo capace di dare alle fiamme un fornello... Mangiare la roba che cucina lei è come giocare alla roulette russa. Non so mai quale cibo mi ucciderà.

HARVEY STONE

Sono contrario all'aborto. Uccidere un essere umano prima che nasca è inammissibile. È una dimostrazione d'impazienza.

ROLAND TOPOR

Signor giudice, mia moglie parlava, parlava, parlava... Io ho preso un bastone e gliel'ho tirato dietro. Che ne sapevo io che dall'altra parte c'era l'accetta!

STEFANO VIGILANTE

L'omicidio è sempre un errore: non si deve mai fare niente di cui non si possa poi parlare dopo una cena.
OSCAR WILDE

Una parola che non sentirete mai in casa mia è "divorzio". "Assassinio" sì, ma "divorzio" no.
HENNY YOUNGMAN

OMOSESSUALE
vedi ***Gay***

ONESTÀ *(Disonestà)*

Il segreto per restare giovani è vivere onestamente, mangiare lentamente e mentire sull'età.
LUCILLE BALL

Ammetto di essere onesto. Ma se si sparge la voce, sono rovinato: nessuno si fiderà più di me.
PINO CARUSO

Come esistono oratori balbuzienti, umoristi tristi, parrucchieri calvi, potrebbero esistere benissimo anche dei politici onesti.
DARIO FO

Le donne oneste non riescono a consolarsi degli errori che non hanno commesso.
SACHA GUITRY

«Proposta: facciamo il Governo degli Onesti.» «Già, e il pluralismo?»
MANETTA

L'amore ha diritto di essere disonesto e bugiardo. Se è sincero.
MARCELLO MARCHESI

Io non credo alla malafede degli arbitri: io credo che loro siano realmente juventini.
GIORGIO MELAZZI

Faceva così freddo che ho visto un politico con le mani nelle sue tasche.
HENNY YOUNGMAN

ONORE *(Disonore)*

È veramente un onore fare qualcosa per questi bambini baciati in fronte dalla sfortuna.

ALESSANDRO ALTOBELLI

Non riesco a capire come un uomo d'onore possa prendere in mano un giornale senza un brivido di disgusto.

CHARLES BAUDELAIRE

Mia moglie guida talmente male che alla festa annuale dei carrozzieri lei è l'ospite d'onore.

BIZET47, DI *AENIGMATICA*

Kevin Spacey e Alan Parker sono uomini onorevoli. Perché hanno fatto un film così stupido? L'ultima scena mi ha fatto venire voglia di tirare qualcosa contro lo schermo, tipo Spacey e Parker.

ROGER EBERT, RIFERENDOSI AL FILM *THE LIFE OF DAVID GALE*

È un poeta così cattivo che sette città si rinfacciano il disonore di avergli dato i natali.

ENNIO FLAIANO

Per un francese è impensabile arrivare a cinquant'anni senza aver avuto la sifilide e la Legion d'onore.

ANDRÉ GIDE

Era un'organizzazione terroristica di fanatici anticastristi chiamata "Movimento del Sette di Luglio". Il gruppo si era così battezzato in onore della data in cui, nel 1972, i suoi fondatori avevano sferrato uno sfortunato attacco ai danni di una cannoniera cubana al largo dell'Isola dei Pini. Qualche anno più tardi il Movimento era stato lacerato da un'ampia disputa interna: alcuni membri sostenevano che l'attacco all'Isola dei Pini fosse stato sferrato il sei di luglio e chiedevano che il nome venisse cambiato. Era stato raggiunto un compromesso e i terroristi si erano ribattezzati "Movimento del Primo Weekend di Luglio".

CARL HIAASEN

Tutto è perduto fuorché l'ospite d'onore.

MARCELLO MARCHESI

Basta, sono stanco di questo mondo di cafoni, di questo gergo di "aò,

abbella", di questi balli porconi. È per questo che, per cambiare questo stato di degrado dei rapporti tra i due sessi, l'altra sera in un locale mi sono avvicinato a una ragazza e con fare galante le ho domandato: «Signorina, mi concederebbe l'onore di un pompino?».
NAPOLEONE & CARDOPATRI

Silvio Orlando: «Nei licei, secondo un'indagine demoskopica, l'80% degli studenti non sa chi era Che Guevara, mentre il 90% sa chi è Gargamella.»
Teo Teocoli: «Chi è Gargamella?»
Silvio Orlando: «Oh meno male, non saperlo ti fa onore. Gargamella è il cattivo dei Puffi.»
Teo Teocoli: «Che Guevara invece è il buono?»
VICINI DI CASA

OPERA LIRICA
(Soprano - Tenore)

«Tu vai alle *Nozze di Figaro?*» «No, me la cavo con un telegramma.»
ANONIMO

Qual è la differenza tra un rinoceronte ferito e un soprano? I gioielli.
ANONIMO

«La sua opera mi è piaciuta davvero. Sto pensando addirittura di metterla in musica.»
LUDWIG VAN BEETHOVEN

Ho visto in un teatro di Palermo il recital di un cantante d'opera penoso. Eppure il pubblico si è alzato in piedi e ha gridato: «Bis! Bis!». E lui ha cantato di nuovo. Peggio di prima. Ma alla fine il pubblico di nuovo in piedi a gridare: «Bravo! Cantala di nuovo!». E il cantante: «Siete un pubblico meraviglioso, mi piacerebbe cantare ancora per voi, ma non posso cantare la stessa aria tre volte...». Un vecchietto in loggione si è alzato e ha urlato: «E no! Adesso tu la canti finché non la impari!».
MONICA CORBETT

Melomane è un tizio che sentendo cantare una bella ragazza in bagno, avvicina al buco della serratura l'orecchio.
PIERRE DORIS

Un'opera è un posto dove un uomo viene pugnalato e, invece di morire, canta.

LEOPOLD FETCHNER

Non ho mai capito perché nei teatri d'opera si lascino entrare gli spettatori delle prime tre file con gli strumenti musicali.

ALFRED JARRY

Chi sa fare la musica la fa, chi la sa fare meno la insegna, chi la sa fare ancora meno la organizza, chi la sa fare così così la critica.

LUCIANO PAVAROTTI

Povera nonna, il suo grande sogno era di diventare una cantante lirica. Per questo da giovane aveva iniziato a studiare da soprano, ma per colpa della guerra dovette interrompere gli studi a metà così diventò mezzo soprano.

VALERIO PERETTI CUCCHI

Parsifal è quel genere d'opera che inizia alle 6.00 di sera. Dopo circa tre ore guardi l'orologio che segna le 6.20.

DAVID RANDOLPH

Non si può giudicare il *Lohengrin* al primo ascolto. E certamente non intendo ascoltarlo una seconda volta.

GIOACHINO ROSSINI

Il presidente è ancora Roosevelt?

MARCEL TABUTEAU, MENTRE USCIVA DALLA BUCA DELL'ORCHESTRA DOPO UNA RAPPRESENTAZIONE DI *PARSIFAL* PARTICOLARMENTE LUNGA

OPERAIO *(Fabbrica)*

Poliziotto: «Onorevole Scelba, c'è un caso insolito: un operaio è morto solamente di polmonite!»

DON BASILIO, 1950

Se gli operai tedeschi volessero occupare una stazione prima, bravi bravi, comprerebbero il biglietto.

LENIN

«Quando ho la sensazione che in fabbrica ci sia un po' di disordine», mi diceva un giovane industriale, «quando vedo che si profila uno sciopero, io prendo il mio yacht. Me ne vado. In crociera. Alle Bahamas.

E mi porto dietro un po' di operai.» «Come viaggio premio?» «No, come ostaggi!»
MARCELLO MARCHESI

Fa caldo in fabbrica? Le ore sono lunghe? Quindici dollari al giorno non bastano? Be', la fuga è molto semplice. Piantate il lavoro, sputatevi sulle mani e scrivete un altro best seller.
H.L. MENCKEN

La forma appuntita delle piramidi sta inequivocabilmente a dimostrare che, ieri come oggi, man mano che il tempo passava, gli operai tendevano a lavorare sempre meno.
GIANNI PALLADINO

La differenza tra un intellettuale e un operaio? L'operaio si lava le mani prima di pisciare e l'intellettuale dopo.
JACQUES PRÉVERT

In verità, in verità vi dico che è più facile che un cammello passi dalla cruna di un ago che un operaio della Fiat, con un cappotto di cammello, porti a cena Claudia Schiffer.
PAOLO ROSSI

OPERA D'ARTE

vedi **Arte**

OPINIONE *(Punto di vista)*

Buonasera dal Tg3. Aumenta il malessere degli italiani: 4 persone su 5 ai limiti della sopravvivenza.
Buonasera dal Tg5. Aumenta il benessere degli italiani: 1 persona su 5 ha un reddito superiore.
Buonasera dal Tg4. Aumenta il narcisismo degli italiani: 4 persone su 5 scelgono il digiuno per mantenersi in forma.
BEPPE BRAIDA

Ieri con la sola forza del pensiero sono riuscito a esprimere un'opinione.
FRANCISCO DURABÀL

Le opinioni sono come le palle: ognuno ha le sue.
CLINT EASTWOOD

Un solo fatto può cambiare completamente il vostro punto di vista sulle cose. Per esempio, lo sapevate che King Kong era una lesbica?
DAVID GERROLD

Ho scoperto che l'opinione che le papere hanno di me è fortemente influenzata dal fatto che io abbia del pane.
MITCH HEDBERG

«Ma via... per due denti... cosa vuole che siano?», disse il dentista. «Tutto per me!», rispose il tricheco.
LEONARDO MANERA

Ci sono giornate in cui l'unico momento di benessere finisce per essere una scoreggia. Certo, al momento può sembrare sordido... ma se ci si mette dal punto di vista ottimista si constata che il più disgraziato degli uomini può avere almeno un istante di benessere al giorno.
REISER

Non leggo mai un giornale della mia opinione: la troverei deformata.
ERIK SATIE

È la differenza di opinioni che rende possibili le corse dei cavalli.
MARK TWAIN

ORA LEGALE

Conosco un ciclista di Rovigo così sfortunato che quando stava per battere il record dell'ora di Moser è scattata l'ora legale.
GENE GNOCCHI

Una volta ho fatto l'amore per un'ora e quindici secondi filati. Ma era quando abbiamo spostato gli orologi per l'ora legale.
PAOLO LIMITI

ORATORE

Lord Charles Beresford si può descrivere come uno di quegli oratori che, prima di alzarsi per parlare,

non hanno idea di quello che diranno; mentre parlano, non hanno idea di quello che stanno dicendo e quando si siedono, non hanno idea di quello che hanno detto.
WINSTON CHURCHILL

Come esistono oratori balbuzienti, umoristi tristi, parrucchieri calvi, potrebbero esistere benissimo anche dei politici onesti.
DARIO FO

ORDINE *(Disordine)*

Ai tedeschi piace molto l'organizzazione e l'ordine, ma non riescono ad averlo perché c'hanno un carattere che non lo riescono a ottenere.
EMMA CORIANDOLI (MAURIZIO FERRINI)

Dove arrivano i tedeschi mettono in ordine le cose. Anche se non sono sempre le cose loro, ma quelle degli altri.
KARL KRAUS

Mia madre parlava con me solo tramite delle parole d'ordine: «Metti a posto!».
FURIO OMBRI

Capsula: «Nucleo, puoi abbuiartela quanto vuoi, tanto io sono molto più ordinato di te!»
Nucleo: «Ma se quando apri i cassetti le tue magliette si coprono gli occhi perché non hanno mai visto la luce!»
PALI E DISPARI

Avete mai visto come appare una città dopo un terremoto? E come se la stanza di vostro figlio fosse contagiosa.
JOSEPH ROSSENBLOOM

A mia madre son sempre piaciuti l'ordine e la pulizia. Per questo non stava mai a casa nostra.
FRANCESCO VARCHETTA

Ho inventato un giocattolo che mi renderà una fortuna. Ogni volta che i bambini hanno finito di giocare, si mette via da solo!
HENNY YOUNGMAN

ORECCHIO

La Natura è fantastica. Un miliardo d'anni fa non avrebbe mai sospettato che noi avremmo portato gli occhiali, eppure ci ha fatto le orecchie!

MILTON BERLE

L'altro giorno leggevo un libro sulla vita di Van Gogh e ho pensato: «Ehi, ma questo posso farlo anch'io!», così mi son tagliato un orecchio.

LORENZO BOSIO

Devi avere un certo fisico per entrare nell'esercito. Un medico guarda dentro un orecchio, un altro guarda nell'altro orecchio e se non possono vedersi sei arruolato. Se, invece, riescono a vedersi entri a far parte della polizia militare.

JOHN BROWN

26 orizzontale: "Si mette nell'orecchio per attirare l'attenzione"... LINGUA.

CAPOCENERE (CLAUDIO BATTA)

C'era un uomo con i capelli rossi che non aveva né occhi né orecchie. Non aveva neppure capelli, per cui dicevano che aveva capelli rossi tanto per dire. Non poteva parlare, perché non aveva la bocca. Non aveva neanche il naso. Non aveva addirittura né braccia né gambe. Non aveva neanche la pancia, non aveva la schiena, non aveva la spina dorsale, non aveva le interiora. Non aveva niente! Per cui non si capisce di chi si stia parlando. Meglio allora non parlarne più.

DANIIL CHARMS

Melomane è un tizio che sentendo cantare una bella ragazza in bagno, avvicina al buco della serratura l'orecchio.

PIERRE DORIS

Perché a Niki Lauda, già che c'erano, non hanno finito di aggiustargli le orecchie?

FABIO FAZIO

Ho un amico talmente scaramantico che, quando pesta una cacca, non solo è contento, ma se ne mette sempre un po' dietro le orecchie.

GIANLUCA IRTI

Guarda questa ape piccola e brutta. Fa il miele. Io sono una persona di aspetto gradevole e tutto quello che so fare è un po' di cerume nelle orecchie.
MILT KAMEN

Ho una cugina molto sexy. A volte alle riunioni di famiglia mi ritrovo a guardarla e a pensare: «Quanto ritardati potranno essere i nostri bambini? Voglio dire, e anche se uno nascesse con tre lobi delle orecchie?».
JAMIE KENNEDY

«La sua faccia non mi è nuova. Posso averla vista da qualche altra parte?» «Non credo, è sempre stata in mezzo alle mie orecchie.»
PAT MORRIS

La donna. Se le racconti qualcosa le entra da un orecchio e le esce dalla bocca!
OMEN (RAUL CREMONA)

Otorinolaringoiatria: se ti fischia un orecchio, è male. Ma se ti applaude, è peggio.
GINO PATRONI

Mi sono fatto un altro buco nell'orecchio: ora sì che ci sento!
GIANFRANCO PETITTI

Aveva un alito così schifoso che il suo dentista l'operava attraverso le orecchie.
BOB PHILLIPS

Non ho in programma di invecchiare bene. Prevedo di farmi fare dei lifting finché le orecchie non si toccheranno.
RITA RUDNER

Avete mai pensato a quanto strambi sarebbero i telefoni se non avessimo la bocca vicina alle orecchie?
STEVEN WRIGHT

ORFANO

Stasera la tavola è imbandita con ogni ben di Dio. Frutta, cacciagione, vino. Ma non mi piace mangiare così. Da solo. Vorrei la presenza di qualcuno... renderebbe tutto più buono. L'ideale sarebbe un'orfanella che guarda da dietro i vetri, mentre cade la neve...

ROMANO BERTOLA

E quello è il fiore all'occhiello della squadra: è un centravanti francese, Martinitt. Un centravanti orfanello, che nasconde un terribile segreto: la sua mamma era una puttana... e il suo papà era una puttana anche lui... un figlio di puttana al quadrato! E calcia la palla così veloce, ma così veloce... ma così veloce... ma così veloce... che la palla quando entra in porta cambia fuso orario. E così Martinitt spesso segna prima che inizi la partita.

GINO&MICHELE - PAOLO ROSSI

Hanno chiesto a Jack Benny se voleva fare qualcosa per l'Orfanotrofio degli Attori. Così lui ha sparato ai suoi genitori e ci è andato.

BOB HOPE

«Se uno di voi ha una sigaretta e non me la offre, che venga un colpo ai suoi genitori! (silenzio)... Tutti orfani eh?»

I SOLITI IGNOTI

ORGASMO (Godere)

«Be', è che io finalmente ebbi l'orgasmo e il mio medico mi disse che era di tipo sbagliato.» «Di tipo sbagliato, sì? lo, mai avuti di tipo sbagliato, mai: coi peggiori faccio crollare il lampadario.»

HELEN HANFT-WOODY ALLEN

Basta con i piaceri della carne! Facciamo godere anche le verdure.

BAGATTO

Non sarò una grande attrice, ma nessuno mi batte nei cineorgasmi! Ansimo per dieci secondi, giro la testa di qua e di là, simulo un leggero attacco d'asma e poi muoio un po'.

CANDICE BERGEN

Sono stato da un benzinaio che mi ha confidato di essere un ex attore porno. E, infatti, mi stava facendo il pieno, ma all'ultimo momento ha tirato fuori la pompa dal serbatoio e ha spruzzato tutto il cofano.

BILL BURT

Io sarei per il ritorno dell'ipocrisia in camera da letto, al falso gemito di piacere, al mugolio recitato! Ne frequentavo una che si dimenava come una pazza, sembrava Sgarbi alla commissione cultura della Camera: «Ah!... Basta!... Sì! Sì!...», solo che io ero andato a bere un bicchier d'acqua in cucina... probabilmente lei non s'era accorta della differenza: «Scusa se t'interrompo, ma sono cinque minuti che manco dall'amplesso!».

ANTONIO CORNACCHIONE

Tom Cruise è così sexy che quando si masturba, la ragazza a cui sta pensando gode.

RODNEY DANGERFIELD

Le viti godono quando entrano nel legno?

FABIO FAZIO

Non è giusto che *Domenica in* duri cinque ore e un orgasmo solo quattro secondi.

GIULIANO

In confronto a questa cosa bella, artistica, morbida, poetica, che è l'orgasmo femminile, l'orgasmo maschile è una roba bestiale e ridicola. Vediamolo insieme con tanto di diagramma. Pronti? Via, partito. Per un bel po', niente, diagramma piatto... Non sale né scende. Striscia. Senza emozioni. Uno fa in tempo ad annoiarsi. Poi, all'improvviso, s'impenna: «Aaahhh!!!». E subito dopo, giù di schianto! Morto. Finito. Quando va bene. A volte finisce prima ancora di cominciare. Una schifezza. Poi si dice che c'è incomprensione tra uomo e donna! Ma ringraziamo il cielo che non ci si spara addosso appena ci si vede da lontano!

PAOLO HENDEL

È l'unica persona che conosco che finge un orgasmo quando si masturba.

NEW YORK ROASTS

Lo, alla distanza, vengo sempre fuori e di questo le donne mi sono molto grate.

ROBERTO SERAFINI

La mia fidanzata non si limita a fingere gli orgasmi. Si porta un registratore e li fa in playback.

RONNIE SHAKES

Le donne possono simulare un orgasmo. Ma gli uomini possono simulare intere relazioni.
SHARON STONE

Le dissi: «Fammi godere con la lingua». Mi lesse delle poesie.
FRANCESCO VANDETTA

I giovani d'oggi! L'altro giorno mio figlio mi ha chiesto: «Papà, che cos'è un orgasmo?» «E tu?» «Ero imbarazzato... gli ho detto: "Chiedilo alla mamma..."» «E lei?» «È arrivata di corsa e mi ha chiesto: "Dario, che cos'è un orgasmo?"»
DARIO VERGASSOLA

ORGIA

Nel mondo ne nasce 10.000 al secondo! Bestia della miseria, ho detto, 10.000 al secondo! Questo vuol dire che minimo minimo, ora, in questo secondo qui, ce n'è 10.000, anzi 20.000, perché sono in due vero? Che sono lì... onzipapparàtatare-tatatà... minimo... Poi con tutti gli attrezzi che c'è oggi per non restare incinte e quelli che non vogliono figli: quanti staranno facendo l'amore in questo momento... Secondo me siamo gli unici imbecilli che invece di far l'amore siamo qui a vedere il Benigni! Io sarei per tuffarmi: "Grande ammucchiata al Teatro Tenda! Mai vista un'orgia simile dai tempi di Lucullo! Anche le forze dell'ordine coinvolte: nati 20 carabinieri in mezz'ora!".
ROBERTO BENIGNI

La mia ragazza mi ha lasciato perché non le piaceva fare l'amore in tre. Quando scopava non mi chiamava mai.
DIEGO PARASSOLE

Ho sempre avuto dei dubbi sull'amore di gruppo... Cosa dicono alla fine? «Scusate, è stato bello per qualcuno?»
RITA RUDNER

Il sesso canonico aveva cominciato ad annoiarmi a morte, così ho avuto la pessima idea di partecipare a un'orgia: non solo mi sono annoiato, ma quando mi è venuto da sbadigliare non sono stato abbastanza

pronto a portare una mano alla bocca.
MIRCO ZILIO

ORGOGLIOSO
vedi **Presuntuoso**

ORIGINALITÀ
vedi **Stravaganza**

ORMONI

Amore non è altro che un boogie-woogie degli ormoni.
HENRY MILLER

I sollevatori di pesi adesso prendono steroidi e il testosterone, l'ormone maschile. Un tizio si era imbottito di così tanto ormone maschile che ha dovuto essere registrato come una tedesca dell'Est.
CARI WOLFSON

ORO

L'oro non è tutto. Ci sono anche i diamanti.
PAPERON DE' PAPERONI

Una volta eri come l'oro. Adesso sei come loro.
STRISCIONE INTERISTA, RIFERITO AL PASSAGGIO DI RONALDO AL MILAN

OROLOGIO

La moglie: «Non ho nulla da mettermi, stasera!»
Il marito: «Hai sei armadi pieni di "nulla da metterti"!»
La moglie: «Stai dicendo forse che spendo troppi soldi?»
Il marito: «Tu spendi troppi soldi? No! Non sei l'unica che va in Svizzera a farsi aggiustare l'orologio!»
A SCUOLA CON PAPÀ

Il tempo vola e noi no. Strano sarebbe se noi volassimo e il tempo no, il cielo sarebbe pieno di uomini con l'orologio fermo.
ALESSANDRO BERGONZONI

Mettemmo avanti le lancette dell'orologio. Così, per ingannare il tempo.
ALESSANDRO BERGONZONI

Non me la prendo con quelli che guardano l'orologio mentre parlo. Ma mi arrabbio davvero quando iniziano a scuoterlo per essere sicuri che funzioni ancora.
LORD BIRKETT

Mia mamma, per controllare che non mi facessi le seghe, mi aveva regalato due orologi che si caricavano col movimento del polso. Poi mi prendeva alla sprovvista: «Che ore sono?». E io: «Quattremezza!» «Esatto! Segaiolo di merda!».
CLAUDIO BISIO-ROCCO TANICA

Ti lascio, che tra cinque minuti manca un quarto alle sette e mezza.
VITTORIO CECCHI GORI

Non so perché ma ho sempre pensato che gli orologi svizzeri della Svizzera italiana siano un po' meno precisi.
GUIDO CLERICETTI

I tempi cambiano al punto che una delle più popolari esclamazioni bolognesi rischia di trasformarsi in: «Swatch mel!».
COMIX

Perché regalare orologi alle donne? Quello del forno gli basta e gli avanza.
ENZO CORTESE

Gli svizzeri, dopo aver inventato l'orologio a cucù, si sono presi tre secoli di riposo.
GÉRARD DE VILLIERS

A Ginevra, quando uno si stanca di passeggiare davanti alle banche e agli orologi, non gli resta altro che gettarsi nel lago.
GÉRARD DE VILLIERS

Cesare Romiti è un duro. Se l'avvocato Agnelli porta l'orologio sopra al polsino, Romiti fa di più: porta le palle sopra ai boxer.
GINO&MICHELE

Il tennista Roger Federer è l'unico svizzero a essere diventato famo-

so in tutto il mondo senza fare tic-tac.
GINO&MICHELE

Una volta ho fatto l'amore per un'ora e quindici secondi filati. Ma era quando abbiamo spostato gli orologi per l'ora legale.
PAOLO LIMITI

«Perché fai il nodo al fazzoletto?» «Per ricordarmi che domattina devo svegliarmi alle sette» «Ma non hai la sveglia?» «Sì, ma non posso mica fare il nodo alla sveglia.»
MACARIO

O quest'uomo è morto, o il mio orologio si è fermato!
GROUCHO MARX

L'orologio che mi avete regalato sarà per me eterna fonte di gioia. L'avrei ringraziata prima, ma ho preferito aspettare una settimana per essere sicuro che 'st'aggeggio funzionasse.
GROUCHO MARX

«Agnelli ormai ha fatto il suo tempo.» «Mio marito ha già rimesso l'orologio sotto il polsino.»
PAT

Il padre arrabbiato: «Figliolo: sbaglio o ho sentito l'orologio suonare le quattro quando hai riportato a casa mia figlia, ieri?»
Il fidanzato: «È vero. Stava per suonare le undici, ma io son corso ad acchiappare il gong così non l'abbiamo disturbata.»
Il padre arrabbiato: «Porco cane! Perché non l'ho pensata io quando portavo in giro le ragazze.»
BOB PHILLIPS

Voi avete l'orologio, noi abbiamo il tempo.
PROVERBIO AFRICANO

Parsifal è quel genere d'opera che inizia alle 6.00 di sera. Dopo circa tre ore guardi l'orologio che segna le 6.20.
DAVID RANDOLPH

Ammetto di non essere esageratamente dinamico. L'ultima volta che ho fatto del sesso, il mio orologio, che è uno di quelli che si caricano da sé, si è fermato.

LENNY RUSH

In Italia per trecento anni sotto i Borgia ci sono stati guerra, terrore, criminalità, spargimenti di sangue. Ma hanno prodotto Michelangelo, Leonardo, il Rinascimento. In Svizzera, vivevano in amore fraterno, avevano cinquecento anni di pace e democrazia. E cosa hanno prodotto? L'orologio a cucù.

ORSON WELLES

Ho l'orologio che va avanti di tre ore ma non sono mai riuscito ad aggiustarlo. Così da Los Angeles mi sono trasferito a NewYork.

STEVEN WRIGHT

Quand'ero piccolo non avevo l'orologio. Così usavo il violino. Iniziavo a esercitarmi durante la notte e i vicini gridavano: «Bel momento per suonare il violino alle tre di notte!».

HENNY YOUNGMAN

Ho una moglie così pulita che mette il foglio di giornale sotto l'orologio a cucù.

HENNY YOUNGMAN

OROSCOPO

vedi ***Segno zodiacale***

ORSO

Quando ero piccolo i miei genitori mi volevano talmente bene che mi misero nella culla un orsacchiotto vivo.

WOODY ALLEN

La Microsoft di Bill Gates ha respinto l'accusa di essere un'azienda monopolista senza cuore. Lo stesso Bill Gates ha annunciato: «Per dimostrare che noi pensiamo anche alla natura abbiamo lanciato una nuova campagna: "Compra una copia di Windows 98 e salva gli orsi bruni". La cosa funzionerà così: per ogni copia di Windows rimasta invenduta abbatteremo un orso bruno. Se amate questi animali vi conviene comprare i nostri prodotti».

GIOVANNI CELLINI

Selen, la pornostar, vive circondata dagli animali. Non si separa mai da Bubu un bellissimo orsetto lavatore e da Zip uno splendido spermatozoo d'angora.

GINO&MICHELE

Il puritano odiava i combattimenti di cani e di orsi, non perché procuravano dolore agli orsi ma perché davano piacere agli spettatori.

THOMAS BABINGTON MACAULAY

Non è vero che la vita passa senza un perché: "Anche quest'anno continua l'impegno di Golia Bianca per difendere la natura". Ciucci una menta e salvi un orso polare. Sentirsi utili e buoni, basta poco per dare un senso alla vita. È quando lecchi un francobollo che non sei sicuro di salvare uno statale.

GIORGIO MELAZZI

ORTAGGI

vedi ***Verdura***

ORTO

vedi ***Giardino***

OSCAR

Credo che non vincerei un Oscar neanche se ci fosse la categoria "Miglior colonna sonora scritta da Danny Elfman".

DANNY ELFRNAN

Un Oscar, il sesso, un gelato e una pizza... Se avessi questo ogni giorno per il resto della mia vita sarei felice.

DUSTIN HOFFMAN

L'intero cast di *Slumdog Millionaire* era presente agli Oscar. Ha vinto come miglior film, come tutti si aspettavano. Era il grande favorito. Dicevano che avrebbe perso solo se avesse scelto Sarah Palin come vice.

JIMMY KIMMEL

Gli Oscar sono un momento particolare a Hollywood. È il momento in cui le celebrità si prendono una pausa dall'adorare Barack Obama e trovano il tempo per adorare loro stessi.

BILL MAHER

Sceneggiatori, registi, attori... Se per caso questa sera rimaniamo imprigionati qui dentro e finiamo il cibo, questo è l'ordine con cui mangeremo la gente.

STEVE MARTIN, NOTTE DEGLI OSCAR 2003

Il prossimo presentatore ha lo stesso nome del primo attore che ha interpretato l'originale James Bond: signore e signori, Sean Connery!

STEVE MARTIN, NOTTE DEGLI OSCAR 2003

Farei di tutto per essere uguale a questo attraente ragazzo, tranne naturalmente che fare ginnastica e mangiare sano.

STEVE MARTIN, NOTTE DEGLI OSCAR 2003

Quando ti chiamano latin lover sei nei guai. Le donne a letto si aspettano da te una performance da Oscar.

MARCELLO MASTROIANNI

E poi ci sono i desideri. Vorrei anche fare un film, avere la nomination e vincere l'Oscar. O anche vincere l'Oscar, avere la nomination e poi finalmente spero che mi facciano fare il film. Su queste cose sono molto elastico.

PAOLO ROSSI

«Gira alcune scene fuori fuoco. Voglio vincere l'Oscar come miglior film straniero.»

BILLY WILDER, RIVOLTO A UN CAMERAMAN

OSPEDALE *(Pronto soccorso)*

G. mi supplica di andarlo a trovare all'ospedale. È malato, senza un soldo. Mi metto in viaggio, ma quando arrivo è troppo tardi! Lo trovo guarito, sposato, ricco.

ROMANO BERTOLA

Una sera il predicatore della Chiesa battista era in ospedale a visitare la zia Peto. Lei gli spiegava che i suoi sedici denti le erano caduti contemporaneamente. Insomma, era completamente sdentata. Mentre ascoltava,

il predicatore sgranocchiava alcune noccioline che erano in una ciotola sul comodino. Al termine della visita si è alzato e ha detto: «Torno domani per un'altra visita, signora Ledbetter. E le porto delle altre noccioline». Lei gli ha risposto: «No! No, non posso masticarle. Non me le porti finché non mi metterò dei denti nuovi. Le mie gengive, per il momento, sono troppo delicate. Adesso tutto quello che posso fare è succhiare la cioccolata esterna e rimettere le noccioline nella ciotola qui davanti».
JERRY CLOWER

Non ho rispetto da nessuno. La volta che mi son fatto male, sulla strada dell'ospedale l'ambulanza s'è fermata per fare il pieno di benzina.
RODNEY DANGERFIELD

Il giorno dopo le 120 giornate di Sodoma il Pronto Soccorso si riempì di casi imbarazzanti.
FABIO DI IORIO

«Coi soldi della liquidazione mi sono comprato un'autoambulanza e mi sono messo in proprio.» «E che te ne fai dei feriti che raccogli?» «Vado in giro per ospedali e, se non mi pagano quanto chiedo, glieli lascio.»
GIULIANO

La sanità è malata e io ne so qualcosa. Il mese scorso ho portato mia figlia in ospedale e al termine dell'intervento ho chiesto al professore: «Come è andata l'operazione?». Lui allora mi ha guardato e mi ha detto: «Operazione? Ma come, non era un'autopsia?».
DANIELE LUTTAZZI

«Franco, oooh Franco, ti ho comprato un pigiama.» «Me lo fai mettere?» «No!» «Perché?» «Metti che vai all'ospedale...»
FRANCO NERI

Ero così grasso che quando fui investito da una Volkswagen son dovuto andare al pronto soccorso per farmela estrarre.
PAT MCCORMICK

Comincio a dubitare del mio dottore. Ieri ha mandato sei pazienti all'ospedale con l'ambulanza. Poi ha scoperto di avere lo stetoscopio rotto.
ROBERT ORBEN

C'è una cosa che mi fa impazzire sui moduli di accettazione agli ospedali: "Sesso: Maschio o Femmina?". E secondo voi io voglio andare in un ospedale dove non sono in grado di capire la differenza?

RONNIE SHAKES

Una litigata col primario! Gliel'ho detto: «Tu sarai professore, ma io sono quindici anni che lavoro in questo ospedale e qualcosa la saprò. Se te dico che il bar il giovedì è chiuso, fìdate!».

STEFANO VIGILANTE

L'automobile del futuro sarà più veloce del suono. Così il guidatore sarà all'ospedale prima di accendere il motore.

HENNY YOUNGMAN

OSPITE

Dai tempi più antichi si pensa che è sacra l'ospitalità. Il detto più saggio e più certo è: «Bussa e ti sarà aperto». Ho bussato, bussato per ore a un portone e poi sul più bello ho sentito dall'alto gridare: «Pirla! C'è il campanello!».

FLAVIO OREGLIO

L'ospite è come il pesce: dopo tre giorni nuota.

PUBBLICITÀ PER *IL GAMBERO ROSSO*

Quando sono a casa di altri e non c'è nessuno in cucina, mi piace scrivere sulla loro lista "Cose da fare". Tipo: "Memorizzare le distanze di tutti i pianeti", oppure: "Adottare bambini per venderli al mercato nero".

STEVEN WRIGHT

OSSA

Esame di medicina. «Mi parli dell'apparato genitale maschile» «Sì, dunque, è composto da un osso...» «Le sarà sembrato, signorina...»

ANONIMO

Come dice la moglie di Fassino a letto: «Mi sto facendo le ossa».

PAOLO CAIAZZO

L'ateo non dovrebbe possedere l'osso sacro.

RAMÓN GÓMEZ DE LA SERNA

OSTAGGIO

Il mio grado nell'esercito? Ostaggio, in caso di guerra.

WOODY ALLEN

Ci avete mai fatto caso che non prendono mai ostaggi grassi? Sempre gli smilzi. Non prendono mai quei ciccioni che potrebbero utilizzare il tempo in cattività. Mai sentito di un tale dire: «Sono stato tenuto in ostaggio sette mesi ma ho perso ottanta chili. Sono molto più presentabile, mi sento bene e ho imparato l'autodisciplina». Se Elvis fosse stato preso in ostaggio, sarebbe ancora vivo oggi.

DENIS LEARY

«Quando ho la sensazione che in fabbrica ci sia un po' di disordine», mi diceva un giovane industriale, «quando vedo che si profila uno sciopero, io prendo il mio yacht. Me ne vado. In crociera. Alle Bahamas. E mi porto dietro un po' di operai.» «Come viaggio premio?» «No, come ostaggi!»

MARCELLO MARCHESI

OSTRICHE

Era un tipo talmente avaro che, quando s'innamorò, alla sua ragazza che desiderava una collana di perle, regalò un'ostrica e un quadrifoglio.

ANONIMO

Le ostriche sono afrodisiache? Balle: una volta ne ho mangiate sei ma ha funzionato solo una.

ANTONIO CORNACCHIONE

Miss Piggy: «Ostriche: io proprio non riesco a immaginare perché qualcuno voglia mangiare qualcosa di così gommoso per giunta servito in un portacenere!»

THE MUPPET SHOW

L'ultima volta che il medico mi ha fatto il paptest ha dovuto usare il coltello per le ostriche.

TUTTI PAZZI PER MARY

OTTANTA

vedi **Anni Cinquanta**

OTTIMISMO

Sono ottimista: un giorno la terra servirà a concimare un pianeta lontano.

ALTAN

Stiamo progredendo. Le cose peggiorano più lentamente.

ARTHUR BLOCH

Diffidate degli ottimisti, sono la claque di Dio.

GESUALDO BUFALINO

È meglio essere ottimisti e avere torto che pessimisti e aver ragione.

ALBERT EINSTEIN

L'ottimista dice: «Domani è domenica». Il pessimista dice: «Dopodomani è lunedì».

GUSTAVE FLAUBERT

Previti o Dell'Utri? Berlusconi è così ottimista che tra due mali li sceglie entrambi.

GINO&MICHELE

Vedere in tutti dapprima i lati positivi e partire da essi: Hitler era non fumatore.

TOBIAS INDERBITZIN

L'ottimista pensa che questo sia il migliore dei mondi possibili. Il pessimista sa che è vero.

J. ROBERT OPPENHEIMER

Le cose potrebbero andare peggio. Tu potresti essere qui di persona.

BOB PHILLIPS

Ci sono giornate in cui l'unico momento di benessere finisce per essere una scoreggia. Certo, al momento può sembrare sordido... ma se ci si mette dal punto di vista ottimista si constata che il più disgraziato degli uomini può avere almeno un istante di benessere al giorno.

REISER

Certe volte mi dico: «Dai, la vita è adesso, cogli l'attimo, non essere pessimistica, di doman non v'è certezza, ki vivrà vedrà, cuor contento il ciel l'aiuta, scarpe diem!». E me ne torno a lavare i piatti.

SCONSOLATA (ANNA MARIA BARBERA)

Guardiamo i lati positivi della cosa: chi l'anno scorso si era vestito da barbone per carnevale, con lo stesso vestito quest'anno può vestirsi da ceto medio.

MARCO VICARI

OTTUSITÀ

vedi **Stupidità**

OVEST

vedi **Est**

P

PACCHETTO

vedi **Regalo**

PACE

Ho fatto un corso di lettura veloce, ho imparato a leggere a piombo, trasversalmente la pagina, e ho potuto leggere *Guerra e pace* in venti minuti. Parlava della Russia.

WOODY ALLEN

I Sex Pistols fanno per la musica ciò che la Seconda guerra mondiale ha fatto per la pace: non molto.
MELODY MAKER

Quando ho incontrato Sean Penn mi sono trovato di fronte a un'interessante dicotomia: voleva spaccarmi il culo perché avevo insinuato che non fosse pacifista.
DENNIS MILLER

Se l'Inter ha vinto lo scudetto la pace è possibile.
STRISCIONE ALLA MARCIA DELLA PACE, ROMA 2007

Combattere per la pace è come fottere per la verginità.
SCRITTA SUL MURO DI UN GABINETTO

In Italia per trecento anni sotto i Borgia ci sono stati guerra, terrore, criminalità, spargimenti di sangue. Ma hanno prodotto Michelangelo, Leonardo, il Rinascimento. In Svizzera vivevano in amore fraterno, avevano cinquecento anni di pace e democrazia. E cosa hanno prodotto? L'orologio a cucù.
ORSON WELLES

PADRE *(Papà)*

Mio papà ha sposato mia mamma, mio zio ha sposato mia zia, mio nonno ha sposato mia nonna... Per quale motivo io dovrei sposare una sconosciuta?
STEVE ALLEN

Provo per New York quello che può provare un bambino verso il padre che fa il ladro di banche: non è perfetta, ma le voglio bene ugualmente.
WOODY ALLEN

Il mio sogno proibito? Avere un padre come Jack Nicholson, una madre come Ava Gardner, una sorella come Diane Lane e un fratello come Matt Dillon. E andare a letto con tutti.
PEDRO ALMODÓVAR

«Non son degno di te, babbo.»
«Allora sei proprio l'ultima delle merde.»
ALTAN

Quando un'attrice si ostina a non rivelare per anni il nome del padre di suo figlio è proprio perché non lo sa.
ANTONIO AMURRI

Guarda che è dura nascere in una famiglia dove si tira la cinghia. Oltretutto mio padre tirava anche quella vera! È che eravamo in troppi. Ricordo una volta, tornando da scuola, mio padre appena mi ha vista ha detto: «Cazzo, è tornata anche oggi!».
BRUNELLA ANDREOLI

Mio padre era talmente distratto che, quando andai da lui per dirgli che ero incinta, mi rispose: «Sei sicura che sia tuo?».
ANONIMO

Mio padre mi diceva sempre: «Rocco, tu vai fino alle scuole medie, poi da lì chiedi».
ROCCO BARBARO

Nella giungla, due cannibali, padre e figlio, avvistano una stupenda esploratrice bionda. «Papà, la mangiamo?» «No! La portiamo a casa e ci mangiamo tua madre!»
ANDREA BATTAGLINO

«Ti amo, ti ho sempre amata, ti amo da generazioni. Mio padre ti amava prima di me, mio nonno prima di lui.»
ALESSANDRO BERGONZONI

Adamo ha avuto i suoi bei problemi a comperare a suo padre il regalo per la festa del papà. Che cosa si compera a uno che ha tutto?
MILTON BERLE

Mia moglie è sconvolta. Ha scoperto che nella tomba, sulla quale tante volte si è raccolta in preghiera, non è sepolto suo padre, ma il faraone Cheope. «Adesso si spiega», dice tra i singhiozzi, «la continua presenza di tutti quei turisti.»
ROMANO BERTOLA

Ricordo con indicibile vergogna la volta che mio padre mi sorprese a masturbarmi. «Cos'hai lì in mano?» tuonò. «Niente, pa'», balbettai, «ho preso un topo.» «Un topo? Balle!». Ma la nonna prese le mie parti: «L'ho

sempre detto che in questa stamberga ci sono più topi che cazzi!».
ROMANO BERTOLA

Mio padre era ferroviere e per quarant'anni scorrazzò per l'Italia su merci e diretti. Amava follemente la ferrovia: le partenze all'alba, le gallerie rombanti, le stazioni piene di viaggiatori! L'unico suo dispiacere fu di non potersi mettere in proprio.
ROMANO BERTOLA

Un mattino di buon'ora del giugno 1872 uccisi mio padre: un atto che, a quel tempo, mi fece una profonda impressione.
AMBROISE BIERCE

Mio padre mi diceva: «Mike, se ti masturbi diventi cieco». E io: «Papà... sono qui».
MIKE BINDER

Non esistono gioia e dolcezza maggiori del sentirsi coccolato dall'amata sposa, di sentirsi chiamare "Amore mio", "Gioia mia"; di vedersi crescere attorno per casa, sotto il governo amabile di una madre gentile, uno stormo di mocciosi, di cui si presume d'essere il padre.
NICOLAS BOILEAU (SATIRES)

Mio papà ha inventato il primo antifurto, ma purtroppo gliel'hanno rubato.
VICTOR BORGE

Sono sempre stato fissato con la legge. Del resto, sono figlio di un magistrato, e sono cresciuto con mio padre che, quando tornavo da scuola, mi diceva: «Com'è andato l'interrogatorio?».
PAOLO BORRACCETTI

Ho messo un dentino sotto il cuscino con la speranza di ottenere un quarto di dollaro. Mi sveglio nel bel mezzo della notte, e sopra al mio letto c'è papà con una mano sotto al cuscino. Ma io credevo ancora nella fata dei dentini. Pensavo che lei fosse già passata, e che mio papà volesse fregarla. Così gli ho dato un morso. Quella stessa notte avevo altri due dentini da mettere sotto il cuscino.
A. WHITNEY BROWN

Molti mi domandano quale regalo mi piacerebbe avere per il mio ottantacinquesimo compleanno. Bene ve lo dirò: vorrei che una donna mi facesse causa per riconoscimento della paternità.

GEORGE BURNS

Ieri viene mia figlia Raffy e mi fa: «Papy, casano' è tutta in off". «Cosa che cosa?» «Papy... lo stereo è un casi e la tele è out, il compiù non funzio'...» «Mah...» dico «Nunzio? Chi è 'sto Nunzio?» «Papy, ci sei? Ce la fai? Sei connesso? Ma che Nunzio? Non funzio!... Non funziona! Papy, ti avviso: sei un fornello, mi rosoli la vita, mi scuoci il self-control!». E io: «Raffy, le vedi 'ste mani: la destra è l'olio e la sinistra l'aceto... come vuoi essere condita? Con una bella salsa alla "ti crepo di mazzate?"»

PINO CAMPAGNA

Ci sono cose che non si sentono spesso, tipo: «Papà, dovresti bere di più».

GEORGE CARLIN

Quand'ero figlio io comandavano i padri. Ora che sono padre, comandano i figli. La mia è una generazione che non ha mai contato nulla.

PINO CARUSO

Quando ero piccolo mio padre mi educava col bastone e la carota: prima mi bastonava, poi si mangiava la carota.

GABRIELE CIRILLI

Il ragazzo più sfortunato al mondo fu Gesù: essendo allo stesso tempo se stesso e suo padre, fu l'unico a doversi comprare il motorino con i propri soldi.

COMIX

«Per voi uomini è diverso: Charlie Chaplin ha avuto figli fino a 73 anni.» «Sì, ma non riusciva a tenerli in braccio!»

BILLY CRYSTAL-MEG RYAN

Be', sì, ogni tanto mio padre me le suonava. E mentre lo faceva parlava. Picchiava e urlava: «Ne hai avute abbastanza?». Avute abbastanza? Ma che razza di domanda è? Cosa voleva che rispondessi: «Ehi, papà, un altro calcio nelle palle non è proprio possibile?».

BILLY CONNOLLY

Non è facile essere una madre. Se lo fosse, i padri lo sarebbero.

CUORI SENZA ETÀ

Non sono mai piaciuto a mio padre. Una volta mi ha portato a caccia e mi ha dato un vantaggio di tre minuti. Sulla strada per casa ha legato me sul paraurti e ha messo il cervo in auto.

RODNEY DANGERFIELD

Ho paura che il vero padre di mio figlio sia il fruttivendolo perché la prima parola che ha detto è stata: "Papaia".

MARCO DEL CONTE

Un bimbo ha chiesto alla mamma: «Mamma, perché ci sono uomini che si vestono da donne?» «Ehi, cosa sono queste parole? Lo saprai quando sarai grande! E poi te l'ho detto mille volte: io non sono la mamma, sono il papà!»

GIORGIO FALETTI

«Ecco la mia pagella papà. Ed eccone una tua che ho trovato in soffitta.»

LEOPOLD FETCHNER

Il lavoro del padre di Giulianello consisteva che apriva i gelati, toglieva la carta, li scartava, li leccava e diceva: «Questo gelato è buono può andare», oppure: «Questo non è buono non può andare». Poi li richiudeva, li rincartava, li incassettava e venivano spediti nei bars...

NINO FRASSICA

Ricordo la prima volta che sono andato a prendere una ragazza a casa sua. Suo padre mi disse: «Fai in modo di riaccompagnare mia figlia a casa prima di mezzanotte.» «Non si preoccupi», dissi io, «se mi accorgo che non batto chiodo la riaccompagno a casa per le dieci.»

STEVIE RAY FROMSTEIN

«Il mio papà è molto ricco. Guadagna 31 miliardi al mese che divisi per 31 giorni che ci sono in un mese fa... un miliardo al giorno.» «Il mio papà è povero. Guadagna 10.000 lire al mese che divise per 31 giorni che ci sono in un mese fa... 10.000 al

giorno. Al primo giorno, poi dopo basta...»
GIORGIO GABER

Mio papà picchiava la mamma più per tradizione che per necessità. E quando il papà la picchiava, la mamma rideva. Lo faceva per non farci preoccupare. Non come le donne di adesso che vanno subito a sporgere denuncia dopo le prime tre o quattro coltellate. Che poi i figli si drogano e le famiglie si sfasciano.
GAIA (SIMONA GUARINO)

Mio padre era un gran cacciatore. Però vegetariano. Così andava nei boschi e sparava ai funghi.
BRUNO GAMBAROTTA

Lei: «Mio figlio assomiglia tutto al padre.»
L'amica: «Un pochino però anche a tuo marito.»
CLAUDIO GASPARINI

Quella di Piersilvio Berlusconi è la più classica delle storie italiane. Era bravo, intelligente, si applicava un sacco. Poi un bel mattino suo padre ha cominciato a prenderlo in simpatia.
GINO&MICHELE

«Mia madre è morta quando avevo sei anni. Mio padre mi ha violentata che ne avevo dodici» «Allora hai passato sei anni relativamente tranquilli!»
STUART GORDON

Io voglio bene ai miei genitori, compreso il babbo.
GIOVANNI GUARESCHI

Il bambino alla finestra: «Mamma! O è passato Superman, o il babbo è volato giù dal tetto!».
HERMAN

Non sono mai andato d'accordo con mio padre. Gli altri bambini venivano da me e mi dicevano: «Il mio papà prenderà a pugni il tuo papà!». E io: «Davvero? Quando?».
BILL HICKS

Ho sposato tua madre perché volevo un figlio. Immaginati come ci sono rimasto male quando sei nato tu.
HORSE FEATHERS

Mia moglie voleva una grossa festa per il primo compleanno di nostro figlio, ma secondo me la mia idea era migliore: volevo portarlo alla fiera locale, metterlo su un pony, e scattargli una foto. Poi volevo nascondere quella foto in un cassetto. E tra otto o nove anni, quando mio figlio troverà quella foto, e mi verrà a chiedere: «Papà, e questa cos'è?» io potrò dirgli: «Vedi, era il tuo primo compleanno ed io ti ho comperato un pony, poi una volta sono dovuto andare via per lavoro, tua madre non si è presa cura di lui ed è morto».

JEFF JENA

Mio papà è ben strano. È allergico al cotone. Avrebbe anche delle pillole da prendere, ma non le può tirare fuori dal flacone.

BRIAN KILEY

Mia moglie mi ha dato una bellissima notizia: sarò padre per la prima volta. L'unica cosa che mi lascia perplesso è che abbiamo già due figli.

BRIAN KILEY

Un bimbo di cinque anni entra in bagno e trova il padre che si sta infilando un preservativo. Il bimbo dice: «Papà, cosa stai facendo?». E il padre: «Uh, sto cercando di catturare un topo». E il bimbo: «Cosa fai quando l'hai preso, te lo inculi?».

ARTIE LANG

Le nuove generazioni sembrano sveglie ma non lo sono. Mio figlio a quattordici anni ha già fatto sesso, e tutto spavaldo mi fa: «Pa', scommetto che tu alla mia età non sapevi neanche com'era fatta una donna! Anzi, pa', detto tra me e te, ma tu hai mai trombato?».

MAD E. MAT

Gli psicologi affermano che le ragazze tendono a sposare uomini che assomiglino al proprio papà. Questo è il motivo per cui le mamme piangono al matrimonio.

BORIS MAKARESKO

Di mio padre mi rimase la nostalgia di quando andavamo a pescare. I lunghi silenzi. I brevi dialoghi.

«Papà, vuoi i vermi?» «No, mi basta la merda.»
MARCELLO MARCHESI

Avrò avuto sì e no sei anni quando un giorno mio padre venne da me e mi disse: «Maurizio, parliamo di sesso». E io gli risposi: «Ok, papà. Avanti, cosa non hai capito?».
MAURI

Mio papà guida i treni. Lui dovrebbe tirare i merci, ma a volte senza essere ordinato di servizio va in Stazione Centrale e prende su il Pendolino per Roma, lo lancia in velocità come se fosse suo, poi tra Reggio Emilia e Modena sterza di colpo e lo piega di fianco... il treno per quello tiene, ma gli utenti si spaventano lo stesso.
MAURIZIO MILANI

Mi chiama la maestra della scuola di mio figlio: «Signor Milani, suo figlio beve diciannove, venti litri di acqua al giorno». Io: «Sì, è un mio consiglio». Lei: «Certo, ma prima il bambino si limitava a fare il suo bell'imbarazzo d'acqua e via, adesso si corica come un toro con la pancia nuda a contatto del pavimento freddo e mi dà l'impressione di cercare apposta la congestione per vantarsi di essere moderno». lo: «Grazie». Alla sera ho ragionato e parlato serenamente con mio figlio per una buona mezz'ora, poi, dopo aver chiarito ogni cosa, gli ho dato un calcio nel culo.
MAURIZIO MILANI

Il sogno americano è fare soldi e riuscire; il sogno italiano è nascere con un padre ricco.
MATTEO MOLINARI

Montecarlo. Stephanie di nuovo padre.
MARIO MURARO

Sulla macchina di mio padre non posso dimenticare la foto con calamita, la Madonna con il bambino in braccio, solo che ogni volta che mio padre frenava, alla Madonna gli cadeva il bambino dalle braccia. Che quando ci fermavano i vigili a mio padre facevano la multa perché il Bambin Gesù era davanti e senza seggiolino e la Madonna era senza cintura!
FRANCO NERI

Abitavamo in una casa talmente fredda che mio padre per scaldarsi le mani aspettava che mi venisse la febbre a quarantuno.

FRANCO NERI

Il miglior consiglio che mi sia mai stato dato? Al mio ventunesimo compleanno, mio padre mi disse: «Figliolo, questo è un milione di dollari. Non perderlo».

LARRY NIVEN

Mio padre non mi picchiava mai senza un buon motivo: metteva su un pezzo dei Beatles e mi faceva un culo così!

FURIO OMBRI

Mio padre quando ero giovane aveva paura che non mi piacessero le donne. È stata l'unica cosa in cui non l'ho deluso.

DIEGO PARASSOLE

Mio padre si vergogna del fatto che faccio cabaret. Per dire, se gli amici gli chiedono perché torno a casa tardi la sera, preferisce dire che batto.

DIEGO PARASSOLE

Noi nella mia famiglia lavoriamo tutti. Da generazioni. Mio nonno ha fatto il capannone piccolo, mio padre il capannone grande, io il capannone grandissimo. Mio figlio si droga.

PEREGO (ANTONIO ALBANESE)

Una volta io dissi a mio padre che mi sentivo solo. Lui mi guardò e mi disse: «Chi sei?».

VALERIO PERETTI CUCCHI

Papà era ateo, mamma cattolica. Così mentre lei mi obbligava a dire le preghiere prima di cena, lui mi obbligava a bestemmiare dopo la frutta.

VALERIO PERETTI CUCCHI

Sam: «Il mio papà ha una spada di Washington e un cappello di Lincoln.»
Billy: «Il mio papà ha il pomo di Adamo.»

BOB PHILLIPS

Il padre arrabbiato: «Figliolo: sbaglio o ho sentito l'orologio suona-

re le quattro quando hai riportato a casa mia figlia, ieri?»
Il fidanzato: «È vero. Stava per suonare le undici, ma io son corso ad acchiappare il gong così non l'abbiamo disturbata.»
Il padre arrabbiato: «Porco cane! Perché non l'ho pensata io quando portavo in giro le ragazze.»
BOB PHILLIPS

Lettera dal campeggio: "Carissimo papà, mi $to divertendo un $acco, ma avrei bi$ogno di qualco$a. $e ti viene in mente co$a, $pedi$cimela pre$to, grazie. $aluti$$imi, Jay".
La risposta: "Carissimo Jay, soNO contento che tu ti diverta. NOn hai idea di quanto NOi siamo orgogliosi di un figlio così saNO e robusto. Se fai caNOa o giochi a nascondiNO, divertiti un po' per NOi. Ti salutaNO tutti, Papà".
BOB PHILLIPS

Voce al telefono: «Tommy Hagan oggi non può venire a scuola.»
Insegnante: «Chi parla?»
Voce al telefono: «Sono mio padre.»
HERBERT V. PROCHNOW E HERBERT V. PROCHNOW JR

Se hai un padre povero sei sfortunato. Se hai un suocero povero sei scemo.
PROVERBIO

Mia moglie insiste nel coinvolgermi come padre. L'altro giorno mi ha detto: «Il bambino ha fatto la cacca, bisogna cambiarlo». Esagerata, basta pulirlo.
DANIELE RACO

Se un bambino non sa leggere, è colpa della mamma. Se un bambino non sa leggere perché non c'è luce in casa, è colpa del papà.
CHRIS ROCK

Ricordo ancor oggi le prime parole, ho guardato mio padre e mia madre e ho detto: «Papi Mami...». E mio padre mi ha detto: «Figliolo, è ora di ampliare il tuo vocabolario: hai ventiquattro anni!».
BOB SAGET

Quando raggiunsi il diciottesimo anno di età mio padre mi diede le chiavi della macchina. Se mi aves-

se dato anche le chiavi del garage per uscire...
BOB SAGET

Linus: «Tu capisci se mi precipito fuori subito, vero?»
Charlie Brown: «Certo che ti capisco... corri! È importante! Anch'io mi precipiterei se mi ricordassi di aver lasciato un cono gelato nel cassetto del cruscotto della macchina di mio padre!»
CHARLES M. SCHULZ

Mio padre faceva il barbiere. Ogni tanto tagliava i capelli anche a me, ma se entrava un cliente dovevo alzarmi e trasferirmi su una panca. Non immaginate cosa significa aspettare su una panca con i capelli tagliati a metà.
CHARLES M. SCHULZ

Mio padre una volta mi disse alcune parole d'estrema saggezza, alle quali io mi sono sempre attenuto. Disse: «Non dare mai un pugno a una sequoia».
TOM SELLECK

Ho creduto che mio padre fosse muto fino a quando avevo otto anni. Poi mi ha chiesto il telecomando.
ROBERTO SERAFINI

Tema: "La Festa del papà". Svolgimento: "La Festa del papà è quando non c'è la mi' mamma".
SIMONE (GIORGIO PANARIELLO)

Non è stato semplice annunciare alla mia famiglia che ero gay. Ho orchestrato con cura il mio annuncio durante la cena del Ringraziamento. Con flemma ho detto: «Mamma, puoi passare l'insalata a un omosessuale?». Mia mamma ha subito dato il piatto a mio papà. Ne è seguita una scena orribile.
BOB SMITH

Mio padre era sempre fissato con lo sbarco sulla Luna, tant'è vero che io avevo una sorellina e mio padre l'ha chiamata Luna. Poi a otto anni ha perso un braccio in un incidente e adesso la chiamano "Luna meno un quarto".
DADO TEDESCHI

Mio padre mi diceva: «Andrea, con le donne devi dire soltanto: "Togliti le mutande che ti devo parlare!"». Io l'ho fatto. Sono andato dalla ragazza più bella che conoscevo e gliel'ho detto. Non ci crederete: si è tolta le mutande! E io le ho parlato!
ANDREA VASUMI

«Papà, da oggi vado a pestare i negri.» «Siamo in un Paese civile, figliolo, si dice extracomunitari!»
VAURO

Ho spiegato a mio nipote cos'è il compromesso: «Se, per le vacanze, tua mamma vuole andare al mare, e tuo papà invece in montagna, il compromesso è che si va al mare, ma il babbo può portarsi gli sci».
DINO VERDE

Per farmi addormentare mio padre mi lanciava in aria. Purtroppo non era mai lì quando tornavo giù.
ROBIN WILLIAMS

Mio padre era conosciuto come l'ubriacone della città. Voglio dire, nella maggioranza dei casi non è così terribile, ma noi abitavamo a New York!
HENNY YOUNGMAN

Mio padre era un gran bastardo. A Natale ci portava in un bosco e ci diceva: «Bambini, i regali sono sotto l'albero. Indovinate voi quale».
MARIO ZUCCA

Sapete come mio padre ha tenuto in piedi la famiglia? Semplice, ha venduto le sedie.
MARIO ZUCCA

Per mio padre io non ero un coglione. Ero l'altro.
MARIO ZUCCA

PADRONE

vedi ***Imprenditore***

PAESE

Al paese dei nonni una volta se passavi col rosso ti beccavi duecentomila lire di multa. Da quest'anno

solo più centomila. Il paese è piccolo, forestieri non ce ne sono, nessuno passava con il rosso e così hanno dovuto abbassare i prezzi.
Gemelli Barolo

Il paese era così piccolo che c'era una sola pagina gialla.
Orson Bean

Era un paese così piccolo che non avevamo neanche lo scemo del villaggio. Dovevamo fare a turno.
Billy Holliday

In Brianza ci sono ancora dei paesetti all'antica che si danno del voi: Usmate, Carnate, Vimercate.
Marcello Marchesi

Il paese in cui abito è così piccolo! Pensa che se accendo il condizionatore cambia stagione.
Ororo, di *Aenigmatica*

Arrivai in questo paesino chiamato Weedpatch. Mi registrai all'Hotel Weedpatch e mi diedero una di quelle pubblicazioni con tutti gli avvenimenti che si registrano in città. La aprii: c'era una fotografia di me che mi registravo all'hotel Weedpatch.
Monica Piper

Il mio paese è così piccolo che quando accendo l'aria condizionata tutti sono convinti che sia cambiata la stagione.
Maria Rossi

Il paese dove abito è così piccolo che alla sera ci ritroviamo in casa e parliamo male di noi stessi.
Solinas

Il paese in cui abito è così piccolo! Pensa che io sono l'amante di mio marito.
Thinker, di *Aenigmatica*

PALCOSCENICO

L'altra sera ero sul palco a fare uno show e una donna in prima fila stava allattando un bambino. Riuscite a immaginare: allattare un bambino in prima fila? Il bambino aveva 15 anni! Grazie a Dio non era il suo.
Joan Rivers

Il mio spettacolo era talmente brutto che hanno preteso il rimborso del biglietto pure i parenti entrati con l'omaggio. La recensione più benevola diceva: "Un vociare sul palco disturbava lo squillo dei cellulari in sala".

ANTONELLO TAURINO

L'Italia conta oltre cinquanta milioni di attori. I peggiori stanno sul palcoscenico.

ORSON WELLES

PALERMO

Sgominata nel palermitano la gang del superracket. La banda era stata così denominata perché imponeva tangenti alle bande che praticavano il racket.

AMURRI & VERDE

Palermo. Sulla giunta di Orlando la mafia ha aperto un'inchiesta.

CAVALLO

Ho visto in un teatro di Palermo il recital di un cantante d'opera penoso. Eppure il pubblico si è alzato in piedi e ha gridato: «Bis! Bis!». E lui ha cantato di nuovo. Peggio di prima. Ma alla fine il pubblico di nuovo in piedi a gridare: «Bravo! Cantala di nuovo!». E il cantante: «Siete un pubblico meraviglioso, mi piacerebbe cantare ancora per voi, ma non posso cantare la stessa aria tre volte...». Un vecchietto in loggione si è alzato e ha urlato: «E no! Adesso tu la canti finché non la impari!».

MONICA CORBETT

Riusciranno i socialisti a Palermo a far fuori la piovra? Sì, se gli si dà fiducia e l'appalto per l'acquario.

ELLEKAPPA

Ficarra: «Ma che succede? Perché ti stai leggendo 'sto giornale così attentamente?»
Picone: «Eh, caro mio, ci sono novità e voglio vederci chiaro. A quanto pare il Palermo Calcio se lo sta comprando un imprenditore del Nord!»
Ficarra: «Veramente? E questo che intenzioni ha?»
Picone: «Sta portando dieci gioca

tori nuovi, un nuovo preparatore atletico, un centravanti che segna venticinque gol a campionato e un allenatore che è considerato tra i migliori!»
Ficarra: «Ma com'è pazzo! Non lo capisce che così rischiamo di andare in serie A?»
Picone: «Rischiamo? Ha dichiarato senza inibizioni che vuole andare in serie A!»
Ficarra: «Questo viene dal Nord e parla di serie A? Ma chi gliel'ha chiesta? Se ci volevamo andare, che aspettavamo a lui? Come se noi non ci sapessimo andare da soli! Dopo trent'anni di onorata serie B, perché dovremmo salire in serie A? Per giocare con l'Inter? Con la Juve? Con il Milan? Se ci tengono scendono loro!»
FICARRA E PICONE

A Palermo il casco lo usano solo i parrucchieri. A Milano lo mettono pure per andare in moto... Minchia se ci tengono ai capelli...
FRANCESCO RIZZUTO

A Palermo per fare un buon Natale bisogna essere in dodici o più di tredici. Un anno a casa eravamo in tredici, e siccome porta sfiga, mio padre si è alzato... e ne ha ammazzato uno.
FRANCESCO RIZZUTO

Conoscete il traffico di Palermo? È come gli scacchi: per andare avanti devi mangiare un pedone!
FRANCESCO RIZZUTO

PALESTINESI

Giuseppe: «E pensare che vivrà solo 33 anni...»
Maria: «Be', per essere un palestinese è già tanto.»
ELLEKAPPA

Yasser Arafat e sua moglie hanno avuto un figlio, ieri. Penso che lui sarà un buon padre, visto che ha passato anni e anni di pratica, cambiando ogni giorno il pannolino alla sua testa.
DAVID LETTERMAN

Era così cretino che cercava nella Bibbia l'indirizzo di un buon albergo in Palestina.

LEO LONGANESI

Prima ero solo grasso, adesso che sono anche famoso tutti mi cercano. Anche il sindaco della mia città cerca di coinvolgermi in tutte le iniziative. Quest'anno ho preso parte al presepe vivente. Facevo la Palestina.

DANIELE RACO

Non incontrerai mai la persona perfetta. Il tempismo è sempre sballato. Tu sei sposato, lei è single. Tu sei ebreo, lei è palestinese. Uno è un messicano, uno è un procione. Uno è un uomo di colore, uno è una donna di colore. Insomma, c'è sempre qualcosa.

CHRIS ROCK

PALLA *(Pallone)*

È sempre meglio far correre la palla. La palla non suda.

ROBERTO BAGGIO

È meglio giocare con una sedia che con Hansi Müller, perché con la sedia, quando gli tiri la palla addosso, ti torna indietro.

EVARISTO BECCALOSSI, CAMPIONATO 82/83

Avevo contratto debiti di gioco. Praticamente mi ero rovinato a "Palla avvelenata"... poi certi tipacci mi avevano tirato dentro in un giro di "Strega comanda color"...

CLAUDIO BISIO-ROCCO TANICA

Quella palla da baseball è filata via come un razzo. Un affare che vola così alto dovrebbe avere delle hostess a bordo.

KEVIN COSTNER

Il primo giorno Dio creò la palla
e il secondo il mare
perché da sola si tenesse a galla.

GAIO FRATINI

Marine bianco: «Ehi Joe, sai come si fa a fermare 5 negri che stanno sfondando una bianca? Gli tiri una palla da basket».

FULL METAL JACKET

E quello è il fiore all'occhiello della squadra: è un centravanti francese, Martinitt. Un centravanti orfanello, che nasconde un terribile segreto: la sua mamà era una puttana... e il suo papà era una puttana anche lui... un figlio di puttana al quadrato! E calcia la palla così veloce, ma così veloce... ma così veloce... ma così veloce... che la palla quando entra in porta cambia fuso orario. E così Martinitt spesso segna prima che inizi la partita.

GINO&MICHELE-PAOLO ROSSI

Le foche sono eccezionali con le palle, e non c'è logica in questo. Non esistono palle nell'Artico, né nell'Antartide. Palleggiano per ore, sono davvero fenomenali! Magari potrebbero esistere altri animali in grado di fare altrettante cose insospettabili. Tipo le tigri, potrebbero essere bravissime a suonare il banjo.

EDDIE IZZARD

Mi preoccupo sempre dei germi nei buchi delle palle da bowling. Nessuno mai li pulisce, quei buchi. Ci sono residui di dita da pizza, dita da tacos, dita da pollo, lì dentro. Mi stupisco che quelle palle abbiano ancora dei buchi! Avete mai annusato i buchi di una palla da bowling? Credete che la palla abbatta i birilli? Sbagliato. Svengono per il fetore.

CAROLYNE MAY

Ero un bambino così povero che io e i miei amici non potevamo neanche permetterci un pallone, così ce lo immaginavamo. Giocavamo due minuti e poi stavamo due ore a discutere se era gol!

VALERIO PERETTI CUCCHI

Prendo la palla al balzo, come diceva quello che castrava i canguri.

MARIO E PIPPO SANTONASTASO

Sarei disposto ad avere 37 e 2 tutta la vita in cambio della seconda palla di servizio di McEnroe.

BEPPE VIOLA

Urla come una matta... Hai questo mito di poter condividere con lei l'esperienza del parto. A meno che non stai espellendo dal tuo corpo una palla da bowling, io non ci credo. A meno che non ti fai una circoncisione con una motosega, io non ci

credo. A meno che non ti apri un ombrello nel culo, io non ci credo.
ROBIN WILLIAMS

PALLE
vedi **Coglioni**

PALLONE
vedi **Palla**

PALLORE

Non mi piace abbronzarmi. Sono di carnagione chiara. Sembra che mi abbiano trapiantato la pelle di un morto. L'ultima volta che sono andato al mare e mi sono svestito, un medico ha insistito per farmi un'autopsia.
MATTEO MOLINARI

Io sono pallido perché il sole, quale io sono, abbronza ma non si abbronza.
VITTORIO SGARBI

PALPARE
vedi **Toccare**

PANDA

Il panda fa fatica a riprodursi? Per forza! Con tutti gli ecologisti che lo stanno a guardare... Provate voi ad affrontare un coito con quaranta panda intorno al letto che urlano: «Forse ce la fa! Forse ce la fa!».
ANATOLJ BALASZ (NATALINO BALASSO)

Hai meno speranze di trombare tu che un panda!
BASTARDIDENTRO

L'ecologista dice che a causa dell'effetto serra il panda non si riproduce. Ascolta: tutto questo casino per il panda che non si riproduce? Ne parlano i giornali, le tv, i documentari... E quando non trombavo io non gliene fregava niente a nessuno, nemmeno un articolo nella cronaca di Pisa!
MARCO CACINI

I panda giganti vivono in piccoli boschi di bambù e si nutrono di

germogli di bambù. Sono sopravvissuti solo trentasei panda giganti. La ragione per cui sono sopravvissuti solo trentasei panda giganti è dovuta alla scarsità di germogli di bambù, che i nativi del luogo mangiano in gran quantità, specialmente come contorno di panda giganti al forno.
JACK DOUGLAS

Io me ne strabatto dello stambecco del Gargano! Che scompaia. Ma qui sta rischiando di scomparire anche il falegname di Viterbo. Ho il terrore di incrociare un panda con una mia foto sulla maglietta!
BEPPE GRILLO

PANE

«Ha pane di ieri?» «Certo...» «Bravo stronzo: poteva farne di meno!»
ANONIMO

Ho scoperto che l'opinione che le papere hanno di me è fortemente influenzata dal fatto che io abbia del pane.
MITCH HEDBERG

L'allenatore è uno che si guadagna il pane quotidiano con il sudore della fronte altrui.
MARTIN LANER

Durante la Grande Depressione del '22 in Central Park i piccioni portavano le briciole di pane ai passanti.
GROUCHO MARX

Gesù spezzò il pane e disse: «Battaglia di mollichine, ragazzi?».
GABRIELE SCORZONI

PANINARI
vedi **Panino**

PANINO *(Paninari)*

Ho visto donne manifestare in piazza contro l'aborto... e poi avere un figlio paninaro!
GINO&MICHELE-PAOLO ROSSI

Ho sandwich marroni e sandwich verdi. Sono di formaggio molto fresco o di carne molto vecchia.

WALTER MATTHAU-NEIL SIMON

Il primo maggio a Londra un gruppo di anticapitalisti per protesta ha tirato giù i due archi d'oro di un McDonald's. Poi li hanno rimessi su perché si sono resi conto che quello era il cibo migliore d'Inghilterra.

JON STEWART

PANTALONI *(Giacca)*

Da Sears vendono questi pantaloni, thoughskins, orrendi, di poliestere reversibile. Si consumano le tue ginocchia prima dei pantaloni.

TIM ALLEN

«Come si fa a fidarsi di uno che porta insieme cinta e bretelle, di uno che non si fida nemmeno dei suoi pantaloni?»

C'ERA UNA VOLTA IL WEST

Mi stavo misurando un vestito in un negozio di abbigliamento e ho chiesto alla commessa: «Come sto?». E quella: «È l'accostamento che è sbagliato.» «La giacca col pantalone?» «No i vestiti col suo corpo!»

GABRIELE CIRILLI

Ieri avevo un appuntamento importante per un colloquio di lavoro e quindi mi sono vestito per l'occasione: giacca blu, cravatta e camicia bianca. Completava il mio abbigliamento un'utile cartella di cuoio modello dirigente con scomparti a fisarmonica, per sistemare i vari documenti che avevo con me: un biglietto del tram e *La Gazzetta dello Sport*.

ANTONIO CORNACCHIONE

Il vantaggio di andare a letto con la propria moglie è che si trova sempre il tempo per piegare i pantaloni.

ROBERTO GERVASO

Maurizio Costanzo è incredibile! Ero con lui a cena l'altra sera: sudava così tanto che a un certo punto si è tolto la giacca e quella ha continuato a sudare da sola!

BEPPE GRILLO

Quella ragazza ha i pantaloncini così stretti che io faccio fatica a respirare!

BENNY HILL

Stavo camminando per strada quando una signora mi si è avvicinata e, indicando la mia giacca in pelle, mi ha detto: «Lo sa che per fare quella giacca è stata uccisa una mucca?». Le ho risposto: «Cavoli, non sapevo ci fossero dei testimoni. Vuol dire che adesso dovrò uccidere anche lei».

JAKE JOHANNSEN

Le donne magre sono come i pantaloni senza tasche: non si sa dove mettere le mani.

EUGÈNE LABICHE

Quel ragazzo aveva dei pantaloni così stretti che non solo si distingueva il sesso, ma anche la religione.

BRUNO LAUZI

C'è gente per strada che ferma Stefano Gabbana e gli dice: «Mi accorci i jeans che ho appena comprato?». Stefano: «Di che marca sono?». Passante: «Della Diesel». Stefano: «Ok! Non ha importanza, basta che fai lavorare il comparto tessile. Però facciamo alla svelta».

MAURIZIO MILANI

Cos'è che ha cento gambe e non può camminare? Cinquanta paia di pantaloni.

THE MUPPET SHOW

Non m'interessa chi porta i pantaloni in casa mia, io o Madonna. In ogni caso, sono io che li tolgo.

SEAN PENN

La scorsa notte ho trovato sulla giacca di Kevin un lungo capello grigio. Se è di un'altra donna, lo ammazzo. Se è mio, mi ammazzo io.

NEIL SIMON

Ci sono stati dei periodi in cui il fondo dei miei pantaloni era così sottile che potevo sedermi su un nichelino e sapere se era testa o croce.

SPENCER TRACY

Il taschino della giacca è uno dei luoghi più pericolosi: molti ci lasciano le penne.

WWW.SILVERDOLPHIN.IT

PAPA

Il Papa, quando è in aereo, può ancora dirsi il rappresentante di Dio in terra?

GIULIANO AGOSTINETTI

«Mamma, il Papa ribadisce: no ai rapporti prematrimoniali.» «E tu dagliela a un uomo sposato.»

ALTAN

Papa: l'unico vice di una società che non vede mai il proprio capo, neanche a Natale.

ANONIMO

L'uomo comune calpesta la terra e bacia la folla. Il Papa fa il contrario: bacia la terra e calpesta la folla.

ANONIMO

Il mito più grande è che, invecchiando, si perda gradualmente la voglia di fare sesso. Probabilmente, questo mito venne a crearsi perché le persone più giovani sembrano voler fare sesso a ogni occasione, semafori inclusi, mentre le persone anziane sono più inclini a riservare le loro attività sessuali a occasioni speciali, tipo l'insediamento di un nuovo Papa.

DAVE BARRY

La mia vita sessuale è talmente scarsa che sto partecipando ai campionati mondiali di astinenza. Nelle semifinali incontrerò il Papa.

GUY BELLAMY

Ho incontrato un turista scemo in Italia. Pensava che Vat 69 fosse il numero di telefono del Papa.

MILTON BERLE

«Cara Santità, mi lasci dire che Lei assomiglia al mio Milan. Infatti, Lei, come noi, è spesso all'estero, cioè in trasferta, a portare in giro per il mondo un'idea vincente. Che è l'idea di Dio.»

SILVIO BERLUSCONI

Perché il Papa ha tutte quelle guardie del corpo e i cristalli antiproiettile? Ha paura che qualcuno gli spari? Di morire e andare in paradiso? Il che sarebbe orribile! Se il Papa ha paura di morire, cosa dobbiamo fare noi?

DREW CAREY

A Londra, tranne il Papa, c'è tutto. A Roma, tranne tutto, c'è il Papa.
PINO CARUSO

Se il Papa morendo scoprisse che Dio "di là" non c'è, convincerebbe i morti che sta di qua?
PINO CARUSO

Se le vostre idee sono poco originali è meglio che non le divulghiate. Se, invece, non sono originali per niente raccoglietele in un'enciclica.
ENZO COSTA

Meno male che il Papa mi ha detto di votare secondo la mia coscienza di buon cattolico... se no avrei votato Dc.
STEFANO DISEGNI

Uno che arriva ad affacciarsi alla finestra tutte le domeniche all'ora di pranzo per gridare a una folla di turisti in difesa della famiglia e dei figli, ma perché non si sposa lui?
FABIO FAZIO

Il Papa esorta: «Quest'estate siate casti». Beh, allora cambia tutto: ero uno sfigato, sarò un devoto.
MATTIA FELTRI

Non è Dio che è morto, è questo Papa che è vivo.
RAFFAELLO FRANCHINI

Il Papa ha detto che la verginità è un dono. Bene, donatela più spesso!
FRIGNANI & SALI

Io sono un sostenitore del... come si chiama... rock.
GIOVANNI PAOLO II

Mi accade spesso di svegliarmi di notte e cominciare a pensare a una serie di gravi problemi e decidere di parlarne col Papa. Poi mi sveglio completamente e mi ricordo che Io sono il Papa!
GIOVANNI XXIII

Mi sono comprato i profilattici. Io sono uno che scopa ogni morte di Papa e, secondo me...
TEO GUADALUPI

È il Papa a decidere chi diventa santo. Bisogna aver fatto tre miracoli, per diventare santi. E dev'essere pieno di persone straordinarie con soli due miracoli che si stanno sbattendo per cercare quell'ultima azione miracolosa. Tipo: «Vostra Papità, ho qui per voi un grande miracolo, fantastico. Pescate una carta, e non fatemela vedere»

EDDIE IZZARD

Sembra che il Papa venga a New York. La città sta già facendo dei test per essere certi che il suo cappello passi sotto al Midtown Tunnel.

DAVID LETTERMAN

La nuova Fiat del Papa non ha nessuna immaginetta religiosa sul cruscotto. Solo un piccolo specchio.

JAY LENO

Per partecipare ai funerali del Papa, venerdì a Roma, il Principe Carlo d'Inghilterra ha rinviato le nozze con Camilla Parker Bowles a sabato. Per Carlo sarà emozionante. La rara occasione di toccare due salme nello stesso weekend.

JOEL MCHALE

Pio Bove era un Papa? Santo Spirito era un banchiere?

MARCELLO MARCHESI

Il quartiere in cui vivevamo era così violento che a casa nostra le foto di Papa Giovanni e di Kennedy, appese al muro, invece di sorridersi bonariamente si mandavano a fare in culo!

VALERIO PERETTI CUCCHI-MARIO ZUCCA

Ho sentito alla radio che anche quest'anno il Papa andrà in vacanza in montagna. Ho pensato: Maometto era più fortunato. Lui in montagna ci andava un anno sì e un anno no.

PAOLO ROSSI

Il cardinale Ratzinger si è dichiarato insoddisfatto della decisione di Giovanni Paolo II di riabilitare Galileo. Secondo Ratzinger, infatti, è stato un atto doveroso in quanto Galileo fu il primo a dimostrare che non è il sole che gira intorno alla terra, ma il Papa.

STRISCIA LA NOTIZIA

Il cardinale Joseph Ratzinger, neoeletto Papa Benedetto XVI, ha aperto la finestra e si è affacciato su Piazza

San Pietro. Di fronte alla folla lì raccolta ha pensato: «Dio mio, dev'essere così che si sente Bono».
JON STEWARD

Giovanni Paolo II, perché il primo non era riuscito bene.
VINCINO

PAPÀ
vedi **Padre**

PAPERA
vedi **Oca**

PAPPAGALLO

L'altro giorno il mio pappagallo mi ha dato una beccata che quasi mi staccava un dito. Ma mi sono vendicata. Ho preso l'attaccatutto e gli ho incollato le zampe al trespolo. Poi ho gridato: «Al fuoco!». L'ultima volta che hanno visto quella gabbia era su Cleveland.
PHYLLIS DILLER

Nella mia prossima vita, spero di reincarnarmi in un pappagallo, perché conosco già un sacco di parole.
JACK HANDEY

Un uomo aveva una tigre da duecento chili nel suo studio-appartamento di New York. E una volta che hai una tigre, cosa c'è di meglio se non accompagnarla con un alligatore? Dunque, questo tale aveva una tigre e un alligatore nel suo appartamento, e la polizia ha ricevuto una soffiata dal pappagallo. La tigre viveva di tonno in scatola, e di qualche occasionale fattorino dell'UPS.
DAVID LETTERMAN

Una volta hanno incrociato un pappagallo con una tigre. Non sanno cosa sia diventato, ma quando parla tutti lo ascoltano.
HENNY YOUNGMAN

PARACADUTISMO

Se la prima volta non ti riesce, il paracadutismo non fa per te.
ARTHUR BLOCH

Quando le auto appaiono grosse come le formiche, è un buon momento per aprire il paracadute. Se le formiche appaiono grosse come le auto, avete aspettato troppo.
ERNST LUPOSCHAINSKY III

PARADISO

La più grossa sconfitta per un ateo è di finire in paradiso.
ALLEGRA

Le brave ragazze vanno in paradiso. Le cattive ragazze vanno dappertutto.
ANONIMO

Non credo nella vita dopo la morte, dunque non devo passare la vita a temere l'inferno, o ancor più temere il paradiso. Perché quale che siano le torture dell'inferno, penso che la noia del paradiso sarebbe anche peggio.
ISAAC ASIMOV

Generali e medici entrano in paradiso attraverso la porta dei fornitori.
TRISTAN BERNARD

«Mia madre è in cielo», disse il bambino triste. «Non rompere, bambino! Sappiamo tutti che tua madre fa la hostess, scopa, gira il mondo e si diverte!»
ROMANO BERTOLA

Perché il Papa ha tutte quelle guardie del corpo e i cristalli antiproiettile? Ha paura che qualcuno gli spari? Di morire e andare in paradiso? Il che sarebbe orribile! Se il Papa ha paura di morire, cosa dobbiamo fare noi?
DREW CAREY

Maria fu assunta in cielo perché non trovava lavoro in terra.
COMIX

Per la Chiesa, devi fare quello che non vuoi fare, non devi fare quello che vuoi fare e, comunque vada, non ti meriti il paradiso.

DENTIBLÙ

Com'è il paradiso? C'è il meglio di tutto: cibi deliziosi, vini di gran classe, clima dolcissimo e una vista superba da tutti i punti cardinali. Un po' come la Francia, ma senza i francesi.

DIO, PER PENNA DI JEREMY PASCALL!

Tutte le religioni hanno lo stesso scopo: andare in paradiso. Tutte hanno il loro modo per arrivarci. Credo che in qualche modo si possa risolvere la questione. Cioè se sei cattolico e vuoi andare in paradiso, non devi fare del sesso, a meno che tu non sia sposato. Se sei ebreo e vuoi andare in paradiso, non devi mangiare carne di maiale. E allora, se proprio devi fare una scelta...

BOB DUBAC

Il paradiso è un poliziotto inglese, un cuoco francese, un tecnico tedesco, un amante italiano: il tutto organizzato dagli svizzeri. L'inferno è un cuoco inglese, un tecnico francese, un poliziotto tedesco, un amante svizzero e l'organizzazione affidata agli italiani.

JOHN ELLIOT

Fantozzi raggiunge in paradiso la sua nuvoletta da impiegato. Qui incontra Buddha che lo spinge a reincarnarsi. «Posso scegliere io chi essere nella nuova vita?», chiede Fantozzi. «Nemmeno per sogno, vada alla *Ruota della Fortuna*.»

FANTOZZI

La sua virilità era talmente esigua che, se fosse vissuto nel paradiso terrestre, al posto della foglia di fico, avrebbe usato un ago di pino.

MAX GREGGIO

Dura la vita. Dura da combattere e dura da mandar giù. Ci hai provato e lo sai: come alzi la testa piovono cazzi e martelli. È un Vietnam a ogni angolo, la fogna nel cervello, tutti contro tutti. Basta. Non è una vita: è un inferno per dobermann! Detto questo, sempre meglio di un paradiso per cocker.

GIORGIO MELAZZI

La gente è ossessionata dalla moda fin dai tempi del paradiso terrestre. Quando Eva ha guardato Adamo e gli ha detto: «Adamo, quella foglia di fico è così della scorsa stagione!».
DENNIS MILLER

«Cos'è per lei il paradiso?» «Poter stringere la mano a Dio.»
MONSIGNOR TONINI

Sapete, dicono che ci sono solo due posti dove il comunismo funzioni: in cielo, dove non ne hanno bisogno, e all'inferno dove già ce l'hanno.
RONALD REAGAN

Dovrebbero fare delle liste, in paradiso. Se non ti piace suonare l'arpa, cosa altro c'è da fare?
ARNOLD SCHWARZENEGGER

Il paradiso lo preferisco per il clima, l'inferno per la compagnia.
MARK TWAIN

Si dice che gli americani buoni quando muoiono vanno a Parigi mentre quelli cattivi quando muoiono rimangono in America.
OSCAR WILDE

PARADOSSO
vedi **Calambour**

PARANOIA

Adamo è stato il primo paranoico: era terrorizzato dalle corna.
PACO GENOVESE

Non per fare il solito paranoico, ma ultimamente ho l'impressione che al telegiornale ogni notizia alluda al fatto che ho il cazzo piccolo.
MAD E. MAT

Ho dovuto trasferirmi a New York per motivi di salute. Sono estremamente paranoica e New York è l'unico posto dove le mie paure sono giustificate.
ANITA WISE

PARAPSICOLOGIA
vedi **Psiche**

PARCHEGGIO

Dio non è morto. Sta solo cercando un posteggio.
WOODY ALLEN

Mi hanno rubato la macchina. Ed è la peggiore sensazione del mondo, perché quel che succede è che ti rifiuti di accettare che la macchina sparita sia la tua. Sono stato due giorni in quel posteggio a dirmi: «Nah, adesso ritorna».
BILL BELLAMY

Una vergine è come una zona per parcheggiare. Non ce ne sono molte in giro, e appena ne avvisti una, un furbastro te la frega proprio sotto gli occhi!
MILTON BERLE

L'idea di mia moglie circa il doppio parcheggio è posteggiare la sua macchina sopra un'altra.
SHELLEY BERMAN

Ho visto lo spettacolo di Copperfield. Il parcheggio era pieno di macchine e una voce dentro di me diceva: «Raul, a te sarebbe bastato l'incasso del parcheggio!».
RAUL CREMONA

Sto proprio invecchiando. Quando riesco a infilare la macchina in un parcheggio stretto, sono sessualmente soddisfatto per il resto della giornata.
RODNEY DANGERFIELD

Perché le pozzanghere parcheggiano sempre dove parcheggio io?
FABIO FAZIO

«Ma al cinema ci va mai?» «Ma come si fa? Non si trova mai parcheggio!»
ROBERT MITCHUM, DURANTE UN'INTERVISTA

Abito in una zona che se mi appare la Madonna o un parcheggio libero, il miracolo è il parcheggio libero. L'unica volta che è apparsa la Madonna m'ha fregato il parcheggio!
ERMINIO PISTOLAZZI (DIEGO PARASSOLE)

Il problema del traffico a Napoli sta tutto nel fatto che in alcune zone non si trova un posto dove parcheggiare la macchina, in altre non si trova più la macchina parcheggiata in un posto.

ANTONIO PORTOLANO

Ora che le donne sono diventate fantini, arbitri di baseball, scienziati nucleari e dirigenti commerciali, forse un giorno impareranno a parcheggiare a pettine.

BILL VAUGHAN

L'altro giorno non trovavo parcheggio vicino al negozio, quando arriva un tizio con una Mercedes e posteggia nel posto per gli handicappati. Scende dall'auto e vedo che non ha niente di strano. Non ti dà fastidio, una cosa del genere? Allora l'ho investito. L'ho reso un uomo onesto. E l'altro passeggero dell'auto mi ha lanciato addosso le sue stampelle.

WALTER, IL VETERANO DEL VIETNAM (JEFF DUNHAM)

Mi piace prendere la macchina, andare in periferia, trovare un parcheggio e mettermici senza scendere dall'auto, e poi contare quanta gente arriva e mi chiede se me ne sto per andare.

STEVEN WRIGHT

Le cose vanno sempre peggio. Ho visto un uomo a terra, immobile. Sono sceso dal marciapiede e gli ho chiesto: «Sta male?» e lui: «No, è che ho trovato un parcheggio, così ho mandato mia moglie a comprare una macchina».

HENNY YOUNGMAN

PARCO GIOCHI

(Disneyland - Giostra - Luna park)

Fizz: «Julian? L'avete preso?»
Gin: «Sì. Ieri sera io e Joe l'abbiamo visto che scendeva da una Ferrari e saliva sulla macchina della polizia.»
Fizz: «Voi dove eravate?»
Gin: «Sulla jeep.»
Fizz: «E poi cosa è successo?»
Gin: «Julian è sceso dalla macchina ed è salito su un elicottero.»
Fizz: «E come avete fatto a prenderlo?»
Gin: «Abbiamo aspettato che si fermasse la giostra.»

ALE E FRANZ

EuroDisney ha già ospitato un milione di tedeschi e un milione di inglesi, e avere una quantità simile di gente in Francia senza che ci sia una guerra in corso è davvero stupefacente.

MICHAEL EISNER

Una cosa che piace ai bambini sono gli scherzi. Per esempio, dovevo portare mio nipote a Disneyland, e invece l'ho portato davanti a un vecchio bordello bruciato. "Oh no!», dissi, «Disneyland è andata a fuoco!». Mio nipote ha pianto e ha strillato, ma penso che sotto sotto abbia pensato che come scherzo era proprio bello. Ci siamo diretti allora verso la vera Disneyland, ma ormai si era fatto tardi.

JACK HANDEY

A noi in California non ce ne frega niente di niente. Siamo riusciti ad aprire un Sea World a San Diego. San Diego è sul mare! Potremmo tutti risparmiare i cinquanta dollari del biglietto semplicemente andando fin lì e guardando a sinistra.

HOLLYWOOD IMPROV

Disneyland è l'unica trappola per uomini azionata da un topo.

INTERNET ONE-LINERS

Non capisco la gente che va ai parchi dei divertimenti. Io passo quasi tutto il tempo a cercare di non star male e a tener a freno la nausea. «Scusi, potrebbe legarmi a testa in giù? Vorrei stare il più male possibile, al limite della sopportazione umana. Mi sento benone, oggi: penso che andrò giù a Funland a farmi spezzare il collo su una delle loro giostre. Tesoro, portiamo i bambini, voglio regalar loro una lesione spinale per Natale.»

DOM IRRERA

Mio marito guida talmente male che da piccolo quando lo vedevano chiudevano l'autoscontro.

MAPI, DI *AENIGMATICA*

Ma l'ottovolante ha otto clacson?

SANDRO MONTALTO

Che razza di Paese! Oppone più resistenza a Disney di quanto abbia fatto coi nazisti!

CONAN O'BRIEN, PARLANDO DELLA FRANCIA

Per divertimento vado spesso ai giardinetti a guardare i bambini saltare su e giù e strillare, perché non sanno che uso cartucce a salve.

EMO PHILIPS

La tua donna la chiamo Luna Park perché ogni volta che mi tira le palline io poi le regalo il pesciolino.

POZZOLI E DE ANGELIS

Quando ero ragazzino andavo sempre alle giostre, mi piaceva l'autoscontro. Il papy mi aveva comprato una macchinetta tutta mia, la numero 28, giallo canarino. Quando arrivavo, il giostraio dava il via e si partiva. Alla fine del giro, suonava la sirena, tutte le macchinine si fermavano e solo la mia continuava ad andare. Che botte ragazzi! Ne ho mandati all'ospedale un sacco: scendevano dalle macchinine e io li tiravo sotto!

IL MARCO RANZANI DI CANTÙ (ALBERTINO E DIGEI ANGELO)

Non si sa mai cosa ti toccherà, ma i bambini da subito hanno le loro personalità. Stavo guardando dei bambini su una giostra. Alcuni saltavano sui cavalli, altri avevano paura dei cavalli, altri ancora scommettevano sui cavalli.

RITA RUDNER

Mia moglie e io abbiamo divorziato in maniera amichevole. Nei weekend mi lascia vedere la mia roba. La settimana scorsa, ho portato le mie felpe a Disneyland.

CRAIG SHOEMAKER

Rompersi una gamba col volley è come avere un infarto a Disneyland.

BEPPE VIOLA

PARENTI

Una mela al giorno toglie il medico di torno, ma un buon due chili e mezzo di aglio e cipolla ti tolgono di torno anche i parenti.

ANATOLJ BALASZ (NATALINO BALASSO)

Nobel per la Medicina a Judson Carradine, primo chirurgo al mondo ad aver compiuto un'operazione al polpaccio sinistro a cuore aperto,

e a essere riuscito a vincere la causa con i parenti dell'interessato.
MASSIMO BUCCHI

Io sono sposato da 18 anni. Dopo 18 anni la moglie diventa come uno di famiglia e a me non va di fare sesso con un parente.
STEFANO CHIODAROLI

Da ragazzo non avevo mai un soldo. Mi ricordo che andavo dai parenti a dare il «Buon anno» dai primi di settembre.
GIUSEPPE GIACOBAZZI

Ogni bambino somiglia al parente che possiede più denaro.
LUKE MCLUKE

Davanti alla mia scuola si è ribaltato un camion carico di maiali. L'autista era mio zio, quello che ha il vizio di bere; egli, non volendo responsabilità, era scappato nei campi dopo l'incidente... sì, poi di notte aveva telefonato a Radio Popolare per vedere se almeno metà della colpa se la prendevano loro.
MAURIZIO MILANI

«Chi è che vive più a lungo?» «Un parente ricco.»
ROBERT ORBEN

Mio zio era così sbadato che un giorno, volendo sterminare la famiglia per poi uccidersi, si confuse e si sparò per primo.
ROBERTO SERAFINI

Alberi di Natale: ce ne sono in commercio alcuni finti fantastici. Uno per esempio "l'alberostronzo": ha già attaccate tutte le palline, e quando si avvicina un parente maldestro ne fa cascare una.
MARCO VICARI

Saddam Hussein è stato catturato in una botola vicino a una capanna sui pressi del Tigri. Viveva con due suoi fedelissimi: uno lo doveva avvertire dell'arrivo dei marines, l'altro dell'arrivo dei parenti.
MARCO VICARI

PARIGI

L'Alitalia comunica che a causa di un'improvvisa giornata di lavoro proclamata dai piloti Anpac il volo delle 21.30 per Parigi partirà effettivamente alle 21.30, e proprio per Parigi.

AMURRI & VERDE

Parigi. Un vandalo irrompe nel Louvre e attacca due braccia alla Venere di Milo.

CHEVY CHASE

Irene Pivetti si è laureata in Lettere all'Università Cattolica di Milano, facendo subito dopo un master ai Laboratoires Garnier di Parigi.

GINO&MICHELE

Sono un democratico. Non ho mai avuto difficoltà a usare il bagno di servizio. Non sono come mio cugino che sposò la governante e andò a fare il viaggio di nozze a Parigi. Da solo.

MARCELLO MARCHESI

Quando sono a Parigi mangio sempre al ristorante della Torre Eiffel perché è l'unico posto in cui evito di vedere quella dannata cosa.

WILLIAM MORRIS

Porto sempre delle catene nel baule della mia auto perché non sai mai quando ti potrebbero servire. Sai, magari sei per le strade di Parigi e improvvisamente ti viene voglia d'incatenare una modella a una cancellata.

HELMUT NEWTON

Le cose per cui vale la pena vivere? La figa, Parigi... la figa, la figa, la figa... però anche Parigi non è male, con tutta la figa che c'è.

DIEGO PARASSOLE T

Per l'amore del cielo, mettete lo stesso il mare sullo sfondo: non possiamo certo preoccuparci di una manciata di americani che sa davvero com'è Parigi.

IRVING THALBERG, PRODUTTORE CINEMATOGRAFICO SUL SET DI UN FILM

A Parigi, quando parlavo francese, rimanevano semplicemente a bocca aperta; non sono mai riuscito a far capire a quegli idioti la loro lingua.

Mark Twain

Si dice che gli americani buoni quando muoiono vanno a Parigi mentre quelli cattivi quando muoiono rimangono in America.

Oscar Wilde

Ho vinto un soggiorno a Parigi, ma non ho un furgone per andare a ritirarlo.

www.silverdolphin.it

PARITÀ DEI SESSI

Tratto le donne come mie eguali. Naturalmente molte donne non amano essere trattate come un paranoico ebreo con calvizie incipiente e lenti a contatto.

David Feldman

Quella sera sono tornata a casa diversa. Più sicura di me stessa. Quasi, quasi ribelle. Tanto che mi sono detta: cos'è 'sta storia! 'Sta timidezza, questo pudore. Noi donne a letto dobbiamo fare tutto quello che fanno gli uomini. Così sono tornata a casa, mi sono infilata sotto le coperte, ho fissato mio marito (che era già tornato) e ho scoreggiato!

Gaia (Simona Guarino)

PARLARE

vedi **Chiacchierare**

PAROLE

vedi **Chiacchierare**

PAROLE CROCIATE

vedi **Enigmistica**

PARRUCCA

Un'anziana signora si rivolge a un'altra: «Ehi, ma chi ti ha pettinato i capelli? Dio mio, i tuoi capelli sembrano una parrucca». E quella: «Ma è una parrucca». E la prima: «Davvero? Chi l'avrebbe mai detto...»

LARRY BEST

Il suo parrucchino lo faceva sembrare vent'anni più scemo.

BILL DANA

Mia moglie cerca sempre gli "affaroni". È l'unica in città ad avere una parrucca con le doppie punte.

ROBERT ORBEN

PARRUCCHIERE

vedi **Barbiere**

PARTITI VARI

vedi anche **DC - Forza Italia - Socialisti**

Conservatore: uno statista innamorato dei mali già esistenti. Si contrappone al liberale che vuole sostituirli con altri.

AMBROSE BIERCE

La gente dell'Ulivo è vicina ai suoi leader. Speriamo che non li raggiunga.

MASSIMO BUCCHI

L'altro giorno ho visto un barbone in metropolitana, aveva un cartello con su scritto: «Sono povero, invalido, non ho un lavoro, ho fame, due figli da mantenere e l'Ulivo non ha una vera leadership» .

ANTONIO DE LUCA

Bisogna compatire il presidente del Psdi onorevole Cariglia: l'altro giorno il maggior giornale di Reykjavik, in Islanda, è uscito con questo titolo: "Si estende la guerra del merluzzo: l'onorevole Cariglia seriamente minacciato".

FORTEBRACCIO

L'Udr alle ultime elezioni politiche ha preso l'1,49%. Significa che in Italia c'è un gruppo di elettori, piccolo quanto si vuole, e tuttavia realmente convinto che Mastella esista.

GINO&MICHELE

Se i partiti non rappresentano più gli elettori, cambiamoli questi benedetti elettori.

CORRADO GUZZANTI

Il Partito repubblicano si divide. La rimane nel Centrosinistra. Malfa passa al Polo.

FRANCO KAPPA

Ieri sono andato al carcere di Brindisi e ho dichiarato: «Sono quell'italiano evaso due anni fa dal carcere di San Vittore». Loro hanno accertato che non era vero e mi hanno arrestato. Il Partito dei pensionati mi ha messo in lista per le Europee.

MAURIZIO MILANI

PARTORIRE

vedi ***Gravidanza***

PASCOLO

vedi ***Erba***

PASQUA

Faccio l'amore tutti i santi giorni: Natale e Pasqua.

ROBERTO GAVELLI

Due psichiatri si incontrano. Uno dice all'altro: «Sono stato a casa per Pasqua e ho avuto un terribile lapsus freudiano». E l'altro: «Che cosa hai detto?» «Be', volevo dire a mia madre: "Per favore passami il sale" e invece le ho detto: "Puttana mi hai rovinato la vita!"»

TONY RANDALL

I tifosi della squadra di baseball di Filadelfia sono cattivissimi. A Pasqua, quando i giocatori avevano organizzato una caccia al tesoro con le uova di Pasqua per i loro bambini, fischiavano i figli dei giocatori che non trovavano le uova.

BOB UECKER

PASSARE DI MODA

È una sensazione spaventosa svegliarsi una mattina e scoprire che

mentre si dormiva si è passati di moda.
ERMA BOMBECK

Non male quell'abitino: fa bene a portarlo, prima o poi tornerà di moda.
CITATA DA PAOLO LIMITI

Non è che sono fuori moda io. È che sono troppo di moda gli altri.
LEO LONGANESI

PASSATO *(Ieri)*

L'unica cosa che detesto del mio passato è che è lunghissimo. Se dovessi vivere un'altra volta rifarei gli stessi errori, però prima.
TALLULAH BANKHEAD

Non riuscirò mai ad abituarmi alla spregiudicatezza dei nuovi tempi. Oggi, per esempio, ho sentito una signora che diceva a un'amica: «Io da mio figlio mi faccio vedere nuda!». Sono rimasto sgomento. Ricordo che ai miei tempi scopavamo la mamma rigorosamente al buio.
ROMANO BERTOLA

Maroni ha detto che sarebbe bello tornare indietro nel tempo, quando non c'era ancora l'euro... A molti piacerebbe tornare ancora più indietro, quando non c'era nemmeno Maroni.
ANTONIO DE LUCA

Cent'anni fa eravamo molto più furbi: allora si viveva fino a quando non si moriva e non fino a che qualcuno non t'investiva con la sua auto.
WILL ROGERS

PASSEGGIARE
vedi **Camminare**

PASTA
vedi **Spaghetti**

PASTICCERIA
vedi **Dolci**

PATTA *(Zip)*

Chi va con lo zip impara ad aprire le cerniere.

ALESSANDRO BERGONZONI

Aeroplano. Un tale è seduto addormentato, con la patta aperta e gli si vede tutto. Dall'altra parte del corridoio è seduto un altro tipo che guarda e lo nota. Chiama la hostess e le chiede una penna e un pezzo di carta. Scrive: "Caro signore, sono seduto dall'altra parte rispetto a lei e la sua cerniera è aperta e le si vede tutto. So che questa nota le eviterà qualsiasi imbarazzo. Cordialmente suo, Frank Martin. Ps: Ti amo".

LENNY BRUCE

Quando s'invecchia prima si dimenticano i nomi, poi si scordano le facce. Poi ci si dimentica di tirarsi su la zip, infine ci si dimentica di tirarla giù.

GEORGE BURNS

Non importa. L'uccello morto non abbandona il nido.

WINSTON CHURCHILL, DOPO CHE GLI AVEVANO FATTO NOTARE CHE AVEVA LA PATTA APERTA

Per depilarsi, le donne si mettono delle cose sulle cosce, si strappano i peli e non sentono niente. Niente! Roba che noi uomini per un pelo nella cerniera andiamo in coma!

CARLO PISTARINO

PATTUMIERA

vedi **Immondizia**

PAURA *(Angoscia - Preoccupazioni - Terrore)*

Il coraggio non mi manca. È la paura che mi frega.

ANTONIO ALBANESE

Il leone e il vitello giaceranno insieme, ma il vitello dormirà ben poco.

WOODY ALLEN

Non è che ho paura di morire. È che non vorrei essere lì quando questo succede.

WOODY ALLEN

Non credo nella vita dopo la morte, dunque non devo passare la vita a temere l'inferno, o ancor più temere il paradiso. Perché quale che siano le torture dell'inferno, penso che la noia del paradiso sarebbe anche peggio.
ISAAC ASIMOV

Voglio morire nel sonno tranquillamente, come mio nonno. E non morire gridando terrorizzato come tutti i suoi passeggeri.
BARZELLETTA SCOZZESE

La mamma del Babau per farlo star buono gli diceva: «Guarda che se non obbedisci viene Gesù Bambino a prenderti!».
ROMANO BERTOLA

Non preoccupatevi per il futuro: se la caverà benissimo anche senza di voi.
BERTOLOTTI E DE PIRRO

«Ho un appuntamento con il dentista.» «Mi dispiace, ma non c'è.» «Ah. E sa dirmi la prossima volta che non ci sarà?»
JACOB M. BRAUDE

Ci sono delle persone che sono state considerate coraggiose perché avevano troppa paura per scappare.
THOMAS FULLER

Non temo Berlusconi in sé, temo Berlusconi in me.
GIORGIO GABER

Stalin era terribile. Resse l'Unione Sovietica per trent'anni fondando tutto il suo potere sul terrore. A Mosca, per anni e anni a governare fu la paura. Quando, alla fine, Stalin morì, ci vollero giorni prima che qualcuno trovasse il coraggio di andarglielo a dire.
GINO&MICHELE

Non è una bella cosa far avvicinare un bambino a un contenitore con un teschio e due ossa sopra, perché potrebbe contenere un costume da scheletro e il bambino, indossandolo, potrebbe farti prendere un bello spavento.
JACK HANDEY

Sono Chicano, che vuol dire sono un Americano di discendenza Messicana. Ispanico? Dico io,

perché associarci con una parola che ha "panico" dentro?
GEORGE LOPEZ

Ho il terrore di morire in un incidente aereo. Non sopporto il pensiero che le noccioline possano essere il mio ultimo pasto.
TANYA LUCKERATH

I film di Hitchcock mi terrorizzano. *Psyco*, quella scena nella doccia! Avevo dieci anni quando l'ho vista per la prima volta, e ancora oggi mi fa paura, accoltellare una donna nella doccia.
DANIELE LUTTAZZI

Non ho paura di Frank Sinatra. Gli ho detto: «Crepa, sei un verme bastardo e non significhi nulla per me». Grazie a Dio non c'era quando l'ho detto.
JACKIE MASON

Paura è essere bloccati nel traffico dopo aver appena bevuto due tazze di caffé con dei biscotti alla crusca.
JOHN MENDOZA

Molti hanno paura di quella donna: ha mandato più uomini in bianco del colesterolo.
FRANCO MERAFINO

Quando parlano di me ho l'angoscia, quasi come quando non parlano di me.
BETTE MIDLER

Mio papà guida i treni. Lui dovrebbe tirare i merci, ma a volte senza essere ordinato di servizio va in Stazione Centrale e prende su il Pendolino per Roma, lo lancia in velocità come se fosse suo, poi tra Reggio Emilia e Modena sterza di colpo e lo piega di fianco... il treno per quello tiene, ma gli utenti si spaventano lo stesso.
MAURIZIO MILANI

I primi pederasti di Milano si sono visti nel '53. I primi veri pederasti. Prima c'era qualcosa ma niente di serio. Dal '53 si è cominciato ad avere paura di diventare anche noi così.
MAURIZIO MILANI

Personalmente, non potrei sottopormi all'agopuntura. Sono un fifone. Ho bisogno dell'anestesia solo per aggiustarmi gli occhiali.

ROBERT ORBEN

Pensando al matrimonio, non è il legarsi a una donna che l'uomo teme: è il separarsi da tutte le altre.

HELEN ROWLAND

Voglio avere bambini, ma le mie amiche mi spaventano. Una di loro mi ha detto di aver avuto un travaglio di 36 ore. Io non voglio neanche fare qualcosa di piacevole per 36 ore!

RITA RUDNER

La nostra paura del peggio è più forte del nostro desiderio del meglio.

ELIO VITTORINI

Ho dovuto trasferirmi a New York per motivi di salute. Sono estremamente paranoica e New York è l'unico posto dove le mie paure sono giustificate.

ANITA WISE

PAZIENTE

Non mi stupirei se il mio prossimo paziente mi chiedesse: «Professore, cosa devo provare quando faccio l'amore?». L'uomo è allo sbando.

GIORGIO ABRAHAM

Il mio psichiatra mi ha detto che ho dei problemi, e viene da credergli a giudicare da come bacia la mia ragazza.

MAURIZIO AVANZI

Dopo un anno di terapia, il mio psichiatra mi ha detto: «Forse la vita non è per tutti».

LARRY BROWN

Hai visto il paziente che stava al 27? È morto! E che c'aveva, niente. I dottori dicono che non aveva niente. È proprio vero che a volte basta un niente...

FELICETTO, L'INFERMIERE (STEFANO VIGILANTE)

«Oh dottore! Temevo che non riuscisse ad arrivare e che io sarei dovuto morire senza il suo aiuto.»

LEOPOLD FETCHNER

Picone: «Ma perché tutta questa premura?»
Ficarra: «Devo scappare all'ospedale perché mia suocera... Lo sai che è stata male col cuore?»
Picone: «L'ho saputo!»
Ficarra: «Ora la devono operare: le mettono una valvola cardiaca. Solo che, caro mio, dopo lo scandalo delle valvole cardiache fasulle siamo preoccupati... Abbiamo paura che a lei gliene mettono una buona e mi campa altri due anni!»
FICARRA E PICONE

Un tale va dal medico che gli dice: «Ho brutte notizie per lei. Ha un male incurabile». E lui: «Quanto tempo mi resta?». E il medico: «Be', sei ore». Lui corre a casa e sua moglie gli chiede: «Com'è andata?» «Malissimo. Non vivrò a lungo. Tutto ciò che mi resta è sei ore di vita». E lei: «Cosa vuoi fare in queste sei ore?» «Non so... Ti andrebbe di fare l'amore?» «Certo!» Lo fecero. Due ore. Alla fine erano lì distesi e lei gli chiese: «Cosa vuoi fare adesso? Quanto tempo hai ancora?». E lui: «Quattro ore.» «Vuoi fare di nuovo l'amore?». E lui disse di sì. Fecero l'amore per altre tre ore. Alla fine lei chiese ancora: «Amore, quanto tempo hai ancora?». E lui: «Non mi resta che un'ora. Cosa vuoi fare? Vuoi fare ancora l'amore?» «No!» rispose lei. E lui: «E perché no?». E lei: «Be', domattina io devo alzarmi. Tu no».
LEWIS GRIZZARD

Il medico al paziente grasso: «Prenda due di queste pillole a ogni pasto, ma non più di trenta al giorno!».
HERMAN

Comincio a dubitare del mio dottore. Ieri ha mandato sei pazienti all'ospedale con l'ambulanza. Poi ha scoperto di avere lo stetoscopio rotto.
ROBERT ORBEN

Ma dottore io mangio un sacco di frutta: metto sempre tre ciliege in ogni Martini!
MARTIN SHORT

Il mio medico dice che ho l'aspetto di un milione di dollari: verde e grinzoso.
RED SKELTON

PAZIENZA

(Impazienza -Tolleranza)

Dite che con Pancev bisogna avere pazienza perché è macedone? Sarà... ma io sono della Bovisa e non sono mica un pirla.

OSVALDO BAGNOLI

Anche i Messia attendono impazienti il loro arrivo.

STANISLAW JERZY LEC

Dai fumatori si può imparare la tolleranza. Mai un fumatore si è lamentato di un non fumatore.

SANDRO PERTINI

Sono contrario all'aborto. Uccidere un essere umano prima che nasca è inammissibile. È una dimostrazione d'impazienza.

ROLAND TOPOR

PAZZIA

vedi ***Infermità mentale***

PEANUTS

Ho preso il detersivo. Ho deciso d'imparare a fare da me. È ridicolo che un uomo non sappia fare il bucato... Uffa! Come faccio a mettere la camicia dentro al bottiglione?

LINUS

Linus: «Tu capisci se mi precipito fuori subito, vero?»
Charlie Brown: «Certo che ti capisco... corri! È importante! Anch'io mi precipiterei se mi ricordassi di aver lasciato un cono gelato nel cassetto del cruscotto della macchina di mio padre!»

LINUS E CHARLIE BROWN

Linus: «Qualche mattina mi voglio alzare presto per vedere sorgere il sole.»
Sally: «In realtà non è il sole che sorge: è la terra che gira!»
Linus: «... qualche mattina mi voglio alzare presto per vedere la terra che gira.»

LINUS E SALLY

Linus (guardando il cielo stellato): «Sai una cosa?»
Lucy: «Cosa?»
Linus: «Le stelle cadenti non urlano.»
LINUS E LUCY

Odio la scuola. Mi fa impazzire. Appena imparo una cosa, vanno avanti con qualcos'altro.
LUCY

Lucy: «Ecco un libro sul baseball che si chiama *Vincere e altre dieci possibilità.*»
Charlie Brown: «E quali sarebbero?»
Lucy: «Pareggiare, perdere, perdere, perdere, perdere, perdere...»
CHARLES M. SCHULZ

Non mi piacerebbe per niente essere un bambino appena nato nel mondo d'oggi. Ci sono problemi dappertutto. Se fossi un bebè, non credo che potrei sopportare di sapere cosa mi aspetta. Ecco perché per i primi due anni di vita non ti fanno vedere i giornali.
CHARLES M. SCHULZ

Mio padre faceva il barbiere. Ogni tanto tagliava i capelli anche a me, ma se entrava un cliente dovevo alzarmi e trasferirmi su una panca. Non immaginate cosa significa aspettare su una panca con i capelli tagliati a metà.
CHARLES M. SCHULZ

Storia del Mondo. I vulcani eruttarono. Gli oceani ribollirono. L'universo era in tumulto. Poi venne il cane.
SNOOPY

PECCATI

Hanno detto di lei che era brutta come il peccato. E il peccato li ha querelati!
MILTON BERLE

Cristo è morto per i nostri peccati. Abbiamo il coraggio di rendere inutile il suo martirio non commettendone?
JULES FEIFFER

Facendone un peccato, il cristianesimo ha fatto molto per l'amore.
ANATOLE FRANCE

M'inginocchio e ti prendo, anima sola non è una preghiera è peccato di gola.
SANDRO PENNA, SUL POMPINO

Sono integro e puro, non ho commesso peccati, né di carne né di pesce.
TOTÒ

PECORA *(Capra)*

Faceva così freddo che i lupi mangiavano le pecore solo per la lana.
ANONIMO

«Lo sai come hanno fatto la prima clonazione?»
«Con le fette biscottate!»
«La prima clonazione l'hanno fatta in Scozia con la pecora!»
«E non è pesante di prima mattina la pecora?»
ANTONIO E MICHELE

Come ci faceva divertire mio nonno con niente! Mettendo una gallina o una pecora davanti a una lampadina, riusciva a proiettare sul muro meravigliose ombre di mani.
ROMANO BERTOLA

Quando ti morde un lupo, pazienza. Quel che secca è quando ti morde una pecora.
ARTHUR BLOCH

Siccome non riuscivo a dormire mi sono messo a contare le pecorelle. Ma non c'è stato niente da fare. Allora ho provato a contare le tapparelle. Una. E mi sono addormentato.
PAOLO CANANZI

Nella riproduzione bovina si usa un toro e venticinque mucche, a meno che non siano proprio vacche. Invece, nella riproduzione suina servono quattro maschi perché alla maiala piace così. Addirittura nella riproduzione ovina, in alcuni casi, il contadino deve far vedere ai maschi come si fa.

GIANLUCA IRTI

Dopo la creazione, Dio saltò su e disse: «No, è tutto brutto, non va bene, manderò un'inondazione, ucciderò tutti e ricominceremo daccapo. Manderò un'inondazione, quaranta giorni e quaranta notti. Ma salverò due esemplari di ogni specie». Così Noè iniziò ad accogliere animali da tutto il mondo. «Due cani, due pecore, due gatti, due anatre...». E le anatre: «Noi non veniamo». E Noè: «Beh, ci sarà un'inondazione tremenda». E le anatre: «E allora?».

EDDIE IZZARD

La Nuova Zelanda ha 55 milioni di pecore e circa 3 milioni di abitanti, il che fa 18 pecore per abitante. L'Italia viceversa ha 6 milioni di pecore e 55 milioni di abitanti, cioè 9 abitanti per pecora. Potremmo scambiare in compensazione, italiani contro pecore.

INDRO MONTANELLI

Dopo il successo ha deciso di vivere alla grande. Si è fatto dare il bianco in cucina da Salvador Dalí, ha assunto un famoso commercialista che conti le pecore al suo posto per addormentarsi e tiene in giardino un ballerino di flamenco che gli schiaccia le formiche.

ANTONIO RICCI

Il corno del caprone fuggito dal gregge si pianta nel culo del fesso che legge.

SCRITTA SUL MURO DI UN CINEMA DI VIAREGGIO

Ma tra un giorno da leone e cento da pecora non se ne potrebbero fare cinquanta da orsacchiotto?

MASSIMO TROISI

Quando vado a letto sono così rilassato che sono le pecore a contare me.

DANIELE TUROZZI

PEDOFILIA

Povero Michael Jackson, tutte quelle insinuazioni sul sesso. Non è già abbastanza imbarazzante che sia un testimone di Geova, ora lo accusano di comportarsi come un prete cattolico!

BILLY CONNOLLY

Questo libro è dedicato a don Ginepro, il prete di quand'ero bambino che, per evitare che ci toccassimo, ci toccava lui. Bontà divina.

GIOBBE COVATTA

Michael Jackson e sua moglie sono in crisi perché hanno gusti troppo diversi. Entrambi vorrebbero avere dei bambini.

FABIO DI IORIO

Ancora guai per Michael Jackson: anche il bambino che è in lui lo ha denunciato!

JAY LENO

È il giorno più caldo dell'anno. Si suda come Michael Jackson quando guarda le foto di Harry Potter.

JAY LENO

Da piccolo mi piaceva molto Michael Jackson. E anche io piacevo a lui.

LUCIO WILSON

PEDONE

A New York c'è un pedone investito ogni tre minuti. Poveraccio, non fa nemmeno in tempo a rialzarsi.

ACHILLE CAMPANILE

Le zebre, quando attraversano la strada, camminano sui pedoni?

CICCHELLO E COLOMBO

Oggi un'automobile mi è venuta addosso. Mi sono salvato con un salto. Mentre ero ancora col piede in aria, mi è arrivato l'urlo dell'automobilista inferocito: «Ma va' in macchina, cretino!».

MARCELLO MARCHESI

Conoscete il traffico di Palermo? È come gli scacchi: per andare avanti devi mangiare un pedone!

FRANCESCO RIZZUTO

Sono Ermanno, il vigile detto "Il Richiamo": quando fischio io le automobili si fermano e i pedoni tirano i rigori!

VITO (STEFANO BICOCCHI)

PEGGIORE
vedi ***Migliore***

PELI *(Depilazione)*

È una donna senza peli sulla lingua. E se li ha... non sono i suoi.

ANONIMO

Lei. Le cinque cose da non dirgli mai dopo:
1)Falle una foto perché questa è l'ultima volta che la vedi.
2)Almeno fossi ricco...
3)Sicuro di non avere tendenze omosessuali?
4)Un consiglio per il futuro: depilati, almeno sembra più lungo.
5)Non hai decisamente preso da tuo padre.

BASTARDIDENTRO

Lei era il classico tipo da evitare, quella che in una notte di temporale te la puoi ritrovare dietro il portone buio con un rasoio. Che si depila.

CLAUDIO BISIO-ROCCO TANICA

Chi se ne frega dei capelli in testa, sono i peli sul petto che sono importanti.

HUMPHREY BOGART

Un consiglio da uomo a uomo: accorciatevi i peli, sembrerà più lungo.

CAMILLO CANOVI

Dice: «Come mai hai un cerotto sul collo?». Perché ho usato un rasoio trilama... sul serio! Dunque: la prima lama tira fuori il pelo, la seconda lo taglia, la terza non c'ha niente da fa', e mi ha tagliato!

FIORELLO

Un gatto perde i peli soltanto in presenza di gente allergica.

GARFIELD

A forza di depilarsi le gambe con il rasoio e la schiuma da barba, a mia moglie le sono cresciute le basette alle ginocchia.

PACO GENOVESE

Purtroppo non ho i peli lunghi: è proprio l'uccello che è corto.

PACO GENOVESE

Al mio paese hanno aperto un centro estetico. Si chiama "Highlander". Non perché prometta vita eterna, ma perché ti depilano con uno spadone urlando: «Ne resterà solo uno!».

GIUSEPPE GIACOBAZZI

Sono stato con una ragazza a dir poco imbarazzante: non aveva peli sulla lingua, in compenso però aveva lingue sui peli, e vi assicuro che era davvero rivoltante.

MATTEO MOLINARI

Pelosetta e colorita
non più larga di due dita
fa rizzar la pelle umana e il suo nome finisce in ...ica.
È superfluo che ti dica che si tratta dell'ortica!

BATTUTA GIRATA VIA SMS SEGNALATA DA FEDERICA NARDON

Per depilarsi, le donne si mettono delle cose sulle cosce, si strappano i peli e non sentono niente. Niente! Roba che noi uomini per un pelo nella cerniera andiamo in coma!

CARLO PISTARINO

I gatti sono uno spreco di pelo.

RITA RUDNER

Ancora non capisco come una donna possa prendere della cera bollente, mettersela sulle cosce, strappare i peli dalle radici ed essere ancora spaventata da un ragno.

JERRY SEINFELD

Quando non ho una relazione in corso, mi depilo sempre una gamba, così la notte mi sembra di dormire con una donna.

GARRY SHANDLING

Non riuscirei mai a farmi la ceretta al culo. La cosa più vicina che ho fatto è stato fargli dei ciuffetti, ma i bigodini mi hanno ucciso.

SARAH SILVERMAN

Ho sposato un uomo talmente peloso che la mattina quando si sveglia è coperto di rugiada.

GIORGIO ZANETTI

PELLE

Allen: «Che bella pelle che hai!»
Keaton: «Sì, ne ho in tutto il corpo.»
AMORE E GUERRA

Le donne sono come le salsicce, pelle fuori e maiale dentro.
TEDDI CASADEY (PAOLO CEVOLI)

A me piacciono tanto le donne nude perché c'hanno l'esterno tutto in pelle!... Chissà se dentro sono metallizzate?
GIORGIO FALETTI

Ora, io sono sconcertato da questo concetto di pregiudizio razziale. Perché odiare qualcuno semplicemente basandosi sul colore della pelle quando, se vi prendete il tempo di conoscere queste persone come esseri umani, potete trovare mille altre ragioni per odiarle?
DENNIS MILLER

Non mi piace abbronzarmi. Sono di carnagione chiara. Sembra che mi abbiano trapiantato la pelle di un morto. L'ultima volta che sono andato al mare e mi sono svestito, un medico ha insistito per farmi un'autopsia.
MATTEO MOLINARI

PELLICCIA *(Visone)*

Di questo potrei parlare all'infinito, ma odio Leopardi e tutti i poeti da pelliccia.
ALESSANDRO BERGONZONI

Una donna ha bisogno di quattro animali nella sua vita: una Jaguar in garage, una tigre a letto, un visone sulla pelle e un asino che paghi.
ZSA ZSA GABOR

Il Canada è utile solo perché mi fornisce le pellicce.
MADAME DE POMPADOUR

«Lo sai quanti poveri animali hanno dovuto uccidere per fare questa pelliccia?» «E tu lo sai quanti ricchi animali mi sono dovuta scopare per comprarmela?»
NEI PANNI DI UNA BIONDA

Gli animali hanno due funzioni nella società odierna: di essere deliziosi e di starci bene addosso.
GREG PROOPS

A Milano i ristoranti hanno prezzi incredibili. L'altra sera due rapinatori hanno fatto irruzione in un ristorante del centro e, invece di una pelliccia, hanno portato via una pietanza!
LUCIO SALIS

«Oh mio Dio, lei ha una magnifica pelliccia! Davvero una splendida pelliccia... E magari da qualche parte c'è un branco di animali che si sta dicendo: "Cazzo, che freddo!"»
ROBIN WILLIAMS

PENA
vedi **Sentenza**

PENA DI MORTE
(Esecuzione)

Il mio primo film era così brutto, che in sette Stati americani aveva sostituito la pena di morte.
WOODY ALLEN

Domattina alle sei sarò giustiziato per un crimine che non ho commesso. Dovevo essere giustiziato alle cinque ma ho un avvocato in gamba.
WOODY ALLEN

La vita s'è tutta un bidòn. Beati gli affamati di giustizia perché saranno giustiziati.
ANGELO CECCHELIN

Ognuno dovrebbe perdonare i propri nemici, ma non prima che questi siano impiccati.
HEINRICH HEINE

Una buona recensione è solo un altro rinvio dell'esecuzione.
DUSTIN HOFFMAN

Un iraniano moderato è uno convinto che il plotone d'esecuzione dovrebbe essere eletto democraticamente.

HENRY KISSINGER

Sono a disagio coi giornalisti perché quando vedo un gruppo di persone, tutte con lo sguardo in una direzione e in quella direzione ci sono io, mi viene addosso una vaga paura di essere linciato.

ROBERT MITCHUM

Come ha detto Nelson Rockefeller: «Io sono favorevole alla pena capitale. Bisogna giustiziare la gente... se no come fanno a imparare?».

MORT SAHL

Ho comperato una sedia per mia suocera, ma non mi lasciano attaccare la spina.

HENNY YOUNGMAN

PENE

vedi **Cazzo**

PENNA *(Evidenziatore)*

Avevo il peggior metodo di studio. I voti più bassi... Fino a che non mi sono accorto del mio errore. Per i passaggi importanti usavo un evidenziatore nero.

JEFF ALTMAN

Aeroplano. Un tale è seduto addormentato, con la patta aperta e gli si vede tutto. Dall'altra parte del corridoio è seduto un altro tipo che guarda e lo nota. Chiama la hostess e le chiede una penna e un pezzo di carta. Scrive: "Caro signore, sono seduto dall'altra parte rispetto a lei e la sua cerniera è aperta e le si vede tutto. So che questa nota le eviterà qualsiasi imbarazzo. Cordialmente suo, Frank Martin. Ps: Ti amo".

LENNY BRUCE

Mio cugino ha aperto una fabbrica di lampostil. Non ha avuto fortuna, nonostante avesse inventato gli evidenziatori neri.

GENE GNOCCHI

Mio nonno è così duro d'udito che deve leggere le labbra. A me non dà

fastidio, solo che usa uno di quegli evidenziatori gialli.
BRIAN KILEY

Una penna per me è come un becco per una gallina.
JOHN RONALD RENEL TOLKIEN

Legge di Bic: se l'inchiostro può finir.
FRANCESCO VARCHETTA

PENSARE

Penso, quindi sono. E non faccio un cazzo.
ALTAN

Vuoi un consiglio? Mai fottere con la testa e ragionare con la minchia.
ANONIMO

Se solo i nostri grandi pensatori imparassero a parlare e i nostri grandi parlatori imparassero a pensare!
ASHLEIGH BRILLIANT

Il mio guaio è che spesso non mi ricordo più come la penso.
PINO CARUSO

Ho dei pensieri che non condivido.
PINO CARUSO

Ieri con la sola forza del pensiero sono riuscito a esprimere un'opinione.
FRANCISCO DURABÀL

Non c'è dubbio che quest'idea di meditare prima di esporre il proprio pensiero, mentre sarebbe così comodo esporlo senza aver meditato, ha rovinato il carattere di molta gente: ne seppero qualcosa Schopenhauer e Leopardi, mentre guardate come è sempre lieto il ministro Tanassi.
FORTEBRACCIO

Aldo Biscardi è uno che fa errori di grammatica anche quando pensa.
BEPPE GRILLO

Rifletti, prima di pensare.
STANISLAW JERZY LEC

Quando uno ti spara nella testa, vedi, ti fa pensare.
KEVIN KLINE

Non avere un pensiero e saperlo esprimere: è questo che fa di uno un giornalista.
KARL KRAUS

Abbiamo un debole per i capi di Stato che dicono quello che pensano. Solo, vorremmo che ogni tanto pensassero a quello che dicono.
INDRO MONTANELLI

Al mondo esistono tre categorie di uomini: quelli che pensano giusto, quelli che pensano sbagliato e quelli che pensano come me.
TENENTE COLOMBO

Pensavo che il bere mi facesse male... Così ho smesso di pensare.
T-SHIRT AMERICANE

Dire idiozie oggi, quando tutti riflettono profondamente, rimane il solo mezzo per provare la propria libertà e indipendenza di pensiero.
BORIS VIAN

Penso, dunque sono single.
LIZZ WINSTEAD

Un esperto è un uomo che ha smesso di pensare. Perché dovrebbe pensare? È un esperto.
FRANK LLOYD WRIGHT

PENSIONE

Con la crescita zero il Paese invecchia. Tra un po' avremo un pensionato a carico di ogni disoccupato.
ALTAN

Andare in pensione a sessantacinque anni è ridicolo. A sessantacinque anni, avevo ancora i brufoli.
GEORGE BURNS

Picone: «Ma che fai?»
Ficarra: «Fammene andare che è tardi!»
Picone: «Ma tutta questa premura, perché?»
Ficarra: «Domani mi devo alzare presto che devo andare a ritirare la pensione di mio suocero!»

Picone: «Ma tuo suocero sono tre anni che è morto!»
Ficarra: «Lo so! Ma è un modo come un altro per sentircelo ancora vicino!»
FICARRA E PICONE

Riforma delle pensioni. Accordo governo-sindacati. Dal prossimo anno andrà in pensione solo chi ha capito come si fa.
DANIELE LUTTAZZI

La pensione? Noi non sappiamo se la prenderemo... e soprattutto dove la prenderemo!
ERMINIO PISTOLAZZI (DIEGO PARASSOLE)

Dal primo gennaio partiranno gli aumenti Inps. I pensionati hanno tre giorni per andarli a salutare.
STRISCIA LA NOTIZIA

PENTIMENTO
(Pentito - Senso di colpa)

«È in momenti come questo che mi pento di non aver ascoltato quel che mia madre mi diceva sempre...» «Che cosa ti diceva?» «E che ne so? Non ascoltavo.»
DOUGLAS ADAMS

Le mogli dei politici fanno tutte beneficenza. Per forza! Hanno il senso di colpa per quello che rubano i mariti.
ROBERTO BENIGNI

18 novembre 1992. Come aveva promesso, Tommaso Buscetta ha rivelato oggi ai magistrati i nomi dei politici mafiosi: Giulio, Cirino, Calogero, Ciriaco... I cognomi, invece, rimangono avvolti nel mistero.
STRISCIA LA NOTIZIA

Una volta ho rubato un'anguria da un carretto quando il proprietario non stava guardando. Sono andato nel mio posto segreto, mi sono seduto e stavo per addentare l'anguria quando mi sono reso conto che non avrei potuto farlo. Non era giusto. Così ho riportato indietro l'anguria, l'ho rimessa sul carretto, e ne ho presa una matura.
MARK TWAIN

Se mi guardo indietro non ho pentimenti. Dovessi ricominciare farei esattamente tutto quello che ho fatto. Tutto. Mi risposerei anche. Con un'altra, naturalmente.

RAIMONDO VIANELLO

Sono in rete le foto in cui si vede Kate Moss che sniffa. Lei si è detta profondamente pentita, ha lasciato il fidanzato, si è scusata con l'opinione pubblica e si è subito fatta ricoverare in una clinica per bugiardi.

MARCO VICARI

PENTITO

vedi **Pentimento**

PEPE *(Sale)*

Il cetriolo andrebbe tagliato con cura, condito con pepe e aceto e poi buttato via.

SAMUEL JOHNSON

Con un solo pomodoro noi genovesi sappiamo condire la pasta per venti persone. Ci aggiungiamo di tutto: sale, acqua, sale, acqua, sale, acqua, sale...

EMILIO RAZZETTI

Ho inventato sale che sembra pepe e pepe che sembra sale, così se qualcuno prende quello sbagliato, va sempre bene.

COLONEL LEMUEL STOOPNAGLE

L'altro giorno sono andato a pranzo con un giocatore di scacchi. Me ne sono accorto perché per passarmi il sale ci ha messo venti minuti.

ERIC SYKES

PERCENTUALI

vedi **Statistica**

PERDERE *(Perdersi - Sconfitta)*

A Siena c'è questa strana abitudine: che se non vinci il palio, lo perdi.

ACETO

La più grossa sconfitta per un ateo è di finire in paradiso.

ALLEGRA

Se ti perdi in un bosco, inizia a fare un solitario con le carte. Sicuro che salta fuori qualcuno che ti dirà di mettere il fante rosso sulla regina nera.

ANONIMO

Con Silvio al governo, nel 2004 si son persi i Mondiali di calcio in Usa ai rigori col Brasile. Con Silvio al governo nel 2008 si son persi gli Europei con la Spagna ai quarti. Con Prodi al governo nel 2006 campioni del mondo! Beh, i campionati del 2010 in Sudafrica si avvicinano, che si fa?

ENRICO BERTOLINO

I vincitori non sanno quello che perdono.

GESUALDO BUFALINO

Nel rugby non si può battere il Galles in Galles. Al massimo può capitare di segnare più punti di loro.

SID GOING

Comunque è uno che si era perso.

GRAFFITO COMPARSO SULLA STATUA DI CRISTOFORO COLOMBO A NEW YORK

L'intero cast di Slumdog Millionaire era presente agli Oscar. Ha vinto come miglior film, come tutti si aspettavano. Era il grande favorito. Dicevano che avrebbe perso solo se avesse scelto Sarah Palin come vice.

JIMMY KIMMEL

Chiunque abbia detto: «L'importante non è vincere o perdere», probabilmente aveva perso.

MARTINA NAVRATILOVA

Lucy: «Ecco un libro sul baseball che si chiama *Vincere e altre dieci possibilità.*»
Charlie Brown: «E quali sarebbero?»
Lucy: «Pareggiare, perdere, perdere, perdere, perdere, perdere...»

CHARLES M. SCHULZ

Ho un problema con la medaglia d'argento. Perché, se vinci l'oro, ti senti da Dio. Se vinci il bronzo, dici: «Beh, almeno ho preso qualcosa». Ma se prendi l'argento, è come: «Congratulazioni, hai quasi vinto.

Di tutti i perdenti, sei arrivato primo. Sei il perdente numero uno. Nessuno ha perso davanti a te».

JERRY SEINFELD

Non importa se tu vinci o perdi; quel che importa è se vinco o perdo io.

DARRIN WEINBERG

Mai fare a botte con i brutti. Non hanno niente da perdere.

ROBIN WILLIAMS

PERDERSI

vedi **Perdere**

PERDITA DI MEMORIA

vedi **Memoria**

PERDONO

Non perdonerò mai a Noè di aver imbarcato anche una coppia di zanzare.

ENZO COSTA

Questa terra un tempo era proprietà del pellerossa, che non la mollò se non dopo una lunga guerra sanguinaria. Non sarebbe tempo adesso che noi colonizzatori si scenda dai nostri cavalli e si dica: «Ti perdoniamo»?

DAVID CROSS E BOB ODENKIRK

È ormai appurato che Renato Guttuso, grazie ai buoni uffici di Andreotti, ottenne il perdono della Chiesa pronunciando diecimila "Sia lodato Gesù Cristo", e dodicimila "Se l'arcivescovo di Costantinopoli si disarcivescovocostantinopolizzasse".

GINO&MICHELE

Ognuno dovrebbe perdonare i propri nemici, ma non prima che questi siano impiccati.

HEINRICH HEINE

La mamma perdona e dimentica, ma non dimentica mai, oh, questo no, di aver perdonato.

CITATA DA ELENA LOEWENTHAL

Che Dio ci perdoni. E ci perdonerà. È il suo mestiere.

MARCELLO MARCHESI

Ai belli si perdona assolutamente tutto e con ragione: se non fosse per loro, la masturbazione sarebbe molto noiosa per tutti.
P.J. O'Rourke

Quand'ero ragazzo pregavo ogni notte per avere una bicicletta nuova. Poi ho capito che con il Signore le cose non funzionano in questo modo. Così ho rubato una bici e poi gli ho chiesto perdono.
Emo Philips

Caro Dio, perdonaci e ti perdoneremo.
Leo Rosten

PERFEZIONE *(Perfezionista)*

A letto eravamo perfetti. Però cominciavamo a litigare già mentre andavamo al bidet.
Ava Gardner

Per essere perfetta le mancava solo un difetto.
Karl Kraus

La tecnica arriverà a una tale perfezione che l'uomo potrà fare a meno di se stesso.
Stanislaw Jerzy Lec

Il mio allenatore Tom Landry? È un perfezionista. Se si fosse sposato con Raquel Welch, si sarebbe aspettato che cucinasse.
Don Meredith

Io sono un nessuno, ma nessuno è perfetto. Dunque, sono perfetto.
Matteo Molinari

PERFEZIONISTA
vedi **Perfezione**

PERICOLO

Giovanni: «Unoppi, unoppi, unoppi... attenti! Allora statemi bene a sentire... esercitazione... Dexter, mi hanno telefonato che c'è una rapina in corso, ci sono dei delinquenti esageratissimi che tengono in ostaggio i clienti e sono asserragliati

all'interno del Credito Bergamasco. Dexter, come agiamo?»
Aldo: «La prima cosa che dobbiamo fare è quella di consultare scrupolosamente il manuale, dopodiché dobbiamo porci la domanda più importante: è pericoloso?»
Giovanni: «Certo che è pericoloso, è pericolosissimo!»
Aldo: «Allora mi prendo un giorno di ferie!»
ALDO, GIOVANNI E GIACOMO

Un automobilista pericoloso è uno che vi sorpassa nonostante tutti i vostri sforzi per impedirglielo.
WOODY ALLEN

So aver cura di me stesso. In caso di pericolo io ho questo serramanico che mi porto sempre dietro. In caso di vero pericolo schiaccio il pulsante e si trasforma in un bastone da tip tap, così posso fare simpatia.
WOODY ALLEN

Bisognerebbe sequestrare la patente a quegli incoscienti che, sulla corsia di sorpasso dell'autostrada, giusto davanti a me, mi stanno così pericolosamente vicini!
ANONIMO

È pericoloso fare il bagno prima che siano trascorse tre ore dall'aver mangiato dei funghi velenosi.
CAVANNA

Contrariamente a certe credenze popolari, l'animale più pericoloso non è il leone, la tigre o l'elefante. L'animale più pericoloso è lo squalo che cavalca un elefante, perché calpesta e mangia tutto quello che vede.
JACK HANDEY

Da un'indagine è stato definito che nei treni l'ultima vettura è la più pericolosa. La Direzione Generale ha deciso di eliminarla al più presto.
DOMENICO IPPOLITO

L'amore è come il morbillo: più tardi arriva e più è pericoloso.
DOUGLAS WILLIAM JERROLD

Il sesso sicuro è molto importante. Ecco perché ho deciso di non fare più l'amore sulle impalcature.
JENNY JONES

Quando a Woodstock dicevano: «Fate l'amore, non fate la guerra», non immaginavano certo che uno sarebbe diventato pericoloso quanto l'altra.
JAY LENO

Il mondo è diventato così pericoloso che quando uno se ne va, ringrazia il cielo per esserne uscito vivo.
BORIS MAKARESKO

Correre incontro al pericolo è una forma di vigliaccheria.
ALDO PALAZZESCHI

I deodoranti sono pericolosi. Avete mai letto sui flaconi: «Attenzione contiene materia infiammabile. Potrebbe esplodere»? Non so voi, ma io non voglio niente sotto le ascelle che possa esplodere da un momento all'altro.
RICHARD PRYOR

Tu pensi che New York sia pericolosa? Dovresti andare a Detroit. Potresti andare avanti per dieci isolati e non abbandonare mai la scena del crimine.
RED SKELTON

Il letto è il posto più pericoloso del mondo: vi muore l'80% della gente.
MARK TWAIN

Il taschino della giacca è uno dei luoghi più pericolosi: molti ci lasciano le penne.
WWW.SILVERDOLPHIN.IT

PERMALOSO *(Suscettibile)*

Ok, vostra moglie è permalosa. Ma voi, sulla T-shirt che le avete regalato, dovevate proprio farci scrivere: "Cagona!"?
MAURIZIO AVANZI

Sono un fallito, una schifezza, un codardo, un inetto, un vigliacco, una cacca che non merita neanche di essere schiacciata. Sono anche permaloso. Se qualcuno mi dice sciocchino mi offendo!

ANTONIO CORNACCHIONE

«Tu sei così suscettibile...» «Suscettibile a me? Ma vaffanculo, testa di cazzo!»

EGIDIO MORRETTI

Frocio io? Ma scherzi? Piuttosto lo prendo nel culo!

LUCIO WILSON

PERSONA CIVILE

vedi **Civiltà**

PERSONAGGI BIBLICI

vedi anche **Apostoli - Gesù - Giuda - Noè**

Recentemente ho letto la Bibbia. Non male, ma il personaggio centrale è poco credibile.

WOODY ALLEN

"Tu sei Pietro e su questa pietra fonderò la mia Chiesa". Gioco di parole indubbiamente sublime, però, come dire? Un po' fortunoso. Resta il sospetto che, se si chiamava Michele, avrebbe fondato la Michelin.

ROMANO BERTOLA

Il più famoso degli ebrei si chiamava Mosè e viveva nella prima parte della Bibbia. Fu lui a ricevere il catalogo sul monte Sinai.

JEAN CHARLES

Golia era così grosso che al confronto Schwarzenegger sembrava Don Lurio... Davide era così piccolo che al confronto Don Lurio sembrava Schwarzenegger...

GIOBBE COVATTA

E nacque Caino, e Adamo lo guardò e disse: «Com'è piccolo! Io appena nato non ero così piccolo...».

GIOBBE COVATTA

Preferirei avere del sangue sulle mani piuttosto che dell'acqua come Ponzio Pilato.

GRAHAM GREEN

Abramo disse a suo figlio di costruire un mulino. Poi andava da lui a prendere la farina e a tutti diceva: «È farina del mio Isacco».

Antonio Laneve

Quando Gesù diffondeva al popolo le parabole, Pietro distribuiva i decoder.

Francesco Miccia

Sabrina Ferilli? Se Mosè l'avesse vista, certo oggi non esisterebbe il sesto comandamento.

Gianni Palladino

Mosè cercava il popolo eletto. Si rivolse agli Ebrei dicendo: «Vi piacerebbe essere il popolo eletto?» «Certo sarebbe bellissimo.» «Però, dovete accettare un comandamento.» «Quanto costa?» «Niente.» «Allora daccene dieci.»

Playboy

A giudicare dalla quantità di formiche che invadono sempre il mio pic-nic, penso che ce ne dovessero essere più di due sull'arca.

Herbert V. Prochnow & Herbert V. Prochnow jr.

Il ladrone in croce: «Dimmi Gesù, quanto è grande il tuo regno?» «Così.»

Maurizio Sangalli

PERSONAGGI DELL'ARTE

vedi anche ***Dalí - Picasso - Pittore***

Ho messo a dieta un quadro di Botero. Ora è di Magritte.

Donnie Barzo

Ho ereditato un dipinto e un violino che si sono rivelati essere un Rembrandt e uno Stradivarius. Sfortunatamente, Rembrandt faceva pessimi violini e Stradivarius era un pittore atroce.

Tommy Cooper

Van Gogh avrebbe venduto più di un quadro se solo ci avesse messo delle tigri.

Tom Hobbes

Forse io non sono molto umano. In fondo tutto quello che volevo fare

nella vita era dipingere la luce del sole sulla facciata di una casa.
EDWARD HOPPER

Nell'anno in cui sono nato io, sono morti Magritte, Totò, Che Guevara e Otis Redding. Ma ho un alibi di ferro.
FRANCO MERAFINO

C'è una cosa da dire sui grandi maestri della pittura del XX secolo, cioè su Mondrian, Pollock, Matisse, Rothko, Vasarely, Fontana, Man Ray, Bacon, Matta, Dubuffet, Duchamp, Stella, Kandinskij, Morandi, Picasso, Miró, De Kooning, Chagall, Manzù, Ernst, Klee, Picabia, Giacometti, Moore, Dalí ecc... ed è che forse ci sono troppi grandi maestri della pittura nel XX secolo.
PERICOLI E PIRELLA

Non mi sarei mai dato alla pittura se le donne fossero state prive di seno.
PIERRE-AUGUSTE RENOIR

PERSONAGGI DI ATTUALITÀ

E quando lei... «Ma teee... se George Clooney s'innamorasse di me, cosa penseresti?» «E che fa tanto il fico e poi...»
STEFANO BELLANI-ANTONIO DE LUCA

Come dice la moglie di Fassino a letto: «Mi sto facendo le ossa».
PAOLO CAIAZZO

9 verticale: "Simile a una monovolume"... PLATINETTE.
CAPOCENERE (CLAUDIO BATTA)

Marco Tronchetti Provera è un uomo che indubbiamente è venuto su da solo: pensa che da piccolo è cresciuto in una favela dei quartieri poveri di Saint-Moritz.
ALESSANDRO DONAZZI

È arrivata un'Ansa. Ecco, abbiamo in anteprima esclusiva il documento della divisione dei beni tra Veronica Lario e Silvio Berlusconi. A Veronica rimane l'Umbria, il Regno delle due Sicilie e un terzo continente a scelta. Inoltre a lei va la custodia del

trofeo Mitropa Cup, dei Telegatti e dell'opera omnia di Apicella. Sandro Bondi verrà affidato a Veronica, con la possibilità di visita da parte di Silvio ogni due weekend. A Silvio rimane quel poco che resta. Ma si sa, nelle separazioni sono sempre gli uomini ad avere la peggio.
FIORELLO

Era dai tempi di *Quark* che non mi commuovevo così. Ti ricordi quel bel documentario sul figlio di Romina Power, metà uomo e metà Al Bano?
GINO&MICHELE-GENE GNOCCHI

Comunque, una cosa Marta Marzotto l'ha dimostrata alla faccia di tutti: che nella vita, posando nuda per un grande pittore, ci si può anche abbronzare.
GINO&MICHELE

Marta Marzotto è madre di quattro figli (erano cinque ma uno purtroppo l'ha perduto sposandolo alla figlia di Emilio Fede).
GINO&MICHELE

A undici anni Marta Marzotto, poverissima, fu costretta per mantenersi a fare la mondariso, ma venne subito licenziata perché, anziché raccogliere i chicchi, si abbronzava.
GINO&MICHELE

Cesare Romiti è uno che quando si guarda allo specchio si fissa con una tale sicurezza che, alla fine, è lo specchio che è costretto ad abbassare gli occhi.
GINO&MICHELE

Ormai i prezzi degli scoop fotografici sono inimmaginabili. Quest'estate *Chi* ha pagato duecento mila euro per una foto della Belen che non baciava nessuno.
GINO&MICHELE

Cesare Romiti è un duro. Se l'avvocato Agnelli porta l'orologio sopra al polsino, Romiti fa di più: porta le palle sopra ai boxer.
GINO&MICHELE

Come tutti i miliardari, De Benedetti gioca. L'altro giorno voleva comprare l'Olivetti, ma gli hanno detto che è già sua. O porca miseria.

De Benedetti è uno che è uscito di casa e ha detto alla moglie: «Vado a comprare il Belgio». Ma comprati la Calabria che è in liquidazione! Sei mesi fa è uscito, ha detto: «Compro *la Repubblica*» ed è tornato a casa con Scalfari. Magari adesso esce per prendere un caffè e torna con Nino Manfredi. È gente fatta così.

BEPPE GRILLO

Il peggio viene sempre dagli. stilisti. Prima c'erano le sorelle Fendi, adesso ci sono anche i fratelli Armani: Giorgio ed Emporio.

BEPPE GRILLO

Pare che il sesso orale causi il cancro. Come se le cose non fossero già dure per Paris Hilton.

DAVID LETTERMAN

Lo stilista Giorgio Armani ha confessato la settimana scorsa di aver dato mazzette alla Finanza Italiana. La condanna è stata di sei mesi, nei quali deve indossare scarpe marroni con un vestito blu.

NORM MACDONALD

Il gioco degli scacchi in Africa non decolla. La colpa è di Gino Strada che non gli fa imparare le regole. Si giustifica così verso la comunità internazionale: «Non per essere razzista, ma è un gioco troppo complicato. Prima devono imparare a giocare a dama, poi tra qualche anno ne riparliamo».

MAURIZIO MILANI

Ma Don Mazzi nella su' parrocchia quando ci sta?

CRISTIANO MILITELLO

Le belle ragazze che da bambine hanno ricevuto i regali da Babbo Natale quando sono grandi si mettono con Briatore. Perché? Perché hanno nostalgia di un tizio grasso, vestito ridicolo, che le copre di doni.

FLAVIO OREGLIO

Tempo fa, per tirarmi un po' su, mi sono iscritta a un corso di autostima dove mi hanno consigliato di fare dell'autoinosi. È semplice, mi hanno detto di fare questo esercizio tutte le sere: mi devo mettere davanti a uno specchio e ripetere: «Sono come Alessia Marcuzzi, sono come Alessia Marcuzzi, sono come Alessia Marcuzzi». Io l'ho fatto, qualcosa sta succedendo: in generale non mi vedo molto diversa, però adesso vado di corpo con grande puntualità.

CLAUDIA PENONI

Si lascia la Falchi. Si lascia la moglie di Fini. Si lascia la Moric. Si lascia la Royale. È il momento di riscendere in piazza con Berlusconi per il Second Family Day.

PERICOLI E PIRELLA

«Sei così zoccola che le foto della prima comunione te le ha fatte Corona!»

RICCARDO PIFERI

John Gotti ha subito un intervento chirurgico. I dottori gli hanno asportato una massa tumorale vicino alle tonsille. Poi hanno preso il tumore, l'hanno portato in auto nel New Jersey, e gli hanno sparato nella testa dieci volte.

CHRIS ROCK

In verità, in verità vi dico che è più facile che un cammello passi dalla cruna di un ago che un operaio della Fiat, con un cappotto di cammello, porti a cena Claudia Schiffer.

PAOLO ROSSI

Come ha detto Nelson Rockefeller: «Io sono favorevole alla pena capitale. Bisogna giustiziare la gente... se no come fanno a imparare?».

MORT SAHL

Sono in rete le foto in cui si vede Kate Moss che sniffa. Lei si è detta profondamente pentita, ha lasciato il fidanzato, si è scusata con l'opinione pubblica e si è subito fatta ricoverare in una clinica per bugiardi.

MARCO VICARI

PERSONAGGI DELLE FAVOLE

vedi ***Favole***

PERSONAGGI DELLA LETTERATURA

Prof: «Come partono Agnese e Lucia nell'addio ai monti?»
Stud: «Padre Cristoforo aveva prenotato una nave.»

ALE '79, *SBS*

La maggior parte dei romanzieri contemporanei dovrebbe prendere come modello lo scrittore francese Balzac, l'autore de *La commedia umana*, il quale da un secolo e mezzo non pubblica più nulla!

ANONIMO

Mah, per la noia della fica bastava già Moravia. E la letteratura del culo è solo settoriale, come i libri sulle barche, sul Molise, sui funghi.

ALBERTO ARBASINO

Di questo potrei parlare all'infinito, ma odio Leopardi e tutti i poeti da pelliccia.

ALESSANDRO BERGONZONI

Proust spiega troppo per i miei gusti: trecento pagine per farti sapere che Tizio incula Tizio è troppo.

LOUIS-FERDINAND CÉLINE

La letteratura è una questione di famiglia; anche Agatha Christie aveva una sorella che scriveva storie sentimentali. Si chiamava Lacrima Christie.

MAURO COTONE

Il quinto libro di Harry Potter, in vendita a giugno, avrà una tiratura record di otto milioni e mezzo di copie. Il che spiega perché il sesto libro si intitolerà: Harry Potter e la fine degli alberi.

JIMMY FALLON

Ho preso i reumatismi leggendo Genet, è sempre così umido.

ENNIO FLAIANO

Io sto morendo, ma quella puttana di Emma Bovary vivrà per sempre.

GUSTAVE FLAUBERT

Se Leopardi e Dante fossero riusciti a scopare, quante rotture di palle ci sarebbero state evitate!

GIORGIO GALLINO

Voglio dire, è una grande storia. C'è qualcosa di grande in questa storia. Voglio dire, c'è qualcosa come otto morti violente.

Mel Gibson, parlando di *Amleto*

È il giorno più caldo dell'anno. Si suda come Michael Jackson quando guarda le foto di Harry Potter.

Jay Leno

Il nuovo film di Harry Potter ha incassato cento milioni di dollari in un weekend. Credo sia la cifra più alta incassata da un adolescente senza far causa a Michael Jackson.

David Letterman

Malaparte è così egocentrico che se va a un matrimonio vorrebbe essere la sposa, a un funerale il morto.

Leo Longanesi

Grave atto vandalico: spento un rogo dove bruciavano i libri di Alberoni. Gli autori del teppistico spegnimento linciati dalla folla.

Egidio Morretti

L'autrice di Harry Potter J.K. Rowling ha dichiarato che potrebbe scrivere un romanzo con Harry adulto. Quando le è stato chiesto il perché, ha detto «Perché nel mondo ci sono dei soldi che non sono ancora miei».

Conan O'Brien

Come diceva Dostoevskij: «Per fare il sugo di lepre ci vuole la lepre.»

Lorenzo Paolo

Tutta l'opera di Petrarca si potrebbe riassumere nel verso di Sergio Endrigo: «Dite a Laura che l'amo».

Vittorio Sgarbi

Forse non lo sapete, ma nella prima versione di Delitto e castigo Raskolnikov veniva solo sculacciato forte.

Francesco Vespa

Alessandro Manzoni ebbe tanti figli, ma neanche uno intelligente.

Tema di maturità, citato da Mitì Vigliero Lami

PERSONAGGI MITOLOGICI

Si dice che Ulisse abbia svegliato un roe (bestia mitologica con la testa di un leone e il corpo di un leone, non necessariamente dello stesso leone) che dormiva da seicento anni, ma questo, assonnato e brontolone, lo implorò di poter rimanere a letto almeno per altri duecento anni.

WOODY ALLEN

Icaro credeva di essere un uccello, invece era un pirla!

ATTRIBUITA A GIOVANNI BORGHI DA MARCELLO MARCHESI

28 orizzontale: "Più forte di Golia"... FISHERMAN.

CAPOCENERE (CLAUDIO BATTA)

Golia era così grosso che al confronto Schwarzenegger sembrava Don Lurio... Davide era così piccolo che al confronto Don Lurio sembrava Schwarzenegger...

GIOBBE COVATTA

Elena di Troia... Troia... Troia: questo nome non mi è nuovo.

TOTÒ

Vi ricordate la storia di Golia e del gigante?

GIOVANNI TRAPATTONI

PERSONAGGI DELLA MUSICA

vedi anche ***Beatles - Madonna - Rolling Stones - Michael Jackson***

L'unica cosa utile che Chopin ha scritto è il Valzer di un Minuto. Ogni mattina prima di colazione spingo il mio piano in cucina, suono il Valzer tre volte, e le mie uova sono cotte.

VICTOR BORGE

Questo è un pezzo di Giuseppe Verdi. Joe Green, per voi. Lo suonerò con entrambe le mani, così finirà prima.

VICTOR BORGE

Forse non lo sapete, ma Leonard Bernstein ha vinto, tra gli altri, un premio per aver spiegato la musica di Igor Stravinskj a Igor Stravinskj.

VICTOR BORGE

Tutti i più grandi musicisti hanno dei problemi. Elvis era alcolizzato, Jim Morrison era drogato, Eminem è violento e a Max Pezzali si è rotta la playstation.

LORENZO BOSIO

Non vedo perché sia legittimo amare insieme Cimarosa, Bach e Stravinskij e sia da fedifraghi amare a un tempo Carolina, Claudia e Maria.

GESUALDO BUFALINO

44 orizzontale: "Il Masini cantante"... ROMPICOGLIONI

CAPOCENERE (CLAUDIO BATTA)

Tre liutai avevano fatto per anni lo stesso lavoro nello stesso isolato della piccola città di Cremona. Dopo anni di coesistenza pacifica, la bottega di Amati decise di mettere un cartello in vetrina che diceva: "Facciamo i migliori violini d'Italia". La bottega Guarneri seguì subito l'esempio e mise un cartello in vetrina che diceva: "Facciamo i migliori violini del mondo". La famiglia Stradivari dopo un po' mise un cartello alla porta del negozio che diceva: "Facciamo i migliori violini dell'isolato".

CITATA DA ANDREA CONTI

Ho ereditato un dipinto e un violino che si sono rivelati essere un Rembrandt e uno Stradivarius. Sfortunatamente, Rembrandt faceva pessimi violini e Stradivarius era un pittore atroce.

TOMMY COOPER

Meglio suonare *Chiquita Banana* e avere la piscina che suonare Bach e morire di fame.

XAVIER CUGAT

Credo che non vincerei un Oscar neanche se ci fosse la categoria "Miglior colonna sonora scritta da Danny Elfman".

DANNY ELFRNAN

L'altro giorno stavo sentendo un cd di Jimi Hendrix, e mi ritrovo a pensare: «L'audio su questo cd è così pu-

lito che puoi davvero sentire l'ago entrargli nelle vene» .
SHANG FORBES

Ma come fa Albano ad amare la Natura con tutto quello che gli ha fatto?
GINO&MICHELE-BEPPE GRILLO

Quando son stato a questo pranzo di gala con Nelson Mandela... ero così emozionato, così nervoso, che mi sono trovato a fare ciao con la mano a Stevie Wonder.
DANNY GLOVER

Ci avete mai fatto caso che non prendono mai ostaggi grassi? Sempre gli smilzi. Non prendono mai quei ciccioni che potrebbero utilizzare il tempo in cattività. Mai sentito di un tale dire: «Sono stato tenuto in ostaggio sette mesi ma ho perso ottanta chili. Sono molto più presentabile, mi sento bene e ho imparato l'autodisciplina». Se Elvis fosse stato preso in ostaggio, sarebbe ancora vivo oggi.
DENIS LEARY

A chi mi chiede come mai mi sono rimesso a fare cabaret dopo venticinque anni di riflessione, rispondo che per noi genovesi è normale: non facciamo mai cose avventate, abbiamo bisogno di tempi lunghi. Niccolò Paganini compose il suo brano più celebre nel 1799 e ha venduto il primo disco nel 1922... Centoventitré anni di gavetta!
EMILIO RAZZETTI

La settimana prossima il rapper Ice-T farà un concerto di beneficenza per il vescovo Desmond Tutu. Si chiamerà: "T for Tutu".
JEFFREY ROSS

Il signor Wagner ha dei meravigliosi momenti ma dei brutti quarti d'ora.
GIOACCHINO ROSSINI

Berlusconi, se per ogni cazzata ti nascesse un capello, saresti Cocciante.
SCRITTA SU UN MURO DI LIVORNO

Nella mia vita ho avuto solo tre mogli e tre chitarre, anche se ho flirtato con altre.
ANDRÉS SEGOVIA

È un criminale talmente pericoloso che Bob Dylan ha scritto una canzone per non farlo uscire di prigione.
I SIMPSON

Volere è potere. Guarda Berlusconi: ha cominciato suonando il piano sulle navi da crociera e adesso scrive le canzoni per Apicella.
CLAUDIO STERPONE

Il cardinale Joseph Ratzinger, neoeletto Papa Benedetto XVI, ha aperto la finestra e si è affacciato su Piazza San Pietro. Di fronte alla folla lì raccolta ha pensato: «Dio mio, dev'essere così che si sente Bono».
JON STEWARD

Che canzoni canta Gigi D'Alessio? No, chiedo a voi, perché quando si nomina Gigi D'Alessio la chitarra inizia a nitrire e si tocca i coglioni.
CARLO TURATI

Il Decreto Schifani bocciato alla Consulta... la legge era scritta così male che all'inizio doveva essere cantata da Apicella.
MARCO VICARI

Ho tolto il saluto a Manu Chao. Adesso si chiama solo Manu.
STEFANO ZACCARELLA

PERSONAGGI POLITICI ITALIANI

vedi anche ***Berlusconi - Bossi - Prodi - Veltroni***

Il solito viaggetto di Armando Cossutta in Urss: Partito Comunista Italiano, Tornato Comunista Russo.
ANGESE

Rocco Buttiglione è la risposta politica a una domanda che nessuno ha fatto.
ANONIMO

Legge Gasparri. Non ci credo neanche se lo vedo.
BASTARDO DENTRO

Se l'ignoranza fosse musica Boso sarebbe una discoteca.
ROBERTO BENIGNI

Gava contro la mafia è in pratica il primo esempio politico di cura omeopatica.

STEFANO BENNI

L'inizio di Mani Pulite si deve a un'azione creativa di Di Pietro, che sul terzo avviso di garanzia spedito a Mario Chiesa, che aveva ignorato gli altri due, fece aggiungere una postilla: "E si ricordi che questa lettera potrebbe portarle sfortuna", innescando così la catena di Sant'Antonio Di Pietro. Inoltre, sempre Di Pietro, aggiunse sui successivi avvisi di garanzia la seguente dicitura: "Il signor Mario Chiesa ha ricevuto questa lettera e l'ha ignorata, venendo arrestato pochi mesi dopo. Se non volete che vi capiti ciò che accadde al signor Chiesa, fate venti fotocopie e mandatele agli amici". E così Mani Pulite si propagò senza neanche la spesa di un francobollo.

ENRICO BERTOLINO

Il colera passa, i Gava restano. È dunque vero che se ne vanno sempre i migliori.

ENZO BIAGI

Anche la sinistra ha i suoi scheletri nell'armadio. Ieri ero a casa di Prodi, ho aperto l'armadio e dentro c'era Fassino.

BEPPE BRAIDA

Ai tempi di Mani Pulite ho conosciuto Antonio Di Pietro. Ero così emozionato che non riuscivo a parlare. Neanche lui riusciva a parlare e non era neanche emozionato.

BEPPE BRAIDA

Come dice la moglie di Fassino a letto: «Mi sto facendo le ossa».

PAOLO CAIAZZO

Rosy Bindi al Chelsea.

CARTELLO ALLA MANIFESTAZIONE DELLA CASA DELLE LIBERTÀ DI PIAZZA SAN GIOVANNI

Palermo. Sulla giunta di Orlando la mafia ha aperto un'inchiesta.

CAVALLO

Chiesta l'archiviazione del caso Pinelli: la pratica si può chiudere. Rimane però aperta la finestra.

CAVALLO

Sono cresciuto con Forlani. Potrei parlare per ore senza dire niente.
PIER FERDINANDO CASINI

Maroni ha detto che sarebbe bello tornare indietro nel tempo, quando non c'era ancora l'euro... A molti piacerebbe tornare ancora più indietro, quando non c'era nemmeno Maroni.
ANTONIO DE LUCA

Da una improbabile intervista ad Andreotti: «Quanto del suo successo politico si deve a De Gasperi e quanto a lei?» «Il 90% a De Gasperi e il 90% a me.» «Dicendo che lei è un perfetto democristiano, ho detto tutto?» «Sì. Ha detto tutto dei democristiani.»
UMBERTO DOMINA

«Onorevole Scelba, in Sicilia c'è un combattimento in corso tra Salvatore Giuliano e le forze di polizia!» «Mandate subito dei rinforzi!» «A chi?»
DON BASILIO, 1950

Poliziotto: «Onorevole Scelba, c'è un caso insolito: un operaio è morto solamente di polmonite!»
DON BASILIO, 1950

Cicciolina è stata l'unico uomo politico a farsi fare quello che gli altri uomini politici hanno fatto agli italiani.
GIORGIO FALETTI

È arrivata un'Ansa. Ecco, abbiamo in anteprima esclusiva il documento della divisione dei beni tra Veronica Lario e Silvio Berlusconi. A Veronica rimane l'Umbria, il Regno delle due Sicilie e un terzo continente a scelta. Inoltre a lei va la custodia del trofeo Mitropa Cup, dei Telegatti e dell'opera omnia di Apicella. Sandro Bondi verrà affidato a Veronica, con la possibilità di visita da parte di Silvio ogni due weekend. A Silvio rimane quel poco che resta. Ma si sa, nelle separazioni sono sempre gli uomini ad avere la peggio.
FIORELLO

«Servirebbero maggiori indizi di colpevolezza per attaccare

Saddam.» «Tipo che lo difendesse Taormina?».

FRANCESCA FORNARIO

Bastava guardare l'onorevole Tanassi per capire che il suo motto è: «Lavoratori di tutto il mondo sedetevi».

FORTEBRACCIO

Se l'essere ebete fosse un delitto, l'onorevole Colombo, cosi come lo vedete e lo sentite, sarebbe un delitto perfetto.

FORTEBRACCIO

Non c'è dubbio che quest'idea di meditare prima di esporre il proprio pensiero, mentre sarebbe così comodo esporlo senza aver meditato, ha rovinato il carattere di molta gente: ne seppero qualcosa Schopenhauer e Leopardi, mentre guardate come è sempre lieto il ministro Tanassi.

FORTEBRACCIO

Pensate che persino l'onorevole Emilio Colombo, caduto da presidente del Consiglio, pur di farlo qualche cosa, lo hanno rifatto ministro del Tesoro, una cosa che lo riguarda come alla Fracci il sollevamento pesi.

FORTEBRACCIO

Bisogna compatire il presidente del Psdi onorevole Cariglia: l'altro giorno il maggior giornale di Reykjavik, in Islanda, è uscito con questo titolo: "Si estende la guerra del merluzzo: l'onorevole Cariglia seriamente minacciato".

FORTEBRACCIO

L'onorevole Tanassi non è un uomo, è un ideale corteo aperto da un cartello che dice: "Io non c'entro".

FORTEBRACCIO

L'onorevole Cariglia si vanta, giustamente, di essere venuto su dal nulla e quando parla lo fa per dimostrare che ci è rimasto.

FORTEBRACCIO

Noi lo dicevamo spesso tra noi: «Qui finisce che qualcuno un giorno o l'altro prende il posto dell'onorevole Nicolazzi» e siccome si trattava di un posto vuoto è arrivato Di

Giesi e ci si è seduto. Ma il posto, naturalmente, è ancora vuoto.
FORTEBRACCIO

L'auto si fermò. Si spalancò la portiera e non scese nessuno. Era Nicolazzi.
FORTEBRACCIO

L'onorevole Pietro Longo camperà più di cent'anni, così i nostri nipoti vedranno in che tempi ci è toccato vivere. Con questo solo vantaggio, già da noi goduto, che non si dice più, nei momenti di disperazione: «Sono l'ultimo degli uomini», ma si dice: «Sono il penultimo degli uomini», perché, finché c'è il segretario del Psdi, il posto estremo è già occupato.
FORTEBRACCIO

Così il mondo va avanti lo stesso, anche senza il permesso dell'onorevole Arnaud, luogotenente di Forlani, che è torinese (come Gobetti) unicamente perché di qualche posto bisogna pur essere.
FORTEBRACCIO

Francesco Cossiga, l'unico partigiano torturato dai tedeschi perché tacesse.
BRUNO GAMBAROTTA

Per Maroni, tastierista della Lega, la Corte dei Conti è un cortile pieno di nobili.
BRUNO GAMBAROTTA

Risponde la segreteria telefonica di Giovanni Goria. L'onorevole Goria è momentaneamente presente quindi è come se non ci fosse. Lasciate un messaggio e non sarete richiamati.
GINO&MICHELE

Previti o Dell'Utri? Berlusconi è così ottimista che tra due mali li sceglie entrambi.
GINO&MICHELE

Irene Pivetti si è laureata in Lettere all'Università Cattolica di Milano, facendo subito dopo un master ai Laboratoires Garnier di Parigi.
GINO&MICHELE

L'Udr alle ultime elezioni politiche ha preso l'1,49%. Significa che in Italia c'è un gruppo di elettori, piccolo quanto si vuole, e tuttavia realmente convinto che Mastella esista.

GINO&MICHELE

Ho creduto in Marx e mi sono sbagliato; ho creduto in Lenin e mi sono sbagliato. Ora, con tutta la buona volontà, come faccio a credere in Franceschini?

GINO&MICHELE-PAOLO ROSSI

Tiziana Parenti? Non distingue un numero del telefono da un conto bancario.

PRIMO GREGANTI, NEL PERIODO DI MANIPULITE

Ho letto che fare sesso fa dimagrire. Tremo all'idea che Fassino trombi molto più di me.

TEO GUADALUPI

Dini è bruttissimo. Dice, sì ma si veste bene. Porca puttana, brutto com'è ci mancherebbe altro che si vestisse male.

PAOLO HENDEL

Il Partito repubblicano si divide. La rimane nel Centrosinistra. Malfa passa al Polo.

FRANCO KAPPA

Sembra ieri che Di Pietro come politico non valeva un cazzo. E sembra anche oggi.

FRANCO KAPPA

Renato Brunetta a Venezia, sua città natale, era conosciuto da tutti prima ancora di fare politica: ogni volta che c'era l'acqua alta tutti indossavano gli stivali di gomma, e lui i braccioli!

LUCA KLOBAS

Ronaldo si è messo con una dentista. È come se Calderoli si mettesse con un chirurgo plastico.

LUCA E PAOLO

Storace una volta mi ha salvato la vita. Una volta dei teppisti mi stavano picchiando a sangue e lui disse: «Ragazzi, può bastare».

DANIELE LUTTAZZI

Gianfranco Fini ha la faccia di uno che è stato picchiato da piccolo, ma non abbastanza.
DANIELE LUTTAZZI

Previti non smentisce la sua fama di cattivo. Quando è andato a vedere Titanic, tifava per l'iceberg.
DANIELE LUTTAZZI

Rapimento Moro. Zaccagnini: «Speriamo che vadano in ordine alfabetico».
IL MALE

Enzo Mirigliani, l'attempato patron di Miss Italia, denuncia: «Schifani ha rubato il mio riporto!". Schifani replica: «Me l'aveva prestato. Siamo in due col riporto di uno».
GIORGIO MELAZZI

Lo sguardo malinconico di Piero Fassino, quel gentiluomo triste con quell'espressione fissa che sembra dirti all'infinito: «Mi è morta la salvia sul balcone».
GIORGIO MELAZZI

Partendo dall'Auditel, oggi tutto va in percentuale. Berlusconi fa il 30% di quello che dice. Tremonti capisce il 10% di quello che dice Berlusconi.
GIORGIO PANARIELLO

De Mita: «Voto Dc, ma potrei anche votare Dc perché sono un sincero fautore dell'alternanza.»
DANIELE PANEBARCO

Non voterò mai a destra. Guardi certa gente e capisci che la destra per poter far studiare Fini ha dovuto sacrificare La Russa.
DIEGO PARASSOLE-RICCARDO PIFERI-CARLO TURATI

Mia figlia si è tagliata i capelli per non somigliare a Ornella Muti.
GRAZIA GABRIELLA PIVETTI, MADRE DI IRENE

La fuga dei cervelli. Sapete qual è stato il primo caso di fuga di cervello all'estero? È stato il cervello di Buttiglione. Non c'è niente da ridere, perché il cervello è fuggito all'estero, ma il corpo è rimasto qui in Italia!
PAOLO ROSSI

L'Italia, un paese bagnato da tre mari e prosciugato da Tremonti.

PAOLO ROSSI

18 novembre 1992. Come aveva promesso, Tommaso Buscetta ha rivelato oggi ai magistrati i nomi dei politici mafiosi: Giulio, Cirino, Calogero, Ciriaco... I cognomi, invece, rimangono avvolti nel mistero.

STRISCIA LA NOTIZIA

Meglio la Bindi come amante che Galliani come dirigente.

STRISCIONE DEGLI ULTRAS DEL MILAN

Il Decreto Schifani bocciato alla Consulta... la legge era scritta così male che all'inizio doveva essere cantata da Apicella.

MARCO VICARI

Pillitteri prima era socialdemocratico, poi lasciò il partito un attimo prima di sposarsi con la sorella di Saragat.

VINCINO

Avete mai visto Simona Ventura senza trucco? Beh, Sircana ci farebbe un pensierino...

LUCIO WILSON

PERSONAGGI POLITICI STRANIERI

vedi anche ***Bush - Clinton - Obama***

Il principe Carlo d'Inghilterra resta l'unico al mondo ad aver pigliato una Camilla scaduta senza neanche ricevere il Coccio dal Mulino Bianco!

ENRICO BERTOLINO

C'è gente che nasce mediocre. Dukakis ha dovuto studiare a Harward per diventarlo.

PAT BUCHANAN

Lord Charles Beresford si può descrivere come uno di quegli oratori che, prima di alzarsi per parlare, non hanno idea di quello che diranno; mentre parlano, non hanno idea di quello che stanno dicendo e

quando si siedono, non hanno idea di quello che hanno detto.
WINSTON CHURCHILL

Ho dato le mie dimissioni, ma le ho rifiutate.
WINSTON CHURCHILL

Non importa. L'uccello morto non abbandona il nido.
WINSTON CHURCHILL, DOPO CHE GLI AVEVANO FATTO NOTARE CHE AVEVA LA PATTA APERTA

Quando voglio sapere che cosa pensa la Francia lo chiedo a me stesso.
CHARLES DE GAULLE

L'Inghilterra è un'isola. Non è colpa sua. Ma neanche colpa mia.
CHARLES DE GAULLE

In India non c'è un solo politico abbastanza temerario da cercare di spiegare alle masse che le mucche si possono mangiare.
INDIRA GANDHI

Quando son stato a questo pranzo di gala con Nelson Mandela... ero così emozionato, così nervoso, che mi sono trovato a fare ciao con la mano a Stevie Wonder.
DANNY GLOVER

La Thatcher dice che Giovanni Senza Terra è stato il primo socialista della storia. Non è esatto: un vero socialista si sarebbe chiamato "Giovanni Due Tre Ettari".
BEPPE GRILLO

L'intero cast di Slumdog Millionaire era presente agli Oscar. Ha vinto come miglior film, come tutti si aspettavano. Era il grande favorito. Dicevano che avrebbe perso solo se avesse scelto Sarah Palin come vice.
JIMMY KIMMEL

Adesso quando annoio la gente ai party, pensano che sia colpa loro.
HENRY KISSINGER

New York City è stata dichiarata la città più sicura d'America. Dev'essere merito della nuova politica del sindaco Bloomberg: oggi, infatti, dopo tre omicidi ti mettono in galera.
DAVID LETTERMAN

Il governatore della California Arnold Schwarzenegger ogni mercoledì dedica un'ora ai californiani, aiutandoli coi barattoli che non riescono ad aprire da soli.

DAVID LETTERMAN

Il presidente de Gaulle è partito oggi per un giro del mondo in Francia.

ROWAN & MARTIN'S LAUGH-IN

Ammiro Bill Bradley, grande giocatore e senatore degli Stati Uniti. Ha trovato le uniche due professioni dove bisogna lavorare al massimo un paio d'ore al giorno.

FRANK SINATRA

PERSONAGGI DELLA SCIENZA

Thomas Alva Edison alla signora Edison: «Buone notizie: ho appena inventato la lampadina! Cattive notizie: non riesco a farla suonare».

STEVE ALLEN

Dobbiamo molto a Thomas Edison. Se non fosse per lui, adesso guarderemmo la televisione a lume di candela.

MILTON BERLE

Per Margherita Hack la vita su Marte significherebbe la prova della "panspermia", cioè del fatto che la vita proverrebbe da un seme giunto dallo spazio (l'autore del quale poi non si sarebbe assunto la responsabilità del caso)... ragazze, ricordatevelo ogni volta che un'astronave accosta accanto a voi con la solita scusa sulle indicazioni.

ARTURO DI NACCIO

Perché quando vedo Zichichi vorrei che scoppiasse la guerra atomica?

FABIO FAZIO

«Ma chi ti ha insegnato a fare le foto?» «Newton.» «Helmut, il grande fotografo? E che t'ha detto?» «Non Helmut, ma Isaac, il grande scienziato, quello della forza di gravità... mi ha detto: "Quando scatti, reggila bene la macchina fotografica, perché se ti casca, ti casca in terra!?"».

FURIO OMBRI

La signora Newton: «Tesoro, è caduta un'altra mela dall'albero. Perché non vieni a guardarla? Magari scopri qualcos'altro.»
HERBERT V. PROCHNOW & HERBERT V. PROCHNOW JR

Prof: «Da Pasteur deriva il nome di latte pastorizzato.»
Studente: «E scremato da Scremeur?»
SMEMORANDA BROTHERS & SISTERS

Io e il mio boss non ci intendiamo su una cosa, riguardo alla fisica: lui pensa che la Breve Storia del Tempo di Hawkins semplifichi troppo il concetto di materia nera in relazione alla teoria del Big Bang, mentre io non ho assolutamente idea di che cosa stia parlando.
RYAN STILES

Pitagora, morì di calcoli?
WALTER VALDI

Freud era austriaco e anche ebreo, infatti si odiava da solo.
LUCIO WILSON

PERSONAGGI DELLO SPETTACOLO

vedi anche **Attori - Regista**

Ho capito che stavo invecchiando quando un giorno mi sono bloccato davanti a un manifesto: c'era Valeria Marini tutta nuda che cavalcava una mortadella. La cosa terribile è che stavo guardando la mortadella.
ALFREDO ACCATINO

Ho sognato di essere il collant di Ursula Andress.
WOODY ALLEN

Ti masturbi? Io lo preferisco a fare sesso. Ieri sera mi sono messo su una cosetta a tre: io, Marilyn Monroe e Sophia Loren. Credo, tra l'altro, che fosse la prima volta che le due grandi attrici apparissero insieme.
WOODY ALLEN

Tutto questo non lo faccio per vivere... Avrei potuto benissimo arricchirmi organizzando visite guidate sul mento di Kirk Douglas.
WOODY ALLEN

Se rinasco, voglio essere le mani di Warren Beatty.

WOODY ALLEN

«Dice Baudo che non è satira chiamare basso uno che è basso.» «Sarebbe come chiamare ladro uno che ruba.»

ALTAN

Jerry Calà è stato eletto comico dell'anno da un'apposita giuria di bugiardi.

AMURRI & VERDE

Los Angeles. La Paramount ha acquistato a scatola chiusa un soggetto cinematografico di Castellano & Pipolo, con la clausola che la scatola non venga mai aperta.

AMURRI & VERDE

Fabio Testi, l'attore italiano noto ai meno, parteciperà alla commedia di Pirandello Uno, Nessuno, Centomila. Testi farà la seconda parola del titolo.

AMURRI & VERDE

Le Maschere d'argento sono andate a Mariangela Melato, premiata come attrice non protagonista, e a Marina Suma, premiata come protagonista non attrice.

AMURRI & VERDE

Mi dicono che Amanda Lear è stata iscritta all'anagrafe come donna per insufficienza di prove.

ANTONIO AMURRI

Ricordati: sono io la primadonna!

JULIE ANDREWS A ROCK HUDSON SUL SET DI *DARLING LILI*

Ho avuto un incubo la scorsa notte: ho sognato che Valeria Marini era mia madre e io avevo un biberon.

ANONIMO

Non sono arrabbiata per il divorzio da Tom Arnold. Mi dispiace solo di non essere vedova.

ROSEANNE BARR

Tom Hanks è il mio attore preferito perché ha fatto quel film meraviglioso in cui da piccolo diventa improvvisamente grande, fa l'avvocato sieropositivo e viene spedito su un'isola deserta nello spazio dove su una panchina incontra Meg

Ryan e le dice «Houston, abbiamo un problema!»
FEDERICO BASSO

Ieri ho visto Natale in India, il film con Boldi e De Sica: divertente, anche se, come al solito, è molto meglio il libro del film.
FEDERICO BASSO

«Voi che li conoscete come sono Gino e Michele?» «Quello di sinistra, alto coi baffi, è Michele. Quello di sinistra, basso con la barba, è Gino.»
PAOLO BELDÌ

E quando lei: «Ma teeee... Se mi trovassi a letto con Raul Bova cosa gli diresti?» «Eh, che fa tanto il figo e poi...»
STEFANO BELLANI

«Benigni, che cos'è per te il cinema popolare?» «Non m'interessa, preferisco popolare i cinema».
ROBERTO BENIGNI

Il buco nell'ozono? La colpa è di Totò Cutugno: usa talmente tanta lacca che ogni volta che si dà un colpo di spazzola si stacca un pezzo di Antartide.
STEFANO BENNI

Dopo ore di discussione accanita, veti incrociati, coltellate reciproche, un comunicato ufficiale del gotha della sinistra italiana ha delineato finalmente l'identikit del candidato ideale: deve essere miliardario come Moratti, sarcastico come Moretti, simpatico come Benigni, Nobel come Fo, milanista come Rivera, ribelle come Cofferati, e possibilmente anche una gran figa.
CLAUDIO BISIO-MICHELE SERRA

La gente mi chiede: «George, hai 87 anni, come fai? Fai film, fai televisione, dai concerti, registri dischi, fumi i sigari, bevi Martini, esci con belle donne, come fai?». È molto semplice. Per esempio, un Martini: riempi il bicchiere di ghiaccio, aggiungi il gin e uno spruzzo di vermouth, un'oliva e ti sei fatto un Martini. Inoltre, faccio esercizi e cammino molto. E camminare è più facile che farsi un Martini: prendo un piede e lo metto davanti a un altro, poi prendo l'altro piede e lo metto davanti al primo e prima di rendermene conto sto camminando. E non serve neanche l'oliva!

George Burns

37 verticale: "Non più giovani"... LE CARLUCCI.

Capocenere (Claudio Batta)

4 orizzontale: "È stata disegnata da Pininfarina"... MOIRA ORFEI.

Capocenere (Claudio Batta)

Sono andato a vedere l'ultimo film di Bo Derek dove lei interpreta una schizofrenica. S'intitola *20*!

John Carfi & Cliff Carie, riferendosi al film *10*

Lei, signora, ama la napoletanità, solo quella di Eduardo. Come dire che a me piace la figa, solo quella di Marilyn.

Gianni Carino

Robin Williams in questo film è il passo falso di casting cinematografico più disastroso dai tempi di Julia Roberts nel ruolo di Campanellino, Tommy Lee Jones in quello di Due-Facce, e Kevin Costner in quasi tutti i suoi ruoli.

Kevin Carr

Sono l'equivalente femminile di una banconota da venti dollari contraffatta. Metà di quello che vedete è un'eccellente riproduzione, il resto è una frode...

Cher

Giacomo: «Immagino che lei abbia già avuto altre esperienze di teatro».
Candidata attrice: «Be' sì... ho lavorato con Albertazzi» .
Aldp: «Però, Albertazzi... il grande Albertazzi... il grande irreprensibile Albertazzi! Non sapevo che facesse anche teatro...»

Chiedimi se sono felice

Massimo Giuliani era l'eccellente doppiatore di John Belushi. Quando si dice la sfiga: una carriera stroncata dagli eccessi di un altro.

Lella Costa

Si mise un paio di scarponi pesanti come un programma della Laurito, un giubbotto morbido come un

torrone Sperlari e un paio di occhiali Ray-ban, così neri che Ray Charles a confronto sembrava portasse le lenti a contatto, si pettinò come gli altri di solito sono pettinati dentro le mutande.
GIOBBE COVATTA

Golia era così grosso che al confronto Schwarzenegger sembrava Don Lurio... Davide era così piccolo che al confronto Don Lurio sembrava Schwarzenegger...
GIOBBE COVATTA

«Per voi uomini è diverso: Charlie Chaplin ha avuto figli fino a 73 anni.» «Sì, ma non riusciva a tenerli in braccio!»
BILLY CRYSTAL-MEG RYAN

Signora, è vero che in metropolitana uno le si è appoggiato da dietro, tipo Raul Bova con la bava, e poi le ha chiesto scusa e lei ha risposto: «Se volevo essere lasciata in pace venivo in macchina!».
GEPPI CUCCIARI

La Parietti ha la mente aperta. Da parte a parte.
ROBERTO D'AGOSTINO

Mi hanno offerto un ruolo in un film: è la storia di un gruppo di amici che ha dei seri problemi con le donne, ma alla fine li risolve uccidendo Riccardo Scamarcio!
ANTONIO DE LUCA

Asia Argento ama molto gli animali. Per prima cosa, quando torna a casa, dà il becchime al pipistrello.
PIERO DEGLI ANTONI

Abbattuti finalmente i costi di ricarica. Quella dei costi di ricarica per i cellulari era un'anomalia che durava da anni e che in tutta Europa era presente solo in Italia. Come Alba Parietti.
SILVIO DI GIORGIO

Intervista a Claudio Amendola: «Complimenti, ho visto tutti i suoi film. Ce l'ha 283 euro da ridarmi?».
DIMUNNO E TAMBORRINO

I miei figli non hanno mai avuto il vantaggio che ho avuto io. Io sono nato povero.

KIRK DOUGLAS

Giorgio Strehler, l'uomo che riuscì a trasformare una bocca in Milva.

ELLEKAPPA

Kevin Spacey e Alan Parker sono uomini onorevoli. Perché hanno fatto un film così stupido? L'ultima scena mi ha fatto venire voglia di tirare qualcosa contro lo schermo, tipo Spacey e Parker.

ROGER EBERT, RIFERENDOSI AL FILM *THE LIFE OF DAVID GALE*

Bill ha trentadue anni. E dimostra trentadue anni. Li dimostrava cinque anni fa. E li dimostrerà tra vent'anni. Odio gli uomini.

EVA CONTRO EVA

C'è gente triste sotto la gamba di Heather Parisi...

GIORGIO FALETTI

Vorrei essere un Totò con le tette.

SABRINA FERILLI

Pensate che persino l'onorevole Emilio Colombo, caduto da presidente del Consiglio, pur di farlo qualche cosa, lo hanno rifatto ministro del Tesoro, una cosa che lo riguarda come alla Fracci il sollevamento pesi.

FORTEBRACCIO

Recentemente a un gala ho avuto occasione di conoscere Meryl Streep, Glenn Close e una non meglio identificata signorina Carrie Otis. Come aveva ragione mia madre! Stiratrici si nasce.

ZSA ZSA GABOR

Maria Grazia Cucinotta: 90-60-90/18. Sabrina Ferilli: 90-60-90/20. Monica Bellucci: 90-60-90/22. Sono, rispettivamente, le misure delle attrici e del sarto che le ha misurate.

PACO GENOVESE

Un solo fatto può cambiare completamente il vostro punto di vista sulle cose. Per esempio, lo sapevate che King Kong era una lesbica?

DAVID GERROLD

Alle Olimpiadi ci sarà la Dellera. Ma non in gara: la useranno al posto dei

materassini di gomma per gli atleti. Come si rimbalza sopra di lei... Comunque fa un certo effetto vedere quella scritta "Made in Taiwan" sul suo labbro sinistro.
GIGI E ANDREA

La bellissima Alba Parietti indossava un tailleurino che le scopriva appena l'ombelico (partendo dal basso).
GINO&MICHELE

Ormai i prezzi degli scoop fotografici sono inimmaginabili. Quest'estate *Chi* ha pagato duecento mila euro per una foto della Belen che non baciava nessuno.
GINO&MICHELE

Di tutti i comici coi quali abbiamo lavorato, Paolo Rossi è certamente il più colto. Parla quattro lingue. Purtroppo tutte contemporaneamente.
GINO&MICHELE

Il grande direttore d'orchestra Cinico Angelini era soprannominato "Mario" a causa della sua totale mancanza di sensibilità.
GINO&MICHELE

Ursula Andress ha avuto un figlio da 007 e l'ha chiamato Raggio per raggio per 3 e 14.
GENE GNOCCHI

Alla notizia che le regioni avranno più denaro, Anna Falchi ha annunciato di essersi fidanzata col Molise.
GENE GNOCCHI

Io sono un cantante che ha spaccato a metà la critica: quelli che mi volevano bene dicevano che ero il Ray Charles bianco, mentre quelli che mi volevano male dicevano che ero il Totò Cutugno nero.
GENE GNOCCHI

Come diceva John Belushi: «Quando il gioco si fa duro, Recoba chiede di uscire».
GENE GNOCCHI

A volerla dire tutta Strehler non è morto, si è levato dalle palle.
MASSIMO MARIA GRIGGI

Qualche anno fa mi mettevo una t-shirt bianca, mi guardavo allo specchio e cercavo di assomigliare a Brad Pitt. Poi sono passato a una bella polo stirata e mi atteggiavo a George Clooney. Adesso se metto una camicia nera sbottonata, allo specchio vedo Briatore... comincio a pensare all'eutanasia.

MASSIMO MARIA GRIGGI

Gabriele Lavia è un vero maschilista. Una volta, in viaggio da Trieste a Roma, non riuscendo a disappannare i vetri, mi ha detto: «Respiri troppo».

MONICA GUERRITORE

Ignorante è chi pensa che Patroni Griffi sia un incontro di boxe. Stupido è chi ci crede. Ma irrimediabilmente cretino è colui che si ricorda perfino quale pugile finì al tappeto.

ROBERTO GUIDARINI

«Lo sai che nel Guinness dei primati ci sono Cary Grant, Sammy Davis Jr, Marlon Brando, Gary Cooper e Fred Astaire?» «E come mai?» «Prima squadra cacciata al concorso: "Cinque persone che si somigliano come gocce d'acqua".»

JOHNNY HART

Se girassi *Cenerentola* il pubblico si aspetterebbe un cadavere nella carrozza.

ALFRED HITCHCOCK

Cosa sarebbe il mondo se non fossimo tutti fratelli? Cosa sarebbero le Carlucci se non fossero tutte sorelle?

BEPPE JANNICELLI

Zsa Zsa Gabor è magnifica. Ha scoperto il segreto dell'eterna mezza età più qualche annetto.

GENE KELLY

Terzo giorno di Paris Hilton in gattabuia. E sapete qual è il problema di averla in galera? È circondata da stupratori, spacciatori, delinquenti. Proprio come quand'era fuori.

DAVID LETTERMAN

La Gioconda si sta deteriorando. Si sta raggrinzendo e inarcuando. Ma non temete, un team di restauratori la sistemerà. È la stessa gente che ha lavorato su Cher.

DAVID LETTERMAN

Uno dei segni che Paris Hilton ha trovato Dio: ora, ogni volta che si mette in ginocchio, è per pregare.

DAVID LETTERMAN

«Pippo, tu dici che vuoi sempre rinnovare, rinnovare, rinnovare. E levati dalle palle, no?»

LUCIANA LITTIZZETTO, A PIPPO BAUDO AL *FESTIVAL DI SANREMO* 2003

Tutto quel che vedete lo devo agli spaghetti.

SOPHIA LOREN

Se Claudia Schiffer mi chiedesse di uscire con lei, come prima cosa ne sarei sorpreso.

DANIELE LUTTAZZI

Pasquale Squitieri, anni fa, si è dimenticato gli occhiali sulla pelata e da allora non legge un libro.

CURZIO MALTESE

La situazione finanziaria attualmente è dura, per cui dovreste fare come Tom Cruise: alla fine di ogni settimana, prende un milione di dollari e lo mette da parte, come se non esistesse, sia che sia stata una buona settimana o una non tanto buona. Così alla fine dell'anno ha un cuscinetto.

STEVE MARTIN

Il prossimo presentatore ha lo stesso nome del primo attore che ha interpretato l'originale James Bond: signore e signori, Sean Connery!

STEVE MARTIN, NOTTE DEGLI OSCAR 2003

È da tanto che sto in giro, mi ricordo perfino di quando Doris Day non era ancora vergine.

GROUCHO MARX

Enzo Mirigliani, l'attempato patron di Miss Italia, denuncia: «Schifani ha rubato il mio riporto!". Schifani replica: «Me l'aveva prestato. Siamo in due col riporto di uno».

GIORGIO MELAZZI

Nell'anno in cui sono nato io, sono morti Magritte, Totò, Che Guevara e Otis Redding. Ma ho un alibi di ferro.

FRANCO MERAFINO

Il mio allenatore Tom Landry? È un perfezionista. Se si fosse spo-

sato con Raquel Welch, si sarebbe aspettato che cucinasse.
DON MEREDITH

Con La vita è bella, Benigni ha trasformato un evento catastrofico (l'Olocausto) in una fiaba. Con Pinocchio, Benigni ha trasformato una fiaba in un evento catastrofico.
NANCY MILLER

Mia madre ha guardato lo spot in cui George Clooney non viene fatto entrare a un party perché non ha il Martini. È stata un po' in silenzio e poi ha detto: «Io, uno come Clooney, lo farei entrare anche col chinotto».
CRISTIANO MILITELLO

«I tuoi occhi fanno il paio con quelli della Garbo, baby. Magari facessero il paio tra di loro.»
HENRY MORGAN

Con le donne la mia fortuna è altalenante: la nonna di un mio coetaneo mi ha concesso un appuntamento a cena, la Parietti mi ha mandato affanculo.
EGIDIO MORRETTI

Ho avuto un incubo: ho sognato che Bo Derek e mia moglie si azzuffavano per me, e mia moglie vinceva.
NEW YORK ROASTS

Secondo il settimanale Times Boy George è stato eletto uomo e donna dell'anno.
NOT NECESSARILY THE NEWS

Un'ex compagna di classe di Pamela Anderson ha dichiarato che al liceo non aveva affatto seno. Sono shockato: non avevo idea che Pamela Anderson si fosse diplomata.
CONAN O'BRIEN

Bruno Vespa. Sì, Vespa, un insetto geneticamente modificato che, invece di pungere, lecca.
ALBERTO PATRUCCO

Vi ricordate Claudio Baglioni: aveva una Due Cavalli e la chiamava Camilla. Era così popolare che tutti quelli che avevano una Due Cavalli finirono per chiamarla Camilla. lo invece avevo un'amica che si chiamava Camilla e tutti finirono per chiamarla Due Cavalli.

PONGO

Quest'estate in Sardegna, con la fionda ho pescato un tonno da trecento Kg. Ero lì sul ponte con l'Alessia Fabiani, l'ho visto che veniva fuori con la testina, ho preso la fionda, una manciata di Rolex Daytona e pem!, seccato sul colpo. Per tirarlo fuori è dovuta venire la guardia costiera con l'elicottero. Poi l'ho caricato sul tetto del Cayenne, sdraiato sul divano per farlo vedere a tutti. Solo che non era ancora morto e sulla strada di ritorno verso Cantù, sulla tangenziale, mi è guizzato via dal tetto e mi ha travolto due ragazzi in moto. Mi hanno tolto anche cinque punti dalla patente. Una seccatura. Più che altro il fastidio dell'ambulanza e della constatazione amichevole, perché io, quando finisco i punti, vado all'Autoscuola Garzone di Cantù e compro una patente nuova. Non si potrebbe, ma con cinquemila euro il signor Garzone ti dà anche la patente dell'astronave!

IL MARCO RANZANI DI CANTÙ (ALBERTINO E DIGEI ANGELO)

Fazio, io ti detesto! Mia madre ti vede in televisione e mi dice: «Guarda Fazio come è bello e pulito. Ed è di sinistra anche lui!».

PAOLO ROSSI

Gli americani hanno la Famiglia Addams, noi le sorelle Carlucci. Ma loro hanno scelto prima.

RICCARDO ROSSI

Ed ecco a voi Roberta Capua, già Miss Italia; Federica Moro, già Miss Italia; Athina Cenci, già Miss Italia in un'edizione molto contestata.

FRANCESCO SALVI

Lo smoking di Corrado è il suo.

SCRITTO TRA I CREDITI DEI TITOLI DI CODA DI UN *TELEGATTO SHOW*

Ma Minnie Minoprio è la fidanzata di Topolino Minoprio?

SILVER

Io ho fatto sedici film, John Ford ne ha fatti centoventi. Sarà meglio che alzi le chiappe e mi dia una mossa.

STEVEN SPIELBERG

Bobo: «[Fiorentini]... avete avuto l'alluvione, Zeffirelli, la Fallaci, Cecchi Gori... e vi impaurite di un Social Forum?».
SERGIO STAINO

Una domanda classica. Lei è sulla torre con Pippo Franco, Lino Banfi e Massimo Boldi. Non si vergogna?
SIMONE STENTI

Le donne possono simulare un orgasmo. Ma gli uomini possono simulare intere relazioni.
SHARON STONE

Per portarsi a letto Robert Redford basta dirgli che è colto.
BARBRA STREISAND

«Ma sarà veramente James Tont? Vediamo la parola d'ordine: Chi più ne ha...» «... Rocco Siffredi!»
JAMES TONT (FABRIZIO FONTANA)

Britney Spears aveva dichiarato a Vanity Fair di essere vergine. Poi si è scoperto che nel titolo si erano dimenticati "stata".
CARLO TURATI

Si potrebbe apportare un'allegra modifica a quel perverso gioco che è la roulette russa, adoperando al luogo della pistola il telecomando: il primo che becca una sorella Carlucci si ammazza.
DINO VERDE

È inutile come la scoperta della quarta sorella Carlucci.
DINO VERDE

«Alessia Mancini, sappiamo pochissimo della sua vita privata. Possibile che lei trombi solo in pubblico?»
DARIO VERGASSOLA

«Ambra Angiolini, lei ha ormai raggiunto la maturità artistica. Potendo tornare indietro, non le sarebbe stato più utile un diploma da geometra?»
DARIO VERGASSOLA

«Samantha De Grenet, cosa le piace in un uomo? Si esprima pure in euro».
DARIO VERGASSOLA

«Elenoire Casalegno, senta, i nostri telespettatori si domandano: ma

Sgarbi, a letto, rompeva i coglioni come in televisione?»

DARIO VERGASSOLA

Se siete d'accordo vorrei abbattere la Bonaccorti con una fucilata.

PAOLO VILLAGGIO

Avete mai visto Simona Ventura senza trucco? Beh, Sircana ci farebbe un pensierino...

LUCIO WILSON

Ho una foto molto rara di Harry Houdini chiuso fuori casa...

STEVEN WRIGHT

Ho bisogno di te come il Tenente Kojak ha bisogno dello Shampoo Clear.

HENNY YOUNGMAN

Zsa Zsa Gabor si è sposata così tante volte che ha i segni dei chicchi di riso sulla faccia.

HENNY YOUNGMAN

Perché Giletti cerca di far piangere la gente a casa e nessuno va in televisione a far piangere Giletti?

HENRY ZAFFA

Chuck Norris ha contato fino all'infinito due volte.

CITATA DA ALBERTO ZANCHETTA

PERSONAGGI DELLO SPORT

Sulla Williams di Mansell l'unica cosa intelligente sono le sospensioni.

MICHELE ALBORETO

Prima di giocare a calcio alla Playstation, Moggi chiamava a casa il signor Sony.

DARIO ALESANI

Tomba ormai ha messo la testa a posto. Anche il suo allenamento è completamente cambiato. Non dorme più con tre ragazze fino alle cinque del mattino, ma con cinque fino alle tre.

ANONIMO

Dite che con Pancev bisogna avere pazienza perché è macedone? Sarà...

ma io sono della Bovisa e non sono mica un pirla.

OSVALDO BAGNOLI

È meglio giocare con una sedia che con Hansi Müller, perché con la sedia, quando gli tiri la palla addosso, ti torna indietro.

EVARISTO BECCALOSSI, CAMPIONATO 82/83

Se fossi stato anche bello, non avreste mai sentito parlare di Pelè.

GEORGE BEST

Dopo ore di discussione accanita, veti incrociati, coltellate reciproche, un comunicato ufficiale del gotha della sinistra italiana ha delineato finalmente l'identikit del candidato ideale: deve essere miliardario come Moratti, sarcastico come Moretti, simpatico come Benigni, Nobel come Fo, milanista come Rivera, ribelle come Cofferati, e possibilmente anche una gran figa.

CLAUDIO BISIO-MICHELE SERRA

Un tifoso al poco noto giocatore romanista Cesar Gomez: «A' Gomez, ce l'hai un fojio che te faccio n'autografo?».

CITATA DA ALESSANDRO PARODI

Giornalista: «Perderete la prossima partita?»
Sacchi: «Se perdiamo 1 a 0, è colpa del portiere; se perdiamo 2 a 0, è colpa della difesa; se perdiamo 3 a 0, è colpa del centrocampo; se perdiamo 4 a 0, è colpa dell'attacco; se perdiamo 5 a 0, è colpa dell'arbitro; se perdiamo 6 a 0 è colpa del pubblico e se perdiamo 7 a 0... be', bisogna essere onesti e avere il coraggio di dire che è colpa di Matarrese.»

ANTONIO CORNACCHIONE

Sapete come si chiama la moglie di Zeman? Zewoman.

CUORE

Mezza Italia, quando pensa al nostro armo, crede che gli Abbagnale siano di Capua.

PEPPINIELLO DI CAPUA

Tyson condannato, Kennedy assolto. Il confine tra stupro e atto con-

sensuale a volte è chiaro, a volte è negro.
ELLEKAPPA

Perché a Niki Lauda, già che c'erano, non hanno finito di aggiustargli le orecchie?
FABIO FAZIO

Il miglior doppio del mondo è quello formato da John McEnroe e da chiunque altro.
PETER FLEMING

Io tutti gli anni vado in beauty farm da Chenot. Poi torno in redazione alla Rai e guardando i miei colleghi chiedo orgoglioso: «Non notate niente?» «No, che c'è Giampié.» «So stato da Chenot!» «E che t'o' sei magnato?"
GIAMPIERO GALEAZZI (NICOLA SAVINO)

Pare che Arrigo Sacchi sia così maniaco della zona che quando fa l'amore con sua moglie ha sempre dietro di sé Franco Baresi pronto a coprirgli le spalle.
GIALAPPA'S BAND-GENE GNOCCHI

Michael Jordan ha un'elevazione straordinaria: 1 metro e 50 da fermo, 2 metri in corsa e 12.000 metri in aereo.
GIALAPPA'S BAND

Un nuovo caso di malasanità in Italia: Ronaldo ha passato le visite mediche al Milan.
GENE GNOCCHI

Ancelotti ha tracciato il profilo del futuro allenatore del Milan: sarà aziendalista, grassottello e un po' stempiato. Lo stesso degli ultimi anni. Quindi sulla panchina rossonera rimane Berlusconi.
GENE GNOCCHI

Quando a scuola la maestra dava una punizione a Roberto Baggio, lui chiedeva sempre se era di prima o di seconda.
GENE GNOCCHI-MARCO POSANI

Aldo Biscardi è uno che fa errori di grammatica anche quando pensa.
BEPPE GRILLO

Preferisco avere il mio piede destro piuttosto che un bel viso.

NIKI LAUDA

Appena giunto alla presidenza di Telecom, Guido Rossi ha preso un'importante decisione. La Tim è stata retrocessa in serie B.

I MACETA (SIRO E LUCA MANTOVANI)

Biscardi è l'unico giornalista al mondo che si fa lo sciampo col Crodino.

ENRICO MONTESANO

Mai parlare di corda in casa dell'impiccato. Non usate mai le parole «elettrizzante» e «galvanizzato» in casa del condannato alla sedia elettrica. Non citate mai la rivoluzione francese in casa del ghigliottinato. Non dite mai «cazzo!» in casa dell'evirato. Ma soprattutto non dite mai «stronzo!» a Mike Tyson.

EGIDIO MORRETTI

Totti ha perso la testa per una letterina. Se niente niente questo mi legge un libro impazzisce.

ALBERTO PATRUCCO

La matematica non è un pignone, come diceva Coppi...

RENATO POZZETTO

Gianni Agnelli è una persona per lo più umile, nonostante la continua vicinanza del fratello Umberto che farebbe venire il complesso di superiorità anche a Tonino Carino da Ascoli.

ANTONIO RICCI

La mia posizione preferita? Io davanti e Stoner dietro!

VALENTINO ROSSI (CON DARIO VERGASSOLA)

Quando un giocatore mi confessa che può giocare sia a destra che a sinistra, io lo mando in tribuna.

FRANCO SCOGLIO

Tutto mi sarei aspettato dalla vita tranne che di vedere Comunardo Niccolai via satellite.

MANLIO SCOPIGNO

Girardengo era finocchio.

SCRITTA SU UN MURO DI LIVORNO

Meglio la Bindi come amante che Galliani come dirigente.

STRISCIONE DEGLI ULTRAS DEL MILAN

Prima di tutto Galliani sei il più brutto.

STRISCIONE ROMANISTA

Non vorrei che enfatizzare troppo certe situazioni da una parte e non dall'altra finisce che si crea una uniformità di idee e non una forma equivalente generale: noi abbiamo giocato bene.

GIOVANNI TRAPATTONI

Monica Sales? Non vorrei essere nella stanza accanto durante la sua prima notte di nozze.

PETER USTINOV

Renato Dall'Ara, indimenticato presidente del Bologna, aveva un debole per il latino. «E si ricordi», disse un giorno, «che per ogni evenienza sine qua non, siamo qui noi!» A un dirigente che voleva assumere un'iniziativa, disse decisamente: «Fiat lux, faccia lui!».

BEPPE VIOLA

Sarei disposto ad avere 37 e 2 tutta la vita in cambio della seconda palla di servizio di McEnroe.

BEPPE VIOLA

PERSONAGGI STORICI VARI

Quando l'Inter vinse la sua ultima Coppa dei Campioni, dalla contentezza Romolo e Remo decisero di fondare una nuova città.

ANTONELLO BREGGIA

Weekend Update 1976: "Il tempo va contro il generalissimo Francisco Franco, che trattiene il fiato ormai dal novembre del 1975!".

CHEVY CHASE

Il "carbonio 14" è un metodo di datazione scientifica estremamente comodo e preciso. Per esempio si può conoscere l'esatto anno di morte di Aristippo di Cirene esaminandone i resti della colonna vertebrale senza prendersi la briga di consultare un manuale.

ANTONELLO COMMISSO

Quando avevo sei anni volevo essere un cuoco. Quando ne avevo sette volevo essere Napoleone. E la mia ambizione da allora è cresciuta in maniera costante.

SALVADOR DALÍ

Ciccio! Scipione l'Africano in confronto a noi di Cuneo era.

FRANCO FRANCHI E CICCIO INGRASSIA

Non sto dicendo che sei vecchio, ma chi altri conosceva Alessandro il Grande quando era soltanto mediocre?

GARFIELD

La Thatcher dice che Giovanni Senza Terra è stato il primo socialista della storia. Non è esatto: un vero socialista si sarebbe chiamato "Giovanni Due Tre Ettari".

BEPPE GRILLO

Aristotele una volta disse che una storia deve avere un inizio, una metà e una fine. Ma cosa ne sapeva lui? Oggigiorno, una storia deve avere una prima metà, una seconda metà, e un intermezzo pubblicitario.

ALFRED HITCHCOCK

Plinio il Giovane scriveva lettere. Una la scrisse nel 79 d.C., vicino al Vesuvio, ed era indirizzata a suo padre: "Caro papà, sono qui al Vesuvio, che sta eruttando mentre ti scrivo. Porca puttana! Aiuto! La cima del monte è esplosa! C'è roba ovunque! Ahhh! Manda navi e navi più grosse. Manda papere, e tutto quello che galleggia. A parte questo, è tutto molto bello, e ci stiamo divertendo molto. Baci, Plinio il Giovane".

EDDIE IZZARD

Se George Washington fosse vivo oggi sarebbe notato soprattutto per la sua incredibile età!

JACK KLUGMAN

Mao è un imbecille. Con il suo estremismo egualitario finirà per mettere persone perfettamente uguali tra loro di fronte a piatti ugualmente vuoti.

NIKITA SERGEEVIC KRUSCEV

La prima femminista del mondo a bruciare il reggipetto è stata Giovanna D'Arco.

BORIS MAKARESKO-ROBERTO TRANI

Ma chi è l'uomo medio? È colui che ha negato per secoli che la terra girasse, che ha gettato nel rogo le streghe e ha bruciato i pazzi; che ha massacrato Pisacane e gli eroi del Risorgimento. È colui che è destinato a essere smentito dalla storia, dalla vita e dalla scienza mentre la Società si evolve e si trasforma! Vuoi vedere che l'uomo medio sono io?

MARCELLO MARCHESI

Nell'anno in cui sono nato io, sono morti Magritte, Totò, Che Guevara e Otis Redding. Ma ho un alibi di ferro.

FRANCO MERAFINO

«Cesare, il popolo chiede sesterzi!» «No, vado dritto.»

SAVERIO PESAPANE

Cavour era una merda come tutti quelli che c'hanno una statua.

SCRITTA SU UN MURO DI LIVORNO

Il cardinale Ratzinger si è dichiarato insoddisfatto della decisione di Giovanni Paolo II di riabilitare Galileo. Secondo Ratzinger, infatti, è stato un atto doveroso in quanto Galileo fu il primo a dimostrare che non è il sole che gira intorno alla terra, ma il Papa.

STRISCIA LA NOTIZIA

In principio furono Trimalcione, Lucullo, Gargantua. Poi venne il colesterolo.

DINO VERDE

«Quale crede siano stati gli effetti della Rivoluzione Francese?» «È ancora prematuro parlarne.»

DA UN'INTERVISTA A MAO ZEDONG

Napoleone fu curato per anni da uno psicologo: era convinto di essere una persona qualunque.

MIRCO ZILIO

Errori storici: a scuola ci hanno sempre detto che Astianatte era l'unico figlio di Ettore. In realtà era il diciottesimo e si chiamava: Ostianàlter!

ZIO SCRIBA (NICOLA PEZZOLI)

PERSONALITÀ

vedi **Carattere**

PERVERSIONE

Il perverso usa la piuma, il pervertito tutto il pollo.
ANONIMO

Un papà e una mamma hanno trovato un giornale sadomaso sotto al letto del loro figlio di dieci anni. Il papà ha detto: «Be', adesso certo non possiamo sculacciarlo».
DANA CARVEY

PESCA

Perché esistono pesci enormi? Per staccarsi dall'amo un attimo prima di arrivare in barca.
ANONIMO

A un pescatore su una spiaggia toscana: «Che fa, pesca?» «No, sto facendo tiro alla fune con uno che sta all'Elba.»
BAGNOMARIA

Il dubbio più serio mai gettato sull'autenticità dei miracoli biblici è il fatto che la maggioranza dei loro testimoni erano pescatori.
ARTHUR BINSTEAD

«Chissà quanta gente avrai trovato, che bordello di turisti», tu negavi e affermavi: «No no no no no no no no no no no no no no, eravamo solamente io e Giovanna sopra un'isola deserta tipo ci hai presente due chilometri di spiaggia vuota, dormivamo in un capanno in riva al mare e alla sera i pescatori ci portavano del pesce, facevamo le grigliate sulla spiaggia e cantavamo a squarciagola le canzoni di Battisti fino all'alba, tanto l'isola è deserta», tu dicevi e io pensavo: «Ma che cazzo, tutti quelli che ritornan dalla Grecia sono stati sopra un'isola deserta tipo ci ho presente due chilometri di spiaggia vuota col capanno e i pescatori, ma contando tutti quelli che mi dicono 'sta cosa io mi chiedo quante cazzo di isolacce deve averci questa merda di una Grecia, poi 'sti pescatori greci non potrebbero pescare in alto mare e impiccarsi con le reti senza andare a importunare le ragazze come te che normalmente sono brave ma travolte dagli eventi non disdegnano di fare la puttana?»

CLAUDIO BISIO

Era una ragazza molto brutta. L'ho portata in spiaggia, mi hanno chiesto cos'avevo usato come esca.

RODNEY DANGERFIELD

Berlusconi è così convinto che coi soldi si può tutto che, quando va a pescare, come esca usa l'American Express.

GINO&MICHELE

Era una riserva così piena di trote che vinceva chi non pescava niente. Vinceva una trota.

GINO&MICHELE

La pesca con la lenza è solo un bastone attaccato a una cordicella con un verme a un capo e un idiota all'altro.

SAMUEL JOHNSON

Di mio padre mi rimase la nostalgia di quando andavamo a pescare. I lunghi silenzi. I brevi dialoghi. «Papà, vuoi i vermi?» «No, mi basta la merda.»

MARCELLO MARCHESI

Un'altra tipica attività finlandese è la pesca nel lago ghiacciato. Si effettua come tutte le altre pesche, escluse le sciroppate.

GIANNI MURA

Si dice che i cannibali il venerdì mangino soltanto pescatori.

GIAN PAOLO ORMEZZANO

Dai a un uomo un pesce e mangerà per un giorno. Insegnagli a pescare e te lo leverai di torno per tutto il weekend.

ZENNA SCHAFFER

Non c'è senso a farsi otto chilometri a piedi per pescare quando si può essere altrettanto sfortunati sotto casa.

MARK TWAIN

PESCECANE

vedi ***Squalo***

PESCE ROSSO

Un sacco di gente non ama i pesci rossi. Non puoi abbracciarli. Non puoi metter loro un guinzaglio e portarli a fare quattro passi. Non hanno senso dell'umorismo, e tutto quello che fanno è mangiare e dormire. Hey, un momento! Ho appena descritto me!

GARFIELD

È bello avere qualcuno al tuo fianco, qualcuno con cui condividere i tuoi momenti di gioia e di dolore, qualcuno che sappia ascoltarti e che non ti chieda nulla in cambio, qualcuno con cui invecchiare. Peccato che i pesci rossi più di tanto non durino.

TEO GUADALUPI

Uno o due giorni prima di cambiare casa, metti la boccia con il pesce rosso in freezer. Quando arriverà il momento del trasloco vedrai che il pesce può essere trasportato senza pericolo di versare nemmeno una goccia d'acqua.

D.A. ROBERTS

Dicono che avere un animale ti prepari ad avere dei figli. Ho tenuto un pesce rosso per cinque mesi, quindi credo d'essere pronta per i bambini. Solo che mi serve una vasca più grande.

JAYNE WARREN

PESCI VARI

Difficile capire un Paese, scrisse un libellista, dove la stessa cosa è chiamata al Nord uccello e al Sud pesce.

ENZO BIAGI

Mi hanno detto: «Mangia il pesce, ché contiene fosforo.» «Allora divento intelligente?» «No, ti si vede la notte!»

ENRICO BERUSCHI

Il turzulillo di mare è un pesce di scoglio che ragiona come un topo. Si cattura schiacciandolo con un piede o con una scopa, si butta via la testa (acidognola) e poi si succhia.

FELICE CACCAMO (TEO TEOCOLI)

Lo struzzo di mare è un animale unico nel suo genere, pensate che vive volando 1,2 millimetri sopra la superficie marina; se per caso tocca una sola goccia di mare, affoga. Solo in quel caso può essere raccolto e adagiato sulla frittura di mare per donarle il suo inconfondibile saporiello.

FELICE CACCAMO (TEO TEOCOLI)

'O pesce trombetta è estremamente furbo e difficile da catturare; di giorno è introvabile, mentre di notte ogni tanto esce fuori dall'acqua e fa: «PEPPEREPPEPPÈ PEPPEREPPEPÈ», spaventando anche il più astuto dei pescatori. Attenzione, diffidate dei pesci trombetta che suonano musica americana, quasi sicuramente sono surgelati.

FELICE CACCAMO (TEO TEOCOLI)

M'iscrissi al "Luis Vinicio" che, come tutti i licei marittimi, è situato in riva al mare. Il corso durava cinque anni e uscivi che sapevi fare la zuppa di pesce: la globale, la parziale e la temporanea. La temporanea è quella che o te la mangi mo' o va a male subito. Nella temporanea sono previsti pesci che si riprendono nel giro di quattro ore. Si fa con pesci storditi o svenuti, se non li mangi subito, quelli si riprendono, si alzano e se ne vanno sbattendo la porta e imprecando: «Affanculo chi t'è muorto!».

FELICE CACCAMO (TEO TEOCOLI)

Mettete nel vostro acquario una conchiglia perché i pesci possano almeno sentire il rumore del mare.

GUIDO CLERICETTI

Quando l'ultimo albero sarà abbattuto, l'ultimo fiume avvelenato, l'ultimo pesce pescato, vi accorgerete che non si può mangiare il denaro.

CORVO ROSSO

Nell'acquario ho messo dei pesci che ho preso a Rimini. Ogni tanto ci piscio dentro per farli sentire a casa.

SERGIO COSENTINO

Ma quando un salmone risale la corrente, i pesci che incontra cosa fanno? Gli gridano: «Ma come cazzo guidi?».

MARCO DEL CONTE

Il mare romagnolo è un po' inquinato, lo devo ammettere. Ad agosto, a riva, ho dato un calcio a un pesce... e si è messo in moto!

GIUSEPPE GIACOBAZZI

Credono di essere di sinistra perché mangiano il pesce col coltello.

LEO LONGANESI

A volte mi chiedo cosa sia la felicità, e non sempre so darmi una risposta. Credo, comunque, che non abbiamo il diritto di lamentarci troppo, perché esistono al mondo esseri viventi molto più sfortunati di noi. Voglio dire. I pesci. I pesci sono gli esseri più sfortunati che esistano sulla faccia della terra. Ci avete mai pensato? Perché un pesce, un pesce non può far finta di niente, quando scoreggia.

DANIELE LUTTAZZI

«Pronto, è la Coca-Cola?» «Sì.» «Sono l'autista di una vostra autobotte: ho ribaltato il carico in un canale; c'è una moria di pesci da far paura.» «Vieni via e fai finta di niente.» «Bravo, sono il direttore della Coke Corporation, volevo vedere come ti comportavi sotto stress.»

MAURIZIO MILANI

Carpe diem
Trote gnam.

VASCO MIRANDOLA

Ecco una notizia davvero interessante. Una donna ha recentemente dato alla luce un bambino da un embrione rimasto congelato per sette anni. Ha dichiarato: «Non sapevo se avrei dato alla luce un maschietto, una femminuccia, o un bastoncino di pesce».

CONAN O'BRIEN

Se i pesci non abboccano all'amo, provate con "la stimo profondamente".

VALERIO PERETTI CUCCHI-MARIO ZUCCA

Studente 1: «Dicono che il pesce faccia bene al cervello.»
Studente 2: «È vero. Io lo mangio tutti i giorni.» Studente 1: «Ecco che se ne va un'altra teoria!»

BOB PHILLIPS

Certe cose ti segnano. Già dalla nascita, magari col parto subacqueo, perché dall'ecografia si vedeva che eri uno scorfano.
MAX PISU

La tua donna la chiamo Luna Park perché ogni volta che mi tira le palline io poi le regalo il pesciolino.
POZZOLI E DE ANGELIS

L'ospite è come il pesce: dopo tre giorni nuota.
PUBBLICITÀ PER *IL GAMBERO ROSSO*

Tury: «Sì, ma un miracolo di Quelo c'è o no?»
Quelo: «Tu come lo vedi?»
Tury: «Non lo so, ha moltiplicato i pani e i pesci?»
Quelo: «La seconda che hai detto.»
Tury: «Ha moltiplicato i pesci? Cioè? Come ha fatto?»
Quelo: «Mah, per esempio te ci avevi tre pesci e moltiplica per esempio per tre e fai nove pesci... oppure ci hai tre pesci moltiplico per quattro uguale sedici pesci...»
Tury: «Tre per quattro non fa sedici, fa dodici!»
Quelo: «Quello per questo è un miracolo! Altre telefonate?»
QUELO (CORRADO GUZZANTI)

Come mai dei pesci piranha hanno rinunciato ad aggredire un avvocato caduto in acqua? Si è trattato di un gesto di cortesia tra colleghi.
MICHAEL RAFFERTY

A Genova i ristoranti dove si possa mangiare del buon pesce fresco a un prezzo abbordabile si contano sulla punta delle dita della mano di un falegname disattento.
EMILIO RAZZETTI

Certo, cameriere, questa spigola sarà pure arrivata oggi... ma quando è partita?
LUCIO SALIS

Il pesce sega è sempre da solo, invece il pesce tromba in compagnia.
FRANCESCO SALVI

Dai a un uomo un pesce e mangerà per un giorno. Insegnagli a pescare e te lo leverai di torno per tutto il weekend.
ZENNA SCHAFFER

Sapete perché i pesci sono così magri? Perché mangiano pesce.

JERRY SEINFELD

Fateci caso: ogni domanda coglie il professor Buttiglione attonito e stralunato, come la cernia nei documentari marini.

MICHELE SERRA

Una donna ha bisogno di un uomo come un pesce di una bicicletta.

SLOGAN FEMMINISTA, ANNI SETTANTA

Sono integro e puro, non ho commesso peccati, né di carne né di pesce.

TOTÒ

Vanno ai tavoli e dicono ai clienti: «Salve, sono la vostra cameriera. Come siete messi oggi? Energici? Bene, la nostra specialità è il Gestalt Sushi: vi diamo il pesce vivo, a voi la responsabilità di ucciderlo».

ROBIN WILLIAMS

PESSIMISMO

Più di ogni altra occasione nella storia, l'umanità si trova di fronte a un bivio. Un sentiero conduce alla disperazione e alla completa impotenza. L'altro, all'estinzione totale. Preghiamo di avere la saggezza di compiere la scelta corretta.

WOODY ALLEN

Guardo il mondo attraverso degli occhiali che hanno lenti color cacca.

ANONIMO

Un pessimista costruisce sempre prigioni in aria.

MILTON BERLE

Ci sono stati momenti nella vita in cui stavo per perdermi d'animo: mi sembrava che non ci fossero più vie d'uscita, che tutto fosse perduto, che non valesse più la pena di combattere. D'accordo, d'accordo: avevo ragione.

ROMANO BERTOLA

Sono molto pessimista: vedo il bicchiere o mezzo vuoto o mezzo rotto.
SERGIO COSENTINO

È meglio essere ottimisti e avere torto che pessimisti e aver ragione.
ALBERT EINSTEIN

L'ottimista dice: «Domani è domenica». Il pessimista dice: «Dopodomani è lunedì».
GUSTAVE FLAUBERT

Le cose non sono mai così terribili da non poter peggiorare.
ANTONIO FOGAZZARO

Un'indagine statistica, recentemente tacciata di eccessivo pessimismo, ha stabilito che, su sessanta milioni di italiani, uno è Berlusconi.
FRANCO KAPPA

Come puoi decidere di fare un figlio se non fanno altro che dire che fra vent'anni finisce l'acqua, fra trentacinque arriva l'asteroide e tra mille si spegne il sole. A questo lo lascio senza luce, acqua e gas?
TERESA MANNINO

L'ottimista pensa che questo sia il migliore dei mondi possibili. Il pessimista sa che è vero.
J. ROBERT OPPENHEIMER

Ci sono medaglie che hanno solo il rovescio.
LUIGI PINTOR

Stavo chiedendo a questa mia amica che ha figli: «E se io avessi un bambino e dedicassi la mia vita a lui e lui crescesse odiandomi, e se desse la colpa di tutto quello che non va nella sua vita a me?». E lei mi ha detto: «Cosa vuoi dire, "se"?».
RITA RUDNER

È così pessimista che, tra due mali, li sceglie entrambi.
LOUIS A. SAFIAN

PETROLIO *(Benzina)*

Nessuno ha rispetto per me. L'ultima volta che mi sono fatto male, durante il viaggio verso l'ospedale, l'autista dell'ambulanza s'è fermato a far benzina.

RODNEY DANGERFIELD

Sale il costo della benzina, del gasolio, delle sigarette: farsi un cancro diventa un lusso.

IVAN DELLA MEA

La mia formula per il successo è: alzarsi presto, lavorare fino a tardi e trovare il petrolio.

PAUL GETTY

Di cosa è fatto uno spazzolino da denti? Di plastica. Da cosa si ricava la plastica? Dal petrolio. È rosso perché lo abbiamo colorato e ci abbiamo aggiunto un po' di cloruro. Ogni tre mesi il tuo dentista di fiducia ti dice che devi cambiare lo spazzolino. Quanti ce ne saranno in Italia in questo momento? Venti milioni? Ogni tre mesi venti milioni vanno nell'immondizia, finiscono in un forno, vengono bruciati. I cloruri diventano diossina, vanno nell'aria. Piove, la diossina va nel mare, viene assorbita dal plancton, il pesce mangia il plancton, tu esci, vai al ristorante, mangi il pesce (80 mila lire al chilo) e ti sei mangiato il tuo spazzolino.

BEPPE GRILLO

All'università dell'Illinois pensano di essere riusciti a sviluppare una nuova fonte energetica. Pensano di poter ricavare carburante dal letame di cavallo. Sto dicendo la verità. L'ho letto oggi sul giornale. Ora, non so se questo consentirà alla tua macchina di fare 50 chilometri con quattro litri, ma di sicuro impedirà che qualcuno ti freghi il carburante aspirandolo con la bocca.

BILLY HOLLIDAY

Hanno chiamato la guerra "Operation Iraqi Freedom". Inizialmente doveva essere "Operation Iraqi Liberation", ma poi si sono accorti che la sigla era OIL.

JAY LENO

Una cosa bella delle utilitarie è che, se riempi troppo il serbatoio di carburante, la puoi sempre prendere in braccio e farle fare il ruttino.

ROBERT ORBEN

Oggi Tury mi ha detto: «Minchia, Sabbry, ti amo come è vero che faccio i 18 con un litro!».
SABBRY (LUCIANA LITTIZZETTO)

Io vorrei sapere come fanno quelli là a trovare il petrolio proprio sotto alle pompe di benzina.
I TRETTRÉ

PIACERE

Il puritano odiava i combattimenti di cani e di orsi, non perché procuravano dolore agli orsi ma perché davano piacere agli spettatori.
THOMAS BABINGTON MACAULAY

Miss Dimple: «Buongiorno...»
Groucho: «Buongiorno? Cosa ci trova di buono? La pioggia è passata da un buco nel soffitto, il padrone di casa è passato dalla porta, mia moglie è passata dal mio portafogli e io sono passato attraverso le suole delle mie scarpe.
E lei lo chiama un buon giorno? A proposito, Miss Dimple: lei era di nuovo in ritardo. Cosa ha fatto ieri notte?»
Miss Dimple: «Ieri notte? Be', ero con lei!»
Groucho: «Con me, eh? Miss Dimple gliel'ho detto un sacco di volte di non mischiare il dovere col piacere!»
GROUCHO MARX

La mia donna si è guardata allo specchio e non si piaceva più. Diceva di avere troppe rughe sul viso, le gambe rovinate, il culo enorme... Io allora per consolarla le ho detto: «Però hai ancora una vista ottima!».
FLAVIO OREGLIO

Ogni piacere si riduce, quando è condiviso.
WILLIAM RANGER

Da piccolo mi piaceva molto Michael Jackson. E anche io piacevo a lui.
LUCIO WILSON

PIANETI
vedi **Spazio**

PIANGERE

Non sopporto vedere una donna piangere, soprattutto senza che ne sia io la causa.

LORENZO BECCATI

Quando vedo un uomo piangere nel buio della sua stanza mi domando cosa lo spinga a non accendere la luce.

ALESSANDRO BERGONZONI

Non è poi così brutto avere due gemelli. Quando uno piange, non si riesce a sentire l'altro.

MILTON BERLE

Dicono che quando il bambino piange per farlo smettere bisogna farlo ridere. Per me è facile, in genere gli faccio: «Mattia, chi è Tatiana? Tatiana è l'amica mia talmente grassa che il sangue le circola con la metropolitana!». Sicché Mattia smette, mi guarda: «Papà, è vecchia!» e ritorna a piangere!

GABRIELE CIRILLI

Dopo la nascita di mio figlio per un mese continuavo a dire a tutti che figlio perfetto che avevo, che non piangeva mai. Poi ho scoperto che in quelle radioline per bebè bisogna mettere le pile.

FRANCES DILORINZO

Sono terrorizzata dal mio computer. Ho fatto venire un esperto a casa a rimuovere tutte le opzioni. Adesso ho solo ON, OFF, SALVA e STAMPA. Se vedo un'altra opzione saltar fuori, mi metto a piangere.

MIA FARROW

Ho visto un ragazzo con la testa rapata che somigliava a un naziskin uscire da una discoteca, ubriaco, alle quattro di mattina. L'ho visto salire su una macchina, sgommare e schiantarsi a 180 all'ora contro un albero. E ho pianto... Ho pianto perché era un albero bellissimo. Un tiglio.

GINO&MICHELE-PAOLO ROSSI

Un giorno o l'altro mi piacerebbe fare un film che faccia ridere la gente e faccia piangere la gente, e poi la faccia uscire dal cinema in maniera rapida e ordinata cosicché altra gente possa entrare.

JACK HANDEY

La cosa importante nella recitazione è il saper piangere e ridere. Quando devo piangere penso alla mia vita sessuale. Quando devo ridere penso alla mia vita sessuale.
GLENDA JACKSON

Durante la guerra avevamo una tale fame che quando aprivamo la credenza c'erano dentro i topi che piangevano.
GIANNI MAGNI

Gli psicologi affermano che le ragazze tendono a sposare uomini che assomiglino al proprio papà. Questo è il motivo per cui le mamme piangono al matrimonio.
BORIS MAKARESKO

Chissà quante mamme mongole piangono perché hanno un figlio europoide.
MARCELLO MARCHESI

Sorridi e il mondo riderà con te. Starnutisci e piangerai da solo sulle macerie.
STEVE MARTIN, PARLANDO DI UN NASO GROSSO

Lavarsi, pesarsi, digerire con contegno. Non resta altro tempo nella giornata. Alcuni riescono anche a piangere.
MAURIZIO MILANI

Adoro i bambini. Specialmente quando piangono, perché a quel punto qualcuno li porta via.
NANCY MITFORD

Sai qual è la più bella storia d'amore del cinema mondiale? Quella che raccontano Stanlio e Ollio, quando Oliver Hardy guarda Stan Laurel e gli chiede: «Stanlio, ma tu preferisci me o la torta di mele?». E Laurel guarda Hardy, poi il pubblico, poi ancora Hardy e il pubblico... e gli viene da piangere.
MICHEL PICCOLI

E va be', è un po' strabica! Quando piange, le lacrime del suo occhio destro cadono sulla sua guancia sinistra...
LOUISE A. SAFIAN

Dopo dodici anni di terapia il mio psichiatra ha detto qualcosa che mi ha indotto alle lacrime. Mi ha detto: «No hablo inglès».

RONNIE SNAKES

Il Pepe con la sua chitarra sapeva far piangere chiunque senza bisogno di rompergliela sul braccio.

BEPPE VIOLA

Perché Giletti cerca di far piangere la gente a casa e nessuno va in televisione a far piangere Giletti?

HENRY ZAFFA

PIANOFORTE

Ragazza: una persona di giovane età del cosiddetto gentil sesso con un'inclinazione a un atteggiamento e opinioni imperscrutabili che possono far infuriare fino al delitto. La specie è geograficamente piuttosto diffusa; dovunque la si cerca, la si trova, e dovunque la si trova, uno se ne pente. In linea di principio la ragazza non dispiace all'occhio e (senza il suo pianoforte e le sue opinioni) non è insopportabile all'orecchio. Anche se non può competere con la bellezza dell'arcobaleno e la sua componente udibile viene superata dal canarino che, oltre tutto, è anche più facilmente trasportabile.

AMBROSE BIERCE

L'unica cosa utile che Chopin ha scritto è il Valzer di un Minuto. Ogni mattina prima di colazione spingo il mio piano in cucina, suono il Valzer tre volte, e le mie uova sono cotte.

VICTOR BORGE

Questo è un pezzo di Giuseppe Verdi. Joe Green, per voi. Lo suonerò con entrambe le mani, così finirà prima.

VICTOR BORGE

Ero in aeroporto, quando un mio collega, in fila per il check-in, mi ha detto: «Ah, vorrei tanto avere il mio piano qui con me.» «Perché? » gli ho chiesto. «Perché ci ho lasciato sopra i biglietti».

VICTOR BORGE

Si mise al pianoforte ed eseguì *Per Elisa* ma, mancandogli un dito, gli venne fuori solo *Per Elsa*.

PAOLO CANANZI

Quando Phyllis Diller iniziò a suonare, Stainway venne giù personalmente per cancellare il suo nome dal pianoforte.
BOB HOPE

Sono un pianista da concerto. È solo un modo elegante e pretenzioso per dire che al momento sono disoccupato.
OSCAR LEVANT

Dopo aver ascoltato per una mezz'ora una ragazza suonare il pianoforte, niente mi rilassa di più che farmi trapanare qualche dente dal mio dentista.
GEORGE BERNARD SHAW

Da piccolo volevo fare o il suonatore di piano in un bordello, oppure il politico. E ora posso dirvi la verità: non c'è una gran differenza.
HARRY S. TRUMAN

PIANTA

vedi ***Albero***

PICASSO PABLO

È davvero ovvio quello che Picasso cerca di dirci: che ha bisogno di soldi.
JOEY ADAMS

Lui: «Magari tutti gli uomini fossero come Dante e Picasso»
Lei: «Morti?»
ALTAN

Ecco i dieci eventi storici nei quali è stato lecito usare la parola "cazzo":
1) "Sta torre col cazzo che casca!" (Babele, 5000 a.C.).
2) "Piogge a tratti un cazzo!" (Noè, 4314 a.C.).
3) "Santità, lo vuole davvero su quel cazzo di soffitto?" (Michelangelo, 1566).
4) "Da dove cazzo sbucano tutti questi indiani?" (Generale Custer, 1877).
5) "Cazzo! Ti somiglia un casino!" (Picasso, 1926).
6) "E quella cosa cazzo è?" (Sindaco di Hiroshima, 1945).
7) "Eddai! Chi cazzo vuoi che lo venga a sapere?" (Bill Clinton, 1999).
8) "Cazzo, non credevo si arrabbiassero così tanto!" (Osama Bin Laden, 2001).

9) "La vuoi o no quella cazzo di macchina?" (Il presidente della Fifa all'arbitro Moreno, giugno 2002).
10) "Ma chi cazzo ho comprato?" (Berlusconi a Galliani, dopo la campagna del 2008).
ANONIMO INTERNET

Quando uno guarda i dipinti di Picasso, viene naturale chiedersi che tipo di donne immaginasse quando si masturbava.
GEORGE CARLIN

C'è una cosa da dire sui grandi maestri della pittura del XX secolo, cioè su Mondrian, Pollock, Matisse, Rothko, Vasarely, Fontana, Man Ray, Bacon, Matta, Dubuffet, Duchamp, Stella, Kandinskij, Morandi, Picasso, Miró, De Kooning, Chagall, Manzù, Ernst, Klee, Picabia, Giacometti, Moore, Dalí... ed è che forse ci sono troppi grandi maestri della pittura nel XX secolo.
PERICOLI E PIRELLA

I 40 anni sono quell'età in cui ci si sente finalmente giovani. Ma è troppo tardi.
PABLO PICASSO

Ci si mette molto tempo per diventare giovani.
PABLO PICASSO

Credo di sapere cosa si prova a essere Dio.
PABLO PICASSO

Una volta disegnavo come Raffaello, ma mi ci è voluta una vita intera per disegnare come i bambini.
PABLO PICASSO

La pittura è più forte di me; mi costringe a dipingere come vuole lei.
PABLO PICASSO

E quando non vedo niente, metto del nero.
PABLO PICASSO

Picasso attraversò vari periodi, tra cui quello in cui gli si erano rotti gli occhiali.
MAURIZIO SANGALLI

PICCHIARE

vedi **Botte**

PiccionE
Io sono un tipo all'antica. Non credo alle relazioni extraconiugali. Credo che ci si dovrebbe accoppiare a vita come i piccioni e i cattolici.
WOODY ALLEN

Il Monumento.
Vorrei si costruisse un monumento al cavaliere Silvio Berlusconi per vederlo sorridere contento mentre gli cagano in testa i piccioni.
EROS DRUSIANI

Avete sentito di quello scienziato che ha incrociato un picchio con un piccione viaggiatore? Ha ottenuto un uccello che non solo porta i messaggi a destinazione, ma bussa alla porta quando arriva.
JOHN R. FAX

Sono sfigato. Persino i piccioni hanno smesso di cacarmi addosso. Non vogliono illudermi.
GIANLUCA IRTI

Durante la Grande Depressione del '22 in Central Park i piccioni portavano le briciole di pane ai passanti.
GROUCHO MARX

Mi ricordo quando con la mia ragazza facevamo i piccioncini... andavamo sui tetti e cagavamo in testa alla gente.
DADO TEDESCHI

PICCOLO

Lei: «Caro, non credevo che tu potessi avere un organo così piccolo!»
Lui: «Cara, non credevo di dover suonare in una cattedrale!»
ANONIMO

Al paese dei nonni una volta se passavi col rosso ti beccavi duecentomila lire di multa. Da quest'anno solo centomila. Il paese è piccolo, forestieri non ce ne sono, nessuno passava con il rosso e così hanno dovuto abbassare i prezzi.
GEMELLI BAROLO

Il paese era così piccolo che c'era una sola pagina gialla.

ORSON BEAN

Sono andato a cena dal mio barbiere. Ha voluto sdebitarsi per l'idea pubblicitaria che gli ho dato. Si tratta di una boccia di vetro. Dentro c'è un piccolo negozio di barbiere, col cliente seduto sulla minuscola poltrona. Capovolgendola, si riempie di forfora.

ROMANO BERTOLA

Salimmo a esaminare l'interno della roulotte. «La cucina sembra piuttosto piccola», osservai. «Dov'è il frigorifero?» «È nascosto dietro la sua borsetta. Per aprire lo sportello è necessario che tutti scendano a terra. Tranne lei, è chiaro. Lei salterà nel lavello.»

ERMA BOMBECK

«Secondo te, Ivan, si può costruire il socialismo nel Liechtenstein?» «No: è così piccolo che non lo sopporterebbe!»

CITATA DA DANILO ACQUISTI

Nella mia stanza da letto ho voluto un armadio piccolissimo, così se mia moglie vorrà tradirmi, sarà costretta a farlo con una mezzasega.

SERGIO COSENTINO

La telefonia è l'unico argomento nel quale l'uomo si può vantare di averlo più piccolo!

RAUL CREMONA

Stanco dell'infinitamente piccolo e dell'infinitamente grande, lo scienziato si dedicò all'infinitamente medio.

ENNIO FLAIANO

Gli uomini ce l'hanno di tre calibri: piccolo, medio e "Oh, mio Dio!".

ALLAN FOLSOM

L'Udr alle ultime elezioni politiche ha preso l'1,49%. Significa che in Italia c'è un gruppo di elettori, piccolo quanto si vuole, e tuttavia realmente convinto che Mastella esista.

GINO&MICHELE

Era un paese così piccolo che non avevamo neanche lo scemo del villaggio. Dovevamo fare a turno.

BILLY HOLLIDAY

Ho un bagno talmente piccolo che se dopo una scoreggia potente qualcuno apre la porta di colpo la caduta di pressione istantanea può provocarti un'embolia.

ROBERTO LISSONI

Anche le formiche nel loro piccolo si incazzano.

MARCELLO MARCHESI

Il paese in cui abito è così piccolo! Pensa che se accendo il condizionatore cambia stagione.

ORORO, DI AENIGMATICA

Benchley e io avevamo un ufficio così minuscolo che se fosse stato un centimetro più piccolo sarebbe stato adulterio.

DOROTHY PARKER

Noi nella mia famiglia lavoriamo tutti. Da generazioni. Mio nonno ha fatto il capannone piccolo, mio padre il capannone grande, io il capannone grandissimo. Mio figlio si droga.

PEREGO (ANTONIO ALBANESE)

Il mio paese è così piccolo che quando accendo l'aria condizionata tutti sono convinti che sia cambiata la stagione.

MARIA ROSSI

Ho il cervello più piccolo della media, così mi avanza dello spazio nella scatola cranica che, dice il medico, devo assolutamente riempire con della roba per evitare che la materia grigia vada di qua e di là. Allora ho pensato che d'ora in poi la roba che ho nel naso la tiro su.

RUBES

Il paese dove abito è così piccolo che alla sera ci ritroviamo in casa e parliamo male di noi stessi.

SOLINAS

Abitavo in un monolocale così piccolo che quando entrava il sole uscivamo noi.

SALVO SPOTO

Cercate sempre di far sesso nella stanza più piccola della casa, così sembra più grosso.

DADO TEDESCHI

Il paese in cui abito è così piccolo! Pensa che io sono l'amante di mio marito.

THINKER, DI AENIGMATICA

Lo Stato del Vaticano è sul Guinness dei primati, non perché sia il più piccolo del mondo, ma perché è l'unico dove, ufficialmente, non si scopa mai.

FRANCESCO VARCHETTA

Lui: «Signorina, se le dicessi: sono squattrinato, non ho l'automobile, parlo male e sono maleducato, sono fallocrate, schizofrenico, nevrastenico, asmatico. Mi spilucco le caccole dal naso. Ho la forfora, le piattole, i vermi, lo scolo, una moglie, otto figli, le mutande sporche, il collo lercio, polsini luridi, le scarpe bucate, fedina penale sporca, vari tic, crisi, mi rotolo per terra, bevo, sbavo, sputacchio, sniffo la colla, l'etere, i tubi di scappamento, russo, mi scrocchio le dita, mi rosicchio i colletti delle camicie, sono lunatico, mi pulisco le gengive con l'indice, ho il cazzo piccolo, non mi piace Sartre, detesto la musica, mi fa schifo ballare, sono cannibale, faccio errori di ortografia, ho le mani umidicce, il naso gocciolante, vorrei che venisse la guerra per fare il traditore, sono sfaticato, ladro, scatologico, ho la pancia molliccia, il fiato fetido, pensieri torbidi, sguardo sornione, gesti brutali, stacco le ali alle mosche, foro gli occhi dei gatti, racconto agli amici i dettagli dei miei rapporti sessuali, accetterebbe di uscire con me?»

Lei: «Vada via! Che orrore!»

Lui: «Ecco, lo sapevo che non dovevo dirle che ho il cazzo piccolo.»

GEORGES WOLINSKI

La realizzazione di questa Opera è stata possibile anche grazie alle progettazioni informatiche di Tecne', con il contributo in prima persona di Pieranna Massari e Piergiorgio Veneziani; e con il certosino coordinamento di Elena De Luca, nostra storica collaboratrice.
Il lavoro redazionale è stato curato con la solita vivace competenza da Alessia Gemma, con l'assistenza della solare Linda Ferrari.
Il progetto e l'impostazione grafica sono invece frutto dell'esperienza e della creatività di Zetalab, in particolare nelle persone di Lucio Luzo Lazzara e Walter Uolts Molteni. Grazie anche, per la complice collaborazione dagli Stati Uniti di Paolo Borraccetti.

Gino&Michele, Gut edizioni e Bananas devolvono parte del ricavato dell'*Enciclopedia Universale della Battuta* per acquistare il parco macchine (sei automezzi) di *Presenza Amica*, un'associazione di volontari impegnata nell'assistenza domiciliare ai malati inguaribili in fase terminale.

Per chi volesse conoscere nel dettaglio l'attività di "Presenza Amica Onlus - Volontari per l'aiuto ai sofferenti" di Garbagnate Milanese (Milano), diamo il telefono: 02 99021087,
e l'indirizzo internet: www.presenzamica.it.

L'Enciclopedia Universale della Battuta si avvale dell'alto Patrocinio della *Premiata Bocciofila Cosimo Trombetta per la salvaguardia del Comico* (1).

(1) La Premiata Bocciofila Cosimo Trombetta per la salvaguardia del Comico, *è un'Associazione Culturale che ha come scopo la salvaguardia del Comico, inteso come genere. È stata fondata nel 2005 da Gino&Michele, Maurizio Costanzo, Enrico Vaime, Giancarlo Bozzo, Roberto Bosatra.*
Nello statuto della "Cosimo Trombetta", alla voce Scopi dell'Associazione si può leggere:
"Conservazione e divulgazione della memoria storica del teatro, con particolare attenzione al teatro comico, brillante e al varietà; valorizzazione, raccolta e sviluppo della letteratura e delle presenze televisive legate al Comico come genere, alla satira e all'intrattenimento; sviluppo di iniziative culturali quali la pubblicazione di libri, riviste, siti internet, materiale multimediale, dvd e quant'altro attinente agli scopi sociali; costituzione di archivi storici e raccolta di materiale attinente allo scopo sociale; realizzazione di convegni e/o seminari ed attuazione di forme di collaborazione con enti pubblici e/o privati e/o associazioni e/o organismi di istruzione."
Per eventuali contatti: c/o Teatro Parioli, via Giosuè Borsi, 20, Roma; oppure c/o Zelig, viale Monza 140, Milano.

Volume 9

PIE — SAL

ENCICLOPEDIA UNIVERSALE DELLA BATTUTA

a cura di **Gino&Michele**

con la collaborazione di Matteo Molinari

Gut Edizioni spa, Milano
Prima edizione maggio 2009
www.gutedizioni.com

PIEDI

Dato che i programmi televisivi sono fatti con i piedi, gli schermi televisivi dovrebbero essere misurati non in pollici, ma in alluci.

ANONIMO

È meglio stare con i piedi per terra: in vino veritas, in scarpe adidas.

BANDA OSIRIS

«Stiamo volando a 35.000 piedi» «Sentivo la puzza!»

LA CAROVANA

L'altro giorno si è svegliato col mal di testa. Mi è dispiaciuto per lui. Vorrei aiutarlo, ma non posso. Gliel'ho detto un sacco di volte: quando salti giù dal letto, i piedi per primi!

JEAN CARROLL

Non aveva nemmeno i soldi per comprarsi le scarpette da ballo: si faceva la punta direttamente sui piedi con il temperino.

GIANFRANCO D'ANGELO

Sto scrivendo un libro *I grandi perché della medicina*. Il primo capitolo è: "Perché i piedi puzzano di più delle mani?".

MICHELE FORESTA-NINO FRASSICA

«Stiamo volando a 35.000 piedi» «Sentivo la puzza!»

LA CAROVANA

Preferisco avere il mio piede destro piuttosto che un bel viso.

NIKI LAUDA

Ha i piedi talmente maleodoranti che per provare le scarpe deve andare in paesi che non riconoscono la convenzione di Ginevra.

EGIDIO MORRETTI

Conobbi anche una ragazza e capii subito che faceva la contorsionista perché aveva delle macchie di nicotina sulle dita dei piedi!

VALERIO PERETTI CUCCHI-MARIO ZUCCA

Era un uomo così piccolo che i capelli gli puzzavano di piedi.

RICCARDO PIFERI

Estremità: nome che danno ai piedi coloro che non se li lavano.

PITIGRILLI

Tuffarsi con i piedi o con la testa? Tutti sappiamo che la testa è la parte più pesante del corpo mentre i piedi sono la parte più veloce. Quindi, per la pesca alla cernia, pesce notoriamente pesante, preferiamo il tuffo con i piedi, mentre alla sogliola, preferiamo il filetto alla Voronoff.

Cochi Ponzoni

Bob Lanier ha il 56 di piedi. Lui, le scarpe, non le pulisce. Le manda al lavaggio per auto.

Lynn Shackleford

Per ogni paio di ferri di cavallo che gli uomini usano come portafortuna, c'è, da qualche parte del mondo, un cavallo a piedi scalzi.

Allan Sherman

Fare jogging è molto benefico. Fa bene alle gambe e ai piedi. Ed è anche utile al suolo. Lo fa sentire necessario.

Snoopy

Se mi si addormenta un piede di giorno, vuol dire che starà su tutta la notte?

Steven Wright

PIERCING

vedi **Tatuaggio**

PIGIAMA

«Franco, oooh Franco, ti ho comprato un pigiama.» «Me lo fai mettere?» «No!» «Perché?» «Metti che vai all'ospedale...»

Franco Neri

Quando si andava a letto era una festa. Solo per mettersi la paddana (tipo pigiama, ma nudi) ci volevano due ore sarde (pari a un'ora e 58 minuti vostra); per disporsi nei letti altre due ore; per far silenzio, quattro minuti esatti perché al terzo minuto arrivava il babbo e con una tisana di cazzotti ristabiliva la calma.

Nico (Aldo, Giovanni e Giacomo)

PIGNOLERIA

Qui giace Piero D'Avenza, cittadino integerrimo, lavoratore indefesso, sposo e padre esemplare, figlio amorosissimo, fratello discreto, cugino soddisfacente, cognato passabile, genero detestabile, prozio tenerissimo, biscugino senza particolare rilievo, nipote insignificante, pronipote modello, suocero insuperabile, amico pignolo, debitore insolvibile, vicino di casa poco rumoroso, nonno futuro, antenato impareggiabile, morto esigente. Una prece! A lui i posteri diranno un giorno: Grazie, Arcavolo!

ACHILLE CAMPANILE

Era uno di quei pignoli che, vedendo fuori dalla finestra un temporale, dicono: «Pare che piova», nell'eventualità che invece qualcuno stia buttando giù acqua dal tetto.

DASHIELL HAMMETT

PIGRIZIA *(Ignavia)*

«È importante la ginnastica... fa meraviglie. La ginnastica ha cambiato la mia vita!» «Io preferisco l'atrofia!»

WOODY ALLEN

Io ho un amico così pigro, così pigro, ma così pigro che ha sposato una donna incinta.

GINO BRAMIERI

Era un periodo che ero disoccupato così ho accettato di lavorare da un mio amico che aveva un campo di girasoli pigri, cioè costavano meno però bisognava girarli a mano.

GIOVANNI CACIOPPO

Ho appena comperato un chihuahua. È un cane per gente pigra. Non è necessario fargli fare la passeggiata. Basta metterlo fuori dalla finestra e stringerlo.

ANTHONY CLARK

Il mio cane è pigro: non insegue le auto, ma sta sul marciapiede e si annota le targhe.

RODNEY DANGERFIELD

Ogni mattina mi sveglio e tocco duecento volte le punte delle mie scarpe. Poi mi alzo dal letto e me le infilo.

MAX GREGGIO

Ah, la mountain bike! Arrampicarsi sui sentieri più ripidi, sudare per raggiungere la vetta, faticare lungo le mulattiere... Un giorno o l'altro dovrò proprio decidermi a comprarne una.

ROBERTO GUIDARINI

Durante la Maratona di New York mi sono stirato un muscolo. Dopo un'ora circa dall'inizio della corsa, son saltato giù dal divano.

DAVID LETTERMAN

L'ignavo, sa di essevlo?

FRANCO PENNASILICO

Ho indossato un collare ortopedico per un anno. Non per un incidente o simili. Mi ero solo stancata di tenere su la testa.

MARGARETH SMITH

Ogni volta che dico la parolaccia "ginnastica" mi sciacquo la bocca con lo sciroppo al cioccolato.

T-SHIRT AMERICANE

Non c'è senso a farsi otto chilometri a piedi per pescare quando si può essere altrettanto sfortunati sotto casa.

MARK TWAIN

PILOTA D'AEREO

Voglio morire nel sonno tranquillamente, come mio nonno. E non morire gridando terrorizzato come tutti i suoi passeggeri.

BARZELLETTA SCOZZESE

Qui giace L. M., pilota aviatore che, precipitando a terra, saliva al cielo.

ACHILLE CAMPANILE

Sto cercando disperatamente di capire perché i piloti kamikaze si mettevano i caschi in testa.

DAVE EDISON

Credo che i piloti di voli commerciali se la siano legata al dito la storia che non si fa loro più l'applauso all'atterraggio. Nell'ultimo volo che ho fatto, il comandante ci ha detto all'interfono: «Las Vegas a quest'ora della sera è splendida... lo strip tutto illuminato, i colori, gli hotel: davvero mozzafiato. Ci siamo passati sopra tre minuti fa. Se non guardavate dal finestrino, pazienza».

MATTEO MOLINARI

Quando volo, cerco sempre di volare Delta. E non prendo un centesimo da loro, per dirlo. Il motivo per cui viaggio Delta è che paga i piloti più di ogni altra compagnia negli Stati Uniti. E quando volo, voglio gente felice sull'aereo su cui viaggio.

BOB NEWHART

Passeggero di aereo: «So che questa è la classe economica, tuttavia mi sembra che proiettarci i filmini del picnic del copilota sia davvero un po' troppo».

BOB PHILLIPS

Il pilota dell'aereo è sempre eccitato, arriva all'altoparlante e dice: «Sì, ora saliamo fino a circa diecimila metri, poi giriamo a sinistra sopra Pittsburgh, e poi a destra sopra Chicago. Poi scendiamo a seimila metri». Ti dice tutto il percorso, tutte le sue mosse. E noi siamo lì a pensare: «Ma falla finita! Atterra solo dove dice il biglietto e non rompere le palle!».

JERRY SEINFELD

Tutti stavano muti mentre il comandante assicurava: «Ora si alza, ora si alza, lo giuro, dovrebbe!». Quando al tredicesimo chilometro in piena campagna l'aereo si alzò, il pilota urlò: «Non lo avrei mai creduto!».

PAOLO VILLAGGIO

PINETA

vedi **Bosco**

PIOGGIA *(Lampi - Tuoni)*

Ho un rapporto catastrofico con la tecnologia: se passo sotto un lampadario a gocce si mette a piovere.

WOODY ALLEN

Ho smesso di fumare. Vivrò una settimana di più e in quella settimana pioverà a dirotto.

WOODY ALLEN

La pioggia è qualcosa che fa crescere i fiori e sparire i taxi.

ANONIMO

Cliente: «Quanto costa il taxi?»
Tassista: «Be', dipende dal tempo.»
Cliente: «Supponiamo che piova.»

ANONIMO

Allora rientrai a casa e mi misi a scrivere: "È mezzanotte; la pioggia batte sui vetri". Non era mezzanotte. Non pioveva.
Samuel Beckett

È così basso che quando piove, lui è l'ultimo a saperlo.
Milton Berle

Quando è sereno e soleggiato dopo due giorni freddi e piovosi, probabilmente è lunedì.
Citata da Antonio Bruno

In Irlanda, quando le previsioni meteorologiche sono brutte, corrispondono invariabilmente alla verità; quando sono belle, invece, si rivelano invariabilmente sbagliate.
Tony Butler

Il Fiorellino: «Che bella cosa essere nato vicino a te. Così tu mi ripari dalla pioggia. Ma dimmi: sei un vero ombrello o fungi da ombrello?»
Il fungo: «Fungo.»
Achille Campanile

Le piogge nel medioevo solevano raggiungere una particolare intensità, anche a causa della mancanza di ombrelli.
Achille Campanile

Ci vuole giorno molto piovoso per annegare papera.
Charlie Chan

Fare l'amore il sabato sera è un'abitudine perfettamente ridicola, perché se la domenica piove non si sa più che cosa fare.
André Dahl

Per legge, è obbligatorio accendere i fari quando piove in Florida. Ok, ma chi è che mi fa sapere quando piove in Florida?
Strange de Jim

Non indossare mai mutande in poliestere se hai in programma di venir colpito da un fulmine.
Giudice di notte

Era uno di quei pignoli che, vedendo fuori dalla finestra un temporale, dicono: «Pare che piova», nell'eventualità che invece qualcuno stia buttando giù acqua dal tetto.
Dashiell Hammett

Prendete una bella giornata, aggiungete sei giorni di pioggia e nebbia, e avrete Londra.

MODO DI DIRE AMERICANO

Se alzi gli occhi e vedi il sole vuol dire che non pioverà. Se alzi gli occhi e vedi le nuvole vuol dire che pioverà. Se alzi gli occhi e non vedi niente, vuol dire che sta piovendo.

PROVERBIO INGLESE

Il deserto del Sahara è in Africa, su questo non ci piove.

SALVATORE SULSENTI

La pioggia è provocata da zone di alta pressione, fonti fredde, aria calda e umida e... dai weekend.

PAUL SWEENEY

Il tuono è bello, il tuono è impressionante; ma è il lampo che fa tutto il lavoro.

MARK TWAIN

La nuvola chiese alla pioggerellina: «E tu, cosa farai da grandine?».

DINO VERDE

Tenete sempre da parte un ragazzo, per le giornate di pioggia. E un altro, nel caso non piovesse.

MAE WEST

PIPA

vedi **Fumare**

PIPÌ

Gin: «Ieri mi è successa una cosa strana. Ero in macchina e un cane mi ha pisciato sulla ruota.»
Fizz: «E cosa c'è di strano?»
Gin: «Andavo a 130!»

ALE E FRANZ

«Dove vai?» «A orinare. Puoi trovarmi al sito www.cesso.it»

ALTAN

Fa caldo. C'è siccità. Ho visto un albero correre dietro a un cane per farsi pisciare addosso.

GIANCARLO BARBARA

Eva mi raccontava stasera che, quando da piccola faceva la pipì nel letto, sua madre la riempiva di botte. Che donna crudele! Mia madre invece sapeva che tutto dipende da quello che si mangia la sera. Il segreto è tutto lì. Innanzitutto niente cavoli, niente carote, niente latte, niente riso, niente carne. Insomma io non pisciavo ma non stavo in piedi.
Romano Bertola

Ho scoperto che bevendo una certa acqua si diventa puliti dentro e belli fuori. Allora ho bevuto dodici litri di quell'acqua lì, sono diventato bellissimo, sono uscito con una ragazza bellissima... e mi sono pisciato addosso tutta la sera.
Fabrizio Canciani

Date un significato sociale al vostro tempo libero: prendetevi un cane randagio dal canile e un vecchio senza famiglia come nonno. Passerete il vostro tempo ad accompagnarli a pisciare.
Gianni Carino

Nell'acquario ho messo dei pesci che ho preso a Rimini. Ogni tanto ci piscio dentro per farli sentire a casa.
Sergio Cosentino

Amore... Un fiammifero usato che galleggia in un pisciatoio.
Hart Crane

Bevo troppo. L'ultima volta che ho fatto l'esame delle urine c'era un'oliva dentro.
Rodney Dangerfield

Certo che gli uomini sono superiori alle donne! Innanzitutto possono fare la pipì da una macchina in corsa.
Will Durst

Non ho ancora capito se il mio cane è maschio o femmina perché, quando fa la pipì, si chiude in bagno.
Fichi d'India

La lunghezza di un film dovrebbe essere direttamente proporzionale al carico di tolleranza della vescica umana.
Alfred Hitchcock

Bisogna vivere come i gigli dei campi. E così voglio fare: baciata dal sole, lambita dal vento e pisciata dai dobermann.

LUCIANA LITTIZZETTO

Una notte mi alzo per andare in bagno, apro la porta e la luce si accende da sola, senza toccare l'interruttore; entro, faccio i miei bisogni, esco, chiudo la porta e la luce si spegne da sola senza che io tocchi l'interruttore. Torno a letto e mi dico fra me e me: «Magia? Chiaroveggenza? O forse ho pisciato nel frigorifero?».

MAGO ORONZO (RAUL CREMONA)

Sai che un brutto giorno sta per cominciare quando ti svegli su un materasso ad acqua esploso e sai che non possiedi un materasso ad acqua.

JAN MURRAY

Mettere incinta una donna e poi sposarla è come pisciare in un cappello e poi metterselo in testa.

SAMUEL PEPYS

La differenza tra un intellettuale e un operaio? L'operaio si lava le mani prima di pisciare e l'intellettuale dopo.

JACQUES PRÉVERT

Io sono uno che si alza alle sei di mattina. Faccio pipì e torno a letto fino alle undici.

STEFANO ZACCARELLA

PIRAMIDE

vedi **Egitto**

PIRLA

Ale: «A proposito di tua mamma, sai che va in giro a dire che sei un pirla?»
Franz: «Chi te l'ha detto?»
Ale: «Tua mamma, pirla!»

ALE E FRANZ

Icaro credeva di essere un uccello, invece era un pirla!

ATTRIBUITA A GIOVANNI BORGHI DA MARCELLO MARCHESI

Se i patacca volassero, te non toccheresti mai per terra!

PALMIRO CANGINI (PAOLO CEVOLI)

«E adesso vi lascio. Questa sera volevo solo regalarvi qualche sorriso. Dunque saluto quei pirla che hanno pagato.»
Dimunno e Tamborrino

Dai tempi più antichi si pensa che è sacra l'ospitalità. Il detto più saggio e più certo è: «Bussa e ti sarà aperto». Ho bussato, bussato per ore a un portone e poi sul più bello ho sentito dall'alto gridare: «Pirla! C'è il campanello!».
Flavio Oreglio

Tutti lì a dirci che bisogna fare un salto di qualità. Ma io mi domando: un pirla, quando fa il salto di qualità, migliora o peggiora? Cioè lo diventa di più o di meno?
Paolo Rossi

PISCINA

Adesso un sacco di gente fa nascere i bambini sott'acqua. Dicono che sia meno traumatico per il bambino, perché è nell'acqua. Ma certo è più traumatico per gli altri che sono in piscina.
Elayne Boosler

Quest'anno abbiamo deliberato di mettere la maciullagine anche nelle piscine degli alberghi per un coso di par condiscion.
Palmiro Cangini (Paolo Cevoli)

Meglio suonare *Chiquita Banana* e avere la piscina che suonare Bach e morire di fame.
Xavier Cugat

Ho lavorato come bagnina in una piscina. Una volta una ragazza stava affogando, ma io avevo appena mangiato. Se fosse rimasta a galla per un'ora, l'avrei salvata tranquillamente.
Hollywood Improv

Hanno detto di noi: «Ma i Beatles non erano materialisti». Balle. Io e John dicevamo sempre, mentre ci sedevamo a tavolino a comporre una nuova canzone: «Scriviamo i soldi per un'altra piscina, ok?».
Paul McCartney

Prendiamo la Barbie. Una bambola che nuda costerà sulle ventimila lire. Però la Barbie vuole il vestito da sposa, la Barbie vuole i trucchi, vuole la roulotte e il camper, vuole la piscina... il problema non è comprarla, è mantenerla!

GIORGIO PANARIELLO

PISELLO
*vedi **Cazzo***

PISOLINO
*vedi **Dormire***

PISTOLA
*vedi **Armi***

PITTORE
*vedi **Pittura***

PITTURA *(Pittore – Quadro)*
*vedi anche **Dalí - Picasso***

Allen: «Hmm... Bello quel quadro di Frank Kline, eh?»
Ragazza: «Sì, bello.»
Allen: «A te... cosa ti dice?»
Ragazza: «Riafferma la negatività dell'universo. L'atroce solitudine e il vuoto dell'esistenza, il nulla, la condanna dell'uomo, costretto a vivere in una brulla eternità senza Dio, come una fiammella che vacilla in un immenso vuoto, senza nulla intorno che desolazione, orrore e degradazione... stretto in un'inutile, squallida camicia di forza in un cosmo tenebroso, assurdo.»
Allen: «Cosa fai sabato sera?»
Ragazza: «Mi suicido.»

WOODY ALLEN

Non essendo riusciti a trovare il pittore hanno appeso il quadro.

ANONIMO

Pittore moderno è chi scaglia i colori sulla tela, li asciuga con un panno e poi vende il panno.

ANONIMO

Per rilassarmi e combattere lo stress il dottore mi ha consigliato di dedicarmi alla pittura. Funziona! Domenica ho dipinto ventisei quadri.

GEMELLI BAROLO

Ho messo a dieta un quadro di Botero. Ora è di Magritte.

DONNIE BARZO

L'altro giorno leggevo un libro sulla vita di Van Gogh e ho pensato: «Ehi, ma questo posso farlo anch'io!». Così mi son tagliato un orecchio.

LORENZO BOSIO

Quando uno guarda i dipinti di Picasso, viene naturale chiedersi che tipo di donne immaginasse quando si masturbava.

GEORGE CARLIN

«Ma come hai fatto a sbagliare? Ti ho fatto un cross che era una pennellata! Sembrava un quadro di Pirandello!»

FRANCO CAUSIO

Beethoven era talmente sordo che, per tutta la vita, ha creduto di essere un pittore.

CAVANNA

Ho ereditato un dipinto e un violino che si sono rivelati essere un Rembrandt e uno Stradivarius. Sfortunatamente, Rembrandt faceva pessimi violini e Stradivarius era un pittore atroce.

TOMMY COOPER

I modelli dovrebbero sforzarsi di rassomigliare ai loro ritratti.

SALVADOR DALÍ

La cosa che sente più stupidaggini al mondo è probabilmente un quadro in un museo.

EDMOND E JULES DE GONCOURT

È ormai appurato che Renato Guttuso, grazie ai buoni uffici di Andreotti, ottenne il perdono della Chiesa pronunciando diecimila "Sia lodato Gesù Cristo", e dodicimila "Se l'arcivescovo di Costantinopoli si disarcivescovocostantinopolizzasse".

GINO&MICHELE

Comunque, una cosa Marta Marzotto l'ha dimostrata alla faccia di tutti: che nella vita, posando nuda per un grande pittore, ci si può anche abbronzare.

GINO&MICHELE

Van Gogh avrebbe venduto più di un quadro se solo ci avesse messo delle tigri.

TOM HOBBES

Forse io non sono molto umano. In fondo tutto quello che volevo fare nella vita era dipingere la luce del sole sulla facciata di una casa.

EDWARD HOPPER

La Gioconda si sta deteriorando. Si sta raggrinzendo e inarcuando. Ma non temete, un team di restauratori la sistemerà. È la stessa gente che ha lavorato su Cher.

DAVID LETTERMAN

Chi di noi almeno una volta non ha guardato pensierosamente e pazientemente un quadro di Jackson Pollock e ha pensato: «Ma non è una cagata?».

ROB LONG

Dipinge solo arte moderna perché la sua modella ha il singhiozzo.

BORIS MAKARESKO

C'è una banca di Beverly Hills che è davvero esclusiva. Sapete che molte banche prendono la foto dei loro rapinatori? Questa prende un dipinto a olio!

ROBERT ORBEN

C'è una cosa da dire sui grandi maestri della pittura del XX secolo, cioè su Mondrian, Pollock, Matisse, Rothko, Vasarely, Fontana, Man Ray, Bacon, Matta, Dubuffet, Duchamp, Stella, Kandinskij, Morandi, Picasso, Miró, De Kooning, Chagall, Manzù, Ernst, Klee, Picabia, Giacometti, Moore, Dalí ecc... ed è che forse ci sono troppi grandi maestri della pittura nel XX secolo.

PERICOLI E PIRELLA

«Questo è uno dei tuoi soliti stupidi dipinti astratti?» «No, quello è uno specchio!»

BOB PHILLIPS

Bill Gates ha pagato trenta milioni di dollari per un dipinto di Winslow Homer. E, comunque, continua a pagare quattro dollari per un taglio di capelli.

COLIN QUINN

Non mi sarei mai dato alla pittura se le donne fossero state prive di seno.

PIERRE-AUGUSTE RENOIR

Una mattina, siccome uno di noi era senza nero, si servì del blu: era nato l'impressionismo.

PIERRE-AUGUST RENOIR

Dopo il successo ha deciso di vivere alla grande. Si è fatto dare il bianco in cucina da Salvador Dalí, ha assunto un famoso commercialista che conti le pecore al suo posto per addormentarsi e tiene in giardino un ballerino di flamenco che gli schiaccia le formiche.

ANTONIO RICCI

Era una che, quando le dicevano «Van Gogh», rispondeva: «Ci vada lei».

MICHELE SERRA

Se un quadro piace a più del 10% della popolazione, dovrebbe venir bruciato, perché non può non essere brutto.

GEORGE BERNARD SHAW

Quale dipinto salverei se alla National Gallery scoppiasse un incendio? Be', ovviamente il più vicino alla porta.

GEORGE BERNARD SHAW

Una donna ha bisogno di un uomo come Van Gogh di uno stereo.

SLOGAN FEMMINISTA

Non bisogna giudicare il buon Dio da questo mondo perché è uno schizzo che gli è venuto male.

VINCENT VAN GOGH

PIZZA

Il cinema Usa ha successo perché loro fanno bene i film. Noi facciamo bene la pizza.

ROBERTO BENIGNI

Siamo onesti, il contributo tecnologico italiano all'umanità si è fermato al forno per la pizza.

BILL BRYSON

Quanti puntini ci sono dentro a un bottiglino d'inchiostro? 5246! Oppure uno solo, grosso come una pizza!

GIORGIO FALETTI

Un Oscar, il sesso, un gelato e una pizza... Se avessi questo ogni giorno per il resto della mia vita sarei felice.

DUSTIN HOFFMAN

Mi preoccupo sempre dei germi nei buchi delle palle da bowling. Nessuno mai li pulisce, quei buchi. Ci sono residui di dita da pizza, dita da tacos, dita da pollo, lì dentro. Mi stupisco che quelle palle abbiano ancora dei buchi! Avete mai annusato i buchi di una palla da bowling? Credete che la palla abbatta i birilli? Sbagliato. Svengono per il fetore.

CAROLYNE MAY

PLAGIO

L'unico modo per evitare il plagio è scrivere battute che non fanno ridere.

PAOLO CANANZI

Il segreto della creatività è nascondere bene le proprie fonti.

ALBERT EINSTEIN

Quando Romolo Valli partecipò a *Novecento* di Bertolucci, avendo notato che il regista spesso imitava apertamente lo stile dei vari maestri, continuava a ripetergli: «Ma questo è Lang... questo è Eisenstein... questo è Renoir...». Al che Bertolucci tranquillo rispondeva: «Ma sì, è un hommage». Finché un giorno l'attore gli ribatté: «Attento Bernardo: tre hommage sono un plage!».

TULLIO KEZICH

Se rubi a un autore è plagio. Se rubi a molti è ricerca.

WILSON MIZNER

Un buon compositore non imita. Ruba.

IGOR STRAVINSKIJ

PLATINETTE

9 verticale: "Simile a una monovolume"... PLATINETTE.

CAPOCENERE (CLAUDIO BATTA)

Berlusconi sta alla diplomazia come Platinette sta alla gnocca.

ALBERTO PATRUCCO

Io mi sono fatta da sola.
PLATINETTE

Negli Stati Uniti i ragazzi si travestivano per non andare in Vietnam. Io mi travesto per andare da Costanzo.
PLATINETTE

PLAYBOY *(Latin lover - Ninfomane)*

Tomba ormai ha messo la testa a posto. Anche il suo allenamento è completamente cambiato. Non dorme più con tre ragazze fino alle cinque del mattino, ma con cinque fino alle tre.
ANONIMO

Quali sono i cinque libri più corti del mondo? *Deontologia commerciale ebrea*, *Eroi di guerra italiani*, *Storia completa dell'umorismo tedesco*, *Grandi amatori inglesi*, *Who's Who a Portorico*.
ANONIMO

Sono sempre stato fortunato con le donne. Ce ne sono state così tante nella mia vita che non ho trascorso più di due minuti con ognuna di loro.
MARLON BRANDO

Dentro ognuno di voi c'è un piccolo Conte... Anche dentro le vostre mogli se è per questo...
CONTE UGUCCIONE (BEBO STORTI)

Venerdì me ne entro in farmacia e chiedo al farmacista: «Tu, bello bello, dammi dodici dozzine di preservativi, sbrigati!». Ma mi ha fregato! Allora il lunedì successivo mi presento nuovamente in farmacia e gli dico: «Senti a me, bello bello, in quella confezione da dodici dozzine c'erano solo 143 preservativi! Mi hai rovinato il week end, cornuto!».
ALEX DRASTICO (ANTONIO ALBANESE)

Sarà stato anche il migliore amante del mondo, ma cosa potevo fare di lui nelle altre ventidue ore della giornata?
ZSA ZSA GABOR

La sera tiro un sospiro di sollievo quando non trovo una ragazza sotto il mio letto.
RICHARD GERE

Quando ti chiamano latin lover sei nei guai. Le donne a letto si aspettano da te una performance da Oscar.

MARCELLO MASTROIANNI

Una ninfomane è una donna ossessionata dal sesso come lo è qualsiasi uomo.

MIGNON MCLAUGHLIN

Io ho fatto l'amore ovunque. Nell'ascensore, nella toilette di un treno, in macchina, in aereo, perfino in funivia. Ho davvero fatto l'amore ovunque, tranne che in una cabina elettorale. Lì l'ho sempre preso nel culo.

BEBO STORTI

A me piacciono solo due tipi di uomini: gli stranieri e quelli del mio Paese.

MAE WEST

A volte mi sembra di aver conosciuto così tanti uomini che l'Fbi dovrebbe venire da me quando ha bisogno di impronte digitali.

MAE WEST

Dieci uomini stanno aspettando davanti alla mia stanza? Oh Dio... mandatene a casa uno, stasera sono stanca.

MAE WEST

Datemi uno che ha sedici anni e ve lo restituirò quando ne avrà ventuno.

MAE WEST

PLAYSTATION

Prima di giocare a calcio alla playstation, Moggi chiamava a casa il signor Sony.

DARIO ALESANI

I bambini ormai vivono davanti alla playstation, ai video giochi. Un giorno ho preso il mio nipotino, l'ho caricato in macchina e l'ho portato a vedere il mare. Siamo arrivati a Ostia, siamo scesi sulla spiaggia, lui ha guardato e poi mi ha detto: «Zio, che brutta grafica ha 'sto mare!».

GIANLUCA BELARDI

Tutti i più grandi musicisti hanno dei problemi. Elvis era alcolizzato, Jim Morrison era drogato, Eminem è violento e a Max Pezzali si è rotta la playstation.

LORENZO BOSIO

Adesso esiste un corso di laurea in videogame. Finalmente, una laurea che vale meno di scienze politiche.

JAY LENO

PNEUMATICI

Amo arrivati al paese con la macchina, io e Derelitta davanti, Oronzo dietro e le ragazze tutte e tre su un carrello al traino perché se entrano loro più Derelitta per il peso alla macchina si piegano le ruote sotto che sembra una lucidatrice. L'ultima volta che amo fatto il viaggio così per arrivare ci amo messo trentasei ore però indietro di noi la sfalto era lucida come se ci avevano dato la cera.

VITO CATOZZO (GIORGIO FALETTI)

È assai frequente che l'esistenza del gommista venga scoperta in età avanzata. In altri termini i guidatori giovani si disinteressano dello stato di salute degli pneumatici, non sanno cosa sia l'equilibratura e provano stupore se qualcuno spiega loro che "Tubeless" vuol dire "Senza camera d'aria". Generalmente l'equivoco nasce così: il gommista esamina lo pneumatico e dice: «Ah, è senza camera d'aria». Ed essi rispondono: «Che ci vuole fare, nella mia zona si rubano tutto».

GIOELE DIX

L'inquinamento è così avanzato che quando ho gonfiato le ruote della mia auto, due di loro sono morte.

LEE TULLY

POESIA *(Poeta)*

Quest'uomo è del tutto inadatto a fare il politico. Da giovane scriveva poesie e chi ci garantisce che ora non lo faccia più?

ANONIMO

Di questo potrei parlare all'infinito, ma odio Leopardi e tutti i poeti da pelliccia.

ALESSANDRO BERGONZONI

Scrivevo un po' di tutto, in particolare poesie. Vorrei citarvene almeno una: "Nel mezzo del cammin di nostra vita/ Mi ritrovai per una selva oscura...". Poi va avanti. È lunghissima. L'ho letta a un mio amico che mi ha detto: «Ma questa è la *Divina Commedia!*». lo mi sono schermito: «... Divina... Diciamo carina...».

CLAUDIO BISIO-ANTONIO CATANIA

Lui: «All'ombra dei cipressi o dentro all'urne confortate dal pianto è forse il sonno della morte men duro?»
Lei: «Cosa c'entra il Foscolo, adesso?»
Lui: «No, è solo per farti capire che l'unica è scopare.»

BORETOR

Sono un mirabile incrocio fra Tarzan e Giacomo Leopardi. In me convivono tutte le doti intellettuali di Tarzan e tutta la prestanza fisica di Giacomo Leopardi.

AMBROGIO BORSANI

Carducci aveva dodici figli: «Sei nella terra fredda, sei nella terra negra».

MARIA LUISA BOTTANI

Credete che se Laura fosse stata sua moglie Petrarca le avrebbe scritto sonetti tutta la vita?

GEORGE GORDON BYRON

Aveva una bocca stupenda ma piccola e un culo bruttissimo. Volevo scrivere una poesia sulla sua bocca, ma ho preferito scrivergliela sul culo perché c'era più spazio.

PINO CARCIOTTO

I poeti hanno sempre tenuto un misterioso silenzio sul soggetto "formaggio".

GILBERT K. CHESTERTON

Lettera di rifiuto di una poesia intitolata "Perché sono vivo?". "Perché ha inviato la poesia per posta".

EUGENE FIELD

È un poeta così cattivo che sette città si rinfacciano il disonore di avergli dato i natali.

ENNIO FLAIANO

Non c'è dubbio che questa idea di meditare prima di esporre il proprio pensiero, mentre sarebbe così comodo esporlo senza aver meditato, ha rovinato il carattere di molta gente: ne seppero qualcosa Schopenhauer e Leopardi, mentre guardate come è sempre lieto il ministro Tanassi.

FORTEBRACCIO

Consiglio del giorno: se trovate difficile o impossibile scrivere una poesia, fate come me. Prendete quel vostro vecchio libro di trigonometria del liceo, scovate qualche teorema e trasformatelo in forma poetica. Suggerimento: ogni volta che trovate la parola "angolo", cambiatelo in "angelo". Esempio: "Io ti complemento, angelo, e ti definisco immensamente. Io sono il tuo angelo adiacente. Tu sei il mio coseno. Io ti definisco fattorialmente. Io sono la curva generata dal movimento del tuo vertice. Oh, Angelo acuto".

RICH HALL

A scuola eri così lento! Mi ricordo quella volta quando leggevi la poesia e l'*Infinito* di Leopardi ti disse: «Basta! Hai vinto tu!».

PEPPE IODICE

I poeti sono come i bambini: quando siedono a una scrivania, non toccano terra coi piedi.

STANISLAW JERZY LEC

La mia poesia preferita è *Trenta dì conta novembre*... perché trovo che davvero comunichi qualcosa.

GROUCHO MARX

«La stampa trascura le mie poesie. È una vera congiura del silenzio. Che cosa devo fare, Oscar?» «Unirti alla congiura».

SIR LEWIS MORRIS-OSCAR WILDE

Se un terzo degli scrittori e due terzi dei poeti viventi morissero improvvisamente, la perdita per la letteratura sarebbe irrilevante.

CHARLES OSBORNE

Tutta l'opera di Petrarca si potrebbe riassumere nel verso di Sergio Endrigo: "Dite a Laura che l'amo".

VITTORIO SGARBI

Prof: «Nel tuo cervello, oltre alle Spice Girls, le donne nude, i film porno, le moto, i giornaletti di Topolino, c'è posto per Foscolo?»
SMEMORANDA BROTHERS & SISTERS

Le dissi: «Fammi godere con la lingua». Mi lesse delle poesie.
FRANCESCO VANDETTA

POETA
vedi ***Poesia***

POKER

Fizz: «C'è stato un periodo della mia vita nel quale ho avuto due donne.»
Gin: «E poi?»
Fizz: «Ho cambiato tre carte e mi è entrato un full!»
ALE E FRANZ

Franza: «Io a casa ho una coppia di canarini...»
Ale: «Io ho un full di gatti.»
ALE E FRANZ

Al gioco sono sfortunatissimo. Sono l'unico al mondo cui capita una mano di poker con cinque carte senza che ce ne siano due dello stesso seme.
WOODY ALLEN

Il figlio del giocatore di poker professionista era davvero molto precoce. A soli due anni sapeva già contare da uno al re.
MILTON BERLE

Succede una disgrazia a casa Blumenfeld. Si gioca a poker in cinque, quando il vecchio Cohen ha un infarto e muore senza aver ripreso conoscenza. Dice Blumenfeld a Weiss: «E adesso che cosa facciamo?» «Togliamo i sei», risponde Weiss.
STORIELLE EBRAICHE, A CURA DI FERRUCCIO FÖLKEL

POLITICA

A chiunque sia in grado di farsi eleggere Presidente, non dovrebbe essere consentito in alcun modo di fare quel lavoro.

Douglas Adams

I politici hanno una loro etica. Tutta loro. Ed è una tacca più sotto di quella di un maniaco sessuale.

Woody Allen

La differenza tra i Repubblicani e i Democratici americani? I primi corrono dietro ai tuoi soldi. I secondi a tua sorella.

Anonimo

Il Parlamento? Oh sì, ci sono stato. Un uomo parla, nessuno l'ascolta e poi tutti gridano che è uno stronzo.

Anonimo

Quest'uomo è del tutto inadatto a fare il politico. Da giovane scriveva poesie e chi ci garantisce che ora non lo faccia più?

Anonimo

«Cosa fai per vivere caro?» «Più o meno l'uomo politico.» «Anche a me non piace lavorare.»

Edward Arnold-Mae West

A me l'Occidente piace assai: da noi c'è il fondamentalismo, a chi ruba tagliano una mano. Invece voi siete tutta un'altra cosa: a chi ruba gliela date una mano!

Assundam (Rosalia Porcaro)

In politica c'è così tanta confusione che ci sono candidati che non sanno per chi votare.

Gianni Audisio

Fottere un repubblicano alle elezioni è il piacere più grande che un uomo possa concedersi senza togliersi i pantaloni.

Gerald Baliles

Il segreto di un candidato politico è di sembrare stupido come chi lo ascolta, così che gli ascoltatori si sentano intelligenti come lui.

Fred Barnes

Le mogli dei politici fanno tutte beneficenza. Per forza! Hanno il senso di colpa per quello che rubano i mariti.

Roberto Benigni

In politica la stupidità non è un handicap.
Napoleone Bonaparte

Se i Presidenti non lo fanno alle loro mogli, lo fanno al Paese!
Mel Brooks

Come ha detto recentemente il Presidente del Consiglio: «È ora che ognuno si assuma le nostre responsabilità».
Massimo Bucchi

La gente dell'Ulivo è vicina ai suoi leader. Speriamo che non li raggiunga.
Massimo Bucchi

Sono neutrale. Né con voi né con me.
Massimo Bucchi

È ora di finirsela di piangere sul latte macchiato e di fare quella politica che si dà una botta alla botte e una botta alla moglie ubriaca!
Palmiro Cangini (Paolo Cevoli)

Stavo discutendo di politica con una signora che mi ha detto: «Se le donne gestissero il mondo, non ci sarebbero guerre». Che marea di vaccate. Certo, nessuno inizierebbe una guerra per nessun motivo, se le donne gestissero il mondo. «Salve, sono l'Inghilterra. Com'è che sono invasa?» «Oh, penso che tu lo sappia. Ti ho visto come guardavi la Francia!»
Drew Carey

L'uomo è per natura un animale politico... tanto è vero che spesso l'uomo politico è una bestia.
Alfredo Chiappori

Lord Charles Beresford si può descrivere come uno di quegli oratori che, prima di alzarsi per parlare, non hanno idea di quello che diranno; mentre parlano, non hanno idea di quello che stanno dicendo; e quando si siedono, non hanno idea di quello che hanno detto.
Winston Churchill

Dicono che i dirigenti politici italiani sono malati, sono infettati. Secondo me, per essere sicuri, si deve fare subito l'autopsia.
Domenico Ciruzzi

Fare il Presidente è come amministrare un cimitero. Hai un sacco di gente sotto di te, ma nessuno ti sta a sentire.

Bill Clinton

La matematica è come la politica: non sappiamo di cosa stiamo parlando né se quello che diciamo è vero, ma è sempre e comunque esatto.

Sergio D'Antoni

Potessi tornare indietro farei l'analfabeta. Avrei donne e successo politico.

Oreste del Buono

Abbiamo in anteprima esclusiva il documento della divisione dei beni tra Veronica Lario e Silvio Berlusconi. A Veronica rimane l'Umbria, il Regno delle due Sicilie e un terzo continente a scelta. Inoltre a lei va la custodia del trofeo Mitropa Cup, dei Telegatti e dell'opera omnia di Apicella. Sandro Bondi verrà affdato a Veronica, con la possibilità di visita da parte di Silvio ogni due week end. A Silvio rimane quel poco che resta. Ma si sa, nelle separazioni sono sempre gli uomini ad avere la peggio.

Fiorello

Come esistono oratori balbuzienti, umoristi tristi, parrucchieri calvi, potrebbero esistere benissimo anche dei politici onesti.

Dario Fo

Pericolosa è una politica che istituisce una commissione per vigilare sulla tv, mentre dovrebbe essere la tv a vigilare sulla politica.

Beppe Grillo

I referendum abrogativi. Dove per dire "Sì" devi votare "No". E per dire "No" devi votare "Sì". Come uno che va a sposarsi e il prete dice: «La vuoi mandare a cagare?» «No.» «Allora vi dichiaro marito e moglie.»

Beppe Grillo

Se i partiti non rappresentano più gli elettori, cambiamoli questi benedetti elettori.

Corrado Guzzanti

Una regola cardinale della politica: non farti mai beccare a letto con un uomo vivo o con una donna morta.

J.R. Ewing

I rappresentanti di automobili vendono automobili; i rappresentanti di polizze assicurative, assicurazioni. E i rappresentanti del popolo?

Stanislaw Jerzy Lec

Il problema è che il 90% dei politici rovina il buon nome di tutto l'altro 10%.

Henry Kissinger

Gli uomini politici sono uguali in tutto il mondo: promettono di costruire ponti anche dove non ci sono fiumi.

Nikita Krushev

Se non ti occupi di politica, la politica finirà per occuparsi di te.

Lenin

Il Senato ha votato per 97 a 0 una legge antispam, per eliminare quelle noiosissime e-mail. I senatori sono stati molto chiari. Hanno detto: «Quando inizi a ingannare gli americani prendendo i loro soldi in cambio di false promesse, invadi il nostro territorio, amico».

Jay Leno

È meglio assumere un sottosegretario che una responsabilità.

Leo Longanesi

«Proposta: facciamo il Governo degli Onesti.» «Già, e il pluralismo?»

Manetta

In America puoi apparire in televisione e prendere in giro i politici. E i politici possono apparire in televisione e prendere in giro te.

Groucho Marx

Non essere umile. Non sei così grande.

Golda Meir

... Era un periodo in cui al Tg1 dovevamo iniziare con una notizia di politica, e mi ricordo che pur di farlo una volta abbiamo aperto con le elezioni nella Corea del Nord. Ma a chi volete che interessassero le elezioni in Corea del Nord? Nemmeno al Tg della Corea ci hanno aperto con quella notizia!

ENRICO MENTANA

Abbiamo dei politici che gli dai sei mesi da amministrare il Sahara e, dopo, la sabbia ti tocca andarla a comprare a Taiwan!

DIEGO PARASSOLE

Per la mia campagna elettorale ho speso 400 milioni per poster, 330 milioni di spot in Tv, 150 in dépliant, 150 per cene e omaggi vari. Se non vengo eletto sono rovinato. Se invece vengo eletto siete rovinati voi.

PASSEPARTOUT

Noi ragazze non capiamo un bel niente di politica.

PAOLO POLI

Da quando è entrato in vigore l'euro c'è talmente tanta crisi che la mafia ha dovuto licenziare tre politici.

FRANCESCO RIZZUTO

In fondo la politica non è altro che un certo modo di agitare il popolo prima dell'uso.

TALLEYRAND

I giornali parlano per metà di disgrazie e per metà di politici, che anche loro, in quanto a disgrazie, non scherzano mica.

LINO TOFFOLO

Ma guarda che roba! Poi dicono che uno si butta a sinistra!

TOTÒ

A proposito di politica, ci sarebbe qualcosa da mangiare?

TOTÒ

Se penso che hanno approvato una legge che si limita a depenalizzare il falso in bilancio, mi sento più tranquillo. Sulle prime temevo che lo rendessero obbligatorio.

CARLO TURATI

Da piccolo volevo fare o il suonatore di piano in un bordello, oppure il politico. E ora posso dirvi la verità: non c'è una gran differenza.

HARRY S. TRUMAN

Uno statista è un politico che è morto da dieci o quindici anni.

HARRY TRUMAN

Lettore, immagina di essere un idiota. E immagina di essere un membro del Parlamento. Ma odio ripetermi.

MARK TWAIN

L'importante nella vita, Jeeves, se si vuole vivere prosperi e felici, è perdere quanti più dibattiti politici possibile.

PELHAM GRENVILLE WODEHOUSE

Faceva così freddo che ho visto un politico con le mani nelle sue tasche.

HENNY YOUNGMAN

POLIZIA

Giovanni: «Unoppi, unoppi, unoppi... attenti! Allora statemi bene a sentire... esercitazione... Dexter, mi hanno telefonato che c'è una rapina in corso, ci sono dei delinquenti esageratissimi che tengono in ostaggio i clienti e sono asserragliati all'interno del Credito Bergamasco. Dexter, come agiamo?»
Aldo: «La prima cosa che dob biamo fare è quella di consultare scrupolosamente il manuale, dopodichédobbiamo porci la domanda più importante: è pericoloso?»
Giovanni: «Certo che è pericoloso, è pericolosissimo!»
Aldo: «Allora mi prendo un giorno di ferie!»

ALDO, GIOVANNI E GIACOMO

E quando lei: «Ma teeee... se trovi la Bellucci nuda nel letto cosa fai?» «Chiamo la polizia. Sarà morta.».

STEFANO BELLANI

Devi avere un certo fisico per entrare nell'esercito. Un medico guarda dentro un orecchio, un altro guarda nell'altro orecchio e se non possono vedersi sei arruolato. Se invece riescono a vedersi entri a far parte della polizia militare.

JOHN BROWN

Poliziotto: «Onorevole Scelba, c'è un caso insolito: un operaio è morto solamente di polmonite!»

***DON BASILIO*, 1950**

«Onorevole Scelba, in Sicilia c'è un combattimento in corso tra Salvatore Giuliano e le forze di polizia!» «Mandate subito dei rinforzi!» «A chi?»

Don Basilio, 1950

Quando avevo dodici anni sono scappato col circo, ma la Polizia poi me lo ha fatto riportare.

Leopold Fetchner

Ho visto dei bravi compagni finire nei cellulari della polizia tanto tempo fa, e adesso ho visto gli stessi compagni passare ai telefoni cellulari... E poi dai telefoni cellulari li ho visti tornare ai cellulari.

Gino&Michele-Paolo Rossi

Un uomo aveva una tigre da duecento chili nel suo studio-appartamento di New York. E una volta che hai una tigre, cosa c'è di meglio se non accompagnarla con un alligatore? Dunque questo tale aveva una tigre e un alligatore nel suo appartamento, e la polizia ha ricevuto una soffiata dal pappagallo. La tigre viveva di tonno in scatola, e di qualche occasionale fattorino dell'UPS.

David Letterman

Secondo uno studio fatto in Australia, i koala hanno delle impronte digitali talmente simili a quelle umane che potrebbero essere facilmente confuse dalla polizia sulla scena di un delitto. Va notato, inoltre, che lo studio è stato finanziato da O.J. Simpson.

Norm MacDonald

Annuncio apparso su un quotidiano napoletano: "Automobile con la scritta POLIZIA vendesi. Identica a una vera: affarone!".

Gianfranco Marziano

Ieri, nel West Virginia, un uomo è stato arrestato per aver rubato numerose bambole gonfiabili. Stando ai rapporti, la polizia non ha avuto nessun problema ad acciuffare l'uomo, perché era completamente senza fiato.

Conan O'Brien

C'è troppa droga in giro, ma è perché i poliziotti sono incapaci... Continuano a dire: «Cerchiamo la droga. Ma è difficile trovarla». Se i poliziotti non riescono a trovare la droga ma uno studente quattordicenne non ha problemi, cosa vi dice tutto questo?

CHRIS ROCK

Il sindaco ha dichiarato che la pratica di vestire poliziotti da donne per attirare borseggiatori si è rivelata un grosso successo: finora il risultato è stato 350 arresti, 200 incarcerazioni, e 27 matrimoni felici.

ROWAN & MARTIN'S LAUGH-IN

La ragione per la quale non ho firmato la parte riguardante i donatori di organi sulla mia patente è che riesco a immaginarmi un incidente in cui sono conciato parecchio male e un poliziotto enorme che sta sopra di me e suo zio che ha bisogno di un rene.

LOU SCHNEIDER

Qui in America tutti sono armati: la gente e la polizia. Se commetti un crimine senti: «Fermo o sparo!» e non sai chi l'ha detto. Ma pensate all'Inghilterra... La polizia non ha armi, e neanche la gente, così capita di sentire: «Stop! Oppure dico di nuovo stop!».

ROBIN WILLIAMS

La migliore era la polizia di Nixon... Agenti piccoli, furbi... Avevano gli occhiali a specchio con gli specchi all'interno!

ROBIN WILLIAMS

POLLO
vedi **Gallina**

POLLICE
vedi **Dito**

POLO
vedi **Forza Italia**

POLO NORD *(Polo Sud)*

Siamo stati in Alaska per due mesi, poi abbiamo deciso di fermarci anche la notte.

MILTON BERLE

L'ecologista dice: «Tu sei incosciente! Non pensi che a causa dell'effetto serra sta scomparendo il cormorano dell'Antartide!». E allora? L'hai mai mangiato il cormorano? È stopposo. Se spariva il pollo era peggio, quando vai al mercato cosa dici: «Mi dia un cormorano con due patatine fritte?».

MARCO CACINI

Vivere nel mondo di oggi ed essere contro l'uguaglianza tra le razze è come vivere in Alaska ed essere contro la neve.

WILLIAM FAULKNER

La circolazione in Artide avviene solo con slitte. Un cane da slitta con un filetto fa quindici chilometri.

GENE GNOCCHI

Le foche sono eccezionali con le palle, e non c'è logica in questo. Non esistono palle nell'Artico, né nell'Antartide. Palleggiano per ore, sono davvero fenomenali! Magari potrebbero esistere altri animali in grado di fare altrettante cose insospettabili. Tipo le tigri, potrebbero essere bravissime a suonare il banjo.

EDDIE IZZARD

Ci saranno sempre degli eschimesi pronti a dettare le norme su come devono comportarsi gli abitanti del Congo durante la calura.

STANISLAW JERZY LEC

Il cucciolo di tricheco che era stato abbandonato su una spiaggia dell'Alaska sta ricevendo le cure necessarie per tornare in buona salute. Il Wwf ha dichiarato che il piccolo tricheco dovrebbe rimettersi in forma giusto in tempo perché i nativi dell'Alaska possano ucciderlo a mazzate e scioglierlo per farne sapone.

MICHAEL LOOMIS

Sos in Antartide, dove si stanno registrando improvvisi aumenti di temperatura. A causa del caldo eccessivo, i pinguini rischiano di perdere il bastoncino di legno.

I MACETA (LUCA E SIRO MANTOVANI)

Polvere siamo, e polvere ritorneremo. E gli eschimesi granite.

BORIS MAKARESKO

Il pollo può essere meridionale o settentrionale: pollo nord o pollo sud.

BORIS MAKARESKO

Siccome in Italia non trovavo lavoro, sono andato a fare il metronotte al Polo Nord. Solo che prima che venisse giorno ho dovuto lavorare sei mesi!

CESARE VODANI

POLO SUD

vedi **Polo Nord**

POMPIERI

C'era ancora una lapide: "Qui giace E. F. che odiò le pompe". «Un uomo modesto?», domandò Marcantonio. «No. Un pompiere.»

ACHILLE CAMPANILE

Ero una bambina gentile. Ero l'unica che giocava con la grassona. Io salivo da una parte dell'altalena, e lei saliva dall'altra.

Poi i pompieri mi tiravano giù dall'albero.

RITA RUDNER

Abitiamo in un camper. Ha i suoi vantaggi vivere in un camper, sapete? Una volta ha preso fuoco, e abbiamo incontrato i pompieri a metà strada.

RONNIE SHAKES

POMPINO *(Sesso orale)*

Due settimane fa sono stato coinvolto in un buon esempio di contraccezione orale. Ho chiesto a una ragazza di venire a letto con me e lei mi ha detto di no.

WOODY ALLEN

È una donna senza peli sulla lingua.
E se li ha... non sono i suoi.

ANONIMO

Brava? Quella quando ti succhia ti tira su anche i calzini!

ANONIMO

Ieri sono uscito con una sommellier. Non ho dovuto neppure dirle il mio anno di nascita: lo ha indovinato da sola.

FEDERICO BASSO

Mi piace come Reagan risolve i problemi. Per esempio: «Sei una ragazza madre? La prossima volta ciuccialo e basta!».

RICHARD BELZER

È vero che oggi il mondo, grazie alla telematica, ha abbattuto le barriere spazio-tempo, ma nel caso di Clinton si è superato ogni limite. Pensate che un atto d'amore improprio consumato a Washington, due ore dopo, alla riapertura dei mercati ha generato un -8% in piazza Affari, cioè una perdita secca, per il medio risparmiatore, di circa 20 milioni! E allora, nella mia ingenuità e senza alcuna malizia, ho pensato: «Se devo perdere 20 milioni per un pompino, almeno fatemelo a me!».

ENRICO BERTOLINO

La Chiesa battista americana ha comunque stabilito che l'atto d'amore orale non è considerabile come adulterio, in quanto l'adulterio avviene quando vengono a contatto i due genitali... per cui, o sei una testa di cazzo e sei dentro comunque, oppure nessun problema. Quando a Bologna si è sparsa la notizia, migliaia di persone sono scese nelle strade e ci sono ancora code di neofiti davanti alla Chiesa battista che urlano: «A'm fagh batista anca me, boia d'un mond lader!».

ENRICO BERTOLINO

Clinton ha mentito. Un uomo può dimenticare dove ha parcheggiato la macchina o dove vive, ma non può mai dimenticare il sesso orale, non ha importanza quanto sia brutto.

BARBARA BUSH

Il vero motivo per il quale gli uomini amano il sesso orale: cinque minuti di silenzio in questa casa!

DARIO CASSINI

Il mio corpo appartiene a mio marito, ma quello che faccio dal collo in su è tutta un'altra storia.

CELEBRITY

Le donne sono la ragione numero uno per cui io non sono gay, oggi. D'accordo, ho fatto un pompino a un tale, ma davvero mi serviva un passaggio, quella volta. Ok, lo ammetto, non è vero. Non mi serviva un passaggio.
LENNY CLARK

In sei chilometri mi hanno scattato tre autovelox e me le hanno mandate a casa. Nella prima foto si vede che accanto ho una mia collega. Nella seconda si vede che la mia collega mi mette una mano sulla spalla. Ma quella che ha fatto arrabbiare di più la mia fidanzata è la terza, in cui la mia collega non si vede.
DIMUNNO E TAMBORRINO

Sa come diceva quella prostituta? «La fica non la vuole più nessuno, i pompini li fanno anche le mogli, gli dai il culo sembra che gli dai la merda!»
ENNIO FLAIANO

Psichiatra origine ebraica, ironico, laconico, dicotomico, rare manifestazioni sadomasochiste, cerca anima gemella con cui discutere filatelia et sesso orale. Respinte offerte da nazioni blocco sovietico.
STORIELLE EBRAICHE, A CURA DI FERRUCCIO FÖLKEL

Attenzione, ho pensato di mettervi in guardia cosicché possiate evitare di rimanere vittime di un'incresciosa truffa. Non so quanti di voi fanno la spesa all'Ikea, comunque funziona così: due bellissime ragazze sui 18 o 20 anni si avvicinano alla macchina mentre stai infilando nel baule gli acquisti. Iniziano a pulirti il parabrezza con delle spugne facendo quasi balzar fuori i seni dalle loro camicette strettissime. Quando, alla fine, le ringrazi e offri loro una mancia, rifiutano e chiedono invece un passaggio verso l'Ikea dall'altra parte della città. Se accetti, salgono sul sedile posteriore e, mentre guidi, cominciano a lesbicare tra loro. Quando finalmente arrivi al parcheggio dell'altra Ikea, una di loro sale sul sedile anteriore e ti fa un pompino micidiale, mentre l'altra, a tua insaputa, ti ruba il portafoglio. Con questo biasimevole sistema, mi hanno rubato il portafoglio martedì, mercoledì, due volte giovedì, sabato, ieri e, probabilmente, di nuovo stasera.

Citata da Giorgio Gherarducci

«Taci! Tu sei un mago con le parole, se no come avresti fatto a convincermi a farti un pompino al funerale di mio padre?»

Harry a pezzi

«Mio Dio, credi che farmi fare un pompino da una tettona ventiseienne sia stato un piacere per me?»

Harry a pezzi

«Nonna, che bocca grande che hai!» «E non hai visto il pistolino del nonno!»

Gianluca Irti

Un ristorante di Roma minaccia di far causa a Clinton che non si è presentato dopo aver prenotato per diciotto persone. Cosa dovrebbe dire allora la povera ragazza che aspettava Bill sotto il tavolo?

Jay Leno

Pare che il sesso orale causi il cancro. Come se le cose non fossero già dure per Paris Hilton.

David Letterman

Obama aveva promesso alle figlie un cagnolino. Bene, ora è finalmente arrivato Bo. Mi piace l'idea che ci sia un cane alla Casa Bianca. Nessuno leccava più il presidente da sotto una scrivania dai tempi di...

David Letterman

Uno dei segni che Paris Hilton ha trovato Dio: ora, ogni volta che si mette in ginocchio, è per pregare.

David Letterman

Clinton per difendersi ha detto che il sesso orale non è sesso. Ma se è vero, c'è una nigeriana sui viali che mi deve ridare un sacco di soldi.

Daniele Luttazzi

Basta, sono stanco di questo mondo di cafoni, di questo gergo di "aò, abbella", di questi balli porconi. È per questo che, per cambiare questo stato di degrado dei rapporti tra i due sessi, l'altra sera in un locale mi sono avvicinato a una ragazza e con fare galante le ho domandato: «Signorina, mi concederebbe l'onore di un pompino?».

Napoleone & Cardopatri

Un pompino è un pompino, se te lo fanno. Certo, se devi farlo tu è più dura, ma comunque vale sempre la regola numero uno del sesso: se ti tappi il naso puoi fare qualsiasi cosa per dieci minuti.
THE OPPOSITE OF SEX

Al liceo stavo con una tizia bruttissima. La prima volta che mi ha fatto sesso orale ho provato la stessa sensazione di quando sono salito in cima alla Tour Eiffel: lì per lì non riuscivo a guardare sotto.
DANIELE RACO

Vi rendete conto che siamo nel 2007 e ci sono ancora donne che non fanno pompini? Quando trovo una donna così, la guardo come se avessi di fronte un registratore Betamax: «Vi producono ancora?».
CHRIS ROCK

Mi inginocchio e ti prendo, anima sola non è una preghiera è peccato di gola.
SANDRO PENNA, SUL POMPINO

Se la tua ragazza è una nana, non approfittartene quando sbadiglia.
ENZO SARCINA

Mia madre è andata dal ginecologo che le ha detto che aveva la vaginite perché faceva troppo l'amore con mio padre. Adesso sono un po' preoccupato perché mia sorella ha l'otite... però ho pensato: era peggio se aveva la tonsillite!
TARCISIO (MAX PISU)

Sì ma Clinton doveva immaginarlo che la Lewinsky non avrebbe tenuto la bocca chiusa!
RENATO TRINCA

Il sesso canonico aveva cominciato ad annoiarmi a morte, così ho avuto la pessima idea di partecipare a un'orgia: non solo mi sono annoiato, ma quando mi è venuto da sbadigliare non sono stato abbastanza pronto a portare una mano alla bocca.
MIRCO ZILIO

POP CORN

L'uomo più piccolo che ho mai conosciuto metteva i pop corn nelle sue frittelle così si giravano da sole.

W.C. FIELDS

Il mio motorino a due tempi è così lento che tra un tempo e l'altro passa quello che vende i pop corn.

GIANLUCA IRTI

Le sale cinematografiche hanno creato una nuova razza di topi giganti mangia-pop corn.

VINCENT PRICE

POPOLI VARI

La fede nel progresso è una dottrina per i fannulloni e per i belgi.

CHARLES BAUDELAIRE

Gli olandesi hanno le spese mediche pagate, hanno i costi della previdenza sociale pagati, hanno sussidi per gli affitti; devono preoccuparsi di così poche cose che se perdono le chiavi della macchina corrono a suicidarsi.

GODFREY CAMBRIDGE

Croato, sloveno o bosniaco poco importa. Basta che il parabrezza lo pulisca come Dio comanda.

DAVIDE CECCON

Noi pescaresi non abbiamo niente contro i chietini, anche perché se avessimo qualcosa contro i chietini che funzionasse la useremmo subito!

GIOVANNI CELLINI

Gli ci sono voluti sei mesi per cantare *Night and Day*. Era un eschimese.

LEOPOLD FETCHNER

Se i popoli si conoscessero meglio, si odierebbero di più.

ENNIO FLAIANO

Quando non c'erano le Alpi, nelle giornate di sole, si poteva vedere il Belgio e, se uscivano di casa, i Belgi.

GENE GNOCCHI

Un'altra tipica attività finlandese è la pesca nel lago ghiacciato. Si effettua come tutte le altre pesche, escluse le sciroppate.

GIANNI MURA

I messicani discendono dagli aztechi, i peruviani dagli inca. Noi argentini dalle navi.

PROVERBIO ARGENTINO

POPOLO

vedi **Gente**

PORCOSPINO

La volpe sa molte cose, ma il porcospino ne sa una più importante.

ARCHILOCO

Eravamo tanto poveri che non potevamo permetterci neppure lo scopino per il cesso. Così legavamo il mio porcospino addomesticato a un bastone e gli dicevamo di trattenere il fiato.

ROY BROWN

L'agopuntura è una cosa ottima. Avete mai visto un porcospino ammalato?

BORIS MAKARESKO

PORNOGRAFIA

Comunque il regista con cui lavoro di più è Francis Ford Copula. Mi ricordo ancora la volta che mi ha fatto il provino per il film Pacchetti di mischia, un film sul rugby. Da noi, al provino, c'è un tavolo col regista e due o tre persone, ti fanno cavare giù nudo, poi, se ti guardano e ti fanno firmare il contratto, va tutto bene, se invece ti dicono: «Provi un po' a girarsi» c'è da preoccuparsi. Io avevo capito subito che il mio provino era andato male, perché quando ci ho detto: «Ho portato un pezzo» mi hanno risposto: «Non occorre, ce l'abbiamo già noi».

NATALINO BALASSO

Sono andato a vedere uno di quei film porno, l'altra sera, e non potevo credere ai miei occhi. Così sono rimasto a vederlo una seconda volta.

JACK BENNY

Ho degli amici che non riescono a addormentarsi se prima non vedono tre o quattro film pornografici. Dicono che devono contare le pecore.

RAFFAELE BRUNO

Cristo! Siamo già in dicembre! Natale è alle porte e io devo ancora comprarmi un calendario porno!

PAOLO BURINI

Sono stato da un benzinaio che mi ha confidato di essere un ex attore porno. E infatti mi stava facendo il pieno, ma all'ultimo momento ha tirato fuori la pompa dal serbatoio e ha spruzzato tutto il cofano.

BILL BURT

Noi non possiamo neppure immaginarci un mondo senza porno. Eppure una volta era diverso. Mio nonno, per esempio, mi diceva che lui per eccitarsi doveva andare a sdraiarsi in un prato e aspettare che arrivasse una nuvola a forma di tetta.

ADAM CAROLLA

Un nuovo virus sta infettando i computer di tutto il mondo, aprendo un sito pornografico sullo schermo delle vittime. Le autorità hanno detto che prenderanno l'hacker responsabile del virus non appena qualcuno protesterà.

TINA FEY

L'altra sera la mia fidanzata mi ha beccato a vedere uno di quei programmini un po' spinti e morbosetti che fanno di notte. Beh, mi ha detto che se mi becca di nuovo a guardare *Porta a porta* mi molla.

MISTER FOREST (MICHELE FORESTA)

Cercano di bandire la pornografia e tutto quello che causa "pensieri sessuali". Bisogna bandire tutto quello che causa pensieri sessuali! *Playboy*, pornografia, va bandito. *Penthouse*, pornografia, va bandito. Vi dico io cos'è che causa pensieri sessuali: avere un uccello. Fine della storia. Nel corso di una giornata, qualsiasi cosa può causare pensieri sessuali. Uno è sul tram, c'è un po' di brezza, il movimento avanti e indietro, pantaloni appena attillati... Oh, mio Dio! Ce l'ho duro! Cos'è, adesso, bandiamo i trasporti pubblici?

BILL HICKS

Un film porno non ti deluderà mai. Non puoi dire: «Però non mi aspettavo che finisse così».

RICHARD JENI

Vallettopoli. Arrestato Schicchi, il re del porno. Quando gli hanno messo le manette ha voluto anche il frustino e la mascherina.

I MACETA (SIRO E LUCA MANTOVANI)

Hanno chiuso *Le Ore*, dicono che non vende più. Una volta c'erano i giornali porno, poi i film, poi Internet... Prima o poi per fare l'amore si tornerà alla donna.

DIEGO PARASSOLE

Nei sexy shop si possono comperare le videocassette dei film porno. Sono a colori ma se togliessero il rosa sarebbero in bianco e nero.

CARLO PISTARINO

Ci sono tutti i giornali porno esistenti. Ho visto un habitué entrare e gridare: «*Le Ore*, *Extasi blu* e *Tonsille vertiginose*!». E poi pianissimo, per vergogna: «*L'Espresso*». L'ha messo in mezzo a Tonsille vertiginose ed è uscito...

CARLO PISTARINO

Eravamo cosi poveri che non ci potevamo permettere i film porno. Cosi andavamo alla stazione a vedere i partenti che si baciavano.

SANDORR

PORNOSTAR

Il nostro motto: se avanzo, seguitemi, se mi fermo, non facciamo scherzi!

NATALINO BALASSO

Quando Cicciolina a scuola aveva un compito in classe compilava l'intestazione così: "Nome: Ylona. Cognome: Staller. Data: Sì".

CRISTIANO DALLA CORTE

Cicciolina è stata l'unico uomo politico a farsi fare quello che gli altri uomini politici hanno fatto agli italiani.

GIORGIO FALETTI

Selen, la pornostar, vive circondata dagli animali. Non si separa mai da Bubu un bellissimo orsetto lavatore e da Zip uno splendido spermatozoo d'angora.

GINO&MICHELE

Hugh Hefner ha inventato una nuova posizione sessuale: il 96. Quando ci si mette schiena a schiena e ci si scoreggia sulla nuca a vicenda.

GILBERT GOTTFRIED

Ce l'ho meno lungo di una Cadillac ma più di una cornetta del telefono.

JOHN HOLMES

Rocco Siffredi ha dei problemi col calendario del 2006. Specialmente col mese di febbraio. È noto infatti che febbraio ne ha 28, Siffredi ne ha 33 e gliene avanza 5 nel mese di marzo.

CRISTIANO MILITELLO

«Ma sarà veramente James Tont? Vediamo la parola d'ordine: Chi più ne ha...» «... Rocco Siffredi!»

JAMES TONT (FABRIZIO FONTANA)

PORTACENERE

Baciare Mickey Rourke è come leccare un posacenere.

KIM BASINGER

Miss Piggy: «Ostriche: io proprio non riesco a immaginare perché qualcuno voglia mangiare qualcosa di così gommoso per giunta servito in un portacenere!»

THE MUPPET SHOW

«Ho fatto un incidente con la macchina che mi hai prestato.» «Si è rovinata molto?» «Quello col carro attrezzi ha detto: "Meno male che si è salvato il portacenere, altrimenti non sapevamo dove mettere la macchina!"»

FRANCESCO SALVI

Se torni a casa e lui sta usando il tuo diaframma come portacenere, è finita.

CAROL SISKIND

Chissà se i mosconi non battezzati quando muoiono vanno nel limbo, oppure restano nei portacenere.

MARIO ZUCCA

PORTAFOGLIO

vedi ***Soldi***

PORTINAI

Nel mio condominio c'è un signore iperattivo che passa la vita a fare bricolage, cominciando a martellare alle otto e un quarto. Ho cercato in tutti i modi di farlo smettere: ho parlato alla portinaia, ho appeso un tazebao nell'androne. Niente. Alla fine ho adottato una contromisura estrema: una scatola di tappi di cera. Gliel'ho infilata nel culo e lui ha smesso.

CLAUDIO BISIO-ROCCO TANICA

Non mi rispettano. Per niente. Ogni volta che entro in un ascensore l'operatore mi chiede: «Seminterrato?». Nessun rispetto. Quando da piccolo giocavo a nascondino non mi cercavano mai. L'altro giorno ero in piedi davanti a un palazzo. Il portinaio mi ha chiesto se potevo chiamargli un taxi. Ma il massimo è stato quando ho comprato una macchina usata. Sul sedile posteriore ho trovato un vestito di mia moglie.

RODNEY DANGERFIELD

La mia portinaia aveva il vizio di leggermi la posta, allora io mi sono spedito una lettera: "Che cazzo leggi, stronza!". Il giorno dopo mi è arrivata una lettera anonima: "Stronza lo dici a tua sorella!".

TEO GUADALUPI

Nonostante fosse un condominio povero, ci tenevamo a mantenere le apparenze, tanto che per salire in ascensore ci si doveva presentare al portinaio almeno un'ora prima per il check-in.

VALERIO PERETTI CUCCHI - MARIO ZUCCA

POSATE

Il 3 agosto 1664 Luigi XIV utilizzò per la prima volta una forchetta. Prima di quel giorno mangiava, come tutti, la minestra con il cucchiaio.

CAVANNA

È progresso se un cannibale usa la forchetta?
STANISLAW JERZY LEC

Credono di essere di sinistra perché mangiano il pesce col coltello.
LEO LONGANESI

Considero gli ascensori delle bare legate a dei fili. Sono sull'abisso. Dei sarcofaghi yo-yo. Vi ricordate quell'aereo che si è schiantato sulle Ande? E i sopravvissuti hanno dovuto mangiare i morti? Io non sono fiera di questo, ma ogni volta che prendo l'ascensore mi porto dietro un coltello e una forchetta, e prego di trovare passeggeri grassi.
CAROLYNE MAY

Se non sai la differenza tra un cucchiaio e un mestolo, allora sei grasso.
DEMETRI MARTIN

POSTA *(Email - Lettera – Postino - Telegramma)*

Ho fatto un corso di body building per posta. Ogni settimana mi spedivano un nuovo peso da usare. Non mi è servito a molto, ma dovreste vedere il mio postino!
STEVE ALLEN

I fratelli Beamish erano due fratelli mezzi scemi che tentarono di andare da Belfast alla Scozia spedendosi l'un l'altro per posta.
WOODY ALLEN

«Tu vai alle *Nozze di Figaro?*» «No, me la cavo con un telegramma.»
ANONIMO

Oggi il mio caporeparto mi ha detto: «Questa settimana è la quinta volta che arrivi in ritardo! Cosa devo pensare?» «Che è venerdì!».
BRUCE KETTA

Ieri mattina abbiamo fatto una riunione in posta per smaltire la corrispondenza arretrata. A un certo punto ha preso la parola un mio collega, Pino il calabrese, che ha detto: «Ma perché na iattamu nt'u Navigliu?». Poi ha preso la parola un mio collega siciliano che ha detto: «Ma quale Naviglio e Naviglio! Minchia bruciamola! Tanto che differenza c'è tra posta celere e posta cenere?». Poi ha preso il microfono Walter, un mio collega milanese da nove generazioni, che ha suggerito: «Si potrebbe provare a consegnarla...». Walter lascia la moglie e due figli.

Bruce Ketta-Marco Del Conte

È dura la vita del postino. Ieri ho citofonato a un'anziana signora e le ho detto: «Buongiorno signora, sono il postino. Mi fa salire?». E lei: «Ma non è che poi sale e mi ruba la pensione?» «Signora, io già rubo lo stipendio...»

Bruce Ketta-Marco Del Conte

Lui, lei e la posta elettronica. Istruzioni per gli uomini su come usare la posta elettronica: Andare in Outlook e fare clic su "Nuovo messaggio". Scrivere il testo. Fare clic sulla casella "A" e selezionare il destinatario. Fare clic su "Invia". Istruzioni per le donne su come usare la posta elettronica: Chiedere alla collega come è fatta l'icona di Outlook. Trovare la stessa icona sul desktop e fare doppio clic. Rifare doppio clic, stavolta più veloce. Selezionare "Nuovo messaggio". In alto a sinistra... un po' più a sinistra... un po' più in alto... Bastava un clic solo, stavolta. Chiudere pure il secondo messaggio. Scrivere il testo del messaggio. È come una macchina da scrivere. Adesso riscriverlo tutto, ma anziché nella casella dell'oggetto in quella grande sottostante. Mettere un oggetto significativo. No: "messaggio" non va bene, qualcosa di più significativo. Adesso fare clic sul pulsante con la "A". No, non era il pulsante con la "X" in alto a destra, quello chiude il messaggio. Ripartire dal punto 4. Scegliere con molta attenzione i nomi dei destinatari (ecc.). Fare clic su "Invia". Se si ha un modem, è ora di accenderlo; emetterà dei suoni strani: non spegnerlo e non cercare di sintonizzarlo meglio! Quando il messaggio è stato inviato, controllare i nomi dei destinatari e mandare una e-mail di scuse a tutti quelli ai quali non si sarebbe dovuto mandarlo.

Paolo Cevoli

Non gioco più al lotto, da quando ho scoperto che se faccio ambo ricevo duecentocinquanta volte la posta. Non mi ci entra nella buca delle lettere.

MAURO COTONE

Avete sentito di quello scienziato che ha incrociato un picchio con un piccione viaggiatore? Ha ottenuto un uccello che non solo porta i messaggi a destinazione, ma bussa alla porta quando arriva.

JOHN R. FAX

Lettera di rifiuto di una poesia intitolata "Perché sono vivo?". "Perché ha inviato la poesia per posta".

EUGENE FIELD

È difficile scrivere un telegramma di condoglianze, se si mettono anche le preposizioni articolate si ha l'aria di voler commuovere e se non si mettono di voler risparmiare.

ENNIO FLAIANO

L'ego di Berlusconi è così grosso che sogna che il Ministero delle Poste gli dedichi un francobollo. Giuliano Ferrara invece è così grosso che sogna che il Ministero delle Poste gli dedichi un c.a.p..

GINO&MICHELE

La mia portinaia aveva il vizio di leggermi la posta, allora io mi sono spedito una lettera: "Che cazzo leggi, stronza!". Il giorno dopo mi è arrivata una lettera anonima: "Stronza lo dici a tua sorella!".

TEO GUADALUPI

Stephen King ha scritto una lettera ai suoi fan dicendo che siccome si ripete troppo, si ritirerà dall'attività di scrittore di romanzi. La lettera è di cinquecento pagine, e termina con un secchio di sangue tirato addosso a un'automobile posseduta dal demonio.

CRAIG KILBORN

Il Senato ha votato per 97 a 0 una legge antispam, per eliminare quelle noiosissime email. I senatori sono stati molto chiari. Hanno detto: «Quando inizi a ingannare gli americani prendendo i loro soldi in cambio di false promesse, invadi il nostro territorio, amico».

JAY LENO

Il postino suona sempre due volte. Il che è seccante se avete aperto alla prima.
BORIS MAKARESCO-ROBERTO TRANI

Non ho mai capito perché a Jessica Lange il postino suona sempre due volte e a me invece è già tanto se mi lascia giù le bollette.
FRANCESCA MAZZANTINI

Sono stato all'ufficio postale, l'altro giorno, e mi sono accorto che è oltre l'essere lento. È inerte. Quando un impiegato si trascina sul retro, svanisce. Sono convinto che sia un varco temporale.
DENNIS MILLER

Lettera dal campeggio: "Carissimo papà, mi $to divertendo un $acco, ma avrei bi$ogno di qualco$a. $e ti viene in mente co$a, $pedi$cimela pre$to, grazie. $aluti$$imi, Jay". La risposta: "Carissimo Jay, soNO contento che tu ti diverta. NOn hai idea di quanto NOi siamo orgogliosi di un figlio così saNO e robusto. Se fai caNOa o giochi a nascondiNO, divertiti un po' per NOi. Ti salutaNO tutti, Papà".
BOB PHILLIPS

L'Unione Sovietica è un insieme di cattiveria e incompetenza. Un po' come le Poste, ma coi carri armati.
EMO PHILIPS

Ho trovato una letterina a Babbo Natale che ho scritto quando ero bambino e mia mamma ha conservato... Ve la voglio leggere perché penso sia carina: "Caro Babbo Natale, quest'anno non ti scrivo questa lettera per chiederti un dono. Lo so che tu non me ne porterai nessuno perché io sono un ebreo. La tua apparente mancanza di considerazione per la comunità ebraica è solo un'emanazione della tua politica razzista di non riconoscimento dello stato di Israele... Spero che la tua slitta venga tranciata da un DC-10, che tu ti schianti sulle Ande, e che debba mangiare le tue renne per sopravvivere, grasso bastardo nazista".
GREGG ROGELL

Si aggiunga l'otturazione delle papille gustative da quando, marinando la scuola, andavo da mio zio in Posta e lo aiutavo a leccare i francobolli, per cui per me un piatto di risotto allo zafferano e uno di merda, non fosse per il colore, sono la stessa cosa.

RUBES

A casa ho un enorme rottweiler. Non ho nessun problema con i ladri, ma è anche un anno e mezzo che non ricevo posta.

PETER SASSO

Analfabeta: «Devo scrivere una lettera di carta...»
Totò (che per campare scrive lettere su dettatura): «Lei è ignorante?»
Analfabeta: «Sì.»
Totò: «Bravo! Viva l'ignoranza! Tutti così dovreste essere! E se ha dei figlioli non li mandi a scuola per carità! Li faccia sguazzare nell'ignoranza!»
Analfabeta: «Io tengo un nipote... Devo scrivere una lettera a lui!»
Totò: «Quanti anni ha questo compare?»
Analfabeta: «Quarantacinque...»
Totò: «Quarantacinque? (tira fuori una lettera già scritta) Questa va benissimo... Vede, noi le lettere le scriviamo prima, di modo che quando arriva una persona guadagnamo tempo... Lui ha quarantacinque anni?»
Analfabeta: «Sì!»
Totò: «Perfetto! Questa lettera io l'ho scritta tre anni fa per un signore che ne aveva quarantadue...»

TOTÒ

In realtà ogni autore desidera veder stampate le proprie lettere sui giornali. Incapace di arrivare a tanto, scende di un gradino e scrive romanzi.

PELHAM GRENVILLE WODEHOUSE

Io abito in un sobborgo della città così lontano che il postino mi spedisce le mie lettere.

HENNY YOUNGMAN

Volete fare impazzire qualcuno? Mandategli un telegramma con su scritto "Ignora il primo telegramma".

HENNY YOUNGMAN

POSTINO
Vedi **Posta**

POSTO DI LAVORO
vedi **Lavoro generico**

POTERE

Sono un super eroe con un super potere: le donne non mi vedono.
LORENZO BOSIO

Quando era giovane e inesperto Silvio Berlusconi era convinto che il denaro e il potere lo avrebbero reso felice. Aveva ragione.
GINO&MICHELE

Stalin era terribile. Resse l'Unione Sovietica per trent'anni fondando tutto il suo potere sul terrore. A Mosca, per anni e anni a governare fu la paura. Quando, alla fine, Stalin morì, ci vollero giorni prima che qualcuno trovasse il coraggio di andarglielo a dire.
GINO&MICHELE

Se mai un giorno i cani prendessero il potere e scegliessero un loro re, spero che non lo scelgano basandosi sulla taglia, perché scommetto che alcuni chihuahua hanno delle buone idee.
JACK HANDEY

Non sottostimare mai il potere di un frutto. Se non fosse stato per l'uva il vino non sarebbe mai stato scoperto e l'Impero Romano sarebbe durato per altri tre anni.
ALBRAM KEHLOG

Quando ho tenuto quella pistola in mano, ho sentito un'ondata di potere... La stessa che deve provare Dio ogni volta che impugna una pistola.
HOMER SIMPSON

Volere è potere. Guarda Berlusconi: ha cominciato suonando il piano sulle navi da crociera e adesso scrive le canzoni per Apicella.
CLAUDIO STERPONE

POVERTÀ *(Miseria)*

I soldi aiutano a sopportare la povertà.
ALPHONSE ALLAIS

«Siamo poveri, babbo.» «E bianchi. È veramente assurdo.»
ALTAN

Sono nata in una famiglia povera. Nel Natale del '68 avevo chiesto a Babbo Natale un Cicciobello. Sotto l'albero, quella mattina, c'era un pacco col mio nome. L'ho aperto, ma il Cicciobello non c'era. Dentro c'erano delle batterie e un biglietto con scritto: «I giocattoli non sono inclusi.»
BRUNELLA ANDREOLI

Il capitalismo è una ingiusta ripartizione della ricchezza. Il comunismo è una giusta distribuzione della miseria.
ANONIMO RUSSO

La differenza tra i ricchi e i poveri è che i ricchi si fanno pagare per tutto mentre i poveri devono pagare per tutto.
JEAN ANOUILH

Robin Hood rubava ai ricchi per dare ai poveri, poi rubava ai poveri per dare ai ricchi, infine rubava ai ricchi e poveri per dare ai matia bazar.
ANATOLJ BALASZ (NATALINO BALASSO)

E il vento gelido spalancò le finestre e il pensiero di tutti corse ai poveri fuori all'addiaccio, poi subito ricorse dentro vicino al camino.
STEFANO BENNI

Conosco un uomo che era così povero che si è sposato solo per il riso!
MILTON BERLE

Bertinotti dice di amare tanto i poveri: li ama così tanto che li vuole raddoppiare.
SILVIO BERLUSCONI

È vero, Maradona sniffa: ma lo fa per i bambini poveri.
MASSIMO BRAMBATI

Nella società occidentale generalmente per avere belle donne bisogna avere molti soldi. La società sovietica era indubbiamente più giusta. I leader sovietici avevano delle mogli così brutte che sembravano voler dire: «Vedete come siamo poveri anche noi!».

ANTONELLO BREGGIA

Eravamo così poveri che mia madre non poteva avermi. Così mi ha avuto la vicina di casa.

MEL BROOKS

Eravamo tanto poveri che non potevamo permetterci neppure lo scopino per il cesso. Così legavamo il mio porcospino addomesticato a un bastone e gli dicevamo di trattenere il fiato.

ROY BROWN

Tua madre è così povera che l'ho vista che prendeva a calci un barattolo e le ho chiesto: «Cosa sta facendo?» «Sto traslocando.»

CHI NON SALTA BIANCO È

La guerra alla povertà è finita con la sconfitta dei poveri.

GIULIETTO CHIESA

Il problema dell'essere belli è che è un po' nascere ricchi e morire poveri.

JOAN COLLINS

Era povera, ma così povera, che quando si mangiava le unghie apparecchiava.

GIOBBE COVATTA

Paola: «Come al solito non trovo mai una moneta per prendere il carrello.»
Pauline: «Se io metto una moneta nel carrello, poi non posso più fare la spesa.»

GIOBBE COVATTA

Io sono molto umile vengo da una famiglia povera. Mio padre era povero, mia madre era povera, l'autista era povero, il nostro giardiniere era povero.

RAUL CREMONA

1992: saremo più poveri, ma stronzi uguale.
CUORE

In una giornata plumbea passa un feretro scalcinato su una carrozza cigolante e impolverata, tirata da un ronzino e seguita da quattro parenti laceri, coi tacchi consumati. Dal marciapiede una signora dice al marito: «Quella sì è vera miseria! Scommetto che non c'è neanche il morto!».
CARLO DAPPORTO

L'altro giorno ho visto un barbone in metropolitana, aveva un cartello con su scritto: "Sono povero, invalido, non ho un lavoro, ho fame, due figli da mantenere e l'Ulivo non ha una vera leadership".
ANTONIO DE LUCA

Marco Tronchetti Provera è un uomo che indubbiamente è venuto su da solo: pensa che da piccolo è cresciuto in una favela dei quartieri poveri di Saint-Moritz.
ALESSANDRO DONAZZI

I miei figli non hanno mai avuto il vantaggio che ho avuto io. Io sono nato povero.
KIRK DOUGLAS

Pensavo di essere povero. Ma mi hanno detto che era troppo autodistruttivo considerarmi un "bisognoso". Ero uno "svantaggiato". Poi mi hanno detto che "derelitto" era un termine abusato, così divenni un "emarginato". Insomma continuo a non avere un soldo, in compenso ho un vocabolario eccezionale.
JULES FEIFFER

Un'assicurazione sulla vita è qualcosa che rende un pover'uomo povero per tutta la vita, così può morire ricco.
LEOPOLD FETCHNER

Eravamo una famiglia molto povera. Da piccoli mia madre cucinava sempre con il dado. Mangiavamo solo se usciva il sei.
FABRIZIO FERRI

Eravamo poveri. Se non fossi stato un maschietto, non avrei avuto niente con cui giocare.
REDD FOXX

La legge, nella sua maestosa equanimità, proibisce sia ai ricchi che ai poveri di dormire sotto i ponti.
ANATOLE FRANCE

Ha completamente capovolto la sua vita. Prima era depresso e miserabile. Adesso è miserabile e depresso.
DAVID FROST

«Il mio papà è molto ricco. Guadagna 31 miliardi al mese che divisi per 31 giorni che ci sono in un mese fa... un miliardo al giorno.» «Il mio papà è povero. Guadagna 10.000 lire al mese che divise per 31 giorni che ci sono in un mese fa... 10.000 al giorno. Al primo giorno, poi dopo basta...»
GIORGIO GABER

La mia famiglia era poverissima. Avete presente quelli che comprano le mezze angurie? Ecco, noi lo facevamo coi pinoli.
LUCIO GARDIN

Da ragazzo non avevo mai un soldo. Mi ricordo che andavo dai parenti a dare il "Buon anno" dai primi di settembre.
GIUSEPPE GIACOBAZZI

A undici anni Marta Marzotto, poverissima, fu costretta per mantenersi a fare la mondariso, ma venne subito licenziata perché, anziché raccogliere i chicchi, si abbronzava.
GINO&MICHELE

Era troppo povero per giocare a golf. Giocava a felpa.
GINO&MICHELE

La mia famiglia viveva in una tale miseria che quando finalmente siamo diventati poveri abbiamo fatto una festa.
MAX GREGGIO

Quand'ero bambino il menu di casa consisteva in sole due scelte: mangialo, o vattene.
BUDDY HACKETT

Il miglior modo per aiutare i poveri è non diventare uno di loro.
LAING HANCOCK

La povertà deve dare qualche soddisfazione, se no non ci sarebbe tanta gente povera.
DON HEROLD

«È duro essere negro. Ti è mai capitato di esserlo? A me sì, una volta, quando ero povero.»
LARRY HOLMES

Era così povero che non poteva neanche permettersi di regalare uno yo-yo al suo bambino per Natale. Fece in modo di regalargli uno yo!
MARTIN KAUFFMAN

Mao è un imbecille. Con il suo estremismo egualitario finirà per mettere persone perfettamente uguali tra loro di fronte a piatti ugualmente vuoti.
NIKITA SERGEEVIC KRUSCEV

La mia famiglia era così povera che ogni Natale mio padre usciva di casa e sparava qualche colpo di pistola. Poi rientrava e a noi ragazzi diceva che Babbo Natale si era suicidato.
JAKE LA MOTTA

Un cretino ricco è un ricco, un cretino povero è un cretino.
JACQUES LAFITTE

Non era difficile dedurre che eravamo dei poveracci quando vedevi la carta igienica stesa ad asciugare sullo stendino.
GEORGE "GOOBER" LINDSEY

Sono contento di essere povero. Ma sono anche bugiardo.
TEODORO LOBERTO

Il principe Carlo ha riconosciuto in un ospizio per barboni un suo vecchio compagno di classe delle elementari. Com'è crudele il destino. Due bambini sono in classe insieme, e dopo quarantadue anni nessuno dei due ha ancora un lavoro!
DANIELE LUTTAZZI

La Microsoft è stata accusata di aver tentato di monopolizzare l'accesso a Internet, e si è richiesto a una corte federale di multare la compagnia di un milione di dollari al giorno. Degli analisti hanno calcolato che, a questo ritmo, il capo della Microsoft Bill Gates sarà senza un penny più o

meno dieci anni dopo che la terra si schianterà contro il sole.
NORM MACDONALD

Vivevo in un quartiere talmente povero che i negozi vendevano i Kinder senza sorpresa.
BORIS MAKARESKO

Eravamo così poveri che mia madre per allattarci usava il contagocce.
BORIS MAKARESKO

Io amo i poveri, e soffrirei in un mondo senza poveri; i poveri sono le brioche dell'anima.
GIORGIO MANGANELLI

Guardami: sono partito dal nulla e ora sono poverissimo!
GROUCHO MARX

Tutti nella vita hanno la stessa quantità di ghiaccio. Però il ricco d'estate, il povero d'inverno.
BAT MASTERSON

Certi segnali di malessere sociale, che paiono configurare prospettive di nuove povertà e una violenta divisione tra ricchi e poveri, tra padroni e schiavi, tra Nord e Sud del mondo, non vanno sottovalutati: è tutta gente che prima o poi ti arriverà sotto casa a Montecarlo e ti romperà i coglioni.
GIORGIO MELAZZI

Noi siamo quella razza che non sta troppo bene, che di giorno salta i fossi e la sera le cene. Lo posso grida' forte fino a diventa' fioco, noi siamo quella razza che tromba tanto poco. Noi siamo quella razza che al cinema s'intasa per vede' donne 'gnude e fassi seghe a casa. Eppure la natura ci insegna sia sui monti sia a valle che si po' nasce bruchi pe' diventa' farfalle. Ecco noi stiamo quella razza che l'è fra le più strane, bruchi siamo nati e bruchi si rimane. Quella razza semo noi, è inutile fa' finta. Ci ha trombati la miseria e siamo rimasti incinta.
CARLO MONNI, IN *BERLINGUER TI VOGLIO BENE*

Avevamo il frigo senza luce. Un giorno mio padre mi ha detto: «Franco, oooh, Franco, tanto non c'è niente da guardare!».
FRANCO NERI

È una città così povera che la Donna Cannone del circo pesa 50 Kg.

Robert Orben

Pensa che quand'ero piccolo ero talmente povero che anche l'arcobaleno lo vedevo in bianco e nero.

Silvio Orlando

«Cara, dolce, buona Fatina», esordì l'omino, «sono povero in canna, non posseggo più nulla, il mio campicello mi è stato tolto, non so più come sfamare i miei figli: piangono e mi chiedono cibo! Quando vedo le loro lacrimucce mi viene un nodo alla gola che mi rende disperato...». Allora la Fatina sorrise con infinita dolcezza e con una vocina incantevole, flebile flebile sussurrò nella sua infinita dolcezza: «E chi se ne frega!».

Paolo Panelli

Si capiva subito che era una colonia di bambini poveri: anche se prendevamo il sole a torso nudo ci rimaneva ugualmente il segno della canottiera.

Valerio Peretti Cucchi

Ero un bambino così povero che io e i miei amici non potevamo neanche permetterci un pallone, così ce lo immaginavamo. Giocavamo due minuti e poi stavamo due ore a discutere se era gol!

Valerio Peretti Cucchi

Se hai un padre povero sei sfortunato. Se hai un suocero povero sei scemo.

Proverbio

Il nostro rabbino è così povero che, se non digiunasse al lunedì e al giovedì, morirebbe di fame.

Proverbio ebraico

Chi nasce puveriello e sfortunato ci piovono cazzi in culo pure se sta assettato!

Proverbio napoletano

La mia famiglia è talmente povera che mandiamo i bambini in una scuola in cui gli insegnano a scrivere, ma con qualche errore.

Ragusano, di Aenigmatica

La beneficenza? Solo soldi dei poveri dei paesi ricchi che finiscono ai ricchi dei paesi poveri.
Dino Risi

La mia famiglia è talmente povera che quando in inverno fa freddo ospitiamo in casa i bambini del quartiere che hanno la febbre.
Francesco Rizzuto

Voglio essere povero per non essere infelice.
Robespierre

Eravamo cosi poveri che non ci potevamo permettere i film porno. Cosi andavamo alla stazione a vedere i partenti che si baciavano.
Sandorr

Il povero non sa che la sua funzione nella vita è permetterci l'esercizio della generosità.
Jean-Paul Sartre

Stavo camminando col sindaco Tom Bradley, e lui mi ha chiesto: «Judy, non è che abbiamo troppi homeless?». E io: «Oh, no, sindaco: è perfettamente normale che un marciapiede sia così soffice».
Judy Tenuta

Non sono mai stato povero, solo al verde. Essere povero è un'inquadratura mentale; essere al verde è una situazione temporanea.
Mike Todd

Ci sono stati dei periodi in cui il fondo dei miei pantaloni era così sottile che potevo sedermi su un nichelino e sapere se era testa o croce.
Spencer Tracy

Guardiamo i lati positivi della cosa: chi l'anno scorso si era vestito da barbone per carnevale, con lo stesso vestito quest'anno può vestirsi da ceto medio.
Marco Vicari

Quando ho iniziato a lavorare non avevo un soldo: dormivo sul pavimento, non avevo nessun mobile, e l'appartamento era vuoto. Una sera ho portato a casa un ragazzo, ero così imbarazzata; così, appena ho aperto la porta, ho gridato: «Nooo! Mi hanno svaligiato la casa!».

GRACE WHITE

Da piccolo i miei mi mandavano in una colonia di bambini così poveri che sulla spiaggia, invece dei castelli, facevamo le case popolari di sabbia.

MARIO ZUCCA

I miei genitori erano talmente poveri che quando andavo a scuola non solo mi compravano i libri usati, ma addirittura i diari usati. Il primo giorno avevo già compiti per tutto l'anno.

MARIO ZUCCA

POZZANGHERA

La via dove abito ha delle buche talmente enormi che quando piove, fuori da ogni pozzanghera c'è un bagnino.

MARCO DEL CONTE

Perché le pozzanghere parcheggiano sempre dove parcheggio io?

FABIO FAZIO

PRANZO *(Cena - Colazione)*

La speranza è una buona prima colazione, ma è una pessima cena.

FRANCIS BACON

Quando chiesi a Eleanor Roosevelt cosa ricordava di Pearl Harbour, rispose: «Quella sera mio marito cenò più tardi del solito».

ENZO BIAGI

Ho visto i Cobas del latte incontrarsi con i Cobas dei corn flakes per una colazione di lavoro.

FABRIZIO CANCIANI

Questa sera, per la nostra romantica cena, ti ho preparato anatra à l'orange. Solo che ho usato polpettone al posto dell'anatra, e ketchup al posto de à l'orange.

DREW CAREY

Alla vergine Maria molti portano fiori. Ma nessuno la invita a cena.

FABIO DI JORIO

Quando son stato a questo pranzo di gala con Nelson Mandela... ero così emozionato, così nervoso, che mi sono trovato a fare ciao con la mano a Stevie Wonder.

DANNY GLOVER

Il miglior numero di persone per una cena è due, io e un capo cameriere dannatamente bravo.

NUBAR GULBENKIAN

Certe volte penso che il mondo sia diventato completamente pazzo. E poi penso: «Be', chi se ne frega?». E poi ancora: «Hey, che c'è per cena?».

JACK HANDEY

Il periodo critico del matrimonio è la prima colazione.

ALAN PATRICK HERBERT

Due uova al burro e del bacon entrano in un bar; il barista dice: «Mi spiace, ma non serviamo colazioni, qui».

INTERNET ONE-LINERS

In generale un uomo è più contento di avere in tavola una buona cena che una moglie che parla il greco.

SAMUEL JOHNSON

«Sono davvero desolato di non poter partecipare alla vostra cena. Purtroppo è la serata libera del bimbo e io devo restare a casa con la babysitter.»

RING LARDNER

Ho il terrore di morire in un incidente aereo. Non sopporto il pensiero che le noccioline possano essere il mio ultimo pasto.

TANYA LUCKERATH

Allora io l'ho lasciato. Ma lui no. Lui continuava a venirmi a prendere, mi portava fuori a cena... Io volevo pagare la mia parte, perché ormai non eravamo più fidanzati, lui invece insisteva, insisteva e alla fine pagavo tutto io come prima.

MARISA MIRITELLO

La mamma calabrese non ti invita a pranzo, ti sfida, perché la sua più grande soddisfazione è vedere quanto resisti prima di crollare al suolo. Verso le sei, sei e mezza del pomeriggio, mentre stavamo finendo il secondo, sentiamo bussare. E mia madre: «Franco, oh Franco! E che è, la porta di casa? Manca qualcuno?» «No, mamma, è la porta del forno!». Quando l'ho aperta il coniglio ci fa: «Scusa un minuto tu, o mi togli la pelliccia o abbassi il riscaldamento che qua dentro dal caldo mi sto cocendo!».

Franco Neri

Papà era ateo, mamma cattolica. Così mentre lei mi obbligava a dire le preghiere prima di cena, lui mi obbligava a bestemmiare dopo la frutta.

Valerio Peretti Cucchi

Negli Stati Uniti si mangia veramente male. In certi ristoranti, con il conto ti portano anche la prognosi. Ho capito perché gli americani incominciano il pranzo dal dolce, poi passano alla frutta, al secondo e al primo. C'è una logica precisa: dopo vomitano tutto in ordine.

Antonio Ricci

Appartengo a una famiglia affamata, mia mamma era solita contarci dopo ogni cena.

Bob Shaw

Il dottore mi ha detto di smetterla con le mie cenette intime per quattro. A meno che gli altri tre non si presentino davvero.

Orson Welles

Ai pranzi di lavoro si parla e si mangia, si mangia e si parla: alla fine non sai né cosa hai mangiato, né cosa hai detto.

Zuzzurro e Gaspare

PRATICA
vedi **Teoria**

PRECOCITÀ

Ho cominciato a essere indipendente da piccola. A sette anni mi sono comprata una bicicletta coi miei soldi. Li avevo risparmiati smettendo di fumare.
BRUNELLA ANDREOLI

Io sono molto precoce. Pensate che io ho imparato a scrivere molto prima di imparare a leggere. Difatti scrivevo e mi chiedevo: ma che cazzo ho scritto?
CLAUDIO BISIO

Maurizio era di quelli che anticipano tutto: gli raccontavi una barzelletta, lui ti anticipava il finale. Sbagliato. E tu non potevi dirgli niente perché era Maurizio. Era in anticipo, comunque. Anche in campo sanitario. Vent'anni prima dell'aids, all'epoca in cui io nello stesso periodo uscivo con quattro ragazze diverse, lui usciva con quattro ragazze uguali. Diceva che era più sicuro.
CLAUDIO BISIO

Sono sempre stato molto precoce. Una volta ho terminato un puzzle in meno di quattro giorni. E pensare che sulla scatola c'era scritto "dai 2 ai 5 anni".
CLAUDIO BISIO-ROCCO TANICA

Avrò avuto sì e no sei anni quando un giorno mio padre venne da me e mi disse: «Maurizio, parliamo di sesso». E io gli risposi: «Ok, papà. Avanti, cosa non hai capito?».
MAURI

Non faccio per vantarmi, ma quando avevo cinque anni mi bastava guardare un film una volta sola e alla fine potevo dirvi se era a colori o in bianco e nero.
MATTEO MOLINARI

PREGHIERA *(Supplica)*

Mia moglie è sconvolta. Ha scoperto che nella tomba, sulla quale tante volte si è raccolta in preghiera, non è sepolto suo padre, ma il faraone Cheope. «Adesso si spiega», dice tra i singhiozzi, «la continua presenza di tutti quei turisti.»
ROMANO BERTOLA

Sono d'accordo a far dire le preghiere a scuola, purché venga trovato un posto per l'algebra in chiesa.
DYLAN BRODY

Da single, all'inizio, sei ottimista. Tipo: «Voglio incontrare un uomo che sia veramente in gamba, veramente dolce, veramente bello, con una buona carriera...». Sei mesi dopo, invece, dici: «O Signore, qualsiasi mammifero con un lavoro diurno».
CAROL LEIFER

Uno dei segni che Paris Hilton ha trovato Dio: ora, ogni volta che si mette in ginocchio, è per pregare.
DAVID LETTERMAN

Papà era ateo, mamma cattolica. Così mentre lei mi obbligava a dire le preghiere prima di cena, lui mi obbligava a bestemmiare dopo la frutta.
VALERIO PERETTI CUCCHI

Se Dio è così buono come dicono, perché per aiutarti si fa tanto pregare?
VALERIO PERETTI CUCCHI

Il piccolo Billy: «Caro Dio se tu riesci a trovare il modo di mettere le vitamine nelle caramelle e nei gelati, invece che negli spinaci e nell'olio di fegato di merluzzo, io te ne sarei molto grato. Amen».
BOB PHILLIPS

Di solito non sono uno che prega, ma, se ci sei lassù, ti prego salvami, Superman!
HOMER SIMPSON

Caro Dio: gli dei sono stati benevoli con me. Per la prima volta nella mia vita, ogni cosa è assolutamente perfetta. In gratitudine, io ti offro questi biscotti e questo latte. Se vuoi che li mangi per te, non darmi nessun segno... Grazie, sarà fatto.
HOMER SIMPSON

PREGI *(Qualità)*

È un'ingiustizia parlare male di Vienna sempre per i suoi difetti, quando vale la pena parlarne male anche per i suoi pregi.
KARL KRAUS

Il mio maggior pregio è l'eclletticità. Sono mediocre in tutto.
GIUSEPPE POLLICELLI

Quel tipo ha delle doti nascoste. In qualcun altro.
DAVIDE PESARESI

PREISTORIA

L'uomo di Neanderthal è stato scoperto molto tardi. D'altronde lo stesso Neanderthal non è che ci tenesse a far sapere che stava con un uomo.
ANATOLJ BALASZ (NATALINO BALASSO)

Nessuno di noi conosceva i metodi di misurazione attuali. Non avevamo piedi, pollici, metri o centimetri. Facevamo tutto a mano. Per gli uomini, era facile. La maggior parte era alta undici o dodici mani. Per le donne, era più complicato. Non abbiamo mai scoperto quanto fossero alte. Iniziavamo a misurarle da terra, e come raggiungevamo i fianchi, la misurazione si trasformava in palpeggiamento. Abbiamo provato a misurare dall'alto verso il basso, ed era ancora peggio. Come la mano raggiungeva un capezzolo, ci si metteva orizzontali, ed era la fine della misurazione. A tutt'oggi non so quanto fosse alta nessuna delle donne della mia tribù.
MEL BROOKS-CARL REINER

C'è una cosa da dire della razza bianca: che la sua presunzione non ha limiti. Chi altri infatti potrebbe andare in un isolotto del Pacifico dove non esistono né miseria, né delitti, né disoccupazione, né preoccupazioni, né guerra, e definire quella una società primitiva?
DICK GREGORY

Verso la fine dell'Età della Pietra, scommetto che c'era la sensazione che il metallo fosse dietro l'angolo.
JACK HANDEY

L'archeopterix è un animale estinto da milioni di anni che stava a metà strada tra un alligatore e un'aquila. Poi uno dei due se l'è mangiato.
GIANLUCA IRTI

Nella fede cristiana, Dio creò Adamo a sua immagine e somiglianza. Ma sessantacinque milioni di anni prima, Dio creò i dinosauri a immagine e somiglianza di suo cugino Ted. Ted non era la pecora nera della famiglia, Ted era il grande mostro schifoso della famiglia.

Eddie Izzard

Milioni di anni fa (o più) la terra si formò grazie a orrendi cataclismi: gli oceani infuriati frantumavano le coste e seppellivano isole, mentre gigantesche catene di montagne crollavano e vulcani in eruzione generavano nuovi monti; i terremoti spostavano i continenti. Per commemorare questi fenomeni, il Municipio manda in giro ogni notte speciali apparecchi, chiamati camion della nettezza urbana, che riproducono sotto le finestre dei cittadini quei fragori tellurici.

Eduardo Mendoza

L'uomo preistorico non rideva mai. Si offendeva e basta.

Maurizio Milani

Una cosa che volevo sempre chiedere a Piero Angela: ma i dinosauri, quando si sono estinti, l'han fatto dalla sera alla mattina o hanno cominciato a tossire due anni prima?

Maurizio Milani

Ha fatto scalpore il ritrovamento in un ghiacciaio altoatesino dell'Uomo di Similaun, mummia di uomo primitivo che l'ibernazione ha perfettamente conservato in ogni parte, compresa la sciarpa con la scritta "Inter campione d'Europa" che l'ominide portava al collo.

Renato Razzano

PRELIMINARI

«E i preliminari?» «I preliminari dopo.»

Due

Scusate, ma adesso devo proprio andare. Ho lasciato la mia ragazza in macchina coi preliminari già fatti.

Mister Forest (Michele Foresta)

Sono bravissimo nei preliminari. Il punto G? È lui che cerca me.
LUCIO WILSON

PREMIO

Le Maschere d'argento sono andate a Mariangela Melato, premiata come attrice non protagonista, e a Marina Suma, premiata come protagonista non attrice.
AMURRI & VERDE

Non mi merito questo premio, ma ho l'artrite e non mi merito nemmeno quella.
JACK BENNY

Forse non lo sapete, ma Leonard Bernstein ha vinto, tra gli altri, un premio per aver spiegato la musica di Igor Stravinskj a Igor Stravinskj.
VICTOR BORGE

I nipoti sono la tua ricompensa per non aver ucciso i tuoi figli.
COSE CHE HO IMPARATO DAI MIEI FIGLI, DI ANONIMA MAMMA DI AUSTIN, TEXAS

Di marketing non capiva un cazzo. Propose che per ogni mille scatole di preservativi acquistati dessero in premio un bambino.
GINO&MICHELE

La mia mamma cucinava così male che, quando portavo buoni voti da scuola, mio padre, come premio, mi mandava a letto senza cena.
BORIS MAKARESKO

Strano paese il nostro. Colpisce i venditori di sigarette, ma premia i venditori di fumo.
INDRO MONTANELLI

Era talmente brutta che a un concorso per truccatori dell'horror il suo truccatore vinse il primo premio. Bastò un filo di rimmel.
EGIDIO MORRETTI

Vorrei ringraziare i miei fratelli Paul e Peter; tutti gli attori, gli artisti e i filmmaker con cui ho lavorato, e i miei genitori che mi hanno sempre incoraggiato a non svendermi mai e poi mai, e vorrei anche ringraziare la fantastica Pontiac Latera. Una grande Sedan, a un ottimo prezzo, con lo

0% di interessi per clienti qualificati. L'America ama la Pontiac. Vorrei anche ringraziare il mio assistente Owen per aver scritto questo discorso perché pare che io sia troppo pigro e stupido per fare da solo anche le cose più facili. Spero che tu legga questo a voce alta agli *Mtv Movie Awards*, idiota, mi licenzio!

MIKE MYERS

I premi letterari sono una crudeltà. Soprattutto per chi non li vince.

UMBERTO SABA

PRENDERE IN GIRO
vedi **Ironia**

PREOCCUPAZIONE
vedi **Paura**

PRESAGIO *(Presentimento)*

La Natura è fantastica. Un miliardo d'anni fa non avrebbe mai sospettato che noi avremmo portato gli occhiali, eppure ci ha fatto le orecchie!

MILTON BERLE

Mi sono comprato i profilattici. Io sono uno che scopa ogni morte di Papa e, secondo me...

TEO GUADALUPI

Certe volte i presentimenti sono stupefacenti. Pensate che una volta mio zio doveva andare a Chicago da Los Angeles e ha avuto il presentimento che l'aereo che avrebbe dovuto prendere si sarebbe guastato. Così ha preso il treno e... pensate un po'? L'aereo è precipitato. Sul treno.

I JEFFERSON

Se nel 1872 fossero esistiti i computer avrebbero previsto che oggi i carri trainati dai cavalli avrebbero raggiunto una tale diffusione da ricoprire l'intera superficie terrestre con tre metri di sterco equino.

KARL KAPP

Se l'aereo che dovrebbe portarvi su un altro continente ha le ali incrostate da alghe marine, scendete.

DANIELE LUTTAZZI

Ho predetto la fine dell'anno il 31 dicembre.
MAGO ORONZO (RAUL CREMONA)

Un buon giorno: quando le ruote del carrello al supermarket vanno tutte nella stessa direzione.
HERBERT V. PROCHNOW & HERBERT V. PROCHNOW JR.

PRESENTATRICE
vedi **Vallette**

PRESENTIMENTO
vedi **Presagio**

PRESEPE

Prima ero solo grasso, adesso che sono anche famoso tutti mi cercano. Anche il sindaco della mia città cerca di coinvolgermi in tutte le iniziative. Quest'anno ho preso parte al presepe vivente. Facevo la Palestina.
DANIELE RACO

Presepe: è nata la statuina dello psicologo. L'idea è venuta da un venditore napoletano, dopo essersi accorto che ogni tanto qualche pastorello tendeva a suicidarsi buttandosi dal ponte.
MARCO VICARI

PRESERVATIVO

Io in quanto uomo e soprattutto cattolico aborro l'uso dei preservativi, poiché possono creare profondi problemi di coscienza. Per esempio a me fanno bruciare il culo.
LORENZO BECCATI

«Io faccio l'amore col preservativo.» «E come ti trovi?» «Be', con le donne era meglio.»
GIANCARLO BOZZO-CARLO TURATI

Che verbo è "non sarebbe dovuto nascere"? Preservativo imperfetto.
GINO BRAMIERI

Aids. L'importante è mettersi il preservativo prima di scambiarsi la siringa.

PAOLO CANANZI

«Io colleziono preservativi. Ne ho uno originale degli anni '70.» «E com'è fatto?» «A zampa d'elefante, il problema è che quando lo inserisci fa le orecchie da cocker.»

LA CAROVANA

Che senso ha un preservativo? Incarti il regalo e si vede la sorpresa.

DARIO CASSINI

I preservativi si vendono in confezioni da sei, otto e dodici. La scatola da sei è per gli ispanici, che fanno sesso lunedì, martedì, mercoledì, giovedì, venerdì, sabato, e si riposano la domenica. Quella da otto è per i neri, che fanno sesso lunedì, martedì, mercoledì, giovedì, venerdì, sabato, e due volte la domenica. Quella da dodici è per noi bianchi, che facciamo sesso gennaio, febbraio, marzo...

MICHAEL COLYAR

Anche i nomi scelti per i vari tipi di profilattico sono quantomeno bizzarri: "Sentilo", "Mettilo", "Chiappalo", "Prendilo", "Mammolo" e "Cucciolo" per i più piccini.

GIOBBE COVATTA

Ce l'ho così sottile che il preservativo mi sta su con l'elastico.

PACO GENOVESE

Riciclo tutto. Con 10 preservativi usati ho confezionato un bel paio di guanti di gomma.

PACO GENOVESE

Di marketing non capiva un cazzo. Propose che per ogni mille scatole di preservativi acquistati dessero in premio un bambino.

GINO&MICHELE

Ho visto gente mettersi i preservativi alle dita dei piedi per paura di prendersi l'Adidas!

GINO&MICHELE-PAOLO ROSSI

Mi sono comprato i profilattici. Io sono uno che scopa ogni morte di Papa e, secondo me...
TEO GUADALUPI

Formigoni lotta contro i preservativi perché ha paura di soffocare.
PAOLO HENDEL

Arnold Schwarzenegger sembra un preservativo pieno di noci.
CLIVE JAMES

Un bimbo di cinque anni entra in bagno e trova il padre che si sta infilando un preservativo. Il bimbo dice: «Papà, cosa stai facendo?». E il padre: «Uh, sto cercando di catturare un topo». E il bimbo: «Cosa fai quando l'hai preso, te lo inculi?».
ARTIE LANG

C'è una nuova crisi medica. I dottori dicono che molti uomini sono allergici al lattice dei preservativi, e l'allergia può causare severi rigonfiamenti. E allora qual è il problema?
JAY LENO

Sono decisamente per il sesso sicuro, perché, altrimenti, c'è il rischio di ritrovarsi con qualcosa di terminale, tipo un bambino.
WENDY LIEBMAN

Fare l'amore coi "gommini" è come lavarsi i piedi coi calzini.
GIANNI MAGNI

Mi dia la solita confezione gigante di profilattici... Anzi me ne tolga 4 o 5: sa, sto cercando di smettere.
GIANNI MAGNI

Ho sempre con me dei preservativi. Ogni tanto li spolvero.
FRANCO MERAFINO

L'altro giorno avevo nella borsetta un pacchetto di condom vicino ad un altro di bubble gum. Un bambino mi ha chiesto una cicca e gli ho dato un Settebello. È ancora lì che cerca di fare i palloncini.
MARISA MIRITELLO

«Se non mi dai la catenina ti buco con la siringa infetta.» «Pungimi

pure tanto ho il preservativo in tasca.»
MARISA MIRITELLO

Vi do una dimostrazione di come oggi comunichiamo troppo: ditemi ora cinque marche di telefonini... Ci scommetto che ne avete pensati almeno una decina! Provate adesso a pensare a cinque marche di preservativi... Come? Non ve ne vengono in mente più di tre? Avete visto, signori, che avevo ragione? Telefonate di meno e ciulate di più!
OMEN (RAUL CREMONA)

Il preservativo è un oggetto che se ce l'hai non ti serve, se non ce l'hai ti serve, se ce l'hai e non sei riuscito a usarlo c'è sempre una moglie che te lo trova.
GIANNI PALLADINO

Non esistono preservativi completamente sicuri. Un mio amico che ne indossava uno una volta venne investito da un autobus.
BOB RUBIN

lo i profilattici me li faccio fa' dar sarto.
ENZO SALVI

Non mi metto mai il preservativo perché mi fa sudare la mano.
DARIO VERGASSOLA

PRESIDENTE DEL CONSIGLIO
vedi **Berlusconi**

PRESIDENTI USA
vedi **Casa Bianca**

PRESTAZIONI SESSUALI

Le ostriche sono afrodisiache? Balle: una volta ne ho mangiate sei ma ha funzionato solo una.
ANTONIO CORNACCHIONE

Una volta ho fatto l'amore per un'ora e quindici secondi filati. Ma

era quando abbiamo spostato gli orologi per l'ora legale.
PAOLO LIMITI

Quando ti chiamano latin lover sei nei guai. Le donne a letto si aspettano da te una performance da Oscar.
MARCELLO MASTROIANNI

Nucleo: «Capsula, sai che stanotte ho fatto l'amore con la mia ragazza per cinque ore di fila?»
Capsula: «Ci credo. Anch'io una volta ho fatto cinque ore di fila per fare l'amore con la tua ragazza!»
PALI E DISPARI

PRESTIGIATORE
vedi ***Maghi***

PRESUNTUOSO *(Egocentrico - Orgoglioso - Superbo)*

Io e Vittorio Sgarbi abbiamo un solido interesse in comune: lui stesso.
BARBARA ALBERTI

«Baci da Dio!» «Be', sì... Lui ha preso tante cose da me!»
WOODY ALLEN

Fino all'anno scorso avevo un solo difetto. Ero presuntuoso.
WOODY ALLEN

«Tu mi dai fastidio perché ti credi tanto un Dio!» «Be', dovrò pur prendere un modello a cui ispirarmi, no?»
WOODY ALLEN

Quando la scienza scoprirà il centro dell'universo, un sacco di gente sarà delusa nell'apprendere che non si tratta di loro.
BERNARD BAILEY

Il giorno in cui un giovane scrittore corregge la sua prima bozza prova lo stesso orgoglio di un adolescente che ha appena preso la sifilide.
CHARLES BAUDELAIRE

Ho sposato me stesso, da sempre. E non andiamo quasi mai d'accordo.
CARMELO BENE

Un giorno Dio inventò la superbia. Ma chi c'è più superbo di lui che si è fatto chiamare Dio? Metti caso che si fosse chiamato Guido, insomma, fosse stato un po' più umile sarebbe andata diversamente.

Roberto Benigni

Silvio Berlusconi è da sempre convinto di essere il secondo, solo dietro Dio. Sarà perché non crede in Dio.

Giorgio Bocca

Perché mai dovrei desiderare di essere Flaubert quando ho la fortuna di essere Aldo Busi?

Aldo Busi

Io a Jane Fonda dicevo: «Guarda che luna», e lei mi rispondeva: «Ma ti rendi conto di che donna hai al fianco, di quante cose importanti ho fatto io in confronto a te?»

Lorenzo Caccialanza

Per un eiaculatore precoce andare in un albergo a ore è pura presunzione?

Paolo Cananzi

Quando si è onnipotenti, ubiqui, onniscienti è facile montarsi la testa.

Pino Caruso

Gli uomini si dividono in due categorie: i geni e quelli che dicono di esserlo. Io sono un genio.

Enzo Costa

Adamo è lì nel paradiso terrestre con tutti i comfort possibili ma sente che gli manca qualcosa a cui non riesce dare un nome. Riesce però ad accostare un colore, un rosa pallido... Dio se ne accorge e crea la donna. E pecca di presunzione perché Adamo, quella che voleva al suo fianco era semplicemente la *Gazzetta dello Sport*.

Lella Costa

Tendo a considerare molto intelligente chi mi dà ragione.

Massimo D'Alema

Io sono l'unico artista copiato dalla Natura.

Salvador Dalí

Ogni mattina, quando mi sveglio, sperimento un incredibile piacere: quello di essere Salvador Dalí.
SALVADOR DALÍ

Quanto segue deve trovarsi nella suite di Joan Crawford: secchielli con cubetti di ghiaccio; ferro a vapore e asse da stiro; una stecca di sigarette Alpine; una scatola di mentine Life Savers; rose rosse e gialle; un cartone di Pepsi-Cola, Ginger Ale e soda; i seguenti liquori: vodka Smirnoff; bourbon Old Forrester; scotch Chivas Regal; gin Beefeathers; due bottiglie di champagne Moét & Chandon. Miss Crawford troverà all'aeroporto una Cadillac appena lavata e con autista. In quanto coproduttrice del film miss Crawford non gradirà inutili sprechi di denaro.
DALLE ISTRUZIONI PER IL TOUR PUBBLICITARIO DEL FILM *STRAIT JACKET*

Quando voglio sapere che cosa pensa la Francia lo chiedo a me stesso.
CHARLES DE GAULLE

Era un bambino presuntuoso e saccente. Quando la maestra di prima elementare gli chiese: «Ma tu credi in Dio?», lui rispose: «Be', credere è una parola grossa. Diciamo che lo stimo».
WALTER FONTANA

Mi disturba la morte, è vero. Credo che sia un errore del Padreterno. Io non mi ritengo per niente indispensabile, ma immaginare il mondo senza di me... che farete da soli?
VITTORIO GASSMAN

Berlusconi è così convinto che coi soldi si può tutto che, quando va a pescare, come esca usa l'American Express.
GINO&MICHELE

L'ego di Berlusconi è così grosso che sogna che il Ministero delle Poste gli dedichi un francobollo. Giuliano Ferrara invece è così grosso che sogna che il Ministero delle Poste gli dedichi un c.a.p..
GINO&MICHELE

Cesare Romiti è uno che quando si guarda allo specchio si fissa con una tale sicurezza che, alla fine, è lo

specchio che è costretto ad abbassare gli occhi.
GINO&MICHELE

Posso ammettere di non avere sempre ragione, tuttavia sappiate che non ho mai torto.
SAMUEL GOLDWIN

Sono messo malissimo: come megalomane mi credo Dio, ma in quanto ateo ho pochissima fiducia in me stesso.
MAX GREGGIO

C'è una cosa da dire della razza bianca: che la sua presunzione non ha limiti. Chi altri infatti potrebbe andare in un isolotto del Pacifico dove non esistono né miseria, né delitti, né disoccupazione, né preoccupazioni, né guerra, e definire quella una società primitiva?
DICK GREGORY

Da quando pratico l'autostima ho cominciato a credere in Dio.
MASSIMO GUGLIELMELLI

Orgoglioso io? È il colmo! Comunque avrei ben ragione d'esserlo!
SACHA GUITRY

Un egoista è un uomo che non pensa a me.
EUGÈNE LABICHE

Ciò di cui il mondo ha bisogno è di avere più geni e, direi, molto umili. Siamo rimasti talmente in pochi...
OSCAR LEVANT

Malaparte è così egocentrico che se va a un matrimonio vorrebbe essere la sposa, a un funerale il morto.
LEO LONGANESI

Dio ha dunque dimenticato quel che ho fatto per lui?
LUIGI XIV

Io so' io, voi nun siete un cazzo!
IL MARCHESE DEL GRILLO

Ora basta parlare di me, parliamo un po' di voi. Cosa ne pensate di me?
BETTE MIDLER

Morendo, non siamo noi a dover dare una spiegazione a Dio ma, se c'è un Dio, lui a noi.

INDRO MONTANELLI

Non credo di essere bello. Ma che valore ha la mia umile opinione contro quella che invece dichiara lo specchio?

MUHAMMAD ALÌ (CASSIUS CLAY)

Lui: «Dio che bei diamanti!»
Mae West: «Dio non c'entra proprio niente, tesoro.»

NIGHT AFTER NIGHT

Era pieno di sé e io, esasperato da tanta presunzione, un giorno gli chiesi: «Nonno, ma chi ti credi di essere! Dio in terra?» «No!», mi rispose, «è lui che si crede me in cielo!»

VALERIO PERETTI CUCCHI-MARIO ZUCCA

Credo di sapere cosa si prova a essere Dio.

PABLO PICASSO

Comunque sono tanto orgogliosa di mio figlio gaio e voglio dire alle altre mamme: se vostro figlio è tanto sensibile siate contente: sempre meglio un figlio ricchione... che due!.

VIVIANA PORRO

Credevo di essere Dio, un Dio vivente. E ognuno degli altri tre mi guardava e mi diceva: «Scusa sai, ma Dio sono io».

RINGO STARR

Spesso sostengo lunghe conversazioni con me stesso e sono così intelligente che a volte non capisco nemmeno una parola di quello che dico.

OSCAR WILDE

Vi dico un segreto, una cosa che so solo io: sono un uomo bellissimo!

STEFANO ZACCARELLA

PRETE

Al confessionale: «Padre sono un gay...» «Osservante o praticante?»

ALBERT

Una volta un prete mi tirò una Bibbia sul cuore. Per fortuna avevo una pallottola d'oro che mi aveva regalato mia madre che mi salvò la vita!

Woody Allen

Roba che se uno fosse costretto a sposarsela preferirebbe, al termine della cerimonia, baciare appassionatamente il prete.

Lorenzo Beccati

Sei di un'ignoranza ripugnante? Ma vuoi coniugare cultura e progresso? Vuoi coniugare impegno e risultati? Vuoi coniugare affermazione e contenuti? Non puoi: sono tutti sostantivi! Non ti sei accorto che non c'era un verbo a pagarlo oro, zuccone? Ma da oggi non è più un problema col Seminario enciclopedico postale *La Vocazione*. Sarai prete in 12 comode dispense e poi... coniughi chi cazzo ti pare!

Claudio Bisio

Una sera il predicatore della Chiesa battista era in ospedale a visitare la zia Peto Lei gli spiegava che i suoi sedici denti le erano caduti contemporaneamente. Insomma era completamente sdentata. Mentre ascoltava, il predicatore sgranocchiava alcune noccioline che erano in una ciotola sul comodino. Al termine della visita si è alzato e ha detto: «Torno domani per un'altra visita, signora Ledbetter. E le porto delle altre noccioline». Lei gli ha risposto: «No! No, non posso masticarle. Non me le porti finché non mi metterò dei denti nuovi. Le mie gengive, per il momento, sono troppo delicate. Adesso tutto quello che posso fare è succhiare la cioccolata esterna e rimettere le noccioline nella ciotola qui davanti».

Jerry Clower

Povero Michael Jackson, tutte quelle insinuazioni sul sesso. Non è già abbastanza imbarazzante che sia un testimone di Geova, ora lo accusano di comportarsi come un prete cattolico!

Billy Connolly

Questo libro è dedicato a don Ginepro, il prete di quand'ero bam-

bino che, per evitare che ci toccassimo, ci toccava lui. Bontà divina.
Giobbe Covatta

Non capisci? Lui è un prete! È fatto per soffrire! Tra di loro, quello che soffre di più viene promosso!
Don 't Drink the Water

Durante la mia adolescenza, mia madre voleva che io mi facessi prete, un lavoro che mi sembra veramente duro. Riuscite a immaginare di lasciar perdere la vostra vita sessuale e poi, una volta la settimana, ascoltare le persone che vengono a raccontarvi tutti i dettagli della loro?
Tom Dreesen

Sono stato a un matrimonio, e il prete mi sembrava scettico. Avete presente quella parte in cui dice: «Se qualcuno ha qualcosa in contrario all'unione di queste due persone...». Be', lui ha continuato: «Allora, formate una fila dietro al microfono e cercherò di farvi passare tutti prima di pranzo».
Mark Farrell

«Mamma ho scelto di stare vicino a Dio.» «Per te c'è stato sempre qualcuno più importante di tua madre.»
Fuori dal mondo

Come chiami un uomo che sposa un altro uomo? Parroco.
Benny Hill

Il prete dell'oratorio era un tormento, continuava a dirci: «Non fare questo, non fare quest'altro, stai fermo...». Lo chiamavamo "Don Do It"!
Antonio Laneve

A New York hanno aperto il Museo del sesso. I bambini sotto i tredici anni devono essere accompagnati da un prete cattolico.
Daniele Luttazzi

Ma Don Mazzi nella su' parrocchia quando ci sta?
Cristiano Militello

Il 66% dei cattolici fa sesso una volta a settimana. Il numero sarebbe stato più basso, ma hanno contato anche i preti.

DENNIS MILLER

Ho ricevuto un'educazione cattolica. L'altro giorno sono andato a confessarmi e ho detto al prete: «Prima tu».

DENNIS MILLER

Mio zio è un prete in pensione e quando ha visto il Gabibbo ha detto: «Certo che il diavolo si è proprio lasciato andare...».

FLAVIO OREGLIO

Ho sempre creduto che comici e preti si nasca: dipende se sei illuminato dalla Santissima Trinità o dalla Santissima Bischeraggine.

LEONARDO PIERACCIONI

Sono contrario ai privilegi del clero; chiedo l'abolizione del celibato.

MARKUS M. RONNER

La vita in provincia è terribile: il parroco ha saputo che una mia amica è omosessuale ed è andato a maledirle la casa.

MARIA ROSSI

«Figliolo, quanto tempo è che non ti confessi?» «Saranno dieci anni...» «Ah, sei venuto a costituirti...»

PAOLO ROSSI

Un anziano ebreo viene investito da un'auto, arriva subito un prete che si inginocchia su di lui per somministrargli l'estrema unzione: «Credi in Dio Padre, Figlio e Spirito Santo?». Il vecchio salta su e urla: «Io sono qui che sto morendo e questo mi fa gli indovinelli».

CITATA DA LEO ROSTEN

Ascoltando le donne in confessione i preti sono contenti di non essere sposati.

ARMAND SALACROU

Non ho mai visto, sentito, né letto che il clero sia amato in nessuno dei Paesi dove il cristianesimo è la religione ufficiale. Nulla può rendere i sacerdoti tanto popolari quanto un po' di persecuzioni.

JONATHAN SWIFT

Bella cosa la religione! Ieri sono andato a confessarmi. Sto meglio, ma

ora il prete pretende duecento euro per tenere la bocca chiusa.
FRANCESCO VESPA

Se va a finire che hai una vita noiosa e miserabile perché hai ascoltato tua mamma, tuo papà, il tuo insegnante, il tuo prete, o qualche tizio in televisione che ti dicevano come fare le tue cose, allora te lo meriti.
FRANK ZAPPA

Noi preti non possiamo andare a donne: facciamo una telefonata e vengono loro da noi.
MARIO ZUCCA

PREVISIONI DEL TEMPO

vedi **Meteo**

PREZZI

Al paese dei nonni una volta se passavi col rosso ti beccavi duecentomila lire di multa. Da quest'anno solo centomila. Il paese è piccolo, forestieri non ce ne sono, nessuno passava con il rosso e così hanno dovuto abbassare i prezzi.
GEMELLI BAROLO

Abito in un posto molto modesto. Ho una stanza con vista sullo splendido Claridge's Hotel. Ho pensato che fosse meglio che pagare i prezzi del Claridge's ed avere una vista sulla catapecchia in cui vivo.
JACK BENNY

Di' no alla droga. Così i prezzi si abbassano.
GEECHY GUY

Un chilo di segatura pesa più di tre etti di aragosta, ma non costa 25.000 lire!
ALBRAN KELHOG

Mister Forest: «C'è un mio amico prete che si dà un gran da fare per la comunità.»Gialappa's: « È quello che chiede alle prostitute di smettere?»
Mister Forest: «No, lui fa di più: chiede di abbassare i prezzi!»
MAI DIRE GRANDE FRATELLO

Grazie! Grazie! Grazie! Forse non ci hai ancora pensato, ma sono proprio i tuoi acquisti, anche quelli più semplici, che fanno girare l'economia. È quando arrivi alla cassa che ti si ferma l'economia e cominciano a girarti i coglioni.

GIORGIO MELAZZI

Le compagnie aeree americane sono così disperate per i loro affari che oggi ne ho chiamata una: «Quant'è un biglietto per Los Angeles?». L'impiegato mi ha detto: «150 dollari». Ho detto: «No, è troppo». Mi ha risposto: «Parliamone...».

ROBERT ORBEN

Il passaggio dalla lira all'euro giustifica l'aumento dei prezzi, come il passaggio dal miglio al chilometro quello degli incidenti stradali.

PIETRO RICCARDI

A Milano i ristoranti hanno prezzi incredibili. L'altra sera due rapinatori hanno fatto irruzione in un ristorante del centro e, invece di una pelliccia, hanno portato via una pietanza!

LUCIO SALIS

PRIGIONE *(Galera)*

Sono stato incarcerato per un reato d'opinione: io ero dell'opinione che emettere assegni a vuoto si potesse, la banca no.

ANATOLJ BALASZ (NATALINO BALASSO)

Un pessimista costruisce sempre prigioni in aria.

MILTON BERLE

Testa di cane ha da poco finito di scontare quindici anni di galera. Quindici anni fa aveva rubato la macchina al suocero per andare a rapinare una banca, con i soldi della rapina doveva andare in Russia a comprare dei mitragliatori da barattare in Afghanistan con dell'hashish, successivamente portare l'hashish in Albania e darlo alla malavita locale in cambio di alcune ragazze da fare prostituire in Italia. Con i soldi ricavati dalla prostituzione doveva aprire delle bische clandestine e infine ripulire il denaro sporco in Svizzera importando dei Rolex di contrabbando. Lo hanno arrestato al terzo incrocio dopo il furto della macchina. Il suocero

conoscendolo ha pure ritirato la denuncia, ma i carabinieri gli hanno trovato in tasca un promemoria di tutti i passaggi che doveva fare ed è rimasto in galera quindici anni.
GIOVANNI CACIOPPO

Il violento hockey in televisione è la causa principale delle ribellioni carcerarie. Pensateci: siete dei detenuti in una cella del penitenziario di Stato e guardate alla tv un giocatore di hockey prendere due minuti di sospensione, mentre voi state scontando diciassette anni in carcere per lo stesso reato.
JEFF CESARIO

Ebbe la sfiga di finire i suoi giorni in galera. Ma per fortuna era completamente innocente.
PACO D'ALCATRAZ

Anche in prigione ci sono delle canaglie, come dappertutto.
GANDOLIN

«Per sanare il deficit dello Stato ognuno di noi dovrebbe sborsare più di venti milioni a testa!» «E per sanare il deficit della Giustizia quanti anni di galera mi dovrei fare?»
CLAUDIO GASPARINI

Terzo giorno di Paris Hilton in gattabuia. E sapete qual è il problema di averla in galera? È circondata da stupratori, spacciatori, delinquenti. Proprio come quand'era fuori.
DAVID LETTERMAN

Paris Hilton deve andare in carcere. Ma, Paris, non è poi così brutto, essere in carcere: ti darà un sacco di tempo per leggere, ti darà un sacco di tempo per scrivere... Oh, no, sei nei guai, Paris.
DAVID LETTERMAN

New York City è stata dichiarata la città più sicura d'America. Dev'essere merito della nuova politica del sindaco Bloomberg: oggi, infatti, dopo tre omicidi ti mettono in galera.
DAVID LETTERMAN

Ci sono più socialisti in galera oggi che durante il fascismo.
RICCARDO LOMBARDI

Ieri sono andato al carcere di Brindisi e ho dichiarato: «Sono quell'italiano evaso due anni fa dal carcere di San Vittore». Loro hanno accertato che non era vero e mi hanno arrestato. Il Partito dei pensionati mi ha messo in lista per le Europee.

MAURIZIO MILANI

In agosto, mio marito Morris e io abbiamo celebrato il trentottesimo anniversario di matrimonio. E sapete cosa ho finalmente realizzato? Che se lo avessi ucciso la prima volta che m'è passato per la mente, adesso sarei già fuori di galera.

ANITA MILNER

Per un certo periodo, ogni volta che i russi mettevano in prigione un americano, la Commissione per le attività non americane, per rappresaglia, metteva anche lei in prigione un americano.

MORT SAHL

È un criminale talmente pericoloso che Bob Dylan ha scritto una canzone per non farlo uscire di prigione.

I SIMPSON

«Vuoi stare dentro con me in un affare?» «Cosa c'è da guadagnare?» «Quello che prendiamo facciamo a metà.»... Prendemmo sei mesi, tre io e tre lui.

BEPPE VIOLA

PRIMA NOTTE *(Prima volta)*

Durante la mia prima notte di nozze mia moglie, sul più bello, si è alzata in piedi per un'ovazione.

WOODY ALLEN

Per far sì che sia come la prima volta, non incontratevi mai una seconda.

ALDO BUSI

Quando abbiamo fatto l'amore la prima volta le ho chiesto: «Non sono il primo, vero?». E lei: «Né il primo, né l'ultimo».

ENZO CORTESE

Il sesso talvolta ti fa ridimensionare bruscamente l'opinione che hai del tuo partner: lei, per esempio, che mi chiamava Batuffolone; dopo la prima volta prese a chiamarmi Cotton Fioc.

CARLO D'ADDATO

La mia prima storia fu con una ragazza bellissima. Durò un anno. Era un calendario.

ALESSIO PARENTI

La prima volta che mi sono spogliato nudo davanti a una donna lei mi ha detto: «Cos'è, una caccia al tesoro?».

DARIO VERGASSOLA

PRIMAVERA

È primavera: nella serra, in ogni fiore c'è un'orgia. Chi riuscisse a inventare un motel per insetti farebbe i milioni.

STEFANO BENNI

La primavera è in ritardo. Si pensa che sia rimasta incinta.

MASSIMO BOLDI

In Inghilterra è primavera. L'anno scorso l'ho mancata. Ero in bagno.

MICHAEL FLANDERS

In Australia, quando arriva la primavera, ritornano i boomerang?

GIANLUCA IRTI

L'altro giorno ho visto il primo segno della primavera: una verde collina e, su di essa, uno stormo di gialli bulldozer.

ROBERT ORBEN

PRIMA VOLTA

vedi ***Prima notte***

PRIMI *(Secondi – Terzi - Ultimi)*

Campioni si diventa. Secondi o terzi si nasce.

MASSIMO BUCCHI

Mia madre ci teneva talmente tanto che io fossi il primo della classe, che mi iscrisse alle scuole differenziali.

PAOLO CANANZI

Meglio essere l'ultimo che l'ultimo essere.

EROS DRUSIANI

L'onorevole Pietro Longo camperà più di cent'anni, così i nostri nipoti vedranno in che tempi ci è toccato vivere. Con questo solo vantaggio, già da noi goduto, che non si dice più, nei momenti di disperazione: «Sono l'ultimo degli uomini», ma si dice: «Sono il penultimo degli uomini», perché, finché c'è il segretario del Psdi, il posto estremo è già occupato.

FORTEBRACCIO

O si è i primi, o si è i migliori.

FRANCO MERAFINO

PRINCIPE CARLO

Il principe Carlo d'Inghilterra resta l'unico al mondo ad aver pigliato una Camilla scaduta senza neanche ricevere il Coccio dal Mulino Bianco!

ENRICO BERTOLINO

Povera principessa Grace e povera principessa Diana. Il sogno di ogni ragazza è di incontrare il principe Azzurro, ma perché deve sempre assomigliare al principe Ranieri o al principe Carlo?

CAROL CHANNING

Per partecipare ai funerali del Papa, venerdì a Roma, il principe Carlo d'Inghilterra ha rinviato le nozze con Camilla Parker Bowles a sabato. Per Carlo sarà emozionante. La rara occasione di toccare due salme nello stesso weekend.

JOEL MCHALE

Il principino Harry è andato a una festa vestito da nazista. Suo padre c'è rimasto molto male. E anche il principe Carlo non l'ha presa benissimo.

JAY LENO

Carlo e Camilla hanno visitato New Orleans devastata dall'uragano Katrina. Al termine della visita, la città ha donato a Carlo tre milioni di dollari per rimettere a nuovo Camilla.

JAY LENO

Il principe Carlo ha riconosciuto in un ospizio per barboni un suo vecchio compagno di classe delle elementari. Com'è crudele il destino. Due bambini sono in classe insieme, e dopo quarantadue anni nessuno dei due ha ancora un lavoro!

DANIELE LUTTAZZI

PRINCIPE *(Principesse)*

Vedi anche **Principe Carlo**

Cenerentola ballò tutta la notte col principe, volteggiò instancabile, rapita dalla musica, per le grandi sale della reggia, riflettendosi nelle alte specchiere come una farfalla azzurra. A mezzanotte era sudata come una cavalla.

ROMANO BERTOLA

Vi voglio raccontare una piccola storia per tirare su il morale... la storia di una principessa molto bella. Il papà e la mamma volevano farla sposare a un principe bellissimo, invece lei amava la danza, non ne voleva sapere. E ballava, ballava, ballava, ballava, ballava, ballava... Poi è morta!

FRANCO CARDELLINO

Se un uomo apre la porta dell'auto alla moglie, o è nuova l'auto o è nuova la moglie.

FILIPPO D'EDIMBURGO

Se ha quattro gambe e non è una sedia, se ha due ali e non è un aereo, se va sott'acqua e non è un sommergibile i cantonesi lo mangeranno di sicuro.

FILIPPO DI EDIMBURGO.

Il ranocchio si è trasformato in principe, il brutto anatroccolo in uno splendido cigno, il bruco in farfalla, ma tu... quando cazzo ti trasformi?

ARTURO DI NACCIO E CLAUDIA GIOVANNELLI

La mamma di Emanuele Filiberto di Savoia si chiama Marina Doria. Marina Doria, ma che nome è Marina Doria? Ma pensa a suo figlio quando tornava a casa e diceva: «Dov'è la mamma? Dov'è la mia mamma?». Marina Doria, ma che cazzo di nome è Marina Doria? «Dov'è Marina Doria?». E il papà gli diceva: «È fuori casa». «E cosa sta facendo?» «Sta pareggiando con la Salernitana».

GINO&MICHELE-PAOLO ROSSI

Qualche anno fa nel Regno Unito la punizione per aver amoreggiato con la principessa Diana era la pena di morte. Invece la punizione per aver amoreggiato con la principessa Sara era amoreggiare con la principessa Sara.

NORM MCDONALD

Carola: «Le ipotesi sulla morte di Lady Diana mi hanno molto turbato... ho sentito parlare di complotto, ma chi mai può avere interesse a eliminare una regina?»
Quelo: «Forse l'alfiere.»

QUELO (CORRADO GUZZANTI)

Nessuno mi toglie dalla testa che la Principessa sul pisello non sia stata del tutto scomoda.

ROBERTO SERAFINI

Il principe di Monaco ha riconosciuto un altro figlio. Se va avanti così avrà più figli che sudditi.

SKIZZO

PRINCIPESSA
vedi **Principe**

PRIVACY *(Riservatezza)*

Oggi pomeriggio, mentre passeggiavo con Maniglia, incrociamo una bellissima donna, la classica bionda scandinava, un po' fredda, riservata. «E pensare», dice Maniglia, «che ieri avrei potuto scoparla.» «Perché, la conosci?» «No, ma ce l'avevo duro.»

ROMANO BERTOLA

Sono sposata a un inglese. Un tipico inglese. È molto riservato. Infatti, è stato solo dopo esserci sposati che ho saputo che voleva fidanzarsi con me.

KIT HOLLERBACH

Mia nonna è sempre stata una persona riservata e indipendente, aveva la sua camera, non sapevamo neanche di averla in casa. È morta nell'89, domani facciamo i funerali.

ROBERTO LISSONI

L'insider trading si configura quando chi ha notizie riservate su una società ne trae vantaggio speculando. Per esempio, tutte le maestre elementari sanno che i bambini grandi obesi fanno innamorare dieci volte di più le bambine rispetto agli altri bambini di peso giusto. Questi, nel vedere che il bambino grande obeso ha più successo con le donne, dicono: «Divento anch'io sui 30 chili fuori peso» e cominciano un consumo scriteriato di calorie. Se la loro maestra va in banca e acquista azioni della Kinder Division fa insider trading.

MAURIZIO MILANI

È un documento così riservato che dev'essere distrutto prima di venire letto!

DANIELE TUROZZI

«Alessia Mancini, sappiamo pochissimo della sua vita privata. Possibile che lei trombi solo in pubblico?»

DARIO VERGASSOLA

PROBLEMA

«Ma non puoi risolvere tutti i problemi della vita a cazzotti!» «Certo, potevo spararigli...»

ARMA LETALE 3

Mi piace come Reagan risolve i problemi. Per esempio: «Sei una ragazza madre? La prossima volta ciuccialo e basta!».

RICHARD BELZER

I problemi più complessi hanno soluzioni semplici, facili da comprendere e sbagliate.

ARTHUR BLOCH

Il problema di raccontare una bella barzelletta è che, inevitabilmente, ne fa venire in mente una orribile a chi l'ascolta.

GINO BRAMIERI

Può essere che il tuo scopo nella vita sia darmi dei problemi?
ASHLEIGH BRILLIANT

Ho una soluzione al tuo problema. Sparati un colpo in testa. Oops, no, aspetta: quello risolverebbe il mio problema. Qual è il tuo problema?
DREW CAREY

I problemi degli uomini hanno tre cause: le donne, i soldi ed entrambi.
JOHNNY CARSON

Bambini assenti e presenti, scrivete: compito a casa, problema. "Il vostro maestro spende ogni mese lire 13.000 per l'affitto di casa, lire 8.500 spese vitto, (il vostro maestro pesa 32 chilogrammi). Poi lire 165.000 per spese varie, vizi e divertimenti. Sapendo che il vostro maestro guadagna lire 35.000 cadauno il mese, si domanda: come si può fare per essere promossi?". Fatevi aiutare dai vostri genitori.
COCHI E RENATO

È che io ho dei problemi con le donne... Conosco solo due tipi di donne, quelle sensibili che non escono con me perché hanno paura di illudermi e le altre, per fortuna, quelle che non escono con me perché gli faccio schifo!
ANTONIO CORNACCHIONE

È impensabile una vita senza problemi: c'è quello per cui non riesci ad aprire il tonno perché ti si è rotta la chiavetta e c'è quello che sei su un aereo che sta precipitando. Ma il segreto è uno solo: pensare sempre in positivo. Per esempio che, nell'impatto dell'aereo al suolo, si apra il tonno.
GIORGIO MELAZZI

Quando non riesco ad affrontare un problema vorrei scappare lontano. Poi resto. Non so se là c'è la televisione.
FRANCO MERAFINO

Tu dici: «Ma». E allora io metto il dito su tutto il problema. Tu sei un "ma man". Non dire più "ma". Quella piccola parola, "ma", è la differenza tra il successo e il fallimento. Henry Ford una volta disse: «E adesso invento l'automobile» e

Arthur T. Flanken disse: «Ma...». Ora noi vediamo le Ford per le strade, ok? Hai mai visto una Arthur T. Flanken in giro? Eh?

THE PHIL SILVERS SHOW

La causa principale dei problemi sono le soluzioni.

ERIC SEVAREID

Non ho mai avuto problemi con l'alcol, almeno fino a quando non cominciava a scarseggiare.

TOM WAITS

Io sono la persona giusta al momento giusto. C'è un problema? Lo risolvo. Non c'è? Lo creo.

LUCIO WILSON

Berlusconi ha un solo modo per risolvere il problema della giustizia in Italia: costituirsi.

LUCIO WILSON

Le statistiche dicono che una donna dà alla luce un bambino ogni quattro secondi. Il nostro problema è trovare quella donna e fermarla.

HENNY YOUNGMAN

PROCESSO *(Tribunale)*

In un'aula di tribunale vince chi racconta la storia migliore.

AMISTAD

Povero Silvio... Sono tutti invidiosi, vogliono diventare ricchi come lui. Ma solo lavorando duramente si può sperare di arrivare dove è arrivato lui. Pensate che un imprenditore che lo imitava, lavorando sodo, in sole due settimane è riuscito a farsi processare per falso in bilancio. Incredibile, Silvio per arrivare a questi risultati ci ha messo dieci anni!

ANTONIO CORNACCHIONE

Non puoi dire di conoscere veramente una donna finché non la incontri in tribunale.

NORMAN MAILER

Un giudice ha dichiarato ieri che al boss della mafia John Gotti possono essere rivelati i nomi dei giurati del suo prossimo processo per aggressione, ma non i loro indirizzi di lavoro o residenza. Il giurato John Smith ha detto che non è affatto preoccupato. Invece, il giurato Laika Jardel Rapsanick ha detto: «In effetti, sono un po' preoccupata, ma, uhm... sono anche abbastanza sicura che non sia colpevole».

Dennis Miller

«È andata a letto con lui a New York?» «Mi rifiuto di rispondere.» «È andata a letto con lui a Chicago?» «Mi rifuto di rispondere.» «È andata a letto con lui a Miami?» «No.»

Stralcio del verbale di un processo tenutosi negli Stati Uniti

E la pubblicità? Perché in televisione si fa un processo solo alla puzza della donna? Perché ci bombardano di deodoranti, di profumi, di lacche, di saponi intimi, di controllori d'alito! Mentre l'uomo col gorgonzola piace!

Lucia Vasini

Signor giudice, mia moglie parlava, parlava, parlava... Io ho preso un bastone e gliel'ho tirato dietro. Che ne sapevo io che dall'altra parte c'era l'accetta!

Stefano Vigilante

PRODI ROMANO

Han detto che Prodi era una spia del Kgb. Ma l'avete visto? Sarebbe come dire che Luxuria è una spia del Vaticano!

Roberto Benigni

Anche la sinistra ha i suoi scheletri nell'armadio. Ieri ero a casa di Prodi, ho aperto l'armadio e dentro c'era Fassino.

Beppe Braida

Ansa: il portavoce del governo Prodi, Silvio Sircana, è stato nuovamente fotografato lungo la via Salaria mentre in auto si accostava al marciapiede a parlare con un transessuale: «Ebbene sì», ha dichiarato ai giornalisti, «dopo una giornata intera passata a parlare di politica con Prodi, Mastella, D'Alema, Fassino, Rutelli, Di Pietro, Pecoraro Scanio e Diliberto, sento proprio il bisogno di fermarmi lungo la strada a far quattro chiacchiere con una persona normale!»

Paolo Hendel

Io almeno sono utile.

ROMANO PRODI

PRODOTTI IGIENICI

vedi ***Igiene***

PRODUTTORE

Immaginate la deliziosa sorpresa quando ho letto loro la sceneggiatura di *Amore e Guerra*, il cui plot andava dalla guerra all'assassinio politico, e terminava con la morte dell'eroe grazie a un crudele scherzo di Dio. Mai visti otto esecutivi andare in arresto cardiaco contemporaneamente; ero piuttosto contento.

WOODY ALLEN

La ragazza non impiegò molto a diventare "letterina". Attese il produttore sotto casa e, appena lo vide, gli gettò le gambe intorno al collo.

GINO&MICHELE

Sarebbe stato più economico abbassare l'Atlantico.

SIR LEW GRADE, A PROPOSITO DELLA SUA PRODUZIONE *RECUPERATE IL TITANIC*

«Dodici? Sono troppi! Non si può fare sei?»

SIR LEW GRADE, PRODUTTORE DI *GESÙ DI NAZARETH*

Per l'amore del cielo, mettete lo stesso il mare sullo sfondo: non possiamo certo preoccuparci di una manciata di americani che sa davvero com'è Parigi.

IRVING THALBERG, PRODUTTORE CINEMATOGRAFICO SUL SET DI UN FILM

A chi diavolo vuoi che interessi sentir parlare gli attori?

H.M. WARNER, PRODUTTORE WARNER BROS, 1929

Dovevo andare a trovare questo tale, molto importante, nel suo ufficio e tutti mi dicevano: «Stai attenta, Shelley. Non appena sarai entrata nel suo ufficio, ti strapperà il vestito di dosso!» «Me lo ricorderò», ho detto, «indosserò un vecchio vestito».

SHELLEY WINTERS

PROFESSIONISTA
vedi **Dilettante**

PROFESSORI
vedi **Scuola**

PROFUMO (Deodorante)

Dicono che l'Italia sia una colonia degli Stati Uniti. Mah... Secondo me non è neanche un deodorante...

MARCO DEL CONTE

Le rose profumano per mestiere.

STANISLAW JERZY LEC

Ogni estate mi rendo sempre più conto che stiamo trasformando questo pianeta in un forno. Ormai uso un deodorante al rosmarino.

ALESSIO PARENTI

I deodoranti sono pericolosi. Avete mai letto sui flaconi: "Attenzione contiene materia infiammabile. Potrebbe esplodere"? Non so voi, ma io non voglio niente sotto le ascelle che possa esplodere da un momento all'altro.

RICHARD PRYOR

Tra due amici genovesi: «Cos'altro posso regalare alla mia donna? I fiori mi dispiace un po', appassiscono subito. Ho provato con i fiori di plastica ma lei mi ha detto che ero poco romantico.» «Regalale un bel diamante. Un diamante è per sempre. Un diamante è per tutta la vita.» «È vero: non finisci più di pagarlo: trentaseimila rate!» «Allora un bel profumo, magari un dopobarba, cosi se poi litigate, te lo usi tu!»

EMILIO RAZZETTI

Che razza di profumi si mettono addosso gli uomini? Perché pensano che alle donne piaccia l'odore di sella, oppure di resina di pino? Se un uomo vuole che io lo segua per strada, dovrebbe mettersi addosso qualcosa chiamato "Biscotto

Zucchherino" o meglio ancora "Croissant".

Rita Rudner

Noi ci battiamo per la differenziazione fra vernici spray e deodoranti spray: si assomigliano troppo! L'altro giorno ho profumato il muro di una fabbrica e mi sono fatto un murale sotto le ascelle!

Francesco Salvi

PROGRAMMA TELEVISIVO *(Audience)*

vedi anche **Televisione**

Dato che i programmi televisivi sono fatti con i piedi, gli schermi televisivi dovrebbero essere misurati non in pollici, ma in alluci.

Anonimo

«Metti sulla tv cinese, che c'è un giallo!»

Ezio Ciuspiont

Abbiamo in anteprima esclusiva il documento della divisione dei beni tra Veronica Lario e Silvio Berlusconi. A Veronica rimane l'Umbria, il Regno delle due Sicilie e un terzo continente a scelta. Inoltre a lei va la custodia del trofeo Mitropa Cup, dei Telegatti e dell'opera omnia di Apicella. Sandro Bondi verrà affdato a Veronica, con la possibilità di visita da parte di Silvio ogni due week end. A Silvio rimane quel poco che resta. Ma si sa, nelle separazioni sono sempre gli uomini ad avere la peggio.

Fiorello

L'altra sera la mia fidanzata mi ha beccato a vedere uno di quei programmini un po' spinti e morbosetti che fanno di notte. Beh, mi ha detto che se mi becca di nuovo a guardare *Porta a porta* mi molla.

Mister Forest (Michele Foresta)

Oggi il ridicolo non uccide più. Oggi il ridicolo fa audience.

Gino&Michele-Lucia Vasini

A inizio carriera Mike Bongiorno presentava *Il Quadrato della Fortuna* perché non avevano ancora inventato la ruota.

Gianluca Irti

Ho partecipato a uno show dove alcuni ospiti erano anziani. Mi ricordo di aver salutato la Signora Wilson e lei mi ha risposto: «Oh, salve; salve a lei, davvero salve. Sono molto contenta di essere qui. Dov'è che sono?».

GABE KAPLAN

Sapete, sento sempre un gran parlare di tutto questo sesso in televisione che c'è oggigiorno, e mi fa davvero infuriare: continuo a cambiare canale tutta la notte ma non riesco mai a trovarlo!

ROWAN & MARTIN'S LAUGH-IN

Se non ci fosse stata la guerra il risultato sarebbe stato più alto.

AGOSTINO SACCÀ, A PROPOSITO DELLO SHARE DELLA PRIMA PUNTATA DI UNO SHOW DI GIORGIO PANARIELLO

Lo smoking di Corrado è il suo.

SCRITTO TRA I CREDITI DEI TITOLI DI CODA DI UN *TELEGATTO SHOW*

Ci sono talmente tanti reality tv show che adesso, quando vedo una pubblicità, penso: «Grazie a Dio! Degli attori professionisti e una storia!».

GARRY SHANDLING

Dopo il terremoto in Abruzzo.
Lei: «Berlusconi si è precipitato subito su tutti i luoghi del disastro.»
Lui: «Da Sky a *Matrix*, da *Matrix* a *Porta a porta*.»

VAURO

Perché Giletti cerca di far piangere la gente a casa e nessuno va in televisione a far piangere Giletti?

HENRY ZAFFA

PROGRESSO

La fede nel progresso è una dottrina per i fannulloni e per i belgi.

CHARLES BAUDELAIRE

Non riuscirò mai ad abituarmi alla spregiudicatezza dei nuovi tempi. Oggi, per esempio, ho sentito una signora che diceva a un'amica: «Io da mio figlio mi faccio vedere nuda!». Sono rimasto sgomento. Ricordo che ai miei tempi scopavamo la mamma rigorosamente al buio.

ROMANO BERTOLA

La musica leggera, secondo me, è una delle poche cose che in questo secolo abbiano fatto passi indietro.

BING CROSBY

Anche il progresso, diventato vecchio e saggio, votò contro.

ENNIO FLAIANO

Abbiamo un computer qui a Cambridge, ce n'è uno a Manchester e uno al laboratorio nazionale di fisica. Immagino che sarebbe giusto averne uno anche in Scozia, ma non di più.

DOUGLAS HARTREE, FISICO INGLESE, 1949

È progresso se un cannibale usa la forchetta?

STANISLAW JERZY LEC

Non sempre ciò che viene dopo è progresso.

ALESSANDRO MANZONI

Abbiate fiducia nel progresso che ha sempre ragione anche quando ha torto.

FILIPPO TOMMASO MARINETTI

Vi rendete conto che siamo nel 2007 e ci sono ancora donne che non fanno pompini? Quando trovo una donna così, la guardo come se avessi di fronte un registratore Betamax: «Vi producono ancora?».

CHRIS ROCK

PROIBIRE *(Abolire - Divieto)*

«Mamma, il Papa ribadisce: no ai rapporti prematrimoniali.» «E tu dagliela a un uomo sposato.»

ALTAN

Cercano di bandire la pornografia e tutto quello che causa "pensieri sessuali". Bisogna bandire tutto quello che causa pensieri sessuali! *Playboy*, pornografia, va bandito. *Penthouse*, pornografia, va bandito. Vi dico io cos'è che causa pensieri sessuali: avere un uccello. Fine della storia. Nel corso di una giornata, qualsiasi cosa può causare pensieri sessuali. Uno è sul tram, c'è un po' di brezza, il movimento avanti e indietro, pantaloni appena attillati... Oh, mio Dio! Ce l'ho duro! Cos'è, adesso, bandiamo i trasporti pubblici?

Bill Hicks

In Italia quando una cosa non è più proibita diventa obbligatoria.

Pietro Nenni

Sono contrario ai privilegi del clero; chiedo l'abolizione del celibato.

Markus M. Ronner

PROLETARIATO

«Su quale linea vi siete collocati?» «L'unica possibile, compa'! Er proletariatogiovanilemasseinlottaciavemolibisognicomunismosubitoncazzaticontrolarepressioneemarginatiPicciboia.»

Stefano Disegni

Il sogno della democrazia è d'innalzare il proletariato al livello di stupidità che ha già raggiunto la borghesia.

Gustave Flaubert

PROMESSA

La carriera dello scrittore italiano ha tre tempi: brillante promessa, solito stronzo, venerato maestro.

Alberto Arbasino

Noi promettiamo una casa a tutti. Purché ce la facciate a entrare tutti.

Giuliano

Gli uomini politici sono uguali in tutto il mondo: promettono di costruire ponti anche dove non ci sono fiumi.

Nikita Krushev

Lo prometto raramente, ma quando prometto non mantengo mai.

Jules Reward

Per taluni medici contemporanei, il giuramento di Ippocrate è diventato una vaga promessa.

DINO VERDE

PRONTO SOCCORSO

vedi **Ospedale**

PROSSIMO

Fai al prossimo tuo tutto quello che il prossimo tuo fa a se stesso e assumi un'aria simpatica.

GEORGE ADE

Io me ne fotto del prossimo, figuriamoci del primo.

ROCCO BARBARO

Ama il prossimo, non questo, il prossimo.

D'ARTAGNAN

Nessuno si è mai ammazzato perché non riusciva ad amare il prossimo suo come se stesso.

MARCELLO MARCHESI

«Sai qual è il segreto della vita? Riuscire a farsi capire dal prossimo.» «In che senso?»

RENATO TRINCA

«Per un settantenne è facile amare il prossimo. Meno facile amare la prossima».

DIMITRI YORDANOV

PROSTITUTA *(Puttana)*

Marito: «Basta con l'egoismo e il disincanto: ho ritrovato la grande tensione ideale!» Moglie «Chi è la sgualdrinella?»

ALTAN

Era una ragazza poliglotta: parlava 18 lingue ma in nessuna sapeva dire no.

ANONIMO

Il cuore è come una puttana: quando smette di battere è finita.

ANATOLJ BALASZ (NATALINO BALASSO)

Ma quelle attrici che nei film fanno le prostitute sono attrici o vengono prese dalla strada?

Rocco Barbaro

I miei genitori non vedevano di buon occhio il cinema né tutto il resto fino al giorno in cui mio nonno batté il pugno sul tavolo dicendo: «Se vuol fare la puttana, la farà con o senza il cinema!».

Brigitte Bardot

Domenica quel vecchio puttaniere di Maniglia ha voluto conoscere il ragazzo con cui sua figlia esce da qualche tempo. «Allora, giovanotto, che intenzioni avete con mia figlia?» «Be', veramente vorrei scoparla e poi dileguarmi facendo perdere le mie tracce.» «Bravo! Fa bene al cuore vedere che ci sono ancora dei giovani come si deve!»

Romano Bertola

Non si può essere più sicuri di nulla. Giulio, che per tutta la vita ha sempre pensato di aver sposato una troia, ha ricevuto una lettera anonima con le prove che sua moglie è una santa donna. Adesso per lo choc sono tre notti che non dorme.

Romano Bertola

«Chissà quanta gente avrai trovato, che bordello di turisti», tu negavi e affermavi: «No no no no no no no no no no no no no no no, eravamo solamente io e Giovanna sopra un'isola deserta tipo ci hai presente due chilometri di spiaggia vuota, dormivamo in un capanno in riva al mare e alla sera i pescatori ci portavano del pesce, facevamo le grigliate sulla spiaggia e cantavamo a squarciagola le canzoni di Battisti fino all'alba, tanto l'isola è deserta», tu dicevi e io pensavo: «Ma che cazzo, tutti quelli che ritornan dalla Grecia sono stati sopra un'isola deserta tipo ci ho presente due chilometri di spiaggia vuota col capanno e i pescatori, ma contando tutti quelli che mi dicono 'sta cosa io mi chiedo quante cazzo di isolacce deve averci questa merda di una Grecia, poi 'sti pescatori greci non potrebbero pescare in alto mare e impiccarsi con le reti senza andare a importunare le ragazze come te che normalmente sono brave ma

travolte dagli eventi non disdegnano di fare la puttana?»
Claudio Bisio

Com'era romantica mia moglie! Quando la incontrai per la prima volta era solita passeggiare con un materasso legato sulla schiena.
Roy Brown

A Baranzate di Bollate le pantegane sono mutate geneticamente e la sera si prostituiscono.
Alessandro Brunello

Ieri notte sono stato con una prostituta cinese. Un'esperienza esotica. Mi ha fatto una sega con le bacchette.
Paolo Burini

Testa di cane ha da poco finito di scontare quindici anni di galera. Quindici anni fa aveva rubato la macchina al suocero per andare a rapinare una banca, con i soldi della rapina doveva andare in Russia a comprare dei mitragliatori da barattare in Afghanistan con dell'hashish, successivamente portare l'hashish in Albania e darlo alla malavita locale in cambio di alcune ragazze da fare prostituire in Italia. Con i soldi ricavati dalla prostituzione doveva aprire delle bische clandestine e infine ripulire il denaro sporco in Svizzera importando dei Rolex di contrabbando. Lo hanno arrestato al terzo incrocio dopo il furto della macchina. Il suocero conoscendolo ha pure ritirato la denuncia, ma i carabinieri gli hanno trovato in tasca un promemoria di tutti i passaggi che doveva fare ed è rimasto in galera quindici anni.
Giovanni Cacioppo

«Non so come dirtelo... ma ieri sera ho visto tua sorella che prendeva cinquanta euro da uno sconosciuto...» «Cosa vuoi, le prime volte non puoi chiedere di più.»
Gianpiero Casoni

Era sempre stata un po' donna, un po' puttana, il suo scopo era lavorare, il suo lavoro era scopare.
Riccardo Cassini

Insulti complessi: Io a biliardo sono forte, ma un mio amico è più forte e infatti mi batte sempre. Anche il marciapiede è forte, ma tua madre è più forte e infatti batte sempre il marciapiede.

GIOVANNI CELLINI

È stato presentato un francobollo commemorativo della prostituzione. Costa 25 cent, ma se lo si lecca ne costa 50!

CHEVY CHASE

Poiché nessuno sa di chi son figli Qui, Quo, Qua, probabilmente non avevano la mamma papera ma maiala.

CICCHELLO E COLOMBO

Vorrei tornare a vivere con gli insegnamenti di mia nonna: «Ricordat Gabrie'... la femmena che move l'anca o è puttana o poco ce manca!».

GABRIELE CIRILLI

Il computer è l'esatto opposto dell'uomo, infatti prima prende il virus e poi va a puttane.

EZIO CIUSPIONT

Ho sempre cercato di fare l'amore solo con le ragazze di cui ero innamorato. Siccome sono dieci anni che non mi innamoro, allora per un periodo ho cercato di fare all'amore anche con le ragazze di cui non ero innamorato. Ma, di solito, in questo caso erano loro ad innamorarsi di un altro. Cercavo delle ragazze di cui non ero innamorato e che non fossero innamorate di un altro, ma in questo caso se ci fossimo innamorati? Avremmo perso del tempo innamorandoci senza amarci... Insomma, alla fine ho preso 50 euro e sono andato a puttane!

ANTONIO CORNACCHIONE

Esistono due mestieri che si possono fare con poca esperienza. Uno è la prostituzione, l'altro il giornalismo sportivo. Troppo spesso diventano la stessa cosa.

HOWARD COSELL

«Siamo più fottuti noi di una puttana all'ora di chiusura.»

DEAD MAN

Spiace vedere tante ragazze dell'Est che vengono in Italia col miraggio della prostituzione e poi finiscono col fare le veline.

DIMUNNO E TAMBORRINO-MISTER FOREST

È naturale che le prostitute abbiano figli: da dove credi che provengano i vigili urbani?
DAVE DUTTON

Era talmente brutto che quando si fermava da una prostituta per strada, quella gli diceva che stava venendo a prenderla suo marito.
MARINO FABBRI

Ho avuto fortuna nell'amore. Come ho conosciuto la mia ragazza? Niente, per caso: stavo andando a puttane.
GIANNI FANTONI

Sa come diceva quella prostituta? «La fica non la vuole più nessuno, i pompini li fanno anche le mogli, gli dai il culo sembra che gli dai la merda!»
ENNIO FLAIANO

Spesso la donna italiana è cuoca in salotto, puttana in cucina e signora a letto.
ENNIO FLAIANO

«Ci dica signorina, lei è sempre stata così bella anche da ragazza?» «Oh no, da ragazza ero piuttosto bruttina, tanto che i miei decisero di farmi studiare... finché a sedici anni migliorai fisicamente.» «E questo le permise di abbandonare gli studi e darsi alla prostituzione?» «Sì, infatti.»
ENNIO FLAIANO

Io sto morendo, ma quella puttana di Emma Bovary vivrà per sempre.
GUSTAVE FLAUBERT

Mia nipote un giorno è andata da sua mamma e le ha detto: «Mamma ho deciso cosa farò da grande: da grande voglio fare la bagascia!». E sai cosa le ha risposto sua mamma? «Sì, va a finire come il corso di chitarra, che ti abbiamo regalato lo strumento ed è ancora lì in un angolo!»
GAIA (SIMONA GUARINO)

La ragazza non impiegò molto a diventare "letterina". Attese il produttore sotto casa e, appena lo vide, gli gettò le gambe intorno al collo.
GINO&MICHELE

Io credo che un artista non si debba mai prostituire se non per denaro.
BEPPE GRILLO

In amore m'illudo facilmente. Mi basta che una donna mi sorrida e già penso che mi voglia fare lo sconto.
TEO GUADALUPI

Vi sono tre tipi di donne di fronte all'amore: quelle che si sposano, quelle che si amano e quelle che si pagano. Può anche trattarsi della stessa donna. Si comincia col pagarla, la si ama, si finisce per sposarla.
SACHA GUITRY

Secondo mia madre non è difficile tenersi un uomo: basta essere una serva in salotto, una cuoca in cucina e una puttana a letto. lo ho assunto le altre due e mi sono riservata la parte del letto.
JERRY HALL

Le donne si dividono in tre categorie: le puttane, le stronze e le rompiballe. La puttana la dà a tutti. La stronza la dà a tutti meno che a te. La rompiballe la dà a te, solo a te, sempre a te.
BLANCHE KNOTT

In Urss non esistono prostitute professioniste, ci sono solo delle dilettanti di talento.
NIKITA KRUSCEV

«Quanto vuoi?» «50.000 più la camera.» «E in cucina?»
LUCIGNOLO

Clinton per difendersi ha detto che il sesso orale non è sesso. Ma se è vero, c'è una nigeriana sui viali che mi deve ridare un sacco di soldi.
DANIELE LUTTAZZI

Mister Forest: «C'è un mio amico prete che si dà un gran da fare per la comunità.»
Giallap's Band: «È quello che chiede alle prostitute di smettere?»
Mister Forest: «No, lui fa di più: chiede di abbassare i prezzi!»
MAI DIRE GRANDE FRATELLO

Gli intellettuali sono i primi ad abbandonare una nave che affonda,

subito dopo i topi, ma molto prima delle puttane.
VLADIMIR MAJAKOVSKIJ

Penso che il sesso sia la cosa più bella, naturale e pura che i soldi possano comprare.
STEVE MARTIN

Gli attori, quando li vesti da soldati, sono sempre bravi, perfetti. Come le attrici quando le vesti da puttane.
MARIO MONICELLI

Ho litigato con una prostituta del Madagascar. L'ho guardata con disprezzo e le ho detto: «Malgascia!».
EGIDIO MORRETTI

«Io e lei potremmo essere parenti, chessò, cugini... Avevo uno zio che andava spesso a prostitute.»
FURIO OMBRI

Amore. Il tuo viso mi ricorda la bellezza scultorea di Poppea. La luce dei tuoi occhi mi rammenta lo sguardo conturbante di Messalina. Il tuo corpo mi evoca l'efebica potenza di Cleopatra. Amore ti sei accorta che mi fai venire in mente solo delle grandissime puttane?
FLAVIO OREGLIO

Amico.
Amico, ti sei fatto la barba...
Amico, ti sei messo il profumo.
Amico, hai comprato dei fiori.
Amico... È la prima volta che vieni a puttane, eh?
FLAVIO OREGLIO

Si dice che la prostituzione sia il mestiere più antico del mondo. Non è vero. Il mestiere più antico del mondo è il dentista. Solamente dopo alcune donne hanno cominciato a prostituirsi per riuscire a pagare la parcella. Anzi, all'origine il proverbio era: «La donna batte quando il dente duole».
FLAVIO OREGLIO

Tu sei senza cuore... Eppure batti!
FLAVIO OREGLIO

Quella ragazza ha un sacco di talento e di personalità. Dammi due anni e te la trasformo in una puttana da bordello.
JOHN OSBORNE

Mio padre si vergogna del fatto che faccio cabaret. Per dire, se gli amici gli chiedono perché torno a casa tardi la sera, preferisce dire che batto.
DIEGO PARASSOLE

«Sei così zoccola che le foto della prima comunione te le ha fatte Corona!»
RICCARDO PIFERI

Troie ce ne san tante, ma come le donne!
PROVERBIO TOSCANO

È moltissimo che non faccio sesso, ma mi hanno detto che è come andare in bici, una volta imparato non si dimentica. Così ho preso la bici e sono andato a puttane.
DANIELE RACO

Un uomo può saltare da un letto a un altro e nessuno dice niente. Ma se una donna fa 19 o 20 errori, diventa subito una baldracca.
JOAN RIVERS

Io amo mia mamma. Be', potete farlo anche voi, per dodici dollari!
BOB SAGET

Mi sento come una puttana in un mondo senza marciapiedi.
SCRITTA SU UN MURO DI PISA

C'hai la mamma zoccola e il presidente calzolaio.
STRISCIONE EMPOLESE CONTRO IL TIFOSO FIORENTINO, RIFERITO AL PRESIDENTE DIEGO DELLA VALLE

Mi piace conoscere popoli stranieri, capire nuove culture, imparare nuove lingue, ma non ho tempo per viaggiare. Quindi vado a puttane.
DADO TEDESCHI

Elena di Troia... Troia... Troia: questo nome non mi è nuovo.
TOTÒ

Questa volta il foro competente della mia seconda separazione è... di quella zoccola della segretaria di mio marito!
SILVIA TRAVAGLINI

Lo so che non sembro uno psicologo... se è per questo neanche la mia ex ragazza sembrava una zoccola.
RENATO TRINCA

Domani è San Valentino. Ho già pensato a tutto: cena a lume di candela *Notturno* di Chopin in sottofondo e a mezzanotte via, a puttane!

RENATO TRINCA

Mia mamma è l'angelo del focolare... al chilometro 5 sulla statale.

RENATO TRINCA

Una puttana mi ha detto che mi avrebbe fatto qualsiasi cosa per cinquanta dollari. Così glieli ho dati e le ho detto: «Dipingimi la casa!».

HENNY YOUNGMAN

Quella del sesso è un'arte che non credo di possedere. Ieri una prostituta con cui ero già stato un paio di volte mi ha tirato fuori la scusa del mal di testa.

MIRCO ZILIO

PROTESTA

vedi **Manifestazioni**

PROVERBIO

vedi **Massime**

PRUDENZA

Per la nebbia, sulle autostrade hanno messo dei cerchi e dei cartelli con scritto: "Se vedi un cerchio vai a 70, se vedi tre cerchi vai a 90, se vedi quattro cerchi hai inculato un'Audi".

SERGIO COSENTINO

In Italia tutti sono estremisti per prudenza.

LEO LONGANESI

Più si resta sulla strada e più aumentano le occasioni di incidenti. La prudenza consiglia quindi di avere un'auto veloce e di circolare alla massima velocità.

LUCIE OLBRECHTS-TYTECA

Sono molto appassionato di cinema, solo che lo guardo sul plasma che ho fatto montare sul Cayenne. Ovviamente sto molto attento: cerco di non distrarmi e di non fare due cose contemporaneamente. Se sto guardando un film e sono anche alla guida, mi concentro solo sul film, altrimenti c'è il pericolo di perdere il filo della trama.

IL MARCO RANZANI DI CANTÙ (ALBERTINO E DIGEI ANGELO)

Che cos'è questa storia del fare un passo per volta? Avete mai visto qualcuno farne due?

ANNE WILSON SCHAEF

La verità è la cosa più preziosa che abbiamo. Usiamola con parsimonia.

MARK TWAIN

PSICHE *(Parapsicologia - Psichiatra – Psicologi)*

La psicanalisi è un mito tenuto in vita dall'industria dei divani.

WOODY ALLEN

Quando ero più giovane facevo analisi di gruppo perché non mi potevo permettere quella privata. Ero il capitano della squadra di softball dei paranoidi latenti. La domenica mattina di solito giocavamo noi nevrotici, divoratori di unghie contro incontinenti notturni. Se non avete mai visto dei nevrotici giocare a softball è abbastanza divertente. Io di solito fregavo la seconda base, poi mi sentivo in colpa e tornavo indietro.

WOODY ALLEN

Il timore della separazione. È un interessante fenomeno psicologico. Una volta, da sposato, dovetti partire per Washington e, benché fossi io che partivo, mi sentii male. Invece, quando tornai diede di stomaco mia moglie.

WOODY ALLEN

Il mio psichiatra mi ha detto che ho dei problemi, e viene da credergli a giudicare da come bacia la mia ragazza.

MAURIZIO AVANZI

Ieri alla facoltà di parapsicologia ho incontrato un fachiro indiano. Neanche lui è felice. Mi ha raccontato di suo fratello che gliene fa passare di tutti i colori, lo angustia in mille modi... «Ma tu non puoi reagire?» gli chiedo. «E come faccio?

È lui che tiene il coltello dalla parte della lama!»

ROMANO BERTOLA

Dopo un anno di terapia, il mio psichiatra mi ha detto: «Forse la vita non è per tutti».

LARRY BROWN

In California tutti o vanno da un terapista o sono terapisti, oppure sono terapisti che vanno da un terapista.

TRUMAN CAPOTE

Uscendo dallo studio dell'analista. «Ti ha tenuto dentro due minuti di più, troia, cos'hai di più grave di me?»

IVANO CASAMONTI

Ho capito di non essere una gran bellezza quando, entrando nell'ufficio del mio psicanalista, lui mi ha detto: «Si metta sotto il divano. Grazie!».

PHYLLIS DILLER

L'ultima volta che sono stato a Las Vegas era così affollata che sono dovuto andare da uno psichiatra per trovare un posto dove potermi sdraiare e dormire.

LEOPOLD FETCHNER

Psichiatra origine ebraica, ironico, laconico, dicotomico, rare manifestazioni sadomasochiste, cerca anima gemella con cui discutere filatelia et sesso orale. Respinte offerte da nazioni blocco sovietico.

STORIELLE EBRAICHE, A CURA DI FERRUCCIO FÖLKEL

Perché la psicanalisi funziona sempre molto più rapidamente su un uomo che su una donna? Perché bisogna regredire allo stato infantile... e l'uomo di solito si trova già lì.

MARTHA J. KIELEK

Gli psicologi affermano che le ragazze tendono a sposare uomini che assomiglino al proprio papà. Questo è il motivo per cui le mamme piangono al matrimonio.

BORIS MAKARESKO

Ho scritto un nuovo libro che sta per uscire. È uno di quei manuali per il fai da te psicologico. Si chiama: *Come andar d'accordo con tutti.*

L'ho scritto in coppia con un figlio di puttana.

STEVE MARTIN

La psicoanalisi mi annoia. L'ultima volta l'analista si è arrabbiato solo perché, dopo essermi sdraiato sul lettino, ho puntato la sveglia.

DIEGO PARASSOLE

Sono andato per anni dall'analista, gli ho raccontato tutta la mia vita... adesso lui mi ricatta.

DIEGO PARASSOLE

Tempo fa, per tirarmi un po' su, mi sono iscritta a un corso di autostima dove mi hanno consigliato di fare dell'autoinosi. È semplice, mi hanno detto di fare questo esercizio tutte le sere: mi devo mettere davanti a uno specchio e ripetere: «Sono come Alessia Marcuzzi, sono come Alessia Marcuzzi, sono come Alessia Marcuzzi». Io l'ho fatto, qualcosa sta succedendo: in generale non mi vedo molto diversa, però adesso vado di corpo con grande puntualità.

CLAUDIA PENONI

Due psichiatri si incontrano. Uno dice all'altro: «Sono stato a casa per Pasqua e ho avuto un terribile lapsus freudiano». E l'altro: «Che cosa hai detto?» «Be', volevo dire a mia madre: "Per favore passami il sale" e invece le ho detto: "Puttana mi hai rovinato la vita!"»

TONY RANDALL

Quanti psichiatri servono per cambiare una lampadina? Uno solo, però la lampadina deve volere veramente essere cambiata.

ANNE EVE RICKS

Un mio amico ha fatto una festa a sorpresa per il compleanno di sua figlia. Compiva un anno. Ci siamo tutti nascosti attorno alla culla e poi siamo saltati su, urlando: «Sorpresa!!». Adesso è in terapia.

RITA RUDNER

Dopo dodici anni, il mio terapista mi ha detto una cosa che mi ha fatto venire le lacrime agli occhi: «No hablo inglés».

RONNIE SHAKES

Io e il mio psichiatra abbiamo deciso che non appena sarò pronto prenderò la mia macchina e mi getterò dal ponte di Verrazzano.

Neil Simon

Mia zia Lorraine mi ha detto: «Bob, sei gay. Hai preso un appuntamento con uno psichiatra?». Le ho risposto: «No, ho già un appuntamento con un tenente della Marina».

Bob Smith

Uno psichiatra è un uomo che va alle Folies Bergères e guarda il pubblico.

Mervin Stockwood

Un nevrastenico è uno che costruisce castelli in aria, un pazzo è chi ci abita, lo psichiatra è quello che riscuote l'affitto.

Jacques Tati

Lo so che non sembro uno psicologo... se è per questo neanche la mia ex ragazza sembrava una zoccola.

Renato Trinca

La mia insicurezza la devo a un trauma infantile: un giorno mia zia mi strappò il ciuccio e lo gettò dalla finestra. Una violenza inaudita su un bambino di soli dodici anni.

Renato Trinca

Presepe: è nata la statuina dello psicologo. L'idea è venuta da un venditore napoletano, dopo essersi accorto che ogni tanto qualche pastorello tendeva a suicidarsi buttandosi dal ponte.

Marco Vicari

Freud era austriaco e anche ebreo, infatti si odiava da solo.

Lucio Wilson

Napoleone fu curato per anni da uno psicologo: era convinto di essere una persona qualunque.

Mirco Zilio

PSICHIATRA
vedi **Psiche**

PSICOLOGO
vedi **Psiche**

PUBBLICITÀ *(Marketing)*

Sono a casa, seduto davanti alla tv, quando il telefono suona e una voce dall'altra parte dice: «Le piacerebbe essere l'uomo vodka di quest'anno?». E io dico: «No, sono un artista e non faccio pubblicità, non sono un ruffiano, non bevo vodka e se lo facessi non berrei la vostra!». E lui: «Peccato, paghiamo cinque milioni di dollari». E io dico: «Attenda in linea prego, le passo il signor Allen».

WOODY ALLEN

Sono molto avvilito perché il mio romanzo, *Fiero emetico*, ha ricevuto fredde accoglienze dalla critica. L'unica recensione favorevole, sul *Times*, è viziata però dalla frase finale che definisce il libro "un miasmatico marasma di asinini luoghi comuni che non trova l'uguale nella letteratura occidentale". Willie mi dice che, sebbene la frase potrebbe variamente interpretarsi, è opportuno non servirsene a scopi pubblicitari.

WOODY ALLEN

Agostini-Larousse è orgogliosa di presentare un'iniziativa editoriale senza precedenti: il *Nuovo Dizionario Italiano-Francese Sbagliato*. Oltre 100.000 voci errate, 2200 illustrazioni incomprensibili, appendice di neologismi a casaccio. *Nuovo Dizionario Italiano-Francese Sbagliato*. Il piacere di chiedere l'ora e vedersi consegnare due etti di bresaola.

CLAUDIO BISIO

Sei di un'ignoranza ripugnante? Ma vuoi coniugare cultura e progresso? Vuoi coniugare impegno e risultati? Vuoi coniugare affermazione e contenuti? Non puoi: sono tutti sostantivi! Non ti sei accorto che non c'era un verbo a pagarlo oro, zuccone? Ma da oggi non è più un problema col Seminario enciclopedico postale *La Vocazione*. Sarai prete in 12 comode dispense e poi... coniughi chi cazzo ti pare!

CLAUDIO BISIO

Di solito i miei figli rifiutano di mangiare qualsiasi cosa che prima non abbia ballato in televisione.

ERMA BOMBECK

Fare business senza fare pubblicità è come far l'occhiolino a una ragazza al buio. Voi sapete cosa state facendo, ma nessun altro lo sa.
STEWART H. BRITT

A me non dispiacciono gli uomini che ti baciano e poi vanno a raccontarlo in giro. Ho bisogno di tutta la pubblicità possibile.
RUTH BUZZI

Talvolta in tv si vede un prodotto che è "ottimo per il mal di testa". Non voglio qualcosa che sia ottimo per il mal di testa. Voglio qualcosa che sia pessimo per il mal di testa. E ottimo per me.
GEORGE CARLIN

Al giorno d'oggi i televisorini d'automobile stanno diventando molto comuni. Mio zio ne ha uno nella sua auto, ma questo gli ha procurato qualche guaio. Mentre sua moglie guidava a 90 all'ora, lui era lì, seduto in macchina a guardare la tv. Poi, a un certo punto, hanno mandato la pubblicità e mio zio è uscito per andare in bagno.
JACKIE CLARK

I bambini prodigio sono la più efficace pubblicità progresso per il controllo delle nascite.
ENZO COSTA

Avete visto la pubblicità dell'American Express? «Salve, sono Valentino e sono felice con la mia carta di credito». Grazie al cazzo, anche noi saremmo felici con la tua carta di credito!
ALESSANDRO DI CARLO

Un giorno ho sorpreso mia moglie a letto nuda, accanto a un vietnamita e a un uomo di colore. Ho scattato una foto e l'ho mandata a Benetton. Non si sa mai.
FRANCK DUBOSC

Mike Bongiorno è ghiotto di mais dolce Bonduelle. A me il mais dolce Bonduelle fa schifo anche se non l'ho mai mangiato. Perché?
FABIO FAZIO

Il marketing è l'apostrofo rosa tra le parole "Quant'è?".
WALTER FONTANA

Di marketing non capiva un cazzo. Propose che per ogni mille scatole di preservativi acquistati dessero in premio un bambino.

GINO&MICHELE

Quando per strada uno mi passa un volantino penso che voglia dirmi: «Tieni. Buttalo via tu».

MITCH HEDBERG

Aristotele una volta disse che una storia deve avere un inizio, una metà e una fine. Ma cosa ne sapeva lui? Oggigiorno, una storia deve avere una prima metà, una seconda metà, e un intermezzo pubblicitario.

ALFRED HITCHCOCK

Sulle tivù commerciali l'alta qualità degli spettacoli è spesso rovinata da queste piccole interruzioni molto seccanti, che chiamano programmi.

KENNETH HORNE

La pubblicità si può descrivere come la scienza di fermare l'intelligenza umana per il tempo necessario a spillarle quattrini.

STEPHEN LEACOCK

Super-Supergnomo fa il bucato bianco, ma così bianco, ma così bianco che la neve si vergogna e il giglio va a cagare.

MARCELLO MARCHESI

La signora Colgate va a cambiarsi d'alito e torna subito.

MARCELLO MARCHESI

Non è vero che la vita passa senza un perché: "Anche quest'anno continua l'impegno di Golia Bianca per difendere la natura". Ciucci una menta e salvi un orso polare. Sentirsi utili e buoni, basta poco per dare un senso alla vita. È quando lecchi un francobollo che non sei sicuro di salvare uno statale.

GIORGIO MELAZZI

Maurizio Costanzo che fa la pubblicità alle camicie è come un elefante che fa pubblicità ai collari per cani.

EGIDIO MORRETTI

'Nvece, la donna della pubblicità, tutto diverso è. Tu à vidisti "Pezzamore"? Ecco, lei si butta nell'acqua, ritorna asciutta, ci apre u' sacchettu, ci mette a tovaglia e già stanga è... E si pigghia u' merluzzo d'Santuzzo!

SCONSOLATA (ANNA MARIA BARBERA)

Ci sono talmente tanti reality tv show che adesso, quando vedo una pubblicità, penso: «Grazie a Dio! Degli attori professionisti e una storia!».

GARRY SHANDLING

Usate "Falacacca Beghelli". Se ti scappa e non te ne accorgi si mette a suonare. Praticamente ti manda a cagare!

ZIO SCRIBA (NICOLA PEZZOLI)

PUBBLICO *(Spettatori)*

Prima di salutarvi vorrei tanto lasciarvi un messaggio positivo. Ma non ce l'ho. Sono la stessa cosa due messaggi negativi?

WOODY ALLEN

A volte qualche cabarettista, per far ridere, racconta di disavventure occorsegli con il pubblico: inseguimenti, lanci di oggetti, eccetera. A noi con il pubblico è sempre andata abbastanza bene. Tranne in una occasione, per motivi genetici: recitavamo davanti ai Testimoni di Geova. Loro detestano i gemelli. Secondo la loro dottrina infatti sono obbligati a fare l'amore solo a scopo procreativo e quando una coppia di Testimoni di Geova mette al mondo due gemelli, questi pensano subito: «Qui ci siamo persi una scopata».

GEMELLI BAROLO

Sì lo so: sono quello che si può definire il classico "volto nuovo"... Però pure voi, a guardarvi bene in faccia, ma chi vi ha visto mai!

FEDERICO BIANCO

Critici si nasce, artisti si diventa, pubblico si muore.

ACHILLE BONITO OLIVA

Diffidate degli ottimisti, sono la claque di Dio.

GESUALDO BUFALINO

Grazie. È bello per un artista esibirsi davanti a un pubblico di un certo livello... E spero che prima o poi mi capiti.

PAOLO CANANZI

Stanlio e Ollio, questi comici che non fanno ridere nessuno, tranne il pubblico.

RENÉ CLAIR

Ho visto in un teatro di Palermo il recital di un cantante d'opera penoso. Eppure il pubblico si è alzato in piedi e ha gridato: «Bis! Bis!». E lui ha cantato di nuovo. Peggio di prima. Ma alla fine il pubblico di nuovo in piedi a gridare: «Bravo! Cantala di nuovo!». E il cantante: «Siete un pubblico meraviglioso, mi piacerebbe cantare ancora per voi, ma non posso cantare la stessa aria tre volte...». Un vecchietto in loggione si è alzato e ha urlato: «E no! Adesso tu la canti finché non la impari!».

MONICA CORBETT

E allora faccio il cabaret, o almeno ci provo. Certo, chi mi ha visto per la prima volta in questa veste mi ha chiesto: «Fai lo scemo perché ti pagano, o sei uno scemo senza fini di lucro?». Invece, non so dirvi cosa pensa chi mi vede per la seconda volta, visto che in genere non torna a vedermi nessuno.

DIMUNNO E TAMBORRINO

E adesso vi lascio. Questa sera volevo solo regalarvi qualche sorriso. Dunque saluto quei pirla che hanno pagato.

DIMUNNO E TAMBORRINO

Per essere considerato un classico un film deve riuscire a far sbadigliare almeno tre generazioni di spettatori.

MARCO FERRERI

Il cinema è l'unica forma d'arte nella quale le opere si muovono e lo spettatore rimane immobile.

ENNIO FLAIANO

Il mio ultimo spettacolo ha avuto talmente tanto successo che la gente faceva a pugni per uscire.

WALTER FONTANA

Non occupate sedie con il culo, occupatele con il cervello.

CARLA FRACCI

È un pubblico di gente davvero dura. Sono soliti legare i loro pomodori a degli yo-yo, così te li possono tirare due volte.

BOB HOPE

Se solo mi ricordassi di cosa viene dopo "abra" farei sparire l'intero pubblico.

HARRY HOUDINI

Non ho mai capito perché nei teatri d'opera si lascino entrare gli spettatori delle prime tre file con gli strumenti musicali.

ALFRED JARRY

«Per la prossima canzone abbiamo bisogno del vostro aiuto. Quelli nei posti economici sono pregati di battere le mani. Gli altri possono limitarsi a far tintinnare i loro gioielli.»

JOHN LENNON, DURANTE L'ESIBIZIONE DEI BEATLES IL 4 NOVEMBRE 1963 AL TEATRO PRINCES OF WALES DAVANTI AI REALI INGLESI

Il puritano odiava i combattimenti di cani e di orsi, non perché procuravano dolore agli orsi ma perché davano piacere agli spettatori.

THOMAS BABINGTON MACAULAY

«Grazie... Mi fa sempre piacere vedere tanta gente che ride, che scherza e si diverte... Però, scusate se sono retorico, non dobbiamo mai dimenticare che mentre noi siamo qui a ridere, scherzare e divertirci, ci sono persone nel mondo che... ridono, scherzano e si divertono molto più di noi!»

MISTER FOREST (MICHELE FORESTA)

Davvero, siete un pubblico stupendo. Anzi, ditemi dove siete domani sera che vi vengo a vedere!

LAURENCE OLIVIER

Se non studio un giorno, me ne accorgo io. Se non studio due giorni, se ne accorge il pubblico.

NICCOLÒ PAGANINI

Sai qual è la più bella storia d'amore del cinema mondiale? Quella che raccontano Stanlio e Ollio, quando Oliver Hardy guarda Stan Laurel e gli chiede: «Stanlio, ma tu preferisci me o la torta di mele?». E Laurel

guarda Hardy, poi il pubblico, poi ancora Hardy e il pubblico... e gli viene da piangere.
MICHEL PICCOLI

Non sono cattolico, ma sono contento che Dio esista: visto che è onnipresente ho sempre la certezza che ci sia almeno uno spettatore ai miei spettacoli.
RICCARDO PIFERI

L'arte di recitare consiste nell'impedire alla gente di tossire.
SIR RALPH RICHARDSON

Il loro nome era ignorato dal grosso pubblico. E anche da quello sottile.
ERIK SATIE

Il film era talmente brutto che la gente andava apposta a sedersi dietro gli spettatori più alti.
STARK, DI *AENIGMATICA*

Uno psichiatra è un uomo che va alle Folies Bergères e guarda il pubblico.
MERVIN STOCKWOOD

Il mio spettacolo era talmente brutto che hanno preteso il rimborso del biglietto pure i parenti entrati con l'omaggio. La recensione più benevola diceva: "Un vociare sul palco disturbava lo squillo dei cellulari in sala".
ANTONELLO TAURINO

Alberto Sordi a uno spettatore che gli aveva fatto una pernacchia: «Ormai hai ventun anni, è tempo che tu sappia di chi sei figlio».
UN AMERICANO A ROMA

La commedia fu un grosso successo. Purtroppo il pubblico fu un profondo fallimento.
OSCAR WILDE, PARLANDO DI *THE DUCHESS OF PADUA*

PUBBLICO MINISTERO
vedi **Giudice**

PUDICIZIA
vedi **Verginità**

PUFFI

Ma secondo voi il Viagra è blu? No perché mi sono sempre chiesto: cosa avranno da essere sempre così allegri quei cazzo di puffi?

Beppe Braida

Perché al telegiornale, quando danno la notizia di una rapina, dicono sempre cosa indossava il rapinatore? A meno che non sia un Puffo, oppure il mio insegnante di matematica di prima liceo, ci sono serie possibilità che quell'uomo si cambi d'abito ogni giorno!

Lori Giarnell

Silvio Orlando: «Nei licei, secondo un'indagine demoskopica, l'80% degli studenti non sa chi era Che Guevara, mentre il 90% sa chi è Gargamella.»
Teo Teocoli: «Chi è Gargamella?»
Silvio Orlando: «Oh meno male, non saperlo ti fa onore. Gargamella è il cattivo dei Puffi.»
Teo Teocoli: «Che Guevara invece è il buono?»

Vicini di casa

PUGILATO *(Boxe - Pugni)*

Nessuno ringrazia più Dio. Solo pugili e rapper. Rapper che cantano: «Picchia la puttana, ammazza il poliziotto». Poi: «Ringrazio il Signore per questo premio...» .

Ellen DeGeneres

Ignorante è chi pensa che Patroni Griffi sia un incontro di boxe. Stupido è chi ci crede. Ma irrimediabilmente cretino è colui che si ricorda perfino quale pugile finì al tappeto.

Roberto Guidarini

Per me la boxe è come un balletto, solo che non c'è musica, non c'è coreografia e i ballerini si prendono a pugni l'un l'altro.

Jack Handey

Mike Tyson ha dichiarato che si ritirerà dalla boxe professionistica e che tornerà al suo primo amore: picchiare la gente gratis.

Craig Kilborn

La mia famiglia era così povera che ogni Natale mio padre usciva di casa e sparava qualche colpo di pistola. Poi rientrava e a noi ragazzi diceva che Babbo Natale si era suicidato.

JAKE LA MOTTA

L'allenatore al suo pugile: «Abbiamo pagato l'arbitro perché ti dichiari vincitore. Abbiamo pagato il tuo avversario perché ti lasci vincere. Il resto dipende da te».

GROUCHO MARX

È solo un lavoro. L'erba cresce, gli uccelli volano, le onde s'infrangono sulla spiaggia. Io picchio la gente.

MUHAMMAD ALÌ (CASSIUS CLAY)

Volete sapere tutto quello che so sulla boxe? Beh, mai scommettere sul pugile bianco.

UNA PALLOTTOLA SPUNTATA

Mio padre una volta mi disse alcune parole di estrema saggezza, alle quali io mi sono sempre attenuto. Disse: «Non dare mai un pugno a una sequoia».

TOM SELLECK

Il pugile: «Come vado?»
L'allenatore «Se l'ammazzi fai pari.»

BEPPE VIOLA

PUGLIA

Ieri viene mia figlia Raffy e mi fa: «Papy, casano' è tutta in off». «Cosa che cosa?» «Papy... lo stereo è un casi e la tele è out, il compiù non funzio'...» «Mah...», dico, «Nunzio? Chi è 'sto Nunzio?» «Papy, ci sei? Ce la fai? Sei connesso? Ma che Nunzio? Non funzio!... Non funziona! Papy, ti avviso: sei un fornello, mi rosoli la vita, mi scuoci il self-control!». E io: «Raffy, le vedi 'ste mani: la destra è l'olio e la sinistra l'aceto... come vuoi essere condita? Con una bella salsa alla "ti crepo di mazzate?"»

PINO CAMPAGNA

Se il mondo fa schifo, figuriamoci Bari!

CUORE

Bari è una città circondata dall'acqua. Ma non si è ancora arresa.

ENZO SARCINA

PUGNI
vedi ***Pugilato***

PULIZIE
vedi ***Lavori domestici***

PUNIZIONI *(Impunità)*

I bambini hanno la totale incapacità di assimilare nozioni da qualsiasi cosa che non sia alimentato da corrente elettrica.

BILL COSBY

Quando a scuola la maestra dava una punizione a Roberto Baggio, lui chiedeva sempre se era di prima o di seconda.

GENE GNOCCHI-MARCO POSANI

Qualche anno fa nel Regno Unito la punizione per aver amoreggiato con la principessa Diana era la pena di morte. Invece la punizione per aver amoreggiato con la principessa Sara era amoreggiare con la principessa Sara.

NORM MCDONALD

Quando non studiavo papà m'infliggeva sempre la stessa tremenda punizione: a letto senza cena e sveglia a mezzanotte per vedere Marzullo!

FRANCESCO MICCIO

In certi Paesi il matrimonio è la punizione per chi ruba nei negozi.

MIKE MYERS

«Harry siamo a Panama: nessuna buona azione resta impunita!»

IL SARTO DI PANAMA

PUNTO DI VISTA
Vedi ***Opinione***

PURGANTI

Secondo le statistiche l'uomo mangia una prugna ogni venti secondi. Non so chi sia questo tizio, ma so dove trovarlo.

MOREY AMSTERDAM

Sto provando una nuova dieta, Viagra e succo di prugna. Lasciate che vi dica, non so più se vado o vengo.

RODNEY DANGERFIELD

Quando di notte soffro d'insonnia prendo dei lassativi, così non dormo lo stesso, però almeno ho qualcosa da fare.

LEONARDO MANERA

PUTTANA
vedi **Prostituta**

PUZZA *(Odore)*

Mmm che profumino! Che avete cucinato oggi, polpette di medda?

DIEGO ABATANTUONO

«Stiamo volando a 35.000 piedi.»
«Sentivo la puzza!»

LA CAROVANA

Non me ne intendo di balletto. Tutto quello che so è che nell'intervallo le ballerine puzzano come cavalli.

ANTON CECHOV

E cos'è questa mania dell'incenso? Puzza come se qualcuno avesse dato fuoco al cesto della roba sporca. Calzini da ginnastica e ciclamino. Abbiamo davvero bisogno di quel tanfo? L'odore dell'incenso mi fa pensare a come sarebbe se i fiori potessero scoreggiare.

BILLIAM CORONEL

Quanto potrà puzzare un direttore d'orchestra a fine concerto?

FABIO FAZIO

Sto scrivendo un libro *I grandi perché della medicina*. Il primo capitolo è: "Perché i piedi puzzano di più delle mani?".

NINO FRASSICA-MICHELE FORESTA

Caratteristica del Simmethal Milano furono le scarpette rosse, studiate in modo tale che, quando i giocatori a fine gara se le sfilavano, si diffondeva per lo stadio e tra i tifosi l'accattivante odore della carne in scatola.

GINO&MICHELE

Noleggio un sacco di auto e, spesso, non so bene come funzionano, per cui mi capita di guidare magari dieci miglia con il freno a mano tirato. Il che la dice lunga sul freno a mano: non è affatto un freno a mano, è una leva che fa odorare la macchina in modo strano.

MITCH HEDBERG

Ti ricordi che eravamo in classe insieme? Puzzavi talmente tanto che facesti rimanere male la tua vicina di banco, la figlia del miliardario Bardotti... perché la puzza lei era abituata a tenerla sotto il naso... adesso la teneva di fianco!

PEPPE IODICE

Ti ricordi che eravamo in classe insieme? Puzzavi talmente che tua madre ti portò dal medico e disse: «Dottore, vedete, mio figlio ha qualche ghiandola infiammata». Il dottore: «Signora, vostro figlio la ghiandola ce l'ha putrefatta».

PEPPE IODICE

Il suo alito era davvero puzzolente. Dopo sei mesi di una massiccia cura a base di sciroppi e sciacqui al gusto di pino silvestre tornò al lavoro. Appena aprì bocca sembrò come se qualcuno avesse fatto una enorme cagata in mezzo alla pineta.

ORAZIO LEOTTA

Volevo divorziare da mio marito perché gli puzzavano troppo i piedi. Nel frattempo lui ha avuto un incidente e gli hanno dovuto amputare metà delle gambe. Cazzo, non gli hanno mica riattaccato i piedi appena sotto le ginocchia!

ROBERTO LISSONI

Mi preoccupo sempre dei germi nei buchi delle palle da bowling. Nessuno mai li pulisce, quei buchi. Ci sono residui di dita da pizza, dita da tacos, dita da pollo, lì dentro. Mi stupisco che quelle palle abbiano ancora dei buchi! Avete mai annusato i buchi di una palla da bowling? Credete che la palla abbatta i birilli? Sbagliato. Svengono per il fetore.

CAROLYNE MAY

Ha i piedi talmente maleodoranti che per provare le scarpe deve andare in paesi che non riconoscono la convenzione di Ginevra.

EGIDIO MORRETTI

Per le strade di Bombay per avere aria pulita gli europei respirano sotto le ascelle.

MARIO MURARO

Era un uomo così piccolo che i capelli gli puzzavano di piedi.

RICCARDO PIFERI

La cocaina io? Per carità... Mi piace l'odore e basta.

TONY RUCCO

E la pubblicità? Perché in televisione si fa un processo solo alla puzza della donna? Perché ci bombardano di deodoranti, di profumi, di lacche, di saponi intimi, di controllori d'alito! Mentre l'uomo col gorgonzola piace!

LUCIA VASINI

Q

QUADRO

vedi **Pittura**

QUALITÀ

vedi **Pregi**

QUALITÀ DELLA VITA

Dice: bisogna lottare per la qualità della vita. Io mi accontenterei di una sottomarca.

MAX GREGGIO

Ultimamente ho scelto la qualità della vita: lavoro part time... mezza giornata. Cioè dodici ore lavoro e dodici faccio il cazzo che voglio.

ERMINIO PISTOLAZZI (DIEGO PARASSOLE)

Tutti lì a dirci che bisogna fare un salto di qualità. Ma io mi domando: un pirla, quando fa il salto di qualità, migliora o peggiora? Cioè lo diventa di più o di meno?

PAOLO ROSSI

QUARK

vedi **Angela Piero**

QUARTIERE

Non potevo prendere un cane perché era troppo caro. Finalmente hanno aperto nel mio quartiere, a Flatbush, un negozio di animali difettosi. Potevi prenderti un micio omosessuale, un cammello piatto. Io avevo preso un cane che balbettava: i gatti lo facevano impazzire e lui ab-bb-aiava.

WOODY ALLEN

Los Angeles: settanta due sobborghi in cerca di una città.

ROBERT BENCHLEY

Nel mio quartiere il camion dei rifiuti viene due volte la settimana. Per fare le consegne!

MILTON BERLE

Vivo in un quartiere talmente malfamato che l'altro ieri, in pieno giorno, nella piazza centrale hanno violentato un maniaco!

BRUCE KETTA-MARCO DEL CONTE

Il mio quartiere è così depresso che i bambini vanno a scuola con il diario del "pover ranger".

ALESSANDRO BRUNELLO

Abito in un quartiere di teppisti incredibili. Per dirne una: ieri ho preso la macchina, ho parcheggiato, l'ho lasciata aperta, ma giusto tre minuti, il tempo di bere un caffè. Sono uscito dal bar e l'ho trovata chiusa!

ANTONIO CORNACCHIONE

Ehi, fai qualcosa per abbellire il quartiere. Resta a casa.

RODNEY DANGERFIELD

Vivevo in un quartiere talmente povero che i negozi vendevano i Kinder senza sorpresa.
BORIS MAKARESKO

Questo è il cuore del quartiere residenziale, ogni lotto è a un tiro di pietra dalla stazione. Non appena avranno tirato abbastanza pietre, costruiremo la stazione.
GROUCHO MARX

Il quartiere in cui vivevamo era così violento che a casa nostra le foto di Papa Giovanni e di Kennedy, appese al muro, invece di sorridersi bonariamente si mandavano a fare in culo!
VALERIO PERETTI CUCCHI-MARIO ZUCCA

La mia famiglia è talmente povera che quando in inverno fa freddo ospitiamo in casa i bambini del quartiere che hanno la febbre.
FRANCESCO RIZZUTO

Vivo in un quartiere così malfamato che possono spararti mentre stai sparando a qualcuno.
CHRIS ROCK

QUIZ
vedi ***Indovinello***

R

RADIAZIONI NUCLEARI
vedi ***Armi nucleari***

RADIO

Negli anni Cinquanta, chi aveva la radio nell'automobile furoreggiava con le ragazze. Mio cugino Ignazio faceva strage di cuori invitandole sulla sua Topolino, dove, dopo essersi fermato in un angolino appartato, accendeva la radio e le avvolgeva in una magia di romantiche canzoni... In realtà, Ignazio non aveva nessuna radio, ma quando le ragazze scoprivano che Ignazio era solo uno sporco ventriloquo, lui le aveva già scopate. Adesso che ci penso, Ignazio non aveva neanche la Topolino. Ma oltre a essere un ventriloquo, era anche un ipnotizzatore, e così le ragazze credevano di viaggiare su un'auto lussuosa mentre in realtà se ne stavano issate sul tubo di una vecchia bicicletta scassata! A volte ho dei dubbi che Ignazio avesse davvero la bicicletta...

ROMANO BERTOLA

Siamo giunti al minuto che intercorre tra il 16° e il 18°.

SANDRO CIOTTI

Ho fatto per tanti anni radio e televisione, poi mi hanno passato al reparto frigoriferi.

PACO GENOVESE

Davanti alla mia scuola si è ribaltato un camion carico di maiali. L'autista era mio zio, quello che ha il vizio di bere; egli, non volendo responsabilità, era scappato nei campi dopo l'incidente... sì, poi di notte aveva telefonato a Radio Popolare per vedere se almeno metà della colpa se la prendevano loro.

MAURIZIO MILANI

E wow! Ecco ancora la vostra pazza-pazza-Patrizia che aritorna co' voi e co' tutti gli amichi sintonizzati sulla bella frequenza de Radio Tore Tozza. Lei è sempre Matilde che ce canta *Uomini*, dedicata da Cinzia a Stefano co' un messaggio: «Piantala da chiamamme o facile che er mi' ragazzo te passa sopra cor millecento!».

PATRIZIA (SABINA GUZZANTI)

Ho sentito alla radio che anche quest'anno il Papa andrà in vacanza in montagna. Ho pensato: Maometto era più fortunato. Lui in montagna ci andava un anno sì e un anno no.

PAOLO ROSSI

Domani black out di radio e televisione: non vengono trasmessi i notiziari. Finalmente si fa qualcosa per la diffusione corretta delle notizie.

GABRIELLA RUISI

Ho scritto una canzone ma siccome non so leggere la musica non so di cosa parla. Ogni tanto accendo la radio e penso: «Magari l'ho scritta io!».

STEVEN WRIGHT

RADIOGRAFIA
vedi **Analisi mediche**

RAFFREDDORE *(Starnuti - Tosse)*

Raffreddore: malattia che se curata dal medico, dura una settimana, e senza, sette giorni.

ANONIMO

Non sono un atleta. Ho cattivi riflessi: di solito mi dicono dicono «Salute!» e poi starnutisco.

CRISTINA COLOMBO, DI *AENIGMATICA*

Ho un amico che quando si dà per malato in ufficio, telefona e legge parola per parola il retro della bottiglia del Vicks Formula 44D. «Cosa c'è che non va, Buddy?» «Ho sintomi dovuti a raffreddore, febbre, tosse, uh, posso causare sonnolenza e, uh, devo essere tenuto lontano dalla portata dei bambini.»

MARK CURRY

Los Angeles è l'unica città al mondo in cui ci si può svegliare al mattino e sentire gli uccellini tossire sugli alberi.

JOE FRISCO

Fin da ragazzo, mi ha sempre colpito una cosa. Come dicono? Sì: «Non disperdere il seme». Non c'entra con l'agricoltura, eh! Mi rendo conto che siamo dentro ad argomentini un po' delicati, per carità. Ma mi son sempre chiesto: come è possibile, con tutto quello che si butta via nel mondo, spreco di risorse, arance distrutte, pomodori al macero... che se la prendono tanto per uno schizzettino? Che sarà mai? Sarebbe come se uno starnutisse:

«Etcì!» «Fermo non disperdere lo starnuto!». Più o meno.
PAOLO HENDEL

Questa donna starnutisce trecento volte, poi dice: «Dev'esserci qualcosa nell'aria». Le ho detto: «Sì. I tuoi germi».
LINDA HERSKOVIC

Una cosa che volevo sempre chiedere a Piero Angela: ma i dinosauri, quando si sono estinti, l'han fatto dalla sera alla mattina o hanno cominciato a tossire due anni prima?
MAURIZIO MILANI

Non c'è nulla di meglio di avere un marito, non fosse altro che per sentire uno che ti dice «Salute!» quando starnutisci.
MOLIÈRE

Le persone che tossiscono continuamente non vanno mai dal dottore, vanno solo ai banchetti, ai concerti e in chiesa.
BOB PHILLIPS

L'arte di recitare consiste nell'impedire alla gente di tossire.
SIR RALPH RICHARDSON

Il cow-boy stava cavalcando nel tramonto quando gridò: «Vai, Bronco!» e sputò un polmone.
FRANCESCO SALVI

Ho sognato che Dio starnutiva e io non sapevo cosa dirgli.
HENNY YOUNGMAN

RAGAZZA
vedi **Donna**

RAGAZZA PER BENE
(Brava ragazza - Virtuose)

Le brave ragazze vanno in paradiso. Le cattive ragazze vanno dappertutto.
ANONIMO

Era così pudica che, invece di dargliela, preferì fargliela avere.
COMIX

Era una donna virtuosa, ma il caso volle che sposasse un cornuto.
SACHA GUITRY

La virtù sta meglio dopo che si è riposata un pochino.
FRIEDRICH W. NIETZSCHE

Credevo che l'educazione sessuale consistesse nel dire grazie al ginecologo.
SLOGAN DELLO JÀGERMEISTER

È una ragazza casa e chiesa. Sì, ma nel tragitto cosa fa?
TOTÒ

Una ragazza virtuosa non corre dietro ai giovanotti: qualcuno ha forse mai visto una trappola inseguire i topi?
JULIAN TUWIN

RAGIONE

Questo Paese è così coerente che, un giorno sì e uno no, riescono ad aver ragione anche gli stronzi.
ALTAN

Intuizione: quello strano istinto che dice a una donna che ha ragione. Sia che ce l'abbia o no.
ANONIMO

Sono gli uomini che sbagliano o siamo noi donne nel giusto?
SYUSY BLADY

Ci sono stati momenti nella vita in cui stavo per perdermi d'animo: mi sembrava che non ci fossero più vie d'uscita, che tutto fosse perduto, che non valesse più la pena di combattere. D'accordo, d'accordo: avevo ragione.
ROMANO BERTOLA

Il segreto per andare d'accordo con le donne è avere torto.
ACHILLE CAMPANILE

Tendo a considerare molto intelligente chi mi dà ragione.
MASSIMO D'ALEMA

È meglio essere ottimisti e avere torto che pessimisti e aver ragione.
ALBERT EINSTEIN

Bisogna lasciare la ragione agli altri perché questo li consola di non aver altro.
André Gide

Posso ammettere di non avere sempre ragione, tuttavia sappiate che non ho mai torto.
Samuel Goldwin

Abbiate fiducia nel progresso che ha sempre ragione anche quando ha torto.
Filippo Tommaso Marinetti

Un amico serve quando hai torto. Quando hai ragione non ti serve a niente.
Un mercoledì da leoni

La torre di Pisa... E se avesse ragione lei?
Walter Valdi

Quando si è sicuri di aver ragione, non c'è bisogno di discutere con quelli che hanno torto.
Georges Wolinski

RAGNATELA
vedi **Ragno**

RAGNO *(Ragnatela)*

L'altro giorno stavo pulendo la soffitta con mia moglie. Disgustosa, sporca, coperta di ragnatele... ma è così brava coi bambini.
Tommy Cooper

Lei A: «Non batto chiodo con un uomo da così tanto tempo che mi si sono formate le ragnatele.»
Lei B: «E ti lamenti? Io sono già alle stalattiti!»
Carlo D'Addato

E se un ragno soffrisse di vertigini?
Fabio Fazio

Berlusconi? L'unico capace di cavare un ragno dal buco, rivendere il ragno e subaffittare il buco!
Diego Parassole

Ancora non capisco come una donna possa prendere della cera bollente, mettersela sulle cosce, strappare i peli dalle radici, ed essere ancora spaventata da un ragno.

JERRY SEINFELD

RAPIMENTO
vedi **Rapina**

RAPINA *(Rapimento)*

Quando fui rapito i miei genitori si diedero subito da fare. Affittarono la mia stanza.

WOODY ALLEN

Roma. Un esattore dell'Enel è piombato ieri a casa di due anziani coniugi pronunciando la fatidica frase: «Fermi tutti, questa è una bolletta!».

AMURRI & VERDE

E quando lei... «Ma teeee... se dei banditi rapissero me e la tu mamma per chi staresti in pena?» «Per i banditi!».

STEFANO BELLANI

È diventato davvero semplice comperarsi una pistola. Una volta si diceva: «Ho una pistola, dammi i soldi». Adesso si dice: «Ho i soldi, dammi una pistola».

GEORGE CARLIN

Perché al telegiornale, quando danno la notizia di una rapina, dicono sempre cosa indossava il rapinatore? A meno che non sia un Puffo, oppure il mio insegnante di matematica di prima liceo, ci sono serie possibilità che quell'uomo si cambi d'abito ogni giorno!

LORI GIARNELLA

È una splendida storia ambientata in Sardegna. Un maiale viene rapito vicino a Orgosolo e i genitori sospettano che non sia più vivo perché nella lettera di richiesta di riscatto i rapitori hanno messo tre fette di mortadella.

GENE GNOCCHI -MARCO POSANI

Rapimento Moro. Zaccagnini: «Speriamo che vadano in ordine alfabetico».

IL MALE

Ho conosciuto un rapitore che faceva i rapimenti di persona perché degli altri non si fidava.

MAURIZIO PISTIS

Commerciante spara a rapinatore. Ma come? Tra colleghi...

RICCARDO ROSSI

A Milano i ristoranti hanno prezzi incredibili. L'altra sera due rapinatori hanno fatto irruzione in un ristorante del centro e, invece di una pelliccia, hanno portato via una pietanza!

LUCIO SALIS

A New York, quando qualcuno ti mette un coltello al petto, gli dai i soldi. A Los Angeles, quando qualcuno ti mette un coltello al petto, gli dai i soldi, gli dici: «Grazie, dottore» e ti comperi un reggiseno più grande.

DEIDRE SULLIVAN

I rapitori avevano perfino girato un video con le due Simone. Il classico video di Al Jazira con le poverette costrette a dire: «Siamo ostaggi». Ma ne avevano fatto anche uno per le tv italiane, con le due poverette costrette a dire: «Italia Uno!».

MARCO VICARI

RAPPORTI PREMATRIMONIALI

«Mamma, il Papa ribadisce: no ai rapporti prematrimoniali.» «E tu dagliela a un uomo sposato.»

ALTAN

Compie un passo avanti la Chiesa nel consentire i rapporti tra due partner non sposati. D'ora in avanti sarà sufficiente che sia sposato uno dei due.

MASSIMO BASSI

Sono contrario ai rapporti prima del matrimonio perché fanno arrivare tardi alla cerimonia.

ANTONIO RICCI

RAPPRESENTANTE

vedi **Vendere**

RAZZISMO *(Integrazione)*

Gran brutta malattia il razzismo. Più che altro strana: colpisce i bianchi, ma fa fuori i neri.

ALBERT

Dicono ai bambini che Gesù era bianco, così come gli apostoli e gli angeli. Il posto in cui vive il presidente si chiama Casa Bianca. Perfino Questo deprecabile razzismo da stadio sta rovinando l'immagine di milioni di razzisti per bene.

ALTAN

Ragazza: «Posso sposare un islamico?»
Prete: «A patto che fai il doppio gioco e ci passi tutte le informazioni.»

ALTAN

Conosco una signora che afferma di avere servo-freno e servo-sterzo entrambi di colore.

ANATOLJ BALASZ (NATALINO BALASSO)

Sono contento, non sono razzista, non sono leninista o uno dei burattini di Berlusconi. Fa niente se sono stronzo?

CLAUDIO BARBIERI

Sapete perché hanno alzato l'età minima per il consumo di alcolici a trentadue anni in Tennessee? Perché vogliono tenere l'alcol fuori dai licei.

BARZELLETTA AMERICANA DI UMORISMO ANTISUDISTA

Perché nell'equipaggio del Challenger c'era un solo membro di colore? Perché nessuno sapeva che sarebbe esploso.

BARZELLETTA RAZZISTA

Un gruppo di sudafricani bianchi ha ucciso un avvocato nero solo perché era nero. Questo è sbagliato. Avrebbero dovuto ucciderlo perché era un avvocato.

A. WHITNEY BROWN

Questa è la logica: hai la scelta di passare quindici anni sposato a una donna, una donna nera o una donna bianca. Quindici anni di abbracci, di baci e dormite l'uno vicinissimo all'altra in notti infuocate di passione. Con una donna nera nera, o una donna bianca bianca. La donna bianca è Kate Smith. E la donna nera è Lena Home. Be', non te ne frega più niente di nero e bianco, no? Quello che ti frega è quanto è bella l'una e quanto è carina quell'altra. Allora, andiamo al sodo e perseguitiamo i brutti!

LENNY BRUCE

Livingstone: «Mi chiamo Livingstone: appena sono arrivato in Africa ho guardato quel continente e ho detto commosso: "La mia Africa". Ho sentito una mano forte nella mia.»
Mobutu: «Mi chiamo Mobutu: appena sono arrivato in Italia ho guardato quel continente e ho detto commosso: "La mia Italia". Ho sentito una mano forte qua dietro sul collo.»

GIOBBE COVATTA

Sapete una cosa? A noi neri non ci fanno più sedere in fondo agli autobus: si sono accorti che la maggior parte degli incidenti accade davanti.

SAMMY DAVIS JR

I terroni non so, ma noi italiani non siamo razzisti.

ELLEKAPPA

Giudice: «Io non faccio differenza tra bianchi e neri. Ho liberato i quattro ragazzi bianchi che hanno ucciso un negro e avrei fatto lo stesso se quattro ragazzi negri fossero stati uccisi da un ragazzo bianco!»

ELLEKAPPA

Vivere nel mondo di oggi ed essere contro l'uguaglianza tra le razze è come vivere in Alaska ed essere contro la neve.

WILLIAM FAULKNER

«Ma lei darebbe sua figlia per moglie a un negro?» «Mia figlia no, ma mia moglie subito. Sono mica razzista.»

ENNIO FLAIANO

Ci sono due cose che non tollero: i pregiudizi razziali e i tizi con un turbante sul mio stesso aereo.

RICHARD JENI

L'Irlanda è l'unico Paese che non ha mai perseguitato gli ebrei perché non li ha mai fatti entrare.
JAMES JOYCE

Sono Chicano, che vuol dire sono un Americano di discendenza Messicana. Ispanico? Dico io, perché associarci con una parola che ha "panico" dentro?
GEORGE LOPEZ

Il gioco degli scacchi in Africa non decolla. La colpa è di Gino Strada che non gli fa imparare le regole. Si giustifica così verso la comunità internazionale: «Non per essere razzista, ma è un gioco troppo complicato. Prima devono imparare a giocare a dama, poi tra qualche anno ne riparliamo».
MAURIZIO MILANI

Ora, io sono sconcertato da questo concetto di pregiudizio razziale. Perché odiare qualcuno semplicemente basandosi sul colore della pelle quando, se vi prendete il tempo di conoscere queste persone come esseri umani, potete trovare mille altre ragioni per odiarle?
DENNIS MILLER

Tarzan è bianco. Ma come? Bianco uno nato e cresciuto nella jungla?
MUHAMMAD ALÌ (CASSIUS CLAY)

C'è un'auto con dentro un messicano, un nero e un portoricano. Chi guida? Un poliziotto.
MUHAMMAD ALÌ (CASSIUS CLAY)

Diffidare di chi, entrando in un luogo affollato, invece di dire: «Permesso», urla: «Allah è grande!».
ALBERTO PATRUCCO

Io ve amo Italia, perché io è arrivato qva, voi me avete accolto come stella de Hollywood: come sono arrivato me avete preso impronte de mani e piedi!
RATKO (LUCA KLOBAS)

Non ha senso odiare qualcuno, né essere razzista o sessista, non ha senso davvero. Perché chiunque odiate finirà per entrare nella vostra famiglia. Odiate i gay? Avrete un figlio

gay! Odiate i portoricani? Vostra figlia arriverà a casa cantando *Livin' la vida loca*!
CHRIS ROCK

L'America è il più grande paese del mondo perché è questo grande amalgama di razze. Voglio dire, in quale altro stato se non l'America una ragazza messicana può uscire con un ragazzo bianco, guidare un'auto giapponese fino a un ristorante cinese, e sulla via di ritorno venire arrestata da un poliziotto nero?
PAUL RODRIGUEZ

Ho trovato una letterina a Babbo Natale che ho scritto quando ero bambino e mia mamma ha conservato... Ve la voglio leggere perché penso sia carina: "Caro Babbo Natale, quest'anno non ti scrivo questa lettera per chiederti un dono. Lo so che tu non me ne porterai nessuno perché io sono un ebreo. La tua apparente mancanza di considerazione per la comunità ebraica è solo un'emanazione della tua politica razzista di non riconoscimento dello stato di Israele... Spero che la tua slitta venga tranciata da un DC-10, che tu ti schianti sulle Ande, e che debba mangiare le tue renne per sopravvivere, grasso bastardo nazista".
GREGG ROGELL

Sei un pisano. Te ne rendi conto?
SCRITTA SU UN MURO DI LIVORNO

A Milano fervono i preparativi per le Olimpiadi. La Lega Lombarda prepara festosamente migliaia di bandiere con i quattro cerchi. Gli atleti africani avranno comunque il permesso del Comune di portare il quinto cerchio al naso.
MICHELE SERRA

Lo dico per l'ultima volta a tutto il teatro: io resto nero e voi restate bianchi. E, per i fratelli e le sorelle messicani in sala, imparate l'inglese, teste di cazzo!
SWEET DADDY DEE, IL MANAGER (JEFF DUNHAM)

Quando i bianchi arrivarono per la prima volta in Africa noi neri aveva-

mo la terra e loro la Bibbia. Adesso loro hanno la terra e noi la Bibbia.
MIKE TYSON

«Papà, da oggi vado a pestare i negri.» «Siamo in un Paese civile, figliolo, si dice extracomunitari!»
VAURO

«Razzista io? Parla lei che è negro?»
BEPPE VIOLA

E quando i neri si saranno tutti ammucchiati qui da straccioni, noi andremo in Africa a vivere da signori.
VIP

Ci stiamo avviando verso una società multirazzista.
VIP

RE *(Imperatore - Regina)*

È meglio abolire la servitù dall'alto che attendere che si abolisca da sé dal basso.
ALESSANDRO II, ZAR DI TUTTE LE RUSSIE

Ci fu un mescolamento nei Capetingi quando Filippo il Bello sposò Berta il Rospo e nacque Baldovino il Così Così. La dinastia si interruppe quando il principe longobardo Desiderio sposò la principessa Fulgenzia, detta Non se ne parla proprio.
ANATOLJ BALASZ (NATALINO BALASSO)

Pipino detto il Breve sposò Ermengarda detta la Delusa e insieme misero al mondo Pipone detto il Solitario.
ANATOLJ BALASZ (NATALINO BALASSO)

Il 3 agosto 1664 Luigi XIV utilizzò per la prima volta una forchetta. Prima di quel giorno mangiava, come tutti, la minestra con il cucchiaio.
CAVANNA

D'accordo, i Savoia al Pantheon. Però tutti.
ELLEKAPPA

Perché sono monarchico? Perché non c'è più il re.
GIOVANNI GUARESCHI

Se mai un giorno i cani prendessero il potere e scegliessero un loro re, spero che non lo scelgano basandosi sulla taglia, perché scommetto che alcuni chihuahua hanno delle buone idee.

JACK HANDEY

In Inghilterra non vinciamo medaglie d'oro alle Olimpiadi, ma perché abbiamo scelto così. È un proclama politico. Noi odiamo il nostro inno nazionale: *Dio salvi la Regina*. Ora: la Regina vive in una casa grande, con filo spinato e guardie armate. Quella è una Regina fottutamente salva, lasciate che ve lo dica.

EDDIE IZZARD

La nostra Regina è scialba. Tutte le regine lo sono. Perché è una brutta idea quella di sposarsi tra cugini.

EDDIE IZZARD

Dio ha dunque dimenticato quel che ho fatto per lui?

LUIGI XIV

Primo messaggero: «Sire, sire: il popolo ha sete!»
Secondo messaggero: «Sire, sire: i mostri del fossato hanno fame!»
Sire: «Intravedo una soluzione...»

MAGO WIZ

Il giovane marito, tutto nudo, si contempla con ammirazione nello specchio della camera d'albergo. «Con due centimetri in più», dice fieramente, «sarei un re.» «Sì», ribatte la moglie, «e con due centimetri in meno saresti una regina.»

GROUCHO MARX

Anche sul trono più elevato del mondo si è pur sempre seduti sul proprio culo.

MONTAIGNE

Carola: «Le ipotesi sulla morte di Lady Diana mi hanno molto turbato... ho sentito parlare di complotto, ma chi mai può avere interesse a eliminare una regina?»
Quelo: «Forse l'alfiere.»

QUELO (CORRADO GUZZANTI)

Presto ci saranno soltanto cinque re nel mondo: il Re d'Inghilterra, quello di Cuori, quello di Picche, quello di Fiori e quello di Denari.

RE FARUK D'EGITTO

Quando sento i suoi passi avvicinarsi alla mia stanza, mi stendo sul letto, chiudo gli occhi, apro le gambe e penso all'Inghilterra.

REGINA VITTORIA

Totò: «È morto Diocleziano?»
Altro: «Ma sì!»
Totò: «E quando è successo?»
Altro: «Mah, duemila anni fa.»
Totò: «Come passa il tempo...»

TOTÒ

RE MAGI

«Ecco la grotta!» esclamarono i Re Magi. Si inginocchiarono e vennero travolti dal rapido Parigi-Roma che usciva dalla galleria del Frejus.

ROMANO BERTOLA

Pensate ai regali dei Re Magi. L'oro va bene, ma l'incenso e la mirra? È stato il primo esempio di quello che succede a Natale quando si aspetta l'ultimo minuto per fare un acquisto.

BORIS MAKARESKO

La decadenza dell'impero negro ebbe inizio con l'imperatore Baldassarre II, il bisnonno dell'altro Baldassarre, quello che andò a Betlemme in compagnia di Melchiorre e Gaspare. Baldassarre II, detto il Mentecatto, fece estirpare tutti i frutteti dell'impero e destinare i terreni fertili alla produzione di mirra, un articolo che allora come oggi non ha un gran sbocco sul mercato.

EDUARDO MENDOZA

Vendiamo oro, incenso e mirra in cambio di tre nomi da cristiani e non da pirla. Firmato: Gaspare, Melchiorre e Baldassarre.

MICHELE SERRA

REALTÀ

La differenza tra un romanzo e la realtà? Un romanzo deve avere senso.

TOM CLANCY

L'inverno è realtà, l'estate è illusione.

TOIVO PEKKANEN

Ho sempre pensato che la realtà sia fatta per quel genere di persone che non sanno affrontare le droghe.

TOM WAITS

REATI

vedi anche **Crimine**

I grandi dubbi. Rubare ai socialisti è reato?

ANGESE

Sono stato incarcerato per un reato d'opinione: io ero dell'opinione che emettere assegni a vuoto si potesse, la banca no.

ANATOLJ BALASZ (NATALINO BALASSO)

Il violento hockey in televisione è la causa principale delle ribellioni carcerarie. Pensateci: siete dei detenuti in una cella del penitenziario di Stato e guardate alla tv un giocatore di hockey prendere due minuti di sospensione, mentre voi state scontando diciassette anni in carcere per lo stesso reato.

JEFF CESARIO

Scaricare musica è illegale, lo so, ma se hanno assolto gli imputati per la strage di Piazza Fontana vuoi che rompano le balle proprio a me?

ANTONIO DE LUCA

RECITARE

Gary Cooper, una volta, ha fatto una scena di fronte a un negozio di pipe, con l'indiano di legno in vetrina. L'indiano lo ha seppellito con la sua mimica.

GEORGE BURNS

Gli attori si dividono in due categorie: incisivi e canini.

PINO CARUSO

L'attore più brutto? Sonny Bono. Peccato che non sappia recitare.

CHER

Gli attori recitano per scopare, le attrici scopano per recitare.

DANIELE FORMICA

Non sono un attore e ho all'attivo sessantaquattro film per dimostrarlo.
VICTOR MATURE

Raquel Welch è una delle poche attrici che sembra più animata in fotografia che nei film.
HARRY E MICHAEL MEDVED

In televisione bisogna imparare a recitare in maniera cagnesca molto bene. Se, dopo aver fatto un provino, quando vai via hai la sensazione di aver fatto la figura di una vera idiota, con ogni probabilità la parte è tua.
MICHELLE PFEIFFER

L'arte di recitare consiste nell'impedire alla gente di tossire.
SIR RALPH RICHARDSON

Non voglio che attori e attrici capiscano le mie opere. Non è necessario. Se solo loro si limitano a fare i suoni richiesti, posso garantire il risultato.
GEORGE BERNARD SHAW

L'Italia conta oltre cinquanta milioni di attori. I peggiori stanno sul palcoscenico.
ORSON WELLES

RECORD
vedi ***Guinness***

REFERENDUM
vedi ***Elezioni***

REGALO *(Pacchetto)*
vedi anche ***Regali di Natale***

Non fosse per i regali di nozze, sarebbe preferibile scappare con l'amante.
GEORGE ADE

Penso sempre che per il mio compleanno mi facciano una festa con una torta enorme da cui esce una donna nuda e gigantesca. Mi picchia e torna nella torta.
WOODY ALLEN

Era un tipo talmente avaro che, quando s'innamorò, alla sua ragazza che desiderava una collana di perle, regalò un'ostrica e un quadrifoglio.
ANONIMO

Ho comprato una Fiat perché in omaggio c'era la fabbrica.
ROCCO BARBARO

Adamo ha avuto i suoi bei problemi a comperare a suo padre il regalo per la festa del papà. Che cosa si compera a uno che ha tutto?
MILTON BERLE

Quando dovevo fare la Prima Comunione mio zio Ercole mi regalò un pezzo di stoffa per farmi il vestito nuovo. Ma mia madre lo portò dalla sua sarta e si fece una gonna per sé. Ci rimasi un po' male. «Trovi che mi stia bene?» mi chiese guardandosi allo specchio. «Io credevo che una mamma si sacrificasse sempre per suo figlio.» «Ma dove hai letto 'sta cazzata?»
ROMANO BERTOLA

Cristo! Siamo già in dicembre! Natale è alle porte e io devo ancora comprarmi un calendario porno!
PAOLO BURINI

Molti mi domandano quale regalo mi piacerebbe avere per il mio ottantacinquesimo compleanno. Bene ve lo dirò: vorrei che una donna mi facesse causa per riconoscimento della paternità.
GEORGE BURNS

Che senso ha un preservativo? Incarti il regalo e si vede la sorpresa.
DARIO CASSINI

Povero Silvio... nessuno capisce il dramma di quest'uomo... arriva il suo compleanno e nessuno sa cosa regalargli: libri... ha già sette case editrici. Televisioni... ne ha tre. Videocassette... tutti i cinema sono suoi... abbonamento allo stadio... il Milan è suo! Quest'anno gli faccio una busta con i soldi e ci pensa lui... altrimenti cosa gli regalo?
ANTONIO CORNACCHIONE

Un fan dei Red Hot Chili Peppers ha regalato al gruppo un bellissimo cane che però, dopo una settimana, si è dileguato mettendo in ansia tutti. In realtà, il cane era solo andato alla polizia a chiedere di essere arruolato nell'unità cinofila antidroga per avere a che fare con sostanze un po' più leggere.

MISTER FOREST (MICHELE FORESTA)

Non puoi avere dei problemi con i nonni. Tutto quello che devi fare è baciarli quando entrano in casa, dir loro che ti sono mancati, lasciarti comperare della robaccia da loro, ed è fatta!

MICHAEL J. FOX

Sono così tirchio che quando faccio un regalo, invece di cancellare il prezzo, lo sottolineo.

ROBERTO GAVELLI

Avevo con me così tanti pacchi e pacchetti che dopo averli raccolti quasi tutti ne erano rimasti a terra più della metà.

BOHUMIL HRABAL

La mia fidanzata mi ha detto di usare il metro comune su quanto devo spendere per un anello di fidanzamento: due mesi di stipendio. Così mi sono trasferito ad Haiti per un paio di mesi, ho guadagnato un dollaro e ottanta. Ho comprato un bel legno compensato, senza nemmeno un nodo. L'ho cartavetrato io stesso.

BRIAN KENNEDY

L'orologio che mi avete regalato sarà per me eterna fonte di gioia. L'avrei ringraziata prima, ma ho preferito aspettare una settimana per essere sicuro che 'st'aggeggio funzionasse.

GROUCHO MARX

«Franco, oooh Franco, ti ho comprato un pigiama.» «Me lo fai mettere?» «No!» «Perché?» «Metti che vai all'ospedale...»

FRANCO NERI

Le belle ragazze che da bambine hanno ricevuto i regali da Babbo Natale quando sono grandi si mettono con Briatore. Perché? Perché hanno nostalgia di un tizio grasso, vestito ridicolo, che le copre di doni.

FLAVIO OREGLIO

Tra due amici genovesi: «Cos'altro posso regalare alla mia donna? I fiori mi dispiace un po', appassiscono subito. Ho provato con i fiori di plastica ma lei mi ha detto che ero poco romantico» «Regalale un bel diamante. Un diamante è per sempre. Un diamante è per tutta la vita.» «È vero: non finisci più di pagarlo: trentaseimila rate!» «Allora un bel profumo, magari un dopobarba, cosi se poi litigate, te lo usi tu!»

EMILIO RAZZETTI

Aveva una moglie talmente insopportabile, ma talmente insopportabile, che gli amici per il suo compleanno gli regalarono un alibi.

FABRIZIO RIGHES

Per San Valentino ti ho portato un regalo stupendo. Scusa ma non ho avuto tempo di incartarmi.

RENATO TRINCA

REGALI DI NATALE

«Presto avremo un bambino.» «Scherzi?» «No, avrò proprio un bambino me l'ha detto il dottore... sarà il mio regalo per Natale!» «Ma a me bastava una cravatta!»

WOODY ALLEN

Sono nata in una famiglia povera. Nel Natale del '68 avevo chiesto a Babbo Natale un Cicciobello. Sotto l'albero, quella mattina, c'era un pacco col mio nome. L'ho aperto, ma il Cicciobello non c'era. Dentro c'erano delle batterie e un biglietto con scritto: "I giocattoli non sono inclusi".

BRUNELLA ANDREOLI

Il prezzo dei regali di Natale è inaudito. Ricordo un Natale di tanti anni fa quando mio figlio era piccolo. Gli ho comprato un carro armato giocattolo. Costava circa cento dollari, una bella cifra per l'epoca. Era un tipo di carro armato in cui si poteva entrare e che si poteva guidare. Lui invece giocò con la scatola della confezione. Mi ha insegnato una lezione molto importante. L'anno successivo, lui si beccò la scatola e io un whisky da cento dollari.

JOHNNY CARSON

Per Natale ho regalato a mio fratello una combinazione, fax-distruggi documenti. O l'abbiamo montato sbagliato, o un sacco di gente gli faxa dei coriandoli.

ANTHONY CLARK

Era così povero che non poteva neanche permettersi di regalare uno yo-yo al suo bambino per Natale. Fece in modo di regalargli uno yo!

MARTIN KAUFFMAN

Bill Gates è così ricco che quando Babbo Natale va a casa sua gli porta via i regali.

JAY LENO

Pensate ai regali dei Re Magi. L'oro va bene, ma l'incenso e la mirra? È stato il primo esempio di quello che succede a Natale quando si aspetta l'ultimo minuto per fare un acquisto.

BORIS MAKARESKO

Se un genovese ha un'amante, la lascia prima di Natale, così non deve farle il regalo.

EMILIO RAZZETTI

Quand'ero piccolo, Natale faceva schifo. Credevo in Babbo Natale. Sfortunatamente, ci credevano anche i miei. Non ho mai ricevuto un tubo.

CHARLIE VIRACOLA

Se quest'anno nessuno ha intenzione di mandarmi dei regali per Natale, non vi preoccupate. Ditemi solo dove abitate e io verrò a prenderli da solo.

HENNY YOUNGMAN

Mio padre era un gran bastardo. A Natale ci portava in un bosco e ci diceva: «Bambini, i regali sono sotto l'albero. Indovinate voi quale».

MARIO ZUCCA

REGGICALZE

vedi ***Collant***

REGGISENO

Il reggiseno è uno strumento politico: separa la destra dalla sinistra, solleva le masse e attira i popoli.
ANONIMO

Sono magazziniere. Col muletto sono il più bravo. Muovo le forche come le dita della mia mano. Riesco a slacciare un reggiseno solo sfiorando la pelle di una ragazza. Con le mutandine ho qualche difficoltà. Le spacco le gambe.
LORENZO BOSIO

Era così piatta che di reggiseno non aveva la prima, aveva la retromarcia.
GIORGIO FALETTI

Chi è Tatiana? Tatiana è l'amica mia grassa, talmente grassa che l'altro giorno s'è comprata un reggiseno a balconcino: ha speso due milioni de' gerani!
KRUSKA (GABRIELE CIRILLI)

Nonostante abbia già compiuto 14 anni mia madre m'impedisce di mettermi il reggiseno. Continua a dirmi: «No! Ho di detto di no Osvaldo!».
ORAZIO LEOTTA

La prima femminista del mondo a bruciare il reggipetto è stata Giovanna D'Arco.
BORIS MAKARESKO - ROBERTO TRANI

Di taglia portavo la terza. Naturalmente, all'epoca ero un feto.
ETTA MAY

A New York, quando qualcuno ti mette un coltello al petto, gli dai i soldi. A Los Angeles, quando qualcuno ti mette un coltello al petto, gli dai i soldi, gli dici: «Grazie, dottore» e ti comperi un reggiseno più grande.
DEIDRE SULLIVAN

REGINA
vedi **Re**

REGIONI ITALIANE

Calabria, Sicilia, Campania: quanto piombo! Non si potrebbero almeno usare delle lupare catalitiche?

ALBERT

È stata sospesa la progettazione del famoso ponte sullo stretto di Messina. Si è infatti scoperto che, grazie alla deriva dei continenti che avvicina lentamente l'Italia alle proprie isole, per il giorno della fine dei lavori, Calabria e Sicilia si saranno unite da sole.

AMURRI & VERDE

Il sonno della Regione genera Mostre.

ANDREA ANGIOLILLO

Mah, per la noia della fica bastava già Moravia. E la letteratura del culo è solo settoriale, come i libri sulle barche, sul Molise, sui funghi.

ALBERTO ARBASINO

Cosa sarebbe l'Italia senza la Toscana? L'Emilia Romagna sbatterebbe nell'Umbria. La Liguria scivolerebbe nel Lazio. Ci sarebbe un capovolgimento totale. E cosa sarebbe la Toscana senza Firenze? Come fa uno da Arezzo ad andare a Bologna?

ROBERTO BENIGNI

Sono stato a sciare in Piemonte. In un giorno solo ho fatto per tre volte tutte le piste del comprensorio della Via Lattea. La sera ero parzialmente stremato.

CAMILLO CANOVI

Abbiamo in anteprima esclusiva il documento della divisione dei beni tra Veronica Lario e Silvio Berlusconi. A Veronica rimane l'Umbria, il Regno delle due Sicilie e un terzo continente a scelta. Inoltre a lei va la custodia del trofeo Mitropa Cup, dei Telegatti e dell'opera omnia di Apicella. Sandro Bondi verrà affdato a Veronica, con la possibilità di visita da parte di Silvio ogni due week end. A Silvio rimane quel poco che resta. Ma si sa, nelle separazioni sono sempre gli uomini ad avere la peggio.

FIORELLO

Alla notizia che le regioni avranno più denaro, Anna Falchi ha annunciato di essersi fidanzata col Molise.

GENE GNOCCHI

In Calabria, la domenica delle Palme, invece dei ramoscelli d'ulivo, si scambiano le pistole.

FRANCO NERI

«Dodici morti bruciati in Sardegna!» «Ma usavano la crema solare?»

PAT

Un romagnolo triste può, comunque sempre, diventare un ottimo comico svizzero.

JOHN TOWERS

La topa della Lega 'un sa d'una sega. La topa toscana è saporita e sana.

IL VERNACOLIERE

REGISTA

Ho comprato qualche disco per Sophia Loren perché a lei piace il jazz e volevo portarla su qualcosa d'interessante. Che so, sul divano per esempio.

WOODY ALLEN

Il mio sogno proibito? Avere un padre come Jack Nicholson, una madre come Ava Gardner, una sorella come Diane Lane e un fratello come Matt Dillon. E andare a letto con tutti.

PEDRO ALMODÓVAR

«Benigni, che cos'è per te il cinema popolare?» «Non m'interessa, preferisco popolare i cinema.»

ROBERTO BENIGNI

A Barbra Streisand basta dire ogni tanto: «Tieni fuori quelle tette, sono belle» e lei sta buona per altri dieci minuti.

PETER BOGDANOVICH

Come diceva René Clair: «Amo il cinema. La gente ha un disperato bisogno di immagini. Nessuno pagherebbe il biglietto per sedersi due ore nel buio più completo».

MASSIMO BUCCHI

Il regista teatrale è uno che disturba le prove.
Pino Caruso

Un giorno il mio agente mi ha mandato sul set di un film. Cercavano una che facesse la fidanzata di Zorro. Il regista appena mi ha visto è impazzito: «Lei è talmente brava, talmente bella, che le do la parte del protagonista, di Zorro». Al che io gli ho detto: «Ma scusi, per i baffi come faccio?» «No, li tenga, caso mai li spuntiamo!»
Geppi Cucciari

La prima cosa che Zeffirelli nota in una donna è suo marito.
Fabio Di Iorio

Avevo sempre sognato da grande di fare l'aggettivo.
Federico Fellini, a proposito del termine "felliniano"

Oggi sono usciti due film importanti, il cartone animato *Ratatouille* e il documentario di Michael Moore *Sicko*. Due film molto diversi: uno è la storia di un grosso ratto schifoso interessato solo al cibo che finisce sempre in mezzo ai guai. L'altro è un cartone animato.
Craig Ferguson

A volerla dire tutta Strehler non è morto, si è levato dalle palle.
Massimo Maria Griggi

Posso immaginare facilmente il *Pinocchio* di Benigni diventare un sempreverde natalizio. Il carbone non è più così facile da trovare come un tempo e questo film può essere un ottimo sostituto da mettere nella calza dei bambini cattivi.
Ken Hanke

Quando Romolo Valli partecipò a *Novecento* di Bertolucci, avendo notato che il regista spesso imitava apertamente lo stile dei vari maestri, continuava a ripetergli: «Ma questo è Lang... questo è Eisenstein... questo è Renoir...». Al che Bertolucci tranquillo rispondeva: «Ma sì, è un hommage». Finché un giorno l'attore gli ribatté: «Attento Bernardo: tre hommage sono un plage!».
Tullio Kezich

La mascella di un asino? Mai! Questo è un film di De Mille e noi useremo tutto l'asino!

L'ASSISTENTE DI CECIL B. DE MILLE, DISCUTENDO LA SCENA DI *SANSONE E DALILA* IN CUI L'EROE DEVE USARE LA MASCELLA DELL'ASINO

Un giorno farò un film per i critici, quando avrò soldi da buttare.

CLAUDE LELOUCH

I film di Hitchcock mi terrorizzano. *Psyco*, quella scena nella doccia! Avevo dieci anni quando l'ho vista per la prima volta e, ancora oggi, mi fa paura accoltellare una donna nella doccia.

DANIELE LUTTAZZI

Ho capito che l'Alitalia era in crisi quando su un volo per New York hanno proiettato un film di Pupi Avati.

DANIELE LUTTAZZI

Ci sono due cose al mondo che mi piacciono veramente. La seconda è girare un film...

ROMAN POLANSKI

Il vizio più costoso nel mondo non è l'eroina ma la celluloide, e io ho bisogno di una dose ogni due anni.

STEVEN SPIELBERG

Quando cresco voglio fare ancora il regista.

STEVEN SPIELBERG

Io ho fatto sedici film, John Ford ne ha fatti centoventi. Sarà meglio che alzi le chiappe e mi dia una mossa.

STEVEN SPIELBERG

Come può essere successo? Sono stato così attento. Ho scelto la commedia sbagliata, il regista sbagliato, il cast sbagliato. Cos'ho fatto di giusto?

THE PRODUCERS

Quelli che Fellini gli ha rubato l'idea.

BEPPE VIOLA

Non è necessario che un regista sappia scrivere ma, se sa leggere, aiuta.

BILLY WILDER

Doveva solo aprire un cassetto e dire una battuta: la sbagliò 53 volte. Allora feci mettere in ogni cassetto dell'armadio un biglietto, in modo tale che aprendo un cassetto qualunque potesse leggerlo. Sbagliò armadio.
BILLY WILDER, SU MARILYN MONROE

I critici non mi rimproverano la volgarità della mia arte, ma la mancanza di arte della mia volgarità. Mi hanno perseguitato per anni con questa parola: "Volgarità". Stanno al cinema, si tengono la pancia dal ridere e all'uscita dicono: «Volgare!».
BILLY WILDER

Sei tarmente brutto che se te vede Dario Argento ce fa 'na trilogia!
WWW.TURBOZAURA.IT

REINCARNAZIONE

Se rinasco, voglio essere le mani di Warren Beatty.
WOODY ALLEN

Ma i vegetariani si reincarnano?
ROMANO BERTOLA

Il sesso è una delle nove ragioni per reincarnarsi. Le altre otto sono trascurabili.
GEORGE BURNS

Se ogni volta che ci si incarna si evolve, che cos'era nella vita precedente Gigi Marzullo?
FABIO FAZIO

Nella mia prossima vita, spero di reincarnarmi in un pappagallo, perché conosco già un sacco di parole.
JACK HANDEY

«Credevo alla reincarnazione fino a cinque minuti fa.» «Poi che è successo?» «Sono morto!»
JOHNNY HART

Solo io sono a conoscenza del sacro mistero della reincarnazione in quanto le mie unghie si sono reincarnate tante di quelle volte!
MAGO ORONZO (RAUL CREMONA)

Se esistesse la reincarnazione, con la sfiga che mi ritrovo, tornerei in questo mondo reincarnato in me stesso.

ONLY FOOLS AND HORSES

RELAX

vedi **Riposo**

RELIGIONE GENERICO

In quel periodo uscivo con una ragazza e dovevamo sposarci, ma c'era un conflitto religioso. Lei era atea e io agnostico. Non sapevamo senza quale religione educare i figli.

WOODY ALLEN

Io metterei religione all'ultima ora, abbinata a un bingo.

ALTAN

Il cattolicesimo? Che dire di una religione che fa del sesso un'azione peccaminosa e santifica l'atto di bere alcol?

ANONIMO

La Chiesa battista americana ha comunque stabilito che l'atto d'amore orale non è considerabile come adulterio, in quanto l'adulterio avviene quando vengono a contatto i due genitali... per cui, o sei una testa di cazzo e sei dentro comunque, oppure nessun problema. Quando a Bologna si è sparsa la notizia, migliaia di persone sono scese nelle strade e ci sono ancora code di neofiti davanti alla Chiesa battista che urlano: «A'm fagh batista anca me, boia d'un mond lader!».

ENRICO BERTOLINO

Solo dopo aver visto i guidatori in Indonesia si capisce perché la religione abbia un ruolo così fondamentale nella loro vita.

ERMA BOMBECK

Sono d'accordo a far dire le preghiere a scuola, purché venga trovato un posto per l'algebra in chiesa.

DYLAN BRODY

La religione, in effetti, ha convinto la gente che esiste un essere invisibile che vive su in cielo, e che ha una lista speciale di dieci cose che non vuole che tu faccia. E se fai una qualsiasi di queste dieci cose ti manda in un posto pieno di fiamme, e fumo, e tu andrai a fuoco e verrai torturato per sempre fino alla fine dei tempi... ma ti ama. E ha bisogno di soldi.

GEORGE CARLIN

I Conformisti della Fede credono fermamente in Dio. In fatto di religione, spiegano loro, rimane di gran lunga il personaggio più popolare.

ENZO COSTA

Per i Battisti Ultragarantisti Giuda va considerato innocente fino a sentenza definitiva.

ENZO COSTA

Per i Battisti Colpevolisti se uno finisce sulla croce qualcosa, sotto sotto, l'ha fatto.

ENZO COSTA

Le idee sulla religione sono infiammabili. Pensate a quante poche guerre ci sono state sulla teoria della relatività.

QUENTIN CRISP

Per la Chiesa se non sei sposato non puoi fare l'amore. Invece, se sei sposato lo puoi fare. Però, controvoglia.

DENTIBLÙ

Mia moglie ha cantato in chiesa domenica, e almeno duecento persone hanno cambiato religione.

LEOPOLD FETCHNER

La religione è finita. Non c'è più nessuno che si vanti di aver portato a letto una suora.

ENNIO FLAIANO

Vorrei una religione dove il divorzio fosse un sacramento.

GINO&MICHELE

Le mie idee religiose si limitano a quest'assurda convinzione che Dio abbia creato l'uomo e viceversa.

ANDRÉ GLUCKSMANN

Mi definisco un cattolico agnostico. Cos'è per me la religione? Penso che si tratti di un mistero... un mistero che non può essere distrutto. Nemmeno dalla Chiesa.

GRAHAM GREENE

Inferno cristiano: fuoco. Inferno pagano: fuoco. Inferno maomettano:

fuoco. Inferno indù: fiamme. A credere alle religioni, Dio è un rosticciere.
VICTOR HUGO

Non sopporto il fatto che certa gente ti debba sbattere in faccia la propria religione ovunque vada. Quello che chiedo è semplicemente: riesce uno a restare le tre ore della durata del mio volo senza il turbante? Voglio dire, io sono cristiano, eppure non mi vedrete mai entrare in un aereo legato a un crocifisso di legno. Anche se ne avrei titolo. Ma non lo faccio perché faticherebbe a passare tra i sedili.
RICHARD JENI

Quel ragazzo aveva dei pantaloni così stretti che non solo si distingueva il sesso, ma anche la religione.
BRUNO LAUZI

Il puritano odiava i combattimenti di cani e di orsi, non perché procuravano dolore agli orsi ma perché davano piacere agli spettatori.
THOMAS BABINGTON MACAULAY

La riproduzione dell'uomo è un miracolo e un mistero. Se Dio mi avesse chiesto un parere, gli avrei consigliato di proseguire a modellare gli uomini con l'argilla.
MARTIN LUTERO

La democrazia è una forma di religione. È l'adorazione degli sciacalli da parte dei somari.
H.L. MENCKEN

Finché ci sarà l'algebra ci saranno le preghiere a scuola.
LARRY MILLER

È religione anche non credere a niente.
CESARE PAVESE

Stavo attraversando un ponte, un giorno, quando ho visto un uomo sull'orlo del parapetto, pronto a saltar giù. Così sono corso da lui e ho detto: «Fermo! Non farlo! Ci sono un sacco di cose per cui val la pena vivere!». Mi ha chiesto: «Per esempio?». Gli ho detto: «Sei religioso o ateo?» «Religioso.» «Anch'io! Cristiano o buddista?» «Cristiano.» «Anch'io! Cattolico o protestante?» «Protestante.» «Anch'io! Episcopale o battista?» «Battista.» «Wow! Anch'io! Battista della Chiesa di Dio o Battista della Chiesa del

Signore?» «Battista della Chiesa di Dio.» «Anch'io! Battista della Chiesa di Dio Originale o Battista della Chiesa di Dio Riformata?» «Battista della Chiesa di Dio Riformata!». Ho detto: «Anch'io! Battista della Chiesa di Dio Riformata con la Riforma del 1879, o Battista della Chiesa di Dio Riformata con la Riforma del 1915?». Mi ha detto: «Battista della Chiesa di Dio Riformata con la Riforma del 1915». Ho detto: «Muori, schifoso eretico!» e l'ho spinto giù.

EMO PHILIPS

Bella cosa la religione! Ieri sono andato a confessarmi. Sto meglio, ma ora il prete pretende duecento euro per tenere la bocca chiusa.

FRANCESCO VESPA

La mia religione è episcopale, cioè "cattolicesimo light". È la stessa religione, ma con metà senso di colpa.

ROBIN WILLIAMS

REPUBBLICANO
vedi **Conservatore**

RETE
vedi **Internet**

RIBELLE
vedi **Vandalo**

RICATTO
vedi **Minaccia**

RICCHEZZA

Non occorre essere ricchi e famosi per essere felici. Basta essere ricchi.

ALAN ALDA

I ricchi non conoscono una delle più grandi emozioni dell'intera vita, ossia quella che consiste nel pagare l'ultima rata.

ANONIMO

Il capitalismo è una ingiusta ripartizione della ricchezza. Il comunismo è una giusta distribuzione della miseria.

ANONIMO RUSSO

Tutti pensano che Dio sia dalla loro parte. I ricchi e i potenti sanno che è così.

JEAN ANOUILH

La differenza tra i ricchi e i poveri è che i ricchi si fanno pagare per tutto mentre i poveri devono pagare per tutto.

JEAN ANOUILH

Era una bambina così ricca e arrogante che a scuola parlava solo col suo compagno di bancomat.

MAURIZIO AVANZI

Robin Hood rubava ai ricchi per dare ai poveri, poi rubava ai poveri per dare ai ricchi, infine rubava ai ricchi e poveri per dare ai matia bazar.

ANATOLJ BALASZ (NATALINO BALASSO)

Una bambina ricchissima corre lungo un prato tirandosi dietro un lungo filo cui è attaccato un jet.

ROMANO BERTOLA

I ricchi quando muoiono vanno in Svizzera.

ROMANO BERTOLA

Per aver successo nella vita non servono i genitori ricchi. A volte basta aver ricchi i nonni.

GIANCARLO BOZZO

«Hai mai pensato d'iscriverti al Partito Socialista.» «No grazie, sono ricco di famiglia».

ATTRIBUITA A MASSIMO CACCIARI IN UN DIALOGO CON GIANNI DE MICHELIS

Mi manca un milione di dollari per essere milionario.

JOHN CANDY

Il problema dell'essere belli è che è un po' nascere ricchi e morire poveri.

JOAN COLLINS

Meglio suonare Chiquita Banana e avere la piscina che suonare Bach e morire di fame.

XAVIER CUGAT

Come diceva mio padre: «Le donne posseggono il 70% della ricchezza di questo Paese e il 100% della fica».
NELSON DEMILLE

C'è più nessuno che crede che la salute sia più importante del denaro? Non si vedono tante ragazze dire: «Mi faccio Bill che ha una Porsche nuova, o Chuck che ha il colesterolo basso?».
NICK DIPAOLO

Marco Tronchetti Provera è un uomo che indubbiamente è venuto su da solo: pensa che da piccolo è cresciuto in una favela dei quartieri poveri di Saint-Moritz.
ALESSANDRO DONAZZI

Ho conosciuto un tizio così ricco, ma così ricco che il suo autista ha un maggiordomo che gli apre la portiera della macchina.
ERONDO, DI *AENIGMATICA*

La amo per quello che è. Ricca.
LEOPOLD FETCHNER

Un'assicurazione sulla vita è qualcosa che rende un pover'uomo povero per tutta la vita, così può morire ricco.
LEOPOLD FETCHNER

I ricchi trovano tanto straordinario lavorare anche dopo morti: «Dopo una vita dedicata al lavoro...». A chi doveva dedicarla quel pelandrone, ai canarini?
FORTEBRACCIO

La legge, nella sua maestosa equanimità, proibisce sia ai ricchi che ai poveri di dormire sotto i ponti.
ANATOLE FRANCE

«Il mio papà è molto ricco. Guadagna 31 miliardi al mese che divisi per 31 giorni che ci sono in un mese fa... un miliardo al giorno.» «Il mio papà è povero. Guadagna 10.000 lire al mese che divise per 31 giorni che ci sono in un mese fa... 10.000 al giorno. Al primo giorno, poi dopo basta...»
GIORGIO GABER

Voglio solo un uomo che sia dolce e comprensivo. È forse chiedere troppo a un miliardario?
ZSA ZSA GABOR

I ricchi ci assicurano che la ricchezza non dà la felicità. Bisogna sforzarci di credergli. Altrimenti è probabile che ci regalerebbero un po' della loro.
GEORGE FEYDEAU

Se mi avessero dato un miliardo per ogni volta che ho presentato questo gioco in pubblico a quest'ora sarei miliardario.
MISTER FOREST (MICHELE FORESTA)

lo non giudico mai un uomo dal suo denaro, ma dal colore delle sue Rolls-Royce.
PAUL GETTY

Se puoi contare i tuoi soldi, non hai un miliardo di dollari.
PAUL GETTY

Una bellissima ex concorrente del *Grande Fratello*, in odore di Parlamento Europeo, ha rotto la sua relazione con Berlusconi la prima volta che l'ha visto nudo. Ha dichiarato che era stato un abbaglio, che le faceva schifo così senza portafoglio.
GINO&MICHELE

Berlusconi è così convinto che coi soldi si può tutto che, quando va a pescare, come esca usa l'American Express.
GINO&MICHELE

Quando parla della Juventus Gianni Agnelli, come tutti i miliardari, ha le fette di salmone sugli occhi.
GINO&MICHELE

Berlusconi è così ricco perché, ogni volta che qualcuno della Casa delle Libertà dice una bugia, la Siae gli paga i diritti d'autore.
GINO&MICHELE

Ormai solo i ricchi possono permettersi di ammalarsi. Con quello che costa ora curarsi noi possiamo permetterci solo mali incurabili.
GIULIANO

«Gesù posso seguirti?» «No, sei troppo ricco.» «Allora cosa debbo fare?» «Dai tutte le tue sostanze a un povero.» «Ma allora quello diventa ricco e si danna!» «E a te che cazzo te ne frega?»
GIULIANO

Come tutti i miliardari, De Benedetti gioca. L'altro giorno voleva comprare l'Olivetti, ma gli hanno detto che è già sua. O porca miseria. De Benedetti è uno che è uscito di casa e ha detto alla moglie: «Vado a comprare il Belgio». Ma comprati la Calabria che è in liquidazione! Sei mesi fa è uscito, ha detto: «Compro *la Repubblica*» ed è tornato a casa con Scalfari. Magari adesso esce per prendere un caffè e torna con Nino Manfredi. È gente fatta così.
BEPPE GRILLO

Un cretino ricco è un ricco, un cretino povero è un cretino.
JACQUES LAFITTE

Bill Gates è così ricco che quando Babbo Natale va a casa sua gli porta via i regali.
JAY LENO

Bin Laden? Chi, quel miliardario che vive in una caverna? Ma chi si crede di essere, Batman?
DAVID LETTERMAN

In America sei colpevole fino a quando non viene accertata la tua ricchezza.
BILL MAHER

Vorrei morire ucciso dagli agi. Vorrei che di me si dicesse: «Com'è morto?» «Gli è scoppiato il portafogli».
MARCELLO MARCHESI

Se vuoi diventare ricco scrivendo, scrivi il tipo di cose che vengono lette dalle persone che quando leggono muovono le labbra.
DON MARQUIS

La situazione finanziaria attualmente è dura, per cui dovreste fare come Tom Cruise: alla fine di ogni settimana, prende un milione di dollari e lo mette da parte, come se non esistesse, sia che sia stata una buona settimana o una non tanto buona. Così alla fine dell'anno ha un cuscinetto.
STEVE MARTIN

Tu credi che ti voglia sposare per i tuoi otto milioni di dollari di dote?

Come ti sbagli: se tu ne avessi nove ti sposerei lo stesso!
GROUCHO MARX

Tutti nella vita hanno la stessa quantità di ghiaccio. Però il ricco d'estate, il povero d'inverno.
BAT MASTERSON

Ogni bambino somiglia al parente che possiede più denaro.
LUKE MCLUKE

Certi segnali di malessere sociale, che paiono configurare prospettive di nuove povertà e una violenta divisione tra ricchi e poveri, tra padroni e schiavi, tra Nord e Sud del mondo, non vanno sottovalutati: è tutta gente che prima o poi ti arriverà sotto casa a Montecarlo e ti romperà i coglioni.
GIORGIO MELAZZI

Il sogno americano è fare soldi e riuscire; il sogno italiano è nascere con un padre ricco.
MATTEO MOLINARI

La vera felicità è sposare una ragazza per amore e poi scoprire che è ricca.
BOB MONKHOUSE

Ogni mattina leggo su *Forbes* la lista delle cento persone più ricche d'America. Se non vedo il mio nome, esco e vado a lavorare.
PAT MORRIS

A Beverly Hills, quando una signora dà alla luce un bambino, le si rompono le Perrier.
NEW YORK ROASTS

Il miglior consiglio che mi sia mai stato dato? Al mio ventunesimo compleanno, mio padre mi disse: «Figliolo, questo è un milione di dollari. Non perderlo».
LARRY NIVEN

Bill Gates è andato in India per quattro giorni. Perché a volte gli va di sentirsi ancora più ricco.
CONAN O'BRIEN

L'autrice di Harry Potter J.K. Rowling ha dichiarato che potrebbe scrivere un romanzo con Harry adulto. Quando le è stato chiesto il perché, ha detto: «Perché nel mondo ci sono dei soldi che non sono ancora miei.»

Conan O'Brien

Meglio vivere ricchi che morire ricchi.

Robert Orben

«Chi è che vive più a lungo?» «Un parente ricco.»

Robert Orben

I ricchi non sono mai generosi. Se fossero generosi non sarebbero ricchi.

Paperon de' Paperoni

Nessuna donna si sposa per denaro: sono tutte tanto astute, prima di sposare un milionario, da innamorarsene.

Cesare Pavese

Sono molto appassionato di cinema, solo che lo guardo sul plasma che ho fatto montare sul Cayenne. Ovviamente sto molto attento: cerco di non distrarmi e di non fare due cose contemporaneamente. Se sto guardando un film e sono anche alla guida, mi concentro solo sul film, altrimenti c'è il pericolo di perdere il filo della trama.

Il Marco Ranzani di Cantù (Albertino e Digei Angelo)

Quando ero ragazzino andavo sempre alle giostre, mi piaceva l'autoscontro. Il papy mi aveva comprato una macchinetta tutta mia, la numero 28, giallo canarino. Quando arrivavo, il giostraio dava il via e si partiva. Alla fine del giro, suonava la sirena, tutte le macchinine si fermavano e solo la mia continuava ad andare. Che botte ragazzi! Ne ho mandati all'ospedale un sacco: scendevano dalle macchinine e io li tiravo sotto!

Il Marco Ranzani di Cantù (Albertino e Digei Angelo)

Quest'estate in Sardegna, con la fionda ho pescato un tonno da trecento Kg. Ero lì sul ponte con l'Alessia Fabiani, l'ho visto che veniva fuori con la testina, ho preso la fionda, una manciata di Rolex Daytona e pem!, seccato sul colpo. Per tirarlo fuori è dovuta venire la guardia costiera con l'elicottero. Poi l'ho caricato sul tetto del Cayenne, sdraiato sul divano per farlo vedere a tutti. Solo che non era ancora morto e sulla strada di ritorno verso Cantù, sulla tangenziale, mi è guizzato via dal tetto e mi ha travolto due ragazzi in moto. Mi hanno tolto anche cinque punti dalla patente. Una seccatura. Più che altro il fastidio dell'ambulanza e della constatazione amichevole, perché io, quando finisco i punti, vado all'Autoscuola Garzone di Cantù e compro una patente nuova. Non si potrebbe, ma con cinquemila euro il signor Garzone ti dà anche la patente dell'astronave!

IL MARCO RANZANI DI CANTÙ (ALBERTINO E DIGEI ANGELO)

La beneficenza? Solo soldi dei poveri dei paesi ricchi che finiscono ai ricchi dei paesi poveri.

DINO RISI

Pagherei per essere ricco.

MAURIZIO SANGALLI

Se un uomo vi viene a raccontare che è diventato ricco grazie al duro lavoro, dovreste chiedergli: «Di chi».

GEORGE BERNARD SHAW

È così ricco che ha novantadue carte di credito nel portafogli. Il giorno che gli succede qualcosa, l'America fallisce.

NEIL SIMON

Mi sono iscritto a una palestra esclusiva di Beverly Hills. Così esclusiva che puoi pagare gente che faccia jogging per te.

MARC SUMMERS

Denaro. Alla prima occhiata si vede se uno ce l'ha. Alla seconda da quanto.

LINA SOTIS (ATTRIBUITA)

Ho scelto l'uomo simpatico a preferenza del ricco: preferisco un uomo senza denaro al denaro senza un uomo.

TEMISTOCLE

Non esistono messicani ricchi. Appena fanno un po' di soldi diventano spagnoli.

LEE TREVINO

Niente attrae le donne come un paio di jet privati.

DONALD TRUMP

«Lo sa, lei è bellissima. Vuole fare sesso con me?» «Devo mettermi a urlare?» «Ho appena chiuso un contratto che mi ha fatto guadagnare sei milioni di euro.» «Devo mettermi a urlare? O vogliamo continuare questa conversazione in un posto meno rumoroso?»

MIRCO ZILIO

RICERCA PERSONALE

vedi ***Assunzione***

RICEVIMENTO

vedi ***Festa***

RICONOSCENZA

vedi ***Gratitudine***

RICORDO

vedi ***Memoria***

RIDERE *(Buon umore - Sorriso)*

Se volete far ridere Dio, ditegli i vostri piani per il futuro.

WOODY ALLEN

Credo che si dovrebbero pagare le tasse con un sorriso. Io ci ho provato, ma loro volevano i soldi.

ANONIMO

Ridiamo credito alle istituzioni, ridiamo valore alle religioni, ridiamo fiducia all'autorità! Sì, ridiamo!

ANONIMO

Se sei muto ridi con gli occhi, se sei cieco ridi con la bocca. Se sei muto e cieco c'è ben poco da ridere.

ROBERTO "FREAK" ANTONI

Un po' d'adulterio è il minimo indispensabile per tenersi di buon umore, per non scappare di casa, per far fruttare il capitale speso in mutande fantasia.

NATALIA ASPESI

Va bene, non venga pure alle mie lezioni di matematica, mister Morris, ma si ricordi che quando, tra vent'anni, lei sarà a una festa e i suoi amici racconteranno una barzelletta su un logaritmo, lei non avrà alcuna idea di cosa ci sia da ridere.

BAYSIDE SCHOOL

Stamattina, in piazza Venezia, gli artificieri hanno fatto scoppiare una risata rimasta inesplosa dal 1943, quando il Duce in divisa scivolò su una buccia di banana.

ROMANO BERTOLA

Dopo che eravamo sposati da 17 anni, Gracie mi sveglia alle tre di notte e mi dice: «George, non riesco a dormire. Dai, fammi ridere». Allora ho fatto l'amore con lei e lei ha riso.

GEORGE BURNS

L'unico modo per evitare il plagio è scrivere battute che non fanno ridere.

PAOLO CANANZI

Ha i denti così gialli che ogni volta che sorride le macchine rallentano.

CEDRIC THE ENTERTAINER

Esiste un legame tra depressione e cancro? È scientificamente dimostrato: su 100 persone che vengono a sapere di avere un cancro, 95 smettono di ridere.

LIA CELI

Stanlio e Ollio, questi comici che non fanno ridere nessuno, tranne il pubblico.

RENÉ CLAIR

Se la vita ti sorride, ha una paresi.

PACO D'ALCATRAZ

«E adesso vi lascio. Questa sera volevo solo regalarvi qualche sorriso. Dunque saluto quei pirla che hanno pagato.»

DIMUNNO E TAMBORRINO

Ricerche scientifiche recenti ci dimostrano che una percentuale altissima di uomini durante il rapporto sessuale dura al massimo tre minuti. Anche un pezzo comico televisivo

dura in media tre minuti. In entrambi i casi è quasi certa la risata.
GIOVANNA DONINI

La televisione è come il matrimonio: va bene in campagna ma in città fa ridere.
ENNIO FLAIANO

«Grazie... Mi fa sempre piacere vedere tanta gente che ride, che scherza e si diverte... Però, scusate se sono retorico, non dobbiamo mai dimenticare che mentre noi siamo qui a ridere, scherzare e divertirci, ci sono persone nel mondo che... ridono, scherzano e si divertono molto più di noi!»
MISTER FOREST (MICHELE FORESTA)

Noi siamo qui a ridere e scherzare e intanto fuori c'è gente che non ha neanche i soldi per comprarsi una Range Rover.
GENE GNOCCHI

In amore m'illudo facilmente. Mi basta che una donna mi sorrida e già penso che mi voglia fare lo sconto.
TEO GUADALUPI

Sapete quale sarebbe una bella storia? Quella di un clown che fa divertire la gente, ma che dentro è molto triste. E che inoltre ha la diarrea.
JACK HANDEY

Un giorno o l'altro mi piacerebbe fare un film che faccia ridere la gente e faccia piangere la gente, e poi la faccia uscire dal cinema in maniera rapida e ordinata cosicché altra gente possa entrare.
JACK HANDEY

La cosa importante nella recitazione è il saper piangere e ridere. Quando devo piangere penso alla mia vita sessuale. Quando devo ridere penso alla mia vita sessuale.
GLENDA JACKSON

Colui che sorride quando le cose vanno male ha pensato a qualcuno cui dare la colpa.
LEGGE DI JONES

Ogni volta che un comico ride, dentro di lui c'è un piccolo clown che piange. Questo lo sanno tutti. Non tutti sanno, però, che dentro questo piccolo clown che piange c'è un clown ancora più piccolo che vomita. E dentro di lui ce n'è un altro, minuscolo, che scoreggia. E dentro questo, c'è un microscopico clown bianco che si piscia e si caga addosso e si trascina a fatica, sciancato da un enorme scroto flaccido e puzzolente. E dentro questo enorme scroto rancido c'è un topolino di campagna che sanguina copiosamente dalle orecchie. E il topolino è orfano. Per questo i comici sono profondamente tristi.

DANIELE LUTTAZZI

Sorridi e il mondo riderà con te. Starnutisci e piangerai da solo sulle macerie.

STEVE MARTIN, PARLANDO DI UN NASO GROSSO

Dal momento in cui ho preso in mano il libro fino a quando l'ho rimesso a posto, non ho smesso di ridere per un solo momento. Un giorno ho intenzione di leggerlo.

GROUCHO MARX

L'uomo preistorico non rideva mai. Si offendeva e basta.

MAURIZIO MILANI

Se non hai riso per una settimana la tua vita comincia a perdere di significato. Soprattutto se sei cinese.

MARIO MURARO

Ho visto questo tizio che correva per entrare in un negozio, senza accorgersi che la porta era chiusa, e BAM!! Una facciata incredibile. Ho riso come un matto. Davvero, ha tirato una facciata paurosa. La faccia sembrava di gomma, tanto s'è appiattita. E poi è tonfato a terra, e io ridevo. E il sangue ha iniziato a colargli dal naso, stava piangendo... E io ridevo, non potevo farci niente. Ma poi ho chiamato un'ambulanza. Sì, l'ho chiamata. Ho dovuto: non riuscivo più a respirare dal ridere, temevo di svenire.

BOB NELSON

Suonai. Lei mi aprì con un sorriso. Non è facile, provate voi.

FLAVIO OREGLIO

La mia fidanzata ride sempre, quando facciamo sesso; non ha importanza cosa stia leggendo.

EMO PHILIPS

La tua ragazza mi ha raccontato una barzelletta così divertente che per poco non cadevo dal letto!
PIETRO PROVENZANO

I critici non mi rimproverano la volgarità della mia arte, ma la mancanza di arte della mia volgarità. Mi hanno perseguitato per anni con questa parola: "Volgarità". Stanno al cinema, si tengono la pancia dal ridere e all'uscita dicono: «Volgare!».
BILLY WILDER

RIDICOLO

Non c'è niente di così ridicolo che non sia stato detto da qualche filosofo.
CICERONE

I cappellini di mia moglie non passeranno mai di moda. Saranno sempre buffi.
JACK KLUGMAN

Oggi il ridicolo non uccide più. Oggi il ridicolo fa audience.
GINO&MICHELE-LUCIA VASINI

I cantanti non sono quasi mai antipatici perché quasi sempre sono ridicoli.
MARIO SOLDATI

Il golf è l'unico sport dove i bianchi si possono vestire come i neri e non sembrano neanche ridicoli.
ROBIN WILLIAMS

RIFIUTI

*vedi **Immondizia***

RIFLESSI

Non sono un atleta. Ho cattivi riflessi. Una volta sono stato investito da un'automobile spinta da due tizi.
WOODY ALLEN

Non sono un atleta. Ho cattivi riflessi: quando corro, per prendermi i tempi non serve il cronometro. Mi ci vuole il calendario.
BALOO, DI *AENIGMATICA*

Non sono un atleta. Ho cattivi riflessi: il gioco delle tre carte me lo fanno con due.

BRIAN THE BRAIN, DI *AENIGMATICA*

Non sono un atleta. Ho cattivi riflessi: di solito mi dicono dicono «Salute!» e poi starnutisco.

CRISTINA COLOMBO, DI *AENIGMATICA*

RIMINI *(Romagna)*

Cosa sarebbe l'Italia senza la Toscana? L'Emilia Romagna sbatterebbe nell'Umbria. La Liguria scivolerebbe nel Lazio. Ci sarebbe un capovolgimento totale. E cosa sarebbe la Toscana senza Firenze? Come fa uno da Arezzo ad andare a Bologna?

ROBERTO BENIGNI

Mio cognato fa lavori stagionali, d'estate lavora in spiaggia a Rimini, dove fa il reggi-ombrellone; il lavoro gli piace, l'unico inconveniente è che si abbronza solo le gambe. D'inverno invece va a Cortina ad addestrare i cani da valanga. Lo mandano sotto il ghiacciaio con un petardo napoletano in mano, quando arriva nel punto esatto gli fanno un segnale con un faro, lui fa esplodere il petardo e provoca la valanga su di sé, poi i cani vanno a cercarlo. Fino a oggi lo hanno sempre ritrovato.

GIOVANNI CACIOPPO

A Rimini ci sono talmente tanti alberghi che ormai l'unica vista che si possa godere dall'Hotel Bellavista è l'Hotel Belvedere e viceversa.

PAOLO CANANZI

Nell'acquario ho messo dei pesci che ho preso a Rimini. Ogni tanto ci piscio dentro per farli sentire a casa.

SERGIO COSENTINO

Il mare romagnolo è un po' inquinato, lo devo ammettere. Ad agosto, a riva, ho dato un calcio a un pesce... e si è messo in moto!

GIUSEPPE GIACOBAZZI

È morto nella sua casa di Lugo di Romagna lo scultore Giuseppe Sbrindellini. Inventore della

scultura invisibile, l'artista aveva esposto le sue opere praticamente in tutto il mondo. Diceva lui.
GINO&MICHELE

Quando ero ragazzo, le tedesche che venivano a Follonica erano diverse da quelle che andavano a Rimini. Quelle di Rimini, ridevano, bevevano e te la davano. Quelle di Follonica, ridevano, bevevano e poi andavano a Rimini...
SERGIO SGRILLI-CARLO TURATI

Un romagnolo triste può, comunque, sempre, diventare un ottimo comico svizzero.
JOHN TOWERS

RIMORSO *(Rimpianto)*

Una volta il rimorso mi seguiva, ora mi precede.
ENNIO FLAIANO

Le donne oneste non riescono a consolarsi degli errori che non hanno commesso.
SACHA GUITRY

RIMPIANTO
vedi Rimorso

RINGRAZIAMENTI

Nessuno ringrazia più Dio. Solo pugili e rapper. Rapper che cantano: «Picchia la puttana, ammazza il poliziotto». Poi: «Ringrazio il Signore per questo premio...» .
ELLEN DEGENERES

È stata una donna a portarmi all'alcolismo, e io non ho mai avuto la cortesia di ringraziarla.
W.C. FIELDS

Grazie... grazie, ma ora vi saluto perché domani mattina mi devo alzare presto per fare colazione.
MISTER FOREST (MICHELE FORESTA)

Il mondo è diventato così pericoloso che quando uno se ne va, ringrazia il cielo per esserne uscito vivo.
BORIS MAKARESKO

L'orologio che mi avete regalato sarà per me eterna fonte di gioia.

L'avrei ringraziata prima, ma ho preferito aspettare una settimana per essere sicuro che 'st'aggeggio funzionasse.
GROUCHO MARX

Grazie, ho trascorso una serata veramente meravigliosa. Ma non è questa.
GROUCHO MARX

Vorrei ringraziare i miei fratelli Paul e Peter; tutti gli attori, gli artisti e i filmmaker con cui ho lavorato, e i miei genitori che mi hanno sempre incoraggiato a non svendermi mai e poi mai, e vorrei anche ringraziare la fantastica Pontiac Latera. Una grande Sedan, a un ottimo prezzo, con lo 0% di interessi per clienti qualificati. L'America ama la Pontiac. Vorrei anche ringraziare il mio assistente Owen per aver scritto questo discorso perché pare che io sia troppo pigro e stupido per fare da solo anche le cose più facili. Spero che tu legga questo a voce alta agli *Mtv Movie Awards*, idiota, mi licenzio!
MIKE MYERS

Non ringraziare mai un gay. Uno di questi giorni potrebbe mettertelo nel culo.
GIUSEPPE PALUMBO

Credevo che l'educazione sessuale consistesse nel dire grazie al ginecologo.
SLOGAN DELLO JÀGERMEISTER

RIPOSO *(Relax)*

Per rilassarmi e combattere lo stress il dottore mi ha consigliato di dedicarmi alla pittura. Funziona! Domenica ho dipinto ventisei quadri.
GEMELLI BAROLO

Gli svizzeri, dopo aver inventato l'orologio a cucù, si sono presi tre secoli di riposo.
GÉRARD DE VILLIERS

Necrologio: "Sei scomparsa così all'improvviso che ci sembra quasi tu possa tornare da un momento all'altro. Noi tutti ti preghiamo: riposa in pace nei secoli dei secoli".

ANTONIO DI STEFANO-PIPPO FRANCO

Alberto Sordi incontra nel cortile della Ponti-De Laurentiis uno sceneggiatore: «Che stai a 'ffa?» «Lavoro. Scrivo un copione.» Alberto: «Comico?» L'altro: «No, drammatico». Alberto: «Allora te stai a riposa'».

CITATA DA NANNI LOY

L'uomo deve essere addestrato alla guerra. La donna al riposo del guerriero. Tutto il resto è stupidità.

FRIEDRICH NIETZSCHE

La virtù sta meglio dopo che si è riposata un pochino.

FRIEDRICH W. NIETZSCHE

Mio figlio ha scoperto di essere "bisesso". E io: «Ma sei sicuro? quando ti cambiavo che eri bambino ne avevi uno solo... L'altro quando ti è cresciuto?». E lui: «Tu non capisci niente! Bisesso vuol dire che, oltre che con le donne, mi corico con gli uomini.» «E basta che ti riposi, tesoro della mamma! Che sei sempre tanto stanco a mamma tua...»

VIVIANA PORRO

Dopo aver ascoltato per una mezz'ora una ragazza suonare il pianoforte, niente mi rilassa di più che farmi trapanare qualche dente dal mio dentista.

GEORGE BERNARD SHAW

Quando vado a letto sono così rilassato che sono le pecore a contare me.

DANIELE TUROZZI

Io sono uno statale e come tutti gli statali lavoro pochissimo. Quando morirò sulla mia lapide scriveranno: "Qui riposa, per la seconda volta, Dario Vergassola".

DARIO VERGASSOLA

RISERVATEZZA

vedi **Privacy**

RISO

Conosco un uomo che era così povero che si è sposato solo per il riso!
MILTON BERLE

Il miglior modo per cucinare il riso senza che questo si attacchi è quello di cucinare un chicco separato dall'altro.
ASHLEIGHT BRILLIANT

Solo perché ho del riso sul vestito non significa che sono stata a un matrimonio. Un cinese mi ha vomitato addosso.
PHYLLIS DILLER

A undici anni Marta Marzotto, poverissima, fu costretta per mantenersi a fare la mondariso, ma venne subito licenziata perché, anziché raccogliere i chicchi, si abbronzava.
GINO&MICHELE

Se non hai riso per una settimana la tua vita comincia a perdere di significato. Soprattutto se sei cinese.
MARIO MURARO

Si aggiunga l'otturazione delle papille gustative da quando, marinando la scuola, andavo da mio zio in Posta e lo aiutavo a leccare i francobolli, per cui per me un piatto di risotto allo zafferano e uno di merda, non fosse per il colore, sono la stessa cosa.
RUBES

Zsa Zsa Gabor si è sposata così tante volte che ha i segni dei chicchi di riso sulla faccia.
HENNY YOUNGMAN

RISPARMIO

Risparmiare è un'ottima cosa, soprattutto quando sono stati i tuoi genitori a farlo per te.
SIR WINSTON CHURCHILL

Sarebbe stato più economico abbassare l'Atlantico.
SIR LEW GRADE, A PROPOSITO DELLA SUA PRODUZIONE *RECUPERATE IL TITANIC*

Risparmiate l'acqua, diluitela.
MAX HODES

Avevamo deciso il massimo risparmio di energia elettrica. Siamo stati al buio, non abbiamo guardato la televisione, abbiamo spento il frigorifero tenendo le provviste sul balcone. Alla fine siamo riusciti a pagare ottanta lire di bolletta. E non avremmo pagato nulla se l'Enel, per sapere cosa c'era che non andava, non avesse suonato il campanello.
BORIS MAKARESCO

La situazione finanziaria attualmente è dura, per cui dovreste fare come Tom Cruise: alla fine di ogni settimana, prende un milione di dollari e lo mette da parte, come se non esistesse, sia che sia stata una buona settimana o una non tanto buona. Così, alla fine dell'anno, ha un cuscinetto.
STEVE MARTIN

Mia moglie cerca sempre gli "affaroni". È l'unica in città ad avere una parrucca con le doppie punte.
ROBERT ORBEN

Mia madre aveva il senso dell'economia sviluppato fino alla genialità: figuratevi, io mi chiamo Gastone. Ebbene, lei mi chiamava semplicemente Tone... per risparmiare il gas...
ETTORE PETROLINI

Ho perso l'apparato digerente e allora mi succede che la roba che mangio va a finirmi subito nelle mutande senza subire quel trattamento che la rende marrone, per cui è ancora commestibile, così la metto in freezer che viene buona ancora. È un anno che mangio la stessa braciola di maiale! Fa schifo, però si mettono via dei bei soldi.
RUBES

Risparmiate l'acqua, fate la doccia con un amico.
MAE WEST

RISPETTO *(Mancanza di rispetto)*

Mia madre non mi ha mai viziato. Quando le ho detto: «Basta! Me ne vado di casa!», lei mi ha

risposto: «Già che esci, butta l'immondizia...».
FEDERICO BASSO

Nessuno ha rispetto per me. Sono andato a un appuntamento alla cieca. Ho aspettato due ore. È arrivata una ragazza. Le ho chiesto: «Sei Louise?». Lei ha chiesto: «Sei Rodney?». Ho detto: «Sì». E lei: «Non sono Louise».
RODNEY DANGERFIELD

Non ottengo rispetto. L'altra notte mi sono addormentato con una sigaretta in mano. Mia moglie me l'ha accesa.
RODNEY DANGERFIELD

I miei figli non mi sono di gran conforto. Ieri ho detto a mio figlio: «Un giorno avrai dei bambini tuoi». Mi ha risposto: «Anche tu».
RODNEY DANGERFIELD

Non ottengo rispetto. A Halloween mia moglie fa uscire i bambini vestiti come me.
RODNEY DANGERFIELD

Non ottengo rispetto. L'altra settimana casa mia è andata a fuoco. Mia moglie ha detto ai ragazzi: «Fate piano, se no svegliate papà».
RODNEY DANGERFIELD

Non mi rispettano. Per niente. Ogni volta che entro in un ascensore l'operatore mi chiede: «Seminterrato?». Nessun rispetto. Quando da piccolo giocavo a nascondino non mi cercavano mai. L'altro giorno ero in piedi davanti a un palazzo. Il portinaio mi ha chiesto se potevo chiamargli un taxi. Ma il massimo è stato quando ho comprato una macchina usata. Sul sedile posteriore ho trovato un vestito di mia moglie.
RODNEY DANGERFIELD

Non ho rispetto da nessuno. La volta che mi son fatto male, sulla strada dell'ospedale l'ambulanza s'è fermata per fare il pieno di benzina.
RODNEY DANGERFIELD

In Germania non può scoppiare una rivoluzione perché per farla bisognerebbe calpestare i prati.
JOSIF STALIN

La gioventù di oggi è mostruosa! Non ha nessun rispetto per i capelli tinti.
OSCAR WILDE

RISSA

Sono stato picchiato, ma mi sono difeso bene. A uno di quelli gli ho rotto la mano: mi ci è voluta tutta la faccia, ma ce l'ho fatta.
WOODY ALLEN

Qualche sera fa sono andato a vedere una rissa ed è scoppiata una partita di hockey.
RODNEY DANGERFIELD

RISTORANTE *(Trattoria)*

Intervistatrice: «Ma lei non ha paura a mangiare alla Sparks Steak House di New York, dove venne ucciso Paul Castellano?»
Allen: «No, seggo nel settore non-sparatori.»
WOODY ALLEN

Una volta ho trovato un messaggio nella bottiglia e, ve l'assicuro, è l'ultima volta che metto piede in quel ristorante.
FEDERICO BASSO

Un cannibale è uno che va al ristorante e ordina il cameriere.
JACK BENNY

L'altra sera ero a cena al ristorante e dentro alla pasta ho trovato un capello. Era cosi lungo che era ancora attaccato alla testa del cuoco che stava in cucina.
LORENZO BOSIO

Vado al ristorante, chiedo un filetto e mi portano una fetta di carne cruda... ma non la definirei neanche cruda, un bravo veterinario sarebbe riuscito ancora a salvarla!
ALESSANDRO BRUNELLO

Quando si è innamorati ci si entusiasma perfino di un ristorante cinese.
LELLA COSTA

Sono stato negli Stati Uniti, ma mangiano che è una schifezza. Mio cugino mi ha portato in uno di questi ristoranti; dice: «Qui fanno gli hot dog, i cani caldi, sentirai che buoni». Entriamo, ordiniamo due hot dog, due cani caldi e mio cugino si mette a mangiare il suo di gusto. Io no, non ce la facevo. Mi fa: «Ma come, Alex, non mangi il tuo hot dog?». Gli ho risposto: «Cugino, ma di tutto il cane, a mia proprio la minchia mi doveva capitare?».

ALEX DRASTICO (ANTONIO ALBANESE)

Un uomo dall'aria depressa è seduto al ristorante. «Cosa c'è che non va?» gli chiede il cameriere. «Il mio lavoro. Io sono quello che spala via la merda degli elefanti al circo. Tonnellate di merda ogni giorno, non lo sopporto!» «Ma perché non se ne va?» «Bravo, e lasciare così il mondo dello spettacolo?»

GOLDIE IVENER

"Nouvelle cuisine", tradotto, significa più o meno: «Non posso credere di aver speso 96 dollari e di avere ancora fame».

MIKE KALIN

Un ristorante di Roma minaccia di far causa a Clinton che non si è presentato dopo aver prenotato per diciotto persone. Cosa dovrebbe dire allora la povera ragazza che aspettava Bill sotto il tavolo?

JAY LENO

Mai mangiare in un ristorante cinese che pratica aborti.

DANIELE LUTTAZZI

Un buon metodo per dimagrire è spogliarsi nudi e mangiare davanti a uno specchio. Funziona sempre perché quasi subito vi sbattono fuori dal ristorante.

BORIS MAKARESKO-ROBERTO TRANI

Quando sono a Parigi mangio sempre al ristorante della Torre Eiffel perché è l'unico posto in cui evito di vedere quella dannata cosa.

WILLIAM MORRIS

Odio quelle che mangiano l'insalata, quelle che se ne stanno in silenzio. Sapete, quel tipo di donna che portate a cena e le dite: «Cosa vuoi mangiare, tesoro?» «Solo dell'insalata, grazie!» e sentite il suo stomaco che fa waggr, oggrr, oggrr. «Non so perché il mio stomaco fa questo rumore» perché hai fame, stupida!

EDDIE MURPHY

Io è stanco, che ogni volta che va con mia dona a ristorante e siede in angolino per stare tranquillo, arriva uomo de India o Pakistan con mazzo de fiori: «Prego signore compra rosa per tua dona...» «No volio fiori, non vedi che è ancora viva!».

RATKO (LUCA KLOBAS)

Negli Stati Uniti si mangia veramente male. In certi ristoranti, con il conto ti portano anche la prognosi. Ho capito perché gli americani incominciano il pranzo dal dolce, poi passano alla frutta, al secondo e al primo. C'è una logica precisa: dopo vomitano tutto in ordine.

ANTONIO RICCI

A Genova i ristoranti dove si possa mangiare del buon pesce fresco a un prezzo abbordabile si contano sulla punta delle dita della mano di un falegname disattento.

EMILIO RAZZETTI

Uno yuppie è qualcuno che ritiene coraggioso mangiare in un ristorante non ancora recensito.

MORT SAHL

A Milano i ristoranti hanno prezzi incredibili. L'altra sera due rapinatori hanno fatto irruzione in un ristorante del centro e, invece di una pelliccia, hanno portato via una pietanza!

LUCIO SALIS

Adesso la Francia colpirà l'America con la sua bomba Michelin: distruggerà tutti i ristoranti con meno di quattro stelle.

ROBIN WILLIAMS

Vanno ai tavoli e dicono ai clienti: «Salve, sono la vostra cameriera. Come siete messi oggi? Energici? Bene, la nostra specialità è il Gestalt Sushi: vi diamo il pesce vivo, a voi la responsabilità di ucciderlo».

ROBIN WILLIAMS

Non potevo dormire, così mi sono alzato. Avevo fame, ma siccome non c'era niente in casa sono andato in un ristorante aperto 24 ore. Arrivato

lì un tale stava abbassando la saracinesca: «Siamo chiusi» mi ha detto. «Come sarebbe a dire? C'è scritto "Aperto 24 ore"!» «Sì, ma non di seguito.»
Steven Wright

È talmente brutta che l'ultima volta che l'ho portata al ristorante, il cameriere ha dato la mancia a me.
Zanzara, di *Aenigmatica*

Quando ero piccolo mia nonna mi portò a mangiare in una trattoria all'aperto. Cominciò a piovere. Ci misi tre ore a finire il brodo.
Mario Zucca

RITARDO

Tragedia in bassa Italia. Suicida si sdraia sui binari della linea Milano-Reggio Calabria e muore con 9 ore di ritardo.
Massimo Boldi

La primavera è in ritardo. Si pensa che sia rimasta incinta.
Massimo Boldi

New York è in ritardo sull' ora di Greenwich perché l'America è stata scoperta molto tempo dopo.
Jean Charles

Oggi il mio caporeparto mi ha detto: «Questa settimana è la quinta volta che arrivi in ritardo! Cosa devo pensare?» «Che è venerdì!».
Bruce Ketta

Gli uffici pubblici sono quei luoghi dove gli impiegati che arrivano in ritardo incontrano gli impiegati che escono in anticipo.
Georges Courteline

«Sei in ritardo di mezz'ora!» «Sono caduto dalle scale.» «E ti ci è voluta mezz'ora?»
Groucho e Chico Marx

Miss Dimple: «Buongiorno...»
Groucho: «Buongiorno? Cosa ci trova di buono? La pioggia è passata da un buco nel soffitto, il padrone di casa è passato dalla porta, mia moglie è passata dal mio portafogli e io sono passato attraverso le suole delle mie scarpe. E lei lo chiama un buon giorno? A proposito, Miss

Dimple: lei era di nuovo in ritardo. Cosa ha fatto ieri notte?»
Miss Dimple: «Ieri notte? Be', ero con lei!»
Groucho: «Con me, eh? Miss Dimple gliel'ho detto un sacco di volte di non mischiare il dovere col piacere!»
GROUCHO MARX

Capsula: «Tu sei l'unico in tutta la scuola che ha avuto il coraggio di uscire con quel canotto di Ascella.»
Nucleo: «Uscire? Magari! Avevamo un appuntamento sotto casa sua a mezzanotte. Sono arrivato con dieci minuti di ritardo e lei non c'era.»
Capsula: «È chiaro, prima di te è arrivato il camion dell'immondizia e se l'è portata via!»
PALI E DISPARI

Il tuo boss è l'unico a essere al lavoro presto se tu sei in ritardo e in ritardo se tu ci sei presto.
BOB PHILLIPS

Era un uomo talmente altruista che quando si masturbava cercava di ritardare il tutto per prolungare il piacere della mano.
ROBERTO SERAFINI

RIVISTA
vedi **Giornale**

RIVOLUZIONE

Il capitalismo? Libera volpe in libero pollaio.
ERNESTO CHE GUEVARA

Siamo un popolo di rivoluzionari. Ma vogliamo fare le barricate con i mobili degli altri.
ENNIO FLAIANO

I neri non hanno mai fatto sommosse. Sono i bianchi che credono che i neri siano impegnati in una sommossa quando bruciano i negozi.
JULIUS LESTER

Un'idea che non trova posto a sedere è capace di fare la rivoluzione.
LEO LONGANESI

Mai parlare di corda in casa dell'impiccato. Non usate mai le parole elettrizzante e galvanizzato in casa del condannato alla sedia elettrica. Non citate mai la rivoluzione francese in casa del ghigliottinato. Non dite mai cazzo in casa dell'evirato. Ma soprattutto non dite mai stronzo a Mike Tyson.

EGIDIO MORRETTI

Capsula: «Ikkia, Nucleo, cosa hai mangiato la Cgil?»
Nucleo: «Perché?»
Capsula: «Hai l'alito in rivolta!»

PALI E DISPARI

Sopporto quelli che fumano il sigaro solo se, dopo, muoiono in Bolivia.

RICCARDO PIFERI

Ci siamo ribellate ai "lavori femminili" e ci siamo gettate a capofitto nei "lavori maschili". E così adesso ci tocca fare entrambi e faticare il doppio.

ANNE WILSON SCHAEF

In Germania non può scoppiare una rivoluzione perché per farla bisognerebbe calpestare i prati.

JOSIF STALIN

«Quale crede siano stati gli effetti della Rivoluzione Francese?» «È ancora prematuro parlarne.»

DA UN'INTERVISTA A MAO ZEDONG

ROCK

Tanto fumare, tanto parlare, tanto bucarsi per risultati così scarsi? Se nel mondo del rock bisogna farsi tanto e prendere tanta roba per arrivare a canzoni come quelle di Jimi Hendrix e di Janis Joplin, Wagner e Brahms che cosa avrebbero dovuto fare? Mettersi un DC-10 nel didietro?

ALBERTO ARBASINO

Annuncio pubblicitario: "Vendo chitarra e intera collezione cd rock di mio figlio. Se risponde un ragazzo riattaccare e richiamare".

LUCA MOGGIAN BARBAN

Ci sono un sacco di ragazzi in ascolto proprio adesso, che comprano i nostri album, imparano a memoria i testi delle nostre canzoni e le prendono come modelli di vita. Quindi so che ogni cosa che dico è molto, molto importante. E riguardo alla droga vorrei dire questo: mi sono fatto ogni tipo di droga. Ho provato tutto. Parte della mia musica è ispirata dalla droga. Se devo essere sincero, la droga è legata ad alcuni dei migliori momenti della mia vita. Ma ciò non significa che voi ragazzi dobbiate drogarvi.

ERIC BOGOSIAN, IN UN MONOLOGO IN CUI INTERPRETAVA UNA ROCKSTAR INTERVISTATA DALLA TV

Un fan dei Red Hot Chili Peppers ha regalato al gruppo un bellissimo cane che però, dopo una settimana, si è dileguato mettendo in ansia tutti. In realtà, il cane era solo andato alla polizia a chiedere di essere arruolato nell'unità cinofila antidroga per avere a che fare con sostanze un po' più leggere.

MISTER FOREST (MICHELE FORESTA)

Il Rock'n'Roll ti mantiene giovane e ti uccide presto.

ROBERT FRIPP

Per noi rocker andare a Manchester è fondamentale. È come per un musulmano andare a La Mecca, è come per un cattolico andare a Cattolica.

GINO&MICHELE - GENE GNOCCHI

Fatemi capire bene questa storia: ragazzi che sono fan dell'heavy metal comperano dischi di heavy metal, li portano a casa, li ascoltano, e poi si sparano un colpo in testa. E dove sarebbe il problema?

DENIS LEARY

I Sex Pistols fanno per la musica ciò che la Seconda guerra mondiale ha fatto per la pace: non molto.

MELODY MAKER

Io sono un sostenitore del... come si chiama... rock.

GIOVANNI PAOLO II

Ci siamo spesso chiesti se un musicista rock prende più soldi di un martello pneumatico per fare rumore.

HERBERT V. PROCHNOW & HERBERT V. PROCHNOW JR.

Il rock'n'roll è vecchio almeno quanto noi. Metto su un po' di Bach e mi dico: «Beh, se solo avesse avuto un buon batterista...».

KEITH RICHARDS

Vi rendete conto che i Rolling Stones hanno più di sessant'anni? Di questo passo, presto avremo delle rockstar che moriranno di cause naturali.

KEVIN ROONEY

Eravamo in un locale rock di Praga che si chiama "Il prosciutto Omonimo". Dopo lo spettacolo arriva il proprietario, lo stato cecoslovacco in persona, e ci fa: «Ragazzi, vi propongo un'esclusiva, cioè dopo stasera è escluso che lavorate qui!».

FRANCESCO SALVI

Così, per seguire la vocazione del rock, ho dovuto fare delle cose incredibili: per un certo periodo ho anche... Devo ammetterlo... Ho anche lavorato! È stato un periodo pazzesco, durissimo. Non dimenticherò mai quei venti minuti!

FRANCESCO SALVI

La sola cosa che trattiene certi musicisti rock dall'analfabetismo è la necessità di leggere il manuale d'istruzioni della loro Mercedes.

GARRY B. TRUDEAU

Buona parte del giornalismo rock è gente che non sa scrivere che intervista gente che non sa parlare per gente che non sa leggere.

FRANK ZAPPA

ROLLING STONES *(Jagger Mick)*

Credo che Mick Jagger sarebbe stupefatto e sconvolto se capisse per quanta gente non è un sex symbol.

ANGIE BOWIE

Si muove come una parodia tra una majorette e Fred Astaire.

TRUMAN CAPOTE, PARLANDO DI MICK JAGGER

Vi ricordate che qualche tempo fa si è temuto per Keith Richards, il chitarrista dei Rolling Stones, che accidentalmente è caduto da una palma alle Isole Fiji? Fortunatamente tutto è andato per il meglio, infatti ancora oggi lui dichiara di essere perfettamente guarito e di essere felice di suonare ancora con i suoi compagni di sempre Stefano, Roby, Dodi e Red!

Mister Forest (Michele Foresta)

Ho letto un'intervista a Keith Richards, in cui diceva che i ragazzini non dovrebbero farsi. «Keith, non possiamo, perché te la sei fatta tutta tu!! Dobbiamo aspettare che tu muoia e fumarci le tue ceneri.»

Denis Leary

Sabato i Rolling Stones erano in concerto in Cina. Non è la prima volta: erano già stati invitati ai tempi della dinastia Ming.

Jay Leno

Ho letto un'intervista a Keith Richards, in cui diceva che i ragazzini non dovrebbero farsi. «Keith, non possiamo, perché te la sei fatta tutta tu! Dobbiamo aspettare che tu muoia e fumarci le tue ceneri.»

Denis Leary

I Rolling Stones di nuovo in concerto, nonostante siano ormai dei vecchietti. Sono così anziani che, mentre Mick Jagger canta, gli altri quattro urlano: «Abbassa il volume!».

Daniele Luttazzi

Alla fine tutto quello che serve sono cinque corde, tre note, due dita e uno stronzo che suona.

Keith Richards

La parte della leggenda è facile. È la parte del vivente che è dura.

Keith Richards

Il rock'n'roll è vecchio almeno quanto noi. Metto su un po' di Bach e mi dico: «Beh, se solo avesse avuto un buon batterista...».

Keith Richards

Mick Jagger ha delle labbra davvero grosse! L'ho visto succhiare un uovo fuori da una gallina. Potrebbe suonare una tuba da tutte e due le parti.

Joan Rivers

Vi rendete conto che i Rolling Stones hanno più di sessant'anni? Di questo passo, presto avremo delle rockstar che moriranno di cause naturali.

KEVIN ROONEY

C'è una piaga nell'industria musicale che dev'essere fermata. Parlo del fatto di spendere i vostri sudati soldi per andare a vedere la vostra band preferita in concerto. E loro hanno il coraggio di non suonare le loro più grandi hit. A volte questi vecchi rocker, come i Rolling Stones, vi strimpellano un medley di pezzetti, cinque accordi di Brown Sugar, per far posto a tutte le canzoni del nuovo album. Così, quando la band dice: «Ecco un pezzo dal nostro nuovo album», perché invece non dicono semplicemente: «Ora voialtri, tutti quanti alzatevi e andate in bagno».

DAVIDE SPADE

Tutti gli dicevano: «Non prendere caramelle dagli sconosciuti!». Allora lui le prendeva solo da quelli conosciuti. Un giorno ha preso una caramella da Mick Jagger ed è morto.

STEFANO ZACCARELLA

ROMA

Quando l'Inter vinse la sua ultima Coppa dei Campioni, dalla contentezza Romolo e Remo decisero di fondare una nuova città.

ANTONELLO BREGGIA

Quando sono arrivato a Roma sono rimasto molto impressionato da due cose: dal Colosseo e dalla cameriera della mia stanza d'albergo. Tutte e due avevano una struttura incredibile.

MEL BROOKS

A Londra, tranne il Papa, c'è tutto. A Roma, tranne tutto, c'è il Papa.

PINO CARUSO

A Roma, per il Giubileo, hanno messo un sacco di corsie preferenziali per gli autobus. Solo che i romani, quando vedono scritto corsia preferenziale, pensano tutti la stessa cosa: «Preferisco andarci!».

ALESSANDRO DI CARLO

Un ristorante di Roma minaccia di far causa a Clinton che non si è presentato dopo aver prenotato per diciotto persone. Cosa dovrebbe dire allora la povera ragazza che aspettava Bill sotto il tavolo?

JAY LENO

Siamo a Roma da quindici giorni e non siamo ancora andati a vedere i Sette Colli.

PAOLO ROSSI

Ho venduto il Colosseo. Credo che mi abbiano fregato: mi hanno dato solo 200 euro.

SANDORR

Roma è l'esempio di ciò che accade quando i monumenti di una città durano troppo a lungo.

ANDY WARHOL

ROMAGNA

vedi **Rimini**

ROMANI

Conto fino a tre: se a due non te ne sei andato a uno ti meno!

ANONIMO ROMANO

A Roma, per il Giubileo, hanno messo un sacco di corsie preferenziali per gli autobus. Solo che i romani, quando vedono scritto corsia preferenziale, pensano tutti la stessa cosa: «Preferisco andarci!» .

ALESSANDRO DI CARLO

Per un romano il congiuntivo è una malattia dell'occhio!

ALESSANDRO DI CARLO

«Lo sai che c'hai un bel sito? Te c'hanno mai cliccato sopra?»

GALLO CEDRONE

Plinio il Giovane scriveva lettere. Una la scrisse nel 79 d.C., vicino al Vesuvio, ed era indirizzata a suo padre: "Caro papà, sono qui al Vesuvio, che sta eruttando mentre ti scrivo. Porca puttana!! Aiuto!! La cima del monte è esplosa!! C'è roba ovunque!! Ahhh!! Manda navi e navi più grosse. Manda papere, e tutto quello che galleggia. A parte questo, è tutto molto bello, e ci stiamo divertendo molto. Baci, Plinio il Giovane".

EDDIE IZZARD

Er giorno che me vedrete dentro 'na Mercedes, so' due i casi: o ho svortato de brutto, oppure me stanno a porta' ar cimitero.

ALBERTO MAROZZI

C'hai er naso così lungo che nun te se chiude la carta d'identità.

CITATA DA MARCO NAVIGLI

Me te metto 'n tasca e te meno quanno ciò tempo.

CITATA DA MARCO NAVIGLI

Tema: "L'otto marzo". Svolgimento: "L'otto marzo, l'otto un quarto faccio colazione, l'otto e mezzo sono a scuola".

GIORGIO PANARIELLO

E wow! Ecco ancora la vostra pazza-pazza-Patrizia che aritorna co' voi e co' tutti gli amichi sintonizzati sulla bella frequenza de Radio Tore Tozza. Lei è sempre Matilde che ce canta *Uomini*, dedicata da Cinzia a Stefano co' un messaggio: «Piantala da chiamamme o facile che er mi' ragazzo te passa sopra cor millecento!».

PATRIZIA (SABINA GUZZANTI)

A' Frattacchiò, sei sempre su a strada mia, nun ce passi mai pe' vaffanculo?

QUEL GRAN PEZZO DELL'UBALDA TUTTA NUDA E TUTTA CALDA

«Aò, 'ndo stà er mare? Ammazza che spiagge che c'avete!»

ALBERTO SORDI, RIVOLTO A UN BEDUINO NEL MEZZO DEL DESERTO

So' venticinque anni che sei brutto! Nun te sei rotto li cojoni?

WWW.TURBOZAURA.IT

Se eri er Principe Azzurro, Cenerentola se n'annava a casa alle dieci!

WWW.TURBOZAURA.IT

ROMANTICISMO

Lei: «In 9 *Settimane e Mezzo* Mickey Rourke lanciava ciliegie in bocca a Kim Basinger...» Lui: «Se vuoi posso schizzarti la buccia di mandarino negli occhi...»
GIANNI AUDISIO

Il matrimonio cambia gli uomini. Da fidanzati mi apriva lo sportello per farmi entrare nell'auto. Adesso è già tanto se tira giù il finestrino quando scoreggia!
GIANNI AUDISIO

Mia moglie non è più romantica come un tempo. Ieri sera, al chiaro di luna, le ho regalato una rosa rossa. Poi lei ha rifiutato di fare una gara di scoregge.
MAURIZIO AVANZI

«Tota, mettiti elegante che ti porto fuori» «Ma no, non fa niente, ci guardiamo la televisione in casa.» «Tota, oggi è il tuo compleanno e ti voglio portare fuori.» «Va bene, Rocco.» «E perciò, tu prendi la prolunga che il televisore lo porto io sul balcone.»
ROCCO BARBARO

«Cara, tu, io, un camino... L'idea di darti fuoco mi alletta, in effetti.»
BASTARDIDENTRO

Belle gambe... a che ora aprono?
BASTARDIDENTRO

E quando lei: «Ma teeee... perché invece di uscire con me e tutte le mie amiche preferisci andare alla bocciofila?» «Perché c'è più figa».
STEFANO BELLANI

Com'era romantica mia moglie! Quando la incontrai per la prima volta era solita passeggiare con un materasso legato sulla schiena.
ROY BROWN

Le cose cambiano, una volta sposati. Appena mi sono sposata, andavo in giro per casa senza vestiti addosso. Mio marito diceva sempre: «Baby, sei stupenda. Vieni qui». E non poteva levarmi le mani di dosso. Adesso, quando giro per casa senza vestiti, lui mi dice: «Non hai freddo?».

ROZ BROWNE

Lo puoi dire con i fiori, lo puoi dire con il vino, ma se la vuoi fare schifosamente sentimentale, diglielo con una Lincoln Continental.

ROBERT BRYNE

Questa sera, per la nostra romantica cena, ti ho preparato anatra à l'orange. Solo che ho usato polpettone al posto dell'anatra e ketchup al posto de à l'orange.

DREW CAREY

Cosa ama sentirsi dire un uomo dalla propria moglie? Appena sposati: «Ti amo!». Dopo cinque anni di matrimonio: «Ti voglio bene!». Dal sesto anno: «È pronto!».

MARCO DEL CONTE

Per San Valentino ho offerto una romantica cena alla mia mano destra, e lei non si è presentata!

MATTEO MOLINARI

Il ragazzo calabrese, quando vuole abbordare una bella ragazza, non le si avvicina, no. La chiama con un fischio e poi appena lei lo nota le grida una frase del tipo: «Ciao come ti intitoli? Vorrei toglierti i vestiti, come i petali di una rosa, come le foglie di un carciofo calabrese, come lo stereo di un'auto incustodita e nel mentre vorrei dirti solo una frase: ci stai o non ci stai?».

FRANCO NERI

Una ragazza mi ha fatto una scenata perché non le ho aperto la portiera della macchina. Che esagerazione! Comunque è vero, ammetto di aver nuotato da solo fino alla superficie.

EMO PHILIPS

Ogni ragazzo riesce a Capodanno a farsela dare. Ogni ragazzo riesce a convincere la propria ragazza a essere usata a guisa di fodero. Allora a Capodanno la porto fuori a cena. La porto al ristorante etiope, così finiamo in fretta, poi a casa mia. Le dico: «Spogliati, girati e stringi la carta d'identità tra i denti per il riconoscimento». Poi la metto sul divano... troppo basso. Sul lavandino... ma scivola. Sulla libreria... ma non entra. Non stavo facendo sesso, stavo giocando a Tetris col suo corpo.

Potato (Alessandro Brunello)

Tra due amici genovesi: «Cos'altro posso regalare alla mia donna? I fiori mi dispiace un po', appassiscono subito. Ho provato con i fiori di plastica ma lei mi ha detto che ero poco romantico» «Regalale un bel diamante. Un diamante è per sempre. Un diamante è per tutta la vita.» «È vero: non finisci più di pagarlo: trentaseimila rate!» «Allora un bel profumo, magari un dopobarba, cosi se poi litigate, te lo usi tu!»

Emilio Razzetti

Coricati sotto un cielo stellato, chiesi al mio ragazzo: «Guarda quel gruppo di stelle lì, secondo te che stelle sono?». E lui: «Non lo so... non sono mica di questa zona».

Maria Rossi

In una notte di luna piena ho detto a Paolo: «Guarda, amore, che bella luna!». E lui: «Perché, devi imbottigliare?».

Maria Rossi

Oggi Tury mi ha detto: «Minchia, Sabbry, sei troppo in tutto! Anche nelle doppie punte che nei tuoi capelli sono quadruple!».

Sabbry (Luciana L'ittizzetto)

Oggi Tury mi ha detto: «Minchia, Sabbry, ma ci hai sempre le mani sudate! Quando ci camminiamo mano nella mano mi sembra di portare a spasso un capitone!».

Sabbry (Luciana Littizzetto)

Oggi Tury mi ha detto: «Minchia, Sabbry, ti amo come è vero che faccio i 18 con un litro!».

Sabbry (Luciana Littizzetto)

Oggi Tury mi ha detto: «Minchia, Sabbry, mi piaci perché sei dura come i cerchioni della mia Alfa Sud!».

Sabbry (Luciana Littizzetto)

Oggi Tury mi ha detto: «Minchia, Sabbry, dopo la moto, il calcetto e il totònero sei la prima nei miei pensieri!».

Sabbry (Luciana Littizzetto)

Gli ho scritto: «Grazie di esistere!». E lui mi ha risposto: «Prego».
Sabbry (Luciana Littizzetto)

Oggi Tury mi ha detto: «Minchia, Sabbry? I tuoi occhi sono due fari luminosi che risplendono il cammino. Mi ricordano tanto gli antinebbia di Alfio... sai... quel giallo intenso... Sabbry? Tu l'hai fatta l'epatite?».
Sabbry (Luciana Littizzetto)

Oggi Tury mi ha detto: «Minchia, Sabbry, quando facciamo una settimana che stiamo insieme ti regalo una stecca di torrone e sette portachiavi a scarpa da ginnastica!».
Sabbry (Luciana Littizzetto)

«Ieri mio marito mi ha portato un gran mazzo di mimose.» «Per la festa della donna?» «No, per andare a venderle!»
Renato Trinca

Domani è San Valentino. Ho già pensato a tutto: cena a lume di candela, *Notturno* di Chopin in sottofondo e a mezzanotte via, a puttane!
Renato Trinca

ROMPISCATOLE

Se ti perdi in un bosco, inizia a fare un solitario con le carte. Sicuro che salta fuori qualcuno che ti dirà di mettere il fante rosso sulla regina nera.
Anonimo

La prima vasca da bagno venne inventata nel 1850. Il telefono non fu inventato fino al 1875. E così c'era questo fortunello che ha potuto farsi 25 anni di bagni senza che gli squillasse il telefono nel bel mezzo!
Milton Berle

Quando sento la sirena di un'autoambulanza mi si stringe il cuore pensando a quel disgraziato che attraversa la città indifferente e lui lì, a guidare, per giunta con un rompiballe dietro che si lamenta.
Romano Bertola

Mia mamma, per controllare che non mi facessi le seghe, mi aveva regalato due orologi che si caricavano col movimento del polso. Poi mi prendeva alla sprovvista: «Che ore sono?». E io: «Quattremezza!» «Esatto! Segaiolo di merda!».

CLAUDIO BISIO-ROCCO TANICA

Le donne si dividono in tre categorie: le puttane, le stronze e le rompiballe. La puttana la dà a tutti. La stronza la dà a tutti meno che a te. La rompiballe la dà a te, solo a te, sempre a te.

BLANCHE KNOTT

«Elenoire Casalegno, senta, i nostri telespettatori si domandano: ma Sgarbi, a letto, rompeva i coglioni come in televisione?»

DARIO VERGASSOLA

ROULETTE *(Casinò - Slot machine)*

Una donna di settantasette anni a Las Vegas è stata attaccata da uno sciame di api assassine. C'è voluto un idrante per levarle le api di dosso, e un piede di porco per liberarle la mano dalla leva della slot machine.

BILL MAHER

Casinò: dove perdi cento dollari a una slot machine e scuoti le spalle, poi ti fregano un dollaro alla macchinetta della Coca-Cola e pianti su un casino che la metà basta.

JEFF SHAW

Ieri sono andato al casinò e ho inserito un gettone in una slot machine, ho tirato la leva e sono venute fuori tre arance. Ho vinto una spremuta.

SALVO SPOTO

ROULETTE RUSSA

Sono stato a un party selvaggio, dove abbiamo giocato a una versione moderna della roulette russa: eravamo circondati da sei ragazze e una aveva una malattia venerea.

RODNEY DANGERFIELD

È l'unica ragazza al mondo capace di dare alle fiamme un fornello... Mangiare la roba che cucina lei è come giocare alla roulette russa. Non so mai quale cibo mi ucciderà.

HARVEY STONE

Si potrebbe apportare un'allegra modifica a quel perverso gioco che è la roulette russa, adoperando al luogo della pistola il telecomando: il primo che becca una sorella Carlucci si ammazza.
DINO VERDE

La moda della roulette russa è ovunque, persino gli Alcolisti Anonimi ne hanno una: si passano sei bicchieri di succo di pomodoro, ma uno è un Bloody Mary!
HENNY YOUNGMAN

ROULOTTE
vedi **Camper**

ROYALTY

Berlusconi è così ricco perché, ogni volta che qualcuno della Casa delle Libertà dice una bugia, la Siae gli paga i diritti d'autore.
GINO&MICHELE

La mia seconda moglie era talmente corrotta che chiunque nel mondo fosse corrotto doveva pagarle una royalty.
SERATA D'ONORE

RUBARE
vedi **Crimine**

RUGBY

Comunque il regista con cui lavoro di più è Francis Ford Copula. Mi ricordo ancora la volta che mi ha fatto il provino per il film *Pacchetti di mischia*, un film sul rugby. Da noi, al provino, c'è un tavolo col regista e due o tre persone, ti fanno cavare giù nudo, poi, se ti guardano e ti fanno firmare il contratto, va tutto bene, se invece ti dicono: «Provi un po' a girarsi» c'è da preoccuparsi. Io avevo capito subito che il mio provino era andato male, perché quando ci ho detto: «Ho portato un pezzo»

mi hanno risposto: «Non occorre, ce l'abbiamo già noi».
NATALINO BALASSO

Guardate cosa hanno fatto al Galles questi, inglesi bastardi. Hanno preso il nostro acciaio, la nostra acqua, il nostro ferro. Comprano i nostri cavalli per divertirsi quattro giorni ogni dodici mesi. Che cosa ci hanno dato in cambio? Assolutamente nulla. Siamo stati espropriati, derubati, controllati e puniti dagli inglesi. E noi giochiamo contro di loro questo pomeriggio.
PHIL BENNETT, EX CAPITANO DELLA NAZIONALE GALLESE DI RUGBY, AI SUOI COMPAGNI PRIMA DI ENTRARE IN CAMPO

Al pub, dopo il primo allenamento di rugby della mia vita, ho ordinato una birra. «Piccola», ho gridato al barman. Si sono bloccati tutti, in un silenzio improvviso. Sino a quel momento mi avevano accolto benissimo.
CLAUDIO BISIO

Il rugby è uno sport bestiale giocato da gentiluomini. Il calcio è uno sport da gentiluomini giocato da bestie. Il football americano è uno sport bestiale giocato da bestie.
HENRY BLAHA

Nel rugby non si può battere il Galles in Galles. Al massimo può capitare di segnare più punti di loro.
SID GOING

Il rugby è una buona occasione per tenere lontani trenta energumeni dal centro della città.
OSCAR WILDE

RUGHE

Ho provato una crema antirughe talmente forte che mi ha cancellato la riga del culo!
GIORGIO CENTAMORE

Abbiamo letto poco le mani, le rughe, le foglie: abbiamo letto solo dei libri.
GUIDO CERONETTI

Non sto dicendo che sei vecchio, ma chi altri ha le rughe sui denti?
GARFIELD

Ha più rughe di una fisarmonica, specialmente sulla fronte. Per togliersi il cappello se lo deve svitare.
Boris Makaresko

La mia donna si è guardata allo specchio e non si piaceva più. Diceva di avere troppe rughe sul viso, le gambe rovinate, il culo enorme... Io allora per consolarla le ho detto: «Però hai ancora una vista ottima!».
Flavio Oreglio

Quelle piccole linee attorno alla bocca, quelle zampe di gallina che ti sono spuntate attorno agli occhi, i millimetri di pappagorgia che ti sono cresciuti sul mento sono tutti modi che ha la vita per dirti che ti rimangono solo più nove buche da giocare. E allora esci e divertiti.
Bruce Willis

RUMORE *(Casino - Chiasso - Confusione - Urla)*

Leonard Zelig veniva spesso picchiato dai genitori. La famiglia Zelig abitava sopra ad un bowling, ma erano spesso gli avventori del bowling a protestare per il troppo rumore!
Woody Allen

Non seccarti se il tuo vicino suona il suo hi-fi alle due del mattino. Chiamalo poi alle quattro per dirgli quanto ti è piaciuto.
Anonimo

In politica c'è così tanta confusione che ci sono candidati che non sanno per chi votare.
Gianni Audisio

Gli schiamazzi avevano raggiunto una tale intensità da potersi definire "notturni".
Autentico verbale di polizia

Non è poi così brutto avere due gemelli. Quando uno piange, non si riesce a sentire l'altro.
Milton Berle

È morto un celebre sordomuto: reverenti osserviamo un minuto di fracasso.
Romano Bertola

Nel mio condominio c'è un signore iperattivo che passa la vita a fare bricolage, cominciando a martellare alle otto e un quarto. Ho cercato in tutti i modi di farlo smettere: ho parlato alla portinaia, ho appeso un tazebao nell'androne. Niente. Alla fine ho adottato una contromisura estrema: una scatola di tappi di cera. Gliel'ho infilata nel culo e lui ha smesso.
CLAUDIO BISIO-ROCCO TANICA

Automobili, clacson, suonerie di televisioni, cellulari, bambini che piangono, cani che abbaiano, al giorno d'oggi è difficile trovare un posto tranquillo. Ieri, per esempio, sono andato in campagna per leggere un libro. Non ci sono riuscito. Avevo dimenticato il libro.
LORENZO BOSIO

Sai come fanno i cinesi a scegliere il nome da dare a un figlio appena nato? Buttano giù per le scale una scatola di chiodi, sentono il rumore e lo chiamano così.
GIANCARLO BOZZO

Durante un discorso sui figli. «Ah, il rumore di piccoli passettini in giro per la casa... Non c'è niente come avere un nano per maggiordomo!»
W.C. FIELDS

Brutta cosa la solitudine. Ieri il mio vicino di casa mi è venuto a chiedere se potevo fare un po' più di casino.
TEO GUADALUPI

Rumori che ci perdiamo in città: il tac di una pera che cade, il "porco Giuda" del contadino colpito dalla pera.
MARCELLO MARCHESI

Avere una famiglia è come avere una pista da bowling installata nel tuo cervello.
MARTIN MULL

Gli uragani fanno un sacco di rumore; fanno un sacco di danni; inoltre l'uomo non ha ancora trovato il modo di controllarli. Non c'è da meravigliarsi che diano loro nomi di donne.
ROBERT ORBEN

Una donna in un quartiere popolare chiama ad alta voce, da una finestra, sua figlia. «Nora... Noraaa...». Una comare dalla finestra accanto le strilla: «Sora Tuta, giacché ci avete la bocca aperta, volete chiamare pure la mia?».

ETTORE PETROLINI

Ci siamo spesso chiesti se un musicista rock prende più soldi di un martello pneumatico per fare rumore.

HERBERT V. PROCHNOW & HERBERT V. PROCHNOW JR.

Zitta! Sennò non riesco a sentire il rumore dei tuoi capelli che crescono!

NEIL SIMON

Il rumore non dimostra alcunché. Una gallina che ha deposto un semplice uovo spesso lancia tali e tanti coccodè come se avesse deposto un asteroide.

MARK TWAIN

Monica Sales? Non vorrei essere nella stanza accanto durante la sua prima notte di nozze.

PETER USTINOV

Mi piace la musica di Wagner più di ogni altra cosa. È così rumorosa che si può parlare per tutto il tempo senza farsi sentire dagli altri. È un grande vantaggio.

OSCAR WILDE

Parlo da solo. I vicini spesso si lamentano perché uso un megafono.

STEVEN WRIGHT

RUSSARE

«Lei è bellissima! Mi vuole sposare?» «Dipende. Lei russa?» «No, ma potrei imparare.»

DENNIS O'NEIL

Mio nonno non è mai stato una persona di compagnia. Ci siamo accorti che era morto perché russava meno.

VALERIO PERETTI CUCCHI

Io sono sardo, mia moglie russa. Ma anch'io non scherzo.
Lucio Salis

Temo che la mia ragazza non mi ami più. Ieri si è iscritta a un corso per imparare a russare.
Francesco Vespa

RUSSI

Siamo andati a vedere quella commedia di un russo, che ha il titolo di uno stabilimento balneare. Il miraggio, *L'oasi*, *La conchiglia*, no, *Il gabbiano*.
Ennio Flaiano

Nel tempo che un russo impiega a presentarsi con nome e patronimico, Michail Serghieievic, Michail Ivanovic, Boris Nikolajevic, i giapponesi fabbricano un'altra automobile.
Bruno Gambarotta

Se avessero ucciso me al posto di Kennedy, la differenza principale per la storia del mondo sarebbe stata che Onassis non avrebbe mai sposato la signora Krusciov.
Nikita Krusciov

Per un certo periodo, ogni volta che i russi mettevano in prigione un americano, la Commissione per le attività non americane, per rappresaglia, metteva anche lei in prigione un americano.
Mort Sahl

Io sono sardo, mia moglie russa. Ma anch'io non scherzo.
Lucio Salis

RUSSIA *(Unione Sovietica)*

Ho fatto un corso di lettura veloce, ho imparato a leggere a piombo, trasversalmente la pagina, e ho potuto leggere *Guerra e pace* in venti minuti. Parlava della Russia.
Woody Allen

Il solito viaggetto di Armando Cossutta in Urss: Partito Comunista

Italiano, Tornato Comunista Russo.
ANGESE

Nella società occidentale generalmente per avere belle donne bisogna avere molti soldi. La società sovietica era indubbiamente più giusta. I leader sovietici avevano delle mogli così brutte che sembravano voler dire: «Vedete come siamo poveri anche noi!».
ANTONELLO BREGGIA

Penso che adesso dovremmo attaccare la Russia. Non se l'aspettano.
GEORGE CARLIN

Stalin era terribile. Resse l'Unione Sovietica per trent'anni fondando tutto il suo potere sul terrore. A Mosca, per anni e anni a governare fu la paura. Quando, alla fine, Stalin morì, ci vollero giorni prima che qualcuno trovasse il coraggio di andarglielo a dire.
GINO&MICHELE

In Russia sta proprio cambiando tutto. Ho visto dei bambini che mangiavano i comunisti.
GINO&MICHELE

In Urss non esistono prostitute professioniste, ci sono solo delle dilettanti di talento.
NIKITA KRUSCEV

Gli uomini politici sono uguali in tutto il mondo: promettono di costruire ponti anche dove non ci sono fiumi.
NIKITA KRUSHEV

La filosofia è come la Russia: piena di paludi e spesso invasa dai tedeschi.
ROGER NIMIER

L'Unione Sovietica è un insieme di cattiveria e incompetenza. Un po' come le Poste, ma coi carri armati.
EMO PHILIPS

In Russia avevamo solo due canali televisivi. Il Canale Uno era propaganda. Il Canale Due aveva solo un ufficiale del KGB che diceva: «Gira subito sul Canale Uno!».

YAKOV SMIRNOFF

La cosa più bella di Tokio è McDonald's. La cosa più bella di Stoccolma è McDonald's. La cosa più bella di Firenze è McDonald's. Pechino e Mosca non hanno ancora nulla di bello.

ANDY WARHOL

RUTTO *(Digerire)*

Vorrei trovare uno stufato che mi desse acidità di stomaco immediatamente, e non alle tre del mattino.

JOHN BARRYMORE

Il giorno in cui la Coca-Cola chiuderà, tutti i paesi del mondo proclameranno una giornata di rutto nazionale.

MASSIMO MARIA GRIGGI

C'era una riunione di dirigenti d'azienda: il product manager, durante una lecturing ha parlato di briefing e ha proposto uno story boarding. Sono arrivato io, ho fatto un rutting e ho messo tutti d'according!

MAGO ORONZO (RAUL CREMONA)

Sì, digerisco forte in pubblico, ma senza farlo pesare a chi è meno fortunato nella vita.

MAURIZIO MILANI

Lavarsi, pesarsi, digerire con contegno. Non resta altro tempo nella giornata. Alcuni riescono anche a piangere.

MAURIZIO MILANI

Ogni tanto la domenica, quando non so cosa fare, vado a vedere delle gare di rutti. Ce ne sono delle belle.

MAURIZIO MILANI

Ho una digestione lenta... l'altra settimana mi è scaduta una mozzarella nello stomaco.

FURIO OMBRI

Io, ca tritu, passu, cucino... Savvatore, se va bene, rutta per esprimermi l'endusiasmo.

SCONSOLATA (ANNA MARIA BARBERA)

S

SABBIA

vedi ***Spiaggia***

SACRIFICI

Quando dovevo fare la Prima Comunione mio zio Ercole mi regalò un pezzo di stoffa per farmi il vestito nuovo. Ma mia madre lo portò dalla sua sarta e si fece una gonna per sé. Ci rimasi un po' male. «Trovi che mi stia bene?» mi chiese guardandosi allo specchio. «Io credevo che una mamma si sacrificasse sempre per suo figlio.» «Ma dove hai letto 'sta cazzata?»

ROMANO BERTOLA

«Arrivano nuovi sacrifici» «Meno male, i vecchi li avevamo quasi finiti.»

SOLINAS

Quando sento i suoi passi avvicinarsi alla mia stanza, mi stendo sul letto, chiudo gli occhi, apro le gambe e penso all'Inghilterra.

REGINA VITTORIA

SADDAM HUSSEIN

«Servirebbero maggiori indizi di colpevolezza per attaccare Saddam.» «Tipo che lo difendesse Taormina?»

FRANCESCA FORNARIO

George W. Bush continua a sbagliare il nome del paese che bombarda... Lo chiama "Àiraq". Fossi in Saddam Hussein, sarei incavolato. «Hey, George: non è "Àiraq", è "Iràq". Non è che io sono in lotta con "l'Umeri-

ca", no? Io sarò anche cattivo, ma tu sei stupido.»
Maz Jobrani

Saddam Hussein è stato catturato in una botola vicino a una capanna sui pressi del Tigri. Viveva con due suoi fedelissimi: uno lo doveva avvertire dell'arrivo dei marines, l'altro dell'arrivo dei parenti.
Marco Vicari

SAGGEZZA *(Sapienza)*

Più di ogni altra occasione nella storia, l'umanità si trova di fronte a un bivio. Un sentiero conduce alla disperazione e alla completa impotenza. L'altro, all'estinzione totale. Preghiamo di avere la saggezza di compiere la scelta corretta.
Woody Allen

La sapienza mi perseguita, ma io sono più veloce.
Anonimo

Un vero saggio non gioca mai alla cavallina con un unicorno.
Banaceck

L'uomo ha raccolto tutta la saggezza dei suoi predecessori, e guardate quanto è stupido!
Elias Canetti

A cinquant'anni l'ho capito: più importante di qualsiasi cosa abbia scritto è qualsiasi cosa abbia letto.
Ivan Della Mea

Anche il progresso, diventato vecchio e saggio, votò contro.
Ennio Flaiano

Se un moscerino si tuffasse nel tuo lago di sapienza, si romperebbe il collo.
Fuggiamo insieme

Più lontani si va e meno si apprende. Per questo l'uomo saggio non cammina e arriva.
Lao Tse

Sono contenta di non essere un uomo, perché così non sono costretta a sposare una donna.
Madame de Staél

Dio nella sua immensa saggezza fece la mosca, e poi si dimenticò di dirci perché.
OGDEN NASH

L'uomo comune ragiona. Il saggio tace. Il fesso discute.
PITIGRILLI

Come ogni idiota vorrebbe essere saggio, così ogni donna vorrebbe essere uomo.
TORQUATO TASSO

SAGGEZZA ORIENTALE

Punta a conquistare la luna. Se non ci riuscirai, avrai vagabondato tra le stelle.
ANONIMO

Chi ha l'indispensabile sente una gran mancanza del superfluo.
ANONIMO CINESE

Lingua può impiccare uomo più velocemente di corda.
CHARLIE CHAN

Ci vuole giorno molto piovoso per annegare papera.
CHARLIE CHAN

Saggezza orientale: se qualcuno ti odia, non fare niente contro di lui, ma siediti pazientemente sulla riva di un fiume. Un bel giorno vedrai passare il tuo nemico in yacht.
MAX GREGGIO

Recita un antico proverbio cinese: è vero che chi semina raccoglie, ma è anche vero che chi raccoglie si china e a chinarsi lo si prende facilmente nel culo.
PAOLO HENDEL

Proverbio taoista: «Se domani, dopo la vittoria di stanotte, contemplandoti nudo allo specchio scoprirai un secondo paio di testicoli, che il tuo cuore non si gonfi di orgoglio, figlio mio, vuol semplicemente dire che ti stanno inculando».
DANIEL PENNAC

Se tu pagare come dici tu, io lavorare come dico io. Se tu pagare come dico io, io lavorare come dici tu.
PROVERBIO CINESE

Se celchi una mano disposta a aiutalti la tlovi alla fine del tuo blaccio.
SHAOLIN SOCCER

SALARIO
vedi **Stipendio**

SALE
vedi **Pepe**

SALMA
vedi **Cadavere**

SALMONE

Oggi sono andato all'Ikea per comperarmi una mensola. Non l'ho trovata e sono uscito con un salmone. Sono tornato a casa, l'ho aperto e, vaffanculo, era da montare!
CLAUDIO BATTA

Ma quando un salmone risale la corrente, i pesci che incontra cosa fanno? Gli gridano: «Ma come cazzo guidi?».
MARCO DEL CONTE

Io ho dei coglioni così grossi che dentro non ho gli spermatozoi, ho i salmoni!
FICHI D'INDIA

Il salmone è un animale che si nasconde in scatole di latta e ne esce solo quando arriva inaspettatamente a casa.
GROUCHO MARX

SALSA (Sugo)

Ho visto un uomo con un occhio pesto e uno ragù.
ANONIMO

«Patate fritte?» «Sì, grazie.» «Salsa?» «No, grazie: sto seduto ancora un po'.»
SANDRO MONTALTO

Con un solo pomodoro noi genovesi sappiamo condire la pasta per venti persone. Ci aggiungiamo di tutto: sale, acqua, sale, acqua, sale, acqua, sale...

EMILIO RAZZETTI

Noi liguri siamo diffidenti e guardiamo con sospetto alle novità. Pensate che per secoli abbiamo continuato a masticare separatamente aglio, basilico, pecorino e pinoli... uno alla volta. Poi, quando una donna ha mischiato e pestato gli ingredienti nel mortaio, l'abbiamo accusata di stregoneria, bollita come una patata e condita col suo stesso intruglio. Siccome era una donna giovane e avvenente, fu ricordata come la prima "gnocca al pesto".

EMILIO RAZZETTI

In Giappone hanno un tipo di senape molto piccante che chiamano Wasabi, ma che qui in America noi chiamiamo WaaaAAAAAAAAAAAAAAAH!

BOB SAGET

SALUTE

Nella vita contano soprattutto due cose: la salute e la voglia di lavorare. Io ho la salute, mia moglie la voglia di lavorare, non abbiamo problemi.

ANONIMO

C'è più nessuno che crede che la salute sia più importante del denaro? Non si vedono tante ragazze dire: «Mi faccio Bill che ha una Porsche nuova, o Chuck che ha il colesterolo basso?».

NICK DIPAOLO

Se qualcosa deve essere per forza pieno di calorie e di colesterolo, perché non possono esserlo i broccoli, invece del gelato?

DOUG LARSON

Il tuo oroscopo. Denaro: le stelle ti sorridono. Salute: le stelle ti sorridono. Amore: le stelle ti sorridono. Sesso: le stelle stanno ancora ridendo!

CALOGERO LUNETTA

La salute, ringraziando il Cielo, l'aidiesse angora non me lò preso, anghe perké "seloconosciloeviti", e io vado solo con quelli ke non conosco.

Sconsolata (Anna Maria Barbera)

«Le manca un polmone? Un altro se ne sta andando? E lasciamolo andare, mo' ci mettiamo a correre dietro a un polmone! Piuttosto, mi tolga una curiosità: lei è vivo?»

Totò

L'unico modo di restare in salute è mangiare quello che non si vuole, bere quel che non piace e fare quello che si preferirebbe evitare.

Mark Twain

Ho dovuto trasferirmi a New York per motivi di salute. Sono estremamente paranoica e New York è l'unico posto dove le mie paure sono giustificate.

Anita Wise

La realizzazione di questa Opera è stata possibile anche grazie alle progettazioni informatiche di Tecne', con il contributo in prima persona di Pieranna Massari e Piergiorgio Veneziani; e con il certosino coordinamento di Elena De Luca, nostra storica collaboratrice.
Il lavoro redazionale è stato curato con la solita vivace competenza da Alessia Gemma, con l'assistenza della solare Linda Ferrari.
Il progetto e l'impostazione grafica sono invece frutto dell'esperienza e della creatività di Zetalab, in particolare nelle persone di Lucio Luzo Lazzara e Walter Uolts Molteni. Grazie anche, per la complice collaborazione dagli Stati Uniti di Paolo Borraccetti.

Gino&Michele, Gut edizioni e Bananas devolvono parte del ricavato dell'*Enciclopedia Universale della Battuta* per acquistare il parco macchine (sei automezzi) di *Presenza Amica*, un'associazione di volontari impegnata nell'assistenza domiciliare ai malati inguaribili in fase terminale.

Per chi volesse conoscere nel dettaglio l'attività di "Presenza Amica Onlus - Volontari per l'aiuto ai sofferenti" di Garbagnate Milanese (Milano), diamo il telefono: 02 99021087,
e l'indirizzo internet: www.presenzamica.it.

L'Enciclopedia Universale della Battuta si avvale dell'alto Patrocinio della *Premiata Bocciofila Cosimo Trombetta per la salvaguardia del Comico* (1).

(1) La Premiata Bocciofila Cosimo Trombetta per la salvaguardia del Comico, *è un'Associazione Culturale che ha come scopo la salvaguardia del Comico, inteso come genere. È stata fondata nel 2005 da Gino&Michele, Maurizio Costanzo, Enrico Vaime, Giancarlo Bozzo, Roberto Bosatra.*
Nello statuto della "Cosimo Trombetta", alla voce Scopi dell'Associazione si può leggere:
"Conservazione e divulgazione della memoria storica del teatro, con particolare attenzione al teatro comico, brillante e al varietà; valorizzazione, raccolta e sviluppo della letteratura e delle presenze televisive legate al Comico come genere, alla satira e all'intrattenimento; sviluppo di iniziative culturali quali la pubblicazione di libri, riviste, siti internet, materiale multimediale, dvd e quant'altro attinente agli scopi sociali; costituzione di archivi storici e raccolta di materiale attinente allo scopo sociale; realizzazione di convegni e/o seminari ed attuazione di forme di collaborazione con enti pubblici e/o privati e/o associazioni e/o organismi di istruzione."
Per eventuali contatti: c/o Teatro Parioli, via Giosuè Borsi, 20, Roma; oppure c/o Zelig, viale Monza 140, Milano.

Volume 10

SAL / SUG

ENCICLOPEDIA UNIVERSALE DELLA BATTUTA

a cura di **Gino&Michele**

con la collaborazione di Matteo Molinari

Gut Edizioni spa, Milano
Prima edizione maggio 2009
www.gutedizioni.com

SALUTI *(Addio)*

Prima di salutarvi vorrei tanto lasciarvi un messaggio positivo. Ma non ce l'ho. Sono la stessa cosa due messaggi negativi?

WOODY ALLEN

Vicino a casa mia abita un corteo. Un bestione lungo mezzo chilometro. Però buono, educato... Ogni volta che passa mi saluta.

ROMANO BERTOLA

Stamattina alle sette un vertiginoso silenzio mi ha svegliato. Mi sono girato verso mia moglie. Non c'era. Non era neppure in cucina né in nessuna altra stanza. Anche Camillo non c'era. Sono uscito sul balcone: strada deserta. Solo un giornale spinto dal vento. Con l'auto ho attraversato la città. Vie e piazze spopolate. I tram fermi o vuoti. In ufficio nessuno. Anche da Maniglia e da mio cognato Augusto non c'è nessuno. Gli appartamenti abbandonati. Ho puntato verso l'aeroporto. Un jet sulla pista. Fortuna di avere il brevetto di pilota. Mi sono levato in volo. Parigi. Atene. Tokyo. New York. Non un'anima. Vuoto. Deserto. Sul banco di un bar di Adelaide trovo una fotografia. Ci sono tutti. Cinque miliardi di persone che mi fanno ciao con la mano... Sotto, una scritta: "Addio testa di cazzo!". D'accordo, d'accordo... Però andarsene così... Senza dire niente... Che figli di puttana.

ROMANO BERTOLA

Le merde che si incontrano a volte si pestano e a volte si salutano.

EROS DRUSIANI

Salve colazione!

GATTO SILVESTRO, SVEGLIANDOSI AL MATTINO E SALUTANDO L'UCCELLINO TITTI

Quando son stato a questo pranzo di gala con Nelson Mandela... ero così emozionato, così nervoso, che mi sono trovato a fare ciao con la mano a Stevie Wonder.

DANNY GLOVER

Non saluto la gente anche se non la conosco.

KARL KRAUS

«Ciao», disse, mentendo.

ROBERT MAXWELL

Ti amo troppo per sopportare che tu viva con un lurido fallocrate come me, che ti lascia carognamente lavare i piatti. Addio, sii felice, lo meriti!
GEORGES WOLINSKI

Ho tolto il saluto a Manu Chao. Adesso si chiama solo Manu.
STEFANO ZACCARELLA

SAN FRANCISCO

Sono nato a Oakland. Mia madre è entrata in travaglio a San Francisco, ma mio padre l'ha messa in macchina e l'ha subito portata dall'altra parte del ponte, così non sarei diventato gay.
MARTY COHEN

San Francisco: oggi è stato reso noto che gli Indiani d'America hanno fatto richieste territoriali, basandosi su un antico patto, che stabiliva che tutte le terre di proprietà federale che non venissero usate appieno, sarebbero ritornate agli Indiani. Per cui hanno richiesto l'isola di Alcatraz, il Deserto del Mojave ed entrambe le camere del Parlamento.
ROWAN & MARTIN'S LAUGH-IN

L'inverno più freddo che abbia mai trascorso è stata un'estate a San Francisco.
MARK TWAIN

SAN VALENTINO

L'altra sera è venuta la vedova Canagli (un nome una garanzia) che suo marito faceva il strozzino ed era talmente avaro che a San Valentino piuttosto che mandarci i fiori alla moglie la festeggiava rifacendo la strage.
VITO CATOZZO (GIORGIO FALETTI)

Non capisco perché Cupido è stato scelto per rappresentare San Valentino. Quando penso a qualcosa di romantico, l'ultima cosa che mi salta in mente è un bimbo tappo e ciccione che mi punta un'arma addosso.
PAUL MCGINTY

Per San Valentino ho offerto una romantica cena alla mia mano destra, e lei non si è presentata!
MATTEO MOLINARI

Il San Valentino è triste se non sei fidanzato. È un po' come il giorno dei morti se sei vivo.
ROBERTO "ROBYM" MORO

San Valentino è il protettore della Perugina.
EGIDIO MORRETTI

Domani è San Valentino. Ho già pensato a tutto: cena a lume di candela, *Notturno* di Chopin in sottofondo e a mezzanotte via, a puttane!
RENATO TRINCA

Per San Valentino ti ho portato un regalo stupendo. Scusa ma non ho avuto tempo di incartarmi.
RENATO TRINCA

SANGUE *(Trasfusione)*

Ma il cuore di certa gente non si domanda mai se valga la pena di fare tanta fatica per pompare sangue fino al cervello?
PAOLO CANANZI

Sai di essere vecchio quando il tuo gruppo sanguigno è fuori produzione.
PHYLLIS DILLER

Quell'uomo beveva così tanto alcol che quando doveva fare gli esami del sangue il prelievo, anziché con la siringa, glielo facevano alla spina.
GIALAPPA'S BAND

Preferirei avere del sangue sulle mani piuttosto che dell'acqua come Ponzio Pilato.
GRAHAM GREEN

Sono terrorizzato dalle uova, anzi: peggio. Le trovo rivoltanti. Quella cosetta bianca e tonda senza neanche un buco... Avete mai visto niente di più disgustoso di un tuorlo d'uovo rompersi e lasciar sprizzare il suo liquido giallo? Il sangue è allegro, rosso. Ma il tuorlo d'uovo è giallo, rivoltante. Non l'ho mai assaggiato.
ALFRED HITCHCOCK

Finalmente ho uno sbocco di sangue!
FRANZ KAFKA

Stephen King ha scritto una lettera ai suoi fan dicendo che siccome si ripete troppo, si ritirerà dall'attività di scrittore di romanzi. La lettera è di cinquecento pagine, e termina con un secchio di sangue tirato addosso a un'automobile posseduta dal demonio.
CRAIG KILBORN

Era un cane talmente magro che le zecche gli si appiccicavano non per succhiargli il sangue ma per darglielo.
ORAZIO LEOTTA

Pudica, aveva un eufemismo per dire che aveva le mestruazioni. Diceva: «Oggi ho la vagina sanguinante».
DANIELE LUTTAZZI

Mio figlio è così anemico che ha bisogno di una trasfusione quando deve sanguinare.
LOUIS A. SAFIAN

«Stai sanguinando!» «No, non ne ho il tempo.»
PREDATOR

Modestamente, la circolazione ce l'ho nel sangue.
TOTÒ

State guidando su di una stretta strada di montagna quando all'improvviso un cane balza davanti alla vostra auto. Non c'è tempo per frenare e, se sterzate per evitarlo, quasi certamente finireste nella scarpata. Che cosa usate per togliere il sangue dal paraurti?
TOM WELLER

SANTI

Quando ero piccolo trovai il portafoglio di mio nonno. Lo aprii e vidi le foto ingiallite di Gianni Rivera e Padre Pio, che io non conoscevo, non sapevo chi fossero. Lo chiesi e mio nonno mi spiegò: «Uno fa i miracoli, l'altro è un popolare frate pugliese».
DIEGO ABATANTUONO

Per la notte di San Lorenzo, la notte delle stelle cadenti, io metto la macchina in garage.

ROCCO BARBARO

Non si può essere più sicuri di nulla. Giulio, che per tutta la vita ha sempre pensato di aver sposato una troia, ha ricevuto una lettera anonima con le prove che sua moglie è una santa donna. Adesso per lo choc sono tre notti che non dorme.

ROMANO BERTOLA

I santi sono individui che hanno fatto di tutto pur di finire sui calendari.

ENZO COSTA

Hanno scoperto che la sostanza che si scioglie durante il Miracolo di San Gennaro non è sangue ma una miscela di cloruro ferrico e carbonato di calcio. Quindi, secondo alcuni, non è un miracolo ma una bufala. Secondo me, invece, è un miracolo doppio. Ma vi rendete conto? San Gennaro riusciva a vivere con il cloruro ferrico e il carbonato di calcio nelle vene!

MISTER FOREST (MICHELE FORESTA)

Sani Gesualdi nabbe nel 1111 e morve nel 1888. Nabbe da Sgallatta Alfredo, soprannominato Scandurra Gaetano e da Scamarda Agata, vista da destra, o Agata Scamarda, vista da sinistra. Il padre faceva l'indossatore, la madre faceva la casalinga, tutta casa e chiesa, era madre di 106 figli. Sani era il primo gemito, e lo chiamarono Gesualdi, e, per non confondersi, i rimanenti 105 fratelli li chiamarono Coso oppure Cosa a seconda del sesso.

NINO FRASSICA

Sapete perché il quartiere genovese di San Fruttuoso si chiama così? Perché a Genova tutto quello che frutta viene santificato.

BEPPE GRILLO

È il Papa a decidere chi diventa santo. Bisogna aver fatto tre miracoli, per diventare santi. E dev'essere pieno di persone straordinarie con soli due miracoli che si stanno sbattendo per cercare quell'ultima azione miracolosa. Tipo: «Vostra Papità, ho qui per voi un grande miracolo, fantastico. Pescate una carta, e non fatemela vedere».

EDDIE IZZARD

Pio Bove era un Papa? Santo Spirito era un banchiere?

MARCELLO MARCHESI

San Valentino è il protettore della Perugina.

EGIDIO MORRETTI

La donna giusta per un uomo? Una via di mezzo tra madre Teresa di Calcutta e Sharon Stone... praticamente una santa che porta il saio ma senza le mutande sotto!

DIEGO PARASSOLE

SAPIENZA
vedi **Saggezza**

SAPORE

Mia madre era troppo impegnata a togliere qualsiasi parvenza di sapore al pollo lesso per pensare a suicidarsi.

WOODY ALLEN

La dieta del cardiologo: se ha un buon sapore, sputalo.

PAULINA BORSOOK

Credo che se stessi morendo di fame potrei mangiare un cane. Ma non un collie, perché non mi piace il sapore dei collie.

JACK HANDEY

Fumare dopo aver fatto l'amore ha tutto un altro sapore. Pensa che a volte io faccio l'amore solo per potermi gustare la sigaretta.

MISTER FOREST (MICHELE FORESTA)

Com'è che non c'è un cibo per gatti al sapore di topo? E com'è che non c'è un cibo per cani al sapore di gatto?

GENE POMPA

Si aggiunga l'otturazione delle papille gustative da quando, marinando la scuola, andavo da mio zio in Posta e lo aiutavo a leccare i francobolli, per cui per me un piatto di risotto allo zafferano e uno di merda, non fosse per il colore, sono la stessa cosa.

RUBES

Mike Bongiorno è come un salame: ovunque lo affetti ha sempre lo stesso sapore.
VITTORIO SGARBI

SARDEGNA

Io in macchina, contro quelli che mi lampeggiano, ho montato dei fari speciali. L'altra sera ho portato la mia ragazza a fare una gita romantica a Ostia. A un certo punto le ho detto: «Jolanda vuoi vedere la Sardegna?». E tac: da Cagliari a Sassari l'ho illuminata tutta!
BRUNO CECCONI (PAOLO PANELLI)

È una splendida storia ambientata in Sardegna. Un maiale viene rapito vicino a Orgosolo e i genitori sospettano che non sia più vivo perché nella lettera di richiesta di riscatto i rapitori hanno messo tre fette di mortadella.
GENE GNOCCHI-MARCO POSANI

Sai cosa disse Gesù alla Maddalena? Disse: «Bella, la Sardegna!».
LEONARDO MANERA

Quest'estate in Sardegna, con la fionda ho pescato un tonno da trecento chili. Ero lì sul ponte con l'Alessia Fabiani, l'ho visto che veniva fuori con la testina, ho preso la fionda, una manciata di Rolex Daytona e pem! Seccato sul colpo. Per tirarlo fuori è dovuta venire la guardia costiera con l'elicottero. Poi l'ho caricato sul tetto del Cayenne, sdraiato sul divano per farlo vedere a tutti. Solo che non era ancora morto e sulla strada di ritorno verso Cantù, sulla tangenziale, mi è guizzato via dal tetto e mi ha travolto due ragazzi in moto. Mi hanno tolto anche cinque punti dalla patente. Una seccatura. Più che altro il fastidio dell'ambulanza e della constatazione amichevole, perché io, quando finisco i punti, vado all'Autoscuola Garzone di Cantù e compro una patente nuova. Non si potrebbe, ma con cinquemila euro il signor Garzone ti dà anche la patente dell'astronave!
IL MARCO RANZANI DI CANTÙ (ALBERTINO E DIGEI ANGELO)

Ma toglietemi una curiosità, è vero che qui in continente ci mettete la panna sopra le fragole? Perché noi a Santa Giusta se non ci mettiamo il letame col cavolo che crescono.

LUCIO SALIS

SARDI

«Sai che differenza c'è tra un aereo dell'Alitalia e uno dell'Alisarda? Che quello dell'Alitalia non ha i peli sotto le ali!»

ANONIMO

Io sono la tipica bellezza sarda. Ho le stesse misure di un nuraghe.

GEPPI CUCCIARI

Come sapete eravamo nove fratelli. Il sabato si faceva il bagno nel mastello, non avevamo il bagno in casa, si scaldava l'acqua sul fuoco e si versava in questo enorme recipiente; poi il nonno ci lavava uno dietro l'altro: gli ultimi due facevano la lotta nel fango.

NICO (ALDO, GIOVANNI E GIACOMO)

Quando si andava a letto era una festa. Solo per mettersi la paddana (tipo pigiama, ma nudi) ci volevano due ore sarde (pari a un'ora e 58 minuti vostra); per disporsi nei letti altre due ore; per far silenzio, quattro minuti esatti perché al terzo minuto arrivava il babbo e con una tisana di cazzotti ristabiliva la calma.

NICO (ALDO, GIOVANNI E GIACOMO)

Io sono sardo, mia moglie russa. Ma anch'io non scherzo.

LUCIO SALIS

Lo sai come si chiamano gli abitanti di Santa Giusta? Gavino Marroccu, Anna Pirastu, Bachisio Mureddu...

LUCIO SALIS

Mio nonno mi diceva sempre che noi sardi non siamo sottosviluppati. Siamo sviluppati sotto!

LUCIO SALIS

SARTO
vedi ***Stilista***

SATIRA

«Dice Baudo che non è satira chiamare basso uno che è basso.»

«Sarebbe come chiamare ladro uno che ruba.»
ALTAN

La satira non ha padroni, quindi sta bene sotto ogni padrone.
APRILE

Il '68 è stato l'inserto satirico del '900.
GINO&MICHELE

A New York è stato ritrovato in uno scantinato della NBC un film inedito di Woody Allen, si tratta di una satira contro Richard Nixon che non venne mai trasmessa per motivi di censura. L'NBC adesso vorrebbe trasmetterla, ma Allen si oppone. Nel film, Nixon viene descritto come un uomo senza scrupoli che non esiterebbe a portarsi a letto la figlia adottiva di sua moglie.
DANIELE LUTTAZZI

La satira è viva, sta bene e vive alla Casa Bianca.
ROBIN WILLIAMS

SBADIGLIARE
vedi ***Dormire***

SBAGLIARE
vedi ***Errore***

SCACCHI *(Dama)*

A scuola mi esclusero dalla squadra di scacchi a causa della mia statura.
WOODY ALLEN

È stata una partita a scacchi lunghissima: i cavalli sono morti di vecchiaia.
FEDERICO BASSO

La vita è troppo breve per gli scacchi.
HENRY J. BYRON

Da bambino ero in grado, bendato, di giocare quattro partite a scacchi contemporaneamente. Le perdevo tutte.
A. DRAKE E F. MARION

Il gioco degli scacchi in Africa non decolla. La colpa è di Gino Strada che non gli fa imparare le regole. Si giustifica così verso la comunità internazionale: «Non per essere razzista, ma è un gioco troppo complicato. Prima devono imparare a giocare a dama, poi tra qualche anno ne riparliamo».

Maurizio Milani

Mia madre è sempre stata una maniaca dell'igiene. Pensate che quando ero piccolo, dopo ogni partita che facevo, lei prima mi obbligava a fare la doccia, poi lavava i miei vestiti a novanta gradi. E giocavo a dama.

Furio Ombri

Carola: «Le ipotesi sulla morte di Lady Diana mi hanno molto turbato... ho sentito parlare di complotto, ma chi mai può avere interesse a eliminare una regina?»
Quelo: «Forse l'alfiere.»

Quelo (Corrado Guzzanti)

Conoscete il traffico di Palermo? È come gli scacchi: per andare avanti devi mangiare un pedone!

Francesco Rizzuto

L'altro giorno sono andato a pranzo con un giocatore di scacchi. Me ne sono accorto perché per passarmi il sale ci ha messo venti minuti.

Eric Sykes

È così vecchio che a giocare a dama gli viene il fiato corto.

Ed Winn

SCADENZA

Il principe Carlo d'Inghilterra resta l'unico al mondo ad aver pigliato una Camilla scaduta senza neanche ricevere il Coccio dal Mulino Bianco!

Enrico Bertolino

Mettiamo che una notte mi venga voglia di mangiare una mozzarella ma mi accorgo che è scaduta ieri. Se prendo un aereo e cambio fuso orario posso ancora mangiarla?

Fabio Fazio

Prof: «Devo reinterrogarti, perché il voto risale a ottobre.»
Stud: «Ma perché, i voti scadono?»

Laura, *SBS*

Ho una digestione lenta... l'altra settimana mi è scaduta una mozzarella nello stomaco.

FURIO OMBRI

L'altra settimana, alle undici di sera, ho aperto il frigo e ho scoperto di avere cinque yogurt, una scatola di tonno e due vasetti di sottaceti che mi scadevano di lì a un'ora. Ho fatto una corsa, ma li ho finiti! Proprio sulla Dead Line!

BOB SAGET

«Gradisci del succo marrone o verde?» «Che differenza c'è?» «Due settimane».

LA STRANA COPPIA

Ho trovato la scadenza sul mio certificato di nascita.

STEVEN WRIGHT

SCALA MOBILE

Non è certo un genio. Quando la corrente è saltata, è rimasto bloccato sulle scale mobili per due ore.

MILTON BERLE

Il Natale scorso, mentre ero ai grandi magazzini per le compere, ho ascoltato un bambino sui cinque anni parlare con sua madre mentre insieme scendevano con la scala mobile. Ha detto: «Mammina, cosa faranno quando il piano di sotto sarà tutto pieno di scalini?».

HAL LINDEN

SCAPPARE

vedi ***Fuga***

SCARAMANZIA

vedi ***Superstizione***

SCARPE

È meglio stare con i piedi per terra: in vino veritas, in scarpe adidas.

BANDA OSIRIS

I cigni mettono continuamente la testa sott'acqua per l'ossessione di avere le scarpe slacciate.

ROMANO BERTOLA

Ti accorgi di essere invecchiato quando, chinandoti per allacciarti una scarpa, ti chiedi cos'altro puoi fare già che sei giù.

GEORGE BURNS

«Se sono mattiniero?», fece, «Ah, ah! Lei deve sapere che io, al primo chicchirichì del gallo, balzo dal letto, corro a spalancar la finestra, getto una scarpa contro l'insopportabile bestia, richiudo la finestra e mi rimetto a dormire.»

ACHILLE CAMPANILE

Si mise un paio di scarponi pesanti come un programma della Laurito, un giubbotto morbido come un torrone Sperlari e un paio di occhiali Ray-ban, così neri che Ray Charles a confronto sembrava portasse le lenti a contatto, si pettinò come gli altri di solito sono pettinati dentro le mutande.

GIOBBE COVATTA

Caratteristica del Simmethal Milano furono le scarpette rosse, studiate in modo tale che, quando i giocatori a fine gara se le sfilavano, si diffondeva per lo stadio e tra i tifosi l'accattivante odore della carne in scatola.

GINO&MICHELE

Noi della Lega Lombarda cambieremo la geografia e la storia. Perché, per esempio, è ora di finirla di dire che l'Italia l'han fatta i Garibaldi, i Mazzini, i Cavour e quegli altri brigatisti. Ma quando mai? Le prove sono sotto gli occhi di tutti: l'Italia ha la forma di uno stivale perché l'ha fatta il Calzaturificio di Varese!

GINO&MICHELE-PAOLO ROSSI

Hai mai provato la sensazione che tutto il mondo è in smoking e tu sei un paio di scarpe marroni?

GEORGE GOBEL

Phyllis Diller s'è fatta talmente tanti lifting alla faccia che non le è rimasto più niente nelle scarpe.

BOB HOPE

Mi piacerebbe levarmi una scarpa e tirarla loro in testa.

RUDY KROLOPP, CAPO DESIGNER DEL PRIMO CELLULARE COMMERCIALE, NEL VENTENNALE DELLA SUA INVENZIONE, A PROPOSITO DEGLI UTENTI

Lo stilista Giorgio Armani ha confessato la settimana scorsa di aver dato mazzette alla Finanza Italiana. La condanna è stata di sei mesi, nei quali deve indossare scarpe marroni con un vestito blu.
NORM MACDONALD

Non dico che tu sia brutto, ma ho visto cacche più attraenti sulla suola di una scarpa.
COLIN MOCHRIE

Ha i piedi talmente maleodoranti che per provare le scarpe deve andare in paesi che non riconoscono la convenzione di Ginevra.
EGIDIO MORRETTI

«A volte ho l'impressione che tu non mi stimi...» «Ma, cara, cosa dici? Dai, esci dalla pattumiera e dammi un bacio sulle scarpe.»
EGIDIO MORRETTI

Sono certo che si fa stirare anche le stringhe delle scarpe.
DAVID NIVEN, PARLANDO DI CARY GRANT

Sono stufo di sentire sempre soldi, soldi, soldi. Voglio solo giocare una partita e bere Pepsi e indossare Reebok.
SHAQUILLE O'NEAL

Il kiwi, un frutto marrone e peloso che si distingue dai frati perché non porta i sandali.
VALERIO PERETTI CUCCHI-MARIO ZUCCA

Bob Lanier ha il 56 di piedi. Lui, le scarpe, non le pulisce. Le manda al lavaggio per auto.
LYNN SHACKLEFORD

Per ogni paio di ferri di cavallo che gli uomini usano come portafortuna, c'è, da qualche parte del mondo, un cavallo a piedi scalzi.
ALLAN SHERMAN

C'hai la mamma zoccola e il presidente calzolaio.
STRISCIONE EMPOLESE CONTRO IL TIFOSO FIORENTINO, RIFERITO AL PRESIDENTE DIEGO DELLA VALLE

Camminavo cantando a squarciagola lungo i muri ammuffiti del convento delle Carmelitane Scalze, quando una scarpa mi raggiunse alla nuca. «Bugiarde!», gridai.

NANNI SVAMPA

Un tale fa un numero e chiede: «Pronto, chi parla?» «Calzaturificio di Varese.» «Ho sbagliato numero.» «Le porti qui che gliele cambiamo.»

CITATA DA NANNI SVAMPA

I parenti sono come le scarpe: più sono stretti più fanno male.

TOTÒ

C'era un attore che aveva cento paia di scarpe: tante gliene avevano tirate.

TOTÒ

Una bugia fa in tempo a viaggiare per mezzo mondo mentre la verità si sta ancora mettendo le scarpe.

MARK TWAIN

I maschietti non dovrebbero mai dimenticare che Ginger Rogers faceva tutto quello che faceva Fred Astaire, ma all'indietro e sui tacchi alti.

FAITH WHITTLESEY

SCENEGGIATORE
vedi ***Scrittore***

SCHERZO

Per risparmiare ho deciso di farmi seppellire con il braccio fuori, così mi cambio i fiori, mi pulisco il marmo e poi faccio gli scherzi: scambio le foto delle lapidi.

LA CAROVANA

Ciao, scusami per il brutto scherzo che ti ho fatto, stavolta credo di aver esagerato. Mi perdoni? Con affetto... La Natura.

ARTURO DI NACCIO E CLAUDIA GIOVANNELLI

Vi voglio raccontare uno scherzo che abbiamo fatto a Socmacher. Siccome lui è un appassionato di sport, ad esempio, lui ci ha la villa a Saint Moritz e è uno appassionato di sci. Una sera cosa abbiamo fatto noi meccanici? Siamo andati di nascosto dove c'era lo ski-lift, gli abbiamo tolto il motorino dello ski-lift, e gli abbiamo messo su al posto il motore della Ferrari 399. La mattina ha voluto fare lo sborone:

«Vado io per primo sullo ski-lift...». Ha messo il biroccino dello ski-lift tra le gambe e ha detto: «Accendo io lo ski-lifttttt...». Lui è rimasto lì e i maroni li hanno trovati due valli dopo. Uno spetacolo!
ORIANO FERRARI (MARCO DELLA NOCE)

Una cosa che piace ai bambini sono gli scherzi. Per esempio, dovevo portare mio nipote a Disneyland, e invece l'ho portato davanti a un vecchio bordello bruciato. "Oh no!», dissi, «Disneyland è andata a fuoco!». Mio nipote ha pianto e ha strillato, ma penso che sotto sotto abbia pensato che come scherzo era proprio bello. Ci siamo diretti allora verso la vera Disneyland, ma ormai si era fatto tardi.
JACK HANDEY

Ho fatto un terribile scherzo alle Ferrovie. Ho acquistato un biglietto andata e ritorno Roma-Firenze e poi non sono tornato.
ETTORE PETROLINI

Quando sono a casa di altri e non c'è nessuno in cucina, mi piace scrivere sulla loro lista "Cose da fare". Tipo: "Memorizzare le distanze di tutti i pianeti", oppure: "Adottare bambini per venderli al mercato nero".
STEVEN WRIGHT

SCHIAVITÙ

È meglio abolire la servitù dall'alto che attendere che si abolisca da sé dal basso.
ALESSANDRO II, ZAR DI TUTTE LE RUSSIE

Matrimonio... una comunità formata da un padrone, una padrona e due schiavi, il che fa in tutto due persone.
AMBROSE BIERCE

Tutti i nostri professori erano contrari al lavoro minorile: volevano la schiavitù, e ci avrebbero venduto volentieri ai Tuareg. Ci avrebbero fatto cucire i palloni, ma non come si fa adesso, nel Terzo Mondo: ce li avrebbero fatti cucire dall'interno, in modo da rimanerci chiusi dentro!
GIOBBE COVATTA

Lo schiavo si affeziona. L'impiegato no.

MARCELLO MARCHESI

SCHIFO *(Disgusto)*

Non riesco a capire come un uomo d'onore possa prendere in mano un giornale senza un brivido di disgusto.

CHARLES BAUDELAIRE

Al termine di un pranzo di nozze mi hanno dato un amaro alle erbe talmente schifoso che perfino sull'etichetta c'era un frate che vomitava.

BEPPE BRAIDA

Sapete cosa c'è di più disgustoso che mordere una mela e trovarci un verme? Mordere una mela e trovarci mezzo verme.

PINO CARUSO

È che io ho dei problemi con le donne... Conosco solo due tipi di donne: quelle sensibili che non escono con me perché hanno paura di illudermi e quelle, per fortuna, che non escono con me perché gli faccio schifo!

ANTONIO CORNACCHIONE

E il Signore distrusse Sodoma e Gomorra ricoprendole di zolfo e di fuoco. E gli angeli in coro dissero: «Signore, passi per Sodoma, città di sodomiti, ma... perché hai distrutto anche Gomorra?». E il Signore rispose: «Mah... Gomorra, città di gomorroidi... mi faceva un po' schifo!».

GIOBBE COVATTA

Se il mondo fa schifo, figuriamoci Bari!

CUORE

Una bellissima ex concorrente del *Grande Fratello*, in odore di Parlamento Europeo, ha rotto la sua relazione con Berlusconi la prima volta che l'ha visto nudo. Ha dichiarato che era stato un abbaglio, che le faceva schifo così senza portafoglio.

GINO&MICHELE

Sono terrorizzato dalle uova, anzi: peggio. Le trovo rivoltanti. Quella cosetta bianca e tonda senza neanche un buco... Avete mai visto niente di più disgustoso di un tuorlo d'uovo rompersi e lasciar sprizzare il suo liquido giallo? Il sangue è allegro, rosso. Ma il tuorlo d'uovo è giallo, rivoltante. Non l'ho mai assaggiato.

ALFRED HITCHCOCK

Nella fede cristiana, Dio creò Adamo a sua immagine e somiglianza. Ma sessantacinque milioni di anni prima, Dio creò i dinosauri a immagine e somiglianza di suo cugino Ted. Ted non era la pecora nera della famiglia, Ted era il grande mostro schifoso della famiglia.

EDDIE IZZARD

Se la bellezza è soggettiva, perché faccio schifo a tutti?

FRANCO MERAFINO

Sono stato con una ragazza a dir poco imbarazzante: non aveva peli sulla lingua, in compenso però aveva lingue sui peli, e vi assicuro che era davvero rivoltante.

MATTEO MOLINARI

Lascia che ti racconti una storiella chiamata "Il Mollusco Orrendo": c'era una volta un mollusco davvero orrendo. Era così orrendo che morirono tutti. Fine.

PATRICK

Il palazzo dove abitavo era tutto in calcestruzzo, chiamato così perché gli architetti che lo usano per costruire palazzi come il mio dopo passano la vita con la testa sotto la sabbia per la vergogna di aver fatto una schifezza simile.

VALERIO PERETTI CUCCHI

Ho perso l'apparato digerente e allora mi succede che la roba che mangio va a finirmi subito nelle mutande senza subire quel trattamento che la rende marrone, per cui è ancora commestibile, così la metto in freezer che viene buona ancora. È un anno che mangio la stessa braciola di maiale! Fa schifo, però si mettono via dei bei soldi.

RUBES

SCHIZOFRENIA

Le rose sono rosse
Le viole sono blu
Io sono uno schizofrenico
E lo sono anch'io.

BILLY CONNOLLY

Sono andato a vedere l'ultimo film di Bo Derek dove lei interpreta una schizofrenica. Si intitola *20*!

JOHN CARFI & CLIFF CARIE, RIFERENDOSI AL FILM *10*

Due persone su una in questo Paese sono schizofreniche.

GRAFFITO

Non sarai mai solo con la schizofrenia.

SPILLA INGLESE, 1983

SCI *(Sciare)*

L'ultima volta che sono stato al mare è stato con Mrs Allen, mia moglie. Durante la luna di miele. Ero favoloso. Mi avreste adorato. Stavo sciando sull'acqua, nudo fino alla cintola, scivolavo veloce sulla cresta dell'onda. I muscoli luccicanti d'olio, mi tenevo con una mano sola. Lo sci d'acqua è una meraviglia. Mia moglie, nella barca davanti a me, vogava con foga.

WOODY ALLEN

Sciare? Io non pratico nessuno sport con delle ambulanze ai piedi della collina.

ERMA BOMBECK

Sono stato a sciare in Piemonte. In un giorno solo ho fatto per tre volte tutte le piste del comprensorio della Via Lattea. La sera ero parzialmente stremato.

CAMILLO CANOVI

Dopo amo andati alla scuola di sci e quando l'hanno vista a mia moglie Derelitta hanno detto qui non ci vuole un maestro di sci ci vuole un domatore di sci!

VITO CATOZZO (GIORGIO FALETTI)

Vi voglio raccontare uno scherzo che abbiamo fatto a Socmacher. Siccome lui è un appassionato di sport, ad esempio, lui ci ha la villa a Saint Moritz e è uno appassionato di sci. Una sera cosa abbiamo fatto noi meccanici? Siamo andati di nascosto dove c'era lo ski-lift, gli abbiamo tolto il motorino dello ski-lift, e gli abbiamo messo su al posto il motore della Ferrari 399. La mattina ha voluto fare lo sborone: «Vado io per primo sullo ski-lift...». Ha messo il biroccino dello ski-lift tra le gambe e ha detto: «Accendo io lo ski-lifttttt...». Lui è rimasto lì e i maroni li hanno trovati due valli dopo. Uno spetacolo!

Oriano Ferrari (Marco Della Noce)

È l'unico degli italiani che in Super-G riesce a tenere gli sci uniti. Larghi ma uniti.

Furio Focolari

Sciare? Perché rompermi una gamba a venti gradi sotto zero quando posso comodamente cadere dalle scale di casa?

Corey Ford

Svegliarsi alle cinque con il buio per andare a sciare è dura. Svegliarsi alle cinque con il buio per andare a lavorare è durissima.

Kristian Ghedina

Ci sono alcune competizioni miste che non capisco, tipo il biathlon nelle olimpiadi invernali, che combina lo sci di fondo con il tiro a segno. Quanti alpini cecchini ci sono, là fuori? Sciare e sparare con un'arma? Per me è come combinare il nuoto con lo strangolare qualcuno: perché non facciamo anche quello?

Jerry Seinfeld

Ho spiegato a mio nipote cos'è il compromesso: «Se, per le vacanze, tua mamma vuole andare al mare, e tuo papà invece in montagna, il compromesso è che si va al mare, ma il babbo può portarsi gli sci».

Dino Verde

Mi hanno regalato un paio di sci d'acqua, solo che non riesco a trovare nessun lago in discesa.

Zuzzurro e Gaspare

SCIACALLO

vedi ***Avvoltoio***

SCIAGURA
vedi **Catastrofe**

SCIARE
vedi **Sci**

SCIENZA *(Fisica)*

Una teoria sostiene che se qualcuno mai scoprirà esattamente perché l'Universo esiste e qual è il suo scopo, esso svanirà all'istante e verrà rimpiazzato da qualcosa ancora più bizzarro e inesplicabile. Secondo un'altra teoria, questo è già avvenuto.

DOUGLAS ADAMS

La scienza ha sconfitto molte malattie, ha decifrato il codice genetico e ha perfino mandato l'uomo sulla luna, ma se un ottantenne viene lasciato solo in una stanza con due conigliette diciottenni non succede niente di niente. Perché i veri problemi non cambiano mai.

WOODY ALLEN

Esame di fisica. Si presenta il primo studente. Il professore: «Sei in treno, in uno scompartimento. Fa caldo. Che fai?» «Mah, apro il finestrino.» «Bravo. Ora calcola la variazione di entropia.» «Mi servirebbe qualche dato in più...» «No!... Lo sai?... No? Va bene, vai.» e il primo viene sbattuto fuori. Arriva il secondo, poi il terzo, il quarto e il professore fa la medesima domanda con lo stesso risultato. Arriva l'ultimo studente: «Sei in treno, in uno scompartimento. Fa caldo. Che fai?» «Mi tolgo la giacca.» «Sì, ma fa ancora caldo, che fai?» «Mi allento la cravatta.» «Ma fa ancora caldo...» «Mi sbottono la camicia.» incazzandosi: «Sì, ma fa ancora tanto caldo, che fai?» «Senta professore, può fare quanto caldo vuole. Ma io quel cazzo di finestrino non lo apro!»

ANONIMO

«Lo scienziato Mendel dimostrò che l'uomo somiglia ai genitori e lo dimostrò con un esperimento: incrociò due piante di piselli, una verde e una bianca, e si accorse che i piselli che nascevano erano un po' bianchi e un po' verdi. Questo ti fa capire che

tu hai gli occhi marroni per ché tuo padre ha gli occhi marroni!» «Non è vero, mio padre ha gli occhi verdi!» «Evidentemente tua madre ha sbagliato pisello!»
Antonio e Michele

«La legge di gravità dice che tutti i corpi si attraggono a causa di una forza!» «Tutti i corpi?» «Non proprio tutti, se prendi il corpo di tua sorella che pesa centottanta chili, per esserne attratti più che la forza ci vuole il coraggio!»
Antonio e Michele

Diceva il grande studioso Carl Never, appassionato estimatore dell'universo femminile: «Le donne sono come gli insetti: girano sempre per la casa e danno fastidio».
Giampiero Asara

Quando la scienza scoprirà il centro dell'universo, un sacco di gente sarà delusa nell'apprendere che non si tratta di loro.
Bernard Bailey

Dobbiamo molto a Thomas Edison. Se non fosse per lui, adesso guarderemmo la televisione a lume di candela.
Milton Berle

Siamo onesti, il contributo tecnologico italiano all'umanità si è fermato al forno per la pizza.
Bill Bryson

Non ho mai capito perché se una ha vent'anni, è alta, bella, con un fisico da modella, nei film di James Bond fa il fisico nucleare.
Paolo Borraccetti

Il dottor Rudolf von Rudder ci spiega come un aereo riesce a volare: «È una teoria semplice. La faccenda è questa: vedete, i motori spingono il velivolo in avanti e creano una corrente, e questa colpisce il terreno e ritorna verso l'aereo; i motori vanno più veloci e tutto l'apparecchio vibra, quindi, quando c'è sufficiente corrente e un vuoto d'aria si è creato, l'aereo si solleva in cielo. Da qui in poi è un miracolo. Non ho mai capito cosa li tenga su».
Mel Brooks

Mio figlio è laureato in biologia. Ha trovato un posto da cavia.
MASSIMO BUCCHI

Esiste un legame tra depressione e cancro? È scientificamente dimostrato: su 100 persone che vengono a sapere di avere un cancro, 95 smettono di ridere.
LIA CELI

Un'implosione è tutto il contrario di un'esplosione, per cui l'esatto termine scientifico per definirla è: MOOB.
ANTONELLO COMMISSO

Il "carbonio 14" è un metodo di datazione scientifica estremamente comodo e preciso. Per esempio si può conoscere l'esatto anno di morte di Aristippo di Cirene esaminandone i resti della colonna vertebrale senza prendersi la briga di consultare un manuale.
ANTONELLO COMMISSO

Quando un uomo siede vicino a una bella ragazza per un'ora, pensa che non sia passato più di un minuto. Ma fatelo sedere sopra un termosifone bollente per un minuto, crederà che siano passate delle ore. Ecco cos'è la relatività.
ALBERT EINSTEIN

La scienza è una cosa meravigliosa se uno non deve guadagnarcisi da vivere.
ALBERT EINSTEIN

Avete sentito di quello scienziato che ha incrociato un picchio con un piccione viaggiatore? Ha ottenuto un uccello che non solo porta i messaggi a destinazione, ma bussa alla porta quando arriva.
JOHN R. FAX

Perché quando vedo Zichichi vorrei che scoppiasse la guerra atomica?
FABIO FAZIO

Stanco dell'infinitamente piccolo e dell'infinitamente grande, lo scienziato si dedicò all'infinitamente medio.
ENNIO FLAIANO

Mi sono sempre chiesto di che cosa parlino i grandi scienzati quando si ritrovano assieme. Si può

immaginare il dottor Fahrenheit e il dottor Celsius parlare tra loro. Il dottor Fahrenheit direbbe: «Uh, che caldo che fa qui dentro». E il dottor Celsius: «Non fa poi così caldo».
Dan French

All'università dell'Illinois pensano di essere riusciti a sviluppare una nuova fonte energetica. Pensano di poter ricavare carburante dal letame di cavallo. Sto dicendo la verità. L'ho letto oggi sul giornale. Ora, non so se questo consentirà alla tua macchina di fare 50 chilometri con quattro litri, ma di sicuro impedirà che qualcuno ti freghi il carburante aspirandolo con la bocca.
Billy Holliday

E come disse Isaac Newton subito dopo che una mela gli cadde sulla testa: «Strano, io sono sono seduto sotto un pero!».
Laugh-In

La pubblicità si può descrivere come la scienza di fermare l'intelligenza umana per il tempo necessario a spillarle quattrini.
Stephen Leacock

La tecnica arriverà a una tale perfezione che l'uomo potrà fare a meno di se stesso.
Stanislaw Jerzy Lec

Alcuni scienziati dicono che la nicotina potrebbe curare l'Alzheimer: muori prima di diventare abbastanza vecchio da ammalarti.
Jay Leno

Ma chi è l'uomo medio? È colui che ha negato per secoli che la terra girasse, che ha gettato nel rogo le streghe e ha bruciato i pazzi; che ha massacrato Pisacane e gli eroi del Risorgimento. È colui che è destinato a essere smentito dalla storia, dalla vita e dalla scienza mentre la società si evolve e si trasforma! Vuoi vedere che l'uomo medio sono io?
Marcello Marchesi

È ormai ammesso alle donne cattoliche evitare una gravidanza ricorrendo alla matematica, ma non è loro ancora concesso di ricorrere alla fisica o alla chimica.
Henry Louis Mencken

Le scimmie non sono molto intelligenti. Ne conosco una che studia astrofisica, però è fuoricorso.

EGIDIO MORRETTI

Se gli scienziati spaziali sono così intelligenti, perché contano sempre all'indietro?

ROBERT ORBEN

In tutta franchezza: cosa ne sa la Chiesa di embrioni, di cellule staminali, di omo e etero-zigoti? Qual è lo spessore scientifico, non morale, della Chiesa? Quando sono stato operato di ernia inguinale, in sala operatoria c'era un chirurgo, non un parroco! La Chiesa sa di cose di Chiesa. Perché deve mettere becco, intervenire, suggerire alternative anche su queste complicatissime cose di scienza? È come se Dulbecco, uno scienziato, si presentasse a un concilio di cardinali e dicesse: «La Via Crucis non si fa come la fate voi. Non si parte dalla prima stazione. È sbagliato! Si parte dalla terza, si passa alla nona e, con la decima, si chiude. La Via Crucis è così!».

ALBERTO PATRUCCO

Secondo le teorie dell'aerodinamica e attraverso esperienze effettuate nella galleria del vento, è dimostrato che l'ape non può volare. Questo perché il suo peso, la sua massa e la forma del suo corpo, in rapporto all'apertura alare, ne rendono il volo impossibile. Tuttavia l'ape, ignara di queste cognizioni scientifiche e essendo dotata di notevole risolutezza, non solo vola... fa anche il miele!

MARCO ERCOLE PELIZZA

I medici-senza clienti si chiamano scienziati.

PITIGRILLI

La signora Newton: «Tesoro, è caduta un'altra mela dall'albero. Perché non vieni a guardarla? Magari scopri qualcos'altro».

HERBERT V. PROCHNOW & HERBERT V. PROCHNOW JR

Ci sono degli scienziati, quelli seri, non quei drogati consulenti di Seattle, che hanno spiegato che non sono le industrie che inquinano, sono gli alberi che da cinquant'anni a questa parte lavorano meno, perché la natura, siccome è verde,

è comunista, e gli alberi non c'hanno più voglia di fare un cazzo.
Paolo Rossi

La teoria scientifica che mi piace di più è quella che vuole gli anelli di Saturno costituiti interamente da bagagli smarriti dalle linee aeree.
Mark Russell

Io e il mio boss non ci intendiamo su una cosa, riguardo alla fisica: lui pensa che la Breve Storia del Tempo di Hawkins semplifichi troppo il concetto di materia nera in relazione alla teoria del Big Bang, mentre io non ho assolutamente idea di che cosa stia parlando.
Ryan Stiles

Il cardinale Ratzinger si è dichiarato insoddisfatto della decisione di Giovanni Paolo II di riabilitare Galileo. Secondo Ratzinger, infatti, è stato un atto doveroso in quanto Galileo fu il primo a dimostrare che non è il sole che gira intorno alla terra, ma il Papa.
Striscia la notizia

Ci pensate cosa succederà quando i bambini in provetta faranno scienze a scuola? Scopriranno tutti che il loro papà si è fatto una sega in un barattolo, e che la loro mamma è un disco di Petri. Va a finire che avremo bambini che avranno un forte desiderio di masturbarsi davanti a bambine che indossano lenti bifocali.
Marsha Warfield

Un medicinale è una sostanza che quando viene iniettata in una cavia produce un articolo scientifico.
The Wit of Medicine

SCIMMIA *(Gorilla)*

In uno zoo ho visto una scimmia che sparava coriandoli con una scoreggia. Il guardiano mi ha detto che la colpa era dei visitatori che le davano le banane senza prima togliere il bollino della Chiquita.
Massimo Bassi

Guardare tua figlia che se ne va con quel tizio ti fa sentire come se avessi

appena consegnato uno Stradivari a un gorilla.
JIM BISHOP

Pagate alla gente noccioline e avrete scimmie a lavorare.
BETTE DAVIS

«Specchio delle mie brame, chi è la più bella del reame?» «Nel regno delle scimmie tu sicuramente.»
CLAUDIO GASPARINI

Un solo fatto può cambiare completamente il vostro punto di vista sulle cose. Per esempio, lo sapevate che King Kong era una lesbica?
DAVID GERROLD

Tendiamo a sottovalutarci. A volte pensiamo che, se noi due fossimo Tarzan e Jane, Cita sarebbe la mente del trio.
GINO&MICHELE

Vi sono degli stati sociali in cui governano i più intelligenti: è il caso dei babbuini.
KONRAD LORENZ

Le scimmie non sono molto intelligenti. Ne conosco una che studia astrofisica, però è fuoricorso.
EGIDIO MORRETTI

Che differenza passa tra una scimmia e uno spazzolino da denti? La scimmia può arrampicarsi sugli alberi, e lo spazzolino da denti... no.
ETTORE PETROLINI

Domanda: «Come ti poni nei confronti del gorilla di montagna del Ruanda?» Risposta: «Preferibilmente non di spalle».
FRANCESCO SALVI

SCIOPERO
*vedi anche **Manifestazioni***

A Milano sciopero a oltranza dei ferrotramvieri... La loro busta paga è misera. Il lavoro poi è sempre più difficile: guidare un autobus e chiedere l'elemosina!
ARTURO DI NACCIO

Quest'edizione del telegiornale andrà in onda in forma ridotta per venire incontro alle vostre capacità mentali.

Daniele Luttazzi

«Quando ho la sensazione che in fabbrica ci sia un po' di disordine», mi diceva un giovane industriale, «quando vedo che si profila uno sciopero, io prendo il mio yacht. Me ne vado. In crociera. Alle Bahamas. E mi porto dietro un po' di operai.» «Come viaggio premio?» «No, come ostaggi!»

Marcello Marchesi

Oggi alle 21.00 sciopero contro il terremoto.

Marcello Marchesi

Vengo da un ambiente dove, se si vede un serpente, lo si uccide. Alla General Motors, se vedi un serpente, per prima cosa assumi un consulente sui serpenti.

H. Ross Perot

In Albania sciopero generale di protesta. Gli albanesi perciò si asterranno dalla disoccupazione.

Striscia la notizia

Sciopero generale. Luciano Lama: «Due orette appena, che se no riprendo il vizio».

Vauro

I personaggi dei cartoni animati sono scesi in sciopero: «Prima di tutto, vogliamo più dita».

Robin Williams

Uno dei miei cognati è un genio. Quando a New York c'è stato lo sciopero dei netturbini, sapete come si è sbarazzato della spazzatura? L'ha impacchettata con la carta da regalo, l'ha lasciata in macchina, e gliel'hanno rubata.

Henny Youngman

SCOMMESSA

Una volta la mafia prese possesso del New York Ballet. Così, durante una rappresentazione de *Il Lago dei Cigni*, vennero puntati molti soldi perché il cigno vivesse.

Woody Allen

E quando lei: «Ma teeee... perché invece di passare le giornate all'ippodromo non mi paghi l'estetista?» «Perché con i cavalli un minimo di speranza ce l'hai.»

STEFANO BELLANI

Volete sapere tutto quello che so sulla boxe? Beh, mai scommettere sul pugile bianco.

UNA PALLOTTOLA SPUNTATA

Non sai mai cosa ti toccherà, e i bambini hanno già una loro personalità. L'altro giorno guardavo dei bambini sulla giostra: alcuni saltavano sui cavalli, altri erano spaventati dai cavalli, altri ancora scommettevano sui cavalli.

RITA RUDNER

La professione di scrivere libri fa apparire le corse dei cavalli un'attività solida, stabile.

JOHN STEINBECK

SCONFITTA

vedi **Perdere**

SCOPARE

vedi **Fare l'amore**

SCOPRIRE

Mi sono accorto che è la tv che dovrebbe pagarci per guardarla!

MILTON BERLE

Pensare che non si sa il nome del primo maiale che scoprì un tartufo.

EDMOND E JULES DE GONCOURT

Che cosa c'è di così incredibile nel fatto che Colombo abbia scoperto l'America? È così grossa, come avrebbe fatto a mancarla?

LEOPOLD FETCHNER

SCOREGGIA

Il matrimonio cambia gli uomini. Da fidanzati mi apriva lo sportello per farmi entrare nell'auto. Adesso è già tanto se tira giù il finestrino quando scoreggia!

GIANNI AUDISIO

Mia moglie non è più romantica come un tempo. Ieri sera, al chiaro di luna, le ho regalato una rosa rossa. Poi lei ha rifiutato di fare una gara di scoregge.
Maurizio Avanzi

Se esiste il lessico amoroso vuol dire che mio marito è anoressico visto che parla col culo!
Anna Maria Barbera

In uno zoo ho visto una scimmia che sparava coriandoli con una scoreggia. Il guardiano mi ha detto che la colpa era dei visitatori che le davano le banane senza prima togliere il bollino della Chiquita.
Massimo Bassi

Chevy Chase è uno che non riuscirebbe neppure a improvvisare una scoreggia dopo una cena a base di fagioli in umido.
Johnny Carson

E cos'è questa mania dell'incenso? Puzza come se qualcuno avesse dato fuoco al cesto della roba sporca. Calzini da ginnastica e ciclamino. Abbiamo davvero bisogno di quel tanfo? L'odore dell'incenso mi fa pensare a come sarebbe se i fiori potessero scoreggiare.
Billiam Coronel

Quella sera sono tornata a casa diversa. Più sicura di me stessa. Quasi, quasi ribelle. Tanto che mi sono detta: cos'è 'sta storia! 'Sta timidezza, questo pudore. Noi donne a letto dobbiamo fare tutto quello che fanno gli uomini. Così sono tornata a casa, mi sono infilata sotto le coperte, ho fissato mio marito (che era già tornato) e ho scoreggiato!
Gaia (Simona Guarino)

Hugh Hefner ha inventato una nuova posizione sessuale: il 96. Quando ci si mette schiena a schiena e ci si scoreggia sulla nuca a vicenda.
Gilbert Gottfried

L'amore più grande è quello che ti sveglia la mattina con un bacio e ti dice: «Hai scorreggiato di meno stanotte».
Nanni Greco

Mio marito deve avere ogni attrezzo possibile. «Guarda! È un compressore d'aria, spara fuori aria!». Lo fa anche il tuo sedere, usa quello!

MARYELLEN HOOPER

Ho un bagno talmente piccolo che se dopo una scoreggia potente qualcuno apre la porta di colpo la caduta di pressione istantanea può provocarti un'embolia.

ROBERTO LISSONI

A volte mi chiedo cosa sia la felicità, e non sempre so darmi una risposta. Credo comunque che non abbiamo il diritto di lamentarci troppo, perché esistono al mondo esseri viventi molto più sfortunati di noi. Voglio dire. I pesci. I pesci sono gli esseri più sfortunati che esistano sulla faccia della terra. Ci avete mai pensato? Perché un pesce, un pesce non può far finta di niente, quando scoreggia.

DANIELE LUTTAZZI

La ragazza è come una scoreggia: se non ce l'hai non la puoi mollare.

GRAZIANO MARANI

Aveva un culo così grosso che se scoreggiava in un sacco di farina non ne restava che per fare due frittelle.

PROVERBIO LIGURE

Ci sono giornate in cui l'unico momento di benessere finisce per essere una scoreggia. Certo, al momento può sembrare sordido... ma se ci si mette dal punto di vista ottimista si constata che il più disgraziato degli uomini può avere almeno un istante di benessere al giorno.

REISER

Prima che ci fidanzassimo non aveva mai scoreggiato. Adesso è come una seconda lingua.

CAROLINE RHEA

SCRITTE
vedi ***Slogan***

SCRITTORE *(Sceneggiatore)*

Se sono già tanto cretini quelli ai quali piacciono i miei libri, figura-

ti quanto lo devono essere coloro ai quali non piacciono.
Herbert Achternbush

Sono molto avvilito perché il mio romanzo, *Fiero emetico*, ha ricevuto fredde accoglienze dalla critica. L'unica recensione favorevole, sul *Times*, è viziata però dalla frase finale che definisce il libro "un miasmatico marasma di asinini luoghi comuni che non trova l'uguale nella letteratura occidentale". Willie mi dice che, sebbene la frase potrebbe variamente interpretarsi, è opportuno non servirsene a scopi pubblicitari.
Woody Allen

La maggior parte dei romanzieri contemporanei dovrebbe prendere come modello lo scrittore francese Balzac, l'autore de *La commedia umana*, il quale da un secolo e mezzo non pubblica più nulla!
Anonimo

Rovinano le tue storie. Massacrano le tue idee. Prostituiscono la tua arte. Calpestano il tuo orgoglio. E tu cosa ricevi in cambio? Una fortuna.
Anonimo sceneggiatore

La carriera dello scrittore italiano ha tre tempi: brillante promessa, solito stronzo, venerato maestro.
Alberto Arbasino

Se il mio dottore mi dicesse che mi rimangono solo sei minuti da vivere, non ci rimuginerei sopra. Batterei a macchina un po' più veloce.
Isaac Asimov

Il giorno in cui un giovane scrittore corregge la sua prima bozza prova lo stesso orgoglio di un adolescente che ha appena preso la sifilide.
Charles Baudelaire

I poemi lunghi sono la risorsa di quegli imbecilli che non ne sanno scrivere di brevi.
Charles Baudelaire

Allora rientrai a casa e mi misi a scrivere: "È mezzanotte; la pioggia batte sui vetri". Non era mezzanotte. Non pioveva.
Samuel Beckett

Chiedere a uno scrittore che cosa pensa dei critici è come chiedere a un lampione che cosa pensa dei cani.

Nicolas Boileau

Lei è già un classico. Noi pubblichiamo autori contemporanei.

Valentino Bompiani, lettera di rifiuto editoriale

Quando un artista o uno scrittore si vantano di guadagnare, ci avvertono senza saperlo di aver cambiato mestiere.

Abel Bonnard

Stile. Aveva una prosa così graffiante che i suoi lettori si riconoscevano dai segni sulla faccia.

Massimo Bucchi

Perché mai dovrei desiderare di essere Flaubert quando ho la fortuna di essere Aldo Busi?

Aldo Busi

I lettori sono personaggi immaginari creati dalla fantasia degli scrittori.

Achille Campanile

Alcuni scrittori per scrivere hanno bisogno della vena. Altri dell'avena.

Achille Campanile

No, quello non è scrivere: è battere a macchina.

Truman Capote

Proust spiega troppo per i miei gusti: trecento pagine per farti sapere che Tizio incula Tizio è troppo.

Louis-Ferdinand Céline

Mi ci sono voluti quindici anni per scoprire che non avevo alcun talento come scrittore, ma non potevo smettere perché a quel punto ero troppo famoso.

Carol Channing

La differenza tra un romanzo e la realtà? Un romanzo deve avere senso.

Tom Clancy

In tanti scrittori la mancanza di ingegno è un dono di natura.

Ivy Compton-Burnett

Le cose stanno andando bene. Ho appena finito il mio primo libro. Adesso ne leggerò un altro.

Rodney Dangerfield

Molti editori sono scrittori falliti.
THOMAS S. ELIOT

Molti grandi autori morirono giovanissimi lasciando dei capolavori. Io ho scritto questo libro, ma in compenso sto benone.
FABIO FAZIO

Una volta ho chiesto al mio agente letterario quali scritti pagano meglio, e lui mi ha detto: le richieste di riscatto.
GET SHORTY

Lasciate che vi spieghi com'è scrivere per il cinema. Finisci il tuo libro, guidi fino al confine della California, e racconti la tua idea. No, un momento, a ripensarci, prima consenti loro di tirarti addosso dei soldi.
ERNEST HEMINGWAY

Alla fine di ogni libro, mi viene voglia di uccidermi. Pensi che non ne scriverai mai un altro. Poi finisci tutti i soldi dell'anticipo.
ERICA JONG

Mi piace essere uno scrittore famoso. Il problema è che ogni tanto devi scrivere qualcosa.
KEN KESEY

Stephen King ha scritto una lettera ai suoi fan dicendo che siccome si ripete troppo, si ritirerà dall'attività di scrittore di romanzi. La lettera è di cinquecento pagine, e termina con un secchio di sangue tirato addosso a un'automobile posseduta dal demonio.
CRAIG KILBORN

Ci sono certi scrittori che riescono a esprimere già in venti pagine cose per cui talvolta mi ci vogliono addirittura due righe.
KARL KRAUS

Che cosa disgustosa uno scrittore che legge! Sarebbe come un cuoco che mangia.
KARL KRAUS

Non provocare un cretino a scrivere un capolavoro: potrebbe riuscirei,
STANISLAW JERZY LEC

Non gli usciva dalla testa che una fitta forfora di aggettivi.
LEO LONGANESI

Per contribuire alla mia immortalità la signora mi consigliò di togliere una virgola al mio libro. Era la sola cosa che sarebbe passata ai posteri.
LEO LONGANESI

Il problema dei giovani scrittori è che hanno tutti sui sessant'anni.
W. SOMERSET MAUGHAM

Se rubi a un autore è plagio. Se rubi a molti è ricerca.
WILSON MIZNER

Grave atto vandalico: spento un rogo dove bruciavano i libri di Alberoni. Gli autori del teppistico spegnimento linciati dalla folla.
EGIDIO MORRETTI

L'autrice di Harry Potter J.K. Rowling ha dichiarato che potrebbe scrivere un romanzo con Harry adulto. Quando le è stato chiesto il perché, ha detto: «Perché nel mondo ci sono dei soldi che non sono ancora miei».
CONAN O'BRIEN

Se un terzo degli scrittori e due terzi dei poeti viventi morissero improvvisamente, la perdita per la letteratura sarebbe irrilevante.
CHARLES OSBORNE

Agli scrittori sono più utili i nemici degli amici, perché gli amici si fanno regalare una copia del loro libro per dirne bene, mentre i nemici, per dirne male, la comprano.
PITIGRILLI

Trasferirmi da Los Angeles a Petaluma è stata la miglior cosa che io abbia mai fatto. Mi piace avere dei vicini che non hanno scritto una sceneggiatura.
RICK REYNOLDS

I premi letterari sono una crudeltà. Soprattutto per chi non li vince.
UMBERTO SABA

Il mondo degli scrittori è sempre più popolato. Viene fatto di pensare che tra poco ci saranno più scrittori

che lettori, e sarà lo scrittore a chiedere l'autografo al lettore.
LESLIE SHANE

La professione di scrivere libri fa apparire le corse dei cavalli un'attività solida, stabile.
JOHN STEINBECK

Una penna per me è come un becco per una gallina.
JOHN RONALD RENEL TOLKIEN

«Secondo lei devo mettere più fuoco nei miei scritti?» «No. Viceversa.»
OSCAR WILDE A UN ASPIRANTE SCRITTORE

In realtà ogni autore desidera veder stampate le proprie lettere sui giornali. Incapace di arrivare a tanto, scende di un gradino e scrive romanzi.
PELHAM GRENVILLE WODEHOUSE

D'agrande farò il scritore.
ZIO SCRIBA (NICOLA PEZZOLI)

SCRIVERE

Non riesco a capire perché una persona debba impiegare un anno a scrivere un romanzo quando può facilmente comprarne uno per pochi soldi.
FRED ALLEN

Io sono molto precoce. Pensate che io ho imparato a scrivere molto prima di imparare a leggere. Difatti scrivevo e mi chiedevo: ma che cazzo ho scritto?
CLAUDIO BISIO

No, quello non è scrivere: è battere a macchina.
TRUMAN CAPOTE

Caro amico ti scrivo così mi distraggo un po'. Ma siccome sei molto lontano più forte ti scriverò.
LUCIO DALLA

Se esiste una causa per il diffondersi dell'ignoranza di massa è il fatto che tutti sanno leggere e scrivere.
PETER DE VRIES

A cinquant'anni l'ho capito: più importante di qualsiasi cosa abbia scritto è qualsiasi cosa abbia letto.
IVAN DELLA MEA

Scrivere è trasformare in soldi i propri momenti peggiori.
J.P. DONLEAVY

«Lei scrive? Che coincidenza. Io leggo.»
LEOPOLD FETCHNER

«Ho letto il tuo nuovo libro. Chi te lo ha scritto?» «E a te chi lo ha letto?»
LEOPOLD FETCHNER

L'omicidio è un crimine. Scriverne, no. Il sesso non è un crimine, ma scriverne sì. Perché?
LARRY FLYNT

Avevo scritto in modo così chiaro che non si leggeva un cazzo!
FRIGNANI & SALI

Come dice sempre mio marito Gino: «Delle donne non c'è da fidarsi, soprattutto se sanno leggere e scrivere».
GAIA (SIMONA GUARINO)

Che scena straziante! Non mi commuovevo più così dal giorno in cui vidi al *Maurizio Costanzo Show* Corinna, la piccola infelice nata senza saper né leggere né scrivere.
GINO&MICHELE-GENE GNOCCHI

Cos'è uno storico? Uno che scrive troppo male per poter collaborare a un quotidiano.
KARL KRAUS

Taluni escono di scena quando hanno esaurito le parole scritte da altri.
STANISLAW JERZY LEC

Paris Hilton deve andare in carcere. Ma, Paris, non è poi così brutto, essere in carcere: ti darà un sacco di tempo per leggere, ti darà un sacco di tempo per scrivere... Oh, no, sei nei guai, Paris.
DAVID LETTERMAN

Se vuoi diventare ricco scrivendo, scrivi il tipo di cose che vengono lette dalle persone che quando leggono muovono le labbra.
DON MARQUIS

Sto scrivendo un libro, adesso. Sono piuttosto eccitato, perché la maggior parte della gente scrive libri in prima persona o in terza. Il mio lo sto scrivendo in quinta persona. Ogni frase inizia con: "Ho sentito da questo tizio di uno che riferiva di aver detto a qualcuno...". È un libro molto lungo.

Demetri Martin

La mia famiglia è talmente povera che mandiamo i bambini in una scuola in cui gli insegnano a scrivere, ma con qualche errore.

Ragusano, di *Aenigmatica*

Scrivere è viaggiare senza la seccatura dei bagagli.

Emilio Salgari

Moglie: «Potevi venire con noi, però... Almeno quest'anno!»
Marito: «Sai che non posso, devo finire il mio libro. Sono anni che ci sono dietro: *Storia della Cultura Mondiale, di tutti i tempi e paesi, da prima della preistoria a dopo settimana prossima*!»
Moglie: «Ma Matteo sono anni che stai fermo a pagina 12!»
Marito: «... Perché scrivo piccolo!»

Francesco Salvi

La Natura, non contenta di avergli negato l'arte del pensiero, gli concesse il dono della scrittura.

George Bernard Shaw

Sono sorpreso dalla gente che impiega diciotto anni per scrivere qualcosa. Tanto ci ha messo quel tipo per scrivere *Madame Bovary*, ed è mai entrato nella lista dei best-seller?

Sylvester Stallone

La professione di scrivere libri fa apparire le corse dei cavalli un'attività solida, stabile.

John Steinbeck

Quelli che scrivono i libri perché hanno dei figli da mantenere.

Beppe Viola

«Secondo lei devo mettere più fuoco nei miei scritti?» «No. Viceversa.»

Oscar Wilde a un aspirante scrittore

Non è necessario che un regista sappia scrivere ma, se sa leggere, aiuta.
Billy Wilder

Sto scrivendo un libro. Ho già tutti i numeri delle pagine.
Steven Wright

Sto scrivendo un'autobiografia non autorizzata. Quando esce mi querelo.
Steven Wright

Mio figlio è un dottore nato: riesce a scrivere cose che nessuno riesce a leggere.
Henny Youngman

SCULTURA
vedi ***Monumento***

SCUOLA *(Compiti - Professori - Studenti - Studiare)*

Mi rifiuto di rispondere a quella domanda avvalendomi della facoltà del fatto che non so la risposta.
Douglas Adams

Prof: «Come partono Agnese e Lucia nell'addio ai monti?»
Stud: «Padre Cristoforo aveva prenotato una nave.»
Ale '79, *SBS*

Ho chiesto un foglio a un mio compagno di classe grasso. Non me lo ha dato, il foglio di puttona.
Dario Alesani

Sono così distratto che marinavo la scuola di domenica.
Steve Allen

I miei studenti sono intelligentissimi. Dovresti vedere che metodi creativi hanno per far passare le armi attraverso i metal detector.
Woody Allen

Chi non sa far niente insegna e chi non sa insegnare diventa professore di ginnastica. Quelli che non arrivano neanche alla ginnastica, credo li destinassero alla nostra scuola.
Woody Allen

Io metterei religione all'ultima ora, abbinata a un bingo.
Altan

Non incidete nomi sui banchi di nebbia.
Silvano Ambrogi

Quando torni, se sto studiando, per favore svegliami!
Anonimo

Prof di inglese: «E secondo te questo è giusto?»
Stud: «I don't know, I made a tentativ!»
Antonio, *SBS*

Era una bambina così ricca e arrogante che a scuola parlava solo col suo compagno di bancomat.
Maurizio Avanzi

Mio padre mi diceva sempre: «Rocco, tu vai fino alle scuole medie, poi da lì chiedi».
Rocco Barbaro

Sapete perché hanno alzato l'età minima per il consumo di alcolici a trentadue anni in Tennessee? Perché vogliono tenere l'alcol fuori dai licei.
Barzelletta americana di umorismo antisudista

Nella catena del valore, se il top era il liceo classico e il fondo era la strada, l'istituto professionale era l'anello di congiunzione tra la scuola e la strada.
Roberto Benelli

Gli studenti americani sono molto ignoranti. Pensate che più del 70% non è in grado di trovare il Pakistan sulla cartina degli Stati Uniti.
Richard Belzer

Mio figlio è stato a casa da scuola tre giorni, la settimana scorsa. Il suo insegnante mi ha mandato una nota di ringraziamento.
Milton Berle

Insegnante: «Sono veramente delusa. Quando io avevo la tua età, sapevo i nomi di tutti i presidenti in ordine di elezione.»
Studente: «Ma prof, allora ce n'erano stati solo due!»
Milton Berle

Quegli scolari facevano temi così belli che il loro maestro morì di fame.
Federico Bini

Sono sempre stato fissato con la legge. Del resto, sono figlio di un magistrato, e sono cresciuto con mio padre che, quando tornavo da scuola, mi diceva: «Come è andato l'interrogatorio?».

PAOLO BORRACCETTI

Ai miei tempi, le principali preoccupazioni degli studenti universitari erano sesso, fumare erba, fare rivolte e imparare. Imparare era qualcosa che si faceva quando le altre tre cose non erano disponibili.

BILL BRYSON

Durante i miei nove anni alle scuole superiori non sono riuscito a insegnare niente ai miei professori.

BERTOLT BRECHT

Sono d'accordo a far dire le preghiere a scuola, purché venga trovato un posto per l'algebra in chiesa.

DYLAN BRODY

Non dico che la nostra fosse una scuola dura ma scrivevamo temi come: "Che cosa farò se diventerò grande".

LENNY BRUCE

Il mio quartiere è così depresso che i bambini vanno a scuola con il diario del pover ranger.

ALESSANDRO BRUNELLO

Mia madre ci teneva talmente tanto che io fossi il primo della classe, che mi iscrisse alle scuole differenziali.

PAOLO CANANZI

Nulla deve impedire ai cervelli dei nostri figli di sedere sui banchi dell'università!

JEAN CHARLES

Bambini assenti e presenti, scrivete: compito a casa, problema. "Il vostro maestro spende ogni mese lire 13.000 per l'affitto di casa, lire 8.500 spese vitto, (il vostro maestro pesa 32 chilogrammi). Poi lire 165.000 per spese varie, vizi e divertimenti. Sapendo che il vostro maestro guadagna lire 35.000 cadauno il mese, si domanda: come si può fare per essere promossi?". Fatevi aiutare dai vostri genitori.

COCHI E RENATO

Insegnante: «Johnny, quanti anni ha una persona nata nel 1902?»
Studente: «Uomo o donna?»
LEWIS & FAYE COPELAND

Insegnante: «Fammi sentire fino a quanto sai contare.»
Studente: «Uno, due, tre, quattro, cinque, sei, sette, otto, nove, dieci, Fante, Donna, Re.»
LEWIS & FAYE COPELAND

Insegnante: «"Io ho andato via" è sbagliato, non è vero?»
Studente: «Sì, è sbagliato.»
Insegnante: «E perché è sbagliato?»
Studente: «Perché lei non ha ancora andato via.»
LEWIS & FAYE COPELAND

Olivia: «Nel giardino della nostra scuola c'è un albero che fa una bellissima ombra.»
Amria: «L'ombra di un bellissimo albero è la nostra scuola.»
GIOBBE COVATTA

Olivia: «Lo zainetto con i libri e i quaderni è molto pesante, la mamma dice che può far venire la scoliosi.»
Amria: «Lo zainetto con i libri non lo tengo, però grazie a Dio tengo la scoliosi per via del fatto che porto l'acqua sulla testa tutti i giorni.»
GIOBBE COVATTA

Tutti i nostri professori erano contrari al lavoro minorile: volevano la schiavitù, e ci avrebbero venduto volentieri ai Tuareg. Ci avrebbero fatto cucire i palloni, ma non come si fa adesso, nel Terzo Mondo: ce li avrebbero fatti cucire dall'interno, in modo da rimanerci chiusi dentro!
GIOBBE COVATTA

Come potrei dimenticarmi della mia professoressa d'italiano? Era ignorante come una zappa: si chiamava Marina Sefarei. Teneva un errore di grammatica pure nel nome!
GIOBBE COVATTA

Sono un attore multimediale, nel senso che ho fatto le medie molte volte.
RAUL CREMONA

Quando Cicciolina a scuola aveva un compito in classe compilava l'intestazione così: "Nome: Ylona. Cognome: Staller. Data: Sì".

CRISTIANO DALLA CORTE

Ricordate i problemi di matematica del liceo? "Se A taglia un tronco in due ore, e B in un'ora, e C in mezz'ora, perché non far fare tutto il lavoro a C?".

NORM CROSBY

«Guarda me: anch'io ho gli esami, eppure vedi come sono tranquillo?» «Che c'entra! Lei è professore...»

BRUNO D'ALFONSO

Era così vecchia che, quando andava a scuola lei, tra le materie scolastiche non c'era Storia.

RODNEY DANGERFIELD

Quando vedete degli insegnanti che gironzolano annoiati per le strade, simili a cannibali durante una carestia di missionari, allora sapete che è estate.

ROBERT DAVIES

Il ministero della Pubblica Istruzione ha deciso: stipendi più alti ai professori più alti.

GLAUCO DELLA SCIUCCA

Devi smetterla di essere così duro con te stesso; un sacco di gente famosa ha avuto degli inizi difficili. Per esempio Hitler è stato bocciato all'artistico.

DON'T DRINK THE WATER

«Signora è vero che non mi volete all'asilo perché mio papà ha l'Aids?» «Smettila di dire sciocchezze tesoruccio, ma soprattutto togli quelle manacce contagiose dal mio vestito!»

ELLEKAPPA

Al liceo avevo una professoressa di latino molto anziana. Pensa che era madrelingua.

FABRIZIO FERRI

«Ecco la mia pagella papà. Ed eccone una tua che ho trovato in soffitta.»

LEOPOLD FETCHNER

Mio figlio ha deciso che d'ora in poi non studierà più la storia. Dice che la fanno più velocemente di quanto lui possa impararla.

LEOPOLD FETCHNER

I miei compagni di classe sono così duri che sono gli insegnanti a marinare la scuola.

LEOPOLD FETCHNER

Insegnante: «Fammi lo spelling di Mississippi.»
Studente: «Il fiume o lo stato?»

LEOPOLD FETCHNER

«Ci dica signorina, lei è sempre stata così bella anche da ragazza?» «Oh no, da ragazza ero piuttosto bruttina, tanto che i miei decisero di farmi studiare... finché a sedici anni migliorai fisicamente.» «E questo le permise di abbandonare gli studi e darsi alla prostituzione?» «Sì, infatti.»

ENNIO FLAIANO

Era un bambino presuntuoso e saccente. Quando la maestra di prima elementare gli chiese: «Ma tu credi in Dio?» lui rispose: «Be', credere è una parola grossa. Diciamo che lo stimo».

WALTER FONTANA

Sarebbe bello vivere in un mondo in cui i best-sellers fossero libri tipo *Io speriamo che me la cavo*. Temi tutti giusti, senza neanche un errore, svolti dai bambini bravi di Arzano.

MICHELE FORESTA-NINO FRASSICA

Prof. d'Inglese il giorno prima della gita: «... E quando arriviamo in albergo non mettetevi tutte a chiamare la mamma, che tanto se crolla l'aereo lo vengono a sapere subito».

FRANCESCA, *SBS*

Prof:«La prima guerra di Macedonia...»
Alunno: «Mmmm... quella contro i frutti di bosco?»

FRIGNANI & SALI

I miei genitori si sono sempre vergognati di me. Pensate che alle udienze con i professori, davano false generalità e chiedevano del profitto di altri alunni.

PACO GENOVESE

Sono cresciuto in una scuola materna per bambini prodigio. Quando ci davano un gelato era per calcolare l'area del cono.

GINO&MICHELE

Ancora scolaretto Silvio Berlusconi dà prova delle sue straordinarie qualità vendendo i "pensierini" ai compagni meno dotati. Comincia insomma a manifestarsi in lui quella particolare attenzione verso i più somari che sarà in seguito origine del suo successo.

GINO&MICHELE

Studente: «Io lo so è... è... ce l'ho sulla punta della lingua...»
Prof: «E allora, imbecille, sputalo che è acido solforico!»

GIULIA, SBS

Nelle scuole elementari, in caso di incendio gli studenti si devono allineare in una fila unica, dal più basso al più alto. Qual è la logica? Quelli alti bruciano più lentamente?

WARREN HUTCHERSON

Ti ricordi che eravamo in classe insieme? Puzzavi talmente tanto che facesti rimanere male la tua vicina di banco, la figlia del miliardario Bardotti... perché la puzza lei era abituata a tenerla sotto il naso... adesso la teneva di fianco!

PEPPE IODICE

Ti ricordi che eravamo in classe insieme? Puzzavi talmente che tua madre ti portò dal medico e disse: «Dottore, vedete, mio figlio ha qualche ghiandola infiammata». Il dottore: «Signora, vostro figlio la ghiandola ce l'ha putrefatta».

PEPPE IODICE

A scuola eri così lento! Mi ricordo quella volta quando leggevi la poesia e l'*Infinito* di Leopardi ti disse: «Basta! Hai vinto tu!».

PEPPE IODICE

Un'insegnante di quinta dell'Avana ammonisce i suoi allievi mostrando una foto di Clinton: «A causa di quest'uomo, noi siamo a corto di cibi e di medicinali; a causa di quest'uomo, noi non abbiamo abbastanza carburante per le nostre fabbriche, i nostri treni, i nostri autobus; a causa di quest'uomo, noi siamo a corto di tutto». Dopo aver studiato la foto attentamente, Pepito alza la mano. «Sì, Pepito», dice lei. «Sa una cosa signora? Quando è senza barba, rasato di fresco, sembra tutt'un altro uomo!»

JOSÉ LATOUR

Prof: «Devo reinterrogarti, perché il voto risale a ottobre.»
Stud: «Ma perché, i voti scadono?»
LAURA, *SBS*

Mio figlio è molto intelligente. Da quando gli hanno detto che "scuola" si scrive senza "q" scrive sempre "suola".
MICHELE LEONI

Prof. d'Inglese: «Bene, adesso dimmi come si traduce asciugare.»
Studente: «To phon.»
IV LICEO SCIENTIFICO BRESSANONE

Quando se n'è arrivata la prof di mate' già mi stavo incazzata come un cobra! Quella mi fa: «Sabbrina facciamo i logaritmi!». Ma io ci ho detto: «Ohhhhh... i logaritmi me li faccio a casa col Tantum Verde, quando ci ho le placche!».
LUCIANA LITTIZZETTO

Il professore di lingue morte si suicidò per parlare le lingue che sapeva.
LEO LONGANESI

Il principe Carlo ha riconosciuto in un ospizio per barboni un suo vecchio compagno di classe delle elementari. Com'è crudele il destino. Due bambini sono in classe insieme, e dopo quarantadue anni nessuno dei due ha ancora un lavoro!
DANIELE LUTTAZZI

A scuola: «Che gli venisse un accidenti al bottaio che travasa 218 litri di vino in non mi viene quante bottiglie di 75 centilitri cad.!»
MAFALDA

La mia mamma cucinava così male che, quando portavo buoni voti da scuola, mio padre, come premio, mi mandava a letto senza cena.
BORIS MAKARESKO

Molti insegnanti dicono che ci sono tre valide ragioni per continuare a lavorare nella scuola: luglio, agosto e Natale.
BORIS MAKARESKO

Sarà intensificata la vigilanza davanti alle scuole per impedire che venga regalata droga ai bambini. Se un bambino vuole la droga, che la compri.

Boris Makaresko

Bocciate. Bocciate un po' di figli del popolo. Che rimanga qualche idraulico.

Marcello Marchesi

Quando non studiavo papà mi infliggeva sempre la stessa tremenda punizione: a letto senza cena e sveglia a mezzanotte per vedere Marzullo!

Francesco Miccio

L'insider trading si configura quando chi ha notizie riservate su una società ne trae vantaggio speculando. Per esempio, tutte le maestre elementari sanno che i bambini grandi obesi fanno innamorare dieci volte di più le bambine rispetto agli altri bambini di peso giusto. Questi, nel vedere che il bambino grande obeso ha più successo con le donne, dicono: «Divento anch'io sui 30 chili fuori peso» e cominciano un consumo scriteriato di calorie. Se la loro maestra va in banca e acquista azioni della Kinder Division fa insider trading.

Maurizio Milani

Mi chiama la maestra della scuola di mio figlio: «Signor Milani, suo figlio beve diciannove, venti litri di acqua al giorno». Io: «Sì, è un mio consiglio». Lei: «Certo, ma prima il bambino si limitava a fare il suo bell'imbarazzo d'acqua e via, adesso si corica come un toro con la pancia nuda a contatto del pavimento freddo e mi dà l'impressione di cercare apposta la congestione per vantarsi di essere moderno». lo: «Grazie». Alla sera ho ragionato e parlato serenamente con mio figlio per una buona mezz'ora, poi, dopo aver chiarito ogni cosa, gli ho dato un calcio nel culo.

Maurizio Milani

Finché ci sarà l'algebra ci saranno le preghiere a scuola.

Larry Miller

C'è un solo posto dove si mangia peggio che al ristorante cinese: alla mensa universitaria. Mi chiedo come sopravvivano gli studenti di Pechino.

NAPOLEONE & CARDOPATRI

Un'ex compagna di classe di Pamela Anderson ha dichiarato che al liceo non aveva affatto seno. Sono shockato: non avevo idea che Pamela Anderson si fosse diplomata.

CONAN O'BRIEN

Posso dare lezioni di francese, matematica, latino: metodo assicurato. Ma non voglio.

LUCIE OLBRECHTS-TYTECA

Era il terzo giorno consecutivo che saltavo la scuola e mia mamma mi beccò in centro. Risento ancora le sue parole: «Ricordati che devi andarci a scuola, ricordati che se ti ribecco ti faccio un mazzo così, ma soprattutto ricordati che sei il preside, cazzo!».

FURIO OMBRI

Mio figlio è così intelligente che tutti i mercoledì, dalle 17.00 alle 18.00, riceve i genitori dei suoi insegnanti.

FURIO OMBRI

Se non studio un giorno, me ne accorgo io. Se non studio due giorni, se ne accorge il pubblico.

NICCOLÒ PAGANINI

«Sc... sc... scusi, pp... pp... pper favore, saprebbe indicarmi la sc... la sc... la sc... uuu... ola pe... pe... peeeer i ba... ba... ba... baaalbuzienti?» «Ma guardi che lei è già bravissimo!»

CARLO PASTORI

Confessione di padre.
Mio figlio
è il primo della classe,
entrando.

GINO PATRONI

Lucy: «Odio la scuola. Mi fa impazzire. Appena imparo una cosa, vanno avanti con qualcos'altro.»

PEANUTS

Mia sorella andava a scuola. Benissimo. È tornando a casa che si perdeva sempre.

VALERIO PERETTI CUCCHI

Nella nostra scuola ci perquisivano all'ingresso, per controllare se avevamo con noi coltelli o pistole e, se non ne trovavano, ce li davano.

EMO PHILIPS

A quei tempi i miei compagni di classe copulavano con qualsiasi cosa che si muovesse, ma io non vidi mai alcuna ragione per dovermi limitare così.

EMO PHILIPS

Studente 1: «Dicono che il pesce faccia bene al cervello.»
Studente 2: «È vero. Io lo mangio tutti i giorni.»
Studente 1: «Ecco che se ne va un'altra teoria!»

BOB PHILLIPS

Consegnare un tema quando sai che è pessimo è una sensazione orribile. Ritorni al tuo banco e vorresti morire... Solo che non muori, ed è solo ottobre, e la scuola va avanti fino a giugno, e ci saranno altri temi e altre agonie... Forse dovrei provare a studiare.

PIPERITA PATTY

Alle elementari andavo in una scuola diversa ogni giorno perché mi accompagnava mio nonno che è cieco. Ma la cosa più triste era, rincasando, aprire la porta della cucina e trovare mio nonno che dava la merenda ogni giorno a un bambino diverso.

POTATO (ALESSANDRO BRUNELLO)

Insegnante: «Susie, dimmi due pronomi.»
Susie: «Chi? Io?»

HERBERT V. PROCHNOW & HERBERT V. PROCHNOW JR.

Voce al telefono: «Tommy Hagan oggi non può venire a scuola.»
Insegnante: «Chi parla?»
Voce al telefono: «Sono mio padre.»

HERBERT V. PROCHNOW E HERBERT V. PROCHNOW JR.

Una lezione è il processo grazie al quale gli appunti del professore diventano gli appunti dello studente senza passare per la mente di nessuno dei due.

R.K. RATHBUN

La mia famiglia è talmente povera che mandiamo i bambini in una scuola in cui gli insegnano a scrivere, ma con qualche errore.

RAGUSANO, DI *AENIGMATICA*

A scuola capivo che era venuto il momento di mettermi a studiare davvero quando mettevano in castigo i miei compagni dietro la lavagna con il mio cappello!

RAMAYA, DI *AENIGMATICA*

Nella mia città ci sono tre istituti tecnici: il Galileo Galilei, il Galileo Galilui e il Galileo Galigay.

EMILIO RAZZETTI

A sette anni avevo già tutti i denti, messi però in ordine sparso. A scuola mi dissero che dovevo mettere l'apparecchio perché, con i denti davanti, disturbavo i miei compagni di banco.

MARIA ROSSI

Ho fatto un sogno all'incontrario in cui l'Aids si prendeva quando non si scopava. E i padri erano preoccupatissimi e dicevano alle figlie: «Ma come, a 15 anni sei ancora vergine? Vuoi ammalarti?». E ai figli dicevano: «Ma come, sono le undici e mezzo e torni già a casa? Riesci! Dai, riesci! Riesci ancora un paio d'ore, ti do la mia macchina coi sedili ribaltabili...» «Ma papà, devo fare i compiti...» «Prima ciuli e poi fai i compiti!»

PAOLO ROSSI

Non sono brava in matematica. Non lo sono mai stata. Ho imparato a farmene una ragione fin dalla giovinezza. Quando il mio prof mi consegnava gli esercizi del compito in classe, mi limitavo a scriverci: "Sposerò qualcuno in grado di risolverlo".

RITA RUDNER

Per come studiavo io alle medie, avrebbero potuto nascondere banconote di grosso taglio tra le pagine dei libri di testo... sarebbero ancora lì.

LUCIO SALIS

E i ragazzi al giorno d'oggi si lamentano perché vanno a scuola la mattina. Quando ero piccolo si andava dalla mattina alla sera anche la domenica. E il lunedì due volte. Però ci hanno insegnato tutto della vita: l'ettolitro e il decametro. Io non ho mai visto sull'autostrada un cartello con scritto: "Autogrill a 10 decametri".

FRANCESCO SALVI

Spaccio fuori dalle scuole perché dentro c'è un ambiente che non mi piace.

MAURIZIO SANGALLI

Da ragazzo volevo essere "uno di quelli giusti". Non era semplice. Così m'iscrissi in una scuola di soli negri, e riuscii a far pubblicare sull'annuario scolastico il negativo di una mia foto. Penso che i denti neri mi abbiano fatto scoprire.

RONNIE SHAKES

Tema: "La Festa del papà". Svolgimento: "La Festa del papà è quando non c'è la mi' mamma".

SIMONE (GIORGIO PANARIELLO)

Prof: «Stasera alle otto, tutti col naso in su, verso est per vedere l'eclissi di Luna!»
Studente 1: «Sì, ma stasera c'è la Coppa Uefa!»
Studente 2: «Su che canale è l'eclissi di luna?»

SMEMORANDA BROTHERS & SISTERS

Prof: «Qui Dante incontra i sodomiti. Nella Bibbia i sodomiti sono gli abitanti di Sodoma. Ricordate Sodoma e Gomorra?»
Studente: «Tipo Massa e Carrara?»

SMEMORANDA BROTHERS & SISTERS

Prof: «Parlami di Beatrice.»
Studente: «Beatrice muore nel 1290.»
Prof: «E già la fai morire? Chi è 'sta Beatrice?»
Studente: «Una figura femminile...»
Prof: «Chi sennò, una figura maschile?»

SMEMORANDA BROTHERS & SISTERS

Prof: «Da Pasteur deriva il nome di latte pastorizzato.»
Studente: «E scremato da Scremeur?»

SMEMORANDA BROTHERS & SISTERS

Studente: «Prof, posso uscire?»
Prof: «Sì, grazie!»

SMEMORANDA BROTHERS & SISTERS

Prof: «Nel tuo cervello, oltre alle Spice Girls, le donne nude, i film

porno, le moto, i giornaletti di Topolino, c'è posto per Foscolo?»
SMEMORANDA BROTHERS & SISTERS

Studente guardando un testo in greco: «Pensa a quelli che vanno al classico, che devono leggere questi geroglifici. Almeno il latino è scritto in italiano!»
SMEMORANDA BROTHERS & SISTERS

Prof: «Orale non vuol dire che ci devi mettere un'ora a rispondere!»
SMEMORANDA BROTHERS & SISTERS

Studente: «Oggi la bidella mi stava tirando sotto!»
Prof: «Signora è vero?»
Bidella: «Sì.»
Prof: «E perché non l'ha fatto?»
SMEMORANDA BROTHERS & SISTERS

Nella mia scuola c'erano dei servizi igienici così sporchi che nelle docce le verruche camminavano con le ciabatte.
I SOLITI IGNOTI

Il mio professore di linguistica sosteneva che è l'abilità dell'uomo a utilizzare il proprio linguaggio a farne la specie dominante. Può essere. Ma io credo ci sia anche un'altra cosa a separarci dagli animali: noi non siamo terrorizzati dai battitappeto.
JEFF STILSON

Totti, titolo di studio: battesimo.
STRISCIONE LAZIALE IN LAZIO-ROMA

Prof: «Dimmi il passato prossimo di prosciugare...»
Alunno: «Dunque, se asciutto è il passato prossimo di asciugare, quello di prosciugare sarà prosciutto...»
DANIELE TUROZZI

Sono una frana. Mi hanno bocciato un'altra volta all'esame per la carta d'identità.
FRANCESCO VESPA

Ci pensate cosa succederà quando i bambini in provetta faranno scienze a scuola? Scopriranno tutti che il loro papà si è fatto una sega in un barattolo, e che la loro mamma è un disco di Petri. Va a finire che avremo bambini che avranno un forte desiderio di masturbarsi davanti a bambine che indossano lenti bifocali.

MARSHA WARFIELD

Sai cos'è che odio del primo giorno di scuola? Che è troppo lontano dall'ultimo giorno di scuola.

WELCOME BACK, KOTTER!

Quand'ero alle elementari avevo un'insegnante di settant'anni che era praticamente sorda, per questo abbassava il termostato a -5, in modo tale che se qualcuno parlava poteva vedere la condensa del fiato.

STEVEN WRIGHT

I miei genitori erano talmente poveri che quando andavo a scuola non solo mi compravano i libri usati, ma addirittura i diari usati. Il primo giorno avevo già compiti per tutto l'anno.

MARIO ZUCCA

La mia maestra cominciò la carriera insegnando in un nido. Dovette smettere per le vertigini.

MARIO ZUCCA

SCUSARSI

Perdonami amore! No! No! Non è vero che non eri brava in cucina. Ultimamente gli spaghetti al burro freddi erano sempre freddi al punto giusto!

ROCCO BARBARO

Signora, è vero che in metropolitana uno le si è appoggiato da dietro, tipo Raul Bova con la bava, e poi le ha chiesto scusa e lei ha risposto: «Se volevo essere lasciata in pace venivo in macchina!».

GEPPI CUCCIARI

Ciao, scusami per il brutto scherzo che ti ho fatto, stavolta credo di aver esagerato. Mi perdoni? Con affetto... La Natura.

ARTURO DI NACCIO E CLAUDIA GIOVANNELLI

Se Dio non distrugge Hollywood Boulevard, deve almeno delle scuse a Sodoma e Gomorra.

JAY LENO

Ieri Veronica ha chiesto a Berlusconi le pubbliche scuse. E oggi Berlusconi le ha accettate.

DANIELE LUTTAZZI

Soffriva di una certa carenza di autostima: un giorno pestò una merda e chiese scusa.

EGIDIO MORRETTI

SCUSE

Era talmente brutto che quando si fermava da una prostituta per strada, quella gli diceva che stava venendo a prenderla suo marito.

MARINO FABBRI

«O sono sposati o checche. E se non sono checche, hanno appena rotto con la donna più bella del mondo, o hanno appena rotto con una che era una puttana e che somigliava tutta a te. Ma in fase transitoria, dopo una relazione monogama, hanno bisogno di spazio; o sono stanchi di spazio ma non si vogliono impegnare; o vogliono l'impegno ma temono di avvicinarsi; o si avvicinano e tu non li vuoi tra i piedi...»

IL GRANDE FREDDO

Le donne non dicono mai un no secco. Lo giustificano, a volte sono incredibili. Una mi ha detto: «Ti amo ma sono di Alfa Centauri e la mia astronave parte tra cinque minuti!».

DANIELE RACO

Non capisco perché le ragazze si mettono a parlare d'amicizia quando vogliono rifiutarmi: non è che se le metto la lingua in bocca diventiamo nemici, anzi mi starà anche più simpatica.

RICCARDO TOMMASELLI

Mi è impossibile accettare il vostro invito a causa di un impegno susseguente.

OSCAR WILDE

Quella del sesso è un'arte che non credo di possedere. Ieri una prostituta con cui ero già stato un paio di volte mi ha tirato fuori la scusa del mal di testa.

MIRCO ZILIO

SECONDI
vedi **Primi**

SEGNALE
vedi **Avvertenza**

SEGNO ZODIACALE
(Oroscopo)

Oroscopi. Il libro dice che i nati in gennaio sono gentili. Quelli di febbraio sono onesti. I nati di marzo sono sinceri. I nati di aprile sono affidabili eccetera eccetera. Ora, quello che non capisco è: ma da dove vengono tutti i figli di puttana?

LOU ALEXANDER

I nati di questo mese sono tendenzialmente mammoni, ma anche un po' papponi.

ALESSANDRO BERGONZONI

Il segno della settimana: Vergine. Se vi prendono per il culo non dovete arrabbiarvi, dovete girarvi!

MASSIMO BOLDI

Il tuo oroscopo. Denaro: le stelle ti sorridono. Salute: le stelle ti sorridono. Amore: le stelle ti sorridono. Sesso: le stelle stanno ancora ridendo!

LUNETTA CALOGERO

Mia moglie è un segno di terra, io sono un segno d'acqua. Insieme facciamo fango.

RODNEY DANGERFIELD

Oroscopo cinese. Bue: domani trovate per terra un portafoglio con cinquemila euro, esso appartiene a un altro del Bue. Voi siete contento, chi l'ha perso no! È strano un destino così diverso tra due persone dello stesso segno... va' a capire lo Zodiaco.

MAURIZIO MILANI

Erna: «Il maschio dei Gemelli è ambiguo, spesso falso, molto egoista e egocentrico...»
Bibi: «È proprio il ritratto di mio marito...»
Erna: «Ma a letto sa essere attento e fantasioso...»
Bibi: «Controlla meglio l'ascendente.»

SERGIO STAINO

SEGRETARIA

Se a Hollywood non avesse funzionato, ero pronta a diventare la miglior segretaria del mondo.
BETTE DAVIS

Credo che mio marito abbia una storia con la segretaria. Gli ho trovato sulla camicia delle macchie di rossetto coperte con il bianchetto.
WENDY LIEBMAN

Felice l'uomo con una moglie che gli dica che cosa fare e una segretaria che lo faccia.
LORD MANCROFT

Signorina, io vado nel mio ufficio. Se squilla il telefono non risponda. Potrebbero aver sbagliato numero.
GROUCHO MARX

Miss Dimple: «Buongiorno...»
Groucho: «Buongiorno? Cosa ci trova di buono? La pioggia è passata da un buco nel soffitto, il padrone di casa è passato dalla porta, mia moglie è passata dal mio portafogli e io sono passato attraverso le suole delle mie scarpe. E lei lo chiama un buon giorno? A proposito, Miss Dimple: lei era di nuovo in ritardo. Cosa ha fatto ieri notte?»
Miss Dimple: «Ieri notte? Be', ero con lei!»
Groucho: «Con me, eh? Miss Dimple gliel'ho detto un sacco di volte di non mischiare il dovere col piacere!»
GROUCHO MARX

Benchley e io avevamo un ufficio così minuscolo che se fosse stato un centimetro più piccolo sarebbe stato adulterio.
DOROTHY PARKER

Come disse Berlusconi alla sua dattilografa: «Io sono sempre stato contro tutte le dettature, sia di destra che di sinistra».
MICHELE SERRA

Questa volta il foro competente della mia seconda separazione è... di quella zoccola della segretaria di mio marito!
SILVIA TRAVAGLINI

SEGRETERIA TELEFONICA

È così assatanata di sesso che le sue cosce hanno la segreteria telefonica.

MILTON BERLE

Salve. Qui è Jane. Se telefonate per dei soldi che mi dovete, lasciate un messaggio. Se telefonate per dei soldi che vi devo, lasciate il vostro nome e un numero di telefono sbagliato.

JOHN CARFI & CLIFF CARLE

Risponde la segreteria telefonica di Giovanni Goria. L'onorevole Goria è momentaneamente presente quindi è come se non ci fosse. Lasciate un messaggio e non sarete richiamati.

GINO&MICHELE

Messaggio per la segreteria telefonica: «Ciao, sono... Giuro che se riesci a lasciare un messaggio con foto divento suora dopo il segnale».

GIORGIO E MASSIMO

Se non usi Clear tieni la tua testa lontano dalla cornetta telefonica: vorrei trovare un messaggio sulla segreteria, non della forfora...

GIORGIO E MASSIMO

Se proprio dobbiamo avere il telefono in macchina, penso che dovremmo procurarci delle segreterie telefoniche da auto. «Mi spiace ma in questo momento sono in casa. Ti richiamerò appena esco».

TOM PARKS

Mi piacerebbe lasciare un messaggio prima del beep.

STEVEN WRIGHT

SEGRETO

Il segreto per andare d'accordo con le donne è avere torto.

ACHILLE CAMPANILE

Il segreto della creatività è nascondere bene le proprie fonti.

ALBERT EINSTEIN

È un documento così riservato che dev'essere distrutto prima di venire letto!

DANIELE TUROZZI

L'amore è un piccolo dolce segreto tra te e la persona a cui stai mentendo.

FRANCESCO VESPA

Vi dico un segreto, una cosa che so solo io: sono un uomo bellissimo!

STEFANO ZACCARELLA

SELVAGGIO

vedi ***Bestialità***

SEMAFORO

Al paese dei nonni una volta se passavi col rosso ti beccavi duecentomila lire di multa. Da quest'anno solo centomila. Il paese è piccolo, forestieri non ce ne sono, nessuno passava con il rosso e così hanno dovuto abbassare i prezzi.

GEMELLI BAROLO

Giallo in un minuto.
Era una notte buia e tempestosa, il semaforo nella via lampeggiava, la freccia di un'auto lampeggiava, la scritta di un hotel lampeggiava, l'albero di Natale lampeggiava... Lui vide il cadavere, poi non lo vide, poi vide il cadavere, poi non lo vide, poi vide il cadavere...

FABRIZIO CANCIANI

Ha i denti così gialli che ogni volta che sorride le macchine rallentano.

CEDRIC THE ENTERTAINER

Cedo avviata attività di lavavetri, in zona centrale e molto trafficata. Contatto in loco tra un giallo e un verde.

PACO GENOVESE

Il traffico in questa città è così terribile, che i semafori hanno tre segnali: Alt, Avanti e Cuccato!

ROBERT ORBEN

Provò anche a vendere gli accendini ai semafori, ma non riuscì mai a trovare un semaforo col vizio del fumo.

VALERIO PERETTI CUCCHI

Italia ha tropi stranieri. Ogni volta che me fermo a semaforo, c'è uno che me vuole lavare vetro: «Che cazijo lavi vetro, no vedi che machina è rubata?».

RATKO (LUCA KLOBAS)

SEME
vedi **Spermatozoi**

SENO
vedi **Tette**

SENSO DI COLPA
vedi **Pentimento**

SENTENZA *(Condanna - Pena)*

A me l'Occidente piace assai: da noi c'è il fondamentalismo, a chi ruba tagliano una mano. Invece voi siete tutta un'altra cosa: a chi ruba gliela date una mano!

ASSUNDAM (ROSALIA PORCARO)

Chiesta l'archiviazione del caso Pinelli: la pratica si può chiudere. Rimane però aperta la finestra.

CAVALLO

È praticamente impossibile ottenere una condanna per sodomia da una giuria inglese, giacché la metà di essa non crede che sia fisicamente possibile, mentre l'altra metà la pratica abitualmente.

WINSTON CHURCHILL

Per i Battisti Ultragarantisti Giuda va considerato innocente fino a sentenza definitiva.

ENZO COSTA

Dove sarebbe oggi la cristianità se a Gesù avessero dato da otto a quindici anni con una riduzione per buona condotta?

JAMES DONOVAN

Lo stilista Giorgio Armani ha confessato la settimana scorsa di aver dato mazzette alla Finanza Italiana. La condanna è stata di sei mesi, nei quali deve indossare scarpe marroni con un vestito blu.

NORM MACDONALD

SEPARAZIONE
vedi ***Divorzio***

SEPPELLIRE
vedi ***Cimitero***

SERATA

Lui: «Domani sera se mi porti a casa tua ti faccio passare una serata di musica e magia.»
Lei: «Cioè?»
Lui: «Prima ti trombo e poi sparisco!»
ANONIMO

Vorrei ringraziare i miei genitori per aver reso questa serata possibile. E i miei figli per averla resa necessaria.
VICTOR BORGE

Tema di storia: "L'antica Grecia". Svolgimento: "L'antica Grecia era avanti rispetto ai suoi tempi e anche rispetto ai nostri tempi. Non c'era la tv, ma avevano un sacco di filosofi. Io, personalmente, non vorrei passare la serata a guardare un filosofo".
SALLY BROWN

Preferisco avere un cachet basso, così quando mi saltano le serate ci rimango meno male.
MISTER FOREST (MICHELE FORESTA)

«Sono davvero desolato di non poter partecipare alla vostra cena. Purtroppo è la serata libera del bimbo e io devo restare a casa con la babysitter.»
RING LARDNER

Sapete come chiamano la vigilia di Capodanno gli alcolizzati? La serata del dilettante.
ELMORE LEONARD

Grazie, ho trascorso una serata veramente meravigliosa. Ma non è questa.
GROUCHO MARX

Alla consegna del Telegatto: «Questa è la serata più bella della mia vita. Figuratevi le altre...».
SILVIO ORLANDO

Andare in giro a fare serate è una vita dura, sempre in giro dove capita, dormire in posti schifosi citati sulla *Guida del Touring* sotto la voce "paludi da bonificare". Una volta siamo andati in un motel che avevano chiamato "Ferrovie dello Stato" per poter usare saponette e asciugamani che rubavano sui treni.

FRANCESCO SALVI

Ci sono delle serate in cui indugio a riflettere. «Esco con Anna? Vado da Elena? Cosa farà Virginia? Quasi quasi chiamo Geltrude...». Poi mi soffermo a pensare: «Ehi, chi cazzo la conosce tutta questa gente?!».

FRANCESCO VARCHETTA

Bella serata. Non vedo l'ora di tornare a casa per dimenticarmela.

LUCIO WILSON

SERPENTE

Vengo da un ambiente dove, se si vede un serpente, lo si uccide. Alla General Motors, se vedi un serpente, per prima cosa assumi un consulente sui serpenti.

H. ROSS PEROT

Ho trovato un serpente in giardino, ho preso una vanga e l'ho massacrato di colpi. Poi sono rimasto senza tv via cavo per una settimana.

CHARLIE VIRACOLA

SESSANTA

vedi ***Anni Cinquanta***

SESSANTOTTO

«Lei scopa?» «Ci ho provato, come tutti, nel '68. Ma poi ne sono uscito.»

ALTAN

Mi sono accorto del '68 nel '69. Venivo dalla campagna. Se mi dicevano che era il '66 per me era uguale.

ROBERTO BENIGNI

Chiesta l'archiviazione del caso Pinelli: la pratica si può chiudere. Rimane però aperta la finestra.

CAVALLO

Il '68 è stato l'inserto satirico del '900.
GINO&MICHELE

Io nel '68 ebbi una sfiga. M'innamorai di una di Trieste.
ANDREA PAZIENZA

Ci siamo ribellati, abbiamo sognato, e siamo stati sconfitti. Qualcuno di noi è diventato tossicodipendente, qualcuno terrorista, qualcuno è morto. Io sono andato via per fare il giornalista.
MICHELE SANTORO

SESSO

«Non sei andata a letto con Bill Clinton? Veramente? Neanch'io. Ma come è piccolo il mondo, vero?»
MARTY ALLEN

Non condannate la masturbazione: è fare del sesso con qualcuno che stimate veramente!
WOODY ALLEN

Il sesso è come giocare a bridge. Se non hai un buon partner, spera almeno in una buona mano.
WOODY ALLEN

Il sesso senza amore è un'esperienza vuota. Ma tra le esperienze vuote è una delle migliori.
WOODY ALLEN

Guadagnavo cinquanta dollari la settimana. Un terzo lo spendevo per bere e un altro terzo per andare a donne... Il resto lo spendevo in modo stupido.
ANONIMO

Il cattolicesimo? Che dire di una religione che fa del sesso un'azione peccaminosa e santifica l'atto di bere alcol?
ANONIMO

Il matrimonio è il prezzo che gli uomini pagano per il sesso; il sesso è il prezzo che le donne pagano per il matrimonio.
ANONIMO

Una notte d'amore è un libro letto in meno.
HONORÉ DE BALZAC

L'esercito è come un film vietato ai minori di 14 anni: troppa violenza e poco sesso.

BEETLE BAILEY

Il mito più grande è che, invecchiando, si perda gradualmente la voglia di fare sesso. Probabilmente, questo mito venne a crearsi perché le persone più giovani sembrano voler fare sesso a ogni occasione, semafori inclusi, mentre le persone anziane sono più inclini a riservare le loro attività sessuali a occasioni speciali, tipo l'insediamento di un nuovo Papa.

DAVE BARRY

La mia vita sessuale è talmente scarsa che sto partecipando ai campionati mondiali di astinenza. Nelle semifinali incontrerò il Papa.

GUY BELLAMY

Il sesso? Fino a quando non lo vedo, non ci credo.

PAOLO BELLON

È così assatanata di sesso che le sue cosce hanno la segreteria telefonica.

MILTON BERLE

Io pratico da sempre il sesso sicuro: cioè esco con una solo se ho la certezza di farmela.

CLAUDIO BISIO-ROCCO TANICA

Se tutte le volte che ho fatto sesso avessi letto un libro a quest'ora sarei un analfabeta.

LORENZO BOSIO

Ai miei tempi, le principali preoccupazioni degli studenti universitari erano sesso, fumare erba, fare rivolte e imparare. Imparare era qualcosa che si faceva quando le altre tre cose non erano disponibili.

BILL BRYSON

Rispetto il baseball, ma il sesso è meglio.

SANDRA BULLOCK

Pratica sesso sicuro: fottiti.

BUMPER STICKER

Il sesso è una delle nove ragioni per reincarnarsi. Le altre otto sono trascurabili.

GEORGE BURNS

Leggerei *Playboy* più spesso, ma i miei occhiali continuano ad appannarsi.
GEORGE BURNS

È dura per me seguire tutti questi cambiamenti di usi e costumi. Mi ricordo ancora di quando l'aria era pulita e il sesso era sporco!
GEORGE BURNS

Come dice la moglie di Fassino a letto: «Mi sto facendo le ossa».
PAOLO CAIAZZO

Il tuo oroscopo. Denaro: le stelle ti sorridono. Salute: le stelle ti sorridono. Amore: le stelle ti sorridono. Sesso: le stelle stanno ancora ridendo!
LUNETTA CALOGERO

Era una donna molto sensuale. "Uccello" lo scriveva sempre con due zeta.
GIAMPIERO CASONI

Reggio Emilia è la città delle tre "esse": Suini, Sesso e Siampagn.
CAMILLA CEDERNA

Io sono sposato da 18 anni. Dopo 18 anni la moglie diventa come uno di famiglia e a me non va di fare sesso con un parente.
STEFANO CHIODAROLI

Sono due anni che non ho rapporti sessuali. Immagino che, una volta che passi i due anni, automaticamente ritorni vergine. Devi ricominciare da capo, e io sono pronta. Non so che cosa ci sia di storto in me. Non capisco. Dovrò ricorrere a dei sotterfugi, per fare sesso. Stavo pensando di coprirmi di foglie e sperare che qualcuno mi cada sopra.
MARGARET CHO

Le donne hanno bisogno di un motivo per fare sesso. Agli uomini basta un posto.
BILLY CRYSTAL

Mia moglie vorrebbe il Sesso Olimpico: una volta ogni quattro anni.
RODNEY DANGERFIELD

Lasciate che ve lo dica, il sesso sta diventando difficile. Io e mia moglie abbiamo cercato di fare sesso per sei ore, l'altra notte, poi abbiamo lasciato perdere. Le ho chiesto: «Cos'è? Neanche tu riesci a pensare a nessuno?».

Rodney Dangerfield

Sono stato a un party selvaggio, dove abbiamo giocato a una versione moderna della roulette russa: eravamo circondati da sei ragazze e una aveva una malattia venerea.

Rodney Dangerfield

È una ragazza selvaggia. Quanto selvaggia? Beh, quando mangia una banana, questa diventa più grossa.

Rodney Dangerfield

Sono a un'età in cui il cibo ha preso il posto del sesso, nella mia vita. Infatti, ho fatto mettere uno specchio sulla tavola della cucina.

Rodney Dangerfield

Il sesso è l'unica attività umana in cui il professionista ha uno status inferiore a quello del dilettante.

Murray Davis

Di tutte le aberrazioni sessuali forse la più aberrante è la castità.

Remy De Gourmont

Non faccio solo il conduttore televisivo... Ad esempio tengo dei corsi in cui insegno alle donne come prolungare il piacere sessuale approfittando della presenza in città della nazionale cubana di pallavolo.

Antonio De Luca

Il sesso è una faccenda estremamente personale, ma talvolta è piacevole dividerlo con un'altra persona.

Fabio Di Iorio

Durante la mia adolescenza, mia madre voleva che io mi facessi prete, un lavoro che mi sembra veramente duro. Riuscite a immaginare di lasciar perdere la vostra vita sessuale e poi, una volta la settimana, ascoltare le persone che vengono a raccontarvi tutti i dettagli della loro?

Tom Dreesen

Tutte le religioni hanno lo stesso scopo: andare in paradiso. Tutte hanno il loro modo per arrivarci. Credo che in qualche modo si possa risolvere la questione. Cioè se sei cattolico e vuoi andare in paradiso, non devi fare del sesso, a meno che

tu non sia sposato. Se sei ebreo e vuoi andare in paradiso, non devi mangiare carne di maiale. E allora, se proprio devi fare una scelta...
BOB DUBAC

«E i preliminari?» «I preliminari dopo.»
DUE

«Vedi cara, l'amore è una cosa, il sesso un'altra.» «E la roba che facciamo noi come si chiama?»
ELLEKAPPA

In amore il sesso non è tutto; quindi dammela e tieniti il resto.
FABIO FAZIO

L'omicidio è un crimine. Scriverne, no. Il sesso non è un crimine, ma scriverne sì. Perché?
LARRY FLYNT

Il movimento delle donne non ha minimamente cambiato la mia vita sessuale. Non oserebbe mai!
ZSA ZSA GABOR

Se nella seconda scena ho ancora le mutande addosso, penso subito che mi abbiano mandato il copione sbagliato.
MEL GIBSON

«Ci sono due posti dove, soprattutto, amo essere baciata.» «Quali?» «Venezia e Sorrento».
GINO&MICHELE

Le donne per fare sesso hanno bisogno di un buon motivo. Gli uomini anche senza musica.
GINO&MICHELE

Hugh Hefner ha inventato una nuova posizione sessuale: il 96. Quando ci si mette schiena a schiena e ci si scoreggia sulla nuca a vicenda.
GILBERT GOTTFRIED

Per avere successo con l'altro sesso, dite che siete impotenti. Lei non aspetta altro che smentirvi!
CARY GRANT

Ho letto che fare sesso fa dimagrire. Tremo all'idea che Fassino trombi molto più di me.
TEO GUADALUPI

Non bisogna mai andare a letto con la donna di un amico. Sì, ma allora con chi?
SACHA GUITRY

Un Oscar, il sesso, un gelato e una pizza... Se avessi questo ogni giorno per il resto della mia vita sarei felice.
DUSTIN HOFFMAN

La cosa importante nella recitazione è il saper piangere e ridere. Quando devo piangere penso alla mia vita sessuale. Quando devo ridere penso alla mia vita sessuale.
GLENDA JACKSON

Il sesso sicuro è molto importante. Ecco perché ho deciso di non fare più l'amore sulle impalcature.
JENNY JONES

Playboy sta per pubblicare una rivista per soli uomini sposati: ogni mese, lo stesso paginone centrale.
CRAIG KILBOM

Dopo ventisette anni di matrimonio, io e mia moglie abbiamo raggiunto finalmente la compatibilità sessuale. Abbiamo emicranie simultanee.
CLIFFORD KUHN

Il Congresso dice che la metà degli americani usa Internet. L'altra metà fa sesso con partner reali.
JAY LENO

Un'insegnante è stata arrestata per avere fatto sesso con due allievi tredicenni. La cauzione è di un milione di dollari. I due ragazzini stanno raccogliendo la somma.
JAY LENO

Il 15% degli uomini lo fa in piedi; il 30% lo fa in ginocchio; il 40% lo fa seduto; il 20% lo fa in bilico... il 200% lo fa sapere.
CINZIA LEONE

Durante il sesso, io fantastico di essere un altro.
RICHARD LEWIS

Sono decisamente per il sesso sicuro, perché, altrimenti, c'è il rischio di ritrovarsi con qualcosa di terminale, tipo un bambino.
WENDY LIEBMAN

A New York hanno aperto il Museo del sesso. I bambini sotto i tredici anni devono essere accompagnati da un prete cattolico.

DANIELE LUTTAZZI

Clinton per difendersi ha detto che il sesso orale non è sesso. Ma se è vero, c'è una nigeriana sui viali che mi deve ridare un sacco di soldi.

DANIELE LUTTAZZI

La tv è così poco pedagogica! L'altra sera l'ho accesa: sesso e violenza, sesso e violenza. Ed erano solo le previsioni del tempo!

DANIELE LUTTAZZI

I giovani a letto non sanno quel che fanno. Ma lo fanno tutta la notte.

MADONNA

«Si dice che Warren Beatty sia sessualmente insaziabile...» «Io direi che è saziabile...»

MADONNA, IN RISPOSTA A UNA DOMANDA SUL SUO COMPAGNO DELL'EPOCA

Si era talmente applicato agli studi sessuali che vinse una borsa di stupro.

MARCELLO MARCHESI

Penso che il sesso sia la cosa più bella, naturale e pura che i soldi possano comprare.

STEVE MARTIN

Ho sempre pensato che la musica fosse più importante del sesso. Poi mi sono accorto che, se non ascoltavo una sinfonia per un anno e mezzo, non è che m'importasse più di tanto.

JACKIE MASON

Avrò avuto sì e no sei anni quando un giorno mio padre venne da me e mi disse: «Maurizio, parliamo di sesso». E io gli risposi: «Ok, papà. Avanti, cosa non hai capito?».

MAURI

Una ninfomane è una donna ossessionata dal sesso come lo è qualsiasi uomo.

MIGNON MCLAUGHLIN

Negli Stati Uniti d'America ci sono oltre venticinquemila numeri di telefono "sexy" per uomini. Sapete quanti ce ne sono per le donne? Tre. Se abbiamo voglia di sentire qualcuno parlar male o dire oscenità, ci tocca andare in ufficio.

FELICIA MICHAELS

Una notte ero a letto con il mio ragazzo Ernie, quando lui mi ha chiesto: «Come mai non mi dici mai che stai avendo un orgasmo?». E io gli ho detto: «Ernie, perché tu non sei mai lì quando succede».

BETTE MIDLER

Il 66% dei cattolici fa sesso una volta a settimana. Il numero sarebbe stato più basso, ma hanno contato anche i preti.

DENNIS MILLER

Sessualmente parlando, la donna è palindroma.

ALESSANDRO MUNTONI

In un'ipotetica scala di valori per me il sesso è solo al terzo posto. Dopo le tette e la figa.

FURIO OMBRI

Le donne asseriscono che noi pensiamo sempre a quella cosa lì. "Sempre", nel mio caso, è riduttivo.

FURIO OMBRI

Un pompino è un pompino, se te lo fanno. Certo, se devi farlo tu è più dura, ma comunque vale sempre la regola numero uno del sesso: se ti tappi il naso puoi fare qualsiasi cosa per dieci minuti.

THE OPPOSITE OF SEX

Esiste una quantità di oggetti meccanici che aumentano gli stimoli sessuali, specialmente delle donne. Primo fra questi è la Mercedes Benz 380SL Cabriolet.

P.J. O'ROURKE

Una volta ci si sposava per fare sesso, oggi ci si sposa per fare il mutuo!

I PAPU

Da giovani praticavamo l'amore libero, nel senso che noi volevamo fare l'amore e le ragazze erano libere di dirci di no.

DIEGO PARASSOLE

A quei tempi i miei compagni di classe copulavano con qualsiasi cosa che si muovesse, ma io non vidi mai alcuna ragione per dovermi limitare così.

EMO PHILIPS

È moltissimo che non faccio sesso, ma mi hanno detto che è come andare in bici, una volta imparato non si dimentica. Così ho preso la bici e sono andato a puttane.

Daniele Raco

Il punto G non esiste! L'abbiamo inventato noi per trattenerli, hai visto mai che arrivano a dieci minuti?

Giulia Ricciardi

Reputo mia madre responsabile della mia scarsa attività sessuale. Tutto quello che mi disse da ragazza era: «L'uomo sopra e la donna sotto». Per tre anni io e mio marito abbiamo dormito in un letto a castello!

Joan Rivers

È così tanto tempo che non faccio sesso che mi sono dimenticata chi lega chi.

Joan Rivers

Venne il momento del sesso vero e delle tecniche sempre più raffinate per farlo durare il tempo giusto. All'inizio usavo le tabelline, quella del due, del quattro, dell'otto. Più avanti la formazione della grande Inter. Sulla dirittura d'arrivo, quando sentivo che il mio tempo stava per scadere, cominciavo a sgranare i nomi: Sarti, Burgnich, Facchetti, Bedin... Riuscivo a prolungare di un po', poi, però, arrivato a Jair, quasi sempre succedeva l'irreparabile.

Paolo Rossi

Sapete, sento sempre un gran parlare di tutto questo sesso in televisione che c'è oggigiorno, e mi fa davvero infuriare: continuo a cambiare canale tutta la notte ma non riesco mai a trovarlo!

Rowan & Martin's Laugh-In

Ammetto di non essere esageratamente dinamico. L'ultima. volta che ho fatto del sesso, il mio orologio, che è uno di quelli che si caricano da sé, si è fermato.

Lenny Rush

L'altra notte una donna ha dato un calcio al marito. «Perché l'hai fatto?» ha chiesto lui. E lei: «Perché sei un pessimo amante». Lui ci ha pensato un po' su e le ha dato un calcio a sua volta. Lei gli ha domandato:

«Perché l'hai fatto?». E lui: «Perché sai la differenza!».

TOMMY SLEDGE

Durante il sesso, uno dei due partner sarà sempre insoddisfatto. Devo dire che a me è andata piuttosto bene. Finora è toccato sempre alla ragazza.

RYAN STILES

Cercate sempre di far sesso nella stanza più piccola della casa, così sembra più grosso.

DADO TEDESCHI

Al cinema il sesso c'è sempre stato. Solo che adesso è anche sullo schermo.

DANNY THOMAS

Sono contrario al matrimonio prima del sesso.

RICCARDO TOMMASELLI

Le dissi: «Fammi godere con la lingua". Mi lesse delle poesie.»

FRANCESCO VANDETTA

Mio padre mi diceva: «Andrea, con le donne devi dire soltanto: "Togliti le mutande che ti devo parlare!"». Io l'ho fatto. Sono andato dalla ragazza più bella che conoscevo e gliel'ho detto. Non ci crederete: si è tolta le mutande! E io le ho parlato!

ANDREA VASUMI

Tenete sempre da parte un ragazzo, per le giornate di pioggia. E un altro, nel caso non piovesse.

MAE WEST

Che differenza c'è tra una donna e un gay? A una donna devi cercare il punto G, a un gay il punto D&G.

LUCIO WILSON

Sono bravissimo nei preliminari. Il punto G? È lui che cerca me.

LUCIO WILSON

Quella del sesso è un'arte che non credo di possedere. Ieri una prostituta con cui ero già stato un paio di volte mi ha tirato fuori la scusa del mal di testa.

MIRCO ZILIO

Il sesso canonico aveva cominciato ad annoiarmi a morte, così ho avuto la pessima idea di partecipare a un'orgia: non solo mi sono annoiato, ma quando mi è venuto da sbadigliare non sono stato abbastanza pronto a portare una mano alla bocca.

MIRCO ZILIO

«Lo sa, lei è bellissima. Vuole fare sesso con me?» «Devo mettermi a urlare?» «Ho appena chiuso un contratto che mi ha fatto guadagnare sei milioni di euro.» «Devo mettermi a urlare? O vogliamo continuare questa conversazione in un posto meno rumoroso?»

MIRCO ZILIO

SESSO ORALE

*vedi **Pompino***

SETTANTA

*vedi **Anni Cinquanta***

SEX AND THE CITY

Io credo nella lussuria a prima vista.

MR.BIG

L'eterogay è una nuova razza di maschi generatasi a causa di eccessiva esposizione a moda, cucina esotica, musical e antiquariato.

CARRIE

Le donne sono così cronicamente single da rendere quasi superflue le ovaie.

CARRIE

Perché l'unica cosa che non abbiamo riesce sempre a rovinarci quello che abbiamo?

CARRIE

Un uomo ottimo sulla carta è un uomo con ottime credenziali che di solito si lascia per uno più sexy, con la moto e senza conto in banca.

CARRIE

Ogni giorno milioni di persone soffrono per la monogamia, non c'è cura conosciuta.

CARRIE

Samantha, la tua vagina è inserita nelle guide di New York.

CHARLOTTE

Se un uomo ha più di trent'anni ed è single ha qualcosa che non va. È darwiniano: la natura li elimina affinché non propaghino la specie.

MIRANDA

Sanno ricostruire il motore di un jet ma quando si tratta di donne... Che c'è di misterioso? È un clitoride non la sfinge!

MIRANDA

Vi conoscete appena. Ho dei collant più stagionati di voi.

MIRANDA

Io sono stata con uno che ce l'aveva come quelle matite per segnare i punti a golf.. non capivo mai se voleva scoparmi o cancellarmi.

MIRANDA

Se sembra troppo bello per essere vero, probabilmente lo è.

SAMANTHA

Vuoi davvero cambiare il tuo uomo? Beh sta attenta tesoro.. se tiri il filo sbagliato, ti si disfa tutto il maglione.

SAMANTHA

Se non sei la ragazza di qualcuno non potrai mai essere la ex-ragazza di qualcuno.

SAMANTHA

Gli uomini tradiscono per lo stesso motivo per cui i cani si leccano le palle. Perché ci riescono.

SAMANTHA

Mi ci vorrà un tovagliolo per asciugare la sedia... quel cameriere è uno schianto!

SAMANTHA

Fare pompini non è da sottomesse: è vero che stai in ginocchio però tieni l'uomo per le palle!

SAMANTHA

SEX SYMBOL

vedi ***Sexy***

SEXY *(Sex Symbol)*

Credo che Mick Jagger sarebbe stupefatto e sconvolto se capisse per quanta gente non è un sex symbol.
ANGIE BOWIE

Intervistatrice: «Dicono che un uomo di sessant'anni, calvo, sia molto sexy.»
Sean Connery: «Non saprei, non sono mai andato a letto con un sessantenne calvo!»
SEAN CONNERY

Tom Cruise è così sexy che quando si masturba, la ragazza a cui sta pensando gode.
RODNEY DANGERFIELD

La sera tiro un sospiro di sollievo quando non trovo una ragazza sotto il mio letto.
RICHARD GERE

Ho una cugina molto sexy. A volte alle riunioni di famiglia mi ritrovo a guardarla e a pensare: «Quanto ritardati potranno essere i nostri bambini? Voglio dire, e anche se uno nascesse con tre lobi delle orecchie?».
JAMIE KENNEDY

Tutto quel che vedete lo devo agli spaghetti.
SOPHIA LOREN

Negli Stati Uniti d'America ci sono oltre venticinquemila numeri di telefono "sexy" per uomini. Sapete quanti ce ne sono per le donne? Tre. Se abbiamo voglia di sentire qualcuno parlar male o dire oscenità, ci tocca andare in ufficio.
FELICIA MICHAELS

Aveva curve in posti dove le altre donne non hanno nemmeno i posti.
CYBILL SHEPERD (SU MARILYN MONROE)

Poi è arrivata Moira 19 anni, detta "Fino a oggi l'abbiam sempre chiamato culo, ma da domani bisogna ristampare tutti i vocabolari!".
VITO

SEXY SHOP

Sono stata in un sexy shop e ho incontrato questo ragazzo di colore, era splendido. Era enorme! Il suo uccello aveva un uccello!

MARGARET CHO

E voi uomini che senza vergogna andate in questi sexy shop e comperate queste bambole gonfiabili che sono così uguali a una donna che dopo devi anche regalargli la pelliccia! Per punizione passerete l'eternità sposati a un canotto.

GIORGIO FALETTI

Nei sexy shop si possono comperare le videocassette dei film porno. Sono a colori ma se togliessero il rosa sarebbero in bianco e nero.

CARLO PISTARINO

SFIDUCIA

vedi ***Fiducia***

SFORTUNA *(Iella)*

Quando finalmente il mio treno arriverà, con la fortuna che ho io sarò all'aeroporto.

JOHN ADEY

Al gioco sono sfortunatissimo. Sono l'unico al mondo cui capita una mano di poker con cinque carte senza che ce ne siano due dello stesso seme.

WOODY ALLEN

È veramente un onore fare qualcosa per questi bambini baciati in fronte dalla sfortuna.

ALESSANDRO ALTOBELLI

È così sfigato che quando porta la conchiglia all'orecchio gli dà sempre occupato.

ANONIMO

Credo di portarmi iella: ogni volta che mi succede qualcosa di negativo ci sono sempre presente io.

ANONIMO

La fortuna è cieca, ma la sfiga ci vede benissimo.

ROBERTO "FREAK" ANTONI

Lo sfigato subisce passivamente la sfiga. Lo scazzato no: la erge a filosofia di vita.

ALESSANDRA APPIANO

Nell'ultima storia che ho avuto, be', io le sono sempre stato vicino e lei mi ha piantato. Gliel'ho rinfacciato. Ho detto: «Ricordi quando è morta tua nonna? Io ero lì, per te. E quando fosti bocciata a scuola? Io ero lì, per te. Ricordi quando hai perso il lavoro? Io ero lì, per te!». E lei: «Lo so. Porti sfiga!».

TOM ARNOLD

Era così sfigato che trovava i bifogli.

PAOLO BELLON

Ai gatti neri porta sfortuna essere attraversati da un'auto?

PAOLO CANANZI

Non credo che esista una persona più iellata di me: pensate, di notte, invece di entrare nella fase REM, entro nella fase Cugini di Campagna.

CRISTINA COLOMBO, DI *AENIGMATICA*

Il ragazzo più sfortunato al mondo fu Gesù: essendo allo stesso tempo se stesso e suo padre, fu l'unico a doversi comprare il motorino con i propri soldi.

COMIX

Massimo Giuliani era l'eccellente doppiatore di John Belushi. Quando si dice la sfiga: una carriera stroncata dagli eccessi di un altro.

LELLA COSTA

Se hai culo, la sfiga è lì che te lo guarda.

PACO D'ALCATRAZ

La sfiga è un'amante fedele e non ti abbandona neanche quando sei nella merda.

PACO D'ALCATRAZ

Ebbe la sfiga di finire i suoi giorni in galera. Ma per fortuna era completamente innocente.

PACO D'ALCATRAZ

Porta sfortuna versare nella tazza lo zucchero prima del latte, non trovi? Ha dei tremendi effetti sulla tua vita... Mia zia Dolly un giorno mise lo zucchero prima del latte e

nei successivi quarant'anni ha perso tutti i denti!
Dud & Pete

La superstizione porta sfortuna.
Umberto Eco

Il Papa esorta: «Quest'estate siate cast». Beh, allora cambia tutto: ero uno sfigato, sarò un devoto.
Mattia Feltri

È un perdente nato: gli sono morti i fiori di plastica.
Leopold Fetchner

La mia sfiga in amore? Non ne parliamo proprio. Io sono stato a letto una sola volta nella mia vita e tengo un figlio. Quella sera c'era lo sciopero delle farmacie, allora le dissi: «Cara, che dobbiamo fare? Facciamolo con il metodo del coitus interruptus...» Quella sera a Napoli venne il terremoto. Direte: «E che c'entra?». Provate voi ad uscire in tempo con il settimo grado della scala Mercalli!
Gino&Michele-Silvio Orlando

Era un cavallerizzo sfortunatissimo: tutte le volte che arrivava sull'ostacolo il suo cavallo saltava col metodo Fosbury.
Gene Gnocchi

Le grandi storie d'amore si dividono in due categorie: quelle sfortunate e quelle infelici.
Max Greggio

Sono sfigato. Persino i piccioni hanno smesso di cacarmi addosso. Non vogliono illudermi.
Gianluca Irti

Se il denaro crescesse sugli alberi a me capiterebbe un bonsai.
Boris Makaresko

È buffa la fortuna. Magari non ne vedi neanche l'ombra per anni e poi, quando meno te l'aspetti, si presenta al tuo vicino di casa.
Franco Merafino

Noi siamo quella razza che non sta troppo bene, che di giorno salta i fossi e la sera le cene. Lo posso grida' forte fino a diventa' fioco, noi siamo quella razza che tromba tanto poco. Noi siamo quella razza che al cinema s'intasa per vede' donne 'gnude e fassi seghe a casa. Eppure la natura ci insegna sia sui monti sia a valle che si po' nasce bruchi pe' diventa' farfalle. Ecco noi stiamo quella razza che l'è fra le più strane, bruchi siamo nati e bruchi si rimane. Quella razza semo noi, è inutile fa' finta. Ci ha trombati la miseria e siamo rimasti incinta.

CARLO MONNI, IN *BERLINGUER TI VOGLIO BENE*

Io sono un uomo così sfortunato che, se organizzassero una lotteria di donne, vincerei mia suocera!

MARCO NOCERA

Se esistesse la reincarnazione, con la sfiga che mi ritrovo, tornerei in questo mondo reincarnato in me stesso.

ONLY FOOLS AND HORSES

Sono molto sfortunato. Avevo il raffreddore, ho preso una medicina che mi aprisse il naso, e mentre questo era aperto ho preso un altro raffreddore.

ROBERT ORBEN

Io non sono mai stato il preferito dei miei genitori. Ed ero figlio unico.

GIANNI PALLADINO

Era il tipo di donna che si incontra una sola volta nella vita. Se sei proprio sfigato, due.

DANIELE PANEBARCO

Io nel '68 ebbi una sfiga. Mi innamorai di una di Trieste.

ANDREA PAZIENZA

Chi nasce puveriello e sfortunato ci piovono cazzi in culo pure se sta assettato!

PROVERBIO NAPOLETANO

Se vendessi candele il sole non tramonterebbe mai.

PROVERBIO YIDDISH

Non c'è senso a farsi otto chilometri a piedi per pescare quando si può essere altrettanto sfortunati sotto casa.

MARK TWAIN

Sono il più grande teorico della figa in Italia e il più grande pratico della sfiga in Europa.

DARIO VERGASSOLA

La donna è quel che si è trovato di meglio per sostituire l'uomo quando si ha la sfortuna di non essere pederasti.

Boris Vian

Certo che se ti sdrai su un pagliaio e ti buchi il culo con un ago...

Stefano Zaccarella

SFORZO

«Quante calorie si consumano facendo l'amore?» «Circa trecento.» «Io ieri sera ne ho consumate duemila!» «E quante volte l'hai fatto?» «Una...» «E le altre millesettecento?» «Per convincerla!»

Paolo Caiazzo

Mio nonno me lo diceva sempre: «Ateo, la testa è la cosa più importante che c'abbiamo. Non sforzarla».

Paolo Cevoli

Il fanatismo consiste nel raddoppiare gli sforzi quando si è dimenticato lo scopo.

George Santillana

Grattachecca e Fichetto: «No, Homer. Sono pochi i cartoni animati che so no trasmessi in diretta. È uno sforzo troppo grande per il polso degli animatori.»

I Simpson

SGARBI VITTORIO

Io e Vittorio Sgarbi abbiamo un solido interesse in comune: lui stesso.

Barbara Alberti

Non fare agli altri quello che vorresti fare a Vittorio Sgarbi.

Anonimo

La radice quadrata di Giuliano Ferrara è Vittorio Sgarbi. La radice quadrata di Vittorio Sgarbi è Gigi Marzullo. La radice quadrata di Gigi Marzullo è un numero N con esponente nullo.

Ivan Della Mea

Un giorno Sgarbi è stato a Lourdes e gli è apparsa la Madonna. Dopo trenta secondi ci ha litigato.

Egidio Morretti

Sgarbi? Sicuramente non è stupido. Ma è imbecille.

IRENE PIVETTI

Il problema è che una donna sola per me è troppo.

VITTORIO SGARBI

Mike Bongiorno è come un salame: ovunque lo affetti ha sempre lo stesso sapore.

VITTORIO SGARBI

Rosy Bindi è più bella che intelligente.

VITTORIO SGARBI

Tutta l'opera di Petrarca si potrebbe riassumere nel verso di Sergio Endrigo: «Dite a Laura che l'amo».

VITTORIO SGARBI

Io sono pallido perché il sole, quale io sono, abbronza ma non si abbronza.

VITTORIO SGARBI

Quando ci troviamo davanti io e la cocaina, è lei che si eccita.

VITTORIO SGARBI

«Elenoire Casalegno, senta, i nostri telespettatori si domandano: ma Sgarbi, a letto, rompeva i coglioni come in televisione?»

DARIO VERGASSOLA

SGUARDO

I bambini sono grandiosi. Io adoro i bambini! Avete presente quello sguardo negli occhi di un bambino quando lo fate uscire dal bagagliaio?

DAVE ATTELL

Woody Allen: «E Jerry Bender ha una cotta per te!»
Helena Bonham Carter: «Che cosa?»
Woody: «Ti continua a fissare, ti spoglia col pensiero...»
Helena: «È il suo sguardo normale!»
Woody: «Non è il suo sguardo normale! Se guardasse me così gli tirerei un mattone... o gli darei un bacio in bocca!»

LA DEA DELL'AMORE

«Quante volte i miei occhi hanno guardato nei tuoi...» «Quattro!»

LUCIANO MANZALINI

Avete presente quello sguardo che le donne inviano agli uomini quando vogliono fare sesso? Be', neanch'io.

STEVE MARTIN

Avevano lo sguardo triste e solenne degli inglesi che si divertono.

WILLIAM SOMERSET MAUGHAM

Lo sguardo malinconico di Piero Fassino, quel gentiluomo triste con quell'espressione fissa che sembra dirti all'infinito: «Mi è morta la salvia sul balcone».

GIORGIO MELAZZI

Sono a disagio coi giornalisti perché quando vedo un gruppo di persone, tutte con lo sguardo in una direzione e in quella direzione ci sono io, mi viene addosso una vaga paura di essere linciato.

ROBERT MITCHUM

SHAMPOO

La più importante conclusione alla quale sono giunto dopo aver girato in lungo e in largo il Giappone, contando anche le ore in cui ho letto, studiato e analizzato questa cultura affascinante, è che uno dovrebbe sempre chiudere bene il tappo del flacone di shampoo prima di metterlo in valigia.

DAVE BARRY

Ci sono certe cose che devono essere dette, e io sono qui per dirle: per esempio, abbiamo ancora bisogno di istruzioni sul retro dei flaconi di shampoo?

ELLEN DEGENERES

Sono l'inventore del Forfor-Shamping-Camaleontic-Color. Si tratta di uno shampoo (non ancora in commercio) che fa venire la forfora del colore uguale alla giacca che indossi.

MISTER FOREST (MICHELE FORESTA)

Se non usi Clear tieni la tua testa lontano dalla cornetta telefonica:

vorrei trovare un messaggio sulla segreteria, non della forfora...
GIORGIO E MASSIMO

Biscardi è l'unico giornalista al mondo che si fa lo sciampo col Crodino.
ENRICO MONTESANO

SHOPPING

Quando le donne sono depresse, o mangiano o vanno a fare shopping. Gli uomini invece invadono un altro stato. È un modo di pensare completamente differente.
ELAYNE BOOSLER

Veni, Vidi, Visa: sono venuto, ho guardato, ho fatto un po' di shopping.
BUMPER STICKER

Grazie! Grazie! Grazie! Forse non ci hai ancora pensato, ma sono proprio i tuoi acquisti, anche quelli più semplici, che fanno girare l'economia. È quando arrivi alla cassa che ti si ferma l'economia e cominciano a girarti i coglioni.
GIORGIO MELAZZI

SHOW
vedi **Spettacolo**

SHOW GIRLS
vedi **Vallette**

SICILIA *(Siciliani)*
vedi anche **Palermo**

Calabria, Sicilia, Campania: quanto piombo! Non si potrebbero almeno usare delle lupare catalitiche?
ALBERT

È stata sospesa la progettazione del famoso ponte sullo stretto di Messina. Si è infatti scoperto che, grazie alla deriva dei continenti che avvicina lentamente l'Italia alle proprie isole, per il giorno della fine dei lavori, Calabria e Sicilia si saranno unite da sole.

AMURRI & VERDE

«Dice che in Sicilia si muore d'aborto!» «Sì, ma ci vuole un culo pazzesco!»

ALLEGRA

«Onorevole Scelba, in Sicilia c'è un combattimento in corso tra Salvatore Giuliano e le forze di polizia!» «Mandate subito dei rinforzi!» «A chi?»

DON BASILIO, 1950

Picone: «Ma che fai?»
Ficarra: «Fammene andare che è tardi!»
Picone: «Ma tutta questa premura, perché?»
Ficarra: «Domani mi devo alzare presto che devo andare a ritirare la pensione di mio suocero!»
Picone: «Ma tuo suocero sono tre anni che è morto!»
Ficarra: «Lo so! Ma è un modo come un altro per sentircelo ancora vicino!»

FICARRA E PICONE

Ficarra: «Ma che hai? Ti vedo provato!»
Picone: «(Piangendo) C'è la tipografia di mio figlio che va male!»
Ficarra: «Ma anzi, da quando vi siete messi a stampare euro le cose si erano sistemate!»
Picone: «Lo so! Il problema è che da quando abbiamo l'euro i prezzi si sono raddoppiati. Io prima una banconota da diecimila lire con tremila lire di spese la stampavo!»
Ficarra: «E ti rimaneva un bel guadagno.»
Picone: «Oggi, invece, è raddoppiato il prezzo dell'inchiostro, della carta, della filigrana. Ho calcolato che su una banconota di dieci euro c'ho un guadagno di dieci centesimi! Che vuole lo stato, che me ne vado a rubare?»

FICARRA E PICONE

Ficarra: «Caro mio, con questo euro non si campa più, è rincarato tutto. Io lo vedo, per esempio, nel mio campo. Nella musica. I cd sono aumentati.»
Picone: «La gente non li compra.»
Ficarra: «E si alimenta il mercato dei cd originali!»

FICARRA E PICONE

Guarda qua che cosa mi è arrivato da pagare: cinquecento mila lire all'anno di immondizia! E l'immondizia ce la metto io, se ce la mettevano loro quanto dovevo pagare?
FICARRA E PICONE

Picone: «Ma che hai? Oggi ti vedo euforico!»
Ficarra: «Sono contento per mio figlio... gli sto avviando una nuova attività!»
Picone: «E che attività?»
Ficarra: «Gli sto aprendo un casello autostradale privato!»
Picone: «Bello!»
Ficarra: «Lo metto un chilometro prima di quelli che già ci sono e faccio prezzi concorrenziali... d'altronde la gente va dove c'è la convenienza!»
FICARRA E PICONE

In Sicilia si vive più a lungo, pensate che in un paese vicino al mio, dove da tre anni non moriva più nessuno, il sindaco per inaugurare il cimitero nuovo ha dovuto farne sparare quattro.
SALVO SPOTO

SICILIANI
vedi **Sicilia**

SIGARETTA
vedi **Fumare**

SIGARO
vedi **Fumare**

SIGNORILITÀ
vedi **Classe**

SILENZIO *(Tacere)*

Dio tace. Ah, se adesso si riuscisse a far chiudere il becco all'uomo.
WOODY ALLEN

Stamattina alle sette un vertiginoso silenzio mi ha svegliato. Mi sono girato verso mia moglie. Non c'era. Non era neppure in cucina né in nessuna altra stanza. Anche

Camillo non c'era. Sono uscito sul balcone: strada deserta. Solo un giornale spinto dal vento. Con l'auto ho attraversato la città. Vie e piazze spopolate. I tram fermi o vuoti. In ufficio nessuno. Anche da Maniglia e da mio cognato Augusto non c'è nessuno. Gli appartamenti abbandonati. Ho puntato verso l'aeroporto. Un jet sulla pista. Fortuna di avere il brevetto di pilota. Mi sono levato in volo. Parigi. Atene. Tokyo. New York. Non un'anima. Vuoto. Deserto. Sul banco di un bar di Adelaide trovo una fotografia. Ci sono tutti. Cinque miliardi di persone che mi fanno ciao con la mano... Sotto, una scritta: "Addio testa di cazzo!". D'accordo, d'accordo... Però andarsene così... Senza dire niente... Che figli di puttana.

ROMANO BERTOLA

Il vero motivo per il quale gli uomini amano il sesso orale: cinque minuti di silenzio in questa casa!

DARIO CASSINI

Ci guardammo a lungo in silenzio. A un certo punto, il silenzio si era fatto palpabile. La ragazza, purtroppo, no.

GIAMPIERO CASONI

I poeti hanno sempre tenuto un misterioso silenzio sul soggetto "formaggio".

GILBERT K. CHESTERTON

Passiamo i primi dodici mesi della vita dei nostri figli a insegnargli a camminare e a parlare, e i seguenti dodici anni a pregarli di sedere e di tacere.

PHYLLIS DILLER

Quando avevo tredici anni pensavo di chiamarmi: "Zitto tu!".

JOE NAMATH

L'uomo comune ragiona. Il saggio tace. Il fesso discute.

PITIGRILLI

Non parlare se quello che ti viene da dire non è meglio del silenzio.

PROVERBIO ARABO

Zitta! Sennò non riesco a sentire il rumore dei tuoi capelli che crescono!
NEIL SIMON

Le donne qualche volta stanno zitte... Ma mai quando non hanno niente da dire.
PAUL SOUDAY

SIMPATIA *(Antipatia)*

Fai al prossimo tuo tutto quello che il prossimo tuo fa a se stesso e assumi un'aria simpatica.
GEORGE ADE

So aver cura di me stesso. In caso di pericolo io ho questo serramanico che mi porto sempre dietro. In caso di vero pericolo schiaccio il pulsante e si trasforma in un bastone da tip tap, così posso fare simpatia.
WOODY ALLEN

«Lei è un efferato delinquente.» «Dia tempo al tempo e diventerò una simpatica canaglia.»
ALTAN

Quella di Piersilvio Berlusconi è la più classica delle storie italiane. Era bravo, intelligente, si applicava un sacco. Poi un bel mattino suo padre ha cominciato a prenderlo in simpatia.
GINO&MICHELE

Di notte sono sonnambula, di giorno sono giornambula. (Minchia, troppo simpatica.)
SABBRY (LUCIANA LITTIZZETTO)

I cantanti non sono quasi mai antipatici perché quasi sempre sono ridicoli.
MARIO SOLDATI

Ho scelto l'uomo simpatico a preferenza del ricco: preferisco un uomo senza denaro al denaro senza un uomo.
TEMISTOCLE

Non capisco perché le ragazze si mettono a parlare d'amicizia quando vogliono rifiutarmi: non è che se le metto la lingua in bocca diventiamo nemici, anzi mi starà anche più simpatica.
RICCARDO TOMMASELLI

I SIMPSON

«No, Homer. Sono pochi i cartoni animati che sono trasmessi in diretta. È uno sforzo troppo grande per il polso degli animatori.»

GRATTACHECCA E FICHETTO

Quando ho tenuto quella pistola in mano, ho sentito un'ondata di potere... La stessa che deve provare Dio ogni volta che impugna una pistola.

HOMER SIMPSON

«Marge! Guarda che roba fantastica ho trovato giù al porto. Era lì, messa sulla barca di qualcuno!»
Homer Simpson
«Marge, bisogna essere in due per mentire. Uno mente ed uno ascolta.»

HOMER SIMPSON

Se davvero vuoi ottenere qualcosa, in questa vita, devi lavorare duro per ottenerla. Ora, zitto! Stanno per annunciare i numeri del lotto!

HOMER SIMPSON

Bambini, avete provato al meglio delle vostre possibilità, ed avete fallito miseramente. La lezione è: non provate mai.

HOMER SIMPSON

Caro Dio: gli dei sono stati benevoli con me. Per la prima volta nella mia vita, ogni cosa è assolutamente perfetta. In gratitudine, io ti offro questi biscotti e questo latte. Se vuoi che li mangi per te, non darmi nessun segno... Grazie, sarà fatto.

HOMER SIMPSON

Se a te non piace il tuo lavoro, non scioperi: ti presenti ogni giorno puntuale e lo fai da vera schiappa! È questo il modello americano!

HOMER SIMPSON

È un criminale talmente pericoloso che Bob Dylan ha scritto una canzone per non farlo uscire di prigione.

I SIMPSON

Mi hai profondamente deluso! Non ho più ideali, non crederò mai più a qualcosa in vita mia. Mi iscriverò a Giurisprudenza!

I SIMPSON

SIMPSON O.J.

Ieri una commissione speciale ha stabilito quanti soldi abbia O.J. Simpson. Credo che abbia soldi ancora per due o tre omicidi al massimo.

JAY LENO

Secondo uno studio fatto in Australia, i koala hanno delle impronte digitali talmente simili a quelle umane che potrebbero essere facilmente confuse dalla polizia sulla scena di un delitto. Va notato, inoltre, che lo studio è stato finanziato da O.J. Simpson.

NORM MACDONALD

SINATRA FRANK

Frank Sinatra è rimasto vittima di un attentato dinamitardo. Nella sua macchina è stata messa una bomba. Povero Frank, c'erano pezzi dappertutto, pezzi qua, pezzi là... Come lo so? Eh, si è sparsa la Voce...

GIORGIO FALETTI

Ah, ho sempre saputo che Frank avrebbe voluto andare a letto con un uomo.

AVA GARDNER, COMMENTANDO IL MATRIMONIO DEL SUO EX MARITO CON MIA FARROW

Raffaella Carrà debuttò in teatro nella commedia: *Del vento tra i rami del sassofrasso*. Nonostante la parte non fosse delle più facili (il sassofrasso è un albero a largo tronco e le cosce della giovanissima Carrà non erano ancora quelle belle sequoie sulle quali in seguito tanti innamorati scolpiranno cuoricini) Raffaella se la cavò dignitosamente. Molti registi la notarono e l'Associazione Italia Nostra proclamò la sua regione pelvico femorale: "Zona di alto interesse ecologico". Cominciarono così le escursioni guidate (la visiteranno tra gli altri Frank Sinatra e Japino).

GINO&MICHELE

Frank Sinatra ha avuto un terribile incidente. Stava facendo una passeggiata quando è stato travolto da un motoscafo.

DEAN MARTIN

Non ho paura di Frank Sinatra. Gli ho detto: «Crepa, sei un verme bastardo e non significhi nulla per me». Grazie a Dio non c'era quando l'ho detto.

JACKIE MASON

Io mi nutro e Frank Sinatra.

SCRITTA SU UN MURO DI LIVORNO

Mi dispiace per la gente che non beve. Quando si svegliano al mattino, si sentono soltanto come si sentiranno per il resto della giornata.

FRANK SINATRA

Ammiro Bill Bradley, grande giocatore e senatore degli Stati Uniti. Ha trovato le uniche due professioni dove bisogna lavorare al massimo un paio di ore al giorno.

FRANK SINATRA

SINCERITÀ

Oroscopi. Il libro dice che i nati in gennaio sono gentili. Quelli di febbraio sono onesti. I nati di marzo sono sinceri. I nati di aprile sono affidabili eccetera eccetera. Ora, quello che non capisco è: ma da dove vengono tutti i figli di puttana?

LOU ALEXANDER

Era sincero come il sorriso di un ballerino di tip tap.

MOREY AMSTERDAM

Ci sono un sacco di ragazzi in ascolto proprio adesso, che comprano i nostri album, imparano a memoria i testi delle nostre canzoni e le prendono come modelli di vita. Quindi so che ogni cosa che dico è molto, molto importante. E riguardo alla droga vorrei dire questo: mi sono fatto ogni tipo di droga. Ho provato tutto. Parte della mia musica è ispirata dalla droga. Se devo essere sincero, la droga è legata ad alcuni dei migliori momenti della mia vita. Ma ciò non significa che voi ragazzi dobbiate drogarvi.

ERIC BOGOSIAN, IN UN MONOLOGO IN CUI INTERPRETAVA UNA ROCKSTAR INTERVISTATA DALLA TV

La sincerità è una forma di espressione primitiva.

LEO LONGANESI

L'amore ha diritto di essere disonesto e bugiardo. Se è sincero.

MARCELLO MARCHESI

Bisogna essere sincere in amore, vere. È l'unico modo per rimanere veramente... sole!

MARIA ROSSI

Il mio difetto è che sono troppo sincero, cara la mia zucca pelata!

LA SETTIMANA ENIGMISTICA

SINDACATO

Ho visto i Cobas del latte incontrarsi con i Cobas dei corn flakes per una colazione di lavoro.

FABRIZIO CANCIANI

Povero Silvio... Ma lo sapete che lavora diciotto ore al giorno? Non mangia più a orari regolari, salta i pasti. Gli è venuto l'intestino pigro... Certe volte lui si sveglia alle sei e l'intestino resta ancora due ore a letto. Altre volte succede il contrario, Silvio si alza alle sei e l'intestino è già in giro da due ore che parla coi sindacati. È chiaro che poi gli capita di sparare stronzate. Ma non è lui che parla, è il suo intestino!

ANTONIO CORNACCHIONE

Riforma delle pensioni. Accordo governo-sindacati. Dal prossimo anno andrà in pensione solo chi ha capito come si fa.

DANIELE LUTTAZZI

Il comune di Sesto Lodigiano ha ceduto gli uffici dell'anagrafe alla Lottomatica, che è la concessionaria del ministero delle Finanze per il gioco del lotto. Gli impiegati del comune sono obbligati, oltre a dare i certificati, a prendere anche le giocate del superenalotto. I sindacati di categoria si sono offesi e hanno smesso di bere... tutto d'un colpo non va bene, infatti certi sono stati male.

MAURIZIO MILANI

Capsula: «Ikkia, Nucleo, cos'hai mangiato, la Cgil?»
Nucleo: «Perché?»
Capsula: «Hai l'alito in rivolta!»

PALI E DISPARI

SINDACO

Ecco i dieci eventi storici nei quali è stato lecito usare la parola "cazzo":
1) «Sta torre col cazzo che casca!» (Babele, 5000 a.C.)
2) «Piogge a tratti un cazzo!» (Noè, 4314 a.C.)
3) «Santità, lo vuole davvero su quel cazzo di soffitto?» (Michelangelo, 1566)
4) «Da dove cazzo sbucano tutti questi indiani?» (Generale Custer, 1877)
5) «Cazzo! Ti somiglia un casino!» (Picasso, 1926)
6) «E quella cosa cazzo è?» (Sindaco di Hiroshima, 1945)
7) «Eddaì! Chi cazzo vuoi che lo venga a sapere?» (Bill Clinton, 1999)
8) «Cazzo, non credevo si arrabbiassero così tanto!» (Osama Bin Laden, 2001)
9) «La vuoi o no quella cazzo di macchina?» (Il presidente della Fifa all'arbitro Moreno, giugno 2002)
10) «Ma chi cazzo hai comprato?» (Berlusconi a Galliani, dopo la campagna acquisti del 2008 del Milan).

ANONIMO INTERNET

E disse il sindaco in campagna elettorale: «Milano è la città più europea del mondo. Neanche New York è così europea come Milano!».

CLAUDIO BISIO

E che dire di quando l'aereo atterra, e come inizia a rullare verso il terminal, l'hostess di bordo dice: «Benvenuti all'O'Hare International Airport». Beh, com'è possibile che una che è appena arrivata dia il benvenuto a me in un posto in cui lei non c'è ancora? Questo non viola qualche legge di fisica fondamentale? Siamo a terra da un secondo e lei salta su come se fosse la fottuta moglie del sindaco!

GEORGE CARLIN

Oggi il sindaco di una grande città come Milano può essere chiunque. E infatti lo è!

IL CARTONE

New York City è stata dichiarata la città più sicura d'America. Dev'essere merito della nuova politica del sindaco Bloomberg: oggi, infatti, dopo tre omicidi ti mettono in galera.

DAVID LETTERMAN

Prima ero solo grasso, adesso che sono anche famoso tutti mi cercano. Anche il sindaco della mia città cerca di coinvolgermi in tutte le iniziative. Quest'anno ho preso parte al presepe vivente. Facevo la Palestina.

DANIELE RACO

Il sindaco ha dichiarato che la pratica di vestire poliziotti da donne per attirare borseggiatori si è rivelata un grosso successo: finora il risultato è stato 350 arresti, 200 incarcerazioni, e 27 matrimoni felici.

ROWAN & MARTIN'S LAUGH-IN

In Sicilia si vive più a lungo, pensate che in un paese vicino al mio, dove da tre anni non moriva più nessuno, il sindaco per inaugurare il cimitero nuovo ha dovuto farne sparare quattro.

SALVO SPOTO

Stavo camminando col sindaco Tom Bradley, e lui mi ha chiesto: «Judy, non è che abbiamo troppi homeless?». E io: «Oh, no, sindaco: è perfettamente normale che un marciapiede sia così soffice».

JUDY TENUTA

SINGLE *(Celibato)*

Io da quando sono single vivo da dio. Faccio quello che voglio: se ho fame mangio, se ho sete bevo, se ho sonno dormo, se ho voglia di fare l'amore faccio la doccia.

ANTONIO CORNACCHIONE

È stato dimostrato che la gente sposata vive più a lungo dei single. I single muoiono prima. Quindi, se volete una morte lunga e lenta, sposatevi.

NORM CROSBY

Una delle cose che mi piace del vivere da solo è che quella lanugine che trovi nello scarico della doccia è tua.

DREW CAREY

«Io sono solo, è una scelta di vita.»
«Sì delle donne.»

FIGLI DI ANNIBALE

Nel 1994 ho ottenuto l'annullamento del mio stato di single dalla Sacra Rota.

MISTER FOREST (MICHELE FORESTA)

Non sono contraria al matrimonio ma mette fine a troppe cose alle quali sono favorevole.

ZSA ZSA GABOR

«O sono sposati o checche. E se non sono checche, hanno appena rotto con la donna più bella del mondo, o hanno appena rotto con una che era una puttana e che somigliava tutta a te. Ma in fase transitoria, dopo una relazione monogama, hanno bisogno di spazio; o sono stanchi di spazio ma non si vogliono impegnare; o vogliono l'impegno ma temono di avvicinarsi; o si avvicinano e tu non li vuoi tra i piedi...».

IL GRANDE FREDDO

Da single, all'inizio, sei ottimista. Tipo: «Voglio incontrare un uomo che sia veramente in gamba, veramente dolce, veramente bello, con una buona carriera...». Sei mesi dopo, invece, dici: «O Signore, qualsiasi mammifero con un lavoro diurno».

CAROL LEIFER

Tipico della cucina del single è il sacchetto della spazzatura legato alla maniglia della portafinestra. È da tempo che è lì, tanto tempo... gonfio, gonfio, gonfio, ogni giorno più gonfio. Una volta ho trovato un single che, pur di non riaprire il sacchetto, stava cercando di avvitarci dentro un fusillo con un cacciavite!

PAOLO MIGONE

Lo scapolo è un uomo che ha perso l'occasione di rendere infelice una donna.

JEAN GALLARD POLLARD

C'è qualcosa di peggio di una donna che vive da sola: una donna che dice che le piace vivere da sola.

THELMA RITTER

Sono contrario ai privilegi del clero; chiedo l'abolizione del celibato.

MARKUS M. RONNER

Bisogna essere sincere in amore, vere. È l'unico modo per rimanere veramente... sole!

MARIA ROSSI

Quando non ho una relazione in corso, mi depilo sempre una gamba, così la notte mi sembra di dormire con una donna.

GARRY SHANDLING

«Io sono nubile.» «Celibe, vorrai dire.» «Vabbè, sempre scapolo sono.»

TOTÒ

Certo che sono single per scelta. Di un altro, però.

SILVIA ZICHE

Il marito ideale rimane celibe.

OSCAR WILDE

Un celibe è un uomo che non fa mai lo stesso errore una volta.

ED WINN

Penso, dunque sono single.

LIZZ WINSTEAD

SINISTRA

La strategia è chiara: passare da "uniti vinceremo" a "uniti avremmo potuto vincere".

ALTAN

«Voi che li conoscete come sono Gino e Michele?» «Quello di sinistra, alto coi baffi, è Michele. Quello di sinistra, basso con la barba, è Gino.»

PAOLO BELDÌ

Più stanno a sinistra, più abitano in centro.

FEDERICO BINI

Dopo ore di discussione accanita, veti incrociati, coltellate reciproche, un comunicato ufficiale del gotha della sinistra italiana ha delineato finalmente l'identikit del candidato ideale: deve essere miliardario come Moratti, sarcastico come Moretti, simpatico come Benigni, Nobel come Fo, milanista come Rivera, ribelle come Cofferati, e possibilmente anche una gran figa.

CLAUDIO BISIO-MICHELE SERRA

La doccia è di sinistra e la vasca da bagno di destra? I leghisti si lavano sotto il rubinetto. Lo slip è di sinistra e il boxer di destra? Il leghista sotto non mette niente perché ce l'ha duro. La sinistra sogna Alba Parietti e la destra Valeria Marini? Il leghista è più pratico, si butta sulla segretaria.

ERMINIO BOSO

Anche la sinistra ha i suoi scheletri nell'armadio. Ieri ero a casa di Prodi, ho aperto l'armadio e dentro c'era Fassino.

BEPPE BRAIDA

Berlusconi odia i comunisti, ma sotto sotto anche il suo cuore batte a sinistra.

CAMILLO CANOVI

Ma sempre io devo essere compagno, voi no?

C'ERAVAMO TANTO AMATI

«Su quale linea vi siete collocati?» «L'unica possibile, compa'! Er proletariatogiovanilemasseinlottaciavemolibisognicomunismosubitoncazzaticontrolarepressioneemarginatiPicciboia.»

STEFANO DISEGNI

«L'Italia sta andando a destra.» «Sì, e a sinistra siamo sempre meno.» «Sarà per quello che stiamo così bene?»

GINO&MICHELE

Ho fatto un sogno all'incontrario dove non c'era più l'estrema destra e l'estrema sinistra, ma c'era solo l'estremo centro. I pericoli per la democrazia venivano da lì. Le liti, le risse, gli schiaffi, le bombe, venivano dal centro... Cioè non era cambiato niente perché anche un sogno all'incontrario ha rispetto per la Storia.

GINO&MICHELE-PAOLO ROSSI

Il Partito repubblicano si divide. "La" rimane nel Centrosinistra. "Malfa" passa al Polo.

FRANCO KAPPA

Credono di essere di sinistra perché mangiano il pesce col coltello.

LEO LONGANESI

Un uomo per mostrarsi di sinistra deve alzare il braccio sinistro e stringere il pugno, mentre per mostrarsi di destra deve alzare il braccio destro e tendere la mano. Ma se un uomo vuole sentirsi di centro, deve per forza eccitarsi?

Massimiliano

Ho fatto un sogno all'incontrario in cui a Milano c'era una giunta di sinistra vera. Gli assessori facevano gli assessori, i geometri facevano i geometri e i ladri facevano i ladri. Non come adesso in cui gli assessori fanno i ladri, i geometri fanno i ladri e i ladri che non sanno più che cazzo fare perché fanno tutto i geometri e gli assessori!

Paolo Rossi

Fazio, io ti detesto! Mia madre ti vede in televisione e mi dice: «Guarda Fazio come è bello e pulito. Ed è di sinistra anche lui!».

Paolo Rossi

Ci siamo ribellati, abbiamo sognato, e siamo stati sconfitti. Qualcuno di noi è diventato tossicodipendente, qualcuno terrorista, qualcuno è morto. Io sono andato via per fare il giornalista.

Michele Santoro

S'ode a destra... strapazzate a sinistra.

Antonio Silva

SINTESI

Quali sono i cinque libri più corti del mondo? *Deontologia commerciale ebrea*, *Eroi di guerra italiani*, *Storia completa dell'umorismo tedesco*, *Grandi amatori inglesi*, *Who's Who a Portorico*.

Anonimo

Sarò bre...

Francisco Durabàl

Ci sono certi scrittori che riescono a esprimere già in venti pagine cose per cui talvolta mi ci vogliono addirittura due righe.

Karl Kraus

SITO

vedi **Internet**

SLIP
vedi **Mutanda**

SLOGAN *(Graffiti - Scritte - Striscioni)*

Dobbiamo reagire all'invadenza vaticana! Scriviamo sui muri: "Lo stato c'è!".

ALTAN

Nano scrive sul muro: "Abbasso la figa!".

ANONIMO

«Ai bambini buoni la dolce Euchessina.» «E a quelli cattivi?» «Che spingano!»

ANONIMO

Il nostro motto: se avanzo, seguitemi, se mi fermo, non facciamo scherzi!

NATALINO BALASSO

Rosy Bindi al Chelsea.

CARTELLO ALLA MANIFESTAZIONE DELLA CASA DELLE LIBERTÀ DI PIAZZA SAN GIOVANNI

Coraggio, il meglio è passato.

ENNIO FLAIANO

Noi promettiamo una casa a tutti. Purché ce la facciate a entrare tutti.

GIULIANO

Due persone su una in questo Paese sono schizofreniche.

GRAFFITO

Comunque è uno che si era perso.

GRAFFITO COMPARSO SULLA STATUA DI CRISTOFORO COLOMBO A NEW YORK

Un uomo senza una donna è come un fianco senza spina.

GRAFFITO A LOS ANGELES

Un bombardamento può far finire la guerra: bombardate il Pentagono adesso!

GRAFFITO A NEW YORK

Penso che i graffiti siano una forma di letteratura passionale. "Bush fa schifo!" "Gli U2 sono fantastici!". Io invece vorrei scrivere dei graffiti indifferenti, tipo: "*Toy Story* 2 era mica male".

DEMETRI MARTIN

"Il cazzo c'inquina!", slogan femminista a cui un'arguta mano aggiunse sotto: "E la topa tombola!".

MAURIZIO MAZZITELLI

E perché l'ateneo nulla ci perda, quel che in saper mi dà, gli rendo in merda.

SCRITTA NEI GABINETTI DELL'UNIVERSITÀ DI PISA

Girardengo era finocchio.

SCRITTA SU UN MURO DI LIVORNO

Berlusconi, se per ogni cazzata ti nascesse un capello, saresti Cocciante.

SCRITTA SU UN MURO DI LIVORNO

Io mi nutro e Frank Sinatra.

SCRITTA SU UN MURO DI LIVORNO

Cavour era una merda come tutti quelli che c'hanno una statua.

SCRITTA SU UN MURO DI LIVORNO

W l'Italia W l'Europa W le bimbe che ci danno la topa.

SCRITTA SU UN MURO DI LIVORNO

Craxi ai somali!

SCRITTA SU UN MURO DI MILANO

Mi sento come una puttana in un mondo senza marciapiedi.

SCRITTA SU UN MURO DI PISA

C'è chi puote e chi non puote e chi non puote se lo scuote.

SCRITTA SU UN MURO DI PISA

C'hai la coca? No cucina la mi mamma.

SCRITTA SU UN MURO DI PONTEDERA

Tenete duro: in cima c'è pieno di figa.

SCRITTA SULL'ASFALTO DI UNA SALITA AL GIRO D'ITALIA

Una donna ha bisogno di un uomo come un pesce di una bicicletta.

SLOGAN FEMMINISTA, ANNI SETTANTA

Una donna ha bisogno di un uomo come Van Gogh di uno stereo.

SLOGAN FEMMINISTA

Non sono così stupido come sembri.

SPILLA AMERICANA

Non sarai mai solo con la schizofrenia.

SPILLA INGLESE, 1983

Entra nell'esercito, gira il mondo, incontra gente interessante e uccidila.

SPILLA PACIFISTA, 1979

Dio è un'illusione, Vasco una realtà.

STRISCIONE A UN CONCERTO DI VASCO ROSSI A TORINO

Se l'Inter ha vinto lo scudetto la pace è possibile.

STRISCIONE ALLA MARCIA DELLA PACE (ROMA, 2007)

Meglio la Bindi come amante che Galliani come dirigente.

STRISCIONE DEGLI ULTRAS DEL MILAN

Le vie del Signore sono infinite. Toccafondi prendine una e levati dai coglioni.

STRISCIONE DEI TIFOSI PRATESI CONTRO IL LORO PRESIDENTE

C'hai la mamma zoccola e il presidente calzolaio.

STRISCIONE EMPOLESE CONTRO IL TIFOSO FIORENTINO, RIFERITO AL PRESIDENTE DIEGO DELLA VALLE

Armani sarto subito.

STRISCIONE IN OCCASIONE DI LOTTOMATICA ROMA-ARMANI JEANS MILANO

Gattuso tranquillo non è aviaria, c'hai il morbillo.

STRISCIONE INTERISTA

Una volta eri come l'oro. Adesso sei come loro.

STRISCIONE INTERISTA, RIFERITO AL PASSAGGIO DI RONALDO AL MILAN

Totti, titolo di studio: battesimo.

STRISCIONE LAZIALE IN LAZIO-ROMA

Prima di tutto Galliani sei il più brutto.

STRISCIONE ROMANISTA

Nuovo anno stessi valori: Viva la fica e la Fiorentina.

STRISCIONE VIOLA

Vi si caca nell'acquario.

STRISCIONE VIOLA IN GENOA-FIORENTINA

Dislessici di tutto il mondo... UTINEVI!!

BUMPER STICKER

Terra ai contadini, ferrovie ai ferrovieri, cimiteri ai morti!

TOTÒ (TOTÒTARZAN)

Ogni volta che dico la parolaccia "ginnastica" mi sciacquo la bocca con lo sciroppo al cioccolato.

T-SHIRT AMERICANA

Specchio, specchio delle mie brame, che cazzo è successo?

T-SHIRT AMERICANA

Ci sono tre tipi di persone a questo mondo: quelli che sono bravi in matematica, e quelli che non lo sono.

T-SHIRT AMERICANA

Tutti noi abbiamo bisogno di credere in qualcosa. Io credo che tra un attimo mi farò un'altra birra.

T-SHIRT

Viva l'amore! Abbasso i sedili!

CHECCO ZALONE (LUCA MEDICI)

SLOT MACHINE

vedi **Roulette**

SMACCHIATORE

vedi **Macchie**

SMOKING

Lo smoking di Corrado è il suo.

SCRITTO TRA I CREDITI DEI TITOLI DI CODA DI UN *TELEGATTO SHOW*

Hai mai provato la sensazione che tutto il mondo è in smoking e tu sei un paio di scarpe marroni?

GEORGE GOBEL

Con un abito da sera e una cravatta bianca chiunque, persino un agente di cambio, può far credere di essere una persona civile.

OSCAR WILDE

SOCIALISTI

vedi anche **Craxi**

«Secondo te, Ivan, si può costruire il socialismo nel Liechtenstein?» «No: è così piccolo che non lo sopporterebbe!»

CITATA DA DANILO ACQUISTI

«Secondo te Juri, qual è la differenza tra Capitalismo e Socialismo?» «Il Capitalismo è lo sfruttamento dell'uomo sull'uomo, mentre il Socialismo è il contrario!»

CITATA DA DANILO ACQUISTI

I grandi dubbi. Rubare ai socialisti è reato?

ANGESE

La politica del Psi ha per sé il presente, ha per sé il futuro, ha per sé l'eterno! .

GIANNI BAGET BOZZO

Chissà perché tutte le malattie mentali cominciano per Psi: psicopatico, psicotico...

ROBERTO BENIGNI

Sposerò Stefania Craxi. Perché se Bettino ha fatto sindaco il marito di sua sorella, a me che sposerò la figlia mi farà arcivescovo.

ROBERTO BENIGNI

«Hai mai pensato di iscriverti al Partito Socialista.» «No grazie, sono ricco di famiglia.»

ATTRIBUITA A MASSIMO CACCIARI IN UN DIALOGO CON GIANNI DE MICHELIS

Compagni, alle elezioni provinciali di Caserta il Psdi è passato da due a tre consiglieri: la socialdemocrazia avanza e conquista il mondo.

FILIPPO CARIA, PRESIDENTE DEPUTATI PSDI

I socialisti sono come Cristoforo Colombo: partono senza sapere dove vanno. Quando arrivano non sanno dove sono. Tutto questo con i soldi degli altri.

WINSTON CHURCHILL

«Sai, finalmente mio cugino ha trovato lavoro: è riuscito a entrare nell'orchestra della Rai.» «Ma è diventato musicista?» «No, è diventato socialista.»

BRUNO D'ALFONSO

L'acqua ha memoria, ma i capelli di De Michelis non se li ricorda.

FABIO DI IORIO

Riusciranno i socialisti a Palermo a far fuori la piovra? Sì, se gli si dà fiducia e l'appalto per l'acquario.

ELLEKAPPA

Un democristiano e un socialista si iscrivono alle Olimpiadi della corruzione: chi vince? Nessuno, perché i professionisti alle Olimpiadi non partecipano.

PIPPO FRANCO

Le squadre di football americano hanno sempre nomi che incutono terrore: le Tigri di Philadelfia, gli Spaccaossa di Cincinnati, gli Strangolatori di Boston, i Socialdemocratici di Phoenix...

GIALAPPA'S BAND

La Thatcher dice che Giovanni Senza Terra è stato il primo socialista della storia. Non è esatto: un vero socialista si sarebbe chiamato "Giovanni Due Tre Ettari".

BEPPE GRILLO

Prometto di non dire mai più che i socialisti rubano. In cambio i socialisti potrebbero smettere di rubare.

PAOLO HENDEL

«Hai sentito che i socialisti vogliono dare l'eroina gratis ai tossicomani?» «Uff, quelli! Figurati che ai miei tempi volevano dare la terra gratis ai contadini.»

GIOVANNI KAREN

Ci sono più socialisti in galera oggi che durante il fascismo.

RICCARDO LOMBARDI

Il Psi cambia nome? Non importa: li riconosceranno dalle impronte digitali.

MAURO MELLINI

«Perché i democristiani non si liberano dei socialisti?» «Perché hanno paura di rimanere soli coi democristiani»

GIOVANNI MOSCA

8 ottobre 1990. Io so quale sarà il nuovo simbolo del Partito socialista: una foto del garofano di fronte e una di profilo.

STRISCIA LA NOTIZIA

È stato un deputato di un partito di cui non faccio il nome, sennò dicono sempre che me la prendo con i socialisti.

WALTER VELTRONI

Pillitteri prima era socialdemocratico, poi lasciò il partito un attimo prima di sposarsi con la sorella di Saragat.

VINCINO

SOCIETÀ
vedi **Azienda**

SOCIETÀ
vedi **Mondo**

SOCIO
vedi **Azienda**

SODOMA E GOMORRA

In quel tempo il Signore aveva deciso di distruggere Sodoma, città di sodomiti in cui nessuno si affacciava al davanzale perché anche in famiglia ci si fidava poco...

GIOBBE COVATTA

E il Signore distrusse Sodoma e Gomorra ricoprendole di zolfo e di fuoco. E gli angeli in coro dissero: «Signore, passi per Sodoma, città di sodomiti, ma... perché hai distrutto anche Gomorra?». E il Signore rispose: «Mah... Gomorra, città di gomorroidi... mi faceva un po' schifo!»

GIOBBE COVATTA

Il giorno dopo le 120 giornate di Sodoma il Pronto Soccorso si riempì di casi imbarazzanti.

FABIO DI IORIO

Se Dio non distrugge Hollywood Boulevard, deve almeno delle scuse a Sodoma e Gomorra.

JAY LENO

Prof: «Qui Dante incontra i sodomiti. Nella Bibbia i sodomiti sono gli abitanti di Sodoma. Ricordate Sodoma e Gomorra?»
Studente: «Tipo Massa e Carrara?»

SMEMORANDA BROTHERS & SISTERS

SODOMIA
vedi anche **Sodoma e Gomorra**

È meglio avere il culo gelato che un gelato nel culo.
ANONIMO

Tanto fumare, tanto parlare, tanto bucarsi per risultati così scarsi? Se nel mondo del rock bisogna farsi tanto e prendere tanta roba per arrivare a canzoni come quelle di Jimi Hendrix e di Janis Joplin, Wagner e Brahms che cosa avrebbero dovuto fare? Mettersi un DC-10 nel didietro?
ALBERTO ARBASINO

Comunque il regista con cui lavoro di più è Francis Ford Copula. Mi ricordo ancora la volta che mi ha fatto il provino per il film *Pacchetti di mischia*, un film sul rugby. Da noi, al provino, c'è un tavolo col regista e due o tre persone, ti fanno cavare giù nudo, poi, se ti guardano e ti fanno firmare il contratto, va tutto bene, se invece ti dicono: «Provi un po' a girarsi» c'è da preoccuparsi. Io avevo capito subito che il mio provino era andato male, perché quando ci ho detto: «Ho portato un pezzo» mi hanno risposto: «Non occorre, ce l'abbiamo già noi».
NATALINO BALASSO

Io in quanto uomo e soprattutto cattolico aborro l'uso dei preservativi, poiché possono creare profondi problemi di coscienza. Per esempio a me fanno bruciare il culo.
LORENZO BECCATI

Nel mio condominio c'è un signore iperattivo che passa la vita a fare bricolage, cominciando a martellare alle otto e un quarto. Ho cercato in tutti i modi di farlo smettere: ho parlato alla portinaia, ho appeso un tazebao nell'androne. Niente. Alla fine ho adottato una contromisura estrema: una scatola di tappi di cera. Gliel'ho infilata nel culo e lui ha smesso.
CLAUDIO BISIO-ROCCO TANICA

Il segno della settimana: Vergine. «Se vi prendono per il culo non dovete arrabbiarvi, dovete girarvi!».
MASSIMO BOLDI

Il culo è l'anticoncezionale per eccellenza. Il culo è laico!

TINTO BRASS

Ho degli amici che non riescono a addormentarsi se prima non vedono tre o quattro film pornografici. Dicono che devono contare le pecore.

RAFFAELE BRUNO

Berlusconi o Rutelli? Era come scegliere tra la vaselina e il burro. E il culo, comunque, era il mio.

DIEGO CAJELLI

Lo vedi questo bastone? Tocca un'altra delle mie cose e scoprirai come si sente un lecca-lecca.

DREW CAREY

Proust spiega troppo per i miei gusti: trecento pagine per farti sapere che Tizio incula Tizio è troppo.

LOUIS-FERDINAND CÉLINE

È praticamente impossibile ottenere una condanna per sodomia da una giuria inglese, giacché la metà di essa non crede che sia fisicamente possibile, mentre l'altra metà la pratica abitualmente.

WINSTON CHURCHILL

Avevo una ragazza talmente seria e bene educata che tutte le volte mi diceva: «Scusa le spalle».

COMIX

Due tizi stanno parlando e uno dice all'altro: «Cosa faresti se la fine del mondo fosse tra tre minuti?». L'altro dice: «Mi fotterei tutto quello che si muove. Tu invece che faresti?». E il primo: «Me ne starei immobile».

BILLY CONNOLLY

Lei era fidanzata con un dj. Ogni volta che facevano l'amore, lui voleva sempre provare anche il lato B.

PIERO DEGLI ANTONI

Non date mai via il culo a chi non lo sa apprezzare.

DETTO POPOLARE

Massimo D'Alema mi piace per quella vaga aria da "ma vattela a pià 'n der culo!".

SABRINA FERILLI

Sa come diceva quella prostituta? «La fica non la vuole più nessuno, i pompini li fanno anche le mogli, gli dai il culo sembra che gli dai la merda!»

ENNIO FLAIANO

Quella ragazza ha degli occhi così belli che glielo butterei in culo.

IL GEMMA

La vita è una tempesta, ma prenderlo nel culo è un lampo.

BEPPE GRILLO

Recita un antico proverbio cinese: è vero che chi semina raccoglie, ma è anche vero che chi raccoglie si china e a chinarsi lo si prende facilmente nel culo.

PAOLO HENDEL

Un bimbo di cinque anni entra in bagno e trova il padre che si sta infilando un preservativo. Il bimbo dice: «Papà, cosa stai facendo?». E il padre: «Uh, sto cercando di catturare un topo». E il bimbo: «Cosa fai quando l'hai preso, te lo inculi?».

ARTIE LANG

Quanno è giornata da pijallo 'n culo er vento t'arza la camicia.

CITATA DA MARCO NAVIGLI

Non ringraziare mai un gay. Uno di questi giorni potrebbe mettertelo nel culo.

GIUSEPPE PALUMBO

Non fare agli altri ciò che non vorresti fosse fatto a te stesso. D'accordo, ma se a te piace prenderlo nel culo?

DIEGO PARASSOLE-CARLO TURATI

"Il fumo uccide." Questa scritta è presente su tutti i pacchetti di sigarette. Per lo stesso criterio su tutte le schede elettorali, d'ora in avanti, sarà scritto: "Il governo ti incula".

ALBERTO PATRUCCO

Proverbio taoista: se domani, dopo la vittoria di stanotte, contemplandoti nudo allo specchio scoprirai un secondo paio di testicoli, che il tuo cuore non si gonfi di orgoglio, figlio mio, vuol semplicemente dire che ti stanno inculando.

DANIEL PENNAC

La pensione? Noi non sappiamo se la prenderemo... e soprattutto dove la prenderemo!

ERMINIO PISTOLAZZI (DIEGO PARASSOLE)

Quando c'è nebbia mettiti le mani sul culo.

PROVERBIO LIGURE

Chi nasce puveriello e sfortunato ci piovono cazzi in culo pure se sta assettato!

PROVERBIO NAPOLETANO

Domanda: «Come ti poni nei confronti del gorilla di montagna del Ruanda?» Risposta: «Preferibilmente non di spalle».

FRANCESCO SALVI

A certa gente in culo gli entra, in testa no.

DETTO POPOLARE (CITATO DA NICOLA SEVERIN)

Ieri la nonna mi ha portato ai giardini e c'erano due cani. Uno stava sotto e quell'altro stava sopra. Allora la mi' nonna ha detto che quello che stava sotto portava quell'altro sopra perché s'era fatto male a una gamba.

È proprio vero che a fare un favore a un amico si piglia sempre in culo!

SIMONE (GIORGIO PANARIELLO)

Ansa 25.5.2005: Grande successo ieri sera in piazza Duomo per il Gay Pride. Ventimila milanisti si sono abbracciati e baciati per cinque minuti, poi finalmente lo hanno preso nel culo.

SMS CIRCOLATO DOPO MILAN-LIVERPOOL, FINITA AI RIGORI 5 A 6

È come il cane de Mustafà: quello che ce l'aveva ner culo e diceva che stava a scopà!

SQUADRA ANTITRUFFA

Io ho fatto l'amore ovunque. Nell'ascensore, nella toilette di un treno, in macchina, in aereo, perfino in funivia. Ho davvero fatto l'amore ovunque, tranne che in una cabina elettorale. Lì l'ho sempre preso nel culo.

BEBO STORTI

Frocio io? Ma scherzi? Piuttosto lo prendo nel culo!

LUCIO WILSON

SOFFERENZA

Nella mia vita ho sofferto così tanto che ormai il dolore mi diverte da impazzire.

CLAUDIO BARBIERI

Ci sono donne che preferiscono non far soffrire molti uomini contemporaneamente e che preferiscono concentrarsi su uno solo: sono le donne fedeli.

ALFRED CAPUS

È meglio soffrire che essere soffritti!

MIMMO CIULLA

Non capisci? Lui è un prete! È fatto per soffrire! Tra di loro, quello che soffre di più viene promosso!

DON 'T DRINK THE WATER

L'uomo è nato per soffrire, e ci riesce benissimo.

ROBERTO GERVASO

Io amo i poveri, e soffrirei in un mondo senza poveri; i poveri sono le brioche dell'anima.

GIORGIO MANGANELLI

Non voglio quella roba vegetariana. Nel mio piatto voglio solo cose che hanno sofferto, prima di diventare cibo.

RYAN STILES

SOGLIOLA

La sogliola prima che i palombari cominciassero a camminare sul fondo non era un pesce così piatto.

GINO PATRONI

Tuffarsi con i piedi o con la testa? Tutti sappiamo che la testa è la parte più pesante del corpo mentre i piedi sono la parte più veloce. Quindi per la pesca alla cernia, pesce notoriamente pesante, preferiamo il tuffo con i piedi, mentre alla sogliola, preferiamo il filetto alla Voronoff.

COCHI PONZONI

SOGNO *(Incubo)*

Ho sognato di essere il collant di Ursula Andress.

WOODY ALLEN

Il mio sogno proibito? Avere un padre come Jack Nicholson, una madre come Ava Gardner, una sorella come Diane Lane e un fratello come Matt Dillon. E andare a letto con tutti.

Pedro Almodóvar

Ho avuto un incubo la scorsa notte: ho sognato che Valeria Marini era mia madre e io avevo un biberon.

Anonimo

Ogni volta che faccio l'amore, dopo un po' mi sveglio.

Rocco Barbaro

Non ho sogni nel cassetto, preferisco tenerci la biancheria.

Pino Caruso

Povera principessa Grace e povera principessa Diana. Il sogno di ogni ragazza è di incontrare il principe Azzurro, ma perché deve sempre assomigliare al principe Ranieri o al principe Carlo?

Carol Channing

Ho sentito Berlusconi dire: «Non lascio la leadership perché non vedo nessun De Gasperi in giro». Poi ho sognato De Gasperi, vivo, che pensa: «Non lascio la leadership perché mi è sembrato di vedere in giro Berlusconi».

Antonio De Luca

Avevo sempre sognato da grande di fare l'aggettivo.

Federico Fellini a proposito del termine "felliniano"

Riuscire a indurre un uomo ad andare in giardino e a restarvi fino al prossimo pasto è il sogno di ogni donna.

Virginia Gaham

Che poi noi donne ci vuole così poco per farci contente: un gesto, uno spintone, un vaffanculo ogni tanto. Io sono donna, signora; e non mi vergogno a dire che, quando ti senti così trascurata, sei in balia del primo "va' a cagare" che passa. Ti basta un niente per farti sognare!

Gaia (Simona Guarino)

Ho fatto un sogno all'incontrario dove non c'era più l'estrema destra e l'estrema sinistra, ma c'era solo l'estremo centro. I pericoli per la democrazia venivano da lì. Le liti, le risse, gli schiaffi, le bombe,

venivano dal centro... Cioè non era cambiato niente perché anche un sogno all'incontrario ha rispetto per la Storia.
GINO&MICHELE-PAOLO ROSSI

Mi sono svegliato nel Duemila e ho avuto paura perché Berlusconi aveva comprato tutto. Perfino la Costituzione aveva fatto riscrivere. Da Mike Bongiorno. Il primo articolo diceva: "L'Italia è una Repubblica fondata sul lavoro? Avete venti secondi per rispondere. Via al cronometro".
GINO&MICHELE-PAOLO ROSSI

Harry: «Un uomo senza faccia che ti strappa i vestiti è l'unico sogno erotico che hai da quando avevi quindici anni?»
Sally: «Beh, ogni tanto lo vario un pochino...»
Harry: «Come?»
Sally: «Cambio i vestiti...»
HARRY TI PRESENTO SALLY

Voglio che sogni, figliolo. Voglio che pensi al futuro. Perché il futuro è un campo di girasoli: dove troverai il tuo miglior amico in camporella con la tua ragazza.
GIORGIO MELAZZI

Il sogno americano è fare soldi e riuscire; il sogno italiano è nascere con un padre ricco.
MATTEO MOLINARI

Ho avuto un incubo: ho sognato che Bo Derek e mia moglie si azzuffavano per me, e mia moglie vinceva.
NEW YORK ROASTS

Il matrimonio è il coronamento del sogno di un uomo e di una donna. I genitori della sposa.
FURIO OMBRI

Povera nonna, il suo grande sogno era di diventare una cantante lirica. Per questo da giovane aveva iniziato a studiare da soprano, ma per colpa della guerra dovette interrompere gli studi a metà così diventò mezzo soprano.
VALERIO PERETTI CUCCHI

Ci siamo trasferiti nella casa dei nostri sogni. Infatti costa il doppio di quello che sognavamo.
BOB PHILLIPS

È una di quelle donne che sogni un giorno si siedano sulla tua faccia.
PRODUTTORE DI HOLLYWOOD

Ho fatto un sogno all'incontrario in cui a Milano c'era una giunta di sinistra vera. Gli assessori facevano gli assessori, i geometri facevano i geometri e i ladri facevano i ladri. Non come adesso in cui gli assessori fanno i ladri, i geometri fanno i ladri e i ladri che non sanno più che cazzo fare perché fanno tutto i geometri e gli assessori!
PAOLO ROSSI

Ho fatto un sogno all'incontrario in cui l'Aids si prendeva quando non si scopava. E i padri erano preoccupatissimi e dicevano alle figlie: «Ma come, a 15 anni sei ancora vergine? Vuoi ammalarti?». E ai figli dicevano: «Ma come, sono le undici e mezzo e torni già a casa? Riesci! Dai, riesci! Riesci ancora un paio d'ore, ti do la mia macchina coi sedili ribaltabili...» «Ma papà, devo fare i compiti...» «Prima ciuli e poi fai i compiti!»
PAOLO ROSSI

Ci siamo ribellati, abbiamo sognato, e siamo stati sconfitti. Qualcuno di noi è diventato tossicodipendente, qualcuno terrorista, qualcuno è morto. Io sono andato via per fare il giornalista.
MICHELE SANTORO

Sono talmente modesto che anche le donne che mi faccio in sogno sono brutte.
ROBERTO SERAFINI

Desto o son sogno?
TOTÒ

Ho sempre sognato di essere invisibile, peccato esserci riuscito solo con le donne.
RENATO TRINCA

Devo andare a dormire entro l'una perché i miei sogni iniziano, che io mi sia addormentato o no.
STEVEN WRIGHT

Ho sognato che Dio starnutiva e io non sapevo cosa dirgli.
HENNY YOUNGMAN

SOLDI *(Denaro - Portafogli)*

La moglie: «Non ho nulla da mettermi, stasera!»
Il marito: «Hai sei armadi pieni di "nulla da metterti"!»
La moglie: «Stai dicendo forse che spendo troppi soldi?»
Il marito: «Tu spendi troppi soldi? No! Non sei l'unica che va in Svizzera a farsi aggiustare l'orologio!»
A scuola con papà

È davvero ovvio quello che Picasso cerca di dirci: che ha bisogno di soldi.
Joey Adams

Gin: «Ora vado, devo sistemare Vincent: quella questione dei soldi falsi non mi è andata giù!»
Fizz: «Ehi, Gin, sei sicuro che i soldi fossero veramente falsi?»
Gin: «Sì. Sulle centomila Caravaggio era di spalle!»
Ale e Franz

I soldi aiutano a sopportare la povertà.
Alphonse Allais

La differenza tra i Repubblicani e i Democratici americani? I primi corrono dietro ai tuoi soldi. I secondi a tua sorella.
Anonimo

Se io ho una moneta e tu hai una moneta e ce le scambiamo, ciascuno ha una moneta. Se io ho un'idea e tu hai un'idea e ce le scambiamo, ciascuno ha due idee.
Anonimo

Rovinano le tue storie. Massacrano le tue idee. Prostituiscono la tua arte. Calpestano il tuo orgoglio. E tu cosa ricevi in cambio? Una fortuna.
Anonimo sceneggiatore

Se volete sapere che cosa Dio pensi dei soldi, basta che guardiate a chi li dà.
Maurice Baring

Vado a trovare Ernesto, che è a casa convalescente, dopo aver passato tre mesi in ospedale tra la vita e la morte. «Tu non ci crederai», mi dice passandosi una mano sul volto diventato stranamente ascetico, «ma sono esperienze che cambiano profondamente un uomo... Tutte le cose che prima rincorrevo, per cui mi arrabattavo, ora mi fanno solo sorridere... In questi lunghi, drammatici mesi, ho capito che le uniche cose veramente importanti nella vita sono i soldi e la fica.»

ROMANO BERTOLA

Un idiota e i tuoi soldi fanno presto ad andar d'accordo.

ARTHUR BLOCH

Quando un artista o uno scrittore si vantano di guadagnare, ci avvertono senza saperlo di aver cambiato mestiere.

ABEL BONNARD

Bisogna scegliere nella vita tra il guadagnare denaro e lo spenderlo. Non si ha il tempo per fare tutte e due le cose.

EDOUARD BOURDET

Ogni tanto il mondo ha bisogno di rilassarsi con intrattenimento puro. È perché io ho bisogno di soldi.

MEL BROOKS

È diventato davvero semplice comperarsi una pistola. Una volta si diceva: «Ho una pistola, dammi i soldi». Adesso si dice: «Ho i soldi, dammi una pistola».

GEORGE CARLIN

La religione, in effetti, ha convinto la gente che esiste un essere invisibile che vive su in cielo, e che ha una lista speciale di dieci cose che non vuole che tu faccia. E se fai una qualsiasi di queste dieci cose ti manda in un posto pieno di fiamme, e fumo, e tu andrai a fuoco e verrai torturato per sempre fino alla fine dei tempi... ma ti ama. E ha bisogno di soldi.

GEORGE CARLIN

I problemi degli uomini hanno tre cause: le donne, i soldi ed entrambi.

JOHNNY CARSON

Se i cervelli fossero soldi tu avresti bisogno di un prestito per comprarti una tazzina di caffè!

DON CHAMBERS

Quando l'ultimo albero sarà abbattuto, l'ultimo fiume avvelenato, l'ul-

timo pesce pescato, vi accorgerete che non si può mangiare il denaro.
CORVO ROSSO

Non aveva nemmeno i soldi per comprarsi le scarpette da ballo: si faceva la punta direttamente sui piedi con il temperino.
GIANFRANCO D'ANGELO

C'è più nessuno che crede che la salute sia più importante del denaro? Non si vedono tante ragazze dire: «Mi faccio Bill che ha una Porsche nuova, o Chuck che ha il colesterolo basso?».
NICK DIPAOLO

Scrivere è trasformare in soldi i propri momenti peggiori.
J.P. DONLEAVY

Moralmente non si può permettere che un citrullo si tenga il suo denaro.
W.C. FIELDS

Se puoi contare i tuoi soldi, non hai un miliardo di dollari.
PAUL GETTY

Quando era giovane e inesperto Silvio Berlusconi era convinto che il denaro e il potere lo avrebbero reso felice. Aveva ragione.
GINO&MICHELE

Berlusconi è così convinto che coi soldi si può tutto che, quando va a pescare, come esca usa l'American Express.
GINO&MICHELE

Una bellissima ex concorrente del *Grande Fratello*, in odore di Parlamento Europeo, ha rotto la sua relazione con Berlusconi la prima volta che l'ha visto nudo. Ha dichiarato che era stato un abbaglio, che le faceva schifo così senza portafoglio.
GINO&MICHELE

Noi siamo qui a ridere e scherzare e intanto fuori c'è gente che non ha neanche i soldi per comprarsi una Range Rover.
GENE GNOCCHI

Alla notizia che le regioni avranno più denaro, Anna Falchi ha an-

nunciato di essersi fidanzata col Molise.
Gene Gnocchi

Io credo che un artista non si debba mai prostituire se non per denaro.
Beppe Grillo

I soldi non fanno la felicità, dicono. Senza dubbio stanno parlando dei soldi degli altri.
Sacha Guitry

Lasciate che vi spieghi com'è scrivere per il cinema. Finisci il tuo libro, guidi fino al confine della California, e racconti la tua idea. No, un momento, a ripensarci, prima consenti loro di tirarti addosso dei soldi.
Ernest Hemingway

Una banca è un posto che ti presta dei soldi, se tu puoi dimostrare che non ne hai bisogno.
Bob Hope

Alla fine di ogni libro, mi viene voglia di uccidermi. Pensi che non ne scriverai mai un altro. Poi finisci tutti i soldi dell'anticipo.
Erica Jong

Ieri una commissione speciale ha stabilito quanti soldi abbia O.J. Simpson. Credo che abbia soldi ancora per due o tre omicidi al massimo.
Jay Leno

Mia mamma mi ha sempre detto: «Non sposarti per soldi. Divorzia per soldi».
Wendy Liebman

Se il denaro crescesse sugli alberi a me capiterebbe un bonsai.
Boris Makaresko

Vorrei morire ucciso dagli agi. Vorrei che di me si dicesse: «Com'è morto? Gli è scoppiato il portafogli».
Marcello Marchesi

Penso che il sesso sia la cosa più bella, naturale e pura che i soldi possano comprare.
Steve Martin

Hanno detto di noi: «Ma i Beatles non erano materialisti». Balle. Io e John dicevamo sempre, mentre ci sedevamo a tavolino a comporre una nuova canzone: «Scriviamo i soldi per un'altra piscina, ok?».
Paul McCartney

Quando ero giovane avevo tante idee e pochi soldi. Oggi che ho i soldi delle idee non me ne frega più un cazzo.
Geometra Meneghetti (Enrico Bertolino)

Secondo me in Afghanistan ci odiano per l'architettura: ogni volta che mostrano un'immagine di là, si tratta delle ultime quattro mura rimaste in piedi di tutto il paese. Similmodo, loro vedono i nostri muri. E ogni muro che abbiamo ha un bancomat, dentro. I nostri muri letteralmente cagano soldi.
Dennis Miller

Il sogno americano è fare soldi e riuscire; il sogno italiano è nascere con un padre ricco.
Matteo Molinari

Gli uomini hanno soltanto due cose per la testa. Il denaro è l'altra.
Jeanne Moreau

L'autrice di Harry Potter J.K. Rowling ha dichiarato che potrebbe scrivere un romanzo con Harry adulto. Quando le è stato chiesto il perché, ha detto: «Perché nel mondo ci sono dei soldi che non sono ancora miei».
Conan O'Brien

Sono stufo di sentire sempre soldi, soldi, soldi. Voglio solo giocare una partita e bere Pepsi e indossare Reebok.
Shaquille O'Neal

Un frutto è una verdura con il look e i soldi. Inoltre, se lasciate marcire la frutta, diventa vino, cosa che i cavolini di Bruxelles non fanno mai.
P.J. O'Rourke

La frase più bella di tutte le lingue è: «Si allega assegno».
Dorothy Parker

«Cesare, il popolo chiede sesterzi!» «No, vado dritto.»
SAVERIO PESAPANE

Ci siamo spesso chiesti se un musicista rock prende più soldi di un martello pneumatico per fare rumore.
HERBERT V. PROCHNOW & HERBERT V. PROCHNOW JR.

I soldi di carta potranno anche essere coperti di germi, ma oggigiorno li teniamo così poco con noi che è impossibile prendersi qualcosa.
HERBERT V. PROCHNOW & HERBERT V. PROCHNOW JR.

Ho circa 17 mila dollari nel mio materasso. Voi direte, sapere di avere quella cifra mi farà dormire meglio, la notte. Non è affatto vero: sono tutti in monetine.
ROWAN & MARTIN'S LAUGH-IN

Per come studiavo io alle medie, avrebbero potuto nascondere banconote di grosso taglio tra le pagine dei libri di testo... sarebbero ancora lì.
LUCIO SALIS

Di quello lì non son coperti neanche i contanti.
FRANCESCO SALVI

Denaro. Alla prima occhiata si vede se uno ce l'ha. Alla seconda da quanto.
LINA SOTIS (ATTRIBUITA)

Per amore si può far tutto ma per soldi molto di più.
LINO TOFFOLO

«Giuda avrà avuto una ragione per fare una cosa del genere no?» «Eh no! Per soldi!» «Eh, per soldi! Non è una ragione scusa? Bastava che lo facevano nascere ricco e già si evitava tutto... 'sta cosa, l'uccisione, u tradimento,... cioè pecché quando uno non conosce la gente nun me piace giudicà, capito? Pecché mette che tu n'ha bisogno proprio. A un certo punto, 'sti trenta denari quanto potevano essere? Mettiamo due trecentomilalire quattrocento ca ne so, però quello avrà messo a posto le cose sue pecché mette per esempio che va a casa e'a mugliera ogni volta... Giuda tu devi andare a lavorare, Giuda 'u padrone di casa, a luce, l'acqua - per dire - 'u telefono... A un certo punto quello, tutte 'ste cose! (...) S'è visto 'sti trenta denari in mano e ha detto: "ma chemmene importa... mo' metto a posto 'a famiglia".»

MASSIMO TROISI

Vi sono due casi in cui l'uomo non deve speculare in borsa. 1) Quando non ha soldi. 2) Quando ha i soldi.

MARK TWAIN

Dal droghiere: «Ho solo 5 cent. Mi dia un grosso morso di quella brioche!»

JIM UNGER

Ero in campagna, e c'era uno di quei cessi all'aperto, in una baracca di legno. Un tizio stava uscendo, e, mentre si sistemava i calzoni, gli sono caduti trentacinque cents nel buco. Allora ha tirato fuori un biglietto da venti e l'ha buttato nel buco. Io gli ho detto: «Perché ha fatto una cosa del genere?». E lui: «Beh, non penserà che mi cali là sotto per trentacinque cents?»

JACKIE VERNON

Non riuscirò mai a capire perché i soldi siano tanto attaccati agli ebrei.

FRANCESCO VESPA

Bella cosa la religione! Ieri sono andato a confessarmi. Sto meglio, ma ora il prete pretende duecento euro per tenere la bocca chiusa.

FRANCESCO VESPA

Anche se mi è costato un sacco di soldi, adesso sono felice. Pensate, in un mese ho perso sessanta kg: mia moglie.

SERGIO VIGLIANESE

Ah, sì, "divorzio": dal latino "Strappare i genitali di un uomo attraverso il suo portafogli".

ROBIN WILLIAMS

La cocaina è il modo che usa Dio per dirti che stai facendo troppi soldi.

ROBIN WILLIAMS

Sono stato in banca per dare un'occhiata ai miei risparmi. Ho scoperto di avere tutto il denaro che mi serve. Se muoio domani.

HENNY YOUNGMAN

SOLE

Ci credereste? Quarant'anni fa, mentre faceva un bagno di sole nel suo giardino, la signora Betty Lomax di Pugh Street, Ponders End, perse il suo anello di fidanzamento. Ieri, mentre zappava proprio in quel giardino, suo figlio Wilfred si è preso l'ernia.
Anonimo

Nell'universo ci sono pianeti di punizione dove il sole resta acceso tutta la notte.
Romano Bertola

Anche il sole ha le sue macchie.
Napoleone Bonaparte

La gente alla spiaggia perde il senso della ragione perché il sole picchia troppo forte. Dicono cose senza senso. Un sacco di volte senti dire: «Prendi una conchiglia, puoi sentire il mare». Puoi prendere una bicicletta e sentire il mare: sei al mare! È solo l'altro orecchio, sai? Metti giù la conchiglia: sentirai il mare due volte più forte.
Elayne Boosler

Stare al mondo può essere caro, ma c'è incluso nel prezzo un viaggio attorno al sole gratis ogni anno!
Ashleigh Brilliant

Ho comperato un nuovo tostapane. Ho aperto la scatola e sono saltate fuori le istruzioni per fare i toast. La mia idea è che se non sai come fare un toast, non dovresti fare nulla con l'elettricità. Dovresti solo mettere una fetta di pane su una roccia e pregare per una giornata di sole.
Eileen Budd

Che bello il primo bacio, che ricordi... giovedì scorso c'era pure il sole!
Gabriele Cirilli

Quando è sereno e soleggiato dopo due giorni freddi e piovosi, probabilmente è lunedì.
Citata da Antonio Bruno

«Non c'è animale più stupido della marmotta», disse l'etologo, «sta ferma ore e ore a contemplare il sole.» «Non c'è animale più stupido dell'etologo», disse la marmotta,

«sta fermo ore e ore a contemplare me.»
ENZO COSTA

Niente è più bello di un bimbo in mezzo a un prato fiorito che coglie una violetta: il sole lo bacia e ride, la mamma lo guarda e intenerisce, la violetta lo guarda e muore.
IVAN DELLA MEA

Honolulu ha tutto: la sabbia per i bambini, il sole per tua moglie, gli squali per tua suocera.
KEN DODD

Inizierò questa recensione con un'affermazione positiva: guardare questo film è una fruibile alternativa al guardare il sole ininterrottamente per cinque ore.
DR. CYCLOPS, NELLA RECENSIONE DEL FILM *PYTHON II*

Dice: chi è che gira, la terra intorno al sole o il sole intorno alla terra? Dico: boh, non ci ho mai fatto caso.
ALDO FABRIZI

Un uomo sulla luna non sarà mai interessante quanto una donna sotto il sole.
LEOPOLD FETCHNER

Amore, alza gli occhi e guarda il cielo, solo lui è più grande di te; amore, osserva il sole, solo lui è più maestoso di te; amore, guarda quella mongolfiera, in questo caso vinci tu!
MARZIO GOBBI

Il sole si rimpicciolisce di un metro e mezzo ogni ora. Un giorno sarà bruciato tutto, e vi sentirete dei cretini ad aver comperato, per non scottarvi, tutte quelle creme a filtri solari.
DAVID LETTERMAN

Bisogna vivere come i gigli dei campi. E così voglio fare: baciata dal sole, lambita dal vento e pisciata dai dobermann.
LUCIANA LITTIZZETTO

La Microsoft è stata accusata di aver tentato di monopolizzare l'accesso a Internet, e si è richiesto a una corte federale di multare la compagnia di un milione di dollari al giorno.

Degli analisti hanno calcolato che, a questo ritmo, il capo della Microsoft Bill Gates sarà senza un penny più o meno dieci anni dopo che la terra si schianterà contro il sole.

NORM MACDONALD

«Dodici morti bruciati in Sardegna!» «Ma usavano la crema solare?»

PAT

Se alzi gli occhi e vedi il sole vuol dire che non pioverà. Se alzi gli occhi e vedi le nuvole vuol dire che pioverà. Se alzi gli occhi e non vedi niente, vuol dire che sta piovendo.

PROVERBIO INGLESE

Se vendessi candele il sole non tramonterebbe mai.

PROVERBIO YIDDISH

Sono grasso, non mi posso sdraiare sul bagnasciuga a prendere il sole, ogni volta che lo faccio ci sono due pirla di Greenpeace che mi vogliono ributtare in acqua!

DANIELE RACO

«Dunque: il sole tramonta a est, giusto?» «No! Il sole tramonta a ovest!» «Quello se tu sei a est! Ma noi siamo nel far west, cioè a ovest, quindi oltre l'ovest del tramonto!» «Già, e io sono a sud di un cretino!»

SCAPPO DALLA CITTÀ 2

Linus: «Qualche mattina mi voglio alzare presto per vedere sorgere il sole.»
Sally: «In realtà non è il sole che sorge: è la terra che gira!»
Linus: «Qualche mattina mi voglio alzare presto per vedere la terra che gira.»

CHARLES M. SCHULZ

Quando i piccoli uomini proiettano ombre lunghe il sole sta per tramontare.

MICHAEL SEYMOUR

Io sono pallido perché il sole, quale io sono, abbronza ma non si abbronza.

VITTORIO SGARBI

Io so perché il sole non tramonta mai sull'Impero britannico: Dio non si fida di un inglese al buio.

DUNCAN SPAETH

Abitavo in un monolocale così piccolo che quando entrava il sole uscivamo noi.
SALVO SPOTO

Il cardinale Ratzinger si è dichiarato insoddisfatto della decisione di Giovanni Paolo II di riabilitare Galileo. Secondo Ratzinger, infatti, è stato un atto doveroso in quanto Galileo fu il primo a dimostrare che non è il sole che gira intorno alla terra, ma il Papa.
STRISCIA LA NOTIZIA

Una cosa che mi chiedo da oltre vent'anni: quando calienta el sol?
ENRICO VAIME

SOLIDARIETÀ
vedi **Beneficenza**

SOLITUDINE

Era veramente brutto. Una volta mandò una sua foto a *Cuori solitari*.Gliela rimandarono indietro. Sopra c'era scritto: «Non siamo così solitari».
ANONIMO

Stasera la tavola è imbandita con ogni ben di Dio. Frutta, cacciagione, vino. Ma non mi piace mangiare così. Da solo. Vorrei la presenza di qualcuno... renderebbe tutto più buono. L'ideale sarebbe un'orfanella che guarda da dietro i vetri, mentre cade la neve...
ROMANO BERTOLA

Se avete paura della solitudine, non sposatevi.
ANTON CECHOV

Sono sempre sola e male accompagnata.
JOAN COLLINS

Si nasce e si muore soli. Certo che in mezzo c'è un bel traffico.
PAOLO CONTE

Solitudine: quando sono nato, mia madre non c'era.
IVAN DELLA MEA

Brutta cosa la solitudine. Ieri il mio vicino di casa mi è venuto a chiedere se potevo fare un po' più di casino.
TEO GUADALUPI

Sono talmente solo che lo specchio non mi riflette più.
LEO LONGANESI

Sono un democratico. Non ho mai avuto difficoltà a usare il bagno di servizio. Non sono come mio cugino che sposò la governante e andò a fare il viaggio di nozze a Parigi. Da solo.
MARCELLO MARCHESI

Alcune delle più incredibili storie d'amore che io conosca hanno avuto un protagonista solo.
WILSON MIZNER

Una volta io dissi a mio padre che mi sentivo solo. Lui mi guardò e mi disse: «Chi sei?».
VALERIO PERETTI CUCCHI

Bisogna essere sincere in amore, vere. È l'unico modo per rimanere veramente... sole!
MARIA ROSSI

Avvolte una donna ci sentiamo sole dopo l'amore... Io mi sento sola durante!
SCONSOLATA (ANNA MARIA BARBERA)

Non sarai mai solo con la schizofrenia.
SPILLA INGLESE, 1983

SOLLEVAMENTO PESI

Ho fatto un corso di body building per posta. Ogni settimana mi spedivano un nuovo peso da usare. Non mi è servito a molto, ma dovreste vedere il mio postino!
STEVE ALLEN

Sono sempre stato un debole. Un'estate ero in spiaggia e un tale mi ha tirato della sabbia in faccia. Allora sono andato a casa, e per tutto l'inverno ho sollevato pesi, fatto flessioni, potenziato i muscoli. L'estate successiva sono tornato in quella spiaggia, ho trovato quel tale e gli ho sparato.
THE UNKNOWN COMIC (MURRAY LANGSTON)

I sollevatori di pesi adesso prendono steroidi e il testosterone, l'ormone maschile. Un tizio si era imbottito di così tanto ormone maschile che ha dovuto essere registrato come una tedesca dell'Est.

CARI WOLFSON

SOMARO
vedi **Asino**

SOMIGLIANZA
vedi **Ereditarietà**

SONDAGGIO
vedi **Statistica**

SONNAMBULO
vedi **Dormire**

SONNO
vedi **Dormire**

SOPRACCIGLIA

Nucleo: «Anche per me con le tipe è un momentaccio.»
Capsula: «Cosa ti è successo?»
Nucleo: «Gina la Fionda mi ha rifilato l'ennesimo sei di picche!»
Capsula: «Sopracciglio tagliato male, al massimo è il due di picche.»
Nucleo: «Ho capito, ma lei è la terza volta che mi rimbalza, e a casa mia due per tre fa sei!»

PALI E DISPARI

Non assumere mai un elettricista con le sopracciglia abbrustolite.

MASON WILDER

SOPRANNOME
vedi **Nome**

SOPRANO
vedi **Opera lirica**

SORDI *(Apparecchio acustico)*

Non c'è peggior sordo di chi è sordo veramente.
ALDO, GIOVANNI E GIACOMO

Lui: «Se ti tocco che fai?»
Lei: «Chiamo il nonno.»
Lui: «Se ti bacio che fai?»
Lei: «Chiamo il nonno.»
Lui: «Se ti spoglio che fai?»
Lei: «Chiamo il nonno.»
Lui: «E perché proprio il nonno?»
Lei: «Perché è sordo.»
ANONIMO

Le ultime opere di Beethoven sono state scritte da un uomo sordo e dovrebbero essere ascoltate solo da uomini sordi.
SIR THOMAS BEECHAM

Durante una crociera, la moglie di un uomo è stata travolta da un'ondata. Uno dei membri dell'equipaggio è andato dall'uomo e gli ha detto: «Signore: sua moglie è caduta in mare!». E l'uomo: «Oh, grazie a Dio. Ho pensato di essere diventato sordo!».
MILTON BERLE

È morto un celebre sordomuto: reverenti osserviamo un minuto di fracasso.
ROMANO BERTOLA

Mamma, se diventi sorda devo dirti lo stesso "per favore"?
JEAN CHARLES

In più prego madre Natura di farti sordo, muto, cieco ma non per sempre, minchia, cieco ma non per sempre. Che la vista ti venga sporadicamente per pochi secondi proprio nel momento in cui ti trovi davanti a uno specchio, cosicché tu sia costretto a vedere quella gran faccia di culo che ti ritrovi!
ALEX DRASTICO (ANTONIO ALBANESE)

«Questo nuovo apparecchio acustico funziona proprio bene.» «Di che tipo è?» «Mezzogiorno e un quarto.»
GRIMM

Mio nonno è così duro d'udito che deve leggere le labbra. A me non dà fastidio, solo che usa uno di quegli evidenziatori gialli.
BRIAN KILEY

Le donne sorde non fanno l'amore perché non se la sentono.
GRAZIANO MARANI

Ho fatto domanda di lavoro all'Amplifon. Non mi hanno risposto: avevano l'apparecchio spento.
FABRIZIO PERFETTI

Prima ero sordo, adesso... cammino!
FRANCESCO SALVI

Se i ciechi mettono gli occhiali da sole, perché i sordi non mettono i paraorecchi?
SPANKY (STEVE MC FARLIN)

I musicisti sono assurdamente irragionevoli. Pretendono che si sia assolutamente muti nell'esatto momento in cui si arde dal desiderio di essere perfettamente sordi.
OSCAR WILDE

Quand'ero alle elementari avevo un'insegnante di settant'anni che era praticamente sorda, per questo abbassava il termostato a -5, in modo tale che se qualcuno parlava poteva vedere la condensa del fiato.
STEVEN WRIGHT

SORDI ALBERTO

Alberto Sordi ha interpretato molti film di vario genere: di genere comico, di genere drammatico, di genere ermetico. E uno dei film di genere ermetico era: *Er metico della mutua.*
NINO FRASSICA

Alberto Sordi incontra nel cortile della Ponti-De Laurentiis uno sceneggiatore: «Che stai a ffa?» «Lavoro. Scrivo un copione».
Alberto: «Comico?». L'altro: «No, drammatico». Alberto: «Allora te stai a riposa'».
CITATA DA NANNI LOY

Io le brutte abitudini le prendo subito.
ALBERTO SORDI

Gli italiani si governano da soli.
ALBERTO SORDI

Non sono i suoi fianchi che sono grossi, è la sua testa che è piccola!
Alberto Sordi

«Aò, 'ndo stà er mare? Ammazza che spiagge che c'avete!»
Alberto Sordi, rivolto a un beduino nel mezzo del deserto

Alberto Sordi a uno spettatore che gli aveva fatto una pernacchia: «Ormai hai ventun anni, è tempo che tu sappia di chi sei figlio».
Un americano a Roma

SORELLA
vedi ***Fratello***

SORPRESA *(Stupore)*

Non mi stupirei se il mio prossimo paziente mi chiedesse: «Professore, cosa devo provare quando faccio l'amore?». L'uomo è allo sbando.
Giorgio Abraham

Credo che Mick Jagger sarebbe stupefatto e sconvolto se capisse per quanta gente non è un sex symbol.
Angie Bowie

Che fregatura. Morire a cent'anni quando ormai non ci pensavi più.
Guido Cerchione

Il giorno del mio sedicesimo compleanno i miei genitori hanno cercato di farmi una sorpresa con un'auto, ma mi hanno mancato.
Tom Cotter

Ho incontrato mia moglie in un bar. Che bella sorpresa. Pensavo fosse a casa a badare ai bambini.
Ron Dentinger

Proprio al di là della strada cominciava il Messico. Lo guardammo increduli. Con nostro grande stupore, somigliava proprio al Messico.
Jack Kerouac

Una donna deve avere un aspetto così intelligente che la sua stupidità si presenti poi come una piacevole sorpresa.
Karl Kraus

Se Claudia Schiffer mi chiedesse di uscire con lei, come prima cosa ne sarei sorpreso.

DANIELE LUTTAZZI

La vera felicità è sposare una ragazza per amore e poi scoprire che è ricca.

BOB MONKHOUSE

Non potevo più sopportare i capelli lunghi di mio figlio, così l'ho trascinato dal barbiere e ho detto: «Rasatelo!». Il barbiere ha obbedito, e io ho scoperto di avere vissuto per almeno due anni col figlio di qualcun altro.

BOB PHILLIPS

Un mio amico ha fatto una festa a sorpresa per il compleanno di sua figlia. Compiva un anno. Ci siamo tutti nascosti attorno alla culla e poi siamo saltati su, urlando: «Sorpresa!». Adesso è in terapia.

RITA RUDNER

Tutto mi sarei aspettato dalla vita tranne che di vedere Comunardo Niccolai via satellite.

MANLIO SCOPIGNO

Fateci caso: ogni domanda coglie il professor Buttiglione attonito e stralunato, come la cernia nei documentari marini.

MICHELE SERRA

Da giovane inseguivo le gonne in tutto il mondo. Finché non sono arrivato in Scozia. Ah, gente, se sono rimasto sorpreso!

WALTER, IL VETERANO DEL VIETNAM (JEFF DUNHAM)

SORRISO

vedi **Riso**

SOSIA

vedi **Ereditarietà**

SPA

vedi **Azienda**

SPAGHETTI *(Pasta)*

Perdonami amore! No! No! Non è vero che non eri brava in cucina. Ultimamente gli spaghetti al burro freddi erano sempre freddi al punto giusto!

ROCCO BARBARO

La prima volta che si trovò di fronte a un piatto di spaghetti li scambiò per una versione impegnativa dello Shangai.

ALESSANDRO BERGONZONI

L'altra sera ero a cena al ristorante e dentro alla pasta ho trovato un capello. Era cosi lungo che era ancora attaccato alla testa del cuoco che stava in cucina.

LORENZO BOSIO

Tutto quel che vedete lo devo agli spaghetti.

SOPHIA LOREN

Tipico della cucina del single è il sacchetto della spazzatura legato alla maniglia della portafinestra. È da tempo che è lì, tanto tempo... gonfio, gonfio, gonfio, ogni giorno più gonfio. Una volta ho trovato un single che, pur di non riaprire il sacchetto, stava cercando di avvitarci dentro un fusillo con un cacciavite!

PAOLO MIGONE

Lui a lei: «Scherza tu, scherza pure. Ma sappi che il giorno che te ne andrai io aprirò il gas. E anche l'acqua. E poi una scatola di pelati, e poi un pacco di pennette...»

ENZO RUOCCO

SPAGNA

Siamo andati in Spagna per la luna di miele. Viaggiamo gratis, grazie al lavoro di mia moglie. È una terrorista.

BRIAN KILEY

Sono tre anni che non ricevo notizie dal nostro ambasciatore in Spagna. Se non si fa vivo entro il prossimo anno, finirò per scrivergli.

GEORGE WASHINGTON

SPAGNOLI

Il toro è pesante, violento, minaccioso e aggressivo, con quattro zampe e dentoni aguzzi. Mentre il torero è solo un piccolo spagnolo imbrillantinato.
ERIC IDLE

Non esistono messicani ricchi. Appena fanno un po' di soldi diventano spagnoli.
LEE TREVINO

SPARARE

«Ma non puoi risolvere tutti i problemi della vita a cazzotti!» «Certo, potevo spararagli...»
ARMA LETALE 3

Ho una soluzione al tuo problema. Sparati un colpo in testa. Oops, no, aspetta: quello risolverebbe il mio problema. Qual è il tuo problema?
DREW CAREY

La guerra civile si distingue da quella incivile per l'educazione dei modi. Per esempio: «Scusi, le dovrei sparare, come preferisce che le spari: di faccia o di profilo?» «Di faccia, grazie; di profilo non muoio mai bene».
PINO CARUSO

Quando è nato mio fratello, per sbaglio, invece del certificato di nascita, ne hanno riempito uno di morte. Adesso che ha 32 anni è andato in Comune con quel certificato e ha detto: «Correggetelo subito e accuratamente». Gli hanno sparato.
MARTY COHEN

Questo sasso è la prima arma del nostro esercito. Veniva chiamato "pistola". Funzionava in maniera semplice: si afferrava, si gettava al nemico e si urlava: "Bang!" Qualche tempo dopo crearono il silenziatore. Funzionava allo stesso modo, solo che non si urlava "Bang!".
TIM CONWAY

Mio padre era un gran cacciatore. Però vegetariano. Così andava nei boschi e sparava ai funghi.
BRUNO GAMBAROTTA

In ogni storia cerchiamo di insegnarvi una piccola lezione o di indicarvi una morale, cose come quelle che diceva la mamma: «Cammina piano e portati sempre dietro un pugnale»; «Prima spara, poi chiedi» cose di questo tipo.

ALFRED HITCHCOCK

Quando uno ti spara nella testa, vedi, ti fa pensare.

KEVIN KLINE

La mia famiglia era così povera che ogni Natale mio padre usciva di casa e sparava qualche colpo di pistola. Poi rientrava e a noi ragazzi diceva che Babbo Natale si era suicidato.

JAKE LA MOTTA

Se mai mi dovessi sposare, sarebbe d'impulso. Come quando un uomo si spara alla testa.

HENRY LOUIS MENCKEN

I suonatori di cornamusa suonano per principio camminando perché i bersagli in movimento sono più difficili da colpire.

GEORGE MIKES

Se c'è una cosa che mi piace al mattino è alzarmi presto. Al canto del gallo. Gli sparo e torno a dormire.

FURIO OMBRI

Il critico è un soldato che spara sulle sue truppe.

JULES RENARD

Vivo in un quartiere così malfamato che possono spararti mentre stai sparando a qualcuno.

CHRIS ROCK

Commerciante spara a rapinatore. Ma come? Tra colleghi...

RICCARDO ROSSI

Mio zio era così sbadato che un giorno, volendo sterminare la famiglia per poi uccidersi, si confuse e si sparò per primo.

ROBERTO SERAFINI

Sono sempre stato un debole. Un'estate ero in spiaggia e un tale mi ha tirato della sabbia in faccia. Allora sono andato a casa, e per tutto l'inverno ho sollevato pesi, fatto flessioni, potenziato i muscoli. L'estate successiva sono tornato in quella spiaggia, ho trovato quel tale e gli ho sparato.

THE UNKNOWN COMIC (MURRAY LANGSTON)

Se siete d'accordo vorrei abbattere la Bonaccorti con una fucilata.

PAOLO VILLAGGIO

Se si spara a un mimo, si deve usare il silenziatore?

STEVEN WRIGHT

SPAZIO *(Nasa - Pianeti)*

Sono ottimista: un giorno la terra servirà a concimare un pianeta lontano.

ALTAN

Tom Hanks è il mio attore preferito perché ha fatto quel film meraviglioso in cui da piccolo diventa improvvisamente grande, fa l'avvocato sieropositivo e viene spedito su un'isola deserta nello spazio dove su una panchina incontra Meg Ryan e le dice: «Houston, abbiamo un problema!»

FEDERICO BASSO

Per Margherita Hack la vita su Marte significherebbe la prova della "panspermia", cioè del fatto che la vita proverrebbe da un seme giunto dallo spazio (l'autore del quale poi non si sarebbe assunto la responsabilità del caso)... ragazze, ricordatevelo ogni volta che un'astronave accosta accanto a voi con la solita scusa sulle indicazioni.

ARTURO DI NACCIO

Forse questo mondo è l'inferno di un altro pianeta.

ALDOUS HUXLEY

La Nasa sta lavorando come una matta per arrivare nel 2014 ad andare su Marte dove non c'è acqua, vita vegetale o atmosfera. Ma non basterebbe andare a Los Angeles?

JAY LENO

I concorrenti dei reality sono stati reclutati dalla Nasa per una missione su Marte, visto che sono già abituati all'assenza di ossigeno nel cervello.

FLAVIO OREGLIO

La teoria scientifica che mi piace di più è quella che vuole gli anelli di Saturno costituiti interamente da bagagli smarriti dalle linee aeree.

MARK RUSSELL

Il rumore non dimostra alcunché. Una gallina che ha deposto un semplice uovo spesso lancia tali e tanti coccodè come se avesse deposto un asteroide.

MARK TWAIN

SPAZZATURA

vedi **Immondizia**

SPAZZOLINO

vedi **Dentifricio**

SPECCHIO

Voleva fare l'amore su uno specchio, con un letto appeso al soffitto.

PAOLO CANANZI

La mattina è il momento peggiore della giornata: mi guardo allo specchio... barba incolta, rivolo di saliva calcificato, spesso lo specchio mi dice: «Gabriele ti prego, fatti prima una bella doccia calda, così mi appanno e non ti vedo!».

GABRIELE CIRILLI

Lasciate che vi dica, più s'invecchia più il cibo diventa un sostituto del sesso. L'altro giorno ho installato uno specchio sopra il tavolo da pranzo.

RODNEY DANGERFIELD

In più prego madre Natura di farti sordo, muto, cieco ma non per sempre, minchia, cieco ma non per sempre. Che la vista ti venga sporadicamente per pochi secondi proprio nel momento in cui ti trovi davanti a uno specchio, cosicché tu sia costretto a vedere quella gran faccia di culo che ti ritrovi!

ALEX DRASTICO (ANTONIO ALBANESE)

«Specchio delle mie brame, chi è la più bella del reame?» «Nel regno delle scimmie tu sicuramente.»

CLAUDIO GASPARINI

Cesare Romiti è uno che quando si guarda allo specchio si fissa con una tale sicurezza che, alla fine, è lo specchio che è costretto ad abbassare gli occhi.
GINO&MICHELE

Qualche anno fa mi mettevo una t-shirt bianca, mi guardavo allo specchio e cercavo di assomigliare a Brad Pitt. Poi sono passato a una bella polo stirata e mi atteggiavo a George Clooney. Adesso se metto una camicia nera sbottonata, allo specchio vedo Briatore... comincio a pensare all'eutanasia.
MASSIMO MARIA GRIGGI

La nuova Fiat del Papa non ha nessuna immaginetta religiosa sul cruscotto. Solo un piccolo specchio.
JAY LENO

Sono talmente solo che lo specchio non mi riflette più.
LEO LONGANESI

Il giovane marito, tutto nudo, si contempla con ammirazione nello specchio della camera d'albergo. «Con due centimetri in più», dice fieramente, «sarei un re.» «Sì», ribatte la moglie, «e con due centimetri in meno saresti una regina.»
GROUCHO MARX

Ogni volta che mi guardo allo specchio mi convinco sempre più che Dio ha un ottimo senso dell'umorismo.
MATTEO MOLINARI

Non credo di essere bello. Ma che valore ha la mia umile opinione contro quella che invece dichiara lo specchio?
MUHAMMAD ALÌ (CASSIUS CLAY)

La mia donna si è guardata allo specchio e non si piaceva più. Diceva di avere troppe rughe sul viso, le gambe rovinate, il culo enorme... Io allora per consolarla le ho detto: «Però hai ancora una vista ottima!».
FLAVIO OREGLIO

Proverbio taoista: «Se domani, dopo la vittoria di stanotte, contemplandoti nudo allo specchio scoprirai un secondo paio di testicoli, che il tuo cuore non si gonfi di orgoglio, figlio mio, vuol semplicemente dire che ti stanno inculando».

Daniel Pennac

«Questo è uno dei tuoi soliti stupidi dipinti astratti?» «No, quello è uno specchio!»

Bob Phillips

Specchio, specchio delle mie brame, che cazzo è successo?

T-shirt americane

La cosa peggiore che si possa fare a una donna è chiuderla in una stanza con mille cappelli e neanche uno specchio.

Henny Youngman

SPERANZA

Dio tace. Ah, se adesso si riuscisse a far chiudere il becco all'uomo.

Woody Allen

La speranza è una buona prima colazione, ma è una pessima cena.

Francis Bacon

Hai meno speranze di trombare tu che un panda!

Bastardidentro

Ed eccola, demoralizzata, disperata e ubriaca. Tutto quello che posso sperare in una donna.

Danny "Louie" De Vito (sit-com Taxi)

Il mondo è ingiusto: si vedono un sacco di incapaci raggiungere il successo. Questo mi fa ben sperare per il mio avvenire.

Dentiblù

Nella mia prossima vita, spero di reincarnarmi in un pappagallo, perché conosco già un sacco di parole.

Jack Handey

Sono una speranza per tutti. La gente mi vede sullo schermo e dice: «Se ce l'ha fatta quel coso lì ce la posso fare anch'io».

Robert Mitchum

SPERMA

vedi ***Spermatozoi***

SPERMATOZOI

(Seme - Sperma)

Oggi al ristorante, a un tavolo vicino, c'era un tizio che mi sembrava di conoscere. Anche lui guardava verso di me accennando un sorriso. Alla fine, benché non ci vedessimo da tanti anni, mi sono ricordato di lui! Era uno spermatozoo che abitava con me nella palla sinistra di mio padre. Ci siamo fatti un sacco di feste. «Ma guarda che sorpresa!», ha esclamato abbracciandomi. «Fatti vedere! Ma sai che ti trovo bene? E me, mi trovi cambiato?» «Beh, sai... così a prima vista, col pizzo e gli occhiali... E poi senza coda...». Si guarda dietro le spalle con un'ombra di rimpianto: «Eh, mi è spiaciuto per la coda... E te, come va? Ti piace sempre la fica?».

ROMANO BERTOLA

Nel futuro le donne partoriranno con l'inseminazione artificiale e noi maschietti daremo il nostro contributo seminale con la masturbazione. Quindi per te maschietto che leggi non cambierà nulla... Contento?

BEPPE BRAIDA

Hai notato che più invecchi, più giovani sono le ragazze con cui esci? Di questo passo presto uscirai con uno spermatozoo!

BILLY CRYSTAL

Io ho dei coglioni così grossi che dentro non ho gli spermatozoi, ho i salmoni!

FICHI D'INDIA

Selen, la pornostar, vive circondata dagli animali. Non si separa mai da Bubu un bellissimo orsetto lavatore e da Zip uno splendido spermatozoo d'angora.

GINO&MICHELE

Nei milioni di spermatozoi che si precipitano verso l'uscita ce ne sono sempre un centinaio che rimangono schiacciati nella calca, ma nessuno si è mai sognato di dire che la tragedia si poteva evitare.

GENE GNOCCHI

Non si è ancora riusciti a stabilire con esattezza se gli spermatozoi tra di loro sono amici.

GENE GNOCCHI

Fin da ragazzo, mi ha sempre colpito una cosa. Come dicono? Sì: «Non disperdere il seme». Non c'entra con l'agricoltura, eh! Mi rendo conto che siamo dentro ad argomentini un po' delicati, per carità. Ma mi son sempre chiesto: come è possibile, con tutto quello che si butta via nel mondo, spreco di risorse, arance distrutte, pomodori al macero... che se la prendono tanto per uno schizzettino? Che sarà mai? Sarebbe come se uno starnutisse: «Etcì!» «Fermo non disperdere lo starnuto!». Più o meno.

PAOLO HENDEL

SPETTACOLO *(Musical - Show)*

Intervistatrice: «Senza fare nomi, c'è qualcuno nel mondo del teatro che l'ha ferita tanto da meditare vendetta?»

Allen: «Una signora del Queens seduta accanto a me durante *Cats* che mi svegliò prima che lo show fosse finito.»

WOODY ALLEN

Mi domando se Gesù fosse consapevole che sarebbe diventato un musical.

ANDREA CALISTRI

Ho proposto il mio numero con la mosca. È questo qui: esco con la mosca dentro una scatolina, subito la libero e lei mi gira due o tre volte intorno alla testa. Finché improvvisamente tiro fuori la lingua e lei si posa sopra. Metto la lingua dentro la bocca, faccio finta di inghiottire, la ritiro fuori... e lei è sempre lì aggrappata. Un successone! Applausi... poi un giorno una signora: «Ma che schifo una mosca sulla lingua!» «Signora, perché non ha visto cosa metto sulla lingua durante gli allenamenti!»

ANTONIO CORNACCHIONE

Lavorare nello spettacolo nella Milano degli anni Novanta e non avere rapporti con Berlusconi è

facile come lavorare al controllo delle nascite nella Nazareth degli anni Zero e non avere rapporti con Erode.
WALTER FONTANA

Un uomo dall'aria depressa è seduto al ristorante. «Cosa c'è che non va?» gli chiede il cameriere. «Il mio lavoro. Io sono quello che spala via la merda degli elefanti al circo. Tonnellate di merda ogni giorno, non lo sopporto!» «Ma perché non se ne va?» «Bravo, e lasciare così il mondo dello spettacolo?»
GOLDIE IVENER

Quello spettacolo non mi piacque fino a quando non lo vidi in una diversa versione. Il sipario era alzato.
GROUCHO MARX

Quando sono in mutande sul divano, guardando la tv, penso: «Non sto guardando un bello spettacolo». Per onestà intellettuale devo ammettere però che anche il mio televisore può dire la stessa cosa.
FLAVIO OREGLIO

Non sono cattolico, ma sono contento che Dio esista: visto che è onnipresente ho sempre la certezza che ci sia almeno uno spettatore ai miei spettacoli.
RICCARDO PIFERI

Sono nello spettacolo da più di dieci anni e ho raggiunto una popolarità tale che potrei tranquillamente lavorare nel Sismi, come agente segreto.
PIERFRANCESCO POGGI

Come può essere successo? Sono stato così attento. Ho scelto la commedia sbagliata, il regista sbagliato, il cast sbagliato. Cos'ho fatto di giusto?
THE PRODUCERS

Max: «Ho speso tutta la mia vita nel teatro. Ero un protégé del grande Boris Tomaschevski. Mi ha insegnato tutto quello che so. Non mi dimenticherò mai, sul letto di morte s'è girato verso di me e mi ha detto: "Maxella, alle meschen muss zu machen, jeden tug a gantzen kachen!"»

Suora: «Cosa significa?»
Max: «E chi lo sa? Non parlo yiddish. E stranamente, nemmeno lui.»
THE PRODUCERS

L'altra sera ero sul palco a fare uno show e una donna in prima fila stava allattando un bambino. Riuscite a immaginare: allattare un bambino in prima fila? Il bambino aveva 15 anni! Grazie a Dio non era il suo.
JOAN RIVERS

Il mio spettacolo era talmente brutto che hanno preteso il rimborso del biglietto pure i parenti entrati con l'omaggio. La recensione più benevola diceva: "Un vociare sul palco disturbava lo squillo dei cellulari in sala".
ANTONELLO TAURINO

SPETTATORI
vedi **Pubblico**

SPIA

Fizz: «Cos'hai, Gin, ti vedo triste.»
Gin: «Sai, oggi sono stato al funerale del nonno del bisnonno del nonno di mio nonno.»
Fizz: «E di cosa è morto?»
Gin: «Di peste!»
Fizz: «Anch'io ho una brutta notizia: Vincent ha scoperto che gli abbiamo messo dei microfoni in casa.»
Gin: «Perché dici così?»
Fizz: «Perché quando entra in casa dice sempre: uno, due, tre, prova... Sì... Sì... Prova...»
ALE E FRANZ

Han detto che Prodi era una spia del Kgb. Ma l'avete visto? Sarebbe come dire che Luxuria è una spia del Vaticano!
ROBERTO BENIGNI

Non ho mai capito perché se una ha vent'anni, è alta, bella, con un fisico da modella, nei film di James Bond fa il fisico nucleare.
PAOLO BORRACCETTI

I vicini di casa sono le uniche spie disposte a prestarvi mezzo chilo di zucchero.
ENZO COSTA

Nei servizi segreti americani per la prima volta è diventata vicedirettore una donna... Appena nominata ha detto: «Wow, sono vicedirettore dei servizi segreti, non vedo l'ora di dirlo a tutte le mie amiche!».
MISTER FOREST (MICHELE FORESTA)

Ursula Andress ha avuto un figlio da 007 e l'ha chiamato Raggio per raggio per 3 e 14.
GENE GNOCCHI

L'imbarazzo degli imbarazzi: l'incontro di due occhi attraverso lo stesso buco della serratura.
CHARLES GRODIN

Mi stanno intercettando. È sicuro perché, mentre mia madre mi dava la ricetta dei cannoli, ho sentito una voce che diceva: «Quanto zucchero?».
TERESA MANNINO

Sono nello spettacolo da più di dieci anni e ho raggiunto una popolarità tale che potrei tranquillamente lavorare nel Sismi, come agente segreto.
PIERFRANCESCO POGGI

Telecom Italia informazione gratuita. L'utente da lei chiamato è attualmente impegnato in un'altra conversazione. Prema il tasto 1 per ascoltarla.
FRANCESCO VESPA

In Russia avevamo solo due canali televisivi. Il Canale Uno era propaganda. Il Canale Due aveva solo un ufficiale del KGB che diceva: «Gira subito sul Canale Uno!».
YAKOV SMIRNOFF

SPIAGGIA *(Conchiglia - Sabbia)*

Sono grasso, lo so, ma non riesco a entrare nel lifestyle californiano. L'altro giorno ero in spiaggia, e ogni volta che mi mettevo giù, subito cercavano di spingermi verso il mare gridando: «Presto, sta morendo!».

LOUIE ANDERSON

È così sfigato che quando porta la conchiglia all'orecchio gli dà sempre occupato.

ANONIMO

I nani non possono andare sulla spiaggia perché, se gli girano le balle, gli va la sabbia negli occhi.

ANONIMO

La gente alla spiaggia perde il senso della ragione perché il sole picchia troppo forte. Dicono cose senza senso. Un sacco di volte senti dire: «Prendi una conchiglia, puoi sentire il mare». Puoi prendere una bicicletta e sentire il mare: sei al mare! È solo l'altro orecchio, sai? Metti giù la conchiglia: sentirai il mare due volte più forte.

ELAYNE BOOSLER

Mio cognato fa lavori stagionali, d'estate lavora in spiaggia a Rimini, dove fa il reggi-ombrellone; il lavoro gli piace, l'unico inconveniente è che si abbronza solo le gambe. D'inverno invece va a Cortina ad addestrare i cani da valanga. Lo mandano sotto il ghiacciaio con un petardo napoletano in mano, quando arriva nel punto esatto gli fanno un segnale con un faro, lui fa esplodere il petardo e provoca la valanga su di sé, poi i cani vanno a cercarlo. Fino a oggi lo hanno sempre ritrovato.

GIOVANNI CACIOPPO

A Rimini ci sono talmente tanti alberghi che ormai l'unica vista che si possa godere dall'Hotel Bellavista è l'Hotel Belvedere e viceversa.

PAOLO CANANZI

Ha preso una medaglia al valore sulla spiaggia. Ha salvato una ragazza da un bagnino.

JOHNNY CARSON

Mettete nel vostro acquario una conchiglia perché i pesci possano almeno sentire il rumore del mare.

GUIDO CLERICETTI

Era una ragazza molto brutta. L'ho portata in spiaggia, mi hanno chiesto cos'avevo usato come esca.
RODNEY DANGERFIELD

Sono stato in una spiaggia per nudisti, mi hanno detto di posteggiare nell'area handicap.
RODNEY DANGERFIELD

Anonimo Riminese.
Lottare lottare
non smetter di lottare
calpestando i bagnanti
per raggiungere il mare.
GINO&MICHELE

Al mare non è più come un tempo. Una volta si andava in spiaggia a vedere cadere le stelle. Oggi in spiaggia non cadono più nemmeno le tette.
GINO&MICHELE

Giro il mondo. Sono stato ai Caraibi, in Jamaica, in Messico... La gente è splendida, le spiagge sono splendide, ci si abbronza e, lasciate che vi dica, quella diarrea non la puoi prendere, qui a casa tua. Quella non è una diarrea comune. Quello è un germe che ti risale il culo con un sombrero e un paio di colt a sei colpi.
RICHARD JENI

Gli uomini, in realtà, non sanno come appaiono. Non se lo immaginano neanche. Andate su una spiaggia e vedrete stesi ad abbronzarsi alcuni dei più grossi mammiferi di terra del Nord America con indosso solo uno Speedo. Un tizio che dovrebbe vestire un poncho in spiaggia, un uomo con più difetti genetici di una trota del fiume Hudson, lo vedrete indossare un costume da bagno creato per competizioni Olimpiche. In che cavolo di specchio stava guardando quando ha preso questa decisione? «Questo è il costume da bagno per me! Attira davvero l'attenzione sul mio molliccio pancione squarciato da un arpione, in maniera tale che farà impazzire le pupe. Ehi, negoziante, non è che avete qualcosa di più piccolo? Perché non credo che si vedano tutti i miei peli della schiena, e non vorrei privare nes-

suno di questo spettacolo unico al mondo!»

RICHARD JENI

Abbiamo dei politici che gli dai sei mesi da amministrare il Sahara e, dopo, la sabbia ti tocca andarla a comprare a Taiwan!

DIEGO PARASSOLE

In spiaggia se non potete rinunciare alla vostra femminilità evitate almeno di mettere le pinne coi tacchi.

VALERIO PERETTI CUCCHI

«Aò, 'ndo stà er mare? Ammazza che spiagge che c'avete!»

ALBERTO SORDI, RIVOLTO A UN BEDUINO NEL MEZZO DEL DESERTO

Sono sempre stato un debole. Un'estate ero in spiaggia e un tale mi ha tirato della sabbia in faccia. Allora sono andato a casa, e per tutto l'inverno ho sollevato pesi, fatto flessioni, potenziato i muscoli. L'estate successiva sono tornato in quella spiaggia, ho trovato quel tale e gli ho sparato.

THE UNKNOWN COMIC (MURRAY LANGSTON)

«Il mare è pieno di mucillagine.» «Che mi frega, tanto io sto sulla spiaggia a fare castelli di merda!»

VAURO

Da piccolo i miei mi mandavano in una colonia di bambini così poveri che sulla spiaggia, invece dei castelli, facevamo le case popolari di sabbia.

MARIO ZUCCA

SPOGLIARSI

vedi ***Nudo***

SPONSOR

La manifestazione sarà finanziata dalla Haaak Ascensori, multinazionale leader in tutti i settori tranne che nel proprio.

WALTER FONTANA

Quest'anno *Fantastico* avrà due sponsor: una carta igienica e un surgelato. La Carrà e Dorelli.

MIRABELLA E GARRANI

Sono stufo di sentire sempre soldi, soldi, soldi. Voglio solo giocare una partita e bere Pepsi e indossare Reebok.
SHAQUILLE O'NEAL

La nostra squadra giocava così male che lo sponsor voleva che sulle maglie mettessimo il nome della concorrenza.
DIEGO PARASSOLE

SPORCACCIONI
vedi ***Maiali***

SPORCIZIA

In quanto a igiene lasciava molto a desiderare. Pensa che gli offrirono di reinterpretare Quella *sporca dozzina*. Da solo!
AMURRI & VERDE

Nel mio quartiere il camion dei rifiuti viene due volte la settimana. Per fare le consegne!
MILTON BERLE

Mia mamma adora pulire. Continua a dire: «Guardate qui: potreste mangiare sul mio pavimento». Be', potreste mangiare anche sul mio: ci saranno mille cose, sopra.
ELAYNE BOOSLER

Cameriere: «Abbiamo praticamente di tutto sul nostro menu.»
Cliente: «Vedo. Adesso me ne può portare uno pulito?»
JACOB M. BRAUDE

Non si lavava da tempo immemorabile: sotto le ascelle aveva ancora tracce di placenta.
PAOLO CANANZI

Gli inglesi sono sporchi, non si lavano! Quando vengono in Italia e vedono il bidé gridano: «Guarda: un lavandino per il violino!».
BEPPE GRILLO

Avevo stima in quella persona: ricca, colta, intelligente. Possedeva una casa stupenda con mobili antichi e quadri d'autore alle pareti, e moquette multicolori in tutte le stanze, anche in bagno e in cucina. Poi scoprii che la sua igiene era mol-

to, ma molto scarsa. E scoprii anche che non aveva la moquette in casa.
MAURIZIO MAZZITELLI

«La sai quella della finestra che non ci potevi vedere attraverso?» «No.» «Be', fa niente... è troppo sporca comunque!»
BOB PHILLIPS

Estremità: nome che danno ai piedi coloro che non se li lavano.
PITIGRILLI

Al barista che ha servito una tazzina di caffè sporca di rossetto: «Se mi ci mette anche due ciglia finte me la porto a ballare!».
ANTONIO RICCI

«Hai la forfora o sono i pidocchi che giocano a palle di neve?»
ENZO SALVI

Nella mia scuola c'erano dei servizi igienici così sporchi che nelle docce le verruche camminavano con le ciabatte.
I SOLITI IGNOTI

Odio gli appuntamenti al buio, ma un amico mi ha offerto di organizzarne uno, allora ho accettato. Ma avreste dovuto vederla, quella ragazza. Era come se non avesse fatto il bagno per un mese. Era così sporca che qualcuno le aveva scritto "lavami" sulla fronte.
BOB ZANY

SPORT VARI

Sulla Williams di Mansell l'unica cosa intelligente sono le sospensioni.
MICHELE ALBORETO

Non sono un atleta. Ho cattivi riflessi. Una volta sono stato investito da un'automobile spinta da due tizi.
WOODY ALLEN

Il karate è una disciplina delle arti marziali in cui persone che hanno anni e anni di allenamento, usando solo le mani e i piedi, possono fare alcuni dei più brutti film della storia del mondo.
DAVE BANY

Cyclettes con il contachilometri... Che da quello che le usiamo potrebbero avere solo il contaspanne: sarebbe anche già troppo! Alla cyclette facciamo fare più strada portandola in spalla che pedalando. Dalla camera da letto alla cantina e infine nel solaio: il cimitero delle cyclettes!

LORENZO BECCATI

Era un ciclista così potente che a volte doveva frenare in salita per non finire fuori strada.

STEFANO BENNI

Nel baseball il 90% è impegno mentale, l'altra metà è sforzo fisico.

YOGI BERRA, GIOCATORE DI BASEBALL

Il tennis è un gioco per giovani. Fino ai 25 anni puoi giocare da solo. Dai 25 ai 35 dovresti giocare in doppio. Io non vi dirò esattamente quanti anni ho, ma quando gioco ci sono 28 uomini sul campo. Tutti dalla mia parte.

GEORGE BURNS

Il cricket, bel gioco! Si prende a mazzate una pallina. Io giocavo a una variante del cricket, il cricet... al posto della pallina si usa un criceto.

GIOVANNI CELLINI

Il violento hockey in televisione è la causa principale delle ribellioni carcerarie. Pensateci: siete dei detenuti in una cella del penitenziario di Stato e guardate alla tv un giocatore di hockey prendere due minuti di sospensione, mentre voi state scontando diciassette anni in carcere per lo stesso reato.

JEFF CESARIO

Quella palla da baseball è filata via come un razzo. Un affare che vola così alto dovrebbe avere delle hostess a bordo.

KEVIN COSTNER

Sono uno dei pochi ad aver lanciato il giavellotto a 180 metri di distanza. Be', veramente l'ho lanciato solo a 90 metri, ma l'uomo che ho colpito se l'è portato dietro, strisciando, per gli altri 90 metri.

BILL DANA

Qualche sera fa sono andato a vedere una rissa ed è scoppiata una partita di hockey.

RODNEY DANGERFIELD

Il golf non è un funerale, anche se entrambe possono essere occasioni molto tristi.

BERNARD DARWIN

Non faccio solo il conduttore televisivo... Ad esempio tengo dei corsi in cui insegno alle donne come prolungare il piacere sessuale approfittando della presenza in città della nazionale cubana di pallavolo.

ANTONIO DE LUCA

Perché a Niki Lauda, già che c'erano, non hanno finito di aggiustargli le orecchie?

FABIO FAZIO

È l'unico degli italiani che in Super-G riesce a tenere gli sci uniti. Larghi ma uniti.

FURIO FOCOLARI

Pallanuoto.
Il primo giorno Dio creò la palla e il secondo il mare perché da sola si tenesse a galla.

GAIO FRATINI

«Me brusa el cu'.»

LUIGI GANNA, DOPO AVER TRIONFATO IN UNA TAPPA DEL GIRO D'ITALIA NEL 1909, CONVINTO A FATICA A RILASCIARE UNA DICHIARAZIONE

Pare che Arrigo Sacchi sia così maniaco della zona che quando fa l'amore con sua moglie ha sempre dietro di sé Franco Baresi pronto a coprirgli le spalle.

GIALAPPA'S BAND-GENE GNOCCHI

Le squadre di football americano hanno sempre nomi che incutono terrore: le Tigri di Philadelfia, gli Spaccaossa di Cincinnati, gli Strangolatori di Boston, i Socialdemocratici di Phoenix...

GIALAPPA'S BAND

La caccia al cervo sarebbe un autentico sport, se solo il cervo avesse il fucile.

WILLIAM SCHWENCK GILBERT

Caratteristica del Simmethal Milano furono le scarpette rosse, studiate in modo tale che, quando i giocatori a fine gara se le sfilavano, si diffondeva per lo stadio e tra i tifosi l'accattivante odore della carne in scatola.

GINO&MICHELE

Hanno organizzato il campionato mondiale di tiro al piattello a San Siro. C'erano 100.000 persone... 99.999... 99.998...

GINO&MICHELE

Conosco un ciclista di Rovigo così sfortunato che quando stava per battere il record dell'ora di Moser è scattata l'ora legale.

GENE GNOCCHI

Amo il football americano... Il football è leale con la mia gente. È il solo sport al mondo in cui un negro possa dar la caccia a un bianco mentre quattrocentomila persone si alzano in piedi e lo acclamano.

DICK GREGORY

Per me la boxe è come un balletto, solo che non c'è musica, non c'è coreografia e i ballerini si prendono a pugni l'un l'altro.

JACK HANDEY

Essere una donna riveste un interesse particolare solo per i maschi aspiranti transessuali. Per le vere donne è solo una scusa per non giocare a football.

FRAN LEBOWITZ

Ecco alcuni dati interessanti delle elezioni americane: undici stati hanno votato contro i matrimoni gay; tre stati hanno votato contro il pattinaggio artistico maschile.

DAVID LETTERMAN

Se sei un campione dello sport, sei un campione dello sport. Se non ce la fai, cerca di fare l'allenatore. Se non riesci ad allenare, diventa giornalista. Se non sai scrivere correttamente allora non ti resta che presentare un programma sportivo in tv il lunedì sera.

DESMOND LYNAM

Partecipavo a molte competizioni sportive, finché non ho scoperto che

uno può comperare i trofei. Adesso sono bravo in tutto.
DEMETRI MARTIN

Se volete fare delle lunghe passeggiate, fate lunghe passeggiate. Se volete colpire le cose con un bastone, colpite le cose con un bastone. Ma non ci sono scusanti per combinare le due cose e mettere il risultato in tv. Il golf più che uno sport è un insulto ai giardini.
NATIONAL LAMPOON

Chiunque abbia detto: «L'importante non è vincere o perdere», probabilmente aveva perso.
MARTINA NAVRATILOVA

Il mio sport olimpico preferito è quello in cui l'atleta avanza in mezzo alla neve, si ferma, spara a un bersaglio con un fucile e poi va avanti. In tutto il mondo è conosciuto come biathlon, ma a New York lo chiamano inverno.
CONAN O'BRIEN

Girati e tira! Non come domenica scorsa che prima hai tirato e poi ti sei girato... ottanta metri di autogol!
GIANNI PALLADINO

Ho vissuto due anni con un campione di lancio del martello. Avevamo la casa a pezzi.
DIEGO PARASSOLE

La nostra squadra giocava così male che lo sponsor voleva che sulle maglie mettessimo il nome della concorrenza.
DIEGO PARASSOLE

Se un giorno dovessi fare un trapianto di cervello vorrei quello di un giornalista sportivo. Perché so che non è mai stato usato.
JOE PATERNO

Mi piacerebbe confutare la tesi che la pallacanestro sia una questione di vita o di morte. Penso, al contrario, che sia una cosa molto più importante.
LEE ROSE

È un figo: fa la pallanuoto di dorso per non farsi andare l'acqua negli occhi.
FRANCESCO SALVI

Lucy: «Ecco un libro sul baseball che si chiama *Vincere e altre dieci possibilità.*»
Charlie Brown: «E quali sarebbero?»
Lucy: «Pareggiare, perdere, perdere, perdere, perdere, perdere...»
CHARLES M. SCHULZ

Ci sono alcune competizioni miste che non capisco, tipo il biathlon nelle Olimpiadi invernali, che combina lo sci di fondo con il tiro a segno. Quanti alpini cecchini ci sono, là fuori? Sciare e sparare con un'arma? Per me è come combinare il nuoto con lo strangolare qualcuno: perché non facciamo anche quello?
JERRY SEINFELD

A Milano fervono i preparativi per le Olimpiadi. La Lega Lombarda prepara festosamente migliaia di bandiere con i quattro cerchi. Gli atleti africani avranno comunque il permesso del Comune di portare il quinto cerchio al naso.
MICHELE SERRA

Per giocare a golf non è necessario essere stupidi. Però aiuta.
GEORGE BERNARD SHAW

Stare con una donna tutta la notte non fa mai male a un professionista del baseball. È cercare una donna per tutta la notte che fa male.
CASEY STENGEL

L'unico sport che ho praticato nella mia vita è andare ai funerali dei miei amici sportivi.
MARK TWAIN

Gli sport di squadra sono stati inventati per dare un senso alle gambe degli inglesi.
FRANCESCO VESPA

Rompersi una gamba col volley è come avere un infarto a Disneyland.
BEPPE VIOLA

Sarei disposto ad avere 37 e 2 tutta la vita in cambio della seconda palla di servizio di McEnroe.
BEPPE VIOLA

Il pugile: «Come vado?»
L'allenatore: «Se l'ammazzi fai pari.»
BEPPE VIOLA

Il rugby è una buona occasione per tenere lontani trenta energumeni dal centro della città.
Oscar Wilde

I sollevatori di pesi adesso prendono steroidi e il testosterone, l'ormone maschile. Un tizio si era imbottito di così tanto ormone maschile che ha dovuto essere registrato come una tedesca dell'Est.
Cari Wolfson

Mi piace pattinare sull'altro lato del ghiaccio.
Steven Wright

Mi hanno regalato un paio di sci d'acqua, solo che non riesco a trovare nessun lago in discesa.
Zuzzurro e Gaspare

SPOSARSI
*vedi **Matrimonio***

SPUTARE

Bambino: «Giochiamo a chi sputa più lontano?»
Bambina: «Su chi?»
Altan

La dieta del cardiologo: se ha un buon sapore, sputalo.
Paulina Borsook

Il mare è mio! La gente non lo sa. Vanno nell'acqua, ci fanno il bagno, ci sputano, ci pisciano, ci cagano, io li lascio fare. Per adesso non dico niente, glielo lascio, tanto non so dove tenerlo, a casa non ho spazio. Un giorno, forse, mi rifarò vivo per riprendere ciò che è mio e nessuno potrà farci niente. Dovranno solo prendersi le loro ciabattine di merda e andarsene fuori dai coglioni.
Lorenzo Bosio

Dal dentista a un certo punto ti dicono: «Sciacqui e sputi». Io sputo ma... Non posso mai tornare seduto perché c'è questo filo che va dal bordo del lavello al tuo labbro. E tu agiti la testa e quello niente, non si stacca. Allora mi butto indietro di colpo, sperando che si spezzi... Così c'è questo lungo filo che va dal lavello al tuo labbro. Tu sei imbarazzato... Il dentista lo guarda e dice: «Oh, l'arcobaleno!».

BILL COSBY

Dio prese del fango, ci sputò su e nacque Adamo. E Adamo, asciugandosi il viso, disse: «Cominciamo bene...».

GIOBBE COVATTA

Studente: «Io lo so è... è... ce l'ho sulla punta della lingua...»
Prof: «E allora, imbecille, sputalo che è acido solforico!»

GIULIA, *SBS*

Fa caldo in fabbrica? Le ore sono lunghe? Quindici dollari al giorno non bastano? Be', la fuga è molto semplice. Piantate il lavoro, sputatevi sulle mani e scrivete un altro best seller.

H.L. MENCKEN

Il cow-boy stava cavalcando nel tramonto quando gridò: «Vai, Bronco!» e sputò un polmone.

FRANCESCO SALVI

Lo chiamano Alluvione. Quando parla sputa. A volte sputa anche quando non parla. A volte sputa anche quando pensa.

FRANCESCO SALVI

Ti dò un consiglio: mai sputare in un tornado!

ROBIN WILLIAMS

Lui: «Signorina, se le dicessi: sono squattrinato, non ho l'automobile, parlo male e sono maleducato, sono fallocrate, schizofrenico, nevrastenico, asmatico. Mi spilucco le caccole dal naso. Ho la forfora, le piattole, i vermi, lo scolo, una moglie, otto figli, le mutande sporche, il collo lercio, polsini luridi, le scarpe bucate, fedina penale sporca, vari tic, crisi, mi rotolo per terra, bevo, sbavo, sputacchio, sniffo la colla, l'etere, i tubi di scappamento, russo, mi scrocchio le dita, mi rosicchio i colletti delle camicie, sono lunatico, mi pulisco le gengive con l'indice, ho il cazzo piccolo, non mi piace Sartre, detesto la musica, mi fa schifo ballare, sono cannibale, faccio errori di ortografia, ho le mani umidicce, il naso gocciolante, vorrei che venisse

la guerra per fare il traditore, sono sfaticato, ladro, scatologico, ho la pancia molliccia, il fiato fetido, pensieri torbidi, sguardo sornione, gesti brutali, stacco le ali alle mosche, foro gli occhi dei gatti, racconto agli amici i dettagli dei miei rapporti sessuali, accetterebbe di uscire con me?»
Lei: «Vada via! Che orrore!»
Lui: «Ecco, lo sapevo che non dovevo dirle che ho il cazzo piccolo.»
GEORGES WOLINSKI

SQUALO *(Pescecane)*

Ho visto a Quark un documentario sulla vita di un vecchio pescatore che ha passato tutta la vita sull'oceano, molto commovente. L'uomo aveva raggiunto una tale confidenza coi pescecani che era arrivato a parlargli, infatti il documentario si chiamava "L'uomo che parlava ai pescecani" e gli diceva: «Molla il braccio! Ahia, mollami il braccio!».
ANTONIO CORNACCHIONE

Honolulu ha tutto: la sabbia per i bambini, il sole per tua moglie, gli squali per tua suocera.
KEN DODD

Contrariamente a certe credenze popolari, l'animale più pericoloso non è il leone, la tigre o l'elefante. L'animale più pericoloso è lo squalo che cavalca un elefante, perché calpesta e mangia tutto quello che vede.
JACK HANDEY

Non ho mai subìto interventi di chirurgia plastica. Ho ancora i miei veri seni. Lo so perché quando mi sdraio sulla schiena mi rotolano sotto le braccia e sembro uno squalo martello.
LORA LEMAIRE

Lo squalo mi ha ricordato mia moglie. Una volta infatti è riuscita a non farsi mordere da uno squalo. Ha aperto la bocca per prima.
HENNY YOUNGMAN

STALIN
vedi ***Marx Karl***

STAMBECCO

vedi **Cervo**

STANCHEZZA *(Stufo)*

I funzionari statali sono tra i mariti più desiderabili: quando la sera tornano a casa non sono mai troppo stanchi e hanno già letto il giornale.

ANONIMO

... Sono stufo di non portare mai a termine le cose che inizio. Mi analizzo e mi chiedo: «Ma è mai possibile che...».

FRANCO PENNASILICO

Sono malato di stanchezza: quando sto in piedi mi stanco e mi devo sedere. Quando sono seduto mi stanco e mi devo alzare...

I TRETTRÈ

Dieci uomini stanno aspettando davanti alla mia stanza? Oh Dio... mandatene a casa uno, stasera sono stanca.

MAE WEST

STAR *(Divismo)*

vedi anche **Attori - Marilyn Monroe**

Ricordati: sono io la primadonna!

JULIE ANDREWS A ROCK HUDSON SUL SET DI *DARLING LILI*

Da quando faccio l'attore famoso, non vado più di corpo. Non è fine.

ROCCO BARBARO

I miei genitori non vedevano di buon occhio il cinema né tutto il resto fino al giorno in cui mio nonno batté il pugno sul tavolo dicendo: «Se vuol fare la puttana, la farà con o senza il cinema!».

BRIGITTE BARDOT

È una condanna. In strada gli uomini mi riconoscono dalla schiena.

BRIGITTE BARDOT

Non sei un divo fino a quando non sanno scrivere il tuo nome a Karachi.

HUMPHREY BOGART

A Barbra Streisand basta dire ogni tanto: «Tieni fuori quelle tette, sono belle» e lei sta buona per altri dieci minuti.

PETER BOGDANOVICH

Io a Jane Fonda dicevo: «Guarda che luna» e lei mi rispondeva: «Ma ti rendi conto di che donna hai al fianco, di quante cose importanti ho fatto io in confronto a te?».

LORENZO CACCIALANZA

«Mia sorella ha fatto molta carriera nel mondo del cinema...» «Che faceva, la diva?» «No, la dava!»

GIAMPIERO CASONI

Quanto segue deve trovarsi nella suite di Joan Crawford: secchielli con cubetti di ghiaccio; ferro a vapore e asse da stiro; una stecca di sigarette Alpine; una scatola di mentine Life Savers; rose rosse e gialle; un cartone di Pepsi-Cola, Ginger Ale e soda; i seguenti liquori: vodka Smirnoff; bourbon Old Forrester; scotch Chivas Regal; gin Beefeathers; due bottiglie di champagne Moét & Chandon. Miss Crawford troverà all'aeroporto una Cadillac appena lavata e con autista. In quanto coproduttrice del film miss Crawford non gradirà inutili sprechi di denaro.

DALLE ISTRUZIONI PER IL TOUR PUBBLICITARIO DEL FILM *STRAIT JACKET*

Essere una star ha reso possibile che io venissi insultato in posti dove un comune negro non potrebbe nemmeno sperare di venire importunato.

SAMMY DAVIS JR

Recentemente a un gala ho avuto occasione di conoscere Meryl Streep, Glenn Close e una non meglio identificata signorina Carrie Otis. Come aveva ragione mia madre! Stiratrici si nasce.

ZSA ZSA GABOR

Quanti mariti ho avuto? Miei o delle altre?

ZSA ZSA GABOR

Bagnata, era una star.

JOE PASTERNACK, PARLANDO DI ESTHER WILLIAMS

È convinta di non invecchiare. Una volta mi ha detto che era il suo cameraman a invecchiare. Mi ha chiesto di licenziarlo.

JOE PASTERNAK, PARLANDO DI DORIS DAY

Il Canada è utile solo perché mi fornisce le pellicce.

MADAME DE POMPADOUR

Una celebrità è una qualsiasi star della televisione o del cinema che trascorre più di due ore al giorno a sistemarsi i capelli.

STEVE MARTIN

Lui: «Dio che bei diamanti!»
Mae West: «Dio non c'entra proprio niente, tesoro.»

NIGHT AFTER NIGHT

Liz Taylor si è risposata. L'età non conta quando uno decide di rifarsi una vita. E i fianchi, la faccia...

GABRIELLA RUISI

Ho smesso di credere a Babbo Natale quando avevo sei anni. Mamma mi portò a vederlo ai grandi magazzini e lui mi chiese l'autografo.

SHIRLEY TEMPLE

Dieci uomini stanno aspettando davanti alla mia stanza? Oh Dio... mandatene a casa uno, stasera sono stanca.

MAE WEST

A volte mi sembra di aver conosciuto così tanti uomini che l'Fbi dovrebbe venire da me quando ha bisogno di impronte digitali.

MAE WEST

STARCI

vedi ***Corteggiare***

STARNUTO

vedi ***Raffreddore***

STATI AFRICANI

Ci saranno sempre degli eschimesi pronti a dettare le norme su come devono comportarsi gli abitanti del Congo durante la calura.

STANISLAW JERZY LEC

Ho litigato con una prostituta del Madagascar.
L'ho guardata con disprezzo e le ho detto: «Malgascia!».

EGIDIO MORRETTI

Domanda: «Come ti poni nei confronti del gorilla di montagna del Ruanda?» Risposta: «Preferibilmente non di spalle».

FRANCESCO SALVI

STATI AMERICA DEL SUD

Bush ha fatto di tutto per esprimere la sua simpatia ai sudamericani. Ha persino cambiato il nome dell'aereo presidenziale: Air Force Juan!

JAY LENO

Che naso! Dev'essere stupendo la mattina svegliarsi e sentire il profumo del caffè. In Brasile.

STEVE MARTIN

Andare in Brasile con la fidanzata è come andare all'Oktober Fest con una birretta.

STEFANO NOSEI

Sopporto quelli che fumano il sigaro solo se, dopo, muoiono in Bolivia.

RICCARDO PIFERI

«Harry siamo a Panama: nessuna buona azione resta impunita!»

IL SARTO DI PANAMA

STATI EUROPEI

vedi anche **Francia - Grecia - Inghilterra - Irlanda - Italia**

«Secondo te, Ivan, si può costruire il socialismo nel Liechtenstein?» «No: è così piccolo che non lo sopporterebbe!»

CITATA DA DANILO ACQUISTI

«Ah, sei ucraina. E cosa facevi in Ucraina?» «Insegnavo ucraino.» «Perché, lì non lo sanno?.»

ALE E FRANZ

Ale: «Ha fatto proprio bene a vestirsi di nero: il nero lo slancia.»
Franz: «Sì, se si vestiva di bianco confinava con l'Austria».

ALE E FRANZ

I fratelli Beamish erano due fratelli mezzi scemi che tentarono di andare da Belfast alla Scozia spedendosi l'un l'altro per posta.
WOODY ALLEN

Nota statistica. Nei dieci Paesi facenti parte della Comunità Europea, l'Italia non è undicesima a nessuno.
AMURRI & VERDE

Sai perché i kosovari non prendono mai il caffè?
Perché passano direttamente dalla Macedonia al Montenegro.
ANONIMO

Berlusconi è un uomo molto fortunato. Così proverbialmente fortunato che qualche tempo fa la Repubblica di San Marino decise di emettere dei francobolli che raffiguravano il suo sedere. Ma ha dovuto subito ritirarli perché Emilio Fede li leccava dal lato sbagliato.
ANONIMO

Che effetto fa sfondare in America? Come fallire in Danimarca, due sensazioni molto violente.
ROBERTO BENIGNI

Guardate cosa hanno fatto al Galles questi, inglesi bastardi. Hanno preso il nostro acciaio, la nostra acqua, il nostro ferro. Comprano i nostri cavalli per divertirsi quattro giorni ogni dodici mesi. Che cosa ci hanno dato in cambio? Assolutamente nulla. Siamo stati espropriati, derubati, controllati e puniti dagli inglesi. E noi giochiamo contro di loro questo pomeriggio.
PHIL BENNETT, EX CAPITANO DELLA NAZIONALE GALLESE DI RUGBY, AI SUOI COMPAGNI PRIMA DI ENTRARE IN CAMPO

Come tutti i bambini, anch'io ero divorato dalla curiosità di sapere come erano fatte le bambine. Finalmente un giorno, una mia compagna di scuola si disse disposta ad accontentarmi. Però la piccola imbrogliona, per farsi gioco della mia abissale ignoranza, si appiccicò sulla sua cosina una carta geografica del Belgio. «E allora, ti piace?», disse lei. «Guarda i Vosgi! Che belli, eh? E Liegi! Ti piace Liegi? Va là, che è eccitante! Ma non dire niente alle mie amiche, se no chissà cosa penseranno di me!». Di quella remota bambinata non è rimasta in me nessuna traccia se si eccettua il fatto che ancora oggi quando passo davanti al Consolato belga mi viene duro.

ROMANO BERTOLA

«Chissà quanta gente avrai trovato, che bordello di turisti», tu negavi e affermavi: «No no no no no no no no no no no no no no, eravamo solamente io e Giovanna sopra un'isola deserta tipo ci hai presente due chilometri di spiaggia vuota, dormivamo in un capanno in riva al mare e alla sera i pescatori ci portavano del pesce, facevamo le grigliate sulla spiaggia e cantavamo a squarciagola le canzoni di Battisti fino all'alba, tanto l'isola è deserta», tu dicevi e io pensavo: «Ma che cazzo, tutti quelli che ritornan dalla Grecia sono stati sopra un'isola deserta tipo ci ho presente due chilometri di spiaggia vuota col capanno e i pescatori, ma contando tutti quelli che mi dicono 'sta cosa io mi chiedo quante cazzo di isolacce deve averci questa merda di una Grecia, poi 'sti pescatori greci non potrebbero pescare in alto mare e impiccarsi con le reti senza andare a importunare le ragazze come te che normalmente sono brave ma travolte dagli eventi non disdegnano di fare la puttana?»

CLAUDIO BISIO

Se in Olanda, all'improvviso, scendessero tutti insieme dalle biciclette, credo che il Paese sprofonderebbe.

GINO BRAMIERI

In una giornata limpida non è possibile vedere il Lussemburgo: un Laber lo nasconde alla vista.

ALAN COREN

Non conosco la Bretagna ma le credo.

ENNIO FLAIANO

Bisogna compatire il presidente del Psdi onorevole Cariglia: l'altro giorno il maggior giornale di Reykjavik, in Islanda, è uscito con questo titolo: "Si estende la guerra del merluzzo: l'onorevole Cariglia seriamente minacciato".

FORTEBRACCIO

Siamo stati in vacanza in Turchia in roulotte. C'è stato un terremoto

e ci hanno messo provvisoriamente in una casa.
GINO&MICHELE

Quando non c'erano le Alpi, nelle giornate di sole, si poteva vedere il Belgio e, se uscivano di casa, i Belgi.
GENE GNOCCHI

Gli albanesi sono così poveri che lavano i vetri delle auto ai marocchini. Solo che, siccome in Albania non ci sono semafori, gli corrono dietro fino in Jugoslavia.
GENE GNOCCHI

L'Irlanda è l'unico Paese che non ha mai perseguitato gli ebrei perché non li ha mai fatti entrare.
JAMES JOYCE

È un po' nervosa, stasera, la Polonia.
NANDO MARTELLINI

È difficile che qualcuno rubi il Portogallo.
SANDRO MONTALTO

Montecarlo. Stephanie di nuovo padre.
MARIO MURARO

Lo sapevate che ci sono più irlandesi a Dublino che in tutta la Bulgaria?
ROWAN & MARTIN'S LAUGH-IN

Se dentro il Pci facessero delle elezioni libere, il 45% voterebbe Democrazia cristiana come in Ungheria.
VINCINO

STATI ORIENTALI

Venticinquesimo di matrimonio: venticinque anni di arresti domiciliari. L'ho portata alle Maldive per le nozze d'argento. Mi hanno detto: «E per i cinquant'anni cosa fai?» «La vado a riprendere!».
PINO CAMPAGNA

L'Europa ha costruito un impero... rubando paesi. Ecco come si costruisce un impero: si rubano paesi con l'astuto utilizzo di una bandiera. Giri per il mondo e pianti una bandiera: «Dichiaro l'India un territorio inglese». E gli indiani: «Come sarebbe, noi ci viviamo! Siamo cinquecento milioni! » «Avete una bandiera?».

EDDIE IZZARD

Nella mia vita io ho una donna di servizio che è un uomo, è un cingalese. Sì, è del Cingal, anche se non so dov'è.

PAOLO ROSSI

STATISTICA

(Indagini di mercato - Test - Percentuali - Sondaggi)

Lo sapete che se metteste tutti i fumatori uno accanto all'altro attorno all'equatore, più del 67% annegherebbe?

STEVE ALTMAN

Secondo le statistiche l'uomo mangia una prugna ogni venti secondi. Non so chi sia questo tizio, ma so dove trovarlo.

MOREY AMSTERDAM

Guadagnavo cinquanta dollari la settimana. Un terzo lo spendevo per bere e un altro terzo per andare a donne... Il resto lo spendevo in modo stupido.

ANONIMO

Tre statistici vanno a caccia. Il primo spara ma manca la lepre di 50 cm a destra. Il secondo spara ma manca la lepre di 50 cm a sinistra. Il terzo urla: «L'abbiamo presa!».

ANONIMO

Due donne stanno parlando di un recente parto quintuplo. Una delle due dice: «Lo sapevi che succede solo una volta ogni quattro milioni?». E l'altra: «Oddio, ma quando lo trovava il tempo per le pulizie?»

BILL BARNER

Gli studenti americani sono molto ignoranti. Pensate che più del 70% non è in grado di trovare il Pakistan sulla cartina degli Stati Uniti.

RICHARD BELZER

Ho smesso di comperare cibo naturale quando ho scoperto che l'80% della popolazione muore di cause naturali.

MILTON BERLE

Nel baseball il 90% è impegno mentale, l'altra metà è sforzo fisico.
YOGI BERRA, GIOCATORE DI BASEBALL

Il primo 90% di un lavoro viene svolto nel 10% del tempo. Il restante 10% nel restante 90%.
ARTHUR BLOCH

Buonasera dal Tg3. Aumenta il malessere degli italiani: 4 persone su 5 ai limiti della sopravvivenza.
Buonasera dal Tg5. Aumenta il benessere degli italiani: 1 persona su 5 ha un reddito superiore.
Buonasera dal Tg4. Aumenta il narcisismo degli italiani: 4 persone su 5 scelgono il digiuno per mantenersi in forma.
BEPPE BRAIDA

A New York c'è un pedone investito ogni tre minuti. Poveraccio, non fa nemmeno in tempo a rialzarsi.
ACHILLE CAMPANILE

Esiste un legame tra depressione e cancro? È scientificamente dimostrato: su 100 persone che vengono a sapere di avere un cancro, 95 smettono di ridere.
LIA CELI

Vi propongo un test: mettete questa battuta a 20 metri dal muro del salotto. Se riuscite a leggerla da questa distanza, allora vuol dire che avete un salotto enorme.
GIOVANNI CELLINI

Il 99% di me non crede alle statistiche.
ENZO COSTA

Ho visto un test per la sicurezza in cui hanno legato un manichino dentro un'auto e poi l'hanno lanciata a tutta velocità contro un muro. Il manichino è andato distrutto, l'industria automobilistica è subito corsa ai ripari, è scattata in azione e ha messo a punto un progetto che porterà alla costruzione di manichini più robusti.
NORM CROSBY

Ho chiesto a mia moglie: «In una scala da uno a dieci, come mi consideri come amante?». Mi ha detto: «Oh, caro, lo sai che non sono brava con le frazioni».
RODNEY DANGERFIELD

La prossima settimana devo fare il test attitudinale per il college. Sono preoccupato: nel mio liceo non ci hanno mai insegnato attìtudinalità!

TONY DANZA

Dicono che usiamo solo il 10% del nostro cervello. Il 10% del nostro cervello! Pensate cosa potremmo fare se usassimo il restante 60%!

ELLEN DEGENERES

Come diceva mio padre: «Le donne posseggono il 70% della ricchezza di questo Paese e il 100% della fica».

NELSON DEMILLE

Da una improbabile intervista ad Andreotti: «Quanto del suo successo politico si deve a De Gasperi e quanto a lei?» «Il 90% a De Gasperi e il 90% a me.» «Dicendo che lei è un perfetto democristiano, ho detto tutto?» «Sì. Ha detto tutto dei democristiani.»

UMBERTO DOMINA

Ascoltando *Perché lo fai*, canzone dedicata al dramma delle tossicodipendenze, il 70% degli intervistati ha dichiarato di avere cominciato a drogarsi all'uscita del primo disco di Masini, il 20% di avere cominciato all'uscita del secondo e solo il 10% ha ammesso di aver abbandonato le droghe pesanti e di essersi convertito all'uso dei dischi di Masini, notizia che ha provocato vivo allarme in tutte le comunità di recupero.

DARIO DURIUM

Un'indagine statistica, recentemente tacciata di eccessivo pessimismo, ha stabilito che, su sessanta milioni di italiani, uno è Berlusconi.

FRANCO KAPPA

Il fumo è una delle principali cause delle statistiche.

FLETCHER KNEBEL

I test d'intelligenza cui venne sottoposto diedero risultati sorprendenti: messo davanti a un cubo di Rubik impiegò solo dieci secondi a inghiottirlo.

GINO&MICHELE

Alla domanda: «Andreste a letto con Vittorio Sgarbi?» 50 donne italiane su 100 hanno risposto «Sì», mentre le altre 50 hanno risposto: «Un'altra volta?».

GINO&MICHELE

Non sono andato a votare e mi vergogno. L'ho fatto per protesta. Ma poi ho scoperto che si dividono anche i voti degli assenti e anche le nulle, sì quelle schede su cui scrivono "vaffanculo". Si sono divisi anche "l'affanculo": 30% alla Dc, 17% al Pds eccetera.

BEPPE GRILLO

A quanto pare, nel mondo una persona su cinque è cinese. E ci sono cinque persone nella mia famiglia, per cui una di loro deve essere cinese. O è mia mamma o mio papà... O forse il mio fratellone Colin. O il mio fratellino Ho-Cha Chu. Ma sono quasi sicuro che sia Colin.

INTERNET ONE-LINERS

Il problema è che il 90% dei politici rovina il buon nome di tutto l'altro 10%.

HENRY KISSINGER

Nei tempi antichi non esistevano le statistiche, si rendeva quindi necessario ripiegare sulle menzogne.

STEPHEN LEACOCK

Secondo un sondaggio della rivista *Men's Health*, l'85% degli uomini ha ammesso che quando naviga su Internet indossa soltanto la biancheria intima. Il 63% ha rivelato che ha perso così l'ultimo lavoro.

JAY LENO

Il Congresso dice che la metà degli americani usa Internet. L'altra metà fa sesso con partner reali.

JAY LENO

Secondo la Bbc un europeo su dieci è stato concepito su un letto Ikea. Gli altri nove sul pavimento, perché i genitori non sono riusciti a montarlo, quello stupido letto.

JAY LENO

Il 15% degli uomini lo fa in piedi; il 30% lo fa in ginocchio; il 40% lo fa seduto; il 20% lo fa in bilico... il 200% lo fa sapere.

CINZIA LEONE

È stato fatto uno studio sulle tre frasi più sentite a New York City. La prima è: «Ehi, taxi!». La seconda è: «Qual è il treno per andare a Bloomingdales?». E la terza è: «Non si preoccupi, è solo una ferita superficiale» .

DAVID LETTERMAN

In un anno l'Inghilterra beve certo il doppio di vino di Porto di quanto se ne produce in tutto il Portogallo.

GEORG CHRISTOPH LICHTENBERG

Il 90% del mio ingaggio lo spenderei in divertimenti, donne e whisky irlandese. L'altro 10% probabilmente lo sprecherei.

TUG MCGRAW

Vorrei conoscere questo famoso "italiano su due", no perché sento dire che un italiano su due ha avuto più di dieci donne nella sua vita, un italiano su due ha avuto il primo rapporto prima di diciotto anni, un italiano su due ha regolarmente rapporti extraconiugali... Io vorrei andare lì, dall'italiano su due e dirgli: «E allora trombale tutte te!». Chissà perché quando sento dire "un italiano su due" io mi sento automaticamente il due! Che poi oggi ho letto: "Entro fine mese un italiano su due a letto con l'influenza" e te credo, è sempre nudo! Dai e dai si è ammalato! Anzi, speriamo che, se esiste un Dio, la donna di quello malato vada a letto con quello sano, così impara a rompere i coglioni a dieci donne altrui...

CRISTIANO MILITELLO

Il 66% dei cattolici fa sesso una volta a settimana. Il numero sarebbe stato più basso, ma hanno contato anche i preti.

DENNIS MILLER

La Nuova Zelanda ha 55 milioni di pecore e circa 3 milioni di abitanti, il che fa 18 pecore per abitante. L'Italia viceversa ha 6 milioni di pecore e 55 milioni di abitanti, cioè 9 abitanti per pecora. Potremmo scambiare in compensazione, italiani contro pecore.

INDRO MONTANELLI

Ogni mattina leggo su *Forbes* la lista delle cento persone più ricche d'America. Se non vedo il mio nome, esco e vado a lavorare.

PAT MORRIS

Più si resta sulla strada e più aumentano le occasioni di incidenti. La prudenza consiglia quindi di avere un'auto veloce e di circolare alla massima velocità.
LUCIE OLBRECHTS-TYTECA

Secondo una statistica gli uomini trascorrono due ore al giorno parlando di calcio. E questo è preoccupante perché significa che possono parlare per ventidue ore al giorno di cose delle quali non sanno un tubo.
FURIO OMBRI

Al terzo figlio Al Bano e Romina smisero di farne perché qualcuno gli aveva detto che, nel mondo, ogni quattro bambini che nascono uno è cinese.
GIANNI PALLADINO

Partendo dall'Auditel, oggi tutto va in percentuale. Berlusconi fa il 30% di quello che dice. Tremonti capisce il 10% di quello che dice Berlusconi.
GIORGIO PANARIELLO

Visitatore: «Quante persone lavorano qui nella sua azienda?»
Manager: «Oh, circa una su dieci!»
BOB PHILLIPS

Se un quadro piace a più del 10% della popolazione, dovrebbe venir bruciato, perché non può non essere brutto.
GEORGE BERNARD SHAW

L'americano al 100% è un idiota al 99%!
GEORGE BERNARD SHAW

Addetti al censimento sono stati attaccati dalle persone che volevano intervistare. Nessuno sa quanti.
JON STEWART

25 ottobre 1991. Da un'indagine Istat risulta che in Italia nascono pochi bambini. Se andrà avanti così, tra vent'anni in Italia ci saranno solo anziani. Si teme perciò un aumento degli incidenti del sabato sera. Sì, all'uscita dalla messa.
STRISCIA LA NOTIZIA

Nove persone su dieci amano il cioccolato. La decima persona mente sempre.
JOHN Q. TULLIUS

Il letto è il posto più pericoloso del mondo: vi muore l'80% della gente.
MARK TWAIN

«Come è andato il test "Vero o Falso"?» «Male, ho falsato dove avrei dovuto verare.»
LINUS VAN PELT

Le statistiche dicono che una donna dà alla luce un bambino ogni quattro secondi. Il nostro problema è trovare quella donna e fermarla.
HENNY YOUNGMAN

STATO *(Governo - Istituzioni)*

Questo Paese è così coerente che, un giorno sì e uno no, riescono ad aver ragione anche gli stronzi.
ALTAN

Dobbiamo reagire all'invadenza vaticana! Scriviamo sui muri: "Lo stato c'è!".
ALTAN

Il Parlamento? Oh sì, ci sono stato. Un uomo parla, nessuno l'ascolta e poi tutti gridano che è uno stronzo.
ANONIMO

Ognuno ha bisogno di una moglie al suo fianco perché c'è una caterva di cose che vanno male e per le quali non si può dare colpa al governo.
JACOB M. BRAUDE

«Onorevole Scelba, in Sicilia c'è un combattimento in corso tra Salvatore Giuliano e le forze di polizia!» «Mandate subito dei rinforzi!» «A chi?»
DON BASILIO, 1950

«Per sanare il deficit dello Stato ognuno di noi dovrebbe sborsare più di venti milioni a testa!» «E per sanare il deficit della Giustizia quanti anni di galera mi dovrei fare?»
CLAUDIO GASPARINI

Il portavoce del governo Giuliano Ferrara ha dichiarato che la riforma tributaria accoglierà le richieste dei cittadini di maggiore comprensibilità dei moduli. Il nuovo modello 740 sarà semplicissimo, riassunto in soli quattro punti: 1) Quanto avete guadagnato? 2) Quanto avete speso? 3) Quanto vi è rimasto? 4) Datecelo!
GINO&MICHELE

Non so che cos'abbia la gente contro il governo: non ha fatto niente.
BOB HOPE

Lo Stato ha trovato il modo di risolvere il problema della mafia. Privatizzandola.
PIERFRANCESCO LOCHE

Vi sono degli stati sociali in cui governano i più intelligenti: è il caso dei babbuini.
KONRAD LORENZ

È inammissibile che la mafia minacci le istituzioni! Le istituzioni sanno benissimo minacciarsi da sole!
ENZO LUNARI

Riforma delle pensioni. Accordo governo-sindacati. Dal prossimo anno andrà in pensione solo chi ha capito come si fa.
DANIELE LUTTAZZI

Abbiamo un debole per i capi di Stato che dicono quello che pensano. Solo, vorremmo che ogni tanto pensassero a quello che dicono.
INDRO MONTANELLI

"Il fumo uccide." Questa scritta è presente su tutti i pacchetti di sigarette. Per lo stesso criterio su tutte le schede elettorali, d'ora in avanti, sarà scritto: "Il governo ti incula".
ALBERTO PATRUCCO

Non è difficile fare l'umorista quando tutto il governo si dà da fare per te.
WILL ROGERS

Negli anni Settanta ero contro lo Stato. Poi negli anni Ottanta ho cominciato a pensare che lo Stato non ci fosse più. Oggi penso che lo Stato ci sia e si sia ormai insediato come un cancro nel corpo sano della mafia.
PAOLO ROSSI

Quelli che non sanno governare, almeno obbediscano.
WILLIAM SHAKESPEARE

Gli italiani si governano da soli.
ALBERTO SORDI

Uno statista è un politico che è morto da dieci o quindici anni.
HARRY TRUMAN

STATUA
vedi **Monumento**

STATURA
vedi anche **Altezza**

Nessuno di noi conosceva i metodi di misurazione attuali. Non avevamo piedi, pollici, metri o centimetri. Facevamo tutto a mano. Per gli uomini, era facile. La maggior parte era alta undici o dodici mani. Per le donne, era più complicato. Non abbiamo mai scoperto quanto fossero alte. Iniziavamo a misurarle da terra, e come raggiungevamo i fianchi, la misurazione si trasformava in palpeggiamento. Abbiamo provato a misurare dall'alto verso il basso, ed era ancora peggio. Come la mano raggiungeva un capezzolo, ci si metteva orizzontali, ed era la fine della misurazione. A tutt'oggi non so quanto fosse alta nessuna delle donne della mia tribù.

MEL BROOKS-CARL REINER

Nelle scuole elementari, in caso di incendio gli studenti si devono allineare in una fila unica, dal più basso al più alto. Qual è la logica? Quelli alti bruciano più lentamente?

WARREN HUTCHERSON

Mae West: «Quanto sei alto?»
Cary Grant: «Un metro e settantanove signora.»
Mae West: «Lascia stare i metri, parliamo dei centimetri!»

LADY LOU - LA DONNA FATALE

STAZIONE
vedi **Treno**

STELLA

Punta a conquistare la luna. Se non ci riuscirai, avrai vagabondato tra le stelle.

ANONIMO

Per la notte di San Lorenzo, la notte delle stelle cadenti, io metto la macchina in garage.

ROCCO BARBARO

Il tuo oroscopo. Denaro: le stelle ti sorridono. Salute: le stelle ti

sorridono. Amore: le stelle ti sorridono. Sesso: le stelle stanno ancora ridendo!
LUNETTA CALOGERO

Non dire che le stelle sono morte soltanto perché il cielo si è rannuvolato.
PAULO COELHO

Al mare non è più come un tempo. Una volta si andava in spiaggia a vedere cadere le stelle. Oggi in spiaggia non cadono più nemmeno le tette.
GINO&MICHELE

Chissà se le stelle per esprimere un desiderio devono aspettare che cada la terra?
ENZO IACCHETTI

Poveretto colui che per vedere le stelle ha bisogno di una botta in testa.
STANISLAW JERZY LEC

Coricati sotto un cielo stellato, chiesi al mio ragazzo: «Guarda quel gruppo di stelle lì, secondo te che stelle sono?». E lui: «Non lo so... non sono mica di questa zona».
MARIA ROSSI

Linus: (guardando il cielo stellato) «Sai una cosa?»
Lucy: «Cosa?»
Linus: «Le stelle cadenti non urlano.»
CHARLES M. SCHULZ

STILE
vedi **Classe**

STILISTA *(Sarto)*

Noi ragazze da bambine abbiamo letto tutte *Piccole Donne* e *Piccole Donne Crescono* mentre i maschi leggevano *Zagor*, *Capitan Miki*, *Blek Macigno* eccetera. Pare invece che i maschi che da piccoli hanno letto *Piccole Donne* siano poi da grandi diventati stilisti.
LELLA COSTA

Avete visto la pubblicità dell'American Express? «Salve, sono Valentino e sono felice con la mia carta di credito». Grazie al cazzo, anche noi

saremmo felici con la tua carta di credito!
ALESSANDRO DI CARLO

Maria Grazia Cucinotta: 90-60-90/18. Sabrina Ferilli: 90-60-90/20. Monica Bellucci: 90-60-90/22. Sono, rispettivamente, le misure delle attrici e del sarto che le ha misurate.
PACO GENOVESE

A dieci anni Giuliano Ferrara era già così grasso che al suo sarto, per fargli una giacca, era sufficiente prendere la misura dall'ombelico al pomo d'Adamo, elevarla al quadrato e poi moltiplicarla per 3 e 14.
GINO&MICHELE

Il peggio viene sempre dagli stilisti. Prima c'erano le sorelle Fendi, adesso ci sono anche i fratelli Armani: Giorgio e Emporio.
BEPPE GRILLO

Quando arriva la primavera, io semplicemente scrivo una lettera al mio sarto, gli invio un campione della mia forfora e gli chiedo di farmi esattamente un vestito in tinta.
OLIVER HERFORD

Sono stufa, ogni volta che faccio l'amore, di vedere il nome di mio padre stampato sulle mutande del mio partner.
MARCI KLEIN, FIGLIA DI CALVIN KLEIN

Stefano Gabbana ha messo in vendita la sua villa di Portofino per otto milioni di euro. La villa contiene quattordici stanze, cinque bagni e Domenico Dolce.
DANIELE LUTTAZZI

Lo stilista Giorgio Armani ha confessato la settimana scorsa di aver dato mazzette alla Finanza Italiana. La condanna è stata di sei mesi, nei quali deve indossare scarpe marroni con un vestito blu.
NORM MACDONALD

C'è gente per strada che ferma Stefano Gabbana e gli dice: «Mi accorci i jeans che ho appena comprato?». Stefano: «Di che marca sono?». Passante: «Della Diesel». Stefano: «Ok! Non ha importanza, basta che fai lavorare il comparto tessile. Però facciamo alla svelta».
MAURIZIO MILANI

La gente è ossessionata dalla moda fin dai tempi del paradiso Terrestre. Quando Eva ha guardato Adamo e gli ha detto: «Adamo, quella foglia di fico è così della scorsa stagione!»
DENNIS MILLER

Ralph Lauren sta per lanciare una linea di maglioni cashmere per bambino da 350 dollari l'uno, così la gente nel Medioriente può ricordarsi perché ci odia.
CONAN O'BRIEN

Dio ha fatto la femmina, i sarti hanno fatto la donna.
PITIGRILLI

Sul pianeta Craxon la polizia è bellissima: son tutti modelli di Armani che sembrano giovani nazisti. Ma, a ben guardare, non sono poi così giovani.
PAOLO ROSSI

Io i profilattici me li faccio fa' dar sarto.
ENZO SALVI

Armani sarto subito.
STRISCIONE IN OCCASIONE DI LOTTOMATICA ROMA-ARMANI JEANS MILANO

«Ho rifatto completamente il guardaroba a Maria De Filippi. Dietro a ogni abito ho messo una targhetta con scritto Maurizio Costanzo.» «Scusi, perché non ha scritto Franco Tamburino?» «Tesoro non posso: in Italia per legge dietro le raccomandate bisogna mettere il nome del mittente!»
FRANCO TAMBURINO (GIORGIO FALETTI)

Che differenza c'è tra una donna e un gay? Per far piacere a una donna devi trovare il punto G, per far felice un gay il punto D&G.
LUCIO WILSON

STIMA

(Apprezzamenti - Disistima)

Apprezzatemi adesso, eviterete la coda.
ASHLEIGH BRILLIANT

Era un bambino presuntuoso e saccente. Quando la maestra di prima elementare gli chiese: «Ma tu credi in Dio?» lui rispose: «Be', credere è una parola grossa. Diciamo che lo stimo».

Walter Fontana

«A volte ho l'impressione che tu non mi stimi...» «Ma, cara, cosa dici? Dai, esci dalla pattumiera e dammi un bacio sulle scarpe.»

Egidio Morretti

Ero piuttosto insicuro, da bambino. Quando avevo otto anni ho chiesto a mia mamma se ero stato adottato. Lei mi ha detto: «Sì, ma ti hanno riportato indietro».

Ronnie Shaker

STIPENDIO *(Salario)*

I mariti non si rendono mai conto dello sforzo che facciamo noi mogli per spendere i loro stipendi.

Blondie Bloomstead

È dura la vita del postino. Ieri ho citofonato a un'anziana signora e le ho detto: «Buongiorno signora, sono il postino. Mi fa salire?». E lei: «Ma non è che poi sale e mi ruba la pensione?» «Signora, io già rubo lo stipendio...»

Bruce Ketta-Marco Del Conte

Pagate alla gente noccioline e avrete scimmie a lavorare.

Bette Davis

Il ministero della Pubblica Istruzione ha deciso: stipendi più alti ai professori più alti.

Glauco Della Sciucca

A Milano sciopero a oltranza dei ferrotramvieri... La loro busta paga è misera. Il lavoro poi è sempre più difficile: guidare un autobus e chiedere l'elemosina!

Arturo Di Naccio

Quando volo, cerco sempre di volare Delta. E non prendo un centesimo da loro, per dirlo. Il motivo per cui viaggio Delta è che paga i piloti più di ogni altra compagnia negli Stati Uniti. E quando volo, voglio gente felice sull'aereo su cui viaggio.

Bob Newhart

Impiegato: «Signore, sono in questa azienda da 27 anni e non ho mai

avuto un aumento.»
Boss: «Ecco perché sei in questa azienda da 27 anni!»
BOB PHILLIPS

Se tu pagare come dici tu, io lavorare come dico io. Se tu pagare come dico io, io lavorare come dici tu.
PROVERBIO CINESE

Ho chiesto l'aumento al mio donatore di lavoro, gli ho detto: «Masto, io appartengo al secondo livello, devo avere più soldi di quelli che stanno al primo livello!». Lui mi ha risposto: «Veronica, voi per me siete come figli e per un padre i figli stanno tutti allo stesso livello!».
VERONICA (ROSALIA PORCARO)

STIRARE

vedi ***Lavori domestici***

STORIA

Ecco i dieci eventi storici nei quali è stato lecito usare la parola "cazzo":

1) «Sta torre col cazzo che casca!» (Babele, 5000 a.C.)
2) «Piogge a tratti un cazzo!» (Noè, 4314 a.C.)
3) «Santità, lo vuole davvero su quel cazzo di soffitto?» (Michelangelo, 1566)
4) «Da dove cazzo sbucano tutti questi indiani?» (Generale Custer, 1877)
5) «Cazzo! Ti somiglia un casino!» (Picasso, 1926)
6) «E quella cosa cazzo è?» (Sindaco di Hiroshima, 1945)
7) «Eddai! Chi cazzo vuoi che lo venga a sapere?» (Bill Clinton, 1999)
8) «Cazzo, non credevo si arrabbiassero così tanto!» (Osama Bin Laden, 2001)
9) «La vuoi o no quella cazzo di macchina?» (Il presidente della Fifa all'arbitro Moreno, giugno 2002)
10) «Ma chi cazzo hai comprato?» (Berlusconi a Galliani, dopo la campagna acquisti del 2008 del Milan)

ANONIMO INTERNET

Ci fu un mescolamento nei Capetingi quando Filippo il Bello sposò Berta il Rospo e nacque Baldovino il Così Così, La dinastia si interruppe quando il principe longobardo Desiderio sposò la principessa Fulgenzia, detta "Non se ne parla proprio".

Anatolj Balasz (Natalino Balasso)

Pipino detto il Breve sposò Ermengarda detta la Delusa e insieme misero al mondo Pipone detto il Solitario.

Anatolj Balasz (Natalino Balasso)

I cavalieri antichi, per amore di una damigella, erano disposti a uccidere un drago. Io al massimo potrei tirare un calcio a un tacchino, ma per quella tizia dovrei aver perso la testa.

Romano Bertola

Tema di storia: "L'antica Grecia". Svolgimento: "L'antica Grecia era avanti rispetto ai suoi tempi e anche rispetto ai nostri tempi. Non c'era la tv, ma avevano un sacco di filosofi. Io, personalmente, non vorrei passare la serata a guardare un filosofo".

Sally Brown

Era così vecchia che, quando andava a scuola lei, tra le materie scolastiche non c'era Storia.

Rodney Dangerfield

Negli anni 5, 4, 3, 2 e 1 avanti Cristo si intuiva che stava per succedere qualcosa.

Fabio Di Iorio

Il giorno dopo le 120 giornate di Sodoma il pronto soccorso si riempì di casi imbarazzanti.

Fabio Di Iorio

Mio figlio ha deciso che d'ora in poi non studierà più la storia. Dice che la fanno più velocemente di quanto lui possa impararla.

Leopold Fetchner

La Thatcher dice che Giovanni Senza Terra è stato il primo socialista della storia. Non è esatto: un vero socialista si sarebbe chiamato "Giovanni Due Tre Ettari".

Beppe Grillo

Non sottostimare mai il potere di un frutto. Se non fosse stato per l'uva il vino non sarebbe mai stato scoperto e l'Impero Romano sarebbe durato per altri tre anni.

ALBRAM KEHLOG

Cos'è uno storico? Uno che scrive troppo male per poter collaborare a un quotidiano.

KARL KRAUS

Noi della Lega Lombarda cambieremo la geografia e la storia. Perché, per esempio, è ora di finirla di dire che l'Italia l'han fatta i Garibaldi, i Mazzini, i Cavour e quegli altri brigatisti. Ma quando mai? Le prove sono sotto gli occhi di tutti: l'Italia ha la forma di uno stivale perché l'ha fatta il Calzaturificio di Varese!

GINO&MICHELE-PAOLO ROSSI

Ho fatto un sogno all'incontrario dove non c'era più l'estrema destra e l'estrema sinistra, ma c'era solo l'estremo centro. I pericoli per la democrazia venivano da lì. Le liti, le risse, gli schiaffi, le bombe, venivano dal centro... Cioè non era cambiato niente perché anche un sogno all'incontrario ha rispetto per la Storia.

GINO&MICHELE - PAOLO ROSSI

La decadenza dell'impero negro ebbe inizio con l'imperatore Baldassarre II, il bisnonno dell'altro Baldassarre, quello che andò a Betlemme in compagnia di Melchiorre e Gaspare. Baldassarre II, detto il Mentecatto, fece estirpare tutti i frutteti dell'impero e destinare i terreni fertili alla produzione di mirra, un articolo che allora come oggi non ha un gran sbocco sul mercato.

EDUARDO MENDOZA

La storia andrebbe sempre studiata al mattino, prima che accada qualsiasi altra cosa.

PIPERITA PATTY

Totò: «È morto Diocleziano?»
Altro: «Ma sì!»
Totò: «E quando è successo?»
Altro: «Mah, duemila anni fa».
Totò: «Come passa il tempo...»

TOTÒ

Il Canada è un paese che non ha 'sto granché di storia. In compenso ha molta geografia.

DANIELE TUROZZI

«Quale crede siano stati gli effetti della Rivoluzione Francese?» «È ancora prematuro parlarne.»
DA UN'INTERVISTA A MAO ZEDONG

STRABISMO

Era tanto strabica che la pallina nera dall'occhio destro si era spostata nel globo sinistro, e viceversa. Cosicché aveva gli occhi perfettamente normali.
STEFANO BENNI

Era così strabica che, quando apriva un occhio, tutto quello che riusciva a vedere era l'altro occhio.
MILTON BERLE

Ha un occhio talmente bello che l'altro si incanta a guardarlo.
BORIS MAKARESKO-ROBERTO TRANI

«I tuoi occhi fanno il paio con quelli della Garbo, baby. Magari facessero il paio tra di loro.»
HENRY MORGAN

E va be', è un po' strabica! Quando piange, le lacrime del suo occhio destro cadono sulla sua guancia sinistra...
LOUISE A. SAFIAN

STRAFALCIONI
vedi anche ***Calambour***

«Che bel cane. Che razza è?» «È un incrocio tra uno spinone e un segugio.» «Ah, allora è uno 'spinugio'!» «No, è un 'segone'."
ALDO, GIOVANNI E GIACOMO

È veramente un onore fare qualcosa per questi bambini baciati in fronte dalla sfortuna.
ALESSANDRO "SPILLO" ALTOBELLI

Questa Inter va come un carro a vele spiegate.
ALESSANDRO "SPILLO" ALTOBELLI

Scusate. Ho mal di testa in tutto il corpo.
BASTANO TRE PER FARE UNA COPPIA

Ai tempi di Mani Pulite ho conosciuto Antonio Di Pietro. Ero così emozionato che non riuscivo a parlare.

Neanche lui riusciva a parlare e non era neanche emozionato.
BEPPE BRAIDA

È ora di finirsela di piangere sul latte macchiato e di fare quella politica che si dà una botta alla botte e una botta alla moglie ubriaca!
PALMIRO CANGINI (PAOLO CEVOLI)

7 verticale: "È famoso quello di Troia"... FIGLIO.
CAPOCENERE (CLAUDIO BATTA)

15 verticale: "Il nome della figlia di Bush"... BUSCETTA.
CAPOCENERE (CLAUDIO BATTA)

28 orizzontale: "Più forte di Golia"... FISHERMAN.
CAPOCENERE (CLAUDIO BATTA)

Ma come hai fatto a sbagliare? Ti ho fatto un cross che era una pennellata! Sembrava un quadro di Pirandello!
FRANCO CAUSIO

La monade non è altro che un gran pezzo di ragazzade.
ANTONELLO COMMISSO

Insegnante: «"Io ho andato via" è sbagliato, non è vero?»
Studente: «Sì, è sbagliato».
Insegnante: «E perché è sbagliato?»
Studente: «Perché lei non ha ancora andato via.»
LEWIS & FAYE COPELAND

Sacchi: «Per vincere occorre che il portiere pari, i difensori difendano, gli attaccanti attacchino e i centrocampisti... centrocampastino !»
ANTONIO CORNACCHIONE

I Democratici sono solo cicale che cinguettano.
ANTONIO DI PIETRO

Ho dovuto farmi un'iniezione sottocatania.
ENNIO FLAIANO

Mia moglie fa una cura contro le vene vanitose.
ENNIO FLAIANO

Ciccio: «Basta! È mezz'ora che ne stiamo parlando: sistemo la bacheca.»
Franco: «La ba che?»

Ciccio: «Ca!»
Franco: «Ah!»
FRANCO FRANCHI E CICCIO INGRASSIA

Sto imparando a guidare col servosterzo. Ho girato il volante quel che pensavo fosse sufficiente e mi sono trovata in una direzione sbagliata che era nella direzione opposta.
DA VERBALI DI ASSICURAZIONI INGLESI RACCOLTI DA RICHARD LEDERER

A un happy hour a Milano tutti ordinavano cose esotiche che finivano per "ito". Io per fare la cittadina ho detto: «Porti pure anche a me un Moschito"». Il barman mi ha guardato con aria di compatimento, allora per uscire da quella situazione imbarazzante ho detto: «Mi porti pure un bianchito!».
MARIA ROSSI

Si inoltrò nella jungla, dove la mano dell'uomo non aveva mai messo piede.
EMILIO SALGARI

Mio marito m'à detto ke deve essere un calo dè desiderio; ammia più ke un calo m'pare un crollo! M'fa lui: «Ke dici, Sconsolata, mo o' pigghiu 'stu viagrass?» «Mah, o ke noleggiamo una gru...»
SCONSOLATA (ANNA MARIA BARBERA)

Certe volte mi dico: «Dai, la vita è adesso, cogli l'attimo, non essere pessimistica, di doman non v'è certezza, ki vivrà vedrà, cuor contento il ciel l'aiuta, scarpe diem!». E me ne torno a lavare i piatti.
SCONSOLATA (ANNA MARIA BARBERA)

Mi vorrei combrare una casa ma devo angora finire di pagare il dentista a Carmelo. Minchia 'stu apparekkio quando ke mà detto il prezzo 'u dottore, ciò kiesto: «Ma vola? Come un arioplano mi costa!».
SCONSOLATA (ANNA MARIA BARBERA)

'Nvece, la donna della pubblicità, tutto diverso è. Tu à vidisti "Pezzamore"?... Ecco, lei si butta nell'acqua, ritorna sciutta, ci apre 'u sacchettu, ci mette 'a tovaglia e già stanga è... E si pigghia 'u merluzzo d' Santuzzo!
SCONSOLATA (ANNA MARIA BARBERA)

Anche questo fatto che insistono di bruciare i grassi... io brucerei i magri!

SCONSOLATA (ANNA MARIA BARBERA)

Quando ke ciò l'insonnia mi sento abbracciata, giro per la stanza e mi viene l'ansa, non so a ki riamare. Il telefono amico? Se tando è amico perké non telefona lui?

SCONSOLATA (ANNA MARIA BARBERA)

Ammia, non lo so se lavventura fine a se stessa minderessa; magari se era fine a me stessa...

SCONSOLATA (ANNA MARIA BARBERA)

Prof: «Da Pasteur deriva il nome di latte pastorizzato.»
Studente: «E scremato da Scremeur?»

SMEMORANDA BROTHERS & SISTERS

Vi ricordate la storia di Golia e del gigante?

GIOVANNI TRAPATTONI

Non vorrei che enfatizzare troppo certe situazioni da una parte e non dall'altra finisce che si crea una uniformità di idee e non una forma equivalente generale: noi abbiamo giocato bene.

GIOVANNI TRAPATTONI

Alessandro Manzoni ebbe tanti figli, ma neanche uno intelligente.

TEMA DI MATURITÀ, CITATO DA MITÌ VIGLIERO LAMI

D'agrande farò il scritore.

ZIO SCRIBA (NICOLA PEZZOLI)

STRANEZZA

vedi ***Stravaganza***

STRAVAGANZA

(Originalità - Stranezza)

Gin: «Ieri mi è successa una cosa strana. Ero in macchina e un cane mi ha pisciato sulla ruota.»
Fizz: «E cosa c'è di strano?»
Gin: «Andavo a 130!»

ALE E FRANZ

Era un tipo stravagante, pieno di iniziative. Lo incontrammo mentre stava raccogliendo le firme per far passare l'equatore da Milano.

GINO&MICHELE

Se non puoi essere elegante sii almeno stravagante.

MOSCHINO

STREGA *(Fata)*

Ho messo un dentino sotto il cuscino con la speranza di ottenere un quarto di dollaro. Mi sveglio nel bel mezzo della notte, e sopra al mio letto c'è papà con una mano sotto al cuscino. Ma io credevo ancora nella fata dei dentini. Pensavo che lei fosse già passata, e che mio papà volesse fregarla. Così gli ho dato un morso. Quella stessa notte avevo altri due dentini da mettere sotto il cuscino.

A.WHITNEY BROWN

La fata turchina si è finalmente decisa ad andare dal dermatologo.

EGIDIO MORRETTI

Noi liguri siamo diffidenti e guardiamo con sospetto alle novità. Pensate che per secoli abbiamo continuato a masticare separatamente aglio, basilico, pecorino e pinoli... uno alla volta. Poi, quando una donna ha mischiato e pestato gli ingredienti nel mortaio, l'abbiamo accusata di stregoneria, bollita come una patata e condita col suo stesso intruglio. Siccome era una donna giovane e avvenente, fu ricordata come la prima "gnocca al pesto".

EMILIO RAZZETTI

Quando ero bambino, nella radura di un bosco fitto e profumato d'autunno, mi addormentai e sognai una fata. Lei si librava senza pensieri sui fili d'erba, sfiorando petali di fiori sino a farli sbocciare nel buio; di vesti leggere vestita, candide, azzurre, diafane, di pelle dai riflessi di luna sull'argento di un lago. Il viso come una fiammella d'un roseo tepore, dita sottili come steli, e lente movenze, dolci di nettare. Rapito da attimi d'eternità s'avvicinò, destandomi con un sorriso fatto da un'anima all'altra, una promessa; con uno sguardo disegnò i suoi occhi nel mio cuore, curvò le labbra come in un bacio, soffiò, risvegliandomi tra le braccia di mio padre che mi riportava a casa cullandomi. Non ho dimenticato la strada che conduce a quel bosco, al tempo felice, in quella radura, verso la foce della gaiezza. Ogni giorno l'ho ripercorsa nei sogni, in cerca di quel soffio da ricambiare. E ora, ora che mi sveglio e tu sei di fronte a me, rivedo quella scena e tutto è reale, ha sapore, ogni cosa ha il suo battito e la sua linfa e quella fata il tuo nome: Ubaldo.

Francesco Varchetta

Le streghe hanno smesso di esistere quando noi abbiamo smesso di bruciarle.

Voltaire

STRESS

Per rilassarmi e combattere lo stress il dottore mi ha consigliato di dedicarmi alla pittura. Funziona! Domenica ho dipinto ventisei quadri.

Gemelli Barolo

«Mi dispiace cara, non mi era mai successo... è colpa dello stress, sai... la stanchezza...» «Non importa caro. Succede anche ai migliori. Figuriamoci a te.»

Paolo Burini

«Pronto, è la Coca-Cola?» «Sì.» «Sono l'autista di una vostra autobotte: ho ribaltato il carico in un canale; c'è una moria di pesci da far paura.» «Vieni via e fai finta di niente.» «Bravo, sono il direttore della Coke Corporation, volevo vedere come ti comportavi sotto stress.»

Maurizio Milani

STRIPTEASE

Mike: «Hai trovato un lavoro?»
Victor: «Sì, in un locale di striptease, io aiuto le ragazze a spogliarsi e vestirsi.»
Mike: «Simpatico.»
Victor: «Venti franchi a settimana.»
Mike: «Non sono molti.»
Victor: «È quanto posso spendere!»

Woody Allen

Ho conosciuto una spogliarellista talmente bassa che agli addii al celibato la fanno uscire da una crostata.
RENATO RAZZANO

STRISCIONE
vedi **Slogan**

STRONZO
(Bastardo - Testa di cazzo)

Questo Paese è così coerente che, un giorno sì e uno no, riescono ad aver ragione anche gli stronzi.
ALTAN

Bebè: «Da chi mi porti?»
Cicogna: «Che te ne frega, tanto sono tutti stronzi uguale!»
ALTAN

«Ha pane di ieri?» «Certo...» «Bravo stronzo: poteva farne di meno!»
ANONIMO

Una testa come la tua non la si sorregge con un colletto, la si nasconde nei pantaloni.
ANONIMO

Non s'è mai detto che uno stronzo non possa annegare in un mare di merda.
ANONIMO

Il Parlamento? Oh sì, ci sono stato. Un uomo parla, nessuno l'ascolta e poi tutti gridano che è uno stronzo.
ANONIMO

La carriera dello scrittore italiano ha tre tempi: brillante promessa, solito stronzo, venerato maestro.
ALBERTO ARBASINO

Sono contento, non sono razzista, non sono leninista o uno dei burattini di Berlusconi. Fa niente se sono stronzo?
CLAUDIO BARBIERI

Quando eravamo ragazzi, per me e mio fratello era una festa inenarrabile ogni volta che andavamo a trovare zio Tullio! La notte precedente il giorno stabilito non dormivamo per l'eccitazione: domani andiamo da zio Tullio! Domani andiamo da zio Tullio! Finalmente, l'indomani, di primo pomeriggio, salivamo con nostra madre sul tram numero 18 e, dopo un viaggio reso interminabile dall'impazienza, scendevamo al capolinea. Qui, in una via solitaria al primo piano, in un vasto appartamento pieno di echi e di armadi, abitava zio Tullio. Appena entrati, zio Tullio spalancava davanti ai nostri occhi un grande atlante colorato e ci mostrava uno per uno tutti i fiumi e le montagne dell'Asia; poi, con l'aiuto di una candela e di un asciugamano, metteva in scena un delizioso spettacolo di ombre cinesi; poi tirava fuori la scacchiera e ci sfidava in interminabili partite a dama. Alla fine imbracciava il mandolino e si esibiva in un focoso repertorio di marce militari. Se Dio vuole, oggi di stronzi così non ce ne sono più.

Romano Bertola

Domenica quel vecchio puttaniere di Maniglia ha voluto conoscere il ragazzo con cui sua figlia esce da qualche tempo. «Allora, giovanotto, che intenzioni avete con mia figlia?» «Be', veramente vorrei scoparla e poi dileguarmi facendo perdere le mie tracce.» «Bravo! Fa bene al cuore vedere che ci sono ancora dei giovani come si deve!»

Romano Bertola

Mi sono avvicinato a un drogato e gli ho chiesto: «Cosa c'è di così speciale nella cocaina che la fa diventare così meravigliosa?». E lui mi ha detto: «Intensifica la tua personalità». Allora gli ho risposto: «Sì, ma se sei uno stronzo?».

Bill Cosby

1992: saremo più poveri, ma stronzi uguale.

Cuore

Prendi Eraclito. Tornò a casa da sua moglie Elena e le disse: «Il tempo è come un fiume che scorre senza fine attraverso l'universo e non ci si può immergere due volte nello stesso fiume, cara Elena». E lei: «Che cosa vuoi dire Eraclito, spiegati». «Voglio dire che se, per esempio, tu vai al fiume Mississippi e ci entri e poi ne esci e poi entri di nuovo, il fiume in cui sei entrata si è spostato a valle, capisci? È evidente. Se qualcuno fosse proprio sulla superficie dell'acqua, per esempio un insetto, sarebbe portato a valle. A meno che, naturalmente, non nuotasse verso l'origine del fiume. Nel qual caso, nel frattempo, sarebbe invecchiato e quindi sarebbe un insetto diverso». E lei: «Eraclito, non dire stronzate: puoi calpestare lo stesso fiume due volte se solo cammini verso valle...». Lui ne fu molto colpito. I due si fecero qualche bicchierino e poi andarono al fiume e nel fiume buttarono un pezzettino di legno, solo per provare quanto il fiume fosse veloce. E così Eraclito vide a quale rapidità andava il pezzo di legno, così entrò nel fiume e corse e rientrò e corse e rientrò e corse e alla fine corse nell'Egeo e lì morì affogato. E in questo modo chiuse con il tempo.

Severn Darden

I grandi amori si annunciano in modo preciso, appena la vedi dici: chi è questa stronza?

Ennio Flaiano

Viaggiatore: «Quando parte 'sto cesso di treno?»
Controllore: «Appena si riempie di stronzi. Salga.»

Gianni Ippolito

Un inglese è un lord, due inglesi un team, tre inglesi un club. Un francese è uno chansonnier, due francesi un'équipe, tre francesi una coppia. Uno svizzero è una testa di cazzo, due svizzeri due teste di cazzo, tre svizzeri tre teste di cazzo, gli unici che sono sempre la stessa cosa.

Beppe Grillo

Mettiamo che io getti un gatto vivo nell'acido. Il gatto si scioglie e io cosa sono? Uno stronzo, d'accordo. Ma se prendo un cucchiaino di yogurt, lo ingerisco, distruggo con i succhi gastrici milioni di fermenti vivi. Lo sapete che i fermenti vivi al microscopio assomigliano a dei minuscoli gattini? Allora cosa sono? Sono un igienista. Ma che cazzo dite? Dovete dimostrarmi che quando strappate un ciuffo d'insalata non soffre. Ha il Dna come il gatto e i fermenti. Solo un astronauta che mangia pillole estratte dal petrolio mi può fare il culo e dirmi che sono uno stronzo. Ma voi no!

BEPPE GRILLO

Gli anni sembravano non aver avuto alcun effetto su di lei. Era rimasta la solita stronza che conoscevo.

DANIELE LUTTAZZI

Siamo cauti nei giudizi. Prima di dire che uno è stronzo bisogna leccarlo.

MARCELLO MARCHESI

Avevo un bel cane: un bastardo addestrato a rimorchiare tutte le cagnette al guinzaglio di donne bellissime. Dovetti abbandonarlo! Era talmente bastardo che lasciava a me le cagnette!

MASSIMILIANO

Adesso vorrei parlarvi dei boy-scout. La parola trae origine dall'inglese antico, dove "boy" vuol dire "teste" e "scout" "di cazzo".

PAOLO MIGONE

«Tu sei così suscettibile...» «Suscettibile a me? Ma vaffanculo, testa di cazzo!»

EGIDIO MORRETTI

Mai parlare di corda in casa dell'impiccato. Non usate mai le parole "elettrizzante" e "galvanizzato" in casa del condannato alla sedia elettrica. Non citate mai la rivoluzione francese in casa del ghigliottinato. Non dite mai "cazzo!" in casa dell'evirato. Ma soprattutto non dite mai "stronzo!" a Mike Tyson.

EGIDIO MORRETTI

Ogni tanto adoro essere un po' bastardo. Per esempio adoro andare al cinema col sombrero.

DIEGO PARASSOLE

Ogni giorno vado in giro con Gerardo, il mio barboncino nano bastardo. Non perché sia meticcio, ma perché è uno stronzo!

VIVIANA PORRO

«Per un giorno riesci, non dico a non essere stronzo, ma almeno a restare nella media?»

RADIOFRECCIA

Bastardo! Ti sei trovato un'altra donna. E allora, per ripicca, me la son trovata anch'io.

MARIA ROSSI

Quando ero piccolo tutti mi chiedevano cosa vuoi fare da grande. Gli altri rispondevano il dottore, il tranviere, l'astronauta... Io dicevo: la testa di cazzo. Sono l'unico che ce l'ha fatta.

PAOLO ROSSI

Come diceva Zarathustra, nella vita, che tu cammini e ti muovi, o ti siedi e aspetti, prima o poi uno stronzo lo incontri.

PAOLO ROSSI

Cosa pensa mia figlia di me? Me l'ha detto: per lei sono una stronza. Però ha detto che mi vuole bene. Ma non le piaccio. Ha paura di me. La intimidisco. Dice che mi rispetta, ma non vorrebbe mai diventare come me. Insomma abbiamo un normalissimo rapporto madre-figlia...

NEIL SIMON

Bobo: «E tu leggi certe stronzate?»
Bibi: «Sì, ma solo perché sono in un comodo formato tabloid.»

SERGIO STAINO

Cosa cambia quando diventi famoso? Beh, resti stronzo esattamente quanto prima, ma ora lo sanno molte più persone.

ANTONELLO TAURINO

Sei un coglione! Ce ne vogliono due come te per fare una testa di cazzo!

ROBIN WILLIAMS

Gli uomini o sono stronzi o sono polli. Le donne o sono stronze o sono stronze. Il più delle volte anche entrambe le cose.

CLAUDIO ZULIAN

STRUMENTO MUSICALE

Ale: «Io ho la chitarra di Chopin.»
Franz: «Non dire cagate che Chopin non ha mai usato la chitarra.»

Ale: «Infatti è nuova, è ancora imballata!»
ALE E FRANZ

Madame, avete tra le gambe uno strumento che può offrire piacere a migliaia di persone e tutto quello che sapete fare è grattarlo.
SIR THOMAS BEECHAM, A UNA VIOLONCELLISTA

Ci sono solo due strumenti peggiori del clarinetto: due clarinetti.
AMBROISE BIERCE

La differenza tra un violino e una viola è che la viola è fatta di un legno che brucia più a lungo.
VICTOR BORGE

La cornamusa è l'anello mancante tra la musica e il rumore.
E.K. KRUGE

Non basta avere uno Stradivari per essere un buon sassofonista.
FERNANDO FELLI

Gli inglesi sono sporchi, non si lavano! Quando vengono in Italia e vedono il bidé gridano: «Guarda: un lavandino per il violino!».
BEPPE GRILLO

Il modo più sicuro per sprecare il fiato, oltre a suonare il sassofono, è consigliare un figlio.
KIN HUBBARD

I suonatori di cornamusa suonano per principio camminando perché i bersagli in movimento sono più difficili da colpire.
GEORGE MIKES

Suonavo il flauto. Poi sono passato alla fisarmonica. La fisarmonica è uno strumento completo. È molto più pesante del flauto, ma ha il vantaggio che quando sei stanco puoi perfino sedertici sopra. Ecco. Quando mi siedo sulla fisarmonica sono contento di non suonare più il flauto.
CARLO PASTORI

Alla fine tutto quello che serve sono cinque corde, tre note, due dita e uno stronzo che suona.
KEITH RICHARDS

Mick Jagger ha delle labbra davvero grosse! L'ho visto succhiare un uovo fuori da una gallina. Potrebbe suonare una tuba da tutte e due le parti.

JOAN RIVERS

Dovrebbero fare delle liste, in paradiso. Se non ti piace suonare l'arpa, cosa altro c'è da fare?

ARNOLD SCHWARZENEGGER

Un'avvertenza: non guardate i tromboni, li incoraggerebbe.

RICHARD STRAUSS

Il Pepe con la sua chitarra sapeva far piangere chiunque senza bisogno di rompergliela sul braccio.

BEPPE VIOLA

STUDENTE

vedi **Scuola**

STUDIARE

vedi **Scuola**

STUFO

vedi **Stanchezza**

STUPIDITÀ

(Ottusità)

Se sono già tanto cretini coloro ai quali piacciono i miei libri, figurati quanto lo debbano essere coloro ai quali non piacciono.

HERBERT ACHTERNBUSCH

Pare che certa gente abbia fatto la fila per tre volte quando il buon Dio ha distribuito la stupidità.

KONRAD ADENAUER

È difficile fare delle vacanze intelligenti dopo undici mesi di lavoro cretino.

ALBERT

I fratelli Beamish erano due fratelli mezzi scemi che tentarono di andare da Belfast alla Scozia spedendosi l'un l'altro per posta.

WOODY ALLEN

Guadagnavo cinquanta dollari la settimana. Un terzo lo spendevo per bere e un altro terzo per andare a donne... Il resto lo spendevo in modo stupido.
ANONIMO

Adamo: «Posso farti una domanda?»
Dio: «Dimmi pure, figliolo.»
Adamo: «Perché hai fatto Eva così bella?»
Dio: «Perché tu la potessi amare.»
Adamo: «E allora perché l'hai fatta così stupida?»
Dio: «Perché lei amasse te.»
ANONIMO

In ogni compagnia c'è un cretino. Se nella tua non ne vedi, beh, inizia a preoccuparti.
ANONIMO

Non discutere mai con un idiota, ti trascina al suo livello e ti batte con l'esperienza.
ANONIMO

Gesù ti ama, ma tutti gli altri pensano che tu sia un idiota.
ANONIMO

Sapete perché i generali sono così imbecilli? Perché li scelgono tra i colonnelli.
ANONIMO

Giovane è colui che non sa ancora di essere stato cretino.
ANONIMO

La differenza tra un genio e uno stupido è che un genio ha i suoi limiti.
ANONIMO

Lo uccisi perché era idiota, perfido, scemo, tardo, stupido, mentecatto, ipocrita, ignorante, burino, buffone, gesuita, a scelta. Una così si accetta, due no.
MAX AUB

Era un idiota ed ebbe una ricaduta.
ARTHUR BAER

Il segreto di un candidato politico è di sembrare stupido come chi lo ascolta, così che gli ascoltatori si sentano intelligenti come lui.
FRED BARNES

I poemi lunghi sono la risorsa di quegli imbecilli che non ne sanno scrivere di brevi.
CHARLES BAUDELAIRE

Com'è difficile parlare della luna! È così scema la luna. Dev'essere proprio il culo quello che ci fa sempre vedere.
SAMUEL BECKETT

Non è certo un genio. Quando la corrente è saltata, è rimasto bloccato sulle scale mobili per due ore.
MILTON BERLE

Ho incontrato un turista scemo in Italia. Pensava che Vat 69 fosse il numero di telefono del Papa.
MILTON BERLE

È così stupido che vuole un trapianto di ernia.
MILTON BERLE

È brutta come una caduta dalle scale. Ma è intelligente, spiritosa. Forse in un altra circostanza avrei potuto innamorarmi di lei. Per esempio se fossi nato scemo.
ROMANO BERTOLA

«Bisogna mettere la carta al fax.» «Ah, sì? Ma cosa dici, tanto i fax ce li mandano loro!»
ASTRID BERTOLINI

Non discutere mai con un idiota: la gente potrebbe non notare la differenza.
ARTHUR BLOCH

Un idiota e i tuoi soldi fanno presto ad andar d'accordo.
ARTHUR BLOCH

In politica la stupidità non è un handicap.
NAPOLEONE BONAPARTE

Se qualcuno ti dice che sei un'oca non ti preoccupare. Ma se sono in dieci a dirtelo... be', io un'occhiatina al culo per vedere se son spuntate le penne la darei.
GIANCARLO BOZZO

Per essere ambasciatore non basta essere sciocco, bisogna anche essere ben educato.
ARISTIDE BRIAND

Sei stupida, sei ignorante, sei snob, sei anoressica e sei cocainomane. Se fossi anche bella potresti fare la modella.

Paolo Burini

Quello che ha inventato la ruota era un idiota. È quello che ha inventato le altre tre che era un genio.

Sid Caesar

L'uomo ha raccolto tutta la saggezza dei suoi predecessori, e guardate quanto è stupido!

Elias Canetti

Mio fratello Ralph è così cretino che morirebbe assiderato davanti a un bordello aspettando che la luce da rossa diventi verde per passare!

Al Capone

Sono uno dei pochi cretini che sospettano di esserlo.

Pino Caruso

Naziskin: odio di scemi vari.

Ennio Cavalli

«Non c'è animale più stupido della marmotta», disse l'etologo, «sta ferma ore e ore a contemplare il sole.» «Non c'è animale più stupido dell'etologo», disse la marmotta, «sta fermo ore e ore a contemplare me.»

Enzo Costa

Passare per un idiota agli occhi di un imbecille è una voluttà da fine gourmet.

Georges Courteline

Il suo parrucchino lo faceva sembrare venti anni più scemo.

Bill Dana

Mio fratello gemello è un deficiente. Continua a dimenticarsi il mio compleanno.

Rodney Dangerfield

Sin da Adamo i cretini sono stati in maggioranza.

Casimir Delavigne

La cosa che sente più stupidaggini al mondo è probabilmente un quadro in un museo.

Edmond e Jules de Goncourt

Gli animali non sono stupidi come si crede: non hanno né dottori, né avvocati.
L. DOQUIER

Solo due cose sono infinite: l'universo e la stupidità umana, e non sono sicuro della prima.
ALBERT EINSTEIN

Il neonazismo è così imbecille che potrebbe trovare in Italia il suo habitat naturale.
ELLEKAPPA

Io riesco a trovare ogni parola sul dizionario molto più velocemente da quando ho scoperto che sono in ordine alfabetico.
LEOPOLD FETCHNER

Moralmente non si può permettere che un citrullo si tenga il suo denaro.
W.C. FIELDS

È un cretino illuminato da lampi di imbecillità.
ENNIO FLAIANO

La stupidità degli altri mi affascina, ma preferisco la mia.
ENNIO FLAIANO

Il sogno della democrazia è d'innalzare il proletariato al livello di stupidità che ha già raggiunto la borghesia.
GUSTAVE FLAUBERT

Ogni imbecille ha il diritto di criticare e la maggior parte lo fa.
CYRIL GARBETT

Conoscevo un cane così stupido che erano le macchine a corrergli dietro.
GARFIELD

Quest'uomo, in quanto cretino, è cittadino del mondo.
GIALAPPA'S BAND

Meno è intelligente il bianco, più gli sembra che sia stupido il negro.
ANDRÉ GIDE

Ignorante è chi pensa che Patroni Griffi sia un incontro di boxe. Stupido è chi ci crede. Ma irrimediabilmente cretino è colui che si ricorda perfino quale pugile finì al tappeto.

ROBERTO GUIDARINI

Era un paese così piccolo che non avevamo neanche lo scemo del villaggio. Dovevamo fare a turno.

BILLY HOLLIDAY

Io sono scemo? Ma se tu hai passato una settimana in una porta girevole cercando la maniglia!

INSULTI AMERICANI

Una donna deve avere un aspetto così intelligente che la sua stupidità si presenti poi come una piacevole sorpresa.

KARL KRAUS

Un cretino ricco è un ricco, un cretino povero è un cretino.

JACQUES LAFITTE

Qualunque ragazza può essere affascinante: basta restare ferme e assumere un'aria da stupide.

HEDY LAMARR

Quando Dio stava distribuendo i cervelli ti deve aver scambiato per un cactus.

LAVERNE & SHIRLEY

Il dialogo di due deficienti è uguale al monologo di due semideficienti.

STANISLAW JERZY LEC

Non provocare un cretino a scrivere un capolavoro: potrebbe riuscirci.

STANISLAW JERZY LEC

Il sole si rimpicciolisce di un metro e mezzo ogni ora. Un giorno sarà bruciato tutto, e vi sentirete dei cretini ad aver comperato, per non scottarvi, tutte quelle creme a filtri solari.

DAVID LETTERMAN

Se fra due che discutono c'è un cretino, da lontano sembrano due cretini.

ORDENIO TEODORO LOBERTO

Era così cretino che cercava nella Bibbia l'indirizzo di un buon albergo in Palestina.

LEO LONGANESI

Chi è felice è stupido. Non è vero ma consola.

MARCELLO MARCHESI

E se i giovani fossero tutti fessi? Può capitare, ogni tanto, una generazione di fessi.

MARCELLO MARCHESI

Ho fatto un film unico nel suo genere. Di che genere sia, però, non lo so.

VALERIA MARINI

Guardate quest'uomo: sembra un deficiente e parla come un deficiente, ma non lasciatevi ingannare: è veramente deficiente!

GROUCHO MARX

Sei così imbecille che se facessero le Olimpiadi degli imbecilli tu arriveresti secondo. Come perché? Perché sei imbecille!

WALTER MATTHAU

Non c'è niente di più umiliante di vedersi parare un rigore da un portiere così cretino da non capire la finta.

GIUSEPPE "PEPPINO" MEAZZA

Da Stan Laurel in giù, fingersi un cretino è sempre stata la via più breve per diventare un comico di successo. Ma da qualche tempo la televisione ha scoperto una strada ancora più breve e più sicura: prendono al volo i cretini veri.

GIORGIO MELAZZI

Qualsiasi idiota è capace di prendere una tigre per i coglioni, ma ci vuole un eroe per continuare a stringere.

GEOMETRA MENEGHETTI (ENRICO BERTOLINO)

Ho un amico idiota che ha fatto il militare in aviazione. Ha collaudato l'aereo invisibile, poi si è dimenticato dove l'ha posteggiato e ora si sta facendo tutto l'aeroporto a tentoni.

MATTEO MOLINARI

Odio quelle che mangiano l'insalata, quelle che se ne stanno in silenzio. Sapete, quel tipo di donna che portate a cena e le dite: «Cosa vuoi mangiare, tesoro?» «Solo dell'insalata, grazie!» e sentite il suo stomaco che fa waggr, oggrr, oggrr.

«Non so perché il mio stomaco fa questo rumore»... perché hai fame, stupida!
EDDIE MURPHY

L'uomo deve essere addestrato alla guerra. La donna al riposo del guerriero. Tutto il resto è stupidità.
FRIEDRICH NIETZSCHE

I concorrenti dei reality sono stati reclutati dalla Nasa per una missione su Marte, visto che sono già abituati all'assenza di ossigeno nel cervello.
FLAVIO OREGLIO

Tutti, che lo vogliano o no, dovrebbero bere whisky o gin in abbondanza. Emanando un forte odore di liquore, si potrà far credere di essere alcolizzati invece che stupidi.
P.J. O'ROURKE

Sai come si fa a tenere un idiota sulle spine? Te lo dico domani.
BOB PHILLIPS

All'uomo reso imbecille dagli anni non credo: era già imbecille da adolescente.
PITIGRILLI

L'uomo comune ragiona. Il saggio tace. Il fesso discute.
PITIGRILLI

Capisco il bacio al lebbroso, ma non accetto la stretta di mano al cretino.
PITIGRILLI

Sgarbi? Sicuramente non è stupido. Ma è imbecille.
IRENE PIVETTI

Io dico no al mito della donna bella e stupida! Io voglio essere solo stupida!
VIVIANA PORRO

Ci metti mezz'ora ma capisci subito!
POTATO (ALESSANDRO BRUNELLO)

Voce al telefono: «Tommy Hagan oggi non può venire a scuola.»
Insegnante: « Chi parla?»
Voce al telefono: «Sono mio padre.»
HERBERT V. PROCHNOW E HERBERT V. PROCHNOW JR

Ho un amico davvero scemo. L'altro giorno è entrato con un thermos in un caffè e ha chiesto alla commessa: «Secondo lei, quanti caffè ci stanno qua dentro?». Lei ha risposto: «Cinque o sei». E lui: «Allora mi dia due decaffeinati, due macchiati e uno senza zucchero».

SAL RICHARDS

Un mio amico è un idiota. Fuma tre pacchetti di sigarette al giorno. E non accenna a smettere. La sua scusa è: «Perché smettere? Qualunque cosa può uccidermi. Magari sono lì che attraverso la strada, e un autobus mi piomba addosso». Gli ho detto: «Sì, ma se fumassi di meno, potresti attraversare quella strada molto più in fretta».

GREGG ROGELL

Ci vogliono vent'anni a una donna per fare del proprio figlio un uomo completo e venti minuti a un'altra donna per farne un perfetto idiota.

GENA ROWLANDS

«Dunque: il sole tramonta a est, giusto?» «No! Il sole tramonta a ovest!» «Quello se tu sei a est! Ma noi siamo nel far west, cioè a ovest, quindi oltre l'ovest del tramonto!» «Già, e io sono a sud di un cretino!»

SCAPPO DALLA CITTÀ 2

Non prendertela se ti considerano mezzo scemo. Si vede che ti conoscono solo a metà.

TIZIANO SCLAVI

L'abbiamo fatto tutti, perché siamo così maturi. Vediamo una mucca sul lato della strada, mettiamo la testa fuori dal finestrino e facciamo: «Muuuuuu!», come se ci aspettassimo che la mucca pensasse: «Ehi, un'altra mucca, e sta guidando una macchina. Come se l'è potuta permettere?».

GARRY SHANDLING

L'americano al 100% è un idiota al 99% !

GEORGE BERNARD SHAW

Per giocare a golf non è necessario essere stupidi. Però aiuta.

GEORGE BERNARD SHAW

«Non sono così stupido come sembri.»
SPILLA AMERICANA

La mia ex era così cretina che i dieci mesi che sono stato con lei me li hanno considerati come servizio civile.
ANTONELLO TAURINO

Come ogni idiota vorrebbe essere saggio, così ogni donna vorrebbe essere uomo.
TORQUATO TASSO

Lettore, immagina di essere un idiota. E immagina di essere un membro del Parlamento. Ma odio ripetermi.
MARK TWAIN

L'amore consiste nell'essere cretini insieme.
PAUL VALÉRY

Mi astengo dal dire che è un cretino, perché non voglio passare per un adulatore.
DINO VERDE

Dire idiozie oggi, quando tutti riflettono profondamente, rimane il solo mezzo per provare la propria libertà e indipendenza di pensiero.
BORIS VIAN

Sono fin troppo consapevole del fatto che si vive in un'epoca in cui solo gli ottusi sono presi sul serio, e io vivo nel terrore di non essere frainteso.
OSCAR WILDE

Quando ero bambino, ho tenuto un diario. Recentemente lo stavo rileggendo. «Giorno uno: Ancora stanco per il trasloco. Giorno due: Tutti mi parlano come se fossi un idiota».
STEVEN WRIGHT

Un polacco aveva chiuso la macchina con le chiavi dentro. Gli ci sono volute un paio di ore per riuscire a tirar fuori la moglie.
HENNY YOUNGMAN

Quella ragazza mi ha detto: «Vieni a casa mia, non c'è nessuno». Sono andato a casa sua e non c'era nessuno.
MARIO ZUCCA

STUPORE
vedi ***Sorpresa***

STUPRO

Una ragazza è stata violentata sotto gli occhi di tutti e nessuno ha mosso un dito. Be', uno sì.

FABIO DI IORIO

Tyson condannato, Kennedy assolto. Il confine tra stupro e atto consensuale a volte è chiaro, a volte è negro.

ELLEKAPPA

Marine bianco: «Ehi Joe, sai come si fa a fermare 5 negri che stanno sfondando una bianca? Gli tiri una palla da basket.»

FULL METAL JACKET

«Mia madre è morta quando avevo sei anni. Mio padre mi ha violentata che ne avevo dodici» «Allora hai passato sei anni relativamente tranquilli!»

STUART GORDON

Ma come si fa a violentare le donne? Già si fatica quando una è d'accordo!

ANTONIO GUIDETTI

Un uomo molto vecchio a una donna molto vecchia: «Se ti violento mi aiuti?».

GIANNI MAGNI

Ieri ho salvato una ragazza che stava per essere violentata. È bastato controllarmi.

BORIS MAKARESKO

Si era talmente applicato agli studi sessuali che vinse una borsa di stupro.

MARCELLO MARCHESI

Titolo di un giornale: "Drogata, stuprata e costretta a tenere all'Inter."

FRANCESCO SALVI

«Aiuto mi hanno stuprata!» «Negri? Marocchini? Albanesi?» «Italiani!» «Allora non si preoccupi, è stata solo una ragazzata!»

VAURO

SUBACQUEO

Oggigiorno ci sono anche i parti subacquei. Dicono che è meno traumatico per il bambino perché viene

fuori nell'acqua. Penso che probabilmente sia meno traumatico per il bambino, ma certamente più traumatico per l'altra gente in piscina.
Elayne Boosler

Mia nonna era così piccola che faceva la mondina con le bombole.
Marco Del Conte

Spiaggia per nudisti. Ho conosciuto una ragazza durante un'immersione subacquea e si è subito innamorata, ma quando mi ha visto fuori dall'acqua mi ha lasciato. C'è il problema che la maschera ingrandisce.
Dimunno e Tamborrino

La sogliola prima che i palombari cominciassero a camminare sul fondo non era un pesce così piatto.
Gino Patroni

SUCCESSO
(Fallimento - Insuccesso)

Più di un uomo deve il suo successo alla sua prima moglie. E la sua seconda moglie al suo successo.
Jim Backus

Ho provato. Ho fallito. Non importa. Riproverò. Fallirò meglio.
Samuel Beckett

Il piacere del successo per un attore è niente in confronto a quello che gli procura l'insuccesso di un collega.
Jean Paul Belmondo

«Che effetto fa sfondare in America?» «Come fallire in Danimarca. Sono due sensazioni molto violente».
Roberto Benigni

«Guarda, per avere successo nella professione è anche importante che lo studio sorga in un posto adatto, frequentato dalla gente che conta», mi dice il dottor D., ginecologo a Betlemme.
Romano Bertola

Il mondo è ingiusto: si vedono un sacco di incapaci raggiungere il successo. Questo mi fa ben sperare per il mio avvenire.
Dentiblù

Molti editori sono scrittori falliti.
Thomas S. Eliot

La mia formula per il successo è: alzarsi presto, lavorare fino a tardi e trovare il petrolio.

PAUL GETTY

Per avere successo con l'altro sesso, dite che siete impotenti. Lei non aspetta altro che smentirvi!

CARY GRANT

Femminista è la donna che non avendo avuto successo come donna cerca di averne come uomo.

PITIGRILLI

L'ultima volta che ho fatto un film di successo Joan Collins era vergine.

BURT REYNOLDS

Bambini, avete provato al meglio delle vostre possibilità e avete fallito miseramente. La lezione è: non provate mai.

HOMER SIMPSON

Dietro ogni uomo di successo c'è una donna che non ha mai niente da indossare!

JAMES STEWART

La commedia fu un grosso successo. Purtroppo il pubblico fu un profondo fallimento.

OSCAR WILDE, PARLANDO DELLA COMMEDIA *THE DUCHESS OF PADUA*

Non potevo aspettare il successo, così sono andato avanti senza.

JONATHAN WINTERS

SUD

Difficile capire un Paese, scrisse un libellista, dove la stessa cosa è chiamata al Nord uccello e al Sud pesce.

ENZO BIAGI

La cosa più intelligente che c'era sul mio *Manuale delle Giovani Marmotte* era: "Come distinguere il Nord dal Sud". Diceva: "Prendi la bussola... e guarda: dove c'è il muschio quello è il Nord".

CLAUDIO BISIO

L'ho detto a Bossi quanto è grande la differenza tra sudisti e nordisti. Quando i suoi antenati celtici erano ancora barbari aggrappati ai rami, i miei antenati erano già froci.

LUCIANO DE CRESCENZO

Quando Umberto Bossi studiava Medicina a Pavia elaborò una teoria rivoluzionaria che divideva il corpo umano in tre zone: il Nord, il Centro e il Sud. Il Nord andava dal cervello al cuore. Il Centro dall'intestino agli organi genitali e il Sud dal sedere ai piedi. Cioè il Nord pensava e pulsava. Il Centro digeriva e trombava. E il Sud faceva cagare e basta.

GINO&MICHELE

Certi segnali di malessere sociale, che paiono configurare prospettive di nuove povertà e una violenta divisione tra ricchi e poveri, tra padroni e schiavi, tra Nord e Sud del mondo, non vanno sottovalutati: è tutta gente che prima o poi ti arriverà sotto casa a Montecarlo e ti romperà i coglioni.

GIORGIO MELAZZI

A Baranzate di Bollate siamo tutti meridionali: la bussola segna sempre sud, i bambini nascono direttamente coi baffi e nei campi le melanzane crescono già sott'olio.

POTATO (ALESSANDRO BRUNELLO)

Il mio Paese è l'Italia. Al Sud ci sono le autobombe; a Est le alghe; a Nord le tangenti; a Ovest gli incendi e al Centro Antonello Venditti.

PAOLO ROSSI

«Dunque: il sole tramonta a est, giusto?» «No! Il sole tramonta a ovest!» «Quello se tu sei a est! Ma noi siamo nel far west, cioè a ovest, quindi oltre l'ovest del tramonto!» «Già, e io sono a sud di un cretino!»

SCAPPO DALLA CITTÀ 2

SUDORE

Avendogli prescritto il medico di sudare molto per curarsi dai reumatismi, Silvio Berlusconi si compra l'equatore.

AMURRI & VERDE

È sempre meglio far correre la palla. La palla non suda.

ROBERTO BAGGIO

Cenerentola ballò tutta la notte col principe, volteggiò instancabile, rapita dalla musica, per le grandi sale della reggia, riflettendosi nelle alte specchiere come una farfalla azzurra. A mezzanotte era sudata come una cavalla.

ROMANO BERTOLA

E il Signore disse: «Donna, tu partorirai con gran dolore. Uomo, tu lavorerai con gran sudore, ammesso che troverai lavoro. E la terra produrrà spine e sofferenze». E Adamo disse: «Ma santo Dio, tutto questo per una mela? Domani te ne porto un chilo...».

GIOBBE COVATTA

Le lacrime delle donne sono solo sudore degli occhi.

GIOVENALE

Maurizio Costanzo è incredibile! Ero con lui a cena l'altra sera: sudava così tanto che a un certo punto si è tolto la giacca e quella ha continuato a sudare da sola!

BEPPE GRILLO

Oggi Tury mi ha detto: «Minchia, Sabbry, ma ci hai sempre le mani sudate! Quando ci camminiamo mano nella mano mi sembra di portare a spasso un capitone!».

SABBRY (LUCIANA LITTIZZETTO)

Non mi metto mai il preservativo perché mi fa sudare la mano.

DARIO VERGASSOLA

SUGO

vedi **Salsa**

La realizzazione di questa Opera è stata possibile anche grazie alle progettazioni informatiche di Tecne', con il contributo in prima persona di Pieranna Massari e Piergiorgio Veneziani; e con il certosino coordinamento di Elena De Luca, nostra storica collaboratrice.
Il lavoro redazionale è stato curato con la solita vivace competenza da Alessia Gemma, con l'assistenza della solare Linda Ferrari.
Il progetto e l'impostazione grafica sono invece frutto dell'esperienza e della creatività di Zetalab, in particolare nelle persone di Lucio Luzo Lazzara e Walter Uolts Molteni. Grazie anche, per la complice collaborazione dagli Stati Uniti di Paolo Borraccetti.

Gino&Michele, Gut edizioni e Bananas devolvono parte del ricavato dell'*Enciclopedia Universale della Battuta* per acquistare il parco macchine (sei automezzi) di *Presenza Amica*, un'associazione di volontari impegnata nell'assistenza domiciliare ai malati inguaribili in fase terminale.

Per chi volesse conoscere nel dettaglio l'attività di "Presenza Amica Onlus - Volontari per l'aiuto ai sofferenti" di Garbagnate Milanese (Milano), diamo il telefono: 02 99021087, e l'indirizzo internet: www.presenzamica.it.

L'Enciclopedia Universale della Battuta si avvale dell'alto Patrocinio della *Premiata Bocciofila Cosimo Trombetta per la salvaguardia del Comico* [1].

(1) La Premiata Bocciofila Cosimo Trombetta per la salvaguardia del Comico, *è un'Associazione Culturale che ha come scopo la salvaguardia del Comico, inteso come genere. È stata fondata nel 2005 da Gino&Michele, Maurizio Costanzo, Enrico Vaime, Giancarlo Bozzo, Roberto Bosatra.*
Nello statuto della "Cosimo Trombetta", alla voce Scopi dell'Associazione si può leggere:
"Conservazione e divulgazione della memoria storica del teatro, con particolare attenzione al teatro comico, brillante e al varietà; valorizzazione, raccolta e sviluppo della letteratura e delle presenze televisive legate al Comico come genere, alla satira e all'intrattenimento; sviluppo di iniziative culturali quali la pubblicazione di libri, riviste, siti internet, materiale multimediale, dvd e quant'altro attinente agli scopi sociali; costituzione di archivi storici e raccolta di materiale attinente allo scopo sociale; realizzazione di convegni e/o seminari ed attuazione di forme di collaborazione con enti pubblici e/o privati e/o associazioni e/o organismi di istruzione."
Per eventuali contatti: c/o Teatro Parioli, via Giosuè Borsi, 20, Roma; oppure c/o Zelig, viale Monza 140, Milano.

Volume 11

SUI – ZUC

ENCICLOPEDIA UNIVERSALE DELLA BATTUTA

a cura di **Gino&Michele**

con la collaborazione di Matteo Molinari

Gut Edizioni spa, Milano
Prima edizione maggio 2009
www.gutedizioni.com

SUICIDIO *(Kamikaze)*

Allen: «Hmm... Bello quel quadro di Frank Kline, eh?»
Ragazza: «Sì, bello.»
Allen: «A te... cosa ti dice?»
Ragazza: «Riafferma la negatività dell'universo. L'atroce solitudine e il vuoto dell'esistenza, il nulla, la condanna dell'uomo, costretto a vivere in una brulla eternità senza Dio, come una fiammella che vacilla in un immenso vuoto, senza nulla intorno che desolazione, orrore e degradazione... stretto in un'inutile, squallida camicia di forza in un cosmo tenebroso, assurdo.»
Allen: «Cosa fai sabato sera?»
Ragazza: «Mi suicido.»
WOODY ALLEN

Ero sopraffatto dal disgusto di me stesso e ho considerato di nuovo l'idea di uccidermi, questa volta aspirando forte col naso in prossimità di un agente di assicurazioni.
WOODY ALLEN

Mia madre era troppo impegnata a togliere qualsiasi parvenza di sapore al pollo lesso per pensare a suicidarsi.
WOODY ALLEN

Non era nessuno: si uccise con una pistola caricata a salve.
ROMANO BERTOLA

Tragedia in bassa Italia. Suicida si sdraia sui binari della linea Milano-Reggio Calabria e muore con 9 ore di ritardo.
MASSIMO BOLDI

Hanno appena catturato la prima donna serial killer in Florida. Otto uomini. Ma non li ha uccisi lei. Lei è semplicemente riuscita a entrare nelle loro case, ha nascosto il telecomando, e loro si sono suicidati.
ELAYNE BOOSLER

Sono uno degli uomini più belli del mondo. Essere basso non mi ha mai disturbato un momento. Tutti gli altri momenti volevo suicidarmi.
MEL BROOKS

Non ho mai pensato di suicidarmi, mai. Però, se lo facessi, vorrei essere originale. Titolo: "Comico pazzo muore, inghiotte 650 capsule di

Dexamina. È stato ucciso dai vicini perché parlava troppo".

LENNY BRUCE

Gli olandesi hanno le spese mediche pagate, hanno i costi della previdenza sociale pagati, hanno sussidi per gli affitti; devono preoccuparsi di così poche cose che se perdono le chiavi della macchina corrono a suicidarsi.

GODFREY CAMBRIDGE

Sto cercando disperatamente di capire perché i piloti kamikaze si mettessero i caschi in testa.

DAVE EDISON

«Quando sarò vecchia io mi ucciderò.» «Fuoco!»

FORAIN

Aveva talmente poca fiducia in se stesso che si fece sparare per suicidarsi.

PACO GENOVESE

Qualche anno fa mi mettevo una t-shirt bianca, mi guardavo allo specchio e cercavo di assomigliare a Brad Pitt. Poi sono passato a una bella polo stirata e mi atteggiavo a George Clooney. Adesso se metto una camicia nera sbottonata, allo specchio vedo Briatore... comincio a pensare all'eutanasia.

MASSIMO MARIA GRIGGI

Alla fine di ogni libro, mi viene voglia di uccidermi. Pensi che non ne scriverai mai un altro. Poi finisci tutti i soldi dell'anticipo.

ERICA JONG

La mia famiglia era così povera che ogni Natale mio padre usciva di casa e sparava qualche colpo di pistola. Poi rientrava e a noi ragazzi diceva che Babbo Natale si era suicidato.

JAKE LA MOTTA

Fatemi capire bene questa storia: ragazzi che sono fan dell'heavy metal comperano dischi di heavy metal, li portano a casa, li ascoltano, e poi si sparano un colpo in testa. E dove sarebbe il problema?

DENIS LEARY

Il suicidio è il modo che l'uomo ha per dire a Dio: «Non puoi licenziarmi. Me ne vado io!».

BILL MAHER

Nessuno si è mai ammazzato perché non riusciva ad amare il prossimo suo come se stesso.
Marcello Marchesi

Se mai mi dovessi sposare, sarebbe d'impulso. Come quando un uomo si spara alla testa.
Henry Louis Mencken

Quanti di quegli animali spiaccicati che si vedono sulle autostrade sono suicidi?
Dennis Miller

Aveva deciso di lasciarsi morire per assideramento: ingurgitò trenta compresse di Mentafredda.
Egidio Morretti

Stavo attraversando un ponte, un giorno, quando ho visto un uomo sull'orlo del parapetto, pronto a saltar giù. Così sono corso da lui e ho detto: «Fermo! Non farlo! Ci sono un sacco di cose per cui val la pena vivere!». Mi ha chiesto: «Per esempio?». Gli ho detto: «Sei religioso o ateo?» «Religioso.» «Anch'io! Cristiano o buddista?» «Cristiano.» «Anch'io! Cattolico o protestante?» «Protestante.» «Anch'io! Episcopale o battista?» «Battista.» «Wow! Anch'io! Battista della Chiesa di Dio o Battista della Chiesa del Signore?» «Battista della Chiesa di Dio.» «Anch'io! Battista della Chiesa di Dio Originale o Battista della Chiesa di Dio Riformata?» «Battista della Chiesa di Dio Riformata.» «Anch'io! Battista della Chiesa di Dio Riformata con la Riforma del 1879, o Battista della Chiesa di Dio Riformata con la Riforma del 1915?». Mi ha detto: «Battista della Chiesa di Dio Riformata con la Riforma del 1915». Ho detto: «Muori, schifoso eretico!» e l'ho spinto giù.
Emo Philips

Mio zio era così sbadato che un giorno, volendo sterminare la famiglia per poi uccidersi, si confuse e si sparò per primo.
Roberto Serafini

Io e il mio psichiatra abbiamo deciso che non appena sarò pronto prenderò la mia macchina e mi getterò dal ponte di Verrazzano.
Neil Simon

La scorsa notte ho trovato sulla giacca di Kevin un lungo capello grigio. Se è di un'altra donna, lo ammazzo. Se è mio, mi ammazzo io.

Neil Simon

Mia nonna si è suicidata mangiando quaranta pastiglie di lassativo. Le sue ultime parole sono state: «Occupato!».

Dado Tedeschi

Terrorismo. Kamikaze ar mare cianno l'esprosivo nelli slippe. Appello der governo: se vedete l'uccelli troppo gonfi chiamate la polizzia: ci mettano le mani loro.

Il Vernacoliere

Non che il suicidio sia sempre follia. Ma, in generale, non è in un eccesso di ragione che ci si ammazza.

Voltaire

Se nella tua famiglia non c'è mai stato un suicida, perché non spezzi la monotonia?

Henny Youngman

SUOCERI

Sono appena tornato da un viaggio di piacere. Ho accompagnato mia suocera all'aeroporto.

Milton Berle

Mia suocera è stata la causa del mio divorzio. Una volta mia moglie è tornata a casa e mi ha trovato a letto con lei.

Lenny Bruce

La moglie è una suocera al primo stadio.

Comix

Ho portato mia suocera a vedere la stanza degli orrori al Museo delle cere e uno degli inservienti mi ha avvertito: «Signore, la faccia camminare continuamente: stiamo facendo l'inventario».

Les Dawson

Honolulu ha tutto: la sabbia per i bambini, il sole per tua moglie, gli squali per tua suocera.

Ken Dodd

Non ho parlato con mia suocera per diciotto mesi. Non volevo interromperla.
KEN DODD

Picone: «Ma che fai?»
Ficarra: «Fammene andare che è tardi!»
Picone: «Ma tutta questa premura, perché?»
Ficarra: «Domani mi devo alzare presto che devo andare a ritirare la pensione di mio suocero!»
Picone: «Ma tuo suocero sono tre anni che è morto!»
Ficarra: «Lo so! Ma è un modo come un altro per sentircelo ancora vicino!»
FICARRA E PICONE

Picone: «Ma perché tutta questa premura?»
Ficarra: «Devo scappare all'ospedale perché mia suocera... Lo sai che è stata male col cuore?»
Picone: «L'ho saputo!»
Ficarra: «Ora la devono operare: le mettono una valvola cardiaca. Solo che, caro mio, dopo lo scandalo delle valvole cardiache fasulle siamo preoccupati... Abbiamo paura che a lei gliene mettono una buona e mi campa altri due anni!»
FICARRA E PICONE

Uccide la suocera scambiandola per la moglie.
ENNIO FLAIANO

Ho voluto lanciare un segnale forte a mia suocera: le ho regalato una muta.
MARZIO GOBBI

Io sono un uomo così sfortunato che, se organizzassero una lotteria di donne, vincerei mia suocera!
MARCO NOCERA

Il matrimonio è il coronamento del sogno di un uomo e di una donna. I genitori della sposa.
FURIO OMBRI

Se hai un padre povero sei sfortunato. Se hai un suocero povero sei scemo.
PROVERBIO

Giuro, non volevo mettere sotto mia suocera, quando me la son vi-

sta davanti ho cercato di avvertirla, ma aveva il cellulare spento.
RENATO TRINCA

Quando la mia ragazza è rimasta incinta il padre all'inizio era contrario all'aborto. Poi mi ha visto ed è diventato favorevole.
DARIO VERGASSOLA

Se vostra suocera e un commercialista stessero affogando e voi aveste la possibilità di salvare solo uno di essi, andate al ristorante o andate al cinema?
TOM WELLER

Ho comperato una sedia per mia suocera, ma non mi lasciano attaccare la spina.
HENNY YOUNGMAN

SUORA

Ma le suore, ce li hanno i capelli?
FABIO FAZIO

La religione è finita. Non c'è più nessuno che si vanti di aver portato a letto una suora.
ENNIO FLAIANO

«Mamma ho scelto di stare vicino a Dio.» «Per te c'è stato sempre qualcuno più importante di tua madre».
FUORI DAL MONDO

Messaggio per la segreteria telefonica: «Ciao, sono... Giuro che se riesci a lasciare un messaggio con foto divento suora dopo il segnale».
GIORGIO E MASSIMO

Bisogna credere in Dio per farsi suora?
ROSIE O'DONNELL

Camminavo cantando a squarciagola lungo i muri ammuffiti del convento delle Carmelitane Scalze, quando una scarpa mi raggiunse alla nuca. «Bugiarde!» gridai.
NANNI SVAMPA

SUPERBO
vedi **Presuntuoso**

SUPERDOTATO
(Minusdotato)

Lei: «Caro, non credevo che tu potessi avere un organo così piccolo!» Lui: «Cara, non credevo di dover suonare in una cattedrale!»
ANONIMO

Il mio grado di istruzione è la causa per cui la mia fidanzata cinese mi ha lasciato. Ripeteva sempre: «Tloppo colto! Tloppo colto!».
ROBERTO BASSO

«Bella porcina, vuoi trenta centimetri di piacere?» «Magari... ma non in tre volte!»
BASTARDIDENTRO

Lei. Le cinque cose da non dirgli mai dopo:
1) Falle una foto perché questa è l'ultima volta che la vedi.
2) Almeno fossi ricco...
3) Sicuro di non avere tendenze omosessuali?
4) Un consiglio per il futuro: depilati, almeno sembra più lungo.
5) Non hai decisamente preso da tuo padre.
BASTARDIDENTRO

Se ce l'ho grosso? Io di fianco al bidé non ho l'asciugamano intimo, ho l'accappatoio intimo.
PAOLO BURINI

Se sono superdotato? La mia ragazza è miope e quando facciamo l'amore mi vede sfocato.
PAOLO BURINI

Un consiglio da uomo a uomo: accorciatevi i peli, sembrerà più lungo.
CAMILLO CANOVI

Una donna mi ha detto: «Sessualmente parlando mi ricordi uno dei supereroi: Flash». Un'altra mi ha visto nudo e mi ha detto di andare a *Chi l'ha visto?* Poi mi ha consigliato di fare il piercing lì, così almeno si trova con la calamita.
MARCO CATTANI

Sono stata in un sexy shop e ho incontrato questo ragazzo di colore, era splendido. Era enorme! Il suo uccello aveva un uccello!

Margaret Cho

La telefonia è l'unico argomento nel quale l'uomo si può vantare di averlo più piccolo!

Raul Cremona

Il sesso talvolta ti fa ridimensionare bruscamente l'opinione che hai del tuo partner: lei, per esempio, che mi chiamava Batuffolone; dopo la prima volta prese a chiamarmi Cotton Fioc.

Carlo D'Addato

Sono stato in una spiaggia per nudisti, mi hanno detto di posteggiare nell'area handicap.

Rodney Dangerfield

Spiaggia per nudisti. Ho conosciuto una ragazza durante un'immersione subacquea e si è subito innamorata, ma quando mi ha visto fuori dall'acqua mi ha lasciato. C'è il problema che la maschera ingrandisce.

Dimunno e Tamborrino

Queste mutandine mi danno un fastidio incredibile. Me le ha prestate un mio amico di Milano, un creativo. Sono di Eternit perlinato. Io le ho coinbentate, per non disperdere fonti di calore. Naturalmente le ho personalizzate, fanno parte della mia lingerie. Davanti c'è scritto: "I have a dream" e di dietro: "Mission impossible".

Alex Drastico (Antonio Albanese)

Io ho dei coglioni così grossi che dentro non ho gli spermatozoi, ho i salmoni!

Fichi d'India

Gli uomini ce l'hanno di tre calibri: piccolo, medio e "Oh, mio Dio!".

Allan Folsom

Mio marito a letto con me è talmente una bomba che le mutande gli vengono via da sole per lo spostamento d'aria.

Andrea Galeazzi

Purtroppo non ho i peli lunghi: è proprio l'uccello che è corto.

Paco Genovese

Ce l'ho così sottile che il preservativo mi sta su con l'elastico.
PACO GENOVESE

Rispetto al sesso degli uomini c'è un livello di sicurezza. Al di sotto è solo disturbo.
SERENA GRANDI

La sua virilità era talmente esigua che, se fosse vissuto nel paradiso terrestre, al posto della foglia di fico, avrebbe usato un ago di pino.
MAX GREGGIO

«Nonna, che bocca grande che hai!» «E non hai visto il pistolino del nonno!»
GIANLUCA IRTI

Non per fare il solito paranoico, ma ultimamente ho l'impressione che al telegiornale ogni notizia alluda al fatto che ho il cazzo piccolo.
MAD E. MAT

Il giovane marito, tutto nudo, si contempla con ammirazione nello specchio della camera d'albergo. «Con due centimetri in più» dice fieramente «sarei un re.» «Sì», ribatte la moglie, «e con due centimetri in meno saresti una regina.»
GROUCHO MARX

Rocco Siffredi ha dei problemi col calendario del 2006. Specialmente col mese di febbraio. È noto infatti che febbraio ne ha 28, Siffredi ne ha 33 e gliene avanza 5 nel mese di marzo.
CRISTIANO MILITELLO

Per una donna non è importante la lunghezza del pene. Per tutte le altre invece è fondamentale.
FURIO OMBRI

La felicità di una donna si misura col metro dell'abbondanza. L'infelicità di un uomo con un righello.
FLAVIO OREGLIO

La tua donna la chiamo Pellicola perché quando glielo faccio vedere si impressiona.
POZZOLI E DE ANGELIS

Sono tanto virile che quando sono nato il medico ha detto: «È maschio... forse».
RICCARDO ROSSI

Mio nonno mi diceva sempre che noi sardi non siamo sottosviluppati. Siamo sviluppati sotto!

LUCIO SALIS

Era una ragazza molto strana: continuava a dire che avevo una bella cravatta... Ed ero nudo!

FRANCESCO SALVI

Pensare ke mio marito Savvatore quando ke lò conosciuto, era kosì maschio! (Spezzo un'arancia in favore di mio marito.) Già la presenza fisica, l'altezza... Eh? È alto un metro e un kazzo? Ke centra, tu ai visto solo il metro!

SCONSOLATA (ANNA MARIA BARBERA)

Cercate sempre di far sesso nella stanza più piccola della casa, così sembra più grosso.

DADO TEDESCHI

«Ma sarà veramente James Tont? Vediamo la parola d'ordine: Chi più ne ha...» «... Rocco Siffredi!»

JAMES TONT (FABRIZIO FONTANA)

SUPERIORITÀ *(Inferiorità)*

Non cambiare una virgola! Mi piace la tua inferiorità così com'è!

ASHLEIGH BRILLIANT

Certo che gli uomini sono superiori alle donne! Innanzitutto possono fare la pipì da una macchina in corsa.

WILL DURST

Quando con gli amici formammo il primo complesso musicale io proposi di chiamarlo "Il complesso di inferiorità" ma fui messo immediatamente in minoranza.

FRANCO PENNASILICO

Gianni Agnelli è una persona per lo più umile, nonostante la continua vicinanza del fratello Umberto che farebbe venire il complesso di superiorità anche a Tonino Carino da Ascoli.

ANTONIO RICCI

SUPERMAN

Se Superman è così furbo, perché si mette gli slip sopra i pantaloni?
ANONIMO

«Adesso capisco perché Superman lavora sempre da solo!»
BATMAN, RIFERENDOSI ROBIN

Vorrei avere un crocefisso di kryptonite, così terrei lontani sia Dracula che Superman.
JACK HANDEY

Il bambino alla finestra: «Mamma! O è passato Superman, o il babbo è volato giù dal tetto!».
HERMAN

Se sei grasso, uno dei momenti peggiori è il Carnevale. Se vuoi mascherarti da qualcosa di diverso da un pomodoro, rischi di fare delle figure penose. Un anno col costume di Zorro tutti mi chiamavano sergente Garcia; un anno vestito da cavaliere mi hanno ribattezzato "il cavaliere rotondo della tavola". Ma il peggio è stato quando mi sono messo il costume di Superman con tutta la "esse" tirata sul davanti; mi hanno guardato e poi in coro: «Minchia l'Esselunga!».
DANIELE RACO

Di solito non sono uno che prega, ma, se ci sei lassù, ti prego salvami, Superman!
HOMER SIMPSON

SUPERMERCATO
vedi ***Grandi magazzini***

SUPERSTIZIONE
(Scaramanzia)

La superstizione porta sfortuna.
UMBERTO ECO

Ho un amico talmente scaramantico che, quando pesta una cacca, non solo è contento, ma se ne mette sempre un po' dietro le orecchie.
GIANLUCA IRTI

Io non mi fido delle compagnie low cost. Ho visto una pubblicità che recitava così: "Toccatimaroni Air Line, Roma - Barcellona andata e buona parte del ritorno 15 euro".

ALFREDO MINUTOLI

A Palermo per fare un buon Natale bisogna essere in dodici o più di tredici. Un anno a casa eravamo in tredici, e siccome porta sfiga, mio padre si è alzato... e ne ha ammazzato uno.

FRANCESCO RIZZUTO

SUPPLICA

vedi **Preghiera**

SUPPOSTA

Il mio farmacista prima era tabaccaio. «Mi dà un pacco di supposte?» «Dure o morbide?»

GIORGIO DELUCA

Supposta di saggezza: qual è stato il primo piatto che Eva ha preparato per Adamo? La mela! Vedi che già allora non aveva voglia di lavorare?

OMEN (RAUL CREMONA)

Nella vita ci sono le cose vere e le cose supposte. Le cose vere per il momento le mettiamo da parte, ma le supposte... dove mettiamo le supposte?

TOTÒ

SURGELATO

Linda: «Ma tu ti cuoci solo cibi surgelati?»
Allen: «Cuocerli? E chi li cuoce? Io neanche li scongelo. Li succhio come se fossero ghiaccioli!»

WOODY ALLEN

'O pesce trombetta è estremamente furbo e difficile da catturare; di giorno è introvabile, mentre di notte ogni tanto esce fuori dall'acqua e fa: «PEPPEREPPEPPÈ PEPPEREPPEPÈ», spaventando anche il più astuto dei pescatori. Attenzione, diffidate dei pesci trombetta che suonano musica

americana, quasi sicuramente sono surgelati.
FELICE CACCAMO (TEO TEOCOLI)

I piatti che mi prepara mia moglie si sciolgono in bocca. Mi piacerebbe che imparasse a scongelarli, prima.
JACK KLUGMAN

Quest'anno Fantastico avrà due sponsor: una carta igienica e un surgelato. La Carrà e Dorelli.
MIRABELLA E GARRANI

SUSCETTIBILE
vedi **Permaloso**

SVEGLIA *(Svegliarsi)*

Era così carina! La guardavo dormire, la notte, chino su di lei. Certe volte si svegliava... Mi guardava imbambolata... E poi cacciava un urlo.
WOODY ALLEN

Appena alzato mi stiro molto e mi lavo poco.
ANONIMO

Quando torni, se sto studiando, per favore svegliami!
ANONIMO

Ogni volta che faccio l'amore, dopo un po' mi sveglio.
ROCCO BARBARO

«Se sono mattiniero?» fece. «Ah, ah! Lei deve sapere che io, al primo chicchirichì del gallo, balzo dal letto, corro a spalancar la finestra, getto una scarpa contro l'insopportabile bestia, richiudo la finestra e mi rimetto a dormire.»
ACHILLE CAMPANILE

L'altro giorno si è svegliato col mal di testa. Mi è dispiaciuto per lui. Vorrei aiutarlo, ma non posso. Gliel'ho detto un sacco di volte: quando salti giù dal letto, i piedi per primi!
JEAN CARROLL

La mattina è il momento peggiore della giornata: mi guardo allo specchio... barba incolta, rivolo di saliva calcificato, spesso lo specchio mi dice: «Gabriele ti prego, fatti prima una bella doccia calda, così mi appanno e non ti vedo!».

Gabriele Cirilli

Mia figlia non è una cima: ogni mattina appena sveglia, mi viene a dire, «Papà, ho mal di testa!» e io le rispondo sempre: «Tesoro, quando ti alzi dal letto, prima i piedi!».

Billy Crystal

Ogni mattina, quando mi sveglio, sperimento un incredibile piacere: quello di essere Salvador Dalí.

Salvador Dalí

Ho chiamato mio figlio "Caffé" perché ci tiene svegli tutta la notte.

Leopold Fetchner

Stai attento: se entri nel tunnel della soia non ne esci più... al mattino mica ti svegli, germogli.

I Fobici

Svegliarsi alle cinque con il buio per andare a sciare è dura. Svegliarsi alle cinque con il buio per andare a lavorare è durissima.

Kristian Ghedina

L'amore più grande è quello che ti sveglia la mattina con un bacio e ti dice: «Hai scorreggiato di meno stanotte».

Nanni Greco

Vi siete mai svegliati insieme a una donna di cui non ricordate il nome? O dove l'avete rimorchiata la sera prima? O perché è morta?

Daniele Luttazzi

«Perché fai il nodo al fazzoletto?» «Per ricordarmi che domattina devo svegliarmi alle sette» «Ma non hai la sveglia?» «Sì, ma non posso mica fare il nodo alla sveglia.»

Macario

Fare ogni giorno due cose che non mi piacciono è un principio che ho sempre seguito scrupolosamente: ogni giorno mi sono alzato e sono andato a letto.

W. Somerset Maugham

I miei nonni stanno insieme da cinquantacinque anni. Ormai non si parlano più. L'altra sera lui le ha lasciato un biglietto: "Mi svegli domani alle otto?". La mattina si è svegliato e ha trovato sul suo

comodino un biglietto: "Svegliati, sono le otto!".
CRISTIANO MILITELLO

Sai che un brutto giorno sta per cominciare quando ti svegli su un materasso ad acqua esploso e sai che non possiedi un materasso ad acqua.
JAN MURRAY

Se c'è una cosa che mi piace al mattino è alzarmi presto. Al canto del gallo. Gli sparo e torno a dormire.
FURIO OMBRI

La psicoanalisi mi annoia. L'ultima volta l'analista si è arrabbiato solo perché, dopo essermi sdraiato sul lettino, ho puntato la sveglia.
DIEGO PARASSOLE

Ecco un consiglio da un esperto viaggiatore come me: le wake-up call degli alberghi sono il peggior modo di svegliarsi. Il telefono squilla, è forte, e non puoi abbassare il volume. Io lascio sempre il numero di telefono della camera accanto, e quando suona, è al livello giusto, e poi sento: «Perché cacchio mi avete chiamato a quest'ora?». Così mi alzo e faccio la doccia. È splendido.
GANY SHANDLING

Linus: «Qualche mattina mi voglio alzare presto per vedere sorgere il sole.»
Sally: «In realtà non è il sole che sorge: è la terra che gira!»
Linus: «Qualche mattina mi voglio alzare presto per vedere la terra che gira.»
CHARLES M. SCHULZ

Mi dispiace per la gente che non beve. Quando si svegliano al mattino, si sentono soltanto come si sentiranno per il resto della giornata.
FRANK SINATRA

Io sono uno che si alza alle sei di mattina. Faccio pipì e torno a letto fino alle undici.
STEFANO ZACCARELLA

SVEGLIARSI
vedi ***Sveglia***

SVIZZERA

La moglie: «Non ho nulla da mettermi, stasera!»
Il marito: «Hai sei armadi pieni di "nulla da metterti"!»
La moglie: «Stai dicendo forse che spendo troppi soldi?»
Il marito: «Tu spendi troppi soldi? No! Non sei l'unica che va in Svizzera a farsi aggiustare l'orologio!»
A scuola con papà

Sono ateo teologico esistenziale. Credo nell'esistenza dell'universo con l'eccezione di qualche cantone svizzero.
Woody Allen

Lo uccisi perché era idiota, perfido, scemo, tardo, stupido, mentecatto, ipocrita, ignorante, burino, buffone, gesuita, a scelta. Una così si accetta, due no.
Max Aub

I ricchi quando muoiono vanno in Svizzera.
Romano Bertola

Testa di cane ha da poco finito di scontare quindici anni di galera. Quindici anni fa aveva rubato la macchina al suocero per andare a rapinare una banca, con i soldi della rapina doveva andare in Russia a comprare dei mitragliatori da barattare in Afghanistan con dell'hashish, successivamente portare l'hashish in Albania e darlo alla malavita locale in cambio di alcune ragazze da fare prostituire in Italia. Con i soldi ricavati dalla prostituzione doveva aprire delle bische clandestine e infine ripulire il denaro sporco in Svizzera importando dei Rolex di contrabbando. Lo hanno arrestato al terzo incrocio dopo il furto della macchina. Il suocero conoscendolo ha pure ritirato la denuncia, ma i carabinieri gli hanno trovato in tasca un promemoria di tutti i passaggi che doveva fare ed è rimasto in galera quindici anni.
Giovanni Cacioppo

Non so perché ma ho sempre pensato che gli orologi svizzeri della Svizzera italiana siano un po' meno precisi.
Guido Clericetti

Penso spesso alla quantità di manzo che occorrerebbe per fare un brodo con il lago di Ginevra.

PIERRE DAC

Berna è grande il doppio del cimitero di Vienna, ma ci si diverte solo la metà.

LUCIANO DE CRESCENZO

A Ginevra, quando uno si stanca di passeggiare davanti alle banche e agli orologi, non gli resta altro che gettarsi nel lago.

GÉRARD DE VILLIERS

Marco Tronchetti Provera è un uomo che indubbiamente è venuto su da solo: pensa che da piccolo è cresciuto in una favela dei quartieri poveri di Saint-Moritz.

ALESSANDRO DONAZZI

Svizzera: quando tacciono le campane delle chiese, suonano quelle delle mucche. Tutte e due sono di piacevole ascolto. Le prime ricordano la beatitudine celeste, le seconde il formaggio terreno.

GEORG KAISER

Te l'immagini avere Israele al posto della Svizzera?

MARCELLO MARCHESI

Tenete l'Italia pulita. Gettate i rifiuti in Svizzera.

FRANCESCO SALVI

La Svizzera si è sempre contraddistinta per la sua temibile, crudele neutralità. Il fatto che adesso la Svizzera stia smantellando le sue truppe in bicicletta arriva come una sorpresa per tutti quelli che ignoravano che la Svizzera avesse un esercito. Sono rimaste solo poche truppe in bicicletta, ma sembrano molte di più se mettono le carte nei raggi. E le truppe in bicicletta sono efficaci il doppio di quelle su monopattino.

JON STEWART

In Italia per trecento anni sotto i Borgia ci sono stati guerra, terrore, criminalità, spargimenti di sangue. Ma hanno prodotto Michelangelo, Leonardo, il Rinascimento. In Svizzera vivevano in amore fraterno, avevano cinquecento anni di

pace e democrazia. E cosa hanno prodotto? L'orologio a cucù.
Orson Welles

«Vuoi mandare nostro figlio in un collegio svizzero? Ma sai quanti ragazzi escono da quei posti con tendenze omosessuali?» «Beh, mio fratello dopo le medie ha studiato elettromeccanica in un istituto tecnico ed è gay...» «Sì, ma almeno sa cambiare una lampadina!»
Mirco Zilio

SVIZZERI

Primo Cinese: «Lo sai che gli svizzeri ci hanno dichiarato guerra?»
Secondo Cinese: «Ah sì? E in che albergo stanno?»
Anonimo

Il mondo è impazzito: il miglior rapper è un bianco, il miglior giocatore di golf un nero, i migliori velisti sono svizzeri, i francesi accusano gli americani di arroganza e i tedeschi sono contrari alla guerra.
Anonimo

Gli svizzeri, dopo aver inventato l'orologio a cucù, si sono presi tre secoli di riposo.
Gérard De Villiers

Sapendo che Mina è diventata cittadina svizzera, trovare quanti abitanti fa.
Eglantine

Il paradiso è un poliziotto inglese, un cuoco francese, un tecnico tedesco, un amante italiano: il tutto organizzato dagli svizzeri. L'inferno è un cuoco inglese, un tecnico francese, un poliziotto tedesco, un amante svizzero e l'organizzazione affidata agli italiani.
John Elliot

Il tennista Roger Federer è l'unico svizzero a essere diventato famoso in tutto il mondo senza fare tictac.
Gino&Michele

Un inglese è un lord, due inglesi un team, tre inglesi un club. Un francese è uno chansonnier, due francesi un'équipe, tre francesi una coppia. Uno svizzero è una testa di cazzo,

due svizzeri due teste di cazzo, tre svizzeri tre teste di cazzo, gli unici che sono sempre la stessa cosa.
BEPPE GRILLO

A Pepeete c'è un mare... Un mare come lo terrebbero gli svizzeri, se lo avessero.
MARCELLO MARCHESI

Gli svizzeri? È una grossa impresa descrivere un popolo. Soprattutto quando non esiste.
CHARLES F. RAMUZ

Un romagnolo triste può, comunque, sempre, diventare un ottimo comico svizzero.
JOHN TOWERS

T

TACCAGNERIA

vedi ***Avarizia***

TACCHINO

I cavalieri antichi, per amore di una damigella, erano disposti a uccidere un drago. Io al massimo potrei tirare un calcio a un tacchino, ma per quella tizia dovrei aver perso la testa.
ROMANO BERTOLA

Nonna Papera a volte invita gli ospiti e gli dà da mangiare il tacchino. Il tacchino! È come se Minnie desse i criceti ai suoi ospiti. Come se mia madre mi cucinasse il timballo di mio cugino! Che se lo meriterebbe anche, ma non è questo il discorso.

CLAUDIO BISIO

Mi sta sulle scatole l'uso di questo prefisso: "pre". Pre-questo, pre-quello... «Piazzare il tacchino in un forno pre-riscaldato»... Stronzate. Un forno può essere riscaldato o non riscaldato. "Pre-riscaldato" è un termine senza senso. «Questo programma è stato pre-registrato»... E ci credo! Cosa vuoi registrarlo, dopo?

GEORGE CARLIN

Quando i tacchini fanno l'amore pensano ai cigni.

JOHNNY CARSON

Mamma a Natale faceva il tacchino. Un'imitazione di merda.

MARIO ZUCCA

TACERE

vedi **Silenzio**

TAGLIA

«La taglia su Cheyenne è 5000 dollari, giusto?» «Giuda si è accontentato di 4970 dollari in meno.» «Non c'erano i dollari allora.» «Già, ma i figli di puttana sì.»

C'ERA UNA VOLTA IL WEST

C'è una taglia sulla mia testa: un milione se mi prendono vivo, mezzo se mi prendono morto, uno e mezzo se mi prendono vivo e morto.

BORIS MAKARESKO

TALENT SCOUT *(Agente)*

Un uomo entra in un'agenzia di vaudeville e dice: «Ragazzi, ho un atto unico per voi! Ascoltate: io e mia moglie entriamo in scena, ci spogliamo, caghiamo sul palco, poi entrano i miei due figli e ci si tuffano dentro!». L'agente, allibito, chiede: «E come si chiamerebbe un atto del genere?». E il tizio: «Gli Aristocratici!».

LA STORICA BARZELLETTA *THE ARISTOCRATS*

Un giorno il mio agente mi ha mandato sul set di un film. Cercavano una che facesse la fidanzata di Zorro. Il regista appena mi ha visto è impazzito: «Lei è talmente brava, talmente bella, che le do la parte del protagonista, di Zorro». Al che io gli ho detto: «Ma scusi, per i baffi come faccio?» «No, li tenga, caso mai li spuntiamo!»
GEPPI CUCCIARI

Una volta ho chiesto al mio agente letterario quali scritti pagano meglio, e lui mi ha detto: «Le richieste di riscatto».
GENE HACKMAN

Il mio primo impresario non mi vendeva, mi dava di resto.
GIORGIO PANARIELLO

Sembri il talent scout di un cimitero!
HENNY YOUNGMAN

TALENTO
(Mancanza di talento)

Cosa mai potrò fare con questa mancanza di talento donatami da Dio?
ASHLEIGH BRILLIANT

Chevy Chase è uno che non riuscirebbe neppure a improvvisare una scoreggia dopo una cena a base di fagioli in umido.
JOHNNY CARSON

Gli attori si dividono in due categorie: incisivi e canini.
PINO CARUSO

Mi ci sono voluti quindici anni per scoprire che non avevo alcun talento come scrittore, ma non potevo smettere perché a quel punto ero troppo famoso.
CAROL CHANNING

In tanti scrittori la mancanza di ingegno è un dono di natura.
IVY COMPTON-BURNETT

È un poeta così cattivo che sette città si rinfacciano il disonore di avergli dato i natali.
ENNIO FLAIANO

In Urss non esistono prostitute professioniste, ci sono solo delle dilettanti di talento.
NIKITA KRUSCEV

Raquel Welch è una delle poche attrici che sembra più animata in fotografia che nei film.
HARRY E MICHAEL MEDVED

Immaginate il Creatore come un comico di bassa lega, e all'improvviso il mondo diventa comprensibile.
HENRY LOUIS MENCKEN

Quella ragazza ha un sacco di talento e di personalità. Dammi due anni e te la trasformo in una puttana da bordello.
JOHN OSBORNE

Il mestiere che richiede maggior inclinazione è quello dell'attrice.
MAURIZIO SANGALLI

La Natura, non contenta di avergli negato l'arte del pensiero, gli concesse il dono della scrittura.
GEORGE BERNARD SHAW

Un'attrice è qualcuna priva di talento che siede in attesa degli alimenti.
JACKIE STALLONE

Il mio spettacolo era talmente brutto che hanno preteso il rimborso del biglietto pure i parenti entrati con l'omaggio. La recensione più benevola diceva: "Un vociare sul palco disturbava lo squillo dei cellulari in sala".
ANTONELLO TAURINO

C'era un attore che aveva cento paia di scarpe: tante gliene avevano tirate.
TOTÒ

Voi siete un attore e io vi ammiro, come uomo e come cane, ma voi non potete essere stato una spalla, voi non avete mai fatto nemmeno il ginocchio!
TOTÒ

Grazie alle mie canzoni ho portato a letto tantissime donne. Piuttosto che ascoltarle me la danno subito.
RENATO TRINCA

Non avere talento non basta più.
GORE VIDAL

«Secondo lei devo mettere più fuoco nei miei scritti?» «No. Viceversa.»
OSCAR WILDE A UN ASPIRANTE SCRITTORE

Doveva solo aprire un cassetto e dire una battuta: la sbagliò 53 volte. Allora feci mettere in ogni cassetto dell'armadio un biglietto, in modo tale che aprendo un cassetto qualunque potesse leggerlo. Sbagliò armadio.
BILLY WILDER, SU MARILYN MONROE

TANGA
vedi ***Mutanda***

TANGENTE
vedi ***Corruzione***

TARTARUGA

Quanto si potrà incazzare una tartaruga che dopo due chilometri si accorgesse di aver sbagliato strada?
FABIO FAZIO

Oh tartaruga
Mai che ti gratti un seno
O che almeno
Ti appoggi sul pancino
Il tuo tartarughino
Mai che ti possa abbronzare
Mai che tu possa scappare
Chiusa lì dentro
In quello stato
Povera figliola! Ti senti sola!
Quasi come un magistrato.
ENZO IACCHETTI

Sono grasso ma anche permaloso. L'altro giorno in palestra il mio allenatore si è tirato su la canotta e mostrando gli addominali mi ha detto: «Vista la tartaruga?». Allora io ho alzato la mia maglia larga: «Ce l'ho anch'io, ma ora è girata. Si vede che dorme!».
DANIELE RACO

TASSE *(Imposte-Tributi)*

Credo che si dovrebbero pagare le tasse con un sorriso. Io ci ho provato, ma loro volevano i soldi.

ANONIMO

La Torre Eiffel è l'Empire State Building dopo le tasse.

ANONIMO

È molto meglio dare che ricevere. E poi è deducibile.

JACOB M. BRAUDE

I commercianti... Gente che pur di non pagare le tasse venderebbe l'anima al diavolo senza rilasciare lo scontrino fiscale.

ELLEKAPPA

Guarda qua che cosa mi è arrivato da pagare: cinquecento mila lire all'anno di immondizia! E l'immondizia ce la metto io, se ce la mettevano loro quanto dovevo pagare?

FICARRA E PICONE

Il portavoce del governo Giuliano Ferrara ha dichiarato che la riforma tributaria accoglierà le richieste dei cittadini di maggiore comprensibilità dei moduli. Il nuovo modello 740 sarà semplicissimo, riassunto in soli quattro punti: 1) Quanto avete guadagnato? 2) Quanto avete speso? 3) Quanto vi è rimasto? 4) Datecelo!

GINO&MICHELE

Non ti far impressionare da una riduzione delle tasse. È come se un ladro ti desse i soldi per il taxi.

ARNOLD GLASGOW

Lo stilista Giorgio Armani ha confessato la settimana scorsa di aver dato mazzette alla Finanza Italiana. La condanna è stata di sei mesi, nei quali deve indossare scarpe marroni con un vestito blu.

NORM MACDONALD

Perché denunciare il reddito dopo il bene che vi ha fatto?

MARCELLO MARCHESI

Non si è mai parlato tanto latino come adesso che lo hanno cacciato dalle scuole. Lo incontriamo dappertutto, in "audio", nel "video", nel reddito "pro capite", nel

giudice "a latere", nella tassa "una tantum" (che vuol dire una volta soltanto, non una volta ogni tanto, come fraintendono i ministri delle Finanze).
Cesare Marchi

Ho portato i miei libri contabili da un ragioniere. Lui li ha guardati e ha detto: «Qui la prima cosa da fare è dire alla finanza che si è spaccato un tubo della fogna in cantina e sono andati persi».
Maurizio Milani

Per i cattolici la probabilità che Dio esista è l'otto per mille?
I Papu

L'Italia, un paese bagnato da tre mari e prosciugato da Tremonti.
Paolo Rossi

Date il voto alle donne e, tempo cinque anni ci ritroveremo una tassa sugli scapoli.
George Bernard Shaw

25 novembre 1988. Si ricorda a imprenditori, commercianti, medici, avvocati e categorie assimilate che il termine di pagamento dell'acconto Irpef, Ilor e Irpeg scade il 30 novembre. I suddetti contribuenti hanno dunque a disposizione ancora cinque giorni per non pagare le tasse.
Striscia la notizia

TATUAGGIO *(Piercing)*

Quella ragazza è talmente modesta che sui fianchi si è fatta tatuare delle smagliature.
Paolo Burini

Molte donne si fanno tatuare. Non farlo. È una roba folle. Le farfalle stanno benissimo sul tuo seno quando hai venti o trenta anni, ma quando ne hai settanta, ottanta si dilatano fino a trasformarsi in condor.
Billy Elmer

Infine c'era l'Adriana Arienti, la contorsionista che lavorava nel circo di mio padre. Adriana, la contorsionista con l'utero tatuato. Era così snodata! Aveva un controllo completo di tutti i muscoli del suo corpo:

volontari e involontari. Ad esempio aveva un controllo completo della sua peristalsi gastrica. È l'unica donna che conosco che riesca a inghiottire un cubo di Rubik e a vomitartelo risolto. Era talmente snodata che a volte facendo l'amore finivamo per trovarci faccia a faccia.

DANIELE LUTTAZZI

Mi sono fatto un altro buco nell'orecchio: ora sì che ci sento!

GIANFRANCO PETITTI

Mio figlio ha voluto presentarci quello che sta con lui, il concubino, il concusso, il coinculino. Appena l'ho visto ho pensato che volesse menarci! Uno grande e grosso pieno di tatuaggi, con dei baffi a ferro di cavallo e nelle orecchie un sacco di viti e bulloni che sembrava un ferramenta! Mi è venuto incontro e mi ha detto: «Piacere signora, sono Felice.» «E pensa se ti giravano i coglioni!».

VIVIANA PORRO

TAXI

Taxi scomparso. È un giallo.

DARIO ALESANI

Cliente: «Quanto costa il taxi?»
Tassista: «Be', dipende dal tempo.»
Cliente: «Supponiamo che piova.»

ANONIMO

La pioggia è qualcosa che fa crescere i fiori e sparire i taxi.

ANONIMO

È un vero peccato che tutte le persone che sanno come far funzionare il Paese siano troppo occupate a guidare taxi o a tagliare capelli.

GEORGE BURNS

La moglie: «Un'altra parola e torno a casa!»
Il marito: «Taxi!»

CHEERS

Ieri ho preso un taxi e mi è costato 60.000 lire. Siccome ne avevo solo 54.000 ho chiesto al tassista di fare 6.000 lire di marcia indietro.

FICHI D'INDIA

Non sa che cosa sia il lusso: le rare volte che è salito su un taxi lui era quello che guidava.

Francesco

Non ti far impressionare da una riduzione delle tasse. È come se un ladro ti desse i soldi per il taxi.

Arnold Glasgow

Mettono i rilevatori d'inquinamento ad altezza uno e ottanta. Così i bambini e i sardi ce l'han nel culo. Eppure basterebbe dire alla gente: volete inquinare di meno? Guidate come un tassista genovese che parte in quinta.

Beppe Grillo

Dicono che i newyorchesi non vanno d'accordo. Non è vero. Ieri ho visto due newyorchesi, perfetti sconosciuti, spartirsi un taxi. Uno ha preso le gomme e la radio; l'altro ha preso il motore.

David Letterman

È stato fatto uno studio sulle tre frasi più sentite a New York City. La prima è: «Ehi, taxi». La seconda è: «Qual è il treno per andare a Bloomingdales?». E la terza è: «Non si preoccupi, è solo una ferita superficiale».

David Letterman

Tokyo è una delle città più densamente popolate del mondo, ma non lo sarà per molto. Non con quei tassisti.

Daniele Luttazzi

Ero a New York, mi è capitato un tassista piuttosto particolare. Durante la corsa ha ucciso un cane. Ma non con la macchina: è sceso e lo ha pugnalato.

Adam Sandler

TÈ

Una donna inglese ha avuto un parto quadruplo. Tre bambini sono nati alle due del pomeriggio. Il quarto ha dovuto aspettare che finisse l'ora del tè.

Milton Berle

Era un grande esperto di tè, capace fin dal primo sorso di dirti se il tè era caldo o freddo.

Giovanni Cellini

Due amici. Il primo ordina un tè. Il secondo: «Prendo un tè anch'io, ma mi raccomando, che la tazza sia pulita». Passa qualche istante e il cameriere torna con l'ordinazione. «Ecco i tè. Chi dei due ha ordinato la tazza pulita?»

Citata da Elena Loewenthal

Perché fanno bottiglie di succo di limone con ingredienti artificiali, e prodotti per pulire i pavimenti con vero succo di limone? Adesso io bevo il mio tè con una spruzzata di Spic & Span.

Bobby Kelton

Se questo è caffè, vi prego di portarmi un po' di tè; ma se questo è tè, vi prego di portarmi un po' di caffè.

Abraham Lincoln

TEATRO

Ho avuto la critica più breve che sia mai stata pubblicata. Diceva: "Ieri sera al teatro è stato rappresentato *Domino*. Perché?".

Marcel Achard

Intervistatrice: «Senza fare nomi, c'è qualcuno nel mondo del teatro che l'ha ferita tanto da meditare vendetta?»
Allen: «Una signora del Queens seduta accanto a me durante *Cats* che mi svegliò prima che lo show fosse finito.»

Woody Allen

Fabio Testi, l'attore italiano noto ai meno, parteciperà alla commedia di Pirandello *Uno, Nessuno, Centomila*. Testi farà la seconda parola del titolo.

Amurri & Verde

Un uomo entra in un'agenzia di vaudeville e dice: «Ragazzi, ho un atto unico per voi! Ascoltate: io e mia moglie entriamo in scena, ci spogliamo, caghiamo sul palco, poi entrano i miei due figli e ci si tuffano dentro!». L'agente, allibito, chiede: «E come si chiamerebbe un atto del genere?». E il tizio: «Gli Aristocratici!».

LA STORICA BARZELLETTA *THE ARISTOCRATS*

Nel mondo ne nasce 10.000 al secondo! Bestia della miseria, ho detto, 10.000 al secondo! Questo vuol dire che minimo minimo, ora, in questo secondo qui, ce n'è 10.000, anzi 20.000, perché sono in due vero? Che sono lì... onzipapparàtataretatatà... minimo... Poi con tutti gli attrezzi che c'è oggi per non restare incinte e quelli che non vogliono figli: quanti staranno facendo l'amore in questo momento... Secondo me siamo gli unici imbecilli che invece di far l'amore siamo qui a vedere il Benigni! Io sarei per tuffarmi: "Grande ammucchiata al Teatro Tenda! Mai vista un'orgia simile dai tempi di Lucullo! Anche le forze dell'ordine coinvolte: nati 20 carabinieri in mezz'ora!".

ROBERTO BENIGNI

A teatro ho visto una commedia così brutta, che da una poltrona si è alzato un dottore che ha gridato: «C'è un attore in sala?».

MILTON BERLE

Il teatro d'avanguardia è il teatro di domani. Il guaio è che te lo fanno vedere oggi.

PINO CARUSO

Il regista teatrale è uno che disturba le prove.

PINO CARUSO

Giacomo: «Immagino che lei abbia già avuto altre esperienze di teatro.»
Candidata attrice: «Be' sì... ho lavorato con Albertazzi.»
Aldo: «Però, Albertazzi... il grande Albertazzi... il grande irreprensibile Albertazzi! Non sapevo che facesse anche teatro...»

CHIEDIMI SE SONO FELICE

Siamo andati a vedere quella commedia di un russo, che ha il titolo di uno stabilimento balneare. *Il miraggio*, *L'oasi*, *La conchiglia*, no, *Il gabbiano*.

ENNIO FLAIANO

Non occupate sedie con il culo, occupatele con il cervello.

CARLA FRACCI

Voglio dire, è una grande storia. C'è qualcosa di grande in questa storia. Voglio dire, c'è qualcosa come otto morti violente.

MEL GIBSON, PARLANDO DI *AMLETO*

Raffaella Carrà debuttò in teatro nella commedia: *Del vento tra i rami del sassofrasso*. Nonostante la parte non fosse delle più facili (il sassofrasso è un albero a largo tronco e le cosce della giovanissima Carrà non erano ancora quelle belle sequoie sulle quali in seguito tanti innamorati scolpiranno cuoricini) Raffaella se la cavò dignitosamente. Molti registi la notarono e l'Associazione Italia Nostra proclamò la sua regione pelvico femorale: "Zona di alto interesse ecologico". Cominciarono così le escursioni guidate (la visiteranno tra gli altri Frank Sinatra e Japino).

GINO&MICHELE

A volerla dire tutta Strehler non è morto, si è levato dalle palle.

MASSIMO MARIA GRIGGI

Sì, vado spesso a teatro. Non mi sono perso un solo spettacolo dei Fichi d'India.

IL MARCO RANZANI DI CANTÙ (ALBERTINO E DIGEI ANGELO)

Non ho mai capito perché nei teatri d'opera si lascino entrare gli spettatori delle prime tre file con gli strumenti musicali.

ALFRED JARRY

Quello spettacolo non mi piacque fino a quando non lo vidi in una diversa versione. Il sipario era alzato.

GROUCHO MARX

Le persone che tossiscono continuamente non vanno mai dal dottore, vanno solo ai banchetti, ai concerti e in chiesa.

BOB PHILLIPS

Max: «Ho speso tutta la mia vita nel teatro. Ero un protégé del grande Boris Tomaschevski. Mi ha

insegnato tutto quello che so. Non mi dimenticherò mai, sul letto di morte s'è girato verso di me e mi ha detto: "Maxella, alle meschen muss zu machen, jeden tug a gantzen kachen!".»
Suora: «Cosa significa?»
Max: «E chi lo sa? Non parlo yiddish. E stranamente, nemmeno lui.»
THE PRODUCERS

Come arriviamo all'auto l'autista ci chiede dove vogliamo andare. Allora non abbiamo preso l'auto perché quel tipo era troppo curioso, e poi non ci conveniva neanche tanto andare in auto perché abitiamo proprio di fronte al teatro.
KARL VALENTIN

La commedia fu un grosso successo. Purtroppo il pubblico fu un profondo fallimento.
OSCAR WILDE, RIFERENDSI ALLA COMMEDIA *THE DUCHESS OF PADUA*

TECNOLOGIA

Ho un rapporto catastrofico con la tecnologia: se passo sotto un lampadario a gocce si mette a piovere.
WOODY ALLEN

Nella mia vita non ho mai avuto un bel rapporto con qualunque tipo di oggetto meccanico. Ho un registratore che ho pagato 150 dollari e che, quando registro, mi dice: «Lo so, lo so». Ho una lampada Uva e ogni volta che mi ci siedo davanti mi piove addosso.
WOODY ALLEN

«Bisogna mettere la carta al fax.»
«Ah, sì? Ma cosa dici, tanto i fax ce li mandano loro!»
ASTRID BERTOLINI

È un errore far capire a un oggetto meccanico che hai fretta.
ARTHUR BLOCH

Siamo onesti, il contributo tecnologico italiano all'umanità si è fermato al forno per la pizza.
BILL BRYSON

Ho comperato un nuovo tostapane. Ho aperto la scatola e sono saltate fuori le istruzioni per fare i toast. La mia idea è che se non sai come fare un toast, non dovresti fare nulla con l'elettricità. Dovresti solo mettere una fetta di pane su una roccia e pregare per una giornata di sole.
Eileen Budd

Per Natale ho regalato a mio fratello una combinazione, fax-distruggi documenti. O l'abbiamo montato sbagliato, o un sacco di gente gli faxa dei coriandoli.
Anthony Clark

È incredibile come la tecnologia ti cambi la vita. Io per esempio prima non bestemmiavo.
Teo Guadalupi

Esiste una quantità di oggetti meccanici che aumentano gli stimoli sessuali, specialmente delle donne. Primo fra questi è la Mercedes Benz 380SL Cabriolet.
P.J. O'Rourke

Un'unità di calcolo sull'ENIAC è dotata di diciottomila tubi elettronici a vuoto e pesa trenta tonnellate, ma può darsi che in futuro i computer abbiano solo mille tubi e pesino soltanto una tonnellata e mezza.
Popular Mechanics, 1949

Vi rendete conto che siamo nel 2007 e ci sono ancora donne che non fanno pompini? Quando trovo una donna così, la guardo come se avessi di fronte un registratore Betamax: «Vi producono ancora?».
Chris Rock

Sono entusiasta della tecnologia. Ieri ho chiesto a una ragazza: «Me la dai?». E lei: «Non posso, sono fidanzata. Però se vuoi te la masterizzo!».
Lucio Wilson

L'altro giorno ho montato il condizionatore al contrario ed è venuto freddo fuori. Il meteorologo ha detto: «Non capisco. Oggi avrebbero dovuto esserci 27 gradi». E io ho pensato: «Oops!».
Steven Wright

TEDESCHI

«Gli svedesi», mi ha detto un norvegese, «sono tedeschi che sembrano esseri umani.»
PETER ACKROYD

Il mondo è impazzito: il miglior rapper è un bianco, il miglior giocatore di golf un nero, i migliori velisti sono svizzeri, i francesi accusano gli americani di arroganza e i tedeschi sono contrari alla guerra.
ANONIMO

Quali sono i cinque libri più corti del mondo? *Deontologia commerciale ebrea*, *Eroi di guerra italiani*, *Storia completa dell'umorismo tedesco*, *Grandi amatori inglesi*, *Who's Who a Portorico*.
ANONIMO

Ai tedeschi piace molto l'organizzazione e l'ordine, ma non riescono ad averlo perché c'hanno un carattere che non lo riescono a ottenere.
EMMA CORIANDOLI (MAURIZIO FERRINI)

EuroDisney ha già ospitato un milione di tedeschi e un milione di inglesi, e avere una quantità simile di gente in Francia senza che ci sia una guerra in corso è davvero stupefacente.
MICHAEL EISNER

Il paradiso è un poliziotto inglese, un cuoco francese, un tecnico tedesco, un amante italiano: il tutto organizzato dagli svizzeri. L'inferno è un cuoco inglese, un tecnico francese, un poliziotto tedesco, un amante svizzero e l'organizzazione affidata agli italiani.
JOHN ELLIOT

Francesco Cossiga, l'unico partigiano torturato dai tedeschi perché tacesse.
BRUNO GAMBAROTTA

Dove arrivano i tedeschi mettono in ordine le cose. Anche se non sono sempre le cose loro, ma quelle degli altri.
KARL KRAUS

Mio marito è tedesco. Ogni notte io mi vesto da Polonia e lui mi invade.
BETTE MIDLER

La filosofia è come la Russia: piena di paludi e spesso invasa dai tedeschi.
ROGER NIMIER

Per dire a una ragazza tedesca che mi piaceva, che avrei voluto passeggiare nel bosco con lei, ho dovuto chiamare l'interprete. Cosa lui le abbia detto non so, l'ho vista arrossire, sorridere, abbassare gli occhi, ridere e andarsene con lui sottobraccio.
FRANCO PARENTI

I tedeschi viaggiano soprattutto per verificare l'esattezza della guida turistica.
ANNELISE ROTHENBERGER

Quando ero ragazzo, le tedesche che venivano a Follonica erano diverse da quelle che andavano a Rimini. Quelle di Rimini, ridevano, bevevano e te la davano. Quelle di Follonica, ridevano, bevevano e poi andavano a Rimini...
SERGIO SGRILLI-CARLO TURATI

Si riesce a distinguere il vino tedesco dall'aceto solo grazie all'etichetta.
MARK TWAIN

Quando il tedesco che sa di lettere si tuffa in una frase, non lo vedi più finché non emerge dall'altra parte del suo Atlantico con il verbo in bocca.
MARK TWAIN

TELECOMANDO
vedi **Televisione**

TELECRONISTA
vedi **Radio**

TELEFONARE
vedi **Telefono**

TELEFONINO *(Cellulare)*

Con l'avvento della telefonia mobile, quando troveremo il cesso occupato, una voce gentile ci dirà: «Stiamo trasferendo la sua cagata».
PAOLO BELLON

Un manager col telefonino entrò in una cabina telefonica e pianse di nostalgia.

Federico Bini

Dipendo totalmente dal mio cellulare. Alla sera è lui a mettermi sotto carica.

Lorenzo Bosio

Riflettevo sull'idea di scrivere su di un pacchetto di sigarette "Il fumo nuoce alle persone che vi circondano"; secondo me, invece dì funzionare come deterrente, stimola nelle persone il desiderio di fumare. Credo che scrivendo "Il fumo danneggia gravemente il tuo cellulare" si otterrebbero risultati migliori.

Enrico Bussola

Se a Milano non hai il telefonino e l'agenda non vali niente, vali meno di uno con una gamba sola a una gara di calci nel culo.

Capocenere (Claudio Batta)

«Dopo che ti ho menato io il telefonino da Family ti diventa Orfany!»

Gabriele Cirilli

Al contrario di mia sorella, il mio cellulare non prende un cazzo.

Ezio Ciuspiont

La telefonia è l'unico argomento nel quale l'uomo si può vantare di averlo più piccolo!

Raul Cremona

Sai di vivere negli anni 2000 quando... hai una lista di quindici numeri di telefono per raggiungere la tua famiglia di tre persone.

Dall'e-mail *You Know You're Living in 2000 When...*

Abbattuti finalmente i costi di ricarica. Quella dei costi di ricarica per i cellulari era un'anomalia che durava da anni e che in tutta Europa era presente solo in Italia. Come Alba Parietti.

Silvio Di Giorgio

Sono un appassionato di *Star Trek*. Ho comprato tutti i dvd esistenti in commercio della saga. Per fare questo ho venduto la macchina, la casa e ho fatto ciulare la mia donna a un amico. Mi manca ancora *L'insurrezione*, cofanetto da dieci dvd e *La nemesi*, cofanetto da venticinque dvd. Il numero di cellulare di mia moglie è 337352297.

Digei Angelo

Scusate, ma sono scioccato. Ho scoperto che la mia ragazza ha una tariffa You and Me, ma che quello You non sono Me!

Dimunno e Tamborrino

Oggi hanno messo in vendita l'iPhone, e della gente si è accampata davanti ai negozi per giorni. Questa gente è patetica, davvero. Voglio dire, ragazzi, crescete un po'. Specie quelli che erano in fila dietro di me, erano davvero noiosi.

Craig Ferguson

La Apple ha appena tirato fuori iPhone, che è una combinazione di un'iPod e un telefono. La Microsoft cerca sempre di raggiungere la Apple, ma non ce la fa. Per contrastare, per esempio, iPhone, la Microsoft ha tirato fuori questa combinazine tra telefono e ferro da stiro, ma non funziona: «Pronto? Ahhhhh!! Come stai? Ahhhhh!! Aspetta, ho un'altra chiamata. Ahhhhhh!».

Craig Ferguson

Ho visto dei bravi compagni finire nei cellulari della polizia tanto tempo fa, e adesso ho visto gli stessi compagni passare ai telefoni cellulari... E poi dai telefoni cellulari li ho visti tornare ai cellulari.

Gino&Michele-Paolo Rossi

Mi piacerebbe levarmi una scarpa e tirarla loro in testa.

Rudy Krolopp, capo designer del primo cellulare commerciale, nel ventennale della sua invenzione, a proposito degli utenti

Un tale ha inventato il bidè portatile. E a voi che davano fastidio quelli coi cellulari!

Jay Leno

Appena giunto alla presidenza di Telecom, Guido Rossi ha preso un'importante decisione. La Tim è stata retrocessa in serie B.

I Maceta (Siro e Luca Mantovani)

Tenere il cellulare sempre acceso fa male, ne ho la prova perché il Winnie the Pooh che c'ho attaccato al cellulare in una settimana è ingrassato quattro Kg e mezzo! Mi fanno morire quelli che sanno che il cellulare fa male allora usano l'auricolare. Però poi quando guidano se lo mettono in mezzo alle gambe... beh, però in effetti se funziona con Winnie the Pooh!

TERESA MANNINO

Mi stanno intercettando. È sicuro perché, mentre mia madre mi dava la ricetta dei cannoli, ho sentito una voce che diceva: «Quanto zucchero?».

TERESA MANNINO

Vi do una dimostrazione di come oggi comunichiamo troppo: ditemi ora cinque marche di telefonini... Ci scommetto che ne avete pensati almeno una decina! Provate adesso a pensare a cinque marche di preservativi... Come? Non ve ne vengono in mente più di tre? Avete visto, signori, che avevo ragione? Telefonate di meno e ciulate di più!

OMEN (RAUL CREMONA)

Il mio spettacolo era talmente brutto che hanno preteso il rimborso del biglietto pure i parenti entrati con l'omaggio. La recensione più benevola diceva: "Un vociare sul palco disturbava lo squillo dei cellulari in sala".

ANTONELLO TAURINO

Giuro, non volevo mettere sotto mia suocera, quando me la son vista davanti ho cercato di avvertirla, ma aveva il cellulare spento.

RENATO TRINCA

Telecom Italia informazione gratuita. L'utente da lei chiamato è attualmente impegnato in un'altra conversazione. Prema il tasto 1 per ascoltarla.

FRANCESCO VESPA

TELEFONO *(Numero di - Telefonare)*
vedi anche **Telefonino**

Sono a casa, seduto davanti alla tv, quando il telefono suona e una voce dall'altra parte dice: «Le piacerebbe essere l'uomo vodka di quest'anno?». E io dico: «No, sono un artista e non faccio pubblicità, non sono un ruffiano, non bevo vodka e se lo facessi non berrei la vostra!». E lui: «Peccato, paghiamo cinque milioni di dollari». E io dico: «Attenda in linea prego, le passo il signor Allen».

Woody Allen

È così sfigato che quando porta la conchiglia all'orecchio gli dà sempre occupato.

Anonimo

Annuncio pubblicitario: «Vendo chitarra e intera collezione cd rock di mio figlio. Se risponde un ragazzo riattaccare e richiamare».

Luca Moggian Barban

«Pronto? Parlo con Giulio Andreotti?»
«Dipende...»

Stefano Benni

La prima vasca da bagno venne inventata nel 1850. Il telefono non fu inventato fino al 1875. E così c'era questo fortunello che ha potuto farsi 25 anni di bagni senza che gli squillasse il telefono nel bel mezzo!

Milton Berle

Ho incontrato un turista scemo in Italia. Pensava che Vat 69 fosse il numero di telefono del Papa.

Milton Berle

Salve. Qui è Jane. Se telefonate per dei soldi che mi dovete, lasciate un messaggio. Se telefonate per dei soldi che vi devo, lasciate il vostro nome e un numero di telefono sbagliato.

John Carfi & Cliff Carle

Hai provato a chiamarlo? E non lo hai trovato? Perché non provi a chiamarlo alle tre di notte? Almeno sei sicura di trovarlo in casa... Io faccio sempre così con i miei amici e li trovo sempre. È anche vero che non ho più amici.

Walter Chiari

Mia nonna è finalmente mancata. 104 anni! Non ho mai conosciuto nessuno così vecchio! Il suo numero di telefono era 3.

Comedy Central

Approccio. «Mi scusi signorina. Sto scrivendo un elenco del telefono: posso avere il suo numero?»
LEOPOLD FETCHNER

Il linguaggio di Umberto Bossi mi ricorda quello di un impotente che si eccita solo al telefono con le chat-line.
GIANFRANCO FINI

Quando sentirai il telefono che non suona, sarò io che non ti chiamo.
FANNIE FLAGG

Prof. d'inglese il giorno prima della gita: «... e quando arriviamo in albergo non mettetevi tutte a chiamare la mamma, che tanto se crolla l'aereo lo vengono a sapere subito».
FRANCESCA, *SBS*

La Telecom ci vorrebbe, oltre che coglioni, anche balbuzienti.
PACO GENOVESE

Se non usi Clear tieni la tua testa lontano dalla cornetta telefonica: vorrei trovare un messaggio sulla segreteria, non della forfora...
GIORGIO E MASSIMO

Tiziana Parenti? Non distingue un numero del telefono da un conto bancario.
PRIMO GREGANTI, NEL PERIODO DI MANIPULITE

«Pronto? Scusi, è lei che vende la moto?» «Sì» «Per quanto?» «Per sempre...»
LUCA KLOBAS

C'erano oltre tremila cani al concorso canino di Westminster. Ma la sicurezza è stata raddoppiata dopo che è arrivata la seguente telefonata minatoria: «Miao, miao, miao, miao».
JAY LENO

Non so mai quando fare la prima mossa. In genere aspettavo che la facesse lei. Ieri sera ad una festa una ragazza bellissima mi ha offerto da bere, e poi mi ha invitato a casa sua. Mi fa: «Scusa un attimo». Quando ritorna è completamente nuda. Si siede sulle mie ginocchia, comincia ad accarezzarmi, a baciarmi dappertutto, e allora ho pensato: «Daniele, questa occasione non fartela scappare!». E così mi sono fatto dare il suo numero di telefono.

DANIELE LUTTAZZI

Com'è che chi sbaglia numero non ci crede mai? Ti rispondono sempre come se fosse colpa tua. Gli dici che hanno sbagliato numero e loro: «È sicuro?» «Senta, le ho mai mentito?» «Vabbè. C'è Roberta?». Ed è troppo lungo spiegargli che non c'è nessuna Roberta e che ha sbagliato numero. Per cui in questi casi dico sempre: «Sì, c'è, ma è di là che si buca e non può venire a rispondere».

DANIELE LUTTAZZI

Il primo abbonato al telefono non sapeva a chi telefonare.

MARCELLO MARCHESI

Signorina, io vado nel mio ufficio. Se squilla il telefono non risponda. Potrebbero aver sbagliato numero.

GROUCHO MARX

Mia sorella soffre d'asma. Nel bel mezzo di un attacco un giorno ha ricevuto la telefonata oscena di un maniaco. Dopo un po', il tizio ha detto: «Scusa, ma ti ho chiamata io o mi hai chiamato tu?».

JOHN MENDOZA

Negli Stati Uniti d'America ci sono oltre venticinquemila numeri di telefono "sexy" per uomini. Sapete quanti ce ne sono per le donne? Tre. Se abbiamo voglia di sentire qualcuno parlar male o dire oscenità, ci tocca andare in ufficio.

FELICIA MICHAELS

Per venderti la linea Adsl ti telefonano a casa tutte le sere. Mia nonna, ottantanove anni, ha messo fastweb. Non ha idea di cosa serva, ma con novantanove euro al mese adesso può mangiare tranquillamente senza rotture di coglioni.

ALFREDO MINUTOLI

Se proprio dobbiamo avere il telefono in macchina, penso che dovremmo procurarci delle segreterie telefoniche da auto. «Mi spiace ma in questo momento sono in casa. Ti richiamerò appena esco».

TOM PARKS

Quando ke ciò l'insonnia mi sento abbracciata, giro per la stanza e mi viene l'ansa, non so a ki riamare. Il telefono amico?
Se tando è amico perké non telefona lui?

SCONSOLATA (ANNA MARIA BARBERA)

Del maiale non si butta via niente. Della maiala si tiene solo il numero di telefono.

NICOLA SEVERIN

Un tale fa un numero e chiede: «Pronto, chi parla?» «Calzaturificio di Varese.» «Ho sbagliato numero.» «Le porti qui che gliele cambiamo...».

CITATA DA NANNI SVAMPA

Gli americani hanno bisogno del telefono, noi no. Abbiamo fattorini in abbondanza.

SIR WILLIAM PRECE, DIRETTORE DELLE POSTE BRITANNICHE NEL 1876

Avete mai pensato a quanto strambi sarebbero i telefoni se non avessimo la bocca vicina alle orecchie?

STEVEN WRIGHT

Che accessori c'ha 'sto telefonino... l'aratro?

WWW.TURBOZAURA.IT

Ho una casa fantastica. A soli venti minuti dal centro. Col telefono.

HENNY YOUNGMAN

TELEGRAMMA

vedi **Posta**

TELEVISIONE (Telecomando - TV) *vedi anche* Programma Televisivo

In California non gettano la spazzatura, la trasformano in show televisivi.

WOODY ALLEN

È assolutamente evidente che l'arte del cinema si ispira alla vita mentre la vita si ispira alla tv.

WOODY ALLEN

Ieri ricorreva il trentennale della frase: «La trasmissione sarà ripresa il più presto possibile». Oggi ricorre purtroppo il trentennale della frase: «Riprendiamo la trasmissione interrotta».

Amurri & Verde

Al cinema preferisco la televisione. È più vicina alla toilette.

Anonimo

«Mi raccomando, stasera tutti davanti al televisore!» «Perché?» «Eh, se andiamo dietro non si vede un cazzo...»

Anonimo

«E la pay-tv in cosa è diversa dalla pay-per view?» «Che in una paghi e vedi, nell'altra per vedere paghi. Credo.»

Paolo Beldì

Mi sono accorto che è la tv che dovrebbe pagarci per guardarla!

Milton Berle

Dobbiamo molto a Thomas Edison. Se non fosse per lui, adesso guarderemmo la televisione a lume di candela.

Milton Berle

Di solito i miei figli rifiutano di mangiare qualsiasi cosa che prima non abbia ballato in televisione.

Erma Bombeck

Tema di storia: "L'antica Grecia". Svolgimento: "L'antica Grecia" era avanti rispetto ai suoi tempi e anche rispetto ai nostri tempi. Non c'era la tv, ma avevano un sacco di filosofi. Io, personalmente, non vorrei passare la serata a guardare un filosofo.

Sally Brown

Nonostante la televisione, la scrittura rimane la più sorprendente invenzione dell'uomo. Se va via la luce, il libro non si spegne.

Pino Caruso

Il violento hockey in televisione è la causa principale delle ribellioni carcerarie. Pensateci: siete dei detenuti in una cella del penitenziario di Stato e guardate alla tv un giocatore di hockey prendere due minuti di sospensione, mentre voi state scontando diciassette anni in carcere per lo stesso reato.

Jeff Cesario

Smettiamola di lamentarci della televisione d'oggi. È migliore di quella di domani.

PIERO CHIAMBRETTI

Non si può dire la verità in televisione: ci sono troppe persone che guardano.

COLUCHE

La televisione è più interessante delle persone. Non fosse così, dovremmo avere persone agli angoli delle nostre stanze.

ALAN COREN

Sono sempre stata contentissima di non essere inquadrata al di sotto del collo. Poi ho acquistato sicurezza e sono rimasta incinta.

GAIA DE LAURENTIIS

Lei era lì, distesa sul letto tutta nuda e io la guardavo. Lei si girava, si toccava, sospirava. Alla fine non ce l'ho più fatta e ho spento la televisione.

GIORGIO DELUCA

Se non ci fossero le sciagure che ne sarebbe di Rai Tre?

FABIO FAZIO

Quello che legge in tivù le estrazioni del lotto ci impiega così tanto perché è analfabeta o perché pensa che lo siamo noi?

FABIO FAZIO

Mike Bongiorno è ghiotto di mais dolce Bonduelle. A me il mais dolce Bonduelle fa schifo anche se non l'ho mai mangiato. Perché?

FABIO FAZIO

Non mangerei nulla che avesse intelligenza, ma sarei lieto di mangiarmi un produttore televisivo o un uomo politico.

MARTY FELDMAN

La televisione è come il matrimonio: va bene in campagna ma in città fa ridere.

ENNIO FLAIANO

La televisione è un'invenzione che vi permette di farvi divertire nel vostro soggiorno da gente che non vorreste mai avere in casa.

DAVID FROST

Giovanissimo Silvio Berlusconi visita gli Stati Uniti e vede più città che può. Visita New York, Los Angeles,

San Diego, Dallas, Dinasty, Miami Vice.

GINO&MICHELE

Che scena straziante! Non mi commuovevo più così dal giorno in cui vidi al *Maurizio Costanzo Show* Corinna, la piccola infelice nata senza saper né leggere né scrivere.

GINO&MICHELE-GENE GNOCCHI

Era dai tempi di *Quark* che non mi commuovevo così. Ti ricordi quel bel documentario sul figlio di Romina Power, metà uomo e metà Al Bano?

GINO&MICHELE-GENE GNOCCHI

Non è giusto che *Domenica in* duri cinque ore e un orgasmo solo quattro secondi.

GIULIANO

Sono indecisa per il futuro di mio figlio, o dottore o ospite della Carrà.

NANNI GRECO

Pericolosa è una politica che istituisce una commissione per vigilare sulla tv, mentre dovrebbe essere la tv a vigilare sulla politica.

BEPPE GRILLO

Libri: le cose da cui si ricava un film per la televisione.

LEONARD L. LEVINSON

Il suo ex si era ucciso lanciandosi contro una sega circolare. La tv era sul posto e riprese l'avvenimento. Il filmato fu mandato in onda a spezzoni.

DANIELE LUTTAZZI

Se sei un campione dello sport, sei un campione dello sport. Se non ce la fai, cerca di fare l'allenatore. Se non riesci ad allenare, diventa giornalista. Se non sai scrivere correttamente allora non ti resta che presentare un programma sportivo in tv il lunedì sera.

DESMOND LYNAM

Una celebrità è una qualsiasi star della televisione o del cinema che trascorre più di due ore al giorno a sistemarsi i capelli.

STEVE MARTIN

In America puoi apparire in televisione e prendere in giro i politici. E i politici possono apparire in televisione e prendere in giro te.

Groucho Marx

Da Stan Laurel in giù, fingersi un cretino è sempre stata la via più breve per diventare un comico di successo. Ma da qualche tempo la televisione ha scoperto una strada ancora più breve e più sicura: prendono al volo i cretini veri.

Giorgio Melazzi

Quando non riesco ad affrontare un problema vorrei scappare lontano. Poi resto. Non so se là c'è la televisione.

Franco Merafino

Quest'anno *Fantastico* avrà due sponsor: una carta igienica e un surgelato. La Carrà e Dorelli.

Mirabella e Garrani

Se mi piace la tv? Sì, perché si spegne facilmente.

Robert Mitchum

Oggigiorno il crimine perfetto è l'essere preso e vendere la tua storia alla TV.

Alfred E. Newman

Mio figlio va in uno di quei campi estivi dove sono davvero duri. Hanno la tv in bianco e nero.

Robert Orben

Quando sono in mutande sul divano, guardando la tv, penso: «Non sto guardando un bello spettacolo». Per onestà intellettuale devo ammettere però che anche il mio televisore può dire la stessa cosa.

Flavio Oreglio

I concorrenti dei reality sono stati reclutati dalla Nasa per una missione su Marte, visto che sono già abituati all'assenza di ossigeno nel cervello.

Flavio Oreglio

Alla consegna del Telegatto: «Questa è la serata più bella della mia vita. Figuratevi le altre...».

Silvio Orlando

In televisione bisogna imparare a recitare in maniera cagnesca molto bene. Se, dopo aver fatto un provino, quando vai via hai la sensazione di aver fatto la figura di una vera idiota, con ogni probabilità la parte è tua.

Michelle Pfeiffer

Sono un attore felice perché sono conteso tra la Rai e Canale 5. Nel senso che la Rai vuole che vada a Canale 5 e Canale 5 vuole che vada alla Rai.

Pongo

Bambino: una creatura che sta a metà strada tra un adulto e un televisore.

Herbert V. Prochnow & Herbert V. Prochnow jr.

Fazio, io ti detesto! Mia madre ti vede in televisione e mi dice: «Guarda Fazio come è bello e pulito. Ed è di sinistra anche lui!».

Paolo Rossi

Sapete, sento sempre un gran parlare di tutto questo sesso in televisione che c'è oggigiorno, e mi fa davvero infuriare: continuo a cambiare canale tutta la notte ma non riesco mai a trovarlo!

Rowan & Martin's Laugh-In

Domani black out di radio e televisione: non vengono trasmessi i notiziari. Finalmente si fa qualcosa per la diffusione corretta delle notizie.

Gabriella Ruisi

Prof: «Stasera alle otto, tutti col naso in su, verso est per vedere l'eclissi di Luna!»
Studente 1: «Sì, ma stasera c'è la Coppa Uefa!»
Studente 2: «Su che canale è l'eclissi di luna?»

Smemoranda Brothers & Sisters

In Russia avevamo solo due canali televisivi. Il Canale Uno era propaganda. Il Canale Due aveva solo un ufficiale del KGB che diceva: «Gira subito sul Canale Uno!».

Yakov Smirnoff

La cosa più bella della televisione è che se qualcosa di importante accade in qualunque parte del mondo, giorno o notte, tu puoi sempre cambiare canale.

TAXI

La tv è il cesso degli occhi.

OLIVIERO TOSCANI

Mi hanno ingaggiato per il *Dottor House*. È una storia intricata, c'è un portantino che ruba gli occhi ai cadaveri. Sembra cattivo, ma alla fine si scopre che, mettendo da parte un chilo di cornee, riesce a regalare un cane a un cieco.

CARLO TURATI

E la pubblicità? Perché in televisione si fa un processo solo alla puzza della donna? Perché ci bombardano di deodoranti, di profumi, di lacche, di saponi intimi, di controllori d'alito! Mentre l'uomo col gorgonzola piace!

LUCIA VASINI

I rapitori avevano perfino girato un video con le due Simone. Il classico video di Al Jazira con le poverette costrette a dire: «Siamo ostaggi». Ma ne avevano fatto anche uno per le tv italiane, con le due poverette costrette a dire: «Italia Uno!».

MARCO VICARI

Adoro la televisione perché spesso si diceva che il cinema era una forma d'arte inferiore. Adesso c'è qualcosa che anche noi possiamo guardare dall'alto in basso.

BILLY WILDER

La televisione è la gomma da masticare degli occhi.

FRANK LLOYD WRIGHT

TEMPERATURA *(Clima)*
vedi anche **Caldo - Freddo**

Com'è il paradiso? C'è il meglio di tutto: cibi deliziosi, vini di gran classe, clima dolcissimo e una vista superba da tutti i punti cardinali. Un po' come la Francia, ma senza i francesi.

DIO, PER PENNA DI JEREMY PASCALL!

Ogni ora un infermiere viene a prendermi la temperatura. E me ne porta un'altra.

ERIK SATIE

TEMPO

La lunghezza di un minuto dipende dal lato della porta del bagno in cui ti trovi.

BALLANCE

Non ti sei mai reso conto di quanto sia breve un mese fino a quando non devi pagare gli alimenti.

JOHN BARRYMORE

Il tempo vola e noi no. Strano sarebbe se noi volassimo e il tempo no, il cielo sarebbe pieno di uomini con l'orologio fermo.

ALESSANDRO BERGONZONI

Mettemmo avanti le lancette dell'orologio. Così, per ingannare il tempo.

ALESSANDRO BERGONZONI

Il tempo è un grande maestro. Peccato che uccida tutti i suoi allievi.

HECTOR BERLIOZ

Non me la prendo con quelli che guardano l'orologio mentre parlo. Ma mi arrabbio davvero quando iniziano a scuoterlo per essere sicuri che funzioni ancora.

LORD BIRKETT

Quando è sereno e soleggiato dopo due giorni freddi e piovosi, probabilmente è lunedì.

CITATA DA ANTONIO BRUNO

Il pollo è un secondo, sessanta polli sono un minuto, un minuto sono centoventi ali. Ecco perché si dice che il tempo vola.

MARCO CACINI

Ti lascio, che tra cinque minuti manca un quarto alle sette e mezza.

VITTORIO CECCHI GORI

Io vi amo! Vi amo tutti!... Se ne ho il tempo.

JANGO EDWARDS

Una volta ho fatto l'amore per un'ora e quindici secondi filati. Ma era quando abbiamo spostato gli orologi per l'ora legale.
PAOLO LIMITI

Prima il tempo volava. Ora ha paura dei terroristi.
JASON LOVE

«Agnelli ormai ha fatto il suo tempo.» «Mio marito ha già rimesso l'orologio sotto il polsino.»
PAT

Voi avete l'orologio, noi abbiamo il tempo.
PROVERBIO AFRICANO

Parsifal è quel genere d'opera che inizia alle 6.00 di sera. Dopo circa tre ore guardi l'orologio che segna le 6.20.
DAVID RANDOLPH

Si possono misurare le distanze in tempo. «Quant'è lontano?» «Oh, circa venti minuti». Non funziona però al contrario. «Quando smonti dal lavoro?» «Verso tre miglia».
JERRY SEINFELD

Per fare molte cose bisogna non aver tempo.
LINO TOFFOLO

Ho l'orologio che va avanti di tre ore ma non sono mai riuscito ad aggiustarlo. Così da Los Angeles mi sono trasferito a NewYork.
STEVEN WRIGHT

Quand'ero piccolo non avevo l'orologio. Così usavo il violino. Iniziavo a esercitarmi durante la notte e i vicini gridavano: «Bel momento per suonare il violino alle tre di notte!».
HENNY YOUNGMAN

TEMPO METEOROLOGICO

Vedi ***Meteo***

TENNIS

Il tennis è un gioco per giovani. Fino ai 25 anni puoi giocare da solo. Dai 25 ai 35 dovresti giocare in doppio. Io non vi dirò esattamente quanti anni ho, ma quando gioco ci sono 28 uomini sul campo. Tutti dalla mia parte.

GEORGE BURNS

Vorrei essere gay per farmi accarezzare da questa volée.

GIANNI CLERICI, DOPO UN DOLCISSIMO COLPO AL VOLO DI JOHN MC ENROE

Il miglior doppio del mondo è quello formato da John McEnroe e da chiunque altro.

PETER FLEMING

Il tennista Roger Federer è l'unico svizzero a essere diventato famoso in tutto il mondo senza fare tic-tac.

GINO&MICHELE

Monica Sales? Non vorrei essere nella stanza accanto durante la sua prima notte di nozze.

PETER USTINOV

Sarei disposto ad avere 37 e 2 tutta la vita in cambio della seconda palla di servizio di McEnroe.

BEPPE VIOLA

TENORE

vedi **Opera lirica**

TENTAZIONE

In tanti aspetti, a cominciare dal modo unico in cui sa segnare, Ronaldo mi ricorda Meazza, il quale commise un solo errore: accettare il trasferimento al Milan. Sono sicuro che Ronaldo mai potrebbe essere indotto in una simile tentazione. Uno grande come lui può indossare una sola maglia: quella nerazzurra.

PEPPINO PRISCO

Riesco a resistere a tutto, fuorché alle tentazioni.

OSCAR WILDE

TEORIA *(Pratica)*

Il dottor Rudolf von Rudder ci spiega come un aereo riesce a volare: «È una teoria semplice. La faccenda è questa: vedete, i motori spingono il velivolo in avanti e creano una

corrente, e questa colpisce il terreno e ritorna verso l'aereo; i motori vanno più veloci e tutto l'apparecchio vibra, quindi, quando c'è sufficiente corrente e un vuoto d'aria si è creato, l'aereo si solleva in cielo. Da qui in poi è un miracolo. Non ho mai capito cosa li tenga su».
MEL BROOKS

Prima di sposarmi avevo sei teorie su come allevare i bambini. Ora ho sei bambini e nessuna teoria.
JEAN CHARLES

La teoria: si conosce tutto e non funziona niente. La pratica: funziona tutto e nessuno sa perché. In questo caso abbiamo messo insieme la teoria e la pratica: non funziona niente e nessuno sa il perché!
ALBERT EINSTEIN

Ho visto i teorici della coppia aperta devastati dagli spifferi!
GINO&MICHELE-PAOLO ROSSI

Ho una teoria: che Osama Bin Laden si stia nascondendo in Nebraska e che dovremmo bombardare lì. Del resto, se abbiamo preso un abbaglio, cosa perdiamo?
JACKIE KASHIAN

Sono il più grande teorico della figa in Italia e il più grande pratico della sfiga in Europa.
DARIO VERGASSOLA

TEPPISTA
vedi **Vandalo**

TERAPIA *(Cura)*

Avendogli prescritto il medico di sudare molto per curarsi dai reumatismi, Silvio Berlusconi si compra l'equatore.
AMURRI & VERDE

Raffreddore: malattia che se curata dal medico, dura una settimana e senza, sette giorni.
ANONIMO

Il medico al paziente grasso: «Prenda due di queste pillole a ogni pasto, ma non più di trenta al giorno!».

Herman

Ho una cura perfetta per una gola arrossata. Tagliarla!

Alfred Hitchcock

TERRA

Sono ottimista: un giorno la terra servirà a concimare un pianeta lontano.

Altan

L'uomo comune calpesta la terra e bacia la folla. Il Papa fa il contrario: bacia la terra e calpesta la folla.

Anonimo

Non prendetevela con Me se la Terra è sovrappopolata, la colpa è vostra: dovreste darvi una regolata con il procreamento. Se Io Mi sono accontentato di un Figlio solo, dovrebbe essere più che sufficiente anche per voi.

Dio, per penna di Jeremy Pascall!

Dice: chi è che gira, la terra intorno al sole o il sole intorno alla terra? Dico: boh, non ci ho mai fatto caso.

Aldo Fabrizi

Chissà se le stelle per esprimere un desiderio devono aspettare che cada la terra?

Enzo Iacchetti

La Microsoft è stata accusata di aver tentato di monopolizzare l'accesso a Internet e si è richiesto a una corte federale di multare la compagnia di un milione di dollari al giorno. Degli analisti hanno calcolato che, a questo ritmo, il capo della Microsoft Bill Gates sarà senza un penny più o meno dieci anni dopo che la terra si schianterà contro il sole.

Norm MacDonald

Milioni di anni fa (o più) la terra si formò grazie a orrendi cataclismi: gli oceani infuriati frantumavano le coste e seppellivano isole, mentre gigantesche catene di montagne crollavano e vulcani in eruzione generavano nuovi monti; i terremoti spostavano i continenti. Per commemorare questi fenomeni, il Municipio manda in giro ogni notte speciali apparecchi, chiamati camion della nettezza urbana, che riproducono sotto le finestre dei cittadini quei fragori tellurici.

EDUARDO MENDOZA

Ogni estate mi rendo sempre più conto che stiamo trasformando questo pianeta in un forno. Ormai uso un deodorante al rosmarino.

ALESSIO PARENTI

Yuri: «Pronto? Perché è comparso l'uomo sulla terra?»
Quelo: «Perché se l'uomo compare sull'acqua affogava... sennò che poteva anche nuotare però se appena compariva che ancora nessuno gli aveva insegnato di nuotare veramente bbéne... se era comparso prima sulla terra un istruttore di nuoto poi compariva l'uomo sull'acqua allora quello gli insegnava a nuotare e allora potevi riandare nell'acqua che ti sentivi veramente bbéne...»

QUELO (CORRADO GUZZANTI)

Linus: «Qualche mattina mi voglio alzare presto per vedere sorgere il sole.»
Sally: «In realtà non è il sole che sorge: è la terra che gira!»
Linus...: «Qualche mattina mi voglio alzare presto per vedere la terra che gira.»

CHARLES M. SCHULZ

Il cardinale Ratzinger si è dichiarato insoddisfatto della decisione di Giovanni Paolo II di riabilitare Galileo. Secondo Ratzinger, infatti, è stato un atto doveroso in quanto Galileo fu il primo a dimostrare che non è il sole che gira intorno alla terra, ma il Papa.

STRISCIA LA NOTIZIA

Quando i bianchi arrivarono per la prima volta in Africa noi neri avevamo la terra e loro la Bibbia. Adesso loro hanno la terra e noi la Bibbia.

MIKE TYSON

TERREMOTATO

vedi ***Terremoto***

TERREMOTO *(Terremotato)*

Una volta mentre facevamo all'amore, si è verificata una stranissima illusione ottica: sembrava quasi che lei si fosse mossa.

WOODY ALLEN

Sulla mia scrivania c'è la foto di una fanciulla in tutù. Era una grande stella della danza. Poi in un incidente ferroviario perse entrambe le gambe. Ma non si è persa d'animo e, talvolta, balla ancora. Quando c'è il terremoto.

ROMANO BERTOLA

Nei fondi di caffè shakerati si legge il futuro dei terremotati.

PAOLO CANANZI

Siamo stati in vacanza in Turchia in roulotte. C'è stato un terremoto e ci hanno messo provvisoriamente in una casa.

GINO&MICHELE

C'è stato un terremoto del grado 4.5 in Alabama, una tragedia. Causerà almeno diecimila canzoni country e western.

CRAIG KILBORN

Oggi alle 21.00 sciopero contro il terremoto.

MARCELLO MARCHESI

Los Angeles è una splendida città, anche se io la critico di quando in quando. Ma la adoro. E se abbassassero le tasse e riducessero lo smog e sistemassero la piaga del traffico, sono convinto che mi ci trasferirei fino al prossimo terremoto.

GROUCHO MARX

Avete mai visto come appare una città dopo un terremoto? È come se la stanza di vostro figlio fosse contagiosa.

JOSEPH ROSSENBLOOM

Dopo il terremoto in Abruzzo.
Lei: «Berlusconi si è precipitato subito su tutti i luoghi del disastro.»
Lui: «Da Sky a *Matrix*, da *Matrix* a *Porta a porta*.»

VAURO

TERRONE *(Meridionale)*

Il corpo di Nunzia.
Il coppo di Nunzia, una valanga di pappamolla, escrescenza dilagante, sburudulante co' tutte zuave de panza e zuave de panza, come un'enorme mantipola di una bestia mai esistita. Io quanno mi getto addosso pe' fa'... non è che c'è solo sesso. Ci è anche l'imprevisto. Tu alzi una zuave de panza: una volta esce Pippo Baudo, un gettone d'oro... non so, Little Tony. I denti di Nunzia! Sette... otto... ma non munotoni: dal beggi al nero opaco, tutti i tunalamenti. Non tutti urdinati, gettati in bocca un po' ddu capita, a caso... una bocca casual!

Diego Abatantuono

Io ho votato la Lega per protesta: non sopporto di essere meridionale.

Albert

«Babbo che ne sarà di me?» «Per intanto sei giovine. Poi farai l'emarginato, il soldato e il disoccupato. Poi scegli: o meridionale o donna.»

Altan

Difficile capire un Paese, scrisse un libellista, dove la stessa cosa è chiamata al Nord uccello e al Sud pesce.

Enzo Biagi

«Come mai la tua squadra ha perso? Ha giocato male?» «No, è stata colpa degli ebrei, dei meridionali e di quella troia della moglie dell'arbitro!»

Ellekappa

I terroni non so, ma noi italiani non siamo razzisti.

Ellekappa

Ciccio! Scipione l'Africano in confronto a noi di Cuneo era.

Franco Franchi e Ciccio Ingrassia

Quando Umberto Bossi studiava Medicina a Pavia elaborò una teoria rivoluzionaria che divideva il corpo umano in tre zone: il Nord, il Centro e il Sud. Il Nord andava dal cervello al cuore. Il Centro dall'intestino agli organi genitali e il Sud dal sedere ai piedi. Cioè il Nord pensava e pulsava. Il Centro digeriva e trombava. E il Sud faceva cagare e basta.

GINO&MICHELE

Il senatore Miglio, l'ideologo della Lega... Come sarà andato la prima volta che ha fatto l'amore? Avrà chiesto alla sua partner: «Come si fa?» e lei avrà risposto: «È facile: ti metti qui e vai su e giù, su e giù...» «Ah no, mi dispiace ma io giù non vado! Solo su...»

GINO&MICHELE-PAOLO ROSSI

Il pollo può essere meridionale o settentrionale: pollo nord o pollo sud.

BORIS MAKARESKO

Prima ero della Lega Nord, poi me ne sono andato e ho fondato la Lega Super Nord. Il simbolo era bellissimo: c'era un orso bianco su un igloo che indicava un eschimese dicendogli: «Tornatene a casa, terùn!».

CARLO PISTARINO

A Baranzate di Bollate siamo tutti meridionali: la bussola segna sempre sud, i bambini nascono direttamente coi baffi e nei campi le melanzane crescono già sott'olio.

POTATO (ALESSANDRO BRUNELLO)

TERRORE

vedi ***Paura***

TERRORISMO

(Anni di Piombo - BR)

Quelli come Bush in Afghanistan diventerebbero bersagli per le esercitazioni terroristiche. Quelli come Bin Laden negli Stati Uniti diventerebbero presidenti della Repubblica.

FRANCESCO BARTUCCI

Il terrorista: «Cercammo di far esplodere un'autobomba a Napoli, ma cinque minuti dopo ruppero il vetro e si fregarono la bomba. Da allora nelle autobomba per Napoli usiamo bombe col frontalino estraibile.»

GIOVANNI CELLINI

Ci sono questi terroristi musulmani che rubano un aereo che vale milioni di dollari, lo fanno esplodere, e danno la colpa alla loro religione. Ora chi è questo tipo, Allah, e cos'ha contro gli aerei?
LENNY CLARK

Era un'organizzazione terroristica di fanatici anticastristi chiamata "Movimento del Sette di Luglio". Il gruppo si era così battezzato in onore della data in cui, nel 1972, i suoi fondatori avevano sferrato uno sfortunato attacco ai danni di una cannoniera cubana al largo dell'Isola dei Pini. Qualche anno più tardi il Movimento era stato lacerato da un'ampia disputa interna: alcuni membri sostenevano che l'attacco all'Isola dei Pini fosse stato sferrato il sei di luglio e chiedevano che il nome venisse cambiato. Era stato raggiunto un compromesso e i terroristi si erano ribattezzati "Movimento del Primo Weekend di Luglio".
CARL HIAASEN

Ci sono due cose che non tollero: i pregiudizi razziali, e i tizi con un turbante sul mio stesso aereo.
RICHARD JENI

Siamo andati in Spagna per la luna di miele. Viaggiamo gratis, grazie al lavoro di mia moglie. È una terrorista.
BRIAN KILEY

Prima il tempo volava. Ora ha paura dei terroristi.
JASON LOVE

Diffidare di chi, entrando in un luogo affollato, invece di dire: «Permesso», urla: «Allah è grande!».
ALBERTO PATRUCCO

Viviamo anni difficili. Gli anni Settanta erano gli anni di piombo, si viveva male e sembrava di aver toccato il fondo; poi sono arrivati gli anni Ottanta e sono stati veramente di merda. Ma adesso è peggio, molto peggio: anche la merda sta prendendo le distanze dagli anni Novanta.
PAOLO ROSSI

Ci siamo ribellati, abbiamo sognato, e siamo stati sconfitti. Qualcuno di noi è diventato tossicodipendente, qualcuno terrorista, qualcuno è morto. Io sono andato via per fare il giornalista.

MICHELE SANTORO

Terrorismo. Kamikaze ar mare cianno l'esprosivo nelli slippe. Appello der governo: se vedete l'uccelli troppo gonfi chiamate la polizzia: ci mettano le mani loro.

IL VERNACOLIERE

TERZO
vedi **Primo**

TESI
vedi **Università**

TEST
vedi **Statistica**

TESTA

Vuoi un consiglio? Mai fottere con la testa e ragionare con la minchia.

ANONIMO

Se hai la testa nel cesso, non fare le bolle.

ANNE BANCROFT

A volte vorrei entrare nella testa delle donne, ma non è possibile. Allora cerco di entrargli in qualche altro posto.

LORENZO BOSIO

L'altro giorno si è svegliato col mal di testa. Mi è dispiaciuto per lui. Vorrei aiutarlo, ma non posso. Gliel'ho detto un sacco di volte: «Quando salti giù dal letto, i piedi per primi!».

JEAN CARROLL

Perché non sembra, ma Cecchi Gori è intelligente. La colpa non è tutta la sua. Siccome lui ha la testa quadrata le idee fanno fatica a girargli bene nella testa, si fermano nei spigoli.

TEDDI CASADEY (PAOLO CEVOLI)

Mio nonno me lo diceva sempre: «Ateo, la testa è la cosa più importante che c'abbiamo. Non sforzarla».

Paolo Cevoli

New Orleans è così violenta che se vai a comprare un paio di calze di nylon ti chiedono la misura della tua testa.

Billy Holliday

Quando due persone si incontrano e una sta a testa in giù non è così semplice stabilire chi dei due sta nel verso giusto.

Gaarder Jostein

Le conversazioni dal parrucchiere sono la prova inconfutabile che le teste sono fatte per i capelli.

Karl Kraus

Ho sempre avuto paura dei fucili scarichi. Li usavano per rompere le teste.

Stanislaw Jerzy Lec

I fatti hanno la testa dura.

Lenin

C'è una taglia sulla mia testa: un milione se mi prendono vivo, mezzo se mi prendono morto, uno e mezzo se mi prendono vivo e morto.

Boris Makaresko

Gli uomini hanno soltanto due cose per la testa. Il denaro è l'altra.

Jeanne Moreau

Tuffarsi con i piedi o con la testa? Tutti sappiamo che la testa è la parte più pesante del corpo mentre i piedi sono la parte più veloce. Quindi per la pesca alla cernia, pesce notoriamente pesante, preferiamo il tuffo con i piedi, mentre alla sogliola, preferiamo il filetto alla Voronoff.

Cochi Ponzoni

Ho indossato un collare ortopedico per un anno. Non per un incidente o simili. Mi ero solo stancata di tenere su la testa.

Margareth Smith

Non sono i suoi fianchi che sono grossi, è la sua testa che è piccola!

Alberto Sordi

Io non faccio ginnastica. Dovresti offrirmi più della mia vita per avermi su uno di quegli attrezzi a grugnire per due ore. Io considero il mio corpo un modo per portare la mia testa da un posto all'altro.

Dave Thomas

Io una volta vorrei entrare nella tua testa per provare la sensazione del vuoto assoluto.

I Trettrè

La vera porcellina il reggicalze non l'ha sulla coscia, ma sulla testa.

Zuzzurro e Gaspare

TESTA DI CAZZO

vedi ***Stronzo***

TESTIMONE

Io ho partecipato a quattro matrimoni. Tre come testimone e uno come imputato.

Gianni Fantoni

Stavo camminando per strada quando una signora mi si è avvicinata e, indicando la mia giacca in pelle, mi ha detto: «Lo sa che per fare quella giacca è stata uccisa una mucca?». Le ho risposto: «Cavoli, non sapevo ci fossero dei testimoni. Vuol dire che adesso dovrò uccidere anche lei».

Jake Johannsen

TESTIMONI DI GEOVA

I Testimoni di Geova sono convinti che il mondo sta per finire. Io no, ma quando loro bussano alla mia porta arrivo ad augurarmelo.

Allegra

A volte qualche cabarettista, per far ridere, racconta di disavventure occorsegli con il pubblico: inseguimenti, lanci di oggetti, eccetera. A noi con il pubblico è sempre andata abbastanza bene. Tranne in una occasione, per motivi genetici: recitavamo davanti ai Testimoni di Geova. Loro detestano i gemelli. Secondo la loro dottrina infatti sono obbligati a fare l'amore solo a scopo procreativo e quando una coppia di Testimoni di Geova mette al mondo due gemelli, questi pensano subito: «Qui ci siamo persi una scopata».

GEMELLI BAROLO

Ho scoperto una cosa interessante: i Testimoni di Geova non festeggiano Halloween. Immagino che a loro non piaccia avere degli sconosciuti alla porta a seccarli.

BRUCE CLARK

Povero Michael Jackson, tutte quelle insinuazioni sul sesso. Non è già abbastanza imbarazzante che sia un Testimone di Geova, ora lo accusano di comportarsi come un prete cattolico!

BILLY CONNOLLY

Indietreggiò di un passo, ma i Testimoni di Geova gli furono addosso.

DANIELE LUTTAZZI

Sapete cosa si ottiene incrociando un Testimone di Geova con un ateo? Un tizio che bussa alla vostra porta apparentemente per nessuna ragione.

GUY OWEN

TETTE *(Seno)*

Il latte materno non solo è il latte più genuino, ma anche quello nella confezione più eccitante.

LUTZ ACKERMANN

Il reggiseno è uno strumento politico: separa la destra dalla sinistra, solleva le masse e attira i popoli.

ANONIMO

Ho avuto un incubo la scorsa notte: ho sognato che Valeria Marini era mia madre e io avevo un biberon.

ANONIMO

Mio padre ha sposato una donna sfatta; a vederla nuda non si capiva se aveva il doppio mento o il triplo seno!

ANATOLJ BALASZ (NATALINO BALASSO)

Lui. Le cinque cose da non dirle mai dopo.
1) Ok, quanto ti devo?
2) Lo sai amore? Tu sei la prima donna che porto a letto e non devo gonfiare.
3) No, non posso vederti piangere! Girati!
4) Va bene simulare, ma farlo in playback è troppo!
5) Ma 'ste tette le avevi anche ieri sera o eri un'altra?

Bastardidentro

Le idee sono come le tette, se non sono abbastanza grandi si possono gonfiare.

Stefano Benni

Si è messa due matite sulle tette, e sono cadute a terra. Poi sono cadute anche le matite.

Milton Berle

Se Berlusconi avesse le tette farebbe anche l'annunciatrice!

Enzo Biagi

Non è vero che se Berlusconi avesse le tette farebbe l'annunciatrice. È vero, invece, che se l'annunciatrice avesse le tette se la farebbe Berlusconi.

Gino&Michele

A Barbra Streisand basta dire ogni tanto: «Tieni fuori quelle tette, sono belle» e lei sta buona per altri dieci minuti.

Peter Bogdanovich

Quando il seno è piatto si è più vicini al cuore.

Louis Bouilhet

Nessuno di noi conosceva i metodi di misurazione attuali. Non avevamo piedi, pollici, metri o centimetri. Facevamo tutto a mano. Per gli uomini, era facile. La maggior parte era alta undici o dodici mani. Per le donne, era più complicato. Non abbiamo mai scoperto quanto fossero alte. Iniziavamo a misurarle da terra, e come raggiungevamo i fianchi, la misurazione si trasformava in palpeggiamento. Abbiamo provato a misurare dall'alto verso il basso ed era ancora peggio. Come la mano raggiungeva un capezzolo, ci si metteva orizzontali, ed era la fine della misurazione. A tutt'oggi non so quanto fosse alta nessuna delle donne della mia tribù.

MEL BROOKS-CARL REINER

Ehi ragazze, ho battute che fan cader le tette... Ma vedo che le sapete già!

CAMILLO CANOVI

Noi non possiamo neppure immaginarci un mondo senza porno. Eppure una volta era diverso. Mio nonno, per esempio, mi diceva che lui per eccitarsi doveva andare a sdraiarsi in un prato e aspettare che arrivasse una nuvola a forma di tetta.

ADAM CAROLLA

Mia figlia ha undici anni e gira tutto il giorno in casa col muso, in attesa che le crescano le tette.

BILL COSBY

Non potrei concepire una donna senza tette e non vedo proprio perché dovrei farlo.

IVAN DELLA MEA

Sarà il tuo sguardo magnetico, sarà la tua chioma dorata... ma io quando ti vedo i capezzoli impazzisco.

DIMUNNO E TAMBORRINO

«Va bene che le tette devono stare in due coppe di champagne ma tu esageri: le tue stanno in due bicchierini della vodka.»

DUO DI PICCHE

Molte donne si fanno tatuare. Non farlo. È una roba folle. Le farfalle stanno benissimo sul tuo seno quando hai venti o trenta anni, ma quando ne hai settanta, ottanta si dilatano fino a trasformarsi in condor.

BILLY ELMER

Era così piatta che di reggiseno non aveva la prima, aveva la retromarcia.

GIORGIO FALETTI

Vorrei essere un Totò con le tette.

SABRINA FERILLI

Al mare non è più come un tempo. Una volta si andava in spiaggia a vedere cadere le stelle. Oggi in spiaggia non cadono più nemmeno le tette.

GINO&MICHELE

Quella donna aveva due tette talmente grosse che sembravano tre, tanto erano due.

GIOVANNI GUARESCHI

Seni finti: le donne dicono sempre, delle altre donne: «Lo sai che non sono vere, no? Se l'è comperate»... Sapete, non m'importa niente se non sono vere. Ne voglio comperare un po' anch'io. Così, per la casa, per metterle in varie stanze. E un paio per il cruscotto, quando guido.

ARSENIO HALL

Avevo deciso di conservare la mia verginità per una donna fatta di tette.

EDDIE IZZARD

Non ho mai subìto interventi di chirurgia plastica. Ho ancora i miei veri seni. Lo so perché quando mi sdraio sulla schiena mi rotolano sotto le braccia e sembro uno squalo martello.

LORA LEMAIRE

In Germania, durante un'esibizione di Mariah Carey, i seni della star sono scivolati fuori dal vestito. Sono rimaste coinvolte le prime tre file.

JAY LENO

Per l'imene ci vorrebbero degli abbonamenti, perché quando ti rifai le tette un po' di tempo dura, mentre quello lì, alla prima volta... anzi, perché non rifare l'imene come le porte dei saloon?

LUCIANA LITTIZZETTO

La misura ideale delle tette è a coppa di champagne. Le mie sono a tappo di champagne.

LUCIANA LITTIZZETTO

Non potrei mai essere donna. Starei tutto il giorno a toccarmi le tette.

STEVE MARTIN

Un'ex compagna di classe di Pamela Anderson ha dichiarato che al liceo non aveva affatto seno. Sono shockato: non avevo idea che Pamela Anderson si fosse diplomata.

CONAN O'BRIEN

In un'ipotetica scala di valori per me il sesso è solo al terzo posto. Dopo le tette e la figa.
Furio Ombri

Non mi sarei mai dato alla pittura se le donne fossero state prive di seno.
Pierre-Auguste Renoir

L'altra sera ero sul palco a fare uno show e una donna in prima fila stava allattando un bambino. Riuscite a immaginare: allattare un bambino in prima fila? Il bambino aveva 15 anni! Grazie a Dio non era il suo.
Joan Rivers

Questa ragazza che ho visto su *Playboy* era incredibile. Non penso che avesse addosso silicone; credo avesse elio. Erano così grosse che non sono riuscita a chiudere la rivista.
Rita Rudner

La mia fidanzata è così piatta che potrei spedirla per fax.
Francesco Salvi

Ho fatto la doccia col mio ragazzo. Signore, se fate la doccia abbracciate al vostro ragazzo, quando finalmente uscite, le vostre tette saranno veramente pulite e scintillanti.
Sarah Silverman

A New York, quando qualcuno ti mette un coltello al petto, gli dai i soldi. A Los Angeles, quando qualcuno ti mette un coltello al petto, gli dai i soldi, gli dici: «Grazie, dottore» e ti comperi un reggiseno più grande.
Deidre Sullivan

Le tette finte sono come i nazisti: non ridono, non danzano, sono sempre solo dure e sull'attenti.
Robin Williams

Gli uomini giudicano le donne dal modo in cui sono fatte. Molti uomini pensano che più grossi sono i seni di una donna, minore sia la sua intelligenza. Non penso che funzioni in questo modo. Al contrario, penso che più grossi siano i seni di una donna, minore diventa l'intelligenza degli uomini.
Anita Wise

La mia donna ideale deve avere il capezzolo che sta in una coppa di champagne.

CHECCO ZALONE (LUCA MEDICI)

È meglio il seno? È meglio il sedere? Perché discutere: in fondo le chiappe sono tette senza capezzoli.

ZUZZURRO E GASPARE

TG

vedi **Giornalismo**

TIFOSO

Caratteristica del Simmethal Milano furono le scarpette rosse, studiate in modo tale che, quando i giocatori a fine gara se le sfilavano, si diffondeva per lo stadio e tra i tifosi l'accattivante odore della carne in scatola.

GINO&MICHELE

Un tifoso al poco noto giocatore romanista Cesar Gomez: «A' Gomez, ce l'hai un fojio che te faccio n'autografo?».

CITATA DA ALESSANDRO PARODI

Tenete duro: in cima c'è pieno di figa.

SCRITTA SULL'ASFALTO DI UNA SALITA AL GIRO D'ITALIA

Meglio la Bindi come amante che Galliani come dirigente.

STRISCIONE DEGLI ULTRAS DEL MILAN

Le vie del Signore sono infinite. Toccafondi prendine una e levati dai coglioni.

STRISCIONE DEI TIFOSI PRATESI CONTRO IL LORO PRESIDENTE

C'hai la mamma zoccola e il presidente calzolaio.

STRISCIONE EMPOLESE CONTRO IL TIFOSO FIORENTINO RIFERITO AL PRESIDENTE DIEGO DELLA VALLE

Armani sarto subito.

STRISCIONE IN OCCASIONE DI LOTTOMATICA ROMA-ARMANI JEANS MILANO

Gattuso tranquillo non è aviaria, c'hai il morbillo.

STRISCIONE INTERISTA

Papi vieni alla nostra festa.

STRISCIONE INTERISTA ALLA CONQUISTA DEL 17° SCUDETTO, RIVOLTO A BERLUSCONI

Una volta eri come l'oro. Adesso sei come loro.

STRISCIONE INTERISTA, RIFERITO AL PASSAGGIO DI RONALDO AL MILAN

Totti, titolo di studio: battesimo.

STRISCIONE LAZIALE IN LAZIO-ROMA

Prima di tutto Galliani sei il più brutto.

STRISCIONE ROMANISTA

Te sei scoperta laziale, ma se vinceva l'Acireale, tu te spogliavi uguale.

STRISCIONE ROMANISTA RIVOLTO AD ANNA FALCHI CHE FECE LO STRIP ALLA FESTA-SCUDETTO DELLA LAZIO

Nuovo anno stessi valori: Viva la fica e la Fiorentina.

STRISCIONE VIOLA

Vi si caca nell'acquario.

STRISCIONE VIOLA IN GENOA-FIORENTINA

I tifosi della squadra di baseball di Filadelfia sono cattivissimi. A Pasqua, quando i giocatori avevano organizzato una caccia al tesoro con le uova di Pasqua per i loro bambini, fischiavano i figli dei giocatori che non trovavano le uova.

BOB UECKER

TIGRE

Una volta ho incrociato un cameriere con una tigre. Non so cosa mi sia venuto fuori, però gli ho lasciato una grooossa mancia!

MILTON BERLE

Dio ha creato il gatto per dare all'uomo il piacere di accarezzare la tigre.

MÉRY FERNAND

Una donna ha bisogno di quattro animali nella sua vita: una Jaguar in garage, una tigre a letto, un visone sulla pelle e un asino che paghi.

Zsa Zsa Gabor

Cosa si ottiene se incrociate Sir Elton John e una tigre dai denti a sciabola? Non lo so nemmeno io, ma qualunque cosa sia è meglio che ve la teniate lontano dal culo.

Neil Hamburger

Van Gogh avrebbe venduto più di un quadro se solo ci avesse messo delle tigri.

Tom Hobbes

Le foche sono eccezionali con le palle, e non c'è logica in questo. Non esistono palle nell'Artico, né nell'Antartide. Palleggiano per ore, sono davvero fenomenali! Magari potrebbero esistere altri animali in grado di fare altrettante cose insospettabili. Tipo le tigri, potrebbero essere bravissime a suonare il banjo.

Eddie Izzard

Un uomo aveva una tigre da duecento chili nel suo studio-appartamento di New York. E una volta che hai una tigre, cosa c'è di meglio se non accompagnarla con un alligatore? Dunque questo tale aveva una tigre e un alligatore nel suo appartamento, e la polizia ha ricevuto una soffiata dal pappagallo. La tigre viveva di tonno in scatola, e di qualche occasionale fattorino dell'UPS.

David Letterman

Qualsiasi idiota è capace di prendere una tigre per i coglioni, ma ci vuole un eroe per continuare a stringere.

Geometra Meneghetti (Enrico Bertolino)

Una volta hanno incrociato un pappagallo con una tigre. Non sanno cosa sia diventato, ma quando parla tutti lo ascoltano.

Henny Youngman

TIMIDEZZA

Qualche volta si affacciava il medico alla porta della camera.

Cerimonioso, timido, col cappello in mano: «Disturbo?» «Gastrico!».
ACHILLE CAMPANILE

Renato è molto timido, Cochi no. Una volta Renato ha chiesto cinquemila lire in prestito a un mendicante e poi non gliele ha più restituite solo per timidezza.
COCHI E RENATO-BEPPE VIOLA

Quella sera sono tornata a casa diversa. Più sicura di me stessa. Quasi, quasi ribelle. Tanto che mi sono detta: cos'è 'sta storia! 'Sta timidezza, questo pudore. Noi donne a letto dobbiamo fare tutto quello che fanno gli uomini. Così sono tornata a casa, mi sono infilata sotto le coperte, ho fissato mio marito (che era già tornato) e ho scoreggiato!
GAIA (SIMONA GUARINO)

Una menzogna è una menzogna finché la si esprime con timidezza; rimane una menzogna se si ripete cento volte; ma diviene una verità quando si ripete mille volte.
BENITO MUSSOLINI

Era talmente timido e insicuro che bussava anche quando doveva uscire.
ROBERTO SERAFINI

TIR
vedi **Camion**

TIRANNIA
vedi **Dittatura**

TOCCARE *(Palpare)*

Ci guardammo a lungo in silenzio. A un certo punto, il silenzio si era fatto palpabile. La ragazza, purtroppo, no.
GIAMPIERO CASONI

Questo libro è dedicato a don Ginepro, il prete di quand'ero bambino che, per evitare che ci toccassimo, ci toccava lui. Bontà divina.
GIOBBE COVATTA

Non potrei mai essere donna. Starei tutto il giorno a toccarmi le tette.
STEVE MARTIN

La tua donna la chiamo Bassa Marea perché con lei si tocca sempre.
POZZOLI E DE ANGELIS

Dai mano libera a un uomo e te la ritroverai dappertutto.
MAE WEST

TOILETTE
(Bagno-Bidè-Cesso)

«Dove vai?» «A orinare. Puoi trovarmi al sito www.cesso.it»
ALTAN

Prima massaia: «Caspita, quanto mangiate!»
Seconda massaia: «Sa com'è, abbiamo il water nuovo.»
ALTAN

Secondo le statistiche l'uomo mangia una prugna ogni venti secondi. Non so chi sia questo tizio, ma so dove trovarlo.
MOREY AMSTERDAM

Chi ha inventato lo scopino che si mette accanto al water? Quel coso fa male!
ANDY ANDREWS

Al cinema preferisco la televisione. È più vicina alla toilette.
ANONIMO

La lunghezza di un minuto dipende dal lato della porta del bagno in cui ti trovi.
BALLANCE

Se hai la testa nel cesso, non fare le bolle.
ANNE BANCROFT

Per mia esperienza, se devi tenere chiusa la porta del bagno appoggiandoci contro la gamba sinistra, è architettura moderna.
NANCY BANKS-SMITH

Con l'avvento della telefonia mobile, quando troveremo il cesso occupato, una voce gentile ci dirà: «Stiamo trasferendo la sua cagata».

PAOLO BELLON

Un albergo è un posto dove, nell'esatto minuto in cui la tua doccia ha raggiunto la temperatura che vuoi, qualcuno fa dei segni al tizio che sta nella camera accanto di tirare lo scarico della sua toilette così che l'acqua, diventata bollente, ti spella vivo.

SHELLEY BERMAN

Un cane guardando un albero di Natale acceso pensa: «Finalmente hanno messo la luce nel cesso».

ROMANO BERTOLA

Da piccoli avevamo una casa così magra che al posto dell'asse del water c'era una caramella Polo. Scomodi, ma freeeschi...

ANDREA BRAMBILLA

Eravamo tanto poveri che non potevamo permetterci neppure lo scopino per il cesso. Così legavamo il mio porcospino addomesticato a un bastone e gli dicevamo di trattenere il fiato.

ROY BROWN

Se ce l'ho grosso? Io di fianco al bidè non ho l'asciugamano intimo, ho l'accappatoio intimo.

PAOLO BURINI

Lasciami passare le mani nei tuoi capelli... Non ci sono asciugamani in bagno.

EDDIE CANTOR

Al giorno d'oggi i televisorini d'automobile stanno diventando molto comuni. Mio zio ne ha uno nella sua auto, ma questo gli ha procurato qualche guaio. Mentre sua moglie guidava a 90 all'ora, lui era lì, seduto in macchina a guardare la tv. Poi, a un certo punto, hanno mandato la pubblicità e mio zio è uscito per andare in bagno.

JACKIE CLARK

Giuliano Ferrara è l'unico al mondo che tiene il bidè con lo specchietto retrovisore.

GIOBBE COVATTA

Melomane è un tizio che sentendo cantare una bella ragazza in bagno, avvicina al buco della serratura l'orecchio.

Pierre Doris

Ero in discoteca con la mia ragazza e a un certo punto mi si è avvicinato un tizio che mi ha chiesto se, oltre alla mia ragazza, c'era un altro cesso nel locale.

Fichi d'India

In Inghilterra è primavera. L'anno scorso l'ho mancata. Ero in bagno.

Michael Flanders

A letto eravamo perfetti. Però cominciavamo a litigare già mentre andavamo al bidè.

Ava Gardner

Eravamo sette fratelli. Ecco come ho imparato a ballare, aspettando il mio turno al bagno. Eravamo l'unica famiglia del vicinato ad avere il bagno con la porta girevole.

Bob Hope

Non vado in quel bagno perché lì c'è la carta igienica alla camomilla. Io ho già l'intestino pigro, se mi si addormenta il culo è finita.

Paolo Labati

Per tutti arriva sempre il momento in cui si deve decidere se cagare o uscire dal cesso.

John Le Carré

Un tale ha inventato il bidè portatile. E a voi che davano fastidio quelli coi cellulari!

Jay Leno

Ho un bagno talmente piccolo che se dopo una scoreggia potente qualcuno apre la porta di colpo la caduta di pressione istantanea può provocarti un'embolia.

Roberto Lissoni

Una notte mi alzo per andare in bagno, apro la porta e la luce si accende da sola, senza toccare l'interruttore; entro, faccio i miei bisogni, esco, chiudo la porta e la luce si spegne da sola senza che io tocchi l'interruttore. Torno a letto e mi dico fra me e me: «Magia? Chiaroveggenza? O forse ho pisciato nel frigorifero?».

Mago Oronzo (Raul Cremona)

Sai di essere grassa quando ti siedi nella vasca da bagno, e l'acqua nella toilette sale.

ETTA MAY

Come sapete eravamo nove fratelli. Il sabato si faceva il bagno nel mastello, non avevamo il bagno in casa, si scaldava l'acqua sul fuoco e si versava in questo enorme recipiente; poi il nonno ci lavava uno dietro l'altro: gli ultimi due facevano la lotta nel fango.

NICO (ALDO, GIOVANNI E GIACOMO)

Sono andato ai cessi della stazione, ho conosciuto una ragazza che mi ha vomitato addosso. Ci siamo piaciuti subito.

PAOLO ROSSI

A Venezia per i vostri bisogni servitevi delle toilette pubbliche. Ce ne sono ben due: una a Mestre e una sull'autostrada per Padova, dove, tra l'altro, potrete ammirare il fenomeno dell'acqua alta in pieno autogrill.

MICHELE SERRA

Nella mia scuola c'erano dei servizi igienici così sporchi che nelle docce le verruche camminavano con le ciabatte.

I SOLITI IGNOTI

C'è una piaga nell'industria musicale che dev'essere fermata. Parlo del fatto di spendere i vostri sudati soldi per andare a vedere la vostra band preferita in concerto. E loro hanno il coraggio di non suonare le loro più grandi hit. A volte questi vecchi rocker, come i Rolling Stones, vi strimpellano un medley di pezzetti, cinque accordi di Brown Sugar, per far posto a tutte le canzoni del nuovo album. Così, quando la band dice: «Ecco un pezzo dal nostro nuovo album», perché invece non dicono semplicemente: «Ora voialtri, tutti quanti alzatevi e andate in bagno»?

DAVIDE SPADE

La tv è il cesso degli occhi.

OLIVIERO TOSCANI

Andrei all'inaugurazione di qualsiasi cosa. Anche di una toilette.

ANDY WARHOL

TOLLERANZA
vedi **Pazienza**

TOMBA
vedi **Cimitero**

TOPO

Ricordo con indicibile vergogna la volta che mio padre mi sorprese a masturbarmi. «Cos'hai lì in mano?» tuonò. «Niente, pa'», balbettai, «ho preso un topo.» «Un topo? Balle!». Ma la nonna prese le mie parti: «L'ho sempre detto che in questa stamberga ci sono più topi che cazzi!».
ROMANO BERTOLA

A Baranzate di Bollate le pantegane sono mutate geneticamente e la sera si prostituiscono.
ALESSANDRO BRUNELLO

Il turzulillo di mare è un pesce di scoglio che ragiona come un topo. Si cattura schiacciandolo con un piede o con una scopa, si butta via la testa (acidognola) e poi si succhia.
FELICE CACCAMO (TEO TEOCOLI)

Oggi sono usciti due film importanti, il cartone animato *Ratatouille* e il documentario di Michael Moore *Sicko*. Due film molto diversi: uno è la storia di un grosso ratto schifoso interessato solo al cibo che finisce sempre in mezzo ai guai. L'altro è un cartone animato.
CRAIG FERGUSON

Disneyland è l'unica trappola per uomini azionata da un topo.
INTERNET ONE-LINERS

Un bimbo di cinque anni entra in bagno e trova il padre che si sta infilando un preservativo. Il bimbo dice: «Papà, cosa stai facendo?». E il padre: «Uh, sto cercando di catturare un topo». E il bimbo: «Cosa fai quando l'hai preso, te lo inculi?».
ARTIE LANG

Ogni volta che un comico ride, dentro di lui c'è un piccolo clown che piange. Questo lo sanno tutti. Non tutti sanno però che dentro questo piccolo clown che piange c'è un clown ancora più piccolo che vomita. E dentro di lui ce n'è un altro, minuscolo, che scoreggia. E dentro questo, c'è un microscopico clown bianco che si piscia e si caga addosso e si trascina a fatica, sciancato da un enorme scroto flaccido e puzzolente. E dentro questo enorme scroto rancido c'è un topolino di campagna che sanguina copiosamente dalle orecchie. E il topolino è orfano. Per questo i comici sono profondamente tristi.

Daniele Luttazzi

Durante la guerra avevamo una tale fame che quando aprivamo la credenza c'erano dentro i topi che piangevano.

Gianni Magni

Gli intellettuali sono i primi ad abbandonare una nave che affonda, subito dopo i topi, ma molto prima delle puttane.

Vladimir Majakovskij

Guarda il topo, che animale sagace! Mai affida la sua vita a un solo buco!

Tito Maccio Plauto

Com'è che non c'è un cibo per gatti al sapore di topo? E com'è che non c'è un cibo per cani al sapore di gatto?

Gene Pompa

Le sale cinematografiche hanno creato una nuova razza di topi giganti mangia-popcorn.

Vincent Price

«Sentito sor mae'? Sotto Roma nostra bella c'avemo ventuno milioni de topi.» «Dipendesse pure quello da Andreotti sarebbero altri ventuno milioni di voti.»

Marco Scalia

Il guaio della corsa dei topi è che anche se vinci, sempre un topo sei!

Lily Tomlin

Una ragazza virtuosa non corre dietro ai giovanotti: qualcuno ha forse mai visto una trappola inseguire i topi?

Julian Tuwin

TORO

Nella riproduzione bovina di solito si usano un toro e venticinque mucche. A meno che le mucche non siano notoriamente vacche.

JOHNNY CARSON

La vacca è un mammifero che ha le gambe che arrivano fino a terra. La vacca ha un vitello ogni anno, grazie al toro, che è una vacca senza mammelle. Nella fecondazione artificiale il veterinario sostituisce il toro.

JEAN CHARLES

Il toro è pesante, violento, minaccioso e aggressivo, con quattro zampe e dentoni aguzzi. Mentre il torero è solo un piccolo spagnolo imbrillantinato.

ERIC IDLE

Nella riproduzione bovina si usa un toro e venticinque mucche, a meno che non siano proprio vacche. Invece nella riproduzione suina servono quattro maschi perché alla maiala piace così. Addirittura nella riproduzione ovina in alcuni casi il contadino deve far vedere ai maschi come si fa.

GIANLUCA IRTI

Sono stato in una fattoria. Il fattore mi ha fatto uno scherzo. Mi ha lasciato mungere il toro. Ho scoperto una cosa, quel giorno: mungi quell'animale una volta, e hai un amico per la vita.

YAKOV SMIRNOFF

Sergente: «Da dove vieni ragazzo?»
Allievo ufficiale: «Dall'Arizona, Signore!»
Sergente: «Due sole cose vengono dall'Arizona: i tori e le checche. Non vedo le corna, quindi devi essere una checca.»

UFFICIALE E GENTILUOMO

TORNADO

vedi ***Uragano***

TORTA

Penso sempre che per il mio compleanno mi facciano una festa con una torta enorme da cui esce una donna nuda e gigantesca. Mi picchia e torna nella torta.

WOODY ALLEN

«Che lusso: avete anche il caviale...» «Veramente è una fettina di torta... ma cosa vuole, con tutte queste mosche...»

ANONIMO

Ho capito di essere invecchiato quando al mio compleanno tutti gli invitati si sono messi intorno alla torta per scaldarsi le mani.

GEORGE BURNS

Ecco un'interessante novità per chi è a dieta: una torta tagliata in fettine sottili ha meno calorie di una torta intera.

GARFIELD

La città aveva una struttura concentrica. C'erano cioè cinque circonvallazioni che si stringevano a mano a mano che si avvicinavano al centro. In più le strade principali tagliavano gli anelli delle circonvallazioni dalla periferia verso il centro trasformando Milano in una specie di torta suddivisa in tante fette. Fette di torta... Già questo chiarisce molte cose sul nostro destino.

GINO&MICHELE-PAOLO ROSSI

Penso che sia meraviglioso che siate intervenuti al quarantatreesimo anniversario del mio trentanovesimo compleanno. Abbiamo deciso di non mettere le candeline sulla torta, quest'anno. Avevamo paura che un aereo della Pan Am le scambiasse per una pista di atterraggio.

BOB HOPE, PER IL SUO OTTANTADUESIMO COMPLEANNO

Capisci che stai invecchiando quando le candeline costano più della torta.

BOB HOPE

Mmmmh... che buona torta... Proprio solo come mamma sapeva comprare!

STUART PANKIN

Sai qual è la più bella storia d'amore del cinema mondiale? Quella che raccontano Stanlio e Ollio, quando Oliver Hardy guarda Stan Laurel e gli chiede: «Stanlio, ma tu preferisci me o la torta di mele?». E Laurel guarda Hardy, poi il pubblico, poi ancora Hardy e il pubblico... e gli viene da piangere.

MICHEL PICCOLI

La miglior cosa da mettere in una torta di mele sono i vostri denti.

TONY RANDALL

Ho conosciuto una spogliarellista talmente bassa che agli addii al celibato la fanno uscire da una crostata.

RENATO RAZZANO

Com'è che se mischi farina e acqua ottieni colla? E quando aggiungi uova e zucchero, ottieni una torta? Dove va a finire la colla?

RITA RUDNER

Io sto alla figa come un diabetico alla Sachertorte.

DARIO VERGASSOLA

TORTO

Ci sedemmo dalla parte del torto visto che tutti gli altri posti erano occupati.

BERTOLT BRECHT

Non è detto che la maggioranza abbia sempre torto.

IVY COMPTON-BURNETT

Il segreto per andare d'accordo con le donne è avere torto.

ACHILLE CAMPANILE

Avrei caro il mio torto.

IVAN DELLA MEA

È meglio essere ottimisti e avere torto che pessimisti e aver ragione.

ALBERT EINSTEIN

Posso ammettere di non avere sempre ragione, tuttavia sappiate che non ho mai torto.

SAMUEL GOLDWIN

Abbiate fiducia nel progresso che ha sempre ragione anche quando ha torto.

FILIPPO TOMMASO MARINETTI

Un amico serve quando hai torto. Quando hai ragione non ti serve a niente.

UN MERCOLEDÌ DA LEONI

Quando si è sicuri di aver ragione, non c'è bisogno di discutere con quelli che hanno torto.

GEORGES WOLINSKI

TORTURA

La religione, in effetti, ha convinto la gente che esiste un essere invisibile che vive su in cielo, e che ha una lista speciale di dieci cose che non vuole che tu faccia. E se fai una qualsiasi di queste dieci cose ti manda in un posto pieno di fiamme, e fumo, e tu andrai a fuoco e verrai torturato per sempre fino alla fine dei tempi... ma ti ama. E ha bisogno di soldi.

GEORGE CARLIN

Francesco Cossiga, l'unico partigiano torturato dai tedeschi perché tacesse.

BRUNO GAMBAROTTA

Anche i masochisti confessano se torturati. Lo fanno per riconoscenza.

STANISLAW JERZY LEC

Io ho sempre cantato, fin da piccolo: quando mi mettevo a cantare, mio papà e mia mamma uscivano subito sul balcone, per far vedere ai vicini che non mi stavano torturando.

FRANCESCO SALVI

TOSSE

vedi ***Raffreddore***

TRADIMENTO

(Adulterio - Fedifrago)

Non fosse per i regali di nozze, sarebbe preferibile scappare con l'amante.

GEORGE ADE

Io sono un tipo all'antica. Non credo alle relazioni extraconiugali. Credo che ci si dovrebbe accoppiare a vita come i piccioni e i cattolici.

WOODY ALLEN

«Mamma, il Papa ribadisce: no ai rapporti prematrimoniali.» «E tu dagliela a un uomo sposato.»

ALTAN

Lei: «Gino, ti ho tradito.»
Lui: «Non cedo alle provocazioni.»
ALTAN

«L'anima gemella è come una chiave che entra perfettamente in una serratura e se la chiave non è quella giusta la serratura la devi forzare!» «Ma io e la mia fidanzata ci incastravamo perfettamente! Nessuno l'ha mai forzata!» «Sì, ma la chiave la tenevano tutti!»
ANTONIO E MICHELE

Un po' d'adulterio è il minimo indispensabile per tenersi di buon umore, per non scappare di casa, per far fruttare il capitale speso in mutande fantasia.
NATALIA ASPESI

Non andava mai a trovare la sua fidanzata la domenica: c'era troppo traffico. Fuori e dentro di lei.
MAURIZIO AVANZI

Gli amici delle nostre amiche sono i nostri amanti.
NATALIE BARNEY

La Chiesa battista americana ha comunque stabilito che l'atto d'amore orale non è considerabile come adulterio, in quanto l'adulterio avviene quando vengono a contatto i due genitali... per cui, o sei una testa di cazzo e sei dentro comunque, oppure nessun problema. Quando a Bologna si è sparsa la notizia, migliaia di persone sono scese nelle strade e ci sono ancora code di neofiti davanti alla Chiesa battista che urlano: «A'm fagh batista anca me, boia d'un mond lader!».
ENRICO BERTOLINO

Una sera tornavo a casa da lei con i fiori, un bel regalo, mi sembrava anche una cosa carina. Caso vuole che mi cada l'occhio su *Io donna* con lo speciale: "Quando lui ti tradisce". Apro, sfoglio e leggo: "Quando lui ti tradisce, per via del senso di colpa, spesso torna a casa con fiori e regali". Cazzo, è vero, mi son detto. Sai da quella volta cosa faccio? Tradisco, torno a casa e la offendo. Così lei non sospetta niente. «Caro, ben tornato.» «Fottiti, stronza!».
CLAUDIO BISIO-ROCCO TANICA

Mia suocera è stata la causa del mio divorzio. Una volta mia moglie è tornata a casa e mi ha trovato a letto con lei.

Lenny Bruce

Mai parlare. Mai, se ami tua moglie... Anzi, se la tua vecchia ti becca in flagrante, nega. Già, inventati tutto, e quella ci crederà. Dille: «Senti un po', questa pollastra è scesa giù con un cartello intorno al collo: "Sdraiati sopra di me o muoio!". Capisci, non sapevo cosa fare...».

Lenny Bruce

Non vedo perché sia legittimo amare insieme Cimarosa, Bach e Stravinskij e sia da fedifraghi amare a un tempo Carolina, Claudia e Maria.

Gesualdo Bufalino

Il mio corpo appartiene a mio marito, ma quello che faccio dal collo in su è tutta un'altra storia.

Celebrity

Nella mia stanza da letto ho voluto un armadio piccolissimo, così se mia moglie vorrà tradirmi, sarà costretta a farlo con una mezzasega.

Sergio Cosentino

«Un matrimonio non finisce mai solo per un'infedeltà. Quello è un sintomo che qualcos'altro non va.» «Ah sì? Be', quel sintomo si scopa mia moglie.»

Billy Crystal

Sono rientrato in casa e ho trovato Frank, il mio migliore amico, a letto con mia moglie. Gli ho detto: «Frank, io devo! Ma tu?».

Billy Crystal

L'altro giorno ho raccontato a mio figlio delle api e dei fiori. Lui mi ha risposto con la storia di mia moglie e del macellaio.

Rodney Dangerfield

In sei chilometri mi hanno scattato tre autovelox e me le hanno mandate a casa. Nella prima foto si vede che accanto ho una mia collega. Nella seconda si vede che la mia collega mi mette una mano sulla spalla. Ma quella che ha fatto arrabbiare di più la mia fidanzata è la terza, in cui la mia collega non si vede.

Dimunno e Tamborrino

Non ho mai capito dove trovasse tutto quel tempo per tradirmi,

occupata com'era a scoparsi tutti i miei amici.
DIMUNNO E TAMBORRINO

Scusate, ma sono scioccato. Ho scoperto che la mia ragazza ha una tariffa You and Me, ma che quello You non sono Me!
DIMUNNO E TAMBORRINO

Un giorno ho sorpreso mia moglie a letto nuda, accanto a un vietnamita e a un uomo di colore. Ho scattato una foto e l'ho mandata a Benetton. Non si sa mai.
FRANCK DUBOSC

Il matrimonio è una catena così pesante che a portarla bisogna essere almeno in tre.
ALEXANDRE DUMAS PADRE

Quanti mariti ho avuto? Miei o delle altre?
ZSA ZSA GABOR

Lei: «Mio figlio assomiglia tutto al padre.»
L'amica: «Un pochino però anche a tuo marito.»
CLAUDIO GASPARINI

Quando un uomo sposa la sua amante crea un posto di lavoro.
JAMES GOLDSMITH

Ho perso il lavoro. No, in realtà non ho perso il lavoro. So benissimo dov'è. È che quando vado lì, c'è un altro che lo fa... Ho perso la mia fidanzata. No, in realtà non ho perso la mia fidanzata, so benissimo dov'è. È che quando vado da lei, c'è un altro che se la fa.
BOBCAT GOLDTHWAIT

Non siamo mai traditi da quelle che vorremmo.
SACHA GUITRY

L'unica cosa che chiedo a una donna è quando rientra suo marito.
HUD IL SELVAGGIO

Credo che mio marito abbia una storia con la segretaria. Gli ho trovato sulla camicia delle macchie di rossetto coperte con il bianchetto.
WENDY LIEBMAN

C'è una cosa per cui romperei con la mia ragazza. È se lei mi sorpren-

desse con un'altra donna. Quello proprio non lo sopporterei.
STEVE MARTIN

Dietro ogni uomo di successo c'è una donna e, dietro di lei, sua moglie.
GROUCHO MARX

Negate, negate sempre, negate anche l'evidenza. Però prima infilatevi almeno gli slip.
FRANCESCA MAZZANTINI

Voglio che sogni, figliolo. Voglio che pensi al futuro. Perché il futuro è un campo di girasoli: dove troverai il tuo miglior amico in camporella con la tua ragazza.
GIORGIO MELAZZI

Giuda: «Un bacio è un apostolo roso fra le parole "ti" e "tradisco".»
SANDRO MONTALTO

Penso che un uomo possa avere due, tre relazioni extraconiugali quando è sposato. Ma il massimo è tre. Dopo diventa infedeltà.
YVES MONTAND

Giovedì scorso mia moglie è scappata col mio miglior amico. Anche se lui, a onor del vero, fino a giovedì era un amico come tanti.
FURIO OMBRI

Nucleo: «Capsula, sai che stanotte ho fatto l'amore con la mia ragazza per cinque ore di fila?»
Capsula: «Ci credo. Anch'io una volta ho fatto cinque ore di fila per fare l'amore con la tua ragazza!»
PALI E DISPARI

Un giorno non ce l'ho fatta più, ho preso la mia ragazza e le ho detto: «Cara, io sto con te perché mi accontento». E lei mi ha risposto: «Io, invece, non mi accontento: sto anche con un altro».
DIEGO PARASSOLE

Benchley e io avevamo un ufficio così minuscolo che se fosse stato un centimetro più piccolo sarebbe stato adulterio.
DOROTHY PARKER

La tua ragazza mi ha raccontato una barzelletta così divertente che per poco non cadevo dal letto!
PIETRO PROVENZANO

La tua donna la chiamo Barba perché me la faccio tutte le mattine.
POZZOLI E DE ANGELIS

La tua donna la chiamo Antitetanica perché è obbligatorio farsela.
POZZOLI E DE ANGELIS

Hai mai visto come fa l'amore un marocchino? No? Allora la sera torna a casa prima!
UMBERTO PROIA

Bastardo! Ti sei trovato un'altra donna. E allora, per ripicca, me la son trovata anch'io.
MARIA ROSSI

Amore e odio spesso coincidono, infatti io l'amante di mia moglie lo odio.
MAURIZIO SANGALLI

Ehi! Non trovo nessun capello sui tuoi vestiti. Tu mi tradisci con una donna calva!
TIZIANO SCLAVI

La scorsa notte ho trovato sulla giacca di Kevin un lungo capello grigio. Se è di un'altra donna, lo ammazzo. Se è mio, mi ammazzo io.
NEIL SIMON

Non ho mai rincorso le donne degli altri perché non riesco a entrare negli armadi quando i mariti tornano all'improvviso.
BUD SPENCER

Essere innamorati è bellissimo. È bellissimo quando lei ti dice: «Io non ti tradirò mai per l'eternità». È brutto quando lei ti dice: «Sai che ieri ho capito che è un'eternità che stiamo insieme?».
DADO TEDESCHI

Un consiglio ai mariti anziani delle mogli giovani e belle: state lontani da casa più possibile, perché alle vostre mogli la voglia di tradirvi viene quando vi vedono.
ENRICO VANZINA

Sono innamorata dello stesso uomo da vent'anni. Se mio marito lo scopre mi ammazza.
HENNY YOUNGMAN

TRAFFICO

Non andava mai a trovare la sua fidanzata la domenica: c'era troppo traffico. Fuori e dentro di lei.

MAURIZIO AVANZI

Ma se la polstrada vigila sul traffico, i vigili cosa fanno, polstradano?

GINO&MICHELE

Girare con le targhe alterne non è giusto perché chi ha la targa alterna gira, chi non ce l'ha no.

LEONARDO MANERA

Los Angeles è una splendida città, anche se io la critico di quando in quando. Ma la adoro. E se abbassassero le tasse e riducessero lo smog e sistemassero la piaga del traffico, sono convinto che mi ci trasferirei fino al prossimo terremoto.

GROUCHO MARX

Paura è essere bloccati nel traffico dopo aver appena bevuto due tazze di caffè con dei biscotti alla crusca.

JOHN MENDOZA

Tesoro, un consiglio: quando torni a casa non dimenticarti di camminare in mezzo al traffico!

OMEN (RAUL CREMONA)

Il traffico in questa città è così terribile, che i semafori hanno tre segnali: Alt, Avanti e Cuccato!

ROBERT ORBEN

TRAGEDIA *(Tragico)*

Tg del futuro. A cinquant'anni dal disastro di Ustica finalmente una certezza: il DC9 dell'Itavia, caduto la sera del 27 giugno 1980, poco prima di precipitare volava.

BEPPE BRAIDA

Il comico è il tragico visto di spalle.

GÉRARD GENETTE

Nei milioni di spermatozoi che si precipitano verso l'uscita ce ne sono sempre un centinaio che rimangono schiacciati nella calca, ma nessuno si è mai sognato di dire che la tragedia si poteva evitare.

GENE GNOCCHI

Il mondo ha sempre riso delle proprie tragedie ed è questo l'unico modo in cui è riuscito a sopportarle; di conseguenza tutto ciò che il mondo ha trattato in maniera seria appartiene al lato comico delle cose.

OSCAR WILDE

Ci sono due tragedie nella vita: non riuscire a soddisfare un desiderio e soddisfarlo.

OSCAR WILDE

TRAGICO
vedi **Tragedia**

TRAM *(Autobus-Metropolitana)*

Gin: «Ora vado Fizz. Voglio stare un po' con mio fratello. Sai, sono preoccupato per lui.»
Fizz: «Perché?»
Gin: «Da quando fa il conducente d'autobus non gli parla più nessuno.»

ALE E FRANZ

Signora, è vero che in metropolitana uno le si è appoggiato da dietro, tipo Raul Bova con la bava, e poi le ha chiesto scusa e lei ha risposto: «Se volevo essere lasciata in pace venivo in macchina!».

GEPPI CUCCIARI

Sapete una cosa? A noi neri non ci fanno più sedere in fondo agli autobus: si sono accorti che la maggior parte degli incidenti accade davanti.

SAMMY DAVIS JR

L'altro giorno ho visto un barbone in metropolitana, aveva un cartello con su scritto: "Sono povero, invalido, non ho un lavoro, ho fame, due figli da mantenere e l'Ulivo non ha una vera leadership".

ANTONIO DE LUCA

A Roma, per il Giubileo, hanno messo un sacco di corsie preferenziali per gli autobus. Solo che i romani, quando vedono scritto corsia preferenziale, pensano tutti la stessa cosa: «Preferisco andarci!».

ALESSANDRO DI CARLO

A Milano sciopero a oltranza dei ferrotramvieri... La loro busta paga è misera. Il lavoro poi è sempre più difficile: guidare un autobus e chiedere l'elemosina!

Arturo Di Naccio

Non dico che l'autobus fosse affollato, ma anche il guidatore stava in piedi.

Leopold Fetchner

C'è un autobus che parte alle tre. Vedi di esserci sotto.

Garfield

L'Italia è il Paese dei più furbi. Ieri ero a Roma, sono salito su un autobus e ho timbrato il biglietto: tlic-tlac. Il guidatore si è girato di scatto e ha detto: «Cosa cazzo è questo rumore?».

Beppe Grillo

La mia definizione di "spreco assoluto" è un autobus pieno di avvocati che finisce in un precipizio con tre posti vuoti.

Lamar Hunt

Il tizio davanti a me sull'autobus comincia ad avere convulsioni, a ingoiare la lingua, a tremare, a vomitare. Il suo amico dice: «Oh, ragazzi, sono cinquantacinque giorni di seguito che beve. Dobbiamo tirarlo giù da quest'autobus». Così ci fermiamo e lo facciamo scendere, e io son lì che penso: «Ok, ma adesso chi è che guiderà l'autobus?».

Kathleen Madigan

Mia madre è sempre lì a farti la predica. Anche se non ti conosce. Un giorno eravamo sull'autobus e c'era un ragazzino che aveva il braccio fuori dal finestrino. Mia madre non lo conosceva, ma si è sentita in diritto di dirgli: «Giovanotto, quello è un buon modo per perdere un braccio». E il ragazzino, sarcastico: «Grazie. Può dirci qualcuno degli altri?».

George Miller

Oggi in aereo si vedono le facce che una volta si vedevano sul tram.

Dino Risi

Un mio amico è un idiota. Fuma tre pacchetti di sigarette al giorno. E non accenna a smettere. La sua scusa è: «Perché smettere? Qualunque cosa può uccidermi. Magari sono lì che attraverso la strada, e un autobus mi piomba addosso». Gli ho detto: «Sì, ma se fumassi di meno, potresti attraversare quella strada molto più in fretta».

GREGG ROGELL

Non esistono preservativi completamente sicuri. Un mio amico che ne indossava uno una volta venne investito da un autobus.

BOB RUBIN

Se sul tram vedo una donna incinta, mi alzo. Se poi l'ho messa incinta io, scompaio letteralmente.

MAURIZIO SANGALLI

Nella vita come in tram quando ti siedi è il capolinea.

CAMILLO SBARBARO

Un mio amico jogger corre dieci miglia al giorno. Se mai mi vedeste correre per dieci miglia, dite al conducente dell'autobus che il mio braccio è rimasto imprigionato nella porta.

JEFF SHAW

Luglio, mese in cui non si riesce ad aprire quel finestrino del tram che non si riesce a chiudere in dicembre.

JULIAN TUWIN

Caro tranviere, mi hai chiuso le porte in faccia mentre stavo salendo e te ne sei andato. Io però non mi sono arrabbiato. Ho pensato che potevi essere nervoso per motivi seri; un figlio malato, una moglie in coma... o per lo meno questo è quello che ti auguro, stronzo!

STEFANO ZACCARELLA

TRAMONTO *(Alba)*

Se vendessi candele il sole non tramonterebbe mai.

PROVERBIO YIDDISH

Il cow-boy stava cavalcando nel tramonto quando gridò: «Vai, Bronco!», e sputò un polmone.

FRANCESCO SALVI

«Dunque: il sole tramonta a est, giusto?» «No! Il sole tramonta a ovest!»

«Quello se tu sei a est! Ma noi siamo nel far west, cioè a ovest, quindi oltre l'ovest del tramonto!» «Già, e io sono a sud di un cretino!»

SCAPPO DALLA CITTÀ 2

Quando i piccoli uomini proiettano ombre lunghe il sole sta per tramontare.

MICHAEL SEYMOUR

Io so perché il sole non tramonta mai sull'Impero britannico: Dio non si fida di un inglese al buio.

DUNCAN SPAETH

TRANSESSUALE
vedi anche **Travestito**

Mi dicono che Amanda Lear è stata iscritta all'anagrafe come donna per insufficienza di prove.

ANTONIO AMURRI

Ansa: Il portavoce del governo Prodi, Silvio Sircana, è stato nuovamente fotografato lungo la via Salaria mentre in auto si accostava al marciapiede a parlare con un transessuale: «Ebbene sì», ha dichiarato ai giornalisti, «dopo una giornata intera passata a parlare di politica con Prodi, Mastella, D'Alema, Fassino, Rutelli, Di Pietro, Pecoraro Scanio e Diliberto, sento proprio il bisogno di fermarmi lungo la strada a far quattro chiacchiere con una persona normale!»

PAOLO HENDEL

Si prevedono imminenti sconvolgimenti nell'alimentazione: arriverà la frutta transgenica! Che non è tanto il "genica" quanto il "trans" che un po' mi inquieta... Andrai dal fruttivendolo e chiederai: «Quanto costa un chilo di mele transgeniche?» «Trenta euro al chilo se la mangi in macchina, cinquanta in camera!»

CRISTIANO MILITELLO

Infermiera: «Ma perché vuole farsi operare per cambiare sesso?» Paziente: «Ho sentito che le donne vivono più a lungo».

SOAP

TRAPIANTO

Dottore: «Lei ha bisogno di un multitrapianto: fegato, pancreas, rene e intestino. Coraggio, ci vuole fortuna.»
Paziente: «Allora è meglio che mi cambiate anche il culo.»

ALBERT

È così stupido che vuole un trapianto di ernia.

MILTON BERLE

Se un giorno dovessi fare un trapianto di cervello vorrei quello di un giornalista sportivo. Perché so che non è mai stato usato.

JOE PATERNO

Alla fine si è fatto il trapianto di capelli, ma era ancora un po' a disagio. Quando si è comprato il pettine, ha chiesto se gli davano anche un libretto di istruzioni.

JOSEPH ROSSENBLOOM

Egli aveva un cuore di pietra. Dopo aver perduto la vita in un incidente, il suo cuore fu trapiantato su una statua.

FRANCESCO VERRINA

TRASFUSIONE

vedi ***Sangue***

TRASLOCO

I nostri genitori hanno traslocato parecchie volte: solo durante la nostra infanzia avranno cambiato casa sei o sette volte. Ma noi siamo sempre riusciti a trovarli.

GEMELLI BAROLO

Uno o due giorni prima di cambiare casa, metti la boccia con il pesce rosso in freezer. Quando arriverà il momento del trasloco vedrai che il pesce può essere trasportato senza pericolo di versare nemmeno una goccia d'acqua.

D.A. ROBERTS

Quando ero bambino, ho tenuto un diario. Recentemente lo stavo rileggendo. «Giorno uno: Ancora stanco per il trasloco. Giorno due: Tutti mi parlano come se fossi un idiota».

STEVEN WRIGHT

TRATTORIA
*vedi **Ristorante***

TRAUMA
*vedi **Frattura***

TRAVESTITO
*vedi anche **Transessuale***

Spesso il sabato pomeriggio qualcuno mi invita a giocare a golf. Ma non ci vado. Lo trovo uno sport da smidollati. Preferisco restare a casa a provarmi i vestiti di mia moglie.

ROMANO BERTOLA

Ieri sera in tangenziale ho dato un passaggio a una bella signorina. In albergo mi sono accorto che aveva due difetti: lo strabismo di Venere e il pisello di Giove.

DIMUNNO E TAMBORRINO

Un bimbo ha chiesto alla mamma: «Mamma, perché ci sono uomini che si vestono da donne?» «Ehi, cosa sono queste parole? Lo saprai quando sarai grande! E poi te l'ho detto mille volte: io non sono la mamma, sono il papà!»

GIORGIO FALETTI

Nonostante abbia già compiuto 14 anni mia madre mi impedisce di mettermi il reggiseno. Continua a dirmi: «No! Ho di detto di no Osvaldo!».

ORAZIO LEOTTA

Negli Stati Uniti i ragazzi si travestivano per non andare in Vietnam. Io mi travesto per andare da Costanzo.

PLATINETTE

Avete mai visto Simona Ventura senza trucco? Beh, Sircana ci farebbe un pensierino...

LUCIO WILSON

TRENO *(Ferrovia - Stazione)*

Quando finalmente il mio treno arriverà, con la fortuna che ho io sarò all'aeroporto.

JOHN ADEY

Esame di fisica. Si presenta il primo studente. Il professore: «Sei in treno, in uno scompartimento. Fa caldo. Che fai?» «Mah, apro il finestrino.» «Bravo. Ora calcola la variazione di entropia.» «Mi servirebbe qualche dato in più...» «No!... Lo sai?... No? Va bene, vai.» E il primo viene sbattuto fuori. Arriva il secondo, poi il terzo, il quarto e il professore fa la medesima domanda con lo stesso risultato. Arriva l'ultimo studente: «Sei in treno, in uno scompartimento. Fa caldo. Che fai?» «Mi tolgo la giacca.» «Sì, ma fa ancora caldo, che fai?» «Mi allento la cravatta.» «Ma fa ancora caldo...» «Mi sbottono la camicia.» Incazzandosi: «Sì, ma fa ancora tanto caldo, che fai?» «Senta professore, può fare quanto caldo vuole. Ma io quel cazzo di finestrino non lo apro!»

ANONIMO

«Ecco la grotta!» esclamarono i Re Magi. Si inginocchiarono e vennero travolti dal rapido Parigi-Roma che usciva dalla galleria del Frejus.

ROMANO BERTOLA

Sulla mia scrivania c'è la foto di una fanciulla in tutù. Era una grande stella della danza. Poi in un incidente ferroviario perse entrambe le gambe. Ma non si è persa d'animo e, talvolta, balla ancora. Quando c'è il terremoto.

ROMANO BERTOLA

Mio padre era ferroviere e per quarant'anni scorrazzò per l'Italia su merci e diretti. Amava follemente la ferrovia: le partenze all'alba, le gallerie rombanti, le stazioni piene di viaggiatori! L'unico suo dispiacere fu di non potersi mettere in proprio.

ROMANO BERTOLA

Tragedia in bassa Italia. Suicida si sdraia sui binari della linea Milano-Reggio Calabria e muore con 9 ore di ritardo.

MASSIMO BOLDI

«Ehi Armonica, una città se la fai vicino a una stazione è una fabbrica di soldi, eh? Centinaia di migliaia di dollari, eh, anche di più: mi-

gliaia di migliaia...» «Li chiamano milioni.»
C'ERA UNA VOLTA IL WEST

Da un'indagine è stato definito che nei treni l'ultima vettura è la più pericolosa. La Direzione Generale ha deciso di eliminarla al più presto.
DOMENICO IPPOLITO

Viaggiatore: «Quando parte 'sto cesso di treno?»
Controllore: «Appena si riempie di stronzi. Salga.»
GIANNI IPPOLITO

Certe volte i presentimenti sono stupefacenti. Pensate che una volta mio zio doveva andare a Chicago da Los Angeles e ha avuto il presentimento che l'aereo che avrebbe dovuto prendere si sarebbe guastato. Così ha preso il treno e... pensate un po'? L'aereo è precipitato. Sul treno.
I JEFFERSON

Le piccole stazioni sono molto fiere dei rapidi che le devono attraversare.
KARL KRAUS

Questo è il cuore del quartiere residenziale, ogni lotto è a un tiro di pietra dalla stazione. Non appena avranno tirato abbastanza pietre, costruiremo la stazione.
GROUCHO MARX

Mio papà guida i treni. Lui dovrebbe tirare i merci, ma a volte senza essere ordinato di servizio va in Stazione Centrale e prende su il Pendolino per Roma, lo lancia in velocità come se fosse suo, poi tra Reggio Emilia e Modena sterza di colpo e lo piega di fianco... il treno per quello tiene, ma gli utenti si spaventano lo stesso.
MAURIZIO MILANI

Sono un eiaculatore precoce, molto precoce. Una volta, dopo che mi ero scopato una tipa in treno, il controllore mi ha fatto pagare il supplemento rapido.
FURIO OMBRI

Per non parlare dei finestrini dei treni, che non sono mai puliti! L'unica volta che ti accorgi che fuori è giorno è dopo un deragliamento.
ROBERT ORBEN

Ho fatto un terribile scherzo alle Ferrovie. Ho acquistato un biglietto andata e ritorno Roma-Firenze e poi non sono tornato.
ETTORE PETROLINI

Sono andato ai cessi della stazione, ho conosciuto una ragazza che mi ha vomitato addosso. Ci siamo piaciuti subito.
PAOLO ROSSI

Di solito si diceva: «Ho fatto una corsa per prendere il treno!». Oggi, se uno fa una corsa, lo supera, il treno!
JEFF ROVIN

Andare in giro a fare serate è una vita dura, sempre in giro dove capita, dormire in posti schifosi citati sulla *Guida del Touring* sotto la voce "paludi da bonificare". Una volta siamo andati in un motel che avevano chiamato "Ferrovie dello Stato" per poter usare saponette e asciugamani che rubavano sui treni.
FRANCESCO SALVI

Eravamo cosi poveri che non ci potevamo permettere i film porno. Cosi andavamo alla stazione a vedere i partenti che si baciavano.
SANDORR

Terra ai contadini, ferrovie ai ferrovieri, cimiteri ai morti!
TOTÒ

Quelli che di fianco al vagone letto credono che ci sia il vagone comodino.
BEPPE VIOLA

TRIBUNALE
vedi ***Processo***

TRIBUTI
vedi ***Tasse***

TRICHECO

Il cucciolo di tricheco che era stato abbandonato su una spiaggia dell'Alaska sta ricevendo le cure necessarie per tornare in buona salute. Il Wwf ha dichiarato che il

piccolo tricheco dovrebbe rimettersi in forma giusto in tempo perché i nativi dell'Alaska possano ucciderlo a mazzate e scioglierlo per farne sapone.
MICHAEL LOOMIS

«Ma via... per due denti... cosa vuole che siano?», disse il dentista. «Tutto per me!», rispose il tricheco.
LEONARDO MANERA

TRISTEZZA

Che tristezza... dormire con i sonniferi! Pensare che una volta, mia nonna, nella nostra casetta nel bosco, per farmi addormentare, mi faceva un'iniezione di morfina.
ROMANO BERTOLA

Il golf non è un funerale, anche se entrambe possono essere occasioni molto tristi.
BERNARD DARWIN

C'è gente triste sotto la gamba di Heather Parisi...
GIORGIO FALETTI

Come esistono oratori balbuzienti, umoristi tristi, parrucchieri calvi, potrebbero esistere benissimo anche dei politici onesti.
DARIO FO

Dite: «Com'è triste Venezia»?
Si vede che non avete mai visto Monfalcone.
DARIO FO, REGALATA A PAOLO ROSSI

Voi milanesi vivete davvero male, siete tristi: ai bar avete i tavoli da uno.
BEPPE GRILLO

Sapete quale sarebbe una bella storia? Quella di un clown che fa divertire la gente, ma che dentro è molto triste. E che inoltre ha la diarrea.
JACK HANDEY

Ogni volta che un comico ride, dentro di lui c'è un piccolo clown che piange. Questo lo sanno tutti. Non tutti sanno però che dentro questo piccolo clown che piange c'è un clown ancora più piccolo che vomita. E dentro di lui ce n'è un altro, minuscolo, che scoreggia. E dentro questo, c'è un microscopico clown bianco che si piscia e si caga addosso e si trascina a fatica, sciancato da un enorme scroto flaccido e puzzolente. E dentro questo enorme scroto rancido c'è un topolino di campagna che sanguina copiosamente dalle orecchie. E il topolino è orfano. Per questo i comici sono profondamente tristi.

DANIELE LUTTAZZI

Avevano lo sguardo triste e solenne degli inglesi che si divertono.

WILLIAM SOMERSET MAUGHAM

Lo sguardo malinconico di Piero Fassino, quel gentiluomo triste con quell' espressione fissa che sembra dirti all'infinito: «Mi è morta la salvia sul balcone».

GIORGIO MELAZZI

Un romagnolo triste può, comunque, sempre, diventare un ottimo comico svizzero.

JOHN TOWERS

La Spezia è una città triste, ma così triste che Isernia al confronto sembra Las Vegas.

DARIO VERGASSOLA

TROTA

Era una riserva così piena di trote che vinceva chi non pescava niente. Vinceva una trota.

GINO&MICHELE

Gli uomini, in realtà, non sanno come appaiono. Non se lo immaginano neanche. Andate su una spiaggia e vedrete stesi ad abbronzarsi alcuni dei più grossi mammiferi di terra del Nord America con indosso solo uno Speedo. Un tizio che dovrebbe vestire un poncho in spiaggia, un uomo con più difetti genetici di una trota del fiume Hudson, lo vedrete indossare un costume da bagno creato per competizioni Olimpiche. In che cavolo di specchio stava guardando quando ha preso questa decisione? «Questo è il costume da bagno per me! Attira davvero l'attenzione sul mio molliccio pancione squarciato da un arpione, in maniera tale che farà impazzire le pupe. Ehi, negoziante, non è che avete qualcosa di più piccolo? Perché non credo che si vedano tutti i miei peli della schiena, e non vorrei privare nessuno di questo spettacolo unico al mondo!»

RICHARD JENI

Carpe diem
Trote gnam.
VASCO MIRANDOLA

TRUCCO

Ho sognato di fare il mio migliore trucco con le carte a Dio e Lui ha detto: «So come hai fatto».
TONY INVERGO

Era talmente brutta che a un concorso per truccatori dell'horror il suo truccatore vinse il primo premio. Bastò un filo di rimmel.
EGIDIO MORRETTI

T-SHIRT
vedi ***Maglione***

TUFFARSI

Nel mondo ne nasce 10.000 al secondo! Bestia della miseria, ho detto, 10.000 al secondo! Questo vuol dire che minimo minimo, ora, in questo secondo qui, ce n'è 10.000, anzi 20.000, perché sono in due vero? Che sono lì... onzipapparàtataretatatà... minimo... Poi con tutti gli attrezzi che c'è oggi per non restare incinte e quelli che non vogliono figli: quanti staranno facendo l'amore in questo momento... Secondo me siamo gli unici imbecilli che invece di far l'amore siamo qui a vedere il Benigni! Io sarei per tuffarmi: "Grande ammucchiata al Teatro Tenda! Mai vista un'orgia simile dai tempi di Lucullo! Anche le forze dell'ordine coinvolte: nati 20 carabinieri in mezz'ora!".
ROBERTO BENIGNI

Se un moscerino si tuffasse nel tuo lago di sapienza, si romperebbe il collo.
FUGGIAMO INSIEME

Una sera mi capitò persino di vedere un tipo che da un trampolino alto venti metri si tuffava in un bicchiere d'acqua. «Ma non è pericoloso?» gli chiesi. «No!... l'acqua è bassa, si tocca!» mi rispose.
VALERIO PERETTI CUCCHI E MARIO ZUCCA

Tuffarsi con i piedi o con la testa? Tutti sappiamo che la testa è la parte

più pesante del corpo mentre i piedi sono la parte più veloce. Quindi per la pesca alla cernia, pesce notoriamente pesante, preferiamo il tuffo con i piedi, mentre alla sogliola, preferiamo il filetto alla Voronoff.
COCHI PONZONI

L'altro giorno al mare ho fatto un tuffo e sott'acqua ho trovato un marocchino che voleva lavarmi il vetro della maschera.
TEO TEOCOLI

TUONO
vedi **Pioggia**

TURISMO (Turista)

Ho incontrato un turista scemo in Italia. Pensava che Vat 69 fosse il numero di telefono del Papa.
MILTON BERLE

Mia moglie è sconvolta. Ha scoperto che nella tomba, sulla quale tante volte si è raccolta in preghiera, non è sepolto suo padre, ma il faraone Cheope. «Adesso si spiega», dice tra i singhiozzi, «la continua presenza di tutti quei turisti.»
ROMANO BERTOLA

Giovanissimo Silvio Berlusconi visita gli Stati Uniti e vede più città che può. Visita New York, Los Angeles, San Diego, Dallas, Dinasty, Miami Vicc.
GINO&MICHELE

Benvenuti a New York, dove ogni turista è un bancomat ambulante.
DAVID LETTERMAN

Questo pomeriggio c'è stata una rapina. Hanno rapinato un pullman di turisti giapponesi. Ma, grazie a Dio, sono disponibili oltre due milioni di fotografie dei rapinatori.
JAN MURRAY

Visitate la California prima che la California visiti noi.
DANIEL ORTEGA

Il turista è una persona che viaggia mille miglia per farsi una foto accanto alla sua macchina.
BOB PHILLIPS

Lasciatemi dare un consiglio ai turisti. Se volete andare a New York, portatevi la macchina fotografica, perché vedrete cose che non rivedrete mai più. La prima cosa che non rivedrete mai più sarà la vostra macchina fotografica.

MIKE REYNOLDS

I tedeschi viaggiano soprattutto per verificare l'esattezza della guida turistica.

ANNELISE ROTHENBERGER

TURISTA

vedi **Turismo**

TV

vedi **Televisione**

TYSON MIKE

Tyson condannato, Kennedy assolto. Il confine tra stupro e atto consensuale a volte è chiaro, a volte è negro.

ELLEKAPPA

Fin da piccolo Mike Tyson rivela un carattere piuttosto rissoso, al punto che quando uscivano, i genitori, anziché chiamare la baby sitter, chiamavano lo sparring partner.

GIALAPPA'S BAND

Mike Tyson ha dichiarato che si ritirerà dalla boxe professionistica e che tornerà al suo primo amore: picchiare la gente gratis.

CRAIG KILBORN

Mai parlare di corda in casa dell'impiccato. Non usate mai le parole "elettrizzante" e "galvanizzato" in casa del condannato alla sedia elettrica. Non citate mai la rivoluzione francese in casa del ghigliottinato. Non dite mai "cazzo" in casa dell'evirato. Ma soprattutto non dite mai "stronzo" a Mike Tyson.

EGIDIO MORRETTI

Quando i bianchi arrivarono per la prima volta in Africa noi neri avevamo la terra e loro la Bibbia. Adesso loro hanno la terra e noi la Bibbia.

MIKE TYSON

U

UBRIACO

Dopo quattro Martini, mio marito diventa un mostro disgustoso. E dopo il quinto, svengo di botto.

ANONIMO

Silvio è un vero affarista. Hanno fotografato sua figlia Barbara e lui ha comprato le immagini per 20 mila euro. Poi le ha vendute a *Chi* per 50 mila, a Vespa per 100 mila, quindi ne ha guadagnati 130 mila. E tutte le sere le dice: «Non esci? Che ci fai a casa? Vai a divertirti, ubriacati!».

ROBERTO BENIGNI

Non mi fido dei cammelli, come di chiunque possa stare un'intera settimana senza bere.

JOE E. BROWN

In effetti, mi basta un solo bicchierino per ubriacarmi. Il problema è che non mi ricordo se è il trentesimo o il quarantesimo.

GEORGE BURNS

Non c'è nulla di male nell'essere sobri con moderazione.

JOHN CIARDI

Ero così ubriaco che l'altra notte sono caduto dal letto e ho mancato il pavimento.

HARRY CRANE

Mia madre era sempre così ubriaca che quando ci siamo decisi di farle fare un controllo medico hanno trovato il 2% di sangue nel suo alcol!

ROBERT DE NIRO

Niente fa apparire una donna più carina che tre cocktail dentro un uomo.

LEOPOLD FETCHNER

Il mio medico dice che se continuo a bere così non arriverò alla vecchiaia. Ma io al mio caro dottore non credo. Perché ogni notte vedo più vecchi ubriaconi che vecchi dottori.
JOE E. LEWIS

Non sei ubriaco se puoi sdraiarti sul pavimento senza aggrapparti a qualcosa.
DEAN MARTIN

Trovo davvero entusiasmante essere sobrio. Puoi renderti conto di quello che stai facendo.
PETER O'TOOLE

Sono sposato da un anno e mezzo, e sto imparando le regole. Una di queste è: mai tornare a casa alle quattro del mattino, ubriaco marcio, con un gruppo di amici, entrare in camera da letto e dire: «Ehi, troietta! Facci la colazione!».
LARRY REED

Ed eccola, demoralizzata, disperata e ubriaca. Tutto quello che posso sperare in una donna.
TAXI

«Doppia grappa corretta caffè!»
LINO TOFFOLO

Questo succede quando mia mamma s'arrabbia: «Ragazzi, smettetela o fermo la macchina!» «Mamma, non sei in auto, sei su un'amaca e hai un barattolo da marmellata pieno di scotch». Allora ci pensa un po', poi: «Aspettate che papà torni a casa!» «Mamma, sono otto anni!».
CALVIN TRILLIN

Pensavo che il bere mi facesse male... Così ho smesso di pensare.
T-SHIRT AMERICANE

C'è gente che tiene il vino benissimo: non si ubriaca nemmeno se l'imbottigli.
BEPPE VIOLA

Da giovane bevevo molto. Si vedeva perché camminavo come Elephant Man in un autolavaggio... Ho smesso quando mi sono ritrovato in autostrada, nudo e con le chiavi dell'auto nel culo.
ROBIN WILLIAMS

Mio padre era conosciuto come l'ubriacone della città. Voglio dire, nella maggioranza dei casi non è così terribile, ma noi abitavamo a New York!

Henny Youngman

UCCELLI VARI

Franz: «Io a casa ho una coppia di canarini...»
Ale: «Io ho un full di gatti.»

Ale e Franz

Campagna: un posto umido dove uccelli d'ogni genere svolazzano qua e là crudi.

Anonimo

Difficile capire un Paese, scrisse un libellista, dove la stessa cosa è chiamata al Nord uccello e al Sud pesce.

Enzo Biagi

Gazza: uccello la cui tendenza ai furti ha fatto pensare a qualcuno che si potesse insegnargli a parlare.

Ambrose Bierce

Icaro credeva di essere un uccello, invece era un pirla!

Attribuita a Giovanni Borghi da Marcello Marchesi

Il polo è fatto di falchi e colombe, ma il denominatore comune restano gli uccelli.

Pierferdinando Casini

Era una donna molto sensuale. "Uccello" lo scriveva sempre con due zeta.

Giampiero Casoni

Mio figlio è cattivo. Blocca con lo scotch i vermi sul marciapiede e poi guarda gli uccellini farsi venire l'ernia.

Rodney Dangerfield

Avete sentito di quello scienziato che ha incrociato un picchio con un piccione viaggiatore? Ha ottenuto un uccello che non solo porta i messaggi a destinazione, ma bussa alla porta quando arriva.

John R. Fax

I ricchi trovano tanto straordinario lavorare anche dopo morti: «Dopo

una vita dedicata al lavoro...». A chi doveva dedicarla quel pelandrone, ai canarini?
FORTEBRACCIO

Los Angeles è l'unica città al mondo in cui ci si può svegliare al mattino e sentire gli uccellini tossire sugli alberi.
JOE FRISCO

Un sacco di persone credono che sarebbe bello essere un uccello per poter volare. Ma dimentica il lato negativo, che sarebbe il lisciarsi le piume col becco.
JACK HANDEY

Ho comperato una mangiatoia per gli uccellini. Mi è costata cara, ma ho immaginato che nel tempo mi farà risparmiare un sacco in cibo per gatti.
LINDA HERSKOVIC

Se un uccello avesse il tuo cervello, volerebbe all'indietro!
INSULTI AMERICANI

L'hepplewhite è un uccello che vola capovolto, così quando gli spari cade verso l'alto.
JOHN P. MEDBURY

Lo fanno gli uccelli lo fanno le api facciamolo anche noi: andiamo a dormire.
VASCO MIRANDOLA

«Non prenderei mai degli uccellini in gabbia, mi fanno una pena...» «Beh, meglio che in un acquario.»
RENATO RAZZANO

UCCIDERE
vedi **Omicidio**

UFFICIO
vedi **Impiegato**

ULIVO
vedi **Olio**

ULTIMO
vedi **Primo**

UMANITÀ
vedi **Mondo**

UMIDITÀ

Campagna: un posto umido dove uccelli d'ogni genere svolazzano qua e là crudi.

ANONIMO

Ho preso i reumatismi leggendo Genet, è sempre così umido.

ENNIO FLAIANO

In quella casa c'era un po' d'umidità: i mobili erano rosicchiati dalle anguille.

ANTONIO RICCI

UMILTÀ

Un giorno Dio inventò la superbia. Ma chi c'è più superbo di lui che si è fatto chiamare Dio? Metti caso che si fosse chiamato Guido, insomma, fosse stato un po' più umile sarebbe andata diversamente.

ROBERTO BENIGNI

Agli inizi della carriera Giulio Andreotti fece un po' di tutto: sottosegretario al Bilancio, all'Industria, agli Esteri, i lavori più umili insomma, dei quali tuttavia ancor oggi non si vergogna.

GINO&MICHELE

Non credo di essere bello. Ma che valore ha la mia umile opinione contro quella che, invece, dichiara lo specchio?

MUHAMMAD ALÌ (CASSIUS CLAY)

Non essere umile. Non sei così grande.

GOLDA MEIR

È vero che noi interisti discendiamo da una costola del Milan. D'altro

canto, non abbiamo mai nascosto le nostre umili origini.

PEPPINO PRISCO

Gianni Agnelli è una persona per lo più umile, nonostante la continua vicinanza del fratello Umberto che farebbe venire il complesso di superiorità anche a Tonino Carino da Ascoli.

ANTONIO RICCI

Ho cominciato dai gradini più bassi. Uno dei miei primi incarichi nell'ufficio era pulire le finestre delle buste da lettere.

RITA RUDNER

UMORISTI
vedi ***Comici***

UNIONE SOVIETICA
vedi ***Russia***

UNITÀ DI MISURA
vedi anche ***Metro***

Nessuno di noi conosceva i metodi di misurazione attuali. Non avevamo piedi, pollici, metri o centimetri. Facevamo tutto a mano. Per gli uomini, era facile. La maggior parte era alta undici o dodici mani. Per le donne, era più complicato. Non abbiamo mai scoperto quanto fossero alte. Iniziavamo a misurarle da terra, e come raggiungevamo i fianchi, la misurazione si trasformava in palpeggiamento. Abbiamo provato a misurare dall'alto verso il basso, ed era ancora peggio. Come la mano raggiungeva un capezzolo, ci si metteva orizzontali, ed era la fine della misurazione. A tutt'oggi non so quanto fosse alta nessuna delle donne della mia tribù.

MEL BROOKS-CARL REINER

Si possono misurare le distanze in tempo. «Quanto è lontano?» «Oh, circa venti minuti». Non funziona però al contrario. "Quando smonti dal lavoro?» «Verso tre miglia».

JERRY SEINFELD

UNIVERSITÀ
(Diploma - Laurea - Tesi)

«Suo figlio è ancora all'università?» «Temo di no. È stato espulso la settimana scorsa per comportamento immorale. È stata una sorpresa per noi. Lo hanno colto mentre tentava di immergere una nana nella salsa tartara. È una cosa che non sopportano in un'università dell'Ivy League.»

Woody Allen

Fui buttato fuori dall'università al primo anno. Mi scoprirono mentre copiavo allo scritto di metafisica. Sbirciavo nell'anima del mio vicino.

Woody Allen

La cavia è un animale che, ucciso in quantità sufficiente e in condizioni accuratamente controllate, produce una tesi di laurea.

Anonimo

Esame di medicina. «Mi parli dell'apparato genitale maschile» «Sì, dunque, è composto da un osso...» «Le sarà sembrato, signorina...»

Anonimo

Esame di anatomia. «Signorina, qual è l'organo che può dilatarsi fino a venti volte rispetto alla misura a riposo?». La studentessa, tutta rossa: «Il pene...». Il professore: «No, è l'iride, comunque complimenti al suo ragazzo».

Anonimo

Esame di fisica. Si presenta il primo studente. Il professore: «Sei in treno, in uno scompartimento. Fa caldo. Che fai?» «Mah, apro il finestrino.» «Bravo. Ora calcola la variazione di entropia.» «Mi servirebbe qualche dato in più...» «No!... Lo sai?... No? Va bene, vai.» E il primo viene sbattuto fuori. Arriva il secondo, poi il terzo, il quarto e il professore fa la medesima domanda con lo stesso risultato. Arriva l'ultimo studente: «Sei in treno, in uno scompartimento. Fa caldo. Che fai?» «Mi tolgo la giacca.» «Sì, ma fa ancora caldo, che fai?» «Mi allento la cravatta.» «Ma fa ancora caldo...» «Mi sbottono la camicia.» Incazzandosi:

«Sì, ma fa ancora tanto caldo, che fai?» «Senta professore, può fare quanto caldo vuole. Ma io quel cazzo di finestrino non lo apro!»

Anonimo

Ieri alla facoltà di parapsicologia ho incontrato un fachiro indiano. Neanche lui è felice. Mi ha raccontato di suo fratello che gliene fa passare di tutti i colori, lo angustia in mille modi... «Ma tu non puoi reagire?» gli chiedo. «E come faccio? È lui che tiene il coltello dalla parte della lama!»

Romano Bertola

Mia sorella è una laureata di Vassar. Supersofisticata. Aveva l'abitudine di guidare con le gambe accavallate.

Ed Bluestone

Mio figlio è laureato in biologia. Ha trovato un posto da cavia.

Massimo Bucchi

Nell'università italiana vige il criterio meritocratico: chi merita, fuori dai coglioni.

Barbara Civitelli

Irene Pivetti si è laureata in Lettere all'università Cattolica di Milano, facendo subito dopo un master ai Laboratoires Garnier di Parigi.

Gino&Michele

All'università dell'Illinois pensano di essere riusciti a sviluppare una nuova fonte energetica. Pensano di poter ricavare carburante dal letame di cavallo. Sto dicendo la verità. L'ho letto oggi sul giornale. Ora, non so se questo consentirà alla tua macchina di fare 50 chilometri con quattro litri, ma di sicuro impedirà che qualcuno ti freghi il carburante aspirandolo con la bocca.

Billy Holliday

Adesso esiste un corso di laurea in videogame. Finalmente, una laurea che vale meno di scienze politiche.

Jay Leno

Le scimmie non sono molto intelligenti. Ne conosco una che studia astrofisica, però è fuoricorso.

Egidio Morretti

Dovevo lasciare la mia famiglia per andare all'università. Eh sì, i miei genitori organizzarono una gran festa d'addio per me. Secondo quel che dice la lettera.

EMO PHILIPS

E perché l'ateneo nulla ci perda, quel che in saper mi dà, gli rendo in merda.

SCRITTA NEI GABINETTI DELL'UNIVERSITÀ DI PISA

Totti, titolo di studio: battesimo.

STRISCIONE LAZIALE

«Ambra Angiolini, lei ha ormai raggiunto la maturità artistica. Potendo tornare indietro, non le sarebbe stato più utile un diploma da geometra?»

DARIO VERGASSOLA

UNIVERSO

Una teoria sostiene che se qualcuno mai scoprirà esattamente perché l'universo esiste e qual è il suo scopo, esso svanirà all'istante e verrà rimpiazzato da qualcosa ancora più bizzarro e inesplicabile. Secondo un'altra teoria, questo è già avvenuto.

DOUGLAS ADAMS

Quando la scienza scoprirà il centro dell'universo, un sacco di gente sarà delusa nell'apprendere che non si tratta di loro.

BERNARD BAILEY

L'albergo è davvero deprimente. Tetro. La sera non si sa cosa fare. Ci sono solo delle vecchie. Una di queste, stasera, guardando il cielo, mi ha chiesto: «Secondo lei c'è vita in qualche altra parte dell'universo?» «Be' spero di sì, per dio! Il fatto che non ci sia qui non deve farlo escludere in assoluto.»

ROMANO BERTOLA

Nell'universo ci sono pianeti di punizione dove il sole resta acceso tutta la notte.

ROMANO BERTOLA

Solo due cose sono infinite: l'universo e la stupidità umana, e non sono sicuro della prima.

ALBERT EINSTEIN

La vita e la morte sono due dettagli di quell'immenso universo che, al centro, è chiamato figa.
GABRIELE SCORZONI

La più certa prova dell'esistenza di intelligenza da qualche altra parte nell'universo sta nel fatto che non ha mai provato a contattarci.
BILL WATTERSON

UOMO *(Essere umano)*

Non mi stupirei se il mio prossimo paziente mi chiedesse: «Professore, cosa devo provare quando faccio l'amore?». L'uomo è allo sbando.
GIORGIO ABRAHAM

La cosa più deliziosa non è non aver nulla da fare: è aver qualcosa da fare, e non farla!
MARCEL ACHARD

«Gli svedesi» mi ha detto un norvegese «sono tedeschi che sembrano esseri umani.»
PETER ACKROYD

È raro che gli uomini che nutrono il massimo rispetto per le donne godano di qualche popolarità tra loro.
JOSEPH ADDISON

Dio tace. Ah, se adesso si riuscisse a far chiudere il becco all'uomo.
WOODY ALLEN

Ma non posso ucciderlo, è un essere umano, macchierà tutto il tappeto.
WOODY ALLEN

Quest'uomo può essere prezioso, avendo voglia di vomitare.
WOODY ALLEN

«I veri uomini si vedono nei momenti difficili, Luisa.» «A quanto pare viviamo momenti facilissimi io e te.»
ALTAN

Quando un uomo dice: «Ti amerò per sempre», penso: cos'è una minaccia?
BRUNELLA ANDREOLI

Definire l'uomo una bestia significa adularlo: il maschio in realtà è solo un vibratore ambulante.
Anonima

Un uomo senza donna è come un collo senza torcicollo.
Anonimo

Frugare nella borsetta di una donna è borseggio, frugare nelle tasche di un uomo è matrimonio.
Anonimo

Il matrimonio è il prezzo che gli uomini pagano per il sesso; il sesso è il prezzo che le donne pagano per il matrimonio.
Anonimo

Un uomo pagherà due dollari per qualcosa che vale un dollaro e di cui lui ha bisogno. Una donna pagherà un dollaro per un qualcosa che ne vale due e di cui non ha alcun bisogno.
Anonimo

Era un mondo di uomini veri. Poi arrivò Eva.
Richard Armour

L'uomo di Neanderthal è stato scoperto molto tardi. D'altronde lo stesso Neanderthal non è che ci tenesse a far sapere che stava con un uomo.
Anatolj Balasz (Natalino Balasso)

È una condanna. In strada gli uomini mi riconoscono dalla schiena.
Brigitte Bardot

Cos'è che rende gli uomini così belli? Il buio.
Bastardidentro

Lei aveva qualcosa che un sacco di uomini vogliono: un paio di baffi!
Milton Berle

Perché festeggiamo quest'uomo? Abbiamo finito gli esseri umani?
Milton Berle

Sono gli uomini che sbagliano o siamo noi donne nel giusto?
Syusy Blady

Quando le donne sono depresse, o mangiano o vanno a fare shopping. Gli uomini invece invadono

un altro stato. È un modo di pensare completamente differente.
ELAYNE BOOSLER

Nel futuro le donne partoriranno con l'inseminazione artificiale e noi maschietti daremo il nostro contributo seminale con la masturbazione. Quindi per te maschietto che leggi non cambierà nulla... Contento?
BEPPE BRAIDA

Gli uomini sono come i cani. Continuano a tornare indietro. Le donne, invece, sono come i gatti. Chiama un gatto una volta. È già andato.
LENNY BRUCE

Ci sarà sempre battaglia tra i sessi perché gli uomini e le donne vogliono cose diverse. Gli uomini vogliono le donne e le donne vogliono gli uomini.
GEORGE BURNS

L'uomo ha raccolto tutta la saggezza dei suoi predecessori, e guardate quanto è stupido!
ELIAS CANETTI

Ci sono donne che preferiscono non far soffrire molti uomini contemporaneamente e che preferiscono concentrarsi su uno solo: sono le donne fedeli.
ALFRED CAPUS

La donna crea il bambino, l'uomo si accontenta della Gioconda.
ALDO CAROTENUTO

I problemi degli uomini hanno tre cause: le donne, i soldi ed entrambi.
JOHNNY CARSON

Lui, lei e la posta elettronica. Istruzioni per gli uomini su come usare la posta elettronica: Andare in Outlook e fare clic su "Nuovo messaggio". Scrivere il testo. Fare clic sulla casella "A" e selezionare il destinatario. Fare clic su "Invia". Istruzioni per le donne su come usare la posta elettronica: Chiedere alla collega come è fatta l'icona di Outlook. Trovare la stessa icona sul desktop e fare doppio clic. Rifare doppio clic, stavolta più veloce. Selezionare "Nuovo messaggio". In alto a sinistra... un po' più a sinistra... un po' più in alto... Bastava un clic solo, stavolta. Chiudere pure il secondo messaggio. Scrivere il testo del messaggio. È come una macchina da scrivere. Adesso riscriverlo tutto, ma anziché nella casella dell'oggetto in quella grande sottostante. Mettere un oggetto significativo. No: "messaggio" non va bene, qualcosa di più significativo. Adesso fare clic sul pulsante con la "A". No, non era il pulsante con la "X" in alto a destra, quello chiude il messaggio. Ripartire dal punto 4. Scegliere con molta attenzione i nomi dei destinatari (ecc.). Fare clic su "Invia". Se si ha un modem, è ora di accenderlo; emetterà dei suoni strani: non spegnerlo e non cercare di sintonizzarlo meglio! Quando il messaggio è stato inviato, controllare i nomi dei destinatari e mandare una e-mail di scuse a tutti quelli ai quali non si sarebbe dovuto mandarlo.

Paolo Cevoli

L'uomo è per natura un animale politico... tanto è vero che spesso l'uomo politico è una bestia.

Alfredo Chiappori

Il computer è l'esatto opposto dell'uomo, infatti prima prende il virus e poi va a puttane.

Ezio Ciuspiont

Io sono un uomo che non deve chiedere mai. Di solito imploro.

Comix

Se non esistessero i giardini zoologici gli animali non avrebbero la possibilità di osservare da vicino certe ferocissime specie di uomini.

Enzo Costa

E il Signore disse: «Donna, tu partorirai con gran dolore. Uomo, tu lavorerai con gran sudore, ammesso che troverai lavoro. E la terra produrrà spine e sofferenze». E Adamo disse: «Ma santo Dio, tutto questo per una mela? Domani te ne porto un chilo...».

Giobbe Covatta

Le donne hanno bisogno di un motivo per fare sesso. Agli uomini basta un posto.

Billy Crystal

Per capire una donna ci vuole una donna. Per capire un uomo ci vuole un maiale.
GEPPI CUCCIARI

Tutti gli uomini moderni discendono da creature simili a vermi, ma in qualcuno si vede di più.
WILL CUPPY

Una donna senza culo è come un uomo senza... culo.
PACO D'ALCATRAZ

Nella vita abbondano i maschi, ma scarseggiano gli uomini.
BETTE DAVIS

Dio creò l'uomo e disse: «Non ci siamo!». Creò la donna e disse: «Non ci siamo ancora! ». Creò te e disse: «Ma vaffanculo non è proprio giornata!».
ARTURO DI NACCIO E CLAUDIA GIOVANNELLI

Ogni donna, e nessun uomo, dovrebbe sposarsi.
BENJAMIN DISRAELI

Certo che gli uomini sono superiori alle donne! Innanzitutto possono fare la pipì da una macchina in corsa.
WILL DURST

Un uomo sulla luna non sarà mai interessante quanto una donna sotto il sole.
LEOPOLD FETCHNER

È arrivata un'Ansa. Ecco, abbiamo in anteprima esclusiva il documento della divisione dei beni tra Veronica Lario e Silvio Berlusconi. A Veronica rimane l'Umbria, il Regno delle due Sicilie e un terzo continente a scelta. Inoltre a lei va la custodia del trofeo Mitropa Cup, dei Telegatti e dell'opera omnia di Apicella. Sandro Bondi verrà affidato a Veronica, con la possibilità di visita da parte di Silvio ogni due week end. A Silvio rimane quel poco che resta. Ma si sa, nelle separazioni sono sempre gli uomini ad avere la peggio.
FIORELLO

Un uomo che non si è ancora sposato è incompleto. Poi è finito.
ZSA ZSA GABOR

Voglio solo un uomo che sia dolce e comprensivo. È forse chiedere troppo a un miliardario?
ZSA ZSA GABOR

Riuscire a indurre un uomo ad andare in giardino e a restarvi fino al prossimo pasto è il sogno di ogni donna.
VIRGINIA GAHAM

Quando una donna ama un uomo non è proprio lui che essa ama; ma è proprio lui che un bel giorno essa non ama più.
PAUL GERALDY

L'uomo è nato per soffrire, e ci riesce benissimo.
ROBERTO GERVASO

Le donne per fare sesso hanno bisogno di un buon motivo. Gli uomini anche senza musica.
GINO&MICHELE

Le mie idee religiose si limitano a questa assurda convinzione che Dio abbia creato l'uomo e viceversa.
ANDRÉ GLUCKSMANN

Quando un uomo sposa la sua amante crea un posto di lavoro.
JAMES GOLDSMITH

Un uomo senza una donna è come un fianco senza spina.
GRAFFITO A LOS ANGELES

«O sono sposati o checche. E se non sono checche, hanno appena rotto con la donna più bella del mondo, o hanno appena rotto con una che era una puttana e che somigliava tutta a te. Ma in fase transitoria, dopo una relazione monogama, hanno bisogno di spazio; o sono stanchi di spazio ma non si vogliono impegnare; o vogliono l'impegno ma temono di avvicinarsi; o si avvicinano e tu non li vuoi tra i piedi...»
IL GRANDE FREDDO

Tutti gli uomini sono commedianti. Salvo, forse, qualche attore.
SACHA GUITRY

Il cane è il miglior amico dell'uomo e il padrone ci soffre.
CORRADO GUZZANTI

Bill ha trentadue anni. E dimostra trentadue anni. Li dimostrava cinque anni fa. E li dimostrerà tra vent'anni. Odio gli uomini.
EVA CONTRO EVA

Ogni ragazza che sa cucinare può trovare un uomo che sa mangiare.
ARSENIO HALL

In confronto a questa cosa bella, artistica, morbida, poetica, che è l'orgasmo femminile, l'orgasmo maschile è una roba bestiale e ridicola. Vediamolo insieme con tanto di diagramma. Pronti? Via, partito. Per un bel po', niente, diagramma piatto... Non sale né scende. Striscia. Senza emozioni. Uno fa in tempo ad annoiarsi. Poi, all'improvviso, s'impenna: «Aaahhh!!!». E subito dopo, giù di schianto! Morto. Finito. Quando va bene. A volte finisce prima ancora di cominciare. Una schifezza. Poi si dice che c'è incomprensione tra uomo e donna! Ma ringraziamo il cielo che non ci si spara addosso appena ci si vede da lontano!
PAOLO HENDEL

«Non ballare! Un uomo non balla. Pensa a Schwarzenegger: cammina a stento.»
IN&OUT

Gli uomini, in realtà, non sanno come appaiono. Non se lo immaginano neanche. Andate su una spiaggia e vedrete stesi ad abbronzarsi alcuni dei più grossi mammiferi di terra del Nord America con indosso solo uno Speedo. Un tizio che dovrebbe vestire un poncho in spiaggia, un uomo con più difetti genetici di una trota del fiume Hudson, lo vedrete indossare un costume da bagno creato per competizioni Olimpiche. In che cavolo di specchio stava guardando quando ha preso questa decisione? «Questo è il costume da bagno per me! Attira davvero l'attenzione sul mio molliccio pancione squarciato da un arpione, in maniera tale che farà impazzire le pupe. Ehi, negoziante, non è che avete qualcosa di più piccolo? Perché non credo che si vedano tutti i miei peli della schiena, e non vorrei privare nes-

suno di questo spettacolo unico al mondo!»
RICHARD JENI

In generale un uomo è più contento di avere in tavola una buona cena che una moglie che parla il greco.
SAMUEL JOHNSON

Guardati dall'uomo che sa cucinare. Ti lascerà la cucina piena di pentole unte.
ERICA JONG

Diffidate dell'uomo che inneggia all'emancipazione della donna: sta meditando di lasciare il lavoro.
ERICA JONG

Se una donna di ventiquattro anni non ha ancora trovato l'Uomo Giusto, forse è solo fortunata.
DEBORAH KERR

Playboy sta per pubblicare una rivista per soli uomini sposati: ogni mese, lo stesso paginone centrale.
CRAIG KILBOM

Perché la psicanalisi funziona sempre molto più rapidamente su un uomo che su una donna? Perché bisogna regredire allo stato infantile... e l'uomo di solito si trova già lì.
MARTHA J. KIELEK

Essere uomini è uno sbaglio.
KARL KRAUS

Di solito una donna preferisce essere bella anziché intelligente perché in genere l'uomo medio ha la vista più sviluppata del cervello.
BILL LAWRENCE

Molti uomini innamorati di una fossetta sulla guancia commettono l'errore di sposare l'intera ragazza.
STEPHEN LEACOCK

La tecnica arriverà a una tale perfezione che l'uomo potrà fare a meno di se stesso.
STANISLAW JERZY LEC

Una donna è una donna fino al giorno in cui muore. Ma un uomo è un uomo solo finché ci riesce.
MOMS MABLEY

Sono contenta di non essere un uomo, perché così non sono costretta a sposare una donna.
MADAME DE STAÉL

Felice l'uomo con una moglie che gli dica che cosa fare e una segretaria che lo faccia.
LORD MANCROFT

Gli uomini sono delle creature con due gambe e otto mani.
JANE MANSFIELD

Ma chi è l'uomo medio? È colui che ha negato per secoli che la terra girasse, che ha gettato nel rogo le streghe e ha bruciato i pazzi; che ha massacrato Pisacane e gli eroi del Risorgimento. È colui che è destinato a essere smentito dalla storia, dalla vita e dalla scienza mentre la Società si evolve e si trasforma! Vuoi vedere che l'uomo medio sono io?
MARCELLO MARCHESI

Avete presente quello sguardo che le donne inviano agli uomini quando vogliono fare sesso? Be', neanch'io.
STEVE MARTIN

Dietro ogni uomo di successo c'è una donna e, dietro di lei, sua moglie.
GROUCHO MARX

All'infuori del cane, il libro è il miglior amico dell'uomo. Dentro al cane è troppo scuro per leggere.
GROUCHO MARX

Su un argomento, almeno, uomini e donne concordano: entrambi non si fidano delle donne.
HENRY LOUIS MENCKEN

Molti hanno paura di quella donna: ha mandato più uomini in bianco del colesterolo.
FRANCO MERAFINO

E Dio creò l'uomo a sua immagine e somiglianza. Poi creò la donna, ma un po' più stronza.
FRANCESCO MICCIO

Negli Stati Uniti d'America ci sono oltre venticinquemila numeri di telefono "sexy" per uomini. Sapete quanti ce ne sono per le donne? Tre. Se abbiamo voglia di sentire qual-

cuno parlar male o dire oscenità, ci tocca andare in ufficio.
Felicia Michaels

Penso che un uomo possa avere due, tre relazioni extraconiugali quando è sposato. Ma il massimo è tre. Dopo diventa infedeltà.
Yves Montand

Gli uomini hanno soltanto due cose per la testa. Il denaro è l'altra.
Jeanne Moreau

Gli esseri umani sono costituiti per il 70% d'acqua. E, in certi casi, il resto è collagene.
Martin Mull

«Sono notti come questa che spingono uomini come me verso donne come te per notti come questa.»
My Favourite Spy

Sono contenta che Dio abbia dato i comandamenti a un uomo. Del resto non aveva scelta. Li avesse ricevuti una donna, avrebbe detto subito: «Lo so che questo è quello che ha detto, ma sono convinta che non è quello che intendeva».
Diane Nichols

L'uomo deve essere addestrato alla guerra. La donna al riposo del guerriero. Tutto il resto è stupidità.
Friedrich Nietzsche

L'uomo è soltanto un errore di Dio? Oppure Dio è soltanto un errore dell'uomo?
Friedrich W. Nietzsche

Il matrimonio è il coronamento del sogno di un uomo e di una donna. I genitori della sposa.
Furio Ombri

Secondo una statistica gli uomini trascorrono due ore al giorno parlando di calcio. E questo è preoccupante perché significa che possono parlare per ventidue ore al giorno di cose delle quali non sanno un tubo.
Furio Ombri

C'è qualcosa in lui che attrae le donne verso gli altri uomini.
Robert Orben

La felicità di una donna si misura col metro dell'abbondanza. L'infelicità di un uomo con un righello.

Flavio Oreglio

L'uomo vero è sparito. Alla fine, chissà, vuole guardare la sua donna negli occhi e dire: «Amore, ho le mie cose».

Giorgio Panariello

La media di altezza in Italia è 1 e 75 per l'uomo e 1 e 65 per la donna. Questo per me è un problema: anche come donna sono basso.

Diego Parassole

La differenza tra i buoni del tesoro e gli uomini è che i buoni del tesoro maturano.

Debbie Parry

Lui sposa lei perché lo ama. Lei ama lui perché la sposa.

Jean Paul

Femminista è la donna che non avendo avuto successo come donna cerca di averne come uomo.

Pitigrilli

Nella nostra organizzazione civile e sociale, l'uomo viene per primo, poi viene la macchina. Quindi l'ambulanza.

Herbert V. Prochnow & Herbert V. Prochnow jr.

Ho lasciato la mia donna. Ma come mai quando una donna viene lasciata, dopo poco vive una seconda giovinezza, sta meglio, se le va di lusso dimagrisce pure... L'uomo no. L'uomo quando è lasciato deperisce, peggiora, se gli va di lusso viene travolto da un camion...

Richard Pryor

Yuri: «Pronto? Perché è comparso l'uomo sulla terra?»
Quelo: «Perché se l'uomo compare sull'acqua affogava... sennò che poteva anche nuotare però se appena compariva che ancora nessuno gli aveva insegnato di nuotare veramente bbéne... se era comparso prima sulla terra un istruttore di nuoto poi compariva l'uomo sull'acqua allora quello gli insegnava a nuotare e allora potevi riandare nell'acqua che ti sentivi veramente bbéne...»

Quelo (Corrado Guzzanti)

Come attore nessuno poteva toccarlo. Come essere umano nessuno voleva toccarlo.

I RAGAZZI IRRESISTIBILI

Ho scoperto qualcosa che fa il lavoro di dieci uomini. Dieci donne!

TONY RANDALL

Tu guarda che scherzi che fa la Natura! Potevate essere normali invece siete maschi!

GIULIA RICCIARDI

Un uomo può saltare da un letto a un altro e nessuno dice niente. Ma se una donna fa 19 o 20 errori, diventa subito una baldracca.

JOAN RIVERS

Non è difficile farsi amare da un uomo per tanto tempo. È sufficiente dirgli: «Come fai l'amore tu non lo fa nessuno!», possibilmente cercando di rimanere serie.

MARIA ROSSI

Pensando al matrimonio, non è il legarsi a una donna che l'uomo teme: è il separarsi da tutte le altre.

HELEN ROWLAND

Prima del matrimonio, un uomo giace sveglio a ripensare a qualcosa che tu hai detto; dopo, crolla addormentato prima che tu finisca di dirlo.

HELEN ROWLAND

Ci vogliono vent'anni a una donna per fare del proprio figlio un uomo completo e venti minuti a un'altra donna per farne un perfetto idiota.

GENA ROWLANDS

Gli uomini che portano l'orecchino sono i migliori candidati per il matrimonio. Hanno provato il dolore e comperato gioielli.

RITA RUDNER

Che razza di profumi si mettono addosso gli uomini? Perché pensano che alle donne piaccia l'odore di sella, oppure di resina di pino? Se un uomo vuole che io lo segua per strada, dovrebbe mettersi addosso qualcosa chiamato "Biscotto Zuccherino" o meglio ancora "Croissant".

RITA RUDNER

«Sono in moto. Sa cos'è una moto?» «Cazzate. Roba da finocchi. Gli uomini viaggiano a cavallo.»
LUIS SEPÙLVEDA

Ho sposato un uomo più giovane di me. Cinque anni più giovane. Perché mi sono detta, se non puoi trovare l'uomo giusto, allevane uno.
WANDA SKYES-HALL

Una donna ha bisogno di un uomo come Van Gogh di uno stereo.
SLOGAN FEMMINISTA

Se prendi un uomo ributtalo dentro.
SLOGAN FEMMINISTA

Come uomo ho ancora molto da imparare dalla vita. Ma come mammifero mi sento realizzato.
MIRCO STEFANON

Dietro ogni uomo di successo c'è una donna che non ha mai niente da indossare!
JAMES STEWART

Il mio professore di linguistica sosteneva che è l'abilità dell'uomo a utilizzare il proprio linguaggio a farne la specie dominante. Può essere. Ma io credo ci sia anche un'altra cosa a separarci dagli animali: noi non siamo terrorizzati dai battitappeto.
JEFF STILSON

Le donne possono simulare un orgasmo. Ma gli uomini possono simulare intere relazioni.
SHARON STONE

Come ogni idiota vorrebbe essere saggio, così ogni donna vorrebbe essere uomo.
TORQUATO TASSO

Io non è che sia contrario al matrimonio, però mi pare che un uomo e una donna siano le persone meno adatte a sposarsi.
MASSIMO TROISI

La differenza tra un cammello e un uomo? Il cammello può lavorare una settimana senza bere, l'uomo può bere una settimana senza lavorare.
JULIAN TUWIN

L'uomo è l'unico animale che arrossisce, ma è anche l'unico ad averne motivo.

MARK TWAIN

Se prendi un cane che muore di fame e lo ingrassi, non ti morderà. È questa la differenza principale tra un cane e un uomo.

MARK TWAIN

A volte mi sembra di aver conosciuto così tanti uomini che l'Fbi dovrebbe venire da me quando ha bisogno di impronte digitali.

MAE WEST

Dai mano libera a un uomo e te la ritroverai dappertutto.

MAE WEST

Non lasciare mai che un uomo metta qualcosa sopra di te... se non, forse, il suo ombrello.

MAE WEST

A me piacciono solo due tipi di uomini: gli stranieri e quelli del mio Paese.

MAE WEST

Le donne devono fare qualunque cosa due volte meglio degli uomini per essere giudicate brave la metà. Per fortuna non è difficile.

CHARLOTTE WHITTON

Noi uomini, da una parte non sperimenteremo mai il dare alla luce i bambini. Dall'altra possiamo aprire da soli tutti i nostri barattoli.

BRUCE WILLIS

Gli uomini giudicano le donne dal modo in cui sono fatte. Molti uomini pensano che più grossi sono i seni di una donna, minore sia la sua intelligenza. Non penso che funzioni in questo modo. Al contrario, penso che più grossi siano i seni di una donna, minore diventa l'intelligenza degli uomini.

ANITA WISE

L'uomo che sa leggere le donne come un libro aperto di solito adora leggere a letto.

HENNY YOUNGMAN

Ho sposato un uomo talmente peloso che la mattina quando si sveglia è coperto di rugiada.

GIORGIO ZANETTI

Mia moglie mi ha sposato per fare un dispetto a un uomo. Dopo un anno ho scoperto che quell'uomo ero io.

MARIO ZUCCA

Gli uomini o sono stronzi o sono polli. Le donne o sono stronze o sono stronze. Il più delle volte anche entrambe le cose.

CLAUDIO ZULIAN

UOVO

Chi è stata la prima persona che ha detto: «Vedi quel pollo lì... Adesso mangio la prima cosa che gli esce dal sedere»?

ANONIME INTERNET ONE

Due uova sono nella padella. Il primo dice: «Urca che caldo che fa qui!». L'altro si gira e fa: «Aaahhh! Un uovo che parla!».

ANONIMO

È così vecchio che, quando ordina un uovo à la coque, gli chiedono di pagare in anticipo.

MILTON BERLE

L'unica cosa utile che Chopin ha scritto è il *Valzer di un Minuto*. Ogni mattina prima di colazione spingo il mio piano in cucina, suono il Valzer tre volte, e le mie uova sono cotte.

VICTOR BORGE

Salvador Dalí ha sedotto molte donne, soprattutto americane. Ma tali seduzioni consistevano generalmente nel denudarle nel suo appartamento, friggere un paio d'uova, porle sulle loro spalle e, senza proferire parola alcuna, indicare loro la porta.

LUIS BUÑUEL

La mia ragazza mi ha lasciato perché abbiamo litigato. Ha detto che, quando si tratta di fare l'amore, sono troppo avido. No, non ha det-

to proprio così. Ha detto: «Perfino le uova ci mettono tre minuti!».
ALAN BURSKY

Un tizio va da un medico che gli dice che gli rimangono tre minuti di vita. L'uomo implora: «La prego dottore, mi dia qualcosa!». Il medico gli risponde: «Un uovo alla coque?».
TOMMY COOPER

Colombo fece l'uovo e inventò l'America e a giudicare dal risultato li fece uscire tutti e due dallo stesso posto.
GIOBBE COVATTA

Il pollo è l'unico animale che si può mangiare prima che nasca e dopo che è morto.
LEOPOLD FETCHNER

Sono terrorizzato dalle uova, anzi: peggio. Le trovo rivoltanti. Quella cosetta bianca e tonda senza neanche un buco... Avete mai visto niente di più disgustoso di un tuorlo d'uovo rompersi e lasciar sprizzare il suo liquido giallo? Il sangue è allegro, rosso. Ma il tuorlo d'uovo è giallo, rivoltante. Non l'ho mai assaggiato.
ALFRED HITCHCOCK

Due uova al burro e del bacon entrano in un bar; il barista dice: «Mi spiace, ma non serviamo colazioni, qui».
INTERNET ONE-LINERS

Due agricoltori stavano parlando con vanità competitiva sul vento più forte che avessero mai visto. «Qui in California», disse uno dei due, «ho visto il vento più violento della mia vita. Hai presente le sequoie giganti? Be', il vento era così forte che le ha abbattute d'un colpo.» «Questo è niente», disse l'altro, «nella mia fattoria dello Iowa, un giorno abbiamo avuto un vento che soffiava a 100 miglia all'ora. Fu così terribile che una delle mie galline si ritrovò con il sedere girato contro il vento e depositò lo stesso uovo per sei volte!»
JOE LAURIE JR

Genesi: in principio erano tre uova, poi una si schiuse e nacque... l'uccello.
ROBERTO "ROBYM" MORO

Faceva così caldo che abbiamo dovuto dare da mangiare dei cubetti di ghiaccio alle galline per evitare che ci deponessero uova sode.
TONY RANDALL

Mick Jagger ha delle labbra davvero grosse! L'ho visto succhiare un uovo fuori da una gallina. Potrebbe suonare una tuba da tutte e due le parti.
JOAN RIVERS

Com'è che se mischi farina e acqua ottieni colla? E quando aggiungi uova e zucchero, ottieni una torta? Dove va a finire la colla?
RITA RUDNER

S'ode a destra... strapazzate a sinistra.
ANTONIO SILVA

Il rumore non dimostra alcunché. Una gallina che ha deposto un semplice uovo spesso lancia tali e tanti coccodè come se avesse deposto un asteroide.
MARK TWAIN

Sapete qual è la differenza tra il partecipare e l'essere coinvolti? È la stessa che c'è in un tramezzino uova e prosciutto. In un tramezzino uova e prosciutto la gallina partecipa, il maiale è coinvolto!
SERGIO VIGLIANESE

URAGANO *(Alluvione - Tornado)*

Un tornado si è abbattuto ieri nei bassifondi di Los Angeles e ha causato dieci milioni di dollari di migliorie.
MILTON BERLE

Avrebbero dovuto prevederlo, questo uragano. Se avessero guardato il barometro, avrebbero visto che la lancetta piccola era sulle otto, e quella grossa era sulla Louisiana!
MILTON BERLE

È arrivato questo tornado che ha sradicato l'albero nel nostro giardino, e ha sfondato la casa dei vicini. Mio papà è andato alla porta, ha guardato fuori, ha detto: «Maledetti bambini!» e ha chiuso la porta.
TIM CONWAY

Dopo la creazione, Dio saltò su e disse: «No, è tutto brutto, non va bene, manderò un'inondazione, ucciderò tutti e ricominceremo daccapo. Manderò un'inondazione, quaranta giorni e quaranta notti. Ma salverò due esemplari di ogni specie». Così Noè iniziò ad accogliere animali da tutto il mondo. «Due cani, due pecore, due gatti, due anatre...». E le anatre: «Noi non veniamo». E Noè: «Beh, ci sarà un'inondazione tremenda». E le anatre: «E allora?».

EDDIE IZZARD

Carlo e Camilla hanno visitato New Orleans devastata dall'uragano Katrina. Al termine della visita, la città ha donato a Carlo tre milioni di dollari per rimettere a nuovo Camilla.

JAY LENO

Gli uragani fanno un sacco di rumore; fanno un sacco di danni; inoltre l'uomo non ha ancora trovato il modo di controllarli. Non c'è da meravigliarsi che diano loro nomi di donne.

ROBERT ORBEN

Noi amanti perduti nella tempesta.
Noi amanti battuti dal vento.
Noi amanti frustati dall'uragano.
Amore... vaffanculo te e il picnic!

FLAVIO OREGLIO

In Louisiana si verifica una grande alluvione. E c'è un tale immerso nell'acqua fin sopra il ginocchio. Arrivano a bordo di un canotto e gli dicono: «Vieni su!». E lui: «No, il Signore provvederà per me». Qualche minuto dopo è sulla veranda e l'acqua gli ha raggiunto il bacino. Arriva un altro canotto e gli dicono: «Dai, salta su!». E lui: «No, il Signore provvederà per me». Adesso è sul tetto, l'acqua gli ha raggiunto il collo. Arriva un elicottero e lui: «No, il Signore provvederà per me». Muore affogato. Giunto in paradiso, incontra il Signore e gli chiede: «Ma cosa è successo?». E il Signore: «Ah, non lo so mica cosa è successo. Io ti avevo mandato due canotti e un elicottero!».

RED SKELTON

Bobo: «[Fiorentini]... avete avuto l'alluvione, Zeffirelli, la Fallaci, Cecchi Gori... e vi impaurite di un Social Forum?»

SERGIO STAINO

Sai perché gli uragani hanno nomi di donna? Perché sono come loro. Prima vengono come delle furie, tutte bagnate. Poi se ne vanno portandosi via la tua auto e la tua casa.

TRAFFIC

Ti dò un consiglio: mai sputare in un tornado!

ROBIN WILLIAMS

URLA
vedi **Rumore**

USA
vedi **America**

UTERO
vedi **Fica**

UTILE *(Inutile)*

Oggi mi sento inutile. Inutile come un culo senza il buco.

PAOLO CEVOLI

Una Conferenza Internazionale è una riunione per decidere quando si terrà un'altra riunione.

HENRY GINSBERG

Il preservativo è un oggetto che se ce l'hai non ti serve, se non ce l'hai ti serve, se ce l'hai e non sei riuscito a usarlo c'è sempre una moglie che te lo trova.

GIANNI PALLADINO

Io almeno sono utile.

ROMANO PRODI

È inutile come la scoperta della quarta sorella Carlucci.

DINO VERDE

Ho bisogno di te come il Tenente Kojak ha bisogno dello Shampoo Clear.

HENNY YOUNGMAN

V

VACANZA *(Ferie)*

È difficile fare delle vacanze intelligenti dopo undici mesi di lavoro cretino.

Albert

Giovanni: «Unoppi, unoppi, unoppi... attenti! Allora statemi bene a sentire... esercitazione... Dexter, mi hanno telefonato che c'è una rapina in corso, ci sono dei delinquenti esageratissimi che tengono in ostaggio i clienti e sono asserragliati all'interno del Credito Bergamasco. Dexter, come agiamo?»
Aldo: «La prima cosa che dobbiamo fare è quella di consultare scrupolosamente il manuale, dopodiché dobbiamo porci la domanda più importante: è pericoloso?»
Giovanni: «Certo che è pericoloso, è pericolosissimo!»
Aldo: «Allora mi prendo un giorno di ferie!»

Aldo, Giovanni e Giacomo

Siamo diventati gente che alterna le vacanze con le ferie.

Enzo Biagi

Per anni io e mio marito siamo stati a favore delle vacanze separate, ma i nostri figli sono sempre riusciti a trovarci.

Erma Bombeck

Dormiamo in camere separate, ognuno cena per i fatti suoi, facciamo vacanze ognuno per conto suo: insomma facciamo di tutto per tenere unito il matrimonio.

Rodney Dangerfield

Ragazzi, se ho fatto una bella vacanza! Mia moglie è annegata il primo giorno.

Leopold Fetchner

Siamo stati in vacanza in Turchia in roulotte. C'è stato un terremoto e ci hanno messo provvisoriamente in una casa.
GINO&MICHELE

I vivi sono i morti in vacanza.
MAURICE MAETERLINCK

Dalla mia camera d'albergo
vedo i tetti delle case sul mare
e una ragazza bionda
che sta facendo l'amore.
Dalla mia camera d'albergo
vedo i tetti delle case sul mare
e una ragazza bruna
che si spoglia senza pudore.
Dalla mia camera d'albergo
vedo i tetti delle case sul mare
e una ragazza rossa
che tutta nuda si sta facendo toccare.
Ecco perché da dieci anni
vado in vacanza
nello stesso albergo.
LEONARDO MANERA

Quest'anno per le ferie ho scelto la partenza intelligente: sono partito alle sei del mattino quando mia moglie e i miei figli ancora dormivano.
FURIO OMBRI

Ho visto.
Ho visto gente vivere in baracche.
Ho visto gente nutrirsi di rifiuti.
Ho visto gente morire per strada...
Che vacanze di merda che ho fatto quest' anno.
FLAVIO OREGLIO

Ogni anno per le vacanze il capofamiglia si alza e fa: «Quest'anno partiamo a un'ora che non parte nessuno!». Quelli che dicono così trovano la coda già sul pianerottolo!
CARLO PISTARINO

A molta gente piace fare vacanze avventurose, piene di pericoli. La mia idea di vacanze avventurose e piene di pericoli è andare a Beverly Hills senza carte di credito!
BOB SAGET

Ho spiegato a mio nipote cos'è il compromesso: «Se, per le vacanze, tua mamma vuole andare al mare, e tuo papà invece in montagna, il compromesso è che si va al mare, ma il babbo può portarsi gli sci».
DINO VERDE

VACCA
vedi **Mucca**

VALLETTE *(Letterina - Miss - Presentatrice - Show girl - Veline)*

«Io gliel'avevo detto a mio figlio di non sposare Miss Svezia, ma lui niente, non ha voluto darmi ascolto. E così adesso abbiamo la croce di questo povero nipote alto, biondo, con gli occhi azzurri», mi dice la mamma del gobbo.

ROMANO BERTOLA

Se Berlusconi avesse le tette farebbe anche l'annunciatrice!

ENZO BIAGI

Spiace vedere tante ragazze dell'Est che vengono in Italia col miraggio della prostituzione e poi finiscono col fare le veline.

DIMUNNO E TAMBORRINO-MISTER FOREST

Non è vero che se Berlusconi avesse le tette farebbe l'annunciatrice. È vero invece che se l'annunciatrice avesse le tette se la farebbe Berlusconi.

GINO&MICHELE

Una bellissima ex concorrente del *Grande Fratello*, in odore di Parlamento Europeo, ha rotto la sua relazione con Berlusconi la prima volta che l'ha visto nudo. Ha dichiarato che era stato un abbaglio, che le faceva schifo così senza portafoglio.

GINO&MICHELE

Ormai i prezzi degli scoop fotografici sono inimmaginabili. Quest'estate *Chi* ha pagato duecento mila euro per una foto della Belen che non baciava nessuno.

GINO&MICHELE

La ragazza non impiegò molto a diventare letterina. Attese il produttore sotto casa e, appena lo vide, gli gettò le gambe intorno al collo.

GINO&MICHELE

Candidata a Miss Italia: «Ciao a tutti, mi chiamo Valeria, ma gli amici mi chiamano Antonella. Vengo da Cos te voret un piccolo paesino nella provincia valdostana, e per questo mi ritengo una ragazza fresca, genuina e ricca di fermenti lattici vivi. Mi piace studiare e non me ne devo vergognare infatti sono iscritta alla facoltà di economiaecommercio però ultimamente ho poco tempo, quindi mi dedico solo al commercio. Mi piacerebbe un giorno entrare nel mondo dello spettacolo e poter fare cinema, televisione... ma anche divudì e videocassette non mi dispiacerebbero. Per concludere aggiungo che come segni particolari ho un'unghia incarnita... ma non posso dirvi dove!»

KATIA & VALERIA-FABRIZIO TESTINI

Candidata a Miss Italia: «Buonasera a tutti, mi chiamo Katia con la K ma siccome sono una ragazza semplice mi faccio chiamare Catia con la C, ed è una cosa che chi impara a conoscermi apprezza tantissimo. Parlo l'inglese scritto e parlato, invece il francese lo parlo solo scritto, e sono laureanda in psicologia criminale. Infatti un giorno spero di poter diventare una brava criminale. Mi piacerebbe tanto rappresentare l'Italia, anche perché seguirei le orme di mio padre che è anche lui rappresentante».

KATIA & VALERIA-FABRIZIO TESTINI

Totti ha perso la testa per una letterina. Se niente niente questo mi legge un libro impazzisce.

ALBERTO PATRUCCO

Ed ecco a voi Roberta Capua, già Miss Italia; Federica Moro, già Miss Italia; Athina Cenci, già Miss Italia in una edizione molto contestata.

FRANCESCO SALVI

In un'intervista a Samantha De Grenet: «Cosa le piace in un uomo? Si esprima pure in euro».

DARIO VERGASSOLA

Se siete d'accordo vorrei abbattere la Bonaccorti con una fucilata.

PAOLO VILLAGGIO

VAMPIRO *(Dracula)*

Vorrei avere un crocefisso di kryptonite, così terrei lontani sia Dracula che Superman.

JACK HANDEY

Mostratemi un capitalista e io vi mostrerò un vampiro.

MALCOLM X

Chissà come si comporterebbe un vampiro musulmano di fronte a una croce?

RICHARD MATHELSON

VANDALO *(Teppista-Ribelle)*

Dove siamo arrivati. Ieri due teppisti hanno scippato con la Vespa una vecchietta trascinandola al suolo. Per fortuna un passante ha estratto la sua Magnum e li ha uccisi.

MASSIMO BUCCHI

Parigi. Un vandalo irrompe nel Louvre e attacca due braccia alla Venere di Milo.

CHEVY CHASE

Abito in un quartiere di teppisti incredibili. Per dirne una: ieri ho preso la macchina, ho parcheggiato, l'ho lasciata aperta, ma giusto tre minuti, il tempo di bere un caffè. Sono uscito dal bar e l'ho trovata chiusa!

ANTONIO CORNACCHIONE

Ah, è bello tornare a New York... Non c'è posto come la propria casa... e da nessuna parte al mondo senti i suoni della tua infanzia, tipo: «Hey, pompinaro succhiacazzi! Dammi la mia autoradio o ti braso il culo!».

BILLY CRYSTAL

«Se non mi dai la catenina ti buco con la siringa infetta.» «Pungimi pure tanto ho il preservativo in tasca.»

MARISA MIRITELLO

Grave atto vandalico: spento un rogo dove bruciavano i libri di Alberoni. Gli autori del teppistico spegnimento linciati dalla folla.

EGIDIO MORRETTI

Era ribelle di natura. Quello di sua madre non fu un parto: era lui che scappava di casa la prima volta.

FURIO OMBRI

Era un ribelle ma con le idee nella maggioranza.
FRANCO PARENTI

Furio Scartezzini io ti maledico! Che tutte le volte che vai allo stadio tu ti possa sedere vicino a un teppista e mentre le telecamere lo inquadrano che lancia un sasso, tu ti metta le dita nel naso. E tutta l'Italia la sera ti veda alla *Domenica Sportiva* mentre ti stai scaccolando!
PAOLO ROSSI

Ci siamo ribellati, abbiamo sognato, e siamo stati sconfitti. Qualcuno di noi è diventato tossicodipendente, qualcuno terrorista, qualcuno è morto. Io sono andato via per fare il giornalista.
MICHELE SANTORO

VANGELO
vedi **Bibbia**

VANTARSI

Non faccio per vantarmi ma oggi è una bellissima giornata.
GIUSEPPE GIOACHINO BELLI

«Ho rubato, corrotto, concusso e mentito.» «La pianti di vantarsi e venga al dunque.»
GINO BRAMIERI

La telefonia è l'unico argomento nel quale l'uomo si può vantare di averlo più piccolo!
RAUL CREMONA

La religione è finita. Non c'è più nessuno che si vanti di aver portato a letto una suora.
ENNIO FLAIANO

Vantarsi, bere liquori, illudere la donna.
MAURIZIO MILANI

Proverbio taoista: se domani, dopo la vittoria di stanotte, contemplandoti nudo allo specchio scoprirai un secondo paio di testicoli, che il tuo cuore non si gonfi di orgoglio, figlio mio, vuol semplicemente dire che ti stanno inculando.

DANIEL PENNAC

VASCA DA
vedi **Bagno**

VATICANO
vedi anche **Papa**

Dobbiamo reagire all'invadenza vaticana! Scriviamo sui muri: "Lo stato c'è!".

ALTAN

Han detto che Prodi era una spia del Kgb. Ma l'avete visto? Sarebbe come dire che Luxuria è una spia del Vaticano!

ROBERTO BENIGNI

Bellissimo lo spettacolo del nuoto sincronizzato. Coreografie strabilianti eseguite da atleti eccezionali. Problemi solo per la squadra della Città del Vaticano: le atlete non riuscivano ad andare sott'acqua.

SILVIO DI GIORGIO

Nel 1994 ho ottenuto l'annullamento del mio stato di single dalla Sacra Rota.

MISTER FOREST (MICHELE FORESTA)

Lo Stato del Vaticano è sul Guinness dei primati, non perché sia il più piccolo del mondo, ma perché è l'unico dove, ufficialmente, non si scopa mai.

FRANCESCO VARCHETTA

VECCHIAIA

Ho capito che stavo invecchiando quando un giorno mi sono bloccato davanti a un manifesto: c'era Valeria Marini tutta nuda che cavalcava una mortadella. La cosa terribile è che stavo guardando la mortadella.

ALFREDO ACCATINO

Il mito più grande è che, invecchiando, si perda gradualmente la voglia di fare sesso. Probabilmente,

questo mito venne a crearsi perché le persone più giovani sembrano voler fare sesso a ogni occasione, semafori inclusi, mentre le persone anziane sono più inclini a riservare le loro attività sessuali a occasioni speciali, tipo l'insediamento di un nuovo Papa.
DAVE BARRY

Hollywood, il luogo in cui le bisnonne non sopportano l'idea di invecchiare.
PHYLLIS BATELLI

Il giorno dell'insediamento alla Casa Bianca, Bush ha solennemente giurato fedeltà all'America. Il vicepresidente Quayle ha giurato sulla Bibbia. Bush invece ha giurato su sua moglie: quella è molto più vecchia.
LORENZO BECCATI

È così vecchio che il suo certificato di nascita è scolpito nella pietra.
JACK BENNY

È così vecchio che, quando ordina un uovo à la coque, gli chiedono di pagare in anticipo.
MILTON BERLE

Insegnante: «sono veramente delusa. Quando io avevo la tua età, sapevo i nomi di tutti i presidenti in ordine di elezione.»
Studente: «Ma prof, allora ce n'erano stati solo due!»
MILTON BERLE

L'albergo è davvero deprimente. Tetro. La sera non si sa cosa fare. Ci sono solo delle vecchie. Una di queste, stasera, guardando il cielo, mi ha chiesto: «Secondo lei c'è vita in qualche altra parte dell'universo?» «Be' spero di sì, per dio! Il fatto che non ci sia qui non deve farlo escludere in assoluto».
ROMANO BERTOLA

In un giardino vedo una donna incinta di sei mesi. Primo pensiero: tenerezza. Secondo: magari il tizio che porta in grembo tra vent'anni travolgerà con la moto un vecchietto: me. Nascerà tra tre mesi: un lieto evento per tutti. Per me l'evasione di un pericoloso assassino.
ROMANO BERTOLA

Una anziana signora si rivolge a un'altra: «Ehi, ma chi ti ha pettinato i capelli? Dio mio, i tuoi capelli sembrano una parrucca». E quella: «Ma è una parrucca». E la prima: «Davvero? Chi l'avrebbe mai detto...».

LARRY BEST

Provengo da una famiglia longeva. Mia mamma è morta a 102 anni, e soltanto perché si era distratta un attimo.

PAOLA BORBONI

La vecchiaia è bella. Peccato che duri poco.

GIANNI BRERA

Dove siamo arrivati. Ieri due teppisti hanno scippato con la Vespa una vecchietta trascinandola al suolo. Per fortuna un passante ha estratto la sua Magnum e li ha uccisi.

MASSIMO BUCCHI

La vecchiaia non ha alcuna importanza eccetto per chi è un formaggio.

BILLIE BURKE

Il tennis è un gioco per giovani. Fino ai 25 anni puoi giocare da solo. Dai 25 ai 35 dovresti giocare in doppio. Io non vi dirò esattamente quanti anni ho, ma quando gioco ci sono 28 uomini sul campo. Tutti dalla mia parte.

GEORGE BURNS

Quando si invecchia prima si dimenticano i nomi, poi si scordano le facce. Poi ci si dimentica di tirarsi su lo zip, infine ci si dimentica di tirarlo giù.

GEORGE BURNS

Molti mi domandano quale regalo mi piacerebbe avere per il mio ottantacinquesimo compleanno. Bene ve lo dirò: vorrei che una donna mi facesse causa per riconoscimento della paternità.

GEORGE BURNS

Ti accorgi di essere invecchiato quando, chinandoti per allacciarti una scarpa, ti chiedi cos'altro puoi fare già che sei giù.

GEORGE BURNS

Ho capito di essere invecchiato quando al mio compleanno tutti gli

invitati si sono messi intorno alla torta per scaldarsi le mani.
GEORGE BURNS

La gente mi chiede: «George, hai 87 anni, come fai? Fai film, fai televisione, dai concerti, registri dischi, fumi i sigari, bevi Martini, esci con belle donne, come fai?». È molto semplice. Per esempio, un Martini: riempi il bicchiere di ghiaccio, aggiungi il gin e uno spruzzo di vermouth, un'oliva e ti sei fatto un Martini. Inoltre faccio esercizi e cammino molto. E camminare è più facile che farsi un Martini: prendo un piede e lo metto davanti a un altro, poi prendo l'altro piede e lo metto davanti al primo e prima di rendermene conto sto camminando. E non serve neanche l'oliva!
GEORGE BURNS

È dura per me seguire tutti questi cambiamenti di usi e costumi. Mi ricordo ancora di quando l'aria cra pulita e il sesso era sporco!
GEORGE BURNS

A una punk con i capelli blu: «Ehi stai invecchiando, ti si vedono già i primi capelli celesti».
GIOVANNI CELLINI

Quella donna era così vecchia che nella sua camera aveva una immagine della Madonna autografata.
DANIELE CEVA

Se mi secca invecchiare? Beh, considerando le alternative, no.
MAURICE CHEVALIER

Mia nonna è finalmente mancata. 104 anni! Non ho mai conosciuto nessuno così vecchio! Il suo numero di telefono era 3.
COMEDY CENTRAL

Hai notato che più invecchi, più giovani sono le ragazze con cui esci? Di questo passo presto uscirai con uno spermatozoo!
BILLY CRYSTAL

«Per voi uomini è diverso: Charlie Chaplin ha avuto figli fino a 73 anni.» «Sì, ma non riusciva a tenerli in braccio!»
BILLY CRYSTAL-MEG RYAN

Da giovane avevo quattro parti flessibili e una rigida. Ora invece ne ho quattro dure e soltanto una flessibile.

HENRI DUE D'AUMALE

Era così vecchia che, quando andava a scuola lei, tra le materie scolastiche non c'era Storia.

RODNEY DANGERFIELD

Sto proprio invecchiando. Quando riesco a infilare la macchina in un parcheggio stretto, sono sessualmente soddisfatto per il resto della giornata.

RODNEY DANGERFIELD

Lasciate che vi dica, più s'invecchia più il cibo diventa un sostituto del sesso. L'altro giorno ho installato uno specchio sopra il tavolo da pranzo.

RODNEY DANGERFIELD

Sai di essere vecchio quando il tuo gruppo sanguigno è fuori produzione.

PHYLLIS DILLER

Se la gioventù sapesse, se la vecchiaia potesse.

HENRI ESTIENNE

Al liceo avevo una professoressa di latino molto anziana. Pensa che era madrelingua.

FABRIZIO FERRI

Anche il progresso, diventato vecchio e saggio, votò contro.

ENNIO FLAIANO

«Quando sarò vecchia io mi ucciderò.» «Fuoco!»

FORAIN

Non sto dicendo che sei vecchio, ma chi altri conosceva Alessandro il Grande quando era soltanto mediocre?

GARFIELD

Ci sono tantissimi modi per accorgersi che si sta invecchiando. Quello più inequivocabile è quando ti muore un figlio di vecchiaia.

GINO&MICHELE

Legge *Playboy* come potrebbe leggere *National Geographic*: per vedere luoghi che non potrà mai visitare.

JACKIE GLEASON, SUL VECCHIO COMICO GEORGE BURNS

Ci sono delle api che come secondo lavoro fanno le punture agli anziani.

GENE GNOCCHI

Mia madre era solita dire: «Più anziana diventi, meglio diventi. A meno che tu non sia una banana».

THE GOLDEN GIRLS

Ti accorgi di essere diventato vecchio quando la frase «mi fai morire» non te la dicono più le tue donne, ma le tue piante.

TEO GUADALUPI

Non mi sento vecchio. Non sento niente prima di mezzogiorno. E a quel punto è il momento del mio sonnellino.

BOB HOPE

Capisci che stai invecchiando quando le candeline costano più della torta.

BOB HOPE

A inizio carriera Mike Bongiorno presentava *Il Quadrato della Fortuna* perché non avevano ancora inventato la ruota.

GIANLUCA IRTI

Il mio medico dice che se continuo a bere così non arriverò alla vecchiaia. Ma io al mio caro dottore non credo. Perché ogni notte vedo più vecchi ubriaconi che vecchi dottori.

JOE E. LEWIS

Abitavo in un palazzo di gente anziana. Per essere precisi, l'età media degli inquilini era "deceduto".

GABE KAPLAN

Ho partecipato a uno show dove alcuni ospiti erano anziani. Mi ricordo di aver salutato la Signora Wilson e lei mi ha risposto: «Oh, salve; salve a lei, davvero salve. Sono molto contenta di essere qui. Dov'è che sono?».

GABE KAPLAN

Se George Washington fosse vivo oggi sarebbe notato soprattutto per la sua incredibile età!

JACK KLUGMAN

Gli otto anni di presidenza Reagan sono stati il più grande successo degli imbalsamatori dai tempi di Tutankamen.

L. KING

Sabato i Rolling Stones erano in concerto in Cina. Non è la prima volta: erano già stati invitati ai tempi della dinastia Ming.

JAY LENO

Quando sei giovane dici: «Se divento un vegetale, staccate la spina». Poi, più invecchi, più ti ammorbidisci: «Se divento una rapa, uccidetemi. Se divento un vegetale più di moda, tipo il radicchio, innaffiatemi un paio di volte al giorno e tagliate le foglie gialle».

DANIEL LIEBERT

Credo che l'industria della cosmetica dovrebbe essere onesta. Le istruzioni su una crema idratante dovrebbero essere: «Massaggiare delicatamente sul collo e sul viso, e accettare che siete vecchi».

PENELOPE LOMBARD

Una vecchia cammina per strada con una gallina. Incontra un ragazzo che dice: «Che bella! Me la darebbe per cinque euro?» «Si, basta che mi reggi la gallina!».

DONATELLA LOTTICI

I Rolling Stones di nuovo in concerto, nonostante siano ormai dei vecchietti. Sono così anziani che, mentre Mick Jagger canta, gli altri quattro urlano: «Abbassa il volume!».

DANIELE LUTTAZZI

Un uomo molto vecchio a una donna molto vecchia: «Se ti violento mi aiuti?».

GIANNI MAGNI

Una donna di settantasette anni a Las Vegas è stata attaccata da uno sciame di api assassine. C'è voluto un idrante per levarle le api di dosso, e un piede di porco per liberarle la mano dalla leva della slot machine.

BILL MAHER

È da tanto che sto in giro, mi ricordo perfino di quando Doris Day non era ancora vergine.
GROUCHO MARX

Per il principiante, la cosa più divertente al mondo è un uomo vestito da vecchietta che precipita giù lungo una discesa su una sedia a rotelle e si schianta contro un muro in fondo alla discesa. Ma, per far ridere un professionista, deve essere una vera vecchietta.
GROUCHO MARX

La vecchiaia è come un aereo che punta in una tempesta. Una volta che sei a bordo non puoi più fare niente.
GOLDA MEIR

Essere immortale non mi interessa. Mi piace invecchiare.
MINA

Non è vecchio. Nonostante le apparenze, ha trentacinque anni. Per tenersi in forma fa molto sport. Tutte le mattina fa dieci chilometri di jogging. Però li fa correndo all'indietro, quindi anziché mantenerlo giovane lo invecchia.
ALESSIO PARENTI

Anziani! Ci sono buone notizie: tra tutte le facoltà come la memoria e l'udito, l'ultima a lasciarci è il desiderio sessuale e insieme a questo la capacità di fare l'amore. Questo significa che molto tempo dopo aver messo gli occhiali bifocali o l'apparecchio auricolare, faremo ancora l'amore. Ma non sapremo con chi.
JACK PARR

È convinta di non invecchiare. Una volta mi ha detto che era il suo cameraman a invecchiare. Mi ha chiesto di licenziarlo.
JOE PASTERNAK, PARALNDO DI DORIS DAY

«Invecchiare, che orrore!», diceva mio padre, «Ma è l'unico modo che ho trovato per non morire giovane.»
DANIEL PENNAC

Mia nonna aveva novantaquattro anni, ma non li dimostrava affatto. Sembrava mooolto più vecchia!
VALERIO PERETTI CUCCHI-MARIO ZUCCA

A che serve essere vecchi se non si può essere un po' sporcaccioni?
Personal Services

Mio marito è così vecchio che si ricorda quando Eva era ancora costola.
Bob Phillips

Cinquant'anni!... La vecchiaia per i giovani, la giovinezza per i vecchi!
William Powell

Se Gesù fosse stato una brava persona sarebbe morto di vecchiaia.
Don Gino Rigoldi

Non ho in programma di invecchiare bene. Prevedo di farmi fare dei lifting finché le orecchie non si toccheranno.
Rita Rudner

Invecchiare è ancora il solo mezzo che si sia trovato per vivere a lungo.
Saint-Beuve

La guerra dei Cent'anni fu terribile. Più della metà dei soldati morì di vecchiaia.
Maurizio Sangalli

Ci sono tre sintomi della vecchiaia: perdita della memoria... Mi sono dimenticato gli altri due...
Red Skelton

Avrete sentito parlare delle tre età dell'uomo: la giovinezza, la maturità e la "ma stai benissimo!".
Cardinale Spellman

25 ottobre 1991. Da un'indagine Istat risulta che in Italia nascono pochi bambini. Se andrà avanti così, tra vent'anni in Italia ci saranno solo anziani. Si teme perciò un aumento degli incidenti del sabato sera. Sì, all'uscita dalla messa.
Striscia la notizia

Mia moglie mi ha guardato e mi ha chiesto: «Pensi che il mio aspetto cambierà quando sarò vecchia?». Ho detto: «Se sei fortunata».
Bob Thomas

La vita sarebbe infinitamente più felice se noi nascessimo a ottant'anni e gradualmente ci avvicinassimo ai diciotto.
Mark Twain

Un consiglio ai mariti anziani delle mogli giovani e belle: state lontani da casa più possibile, perché alle vostre mogli la voglia di tradirvi viene quando vi vedono.
ENRICO VANZINA

Uno dei problemi dell'invecchiare è che diventa progressivamente più difficile trovare una famosa figura storica che non aveva ancora fatto un granché quando aveva la tua età.
BILL VAUGHAN

Dicono che le donne invecchino come il buon vino. Mia moglie invecchia come il latte.
WALTER, IL VETERANO DEL VIETNAM (JEFF DUNHAM)

Vecchia io? Ma se alcune parti di me tre settimane fa non erano ancora state inventate!
WILL & GRACE

È così vecchio che a giocare a dama gli viene il fiato corto.
ED WINN

Per un settantenne è facile amare il prossimo. Meno facile amare la prossima.
DIMITRI YORDANOV

Una donna di 84 anni mi ha chiesto di aiutarla ad attraversare la strada. Io l'ho aiutata, però a quell'età dovrebbe iniziare a cavarsela da sola.
STEFANO ZACCARELLA

VEDOVO

Non sono arrabbiata per il divorzio da Tom Arnold. Mi dispiace solo di non essere vedova.
ROSEANNE BARR

«Mi manca un sacco Al» «Perché?» «Perché ho sposato la sua vedova!»
MILTON BERLE

L'altra sera è venuta la vedova Canagli (un nome una garanzia) che suo marito faceva il strozzino ed era talmente avaro che a San Valentino piuttosto che mandarci i fiori alla moglie la festeggiava rifacendo la strage.

Vito Catozzo (Giorgio Faletti)

L'insistenza degli assicuratori ha reso la vita delle vedove molto comoda.

William Feather

Le altre sono state semplicemente mie mogli. Tu, mia cara, sarai la mia vedova.

Sacha Guitry

VEGETALE

vedi **Verdura**

VEGETARIANO

(Cibo naturale)

Il sedano ha un conto calorico negativo. Ci vuole più energia a masticarlo di quella che il sedano contiene. Stavo pensando, dunque: se uno mangiasse trenta libbre di sedano in una settimana, sparisce. Al settimo giorno è lì che mastica, diventa trasparente, poi un alone verdastro e poi... Puf!

Tim Bedore

Ho smesso di comperare cibo naturale quando ho scoperto che l'80% della popolazione muore di cause naturali.

Milton Berle

Ma i vegetariani si reincarnano?

Romano Bertola

Di solito dico ai vegetariani: «Ehi, anche gli ortaggi sono esseri viventi. Sono solo più facili da acchiappare» .

Kevin Brennan

Non sono un vegetariano perché amo gli animali, lo sono perché odio le piante.

Bumper Sticker

Stai attento: se entri nel tunnel della soia non ne esci più... al mattino mica ti svegli, germogli.

I Fobici

Mio padre era un gran cacciatore. Però vegetariano. Così andava nei boschi e sparava ai funghi.

Bruno Gambarotta

Mettiamo che io getti un gatto vivo nell'acido. Il gatto si scioglie e io cosa sono? Uno stronzo, d'accordo. Ma se prendo un cucchiaino di yogurt, lo ingerisco, distruggo con i succhi gastrici milioni di fermenti vivi. Lo sapete che i fermenti vivi al microscopio assomigliano a dei minuscoli gattini? Allora cosa sono? Sono un igienista. Ma che cazzo dite? Dovete dimostrarmi che quando strappate un ciuffo d'insalata non soffre. Ha il Dna come il gatto e i fermenti. Solo un astronauta che mangia pillole estratte dal petrolio mi può fare il culo e dirmi che sono uno stronzo. Ma voi no!

BEPPE GRILLO

Odio quelle che mangiano l'insalata, quelle che se ne stanno in silenzio. Sapete, quel tipo di donna che portate a cena e le dite: «Cosa vuoi mangiare, tesoro?» «Solo dell'insalata, grazie!» e sentite il suo stomaco che fa waggr, oggrr, oggrr. «Non so perché il mio stomaco fa questo rumore.», perché hai fame, stupida!

EDDIE MURPHY

Sono un Volvovegetariano. Mangio animali solo se uccisi accidentalmente da macchina in corsa.

RON SMITH

La carne rossa non è dannosa per te. Quella bluverde, quella sì che ti fa male.

TOMMY SMOTHERS

Non voglio quella roba vegetariana. Nel mio piatto voglio solo cose che hanno sofferto, prima di diventare cibo.

RYAN STILES

VELENO

Fizz: «E Larry?»
Gin: «Larry è morto. È morto mangiando delle scaloppine avvelenate.»
Fizz: «È proprio vero che a volte basta un secondo...»

ALE E FRANZ

Vi ricordate quant'era difficile prendere un biscotto quando eravate bambini? Erano sempre in fondo alla credenza, a meno che vostra madre non fosse davvero cattiva: allora stavano sopra al frigorifero. Su un pacco di biscotti non c'è scritto da nessuna parte: "Tenere fuori della portata dei bambini". E dov'era l'Idraulico Liquido? Sotto al lavandino, assieme agli altri veleni.

MIKE BULLARD

È pericoloso fare il bagno prima che siano trascorse tre ore dall'aver mangiato dei funghi velenosi.

CAVANNA

Non è una bella cosa far avvicinare un bambino a un contenitore con un teschio e due ossa sopra, perché potrebbe contenere un costume da scheletro e il bambino, indossandolo, potrebbe farti prendere un bello spavento.

JACK HANDEY

Quando il porcino non scopa diventa velenoso.

PAOLO ROSSI

VELINE

vedi **Vallette**

VELOCITÀ

Non sono un atleta. Ho cattivi riflessi: quando corro, per prendermi i tempi non serve il cronometro. Mi ci vuole il calendario.

BALOO, DI *AENIGMATICA*

Il mio computer è talmente veloce che per accenderlo devo aspettare che si fermi.

FRANCESCO BARTUCCI

Mi hanno detto che anche Dio è svelto, ma non ne sono sicuro finché non lo incontro.

BILLY THE KID

Ero così veloce che avrei potuto alzarmi dal letto, attraversare la stanza, girare l'interruttore e tornare a letto sotto le coperte prima che la luce si fosse spenta.

MUHAMMAD ALÌ (CASSIUS CLAY)

In tutti i tentativi fatti per provare che 2 + 2 = 4, non si è mai tenuto conto della velocità del vento.

RAYMOND QUENEAU

VELTRONI WALTER

Veltroni ha chiesto pubblicamente ai mafiosi di non votare per il Partito Democratico e ha sfidato Berlusconi a fare altrettanto. Berlusconi ha raccolto la sfida e anche lui ha chiesto pubblicamente ai mafiosi di non votare Partito Democratico.
SANDRO SIMONE

È stato un deputato di un partito di cui non faccio il nome, sennò dicono sempre che me la prendo con i socialisti.
WALTER VELTRONI

VENDERE
(Rappresentante)

Faccio il rappresentante di compassi per arrotondare lo stipendio. L'unico inconveniente è che c'è da girare.
MASSIMO BASSI

«Caro da 20 anni che siamo sposati non mi hai comprato mai niente!» «E chi lo sapeva che vendevi la roba?»
GIANFRANCO D'ANGELO

«Allora... che mestiere fai? Oh no, aspetta, fammi indovinare: io ho un sesto senso per indovinare i mestieri... Vendi tappeti?» «Quasi, faccio il giornalista sportivo.»
LA DEA DELL'AMORE

Sono un appassionato di *Star Trek*. Ho comprato tutti i dvd esistenti in commercio della saga. Per fare questo ho venduto la macchina, la casa e ho fatto ciulare la mia donna a un amico. Mi manca ancora *L'insurrezione*, cofanetto da dieci dvd e *La nemesi*, cofanetto da venticinque dvd. Il numero di cellulare di mia moglie è 337352297.
DIGEI ANGELO

Amici, guardate questo girocollo: otto centimetri di diametro! Va bene se siete fidanzati con uno struzzo! Valore commerciale un miliardo e ottocento milioni, noi ve lo vendiamo a settecentomila lire... e non ci perdiamo nulla!
FICHI D'INDIA

Vendosi tre villette a schiera, una a Trieste, una a Urbino, una a Reggio Calabria. Particolarità: ingresso unico.

FICHI D'INDIA

Amici chiamateci, lasciate nome, cognome e numero di telefono, noi verremo a casa vostra a mangiare e dormire per tre mesi senza impegno!

FICHI D'INDIA

Vendo villetta a sfera con angolo cottura.

FICHI D'INDIA

I rappresentanti di automobili vendono automobili; i rappresentanti di polizze assicurative, assicurazioni. E i rappresentanti del popolo?

STANISLAW JERZY LEC

Strano paese il nostro. Colpisce i venditori di sigarette, ma premia i venditori di fumo.

INDRO MONTANELLI

Vendo divano letto, riletto e anche un po' sottolineato.

MARIO MURARO

Il mio primo impresario non mi vendeva, mi dava di resto.

GIORGIO PANARIELLO

I Pooh sono l'unico complesso al mondo che vende dischi postumi da vivi.

PONGO

Ho venduto il Colosseo. Credo che mi abbiano fregato: mi hanno dato solo 200 euro.

SANDORR

I rappresentanti di automobili vendono automobili; i rappresentanti di polizze assicurative, assicurazioni. E i rappresentanti del popolo?

STANISLAW JERZY LEC

VENDETTA

Dopo duemila anni Gesù si vendica su di noi di non essere morto su un divano.

EMILE CIORAN

L'altro giorno il mio pappagallo mi ha dato una beccata che quasi mi staccava un dito. Ma mi sono

vendicata. Ho preso l'attaccatutto e gli ho incollato le zampe al trespolo. Poi ho gridato: «Al fuoco!». L'ultima volta che hanno visto quella gabbia era su Cleveland.
PHYLLIS DILLER

Se ti portano via la moglie la miglior vendetta è lasciargliela.
SACHA GUITRY

La miglior vendetta è vendicarsi.
ALBERTO MOLINARI

Sono sempre stato un debole. Un'estate ero in spiaggia e un tale mi ha tirato della sabbia in faccia. Allora sono andato a casa, e per tutto l'inverno ho sollevato pesi, fatto flessioni, potenziato i muscoli. L'estate successiva sono tornato in quella spiaggia, ho trovato quel tale e gli ho sparato.
THE UNKNOWN COMIC (MURRAY LANGSTON)

VENEZIA

Venezia: la seconda delusione della sposa durante il viaggio di nozze.
ANONIMO

Dite: «Com'è triste Venezia»? Si vede che non avete mai visto Monfalcone.
DARIO FO, REGALATA A PAOLO ROSSI

Perché il cinema è la vita e non si sa mai cosa succede: se è dentro o fuori dal cinema. Una volta sono andato a vedere *Morte a Venezia* e poi sono uscito e mi sono innamorato di mio cugino. E ho visto *Anni di Piombo*, sono uscito e ho detto ai miei amici: «Da questo momento sono clandestino, non chiamatemi a casa... chiamatemi in ufficio». Ho visto *Il Laureato* sette volte e via via mi sono sempre più convinto che la madre scopava molto meglio della figlia. Poi un giorno ho visto *Manhattan* a Rovigo e ho pianto...
GINO&MICHELE-PAOLO ROSSI

È solo un lavoro. L'erba cresce, gli uccelli volano, le onde s'infrangono sulla spiaggia. Io picchio la gente.
MUHAMMAD ALÌ (CASSIUS CLAY)

A Venezia per i vostri bisogni servitevi delle toilette pubbliche. Ce ne sono ben due: una a Mestre e una sull'autostrada per Padova, dove, tra l'altro, potrete ammirare il fenomeno dell'acqua alta in pieno autogrill.

Michele Serra

VENTO

E il vento gelido spalancò le finestre e il pensiero di tutti corse ai poveri fuori all'addiaccio, poi subito ricorse dentro vicino al camino.

Stefano Benni

Il marinaio spiegò le vele al vento. Il vento non capì.

Comix

Il vento che sfiora le foglie dei pioppi produce un suono particolare che i pescatori del Po chiamano ancora "Suono particolare del vento che sfiora le foglie dei pioppi", in attesa di un nome che renda l'idea.

Gene Gnocchi

Devo essere un idiota: ho appena speso otto dollari per sei bottiglie d'acqua. Ci stavo pensando proprio poco fa, l'acqua non è quella cosa che cade gratis dal cielo? Adesso quasi quasi vado a comperarmi sei lattine di vento.

Hollywood Improv

Due agricoltori stavano parlando con vanità competitiva sul vento più forte che avessero mai visto. «Qui in California», disse uno dei due, «ho visto il vento più violento della mia vita. Hai presente le sequoie giganti? Be', il vento era così forte che le ha abbattute d'un colpo.» «Questo è niente», disse l'altro, «nella mia fattoria dello Iowa, un giorno abbiamo avuto un vento che soffiava a 100 miglia all'ora. Fu così terribile che una delle mie galline si ritrovò con il sedere girato contro il vento e depositò lo stesso uovo per sei volte!»

Joe Laurie jr

Bisogna vivere come i gigli dei campi. E così voglio fare: baciata dal sole, lambita dal vento e pisciata dai dobermann.

Luciana Littizzetto

Quanno è giornata da pijallo 'n culo er vento t'arza la camicia.

Citata da Marco Navigli

Noi amanti perduti nella tempesta.
Noi amanti battuti dal vento.
Noi amanti frustati dall'uragano.
Amore... vaffanculo te e il picnic!
FLAVIO OREGLIO

In tutti i tentativi fatti per provare che 2 + 2 = 4, non si è mai tenuto conto della velocità del vento.
RAYMOND QUENEAU

VENTRILOQUO
vedi **Mago**

VERDI
vedi **Ecologia**

VERDURA *(Ortaggi-Vegetali)*

Una cipolla al giorno leva tutti di torno.
ANONIMO

Basta con i piaceri della carne! Facciamo godere anche le verdure.
BAGATTO

Una mela al giorno toglie il medico di torno, ma un buon due Kg e mezzo di aglio e cipolla ti tolgono di torno anche i parenti.
ANATOLJ BALASZ (NATALINO BALASSO)

Il sedano ha un conto calorico negativo. Ci vuole più energia a masticarlo di quella che il sedano contiene. Stavo pensando, dunque: se uno mangiasse trenta libbre di sedano in una settimana, sparisce. Al settimo giorno è lì che mastica, diventa trasparente, poi un alone verdastro e poi... Puf!
TIM BEDORE

Di solito dico ai vegetariani: «Ehi, anche gli ortaggi sono esseri viventi. Sono solo più facili da acchiappare».
KEVIN BRENNAN

Non sono vegetariano perché amo gli animali. Sono vegetariano perché odio le piante.
A.W. BROWN

Era un periodo che ero disoccupato così ho accettato di lavorare da un mio amico che aveva un campo di

girasoli pigri, cioè costavano meno però bisognava girarli a mano.
GIOVANNI CACIOPPO

Non c'è alcun rapporto tra gli asparagi e l'immortalità dell'anima. Gli asparagi si mangiano, l'immortalità dell'anima no.
ACHILLE CAMPANILE

Carciofo: la verdura di cui hai il piatto più pieno alla fine che all'inizio.
LORD CHESTERFIELD

Voglio tornà bambino! Perché era troppo bello quando veniva il momento di giocare a tombola! Si compravano le cartelle e si coprivano i numeri coi fagioli... Adesso è cambiato tutto: i numeri si coprono con la soia geneticamente modificata!
GABRIELE CIRILLI

Spinaci. Non dimenticare mai la famosa frase di Prudhomme: «Non mi piacciono, e ne sono contento, perché se mi piacessero li mangerei, e non li posso proprio sopportare».
GUSTAVE FLAUBERT

È un pubblico di gente davvero dura. Sono soliti legare i loro pomodori a degli yo-yo, così te li possono tirare due volte.
BOB HOPE

Il cetriolo andrebbe tagliato con cura, condito con pepe e aceto e poi buttato via.
SAMUEL JOHNSON

Se qualcosa deve essere per forza pieno di calorie e di colesterolo, perché non possono esserlo i broccoli, invece del gelato?
DOUG LARSON

Quando sei giovane dici: «Se divento un vegetale, staccate la spina». Poi, più invecchi, più ti ammorbidisci: «Se divento una rapa, uccidetemi. Se divento un vegetale più di moda, tipo il radicchio, innaffiatemi un paio di volte al giorno e tagliate le foglie gialle».
DANIEL LIEBERT

Un esperto è un uomo che ha smesso di pensare. Perché dovrebbe pensare? È un esperto.
FRANK LLOYD WRIGHT

Mangia sempre la peperonata, che non gli piace per niente, perché va pazzo per il bicarbonato.

Boris Makaresko

Lo sguardo malinconico di Piero Fassino, quel gentiluomo triste con quell'espressione fissa che sembra dirti all'infinito: «Mi è morta la salvia sul balcone».

Giorgio Melazzi

Un idealista è uno che, scoprendo che una rosa ha un profumo migliore di un cavolo, conclude che farà anche un brodo migliore.

H.L. Mencken

Non pensate di sapere tutto. Ricordate che anche una foglia di lattuga sa una cosa più di voi. Sa se la luce si spegne davvero ogni volta che chiudete il frigo!

Robert Orben

Un frutto è una verdura con il look e i soldi. Inoltre, se lasciate marcire la frutta, diventa vino, cosa che i cavolini di Bruxelles non fanno mai.

P.J. O'Rourke

Quando ero piccolo, mamma mi metteva l'aglio nel biberon per trovarmi anche al buio.

Valerio Peretti Cucchi-Mario Zucca

Mamma: «Mangia gli spinaci. Pensa a quelle migliaia di bambini che stanno morendo di fame e adorerebbero un po' di spinaci come questi.»
Billy: «Nominamene due.»

Bob Phillips

Mi fan ridere i sommellier con quel pentolino che si bagnano solo le labbra e poi dicono: «Ha un retrogusto fruttato». Eh certo, l'uva è frutta, neh? Per forza è fruttato. È come se il Cynar lo assaggi e dici che è verdurato, perché sa di carciofo!

Viviana Porro

A Baranzate di Bollate siamo tutti meridionali: la bussola segna sempre sud, i bambini nascono direttamente coi baffi e nei campi le melanzane crescono già sott'olio.

Potato (Alessandro Brunello)

È facile con l'uccello degli altri battere sull'ortica.

Proverbio ligure

Con un solo pomodoro noi genovesi sappiamo condire la pasta per venti persone. Ci aggiungiamo di tutto: sale, acqua, sale, acqua, sale, acqua, sale...

Emilio Razzetti

Settimana dopo settimana il *Corriere* ci propone la rubrica di Alberoni: l'unico articolo, nella storia del giornalismo, che abbia già incartato l'insalata prima ancora di essere dato alle stampe.

Michele Serra

Quando muore un fagiolo lo seppelliscono in una tombola?

Carlo Turati

Le rape non andrebbero mai colte, ciò le danneggia. È molto meglio mandar su un ragazzo e fargli scuotere l'albero.

Mark Twain

Ci sono tre cose che una donna è capace di fare con niente: un cappello, un'insalata e una scenata.

Mark Twain

VERGINITÀ *(Castità-Pudicizia)*

La castità si può curare se presa per tempo.

Anonimo

«Cara, se avessi saputo che eri vergine ci avrei messo più tempo.» «Caro se avessi saputo che c'era più tempo mi sarei tolta la calzamaglia.»

Anonimo

Le donne possono fare all'amore solo se sono già incinte e non c'è pericolo, ma per rimanere incinte bisogna che facciano all'amore senza essere incinte, ma allora hanno paura di rimanere incinte... 'un lo potranno fare mai!

Roberto Benigni

Una vergine è come una zona per parcheggiare. Non ce ne sono molte in giro, e appena ne avvisti una, un furbastro te la frega proprio sotto gli occhi!

Milton Berle

Sono vergine ma non casta.

Rosy Bindi

Il segno della settimana: Vergine. «Se vi prendono per il culo non dovete arrabbiarvi, dovete girarvi!».
Massimo Boldi

Si ricorda di quella notte in cui ha perso la sua innocenza sul sedile posteriore dell'auto di famiglia? Se non fosse stato da solo sarebbe stato ancora più memorabile.
Red Buttons

Sono due anni che non ho rapporti sessuali. Immagino che, una volta che passi i due anni, automaticamente ritorni vergine. Devi ricominciare da capo, e io sono pronta. Non so che cosa ci sia di storto in me. Non capisco. Dovrò ricorrere a dei sotterfugi, per fare sesso. Stavo pensando di coprirmi di foglie e sperare che qualcuno mi cada sopra.
Margaret Cho

Era così pudica che, invece di dargliela, preferì fargliela avere.
Comix

Di tutte le aberrazioni sessuali forse la più aberrante è la castità.
Remy De Gourmont

Alla vergine Maria molti portano fiori. Ma nessuno la invita a cena.
Fabio Di Jorio

Cosa faccio dopo aver fatto l'amore? Saltiamo domanda e risposta.
Roberto Formigoni

Il Papa ha detto che la verginità è un dono. Bene, donatela più spesso!
Frignani & Sali

Avevo deciso di conservare la mia verginità per una donna fatta di tette.
Eddie Izzard

La verginità è come una briciola di pane: arriva un uccello e se la porta via.
Monella

Ci sono ancora delle ragazze che arrivano vergini al matrimonio. Magari non è il loro, ma ci arrivano.
Furio Ombri

L'ultima volta che ho fatto un film di successo Joan Collins era vergine.
Burt Reynolds

Ho fatto un sogno all'incontrario in cui l'Aids si prendeva quando non si scopava. E i padri erano preoccupatissimi e dicevano alle figlie: «Ma come, a 15 anni sei ancora vergine? Vuoi ammalarti?». E ai figli dicevano: «Ma come, sono le undici e mezzo e torni già a casa? Riesci! Dai, riesci! Riesci ancora un paio d'ore, ti do la mia macchina coi sedili ribaltabili...» «Ma papà, devo fare i compiti...» «Prima ciuli e poi fai i compiti!»

Paolo Rossi

Dammi castità e continenza, ma aspetta un momento.

Sant'Agostino

Combattere per la pace è come fottere per la verginità.

Scritta sul muro di un gabinetto

Britney Spears aveva dichiarato a *Vanity Fair* di essere vergine. Poi si è scoperto che nel titolo si erano dimenticati "stata".

Carlo Turati

VERGOGNA *(Arrossire)*

«Mi vergogno di essere italiano.» «Beato lei: io mi vergogno di essere.»

Altan

Se penso che Mozart morì a trentacinque anni, mi vergogno di essere ancora vivo.

Anonimo

«Un americano si vergognerebbe di vivere alle spalle di sua moglie!» «Sì ma io sono inglese e non ci sono questi pregiudizi nelle civiltà più antiche e progredite.»

Il Caro Estinto

È un poeta così cattivo che sette città si rinfacciano il disonore di avergli dato i natali.

Ennio Flaiano

I miei genitori si sono sempre vergognati di me. Pensate che alle udienze con i professori, davano false generalità e chiedevano del profitto di altri alunni.

Paco Genovese

Agli inizi della carriera Giulio Andreotti fece un po' di tutto: sottosegretario al Bilancio, all'Industria, agli Esteri, i lavori più umili insomma, dei quali tuttavia ancor oggi non si vergogna.
GINO&MICHELE

Perché Dio non si fa vedere? Ha forse fatto qualcosa di cui si vergogna?
MAURO MONTANARI

Mio padre si vergogna del fatto che faccio cabaret. Per dire, se gli amici gli chiedono perché torno a casa tardi la sera, preferisce dire che batto.
DIEGO PARASSOLE

Ci sono tutti i giornali porno esistenti. Ho visto un habitué entrare e gridare: «*Le Ore*, *Extasi blu*, e *Tonsille vertiginose*!» E poi pianissimo, per vergogna: «*L'Espresso*». L'ha messo in mezzo a *Tonsille vertiginose* ed è uscito...
CARLO PISTARINO

Una domanda classica. Lei è sulla torre con Pippo Franco, Lino Banfi e Massimo Boldi. Non si vergogna?
SIMONE STENTI

L'uomo è l'unico animale che arrossisce, ma è anche l'unico ad averne motivo.
MARK TWAIN

Nessuno arrossisce al buio.
BENJAMIN WHICHCOTE

Naturalmente, prima di Colombo, l'America era stata già scoperta molte altre volte, ma era stata sempre tenuta nascosta.
OSCAR WILDE

VERITÀ

A Silvio Berlusconi ogni tanto capita di infilarsi in una qualche verità, ma riesce sempre a tirarsi subito fuori e a tirare diritto come se niente fosse.
ANONIMO

Raramente è possibile portare la torcia della verità attraverso una folla senza incendiare la barba di qualcuno.
JOSHUA BRUYN

Che cosa distingue George Washington, Richard Nixon e Ronald Reagan? Washington non sapeva dire bugie, Nixon non sapeva dire verità e Reagan non sa dire la differenza.
Art Buchwald

Non si può dire la verità in televisione: ci sono troppe persone che guardano.
Coluche

La matematica è come la politica: non sappiamo di cosa stiamo parlando né se quello che diciamo è vero, ma è sempre e comunque esatto.
Sergio D'Antoni

Se proprio non puoi fare a meno di dire la verità, non dirla.
Ivan Della Mea

I magistrati del tribunale di Milano hanno dichiarato che, se Berlusconi la finirà di dire falsità sul loro conto, loro sono disposti a smettere di dire la verità su di lui.
Gino&Michele

Ho detto loro la verità e se la sono bevuta.
Giudice di notte

Non mi piace essere circondato da leccaculi. Voglio gente che mi dica la verità, anche se questo gli costerà il posto.
Samuel Goldwin

L'aforisma non coincide mai con la verità: o è una mezza verità, o è una verità e mezzo.
Karl Kraus

Non so mai quanto di quello che dico sia vero.
Bette Midler

Una menzogna è una menzogna finché la si esprime con timidezza; rimane una menzogna se si ripete cento volte; ma diviene una verità quando si ripete mille volte.
Benito Mussolini

Berlusconi ogni dieci stronzate dice una cosa che ha un senso. La puoi riconoscere perché è quella che smentirà il giorno dopo.
Furio Ombri

Una bugia fa in tempo a viaggiare per mezzo mondo mentre la verità si sta ancora mettendo le scarpe.

MARK TWAIN

La verità è la cosa più preziosa che abbiamo. Usiamola con parsimonia.

MARK TWAIN

Gesù disse una frase meravigliosa: «La verità vi renderà liberi». Infatti io ho detto la verità a mia moglie e adesso sono libero.

SERGIO VIGLIANESE

VERME *(Lombrico - Millepiedi)*

Un millepiedi dice al figlio che va a scuola di samba: «Non ti impegni abbastanza: la prendi sottogamba, sottogamba, sottogamba, sottogamba, sottogamba, sottogamba, sottogamba...».

FRANCESCO BARTOLI

In moto curvava così piegato che, invece dei moscerini in faccia, doveva stare attento ai lombrichi.

STEFANO BENNI

Sapete cosa c'è di più disgustoso che mordere una mela e trovarci un verme? Mordere una mela e trovarci mezzo verme.

PINO CARUSO

Sono diventato allevatore di lombrichi... Ho comprato un allevamento di lombrichi. Duemila capi. Pascolavano nella loro bella cassetta di terra... Mi sono morti quando li ho marchiati!

ANTONIO CORNACCHIONE

Tutti gli uomini moderni discendono da creature simili a vermi, ma in qualcuno si vede di più.

WILL CUPPY

Mio figlio è cattivo. Blocca con lo scotch i vermi sul marciapiede e poi guarda gli uccellini farsi venire l'ernia.

RODNEY DANGERFIELD

Di mio padre mi rimase la nostalgia di quando andavamo a pescare. I lunghi silenzi. I brevi dialoghi. «Papà, vuoi i vermi?» «No, mi basta la merda.»

MARCELLO MARCHESI

Mia madre è maniaca delle diete. Ci tiene così a stecchetto a casa che sono convinto che una volta sepolto sarò io ad andare a cercare i vermi.
MATTEO MOLINARI

VERNICE
vedi **Imbianchino**

VERTIGINE

E se un ragno soffrisse di vertigini?
FABIO FAZIO

È così piccolo che mi dà le vertigini.
LA MOGLIE DI TRISTAN BERNARD PARLANDO DI TOULOUSE LAUTREC

La mia maestra cominciò la carriera insegnando in un nido. Dovette smettere per le vertigini.
MARIO ZUCCA

VESCOVO
vedi **Cardinale**

VESTITO (Abito - Guardaroba)

La moglie: «Non ho nulla da mettermi, stasera!»
Il marito: «Hai sei armadi pieni di "nulla da metterti"!»
La moglie: «Stai dicendo forse che spendo troppi soldi?»
Il marito: «Tu spendi troppi soldi? No! Non sei l'unica che va in Svizzera a farsi aggiustare l'orologio»
A SCUOLA CON PAPÀ

Ale: «Ha fatto proprio bene a vestirsi di nero: il nero lo slancia.»
Franz: «Sì, se si vestiva di bianco confinava con l'Austria.»
ALE E FRANZ

Mi piace fare cose per aiutare la gente. La gente non mette più le cinture di sicurezza? Allora farò vestiti adesivi e poi rivestirò i sedili di velcro.
ANDY ANDREWS

Nancy Reagan ha sempre questo incubo tutte le notti: essere rapita, portata in un grande magazzino e obbligata a scegliere i suoi vestiti tra quelli in esposizione.
ANONIMO

Chissà quante foglie di fico Eva avrà provato prima di dire: «Prendo questa».

ANONIMO

Mi stavo misurando un vestito in un negozio di abbigliamento e ho chiesto alla commessa: «Come sto?». E quella: «È l'accostamento che è sbagliato.» «La giacca col pantalone?» «No i vestiti col suo corpo!»

GABRIELE CIRILLI

Gli abiti più belli sono messi per essere tolti.

JEAN COCTEAU

Si mise un paio di scarponi pesanti come un programma della Laurito, un giubbotto morbido come un torrone Sperlari e un paio di occhiali Ray-ban, così neri che Ray Charles a confronto sembrava portasse le lenti a contatto, si pettinò come gli altri di solito sono pettinati dentro le mutande.

GIOBBE COVATTA

Non capisco più la moda. L'altro weekend ho visto il figlio del mio vicino salire in macchina con addosso una camicia macramé, una bandana in testa, una felpa e un paio di stivali con gli speroni. Mi ha detto: «Vado a un matrimonio». Gli ho risposto: «E vai a un matrimonio vestito così?». E lui: «Devo. È molto formale».

NORM CROSBY

Ho un vestito per ogni giorno dell'anno. Eccolo!

LEOPOLD FETCHNER

La felpa è quel capo d'abbigliamento che un bambino indossa quando sua madre ha freddo.

LEOPOLD FETCHNER

Umberto Bossi è l'unico italiano i cui vestiti sono stati rifiutati dalla Missione Arcobaleno.

GINO&MICHELE

La bellissima Alba Parietti indossava un tailleurino che le scopriva appena l'ombelico (partendo dal basso).

GINO&MICHELE

Perché al telegiornale, quando danno la notizia di una rapina, dicono sempre cosa indossava il rapinatore? A meno che non sia un Puffo, oppure il mio insegnante di matematica di prima liceo, ci sono serie possibilità che quell'uomo si cambi d'abito ogni giorno!

LORI GIARNELLA

Con cinque fratelli più grandi, ho indossato vestiti smessi da loro tutta la vita. Quando finalmente mi arrivavano dei pantaloni, erano così lisi che se mi sedevo su una monetina potevo dirvi se era testa o croce. Quando arrivavano al mio fratellino, poteva farlo sedendosi su un biglietto da un dollaro.

BOB HOPE

Non male quell'abitino: fa bene a portarlo, prima o poi tornerà di moda.

CITATA DA PAOLO LIMITI

Il vestito di una donna dovrebbe essere come un reticolato: serve allo scopo ma non ostruisce la visuale.

SOPHIA LOREN

Quando arriva la primavera, io semplicemente scrivo una lettera al mio sarto, gli invio un campione della mia forfora e gli chiedo di farmi esattamente un vestito in tinta.

OLIVER HERFORD

Lo stilista Giorgio Armani ha confessato la settimana scorsa di aver dato mazzette alla Finanza Italiana. La condanna è stata di sei mesi, nei quali deve indossare scarpe marroni con un vestito blu.

NORM MACDONALD

Mia madre è sempre stata una maniaca dell'igiene. Pensate che quando ero piccolo, dopo ogni partita che facevo, lei prima mi obbligava a fare la doccia, poi lavava i miei vestiti a novanta gradi. E giocavo a dama.

FURIO OMBRI

Sembrava che fosse stata versata direttamente nel suo vestito e che si fosse dimenticata di dire: «Basta così!».

PELHAM GRENVILLE WODEHOUSE

Guardaroba femminile: non indossate mai niente che getti nel panico il vostro gatto.

P.J. O'ROURKE

Dietro ogni uomo di successo c'è una donna che non ha mai niente da indossare!
JAMES STEWART

Mi piace un soprabito inventato dagli americani, il cocomero, quello che si aggancia con i calamari.
TOTÒ

Con un abito da sera e una cravatta bianca chiunque, persino un agente di cambio, può far credere di essere una persona civile.
OSCAR WILDE

Il golf è l'unico sport dove i bianchi si possono vestire come i neri e non sembrano neanche ridicoli.
ROBIN WILLIAMS

Dovevo andare a trovare questo tale, molto importante, nel suo ufficio e tutti mi dicevano: «Stai attenta, Shelley. Non appena sarai entrata nel suo ufficio, ti strapperà il vestito di dosso!» «Me lo ricorderò», ho detto, «indosserò un vecchio vestito.»
SHELLEY WINTERS

VETERINARIO

Vado al ristorante, chiedo un filetto e mi portano una fetta di carne cruda... ma non la definirei neanche cruda, un bravo veterinario sarebbe riuscito ancora a salvarla!
ALESSANDRO BRUNELLO

La vacca è un mammifero che ha le gambe che arrivano fino a terra. La vacca ha un vitello ogni anno, grazie al toro, che è una vacca senza mammelle. Nella fecondazione artificiale il veterinario sostituisce il toro.
JEAN CHARLES

Devo andare dal veterinario. Ho dei problemi a dormire. Mi sembra di essere appena andato a letto quando, BOOM! dodici o tredici ore dopo eccomi già sveglio!
GARFIELD

Il dottore si era innamorato di una delle sue pazienti. Poco male, il fatto è che era veterinario.
BORIS MAKARESKO-ROBERTO TRANI

VIAGGIO (Crociera)

Durante una crociera, la moglie di un uomo è stata travolta da un'ondata. Uno dei membri dell'equipaggio è andato dall'uomo e gli ha detto: «Signore: sua moglie è caduta in mare!». E l'uomo: «Oh, grazie a Dio. Ho pensato di essere diventato sordo!».

MILTON BERLE

Sono appena tornato da un viaggio di piacere. Ho accompagnato mia suocera all'aeroporto.

MILTON BERLE

Non viaggio mai in aereo. Il viaggio verso l'aeroporto mi fa venire il mal d'auto.

MILTON BERLE

Giannini e io aderivamo alle due regole chiave per viaggiare nel terzo mondo: 1) Mai rimanere senza whisky. 2) Mai rimanere senza whisky.

BILL BRYSON

Stare al mondo può essere caro, ma c'è incluso nel prezzo un viaggio attorno al sole gratis ogni anno!

ASHLEIGH BRILLIANT

Per me viaggiare è un'esigenza vitale. Mi sentirei soffocare se mia moglie non viaggiasse un po'.

DIMUNNO E TAMBORRINO

Viaggerei, se non fosse tanto lontano.

COREY FORD

Questo mi ricorda di un safari in Africa. Qualcuno s'era dimenticato il cavatappi e per diversi giorni abbiamo dovuto sopravvivere solo di cibo e acqua.

W.C. FIELDS

Come ha dichiarato Silvio Berlusconi: «Il mio viaggio in Israele e nei Territori Occupati è stato coronato da grande successo: sono tornato indietro».

GINO&MICHELE

Giro il mondo. Sono stato ai Caraibi, in Jamaica, in Messico... La gente è splendida, le spiagge sono splendide, ci si abbronza e, lasciate che vi dica, quella diarrea non la puoi prendere, qui a casa tua. Quella non è una diarrea comune. Quello è un germe che ti risale il culo con un sombrero e un paio di colt a sei colpi.

RICHARD JENI

Quando viaggiate in avanti su una macchina del tempo, evitate di sporgere il gomito dal finestrino, o vi diventerà un fossile.

DANIELE LUTTAZZI

«Quando ho la sensazione che in fabbrica ci sia un po' di disordine», mi diceva un giovane industriale, «quando vedo che si profila uno sciopero, io prendo il mio yacht. Me ne vado. In crociera. Alle Bahamas. E mi porto dietro un po' di operai.» «Come viaggio premio?» «No, come ostaggi!»

MARCELLO MARCHESI

Il turista è una persona che viaggia mille miglia per farsi una foto accanto alla sua macchina.

BOB PHILLIPS

I tedeschi viaggiano soprattutto per verificare l'esattezza della guida turistica.

ANNELISE ROTHENBERGER

Scrivere è viaggiare senza la seccatura dei bagagli.

EMILIO SALGARI

Ecco un consiglio da un esperto viaggiatore come me: le wake-up call degli alberghi sono il peggior modo di svegliarsi. Il telefono squilla, è forte, e non puoi abbassare il volume. Io lascio sempre il numero di telefono della camera accanto, e quando suona, è al livello giusto, e poi sento: «Perché cacchio mi avete chiamato a quest'ora?!». Così mi alzo e faccio la doccia. È splendido.

GANY SHANDLING

Mi piace conoscere popoli stranieri, capire nuove culture, imparare nuove lingue, ma non ho tempo per viaggiare. Quindi vado a puttane.

DADO TEDESCHI

Ho vinto un soggiorno a Parigi, ma non ho un furgone per andare a ritirarlo.

WWW.SILVERDOLPHIN.IT

Ho vinto un viaggio per due persone. Domani partono.

STEFANO ZACCARELLA

VIAGGIO DI NOZZE
(Luna di miele)

L'ultima volta che sono stato al mare è stato con Mrs Allen, mia moglie. Durante la luna di miele. Ero favoloso. Mi avreste adorato. Stavo sciando sull'acqua, nudo fino alla cintola, scivolavo veloce sulla cresta dell'onda. I muscoli luccicanti d'olio, mi tenevo con una mano sola. Lo sci d'acqua è una meraviglia. Mia moglie, nella barca davanti a me, vogava con foga.
WOODY ALLEN

Venezia: la seconda delusione della sposa durante il viaggio di nozze.
ANONIMO

Siamo andati in Spagna per la luna di miele. Viaggiamo gratis, grazie al lavoro di mia moglie. È una terrorista.
BRIAN KILEY

Sono un democratico. Non ho mai avuto difficoltà a usare il bagno di servizio. Non sono come mio cugino che sposò la governante e andò a fare il viaggio di nozze a Parigi. Da solo.
MARCELLO MARCHESI

Monica Sales? Non vorrei essere nella stanza accanto durante la sua prima notte di nozze.
PETER USTINOV

VIAGRA

Ma secondo voi il Viagra è blu? No perché mi sono sempre chiesto: cosa avranno da essere sempre così allegri quei cazzo di puffi?
BEPPE BRAIDA

Sto provando una nuova dieta, Viagra e succo di prugna. Lasciate che vi dica, non so più se vado o vengo.
RODNEY DANGERFIELD

Si sta facendo più casino adesso per queste pastiglie erotiche di quanto se n'è fatto a suo tempo per un signor farmaco come la penicillina. Tutto questo entusiasmo non è un po' eccessivo? C'è farmaco e farmaco. La penicillina ha salvato e salva l'umanità. La penicillina rimette in piedi un uomo. Viagra e apomorfina, cosa rimettono in piedi? Un cazzo!

ALBERTO PATRUCCO

Mio marito m'à detto ke deve essere un calo dè desiderio; ammia più ke un calo m'pare un crollo! M'fa lui: «Ke dici, Sconsolata, mo o' pigghiu 'stu viagrass?» «Mah, o ke noleggiamo una gru... ».

SCONSOLATA (ANNA MARIA BARBERA)

Quando prendete il Viagra buttatelo giù in fretta. C'è il rischio che vi diventi duro il collo.

LESLEY STAHL

VIBRATORE

Definire l'uomo una bestia significa adularlo: il maschio in realtà è solo un vibratore ambulante.

ANONIMA

Viene a trovarmi Leda, fotomodella. Ingiustamente io l'ho sempre giudicata solo una bellissima cretina. Invece oggi ho saputo che anche lei ha il suo dramma segreto. Risale a quand'era bambina. Un giorno, approfittando che era sola in casa, un suo zio la fece sedere sul sofà accanto a lui e d'improvviso tirò fuori un libro e le lesse il primo canto della *Gerusalemme liberata*. Uno choc tremendo da cui la bambina non si rimise mai completamente. Dovettero farla rinvenire con un vibratore.

ROMANO BERTOLA

Perché esistono gli uomini? Perché i vibratori non falciano l'erba!

OCCHI DI SERPENTE

VICINI DI CASA

Non seccarti se il tuo vicino suona il suo hi-fi alle due del mattino. Chiamalo poi alle quattro per dirgli quanto ti è piaciuto.

ANONIMO

Vicino a casa mia abita un corteo. Un bestione lungo mezzo chilometro. Però buono, educato... Ogni volta che passa mi saluta.

ROMANO BERTOLA

Nel mio condominio c'è un signore iperattivo che passa la vita a fare bricolage, cominciando a martellare alle otto e un quarto. Ho cercato in tutti i modi di farlo smettere: ho parlato alla portinaia, ho appeso un tazebao nell'androne. Niente. Alla fine ho adottato una contromisura estrema: una scatola di tappi di cera. Gliel'ho infilata nel culo e lui ha smesso.
Claudio Bisio-Rocco Tanica

Eravamo così poveri che mia madre non poteva avermi. Così mi ha avuto la vicina di casa.
Mel Brooks

Non ho mai pensato di suicidarmi, mai. Però, se lo facessi, vorrei essere originale. Titolo: "Comico pazzo muore, inghiotte 650 capsule di Dexamina. È stato ucciso dai vicini perché parlava troppo".
Lenny Bruce

I vicini di casa sono le uniche spie disposte a prestarvi mezzo chilo di zucchero.
Enzo Costa

Picone: «Caro mio, troppe spese! Ne parlavo l'altro giorno col mio vicino di casa: il signor Merendino, il pensionato. Mi ha fatto vedere le bollette di casa sua: un'enormità! E dire che abitano in due: lui e la moglie. Luce, acqua, gas, telefono... pagano milioni e milioni!»
Ficarra: «Tutti così siamo combinati! Tu quanto paghi?»
Picone: «No, io niente perché sono allacciato dal signor Merendino!»
Ficarra: «Ma lui lo sa?»
Picone: «Non gliel'ho detto per delicatezza, i rapporti di vicinato sono delicati!»
Ficarra e Picone

Buone recinzioni fanno buoni vicini.
Robert Frost

Brutta cosa la solitudine. Ieri il mio vicino di casa mi è venuto a chiedere se potevo fare un po' più di casino.
Teo Guadalupi

È recessione quando il tuo vicino perde il lavoro. È depressione quando tu perdi il tuo.
Harry Truman

Penso alla mia vicina. Per quanto mi sprema le meningi non trovo la maniera idonea di abbordarla. Bussare alla sua porta e invitarla a cena non mi sembra prudente né opportuno. Forse l'invito dovrebbe essere preceduto da un omaggio. In nessun caso devo mandarle denaro, ma se nonostante tutto decidessi di mandargliene, meglio in banconote che in monete. I gioielli presuppongono un rapporto più formale. Un profumo è un regalo delicato, ma molto personale; si corre il rischio di non indovinare i gusti della persona che si vuole omaggiare. Lassativi, emulsivi, cerotti, vermicidi, antireumatici e altri prodotti farmaceutici esclusi. È molto probabile che le piacciano i fiori e gli animali domestici. Potrei mandarle una rosa e due dozzine di dobermann.

EDUARDO MENDOZA

È buffa la fortuna. Magari non ne vedi neanche l'ombra per anni e poi, quando meno te l'aspetti, si presenta al tuo vicino di casa.

FRANCO MERAFINO

Trasferirmi da Los Angeles a Petaluma è stata la miglior cosa che io abbia mai fatto. Mi piace avere dei vicini che non hanno scritto una sceneggiatura.

RICK REYNOLDS

E ricordati di abbassare i vicini che disturbi il volume, d'accordo?

FRANCESCO SALVI

La mia vicina di casa pazza ieri è venuta a chiedere in prestito un'ascia, una sega, alcuni attrezzi chirurgici, dei sacchetti per rifiuti e, questa è la cosa strana, una tazzina di zucchero.

RYAN STILES

Parlo da solo. I vicini spesso si lamentano perché uso un megafono.

STEVEN WRIGHT

Sono andato dal dottore. Mi ha detto: «Si tolga i vestiti e tiri fuori la lingua alla finestra» «A che serve?», ho chiesto. E il dottore: «Ce l'ho coi miei vicini».

HENNY YOUNGMAN

VIGILI URBANI

Fumo talmente tanto che ogni volta che a Milano c'è un blocco del traffico vengono a casa mia due vigili e mi portano a dormire a Brescia.

BRUCE KETTA-MARCO DEL CONTE

È naturale che le prostitute abbiano figli: da dove credi che provengano i vigili urbani?

DAVE DUTTON

Ma se la polstrada vigila sul traffico, i vigili cosa fanno, polstradano?

GINO&MICHELE

Sulla macchina di mio padre non posso dimenticare la foto con calamita, la Madonna con il bambino in braccio, solo che ogni volta che mio padre frenava, alla Madonna gli cadeva il bambino dalle braccia. Che quando ci fermavano i vigili a mio padre facevano la multa perché il Bambin Gesù era davanti e senza seggiolino e la Madonna era senza cintura!

FRANCO NERI

Come da usanza ognuno aveva portato qualcosa. Zio Caratozzolo a un certo punto apre il cofano e tira fuori un pintone di vino Cirò, forte, ma così forte che se dopo pranzo ci fermavano i vigili, la prova del palloncino ce la dovevano fare col palloncino di cuoio!

FRANCO NERI

Tornavo a casa in motorino quando un vigile mi ferma. «Qui non c'è il faro, sei senza targa, mancano le frecce e mancano gli specchietti. Come la mettiamo?» «Appoggiala al muro che non c'ha neanche il cavalletto!»

POTATO (ALESSANDRO BRUNELLO)

Sono Ermanno, il vigile detto "Il Richiamo": quando fischio io le automobili si fermano e i pedoni tirano i rigori!

VITO (STEFANO BICOCCHI)

VIGLIACCHERIA

È vero che oggi il mondo, grazie alla telematica, ha abbattuto le barriere spazio-tempo, ma nel caso di Clinton si è superato ogni limite. Pensate che un atto d'amore improprio consumato a Washington, due ore dopo, alla riapertura dei mercati ha generato un -8% in piazza Affari, cioè una perdita secca, per il medio risparmiatore, di circa 20 milioni! E allora, nella mia ingenuità e senza alcuna malizia, ho pensato: se devo perdere 20 milioni per un pompino, almeno fatemelo a me!.

ENRICO BERTOLINO

Il vino è nemico dell'uomo. Chi fugge davanti al nemico è un vigliacco.

ANONIMO VENETO

Molti sarebbero vigliacchi se ne avessero il coraggio.

THOMAS FULLER

Non ho paura di Frank Sinatra. Gli ho detto: «Crepa, sei un verme bastardo e non significhi nulla per me». Grazie a Dio non c'era quando l'ho detto.

JACKIE MASON

Correre incontro al pericolo è una forma di vigliaccheria.

ALDO PALAZZESCHI

VILLAGGIO GLOBALE

Ormai siamo all'internazionalizzazione della notizia. Sono le regole del villaggio globale. Se eleggono Clinton in America, stappano lo champagne in Italia. Se in Italia eleggiamo Scalfaro, in America... non gliene frega niente a nessuno.

ANTONIO CORNACCHIONE-MARCO POSANI

VINCERE

A Siena c'è questa strana abitudine: che se non vinci il palio, lo perdi.

ACETO

La strategia è chiara: passare da "uniti vinceremo" a "uniti avremmo potuto vincere".

ALTAN

«Tesoro, ho vinto un miliardo al tòcalcio! Presto, prepara la valigia!» «Fantastico! E cosa devo metterci, roba d'estate o d'inverno?» «Mettici tutto che vai fuori dalle balle!!!»

ANONIMO

Con Silvio al governo, nel 2004 si son persi i Mondiali di calcio in Usa ai rigori col Brasile. Con Silvio al governo nel 2008 si son persi gli Europei con la Spagna ai quarti. Con Prodi al governo nel 2006 campioni del mondo! Beh, i campionati del 2010 in Sudafrica si avvicinano, che si fa?

Enrico Bertolino

I vincitori non sanno quello che perdono.

Gesualdo Bufalino

Gli italiani sono sempre pronti a correre in soccorso dei vincitori.

Ennio Flaiano

Ti voterò ma solo se vincerai.

Raffaello Franchini

Un democristiano e un socialista si iscrivono alle Olimpiadi della corruzione: chi vince? Nessuno, perché i professionisti alle Olimpiadi non partecipano.

Pippo Franco

Era una riserva così piena di trote che vinceva chi non pescava niente. Vinceva una trota.

Gino&Michele

Spalletti: «Ho un solo modo per convincere la Juve che sono il sostituto ideale di Ranieri. Da qui alla fine non vincere mai»

Gene Gnocchi

Vincere a *Sanremo* è molto utile. Per due settimane hai una buona risposta se qualcuno ti chiede: «Novità?».

Daniele Luttazzi

Chiunque abbia detto: «L'importante non è vincere o perdere» probabilmente aveva perso.

Martina Navratilova

I premi letterari sono una crudeltà. Soprattutto per chi non li vince.

Umberto Saba

Lucy: «Ecco un libro sul baseball che si chiama *Vincere e altre dieci possibilità*».
Charlie Brown: «E quali sarebbero?»

Lucy: «Pareggiare, perdere, perdere, perdere, perdere, perdere...»
Charles M. Schulz

L'importante è non vincere.
Vincino

Non importa se tu vinci o perdi; quel che importa è se vinco o perdo io.
Darrin Weinberg

Ho vinto un soggiorno a Parigi, ma non ho un furgone per andare a ritirarlo.
www.silverdolphin.it

Ho vinto un viaggio per due persone. Domani partono.
Stefano Zaccarella

VINO

Il vino è nemico dell'uomo. Chi fugge davanti al nemico è un vigliacco.
Anonimo veneto

È meglio stare con i piedi per terra: in vino veritas, in scarpe adidas.
Banda Osiris

Ieri sono uscito con una sommelier. Non ho dovuto neppure dirle il mio anno di nascita: lo ha indovinato da sola.
Federico Basso

Una volta ho trovato un messaggio nella bottiglia e, ve lo assicuro, è l'ultima volta che metto piede in quel ristorante.
Federico Basso

Lo puoi dire con i fiori, lo puoi dire con il vino, ma se la vuoi fare schifosamente sentimentale, diglielo con una Lincoln Continental.
Robert Bryne

Com'è il paradiso? C'è il meglio di tutto: cibi deliziosi, vini di gran classe, clima dolcissimo e una vista superba da tutti i punti cardinali. Un po' come la Francia, ma senza i francesi.
Dio, per penna di Jeremy Pascall!

Non credo nei cantuccini, figuriamoci nel vin santo.
Giovanni Gabbriellini

Non sottostimare mai il potere di un frutto. Se non fosse stato per l'uva il vino non sarebbe mai stato scoperto e l'Impero Romano sarebbe durato per altri tre anni.
Albram Kehlog

In un anno l'Inghilterra beve certo il doppio di vino di Porto di quanto se ne produce in tutto il Portogallo.
Georg Christoph Lichtenberg

A scuola: «Che gli venisse un accidenti al bottaio che travasa 218 litri di vino in NON MI VIENE QUANTE bottiglie di 75 centilitri cad.!»
Mafalda

Come da usanza ognuno aveva portato qualcosa. Zio Caratozzolo a un certo punto apre il cofano e tira fuori un pintone di vino Cirò, forte, ma così forte che se dopo pranzo ci fermavano i vigili, la prova del palloncino ce la dovevano fare col palloncino di cuoio!
Franco Neri

Un frutto è una verdura con il look e i soldi. Inoltre, se lasciate marcire la frutta, diventa vino, cosa che i cavolini di Bruxelles non fanno mai.
P.J. O'Rourke

Mi fan ridere i sommellier con quel pentolino che si bagnano solo le labbra e poi dicono: «Ha un retrogusto fruttato». Eh certo, l'uva è frutta, neh? Per forza è fruttato. È come se il Cynar lo assaggi e dici che è verdurato, perché sa di carciofo!
Viviana Porro

In una notte di luna piena ho detto a Paolo: «Guarda, amore, che bella luna! »
E lui: «Perché, devi imbottigliare?»
Maria Rossi

La California ha dato alla nazione Richard Nixon e Ronald Reagan. Possano i suoi vigneti marcire tutti.
Mike Royko

Si riesce a distinguere il vino tedesco dall'aceto solo grazie all'etichetta.
Mark Twain

C'è gente che tiene il vino benissimo: non si ubriaca nemmeno se l'imbottigli.

BEPPE VIOLA

Dicono che le donne invecchino come il buon vino. Mia moglie invecchia come il latte.

WALTER, IL VETERANO DEL VIETNAM (JEFF DUNHAM)

VIOLENZA

«Ancora violenze su donne e bambini.» «E con chi dovrebbero sfogarsi, coi panda e le foche monache?»

ALTAN

Picchiate vostro figlio tutti i giorni. Forse voi non saprete perché, ma lui lo sa.

ANONIMO

L'esercito è come un film vietato ai minori di 14 anni: troppa violenza e poco sesso.

BEETLE BAILEY

E poi c'è la violenza con la sua famosa spirale che serve per non generare altra violenza.

ALESSANDRO BERGONZONI

Sarò più che lieto di ascoltare i tuoi problemi non appena mi togli le mani da attorno al collo.

ASHLEIGH BRILLIANT

Vivo in un quartiere talmente malfamato che l'altro ieri, in pieno giorno, nella piazza centrale hanno violentato un maniaco!

BRUCE KETTA-MARCO DEL CONTE

Non dico che la nostra fosse una scuola dura ma scrivevamo temi come: "Che cosa farò se diventerò grande".

LENNY BRUCE

Non alzare mai le mani sui tuoi figli. Lasceresti il tuo inguine senza protezione.

RED BUTTONS

I nostri figli non sono violenti. Non ci odiano mica. Se ogni tanto ci picchiano è solo per il nostro bene.

LIA CELI

Il violento hockey in televisione è la causa principale delle ribellioni carcerarie. Pensateci: siete dei detenuti in una cella del penitenziario di Stato e guardate alla tv un giocatore di hockey prendere due minuti di sospensione, mentre voi state scontando diciassette anni in carcere per lo stesso reato.
JEFF CESARIO

Nel mio condominio c'è un signore iperattivo che passa la vita a fare bricolage, cominciando a martellare alle otto e un quarto. Ho cercato in tutti i modi di farlo smettere: ho parlato alla portinaia, ho appeso un tazebao nell'androne. Niente. Alla fine ho adottato una contromisura estrema: una scatola di tappi di cera. Gliel'ho infilata nel culo e lui ha smesso.
CLAUDIO BISIO-ROCCO TANICA

Be', sì, ogni tanto mio padre me le suonava. E mentre lo faceva parlava. Picchiava e urlava: «Ne hai avute abbastanza?». Avute abbastanza? Ma che razza di domanda è? Cosa voleva che rispondessi: «Ehi, papà, un altro calcio nelle palle non è proprio possibile?».
BILLY CONNOLLY

Ah, è bello tornare a New York... Non c'è posto come la propria casa... e da nessuna parte al mondo senti i suoni della tua infanzia, tipo: «Hey, pompinaro succhiacazzi! Dammi la mia autoradio o ti braso il culo!».
BILLY CRYSTAL

Mike Tyson ha dichiarato che si ritirerà dalla boxe professionistica e che tornerà al suo primo amore: picchiare la gente gratis.
CRAIG KILBORN

Mio papà picchiava la mamma più per tradizione che per necessità. E quando il papà la picchiava, la mamma rideva. Lo faceva per non farci preoccupare. Non come le donne di adesso che vanno subito a sporgere denuncia dopo le prime tre o quattro coltellate. Che poi i figli si drogano e le famiglie si sfasciano.
GAIA (SIMONA GUARINO)

Fin da piccolo Mike Tyson rivela un carattere piuttosto rissoso, al punto

che quando uscivano, i genitori, anziché chiamare la baby sitter, chiamavano lo sparring partner.
GIALAPPA'S BAND

«Mia madre è morta quando avevo sei anni. Mio padre mi ha violentata che ne avevo dodici» «Allora hai passato sei anni relativamente tranquilli!»
STUART GORDON

New Orleans è così violenta che se vai a comprare un paio di calze di nylon ti chiedono la misura della tua testa.
BILLY HOLLIDAY

Vorrei tanto darti un calcio nei denti, ma perché poi devo migliorarti il look?
INSULTI AMERICANI

Credo che Chicago sia nata quando un gruppo di newyorchesi ha detto: «Hmm... qui ci piace il crimine e ci piace la povertà, ma non è ancora freddo abbastanza. Andiamo a Ovest».
RICHARD JENI

New York City è stata dichiarata la città più sicura d'America. Dev'essere merito della nuova politica del sindaco Bloomberg: oggi, infatti, dopo tre omicidi ti mettono in galera.
DAVID LETTERMAN

Faceva così caldo oggi a New York che sono andato al bancomat solo per provare il piacere di sentire la fresca canna di una pistola contro il collo.
DAVID LETTERMAN

È stato fatto uno studio sulle tre frasi più sentite a New York City. La prima è: «Ehi, taxi!». La seconda è: «Qual è il treno per andare a Bloomingdales?». E la terza è: «Non si preoccupi, è solo una ferita superficiale» .
DAVID LETTERMAN

La tv è così poco pedagogica! L'altra sera l'ho accesa: sesso e violenza, sesso e violenza. Ed erano solo le previsioni del tempo!
DANIELE LUTTAZZI

Storace una volta mi ha salvato la vita. Una volta dei teppisti mi stavano picchiando a sangue e lui disse: «Ragazzi, può bastare».

Daniele Luttazzi

Ursula Everglade, una ragazza di New York, venne brutalmente assassinata mentre 38 vicini guardavano la scena dalla finestra evitando di intervenire. Per fortuna però in casi del genere non tutti restano a guardare senza far nulla. Alcuni non solo inseguono l'assassino, ma arrivano addirittura a ricattarlo.

Daniele Luttazzi

Un uomo molto vecchio a una donna molto vecchia: «Se ti violento mi aiuti?».

Gianni Magni

Quando ho incontrato Sean Penn mi sono trovato di fronte a un'interessante dicotomia: voleva spaccarmi il culo perché avevo insinuato che non fosse pacifista.

Dennis Miller

A New York c'è una violenza pazzesca. Sul giornale di oggi c'era la notizia di un leone che si è liberato dallo zoo di Central Park ed è stato seriamente malmenato.

Bob Newhart

Il quartiere in cui vivevamo era così violento che a casa nostra le foto di Papa Giovanni e di Kennedy, appese al muro, invece di sorridersi bonariamente si mandavano a fare in culo!

Valerio Peretti Cucchi-Mario Zucca

New York è una città meravigliosa. Anche se oggi, mentre ero in biblioteca, l'impiegato è stato molto sgarbato con me. Gli avevo chiesto: «Vorrei una tessera». Mi ha risposto: «Devi dimostrare che sei un cittadino di New York». Così l'ho pugnalato.

Emo Philips

Nella nostra scuola ci perquisivano all'ingresso, per controllare se avevamo con noi coltelli o pistole e, se non ne trovavano, ce li davano.

Emo Philips

A Palermo per fare un buon Natale bisogna essere in dodici o più di tredici. Un anno a casa eravamo in tredici, e siccome porta sfiga, mio padre si è alzato... e ne ha ammazzato uno.

FRANCESCO RIZZUTO

Vivo in un quartiere così malfamato che possono spararti mentre stai sparando a qualcuno.

CHRIS ROCK

Ero a New York, mi è capitato un tassista piuttosto particolare. Durante la corsa ha ucciso un cane. Ma non con la macchina: è sceso e lo ha pugnalato.

ADAM SANDLER

Ero a New York, mi è capitato un tassista piuttosto particolare. Durante la corsa ha ucciso un cane. Ma non con la macchina: è sceso e lo ha pugnalato.

ADAM SANDLER

Tu pensi che New York sia pericolosa? Dovresti andare a Detroit. Potresti andare avanti per dieci isolati e non abbandonare mai la scena del crimine.

RED SKELTON

La mia insicurezza la devo a un trauma infantile: un giorno mia zia mi strappò il ciuccio e lo gettò dalla finestra. Una violenza inaudita su un bambino di soli dodici anni.

RENATO TRINCA

Una volta a Milano sono stato aggredito da una baby-gang. Ho capito che era una baby-gang perché il coltello che mi hanno puntato contro era sporco di Nutella.

ANDREA VASUMI

«Papà, da oggi vado a pestare i negri.» «Siamo in un Paese civile, figliolo, si dice extracomunitari!»

VAURO

VIOLINO

Il mio violino è un vero Stradivari, sapete? Se non lo è, ho buttato via centodieci dollari. La ragione per cui l'ho avuto così a poco è perché è uno dei pochi Stradivari fatti in Giappone.

JACK BENNY

La differenza tra un violino e una viola è che la viola è fatta di un legno che brucia più a lungo.

VICTOR BORGE

Tre liutai avevano fatto per anni lo stesso lavoro nello stesso isolato della piccola città di Cremona. Dopo anni di coesistenza pacifica, la bottega di Amati decise di mettere un cartello in vetrina che diceva: "Facciamo i migliori violini d'Italia". La bottega Guarneri seguì subito l'esempio e mise un cartello in vetrina che diceva: "Facciamo i migliori violini del mondo". La famiglia Stradivari dopo un po' mise un cartello alla porta del negozio che diceva: "Facciamo i migliori violini dell'isolato".

CITATA DA ANDREA CONTI

Ho ereditato un dipinto e un violino che si sono rivelati essere un Rembrandt e uno Stradivarius. Sfortunatamente, Rembrandt faceva pessimi violini e Stradivarius era un pittore atroce.

TOMMY COOPER

Non basta avere uno Stradivari per essere un buon sassofonista.

FERNANDO FELLI

Guardare tua figlia che se ne va con quel tizio ti fa sentire come se avessi appena consegnato uno Stradivari a un gorilla.

JIM BISHOP

Se non studio un giorno, me ne accorgo io. Se non studio due giorni, se ne accorge il pubblico.

NICCOLÒ PAGANINI

A chi mi chiede come mai mi sono rimesso a fare cabaret dopo venticinque anni di riflessione, rispondo che per noi genovesi è normale: non facciamo mai cose avventate, abbiamo bisogno di tempi lunghi. Niccolò Paganini compose il suo brano più celebre nel 1799 e ha venduto il primo disco nel 1922... Centoventitré anni di gavetta!

EMILIO RAZZETTI

Quand'ero piccolo non avevo l'orologio. Così usavo il violino. Iniziavo a esercitarmi durante la notte e i vicini gridavano: «Bel momento per suonare il violino alle tre di notte!».

HENNY YOUNGMAN

VIRTÙ

vedi **Vizio**

VIRUS

vedi **Computer**

VISONE

vedi **Pelliccia**

VISTA

Ci vedo pochissimo. Quando vado dall'oculista, il dottore mi indica le lettere, dà la risposta, e mi chiede: «Vero o falso?».

WOODY ALLEN

Abito in un posto molto modesto. Ho una stanza con vista sullo splendido Claridge's Hotel. Ho pensato che fosse meglio che pagare i prezzi del Claridge's ed avere una vista sulla catapecchia in cui vivo.

JACK BENNY

Vi propongo un test: mettete questa battuta a 20 metri dal muro del salotto. Se riuscite a leggerla da questa distanza, allora vuol dire che avete un salotto enorme.

GIOVANNI CELLINI

È stato amore a prima vista. Poi ho dato una seconda occhiata.

GARFIELD

Di solito una donna preferisce essere bella anziché intelligente perché in genere l'uomo medio ha la vista più sviluppata del cervello.

BILL LAWRENCE

È così miope che non vede nemmeno le lenti a contatto.

BORIS MAKARESKO-ROBERTO TRANI

Mi è bastato.
Mi è bastato vederti da lontano
per capire quanto era grande la tua bellezza.
Mi è bastato vederti da lontano
per capire quanto già ti desideravo.
Mi è bastato vederti da lontano
per capire quanto ti avevo aspettato.
Mi è bastato vederti da vicino
per capire che da lontano non ci vedo più un cazzo!

Flavio Oreglio

La mia donna si è guardata allo specchio e non si piaceva più. Diceva di avere troppe rughe sul viso, le gambe rovinate, il culo enorme... Io allora per consolarla le ho detto: «Però hai ancora una vista ottima!».

Flavio Oreglio

Noi lo chiamiamo il Colorado perché è daltonico. È daltonico perfino coi numeri: non distingue i pari dai dispari!

Francesco Salvi

VITA *(Vivere)*

Non credo nella vita dopo la morte, dunque non devo passare la vita a temere l'inferno, o ancor più temere il paradiso. Perché quale che siano le torture dell'inferno, penso che la noia del paradiso sarebbe anche peggio.

Isaac Asimov

Si vive una sola volta. E qualcuno neanche una.

Woody Allen

È assolutamente evidente che l'arte del cinema si ispira alla vita mentre la vita si ispira alla tv.

Woody Allen

Noi farfalle si vive un giorno solo e quando son le sei di sera si han già le palle piene.

Altan

Se penso che Mozart morì a trentacinque anni, mi vergogno di essere ancora vivo.

Anonimo

Nella mia vita ho sofferto così tanto che ormai il dolore mi diverte da impazzire.

CLAUDIO BARBIERI

Gli ingegneri non vivono, funzionano.

FRANCESCO BARTUCCI

Quando pensi che a nessuno al mondo importi se sei vivo, prova a non pagare per due mesi la rata della macchina.

JOHN BELUSHI

L'albergo è davvero deprimente. Tetro. La sera non si sa cosa fare. Ci sono solo delle vecchie. Una di queste, stasera, guardando il cielo, mi ha chiesto: «Secondo lei c'è vita in qualche altra parte dell'universo?» «Be' spero di sì, per dio! Il fatto che non ci sia qui non deve farlo escludere in assoluto».

ROMANO BERTOLA

Credo nella vita prima della morte.

MAURIZIO BOTTONI

I dottori hanno fatto tutto quello che hanno potuto, ma nonostante questo sono ancora vivo.

ASHLEIGH BREANT

In realtà si tratta solo di scegliere: la vita, la morte o Los Angeles.

ASHLEIGH BRILLIANT

La vita è troppo breve per gli scacchi.

HENRY J. BYRON

Punteggiatura.
Sono vivo e vegeto.
Sono vivo. E vegeto.

PAOLO CANANZI

Per quanti varrà ancora la pena di vivere quando non si morirà più?

ELIAS CANETTI

La vita? Meglio di niente.

PINO CARUSO

La vita s'è tutta un bidòn. Beati gli affamati di giustizia perché saranno giustiziati.

ANGELO CECCHELIN

Oggi i funerali si fanno in automobile per non interrompere il ritmo della vita moderna.
Jean Charles

Non potrete dire di aver vissuto se non avete mai partecipato a una caccia al procione, e dopo averlo fatto non vorrete più vivere.
Chevy Chase

Se la vita ti sorride, ha una paresi.
Paco D'Alcatraz

L'amore è la cosa più bella della vita. Come la figa.
Fabio Fazio

La vita è meravigliosa. Senza saresti morto.
Leopold Fetchner

Mai lasciare un bambino attore vivere più del necessario.
W.C. Fields

I giorni indimenticabili della vita di un uomo sono cinque o sei in tutto. Gli altri fanno volume.
Ennio Flaiano

Sono vivo, anche se vivere non è la mia specialità.
Walter Fontana

Non è Dio che è morto, è questo Papa che è vivo.
Raffaello Franchini

La vita è un affare talmente complesso, che nessuno ne esce vivo.
Herbert Frankel

Se decidi di smettere di bere, fumare e fare l'amore, non è che vivi più a lungo: la vita ti sembra solo più lunga.
Clement Freud

Nessun cazzo è duro come la vita.
John Giorno

La vita è una tempesta, ma prenderlo nel culo è un lampo.
Beppe Grillo

Chi non trova un biografo deve inventare la propria vita da solo.
Giovanni Guareschi

Non si vive neppure una volta.
Karl Kraus

Bisogna vivere come i gigli dei campi. E così voglio fare: baciata dal sole, lambita dal vento e pisciata dai dobermann.
LUCIANA LITTIZZETTO

Vissero infelici perché costava meno.
LEO LONGANESI

I vivi sono i morti in vacanza.
MAURICE MAETERLINCK

Il mondo è diventato così pericoloso che quando uno se ne va, ringrazia il cielo per esserne uscito vivo.
BORIS MAKARESKO

Bill Cosby: «Credi nella vita dopo la morte?»
Groucho: «Da come sta andando quest'intervista, dubito della vita prima della morte.»
GROUCHO MARX, DURANTE UN INCONTRO CON BILL COSBY. GROUCHO AVEVA 82 ANNI

Dura la vita. Dura da combattere e dura da mandar giù. Ci hai provato e lo sai: come alzi la testa piovono cazzi e martelli. È un Vietnam a ogni angolo, la fogna nel cervello, tutti contro tutti. Basta. Non è una vita: è un inferno per dobermann! Detto questo, sempre meglio di un paradiso per cocker.
GIORGIO MELAZZI

La vita è solo un puzzle, da comporre giorno per giorno, tassello dopo tassello. È pescarli in quel metro di merda che la rende difficile.
GIORGIO MELAZZI

Non si può avere tutto dalla vita. Io per esempio non sono mai stato a Pompei.
MAURIZIO MICHELI

La mia vita è tutta rosa e fiori ma io sono allergico.
MATTEO MOLINARI

Il San Valentino è triste se non sei fidanzato. È un po' come il giorno dei morti se sei vivo.
ROBERTO "ROBYM" MORO

Se la felicità è dietro l'angolo allora la mia vita è un cerchio.
MARIO MURARO

Quanto a lungo può vivere una persona senza cervello? Non saprei. Quanti anni hai tu?

Bob Phillips

Vivi come se dovessi morire domani e pensa come se non dovessi morire mai.

Moana Pozzi

Cent'anni fa eravamo molto più furbi: allora si viveva fino a quando non si moriva e non fino a che qualcuno non ti investiva con la sua auto.

Will Rogers

Mi piacerebbe confutare la tesi che la pallacanestro sia una questione di vita o di morte. Penso, al contrario, che sia una cosa molto più importante.

Lee Rose

Vivere in California aggiunge dieci anni alla vita di un uomo. E questi dieci anni mi piacerebbe passarli a New York.

Harry Ruby

Tutta la mia vita è un film. Solo che non ci sono le dissolvenze. Sono costretto a vivere ogni singola scena. La mia vita ha bisogno di montaggio.

Mort Sahl

Non puoi dire di aver vissuto finché non sei morto in California.

Mort Sahl

Invecchiare è ancora il solo mezzo che si sia trovato per vivere a lungo.

Saint-Beuve

Nella vita come in tram quando ti siedi è il capolinea.

Camillo Sbarbaro

La vita e la morte sono due dettagli di quell'immenso universo che, al centro, è chiamato figa.

Gabriele Scorzoni

La vita è come la doccia: un giro sbagliato e sei nell'acqua bollente.

Martin Short

Per vivere ci vuole un alibi.

Ettore Sottsass

«Sai qual è il segreto della vita? Riuscire a farsi capire dal prossimo.» «In che senso?»
RENATO TRINCA

Ma tra un giorno da leone e cento da pecora non se ne potrebbero fare cinquanta da orsacchiotto?
MASSIMO TROISI

La vita sarebbe infinitamente più felice se noi nascessimo a ottant'anni e gradualmente ci avvicinassimo ai diciotto.
MARK TWAIN

Ricorderò sempre le parole di mio padre quando sono partito per Milano: «Andrea, la vita è una merda... E tu sei così pieno di vita!».
ANDREA VASUMI

Ci sono due tragedie nella vita: non riuscire a soddisfare un desiderio e soddisfarlo.
OSCAR WILDE

La vita può offrire soltanto qualche buona scopata e poi moriamo.
JOHN WILKES

Voglio vivere in eterno. Finora tutto bene.
STEVEN WRIGHT

Se va a finire che hai una vita noiosa e miserabile perché hai ascoltato tua mamma, tuo papà, il tuo insegnante, il tuo prete, o qualche tizio in televisione che ti dicevano come fare le tue cose, allora te lo meriti.
FRANK ZAPPA

VITELLO

Il leone e il vitello giaceranno insieme, ma il vitello dormirà ben poco.
WOODY ALLEN

Se il figliol prodigo avesse preannunciato il suo arrivo, il vitello grasso avrebbe mangiato meno.
FABIO DI IORIO

Chi fu la prima persona a bere latte, e cosa gli passava per la testa? «Ooooh, non vedo l'ora che quei vitelli abbiano finito, così mi faccio un bel bicchiere di quella roba.»

JERRY SEINFELD

VIVERE

vedi **Vita**

VIZIO *(Virtù)*

Mia madre non mi ha mai viziato. Quando le ho detto: «Basta! Me ne vado di casa!», lei mi ha risposto: «Già che esci, butta l'immondizia...».

FEDERICO BASSO

Era una donna virtuosa, ma il caso volle che sposasse un cornuto.

SACHA GUITRY

Vedere in tutti dapprima i lati positivi e partire da essi: Hitler era non fumatore.

TOBIAS INDERBITZIN

Prendete un circolo, accarezzatelo, diventerà vizioso.

EUGÈNE LONESCO

La calma è la virtù dei morti.

BORIS MAKARESKO

La virtù sta meglio dopo che si è riposata un pochino.

FRIEDRICH W. NIETZSCHE

Il vizio più costoso nel mondo non è l'eroina ma la celluloide, e io ho bisogno di una dose ogni due anni.

STEVEN SPIELBERG

Sciopero generale. Luciano Lama: «Due orette appena, che se no riprendo il vizio.»

VAURO

VOCABOLARIO

vedi **Dizionario**

VOCE

Sono a casa, seduto davanti alla tv, quando il telefono suona e una voce dall'altra parte dice: «Le piacerebbe essere l'uomo vodka di quest'anno?». E io dico: «No, sono un artista e non faccio pubblicità, non sono un ruffiano, non bevo vodka e se lo facessi non berrei la vostra!». E lui: «Peccato, paghiamo cinque milioni di dollari». E io dico: «Attenda in linea prego, le passo il signor Allen».

WOODY ALLEN

«Bisogna alzare la voce con gli americani.» «Devono capire chi è che ubbidisce qui.»

ALTAN

Con l'avvento della telefonia mobile, quando troveremo il cesso occupato, una voce gentile ci dirà: «Stiamo trasferendo la sua cagata».

PAOLO BELLON

Ammetto di essere onesto. Ma se si sparge la voce, sono rovinato: nessuno si fiderà più di me.

PINO CARUSO

Ho visto lo spettacolo di Copperfield. Il parcheggio era pieno di macchine e una voce dentro di me diceva: «Raul, a te sarebbe bastato l'incasso del parcheggio!».

RAUL CREMONA

Frank Sinatra è rimasto vittima di un attentato dinamitardo. Nella sua macchina è stata messa una bomba. Povero Frank, c'erano pezzi dappertutto, pezzi qua, pezzi là... Come lo so? Eh, si è sparsa la Voce...

GIORGIO FALETTI

Umberto Bossi ha la voce così roca a causa di una curiosa malformazione: in gola, al posto del pomo d'Adamo, ha i testicoli.

GINO&MICHELE

Aveva una voce soffice e calda. E non solo la voce.

DANIELE LUTTAZZI

Una donna in un quartiere popolare chiama ad alta voce, da una finestra, sua figlia. «Nora... Noraaa...». Una comare dalla finestra accanto le strilla: «Sora Tuta, giacché ci ave-

te la bocca aperta, volete chiamare pure la mia?».
ETTORE PETROLINI

VOLARE

Campagna: un posto umido dove uccelli d'ogni genere svolazzano qua e là crudi.
ANONIMO

Il tempo vola e noi no. Strano sarebbe se noi volassimo e il tempo no, il cielo sarebbe pieno di uomini con l'orologio fermo.
ALESSANDRO BERGONZONI

Se Dio avesse voluto che l'uomo volasse l'avrebbe fatto nascere con un biglietto.
MEL BROOKS

Il dottor Rudolf von Rudder ci spiega come un aereo riesce a volare: «È una teoria semplice. La faccenda è questa: vedete, i motori spingono il velivolo in avanti e creano una corrente, e questa colpisce il terreno e ritorna verso l'aereo; i motori vanno più veloci e tutto l'apparecchio vibra, quindi, quando c'è sufficiente corrente e un vuoto d'aria si è creato, l'aereo si solleva in cielo. Da qui in poi è un miracolo. Non ho mai capito cosa li tenga su».
MEL BROOKS

Il pollo è un secondo, sessanta polli sono un minuto, un minuto sono centoventi ali. Ecco perché si dice che il tempo vola.
MARCO CACINI

Se i patacca volassero, te non toccheresti mai per terra!
PALMIRO CANGINI (PAOLO CEVOLI)

«Stiamo volando a 35.000 piedi.»
«Sentivo la puzza!»
LA CAROVANA

Volare è utile, atterrare è necessario.
EROS DRUSIANI

Un sacco di persone credono che sarebbe bello essere un uccello per poter volare. Ma dimentica il lato negativo, che sarebbe il lisciarsi le piume col becco.
JACK HANDEY

Prima il tempo volava. Ora ha paura dei terroristi.
JASON LOVE

Secondo le teorie dell'aerodinamica e attraverso esperienze effettuate nella galleria del vento, è dimostrato che l'ape non può volare. Questo perché il suo peso, la sua massa e la forma del suo corpo, in rapporto all'apertura alare, ne rendono il volo impossibile. Tuttavia l'ape, ignara di queste cognizioni scientifiche e essendo dotata di notevole risolutezza, non solo vola... fa anche il miele!
MARCO ERCOLE PELIZZA

Divertente come i cinesi volino meglio nei film, tipo *La Tigre e il Dragone*, che nella vita reale. Mi spiego. Avete presente quando andate dal dentista per la pulizia dei denti e cercate di rimandare il più possibile il pasto successivo, per non rovinare il lavoro appena fatto? Beh, avevo appena fatto rifare i freni della mia auto, e stavo guidando per Chinatown...
EMO PHILIPS

Esistono i mammiferi volanti? Sì, le hostess.
FRANCESCO SALVI

VOLGARITÀ

Odio le discussioni di ogni tipo. Sono sempre volgari e spesso convincenti.
OSCAR WILDE

I critici non mi rimproverano la volgarità della mia arte, ma la mancanza di arte della mia volgarità. Mi hanno perseguitato per anni con questa parola: "Volgarità". Stanno al cinema, si tengono la pancia dal ridere e all'uscita dicono: «Volgare!».
BILLY WILDER

VOLPE

La volpe sa molte cose, ma il porcospino ne sa una più importante.
ARCHILOCO

Il capitalismo? Libera volpe in libero pollaio.
ERNESTO CHE GUEVARA

VOMITARE

Il timore della separazione. È un interessante fenomeno psicologico. Una volta, da sposato, dovetti partire per Washington, e benché fossi io, che partivo, mi sentii male. Invece, quando tornai diede di stomaco mia moglie.
WOODY ALLEN

Quest'uomo può essere prezioso, avendo voglia di vomitare.
WOODY ALLEN

Al termine di un pranzo di nozze mi hanno dato un amaro alle erbe talmente schifoso che perfino sull'etichetta c'era un frate che vomitava.
BEPPE BRAIDA

Solo perché ho del riso sul vestito non significa che sono stata a un matrimonio. Un cinese mi ha vomitato addosso.
PHYLLIS DILLER

Il tizio davanti a me sull'autobus comincia ad avere convulsioni, a ingoiare la lingua, a tremare, a vomitare. Il suo amico dice: «Oh, ragazzi, sono cinquantacinque giorni di seguito che beve. Dobbiamo tirarlo giù da quest'autobus». Così ci fermiamo e lo facciamo scendere, e io son lì che penso: «Ok, ma adesso chi è che guiderà l'autobus?».
KATHLEEN MADIGAN

Il volo che ho fatto è stato così turbolento che l'hostess ha servito la cena versandola direttamente nei sacchetti per il vomito.
BOB PHILLIPS

«Dica, è sua moglie quella vicino a lei, o le hanno vomitato sulla sedia?»
POLICE SQUAD

Negli Stati Uniti si mangia veramente male. In certi ristoranti, con il conto ti portano anche la prognosi. Ho capito perché gli americani incominciano il pranzo dal dolce, poi passano alla frutta, al secondo e al primo. C'è una logica precisa: dopo vomitano tutto in ordine.
ANTONIO RICCI

Sono andato ai cessi della stazione, ho conosciuto una ragazza che mi ha vomitato addosso. Ci siamo piaciuti subito.

PAOLO ROSSI

Mi piace ubriacarmi. Mi diverto sempre fino a quando non è ora di vomitare. E allora non mi piace più. Ed è lì che dico delle cose davvero sceme, tipo: «Non avrei dovuto bere quell'ultimo drink». Come se fosse quello che mi ha sconvolto. I primi centosettantuno non contano, vero? Solo l'ultimo mi ha steso.

MARSHA WARFIELD

W

WALT DISNEY

Nonna Papera a volte invita gli ospiti e gli dà da mangiare il tacchino. Il tacchino! È come se Minnie desse i criceti ai suoi ospiti. Come se mia madre mi cucinasse il timballo di mio cugino! Che se lo meriterebbe anche, ma non è questo il discorso.

CLAUDIO BISIO

Poiché nessuno sa di chi son figli Qui, Quo, Qua, probabilmente non avevano la mamma papera ma maiala.

CICCHELLO E COLOMBO

L'oro non è tutto. Ci sono anche i diamanti.

PAPERON DE' PAPERONI

I ricchi non sono mai generosi. Se fossero generosi non sarebbero ricchi.

PAPERON DE' PAPERONI

Io amo Topolino più di qualsiasi altra donna io conosca.

WALT DISNEY

Bongiorno sposa Daniela Zuccoli che aveva conosciuto, nuda, sulla copertina di *Novella 2000*, e ha da lei tre figli che chiama: Quiz, Quoz, Quaz.

GINO&MICHELE

Invidiavo Walt Disney quando faceva i cartoni animati. Se non gli piaceva un attore, lo poteva semplicemente cancellare.

ALFRED HITCHCOCK

Avendo adattato la *IX Sinfonia* di Beethoven per la colonna sonora di *Fantasia*, Walt Disney commentò: «Gesù, questo Beethoven sfonderà!».

MARSHALL MCLUHAN

Ma Minnie Minoprio è la fidanzata di Topolino Minoprio?

SILVER

Reagan non è stato un presidente, è stata l'ultima volontà di Walt Disney.

ROBIN WILLIAMS

I personaggi dei cartoni animati sono scesi in sciopero: «Prima di tutto, vogliamo più dita».

ROBIN WILLIAMS

WEEK END

Preferisco la cremazione al seppellimento e tutte e due a un week end con mia moglie.

WOODY ALLEN

Fare l'amore il sabato sera è un'abitudine perfettamente ridicola, perché se la domenica piove non si sa più che cosa fare.

ANDRÉ DAHL

Venerdì me ne entro in farmacia e chiedo al farmacista: «Tu, bello

bello, dammi dodici dozzine di preservativi, sbrigati!». Ma mi ha fregato! Allora il lunedì successivo mi presento nuovamente in farmacia e gli dico: «Senti a me, bello bello, in quella confezione da dodici dozzine c'erano solo 143 preservativi! Mi hai rovinato il week end, cornuto!».

ALEX DRASTICO (ANTONIO ALBANESE)

È arrivata un'Ansa. Ecco, abbiamo in anteprima esclusiva il documento della divisione dei beni tra Veronica Lario e Silvio Berlusconi. A Veronica rimane l'Umbria, il Regno delle due Sicilie e un terzo continente a scelta. Inoltre a lei va la custodia del trofeo Mitropa Cup, dei Telegatti e dell'opera omnia di Apicella. Sandro Bondi verrà affidato a Veronica, con la possibilità di visita da parte di Silvio ogni due week end. A Silvio rimane quel poco che resta. Ma si sa, nelle separazioni sono sempre gli uomini ad avere la peggio.

FIORELLO

E il sesto giorno Dio fece il camaleonte, ma stava già pensando al week end e lo creò contro voglia, senza un'idea precisa.

MARCO MELLONI

La pioggia è provocata da zone di alta pressione, fonti fredde, aria calda e umida e... dai week end.

PAUL SWEENEY

WESTERN

vedi ***Cow-boys***

WWF

vedi ***Ecologia***

Y Z

YACHT

vedi **Barca**

YOKO ONO

Il mondo non è perfetto. In un mondo perfetto Mark Chapman avrebbe ucciso Yoko Ono.

DANIELE LUTTAZZI

ZANZARA

Le zanzare sono creature dell'universo. Ammazzatele lo stesso.

SILVANO AMBROGI

A parte le zanzare, gli animali più pericolosi sono gli uomini, siano essi banditi o guidatori di automobile.

MANUALE PER IL MESSICO E L'AMERICA CENTRALE, AA. VV.

Mia moglie è così magra che le zanzare la mancano!

MILTON BERLE

Non perdonerò mai a Noè di aver imbarcato anche una coppia di zanzare.
ENZO COSTA

A Peretola c'è pieno di zanzare: io sto in un tre vani e spendo due milioni al mese: un milione di affitto, l'altro di zampironi. Ormai vengono e ti pinzano all'americana. Due ti tengono e l'altra ti mena!
CRISTIANO MILITELLO

A Milano 3 ci sono delle zanzare così grosse che quando c'è la nebbia le fanno atterrare alla Malpensa.
GINO&MICHELE-GENE GNOCCHI

Brutto? Avete mai visto una zanzara pungere a occhi chiusi?
BORIS MAKARESCO-ROBERTO TRANI

E ho fatto anche il domatore di zanzare tigre. In una mano la sedia, nell'altra lo zampirone.
SANDORR

ZII

Le mie zie erano solite venirmi vicino durante i matrimoni, mi davano una ditata nei fianchi e, ridendo, mi dicevano: «Il prossimo sei tu». Hanno smesso di farlo da quando lo dico io a loro durante i funerali.
ANONIMO

Mio papà ha sposato mia mamma, mio zio ha sposato mia zia, mio nonno ha sposato mia nonna... Per quale motivo io dovrei sposare una sconosciuta?
STEVE ALLEN

Una sera il predicatore della Chiesa battista era in ospedale a visitare la zia Peto Lei gli spiegava che i suoi sedici denti le erano caduti contemporaneamente. Insomma era completamente sdentata. Mentre ascoltava, il predicatore sgranocchiava alcune noccioline che erano in una ciotola sul comodino. Al termine della visita si è alzato e ha detto: «Torno domani per un'altra visita, signora Ledbetter. E le porto delle altre noccioline». Lei gli ha

risposto: «No! No, non posso masticarle. Non me le porti finché non mi metterò dei denti nuovi. Le mie gengive, per il momento, sono troppo delicate. Adesso tutto quello che posso fare è succhiare la cioccolata esterna e rimettere le noccioline nella ciotola qui davanti».
Jerry Clower

Porta sfortuna versare nella tazza lo zucchero prima del latte, non trovi? Ha dei tremendi effetti sulla tua vita... Mia zia Dolly un giorno mise lo zucchero prima del latte e nei successivi quarant'anni ha perso tutti i denti!
Dud & Pete

Mio zio ha vissuto fino a cento anni e lo deve tutto ai funghi. Non ne ha mai mangiati.
Leopold Fetchner

Ditsey Baummortal andò a caccia di anatre con lo zio George Terwillinger. Uno stormo di anatre si levò in volo e lo zio George sparò nel mucchio e una si abbatté sulla spiaggia, morta. Ditsey si avvicinò e la guardò. «Ehi, zio George», disse, «è stato uno spreco di munizioni. La caduta stessa l'avrebbe uccisa.»
"Senator" Ed Ford

Mio zio in auto non metteva mai la freccia: non voleva far sapere agli altri dove andava.
Giuseppe Giacobazzi

Il mese scorso mia zia è mancata. L'abbiamo cremata. Pensiamo che quella sia stata la causa.

Jonathan Katz

Davanti alla mia scuola si è ribaltato un camion carico di maiali. L'autista era mio zio, quello che ha il vizio di bere; egli, non volendo responsabilità, era scappato nei campi dopo l'incidente... sì, poi di notte aveva telefonato a Radio Popolare per vedere se almeno metà della colpa se la prendevano loro.
Maurizio Milani

«Io e lei potremmo essere parenti, chessò, cugini... Avevo uno zio che andava spesso a prostitute.»
Furio Ombri

Mio zio è un prete in pensione e quando ha visto il Gabibbo ha detto: «Certo che il diavolo si è proprio lasciato andare...».

FLAVIO OREGLIO

Mio nipote era sull'altalena, e mi ha detto: «Spingimi, zio». E così ho fatto, e lui mi ha detto: «Spingimi più forte, femminuccia!». Così ho preso una rincorsa di venti metri e l'ho spinto. E lui: «Spingimi più forte, donnicciola!». Così ho fatto retromarcia con la Buick...

EMO PHILIPS

Mio zio Pat legge gli annunci mortuari ogni mattina sul giornale. E non riesce a capire come mai la gente muoia sempre in ordine alfabetico.

HAI ROACH

Mio zio era così sbadato che un giorno, volendo sterminare la famiglia per poi uccidersi, si confuse e si sparò per primo.

ROBERTO SERAFINI

Ma se i francesi sono nostri cugini, allora la Francia è mia zia?

DADO TEDESCHI

«Toglimi una curiosità, tuo zio è sempre morto?»

TOTÒ

ZINGARI

Vengo da una famiglia di zingari, ma quando avevo cinque mesi sono stato rapito da una famiglia di commercialisti ebrei.

DICK LORD

Oggi ai semafori si può acquistare di tutto dagli ambulanti. Ci sono anche zingarelli che vendono dizionari.

PONGO

ZIP

vedi **Patta**

ZOO

Franz: «Cosa ha fatto ieri?»
Ale : «Sono andato allo zoo.»
Franz: « A vedere gli animali?»
Ale: «No, a vedere le gabbie! Io vado pazzo per le gabbie. Sono un grande appassionato di gabbie e lucchetti. A casa ho una collezione di Yale e Cisa del '64. Anzi, mi danno fastidio gli animali perché si muovono e mi distraggono dall'acciaio!»
ALE E FRANZ

In uno zoo ho visto una scimmia che sparava coriandoli con una scoreggia. Il guardiano mi ha detto che la colpa era dei visitatori che le davano le banane senza prima togliere il bollino della Chiquita.
MASSIMO BASSI

Il buco nello zoo, un'opera che regge sicuramente il paragone con interi scaffali delle vostre librerie. Certo, se poi sugli scaffali ci sono dei libri, allora il discorso cambia...
RICCARDO CASSINI

Se non esistessero i giardini zoologici gli animali non avrebbero la possibilità di osservare da vicino certe ferocissime specie di uomini.
ENZO COSTA

Sei mai stato in uno zoo? Voglio dire... come spettatore?
TONY DANZA

A New York c'è una violenza pazzesca. Sul giornale di oggi c'era la notizia di un leone che si è liberato dallo zoo di Central Park ed è stato seriamente malmenato.
BOB NEWHART

Il mio amico Testina è sempre stato il bambino più brutto del quartiere. Quando è nato, suo padre è corso allo zoo per prendere a sassate la gabbia della cicogna!
POTATO (ALESSANDRO BRUNELLO)

ZORRO

Un giorno il mio agente mi ha mandato sul set di un film. Cercavano una che facesse la fidanzata di Zorro. Il regista appena mi ha visto è impazzito: «Lei è talmente brava, talmente bella, che le do la parte del protagonista, di Zorro». Al che gli ho detto: «Mi scusi, per i baffi come faccio?» «No, li tenga, caso mai li spuntiamo».

GEPPI CUCCIARI

Oltre alla Z, Zorro può anche intagliare il numero 2. Può anche fare la N, ma dev'essere sdraiato su un fianco.

DAVID LETTERMAN

Se sei grasso, uno dei momenti peggiori è il Carnevale. Se vuoi mascherarti da qualcosa di diverso sa un pomodoro, rischi di fare delle figure penose. Un anno, col costume di Zorro, tutti mi chiamavano "Sergente Garcia"; un anno, vestito da cavaliere, mi hanno ribattezzato: "Il Cavaliere Rotondo della Tavola". Ma il peggio è stato quando mi sono messo il costume di Superman, con tutta la "esse" tirata sul davanti: mi hanno guardato e poi in coro: «Minchia, l'Esselunga!».

DANIELE RACO

Quando parli lasci il segno, quando ridi lasci il segno, con lo sguardo lasci il segno. Caro il mio Zorro, hai rotto i ciglioni!

FLAVIO OREGLIO

ZUCCHERO

I vicini di casa sono le uniche spie disposte a prestarvi mezzo chilo di zucchero.

ENZO COSTA

Porta sfortuna versare nella tazza lo zucchero prima del latte, non trovi? Ha dei tremendi effetti sulla tua vita... Mia zia Dolly un giorno mise lo zucchero prima del latte e nei successivi quarant'anni ha perso tutti i denti!

DUD & PETE

Solo l'Irish coffee ci dà in un unico bicchiere i quattro elementi essenziali della nutrizione: alcol, caffeina, zucchero e grassi.

ALEX LEVINE

Mi stanno intercettando. È sicuro perché, mentre mia madre mi dava la ricetta dei cannoli, ho sentito una voce che diceva: «Quanto zucchero?».

TERESA MANNINO

Come mai quando mescoli acqua e farina ottieni colla e quando aggiungi anche uova e zucchero fai un dolce? Dove va a finire la colla?

RITA RUDNER

La mia vicina di casa pazza ieri è venuta a chiedere in prestito un'ascia, una sega, alcuni attrezzi chirurgici, dei sacchetti per rifiuti e, questa è la cosa strana, una tazzina di zucchero.

RYAN STILES

Una pillola di caffeina equivale a quindici caffè: il difficile è buttare giù le quindici bustine di zucchero con lo stesso bicchiere d'acqua.

ZUZZURRO E GASPARE

La realizzazione di questa Opera è stata possibile anche grazie alle progettazioni informatiche di Tecne', con il contributo in prima persona di Pieranna Massari e Piergiorgio Veneziani; e con il certosino coordinamento di Elena De Luca, nostra storica collaboratrice.
Il lavoro redazionale è stato curato con la solita vivace competenza da Alessia Gemma, con l'assistenza della solare Linda Ferrari.
Il progetto e l'impostazione grafica sono invece frutto dell'esperienza e della creatività di Zetalab, in particolare nelle persone di Lucio Luzo Lazzara e Walter Uolts Molteni. Grazie anche, per la complice collaborazione dagli Stati Uniti di Paolo Borraccetti.

Gino&Michele, Gut edizioni e Bananas devolvono parte del ricavato dell'*Enciclopedia Universale della Battuta* per acquistare il parco macchine (sei automezzi) di *Presenza Amica*, un'associazione di volontari impegnata nell'assistenza domiciliare ai malati inguaribili in fase terminale.

Per chi volesse conoscere nel dettaglio l'attività di "Presenza Amica Onlus - Volontari per l'aiuto ai sofferenti" di Garbagnate Milanese (Milano), diamo il telefono: 02 99021087, e l'indirizzo internet: www.presenzamica.it.

L'Enciclopedia Universale della Battuta si avvale dell'alto Patrocinio della *Premiata Bocciofila Cosimo Trombetta per la salvaguardia del Comico* (1).

(1) La Premiata Bocciofila Cosimo Trombetta per la salvaguardia del Comico, *è un'Associazione Culturale che ha come scopo la salvaguardia del Comico, inteso come genere. È stata fondata nel 2005 da Gino&Michele, Maurizio Costanzo, Enrico Vaime, Giancarlo Bozzo, Roberto Bosatra.*
Nello statuto della "Cosimo Trombetta", alla voce Scopi dell'Associazione si può leggere:
"Conservazione e divulgazione della memoria storica del teatro, con particolare attenzione al teatro comico, brillante e al varietà; valorizzazione, raccolta e sviluppo della letteratura e delle presenze televisive legate al Comico come genere, alla satira e all'intrattenimento; sviluppo di iniziative culturali quali la pubblicazione di libri, riviste, siti internet, materiale multimediale, dvd e quant'altro attinente agli scopi sociali; costituzione di archivi storici e raccolta di materiale attinente allo scopo sociale; realizzazione di convegni e/o seminari ed attuazione di forme di collaborazione con enti pubblici e/o privati e/o associazioni e/o organismi di istruzione."
Per eventuali contatti: c/o Teatro Parioli, via Giosuè Borsi, 20, Roma; oppure c/o Zelig, viale Monza 140, Milano.

Volume 12

BIOGRAFIA

A–Z

ENCICLOPEDIA UNIVERSALE DELLA BATTUTA

a cura di **Gino&Michele**

con la collaborazione di Matteo Molinari

Gut Edizioni spa, Milano
Prima edizione maggio 2009
www.gutedizioni.com
www.smemoranda.it

A

AA.VV.
Manuale per il Messico e l'America Centrale. Guida turistica.

A QUALCUNO PIACE CALDO.
(*Some Like It Hot*). Film capolavoro (1959) del maestro Billy Wilder (v.) con Marylin Monroe (v.), Tony Curtis (v.) e Jack Lemmon (v.). Fu scritto da Wilder medesimo in collaborazione con I.A.L. Diamond. A qualcuno piace caldo è stato considerato da una giuria di esperti internazionali il film più comico della storia del cinema.

A SCUOLA CON PAPÀ.
(*Back to school*). Usa, 1986. Film diretto da Alan Metter.

ABATANTUONO, DIEGO.
Attore, comico, intrattenitore. Per sapere quasi tutto sulle sue origini artistiche e non, si rimanda all'autobiografia *Eccezzziunale veramente - Vita di un ragazzo di Puglia dal Giambellino a Hollywood (naturalmente a piedi)*, Zelig editore. Protagonista di pellicole comiche diventate veri film cult anche tra le nuove generazioni (per esempio *Eccezzziunale veramente*). Alcune sue interpretazioni (tra le tante *Regalo di Natale* di Pupi Avati, ma anche *Mediterraneo* e *Marrakech express* di Gabriele Salvatores) fanno parte delle grandi performance del cinema italiano.

ABOUT, EDMOND.
1828-1885. Scrittore, giornalista, politico e critico d'arte francese. Fu in qualche modo seguace di Voltaire.

ABRAHAM, GIORGIO.
Insegna psichiatria all'Università di Ginevra, ha pubblicato diversi saggi.

ABS, HERMANN JOSEF.
Scrittore e aforista. Cfr. Wilhelm Muhs, *Gli aforismi del cinico*, Mondadori.

ACCATINO, ALFREDO.
Ha scritto: «Non so se ridere o piangere. Nell'incertezza, rido». Scrittore, autore televisivo, pubblicitario, ha pubblicato per Piemme l'ottimo *Gli insulti hanno fatto la storia*. In Internet: "Tradotto anche in Cina, è l'unico umorista italiano citato dal *The New Yorker*." Beato lui...

ACHARD, MARCEL.
1899-1974. Drammaturgo francese (*Patate*).

ACHTERNBUSCH, HERBERT.
Artista contemporaneo tedesco. Scrittore, poeta, pittore, attore, drammaturgo,

sceneggiatore, regista e produttore dei suoi film, spesso autobiografici, immagina e racconta storie di "ordinaria follia quotidiana".

Ackermann, Lutz.

Scrittore tedesco nato nel 1941. Citato in *Gli aforismi del cinico*, Wilhelm Muhs, Mondadori.

Ackroyd, Peter.

Autore inglese, ha scritto sullo *Spectator* (da cui è tratta la battuta) e recensisce libri per il *Times* di Londra dal 1986. Ha pubblicato poemi, romanzi, saggi, e numerose biografie, tra cui quelle di Ezra Pound, T.S. Eliot e Charles Dickens.

Acquisti, Danilo.

È il curatore di *Barzellette di Gorbaciov*, Napoleone Editore.

Adams, Don.

Attore americano, principalmente televisivo. In Italia è noto per aver interpretato l'imbranatissimo agente Maxwell Smart nel telefilm *Get Smarts*. Il personaggio è stato creato da Mel Brooks e Buck Henry.

Adams, Douglas.

1952-2001. Inglese. Autore delle varie versioni di *The Hitchhiker's Guide to the Galaxy-show* in onda su BBC Radio 4 (1978); di romanzi (in Italia: *Guida galattica per gli autostoppisti*, Mondadori), serie tv, un album, un videogame, numerose versioni teatrali e l'omonimo film del 2005. È stato il più giovane autore a ricevere il Golden Pan nel 1984, e ha venduto oltre 15 milioni di libri nel Regno Unito, in America e in Australia. www.douglasadams.com.

Adams, Joey.

Veterano dell'umorismo, ha una rubrica che appare su numerosi quotidiani americani. Ha pubblicato una ventina di libri e ha un radio show. È spesso ospite in vari programmi televisivi.

Adams, Scott.

Autore di fumetti americano ha creato la striscia *Dilbert*, travet universale che compare su 2500 giornali di tutto il mondo, in 65 nazioni e 19 lingue, con oltre 150 milioni di lettori.

Addison, Joseph.

1672-1719. Uomo politico e scrittore drammaturgo e poeta inglese.

Ade, George.

1866-1944. Scrittore e umorista statunitense. Scrisse tra l'altro *Forthy Modern Fables* e *Hand Made Fables.*

ADENAUER, KONRAD.
1876-1967. Tedesco. Uomo politico e statista democristiano. Uno dei padri fondadori dell'Unione Europea.

ADEY, JOHN.
Comedian britannico.

AENIGMATICA.
È il sito web della *Settimana enigmistica*. Ci si trovano parole crociate, rebus, giochi interattivi, quiz, enigmi, prove d'intelligenza e una "Sfida a punteggio". E nel forum di *Aenigmatica* si chiacchiera, si creano e si sperimentano nuovi giochi e ci si diverte con del "sano umorismo". www.*aenigmatica*.it. I nomi che in questa raccolta precedono la parola *Aenigmatica* sono quelli - veri o pseudonimi - dei lettori stessi.

AGEE, JAMES.
"Rufus". 1909-1955. Dopo essersi diplomato ad Harvard, ha trovato "casa" a New York e ha scritto su vari periodici. Poeta, sceneggiatore (*La regina d'Africa*) e romanziere (*Una morte in famiglia*, E/O, 2003).

AGOSTINETTI, GIULIANO.
Ha collaborato a *Comix* (v.).

AGOSTINI, BRUNO.
Umorista padovano, ha collaborato a *Comix* (v.).

AJAYE, FRANKLYN.
Americano. Autore e attore, ha partecipato a numerosi tv show e a film quali *Car Wash* e *Queen of the Damned*.

ALBANESE, ANTONIO.
Ha debuttato come comico al cabaret Zelig (v.) nel 1989. Attore e comico lanciato dalla trasmissione televisiva *Su la testa*. Ha consolidato la propria popolarità con *Mai dire gol* dove ha imposto al pubblico tra gli altri i personaggi di Pierpiero (giardiniere di Berlusconi) e del telecronista foggiano Frengo. Vedi anche Alex Drastico ed Epifanio (Gilardi). È una presenza costante nel programma di Fabio Fazio *Che tempo che fa*.

ALBERT.
Pseudonimo di Alberto Cottin. Disegnatore satirico di Treviso. Collabora tra l'altro a *Smemoranda*.

ALBERTI, BARBARA.
Scrittrice, sceneggiatrice, tuttologa in tv.

ALBERTINO.
Pseudonimo di Alberto Di Molfetta. Uno dei più seguiti conduttori radiofonici. Lavora da sempre a Radio Deejay. Ha inventato con Digei Angelo il personaggio-mito "il Marco Ranzani di Cantù", figlio debosciato di un mobiliere brianzolo.

Alboreto, Michele.
1956-2001. Pilota automobilistico. È stato il vice campione del mondo in F1 con la Ferrari. Morì in un incidente durante la preparazione della ventiquattr'ore di Le Mans.

Alda, Alan.
Newyorchese, italoamericano con sangue irlandese. È attore, sceneggiatore produttore e regista. Protagonista negli anni Settanta della serie televisiva *Mash*, tratta dall'omonimo film di Robert Altman. Amico di vecchia data di Woody Allen (v.) ha girato con lui numerose pellicole. In *Crimini e misfatti* interpreta la parte dell'insopportabile produttore televisivo.

Aldo, Giovanni e Giacomo.
Cioè il Trio per antonomasia. Di cognome si chiamano rispettivamente Baglio, Storti, Poretti. In tv sono nati a *Su la testa*. In seguito hanno partecipato *Cielito lindo*. La consacrazione è avvenuta con *Mai dire gol*. Sono da anni indiscussi protagonisti del cinema italiano: *Tre uomini e una gamba*, *Così è la vita*, *Tutti gli uomini del deficiente*, *Chiedimi se sono felice*, *La leggenda di Al, John & Jack*, *Tu la conosci Claudia*, *Anplagghed al cinema*, *Il cosmo sul comò*.

Ale & Franz.
Nome d'arte di Alessandro Besentini e Francesco Villa. Comici e attori lombardi. Come coppia nascono nel 1995. Prima di esplodere in tv con *Zelig* hanno partecipato al *Pippo Chennedy Show*, *Mai dire gol*, *Convenscion*. Conducono dal 2006 su Italia1 l'improvvisazione televisiva *Buona la prima*. La loro comicità popolare e nello stesso tempo "alta" li pone tra i più riusciti prodotti dello spettacolo leggero contemporaneo. Tra i loro personaggi più conosciuti i gangster Gin & Fizz e i Due della Panchina. Hanno pubblicato per Rizzoli *... e Larry? È morto!* E per Mondadori il dvd *È tanto che aspetti?*.

Alesani, Dario.
Battutista per hobby. Ci ha inviato le sue battute per e-mail. Abita a Gaggiano, nel milanese.

Alessandro II.
1818-1881. Lo zar delle riforme. Abolì la servitù della gleba e concesse terre alle comunità contadine.

Alexander, Lou.
Comedian americano.

Allais, Alphonse.
1854-1905. Scrittore e umorista francese. Rinunciò ai suoi studi di biologo e farmacista. Coltivò il gusto della poesia olorima, cioè costruita con rime baciate non solo finali ma anche all'interno del verso stesso.

ALLEGRA.

È la firma del disegnatore satirico siciliano Gianni Allegra. Vive Palermo. Tra le sue collaborazioni: *Avvenimenti*, *Smemoranda*, *Linus*, *Cuore*.

ALLEN, FRED.

1894-1956. Nato John Florence Sullivan, fu un comico prevalentemente radiofonico negli anni trenta e quaranta. Sapeva suonare il clarinetto.

ALLEN, GRACIE.

1895-1964. Moglie e partner di George Burns (v.). Sulla tomba in cui lei e George sono sepolti è scritto: "Di nuovo insieme". Lei è sepolta sopra di lui perché George voleva che Gracie avesse il nome più in alto.

ALLEN, MARTY.

Attore americano. Sale alla ribalta in coppia con la spalla Steve Rossi in *Allen & Rossi*. Il loro primo album nel 1962 è un successo clamoroso. Scioltosi nel 1983, il duo si riunisce qualche anno dopo per alcuni show a Las Vegas e Atlantic City. Allen è famoso per i suoi capelli assurdi. "Lo studio dell'economia rivela che il momento migliore per comprare qualcosa era l'anno scorso". www.martyallen.net.

ALLEN, STEVE.

1921-2000. Attore, compositore, scrittore, pianista. Portava in giro con sé un registratore per prendere nota delle idee. Ha scritto più di 50 libri e 7400 canzoni, ed è entrato nel Guinness dei primati nel 1985 come il più prolifico compositore attuale, anche se non ha mai saputo leggere la musica.

ALLEN, TIM.

Americano. Originariamente un comedian, Tim Allen arriva in tv con la sit-com *Home Improvement* (stupidamente intitolata in Italia *Quell'uragano di Papà*). Il suo primo film, *The Santa Clause*, è un successo strepitoso, così come il suo primo libro, *Don't Stand Too Close to a Naked Man* (*Non state troppo vicini a un uomo nudo*). Tim continua a collezionare auto, fare serate, girare film (*Galaxy Quest*, *Toy Story*) e, grazie alla Tad (Tim Allen Design), coltiva la sua passione per il design. www.timallen.com.

ALLEN, WOODY.

Classe 1935. Pseudonimo di Allen Stewart Königsberg. Conviene ricordare che è quello che ha inventato *Zelig*, il film. Fossimo anagraficamente liberi, lo sposeremmo. Per la cronaca, dalla trasmissione *Matrix* del 21/12/2005, Mentana: «Lei non lo sa e ha perfettamente il diritto di non saperlo, ma in Italia la più famosa trasmissione di satira e comicità si chiama proprio *Zelig*, in omaggio a quel suo film... siamo andati a intervistare gli autori di *Zelig*, che sono suoi grandi ammiratori...». Segue intervista che puoi leggere nel nostro sito www.ginoemichele.it. Al termine Woody commenta: «Queste persone sono molto più intelligenti di me...». Potevamo metterla come battuta di apertura di questa enciclopedia.

ALMODÓVAR, PEDRO.
Geniale regista spagnolo. *Donne sull'orlo di una crisi di nervi*, *Tutto su mia madre*, *La mala educacion*, ecc...

ALTAN.
Francesco all'anagrafe, gli amici lo chiamano Checco. Di cognome preciso fa Tullio-Altan. È il più grande disegnatore satirico italiano. È anche l'inventore della Pimpa. «Vorrei sapere chi è il mandante di tutte le cazzate che faccio.»

ALTMAN, JEFF.
Detto "Uncle Dirty". Comedian americano. Ha lavorato nei locali tra gli anni '50 e i '70.

ALTMAN, ROBERT.
Importante regista cinematografico americano. Suoi alcuni film che fanno la storia del cinema da *M.A.S.H.* (1970) a *Nashville* (1975), da *Tre donne* (1977) a *I protagonisti* (1992) da *America oggi* (1993) a *Radio America* (2006).

ALTMAN, STEVE.
Suona le tastiere e si è guadagnato da vivere con il rock'n'roll. Una volta a Hollywood, è stato scritturato dalla Motown Records e ha scritto (tra le altre) *Find Yourself* per Josè Feliciano e *Comedy* per Smoky Robinson (assieme a Bob Verne). È apparso in *Transylvania Twist* di Roger Corman. Per saperne di più, www.stevealtman.com.

ALTOBELLI, ALESSANDRO.
Detto "Spillo". Calciatore dai piedi buonissimi. Ha segnato il terzo gol nella finale dei Mondiali dell'82.

AMATI, PIERFRANCO.
Battutista per hobby. Ci invia le battute per posta elettronica.

AMBROGI, SILVANO.
Collaboratore di *Comix* (v.).

AMISTAD.
Usa, 1997. Film di Steven Spielberg.

AMORE E GUERRA.
Usa, 1975. Regia, soggetto e sceneggiatura di Woody Allen.

Amoros, Larry.
Comedian apparso su HBO nel *Young Comedians Special*.

Amsterdam, Morey.
Attore americano. Secondo Wikipedia si tratta di un veterano della televisione e della comicità conosciuto per la sua battuta facile.

Amurri & Verde.
Antonio Amurri (v.) e Dino Verde (v.). Due grandi autori di varietà in teatro e in tv. Tutta la comicità italiana deve loro moltissimo.

Amurri, Antonio.
Vedi voce precedente. È inoltre autore della serie di libri umoristici Mondadori: *Come ammazzare...*

Anderson, Louie.
Comedian e presentatore americano. Grande scandalo (?) quando fece coming out rivelando che era gay. A parte lui, tutti lo sapevano già.

Andreasi, Felice.
1928-2005. Pittore, attore, scrittore e comico torinese. Fu un protagonista del Derby Club di Milano. I più fortunati hanno visto dal vivo il monologo dell'uomo che dà fuoco alla moglie e le sue insuperabili imitazioni di Gustav Thoeni e del Papa.

Andreoli, Brunella.
Cabarettista e monologhista milanese, ha partecipato a diverse trasmissioni televisive. È una dei protagonisti della sit-com *Belli dentro*.

Andreotti, Giulio.
Romano, classe 1919, è uno degli uomini politici italiani più conosciuti. La sua biografia è talmente complessa che rinunciamo a scriverla. Diciamo solo che è stato ventun volte ministro e sette volte Presidente del Consiglio. Per il resto si può vedere il film a lui ispirato *Il Divo*, Italia, 2008, di Paolo Sorrentino. Molto pensano che Andreotti sia implicato in faccende di mafia. Una delle frasi più famose di Andreotti è: «A pensar male non si andrà in paradiso ma si dice la verità».

Andrews, Andy.
Già stand up comedian si è via via affermato come autore di best sellers e "self help guru". Animatore di numerosi stage e vero e proprio punto di riferimento per chi ama il genere.

Andrews, Julie.
È stata Mary Poppins. Attrice di teatro, di cinema, cantante. È sposata al regista

Blake "The Pink Panther" Edwards. Tra i molti film, ricordiamo *Darling Lili*.

Angese.

Sergio Angeletti, 1952-2008. Il più disneyano dei fondatori di *il Male* (v.). Romano di nascita ma umbro di adozione, ha iniziato a pubblicare i suoi lavori sul quotidiano romano *Paese sera*. Ha collaborato anche tra l'altro a *Smemoranda*, *Linus*, *Tango*, *Cuore*, *L'espresso*, *Satyricon*.

Angiolillo, Andrea.

Battutista per hobby. Di professione inventa giochi di varie specie.

Animal Crackers.

Usa, 1930. Regia di Victor Heerman, con i Fratelli Marx (v.).

Animaniacs.

Serie di animazione americana prodotta da Steven Spielberg (v.) per la televisione. Yakko (v.) è la trasposizione in disegno di Groucho Marx (v.).

Anonime Internet One Liners.

(E definizioni simili). Sono quelle cose il più delle volte fastidiose che riempiono la casella postale elettronica. Ogni tanto, una è carina. Praticamente impossibile risalire alle fonti.

Anonimo.

Quando la battuta è incerta, magari citata da più comici, in questa raccolta abbiamo deciso di assegnarla a un Anonimo. Oppure quando la fonte è davvero anonima. Oppure quando chi l'ha detta si vergogna. Ma se ci fosse qualcuno che di cognome facesse davvero Anonimo?

Anouilh, Jean.

1910-1987. Scrittore drammaturgo e regista francese di grande popolarità.

Antoni, "Freak" Roberto.

Figura satirica messasi in evidenza durante il '77 bolognese. Vedi anche: *Non c'è gusto in Italia ad essere intelligenti (seguirà dibattito)*, Feltrinelli, 1991. Michele Serra ha detto di lui: «È un micidiale dilettante (uno che si diletta)».

Antonio e Michele.

Antonio D'Ausilio e Michele Caputo, napoletani, hanno fatto parte del gruppo di comici legati a Serena Dandini. Dal 2006 sono a *Zelig*.

Appiano, Alessandra.

Ex modella, giornalista e autrice televisiva. Ha scritto diversi libri di costume ironici e autoironici e alcuni romanzi: *La vita è mia e me la rovino io*; *Sola? - Come vivere felici con gli uomini delle altre*; *Più malsani più brutti - Basta con le diete, la ginnastica e altre rotture, ops... torture*; *Le vie delle signore sono infinite*; *Scegli me*, ecc.

APRILE.
Italia, 1998. Film di Nanni Moretti (v.).

ARBASINO, ALBERTO.
Scrittore, polemista, critico.

ARCHIBALD, DOTTIE.
Scrittrice, sceneggiatrice americana. Ha curato la sceneggiatura di numerose serie tv. Tra i suoi script più popolari: *Laverne & Shirley*, trasmessa in Usa dal 1976 al 1983.

ARCHILOCO.
VII sec. a.c. Poeta greco, è passato alla storia per l'utilizzo dei versi giambici che sono la più alta forma di satira conosciuta nell'antichità.

ARISTOCRATS, THE.
Si tratta di una delle barzellette più famose negli Stati Uniti, considerata dagli addetti ai lavori una specie di esame per un comico-narratore. La leggenda narra che Chevy Chease e John Belushi la facessero durare più di un'ora. Esiste un film basato proprio unicamente su questo "esercizio di stile" in cui artisti vari raccontano la barzelletta "The Aristocrats". Cfr.: *The Aristocrats - A party feauturing more than 100 comedians*, Usa 2005, regia di Paul Provenza. Nel film, davvero particolare, 100 artisti raccontano e disquisiscono intorno alla barzeletta meno comica e più geniale della storia americana. Chi volesse documentarsi può farlo attraverso Youtube sotto la voce "The Aristocrats".

ARISTOTELE.
384 a.c. 322 a.c. Greco. È il filosofo dell'"immanenza".

ARMA LETALE 3.
Usa, 1992. Il terzo di una serie di polizieschi diretti da Richard Donner. Da uno scritto, all'origine, di Shane Black. Così esagerato da sembrare un cartone animato.

ARMOUR, RICHARD.
1906-1988. Scrittore americano e aforista. Tenne rubriche di grande successo su diversi giornali, la più famosa delle quali si intitolava *Armour's Armony*. Scrisse diversi libri satirici e umoristici tra cui *Twisted Tales from Shakespeare* (*Shakespeare riveduto e corretto*) e *It all started with Columbus* (*Tutto iniziò con Colombo*).

ARMSTRONG, LOUIS.
1901-1971. "Satchmo". È stato il più grande trombettista. Un padre del jazz.

Armstrong, Neil.
Allunò nel 1969.

Arnold, Tom.
Attore e conduttore tv. Ex marito di Roseanne Barr (sit-com *Pappa & ciccia*), conduce una trasmissione sportiva di uomini per uomini. Occasionalmente scrive qualche libro. Appare nel film *True Lies*, in cui faceva la spalla a Schwarzenegger.

Artana, Mimmo.
Genovese. Redattore di *Striscia la notizia*.

Artioli.
Da *Don Basilio*, anno 1947. Collaborò assieme a Majorana a questo giornale satirico nel dopoguerra.

Arturo.
(*Arthur*). Usa, 1981. Commedia brillante hollywoodiana di Steve Gordon.

Asara, Giampiero.
Battutista per hobby di Sassari.

Asimov, Isaac.
1920-1992. Nato sovietico, ma a tre anni era già negli Stati Uniti. È stato biochimico, scrittore di fantascienza, e divulgatore scientifico. Il suo nome è stato dato all'asteroide 5020. Ha scritto una quantità impressionante di libri. «Ardo dal desiderio di spiegare, e la mia massima soddisfazione è prendere qualcosa di ragionevolmente intricato e renderlo chiaro passo dopo passo. È il modo più facile per chiarire le cose a me stesso.»

Aspesi, Natalia.
Giornalista di *la Repubblica*, si occupa principalmente di costume, ha ereditato nella cultura italiana il posto che occupò Camilla Cederna. Inimitabile il suo caschetto biondo...

Asquith, Margot.
1864-1945. Duchessa di Oxford. Cfr. *L'autobiografia di Margot Asquith*.

Assundam.
Il personaggio più noto di Rosalia Porcaro (v.).

Astor, Mary.
1906-1987. Attrice cinematografica californiana, recitò al fianco di John Barrymore in *Don Giovanni* (1926), ne *Il prigioniero di Zenda* (1937) e vinse un Oscar come attrice non protagonista nel 1941 per *La grande menzogna*. In tutto, partecipò a 123 film.

Atlee, Clement Richard.
1883-1967. Primo ministro laburista del Regno Unito dal 1945 al 1951. Batté

Winston Churchill dopo che questi condusse la Gran Bretagna attraverso la Seconda guerra mondiale.

Attell, Dave.
Comedian americano, dopo una partecipazione al *Late Night* di David Letterman (v.) venne notato da Lorne Michaels e scritturato per *Saturday Night Live* (v.) (1993-1994). Ha partecipato a numerosi special sulla HBO, ed è un regular sul network Comedy Central (v.), dove conduce lo show *Insomniac*. www.daveattell.com.

Aub, Max.
1903-1972. Romanziere e drammaturgo spagnolo. Delizioso il suo *Delitti esemplari*.

Audiard, Michel.
1920-1985. Regista francese. Tra i suoi film: *Lei non beve, lei non fuma ma...; Una vedova tutta d'oro, Non bisogna scambiare i ragazzi del buon dio per delle anatre selvatiche*.

Audisio, Gianni.
Battutista per hobby di Saluzzo (Cuneo). Impiegato statale e vignettista.

Avanzi, Maurizio.
Battutista per hobby piacentino.

Avella, Vittorio.
Battutista per hobby di Firenze.

Aykroyd, Dan.
Protagonista indiscusso di un segmento del cinema americano e della tv, fu tra l'altro spalla di John Belushi (v.) nel *Saturday Night Live* (v.),di cui consigliamo la visione in lingua originale, reperibile anche in Italia. Naturalmente è uno dei Blues Brothers. Attore e comico unico nel suo genere.

B

Babington Macaulay, Thomas.
1800-1859. Politico e saggista. Fece parte del governo inglese in India. Scrisse un famoso saggio sulla storia dell'Inghilterra.

Baccini, Francesco.
Cantautore genovese, già camallo, pianista di pianobar e comico.

Bach, Richard.
Scrittore. È l'autore del giustamente celeberrimo *Gabbiano Jonathan Livingston*.

Banda Osiris.
Anomali musicisti di Vercelli con propensione al comico. In Tv, da *Cielito lindo* a *Parla con me*. Hanno condotto anche una lunga serie di trasmissioni radiofoniche per la Rai. Già il loro nome è una battuta.

Bankhead, Tallulah.
1902-1968. Grande attrice hollywodiana di cinema e di teatro. Fu tra le prime nel mondo dello spettacolo a non celare le proprie relazioni omossessuali, tra i suoi grandi amori la cantante jazz Billie Holiday. In teatro interpretò tra l'altro *Un tram che si chiama desiderio* che Tennessee Williams scrisse appositamente per lei. Nella realizzazione del disneyano *La Carica del 101* (1961), Chuck Jones si ispirò a lei quando creò Crudelia De Mon.

Banks-Smith, Nancy.
Giornalista. Tiene rubriche sul quotidiano inglese *The Guardian*.

Barbàra, Giancarlo.
Comico battutista affermatosi in *Zelig Off* prima e in seguito anche in *Zelig Circus* (2006) per i suoi interventi veloci (nel gergo si chiamano "entrate a schiaffo") che facevano il verso agli spot promozionali sui film in uscita: "prossimamente... al cinema!". È anche monologhista.

Barbaro, Rocco.
Comico calabrese trapiantato al Nord. La misoginia nella comicità. O meglio: i luoghi comuni del maschio del Sud sulla donna. Ex impiegato statale ha fatto televisione sia con il gruppo di *Zelig* sia con Serena Dandini. Molto riuscita la sua parodia alla pubblicità dell'Amaro Lucano.

Barbera, Anna Maria.
Attrice, cantante, comica torinese di origine meridionale. Dopo aver fatto teatro e qualche apparizione televisiva, è esplosa a *Zelig*, con il suo personaggio Sconsolata (Sconsy), esilarante e drammatico. Ha pubblicato per Kowalski *Sono stata spiegata?*. Grazie al suo straripante successo televisivo, la Barbera ha partecipato a diversi film, soprattutto commerciali, da *Christmas in love* a *Eccezzziunale veramente 2*.

Barbieri, Claudio.
Milanese già esperto in computer grafica, lavora nel campo delle produzioni tv. Molti anni fa ha frequentato un corso di scrittura comica tenuto da Gino&Michele per la Scuola Paolo Grassi di Milano.

Bardi, Franco.
Battutista per hobby. Medico chirurgo, docente all'Università di Cagliari,

primario all'Ospedale San Paolo di Milano. Come da carta intestata rigorosamente autenticata da firma in calce.

BARDOT, BRIGITTE.
1934. Icona del cinema anni Cinquanta e Sessanta. Se in questi ultimi vent'anni avesse parlato meno, la ricorderemmo con più gusto... ma dei suoi numerosissimi film a ben guardare non se ne salvano molti. Rimane datata come i mangiadischi.

BARGAGLI, PIERO.
La battuta è tratta da *Schegge di saggezza*, Giardini Editore.

BARING, MAURICE.
1874-1945. Poeta e scrittore inglese.

BARNER, BILL.
Performer e comico americano.

BARNES, FRED.
Giornalista e commentatore politico americano.

BARNEY, NATALIE.
1876-1972. Scrittrice e poetessa statunitense, fu antesignana del femminismo. Quando si trasferì in Francia fondò un famoso salotto per contrapporsi al maschilismo dell'Academie francaise.

BAROLO, GEMELLI.
Coppia di fratelli cabarettisti piemontesi.

BARR, ROSEANNE.
Comedian e attrice (*Lei, il diavolo*; *Blue in the Face*). È stata moglie di Tom Arnold, e ha disintegrato l'inno nazionale americano all'inizio del Superbowl nel 1990.

BARRY, DAVE.
Umorista newyorkese autore di numerosi best seller e vincitore del Pulitzer Prize, ha tenuto una rubrica al *Miami Herald* dal 1983 al 2005. È pubblicato in oltre 500 giornali. Popolarissimo in America, avrebbe voluto candidarsi alla presidenza degli Stati Uniti. www.davebarry.com.

BARRYMORE, JOHN.
1882-1942. Nato John Sidney Blyth, fu un grande attore (*Grand Hotel*, *Sherlock Holmes*), nonché patriarca di una famiglia di attori: è il papà di Ethel e John Drew, e il nonno di Drew. Ha una stella sulla Hollywood Walk of Fame al 6667 Hollywood Blvd. Celeberrimo "bevitore" dello show business.

BARTOLI, FRANCESCO.
Battutista per hobby. Ci ha inviato via email le sue battute.

Bartolini, Luigi.
Battutista per hobby toscano tifoso del Torino.

Bartucci, Francesco.
Battutista per hobby di Trani. Nella vita fa il geologo. Si autodefinisce "umorista sottile, quasi trasparente" .

Barzelletta più divertente del mondo, La.
È stata eletta dalla British Association for the Advancement of Science il 3 ottobre 2002, dopo uno studio durato un anno, che ha preso in visione più di 40.000 barzellette di 70 paesi differenti, per un totale di oltre 2 milioni di schede di gradimento. De gustibus...

Barzo, Donnie.
Battutista per hobby. Ci ha inviato le sue battute all'indirizzo del nostro sito www.ginoemichele.it.

Basili, Dino.
Giornalista e politico.

Basinger, Kim.
Strepitosa figura femminile del cinema contemporaneo. Basti ricordare *9 settimane e mezzo*.

Bassi, Massimo.
Vignettista e pubblicista emiliano (*La Nazione*, *Il Giorno*, *Il Resto del Carlino*). Vive a Scandiano (Reggio Emilia).

Basso, Federico.
Comico e autore piemontese. Scoperto nei laboratori di *Zelig* da Giancarlo Bozzo. Strappato da Gino&Michele al suo lavoro ufficiale, quello di montatore dei servizi del Tg4, è entrato a far parte del cast di *Zelig* e ha presentato insieme a Teresa Mannino (v.) le ultime edizioni di *Zelig Off*.

Basso, Roberto.
Battutista per hobby. Si definisce "dilettante allo sbavaglio".

Bastano tre per fare una coppia.
(*Seems Like Old Times*). Usa, 1980. Film scritto da Neil Simon e interpretato da Chevy Chase, Goldie Hawn e Charles Grodin.

Bastardidentro.
Sono gli "autori" del libro *T V B (Ti Voglio Bastarda)*, edizioni Comix. Con questo nome è attivo da anni un visitatissimo sito di giochi, comicità e amenità varie. L'ultima invenzione di quest'area creativa è *Il bastardo dentro*, di Anwar Maggi e Marco Molinari, Mondadori.

BATELLI, PHYLLIS.
Non pervenuto.

BATHROOM READER.
Si tratta di una fortunatissima idea editoriale nata in California. Un fantomatico personaggio, Uncle John, fondò diversi anni orsono il "Bathroom Reader Institute" (Bri), attraverso il quale sono stati pubblicati nel tempo una trentina di libri interamente dedicati a rendere le "sedute" nella toilette più piacevoli e istruttive. In essi si trovano miriadi di aneddoti, curiosità, grandi verità e probabili falsità, battute, eccetera. In Italia un florilegio del *Bathroom Reader* è stato tradotto e raccolto nel divertente *Occupato-leggere sul trono del sapere*, Kowalski.

BATMAN.
Eroe dei fumetti. Nella finzione è lo pseudonimo del miliardario Bruce Wayne, personaggio dei cartoons americani ideato da Bob Kane nel 1939. Numerose sono le pellicole dedicate a Batman, a iniziare dal 1966, fino ai giorni nostri. Robin (pseudonimo del ragazzotto Dick Grayson) è il suo ingenuo assistente.

BATTA, CLAUDIO.
Giovane comico livornese, ma di scuola milanese, ha fatto parte di *Zelig*. Il suo personaggio Capocenere (v.) è un piccolo malavitoso di quartiere specializzato nelle parole crociate. Ha pubblicato per Kowalski *La nimmistica*.

BATTAGLINO, ANDREA.
Battutista per hobby di Rivoli.

BAUDELAIRE, CHARLES.
1821-1867. Poeta francese così straordinario da non dover aggiungere altro. Magari solo questa frase: «Chi beve solo acqua ha un segreto da nascondere».

BAYSIDE SCHOOL.
Sit-com americana che ha per protagonisti quattro liceali. Creata da Sam Bobrick per NBC, è stata prodotta dal 1989 al 1993. In Italia è stata trasmessa su Italia1 dal 1992.

BAZLEN, BOBI.
Roberto. Grande editore e critico letterario contribuì a far conoscere agli italiani Musil e Kafka. Prima a Einaudi, divenne poi punto di riferimento per la nascita e la crescita di Adelphi.

BAZZANINI, DONATO.
Battutista per hobby.

BEAN, ORSON.
Attore televisivo e cinematografico americano.

Beauvoir, Simone de.
1908-1986. Un mito di più generazioni.

Beccalossi, Evaristo.
Calciatore bresciano, è stato uno dei grandi fantasisti dell'Inter negli anni Ottanta. Il suo unico limite: troppa fantasia...

Beccati, Lorenzo.
Autore televisivo (*Drive in*, *Striscia la notizia*, *Paperissima*, ecc.). Ha lavorato sempre con Antonio Ricci (v.) e per hobby è stato anche voce ufficiale del Gabibbo. Negli ultimi anni si è rivelato ottimo romanziere. Ha pubblicato per Baldini&Castoldi *La notte dei commercialisti viventi*; e per Kowalski *Il barbiere di Maciste* e *Il santo che annusava i treni*. La recente uscita di *L'uccisore di seta* ha completato, sempre per Kowalski, la trilogia "medioevale" aperta da *Il guaritore di maiali* a cui aveva fatto seguito *Il mistero degli incurabili*.

Beckett, Samuel.
1906-1989. Scrittore, drammaturgo, Nobel nel 1969. Caposcuola di un genere inimitabile. Fu il primo beckettiano.

Bedore, Tim.
Comedian che ha conosciuto il suo massimo successo in radio con Vago ma vero, in onda dal 1997, e ha finora prodotto oltre 250 episodi.

Beecham, Sir Thomas.
1879-1961. Fu impresario musicale e grande direttore d'orchestra inglese.

Beethoven, Ludwig van.
1770-1827. Musicista. Segnò il passaggio tra il classicismo e il romanticismo.

Beetle, Bailey.
Personaggio creato in America dal cartoonist Mort Walker (v.). È un soldato semplice in eterna lotta con i suoi superiori di grado. In Italia è divenuto famoso negli anni d'oro della striscia sul mensile *Linus* (v.), diretto da OdB.

Belardi, Gianluca.
Comico e monologhista romano.

Beldì, Paolo.
Regista televisivo. Anima di *Quelli che il calcio*, annovera tra i suoi programmi anche trasmissioni storiche come gli one man show di Celentano e un Festival di Sanremo.

Bellamy, Bill.
Ha iniziato la sua carriera come presentatore su MTV, e ha proseguito diventando attore. Dà la voce al pupazzo protagonista di una serie tv per bambini, *Cousin Skeeter*.

Bellamy, Guy.
Scrittore inglese. È approdato dal giornalismo all'editoria libraria attraverso *The Power of Women*, Simon & Schuster.

Bellani, Stefano.
Comico pisano in forza a *Zelig*. Battute quasi tutte sulla (contro la) coppia. Taglienti e definitive, sempre divertenti.

Belli, Giuseppe Gioachino.
1791-1863. Poeta romano, famoso per i suoi sonetti (sono più di duemila), che variano dal grottesco al comico, al tragico.

Bellon, Paolo.
Battutista per hobby. Ha accompagnato le sue battute a questa mini biografia: «Sono Paolo. Ho un cane, due gatti e trentadue anni. Mia madre mi compro al supermercato al 3 x 2, io ero quello in regalo».

Belmondo, Jean Paul.
Attore cinematografico abile e un po' guascone.

Belushi, John.
Se si vuole sapere di lui si legga, *Chi tocca muore*, Sperling, scritto da Bob il giornalista del "Watergate". Belushi è stato un punto di riferimento irrinunciabile degli anni Ottanta. Da vedere i suoi pochi film e da leggere anche *Saturday night live* di Shales Miller, Kowalski, il libro che parla del mitico programma televisivo che lo rese famoso.

Belzer, Richard.
Standup comedian e attore americano.

Benchley, Robert.
Scrittore e giornalista. È stato critico teatrale di *Life* nella prima metà del secolo scorso. È il papà di Peter, l'ideatore de *Lo squalo*.

Bene, Carmelo.
Un genio della provocazione. Ma fu anche e soprattutto un grandissimo attore e regista, oltre a un sofisticato affabulatore.

Benelli, Roberto.
Battutista per hobby, il suo nickname è bob.geko.

Benigni, Roberto.
"My body is in tumult..." "Jupiter to kidnap everybody in the firmament and hang to the stars..." "I thank my parents in Vergaio for the biggest gift: poverty." Hollywood, 22 marzo 1999. Il più geniale tra i comici italiani viventi. A lui dobbiamo anche una coinvolgente rilettura de *La Divina Commedia*.

BENNETT, PHIL.
Fu un mitico rugbysta britannico e l'indimenticato capitano degli All Blacks negli anni Settanta.

BENNI, STEFANO.
Di lui si sa tutto. Per il mondo della satira, un riferimento.

BENNY, JACK.
1894-1974. Comedian americano. È stato anche attore e produttore. Nel 1991 la sua immagine apparve su uno dei cinque francobolli da 29 centesimi che commemoravano i comici. La sua avarizia è passata alla storia.

BENTHAM, JEREMY.
1748-1832. Filosofo, uomo politico e giurista inglese. Tra le tematiche più importanti della sua opera vi furono il concetto di libertà personale ed economica, la separazione di stato e chiesa, la libertà di parola, parità di diritti per le donne, i diritti degli animali, la fine della schiavitù, l'abolizione di punizioni fisiche, il diritto al divorzio, il libero commercio, la difesa dall'usura, e la depenalizzazione della sodomia.

BERGEN, CANDICE.
Attrice. Simbolo del nuovo cinema americano negli anni '70, spesso impegnato a sradicare luoghi comuni. Indimenticabile in *Soldato blu* e *Conoscenza carnale*.

BERGONZONI, ALESSANDRO.
Comico, autore, attore, scrittore. È il sofisticato re del calembour e del nonsense. Ma è riduttivo!

BERLE, MILTON.
1908-2002. Comedian, scrittore, attore, leggenda. Fu la prima persona ad apparire in televisione durante una prova tecnica nel 1928. Da allora, fu soprannominato "Mr Television". Nel 1984 è stato chiamato nella *Television Hall of Fame*. e nel 1991 fu il primo entertainer della *International Comedy Hall of Fame*. Tra i suoi film cult *Questo pazzo, pazzo, pazzo, mondo*. Assieme a Bob Hope (v.), Henny Youngman (v.), Jerry Lewis (v.), fa parte della vecchia scuola americana tra vaudeville e teatro comico.

BERLIOZ, HECTOR.
1803-1869. Compositore francese. È stato anche scrittore e critico musicale di notevole qualità.

BERLUSCONI, SILVIO.
Ogni italiano ne ha fatto una sua biografia.

BERMAN, SHELLEY.

Il nome per esteso fa Sheldon Leonard "Shelley" Berman. Classe 1926. È un comedian, autore, scrittore, attore americano di grande popolarità. Nel 1960 con l'album *Inside* Shelley Berman vinse il Grammy nonostante si trattasse di un album parlato. Fu la prima e unica volta che accadde. La sua immagine storica di standup comedian è, al contrario, di un uomo seduto su un alta sedia, con la sigaretta in mano.

BERNARD, TRISTAN.

1866-1947. Grande commediografo francese con predisposizione al comico e al gusto della battuta. Quando la Gestapo venne a prelevare Tristan per portarlo in campo di concentramento lui si girò verso la moglie e le disse: «Fino ad oggi abbiamo vissuto nella paura, da oggi vivremo nella speranza».

BERRA,YOGI.

Lawrence Peter Berra. Giocatore di baseball americano, militò nei New York Yankees. Ne divenne manager in seguito. Le sue battute appartengono al genere (da noi raramente frequentato) "dell' umorismo involontario". Berra, come Trapattoni, è famoso per le sue gaffe. Una volta, parlando di un film Steve McQuenn disse: «Deve averlo girato prima di morire».

BERTOLA, ROMANO.

Scrittore e pubblicitario torinese. L'inventore di Joe Condor, El Merendero, l'Olandesina: un pezzo della nostra vita. Ha pubblicato per Mondadori *Le caramelle del diavolo* e per Kowalski *Includetemi fuori*.

BERTOLINI, ASTRID.

Battutista per hobby di Torino. Di professione fa l'infermiera e la battuta citata è stata da lei udita in un dialogo tra due colleghi.

BERTOLINO, ENRICO.

Comico e intrattenitore. Ha presentato e presenta programmi televisivi (*Ciro*, *Visitors*, *Bulldozer*, ecc.), è protagonista di sit-com (*Piloti*) e è un punto fermo di *Zelig*. Da sempre è anche in cartellone nel medesimo locale di viale Monza a Milano.

BERTOLOTTI E DE PIRRO.

Luca e Michele. Umoristi, disegnatori satirici, fanno parte dei collaboratori di *Smemoranda* e hanno partecipato all'avventura di *Cuore* (v.).

BERUSCHI, ENRICO.

Comico e attore. Approdò negli anni Settanta al prestigioso palchetto del Derby Club (v.) di Milano dopo essere stato impiegato alla Galbusera. In televisione la sua trasmissione di maggior successo è stata *Drive in*.

Best, George.
1946-2005. Calciatore irlandese celeberrimo. Pallone d'oro 1968, occupa l'ottava posizione nella speciale classifica World Soccer dei migliore calciatori di tutti i tempi. Su di lui un film, *Best* (2000) e un libro *The Best* Baldini, Castoldi e Dalai.

Best, Larry.
1917-1985. Comedian e attore statunitense. Ha partecipato a moltissime trasmissioni televisive legate al comico.

Biagi, Enzo.
1920-2007. Il più famoso giornalista italiano dopo Enzo Biagi… «La libertà è come la poesia: non deve avere aggettivi, è libertà.»

Bianco, Federico.
Monologhista e comico torinese. Ha incrociato i suoi percorsi anche con *Zelig*, ma ha trovato una collocazione interessante come inviato di *Caterpillar, quando il fine giustifica gli automezzi*, la fortunata trasmissione radiofonica (Rai2) ideata e condotta allora da Massimo Cirri e Sergio Ferrentino.

Bierce, Ambrose.
1842-1914. Scrittore e aforista, amante del grottesco e del paradosso. Da leggere soprattutto *Il dizionario del diavolo*, 1985.

Billy the Kid.
Un mito dell'epopea americana e un eroe del grande cinema western.

Binder, Mike.
Attore e regista statunitense. Creatore dello show per HBO *The Mind of a Married Man*. È apparso tra l'altro in Minority Report.

Bindi, Rosy.
Una donna in politica nonostante tutto ancora credibile…

Bini, Federico.
Giornalista, ha curato per anni rubriche su diverse testate. Lavora alla redazione scientifica dei tg di Mediaset.

Binstead, Arthur.
1861-1914. Giornalista e scrittore inglese (cfr il suo *Pitcher's proverbs*, 1909).

Birkett, Lord Norman.
1883-1962. Lord di Ulverstron; uno dei più noti (e meglio pagati) avvocati in Inghilterra, divenne cavaliere nel 1941. Fu uno dei due giudici inglesi prescelti per il processo di Norimberga.

BISHOP, JIM.

1907-1987. Giornalista americano, pubblicò i suoi articoli di fondo su diverse testate per ventisette anni. Ha scritto nel 1955 *The Day Lincoln Was Shot*, che ha venduto oltre tre milioni di copie.

BISHOP, JOEY.

Nome d'arte di Joseph Abraham Gottlieb (New York, 1918). Iniziò la carriera d'attore con un numero comico assieme al fratello. Nel 1948 debuttò in televisione, e per molti anni fu ospite di varietà, giochi a premi e talk show. Durante gli anni Sessanta condusse un suo programma televisivo, *The Joey Bishop Show*. Fu grande amico di Frank Sinatra con il quale interpretò diversi film, da *Colpo grosso* a *Tre contro tre*.

BISHOP, STEPHEN.

Cantante americano. Tra i vari suoi pezzi divenuti famosi, il tema del film *Tootsie*. La battuta è il titolo di una sua canzone.

BISIO, CLAUDIO.

L'uomo-Zelig. Attore di teatro (debuttò con Teatro dell'Elfo di Elio De Capitani e Gabriele Salvatores) e di cinema (tra l'altro nell'Oscar *Mediterraneo*, e autore e protagonista in *Asini*), oltre che mattatore televisivo. Che dire di lui? Basta guardarlo lavorare. Comunque per chi è curioso consigliamo il suo sito ufficiale: www.claudiobisio.it.

BLADY, SYUSY.

Pseudonimo di Maurizia Giusti (e Syusy si scrive proprio così!). Comica bolognese (in tv *Lupo solitario* e *L'Araba fenice*). Era nell'ex "Gran Pavese", assieme al marito Patrizio Roversi (v.), i Gemelli Ruggeri (v.), Vito (v.). Assieme allo stesso Roversi ha dato vita all'originale trasmissione tv *Turisti per caso*.

BLAHA, HENRY.

Celeberrimo campione di rugby.

BLOCH, ARTHUR.

Autore della serie *La Legge di Murphy*, Longanesi e, se vi sentite avventurosi... www.hypersphere.com.

BLUESTONE, ED.

Umorista, aforista, ma anche attore comico. È titolare di una rubrica di massime nel *National Lampoon's encyclopedia of humor*. Ha partecipato negli anni Settanta a diversi show in tv.

BOCCA, GIORGIO.

Giornalista e scrittore. Uno dei più letti in Italia. Tra gli ultimi suoi titoli *Basso impero* e, su Berlusconi, *Piccolo Cesare*, entrambi editi da Feltrinelli.

BOGART, HUMPHREY.
1899-1957. Uno dei cinque miti maschili del cinema di tutti i tempi. Innumerevoli i suoi cult movie. Per tutti ci piace ricordare il Bogard che vagava tra il "Rick's" di Casablanca e "La belle Aurore" di Parigi.

BOGDANOVICH, PETER.
Regista USA e critico cinematografico. Tra i suoi capolavori *L'ultimo spettacolo* (1971), *Ma papà ti manda sola?* (1972), *Papermoon* (1973), *Vecchia america* (1976).

BOGOSIAN, ERIC.
Autore, attore, sceneggiatore in cinema e in teatro. La battuta è tratta dal suo monologo *Sesso, droga & rock and roll*, Bompiani.

BOILEAU, NICOLAS.
1636-1711. Accademico di Francia, scrittore, letterato. Autore delle Satire.

BOLDI, MASSIMO.
Il comico con la faccia di gomma. Resta soprattutto Cipollino...

BOMBECK, ERMA.
1927-1996. Nome da nubile Erma Fiste. Iniziò la carriera come reporter per il *Dayton Journal Herald*, ma dopo aver sposato Bill Bombeck, lasciò il lavoro per allevare i loro tre figli. Nel 1964, sul *Kettering-Oakwood Times*, il suo primo pezzo umoristico uscì nella rubrica *At Wit's End* (*In un vicolo cieco*). Qualche anno dopo era presente su oltre settecento quotidiani americani. I suoi racconti sono stati raccolti e pubblicati in numerosi libri di successo.

BOMPIANI, VALENTINO.
1898-1992. Editore.

BONAPARTE, NAPOLEONE.
Conquistò il mondo. E gasò anche troppo i francesi.

BONAPARTE, PAOLINA.
1780-1825. È la sorella di Napoleone, e casualmente duchessa (di Guastalla).

BONITO OLIVA, ACHILLE.
Critico d'arte.

BONNARD, ABEL.
1883-1968. Francese. Vincitore del premio nazionale della poesia con la sua prima raccolta *Les familiers* (1906), scrisse il romanzo psicologico *La vie et l'amour* (1913). Ministro dell'educazione nel governo filotedesco di Vichy (1942-44), fuggì in Spagna e fu condannato a morte in contumacia. Tredici anni dopo tornò in Francia, da cui però venne bandito. Vitaccia da collaborazionista.

Boomstead, Blondie.
Personaggio del fumetto americano creato da Chick Young negli anni Trenta. Le sue striscie la vedono protagonista con il marito Dagoberto, due figli e dei cani. Difficile dire chi del gruppo è il più sano di mente del gruppo.

Boosler, Elayne.
Comedian nata a Brooklyn, autrice e conduttrice televisiva. Nel 1986 è diventata la prima donna comedian ad avere uno special tutto suo suo *Showtime (Party of One)*. Ha scritto materiale per Barbra Streisand. www.elayneboosler.com.

Borboni, Paola.
1900-1995. Grande attrice italiana. Numerose le leggende che lei stessa contribuì a far nascere sul suo personaggio. Poco credibile ma divertente l'aneddoto secondo il quale, interrogata da un'amica a proposito di una costosissima pelliccia, rispose: «Questa? Ogni pelo una scopata!».

Boretor.
Si dice sia l'anagramma di Roberto Bonistalli, battutista.

Borge, Victor.
1909-2000. Grande musicista, pianista, umorista-intrattenitore danese, affettuosamente soprannominato "The Clown Prince of Denmark". Notevoli le sue battute sulla musica: «Flint deve essere una città estremamente ricca. Vedo che ognuno di voi ha comprato due o tre posti» (suonando in una sala mezza vuota a Flint, Michigan).

Borges, Jorge Luis.
1899-1986. Forse il più grande scrittore latino-americano. Morì cieco. «Sono cieco e ignorante, ma intuisco che sono molte le strade...»

Borghi, Giovanni.
Industriale lombardo. La sua industria di elettrodomestici segnò inequivocabilmente il boom italiano.

Borraccetti, Paolo.
Autore (*Zelig* in tv) e regista cinematografico, ora vive a Los Angeles.

Borsani, Ambrogio.
Scrittore e docente universitario. Ha scritto tra l'altro *L'ellisse di fuoco* e *Storie contro storie*.

Borsook, Paulina.
Femminista, umanista, scrittrice satirica. Collabora a *Wired Magazine*. Autrice di numerosi libri tipo *Virtual Romance* e *Sex and the Single*.

Bosio, Lorenzo.
Battutista per hobby di Cuneo.

Boso, Erminio.
Detto anche Obelix, ma non certo per il cervello. Esponente di punta della Lega, ne evidenzia l'anima più estrema. Tra le varie campagne di cui andare fiero c'è quella per la assegnazione di vagoni separati per extracomunitari. Della serie "ridere per non piangere".

Bottani, Maria Luisa.
Già associata a *Smemoranda Brothers and Sisters* (v.). Ci da lo spunto per segnalare la raccolta di squisitezze verbali in classe dal titolo *Prof, non posso rispondere, non ho campo*, Kowalski.

Bottoni, Maurizio.
Pseudonimo di Luca Camurri (o viceversa). Ha pubblicato un libro di aforismi: *Yogurt e limone* (2006).

Bougingault.
Pluricitato aforista francese, nonchè introvabile in qualsiasi sito anche nazionale. Non comparendo neppure il nome di battesimo, abbiamo il sospetto che si tratti di un vero pseudonimo.

Bouilhet, Louis.
1822-1869. Poeta francese. Amico di Flaubert, gli suggerì il soggetto di *Madame Bovary*.

Bourdet, Edouard.
1887-1945. Scrittore e commediografo francese. Nelle sue opere criticò in modo spietato la società contemporanea.

Bowie, Angie.
Cioè Angie Barnett. Ha sposato David nel '70, separandosi una decina di anni dopo. David: «Ho conosciuto Angie perché stavamo con lo stesso ragazzo».

Bowles, Colin.
Scrittore australiano. Ha pubblicato una quarantina di libri.

Bozzo, Giancarlo.
È un punto di riferimento da sempre del cabaret Zelig (v.) a Milano. È coideatore dello *Zelig* tv e coordinatore responsabile dei laboratori sul comico targati *Zelig* sparsi per l'Italia. Oggi è anche coautore televisivo di *Belli dentro* e *Buona la prima*. Forse qualcuno ha ragione a affermare che se non ci fosse stato *Zelig* non ci sarebbe questo Giancarlo. Ma certamente se non ci fosse stato questo Giancarlo non ci sarebbe questo *Zelig*. Tra le altre cose Bozzo è anche socio fondatore della

"Premiata Bocciofila Cosimo Trombetta" (vedi la nota a fine volume).

Brachetti, Arturo.
Il trasformista più famoso al mondo. E noi abbiamo avuto il piacere di lavorarci assieme...

Braida, Beppe.
"Attentato!", tormentone che è anche il titolo del suo libro per Kowalski. Dopo un periodo nella scuderia *Zelig* è approdato come presentatore di *Colorado cafè*.

Brambati, Massimo.
Ex calciatore, ha dimostrato in passato buone attitudini a uomo di spettacolo (imitatore, comico, ecc.).

Brambilla, Andrea.
Vedi Zuzzurro & Gaspare (dei due è Zuzzurro).

Bramieri, Gino.
1928-1996. Comico e attore lombardo, debuttò in teatro nell'immediato dopoguerra e in televisione nel 1960. Grande mattatore della rivista italiana, è stato considerato uno dei migliori dicitori di barzellette della nostra televisione («Pierino sai che non si fa la pipì in piscina?» «Ma mamma, la fanno tutti!» «Sì, ma non dal trampolino.»). Per anni ha dovuto la sua fama alla sua mole (ha raggiunto il quintale e mezzo) che andava di pari passo con la sua agilità. Artista a tutto campo, ha persino partecipato a un Festival di Sanremo con la canzone *Penuria d'anguria*.

Brando, Marlon.
1924-2004. Forse il più grande attore di sempre. È il Kowalski di *Un tram che si chiama desiderio*. La sua vita non è stata un romanzo, ma cento... Per saperne di più si possono cercare in libreria le sue molte biografie semiautorizzate e non.

Braschi, Enzo.
Già comico genovese (*Drive in*, *Striscia la notizia*, ecc.), si è distinto anche per alcune serissime ricerche sui canti religiosi degli indiani d'America (vedi le plurime pubblicazioni sull'argomento).

Brass, Tinto.
Regista veneziano. Abile confezionatore di erotismo cinematografico per famiglia... beh, insomma, diciamo quasi. Ma il culo è davvero tutto nella vita?

Braude, Jacob M.
Umorista e scrittore statunitense.

Brecht, Bertolt.
1898-1956. È considerato il più grande drammaturgo tedesco contemporaneo. Ha scritto delle cose per Strehler...

BREGGIA, ANTONELLO.
Battutista per hobby. «Sono dirigente d'azienda milanese, di sponda milanista, docente universitario»

BRENNAN, KEVIN.
Comedian, spesso ospite nel *Comedy Tonight* su NBC.

BRENNER, BRETT.
Comico statunitense.

BRERA, GIANNI.
1919-1992. Il maestro dei giornalisti sportivi italiani. È stato anche un grandissimo scrittore di cultura lombarda.

BRIAN THE BRAIN.
Vedi *Aenigmatica*.

BRIAND, ARISTIDE.
1862-1932. Socialista, uomo politico francese. È stato premio Nobel per la pace nel 1926.

BRICKMAN, MARSHALL.
Sceneggiatore americano tra l'altro ha scritto con Woody Allen i due capolavori *Io e Annie* e *Manhattan*.

BRIDGES, STEVE.
Comedian, ospite in oltre cento stazioni radio e regular al Comedy Store di Los Angeles, alla Ice House di Pasadena e al Club Improv.

BRILLIANT, ASHLEIGH.
Battutista e autore comico. Laureato alla Berkeley University in storia contemporanea, Ashleigh "Pot Shots" Brilliant ha tra l'altro editato oltre centomila cartoline-aforisma che ha raccolto in ben otto volumi. È da molti considerato un vero e proprio filosofo.

BRITT, STEWART H.
Marketing manager.

BRODY, DYLAN.
Comedian, è apparso sul *Comedy on the Road show* per A&E; passato a scrivere, ha lavorato per Jay Leno e ha pubblicato alcuni romanzi di fantascienza per giovani adulti.

BROOKS, MEL & REINER, CARL.
Registi, autori, attori, geni della comicità. Il primo è sposato con Mrs Robinson, all'anagrafe Anne Bancroft (v.), il secondo ha dato i natali a Rob, regista (*Stand by Me*).

BROOKS, MEL.
Vedi voce precedente. Aggiungiamo il titolo di due suoi veri e propri capolavori: *Per favore non toccate le vecchiette* e *Frankenstein junior*.

BROWN, A. W.
Comedian, proviene dal *Saturday Night Live* (v.). Appare spesso al *The Daily Show* su Comedy Central (v.). Pacato e

tranquillo nelle sue esposizioni, è sempre estremamente affilato.

Brown, Bo.
Cartoonist USA.

Brown, Charlie.
Nato dalla matita di Charles M. Schulz (v.), è apparso per la prima volta il 2 ottobre 1950. Al suo esordio aveva 4 anni (dichiarati da lui stesso, il 3 novembre), mentre il 17 novembre 1957 ne aveva 6, e l'11 luglio 1979, Chuck ("Ciccio," in italiano, grazie a Oreste del Buono) rivela di avere 8 anni e mezzo. Il 13 febbraio 2000 Charlie Brown ha fatto la sua ultima apparizione sui quotidiani americani. Il giorno prima, il creatore Charles M. Schulz, si spegneva. www.snoopy.com.

Brown, Joe E.
Attore e caratterista statunitense. È il miliardario eccentrico che si innamora di Jack Lemmon in *A qualcuno piace caldo*. Nessuno è perfetto!.

Brown, John.
Comico. Chissà se "giace nella tomba là nel pian"... ma quanti sono i Brown degli Stati Uniti.

Brown, Judy.
Californiana. Judy è una critica e giornalista che ha scritto per il *L.A. Weekly*, il *Los Angeles Times* e il *New York Times*. È specializzata in comicità e umorismo, materie che insegna. www.judybrown.info.

Brown, Larry.
Attore, comedian e scrittore. Suo è *Rough South of Larry Brown*.

Brown, Roy.
Roy "Chubby" Brown, comedian britannico conosciuto per il suo linguaggio e suoi contenuti trasgressivi. Per questo appare poco in televisione.

Brown, Sally.
Nata dalla matita di Charles M. Schulz il 26 maggio 1959, è la sorellina di Charlie Brown (v.). Ha una cotta perenne per Linus Van Pelt, e non riesce a scrivere un tema, che sia uno. www.snoopy.com.

Browne, Roz.
Comedian apparso in trasmissioni quali *Bet's Comic View*, *The Extreme Gong Show* e *America's Funniest People*.

Bruce Ketta.
Pseudonimo del comico di origini pugliesi Matteo Iuliani, classe 1968, di casa a Zelig. «Sono barese da parte di madre e foggiano da parte di un amico di mio padre.» Si è rivelato con il personaggio di un postino un po' così... «So' combiate le

cose alle poste!» Scrive i suoi pezzi anche con l'autore Marco Del Conte (v.).

Bruce, Lenny.
1925-1966. Monologhista americano, principe della trasgressione. Fece scandalo nell'America codina degli anni Sessanta per le sue verità dissacranti. Morì quarantenne di overdose a Hollywood. Cosigliamo la visione del film *Lenny* (Usa, 1974) commovente tributo di Bob Fosse a questo genio. Superlativa fu l'interpretazione di Dustin Hoffman vergognosamente dimenticata nell'assegnazione degli Oscar. Si rimanda anche all'autobiografia *Come parlare sporco e influenzare la gente*, Bompiani, 1974.

Brunello, Alessandro.
Comico lombardo. Efficace battutista. Ha al suo attivo diversi personaggi, tra cui buttafuori da discoteca Potato.

Bruno, Antonio.
Battutista per hobby romano. Ci ha inviato molte battute della sua raccolta privata, omettendo di qualcuna l'autore, essendosi scordato di appuntarselo.

Bruno, Raffaele.
Cabarettista e autore napoletano.

Bruno.
Segnalato dal battutista Robym (v.)

Bruyn, Joshua.
È il direttore del dipartimento di Storia dell'Arte dell'Università di Amsterdam.

Bryne, Robert.
Aforista e poeta a tempo perso.

Bryson, Bill.
Nato a Des Moines (Iowa) nel 1951, si è trasferito in Inghilterra, dove ha scritto per *The Times* e *The Independent*, prima di rientrare nel 1995 in America. Ma nel 2003 è tornato in Inghilterra. Non c'è da stupirsi che i suoi libri siano tutti sul tema dei viaggi. Per saperne di più, www.randomhouse.com/features/billbryson.

Bucchi, Massimo.
Giornalista, vignettista, uomo di satira. Lavora a *la Repubblica*.

Buchanan, Pat.
Cioè Patrick Joseph "Pat" Buchanan. Scrittore, columnist, politico americano di formazione repubblicana.

Buchwald, Art.
Umorista e giornalista. Ha collaborato con *Esquire*, *Vogue*, *Washington Post*.

Budd, Eileen.
Comedian americana.

Bufalino, Gesualdo.
1920-1996. Grande scrittore siciliano. Ha pubblicato tra l'altro *Diceria dell'untore*. «La parola è una chiave, ma il silenzio è un grimaldello.»

Bugliarello, Carlo.
Battutista per hobby.

Bukowski, Charles.
1920-1994. Poeta e scrittore americano di madre tedesca e padre polacco-americano. Ha vissuto a Los Angeles, East Hollywood. Morì di leucemia poco dopo aver ultimato il suo romanzo *Pulp*. Da leggere assolutamente: *Storie di ordinaria follia* e *Compagno di sbronze* (Feltrinelli); *Diario di un vecchio sporcaccione* (Guanda). Il titolo originale di *Storie di ordinaria follia* sarebbe: *Erections, ejaculations, exhibitions and general tales of ordinary madness*. Non è la stessa cosa... «Non cerco mai di migliorarmi o di imparare qualcosa, rimango esattamente come sono. Non sono uno che impara, sono uno che evita. Non ho voglia di imparare, mi sento perfettamente normale nel mio mondo pazzo; non voglio diventare come gli altri.»

Bullard, Mike.
Comedian canadese, conduttore degli show *Open Mike with Mike Bullard* e *The Mike Bullard Show*.

Bulli e pupe.
(*Guys and Dolls*). 1955, di Joseph Mankiewics. Mitico musical americano, da cui è tratta la battuta, con Vivian Blaine e Frank Sinatra.

Bullock, Sandra.
Notissima attrice americana di formazione newyorkese. Ha al suo attivo una quarantina di film, non proprio di nicchia...

Bumper Stickers.
Adesivi in genere rettangolari che si applicano sui paraurti posteriori dell'auto.

Bunker, Archie.
Archibald "Archie" Bunker. È il protagonista della sit-com *Arcibaldo* (*All in the Family*, 1971), interpretato dall'attore Carroll O'Connor. E rappresenta il capofamiglia medio e un po' reazionario americano.

Buñuel, Luis.
Forse il più grande regista cinematografico spagnolo. Se la gioca con il più popolare Almodóvar.

Buono, il Brutto, il Cattivo, Il.
Italia/Spagna, 1966. Capolavoro del western-spaghetti del grande regista Sergio Leone. Consacrò Clint Eastwood a

grande attore. Gli altri, Lee Van Cleef e Eli Wallach, lo erano già. La sceneggiatura è di Age & Scarpelli e Sergio Donati.

Burini, Paolo.
Battutista per hobby di Ferrara.

Burke, Billie.
Celeberrima attrice teatrale che contribuì a rendere grande il cinema hollywoodiano. Diventò star cinematografica nel 1915. Il suo primo cachet (40.000 dollari per quattro settimane) segnò l'inizio dello star system.

Burns, George.
1896-1996. Nato Nathan Birnbaum, attore di vaudeville da sempre. È stato il più anziano attore ad aver ricevuto un Oscar: era l'altro in *I ragazzi irresistibili* (v.). Da non perderlo neppure come coprotagonista di *Vivere alla grande* (1979). Ci ha lasciato tra l'altro tre ottime autobiografie: *I Love Her, That's Why* (1955); *Living It Up* (1976); *The Third Time Around* (1979).

Burr, Bill.
Comedian americano. Vive a Boston. Ha lavorato in tv nei maggiori programmi americani.

Bursky, Alan.
Attore, comedian. È brevemente apparso nella sit-com *The Partridge Family* (*La famiglia Partridge*) dal 1973 al 1974.

Burt, Bill.
Giornalista sportivo. Vive a Boston, esperto in automobili.

Bush, Barbara.
La first lady del Presidente americano.

Bush, George W.
Presidente americano, spesso campione di comicità involontaria. Memorabili alcune sue "interpretazioni" nel film-cult *Fahrenheit 9/11* di Moore.

Busi, Aldo.
Scrittore contemporaneo. Abile nello scrivere e anche un po' nel trasgredire. I titoli dei suoi libri sono spesso vere e proprie battute, come per esempio *Cazzi e canguri (pochissimi canguri)*.

Bussola, Enrico.
Battutista per hobby di Verona.

Butazzi, Renzo.
Milanese con l'hobby del far sorridere. Ha collaborato a *Tango* e a *Cuore*.

Butler, Samuel.
1835-1902. Romanziere inglese, scrittore satirico e traduttore (l'*Iliade* e l'*Odissea*), elaborò alcune interessanti teorie: che l'*Odissea* fosse stata scritta da una donna siciliana, e che i sonetti di Shakespeare,

se riarrangiati, racconterebbero la storia di un amore omosessuale.

BUTLER, TONY.
Giornalista e radiocronista sportivo inglese.

BUTTIGLIONE, ROCCO.
Lo definiscono filosofo quando fa il politico. E politico quando fa il filosofo. Forse neppure lui sa cos'è...

BUTTONS, RED.
Nato Aaron Chwatt, attore e compositore dalla carriera floridissima. Vinse l'Oscar come miglior attore non protagonista (*Sayonara*, 1957). Ha lavorato anche molto in tv. Nel cinema lo ricordiamo inoltre in *Non si uccidono così anche i cavalli?*.

BUZZI, RUTH.
Cabarettista americana. Ha fatto parte spesso del cast di alcune sit-com.

BYRON, GEORGE GORDON.
Lord Byron. 1788-1824. Poeta e scrittore inglese, fu il maggior esponente in lingua anglosassone del Romanticismo.

BYRON, HENRY JAMES.
1835-1884. Scrittore, editore, giornalista, attore e impresario inglese.

C

C'ERA UNA VOLTA IL WEST.
Film di Sergio Leone, datato 1968. Sceneggiatori e soggettisti: lo stesso Leone, Bernardo Bertolucci, Dario Argento e Sergio Donati.

CA'BALÀ.
Prima de *il Male* (1978) ci fu *Ca'Balà*, foglio scritto e disegnato spesso a più mani, fondato nel '71 da Pietro Santi per "dare voce alla rabbia, all'utopia, all'immaginazione feroce. A una letteratura satirica, antididascalica, scatologica, politica, si può concedere fiducia... ".

CACCAMO, FELICE.
Personaggio principe del repertorio del grande perfomer Teo Teocoli (v.). Molto divertente *Frittura globale totale*, Baldini&Castoldi, scritto con Marco Posani e Massimo Venier, in cui si raccontano le sue gesta.

CACCIALANZA, LORENZO.
Latin lover italiano, molto tempo fa è stato fidanzato di Jane Fonda.

CACCIARI, MASSIMO.
Filosofo e politico. Fu sindaco di Venezia dal 1993 al 2000 col centro sinistra. E

di nuovo fu eletto nel 2005 con una lista autonoma. Insegna Estetica e Architettura.

Cacini, Marco.
Pseudonimo di Marco Pezzini. Comico e cabarettista pisano. Vive in Lombardia.

Cacioppo, Giovanni.
Cabarettista siciliano trapiantato a Bologna. Ha raggiunto la notorietà con *Zelig* in seguito ha lavorato anche con la Gialappa's band. Ha pubblicato per Kowalski *La banda di testa di cane*.

Caesar, Sid.
Comedian newyorkese. Ha partecipato a molti programmi televisivi e a molti film per la televisione e per le sale.

Caiazzo, Paolo.
Comico napoletano, muove i primi passi nel mondo del teatro nel 1987 come attore brillante, per approdare in seguito al cabaret come stand up comedian. In tv ha partecipato a *Bulldozer* e *Colorado cafè*.

Cajelli, Diego.
Monologhista e autore specializzato in satira politica.

Calistri, Andrea.
Battutista per hobby.

Calligaro.
Renato Calligaro. Disegnatore satirico, ha collaborato a *A.B.C.*, *Panorama*, *Espresso*, *Manifesto*, *Lotta Continua*, *Reporter*, *Le Monde*, *Satyricon*, *Linus*, *Smemoranda*, *Cuore*...

Cambridge, Godfrey.
1933-1976. Attore nero americano originario di New York. Morì a Los Angeles a soli 43 anni. *L'uomo caffelatte* (*The Water Melon Man*), 1970.

Campagna, Pino.
Cabarettista pugliese di stampo nazional-popolare, di provata esperienza e impatto immediato. È esploso nelle ultime edizioni di *Zelig Circus*. Il suo slogan più famoso: «Papy ci sei, ce la fai, sei connesso?» è anche il titolo del suo libro per Kowalski.

Campanile, Achille.
1899-1977. Scrittore e commediografo, è considerato uno dei più acuti umoristi del nostro secolo. Da leggere le sue *Tragedie in due battute*, 1924.

Campion, Leo.
1905-1992. Giornalista e scrittore anarchico, ha scritto anche cose umoristiche.

Cananzi, Paolo.
Autore televisivo e sceneggiatore romagnolo, già comico. Principalmente battutista.

Canciani, Fabrizio.
Cabarettista di scuola milanese, si esibisce accompagnandosi con la chitarra. La sua specialità è il "centone", forma di intrattenimento e di parodia che prevede la sostituzione delle parole delle canzoni famose con altre adattate per contrasto o affinità. È stato definito "un artista che spazia tra canzoni e monologhi con equilibri da manuale, sempre con la giusta arguzia ma anche con un senso della misura invidiabile".

Candidato all'obitorio.
Usa, 1976. Regia di J. Lee Thompson.

Candy, John.
1951-1994. Corpulento attore originario del Canada. Dopo un esordio televisivo nel suo paese con *Second City*, si trasferisce negli USA dove passa subito al cinema (è l'ispettore di polizia con il maialino sulla scrivania in *Blues Brothers*) in seguito è protagonista nel grande cinema comico: *Un biglietto in due*, *Balle spaziali*, *Io e zio Buck*. Il suo ultimo film, *Wagons East*, è rimasto incompleto per la morte del protagonista ma è ugualmente uscito nelle sale americane.

Canetti, Elias.
1905-1994. Di origine bulgara e di nazionalità tedesca, è stato Premio Nobel per la Letteratura nel 1981.

Cangini, Palmiro.
Vedi Cevoli, Paolo.

Canovi, Camillo.
Battutista per hobby di Felina, Reggio Emilia.

Cantona, Eric.
Calciatore francese. Forse il più geniale.

Cantor, Eddie.
1892-1964. Nato Edward Israel Iskowitz, attore, compositore, cantante, scrittore. Nel 2000 è stato ammesso nella "Radio Hall of Fame".

Capocenere.
Vedi Batta, Claudio. Personaggio storico di *Zelig* in tv. Si tratta di un balordo di origine meridionale, piccolo boss di quartiere di una grande metropoli. Per Kowalski: *La nimmistica* e *Uttobbene Uttobbene*.

Capone, Al.
Alphonse. 1895-1947. il più famoso dei gangster di origine italiana.

Capote, Truman.
1924-1984. Scrittore americano. Folle, raziocinante, provocatorio, rivoluzionario, conservatore... da leggere *A sangue freddo*, *Colazione da Tiffany* e da vedere in *Invito a cena con delitto*.

Capozza, Enzo.
Battutista per hobby crotonese, residente a Roma. Nonostante il suo lavoro (fa il magistrato), per hobby è collezionista e creatore di aforismi, calembour, battute.

Capus, Alfred.
1858-1922. Scrittore francese.

Carciotto, Pino.
Battutista per hobby romano.

Cardellino, Franco.
Attore, regista e comico torinese.

Carey, Drew.
All'anagrafe Drew Allison Carey, Cleveland, Ohio, 1958. Comedian, ha avuto l'occasione della sua vita esibendosi al *Tonight Show* con Johnny Carson. Il successo fu tale che subito dopo nacque *The Drew Carey Show* (233 episodi, nove stagioni). Drew è stato anche il conduttore e produttore di *Whose Line Is It Anyway?*, show interamente improvvisato importato dalla ABC (215 episodi).

Carfi, John & Carie, Cliff.
Hanno scritto negli USA *No Hang-Ups*, raccolta delle più strane segreterie telefoniche americane.

Caria, Filippo.
Politico italiano socialdemocratico in voga negli anni Novanta.

Carino, Gianni.
Pubblicitario emiliano, è forse stato l'ispiratore del personaggio di Sergio Staino, Bobo.

Carlin, George.
George Denis Carlin. 1937-2008. Comedian, attore, sceneggiatore newyorkese. Esordisce in coppia con l'amico Jack Burns nel 1960. In seguito si esibisce da solo, e nel 1972 per la prima volta calca le scene della Carnegie Hall di New York. Viene arrestato nel '72 a Milwaukee per uso di linguaggio indecente davanti a dei ragazzini in sedia a rotelle. Per tutta la vita è stato uno dei più graffianti comedian americani. Celebre per il suo atteggiamento irriverente e per i temi trattati senza tabù riguardanti la religione, la psicoanalisi, il linguaggio. Comico alla Lenny Bruce, nel 2004 Comedy Central (v.) l'ha classicaficato come secondo miglior comico USA di tutti i tempi dietro a Richard Pryor. www.georgecarlin.com.

CARNIONI, SIMONE.
Battutista per hobby lombardo.

CARO ESTINTO, IL.
Usa, 1965. Regia di Tony Richardson.

CAROLLA, ADAM.
Conduttore radiofonico, autore, presentatore, produttore. Una presenza costante su Comedy Central (v.). Ha un asteroide (4535 Adamcarolla) battezzato in suo onore. www.adamcarolla.com.

CAROTENUTO, ALDO.
Psicologo e docente universitario. In Italia pubblica principalmente per Bompiani.

CAROVANA, LA.
Duo di cabarettisti in voga negli anni Ottanta e Novanta, composto da Cesare Gallarini e Marco Della Noce. Cesare ora fa il regista e l'attore di teatro, Marco continua a fare il comico.

CARR, KEVIN.
Critico cinematografico online. La sua rubrica si chiama *Fat Guys at the Movies* (*Ciccioni al Cinema*). www.7mpictures.com.

CARRIE.
Vedi *Sex and the City*.

CARROLL, JEAN.
Comica e attrice di cultura ebraica nata nel 1911, all'anagrafe Celine Zeigman. Si distinse negli anni Cinquanta e Sessanta. Nel 2007 ha partecipato a un Off Brodway Production in cui quattro donne dello spettacolo raccontano gli anni ruggenti della loro attività.

CARROLL, LEWIS.
1832-1898. Pseudonimo di Charles Lutwidge Dodgson. Scrittore e matematico inglese. E autore tra l'altro di Alice nel paese delle meraviglie.

CARSON, JOHNNY.
Celeberrimo presentatore e giornalista televisivo, il più pagato del mondo (Guinnes dei primati '90). Il suo *Tonight Show* per trent'anni è stato ai vertici degli ascolti NBC.

CARSON, FRANK.
Comedian irlandese, attore anche di tv moovie di successo.

CARSON, JACK.
1910-1963. John Elmer Jack Carson. È stato un popolare caratterista e attore dell'età d'oro hollywoodiana.

CARTER, DON.
Campione di boowling professionistico americano dal 1953 al 1961.

Carter, Nell.
1948-2003. Attrice e cantante, artista televisiva, afroamericana. Ha ricevuto un Tony Award (l'Oscar teatrale) per il suo ruolo a Broadway in *Ain't Misbehavin'*. Ha vinto un Emmy alcuni anni dopo per la trasmissione del medesimo show. In Italia è famosa per la sit-com *La Piccola Grande Nell*. La si può vedere anche nel film *Hair*.

Cartone, Il.
Battuta segnalata da Gennarino Nibaldi di Frosolone (Isernia).

Caruana, Calogero.
Battutista per hobby siciliano.

Caruso, Pino.
Grande comico e performer siciliano. Ha acquistato una buona notorietà attraverso numerose trasmissioni tv, soprattutto negli anni Settanta e Ottanta. Ha partecipato a molti film. È stato uno dei protagonisti della fiction tv *Carabinieri*. Ha pubblicato libri di battute, riflessioni, aforismi. Per tutti *Un comico urgente a via Cavour*, Zelig editore.

Carvey, Dana.
Comedian del *Saturday Night Live*. Diventato attore, è apparso in film come *Waynès World* e *The Master or Disguises*.

Casadey, Teddi.
Vedi Cevoli, Paolo.

Casamonti, Ivano Gladimiro.
Affermatosi come personaggio eclettico e stravagante ai microfoni di Radio popolare di Milano, è stato redattore di *King* e di *Moda*. Biografo di Vasco Rossi, fanatico dei Rolling Stones e di Philip K. Dick (*Ma gli androidi sognano pecore elettriche*, il romanzo che ha ispirato *Blade Runner*).

Casarini, Francesco.
Battutista per hobby.

Casini, Pier Ferdinando.
Uomo politico democristiano.

Casoni, Gianpiero.
Battutista per hobby milanese. Scrittore e vignettista.

Cassani, Davide.
Commentatore (Rai) televisivo di ciclismo, già corridore professionista.

Cassini, Dario.
Comico, monologhista romano e attore.

Cassini, Riccardo.
Scrittore, umorista e autore televisivo. Autore di *Nutella nutellae*, un best seller.

CASTELLACCI E PINGITORE.
Mario e Pier Francesco. Diedero vita nel '65 al Bagaglino di cui Pingitore è attualmente maggior responsabile. Hanno lavorato molto con la comicità romana.

CATANIA, ANTONIO.
Attore teatrale e cinematografico appartenente al gruppo storico dei Comedians, lo spettacolo con la regia di Gabriele Salvatores che lanciò numerosi comici quali Paolo Rossi, Claudio Bisio, Bebo Storti, Silvio Orlando eccetera.

CATOZZO, VITO.
Il miglior personaggio inventato da Giorgio Faletti (v.) quando faceva il comico.

CATTANEO, ERNESTO.
Battutista per hobby genovese.

CATTANI, MARCO.
Comico del laboratorio di *Zelig*.

CAUSIO, FRANCO.
Ex calciatore. Centrocampista laterale in forza alla Juventus e alla Nazionale italiana. Non brillava per cultura.

CAVALLI, ENNIO.
Giornalista radiofonico e autore di *La Bibbia in lattina*, Sansoni, 1992.

CAVALLO.
Giorgio Cavallo. 1927-1994. Disegnatore e umorista, ha collaborato a numerosissime testate mantenendo sempre una esplicita indipendenza di pensiero.

CAVANAGH, TIM.
Comedian americano, musicista e umorista.

CAVANNA.
Francoise Cavanna. Fondatore del periodico satirico francese libertario e repubblico *Hara Kiri*, di cui fecero parte negli anni Sessanta Topor, Fred, Reiser, Wolinski, Jèbè, Cabu. Dopo molte vicissitudini, anche legali, il giornale divenne *Hebdo*.

CECCHELIN, ANGELO.
1894-1964. Comico triestino. Vagò tra l'avanspettacolo e il teatro, esibendosi soprattutto nelle Tre Venezie fino agli anni Cinquanta. È stato riscoperto da Paolo Rossi e riportato sulle scene. Il regista Renato Sarti e il giornalista Roberto Duiz ne hanno scritto una interessante biografia: *La vita xe un bidòn*, Baldini&Castoldi.

CECCHERINI, MASSIMO.
Attore e comico toscano, faceva parte del duo "I Due Mendi" (l'altro era

Alessandro Paci). Lavorano entrambi con Pieraccioni.

Cecchi Gori, Vittorio.

Produttore cinematografico, già parlamentare, presidente della Fiorentina, compagno di Valeria Marini.

Ceccon, Davide.

Disegnatore satirico veneto. Collabora con *Smemoranda*.

Cechov, Anton.

1860-1904. Scrittore russo. Dal *Giardino dei ciliegi* al *Gabbiano* in teatro, scrisse anche racconti bellissimi. «Più l'uomo è stupido e meglio lo capisce il suo cavallo.»

Cederna, Camilla.

1911-1997. Giornalista e scrittrice valtellinese, visse a Milano e animò la cultura italiana soprattutto negli anni Sessanta e Settanta.

Cedric the Entertainer.

Comedian di colore, molto intelligente e protagonista del *Cedric the Entertainer Presents* su FOX tv. È anche attore, come ha dimostrato nel film *Barbershop*.

Celebrity.

Usa, 1998. Film di Woody Allen. Altri interpreti: Kenneth Branagh, Judy Davis, Melanie Griffith, Leonardo DiCaprio.

Celentano, Adriano.

Il molleggiato.

Celeste, Jimi.

Per vent'anni comedian americano, oggi affermato fotografo.

Celi, Lia.

Riminese, una delle poche donne umoriste in circolazione. Avviata alla scrittura comica da Michele Serra.

Cèline, Louis-Ferdinand.

1894-1961. Vero cognome Destouches. Romanziere francese.

Cellini, Giovanni.

Battutista per hobby pescarese. Le battute citate sono tratte dalla trasmissione radiofonica da lui tenuta a Radio Sole, emittente privata abruzzese.

Centamore, Giorgio.

Comico, intrattenitore e musicista milanese.

110 E LODE.
(*Stealing Harvard*). Usa, 2002. Regia di Bruce McCulloch.

CERCHIONE, GUIDO.
Battutista per hobby di Avellino.

CERONETTI, GUIDO.
Giornalista, scrittore, saggista, intellettuale torinese in forza a *La Stampa*. Il suo *Albergo Italia*, Einaudi è un grande libro.

CÈSAR.
Cèsar Baldaccini, detto Cèsar. Scultore francese.

CESARIO, JEFF.
Comedian e scrittore americano. Ha partecipato al *Comedy Central Presents*, al *Late Night with David Letterman*, *The tonight show*, ecc.

CEVA, DANIELE.
Cabarettista di Valenza Po in visita al cabaret Zelig.

CEVOLI, PAOLO.
Comico romagnolo e imprenditore. Divide la sua vita fra queste due attività. Appartiene alla scuola di *Zelig* e nella trasmissione omonima ha portato al successo l'Assessore Palmiro Cangini e il piccolo imprenditore Teddi Casadey. Ha scritto due romanzi comici, *Cent'anni di Roncofritto*, Rizzoli e *Mare mosso bandiera rossa*, Kowalski. Inoltre, sempre per Kowalski, ha pubblicato il divertente *Maiali & Menaggment*.

CHAMBERS, DON.
Attore americano. È uno dei personaggi della sit-com *Cin cin*.

CHAMFORT, NICOLAS DE.
1740-1794. Aforista e scrittore francese.

CHAN, CHARLIE.
Ispettore cinese. È un personaggio creato da Earl Derr Biggers per il romanzo *La casa senza chiave*. Ha conosciuto uno straordinario successo cinematografico tanto che gli sono stati dedicati più di cinquanta interpretati e diretti da diversi attori e registi.

CHANDLER, RAYMOND.
1888-1959. Irraggiungibile scrittore di gialli americano. *Il grande sonno*, *Il lungo addio*, ecc. Suo maestro fu un altro grandissimo: Hammett. Feltrinelli ha pubblicato le sue cose migliori compresa una raccolta di racconti *La semplice arte del delitto* per la curatela e la traduzione di OdB.

CHANNING, CAROL.
Attrice, ha esordito a Broadway nello show *Gli uomini preferiscono le bionde*, quindi in *Hello Dolly*, col quale vinse un Tony nel 1964. È ancora in piena attività.

CHARLES, JEAN.
Umorista francese. Le sue raccolte migliori risalgono agli anni sessanta: *La fiera delle castronerie* e *Il riso in erba*.

CHARLOTTE.
Vedi *Sex and the City*.

CHARMS, DANIIL.
Daniil Ivanovich Yuvachev. 1905-1942. Scrittore, poeta e drammaturgo russo. Ha legato la sua credibilità soprattutto al surrealismo. Morì in un ospedale psichiatrico.

CHASE, CHEVY.
Insieme a John Belushi e a Dan Aykroyd fu "l'inventore" del celeberrimo *Saturday Night Live* (v.), leggendaria trasmissione della NBC che arrivò a contare venti milioni di telespettatori.

CHEERS.
È il titolo originale della sit-com americana che da noi è diventata *Cin cin* andata in ondata 1982-1993, candidata 117 volte all'Emmy Awards.

CHER.
Pseudonimo di Cherilyn Sarkisian LaPierre, cantante e attrice. Uno dei capolavori della chirurgia estetica. Il suo video, *If I Could Turn Back Time*, è stato il primo a essere bandito da MTV.

CHESTERFIELD, LORD.
Philip Dormer Stanhope. 1694-1773. Statista inglese e autore, fu il quarto conte di Chesterfield.

CHESTERTON, GILBERT KEITH.
1874-1936. Scrittore e giornalista inglese. È stato, tra l'altro, l'inventore di Padre Brown.

CHEVALIER, MAURICE.
1888-1972. Chansonnier parigino passato alla storia anche per il suo inseraparabile cappello di paglia. Fu attore anche nel cinema: interpretò una cinquantina di film, soprattutto musical.

CHI NON SALTA BIANCO È.
(*White Men Can't Jump*). Film americano del 1992 da un'idea Ron Shelton che ne curò l'intera sceneggiatura e la regia. Nonostante il titolo e un doppiaggio infelici, si tratta di una commedia brillante di un certo interesse sui pregiudizi razziali.

CHIAMBRETTI, PIERO.
Torinese, nasce come dj radiofonico. È oggi affermato presentatore e intrattenitore televisivo. Su La7 ha condotto *Markette* e su Italia1 *Chiambretti Night - Solo per numeri uno*. Si affermò in Rai nel 1988 con *Complimenti per la trasmissione*.

CHIAPPORI, ALFREDO.
Storico disegnatore satirico lombardo. Il suo personaggio più conosciuto è stato Up il Sovversivo che giudicava il mondo a testa in giù.

CHIARI, WALTER.
1924-1991. Pseudonimo di Walter Annichiarico. Attore, comico, entertainer, uno dei massimi esponenti dello spettacolo italiano. Numerosi film e trasmissioni televisive sono il patrimonio che ci ha lasciato anche in archivi Rai e non solo. Segnaliamo il lungometraggio-intervista a puntate *Storia di un altro italiano* girato da Tatti Sanguineti su e con Chiari. Di Walter Chiari ricordiamo, tra tutte le sue geniali invenzioni, il Sarchiapone. Sulla lapide, al Cimitero Monumentale di Milano, è incisa la frase che Walter aveva lasciato in consegna a Dino Risi: «Non vi preoccupate, è tutto sonno arretrato».

CHIESA, GIULIETTO.
Grande giornalista, reporter, scrittore.

CHIOCCIOLI, FRANCO.
È stato un grande ciclista, soprannominato "Ceppino".

CHIODAROLI, STEFANO.
Comico lombardo. Dopo una breve gavetta al mitico "Circolone" di Legnano è approdato alla scuderia *Zelig* prima, per poi passare ad altre trasmissioni televisive (*Colorado*) e nel cast di sit-com (*Belli dentro*).

CHO, MARGARET.
Comedian americana nata a San Francisco e di origine orientale. I suoi monologhi trattano di temi sociali e politici con taglio molto aggressivo.

CHRISTIE, AGATHA.
1890-1976. La più grande giallista. Non vale la pena neppure citare le sue opere, sono troppe e tutte importanti.

CHURCHILL, WINSTON.
1874-1965. Il più grande statista inglese, oltre che scrittore. Dalla sua statua al Madame Tussaud di Londra è stato ufficialmente rimosso il sigaro - lasciandogli la mano a V - perché veniva regolarmente rubato dai turisti.

CIARDI, JOHN.
1916-1986. Grande poeta americano del Novecento di origine italiana. Traduttore di Dante in lingua inglese.

CICCHELLO & COLOMBO.
Luca e Guido. Autori lombardi. In passato hanno dato vita tra l'altro al giornalino satirico *Il triangolo della sera.*

CICCIO E FRANCO.
Vedi Franchi, Franco & Ingrassia, Ciccio.

CICCIONI, ADRIANO.
Uomo politico in voga negli anni Novanta legata all'area dei Verdi.

CICERONE.
Marco Tullio Cicerone. 106 a.c. - 46 a.c. Filosofo, avvocato, scrittore, è passato alla storia soprattutto come il più grande oratore. «Quo usque tandem abutere, Catilina, patientia nostra?»

CIORAN, EMILE.
1911-1995. Scrittore francese originario della Romania.

CIOTTI, SANDRO.
1928-2003. Giornalista, radiocronista, telecronista sportivo. Ha accompagnato con la sua voce roca le più belle stagioni del calcio italiano, inventando linguaggi passati alla storia: «Giornata calda, ventilazione inaprezzabile, terreno perfettamente agibile...». Scrisse tra l'altro le parole della canzone *Veronica* di Enzo Jannacci.

CIPOLLINO.
Vedi Massimo Boldi.

CIRILLI, GABRIELE.
Comico e attore abruzzese, cresciuto professionalmente a Roma alla scuola di Proietti. A *Zelig* ha lanciato il popolarissimo personaggio di Kruska. Monologhista di battuta, ha introdotto i personaggi-slogan "Ma come cazzo porti 'sti capelli" e "Vojo tornà bambino". Ha pubblicato diversi libri comici per Mondadori.

CIRUZZI, DOMENICO.
È un avvocato di Napoli che per hobby tratta di comicità.

CIULLA, MIMMO.
Battutista per hobby.

CIUSPIONT, EZIO.
Battutista per hobby (nome vero Alberto Civran) nonchè "leader di un gruppo rock-simpatico di Pordenone: i Cagalùrlo".

CIVITELLI, BARBARA.
Aforista di Buonconvento, Siena. Ci ha inviato un manoscritto di aforismi e battute.

CLAIR, RENÈ.
1898-1981. Regista cinematografico francese. Iniziò con opere estreme, tra dadaismo e surrealismo, poi i suoi film divennero più accessibili al grande pubblico (*A me la libertà*, *Per le vie di Parigi*, ecc.) fino a farlo approdare a Hollywood (*Ho sposato una strega*, ecc.). È considerato un Maestro.

CLANCY, TOM.
Nome completo: Thomas Leo Clancy Jr. Nato a Baltimora nel 1947. Scrittore soprattutto di romanzi di spionaggio. Conosciuto come l'inventore del genere techno-thriller.

CLARK, ANTHONY.
Comedian, star delle sit-com *Yes*, *Dear* e *Boston Common*.

CLARK, BRUCE.
Comedian di Vancouver. Si esibisce regolarmente sul Las Vegas Strip.

CLARK, JACKIE.
Comica e intrattenitrice radiofonica americana. Www.myspace.com/flykitten

CLARK, LENNY.
Talvolta "Clarke," attore televisivo e cinematografico (*Febbre a 90°*). Recentemente ha perso oltre cinquanta chili con una dieta rigorosissima.

CLARO, JOE.
Umorista e battutista americano.

CLEMENCEAU, GEORGE.
1841-1929. Uomo politico francese. Partecipò alla Conferenza di pace di Parigi del 1919.

CLERICETTI, GUIDO.
Disegnatore, umorista, giornalista. Ha inventato gli omìni che al posto degli occhi hanno una crocetta.

CLERICI, GIANNI.
Giornalista sportivo, migliore quando parla di tennis, e raffinato scrittore.

CLINTON, BILL.
Presidente democratico americano passato esageratamente alla storia per il caso Lewinsky, in realtà ha fatto tante cose interessanti, per esempio suonava il sax.

CLOUSEAU, ISPETTORE.
Beh, che dire? Chi non ha visto *La pantera rosa* e chi non ha amato il grande Peter Sellers (v.)?

Clower, Jerry.
1926-1998. Comico del Mississippi. Ha raccontato la provincia del profondo Sud americano.

Cobra.
Usa, 1986. Film di George Pan Cosmatos.

Cochi e Renato.
Aurelio Ponzoni e Renato Pozzetto. Sono stati tra i grandi del Derby Club (v.) e hanno rinnovato la comicità televisiva nel 1968 in *Quelli della domenica*. Dopo una lunga separazione in cui Renato si è dato al cinema e Cochi al teatro, sono tornati come coppia prima a *Zelig*, poi ancora in tv e in teatro.

Cocteau, Jean.
1889-1963. Francese. Regista e scrittore di talento.

Coelho, Paulo.
Scrittore e maître à penser. Imperversa nelle classifiche librarie di tutto il mondo.

Cohen, Marty.
Comedian statunitense e improvvisatore.

Coleridge, Samuel Taylor.
1772-1834. Scrittore e poeta inglese.

Colette, Madame.
Personaggio del film *Paprika* creato dalla fantasia (?) erotica di Tinto Brass (v.).

Collins, Joan.
Inquieta e a volte inquietante attrice. Ha la fama di mangiatrice di uomini. Il suo primo film (*Notti del Decamerone*) è datato 1953... È stata Alexis Carrington in *Dynasty*. Nel 1997 è stata nominata Dama dell'Ordine dell'Impero Britannico.

Collins, Paul Harlan.
Musicista e scrittore. La sua rubrica *Today's chuckle* è la più letta nel mondo.

Coloccini, Mirko.
Battutista per hobby.

Colombini, Aldo.
È un mago italiano - divenuto cittadino americano - che si esibisce regolarmente al Magic Castle di Hollywood.

Colombo, Cristina.
Vedi *Aenigmatica*.

Colombo, John Robert.
Prolifico saggista canadese specializzato nella storia del suo paese.

COLOMBO, TENENTE.

Non aggiungiamo nulla se non il suo interprete: Peter Falk.

COLUCHE.

1944-1986. Pseudonimo di Michel Colucci. Il più famoso e anomalo comico francese del dopoguerra. Irriverente, caustico, "scorretto", arguto, provocatorio. Ma anche sensibile e assennato. Riuscì a coinvolgere emotivamente la Francia al punto di sfiorare l'elezione a Presidente della Repubblica: si ritirò durante la corsa, anche per le numerose minacce ricevute, quando era in testa ai sondaggi. Morì in un incidente motociclistico, poco più che quarantenne, non prima di essere riuscito tra l'altro a realizzare il suo progetto "Restos du coeur", un'associazione che raccoglie cibo, soldi e vestiti per i bisognosi e i senzatetto.

COLYAR, MICHAEL.

Attore e comedian, è apparso in film quali *Hot Shots! 2* e *The Beat*. Ha condotto *Live in L.A.* su BET network.

COMEDY CENTRAL.

È un canale televisivo americano interamente dedicato, appunto, alla commedia e alla comicità.

COMIX.

Settimanale umoristico modenese nato nel 1992 e chiuso qualche anno dopo. Le battute firmate *Comix* di questa raccolta, in origine erano state pubblicate dalla testata e attribuite a vari lettori. Nell'incertezza delle fonti reali abbiamo preferito riportare solo il nome della testata.

COMMISSO, ANTONELLO.

Insegna a Roma filosofia. Ha pubblicato privatamente per sé e per gli amici dei divertenti Omissis filosofici.

COMPTON-BURNETT, IVY.

1884-1969. Scrittrice. Tra i suoi numerosi romanzi si ricordano: *Fratelli e sorelle* (1929), *Mariti e mogli* (1931), *Madre e figlio* (1955), *I grandi e la loro rovina* (1961).

CONFERENZE STAMPA DEI BEATLES.

Ci si riferisce a quelle organizzate negli Stati Uniti.

CONFORTI, SERGIO.

Musicista (soprattutto in Elio e le storie tese con lo pseudonimo di Rocco Tanica) e autore teatrale e televisivo. Ha firmato molti spettacoli di Claudio Bisio (v.).

Connery, Sean.

Il più famoso degli 007 nel cinema. Una curiosità: Sean Connery non è inglese, come l'agente 007 di Ian Fleming, bensì scozzese.

Connolly, Billy.

Comedian, musicista scozzese, presentatore, commediografo e attore (*L'ultimo samurai*, 2003). Estremamente colto, la sua celeberrima *The Crucifixion* (1973), un programma dal vivo in cui equiparava l'Ultima Cena a una serata tra ubriaconi a Glasgow, è tuttora bandita da quasi tutte le radio del Regno Unito. www.billyconnolly.com.

Conte, Paolo.

Cantautore e poeta astigiano. Ha assurto la provincia a perfezione.

Conte Uguccione.

Riuscito personaggio televisivo (nacque nello spettacolo teatrale *Cafè Procope*) portato al successo dall'attore Bebo Storti (v.) in *Mai dire gol*. Ha introdotto diversi anni orsono e senza spargimenti di sangue nel linguaggio tv l'eufemismo "trombare ".

Conti, Andrea.

Musicista e docente di musica. Suona tra l'altro trombone e basso tuba. Ha un curioso e curatissimo sito (www.andreaconti.it) in cui coltiva anche uno spazio riguardante le migliori intuizioni comiche inerenti la musica, soprattutto colta. A lui dobbiamo qualche battuta di questa raccolta, che fa riferimento a famosi musicisti o direttori d'orchestra. Grazie Maestro.

Conway, Tim.

Comedian e attore. Classe 1933. Divenne subito popolare per la sua apparizione allo show *McHal's Navy* e, dopo una serie di successi, al *Carol Burnett Show*, in cui, in coppia con Harvey Korman, adorava uscire dal canovaccio per il piacere di far scoppiare a ridere il povero Harvey. Il suo lavoro gli ha fatto guadagnare tre Emmy Awards.

Cook, Auggie.

Stand up comedian di Pittsburgh. www.auggiecook.com.

Cooper, Gary.

1901-1961. Uno dei più grandi attori di cinema.

Cooper, Tommy.

1921-1984. Originario del Galles. Celebre comedian, sempre con un fez rosso in testa, si specializzò nel personaggio del mago, in numeri comici che consistevano nello sbagliare i giochi di prestigio.

Grande bevitore, inguaribile infedele, è celebre, tra le altre cose, perché è morto d'infarto davanti a milioni di persone, durante lo show in diretta *Live From Her Majesty's*.

Copeland, Lewis & Faye.
Sono due editori letterari che si divertono a raccogliere battute, citazioni e auguri e metterli assieme in libri.

Copperfield, David.
È forse il più famoso illusionista in circolazione. È lo pseudonimo di David Korkin, americano dello New Jersey, figlio di immigrati russi. Ha eseguito le più spettacolari "magie", avvalendosi delle nuove tecniche anche visive e della forza dei media. Tra le sue più grandi performance: il suo matrimonio con la modella Claudia Schiffer.

Cordola, Nico.
Battutista per hobby di Ostuni trapiantato a Milano. Il suo vero nome è Danilo Coppola. Quasi quarantenne, di sé dice, parafrasando Bukowski: «Ho imparato a muovermi nella merda con un certo stile».

Coren, Alan.
1938-2007. Scrittore e autore televisivo. E anche giornalista satirico. Grande osservatore di usi e costumi degli europei, suo bersaglio preferito.

Coriandoli, Emma.
La signora Coriandoli è il personaggio che Maurizio Ferrini, della "banda Arbore", ha portato al successo, fino a divenire "conduttrice" di *Striscia la notizia*.

Cornacchione, Antonio.
Comico. Da *Su la testa* a *Che tempo che fa*, per arrivare a *Zelig Circus*. Monologhista, È diventato famoso per i suoi pianti in difesa di Silvio Berlusconi. Ha pubblicato per Kowalski *Povero Silvio!* e *Povero Silvio Bis*, chi perde paga le tasse.

Coronel, Billiam.
Comedian, parte dello staff degli show *Men Behaving Badly* e *The Parent'hood*.

Corrado.
Pseudonimo del presentatore Corrado Mantoni: partendo dalla *Corrida* in tv e andando a ritroso, più di mezzo secolo di radio e televisione in Italia.

Cortese, Enzo.
Cabarettista e interessante battutista cuneese.

Corvo Rosso.
Grande capo pellerossa. Ai più giovani consigliamo il film *Corvo rosso non avrai il mio scalpo*, Usa, 1972, regia di Sydney Pollack.

Cosby, Bill.
Comedian, attore, scrittore. Creatore e protagonista di *The Cosby Show* (in Italia, *I Robinson*), e successivamente di Cosby.

Cosell, Howard.
Produttore televisivo americano e collaboratore e amico di Woody Allen (v.). È tra l'altro il secondo telecronista che appare all'inizio del film *Bananas* (*Dittatore dello stato libero di Bananas*, 1971), che consigliamo di rivedere: è un vero condensato di gag e battute.

Cosentino, Sergio.
Autore comico e scrittore. Ha collaborato a numerose trasmissioni televisive, tra cui *Zelig*.

Costa, Enzo.
Giornalista e scrittore ligure. Collabora con interventi satirici a diverse testate, tra cui *la Repubblica*.

Costa, Lella.
Attrice e scrittrice milanese. Ha messo in scena grandi emozioni.

Costanzo, Maurizio.
Autore, intrattenitore, produttore, scrittore, e molte altre cose. Romano, classe 1938, della vecchia guardia è forse il più giovane, ma non così tanto da non aver attraversato da protagonista molta storia dello spettacolo italiano. Maurizio Costanzo ha firmato decine di sceneggiature cinematografiche, moltissime trasmissioni tv e radiofoniche cui spesso ha partecipato personalmente, molti spettacoli teatrali. È socio fondatore della "Premiata Bocciofila Cosimo Trombetta" (vedi la nota a fine volume).

Costello, Elvis.
Pseudonimo di Declan Patrick MacManus. Musicista, cantante e compositore inglese, è uno dei più grandi artisti a cavallo tra il punk e la new wave.

Costner, Kevin.
Attore e regista americano. Ha interpretato tra l'altro *Gli Intoccabili* (1987), *Balla coi lupi* (1990), *Guardia del corpo* (1992).

Cotone, Mauro.
Battutista per hobby romano.

Cotter, Tom.
Comedian americano. Spesso presente negli show notturni della NBC, specialmente il *Tonight Show*.

Courteline, Georges.

1858-1929. Umorista francese.

Covatta, Giobbe.

Comico e autore campione di incassi in libreria. Chi non lo conosce? Recordman di vendite, ha contribuito a fare accettare anche in Italia la scrittura comica come genere letterario. In tv ha partecipato tra l'altro a *Zelig* (2008).

Crane, Harry.

Scrittore e autore televisivo americano.

Crane, Hart.

1899-1932. Importante poeta statunitense.

Cremona, Raul.

Comico milanese. Giovanissimo, ha iniziato a lavorare come spalla del padre, grande imbonitore di piazza. Già maestro di illusionismo e prestidigitazione, si è imposto al grande pubblico televisivo anche come comico. Tra i suoi personaggi: il Mago Oronzo, l'attore Jacopo, Silvano il mago di Milano, Il misogino Omen, il ciarlatano Evok. Cremona ha al suo attivo molte presenze televisive tra cui *Mai dire gol* e soprattutto *Zelig*.

Cringely, Robert X.

Autore e conduttore di uno show tv in onda sulla Pbs, *The Triumph of the Nerds*.

Crisp, Quentin.

1908-1999. All'anagrafe Denis Charles Pratt. Scrittore inglese, attore e intrattenitore, divenne un'icona gay negli anni Settanta dopo la pubblicazione delle sue memorie, *The Naked Civil Servant*.

Crock.

Strip creata nel 1975 da Bill Rechin, Don Wilder e Brant Parker. Una pattuglia perduta avanza senza meta nel deserto infuocato, quattro uomini allo sbando alla ricerca di un irragiungibile fortino. Un fortino isolato, avamposto nel deserto della legione straniera, abitato da prodi e valorosi legionari guidati dal terribile Vermin P. Crock, comandante del fortino che dirige in maniera inflessibile grazie alla sua proverbiale crudeltà. Fuori dalle mura si aggirano gli arabi, predoni le cui mire si estendono alla conquista della roccaforte.

Crosby, Bing.

1904-1977. Cantante, attore di teatro, cinema, televisione. Ha segnato un'epoca.

Crosby, Norm.

Comedian di cultura ebraica approdato in televisione negli anni Settanta ma formatosi come animatore di luoghi di vacanza. È specializzato soprattutto nella comicità legata alla storpiatura dei termini, in inglese "malapropism" (in italiano paronimia). Per questo in America è stato soprannominato "The Master of Malaprop". Il gioco comico è dettato anche dal fatto che Crosby porta un apparecchio acustico per orecchio. Conduce assieme a Jerry Lewis il *Jerry Lewis Mda Telethon*.

Cross, David & Odenkirk, Bob.

Sono i creatori, scrittori, registi, attori di un tv show cult chiamato *Mr Show*. Semplicemente geniali. David Cross lo si può vedere (in due ruoli differenti) nei due *Men in Black*, Bob Odenkirk appare in *The Cable Guy* con Jim Carrey.

Crystal, Billy.

Attore, sceneggiatore, presentatore, comedian. Fu il primo ospite di Jay Leno in *The Tonight Show* dopo che Johnny Carson abbandonò il timone. Fan dei New York Yankees, è comproprietario degli Arizona Diamondbacks, che batterono gli stessi New York Yankees nella World Series del 2001.

Cucciari, Geppi.

Pseudonimo di Maria Giuseppina Cucciari, comica di origine sarda e di adozione milanese affermatasi soprattutto attraverso *Zelig*. Ha inoltre avuto una sua trasmissione su Sky Show (*Geppi Hour*), è stata protagonista della sit-com *Belli dentro* e ha scritto libri di successo.

Cugat, Xavier.

1900-1990. Compositore, direttore d'orchestra, disegnatore satirico spagnolo (e non centroamericano, come in molti credono). Divenuto popolarissimo nel dopoguerra e in auge almeno fino agli anni Settanta, fu sposato alla cantante e attrice Abbe Lane (memorabili i suoi cha cha cha) strepitosamente sensuale (fu soprannominata "statua di carne"), con la quale si esibiva anche in spettacoli televisivi italiani di successo fra cui *Casa Cugat*, 1955. Cugat fu anche il "re del samba", era famoso per i suoi due inseparabili chihuahua che esibiva in scena, tenendoli in braccio mentre dirigeva, a fianco di Abbe Lane che cantava. «Io ero il terzo cagnolino», confessò l'ex moglie quando, lasciato il marito gelosissimo, si risposò nel 1965 con l'avvocato Perry Left.

Cuore.

"Settimanale di resistenza umana", come lo volle Michele Serra che ne privilegiava l'aspetto satirico e provocatorio, tra goliardia d'élite e impegno di massa. All'uscita di Serra seguì la breve direzione di Sabelli Fioretti che lo trasformò in giornale d'assalto, infine quella di Andrea Aloi. *Cuore* nasce nel gennaio del 1989 e muore, col numero 297, nel 1996. Per saperne di più si rimanda a *Non avrai altro Cuore all'infuori di me*, BUR, 2008.

CUORI SENZA ETÀ.
(*The Golden Girls*). Sit-com americana del 1985. Racconta la vita di tre anziane signore conviventi nello stesso appartamento.

CUPPY, WILL.
1884-1949. Umorista americano e critico letterario. È conosciuto per i numerosi scritti umoristici sulla natura e la storia.

CURRY, MARK.
Comedian, ha esordito in tv nel telefilm *Hangin' with Mr Cooper*. In seguito è stato presentatore dello show *Showtime at the Apollo*, ha avuto il suo special su HBO e ha "aperto" per Whitney Houston nel Superbowl del 1991. Ha preso parte al *Drew Carey Show* e ha presentato la versione americana di *Non dimenticate lo spazzolino da denti*.

CURTIS, TONY.
All'anagrafe Bernard Schwartz. Grande attore di cinema nato nel Bronx nel 1925 da famiglia ebrea di origini ungheresi. Innumerevoli i suoi film di successo. Ricordiamo per tutti *A qualcuno piace caldo*,1959 (v.).

D

D'ADDATO, CARLO.
Battutista per hobby di Treviolo (Bergamo).

D'ALCATRAZ, PACO.
Pseudonimo di Fabio Ferriani, musicista bolognese e comico. È stato uno dei primi a praticare il genere demenziale. Si rimanda al volume (pubblicato in proprio) *Il sole illumina mio zio (mio zio al buio non si vede)*.

D'ALEMA, MASSIMO.
Uomo politico.

D'ALFONSO, BRUNO.
Disegnatore romano, ha partecipato a quasi tutte le avventure editoriali legate alla satira. I due personaggi più comici di D'Alfonso sono Ciacci e Bruno D'Alfonso.

D'ANGELO, GIANFRANCO.
Attore e comico teatrale e televisivo. Ha raggiunto l'apice della sua popolarità con *Drive in* (v.) e con *Fantastico*. Ha lavorato alla costruzione dei suoi testi soprattutto con Enrico Vaime (v.).

D'ANTONI, SERGIO.
Sindacalista.

D'ARTAGNAN.
Pseudonimo di un anonimo battutista per hobby di Trieste. Ha scritto per lungo tempo le sue battute su cartoline che ci ha spedito in redazione.

D'AUMALE, HENRI DUC.
Nome completo: Enrico Eugenio Filipppo Luigi D'Orléans, duca D'Aumale. 1822-1897. Politico e generale francese. Morì in duello per una stoccata del Conte di Torino, il quale lo aveva sfidato per aver vilipeso l'onore militare italiano.

DAC, PIERRE.
1893 - 1975. Pseudonimo di André Isaac. Umorista e attore francese.

DADÀ.
Calciatore brasiliano.

DADO.
Pseudonimo del comico e musicista romano Gabriele Pellegrini. Ha iniziato la sua attività artistica con il suo gruppo "Dado e le Pastine in brothers" partecipando al programma *Seven show*. Si è affermato definitivamente attraverso *Zelig*. La sua specialità sono i "centoni", canzoni famose a cui vengono cambiate le parole, spesso, per assonanza. Ha pubblicato per Kowalski *Alice guarda i gatti e i gatti guardano le alici*.

DAHL, ANDRÈS.
Cfr. Mirko Amadeo, *Enciclopedia delle battute umoristiche d'autore*, De Vecchi Editore.

DALÍ, SALVADOR.
1904-1989. Grande, folle pittore spagnolo protagonista del surrealismo. Era anche amico di Amanda Lear e Teo Teocoli, per dire.

DALLA CORTE, CRISTIANO.
Battutista per hobby di Saluzzo (Cn).

DALLA, LUCIO.
Cantautore e musicista bolognese. Nel '66 portò a *Sanremo Paff... Bum!*, riascoltandola oggi fu un vero rivoluzionario. Dalla cantò questa canzone in coppia con gli Yardbirds, allora affermato gruppo rock inglese. Mike Bongiorno li presentò così: «E ora signore e signori, allegria! È il turno di un complesso beat inglese. Sono gli Yardbirds che vuol dire, pensate un po', Gallinacci da Cortile. Bè, certo che è uno strano nome. Ma sentiamo un po' cosa ci cantano questi capelloni, questi gallinacci...». Le canzoni di Dalla da citare sarebbero infinite. Per tutte *Anna e Marco*, *Come è profondo il mare*, *Caruso*.

DANA, BILL.
Comedian, attore, autore americano spesso ospite di *The Ed Sullivan Show*.

DANGERFIELD, RODNEY.
1921-2004. Nato Jacob Cohen. È "l'uomo comune" che ce l'ha fatta. Un comedian strepitoso, ha fatto dell' "I got no respect" (Non ottengo rispetto) la sua frase più famosa. Alla fine di ogni spettacolo, anziché un applauso, preferiva il segno dell'okay. www.rodney.com.

DANIEL PENNAC.
Pseudonimo di Daniel Pennacchioni, classe 1944. Scrittore francese di grande successo, anche in Italia. Già autore di libri per ragazzi, nel 1985, inizia una serie di romanzi che girano attorno a al personaggio di Benjamin Malaussène, capro espiatorio di "professione". «I bambini sono il riassunto degli stronzi che diventeranno da grandi.»

DANIELS, R.G.
Giovane comedian, performer e autore americano, lavora principalmente nei club, cioè nei cabaret. Il suo sito è: www.frenchfryhead.com.

DANTE.
Pseudonimo dell'italoamericano Dante Rusciolelli, classe 1970. Stand-up comedian californiano

DANZA, TONY.
Attore italoamericano. Ex peso medio della boxe (ha mandato ko alla prima ripresa quattro avversari dal '77 al '79), è approdato in televisione a fine carriera sportiva e si è affermato con la sit-com *Taxi*. In seguito ha interpretato anche un'altra sit-com di grande successo in America, *Who's the Boss?*, trasmessa anche in Italia. Infine ha partecipato anche a numerose pellicole tra cui *Crash - Contatto fisico*, di Paul Haggins (2005).

DAPPORTO, CARLO.
1911-1989. Re della rivista e del varietà. Ha iniziato a lavorare come fantasista nel circo, passando poi a cantante e ballerino, fino a divenire attore completo.

DARDEN, SEVERN.
Attore. È conosciuto soprattutto per la sua partecipazione in film di fantascienza, per esempio *La notte dei demoni*, 1971 e *Pianeta delle scimmie*, 1973.

DARIAN, RON.
Autore e sceneggiatore americano. A lui si devono molte fiction televisive. Ha partecipato anche come attore al film *Pizza Man* (1991).

DARK, JOHNNY.
Comedian e attore brillante statunitense. È apparso più volte al *Late Show* (v.).

Darwin, Bernard.
1876-1961. Inglese. Nipote dell'evoluzionista Charles Darwin. Grande esperto di golf a lui si devono almeno trenta pubblicazioni sull'argomento.

Darwin, Charles.
1809-1882. Naturalista inglese. Il padre dell'evoluzionismo.

Dassani, Davide.
Battutista per hobby. Nel suo breve foglio di accompagnamento alle battute inviateci, scrive tra l'altro: «Subito dopo lo sdegno, ma molto prima del suicidio: è lì che si annidano le battute».

David, Jim.
Comedian made in Usa. Ha debuttato sul palcoscenico all'età di nove anni come uno dei Munchkins nel musical *Il mago di Oz*. Da allora è apparso in oltre cinquanta commedie teatrali.

Davies, Robert.
Meglio conosciuto come Jasper Carrott. È un attore e comico inglese (dichiara di se stesso di essere "universalmente famoso a Birminghan").

Davis Jr, Sammy.
Cantante, attore, fantasista. Era il nero del trio Rat Pack (Il branco di topi), assieme a Frank Sinatra e Dean Martin.

Davis, Bette.
1908-1989. Nata Ruth Elizabeth Davis. *Eva contro Eva (All About Eve)*, *Che fine ha fatto Baby Jane? (What Ever Happened to Baby Jane?)*. Due Oscar in carriera. Più che sufficiente... www.bettedavis.com.

Davis, Murray.
Scrittore americano di best seller legati al comico (*What's so funny? - the comic conception of culture and society*, 1993)

Dawes Green, George.
Scrittore e poeta americano. È autore, tra l'altro, di *Il giurato*, Baldini&Castoldi.

Dawson, Les.
1931-1993. Comico inglese. Famose le sue battute sulle donne, in particolare sulla moglie e sulla suocera.

Day, Clarence.
Autore e cabarettista americano.

Day, Doris.
Pseudonimo di Doris von Kapeloff. Cantante e attrice americana, conosciuta anche per il suo impegno di animalista. Tra i suoi innumerevoli film *Non mangiate le margherite*, 1960 e *L'uomo che sapeva troppo*, 1956.

DAY, LILLIAN.
1893-1961. Scrittrice americana (*Kiss and Tell*).

DE ANGELIS, WILMA.
Cantante massaia. Dopo un lungo periodo di successi canori legati soprattutto a *Sanremo*, ha proseguito la sua carriera come conduttrice televisiva legata in particolar modo alla cucina. Indimenticabile la sua interpretazione di Patatina, Festival 1961. «Bambina piccolina: Patatina,/ col naso piccolino: Patatino./ sei nata sotto i cavoli...»

DE CERVANTES, MIGUEL.
1547-1616. Il Don Chisciotte per tutti.

DE CRESCENZO, LUCIANO.
Umorista, scrittore e regista napoletano. Tra le cose notevoli della sua intensa vita, il best seller *Così parlò Bellavista* e l'ormai lontano fidanzamento con la mitica Isabella Rossellini.

DE GAULLE, CHARLES.
1890-1970. Considerato padre della Francia contemporanea, ne è stato il presidente "despota". Ebbe un ruolo determinante nella liberazione dell'Europa durante la Seconda Guerra Mondiale.

DE GONCOURT, EDMOND E JULES.
Scrittori francesi, erano fratelli, vissuti nel secolo scorso (Edmond,1822-1896; Jules,1830-1870.). Insieme hanno firmato diverse opere che hanno saputo illustrare la società dell' epoca.

DE GOURMONT, REMY.
1858-1915. Scrittore e filosofo francese.

DE JIM, STRANGE.
È responsabile di una serie di volumi umoristici americani.

DE LAURENTIIS, GAIA.
Attrice e presentatrice televisivo. È stata per anni uno dei volti più desiderati della tv.

DE LUCA, ANTONIO.
Bravo battutista e autore televisivo e teatrale. Collabora con il gruppo di *Zelig*.

DE MARCHI, ROBERTO.
Battutista per hobby.

DE MILLE, CECIL B.
Il regista hollywoodiano dei colossal (*I dieci comandamenti*, *Cleopatra*, *Sansone e Dalila*, ma anche *Giubbe rosse*).

De Mille, Nelson.

Scrittore americano spesso ai vertici delle classifiche. Per Baldini&Castoldi ha pubblicato *Morte a Plum Island*, *Mayday* e *La costa d'oro*. «Tre possono mantenere un segreto, se due di loro sono morti.»

De Niro, Robert.

Attore americano, forse il più grande solo dopo Marlon Brando. Ha lavorato molto in coppia con il grande regista Martin Scorsese (v.).

De Vauvenargues, Luc.

Francia, 1715-1747. Uno degli illuministi di spicco dell'Europa settecentesca, fu anche precursore del Romanticismo.

De Vigny, Alfred.

1797-1863. Scrittore e drammaturgo francese.

De Villiers, Gerard.

Scrittore e giornalista francese, si calcola che abbia venduto quasi duecento milioni di copie dei suoi romanzi di spionaggio. Si tratta della serie SAS, che sono nella realtà le forze speciali della British Army. Alcune sue esternazioni a favore di formazioni di estrema destra lo hanno collocato ideologicamente anche nella realtà agli occhi dei suoi lettori.

De Vito, Danny.

Formidabile attore cinematografico americano. È anche uno dei protagonisti della sit-com *Taxi* in cui interpreta il personaggio di Louie De Palma, capo taxista che incarna tutte le frustrazioni, le incazzature, le invidie dell'uomo della strada. Nel Guinness dei primati si può trovare De Vito sotto la voce "regista più basso del mondo" (metri 1.55). Tra i numerosi film di successo ricordiamo per tutti *Qualcuno volò sul nido del cuculo*. Interpretava il mitico Martini.

De Vries, Peter.

Scrittore americano (*The Tents of Wickediness*).

Dea dell'amore, La.

Usa, 1995. Film di e con Woody Allen. Da vedere.

Dead Man.

Usa, 1995. Di Jim Jarmusch. Con Johnny Depp, Gary Farmer, Crispin Glover.

Decorso, Stefano.

Battutista per hobby.

DeGeneres, Ellen.

Strepitosa comedian, attrice tv, cinematografica, presentatrice, autrice... Ellen è la lesbica più famosa e amata d'America. www.ellen.warnerbros.com.

DEGLI ANTONI, PIERO.
Giornalista, critico televisivo e scrittore.

DEL BUONO, ORESTE.
1923-2003. OdB. Un intellettuale "contro", nostro indimenticato Maestro. Principalmente a lui si deve il successo della prima raccolta di *Anche le formiche nel loro piccolo si incazzano*. Fu il nostro direttore a *Linus* e nostro socio di tante avventure editoriali e non. Grande traduttore, scrittore, giornalista, editore. Esordì in narrativa nel 1945 con il libro *Racconto d'inverno*, romanzo in cui narra la sua esperienza di deportato in un lager nazista. Oreste del Buono è "uno degli intellettuali che ha sovvertito, innovato, cambiato il panorama dell'editoria italiana, dai giornali alle riviste, alle collane editoriali, alla stregua dei grandi editor come Calvino, Vittorini, Spagnol, Sereni e a editori quali Bompiani, Mondadori e Rizzoli" (Nico Orengo).

DEL CONTE, MARCO.
Autore e battutista. È coautore a *Zelig*, lavora tra gli altri per Raul Cremona (v.) e Bruce Ketta (v.).

DEL GIUDIZIO, ANTONIO.
Cabarettista.

DELAVIGNE, CASIMIR.
1793-1843. Poeta e drammaturgo francese.

DELLA MEA, IVAN.
1940-2009. Una delle colonne sonore principali del '68 italiano. È passato alla scrittura negli anni novanta. Battutista, aforista, poeta, ricercatore. "Patrimonio" della sinistra italiana. Il suo libro di aforismi e battute è a sua volta una battuta: *Se nasco un'altra volta ci rinuncio*, Edizioni Interno Giallo, 1992. Per una volta concedeteci di aggiungere un appunto personale: è stato un ottimo, sensibile, credibile compagno di strada.

DELLA SCIUCCA, GLAUCO.
Giovane vignettista e umorista romano. Ha collaborato a varie testate, tra cui *Cuore* e *Il Messaggero*.

DEMENTED, CECIL B.
Regista underground. Personaggio nato dalla fantasia del regista-sceneggiatore John Waters per il film *A morte Hollywood*. Natulmente richiama Cecil B. De Mille (v.).

Dennis The Menace.
Ovvero "La Minaccia" o addirittura "Totò Tritolo". Personaggio dei fumetti creato da Henry Ketcham (1920-2001), cartoonist e animatore per la Disney.

Dennis, Jerry.
Scrittore di saggi e di articoli sul turismo, che occasionalmente si lascia sfuggire qualche battuta.

Dentiblù.
Nome d'arte del duo di disegnatori e sceneggiatori Stefano Bonfanti e Barbara Barbieri, creatori di Zannablù (*Il Signore dei Porcelli*, *Harry Poker*).
www.dentiblu.it.

Dentinger, Ron.
Comedian. Ha vinto in Wisconsin il concorso "La persona più divertente d'America".

Derby Club.
Cabaret milanese che ha visto il suo splendore negli anni '70. Al Derby è nata e cresciuta la migliore scuola comica di quegli anni. Unitamente a *Zelig* (v.), che venne immediatamente dopo. Troverete questo locale citato sovente nel libro.

Di Capua, Peppiniello.
Giuseppe. Il più piccolo dei fratelli Abbagnale, il timoniere.

Di Carlo, Alessandro.
Cabarettista, attore e monologhista romano. Stravagante e estroverso, in tv tra le altre trasmissioni ha partecipato a più edizioni di *Zelig*.

Di Giorgio, Silvio.
Battutista per hobby. Ha inviato le sue battute al nostro sito www.ginoemichele.it.

Di Iorio, Fabio.
Autore satirico e comico romano. In passato ha collaborato a *Tango* e alle trasmissioni televisive *Va' pensiero*, *Emilio*, *Avanzi*, *I vicini di casa*.

Di Naccio, Arturo.
Battutista per hobby che ci ha inviato una serie di storielle che circolano per posta elettronica.

Di Naccio e Giovannelli.
Arturo (v.) e Claudia. Coppia di battutisti per hobby.

Di Stefano, Antonio.
Autore e scrittore comico umoristico. Ha pubblicato soprattutto con Pippo Franco (v.) per Mondadori una serie di "stupidari" tra cui il volume il cui titolo è già una battuta: *L'occasione fa l'uomo ragno*.

DIAZ, PORFIRIO.
1830-1915. Dittatore messicano.

10.
Film commedia. Usa, 1979. Diretto da Blake Edwards e interpretato da Dudley Moore e Julie Andrews. Il film ebbe un enorme successo al botteghino e lanciò Bo Derek, facendola diventare la pin-up più conosciuta degli anni '80.

DIGEI ANGELO.
Autore e intrattenitore a Radio Deejay e in tv. Vedi anche alla voce Albertino.

DILIBERTO, OLIVIERO.
Uomo politico della sinistra (Comunisti italiani), ministro di Grazia e Giustizia nel governo D'Alema.

DILLER, PHYLLIS.
All'anagrafe Phyllis Ada Driver, americana. Classe 1917, è una delle pioniere degli stand up-donna. Tradizionalmente fuma una sigaretta da un lungo bocchino. È apparsa tra l'altro in *Splendore nell'erba* (*Splendor in the Grass*, 1961).

DILORINZO, FRANCES.
Americana. Comedian apparsa al reality show della NBC *Last Comic Standing*, in cui da un gruppo di comedians se ne selezionava il (o la) migliore. Non ha vinto.

DIMUNNO E TAMBORRINO.
Rispettivamente Massimo e Giovanni, in arte anche Dim & Tam. Autori televisivi, collaborano con diversi comici. Sono appartenuti al gruppo creativo di Zelig per diversi anni. Lavorano inoltre con la Gialappa's Band e in altre redazioni televisive.

DIPAOLO, NICK.
Comedian italo-americano, ha partecipato a molti show radiofonici e televisivi. È del 1962.

DISEGNI, STEFANO.
Disegnatore satirico romano. Ha lavorato con Massimo Caviglia per un primo periodo. A loro si deve lo Scrondo (*Matrioska*, *L'araba fenice*), mostriciattolo repellente televisivo. Disegni ha collaborato a *Cuore* e da anni ha una rubrica/striscia che tratta di televisione sul *Magazine* de *Il Corriere della Sera*.

DISNEY, WALT.
1901-1966. Il più geniale degli imprenditori legati ai cartoons. Il suo impero, oggi più che mai vivo, ha fatto sognare generazioni di bambini e non solo.

DISRAELI, BENJAMIN.
1804-1881. Politico inglese, fu primo ministro. Fu anche scrittore.

Dix, Gioele.
Pseudonimo di David Ottolenghi. Di scuola teatrale, si è rivelato nella seconda metà degli anni Ottanta al cabaret Zelig di Milano come monologhista. In televisione ha lavorato molto con la Gialappa's band per ritornare poi a *Zelig* con grande credibilità. La sua attività di comico non lo ha distolto dalle scene teatrali e anche cinematografiche.

Dodd, Ken.
Kenneth Arthur Dodd, classe 1927. È uno storico comedian inglese e paroliere, oltre che attore.

Domina, Umberto.
Autore soprattutto radiofonico (*L'aria che tira*) e umorista di area cattolica.

Don Basilio.
Rivista di satira politica con forte impronta anticlericale. Uscì dal 1946 al 1954. L'occhiello alla testata recitava: "Settimanale satirico contro le parrocchie di ogni colore".

Don't Drink the Water
1995. È il remake tv del film *Come ti dirotto il jet* (Usa 1969), scritto da Woody Allen (v.) e diretto da Howard Morris.

Donazzi, Alessandro.
Battutista per hobby.

Donini, Giovanna.
Autrice, scrittrice, comica di Treviso. Anche cabarettista con il gruppo "Le spaventapassere". Collabora come autrice a *Zelig* e a *Smemoranda*.

Donleavy, J.P.
Romanziere, saggista, drammaturgo. Nato a New York nel 1926, figlio di immigrati irlandesi, dopo la guerra si è trasferito a Dublino divenendo cittadino irlandese nel 1967. Ha scritto tra l'altro *The Ginger Man*, Neri Pozza editore.

Donnay, Maurice.
1859-1945. Scrittore e drammaturgo francese, ma anche sottile umorista. È stato membro dell'Académie.

Doquier, L.
Pluricitato aforista francese.

Doris, Pierre.
Pierre Léon Doris, classe 1919. Autore teatrale e umorista francese.

Dose e Presta.
Rispettivamente Antonello e Marco. Autori e intrattenitori radiofonici, sono tra l'altro gli ideatori e conduttori del *Il ruggito del coniglio* (RadioRai).

Douglas, Jack.
1927-2008. Attore inglese. È divenuto famoso per la serie televisiva *Carry on*, molto popolare in Inghilterra.

Douglas, Kirk.
Uno dei più grandi attori americani, classe 1916. Citiamo per tutti *Spartacus*. Ultimamente, dopo un periodo di attività anche come produttore di film con taglio progressista, si è impegnato in sostanziose campagne contro la schiavitù.

Dovlatov, Sergej.
1941-1990. Giornalista e scrittore russo, emigrò negli Stati Uniti nel 1979.

Dr. Cyclops.
È lo pseudonimo di un recensore della rivista americana *Fangoria*, specializzata in horror, splatter, ecc. Prende probabilmente nome dall'omonimo film cult del 1940.

Drabble, Norman.
Personaggio dei fumetti creato da Kevin Fagan per la strip *Drabble*.

Drake, A., Marion, F.
Sceneggiatori. Furono tra l'altro gli autori di *Grand Hotel*, film-capolavoro degli anni Trenta. Regia di Edmund Goulding, con Greta Garbo.

Drastico, Alex.
Personaggio creato da Antonio Albanese (V.). «Ma chi, ma come, ma che cazzo?»

Drebin, Frank, Tenente.
È il protagonista della serie *Una pallottola spuntata*, ideata da Zucker-Abrahams-Zucker (v.). È interpretato da Leslie Nelsen.

Dreesen, Tom.
Stand up comedian americano, classe 1942.

Drew Carey Show, The.
Sit-com andata in onda dal 1995 al 2004 sul network della ABC, creata da Drew Carey (v.) e Bruce Helford. Oltre allo stesso Drew, gli interpreti principali erano Ryan Stiles, Diedrich Bader, Christa Miller, Kathy Kinney e Craig Ferguson. È stata la prima sit-com ad avere un episodio girato in Cina, e il primo show ad avere un intero episodio legalmente trasmesso su internet. www2.warnerbros.com/web/drewcareytv.

Drusiani, Eros.
Cabarettista, musicista, battutista e autore bolognese.

Dubac, Bob.
Comico, attore e intrattenitore americano.

Dubosc, Franck.

Comedian, ha partecipato al *Just For Laughs Montreal Comedy Festival*. Eh sì, il suo nome ha sia la C che la K.

Duchamp, Marcel.

1887-1968. Francese. Pittore, scultore, animò tutti i movimenti d'avanguardia dell'epoca. Fauvismo, cubismo, dadaismo, surrealismo, ecc. Venne naturalizzato statunitense nel 1955. Fu anche campione di scacchi.

Dud & Pete.

Dudley Moore & Peter Cook. Scrittori americani di best seller umoristici noti anche come Dud & Pete. *The Dagenham Dialogues*, 1971.

Due.

(*Deux*). Francia, 1989. Regia di Claude Zidi. Principali interpreti: Gérard Depardieu; Maruschka Detmers; Michele Goddet; François Cluzet.

Dumas, Alexandre figlio.

1824-1895. Scrittore e drammaturgo francese, figlio naturale di Alexandre Dumas Père e della sua vicina di pianerottolo... Scrisse tra l'altro *La signora delle camelie*.

Dumas, Alexandre padre.

1802-1870. Scrittore francese e drammaturgo. Fu tra i più alti rappresentanti del romanzo storico. È l'inventore de *I Tre Moschettieri*. Il suo *Conte di Montecristo* è ancor oggi di gradevolissima lettura.

Dunham, Jeff.

Ventriloquo. Spesso ospite di David Letterman. Vedi anche le voci Walter e Sweet Daddy Dee.

Duo di Picche.

Coppia di comiche ora sciolta che si è distinta soprattutto a *Zelig*. Era composta dalle attrici Debora Villa e Ussi Alzati.

Durabál, Francisco.

Ultracitato battutista, è impossibile ricostruirne l'esistenza, tanto che sospettiamo si tratti di un nome fittizio. La battuta è proposta da Pietro Gorini.

Durante, Jimmy.

James Francis "Jimmy" Durante. 1893-1980. Musicista e attore statunitense. Maestro del vaudeville, figura importante del jazz dell'epoca, fu il re del nonsense negli anni Quaranta e Cinquanta. Dotato di notevole autoironia, tirò in ballo spesso il suo nasone il che gli fece guadagnare il nomignolo di "Shnozzola".

DURIUM, DARIO.
Fu lo pseudonimo di Alessandro Robecchi (v.) quando si occupava di musica, anche durante la sua collaborazione a *Cuore*.

DURST, WILL.
È un comedian americano, classe 1952, apprezzato per la sua satira politica.

DUTTON, DAVE.
Attore e autore inglese soprattutto televisivo.

E

EASTWOOD, CLINT.
Clinton "Clint" Eastwood. Attore, regista, produttore, creatore di colonne sonore. Un uomo a tutto tondo del cinema hollywoodiano. Fu lanciato da Sergio Leone nello spaghetti-western. Una leggenda metropolitana sostiene che sia figlio segreto dell'attore Stan Laurel (il magro di Stanlio e Onlio). In effetti Laurel ebbe un figlio nato nello stesso giorno di Clint Eastwood, ma morto 9 giorni dopo la nascita. Naturalmente chi sostiene questa ipotesi pensa che i coniugi Eastwood adottarono il figlio non voluto da Laurel.

EBERT, ROGER.
Critico del *Chicago Sun-Times*. Vincitore del Pulitzer e autore di una colonna "sindacata" su oltre duecento giornali. In tv ogni domenica, prima con *At the Movies*, poi con *Siskel & Ebert at the Movies*, attualmente con *Ebert & Roeper at the Movies*.

ECO, UMBERTO.
Lo scrittore italiano più tradotto nel mondo. De *Il nome della rosa* e *Il pendolo di Focault*, si è scritto a sufficienza. Noi rimandiamo invece alle sue numerose opere di saggistica anche divulgativa e consideriamo *Diario minimo* (1963), un piccolo capolavoro, in cui tra l'altro è contenuto l'indispensabile saggio su Mike Bongiorno. Citiamo anche una sua citazione (proprio in *Diario minimo*) presa in prestito da James Joyce: «Music-hall, not poetry, is a criticism of life» (è il musical, non la poesia, il senso critico della vita).

EDISON, DAVE.
Attore televisivo americano.

EDWARDS, JANGO.
Comico, performer e musicista di origine americana, vive a Amsterdam. Corporale

e corpulento, i suoi spettacoli teatrali e le sue rare apparizioni televisive hanno fatto storia.

Eglantine.
Pseudonimo di Brunella Ascari. Ha collaborato a *Cuore*.

Einstein, Albert.
1879-1955. Il più grande scienziato. «Quando un uomo siede vicino a un bella ragazza per un'ora, pensa che non sia passato più di un minuto. Ma fatelo sedere sopra un termosifone bollente per un minuto: crederà che siano passate delle ore. Ecco cos'è la relatività.»

Eisner, Michael.
Alto dirigente e imprenditore statunitense. Dal 1984 al 2005 è stato AD di The Walt Disney Company.

Elfman, Danny.
Compositore, autore e cantante statunitense, è uno dei più gettonati creativi del cinema hollywoodiano. Sue le musiche, tra l'altro, di *La sposa cadavere*, *Il pianeta delle scimme*, *La fabbrica di cioccolato*.

Elio e le Storie Tese.
Gruppo di musicisti con propensione al comico, al surreale, al goliardico. Formato da professionisti di valore, come di solito non avviene in queste situazioni. Il gruppo base era formato da Elio (Stefano Bellisari), Rocco Tanica (Sergio Conforti), Faso (Nicola Fasani) e Cesareo (Davide Civaschi). Del gruppo faceva parte anche il sassofonista Feiez (Paolo Panigada), deceduto nel 1998. Con una formazione che via via si arrichisce di musicisti a supporto, Elio e le Storie Tese hanno pubblicato 24 album. Innumerevoli notevoli e sono le loro performance di gruppo e singole, a noi piace ricordarli al loro debutto a *Zelig* nel 1986.

Eliot, Thomas S.
1888-1965. Poeta statunitense, divenne cittadino inglese nel 1927. Nobel per la Letteratura nel 1948.

Ellekappa.
Pseudonimo di Laura Pellegrini. Disegnatrice satirica (e anche autrice). Da *Linus* a *Tango* a *Cuore* a *Smemoranda* alla prima pagina de *l'Unità*. Infine a *la Repubblica*.

Elliot, John.
Scrittore inglese.

Elmer, Billy.
Comedian americano è apparso in tutte le maggiori trasmissioni televisive. Si esibisce spesso a Las Vegas.

ENZENSBERGER, HANS MAGNUS.
Poeta, scrittore, editore, intellettuale tedesco. Vive a Monaco.

EPHRON, NORA.
Scrittrice, sceneggiatrice, regista americana. In particolare è l'abilissima sceneggiatrice e dialoghista di *Harry, ti presento Sally* (v.), regia di Rob Reiner.

EPIFANIO.
Personaggio sublime nato dalla mente di Antonio Albanese (v.). Nella finzione è di Lecco e di cognome fa Gilardi. Debuttò con successo strepitoso in *Su la testa*, Rai3.

ERONDO.
Vedi *Aenigmatica*.

ESTIENNE, HENRI.
1528-1598. Scrittore francese. Umanista di grande cultura, difese strenuamente il purismo della lingua francese.

EWING, J.R..
Al secolo l'attore Larry Hagman. È il cattivo più cattivo che c'è, protagonista di *Dallas*.

F

FABBRI, MARINO.
Battutista per hobby di Rieti.

FABRIZI, ALDO.
1906-1990. Attore cinematografico, teatrale, radiofonico. È stato un grande comico. Grande interpretazione del palazzinaro in *C'eravamo tanto amati*. L'aneddotica di Cinecittà racconta che nel *Vitelloni* di Fellini la celeberrima scena dei "Lavoratori!" seguita da pernacchia e da relativo inseguimento, sia stata ispirata da un fatto realmente accaduto di cui il regista fu testimone qualche tempo prima e il cui protagonista era stato proprio Aldo Fabrizi.

FAIELLA, ALESSANDRA.
Comica e attrice milanese. Spesso in coppia con Giorgio Ganzerli. In tv ha fatto parte del gruppo Dandini e di *Zelig*.

FALETTI, GIORGIO.
Comico, attore, musicista e soprattutto scrittore venduto in tutto il mondo. In tv ha portato Vito Catozzo (v.), Suor D'aliso, il predicatore di Bagnacavallo, il ragazzotto del "giumbotto", Loredana, lo stilista Franco Tamburino, il Cabarettista

mascherato, Giamperverso Rognoni (v.). Nato con *Drive in* (1984) ha terminato (?) la serie di sue performance comiche con la trasmissione *Zelig* per dedicarsi alla scrittura di noir.

Falliani, Remo.
Battutista per hobby abitante a Savona.

Fallon, Jimmy.
Ovvero James Thomas "Jimmy" Fallon Jr. Comico, attore e musicista americano.

Famiglia Addams, La.
La famiglia Addams, notissima serie di tv movie e film che ha per protagonista una famiglia di mostri.

Famedi, Enrico.
Musicista (tromba) e compositore cesenate.

Fantoni, Gianni.
Comico con la faccia di gomma, si affermò come imitatore di Costanzo in *Ciro*.

Fantozzi, Ugo.
La più grande invenzione di Paolo Villaggio (v.).

Farrell, Mark.
Stand-up comedian, è apparso su *Comics!* della CBS e nello spettacolo *Evening at the Improv di A&E*. La sit-com *Newsroom*, di cui faceva parte, ha ricevuto il Gemini Award.

Farrow, Mia.
Figlia del regista John Farrow e della Tarzan girl Maureen O'Sullivan, Nata Maria de Lourdes Villiers Farrow, diviene Mia e il mondo la scopre con *Rosemary's Baby*. Le sue vicende con Woody Allen sono note.

Faruk.
1920-1965. Fu re d'Egitto esiliato negli anni Cinquanta. Contribuì alla turisticizzazione della Sardegna. Morì in circostanze mai chiarite del tutto (avvelenato?) durante una cena a Roma.

Faulkner, William.
1897-1962. Grande scrittore e poeta americano. Nel 1950 ha vinto il Nobel per la letteratura.

Fazio, Fabio.
Già imitatore e comico, è divenuto via via personaggio televisivo di grandi ascolti. Ha inventato *Quelli che... il calcio* e *Che tempo che fa*.

Feather, William.
1889-1981. Giornalista e scrittore americano.

FEIFFER, JULES.
Intellettuale newyorchese, di stampo "radical". Vignettista. Per molti anni le sue strisce sono state pubblicate su *Linus*.

FELDMAN, DAVID.
Commediografo, sceneggiatore e performer americano. Ha iniziato la sua carriera come stand up comedian a San Francisco.

FELDMAN, MARTY.
Grande attore e regista americano. È l'indimenticabile comico con gli occhi all'infuori di *Frankenstein junior*.

FELLI, FERNANDO.
Battutista per hobby romano.

FELLINI, FEDERICO.
1920-1993. Da molti è considerato il più grande regista italiano. Di certo ha fatto conoscere il cinema italiano nel mondo.

FELTRI, MATTIA.
Giornalista e scrittore. Lavora come inviato per *La Stampa*. Ha pubblicato Il prigioniero sul caso di Adriano Sofri.

FERGUSON, CRAIG.
Attore inglese. *L'erba di Grace. Prendimi l'anima...*

FERGUSON, KEN.
Padre di cinque figli, si esibisce regolarmente nel Midwest. È sempre incazzato.

FERILLI, SABRINA.
Attrice romana di cinema e di televisione è specializzata nel genere commedia. Ha partecipato a una sessantina tra film e film movie.

FERNAND, MÉRY.
La battuta a questa firma gira per posta elettronica.

FERNANDEL.
1903-1971. Pseudonino dell'attore francese Fernand Contandin. Resta l'unico grande interprete di *Don Camillo*.

FERRARI, ENZO.
1898-1988. Già pilota automobilistico, divenne imprenditore e portò la Ferrari agli apici della gloria. «Io sono uno che ha sognato di essere Enzo Ferrari.»

FERRARI, ORIANO.
Personaggio inventato da Marco Della Noce (v.). E un improbabile capomeccanico del team Ferrari.

Ferreri, Marco.
1928-1997. Regista italiano tra i più originali. Di lui ricordiamo soprattutto *Dillinger è morto*, *La grande abbuffata* e *L'udienza*, quest'ultimo con un'interpretazione particolarissima di Enzo Jannacci.

Ferri, Fabrizio.
Battutista per hobby, ci ha inviato le sue battute via e-mail.

Ferrini, Maurizio.
Vedi Emma Coriandoli.

Fetchner, Leopold.
Battutista americano. Vive e lavora a New York. È anche un collezionista di aforismi e battute.

Fey, Tina.
Autrice, comedian, sceneggiatrice americana, è apparsa al *Saturday Night Live* recentemente è diventata la comica più famosa in America soprattutto per la sua celebre imitazione di Sarah Palin.

Feydeau, Georges.
1862-1921. Commediografo e scrittore francese. Dopo Labiche, grande autore di vaudevilles. Una per tutte: *L'albergo del libero scambio*.

Ficarra e Picone.
Rispettivamente Salvo e Valentino. Esplosi a *Zelig*, hanno confermato la loro popolarità attraverso *Striscia la notizia*. Nel cinema grande successo di *Nati stanchi* (2003), *Il 7 e l'8* (2006) e *La matassa* (2009).

Fichi d'India, I.
Nome d'arte di Bruno Arena e Massimo Cavallari. Duo comico lombardo esploso con *Zelig*. Dal 2007 sono nel cast di *Colorado*. Spesso esilaranti devono molto della loro comicità nella carica incontenibile che trasmettono dal palco.

Field, Eugene.
1850-1895. Scrittore, poeta, critico americano.

Fields, W. C.
1879-1946. Pseudonimo di William Claude Dukinfield. Attore, scrittore, sceneggiatore. Negli Stati Uniti è considerato il più grande umorista dopo Mark Twain. Lavorò nel circo, nel music-hall, nel cinema. Misantropo, detestava cani e bambini. La sua figura rivive nelle strisce del *Mago Wizz*: è l'avvocato col nasone e il cilindro.

FIGLI DI ANNIBALE.
Film del 1997 di Davide Ferrario, con Diego Abatantuono (v.) e Silvio Orlando (v.).

FILIPPO D'EDIMBURGO.
Marito della regina Elisabetta. Principe delle gaffe.

FINI, GIANFRANCO.
Leader di An e alleato della Lega Nord all'interno del Polo delle Libertà.

FIORELLO.
Rosario Fiorello. Imitatore, cantante, intrattenitore, performer. Uno dei grandi contemporanei dello spettacolo italiano.

FIRE.
Battutista per hobby celato sotto pseudonimo.

FISHER, RUSS.
(O Russell). Caricaturista, pittore, disegnatore. www.russellfisher.com.

FLAGG, FANNIE.
Scrittrice americana. Il suo romanzo *Fried Green Tomatoes at the Whistle Stop Caffè* ispirò il film delizioso *Pomodori verdi fritti alla fermata del treno* (1991).

FLAIANO, ENNIO.
1910-1972. Scrittore, drammaturgo, sceneggiatore, aforista. Collaborò tra l'altro con Fellini in *8 1/2*, *I vitelloni*, *La dolce vita*. I suoi due più importanti libri di aforismi, usciti postumi, sono *Autobiografia del blu di Prussia* e *Diario degli errori*. Ebbe intuizioni geniali entrate nel linguaggio comune a furor di popolo. Suo, per esempio, il pluricitato "Certo certissimo, anzi probabile" (da *Diario notturno*).

FLANDERS, MICHAEL.
1922-1975. Attore, performer, scrittore e musicista inglese.

FLAUBERT, GUSTAVE.
1821-1880. Scrittore francese tra i più importanti di sempre. Studiò la stupidità come potenza cosmica. Il suo romanzo più famoso è *Madame Bovary*, considerato come il manifesto dell'estetica realista.

FLEMING, JAN.
1908-1964. Scrittore, giornalista, broker finanziario. Nella Seconda Guerra Mondiale operò nei servizi segreti inglesi. Grazie anche a questa esperienza inventò, nei suoi romanzi, il personaggi dell'agente segreto 007, sigla che gli dava "licenza di uccidere". Più che con un grande scrittore abbiamo a che fare con un geniale creativo.

Fleming, Peter.
Tennista. Uno degli ultimi rappresentanti del tennis classico. "Il doppista gentiluomo".

Florés, Ricardo.
Pittore, vignettista francese.

Flynt, Larry.
All'anagrafe Larry Claxton Flynt, Jr. Editore statunitense. Pubblica la rivista porno *Hustler Magazine* dal 1974. Stando alla sua autobiografia, il primo rapporto sessuale l'ha avuto con un pollo (che poi ha ucciso per non avere testimoni). Dal 1978 è su una sedia a rotelle in seguito a un'imboscata tesagli all'uscita di un processo dal serial killer Joseph Paul Franklin, che ha sparato a Flynt e al suo avvocato.

Fo, Dario.
Premio Nobel per la Letteratura nel 1997. Per sapere tutto di lui si rimanda a www.dariofo.it. Anche se pare superfluo aggiungiamo che è un attore, regista, scrittore, scenografo, perfino costumista che ha attraversato la storia dello spettacolo italiano dal dopoguerra a oggi. È il maggior rappresentante mondiale della tradizione della commedia dell'arte.

Fo, Jacopo.
Figlio di Dario Fo (v.) e dell'attrice Franca Rame, ha fondato e anima la "Libera Università di Alcatraz" (Umbria). È autore, creativo e disegnatore satirico. Con lo pseudonimo di Karen (v.) ha collaborato a *il Male*.

Fobici, I.
Film a episodi di Giancarlo Scarchilli (1999) tra gli interpreti Sabrina Ferilli.

Focolari, Furio.
Minuto e eccitato telecronista sportivo Rai. Si è occupato a lungo di sci.

Fogazzaro, Antonio.
1842-1911. Grande scrittore dell'Ottocento. Ha scritto capolavori come *Malombra* e *Piccolo mondo antico*.

Fölkel, Ferruccio.
1921-2002. Ebreo triestino, ha diffuso in Italia l'umorismo yiddish. Cfr. *Storielle Ebraiche*, BUR, 1991.

Folsom, Allan.
Scrittore californiano. Il suo primo romanzo *The day after tomorrow* (*Il giorno dopo domani*, Longanesi), è un best seller che ha venduto nel mondo milioni di copie.

Fonseca, Chris.
Ovvero Chris "Crazy Legs" Fonseca. È un comico americano che si esibisce su sedia a rotelle. È stato il primo comedian con visibili limiti fisici a esibirsi al *The late night show* di David Lettermann nei 18 anni di storia della trasmissione.

Fontana, Fabrizio.
Cabarettista di scuola milanese. Ha mosso i primi passi al centro sociale Scaldasole per poi approdare a *Zelig*, del cui cast ha fatto parte per lungo tempo. I suoi personaggi più noti sono James Tont e Gianmaria, il concorrente che "le sa tutte".

Fontana, Walter.
Già pubblicitario, è oggi autore e scrittore umorista. La sua battuta: «Era un bambino presuntuoso e saccente. Quando la maestra di prima elementare gli chiese: "Ma tu credi in Dio?", lui rispose: "Bè, credere è una parola grossa. Diciamo che lo stimo"», è stata scelta come la battuta di apertura del primo volume di *Anche le formiche nel loro piccolo si incazzano*.

Fontenelle.
Bernard Le Bovier de Fontenelle. 1657-1757. Francese, fu precursore dell'Illuminismo. Cento anni spesi bene.

Forain.
Jean Louse Forain. 1852-1931. Pittore, illustratore e caricaturista francese.

Forbes, Shang.
Scrittore e comedian. Ha iniziato come scaldapubblico per lo show *The News*. Poi ne divenne autore. È apparso nel film *Bye, bye, love*.

Ford "Senator", Ed.
1887-1970. Attore e comico americano. Lavorò molto alle radio.

Ford, Corey.
1902-1979. Umorista, sceneggiatore e autore americano.

Ford, Gerald.
Gerald Rudolph Ford Jr. 1913-2006. Fu il trentottesimo Presidente degli Stati Uniti.

Forest, Mago.
(O Mister). Vedi Foresta, Michele.

Foresta, Michele.
Nato come mago comico negli anni Ottanta, è via via divenuto un comico che a volte si inventa mago. Cresciuto, maturato, esploso al cabaret Zelig, ha partecipato praticamente a tutte le edizioni delle stesso *Zelig* in tv. In questi ultimi anni

ha inoltre contribuito al successo delle trasmissioni televisive della Gialappa's band, come conduttore. Nell'arco di oltre vent'anni di lavoro Michele Foresta non si è preoccupato troppo di mantenere un suo "marchio di fabbrica" univoco, accettando di comparire sia come Mago Forest, che come Mister Forest o Mister Forrest (con due erre). Beh, si tratta sempre del medesimo adorabile "pirlone".

Formica, Daniele.
Attore di teatro, di cinema e comico di origine irlandese.

Formigoni, Roberto.
Potente uomo politico italiano di area cattolica e di origine lombarda.

Fornara, Paolo.
Battutista per hobby vercellese.

Fornario, Francesca.
Vignettista satirica, ci ha inviato per posta elettronica del buon materiale.

Fortebraccio.
1902-1989. Pseudonimo di Mario Melloni. Uomo politico e soprattutto il più grande corsivista satirico del giornalismo italiano. La sua rubrica quotidiana su *l'Unità* durò dal 1967 al 1982.

Fox, John.
Comedian americano, considerato il Nick Nolte della comicità.

Fox, Michael J.
Attore americano. È stato protagonista della sit-com televisiva *Family Ties* (*Casa Keaton*). È anche stato interprete della serie *Ritorno al futuro* 1-2-3.

Foxx, Redd.
Giornalista. Ha collaborato con *Esquire*.

Fracci, Carla.
La più grande danzatrice italiana di sempre.

France, Anatole.
Francoise Anatole Thibault. 1844-1924. Scrittore francese, premio Nobel per la Letteratura nel 1921. È forse il meno letto dei grandi.

Franchi, Franco & Ingrassia, Ciccio.
Celeberrima coppia comica del cinema, della televisione e del teatro italiano. Ma il grande Marcello Marchesi scriveva di loro: "Uno è poco, due sono troppi". Che sia il destino di molte coppie?...

Franchini, Raffaello.
1920-1990. Critico, filosofo e scrittore.

FRANCO, PIPPO E DI STEFANO, ANTONIO.

Hanno scritto nel 2002 *Non prenda niente tre volte al giorno - Il lato comico dell'esperienza umana*, Mondadori. Vedi anche voce sotto.

FRANCO, PIPPO.

Nella vita Pippo è il cognome. Comico e conduttore televisivo romano. Al cinema è ricordato soprattutto per *Quel gran pezzo dell'Ubalda tutta nuda e tutta calda* (1972) e *Giovannona Coscialunga disonorata con onore* (1973). Ha recitato anche in *Che cosa è successo tra mio padre e tua madre?* (1972) di Billy Wilder e *Nell'anno del Signore* (1969) di Luigi Magni. In tv ha lavorato soprattutto con la compagnia del Bagaglino. Ha inoltre condotto più edizioni di *La sai l'ultima?*.

FRASSA, ROMANO.

Milanese. Docente universitario già dirigente Rai. Anche a lui si devono tra l'altro le trasmissioni che hanno avuto per protagonisti Dario Fo, Enzo Jannacci, Paolo Rossi, Piero Chiambretti.

FRASSICA, NINO.

Comico televisivo nato dalla Banda Arbore. Gustoso il suo *Libro di Sani Gesualdi*, Longanesi, "iniziato a stampare il 14 aprile 1985 e finito di stampare il 2 marzo 1980". È anche attore teatrale e cinematografico.

FRATINI, GAIO.

1921-1999. Poeta satirico, giornalista, sceneggiatore. È considerato il migliore epigrammista italiano del XX secolo.

FRENCH, DAN.

Comico americano in voga soprattutto negli anni Ottanta e Novanta.

FREUD, CLEMENT.

Scrittore, sceneggiatore inglese, è stato anche un uomo politico liberal.

FREUD, SIGMUND.

1856-1939. Il padre della psicoanalisi. Di lui si potrebbero scrivere pagine, ma qui rimandiamo semplicemente a *Il motto di spirito*.

FRIARS' ROASTS.

Sono cene di gala per ospiti illustri (Dean Martin, Milton Berle, Bruce Willis...), in cui vari speaker, "amici" dell'ospite d'onore, dicono peste e corna sia di lui che degli altri invitati.

FRIGNANI & SALI.

Andrea e Sebastiano. Sono due lettori di Mantova.

Fripp, Robert.
Musicista. Chitarrista dei King Krimson, gruppo rock di prima grandezza dagli anni Settanta. Oggi fa il talent scout.

Frisco, Joe.
1889-1958. All'anagrafe Louis Wilson Joseph. Comedian balbuziente del vaudeville, cantante e ballerino, famoso per il suo Jewish Charleston.

Fromstein, Stevie Ray.
Attore e comico americano. Si divide tra televisione e cinema.

Frost, David.
Conduttore televisivo inglese, è stato tra l'altro l'intervistatore di Nixon dopo lo scandalo Watergate. Nel 2009 è uscito *Frost/Nixon - il duello*, film sulla famosa intervista tv.

Frost, Robert.
Poeta americano contemporaneo. La sua poesia *Nothing Gold Can Stay* è recitata ne *I ragazzi della 56a strada* di Francis Ford Coppola

Fuga da Alcatraz.
Film Usa, 1979, di Don Siegel con Clint Eastwood.

Fuggiamo insieme.
(*Once Upon A Honeymoon*). Usa, 1942. Regia di Leo McCarey.

Full Metal Jacket.
Film Usa di Stanley Kubrick, 1987. Uno dei migliori del grande Maestro.

Fuller, Thomas.
1608-1661. Storico inglese del Seicento, specializzato in raccolte biografiche (*I notabili d'Inghilterra*).

Fuori dal mondo.
Italia, 1999. Film di Giuseppe Piccioni con Silvio Orlando e Margherita Buy. Vinse numerosi David nel 1999: per esempio al film, alla Buy e al produttore Lionello Cerri.

G

Gabbriellini, Giovanni.
Battutista per hobby.

Gaber, Giorgio.
1939-2003. Pseudonimo di Giorgio Gaberscik. Attore, musicista, scrittore. Il più alto rappresentante del "teatro canzone". È stato negli anni Cinquanta insieme a Celentano, Jannacci e Tenco tra i protagonista del nuovo rock italiano. Innumerevoli i suoi spettacoli. Seppe

interpretare gli umori e le contraddizioni degli anni intensi della politica. Per tutti è rimasto il Signor G.

GABLE, CLARK.

1901-1960. Mito del cinema americano e mondiale. Basta *Via col vento?*

GABOR, ZSA ZSA.

Pseudonimo di Sari Gabor, classe 1917. Attrice ungherese naturalizzata americana. È insieme a Mae West una tra le attrici più citate per quanto riguarda battute e frasi ad effetto. In realtà ha partecipato a pochi film e ha alimentato la sua fama soprattutto a causa del suo record matrimoniale e della sua vita movimentata: è stata sposata nove volte.

GABORIAU, EMILE.

1832-1873. Giallista francese.

GAIA.

È un personaggio creato da Simona Guarino (v.). Si tratta della massaia impasticcata che ha conosciuto il successo grazie a *Zelig*.

GALEAZZI, ANDREA.

Battutista per hobby di Melzo (Mi).

GALEAZZI, GIAMPIERO E SAVINO, NICOLA.

I nomi sono abbinati in quanto Nicola Savino (Radio Deejay) imita il giornalista sportivo televisivo Giampiero Galeazzi.

GALLAGHER.

Nome d'arte di Leo Anthony Gallagher. Comedian americano. Deve la sua fama anche alle sue performance nelle quali distrugge a martellate dei cocomeri.

GALLINO, GIORGIO.

Battutista per hobby torinese.

GALLO CEDRONE.

Italia, 1998. Film di e con Carlo Verdone.

GAMBAROTTA, BRUNO.

Scrittore, autore, intrattenitore, conduttore televisivo, giornalista.

GANDHI, INDIRA.

1917-1984. Primo ministro dell'India dal 1966 al 1977 e dal 1980 fino al suo assassinio nel 1984, da parte di due delle sue guardie sikh.

GANDHI, MAHATMA.

1869-1948. Uomo politico indiano, guida spirituale del suo paese. Condusse l'India all'indipendenza attraverso la disobbedienza di massa. "Mahatma" in sanscrito significa "Grande Anima".

Gandolin.

1852-1906. Luigi Arnaldo Vassallo. Brillante giornalista italiano, fu anche direttore de *Il Messaggero* (1879).

Ganna, Luigi.

1883-1957. Corridore ciclista. Vinse la prima edizione del Giro d'Italia nel 1909.

Ganz, Lowell e Mandel, Babaloo.

Coppia di sceneggiatori americani. Lavorano per le grandi major (Columbia Pictures, Mgm, ecc.). Hanno scritto assieme a Dan Aykroyd (v.) *Spie come noi* e assieme a Billy Crystal (v.) *Mister sabato sera*. In questo secondo film gli autori che Crystal licenzia dietro le quinte di un teatro sono proprio Lowell e Babaloo, presenti con un cameo. Lowell e Babaloo sono stati anche tra gli sceneggiatori della serie de *La Pantera Rosa*.

Garbett, Cyril

1875-1955. Inglese, all'anagrafe Cyril Forster Garbett. Fattosi prete nel 1901, venne nominato vicario otto anni dopo, vescovo e quindi, nel 1942, arcivescovo di York.

Gardin, Lucio.

Autore televisivo (Gnu e altro) e comico.

Gardner, Ava.

1922-1990. Una delle più grandi attrice e dive del cinema di tutti i tempi. Ebbe grandi partner, oltre che sul set, anche nella vita. Tra i tanti Mickey Rooney (v.), Frank Sinatra (v.), Walter Chiari (v.).

Garfield.

Protagonista dell'omonima serie di fumetti creata da Jim Davis il 19 giugno 1978, Garfield è un gatto grasso e pigro che adora il cibo (tutto, tranne i topi e l'uvetta). È il fumetto che appare su più quotidiani al mondo, 2570 circa.

Gasparini, Claudio.

Battutista per hobby. Milanese, di professione fa l'architetto.

Gassman, Vittorio.

1922-2000. "Il Mattatore". Uno dei più popolari attori italiani di cinema e di teatro. È stato anche regista. Insieme a Alberto Sordi (v.), Ugo Tognazzi (v.), Nino Manfredi (v.) fu una delle colonne portanti negli anni Sessanta-Settanta della commedia all'italiana.

Gatti di Vicolo Miracoli, I.

Gruppo di comici e musicisti veronesi formatosi e scioltosi negli anni Settanta. La formazione più nota di questo gruppo comprendeva: Umberto Smaila, Nini Salerno, Franco Oppini, Jerry Calà.

GATTO SILVESTRO.
Personaggio dei cartoni animati (*I looney tunes*) creato da Fritz Free Lang nel 1945. È alla perenne caccia del canarino Titti.

GAVELLI, ROBERTO.
Romagnolo di nascita, è stato collaboratore per i testi a *Zelig Off*.

GAYLE, JACKIE.
1926-2002. Attore comico americano. Nato a Brooklyn, ha partecipato almeno a una trentina di film e a diversi spettacoli teatrali e televisivi, tra cui, interpretando se stesso, *Broadway Danny Rose* di Woody Allen (v.).

GEMMA, IL.
Battutista per hobby di Siena. "Il Gemma" naturalmente è uno pseudomino.

GENETTE, GERARD.
Critico letterario francese e esponente dello strutturalismo assieme a Roland Barthes e Claude Levi-Strauss.

GENOVESE, PACO.
Battutista per hobby. «Proprio quando non c'è un cazzo da ridere, bisogna impegnarsi a farlo».

GEORGE & MILDRED.
Sit-com inglese del 1976, ha dato vita anche a uno spettacolo teatrale e a vari spin off.

GEPPI.
Vedi Cucciari, Geppi.

GERALDO, GREG.
(Talvolta "Giraldo"). Stand up comedian newyorkese. I suoi monologhi sono di osservazione, a volte tendenti al noir e al surreale.

GERALDY, PAUL.
1885-1983. Pseudomino di Paul Lefèvre. Poeta e drammaturgo francese.

GERE, RICHARD.
Attore americano di cinema. Sex symbol degli anni Ottanta: *American gigolò*, *Pretty woman*...

GERROLD, DAVID.
Pseudomino di Gerrold David Friedman. Nel 1966, ancora studente, scrive *Animaletti pericolosi* e lo propone a *Star Trek*. L'episodio riscuote uno strepitoso successo. Da lì Gerrold inizia una intensa carriera di sceneggiatore e scrittore soprattutto di fantascienza.

Gervais, Ricky.
Attore e comedian inglese, strepitoso protagonista di *The Office*, finto reality show sulla vita in ufficio, trasmesso dalla BBC (in onda su canal Jimmy anche in Italia).

Gervaso, Roberto.
Giornalista e scrittore. In coppia con Montanelli (v.) ha scritto libri sulla storia d'Italia. È tra l'altro aforista.

Get Shorty.
Film diretto da Barry Sonnenfeld e scritto da Scott Frank nel 1995. È basato sul romanzo omonimo di Elmore Leonard.

Get Smart.
Telefilm creati dallo sceneggiatore Buck Henry (co-sceneggiatore anche di *Il paradiso può attendere*) e Mel Brooks (v.).

Getty, Paul.
1892-1976. Uno dei più famosi imprenditori statunitensi.

Ghedina, Kristian.
Grande campione italiano di sci alpino, specialista nella discesa libera.

Gherarducci, Giorgio.
È uno dei tre della Gialappa's band (v.). Quello più alto.

Giacobazzi, Giuseppe.
Pseudonimo del comico monologhista ravennate Andrea Sasselli. Si autodefinisce "il poeta romagnolo vinificatore". Una rivelazione di *Zelig*.

Gialappa's Band.
Carlo Taranto, Giorgio Gherarducci (v.), Marco Santin. Quelli di *Mai dire gol* e di tutti gli altri *Mai dire*... Il loro debutto, ancora ragazzini, è stato nelle trasmissioni sportive di Radio Popolare a Milano. Passati in televisione con Ricci, hanno poi lavorato con Gino&Michele prima e con Gregorio Paolini poi, per approdare infine a trasmissioni ideate e scritte direttamente da loro. Sono anche tra i veterani collaboratori di *Smemoranda*.

Giamperverso Rognoni.
Personaggio creato dal comico Giorgio Faletti (v.). Rappresenta un agente dello spettacolo ambiguo e ciarlatano: «Ragazze, datemela a me: ve la riempio d'oro».

Gianni e Betty.
Battutisti per hobby veneti.

Giarnella, Lori.
Comedian americana.

Gibson, Henry.

Attore americano nato nel 1935. Iniziò come attore bambino. Nel dopoguerra proseguì la sua carriera nel cinema da adulto debuttando con Jerry Lewis. Numerose sono le sue pellicole di successo, tra cui *Nashville* (1975), *Magnolia* (1999) e *Ridere per ridere* (1978), sceneggiatori Zucker-Abrahams-Zucker (v.), da cui è tratta la battuta citata.

Gibson, Mel.

Attore, regista, produttore americano. Sua la serie di *Arma letale*. Ha diretto i discutibili *La passione di Cristo* (2004) e *Apocalypto* (2006).

Gide, André.

1869-1951. Scrittore, poeta, drammaturgo, intellettuale francese.

Gigi e Andrea.

Gigi Sammarchi e Andrea Roncato. Comici e attori emiliani. La coppia si è sciolta da molti anni.

Gilbert, sir William Schwenck.

1836-1911. Commediografo inglese e librettista. Scrisse tra l'altro diverse opere comiche musicate da Arthur Sullivan.

Gin & Fizz.

Vedi Ale & Franz.

Gino&Michele.

Pseudonimo dei milanesi Luigi Vignali e Michele Mozzati. Sono i curatori di quest'opera. Per saperne molto molto di più raccomandiamo: www.ginoemichele.it.

Ginsberg, Henry.

Produttore cinematografico americano (*Il gigante*).

Giorgio & Massimo.

(Giorgio Pisapia e Massimo Palloni). Sono i curatori del libro che elenca i più divertenti messaggi per segreteria telefonica, ispirato a un best seller americano. Il libro s'intitola *L'assenteista telefonico*, edizioni Coneditor, Milano, ma non è più in commercio.

Giorno alle corse, Un.

Uno dei film dei Fratelli Marx, 1937, regia di Sam Wood.

Giorno, John.

Poeta newyorkese. Fa parte delle avanguardie e è stato anche protagonista di alcuni film non convenzionali. Ha promosso la lettura delle poesie in pubblico da parte dei poeti stessi. È originario della Basilicata.

Giovanni Paolo II.
1920-2005. Prima di diventare Papa il suo nome era Karol Jozef Wojtyla. Praticamente tutte le consonanti meno usate dell'alfabeto italiano.

Giovanni XXIII.
1881-1963. Nato Angelo Giuseppe Roncalli. Il grande Papa del Concilio Vaticano II. «... Date una carezza ai vostri bambini...»

Giovenale.
55 d.C.-127 d.C. Decimus Junius juvenalis. Poeta e uomo di retorica latino. Scrisse le satire.

Giraudoux, Jean.
1882-1944. Scrittore francese.

Giudice di notte.
(*Night Court*). Serie televisiva della NBC andata in onda dal 4 gennaio 1984 fino al 17 settembre 1992, ambientata nelle notti newyorchesi all'interno di un tribunale presieduto dal giudice Harry T. Stone, con Harry Anderson.

Giuliano.
Pseudonimo di Giuliano Rossetti, disegnatore satirico toscano. Ha collaborato e collabora a diverse testate. È stato uno dei principali vignettisti de *il Male* (v.), *Satyricon* (v.), *Tango* (v.), *Guerin Sportivo*. Collabora a *Smemoranda* (v.).

Giusti, Max.
Attore comico e imitatore, conduttore televisivo. Ha debuttato al Fellini di Roma (ora Mastroianni). Da lì è stato protagonista di molte performance televisive sia come comico (*Quelli che... il calcio*) che come attore (*Raccontami*, *Distretto di polizia*) e come intrattenitore (*Affari tuoi*).

Glasgow, Arnold.
Pluricitato aforista a livello mondiale. Ma nessuno è in grado di ricostruirne la biografia. Le sue battute compaiono anche a firma di Arnold Henry Glasow, senza la seconda g. Costui è invece riscontrabile come giornalista e scrittore americano di taglio umoristico nato nel 1905 e morto nel 1998. Pubblicò il suo primo e unico libro, *Glasow's Gloombusters*, all'età di 92 anni.

Gleason, Jackie.
1916-1987. Statunitense, all'anagrafe Herbert John Gleason. Attore, prevalentemente comico. In televisione: la sitcom *The Honeymooners*. Al cinema: ruoli drammatici, quali *Minnesota Fats*, l'avversario di Paul Newman ne *Lo spaccone*, 1961. Nonostante l'aspetto bonario, una recente biografia ne demolisce la persona,

tacciandolo di violenza e infedeltà. Però sullo schermo è sempre stato un grande. Vedi anche qualche film "minore" come *Il bandito e la madama*, 1980.

GLENN, JOHN.
Fu il primo astronauta americano lanciato nello spazio a compiere nel 1962 un'orbita attorno alla Terra. È stato uomo politico di spicco nei Democratici, a fianco della famiglia Kennedy.

GLOVER, DANNY.
Attore, è il partner di Mel Gibson nella serie *Arma letale*. Ha fatto anche il ristoratore a Los Angeles con poco successo. Nel Westwood Village aveva aperto un fast-food specializzato in patatine fritte: l'Hollywood Fries.

GLUCKSMANN, ANDRÉ.
Filosofo e saggista francese, negli anni Ottanta molto di moda. Fu un "nuovo filosofo".

GNOCCHI, GENE.
Pseudonimo di Eugenio Ghiozzi, avvocato fidentino. Scoperto e lanciato negli anni Ottanta al cabaret Zelig, in tv ha debuttato a *Emilio*. Da lì a *Quelli che... il calcio* e via via in molte trasmissioni sportive e non. Partito come comico, ha affiancato a questa sua caratteristica il ruolo di presentatore e intrattenitore. È anche corsivista esilarante sulla prima pagina de *La Gazzetta dello sport*.

GOBBI, MARZIO.
Battutista per hobby di Piacenza

GOBEL, GEORGE.
1919-1991. Americano. Aveva un suo special televisivo alla NBC negli anni Cinquanta, *The George Gobel Show*. È stato anche attore di cinema (*Le tre notti di Eva*).

GOETHE, JOHANN WOLFGANG.
1749-1832. In letteratura il più grande tedesco di sempre.

GOING, SID.
Leader degli All Blacks, forte nazionale di rugby neozelandese. Giocò dal 1967 al 1977.

GOLDBERG, ARTHUR JOSEPH.
1908-1990. Uomo politico statunitense. Fu tra l'altro ambasciatore americano all'Onu.

GOLDEN GIRLS, THE.
Vedi *Cuori senza età*.

Goldsmith, James.
1933-1997. Sir James Michael Goldsmith. Ricchissimo uomo anglo-francese. Fu anche editore e politico.

Goldthwait, Bobcat.
Comedian, attore e incendiario: diede fuoco a una sedia durante il *Late Night with David Letterman* e per questo venne costretto a fare community service. Era il leader della gang di teppisti in *Scuola di Polizia* 2.

Goldwyn, Samuel.
Produttore cinematografico americano. Celeberrimo fondatore della Metro Goldwyn Mayer. Lui naturalmente è quello in mezzo. Divenne famoso anche per i suoi controsensi. Per esempio: «Un contratto verbale non vale la carta su cui è scritto».

Gómez de la Serna, Ramón.
1891-1963. Scrittore di narrativa e saggistica spagnolo. In qualche modo è stato adepto dei movimenti cubista e futurista.

Gor'kij, Maksim.
1868-1936. Grande scrittore russo. In realtà di cognome faceva Peskov. Il suo pseudonimo, invece, in russo significa "amaro". È considerato il padre del realismo socialista.

Gordon, Steve.
Sceneggiatore di *Arturo* (v.).

Gottfried, Gilbert.
Attore e comedian, celebre perché urla quasi sempre. Ha partecipato al *Saturday Night Live* e a svariati film, tra cui *Un piedipiatti a Beverly Hills II* e *Aladdin*.

Grade, Lew.
1906-1998. Pseudonimo dell'ucraino Louis Winogradsky. È stato il produttore tv di lavori come *Il Santo* con Roger Moore e *Gesù di Nazareth* di Zeffirelli. Inoltre ha prodotto nel cinema film come *Cassandra Crossing* e *Il Grande Sonno*.

Graham, Virginia.
1912-1998. Presentatrice americana di talk show televisivi del mattino tra gli anni Cinquanta e gli anni Settanta, era specializzata soprattutto in trasmissioni di cucina.

Gramsci, Antonio.
1891-1937. Politico, filosofo, saggista italiano. Tra i fondatori del Partito comunista il 21 gennaio 1921. «Andiamo avanti con il pessimismo della ragione e l'ottimismo della volontà.»

GRANDE FREDDO, IL.
Usa, 1983. Film di Lawrence Kasdan. Film cult degli anni Ottanta, con il limite, forse, di essere un po' troppo generazionale. Colonna sonora, dialoghi e recitazioni di grande emozione. La sceneggiatura è stata firmata da Kasdan e Barbara Benedek.

GRANDI, SERENA.
Pseudonimo di Serena Faggioli. Ha iniziato la sua carriera interpretando film erotici, tra cui *Miranda* e *Monella* di Tinto Brass. Misure: 180-60-90.

GRANT, CARY.
Pseudonimo di Archibald Alexander Leach, 1904-1986. Attore americano di origine inglese. Ha partecipato a un centinaio di film. È stato un grande del cinema. Ian Flaming dichiarò di essersi ispirato a lui nella creazione letteraria di James Bond.

GRANT, HUGH.
Nato Hugh John Mungo Grant. Attore inglese, famoso per le parti di goffo rubacuori (*Quattro matrimoni e un funerale*) e ancor più famoso per essere stato arrestato a Hollywood nel 1995 per "condotta indecente in luogo pubblico" assieme alla prostituta Divine Brown.

GRANT S., ULYSSES.
1822-1885. All'anagrafe Ulysses Simpson Grant. Fu presidente degli Stati Uniti dal 1869 al 1877. Aveva in precedenza combattuto la Guerra di Secessione come generale nordista.

GRASS, GÜNTER.
Grande scrittore e intellettuale tedesco, Nobel per la letteratura nel 1999. Tra i suoi numerosi romanzi, il capolavoro *Il tamburo di latta.*

GRECO, NANNI.
È stato un collaboratore di *Tango* (v.).

GREENE, GRAHAM.
1904-1991. Scrittore, drammaturgo, sceneggiatore, critico inglese. Dalle sue opere sono state tratte le sceneggiature di diversi film, tra cui *Il terzo uomo*, *In viaggio con la zia*, *Il console onorario*, *Il nostro agente all'Avana.*

GREGANTI, PRIMO.
Ex dirigente politico del Pci e del Pds, fu indagato per la vicenda di Mani Pulite. Per alcuni un mito, per altri un muto.

GREGGIO, MAX.
Disegnatore satirico: *Il Vernacoliere* (v.), *Smemoranda* (v.). Fa parte del gruppo di

Antonio Ricci con il quale lavora da più di vent'anni.

Gregory, Dick.
Attore nero americano. È anche sceneggiatore e monologhista. È impegnato in prima persona in battaglie per i diritti civili.

Gregory, James.
Comedian. La critica lo ha definito "The Funniest Man in America" (L'uomo più divertente d'America). Titolo che egli stesso ha dato a tre delle sue raccolte.

Griffith, David Wark.
1875-1948. Regista statunitense. Tecnicamente è considerato padre del cinema moderno. Ha in pratica inventato il flash-back, il piano americano, il primo piano, il montaggio.

Griggi, Massimo Maria.
Battutista per hobby, nella vita fa l'avvocato. Vive a Milano.

Grillo, Beppe.
Grande comico genovese. Trascinatore e "bacchettatore". Un Savonarola dei nostri tempi. Per capire qualcosa di più si vada sul suo sito-blog www.beppegrillo.it.

Grimm.
È un cane, protagonista delle strip di *Mike Peters*.

Grizzard, Lewis.
1946-1994. Scrittore, umorista e giornalista americano. Ha scritto soprattutto in testate degli stati del Sud.

Grodin, Charles.
Attore e sceneggiatore statunitense. Come attore ha interpretato *King Kong*, *Beethoven*, *Il paradiso può attendere*.

Grosso guaio a Chinatown.
Film Usa del 1986. Regia di John Carpenter.

Groucho.
Personaggio creato da Tiziano Sclavi (v.) e appartenente alla fortunata serie di *Dylan Dog*. Per fattezze e contenuti richiama Groucho Marx.

Guadalupi, Teo.
Già cabarettista monologhista, oggi è autore teatrale e televisivo. Collabora tra l'altro a *Zelig*. «Sento il bisogno di ritrovare me stesso o quantomeno uno che mi assomigli.»

Guareschi, Giovanni.
1908-1968. È stato uno dei più grandi umoristi italiani. Ha conosciuto percorsi

personali e professionali travagliati, legati alle sue idee politiche dichiaratamente di destra. È stato anche un buon scrittore e caricaturista. È uno degli scrittori italiani più venduti nel mondo: le copie si calcolano intorno alle decine di milioni. È naturalmente il creatore di Don Camillo e Peppone.

GUARINO, SIMONA.
Attrice genovese. Comica cresciuta al cabaret Zelig, ha portato in tv, tra gli altri, il personaggio di Gaia, casalinga frustrata. Ha pubblicato per Rizzoli *Delitto nel frigo*.

GUERRITORE, MONICA.
Attrice di teatro e di cinema. Ha debuttato con Strehler in *Il Giardino dei ciliegi* (1974). Da lì il successo, passato per Missiroli, Lavia e Sepe.

GUEVARA, ERNESTO.
1928-1967. Il Che.

GUGLIELMELLI, MASSIMO.
Battutista per hobby. Abbiamo ricevuto le sue battute per posta elettronica.

GUIDARINI, ROBERTO.
Battutista per hobby.

GUIDETTI, ANTONIO.
Cabarettista di Reggio Emilia incontrato nel corso di una audizione di *Zelig* (v.).

GUIDI, MARINO.
1956-2006. Bravo attore e comico lombardo scomparso prematuramente, stroncato da un infarto mentre tornava da uno spettacolo. Marino ha dato vita a numerosi personaggi comici, l'ultimo dei quali, il muratore bergamasco, aveva conosciuto un buon successo a *Zelig Off*. Guidi ha lavorato con i Legnanesi, poi con Max dei Fichi d'India (v.) portando in scena Govi. In radio e in tv si era fatto apprezzare come un eclettico comico di rango.

GUITRY, SACHA.
1885-1957. Aforista, scrittore, drammaturgo, regista e attore francese.

GULBENKIAN, NUBAR.
1896-1972. Magnate del petrolio turco armeno.

GUY, GEECHY.
Stand up comedian nativo del Michigan.

GUZZANTI, CORRADO.
Comico romano. Già autore della sorella Sabina (v.). È stato portato in tv da Serena

Dandini. Tra i suoi personaggi meglio rusciti Rokko Smitherson, Quelo (v.), Funari, Fede, lo studente Lorenzo. Tra i suoi successi editoriali il libro di *Kipli*, Baldini e Castoldi. Al cinema: *Fascisti su Marte*.

Guzzanti, Sabina.

Comica romana, figlia dell'intellettuale e politico Paolo Guzzanti e sorella di Corrado (v.). Ha debuttato in tv con *l'Araba fenice*. Poi è passata nel gruppo Dandini. Ottime capacità imitative, il suo forte restano le caratterizzazioni. Numerosi anche i suoi spettacoli teatrali e qualche film.

H

Hackett, Buddy.

1924-2003. Nome esatto: Leonard Hacker. Comedian e attore americano (*Questo pazzo pazzo pazzo pazzo mondo*). Stando al collega e amico Jeffrey Ross, Hackett potrebbe aver lasciato sulla segreteria telefonica di Ross la sua ultima battuta: «Sai chi odia le scoregge più di tutti? I nani». Per saperne di più: www.buddyhackett.com.

Hackman, Gene.

Grande attore americano. Ha interpretato decine di film tra i più famosi, a partire dagli anni Sessanta. Tra gli altri *Poliziotti a due zampe* e *Get Shorty* (v.), a cui si riferiscono le battute riportate.

Hall, Arsenio.

Comedian, attore (*Il principe cerca moglie*), ma soprattutto presentatore. È un nero americano. Arsenio cambiò il mondo della televisione di tarda notte dal 1989 al 1994 con il suo *The Arsenio Hall Show*. www.arseniohall.com. Per certi versi è considerato maestro di Eddie Murphy (v.).

Hall, Jerry.

Jerry Faye Hall. Modella e attrice texana. Fu una top negli anni Settanta, poi divenne compagna di Mick Jegger al quale diede quattro figli. In precedenza fu anche la compagna di Bryan Ferry.

Hall, Rich.

È un comedian e autore soprattutto televisivo, americano. Si è messo in luce con *Not Necessarily the News* e in seguito ha partecipato alla costruzione o come performer negli altri maggiori talk show americani dal *Saturday night live* (v.) al *Late show* (v.).

Hamburger, Neil.
Pseudonimo, per una parte della sua attività, di Gregg Turkington, comedian, musicista e scrittore australiano.

Hammett, Dashiell.
1894-1961. Scrittore, giallista, forse il più grande, certamente un maestro. Ha inventato il celeberrimo detective Sam Spade. Tra i suoi capolavori *Il falcone maltese*, *La chiave di vetro*, ecc. Fu dichiarato ispiratore di Chandler (v.).

Hancock, Laing.
1909-1992. Australiano, è stato un famoso businessman e politico.

Hancock, Tony.
1924-1968. Famoso attore e comedian inglese.

Handey, Jack.
Autore e umorista, ha pubblicato i suoi *Deep Thoughts* (*Pensieri profondi*) sulla rivista *National Lampoon* (v.) dal 1984 e in seguito le sue intuizioni vennero utilizzate, alternate agli sketch, al *Saturday Night Live*.

Hanke, Ken.
Critico cinematografico del *Mountain Xpress*, magazine alternativo del North Carolina.

Harris, Lynn.
Scrittrice, comedian, tratta spesso temi riguardanti cronaca rosa, relazioni di coppia, gossip. Ha scritto diversi libri, tra cui *Mama non m'ama*. Ultimamente pare si sia ritirata dalle scene prediligendo la scrittura.

Harrison, George.
1943-2001. Cantante e musicista inglese. Dal 1962 al 1970 è stato il chitarrista solista dei Beatles, per i quali ha composto 22 canzoni. Dopo lo scioglimento del gruppo nel 1970 ha intrapreso una carriera individuale, sia come musicista sia come produttore cinematografico.

Harry a pezzi.
Usa, 1997. Film di Woody Allen. Con Woody Allen, Billy Crystal, Judy Davis, Elisabeth Shue.

Harry, ti presento Sally.
Usa, 1989. Regia di Rob Reiner, con Billy Cristal e Meg Ryan. Film-cult soprattutto per gli strepitosi, lineari dialoghi di Nora Ephron che firma anche la sceneggiatura.

Hart, Johnny.
1931-2007. È stato l'inventore delle celeberrime strisce di *B.C.* e del *Mago Wiz*.

HARTREE, DOUGLAS.
1897-1958. Fisico, matematico e scienziato inglese. La fisica, la chimica, il mondo dei numeri gli devono molto.

HATHERILL, CAPITANO.
Citazione tratta da *La legge di Murphy sull'amore (se ti può andare buca, lo farà)*, Longanesi.

HEDBERG, MITCH.
1968-2005. Comedian dal taglio surreale, noto per il suo panico da palcoscenico, spesso faceva interi spettacoli a occhi chiusi. La causa della sua morte è stata registrata come "overdose". www.mitchhedberg.net.

HEIDEGGER, MARTIN.
1889-1976. Filosofo tedesco. Dal "senso dell'essere" alla "verità dell'essere".

HEIKKINEN, CAROL.
Sceneggiatrice americana. Ha lavorato con Peter Bogdanovich e altri grandi registi.

HEINE, HEINRICH.
1797-1856. Poeta e scrittore tedesco segnò il passaggio tra Romanticismo e Realismo.

HEMINGWAY, ERNEST.
1899-1961. Grande romanziere. Grande pescatore d'altura, grande viaggiatore, grande amatore e grande bevitore. Ha "inventato" l'Harrys Bar a Venezia e la Bodeguita del Medio a L'Avana. «My moijto a la Bodeguita, my daiquiri a la Floridita.»

HEMSLEY, SHERMAN.
Attore nero americano, è tra l'altro George nella sit-com *I Jefferson*.

HENDEL, PAOLO.
Storico comico fiorentino. Non rinunciando alla sua pronunciata "toscanità", è anche monologhista di battuta a volte satirica, a volte di situazione, spesso trasgressiva. Ha partecipato tra l'altro a numerosi film. È stato protagonista di programmi televisivi di successo (*I martedì di Paolo Hendel*, *Banane*, *Mai dire gol*), anche con il fantastico personaggio dell'imprenditore Carcarlo Pravettoni.

HENRY, LENNY.
Inglese. Comedian da sempre, è anche apparso in *Harry Potter e Il prigioniero di Azkaban*.

HERBERT, ALAN PATRICK.
1890-1971. Umorista, scrittore e paroliere inglese.

HERBERT, FRANK.
1920-1986. Autore di fantascienza statunitense. Scrisse il romanzo *Dune* e i successivi libri della serie. Da alcuni *Dune* è considerata la più grande opera mai scritta di fantascienza epica.

HERFORD, OLIVIER.
1863-1935. Scrittore, aforista e illustratore americano.

HERMAN.
Personaggio inventato dal cartoonist Jim Unger (v.).

HEROLD, DON.
1889-1966. Umorista, scrittore, illustratore, cartoonist americano.

HERSHEY, BARBARA.
Nome d'arte di Barbara Lynn Herzstein (Hollywood, 1948). Attrice cinematografica e televisiva statunitense. Tra i tanti film, *Ritratto per signora* di Jane Campion, *L'ultima tentazione di Cristo* (nel ruolo di Maria Maddalena) di Martin Scorsese, *Hannah e le sue sorelle* di Woody Allen.

HERSKOVIC, LINDA.
Comica gay dichiarata, è popolare per aver portato in tour (assieme a Eddie Sarfaty) lo show *Two Consenting Adults*, che ha ricevuto incredibili consensi sia dal pubblico gay che da quello etero.

HESSE, HERMANN.
1877-1962. Scrittore tedesco, ma anche poeta e pittore, tra i più letti del Novecento. Nobel per la Letteratura nel 1946. Ha scritto *Siddharta* nel 1922. È stato tra i sostenitori dello spiritualismo, del misticismo, delle filosofie orientali in Occidente.

HIAASEN, CARL.
Giallista americano. È nato e vive in Florida. Scrive con grande ironia. Tra i suoi successi *Alta stagione* e *Kay Largo* per Baldini&Castoldi.

HICKS, BILL.
1961-1994. All'anagrafe William Melvin Hicks. Comedian americano caustico e dal linguaggio aggressivo, Bill Hicks fu considerato un portento in Canada, Inghilterra e Usa. Inguaribile ottimista, quando venne a sapere di avere il cancro, lo tenne segreto, si trasferì a casa dei genitori, ma continuò a lavorare e a fare tour. Verso la fine dei suoi giorni, chiamò gli amici per dir loro addio e lesse un'ultima volta *La compagnia dell'anello*.
www.billhicks.com.

HILL, BENNY.
1924-1992. Nome all'anagrafe Alfred Hawthorn Hill. Dal 1949 al 1954 lavorò saltuariamente alla radio e in tv, ma

esplose nel 1955 con *The Benny Hill Show* sulla BBC. Passato nel 1969 alla Thames Television, lo show andò avanti fino al 1989. Si dice che Charlie Chaplin ne fosse un avido fan.

HILL, HARRY.
Comedian. Un regular al *Late Night with David Letterman.*

HIRSH, JUDD.
Attore televisivo, è uno dei protagonisti della sit-com *Taxi* (v.). Ha lavorato anche nel cinema in diverse pellicole tra cui *Serpico* e *Gente comune* (Nomination all'Oscar).

HITCHCOCK, ALFRED.
1899-1980. Inglese, il più grande e sofisticato regista di film gialli. Il maestro del brivido. Sua anche una serie famosa di telefilm scritti tra 1955 e il 1962. Per quanto riguarda il cinema non citiamo alcun suo capolavoro: non sapremmo cosa scegliere.

HITLER, ADOLF.
...

HOBBES, TOM.
È uno dei due protagonisti del fumetto *Calvin and Hobbes* creato da Bill Watterson, che lo chiamò così in onore del celebre filosofo del XVII secolo.

HODES, MAX.
Vincitore assoluto del David di Donatello degli Autori Introvabili.

HOFFMAN, ABBIE.
1936-1989. All'anagrafe Abbott Howard Hoffman. Attivista, anarchico, co-fondatore dello Youth International Party ("Yippies"), fu uno dei più famosi ricercati dalla polizia negli anni Sessanta e Settanta. Si suicidò con centocinquanta pillole di Phenobarbital, otto mesi prima che il suo cameo in *Nato il 4 luglio* apparisse sugli schermi.

HOFFMAN, DUSTIN.
Grande attore del cinema americano, e anche teatrale. Nato a Los Angeles nel 1937, figlio di uno scenografo e di una pianista jazz. Si trasferì a New York dove si icrisse all'Actor's Studio, per poi debuttare ne *Il Laureato*. Da lì ha infilato una strepitosa serie di pellicole di successo, sempre con interpretazioni di alto livello.

HOFSTETTER, STEVE.
Scrittore e umorista. Comedian, giornalista, scrittore e dirigente televisivo. È l'autore tra l'altro dei due bestseller

americani *Student Body Shots* e *Student Body Shots another round.*

Holden, William.

1918-1981. Attore cinematografico americano, ha interpretato una quantità impressionante di film, praticamente debuttando con il capolavoro assoluto *Viale del tramonto* a cui fecero seguito *Il ponte sul fiume Kwai*, *Sabrina*, *L'amore è una cosa meravigliosa.*

Hollerbach, Kit.

È un' "alternativa" comedian americana.

Holliday, Billy.

(o Billie). 1915-1959. Nome d'arte di Eleonora Fagan Gough. Scelse il nome d'arte di Billie Holiday poiché il padre la chiamava Billy a causa dei suoi atteggiamenti da maschio. È stata una delle più grandi cantanti jazz di tutti i tempi.

Hollywood Improv.

Locale storico di Melrose (e non Hollywood); tutti i cabarettisti più famosi - da Robin Williams a Rodney Dangerfield, da Jerry Seinfeld a Drew Carey - si sono esibiti e continuano a esibirsi lì. Un grande, piccolo Zelig, se vogliamo.

Holmes, John.

1944-1988. Attore porno americano, forse il più conosciuto. Cfr. anche la canzone a lui dedicata da Elio e le Storie tese.

Holmes, Larry.

Campione di Boxe, dei pesi massimi, nero americano. Soprannominato "The Easton Assassin".

Hooper, Maryellen.

Comedian vincitrice dell'American Comedy Award. È apparsa sovente al *Tonight Show* e nel suo special su Comedy CentraI, *Lounge Lizards*.

Hoover, Herbert.

1874-1964. Presidente degli Stati Uniti dal 1929 al 1933.

Hope, Bob.

1903-2003. Pseudonimo di Leslie Townes. Attore, cantante, conduttore radiofonico di origini inglesi e naturalizzato americano. Iniziò con il cabaret e il vaudeville, si affermò a Broadway prima, per approdare poi al cinema e alla tv. In America è un'istituzione.

Hopper, Edward.

1882-1967. Notissimo pittore statunitense. I suoi dipinti sulla solitudine nella vita americana contemporanea sono unici. Anche in internet (i più fortunati lo faranno dal vivo in giro per i musei del mondo) si possono vedere i suoi bellissimi quadri. Segnaliamo: *Stanza d'albergo* (*Hotel Room*, 1931); *Benzina* (*Gas*, 1940); *Nottambuli* (*Nighthawks*, 1942); *Estate* (*Summertime*, 1943); *Ufficio di notte* (*Office at Night*, 1940).

HORNE, KENNETH.
1907-1969. Comedian e uomo d'affari inglese. Si distinse soprattutto come intrattenitore radiofonico (BBC).

HORSE FEATHERS.
In italiano conosciuto come *Piume di cavallo*, è un film dei Fratelli Marx (v.) del 1932.

HOUDINI, HARRY.
1874-1926. Pseudonimo di Ehrich Welsz. È nato a Budapest ma divenne cittadino americano. È stato il più grande illusionista di tutti i tempi. Decise di chiamarsi Houdini in omaggio al mago Robert Houdini, suo predecessore e maestro francese.

HRABAL, BOHUMIL.
1914-1997. Poeta e scrittore surrealista. Nacque e visse a Praga.

HUBBARD, ELBERT.
1856-1915. Filosofo e scrittore americano. Nel 1927 ha scritto un libretto di epigrammi e aforismi a dir poco caustico: *The Notebook*.

HUBBARD, KIN.
1868-1930. All'anagrafe Frank McKinney Hubbard. Umorista, cartoonist, e giornalista americano.

HUD IL SELVAGGIO.
Film Usa, 1963. Di Martin Ritt con Paul Newman.

HUGHES, JOHN.
Regista e produttore, oltre che sceneggiatore. A lui si deve *Mamma ho perso l'aereo* e tutti i seguiti.

HUGO, VICTOR-MARIE.
1802-1885. Grande scrittore, poeta e drammaturgo francese. Considerato uno dei padri del Romanticismo.

HUNT, LAMAR.
1932-2006. È stato uno dei promoter sportivi più influenti degli Stati Uniti. Dopo essere stato rifiutato dalla National Football League, formò l'American Football League per portare il football nel Texas e negli altri luoghi differenti dal nord-ovest. Il suo sogno divenuto

realtà ha aiutato il football americano professionistico a diventare quello che è oggigiorno. Si è occupato anche di soccer, basket, hockey su ghiaccio e tennis.

Huston, John.
1906-1987. Regista, attore, sceneggiatore americano. Tra i suoi capolavori: *Il mistero del Falco* (1941), *La regina d'Africa* (1951), *L'onore dei Prizzi* (1985).

Hutcherson, Warren.
Esordisce come scrittore per il *Saturday Night Live*. Ha avuto il suo special su HBO.

Huxley, Aldous Leonard.
1894-1963. Scrittore e poeta inglese. Divenuto quasi cieco mentre studiava a Eton, riuscì comunque a diplomarsi a Oxford nel 1916, lo stesso anno del suo primo libro. Insegnò a Eton ed ebbe fra i suoi allievi Eric Blair, in seguito conosciuto come George Orwell. Scrisse tra gli altri *Il mondo nuovo*, *Punto contro punto*, e come sceneggiatore *Orgoglio e pregiudizio* per Sir Laurence Olivier.

I

Iacchetti, Enzo.
Popolare conduttore, attore, cabarettista, musicista lombardo. Deve inizialmente la sua popolarità televisiva al *Maurizio Costanzo Show*. In seguito in coppia con il "veterano" Ezio Greggio (v.) è stato ingaggiato da Antonio Ricci (v.) per la conduzione di *Striscia la notizia*. È anche interprete di sit-com e tv movie. Ha al suo attivo anche una decina di film e moltissimi spettacoli teatrali.

Ibsen, Henrik.
1828-1906. Poeta e drammaturgo norvegese, forse il padre della scrittura drammaturgica moderna. *Casa di bambola*. A lui è stato intitolato il cratere Ibsen, sulla superficie di Mercurio.

Idle, Eric.
Scrittore, comico, attore, sceneggiatore, paroliere inglese. Fece parte del gruppo dei Monty Python e ne scrisse gran parte delle canzoni.

In&Out.
Film Usa del 1997. Regia di Frank Oz.

INDERBITZIN, TOBIAS.
Aforista ottimista.

INGRASSIA, CICCIO.
Vedi Franchi, Franco.

INSULTI AMERICANI.
Vedi Safian, Louis A..

INVERGO, TONY.
Comedian, prestigiatore e performer americano. Vive e lavora soprattutto in Illinois.

IODICE, PEPPE.
Cabarettista napoletano. Monologhista di buone qualità, ha ottenuto larga audience televisiva attraverso *Zelig*.

IONESCO, EUGÈNE.
1909-1994. Drammaturgo romeno naturalizzato francese. *La cantatrice calva*, *Il re muore*, ecc. L'inventore del teatro dell'assurdo. «Rien d'autre que le rien.»

IPPOLITO, DOMENICO.
Anomalo capotreno di Trenitalia con l'hobby dell'umorismo e del comico. Ha scritto *Nulla di personale... viaggiante*, Scolastica editrice, Carmagnola.

IRRERA, DOM.
Comedian e attore, pluripremiato, e protagonista di numerosi special, tra cui uno per la HBO. Era anche nel film *Il grande Lebowski*. www.domirrera.com.

IRTI, GIANLUCA.
Battutista per hobby di Roma. Mirmecologo: cioè studia vita e comportamenti delle formiche... Nella sua e-mail racconta le godibili avventure di uno studioso che passa il tempo nei parchi romani sdraiato per terra a guardare i formicai. «Ho visto mamme riprendere i loro bambini: 'Non andare a giocare vicino a quello che studia le formiche, vai dalla parte dei drogati che è meglio...'.»

IVENER, GOLDIE.
Non sappiamo quasi nulla di lui. Quando raramente ti imbatti in simili autori di battute o aforismi (raramente) ti sfiora la affascinante ipotesi che l'autore non sia mai esistito. Una ragione in più perché la battuta divenga patrimonio universale...

IZZARD, EDDIE.
Nato nello Yemen nel 1964. Uno dei pochi geni della commedia inglese (e mondiale). Per sua stessa definizione, "travestito esecutivo", ha vinto numerosi premi per i suoi special tv. Al cinema, *Shadow of the Vampire* (*L'ombra del vampiro*), *The Cat's Meow*. È uno dei pochi comedian anglofoni che fa tour in Francia parlando il francese. www.izzard.com.

J

Jackson, Glenda.

Grande attrice teatrale e cinematografica inglese. Per tutti ricordiamo *Domenica, maledetta domenica* di John Schlesinger, soggetto di Penelope Gilliat, e *Due sotto il divano* di Ronald Neame, sceneggiatore Brian Garfield. Ma anche *Donne in amore*, *Una romantica donna inglese*, eccetera.

Jackson, Victoria.

Comedian americana, nata a Miami.
Ha fatto parte del *Saturday Night Live* dal 1986 to 1992.

James, Clive.

Scrittore, poeta, saggista, critico e commentatore della pop culture. www.clivejames.com.

James Tont.

Vedi Fontana, Fabrizio.

Jannacci, Enzo.

All'anagrafe Vincenzo, classe 1935. Musicista, cantautore, cabarettista, attore, maestro della comicità italiana. Nato a Milano da genitori di origine pugliese, ha animato come protagonista la cultura milanese e nazionale a partire dagli anni Sessanta, regalandoci momenti tra i più alti di sensibilità, ironia, satira, genialità. Dal 1964 al 2008 ha pubblicato una trentina di album. Tra le cose meno conosciute una serie di interpretazioni al cinema, tra cui una di grande forza in *L'udienza*, piccolo capolavoro di Marco Ferreri del 1971. Jannacci ha lavorato anche con altri grandi registi da Lizzani, a Monicelli, dalla Wertmuller, a Scola. *Vincenzina e la fabbrica* resta una delle canzoni per il cinema più belle della storia italiana. Il film *Romanzo popolare* (*Vincenzina e la fabbrica*, appunto, ne era il leit-motiv) vide Jannacci coautore dei dialoghi e di parte della sceneggiatura assieme all'amico Beppe Viola (v.). Gino&Michele hanno avuto l'onore di cofirmare il successo di Jannacci *Ci vuole orecchio*, 1980.

Jannicelli, Beppe.

È stato autore televisivo (ora è giornalista) negli anni Novanta, tra l'altro ha collaborato alla sit-com *I vicini di casa* (Italia1).

Jarry, Alfred.

1873-1907. Scrittore e rivoluzionario drammaturgo francese. È considerato uno dei più alti rappresentanti del "Teatro dell'assurdo". Tra i suoi capolavori l'*Ubu Re* e l'*Ubu incatenato*.

Jefferson, I.
Una delle più conosciute sit-com americane. È stata a lungo trasmessa anche in Italia con successo.

Jefferson, Thomas.
1743-1826. Terzo presidente degli Stati Uniti, è l'autore della Dichiarazione d'Indipendenza. La frase è stata tratta da *Note sulla Virginia*, 1782.

Jena, Jeff.
All'anagrade Jeffrey Jena. Comedian, ha lavorato per le maggiori televisioni americane.

Jeni, Richard.
1957-2007. Comico e attore americano (*The Mask*), è il comedian che è apparso più di chiunque altro al *The Tonight Show*, iniziando ancora quando lo conduceva Johnny Carson. Jeni si è suicidato all'inizio del 2007.

Jerome, K. Jerome.
All'anagrafe Jerome Klapca Jerome. 1859-1927. È stato il più grande umorista inglese. Scrittore e giornalista, è l'autore del libro umoristico forse più famoso di tutti i tempi: *Tre uomini in barca*. Molto letto e apprezzato anche il seguito: *Tre uomini a zonzo*, e almeno una terza opera, la sua prima in ordine di tempo: *Pensieri oziosi di un ozioso*.

Jerrold, Douglas William.
1803-1857. Drammaturgo e scrittore inglese, molto apprezzato anche come aforista.

Jessel, Sir George.
1824-1883. Giurista inglese. Visse e lavorò a Londra.

Jezek, Mojmir.
Disegnatore, grafico, pittore vignettista, famoso soprattutto per i suoi "cuori". Collabora tra l'altro a *la Repubblica*.

Jillson, Joyce.
1945-2004. Astrologa, intrattenitrice televisiva e attrice di musical.

Jobrani, Maz.
Comedian americano di origine iraniana. Monologhista satirico e di osservazione, è di casa a Comedy Central (v.).

Johannsen, Jake.
Attore, scrittore e comedian. È apparso in numerosi tv show e continua a fare tour per tutta l'America. Per saperne di più, www.jakethis.com.

Johnson, Sir Samuel.
1709-1784. Scrittore, poeta, saggista inglese. Nel 1759 ha scritto il primo testo critico (ironico-satirico) sulla pubblicità.

JOHNSTON, WILLIAM.

Scrittore, sceneggiatore americano. A lui si devono soprattutto molte sit-com (*Happy days*, Laverne & Shirley, ecc.), e i libri da esse tratti.

JONES, JENNY.

Nata Janina Stranski da genitori polacchi. Dopo aver vissuto in Inghilterrra e in Canada è approdata negli Stati Uniti, dove vive alternando la sua attività tra conduzioni di show televisivi (*The Jenny Jones Show*) e performance comiche.

JONG, ERICA.

Nata Erica Mann, a New York City. Scrittrice, poetessa, autrice di numerosi romanzi tra cui il celeberrimo *Paura di Volare*. È menzionata nella canzone *Highlands* di Bob Dylan.

JOSTEIN, GAARDER.

Scrittore norvegese. La sua opera più conosciuta è *Il mondo di Sofia*, divenuto anche film.

JOYCE, JAMES.

1882-1941. Scrittore e poeta irlandese, uno dei più grandi maestri della letteratura contemporanea. Poco prolifico, le sue opere si riducono a pochi titoli. Ma il suo *Ulisse* (1922) vale mille capolavori.

K

KAFKA, FRANZ.

1883-1924. Formidabile scrittore ceco di lingua tedesca. Citiamo per tutti *La metamorfosi*.

KAISER, GEORG.

1878-1945. Drammaturgo, scrittore e sceneggiatore tedesco.

KALIN, MIKE.

Giovane comedian e performer americano.

KAMEN, MILT.

1921-1977. Nome d'arte di Milton Kaminsky. Stand up comedian e attore anche di cinema: fu lui a scoprire il monologhista Woody Allen durante uno spettacolino in un resort, nel Catskills, Hudson Valley.

KANNON, JACKIE.

1921-1974. Attore di origine canadese, soprattutto di cinema.

KANT, IMMANUEL.

1724-1804. Forse il più grande filosofo tedesco. Importante esponente dell'Illuminismo, fu precursone della Filosofia

Idealistica. Le categorie kantiane rappresentano la base necessaria del pensiero critico contemporaneo. Sulla sua tomba sta scritto: «Il cielo stellato sopra di me, e la legge morale dentro di me».

KAPLAN, GABE.
Gabe sta per Gabriel, attore e comedian americano, ma anche giocatore di poker professionista. È stato tra i protagonisti della sit-com *I ragazzi del sabato sera*, conosciuta anche come *Welcome back, Kotter* (v.).

KAPP, KARL.
Karl William Kapp. 1910-1976. Economista americano. Si è battuto per una visione anti-tecnicistica dell'economia, e per una sua lettura in chiave socio-ambientale.

KAPPA, FRANCO.
Pseudonimo di Franco Cappelletti. Scrittore satirico collabora a *Giuda* e a *il Vernacoliere*. Da quest'ultimo sono tratte le sue battute pubblicate.

KAREN, GIOVANNI.
Pseudonimo di Jacopo Fo (v.).

KARLOFF, BORIS.
Pseudonimo di William Henry "Bill" Pratt. 1887-1969. Attore inglese, il più famoso di tutti i tempi per quanto riguarda cinema horror e dintorni.

KARR, ALPHONSE.
1808-1890. Giornalista e scrittore francese dallo spiccato umorismo satirico. Ebbe per questo molti nemici.

KASHIAN, JACKIE.
Comica e attrice di cinema e tv (*Murphy Brown*, sit-com della CBS). Lavora soprattutto a Los Angeles.

KATIA & VALERIA.
Comiche lombarde. Nate artisticamente nel 2001 al Laboratorio Scaldasole di Milano, il duo approda in televisione nel 2004. L'anno dopo Katia e Valeria passano a *Zelig Off* e *Zelig Circus* in versione studentesse indisciplinate, quelle che giocano a "nomi cose e città". Dal 2006 si confermano tra i punti di forza di *Zelig* in prima serata prima come improbabili Miss Italia poi come concorrenti di *Uomini e donne*.

KATZ, JONATHAN.
Attore, comedian e doppiatore. Una sitcom cartoon basata su di lui come psichiatra è stata fatta da Comedy Central (v.).

KAUFMAN, ANDY.
1949-1984. Attore, comedian e entertainer americano. Ebbe una carriera breve e sconvolgente in tv. Dapprima divenuto

famoso con *Saturday Night Live*, consolidò la sua fama con la sit-com *Taxi*. Da lì le sue performance divennero sempre più eccentriche e surreali in un gorgo di genialità e follia interrotto bruscamente per la morte per tumore all'età di 35 anni. La parabola della sua vita artistica e non è raccontata magistralmente da Milos Forman (regia) e da Jim Carrey (protagonista) nel film capolavoro *Man on the moon* (1999).

KAYE, DANNY.
Nome d'arte di David Daniel Kaminsky. 1913-1987. Attore cinematografico statunitense, si è distinto per il suo humor eccentrico e legato spesso al nonsense. Il suo film più famoso è *Come vinsi la guerra*.

KEATON, DIANE.
Brava e sofisticata attrice americana, per anni solida compagna di lavoro di Woody Allen. Da questo connubio sono nati tra l'altro i due capolavori assoluti *Manhattan* e *Io e Annie*.

KEATON, MICHAEL.
(Di cognome fa Douglas). Attore cinematografico americano, ha interpretato una trentina di film tra cui *Batman*. È anche attore di tv movie.

KEHLOG, ALBRAN.
È lo pseudomino di uno scrittore battutista americano che prende il nome da due notissime marche di cereali. La sua data di nascita e di morte è volutamente contraffata in 1933-1927.

KEILLOR, GARRISON.
Americano. Uomo di satira, è un autore, umorista, musicista e affabulatore (soprattutto per radio). Il suo *Garrison Keillor's Radio Show* trasmesso dalla BBC7 inglese, dall'australiana ABC e in Irlanda.

KELLY, GENE.
1912-1996. È forse il più famoso ballerino del cinema. Basta per tutti *Singin' in the rain?...*

KELTON, BOBBY.
Comedian, è un regular al *Tonight Show* e al *Late Show with David Letterman*.

KENNEDY, BRIAN.
Comedian americano. Vive a Long Island, New York.

KENNEDY, JAMIE.
Americano. Nome completo James Harvey Kennedy. Ha iniziato in maniera poco ortodossa la sua carriera spacciandosi per l'agente (fittizio) Marty Power,

e incuriosendo agenti e manager che alla fine lo hanno contattato sul serio. Comedian, lo si può vedere nella trilogia di *Scream*, e in tv ha avuto un ottimo successo con il candid camera-style show *The Jamie Kennedy Experiment*.

KENNEDY, JOHN FITZGERALD.

1917-1963. È stato uno dei più grandi presidenti degli Stati Uniti, forse il più grande.

KENNEDY, ROBERT.

1925-1968. Dei due, l'altro. Dei tre, il più bello, morì in campagna elettorale per attentato, come era già accaduto per il fratello John.

KEROUAC, JACK.

1922-1969. Scrittore americano, il più grande della beat generation. Da leggere: *Sulla strada*, *I sotterranei*, *Big Sur*.

KERR, DEBORAH.

1921-2007. Attrice scozzese. *Da qui all'eternità*, se la volete vedere "drammatica", e *L'erba del vicino è sempre più verde*, se "brillante". Sei volte nominata all'Oscar, ne ha ricevuto solo uno alla carriera nel 1994. Una curiosità: in *Da qui all'eternità* (1953) è stata interprete con Burt Lancaster del bacio più lungo della storia del cinema.

KESEY, KEN.

1935-2001. Nome completo Kenneth Elton Kesey. Scrittore americano. Alcuni lo considerano l'anello di congiunzione tra la beat generation degli anni Cinquanta e gli hippie. «Ero troppo giovane per essere un beatnik, ma troppo vecchio per essere un hippie.» Ha scritto tra l'altro *Qualcuno volò sul nido del cuculo* (1962).

KETCHUM, DAVE.

Attore di tv e di cinema e comedian americano, classe 1928.

KEZICH, TULLIO.

Giornalista e sceneggiatore. Come critico cinematografico è passato da *Settimana Incom* a *Panorama*, da *la Repubblica* al *Corriere della Sera*. Ha pubblicato molti libri sul cinema. Annovera anche alcune esperienze anche come attore, la più curiosa nel capolavoro *Il posto* di Ermanno Olmi.

KIDS IN THE HALL, THE.

È uno show canadese prodotto da Lorne Michaels, lo stesso del *Saturday Night Live*, interpretato da cinque ragazzi in tutti i ruoli (alla Monty Python).

KIELEK, MARTHA J.

Gestisce una casa di accoglienza per malati di mente nel Maryland.

Kightlinger, Laura.
Newyorkese comedian e attrice sia cinematografica che televisiva. È apparsa più volte nella trasmissione *Pulp Comics* di Comedy Central (v.).

Kilborn, Craig.
È uno dei "Signori della notte" in tv. Va in onda dopo David Letterman, in uno show prodotto dallo stesso Letterman, il *The Late Late Show*. Kilborn, classe 1962, originario del Missouri, si era prima distinto nel *The Daily Show* e in alcune trasmissioni sportive come anchor man.

Kiley, Brian.
Scrittore, appare regolarmente al *The Tonight Show* e al *Late Night* di Conan O'Brien.

Kilmer, Val.
Attore americano nato a Los Angeles, ha al suo attivo moltissimi film commerciali e tv movie.

King, L.
È lo pseudonimo del commentatore politico americano Fredrich Wiler.

King, Stephen.
Scrittore e sceneggiatore prevalentemente di best seller legati all'horror e al noir. Inutile elencare i suoi libri, sono comunque sempre in testa alle classifiche di tutto il mondo.

Kipling, Rudyard.
1865-1936. Scrittore tardoromantico e poeta inglese. Ha scritto tra l'altro il celeberrimo *Il libro della giungla* e il racconto *Kim*. Premio Nobel nel 1907.

Kissinger, Henry.
Statista americano di origine tedesca (all'anagrafe di nome fa Heinz Alfred). È stato il cinquataseiesimo segretario di stato USA durante la presidenza Nixon e Ford. Da quando è in pensione è sostanzialmente un Globe Trotter dei meeting internazionali sulla politica.

Klein, Marci.
Figlia dello stilista Calvin Klein, ideatore tra l'altro della ben nota linea di intimo maschile. Nella vita Marci è produttore televisivo, sua tra l'altra la produzione del *Saturday Night Live* (v.).

Kline, Kevin.
Attore americano. *Un pesce di nome Wanda*, *Il grande freddo*. Ma anche *Radio America*, *In&Out*, *Sogno di una notte di mezza estate*... e chi più ne ha più ne metta.

Klobas, Luca.
Comico veneziano, vero stand up comedian. Nome all'anagrafe Gian Luca Clobaz. Cresciuto dalla parti del cabaret milanese di viale Monza, è legato a *Zelig* anche per quanto riguarda la tv. Il suo personaggio più conosciuto è Ratko, ambiguo ma simpatico immigrato albanese.

Klugman, Jack.
Attore televisivo americano di cinema e di tv movie. È il dottor Quincy dell'omonima serie e anche interprete della sit-com *La strana coppia* (v.) nella quale interpreta Oscar, il cinico giornalista sportivo già impersonato da Walter Matthau.

Knott, Blanche.
Autrice di molteplici opere di aneddoti e barzellette americane, spesso politically incorrect.

Kolinsky, Sue.
Comedian, è apparsa più volte al *Tonight Show* e altre trasmissioni televisive americane.

Koontz, Dean R.
Scrittore statunitense di gialli e thriller che sconfinano nella fantascienza e nell'horror con tagli di satira.

Kraus, Karl.
1874-1936. Scrittore e giornalista austriaco, si caratterizzò per le sue idee pacifiste e antinaziste. I suoi aforismi sono fra i più apprezzati. Vedi le raccolte *Detti e contraddetti*, *Di notte*, *Pro domo et mundo*.

Krinsky, Leah.
Sceneggiatrice e commediografa americana. Scrive tra l'altro per il *Dennis Miller Live*, HBO.

Krolopp, Rudy.
Ingegnere designer della Motorola. Nel 1983 diede una svolta alla telefonia mobile inventando il primo vero telefonino portatile: «Voglio un telefono da portare a spasso». Per prototipo si ispirò a un paio di scarpe tanto da battezzarlo "shoe phone".

Kruger E.K.
Commentatore americano online.

Kruscev, Nikita.
1894-1971. Forse il meno simpatico ma il più interessante dei Tre (Kruscev-Kennedy-Giovannì XXIII) che hanno segnato gli anni Sessanta. Per i giovani che lo ignorano: fu lo statista che guidò l'Unione Sovietica nell'epoca dell'immediato post-stalinismo. Ebbe la forza per denunciare i crimini di Stalin, ma invase

l'Ungheria; mandò in orbita il primo uomo nello spazio e difese la rivoluzione cubana; gestì con Kennedy la Guerra fredda e sfiorò, evitandola, la guerra nucleare. Chi vuole ridere su quel periodo si vada a vedere, se ha la fortuna di trovarlo in dvd, il film capolavoro del maestro Billy Wilder (v.): *Uno, due, tre!*.

KRUSKA.
Vedi Cirilli, Gabriele.

KUHN, CLIFFORD.
È un medico generico noto come "The Laugh Doctor". Un po' come Patch Adams, offre humour come cura.

L

LA MOTTA, JAKE.
È stato campione del mondo dei pesi medi, bianco tra i molti neri. A lui si ispirò Martin Scorsese per il film *Toro scatenato*.

LA ROCHEFOUCAULD, FRANÇOIS DE.
1613-1680. Principe dei salotti letterari e acerrimo nemico di Richelieu e Mazarino. Lasciò ai posteri le sue Massime, contenenti oltre 500 aforismi.

LABATI, PAOLO.
Comico, lavora in cabaret e nelle radio private (*Tutto esaurito*, Radio 105). Fa anche parte del trio piacentino G.P.L. con Giorgio Verduci e Luigi Saronni. È di casa allo Zelig di Milano.

LABICHE, EUGÈNE.
1815-1888. Commediografo francese, è forse il più noto autore di vaudeville.

LACAN, JACQUES.
1901-1981. Psicoanalista francese. Si mise contro Freud avvicinandosi allo strutturalismo. La sua "corrente" ha preso sempre più piede soprattutto in Europa nel ventennio 1960-1980.

LADIES HOME JOURNAL.
Storico magazine femminile americano.

LADMAN, CATHY.
Comedian, scrittrice, ha avuto il suo special HBO, e nel 1992 ha vinto l'American Comedy Award come miglior Standup Comic femminile.

LADY LOU - LA DONNA FATALE.
Film Usa, 1933. Diretto da Lowell Sherman. Tratto dal musical teatrale

Diamond Lil, scritto e rappresentato a Broadway da Mae West (v.). La stessa West ne curò anche la sceneggiatura e ne fu l'interprete cinematografica.

LAFITTE, JACQUES.
1767-1844. Banchiere e uomo d'affari francese.

LAMARR, HEDY.
Nome d'arte di Hediwig Eva Maria Klesler. 1913-2000. Attrice cinematografica di origine austriache naturalizzata statunitense. È stata considerata, assieme alla Garbo, "la donna più bella del cinema". Interpretò il primo nudo integrale nel film *Estasi* (1933). Una fondazione che porta il suo nome è attiva negli Stati Uniti su obiettivi sociali.

LANER, MARTIN.
Allenatore di football americano.

LANEVE, ANTONIO.
Battutista per hobby. Vive a Cermenate, Como. Ci invia le sue battute per lettera scritte a mano, cosa rara.

LANG, ARTIE.
Comedian. È diventato popolare negli Usa grazie alla trasmissione *Mad tv*.

LANGSTON, MURRAY.
Comedian americano famoso per le sue particolari performance. Oltre all'interpretazione di *The Unknown Comic* (v.), ha partecipato come sceneggiatore e come attore a diversi film, tra cui *Confessioni di una mente pericolosa*, di George Clooney.

LAO TSE.
Nella trascrizione dal cinese diviene anche Lao Zi o Lao Tzu, che significano "Il vecchio bambino" e "L'antico maestro". Vissuto probabilmente tra il 500 e il 400 a.C., è una figura-mito per la quale la leggenda si confonde con il reale. A Lao Tse si attribuisce la scrittura del *Taoteching*, cioè il *Libro della Via e della Virtù*, testo classico del Taoismo.

LAPID, HAIM.
Autore contemporaneo (classe 1948) di gialli, alcuni dei quali tradotti anche in italiano.

LARDNER, RING.
1885-1933. Giornalista statunitense. Fu cronista e critico nel campo dello spettacolo e dello sport.

LARSEN.
È uno dei primi personaggi interpretati da Marco Della Noce (v.).

LARSON, DOUG.

1902-1981. Secondo fonti informatiche si tratta di uno sportivo inglese, corridore. Evidentemente la fama delle sue intuizioni ha prevaricato la sua prima occupazione. Doug Larson è quindi uno degli aforisti più citati, soprattutto online.

LASCH, CRISTOPHER.

1932-1994. Intellettuale americano e accademico all'Università di Rochester. L'opera sua più importante è l'*Io minimo*, Feltrinelli.

LASORTE, CARLA.

Autrice per hobby piemontese di nascita e milanese d'adozione. Negli anni Novanta ha partecipato al corso di scrittura comica tenuto da Gino&Michele per la scuola "Paolo Grassi" di Milano.

LATOUR, JOSÉ.

Scrittore cubano soprattutto di gialli. È stato funzionario del governo, ma oggi si dedica alla creatività. Tra i suoi romanzi, uno dei più recenti è *Lontano da Cuba*, Rizzoli.

LAUDA, NIKI.

Uno dei più grandi piloti della storia della Formula 1, ha guidato anche le Ferrari e è stato tre volte campione del mondo prima di uscire vivo, ma mal ridotto da un grave incidente. È anche proprietario delle compagnie aeree Lauda Air e Niki.

LAUPER, CINDY.

Musicista e cantante americana. Ha conosciuto i suoi maggiori successi negli anni Ottanta.

LAURIE, JOE JR.

1892-1954. Attore newyorkese di vaudeville e monologhista di casa a Broadway. Oltre a grande attore di teatro è stato anche un apprezzato conduttore radiofonico.

LAUZI, BRUNO.

1937-2006. Musicista, cantautore e poeta, genovese di nascita e milanese di adozione. Fece parte del gruppo storico dei cantautori liguri: De Andrè, Tenco, Paoli, Umberto Bindi, Piero Ciampi... Ivano Fossati lo ha definito giustamente "un vero anticonformista".

LAVERNE & SHIRLEY.

Sit-com americana, uno dei tre spin off di *Happy Days*. Vi recitarono Penny Marshall (poi divenuta regista, tra l'altro *Risvegli*) e Cindy Williams (apparsa in film come *American Graffiti*).

LAWRENCE, BILL.
Giovane sceneggiatore, regista e produttore televisivo statunitense. È tra l'altro l'ideatore della sit-com *Scrubs*. (Il dr Cox: «Sono diventato medico per gli stessi quattro motivi di tutti: donne, soldi, potere e donne».)

LE CARRÉ, JOHN.
Pseudonimo di David John Moore Cornwell. Popolarissimo scrittore contemporaneo inglese, specializzato in spy story. In passato è stato un agente segreto. Da molti suoi scritti sono stati tratti film (*La spia che venne dal freddo*, *La tamburina*, *Il sarto di Panama*).

LE CORBUSIER.
Charles Eduard Jeanneret, 1887-1965. Il più grande architetto dell'era contemporanea.

LEACOCK, STEPHEN.
1869-1944. Intellettuale, economista e scrittore canadese.

LEARY, DENIS.
Comedian, attore (*Small Soldiers*, *Sesso e potere*, *The Suicide Kings*), scrittore e regista. Fondatore della "Leary Firefighters Foundation", una società benefica per i pompieri di Worcester e New York (il cugino di Denis morì in un incendio catastrofico a Worcester assieme ad altri sei pompieri).

LEBOWITZ, FRAN.
Popolare scrittrice e autrice newyorchese. Alcuni critici la paragonato a Dorothy Parker (v.). Chiama la sua scrittura "Arte". Quando le viene male la chiama tentativo.

LEC, STANISLAW JERZY.
1909-1966. Intellettuale e aforista polacco, fu perseguitato dalla Germania nazista e internato in un campo di concentramento dal quale riuscì ad evadere per unirsi poi al movimento partigiano. Nel dopoguerra fu anche ambasciatore a Vienna. La sua opera più famosa è la raccolta di aforismi *Pensieri spettinati*.

LEDERER, RICHARD.
È stato insegnante di inglese per ventisette anni alla St. Paul's School di Concord, New Hampshire. Ha pubblicato oltre cinquecento articoli e libri sulla lingua e la letteratura.

LEHRER, TOM.
Musicista, paroliere, pianista, uomo di satira e matematico newyorkese.

Leifer, Carol.
Comedian e autrice televisiva americana. Vive e lavora a New York.

Lelouch, Claude.
Regista cinematografico francese di grande abilità. È riuscito spesso a coniugare il successo commerciale dei suoi film alla qualità. *Un uomo e una donna* (1966) resta un piccolo capolavoro di equilibrio tra mercato e sensibilità.

LeMaire, Lora.
Comedian che ha partecipato a numerose serie tv made in Usa, e anche al *Tonight Show*. È figlia d'arte: Allen LeMaire è stato a sua volta un attore e comico americano.

Lembke, Robert.
1913-1989. Popolare giornalista e anchorman tedesco.

Lemmon, Jack.
1925-2001. Grandissimo attore del cinema americano. Lavorò moltissimo col maestro Billy Wilder (v.), per esempio in capolavori come *A qualcuno piace caldo*, 1959 (v.), *L'appartamento*, 1960, *Irma la dolce*, 1963, *La strana coppia*, 1968 (v.), *Prima pagina*, 1974 e *Buddy Buddy*, 1982. Spesso lavorò in coppia con Walter Matthau (v.).

Lenin.
1870-1924. Pseudonimo di Vladimir Ilich Uljanov. Comunista, promosse e portò a termine la rivoluzione sovietica.

Lennon, John.
1940-1980. Il primo dei quattro di Liverpool. È stato coautore di quasi tutti i pezzi dei Beatles.

Leno, Jay.
All'anagrafe James Douglas Muir Leno. È nato a New Rochelle, New York nel 1950. Comedian, collezionista di auto. È stato conduttore del *Tonight Show* sulla NBC fino al giugno del 2009, poi ha passato il timone a Conan O'Brien (v.). Ora conduce il *Jay Leno Show*. È stato uno dei pochi "nomi" ad aver realmente testimoniato al processo contro Michael Jackson nel 2005.

Leonard, Elmore.
Scrittore e sceneggiatore americano. Tra i suoi romanzi più noti, *La scorciatoia* (*Get Shorty*, 1995) e *Fuori dal gioco* (*Out of Sight*, 1998).

Leonard, Jack E.
1910-1973. Comedian americano molto popolare anche grazie ai varietà e ai quiz televisivi.

Leone, Cinzia.
Autrice di fumetti e giornalista romana. È stata tra le fondatrici de *il Male* (v.).Disegnatrice e art director apprezzata, collabora da anni anche con *Smemoranda*.

Leoni, Michele.
Aforista e scrittore forlivese.

Leotta, Orazio.
Battutista per hobby. Ci ha inviato via e-mail una serie di battute.

Lepore, Elisa.
Attrice e comica di scuola milanese, è stata una delle animatrici del *Tg rosa* in tv.

Leslie, Shane.
1885-1971. Scrittore irlandese, studiò a Parigi e a Cambridge, e nel 1907 divenne amico di Tolstoj. Poeta, romanziere, biografo del clero, autore di memorie e di racconti soprannaturali. Divenne baronetto nel 1944.

Lester, Julius.
Scrittore afroamericano di origine ebraica.

Letterman, David.
David Michael Letterman, Indianapolis, 1947. Dopo un esordio alla radio e in televisione come meteorologo, Letterman si trasferì a Los Angeles dovc iniziò a esibirsi come comedian. Presto divenne ospite regolare del *Tonight Show* di Johnny Carson. Il suo *Late Night* debuttò nel 1982 sulla NBC. Per il momento, Letterman ha firmato (sulla Cbs, dove il *Late Night* migrò nel 1993) fino al 2010. È stato il primo presentatore di varietà a tornare in tv dopo l'attacco alle Torri Gemelle dell'11 settembre, e ha dato un'idea memorabile su come si fa televisione e come si superano situazioni difficili. Un caposcuola.

Levant, Oscar.
1906-1972. Pianista, autore, compositore, attore, comedian. È l'amico di Fred Astaire in *Spettacolo di varietà*.

Levenson, Sem.
1911-1980. Umorista, intrattenitore televisivo, scrittore, giornalista americano.

Levine, Alex.
Sceneggiatore e produttore di tv movie (*Stargate*).

Levinson, Barry.
Regista, sceneggiatore e attore di cinema e tv. Oscar alla regia per *Rain Man*. Tra i suoi film anche *Good Morning Vietnam*, *Toys*, *Rivelazioni*, *Sleepers*.

LEVINSON, LEONARD L.

1904-1974. Scrittore, regista e produttore americano di cinema, ma soprattutto di tv.

LÉVY, BERNARD-HENRY.

Intellettuale ed editore francese. È stato uno dei "nuovi filosofi".

LEWIS, JERRY.

Pseudonimo di Joseph Levitch, classe 1926. Uno dei più grandi comici degli Stati Uniti, anche regista. Innumerevoli i suoi film di successo mondiale. Qui ricordiamo: *Il nipote picchiatello* (1955), *Le folli notti del dottor Jerryll* (1963), *Ragazzo tuttofare* (1960) e un'interpretazione non comica e toccante in *Re per una notte* (1983), regia di Scorsese, coprotagonista Robert De Niro.

LEWIS, JOE E.

1902-1971. Storico attore americano brillante di cinema e televisione.

LEWIS, RICHARD.

Comedian e attore. Era il principe Giovanni in *Robin Hood*: un uomo in calzamaglia di Mel Brooks.

LICHTENBERG, GEORG CHRISTOPH.

1742-1799. Scrittore e fisico tedesco. Amò molto l'Inghilterra. È passato alla storia anche per i suoi aforismi. «Dio creò l'uomo a sua immagine: vuol dire probabilmente che l'uomo creò Dio secondo la sua immagine.»

LIEBERT, DANIEL.

Celebre autore di bumper stickers (v.), gli adesivi da paraurti; è anche un comico televisivo.

LIEBMAN, WENDY.

Comedian americana apparsa sia al *Tonight Show* che al *Late Night with David Letterman*. È stata Presentatrice anche dello special *Would You Kindly Direct Me to Hell? (Potresti cortesemente mandarmi al diavolo?)*.

LIMBAUGH, RUSH.

Nel 1971, grazie a radio WXYZ (usando lo pseudonimo Jeff Christy), ha iniziato non solo a leggere le news, ma ad aggiungere i suoi commenti. Venne licenziato (stessa cosa accadde a KQV, KUDL, KFIX e KMBZ, quest'ultima la prima radio in cui Rush non usò il suo pseudonimo). Il primo successo giunse nel 1984 su KFBK a Sacramento. Il suo stile è un mix di conservatorismo e psicologia pop. Per saperne di più, www.rushlimbaugh.com.

LIMITI, PAOLO.

Uno dei più affermati parolieri della musica leggera italiana. Ma anche autore di molti successi televisivi e conduttore di programmi di grande ascolto. Ha scritto canzoni per molti artisti italiani e stranieri, ma il suo capolavoro resta *Bugiardo e incosciente*, scritto per Mina nel 1969. Ha raccolto battute e aneddotti per il magazine *Novella 2000*.

Lincoln, Abraham.
1809-1865. Presidente americano durante la Secessione, governò dal 1861 al 1865 e abolì la schiavitù. Fu nell'ordine il sedicesimo presidente degli Stati Uniti, il primo del partito repubblicano.

Linden, Hal.
Attore, intrattenitore e dirigente televisivo americano. In passato ha presentato per la ABC popolari trasmissioni naturalistiche.

Lindsey, George "Gobber".
È un caratterista americano, attore e comico. Originario dell'Alabama, si è messo in luce attraverso *The Andy Griffith Show*.

Linus.
Mensile di fumetti e altro. Fondato da Giovanni Gandini, il primo numero è datato aprile 1965. Fu diretto negli anni '70 da Oreste del Buono (v.) e negli anni '80 da Fulvia Serra. A metà degli anni Novanta lo stesso del Buono ne tornò ai vertici, quindi a occupare la sedia di direttore passò Michele Dalai, che ne è anche editore.

Linus.
Personaggio inventanto per i suoi *Peanuts* da Charles Schulz (v.). È quello pettinato come Berlusconi.

Lionello, Oreste.
1927-2009. Attore di teatro, di televisione e di cinema. Cresciuto artisticamente a Roma. È stato un punto di forza della Compagnia del Bagaglino. Come doppiatore ha dato la voce italiana a Groucho Marx e a Charlie Chaplin, a Peter Sellers e Gene Wilder. Ma il suo capolavoro è il doppiaggio di Woody Allen.

Lissoni, Roberto.
Battutista per hobby. È un libero professionista che vive e lavora a Milano.

Littizzetto, Luciana.
Comica torinese. I suoi libri sono puntualmente ai vertici delle classifiche di vendita. Memorabili alcune sue performance televisive, a partire dalle partecipazioni a *Mai dire gol* e a *Quelli che... il calcio*, e per finire a *Che tempo che fa*. È anche attrice cinematografica, scrittrice e

fa radio. In cabaret è stata tra le prime frequentatrici del palco di *Zelig*.

LLOYD WRIGHT, FRANK.
1867-1959. Architetto americano. Assieme a Le Corbusier è uno dei maggiori esponenti dell'architettura contemporanea.

LOBERTO, TEODORO.
Battutista per hobby. È un pittore lucano.

LOCHE, PIERFRANCESCO.
Comico, attore e musicista sassarese. Appartiene alla scuderia di Serena Dandini con la quale ha fatto diversi programmi televisivi.

LOEWENTHAL, ELENA.
Giornalista e scrittrice. Ebraista, a lei si deve la curatela di *Un'aringa in paradiso*, Baldini&Castoldi.

LOMBARD, PENELOPE.
Comedian americana di casa a Comedy Central (v.) e si è affermata anche in teatro.

LOMBARDI, RICCARDO.
1901-1984. Storico leader della sinistra socialista italiana.

LONG, ROB.
Autore, produttore, e scrittore televisivo. Nel 1982 ha iniziato con il telefilm *Cheers* (v.), in Italia, *Cin Cin*.

LONGANESI, LEO.
1905-1957. Intellettuale, umorista, aforista, scrittore e editore. Uno dei pochissimi grandi conservatori nostrani. Fondò la rivista *Il selvaggio*, organo del movimento culturale "Strapaese" (1926-1932). Con un'altra rivista, *L'italiano*, partecipò al vigoroso dibattito "Arte e regime fascista" in cui prese una posizione fortemente contraria alla necessità che gli artisti si mettessero al servizio del regime. Nel dopoguerra fondò la rivista *Il borghese*, dando di nuovo vita alla cultura coscientemente di destra. La casa editrice Longanesi fu da lui fondata nel 1948.

LOOMIS, MICHAEL.
Autore comico di base a Chicago che può essere contattato all'indirizzo oaktrees12@yahoo.com, eccezion fatta quando al bar c'è l'happy hour e i drink costano la metà.

LOPEZ, GEORGE.
Comedian e attore americano di origini messicane. È anche produttore e interprete di una serie tv che porta il suo nome.

Lopez Nuñes, Sandro.

Intellettuale, storico, commediagrofo di cultura ebraica. Ha pubblicato *Abbasso il fassio - La satira politica nel Ventennio*, Baldini&Castoldi.

Lord, Dick.

Attore comedian americano è apparso al *Tonight Show*.

Loren, Sophia.

Sofia Scicolone, classe 1934. La più popolare attrice italiana. Inutile elencare gli innumerevoli film, di cui almeno una quindicina, alle origini, girati con nome di Sofia Scicolone e di Sofia Lazzaro.

Lorenz, Konrad.

1903-1989. Etologo, scienziato e filosofo austriaco. Premio Nobel nel 1973. «L'anello mancante tra la scimmia e l'uomo civilizzato esiste: siamo noi.»

Lottici, Donatella.

Battutista per hobby. Vive a Milano.

Love, Jason.

Comedian e cartoonist americano. Il suo *Snapshot* è pubblicato su molte decide di giornali e su centinaia di siti web. Per saperne di più, www.jasonlove.com.

Lovitz, John.

Classe 1957. Attore brillante americano, fa parte del *Saturday Night Live* (v.). Ha girato una quartina di film a partire dal 1986 tra cui *City Slickers* (*Scappo dalla città - La vita, l'amore, le vacche*) e *City Slickers II*.

Loy, Nanni.

1925-1995. Regista, autore e performer, ha debuttato nel cinema con *L'audace colpo dei soliti ignoti* (1959), *Un giorno da leoni* (1961) e *Le quattro giornate di Napoli* (1962). Tra i suoi altri film importanti *Cafè express* (1980) e *Mi manda picone* (1984). Deve la sua popolarità televisiva alla prima trasmissione di candid camera *Specchio segreto* (1964).

Luca e Paolo.

Luca Bizzarri e Paolo Kessisoglu. Attori e comici di formazione ligure. Sono tra l'altro i protagonisti della sit-com *Camera Cafè* (Italia1). Si sono imposti al pubblico televisivo con *Le Iene*.

Lucignolo.

Film di Massimo Ceccherini (v.). Italia, 1999.

Luckerath, Tanya.

Comedian e attrice. Contrariamente a ciò che succede purtroppo nel comico, riesce ad essere avvenente e divertente allo stesso tempo. www.tanyaluckerath.com.

LUCY.

Il suo nome completo è Lucille "Lucy" Van Pelt. È uno dei protagonisti dei *Peanuts* di Charles Schulz (v.). È la sorella maggiore di Linus (v.) e Replica. Lucy, bisbetica e cinica, non sopporta Linus e Charlie Brown (v.). Mal sopporta anche Snoopy: «Stupido brachetto!». Ma è insospettabilmente romantica: è innamorata di Schroeder, "assessuato" pianista che non se la fila mai.

LUIGI XIV.

1638-1715. Borbone, Re di Francia, fu chiamato il "Re Sole". Fu soprannominato anche il "Re dell'amore" perché ebbe moltissime amanti.

LUNARI, ENZO.

Disegnatore e maestro della creatività nel fumetto, laureatosi in Scienze Politiche ha preferito dedicarsi all'illustrazione, raggiungendo la notorietà negli anni Sessanta attraverso la rivista *Linus* (v.). Tra le sue strisce più riuscite Ghirighiz, ambientato nella preistoria e Fra Salmastro da Venegono ambientato nel Medioevo. I suoi "Vecchietti" hanno segnato soprattutto i decenni più recenti della sua attività creativa. Collabora a *Smemoranda* dalla sua nascita.

LUNETTA, CALOGERO.

Battutista per hobby di Genova.

LUPOSCHAINSKY ERNST III.

Ernst Luposchainsky III è un performer dilettante che ha partecipato nel 2002 a uno dei tanti raduni di ex compagni di scuola (Northfield High Class).

LUTERO, MARTIN.

1483-1546. Teologo tedesco. A lui si deve la riforma protestante e le conseguente nascita del Protestantesimo.

LUTTAZZI, DANIELE.

Atipico, spiazzante monologhista romagnolo, riesce a coniugare il reale con l'assurdo con grande maestria. Il campo in cui eccelle è la satira, e non solo politica. I suoi libri hanno sempre notevole successo.

LYNAM, DESMOND.

Detto "Des". È un presentatore e cronista radiotelevisivo inglese, si occupa di sport. Originario irlandese lavora per la BBC, ITV e Channel 4.

LYNES, RUSSEL.

1910-1991. Editore e scrittore americano.

M

Mabley, Moms.

1894-1975. Attrice comica statunitense di colore. Fu una delle maggiori star del musical, nello specifico del "Chitlin Circuit", il vaudeville afroamericano.

Macario.

Erminio Macario. 1902-1980.Torinese. Divenne famoso per le sue ballerine, ma fu davvero un grande della rivista.

Maccari, Mino.

Disegnatore, pittore, scrittore senese. Fondò la rivista *Il selvaggio*, organo del movimento culturale "Strapaese" (1926-1932) che, seppur in modo spesso autonomo e originale, si avvicinò per alcuni aspetti all'ideologia fascista. Grande e contraddittorio.

MacDonald, Norm.

Proviene dal *Saturday Night Live* (v.). Il presidente della NBC lo sospese dal *Weekend Update* (all'interno del Snl) perché non lo giudicava divertente.

Maceta, I.

Duo di scrittori umoristi: Siro e Luca Mantovani (v.). Lavorano per la telefonia, la tv, la radio. Ci hanno inviato le loro battute in semplice veste di "lettori".

Machado, Antonio.

1875-1939. All'anagrafe Antonio Cipriano José María y Francisco de Santa Ana Machado Ruiz...! Grande poeta e scrittore spagnolo.

MacLaine, Shirley.

Attrice e scrittrice americana. Al cinema, tra l'altro: *L'appartamento*, *Irma la dolce*. È sorella di Warren Beatty.

Mad e Mat.

Battutisti per hobby di cui abbiamo perso le tracce negli anni. Con unadoverosa postilla: se "Mad e Mat" sono una coppia di genitori tipo Maddalena e Matteo, visto il contenuto delle loro battute, parrebbero messi malaccio...

Madigan, Kathleen.

Comedian vincitrice dell'American Comedy Award ("migliore stand-up comedian femminile") e protagonista tra l'altro di uno special su HBO.

Madonna.

La cantante, naturalmente.

Maeterlinck, Maurice.

1862-1949. Commediografo, poeta e saggista belga. Premio Nobel 1911.

MAFALDA.
La bambina-cartoon (in strisce) creata dal disegnatore satirico argentino Quino, all'anagrafe Joaquin Lavado. A Buenos Aires le è stata dedicata una piazza.

MAGNI, GIANNI.
1941-1992. Attore, mimo, cantante prematuramente scomparso. Con Roberto Brivio, Nanni Svampa e Lino Patruno diede vita ai Gufi, gruppo comico-musicale di stampo cabarettistico, nel 1964. I Gufi si sciolsero nel '69, nel pieno del loro straordinario successo teatrale.

MAGO ORONZO.
Mago-veggente meridionale molto trash e cialtrone. È l'invenzione più popolare del comico Raul Cremona (v.).

MAHER, BILL.
È stato inventore e conduttore dello show *Politically Incorrect*, sospeso dalla ABC perché troppo incorrect.

MAI DIRE GOL.
La fortunatissima trasmissione televisiva della Gialappa's band (v.), iniziata nel 1990 su Italia1. Ha lanciato e soprattutto consacrato un'infinità di comici.

MAI DIRE GRANDE FRATELLO.
Godibile intuizione della Gialappa's Band (v.), da una costola di *Mai dire gol* (v.) e di tutti i *Mai dire...* della serie. In molti abbiamo conosciuto il *Grande Fratello* solo per aver visto la Gialappa's.

MAILER, NORMAN.
Scrittore e regista. Americano di Brooklyn, ha vinto due volte il premio Pulitzer. Ha fondato il *The villagge voice*, mitico giornale di New York.

MAJAKOVSKIJ, VLADIMIR.
L'arte come follia. La follia come rivoluzione. Non tutte le battute attribuitegli sono reali. A volte sono verosimili.

MAKARESKO, BORIS.
Antesignano dei battutisti italiani. Vive e lavora da moltissimi anni a Milano. È stato uno dei più prolifici frequentatori del Derby Club.

MALCOLM X.
1925-1965. Leader americano. Si battè per i diritti dei neri d'America. Spike Lee gli dedicò un film biografico nel 1992. All'anagrafe Malcolm Little, Malcolm X decise di chiamarsi così per rifiutare il proprio cognome da schiavo. Una delle tante leggende metropolitane che hanno per tema l'ignoranza delle giovani generazioni universitarie degli anni Ottanta narra di esami in cui uno studente lo chiamava Malcolm Decimo. Noi non ci

crediamo. Per noi lo studente lo chiamava correttamente Malcolm Per.

Maldini, Giuliana.
Disegnatrice. Ha pubblicato diverse raccolte di osservazioni argute sulla quotidianità con ottica femminile. Collabora tra l'altro a *Smemoranda*.

Male, Il.
1978-1981. È stato il più letto foglio satirico italiano. Una breve ma intensa vita nel più movimentato periodo della nostra politica del dopoguerra. Chi non ricorda: «Scusate, abitualmente vesto Marzotto»? Molti, in seguito i tentativi di imitazione, resurrezione, celebrazione libraria. Ma di *Male* ce n'è stato uno solo, quello.

Maltese, Curzio.
Giornalista, scrittore. Scrive su *la Repubblica*. E lo fa molto bene.

Mancroft, Lord.
Benjamin Lloyd Stormont Mancroft. Barone, manager e politico inglese.

Manera, Leonardo.
Comico e cabarettista. «Un saluto festoso a tutti.» Da molti anni fa buona televisione. È legato a *Zelig* da diverso tempo, sia per la tv che per il cabaret e il teatro. Ha pubblicato per Kowalski *Sole cuore fluoro*. È un ottimo performer. Il "cinema polacco", con Claudia Penoni (v.), è un piccolo capolavoro intuitivo.

Manetta.
Dino Manetta. Disegnatore satirico, ha lavorato anche in tv (TG2).

Manfredi, Nino.
Grandissimo attore della commedia all'italiana. Citiamo un solo film per tutti: *C'eravamo tanto amati* (1974), del grande Ettore Scola. Il personaggio che interpreta Manfredi è il portantino d'ospedale Antonio.

Manganelli, Giorgio.
1922 -1990. Grande e sofisticato scrittore, giornalista, saggista. *Pinocchio. Un libro parallelo*, è una altissima performance critico-letteraria.

Manhattan.
Usa, 1979. Per certi versi è il film più bello di Woody Allen (v.), quello in cui il Maestro ha meglio condensato il grande amore per la sua città. Manhattan ha tra l'altro trascinato almeno una generazione di viaggiatori alla skyline dal ponte di Brooklyn. Oggi che quella skyline ha cambiato drammaticamente profilo, resta il nostro fascino nei confronti di Manhattan, e di Allen e Scorsese, i due

registi che ce l'hanno saputa raccontare meglio.

MANNINO, TERESA.
Vivace ed esile comica di origine palermitana trapiantata a Milano. Colta (tra l'altro è laureata in filosofia), attenta e sensibile, Teresa Mannino alterna monologhi arguti e divertenti (i temi: la donna, il confronto tra Nord e Sud, le nevrosi metropolitane) alla verve di conduttrice. Dopo aver fatto parte del cast di *Zelig Off* e di *Zelig Circus* con il personaggio di Cetti, è stata promossa comica-conduttrice di *Zelig Off* dal 2007, assieme a Federico Basso (v.), pur continuando a essere un punto di riferimento come stand-up comedian delle prime serate di *Zelig*.

MANSFIELD, JANE.
1932-1967. Sex symbol del cinema americano.

MANTOVANI, LUCA E SIRO.
Vedi Maceta, I.

MANZALINI, LUCIANO.
Il più "nevrotico" del duo comico I Gemelli Ruggeri, di nascita e formazione artistica bolognese, "Il Gran Pavese"... L'altro dei Gemelli, il "pacioccone", si chiama Eraldo Turra.

MANZONI, ALESSANDRO.
1785-1873. Il più grande romanziere italiano, reso spesso noioso dalla scuola. I promessi sposi hanno pagine di grande ironia.

MAO ZEDONG.
(O Mao Tse Tung, come si diceva un tempo). Uno dei più grandi nel XX secolo. La citazione è tratta da una sua intervista.

MARANI, GRAZIANO.
Battutista per hobby. È un autore comico emiliano. Ha pubblicato tra l'altro per Fuori Thema il volume *Sesto Senso, ovvero quella cosa che fa schifo più di cinque volte.*

MARCEAU, MARCEL.
1923-2007. Francese. Il padre dei mimi contemporanei. Ha fatto ridere senza mai pronunciare una battuta.

MARCHESE DEL GRILLO, IL.
Uno dei mille film di Alberto Sordi, 1981, regia di Mario Monicelli.

MARCHESI, MARCELLO.
1912-1978. Di questo Maestro assoluto ricordiamo innanzi tutto che è l'autore della battuta: "*Anche le formiche nel loro piccolo s'incazzano*". Umorista (*Il malloppo*, *Diario futile*, ecc.), autore televisivo e intrattenitore in video (*L'amico del giaguaro*,

Il signore di mezza età, ecc.), autore radiofonico (*Indovinala Grillo* ecc.) e teatrale di rivista (*Alta tensione* ecc.). Sceneggiatore, soprattutto di moltissimi film di Totò, da *Siamo uomini o caporali?*, a *Totò cerca casa, Totò al Giro d'Italia, Totò, lascia o raddoppia?*, pochi sanno che fu anche copywriter: ha scritto più di quattromila Caroselli, inventando slogan che hanno attraversato la storia del nostro paese: «Con quella bocca può dire ciò che vuole»; «Non è vero che tutto fa brodo» ecc... Fu infine battutista e uomo di satira (scrisse per *Il Bertoldo* e *Marc'Aurelio*).

MARCHI, CESARE.
Ricercatore, scrittore, conduttore televisivo, si occupa di storia e di lingua italiana con taglio divulgativo. Numerosissime le sue pubblicazioni.

MARDER, BARRY.
Staff writer della sit-com *Seinfeld*.

MARINETTI, FILIPPO TOMMASO.
1876-1944. Scrittore, poeta, drammaturo, performer. Fondò il Futurismo, movimento culturale interessantissimo che solo oggi si riesce a analizzare con la lucidità che impone la storia e non la cronaca. Chi è sensibile al genere vada a confrontarsi con i suoi Manifesti scritti fra il 1911 e il 1923, molti dei quali legati al teatro e alla comunicazione.

MARINI, VALERIA.
Maggiorata degli anni Novanta, oggi stilista.

MARIVAUX, PIERRE.
1688-1763, all'anagrafe Pierre Cadet de Chamblain de Marivaux. Scrittore e drammaturgo del Settecento, considerato il più importante commediografo francese del XVIII secolo. Con notevole senso dell'ironia, scelse le trame della commedia amorosa in contrapposizione agli eleganti esercizi letterari del suo secolo.

MAROTTA, GIUSEPPE.
1902-1963. Grande scrittore e giornalista. Nato a Napoli, si trasferì a Milano nel 1925. Tra i suoi romanzi d'obbligo *L'oro di Napoli* e *A Milano non fa freddo*.

MAROZZI, ALBERTO.
Discografico, autore televisivo, scrittore. Ha pubblicato: *Tra moglie e marito... preferisco la moglie*, Gremese.

MARQUIS, DON.
1878-1937. Umorista americano.

Martellini, Nando.

1921-2004. Da radiocronista fu la prima voce di *Tutto il calcio minuto per minuto*. Poi divenne un grande telecronista. «Campioni del mondo... Campioni del mondo... Campioni del mondo!...»

Martin, Dean.

1917-1995. Pseudonimo dell'italo-americano Dino Paul Crocetti. Attore, cantante, grande uomo di spettacolo, fece parte della Rat Pack, il gruppo celeberrimo di incontenibili scapestrati dello showbiz, con Frank Sinatra (v.) e Sammy Davis Jr (v.). Partecipò a una cinquantina di film. Ebbe anche da NBC un suo programma tv, *The Dean Martin Show*.

Martin, Demetri.

Dal suo sito ufficiale: "Accaddero molte cose, e poi Demetri nacque. Ebbe un'infanzia. Dopo un po' finì. Andò a scuola per un po' di tempo. Abbandonò l'ultima in cui andò. Poi iniziò a dire battute a New York, e continua ancora adesso". www.demetrimartin.com.

Martin, Steve.

Nato Stephen Glenn Martin, a Waco, Texas, nel 1945. Comedian, attore, sceneggiatore, playwright, produttore, regista, suonatore di banjo (per cui vinse un Grammy), collezionista d'arte (è un trustee del Los Angeles Museum of Art). Pur non avendo mai fatto parte del cast di *Saturday Night Live*, è la persona che ha presentato lo show più di tutti, con quattordici partecipazioni, a tutto il 2007. www.stevemartin.com.

Martinelli, Luca.

Battutista per hobby toscano. Ci ha inviato qualche battuta nel Natale 2001. Con gli auguri!

Marx, Chico.

Leonard, detto "Chico". 1891-1961. Uno dei Fratelli Marx (v.).

Marx, Fratelli.

Pietre miliari della cinematografia, radiofonia, editoria comica. Ma di loro e di Groucho (v.) abbiamo già scritto tutto.

Marx, Groucho

1890-1977. Julius Henry Marx. Il capofamiglia dei fratelli più famosi del mondo. Comedian teatrale, radiofonico, cinematografico e televisivo assieme ai fratelli Harpo, Chico, Gummo e Zeppo. Durante la carriera cinematografica non ebbe mai baffi "suoi". Era lucido da scarpe, anche sulle sopracciglia.

McCartney, Paul.
Un Beatle. C'è da aggiungere altro?

McCormick, Pat.
1927-2005. Comico americano. Ha partecipato a film e programmi televisivi di successo.

McDonald, Norm.
Attore e performer canadese. È anche giocatore di poker professionista.

McGee, Molly.
È un personaggio della "archeologica" trasmissione radiofonica americana *Fibber McGee and Molly*, di stampo farsesco. Fibber e Molly erano interpretati da James "Jim" and Marian Driscoll Jordan.

McGinty, Paul.
Stand-up comedian, attore, scrittore e cameriere americano (quand'era più giovane).

McGraw, Tug.
1944-2004. Eroe del Baseball Americano.

McHale, Joel.
Comedian, attore, scrittore, e presentatore di *The Soup* sul canale satellitare E! Entertainment Television.

McKay.
Umorista e disegnatore americano.

McLaughlin, Mignon.
Scrittrice americana. Autrice di *The Neurotic's Notebook*, 1964.

McLuhan, Marshall.
1911-1980. Sociologo canadese. Si è occupato in modo approfondito e determinante di media e della loro influenza sulla società e sull'uomo. Un profeta del tempo. «Il tempo ha cessato di esistere, lo spazio è svanito. Ormai viviamo in un Villaggio Globale dove tutto accade all'istante.»

McLuke, Luke.
Pseudonimo del giornalista e scrittore americano James Syme Hastings.

Meazza, Giuseppe.
Detto "Peppino". Uno degli attaccanti più prolifici della storia del calcio. Giocò quasi sempre nell'Inter. Poi, già "anziano", finì la carriera al Milan. Lo stadio di San Siro è dedicato a lui.

Medbury, John P.
Scrittore, umorista, autore televisivo americano.

Medici, Luca.
Comico, musicista, intrattenitore, avvocato di origine barese. Il suo personaggio, Checco Zalone, è la forzatura in chiave comica, quasi satirica, di un esilarante cantante "neomelodico" napoletano. Lanciato da *Zelig Off*, poi punto di forza di *Zelig* in prima serata (cerca alcune sue performance in YouTube, per esempio), Luca Medici ha coronato popolarità e successo con il suo inno non ufficiale alla nazionale italiana campione del mondo 2006, *Siamo una squadra fortissimi*. Nel 2006 e 2007 è anche stato protagonista della pubblicità di *Smemoranda* (www.smemoranda.it).

Medved, Michael e Harry.
Critici cinematografici americani.

Meir, Golda.
1898-1978. Laburista. È stata una delle maggiori personalità politiche d'Israele sin dalla nascita dello stato.

Melazzi, Giorgio.
Doppiatore. Ma anche attore e comico. I suoi monologhi, che scrive da solo, rivelano l'immediatezza del cabaret e la profondità del teatro.

Mellini, Mauro.
Avvocato di Civitavecchia e in passato uomo politico radicale.

Melloni, Marco.
Ventisettenne autore televisivo (*Smile*, ecc.).

Melody Maker.
Rivista inglese dedicata esclusivamente alla musica. C'è stato un periodo in cui faceva tendenza.

Mencken, Henry Louis.
1880-1956. Editore e scrittore. Prevalentemente collaborò con il *Sun* di Baltimora. Tra il 1914 e il 1923 pubblicò anche un giornale satirico, *The Smart Set*, assieme a George Jean Nathan.

Mendoza, Eduardo.
Scrittore e autore teatrale spagnolo. Vive a Barcellona. Cfr. *Nessuna notizia di Gurb*, traduzione di Gianni Guadalupi.

Mendoza, John.
Attore e comedian. È apparso in *NYPD Blue*, *Arli$ $*, *The Tonight Show* e molti altri spettacoli televisivi. È stato nominato Best Club Comic.

Meneghetti, geometra.
Un'invenzione del comico e monologhista Enrico Bertolino (v).

Mentana, Enrico.
Giornalista. Ha lavorato per anni in Rai. Poi è passato a Mediaset. È stato direttore del TG5 e responsabile delle News. Ha condotto *Matrix* in seconda serata a Canale 5. Si è dimesso da ogni incarico agli inizi del 2009.

Merafino, Franco.
Torinese. Già autore comico e battutista, oltre che produttore e agente dello spettacolo.

Mercoledì da leoni, Un.
Usa, 1978. Capolavoro di John Milius. Film cult degli anni settanta. Dei ragazzi, l'oceano e le tavole da surf...

Meredith, Don.
Giocatore di football americano.

Meredith, George.
1828-1909. Scrittore inglese. Il suo romanzo più famoso è *L'egoista*.

Miccio, Francesco.
Battutista per hobby. Studente campano in medicina, cuoco, disegnatore. E battutista...

Michaels, Felicia.
Comedian vincitrice dell'American Comedy Award come "migliore stand-up comedian femminile" nel 1999. La voce assomiglia a quella di Minnie, ma quel che dice farebbe arrossire sia Topolino che Tip e Tap.

Micheli, Maurizio.
Attore e autore comico di origine pugliese ma di formazione lombarda. Storici alcuni suoi monologhi-nonsense (*Branco e i rifugiati politici*, ecc.) messi a punto nei cabaret milanesi degli anni '70. Il suo migliore e intramontabile spettacolo comico è *Mi voleva Strehler*, scritto con Umberto Simonetta.

Midler, Bette.
Cantante, attrice e compositrice. Ha esordito esibendosi in noti locali gay a New York, ma è sposata e ha un figlio. Si è autodefinita "The Divine Miss M", ed è stata l'ultima ospite del *Tonight Show* con Johnny Carson.

Migone, Paolo.
Comico livornese, regista teatrale, attore. Monologhista originale e di talento, ha conosciuto il successo televisivo partecipando a *Zelig*. Ha pubblicato per Kowalski *L'occhio nero al panda gliel'ho fatto io* e *Abbracciati da sola che c'ho d'anda' via*.

MIKES, GEORGE.
Autore satirico e umoristico ungherese naturalizzato inglese. Molto letto nei paesi anglosassoni e in Germania, non è stato mai pubblicato in Italia.

MILANI, MAURIZIO.
Pseudonimo di Carlo Barcellesi, da Codogno (Lodi). Comico originalissimo scoperto da *Zelig*, ha partecipato e partecipa a numerose trasmissioni televisive (la più recente è *Che tempo che fa*) e scritto libri esilaranti. Gli ultimi, pubblicati da Kowalski, s'intitolano: *La donna quando non capisce s'innamora* (2003), *La donna in amore vuole tribolare* (2005), *L'uomo che pesava i cani* (2006), *Del perché l'economia africana non è mai decollata* (2007). Con questa ultima fatica Milani è entrato prepotentemente e definitivamente nel gotha degli scrittori di calibro, osannato dalla miglior critica. Tiene una rubrica su *Il Foglio* di Giuliano Ferrara.

MILIAN, TOMAS.
Nome d'arte di Tom·s Quintin Rodriguez. Attore cinematografico statunitense di origine cubana, noto soprattutto come protagonista di film western e polizieschi all'italiana a cavallo tra gli anni Settanta e Ottanta. I suoi personaggi più famosi sono Er Monnezza, piccolo malavitoso collaboratore di giustizia e Nico Giraldi, ex ladro poi divenuto poliziotto. I due personaggi sono simili e spesso vengono confusi anche perché sono stati entrambi doppiati dal grande Ferruccio Amendola.

MILITELLO, CRISTIANO.
Comico, attore, scrittore, giornalista, è l'autore dei fortunati bestseller pubblicati da Kowalski *Giulietta è 'na zoccola* e *Giulietta è 'na zoccola - tempi supplementari*. Pisano, appassionato di calcio, è anche nello staff di *Striscia la notizia* (v.).

MILLER, DENNIS.
Comedian, commentatore sportivo e politico, conduttore radiofonico. Esplose nel *Saturday Night Live*, quindi passò a trasmissioni quali *The Dennis Miller Show*, *Dennis Miller Live* ecc. Sua moglie, Carolyn Epsley, è probabilmente più nota per essere la ragazza nel video *Too Shy* dei Kajagoogoo. www.dennismiller-radio.com.

MILLER, GEORGE.
1950-2003. All'anagrafe George Wade Dornberger. Apparso in numerosi episodi del *The Tonight Show*, era amico personale di David Letterman. È morto di leucemia.

Miller, Henry.
1891-1980. Grande scrittore statunitense. *Tropico del cancro*, *Tropico del capricorno*, *Plexus*, *Sexus*, *Nexus*...

Miller, Larry.
Comedian, attore (*Il professore matto*) e scrittore. Apparso molte volte al *Tonight Show* e al *Late Night with David Letterman*. www.larrymillerhumor.com.

Miller, Nancy.
È una critica che scrive su *Entertainment Weekly*, settimanale di spettacolo americano.

Milligan, Spike.
1918-2002. Attore cinematografico e televisivo. Scrittore. Autore, paroliere, musicista, sceneggiatore.

Milner, Anita.
Talvolta Anita Cheek Milner. Si è iscritta a Legge a quarant'anni e a cinquanta è diventata avvocato. Appare sovente all'*Improv* e al *The Comedy Store*.

Mina.
Anna Maria Mazzini. Cantante. È stata la più grande.

Mintoti, Valerio.
Battutista per hobby di Milano.

Minutoli, Alfredo.
Comico e cabarettista di origini liguri. Vive e lavora a Milano. Grazie a *Zelig* in tv ha portato al successo il personaggio di un leghista estremo che si presenta in scena in camicia verde.

Miquelarena, Jacinto.
1891-1962. Scrittore spagnolo.

Mirabella & Garrani.
Coppia di autori e intrattenitori radiofonici e televisivi. Vedi Mirabella, Michele.

Mirabella, Michele.
Giornalista e scrittore, è conosciuto dal grande pubblico soprattutto per le sue conduzioni radiofoniche (con Garrani) e televisive, l'ultima delle quali è *Elisir*.

Miranda.
Vedi *Sex and the City*.

Mirandola, Vasco.
Attore cinematografico (*Mediterraneo*) e teatrale, scrittore. È stato anche cabarettista. Ha pubblicato un divertente libro di poesie: *Non urlare che mi rovini il prezzemolo!*, Zibaldone, 1990.

MIRITELLO, MARISA.
Attrice e cabarettista. Con Egidia Bruno ha formato il duo comico Le Fuoricatalogo.

MISS PIGGY
È la porcellina del *Muppet Show*.

MISTER FOREST.
O Mister Forrest. Michele Foresta (v.). Molti lo considerano ancora un mago comico. In realtà è un comico che si traveste da mago.

MITCHUM, ROBERT.
1917-1997. Formidabile attore americano col culo basso. Dal 1942 al 1997 ha fatto uno sproposito di film, soprattutto western e di azione.

MITFORD, NANCY.
1904-1973. Scrittrice e biografa inglese.

MIZNER, WILSON.
1876-1933. Scrittore e sceneggiatore. Sono suoi *20.000 Years in Sing Sing* e *Strictly Personal*.

MOCHRIE, COLINO.
Comedian e attore canadese, specializzato in improvvisazioni. Al cinema lo si è visto accanto a Jackie Chan in *The Tuxedo*, e a John Travolta in *Lucky Number*. Per saperne di più, www.colinmochrie.com.

MODER, MATTEO.
Il poeta di *Cuore* (v.).

MOGGIAN BARBAN, LUCA.
Battutista per hobby di Mira (Venezia).

MOGLIE DI FRANKENSTEIN, LA.
(*Bride of Frankenstein*). Film di James Whale, Usa,1935, con Boris Karloff, Colin Clive, Valerie Hobson, Elsa Lanchester, Ernest Thesiger, Gavin Gordon, Douglas Walton.

MOLIÈRE.
1622-1673. Pseudonimo di Jean-Baptiste Poquelin. Il più grande commediografo francese. Con Shakespeare il più grande in assoluto. Se c'è da discuterne, discutiamone pure.

MOLINARI, ALBERTO.
Il padre di Matteo.

MOLINARI, MATTEO.
Assieme a Gino&Michele (v.) ha firmato quasi tutte le serie di *Anche le formiche nel loro piccolo s'incazzano* e di *Le cicale*. È in particolare il super esperto di comicità soprattutto americana. Vive a Los Angeles e Los Angeles vive in lui.

MONELLA.
Film di Tinto Brass, 1998.

Monica, Corbett.
1930-1998. Comico e attore americano, interpretò sé stesso tra l'altro in *Broadway Danny Rose* di Woody Allen (v.).

Monicelli, Mario.
Grandissimo regista. Ha contribuito al successo della commedia all'italiana nel mondo. Nel 1958 inventò *I soliti ignoti*. Potrebbe bastare quello...

Monkhouse, Bob.
1928-2003. Scrittore, commediografo, attore e intrattenitore televisivo inglese.

Monni, Carlo.
(Bozzone). Attore di teatro e di cinema. È la spalla di Roberto Benigni nel film *Berlinguer ti voglio bene* (1977), tratto dallo spettacolo teatrale *Cioni Mario di Gaspare fu Giulia* (1975), entrambi per la regia di Giuseppe Bertolucci.

Monnier, Henri.
1799-1877. Francese. Scrittore, ma anche vignettista e caricaturista. Scrisse tra l'altro *La religione degli imbecilli*.

Monroe, Marilyn.
Ci piace che resti un Mito. Così. Senza date e altro.

Montaigne, Michel de.
1533-1592. Uno dei più grandi scrittori francesi. Fu magistrato, anche.

Montalto, Sandro.
Battutista per hobby di Occhieppo Inferiore (Biella).

Montanari, Mauro.
Battutista per hobby.

Montand, Yves.
Cantante, uno dei più grandi francesi. Portò al successo *Les feuilles mortes*. Fu anche un ottimo attore. Tra i suoi film più emozionanti *Zeta - l'orgia del potere*, *La confessione*, *L'amerikano*. Tra le commedie brillanti *È simpatico ma gli romperei il muso*.

Montanelli, Indro.
Giornalista e scrittore. Forse il più grande giornalista italiano.

Montesano, Enrico.
Attore, intrattenitore comico romano. Per Kowalski ha pubblicato il suo primo libro *Siamo nati per soffrire. E ci siamo riusciti*.

Montesquieu, Charles Louis de.
1689-1755. Scrittore francese, è l'illuminista per antonomasia.

Moore, Christopher.
Scrittore americano (*Un lavoro sporco*).

Moore, Dudley.
1935-2002. Attore teatrale e soprattutto cinematografico e musicista (pianista). È il più basso attore inglese, conosciuto anche per le sue interpretazioni nei film 10 (v.) e *Arturo* (v.).

Morand, Paul.
1888-1976. Scrittore francese. Romanziere e saggista, è ritenuto uno dei padri dello stile moderno nella letteratura francese. Scrisse anche molti racconti.

Moreau, Jeanne.
Grande attrice francese. Tra i suoi migliori film: *Jules et Jim*, *Les amants*, *Ascensore per il patibolo*.

Moretti, Nanni.
Regista e attore. «Continuiamo così... Facciamoci del male...» I suoi film da regista, per chi volesse andare a rivederseli tutti in dvd: *Io sono un autarchico*, *Ecce Bombo*, *Sogni d'oro*, *Bianca*, *La messa è finita*, *Palombella rossa*, *La cosa*, *Caro diario*, *Aprile*, *La stanza del figlio*, *The last customer*, *Il caimano*.

Morgan, Henry.
1915-1994. Da non confondersi con l'omonimo attore e l'omonimo pirata, è stato un comedian americano conosciuto soprattutto attraverso la radio, e approdato in seguito in televisione.

Morgione, Gaspare.
Giornalista e disegnatore satirico lombardo.

Moro, Roberto.
"Robym". Battutista per hobby.

Morretti, Egidio.
Medico pescarese, già autore comico per diletto. È stato autore televisivo (*Vicini di casa*).

Morris, Pat.
1871-1952. Governatore del Texas e presidente della Baylor University.

Morris, Sir Lewis.
1833-1907. Poeta inglese.

Morris, William.
1834-1896. Poeta e pittore inglese.

Morton, J.B.
1893-1979. John Cameron Andrieu Bingham Michael Morton si firmava semplicemente J. B. Morton . Scrittore, giornalista e umorista inglese.

Mosca, Giovanni.

1908-1983. Disegnatore, umorista, scrittore, giornalista. Uno dei Padri dell'umorimo italiano. E padre dei fratelli Mosca: Maurizio e Paolo.

Moschino.

Franco Moschino. 1950-1994. Stilista lombardo (è nato a Abbiategrasso). Il sarto che sapeva prendersi per i fondelli.

Muhammad Alì

(Cassius Clay). Ha conosciuto Gianni Minà.

Mull, Martin.

Attore televisivo canadese trasferitosi poi negli Stati Uniti. Esordì con John Candye Billy Crystal in *Big City Comedy*, praticamente il *Saturday Night Live* del Canada. Al cinema, era il colonnello Mustard in *Clue*.

Munster, Herman.

Interpretato dallo scomparso Fred Gwynne nel tv show *The Munsters*, era un impresario di pompe funebri alto circa due metri che assomigliava a Frankenstein. La serie andò in onda dal 24 settembre 1964 all'1 settembre 1966.

Muntoni, Alessandro.

Battutista per hobby, sardo.

Muppet Show, The.

Creato da Jim Henson in Inghilterra, è stato "adottato" in Usa e approdato prima al cinema e poi alla Walt Disney, è diventato il più popolare spettacolo di marionette e pupazzi (marionette = puppet = muppet).

Mura Gianni.

Giornalista soprattutto sportivo, anagrammista e scrittore. Anche umorista. Esperto di enogastronomia. Scrive su *la Repubblica*.

Muraro, Mario.

Battutista per hobby di Torino dove vive e insegna lettere.

Murphy, Eddie.

Attore nero statunitense. Si è messo in luce in televisione attraverso la mitica *Saturday Night Live* (v.). Murphy ha interpretato tra l'altro: *Una poltrona per due*, con Dan Aykroyd (v.) e *Beverly Hills Cop* (*Un piedipiatti a Beverly Hills*). Ma numerosissime sono le sue pellicole.

Murphy, Eddy.

Capitano e ingegnere aeronautico dell'aviazione statunitense. È il responsabile unico della frase, ormai di uso comune nel mondo «Se qualcosa può andar male, lo farà». Sull'onda di questo assioma del pessimismo cosmico è nata un'interminabile serie di libri-leggi curati da Arthur Bloch (v.) pubblicati in Italia da Longanesi.

MURPHY, SUE.

Ha avuto il suo special su Comedy Central (v.). È stata una delle voci degli Ewoks per George Lucas in *Guerre stellari*...

MURRAY, DAVIS.

Ha scritto: *What's so Funny? - The comic conception of culture and society*.

MURRAY, JAN.

1916-2006. Stend-up comedian e attore americano originario del Bronx.

MUSSOLINI, BENITO.

1883-1945.

MUSSY, DANIEL.

Chansonnier e aforisma francese.

MYERS, MIKE.

Attore e comico canadese. Ex musicista. Ha partecipato a numerose trasmissioni televisive di successo tra cui il *Saturday Night Live*. Il successo dei suoi personaggi televisivi lo ha portato al cinema nei film *Fusi di testa* (*Wayn's World*) e *Austin Powers*. Da lì Myers passa ad interpretare altri ruoli, anche drammatici. È la voce originale di Shrek in tutti i suoi film.

N

NAMATH, JOE.

Nella vita Joseph William Namath. Campione di football americano. Quarterback per i New York Jets e in seguito i Los Angeles Rams, è entrato nella Pro Football Hall of Fame nel 1985.

NAPOLEONE & CARDOPATRI.

Battutisti per hobby. Rispettivamente Filippo e Cesare. Sono di Greve in Chianti, Firenze.

NARDON, FEDERICA.

Battutista per hobby, ci ha inviato le sue battute insieme a Di Naccio, Arturo (v.).

NARDUZZI, GIANLUCA.

Battutista per hobby veneto. Lo ringraziamo per aver letto praticamente tutti i nostri libri. Che pazienza...

NASH, OGDEN.

1902-1971. Scrittore e poeta statunitense, oltre che giornalista. Iniziò a scrivere sul New Yorker. Grande cultore del paradosso e dell' assurdo.

NATIONAL LAMPOON.

Letteralmente: Satire Nazionali. Periodico americano che nacque nel 1970 dalla rivista umoristica *Harvard Lampoon*. Via via negli anni Settanta il magazine trovò sempre maggior fortuna, trattando oltre che di umorismo e satira, di controcultura e di politica. Dal gruppo creativo della rivista sono nati anche spettacoli teatrali e film.

Navigli, Marco.
Programmatore. Si occupa di complessi progetti informatici, addirittura in collaborazione con l'Agenzia Spaziale Italiana. Ma è anche il creatore, supersaccheggiato dai comici, del *Manuale di conversazione della metropoli periferica* (www.turbozaura.it).

Navratilova, Martina.
La più grande donna del tennis di tutti i tempi.

Negri, Carlo.
Comico "di peso", come ama definirsi. Attore, cabarettista e monologhista lombardo. Vai a vedere www.comicodipeso.it.

Nei panni di una bionda.
Film di produzione americana del 1991. Regia di Black Edwards. Nel film l'attrice Barbara Hershey interpreta il ruolo di madame Mede.

Nelson, Bob.
Iniziò la carriera di comedian, anche se preferisce essere chiamato "clown", nel 1977. È apparso molto in televisione, specie negli show di tarda notte. www.bobnelson.com.

Nenni, Pietro.
1891-1990. Padre del socialismo nostrano. Uno che adesso si rivolta nella tomba.

Neri, Franco.
Comico di origine calabrese, vive a Torino. Monologhista efficace, dopo una lunga gavetta è esploso a *Zelig* e è poi approdato come conduttore anche a *Striscia la notizia*. Per Kowalski ha pubblicato *Franco, oh Franco!* e *Tutto il mondo è paese*.

Netscape One-liners.
Vedi, Anonime Internet One-Liners.

New York Roasts.
Vedi Friars' Roasts.

New York Times.
Il più importante quotidiano del mondo. Forse.

Newhart, Bob.
Classe 1929. Attore comico che ha attraversato cinquant'anni di tv americana. Ha raggiunto il massimo della popo-

larità negli anni '70 con la sit-com *Bob Newhart's show*.

NEWMAN, ALFRED E.

È il bambino senza un dente presente su tutte le copertine di *MAD*, il magazine di satira americana fondato da William M. Gaines nel 1954.

NEWMAN, PAUL.

1925-2008. Grande attore, regista e produttore americano, già entrato nel mito. Non citiamo nessuna delle sue innumerevoli (alcune straordinarie) performance cinematografiche. Lo ricordiamo qui per il suo grande impegno civile, politico e etico. Nel corso della sua vita Newman ha fondato una grande azienda alimentare i cui profitti andavano interamente per sostenere associazioni in sostegno della ricerca medica e dell'infanzia.

NEWMAN, RANDY.

Randall Stuart Newman all'anagrafe. Irriverente musicista californiano. Notissimo e controverso cantautore, pianista, compositore e arrangiatore, pluripremiato (un Oscar, tra l'altro), noto per le sue canzoni mordaci e satiriche e per le sue numerose colonne sonore.Ha scritto tra l'altro *You Can Leave Your Hat On* , celeberrima canzone cantata da Joe Cocker, si è fatto molti nemici con la canzone *Short People* in cui dichiarava il suo odio per la gente piccola.

NEWTON, HELMUT.

1920-2004. Fotografo tedesco di adozione americana. Il nudo.

NEWTON, ISAAC.

1642-1727. Filosofo, fisico, matematico inglese. Quello della mela. Citazione riportata da Wikipedia, l'enciclopedia libera di Internet: «Non so come il mondo potrà giudicarmi ma a me sembra soltanto di essere un bambino che gioca sulla spiaggia, e di essermi divertito a trovare ogni tanto un sasso o una conchiglia più bella del solito, mentre l'oceano della verità giaceva insondato davanti a me.»

NICHOLS, DIANE.

Comedian nata a San Francisco, la sua carriera è iniziata mentre si trovava sotto un banco, durante un allarme per un bombardamento aereo. «A proposito di pubblico difficile: i bambini erano terrorizzati dal fatto che i russi potessero sganciare una bomba, a me è sembrata un'occasione per provare un paio di battute.» È apparsa in *The Tonight Show*, *Politically Incorrect*, HBO: *Women of the Night III* e in un'infinità di altri show.

Nicholson, Jack.
Formidabile attore americano. *Qualcuno volò sul nido del cuculo*, *Shining*. Se possono bastare...

Nico.
Una delle caratterizzazioni più riuscite di Giovanni Storti (Aldo, Giovanni e Giacomo, v.). È l'improbabile sardo interpretato in *Mai dire gol* (v.).

Nielsen, Leslie.
Attore canadese naturalizzato americano. Per tutti: *L'aereo più pazzo del mondo* e *Una pallottola spuntata*.

Nietzsche, Friedrich W.
1844-1900. Grande e controverso intelettuale, filosofo e scrittore tedesco.

Night After Night.
Film americano del 1932. Sceneggiatura di Vincent Lawrence e Mae West (v.).

Nike.
Battutista per hobby. Nike è la radice greca di Nicola. È residente ad Alba, neolaureato in Economia e Commercio.

Nimier, Roger.
1925-1962. Scrittore e intellettuale francese. Critico, sceneggiatore cinematografico, animatore di una fronda (Les hussards) che si opponeva al romanzo esistenzialista, scrisse sette romanzi in cinque anni.

Niven, David.
1910-1983. Attore inglese di casa a Hollywood. Inventò il personaggio del playboy ironico e flemmatico. Tra i molti film interpretò *Bonjour tristesse*, *Il giro del mondo in 80 giorni*, *La pantera rosa*, *007, Casino Royal*. Raccolse le proprie esperienze negli Stati Uniti nel libro *La luna è un pallone*, Sperling. Morì in Svizzera a causa del morbo di Lou Gehrig.

Niven, Larry.
Scrittore di fantascienza. È anche sceneggiatore televisivo e di fumetti.

Nixon, Richard.
1913-1994. «I am not a crook!!» Presidente americano (1968-1974) invischiato nel Watergate.

Nocera, Marco.
Battutista per hobby.

Nosei, Stefano.
Comico, cabarettista, musicista spezzino. Ha partecipato a diverse trasmissioni tv, tra cui il *Costanzo Show*, *Bulldozer* e *Zelig*.

Not Necessarily the News.

Trasmissione americana, scritta a più mani, nata sul format inglese BBC *Not the Nine O' Clock News* dal 1879 al 1982. *Not Necessarily the News* è andata in onda per 30 puntate tra l'83 e l'84 su HBO. L'idea base era quella di mischiare, in chiave comico-satirica, notizie e filmati veri a contraffazioni e falsi. A essa si è ispirata *Striscia la notizia*.

Noyes Westcott, Edward.

1846-1898. Scrittore e manager bancario statunitense. Visse anche in Italia. Il suo unico romanzo, pubblicato praticamente postumo, s'intitola *David Harum (una storia americana)*. Divenne un bestseller prima, uno spettacolo fortunatissimo a Broadway, poi. Per ultimo divenne un film.

Nutley, Buzz.

Comedian e scrittore, ha fornito materiale (tra gli altri) a Jay Leno. Per saperne di più, www.buzznutley.com.

O

O'Brien, Conan.

Ex autore di *Saturday Night Live*. Andava in onda col suo show dopo Jay Leno fino al giugno 2009, per poi prendere il posto al *Tonight Show*. Nei suoi talk show le interviste sembravano completamente improvvisate. È stato autore e doppiatore de *I Simpsons* (v.).

O'Brien, Flann.

1911-1966. Pseudonimo di Brian O'Nolan. Giornalista e scrittore irlandese. Nel 1940 cominciò a pubblicare articoli satirici e umoristici in inglese e in gaelico sul giornale bilingue *The Irish Times* con lo pseudonimo di Myles nag Copaleen (Myles dei Cavallini) e, successivamente su *The Nationalist* e sul *Leinster Times* con lo pseudonimo di George Knowall.

O'Donnell, Rosie.

Comedian nata a New York, attrice (*The Flintstones*), conduttrice di talk show, editor (*Rosie*), la corpulenta Rosie è tanto popolare per le sue qualità artistiche quanto per le polemiche che suscita - con Tom Selleck, una lite in diretta sulle armi; con Donald Trump, un altro caso durato un paio di settimane... Chissà cosa s'inventerà domani? Per approfondire: www.rosie.com.

O'Hara, John.

1905-1970. Narratore americano. I suoi racconti hanno riprodotto con grande abilità le atmosfere dell'America della seconda metà del Novecento.

O'Neal, Shaquille.

Giocatore di basket americano. Un idolo dell'NBA.

O'Neil, Dennis.

Altre volte accreditato come Denny O'Neil. È uno scrittore di libri comici, editore e creativo. È responsabile parzialmente delle storie di Barman.

O'Rourke, Christine.

Sceneggiatrice e "impro comedian" di base a Los Angeles.

O'Rourke, P.J.

All'anagrafe nome completo: Patrick Jake O'Rourke. Scrittore satirico e critico americano. Da anima satirica di *National Lampoon* (v.) a corsivista di *Playboy* a guru su *Rolling Stone*. In Italia è stato pubblicato, tra gli altri, il libro *Mal Ton*.

O'Toole, Peter.

Grande attore irlandese. *Lawrence d'Arabia* per tutti. Detiene un record: ha ricevuto ben otto nomination come miglior attore protagonista per gli Oscar senza peraltro mai vincere nulla.

Occhi di serpente.

Usa-Italia, 1993. Film di Abel Ferrara con Madonna. Il titolo italiano indica la mano perdente di una giocata di dadi (un due). Ma il titolo Usa è semplicemente *Dangerous game*.

Ojetti, Ugo.

1871-1946. Critico e letterato toscano.

Olbrechts-Tyteca, Lucie.

Saggista franco-belga. Il suo *Il comico del discorso*, Feltrinelli, è un testo fondamentale per chi opera nel settore della comicità.

Oliver, Mikael.

O Michael. Interprete del film *Piccola peste* (1990) di Dennis Dugan dove ha interpretato la parte di Junior.

Olivier, Laurence.

1907-1989. Il più grande attore inglese, anche regista. Per i patiti c'è un'ottima e ponderosa biografia di Donald Spoto pubblicata da Baldini&Castoldi.

Ombre rosse.

Il film è un capolavoro assoluto, a partire dal titolo italiano (in originale è

Stagecoach). Il film è del '39. Il regista è John Ford, il protagonista principale è John Wayne.

Ombri, Furio.
"Nasce ad Antella, da madre incinta". È appassionato di enigmistica e di umorismo da sempre. Collabora con giochi e battute ad alcune rubriche de *La Settimana enigmistica* e, sul sito www.aenigmatica.it, anima un forum con sfide sulla creazione di battute a tema.

Omen.
Personaggio-caricatura improntato sulla misoginia inventato dal comico Raul Cremona (v.) e da Marco Del Conte (v.).

Only Fools and Horses.
Sit-com inglese della BBC, diretta da John Sullivan.

Oppenheimer, J. Robert.
1904-1967. Scienziato. Fisico nucleare.

Opposite of Sex, The.
Usa, 1998. In italiano: *L'esatto contrario del sesso*. Film di Don Roos. Intelligente e cattivissima commedia americana ambientata nel mondo gay. Apprezzabile interprete femminile, Cristina Ricci.

Orben, Robert.
Battutista e scrittore americano (*Speaker's Handbook of Humor*). Ha collaborato con il Dipartimento di Speechwriting (discorsi scritti) della Casa Bianca.

Oreglio, Flavio.
Cabarettista e musicista lombardo, ha lavorato per molti anni in vari locali, per poi approdare in tv (ha partecipato a molte edizioni di *Zelig* per passare poi ad altre trasmissioni tra cui *Il senso della vita* di Bonolis). È il "poeta catartico". Le sue raccolte di battute hanno primeggiato nelle classifiche librarie di questi ultimi anni.

Orlando, Silvio.
Attore napoletano che non disdegna il comico. Tra gli interpreti più apprezzati del Teatro dell'Elfo negli anni in cui vi lavorava Gabriele Salvatores. Poi il cinema, a partire dallo stesso Salvatores e Nanni Moretti, e proseguendo con Luchetti, Mazzacurati, Piccioni, Avati (coppa Volpi in *Il padre di Giovanna*), Muccino... In tv, tra l'altra *Emilio* e la sit-com *Vicini di casa* (v.). Non ha mai smesso di fare teatro, portando in scena tra gli altri Starnone e riprendendo De Filippo.

Ormezzano, Gian Paolo.
Giornalista sportivo. È stato direttore di *Tuttosport*.

Ororo.
Vedi *Aenigmatica*.

Ortega, Daniel.
L'immagine del Nicaragua sandinista.

Osborne, Charles.
Classe 1927, nato in Australia, vive in Inghilterra. Grande critico teatrale e musicale.

Osborne, John.
1924-1994. Drammaturgo inglese. *Ricorda con rabbia*. Espresse con grande sensibilità e senso del sociale le problematiche dei giovani negli anni Cinquanta-Sessanta.

Ovadia, Moni.
Attore, musicista, scrittore, regista, uomo di spettacolo a tutto tondo. Tra gli amici che abbiamo, una delle persone più consapevoli della propria cultura (ebraica e drammaturgica).

Owen, Guy.
Comedian e motivational speaker, ha fatto numerose performance durante oltre vent'anni di attività.

P

Paganini, Niccolò.
1782-1840. Il violino.

Pagnol, Marcel.
1895-1974. Scrittore,commediografo e regista cinematografico francese.

Palazzeschi, Aldo.
1885-1974. Pseudonimo di Aldo Giurlani, scrittore e poeta fiorentino. Tra crepuscolarismo e futurismo, padre della neoavanguardia. A ragione è considerato tra i maggiori poeti del Novecento. Andarsi a rileggere: *La casina di cristallo* e *La passeggiata*...

Pali e Dispari.
Alias Angelo Pisani e Marco Silvestri. Alias Capsula e Nucleo. Milanesi. Cresciuti alla scuola di *Zelig* e precedentemente a quella della centro sociale Scaldasole. Coppia di comici amatissima soprattutto dalle giovani generazioni, sono da anni punto di forza di *Zelig* in tv. Hanno pubblicato per Kowaski *Kumpalibre*, campione di vendite e *Convivo confuso... ma convivo*. Nel 2008 hanno creato e animato un interessante laboratorio di giovani comici, *Favelas*.

Palladino, Gianni.

Giovanni. 1948-2008. Attore, comico, performer di formazione lombarda. Dagli anni Ottanta ha animato le notti milanesi debuttando al Derby Club e approdando tra i primissimi al cabaret *Zelig*. Il suo primo lavoro teatrale importante è stata la mitica pièce *Comedians*, rappresentata al teatro dell'Elfo nel 1986. Seguirono molti altri spettacoli in teatro con Salvatores, Paolo Rossi, Enzo Iachetti, Elio De Capitani, tra gli altri. In tv ha partecipato a numerose trasmissioni, tra cui *Zanzibar* e *Su la testa!*. Al cinema è stato tra i protagonisti di *Kamikazen, ultima notte a Milano*. Gianni è stato una colonna anche delle nostre squadre di calcio, dai "Comedians" a *Smemoranda*, sia come difensore centrale che come allenatore. Con lui abbiamo condiviso molti anni della nostra vita artistica e privata.

Palmiro Cangini.

Il mitico Assessore alle Varie ed Eventuali inventato da Paolo Cevoli (v.).

Palumbo, Giuseppe.

Autore comico. Ha inviato a Zelig, all'attenzione di Giancarlo Bozzo (v.) che praticamente a Zelig ci vive, un manoscritto: *Renzo Rebottana e i Poeti Stra maledetti*.

Panariello, Giorgio.

Comico. Divenuto famoso nei locali della Versilia grazie alle caratterizzazioni di personaggi locali (bagnini, ristoratori, politici), si è imposto al grande pubblico tramite le televisioni di Cecchi Gori prima, e la Rai, poi. Monologhista, performer, imitatore, attore, è stato anche protagonista di numerosi film in testa agli incassi. Tra i suoi personaggi più riusciti il bagnino Mario, Merigo, Simone (v.).

Panebarco

Daniele Panebarco. Disegnatore satirico ravennate. Ha reinventato il materialismo storico (a fumetti). Oggi si occupa soprattutto di supporti multimediali.

Panelli, Paolo.

1925-1997. Attore e comico romano. Un gigante, nella sua minutezza, della tv in bianco e nero. Con l'attrice e comica Bice Valori diede vita a una delle coppie più solide del varietà italiano.

Pankin, Stuart.

Attore americano di tv e di cinema. Ha esordito nella trasmissione tv *Not Necessarily the News* (v.) per poi passare al cinema (*Aracnophobia*, *Attrazione fatale*, *Che vita da cani*). In tv, tra l'altro, è tra i protagonisti della serie *Zenon, ragazza stellare*.

Paolo, Lorenzo.

Giovane comico che ha partecipato alle audizioni e al laboratorio di *Zelig*.

Papa's Delicate Condition.

Titolo italiano: *Quella strana condizione di papà*. Regia di George Marshall. Usa, 1963.

Paper Chase, The.

In onda su CBS e Showtime (19 settembre 1978-17 luglio 1979). Serie tv drammatica basata sul romanzo di John Jay Osborn Jr. Molto apprezzata ma poco seguita dal pubblico. John Houseman era il professor Charles W. Kingsfield Jr, lo stesso ruolo da lui interpretato nel film tratto dal medesimo romanzo.

Paperon De' Paperoni.

Invenzione di Carl Barks per la Walt Disney. C'è da aggiungere altro?

Papu, I.

Duo di cabaret formato da Andrea Appi e Ramiro Besa.

Parassole, Diego.

Comico, cabarettista, battutista di rango dell'area *Zelig*. Ha inventato Erminio Pistolazzi (v.), operaio "incacchiato". Per Kowalski ha pubblicato *Robe che fanno girare gli ammennicoli*. Accantonato Pistolazzi, oggi predilige presentarsi come monologhista puro. Scrive anche con Carlo Turati (v.) e Riccardo Piferi (v.).

Parenti, Alessio.

Giovane autore comico, si occupa del laboratorio di *Zelig*.

Parenti, Franco.

1921-1989. Attore, autore, regista. Uno dei personaggi più rappresentativi del nostro teatro contemporaneo. Della sua intensa attività ricordiamo le origini: *Il dito nell'occhio* (1953) e *Sani da legare* (1954), spettacoli appartenenti al "teatro da camera", antesignano del teatro-cabaret alla cui stesura e allestimento parteciparono tra gli altri Dario Fo, Giustino Durano e Fiorenzo Carpi. Le citazioni a firma Parenti di questa raccolta sono estrapolate dalla rubrica *Il dito nell'occhio* tenuta da Parenti sul quotidiano socialista *L'Avanti*, nel 1957.

Parker, Brant & Hart, Johnny.

Cartoonists. Sono gli inventori tra l'altro del *Mago Wiz*.

Parker, Dorothy.

1893-1967. All'anagrafe Dorothy Rothschild, nota anche con i diminutivi di Dot e Dottie. Fu tra le più argute e caustiche commentatrici dei fenomeni di costume americano dell'epoca. Tra le sue numerose intuizioni anche questa che piacerà agli editor: «Le traduzioni belle sono come le mogli carine: raramente sono fedeli».

PARKS, TOM.
Stend-up comedian e attore di sit-com americano.

PARLATO, VALENTINO.
Giornalista. Ha fondato *il Manifesto*. Vedere anche il dvd (Feltrinelli) sulla sua vita, scritto dal figlio Matteo con Marina Catucci e Roberto Salinas: *Vita e avventure del Signor di Bric à Brac* .

PARODI, ALESSANDRO.
Battutista per hobby.

PARR, JACK.
1918-2004. Comico e attore americano, fu prima protagonista di programmi radiofonici, poi televisivi. Di casa spesso al *The Tonight Show* (v.).

PARRY, DEBBIE.
Comedian inglese.

PASCALL, JEREMY.
Giornalista inglese, esperto di musica e di umorismo.

PASCALONE 'E NOLA.
Soprannome di Pasquale Simonetti, boss della vecchia camorra. Pasqualone era formalmente fruttivendolo. Fu marito di Pupetta Maresca. Fu ucciso per ordine di Totonno 'e Pomigliano, poi a sua volta freddato da Pupetta. A Pascalone è ispirato il film di Francesco Rosi *La sfida*.

PASCARELLA, CESARE.
1858-1940. È il maggiore dei poeti romaneschi dopo G.G. Belli.

PASSEPARTOUT.
È lo pseudonimo del disegnatore satirico e scrittore Pietro Gorini quando è in coppia con Gianfranco Tartaglia.

PASTERNACK, JOE.
1901-1991. Produttore (*Per favore non mangiate le margherite*). Per saperne di più, www.joepasternakmovies.com.

PASTORI, CARLO.
Musicista, attore, comico, intrattenitore. Ha partecipato ad alcune serie di *Zelig*. Fa anche un buon teatro per ragazzi. www.carlopastori.it.

PAT.
Patrizia Carra. Disegnatrice satirica e astrologa. È una tra le rare donne che fanno satira.

Paterno, Joe.
Detto anche JoPa. Uno dei più grandi coach di football americano. Come allenatore ha battuto un'infinità di record.

Patkin, Max.
1920-1999. È stato uno dei più grandi giocatori di baseball americano e curiosamente anche clown. Fu infatti soprannominato "Clown Prince of Baseball". Ha interpretato nell'88 il film *Bull Durham - Un gioco a tre mani*, di Ron Shelton.

Patrick.
Patrick Star (Patrick Stella) è una stella marina nonché miglior amico del protagonista di *SpongeBob Square Pants*, creato da Stephen Hillenburg e prodotto dal network Nickelodeon. Da noi è andata in onda su Italia1. La serie è ambientata a Bikini Bottom, una cittadina immaginata in fondo all'Oceano Pacifico.

Patroni, Gino.
1920-1992. Grande aforista spezzino (cfr. *Il foraggio di vivere*). Disse di lui Arrigo Petacco: «Come Flaiano, è convinto che è meglio perdere un amico che una battuta».

Patrucco, Alberto.
Comico monologhista. Ha conosciuto il successo televisivo soprattutto grazie a *Zelig*. Poi è passato a *Colorado cafè* e a altre trasmissioni. Ottimo battutista, predilige per i suoi pezzi una vigorosa satira di costume con qualche accenno alla politica.

Paul, Jean.
1763-1825. Pseudonimo (in onore a Rousseau) di Johann Paul Friedrich Richter. Scrittore, pensatore, insegnante e riformatore tedesco. Fu vicino al Romanticismo.

Pavarotti, Luciano.
1935-2007. Grande cantante tenore. Ha esportato il melodramma italiano (e non solo) in tutto il mondo.

Pavese, Cesare.
1908-1950. Grande scrittore e poeta contemporaneo. *Lavorare stanca...*

Pazienza, Andrea.
1956-1988. Il più amato dei disegnatori italiani "on the road", ha partecipato a tutte le più interessanti avventure editoriali e non solo, legate soprattutto al mondo giovanile, dagli anni Settanta in poi. Ci ha lasciati troppo presto, Paz.

Peanuts.
Le strip di Charles M. Schuz (v.).

Pekkanen, Toivo.

1902-1957. Scrittore finnico di grande popolarità nel suo paese. Nonostante un colpo apoplettico l'abbia colpito a cinquant'anni, prima di morire ha scritto il suo più bel libro, *La mia giovinezza*.

Pelizza, Marco Ercole.

Battutista per hobby. Ci ha inviato una nutritissima autobiografia. Di essa teniamo buona, in coda, la citazione di Churchill: «Non mi scandalizza che alcune di queste cose siano false, mi terrorizza che tutte le altre siano vere».

Penn, Sean.

Regista, attore americano. Tra l'altro ex marito di Madonna, nato nel 1960. Tra i suoi film maggiori *Carlito's Way*, *Dead Man Walking*, *La sottile linea rossa*, *Mystic River* (Oscar migliore attore 2004) e *Milk* (Oscar al miglior attore 2009). È stato anche regista del pluripremiato *Into the Wild* (*Nelle terre selvagge*), 2007.

Penna, Sandro.

1906-1976. Grande poeta. «Io vivere vorrei addormentato/entro il dolce rumore della vita».

Pennasilico, Franco.

Autore e regista teatrale napoletano. È divenuto popolare qualche anno fa per le sue "Poesie" del *Maurizio Costanzo Show* (v.).

Penoni, Claudia.

Comica e attrice brillante torinese. In televisione ha partecipato a *Zelig* e ad altre trasmissioni comiche. Inoltre è come attrice a Disney Channel. A *Zelig* è ricordata soprattutto in coppia con Leonardo Manera (v.) nella parodia del "Cinema polacco".

Pepys, Samuel.

1633-1703. Scrittore inglese. Lasciò un Diario in linguaggio pseudo stenografato che fu decifrato e pubblicato solo nel 1970.

Perego, Ivo.

Personaggio inventato da Antonio Albanese (v.), con la complicità di Michele Serra (v.).

Perelman, Sidney Joseph.

Sceneggiatore, ha scritto numerosi film, tra cui *Il giro del mondo in 80 giorni*. È stato anche sceneggiatore dei Fratelli Marx.

Peretti Cucchi, Valerio.

1956-2003. Autore televisivo novarese (ha lavorato tra l'altro con Antonio Ricci), scrittore, umorista. Egregio battutista. Ci ha lasciati davvero troppo presto.

PERFETTI, FABRIZIO.
Trasportatore milanese e dj per hobby.

PERICOLI E PIRELLA.
Tullio Pericoli ed Emanuele Pirella. Coppia di giornalisti, opinionisti e disegnatori satirici. Lavorano spesso insieme, per anni hanno collaborato e collaborano con importanti testate italiane, da *L'Espresso* a *Linus*, dal *Corriere della Sera* a *la Repubblica*. Pirella è anche un apprezzato e quotato pubblicitario; Pericoli un ottimo pittore e disegnatore.

PEROT, ROSS H.
Petroliere miliardario (in dollari). Conservatore americano con l'hobby della politica.

PERSONAL SERVICES.
Film inglese del 1987 di Terry Jones, soggetto e sceneggiatura di David Leland. Sceneggiatura e soprattutto dialoghi in qualche modo estremi, sulla falsa riga dei Monty Pyton, da cui proviene parte del gruppo creativo del film.

PERTINI, SANDRO.
1978-1985, Il Presidente della repubblica più amato dalla gente.

PESAPANE, SAVERIO.
È stato un collaboratore di *Comix* (v.).

PESARESI, DAVIDE.
Manco a dirlo è di Pesaro. Battutista per hobby e collezionista di battute di altri che ci ha segnalato, copiose.

PETITTI, GIANFRANCO.
Pugliese. Battutista per hobby.

PETRARCA, FRANCESCO.
1304-1374. Scrittore, poeta, padre della letteratura italiana. Amò Laura. D'altra parte chi non ha amato almeno una Laura nella vita...

PETROLINI, ETTORE.
1886-1936. Attore-autore comico romano. Inventore di Gastone e dei "salamini". Uso e abuso del calembour e del nonsense. A suo modo unico. Qualcuno scrisse di lui: «Ha avuto il coraggio di essere idiota».

PEZZOLI, NICOLA.
Battutista per hobby. Abita in Lombardia, dalle parti di Varese. Usa lo pseudonimo di Zio Scriba.

PFEIFFER, MICHELLE.
Grande attrice americana. Da *Scarface* a *Relazioni pericolose* (Oscar migliore attrice non protagonista), a *L'età dell'innocenza*. È attualmente sposata con lo sceneggiatore David E. Kelley.

PHIL SILVERS SHOW, THE.
20 settembre 1955 - 11 settembre 1959. Serial tv creato da Nat Hiken e interpretato da Phil Silvers nei panni del sergente maggiore Ernie Bilko, un truffatore dal cuore d'oro, i cui tentativi di far soldi fallivano quasi sempre. Rifatto come film (*Sgt. Bilko*) con Steve Martin nei panni del protagonista.

PHILIPS, EMO.
Comedian surreale dalla voce stridula e dai tempi impossibili: un puro genio, parla molto lentamente e sembra sempre sul punto di non riuscire a tirare fuori la parola successiva... In un sondaggio svolto da *GQ Magazine* tra comedian, tre delle sue battute sono risultate tra le migliori settantacinque mai scritte.

PHILLIPS, BOB.
Robert Leon (Bob) Phillips, classe 1951. Americano, è essenzialmente un giornalista e anchormen televisivo. Il suo programma più famoso s'intitola: *Texas Country Reporter*.

PICASSO, PABLO.
1881-1973. Il Pittore.

PICCOLI, MICHEL.
Grande attore sceneggiatore, regista, a tempo perso cantante francese.

PIERACCIONI, LEONARDO.
Regista e attore toscano re degli incassi al cinema. È stato anche cabarettista. A *Zelig* (v.) lo ricordiamo silenzioso e garbato spettatore: veniva apposta da Firenze a vedere i suoi amici Due Mendi, e cioè Massimo Ceccherini (v.) e Alessandro Paci. Questo prima che i tre si dessero al cinema.

PIERCE, CHARLES.
1926-1999. Attore americano nato a New York e vissuto a San Francisco. "Regina" degli spettacoli en travesti, ha recitato sempre e esclusivamente in abiti femminili. Il suo cavallo di battaglia era la caricature di Bette Davis (v.).

PIERI, MARCELLO.
Cantautore di Cesena, Ha partecipato a un Festival di Sanremo. «Se fai l'amore come cammini, cammina con me.»

PIFERI, RICCARDO.
Autore teatrale e televisivo tra i più dotati. Tra i collaboratori storici di Paolo Rossi, ha firmato molti programmi televisivi di successo. Abbiamo spesso lavorato insieme.

PINTOR, LUIGI.
1925-2003. Intellettuale, uomo politico, uno dei riferimenti della sinistra italiana.

Nel 1969 fondò insieme ad Aldo Natali, Rossana Rossanda, Lucio Magri, Luciana Castellina e Massimo Caprara *Il Manifesto*, di cui più volte fu direttore.

PIPER, MONICA.
Attrice brillante televisiva e comica americana.

PIPERITA, PATTY.
Soprannome di Patricia Reichardt (negli USA "Peppermint" Patty), nata il 22 agosto 1966 dalla mente di Charles M. Schultz come un nuovo membro della gang dei Peanuts. Chiama Charlie Brown "Ciccio," viene chiamata "Capo" dalla sua amica Marcie, è una studentessa mediocre e si addormenta sempre in classe.

PISTARINO, CARLO.
Già monologhista televisivo di buoni ritmi e qualità, ora essenzialmente autore. Genovese, ex autista di autobus municipali. Ha lavorato tra l'altro a *Drive in* e *Emilio*.

PISTIS, MAURIZIO.
Cabarettista di Treviso. Oggi principalmente autore.

PISTOLAZZI, ERMINIO.
Personaggio inventato e interpretato dal comico Diego Parassole (v.). Forse è la sua caricatura.

PISU, MAX.
Apprezzato comico lombardo nato e cresciuto a *Zelig*. Oltre ad aver partecipato a molte edizioni di *Zelig* in tv, è passato a *Guida al campionato* e ad altre trasmissioni tv. Ha pubblicato per Rizzoli *Minchia che ridere!*.

PITIGRILLI.
1893-1975. Pseudonimo di Dino Segre. Scrittore e giornalista. Segnò un'epoca, soprattutto tra le due guerre. Forse sopravvalutato, ha segnato trent'anni della letteratura e del giornalismo italiani.

PIVETTI, GRAZIA GABRIELLA.
Madre di Irene.

PIVETTI, IRENE.
Figlia di Grazia Gabriella e sorella di Veronica.

PLATINETTE.
Pseudonimo di Mauro Coruzzi. Grosso personaggio radiofonico e televisivo. «Negli Stati Uniti i ragazzi si travestivano per non andare in Vietnam. Io mi travesto per andare da Costanzo.»

PLATINI, MICHEL.
Un grande calciatore francese alla corte degli Agnelli. Disse da calciatore: «No, niente è importante del calcio. Giochiamo, ci divertiamo, proviamo a

vincere... ma non è importante». Poi però è diventato presidente della UEFA.

Plauto, Tito Maccio

250-184 a.C. Forse il più grande commediografo latino.

Playboy.

La prima rivista patinata per "soli uomini" o "uomini soli"? O "solo uomini soli"?

Plutarco.

45-125 d.C. Scrittore e filosofo greco. Da Wikipedia: "... E Alessandro andò da Diogene. Lo trovò sdraiato al sole. Diogene, sentendo tanta gente che veniva verso di lui, si sollevò un po' e guardò Alessandro. Questi lo salutò affettuosamente e gli chiese se avesse bisogno di qualcosa che potesse fare per lui. «Scostati dal sole» rispose il filosofo...". Da *Vite parallele*.

Poggi, Pierfrancesco.

Attore ed autore teatrale, ha lavorato anche nel cinema e in tv. Ma è conosciuto soprattutto come performer radiofonico (Radio Rai) soprattutto a fianco di Enrico Vaime (v.).

Polanski, Roman.

Regista, sceneggiatore e attore americano, vive a Parigi. Di grande ironia e autoironia. Ricordiamo per tutti *Per favore non mordermi sul collo*.

Poli, Paolo.

Attore, comico e cantante raffinato e colto. Vive in Toscana. Ha saputo giocare molti dei suoi spettacoli sulle ambiguità dei ruoli sociali e sulle debolezze delle culture dominanti, sapendone cogliere spesso gli aspetti paradossali e comici. Una pietra miliare dello spettacolo italiano, dall'operetta, al varietà, alla prosa. «Ho il ventre piatto perché non sono mai rimasta incinta.»

Pollard Gallard, Jean.

Aforista francese.

Pollicelli, Giuseppe.

Battutista per hobby. Attore di teatro (fa parte della compagnia romana AdLP), sceneggiatore, poeta, si è a lungo occupato di fumetti.

Pompa, Gene.

Comedian di Los Angeles, autore dei suoi testi. Vanta origini Messicane è apparso spesso in trasmissioni tv soprattutto di seconda serata: *Late Night* con Conan O'Brien (NBC)e *Late Late Show* (CBS) con Craig Kilborn.

Pompadour, Madame de.
1721-1764. Nome completo: Jeanne-Antoinette-Poisson Marchesa de Pompadour. Fu la favorita di Luigi XV. Concentrò attorno al suo potere e alla sua intelligenza, il meglio degli intellettuali dell'epoca.

Pongo.
Pseudonimo del cabarettista e musicista milanese Massimo Pongolini. A lavorato in tv tra l'altro con *Zelig*, Funari e la Cancellieri. Molti anche i suoi spettacoli teatrali.

Ponzoni, Cochi.
Attore (cinema e teatro), comico, musicista. Ha contribuito assieme a Renato Pozzetto (vedi Cochi e Renato) a fare la storia della comicità moderna. Rilanciato televisivamente da *Su la testa*. Parafrasando Paolo Rossi: «Più che un mitomane, un mito».

Popular Mechanics.
Rivista scientifica di genere divulgativo. Come segnalato, la battuta involontaria è datata 1949.

Porcaro, Giorgio.
1952-2002. Comico e attore milanese di origine pugliese formatosi al Derby Club (v.) negli anni Settanta. È l'altra faccia del "Terronciello" portato al successo parallelamente a Diego Abatantuono.

Porcaro, Rosalia.
Attrice e comica napoletana. Tra i suoi personaggi più riusciti Assundam è una donna afghana legata alla cultura islamica ma non priva di contraddizioni.

Porro, Viviana.
Attrice e comica, è apparsa in tv grazie a *Zelig Off*. Il personaggio della mamma che scopre di avere un figlio gay è una sua bella intuizione.

Portolano, Antonio.
Battutista per hobby. Vive a Napoli.

Posani, Marco.
Autore televisivo e teatrale . Ha debuttato in tv con *Drive in* ed *Emilio*, cui hanno fatto seguito *Vicini di casa*, *Su la testa*, *Scherzi a parte*. Negli ultimi anni è stato coautore tra l'altro di *Quelli che il calcio*, *Anima mia*, *Che tempo che fa*.

Potato.
Personaggio inventato per il cabaret dal comico Alessandro Brunello (v.). È una specie di buttafuori da discoteca.

Pound, Ezra.
1885-1972. Poeta statunitense, tra i più grandi innovatori del Novecento.

Sostenne fino all'ultimo pubblicamente e con militanza culturale il nazismo e il fascismo. Per questo fu arrestato dagli stessi americani dopo la guerra. Fu rilasciato dopo qualche tempo per infermità mentale. Visse a lungo in Italia, tra Rapallo, il Trentino e Venezia, dove morì. Quando nacque il suo primo figlio lo chiamò Omar Shakespeare Pound. E commentò: «Si noti il crescendo».

POWELL, WILLIAM.

1892-1984. Grande attore a Broadway, divenne presto un gigante a Hollywood. La battuta citata a suo nome è tratta dal film di Irving Pichel *Il signore e la sirena*, sceneggiatura di Nunnally Johnson.

POZZETTO, RENATO.

Attore comico e musicista milanese. Comico di grandi qualità naturali, originariamente in coppia con Cochi Ponzoni (v., ma vedi anche Cochi e Renato). È stato per anni recordman d'incassi del cinema italiano.

POZZI, MOANA.

1961-1994. Il mito del porno.

POZZOLI & DE ANGELIS.

Rispettivamente Gianmarco e Gianluca. Coppia "dadaista" della nuova comicità, sono cresciuti al centro sociale Scaldasole di Milano e presto approdati al cabaret Zelig. Già numerose le loro apparizioni televisive da *Scatafascio* a *Zelig* stesso e a *Colorado cafè*.

PRECE, SIR WILLIAM.

Direttore tecnico del Ministero britannico delle Poste e dei Telegrafi. La frase è datata 1876. Ma Prece evidentemente si ravvide, perché incentivò, nel 1897, le sperimentazioni di Guglielmo Marconi sulle onde radio...

PRÉVERT, JACQUES.

1900-1977. Eclettico intellettuale francese. Grande poeta, scrittore, sceneggiatore (*Il porto delle nebbie*, *Alba tragica*, ecc.), autore di canzoni (*Le foglie morte*, ecc.). Una sua lunga poesia-elencazione (*Tentativo di descrizione di un banchetto a Parigi*) ha ispirato la celeberrima *Quelli che...* di Jannacci-Viola (v.). Di gran moda negli anni Settanta, ora Prévert pare un po' dimenticato. Consigliamo i curiosi di andare a rileggersi le sue raccolte, pubblicate da Feltrinelli e da altri editori.

PRICE, VINCENT.

1911-1993. Attore americano. Fu considerato la controfigura americana di Boris Karloff. La sua dizione perfetta e il suo atteggiamento semiserio che virava verso l'ironia ne fecero il protagonista perfetto di film horror (*Il pozzo e il pendolo* e *L'abominevole dottor Phibes*). Era la voce fuori campo in *Thriller* di Michel Jackson.

Prisco, Peppino.
All'anagrafe Giuseppe 1921-2001. Avvocato, storico vicepresidente e simbolo dell'Inter per cinquant'anni. Oltre alla battuta involontaria riportata, citiamo tra le altre le due strepitose: «Dopo aver stretto la mano a un milanista corro a lavarmela. Dopo averla stretta ad uno juventino, mi conto le dita»; «La gioia più grande? Scontata. Il Milan in B. E per ben due volte: una... a pagamento e una... gratis. Sono dell'idea che una retrocessione cancelli almeno cinque scudetti conquistati e che la vittoria di una Mitropa Cup elimini i residui».

Prochnow, Herbert V & Prochnow, Herbert V Junior.
Coppia di battutisti americani.

Prodi, Romano.
L'uomo dell'Ulivo.

Producers, The.
Scritto da Mel Brooks e Thomas Meehan, è lo show che ha vinto più Tony nella storia di Broadway: dodici. Quando lo show è approdato a Los Angeles, i ruoli sono stati interpretati rispettivamente da Jason Alexander e Martin Short.

Proia, Umberto.
Battutista per hobby. Vive a Roma.

Proietti, Gigi.
Grande attore di teatro. Ha fatto anche cinema e televisione. La battuta è del suo personaggio Mandrake nel film *Febbre da cavallo*. Proietti ha anche una interessante e quotata scuola di teatro a Roma. Per saperne di più su di lui: www.provepe-runsito.it (sito non ufficiale ma molto divertente).

Proops, Greg.
Gregory Everett Proops, americano, Attore, doppiatore, manipolatore della voce ad alti livelli, produttore e stand-up comedian.

Prospero.
Vedi *Aenigmatica*.

Proust, Marcel.
1871-1922. Francese. L'uomo della *Recherche*. Basta?

Provenza, Paul.
Vive a New York. Attore, comedian e filmmaker americano. Non ama esibirsi in tv. Ha al suo attivo diverse pellicole sperimentali.

Provenzano, Pietro.
Battutista per hobby. Ci ha spedito le sue cose migliori.

Prudhomme, Sully.
René Francois Armand Prudhomme detto Sully. 1839–1907. Scrittore poeta e aforista francese. Premio Nobel per la letteratura nel 1901.

Pryor, Richard.
Attore e cabarettista afroamericano. In Italia è divenuto celebre grazie a film come *Non guardarmi: non ti sento* al fianco di Gene Wilder. Aggressivo e provocatorio nel linguaggio, soprattutto in un'autoironica messinscena sulla condizione dei neri negli States, la sua comicità ha sempre diviso il suo pubblico tra detrattori e fans deliranti. Il suo filone è stato ereditato almeno nelle intenzioni da Eddie Murphy (v.) e Chris Rock (v.).

Puzo, Mario.
Scrittore, ha creato *Il Padrino*, e sceneggiatore: sono suoi, tra gli altri, *Superman, The Movie.*

Q

Quarrata, Simone.
Si firma Tex. Battutista per Hobby pistoiese.

Quei bravi ragazzi.
Usa, 1990. Uno dei capolavori di Martin Scorsese sulla malavita e la marginalità americana. Ci sarebbe da scrivere una pagina su questo grande film.

Quelo.
Personaggio geniale inventato e interpretato da Corrado Guzzanti (v.), anticipatore della New-New age.

Queneau, Raymond.
1903-1976. Francese. Scrittore, maitre à penser, filosofo, matematico, linguista. Una delle menti più originali della cultura europea contemporanea. Sopra a tutti: *Esercizi di stile* (Einaudi, tradotto magistralmente da Umberto Eco). Poi nell'ordine: *Troppo buoni con le donne*, *Zazie nel metro*, *I fiori blu*, *Icaro involato*, e tutto il resto.

Quinn, Colin.
Comedian americano, anche lui proviene dal *Saturday Night Live*. Ha al suo attivo un recente show su Comedy Central (v.)

chiamato *Tough Crowd* (*pubblico difficile*) *with Colin Quinn.*

QUINO.
Pseudonimo di Joaquin Lavado. Argentino. Disegnatore di strip. Ha inventato Mafalda (v.). È stato definito da OdB culturalmente "un terrorista".

R

RABAN, JONATHAN.
Scrittore inglese specializzato in racconti di viaggio (*Passaggio in Alaska*, *Bad land*). In Italia pubblica per Einaudi.

RABBIT, JESSICA.
La moglie di Roger. La più erotica delle attrici. La sua voce nell'originale è di di Kathleen Turner. Il film è naturalmente l'impareggiabile *Chi ha incastrato Roger Rabbit?*, 1988, diretto da Robert Zemeckis e prodotto dalla Disney che ha segnato l'inizio di una nuova era del cinema d'animazione.

RACO, DANIELE.
Monologhista genovese, comico e battutista. In tv è apparso più volte negli *Zelig*. Interpreta monologhi molto interessanti. Nel suo sito www.danieleraco.it dice tra l'altro di essere grasso, misogino, geniale, pigro...

RADIOFRECCIA.
Film italiano del 1998. Opera prima del musicista Luciano Ligabue. Emozioni, tanta forza, grande amore. Come nella migliore tradizione della musica rock.

RAFFERTY, MICHAEL.
Autore del best seller statunitense Skid Marks: barzellette sugli avvocati, interamente dedicato a battute sulla categoria.

RAGAZZI DEL CORO, I.
Usa, 1977. Pellicola cult degli anni Settanta di Robert Aldrich. Resta una delle opere più interessanti del cinema americano impegnato.

RAGAZZI IRRESISTIBILI, I
(*The Sunshine Boys*). Commedia cinematografica di Neil Simon (v.), grande capolavoro di scrittura e interpretazione . I protagonisti sono i davvero irresistibili Matthau-Burns (v.). Usa 1975, regia di Herbert Ross.

RAGUSANO.
Vedi *Aenigmatica*.

RAMUZ, CHARLES FERDINAND.
1878-1947. Scrittore svizzero di lingua francese. Ha scritto tra l'altro il libretto (musica di Igor Stravinski) di *Histoire du soldat*.

RANDALL, TONY.
1920-2004. Attore per lo più televisivo americano. Da noi è approdato con la sit-com *La strana coppia* (v.).

RANDOLPH, DAVID.
Comedian americano, soprattutto di sit-com e tv movie...

RANGER, WILLIAM.
Un gaudente.

RANZANI, MARCO DI CANTÙ.
Vedi Albertino.

RATHBUN, R. K.
Scienziato.

RATKO.
Vedi Klobas, Luca.

RATLIFFE, MITCH.
Giornalista e corsivista. Ha collaborato al magazine *Technology Review* e altri giornali scientifici.

RAVERA, LIDIA.
Scrittrice, giornalista e sceneggiatrice. Ha iniziato la sua attività con il best seller *Porci con le ali* (1976), scritto a quattro mani con Marco Lombardo Radice (pseudonimo Atonia). Da allora ha firmato una ventina di pubblicazioni.

RAY, GREG.
Comedian apparso su *Evening at the Improv*, *P.M. Magazine* e CNN. È popolarissimo in America perché, in uno spot dei coltelli Ginsu, teneva un'anguria che veniva affettata in due.

RAZZANO, RENATO.
Battutista per hobby.

RAZZETTI, EMILIO.
Architetto genovese con l'hobby del cabaret. I suoi monologhi hanno spesso per tema i liguri.

REAGAN, RONALD.
1911-2004. Il presidente cowboy... Cose che una volta succedevano solo in America... È stato il quarantesimo presidente Usa. Dagli anni Trenta agli anni Cinquanta ha interpretato diversi film, tutti da dimenticare.

REDFORD, ROBERT.
Attore e regista californiano. Ci ha regalato decine di bellissimi film come *Butch*

Cassidy, *La stangata*, *Il candidato*, *Gente comune* (Oscar) e *In mezzo scorre il fiume*, *Leone per agnelli*, *L'uomo che sussurrava ai cavalli*. Di questi ultimi quattro è stato anche regista .

REEB, LARRY.
Comico di Chicago. Spesso ospite al *Bob & Tom Show*.

REED, ALEX.
Comedian che si esibisce regolarmente a *Evening at the Improv*.

REED, LARRY.
Critico e recensore ondine su testate Usa.

REGER, MAX.
1873-1916. Grande musicista, pianista, organista, compositore e direttore d'orchestra.

REGGIANI, FRANCESCA.
Attrice teatrale e comica televisiva, imitatrice. Uscita dalla scuola di Gigi Proietti, ha debuttato in televisione con *la Tv delle ragazze*.

REINER, CARL.
Classe 1922. Famoso attore, regista, produttore, commediografo e scrittore americano, padre del regista Rob Reiner. Carl Reiner è attualmente l'uomo che ha vinto più Emmy Awards in tutta la sua carriera.

REISER.
1941-1983. Pseudonimo di Jean-Marc Reiser, a sua volta pseudonimo di Jean Marc Rousillon. Umorista e disegnatore francese di scuola wolinskiana. Inventore del personaggio del Porcone. Scoperto da *Hara Hiri*, fu pubblicato in Italia da *Linus* (v.). Anticonformista e "provocatore", fu acerrimo nemico dei perbenismi e dei luoghi comuni. All'entrata di una mostra a lui dedicata dal Centro Pompidou nel 2004, si poteva leggere questo anacronistico avvertimento: «Attenzione! Alcune delle tavole esibite potrebbero urtare la sensibilità di alcuni visitatori!».

RENAN, ERNEST.
1823-1892. Scrittore e filosofo francese. Cfr. *Preghiera di uno scettico*.

RENARD, JULES.
186a-1910, scrittore francese socialista. Fondò il *Mercure de France*. Fu un naturalista anomalo: riuscì a essere un saggista ironico e sofisticato nelle sue osservazioni sull'uomo e sulla società.

RENOIR, PIERRE-AUGUSTE.
1841-1919. Pittore francese, tra i massimi esponenti dell'impressionismo.

Reward, Jules.

Online citano soltanto questo fantomatico *The Journal of Jules Reward* (*il diario di Jules Reward*). Senza contare che, siccome "reward" significa "ricompensa", avete idea di quanti siti imbecilli confondono le acque?

Reynolds, Burt.

Attore americano di cinema e tv. *Un tranquillo weekend di paura*, *Quella sporca ultima meta*, *Un uomo da buttare*, ecc. Secondo Reynolds, il suo film più brutto fu *Navajo Joe*, di Sergio Corbucci: «Devono proiettarlo solo sugli aerei e nelle carceri, dove gli spettatori non possono uscire a metà pellicola!».

Reynolds, Mike.

Attore doppiatore di cinema e tv (soprattutto cartoons) e comico americano.

Reynolds, Rick.

Attore, comedian e scrittore. Ha fatto tutte e tre le professioni nel *Rick Reynolds Show*.

Rhea, Caroline.

Comedian e attrice canadese. Debutta in una serie televisiva *Pride and Joy* con la NBC; da qui il suo lancio nel mondo televisivo, che avviene con la serie tv *Sabrina, vita da strega*, dal 1096 al 2002. Ha avuto anche un suo *Caroline Rhea Show*.

Riccardi, Pietro.

Battutista per hobby.

Ricci, Antonio.

Già cabarettista e preside, oggi autore televisivo. Ligure (Albenga, 1950). A lui si devono: *Te la do io l'America*, *Te lo do io il Brasile* (Rai, con Beppe Grillo). E, tra l'latro: *Drive in*, *Lupo solitario*, *Matrioska*, *L'Araba fenice*, *Odiens*, *Striscia la notizia*, *Paperissima*, *Veline*... tutte per le reti Mediaset.

Ricciardi, Giulia.

Brava comica e attrice romana. Monologhista. Ha partecipato a *Zelig Off*.

Richards, Keith.

Il rovinato meno rovinato della musica. Un grandissimo del rock. Naturalmente è uno dei due leader dei Rolling Stones. Nell'82 a Torino predisse dal palco il risultato esatto (3-1) della finale di Italia - Germania.

Richards, Ron.

Comedian, ma soprattutto scrittore. Ha vinto un Emmy per il *Late Night with David Letterman* e un CableAce Award per *Not Necessarily the News*.

Richards, Sal.
Comedian, vincitore di numerosi premi tra cui Entertainer of the Year in Atlantic City. Ha interpretato un ubriaco nel *Padrino*.

Richardson, Sir Ralph.
1902-1983. Attore teatrale e cinematografico inglese. Divenne celebre per le sue superbe interpretazioni teatrali degli anni Venti. Interpretò una trentina di film, alcuni di successo.

Ricks, Anne Eve.
Scrittrice americana.

Ridley, John.
Sceneggiatore, regista e romanziere californiano (vive a Los Angeles), con passato di comedian. È nero e dichiaratamente gay. In Italia sono stati tradotti i divertenti noir *All'inferno fumano tutti*, e *Inferno solo andata*, Garzanti.

Righes, Fabrizio.
Battutista per hobby, ci ha inviato le sue battute per posta elettronica.

Rigoldi, don Gino.
È il fondatore e l'instancabile animatore di Comunità Nuova, associazione con sede a Milano che da anni si occupa di emarginazione. Grande provocatore verbale e vero esempio per chi intende impegnarsi nel sociale senza vie di mezzo.

Riondino, David.
Cantautore, scrittore, comico, imitatore, regista, intellettuale . I più lo ricordano (riduttivamente) per il suo "oh jejè, oh iejè" al *Maurizio Costanzo Show* (v). Riondino ha lavorato con Paolo Hendel (v.), con Sabina e Corrado Guzzanti (v.), con Paolo Rossi (v.), ha scritto su *Tango* (v.) e su *Cuore* (v.), ha scritto canzoni tra cui, e in pochissimi lo sanno, il successo commerciale (suo malgrado) Maracaibo.

Risi, Dino.
1916-2008. Uno dei più grandi registi italiani, basti citare per tutti *Il sorpasso*. Ha pubblicato l'interessante autobiografia *I miei mostri*, Mondadori.

Ritratto di signora.
Usa, 1996. Regia di Jane Campion.

Ritter, John.
1948-2003. Attore americano televisivo, interprete tra l'altro della sit-com *Tre cuori in affitto*. Ha interpretato anche una decina di film.

Ritter, Thelma.
1905-1969. Attrice americana. La battuta riportata è rivolta a Doris Day nel film di Michael Gordon: *Il letto racconta*, 1959.

RIVERS, JOAN.
Nome reale: Joan Sandra Molinsky. Comedian non più giovanissima, conduttrice e intervistatrice televisiva, businesswoman. È la National Chairwoman della Cystic Fibrosis Foundation e ha una sua linea di gioielli.

RIZZUTO, FRANCESCO.
Comico e cabarettista siciliano. Il suo personaggio più noto è quello di un vigile palermitano.

ROACH, HAL.
Comedian e scrittore irlandese. È nel Guinness per essere il comico che da più lungo tempo è in cartellone sul medesimo palco di cabaret: quello del Jury's Ballsbridge Hotel, di Dublino.

ROBECCHI, ALESSANDRO.
È stato redattore di *Cuore* (anche con lo pseudonimo di Dario Durium), per poi passare per qualche anno, tra gli anni Novanta e l'inizio del Duemila, come conduttore satirico a *Popolare network*. Per la sua rubrica quotidiana *Piovono pietre* ha vinto il Premio Satira di Forte dei Marmi nel 2000.

ROBERTS, D. A.
Per qualcuno un rivoluzionario, per altri una bistecca al sangue. Per i primi, il suo nome all'anagrafe è Maximilien François Marie Isidore de Robespierre, vissuto in Francia tra il 1758 e il 1794. Fu il personaggio più complesso dell'intera Rivoluzione Francese.

ROBYM.
Battutista per hobby non meglio accreditato. Sappiamo solo che si chiama Roberto. Ci ha inviato battute e di citazioni di altri: amici dilettanti o aforisti professionisti. Spesso meglio i primi...

ROCCO, NEREO.
1912-1979. Detto "Il Paròn". Triestino, è stato, insieme al "nemico" nerazzurro Helenio Herrera, un simbolo del calcio italiano negli anni Sessanta. Allenò per una decina d'anni il Milan. Frase storica: «Vinca il migliore? Speremo de no!».

ROCK, CHRIS.
Comedian, scrittore, sceneggiatore, attore afroamericano (*Dogma*, *Giù sulla terra*), assurse alla fama grazie al *Saturday Night Live* (v.), poi passò ad altri show tra cui il *The Chris Rock Show*, che per coincidenza portava il suo nome...

RODMAN, DANNY.
Campione del basket NBA professionistico americano. Compagno di squadra di Michael Jordan nei Chicago Bulls.

RODRIGUEZ, PAUL.
Comedian e attore messicano grande e grosso, col dente avvelenato (specie verso il Messico). Lo si vede in film come *Dundee in Los Angeles* e *Blood Work*, al fianco di Clint Eastwood.

ROGELL, GREGG.
Comedian di New York, apparso più volte su Comedy Central (v.) e al *Tonight Show* e nello special *Young Comedians: Making America Laugh*. Al cinema ha lavorato nella commedia *Half Baked*.

ROGERS, WILL.
Attore cinematografico, comico e giornalista americano. Interpretò un numero considerevole di pellicole (molte dell'epoca del "muto"). Grande conservatore, grande senso dell'ironia. L'ottimismo della volontà e... l'ottimismo della ragione.

RONNER, MARKUS M.
Giornalista e teologo svizzero.

ROONEY, KEVIN.
Produttore e comedian di Hollywood, nonché capo del team di scrittori del *Dennis Miller Show* (HBO). È apparso in numerosi special sulla HBO e al The *Tonight Show*.

ROONEY, MICKEY.
È uno degli attori più bassi di Hollywood. Nasce a New York da famiglia russa nel 1920. Il suo nome vero è Joseph Yule Jr. Dal vaudeville, al teatro, al cinema, alla tv. Più volte dimenticato, più volte risorto.

ROOSEVELT, FRANKLIN DELANO.
1882-1945. Fu il trentaduesimo presidente degli Stati Uniti dal 1932 al 1945.

ROSE, LEE.
Allenatore americano di basket. NBA anni Settanta-Ottanta.

ROSENBLOOM, JOSEPH.
Scrittore. Autore di numerosi libri per l'infanzia, aneddoti, storielle, ecc.

ROSS, JEFFREY.
Comedian, attore, regista americano dalla comicità trasgressiva e aggressiva. È stato ospite delle più importanti trasmissioni televisive americane.

ROSS PEROT, H.
Petroliere miliardario (in dollari). Conservatore americano con l'hobby della politica.

ROSSI, MARIA.
Cabarettista emiliana. Il suo cavallo di battaglia resta l'imitazione quasi perfetta del suo omonimo Vasco. I suoi

monologhi contengono a volte buone intuizioni comiche, soprattutto legate al mondo femminile.

ROSSI, PAOLO.

Il più piccolo dei grandi comici. Di formazione milanese, anche se di origini venete. Nostro compagno di mille avventure sul palco, in televisione è stato tra l'altro il mattatore dell'irripetibile trasmissione *Su la testa*. Innumerevoli i suoi successi teatrali, alcuni di alta scuola. Ha pubblicato anche molti libri di successo con i suoi monologhi.

ROSSI, RICCARDO.

Battutista per hobby.

ROSSI, VALENTINO.

"The Doctor". 46. Otto volte campione mondiale di motociclismo.

ROSSINI, GIOACHINO.

O Gioacchino. 1792-1868. All'anagrafe Gioacchino Antonio Rossini. Pesarese. Uno dei più grandi operisti della storia (*Il Barbiere di Siviglia*, *La Gazza Ladra*, *Guglielmo Tell* ecc.).

ROSTAND, JEAN.

1894-1977. Scrittore e scienziato francese.

ROSTEN, LEO.

1908-1997. Insegnante, accademico e umorista, è ricordato soprattutto per le sue storie sullo studente prodigio Hyman Kaplan. Ha raccolto numerose battute e aneddoti dello humour ebraico.

ROTHENBERGER, ANNELISE.

È una cantante d'opera tedesca. Cfr. *Wilhelm Muhs, Gli aforismi del cinico*, Mondadori.

ROVERSI, PATRIZIO.

Bolognese. Attore, comico, presentatore. Nato dal gruppo del Gran pavese di Bologna come la moglie Syusi Blady (v.) ha collaborato a *Cuore* (v.). Ha anche scritto e condotto sempre con la Blady la trasmissione *Turisti per caso*. Cfr per la battuta il film *Volere volare*, regia di Maurizio Nichetti e Guido Manuli, dialoghi Gino&Michele (v.).

ROVIN, JEFF.

Scrittore, giornalista e editore americano. Lavora soprattutto nell'ambito dei fumetti comici.

ROWAN, DAN & MARTIN, RICHARD.

Duo comico americano. *Rowan & Martin's Laugh-In* (v.) è stato il loro show tv sulla fine degli anni sessanta, famoso per lo stile innovativo di gag, sketch e battute *and 2.000 More Insults* (*2.000 insulti per tutte le occasioni e altri 2.000 insulti*).

Saget, Bob.
Intrattenitore e comedian americano di Philadelphia. In tv ha condotto *Full house* e *Americas Funniest Home Videos*.

Sahl, Mort.
Scrittore, autore, sceneggiatore e attore americano. È considerato il maestro di Woody Allen. Ha lavorato tra l'altro con Claudia Cardinale negli anni Sessanta nel modesto film *Piano, piano non t'agitare*.

Saint-Beuve.
1804-1869. Pseudonimo di Charlers Augustin. Letterato e critico francese. «Bisogna il più possibile scrivere come si parla.»

Salacrou, Armand.
1899-1989. Drammaturgo francese.

Salce, Luciano.
1922-1989. Regista, attore, intrattenitore televisivo. Interpretò decine di film e ne diresse altrettanti, tra cui i mitici *La voglia matta* e *Il federale*. Fu il regista dei primi Fantozzi.

Sales Soupy.
Letteralmente "Zuppetta di Vendite". È una rubrica fissa su un noto periodico americano. Ma è anche lo strano pseudonimo di un attore e comico, classe 1926, Milton Supman.

Salgari, Emilio.
1862-1911. Scrittore postromatico, specializzato in libri di avventure. Rese ricchi i suoi editori e morì in miseria a causa della sua ingenuità: un vero artista... Non viaggiò molto, i suoi libri raccontano con dovizia di particolari luoghi lontanissimi che il veronese Salgari non vide mai. Fumava cento sigarette e beveva una bottiglia di marsala al giorno. Ma quanto ci ha fatto sognare...

Salis, Lucio.
Monologhista sardo dal lungo curriculum. In tv ha debuttato con *Drive in*. È apparso anche in *Striscia la notizia* e a *Zelig*, oltre che in altri spettacoli televisivi.

Salvatore, Federico.
Secondo quanto ci scrive il battutista per hobby Gennarino Nibaldi, che ci ha segnalato la battuta, Federico Salvatore potrebbe essere un ascoltatore di radio RTL.

Salvi, Francesco.
Storico comico e cabarettista legato alla scuola del Derby. Surreale e volutamente sopra le righe. Ha lavorato molto in televisione, a partire da *Drive in*. Da

segnalare, tra i suoi libri, *Ho i capelli che mi vanno stretti*, Mondadori, 1992. Ha lavorato anche nel cinema. Il suo film da regista *Vogliamoci troppo bene* (1989), dimenticato, non è del tutto male...

SAMANTHA.
Vedi *Sex and the City*.

SANDLER, ADAM.
Direttamente dal *Saturday Night Live* (v.), uno dei comedian di maggior successo americani (è di Brooklyn, di cultura ebraica): *Prima o poi me lo sposo*, *50 volte il primo bacio*, *Io vi dichiaro marito e marito*, ecc. È anche produttore (*Puttano in saldo* ecc.).

SANDORR.
Pseudonimo di un battutista per hobby che ci ha inviato un'ottantina di battute.

SANGALLI, MAURIZIO.
Giovane umorista e scrittore lombardo. Ha lavorato anche a *Zelig*. Oggi lavora anche con Diego Abatantuono (v.).

SANT'AGOSTINO.
Cioè Agostino d'Ippona, 354-430 d.C. Come dire che anche i Padri della Chiesa nel loro piccolo "formicano".

SANTILLANA, GEORGE.
Scrittore, filosofo e docente americano.

SANTONASTASO, MARIO E PIPPO.
Fratelli. Hanno debuttato nel 1970 nella trasmissione Rai *Ti piace la mia faccia?*, scoperti da Marcello Marchesi (v.). Sono stati una coppia comica di grande successo per circa un ventennio.

SANTORO, MICHELE.
Popolarissimo giornalista, intrattenitore televisivo e commentatore politico. Lavora in Rai dal 1982. È stato anche sceneggiatore.

SAPONAZZI.
È un mago imbranato, uno dei numerosi personaggi inventati da Raul Cremona (v.).

SARAGAT, GIUSEPPE.
1898-1988. Quinto Presidente della Repubblica (1965-1972) ed esponente di rilievo del partito socialdemocratico italiano. In precedenza era stato anche più volte vice Presidente del Consiglio e ministro degli esteri.

SARCINA, ENZO.
Giovane cabarettista romano, provinato a *Zelig* (v.).

Sarto di Panama, Il.

Film. Una coproduzione Usa-Irlanda del 2001. Regia di John Boorman. Con Pierce Brosnan, Geoffrey Rush, Jamie Lee Curtis. Tratto dall' omonimo romanzo di Le Carré (v.).

Sartre, Jean-Paul.

1905-1980. Filosofo e scrittore e drammaturgo francese. Uno degli intellettuali più seguiti dell'era contemporanea. Premio Nobel 1964 per la Letteratura.

Sasso, Peter.

Comedian e intrattenitore americano che si esibisce sia in locali che su navi da crociera.

Sather, Drake.

1059-2004. Comedian, scrittore e sceneggiatore americano. In tv ha partecipato a numerose trasmissioni, tra cui: *Zoolander*, *Saturday Night Live*, *Dennis Miller Show*. È morto per un colpo d'arma da fuoco, probabilmente suicida.

Satie, Erik.

1866-1925. Musicista. Compositore e pianista francese. Pseudonimo di Alfred-Eric Laslie-Satie. La musica vissuta come provocazione e gioco.

Saturday Night Live.

Abbreviato in gergo: SNL. Programma cult americano (in onda ininterrottamente dal 1975 in seconda serata, per NBC, ogni sabato sera dal Rockefeller Center di Manhattan). Imprescindibile per chi si occupa di comicità. Per ogni approfondimento indichiamo l'unica opera pubblicata in Italia sull'argomento: *Saturday Night Live - La storia e i personaggi del mitico show...* di Shales e Miller, Kowalski Editore.

Saturno contro.

Un film di Ferzan Ozpetek, 2006. Con Stefano Accorsi, Ambra Angiolini e Margherita Buy. A suo modo è già un cult.

Sex and the city.

Tratto dal romanzo omonimo di Candace Bushnell, il serial è stato trasmesso dal 1998 al 2004 dalla statunitense HBO.
Il telefilm - che racconta le vicissitudini di quattro single newyorchesi alle prese con uomini, carriera e shopping - è diventato un vero e proprio cult e ha sdoganato per la prima volta il sesso all'interno di un serial televisivo: non c'è taboo che regga, le protagoniste, spesso riunite attorno al tavolo di un brunch, affrontano ogni tematica sessuale possibile, sempre con toni ironici e spregiudicati. La serie ha ottenuto un successo strepitoso in

tutto il mondo, e le quattro single sono diventate veri e propri tipi femminili codificati:

Carrie, vera protagonista e voce narrante: esperta di sesso (cura la rubrica *Sex and the City* su un quotidiano), di scarpe (ne compra compulsivamente) e di relazioni più o meno disastrose.

Charlotte: è la sognatrice romantica dell'Upper Eastr Side, sogna il matrimonio per lei e per tutte le single del mondo e una famiglia numerosa.

Miranda: avvocato, è la cinica del gruppo.

Samantha: pr avvenente, ha unico scopo nella vita: fare sesso, possibilmente estremo, senza alcun coinvolgimento sentimentale.

New York: vero e proprio personaggio, le storie delle quattro protagoniste sono imprenscindibili dalla Grande Mela.

SBARBARO, CAMILLO.

1888-1867. Poeta, pensatore, traduttore e studioso di licheni. Nato e vissuto in Liguria.

SBS.

Vedi *Smemoranda Brothers & Sisters.*

SCACCHI, GRETA.

Pseudonimo della milanese Greta Gracco, classe 1960. Fotomodella e attrice. Ha lavorato anche con grandi registi come Altman.

SCALIA, MARCO.

Disegnatore satirico. Ha collaborato tra l'altro a *Cuore.*

SCAPPO DALLA CITTÀ.

(*City Sliceers*). Film Usa, 1991 di Ron Underwood. Primo premio Oscar per Jack Palance. Il dialogo riportato è tra Bruno Kirby e Daniel Sterno.

SCARPELLI, FURIO.

Condirettore del giornale satirico *Don Basilio* (v.) nell'immediato dopoguerra. Con Age è uno dei più importanti sceneggiatori cinematografici italiani. Loro i capolavori della commedia all'italiana. Innumerevoli i titoli, da *I soliti ignoti*, a *Sedotta e abbandonata*, a *La grande guerra*, a *C'eravamo tanto amati* a *I mostri*, ecc.

SCHAEF, ANNE WILSON.

Scrittrice americana. Si occupa di tematiche femminili. Il suo libro più famoso è *Meditazioni per donne che hanno troppo da fare.*

SCHAFFER, ZENNA.

È l'autore fantomatico (o è una donna?) di un'intuizione - quella riportata nell'enciclopedia - che circola in internet. Se inserite il suo nome su Google, otterrete centinaia di siti segnalati. Tutti con la medesima battuta.

Schelotto, Gianna.

Sessuologa, giornalista, scrittrice potentina di nascita, ligure di adozione, Si occupa prevalentemente di comportamentismo sociale.

Schlegel, Friedrich von.

1772-1829. Filosofo, scrittore, critico, tedesco. È considerato uno dei primi romantici. Ma fu anche consigliere di Metternich al Congresso di Vienna e ispiratore della Restaurazione.

Schmidt, Arno.

1914-1979. Scrittore tedesco in bilico tra tradizione e avanguardia letteraria. *Il Leviatano*, è uno scritto che lascia il segno.

Schneider, Lou.

Comedian e attore americano.

Schulz, Charles M.

1922-2000. Cartoonist, dal 1950 al 2000 disegnò la serie a fumetti *Peanuts* (v.), in cui apparvero tra gli altri Charlie Brown, Linus e Lucy Van Pelt, Schroeder, Snoopy, Woodstock, ecc (quasi tutti in elenco in queste biografie)... Possiamo considerarlo uno dei più grandi filosofi contemporanei. Suo nonno soprannominò Schulz "Sparky," e nell'ambiente fu noto così fino alla fine. Per saperne di più: www.schulzmuseum.org.

Schwartzkopf, Norman.

Generale americano protagonista dell'operazione Desert Storm nella Guerra del Golfo (1988). La battuta è su Saddam Hussein.

Schwarzenegger, Arnold.

Attore americano di origine austriaca. Culturista, è stato consigliere per la Cultura Fisica dell'Amministrazione Bush. Poi è divenuto Governatore della California, eletto nelle liste repubblicane. «Ho fatto l'attore perché, a scuola, non sapevo scrivere il mio cognome.»

Sclavi, Tiziano.

Scrittore, creativo e sceneggiatore nato a Broni (Pavia). Pur avendo pubblicato diversi libri, è soprattutto conosciuto per avere inventato e portato al successo *Dylan Dog*.

Scoglio, Franco.

1941-2005. Allenatore di calcio. Soprannominato "il Professore". Nato a Lipari, si legò indissolubilmente al Genoa, dove è tuttora venerato come un mestro. È morto d'infarto durante una diretta televisiva.

Sconsolata.

Vedi Barbera Anna Maria.

Scopigno, Manlio.

1925-1993. Allenatore di calcio. Detto "il Filosofo". Fu trainer del grande Cagliari (scudetto 1970) e prima ancora gicatore.

Scorzoni, Gabriele.

Battutista per hobby di Roma.

Scritta su un muro di...

Sotto questa indicazione abbiamo raccolto le numerose scritte murali senza autore riconosciuto fotografate da Cippi Pitschen e riportate nel volume: *Muri bianchi popolo muto - atto II* con note di Cristiano Militello, Ettore Borzacchini, Paolo Migone, Tagete edizioni.

Scutenaire, Louis.

Scrittore e poeta belga. Figura importante all'interno del Movimento Surrealista, fu grande amico di Magritte.

Segovia, Andrés.

1894-1987. Chitarrista autodidatta nato a Linares, in Spagna, tenne il suo primo concerto nel 1909. Gli fu conferito il titolo di marchese di Salobrena con un decreto reale nel 1981.

Seinfeld, Jerry.

Comedian, scrittore e attore. La sua serie tv, *Seinfeld*, co-creata con Larry David, è stata una delle più viste della storia della tv americana, sempre in cima agli ascolti dal 1989 al 1998. Era una sit-com sul niente. Si dice che abbia rinunciato a cinque milioni di dollari a episodio per fare un'undicesima serie del suo show.

Selleck, Tom.

Attore, sceneggiatore e produttore. *Magnum P.I.* Attualmente risiede molti mesi all'anno in Italia.

Sellers, Peter.

1925-1980. Grandissimo attore (e imitatore) inglese, dapprima alla radio, poi - con grossi sforzi - al cinema. L'indimenticabile ispettore Clouseau della *Pantera rosa* e Chance, il giardiniere di *Oltre il giardino*. Un gigante assoluto. Ma anche l'indiano pasticcione di *Hollywood Party*, un vero cult della comicità diretto da Blake Edwards.

Senakovsky, Vladimir.

Cfr. Wilhelm Muhs, *Gli aforismi del cinico*, Mondadori.

Seneca.

1 a.C.-65 d.C. Filosofo ai tempi di Nerone. Morì con dignità ma visse pericolosamente tra filosofia e intrighi di corte.

Sepùlveda, Luis.

Scrittore cileno naturalizzato francese. È stato attivista socialista e guardia personale di Salvador Allende, il presidente cileno assassinato dal generale Pinochet. È stato attivista di Greenpeace e ne ha fatto parte fra gli equipaggi. Il suo romanzo migliore è forse *Il vecchio che leggeva romanzi d'amore*. Forse quello più popolare è *Storia di una gabbianella e del gatto* che le insegnò a volare.

SERAFINI, ROBERTO.
Giovane animatore e battutista. Ha lavorato agli inizi degli anni Duemila al Piccolo Hotel di Andalo (Trento), dove l'abbiamo conosciuto.

SERRA, MICHELE.
Scrittore, giornalista, autore e opinionista. Uomo di satira, ne è stato attivo protagonista per anni. Ha fondato l'inserto satirico *Cuore* (v.). Oggi, tra l'altro, collabora con *la Repubblica* e scrive per il teatro e per gli show televisivi del sabato sera.

SETTIMANA ENIGMISTICA, LA.
Vanta 1499 tentativi di imitazione. Più uno: il nostro (questo libro è una via di mezzo tra "Spigolature" e "Lo sapevate che...").

SEVAREID, ERIC.
1912-1992. Giornalista americano, lavorò al *Minneapolis Journal* e divenne editore del *Paris Herald Tribune* prima di saltare a bordo della CBS Radio nel 1939. Fu commentatore delle CBS Evening News fino al 1977.

SEVERIN, NICOLA.
Giovane studente veneziano. È uno dei tanti battutisti per hobby che ci hanno inviato proprie e altrui battute.

SEYMOUR, MICHAEL.
Americano. Guru della comunicazione, specialista nel controllo di gestione aziendale ai massimi livelli.

SGARBI, VITTORIO.
Critico d'arte, saggista, intrattenitore televisivo e politico nativo di Ferrara. Ha praticamente fatto parte di tutte le liste politiche alle elezioni. Memorabili alcune sue liti in tv. Intellettuale preparato e vivacissimo, è consapevolmente travolto da un incontenibile protagonismo che ne ha fatto un personaggio unico in Italia.

SGRILLI, SERGIO.
Comico e musicista toscano. Ha partecipato a diverse edizioni di *Zelig*.

SHACKLEFORD, LYNN.
Ex giocatrice di basket, ora è un apprezzato radiocronista sportivo.

Shakes, Ronnie.
Comedian americano. Cfr. www.jumbo-dump.com.

Shakespeare, William.
1564-1616. Il grande conoscitore dei sentimenti umani. Scrittore, attore e poeta inglese. Il più importante drammaturgo di sempre. Nonostante una nutrita biografia, accreditate teorie asseriscono che non sia mai esistito e che la sua opera sia frutto di eleborazione plurima.

Shandling, Garry.
Comedian, autore, attore, presentatore statunitense. Fa dell'autocritica uno stile del suo personaggio di scena. Il suo *The Larry Sanders Show* è una parodia dei talk show americani in onda in tarda serata.

Shaolin soccer.
Originalissimo film orientale del regista cinese Stephen Chow, che abbina il calcio alle arti marziali. Comico e folle.

Shaw, Bob.
Scrittore e (a tempo perso) attore americano. Ha lavorato alle sceneggiature della sit-com *Seinfeld*.

Shaw, George Bernard.
1856-1950. Commediografo, narratore e saggista irlandese. È l'unico umorista della storia, se si esclude Dario Fo, insignito del Premio Nobel, nel 1925.

Shaw, Jeff.
Umorista freelance e comedian che scrive su *Shecky magazine.com*.

Shepherd, Cybill.
Ex indossatrice ora attrice statunitense, nata nel 1950. Nel cinema esordisce con *L'Ultimo spettacolo* di Peter Bogdanovich. Ha partecipato anche ad altri film importanti come *Taxi Driver* di Scorsese e *Alice* di Allen. Ora lavora soprattutto facendo tvmoovie.

Sheridan, Generale Phil.
1831-1888. Si conquistò un posto di primo piano nella Guerra civile americana, anche se gli inizi di carriera avevano lasciato a desiderare. Gli ci vollero infatti cinque anni per finire gli studi a West Point a causa di un alterco con altri cadetti e con il futuro generale dell'Unione, William R. Terrill. Il generale Grant lo mise in comando sul Potomac.

Sherman, Allan.
1924-1973. Poeta comico, scrittore, attore, produttore, musicista degli anni '60. Sono in circolazione negli Usa alcuni suoi spettacoli incisi su disco prima, in cd poi. La battuta è tratta dal suo *It's*

A Most Unusual Play (My Name is Allan Sherman), 1965.

SHIELDS, BROOKE.
Attrice di New York nata nel 1965. Iniziò la carriera ancora bambina. I suoi primi film destarono scalpore per le scene di nudo, essendo Brooke allora ampiamente minorenne. Bellissima, le sono stati attribuiti flirt con decine di uomini celebri e "ingombranti". Alcune improbabili come con John Kennedy, Michael Jackson, Alberto di Monaco. Ha girato numerose pellicole, poche davvero importanti, come *Pretty baby* di Malle (molti anni dopo la Shields si laureò con una tesi sull'argomento) e *Laguna blu*. Ha fatto anche molta televisione.

SHOEMAKER, CRAIG.
Comedian, scrittore e attore apparso in oltre cento show televisivi americani, e in qualche film tra cui *Scream 2*.

SHORT, MARTIN.
Attore scrittore, cantante canadese della generazione dei Belushi, Aykroyd, ecc. In Italia è famoso per i film: *Tre amigos*, *Salto nel buio* e pochi altri. Ma ha lavorato soprattutto per tvmoovie.

SHRINER, HERB.
1918-1970. Umorista americano e intrattenitore radiofonico e televisivo.

SILVA, ANTONIO.
Gli amanti del genere lo apprezzano per essere da millenni il presentatore ufficiale e animatore delle rassegne sanremesi del "Club Tenco", il suo lavoro ufficiale è invece quello di preside di un liceo della Brianza...

SILVER.
Pseudonimo di Guido Silvestri, disegnatore e sceneggiatore di fumetti emiliano, vive tra Correggio e Milano. È il padre di Lupo Alberto.

SILVERMAN, SARAH.
Incontenibile, vivacissima attrice americana (figlia d'arte) nata nel 1970. Si è fatta conoscere negli anni, soprattutto per la sua comicità politicamente scorretta, che tocca argomenti tabù quali razzismo, sesso e religione, a cui a volte aggiunge stilettate satiriche nei confronti di personaggi pubblici. Comedy Central (v.) le ha dato la possibilità di creare uno show tutto suo: il *Sarah Silverman Show* che sta riscuotendo un enorme successo in tutto il mondo.

SIMMONS, JACK.
Comedian e musicista americano.

SIMON, NEIL.
Commediografo, scrittore, sceneggiatore. È nato a New York nel 1927. Dopo aver

militato nella Air Force Reserve nel 1946, iniziò a lavorare alla Warner Brothers e a scrivere per la televisione. Ma presto Simon divenne il più acclamato autore di Broadway. Le sue commedie *A piedi nudi nel parco*, *La strana coppia*, *Appartamento al Plaza* ebbero grandissimo successo in teatro e divennero formidabili film. Nel 1991 ha vinto il Pulitzer per *Lost in Yonkers*. È uno degli autori teatrali viventi più rappresentati al mondo.

SIMON, SIR JOHN.

1873-1954. Uomo politico inglese. Ebbe incarichi di governo.

SIMONE.

Personaggio inventato e portato al successo da Giorgio Panariello (v.). È un bambino incontenibile e comicamente impiccione, innamorato dei *Power rangers* e della sua compagna di classe Giulia.

SIMONE "TEX".

Battutista per hobby di Quarrata, in provincia di Potenza. Per posta elettronica si firma Tex.

SIMPSON, HOMER.

Personaggio della serie animata tv *I Simpson (v.)* creata da Matt Groening. Chiamato Homer in onore del papà di Matt, ha la voce originale di Dan Castellaneta.

SIMPSON, I.

The Simpson sono apparsi per la prima volta il 19 aprile 1987 nel *Tracey Ullman Show*. Da allora, la serie ha raccolto consensi enormi, diventando lo show in prime time più lungo della storia della televisione. Nell'estate 2007 è uscito *The Simpson Movie*. L'interiezione tradizionale di Homer, "D'oh!" è stata inclusa nell'Oxford English Dictionary. Anche in Italia *I Simpson* sono oggetto di culto.

SINATRA, FRANK.

1915-1998. Attore e musicista. È forse considerato il più grande cantante di tutti i tempi. The Voice. Ci sarebbe troppo da scrivere su di lui. Ci fermiamo qui.

SISKIND, CAROL.

Monologhista e autrice. È apparsa in Comedy Central (v.).

SKELTON, RED.

1913-1997. Comedian radiofonico e televisivo americano (nato Richard Bernard Skelton), esordì come clown da circo per poi passare attraverso il vaudeville, a Broadway, e nel mondo del cinema (*Ziegfeld Follies*, 1946).

SKINNER, FRANK.

Pseudonimo di Chris Collins. Dopo essere stato espulso da scuola a sedici anni per una specie di truffa sui pasti degli studenti (ai danni della scuola), ha iniziato la carriera di comedian. Dal 1995 al 2001 ci sono state sei serie del *Frank Skinner Show* sulla BBC.

Skizzo.

Dj, con Marino Guidi (v.) ha condotto per lungo tempo a Reteotto, network radiofonico, la trasmissione di cronaca e satira *Avanzi di giornale*. Oltre che conduttore radiofonico è anche autore.

Skyes-Hall, Wanda.

Comedian e attrice afroamericana, soprattutto televisiva. Ha anche un suo show di improvvisazioni in tv.

Sledge, Tommy.

È noto come lo "Stand-up detective": le sue avventure sono viste attraverso gli occhi di un investigatore privato hard boiled. Ha pubblicato libri, lavora alla radio (*Mistery Minute*) ed è autore del cartone animato *Monster Farm* per Family Channel.

Smemoranda Brothers & Sisters.

(O *SBS*, che è il suo acronimo). Firmiamo così le battute scolastiche inviateci in questi anni dagli studenti fruitori dell'agenda *Smemoranda*. Le prime sono state raccolte in: *Prima della scuoiata in matematica ci sarà una tosata in fisica*, Zelig editore. Le più recenti in: *Prof, non posso rispondere, non ho campo!*, Kowalski editore, 2007.

Smirnoff, Yakov.

Comedian russo approdato in Missouri, dove gestisce il suo teatro da millequattrocento posti. Oltre a essere comedian, Yakov è anche un artista figurativo: uno dei suoi murales è stato esposto a Ground Zero a New York dopo l'11 settembre.

Smith, Bob.

È stato il primo comedian dichiaratosi gay ad apparire al *Tonight Show*. Ha avuto uno special su HBO, ed è autore del libro *Openly Bob*, che ha vinto il Lambda Literary Award nel 1998. Ha scritto per MTV, per il *Los Angeles Times Magazine* e per *The Advocate Out*.

Smith, Margareth.

Vincitrice dell'American Comedy Award come "migliore stand-up comedian femminile" nel 1995. È apparsa nel *Late Night with David Letterman* e in numerosi special per *Showtime*, Comedy Central (v.), VH-l e altri.

Smith, Ron.

Uno dei protagonisti di *60 Minutes* (della CBS), trasmissione d'indagine giornalistica molto seguita negli Stati Uniti.

Smothers, Tommy.
Comedian-musicista, da sempre in coppia col fratello Dick nel duo Smothers Brothers. Si esibiscono da molti decenni, in genere uno con la chitarra e l'altro con il contrabbasso.

Smullyan, Raymond.
Eclettico intellettuale e uomo di spettacolo di New York, classe 1919. Musicista, prestigiatore, ma soprattutto matematico e filosofo. Ha pubblicato diversi libri anche in Italia, quasi tutti su giochi numerici e rompicapi. Cfr. *Cinquemila avanti Cristo... e altre fantasie filosofiche*, Zanichelli. Citato da Pietro Gorini.

Snakes, Ronnie.
È un comico e autore americano.

Snoopy.
Bracchetto scrittore, aviatore, asso della Prima guerra mondiale, Joe Cool, imitatore, Grande Bracchetto. Inventato da Charles M. Schulz (v.) negli anni Cinquanta, dopo poco meno di sei anni ha iniziato a camminare sulle zampe posteriori (all'inizio era un quattro zampe). Fa parte naturalmente dei *Peanuts* (v.).

Soap.
Sit-com in onda dal 13 settembre 1977 al 20 aprile 1981 su ABC, che ha corso il rischio di venire bloccata prima ancora di andare in onda, a causa di una serie di proteste di vari gruppi religiosi ed etnici. Creata, scritta e prodotta da Susan Harris, vide, tra gli altri, un giovane Billy Cristal nel ruolo di Jodie Dallas, un ragazzo che voleva cambiar sesso.

Socrate.
469-399 a.c. Filosofo ateniese. Il padre dell'etica. Venne dopo i Presocratici...

Sofri, Adriano.
Intellettuale italiano ex leader politico. Scrittore e giornalista, ha collaborato a diverse testate; oggi scrive su *la Repubblica* e *Il Foglio*.

Soldati, Mario.
1906-1999. Scrittore, sceneggiatore e regista. Chi è desideroso di riscoprire antichi sapori vada a rileggersi il suo diario giovanile *America primo amore* (1935). Soldati ha prodotto molto in letteratura e firmato molti film, alcuni davvero belli.

Solinas.
Doriano Solinas. Disegnatore satirico toscano. Ha pubblicato su *Tango*, *Cuore*, *Diario della settimana*, *la Repubblica* e *il Manifesto*. Collabora a *Il Sole 24 ore*.

Soliti ignoti, I.
Film italiano del 1958. Capolavoro del cinema comico di Mario Monicelli. Con

Gassman, Mastroianni, Totò, Capannelle, Carla Gravina, Claudia Cardinale, Renato Salvatori, Tiberio Murgia, Memmo Carotenuto. Sceneggiatura di Monicelli, Age e Scarpelli, Suso Cecchi d'Amico.

Sordi, Alberto.

1920-2003. «È stato l'attore più grande ma è soprattutto stato uno straordinario autore, l'artefice del suo personaggio con cui ha attraversato più di cinquant'anni di storia italiana. Da regista dico che era straordinariamente facile lavorare con Sordi proprio perché era un grandissimo; bastavano poche occhiate e ci si capiva sul tono da dare alla sua interpretazione e quindi al film. È stato un comico capace di contraddire tutte le regole del comico.» Mario Monicelli.

Sorrel, Buddy.

Attore televisivo americano. Ha partecipato negli anni Sessanta al *The Dick Van Dyke Show*.

Sotis, Lina.

Giornalista di costume e scrittrice. Lavora al *Corriere della sera*. Ha pubblicato tra l'altro diversi libri di bon ton.

Sottsass, Ettore.

1917-2007. Architetto. E grande designer. «Mi arrabbio quando mi dicono che sono un artista; cioè, non mi arrabbio ma sono fondamentalmente un architetto.»

Souday, Paul.

Scrittore e critico francese. Scrisse libri su Gide, Valéry e nel 1929 *Les livres du temps*.

Spade, David.

David Wayne Spade. Attore, comedian e intrattenitore televisivo, ha fatto parte del *Saturday Night Live* (v.). Protagonista della sit-com *Rules of Engagement*, trasamessa dalla CBS, nella parte dell'eterno single.

Spaeth, Duncan.

John Duncan Spaeth, 1868-1954. Poeta e letterato inglese.

Spanky.

Pseudonimo di Steve McFarland. 1929-1993. Attore cinematografico. Era uno delle *Simpatiche canaglie*, serie di comiche anni Venti interpretate da bambini. A molti anni di sistanza le medesime vicende sono state riproposte nel film *Piccole canaglie*, 1994,di Penelope Spheeris.

Spellman, Francis Joseph.

1889-1967. Il potente e ultraconservatore cardinale di New York eletto per volere di Pio XXII. Appoggiò il maccartismo liberticida.

SPENCER, BUD.
Pseudonimo di Carlo Pedersoli. Gigantesco attore comico, sceneggiatore, produttore del cinema italiano anche d'esportazione. Fu anche, prima di darsi al cinema, campione di nuoto. Solitamente in coppia con Terence Hill.

SPENCER, DAN.
Attore comico americano.

SPIELBERG, STEVEN.
Uno dei più grandi registi, sceneggiatori (e produttori) americani di sempre. *Duel* (1971), *Sugarland Express* (1974), *Lo squalo* (1975), *Incontri ravvicinati del terzo tipo* (1977), *I predatori dell'Arca perduta*, (1981) *E.T. l'extra-terrestre* (1982), *Indiana Jones e il tempio maledetto* (1984), *Indiana Jones e l'ultima crociata* (1989), *Jurassic Park* (1993), *Schindler's List* (1993), *Salvate il soldato Ryan* (1998), *La guerra dei mondi* (2005), *Indiana Jones e il regno del teschio di cristallo* (2008), *Lincoln*... Possono bastare? E naturalmente non sono tutti... Parlare di numerosi Oscar pare fin superfluo...

SPOON, SONNY.
È il detective dell'omonima serie americana (NBC) impersonata dall'attore Mario Van Peebles, andata in onda negli anni Ottanta.

SPOTO, SALVO.
Cabarettista siciliano. "Disoccupato orgogliosamente catanese."Pare si autodefinisca "imitatore, cabarettista, fantasista", addiriittura " barzellettiere". È approdato più volte dalle parti di Zelig, il locale di viale Monza a Milano.

SPRING, HOWARD.
1889-1965. Romanziere, nato a Cardiff, nel Galles. Da galoppino a reporter a critico letterario, scrisse alcuni libri come *Oh Absalom* (1938), *Dunkerleys* (1946), e *Time and the Hour* (1957).

SQUADRA ANTITRUFFA.
Film italiano di Bruno Corbucci, 1977. Il Protagonista è l'attore Tomas Milan (v.), nella parte del maresciallo Nico Giraldi.

SQUIDWARD TENTACLES.
Uno dei personaggi del cartone animato *SpongeBob SquarePants*, creato da Stephen Hillenburg e prodotto dal network Nickelodeon.

STAËL, MADAME DE.
1766-1817. Pseudonimo di Anne-Louise-Germaine Necker. Scrittrice e intellettuale francese con dimora a Parigi. Di tendenze liberali, vide il bonapartismo per quello che via via si stava rivelando nel concreto: una dittatura. Vi si oppose con tenacia raccogliendo attorno a sé le

migliori menti della sua generazione. Il Romanticismo deve moltissimo ai suoi salotti.

STAHL, LESLIE.
Comica televisiva americana.

STAINO, SERGIO.
Disegnatore satirico, regista e autore toscano. Ha fondato il settimanale *Tango* (v.). È l'inventore di Bobo. Storico collaboratore de *l'Unità*, di *TV Sorrisi e canzoni* e di *Smemoranda*.

STALIN.
1878-1953. Pseudonimo di Josif Visarionovic Zugasvili. Stalin infatti in russo significa acciaio. Non si sa se fece più male al nazismo o al comunismo.

STALLONE, JACKIE.
È la mamma.

STALLONE, SYLVESTER.
Attore regista, sceneggiatore americano di origine italiana. *Rocky* (il primo è del 1976) , *Rambo* (il primo è del 1982) e altre sostanziose interpretazioni. Bravo o bravissimo?

STARR, RINGO.
Il più sfigato dei quattro di Liverpool. Ma resta pur sempre uno dei Beatles. Nel gruppo entrò per ultimo e ultimo rimase.

STEFANON, MIRCO.
Insegnante di lettere. Abita a Teglio. Ha pubblicato *La posta in gioco*, Ediciclo-Nuova Dimensione.

STEICHEN, EDWARD.
1879-1973. Grande fotografo (e artista a tutto campo) di origini lussemburghesi naturalizzato statunitense.

STEIN, GERTRUDE.
1874-1946. Scrittrice statunitense. Tra le più interessanti del secolo. Fu anche apprezzata poetessa. Si batté per la dignità e l'autonomia della donna.

STEINBECK, JOHN.
1902-1968. Scrittore e giornalista (fu un grande inviato di guerra americano). Scrisse capolavori come *Pian della Tortilla* e *Uomini e topi*. Vinse il Nobel nel 1962. Fu un precursore della letteratura ribelle americana della fine degli anni Sessanta.

STENDHAL.
Pseudonimo di Henry Beyle, 1783-1842. Scrittore francese di adozione milanese. Un grande romantico Romantico. Ma anche un disincantato gaudente.

STENGEL, CASEY.
1891-1975. Manager dei New Jork Yankees, accreditata squadra di baseball americana.

STENTI, SIMONE.
È stato redattore di *Comix*.

STERPONE, CLAUDIO.
Comico e attore piemontese che ha avorato e lavora al cabaret Zelig e ha partecipato a *Zelig Off*. Sfrutta in scena la sua mole fisica davvero esagerata.

STEVENS, ROBERT.
Comedian apparso più volte negli special notturni della NBC.

STEVENSON, ADLAI.
1900-1965. Politico e diplomatico, fu candidato due volte per il Partito democratico alla presidenza degli Stati Uniti. Non fu mai eletto. Considerato uno dei migliori oratori del suo tempo, secondo solo a Winston Churchill.

STEWART, JAMES.
1908-1997. Attore americano.Durante la Guerra di Liberazione fu generale di Brigata delle truppe americane. Poi si diede al cinema, interpretando una marea di film: *L'uomo che sapeva troppo*, *La donna che visse due volte*, ecc. Fu anche poeta, in segreto.

STEWART, JON.
Comedian newyorchese, attore e conduttore televisivo. Il suo spettacolo satirico è *The Daily Show*; ha condotto per due volte gli Oscar in tv 2006 e 2008.

STILES, RYAN.
Comedian di Seattle specializzato in improvvisazioni (in genere con Drew Carey), attore (*Hot Shots!*) e produttore (*Whose Line Is it Anyway?*). È alto m 1,98 e adora le scarpe dai colori sgargianti.

STILSON, JEFF.
Comedian apparso al *Late Night with David Letterman* e nel quattordicesimo special HBO *Young Comedians Show*.

STOCKWOOD, MERVIN.
Vescovo anglicano.

STONE, HARVEY.
1912-1974. Comedian e attore americano.

STONE, SHARON.
Attrice americana. Una delle più erotiche della storia del cinema. Basti per tutti *Basic Instinct*.

STOOPNAGLE, COLONEL LEMUEL.
Personaggio del teatro di rivista americano interpretato dall'attore Frederick Taylor.

Storti, Bebo.
Alberto. Attore teatrale e comico televisivo. Tra gli anni Settanta e gli anni Ottanta ha fatto parte dello storico gruppo del Teatro dell'Elfo. È un bravo attore tragico di teatro.

Stout, Rex.
1886-1975. Uno dei più noti scrittori di gialli americani. Nelle sue trame perfette, percorse da una vena di sottile umorismo, domina il personaggio di Nero Wolfe.

Strana coppia, La.
(*The Odd Couple*). Sit-com prodotta dal settembre del 1970 al giugno del 1983. Era ispirata all'omonima commedia teatrale e al film di Neil Simon (v.). La sitcom è interpretata da Tony Randall e Jack Klugman (v.). In seguito i due sono stati sostituiti da Ron Glass e Desmond Wilson.

Strauss, Richard.
1864-1949. Compositore e direttore d'orchestra tedesco, nato a Monaco di Baviera. Noto soprattutto per i suoi poemi sinfonici e per le sue opere liriche. (*Salomè*, *Electra*, ecc.)

Stravinskij, Igor Fëdorovic.
1882-1971. Uno dei più apprezzati compositori del XX secolo, di origini russe, naturalizzato prima francese e in seguito statunitense. Noto soprattutto per i balletti *L'uccello di fuoco*, *Petrushka* e *La sagra della primavera*, opere che reinventarono il genere del balletto.

Streisand, Barbra.
Musicista, cantante, attrice, regista americana. Una delle donne simbolo della canzone. Ha pubblicato una settantina di album.

Striscia la notizia.
Programma ideato da Antonio Ricci (v.) Satira popolare e qualche buona denuncia giornalistica. Da moltissimi anni è ai vertici degli ascolti televisivi. Molti battutisti, conduttori e coautori di *Striscia* sono presenti in questa sede.

Striscione...
Sotto questa indicazione abbiamo raccolto le numerose scritte comparse sugli striscioni negli stadi e riportate nei volumi: *Giulietta è 'na zoccola* e *Giulietta è 'na zoccola - Calci di rigore*, di Cristiano Militello, Kowalski.

Sullivan, Deidre.
Comedian di New York e autrice di alcuni libri (*What Do We Mean When We Say God?*). Ha scritto e prodotto la parodia di programmi dell'accesso *Stop Lesbian Bed Death*, che è visibile su movieline.com.

Sulsenti, Salvatore.
Battutista per hobby trentacinquenne siciliano, vive e lavora a Macerata. Ha la passione per i nonsense e i calembour.

Summers, Marc.
Pseudonimo di Marc Berkowitz. Mago, dj, comedian, e infine presentatore. Ha iniziato a lavorare nei tardi anni Settanta. Summers soffre di Disturbo Ossessivo Compulsivo ed è diventato il portavoce della società incaricata di trovare una cura a questa malattia. Nel 1999 ha scritto un libro (*Everything in Its Place*) in cui racconta come ha sconfitto questo grave problema.

Suor Letizia.
È il personaggio portato in tv a *Zelig* da Giorgio Zanetti.

Sutherland, Donald.
Grande attore canadese. Imponente anche per statura (è alto 1,93), è a dir poco straordinario in qualsiasi ruolo: *M*A*S*H*, *Terrore nello spazio profondo*, *Gente comune*... Nel 1979 si ammalò di meningite e, secondo quanto testimonia il suo medico di famiglia, venne considerato morto per alcuni minuti. Sutherland ricorda di avere avuto una out-of-body experience.

Svampa, Nanni.
Giovanni. Cantautore, comico, musicista, attore lombardo. È stato uno dei quattro Gufi che hanno segnato la storia del cabaret e del teatro negli anni Sessanta. Grande traduttore e interprete di Georges Brassens.

Sweeney, Paul.
Nato a El Paso, in Texas, ha conseguito un diploma in ingegneria chimica all'Università Cornell di Ithaca (New York). Al momento lavora a Sacramento (Ca) al California Department of Consumer Affairs.

Sweet Daddy Dee.
Pupazzo creato da Jeff Dunham (ventriloquo; www.onastick.com). È il nuovo manager di Jeff che cerca di indottrinarlo sullo slang di strada, fallendo miseramente. Sweet Daddy Dee sostiene che un altro dei suoi clienti è O. J. Simpson.

Swift, Jonathan.
1667-1745. Scrittore inglese, ecclesiastico. Tra i suoi scritti *I viaggi di Gulliver*, *Istruzioni alla servitù*. Ebbe un grande senso dello humour.

Sykes, Eric.
Comedian e autore inglese, fece parte di un team con Tommy Cooper. Nel 2005 le sue performance sono state votate tra i migliori cinquanta atti comici da colleghi umoristi. È apparso in *Harry Potter e il calice di fuoco*.

T

Tabuteau, Marcel.

1887-1966. Musicista. Il più grande oboista di scuola americana.

Talleyrand.

1754-1838. Per l'esattezza: Charles-Maurice di Talleyrand-Périgord 754-1838. Diplomatico francese. Fu al servizio di: monarchia, rivoluzione, restaurazione, dittatura...

Tamburino, Franco.

Lo stilista lombardo inventato dal comico Giorgio Faletti (v.).

Tango.

Il primo inserto satirico de *l'Unità*. Fondato e diretto da Sergio Staino (v.), passerà alla storia.

Tanica, Rocco.

Pseudonimo di Sergio Conforti. Poliedrico uomo di spettacolo, è apprezzato musicista e compositore. Fa parte del gruppo di Elio e le Storie Tese. Come autore ha firmato, tra l'altro, molti spettacoli teatrali di Claudio Bisio.

Tarantino, Quentin.

Un grande regista contemporaneo. Il noir come deve essere: folle, ironico e autoironico. Non citiamo film. Ma andate a vederli se non l'avete ancora fatto...

Tarcisio.

Personaggio del comico Max Pisu (v.). È un giovane educato in un oratorio d'altri tempi che si distingue per le svariate opere di bene che compie a danno del prossimo.

Tasso, Torquato.

1544-1595. *Gerusalemme liberata*. Beh la scuola italiana non ha aiutato quest'opera...

Tati, Jacques.

1907-1982. Un maestro dell'umorismo contemporaneo, un "filosofo". Consigliamo i suoi film che hanno per protagonista monsieur Hulot.

Taurino, Antonello.

Promettente e sofisticato comico. Fa parte anche della scuderia artistica di *Zelig*.

Taxi.

Decennale sit-com, ha lanciato definitivamente attori come Judd Hirsh e soprattutto come Danny De Vito, Christopher Lloyd (i due hanno esordito insieme in *Qualcuno volò sul nido del cuculo*, film che consigliamo vivamente alle nuove generazioni).

TEANDRIA, I.

Trio di cabarettisti campani. Hanno partecipato tra l'altro a laboratori di *Zelig*.

TEDESCHI, DADO.

Attore, comico e autore veronese di nascita e milanese d'adozione. Ha collaborato a diverse trasmissioni televisive e lavorato in molti teatri e cabaret, tra cui Zelig.

TELATIN, DIEGO.

Battutista per hobby. Vive a Marostica.

TELEGATTO SHOW.

La lunga kermesse con la quale *TV Sorrisi e Canzoni* distribuisce i premi della televisione. Nell'ambiente tutti snobbano a parole il Telegatto, ma in realtà si scopre che ci tengono...

TEMISTOCLE.

530-471 a.C. (ma le date naturalmente sono incerte). Politico ateniese.

TEMPLE, SHIRLEY.

Della serie: i bambini bisogna ammazzarli da piccoli? Nata nel 1928, dopo aver sdolcinato il mondo con leziosità insopportabili cinematografiche da bambina saputella, si è dedicata alla politica, seguendo la carriera di ambasciatrice.

TENUTA, JUDY.

È la prima comedian ad aver formato la sua religione, il Judyismo. È apparsa in alcuni film e in molte trasmissioni televisive e tv movie.

TEOCOLI, TEO.

Incontenibile comico televisivo, con profonde radici nel teatro-cabaret (soprattutto il Derby di Milano negli anni Sessanta-Settanta). Strepitose alcune sue intuizioni, dal c.t. Maldini, a Galliani, (soprattutto a *Quelli che il calcio*). Indimenticabili i personaggi inventati per *Mai dire gol*, primo su tutti Felice Caccamo. Il libro *Frittura globale totale (Un romanzo)*, Baldini&Castoldi, costruito con il coautore Marco Posani (v.) su Caccamo, resta un capolavoro esilarante. Teocoli è un grande artista dal carattere forte e indomabile, uno che ha il dono di far ridere anche nella vita. Mentre in teatro continua a portare le sue costruzioni comiche, in tv ora lavora soprattutto come intrattenitore.

TESTINI, FABRIZIO.

Autore televisivo, teatrale e cinematografico. Di origini pugliesi, vive e lavora a Milano. Collabora da anni a diversi programmi tv di successo, tra cui *Zelig*. Segue molti comici affermati, soprattutto in coppia, da Ale & Franz, a Ficarra e Picone, ai Pali e Dispari a Katia & Valeria.

Thackeray, William M.

1811-1863. Scrittore inglese. *Le memorie di Barry Lindon*, *La fiera della vanità*. Meno geniale del suo grande rivale Dickens, ma pur sempre grande.

Thalberg, Irving.

1899-1936. Produttore della MGM. Morì giovanissimo mentre stava lavorando al film dei Fratelli Marx *Un giorno alle corse*.

Theodore, Brother.

1906-2001. Monologhista e artista anomalo di origine tedesca e crescita americana. Fu popolare sia in campo tragico che comico, dove però si caratterizzò per le sue caratteristiche di humor nero.

Thinker.

Vedi *Aenigmatica*.

Thole, Ernest.

1953-1988. Cabarettista e comico di nazionalità olandese vissuto a Milano e prematuramente scomparso. Ha lavorato molto al Derby.

Thomas, Bob.

Attore comico radiofonico soprattutto, ma anche televisivo americano.

Thomas, Danny.

1912-1991. Attore e intrattenitore, si esibiva inizialmente in locali notturni. Raggiunse poi la popolarità con la tv.

Thomas, Dave.

Attore e comedian canadese. Lavora naturalmente molto in Usa. Ha lavorato molto anche nel cinema.

Thomas, Dylan.

Nome completo: Dylan Marlais Thomas. 1914-1953. Grande scrittore, poeta e librettista gallese. Visse tra Europa e Stati Uniti. A lui si ispirò Bob Dylan (all'anagrafe Robert Allen Zimmerman) quando scelse questo pseudonimo nel 1961. Nel 1986 lo scrittore Tiziano Sclavi (v.) diede il nome di Dylan Dog (v.) al personaggio dei suoi fumetti, in omaggio dichiarato al poeta gallese.

Thompson, Hunter Stockton.

1939-2005. Giornalista, scrittore, editore e cacciatore (!) nato a Louisville (Kentucky). Fu il primo reporter a infiltrarsi tra gli Hell's Angels. Dopo un anno on the road in loro compagnia, venne scoperto e picchiato selvaggiamente. Tra i libri da lui scritti, *Paura e disgusto a Las Vegas*, 1971. Si è suicidato a sessantasette anni.

Tisot, Henri.

Attore brillante francese. Classe 1937. Lavora in teatro, cinema, tv.

TODAY'S CHUCKLE.
Rubrica fondata nel 1948 da Tom Collin s (e erditata da suo figlio Paul Harlan Collins, v.) presente su una miriade di quotidiani Usa.

TODD, MIKE.
1929-2002. È stato tra l'altro l'inventore del cinema in "odorama". La sua opera più importante come autore: *Around the World of Mike Todd*, 1968.

TOFFOLO, LINO.
Comico e musicista veneziano (è nato a Murano nel 1937). Uscito negli anni d'oro della scuola del Derby (v.) di Milano, Toffolo si è imposto anche al grande pubblico televisivo con la sua caratterizzazione dell'ubriaco buono. La sua canzoncina *Ohi Lina, vien giù da basso che te volio ben!* ha segnato un periodo della comicità popolare.

TOGNAZZI, UGO.
1922-1990. Grande attore italiano. Innumerevoli i suoi film, alcuni da storia del cinema mondiale. È uno degli interpreti sommi che hanno fatto conoscere la commedia all'italiana nel mondo. Inutile citare i film migliori... sono troppi.

TOLKIEN, JOHN RONALD RENEL.
1892-1973. Inglese, scrittore, saggista, studioso di linguaggi e lingue ha scritto della robetta come *Il Signore degli Anelli* e *Lo Hobbit*. È il padre del "fantasy".

TOMLIN, LILY.
Mary Jane Tomlin. Attrice americana, classe 1939. Il regista Robert Altman l'ha resa famosa con i suoi film-capolavoro *Nashville* e *Radio America*.

TOMMASELLI, RICCARDO.
Battutista per hobby.

TONICA, ALE.
Battutista per hobby.

TONINI, MONSIGNOR ERSILIO.
Già Arcivescovo di Ravenna ora in pensione, è opinionista della carta stampata e spesso ospite in tv. Fu grande amico di Enzo Biagi.

TOPAZIO, SANTINO.
Personaggio interpretato dal comico Bebo Storti (v.) nella trasmissione *Scatafascio*, presentata da Paolo Rossi...

TOPOR, ROLAND.
1938-1997. Scrittore, performer, illustratore francese. Trasgressivo, provocatore a tutto campo. Cfr. *I seni più belli del mondo*, Feltrinelli. È stato tra i fondatori, nel 1962, del celebre movimento surrealista Panico assieme a Fernando Arrabal (v.) e Alejandro Jodorowsky. Ha

collaboratao con la rivista satirica Hara Hiri (v.). Intorno al 1990 il cabaret Zelig ebbe l'onore di ospitarlo e dedicargli una serata.

Tork, John.

Cabarettista inglese.

Toscani, Oliviero.

Fotografo e pubblicitario. Ha fatto per anni le campagne della Benetton.

Toscanini, Arturo.

1867-1957. Direttore d'orchestra. Forse il più importante della storia delle musica italiana. Il più grande interprete musicale, anche, di Verdi.

Totò.

1898-1967. Totò è Totò. Ma dovendo scrivere qualcosa di più diciamo che all'anagrafe faceva Antonio Focas Flavio Angelo Ducas Comneno De Curtis Di Bisanzio Gagliardi. Abbreviato in Antonio De Curtis. È considerato uno dei più grandi interpreti nella storia del teatro e del cinema italiano.

Towers, John.

Magnate che lavorò al gruppo Rover e Land Rover, che formò il Phoenix Consortium (assieme a Peter Beale, Nick Stephenson e John Edwards) e nel 2000 comprò il gruppo Rover per dieci sterline, assieme all'hotel Studley Castle.

Tracy, Spencer.

1900-1967. Attore americano teatrale e cinematografico. Interpretò oltre settanta film, da *Passaggio a Nord-Ovest* a *Vincitori e vinti*. Fu considerato l'incarnazione ideale dei buoni sentimenti. Fu legato artisticamente e sentimentalmente, all'attrice Katharine Hepburn. È ricordato per alcune magistrali interpretazioni, fra le quali quella nel film *Indovina chi viene a cena?*. Trecy morì pochi giorni dopo le riprese. Si dice che la Hepburn dovette utilizzare il suo cachet per finire di girare il film in quanto la produzione riteneva che Spencer Tracy, così malato, non avrebbe terminato le riprese. Katharine Hepburn non vide mai il film per intero. Diceva che il ricordo di Tracy era troppo doloroso.

Traffic.

Film Usa, 2000. Regia di Steven Soderbergh, con Michael Douglas. Ha vinto quattro Oscar nel 2001.

Trani, Roberto.

Autore e attore di cabaret italiano in attività negli anni Settanta a Milano.

TRAPATTONI, GIOVANNI.
L'uomo che ha fatto vincere all'Inter uno scudetto memorabile, nel 1989. E tutto il resto.

TRAVAGLINI, SILVIA.
Battutista per hobby abruzzese e interista.

TRE AMIGOS, I.
Usa, 1986. Film di John Landis. Apparente parodia del genere western, in realtà Landis attraverso il Messico va a raccontare Hollywood con le sue magagne.

TRE UOMINI E UNA GAMBA.
Il primo film di e con Aldo, Giovanni e Giacomo (v.), per la co-regia di Massimo Venier. Italia, 1997. Conobbe un successo strepitoso cui fece seguito *Così è la vita*, loro secondo film altrettanto fortunato. E tutto il resto...

TRENT D'ARBY, TERENCE.
Ora ha cambiato nome e si chiama Sananda Maitreya. Musicista e cantante, vive ora a Milano.

TRETTRÉ, I.
Gino Cogliandro, Mirko Setaro, Edoardo Romano. Trio Comico napoletano. Lanciati da *Drive in*, sono stati protagonisti della sit-com *I Taliani* e di molte altre trasmissioni tv. Uno dei più riusciti gruppi comici popolari della tv.

TREVINO, LEE.
Professionista statunitense del golf di origini messicane. È da includersi tra i primi dieci/quindici di tutti i tempi.

TRILLIN, CALVIN.
Comedian e attore (*Michael*; *Insonnia d'amore*). Sua moglie è mancata l'11 settembre 2001, ma per cause naturali e non relative all'attacco al World Trade Center. Succede.

TRINCA, RENATO.
Autore tv e psicologo. Lavora col gruppo di *Zelig*. È anche saltuariamente comico sul palco.

TROISI, MASSIMO.
1953-1994. Grande attore sceneggiatore e regista napoletano. Nato come componente del gruppo di cabarettisti La Smorfia si è via via affrancato dal trio rivelandosi come un grande del cinema. Per tutti ricordiamo *Ricomincio da tre*. Il suo ultimo film come interprete è stato *Il postino*.

TROTTER, RODNEY.
Personaggio di fantasia della sit-com della BBC *Only Fools and Horses* e interpretato da Nicholas Lyndhurst.

TRUDEAU, GARRY B.

Disegnatore satirico canadese. È l'inventore di Doonesbury. È stato uno dei disegnatori-simbolo del mensile *Linus*.

TRUFFAUT, FRANÇOIS.

1932-1984. Regista francese. Dei suoi 25-30 film ci piace ricordare *Baci rubati* (1968), *Gli anni in tasca* (1976), *L'ultimo metrò* (1980).

TRUMAN, HARRY SPENCER.

1884-1972. Statista e trentatreesimo Presidente degli Stati Uniti (1945-1953). Durante la sua amministrazione, fece sganciare la prima bomba atomica in Giappone, autorizzò il Piano Marshall, promosse la Nato...

TRUMP, DONALD.

L'ex marito di Ivana. È un po' poco? Allora aggiungiamo che è un imprenditore - vive a Manhattan - settore immobiliare. Ma che a suo modo è anche uomo di spettacolo. Un suo reality è in programmazione nelle tv americane... Insomma, gli piace farsi notare.

TULLIUS, JOHN Q.

Di lui si sa solo che amava la cioccolata, e che ha una serie di frasi citate su oltre 22.000 siti Internet sui dolci. Probabilmente era molto grasso.

TULLY, LEE.

Battutista, enterteiner americano.

TURATI, CARLO.

Autore storico di casa a Zelig, ha collaborato a diverse trasmissioni televisive e spettacoli teatrali. Scrive per molti comici e a tempo perso insegna all'università.

TUROZZI, DANIELE.

Battutista per hobby di San Bonifacio, Verona.

TUTTI DICONO I LOVE YOU.

Usa, 1996. Film di e con Woody Allen.

TUTTI PAZZI PER MARY.

Usa, 1998. Regia di Bobby e Peter Farrelly. Con Cameron Diaz e Matt Dillon. Una commedia americana così sfacciatamente "politicamente scorretta" da essere quasi "politicamente corretta ". Molto divertente e irriverente.

TUWIN, JULIAN.

1894-1953. Poeta e umorista polacco. Tradotto in Italia da Vladimiro Bertazzoni, ex sindaco di Mantova che ce l'ha segnalato insieme a Dovlaron (v.), altro autore da lui tradotto.

TWAIN, MARK.

1835-1910. Grande curioso ed eccelso umorista statunitense. Nella vita fece tra l'altro il pilota, il giornalista, l'accompagnatore di cercatori d'oro. Scrisse opere decisive per la storia della letteratura umoristica che la pochezza di certa critica italiana confinò spesso esclusivamente nella categoria "letteratura per ragazzi" (es. *Le avventure di Tom Sawyer*).

Tyger, Frank.

A volte accade, anche se raramente, che l'autore di un aforisma o di una battuta si perda nei meandri delle pagine cartacee o virtuali, senza permettere al ricercatore di arrivare a un sicuro riferimento biografico. In questi casi, come per Frank Tyger, la cosa più probabile è che non si tratti di una indagine infruttuosa, ma che all'origine l'autore abbia voluto rendersi invisibile.

Tyson, Mike.

Fenomeno della box, campione del mondo dei massimi, grande personaggio dell'America di oggi, anche nelle sue accezioni negative, che non sono poche. Esce e entra dalle prigioni e dai ring con grande naturalezza. È stato comunque anche un grande mito dello sport.

U

Uecker, Bob.

Attore statunitense. Ex star di football americano ha interpretato tra l'altro il film *Major League - La squadra più scassata della Lega* (Usa, 1989, di David S. Ward) e la sit-com *Mr Belvedere*.

Ufficiale e gentiluomo.

Popolarissimo film Usa, 1981. Regia di Taylor Hackford. Protagonista Richard Gere.

Una ragazza e il suo sogno.

Film Usa, 2003 di Dennie Gordon, con Amanda Bynes, Colin Firth e Kelly Preston.

Unger, Jim.

Disegnatore canadese, autore tra l'altro delle vignette di Herman, comparso su *La Settimana Enigmistica* con il nome di Ermanno.

Unknown Comic, The.

È un personaggio creato e interpretato dal comico Murray Langston (v.), nato nel Canada e affermatosi nel *The Gong Show*. The Unknown Comic, che significa Il Comico Sconosciuto, si è esibito per anni prevalentemente con un sacchetto di carta sulla testa. Partecipava tra l'altro al *Sonny & Cher's Comedy Hour*. Col trascorrere degli anni Murray Langston ha deciso di "rivelarsi".

USTINOV, PETER.

1921-2004. Attore di cinema e di teatro, regista, scrittore e sceneggiatore inglese. La battuta citata si riferisce al film *Io, Beau Geste e la Legione straniera*, diretto da Marty Feldman.

V

VAIME, ENRICO.

Classe 1936, di origine umbra, vive da sempre a Roma. Autore tra i maggiori del varietà italiano teatrale e televisivo, intrattenitore radiofonico, uomo di spettacolo a tutto tondo. Innumerevoli trasmissioni hanno portato la sua firma. Molti dei successi di Garinei & Giovannini (v.) lo hanno visto coinvolto. Ha scritto per tanti attori e comici, tra cui Gianfranco D'Angelo e Enrico Montesano. Per una visione disincantata (e un po' amara) di questa nostra professione e del mondo si rimanda al suo libro: *Il varietà è morto*, Mondadori, ma anche a altri suoi volumi più recenti (ne ha scritti circa una ventina). Vaime è socio fondatore, con Gino&Michele, Giancarlo Bozzo, Maurizio Costanzo, Roberto Bostara, della "Premiata Bocciofila Cosimo Trombetta". (vedi la nota a fine volume).

VALD, JEFF.

Stand-up comedian made in Usa.

VALDI, WALTER.

1930-2003. Pseudonimo dell'avvocato milanese Walter Pannetti. Animò il cabaret dagli anni Sessanta ai Novanta. Ha scritto molte canzoni tra cui *Il palo della banda dell'Ortica*. Anche le sue poesie in vernacolo sono state molto apprezzate dal pubblico della notte.

VALENTIN, KARL.

1882-1948. Pseudonimo di Valentin Ludwig Fey. Il più grande interprete e autore di cabaret tedesco. Brecht lo considerava il suo maestro. Tra le cose più interessanti di Valentin c'è *Tingeltangel*.

VALÉRY, PAUL.

1871-1945. Poeta, scrittore e saggista francese. Uno degli intellettuali europei più interessanti del Novecento.

VAN GOGH, VINCENT.

1853-1890. Dai, come si fa a raccontare forse il più grande pittore degli utlimi due tre secoli, in quattro righe... Era olandese, traghettò la pittura dell'impressionismo all'espressionismo... Basta, non ce la facciamo. Andate a Amsterdam a vedere il museo a lui dedicato.

Van Pelt, Linus.
Sì, è lui: è il Linus dei *Peanuts* (v.) di Charles Schultz (v.).

Vandetta, Francesco.
Battutista per hobby.

Vanzina, Enrico.
Sceneggiatore. È il fratello del regista Carlo, con il quale lavora abitualmente. Entrambi sono figli del grande Steno.

Varchetta, Francesco.
Battutista per hobby di Mozzate (Como). Ci scrive: «Grazie di tutto. È bello sentirsi parte di una comunità. Anche se di pirla».

Vasini, Lucia.
Attrice teatrale, cinematografica e comica televisiva. A partecipato a *Su la testa*. Ha lavorato in teatro con Paolo Rossi (v.).

Vasumi, Andrea.
Comico e autore forlivese. Ha partecipato a diverse trasmissioni tv, tra cui *Zelig*.

Vaughan, Bill.
1915-1977. Giornalista umorista americano, ha tenuto una rubrica sul *Kansas City Star* dal 1946 al 1977, anno della sua morte. Non si hanno molte notizie su di lui, ma ci sono stati tramandati numerosi aforismi.

Vauro.
Grande disegnatore satirico toscano. Pseudonimo di Vauro Senesi. Tra le sue collaborazioni *il Male*, *Linus*, *il Manifesto*, *Cuore* e *Smemoranda* . È spesso ospite a trasmissioni tv come commentatore "grafico".

Venable, John.
Critico texano (nato a Dallas), fa parte della Dallas-Fort Worth Film Critics Association.

Verde, Dino.
Insieme ad Amurri, Terzoli, Vaime (v.), è stato un grande autore teatrale e televisivo, legato soprattutto alla tradizione del varietà. Spesso ha lavorato in coppia con Amurri (v.). Ha scritto anche diversi libri comici e umoristici.

Verdone, Carlo.
Comico e regista romano. Da *Un sacco bello*, a *Bianco, rosso e Verdone*, a *Borotalco*, fino a *Gallo cedrone* (v.). I suoi film spesso riescono a conciliare il successo commerciale con la qualità, cosa rarissima. Verdone debutta come comico in tv nel 1979. La trasmissione si intitolava *Non stop*.

Vergassola, Dario.
Cabarettista, comico, musicista, intrattenitore, anche in radio e in tv. Ha partecipato a molte trasmissioni di successo, a partire da *Zelig*, che lo scoprì e lanciò diversi anni orsono.

Vernacoliere, Il.
Mensile livornese di Mario Cardinali, con il determinante apporto di Max Greggio. Nacque nel 1982 da una costola di *Livornocronaca*, mantenendone lo spirito libertario e forzandone l'aspetto goliardico. Ha fatto dell'irriverenza e della "volgarità" la propria fortuna. Tra le sue peculiarità irrinunciabili la sublimazione della "topa" e l'accanimento contro i pisani.

Vernon, Jackie.
1924-1987. Comedian statunitense, attore e voce recitante per personaggi animati (il più celebre: Frosty the Snowman). Uno dei re delle battute sottotono, recitate con voce quasi monotona.

Veronica.
La cantante napoletana portata al successo dall'attrice e comica Rosalia Porcaro (v.).

Verrina, Francesco.
Calabrese, vive in Umbria. Umorista e autore di testi comici, è intrattenitore e animatore radiofonico, ma anche creativo nel web.

Vespa, Francesco.
Battutista per hobby. Si definisce "studente in lettere, incensurato".

Vian, Boris.
1920-1959. Scrittore, musicista, poeta e intellettuale francese, tra i più originali, resta un punto di riferimento anche politico soprattutto dell'Europa pacifista e "anarchista". La sua canzone *Il disertore*, tradotta da molti in Italia, tra cui Ivano Fossati, resta ineguagliabile per atmosfere e rabbia.

Vianello, Raimondo.
Attore, comico, intrattenitore, opinion leader, marito... Raimondo Vianello resta una figura centrale del teatro, del cinema, della televisione soprattutto per quanto riguarda la comicità. Strepitosa la sua alleanza in gioventù con Tognazzi (v.), ma anche quella che dura da lunghissimo tempo con Sandra Mondaini.

Viberti, Mario.
Impiegato, battutista per hobby. Abita ad Alba. Scrive testi per comici professionisti e dilettanti.

Vicari, Marco.
Giovane battutista per hobby fiorentino.

Vicini di casa.

Sit-com anomala andata in onda nel 1991 e 1992 e, non fosse nostra, diremmo bella. I protagonisti erano i fratelli Bauscia (Teo Teocoli e Silvio Orlando) e Eugenio Tortelli (Gene Gnocchi), dirimpettaio di condominio. Gabriella Golia nei panni di se stessa completava il cast.

Vidal, Gore.

Pseudonimo di Eugene Luther Vidal. Scrittore, sceneggiatore, drammaturgo americano. Come sceneggiatore va ricordato per almeno due film: *Improvvisamente l'estate scorsa* e *Ben Hur*.

Vigilante, Stefano.

Comico monologhista romano. Con il personaggio Felicetto, infermiere, si è imposto a *Zelig Off*.

Viglianese, Sergio.

Comico romano. Si è visto spesso a *Zelig* in tv. La sua erre particolarissima è impossibile da non identificare. Il suo personaggio più famoso è un meccanico romano che vive di qualche furberia di troppo, ma in fondo è bonario e simpatico.

Vigliero Lami, Mitì.

Scrittrice e giornalista. Umorista, vive a Genova. Ha pubblicato tra l'altro *In campagna non fa freddo*, Mondadori e *Saporitissimo giglio*, Marsilio.

Villaggio, Paolo.

Genovese. Fantozzi e Fracchia siamo noi. Grandissimo attore e scrittore comico. Ha inventato un genere sia nella scrittura che nel cinema, che nell'intrattenimento sia radiofonico che teatrale. Acido, spietato, sarcastico, negli ultimi anni ha aggiunto un po' di rancore alla sua straordinaria genialità.

Vincino.

Pseudonimo di Vincenzo Gallo. L'anima indipendente e siciliana dei vignettisti italiani. Ha collaborato a svariate testate, alcune anche molto importanti. Ma resta uno degli storici fondatori de *il Male*.

Viola, Beppe.

1939-1982. Giuseppe Viola, detto Beppe. Milanese, milanista, lavorò proficuamente con Jannacci, Cochi, Renato, Abatantuono e compagnia bella. Poeta dell'umorismo o umorista poeta, per campare fu costretto a fare il telecronista sportivo in Rai, segnalandosi sempre il più originale nelle cronache calcistiche. Se ne andò prematuramente durante un servizio da San Siro in una domenica gelida milanese. Resta una delle figure più interessanti della cultura milanese del dopoguerra. Un libro da non perdere: *Quelli che...*, Baldini&Castoldi: la raccolta dei suoi scritti più belli.

Vip.
Collaborava come illustratore con *Cuore* (v.).

Viracola, Charlie.
Comedian, scrittore e attore che, semplicemente, vuole cambiare il mondo. Ha anche fondato il suo pianeta, Planet Charlie, sul quale siete tutti invitati: www.planetcharlie.com.

Viti, Lando.
Battutista per hobby, architetto. Ha scritto un migliaio tra battute e aforismi.

Vito.
Nome d'arte dell'attore e cabarettista Stefano Bicocchi che ha dato vita a un personaggio stralunato e bonario legato alla tradizione emiliana. Nato con il gruppo Gran Pavese di Bologna all'inizio degli anni Ottanta, Vito si è poi imposto in tv attraverso varie trasmissioni tra cui *Lupo Solitario*, *L'araba fenice*, *Avanzi* e *Quelli che il calcio*.

Vittoria, Regina.
1819-1901. Fu l'ultimo monarca del casato degli Hannover. Regnò sulla Gran Bretagna e i possedimenti asiatici. A lei si deve tutto ciò che è Vittoriano.

Vittorini, Elio.
1908-1966. Scrittore, intellettuale, giornalista. È quello che ha "inventato" *Il Politecnico* (1945-1947), giornale di grande apertura all'interno della sinistra culturale italiana.

Vizzini, Danilo.
Giovane comico, ha partecipato alle audizioni di *Zelig*.

Vodani, Cesare.
Attore cabarettista torinese, negli ultimi anni si è rivelato anche un ottimo autore teatrale e televisivo (*Colorado Cafè*).

Voltaire.
1694-1778. Pseudonimo di François-Marie Arouet. Filosofo, poeta, scrittore, grande illuminista. Una delle menti più vivide del Settecento. Tra le cose da non dimenticare: *Candido* e *Trattato sulla tolleranza*. «Le streghe hanno smesso di esistere quando noi abbiamo smesso di bruciarle.»

Voznesenskaja, Julija.
Scrittrice "per caso" è stata una dissidente in chiave femminista della burocrazia sovietica. Nel 1980, abbandanata l'URSS si trasferisce in Germania dove scrive *Damskij dekameron*, poi tradotto anche in Italia per Mondadori.

W

WAITS, TOM.
Grande musicista e cantante americano sempre in bilico tra mercato e avanguardia. Alcuni dei suoi album sono dei veri capolavori. Tom Waits è stato anche ospite insieme al suo amico Benigni (v.) al club Tenco una quindicina d'anni fa.

WALKER, MORT.
Cartoonista americano. Ha inventato le strisce di Beetle Bailey (v.) nel 1950.

WALLACE, GEORGE.
Comedian regular al *Late Night with David Letterman* e al *Tonight Show*.

WALTER.
Personaggio creato dal ventriloquo Jeff Dunham, veterano della Marina Americana in Vietnam. Dopo il pensionamento si è dato da fare come saldatore e idraulico part time. Ha conosciuto Jeff Dunham nel 1986, e da allora vive in una scatola e fa show con lui. È un inguaribile bisbetico. www.onastick.com.

WARD, ARTEMUS.
Pesudonimo di Charles Farrar Browne. 1834-1867, scrittore e umorista, nato a Waterford (Maine). Autore di una serie di lettere satiriche, scritte appunto come Ward, che ridicolizzavano la società contemporanea. Lavorò a *Vanity Fair*, quindi andò in tour (come Ward) a leggere le sue lettere comiche, inventando la serata di lettura comica. Morì di tubercolosi mentre era in tour in Inghilterra.

WARFIELD, MARSHA.
È apparsa nella sit-com *Giudice di notte* (v.) e successivamente in *Empty Nest*. Ha anche condotto *The Marsha Warfield Show*, che per un'incredibile coincidenza portava il suo nome.

WARHOL, ANDY.
1928-1987. Il più grande della pop art. È morto facendo credere agli americani che Leonardo da Vinci avesse imitato il suo "Cenacolo".

WARNER, H.M.
Uno dei produttori delle mitica major cinematografica. La battuta involontaria va datata 1929.

WARREN, JAYNE.
Comedian che si esibisce in teatro, cinema, televisione e pubblicità. Nel tempo libero, canta in un coro. Per saperne di più, www.jaynewarren.com.

Washington, George.
1732-1799. Fu il primo presidente degli Stati Uniti in assoluto, dal 1789 al 1797.

Waters, John.
Autore trash, famosi i suoi *Pink Flamingos* e *Grasso è bello*. Irriverente sceneggiatore e regista.

Watterson, Bill.
Autore del fumetto *Calvin & Hobbes*.

Waugh, Evelyn Arthur.
1903-1966. Scrittore inglese dal sottile umorismo ironico e crudele.

Wayne, John.
1907-1979. Pseudonimo di Marion Robert Morrison. Straordinario attore non solo western, americano. Innumerevoli i suoi film di successo.

Weinberg, Darrin.
Ignoto. È uno dei più citati aforisti sul web, ma su migliaia di pagine non c'è un solo accenno biografico su questo signore. La cosa potrebbe fornire un buono spunto per una seria riflessione sulla complessità e il disarmante piattume di internet...

Weinstock, Lotus.
Creativo e copy americano, deve la sua fama soprattutto all'aver inventato adesivi per i paraurti delle auto americane.

Welcome Back, Kotter
(*Bentornato Kotter - I ragazzi del sabato sera*), Sit-com americana datata 1975 con Gabe Kaplan (v.), Lanciò John Travolta. La sigla *Welcome back* è stata in testa per lungo tempo alle classifiche USA nel 1976.

Weller, Tom.
Attore americano soprattutto di tv movie.

Welles, Orson.
1915-1985. George Orson Welles (all'anagrafe) è comunemente considerato uno dei più grandi attori, registi e sceneggiatori cinematografici e di teatro di tutti i tempi. Il suo *Quarto Potere* (1940) è votato ancora oggi da molti critici come "il più bel film della storia del cinema".

West, Mae.
1893-1980. Nome d'arte di Mary Jaen West. Attrice-bomba americana, già nota come star del musical. Primo vero sex symbol del cinema. Fu la sceneggiatrice delle sue interpretazioni e volle sempre scegliersi i partner, cosa che sarebbe stata raramente concessa a un'altra attrice. Dotata di una piccante ironia e di curve sinuose e

abbondanti che esibiva in pose languide e provocanti, fu maestra del doppio senso. Raggiunse il successo cinematografico dopo i quarant'anni scandalizzando l'America perbenista e puritana del suo tempo.

WHICHCOTE, BENJAMIN.
1609-1683. Filosofo e teologo anglicano.

WHITE, BASIL.
Americano, è il creatore di una strip nel web che si chiama *Standup Comics*.

WHITE, GRACE.
Autoproclamatasi "quella vecchia pupa hippie", è una comedian nata - a detta sua - cento anni fa a Colfax, California.

WHITE, L.E. & DILLON, LOLA JEAN.
Cantanti e musicisti country americani.

WHITEHEAD, TED.
Autore televisivo inglese. Assieme a Paul Abbott è tra l'altro ideatore della serie televisiva *Cracker*.

WHITTLESEY, FAITH.
Ambasciatrice americana in Svizzera, la sua battuta sul ballo moderno è tra le più citate, a ragione, anche in chiave "femminista".

WHITTON, CHARLOTTE.
1896-1975. Canadese. Lavorò in politica.

WIDMER, URS.
Scrittore di Basilea.

WILDE, OSCAR.
1854-1900. Grande scrittore e controverso intellettuale inglese, pagò a caro prezzo il suo anticonformismo, soprattutto nei costumi sessuali. Una Gran Bretagna bigotta e perbenista lo condannò inesorabilmente, negandogli la libertà, e procurandogli indirettamente la morte. Oscar Wilde ha scritto dei capolavori letterari, ma è anche passato ai posteri come il più grande aforista contemporaneo. Ora, scrivendo la sua mini biografia, viene in mente proprio un suo aforisma in tema: «Oggi, ogni grand'uomo ha i suoi discepoli, ed è sempre Giuda quello che gli scrive la biografia».

WILDER, BILLY.
1906-2002. Grandissimo regista e sceneggiatore hollywoodiano, è da considerarsi il padre della commedia cinematografica americana. Vincitore di quattro Oscar, due come regista e due come sceneggiatore, confezionò prodotti praticamente perfetti e lanciò grandissime artiste come Marylin Monroe e Audry Hepburn, ma anche Shirley McLaine. E perfino Greta Garbo. Tanto per dare un'idea: *A*

qualcuno piace caldo; *Quando la moglie è in vacanza*; *Sabrina*; *Prima Pagina* e *Viale del tramonto*.

WILDER, MASON.
Stand up comedian di Los Angeles.

WILKES, JOHN.
1725-1797. Scrittore, politico e intellettuale inglese di stampo satirico-radicale.

WILL & GRACE.
Serie televisiva americana in onda ora anche in Italia su FoxLife.

WILLIAMS, ROBIN.
Robin MacLaurin Williams. Attore nato a Chicago. Ha interpretato alcuni tra i più interessanti film di questi ultimi trent'anni. Basti per tutti *L'attimo fuggente*. Ma è stato anche Mork in tv.

WILLIS, BRUCE.
Attore americano soprattutto di film d'azione e d'effetto. Ricordiamo per tutti *Trappola di cristallo*, *Armageddon* e *Pulp Fiction*.

WILSON, LUCIO.
Pseudonimo di Lucio Wilson Salis. Autore comico e satirico ha debuttato nel gruppo creativo di *Zelig* e firmato molte trasmissioni televisive.

WILSON, SCHAEF ANNE.
Scrittrice e aforista. Si consiglia *Meditazioni per donne che hanno troppo da fare*, Longanesi.

WING, JOHN.
Stand up comedian canadese, ha partecipato a un "Just For Laughs Montreal Comedy Festival".

WINSTEAD, LIZZ.
Monologhista americana. Ha lavorato anche come attrice brillante e animatrice di programmi radiofonici.

WINTERS, JONATHAN.
Classe 1925, all'anagrafe fa Jonathan Harshman Winters III. Attore e comedian americano, è stato anche istruttore militare nella marina durante la guerra. Ha partecipato a decine di film brillanti come *Questo pazzo, pazzo, pazzo, pazzo mondo*. Come scrittore ha pubblicato diversi libri umoristici. In tv è stato tra l'altro il figlio di *Mork & Mindy*.

WINTERS, SHELLEY.
1922-2006. Attrice americana. Ha vinto due Oscar come attrice non protagonista (*Il diario di Anna Frank* e *Incontro al Central Park*). Tra le sue grandi interpretazioni la ricordiamo assieme a Sordi in *Un borgese*

piccolo piccolo di Monicelli. È stata moglie di Vittorio Gassman.

Wise, Anita.
Comica americana. È apparsa in diverse trasmissioni televisive come *Comedy Club Special*.

Wit of Medicine, The.
Rivista scientifica americana.

Wodehouse, Pelham Grenville.
1881-1975. Inglese, ha scritto novanta romanzi e uno sproposito di racconti. Qualcuno lo considera il più grande umorista del Novecento.

Wolf, Fred.
Uno degli autori del *Saturday Night Live*, passato al cinema. Di quando in quando, fa apparizioni "alla Hitchcock" nei film da lui scritti o prodotti.

Wolfson, Carl.
Attore e comedian americano, ha iniziato la sua carriera negli anni Ottanta presso l'Hollywood's Comedy Store.

Wolinski, Georges.
Disegnatore francese e autore di fumetti trasgressivo e "grasso". Ha fatto parte di *Hara Hiri*.

Words to the Wise.
Periodico on line.

Wright, Steven.
Nato a Burlington, Massachusetts nel 1955. Comedian. Parla per "oneliners" (fulminanti frasi slegate) camminando avanti e indietro per la scena. A suo modo geniale. Ha vinto un Oscar per il suo corto *The Appointments of Dennis Jennings*. Era la voce originale del dj nel film *Le iene*. Ha al suo attivo diverse partecipazioni tv e una ventina di pellicole, tra cui *The Aristocrats* (v,).

www.silverdolphin.it
www.silverdolphin.it. Sito italiano tenuto da tale Giulio, nato a Roma nel 1974.

www.turbozaura.it.
Sito internet di cultura e formazione romana e romanesca. www.turbozaura.it Le sue battute, soprattutto legate alla geografia del Lazio, sono state pubblicate da Gremese in due fortunate raccolte.

Wynn, Catlin.
Aforista americana contemporanea.

Wynn, Ed.
1886-1966. È stato uno dei comici, attore anche brillante, della storia dello spettacolo americano. Ha partecipato a decine di film e spettacoli a Broadway.

Y

Yakko.

Personaggio di *Animaniacs* (v.) che si ispira a Groucho Marx (v.) e a Bugs Bunny.

Yankovic, Weird Al.

Alfred Matthew Weird Al Yankovic, classe 1959. È un musicista americano specializzato in parodie di canzoni note. Suona la fisarmonica. Ha creato anche molte canzoni originali basandosi sulla satira della cultura popolare: televisione, cinema, notizie...

Yeats, William Butler.

1865-1939. Poeta, drammaturgo e scrittore irlandese. Nobel nel 1923.

Yordanov, Dimitri.

Pittore bulgaro classe 1926. È considerato il maestro della pittura contemporanea.

You know you're living in 2000 when...

You know you're living in 2000 when... (tu sai di vivere nel 2000 quando...). Si tratta di una delle tante mail che sono circolate in questi anni per posta elettronica e di cui è difficile, se non impossibile, risalire alla fonte.

Youngman, Henny.

1906-1998. Storico comedian americano nato in Inghilterra, famoso per le sue one-liners (fulminanti frasi slegate) e il suo violino, che portava sempre con sé e che per fortuna suonava raramente. Nel 1974 la New York Telephone Company inaugurò con Youngman la Dial-a-Joke (un servizio d'intrattenimento per ascoltare battute e scherzi preregistrati da vari comici); oltre tre milioni di persone chiamarono il primo mese per sentire trenta secondi delle performance di Youngman. Un record ancora imbattuto.

Z

Zaccarella, Stefano.

Giovane autore milanese per hobby, di professione educatore.

Zaffa, Henry.

Cabarettista di area lombarda. Ha partecipato a trasmissioni tv Rai come *Gelato al limone* e *Gnu*.

Zalone, Checco.

Vedi Medici, Luca.

ZANCHETTA, ALBERTO.
Battutista per hobby.

ZANETTI, GIORGIO.
Comico, cabarettista, attore bergamasco. Nel 1998 pubblica *Anche le zanzare nel loro piccolo fanno incazzare*, Greco & Greco scritto a quattro mani con Danilo Arenghi. Tra il 2000 e il 2004 partecipa a diverse trasmissioni tv tra cui *Convention*. Poi è approdato allo *Zelig* in tv.

ZANY, BOB.
Comedian americano, classe 1961. Lavora in radio, televisione e meno frequentemente in teatro.

ZANZARA.
Vedi *Aenigmatica*.

ZAP.
Disegnatore satirico. Ha pubblicato con Glènat: *Se anche le formiche s'incazzano, Formigoni diventa una belva?*.

ZAP & IDA.
Coppia di umoristi legata alle edizioni *Comix*. Zap & Ida hanno firmato tra l'altro: *Il nuovissimo Zapparelli*, *Goal*, *I dubbi atroci*.

ZAPPA, FRANK.
1940-1993. È stato un grande musicista, chitarrista, cantante, e attore. Si tratta di uno dei genii trasgressivi con maggior senso di ironia e provocatorietà che la musica di sempre ci abbia saputo regalare.

ZELIG.
Cabaret milanese che ha di fatto continuato la tradizione del Derby (v.) a partire dalla metà degli anni Ottanta. A Zelig sono nati Paolo Rossi, Gene Gnocchi, Gioele Dix, Antonio Albanese, Aldo, Giovanni e Giacomo, Annamaria Barbera, Checco Zalone, ecc. Dal 1996 *Zelig* è anche un programma televisivo di grandissimo successo, che nasce e cresce grazie anche al locale da cui prende il nome. Naturalmente *Zelig* è anche il titolo di uno dei più bei film di Woody Allen, che consigliamo di vedere in dvd. Chi invece vuole godersi uno spettacolo dal vivo nel più famoso cabaret d'Italia può farlo prenotandosi allo 02-2550121 o entrando nel sito www.areazelig.it.

ZICHE&MINOGGIO.
Silvia Ziche e Maurizio Minoggio. Hanno costituito per anni una coppia efficiente nella satira di costume italiana. Quindi si sono sciolti, proseguendo ognuno per conto suo, ma restando nell'ambiente. Durante la loro attività di coppia hanno collaborato tra l'altro a *Smemoranda*, *Cuore*, *Linus*.

Zigman, Laura.

Sceneggiatrice, scrittrice americana con grande attenzione al mondo femminile. In Italia ha pubbicato il godibile best-seller *Il teorema della Mucca Nuova*, *La Tartaruga*.

Zilio, Mirco.

Battutista per hobby di Dolo, Venezia.

Zio Scriba.

Vedi Pezzoli, Nicola.

Ziv, Avner.

Docente universitario israeliano. Ha insegnato per anni i meccanismi della comicità. Suo è l'ormai introvabile *Perché no l'umorismo?*, Puntoemme, Emme edizioni.

Zucca, Mario.

Cabarettista e monologhista piemontese. Ha fatto anche diversa televisione da *Drive in* al *Maurizio Costanzo Show* (v.). molti dei suoi spettacoli sono stati scritti da Valerio Peretti Cucchi (v.), prematuramente scomparso e da Boris Makaresko (v.).

Zucker-Abrahams-Zucker.

È la firma di David Zucker, Jim Abraham, Jerry Zucker. Sceneggiatori americani, li abbiamo citati più volte in queste biografie. A loro si devono tra l'altro le serie dei film "più pazzi del mondo" di *Una Pallottola Spuntata* (*The Naked Gun*), che lanciò l'attore Leslie Nielsen (v.).

Zuin, Franco.

Battutista citato da Michele Serra.

Zulian, Claudio.

Battutista per hobby.

Zuzzurro e Gaspare.

Pseudonimo dei due attori e comici Andrea Brambilla e Nino Formicola. Sono stati tra le coppie televisive più famose negli anni Ottanta. Hanno partecipato a numerosissime trasmissioni televisive tra cui *Drive in* e *Emilio*, di cui erano anche gli ideatori. Negli ultimi anni si sono dedicati soprattutto al teatro.

La realizzazione di questa Opera è stata possibile anche grazie alle progettazioni informatiche di Tecne', con il contributo in prima persona di Pieranna Massari e Piergiorgio Veneziani; e con il certosino coordinamento di Elena De Luca, nostra storica collaboratrice.
Il lavoro redazionale è stato curato con la solita vivace competenza da Alessia Gemma, con l'assistenza della coscienziosa Sara Carissimi.
Il progetto e l'impostazione grafica sono invece frutto dell'esperienza e della creatività di Zetalab, in particolare nelle persone di Lucio Luzo Lazzara, Walter Uolts Molteni e Andrea Zambardi. Grazie anche, per la complice collaborazione dagli Stati Uniti di Paolo Borraccetti.

Gino&Michele, Gut edizioni e Bananas devolvono parte del ricavato dell'*Enciclopedia Universale della Battuta* per acquistare il parco macchine (sei automezzi) di *Presenza Amica*, un'associazione di volontari impegnata nell'assistenza domiciliare ai malati inguaribili in fase terminale.

Per chi volesse conoscere nel dettaglio l'attività di "Presenza Amica Onlus - Volontari per l'aiuto ai sofferenti" di Garbagnate Milanese (Milano), diamo il telefono: 02 99021087,
e l'indirizzo internet: www.presenzamica.it.

L'Enciclopedia Universale della Battuta si avvale dell'alto Patrocinio della *Premiata Bocciofila Cosimo Trombetta per la salvaguardia del Comico* (1).

(1) La Premiata Bocciofila Cosimo Trombetta per la salvaguardia del Comico, *è un'Associazione Culturale che ha come scopo la salvaguardia del Comico, inteso come genere. È stata fondata nel 2005 da Gino&Michele, Maurizio Costanzo, Enrico Vaime, Giancarlo Bozzo, Roberto Bosatra.*
Nello statuto della "Cosimo Trombetta", alla voce Scopi dell'Associazione si può leggere:
"Conservazione e divulgazione della memoria storica del teatro, con particolare attenzione al teatro comico, brillante e al varietà; valorizzazione, raccolta e sviluppo della letteratura e delle presenze televisive legate al Comico come genere, alla satira e all'intrattenimento; sviluppo di iniziative culturali quali la pubblicazione di libri, riviste, siti internet, materiale multimediale, dvd e quant'altro attinente agli scopi sociali; costituzione di archivi storici e raccolta di materiale attinente allo scopo sociale; realizzazione di convegni e/o seminari ed attuazione di forme di collaborazione con enti pubblici e/o privati e/o associazioni e/o organismi di istruzione."
Per eventuali contatti: c/o Teatro Parioli, via Giosuè Borsi, 20, Roma; oppure c/o Zelig, viale Monza 140, Milano.